D1823302

J. von Staudingers
Kommentar zum Bürgerlichen Gesetzbuch
mit Einführungsgesetz und Nebengesetzen
Buch 4 · Familienrecht
§§ 1896–1921
(Rechtliche Betreuung und Pflegschaft)

J. von Staudingers
Kommentar zum Bürgerlichen Gesetzbuch
mit Einführungsgesetz und Nebengesetzen

Buch 4
Familienrecht
§§ 1896–1921
(Rechtliche Betreuung und Pflegschaft)

Neubearbeitung 2017
von
Werner Bienwald

Redaktor
Michael Coester

Sellier – de Gruyter · Berlin

Die Kommentatorinnen und Kommentatoren

§§ 1896–1921 WERNER BIENWALD

Neubearbeitung 2013
§§ 1896–1921 WERNER BIENWALD

Neubearbeitung 2006
§§ 1896–1921 WERNER BIENWALD

Dreizehnte Bearbeitung 1999
§§ 1896–1921 WERNER BIENWALD

12. Auflage
§§ 1896–1921 WERNER BIENWALD (1995)

10./11. Auflage
§§ 1896–1921 Professor Dr. HELMUT ENGLER (1968)

Sachregister

Dr. ANDREAS PICHLMEIER, Lappersdorf

Zitierweise

STAUDINGER/BIENWALD (2017) Vorbem 1 zu §§ 1896 ff
STAUDINGER/BIENWALD (2017) § 1896 Rn 1

Zitiert wird nur nach Paragraph bzw Artikel und Randnummer.

Hinweise

Das Abkürzungsverzeichnis befindet sich auf www.staudingerbgb.de.

Der Stand der Bearbeitung ist jeweils mit Monat und Jahr auf den linken Seiten unten angegeben.

Am Ende eines jeden Bandes befindet sich eine Übersicht über den aktuellen Stand des „Gesamtwerk STAUDINGER".

Die Deutsche Nationalbibliothek verzeichnet diese Publikation in der Deutschen National-bibliografie; detaillierte bibliografische Daten sind im Internet über http://dnb.dnb.de abrufbar.

ISBN 978-3-8059-1239-6

© Copyright 2017 by oHG Dr. Arthur L. Sellier & Co. – Walter de Gruyter GmbH, Berlin. – Printed in Germany.

Satz: fidus Publikations-Service, Nördlingen.

Druck und Bindearbeiten: Hubert & Co., Göttingen.

Umschlaggestaltung: Bib Wies, München.

⊗ Gedruckt auf säurefreiem Papier, das die DIN ISO 9706 über Haltbarkeit erfüllt.

Inhaltsübersicht

---

[*] Zitiert wird nicht nach Seiten, sondern nach
Paragraph bzw Artikel und Randnummer; siehe
dazu auch Zitierweise Seite VI.

Ergänzendes Abkürzungsverzeichnis

ArchsozArb —————— Archiv für Wissenschaft und Praxis der sozialen Arbeit

BayObLGRp —————— Report des BayObLG
BDO ————————— Bundesdisziplinarordnung
BtE ————————— Betreuungsrechtliche Entscheidungen
BtPrax ———————— Betreuungsrechtliche Praxis
BWG ————————— Bundeswahlgesetz
BZRG ————————— Bundeszentralregistergesetz

DIJuF ———————— Deutsches Institut für Jugendhilfe und Familienrecht
DIV ————————— Deutsches Institut für Vormundschaftswesen
DMW ————————— Deutsche Medizinische Wochenschrift
DNotI-Rp (Report) —— Informationsdienst des Deutschen Notarinstituts

EzFamR aktuell ——— Schnelldienst zur Entscheidungssammlung zum Familienrecht

FamFG ———————— Gesetz über das Verfahren in Familiensachen und in den Angelegenheiten der freiwilligen Gerichtsbarkeit v 17.12.2008 (BGBl I 2586)
FamPra.ch ————— Die Praxis des Familienrechts (Schweiz)
FamGKG ———————— Gesetz über Gerichtskosten in Familiensachen vom 17.12.2008 (BGBl I 2586, 2666)
FamRB ———————— Der Familienrechtsberater
FamRefK ——————— Familienrechtskommentar (1998)
FuR ————————— Familie und Recht
FF —————————— Forum Familien- und Erbrecht
FGPrax ———————— Praxis der freiwilligen Gerichtsbarkeit
FPR ————————— Familie, Partnerschaft und Recht (nunmehr vereinigt mit NJWE-FER)

GNotKG ———————— Gerichts- und Notarkostengesetz vom 23.7.2013 (BGBl I 2586)

iFamZ ———————— Interdisziplinäre Zeitschrift für Familienrecht (Österreich)

JKMW ————————— Jürgens/Kröger/Marschner/Winterstein, Betreuungsrecht kompakt (5. Aufl 2002)
JLMW ————————— Jürgens/Lesting/Marschner/Winterstein, Betreuungsrecht kompakt (ab 7. Aufl 2011)
JuMiG ———————— Justizmitteilungsgesetz und Gesetz zur Änderung kostenrechtlicher Vorschriften und anderer Gesetze v 18.6.1997 (BGBl I 1430)
JVEG ————————— Gesetz über die Vergütung von Sachverständigen, Dolmetscherinnen, Dolmetschern, Übersetzerinnen und Übersetzern sowie die Entschädigung von ehrenamtlichen Richterinnen, ehrenamtlichen Richtern, Zeuginnen, Zeugen und Dritten (Justizvergütungs- und -entschädigungsgesetz), Art 2 KostRMoG

Kerbe —————————— Kerbe – Forum für Sozialpsychiatrie

KindPrax —————————— Kindschaftsrechtliche Praxis – Zeitschrift für die praktische Anwendung und Umsetzung des Kindschaftsrechts

KindRVerbG —————————— Gesetz zur weiteren Verbesserung von Kinderrechten

KostRMoG —————————— Gesetz zur Modernisierung des Kostenrechts (Kostenrechtsmodernisierungsgesetz) v 5. 5. 2004 (BGBl I 718)

LPartG —————————— Gesetz über die eingetragene Lebenspartnerschaft (Lebenspartnerschaftsgesetz), Art 1 des Gesetzes zur Beendigung der Diskriminierung gleichgeschlechtlicher Gemeinschaften: Lebenspartnerschaften v 16. 2. 2001 (BGBl I 266)

LWV —————————— Landeswohlfahrtsverband

MittRhNotK —————————— Mitteilungen der Rheinischen Notarkammer

NDV —————————— Nachrichtendienst des Deutschen Vereins für öffentliche und private Fürsorge

NDV-RD —————————— Rechtsprechungsdienst als Beilage zum Nachrichtendienst des Deutschen Vereins

NJOZ —————————— Neue Juristische Online-Zeitschrift

NJWE-FER —————————— NJW-Entscheidungsdienst Familien- und Erbrecht (nunmehr vereinigt mit FPR)

NotBZ —————————— Zeitschrift für die notarielle Beratungs- und Beurkundungspraxis

NStZ —————————— Neue Zeitschrift für Strafrecht

PflegeRecht —————————— Zeitschrift für Rechtsfragen in der stationären und ambulanten Pflege

RdLH —————————— Rechtsdienst der Lebenshilfe

RNotZ —————————— Rheinische Notar-Zeitschrift

Rp —————————— Report (des BGH und der Obergerichte)

Rp-(OLG) —————————— Report (nach OLG getrennt)

R&P —————————— Recht und Psychiatrie

RpflStud —————————— Rechtspfleger Studienhefte

RsDE —————————— Beiträge zum Recht der sozialen Dienste und Einrichtungen

RVG —————————— Gesetz über die Vergütung der Rechtsanwältinnen und Rechtsanwälte (Rechtsanwaltsvergütungsgesetz), Art 3 KostRMoG v 5. 5. 2004 (BGBl I 718)

SGB —————————— Sozialgesetzbuch

TuP —————————— Theorie und Praxis der sozialen Arbeit

VBVG —————————— Gesetz über die Vergütung von Vormündern und Betreuern (Vormünder- und Betreuervergütungsgesetz) v 21. 4. 2005 (BGBl I 1073)

VGT —————————— Vormundschaftsgerichtstag; jetzt: Betreuungsgerichtstag

WDO —————————— Wehrdisziplinarordnung

Ergänzendes Abkürzungsverzeichnis

ZAP —————————— Zeitschrift für die Anwaltspraxis
ZErb —————————— Zeitschrift für die Steuer- und Erbrechtspraxis
ZFE —————————— Zeitschrift für Familien- und Erbrecht
ZfF —————————— Zeitschrift für das Fürsorgewesen
ZfSH/SGB ——————— Zeitschrift für Sozialhilfe und Sozialgesetzbuch
ZKJ —————————— Zeitschrift für Kindschaftsrecht und Jugendhilfe
ZME —————————— Zeitschrift für medizinische Ethik
ZSR —————————— Zeitschrift für Sozialreform

Titel 2
Rechtliche Betreuung

Vorbemerkungen zu §§ 1896 ff

Materialien

I. Zum Betreuungsgesetz

1. Diskussions-Teilentwurf Gesetz über die Betreuung Volljähriger (Betreuungsgesetz – BtG), hrsg v BMJ November 1987 (gebunden 1987);

2. Diskussions-Teilentwurf eines Gesetzes über die Betreuung Volljähriger (Betreuungsgesetz – BtG), Teil II April 1988 (nicht in Buchform);

3. RefEntw eines Gesetzes über die Betreuung Volljähriger (Betreuungsgesetz – BtG) Stand 2. 11. 1988;

4. RegEntw eines Gesetzes zur Reform des Rechts der Vormundschaft und Pflegschaft für Volljährige (Betreuungsgesetz – BtG) v 11. 5. 1989 – BR-Drucks 59/89 (auch als BT-Drucks 11/4528);

5. Stellungnahme des Bundesrates zum RegEntw BR-Drucks 59/89; auch als Anl 2 in BT-Drucks 11/4528, 203 ff;

6. Gegenäußerung der BReg z Stellungnahme des BRates, Anl 3 in BT-Drucks 11/4528, 225 ff;

7. Erste Lesung im Bundestag 23. 6. 1989, Plenarprotokoll 11/153;

8. Beschlußempfehlung und Bericht des Rechtsausschusses (6. Ausschuß) v 24. 4. 1990 – BT-Drucks 11/6949;

9. Änderungsanträge der Fraktion Die Grünen BT-Drucks 11/6962 bis 6966; Änderungsanträge der Fraktion der SPD BT-Drucks 11/6973 und 11/6974;

10. Beratung und Beschlußfassung im Bundestag 25. 4. 1990, Plenarprotokoll 11/206;

11. Beschlußfassung über die Zustimmung des Bundesrates v 1. 6. 1990 BR-Drucks 316/9. Von Bedeutung außerdem: BT-Drucks 10/4271 – Große Anfrage der SPD-Fraktion zur Grundkonzeption der Reform; Antwort der BReg BT-Drucks 10/5970. Ferner: BT-Drucks 11/669 betr Beistand und mehr Rechte für geistig Behinderte und psychisch kranke Menschen, wird durch die Reform als erledigt angesehen. Protokolle der Anhörung durch den Rechtsausschuss des Deutschen Bundestages m Anlagen. Auf die Änderung durch die Neufassung des BGB v 2. 1. 2002 (BGBl I 42) ist bei den einzelnen Paragraphen hingewiesen worden.

II. Zum (ersten) Betreuungsrechtsänderungsgesetz

1. Referenten-Entwurf Stand 7. 2. 1996;

2. Regierungsvorlage: Entwurf eines Gesetzes zur Änderung des Betreuungsrechts sowie weiterer Vorschriften (Betreuungsrechtsänderungsgesetz – BtÄndG) – BR-Drucks 960/96;

3. RegEntw v 20. 12. 1996 mit Stellungnahme des Bundesrates und Gegenäußerung der BReg BT-Drucks 13/7158;

4. 1. Beratung im Bundestag 13. 3. 1997, Plenarprotokoll 13/163, 14683 A;

5. Öffentliche Anhörung des Rechtsausschusses (6. Ausschuß) am 11. 6. 1997 – Protokoll 90. Sitzung;

6. Beschlußempfehlung und Bericht des Rechtsausschusses v 1. 4. 1998, BT-Drucks 13/10331, zu dem Gesetzentwurf (13/7158) und zu dem Entschließungsantrag der Fraktion der SPD (13/7176);

7. Antrag der SPD-Fraktion betr Reform des Betreuungsrechts: Von der justizförmigen zur sozialen Betreuung vom 1. 4. 1998, BT-Drucks 13/103011;

8. 2. und 3. Beratung im Bundestag 3. 4. 1998, Plenarprotokoll 13/228, 20957 C ff: Annahme des Entwurfs des BtÄndG sowie der vom Rechtsausschuss zur Annahme empfohlenen Entschließung betr Überarbeitung des Betreuungsrechts;

9. Anrufung des Vermittlungsausschusses durch den Bundesrat am 8. 5. 1998 (Protokoll der 725. Sitzung, 231 A und 231 B); BR-Drucks 339/98

Werner Bienwald

(Beschluss); Empfehlungen der Ausschüsse BR-Drucks 339/1/98;

10. Beschlußempfehlung des Vermittlungsausschusses vom 28. 5. 1998 (BT-Drucks 13/10874; BR-Drucks 517/98);

11. Annahme der Beschlußempfehlung des Vermittlungsausschusses durch den Bundestag und den Bundesrat am 29. 5. 1998 (239. Sitzung), BR-Drucks 517/98 und Beschluss;

Von Bedeutung außerdem: Große Anfrage der Fraktion der SPD zum Betreuungsrecht v 6. 2. 1996 (BT-Drucks 13/3834); Antwort der BReg auf die Große Anfrage BT-Drucks 13/7133 und Entschließungsantrag der Fraktion der SPD (BT-Drucks 13/7176); zu diesem s oben Nrn 6 und 8. Auf Empfehlung des Rechtsausschusses wurde dieser Entschließungsantrag vom Bundestag für erledigt erklärt. Ein Entschließungsantrag der Gruppe der PDS auf Drucks 13/10336 wurde abgelehnt. Die Vorlage auf Drucks 13/10301 (s oben Nr 7) wurde an den Rechtsausschuß (federführend) und den Ausschuß für Familie, Senioren, Frauen und Jugend überwiesen (Plenarprotokoll 13/228, 20966).

S dazu auch: ZRP-Gesetzgebungs-Rp 1997, 84, 121 und 1998, 197, 245; ferner „recht" Mitteilungen des Ministeriums der Justiz 1998, 65.

III. Zum Zweiten Betreuungsrechtsänderungsgesetz sowie weiteren Änderungen des Betreuungsrechts

1. Entwurf eines Zweiten Gesetzes zur Änderung des Betreuungsrechts (2. Betreuungsrechtsänderungsgesetz – 2. BtÄndG), vorgelegt von der Bund-Länder-Arbeitsgruppe „Betreuungsrecht" der Justizministerkonferenz, Stand: 6. 11. 2003;

2. Beschluss der Justizministerkonferenz v 6. 11. 2003;

3. Gesetzesantrag der Länder Nordrhein-Westfalen, Bayern, Sachsen und Niedersachsen betr Entwurf eines ... Gesetzes zur Änderung des Betreuungsrechts (... Betreuungsrechtsänderungsgesetz ... BtÄndG) v 19. 11. 03 (BR-Drucks 865/03 = BT-Drucks 15/2494);

4. Beschlussempfehlung und Bericht des Rechtsausschusses des Deutschen Bundestags v 16. 2. 2005 (BT-Drucks 15/4874); Beschluss des

Bundestags v 18. 2. 2005; Zustimmung des Bundesrates v 18. 3. 2005 (BR-Drucks 121/05);

5. Stellungnahme des Bundesrates betr Entwurf eines Gesetzes zur Änderung der Vorschriften über die Anfechtung der Vaterschaft und das Umgangsrecht von Bezugspersonen des Kindes (BR-Drucks 751/03 [Beschluss]) mit Vorschlägen zur Änderung der BNotO (Einfügen der §§ 78a bis 78c) und des § 69e FGG.

IV. Zum Dritten Gesetz zur Änderung des Betreuungsrechts

Antrag der Abgeordneten Kauch u a v 30. 6. 2004 „Selbstbestimmungsrecht und Autonomie von nichteinwilligungsfähigen Patienten stärken" (BT-Drucks 15/3505);

„Patientenautonomie am Lebensende", Ethische, rechtliche und medizinische Aspekte zur Bewertung von Patientenverfügungen, Bericht der Arbeitsgruppe „Patientenautonomie am Lebensende" v 10. 6. 2004;

Zwischenbericht der Enquete-Kommission Ethik und Recht der modernen Medizin „Patientenverfügungen", BT-Drucks 15/3700 v 13. 9. 2004;

Bundesministerium der Justiz, Entwurf eines 3. Gesetzes zur Änderung des Betreuungsrechts, Stand 1. 11. 2004;

Bundesministerium der Justiz, Eckpunkte zur Stärkung der Privatautonomie, v 5. 11. 2004;

Gesetzentwurf der Abgeordneten Stünker ua v 6. 3. 2008 (BT-Drucks 16/8442);

Gesetzentwurf der Abgeordneten Zöller ua v 18. 12. 2008 (BT-Drucks 16/11493);

Gesetzentwurf der Abgeordneten Bosbach ua, veröffentlicht am 21. 10. 2008 (BT-Drucks 16/11360);

Beschlussempfehlung und Bericht des Rechtsausschusses (BT-Drucks 16/13314);

Entwurf eines Gesetzes zur Klarstellung der Verbindlichkeit von Patientenverfügungen (Patientenverfügungsverbindlichkeitsgesetz – PVVG), v 18. 12. 2008, BT-Drucks 16/11493.

V. Zum Gesetz zur Reform des Verfahrens in Familiensachen und in den Angelegenheiten der freiwilligen Gerichtsbarkeit (FGG-Reformgesetz – FGG-RG)

Gesetzentwurf der Bundesregierung v 7. 9. 2007

(BT-Drucks 16/6308) mit Stellungnahme des Bundesrates (Anlage 2) und Gegenäußerung der Bundesregierung (Anlage 3); Beschlussempfehlung und Bericht des Rechtsausschusses BT-Drucks 16/9733; Beschluss des Bundesrates v 29. 8. 2008 (BR-Drucks 617/08); Veröffentlichung am 17. 12. 2008 (BGBl I 2586).

VI. Zum Gesetz zur Änderung des Vormundschafts- und Betreuungsrechts
Entwurf der Bundesregierung (BT-Drucks 17/3617); Beschlussempfehlung und Bericht des Rechtsausschusses BT-Drucks 17/5512; Beschluss des Bundestages v 14. 4. 2011 (BR 243/11); Beschluss des Bundesrates (BR-Drucks 243/11) v 27. 5. 2011 (Beschluss); verkündet am 5. 7. 2011 (BGBl I 1306).

VII. Zum Gesetz zur Stärkung der Funktionen der Betreuungsbehörde
Referentenentwurf des Bundesministeriums der Justiz v 18. 7. 2012; Entwurf der Bundesregierung v 22. 3. 2013 (BR-Drucks 220/13); Beschluss des Deutschen Bundestages v 13. 6. 2013 (Drucks 501/13) aufgrund der Empfehlung des Rechtsausschusses – Drucks 17/13419, 17/13619; verkündet am 28. 8. 2013 (BGBl I 3393); in Kraft seit 1. 7. 2014 (Art 4).

VIII. Zum Gesetz zur Regelung der betreuungsrechtlichen Einwilligung in eine ärztliche Zwangsmaßnahme
Gesetzentwurf der Fraktionen der CDU/CSU und FDP v 19. 11. 2012 (BT-Drucks 17/11513); Beschlussempfehlung v 16. 1. 2013 (BT-Drucks 17/12086); verkündet am 18. 2. 2013 (BGBl I 266).

IX. Gesetz zur Verbesserung der Beistandsmöglichkeiten unter Ehegatten und Lebenspartnern
Noch nicht abgeschlossen ist das Gesetzesvorhaben, das eine Vertretung von Ehegatten und Lebenspartnern des einen Partners für den anderen vorsehen soll. Beraten wird ein Entwurf des Bundesrates für dieses Gesetz (Gesetzesentwurf des Bundesrats zur Verbesserung der Beistandsmöglichkeiten unter Ehegatten und Lebenspartnern in Angelegenheiten der Gesundheitssorge und in Fürsorgeangelegenheiten, BT-Drucks 18/10485 vom 30. 11. 2016). Um Missbräuche zu verhindern, soll die Partnervertretung auf die reine Vertretung in Gesundheitsangelegenheiten beschränkt und in der Dauer begrenzt werden. Dazu DUTTA, Gesetzliche Beistandschaft unter Ehegatten und Lebenspartnern bei Handlungsunfähigkeit, FamRZ 2017, 581. Zugleich soll die Pauschalvergütung für Berufsbetreuer durch Erhöhung der Stundensätze um 15% verbessert werden (Mitteilung der MDR 5/2017, R7). In der Sitzung des BRates am 7. 7. 2017 v d Tagesordnung abgesetzt.

X. Keine unmittelbaren Änderungen des Betreuungsrechts sind durch das Gesetz zur Verbesserung der Rechte von Patientinnen und Patienten v 20. 2. 2013 (BGBl I 277), das am 8. 12. 2015 in Kraft getretene Gesetz zur Verbesserung der Hospiz- und Palliativversorgung in Deutschland (Hospiz- und Palliativgesetz – HPG) v 1. 12. 2015 (BGBl I 2114) und das am 10. 12. 2015 in Kraft getretene Gesetz zur **Strafbarkeit der geschäftsmäßigen Förderung der Selbsttötung** v 3. 12. 2015 (BGBl I 2177) eingetreten. In der praktischen Betreuung kann vor allen Dingen das Patientenverbesserungsgesetz Bedeutung haben (Behandlungsvertrag; Einwilligung in die Durchführung einer medizinischen Maßnahme). Materialien: Entwurf der Bundesregierung v 15. 8. 2012 (BT-Drucks 17/10488) und v 25. 5. 2012 (BR-Drucks 312/12). Nicht lediglich auf betreute Personen bezogen ist das Gesetz zur Weiterentwicklung des Behindertengleichstellungsrechts vom 19. 7. 2016 (BGBl I 1757), das am 27. 7. 2016 in Kraft getreten ist, und das Gesetz zur Stärkung der Teilhabe und Selbstbestimmung von Menschen mit Behinderungen (**Bundesteilhabegesetz** – BTHG) vom 23. 12. 2016 BGBl I 3234). Das Gesetz tritt im Wesentlichen am 1. 1. 2018 in Kraft. Bereits seit dem 1. 4. 2017 gilt statt des für den Vermögenseinsatz gem § 90 SGB XII bisher geltenden Betrags von 2600 Euro der Betrag von 5000 Euro zuzüglich 500 Euro für jede Person, die von einer in der Einstandsgemeinschaft lebenden Person überwiegend unterhalten wird (Durchführungsverordnung zu § 90

Abs 2 Nr 9 SGB XII; geändert durch ÄnderungsVO v 22. 3. 2017) (BGBl I 519). Gesetzentwurf der Bundesregierung v 5. 9. 2016 (BT-Drucks 18/9522). Das Gesetz dient der weiteren Umsetzung der am 26. 3. 2009 in Kraft getretenen UN-Behindertenrechtskonvention (Mitteilung der FamRZ 2016, 2068). Dazu die Verordnung über die Schlichtungsstelle nach § 16 des Behindertengleichstellungsgesetzes und ihr Verfahren und zur Änderung weiterer Verordnungen vom 25. 11. 2016 (BGBl I 2659). Von Bedeutung kann das zweite Gesetz zur Stärkung der pflegerischen Versorgung und zur Änderung weiterer Vorschriften (**Zweites Pflegestärkungsgesetz** – PSG II) vom 21. 12. 2015 sein, das im Wesentlichen seit 1. 1. 2016 in Kraft ist. Dazu GRÜNER, Zweites Pflegestärkungsgesetz – PSG II: Praxiskommentar (1. Aufl 2016). Drittes Gesetz zur Stärkung der pflegerischen Versorgung und zur Änderung weiterer Vorschriften (Drittes Pflegestärkungsgesetz – PSG III) vom 23. 12. 2016 (BGBl I 3191). Das Gesetz ist im Wesentlichen am 1. 1. 2017 in Kraft getreten. Als Verbesserung im Schutz von Menschen mit Behinderungen wird das Gesetz zur Änderung des Strafgesetzbuchs – **Verbesserung des Schutzes der sexuellen Selbstbestimmung** – gesehen, das am 4. 11. 2016 veröffentlicht wurde (BGBl I 2460) und am 10. 11. 2016 in Kraft getreten ist. Siehe dazu den entsprechenden Beitrag von LEONHARD in Rechtsdienst der Lebenshilfe 2016, 172. Das Gesetz zur Abwicklung der

staatlichen Notariate in Baden-Württemberg vom 23. 11. 2015 (BGBl I 2090) wird im Wesentlichen am 1. 1. 2018 in Kraft treten. Gesetz zur Umsetzung der Richtlinie über die Vergleichbarkeit von Zahlungskontoentgelten, den Wechsel von Zahlungskonten sowie den Zugang zu Zahlungskonten mit grundlegenden Funktionen vom 11. 4. 2016 (BGBl I 720). Gesetz zur Weiterentwicklung der Versorgung und der Vergütung für psychiatrische und psychosomatische Leistungen (PsychVVG) vom 19. 12. 2016 (BGBl I 2986). Das Gesetz ist im Wesentlichen am 1. 1. 2017 in Kraft getreten.

XI. Normen des **Strafrechts** können in verschiedener Hinsicht von Bedeutung sein. Für die Praxis der Betreuung und den Schutz der Betroffenen kommen in erster Linie Straftaten gegenüber weiblichen Betreuten im Bereich des Sexualstrafrechts in Betracht. Von Interesse deshalb das Fünfzigste Gesetz zur Änderung des Strafgesetzbuchs – Verbesserung des Schutzes der sexuellen Selbstbestimmung vom 4. 11. 2016 (BGBl I 2460); in Kraft seit 10. 11. 2016. Dazu RENZIKOWSKI, „Nein ! – Das neue Sexualstrafrecht", NJW 2016, 3553. Änderungen des Strafrechts und der Strafprozessordnung, aber auch des Gewaltschutzgesetzes und des FamFG, enthält das am 10. 3. 2017 in Kraft getretene „Gesetz zur Verbesserung des Schutzes gegen Nachstellungen" vom 1. 3. 2017 (BGBl I 386).

Schrifttum

1. Kommentare zum Betreuungsrecht
BAUER/BIRK/RINK, Heidelberger Kommentar zum Betreuungs- und Unterbringungsrecht (Loseblattwerk 1994 ff)
BIENWALD, Betreuungsrecht, Kommentar zum BtG/BtBG (1. Aufl 1992; 2. Aufl 1994; 3. Aufl 1999; 4. Aufl 2005; 5. Aufl 2011; 6. Aufl 2016; 4. u 5. Aufl als BIENWALD/SONNENFELD/HOFFMANN; 6. Aufl als BIENWALD/SONNENFELD/HARM)
DAMRAU/ZIMMERMANN, Betreuungsgesetz (1. Aufl 1991; 2. Aufl 1995; 3. Aufl 2001; 4. Aufl 2010)

DODEGGE/ROTH, Betreuungsrecht, Systematischer Praxiskommentar (4. Aufl 2014)
HOLZHAUER/REINICKE, Betreuungsrecht (1993)
JÜRGENS (Hrsg), Kommentar zum materiellen Betreuungsrecht, zum Verfahrensrecht und zum Betreuungsbehördengesetz (5. Aufl 2014)
JURGELEIT (Hrsg), Betreuungsrecht, Kommentar (3. Aufl 2013)
KNITTEL, Betreuungsgesetz (Loseblattwerk, 1992 ff; 49. ErgLfg)
ders, Betreuungsrecht (1. Aufl 2010)
MünchKomm/SCHWAB (6. Aufl 2012)
SCHMIDT/BAYERLEIN/MATTERN/OSTERMANN,

Betreuungspraxis und psychiatrische Grundlagen (2. Aufl 2011).

2. Lehrbücher und Kurzdarstellungen des Betreuungsrechts

FRÖSCHLE, Betreuungsrecht 2005 (2005)
FRÖSCHLE, Studienbuch Betreuungsrecht
(3. Aufl 2013)
Handbuch für Betreuer, Organisations- und Arbeitshilfe für das Betreuungsrecht und Sozialrecht 2016)
PARDEY/KIESS, Betreuungs- und Unterbringungsrecht (5. Aufl 2014)
PROBST, Betreuungs- und Unterbringungsverfahren (2. Aufl 2009)
RAACK/THAR, Leitfaden Betreuungsrecht
(6. Aufl 2014)
SEICHTER, Einführung in das Betreuungsrecht
(4. Aufl 2010).

3. Betreuungsverfahrens- und Unterbringungsverfahrensrecht des FamFG

BAHRENFUSS, FamFG. Gesetz über das Verfahren in Familiensachen und in den Angelegenheiten der freiwilligen Gerichtsbarkeit. Kommentar (3. Aufl 2016)
BOLKART, Die Reform des Verfahrens in Familiensachen und in den Angelegenheiten der freiwilligen Gerichtsbarkeit, MittBayNot 2009, 268
BÜTE, Grundzüge des Gesetzes zur Reform des Verfahrens in Familiensachen und in Angelegenheiten der freiwilligen Gerichtsbarkeit (FGG-RG), FuR 2009, 509
Bundesministerium der Justiz, FGG-Reformgesetz, hier: Bemerkungen zum Übergangsrecht bei Bestandsverfahren (Mitteilung des BMJ v 27. 7. 2009), FamRZ 2009, 1386
DEINERT, FamFG und Betreuungsbehörde, Betreuungsmanagement 2009, 74
DIEKMANN, Neue Verfahrensvorschriften im Betreuungsfach nach dem FamFG – Ein Überblick, BtPrax 2009, 149
FRÖSCHLE, Beteiligte und Beteiligung am Betreuungs- und Unterbringungsverfahren nach dem FamFG, BtPrax 2009, 155
FRÖSCHLE (Hrsg)/GUCKES/KUHRKE/LOCHER, Praxiskommentar Betreuungs- und Unterbringungsverfahren (3. Aufl 2014)

HARM, Verfahrenspflegschaft in Betreuungs- und Unterbringungssachen (4. Aufl 2013)
ders, Der Verfahrenspfleger – Rechtsstellung und Aufgaben im Lichte der Rechtsprechung, Rpfleger 2016, 385
HEINEMANN, Die Reform der freiwilligen Gerichtsbarkeit durch das FamFG und ihre Auswirkungen auf die notarielle Praxis, DNotZ 2009, 6
HOLZER, Der Beteiligtenbegriff in der freiwilligen Gerichtsbarkeit, ZNotP 2009, 122
KNITTEL, Das FGG-Reformgesetz – ein „Mammutwerk", Betreuungsmanagement 2009, 59
ders, BGH-Zuständigkeit für Betreuungs- und Unterbringungssachen – Der Weisheit letzter Schluss?, FF 2015, 281
KRETZ, Einstweilige Anordnungen in Betreuungs- und zivilrechtlichen Unterbringungssachen nach dem FamFG, BtPrax 2009, 160
MENNE, Aufsatzübersicht FamFG, FamRZ 2009, 1464
MÜTHER, Verfahrensrechtliche Probleme des Betreuungsverfahrens, FPR 2012, 1
ROTH, Die Reform der freiwilligen Gerichtsbarkeit durch das FamFG, JZ 2009, 585
SORG, Wesentliche Änderungen in Betreuungssachen nach dem FGG-Reformgesetz, BWNotZ 2009, 90
SONNENFELD, Rechtsmittel im Betreuungs- und Unterbringungsverfahren, BtPrax 2009, 167
ZIMMERMANN, Das Unterbringungsverfahren im FamFG, Betreuungsmanagement 2009, 67.

4. Sonstiges Schrifttum zum Betreuungs-, Unterbringungs- und Verfahrenspflegschaftsrecht

(seit ca 2000; zu früherem Schrifttum vgl STAUDINGER/BIENWALD [2006])
ACKERMANN/KANIA, 20 Jahre Betreuungsbehörden, BtPrax 2012, 144
ADLER, Die ehrenamtliche Betreuung – eine Erfolgsgeschichte? Evaluation aus betreuungssoziologischer Perspektive, FPR 2012, 36
Akademie für Öffentliches Gesundheitswesen, Betreuungsrechtliche Praxis in Einrichtungen der stationären Altenhilfe (2002)
AMEDICK, Die Justizvollzugsanstalt (JVA) als Heim iSd § 5 Abs 3 VBVG? – zugleich Be-

sprechung der Entscheidung des BGH v 14. 12. 2011 – XII ZB 521/10 – (BtPrax 2012, 65); BtPrax 2012, 147

ANSEN, Soziale Diagnose in der Betreuungsbehörde, BtPrax 2011, 189

BARTELHEIMER, Die Entwicklung des Unterbringungsrechts bis zum Bundesgesetz über das gerichtliche Verfahren bei Freiheitsentziehungen vom 1. 7. 1956 und dessen Auswirkung auf die Gesetzgebung der Bundesländer (2003)

BERNAU/RAU, Die Übernahme einer Betreuung – ein straf- und zivilrechtliches Haftungsrisiko?, NJW 2008, 3756

C BIENWALD, Der Rechtsanwalt als Betreuer oder Vorsorgebevollmächtigter, FPR 2012, 28

W BIENWALD, Was ist und was will Betreuungsrecht? – zur Arbeit diakonischer Betreuungsvereine, Kirche und Recht 2000, 23

ders, Verfahrenspflegschaftsrecht (2002)

ders, Die Rechtliche Betreuung – gestern, heute, morgen, RsDE 50/2002, 1

ders, Persönliches Budget und Rechtliche Betreuung, FamRZ 2005, 254

ders, Die Zwangsbehandlung und Unterbringung geistig verwirrter Menschen aus betreuungsrechtlicher Sicht, FPR 2012, 4

ders, Zur Entwicklung des Betreuungsrechts, FF 2012, 57

ders, Die Vergütung eines Betreuers, dem die Besorgung einer einzelnen Angelegenheit aufgegeben wurde, JR 2012, 317

ders, Die an nennenswerter Hinterlassenschaft interessierten Erben oder sonst Begünstigten und die Ausgabenpolitik des Betreuers oder der Bevollmächtigten, RpflStud 2012, 127

ders, Zur Verfahrensgebühr eines Anwalts in einem Beschwerdeverfahren nach dem FamFG, RpflStud 2012, 77

ders, Eine rechtsgrundlose Bestellung von Verfahrenspflegern zur Entlastung der Betreuungsgerichte, RpflStud 2013, 4

ders, Abhebungen vom Betreutenkonto durch Betreuten und Betreuer und die Rechenschaft/Rechnungslegung durch den Betreuer, RpflStud 2013, 45

ders, Mängel in der Anwendung des Betreuungsrechts, RpflStud 2013/81

ders, Zur Praxis persönlicher Anhörung durch das Gericht nach dem FamFG, RpflStud 2013, 147

ders, Delegationsbefugnisse des rechtlichen Betreuers?, RpflStud 2013, 179

ders, Rechtsänderungen durch das Gesetz zur Stärkung der Funktionen der Betreuungsbehörde, Rpfleger 2014, 574

ders, Gedanken zu einer Systemänderung des Betreuungsrechts, RpflStud 2015, 112

ders, Zur Sachverhaltsfeststellung vor der Entscheidung über die Bestellung eines Betreuers, RpflStud 2016, 8

ders, Der überflüssige Kontrollbetreuer, RpflStud 2015, 4

ders, Zur Fehlerhaftigkeit von Verfahrenspflegerbestellungen und deren Unanfechtbarkeit; Bemerkungen aus Anlass der Entscheidung des BGH, Beschluss v 25. 2. 2015, FamRZ 2015, 847; FamRZ 2015, 1779

ders, Zur „Unbetreubarkeit" einer/eines Betreuten, RpflStud 2015, 157

ders, Das Betreuungsbehördenstärkungsgesetz vom 28. 8. 2013 (BGBl I 3393) und Folgen für die Tätigkeit anerkannter Betreuungsvereine (aufgezeigt am Beispiel Hamburg), BtPrax 2016, 23

ders, Rechtliche Betreuung eines Menschen mit Unterstützungsbedarf; gibt es diesen Betreuten?, RpflStud 2016 Heft 4

ders, Eine vergessene Regelung zur Eignung einer Person als rechtlicher Betreuer, RpflStud 2016, 93

ders, Zur Bestellung eines Kontrollbetreuers bei Überforderung des Bevollmächtigten, RpflStud 2016, 126

ders, Zu Wesen und Unwesen von Selbstverwaltungs- und Entlastungserklärungen in der rechtlichen Betreuung, RpflStud 2016, 130

ders, Fristenlauf der Genehmigungen bei Unterbringung zur Zwangsbehandlung, FamRZ 2016, 1730

ders, Klarstellung eines nicht erforderlichen Aufgabenkreises?, FamRZ 2016, 1337

ders, Aktuelle Entwicklungen im Rechtsfürsorgebereich in Deutschland, iFamZ 2016, 163

ders, Rechtliche Betreuung und das Behindertengleichstellungsgesetz, BtPrax 2017, 21

ders, Persönliche Betreuung versus Integration, RpflStud 2017, 10 ders, Der Rechtsanwalt im Rechtsstreit der von ihm betreuten Person, RPflStud 2017, 12

BINSCHUS, Hinweise zur rechtlichen Betreuung, ZfF 2010, 109

ders, Rechtliche Betreuung und Vorsorgevollmacht; Genehmigungpflichten – Hinweise auf aktuelle Entscheidungen, ZfF 2014, 257

BÖHM, Haben die Betreuungsgerichte ein Alkoholproblem?, FamRZ 2017, 15

BÖHM/DIETL, Die Indikation aus Ärztlicher und juristischer Sicht, BtPrax 2012, 127

BÖHM/LERCH/RÖSLMEIER/WEISS/SPANL, Handbuch für Betreuer (Neubearb 2011)

BOEMKE, Abbruch lebenserhaltender Maßnahmen, NJW 2015, 378

BOHNERT, Unterbringungsrecht (2000)

BRUCKER (Hrsg), Aufgaben und Organisation der Betreuungsbehörden (1999)

ders (Hrsg), Betreuungsbehörden auf dem Weg ins 21. Jahrhundert (2001)

ders, Finanzieller Missbrauch alter und pflegebedürftiger Menschen – Kein Thema – Kein Problem? Teil 1 BtPrax 2016, 163; Teil 2 BtPrax 2016, 221

BROSEY, Einwilligungsvorbehalt und Art 12 der UN-BRK, BtPrax 2014, 243

COESTER, Betreuungsrecht: Neuerungen und Akzentverlagerungen, Jura 2008, 594

ders, Von rechtlicher zu privater Betreuung?, in: FS Arai (2015) 162

COESTER-WALTJEN, Höchstpersönliche Angelegenheiten von betreuten Personen: Eheschließung und Ehescheidung, in: FS Arai (2015) 176

COESTER-WALTJEN/LIPP/SCHUMANN/VEIT (Hrsg), Zwangsbehandlung bei Selbstgefährdung. 14. Göttinger Workshop zum Familienrecht 2015 (2016)

DEGENER, Erwachsenenschutz, Vormundschaft und Betreuung aus menschenrechtlicher Behinderungsperspektive, BtPrax 2016, 205

DEINERT, Der Betreuer im Ehe- und Lebenspartnerschaftsrecht, BtPrax 2005, 16

ders, Gewöhnlicher (Heim-)Aufenthalt und pauschale Betreuervergütung, FamRZ 2005, 954

ders, 20 Jahre Betreuungsstatistik. Anmerkungen und Wünsche, BtPrax 2012, 15

ders (Hrsg), Steuerrecht für Betreuer und Betreute: Ein Leitfaden für die Betreuungspraxis (2012)

ders, Beschäftigungsende beim Vereins- und Behördenbetreuer – Betreuungs- und dienstrechtliche Konsequenzen einer seltsamen Gesetzeskonstruktion, BtPrax 2015, 138

ders, Zur Bestattungspflicht von Betreuern beim Tod von Betreuten und ihren Angehörigen, BtPrax 2016, 96

ders, Sachgerechte Stärkung der Vorsorgevollmacht – Aber wie?, BtPrax 2017, 59

DEINERT/WALTHER, Handbuch der Betreuungsbehörde (4. Aufl 2014)

DIEDERICHSEN, Zivilrechtliche Haftungsverhältnisse im Betreuungsrecht, in: FS Deutsch (1999) 131

DIEKMANN, Erforderlichkeit der Betreuung und der Vorrang anderer Hilfen, BtPrax 2011, 185

dies, 20 Jahre Betreuungsrecht – Rückblick und Ausblick, BtPrax 2012, 5

dies, Zur Einholung eines Sachverständigengutachtens durch das Betreuungsgericht vor der Bestellung eines Betreuers, BtPrax 2015, 169

DIENER, Die Auswahl des Sachverständigen im Unterbringungsverfahren und im Verfahren zur Genehmigung der Einwilligung in eine ärztliche Zwangsmaßnahme (Anmerkung zu BGH, Beschluss v 30. 10. 2013 – XII ZB 482/13, FamRZ 2014, 29), MedR 2014, 393

DODEGGE, Der Schutz des freien Willens durch die Rechtsinstitute Betreuung, Vorsorgevollmacht, Betreuungs- und Patientenverfügung, FPR 2008, 591

ders, Selbständiges Beweisverfahren zur Feststellung der Geschäftsfähigkeit eines Vollmachtgebers bei Errichtung einer oder Widerruf der Vollmacht, FamRZ 2010, 1786

ders, Keine betreuungsrechtliche Zwangsbehandlung von untergebrachten Betreuten, NJW 2012, 3694

ders, Ärztliche Zwangsmaßnahmen außerhalb einer Unterbringung?, BtPrax 2015, 185

ders, Aktuelle Probleme der Zwangsbehandlung – Zwangsbehandlung von Erwachsenen bei Selbstgefährdung. 14. Göttinger Workshop zum Familienrecht 2015, 11

DODEGGE/ZIMMERMANN, PsychKG NRW (2. Aufl 2011)

DOSE, 25 Jahre Betreuungsrecht: Die Entwicklung des deutschen Betreuungs- und Unterbringungsrecht, BtPrax 2017, 6

EHINGER, Die Rechtsprechung des BGH in Betreuungs- und Unterbringungssachen seit dem 1. 9. 2009, FPR 2012, 17

EICHENHOFER, Betreuungsrecht und Sozialrecht in Deutschland, in: FS Arai (2015) 238

H VAN ELS, Das Gesetz zur Änderung des Vormundschafts- und Betreuungsrechts in seiner Bedeutung für die Soziale Arbeit, Theorie und Praxis der Sozialen Arbeit (TUP) 2012, 43

EICHLER, Qualitätsstandards in der gesetzlichen Betreuung (2000)

ENGELFRIED, Erwartungen des Betreuungsgerichts an die Qualität rechtlicher Betreuung, BtPrax 2016, 137

ders, Unterbringungsrecht in der Praxis (2016)

ENGELS, Abbruch lebenserhaltender Maßnahmen (Anmerkung zu BGH, Beschluss v 17. 9. 2014 – XII ZB 202/13, FamRZ 2014, 1409), MedR 2015, 508

ENGELS ua, Qualität in der rechtlichen Betreuung. Erste Ergebnisse der rechtstatsächlichen Untersuchung im Auftrag des BMJV, BtPrax 2017, 53

FELIX, Die Vergütung des Berufsbetreuers, Teil 1 Rpfleger 2015, 615, Teil 2 Rpfleger 2015, 683

FIRSCHING/DODEGGE, Familienrecht 2. Halbband, Vormundschafts- und Betreuungsrecht, Handbuch der Rechtspraxis (8. Aufl 2015)

FISCHER, Das Gesetz zur Stärkung der Funktionen der Betreuungsbehörde, FamRB 2014, 234

FRANZEN, Rechtsgeschäfte erwachsener Geschäftsunfähiger nach § 105a BGB zwischen Rechtsgeschäftslehre und Betreuungsrecht, JR 2004, 221

FRÖSCHLE, Fehler bei der Sachverhaltsermittlung in Betreuungssachen – Zugleich Anm zu BGH, Beschluss v 9. 11. 2011 (usw), FamRZ 2012, 104; in: FamRZ 2012, 80

ders, Die rechtliche Betreuung und das Standesamt, StAZ 2015, 130

GENSKE, Zur Einwilligungsfähigkeit bei schmerzbeinträchtigten Patienten, MedR 2016, 173

GERCKE, Das Ausstellen unrichtiger Gesundheitszeugnisse nach § 278 StGB, MedR 2008, 592

GODEL-EHRHARDT, Rechtliche Betreuung und/ oder Sozialtherapie?, BtPrax 2011, 201

GÖTZ, Betreuer aufgepasst, FamRZ 2017, 413

GROTKOPP, Die Rolle des Betreuungsgerichts bei Entscheidungen des Betreuers am Lebensende des Betroffenen, BtPrax 2015, 39

HARM, Der „Heimvertrag" und die Genehmigungspflichten gem § 1907 BGB, Rpfleger 2012, 53

ders, Verfahrenspflegschaft in Betreuungs- und Unterbringungssachen (4. Aufl 2013)

ders, Die persönliche – Betreuung – mit gerichtlicher Kontrolle?, BtPrax 2011, 107

ders, Zur Abgrenzung zwischen Wahrnehmung der objektiven Interessen und Geltendmachung materiell – rechtlicher Ansprüche durch den Verfahrenspfleger im Betreuungsrecht, RpflStud 2013, 113

ders, Stellungnahme zur Kritik des UN-Fachausschusses zum deutschen Betreuungsrecht, BtPrax 2015, 135

ders, Das Wohn-und Betreuungsvertragsgesetz (WBVG), BtPrax 2015, 177

ders, Die UN-Behindertenrechtskonvention und das deutsche Betreuungsrecht, Rpfleger 2015, 189

ders, Das Hausrecht betreuter Menschen, BtPrax 2017, 66

HECKER/KIESER, Praxishandbuch Vorsorgevollmacht und Patientenverfügung (2017)

HEINZ/MÜLLER, Zwangsbehandlung bei Selbstgefährdung aus medizinischer Sicht, 14. Göttinger Workshop zum Familienrecht 2015, 33

HELLMANN, Der Ausschluss vom Wahlrecht im Betreuungsrecht – Handlungsbedarf für den Gesetzgeber, Rechtsdienst der Lebenshilfe 2012, 4

ders, Entwurf eines Gesetzes zur Änderung des Vormundschafts- und Betreuungsrechts, Recht der Lebenshilfe 2010, 144

HENN-BAIER, Die rechtliche Betreuung im Spannungsfeld zwischen Hilfe und Bevormundung (2003)

HOFFMANN, Das Gesetz zur Änderung des Vormundschafts- und Betreuungsrechts, FamRZ 2011, 1185

dies, Recht am eigenen Bild und Betreuung – Einwilligung als Voraussetzung befugten Herstellens, Verbreitens und Veröffentlichens eines Bildes, BtPrax 2016, 89

Jordans, Anordnung einer Betreuung trotz Vorliegen einer Vollmacht, MDR 2015, 1045

Kammeier, Einfluss und Funktion des Betreuungsrechts im Maßregelvollzug – Eine notwendige und differenzierende Betrachtung, BtPrax 2012, 140

Karliczek, Wille, Wohl und Wunsch des Betreuten und des Einwilligungsunfähigen in der Gesundheitsfürsorge (2001)

Kierig/Kretz, Formularbuch Betreuungsrecht (2. Aufl 2004)

Kirsch/Hirsch, Freiheitsentziehung durch Medikamente nach § 1906 Abs 4 BGB, BtPrax 2016, 12

Klasen, Die Vorsorgevollmacht in der Beratungspraxis der Betreuungsvereine und Betreuungsbehörden – Eine (haftungs-)rechtliche Analyse, BtPrax 2017, 62

Knieper, Geschäfte von Geschäftsunfähigen (1999)

Knittel, Der Beitrag der Rechtsprechung zum Erfolg des Betreuungsrechts. BtPrax 2012, 11, 47

Kollmeyer, Durchsetzung von Auskunfts- und Herausgabeansprüchen gegen den (vorsorge-)bevollmächtigten Miterben, NJW 2017, 1137

Kresse, Aufklärung und Einwilligung beim Vertrag über die ärztliche Behandlung einwilligungsunfähiger Patienten, MedR 2015, 91

Kretz/Band/Dohrn, Formularbuch Betreuungsrecht (3. Aufl 2012); 2. Aufl von Kierig/Kretz

Kropp, Die Vorsorgevollmacht, FPR 2012, 9

Krüger, Behandlungsabbruch und § 161 VVG, VersR 2012, 164

Kuhrke, Amt für Betreuung, BtPrax 2003, 51

Kurze, Die Kontrollbetreuung, NJW 2007, 2220

Lange/Holtwiesche, Das digitale Erbe – eine rechtstatsächliche Bestandsaufnahme, ErbR 2016, 487–492

Lamplmayer, Vom Sachwalterrecht zur Erwachsenenvertretung, iFamZ 2016, 158

ders, Partizipative Gesetzgebung in Österreich und Deutschland – Erste Erfahrungen mit Art 4 Abs 3 der UN-Behindertenrechtskonvention (UN-BRK), BtPrax 2017, 18

Leonhard, Wahlrechtsausschlüsse von Men-

schen mit Behinderung: Aktueller Stand, Rechtsdienst der Lebenshilfe 2016, 167

Lipp, Freiheit und Fürsorge: Der Mensch als Rechtsperson (2000)

ders, Betreuung: Rechtsfürsorge im Sozialstaat … aus betreuungsrechtlicher Perspektive, BtPrax 2005, 6

ders, Der Schutz vulnerabler Patienten zwischen Medizinrecht und Erwachsenenschutzrecht, in: FS Arai (2015) 474

ders, Der rechtliche Schutz vulnerabler Patienten – Zum Zusammenspiel von Erwachsenenschutzrecht und Medizinrecht, MedR 2016, 843

ders, Assistenzprinzip und Erwachsenenschutz. Zur Kritik des Fachausschusses zur UN-Behindertenrechtskonvention am Betreuungsrecht, FamRZ 2017, 3

Lütgens, Aktuelles zur Betreuervergütung – Bewegung bei der Umsatzsteuer?, BtPrax 2012, 149

Mazur, Rechtmäßigkeit der Freiheitsentziehung durch technische Weglaufsperren und Ortungsanlagen, BtPrax 2016, 227

Mensch, Die Kontrollbetreuung – Neue Herausforderungen und alte Probleme, BtPrax 2016, 92

ders, Aktuelle Entwicklungen bei Vollmacht und Betreuung, ZEV 2016, 423

Meyer, Rechtliche Betreuung in Ordensgemeinschaften, in: FS Bienwald (2006) 195

Michel, Der persönliche Kontakt zum Betreuten, BtPrax 2012, 150 (Tagungsbericht)

Müller-Lukoschek, Wenn der Betreute erbt. Ausgewählte Fragen der Vertretung durch den Betreuer unter haftungsrechtlichen Aspekten, RpflStud 2016, 160

Müller/Renner, Betreuungsrecht und Vorsorgeverfügungen in der Praxis (4. Aufl 2014)

Müther, Das Sachverständigengutachten im Betreuungs- und Unterbringungsverfahren, FamRZ 2010, 857

Netzer, Das Rechtsmittelrecht im neuen Gesetz über das Verfahren in Familiensachen und in den Angelegenheiten der freiwilligen Gerichtsbarkeit (FamFG), ZNotP 2009, 303

Ohly, „Volenti non fit iniuria". Die Einwilligung im Privatrecht (2002)

Pardey, Reform des Betreuungsrechts durch

Verfahrensreform? Erwiderung zu Dieckmann, ZRP 2002, 425, in: ZRP 2003, 14

ders, Betreuungs- und Unterbringungsrecht in der Praxis (2. Aufl 2004)

PITSCHAS, Für ein neues Konzept des Betreuungsrechts. Abschied vom Familienrecht und Transformation der Betreuungsbehörden, FPR 2012, 61

PUTZ, Die Patientenverfügung, FPR 2012, 13

RAUDE, Der digitale Nachlass in der notariellen Praxis, RNotZ 2017, 17

RIEDEL/STOLZ, Ethische Fallbesprechungen – Relevanz für rechtliche Betreuer und betreuungsrechtliche Entscheidungen, BtPrax 2015, 127

RÖCK, Die einstweilige Anordnung in Unterbringungsverfahren, FamRZ 2017, 591

RÖTTGEN, Das Betreuungsrecht. Grundlagen und Probleme (2001)

ROTHGANG/STABER, Pflege durch Angehörige – aktueller Stand und Reformdiskussion, FPR 2012, 48

RUMPF, Die Vergütung des Berufsbetreuers (2015)

vSACHSEN GESSAPHE, Der Betreuer als gesetzlicher Vertreter für eingeschränkt Selbstbestimmungsfähige (1999)

SALMAN/WÖHLER (Hrsg), Rechtliche Betreuung von Migranten (2001)

SCHARF, Die Kosten der gesetzlichen Betreuung. Was kostet die Betreuung und wer muss zahlen?, FPR 2012, 32

SCHMID, Gesetz zur Änderung des Vormundschafts- und Betreuungsrechts vom 29. 6. 2011, FamFB 2011, 292

SCHMID, Michael, Die Wohnung des Betreuten, FamRZ 2013, 1706

SCHMAHL, Menschenrechtliche Sicht auf die Zwangsbehandlung von Erwachsenen bei Selbstgefährdung. 14. Göttinger Workshop zum Familienrecht 2015, 43

SCHMOECKEL, Die Geschäfts- und Testierfähigkeit von Demenzerkrankten, NJW 2016, 433

SCHNELLENBACH, 25 Jahre nach der Reform – Rechtliche Betreuung erneut auf dem Prüfstand, BtPrax 2017, 3

SCHÜLLER, Untervollmachten bei General- und Vorsorgevollmachten – Risiken und Gestaltungsmöglichkeiten, RNotZ 2014, 585

SCHULTE, Betreuung: Rechtsfürsorge im Sozialstaat … aus sozialrechtlicher Perspektive, BtPrax 2005, 10

ders, Genügt das aktuelle Betreuungsrecht den Anforderungen einer alternden Gesellschaft?, FPR 2012, 24

SCHULZ/MÜLLER/BRAUN/FIALA, Genehmigungen bei Betreuung und Vormundschaft (2004)

SIMON, Zwangsbehandlung bei Selbstgefährdung – Medizinethische Aspekte, 14. Göttinger Workshop zum Familienrecht 2015, 55

SONNENFELD, Betreuungs- und Pflegschaftsrecht (2. Aufl 2001)

dies (Hrsg), Nichtalltägliche Fragen aus dem Alltag des Betreuungsrechts, in: FS Bienwald (2006)

dies, Übergangsrecht bei Bestandsverfahren, FPR 2010, 65

SPANL, Vermögensverwaltung durch Vormund und Betreuer (2001)

SPANL/IMRE, Vermögensverwaltung durch Vormund und Betreuer (3. Aufl 2016)

STREINZ, Aktuelle Entwicklungen des Betreuungsrechts in Deutschland. Verfassungsrechtliche, europarechtliche und völkerrechtliche Grundlagen und ihre Umsetzung, in: FS Arai (2015) 632

STÜNKER, Schwerpunkte der rechtspolitischen Vorhaben in der 15. Legislaturperiode, ZRP 2003, 17

TÄNZER, Soziale oder rechtliche Betreuung, Maßstäbe für notwendige Strukturreformen im Betreuungswesen, Betreuungsmanagement 2005, 20

THAR, Gesprächsführung mit verwirrten Menschen im Betreuungsverfahren, FPR 2012, 41

ders, Die Grenzen rechtlicher Betreuung bei Systemsprengern und das Erfordernis personenzentrierter Angebote, BtPrax 2015, 131

THAR/KOLLBACH/WARDERMANN, Das Betreuerbüro: Erfolgreiche Unternehmensführung für Betreuer (2016)

TIETZE, Ambulante Zwangsbehandlungen im Betreuungsrecht (2005)

Vormundschaftsgerichtstag (Hrsg), Betrifft Betreuung, Schriftenreihe, zuletzt Band 11 (2011)

WARD, Erwachsenenschutzrecht im internationalen Vergleich, BtPrax 2017, 12

WEBER/DUTTGE/HÖGER, Das Selbstbestimmungsrecht einwilligungsfähiger Minderjähriger als Grenze der ärztlichen Offenbarungsbefugnis nach § 4 KKG, MedR 2014, 777

WEIS, Betreuerbestellung innerhalb von Ordensgemeinschaften, NZFam 2015, 948

WELLENHOFER, Zivilrechtliche Fragen der Pflege von Angehörigen, in: FS Coester-Waltjen (2015) 311

WESCHE, Fälle und Fragen aus der betreuungsgerichtlichen Praxis, RpflStud 2013, 119

WILLUTZKI, Die Änderung des Vormundschaftsrechts, ZKJ 2012, 168 (Teil I)

ZIMMERMANN, Der Tod des Betreuten, ZEV 2004, 453

ders, Die Vorsorgevollmacht in der Zwangsvollstreckung, DGVZ 2010, 221

ders, Vergütungsstrukturen im Familien- und Erbrecht, RpflStud 2013, 115

ders, Praxisprobleme der ärztlichen Zwangsbehandlung bei Betreuten, NJW 2014, 2479

ZWEIFEL, Ablehnung der Betreuung, BWNotZ 2005, 8.

5. Schrifttum zum Entwurf eines (ersten) Gesetzes zur Änderung des Betreuungsrechts sowie weiterer Vorschriften (Betreuungsrechtsänderungsgesetz – BtÄndG)

BARTH/WAGENITZ, Zur Neuordnung der Vergütung in Betreuungssachen, BtPrax 1996, 118

BAUER/RINK, Kritik des Entwurfs eines Gesetzes zur Änderung des Betreuungsrechts sowie weiterer Vorschriften (Betreuungsrechtsänderungsgesetz – BtÄndG) Stand: 7. 2. 1996, 1. Teil: BtPrax 1996, 130; 2. Teil: BtPrax 1996, 158

BAUMHOER, Die Reform zur Reform: Scheitert das Betreuungsrecht an der „reformierten Mittellosigkeit"?, BtPrax 1996, 134

BLANK, Stellungnahme des Bundesrates zum BtÄndG (BtPrax 2/97), BtPrax 1997, 155

DEINERT, Zum Entwurf eines Betreuungsrechtsänderungsgesetzes, LWV Baden, Betreuung aktuell 3/1997, 14

ders, Zur Änderung des Betreuungs- und Vormundschaftsrechts, ZfJ 1998, 232

ders, Zur Neuregelung der Betreuervergütung und anderer betreuungsrechtlicher Bestimmungen, FuR 1998, 241

ders, Zur Neuregelung der Betreuervergütung und anderer betreuungsrechtlicher Bestimmun-

gen, JurBüro 1998, 285 m Ergänzung (Aktueller Nachtrag zu den Beiträgen von DEINERT und KNIEPER in JurBüro 1998, 285 bzw 289) JurBüro 1998, 454

Deutscher Verein für öffentliche und private Fürsorge, Stellungnahme zum Entwurf eines Betreuungsrechtsänderungsgesetzes und zu der Stellungnahme des Bundesrates, NDV 1997, 123

DODEGGE, Das Betreuungsrechtsänderungsgesetz, NJW 1998, 3073

ENGELBRECHT, Zu den Stellungnahmen in der BtPrax, Heft 4, zum Entwurf eines Gesetzes zur Änderung des Betreuungsrechts, BtPrax 1996, 227

GENZ, Das Betreuungsrechtsänderungsgesetz, FamRZ 1996, 1324

GREINKE, Novellierung des Betreuungsrechts, Leserbrief dazu, in: BtPrax 1997, 156

Interessengemeinschaft der Betreuungsvereine in Schleswig-Holstein, Betreuungsrechtsänderungsdebatte – noch ein Beitrag, BtPrax 1997, 154

KNITTEL, Notwendige Änderungen des Betreuungsrechts aus der Sicht einer Landesjustizverwaltung, BtPrax 1996, 217

ders, Die Stellungnahme des Bundesrates zum BtÄndG, BtPrax 1997, 53

KRÖGER, Gemeinsame Stellungnahme zum Betreuungsrechtsänderungsgesetz, BtPrax 1996, 223

MEINHARDT, Vergütung des Berufsbetreuers im Wandel, Alte Regelungen im neuen Gewand?, Rpfleger 1996, 433

Rechtsdienst der Lebenshilfe, Wenig Hoffnung mit Nachbesserung des Betreuungsrechtsänderungsgesetzes, RdLH 3/1997, 114

„recht", Mitteilungen des Ministeriums der Justiz 1998, 65 zum Inkrafttreten des Betreuungsrechtsänderungsgesetzes

SNETHLAGE, Das gutgemeinte Betreuungsgesetz – Novellierungsvorschläge, BtPrax 1997, 59

STEIN, Überlegungen zur Neuordnung der Betreuervergütung, BtPrax 1996, 225

UHLENBRUCK, Entmündigung des Patienten durch den Gesetzgeber?, ZRP 1998, 46

Vormundschaftsgerichtstag eV, Positionen zur Weiterentwicklung des Betreuungsrechts, Stellungnahme des VGT eV zu den Vorschlägen der Bundesregierung und des Bundesrats zur

Änderung des Betreuungsrechts, BtPrax 1997, 144

WALTHER, Das Betreuungsrechtsänderungsgesetz (BtÄndG) und seine Auswirkungen auf die Arbeit der Betreuungsbehörden, BtPrax 1998, 125

WESCHE, Das Betreuungsrechtsänderungsgesetz, Rpfleger 1998, 93

ZRP-Gesetzgebungs-Rp 1997, 84 betr Entwurf eines Gesetzes zur Änderung des Betreuungsrechts sowie weiterer Vorschriften (Betreuungsrechtsänderungsgesetz – BtÄndG).

6. Schrifttum zum 2. Betreuungsrechtsänderungsgesetz

HELLMANN, Bestrebungen zur Änderung des Betreuungsrechts unter Zeitdruck, RdLH 2003, 102

SONNENFELD, Das 2. BtÄndG – Überblick über die wesentlichen zum 1. 7. 2005 in Kraft tretenden Änderungen, FamRZ 2005, 941

ZIMMERMANN, Die Betreuer- und Verfahrenspflegervergütung ab 1. 7. 2005, FamRZ 2005, 9507.

7. Rechtsprechungs- und Rechtsentwicklungsberichte zum Betreuungsrecht*

BINSCHUS, Hinweise zur Rechtsprechung: Betreuungsrecht, ZfF 1997, 182 ff, 253 ff

DEINERT, Neue Rechtsprechung der Bundesgerichte zur Betreuervergütung, Rpfleger 2017, 196 (im Anschluss an Rpfleger 2014, 179)

DODEGGE, Erste Entwicklungen des Betreuungsrechtes, NJW 1993, 2353

ders, Weitere Entwicklungen des Betreuungsrechts, NJW 1994, 2383

ders, Neuere Entwicklungen des Betreuungsrechts, NJW 1995, 2389

ders, Die Entwicklung des Betreuungsrechts bis Ende Mai 1996, NJW 1996, 2405

ders, Die Entwicklung des Betreuungsrechts bis Anfang Juni 1997, NJW 1997, 2425; bis Anfang Juni 1998, NJW 1998, 271; bis Anfang Juni 1999, NJW 1999, 2709; bis Anfang Juni 2000, NJW

2000, 2704; bis Anfang Juni 2001, NJW 2001, 2758; bis Anfang Juni 2002, NJW 2002, 2919; bis Anfang Juni 2003, NJW 2003, 2645; bis Anfang Juni 2004, NJW 2004, 2636; bis Anfang Juni 2005, NJW 2005, 2660, bis Anfang Juni 2006, NJW 2006, 2670; bis Anfang Juni 2007, NJW 2007, 2673; bis Anfang Juni 2008, NJW 2008, 2689 (Nachdruck BtPrax 2008, 240); bis Anfang Juni 2009, NJW 2009, 2727 (Nachdruck BtPrax 2009, 266); bis Anfang Juni 2010, NJW 2010, 2628 (Nachdruck BtPrax 2010, 251); bis Anfang Juni 2011, NJW 2011, 2704 (überarbeitete Fassung in BtPrax 2011, 227); bis Anfang Juni 2012, NJW 2012, 2932; bis Anfang Juni 2013, NJW 2013, 2639; bis Anfang Juni 2014, NJW 2014, 2691; bis Ende Juli 2015, NJW 2015, 2698; bis Ende Juli 2016, NJW 2016, 2708.

ders, Aktuelles aus dem Betreuungsrecht, BtPrax 2015, 3, BtPrax 2016, 3

ders, Aktuelles aus dem Betreuungsrecht, BtPrax 2017, 47

GUHLING, Aktuelle Rechtsprechung des Bundesgerichtshofs zur Betreuervergütung, BtPrax 2016, 212

HARM, Die Entwicklung im Vormundschafts-, Betreuungs- und Pflegschaftsrecht (ohne Vergütungsrecht), seit 2005 Rpfleger 2007, 374; seit 2007 Rpfleger 2009, 493; seit 2009 Rpfleger 2011, 478, seit 2011 Rpfleger 2013, 491, seit 2013 Rpfleger 2015, 511

HELLMANN, Rechtsprechungsübersicht zu aktuellen Problemen des Betreuungsrechts – eine Auswahl von Gerichtsbeschlüssen von 1992 bis 1995, BtPrax 1995, 158

ders, Rechtsprechungsübersicht zu ausgewählten materiell- und verfahrensrechtlichen Fragen des Betreuungsrechts, BtPrax 1997, 126

HOLZHAUER, Veröffentlichungen zum BtG 1992 und 1993, BtPrax 1994, 26

ders, Neuerscheinungen und Aufsätze außerhalb der BtPrax zum Betreuungsrecht im Jahre 1995, BtPrax 1996, 19, m Ergänzung BIENWALD, BtPrax 1996, 101

ders, Veröffentlichungen zum Betreuungsrecht

---

* Ferner wird auf die mehrmals in einem Jahr erscheinenden „Schrifttums-Hinweise" der FamRZ, die sowohl Dissertationen und Bücher als auch Beiträge in Zeitschriften und Sammel-

werken enthalten und insbesondere bei letzten die einschlägigen Zeitschriften des In- und Auslandes auswerten, hingewiesen.

aus dem Jahre 1996 außerhalb der BtPrax, BtPrax 1997, 63

ders, Veröffentlichungen zum Betreuungsrecht aus den Jahren 1997/98 außerhalb der BtPrax, BtPrax 1992, 23 m Korrektur BtPrax 1992, 62

JURGELEIT, Rechtsprechungsübersicht zum Betreuungs- und Unterbringungsrecht, FGPrax 2005, 1, 51

ders, Rechtsprechungsübersicht zum Betreuungs- und Unterbringungsrecht, FGPrax 2008, 139, 185

KAYSER, Rechtsprechungsübersicht zum Betreuungsrecht, FGPrax 1995, 173

KEMPER, Das Betreuungsrecht in der gerichtlichen Praxis – Übersicht über die von Juni 1992 bis Juni 1994 veröffentlichte Rechtsprechung, FuR 1994, 267

Rechtspfleger – Jahrbuch 1992 bis zum Einstellen des Erscheinens Ende 1997 mit Jahresübersichten über Rechtsprechung und Schrifttum aus dem Vormundschafts- und Betreuungsrecht

KLEINSORGE, Rechtsprechung zum Betreuungsrecht seit dem Jahre 2000, BtPrax 2002, 148

LESTING, Die Rechtsprechung in Unterbringungssachen nach dem FamFG, FGPrax 2012, 139

ders, Die neuere Rechtsprechung in Unterbringungssachen, FGPrax 2014, 141

MENSCH, Aktuelle Entwicklungen bei Vollmacht und Betreuung, ZEV 2016, 423

MESTER, Die Entwicklung der Rechtsprechung zum Betreuungsrecht, ZfF 2015, 241

MÜTHER, Die aktuelle Rechtsprechung des BGH in Betreuungs- und Unterbringungssachen, RpflStud 2011, 90

PAUL, Rechtsprechungsübersicht zum Vormundschafts- und Personenstandsrecht, FGPrax 2002, 1

SCHMIDT-RECLA, Zwangsmittel im Betreuungs- und Unterbringungsverfahrensrecht, FamRZ 2010, 696

SEIFERT, Die Rechtsprechung des Bundesgerichtshofs zu unterbringungsähnlichen Maßnahmen gemäß § 1906 Abs 4 BGB, FamRZ 2015, 1449

SEITZ/vGAESSLER (Hrsg), Betreuungsrechtliche Entscheidungen, Bd 1 (Jahrgänge 1992/93 Köln 1996); Bd 2 (Jahrgänge 1994/95 Köln 1998)

SONNENFELD, Rechtsprechungsberichte in FamRZ 1997, 849; FamRZ 2002, 429; FamRZ 2004, 1685; FamRZ 2005, 762; FamRZ 2006, 653; FamRZ 2007, 783; FamRZ 2008, 1803; FamRZ 2009, 1027; FamRZ 2010, 1029; FamRZ 2011, 1013; FamRZ 2012, 1525; FamRZ 2013, 1773; FamRZ 2015, 1768

STREINTZ, Aktuelle Entwicklungen des Betreuungsrechts in Deutschland, in: FS M Arai 632

WEBER, Die Entwicklung des Betreuungsrechts seit 2016 – Teil 1 NZFam 2017, 247; Teil 2 NZFam 2017, 289

WOLF, Die Entwicklung im Vormundschafts-, Betreuungs- und Pflegschaftsrecht seit 2001 (ohne Vergütungsrecht), Rpfleger 2003, 398

ZIMMERMANN, Die Rechtsprechung zur Betreuervergütung seit dem BtÄndG, FamRZ 2002, 1373

ders, Die Rechtsprechung zur Betreuervergütung nach dem VBVG, FamRZ 2006, 1802

ders, Neuere Rechtsprechung zur Betreuervergütung (VBVG), FamRZ 2008, 1307

ders, Neuere Rechtsprechung zur Vergütung von Betreuern, Verfahrenspflegern, Verfahrensbeiständen und Nachlasspflegern, FamRZ 2011, 1776

ders, Neuere Rechtsprechung zur Vergütung von Betreuern, Verfahrenspflegern, Verfahrensbeiständen und Nachlasspflegern, FamRZ 2014, 165

ders, Neue Rechtsprechung zur Vergütung von Betreuern und Nachlasspflegern, FamRZ 2016, 1230.

8. Weiteres Schrifttum*

a) Rechtstatsächliches

BIENWALD, Zur Praxis persönlicher Anhörung durch das Gericht nach dem FamFG, RpflStud 2013, 147

---

* S dazu WOLF, in: DiskE I; ferner BT-Drucks 11/4528, 38. Zur Reformgeschichte BIENWALD, BtR Einf Rn 12 ff, 48 ff.

CIRULLIES/CIRULLIES, Das neue Gesetz zur Verbesserung des Schutzes gegen Nachstellungen – eine Reform mit überschätzter Wirkung, FamRZ 2017, 493

DEINERT, Betreuungszahlen 2010, BtPrax 2011, 248

ders, 20 Jahre Betreuungsstatistik, BtPrax 2012, 15

ders, Betreuungszahlen 2013, BtPrax 2014, 256

ders, Betreuungszahlen 2014, BtPrax 2016, 9

ders, Betreuungszahlen 2015, BtPrax 2016, 218

ENGELFRIED, Unterbringungsrecht in der Praxis. Freiheitsentziehende Maßnahmen im Betreuungs- und Vormundschaftsrecht (2016)

HÖFLING/SCHÄFER, Leben und Sterben in Richterhand? (2006)

KAMPERMANN, Betreuungsrecht und Vorsorgevollmacht in der Bankpraxis (3. Aufl 2016)

KNITTEL, Der Beitrag des Bayerischen Obersten Landesgerichts zur Fortentwicklung des Betreuungs- und Unterbringungsrechts, in: FS Bienwald (2006) 145

KÖLLER/ENGELS, Rechtliche Betreuung in Deutschland, Evaluation des Zweiten Betreuungsrechtsänderungsgesetzes (2009)

LIESSFELD, Betreuungsrecht in der Praxis (2016)

MACHENBACH/KIRCHHARTZ, Zu Bedeutung und Validitätsvoraussetzungen von Patientenverfügungen. Umfragen unter deutschen Vormundschaftsrichtern, BtPrax 2005, 54

NARR/SASCHENBRECKER, Unterbringung und Zwangsbehandlung. Eine Nachfrage bei den Vormundschaftsgerichten, FamRZ 2006, 1079

RICHTER, Entstehung und Fortentwicklung des Betreuungsrechts aus der Sicht Baden-Württembergs, in: FS Bienwald (2006) 243

ROTH, Erbfall und Betreuungsrecht (2015)

SEITZ, Wohl und Wille als Handlungsnormen im Betreuungsrecht, BtPrax 2005, 170

SELLIN/ENGELS, Qualität, Aufgabenverteilung und Verfahrensaufwand bei rechtlicher Betreuung (2003)

WEINBÖRNER, Zur Vergabe einer rechtstatsächlichen Untersuchung zum Betreuungsrecht, BtPrax 2002, 22

ders, Rechtstatsächliche Forschungsergebnisse zum Betreuungsrecht, RpflBl 2003, 49

Evaluation des Zweiten Betreuungsrechtsände-

rungsgesetzes der Bund-Länder-Arbeitsgruppe, Bericht über die Ergebnisse zur Beobachtung der Kostenentwicklung im Betreuungsrecht und Handlungsempfehlungen zur Optimierung des Betreuungsrechts, Mai 2009 (Maschinenschriftliches Manuskript).

b) betreffend Vorsorgeverfügungen aller Art

ALBERS, Zur rechtlichen Ausgestaltung von Patientenverfügungen, MedR 2009, 138

ALBRECHT/ALBRECHT, Die Patientenverfügung (2009)

dies, Die Patientenverfügung – jetzt gesetzlich geregelt, MittBayNot 2009, 426

BAUER/KLIE, Bad Homburger Charta zu Patientenverfügungen, Betreuungsmanagement 2005, 37

dies, Patientenverfügungen/Vorsorgevollmachten – richtig beraten? (2. Aufl 2005)

BAUMANN/HARTMANN, Die zivilrechtliche Absicherung der Patientenautonomie am Ende des Lebens aus der Sicht der notariellen Praxis, DNotZ 2000, 594

BAUMANN/SELZENER, Vorsorge für den geschäftsunfähigen Personengesellschafter, RNotZ 2015, 605

BECKER/MATTHEIS/HENNIES/SCHIROP, Behandlungsabbruch-Patientenverfügung (Patiententestament), Betreuungsverfügung und Vorsorgevollmacht – Empfehlungen der Ethikkommission der Ärztekammer Berlin, Intensivmedizin 36, 71

BECKER-SCHWARZE, Möglichkeiten der rechtlichen Regulierung einer selbstbestimmten Entscheidung am Lebensende, in: FS Eike Schmidt (2005) 73

BECKMANN, Patientenverfügungen: Entscheidungswege nach der gesetzlichen Regelung, MedR 2009, 582

BESTELMEYER, Nochmals: Der Widerruf der Vorsorgevollmacht durch den Kontrollbetreuer – Erwiderung auf Nedden-Boeger, FamRZ 2014, 1589, FamRZ 2015, 550

BIENWALD, Die Vorsorgevollmacht – ein gleichwertiger Ersatz der Betreuerbestellung?, BtPrax 1998, 164

ders, Weiteres zur Unvollkommenheit der Vorsorgevollmacht gegenüber der Betreuung, BtPrax 1999, 92 ders, Vorsorgeverfügungen und ihre Bedeutung für das Vormundschaftsgericht, BtPrax 2002, 227

ders, Die Notwendigkeit der Schaffung einer Zentrale für Vorsorgeverfügungen, BtPrax 2002, 244

ders, Zu Theorie und Praxis der Patientenverfügung, RpflStud 2007, 11

BINSCHUS, Patientenautonomie am Lebensende; rechtliche Betreuung – Gutachten, Meinungen, Rechtsprechung, ZfF 2000, 241

ders, Betreuungsrechtliche Neuregelungen – Schwerpunkte: Patientenverfügung und Patientenautonomie, ZfF 2009, 234

BLÖSS, Patientenwille, DtÄrztebl 2004, 3390

BÖHM, Probleme beim Widerruf einer Vorsorgevollmacht durch einen – zu diesem Zweck bestellten – Kontrollbetreuer. Zugleich Anmerkung zum Beschluss des BGH v 17. 7. 2013 – XII ZB 311/12, FamRZ 2013, 1571; FamRZ 2013, 1703

BORASIO/JOS/MEIER (Hrsg), Patientenverfügung. Das neue Gesetz in der Praxis (2012)

BRAUER/LIPP, Patientenautonomie und Familie, MedR 2016, 231

BRITZ, Rechtsgeschäftliche Abgabe von Patientenverfügung, Betreuungsverfügung und Vormundbenennung, RNotZ 2001, 271

BRUNHÖLZER, Sterbehilfe aus strafrechtlicher und rechtsphilosophischer Sicht, JuS 2011, 401

BÜHLER, Zum Betreuungsrechtsänderungsgesetz und zur Vorsorgevollmacht, BWNotZ 1999, 26

ders, Vollmachterteilung zur Vermeidung einer Betreuerbestellung – Möglichkeiten und Grenzen der Vorsorgevollmacht, FamRZ 2001, 1585

BÜHLER, Vollmachtserteilung zur Vermeidung einer Betreuerbestellung, FamRZ 2001, 1585

BÜHLER/KREN/STOLZ, Sterbehilfe – Sterbebegleitung – Patientenverfügung. Ergebnisse einer bundesweiten Umfrage unter Ärzten, BtPrax 2002, 232

BUND, Die Notarkosten bei Vorsorgevollmachten mit Betreuungs- und Patientenverfügung, JurBüro 2004, 173, 580

Bundesministerium der Justiz, Eckpunkte zur Stärkung der Patientenautonomie, FamRZ 2004, 1941

BURCHARDI, Patientenverfügung und Vorsorgevollmacht bei Krankenhausaufnahme?, in: FS Schreiber (2003) 615

CHOI SEONG JIN, Patientenverfügung und Patientenautonomie zwischen Rechtsdogmatik und Rechtswirklichkeit (1. Aufl 2010)

COEPPICUS, Sterbehilfe, Patientenverfügung und Vorsorgevollmacht, Verbindlichkeit, Muster, Umsetzung (2006)

DEINERT, Unterschriftsbeglaubigung durch die Betreuungsbehörde, Betreuungsmanagement 2005, 24

ders, Sachgerechte Stärkung der Vorsorgevollmacht – Aber wie?, BtPrax 2017, 59

DIEDERICHSEN, Bemerkungen zu Tod und rechtlicher Betreuung, in: FS Schreiber (2003) 635

DIEHN/REBHAN, Vorsorgevollmacht und Patientenverfügung, NJW 2010, 326

DODEGGE, Die Vorsorgevollmacht im Lichte des Betreuungsrechtsänderungsgesetzes, BtPrax 2000, 99

ders, Selbständiges Beweisverfahren zur Feststellung der Geschäftsfähigkeit eines Vollmachtgebers bei Errichtung oder Widerruf der Vollmacht, FamRZ 2010, 1786

DUTTA, Gesetzliche Beistandschaft unter Ehegatten und Lebenspartnern bei Handlungsunfähigkeit?, FamRZ 2017, 581

DUTTGE, Sterbehilfe aus rechtsphilosophischer Sicht, GoltdArch 2001, 158

EISENBART, Patiententestament und Stellvertretung in Gesundheitsangelegenheiten (2. Aufl 2000)

EPPLE, Betreuungsverfügung und Testament, BWNotZ 2008, 147

FISCHER, Die mutmaßliche Einwilligung bei ärztlichen Eingriffen, in: FS Deutsch (1999) 545

GÖRK, Das Zentrale Vorsorgeregister der Bundesnotarkammer – neue rechtliche Grundlagen und praktische Abläufe, DNotZ 2005, 87

GRÜN, Rechtsprobleme der trans- und postmortalen Vollmacht – insbesondere deren Missbrauch wegen fehlender Rückfrage beim Erben (2000)

GRZIWOTZ, Aktueller Praxisüberblick zu Betreuungsverfügungen und Vorsorgevollmacht, JNF 2004, 352

GRZIWOTZ, Vorsorgevollmacht und Betreuung, FamRB 2012, 352

HARTENBACH, Strukturreform des Betreuungsrechts, in: FS vRenesse (2005) 271

HENKING, Der ärztlich assistierte Suizid und die Diskussion um das Verbot von Sterbehilfeorganisationen, JR 2015, 174

vHEYNITZ, Belehrungen bei Vollmachten – auch für Bevollmächtigte?, MittBayNot 2003, 269

HÖFLING, Wachkoma – rechtliche, ethische und medizinische Aspekte (2005)

ders, Brauchen wir ein Patientenverfügungsgesetz?, Betreuungsmanagement 2009, 83

ders, Das neue Patientenverfügungsgesetz, NJW 2009, 2849

HÖFLING, Antizipierte Selbstbestimmung – eine kritische Analyse der Entwürfe zu einem Patientenverfügungsgesetz, GesR 2009, 181

HÖFLING, Das neue Patientenverfügungsgesetz in der Praxis – eine erste kritische Zwischenbilanz (2011)

HÖFLING/SCHÄFER, Regelung der Patientenverfügungen aus Sicht der Rechtspraxis, ZRP 2005, 92

HOFFMANN, Auslegung von Patientenverfügungen, BtPrax 2009, 7

HOFFMANN/SCHUMACHER, Vorsorgevollmachten und Betreuungsverfügungen: Handhabung in der Praxis, BtPrax 2002, 191

HOLZHAUER, Patientenautonomie, Patientenverfügung und Sterbehilfe, FamRZ 2006, 518

ders, Zum Verlauf und zum gegenwärtigen Stand der Diskussionen um die Patientenautonomie am Lebensende, in: FS Bienwald (2006) 129

HORN, Strategien bei Vollmachtmissbrauch und Optionen bei der Gestaltung, ZEV 2016, 373

HORN/SCHABEL, Auskunfts- und Rückforderungsansprüche nach möglichem Vollmachtmissbrauch, NJW 2012, 3473

JACHERTZ, Patientenverfügung – konkret, schriftlich, zeitnah, DtÄrztebl 2004, 3390

JACOBI/MAY/KIELSTEIN/BIENWALD, Ratgeber Patientenverfügung, Vorgedacht oder selbstverfaßt? (5. Aufl 2005)

JORDANS, Anordnung einer Betreuung trotz Vorliegen einer Vollmacht, MDR 2015, 1045

KAMPERMANN, Betreuungsrecht und Vorsorgevollmacht in der Bankpraxis (3. Aufl 2016)

KEILBACH, Vorsorgeregelungen zur Wahrung der Selbstbestimmung bei Krankheit im Alter und am Lebensende, FamRZ 2003, 969

ders, Formular für Vorsorgeregelungen, DNotZ 2004, 164

KIRCHNER/EBERLE, Automatisierte elektronische Registrierung im Zentralen Register für Vorsorgeurkunden der Bundesnotarkammer, MittBayNot 2004, 242

KLIE/STUDENT, Die Patientenverfügung (2. Aufl 2002)

KNIEPER, Patiententestament (1999)

KNITTEL, Die Patientenverfügung als Rechtsinstitut – Zum Referentenentwurf eines 3. Betreuungsrechtsänderungsgesetzes, NJW-Sonderheft 2005 (Ende des BayObLG), 54

KNOPP/HOFFMANN, Rechtssicherheit am Lebensende?, MedR 2005, 83

KRESS, Patientenverfügung und Selbstbestimmung in Anbetracht der Notfallmedizin, ZRP 2009, 69

KÜBLER/KÜBLER, Selbstbestimmung am Lebensende? – Die Patientenverfügung im Gesetzgebungsverfahren, ZRP 2008, 236

KURZE, Bericht von der Jahrestagung 2010 des Vorsorge Anwalt e.V., BtPrax 2010, 272

ders, Vorsorgevollmacht, Patientenverfügung und Vormundbenennung für jüngere Menschen, ZErb 2015, 241

ders, Die Kontrollbetreuung, NJW 2007, 2220

ders, Vorsorgerecht (2017)

KUTZER, Ärztliche Pflicht zur Lebenserhaltung unter besonderer Berücksichtigung des neuen Patientenverfügungsgesetzes, MedR 2010, 531

LANGENFELD, Die Vorsorgevollmacht des Unternehmers, ZEV 2005, 52

LANZRATH, Patientenverfügung und Demenz – Der abgestufte Schutz von Willensäußerungen des erkrankten Patienten, MedR 2017, 102

LENZ/ROGLMEIER, Vorsorgeregelungen, ntv Ratgeber Recht (2009)

LIMMER, Die Vorsorgevollmacht unter Berücksichtigung des Betreuungsrechtsänderungsgesetzes, ZNotP 1998, 322

LINDNER, § 1901a Abs 3 – eine Beweisregel für die Ermittlung des mutmaßlichen Willens des Einwilligungsfähigen?, MedR 2015, 483

LINDNER/HUBER, Widerruf der Patientenverfügung durch den einwilligungsunfähigen Patien-

ten? Das Problem des „natürlichen Willens",
NJW 2017, 6
LIPP, Patientenautonomie und Sterbehilfe,
BtPrax 2002, 47
ders, Die Betreuungsverfügung als Instrument
privater Fürsorge, in: FS Bienwald (2006) 177
ders, Handbuch der Vorsorgeverfügungen
(2010)
LIPP/NAGEL, Die Patientenverfügung – Bemerkungen zur aktuellen rechtspolitischen Debatte,
FF 2005, 83
LIPP/STRASSER, Menschenrechte am Lebensende – Erfahrungen mit dem Patientenverfügungsgesetz, BtPrax 2012, 103
LÖHNIG/SCHWAB/HENRICH/GOTTWALD/KROP-
PENBERG, Vorsorgevollmacht und Erwachsenenschutz in Europa (2011)
vLOOZ, Die Lebensdecke ist nicht kochfest –
Plädoyer für eine Betreuungsverfügung, BtPrax
2002, 179
LÜHNEN/RICHTER, Informierte Entscheidungen
für und mit Menschen mit Demenz, Entwicklung und Pilotierung eines Schulungsprogramms
für rechtliche Betreuer/innen, BtPrax 2016, 127
MARSCHNER, Verbindlichkeit und notwendiger
Inhalt von Vorsorgevollmachten und Patientenverfügungen in der Psychiatrie, R & P 2000,
161
MAY, Autonomie und Fremdbestimmung bei
medizinischen Entscheidungen für Nichteinwil-
ligungsfähige (1. Aufl 2000, 2. Aufl 2002)
ders, Patientenautonomie am Lebensende,
BtPrax 2004, 234
MEIER, Inhalt und Reichweite einer Vorsorge-
vollmacht, BtPrax 2002, 184
MEIER, Zum Inhalt von und zum Umgang mit
Patientenvollmachten in Gesundheitsangele-
genheiten, BtPrax 2001, 181
MEIER, Missbrauch der Vorsorgevollmacht,
FamRB 2015, 144
MENSCH, Aktuelle Entwicklungen bei Voll-
macht und Betreuung, ZEV 2016, 423
MERAN/GEISSENDÖRFER/MAY/SIMON (Hrsg),
Möglichkeiten einer standardisierten Patien-
tenverfügung (2002)
MERKEL, Patientenwille und Lebensschutz –
Klärungsversuch in einer unwegsamen Debatte.
Zugleich eine Besprechung des BGH – Be-

schlusses vom 6. 7. 2016 – XII ZB 61/16, MedR
2017, 1
MEYER-GÖTZ, „Patientenverfügung" – Was
nun?, NJ 2009, 363
G MÜLLER, Betreuungsvermeidung durch
(Vorsorge-) Vollmachterteilung der Eltern für
ihr minderjähriges geistig behindertes Kind, in:
FS Bienwald (2006) 203
dies, Verbindlichkeit und Grenzen der Patientenverfügung – Zur Rechtslage de lege lata et de
lege ferenda, ZEV 2008, 583
dies, Gesetzliche Regelung der Patientenverfügung durch das 3. BtÄndG – erster Überblick,
NotBZ 2009, 289
dies, Die Patientenverfügung nach dem 3. Betreuungsrechtsänderungsgesetz: alles geregelt
und Vieles ungeklärt, DNotZ 2010, 169
dies, Update Betreuungsrecht, DNotZ 2015, 403
MÜLLER, Auswirkungen des Betreuungsrechtsänderungsgesetzes (BtÄndG) auf die Vorsorgevollmacht in Angelegenheiten der Personensorge, DNotZ 1999, 107
K MÜLLER, Die Patientenverfügung – Sterbehilfe aus zivilrechtlicher Sicht, RpflStud 2011, 42
MÜLLER-FREIENFELS, Die Altersvorsorge-Voll-
macht, in: FS Coing 70. Geb (1982) 395
MÜLLER/RENNER, Betreuungsrecht und Vorsorgeverfügungen in der Praxis (4. Aufl 2014)
MÜTHER, Das Sachverständigengutachten im
Betreuungs- und Unterbringungsverfahren,
FamRZ 2010, 857
NEDDEN-BOEGER, Der Widerruf der Vorsorgevollmacht durch den Kontrollbetreuer, FamRZ
2014, 1589
ders, Vertrauen ist gut, Kontrolle nur aus-
nahmsweise besser! – Zugleich Beantwortung
einiger Verständnisfragen von BESTELMEYER,
FamRZ 2015, 550, FamRZ 2015, 554
NÖLLING, Patientenverfügung – Der aktuelle
Stand, Arztrecht 2009, 144,
OLZEN, Die gesetzliche Neuregelung der Pa-
tientenverfügung, JR 2009, 354
OLZEN/LILIUS-KARAKAYA, Patientenrechtegesetz und rechtliche Betreuung, BtPrax 2013, 127
PAPENMEIER, Der Widerruf von Vollmachten
nach dem Erbfall, ErbR 2015, 12
PAWLOWSKI, Patientenverfügung, Vorsorgevoll-
macht und Betreuungsverfügung. Zur recht-

lichen Vorsorge für das Alter, in: FS Bienwald (2006) 227

Putz, Die Patientenverfügung, FPR 2012, 13

Putz/Steldinger, Patientenrechte am Ende des Lebens: Vorsorgevollmacht, Patientenverfügung, Selbstbestimmtes Sterben (1. Aufl 2016)

Raack, Patientenverfügung und Tötungstabu, in: FS Bienwald (2006) 227

Rakete-Dombek, Vorsorgevollmacht – ein wichtiges und nützliches Rechtsinstrument?, R & P 2002, 168

Reetz, Bestimmtheit der Vorsorgevollmacht und Patientenverfügung – zugleich zu BGH, Beschl. v 6. 7. 2016 – XII ZB 61/16, RNotZ 2016, 571

Reetz/Elsing, Familienrecht in der notariellen Praxis (u.a.) Vorsorgevollmachten und Patientenverfügungen (1. Aufl 2015)

Rehborn, Patientenrechtegesetz 2013 – Behandlungsvertrag, Mitwirkung, Information, Einwilligung, Aufklärung, MDR 2013, 497

ders, Patientenrechtegesetz 2013- Dokumentation, Haftung, Beweislast, MDR 2013, 565

Renner, Nur „alter Wein in neuen Schläuchen" – Zur gesetzlichen Regelung der Patientenverfügung?, ZNotP 2009, 371

ders, Vollmacht und Untervollmacht bei der Vorsorgevollmacht – Gibt es dazu noch etwas zu sagen?, NotBZ 2009, 207

vRenesse, Die Patientenverfügung in der Diskussion, BtPrax 2005, 47

Riedel, Patientenverfügungen, Ethik in der Medizin 2005, 28

dies, Der Zwischenbericht der Enquetekommission Ethik und Recht der modernen Medizin des Deutschen Bundestages zu Patientenverfügungen, BtPrax 2005, 45

Rieger, Gesetzliche Regelung von Patientenverfügungen und Behandlungswünschen: Auswirkungen auf die Beratungspraxis, FamRZ 2010, 1601

Röthel/Woitge, Das Kollisionsrecht der Vorsorgevollmacht, IPRax 2010, 494

J Roglmeier, Live and let die – Die gesetzlichen Regelungen zur Patientenverfügung, ZErb 2009, 236

Rudolf/Bittler/Roth, Vorsorgevollmacht, Betreuungsverfügung, Patientenverfügung (4. Aufl 2015)

Sachs, Schutzpflicht zur Zwangsbehandlung (Anm z BVerfG Beschluss vom 26. 7. 2016, FamRZ 2016, 1738), JuS 2016, 1147

vSachsen Gessaphe, Vorsorgevollmacht für den Zivilprozess, in: FS Bienwald (2006) 27

Sarres, Informations- und Gegenrechte bei der vorsorgenden Vollmacht, ZEV 2013, 312

Schäfer, Patientenverfügungen: krank – aber entscheidungsfähig (2001)

Scheffen, Zivilrechtliche Neuregelung der passiven Sterbehilfe und Sterbebegleitung, ZRP 2000, 313

Schieferdecker/Ackermann/May, Patientenverfügung – Beratungsmöglichkeiten durch Betreuungsvereine, BtPrax 2011, 65

Schmidl, Die Bindungswirkung der Patientenverfügung für Verfahrenspfleger und Verfahrensbevollmächtigte gemäß § 67 FGG, ZErb 2005, 82

Schmidt-Recla, Karlsruhe „On Liberty". Über die Freiheitsrechte einwilligungsunfähiger Personen, MedR 2017, 92

Schmitz, Voraussetzungen und Umsetzung der Patientenverfügung nach neuem Recht: Ein dialogischer Prozess, FamFR 2009, 64

Schröder/Konrad, Vorsorgevollmacht und „Zwangspsychiatrie", R & P 2000, 159

Schüller, Untervollmachten bei General- und Vorsorgevollmachten, RNotZ 2014, 585

Schumann, Telefonische Sterbehilfe? – Zu der Beteiligungsfrage im „Sterbehilfe-Urteil" des BGH, JR 2011, 142

Schwab, Stellvertretung bei der Einwilligung in die medizinische Behandlung – Ein Aufriss der Probleme, in: FS Henrich (2000) 511

ders, Betreuung, Vollmacht und Freiheitsbeschränkung, in: FS Rainer Frank (2008) 491

ders, Probleme der Vorsorgevollmacht in: Bauer (Hrsg), Versorgung und Vorsorge (2004) 2

ders, Vorsorgevollmacht und Selbstbestimmung, Anmerkung zu BGH, Urteil v 25. 3. 2014 – X ZR 94/12, FamRZ 2014, 937, FamRZ 2014, 888

ders, Freiheitsentziehung, Wille des Betroffenen und Vorsorgevollmacht – Fragen zur Entscheidung des BVerfG, FamRZ 2015, 1365; FamRZ 2015, 1357

Seibl, Die Bestimmtheit von Vorsorgevollmachten und Patientenverfügungen, NJW 2016, 3277

SEIFERT, Die Rechtsbeständigkeit der Vorsorgevollmacht in der Rechtsprechung des Bundesgerichtshofs, FamRZ 2017, 263

SPALL, Das Behindertentestament und die Niedrigzinsphase, ZEV 2017, 26

SPICKHOFF, Autonomie und Heteronomie im Alter, AcP 2008, 345

ders, Rechtssicherheit kraft Gesetzes durch sog Patientenverfügungen? Zum Dritten Gesetz zur Änderung des Betreuungsrechts, FamRZ 2009, 1949

ders, Vorsorgeverfügungen im Internationalen Privatrecht, in: FS Dagmar Coester-Waltjen (2015) 825

ders, Die Vollmacht im Kollisionsrecht. Zum Stand der Diskussion in Deutschland, ZfRV 2016, 175

STEENBREKER, Zivilrechtliche Unbeachtlichkeit eines „natürlichen Willens" für den Widerruf der Patientenverfügung, NJW 2012, 3207

STERNBERG-LIEBEN, Rechtliche Grenzen einer Patientenverfügung, in: FS Seebode (2008)

ders, Abbruch lebenserhaltender Maßnahmen/Patientenverfügung (Anmerkung zu BGH, Beschluss v 6. 7. 2016 – XII ZB 61/16, FamRZ 2016, 1671), MedR 2017, 36

STOLZ, Handreichung für (Gesundheits-)Bevollmächtigte, BtPrax 2002, 66

STRÄTLING/EISENBART/SCHARF, Stellvertreterentscheidungen in Gesundheitsfragen unter epidemiologisch-demographischen Gesichtspunkten: Wie realistisch sind die Vorgaben des deutschen Betreuungsrechts?, MedR 2000, 251

STRÄTLING/SCHARF/BARTMANN, Patientenverfügungen und Stellvertreterentscheidungen in Gesundheitsfragen, BtPrax 2002, 237

STRÄTLING/SEDEMUND-ADIB/SCHARF/SCHMUCKER, Gesetzliche Normierung von Patientenverfügungen, BtPrax 2003, 154

SUCKER-SKET, Patientenverfügungen werden verbindlich, DAZ 2009, 41

TAUPITZ, Empfehlen sich zivilrechtliche Regelungen zur Absicherung der Patientenautonomie am Ende des Lebens, Gutachten A zum 63. Deutschen Juristentag Leipzig 2000 (2000)

ders (Hrsg), Zivilrechtliche Regelungen zur Absicherung der Patientenautonomie am Ende

des Lebens – Eine internationale Dokumentation (2000)

UHLENBRUCK, Patientenverfügungen, ZAP 1999, 232

ULSENHEIMER, Der Arzt im Konflikt zwischen Heilauftrag und Selbstbestimmungsrecht des Patienten – in dubio pro vita?, in: FS Eser (2005)

VAN OORSCHOT/LIPP/TIETZE/NICKEL/SIMON, Einstellungen zur Sterbehilfe und zu Patientenverfügungen; Ergebnisse einer Befragung von 727 Ärzten, DMW 2005, 261

VETTER, Selbstbestimmung am Lebensende (2. Aufl 2009)

dies, Meine Patientenverfügung (2. Aufl 2009)

VOLLMANN, Patientenselbstbestimmung und Selbstbestimmungsfähigkeit (2008)

VOLMER, Die Rechenschaftspflicht des Vorsorgebevollmächtigten, MittBayNot 2016, 386

VOSSLER, Verwirklichung der Patientenautonomie am Ende des Lebens durch Patientenverfügungen, BtPrax 2002, 240

WAGENITZ, Finale Selbstbestimmung? Zu den Möglichkeiten und Grenzen der Patientenverfügung im geltenden und künftigen Recht, FamRZ 2005, 669

WALTER, Das Betreuungsrechtsänderungsgesetz und das Rechtsinstitut der Vorsorgevollmacht, FamRZ 1999, 685

WEDEMANN, Vorsorgevollmachten im internationalen Rechtsverkehr, FamRZ 2010, 785

WEBER, Die Patientenverfügung – eine Hilfe für Mediziner und Juristen?!, Arztrecht 2004, 300

WEGENER, Die Patientenautonomie versus ärztliches Therapiekonzept? Zur Diskussion um die Patientenverfügung in Deutschland, in: FS Schneider (2000) 73

WINKLER, Vorsorgeverfügungen (Beck'sche Musterverträge) (2003)

WURZEL, Erfahrungen bei der Beratung zur Vorsorgevollmacht bei älteren Menschen – ein Praxisbericht, BtPrax 2002, 230

ZIMMER, Vorsorgevollmachten im Erbrecht, ZEV 2013, 307

ders, Die postmortale (Vorsorge-)Vollmacht als Ersatz für den Erbschein im Grundbuchrecht; Besprechung von OLG München NJW 2016, 3381; NJW 2016, 3341

ZIMMERMANN, Die Vertretung in höchstper-

Werner Bienwald

sönlichen Angelegenheiten – neuere Entwicklungen im Betreuungsrecht, BWNotZ 1998, 101
ders, Vorsorgevollmacht und Rechtsberatungsgesetz, BtPrax 2001, 192
ders, Vorsorgevollmacht, Betreuungsverfügung, Patientenverfügung für die Beratungspraxis (2007)
ders, Die Formulierung der Vorsorgevollmacht, NJW 2014, 1573
ZINKLER, Vorsorgevollmacht versus Behandlungsvereinbarung und Patientenverfügung, R & P 2000, 165.

9. Ausländische Rechte; internationales Recht; rechtsvergleichendes Schrifttum
AEBI-MÜLLER, Das neue Erwachsenenschutzrecht der Schweiz- Patientenverfügung, Vertretung bei medizinischen Maßnahmen, fürsorgerische Unterbringung, Aufenthalt in Wohn- und Pflegeeinrichtungen, BtPrax 2013, 180
AFFOLTER, Eckpfeiler einer Qualitätsentwicklung zum neuen Erwachsenenschutzrecht, FamPra.ch 2012, 841
AOKI, Die Auswahl des Vormundes für Volljährige in Japan, BtPrax 2011, 18
AOKI/GANNER, Das Japanische Vormundschaftsrecht – Seinennkoukennhou, BtPrax 2009, 207
ARAI, Aktueller Stand des Vormundschaftsrechts und der unterstützten Entscheidungsfindung in Japan, BtPrax 2013, 185
BARTH, Medizinische Maßnahmen bei Personen unter Sachwalterschaft, ÖJZ 2000, 57
ders, Richtlinien im Umgang mit medikamentösen Freiheitsbeschränkungen, iFamZ 2011, 318
BEERMANN/MÜLLER/SITTER, Von der Entmündigung zum Sachwalterrechtsänderungsgesetz, VGT eV (Hrsg), Betrifft: Betreuung 1999, 66
BIENWALD, Zur Revision des Vormundschaftsrechts in der Schweiz aus der Sicht eines deutschen Betreuungsrechtlers, FamPra.ch 2000, 403
ders, Japan Adult Guardianship Law Association, FamRZ 2004, 81
ders, Aktuelle Entwicklungen im Rechtsfürsorgebereich in Deutschland, iFamZ (Österreich), Juni 2016, 163 (dasselbe bereits in den Vorjahren)

BOENTE, Reform des Erwachsenenschutzes in der Schweiz, BtPrax 2013, 175
BÖRNER, Gebrauch einer deutschen postmortalen Vollmacht in Spanien?, ZEV 2005, 146
BREHM, Verlassenschaft 2.0. Ausgewählte Fragen zum Umgang mit dem digitalen Nachlass, JEV 2016, 159
BROSEY, Bericht über den 3rd World Congress on Adult guardianship, BtPrax 2014, 165
BÜRGER, Medikamentöse Freiheitsbeschränkungen, graphischer Überblick, iFamZ 2011, 329
CEBEDDU WIEDEMANN, Unioni civili e convivenze in Italien, FamRZ 2016, 1535 (hier: Zur vorgesehenen Möglichkeit einer Vollmacht für Entscheidungen in Bezug auf medizinische Versorgung, Organspende und Beerdigung, S 1538)
DAENTZER, Das Recht der Stellvertretung in der Volksrepublik China (2000)
DRESSING/SALIZE, Zwangsunterbringung und Zwangsbehandlung psychisch Kranker in den Mitgliedsländern der Europäischen Union, PsychiatPrax 2004, 34
ETZENSBERGER, Die „Fürsorgliche Unterbringung" und „Behandlung einer psychischen Störung" aus der Sicht eines praktischen Psychiaters (Art 416–430 VE), ZSR 2003, 361
FASSBIND, Die Organisation des Kindes- und Erwachsenenschutzes nach neuem Erwachsenenschutzrecht, FamPra.ch 2011, 553
FEIL, Verfahren außer Streitsachen, Handkommentar für die Praxis (2. Aufl 2000)
FERRARI, Aktuelle Entwicklungen im österreichischen Familienrecht, FamRZ 2011, 1460 (zur Unterbringungs- und Heimaufenthaltsnovelle 2010, S 1460)
FERRARI/PFEILER, Die österreichische Reform des Kindschaftsrechts (mit Auswirkungen auf das Sachwalterrecht), FamRZ 2002, 1079
FRANTZEN, Neues Gesetz über Vormundschaft in Norwegen, FamRZ 2010, 1497
GANNER, Grundzüge des Alten- und Behindertenrechts (Wien 2012)
ders, Stand und Perspektiven des Erwachsenenschutzes in rechtsvergleichender Sicht, 11. Göttinger Workshop zum Familienrecht 2012, 41; ebenso in BtPrax 2013, 171
ders, Herausforderungen und Reform des Er-

wachsenenschutzes im internationalen Vergleich, BtPrax 2016, 209

GEISER, Die Fürsorgliche Freiheitsentziehung als Rechtsgrundlage für eine Zwangsbehandlung, in: FS Schnyder (1995) 289

ders, Behördenzusammenarbeit im Erwachsenenschutzrecht, AJP/PJA 2012, 1689

GSCHAIDER, Patientenrechte bei der zwangsweisen Unterbringung und das österreichische Unterbringungsgesetz (UBG) in der Praxis, R & P 2016, 164

GUGGENBERGER, Das Haager Übereinkommen über den internationalen Schutz von Erwachsenen (2004)

HÄFELI, Die Organe des neuen Erwachsenenschutzrechts und ihre Aufgaben im Rahmen der Beistandschaften (Art 386–409 und 443–447 VE), ZSR 2003, 337

HÄFELI/STETTLER, Vom Vormundschaftsrecht zum Erwachsenenschutz, FamPra.ch 2004, 919

HAUSHEER, Neuer Erwachsenenschutz und neue ZPO in der Schweiz vor der Bewährungsprobe, Festschrift 50 Jahre ZFRV 2013, 45

ders, Der neue Erwachsenenschutz im schweizerischen Zivilgesetzbuch, FamRZ 2009, 1561

HAUSHEER/GEISER/AEBLI-MÜLLER, Das neue Erwachsenenschutzrecht (2010; 2. Aufl 2014)

ders, Die neue gesamtschweizerische ZPO und das Familienrecht (ua zum Stand des Erwachsenenschutzrechts, FamRZ 2010, 1509 mwNw)

HEIDER, Die Geschichte der Vormundschaft seit der Aufklärung (2011)

HELMS, Reform des Internationalen Betreuungsrechts durch das Haager Erwachsenenschutzabkommen, FamRZ 2008, 1995

HENNIG, Das schwedische Betreuungsrecht, BtPrax 2000, 194

HOFFMANN/KORTE, Rechtliche Betreuung in Dänemark; zwei neue Gesetze im Wirkungsfeld der Altenhilfe, BtPrax 2000, 3, 50

JAQUEMAR, Die Bewohnervertretung – Der österreichische Weg, BtPrax 2010, 105

JAYME, Die Patientenverfügung – Erwachsenenschutz und internationales Privatrecht, in: FS Ulrich Spellenberg (2010) 203

KERSCHER/WATZKE, Patientenverfügung und Vorsorgevollmacht (Wien 2008)

KLICKA/OBERHAMMER, Außerstreitverfahren (3. Aufl 1999)

KOPETZKI, Grundriss des Unterbringungsrechts (3. Aufl 2012)

LAMPLMAYER, Partizipative Gesetzgebung in Österreich und Deutschland – Erste Erfahrungen mit Art 4 Abs 3 der UN – Behindertenrechtskonvention (UN-BRK), BtPrax 2017, 18

LEPPING, Zwangsmaßnahmen in Großbritannien, R & P 2016, 175

LINDEMANN, Die Behandlung der Unbehandelbaren – Eine Skizze des niederländischen Longstay-Pilotprojektes Veldzicht, R & P 2001, 21

LÖHNIG/SCHWAB/HENRICH/GOTTWALD/KROPPENBERG (Hrsg), Vorsorgevollmacht und Erwachsenenschutz in Europa (2011) (mit Beiträgen aus der Schweiz, aus Norwegen, Polen, Slowenien, Österreich, Griechenland, Großbritannien, Frankreich, Spanien, Belgien, Italien, Serbien, Ungarn, Bulgarien und den Niederlanden)

ODENDAHL/RUMPF, Auszugsweise Übersetzung des türkischen Zivilgesetzbuches, Gesetz Nr 4721 v 22. 11. 2001, RNotZ 2003, 371

PATTI, Der italienische Gesetzentwurf zur Patientenverfügung, FamRZ 2011, 1453

PIERER, Grenzen der Vertretungsmacht des Sachwalters in Fragen der Personensorge, EF-Z 2014, 14

RATHENAU, Betreuungsrecht in Portugal – Vormundschaft – Generalvollmacht – Patientenverfügung – Vorsorgevollmacht, FamRZ 2014, 1518

REUSSER, Auf dem Weg zu einem neuen Erwachsenenschutzrecht – Überblick über die Totalrevision des Vormundschaftsrechts, ZSR 2003, 271

RÖTHEL, Erwachsenenschutz in Europa: Von paternalistischer Bevormundung zu gestaltbarer Fürsorge, FamRZ 2004, 999

ROHLFING-DIJOUX, Sterbehilfe in Frankreich. Das neue Gesetz vom Februar 2016, MedR 2016, 606

ROSCH/BÜCHLER/JAKOB, Erwachsenenschutzrecht (2. Aufl Basel 2014)

SCHAUB, Kollisionsrechtliche Probleme bei Vorsorgevollmachten, IPRax 2016, 207

SCHMID, Ende der Beistandschaft und Ende des Amts des Beistands (Art 385 und 410–415 VE), ZSR 2003, 331 ders, Einführung in die Beistandschaften (Art 377–384 VE), ZSR 2003, 311

SCHULTE, Das Japanische Erwachsenenschutzrecht aus rechtsvergleichender Sicht, in: FS Arai (2015)

SCHWANDER, Der internationale Vermögensschutz zugunsten Erwachsener – Überlegungen anlässlich der Reformbemühungen um eine Erweiterung des Anwendungsbereiches des Haager Minderjährigenschutzabkommens auf den Erwachsenenschutz, in: FS Schnyder (1995) 659

SOLD, Plädoyer für eine praktikable Alternative zum gegenwärtigen Betreuungsrecht am Beispiel der USA, Hessisches Ärzteblatt 2000, 365

STARK, Die Schadensersatzpflicht bei widerrechtlicher fürsorgerischer Freiheitsentziehung nach Art 429 a ZGB; ihre Stellung im Haftpflichtrecht, in: FS Schnyder (1995) 715

STERTKAMP, Eine rechtsvergleichende Untersuchung zur Stellvertretung ohne Vertretungsmacht im deutschen und französischen Zivilrecht (1999)

STURM, Vormundschaftliche Hilfsmaßnahmen für Betagte in der Schweiz, ZVW 2002, 170

STURM/STURM, Ein weiterer Schritt auf dem Weg zu einem neuen schweizerischen Erwachsenenschutz: VE ZGB 2003, in: FS Holzhauer (2005) 459

WARD, Erwachsenenschutzrecht im internationalen Vergleich, BtPrax 2017, 12

WEISSENFELS, Der „allgemeine Teil" des Verfahrens der freiwilligen Gerichtsbarkeit (des Außerstreitverfahrens) in Deutschland und Österreich (1997)

WELLENHOFER, Digitaler Nachlass (Anmerkung zu LG Berlin v 17. 12. 2015 – 20 O 172/15, FamRZ 2016, 738), JuS 2016, 653

WESTPHALOVA, Neues Bürgerliches Gesetzbuch in der Tschechischen Republik, FamRZ 2012, 1459 (betr Vormundschaft, Pflegschaft, Heimerziehung, S 1461)

Berichte über Entwicklungen des Familienrechts (einschl Erwachsenenschutz) im Ausland enthält seit Jahren jeweils Heft 18 eines Jahrgangs der FamRZ.

10. Schrifttum zur Änderung des Vormundschafts- und Betreuungsrechts

SCHMIDT, Gesetz zur Änderung des Vormundschafts- und Betreuungsrechts v 29. 6. 2011, FamFB 2011, 292

VEIT, Die Reform des Vormundschaftsrechts, FamRZ 2016, 2045

VEIT/MARCHLEWSKI, Die Reform des Vormundschaftsrechts geht in die nächste Runde, FamRZ 2017, 779

VEIT/SALGO, Der Regierungsentwurf zur Änderung der Vormundschaft – eine Stellungnahme, ZKJ 2011, 82

WOLF/SCHMUKI, Die privatrechtliche Rechtsprechung des Bundesgerichts im Jahre 2010 (Familien-, Ehe- und Vormundschaftsrecht), ZBJK (Schweiz) 2011, 716

ZACCARIA, La tutela del promittente compratore in buona fede di una cosa altrui, in: FS Henrich (2000) 667.

11. Schrifttum zum Gesetz zur Stärkung der Funktionen der Betreuungsbehörde

ACKERMANN/KANIA, Auf die Plätze, fertig (?), los, BtPrax 2014, 101

BIENWALD, Metamorphosen einer Behörde. Zum Entwurf eines Gesetzes zur Stärkung der Funktionen der Betreuungsbehörde, FamRZ 2013, 258

ders, Die Rolle des Betreuers/Bevollmächtigten und die Aufgabe der Betreuungsbehörde bei der freiheitsentziehenden Unterbringung einer betroffenen Person, BtPrax 2014, 112

BÖHM, Die neue Rolle der „anderen Hilfen" im Betreuungsverfahren nach dem Gesetz zur Stärkung der Funktionen der Betreuungsbehörde, FamRZ 2014, 133

DEINERT/WALTHER, Handbuch der Betreuungsbehörde (4. Aufl 2015)

Deutscher Verein für öffentliche und private Fürsorge, Stellungnahme zum Referentenentwurf eines Gesetzes zur Stärkung der Funktionen der Betreuungsbehörde, NDV 2012, 462

DIEKMANN, Neuregelungen durch das Gesetz zur Stärkung der Funktionen der Betreuungsbehörde, BtPrax 2014, 103

HELLMANN, Referentenentwurf eines Gesetzes zur Stärkung der Funktionen der Betreuungsbehörde, Rechtsdienst der Lebenshilfe 3/2012, 106

FISCHER, Das Gesetz zur Stärkung der Funktionen der Betreuungsbehörde, FamRB 2014, 234

LEONHARDT, Gesetz zur Stärkung der Funktionen der Betreuungsbehörde verabschiedet, Rechtsdienst der Lebenshilfe 2013, 147

NORDHOFF, BEOPS – Soziale Arbeit macht sich bezahlt. Auch ein Plädoyer für ein Erwachsenenhilfegesetz, BtPrax 2010, 259

PITSCHAS, Für ein neues Konzept des Betreuungsrechts – Abschied vom Familienrecht und Transformation der Betreuungsbehörden, FPR 2012, 61

ders, Eingliederung des Betreuungsrechts in das Sozialgesetzbuch als Erwachsenenschutz, SGb 2013, 500

Betreuungsgerichtstag eV, Leitlinien 2010 des VGT zur rechts- und sozialpolitischen Diskussion um die Weiterentwicklung des Betreuungsrechts, BtPrax 6/2010, 272.

Systematische Übersicht

Alphabetische Übersicht

Werner Bienwald

I. Das bisherige Recht

1. Bundesrepublik Deutschland (sog alte Bundesländer)

a) Einleitung

Seit dem Inkrafttreten des Bürgerlichen Gesetzbuches am 1.1.1900 bis zum In- **1**
krafttreten des Betreuungsgesetzes (BtG) am 1.1.1992 gab es **zwei Rechtsinstitute**,
mit deren Hilfe die Angelegenheiten eines fürsorgebedürftigen Volljährigen geregelt
werden konnten: Die „Vormundschaft über Volljährige" (so die Überschrift des
Zweiten Titels vor den §§ 1896 ff aF) als relativ umfassendes und die „Gebrechlichkeitspflegschaft" (nichtamtliche Überschrift des § 1910 aF) als relativ partielles
Instrument der Fürsorge für die Person und das Vermögen eines anderen. Beiden
war gemeinsam, dass sie im BGB keine eigene Ausgestaltung erfahren hatten. § 1897
S 1 aF bestimmte, dass auf die Vormundschaft über einen Volljährigen die für die
Vormundschaft über einen Minderjährigen geltenden Vorschriften Anwendung fanden, soweit sich nicht aus nachfolgenden Bestimmungen (§§ 1898–1908 BGB) ein
anderes ergab. Nach § 1915 Abs 1 BGB, der noch in Kraft ist und für die erhalten
gebliebenen Pflegschaften (ua § 1909 BGB) Bedeutung hat, waren auf die Pflegschaft des § 1910 BGB die für die Vormundschaft geltenden Vorschriften anzuwenden, soweit sich nicht aus dem Gesetz ein anderes ergab. Diese Rechtslage überstand
die Teilung Deutschlands bis 1965. Im Rahmen ihres Familiengesetzbuchs (FGB)
ordnete die DDR das Recht der Vormundschaft für Volljährige und der Pflegschaft
neu und zT abweichend vom bisherigen Recht (im Einzelnen dazu unten Rn 6 ff).

Die Bezugnahme des Erwachsenenrechts auf die Vormundschaft für Minderjährige **2**
(und damit letztlich auf das Recht der Eltern-Kind-Beziehungen) dürfte dafür mit-
ursächlich gewesen sein, dass die Führung von Vormundschaften und Pflegschaften
für Volljährige sich **nicht immer an den Bedürfnissen und Verhältnissen dieser Per-
sonengruppe orientiert** hat (beispielsweise was die Zielsetzung und die Maßstäbe der Vermögenssorge angeht; vgl dazu BayObLGZ 1990, 249 = FamRZ 1991, 481).

Das **Verfahren** war **zweigegliedert**. Zunächst ordnete das Vormundschaftsgericht die **3**
Vormundschaft oder Pflegschaft an (je nach funktionaler Zuständigkeit Richter oder
Rechtspfleger). Danach wurde entschieden, wer als Vormund oder Pfleger tätig zu
sein hatte. Eltern des Betroffenen hatten eine Vorrangstellung; sie waren aber nicht
berechtigt, einen Vormund oder Pfleger verbindlich zu benennen oder jemand von
dem Amt auszuschließen (§ 1898 aF, § 1915 Abs 1 BGB).

Entsprechend den heute noch für die Vormundschaft geltenden Bestimmungen war **4**
jeder Deutsche verpflichtet, die Vormundschaft oder Pflegschaft, für die er vom
Vormundschaftsgericht ausgewählt worden war, zu übernehmen, wenn er nicht einen Grund zur Ablehnung hatte (§ 1786 Abs 1 BGB) und diesen rechtzeitig geltend
machte (§ 1786 Abs 2 BGB). Das Vormundschaftsgericht konnte den ausgewählten,
aber nicht bereiten Vormund oder Pfleger durch Festsetzung von Zwangsgeld zur
Übernahme der Vormundschaft/Pflegschaft anhalten (§ 1788 Abs 1, jeweils iVm
§ 1897 aF oder § 1915 Abs 1 BGB).

b) Vormundschaft über Volljährige

Voraussetzung für die Anordnung einer Vormundschaft über einen Volljährigen war **5** dessen vorangegangene Entmündigung (§ 1896 aF). Bereits vor dem Erlass des Entmündigungsbeschlusses, jedoch nach Stellung des Antrags auf Entmündigung, konnte der Betroffene unter vorläufige Vormundschaft gestellt werden, wenn das Vormundschaftsgericht dies zur Abwendung einer erheblichen Gefährdung der Person oder des Vermögens des Volljährigen für erforderlich erachtete (§ 1906 aF). Entmündigt werden konnte (§ 6 aF), 1. wer infolge von Geisteskrankheit oder von Geistesschwäche seine Angelegenheiten nicht zu besorgen vermochte, 2. wer durch Verschwendung sich oder seine Familie der Gefahr des Notstandes aussetzte, 3. wer infolge von Trunksucht oder Rauschgiftsucht seine Angelegenheiten nicht zu besorgen vermochte oder sich oder seine Familie der Gefahr des Notstandes aussetzte oder die Sicherheit anderer gefährdete. Die Entmündigung war aufzuheben, wenn der Grund der Entmündigung entfiel (§ 6 Abs 2 aF).

6 Die Entmündigung bewirkte, dass die im Gesetz vorgesehene Folge der Geschäftsunfähigkeit oder beschränkten Geschäftsfähigkeit eintrat, je nachdem, aus welchem Grunde die Entmündigung ausgesprochen worden war. Wer wegen Geisteskrankheit entmündigt wurde, war geschäftsunfähig (§ 104 Nr 3 aF); in allen übrigen Fällen sowie bei Anordnung der vorläufigen Vormundschaft war der Betroffene beschränkt geschäftsfähig, dh er stand „in Ansehung der Geschäftsfähigkeit einem Minderjährigen gleich, der das siebente Lebensjahr vollendet hat" (§ 114 aF). Damit war **nicht**, wie mitunter behauptet wird, **der Erwachsene einem Minderjährigen gleichgestellt**. Das Gesetz nahm auf eine Rechtsfolge Bezug und regelte damit den **rechtsgeschäftlichen** Status (eingehend STAUDINGER/COING/HABERMANN[12] § 6 und STAUDINGER/DILCHER[12] § 104).

Mit der Entmündigung und der von selbst eintretenden Rechtsfolge der Beschränkung oder des Verlusts der Geschäftsfähigkeit war der Tatbestand der Fürsorgebedürftigkeit eingetreten, der es nötig machte, einen für die Besorgung der Angelegenheiten des Entmündigten (oder unter vorläufige Vormundschaft Gestellten) verantwortlichen Vormund zu bestellen. Durch die Bezugnahme auf die Vorschriften der Vormundschaft über Minderjährige orientierten sich die Aufgaben des Vormunds für einen Volljährigen an denen des Vormunds für einen Minderjährigen. Der hatte (und hat) das Recht und die Pflicht, für die Person und das Vermögen des Mündels zu sorgen, insbesondere den Mündel zu vertreten (§ 1793 S 1 BGB, neugefasst durch d SorgeRG; s die Materialienangabe bei STAUDINGER/ENGLER [1999] § 1793). Die Sorge für die Person des volljährigen Mündels wurde jedoch durch § 1901 aF eingeschränkt („nur"). Danach hatte der Vormund für die Person des Mündels nur insoweit zu sorgen, als der Zweck der Vormundschaft es erforderte (§ 1901 Abs 1 aF). War der Mündel verheiratet, so galt die Beschränkung des § 1633 BGB nicht (§ 1901 Abs 2 aF). Obwohl mit dieser Vorschrift die Möglichkeit gegeben war, die Personensorge je nach Verfassung und Situation des einzelnen Mündels flexibel zu handhaben und den Betroffenen nicht mehr als nötig zu „bevormunden", dürfte in der Praxis eher schematisch verfahren worden sein. Für die Unterbringung des Mündels, die mit Freiheitsentziehung verbunden war, benötigte der Vormund grundsätzlich die vorherige Genehmigung des Vormundschaftsgerichts (§§ 1897 S 1 aF iVm §§ 1800, 1631b BGB).

7 Die Entmündigung war nicht ohne Auswirkungen auf die Ehefähigkeit, die Testierfähigkeit und das Wahlrecht des Betroffenen. Sie hatte auch Auswirkungen auf die

elterliche Sorge (§ 1673 Abs 1 und Abs 2 aF). Wer wegen Geisteskrankheit entmündigt war, konnte eine Ehe nicht eingehen (§ 2 EheG iVm § 104 Nr 3, jeweils aF). Wer aus anderen Gründen entmündigt bzw beschränkt geschäftsfähig war, bedurfte zur Eingehung einer Ehe der Einwilligung des Vormunds. Unabhängig von dem Grund der Entmündigung war der Betreffende testierunfähig (§ 2229 Abs 3 S 1 aF). Der unter vorläufige Vormundschaft gestellte Volljährige war dagegen testierfähig und bedurfte zur Errichtung eines Testaments nicht der Zustimmung seines gesetzlichen Vertreters (§ 2229 Abs 2 aF). Einen Erbvertrag konnte er jedoch nicht schließen (§ 2275 Abs 1 BGB), weil dazu unbeschränkte Geschäftsfähigkeit notwendig war und ist. Wer entmündigt war, durfte bei Bundestagswahlen nicht wählen und war auch nicht wählbar (§ 13 Nr 2, § 15 Abs 2 Nr 1 BWahlG). Für andere Wahlen galt Vergleichbares. Die Entmündigung wurde im Bundeszentralregister eingetragen (§ 9 Abs 1 BZRG aF) und in das Führungszeugnis aufgenommen (§ 32 Abs 1 BZRG aF).

Die nach § 687 ZPO vorgesehen gewesene, im Wesentlichen für den Schutz des **8** Rechtsverkehrs gedachte öffentliche Bekanntmachung der Entmündigung wegen Verschwendung oder wegen Trunksucht hatte das BVerfG (BVerfGE 78, 77 = FamRZ 1988, 695 = JZ 1988, 555 = NJW 1988, 2031 = Rpfleger 1988, 271 = MDR 1988, 749) als mit dem allgemeinen Persönlichkeitsrecht unvereinbar angesehen und die Bestimmung für nichtig erklärt, jedoch mit der Einschränkung: es galt nicht für die Aufhebung einer bereits bekanntgemachten Entmündigung, wenn der Betroffene in die Bekanntmachung eingewilligt hatte oder einwilligte. Dem Schutz des Entmündigten diente eine weitere Entscheidung des BVerfG (FamRZ 1991, 1037 = NJW 1991, 2411 = MDR 1991, 865), mit der es eine Verletzung des Persönlichkeitsrechts des Entmündigten darin sah, dass ein Gericht ohne hinreichende Abwägung der betroffenen Belange davon ausgegangen war, der Entmündigte sei beim Abschluss eines Mietvertrages verpflichtet gewesen, seine Entmündigung zu offenbaren.

Die Entmündigung führte stets und für alle Bereiche zur Einschränkung oder zum **9** Verlust der Geschäftsfähigkeit. Solange sie bestand, befand sich der Entmündigte zumindest in dem vom Gesetz vorbestimmten Rechtszustand (der nach § 114 BGB beschränkt Geschäftsfähige konnte nach hM auch natürlich geschäftsunfähig sein; s STAUDINGER/DILCHER[12] § 114 Rn 3) ohne Rücksicht darauf, ob sich während des Zeitraums der anhaltenden Entmündigung sein Zustand gebessert hatte (keine Berücksichtigung sog lucida intervalla). Die gesetzlichen Auswirkungen der Entmündigung traten auch unabhängig davon ein, ob der Betroffene in natürlichem Sinne geschäftsunfähig war oder nicht (§ 104 Nr 2 BGB). War ein in natürlichem Sinne Geschäftsunfähiger „lediglich" wegen Geistesschwäche, Verschwendung, Trunk- oder Rauschgiftsucht entmündigt oder stand er unter vorläufiger Vormundschaft, so blieb diese natürliche Geschäftsunfähigkeit bestehen. Die durch die Entmündigung eingetretene „mildere" Rechtsfolge verbesserte also nicht die Rechtsposition des Betroffenen (BT-Drucks 11/4528, 39). In der Alltagssituation war dennoch die dokumentierte Entmündigungsfolge maßgebend, sodass der beschränkt Geschäftsfähige – bis zum Beweis des Gegenteils – mit Einwilligung oder Genehmigung seines Vormunds handlungsfähig war.

Die **Vormundschaft** trat nicht kraft Gesetzes zugleich mit dem Entstehen der Ent- **10** mündigungsfolge ein. Es bedurfte auch im Falle der durch die Entmündigung eingetretenen Rechtsbeschränkung des **eigenständigen Rechtsaktes des Vormundschafts-gerichts**; ohne den kam eine Vormundschaft und die Bestellung eines Vormunds nicht zu Stande.

11 Das Entmündigungsverfahren war schon durch die CPO vom Jahre 1877 der strei-tigen Gerichtsbarkeit zugewiesen worden (dazu näher HOLZHAUER, Gutachten DJT B 20). Je nach Entmündigungsgrund gab es zwar verschiedene Verfahren, die jedoch grund-legende Gemeinsamkeiten enthielten (§§ 645 ff ZPO aF zur Entmündigung wegen Geisteskrankheit oder wegen Geistesschwäche und §§ 680 ff ZPO aF zur Entmün-digung wegen der übrigen Entmündigungsgründe). Zu unterscheiden waren ein Eingangsverfahren beim Amtsgericht, das mit der Entmündigung oder ihrer Ableh-nung durch Beschluss endete, und ein Klageverfahren. Die Entmündigung wurde nur **auf Antrag** beschlossen (§ 645 Abs 2 und § 680 Abs 2 ZPO aF). Gegen den Beschluss, durch den die Entmündigung abgelehnt wurde, stand dem Antragsteller und in den Verfahren der Entmündigung wegen Geisteskrankheit und Geistesschwäche auch der Staatsanwaltschaft (§ 646 Abs 2 ZPO aF) die sofortige Beschwerde zu (§ 663 Abs 1, § 680 Abs 3 ZPO aF). Der die Entmündigung aussprechende Beschluss war im Wege der Klage anzufechten (§ 664 Abs 1, § 684 Abs 1 ZPO aF), zu der der Entmündigte selbst befugt war (§ 664 Abs 2, § 684 Abs 1 ZPO aF). Das Klagever-fahren fand vor dem Landgericht statt (§§ 665, 684 Abs 4 ZPO aF). Ähnlich der Struktur des Entmündigungsverfahrens war das Wiederaufhebungsverfahren gestal-tet (§§ 675, 679, 685, 686 ZPO aF).

12 Im Entmündigungsverfahren wegen Geisteskrankheit oder Geistesschwäche war zwingend vorgesehen, den „zu Entmündigenden" persönlich unter Zuziehung eines oder mehrerer Sachverständiger zu vernehmen (§ 654 Abs 1 S 1 ZPO aF; nicht notwendig durch den entscheidenden Richter, Abs 2) und ihn auf seinen „Geistes-zustand" hin begutachten zu lassen (§ 655 ZPO). Gegebenenfalls konnte der „zu Entmündigende" auf die Dauer von höchstens sechs Wochen in eine Heilanstalt eingewiesen werden, um ihn dort beobachten und begutachten zu lassen (§ 656 Abs 1 ZPO aF).

Die Kosten des Verfahrens waren, wenn die Entmündigung erfolgte und der An-tragsteller damit obsiegt hatte, von dem Entmündigten, andernfalls von der Staats-kasse (oder bei Entmündigung wegen Verschwendung, Trunksucht oder Rauschgift-sucht von dem Antragsteller) zu tragen.

13 Zur Unterscheidung von Geisteskrankheit und Geistesschwäche s STAUDINGER/COING/HABERMANN[12] § 6 Rn 7 ff und insbes RGZ 50, 203 (207). Zur Rechtslage vor 1900 s ARNOLD, Das gerichtliche Verfahren gegen Geisteskranke und Ver-schwender (Erlangen 1861).

c)   **Die Bestellung eines Pflegers nach § 1910 aF**

14 Sie konnte vorgenommen werden, ohne dass zuvor die Fürsorgebedürftigkeit des Volljährigen der Art und dem Umfang nach mit konstitutiver Wirkung festgestellt werden musste. Der in Frage kommende Personenkreis konnte nur in natürlichem Sinne geschäftsunfähig (§ 104 Nr 2 BGB) oder nicht geschäftsunfähig sein. Eine beschränkte Geschäftsfähigkeit eines Volljährigen konnte nur als Folge einer Ent-mündigung oder der Anordnung vorläufiger Vormundschaft (§ 114 aF) eingetreten

sein. Grundsätzlich durfte die Pflegschaft nach § 1910 aF nur **mit Einwilligung des Gebrechlichen** angeordnet werden, es sei denn, dass eine Verständigung mit ihm nicht möglich war (§ 1910 Abs 3 aF). Die Vorschrift unterschied in Bezug auf die Ursache und den Umfang der Fürsorgebedürftigkeit körperlich Gebrechliche und geistig Gebrechliche und erlaubte die Pflegerbestellung mit umfassendem Wirkungskreis lediglich für körperlich Gebrechliche (§ 1910 Abs 1 aF). Für geistig Gebrechliche dagegen war eine Pflegschaft nur zulässig, wenn diese einzelne ihrer Angelegenheiten oder einen bestimmten Kreis von Angelegenheiten, insbesondere die Vermögensangelegenheiten, nicht zu besorgen vermochten (§ 1910 Abs 2 aF). Obwohl höchstrichterliche Rechtsprechung eine **Totalpflegschaft** für geistig Gebrechliche ausschloss, wurden in der Praxis der Vormundschaftsgerichtsbarkeit immer wieder solche Pflegschaften angeordnet (vgl BVerfGE 19, 93, 97; BGHZ 48, 147, 158; BayObLG FamRZ 1965, 341 [342]; Näheres BIENWALD, Untersuchungen 28 ff m Fn 8).

Gemeinsam war allen Arten von Gebrechlichkeitspflegschaften, dass die hilfebe- **15** dürftige Person volljährig sein musste und nicht unter Vormundschaft stehen durfte (§ 1910 Abs 1 und Abs 2 aF). Die Anordnung dieser Pflegschaft und die Bestellung eines Pflegers für den Gebrechlichen hatten, gleichgültig welchen Aufgabenkreis der Pfleger auch übertragen bekommen hatte, keinen Einfluss auf die bestehende Geschäftsfähigkeit oder Geschäftsunfähigkeit. Beides bestand unabhängig von der Pflegschaft oder der Pflegerbestellung (§ 104 Nr 2 aF). Der Hilfebedarf konnte sich deshalb auf die Besorgung rechtsgeschäftlicher Angelegenheiten beziehen; er konnte auch sog tatsächliche Angelegenheiten zum Gegenstand haben. Ein körperlich Gebrechlicher war nicht nach § 104 Nr 2 aF geschäftsunfähig. Er konnte nicht unter Vormundschaft oder vorläufiger Vormundschaft stehen; eine Entmündigung kam nicht in Betracht. Die Anordnung einer Pflegschaft nach § 1910 BGB hatte auch keinen unmittelbaren Einfluss auf die Ehefähigkeit und die Testierfähigkeit des Betroffenen (s zum letzten BayObLG FamRZ 1988, 1099). Aus der Tatsache, dass eine Verständigung mit dem Betroffenen im Sinne des § 1910 Abs 3 BGB nicht für möglich gehalten worden war, konnte jedoch auf eine Geschäftsunfähigkeit des Betroffenen zurückgeschlossen werden, die die Eingehung einer Ehe nicht zuließ (§ 2 EheG aF). Wer unter Pflegschaft stand (§ 1910 aF), war vom aktiven und passiven Wahlrecht zur Bundestagswahl ausgeschlossen, es sei denn, dass die Pflegschaft nur wegen körperlicher Gebrechlichkeit angeordnet worden war oder der Pflegebefohlene, der wegen geistiger Gebrechen unter Pflegschaft stand, durch eine Bescheinigung des Vormundschaftsgerichts nachwies, dass die Pflegschaft aufgrund seiner Einwilligung angeordnet worden war (§ 13 Nr 2, § 15 Abs 2 Nr 1 BWahlG).

Keine eigenen Regelungen haben solche wesentlichen Angelegenheiten wie etwa **16** die Einwilligung des Pflegers in eine Untersuchung des Gesundheitszustandes des Pflegebefohlenen, eine Heilbehandlung, einen ärztlichen Eingriff, insbesondere die Sterilisation, oder die Aufgabe der Wohnung und die Weggabe des Hausrats usw erfahren.

Eine bestehende sog natürliche Geschäftsunfähigkeit (§ 104 Nr 2, § 105 Abs 1 BGB) **17** eines Betroffenen hatte für die Anordnung der Pflegschaft für einen Gebrechlichen materiell – rechtlich insofern Bedeutung, als die Rechtsprechung zu § 1910 Abs 3 BGB von Anfang an ganz überwiegend eine **Verständigungsfähigkeit** des Betroffenen iSd § 1910 Abs 3 aF **verneinte**, wenn der Betroffene geschäftsunfähig war oder für geschäftsunfähig gehalten werden konnte (Holzhauer, Gutachten B 32 Fn 83). Aus der Annahme, dass mit einem Geschäftsunfähigen eine Verständigung iSd § 1910 Abs 3 aF nicht möglich sei, weil die Einwilligung in die Anordnung der Pflegschaft als eine rechtsgeschäftliche Erklärung angesehen wurde, wurde umgekehrt gefolgert, dass ein geschäftsunfähiger Gebrechlicher zur Frage seiner Einwilligung überhaupt nicht mehr gehört zu werden brauchte, um für ihn eine Pflegschaft anzuordnen und ihm einen Pfleger zu bestellen. Diese Überlegung führte geradezu zwangsläufig dazu, den Betroffenen überhaupt nicht zu hören, weil es auf seine Meinung in Bezug auf die Anordnung der Pflegschaft nicht ankommen konnte. Dass dies ein schwerer Verstoß gegen Art 103 GG sein konnte, wurde zwar von den Obergerichten immer wieder festgestellt, nicht selten jedoch ohne Erfolg (Nachweise bei Holzhauer, Gutachten B 33, 34).

18 Der Mangel eines eigenen Verfahrens für die Anordnung der Pflegschaft machte sich auch an anderer Stelle bemerkbar. Es fehlte eine dem § 655 ZPO aF entsprechende Vorschrift über die Einholung eines Sachverständigengutachtens. Das BVerfG stellte die Forderung auf, vor der Anordnung einer Zwangspflegschaft ein Sachverständigengutachten einzuholen (BVerfGE 19, 93 [99]; später BayObLG Rpfleger 1982, 67). Ein Kurzgutachten sollte nicht genügen (BGHZ 70, 252 [261] = FamRZ 1978, 407 = NJW 1978, 992). Die Pflicht zur Anhörung, unterschiedlich begründet, war das Ergebnis der Judikatur (BayObLG FamRZ 1986, 603; BayObLGZ 1986, 524 = Rpfleger 1987, 109).

19 Auch die Befugnis zur Einlegung von Rechtsmitteln wurde zunächst, mangels besonderer Vorschriften, nach allgemeinen Regeln beurteilt. Ein selbständiges Beschwerderecht gegen die Anordnung der Pflegschaft wurde dem geschäftsunfähigen (und damit grundsätzlich auch verfahrensunfähigen) Pflegebefohlenen erst durch die Entscheidung des BGH in BGHZ 35, 1 (8, 11) – unter Aufgabe von BGHZ 15, 262 – und die des BVerfG in BVerfGE 10, 302 (306) zuerkannt. Infolge seiner Geschäftsunfähigkeit wurde ihm überwiegend das Recht abgesprochen, einen eigenen Antrag auf Aufhebung der Pflegschaft nach § 1920 zu stellen (Nachweise b Holzhauer, Gutachten B 34). Er wurde jedoch für berechtigt gehalten, die Ablehnung der Aufhebung, die auf seine „Anregung" erfolgt war, im Beschwerdewege überprüfen zu lassen. Bis zuletzt lehnte es die ganz überwiegende Rechtsprechung ab, dem geschäftsunfähigen Pflegebefohlenen die Möglichkeit einzuräumen, die Auswahl des Pflegers selbständig anzufechten (näher dazu Bienwald FamRZ 1990, 232). Erst die in Aussicht stehende Reform des Vormundschafts- und Pflegschaftsrechts für Volljährige und die vorgesehene Einführung einer von der Geschäftsunfähigkeit unabhängigen Verfahrensfähigkeit in Verfahren, die die Betreuung betreffen, bewogen das BayObLG, die bisherige Auffassung aufzugeben und dem geschäftsunfähigen Gebrechlichen die Verfahrensfähigkeit auch für das Verfahren einzuräumen, in dem es um die Auswahl und die Entlassung des Pflegers geht (BayObLG FamRZ 1989, 1003 = Rpfleger 1989, 366).

20 Anders als die Entmündigung bedurfte die Anordnung einer Pflegschaft nach § 1910 BGB **keines Antrags**. Das Vormundschaftsgericht entschied stets von Amts wegen. Nicht einmal der an einer Pflegschaft interessierte Betroffene hatte ein Antragsrecht (Staudinger/Engler[10/11] § 1910 Rn 23). Da die Pflegschaft ohne die in einem gesonder-

ten Verfahren festgestellte Hilfebedürftigkeit angeordnet wurde, entfiel hier die Zweigleisigkeit des Verfahrens.

Anwendungsprobleme und die Rechtsprechung vor allem des RG und des BGH **21** haben dazu beigetragen, dass die Pflegschaft des § 1910 aF im Laufe der Jahrzehnte immer mehr an Bedeutung gewann und weitaus häufiger angeordnet wurde als die Vormundschaft (ZENZ ua 13). Schon bald nach Inkrafttreten des BGB sorgten Entscheidungen des Kammergerichts (KGJ 19, 147 und OLGE 1, 317) und des RG (RGZ 52, 240) dafür, dass eine Pflegschaft auch in den Fällen angeordnet wurde, wenn der Betroffene sich zwar in einem die freie Willensbestimmung ausschließenden Zustand krankhafter Störung der Geistestätigkeit befand, abstrakt gesehen also umfassend fürsorgebedürftig im Rechtssinne war, konkret jedoch nur eine einzelne Angelegenheit oder ein Kreis von Angelegenheiten zu besorgen war.

Das RG hatte die maßgebende Interpretation des § 1910 Abs 2 aF dahingehend **22** formuliert, dass auch Geisteskranken und Geistesschwachen, die im Sinne des § 6 aF ihre Angelegenheiten im Allgemeinen nicht zu besorgen vermögen, gemäß § 1910 Abs 2 aF ein Pfleger für einzelne Angelegenheiten bestellt werden dürfe, falls das praktische Bedürfnis im konkreten Fall nur eine solche beschränkte Vertretung verlange (RGZ 52, 240, 244; näher BIENWALD, Untersuchungen 37). Eine Tendenz zur Vermeidung von Entmündigungen, weil stärker belastend und rechtsbeschränkend als die Pflegschaft des § 1910 aF, stellte bereits 1931 DIAMAND in seiner Schrift über „Vorläufige Vormundschaft und Gebrechlichkeitspflegschaft als Ersatzformen der Entmündigung" (3, 5) fest. 1982 griff HENDEL (FamRZ 1982, 1058) den Gedanken der Gebrechlichkeitspflegschaft als einer tauglichen Ersatzform für die Entmündigung wieder auf.

In einer Hinsicht versagte die Pflegschaft des § 1910 aF allerdings diesen Dienst, die **23** Entmündigung zu vermeiden und mit einer weniger einschneidenden Maßnahme zu helfen. Trunksucht und Rauschgiftsucht für sich allein reichten für die Anordnung einer Pflegschaft nach § 1910 aF wegen geistigen Gebrechens nicht aus. Erst wenn der Alkoholismus oder die Rauschmittelabhängigkeit in ursächlichem Zusammenhang mit einem geistigen Gebrechen stand oder ein darauf zurückzuführender Zustand im psychischen Bereich eingetreten war, der bereits die Annahme eines geistigen Gebrechens rechtfertigte, kam die Anordnung der Pflegschaft des § 1910 aF in Betracht (so zuletzt BayObLG FamRZ 1990, 209 = NJW 1990, 775 = R & P 1990, 89). Dagegen konnten Alkoholismus oder Rauschmittelabhängigkeit allein eine Entmündigung mit der Folge einer Vormundschaft begründen.

Soweit ersichtlich, bestand in Rspr und Schrifttum kein Dissens in der Beurteilung **24** der **Rechtsstellung des Pflegers** für einen geschäftsunfähigen oder partiell geschäftsunfähigen (s dazu STAUDINGER/DILCHER[12] § 104 Rn 24) Pflegebefohlenen. Unter Berufung auf die Entscheidung des RG in HRR 1929 Nr 1651 (LS) entschied der BGH (BGHZ 48, 147 [161] = FamRZ 1967, 620 = NJW 1967, 2404 = JR 1968, 100 mAnm JANSEN 103), der Pfleger des geschäftsunfähigen Pflegebefohlenen sei dessen gesetzlicher Vertreter. Dagegen gingen die Meinungen über die Rechtsstellung des Pflegers eines geschäftsfähigen Pflegebefohlenen auseinander. Während eine Minderheit keinen Unterschied zur Rechtsstellung des Pflegers eines Geschäftsunfähigen sah (OLG Celle FamRZ 1963, 465; GERNHUBER [3. Aufl] § 70 VI 4; MünchKomm/THIELE [2. Aufl] Vor § 164 Rn 5;

FLUME § 45 I 1), teilte die überwiegende Meinung die Auffassung des BGH, die dieser in seiner Entscheidung in BGHZ 48, 147 (161) folgendermaßen gekennzeichnet hatte: der Pfleger eines geschäftsfähigen Pflegebefohlenen sei „nicht gesetzlicher Vertreter wie der Vormund, sondern lediglich ein Bevollmächtigter im Sinne der §§ 166 ff BGB, dessen Bevollmächtigung nicht auf der Erteilung der Vollmacht, sondern auf einem Hoheitsakt" beruhe (dazu ausführlich BIENWALD, Untersuchungen 183 ff). Was das Pflegschaftsrecht im Übrigen anging, so verwies § 1915 Abs 1 BGB für alle Pflegschaften auf die für die Vormundschaft geltenden Vorschriften, woraus der Schluss gezogen wurde, es könne sich bei einer Pflegschaft über Volljährige zunächst nur um die Vorschriften über die Vormundschaft für Volljährige handeln (§ 1897 ff aF), die wiederum auf das Recht der Vormundschaft für einen Minderjährigen Bezug nahmen.

25 Während sich die Aufgaben des Vormunds, seine Rechte und Pflichten, unmittelbar aus dem Gesetz ergaben (§ 1897 aF iVm §§ 1793 ff), hatte das Vormundschaftsgericht den **Wirkungskreis** des Pflegers des Gebrechlichen jeweils im Einzelfall zu bestimmen. War dem Pfleger das Aufenthaltsbestimmungsrecht übertragen, wurde daraus die Befugnis zur Unterbringung des Betroffenen in einer geschlossenen Einrichtung (oder Abteilung einer solchen) abgeleitet. Anfang der siebziger Jahre des vorigen Jahrhunderts gingen dann manche Amtsgerichte dazu über, dem Pfleger nur das „Aufenthaltsbestimmungsrecht mit Ausnahme der Unterbringung in einer geschlossenen Einrichtung" zu übertragen. Ursächlich dafür dürfte ua der „Bericht über die Lage der Psychiatrie in der Bundesrepublik Deutschland zur psychiatrischen und psychotherapeutischen/psychosozialen Versorgung der Bevölkerung" (BT-Drucks 7/4200 und 4201 – sog Psychiatrie-Enquête) gewesen sein.

26 Die Beendigung der Pflegschaft richtete sich nach den §§ 1918–1920 aF.

d)   Pflegschaft neben bestehender Vormundschaft

27 Die Anordnung einer Pflegschaft nach § 1910 BGB hatte zur Voraussetzung, dass der Hilfebedürftige nicht bereits unter Vormundschaft stand. War dies der Fall, erübrigte sich in der Regel die Anordnung einer Pflegschaft, weil der Betroffene durch die Vormundschaft und die eher umfassende Zuständigkeit des Vormunds (§ 1897 aF iVm § 1793 BGB) hinreichend „versorgt" war. Eine entsprechende Anwendung des § 1910 aF wurde jedoch zusätzlich dann für erforderlich gehalten, wenn zwar eine Vormundschaft für einen Volljährigen bestand, der Vormund für den Entmündigten aber nicht tätig werden konnte, weil dieser kraft Gesetzes, zB nach § 607 Abs 1 ZPO für die Ehescheidung oder nach § 1600k Abs 1 S 1 für die Anfechtung der Anerkennung des nichtehelichen Kindes, für einen bestimmten Kreis von Angelegenheiten als geschäfts- oder prozessfähig galt, andererseits aber wegen eines körperlichen oder geistigen Gebrechens diesen Kreis von Angelegenheiten doch nicht selbst zu besorgen vermochte (SOERGEL/DAMRAU § 1910 Rn 2). Der BGH hatte die entspr Anwendung des § 1910 Abs 2 aF insofern akzeptiert, als bei bestehender Vormundschaft bestimmte Angelegenheiten nicht zum Aufgabenkreis des Vormundes gehören, weil der Gebrechliche insoweit als geschäfts- oder prozessfähig gilt. Eine solche Person müsse, wenn es sich um die Fürsorge für ihre Angelegenheiten handele, einer volljährigen Person gleichstehen, für die keine Vormundschaft besteht (BGHZ 41, 303, 308).

e)   Unterbringungsrecht, Unterbringungsverfahren

Die mit Freiheitsentziehung verbundene Unterbringung des Betroffenen wurde **28**
trotz des § 1901 Abs 1 aF als zum Aufgabenkreis des Vormunds gehörig angesehen
(§§ 1897 S 1 aF, 1793, 1800, 1631b BGB). Der Gebrechlichkeitspfleger war zu einer
Unterbringungsentscheidung nur dann befugt, wenn ihm diese ausdrücklich zugewiesen war oder das Aufenthaltsbestimmungsrecht (einschl der Unterbringung iSv
§ 1915 Abs 1 iVm §§ 1897 S 1, 1793, 1800, 1631b BGB) als umfassendere Befugnis
zum Wirkungskreis gehörte. Aus Sorge vor zu schneller Unterbringung der Betroffenen gingen in den siebziger Jahren des vorigen Jahrhunderts einige Vormundschaftsrichter dazu über, die Befugnis zur Unterbringung in einer geschlossenen
Einrichtung ausdrücklich von dem Aufenthaltsbestimmungsrecht auszunehmen.
Das hatte zur Folge, dass im Bedarfsfalle der Wirkungskreis des Pflegers erst erweitert werden musste oder das Vormundschaftsgericht aufgrund seiner Notzuständigkeit nach § 1846 BGB entschied (bedenklich), wenn nicht die Unterbringung
nach den **landesrechtlichen Unterbringungsgesetzen (PsychKG)** in Betracht kam.

Die Unterbringung des Pflegebefohlenen durch den aufenthaltsbestimmungsberech- **29**
tigten Pfleger war jedoch ausgeschlossen, wenn der Betroffene nicht geschäftsunfähig war. Das war eine Konsequenz der vom BGH in BGHZ 48, 147 ff aufgestellten
These, die Gebrechlichkeitspflegschaft über Geschäftsfähige stelle eine Beistandschaft dar, die mit der Vormundschaft nichts gemein habe. Demgemäß könne das
Vormundschaftsgericht die Unterbringung des Pflegebefohlenen gegen dessen Willen durch den Pfleger der gebrechlichen Person auch nur dann gestatten, wenn es
davon ausgehe, dass der Pflegebefohlene geschäftsunfähig ist (BGHZ 48, 147, 157 =
FamRZ 1967, 620, 623).

Während in früherer Zeit die zivilrechtliche Unterbringung des Mündels oder Pfle- **30**
gebefohlenen vom Vormund oder Pfleger allein verantwortet wurde, so war seit der
Einführung des § 1800 Abs 2 BGB durch das FamRÄndG die Genehmigung der
Unterbringungsentscheidung durch das Vormundschaftsgericht nötig. Ohne die Genehmigung war die Unterbringung nur zulässig, wenn mit dem Aufschub Gefahr
verbunden war; außerdem musste die Genehmigung unverzüglich nachgeholt werden. Der Genehmigungsvorbehalt des § 1800 Abs 2 aF bezog sich jedoch nur auf die
Unterbringung des Mündels und des Pflegebefohlenen (§§ 1915 Abs 1, 1897 S 1 aF,
1793, 1800 Abs 2 aF).

Durch das SorgeRG wurde § 1800 Abs 2 BGB wieder aufgehoben und die Regelung **31**
in den neu eingeführten § 1631b BGB für die Unterbringung Minderjähriger übernommen, der für alle Inhaber der Personensorge oder des Aufenthaltsbestimmungsrechts (einschl der Unterbringungsbefugnis) gilt. Bis zum Inkrafttreten des BtG am
1. 1. 1992 richtete sich das Erfordernis der Genehmigung einer freiheitsentziehenden
Unterbringung für den Vormund nach §§ 1631b iVm § 1800, 1897 S 1 aF und für den
Pfleger nach § 1631b iVm §§ 1800, 1897 S 1 aF, 1915 Abs 1. Zur Einfügung des
§ 1800 Abs 2 s STAUDINGER/ENGLER[10/11] § 1800 Rn 19 ff.

Im Zusammenhang mit dem SorgeRG wurden auch die Vorschriften über das **32**
Unterbringungsverfahren im FGG ergänzt und neu geregelt. Die §§ 64a–64 h
FGG enthielten das Verfahrensrecht für die Unterbringung von Mündeln und Pfle-
gebefohlenen; § 64i FGG aF bestimmte, dass die Vorschriften der §§ 64a–64 h auf

ein Verfahren, das die Genehmigung der Unterbringung eines Kindes nach § 1631b BGB zum Gegenstand hat, entsprechend anzuwenden sind.

33 Sowohl materiell – rechtlich als auch verfahrensrechtlich war die freiheitsentziehende Unterbringung nach den **landesrechtlichen Unterbringungsgesetzen** ein eigener Rechtsbereich (die Gesetze sind zusammengestellt bei CREFELD/SCHULTE, Das Recht der Hilfen und Zwangsmaßnahmen für psychisch Kranke [1987]; vgl außerdem SAAGE/GÖPPINGER, Freiheitsentziehung und Unterbringung [1975] z damaligen Rechtslage; zur aktuellen Rechtslage MARSCHNER/VOLCKART/LESTING, Freiheitsentziehung und Unterbringung [5. Aufl 2010]). Die Unterbringung von Personen, die infolge von Krankheit sich oder andere erheblich gefährdeten, war ursprünglich Gegenstand der polizeirechtlichen Sicherheits- und Ordnungsgesetze der Länder. Nordrhein-Westfalen war das erste Land, das dem Fürsorgegedanken Rechnung trug und ein Gesetz über Hilfen und Schutzmaßnahmen bei psychischen Krankheiten (PsychKG) verabschiedete (v 2. 12. 1969, GVBl NW 1969, 827), durch das neben den Unterbringungsvoraussetzungen und dem Unterbringungsverfahren ua vorsorgende Hilfe für psychisch Kranke (§§ 7 und 8), Maßnahmen des Gesundheitsamtes (§ 9), Einzelheiten der Betreuung während der Unterbringung (§§ 25–29) sowie nachgehende Hilfe (§§ 34–36) geregelt waren. Alle übrigen Länder folgten im Laufe der Jahre, zuletzt Berlin mit dem Gesetz für psychisch Kranke (PsychKG) v 8. 3. 1985 (GVBl 1985, 586), das im Gegensatz zu den übrigen Ländern Regelungen traf, die in die Kompetenz des Bundesgesetzgebers fallen (s dazu HELLE JR 1986, 180).

34 Der Nachrang der öffentlich-rechtlichen freiheitsentziehenden Unterbringung gegenüber der nach den Bestimmungen des BGB vorgenommenen Unterbringung kam in einer Regelung zum Ausdruck, die sich gleich oder ähnlich lautend in den meisten Unterbringungsgesetzen befand:

§ 10 Abs 2 NdsPsychKG

(2) Eine Unterbringung im Sinne dieses Gesetzes liegt auch dann vor, wenn jemand unter elterlicher Gewalt oder unter Vormundschaft steht oder ihm ein Pfleger bestellt ist, der das Recht auf Aufenthaltsbestimmung hat, und wenn die Einweisung nach Absatz 1 gegen den Willen des Inhabers der elterlichen Gewalt, des Vormunds oder des Pflegers erfolgt, oder der Inhaber der elterlichen Gewalt, der Vormund oder der Pfleger keine Erklärung abgibt.

Nunmehr gilt § 14 Abs 2 NPsychKG v 16. 6. 1997 (GVBl 272), zuletzt geändert durch Art 1 ÄndG v 25. 1. 2007 (GVBl 50), dessen Text folgendermaßen lautet:

(2) Eine Unterbringung im Sinne dieses Gesetzes liegt auch dann vor, wenn die Einweisung oder der Verbleib ohne Zustimmung der Personensorgeberechtigten oder ohne Zustimmung derjenigen Person erfolgt, die zur Betreuung oder Pflege bestellt ist und deren Aufgabenkreis das Aufenthaltsbestimmungsrecht umfaßt.

Einige Unterbringungsgesetze machen die Unterbringung von der Geschäftsunfähigkeit des Betroffenen oder von der Anordnung eines auf die Aufenthaltsbestimmung bezogenen Einwilligungsvorbehalts abhängig, wenn für ihn ein Betreuer bestellt ist (s § 1 Abs 3 S 2 Baden-Württemberg; § 11 Abs 2 S 2 Sachsen-Anhalt).

Während die landesrechtlichen Unterbringungsgesetze neben den Voraussetzungen **35**
der Unterbringung auch Bestimmungen über das Rechtsverhältnis des Untergebrachten vor, während und nach der Unterbringung enthielten und zB auch das
Ausmaß ärztlicher Heilbehandlung und eine Duldungspflicht des Untergebrachten
regelten, fehlte im BGB eine entsprechende Vorgabe für die Entscheidung des
Vormunds oder Pflegers für die Unterbringung des Betroffenen. Mit dem Recht,
den Aufenthalt des Betroffenen zu bestimmen, war zwar regelmäßig die Befugnis
des Pflegers zur Unterbringung des Pflegebefohlenen verbunden, in Fragen ärztlicher Versorgung oder in Bezug auf die Durchsetzung einer solchen Behandlung
hatte der Pfleger des Gebrechlichen damit aber noch keine Kompetenz. Hierfür
musste erst der Wirkungskreis entsprechend erweitert werden. Umstritten war, ob
die freiheitsentziehende Unterbringung eines Betroffenen, der unter Vormundschaft
oder unter Pflegschaft stand, besser privatrechtlich oder öffentlich-rechtlich geregelt
werden sollte (s einerseits MARSCHNER R & P 1986, 47, andererseits WIEBE, in: BERGENER [Hrsg],
Psychiatrie und Rechtsstaat [1981] 116). Zu der Zeit vor 1945 s die Darstellung von
RITTERSHAUS, Die Irrengesetzgebung in Deutschland (Berlin und Leipzig 1927).

2. Das Recht in der DDR (sog Beitrittsgebiet)

Mit der Einführung des Familiengesetzbuches (FGB) vom 20. 12. 1965 (GBl I 1966, **36**
1 ff) am 1. 4. 1966 behielt die damalige DDR die Vormundschaft und die Pflegschaft
als Rechtsinstitute bei, gestaltete sie jedoch zum Teil neu.

Ein Volljähriger erhielt einen **Vormund**, wenn er entmündigt worden war (§ 98 Abs 2 **37**
FGB). Derjenige, dessen Entmündigung beantragt worden war, konnte für die
Dauer des Entmündigungsverfahrens unter vorläufige Vormundschaft gestellt wer-
den, wenn dies zur Abwendung einer erheblichen Gefährdung der Person oder des
Vermögens des Volljährigen oder seiner Familie notwendig war (§ 99 FGB). Die
Entmündigung bewirkte, anders als früher §§ 104 Nr 3 und 114 BGB, ohne Unterschied die rechtsgeschäftliche Handlungsunfähigkeit des Entmündigten (§ 52 Abs 2
ZGB). Die von einem Handlungsunfähigen vorgenommenen Rechtsgeschäfte waren
nichtig (§ 52 Abs 2 ZGB). Verträge zur Befriedigung täglicher Lebensbedürfnisse
über einen unbedeutenden Wert waren wirksam, wenn die Verpflichtungen daraus
beiderseits sofort erfüllt wurden (§ 52 Abs 3 S 3 ZGB).

Die Vormundschaft über Volljährige diente dem Schutz und der umfassenden Sorge **38**
für Bürger, die nicht in der Lage waren, ihre Angelegenheiten selbst zu besorgen
(§ 98 Abs 1 FGB). Zuständig für die Anordnung der Vormundschaft und die Bestellung eines Vormundes für den Volljährigen sowie für die Kontrolle der Tätigkeit
des Vormundes war das Staatliche Notariat (§ 98 Abs 3 FGB).

Auf die Vormundschaft für einen Volljährigen und auf die vorläufige Vormundschaft **39**
waren die Bestimmungen über die Vormundschaft über einen Minderjährigen entsprechend anzuwenden (§ 100 FGB). Besonderheiten waren in den §§ 101–103 FGB
geregelt, und zwar für die Auswahl des Vormundes, seine Aufgaben sowie das Ende
der Vormundschaft. § 102 FGB bestimmte als Aufgaben des Vormundes folgendes:
Er hat das Vermögen des Mündels zu verwalten und sich um dessen persönliches
Wohl zu kümmern, insbesondere für eine Heilbehandlung und gegebenenfalls für
die Unterbringung des Mündels zu sorgen. Als Vormund kamen zunächst Angehö-

rige in Betracht (§ 101 Abs 1 FGB); konnte kein Angehöriger als Vormund bestellt werden, so wurde eine geeignete andere Person ausgewählt (§ 101 Abs 2 FGB). War der Vormund an der Erfüllung seiner Pflichten verhindert oder ein Vormund nicht bestellt, wurden die erforderlichen Maßnahmen von anderer Seite getroffen (§ 100 iVm § 95 FGB). Eine Vereins- oder eine Behördenvormundschaft kannte das FGB nicht.

40 Ein **Pfleger** für einen volljährigen Bürger konnte durch das Staatliche Notariat bei Vorliegen eines persönlichen oder gesellschaftlichen Fürsorgebedürfnisses bestellt werden, wenn der Vormund des Bürgers an der Erledigung bestimmter Angelegenheiten tatsächlich oder rechtlich verhindert war (§ 105 Abs 1 Buchst a). Nach Abs 2 konnte einem Bürger, der infolge körperlicher Gebrechen nicht imstande war, seine Angelegenheiten zu besorgen, beim Vorliegen eines Fürsorgebedürfnisses ein Pfleger bestellt werden. Wenn ein Bürger infolge geistiger Gebrechen einzelne oder einen bestimmten Kreis seiner Angelegenheiten nicht zu besorgen vermochte, konnte ihm für diese ein Pfleger bestellt werden. War eine Verständigung mit dem Gebrechlichen möglich, konnte die Pflegschaft nur angeordnet werden, wenn er einwilligte.

Die von dem Pfleger wahrzunehmenden Angelegenheiten wurden in einem Wirkungskreis festgelegt. Im Rahmen dieses festgelegten Wirkungskreises des Pflegers stand der Pflegebedürftige einer nicht geschäftsfähigen Person gleich. Der Pfleger war insoweit sein gesetzlicher Vertreter (§ 105 Abs 3 FGB). Weitere Gründe für die Bestellung eines Pflegers waren in § 105 Abs 1 Buchstaben b und c vorgesehen. Außerhalb des festgelegten Wirkungskreises war der Pflegebedürftige voll handlungsfähig. Die Testierfähigkeit wurde durch die Anordnung der Pflegschaft nicht beschränkt. Auch wurde die Befugnis, eine Ehe einzugehen, durch die Pflegschaft nicht eingeschränkt. Demgegenüber beinhaltete die Entmündigung ein Eheverbot (§ 8 FGB). Die Anordnung der Pflegschaft wegen geistigen Gebrechens hatte den Verlust der Wahlberechtigung zur Folge, die Anordnung der Pflegschaft bei körperlicher Gebrechlichkeit dagegen nicht (weitere Einzelheiten z Pflegschaft in der DDR s BIENWALD, Untersuchungen 213). Der Pfleger wurde durch das Staatliche Notariat verpflichtet, zu bestimmten Rechtshandlungen die Einwilligung bzw Genehmigung einzuholen. Derartige Beschränkungen wurden in den Pflegerausweis eingetragen. Zum Schrifttum über die damalige Rechtslage in der DDR in diesem Bereich s STAUDINGER/ENGLER[10/11] Vorbem 46 zu §§ 1773 ff sowie BIENWALD, Untersuchungen 213 ff, 465 ff.

41 Zum Unterbringungsrecht in der DDR und zur Weitergeltung des Einweisungsgesetzes s BERGMANN NJ 1991, 211; BIENWALD und REICHEL, jeweils in: SCHWAB (Hrsg), Familienrecht und deutsche Einigung (1991); MARSCHNER R & P 1991, 85 (Text mAnm) und in SAAGE/GÖPPINGER/MARSCHNER ua (1994) Anhang 14. Zum Recht nach dem Beitritt BIENWALD, BtR[3] Einf Rn 42.

3. Hinweise auf neuere ausländische Rechte

42 AEBI-MÜLLER, Das neue Erwachsenenschutzrecht der Schweiz – Patientenverfügung, Vertretung bei medizinischen Maßnahmen, fürsorgefrische Unterbringung, Aufenthalt in Wohn- oder Pflegeeinrichtungen, BtPrax 2013, 180

BOENTE, Reform des Erwachsenenschutzrechts in der Schweiz, BtPrax 2013, 175

ders, Der Erwachsenenschutz, die eigene Vorsorge und Maßnahmen von Gesetzes wegen, Art 360–387 ZGB, in: Zürcher Kommentar, Zivilgesetzbuch (2015)

BROSEY, Bericht über den 3rd World Congress on Adult Guardianship, BtPrax 2014, 16

FRANTZEN, Neues Gesetz über Vormundschaft in Norwegen, FamRZ, 2010, 1497

GANNER, Stand und Perspektiven des Erwachsenenschutzes in rechtsvergleichender Sicht, Teil 1 BtPrax 2013, 171, Teil 2 BtPrax 2013, 222

GANNER/BARTH, Die Auswirkungen der UN-Behindertenrechtskonvention auf das österreichische Sachwalterrecht, BtPrax 2010, 204

HAUSHEER, Der neue Erwachsenenschutz im schweizerischen Zivilgesetzbuch, FamRZ 2009, 1561

ders, Die neue gesamtschweizerische ZPO und das Familienrecht (einschließlich des beschlossenen, aber noch nicht in Kraft gesetzten Erwachsenenschutzrechts als dritte Abteilung des Familienrechts), FamRZ 2010, 1508

HITOMI AOKI, Die Auswahl des Vormundes für Volljährige in Japan, BtPrax 2011, 18

JAQUEMAR, Die Bewohnervertretung – Der österreichische Weg, BtPrax 2010, 105

KOHLER/PINTENS, Entwicklungen im europäischen Familien- und Erbrecht, FamRZ 2009, 1529; 2010, 1481; 2011, 1433; FamRZ 2012, 1425

LIPP/BAGNIEWSKI, DANKERT, NEWELL, Das Representation Agreement in Britisch Columbia (Kanada) – Ein Modell für Deutschland?, BtPrax 2013, 217

MAKOTO ARAI, Aktueller Stand des Vormundschaftsrechts und der unterstützten Entscheidungsfindung in Japan, BtPrax 2013, 185

Materialien, Das türkische Gesetz Nr 5718 vom 27. 11. 2007 über das internationale Privat- und Zivilverfahrensrecht, IPRax 2008, 283

RÖTHEL/WOITGE, Das Kollisionsrecht der Vorsorgevollmacht, IPRax 2010, 494

WEDEMANN, Vorsorgevollmachten im internationalen Rechtsverkehr, FamRZ 2010, 785.

II. Das Betreuungsrecht

1. Zur Entstehungsgeschichte*

Eine vom Bundesminister der Justiz eingesetzte Arbeitsgruppe veröffentlichte im **43** November 1987 einen ersten Diskussions-Teilentwurf (DiskE I). Er enthielt Vorschläge zum materiellen Recht und zum Verfahrensrecht. Ihm folgte im Mai 1988 Teil zwei des Diskussionsentwurfs (DiskE II), der Vorschläge zur Regelung des Wahlrechts sowie organisatorische und finanzielle Fragen betraf. Im November 1988 wurde der Referenten-Entwurf vorgelegt (RefE). Die Stellungnahme des Bundesrates enthält die BR-Drucks 59/89. Die Bundesregierung legte den Gesetzentwurf am 11. 5. 1989 vor. Die BT-Drucks 11/4528 enthält auch die Stellungnahme des Bundesrates (S 203) und die Gegenäußerung der Bundesregierung (S 225). Der Bericht des Rechtsausschusses und seine Beschlussempfehlung datieren vom 24. 4. 1990 (BT-Drucks 11/6949). Der Bundestag nahm das Gesetz in zweiter und dritter Lesung am 25. 4. 1990 an. Der Bundesrat stimmte dem Gesetz in seiner Sitzung am 1. 6. 1990 zu.

Der mit der Einhaltung der Verfahrensvorschriften des Betreuungsgesetzes verbun- **44** dene Aufwand in zeitlicher, organisatorischer und finanzieller Hinsicht und der ungeahnte Anstieg der für Aufwendungsersatz und Vergütung aus der Staatskasse erforderlichen Geldmittel führten zur Vorbereitung von Änderungen des bestehen-

---

* Unter Berücksichtigung der durch das BtÄndG eingetretenen redaktionellen Änderungen. Zur Rechtslage ohne sie s STAUDINGER/BIENWALD[12].

den Betreuungsrechts. Dem Referentenentwurf vom Frühjahr 1996 folgte im Dezember 1996 der Regierungsentwurf, der mit der Stellungnahme des Bundesrates und der Gegenäußerung der BReg als BT-Drucks 13/7158 veröffentlicht worden ist. Nachdem die erste Beratung im Bundestag am 15. 3. 1997 stattgefunden hatte, zogen sich die Beratungen bis zur Annahme des Gesetzes durch den Bundestag in zweiter und dritter Lesung am 3. 4. 1998 hin (BR-Drucks 339/98). Wegen einiger Differenzen rief der Bundesrat den Vermittlungsausschuss an, dessen Empfehlungen Bundestag und Bundesrat am 29. 5. 1998 folgten (BR-Drucks 517/98 und Beschluss). Das „Gesetz zur Änderung des Betreuungsrechts sowie weiterer Vorschriften (Betreuungsrechts-änderungsgesetz" – BtÄndG) vom 25. 6. 1998 (BGBl I 1580) trat mit seinem betreuungsrechtlichen Teil (mit Ausnahme des Art 2 a § 2, der die Länder ermächtigt, Regelungen zur Nachqualifizierung von Betreuungspersonen zu treffen) am 1. 1. 1999, im Übrigen bereits am 1. 6. 1998 in Kraft.

45 Mit einer gleich lautend verabschiedeten Entschließung (Text in: BR-Drucks 339/98) stellten Bundestag und Bundesrat weitere Änderungen des Betreuungsrechts in Aussicht; es solle nach Wegen gesucht werden, „auf denen – nicht allein mit den Mitteln des bürgerlichen Betreuungsrechts, sondern unter Einbeziehung des sozial-rechtlichen Instrumentariums – hilfsbedürftigen Menschen langfristig rechtliche Betreuung ebenso verbürgt werden kann wie tatsächliche Zuwendung und Fürsorge".

46 Die Annahme dieser Entschließung war vom Rechtsausschuss des Deutschen Bundestages zugleich mit der Erledigungserklärung der BT-Drucks 13/7176 empfohlen worden (BT-Drucks 13/10331). Diese Drucksache enthält einen Entschließungsantrag der SPD-Fraktion als Reaktion auf die Antwort der Bundesregierung (BT-Drucks 13/7133) auf die Große Anfrage (BT-Drucks 13/3834), die das Betreuungsverfahren, das Unterbringungsverfahren einschl ärztliche Maßnahmen und Sterilisation, Betreuungsvereine, Vergütung und Aufwendungsersatz, das FGG-Verfahren sowie die personelle Ausstattung (der Justizverwaltungen) betraf.

47 Ihre eigenen Vorstellungen von einer (weiteren) Reform des Betreuungsrechts unter dem Motto „Von der justizförmigen zur sozialen Betreuung" hatte die SPD-Fraktion in einem Antrag an den Bundestag (BT-Drucks 13/10301) zusammengefasst.

2.   Gesetzliche Grundlagen und Geltungsbereich

48 Gesetzliche Grundlage des Betreuungsrechts ist das Gesetz zur Reform des Rechts der Vormundschaft und Pflegschaft für Volljährige (Betreuungsgesetz – BtG) vom 12. 9. 1990 (BGBl I 2002) mit seinen späteren Änderungen des Betreuungsrechts und weiterer Vorschriften durch das Betreuungsrechtsänderungsgesetz (BtÄndG v 25. 6. 1998, BGBl I 1580) sowie des Zweiten Gesetzes zur Änderung des Betreuungsrechts (Zweites Betreuungsrechtsänderungsgesetz – 2. BtÄndG v 21. 4. 2005, BGBl I 1073). Das Verfahren in Betreuungs- und Unterbringungssachen richtet sich seit dem 1. 9. 2009 nach dem Gesetz über das Verfahren in Familiensachen und in den Angelegenheiten der freiwilligen Gerichtsbarkeit (FamFG) v 17. 12. 2008 (Art 1 des FGG – RG, BGBl I 2586, 2587). Kernbereiche der Reform des Rechts der Vormundschaft und Pflegschaft für Volljährige waren das materielle Betreuungsrecht, das Betreuungsverfahrensrecht und das Unterbringungsverfahrensrecht; daneben enthielt das BtG als Artikelgesetz zahlreiche Änderungen anderer Gesetze.

Die für die Arbeit der Betreuungsbehörden (-stellen) maßgebenden (bundes-) ge- **49** setzlichen Vorschriften enthält das zugleich mit dem BtG eingeführte Gesetz über die Wahrnehmung behördlicher Aufgaben bei der Betreuung Volljähriger (Betreuungsbehördengesetz – BtBG) v 12. 9. 1990 (Art 8 des Betreuungsgesetzes; BT-Drucks 11/4528, 99 ff). Das Gesetz bildet eine selbständige und eigenständige Rechtsgrundlage für die Verpflichtung zur Bildung von Betreuungsbehörden auf örtlicher Ebene, für die Rechte und Pflichten der Behörde und dient als Basis für ergänzende Regelungen der Länder (Text s Anh zu § 1900). Zu den im Zusammenhang mit Reformen des Betreuungsrechts erörterten Vorschlägen gehörte der Ruf nach einer Strukturreform, durch die den Behörden eine „originäre Zuständigkeit" anstelle der Justiz zugewiesen werden sollte. Die 76. Konferenz der Justizministerinnen und Justizminister (v 29. bis 30. 6. 2005 in Dortmund) sprach sich für die Einsetzung einer ressortübergreifenden Arbeitsgruppe unter Vorsitz des Bundes aus. Auf der Grundlage eines Beschlusses der 80. Justizministerkonferenz im Juni 2009 war eine „interdisziplinäre Arbeitsgruppe zum Betreuungsrecht" gebildet worden, die im Oktober 2011 ihren Abschlussbericht vorlegte. Unter Verwendung von Ergebnissen und Vorschlägen der Arbeitsgruppe entstand das Gesetz zur Stärkung der Funktionen der Betreuungsbehörde vom 28. 8. 2013 (BGBl I 3393), das die Anhörung der zuständigen Behörde vor der Bestellung eines Betreuers anhand eines Kriterienkatalogs (näher unten Rn 77) den Gerichten zur Pflicht machte und von den Betreuungsbehörden eine intensive Tätigkeit zur Vermeidung von rechtlichen Betreuungen (insbesondere Beratung und Vermittlung von Hilfen, bei denen kein gesetzlicher Vertreter bestellt wird/bestellt werden muss; vgl § 4 BtBG) verlangte.

Den Ersatz von Aufwendungen und die Vergütung von Betreuern regelt zusätzlich **50** zu den Bestimmungen des §§ 1835 ff BGB) das Gesetz über die Vergütung von Vormündern und Betreuern (Vormünder- und Betreuervergütungsgesetz – VBVG) v 21. 4. 2005 (BGBl I 1073, 1076). Das Gesetz löste das durch Art 2a BtÄndG eingeführte Berufsvormündervergütungsgesetz v 25. 6. 1998 (BGBl I 1580, 1586) ab und gilt seit dem 1. 7. 2005. Durch die Verselbständigung dieses Regelungsgegenstandes werden, wie es in der Begründung des Rechtsausschusses heißt (BT-Drucks 13/10331, 27), bei künftig angezeigt erscheinenden Anpassungen der Vergütungssätze Änderungen im BGB vermieden.

Das Betreuungsrecht gilt für Deutsche. Seine Anwendung auf Angehörige fremder **51** Staaten regelt der durch Artikel 7 § 29 Nr 3 BtG neu gefasste Artikel 24 EGBGB, der folgenden Wortlaut hat:

Vormundschaft, Betreuung und Pflegschaft

(1) Die Entstehung, die Änderung und das Ende der Vormundschaft, Betreuung und Pflegschaft sowie der Inhalt der gesetzlichen Vormundschaft und Pflegschaft unterliegen dem Recht des Staates, dem der Mündel, Betreute oder Pflegling angehört. Für einen Angehörigen eines fremden Staates, der seinen gewöhnlichen Aufenthalt oder, mangels eines solchen, seinen Aufenthalt im Inland hat, kann ein Betreuer nach deutschem Recht bestellt werden.

(2) Ist eine Pflegschaft erforderlich, weil nicht feststeht, wer an einer Angele-

genheit beteiligt ist, oder weil ein Beteiligter sich in einem anderen Staat befindet, so ist das Recht anzuwenden, das für die Angelegenheit maßgebend ist.

(3) Vorläufige Maßregeln sowie der Inhalt der Betreuung und der angeordneten Vormundschaft und Pflegschaft unterliegen dem Recht des anordnenden Staates.

52   Regelungen für erwachsene Personen, die „aufgrund einer Beeinträchtigung oder Unzulänglichkeit ihrer persönlichen Fähigkeiten nicht in der Lage sind, ihre Interessen wahrzunehmen" enthält das Haager Erwachsenenschutzübereinkommen (ESÜ), das am 13. 1. 2000 beschlossen worden und für Deutschland am 1. 1. 2009 verbindlich geworden ist (Bekanntmachung über das Inkrafttreten des Haager Übereinkommens über den internationalen Schutz von Erwachsenen v 12. 12. 2008, BGBl II 2009, 39; StAZ 2009, 255; im Übrigen: Bekanntmachung über den internationalen Schutz von Erwachsenen v 3. 9. 2009, BGBl II 2009, 1143).

53   Das ESÜ enthält Bestimmungen über die internationale Zuständigkeit für Schutzmaßnahmen, das anzuwendende Recht, die Anerkennung und Vollstreckung ausländischer Entscheidungen und die Zusammenarbeit zwischen Behörden der Vertragsstaaten. In Betracht kommende Schutzmaßnahmen sind die Feststellung der Handlungsunfähigkeit und die Begründung einer Schutzbeziehung; die erwachsene Person kann unter den Schutz einer Justiz- oder einer Verwaltungsbehörde gestellt werden. In Betracht kommen Vormundschaft, Pflegschaft und/oder ein entsprechendes Institut; ferner die Bestimmung der Person oder der Stelle, die für die Person oder das Vermögen der erwachsenen Person verantwortlich ist, die Person vertritt oder ihr beisteht, und deren Aufgabenbereich.

54   Die erwachsene Person kann in einem Heim oder einer anderen Stelle, wo Schutz gewährt werden kann, untergebracht werden; die Verwaltung und Erhaltung des Vermögens der erwachsenen Person und die Verfügung darüber; die Ermächtigung zu einem besonderen Eingriff zum Schutz der Person oder ihres Vermögens kommt in Frage.*

55   In welchem Maße das deutsche Betreuungsrecht und/oder die deutsche Betreuungs-(rechts-)praxis durch das **Übereinkommen** der Vereinten Nationen vom 13. 12. 2006 **über die Rechte von Menschen mit Behinderungen** (BGBl 2008 II 1420; Gesetz zu dem Übereinkommen vom 21. 12. 2008 – BGBl 2008 II 1419; Bekanntmachung über den Geltungsbereich des Übereinkommens vom 24. 8. 2011 – BGBl II 944) beeinflusst oder verändert wird, ist noch fraglich und wird unterschiedlich beurteilt.

56   Das Übereinkommen ist nach seinem Artikel 45 Abs 2 für die Bundesrepublik Deutschland am 26. 3. 2009 in Kraft getreten (Bekanntmachung über das Inkrafttreten des Übereinkommens der Vereinten Nationen über die Rechte von Menschen mit Behinderungen

---

* **Schrifttum**: LUDWIG, Der Erwachsenenschutz im Internationalen Privatrecht nach Inkrafttreten des Haager Erwachsenenschutzübereinkommens, DNotZ 2009, 251; RÖTHEL/WOITGE, Das ESÜ – Ausführungsgesetz – effiziente Kooperation im internationalen Erwachsenenschutz, IPrax 2010, 409; FASSBIND, Erwachsenenschutzrecht (Zürich 2012); ÖZLEM TABAN, Das neue Schweizer Erwachsenenschutzrecht, iFamZ 2012, 80.

vom 5. 6. 2009 – BGBl 2009 II 812). Vorbehalte oder/und Erklärungen der Bundesrepublik Deutschland sind in Abschnitt II der Bekanntmachung nicht verzeichnet.

Etwaige Veränderungen deutschen Rechts können durch **Artikel 12** (Gleiche Anerkennung vor dem Recht) veranlasst sein. Er lautet: **57**

(1) Die Vertragsstaaten bekräftigen, dass Menschen mit Behinderungen das Recht haben, überall als Rechtssubjekt anerkannt zu werden.

(2) Die Vertragsstaaten anerkennen, dass Menschen mit Behinderungen in allen Lebensbereichen gleichberechtigt mit anderen Rechts- und Handlungsfähigkeit genießen.

(3) Die Vertragsstaaten treffen geeignete Maßnahmen, um Menschen mit Behinderungen Zugang zu der Unterstützung zu verschaffen, die sie bei der Ausübung ihrer Rechts- und Handlungsfähigkeit gegebenenfalls benötigen.

(4) Die Vertragsstaaten stellen sicher, dass zu allen die Ausübung der Rechts- und Handlungsfähigkeit betreffenden Maßnahmen im Einklang mit den internationalen Menschenrechtsnormen geeignete und wirksame Sicherungen vorgesehen werden, um Missbräuche zu verhindern. Diese Sicherungen müssen gewährleisten, dass bei den Maßnahmen betreffend die Ausübung der Rechts- und Handlungsfähigkeit die Rechte, der Wille und die Präferenzen der betreffenden Person geachtet werden, es nicht zu Interessenkonflikten kommt, dass die Maßnahmen verhältnismäßig und auf die Umstände der Person zugeschnitten sind, dass sie von möglichst kurzer Dauer sind und dass sie einer regelmäßigen Überprüfung durch eine zuständige, unabhängige und unparteiische Behörde oder gerichtliche Stelle unterliegen. Die Sicherungen müssen im Hinblick auf das Ausmaß, in dem diese Maßnahmen die Rechte und Interessen der Person berühren, verhältnismäßig sein.

(5) Vorbehaltlich dieses Artikels treffen die Vertragsstaaten alle geeigneten und wirksamen Maßnahmen, um zu gewährleisten, dass Menschen mit Behinderungen das gleiche Recht wie andere haben, Eigentum zu besitzen oder zu erben, ihre finanziellen Angelegenheiten selbst zu regeln und gleichen Zugang zu Bankdarlehen, Hypotheken und anderen Finanzkrediten zu haben, und gewährleisten, dass Menschen mit Behinderungen nicht willkürlich ihr Eigentum entzogen wird.

In dieser Hinsicht bedeutsam ist auch **Artikel 14** (Freiheit und Sicherheit der Person), der folgenden Wortlaut hat: **58**

(1) Die Vertragsstaaten gewährleisten,

a) dass Menschen mit Behinderungen gleichberechtigt mit anderen das Recht auf persönliche Freiheit und Sicherheit genießen;

b) dass Menschen mit Behinderungen gleichberechtigt mit anderen die Freiheit nicht rechtswidrig oder willkürlich entzogen wird, dass jede Freiheitsentziehung

im Einklang mit dem Gesetz erfolgt und dass das Vorliegen einer Behinderung in keinem Fall eine Freiheitsentziehung rechtfertigt.

(2) Die Vertragsstaaten gewährleisten,
dass Menschen mit Behinderungen, denen aufgrund eines Verfahrens ihre Freiheit entzogen wird, gleichberechtigten Anspruch auf die in den internationalen Menschenrechtsnormen vorgesehenen Garantien haben und im Einklang mit den Zielen und Grundsätzen dieses Übereinkommen behandelt werden, einschließlich durch die Bereitstellung angemessener Vorkehrungen.

59 Nach Artikel 4 (Allgemeine Verpflichtungen) sind die Vertragsstaaten verpflichtet, die volle Verwirklichung aller Menschenrechte und Grundfreiheiten für alle Menschen mit Behinderungen ohne jede Diskriminierung aufgrund von Behinderung zu gewährleisten und zu fördern.*

---

* **Schrifttum (Auswahl)**: AICHELE, Die UN-Behindertenrechtskonvention in der gerichtlichen Praxis, AnwBl 2011, 727; AICHELE/VON BERNSTORFF, Das Menschenrecht auf gleiche Anerkennung vor dem Recht: Zur Auslegung von Art 12 der UN-Behindertenrechtskonvention, BtPrax 2010, 199; BANAFSCHE, Die UN-Behindertenrechtskonvention und das deutsche Sozialrecht, SGB 2012, 373 (Teil I); BAUFELD, Zur Vereinbarkeit von Zwangseinweisung und -behandlung psychisch Kranker mit der UN-Behindertenrechtskonvention, R & P 2009, 167; vBERNSTORFF, Menschenrechte und Betroffenenrepräsentation, ZaöRV 2007, 1041; DIEKMANN/OESCHGER (Hrsg), Betrifft Betreuung Band 11/2011 (mit Beiträgen zum Verhältnis von Betreuungsrecht und UN-BRK; GANNER/BARTH, Die Auswirkungen der UN-Behindertenrechtskonvention auf das österreichische Sachwalterrecht, BtPrax 2010, 204 (dazu auch das Schwerpunktheft Nr 5/2011 der iFamZ); HELLMANN, Zur Vereinbarkeit des Wahlrechtsausschlusses nach § 13 Nr 2 BWG mit bestehenden völkerrechtlichen Verpflichtungen, BtPrax 2010, 208; ders, Der Ausschluss vom Wahlrecht im Betreuungsrecht – Handlungsbedarf für den Gesetzgeber, Rechtsdienst der Lebenshilfe 2012, 4; ders, Wahlrechtsausschluss ist diskriminierend, UN-Menschenrechtsrat beschließt Resolution v 20. 3. 2012, Rechtsdienst der Lebenshilfe 2012, 55; KÖNIG, Vereinbarkeit der Zwangsunterbringung mit der UN-Behindertenrechtskonvention?, BtPrax 2009, 105; LACHWITZ, Übereinkommen der Vereinten Nationen über die Rechte von Menschen mit Behinderung, BtPrax 2008, 143; ders, Das Betreuungsrecht und das Recht der Geschäftsfähigkeit gehören auf den Prüfstand!, Recht der Lebenshilfe 2011, 53; ders, Umsetzung des Übereinkommens der Vereinten Nationen über die Rechte von Menschen mit Behinderungen (Behindertenrechtskonvention – BRK), Rechtsdienst der Lebenshilfe (RdLH) 2011, 1; ders, Zum Stand der Umsetzung der Behindertenrechtskonvention – die nächsten Schritte, Rechtsdienst der Lebenshilfe 2011, 109; LACHWITZ/TRENK-HINTERBERGER, Zum Einfluss der Behindertenrechtskonvention (BRK) der Vereinten Nationen auf die deutsche Rechtsordnung, Rechtsdienst der Lebenshilfe 2010, 45; LIPP, UN-Behindertenrechtskonvention und Betreuungsrecht, BtPrax 2010, 263; ders, Betreuungsrecht und UN-Behindertenrechtskonvention, FamRZ 2012, 669; ders, Assistenzprinzip und Erwachsenenschutz, FamRZ 2017, 3; MARSCHNER, UN-Konvention über die Rechte von Menschen mit Behinderungen – und Unterbringungsrecht, R & P 2009, 135; NICKLAS-FAUST, Erster Staatenbericht zur Umsetzung der Behindertenrechtskonvention beschlossen, Rechtsdienst der Lebenshilfe 2011, 103; SCHULTE, Die UN-Behindertenrechtskonvention und der Ausschluss von Menschen mit Behinderungen vom Wahlrecht, ZRP 2012, 16; WELKE, UN-Behindertenrechtskonvention, Freiburg i. Br. 2012; WELTI, Das Diskriminierungsverbot und die „angemessenen Vorkehrungen" in der BRK-Stellenwert für die staat-

Zu diesem Zweck haben sich die Vertragsstaaten verpflichtet, u a

> **a) alle geeigneten Gesetzgebungs-, Verwaltungs- und sonstigen Maßnahmen zur Umsetzung der in diesem Übereinkommen anerkannten Rechte zu treffen;**

> **b) alle geeigneten Maßnahmen einschließlich gesetzgeberischer Maßnahmen zur Änderung oder Aufhebung bestehender Gesetze, Verordnungen, Gepflogenheiten und Praktiken zu treffen, die eine Diskriminierung von Menschen mit Behinderungen darstellen;**

> **...**

> **e) alle geeigneten Maßnahmen zur Beseitigung der Diskriminierung aufgrund von Behinderung durch Personen, Organisationen oder private Unternehmen zu ergreifen.**

> **(2) Hinsichtlich der wirtschaftlichen, sozialen und kulturellen Rechte verpflichtet sich jeder Vertragsstaat, unter Ausschöpfung seiner verfügbaren Mittel und erforderlichenfalls im Rahmen der internationalen Zusammenarbeit Maßnahmen zu treffen, um nach und nach die volle Verwirklichung dieser Rechte zu erreichen, unbeschadet derjenigen Verpflichtungen aus diesem Übereinkommen, die nach dem Völkerrecht sofort anwendbar sind.**

> **...**

> **(4) Dieses Übereinkommen lässt zur Verwirklichung der Rechte von Menschen mit Behinderungen besser geeignete Bestimmungen, die im Recht eines Vertragsstaats oder in dem für diesen Staat geltenden Völkerrecht enthalten sind, unberührt. Die in einem Vertragsstaat durch Gesetze, Übereinkommen, Verordnungen oder durch Gewohnheitsrecht anerkannten oder bestehenden Menschenrechte und Grundfreiheiten dürfen nicht unter dem Vorwand beschränkt oder außer Kraft gesetzt werden, dass dieses Übereinkommen derartige Rechte oder Freiheiten nicht oder nur in einem geringeren Ausmaß anerkenne.**

LACHWITZ berichtet in seinem Beitrag im Rechtsdienst der Lebenshilfe 2011, 53 **60** über die Große Anfrage der Fraktion BÜNDNIS 90/DIE GRÜNEN vom Sommer 2010 (BT-Drucks 17/2376), auf die die Bundesregierung am 1. 4. 2011 geantwortet hat (BT-Drucks 17/5323). Auf die Frage: „Welche Chancen und Herausforderungen sieht die Bundesregierung für das Betreuungsrecht durch die UN-Behindertenrechtskonvention?" lautete die Antwort der BReg: „Das geltende Betreuungsrecht steht im Einklang mit der UN-Behindertenrechtskonvention, insbesondere mit deren Art 12 Abs 2, wonach die Vertragsstaaten anerkennen, dass Menschen mit Behinderungen in allen Lebensbereichen gleichberechtigt mit anderen Rechts- und Handlungsfähigkeit genießen. Die Konvention wurde daher von Deutschland ohne Änderungen des Betreuungsrechts ratifiziert. Auf die Ausführungen in der Denkschrift zur

---

liche Verpflichtung zur Umsetzung der in der BRK geregelten Rechte, Rechtsdienst der Lebenshilfe 2012, 1; WOLF, Göttinger Workshop zur UN-Behindertenrechtskonvention, BtPrax 2010, 117.

UN-Behindertenrechtskonvention (BT-Drucks 16/10808, 52) wird insoweit verwiesen."

Mit der Forderung, die genannten Rechte gehörten „auf den Prüfstand", die bereits früher und auch von anderen erhoben worden ist, wird ersichtlich die Erwartung verbunden, dass etwas geändert werden müsse. Das mögliche Ergebnis einer Prüfung, dass nichts geändert werden müsse, wird offensichtlich nicht zugelassen oder erwartet und für möglich gehalten.

Bemerkenswert ist, dass an sprachlichen Eigenheiten festgehalten wird, obwohl zumindest umgangssprachlich schwerlich vorstellbar ist, dass jemand „unterstützt" werden könne, mit dem eine Kommunikation nahezu ausgeschlossen ist. Die gebotene Unterstützung müsse dann darin bestehen, so zu handeln, wie der Betroffene in einer bestimmten Situation gehandelt hätte (Lipp FamRZ 2012, 699 [675]). Zur Einführung und Verwendung Leichter und Einfacher Sprache siehe die Beiträge in der Beilage zur Wochenzeitung Das Parlament (Aus Politik und Zeitgeschichte 64. Jahrgang 9–11/2014).

Dass die sog **Umsetzung des Betreuungsrechts** immer wieder Anlass zu kritischen Bemerkungen und zu konkreten Anwendungshinweisen gibt, wird kaum bestritten werden. Die Forderung nach dem Prüfstand berücksichtigt aber nicht, dass die Betrachtung einzelner Regelungen zwar eine gewisse Dramatik zulässt, den Blick auf die Gesamtheit der zu diesem Rechtsgebiet gehörenden Normen aber verstellt. Von der Betreuung als einer Fremdbestimmung reden heißt, die Konzeption des Betreuungsrechts und deren Durchführung außer Betracht lassen.

Außer Betracht gelassen wird vor allen Dingen die Tatsache, dass die auch in der „UN-Behindertenrechtskonvention für Menschen, denen mit einer Unterstützung nicht ausreichend geholfen ist", die erforderliche Hilfe nur mit den in der jeweiligen Rechtsordnung vorhandenen Möglichkeiten geholfen werden kann. Wenn und solange im Übrigen im deutschen Recht die Vertretung als Rechtsinstitut besteht und für die Wahrnehmung der Rechte einer hilfebedürftigen Person unerlässliches Instrument im Rechtsverkehr darstellt, kann darauf separat für die Belange behinderter Menschen nicht verzichtet werden. Ebensowenig ist es möglich, jemand davor zu bewahren, dass er sich auf zahlreiche Angebote einlässt und dadurch finanziell ruiniert, ordnet das Gericht nicht nach § 1903 BGB einen Einwilligungsvorbehalt an.

Die an dem deutschen Betreuungsrecht und der gesetzlichen Vertretung des Betreuers im Hinblick auf die UN-BRK geäußerte Kritik übersieht, dass ein Vorsorgebevollmächtigter zur stellvertretenden Wahrnehmung der Angelegenheiten des Vollmachtgebers bestellt wird und der Vollmachtgeber bestimmen kann, dass sich die Tätigkeit des Bevollmächtigten nicht auf eine unterstützende oder assistierende Funktion beschränkt.

Werden die bestehenden Normen nur aus einem bestimmten Blickwinkel heraus beurteilt und bewertet, kann die Prüfung nur ein einseitiges Ergebnis zutage fördern. Das Betreuungsrecht bietet, richtig angewendet, die Basis sowohl für eine lediglich unterstützende Tätigkeit als auch für die für den Schutz der mehr oder weniger oder vollständig hilflosen Person notwendigen Hilfen.

Bisher anscheinend nicht gesehen wurde die Notwendigkeit, eine gesetzliche Regelung der Zwangsbehandlung innerhalb und außerhalb freiheitsentziehender Unterbringung gegen den natürlichen Widerstand der betroffenen Person vorzunehmen und auch eine gesetzliche Grundlage dafür zu schaffen, dass der Betreuer die Wohnung der betroffenen Person betreten und außerdem, soweit erforderlich, Besitz von Wertgegenständen und -papieren (iws) ergreifen darf. Hier besteht ein erheblicher Unterschied zwischen der rechtlichen Betreuung einer volljährigen Person und der Vormundschaft oder Pflegschaft für eine noch nicht volljährige und damit zumindest beschränkt geschäftsfähige Person.

Während man im Bereich der öffentlich-rechtlichen freiheitsentziehenden Unterbringung die Notwendigkeit erkannte, Grundrechtseingriffe während des Vollzugs auf eine gesetzliche Grundlage zu stellen, entsprechende Regelungen in den PsychKG der Länder vorsah und damit eine Loslösung von dem Modell des „besonderen Gewaltverhältnisses" als Rechtsgrundlage solcher Grundrechtseingriffe vornahm, steht für die rechtliche Betreuung ein solcher Bewusstseinswandel noch aus.

3. Grundzüge des Betreuungsrechts

a) Hauptanliegen des Gesetzgebers

Mit dem BtG verfolgte der Gesetzgeber das Ziel, die grundlegenden Mängel des **61** bisherigen Rechts zu beseitigen und die Rechte und die verfahrensrechtliche Position der betroffenen kranken und behinderten Menschen zu stärken. Rechtseingriffe sollten nur dort zugelassen sein, wo dies unausweichlich ist. Wünschen und Vorstellungen sowie Vorschlägen der Betroffenen sollte Rechnung getragen werden, soweit dies um des Wohls der Betroffenen willen verantwortet werden kann (BT-Drucks 11/4528, 52). Demgemäß hat das BtG die **Entmündigung abgeschafft** und an die Stelle der Vormundschaft für Volljährige und der Gebrechlichkeitspflegschaft das einheitliche, aber flexible Rechtsinstitut der **Betreuung** eingeführt. Dadurch soll den verschiedenen Arten und Schweregraden der Krankheiten oder Behinderungen besser als bisher Rechnung getragen werden. Die Bestellung eines Betreuers soll auf die Fälle und Bereiche beschränkt bleiben, in denen der Betroffene Hilfe braucht. Nur soweit er seine Angelegenheiten nicht selbst besorgen kann, Vorsorge nicht getroffen hat (zB keine Vorsorgevollmacht erteilt oder ein Vorsorge-Altersvorsorge-Testament errichtet) oder andere Hilfen nicht oder nicht ausreichend zur Verfügung stehen, soll eine Betreuerbestellung erlaubt, aber auch geboten, sein (Grundsätze der Erforderlichkeit und der Subsidiarität staatlich angeordneter Betreuung). Ausdruck des **Erforderlichkeitsgrundsatzes** ist die zeitliche Begrenzung der Bestellung. Im Fall der Bestellung eines Betreuers hat das Gericht den Zeitpunkt anzugeben, bis zu dem spätestens über die Aufhebung oder die Verlängerung der Maßnahme entschieden werden muss (§ 286 Abs 3 FamFG). Die Höchstdauer von ursprünglich fünf Jahren ist durch das 2. BtÄndG auf sieben Jahre ausgedehnt worden (§ 69 Abs 1 Nr 5 FGG). Das FamFG hat es dabei belassen (§ 295 Abs 2 FamFG). Das einzuholende Gutachten des Sachverständigen hat sich auf die voraussichtliche Dauer der Maßnahme zu erstrecken (§ 280 Abs 3 Nr 5 FamFG).

62 Der Kreis der Personen, für die ein Betreuer bestellt werden kann, wurde als weitgehend deckungsgleich mit dem Kreis der vom bisherigen Recht Betroffenen angesehen (BT-Drucks 11/4528, 52), wenn auch mit Begriffen umschrieben, die moderner Terminologie entsprechen.

Die Bestellung eines Betreuers setzt voraus, dass ein Volljähriger aufgrund einer psychischen Krankheit oder einer körperlichen, geistigen oder seelischen Behinderung seine Angelegenheiten ganz oder teilweise nicht besorgen kann. Das zuständige **Betreuungsgericht bestellt** den **Betreuer**, wenn der Betroffene dies beantragt, unter bestimmten Voraussetzungen auch von Amts wegen. Im Falle körperlicher Behinderung des Betroffenen kommt die Bestellung des Betreuers nur in Betracht, wenn der Betroffene das beantragt; kann er seinen Willen nicht kundtun, bestellt das Gericht erforderlichenfalls den Betreuer von Amts wegen (§ 1896 Abs 1 S 3 BGB).

63 Soweit es verantwortet werden kann, soll die Teilnahme des Betroffenen am Rechtsverkehr nicht eingeschränkt werden. Nur soweit dies zur Abwendung einer erheblichen Gefahr für die Person oder das Vermögen des Betroffenen erforderlich ist, ordnet das Gericht an, dass der Betroffene zu einer Willenserklärung, die den Aufgabenkreis des Betreuers betrifft, dessen Einwilligung bedarf (**Einwilligungsvorbehalt**, § 1903 Abs 1 S 1 BGB). Im Übrigen hat die Bestellung des Betreuers keine Auswirkungen auf Geschäfts-, Ehe- und Testierfähigkeit. Zur Vereinbarkeit dieser Regelung mit dem Übereinkommen der Vereinten Nationen über die Rechte von Menschen mit Behinderung (Behindertenrechtskonvention – BRK) v 13. 12. 2006 (BGBl II) vgl § 1903 Rn 5.

64 Mit der Abschaffung der Entmündigung wurde die „gespaltene" Zuständigkeit von Prozessgericht und Betreuungsgericht aufgegeben zugunsten einer **Konzentration aller Betreuungssachen beim Betreuungsgericht (ursprünglich Vormundschaftsgericht)**. Aufgegeben wurde auch die Zweiteilung des Verfahrens (Anordnung der Maßnahme und Bestellung des Vormunds/Pflegers) zugunsten einer **Einheitsentscheidung**, durch die dem Betroffenen „lediglich" ein Betreuer bestellt wird. Damit wurde zugleich die personale Bedeutung der Betreuung betont, die in der „persönlichen Betreuung" (§§ 1897 Abs 1, 1901 Abs 2, 3 BGB) ihren besonderen Ausdruck findet (näher dazu BT-Drucks 11/4528, 91 sowie OLG Düsseldorf FamRZ 1994, 451, 452). Der durch Art 23 Nr 8 FGG-RG (BGBl 2008 I 2586) entsprechend geänderte § 19 Abs 1 RPflG hat die Länder ermächtigt, die in § 15 RPflG enthaltenen Richtervorbehalte einzuschränken und dem Rechtspfleger die Auswahl und Bestellung des Betreuers zu übertragen. Macht ein Land von dieser Möglichkeit Gebrauch (näher dazu BIENWALD/ SONNENFELD/HARM [SONNENFELD], BtR [6. Aufl 2016] § 272 Rn 6) wird die Einheitsentscheidung insoweit aufgegeben. Nach dem geltenden Recht wird sie bereits dann aufgegeben, wenn ein vom Gericht vorgenommener Wechsel des Betreuers stattfindet, die Betreuung dagegen andauert.

65 Der Betreuer hat Wünschen des Betreuten zu entsprechen, soweit dies dessen Wohl nicht zuwiderläuft und dem Betreuer zuzumuten ist (§ 1901 Abs 3 S 1 BGB). Wünsche des Betreuten sollen rechtlich auch dann beachtlich sein, wenn der Betreute geschäftsunfähig ist (§ 104 Nr 2 BGB). Allerdings soll dem Betreuten hierdurch kein Schaden entstehen und dem Betreuer nichts Unzumutbares abverlangt werden (BT-Drucks 11/4528, 53). Das Wohl des Betroffenen ist Maßstab für das Verhalten des Betreuers und darüber hinaus Grundziel des Betreuungsrechts. Zum Wohl des Betreuten gehört auch die Möglichkeit, im Rahmen seiner Fähigkeiten sein Leben nach seinen eigenen Wünschen und Vorstellungen zu gestalten (§ 1901 Abs 2 S 2 BGB). Der Betreute soll **persönlich betreut** werden. Der Betreuer soll **Kontakt** zu dem Betreuten suchen und das persönliche **Gespräch** mit ihm pflegen. Eine anonyme Verwaltung von Betreuungen (eine „unpersönliche" Betreuung) soll es nicht mehr geben (BT-Drucks 11/4528, 53 und 68).

Der Personensorge wird ein stärkeres Gewicht als bisher eingeräumt insofern, als **66** besonders verantwortungsvolle und weitreichende Entscheidungen des Betreuers unter den Vorbehalt gerichtlicher Genehmigung gestellt sind (riskante Untersuchungen, Heilbehandlungen, ärztliche Eingriffe; Sterilisation, freiheitsentziehende Unterbringung und freiheitsentziehende Maßnahmen; §§ 1904–1906 BGB). Die Wohnung als räumlicher Mittelpunkt des Lebens des Betreuten darf ohne Genehmigung des Betreuungsgerichts vom Betreuer nicht mehr aufgegeben werden (§ 1907 BGB). Die Voraussetzungen der Unterbringung sind geregelt (§ 1906 Abs 1 BGB); danach darf eine Unterbringung des Betreuten, die mit Freiheitsentziehung verbunden ist, durch den Betreuer nur im Interesse des Betreuten, nicht wegen Fremdgefährdung, vorgenommen werden. Das **Verfahren in Unterbringungssachen** ist **vereinheitlicht** (jetzt §§ 312 ff FamFG). Die Stellung des Betroffenen im Betreuungsverfahren und auch im Unterbringungsverfahren wurde gestärkt, die Verfahrensregelungen rechtsstaatlichen Anforderungen angepasst.

Zur Verstärkung der persönlichen Betreuung ist die „Personalstruktur" der Betreuerarten verändert und eine Vergütungsregelung für diejenigen Betreuer eingeführt worden, die Betreuung als berufliche Aufgabe wahrnehmen.

Gesetzestechnisch ist der Gesetzgeber so vorgegangen, dass er an die Stelle des **67** bisherigen Vormundschaftsrechts für Volljährige (§§ 1896–1908 aF) die materiell – rechtlichen Bestimmungen über die Betreuung eingestellt hat (§§ 1896–1908i nF, dann auch § 1908k, inzwischen aufgehoben).

Bis auf § 1908i BGB enthalten sämtliche Vorschriften eigene betreuungsrechtliche Normen. Im Übrigen wird nach Maßgabe des § 1908i Abs 1 BGB auf Bestimmungen des Vormundschaftsrechts sowie des Kindschaftsrechts Bezug genommen. § 1908i Abs 2 BGB enthält Modifikationen von Vorschriften des Vormundschaftsrechts, die sinngemäß auf das Betreuungsrecht anzuwenden sind.

Durch die Einführung des Persönlichen Budgets im Sozialrecht (§ 17 SGB IX), **68** spätestens jedoch seit der Diskussion über die UN-Behindertenrechtskonvention, wird mit dem Begriff der **Assistenz** operiert. Wird die Assistenz bei der Verwendung des Persönlichen Budgets eher als eine (weitere) Aufgabe für Betreuer verstanden, erhält der Begriff einen weiteren Inhalt durch die Forderung nach einer Assistenzregelung als Alternative zum Stellvertretungsrecht des Betreuers (FRICKE BtPlus 2010, 17, 18). Ein Bedarf an Assistenz rechtfertigt jedoch nicht die Bestellung eines nach §§ 1896 ff BGB bestellten rechtlichen Betreuers, wenn und soweit die betroffene Person zu eigener Entscheidung fähig ist. Eine tatsächliche Hilfe und Unterstützung iS einer sozialen Betreuung ist grundsätzlich nicht Ziel und Gegenstand rechtlicher Betreuung.

Werner Bienwald

69 Die Forderung des BdB, unter Beachtung der UN-Behindertenrechtskonvention müsse Betreuung künftig ein Unterstützungssystem sein (FÖRTER-VONDEY, BtPrax 2012, 50), geht um der Erreichung berufspolitischer Ziele willen von einem unzutreffenden Bild der rechtlichen Betreuung aus. Abgesehen davon reicht eine in Form einer Assistenz der betroffenen Person zur Verfügung gestellte Unterstützung nicht aus, um für die hilfebedürftige Person im Bedarfsfall im Rechtsverkehr tätig zu sein. Die in der Betreuungspraxis immer noch und immer wieder auftretenden Probleme, dass der Betreuer sich über begründete und nachvollziehbare sowie erfüllbare Wünsche der betreuten Person hinwegsetzt, die betreute Person bevormundet und diese kraft seines Vertretungsrechts im Rechtsverkehr berechtigt und verpflichtet, muss und kann auf andere Weise gelöst werden.

70 Die UN-Behindertenrechtskonvention verlangt nicht, dass das deutsche Betreuungsrecht durch ein Assistenz- „recht" ersetzt wird (LIPP BtPrax 2010, 266 [267]; ders FamRZ 2017, 4). Wie die vorangegangenen Ausführungen belegen, hat das Betreuungsgesetz die Akteure hinreichend verpflichtet, den Betreuten in die Betreuungsarbeit, dh die Besorgung seiner Angelegenheiten, einzubeziehen, ihn an den Verfahren zu beteiligen sowie seine Wünsche, Absichten und Vorstellungen zur Geltung kommen zu lassen. Zutreffend stellt LIPP (FamRZ 2017, 4, 10) fest, dass die Konvention Deutschland auf die Prinzipien des Betreuungsrechts verpflichtet. Erforderlich ist deren Beachtung und Einhaltung im Alltag und in der Praxis des Betreuungsrechts. Diese Aufgabe beschränkt sich aber auch nicht auf die bestellten Betreuer, seien sie ehrenamtlich oder berufsmäßig tätig, sondern bezieht sich ebenso auf die Gerichte.

**b)   Überblick über die materiell-rechtlichen Neuerungen des BtG
und der BtÄndGesetze**

71 Im Einzelnen sind folgende Neuerungen eingetreten:

– Der psychisch Kranke oder geistig oder seelisch Behinderte erhält auf seinen Antrag oder von Amts wegen einen Betreuer oder mehrere, wenn dies erforderlich ist, damit seine Angelegenheiten besorgt werden, zu deren Besorgung er selbst nicht (mehr) in der Lage ist, sofern er nicht selbst Vorsorge getroffen hat und andere Hilfen nicht vorhanden sind oder nicht ausreichen (§ 1896 Abs 1 S 1, Abs 2 S 2 BGB); die Antragsberechtigung ist unabhängig von der Geschäftsfähigkeit (§ 1896 Abs 1 S 2 BGB). Die Betreuung durch einen oder mehrere nach den Bestimmungen der §§ 1896 ff bestellte Betreuer ist anderen – privaten oder öffentlichen – Hilfen gegenüber nachrangig (§ 1896 Abs 2 S 2 BGB). Hat der Betroffene selbst durch (ausreichende) Vollmachterteilung Vorsorge getroffen, oder reichen andere – der Bestellung eines Betreuers gleichwertige und entsprechend wirksame – Hilfen aus, unterbleibt nach den Vorstellungen des Gesetzgebers die Bestellung eines Betreuers nach den §§ 1896 ff;

– der körperlich Behinderte erhält einen Betreuer nur, wenn er dies beantragt, es sei denn, dass er seinen Willen nicht kundtun kann (§ 1896 Abs 1 S 3 BGB);

– als Aufgabenkreis eines Betreuers kann auch (lediglich) die Geltendmachung von Rechten gegenüber dem Bevollmächtigten des Betreuten bestimmt werden (§ 1896 Abs 3 BGB);

– die Entscheidung über den Fernmeldeverkehr des Betreuten und über die Entgegennahme, das Öffnen und das Anhalten seiner Post werden vom Aufgabenkreis des Betreuers nur dann erfasst, wenn das Gericht dies ausdrücklich angeordnet hat (§ 1896 Abs 4 BGB). Der Aufgabenkreis Personensorge und Vermögenssorge umfasst damit, anders als nach altem Recht, nicht mehr sämtliche Angelegenheiten;

– die Entscheidung über die Einwilligung in die Sterilisation kann niemals die Angelegenheit eines bereits bestellten Betreuers sein. Hierfür ist stets ein besonderer Betreuer (nicht aber ein Verein oder die zuständige Behörde) zu bestellen (§ 1905, § 1899 Abs 2, Abs 5 BGB);

– in seinem Aufgabenkreis vertritt der Betreuer den Betreuten gerichtlich und außergerichtlich. Er hat damit die Stellung eines gesetzlichen Vertreters des Betreuten (§ 1902 iVm § 1896 Abs 2 S 2 BGB; hM);

– die Bestellung des Betreuers hat keine verändernden Auswirkungen auf die bestehende Geschäftsfähigkeit oder Geschäftsunfähigkeit des Betroffenen. Diese beurteilt sich ebenso wie für Personen, denen kein Betreuer bestellt ist, nach der in § 104 Nr 2 BGB enthaltenen und durch das BtG nicht veränderten Regelung über die „natürliche" Geschäftsunfähigkeit (BT-Drucks 11/4528, 52). Unberührt bleiben auch die Ehefähigkeit und die Testierfähigkeit. Im Einzelfall kann das Betreuungsgericht die Teilnahmefähigkeit des Betreuten am Rechtsverkehr dadurch einschränken, dass es einen Einwilligungsvorbehalt anordnet (§ 1903 BGB). Ist ein solcher Einwilligungsvorbehalt angeordnet, so gelten, soweit der Einwilligungsvorbehalt reicht, die Vorschriften über die beschränkte Geschäftsfähigkeit teilweise entsprechend (§ 1903 Abs 1 S 2 BGB). Zur Bedeutung der Reform für das IPR siehe STAUDINGER/HAUSMANN (2013) Art 12 EGBGB Rn 25, 91 ff; zur Vereinbarkeit des § 1903 mit der Behindertenrechtskonvention der UN v 13. 12. 2006 s unten § 1903 Rn 5.

– der Aufgabenkreis des Betreuers richtet sich nach dem konkreten Bedarf (Erforderlichkeitsgrundsatz); je nachdem ist der Aufgabenkreis zu erweitern oder einzuschränken. Entsprechendes gilt für die Anordnung des Einwilligungsvorbehalts (§ 1908d Abs 1–3, Abs 4 BGB);

– während der Aufgabenkreis und die gesetzliche Vertretung (§ 1902 BGB) den äußeren Rahmen der Befugnisse des Betreuers kennzeichnen, beschreibt § 1901 BGB die Pflichten des Betreuers in Bezug auf die Führung der Betreuung. Der Betreuer hat die Angelegenheiten des Betreuten so zu besorgen, wie es dessen Wohl entspricht. Er hat Wünschen des Betreuten zu entsprechen, soweit dies dessen Wohl nicht zuwiderläuft und dem Betreuer zuzumuten ist. Dies gilt auch für Wünsche, die der Betreute vor der Bestellung des Betreuers geäußert hat, es sei denn, dass er an diesen Wünschen erkennbar nicht festhalten will (§ 1901 Abs 3 S 2 BGB);

– wichtige Angelegenheiten hat der Betreuer mit dem Betreuten vor ihrer Erledigung zu besprechen. Er hat innerhalb seines Aufgabenkreises dazu beizutragen, dass Möglichkeiten genutzt werden, die Krankheit oder Behinderung des Betreu-

Werner Bienwald

ten zu bessern, ihre Verschlimmerung zu verhüten oder ihre Folgen zu mildern (§ 1901 Abs 4 S 1 BGB);

– den Betreuer treffen neue Berichts- und Informationspflichten (§ 1840 Abs 1 und § 1901 Abs 5 BGB);

– wird die Betreuung berufsmäßig geführt, hat der Betreuer zu Beginn der Betreuung in geeigneten Fällen auf Anordnung des Gerichts einen Betreuungsplan zu erstellen, in dem die Ziele der Betreuung und die zu ihrer Erreichung zu ergreifenden Maßnahmen darzustellen sind;

– die Anordnung eines Einwilligungsvorbehalts kommt dann in Betracht, wenn die Fähigkeit des Betreuten, im Rechtsverkehr zu handeln, zur Abwendung einer erheblichen Gefahr für die Person oder das Vermögen des Betreuten eingeschränkt werden muss (§ 1903 Abs 1 S 1 BGB). Soweit nicht von dem Einwilligungsvorbehalt durch Gesetz bestimmte Angelegenheiten ausgeschlossen sind, bedarf der Betreute dennoch nicht der Einwilligung seines Betreuers, wenn die Willenserklärung dem Betreuten lediglich einen rechtlichen Vorteil bringt. Soweit das Gericht nichts anderes anordnet, gilt dies auch, wenn die Willenserklärung eine geringfügige Angelegenheit des täglichen Lebens betrifft (§ 1903 Abs 3 BGB);

– zum Betreuer bestellt das Betreuungsgericht in erster Linie eine natürliche Person. Als solche kommen private Personen, aber auch Mitarbeiterinnen und Mitarbeiter eines nach § 1908f BGB anerkannten Vereins oder einer in Betreuungsangelegenheiten zuständigen Behörde in Betracht. Diese werden nach Maßgabe des § 1897 Abs 2 BGB persönlich zum Vereinsbetreuer bzw zum Behördenbetreuer bestellt, nehmen aber diese Aufgabe als Dienstaufgabe wahr. Wie bisher kann auch ein Verein oder die zuständige Behörde Betreuungen führen. Das Betreuungsgericht bestellt einen anerkannten Betreuungsverein aber erst dann zum Betreuer, wenn der Volljährige nicht hinreichend durch eine oder mehrere natürliche Personen betreut werden kann. Erst wenn auch kein Verein zur Verfügung steht, darf schließlich die zuständige Behörde zum Betreuer bestellt werden, die, wie auch der Verein, die Wahrnehmung der Betreuung einzelnen Personen überträgt (§ 1900 Abs 4 BGB). Vereinen und Behörden darf die Entscheidung über die Einwilligung in eine Sterilisation nicht übertragen werden (§ 1900 Abs 5 BGB). Zur Einflussnahme des Betroffenen auf die Bestellung des Betreuers s § 1897 Abs 4 und 5 sowie § 1900 Abs 2 S 2, Abs 4 S 2 BGB iVm § 291 FamFG;

– ebenso wie die Betreuung durch eine natürliche Person weiterhin Vorrang vor der Bestellung eines Vereins oder der Behörde hat, wurde auch der Vorrang ehrenamtlich geführter Betreuung vor der berufsmäßig geführten Betreuung beibehalten (§ 1897 Abs 6 BGB);

– nach wie vor besteht eine allgemeine Verpflichtung zur Übernahme einer Betreuung, wenn das Gericht den Ausgewählten für geeignet hält und diesem die Übernahme der Betreuung unter Berücksichtigung seiner familiären, beruflichen und sonstigen Verhältnisse zugemutet werden kann (§ 1898 Abs 1 BGB). Die Übernahmepflicht ist allerdings nicht mehr (anders das geltende Vormundschaftsrecht, § 1785 BGB) auf Deutsche beschränkt. Eine zwangsweise Bestellung ist nicht zulässig (§ 1898 Abs 2 BGB). Lediglich die Haftungsbestimmung des § 1787 Abs 1 ist weiterhin, auch im Betreuungsrecht, gültig (§ 1908i Abs 1 S 1 BGB);

– einen absoluten Ausschlussgrund für die Bestellung zum Betreuer enthält § 1897 Abs 3 BGB: Wer zu einer Anstalt, einem Heim oder einer sonstigen Einrichtung, in welcher der Volljährige untergebracht ist oder wohnt, in einem Abhängigkeitsverhältnis oder in einer anderen engen Beziehung steht, darf nicht zum Betreuer bestellt werden;

– § 1908f BGB enthält einheitliche Rahmenbestimmungen des Bundes im Sinne von Mindestvoraussetzungen für die Anerkennung von Vereinen als Betreuungsvereine;

– Vereins- und Behördenbetreuer können selbst keine Rechte aus den Bestimmungen über Vergütung und Auslagenersatz herleiten (§§ 7 Abs 3, 8 Abs 3 VBVG). Die von ihnen „erwirtschafteten" Beträge sowie die erstattungsfähigen Auslagen werden von ihren Anstellungsträgern geltend gemacht;

– die Betreuung endet mit dem Tod des Betreuten oder mit der Aufhebung der Betreuung. Diese ist (ganz oder teilweise) aufzuheben, wenn ihre Voraussetzungen (ganz oder teilweise) wegfallen (§ 1908d BGB). Zur Aufhebung im Falle einer beantragten Betreuerbestellung s § 1908d Abs 2 BGB;

– § 1908b BGB enthält die verschiedenen Gründe und Konstellationen einer Entlassung des Betreuers. Für die im BGB geregelte Rangfolge der Betreuer und das Ziel des BtG, eine persönliche Betreuung zu erreichen und zu gewährleisten, ist die Verpflichtung wichtig, den Verein oder die Behörde zu entlassen, sobald der Betreute durch eine oder mehrere natürliche Personen hinreichend betreut werden kann (§ 1908b Abs 5 BGB).

– das bisher vorhanden gewesene fast schrankenlose Verwandtenprivileg bei der Bestellung zum Vormund oder Pfleger (so noch § 1779 Abs 2 S 3 BGB für die Bestellung eines Vormunds und die Bestellung eines Pflegers gem § 1915 Abs 1; beachte aber die seit 1. 1. 1999 geänderte Fassung durch Art 1 Nr 4 BtÄndG) ist für die Bestellung eines Betreuers gelockert. Schlägt der Volljährige niemand vor, der zum Betreuer bestellt werden kann, so ist bei der Auswahl des Betreuers auf die verwandtschaftlichen (und sonstigen) persönlichen Bindungen des Volljährigen, insbesondere auf die Bindungen zu Eltern, zu Kindern, zum Ehegatten und zum Lebenspartner Rücksicht zu nehmen. Maßgebend sind danach bestehende **persönliche Bindungen**, nicht dagegen der bloße verwandtschaftliche Status (§ 1897 Abs 5 BGB);

– um die in einer Betreuungsverfügung enthaltenen Wünsche eines Betreuten bei Gericht und bei der Führung der Betreuung zur Geltung kommen zu lassen, bestimmt § 1901c BGB (bis 1. 9. 2009 § 1901a), dass derjenige, der ein Schriftstück besitzt, in dem jemand für den Fall seiner Betreuung Vorschläge zur Auswahl des Betreuers oder Wünsche zur Wahrnehmung der Betreuung geäußert hat, es unverzüglich nach Kenntnis von der Einleitung eines Verfahrens an das Betreuungsgericht abzuliefern hat. Der Besitzer einer Betreuungsverfügung kann durch Festsetzung von Zwangsgeld zur Ablieferung der Betreuungsverfügung angehalten werden (§§ 35, 285 FamFG). Besteht Grund zur Annahme, dass jemand eine Betreuungsverfügung in Besitz hat, die abzuliefern wäre, können die in § 35 Abs 4 FamFG bestimmten Maßnahmen getroffen werden;

– eingeführt wurde eine Vergütungsregelung für diejenigen Betreuer, Vormünder und Pfleger, die diese Aufgabe im Rahmen ihrer Berufsausübung wahrnehmen und aus dem Vermögen des Betreuten keine Vergütung erwarten können (§ 1836 Abs 1 S 2, 3 iVm § 1908i Abs 1 S 1 BGB). Ist der Betroffene mittellos, kann die Vergütung und ggf der Aufwendungsersatz aus der Staatskasse verlangt werden (§ 1 Abs 2 S 2 VBVG; §§ 1835 Abs 4 iVm § 1908i Abs 1 S 1 BGB). Trotzdem blieb der Grundsatz erhalten, dass die Vormundschaft, Pflegschaft oder rechtliche Betreuung unentgeltlich und nur ausnahmsweise entgeltlich geführt werden, wenn das bestellende Gericht bei der Bestellung der ausgewählten Person feststellt, dass die Vormundschaft, Pflegschaft oder Betreuung berufsmäßig geführt wird (§§ 1836 Abs 1 S 2, 1908i Abs 1 S 1 BGB). Diese Feststellung der Berufsmäßigkeit der Amtsausübung kann nach überwiegender Ansicht jederzeit, auch im Abhilfeverfahren, und noch bei der Bewilligung der Vergütung als deren Voraussetzung entschieden werden (OLG Naumburg MDR 2011, 547);

– als erstattungsfähige Aufwendungen sind anerkannt die Kosten einer angemessenen Versicherung gegen Schäden, die dem Betreuten durch den Betreuer oder Gegenbetreuer zugefügt werden können oder die dem Betreuer oder Gegenbetreuer dadurch entstehen können, dass er einem Dritten zum Ersatz eines durch die Führung der Betreuung verursachten Schadens verpflichtet ist (§ 1835 Abs 3 BGB); dies gilt nicht für die Kosten der Haftpflichtversicherung des Halters eines Kraftfahrzeugs. S 1 ist nicht anzuwenden, wenn der Betreuer oder Gegenbetreuer eine Vergütung nach § 1836 Abs 1 S 2 iVm dem VBVG erhält (§ 1835 Abs 2 S 2 iVm § 1908i Abs 1 S 1 BGB);

– eingeführt wurde schließlich ein pauschalierter Aufwendungsersatz (Aufwandsentschädigung, § 1836a, jetzt § 1835a, iVm § 1908i Abs 1 S 1 BGB);

– die Bestellung eines Betreuers und die Anordnung eines Einwilligungsvorbehalts können schon vor Vollendung des 18. Lebensjahres des Betroffenen vorgenommen werden. Allerdings wird die Maßnahme erst mit dem Eintritt der Volljährigkeit wirksam (§ 1908a BGB).

– Ist der Betreuer an der Besorgung bestimmter Angelegenheiten gehindert, kann oder muss ein weiterer Betreuer bestellt werden (§ 1899 BGB); die Anwendung des § 1909 BGB entfällt.

Bei Gelegenheit der Schaffung eines Zentralen Testamentsregisters bei der Bundesnotarkammer durch Gesetz vom 22. 12. 2010 (BGBl I 2255) wurden die Vorschriften der Bundesnotarordnung geändert, die bisher das Zentrale Vorsorgeregister betrafen. In dieses seit 2005 eingerichtete Register, das den Betreuungsgerichten als Informationsquelle in Verfahren betreffend die Bestellung eines Betreuers zur Verfügung steht (vgl § 1896 Abs 2 BGB), können Angaben über Vollmachtgeber, Bevollmächtigte, die Vollmacht und deren Inhalt sowie Vorschläge zur Auswahl des Betreuers, Wünsche zur Wahrnehmung der Betreuung und Daten über den Vorschlagenden gespeichert werden (§ 78a BNotO). Nach der Mitteilung in NJW-aktuell 45/2016, 36 haben seit Einführung des Vorsorgeregisters 3,3 Mio Bürger Vorsorgeurkunden erfassen lassen. Von ihnen enthalten drei Viertel der registrierten Vorsorgeinstrumente auch eine Patientenverfügung.

Durch das am 1. 9. 2009 in Kraft getretene 3. Betreuungsrechtsänderungsgesetz (v 29. 7. 2009; BGBl I 2286) wurden die §§ 1901a und 1901b BGB eingefügt, mit denen der Begriff der Patientenverfügung gesetzlich definiert (§ 1901a Abs 1 S 1 BGB) und der Umgang mit den in ihr enthaltenen oder den mit ihrer Hilfe zu mutmaßenden Wünschen oder Ablehnungen medizinischer oder pflegerischer Behandlungen geregelt wird. Der bisherige § 1901a wurde § 1901c. Außerdem wurde § 1904 geändert.

Bei Gelegenheit der Begrenzung der Zahl der amtlich geführten Vormundschaften und Pflegschaften sowie der Einführung einer Verpflichtung des Vormunds oder Pflegers zu Besuchen des Mündels oder Pfleglings durch das Gesetz zur Änderung des Vormundschafts- und Betreuungsrechts vom 29. 6. 2011 (BGBl I 1306) wurde dem Betreuer die Verpflichtung auferlegt, im Rahmen seiner jährlichen Berichterstattung auch Angaben zu den persönlichen Kontakten zu der betreuten Person zu machen (§ 1840 Abs 1 S 2 iVm § 1908i Abs 1 S 1 BGB). Das Betreuungsgericht wurde verpflichtet, im Rahmen seiner Aufsichtspflicht insbesondere die Einhaltung der erforderlichen persönlichen Kontakte des Betreuers zu der betreuten Person zu beaufsichtigen (§§ 1837 Abs 2 S 2, 1908i Abs 1 S 1 BGB). Die Nichteinhaltung des erforderlichen persönlichen Kontakts zu dem Betreuten wurde als weiterer wichtiger Entlassungsgrund eingeführt (Ergänzung des § 1908b Abs 1 S 2 BGB).

Am 19. 2. 2013 trat das Gesetz zur Regelung der betreuungsrechtlichen Einwilligung in eine ärztliche Zwangsmaßnahme in Kraft. Es war am 18. 2. 2013 veröffentlicht worden (BGBl I 266). Es regelt in Ergänzung des § 1906 und der einschlägigen Vorschriften des FamFG, unter welchen Voraussetzungen ein Betreuer in die Durchführung einer ärztlichen Zwangsmaßnahme nur einwilligen und das Gericht seine Genehmigung erteilen darf. Diese Zwangsmaßnahmen kommen nur während einer geschlossenen Unterbringung in Betracht. Wegen verschiedener Fallgestaltungen, die zu erheblichen Unzuträglichen für den Betreuten führen, beschloss die 86. Konferenz der Justizministerinnen und Justizminister am 12. 11. 2015, das Bundesjustizministerium der Justiz und für Verbraucherschutz, zu prüfen, on ob und inwieweit eine Rechtsgrundlage für eine ärztliche Zwangsbehandlung außerhalb einer geschlossenen Unterbringung zumindest in bestimmten Fallgestaltungen geschaffen werden muss (NdsRpfl 2015, 366, 367).

Mittelbar von Bedeutung ist das Gesetz zur Verbesserung der Rechte von Patientinnen und Patienten vom 20. 2. 2013 (BGBl I 277), durch das die Vorschriften über den Behandlungsvertrag (§§ 630a ff BGB) in das BGB eingefügt worden sind. Näher dazu OLZEN/LILIUS-KARAKAYA, Patientenrechtegesetz und rechtliche Betreuung, BtPrax 2013, 127; REHBORN, Patientenrechtegesetz 2013 – Behandlungsvertrag, Mit-

wirkung, Information, Einwilligung, Aufklärung, MDR 2013, 497, und Patientenrechtegesetz 2013 – Dokumentation, Haftung, Beweislast, MDR 2013, 565.

4.   Das Verfahren in Betreuungssachen

72 Mit der Aufhebung der Entmündigung und des Entmündigungsverfahrens (Art 1
Nr 1–3 und Art 4 Nr 7 BtG) sowie der Einführung eines einheitlichen Rechtsinstituts der Betreuung konnte das bisherige Nebeneinander von ZPO- und FGG-Verfahren zugunsten eines einheitlichen Verfahrens der freiwilligen Gerichtsbarkeit
aufgegeben werden. Dementsprechend war in den zweiten Abschnitt des FGG
ein neuer Unterabschnitt III „Betreuungssachen" (§§ 65–69m) aufgenommen worden. Seit dem Inkrafttreten des Gesetzes zur Reform des Verfahrens in Familiensachen und in den Angelegenheiten der freiwilligen Gerichtsbarkeit (FGG-RG)
vom 17. 12. 2008 (BGBl I 2585) am 1. 9. 2009 (Art 112 FGG-RG) sind für das Verfahren in Betreuungs- und in Unterbringungssachen die Bestimmungen des 3. Buches des FamFG maßgebend (§§ 271 bis 311 und §§ 312 bis 339 FamFG). Praktisch
wichtig waren und sind die (später ergänzten) Übergangsvorschriften, die hier,
soweit für Betreuungs- und Unterbringungssachen von Bedeutung, mitgeteilt werden.

Art 111 FGG-RG

„(1) Auf Verfahren, die bis zum Inkrafttreten des Gesetzes zur Reform des
Verfahrens in Familiensachen und in den Angelegenheiten der freiwilligen
Gerichtsbarkeit eingeleitet worden sind oder deren Einleitung bis zum Inkraft-
treten des Gesetzes zur Reform des Verfahrens in Familiensachen und in den
Angelegenheiten der freiwilligen Gerichtsbarkeit beantragt wurde, sind weiter
die vor Inkrafttreten des Gesetzes zur Reform des Verfahrens in Familiensa-
chen und in den Angelegenheiten der freiwilligen Gerichtsbarkeit geltenden
Vorschriften anzuwenden.

Auf die Abänderungs-, Verlängerungs- und Aufhebungsverfahren finden die
vor Inkrafttreten des Gesetzes zur Reform des Verfahrens in Familiensachen
und in den Angelegenheiten der freiwilligen Gerichtsbarkeit geltenden Vorschriften Anwendung, wenn die Abänderungs-, Verlängerungs- und Aufhebungsverfahren bis zum Inkrafttreten des Gesetzes zur Reform des Verfahrens
in Familiensachen und in den Angelegenheiten der freiwilligen Gerichtsbarkeit beantragt wurde.

(2) Jedes gerichtliche Verfahren, das mit einer Endentscheidung abgeschlossen
wird, ist ein selbständiges Verfahren im Sinne des Absatzes 1 Satz 1."

Abs 3 bis 5 betreffen Verfahren in Familiensachen und in Versorgungsausgleichs-
sachen. Abs 2 wurde eingefügt durch Art 22 Nr 2 des Gesetzes zur Strukturreform
des Versorgungsausgleichs (VAStrRefG) vom 3. 4. 2009 (BGBl I 700) mit dem Ziel,
möglichst viele Verfahren dem neuen Verfahrensrecht zu unterstellen. Sogenannte
Bestandssachen, die bereits nach altem Recht eingerichtet worden sind (zB Vormundschaften, Pflegschaften oder Betreuungen), richten sich für alle in der Zeit

nach dem 1. 9. 2009 eingeleiteten Verfahren nach dem neuen Verfahrensrecht, zB Vergütungsanträge (KEIDEL/ENGELHARDT FamFG [16. Aufl] Rn 3).

Mit der Reform des Verfahrensrechts verfolgte der Gesetzgeber das Ziel, die **73** Rechtsposition des Betroffenen auch im Verfahren zu stärken. Er soll in einem fairen Verfahren eigenständiger Beteiligter und nicht „Verfahrensobjekt" sein (BT-Drucks 11/4528, 89). Die wohl bemerkenswerteste Neuerung ist deshalb die vorbehaltlose **Verfahrensfähigkeit des Betroffenen**. Sie war in Betreuungssachen immer unbegrenzt (§ 66 FGG); in Unterbringungssachen begann sie erst mit der Vollendung des 14. Lebensjahres des Betroffenen (§ 70a FGG). Durch die Zuständigkeit des Betreuungsgerichts ausschließlich für Unterbringungsmaßnahmen für volljährige Personen besteht die uneingeschränkte Verfahrensfähigkeit der betroffenen Person auch in Unterbringungssachen (§ 316 FamFG). Ein weiterer Kernpunkt der Neuregelung ist die **Einheitsentscheidung** (§ 1896 BGB, § 286 FamFG). Anders als nach bisherigem Recht wird nicht mehr die Anordnung einer Betreuung von der Bestellung des Betreuers unterschieden und getrennt verhandelt. In einer Entscheidung wird nunmehr sowohl über die Notwendigkeit der Betreuung, ihren Umfang (durch die Bestimmung des Aufgabenkreises des Betreuers), gegebenenfalls ihre Dauer, aber auch die Bestellung eines bestimmten Betreuers entschieden (BT-Drucks 11/4528, 91). Funktional **zuständig** für diese Einheitsentscheidung ist bis auf die Bestellung des sog Kontroll-, Überwachungs- oder auch Vollmachtbetreuers nach § 1896 Abs 3 der **Richter** (§ 3 Nr 2 Buchst b, § 15 Abs 1 S 2 RPflG).

Der Schutz des Betroffenen wurde dadurch verstärkt, dass das Gericht unter be- **74** stimmten Voraussetzungen verpflichtet ist, dem Betroffenen einen „Pfleger für das Verfahren" zu bestellen (§ 276 FamFG). Dieser Pfleger soll den Betroffenen im Verfahren unterstützen; er soll ihn nicht „verdrängen" oder „ersetzen" (BT-Drucks 11/ 4528, 89). Die für das Verfahren in Unterbringungssachen entsprechend vorgesehene Bestellung eines Verfahrenspflegers (bis 1. 9. 2009 § 70b FGG, jetzt § 317 FamFG) stieß in der Praxis insofern auf Kritik, als nach den meisten Landesgesetzen über die Unterbringung psychisch Kranker im Bereich der früheren Bundesrepublik die Bestellung eines Rechtsanwalts vorgesehen war, die Bestellungsvorschrift des § 70b FGG dagegen keine bestimmte Qualifikation des Verfahrenspflegers vorsah (krit ROGALLA BtPrax 1993, 146, 147; POHL BtPrax 1992, 19, 23; SCHUMACHER FamRZ 1991, 280, 283; s auch GRELL Rpfleger 1993, 321). Sowohl § 276 als auch § 317 FamFG enthalten ebenfalls keine Vorgabe in Bezug auf die Qualifikation des Pflegers für das Verfahren. Außerdem gilt, dass derjenige, der Verfahrenspflegschaften im Rahmen seiner Berufsausübung führt, nur dann zum Verfahrenspfleger bestellt werden soll, wenn keine andere geeignete Person zur Verfügung steht, die zur ehrenamtlichen Führung der Pflegschaft bereit ist (§§ 276 Abs 3, 317 Abs 3 FamFG). Wegen des Zusammenhangs mit der Frage der Vergütungsbewilligung s § 1908i Kap XIII.

Vor der Bestellung eines Betreuers oder der Anordnung eines Einwilligungsvorbe- **75** halts hat das Gericht den Betroffenen grundsätzlich **persönlich anzuhören** (§ 278 Abs 1 S 1 FamFG. Zur Ausnahme s §§ 278 Abs 4, 34 Abs 2 FamFG). In jedem Falle hat sich das Gericht einen unmittelbaren Eindruck von dem Betroffenen zu verschaffen und zwar regelmäßig in dessen üblicher Umgebung (Milieuanhörung), wenn dieser es verlangt oder wenn es der Sachaufklärung dient und der Betroffene nicht widerspricht (§ 278 Abs 1 S 2 FamFG). Das Gericht hat den Betroffenen über den möglichen Verlauf des Verfahrens zu unterrichten (§ 278 Abs 2 S 1 FamFG).

76 Ein Betreuer darf erst bestellt und ein Einwilligungsvorbehalt erst dann angeordnet werden, nachdem das **Gutachten** eines Sachverständigen über die Notwendigkeit der Maßnahme eingeholt worden ist (§ 280 Abs 1 S 1 FamFG; zu Ausnahmen §§ 281, 282 FamFG). Kommt nach Auffassung des Sachverständigen die Bestellung eines Betreuers in Betracht, so hat sich das Gutachten auf das Krankheitsbild einschließlich der Krankheitsentwicklung, die durchgeführten Untersuchungen und die diesen zugrunde gelegten Forschungserkenntnisse, den körperlichen und psychiatrischen Zustand des Betroffenen, den Umfang des Aufgabenkreises und die voraussichtliche Dauer der Maßnahme zu erstrecken (§ 280 Abs 3 FamFG). Der Sachverständige hat den Betroffenen vor der Erstattung des Gutachtens persönlich zu untersuchen oder zu befragen (§ 280 Abs 2 FamFG). Dadurch soll eine Begutachtung lediglich nach Aktenlage vermieden werden (BT-Drucks 11/4528, 174). Neu ist die Bestimmung, dass der Sachverständige Arzt für Psychiatrie oder Arzt mit Erfahrung auf dem Gebiet der Psychiatrie sein soll (§ 280 Abs 1 S 2 FamFG).

77 Das Gericht hat die **zuständige Behörde** vor der Bestellung eines Betreuers oder der Anordnung eines Einwilligungsvorbehalts anzuhören (§ 279 Abs 2 S 1 FamFG). Es hat die sonstigen Beteiligten vor der Bestellung eines Betreuers oder der Anordnung eines Einwilligungsvorbehalts anzuhören (§ 279 Abs 1 FamFG). Auf Verlangen des Betroffenen hat das Gericht eine ihm nahestehende (nicht unbedingt angehörige) Person anzuhören, wenn dies ohne erhebliche Verzögerung möglich ist (§ 279 Abs 3 FamFG). Die Regelung des Schlussgesprächs (s STAUDINGER/BIENWALD [2004]) wurde nicht in das FamFG übernommen.

Nach § 279 Abs 2 S 2 (eingefügt durch Art 1 Nr 1a des Gesetzes zur Stärkung der Funktionen der Betreuungsbehörde) soll sich die Anhörung der Behörde vor der Bestellung eines Betreuers insbesondere auf folgende Kriterien beziehen: 1. Persönliche, gesundheitliche und soziale Situation des Betroffenen, 2. Erforderlichkeit der Betreuung einschließlich geeigneter anderer Hilfen (§ 1896 Abs 2 BGB), 3. Betreuerauswahl unter Berücksichtigung des Vorrangs der Ehrenamtlichkeit (§ 1897 BGB) und 4. Diesbezügliche Sichtweise des Betroffenen.

78 Dem Ziel, die Rechtsposition des Betroffenen im Verfahren zu stärken (BT-Drucks 11/4528, 89) und ihn **nicht zum Objekt** des Verfahrens werden zu lassen, dient die **Anhörung** oder „Beteiligung" **des Betroffenen** in den verschiedenen Verfahren und Verfahrensphasen:

- Vor Abgabe eines Verfahrens an ein anderes Gericht (§ 4 FamFG) soll auch der Betroffene als Beteiligter (§§ 7, 274 Abs 1 Nr 1 FamFG) gehört werden;

- in dem Verfahren zur Bestellung eines Betreuers oder zur Anordnung eines Einwilligungsvorbehalts unterrichtet das Gericht den Betroffenen über den möglichen Verlauf des Verfahrens (§ 278 Abs 2 S 1 FamFG);

- der Betroffene hat ein Vorschlagsrecht bezüglich der Person des Betreuers (§ 1897 Abs 4 BGB);

– der Betreute kann dem Gericht vorschlagen, den bisherigen Betreuer zu entlassen und die von ihm benannte, zur Übernahme der Betreuung bereite (gleich geeignete) Person zum neuen Betreuer zu bestellen (§ 1908b Abs 3 BGB);

– der Betroffene kann verlangen, dass im Betreuerbestellungsverfahren eine ihm nahestehende Person angehört wird, wenn dies ohne erhebliche Verzögerung möglich ist (§ 279 Abs 3 FamFG);

– das Gericht soll den Betroffenen vor bestimmten Entscheidungen über die betreuungsgerichtliche Genehmigung von Betreuerentscheidungen persönlich anhören (§§ 297, 298 FamFG);

– zu hören ist der Betreute, bevor das Betreuungsgericht gemäß §§ 168, 292 Abs 1 FamFG eine von ihm zu leistende Zahlung (idR Vergütung) festsetzt (§§ 168 Abs 4, 292 Abs 1 FamFG;

– das Gericht soll den Betroffenen persönlich anhören, bevor es eine Entscheidung nach den §§ 1904, 1907 Abs 1 und 3 BGB trifft (§§ 298, 299 FamFG); zur persönlichen Anhörung des Betroffenen in Unterbringungssachen s § 319 FamFG;

– besondere Verfahrensbestimmungen gelten für das Verfahren betr die Genehmigung der Einwilligung eines Betreuers in die Sterilisation des Betreuten (§ 1905 Abs 2 BGB; § 297 FamFG);

– die dem Betroffenen eingeräumte bedingungslose Verfahrensfähigkeit erlaubt es ihm, ohne Einschränkungen Rechtsbehelfe einzulegen und zurückzunehmen, Beweiserhebungen zu beantragen und sonstige Verfahrensanträge zu stellen.

Anders als die Vormundschaft und die Pflegschaft für Volljährige früheren Rechts **79** soll die Betreuung grundsätzlich **zeitlich beschränkt** sein. Deshalb ist in die Entscheidung, durch die ein Betreuer bestellt oder ein Einwilligungsvorbehalt angeordnet wird, immer der Zeitpunkt aufzunehmen, bis zu dem das Gericht über die Aufhebung oder Verlängerung der Maßnahme zu entscheiden hat (§ 286 Abs 3 FamFG); dieser Zeitpunkt liegt spätestens sieben Jahre nach der Anordnung der Maßnahme (§§ 294 Abs 3, 295 Abs 2 FamFG).

Die Eintragung in das Bundeszentralregister ist entfallen. Das Betreuungsgericht **80** entscheidet über die **Mitteilung von Entscheidungen** an andere Gerichte, Behörden oder sonstige öffentliche Stellen (nicht private!), soweit dies unter Beachtung berechtigter Interessen des Betroffenen erforderlich ist, um eine erhebliche Gefahr für das Wohl des Betroffenen, für Dritte oder für die öffentliche Sicherheit abzuwenden (§ 308 Abs 1 FamFG); zu dem Verfahren sowie besonderen Mitteilungen an die für das Wählerverzeichnis zuständige Behörde sowie die Meldebehörde s §§ 308–310 FamFG.

Hat das Gericht einen Verein oder die zuständige Behörde zum Betreuer bestellt, so **81** sind diese verpflichtet, dem Gericht ihnen bekannt gewordene Umstände mitzuteilen, aus denen sich ergibt, dass der Volljährige (Betreute) durch eine oder mehrere natürliche Personen hinreichend betreut werden kann (§ 1900 Abs 3, 4 S 2 BGB).

Werner Bienwald

82 Möglich ist die Bestellung eines **vorläufigen Betreuers** oder/und die Anordnung eines **vorläufigen Einwilligungsvorbehalts**, wenn dringende Gründe für die Annahme bestehen, dass die Voraussetzungen für die Bestellung eines Betreuers oder für die Anordnung eines Einwilligungsvorbehalts gegeben sind und ein dringendes Bedürfnis für ein sofortiges Tätigwerden besteht (§ 300 Abs 1 FamFG). Es gilt ein vereinfachtes Verfahren (§§ 300 Abs 1 S 2, 301 FamFG). Die einstweilige Anordnung tritt, sofern das Gericht keinen früheren Zeitpunkt bestimmt, nach sechs Monaten außer Kraft; sie kann jedoch nach Anhörung eines Sachverständigen durch weitere einstweilige Anordnungen bis zu einer Gesamtdauer von einem Jahr verlängert werden (§ 302 FamFG). Auch die Entlassung eines Betreuers im Wege einstweiliger Anordnung ist möglich (§ 300 Abs 2 FamFG).

5.   Unterbringungs- und Unterbringungsverfahrensrecht

83 Die wesentlichen Neuerungen sind:

– die Festlegung der Voraussetzungen einer Unterbringungsentscheidung des Betreuers (§ 1906 Abs 1 BGB);

– die Einführung der Genehmigungspflicht für freiheitsentziehende Maßnahmen, wenn der Betreute sich in einem Heim, einer Anstalt oder einer sonstigen Einrichtung aufhält, ohne untergebracht zu sein, und ihm durch mechanische Vorrichtungen, Medikamente oder auf andere Weise über einen längeren Zeitraum oder regelmäßig die Freiheit entzogen werden soll (§ 1906 Abs 4 BGB);

– die Zulässigkeit einer ärztlichen Zwangsbehandlung während der Unterbringung durch das Gesetz zur Regelung der betreuungsrechtlichen Einwilligung in eine ärztliche Zwangsmaßnahme vom 18. 2. 2013 (BGBl I 266)

– die Einführung eines einheitlichen Unterbringungsverfahrens für die Unterbringung und die Maßnahmen nach § 1906 Abs 4 sowie die Unterbringung nach den Bestimmungen der PsychKG der Länder (näher MARSCHNER/LESTING, Freiheitsentziehung und Unterbringung [5. Aufl 2010] 255). Die §§ 312 ff FamFG gelten deshalb für die folgenden Unterbringungsmaßnahmen: 1. die Genehmigung einer freiheitsentziehenden Unterbringung eines Betreuten (§ 1906 Abs 1 und 2 auch iVm Abs 5 BGB) oder einer Person, die einen Dritten zu ihrer freiheitsentziehenden Unterbringung bevollmächtigt hat (§ 1906 Abs 5 BGB), 2. die Genehmigung einer freiheitsentziehenden Maßnahme nach § 1906 Abs 4 BGB; 3. eine freiheitsentziehende Unterbringung eines Volljährigen nach den Landesgesetzen über die Unterbringung psychisch Kranker. Soll nach § 1846 BGB eine Unterbringungsmaßnahme getroffen werden, richtet sich das Verfahren nach den Bestimmungen über die einstweilige Anordnung (§§ 331, 332, 333, 334 FamFG).

84 Weitere Regelungen des Verfahrens in Unterbringungssachen:

Der Betroffene ist ohne Rücksicht auf seine Geschäftsfähigkeit **verfahrensfähig** (§ 316 FamFG). Soweit dies zur Wahrnehmung der Interessen des Betroffenen erforderlich ist, bestellt ihm das Gericht einen **Verfahrenspfleger** (§ 317 FamFG). Die Person des Verfahrenspflegers kann, muss aber nicht, ein Anwalt sein. Bestellt das Gericht dem Betroffenen keinen Verfahrenspfleger, so ist dies in der Entscheidung, durch die eine Unterbringungsmaßnahme genehmigt oder angeordnet wird, zu begründen (§ 317 Abs 2 FamFG). Wird keine Unterbringungsmaßnahme getroffen, erübrigt sich eine Begründung, warum ein Verfahrenspfleger nicht bestellt wurde.

Ebenso wie im Betreuungsverfahren besteht auch im Unterbringungsverfahren die **85** Verpflichtung zu **persönlicher Anhörung**. Außerdem hat sich das Gericht einen unmittelbaren Eindruck zu verschaffen, und zwar, soweit dies erforderlich ist, in der üblichen Umgebung des Betroffenen (§ 319 Abs 1 S 1 u 2 FamFG). Wie im Betreuungsverfahren hat auch hier das Betreuungsgericht den Betroffenen über den möglichen Verlauf des Verfahrens zu unterrichten (§ 319 Abs 2 FamFG). Das Gericht hat die sonstigen Beteiligten anzuhören. Es soll die zuständige Behörde anhören (§ 320 FamFG). Neben dem Betroffenen hat das Gericht je nachdem den Betreuer oder den Bevollmächtigten zu beteiligen (§ 315 Abs 1 FamFG). Der Verfahrenspfleger wird durch seine Bestellung als Beteiligter zum Verfahren hinzugezogen (§ 315 Abs 2 FamFG). Andere Personen können **im Interesse** des Betroffenen beteiligt werden, ua der Leiter der Einrichtung, in der der Betroffene lebt (§ 315 Abs 4 Nr 3 FamFG).

Nach der amtlichen Begründung (BT-Drucks 16/6308, 265, 273) handelt es sich bei einer **86** in Betracht kommenden Beteiligung Angehöriger des Betroffenen (Nr 1) um eine altruistische Beteiligung. So auch im Fall des § 274 FamFG. Es solle vermieden werden, dass Verwandte ohne ein Betroffensein in eigenen Rechten auch dann Einfluss auf das Verfahren nehmen können, wenn dies den Interessen des Betroffenen zuwiderläuft. Dieses Interesse sei aus der Sicht des Betroffenen zu beurteilen. Seine Wünsche und Belange habe das Gericht damit schon zum Zeitpunkt der Beteiligung der Verwandten zu berücksichtigen. Anders als nach der bisherigen Regelung (§ 68a S 3 FGG) könne der Betroffene einer Anhörung seiner Angehörigen nicht mehr widersprechen, sobald sie zum Verfahren hinzugezogen wurden. Laufe der subjektive Wille des Betroffenen seinen objektiven Interessen zuwider und liegen keine erheblichen Gründe vor, die gegen die Hinzuziehung der Verwandten sprechen, komme deren Beteiligung ausnahmsweise gegen den Willen des Betroffenen in Betracht. Angesichts der Arbeitsbelastung und des Interesses an möglichst schneller und reibungsloser Erledigung dürfte sich die Frage der Beteiligung tatsächlich danach richten, welche Lösung für den Betreuungsrichter die bequemste ist.

Vor einer Unterbringungsmaßnahme hat das Gericht eine förmliche Beweisaufnah- **87** me durch Einholung eines **Gutachtens** eines Sachverständigen über die Notwendigkeit der Maßnahme durchzuführen. Der Sachverständige hat den Betroffenen vor der Erstattung des Gutachtens persönlich zu untersuchen oder zu befragen. Das Gutachten soll sich auch auf die voraussichtliche Dauer der Unterbringung erstrecken (§ 321 Abs 1 S 3 FamFG). Der Sachverständige soll in der Regel Arzt für Psychiatrie sein; in jedem Falle muss der Arzt Erfahrungen auf dem Gebiet der Psychiatrie haben (§ 321 Abs 1 S 4 FamFG). Für eine Unterbringungsmaßnahme nach § 312 Nr 2 FamFG (freiheitsentziehende Maßnahmen nach § 1906 Abs 4 BGB) genügt ein ärztliches Zeugnis (§ 321 Abs 1 Abs 2 FamFG). Zur Unterbringung zwecks Vorbereitung eines Gutachtens s § 322 FamFG.

88 Vorführungen sollen auch bei zivilrechtlichen Unterbringungen von Fachkräften der zuständigen Behörde und damit möglichst schonend durchgeführt werden (§ 322 iVm §§ 283, 284 FamFG). Der Betroffene wird durch die zuständige Behörde zu einer Untersuchung vorgeführt (§ 283 Abs 1 S 1 FamFG). Gewalt darf die Behörde nur anwenden, wenn das Gericht dies aufgrund einer ausdrücklichen Entscheidung angeordnet hat. Die zuständige Behörde ist befugt, erforderlichenfalls die Unterstützung der polizeilichen Vollzugsorgane nachzusuchen (§ 283 Abs 2 FamFG).

89 Für die zivilrechtliche Unterbringung ist weiterhin der gesetzliche Vertreter verantwortlich. Der Betreuer oder der Bevollmächtigte sind auf ihren Wunsch bei der Zuführung zur Unterbringung durch die zuständige Behörde zu unterstützen (§ 326 Abs 1 FamFG). Die Vollziehung einer Unterbringung nach § 312 Nr 3 FamFG (PsychKG-Unterbringung) kann ausgesetzt werden. Die Aussetzung kann mit Auflagen versehen werden. Sie soll in der Regel sechs Monate nicht überschreiten, kann aber bis zu einem Jahr verlängert werden (§ 328 Abs 1 S 2 u 3 FamFG). In Unterbringungsverfahren werden Kosten nicht erhoben. Aufwendungsersatz und eine etwaige Vergütung des Verfahrenspflegers werden auch bei vermögenden Betroffenen/Betreuten wie bisher (seit 1. 1. 1999) zunächst aus der Staatskasse gezahlt und danach von den Betroffenen/Betreuten im Rahmen ihrer Leistungsfähigkeit zurückgefordert, dh als Auslagen erhoben (§ 128b KostO).

90 Die Unterbringungsmaßnahmen sind **befristet** (§ 329 FamFG). Die Entscheidung des Gerichts, durch die eine Unterbringungsmaßnahme getroffen wird, muss den Zeitpunkt enthalten, zu dem die Unterbringungsmaßnahme endet (§ 323 Nr 2 FamFG), wenn sie nicht vorher verlängert wird; dieser Zeitpunkt darf höchstens ein Jahr, bei offensichtlich langer Unterbringungsbedürftigkeit höchstens zwei Jahre nach Erlass der Entscheidung (wenn die Unterbringung nicht vorher verlängert wird) liegen (§ 329 Abs 1 FamFG). Eine einstweilige Anordnung darf die Dauer von sechs Wochen nicht überschreiten (§ 333 FamFG). Reicht dieser Zeitraum nicht aus, so kann sie nach Anhörung eines Sachverständigen durch eine weitere einstweilige Anordnung verlängert werden bis zu einer Gesamtdauer von drei (ohne Einbeziehung der Unterbringung zur Gutachtenvorbereitung) Monaten (§ 333 S 4, 5 FamFG).

91 Die Unterbringungsmaßnahme ist aufzuheben, wenn ihre Voraussetzungen wegfallen. Wird eine Unterbringungsmaßnahme aufgehoben, ist dies stets der zuständigen Behörde bekannt zu machen. Die von ihm veranlasste Unterbringung hat der Betreuer zu beenden, wenn ihre Voraussetzungen wegfallen. Er hat die Beendigung der Unterbringung dem Betreuungsgericht anzuzeigen (§ 1906 Abs 3 BGB).

92 Für die **Mitteilung von Entscheidungen** in Unterbringungssachen verweist § 338 FamFG auf die in Betreuungssachen getroffenen Regelungen (§§ 308 u 311 FamFG).

93 Unterbringungsmaßnahmen können verlängert werden. Hierfür gelten die Vorschriften für die erstmalige Maßnahme entsprechend. Nicht nur diese, auch die folgende Regelung dient der Stärkung der Rechtsposition des Betroffenen (BT-Drucks 11/4528, 186). Danach soll das Gericht bei Unterbringungen mit einer Gesamtdauer von mehr als vier Jahren in der Regel keinen Sachverständigen be-

stellen, der den Betroffenen bisher behandelt oder begutachtet hat oder in der Einrichtung tätig ist, in der der Betroffene untergebracht ist (§ 329 Abs 2 FamFG).

6. Verfahrensbeteiligungen

Die Verfahren in Betreuungssachen (§§ 271 ff FamFG) und in Unterbringungssa- **94** chen (§§ 312 ff FamFG) werden dadurch geprägt, dass unterschiedliche Personen und Institutionen an den Verfahren zu beteiligen sind (sog Mussbeteiligte) oder beteiligt werden können/dürfen (sog Kannbeteiligte). Die Verfahren sind und werden dadurch nicht öffentlich.

Das FamFG hat den **Begriff** des Beteiligten weder eingeführt noch definiert. Es **95** bestimmt, wer als Beteiligter an dem Verfahren teilnimmt/teilnehmen darf und wer nicht. Insoweit unterscheidet sich die Reform des FGG von dem bis dahin geltenden Recht. Indem das FamFG dem Gericht die Möglichkeit einräumt, über die Beteiligung zu entscheiden, trägt es zur „Verschlankung" des Verfahrens bei. Gleichzeitig bietet es die Möglichkeit, meist in Familien vorhandenes Konfliktpotential aus dem Verfahren herauszuhalten. Übersehen wird dabei, dass auf diese Weise die Gefahr entsteht, die tatsächliche Basis der Entscheidungen zu verkürzen und der Amtsermittlungspflicht (§ 26 FamFG) nicht hinreichend zu genügen.

Hohe Erledigungspensen für die Betreuungsgerichte und die Feststellung und ge- **96** übte Praxis, dass die Bestellung eines Betreuers (deutlich) weniger Zeit in Anspruch nimmt als deren Ablehnung und eine dafür erforderliche Begründung (KÖLLER/EN-GELS, Rechtliche Betreuung in Deutschland 209) lassen manches Verfahren als fragwürdig und rechtsstaatlich bedenklich erscheinen.

Wer Verfahrensbeteiligter ist oder sein kann, wird durch § 7 FamFG (Allgemeine **97** Vorschriften) und die in den besonderen Vorschriften enthaltenen § 274 FamFG (Betreuungssachen) und § 315 FamFG (Unterbringungssachen) bestimmt.

Als Beteiligte sind diejenigen hinzuzuziehen, deren Rechte durch das Verfahren unmittelbar betroffen werden, sowie diejenigen, die aufgrund des FamFG oder eines anderen Gesetzes von Amts wegen oder auf Antrag zu beteiligen sind (§ 7 Abs 2 FamFG). Das Gericht kann von Amts wegen oder auf Antrag weitere Personen als Beteiligte hinzuziehen, soweit dies im FamFG oder in einem anderen Gesetz vorgesehen ist (§ 7 Abs 3 FamFG).

Diejenigen, die auf ihren Antrag als Beteiligte zu dem Verfahren hinzuzuziehen sind **98** oder hinzugezogen werden können, sind von der Einleitung des Verfahrens zu benachrichtigen, soweit sie dem Gericht bekannt sind. Sie sind über ihr Antragsrecht zu belehren (§ 7 Abs 4 FamFG), was nicht selten unterbleibt. Wer nicht benachrichtigt wurde und infolgedessen auch keinen Antrag auf Hinzuziehung zum Verfahren erster Instanz als Beteiligter stellen konnte, hat als Angehöriger oder als Vertrauensperson des Betroffenen kein Beschwerderecht nach § 303 Abs 2 FamFG (LG BIELEFELD FamRZ 2011, 1617 mAnm DEINERT, 1618). Wer zum Betreuungsverfahren in erster Instanz (hier als Angehöriger) beteiligt worden ist, behält die Beteiligtenstellung auch in der Beschwerdeinstanz (BGH FamRZ 2012, 1049 Rn 9, 10).

99 Nach § 274 FamFG sind in Verfahren in Betreuungssachen zu beteiligen

1. der Betroffene,

2. der Betreuer, sofern sein Aufgabenkreis betroffen ist,

3. der Bevollmächtigte iSd § 1896 Abs 2 S 2 BGB, sofern sein Aufgabenkreis betroffen ist (Abs 1).

Die zuständige Behörde ist auf ihren Antrag als Beteiligte in Verfahren 1. über die Bestellung eines Betreuers oder die Anordnung eines Einwilligungsvorbehalts und 2. über Umfang, Inhalt oder Bestand von Entscheidungen der in Nr 1 genannten Art hinzuzuziehen (§ 274 Abs 3 FamFG).

Beteiligt werden können

1. in den in Absatz 3 genannten Verfahren im Interesse des Betroffenen dessen Ehegatte oder Lebenspartner, wenn die Ehegatten oder Lebenspartner nicht dauernd getrennt leben, sowie dessen Eltern, Pflegeeltern, Großeltern, Abkömmlinge, Geschwister und eine Person seines Vertrauens,

2. der Vertreter der Staatskasse, soweit das Interesse der Staatskasse durch den Ausgang des Verfahrens betroffen sein kann (§ 274 Abs 4 FamFG).

Der Verfahrenspfleger wird durch seine Bestellung als Beteiligter zum Verfahren hinzugezogen (§ 274 Abs 2 FamFG).

100 § 315 FamFG weicht von der Regelung in § 274 FamFG lediglich durch seinen Abs 4 von der im Betreuungsverfahren geltenden Regelung ab. Dort heißt es „Beteiligt werden können im Interesse des Betroffenen"

1. dessen Ehegatte oder Lebenspartner, wenn die Ehegatten oder Lebenspartner nicht dauernd getrennt leben, sowie dessen Eltern und Kinder, wenn der Betroffene bei diesen lebt oder bei Einleitung des Verfahrens gelebt hat, sowie die Pflegeeltern,

2. eine von ihm benannte Person seines Vertrauens,

3. der Leiter der Einrichtung, in der der Betroffene lebt.

101 Das Landesrecht kann vorsehen, dass weitere Personen und Stellen beteiligt werden können.

102 Der Betroffene hat die Möglichkeit, einen Antrag auf Hinzuziehung einer Person seines Vertrauens zu stellen; er kann die Entscheidung des Gerichts, eine Person oder Stelle (zulässigerweise) zum Verfahren hinzuzuziehen, nicht durch Verweigerung seiner Zustimmung verhindern. Das Gericht hat lediglich die Möglichkeit, eine ablehnende Haltung des Betroffenen bei einer in sein Ermessen gestellten Beteiligungsentscheidung zu berücksichtigen. Das Gericht darf sich dadurch jedoch nicht

in seiner Aufgabe, den Sachverhalt von Amts wegen aufzuklären (§ 26 FamFG),
behindern lassen.

Am 19. 2. 2013 trat das Gesetz zur Regelung der betreuungsrechtlichen Einwilligung
in eine ärztliche Zwangsmaßnahme während geschlossener Unterbringung in Kraft.
Es war am 18. 2. 2013 veröffentlicht worden (BGBl I 266). Wegen verschiedener Fallgestaltungen, die zu erheblichen Unzuträglichkeiten für den Betreuten führen können, bat die 86. Konferenz der Justizministerinnen und Justizminister am 12. 11. 2015
in Berlin das Bundesministerium der Justiz und für Verbraucherschutz, zu prüfen, ob
und inwieweit eine Rechtsgrundlage für eine ärztliche Zwangsbehandlung außerhalb
einer geschlossenen Unterbringung zumindest in bestimmten Fallgestaltungen geschaffen werden muss (NdsRpfl 12/2015, 366, 367).

7.   Zur Einsicht in die Verfahrensakten

Die in dem FamFG dafür maßgebende Vorschrift (§ 13) unterscheidet die Einsicht   **103**
in die Gerichtsakten durch Verfahrensbeteiligte (Abs 1) und solche Personen, die an
dem Verfahren nicht beteiligt sind (Abs 2).

Personen, die an dem Verfahren nicht beteiligt sind (oder waren), kann Einsicht nur   **104**
gestattet werden, soweit sie ein berechtigtes Interesse glaubhaft machen und schutzwürdige Interessen eines Beteiligten (zB des Betroffenen) oder eines Dritten nicht
entgegenstehen. Über die Akteneinsicht entscheidet das Gericht, bei Kollegialge-
richten der Vorsitzende (Abs 7). Wird ein berechtigtes Interesse geltend gemacht
und akzeptiert, entscheidet das Gericht (bzw der Vorsitzende des Kollegialgerichts)
über die Akteneinsicht nach pflichtgemäßem Ermessen (KEIDEL/STERNAL, FamFG
[16. Aufl] § 13 Rn 34).

Bei der Entscheidung über die Akteneinsicht gegen den Willen des Betroffenen sei,   **105**
so LG München (BtPrax 1997, 245), zwischen dem **Interesse** des formell am Verfahren
Beteiligten (hier die Tochter aus 1. Ehe) und dem **Interesse** des **Betroffenen** an der
Geheimhaltung **abzuwägen**. Von der Akteneinsicht ist regelmäßig eine Aufstellung
über das Vermögen des Betroffenen ausgenommen. Das BayObLG (BtPrax 1998, 78 =
EZ FamR aktuell 5/1998) bestätigt im Ergebnis die Entscheidung des LG München I
und stellt fest, die Tochter des Betreuten, die gegen die Bestellung eines Betreuers
für ihren Vater Beschwerde eingelegt hatte, habe als Verfahrensbeteiligte (§ 69g
Abs 1 FGG; nunmehr §§ 59 Abs 1, 303 Abs 2 nach vorausgegangener Beteiligung)
grundsätzlich ein berechtigtes Interesse an Akteneinsicht, sodass es einer Glaub-
haftmachung dieses Interesses nicht bedürfe. Die wegen des Grundsatzes der Verhältnismäßigkeit erforderliche Abwägung mit entgegengesetzten Schutzgütern kann
zu dem Ergebnis führen, dass dem Sohn eines vorläufig Betreuten Akteneinsicht mit
Ausnahme des Bestattungsvertrages zu bewilligen ist (BayObLG FamRZ 2005, 237).
Lehnt die Betroffene die Akteneinsicht durch ihre Tochter vollständig ab, so ist das
Recht auf informationelle Selbstbestimmung der Betroffenen mit dem Anspruch der
beschwerdebefugten Tochter auf rechtliches Gehör abzuwägen und die Reichweite
der Befugnis zur Akteneinsicht unter Berücksichtigung des Beschwerdeziels zu
bestimmen (BayObLG FamRZ 2005, 1278 [LS]).

Der nicht am Verfahren beteiligte Halbbruder des Betroffenen habe, sofern ihm das   **106**

Ergebnis des psychiatrischen Gutachtens bekannt ist, kein berechtigtes Interesse an der Einsicht in die Betreuungsakten; das gelte auch dann, wenn der Betreuer sich in einer Erbauseinandersetzung mit dem Halbbruder auf die Geschäftsunfähigkeit des Betreuten beruft (LG München I BtPrax 1998, 156 [LS]).

107 Bei der Abwägung der verschiedenen Interessen kommt das OLG Köln (NJW-RR 1998, 438) zu dem Ergebnis, dass das eigene wirtschaftliche Interesse des mit dem Betreuten in Miterbengemeinschaft Stehenden an den den Nachlass betreffenden Angaben in den Abrechnungen des Betreuers eine Akteneinsicht dieses Miterben rechtfertige. Demgegenüber müsse das **Interesse des Betreuers** an einem seine Arbeit betreffenden Datenschutz zurücktreten (bedenklich, ob dem Betreuer als dem gesetzlichen Vertreter des Betreuten insoweit eine eigene Rechtsposition zusteht). Auch die Position als künftiger Alleinerbe aufgrund Erbvertrages gibt keinen Rechtsanspruch auf Einsichtnahme in die Abrechnungen und Vermögensaufstellungen des Betreuers in den Betreuungsakten, wenn dies dem ausdrücklichen natürlichen, wenn auch nicht mehr rechtsgeschäftlich relevanten Willen des Betreuten widerspricht (OLG Köln FamRZ 2004, 1124). Gegen die die Einsicht in die Betreuungsakten betreffenden Entscheidungen räumte das OLG dem Betreuer ein eigenes Beschwerderecht ein.

108 Nachdem das LG Köln (BtPrax 1998, 118) festgestellt hatte, dass einem Beschwerdeberechtigten im Betreuungsverfahren grundsätzlich ein Recht auf Akteneinsicht einschließlich der eingeholten Gutachten zustehe, entschied es, dass Einsicht auch vom Gesundheitsamt der Stadt verlangt werden könne, das nach dem Landesrecht die Aufgaben der Betreuungsbehörde wahrnimmt (LS).

109 Zum Anspruch des Betreuten auf Einsicht in die **Akten des Betreuers** § 1901 Rn 72. Das FamFG regelt die Einsicht in die **Gerichtsakten** in § 13 und bestimmt dort, dass das Gericht einem Rechtsanwalt, einem Notar oder einer beteiligten Behörde die Akten in die Amts- oder Geschäftsräume überlassen kann; ein Recht auf Überlassung von Beweisstücken in die Amts- oder Geschäftsräume jedoch nicht besteht (§ 13 Abs 4 FamFG). Der von einer nicht am (Betreuungs-)Verfahren beteiligten Behörde gestellte Antrag auf Gewährung von Akteneinsicht stellt sich nach hM als Amtshilfeersuchen gemäß Art 35 Abs 1 GG dar, über das der Vorstand des Gerichts entscheidet (OLG Köln FamRZ 2015, 1926). Lehnt der Richter das Ersuchen einer nicht verfahrensbeteiligten Behörde um Akteneinsicht zu einem laufenden Verfahren ab, handelt es sich nicht um einen Justizverwaltungsakt (OLG Dresden, FamRZ 2016, 1389 mAnm BENNER, 1390).

8. Übergangsrecht bei Einführung des Betreuungsrechts

110 Der die Übergangsvorschriften enthaltende Art 9 BtG (und der die Berlin-Klausel enthaltende Art 10 BtG) wurden durch Art 11 des Ersten Gesetzes über die Bereinigung von Bundesrecht im Zuständigkeitsbereich des Bundesministeriums der Justiz vom 19. 9. 2006 (BGBl I 866) aufgehoben. Der Wortlaut der Übergangsvorschriften ist bei STAUDINGER/BIENWALD (2006) Rn 66 abgedruckt.

9.   Reformüberlegungen

Änderungen des Betreuungsrechts werden durch die Reform des Vormundschafts- **111** rechts oder im Zusammenhang mit ihr eintreten. Das Bundesministerium der Justiz und für Verbraucherschutz wurde von den Justizministerinnen und Justizminister auf der 86. Konferenz am 12. 11. 2015 in Berlin gebeten, zu prüfen, ob und inwieweit eine Rechtsgrundlage für eine ärztliche Zwangsbehandlung (§ 1906 Abs 3a BGB) außerhalb einer geschlossenen Unterbringung zumindest in bestimmten Fallgestaltungen geschaffen werden muss (NdsRpfl 2015, 266, 267). Ein Entwurf der Bundesregierung für ein „Gesetz zur Änderung der materiellen Zulässigkeitsvoraussetzungen von ärztlichen Zwangsmaßnahmen und zur Stärkung des Selbstbestimmungsrechts von Betreuten" liegt seit dem 25. 1. 2017 vor. Siehe dazu Götz, Betreuer aufgepasst!, FamRZ 2017, 413. Sie berichtet über den Entwurf, stellt aber auch bestimmte Erwartungen des Gesetzgebers infrage. Ende November 2015 hat das BMJV ein Forschungsvorhaben zur Qualität der rechtlichen Betreuung vergeben, mit dem geprüft werden soll, ob die Betreuer den Anforderungen des deutschen Betreuungsrechts und der UN-BRK hinsichtlich des Selbstbestimmungsrechts gerecht werden, ob und welche strukturellen (dh einzelfallunabhängigen) Qualitätsdefizite insbesondere in der beruflichen, aber auch in der ehrenamtlichen Betreuung bestehen und auf welche Ursachen diese ggf zurückgeführt werden können. In einem zweiten Forschungsschwerpunkt seit 1. 12. 2015 geht es um Fragen der Umsetzung des Erforderlichkeitsgrundsatzes in der betreuungsrechtlichen Praxis, inwieweit vorrangige „andere Hilfen", bei denen kein gesetzlicher Vertreter bestellt wird (§ 1896 Abs 2 S 2 BGB) bestehen und genutzt werden. Über die Ergebnisse der beiden Vorhaben sollen Ende August 2017 Berichte vorliegen (Schnellenbach, 25 Jahre nach der Reform – Rechtliche Betreuung erneut auf dem Prüfstand, BtPrax 2017, 3 Abschnitt II).

Die 87. Konferenz der Justizministerinnen und Justizminister vom 1. bis 2. 6. 2016 beschäftigte sich mit der Schaffung eines Gesetzes zur Verbesserung der Beistandsmöglichkeiten unter Ehegatten und Lebenspartnern in Angelegenheiten der Gesundheitssorge und in Fürsorgeangelegenheiten. Eine aus verschiedenen Landesjustizverwaltungen bestehende Arbeitsgruppe wurde gebeten, auf der Grundlage des diskutierten Entwurfs eine Bundesratsinitiative vorzubereiten (Nds Rpfl 2016, 221, 222 – TOP I. 5). Der am 30. 11. 2016 dem Bundestag vorgelegte Entwurf eines Gesetzes zur Verbesserung der Beistandsmöglichkeiten unter Ehegatten und Lebenspartnern in Angelegenheiten der Gesundheitssorge und in Fürsorgeangelegenheiten (BT-Drucks 18/10485) sieht in sechs Artikeln Änderungen des BGB, des Lebenspartnerschaftsgesetzes, des EGBGB, des FamFG, der BNotO und des Betreuungsbehördengesetzes vor. Die Einzelheiten zum Beistand enthält ein neuer § 1358 BGB, dessen Geltung für Lebenspartner in diesem Gesetz bestimmt ist. § 1358 BGB-E hat folgenden Wortlaut:

§ 1358
Beistand unter Ehegatten in Angelegenheiten der Gesundheitssorge und in der Fürsorge dienenden Angelegenheiten

(1) Soweit ein volljähriger Ehegatte aufgrund einer psychischen Krankheit oder einer körperlichen, geistigen oder seelischen Behinderung die nachgenannten Angelegenheiten nicht besorgen kann und weder einen entgegenstehenden Willen geäußert noch eine andere Person zur

Werner Bienwald

Wahrnehmung dieser Angelegenheiten bevollmächtigt hat und kein Betreuer bestellt ist, gilt sein volljähriger Ehegatte als bevollmächtigt,

1. für den anderen Ehegatten gemäß § 630d Absatz 1 Satz 2 in Untersuchungen des Gesundheitszustandes, in Heilbehandlungen oder ärztliche Eingriff einzuwilligen oder die Einwilligung zu versagen sowie ärztliche Aufklärungen nach § 630e Absatz 4 entgegen zu nehmen,

2. für den anderen Ehegatten Willenserklärungen in Bezug auf ärztliche Behandlungsverträge, Krankenhausverträge sowie sonstige Verträge abzugeben und entgegenzunehmen, die der medizinischen Versorgung, Pflege, Betreuung oder Rehabilitation dienen, und dessen Rechte gegenüber den Erbringern solcher Leistungen wahrzunehmen,

3. über Maßnahmen nach § 1906 Absatz 4 in Verbindung mit Absatz 1 und 2 in Bezug auf den anderen Ehegatten zu entscheiden und deren betreuungsgerichtliche Genehmigung einzuholen,

4. für den anderen Ehegatten Ansprüche, die diesem aus Anlass von Krankheit, Behinderung, Pflegebedürftigkeit oder damit einhergehender Hilfebedürftigkeit zustehen, geltend zu machen und im rechtlich zulässigen Rahmen an Erbringer von medizinischen Leistungen, Pflege- oder Rehabilitationsleistungen abzutreten oder Zahlung an diese zu verlangen,

5. zur Wahrnehmung der Angelegenheiten nach Nummer 1 bis 4 die Post des anderen Ehegatten entgegennehmen und zu öffnen.

Dies gilt nicht, wenn die Ehegatten nach § 1567 Absatz 1 getrennt leben.

(2) Unter den Voraussetzungen des Absatzes 1 und zur Wahrnehmung der dort genannten Angelegenheiten sind behandelnde Ärzte und andere Berufsgeheimnisträger von ihrer Schweigepflicht gegenüber dem Ehegatten entbunden. Der Ehegatte kann unter denselben Voraussetzungen Krankenunterlagen einsehen und deren Herausgabe an Dritte bewilligen sowie seinerseits behandelnde Ärzte und andere Berufsgeheimnisträger von ihrer Schweigepflicht im Verhältnis zu Dritten entbinden.

(3) Erklärt der handelnde Ehegatte gegenüber dem behandelnden Arzt, der betroffenen Einrichtung, dem Empfänger der Willenserklärung oder der für die Gewährung von Ansprüchen nach Absatz 1 Satz 1 Nummer 4 zuständigen Stelle,

1. mit dem anderen Ehegatten verheiratet zu sein,

2. nicht getrennt zu leben und

3. dass ihm weder das Vorliegen einer Vollmacht oder das Bestehen einer Betreuung noch ein entgegenstehender Wille des anderen Ehegatten bekannt ist,

und legt er in den Fällen des Absatzes 1 Nummer 2 zusätzlich ein ärztliches Zeugnis vor, das nicht älter als sechs Monate ist und aus dem sich die Unfähigkeit des anderen Ehegatten zur Besorgung der Angelegenheiten nach Absatz 1 Satz 1 ergibt, so gelten die Voraussetzungen des Absatzes 1 gegenüber der jeweiligen Person oder Stelle als erfüllt, es sei denn, dass diese deren Fehlen kennt oder kennen muss. Der Vorlage eines ärztlichen Zeugnisses bedarf es nicht, sofern die jeweilige

Person oder Stelle die Unfähigkeit des anderen Ehegatten zur Besorgung der Angelegenheiten nach Absatz 1 Satz 1 nach den ihr vorliegenden Informationen selbst beurteilen kann.

(4) Die §§ 1901a und 1901b sowie § 1904 Absatz 1 bis 4 gelten entsprechend. Übernimmt der Ehegatte die Besorgung der Angelegenheiten nach Absatz 1, so findet im Übrigen auf das Verhältnis der Ehegatten, soweit diese nichts anderes vereinbart haben, das Recht des Auftrags Anwendung.

Eine kritische Stellungnahme der Bundesregierung enthält die Anlage 2 zu der Bundestagsvorlage.

Zum Entwurf des Gesetzes (BT-Drucks 18/10485) DUTTA, Gesetzliche Beistandschaft unter Ehegatten und Lebenspartnern bei Handlungsunfähigkeit?, FamRZ 2017, 581. Vgl außerdem BT-Drucks 18/12427 (Beschlussempfehlung und Bericht). Der Bundesrat hat den betreffenden Top 17 der Sitzung v 7. 7. 2017 abgesetzt.

III. Die Bestellung von Betreuern und anderen Vertretern aufgrund von Vorschriften außerhalb des BGB*

Soweit Vorschriften außerhalb des BGB die Bestellung eines Betreuers für den Fall **112** vorsehen, dass der Betroffene infolge einer psychischen Krankheit oder körperlichen, geistigen oder seelischen Behinderung nicht in der Lage ist, in dem Verfahren **selbst tätig** zu werden (§ 16 Abs 1 Nr 4 VwVfG; in gleicher Weise in SGB X vorgesehen; s auch § 81 AO), oder als Beamter (§ 19 Abs 2 Nr 1 BDO) oder als Soldat (§ 78 Abs 2 Nr 1 WDO) **verhandlungsunfähig** ist, gelten für die Bestellung und für das Amt des Vertreters des Betroffenen in dem Verfahren die Vorschriften über die Betreuung. Für das Verwaltungsverfahren sieht dies § 16 Abs 4 VwVfG ausdrücklich vor. § 19 Abs 2 S 3 BDO und § 78 Abs 2 S 3 WDO verweisen lediglich auf § 16 Abs 2 VwVfG, der die örtliche Zuständigkeit des Gerichts regelt.

Mangels eigener Verfahrensvorschriften für die Betreuerbestellung muss auf die **113** Regelungen des FamFG zurückgegriffen werden (BGH FamRZ 2012, 293). Die Voraussetzungen der Betreuerbestellung sind von Amts wegen durch Einholung von Sachverständigengutachten festzustellen. Der Betroffene ist persönlich anzuhören; ggf ist ihm ein Verfahrenspfleger (betreffend die Betreuerbestellung) zu bestellen. Der Aufgabenkreis ist den Vorgaben der jeweiligen Ordnung entsprechend zu bestimmen (zB „Vertretung in dem Verfahren …"). Der Beschluss ist dem Betroffenen selbst bekannt zu machen (usw).

Das Betreuungsgericht prüft nicht die Voraussetzungen des gegen den Beamten bzw **114** Soldaten gerichteten Verfahrens; seine Aufgabe ist es, die **Voraussetzungen der Betreuerbestellung** nach den besonderen Bestimmungen des Beamten- oder des Soldatenrechts festzustellen. Dabei ist es nicht an die Auffassung des Dienstvorgesetzten bezüglich der Dienstunfähigkeit des Betroffenen gebunden (im Ergebnis ebenso BayObLGZ 1957, 349, 353).

---

* **Schrifttum:** CLAUSSEN/CZAPSKI, Das förmliche Disziplinarverfahren (4. Aufl 1998); CLAUSSEN/JANZEN, Bundesdisziplinarordnung (8. Aufl 1996); DAU, Wehrdisziplinarordnung (3. Aufl 1998); KÖHLER/RATZ, BDO (2. Aufl 1994).

115 Entgegen SONNENFELD (Betreuungs- und Pflegschaftsrecht Rn 561) ist der Begriff der Verhandlungsunfähigkeit nicht mit dem der Einsichtsunfähigkeit „vergleichbar" (gemeint ist, wie der weitere Text erkennen lässt, „gleichzusetzen"). Es kommt nicht darauf an, dass der Betroffene die Bedeutung und Tragweite des Disziplinarverfahrens erfasst und in der Lage ist, danach zu handeln. Der Begriff der Verhandlungsunfähigkeit ist dem Verfahrensrecht nicht unbekannt (vgl § 231a StPO). Im Strafverfahren, das in wesentlichen Punkten dem Verfahren nach § 19 BDO und § 78 WDO ähnelt, ist von Verhandlungsunfähigkeit dann die Rede, wenn der Beschuldigte körperlich oder geistig nicht in der Lage ist, der Verhandlung zu folgen, die Bedeutung der einzelnen Verfahrensakte zu erkennen und zu würdigen, sich sachgerecht zu verteidigen und wirksame Prozesshandlungen vorzunehmen bzw entgegenzunehmen (BGH NJW 1995, 1973; vgl auch WIDMAIER, Verhandlungs- und Verteidigungsfähigkeit – Verjährung und Strafmaß, NStW 1995, 361).

116 Der für eine Betreuerbestellung im Disziplinarverfahren maßgebende Zustand der Verhandlungsunfähigkeit muss nicht auf einer psychischen Erkrankung oder einer geistigen oder seelischen Behinderung beruhen; er kann ebenso auf körperliche Einwirkungen oder Behinderungen zurückzuführen sein. Es kommt auch nicht darauf an, dass sich der Betroffene dauerhaft oder für eine voraussichtlich längere Zeit in dem Zustand der Verfahrensunfähigkeit befindet; maßgebend für die Beurteilung ist die Dauer des Verfahrens. Die Argumente, auf die eine Zwangspensionierung gestützt wird, müssen nicht zwangsläufig auch eine Verfahrensunfähigkeit begründen.

117 Für die Auswahl des Betreuers bestimmt § 1897 Abs 1 BGB als Generalklausel, dass zu bestellen ist, wer geeignet ist, die Angelegenheiten des Betreuten – das ist hier zB die Vertretung in dem gegen ihn gerichteten Verfahren nach BDO oder WDO – zu besorgen und ihn in dem hierfür erforderlichen Umfang (im Sinne von BT-Drucks 11/4528, 68) persönlich zu betreuen. Die vom Gericht für die Bestellung des Betreuers zu ermittelnden und festzustellenden Voraussetzungen sind nicht oder nicht notwendig identisch mit den den Gegenstand des (späteren) Verfahrens bildenden Angelegenheiten oder Vorwürfen. Für das Verwaltungsverfahren liegt das auf der Hand, kann aber ebenso gut für die Verfahren nach der BDO oder der WDO zutreffen. Während § 16 Abs 1 Nr 4 VwVfG mit Rücksicht auf die im Text genannte körperliche Behinderung darauf abhebt, dass der Beteiligte nicht in der Lage ist, in dem Verwaltungsverfahren selbst tätig zu werden, muss im Falle eines Verfahrens nach der BDO oder der WDO Verhandlungsunfähigkeit des Beamten oder Soldaten vorliegen. Zweifel an der Verhandlungsfähigkeit reichen nicht aus. In dem erforderlichen Antrag der das Verfahren einleitenden Behörde bzw des Wehrdisziplinaranwalts sind deshalb Tatsachen anzugeben, die den Schluss zulassen und im Falle ihrer Bestätigung die Bestellung des Betreuers rechtfertigen, der Beamte bzw der Soldat sei verhandlungsunfähig.

118 Was den Betreuer betrifft, so muss dieser nach der BDO ein Beamter, nach der WDO ein Soldat sein. Bereits aus diesem Grunde kommen die Institutionen Behörde und Verein als Betreuer nicht in Betracht; ebensowenig ein Mitarbeiter eines Vereins; ein eingetragener Verein besitzt keine Dienstherrnfähigkeit. Ist der Mitarbeiter des Vereins zugleich (Teilzeit-)Beamter, kann er als solcher für ein Verfahren nach der BDO zum Betreuer bestellt werden, jedoch nur als Privatperson, nicht dagegen als Vereinsbetreuer.

Während die BDO keine Beschränkung des Beamten auf einen bestimmten Dienst- **119** herrn vornimmt, sodass ein Kommunal-, ein Landes- oder auch ein Bundesbeamter zum Betreuer bestellt werden kann, hat der nach der WDO zu bestellende Soldat immer ein Angehöriger (oder ehemaliger Angehöriger) der Bundeswehr zu sein. Obgleich hier ähnliche Bedenken bestehen, wie sie Anlass für das Bestellungsverbot des § 1897 Abs 3 waren, wurde eine andere Regelung nicht getroffen, allerdings wohl auch nicht in Erwägung gezogen; insofern bietet sich ein Versuch an, die sinngemäße Anwendung der Vorschrift auf dem Rechtswege zu erreichen. Das VwVfG trifft keine Bestimmung, wer (nur) als Vertreter in dem Verwaltungsver- fahren zu bestellen ist; es sieht lediglich vor, dass ein **geeigneter** Vertreter zu be- stellen ist.

IV. Verfremdungen in der Betreuungspraxis

Zwischen den Normen des Betreuungsrechts und den Motiven des Reformgesetz- **120** gebers einerseits und dem Verständnis von Betreuung in Teilen der Praxis bestehen zum Teil erhebliche Differenzen. Soweit ersichtlich nimmt davon zumindest die Justiz keine oder nur unzulänglich Kenntnis. Eine von dieser Seite geäußerte Kritik oder Problematisierung werden vermisst.

Das besondere Verständnis zeigt sich darin, dass nicht in erster Linie die Rechts- **121** grundlagen als verbindliche Arbeitsgrundlage festgestellt werden, sondern als fach- liche Grundlage des „Berufs Betreuung" das seit 2009 propagierte Betreuungsma- nagement gesehen wird, das als „zusammenhängendes methodisches Konzept" ausgegeben worden sei. Dieses Konzept markiere den „Abschied des Berufs von einem an rechtlichen und medizinischen Normen orientierten Betreuungsverständ- nis". Von einer Abkehr des Berufs von der Justiz und der Hinwendung zur sozialen Arbeit seit 2009 ist die Rede. Allerdings wird berichtet, diese Abkehr des Berufs von der Justiz und die Hinwendung zur sozialen Arbeit unter Berufsinhaberinnen/-in- habern habe Existenzängste ausgelöst. Viele hätten an den traditionellen Strukturen festgehalten und sich den Professionalisierungsbemühungen ihres Verbandes (BdB) verschlossen.

Die Beschreibungen des jetzt propagierten Systems der Unterstützten Entschei- **122** dungsfindung (UEF) lassen erkennen, dass die Betreuungsarbeit ersichtlich nicht lediglich rechtliche Betreuung, ggf unter Einsatz bestimmter Methoden, sondern allgemein Soziale Betreuung zum Inhalt hat. Oftmals stelle sich die Frage nach der beruflichen Zuständigkeit, denn viele Situationen seien nicht den gerichtlich ange- ordneten Aufgabenkreisen zuzuordnen. Diesen Vorstellungen liegen zwei Irrtümer zugrunde. Erstens: der Beauftragte könne grundsätzlich sich selbst beauftragen; und zweitens: Sozialarbeit könne in einem rechtsfreien Raum geleistet werden. Die Beobachtung des Letzten ist alt. Offensichtlich herrscht in Kreisen von Sozialarbei- terinnen und Sozialarbeitern geradezu eine Rechtsphobie vor verbunden mit der Angst, durch Normen in dem eigenen Berufsverständnis behindert oder eingeengt zu sein.

§ 1896
Voraussetzungen

(1) Kann ein Volljähriger aufgrund einer psychischen Krankheit oder einer körperlichen, geistigen oder seelischen Behinderung seine Angelegenheiten ganz oder teilweise nicht besorgen, so bestellt das Betreuungsgericht auf seinen Antrag oder von Amts wegen für ihn einen Betreuer. Den Antrag kann auch ein Geschäftsunfähiger stellen. Soweit der Volljährige aufgrund einer körperlichen Behinderung seine Angelegenheiten nicht besorgen kann, darf der Betreuer nur auf Antrag des Volljährigen bestellt werden, es sei denn, dass dieser seinen Willen nicht kundtun kann.

(1a) Gegen den freien Willen des Volljährigen darf ein Betreuer nicht bestellt werden.

(2) Ein Betreuer darf nur für Aufgabenkreise bestellt werden, in denen die Betreuung erforderlich ist. Die Betreuung ist nicht erforderlich, soweit die Angelegenheiten des Volljährigen durch einen Bevollmächtigten, der nicht zu den in § 1897 Abs 3 bezeichneten Personen gehört, oder durch andere Hilfen, bei denen kein gesetzlicher Vertreter bestellt wird, ebenso gut wie durch einen Betreuer besorgt werden können.

(3) Als Aufgabenkreis kann auch die Geltendmachung von Rechten des Betreuten gegenüber seinem Bevollmächtigten bestimmt werden.

(4) Die Entscheidung über den Fernmeldeverkehr des Betreuten und über die Entgegennahme, das Öffnen und das Anhalten seiner Post werden vom Aufgabenkreis des Betreuers nur dann erfasst, wenn das Gericht dies ausdrücklich angeordnet hat.

Materialien: Art 1 Nr 6 DiskE I; Art 1 Nr 41 RegEntw; Art 1 Nr 47 BtG; DiskE I 102, 111 (§§ 1896, 1897); BT-Drucks 11/4528, 115 ff (BReg); 206 f (BRat); 226 (BReg); BT-Drucks 11/6949, 9, 72 Nr 13 (unverändert). Abs 2 S 2 geändert durch Art 1 Nr 11 BtÄndG mit Wirkung vom 1. 1. 1999 (BT-Drucks 13/7158, 33, 49, 56 BReg und Stellungn BRat); RA 13/10331, 14; BR-Drucks 339/98; 339/1/98 und 517/98 (Beschluss). BGBl I 1580, 1582. Änderung der Überschrift des Dritten Abschnitts des Vierten Buchs, der Überschrift des Ersten Titels des Dritten Abschnitts des Vierten Buchs und Neufassung der Überschrift vor § 1896 durch Art 1 Nr 1, 2 und 10 a BtÄndG (BGBl I 1998, 1580, 1582); STAUDINGER/BGB-Synopse 1896–2005.
§ 1896 Abs 1a eingefügt durch Art 1 Nr 6 Buchst a, Abs 2 S 2 neu gefasst durch Art 1 Nr 7 2. BtÄndG (BGBl I 1073); BR-Drucks 865/03; BT-Drucks 15/2494, 6, 27, 29, 46 ff; BT-Drucks 15/4874; BR-Drucks 121/05. Änderung der Gerichtsbezeichnung durch Art 50 Nr 47 FGG-RG (BGBl I 2008, 2586, 2724). BT-Drucks 16/9733, 309, 318; BR-Drucks 617/08, 125, 129.

Systematische Übersicht

I. Bedeutung der Vorschrift

1. Begriff der Betreuung

Betreuung ist die verantwortliche, aufgrund gerichtlicher Beauftragung und unter **1** staatlicher (gerichtlicher) Aufsicht vorgenommene **Besorgung fremder** (Rechts-)**Angelegenheiten für einen volljährigen Menschen**, der krankheits- oder behinderungsbedingt außerstande ist, die besorgungsbedürftigen Angelegenheiten selbst zu besorgen und durch von ihm selbst bestellte und beaufsichtigte (kontrollierte) Helfer besorgen zu lassen. Eine begründete Betreuung ist keine diskriminierende Maßnahme; sie enthält nicht einen Vorwurf rechtswidrigen Verhaltens wie etwa eine Abschiebehaft (BayObLGZ 2003 Nr 61 = FamRZ 2004, 657). Diese Art von Betreuung (zur Kritik am Begriff s BT-Drucks 11/4528, 114; die Bedeutung des Wortes ist sehr viel weiter reichend und vielseitig, wie zB §§ 20 Abs 1, 23 Abs 4 SGB VIII oder § 24 BNotO belegen) wird als **Ausdruck staatlicher Wohlfahrtspflege** gesehen, deren Anlass und Grundlage das öffentliche Interesse an der Fürsorge für den schutzbedürftigen Einzelnen ist (BVerfGE 10, 302, 311; BVerfGE 54, 251 = FamRZ 1980, 765 [LS] = JZ 1980, 520 = NJW 1980, 2179). Der Charakter als „Rechtliche Betreuung" wird durch Ergänzung der Überschriften vor den §§ 1773, 1896 BGB, durch die Neufassung des § 1897 Abs 1 und den eingefügten neuen § 1901 Abs 1 betont (Art 1 Nrn 1, 10a, 12 und 13 BtÄndG), um die dem Betreuer vom Gesetz zugewiesenen Amtsgeschäfte besser von dessen darüber hinausgehendem (und deshalb aus Mitteln der Justizkasse nicht mehr zu finanzierenden) faktischen Engagements für den Betreuten abzugrenzen (BT-Drucks 13/7158, 33). Seit der Bekanntmachung der Neufassung des BGB vom 2. 1. 2002 (BGBl I 42) ist klargestellt, dass das Rechtsinstitut Rechtliche Betreuung heißt (und als solches so geschrieben wird). Sie ist eine rechtsfürsorgerische Leistung, aber keine Leistung der Teilhabe am Leben in der Gemeinschaft (BSG FamRZ 2012, 545 = R & P 2012, 96).

Rechtliche Betreuung darf nicht mit sozialer Betreuung verwechselt oder gleichgesetzt werden. Die Bestellung eines Betreuers zur rechtlichen Besorgung der Angelegenheiten der/des Betroffenen ist nur dann und insoweit erforderlich, als es dafür eines gesetzlichen Vertreters bedarf. Eine soziale Betreuung erfordert dagegen keinen gesetzlichen Vertreter. Sie kann von sonstigen Helfern wahrgenommen werden. Zur Unterscheidung von rechtlicher Betreuung und Leistungen (zB) des ambulant-betreuten-Wohnens ist zu beachten, dass die (rechtliche) Betreuung nicht auf die tatsächliche Verrichtung von Handlungen durch den Betreuer anstelle des Betreuten zielt (BSG 30. 6. 2016 – B 8 SO 7/15 R, FamRZ 2016, 2012 [LS] mAnm d Redaktion = ZfF 2016, 256). Indem in einem Teil der beruflichen Betreuungspraxis versucht wird, die Betreuung als ein spezielles Arbeitsfeld der Sozialarbeit zu etablieren, werden die Grenzen rechtlicher Betreuung überschritten.

§ 1896 enthält die Grundnorm des Betreuungsrechts. Sie bestimmt Zeitpunkt, Art **2** und Umfang der Bestellung eines Betreuers. Die Vorschrift hat nicht nur für die erstmalige Bestellung des Betreuers, sondern auch für die Verlängerung der Betreuung (BayObLG FamRZ 1994, 320; FamRZ 1998, 921; Beschluss v 15. 6. 1999 – 3 Z BR 156/1999) und für die Erweiterung des Aufgabenkreises des Betreuers (BayObLG FamRZ 1995, 116) Bedeutung. Die Vorschrift wird ergänzt durch § 1902 BGB sowie durch § 1903 Abs 3 BGB: beides Vorschriften, die den Inhalt und die Reichweite des Instituts der Betreuung näher bestimmen. Als weitere Ergänzung der Norm sind die durch das

BtÄndG geschaffenen Möglichkeiten zu verstehen, die Erteilung von (Vorsorge-)Vollmachten auf riskante ärztliche Maßnahmen (§ 1904 Abs 2 BGB) und die freiheitsentziehende Unterbringung (§ 1906 Abs 1, 5 BGB) sowie freiheitsentziehende Maßnahmen nach § 1906 Abs 4 BGB und damit auf personensorgerechtliche Angelegenheiten schlechthin auszudehnen. Zur Bestellung von Betreuern für Angehörige fremder Staaten s STAUDINGER/vHEIN (2014) Art 24 EGBGB Rn 5 und zum Haager Erwachsenenschutzübereinkommen s ders Vorbem 5 zu Art 24 EGBGB sowie Art 24 EGBGB Rn 5, ferner STAUDINGER/HAUSMANN (2013) Art 4 EGBGB Rn 146. Zum Erwachsenenschutz in Europa (von paternalistischer Bevormundung zu gestaltender Fürsorge) näher RÖTHEL FamRZ 2004, 999.

2.   Betreuung als Eingriff und Leistung

3   Nicht der Zuordnung im Rahmen der Gesamtrechtsordnung, sondern ihrer Funktion nach ist Betreuung iS der §§ 1896 ff staatliche Fürsorgeleistung. Ausdruck der gemeinsamen Verantwortung der Bürgerschaft, Sorge für ihre hilfebedürftigen Mitbürger zu tragen, ist die erhalten gebliebene Verpflichtung aller geeigneten Personen, eine ihnen zuzumutende Betreuung zu übernehmen (§ 1898 Abs 1 BGB). Im Hinblick auf die häufig ohne Einverständnis des Betroffenen vorgenommene oder von ihm als Zwangsmaßnahme empfundene, infolge der gesetzlichen Vertretung des Betreuers mit einer Rechtseinbuße verbundene Maßnahme stellt sich die Betreuung in der Regel als ein Eingriff in die Freiheitssphäre und das Selbstbestimmungsrecht (in das allgemeine Persönlichkeitsrecht, BVerfG FamRZ 2016, 1043 mAnm SONNENFELD, 1045) des Betroffenen dar. Mit Recht wird deshalb von der Janusköpfigkeit der Betreuung gesprochen (WIENAND FuR 1990, 36; auch vSACHSEN GESSAPHE, Der Betreuer als gesetzlicher Vertreter 180 ff).

4   Diese Doppelgesichtigkeit der Betreuung wird nicht dadurch beseitigt, dass die Bestellung eines Betreuers zutreffend als ein Instrument zur (Wieder-)Herstellung der Rechtsperson des Betroffenen und zur Eröffnung seines gleichberechtigten Zugangs zum Rechtsverkehr (LIPP, Freiheit und Fürsorge 75) verstanden wird. Dadurch, dass die Möglichkeit zu eigenem Handeln durch die Bestellung des Betreuers, abgesehen vom Einwilligungsvorbehalt (§ 1903 BGB), nicht eingeschränkt wird, das Handeln des Stellvertreters jedoch in seinen Auswirkungen den Betreuten beeinträchtigt, schließlich das subjektive Empfinden des Betreuten nicht mit seinem Wohl identisch sein muss, kommt es zu den Differenzen. Die Anordnung einer Betreuung (zutreffender: die Bestellung eines Betreuers!) beeinträchtigt das Recht auf freie und selbstbestimmte Entfaltung der Persönlichkeit, sich in eigenverantwortlicher Gestaltung des eigenen Schicksals frei zu entfalten. Sie weist Dritten zumindest eine rechtliche und tatsächliche Mitverfügungsgewalt bei Entscheidungen im Leben der Betroffenen zu (BVerfG FamRZ 2016, 1043 mAnm SONNENFELD, 1045).

5   Die in letzter Zeit häufiger verwendete Bezeichnung „paternalistisch" zur Kennzeichnung des negativ verstandenen (Rechts-)Verhältnisses von Vertreter und Vertretenem kann die in der gegenwärtigen Rechtsordnung notwendige Rechtsfigur der gesetzlichen Vertretung für die Rechtliche Betreuung (s dazu § 1902 BGB) nicht in Frage stellen. Eine Begrenzung der Vertretungsmacht auf die Einhaltung von Wunsch und Wille des Betroffenen müsste daran scheitern, dass der Vertretene seine Wünsche und Absichten mehrfach ändern kann, sodass bis zum Abschluss

eines Rechtsgeschäfts dessen Gültigkeit in Frage stünde. Der Vertreter des Betreuten kann auch nicht dann an Wunsch und Wille des Betroffenen gebunden sein, wenn deren Befolgung dem Vertretenen Schaden zufügen könnte/würde oder aus Mangel an Mitteln nicht zu erfüllen wäre. Problemfälle ergeben sich in der Regel (erst) daraus, dass eine rechtliche Betreuung mit den Konsequenzen der gesetzlichen Vertretung auch dann eingerichtet wird, wenn eine soziale Hilfe und Unterstützung in der Wahrnehmung der eigenen Angelegenheiten ausreichen würde, weil der Betroffene mit dieser Hilfe zu eigener Entscheidung und zu eigener Tätigkeit fähig wäre.

Als rechtliche Begriffe vermitteln „Erwachsenenschutz" und „Unterstützung" den Eindruck wohlwollender Maßnahmen und Hilfen aus der Perspektive des Gesetzgebers. Sie bringen nicht zum Ausdruck, dass auch sie von Betroffenen nicht immer als solche wahrgenommen werden und ihren Handhabungen misstraut wird.

Die aus dem Charakter einer Eingriffsnorm geschlossene Notwendigkeit strikter (dh **6** genauer) Interpretation (MünchKomm/SCHWAB Rn 2) darf nicht lediglich aus der Perspektive des Betroffenen gesehen und begründet werden. Solange die Bürgerschaft durch die Rechtsordnung verpflichtet wird, nicht nur im äußersten Notfall (bei Unglücksfällen, § 323c StGB), sondern bereits im Betreuungsfall zur Verfügung zu stehen und grundsätzlich unentgeltlich (zum alten Recht BVerfGE 54, 251; zum neuen Recht §§ 1836 Abs 1 S 1, 1908i Abs 1 S 1 sowie BT-Drucks 11/4528, 110 und BT-Drucks 13/7158, 11) Hilfe zu leisten, besteht auch im Interesse der Allgemeinheit Bedarf an strikter Interpretation. Wird ein Betreuer von Amts wegen bestellt, bedarf es genauer Feststellung der Eingriffsvoraussetzungen (s nunmehr auch Abs 1a); stellt ein Betroffener einen Antrag auf Bestellung eines Betreuers, kommt es darauf an, festzustellen, ob ein die Gemeinschaft verpflichtender Sachverhalt gegeben ist. Seit dem In-Kraft-Treten des FGG-RG am 1. 9. 2009 darf die zuständige Behörde auch gegen die auf Antrag eines Betroffenen vorgenommene Bestellung eines Betreuers Beschwerde einlegen. Dadurch sollen solche Betreuungen vermieden werden, die deshalb nicht erforderlich sind, weil der Betroffene entgegen seinem Antrag (noch) in der Lage ist, seine Angelegenheiten selbst zu regeln (BT-Drucks 16/6308, 271).

Wer die Voraussetzungen einer Betreuerbestellung erfüllt, hat einen Anspruch auf **7** eine entsprechende Entscheidung. Die Qualifizierung als öffentlich-rechtlichen Anspruch (MünchKomm/SCHWAB Rn 2) ist angesichts der bewusst zivilrechtlich gestalteten Maßnahme und des Verfahrens der freiwilligen Gerichtsbarkeit eher bedenklich. Außerdem ist der „Anspruch" nicht näher präzisiert. Andererseits geht er über einen bloßen Bescheidungsanspruch hinaus. Zur grundsätzlich privatrechtlich verstandenen Vormundschaft bisherigen Rechts und der Betreuung des derzeitigen Rechts HOLZHAUER (ZRP 1989, 451, 453 im Anschluss an BT-Drucks 11/4528, 88 und 100).

3. Zur Bestimmtheit der Eingriffsnorm

Die bereits während des Gesetzgebungsverfahrens aufgeworfene Frage, ob der mit **8** der Bestellung des Betreuers unbestritten verbundene hoheitliche Eingriff des Staates in die Rechtsstellung des Betroffenen durch die Fassung des § 1896 hinreichend bestimmt sei (BÜRGLE NJW 1988, 1801, 1803; PARDEY, Betreuung Volljähriger 3, 66, 86), ist nach dem Inkrafttreten des BtG zunächst nicht weiterverfolgt worden. Allerdings besteht die damals geäußerte Sorge, der betreffende Personenkreis könne gegenüber früherem Recht ausgeweitet werden, insofern nicht zu Unrecht, als die Bestellung eines Betreuers gegen den Willen des Betroffenen auch dann für zulässig gehalten wurde, wenn und obwohl der Betroffene geschäftsfähig ist (JÜRGENS BtPrax 1992, 47, 49; RAUSCH/RAUSCH NJW 1992, 274). Mit Recht hatte deshalb HOLZHAUER auf die Schwäche des § 1896 hingewiesen, nicht zwischen konsentierter und aufgezwungener Betreuerbestellung in allen Fällen zu unterscheiden (ZRP 1989, 451, 457). Sein Ergänzungsvorschlag („wer infolge einer psychischen Krankheit oder geistigen oder seelischen Behinderung nicht in der Lage ist, die Erforderlichkeit seiner Betreuung einzusehen, dem kann ein Betreuer auch ohne oder gegen seinen Willen bestellt werden") hatte zwar nicht Eingang ins Gesetz gefunden, fand aber Eingang in die Rechtsprechung. Das BayObLG hatte in st Rspr festgestellt, eine solche Maßnahme des Betreuungsrechts (im Einzelnen STAUDINGER/BIENWALD [2006] § 1896 Rn 6 und 7) setze voraus, dass der Betreute aufgrund einer psychischen Erkrankung seinen Willen nicht frei bestimmen kann. Dies sage, so die Begründung, das Gesetz zwar nicht ausdrücklich; es ergebe sich aber aus einer verfassungskonformen Auslegung des Gesetzes. Denn der Staat habe von Verfassung wegen nicht das Recht, seine erwachsenen und zu freier Willensbestimmung fähigen Bürger zu erziehen, zu „bessern" oder zu hindern, sich selbst zu schädigen. Diese zuerst in einer Entscheidung betreffend die Anordnung eines Einwilligungsvorhalts vertretene Auffassung (BayObLGZ 1993, 63 = FamRZ 1993, 851 = R & P 1993, 79 [80] = BtE 1992/93 Nr 4 zu § 1903 Abs 1 BGB mwNw) hat das Gericht im Laufe der Zeit auf alle nach §§ 1896, 1903, 1906 in Betracht kommenden Maßnahmen ausgedehnt (s die Übersicht sowie die weiteren zu der Frage ergangenen Entscheidungen anderer Gerichte bei STAUDINGER/BIENWALD [2006] § 1896 Rn 6).

9 Mit der **Einfügung des Abs 1a** (durch Art 1 Nr 7 2. BtÄndG), wonach gegen den freien Willen des Volljährigen ein Betreuer nicht bestellt werden darf, wollte der Gesetzgeber den **Vorrang** des **freien Willens** eines Menschen als Ausdruck seiner Würde und seines Selbstbestimmungsrechts verankern (BT-Drucks 15/2494, 17, 27 f).

Wie der Begründung des Entwurfs des 2. BtÄndG auch zu entnehmen ist, geht es in diesem Zusammenhang aber in erster Linie um das Prinzip der **Erforderlichkeit** der Betreuung und der Bestellung eines Betreuers (BT-Drucks 15/2494, 17). Da das Anliegen des Entwurfs im Wesentlichen auf der Absicht beruht, die Kosten der Betreuung einzudämmen, stellt sich die Frage, ob der übergroßen Zahl von Betreuerbestellungen angesichts einer Bestellpraxis, die offensichtlich Hilfen auch gewährt, obwohl der Betroffene bei gehöriger Anspannung seiner Willenskräfte und Durchsetzungsfähigkeit, ggf mit Hilfe sozialer Begleitung, in der Lage wäre, den in seinem Leben auftretenden Alltagsproblemen selbst zu begegnen, Einhalt geboten werden kann.

10 Die vom BMJ in Auftrag gegebene „Rechtstatsächliche Untersuchung zur Qualität von Betreuungen, zur Aufgabenverteilung im Bereich der Betreuung und zum Verfahrensaufwand" hatte speziell zu dieser Frage keine Feststellungen getroffen, jedoch ermittelt, dass von denjenigen Betreuten, für deren Angelegenheiten ein berufsmäßig tätiger Betreuer bestellt worden ist, der auslösende Grund für die Bestellung des Betreuers in 42 % der Fälle psychische Erkrankungen waren. Dies lässt zwar einerseits den Schluss zu, dass die Gerichte für diese Betroffenen nur eine berufsmäßig tätige Person für einen geeigneten Betreuer gehalten haben; es deutet andererseits aber darauf hin, dass von diesen Betreuern der „Auftrag" umfassender als vom Aufgabenkreis und durch gesetzliche Bestimmungen gedeckt wahrgenommen wurde bzw wird. Ursächlich dafür wurde offensichtlich der als Teil des Aufgabenkreises verstandene „Rehabilitationsauftrag" (Stellungnahme des BdB eV zum Abschlussbericht der Bund-Länder-Arbeitsgruppe „Betreuungsrecht", bdbaspekte Heft 46/2003 12, 14), abgeleitet aus § 1901 Abs 4 BGB. Wird zB vom Betreuer für den Betreuten ein Arbeitsplatz besorgt oder der Betreute bei der Arbeitsplatzsuche intensiv begleitet, handelt es sich um eine Leistung, die über die Nebenpflicht des § 1901 Abs 4 hinausgeht und von anderen Institutionen/Personen wahrzunehmen wäre, solange das Betreuungsrecht nicht geändert ist.

Die Vorschrift wird für vereinbar gehalten mit Art 12 des Übereinkommens der **11** Vereinten Nationen über die Rechte von Menschen mit Behinderungen (Behindertenrechtskonvention) vom 13. 12. 2006 (LACHWITZ BtPrax 2008, 143, 147; LIPP BtPrax 2010, 263, 267, ders FamRZ 2017, 4). Nach dieser Bestimmung anerkennen die Vertragsstaaten, dass Menschen mit Behinderungen in allen Lebensbereichen gleichberechtigt mit anderen Rechts- und Handlungsfähigkeit genießen. Dem entspricht das deutsche Recht insofern, als die Bestellung eines Betreuers nicht zu einer Einschränkung oder dem Verlust der Geschäftsfähigkeit der betroffenen Person führt. § 1896 BGB erfüllt auch den Anspruch von Art 12 Abs 3 der Konvention, wonach die Vertragsstaaten geeignete Maßnahmen treffen, um Menschen mit Behinderungen Zugang zu der Unterstützung zu schaffen, die sie bei der Ausübung ihrer Rechts- und Handlungsfähigkeit ggf benötigen. Zur Unvereinbarkeit von §§ 104 Nr 2, 105 Abs 1 und 1903 BGB mit Art 12 der Konvention s LACHWITZ BtPrax 2008 S 147, 148.

4. Zur Entstehungsgeschichte der Norm

Zur Entstehungsgeschichte der Norm BIENWALD, BtR² Rn 10 ff, ERMAN/HOLZ- **12** HAUER Rn 1; ERMAN/ROTH Vor § 1896 Rn 5. Durch das 2. BtÄndG v 21. 4. 2005 (BGBl I 1073) wurde Abs 1a eingefügt (Art 1 Nr 7). Die im Entwurf eines 2. BtÄndG vorgesehen gewesene Einführung einer (begrenzten) gesetzlichen Vertretung des Betroffenen durch nahe Angehörige als eine weitere Möglichkeit, die Bestellung eines Betreuers zu vermeiden, wurde vom Rechtsausschuss des Deutschen Bundestages abgelehnt (BT-Drucks 15/4874).

II. Normstruktur

Abs 1 S 1 enthält den Grundsatz und die Grundvoraussetzungen einer gerichtlichen **13** Betreuerbestellung. Sie werden als ein zweigliedriges Modell verstanden (BT-Drucks 11/4528, 115). Weder das Nichtbesorgen eigener Angelegenheiten noch die Krankheit oder Behinderung allein rechtfertigen die Bestellung eines Betreuers (BT-Drucks 11/4528, 117; OLG Köln FamRZ 2001, 311 [LS]); insofern bedenklich die Formulierung, die „Basis der Betreuungsbedürftigkeit" sei ein medizinischer Befund (ERMAN/ROTH Rn 5; BT-Drucks 11/4528, 115). Wird der **erste Satz** richtig gelesen, kommt es zunächst auf die Feststellung an, dass jemand seine Angelegenheiten nicht besorgt; erst dann ist nach der Ursache zu fragen. Deshalb entspricht ein in der folgenden Formel zum Ausdruck kommendes Verständnis der Norm nicht deren Wortlaut und den Absichten von Gesetz und Gesetzgeber: Die/der Betroffene sei krank (iSd § 1896 Abs 1 BGB) und müsse deshalb betreut werden (dazu auch BIENWALD, Anm zu OLG Zweibrücken, FamRZ 2005, 748, 749).

14 Gegenstand des Nichtbesorgens der eigenen Angelegenheiten kann die Krankheit oder Behinderung insofern sein, als der Betreffende das zur Behandlung Erforderliche nicht tut.

Anlass zu einer Intervention (Bestellung eines Betreuers von Amts wegen) besteht jedoch nur dann, wenn der Betreffende aufgrund einer psychischen Erkrankung „seinen Willen nicht frei bestimmen" kann (Abs 1a; zuvor BayObLGZ 1993, 63 = FamRZ 1993, 851 = R & P 1993, 79, 80) und weitere Voraussetzungen gegeben sind. Die Erblindung eines Betroffenen allein (zB) rechtfertigt noch nicht die Bestellung eines Betreuers, auch wenn diese vom Betroffenen gewünscht wird (OLG Köln FamRZ 2002, 143).

15 Abs 2 regelt den Umfang gerichtlicher Betreuung. Dem Merkmal der Erforderlichkeit kommt dabei eine selbständige Bedeutung nicht zu (vSACHSEN GESSAPHE 237). Bereits für das gesamte Betreuungsrecht gilt der mit Verfassungsrang ausgestattete Erforderlichkeitsgrundsatz (BT-Drucks 11/4528, 120), sodass Abs 2 S 1 eine Selbstverständlichkeit wiederholt. Insofern trifft die Begründung des RegEntw (BT-Drucks 11/4528, 120) nicht zu, Abs 2 S 1 betreffe nicht nur die Frage, für welche Aufgabenkreise ein Betreuer bestellt werden solle, sondern auch die Frage, ob überhaupt eine Betreuung zulässig sei. Da Gegenstand eines Aufgabenkreises nur Angelegenheiten sein können und dürfen, die besorgungsbedürftig iSd Abs 1 S 1 sind, kann bei Nichtvorhandensein solcher Angelegenheiten bereits nach Abs 1 S 1 ein Betreuer nicht bestellt werden. Auch Abs 2 S 2 enthält lediglich ein Beispiel dafür, wann Betreuung nach Abs 1 S 1 nicht erforderlich ist. In diesem Falle liegen die Voraussetzungen des Abs 1 S 1 nicht vor. Abs 2 enthält demnach anspruchsverneinende bzw eingriffsverneinende Tatbestände.

Da das Gericht in Betreuungs- (und in Unterbringungs)sachen, von der Ausnahme des § 1896 Abs 153 abgesehen, die erforderlichen Ermittlungen für die von ihm zu treffenden Entscheidungen von Amts wegen durchzuführen hat (§ 26 FamFG), und es auf die Feststellung der **entscheidungserheblichen** Tatsachen ankommt (ebd), ist auch bei der Ermittlungstätigkeit der Grundsatz der Erforderlichkeit zu beachten und zu berücksichtigen.

16 Abs 2 S 2 dient der Präzisierung dahingehend, dass er die vorrangigen Hilfen als solche benennt und beschreibt, bei denen kein gesetzlicher Vertreter bestellt wird (BT-Drucks 11/4528, 122). Die amtliche Begründung stellte einerseits fest, die Notwendigkeit eines gesetzlichen Vertreters sei entscheidendes Abgrenzungskriterium, meinte aber andererseits, die Bestellung eines Betreuers setze nicht voraus, dass der Betreute für jede einzelne Besorgung einen gesetzlichen Vertreter benötigt (BT-Drucks 11/4528, 122). Diese Unterscheidung verursacht nicht bei der Bestellung eines Betreuers, sondern vor allem bei der Führung der Betreuung erhebliche Probleme. Dem Betreuten verbliebene Befugnisse außerhalb des Bereichs rechtsgeschäftlicher Betätigung werden leicht übersehen, und der von der gesetzlichen Vertretung erfasste Verantwortungsbereich des Betreuers wird nur ungenau bestimmt. Dass das Problem der Abgrenzung „zwischen den dem Betreuer vom Gesetz zu-

gewiesenen Amtsgeschäften und dessen darüber hinausgehendem faktischen Engagement für den Betreuten", das mit dem BtÄndG zu lösen versucht wurde (s § 1897 Abs 1, § 1901 Abs 1 BGB), zT strukturbedingt ist, wurde auch vom Gesetzgeber des BtÄndG nicht erkannt (vgl zB BT-Drucks 13/7158, 33).

Abs 1 S 1 aE sowie S 3 regeln, wann die Entscheidung über die Bestellung des **17** Betreuers von Amts wegen oder auf Antrag getroffen wird. Im Falle von S 3 geht die Bedeutung des Antrags über eine bloße Initiative hinaus (Sachentscheidungsvoraussetzung mit der zuletzt geregelten Ausnahme: BIENWALD/SONNENFELD/HARM § 1896 Rn 73; Münch Komm/SCHWAB Rn 124; ERMAN/ROTH Rn 15: Doppelnatur).

Nach MünchKomm/SCHWAB Rn 124 (ebenso KNITTEL Rn 8) enthält dieser Antrag **18** zugleich eine Einwilligung, die in diesem Falle materiell-rechtliche Voraussetzung ist. Die Annahme einer Doppelnatur (ERMAN/ROTH Rn 15) wird vom Gesetz nicht erfordert; andernfalls wäre jeder Antrag auf Aufhebung der Betreuung daraufhin zu prüfen, ob er gleichzeitig den Widerruf der Einwilligung enthält. Unklar ist vor allen Dingen, wozu der Betroffene einwilligen soll. Die Bestellung eines Betreuers ist weder Vertrag noch mitwirkungsbedürftiger Verwaltungs- oder Rechtsakt.

Abs 3 enthält ein Beispiel für die Gestaltung eines Aufgabenkreises bezogen auf den **19** Fall von Bevollmächtigung. Abs 4 dient der Klarstellung, dass bestimmte Eingriffe in verfassungsmäßig geschützte Rechte ausdrücklicher Anordnung bedürfen, wenn sie von der Betreuung erfasst werden sollen (sinngemäß BT-Drucks 11/4528, 123).

Die von SCHWAB (FamRZ 1992, 493, 495) festgestellten schwierigen Fragen und Prob- **20** leme sind zT dadurch begründet, dass Teile der Norm verselbständigt werden und nicht die **Gesamtheit der Tatbestandsvoraussetzungen** einer Betreuerbestellung gesehen wird. Gesetzgebungstechnisch unbefriedigend ist allerdings das In-Beziehung-Setzen von § 1896 Abs 2 S 2 und § 1902 BGB, wodurch die gesetzliche Vertretung einerseits zur Folge, die Notwendigkeit solcher Vertretung zugleich auch zur Voraussetzung einer Betreuerbestellung gemacht wurde, beides aber nicht kongruent ist. Die Kritik an § 1896 Abs 2 S 2 lässt außer Betracht, dass für die Bestellung des Betreuers nicht das Erfordernis gesetzlicher Vertretung schlechthin gegeben sein muss, sondern die Bestellung nur dann unterbleiben darf, wenn andere Hilfen, bei denen kein gesetzlicher Vertreter bestellt wird, zur Verfügung stehen und dadurch die Angelegenheiten „ebenso gut wie durch einen Betreuer besorgt werden können". Es muss also noch ein Qualitätsmerkmal erfüllt sein.

Die Gesamtheit der Voraussetzungen einer Betreuerbestellung ergibt sich aus den **21** §§ 1896 Abs 1 und 2, 1902 sowie § 1903 Abs 3 BGB. Durch sie wird die Grundvoraussetzung „Betreuung durch einen nach §§ 1896 ff bestellten Betreuer nur, soweit sie erforderlich ist", in einzelne Bestandteile gegliedert. Ob diese Untergliederung, beispielsweise in positive und negative Tatbestandsmerkmale (anspruchs- bzw eingriffsbegründende und -verneinende Merkmale), auch dem Zweck diente, die „Darlegungs- und Beweislast" zu regeln, lässt sich der amtl Begr nicht entnehmen. Auch die vorher veröffentlichten Entwürfe lassen darüber nichts erkennen.

„Anspruchs-" bzw eingriffs**bejahende** Tatbestandsmerkmale sind **22**

– das Unvermögen, die eigenen Angelegenheiten ganz oder teilweise selbst zu besorgen oder besorgen zu lassen;

– das Bestehen einer psychischen Krankheit oder einer körperlichen, geistigen oder seelischen Behinderung, die für das zu a) genannte Unvermögen ursächlich ist;

– der krankheitsbedingte Mangel des freien Willens, wenn der Betroffene die Bestellung eines Betreuers nicht wünscht (Abs 1a; BT-Drucks 15/2494, 28).

23 „Anspruchs-" bzw eingriff**sverneinende** Tatbestandsmerkmale sind:

– der insoweit zu freier Willensbestimmung fähige Betroffene lehnt die Bestellung eines Betreuers ganz oder teilweise ab;

– die Angelegenheiten des Betroffenen können ganz oder teilweise durch einen Bevollmächtigten besorgt werden und sie werden das auch;

– die Angelegenheiten des Betroffenen können ganz oder teilweise durch andere Hilfen, bei denen kein gesetzlicher Vertreter bestellt wird, dh Hilfen ohne den Status eines nach §§ 1896 ff bestellten Betreuers, ebenso gut wie durch einen nach § 1896 bestellten Betreuer besorgt werden und sie werden das auch;

– ein Unvermögen zur Besorgung der eigenen Angelegenheiten liegt – rechtlich gesehen – insoweit nicht vor, als der Betroffene tatsächlich in der Lage ist, geringfügige Angelegenheiten des täglichen Lebens selbst zu besorgen (§ 1903 Abs 3 S 2 BGB).

24 Die durch die Anordnung eines Einwilligungsvorbehalts auch für einen Geschäftsunfähigen vermittelte Möglichkeit, dass der Betreute geringfügige Angelegenheiten des täglichen Lebens wirksam selbst besorgen bzw besorgen darf, führt rechtstatsächlich bei einem Kranken oder Behinderten, der (noch) keinen Betreuer hat, zu dem gleichen Ergebnis, wenn der Rechtsverkehr dessen Handeln akzeptiert. In diesem Falle wäre eine Bestellung eines Betreuers nach §§ 1896 ff bzw eine entsprechende Aufgabenstellung entbehrlich. Die hier vertretene Auffassung, der unter Einwilligungsvorbehalt gestellte geschäftsunfähige Betreute handele im Rahmen des § 1903 Abs 3 S 2 aus eigenem Recht (und nicht wie früher zulässig und auch heute noch möglich, aus abgeleitetem Recht, vgl BT-Drucks 11/4528, 137 sowie § 1903 Rn 66 ff), ist umstr; sie ergibt sich aus der generell der Reform zugrunde liegenden Absicht, die Rechte und die Selbständigkeit des Betroffenen zu stärken. Nach Auffassung von DIECKMANN (NJW 1993, 462) hätte der Gesetzgeber eine solche Absicht positiv ausdrücken müssen (vgl demgegenüber PAWLOWSKI, Willenserklärungen und Einwilligungen in personenbezogene Eingriffe, JZ 2003, 66 [69 Fn 32]).

III. Voraussetzungen der Bestellung eines Betreuers

1. Geltungsumfang der Vorschrift

25 Die Grundnorm des Betreuungsrechts regelt nicht nur die Voraussetzungen für den Regelfall der Erstbestellung eines Betreuers. Sie gilt grundsätzlich für **alle Betreuer-**

bestellungen, sei es, dass eine quantitative oder eine qualitative Erweiterung des Aufgabenkreises und/oder eine damit verbundene Neubestellung in Betracht kommt, sei es, dass die Person des Betreuers oder die Zahl der Betreuer wechselt. Für die **Verlängerung** der Betreuung gelten die gleichen materiell-rechtlichen Vorschriften wie für die erstmalige Bestellung eines Betreuers (BayObLG BtE 1994/95, 86, 87 mAnm Schreieder). Demgemäß sind für die Auswahl des Betreuers die Vorschriften über die Neubestellung und nicht diejenigen über die Entlassung des Betreuers anzuwenden (BayObLG FamRZ 2001, 1100 [LS]; OLG Zweibrücken Rpfleger 2002, 312; für die Erweiterung des Aufgabenkreises vgl BayObLG FamRZ 1998, 453, 454). In allen diesen Fällen kommt es gleichermaßen auf die konkrete Betreuungsbedürftigkeit an (MünchKomm/ Schwab Rn 41 mwNw). Der Tatrichter muss deshalb für jeden einzelnen, dem Betreuer übertragenen Aufgabenkreis die Erforderlichkeit der Betreuung darlegen (BayObLG FamRZ 1999, 1612).

Ausnahmen davon machen die Bestellung eines weiteren Betreuers gemäß § 1899 **26** Abs 4 BGB (sog **Ergänzungsbetreuer** oder **Verhinderungsbetreuer**) und die des **Gegenbetreuers**. Da der Anlass für die Bestellung eines Ergänzungsbetreuers in der Person des Betreuers, der amtiert, zu suchen ist, kommt es auf die (nochmalige) Feststellung der Betreuungsbedürftigkeit des Betreuten und damit auf die unmittelbare Anwendung von § 1896 nicht an. Die Bestellung eines Gegenbetreuers richtet sich ausschließlich nach § 1792 iVm § 1908i Abs 1 S 1 BGB. Der Gegenbetreuer hat die Aufgabe, den Betreuer zu überwachen. Seine Bestellung ist nicht mit einer Erweiterung des Aufgabenkreises des Betreuers verbunden. Er eignet sich nicht zur Kompensierung der Ungeeignetheit eines für die Angelegenheiten der Vermögenssorge bestellten Betreuers (Bienwald in Anm zu LG Saarbrücken FamRZ 2016, 1874 = Rpfleger 2017, 27 = BtPrax 2016, 246 [LS]).

Deshalb sind für das Verfahren der Bestellung eines Gegenbetreuers die §§ 293 bis 295 FamFG (§ 69i Abs 1 FGG) nicht unmittelbar anzuwenden. Zum Gegenbetreuer eingehend unten § 1908i BGB.

2.   Positive und negative Tatbestandsmerkmale

a)   Allgemeines
Der Grundtatbestand erfordert, dass eine volljährige Person (zur Bestellung eines **27** Betreuers für einen Minderjährigen, der das siebzehnte Lebensjahr vollendet hat, s § 1908a BGB),

– ganz oder teilweise außerstande ist (im Fall des noch minderjährigen Betroffenen sein wird), ihre besorgungsbedürftigen Angelegenheiten zu besorgen, und

– dieses Unvermögen auf einer psychischen Krankheit oder einer körperlichen, geistigen oder seelischen Behinderung beruht. Entgegen einer in der Praxis (zZ noch gelegentlich) in entsprechenden Entscheidungen zum Ausdruck kommenden Auffassung spielt es keine Rolle, ob der Betroffene seine Betreuungsbedürftigkeit verschuldet hat oder nicht. Deshalb ist zB einem alkoholkranken Betroffenen, der infolge Korsakow-Syndroms seine Angelegenheiten ganz oder teilweise nicht mehr selbst besorgen kann, unabhängig davon ein Betreuer zu bestellen, ob er die Betreuungsbedürftigkeit zu vertreten hat.

Wer als **Flüchtling** aufgrund von Analphabetismus, mangels Deutschkenntnissen oder Unkenntnis der deutschen (Rechts-)Verhältnisse außer Stande ist, seine Interessen wahrzunehmen, erhält aus diesen Gründen keinen Betreuer nach den §§ 1896 ff. Analphabetismus ist für sich genommen, keine geistige Behinderung iSd § 1896 Abs 1 S 1 (LG Kleve FamRZ 2013, 1835 = BtPrax 2013, 1835 = NJW-RR 2013, 1161; s auch unten Rn 76). Für notwendige Hilfen und Unterstützungen haben in diesen Fällen die sozialen Dienste zu sorgen, deren Abbau in den vergangenen Jahrzehnten rückgängig zu machen wäre. Im Einzelfall kann allerdings jemand durch die seine Flucht auslösenden Erlebnisse in seiner Heimat und/oder die Ereignisse während der Flucht eine schwere Beeinträchtigung erlitten haben, sodass eine erhebliche Persönlichkeitsstörung vorliegt. In diesem Fall wäre, soweit erforderlich, ein Betreuer zu bestellen, weil die betreffende Person aufgrund einer psychischen Krankheit ihre Angelegenheiten ganz oder teilweise nicht selbst besorgen kann (vgl BT-Drucks 11/4528, 116).

Ein unbegleitet eingereister minderjähriger Flüchtling erhält regelmäßig einen Vormund, ggf einen Pfleger nach § 1909 BGB, weil er bis zu seiner Volljährigkeit aus Rechtsgründen nicht sämtliche seiner Angelegenheiten besorgen kann. Näher dazu unten § 1909 BGB.

28   Ein Betreuungsbedürfnis besteht nicht schon dort, wo auch ein gesunder Volljähriger sich der Hilfe eines anderen (Rechtsanwalt, Steuerberater uä) bedienen würde. Nur wenn der Betroffene psychisch außer Stande ist, solche Hilfe von sich aus in Anspruch zu nehmen oder die Notwendigkeit der Inanspruchnahme zu erkennen, kommt die Bestellung eines Betreuers in Betracht (BayObLG FamRZ 2001, 1249 [LS]). Ein Betreuungsbedürfnis besteht ferner nicht, soweit der Betroffene trotz psychischer Erkrankung seine Angelegenheiten selbst oder mit Hilfe eines Bevollmächtigten besorgen kann. In einem solchen Fall darf eine rechtliche Betreuung auch nicht auf ausdrücklichen Antrag des Betroffenen hin angeordnet werden (OLG Zweibrücken FamRZ 2004, 1815).

29   Die Bestellung eines Betreuers entfällt, wenn und soweit der Betroffene durch Erteilung von Vollmacht(en) oder in anderer Weise selbst **Vorsorge** getroffen hat (Abs 2 S 2, 1. Alt) und dadurch der Besorgungsbedarf gedeckt werden kann (Abs 2 S 2 aE) und wird. Ist der Betroffene imstande, eine Vollmacht zu erteilen, zB nachdem er pflichtgemäß vom Betreuungsgericht während des Betreuungsverfahrens darauf hingewiesen worden ist (§ 278 Abs 2 S 2 FamFG), liegen bereits die Voraussetzungen des Abs 1 ganz oder teilweise (wenn ein unversorgter Rest bleibt) nicht vor. Sie entfällt ferner dann, wenn und soweit Angelegenheiten des Betroffenen durch andere Hilfen, bei denen kein gesetzlicher Vertreter bestellt wird, ebenso gut wie durch einen Betreuer besorgt werden können (Abs 2 S 2, 2. Alt).

30   Die Reihenfolge der Tatbestandsvoraussetzungen zu a) und b), wie sie hier wiedergegeben ist, entspricht nicht der Reihenfolge der Wörter, in der sie im Gesetzestext aufgeführt sind. Sie spiegelt nicht nur die überwiegende Zahl von Anlässen für die Bestellung eines Betreuers wider, weil – mit Ausnahme der Menschen, die von Kindheit an mit geistiger Behinderung leben – **zunächst die soziale Auffälligkeit** beobachtet und danach erst die Ursache (Krankheit, Behinderung) festgestellt wird.

Da im Falle körperlicher Behinderung stets ein Antrag erforderlich ist, soweit der **31**
Betreffende seinen Willen kundtun kann, kommt es auf die Reihenfolge der Tatbestandsmerkmale nicht an. Kann der körperlich Behinderte jedoch seinen Willen
nicht kundtun, besteht Handlungsbedarf nur dann, wenn auf andere Weise die
Angelegenheiten des Betroffenen nicht besorgt werden.

Nicht erforderlich für die Bestellung eines Betreuers ist die Feststellung, dass sie **32**
ausschließlich im Interesse des Betroffenen liegt. In Ausnahmefällen darf sogar ein
Betreuer im ausschließlichen Interesse eines Dritten bestellt werden (BayObLGZ
1995, 52 = FamRZ 1996, 1369 = FGPrax 1996, 105; BayObLG FamRZ 1998, 922; im Ergebnis auch
LIPP, Freiheit und Fürsorge 54). Ebenfalls nicht Tatbestandsvoraussetzung ist die Feststellung einer (natürlichen) Geschäftsunfähigkeit, § 104 Nr 2 BGB.

b)   Keine aufgedrängte Betreuung (Abs 1a)
Trotz im Übrigen vorliegender Voraussetzungen für die Bestellung eines Betreuers **33**
darf dem betroffenen Volljährigen gegen seinen freien Willen der Betreuer nicht
bestellt werden (Abs 1a).

In der amtlichen Begründung des Entwurfs zur Änderung des Betreuungsrechts **34**
v 12. 2. 2004 (BT-Drucks 15/2494, 28) wird davon ausgegangen, dass eine „freie Willensbestimmung" iSd § 104 Nr 2 BGB im systematischen Kontext nicht einen gänzlich
anderen Sinngehalt haben könne, als eine freie Willensbestimmung iSd § 1896 Abs 1
S 1 BGB (Erforderlichkeitsgrundsatz). § 104 Nr 2 BGB und § 1896 Abs 1 S 1 BGB
würden im Kern das gleiche Phänomen umschreiben. Da die Geschäftsfähigkeit für
die rechtsgeschäftlich ausgestalteten Teilaufgabenbereiche der Betreuung einen
tauglichen Maßstab dafür liefere, wann die Rechtsordnung eine Entscheidung des
Betroffenen als vollwirksam akzeptiere, müssten grundsätzlich die gleichen Erwägungen, die der Bestimmung der Geschäftsfähigkeit zu Grunde liegen, auch für die
anderen Aufgabenbereiche gelten. Die beiden entscheidenden Kriterien seien daher
die Einsichtsfähigkeit der/des Betroffenen und deren/dessen Fähigkeit, nach dieser
Einsicht zu handeln. Fehle es an einem dieser beiden Elemente, liege kein freier,
sondern ein natürlicher Wille vor (so auch im Anschluss daran BGH FamRZ 2011, 630, 631
mAnm MÜTHER = R & P 2011, 112; BGH FamRZ 2012, 869 Rn 14; BVerfG FamRZ 2010, 1624).

Mit der Feststellung, dass die Bestellung eines Betreuers die Feststellung mangeln- **35**
der Geschäftsfähigkeit voraussetze, kollidiert Abs 1a nicht.

Die Feststellung, der Betroffene habe einen freien Willen iSd § 1896 Abs 1a BGB, **36**
hat in erster Linie Bedeutung für den Fall abgelehnter Betreuerbestellung. Ist der
Betroffene einsichtsfähig und in der Lage, nach dieser Einsicht zu handeln, hindert
das die Bestellung eines Betreuers nicht, wenn der Betroffene sie wünscht und im
Übrigen die sonstigen Voraussetzungen der Betreuerbestellung vorliegen. Einer
gesonderten Feststellung der freien Willensbestimmung bedarf es neben der Feststellung der „sonstigen" Voraussetzungen des § 1896 gerade nicht, sobald nicht
erkennbar wird, dass der Betroffene eine Betreuerbestellung ablehnt. Zur Fähigkeit
des Betroffenen, einen freien Willen über die Errichtung einer Betreuung zu bilden s
BGH FamRZ 2014, 830 = BtPrax 2014, 131 u FamRZ 2016, 970. Das Gericht hat sich
durch eine Anhörung des Betroffenen auch im Beschwerdeverfahren einen persönlichen Eindruck davon zu verschaffen, ob dieser tatsächlich zur Bildung eines freien

Willens nicht in der Lage ist (BGH FamRZ 2014, 293, 294 = BtPrax 2014, 82). Will das
Gericht einen Aufhebungsantrag ablehnen, hat es festzustellen, ob dem Betroffenen
die Fähigkeit fehlt, einen freien Willen iSd Abs 1a zu bilden (BGH FamRZ 2015, 2160
mAnm SONNENFELD, 2161 = FamRB 2016, 151 m Hinweis LOCHER).

Die Feststellungen zum Ausschluss der freien Willensbestimmung müssen durch ein
Sachverständigengutachten belegt sein (BGH FamRZ 2014, 1626 = FGPrax 2014, 251, im
Anschluss an BGH FamRZ 2014, 647 = FGPrax 2014, 158).

37 Wenn der Betroffene der Einrichtung einer Betreuung nicht zustimmt, so der BGH
(FamRZ 2011, 630 mAnm MÜTHER, S 632 = R & P 2011, 112), ist deswegen neben der
Notwendigkeit einer Betreuung stets zu prüfen, ob die Ablehnung durch den Betroffenen auf einem freien Willen beruht und, fachärztlich beraten, festzustellen, ob
der Betroffene trotz seiner Erkrankung noch zu einer freien Willensbestimmung
fähig ist. Zum Umfang von Amts wegen (§ 26 FamFG) vorzunehmender tatrichterlicher Ermittlungen bei der Prüfung, ob die Ablehnung der Betreuung durch den
Betroffenen auf einem freien Willen beruht, BGH FamRZ 2014, 647 = BtPrax 2014,
140. Nach BGH FamRZ 2016, 1070; FamRZ 2016, 1446, 1447 geht es darum, ob der
Betroffene in der Lage ist, seinen Willen hinsichtlich der Bestellung eines Betreuers
frei zu bestimmen. Die beiden entscheidenden Kriterien sind die Einsichtsfähigkeit
des Betroffenen und seine Fähigkeit, nach dieser Einsicht zu handeln. Fehlt es an
einem dieser beiden Elemente, liegt keine freier Wille, sondern nur ein natürlicher
Wille vor. Einsichtsfähigkeit setzt die Fähigkeit des Betroffenen voraus, im Grundsatz die für und wider die Bestellung eines Betreuers sprechenden Gesichtspunkte
zu erkennen und gegeneinander abzuwägen. Dabei dürfen jedoch keine überspannten Anforderungen an die Auffassungsgabe des Betroffenen gestellt werden. Auch
der an einer Erkrankung im Sinne des § 1896 Abs 1 BGB leidende Betroffene kann
in der Lage sein, einen freien Willen zu äußern. Ein an einer Psychose erkrankter
Betroffener wird das Wesen und die Bedeutung einer Betreuung im Detail eher
begreifen als der an einer Demenz leidende Betroffene. Wichtig ist das Verständnis,
dass ein gesetzlicher Vertreter bestellt wird, der eigenständige Entscheidungen in
den ihm übertragenen Aufgabenbereichen treffen kann. Der Betroffene muss
Grund, Bedeutung und Tragweite einer Betreuung intellektuell erfassen können
(BGH FamRZ 2011, 630, 631 m Bezug auf BT.-Drucks 15/2494, 28). Das setzt denknotwendig
voraus, dass er seine Defizite im Wesentlichen zutreffend einschätzen und auf der
Grundlage dieser Einschätzung die für und gegen die Bestellung eines Betreuers
sprechenden Gesichtspunkte gegeneinander abzuwägen. Ist der Betroffene zur Bildung eines klaren Urteils zur Problematik der Bestellung eines Betreuers in der
Lage, muss ihm weiter möglich sein, nach diesem Urteil zu handeln und sich dabei
von Einflüssen Dritter abzugrenzen. Die Feststellungen zum Ausschluss der freien
Willensbestimmung müssen durch ein Sachverständigengutachten belegt sein; uU
sind weitere Aufklärungsschritte geboten (BGH FamRZ 2014, 647, 648). Das gilt auch
dann, wenn eine Betreuung für den Betroffenen objektiv vorteilhaft wäre (BGH
FamRZ 2012, 869; FamRZ 2014, 647, 648).

38 Ebenso wichtig wäre das Erfassen von Berechtigung und Verpflichtung des gerichtlich bestellten Betreuers, bei der Besorgung der Angelegenheiten des Betroffenen
zwar grundsätzlich an dessen Wünsche und Vorstellungen gebunden zu sein, jedoch
nicht so weit, dass er zu dessen Schaden tätig sein dürfe oder müsse.

Die Einsichtsfähigkeit in den Grund der Betreuung setzt, wie der BGH (FamRZ 2016, **39** 1070; FamRZ 2016, 1446, 1447) ausführt, denknotwendig voraus, dass der Betroffene seine Defizite wenigstens im Wesentlichen zutreffend einschätzen kann. Nur dann sei es ihm möglich, die für und gegen eine Betreuung sprechenden Umstände gegeneinander abzuwägen. Diese Voraussetzungen habe das fachärztlich beratene Gericht festzustellen.

Nach § 280 Abs 2 FamFG hat sich das vom Gericht einzuholende Gutachten der/des **40** Sachverständigen auf das Krankheitsbild einschließlich der Krankheitsentwicklung, die durchgeführten Untersuchungen und die diesen zugrunde gelegten Forschungserkenntnisse, den körperlichen und psychiatrischen Zustand des Betroffenen, den Umfang des Aufgabenkreises und die voraussichtliche Dauer der Maßnahme zu erstrecken. Gibt die betroffene Person Anlass zu der Annahme, dass sie die Bestellung eines Betreuers (oder die Anordnung eines Einwilligungsvorbehalts) ablehnt oder ablehnen wird, hat sich der Sachverständige auch dazu zu äußern, ob die Ablehnung auf dem freien Willen des Betroffenen beruht, ob der Betroffene trotz seiner Erkrankung noch zu einer freien Willensbildung fähig ist (BGH FamRZ 2011, 630 mAnm Müther; FamRZ 2012, 869; FamRZ 2013, 288). Liegt dem Sachverständigen das Ergebnis der Anhörung der zuständigen Behörde (§ 279 Abs 2 S 2 FamFG) vor, hat er dieses Ergebnis in seiner Begutachtung zu berücksichtigen (§ 280 Abs 2 S 2 FamFG).

Abgesehen von der Kritikwürdigkeit des Katalogs, der entgegen den Motiven des **41** BtG – Gesetzgebers den medizinischen Feststellungen, insbesondere der Diagnose, den Vorrang einräumt, zumindest in dieser Hinsicht missverstanden werden kann, enthält der Katalog nicht, jedenfalls nicht eindeutig, die Forderung an den Sachverständigen, das Gutachten auch auf die Voraussetzungen des Abs 1a zu erstrecken.

Ebenso wie § 280 Abs 1 S 2 FamRZ hinsichtlich der Provenienz des Sachverständi- **42** gen eine Sollvorschrift enthält und dem Gericht die Möglichkeit einräumt, im Einzelfall eine abweichende Entscheidung zu treffen (BGH FamRZ 2011, 630, 631; FamRZ 2012, 1207 mAnm Fröschle, 1209 = BtPrax 2012, 160), schließt § 280 Abs 3 FamFG die Erweiterung des Gutachtenauftrags um die Feststellung der Voraussetzungen für eine gerichtliche Entscheidung zu § 1896 Abs 1a nicht aus. Als eine für die Zwecke der Entscheidung über die Bestellung eines Betreuers geschaffene Spezialvorschrift zu § 26 FamFG (Ermittlungen von Amts wegen) lässt das förmliche Beweisverfahren durch Sachverständigenbestellung zu, den Gutachtenauftrag entsprechend zu erweitern und verfahrensgemäß zu formulieren, damit das Gutachten sich auch auf diesen entscheidungserheblichen Punkt erstreckt und das Gericht entsprechend fachärztlich beraten wird (BGH FamRZ 2011, 630, 631).

Wie der BGH ausdrücklich feststellte, hat der Gesetzgeber bewusst eine Sollvor- **43** schrift gewählt, um anderen Erkrankungen Rechnung zu tragen, die nicht lediglich aus psychiatrischer Sicht beurteilt werden können. In solchen Fällen ist eine Facharztausbildung oder sind Erfahrungen auf dem Gebiet der Psychiatrie nicht zwingend erforderlich. Die Vorschrift unterscheide sich, so der BGH (FamRZ 2011, 630, 631), von § 321 Abs 1 S 4 FamFG dadurch, dass der Gutachter im Rahmen einer Unterbringung Arzt für Psychiatrie sein soll und jedenfalls Erfahrungen auf dem

Gebiet der Psychiatrie haben „muss". Holt das Gericht abweichend von der Sollvorschrift des § 280 Abs 1 S 2 FamFG das Gutachten von einem Sachverständigen
mit einer anderen Qualifikation ein, hat es dies zu begründen (BGH FamRZ 2010, 1726
Rn 13; FamRZ 2011, 637 Rn 17; FamRZ 2012, 1796, 1797).

44 Das Tatsachengericht hat deshalb den **Gutachtenauftrag** für die Zwecke der Entscheidung über die Bestellung eines Betreuers dahingehend zu **formulieren**, dass
auch über die Frage des freien Willens iSd Abs 1a eine Begutachtung stattfindet. Zu
dieser Frage sollte der Sachverständige bzw ein Sachverständiger nicht erst dann
befragt werden, wenn sich der Betroffene zu einer Betreuerbestellung ablehnend
verhält und/oder dementsprechend geäußert hat. Denn die Bestellung eines Betreuers kann jedenfalls bis zur Beschlussfassung des Gerichts abgelehnt werden. Die
Frage an den Gutachter ist deshalb so zu stellen und zu formulieren, dass auf eine
mögliche Ablehnung abgehoben wird, sofern sich der Betroffene bisher noch nicht
ablehnend geäußert hat (vgl auch BGH FamRZ 2011, 630 Rn 8 mAnm MÜTHER; BGH FamRZ
2012, 869 = MDR 2012, 585).

45 Ist die Bestellung eines psychiatrischen („Psychiatrie-erfahrenen") Sachverständigen nicht zwingend, hat das Gericht zu entscheiden, welcher Provenienz der Sachverständige anzugehören hat. Maßgebend dafür ist die dem Sachverständigen auf-
zugebende Frage/Thematik. Um eine Ermessensentscheidung des Gerichts bei der
Auswahl des Sachverständigen handelt es sich entgegen hM deshalb erst dann, wenn
eine Auswahl unter mehreren unter Sachgesichtspunkten infrage kommenden Personen getroffen werden muss (**aA** KEIDEL/BUDDE § 280 FamFG Rn 6).

46 Um eine sachgerechte Auswahlentscheidung treffen zu können benötigt das die
Auswahl treffende Gericht ein Mindestmaß an fachlich einschlägiger Vorbildung.
Eine Praxis nach dem altbekannten Grundsatz, das haben wir immer so gemacht,
genügt den Anforderungen einer ordentlichen Amtsermittlung nicht und entspricht
nicht den an Qualitätsstandards gemessenen Grundsätzen eines rechtsstaatlichen
Verfahrens.

c)   Zur Reihenfolge der Tatbestandsfeststellungen

47 Seitdem das BVerfG entschieden hat, dass die Bestellung eines Sachverständigen zur
Erstellung eines Gutachtens über die Notwendigkeit einer Betreuerbestellung (und/
oder die Anordnung eines Einwilligungsvorbehalts) gemäß § 280 FamFG die **vorherige Anhörung** des Betroffenen erfordert (BVerfG FamRZ 2011, 272 mAnm MÜTHER,
S 274; vgl auch BVerfG FamRZ 2010, 1970 = R & P 2011, 25; BGH FamRZ 2015, 844, 845 Rn 14
mwNw), scheint jedenfalls die Reihenfolge der Ermittlungen insoweit vorgegeben zu
sein, als die Beauftragung eines Sachverständigen ohne die Benachrichtigung des
Betroffenen von der Einleitung des der Prüfung einer Betreuerbestellung dienenden
Verfahrens nicht mehr an erster Stelle zu stehen hat. Vor der Anordnung der Gutachtenerstattung hat das Gericht zu prüfen, ob hinreichende Anhaltspunkte dafür
vorliegen, dass Betreuungsbedarf besteht oder die Anordnung eines Einwilligungsvorbehalts in Betracht kommt (BGH FamRZ 2015, 844 = FGPrax 2015, 128 [LS]). Ob das
Betreuungsgericht zunächst informell die Betreuungsbehörde um Informationen
bittet, dieser aber nahelegt, vor einem Besuch bei dem Betroffenen diesen erst
darüber in Kenntnis zu setzen, worum es in dem Verfahren geht, damit er gegenüber
der Behörde sich dazu äußern kann, oder selbst eine Anhörung (schriftlich oder

persönlich) vornimmt, wird je nach Verfahren unterschiedlich zu beantworten sein. Hinsichtlich der Inanspruchnahme der Hilfe der zuständigen Behörde gemäß § 8 BtBG liegt es anders als im Falle einer Begutachtung.

Die Behörde ist eine der Sachverhaltsermittlung dienende Institution und als solche **48** nach entsprechender Ermittlungsbitte des Gerichts befugt, mit der betroffenen Person in Kontakt zu treten und bei der Gelegenheit auch deren Einwendungen entgegenzunehmen, um dem Betroffenen auf diese Weise die Möglichkeit zu vermitteln, auf das Verfahren Einfluss zu nehmen.

3.   Keine Feststellung der Geschäftsunfähigkeit

Nach früherem Recht konnte eine Vormundschaft für einen Volljährigen nur an- **49** geordnet werden, wenn er infolge von Entmündigung einen Rechtsstatus erhalten hatte, der ein Alleinhandeln grundsätzlich ausschloss, sodass ein Vormund allein für ihn oder zusammen mit ihm handeln musste, damit ein rechtsgeschäftlicher Erfolg eintrat. Die Anordnung einer Pflegschaft für einen Gebrechlichen setzte nach § 1910 Abs 3 aF nach überwiegender Meinung voraus, dass der Betreffende entweder einwilligte oder geschäftsunfähig war, sodass aus diesem Grunde eine Verständigung iS des § 1910 Abs 3 aF mit ihm nicht möglich war. Geschäftsunfähigkeit des Betroffenen war für die Anordnung der Pflegschaft nach § 1910 nicht allgemein konstitutiv; durch die Anknüpfung des Merkmals der Einwilligungsunfähigkeit an die Geschäftsunfähigkeit (§ 104 Nr 2 BGB) war jedoch zumindest im Stadium der Errichtung der Pflegschaft festgestellt worden, dass der Betroffene sich in dem in § 104 Nr 2 beschriebenen Zustand befand.

§ 1896 nF verzichtet auf die Feststellung von Geschäftsunfähigkeit des Betroffenen, **50** aber auch auf die seiner Geschäftsfähigkeit. Die Bestellung eines Betreuers ist nicht davon abhängig, dass der Betroffene in natürlichem Sinne geschäftsunfähig (§ 104 Nr 2 BGB) und deshalb außerstande ist, seine Angelegenheiten zu besorgen. Die während des Gesetzgebungsverfahrens geäußerte Kritik daran ist ohne Einfluss auf die Reform geblieben.

Der Gesetzgeber wollte verbliebene Fähigkeiten des Betroffenen berücksichtigen **51** und in seine Rechte nur eingreifen, soweit dies erforderlich ist (BT-Drucks 11/4528, 59 unter Bezugnahme auf S 1 der Antwort der BReg auf die Große Anfrage der SPD BT-Drucks 10/ 5970). Für die Betreuten gelten allerdings die allgemeinen Regelungen, die auch für Nichtbetreute maßgebend sind. Danach ist jemand, der sich in einem die freie Willensbestimmung ausschließenden Zustand krankhafter Störung der Geistestätigkeit befindet, nach § 104 Nr 2 geschäftsunfähig, sofern nicht der Zustand seiner Natur nach ein vorübergehender ist. Die „natürliche" Geschäftsunfähigkeit nach § 104 Nr 2 BGB muss sich allerdings nicht auf alle Angelegenheiten erstrecken (Staudinger/Klumpp [2017] § 104 Rn 22). Soweit der Betroffene in natürlichem Sinne geschäftsunfähig ist, benötigt er, sofern er nicht andere ausreichende Hilfen zur Verfügung hat, einen Betreuer (§ 104 Nr 2 iVm § 105 Abs 1 BGB), soweit er am Rechtsverkehr teilnehmen soll. Im Verhältnis zu Art 12 der Behindertenrechtskonvention mag § 105 BGB als unzulässig angesehen werden (Lachwitz BtPrax 2008, 143, 147). Seine Folgen werden im Falle der Bestellung eines Betreuers dadurch gemindert, dass dieser verpflichtet ist, den Wünschen des Betreuten zu entsprechen, soweit

Werner Bienwald

dies dessen Wohl nicht zuwiderläuft und dem Betreuer zuzumuten ist; außerdem durch die Vorschrift des § 105a BGB, durch die bestimmte Geschäfte, die eine volljährige geschäftsunfähige Person tätigt, als wirksam gelten.

52   § 1896 BGB schließt demgegenüber nicht aus, dass einem nicht geschäftsunfähigen Betroffenen ein Betreuer bestellt wird. § 1903 Abs 1 BGB bestätigt dies. Fraglich kann deshalb nicht sein, dass für einen nicht geschäftsunfähigen Betroffenen ein Betreuer bestellt werden kann (so aber wohl BayObLG BtPrax 1993, 171, 172 = FamRZ 1994, 319, 320); es kommt vielmehr darauf an, unter welchen (weiteren) Voraussetzungen diese Bestellung erfolgt.

53   Der nicht geschäftsunfähige Betroffene benötigt nicht aufgrund eines (geminderten) Rechtsstatus einen Betreuer; er kann selbst gerichtlich und außergerichtlich aktiv und passiv im Rechtsverkehr tätig sein. Er benötigt dann und deshalb einen Betreuer, wenn und weil er aus tatsächlichen Gründen krankheits- oder behinderungsbedingt außerstande ist, seine Angelegenheiten zu besorgen. Ist er partiell geschäftsunfähig, besteht in Bezug auf die deshalb notwendige Bestellung eines Betreuers die Rechtslage wie bei angenommener vollständiger Geschäftsunfähigkeit. Das BayObLG (BtPrax 1993, 171, 172 = FamRZ 1994, 319, 320) konnte deshalb die Frage, ob einem geschäftsfähigen Betroffenen (zu ergänzen wäre: gegen seinen Willen) ein Betreuer bestellt werden darf, unbeantwortet lassen, weil die Betroffene für Willenserklärungen im Hinblick auf ihre psychische Erkrankung als (partiell) geschäftsunfähig anzusehen war.

54   Da nicht jede psychische Erkrankung, geistige oder seelische Behinderung eine Geschäftsunfähigkeit in natürlichem Sinne und in vollem Umfange nach sich zieht, andererseits aber infolge dieser Erkrankung oder Behinderung ein Defizit in der Besorgung der eigenen Angelegenheiten bestehen kann, wurde im Schrifttum (JÜRGENS BtPrax 1992, 47, 48; RAUSCH/RAUSCH NJW 1992, 274, 275; aA BÜRGLE NJW 1988, 1881, 1883; DIECKMANN JZ 1988, 797; BIENWALD, BtR Rn 182 ff) die Auffassung vertreten, dass das Versorgungsdefizit auch bei einem geschäftsfähigen Betroffenen zur Bestellung eines Betreuers ausreiche und es auf das Einverständnis dieses Betroffenen nicht ankomme. S dazu nunmehr Abs 1a und für die bisherige Rechtslage BayObLG in st Rspr (FamRZ 1994, 720 = BtPrax 1994, 59; BayObLGZ 1994, 387 = BtPrax 1995, 68; BtPrax 1996, 75; BtE 1992/93 Nr 5 und 6 zu § 1896 Abs 1; FamRZ 2001, 1244 = NJWE – FER 2001, 206), wonach ein Betreuer gegen den Willen des Betroffenen nur bestellt werden durfte, wenn und solange der damit nicht einverstandene Betroffene seinen Willen aufgrund einer geistigen oder seelischen Behinderung nicht frei bestimmen konnte. Vgl auch OLG Hamm (FamRZ 1995, 433 = BtPrax 1995, 70 = FGPrax 1995, 56 mAnm SEITZ); OLG Frankfurt (BtPrax 1997, 123 [LS]; OLG Düsseldorf [zu § 1906] FamRZ 1995, 118 = BtPrax 1995, 29 [30] = R & P 1995, 93). Bemerkenswert auch die Unterbringungsgesetze von Baden-Württemberg (§ 1 Abs 3) und Sachsen-Anhalt (§ 11 Abs 2), die dem Betreuer den Entscheidungsvorrang vor der öffentlichen Unterbringung nur dann einräumen, „wenn der psychisch Kranke geschäftsunfähig ist oder für ihn ein Einwilligungsvorbehalt hinsichtlich der Aufenthaltsbestimmung angeordnet ist".

55   Trotz der Kritik, dass wohl keine andere Norm des Betreuungsrechts in der alltäglichen Praxis so weitgehend Fehlinterpretationen ausgesetzt ist wie § 1896 und der Hinweise auf die korrigierenden Entscheidungen der Obergerichte (BT-Drucks 15/

2494, 17), sah der Entwurf eines 2. BtÄndG keine Notwendigkeit, die von der Rechtsprechung aus dem Wortlaut der Vorschrift und dem GG entwickelten Eckpfeiler der Auslegung des § 1896 klarstellend zu normieren. Er beschränkte sich auf die Einfügung des neuen Abs 1a, wonach **gegen den freien Willen des Volljährigen ein Betreuer nicht bestellt** werden darf (BT-Drucks 15/2494, 6, 17). In der Einzelbegründung zu dieser durch Art 1 Nr 7 2. BtÄndG eingefügten Vorschrift wird zunächst auf die Rechtsprechung des BGH zu § 104 Nr 2 BGB Bezug genommen und anschließend ausgeführt:

„Im systematischen Kontext kann eine freie Willensbestimmung im Sinne des § 104 **56** Nr 2 BGB nicht einen gänzlich anderen Sinngehalt haben, als eine freie Willensbestimmung im Sinne des § 1896 Abs 1 S 1 BGB. § 104 Nr 2 BGB und § 1896 Abs 1 S 1 umschreiben im Kern das gleiche Phänomen. Da die Geschäftsfähigkeit für die rechtsgeschäftlich ausgestalteten Teilaufgabenbereiche der Betreuung einen tauglichen Maßstab dafür liefert, wann die Rechtsordnung eine Entscheidung des Betroffenen als vollwirksam akzeptiert, müssen grundsätzlich die gleichen Erwägungen, die der Bestimmung der Geschäftsfähigkeit zu Grunde liegen, auch für die anderen Aufgabenbereiche gelten. Die beiden entscheidenden Faktoren sind daher die Einsichtsfähigkeit des Betroffenen und dessen Fähigkeit, nach dieser Einsicht zu handeln. Fehlt es an einem dieser beiden Elemente, liegt kein freier, sondern ein natürlicher Wille vor." (BGH FamRZ 2012, 869 Rn 14). Stimmt der Betroffene der Bestellung eines Betreuers nicht zu, hat das fachlich beratene Gericht neben der Notwendigkeit einer Betreuung stets zu prüfen, ob die Ablehnung durch den Betroffenen auf einem freien Willen beruht (BGH FamRZ 2011, 630 mAnm MÜTHER, FamRZ 2012, 869 [870]).

Zu den Kriterien teilt die Begründung mit: Auch der an einem Gebrechen iSd § 1896 **57** Abs 1 leidende Betroffene könne in der Lage sein, einen freien Willen zu bilden und zu äußern. Einsichtsfähigkeit setze die Fähigkeit des Betroffenen voraus, im Grundsatz die für und wider die Bestellung eines Betreuers sprechenden Gesichtspunkte zu erkennen und gegeneinander abzuwägen. Überspannte Anforderungen dürften dabei an die Auffassungsgabe des Betroffenen nicht gestellt werden. Abzustellen sei jeweils auf das Krankheitsbild des Betroffenen. Wichtig sei das Verständnis, dass ein gesetzlicher Vertreter bestellt werde, der eigenständige Entscheidungen in den ihm übertragenen Aufgabenbereichen treffen kann. Der Betroffene müsse Grund, Bedeutung und Tragweite einer Betreuung intellektuell erfassen können. Eine eigenständige Abwägung könne der Betroffene jedoch nur vornehmen, wenn ihm die tatsächlich und rechtlich relevanten Umstände bekannt sind, er mithin den Sachverhalt erfasst hat (BT-Drucks 15/2494, 28).

In der Begründung wird zutreffend festgestellt, dass eine die Bestellung eines Be- **58** treuers ablehnende Entscheidung eines Betroffenen zu respektieren sei, wenn dieser einsichtsfähig und in der Lage ist, eine dieser Einsicht entsprechende Entscheidung zu fällen.

Die mit der Verankerung des Vorrangs des freien Willens eines Menschen als **59** Ausdruck seiner Würde und seines Selbstbestimmungsrechts begründete Aufnahme des Abs 1a geht davon aus, dass bisher Betreuer gegen ihren freien Willen bestellt wurden. Sie übersieht, dass in zahlreichen Fällen einsichtsfähige Betroffene die

Werner Bienwald

Buch 4

Bestellung eines Betreuers wünschen und mit dessen Tätigkeit auch als gesetzlicher Vertreter einverstanden sind, solange dieser im Wesentlichen ihren Wünschen nachkommt, zur Besorgung eigener Angelegenheiten aber durchaus noch in der Lage wären, wenn ihnen dies nachdrücklich vermittelt werden würde und nicht beteiligte Institutionen (Heime, Behörden ua) zur Vermeidung schwieriger Auseinandersetzungen mit einem Betroffenen und den Angehörigen die Bestellung eines Betreuers anregen würden. Den bisher von den Obergerichten entschiedenen Fällen mangelnder Erforderlichkeit einer Betreuerbestellung (s BT-Drucks 15/2494, 17) ließen sich deshalb weitere (typische) Konstellationen anfügen, bei deren Vorliegen nicht mit der Bestellung eines Betreuers reagiert werden müsste.

60 Zugunsten geschäftsunfähiger Personen wurden durch das Gesetz zur Änderung des Rechts der Vertretung durch Rechtsanwälte vor den Oberlandesgerichten v 23. 7. 2002 (BGBl I 2850) die folgenden Vorschriften erlassen:

Nach § 105 BGB wurde der folgende § 105a eingefügt (Art 25 Nr 2 OLGVertr ÄndG):

> **§ 105a**
> **Geschäfte des täglichen Lebens**
>
> **Tätigt ein volljähriger Geschäftsunfähiger ein Geschäft des täglichen Lebens, das mit geringwertigen Mitteln bewirkt werden kann, so gilt der von ihm geschlossene Vertrag in Ansehung von Leistung und, soweit vereinbart, Gegenleistung als wirksam, sobald Leistung und Gegenleistung bewirkt sind. Satz 1 gilt nicht bei einer erheblichen Gefahr für die Person oder das Vermögen des Geschäftsunfähigen.**

§ 5 HeimG wurde ein Abs 12 angefügt (Art 31 Nr 1 OLGVertrÄndG), der lautet:

> **(12) War die Bewohnerin oder der Bewohner zu dem Zeitpunkt der Aufnahme in ein Heim geschäftsunfähig, so gilt der von ihr oder ihm geschlossene Heimvertrag in Ansehung einer bereits bewirkten Leistung und deren Gegenleistung, soweit diese in einem angemessenen Verhältnis zueinander stehen, als wirksam.**

§ 8 HeimG wurde der Abs 10 angefügt (Art 31 Nr 2 OLGVertrÄndG):

> **(10) War die Bewohnerin oder der Bewohner bei Abschluss des Heimvertrages geschäftsunfähig, so kann der Träger eines Heimes das Heimverhältnis nur aus wichtigem Grund für gelöst erklären. Absatz 3 Satz 2, Absätze 4, 5, 6, 7, 8 Satz 1 und Absatz 9 Satz 1 bis 3 finden insoweit entsprechende Anwendung.**

4.   Medizinischer Befund

a)   Stellenwert des Tatbestandsmerkmals

61 Der „medizinische Befund", dass ein Volljähriger psychisch krank oder körperlich, geistig oder seelisch behindert ist, rechtfertigt für sich allein noch nicht die Bestellung eines Betreuers. Eine solche kommt erst dann in Betracht, wenn diese Beeinträchtigungen Ursache dafür sind, dass der Volljährige seine Angelegenheiten ganz oder teilweise nicht besorgen kann (BT-Drucks 11/4528, 117). Auf eine Umschreibung der verschiedenen Formen von Behinderungen glaubte der Entwurf nicht verzichten zu können, um die Personen, für die ein Betreuer bestellt werden kann, von denjenigen zu unterscheiden, die als sozial Behinderte gekennzeichnet werden und sich durch unangepasstes Verhalten, auch kriminelle Auffälligkeiten, bemerkbar machen. Ein solches Verhalten sollte keinen Anlass für die Bestellung eines Betreuers bieten (BT-Drucks 11/4528, 117).

Nach BFH (FamRZ 2016, 228) ist für den Begriff der „Behinderung" iSd § 64 Abs 1 Nr 2 S 1 Buchst c EstDV auf § 2 Abs 1 SGB IX abzustellen. Danach sind Menschen behindert, wenn ihre körperliche Funktion, geistige Fähigkeit oder seelische Gesundheit mit hoher Wahrscheinlichkeit länger als sechs Monate von Zustand abweichen und daher ihre Teilhabe am Leben in der Gesellschaft beeinträchtigt ist.

In seiner Stellungnahme zum RegEntw bat der BRat darum, im weiteren Gesetz- **62** gebungsverfahren zu prüfen, ob der in § 1896 Abs 1 und in einer Reihe weiterer Vorschriften des Entwurfs verwandte Begriff „seelische Behinderung" zu streichen oder durch einen medizinisch eindeutig umrissenen Begriff zu ersetzen ist (BT-Drucks 11/4528, 206). Bei der Absichtserklärung der BReg in ihrer Gegenäußerung, sie wolle die Ersetzung durch einen anderen Begriff im weiteren Gesetzgebungsverfahren prüfen (BT-Drucks 11/4528, 226), ist es geblieben. Während der Beratungen des Rechtsausschusses hat die BReg erklärt, es handle sich bei dem neuen Begriff der „seelischen Behinderung" lediglich um eine andere zeitgemäße Bezeichnung der Eingriffsschwelle. Materiell – rechtlich würden dadurch die bisherigen Voraussetzungen für die Entmündigung oder die Pflegschaft für einen Gebrechlichen weder erweitert noch verengt (BT-Drucks 11/6949, 72); im Einzelnen dazu BIENWALD, BtR[3] Rn 51 ff; auch JÜRGENS, Kommentar (5. Aufl) § 1896 Rn 6 ff.

Unter verfahrensrechtlichen Aspekten hätte es ausgereicht, diejenige Behinderung, **63** bei der die Bestellung eines Betreuers nur auf Antrag vorgenommen werden darf, zu benennen (s § 1896 Abs 1 S 3 1. Alt BGB).

Die im DiskE I enthaltene und in die amtl Begründung, wenn auch in abgeschwäch- **64** ter Form, übernommene Auffassung, dass das **Gutachten** eines Sachverständigen zur Notwendigkeit einer Betreuung sich auf die medizinischen, psychologischen und sozialen Gesichtspunkte dieser Notwendigkeit der Betreuung erstrecken müsse (DiskE I 173 einerseits und BT-Drucks 11/4528, 174 andererseits), macht deutlich, dass sich die zu dem mit „medizinischem Befund" beschriebenen Tatbestandsmerkmal getroffenen Feststellungen **nicht** auf die Benennung und Zuordnung zu einem Krankheitsbegriff (Diagnose) **beschränken** dürfen. Es komme in erster Linie auf den Ausprägungsgrad der psychischen Krankheit bzw Behinderung und ihre Auswirkungen auf die Fähigkeit des Betroffenen, seine Angelegenheiten zu besorgen, an (so DiskE I 173). Die Verpflichtung zur Einholung eines Gutachtens bestimmt jetzt § 280 FamFG. Zur Entbehrlichkeit eines Gutachtens und seiner Ersetzung durch ein ärztliches Zeugnis § 281 FamFG.

Das Gericht hat mit Hilfe des Sachverständigen auch den krankheitsbedingten **65** Mangel des freien Willens festzustellen, wenn es entgegen dem Betroffenen einen Betreuer bestellen will (Abs 1a). Der Sachverständige muss dementsprechend beauftragt werden; dieser muss in seinem Gutachten die Tatsachen darlegen, nach denen auf eine unfreie Willensbildung geschlossen werden kann (BT-Drucks 15/2494, 28).

b)   Krankheiten und Behinderungen im Einzelnen

66 Im Hinblick auf die verfahrensrechtlichen Konsequenzen und die materiell – rechtlichen Besonderheiten sind die Betroffenen auch in Bezug auf den „medizinischen Befund" zu unterscheiden. Die Nennung einer Krankheit in den ICD-Normen bewirkt nicht zwangsläufig, dass es sich dabei um eine Krankheit oder Behinderung iSd § 1896 Abs 1 S 1 handelt (AG Frankfurt/M FamRZ 2016, 83 LS).

aa)   Körperliche Krankheiten und Behinderungen

67 Der RegEntw ging davon aus, dass nur selten für einen körperlich Behinderten die Bestellung eines Betreuers notwendig sein wird (BT-Drucks 11/4528, 116). Sehr selten werden die Fälle sein, in denen ein körperlich Behinderter schon deshalb einen Betreuer braucht, weil er seinen Willen nicht kundtun kann. Erwähnt wird der Fall, dass ein Betroffener vom dritten Halswirbel an gelähmt war und seinen Willen trotz vermutlich voller geistiger Orientierung nicht kundtun konnte. Nur in einem solchen Fall kommt auch die Bestellung eines Betreuers von Amts wegen in Frage (§ 1896 Abs 1 S 3, 2. Alt BGB). Andere körperliche Behinderungen – selbst schwerster Art – sollen nach Auffassung des RegEntw in der Regel (!) eine Betreuung nach Zivilrecht nicht notwendig machen, weil die Betroffenen in ihrer Entscheidung, wie sie ihre Angelegenheiten wollen, nicht beeinträchtigt sind. Soweit sie für die Umsetzung ihrer Entscheidungen Hilfe brauchen, können die verschiedenen sozialen Dienste und andere Hilfen ausreichen (BT-Drucks 11/4528, 116). Auch bei den vielleicht wenigen Ausnahmefällen körperlicher Behinderung, in denen ein Betreuer zu bestellen ist, müssen die Voraussetzungen vorliegen. Entsprechend der früheren Gebrechlichkeitspflegschaft des § 1910 Abs 1 aF sind körperliche Behinderungen insbesondere Blindheit, Taubheit oder Stummheit (ERMAN/ROTH Rn 14). Dieser zählt auch erhebliche Schwerhörigkeit oder Sehstörung zu körperlichen Behinderungen, die eine Betreuung erforderlich machen können. Insbesondere schwere Erkrankungen, die die Bewegungsfähigkeit nahezu aufheben, oder schwere Spastizität, die eine Verständigung des Betroffenen mit Dritten äußerst erschweren kann, können die Bestellung eines Betreuers notwendig werden lassen, insbesondere dann, wenn Hilfen der oa Art nicht zur Verfügung stehen oder nicht ausreichen. Hier macht sich bemerkbar, dass die Feststellung der Behinderung und die dadurch bedingte Betreuungsbedürftigkeit in engem Zusammenhang mit den sozialen Gegebenheiten gesehen werden müssen und erst in ihrer Gesamtheit eine Entscheidung rechtfertigen. Zur Frage, wann im Falle von Erblindung oder fast vollständiger Erblindung die Bestellung eines Betreuers erforderlich ist, OLG Köln FamRZ 1996, 249 (auch OLG Rp 2002, 45 = FamRB 2002, 143). Zu körperlichen Behinderungen JÜRGENS, Betreuungsrecht (5. Aufl) § 1896 Rn 8.

68 Die Möglichkeit einer erheblichen Beeinträchtigung sieht der RegEntw in der Überwachung eines oder mehrerer Bevollmächtigter. Hier kann sich dann die Bestellung eines Betreuers nach Abs 3 als notwendig erweisen (BT-Drucks 11/4528, 116). Stehen andere Hilfen iSd Abs 2 S 2 nicht in ausreichendem Maße zur Verfügung, kann die Bestellung eines Betreuers im Falle körperlicher Behinderung nicht nachrangig erforderlich sein.

Ohne dass dies ausdrücklich geregelt wurde, folgt allein aus dem Gesichtspunkt **69** mangelnder Erforderlichkeit, dass sich der Aufgabenkreis eines Betreuers für einen nur körperlich Behinderten nach den §§ 1896 ff nicht erstrecken darf auf

– die Bestimmung des Aufenthalts und damit auch nicht auf eine mit Freiheitsentziehung verbundene Unterbringung (§ 1906 BGB);

– die Entscheidung über den Fernmeldeverkehr (§ 1896 Abs 4 BGB);

– die Entgegennahme, das Öffnen und das Anhalten der Post (§ 1896 Abs 4 BGB);

– die Einwilligung in eine Heilbehandlung, wodurch auch die Anwendung des § 1904 entfällt;

– die Entscheidung über eine Sterilisation (§ 1905 BGB);

– sämtliche Angelegenheiten (anders als bisher die Pflegschaft nach § 1910 Abs 1 aF), sodass er auch nicht vom Wahlrecht ausgeschlossen werden kann. Außerdem darf ein Einwilligungsvorbehalt, gleich welcher Art (§ 1903 BGB), nicht angeordnet werden.

bb) Nichtkörperliche Krankheiten und Behinderungen
In dem „Zweiten Bericht der Bundesregierung über die Lage der Behinderten und **70** die Entwicklung der Rehabilitation" (1989) werden als „behindert" alle diejenigen angesehen, „die aufgrund der Auswirkungen einer auf einem regelwidrigen, körperlichen, geistigen oder seelischen Zustand beruhenden, nicht nur vorübergehenden Funktionsbeeinträchtigung in ihrer Fähigkeit zur Eingliederung in die Gesellschaft eingeschränkt sind". Diese Beschreibung lehnt sich an den Behindertenbegriff der Weltgesundheitsorganisation (WHO) an, in dem zwischen Schädigung (impairment), Funktionsbeeinträchtigung (disability) und sozialer Beeinträchtigung (handicap) unterschieden wird (RONGE und SCHÄFER zum Stichwort Behinderte im Fachlexikon der sozialen Arbeit, hrsg v Deutschen Verein f öffentliche und private Fürsorge [4. Aufl 1997]). Nach BLEIDICK (Krebs Sozial 1992, 18, 19) gelten Personen als behindert, „die infolge einer Schädigung ihrer körperlichen, geistigen oder seelischen Funktionen soweit beeinträchtigt sind, dass ihre unmittelbaren Lebensverrichtungen oder ihre Teilhabe am Leben der Gesellschaft erschwert werden". Nach § 2 Abs 1 SGB IX, seit 1. 7. 2001 in Kraft, werden als behindert alle Menschen angesehen, deren körperliche Funktion, geistige Fähigkeit oder seelische Gesundheit mit hoher Wahrscheinlichkeit länger als sechs Monate von dem für das Lebensalter typischen Zustand abweicht und daher ihre Teilhabe am Leben in der Gesellschaft beeinträchtigt ist (WELTI zum Stichwort „Behinderte Menschen" in dem o a Lexikon [7. Aufl 2011]).

Krankheit wird in diesem Zusammenhang nicht als Zustand eines Menschen ver **71** standen, der durch den Gegensatz zur Gesundheit (Abwesenheit von Gesundheit) definiert wird, sondern in Beziehung zum Behindertsein gesetzt. Dem Krankheitsbegriff liegt, so gesehen, die Erwartung zugrunde, es handle sich um eine funktionale Störung, die sich zwar auch zum Schlechteren hin verändern kann, aber doch die Chance einer Besserung oder Heilung in sich trägt. BRUDER hat in den einleitenden Bemerkungen seines Gutachtens für den 57. DJT von geistigen und psychischen

„Zuständen" gesprochen, bei denen Betreuung im Sinne des vorliegenden Gesetzentwurfs erforderlich werden kann.

72 Die amtl Begr (BT-Drucks 11/4528, 116) ist im Einzelnen von folgenden Beschreibungen ausgegangen:

Psychische Krankheiten sind

– körperlich nicht begründbare (endogene) Psychosen,

– seelische Störungen als Folge von Krankheiten oder Verletzungen des Gehirns, von Anfallsleiden oder von anderen Krankheiten oder körperlichen Beeinträchtigungen (körperlich begründbare – exogene – Psychosen),

– Abhängigkeitskrankheiten (Alkohol- und Drogenabhängigkeiten),

– Neurosen und Persönlichkeitsstörungen (Psychopathien).

73 Als geistige Behinderungen gelten angeborene oder frühzeitig erworbene Intelligenzdefekte verschiedener Schweregrade (BT-Drucks 11/4528, 116; BayObLG BtPrax 1994, 29). Diese Beschränkung auf angeborene oder frühzeitig erworbene Schädigungen ist jedoch zu eng. Nach BACH (zitiert von FRÜHAUF im Artikel „Geistig behinderte Menschen" im o a Fachlexikon der sozialen Arbeit [7. Aufl 2011]) gelten Personen als Menschen mit geistiger Behinderung, insofern und solange ihre Denk- und Lernfähigkeit umfänglich und längerfristig extrem hinter der am Lebensalter orientierten Erwartung liegt, was in der Regel bei Intelligenzwerten im Bereich unterhalb der dritten negativen Standardabweichung (IQ unter 55) anzunehmen ist. Als häufige Entstehungsbedingungen kommen neben pränatalen (vorgeburtlichen) Schädigungen (Chromosomopathien), perinatale (Geburts-)Schädigungen (Fehllagen, mechanische Einwirkungen, Sauerstoffmangel ua), auch postnatale (nachgeburtliche) Schädigungen (Blutgruppenunverträglichkeit, Meningitis, Encephalitis, schwere Ernährungsstörungen, Krampfleiden, Gehirnverletzungen ua) in Betracht.

74 Die Psychiatrie-Enquête (BT-Drucks 7/4201) beschreibt in ihren definitorischen Hinweisen den Personenkreis folgendermaßen: Unter geistig Behinderten versteht man Kinder, Jugendliche und Erwachsene, deren geistige Entwicklung durch angeborene oder erworbene Störungen hinter der altersgemäßen Norm zurückgeblieben ist, sodass sie für ihre Lebensführung besonderer Hilfen bedürfen. Speziell zu Menschen mit Down-Syndrom (auch als Trisomie 21 bezeichnet): JANTZEN, Zur Neubewertung des Down-Syndroms, Geistige Behinderung 1998, 224 sowie HALDER, Artikel Down-Syndrom, im o a Fachlexikon der sozialen Arbeit.

75 Von ihnen sind Lernbehinderte zu unterscheiden, deren intellektuelle Beeinträchtigung durch ihren geringeren Grad und Umfang gekennzeichnet und durch einen IQ zwischen 55/60 und 80/85 zu beschreiben ist (BACH s oben Rn 73).

76 Zur Frage, ob **Analphabetismus** die Bestellung eines Betreuers erfordert, BIENWALD Anm zu LG Frankfurt aM (FamRZ 2003, 185, 186) sowie oben Rn 27. Zum Stichwort

Analphabetismus Stimmer (Hrsg), Lexikon der Sozialpädagogik und der Sozialarbeit (4. Aufl 2000).

Als seelische Behinderungen werden bleibende psychische Beeinträchtigungen an- **77** gesehen, wenn sie Folge von psychischen Krankheiten sind. Um Lücken zu vermeiden, die durch eine nicht einheitliche Fachsprache entstehen können, ist der Begriff der seelischen Behinderung in Abs 1 S 1 enthalten, weil Beeinträchtigungen, die auf Erscheinungen des Altersabbaus beruhen, zum Teil nicht als Krankheiten, sondern als seelische Behinderungen angesehen werden (BT-Drucks 11/4528, 116). Die im früheren Recht (§ 6 Abs 1 Nr 3 aF) genannten Entmündigungsgründe „Trunksucht" und „Rauschgiftsucht" (der letzte erst eingeführt durch das G zur Neuregelung des Volljährigkeitsalters v 31. 7. 1974, BGBl I 1713) werden im RegEntw heutigem Verständnis entsprechend als Ausdruck einer psychischen Krankheit begriffen. Sie sind deshalb nicht in Abs 1 S 1 besonders genannt. Dass der Entmündigungsgrund der Trunksucht zuletzt im bisherigen Recht nur noch eine untergeordnete Rolle gespielt hat, von den für das Jahr 1987 ausgesprochenen Entmündigungen nur 0,3 % auf Rauschgiftsucht (7,8 % auf Trunksucht) entfielen, lässt sich nicht leugnen. Inwieweit – einverständliche – Gebrechlichkeitspflegschaften entgegen obergerichtlicher Rechtsprechung der Kompensation dienten, ist nicht ermittelt. ZB hatte das BayObLG (zuletzt vor dem BtG FamRZ 1990, 665 [LS] = NJW 1990, 774) die Auffassung vertreten: Trunksucht (Alkoholismus) und Rauschgiftsucht sind für sich allein keine geistigen Gebrechen und rechtfertigen daher eine Pflegerbestellung nicht (für den Fall der Unterbringung BGH FamRZ 2011, 20 [21]; ccr). Ebensowenig reicht die bloße Rückfallgefahr. Etwas anderes gilt, wenn der Alkoholismus oder die Rauschgiftsucht entweder in ursächlichem Zusammenhang mit einem geistigen Gebrechen steht oder ein darauf zurückzuführender Zustand im psychischen Bereich eingetreten ist, der bereits die Annahme eines geistigen Gebrechens rechtfertigt (BGH FamRZ 2011, 1725).

Gesundheitspolitisch und volkswirtschaftlich gesehen mag dies unbefriedigend sein; **78** verfassungsrechtlich ist es nicht zu beanstanden. Zutreffend hat auch deshalb das BayObLG für das geltende Betreuungsrecht entschieden (FamRZ 1993, 1489, 1490 = BtPrax 1993, 208, 209), dass Alkoholismus und Drogenabhängigkeit für sich allein grundsätzlich noch nicht die Bestellung eines Betreuers rechtfertigen. Sie sind für sich allein keine geistigen Gebrechen (BtPrax 1993, 208). Voraussetzung ist auch nach neuem Recht, dass die Alkohol- oder Rauschgiftsucht entweder in ursächlichem Zusammenhang mit einer geistigen Behinderung steht oder ein darauf zurückzuführender Zustand im psychischen Bereich eingetreten ist, der bereits die Annahme einer psychischen Krankheit rechtfertigt (BGH FamRZ 2016, 1070 = MDR 2016, 825 mwNw). Zur Bestellung eines Betreuers und der Anordnung eines Einwilligungsvorbehalts bei vorliegender Alkoholabhängigkeit s BGH FamRZ 2016, 1070; näher dazu § 1903 BGB.

Bei Drogenabhängigkeit wird (so BayObLG FamRZ 1993, 1489, 1490 = BtPrax 1993, 208, 209) **79** von einer iSv § 1896 bedeutsamen psychischen Krankheit erst etwa bei drogeninduzierter Psychose gesprochen werden können, die zum Teil von Schizophrenie nicht zu unterscheiden ist. Voraussetzung wird dabei (nach Wojnar BtPrax 1992, 16, 17) sein, dass geistige Funktionen bereits deutlich abgebaut sind.

Sowohl Spielsucht als auch neuerdings Computersucht können dazu führen, dass jemand seine Angelegenheiten (teilweise) nicht besorgt/besorgen kann. Inwieweit die Ursachen in einer Krankheit bestehen, hat die Gerichte offenbar noch nicht beschäftigt. Zum Begriff der Persönlichkeitsstörung und seiner Verwertbarkeit iSd § 1896 Abs 1 s AG Obernburg (FamRZ 2009, 1515).

80 Betrifft das Verfahren zur Bestellung eines Betreuers die Wahrnehmung der Rechte des Betroffenen in einem Zurruhesetzungsverfahren, muss das Gericht zu der Überzeugung gelangt sein, dass der Betroffene aufgrund seiner Krankheit oder Behinderung (hier: psychische Krankheit) nicht in der Lage ist, in dem Zurruhesetzungsverfahren seine Rechte wahrzunehmen. Er muss in einem solchen Maß hinsichtlich seiner tatsächlichen und rechtlichen Situation einsichtslos sein, dass eine vernünftige und sachbezogene Stellungnahme nicht mehr zu erwarten ist (OLG Stuttgart FamRZ 1993, 1365). Das Gericht geht sogar soweit, die Feststellung zu fordern, dass der Betroffene für den Bereich des Zurruhesetzungsverfahrens als geschäftsunfähig zu beurteilen ist.

81 Zur Abgrenzung von seelischer, geistiger und körperlicher Behinderung und der Einordnung von Autismus als seelische Störung (hier aus Anlass des Vorrangs von Maßnahmen der Eingliederungshilfe nach § 35a SGB VIII gegenüber der Eingliederungshilfe nach BSHG) OVG Münster R & P 2003, 160 mAnm MARSCHNER 162.

cc) Psychisch Kranke

82 Mit den im RegEntw enthaltenen Beschreibungen der verschiedenen Gruppen von Kranken und Behinderten ist hinreichend erläutert, welche Personen, die ihre Angelegenheiten ganz oder teilweise nicht besorgen können, einen Betreuer (zT auf Antrag) erhalten. Soweit Klassifizierungen unterhalb der Gruppenbezeichnungen, etwa bei psychischen Krankheiten, auf größere Schwierigkeiten stoßen (zur internationalen Klassifikation psychischer Störungen s die v DILLING ua hrsg gleichnamige Ausgabe [1993]), braucht sich das Betreuungsgericht auf solche Zuordnungsdifferenzen grundsätzlich nicht einzulassen. Da auch die Grenzen von Krankheiten und Behinderungen nicht immer exakt verlaufen und bestimmt sind, muss nur darauf geachtet werden, dass um der unterschiedlichen Rechtsfolgen willen die Abgrenzung zur körperlichen Behinderung genau vorgenommen wird. Soweit im Schrifttum unterhalb der gesetzlichen Tatbestandsmerkmale und der Erläuterungen in der amtl Begr (BT-Drucks 11/4528, 116) die verschiedenen Krankheitsbilder mitgeteilt werden, bei denen die Bestellung eines Betreuers in Betracht kommt, dient dies in erster Linie dem Verständnis von Sachverständigenäußerungen. So dürfte sich ein Streit über die Einteilung und Zuordnung von Krankheitsbildern und Krankheitsbezeichnungen nicht dahin auswirken, dass deswegen die erforderliche Bestellung eines Betreuers verweigert wird. Der bisherige medizinische Erkenntnisstand kann nicht dahin verstanden werden, dass er einen geschlossenen Kanon von psychischen Krankheiten kennt und später entdeckte, beschriebene oder neu zugeordnete Krankheitsbilder aus diesem Grunde für die Bestellung eines Betreuers nicht in Frage kämen. Im Übrigen s wegen der Beschreibung und Zuordnung von Krankheitsbildern ERMAN/ ROTH Rn 6 ff (orientiert an TÖLLE, Psychiatrie); MünchKomm/SCHWAB Rn 9 ff (orientiert an HUBER, Psychiatrie) sowie SCHMIDT/BÖCKER Rn 551. Es muss betont werden, dass nicht die Zuordnung zu einer Gruppe von Krankheitsbildern (Ausnahme: körperliche Behinderung) für die Bestellung eines Betreuers maßgebend ist, sondern die durch die Krankheit oder Behinderung bewirkte **Beeinträchtigung der Selbstbestimmung**, die dazu führt, die eigenen Angelegenheiten ganz oder teilweise nicht selbst zu besorgen und besorgen lassen zu können. Zu den Voraussetzungen einer Betreuerbestellung bei Polytoxikomanie AG Bad Iburg BtPrax 2004, 206. Emotionale Instabilität allein rechtfertigt nicht die Bestellung eines rechtlichen Betreuers (BIENWALD, in der Anm zu LG Marburg, FamRZ 2005, 549, 550).

dd) **Zeitliche Dimension**

Der medizinische Befund als Ursache der Betreuungsbedürftigkeit iSd §§ 1896 ff **83** muss für die Dauer der Betreuung gegeben sein. Die Betreuung ist aufzuheben, wenn ihre Voraussetzungen wegfallen (§ 1908d Abs 1 S 1 BGB). Das kann bereits dann der Fall sein, wenn sich die Krankheit gebessert hat oder sich beim Behinderten Rehabilitationserfolge zeigen, sodass der Betreute die bisher vom Betreuer zu besorgenden Angelegenheiten selbst wahrnehmen kann. Fallen die Voraussetzungen nur für einen Teil der Aufgaben des Betreuers weg, so ist der Aufgabenkreis entsprechend zu reduzieren. Zur Bestellung eines Betreuers bei **schubförmig** oder **in Phasen** verlaufenden Krankheiten (und daraus folgenden erhöhten Mitteilungspflichten nach § 1901 Abs 5 BGB) BayObLGZ 1994, 387 = FamRZ 1995, 510 = BtE 1994/95, 96 mw Quellenangaben (krit KAYSER FGPrax 1995, 173, 175). Zur Frage, unter welchen Umständen auch für die Zeit außerhalb eines akuten Schubs für eine solche Person ein Betreuer bestellt werden kann/darf, BayObLG FamRZ 1996, 1370 (LS). Zu den für die Betreuungssituation zu erwartenden Faktoren in der Zukunft s WOJNAR BtPrax 1992, 16. So ist beispielsweise – nach WOJNAR – damit zu rechnen, dass die Zahl der geistig behinderten Menschen, die eine Betreuung benötigen, aufgrund veränderter Zahlen und Normalisierungsprogramme in der Zukunft stark abnehmen wird. Entsprechendes gilt für den Fall, dass über die Verlängerung der Maßnahme zu entscheiden ist (§ 295 Abs 1 FamFG), sei es, dass sie nach Inkrafttreten des BtG erstmalig beschlossen oder nach den Übergangsvorschriften übergeleitet worden ist (Art 9 § 2 BtG).

c) **Zur Dokumentation des Befundes (Gutachten und ärztliches Zeugnis)**

Der medizinische Befund ist zu dokumentieren. In Betracht kommt das Gutachten **84** oder das ärztliche Attest (zur Unterscheidung näher BIENWALD/SONNENFELD/HARM [BIENWALD] §§ 280–284 FamFG Rn 7 ff). Ein ärztliches Zeugnis (Attest) kann genügen, wenn der Betroffene, unabhängig von der Geschäftsfähigkeit (§ 1896 Abs 1 S 2 BGB), selbst die Bestellung eines Betreuers beantragt (§ 281 Abs 1 Nr 1 FamFG). Es genügt, wenn ein Betreuer (nur) zur Geltendmachung von Rechten des Betroffenen gegenüber seinem Bevollmächtigten bestellt wird (§ 281 Abs 1 Nr 2 FamFG). Sowohl das Gutachten als auch das Zeugnis haben, was die Bestellung eines Betreuers angeht, dieselben Fragen zu beantworten (BT-Drucks 11/4528, 174; BIENWALD/SONNENFELD/HARM [BIENWALD] §§ 280–284 FamFG Rn 17; HOLZHAUER/REINICKE Rn 34; KEIDEL/BUDDE § 281 FamFG Rn 1). Nach § 280 Abs 3 FamFG hat sich das Gutachten auf folgende Bereiche zu erstrecken: 1. das Krankheitsbild einschließlich der Krankheitsentwicklung, 2. die durchgeführten Untersuchungen und die diesen zugrunde gelegten Forschungserkenntnisse, 3. den körperlichen und psychiatrischen Zustand des Betroffenen, 4. den Umfang des Aufgabenkreises und 5. die voraussichtliche Dauer der Maßnahme. Der Sachverständige hat auch das Ergebnis der gerichtlichen Anhörung der Behörde (§ 279 Abs 2 S 2 FamFG) zu berücksichtigen, wenn es ihm bei der Erstellung seines Gutachtens vorliegt (§ 280 Abs 2 S 2 FamFG). Bei Gelegenheit der

FGG – Reform wurde bestimmt (§ 280 Abs 1 S 2 FamFG) dass der Sachverständige Arzt für Psychiatrie oder Arzt mit Erfahrung auf dem Gebiet der Psychiatrie sein soll. Das dürfte wohl Gerichte nicht ermutigen, bei begründeten Ausnahmen von der Bestellung eines anderen Sachverständigen Gebrauch zu machen. Amtsärzte der Gesundheitsämter haben regelmäßig die erforderliche **Sachkunde** (BayObLGZ 1993, 346 = FamRZ 1994, 1135 = BtE 1992/93, 141); vgl auch LG Göttingen NdsRpfl 1994, 66. Bei Ärzten des höheren öffentlichen Gesundheitsdienstes der staatlichen Gesundheitsämter muss deren Sachkunde zur Erstellung von Gutachten über die Voraussetzungen einer Betreuung vom Tatrichter dargelegt werden (BayObLGZ 1997, 206 = FamRZ 1997, 1565 mAnm Christl = NJW-RR 1997, 1501). In Bayern haben (auch) die Landgerichtsärzte die für die Begutachtung in Betreuungssachen erforderliche Sachkunde (BayObLG BtE 1992/93, 143 [LS]). Ergibt sich die Qualifikation des Sachverständigen nicht ohne Weiteres aus seiner Facharztbezeichnung als Arzt, hat das Gericht seine Sachkunde zu prüfen und in der Entscheidung darzulegen. Hierfür soll regelmäßig die tatrichterliche Feststellung genügen, dass der beauftragte Sachverständige Arzt mit Erfahrung auf dem Gebiet der Psychiatrie ist (BGH FamRZ 2016, 1665, 1666; FamRZ 2016, 456). Die nicht näher beschriebene Anforderung an diese Darlegung wird die Gerichte nicht davon abhalten, die bisher üblichen floskelhaften Texte zu benutzen.

85   Sowohl das Sachverständigengutachten als auch das ärztliche Zeugnis können und dürfen sich nicht auf den rein medizinischen Befund beschränken (missverständlich deshalb Crefeld BtPrax 1993, 3, 5). Erforderlich ist eine **fachliche Äußerung über die Notwendigkeit der Betreuung** (§ 280 Abs 1 S 1 FamFG) und zwar, wenn diese Frage bejaht wird, außerdem über den Umfang des Aufgabenkreises und die voraussichtliche Dauer der Betreuungsbedürftigkeit (§ 280 Abs 3 Nr 4 und 5 FamFG). Auch das Ausmaß der Betreuungsbedürftigkeit ist mithin Gegenstand der Begutachtung und der sachverständigen Äußerung. Maßgebend ist im Übrigen der Gutachtenauftrag des Gerichts und sind die an den Sachverständigen gestellten Fragen. Die Voraussetzungen einer Betreuerbestellung nach § 1896 können nicht aufgrund einer bloßen Verdachtsdiagnose des Sachverständigen festgestellt werden (BGH FamRZ 2012, 1210 = MDR 2012, 917).

86   In Betracht kommt dafür auch eine (ergänzende) Aussage der Betreuungsbehörde. Die gegenüber dem 1. Disk-Teilentwurf des BtG geänderte Fassung der Vorschrift sollte nicht bedeuten, dass neben den medizinischen Gesichtspunkten nicht auch psychologische und soziale Gesichtspunkte Gegenstand von Gutachten sein können. Es sollte dem Gericht überlassen bleiben, in welchem Umfang es zu den einzelnen Punkten Gutachten für erforderlich hält (BT-Drucks 11/4528, 174). Die Textfassung „Einholung eines Gutachtens" darf also in diesem Sinne nicht dahingehend wörtlich verstanden werden, dass die Ermittlungen durch die Bestellung eines Sachverständigen erschöpft sind.

87   Die Feststellung, dass der Betroffene zu einer freien Willensbestimmung nicht (mehr) in der Lage ist (Abs 1a), setzt konkrete Ausführungen zu den tatsächlichen Auswirkungen der Krankheit bei dem Betroffenen voraus; bloße Feststellungen zu den allgemeinen Folgen einer Krankheit ohne konkreten Bezug zu dem Betroffenen genügen nicht (OLG München FamRZ 2006, 440; vgl auch BGH FamRZ 2011, 630, 631 mAnm Müther). Für die Feststellung mangelnder freier Willensbildung im Rahmen der

Bestellung eines Betreuers kann es aber ausreichen, wenn der Tatrichter die hierfür maßgebenden Symptome der psychischen Krankheit und ihre Auswirkungen auf die Willensbestimmung des Betroffenen unter Bezugnahme auf entsprechende Feststellungen des/der Sachverständigen darstellt (BayObLG FamRZ 2001, 1558).

Um zu vermeiden, dass in unverhältnismäßiger Weise in die Rechtsstellung der/des **88** Betroffenen eingegriffen wird (hier: wegen „Altersstarrsinns"), erfordert die Feststellung einer psychische Krankheit oder einer seelischen Behinderung der/des Betroffenen deren fachpsychiatrische Konkretisierung und die Darlegung ihrer Auswirkungen auf die kognitiven und voluntativen Fähigkeiten des Betroffenen (BayObLG FamRZ 2002, 494 = BtPrax 2002, 37).

Eine formularmäßig dem Sachverständigen gestellte Frage nach der Geschäfts- **89** (un-)fähigkeit des Betroffenen kann seit Inkrafttreten des Justizvergütungs- und -entschädigungsgesetzes – JVEG v 5. 5. 2004 (BGBl I 718) am 1. 7. 2004 zu einer erheblichen Verteuerung des nach § 280 FamFG zu erstellenden Gutachtens über die Notwendigkeit der Betreuung führen, weil das Gesetz für die Gutachten zur Einrichtung einer Betreuung eine erheblich geringere (Stunden-)Vergütung vorsieht als für Gutachten zur Geschäfts-, Testier- oder Prozessfähigkeit (näher BIENWALD FamRZ 2004, 1774; aA LG Berlin 20. 1. 2005 – 83 T 21/05 [Nebenpunkt]). Angesichts der von Sachverständigen zu beantwortenden Frage hinsichtlich der Willensfreiheit des Betroffenen (Abs 1a) kann die Auffassung des LG Berlin nicht das letzte Wort zur Frage der Honorierung gewesen sein.

Die bereits durch das 2. BtÄndG eingeführte Regelung, wonach das Gericht von der **90** Einholung eines Gutachtens absehen kann (und aus Kostengründen soll), soweit durch die **Verwendung eines bestehenden ärztlichen Gutachtens** des Medizinischen Dienstes der Krankenversicherung (MDK) nach § 18 SGB XI festgestellt werden kann, inwieweit bei dem Betroffenen infolge einer psychischen Krankheit oder einer geistigen oder seelischen Behinderung die Voraussetzungen für die Bestellung eines Betreuers vorliegen, hat § 282 FamFG beibehalten. Das Gericht darf dieses Gutachten einschließlich dazu vorhandener Befunde zur Vermeidung weiterer Gutachten bei der Pflegekasse anfordern; es hat dabei anzugeben, für welchen Zweck das Gutachten und die Befunde verwendet werden sollen. Das weitere Verfahren regeln die Absätze 2 und 3 von § 282 FamFG. Dass durch die Hinzuziehung der Gutachten des Medizinischen Dienstes der Krankenkassen (sog Zweitgutachtenverwertung) die Ermittlungstätigkeit der Gerichte wesentlich erleichtert werden könnte, war zu bezweifeln, weil die Gutachtenzwecke nicht übereinstimmen, Abs 1a einen neuen Aspekt der Begutachtung erfordert und die Gutachten des MDK über Umfang und Dauer einer Betreuung iSd §§ 1896 ff in aller Regel keine ausreichenden Feststellungen enthalten. Im Rahmen der Evaluierung des 2. BtÄndG wurde anhand von Experteninterviews mit den Gerichten ermittelt, dass die Gutachten des MDK oft nicht die nötigen Angaben enthalten, die zur Feststellung der Notwendigkeit eines Betreuerbestellung erforderlich sind (KÖLLER/ENGELS, Rechtliche Betreuung in Deutschland [2009] 208).

Im Rahmen seiner Amtsermittlungspflicht (§ 26 FamFG) hat das Betreuungsgericht **91** sowohl über die Qualifikation und Provenienz des/der Sachverständigen wie auch darüber zu entscheiden, ob es sich mit einem Gutachten zufriedengibt oder seine

Entscheidung auf eine breitere Grundlage stützt. Es hat zu entscheiden, in welchem **Umfang** zu den einzelnen Punkten Gutachten oder andere Ermittlungen erforderlich sind. Reicht dem Gericht das vorgelegte ärztliche Zeugnis nicht, kann und muss es ggf ein Gutachten in Auftrag geben. Zur **Feststellung der Sachkunde** eines Sachverständigen, speziell eines Assistenzarztes, s BayObLG FamRZ 1989, 319 und BtPrax 1993, 30, 31 sowie im Falle eines Sachverständigen in Facharztausbildung BayObLG NJW 1988, 2384 (irrtümlich in BayObLG FamRZ 1993, 351 = BtPrax 1993, 30, 31 die Gleichsetzung von Nervenarzt und Psychiater).

92   Die Kritik an der früheren Praxis, sich in Pflegschaftssachen (§ 1910 aF) mit einem Kurzattest zu begnügen, erfordert nunmehr eine **andere Gutachtenpraxis**. Nach BayObLG (FamRZ 2001, 1403 = BtPrax 2001, 166 = R & P 2002, 33) muss ein Gutachten iSv § 280 FamFG (damals § 68b Abs 1 FGG) die Qualität eines medizinischen Sachverständigengutachtens aufweisen; eine bloße ärztliche Bescheinigung reicht dafür nicht aus. Notwendig ist der sorgfältige Nachweis der Betreuungsbedürftigkeit. Zutreffend wird darauf hingewiesen, dass die Begutachtung bei der Erstentscheidung einer Betreuung aufwendiger ist, als es die Begutachtung bei Pflegschaften früher war (PIETSCH GesundhWesen 1992, 615, 616). Ob ein ärztlicher Sachverständiger immer (auch) geeignet ist, über den Umfang der Betreuungsbedürftigkeit, insbesondere die zu besorgenden Angelegenheiten und die alternativen Hilfen, kompetent Feststellungen zu treffen und Auskunft zu geben, muss mit CREFELD BtPrax 1993, 3, 5 bezweifelt werden.

93   Die Vorschriften über die Einholung eines Gutachtens und die anstelle eines Gutachtens genügende Vorlage eines ärztlichen Zeugnisses (§§ 280, 281 FamFG) gelten auch für die Erweiterung des Aufgabenkreises des Betreuers und die Erweiterung des Kreises der einwilligungsbedürftigen Willenserklärungen (§ 293 Abs 1 FamFG) sowie für die Verlängerung der Maßnahmen (§ 295 Abs 1 S 1 FamFG). Von der erneuten Einholung eines Gutachtens kann abgesehen werden, wenn sich aus der persönlichen Anhörung des Betroffenen und einem ärztlichen Zeugnis ergibt, dass sich der Umfang der Betreuungsbedürftigkeit offensichtlich nicht verringert hat (§ 295 Abs 1 S 2 FamFG).

d)   **Zum Zeitpunkt der Betreuungsbedürftigkeit**

94   Angesichts der ausdrücklich normierten Erforderlichkeit einer Rechtlichen Betreuung stellt sich insbesondere auch das Problem des Beurteilungszeitpunktes für die Bestimmung der Betreuungsbedürftigkeit durch den Sachverständigen. Soll und darf der Verfahrensaufwand beispielsweise einen „energischen Impuls" darstellen, die Betreuung nicht zu eng zu gestalten (PIETSCH GesundhWesen 1992, 615, 616)? Einzubeziehen sind – nach Abwägen aller Umstände – wohl nur die bereits abzusehenden und damit auch zu benennenden Veränderungen in der Persönlichkeitsentwicklung des Betroffenen und damit verbundene voraussichtliche Versorgungsmängel. Andererseits sind die Verfahrenserleichterungen im Falle einer einstweiligen Anordnung, insbesondere bei deren gesteigerter Dringlichkeit (§§ 300, 301 FamFG) und die Möglichkeit, die Dauer dieser Entscheidung auf ein Jahr auszudehnen (§ 302 S 2 FamFG), weitreichend genug; sie geben genügend Spielraum, schnell und sachgerecht die im Einzelfall notwendige Erweiterung des Aufgabenkreises in einem den Betroffenen schonenden Verfahren vorzunehmen. Eine zu weit (wie weit?) vorausschauende Bestellung des Betreuers und Aufgabenkreisgestaltung (sog **Vorratsbe-**

treuung) ist deshalb zu **vermeiden** (sie wäre rechtswidrig), auch wenn das Interesse nicht zu verkennen ist, den Umfang der Gutachtentätigkeit einzudämmen und neue Verfahren zu vermeiden. Zu beachten ist, dass bereits mit dem Wirksamwerden einer solchen Betreuerbestellung die Entscheidungs- und Handlungsbefugnis des Betreuers eröffnet ist und nicht erst mit dem Eintritt der tatsächlichen Bedürftigkeit. Zum vorausschauenden Denken auch MünchKomm/SCHWAB Rn 42. Eingehender zur „Vorratsbetreuung" BIENWALD, in der 3. Aufl des BtG-Kommentars Rn 76 ff; dort auch zur Frage einer Vorratsanhörung, die SEITZ in seiner Anm zu BayObLG BtE 1994/95, 99 aufgeworfen hat. Dem Problem einer Gutachtenhäufung (und dem Ausweichen durch Vorratsbetreuungen) ist der Gesetzgeber seinerzeit durch die Änderung des § 69i Abs 1 S 2 FGG (durch Art 2 Nr 10 BtÄndG; zur Begründung BT-Drucks 13/7158, 39), nunmehr § 293 Abs 2 FamFG, entgegengetreten. Zu einer Häufung von Gutachten kommt es dann nicht, wenn im Falle einer Erweiterung der Betreuung das Gutachten oder das ärztliche Zeugnis nicht länger als sechs Monate zurückliegt oder die beabsichtigte Erweiterung nicht wesentlich ist, weil dann ein (weiteres) Gutachten oder Attest nicht eingeholt zu werden braucht (§ 293 Abs 2 S 1 FamFG).

Liegen Anhaltspunkte dafür vor, dass der Betroffene sich durch eigene Aktivitäten **95** (trotz der zu erwartenden Betreuerbestellung) einen erheblichen Schaden für seine Person oder sein Vermögen zufügen wird, oder ergeben sie sich aus den Feststellungen des Gutachters, so hat sich der Sachverständige, ggf nach vorheriger Verständigung mit dem Gericht, auch zu der Frage zu äußern, ob bereits mit der Bestellung des Betreuers zur Abwendung erheblicher Gefahr für die Person oder das Vermögen des Betroffenen ein **Einwilligungsvorbehalt** (§ 1903 BGB) angeordnet werden soll.

Ob eine Vollmacht wirksam erteilt werden konnte, braucht erst dann ggf mit Hilfe **96** eines Sachverständigen geklärt zu werden, wenn eine Vollmacht vorliegt. Ob jemand, über dessen Betreuungsbedürftigkeit verhandelt wird, imstande ist, eine Vollmacht zur Besorgung seiner Angelegenheiten (und zwecks Vermeidung einer Betreuerbestellung für diesen Zweck) zu erteilen, kann zunächst nicht einer sachverständigen Äußerung bedürfen, weil – zB – der Notar über diese Frage selbst befindet (§ 11 BeurkG), und der Richter seiner Verpflichtung aus § 278 Abs 2 S 1 FamFG, in geeigneten Fällen den Betroffenen auf die Möglichkeit der Vorsorgevollmacht hinzuweisen, nachkommen muss, ohne zuvor einen Sachverständigen zur Frage, ob der Betroffene dazu fähig wäre, gehört zu haben. Obwohl Notare sich über die Geschäfts(un)fähigkeit ein Bild machen müssen (§ 11 BeurkG), sprechen die jeweiligen Vermerke beurkundender Notare nicht dagegen, dass durch genauere Untersuchungen medizinischer Sachverständiger festgestellt wird, der Vollmachtgeber könne im Zeitpunkt notariell beurkundeter Vorsorgevollmacht(en) nicht mehr voll geschäftsfähig gewesen sein, sodass diese deshalb unwirksam sind und die Bestellung eines Betreuers in Betracht kommt.

e) Qualitätsanforderungen an Gutachten und ärztliches Zeugnis

Zum Inhalt des bzw der Sachverständigengutachten im Einzelnen BIENWALD, BtR **97** Rn 21 ff; ders, in: BIENWALD/SONNENFELD/HARM, BtR §§ 280–284 FamFG Rn 30 ff; DAMRAU/ZIMMERMANN (4. Aufl) § 1896 Rn 174; HOLZHAUER/REINICKE Rn 15, jeweils zu § 68b FGG; CREFELD FuR 1990, 272, 281; WOJNAR GesundhWesen 1992,

473. Zu sozialmedizinischen Aspekten bei der Begutachtung nach dem BtG PIETSCH GesundhWesen 1992, 615. Ein Gutachten zur Bestellung eines Betreuers für einen Drogenabhängigen muss darüber Feststellungen enthalten, aus denen zu entnehmen ist, dass die konkrete Drogenabhängigkeit als psychische Krankheit iSv § 1896 Abs 1 S 1 BGB anzusehen ist. Das Gutachten muss auch ausreichend dazu Stellung nehmen, wie sich eine etwa gegebene Drogenabhängigkeit des Betroffenen auf seine Fähigkeit zur Bildung eines eigenen Willens und dessen Berücksichtigung (BayObLGZ 1993, 63) auswirkt (BayObLG FamRZ 1993, 1489, 1490 = R & P 1994, 27 = BtPrax 1993, 208, 209; auf Alkoholismus bezogen BayObLG FamRZ 1990, 209, 210 = NJW 1990, 774, 775). Nach dem durch Art 1 Nr 2 des G zur Stärkung der Funktionen der Betreuungsbehörde angefügten § 280 Abs 2 FamFG ist der Sachverständige (seit 1. 7. 2014) verpflichtet, das Ergebnis einer Anhörung der Behörde nach § 279 Abs 2 S 2 FamFG zu berücksichtigen, wenn es ihm bei Erstellung seines Gutachtens vorliegt. Zur Verpflichtung, sich zu einem freien Willen (Abs 1a) zu äußern, wenn die Betreuung abgelehnt wird oder mit einer Ablehnung zu rechnen ist, s oben Rn 40.

98 Der Sachverständige muss den Untersuchungsbefund, aus dem er seine Diagnose ableitet, im Einzelnen mitteilen und die Folgerungen aus den einzelnen Befundtatsachen auf die Diagnose oder die ihm sonst gestellte Beweisfrage für den Richter nachvollziehbar darstellen. Die Ausführungen des Sachverständigen müssen so gehalten sein, dass sie eine verantwortliche richterliche Prüfung auf ihre wissenschaftliche Fundierung, Logik und Schlüssigkeit zulassen (OLG Zweibrücken FamRZ 2005, 1196 [LS]). Sie müssen erkennen lassen, dass der Sachverständige die sich ihm bietenden wissenschaftlichen Erkenntnisquellen ausgeschöpft und sich, soweit erforderlich, mit beachtlichen wissenschaftlichen Meinungen auseinandergesetzt hat. Ggf muss der Sachverständige ergänzend mündlich gehört werden. Wird nicht die Person, die das schriftliche Gutachten erstattet hat, sondern eine andere Person angehört, stellt dies eine völlig neue Begutachtung dar (OLG Naumburg FamRZ 2002, 986). Vorhandene Aufklärungsmöglichkeiten zur Beseitigung von Zweifeln und Unklarheiten des Gutachtens dürfen nicht ungenutzt bleiben. Ggf hat das Gericht ein ergänzendes Gutachten einzuholen, wenn nachträgliche Feststellungen ergeben, dass der Sachverständige möglicherweise von unzutreffenden Tatsachen ausgegangen ist (BayObLG FamRZ 1994, 318, 319; näher BIENWALD/SONNENFELD/HARM, Betreuungsrecht, §§ 280–284 Rn 54). Will das Beschwerdegericht aufgrund eigener Feststellungen das Gutachten des Sachverständigen in der Frage der Möglichkeit freier Willensbildung und Willensbetätigung ergänzen oder korrigieren, setzt dies einen persönlichen Eindruck der Richter von dem Betroffenen voraus; die Anhörung des Betroffenen kann in diesem Fall nicht dem beauftragten Richter übertragen werden (BayObLGR 2004, 432).

99 Das Gutachten muss hinreichend nachvollziehbare Aussagen zu allen in Betracht kommenden Aufgabenkreisen des Betreuers und zur voraussichtlichen Dauer der Betreuungsbedürftigkeit enthalten; regelmäßig sind auch eine Behandlungsbedürftigkeit und ein möglicher Behandlungserfolg zu erläutern (KG FamRZ 1995, 1379 = BtE 1994/95, 182 mAnm FLORENTZ ebd 185; BGH FamRZ 2011, 637 = MDR 2012, 97; FamRZ 2012, 104). Das Gutachten soll auch Vorschläge enthalten, wie die Hilfebedürftigkeit des Betroffenen gemildert oder gebessert werden kann (OLG Düsseldorf FamRZ 1993, 1224, 1225). Kommt nach Auffassung des Sachverständigen die Bestellung eines Betreuers in Betracht, so hat sich das Gutachten auch auf den Umfang des Aufgabenkreises und die voraussichtliche Dauer der Betreuungsbedürftigkeit zu erstrecken (§ 280

Abs 3 Nr 4 u 5 FamFG). Ein Gutachten, das als Ergebnis nur den Verdacht einer
altersentsprechenden organischen Psychose mitteilt, der weiterer Aufklärung bedürfe, rechtfertigt nicht die Bestellung eines Betreuers (BayObLG FamRZ 1995, 1082, 1083 =
BtPrax 1995, 105, 106). Die Feststellung eines freien Willens oder dessen Fehlen, bezogen auf das Unvermögen zur Besorgung bestimmter Angelegenheiten (Abs 1a),
muss Gegenstand des Sachverständigengutachtens sein.

Die **Würdigung von Gutachten und ärztlichem Zeugnis** ist Sache der freien tatrich- **100**
terlichen Beweiswürdigung (OLG Zweibrücken FamRZ 2004, 1897). Das Gericht darf das
Ergebnis eines Sachverständigengutachtens nicht kritiklos übernehmen. Der Richter
ist zu kritischer Würdigung verpflichtet (BayObLG FamRZ 1993, 1489, 1490 = BtPrax 1993,
208, 209; FamRZ 1993, 600; FamRZ 2001, 1403 = BtPrax 2001, 166 = R & P 2002, 33; BGH FamRZ
2016, 1352 Rn 11). Einer Nachprüfung durch das Rechtsbeschwerdegericht ist die
Würdigung des Gutachtens durch die Tatsacheninstanz grundsätzlich entzogen (Bay-
ObLG FamRZ 1993, 1489, 1490 = BtPrax 1993, 208, 209 mwNw). Grundlage der Entscheidung
des Rechtsbeschwerdegerichts ist der Sachverhalt, wie er sich bei Erlass der letzten
Tatsacheninstanz darstellt. Neue Tatsachen und Beweismittel können, soweit sie sich
auf die Sache selbst beziehen, in der Rechtsbeschwerdeinstanz grundsätzlich weder
von den Beteiligten noch durch das Gericht eingeführt werden (BayObLG FamRZ 1990,
209, 210 mwNw). Die Würdigung des Gutachtens in freier tatrichterlicher Überzeugung kann vom Rechtsbeschwerdegericht nur dahin überprüft werden, ob der Tatrichter den maßgeblichen Sachverhalt ausreichend erforscht (§ 26 FamFG) und bei
der Erörterung des Beweisstoffs alle wesentlichen Umstände berücksichtigt hat, ob
die Beweiswürdigung in sich widerspruchsfrei ist und nicht gegen Denkgesetze oder
allgemeine Erfahrungssätze verstößt, ob die Beweisanforderungen vernachlässigt
oder ob sie überspannt worden sind (BayObLG FamRZ 1994, 319, 320; 1994, 320, 321;
OLG Zweibrücken FamRZ 2004, 1897, 1898 mAnm BIENWALD betr § 1903).

Die Aufgabe, das Gutachten sorgfältig und kritisch zu überprüfen, berechtigt den
Tatrichter nicht, die Äußerungen des Sachverständigen ohne ausreichende Begründung beiseite zu lassen. Will es von dem Gutachten abweichen, muss es seine
abweichende Überzeugung begründen (BGH FamRZ 2016, 1352 Rn 11).

Das Gutachten des Sachverständigen zur Betreuungsbedürftigkeit ist dem Betrof- **101**
fenen grundsätzlich vollständig, schriftlich und rechtzeitig vor der persönlichen Anhörung mitzuteilen (OLG München FamRZ 2006, 440; BGH FamRZ 2011, 1574 = MDR 2011,
1040 [1041]; FamRZ 2012, 869 [871]; FamRZ 2014, 649 mAnm SCHMIDT-RECLA; FamRZ 2015, 2156
mAnm SEIFERT, 2157). Davon darf nur abgewichen werden, wenn dies nach ärztlichem
Zeugnis erforderlich ist, um erhebliche Nachteile für die Gesundheit des Betroffenen zu vermeiden (§ 288 Abs 1 FamFG), oder wenn der Betroffene aus anderen
Gründen nicht in der Lage ist, sein Recht auf Gehör selbst wahrzunehmen. In einem
solchen Fall muss dem Betroffenen ein Verfahrenspfleger bestellt werden (BayObLG
BtPrax 1993, 208, 209; BtPrax 1996, 229; BGH FamRZ 2011, 1289 = NJW 2011, 2577), der mit dem
Betroffenen über das Gutachten spricht (BGH FamRZ 2011, 1289 = NJW 2011, 2577 im
Anschluss an BGH BtPrax 2010, 278).

Ein schriftliches Gutachten ist auch dem Verfahrensbevollmächtigten und/oder dem
Verfahrenspfleger kostenfrei zur Verfügung zu stellen. Die Übersendung an den
Verfahrenspfleger allein genügt grundsätzlich nicht (BGH FamRZ 2014, 648, 649 = BtPrax

2014, 75; BayObLG BtPrax 1993, 208 und FamRZ 1994, 1059, 1060; OLG Düsseldorf BtPrax 1996, 188; zu einer Ausnahme BayObLG 1993, 998, 999 sowie BGH). Seine Entscheidung, durch die die Rechte des Betroffenen beeinträchtigt werden, darf das Gericht nur auf Tatsachen stützen, zu denen der Betroffene sich äußern konnte (§ 37 Abs 2 FamFG; BGH FamRZ 2011, 1574 = MDR 2011, 1040, [1041]). Die Besorgnis negativer Reaktionen im Falle eines bestehenden Arzt-Patient-Verhältnisses (Compliance) allein rechtfertigt grundsätzlich nicht, durch Vorenthalten der Kenntnis des Gutachtens den Anspruch des Betroffenen auf rechtliches Gehör gemäß Art 103 Abs 1 GG einzuschränken (OLG München FamRZ 2006, 440 [441]).

Die Verwertung des Gutachtens als Entscheidungsgrundlage setzt nach § 37 Abs 2 FamFG voraus, dass das Gericht den Beteiligten Gelegenheit zur Stellungnahme eingeräumt hat (BGH FamRZ 2015, 2156 mAnm SEIFERT, 2157; BGH FamRZ 2016, 1148 Rn 11). Soll in einem Betreuungsverfahren eine Entscheidung, die die Rechte des Betroffenen beeinträchtigt, auf Ausführungen eines Sachverständigen gestützt werden, die dieser im Termin zur Anhörung in Abwesenheit der betroffenen Person gemacht hat, ist der betroffenen Person zuvor Gelegenheit zur Stellungnahme zu geben (BGH FamRZ 2011, 1574 im Anschluss an BGH BtPrax 2010, 278 = MDR 2011, 1040).

102 Die Anforderungen an die Qualität eines nach § 280 FamFG eingeholten Gutachtens oder eines nach § 281 FamFG zu verwendenden ärztlichen Zeugnisses sowie deren gerichtliche Würdigung sind auch maßgebend, wenn und sobald der Betreuer bestellt und/oder ein Einwilligungsvorbehalt angeordnet worden ist und eine weitere Begutachtung oder Verwertung eines ärztlichen Zeugnisses in Betracht kommt. Ausdrücklich ist das geregelt für eine Erweiterung der Betreuung oder des Einwilligungsvorbehalts (§ 293 FamFG) und deren Verlängerung (§ 295 FamFG), soweit nicht Abweichungen vorgesehen sind (§ 293 Abs 2 FamFG). Wird nach der Bestellung eines Betreuers eine Vollmacht gefunden oder wird sie nach der Betreuerbestellung erteilt und holt das Betreuungsgericht zur Feststellung, ob die betroffene Person im Zeitpunkt der Vollmachterteilung geschäftsfähig war, das Gutachten eines Sachverständigen ein, hat sich die Erstellung des Gutachtens ebenfalls nach § 280 FamFG zu richten, weil es insoweit darum geht festzustellen, ob die betroffene Person weiterhin einen Betreuer nach § 1896 Abs 1 und 2 benötigt. Kommt es zu einem späteren Zeitpunkt darauf an festzustellen, ob der Betroffene in einer konkreten Angelegenheit (zB Umgang) in der Lage ist, selbst zu entscheiden oder bestimmte Wünsche zu äußern, was für die Entscheidungszuständigkeit des Betreuers oder seine Entscheidung von Bedeutung ist, und erfordert das Gericht im Rahmen seiner Amtsermittlungspflicht (§ 26 FamFG) ein Sachverständigengutachten, kann die Begutachtung grundsätzlich nicht ohne vorherige Untersuchung oder Befragung des Betroffenen vorgenommen werden. Wesentlicher Inhalt sind das Krankheitsbild einschließlich der Krankheitsentwicklung, die durchgeführte Untersuchung und die dieser zugrunde gelegten Forschungserkenntnisse sowie der körperliche und psychische (§ 280 Abs 3 Nr 3 FamFG: psychiatrische) Zustand des Betroffenen.

103 Bietet die vorgeschriebene und durchgeführte Anhörung eines Betroffenen Anlass zu der Annahme, er sei zu eigener Entscheidung und nicht nur zur Äußerung von Wünschen in der Lage, hat das Gericht im Rahmen seiner Amtsermittlungspflicht den Sachverhalt insoweit aufzuklären.

5.   Angelegenheiten des Betroffenen

a)   Problematik der Begriffsbestimmung

Dem Betroffenen hat das Gericht einen Betreuer zu bestellen, wenn er nicht (mehr) **104**
in der Lage ist, die eigenen Angelegenheiten vollständig oder teilweise zu besorgen.
Den Begriff der Angelegenheiten definiert das BtG nicht. Der RegEntw behandelt
die Frage im Zusammenhang mit der Erläuterung zu § 1896 Abs 2 (BT-Drucks 11/4528,
120) und der Bestimmung dessen, was unter Aufgabenkreis verstanden werden soll.
Unterschieden wird die tatsächliche Betreuungsbedürftigkeit (BT-Drucks 11/4528, 121)
von derjenigen, für deren Bewältigung die Bestellung eines gesetzlichen Vertreters
erforderlich ist. „Die Notwendigkeit eines gesetzlichen Vertreters ist entscheidendes
Abgrenzungskriterium" (BT-Drucks 11/4528, 122). Wo keine gesetzliche Vertretung
erforderlich ist, sind andere Hilfen vorrangig. Damit wird die „soziale Betreuung"
als Grundlage der Bestellung eines Betreuers abgelehnt (erneut festgestellt in BT-Drucks
15/2494, 17). Anders, wenn auch im Einzelnen nicht deutlich, der Antrag von Abgeordneten und Fraktion der SPD vom 1. 4. 1998 (BT-Drucks 13/10301) betr „Reform des
Betreuungsrechts: Von der justizförmigen zur sozialen Betreuung", der den am
BtÄndG beteiligt gewesenen Ausschüssen überwiesen worden ist (Plenarbeschluss
Deutscher Bundestag 13/228 v 3. 4. 1998).

Zu unterscheiden sind die Angelegenheiten, zu deren Besorgung der Betroffene **105**
aufgrund einer Krankheit oder Behinderung iSd Abs 1 nicht in der Lage ist, von
denen, zu deren Besorgung der Betroffene einen Betreuer erhält. Art und Umfang
der zuletzt genannten Angelegenheiten können geringer, aber nicht größer als die
der zuerst genannten Angelegenheiten sein, weil der Auftrag an den Betreuer (Aufgabenkreis) nicht mehr beinhalten darf als der Betroffene zu besorgen hat.

Anhaltspunkte, was der Art nach zu den Angelegenheiten eines Volljährigen ge- **106**
hören kann, die dieser nicht selbst besorgen oder besorgen lassen kann, bieten
verschiedene Bestimmungen des Betreuungsrechts, zB § 1896 Abs 4, § 1903 Abs 2
BGB (abgesehen von der Eingehung einer Ehe oder einer eingetragenen Lebenspartnerschaft und der Verfügung von Todes wegen), die §§ 1904–1907 BGB, sowie
die nach § 1908i sinngemäß anzuwendenden Vorschriften des Vermögenssorgerechts
der Vormundschaft. In einigen Fällen sind es Angelegenheiten des öffentlichen
Rechts, die der Betroffene allein nicht wahrnehmen kann, die der Betreuer für
ihn besorgen muss (vgl die Änderungen sonstigen Bundesrechts durch Art 7 BtG,
im Einzelnen die §§ 2 VwZG, 3 VwVfG, 7 PaßG, 12 BSHG, 13 AsylVfG, 22 SGG, 23
VwGO, 24 FGO, 30 FamNamÄndG, 35 KastrationsG, 40 AO 1977, 45 SGB X).

Der Begriff der Angelegenheiten geht mithin **über den der rechtsgeschäftlichen An-** **107**
gelegenheiten hinaus, auch wenn der Kernbereich der Angelegenheiten, die zu besorgen sind, rechtsgeschäftlicher, jedenfalls aber rechtlicher Natur ist, weil andernfalls eine rechtliche Betreuung nicht erforderlich werden kann. Maßgebend für die
Feststellung der zu besorgenden Angelegenheiten ist der Bedarf gesetzlicher Vertretung, mithin das Instrument, das zu ihrer Bewältigung im Rahmen der Teilnahme
am Rechtsverkehr eingesetzt werden muss (Grundsatz der Erforderlichkeit). Ist der
wesentliche Gehalt der Vertretung das verbindliche Handeln für einen anderen,
bietet die Notwendigkeit gesetzlicher Vertretung kein ausreichendes Kriterium für
die Bestimmung dessen, was besorgungsbedürftige Angelegenheiten des Betroffe-

nen sind. Kernfrage ist die nach der Grenze zwischen besorgungsbedürftigen Angelegenheiten, für deren Besorgung sich der Betroffene Hilfe und Unterstützung durch einen gerichtlich bestellten Betreuer beschafft und/oder die gerichtliche Bestellung eines Betreuers und dessen Tätigkeit gefallen lassen muss, und der Führung eines selbstbestimmten und von staatlicher Intervention unbehelligten Lebens, mit der sich der Betroffene objektiv unvernünftig und/oder sozial auffällig verhält oder ins soziale Abseits begibt.

b) Interessenlage als möglicher Anknüpfungspunkt

108 Anknüpfungspunkt für die Feststellung, ob der Betroffene seine Angelegenheiten ganz oder teilweise nicht mehr selbst besorgen kann, kann die Interessenlage sein. Der Betroffene hat insofern ein Interesse an der Bestellung eines Betreuers, als er daraus Vorteile für sich gewinnt. Die Gemeinschaft oder auch ein einzelner Dritter (zur Bestellung eines Betreuers im Drittinteresse s näher unten Rn 151) müssen immer dann ein Interesse an einer Bestellung eines Betreuers haben, wenn der Betroffene im Rechtsverkehr nicht mehr handlungsfähig ist und/oder seinen gesetzlichen oder vertraglichen Verpflichtungen im Rechtsleben nicht mehr nachkommt und ohne Betreuer auf die Erfüllung der Verpflichtungen nicht in Anspruch genommen werden kann. Besorgungsbedürftige Angelegenheiten, die die Bestellung eines Betreuers auslösen können, sind danach nur solche Angelegenheiten, die im Interesse des Betroffenen oder der Rechtsgemeinschaft besorgt werden müssen, weil andernfalls das rechtlich geordnete Zusammenleben der Menschen erheblich gestört werden würde. Maßstab für die Angelegenheiten, die besorgungsbedürftig sind, ist letzten Endes Art 2 GG, sodass beispielsweise eine Betreuung mit dem Aufgabenkreis Gesundheitsbetreuung (oä) nur dann in Betracht kommt, wenn der Betroffene in dieser Beziehung nicht urteilsfähig ist und sich infolgedessen einen erheblichen Schaden zufügt oder gegen die Rechtsordnung verstößt.

109 Bei der Aufgabenkreisbestimmung hat das Gericht darauf zu achten, dass die zu besorgenden Angelegenheiten erfasst werden. Dem Betreuer können keine Aufgaben zugewiesen werden, die nicht zu erfüllen sind, zB weil die Rechtsordnung sie nicht gestattet.

110 Zur Frage, ob für das Ausschlagen einer Erbschaft der Betreuer einen speziellen Aufgabenkreis benötigt oder ob die Vermögenssorge ausreicht, (dies bejahend) Gutachten des Deutschen Notar-Instituts DNotI-Report 2004, 1.

c) Bei körperlich Behinderten ausgeschlossene Aufgabenkreise

111 Ohne dass dies ausdrücklich geregelt wäre, kommen mangels Erforderlichkeit eine Reihe von Angelegenheiten als auf den Betreuer zu übertragende Aufgaben nicht in Betracht. S dazu oben Rn 69.

d) Der Grundsatz der individuellen Bestimmung; Ausnahmen

112 Eine generelle Bestimmung von zu besorgenden Angelegenheiten war mit dem auf die Betreuungsbedürftigkeit der einzelnen Person zugeschnittenen Betreuungsgesetz nicht mehr vereinbar. Davon abweichend allerdings das Übergangsrecht, das im Falle bisheriger Vormundschaft und vorläufiger Vormundschaft als Aufgabenkreis des Betreuers alle Angelegenheiten einschließlich eines den gesamten Aufgaben-

bereich erfassenden Einwilligungsvorbehalts umfasste und lediglich die Entscheidung über die Einwilligung in eine Sterilisation ausnahm (Art 9 § 1 Abs 4 BtG).

Art und Umfang des Aufgabenkreises, mit dem die zu besorgenden Angelegenhei- **113** ten erfasst und gekennzeichnet werden, hängen von dem konkreten Betreuungsbedarf des Betroffenen in seiner gegenwärtigen Lebenssituation ab (OLG Hamm FamRZ 1995, 433, 435 = BtPrax 1995, 70, 72 = FGPrax 1995, 56, 57 mAnm SEITZ). Es kommt darauf an, inwieweit der Betroffene imstande ist, den seiner bisherigen Biografie und Lebensführung entsprechenden Alltag zu beherrschen und zu gestalten. Ein ständiger Betreuungsbedarf als Voraussetzung einer Betreuerbestellung ist nicht erforderlich; andererseits wird die Bestellung eines Betreuers nicht schon dadurch hinfällig, dass vorübergehend kein „aktueller Handlungsbedarf" besteht (BayObLG FamRZ 1995, 117). Erforderlich ist eine Betreuung aber nur dann, wenn weder der Betroffene selbst noch andere Personen die Aufgabenbereiche, für die Handlungsbedarf besteht, wahrnehmen können. Auch ein psychisch kranker Betroffener kann durchaus zur Erledigung einzelner Aufgabenbereiche in der Lage sein (BayObLG FamRZ 2003, 1044, 1045). Die Erforderlichkeit der Betreuung muss für jeden Aufgabenbereich konkretisiert werden (BayObLGZ 1994, 209, 212 = FamRZ 1994, 1551; FamRZ 2003, 1044, 1045). Aus diesem Grund entspricht eine Praxis, die zunächst ein Sachverständigengutachten in Auftrag gibt, um sich von dem Sachverständigen Art, Umfang und Dauer der Betreuungsbedürftigkeit mitteilen zu lassen, nicht dem Wortlaut des Abs 1 S 1. Bei diesem Verfahren besteht die Gefahr und gewisse Wahrscheinlichkeit, dass der Sachverständige die aufgrund der festgestellten Krankheit oder Behinderung typischerweise vorhandenen Defizite als Betreuungsbedarf deklariert, also gerade nicht den individuell festgestellten.

Je nach Krankheits- oder Behinderungsart oder ihrem Ausprägungsgrad wird von **114** vornherein damit gerechnet werden können, dass die Bestellung eines Betreuers nur für eine kurze (vorübergehende) Zeit erforderlich ist oder aber von Dauer sein wird mit der Tendenz, dass die Betreuungsbedürftigkeit rechtlich wie tatsächlich zunimmt.

e) Betreuung grundsätzlich Rechtsfürsorge
Betreuung iSd §§ 1896 ff ist Rechtsfürsorge; vgl dazu die der Klarstellung dienenden **115** Ergänzungen der Überschriften vor §§ 1773 ff und §§ 1896 ff sowie die Neufassung des § 1897 Abs 1 BGB und den eingefügten § 1901 Abs 1 BGB (Art 1 Nrn 1, 10 a, 12, 13 BtÄndG). Die besorgungsbedürftigen Angelegenheiten müssen deshalb grundsätzlich Rechtsangelegenheiten sein. Dazu gehören in erster Linie Rechtsgeschäfte und sonstige Rechtshandlungen in zivil- und öffentlich-rechtlichen Rechtsverhältnissen (ERMAN/ROTH Rn 19). In Betracht kommen die Ausübung und die Geltendmachung zivil- oder öffentlich-rechtlicher Rechte und Ansprüche, personenrechtliche Gestattungen, die Wahrnehmung von privatrechtlich oder öffentlich-rechtlich begründeten Pflichten (Vertragserfüllung, Steuerpflicht). Die Betreuung dient nicht (jedenfalls nicht unmittelbar) dem Ziel, sozial angepasstes oder straffreies Verhalten zu erreichen, ganz abgesehen davon, dass dies nicht Gegenstand gesetzlicher Vertretung sein kann und eine Erziehungsleistung gegenüber einem Volljährigen nicht zur Aufgabe eines Betreuers nach §§ 1896 ff gehört (so schon nach bisherigem Recht, s die Kommentierungen zu § 1901 aF). Mit der Ansicht, auch bei Anordnung der Unterbringung eines Angeklagten in einem psychiatrischen Krankenhaus sei

Werner Bienwald

im Blick auf den Grundsatz der Verhältnismäßigkeit zu prüfen, ob die Vollstreckung der Maßregel (§ 63 StGB) ausgesetzt werden könne, wenn beispielsweise durch Begründung eines Betreuungsverhältnisses die Chance besteht, seine Gefährlichkeit in vertretbarer Weise abzumildern (BGH R & P 1997, 183; BGH FamRZ 2002, 1556 mAnm BIENWALD; BGH NStZ-RR 2011, 75 hinsichtlich Aussetzung der Strafvollstreckung), wird deshalb die **Zielsetzung** des Betreuungsrechts und die Funktion des Betreuers **verkannt**, abgesehen davon, dass auch sonst eine Betreuungsbedürftigkeit iSd §§ 1896 ff nicht erkennbar ist. Außerdem obliegt es dem Betreuungsgericht und nicht der Strafkammer, die Voraussetzungen einer Betreuerbestellung zu prüfen und danach zu entscheiden. Die Strafkammer könnte höchstens eine Prüfung in dieser Richtung beim Betreuungsgericht anregen.

116 Die vom BGH in den genannten Entscheidungen jeweils verlangte Erörterung, ob sich die vom Angeklagten/Untergebrachten ausgehende Gefahr insbesondere durch die Begründung eines Betreuungsverhältnisses nach den §§ 1896 ff BGB abwenden oder jedenfalls so stark abschwächen lasse, dass ein Verzicht auf den Vollzug der Maßregel oder/und der Freiheitsstrafe gewagt werden könne (BGH NStZ-RR 2011, 75), kann zwar von dem Strafgericht verlangt werden, müsste sich aber aus den genannten Gründen grundsätzlich als ergebnislos erweisen. Sollte der Betroffene wegen seines Unvermögens, seine Angelegenheiten im Übrigen ganz oder teilweise zu besorgen, einen Betreuer benötigen, kann dessen Bestellung beim Betreuungsgericht angeregt werden.

117 Der sich aus Abs 2 S 2 ergebende Nachrang der rechtlichen Betreuung schließt nicht aus, auch andere Angelegenheiten zum Gegenstand von Betreuung zu machen und zwar dann, wenn andere Hilfen nicht vorhanden sind oder durch sie die besorgungsbedürftigen Angelegenheiten nicht ebenso gut wie durch einen Betreuer besorgt werden können. Damit wird jedoch nicht gefordert, dass der Betreuer diese tatsächlichen Leistungen immer selbst erbringen müsste. Die amtl Begr geht davon aus, dass eine tatsächliche Betreuungsbedürftigkeit des Betroffenen vielfach keine Betreuung nach bürgerlichem Recht erfordert, weil seine Angelegenheiten durch andere Hilfen ebenso gut besorgt werden können. Die Bestellung eines Betreuers setzt wiederum nicht voraus, dass der Betroffene für jede einzelne Besorgung des Aufgabenkreises eines gesetzlichen Vertreters bedarf (BT-Drucks 11/4528, 122). Trotz der Bemühungen, die dem Betreuer vom Gesetz zugewiesenen Amtsgeschäfte von dem darüber hinausgehenden faktischen Engagement für den Betreuten (für das staatliche Mittel als Vergütung nicht mehr aufzuwenden wären!) abzugrenzen, macht die gefundene Lösung (s die Einzelbegründung z Änderung des § 1901 in BT-Drucks 13/7158, 33) die Schwierigkeit eines solchen Unterfangens deutlich, zumal das Gesetz durch weitere vom Aufgabenkreis unabhängige Pflichten (§ 1901 Abs 5 BGB) dazu beiträgt, Abgrenzungen zu erschweren.

f) Konkreter oder abstrakter Handlungsbedarf

118 Die Vorschrift setzt nicht voraus, dass eine konkret bevorstehende Angelegenheit zu besorgen ist. Andererseits reicht die abstrakte Möglichkeit, der Betroffene könne eines Tages seine dann regelungsbedürftige Angelegenheit nicht selbst besorgen, für die Bestellung eines Betreuers nicht aus. Es genügt, dass der Handlungsbedarf jederzeit auftreten kann und für diesen Fall die begründete Besorgnis besteht, dass ohne die Bestellung eines Betreuers das Notwendige nicht veranlasst wird (BGH

FamRZ 2015, 649; FamRZ 2017, 995 Rn 7). Auch die Tatsache, dass jemand für geschäftsunfähig angesehen wird und deshalb – abstrakt – außerstande ist, rechtsgeschäftliche Erklärungen abzugeben und entgegenzunehmen, begründet nicht allein die Bestellung eines Betreuers, soweit nicht konkret Entscheidungsbedarf besteht, dem auf andere Weise nicht abgeholfen werden kann.

Anlass für die Bestellung eines Betreuers bzw für ein dahin zielendes Verfahren wird **119** in vielen Fällen eine unerledigte oder bevorstehende rechtsgeschäftliche Angelegenheit (zB die Besorgung eines Heimplatzes und der Abschluss des Heimvertrages, sowie die Kündigung des bestehenden Mietverhältnisses mit Genehmigung des Betreuungsgerichts) oder/und eine sonstige Rechtsangelegenheit (Räumung der Wohnung) sein. In Betracht kommen vorwiegend auch die Nichterfüllung eingegangener Verpflichtungen und das Ausbleiben von Reaktionen auf Mahnungen sowie die Unsicherheit von Behörden und Geldinstituten in Bezug auf die Fähigkeit des Betroffenen, Geldleistungen mit befreiender Wirkung entgegenzunehmen. Bei geistiger Behinderung sind es in erster Linie Angelegenheiten im Zusammenhang mit einem Werkstattbesuch und Wohnen im Wohnheim, Kostenübernahme durch einen Sozialleistungsträger oder durch einen Unterhaltspflichtigen, Verwaltung des Taschengeldes oder Arbeitsentgelts oder Hilfestellung dabei, die bei einem durch Eltern nicht mehr vertretenen volljährigen Behinderten dessen Betreuungsbedürftigkeit begründen können. In Betracht kommen Entscheidungen im Zusammenhang mit einem Krankenhausaufenthalt (Notaufnahme, Operation, medikamentöse Einstellung) oder sonst (zahn-) ärztlichen Behandlungen. Zu den Voraussetzungen einer Bestellung eines Betreuers zwecks Stellung eines Rentenantrags gegen den Willen des Betroffenen BayObLGZ 1994, 209 = FamRZ 1994, 1551 = BtE 1994/95, 96 mwNw. In Fällen, in denen das Betreuungsgericht nach §§ 1846, 1908i Abs 1 S 1 BGB eine Unterbringung des Betroffenen angeordnet hat, ohne zugleich einen Betreuer zu bestellen, ist es verpflichtet, durch geeignete Maßnahmen sicherzustellen, dass dem Betroffenen innerhalb weniger Tage ein (vorläufiger) Betreuer zur Seite gestellt wird (BGHZ 150, 45 = FamRZ 2002, 744; BayObLG FGPrax 2002, 191; BayObLGZ 2003, 97 = FamRZ 2003, 1322 = Rpfleger 2003, 426).

Zur Bestellung eines Betreuers zwecks Realisierung einer Patientenverfügung s **120** dort.

g) Zur Einbeziehung wahrscheinlichen Handlungsbedarfs
Da wegen des Grundsatzes der Erforderlichkeit der Aufgabenkreis des Betreuers **121** mit dem Betreuungsbedarf korrespondieren muss, stellte sich – angesichts der aufwendigen Verfahren im Falle der Veränderung von Betreuungssachen (§§ 293 bis 295 FamFG) – die Frage nach dem Zeitpunkt für die Feststellung des Umfangs der Betreuungsbedürftigkeit und insbesondere der prophylaktischen Einbeziehung von Angelegenheiten, die der Betroffene voraussichtlich in absehbarer Zeit nicht selbst wird besorgen können. Die Gerichtspraxis verfährt zT verfahrensökonomisch und neigt zu einer weiträumigen Sicht (wohl ähnlich der Praxis in Österreich nach dem Inkrafttreten des Sachwalterschaftsrechts; dazu BT-Drucks 11/4528, 121). SCHWAB (FamRZ 1992, 493, 495; MünchKomm/SCHWAB Rn 42) empfiehlt, den Grundsatz der Erforderlichkeit vorausschauend zu handhaben.

Die Zulässigkeit vertretbarer Vorausschau bei der Bestimmung des Aufgabenkreises **122**

Werner Bienwald

ergibt sich unmittelbar aus dem BtG, das bei der Entscheidung über eine Maßnahme im Betreuungsverfahren eine zeitliche Begrenzung zwecks Überprüfung der Maßnahme vorschreibt (§§ 286 Abs 3, 295 Abs 3 FamFG). Das Gesetz räumt damit dem Gericht die Möglichkeit ein, nicht ständig, sondern nur bei begründetem Anlass die Maßnahme in Bezug auf Grund, Dauer und Ausmaß zu überprüfen. Das Gericht kann sich dabei auf das Gutachten des Sachverständigen stützen (§ 280 Abs 3 Nr 4, 5 FamFG), das sich, wenn eine Betreuung befürwortet wird, sowohl zum Umfang als auch zu der voraussichtlichen Dauer der Betreuungsbedürftigkeit äußern soll. Im Rahmen einer solchen prognostischen Feststellung lassen sich graduelle Veränderungen der Betreuungsbedürftigkeit bei der Beschreibung des Aufgabenkreises berücksichtigen, ohne dass dadurch gegen den Grundsatz der Erforderlichkeit verstoßen wird. Eine Praxis, die darüber hinausgeht und sich nicht auf die Berücksichtigung von absehbaren und bevorstehenden graduellen Änderungen in der Betreuungsbedürftigkeit beschränkt, wäre dagegen nicht zulässig.

123 Insofern nicht ganz unbedenklich ist die Entscheidung des BayObLG (BtPrax 1993, 171), nach der ein Betreuer auch bestellt werden kann, wenn ein akuter Handlungsbedarf nicht besteht, aufgrund einer Psychose aber im Falle eines akuten Schubes sofort gehandelt werden müsse (ebenso BayObLG FamRZ 2003, 1043 [LS]). Ziel dieser Bestellung ist es, die im akuten Schub für erforderlich gehaltene Unterbringung zum Zweck der Behandlung durch den Betreuer entscheiden und vollziehen zu lassen. Dass im akuten Stadium die Gefahr einer erheblichen gesundheitlichen Selbstschädigung besteht, unterliegt keinem Zweifel. Es besteht jedoch auch die Sorge, dass eine derartige Betreuung zu einer Dauerbetreuung und damit zu einer dauernden, über den Aufgabenkreis in seinem ständig notwendigen Bereich hinausgehenden Kontrolle und Beobachtung der Betroffenen und ihrer Lebensgestaltung führt, was dem Grundsatz der Erforderlichkeit widerspräche. Zutreffend hat SEITZ in seiner Anm zu BayObLG BtPrax 1995, 218 = FamRZ 1996, 250 (LS) in BtE 1994/95, 98, 99 auf weitere Entscheidungen des BayObLG hingewiesen, die einen „wesentlich engeren" Standpunkt eingenommen haben. So wurde in der kommentierten Entscheidung moniert, der Aufgabenkreis Sorge für die Gesundheit sei als Gesundheitsfürsorge in allen Bereichen der Medizin zu weitgehend, wenn eine Betreuung nur im nervenärztlichen Bereich erforderlich ist. BayObLG BtE 1992/93, 55 (Nr 6) billigte die Bestellung eines Betreuers, wenn zwar kein akuter Handlungsbedarf besteht, aufgrund einer psychischen Erkrankung aber regelmäßige nervenärztliche Behandlung erforderlich ist und durch diese der Eintritt von Schüben verhindert oder gemildert werden kann. Unter dem Stichwort **Vorratsbetreuung** ist dort (Nr 7) auch eingeordnet eine (sonst) unveröffentlichte Entscheidung mit folgendem LS: Voraussetzungen für die Bestellung eines Betreuers (Konkrete Gefahr, dass die Betroffene ihre Medikamente nicht mehr nimmt und ihre Krankheit dann wieder in eine akute Form hinüber gleitet und anderes). BayObLG FamRZ 1998, 452 lehnte die Erweiterung des Aufgabenkreises des Betreuers auf die Besorgung aller Angelegenheiten des Betroffenen ab, wenn dieser in der Lage ist, einen Teilbereich seines Lebens zu bewältigen. Insbesondere unter dem Gesichtspunkt, wie lange eine Betreuung mit einem bestimmten Aufgabenkreis des Betreuers aufrechterhalten bleiben darf (etwa: während der Zeit zwischen zwei Schüben; Vermögenssorge trotz kostenmäßig geregelten Heimaufenthalts eines Sozialhilfeempfängers), scheint es angebracht, **nicht allein** auf einen **akuten Handlungsbedarf** abzustellen, sondern (auch) darauf, ob es erforderlich ist, dass für einen bestimmten Bereich (zB Gesundheit oder

Vermögen) ein anderer für den Betroffen die Entscheidungsverantwortung übertragen erhält oder behält, sofern die Annahme begründet ist, von dieser Entscheidungsverantwortung werde in einem überschaubaren Zeitraum mehr oder weniger – ohne vorhersehbare Termine und Umstände – Gebrauch gemacht werden müssen. Während eines solchen Zeitraums muss nicht die vorzunehmende Handlung das Entscheidende sein, sondern die verantwortliche Beobachtung, ob für den Betroffenen (und ggf mit ihm) gehandelt werden muss. Zu unterscheiden sind außerdem die Fälle danach, ob es sich um eine erstmalige Bestellung eines Betreuers mit einem uU zu weitgehenden Aufgabenkreis handelt (s BayObLG BtPrax 1995, 218 = BtE 1994/95, 98 mAnm Seitz; ich würde sie als unechte Vorratsbetreuungsfälle bezeichnen!) oder um bereits bestehende Betreuungen, wo es um die vollständige oder zeitweilige Beschränkung der Betreuung in einem bestimmten Aufgabenkreis geht, ohne dass damit die Betreuung im Übrigen entfallen müsste, obgleich auch dies uU in Betracht käme. Nicht in allen Fällen würde es sich später um eine unwesentliche (und damit verfahrensmäßig einfachere) Erweiterung des Aufgabenkreises handeln; im Falle einer Aufhebung sogar um eine Neubestellung. Der Begriff der Intervallbetreuung scheint nicht mehr verwendet zu werden (ausweislich des alphabetischen Registers von BtE 1994/95).

h) Betreuung nur für eigene Angelegenheiten des Betroffenen

Die zu besorgenden Angelegenheiten müssen **eigene** des Betroffenen sein; sie müssen außerdem durch einen **Vertreter** besorgt werden können. Sog **höchstpersönliche Angelegenheiten** kommen deshalb als vom Betreuer zu besorgende Angelegenheiten, weil nicht betreuungs„fähig", nicht in Betracht, sofern nicht im Gesetz ein anderes bestimmt ist (zB § 1596 Abs 1 S 3: Anerkennung der Vaterschaft für einen Geschäftsunfähigen). Nicht der Umgang selbst, aber die Regelung des persönlichen Umgangs mit Familienangehörigen kann dem Betreuer zur Aufgabe gemacht werden (BayObLG FamRZ 2004, 1670). Die höchstpersönlichen Angelegenheiten eines Betroffenen sind deshalb zu unterscheiden, ob Stellvertretung ausgeschlossen ist (man kann sie als echte höchstpersönliche Angelegenheiten bezeichnen), und ob sie stellvertretendes Handeln erlauben oder erfordern. **124**

Um eigene Angelegenheiten des Betroffenen handelt es sich dann nicht, wenn der Betroffene Leistungen aufgrund Auftrags oder eines Dienst- oder Arbeitsverhältnisses zu erbringen hat (Bienwald/Sonnenfeld/Hoffmann/[Bienwald], BtR Rn 157; Erman/Roth Rn 20). Erwerbstätigkeit ist grundsätzlich nicht Gegenstand einer Betreuung (Erman/Roth Rn 20). Dagegen sind Zahlungsverpflichtungen und Mitgliedschaftsrechte, soweit sie durch einen Vertreter ausgeübt werden können, eigene Angelegenheiten des Betroffenen. **125**

Die **Eingehung einer Ehe** oder einer **eingetragenen Lebenspartnerschaft** und die **Errichtung eines Testaments sind als Aufgabe eines Betreuers** als (echte) höchstpersönliche Angelegenheiten (vgl § 1903 Abs 2 BGB) ausgeschlossen. Ebenso ausgeschlossen ist die **Erfüllung familialer Pflichten** durch einen Betreuer (Bienwald/Sonnenfeld/Harm § 1896 Rn 158; Erman/Roth Rn 20; ders § 1902 Rn 5; MünchKomm/Schwab Rn 115 betr elterliche Sorge; eingehend Hoffmann, Betreuung von Menschen mit minderjährigen Kindern, 10. VGT, 129). **126**

Zur Frage einer **Sorgeerklärung** nach § 1626a eines geschäftsunfähigen Elternteils **127**

DICKERHOF-BORELLO FuR 1998, 70, 157. Nach ihrer Auffassung werden die allgemeinen Normen der §§ 104 Nr 2, 105 Abs 1 durch die Bestimmung des § 1626e ausgeschlossen, wonach Sorgeerklärungen und Zustimmungen nur unwirksam sind, „wenn sie den Erfordernissen der vorstehenden Vorschriften nicht genügen" (bedenklich, weil im Ergebnis nicht die Beteiligung an der Ausübung der elterlichen Sorge erreicht werden (§ 1673 Abs 1 BGB), mithin die Sorgeerklärung eines Geschäftsunfähigen nicht den Inhalt des § 1626a Abs 1 S 1 haben kann; hinzukommt das ungeklärte Verhältnis zu § 11 BeurkG). Zur Unwirksamkeit der Sorgeerklärung eines nach § 104 Nr 2 geschäftsunfähigen Vaters ROGNER FamRefK § 1626e Rn 2 und LIPP FamRZ 1998, 65, 71.

Rn 128–130 bleiben frei.

131 Den Auftrag des vorhandenen oder bestellten Betreuers oder Bevollmächtigten, „dem Willen des Betreuten Ausdruck und Geltung zu verschaffen", beschreiben weder das Gesetz (§ 1901a Abs 1, Abs 5 BGB) noch die mehreren Entwürfe eines Patientenverfügungsgesetzes, die zur Verabschiedung eines 3. Gesetzes zur Änderung des Betreuungsgesetzes vorgelegt worden waren (näher Vorbem zu §§ 1901a–1901c). In dem sog STÜNKER-Entwurf (BT-Drucks 16/8442, 29) heißt es dazu lediglich: Der Betreuer habe darauf zu achten, dass der Betroffene entsprechend seinem Willen behandelt wird. „Hat der Patient die Entscheidung bereits selbst getroffen, ist es daher Aufgabe des Betreuers, dieser Entscheidung – wie es in dem Beschluss des Bundesgerichtshofs vom 17. 3. 2003 heißt – Ausdruck und Geltung zu verschaffen. Darüber hinaus bleibt die Tätigkeit eines Betreuers in diesen Fällen weiterhin notwendig für alle anderen in der Patientenverfügung nicht vorweg getroffenen Erklärungen und Entscheidungen. Das betrifft zB die Auswahl des Arztes oder Krankenhauses sowie die vermögensrechtliche Seite der Behandlung" (kürzer der sog ZÖLLER-Entwurf, BT-Drucks 16/11493, 6 Abs der vorgeschlagenen Regelungen). § 1901b BGB-E des BOSBACH-Entwurfs in Abs 1 S 2 lautet: „Der Betreuer hat ihnen Geltung zu verschaffen, wenn sie auf die eingetretene Situation zutreffen, es sei denn, dass der Betreute sie widerrufen hat oder an ihnen erkennbar nicht festhalten will." (BT-Drucks 16/11360, S 5, S 31 [dort ist von Umsetzung die Rede, aber auch von einer Einwilligung des Betreuten in die medizinische Behandlung]).

132 Würde sich das „Verschaffen von Ausdruck und Geltung des Patientenwillens" darauf beschränken (können), dem behandelnden Personal die Willensbekundung des Betreuten mitzuteilen und ggf zu erläutern, wäre insoweit eine gesetzliche Vertretung des Betreuten oder die Tätigkeit des Bevollmächtigten nicht erforderlich. Die Prüfung des (vorab geäußerten) Patientenwillens gemäß § 1901a Abs 1 S 1 sowie dessen Feststellung (§ 1901b Abs 2 BGB) im Gespräch mit dem behandelnden Arzt (§ 1901b Abs 1 S 2 BGB) führt im Falle der Verbindlichkeit der Patientenverfügung ieS nicht dazu, dass der Betreuer oder der Bevollmächtigte den Betreuten/Vollmachtgeber bei der Einwilligung in eine bestimmte medizinische Maßnahme oder bei deren Verweigerung vertreten; sie vertreten den Betreuten/Vollmachtgeber aber in der Wahrnehmung seiner Rechte hinsichtlich der Geltung und Durchsetzung seines Selbstbestimmungsrechts. Aus diesem Grunde und insbesondere, wenn eine weitere Vertretung im Bereich von Gesundheitssorge nicht (nicht aktuell) erforderlich ist, genügt es oder empfiehlt sich zur Klarstellung des Aufgabenkreises die

Formulierung: „Geltendmachen der Rechte der Patientin/des Patienten aus der Patientenverfügung vom …".

Gehört zur Aufgabe des Betreuers/Bevollmächtigten, eine eigene Entscheidung **133** unter Beachtung der Wünsche des Betreuten/Vollmachtgebers zu treffen, kann sich der Auftrag nicht unmittelbar auf die Beendigung lebenserhaltender Maßnahmen erstrecken (s dazu STAUDINGER/BIENWALD [2013] § 1896 Rn 133). Nach diesseitiger Auffassung liegt im Falle einer gemutmaßten Entscheidung über eine Einwilligung oder deren Verweigerung in eine medizinische Maßnahme im Ergebnis wiederum eine Entscheidung der betreffenden Person vor, der der Betreuer oder der Bevollmächtigte Geltung zu verschaffen haben. Trifft der Betreuer oder der Bevollmächtigte eine eigene Entscheidung, wenn auch als Vertreter der betroffenen Person, und tritt danach deren Tod ein, wird diese Folge der Entscheidung regelmäßig billigend in Kauf genommen sein, sodass sich die Frage der Strafbarkeit der Entscheidung ausschließt. Daran ändert nichts die Formulierung des Aufgabenkreises „Gesundheitssorge" oder „Gesundheitsangelegenheiten".

Zur Frage der Zuständigkeit eines Betreuers in Angelegenheiten von **Forschungs-** **134** **vorhaben** im medizinischen Bereich, **Transfusion** und **Transplantation** s § 1904 BGB.

Für die Entscheidung über die Einwilligung in eine **Sterilisation** des Betreuten ist stets ein besonderer Betreuer zu bestellen (§ 1899 Abs 2 BGB).

Als Aufgabenkreis kann auch die **Geltendmachung von Rechten des Betreuten gegenüber seinem Bevollmächtigten** bestimmt werden (§ 1896 Abs 3 BGB).

6. Die Bedeutung des Antrags in Abs 1

Im Bedarfsfalle bestellt das Betreuungsgericht dem Betroffenen auf seinen Antrag **135** einen Betreuer. Dies gilt für alle Arten von Betroffenen unabhängig von dem medizinischen Befund (Abs 1 S 1). Ist der Betroffene allerdings nur körperlich behindert, darf ein Betreuer nur auf Antrag des Betroffenen bestellt werden, es sei denn, dieser ist nicht in der Lage, seinen Willen kundzutun (Abs 1 S 3). Ohne die erforderliche Hilfe darf er nicht gelassen werden. Abgesehen aber von diesem besonderen Fall ist bei einer körperlichen Behinderung der Antrag auf Bestellung eines Betreuers zwingende Entscheidungsvoraussetzung (nach Auffassung von ERMAN/HOLZHAUER Rn 15 und MünchKomm/SCHWAB Rn 132 hat der Antrag eine Doppelnatur). Kommt zu der körperlichen Behinderung eine Krankheit oder Behinderung hinzu, wie sie in Abs 1 S 1 beschrieben sind, kann die Bestellung eines Betreuers auch von Amts wegen erfolgen (ebenso MünchKomm/SCHWAB Rn 129).

Soweit es sich nicht lediglich um körperliche Behinderung handelt, bestellt das **136** Betreuungsgericht einen Betreuer erforderlichenfalls von Amts wegen. Der Antrag des Betroffenen hat deshalb hier nicht die Bedeutung einer Sachentscheidungsvoraussetzung. Er hat die Qualität einer **Anregung**, wie die anderer Personen oder Institutionen (Nichtbetroffener). Der Gesetzgeber hat dem „Antragsrecht" des nicht lediglich körperlich Behinderten auch eher eine psychologische als eine rechtliche Bedeutung beigemessen (BT-Drucks 11/4528, 118). Ein Einverständnis des Betroffenen mit der Bestellung eines Betreuers ist nicht vorgesehen, kann aber als Antrag gewertet werden (BayObLGR 2004, 112 [LS]). Das „Antragsrecht" steht demzufolge auch nur dem Betroffenen, nicht dagegen einem Dritten zu, auch wenn dieser ein eigenes Interesse an der Bestellung eines Betreuers für den Betroffenen hat. Ebenso haben nahe Angehörige kein „Antragsrecht". Auch der Behörde steht kein Antragsrecht zu. Niemand von ihnen ist dadurch gehindert, die Bestellung eines Betreuers und/oder die Anordnung eines Einwilligungsvorbehaltes bzw die Einleitung eines entsprechenden Verfahrens anzuregen.

137   Der Antrag des nicht lediglich körperlich Behinderten ist **Verfahrenshandlung**. Zu seiner Vornahme ist der Betroffene auch verfahrensrechtlich imstande, denn er ist unabhängig von einer etwaigen Geschäftsunfähigkeit uneingeschränkt verfahrensfähig (§ 275 FamFG). Obwohl keine Willenserklärung iSd §§ 116 ff, ist eine entsprechende Willensäußerung auslegungsfähig (KEIDEL/STERNAL § 23 FamFG Rn 47) und ggf auslegungsbedürftig. Ist das Verfahren zur Prüfung, ob dem Betroffenen ein Betreuer zu bestellen ist (Betreuungssache), lediglich auf Anregung anderer zustande gekommen, und äußert der Betroffene im Laufe des Verfahrens, dass er mit der Bestellung eines Betreuers einverstanden ist, handelt es sich nicht um einen „Antrag", dh eine Erklärung, die das Tätigwerden des Gerichts auslösen soll (Münch Komm/SCHWAB Rn 121; **aA** LIPP, Freiheit und Fürsorge 78). Ein anderes Verständnis von „Antrag" würde das vom Gesetzgeber vermiedene Merkmal der „Einwilligung" bei der Gebrechlichkeitspflegschaft bisherigen Rechts (§ 1910 Abs 3 aF) wieder einführen. Dem „Antragsrecht" auf Bestellung eines Betreuers entspricht der „Antrag" des Betreuten auf Aufhebung der Betreuung oder auf Einschränkung oder Erweiterung des Aufgabenkreises des Betreuers gem § 1908d Abs 2 und 3 BGB (BT-Drucks 11/4528, 120). Hat der Betroffene in der Beschwerdeinstanz sein Einverständnis mit der Betreuung erklärt, hat er aber gleichwohl weitere Beschwerde eingelegt, so ist der darin enthaltene Wegfall des Einverständnisses durch das Rechtsbeschwerdegericht zu berücksichtigen (BayObLG FamRZ 2001, 1245 mAnm BIENWALD).

138   Die Stellung des „Antrags" hat verfahrensrechtliche Konsequenzen. Im Verfahren zur Bestellung eines Betreuers genügt nach § 281 Abs 1 Nr 1 FamFG anstelle des Sachverständigengutachtens ein ärztliches Zeugnis, wenn der Betroffene, der den Antrag gestellt hat, auf die Begutachtung verzichtet hat und die Einholung des Gutachtens insbesondere im Hinblick auf den Umfang des Aufgabenkreises des Betreuers unverhältnismäßig wäre. Kritisch äußerte sich zu dieser Regelung insbesondere im Hinblick auf die Verfahrensfähigkeit von geschäftsunfähigen Betroffenen MünchKomm/SCHWAB (5. Aufl) Rn 129, der im Ergebnis wie hier die Auffassung vertritt, dass die Verfahrensalternative keinesfalls dazu benutzt werden darf, durch Überredung des Betroffenen zur Antragstellung und zum Verzicht auf Begutachtung das Verfahren zu erleichtern und die Bestellung des Betreuers auf einen unzureichenden fachärztlichen Erkenntnisstand zu gründen. Die Begutachtung wäre in einem solchen Falle nachzuholen, wenn der Antrag des Betreuten auf Aufhebung der Betreuung oder auf Einschränkung des Aufgabenkreises erstmals abgelehnt werden soll (§ 294 Abs 2 FamFG). Zu einer (ergänzenden) Begutachtung kommt es allerdings dann nicht, wenn der Betreute, auf dessen „Antrag" die erstmalige Bestellung eines Betreuers erfolgte, keinen Antrag auf Aufhebung stellt, sondern das Gericht von Amts wegen über die Verlängerung entscheidet und der Betreute nicht widerspricht (§ 295 Abs 1 S 2 FamFG). Gegen die Bestellung eines Betreuers auf Antrag des Betroffenen steht der zuständigen Behörde seit Inkrafttreten des

FamFG ein Beschwerderecht zu (§ 303 Abs 1 FamFG; zur bisherigen Rechtslage § 69g Abs 1 S 1 FGG sowie OLG Hamm FamRZ 2002, 194 mAnm Bienwald).

Die dem Gericht durch § 282 FamFG eingeräumte Befugnis, bestehende ärztliche **139** Gutachten des Medizinischen Dienstes der Krankenversicherung nach § 18 SGB XI anzufordern und im Einverständnis des Betroffenen oder seines Verfahrenspflegers zu verwenden, kommt bei einer Antragsbetreuung nur dann zum Tragen, wenn das Gericht aufgrund des ärztlichen Zeugnisses keine hinreichende Gewissheit über die Voraussetzungen einer Betreuerbestellung erlangt und zusätzlich eine Begutachtung anordnen würde.

Die **Rücknahme** des „Antrags" auf Bestellung eines Betreuers ist bis zum Abschluss **140** des Verfahrens zulässig. Der Betroffene ist, weil verfahrensfähig, rechtlich dazu imstande (§ 275 FamFG). War bislang auf die Begutachtung verzichtet worden, muss sie jetzt vorgenommen oder/und nach § 281 FamFG verfahren werden, bevor das Betreuungsgericht von Amts wegen den Betreuer bestellt. Nimmt der lediglich körperlich Behinderte vor Abschluss des Verfahrens seinen Antrag zurück, ist das Verfahren beendet. Wer die Bestellung eines Betreuers angeregt hatte, kann mit der Zurücknahme seiner Anregung („Antrags") weder den Fortgang der von Amts wegen vorzunehmenden Ermittlungen noch die von Amts wegen zu treffende Entscheidung über die Bestellung eines Betreuers verhindern.

Zur Stellung des „Antrags" auf Bestellung eines (ggf weiteren) Betreuers und zur **141** Erklärung der Rücknahme dieses Antrags für den nicht lediglich körperlich Behinderten ist auch der Pfleger für das Verfahren berechtigt, sofern er rechtzeitig bestellt wurde. Seinem Auftrag nach ist der Pfleger für das Verfahren berechtigt, sämtliche Verfahrenserklärungen – konkurrierend zum verfahrensfähigen Betroffenen – abzugeben (Keidel/Budde § 276 FamFG Rn 13). Da der Antrag keine Sachentscheidungsvoraussetzung darstellt, bindet er das Gericht auch nicht. Der gestellte Antrag hindert das Gericht nicht, von Amts wegen die Bestellung des Betreuers zu beschließen. Stellt der Verfahrenspfleger rechtzeitig den „Antrag", entsteht die in § 281 Abs 1 Nr 1 FamFG beschriebene Verfahrenslage, die ein Absehen von der Begutachtung unter bestimmten Voraussetzungen ermöglicht. Die Rechte des Betroffenen werden durch einen derartigen Antrag nicht beschnitten, weil der Betroffene in der Lage ist, den „Antrag" zu widerrufen, und das Gericht durch den Amtsermittlungsgrundsatz des § 26 FamFG gebunden ist und ggf zu weiteren Ermittlungen verpflichtet wird. Beeinträchtigt wird die Beschwerdeberechtigung bestimmter Personen. Dies geschieht aber nicht nur durch die Antragstellung des Verfahrenspflegers, sondern auch durch die des Betroffenen und beruht letztlich auf dem Willen des Gesetzgebers.

Für die Qualität des „Antrags" kommt es weder auf die Wortwahl noch darauf an, **142** dass der Betroffene den Aufgabenkreis des zu bestellenden Betreuers benennt. Es ist auch nicht erforderlich, dass der Betroffene einen Betreuer benennt; § 1897 Abs 4 S 1 BGB nötigt nicht zu dieser Annahme. Die Willensäußerung des Betroffenen ist dann als „Antrag" zu werten, wenn aus ihr der **Wunsch** erkennbar wird, das Gericht solle eine **Person zur Besorgung seiner Angelegenheiten** bestimmen, und die Angelegenheiten ggf auf Nachfrage beschrieben werden, die nach seiner Auffassung zu besorgen sind. Nach OLG Hamm (FamRZ 2002, 194 mAnm Bienwald = BtPrax 2001, 213) wurde ein Betreuer auch dann auf Antrag des Betroffenen bestellt, wenn die Bestellung durch die psychiatrische Klinik, in der sich der Betroffene befindet, angeregt wurde und der Betroffene bei seiner persönlichen Anhörung durch das Gericht der Einrichtung der Betreuung zustimmte (mit der Folge, dass der zuständigen Behörde ein Beschwerderecht nicht zustand; inzwischen überholt). Ein Einverständnis des Betroffenen mit der Bestellung eines Betreuers kann je nach den Umständen als Antrag iSv § 1896 Abs 1 S 1 BGB gewertet werden.

143 Der „Antrag" begrenzt nicht die Ermittlungstätigkeit und die Ermittlungspflicht (§ 26 FamFG) des Gerichts; er reicht auch für die Bestellung eines Betreuers allein nicht aus, wie § 281 Abs 1 Nr 1 FamFG erkennen lässt. Das Betreuungsgericht hat über den Antrag hinaus zu prüfen, ob über die Selbsteinschätzung seiner Hilfebedürftigkeit hinaus der Betroffene einen Betreuer (als gesetzlichen Vertreter) benötigt. Dabei sind an das Gericht keine überzogenen Forderungen zu stellen; ausreichend, aber auch erforderlich ist eine fachlich begründete Aufmerksamkeit, was die Äußerungen des Betroffenen und die übrigen verfügbaren Informationen angeht. Nicht selten zeigen sich Betreute später enttäuscht, weil sie mit dem Wort „Betreuung" einen anderen Inhalt verbunden haben. Wichtig ist deshalb, dass die Gerichte im Falle einer Antragsbetreuung eingehend darüber informieren und beraten, was die Antragsteller erwartet und dass sie grundsätzlich für eine berufsmäßig geführte Betreuung eine Vergütung schulden.

144 Da der „Antrag" des Betroffenen nicht die Anordnung eines Einwilligungsvorbehalts einschließen kann – seine Anordnung ist nur von Amts wegen zugelassen, s unten § 1903 –, ist auch von Amts wegen zu prüfen, ob Anlass für eine solche Entscheidung besteht. Die bei „Antragstellung" mögliche Verfahrenserleichterung wirkt sich dann nicht aus, wenn mit der Bestellung des Betreuers ein Einwilligungsvorbehalt angeordnet werden soll, jedenfalls seine Anordnung in Erwägung zu ziehen ist (§ 62 FamFG). Vor der Anordnung eines Einwilligungsvorbehalts (gleich welchen Umfangs) muss das Gutachten eines Sachverständigen eingeholt sein (so auch Holzhauer/Reinicke Rn 77). Ebenfalls ohne verfahrenserleichternde Auswirkungen ist ein „Antrag", der nach Auffassung des Gerichts (uU werden im Sozialbericht der Behörde oder von anderer Seite entsprechende Hinweise gegeben) nicht die Betreuungsbedürftigkeit des Betroffenen erfasst, vorausgesetzt, dass ein Hinweis des Gerichts, den „Antrag" entsprechend zu „erweitern", erfolglos bleibt, sodass das Gericht von Amts wegen einen Betreuer mit weiterreichendem Aufgabenkreis bestellt. Wendet sich der Betroffene gegen eine über seinen Antrag hinausgehende Betreuung, lässt sich der Verzicht auf das Gutachten eines Sachverständigen auch nicht rechtfertigen.

145 Das auf „Antrag" des Betroffenen zustande gekommene Verfahren betreffend die Bestellung eines Betreuers hat eine weitere **Besonderheit**. Anders als bei einer Bestellung eines Betreuers von Amts wegen räumt das Gesetz dem Ehegatten des Betroffenen und den Angehörigen ein gesondert geregeltes Beschwerderecht nicht ein (§ 303 Abs 2 FamFG; zum bisherigen Recht § 69g Abs 1 FGG sowie BayObLG BtPrax 1998, 149). Hier ist eine Beschwerdebefugnis der Genannten nur unter den allgemeinen Voraussetzungen des §§ 58, 59 FamFG zugelassen. Diese Regelung ist weniger im Hinblick auf die „Antragstellung eines Geschäftsunfähigen" (so aber MünchKomm/Schwab Rn 139) als wegen der Inkonsequenzen innerhalb des BtG (man vergleiche das den Angehörigen entgegengebrachte Vertrauen, was die Befreiung gem § 1908i Abs 2 angeht, sowie § 1897 Abs 4 und 5 BGB) und der geringen Praktikabilität wegen zu kritisieren.

Legt einer der hier Genannten eine Beschwerde gemäß §§ 58 ff, 303 Abs 2 FamFG **146** ein, gehört zur Begründung zwangsläufig auch die Tatsache, dass die Bestellung des Betreuers nicht auf Antrag des Betroffenen erfolgt ist. Wird ein Betreuer teils „auf Antrag", teils von Amts wegen bestellt, kann die als Einheitsentscheidung vorgenommene Bestellung des Betreuers nur als Einheit angefochten werden, es sei denn, dass das Gericht mehrere (Mit-)Betreuer bestellt und dem einen die „beantragten", dem anderen aber die „nicht beantragten" Angelegenheiten übertragen hat. Ein naher Angehöriger ist deshalb zur Beschwerde gegen die Bestellung eines Betreuers befugt, wenn das Betreuungsverfahren zwar auf Antrag des Betroffenen eingeleitet wurde, das Betreuungsgericht den Betreuer aber von Amts wegen bestellt hat (Bay-ObLG FamRZ 2003, 1871).

Ist ein Betreuer „auf Antrag" bestellt und damit ein Einwilligungsvorbehalt ver- **147** bunden, bleibt den Genannten das Beschwerderecht gegen die Anordnung des Einwilligungsvorbehalts erhalten. Hat das Gericht die Bestellung eines Betreuers ganz oder teilweise abgelehnt, besteht das Beschwerderecht nach §§ 58, 303 Abs 2 FamFG. Wird das Gericht „auf Antrag" des Betroffenen tätig und bestellt es einen Betreuer nur für einen Teil der Angelegenheiten, die der Antragsteller als zu übertragende Angelegenheiten vorgebracht hat, muss das Gericht um der Beschwerdebefugnis willen die Bestellung eines Betreuers im Übrigen (soweit sie beantragt war) ablehnen.

Die besondere Beschwerderegelung gilt auch für die Erweiterung des Aufgaben- **148** kreises des Betreuers oder/und des Kreises der einwilligungsbedürftigen Willenserklärungen (§§ 58, 303 Abs 2 FamFG) sowie für die Verlängerung der Maßnahmen, für die Aufhebung der Betreuung und die Einschränkung des Aufgabenkreises des Betreuers. Zur Rechtsbeschwerde s § 70 FamFG. Inhaltlich kann diese Sonderregelung in den verschiedenen Fallkonstellationen nur dort zum Tragen kommen, wo der Betroffene/Betreute einen „Antrag" gestellt und das Gericht „antragsgemäß" entschieden hat. Ob jemand, der in der Lage ist, derart differenziert und ausgewogen Anträge zu stellen, noch betreuungsbedürftig ist, erscheint jedoch fraglich. Eine **rechtstatsächliche Untersuchung** in Bezug auf die Häufigkeit und die Art von Anwendungsfällen wäre aufschlussreich.

Sowohl Sachentscheidungsvoraussetzung als auch verfahrenseinleitende Vorausset- **149** zung ist der Antrag auf Bestellung eines (Spezial-)Betreuers nach Bestimmungen des **öffentlichen Rechts** (zum früheren Rechtszustand STAUDINGER/ENGLER[10/11] Vorbem 20 ff zu §§ 1909 ff; ERMAN/HOLZHAUER[8] Vor § 1909 Rn 8). Soweit dort Verfahrensbesonderheiten bestimmt sind, haben sie Vorrang vor dem allgemeinen Recht (DAMRAU/ZIMMERMANN Rn 89). Es handelt sich um die Bestellung von Betreuern für den Fall der Verhandlungsunfähigkeit von Personen des öffentlichen Dienstes, bei denen dienst- oder disziplinarrechtliche Schritte erwogen werden. Der Einleitung oder Fortsetzung eines solchen Verfahrens soll nicht entgegenstehen, dass der Betroffene verhandlungsunfähig ist. Ist er (nur) wegen Abwesenheit außerstande, seine Rechte wahrzunehmen, ist die Bestellung eines Pflegers vorgesehen. Geregelt ist dies in § 19

Abs 2 Nr 1 BDO für einen Beamten und in § 78 Abs 2 Nr 1 WDO für einen Soldaten, jeweils in der Fassung des BtG (Art 7 § 6 und § 38). S auch Vorbem 112 ff zu
§§ 1896 ff.

150 Bestellt der Vorsitzende eines Gerichts für einen nicht prozessfähigen Beteiligten,
der ohne gesetzlichen Vertreter ist, bis zum Eintritt eines Betreuers einen besonderen Vertreter, handelt es sich nicht um eine Betreuerbestellung iSd §§ 1896 ff. Zur
Notwendigkeit der Bestellung eines Betreuers zwecks Vertretung eines geschäftsunfähigen Betroffenen in gerichtlichen Verfahren, weil die Bevollmächtigung mangels gesetzlicher Vertretung nicht ausreichte, BayObLG FamRZ 1998, 920 = NJWE-
FER 1997, 227 sowie SEITZ BtPrax 1996, 93. Zu beachten ist jetzt der durch das
2. BtÄndG angefügte § 51 Abs 3 ZPO, der den Bevollmächtigten unter bestimmten
Voraussetzungen einem gesetzlichen Vertreter gleichstellt. Vorgesehen ist die Vertreterbestellung in § 72 SGG, § 62 VwGO und § 58 FGO. In den Vorschriften wird
Bezug genommen auf die Regelung der ZPO in den §§ 53–58.

7.   Betreuung und Drittinteresse

151 Bereits nach bisherigem Recht verlangten Rechtsprechung und überwiegende Meinung im Schrifttum das Vorliegen eines Schutz- und Fürsorgebedürfnisses für die
Anordnung einer Gebrechlichkeitspflegschaft (die Anordnung der Vormundschaft
nach Entmündigung des Volljährigen war obligatorisch, § 1896 aF); die Pflegschaft
dürfe nicht im alleinigen Interesse eines Dritten angeordnet werden, sie müsse
zumindest auch im Interesse des Pflegebefohlenen selbst liegen (im Einzelnen BIEN-
WALD, Untersuchungen 99). Offensichtlich von einigen mit Erleichterung aufgenommen
wurde die schon während der Vorbereitungen des Betreuungsgesetzentwurfs ergangene Entscheidung des Bundesgerichtshofs, eine Pflegschaft für einen Gebrechlichen dürfe in Ausnahmefällen auch im ausschließlichen Interesse eines Dritten
angeordnet werden, allerdings nur dann, wenn die Geltendmachung von Rechten
gegen den Gebrechlichen in Frage stehe und der Dritte daran ohne die Einrichtung
einer Pflegschaft wegen (partieller) Geschäftsunfähigkeit des Gebrechlichen gehindert wäre (BGHZ 93, 1, 69). Um eine ordnungsgemäße Vertretung der prozessunfähigen Partei im Prozess zu gewährleisten, ist grundsätzlich ein Betreuer zu bestellen
(BGH FamRZ 2011, 289 [LS]; BGH FamRZ 2011, 465); deshalb ist ausnahmsweise auch
einem Betroffenen im Interesse eines Dritten ein Betreuer zu bestellen, wenn die
Voraussetzungen des § 1896 Abs 1 vorliegen (BGH FamRZ 2011, 465 [466]).

152 Der RegEntw des BtG hatte sich in der Frage eines Drittinteresses an der Bestellung
eines Betreuers an dieser Rechtsprechung orientiert und an Beispielen deutlich
gemacht, dass die Notwendigkeit bestehen kann, einen Betreuer im Drittinteresse
zu bestellen. Ein dementsprechendes Tatbestandsmerkmal sieht der Text des Gesetzes aber nicht vor. Erörtert wurde die Frage des Drittinteresses im RegEntw
(BT-Drucks 11/4528, 117) im Zusammenhang mit einem etwaigen Antragsrecht Dritter.
Das Gesetz hat auch dieses nicht vorgesehen; es bleibt aber jedem unbenommen, die
Bestellung eines Betreuers für eine bestimmte Person anzuregen. Eine förmliche
Beteiligtenstellung im Verfahren wurde Dritten nicht eingeräumt, was bei Einfüh-
rung eines Antragsrechts für unvermeidbar angesehen wurde (BT-Drucks 11/4528, 117).
Anderslautenden Forderungen (DAMRAU/ZIMMERMANN § 1896 Rn 107; dies [4. Aufl] Rn 28
und ERMAN/ROTH § 1896 Rn 84) wurde auch durch das FGG – Reformgesetz nicht

nachgegeben. Unzutreffend ist die Vorstellung, jemand könne seine Interessen einem anderen gegenüber nur wahrnehmen, wenn dieser einen Betreuer habe.

Im Verfahrensrecht sind Möglichkeiten eröffnet, dass entfernter stehende Dritte **153** Rechte durchsetzen oder die Rechtsposition zur Geltung bringen. Die Frage nach Bestellung eines Betreuers im Drittinteresse wurde und wird deshalb falsch gestellt. Wer nach dem Interesse fragt, fragt nach der Zielrichtung. Diese kann bei einer Bestellung eines Betreuers immer nur die Fürsorge für den Betroffenen sein. Bei der Besorgung seiner Angelegenheiten kommt es dann darauf an, dass in seinem Interesse gehandelt wird. Die Frage muss deshalb lauten: Ist die Angelegenheit, für deren Erledigung ein Dritter die Bestellung eines Betreuers anregt (vorschlägt, „beantragt"), eine Angelegenheit des Betroffenen, die besorgt werden muss? Hierzu hat der BGH (BGHZ 93, 1 = JZ 1985, 289, 291 mAnm BEITZKE) zutreffend ausgeführt, der damaligen Gebrechlichkeitspflegschaft über (partiell) Geschäftsunfähige sei die Zielvorstellung immanent, dass ein Rechtssubjekt nicht auf Dauer vom Rechtsverkehr ausgeschlossen sein dürfe, sich diesem aber auch nicht entziehen könne (s auch LIPP, Freiheit und Fürsorge 54). Andernfalls wäre die Geschäftsunfähigkeit mit ihren Folgen einem bürgerlichen Tod gleichzusetzen. Die Möglichkeit, gemäß § 57 ZPO einen Prozesspfleger zu bestellen, kann nur die Zeit bis zur Bestellung eines Betreuers überbrücken; für die Führung eines Rechtsstreits, auch gegen den Betroffenen, ist einem prozessunfähigen Volljährigen vorrangig ein Betreuer zu bestellen (LG Mönchengladbach FamRZ 2002, 1431).

Ohne dass die Geschäftsunfähigkeit zum Tatbestandsmerkmal für die Bestellung **154** eines Betreuers gemacht worden ist, trifft dies auch für die Betreuung zu. Die Tatsache, dass jemand selbst nicht imstande ist, seine Angelegenheiten zu besorgen, kann nicht dazu führen, dass diese schlechthin nicht besorgt werden. Zur Zulässigkeit einer Bestellung eines Betreuers im ausschließlichen Interesse eines Dritten (zwecks Kündigung des Mietverhältnisses durch den Vermieter bei Geschäftsunfähigkeit des Mieters) BayObLGZ 1996, 52 = FamRZ 1996, 1369 = BtPrax 1996, 106 mwNw (bestätigt durch BayObLG FamRZ 1998, 922 = NJW-RR 1998, 1459 [mangels Voraussetzungen Bestellung aber abgelehnt]).

Eine Angelegenheit des Betroffenen kann deshalb immer dann vorliegen, wenn es **155** um eine Rechtshandlung geht, deren Wurzeln zumindest in einer früheren Beteiligung des Betroffenen liegen. Ein sog Dritter kann zB an der Abwicklung einer unerlaubten Handlung interessiert sein, an der der Betroffene teilhatte.

Stellt das Betreuungsgericht deshalb fest, dass Angelegenheiten des Betroffenen zu **156** besorgen sind, auch wenn durch deren Besorgung der Betroffene nicht unmittelbar Vorteile hat, und liegen die übrigen Voraussetzungen für die Bestellung eines (Regel-)Betreuers vor, ist der Betreuer zu bestellen, ohne dass es auf eine darüber hinausgehende Feststellung eines Eigeninteresses oder auf die Frage der Berücksichtigung von Drittinteressen ankommt.

8.   Bedeutung der Einsichtsfähigkeit bzw -unfähigkeit des Betroffenen (Abs 1a)

Während nur körperlich Behinderte in ihrer Einsichtsfähigkeit und in der Freiheit **157** ihrer Willensbildung nicht beeinträchtigt sind, wovon der RegEntw ausgeht (BT-Drucks 11/4528, 117), sodass für sie nicht in allen Bereichen dieselben Vorschriften gelten wie für einen psychisch Kranken oder geistig oder seelisch Behinderten, kommt es bei diesen Volljährigen darauf an, festzustellen, dass und in welchem Maße sie in ihrer Einsichtsfähigkeit und in der Freiheit ihrer Willensbildung beeinträchtigt sind. Erst diese Beeinträchtigung, die sich auf die Besorgung ihrer Angelegenheiten ganz oder teilweise auswirkt, ist Grundlage für die Bestellung eines Betreuers. Auch ein Gegenbetreuer darf gegen den freien Willen des Betroffenen nicht bestellt werden (LG Saarbrücken FamRZ 2016, 1874, 1875 mAnm BIENWALD).

158 Soweit ersichtlich, hatte sich zunächst zu diesen Grundfragen nur das BayObLG in einigen Entscheidungen zum neuen Betreuungsrecht geäußert. Sowohl die Unterbringung zur Verhinderung einer Selbstschädigung des Betreuten (BayObLGZ 1993, 18 = FamRZ 1993, 600 sowie FamRZ 1993, 998, 999) als auch die Anordnung eines Einwilligungsvorbehalts (BayObLGZ 1993, 63 = FamRZ 1993, 851) hat das Gericht nur dann für zulässig angesehen, wenn feststand, dass der Betreute aufgrund einer psychischen Erkrankung „seinen Willen nicht frei bestimmen" kann. Dies sage das Gesetz zwar nicht ausdrücklich; es ergebe sich aber (so das BayObLG FamRZ 1993, 851 = MDR 1993, 545) aus einer verfassungskonformen Auslegung des Gesetzes. Denn der Staat habe von Verfassung wegen nicht das Recht, seine erwachsenen und zu freier Willensbestimmung fähigen Bürger zu erziehen, zu „bessern" oder zu hindern, sich selbst zu schädigen.

159 In einer in FamRZ 1994, 320 veröffentlichten Entscheidung hatte das Gericht dann zunächst offen gelassen, ob es im Falle einer von Amts wegen erforderlichen Betreuung zu den Voraussetzungen der Bestellung eines Betreuers und der Aufrechterhaltung oder der Verlängerung der Bestellung gehöre, dass der Volljährige aufgrund seiner geistigen oder seelischen Behinderung seinen Willen nicht frei bestimmen kann. Kurz darauf, in seiner Entscheidung v 25. 11. 1993 (FamRZ 1994, 720 = BtPrax 1994, 59), stellte das BayObLG nun auch für die Bestellung eines Betreuers fest, diese setze voraus, dass der damit nicht einverstandene Betroffene aufgrund seiner Krankheit oder seiner geistigen oder seelischen Behinderung seinen Willen nicht frei bestimmen kann (st Rspr; s BayObLGZ 1995, 26 und BayObLGZ 1995, 146 = FamRZ 1995, 1296 = BtPrax 1995, 144). Entsprechendes nahm man für den Fall an, dass der Aufgabenkreis des Betreuers erweitert wird (BayObLG FamRZ 1995, 116). Ähnlich (in der Formulierung anders) OLG Düsseldorf (FamRZ 1995, 118 = BtPrax 1995, 29, 30 = R & P 1995, 938 [zu § 1906]); wie BayObLG auch OLG Frankfurt (BtPrax 1997, 123 [LS]) und KG (R & P 1996, 86, 87). Auf das (nicht mehr auszuübende) Selbstbestimmungsrecht abgestellt OLG Hamm FamRZ 1995, 433, 435 = BtPrax 1995, 70, 72 = FGPrax 1995, 56, 57 mAnm SEITZ.

160 Damit wurde die Geschäftsunfähigkeit des § 104 Nr 2 BGB zwar nicht dem Begriff, aber ihrem wesentlichen Inhalt nach zum Eingriffskriterium für eine nicht vom Betreuten gewollte, aber dennoch erforderliche Bestellung eines Betreuers; ein Ergebnis, das der Rechtsprechung des BVerfG, soweit Gelegenheit bestand, zu dem bisher geltenden Recht Stellung zu nehmen, entsprach. Die Feststellung des BayObLG darf allerdings nicht zu dem Umkehrschluss verleiten, dass in Fällen „einverständlicher" (nicht unbedingt „beantragter", vgl Abs 1 S 2) Betreuung die

Feststellung eines krankheits- oder behinderungsbedingten Defizits nicht erforderlich sei.

Mit der **Einführung des neuen Abs 1a** durch Art 1 Nr 6 Buchst a 2. BtÄndG hat der **161** Gesetzgeber die von der Rspr bisher als ungeschriebenes Tatbestandsmerkmal bezeichnete Voraussetzung zum gesetzlichen Tatbestandsmerkmal werden lassen. Ohne dass die Vorschrift über die Notwendigkeit des Sachverständigengutachtens vor der Bestellung eines Betreuers (§ 68b Abs 1 S 1 FGG aF; § 280 FamFG) insoweit im Wortlaut geändert wurde, ist davon auszugehen, dass der Richter die notwendigen Feststellungen zu Abs 1a mit Unterstützung des/der Sachverständigen zu treffen hat. Das ergibt sich daraus, dass das Gutachten zur Notwendigkeit der Bestellung eines Betreuers oder der Anordnung eines Einwilligungsvorbehalts eingeholt werden muss und zu den Voraussetzungen der Bestellung eines Betreuers gehört, dass eine Ablehnung der Bestellung nicht auf einem freien Willen beruht. Praktisch kann sich eine Inanspruchnahme des Sachverständigen (zunächst) auf die Feststellung eines krankheitsbedingten Mangels des freien Willens und die Darlegung der Tatsachen, nach denen auf eine unfreie Willensbildung geschlossen werden kann (vgl BT-Drucks 15/2494, 28) beschränken, sofern sich der Betroffene gegen die Bestellung eines Betreuers ausspricht. Lehnt der Betroffene die Bestellung eines Betreuers nur hinsichtlich bestimmter Aufgabenbereiche ab, kommt es auch insoweit darauf an festzustellen, ob diese Teilablehnung das Ergebnis freier Willensbildung ist. Stimmt der Betroffene der Einrichtung einer Betreuung nicht zu, so ist neben der Notwendigkeit einer Betreuung die Prüfung, ob die Ablehnung durch den Betroffenen auf einem freien Willen beruht, auch dann erforderlich, wenn eine Betreuung für den Betroffenen objektiv erforderlich wäre (BGH FamRZ 2012, 869; FamRZ 2011, 630 mAnm MÜTHER S 632 = FGPrax 2011, 119; BGH MDR 2012, 585; vgl auch BGH FamRZ 2016, 970).

Die Bezugnahme auf eine vorangegangene, in einer vorläufigen Unterbringungssache ergangene Beschwerdeentscheidung kann gesonderte Feststellungen im Betreuungsverfahren über die fehlende Fähigkeit zur freien Willensbildung schon deshalb nicht ersetzen, weil sich die Unfreiheit des Willens insoweit nicht auf die Frage der Unterbringung, sondern auf die Ablehnung der Betreuung erstrecken muss (BGH FamRZ 2013, 287 Rn 13).

Die beiden entscheidenden Kriterien dafür sind die Einsichtsfähigkeit des Betrof- **162** fenen und dessen Fähigkeit, nach dieser Einsicht zu handeln. Fehlt es an einem dieser beiden Elemente, liegt kein freier, sondern ein sog natürlicher Wille vor. Es kommt auf die Fähigkeit des Betroffenen an, im Grundsatz die für und wider die Bestellung eines Betreuers sprechenden Gesichtspunkte zu erkennen und gegeneinander abzuwägen; der Betroffene muss Grund, Bedeutung und Tragweite einer Betreuung intellektuell erfassen können (BT-Drucks 15/2494, 28). Zutreffend wird in der amtl Begr darauf hingewiesen, dass der Betroffene eine eigenständige Abwägung nur vornehmen könne, wenn ihm die tatsächlich und rechtlich relevanten Umstände bekannt sind, er mithin den Sachverhalt erfasst hat (BGH FGPrax 2011, 119 = FamRZ 2011, 630 mAnm MÜTHER 632); der Hinweis, spätestens im Rahmen des Schlussgesprächs müsse er durch den erkennenden Richter über Sinn und Zweck der Betreuung aufgeklärt werden, hat allerdings insofern keine Grundlage mehr, als das FamFG das Schlussgespräch als einen eigenen Verfahrensteil (ursprünglich § 68 Abs 5 S 1 FGG aF) nicht mehr vorgesehen hat.

163   Das Gericht wird in den Fällen, in denen eine gewisse Unsicherheit besteht, ob der Betroffene zu freier Willensbestimmung in der Lage ist und an einem zu Beginn des Verfahrens geäußerten „ja" oder „nein" zur Bestellung eines Betreuers festhält, bis zum Schluss des Verfahrens sorgfältig zu prüfen haben, ob die Voraussetzungen einer Bestellung gegen den Willen des Betroffenen vorliegen.

164   Bestellt das Betreuungsgericht einen Betreuer, ohne dass hinreichende Tatsachen für eine Beeinträchtigung des freien Willens vorliegen, ist das Grundrecht aus Art 2 Abs 1 GG verletzt (BVerfG FamRZ 2010, 1624 [1625] = NJW 2010, 3360).

IV.   Aufgabenkreise

1.   Rückblick

165   Das bis Ende 1991 geltende Vormundschaftsrecht für Volljährige orientierte sich, was die Aufgaben des Vormunds anging, an der Vormundschaft für Minderjährige und diese wiederum an den Regelungen für die Eltern-Kind-Beziehung (§ 1897 S 1 aF, §§ 1793, 1800, 1631 bis 1633 BGB). Für die Sorge für die Person des volljährigen Mündels bestimmte § 1901 Abs 1 aF, dass der Vormund für sie „nur insoweit zu sorgen" habe, „als der Zweck der Vormundschaft es erfordert". Daraus wurde im Wesentlichen lediglich der Schluss gezogen, der Vormund habe gegenüber dem Volljährigen keine Erziehungsbefugnisse. Was die Personensorge für einen Volljährigen im Übrigen ausmachte und nach welchen Kriterien sie auszuüben sei, wurde, soweit ersichtlich, nie ausreichend diskutiert und dokumentiert. Dass sie jedenfalls nicht durch die Begriffe der Beaufsichtigung und der Aufenthaltsbestimmung (mit welcher Zielrichtung?) ausreichend erfasst war, scheint inzwischen nicht mehr bezweifelt zu werden. Eine Merkwürdigkeit ist noch anzufügen, die auch nie ausreichend problematisiert worden ist: Während ein Pfleger gemäß § 1910 aF nur seinen geschäftsunfähigen Pflegebefohlenen kraft Aufenthaltsbestimmungsrecht unterbringen durfte (BGHZ 48, 147), erlaubte die zur Personensorge des Vormunds eines beschränkt geschäftsfähigen Mündels (§ 114 aF) gehörende Aufenthaltsbestimmung dessen Unterbringung in einer geschlossenen Einrichtung oder einem Teil davon.

166   Die dem Gebrechlichkeitspfleger obliegenden Angelegenheiten des Pflegebefohlenen mussten dagegen im Einzelnen nach Maßgabe des § 1910 Abs 1 und 2 aF bestimmt und in dem Wirkungskreis beschrieben werden. Bestand die zu besorgende Angelegenheit in einer eng begrenzten und dementsprechend auch formulierbaren Sache, wurden eher Globalbezeichnungen gewählt, deren eine – die Vermögenssorge – bereits im Gesetz enthalten war (§ 1910 Abs 2 aF). Vielfach kam die Aufenthaltsbestimmung (mit oder ohne Unterbringungsbefugnis) und/oder die Fürsorge für die Gesundheit hinzu. Die Orientierung am Recht der Vormundschaft für Volljährige erlaubte die Verweisung durch § 1915 Abs 1 BGB.

167   Aus veröffentlichten Entscheidungen der damaligen Zeit geht hervor, dass nicht selten die Vermögenssorge und die Personensorge dem Pfleger eines nicht körperlich Behinderten übertragen waren, was sowohl dem Wortlaut des Gesetzes als auch den Erkenntnissen der höchstrichterlichen Rechtsprechung widersprach (vgl statt aller BGHZ 48, 147 = FamRZ 1967, 620 = NJW 1967, 2404).

Die Absicht des Betreuungsgesetzgebers ging unter Hinweis auf die Verfassungslage **168**
dahin, möglichst eng an den konkreten Betreuungsbedarfslagen orientierte Aufga-
benbeschreibungen zu erreichen. Er hat Musterkataloge vermieden, im Gesetzestext
und in der Begr des Entwurfs durch Verwendung von Globalbezeichnungen deutlich
werden lassen, dass es anscheinend ohne sie nicht geht (vgl § 1903, 1908i BGB). Zur
Praxis der Gerichte und formularmäßigen Vorgaben s unten Rn 238.

2. Zur Terminologie

Die Bezeichnung „Aufgabenkreis" wird unterschiedlich verwendet. Einerseits soll **169**
sie die dem Betreuer übertragene Aufgabe erfassen, andererseits wird die Bezeichnung auch als Synonym für die einzelne Angelegenheit oder die Betreuung benutzt.
Wird im Verfahren von der Erweiterung oder Einschränkung des Aufgabenkreises
des Betreuers gesprochen (§ 1901 Abs 5 BGB, § 293 FamFG), kann Aufgabenkreis
nur bedeuten die Gesamtheit der einem Betreuer übertragenen, für den Betreuten
zu besorgenden Angelegenheiten. S dazu auch BIENWALD/SONNENFELD/HARM
(BIENWALD), BtR Rn 154. Der Begriff „Aufgabenkreise" (§ 1896 Abs 2 BGB)
schließt es nicht aus, dem Betreuer nur eine einzige oder wenige Angelegenheiten
zuzuweisen (BGH MDR 2012, 587 = FamRZ 2012, 868 = FGPrax 2012, 109; BayObLG Rpfleger
2001, 234 = NJWE-FER 2001, 151 = FamRZ 2001, 1249 [LSe]). Damit gab das Gericht den
Hinweis, einen Betreuer nicht für die gesamte Vermögenssorge zu bestellen, sondern
den Aufgabenkreis ggf auf die gewichtigeren Geschäfte zu beschränken, damit der
Betroffene – seinem Wunsch entsprechend – wieder eine gewisse wirtschaftliche
Bewegungsfreiheit erhält.

Der Aufgabenkreis des für die Entscheidung über die Einwilligung in eine Sterilisation der/des Betreuten zu bestellenden besonderen Betreuers besteht aus einer
einzelnen Angelegenheit. Eine einzelne Angelegenheit gehört vielfach zu dem Aufgabenkreis eines weiteren (Verhinderungs-)Betreuers gemäß § 1899 Abs 4 BGB in
Fällen rechtlicher Verhinderung des Regelbetreuers.

3. Aufgabeninhalte

a) Grundsätzliches
Nach § 1896 Abs 2 S 1 ist ein Betreuer nur für Aufgabenkreise zu bestellen, in denen **170**
die Betreuung **erforderlich** ist. Der in Abs 2 S 1 enthaltene Grundsatz der Erforderlichkeit verlangt für die Bestellung eines Betreuers tatrichterliche Feststellungen
dazu, ob und für welche Aufgabenbereiche ein objektiver Betreuungsbedarf besteht;
dieser ist aufgrund der konkreten gegenwärtigen Lebenssituation des Betroffenen zu
beurteilen (BGH FamRZ 2011, 1391 mAnm SONNENFELD, 1392 = MDR 2011, 1041). Dem
Betreuer dürfen deshalb auch nur diejenigen Angelegenheiten zur Besorgung übertragen werden, die besorgungsbedürftig sind, weil der Betroffene selbst dazu nicht
(mehr) in der Lage ist (BayObLG FamRZ 2001, 1249 [LS] = Rpfleger 2001, 234), eine
Vorsorgeregelung nicht getroffen wurde oder nicht ausreicht und andere Hilfen
nicht zur Verfügung stehen.

Maßgebend für die Formulierung der dem Betreuer zuzuweisenden Angelegenheiten sind diese nicht besorgten, aber besorgungsbedürftigen Angelegenheiten. Notwendig ist eine Analyse der sozialen Situation. Auf die Feststellung der Ursache(n)

für die vorhandenen und festzustellenden Defizite kommt es deshalb nicht, jedenfalls nicht zunächst, an.

171 Maßgebend für die Beschreibung des Aufgabenkreises ist nicht, zu welchen Leistungen Menschen mit bestimmten Krankheiten oder Behinderungen typischerweise oder überwiegend nicht in der Lage sind, sondern der **individuelle Bedarf**. Auszugehen ist von der Feststellung, zu welchen sein Leben bestimmenden Leistungen und Entscheidungen der Betroffene noch selbst in der Lage ist und welche er nicht leisten oder organisieren kann. Das Gericht kann dafür die Unterstützung der zuständigen Behörde in Anspruch nehmen (§ 8 BtBG). Dazu ist das Gericht nach § 26 FamFG (Ermittlungen von Amts wegen) verpflichtet, wenn es auf andere Weise dazu die notwendigen Feststellungen nicht treffen kann. Ein grober Fehler wäre es, würde sich das Gericht allein von der Tatsache einer festgestellten Krankheit oder Behinderung leiten lassen und aus ihr unmittelbar den Schluss ziehen, aus der Krankheit oder Behinderung ergebe sich, dass der Betroffene einen Betreuer benötige.

b)   Im Einzelnen

172 Da der Gesetzgeber im Betreuungsrecht die Begriffe des Minderjährigenrechts – Personen- und Vermögenssorge – (vgl § 1903 Abs 1 BGB) beibehalten hat, können diese Formulierungen auch zur (fast) umfassenden Kennzeichnung beibehalten werden. Freilich sollten die kraft ausdrücklicher Regelung nicht erfassten Angelegenheiten in den Ausweis des Betreuers (die Bestellungsurkunde, § 290 FamFG) als solche aufgenommen werden (§ 1896 Abs 4; § 1905 BGB). Insbesondere wird nach wie vor der Begriff der Vermögenssorge benutzt, wenn nicht nur einzelne Bestandteile als Aufgaben formuliert werden. Hinsichtlich ihrer Beschreibung lässt sich zur Kennzeichnung dessen, was Vermögenssorge zum Inhalt hat, nicht ohne Weiteres auf die bisherige Rechtsprechung zurückgreifen, die Vermögenssorge (auch über einen Volljährigen) verstanden hat als „alle tatsächlichen und rechtlichen Maßnahmen, die darauf gerichtet sind, das Vermögen des ... (Betreuten) zu erhalten, zu verwalten und zu vermehren" (LG Berlin Rpfleger 1976, 60). Diese Beschreibung darf sich nicht gegen den Betreuten selbst richten, der nach § 1901 nF Wünsche auch über die Verwendung seiner Mittel äußern kann. Der Betreuer hat, wie das BayObLG betonte, nicht die Aufgabe, den Betroffenen vom Genuss seines Vermögens und seiner Einkünfte weitgehend auszuschließen und ihn auf ein Existenzminimum zu verweisen, um sein Vermögen für seine späteren Erben zu erhalten (so noch für das Recht der Gebrechlichkeitspflegschaft in FamRZ 1991, 481, 482 = Rpfleger 1991, 19 f = R & P 1991, 74; für die Betreuung bestätigt in FamRZ 1992, 106 [LS] und BayObLGZ 1993, 63 = FamRZ 1993, 851 = R & P 1993, 79). Die Bestellung eines Betreuers ist grundsätzlich kein Instrument zur reibungslosen Abwicklung von Betreuungsfällen, die die unter Betreuung gestellte Person als Betreuer(in) geführt hat (BVerfG FamRZ 2010, 1624).

173 Bei der häufiger verwendeten Aufgabenbezeichnung **Vertretung gegenüber Ämtern und Behörden** (oä, zB „Rechts-, Antrags- und Behördenangelegenheiten") handelt es sich um eine inhaltsleere floskelhafte Benennung, die mit dem GG (Art 1 u 2) nicht vereinbar ist. Die Befugnis des Betreuers zur gerichtlichen und außergerichtlichen Vertretung der betroffenen Person ergibt sich bereits unmittelbar aus § 1902 (BGH FamRZ 2016, 291 Rn 17); dagegen fehlt die Benennung der materiell – rechtlichen Angelegenheiten, die der Betreuer für den Betreuten gegenüber (bestimmten) Be-

hörden wahrnehmen soll (BIENWALD BtPrax 2003, 71). Regelmäßig muss ein konkreter Bezug zu einer bestimmten Angelegenheit oder einem bestimmten behördlichen oder gerichtlichen Verfahren hergestellt werden (BGH FamRZ 2015, 649). Eine die Vorsorgevollmacht, aus der bestimmte Punkte ausgenommen sind, ergänzende Betreuung für das Eingehen von Verbindlichkeiten und für die Vertretung gegenüber den Gerichten hielt der BGH (FamRZ 2015, 1016 = FGPrax 2015, 170 = FamRB 2015, 223 m Beraterhinweis MOLL-VOGEL) für zulässig, wenn die begründete Gefahr besteht, dass ohne die (ergänzende) Bestellung eines Betreuers nicht das Notwendige veranlasst wird.

Eine lediglich klarstellende Funktion dieser Aufgabenbezeichnung (s oben Rn 1), als welche das KG sie gelten lassen will (FamRZ 2008, 919, 920), kann dieser Formulierung weder in dem Bestellungsbeschluss noch in dem Betreuerausweis zugebilligt werden, weil sie sich von der konstitutiv verstandenen Aufgabenbeschreibung nicht hinreichend unterscheiden lässt (BIENWALD, Klarstellung eines nicht erforderlichen Aufgabenkreises?, FamRZ 2016, 1337). Dem Betreuer scheint deshalb im Verkehr mit Dritten eine über das erforderliche Maß hinausgehende Kompetenz zugewiesen zu sein. Mit dem Erforderlichkeitsgrundsatz lässt sich das nicht vereinbaren. Die mit der Reform des Vormundschafts- und Pflegschaftsrechts beabsichtigte Abschaffung oder Einschränkung einer abstrakten Totalzuständigkeit eines Vormunds oder Pflegers wird dadurch nachträglich in Frage gestellt oder beseitigt. Die vom KG in Bezug genommene Entscheidung des BayObLG (BayObLGZ 2002 Nr 62 = FamRZ 2003, 405 = FGPrax 2003, 76) bestätigt das. Hier war der Betroffenen, einer mittellosen türkischen Staatsangehörigen, ein Betreuer mit dem Aufgabenkreis „Vertretung gegenüber Behörden" offensichtlich mit der Absicht bestellt worden, sie bei der Inanspruchnahme von Leistungen nach dem Asylbewerberleistungsgesetz und gegenüber der Sozialverwaltung zu unterstützen. Damit der Betreuer die Kosten für eine amtliche Personaldokumentation gegenüber der Justizkasse geltend machen könne, hielt das BayObLG (in letzter Instanz) den mit dem fraglichen Aufgabenkreis versehenen Betreuer für befugt, die Betroffene bei der notwendigen Beschaffung eines gültigen Passes zu unterstützen.

Wegen ihrer Offenheit und Unbestimmtheit widerspricht eine so formulierte Auf- **174** gabe dem Bestimmtheitsgrundsatz; sie ist in dieser Formulierung nicht erforderlich, auch wenn sie zweckmäßig zu sein scheint (näher BIENWALD, Zur Vertretung des Betreuten gegenüber Behörden, BtPrax 2003, 71; auch MünchKomm/SCHWAB Rn 124; KG FamRZ 2008, 919; FamRZ 2009, 910; OLG Frankfurt FamRZ 2008, 1477; OLG Brandenburg FamRZ 2012, 1166). Zur Notwendigkeit, bei einem Aufgabenkreis Wohnungsangelegenheiten, Vertretung gegenüber Behörden und Einrichtungen und Vertretung vor Gerichten regelmäßig einen konkreten Bezug zu einer bestimmten Angelegenheit oder einem bestimmten behördlichen oder gerichtlichen Verfahren herzustellen, für den die Notwendigkeit der Bestellung eines Betreuers besteht, BGH FamRZ 2016, 291, 292; FamRZ 2015, 649, 650). Neigt der Betroffene dazu, sich durch das Betreiben einer Vielzahl sinnloser Verfahren zu schädigen (hier: sozialgerichtliche Verfahren), kann die isolierte Bestimmung der rechtlichen Vertretung als Aufgabenkreis erforderlich sein (BGH FamRZ 2016, 291, 292; FamRZ 2016, 627, 628; FamRZ 2015, 649). Eine Vertretung **gegenüber einem Gericht** wird von dieser Aufgabenbeschreibung bereits deshalb nicht erfasst, weil Gerichte keine Behörden im verwaltungsrechtlichen Sinne sind. Die Aufgabenbeschreibung reicht nicht aus, um den Betroffenen in einem **Scheidungsverfahren** zu vertreten (OLG Zweibrücken FamRZ 2011, 1814 [LS]; OLG Brandenburg FamRZ 2012, 1166). Auch die Personensorge des Betreuers reicht zu einer Vertretung in einem Scheidungsverfahren wegen der Regelung der Scheidungsfolgen grundsätzlich nicht aus (OLG Zweibrücken aaO mwNw).

175 Bisher in der Rspr zur Gebrechlichkeitspflegschaft akzeptierte Wirkungskreise können auch bei der Bestimmung des Aufgabenkreises eines Betreuers in Betracht kommen. ZB Vertretung des Betroffenen im Zwangsversteigerungsverfahren (OLG Hamm FamRZ 1968, 612); Vertretung des Betroffenen als Bekl im Ehescheidungsverfahren (OLG Hamm JMBlNRW 1965, 88); Erledigung der Steuerangelegenheiten als Inhaber eines Einzelhandelsgeschäfts (BayObLG FamRZ 1965, 341); Vertretung im Enteignungsverfahren (BGH NJW 1974, 1374); Betreiben eines Erbscheinverfahrens einschl Abgabe der eidesstattlichen Versicherung gemäß § 2356 Abs 2 (LG Berlin Rpfleger 1976, 60).

176 **Beispiele für Aufgabenzuweisungen an Betreuer** (zur sachlichen Reichweite der Betreuung s auch vSACHSEN GESSAPHE 239 ff):

Die Bestellung eines Betreuers für **alle Angelegenheiten** kommt nur dann in Betracht, wenn die betroffene Person keine ihrer Angelegenheiten (mehr) selbst besorgen kann, wobei auf die konkrete Lebensgestaltung abzustellen ist. Bezüglich sämtlicher Bereiche muss auch **Handlungsbedarf** bestehen (BayObLGR 2003, 34 = FamRZ 2002, 1225, 1226). Hieran fehlt es, wenn der Betroffene für einzelne Bereiche einen Bevollmächtigten bestellt hat, der die in diesen Bereichen anfallenden Angelegenheiten ebenso gut wie ein Betreuer besorgen kann, insbesondere zur Wahrnehmung der dort anstehenden Aufgaben geeignet, bereit und in der Lage ist (LG Zweibrücken BtPrax 1999, 244).

177 Die zur Aufhebung der **eingetragenen Lebenspartnerschaft** erforderliche Erklärung, die Partnerschaft nicht fortsetzen zu wollen, kann für einen der beiden Partner, auch wenn er geschäftsunfähig ist und deshalb unter Betreuung steht, nicht von seinem Betreuer abgegeben werden, weil diese materiell-rechtliche Erklärung der Lebenspartner gemäß § 15 Abs 4 LPartG nur persönlich abgeben kann (OLG Köln FamRZ 2004, 1724).

178 Der Aufgabenkreis der **Aufenthaltsbestimmung** umfasst nicht nur die Befugnis des Betreuers, den Aufenthalt des Betreuten rechtsverbindlich festzulegen und ihn nötigenfalls auch in einem Heim oder sogar freiheitsentziehend unterzubringen; dazu gehört auch die Vertretung bei Abschluss oder Kündigung von Verträgen, die im Zusammenhang mit der Begründung des Wohnsitzes oder mit dem Wechsel des ständigen Aufenthalts stehen, wie Heim- oder Mietverträge (BayObLG FamRZ 1999, 1300, 1301). Aufenthaltsbestimmung als Aufgabe des Betreuers ist dann erforderlich, wenn der Betroffene die Notwendigkeit einer stationären Behandlung nicht einzusehen vermag (BayObLG FamRZ 1999, 1299); sie umfasst aber nicht ohne Weiteres die Vertretung des Betroffenen bei der Beantragung eines neuen Passes oder Personalausweises (BayObLG FamRZ 1999, 1300 = Rpfleger 1998, 515), enthält jedoch die Befugnis des Betreuers, die **Herausgabe des Betreuten** von Dritten zu verlangen, die ihm den Betreuten widerrechtlich vorenthalten (OLG Frankfurt FamRZ 2003, 964 = FGPrax 2003, 81).

Auch wenn noch nicht feststeht, ob der Betreuer von der ihm eingeräumten Befugnis **179** zur freiheitsentziehenden Unterbringung der betreuten Person Gebrauch machen wird, darf ihm der Aufgabenkreis der **Aufenthaltsbestimmung einschließlich der Entscheidung über eine geschlossene Unterbringung** übertragen werden. Es ist in einem solchen Fall gerade die Aufgabe des Betreuers zu entscheiden, ob erforderlichenfalls ein Antrag auf Genehmigung einer freiheitsentziehenden Unterbringung (hier nach § 1906 Abs 1 Nr 2 BGB) zu stellen ist (BayObLG FamRZ 2001, 1247, 1248).

Umfasst der Aufgabenkreis des Betreuers nicht die Personensorge (anders als im Fall **180** des OLG Hamm FamRZ 2009, 810), die eine **Regelung des Umgangs** mit Familienangehörigen zulassen würde, bedarf es ggf einer Erweiterung des Aufgabenkreises, bei der es sich jedoch nicht um eine unwesentliche Erweiterung iSd § 293 FamFG handelt (BayObLG FamRZ 2003, 402).

Entwaffnung eines „Waffennarren" kann Aufgabe eines Betreuers sein. Die **Ent-** **181** **rümpelung einer Wohnung** kann grundsätzlich als Aufgabenkreis eines Betreuers bestimmt werden. Die Aufgabenkreise Aufenthaltsbestimmung, Entscheidung über eine Unterbringung oder unterbringungsähnliche Maßnahmen und das Betreten der Wohnung des Betroffenen auch gegen dessen Willen können nicht zwecks Durchführung der Entrümpelung einer Wohnung bestimmt werden, wenn nicht eine erhebliche Gefahr für die Gesundheit des Betroffenen durch die Vermüllung verursacht ist (BayObLG FamRZ 2002, 348 = Rpfleger 2001, 545 = BtPrax 2001, 251; vgl LG Freiburg FamRZ 2000, 1316 mAnm BIENWALD 1322; ferner FRATZKY BtPrax 2000, 239).

Zu **erbrechtlichen Angelegenheiten** (einschl Vertretung im Zivilrechtsstreit BayObLG FamRZ **182** 2000, 189 BGB) gehören die **Annahme** der Erbschaft, die keiner vormundschaftsgerichtlichen Genehmigung bedarf (STAUDINGER/OTTE [2017] § 1943 Rn 11b) und die **Ausschlagung** der Erbschaft, für die der Betreuer die Genehmigung des Betreuungsgerichts benötigt (§§ 1822 Nr 2, 1908i Abs 1 S 1 BGB). Dazu gehören ferner die außergerichtliche und die gerichtliche Geltendmachung aller Rechte und Ansprüche, die sich aus der Rechtsstellung des Betreuten als Erbe, Pflichtteilsberechtigter oder testamentarisch Bedachter ergeben. Betreuungsgerichte ordnen die Erbschaftsangelegenheiten mitunter zusätzlich zur Vermögenssorge an und erweitern demzufolge den Aufgabenkreis, auch wenn ein klarstellender Hinweis genügt hätte, dass die Vermögenssorge die Wahrnehmung der Erbschaftsangelegenheiten beinhaltet. Zur Erbschaftsausschlagung eines Sozialhilfeempfängers s Ivo FamRZ 2003, 6.

Zu den erbrechtlichen Angelegenheiten, deren Regulierung bzw Geltendmachung zur Aufgabe des Betreuers bestimmt worden sein oder im Rahmen eines Aufgabenkreises (Vermögenssorge) gehören kann, zählt die sog **digitale Erbschaft** des Beerbten. S dazu LANGE/HOLTWIESCHE, Das digitale Erbe – eine rechtstatsächliche Bestandsaufnahme, ErbR 2016, 487.

Die allgemeine Aufgabe „**Gesundheitsfürsorge**" ohne Beschränkung auf den nerven- **183** ärztlichen/psychiatrischen Bereich ist dann fehlerhaft, wenn nicht die tatsächlichen Feststellungen die weite Fassung des Aufgabenkreises rechtfertigen (BayObLG FamRZ 1994, 1059; FamRZ 2001, 935 = BtPrax 2001, 37; FamRZ 2002, 703 = OLGR 2002, 6 = BtPrax 2002, 38; OLG Oldenburg NdsRpfl 2003, 387). Der Aufgabenbereich der Gesundheitssorge kann die Entscheidung über eine **Bluttransfusion** zum Inhalt haben (BVerfG FamRZ 2002,

313 ff sowie die Vorentscheidung BayObLGZ 1993, 82 = FamRZ 1993, 720). Im Falle einer Vorsorge- (Patienten-)verfügung obliegt es dem Betreuer mit diesem Aufgabenkreis, den in der Verfügung zum Ausdruck kommenden Willen des nicht mehr entscheidungsfähigen Betreuten durchzusetzen (BGHZ 154, 205 = FamRZ 2003, 748, 751; LG Heilbronn NJW 2003, 3783, 3784).

184 Die Sorge für die Gesundheit umfasst grundsätzlich die Abgabe der für die (Weiter-)**Versicherung** des Betreuten erforderlichen Erklärungen (BSG FamRZ 2002, 1471 mAnm BIENWALD; LG Dessau-Roßlau FamRZ 2010, 1011 [LS] mAnm BIENWALD). Auch mit dem Aufgabenkreis der vermögensrechtlichen und versicherungsrechtlichen Angelegenheiten hat ein Betreuer dafür Sorge zu tragen, dass der Betreute in angemessenem und erforderlichem Umfang kranken- und pflegeversichert ist (OLG Hamm FamRZ 2010, 754).

185 Die Entscheidung über den **Abbruch** (oder Nichtabbruch) **einer** bestehenden **Schwangerschaft** kann einem Betreuer zur Aufgabe gemacht werden; vorausgesetzt die schwangere Frau ist krankheitsbedingt entscheidungsunfähig (OLG Frankfurt FamRZ 2009, 368 = NJW 2008, 3790). Für die Entscheidung des Betreuers kommt es darauf an, ob die Voraussetzungen eines straffreien Schwangerschaftsabbruchs gegeben sind (hier: sozial-medizinische Indikation nach § 218a Abs 2 StGB). Besteht bereits eine Betreuung nach den §§ 1896 ff, muss für diese Aufgabe nicht ein weiterer (besonderer) Betreuer bestellt werden. Das ist nur für den Fall vorgesehen, dass eine Entscheidung über die Einwilligung in eine Sterilisation getroffen werden soll (§ 1899 Abs 2 BGB).

Zulässig und ggf erforderlich ist die Bestellung eines Betreuers mit der Aufgabe der **Vaterschaftsanerkennung** (§ 1594 BGB), wenn der Betroffene geschäftsunfähig ist. In diesem Falle kann nur der gesetzliche Vertreter mit gerichtlicher Genehmigung die Vaterschaft anerkennen (§ 1596 Abs 1 S 3 BGB). Entsprechendes gilt für die nach § 1595 Abs 1 erforderliche Zustimmung der Mutter zu der Anerkennung durch den Vater (§ 1596 Abs 1 S 4 BGB). Ein geschäftsfähiger Betreuter kann dagegen nur selbst anerkennen oder zustimmen; § 1903 bleibt jedoch unberührt (§ 1596 Abs 3 BGB).

Das Gesetz zur Klärung der Vaterschaft unabhängig vom Anfechtungsverfahren v 26. 3. 2008 (BGBl I 441) sieht einen Anspruch auf Einwilligung in eine genetische Untersuchung zur Klärung der leiblichen Abstammung vor (§ 1598a BGB). Eine nicht erteilte Einwilligung hat das Familiengericht auf Antrag des Klärungsberechtigten zu ersetzen. Materiell-rechtlich wird deshalb ein Betreuer mit einem entsprechenden Aufgabenkreis nicht benötigt. Da es sich bei dem Verfahren nicht um eine Betreuungssache handelt, für die der Betroffene verfahrensfähig wäre (§ 275 FamFG), benötigt der beteiligte Betroffene im Falle seiner Geschäftsunfähigkeit einen Betreuer für dieses Verfahren (BayObLG FamRZ 1998, 920).

186 Die **Ausübung des Sorgerechts** kann nicht zur Aufgabe eines Betreuers eines allein sorgeberechtigten Elternteils sein (hier: Erweiterung des Aufgabenkreises auf diese Angelegenheit durch ein Betreuungsgericht [damals Vormundschaftsgericht] DIJuF-Rechtsgutachten v 11. 6. 2002 JAmt 2002, 301; BayObLG FamRZ 2005, 236 [LS]). Möglich ist eine Aufgabe, die betroffene Person bei der Durchsetzung von Ansprüchen betreffend die elterliche Sorge zu **unterstützen**. In Betracht kommt die **Interessenwahrnehmung** gegenüber Herrn X (Aufrechterhaltung von **Kontakt**; Ermöglichung von **Umgang**). Dieser Aufgabenkreis einer Betreuerin, die zur weiteren Betreuerin bestellt worden war, sollte sicherstellen, dass der Kontakt zwischen der Betroffenen und einem Freund aufrechterhalten bleibt bzw ermöglicht wird (OLG Hamm FamRZ 2003, 253). Das OLG sah in dem Aufgabenkreis (lediglich) eine Regelung für den persönlichen Umgang der Betroffenen mit Herrn X; ob eine Notwendigkeit bestand, dies zu regeln, hat das OLG als Rechtsbeschwerdeinstanz nicht prüfen können.

Die Entscheidung über das Entgegennehmen, das Öffnen und das Anhalten der **Post** **187** bzw die Entscheidung über den **Fernmeldeverkehr** des Betreuten als Aufgabe des Betreuers setzt voraus, dass der Betreuer die ihm sonst noch übertragenen Aufgaben nicht in der gebotenen Weise erfüllen könnte und hierdurch wesentliche Rechtsgüter des Betreuten erheblich gefährdet oder beeinträchtigt würden. Zur unzureichenden Verwendung des Begriffs der „Postvollmacht" als Aufgabenkreisbezeichnung und zum Erfordernis des Aufgabenkreises der Vermögensangelegenheiten zwecks wirksamer Entgegennahme des Widerrufs eines gemeinschaftlichen Testaments OLG Karlsruhe FamRZ 2016, 587. **Zusätzlich** hat der Betreuer seinerseits in jedem Einzelfall in eigener Verantwortung zu prüfen und nach pflichtgemäßem Ermessen zu entscheiden, inwieweit es erforderlich ist, von der ihm übertragenen Kontrollbefugnis Gebrauch zu machen (BayObLG FamRZ 2001, 1558, 1559 mwNw). Die Notwendigkeit eines Betreuers ist auch für den Aufgabenkreis des Post- und Fernmeldeverkehrs zu begründen (BayObLG BtPrax 2002, 271 [LS]). Wird die zur Führung der Betreuung erforderliche Post an den Betreuer geleitet und entsprechend adressiert, fällt die Öffnung dieser Post, auch wenn sie die Angelegenheiten der/des Betreuten betrifft, nicht unter diese Vorschrift des Abs 4. Näher dazu DEINERT/LÜTGENS, Betreuung und Postverkehr, BtPrax 2009, 212.

Für die **Führung eines** bestimmten **Rechtsstreits** ist ein Betreuer zu bestellen (auch **188** wenn der Betroffene in dem Rechtsstreit Beklagter ist und die Einrichtung der Betreuung insoweit nicht seinem Interesse, sondern dem des Klägers dient); die Bestellung eines Prozesspflegers ist demgegenüber nachrangig (LG Mönchengladbach FamRZ 2002, 1431 [LSe]). Anordnung einer Betreuung zur Wahrnehmung der Rechte eines Beamten im Disziplinarverfahren nach § 19 Abs 2 Nr 1 BDO (BGH FamRZ 2012, 293). Bedient sich eine Prozesspartei wiederholt prozessualer Mitteln in Form von Klagen, Eingaben, Beschwerden und Widersprüchen, folgt daraus nicht notwendig die Bestellung eines Betreuers (LG Bonn, FamRZ 2015, 270).

Zur **Teilnahme** des Betreuers **an** einem gegen den Betreuten gerichteten **Strafver-** **189** **fahren** s ELZER BtPrax 2000, 139; irreführend der Titel des in der Verbandszeitung des BdB eV (Bundesverband der Berufsbetreuer), Heft 33/Juni 2001, 25 veröffentlichten Beitrags von KROPP: „Die Tätigkeit des Betreuers in Jugendstrafverfahren". KROPP behandelt darin die in § 10 Abs 1 S 1 Nr 5 JGG vorgesehene Weisung, „sich der Betreuung und Aufsicht einer bestimmten Person (Betreuungshelfer) zu unterstellen", bringt aber das Institut der Betreuungsweisung in keinen Zusammenhang mit der Rechtlichen Betreuung der §§ 1896 ff, auch nicht über § 105 JGG. Offenbar kommt aber ein Betreuer nach § 1896 seiner Auffassung nach für eine Inanspruchnahme als Betreuungshelfer nach JGG in Frage.

190 Die Bestellung einer Rechtsanwältin zur vorläufigen Betreuerin ua für die **Interessenvertretung in Strafverfahren und Zivilverfahren** entspricht nicht dem Erforderlichkeitsgrundsatz (BayObLG FamRZ 2002, 419). Die Aufgabe ist auch unter Berücksichtigung der der Betreuerin bekannten Situation des Betroffenen **nicht bestimmbar**. Selbst wenn sie sich nur auf die gegen den Betroffenen gerichteten Verfahren beziehen würde (zivilrechtlich wären auch Aktivprozesse erfasst), wäre nach der Aufgabenbeschreibung **nicht eindeutig**, ob es sich nur um die bereits anhängigen oder die noch zu erwartenden (welche?) Verfahren handelt. Dass das Gericht im Falle einer etwaigen Verlängerung der vorläufigen Bestellung oder einer „endgültigen" Betreuung diese Aufgabenbeschreibung prüft und ggf einschränkt und präzisiert, erscheint fraglich.

191 Wurde der beruflich tätige Betreuer als gesetzlicher Vertreter des Angeklagten zur **Hauptverhandlung** im Berufungsverfahren geladen, richtet sich die Festsetzung von Vergütung und ggf Ersatz seiner Aufwendungen nach den allgemeinen Zuständigkeitsregelungen (OLG Dresden OLG-NL 2002, 95 = NStZ 2002, 164 = FamRZ 2002, 1145 [LS]).

192 Der **Umgang mit der Presse** zum Schutz des Betroffenen vor sachlich unangebrachter und die Menschenwürde des Betroffenen herabsetzender Berichterstattung kann dem Betreuer zur Aufgabe gemacht werden (OLG Köln FamRZ 2001, 872; ähnlich die Überlegungen des LG Frankfurt/Oder im Falle Harald Juhnke, dem Betroffenen einen Betreuer zur Wahrnehmung seiner **Persönlichkeitsrechte** zu bestellen).

193 **Regelung des Umgangs der Verwandten** (hier: Schwester) mit dem Betreuten als Aufgabe des Betreuers, wenn die Besuche für den Betreuten mit psychischen Belastungen und damit einer Gefährdung seiner Gesundheit verbunden sind (BayObLG 10. 3. 1999 – 3 Z BR 70/1999; zur Regelung von Besuchen der Ehefrau des in einem Heim lebenden Betreuten als Aufgabe des Betreuers BayObLG FamRZ 2002, 907 mAnm BIENWALD). Erstreckt sich der Aufgabenkreis auf die Regelung des Umgangs des Betreuten mit seinen Eltern, ist Art 6 Abs 1 GG zu beachten (BayObLGZ 2003, 33 = FamRZ 2003, 962 = Rpfleger 2003, 362).

194 Kommt die betroffene Person nicht spezifischen mietvertraglich übernommenen Pflichten nach (das Putzen des Treppenhauses unterbleibt), umschreibt der gebräuchliche Aufgabenkreis **Gestaltung der häuslichen Umgebung** nicht präzise genug die zu besorgenden Angelegenheiten. Es wäre genauer, dem Betreuer die Sorge für die Erfüllung der Mieterpflichten, ergänzt um Beispiele, zu übertragen. Mit der Gestaltung der häuslichen Umgebung könnte auch die Pflege eines zum Hause gehörenden Gartens oder Rasens gemeint sein, wie überhaupt die häusliche Umgebung sich außerhalb des Hauses befindet.

195 Der Begriff Aufgabenkreise in § 1896 Abs 2 S 1 schließt es nicht aus, dem Betreuer nur eine einzige oder wenige einzelne Angelegenheiten (hier: **eingeschränkte Vermögenssorge**) zuzuweisen (BayObLG Rpfleger 2001, 234 = FamRZ 2001, 1249 [LS]). Die Bestellung eines Betreuers mit dem Aufgabenkreis (hier) der Vermögensangelegenheiten soll erforderlich (und zulässig) sein, wenn der Betroffene aufgrund seiner konkreten Lebenssituation einen nachvollziehbaren Grund hat, von einer Bevollmächtigung abzusehen, und stattdessen für diesen Aufgabenbereich einen Betreuer

beantragt. Dafür genügt, dass der Betroffene nicht mehr in der Lage ist, die Tätigkeit eines Bevollmächtigten hinreichend zu überwachen (OLG Hamm FamRZ 2001,
870 = NJWE-FER 2001, 151; inwiefern dafür ein aktueller Grund besteht, wurde nicht festgestellt.
Krit dazu [wegen geringen Unterschieds von Überwachungsbetreuer und nach § 1908i Abs 2 S 2
befreitem Angehörigen als Betreuer] BIENWALD, in der Anm zu der Entscheidung). Bereits
erteilte Verfügungsbefugnis über das einzige Konto der Betroffenen und geringe
Umsätze rechtfertigen das **Absehen von** einer **Betreuung** für die Vermögenssorge
(BayObLG FamRZ 2004, 1229 = Rp 2004, 334).

Wahrnehmung der **Vermögensangelegenheiten** (Vermögenssorge) beinhaltet **Rück-** 196
führung von Schulden eines vermögenslosen Betreuten (BayObLG FamRZ 2001, 935 =
BtPrax 2001, 37; FamRZ 2001, 1558, 1559), **Schuldenregulierung** (BayObLG FamRZ 2001, 1245
mAnm BIENWALD; zur Schuldenregulierung als Betreueraufgabe auch BIENWALD BtPrax 2000,
187). Die Gefahr des Entstehens von Verbindlichkeiten, die der Betroffene aktuell
nicht erfüllen kann und die eine Verschuldung bewirken, soll einen Betreuungsbedarf begründen (BGH FamRZ 2016, 627, 628). Zur Vermögenssorge gehört die Geltendmachung von **Rentenansprüchen**, die sich gegen einen Rentenversicherungsträ-
ger (hier: wegen Erwerbsunfähigkeitsrente) richten (LG Berlin FamRZ 2002, 345; ebenso
die Geltendmachung [nicht die Verwendung] des Pflegegeldes gegenüber der Pflegekasse nach der
Pflegestufe eins [LSG Berlin-Brandenburg, Rechtsdienst der Lebenshilfe 2012, 20 mAnm HELL-
MANN]). Auch bei einem Volljährigen werden Unterhaltsansprüche nicht von der
Vermögenssorge erfasst (OLG Zweibrücken FamRZ 2000, 1324 mAnm BIENWALD 1325; **aA**
AG Westerstede FamRZ 2003, 552, 553 mAnm BIENWALD FamRZ 2003, 886). Zur Wahrnehmung der Vermögensangelegenheiten gehört auch die Abgabe der eidesstattlichen
Versicherung. Ist die betreute Schuldnerin imstande, die **eidesstattliche Versicherung**
abzugeben, entfällt diese Verpflichtung nicht dadurch, dass der Betreuer (ua mit
dem Aufgabenkreis Vermögenssorge) ein Vermögensverzeichnis erstellt und gegenüber dem Vormundschaftsgericht Rechnung gelegt hat (LG Braunschweig FamRZ 2000,
613). Das Vollstreckungsgericht entscheidet nach seinem **Ermessen**, ob es dem Betreuer oder dem betreuten Schuldner die eidesstattliche Offenbarungsversicherung
abverlangt, wenn ein Einwilligungsvorbehalt nicht angeordnet wurde (BGH FamRZ
2008, 2109). Wegen des zwischen dem Betreuten und dem Sozialhilfeträger bereits
bestehenden Sozialhilferechtsverhältnisses berechtigt der Aufgabenkreis der Vertretung in Vermögensangelegenheiten zur Erhebung einer gegen belastende **sozialhil-**
ferechtliche Bescheide gerichteten **Klage** (OVG Münster FamRZ 2001, 312). Zur Frage,
ob ein ua mit der Besorgung aller **Vermögensangelegenheiten** beauftragter Betreuer
befugt ist, den nach § 247 StGB erforderlichen **Strafantrag** zu stellen, LG Ravensburg FamRZ 2001, 937. Das LG stellte fest, dass der Betreuer, der (wie hier) für
zahlreiche Aufgabenkreise bestellt worden ist, die nicht nur Vermögensangelegenheiten, sondern auch wichtige personelle Belange umfassen, als gesetzlicher Vertreter bzw Personensorgeberechtigter iS des § 77 Abs 3 StGB anzusehen ist, zumal
der Aufgabenkreis „Personensorge" im BGB auch nicht vorgesehen ist (**aA** LG Hamburg NStZ 2002, 39, wonach die Vermögenssorge nicht zur Stellung eines Strafantrags ermächtigt,
auch nicht hinsichtlich Eigentums- und Vermögensdelikten). Weder der allgemeine Aufgabenkreis der Vermögenssorge noch der der Vertretung gegenüber Behörden enthalten
das höchstpersönliche Recht des Strafantrags; ein nach § 77 Abs 3 StGB grundsätzlich strafantragsberechtigter Betreuer ist von diesem Recht ausgeschlossen, wenn er
selbst der Beteiligung an der Tat verdächtig ist. Das gilt auch für die Stellung von
Strafanträgen gegen Mitbeteiligte (OLG Celle FamRZ 2012, 1089 [LS]). Welcher Auf-

gabenkreis den Betreuer zum **Widerruf** der vom Betroffenen erteilten (Vorsor-ge-)**Vollmacht** befugt, kann nicht für alle Arten von Vorsorgevollmachten einheitlich beantwortet werden. Wurde ihm nicht ausdrücklich der Aufgabenkreis des Abs 3 oder die Befugnis zur Kündigung der bestimmten Vollmacht zugewiesen, kommt es darauf an, dass der Betreuer solche Aufgaben übertragen bekommen hat, die dem Inhalt der Vollmacht entsprechen (einerseits KG FamRZ 2009, 908, andererseits OLG Brandenburg FamRZ 2009, 912, 913 = BtPrax 2009, 79; auch OLG Frankfurt FamRZ 2009, 911, 912). Zur Wahrnehmung der Aufgaben und Rechte aus einem Gesellschaftsvertrag genügt nicht der Aufgabenkreis der Vermögenssorge; der Aufgabenkreis muss deshalb ggf wie hier formuliert werden.

197 Wurde dem Betreuer eines ausländischen Betroffenen die Aufgabe „Vertretung gegenüber Behörden" übertragen, kann zu seinen Obliegenheiten auch die Unterstützung bei der notwendigen **Beschaffung eines gültigen Passes** gehören (BayObLGZ 2002, 353 = FamRZ 2003, 405 = Rpfleger 2003, 246). Zu Änderungen des Staatsangehörigkeitsgesetzes s das Gesetz zur Verbesserung der Unterbringung, Versorgung und Betreuung ausländischer Kinder und Jugendlicher v 28. 10. 2015 (BGBl I 1802). Der Aufgabenkreis **Vertretung gegenüber Körperschaften, Behörden und Gerichten** befugt nicht zur Teilnahme an **Erziehungskonferenzen** im Jugendamt, bei Verhandlungen und Absprachen über die Bewilligung von Familienhilfe sowie gegenüber dem Vater der Kinder der Betreuten zwecks Umgangsregelung, soweit es sich dabei um **Angelegenheiten der elterlichen Sorge** handelt (LG Rostock FamRZ 2003, 1691 mAnm Bienwald). Im Übrigen kann die Bestellung eines Betreuers mit dem Aufgabenkreis der „Vertretung gegenüber Behörden, Versicherungen, Renten- und Sozialleistungsträgern" (gegebenenfalls Gerichten) uä für sich genommen keinen Bestand haben, wenn nicht ein konkreter Bezug zu einer bestimmten Angelegenheit oder einem bestimmten behördlichen oder gerichtlichen Verfahren hergestellt ist (BGH FamRZ 2015, 649, 650 Rn 11 mwNw; FamRZ 2016, 291 Rn 17; dazu Bienwald FamRZ 2016, 1337). Aufenthaltsbestimmung einschließlich der Entscheidung über **Unterbringung** und **unterbringungsähnliche Maßnahmen**, Gesundheitssorge, Vermögenssorge sowie die Entscheidung über den Fernmeldeverkehr und das Anhalten und Öffnen der Post stellen den Betroffenen unter vollständige Betreuung mit der Folge des Ausschlusses vom aktiven **Wahlrecht** für die Kommunalwahlen und die (damals bevorstehende) Europawahl (VerwG Neustadt adW FamRZ 2000, 1049).

Durch Art 3 Nr 3 des Gesetzes zur Verbesserung der Unterbringung, Versorgung und Betreuung ausländischer Kinder und Jugendlicher v 28. 10. 2015 (BGBl I 1802) wurden das Staatsangehörigkeitsgesetz und das Aufenthaltsgesetz geändert. Zur Vornahme von Verfahrenshandlungen nach dem Staatsangehörigkeitsgesetz ist, wer das 16. Lebensjahr vollendet hat, sofern er nicht nach Maßgabe des BGB geschäftsunfähig oder im Falle seiner Volljährigkeit in dieser Angelegenheit zu betreuen und einem Einwilligungsvorbehalt zu unterstellen wäre (§ 37 Abs 1 BGB). Als Aufgabenkreise kann/muss für einen volljährigen Betroffenen ggf ein Betreuer bestellt werden. Neben diesem ist der Volljährige zur Vornahme von Verfahrenshandlungen fähig. Das ist er dann nicht, wenn außerdem ein Einwilligungsvorbehalt bzgl dieses Aufgabenkreises angeordnet wurde/wird.

198 Im Einzelfall kann es erforderlich sein, bei der Bestimmung des Aufgabenkreises des Betreuers zur **Klarstellung** eine einzelne Angelegenheit, deren Erfassung durch eine

Globalbezeichnung zweifelhaft sein kann, namentlich herauszuheben und gesondert aufzuführen (Beispiel: Vermögenssorge einschl Verwertung des Pferdes). Bei der Bezeichnung der Aufgabenbereiche ist auch im Hinblick auf unterschiedliche Auffassungen in der Rspr darauf zu achten, dass die zu besorgenden Angelegenheiten **zweifelsfrei zugeordnet** und erfasst werden (können). Denn jede andernfalls notwendig werdende Erweiterung des Aufgabenkreises erfordert ein neues Verfahren (§ 293 FamFG), stellt eine zusätzliche Belastung für Beteiligte dar und vermehrt die Kosten. Zur Reichweite einzelner Aufgabenbereiche s auch unten § 1902 BGB.

Zur Abwägung der Bestellung des Betreuers mit den erforderlichen Kompetenzen, **199** den notwendigen Entscheidungen und den möglichen psychischen und sozialen Folgen (zB Entwurzelung) für den Betroffenen BayObLG FamRZ 2001, 1244.

Zur Anregung von SCHWAB (MünchKomm/SCHWAB § 1896 Rn 90 ff), den über die Auf- **200** enthaltsbestimmung hinausgehenden Begriff der **Aufenthaltsbetreuung** zu verwenden, s unten Rn 210. Zahlreiche Beispiele für einzelne Angelegenheiten und Kreise davon sowie Inhalts- und Zuordnungsprobleme s BIENWALD/SONNENFELD/HARM (BIENWALD), BtR Rn 150 ff. Eine deklaratorische Feststellung, dass „eine Betreuung für alle Angelegenheiten angeordnet" sei, ist nicht zulässig (BayObLGZ 1996, 262 = FamRZ 1997, 388 = Rpfleger 1997, 162; weitere Nachw b BIENWALD/SONNENFELD/HARM [BIENWALD], BtR Rn 133 Stichwort „Alle Angelegenheiten"). In dieser Entscheidung auch zu den Voraussetzungen, unter denen ein Betreuer für **alle** Angelegenheiten bestellt werden darf.

In der Regel ist ein entsprechender **Einwilligungsvorbehalt** anzuordnen, wenn die **201** Bestellung eines Betreuers mit dem Aufgabenkreis Vermögenssorge trotz Vermögenslosigkeit erforderlich ist, um eine (weitere) **Verschuldung** zu **verhindern** (BayObLG FamRZ 1997, 902 = Rpfleger 1997, 307 = BtPrax 1997, 160).

Legt allein der Betroffene gegen die Bestellung eines Betreuers Beschwerde ein, so **202** ist das LG als Beschwerdeinstanz nicht befugt, den Aufgabenkreis des Betreuers zu erweitern. Denn an die Stelle des Erstgerichts tritt das Beschwerdegericht nur in Bezug auf die Angelegenheit, die Gegenstand der angefochtenen Entscheidung ist (BayObLGZ 1996, 81, 83 = FamRZ 1996, 1035, 1036 mwNw). Hat das LG im Rahmen der Prüfung, ob die Vollstreckung der Unterbringung in einem psychiatrischen Krankenhaus ausgesetzt werden kann, zu erörtern, ob sich die Gefahr insbesondere durch die Begründung eines Betreuungsverhältnisses nach den §§ 1896 ff abwenden oder abschwächen lässt (BGH NStZ-RR 2011, 75; NStZ 2000, 470, 471), soll das Betreuungsverhältnis das Aufenthaltsbestimmungsrecht und die Gesundheitssorge umfassen (BGH NStZ-RR 2011, 76). S dazu kritisch oben Rn 115, Rn 116.

4. Problematik der Aufgabenkreisgestaltung

Die Gestaltung des Aufgabenkreises und ihre Handhabung erweist sich in der Praxis **203** als sehr viel schwieriger gegenüber der Annahme des Gesetzgebers. Dieser wollte zwar mit der Bestimmung des Abs 2 S 1 insbesondere verhindern, dass dem Betreuer formularmäßig und ohne eingehende Prüfung verhältnismäßig umfangreiche Aufgaben zugewiesen werden, zB die gesamte Vermögenssorge und die Aufenthaltsbestimmung (BT-Drucks 11/4528, 58). Er hat jedoch selbst dazu beigetragen, dass diesem

Grundsatz nur sehr unvollkommen Rechnung getragen werden kann. So knüpft das Gesetz beispielsweise an den Aufgabenkreis „alle Angelegenheiten" (vgl dazu § 309 Abs 1 S 1 FamFG), an die „Aufenthaltsbestimmung mit Einwilligungsvorbehalt" (dazu § 309 Abs 2 S 1 FamFG) oder an die „Aufenthaltsbestimmung" (§ 310 FamFG) bestimmte Rechtsfolgen und bezieht sich bei der Beschreibung der einen Betroffenen ausmachenden Angelegenheiten auf das dem Minderjährigenrecht zugrunde liegende System „die Person und das Vermögen betreffend" (§ 1903 BGB).

204 Die Probleme der Zuordnung und Abgrenzung der beiden Bereiche (s dazu GERN-HUBER FamRZ 1976, 189) sind damit erhalten geblieben. Neue sind entstanden (§ 1907 BGB; zum Meinungsstand s unten § 1907 Rn 8). Bei Heimbewohnern, deren Aufenthalt von der Sozialhilfe bezahlt wird, ist es unbefriedigend, die Verwaltung gesparten Schonvermögens (§ 1 der DVO zu § 90 Abs 2 Nr 9 SGB XII) der Vermögenssorge, den Empfang und die Zuteilung des Barbetrages zur persönlichen Verfügung (§ 35 Abs 2 S 1 SGB XII) – sog Taschengeld – dagegen der Personensorge (weil dem laufenden Unterhalt zugehörig) zuordnen zu müssen. Bedenklich die vom LG Köln FamRZ 1998, 919 in einem Schadensersatzprozess gegen den Betreuer vertretene Auffassung, die (wegen Verbrauchs der Eigenmittel notwendige rechtzeitige) Beantragung von Sozialhilfe für den im Heim lebenden Betreuten falle nicht in den Bereich der Vermögenssorge (**aA** BIENWALD FamRZ 1998, 1567, 1568 und die Vorinstanz. S auch SozG Heilbronn DAVorm 1990, 373, 375 unter Hinweis auf BSozG, wonach die Beantragung der Rente aus der Arbeiterrentenversicherung zu den vermögensrechtlichen Angelegenheiten gehört).

205 Verschiedene Strukturprinzipien konkurrieren miteinander. Die vom Gesetzgeber beabsichtigte und durch die Hervorhebung des Erforderlichkeitsgrundsatzes betonte enge Aufgabenkreisgestaltung führt zu einer Zerlegung von Bedürfnissen eines Betroffenen in getrennte rechtlich geregelte Einheiten, von denen eine oder mehrere den Aufgabenkreis eines Betreuers bilden. Die Methode der **„Atomisierung"** wird durch den Erforderlichkeitsgrundsatz in doppelter Hinsicht begünstigt: a) die Betreuung darf in der Sache nicht weitergehen als die Betreuungsbedürftigkeit nach § 1896 Abs 1 und Abs 2 S 1 BGB; b) eine besorgungsbedürftige Angelegenheit ist dann nicht Sache des Betreuers, wenn sie auch durch andere Hilfen (Personen), die nicht zum Betreuer bestellt werden, wahrgenommen werden kann. Ein komplexer Lebenssachverhalt kann deshalb allein aus dem Grunde in einzelne Angelegenheiten aufgelöst werden müssen, weil nicht für sämtliche dazugehörenden Einzelbestandteile ein Betreuer erforderlich ist, sondern andere Hilfen ausreichen, zB eine Vollmacht erteilt wurde, die teilweise ausreichend „funktioniert".

206 Die komplizierte Zuordnung zu bestimmten Rechtsbereichen kann eine Erweiterung des Aufgabenkreises des vorhandenen Betreuers erforderlich machen, die dann entfiele, wenn die Komplexität des Sachverhalts bei der Formulierung des Aufgabenkreises bedacht worden wäre und eine entsprechende Aufgabenkreisbestimmung ausgereicht hätte. Gleichwohl verdienen die Entscheidungen Zustimmung, die um des Erforderlichkeitsgrundsatzes willen auf einer klaren und möglichst konkreten Aufgabenkreisbestimmung bestehen (zB BayObLG FamRZ 1994, 1059 = R & P 1994, 195; FamRZ 1995, 116; FamRZ 1995, 674). Dies umso mehr, als sie Art und Ausmaß von Beratung und Aufsicht durch das Betreuungsgericht bestimmt, für die Frage einer Haftung entscheidend sein kann und bei Unfällen die Frage des Versicherungsschutzes aufwirft.

Eine **ganzheitliche Betrachtungsweise** liegt den Vorschlägen zugrunde, komplexe **207** Bereiche zu Aufgabenkreisen zusammenzufassen. Die nach rechtlichen wie nach tatsächlichen Gesichtspunkten zusammengefassten Angelegenheiten (MünchKomm/ Schwab Rn 81 ff, 90 ff, 116 ff: Vermögensbetreuung, Aufenthaltsbetreuung, Gesundheitsbetreuung oder Betreuung in Eheangelegenheiten) haben den Nachteil, dass ein komplexer Lebenssachverhalt von diesen, eher nach rechtlichen Kriterien zusammengestellten, Aufgabenkreisen **auch nicht vollständig** erfasst wird. Eine gewisse Hilfe für die Bestimmung des Aufgabenkreises im Einzelfall bietet diese Vorgehensweise insofern, als sie die Aufmerksamkeit schärfen kann, regelungsbedürftige Angelegenheiten nicht zu übersehen, um nicht unnötig ergänzende Verfahren durchführen zu müssen. Dabei sollte nicht außer Acht gelassen werden, dass die Komplexe je nach Krankheitsbild oder Behinderungsart typisch unterschiedlich sein können.

Bruder hat in seinem Gutachten für den 57. DJT (Medizinisches Teilgutachten C **208** 12) bei der Erörterung der senilen Demenz auf die starken Schwankungen der Defizite und die durch sie auch bei Spezialisten hervorgerufenen Irritationen hingewiesen. Gleichwohl dürfte es möglich sein, aus der Beobachtung von Patientenverhalten und der Unterscheidung der verschiedenen Gruppen von Betroffenen gewisse typische Problembereiche hinsichtlich der Nichtbesorgung von Angelegenheiten zu erfassen, um mit der Formulierung des Aufgabenkreises darauf entsprechend zu reagieren.

Die bisher noch nicht überall erforderten **Sozialberichte** der Betreuungsbehörden **209** hätten dabei einen wichtigen Beitrag leisten können. Verschiedene Komponenten haben bisher dazu beigetragen, dass weder eine systematische Auswertung von Betreuungsvorgängen in nennenswertem Umfang begonnen noch eine zentrale Stelle (vergleichbar mit dem früheren Deutschen Institut für Vormundschaftswesen, Heidelberg) ins Leben gerufen wurde, um einer unnötigen Problemlösungsvielfalt mit Hilfen, Beratung oder Modellen entgegenzuwirken. Die beiden vom BMJ in Auftrag gegebenen rechtstatsächlichen Untersuchungen dienten anderen Zwecken. Seit dem 1. 7. 2014 sind die Betreuungsgerichte **verpflichtet**, vor der Bestellung eines Betreuers die zuständige Behörde **anzuhören** (§ 279 Abs 2 S 1 FamFG; eingefügt durch das Gesetz zur Stärkung der Funktionen der Betreuungsbehörde v 28. 8. 2013 – BGBl I 3393). Die Gerichte und die für die Gerichtsausstattung zuständigen Stellen sollten berücksichtigen, dass eine Betreuungsbedürftigkeit nicht immer eine auf Dauer konstante Größe ist.

5.   Speziell zur Frage der Aufenthaltsbetreuung

Einer der typischen Wirkungskreise, welche die Praxis der bisherigen Pflegschaft für **210** gebrechliche Menschen herausgebildet hatte, war die „Aufenthaltspflegschaft" (Holzhauer, Gutachten DJT B 71), beinhaltend das Aufenthaltsbestimmungsrecht und die während eines vom Pfleger bestimmten Aufenthalts anfallenden Entscheidungen. Erst spät entdeckten Gerichte und Autoren, dass mit dem Aufenthaltsbestimmungsrecht zB nicht die Befugnis des Pflegers verbunden war, Angelegenheiten der ärztlichen Versorgung uä für den Pflegebefohlenen (der untergebracht sein konnte) zu entscheiden. Übereinstimmend mit dem DiskE I sprach sich Holzhauer dagegen aus, solche Wirkungskreise wie diesen auch nur beispielhaft im Gesetz vorzugeben. Der RegEntw hat sich daran gehalten. Durch den in den Gesetzeswortlaut aufgenommenen Grundsatz der Erforderlichkeit sollte insbesondere ver-

Werner Bienwald

hindert werden, dass dem Betreuer formularmäßig umfangreiche Aufgaben zugewiesen werden.

211 Demgegenüber hält SCHWAB (MünchKomm/SCHWAB Rn 90 ff) den Begriff der „Aufenthaltsbestimmung" für zu eng gewählt. Es gehe nicht allein um die verbindliche
Festlegung, wo sich der Betreute aufhalten soll, sondern um die Gesamtheit der
rechtlichen und tatsächlichen Angelegenheiten, die mit der Wahl von Wohnort und
„Wohnstelle" verbunden sind (Abschluss und Kündigung von Mietverträgen unter
Beachtung von § 1907, Abschluss und Kündigung von Heimverträgen, Unterbringung nach § 1906 BGB). Er schlägt deshalb den Begriff der „Aufenthaltsbetreuung"
vor, der die Aufenthaltsbestimmung als Einzelbefugnis in sich schließt, und will sie
in solchen Fällen vorsehen, in denen der bisherige Aufenthalt des Betroffenen für
ihn nicht mehr zuträglich erscheint, er aber außerstande ist, aus eigenem Entschluss
die Verhältnisse zu ändern oder einen solchen Entschluss durchzuführen.

212 Für eine solche Betrachtung spricht die Komplexität des Lebenszusammenhangs, in
dem der Aufenthaltsort des Betroffenen eine wesentliche Rolle spielt. Mit der
Änderung des Aufenthaltsortes des Betreuten ändern sich meist nicht nur die örtlichen Lebensbedingungen, sondern ist die Veränderung des Lebensmittelpunktes
des Betreuten und seiner gesamten sozialen Beziehungen verbunden. Die Gesamtheit der mit einer Aufenthaltsänderung zusammenhängenden tatsächlichen und
rechtlichen Konsequenzen wird durch den Begriff der Aufenthaltsbestimmung
und seinen Inhalt auch nicht annähernd erfasst. Wie schwierig es allerdings ist,
mit einem Begriff der Aufenthaltsbetreuung den verschiedenen komplexen Sachverhalten gerecht zu werden, wird deutlich, wenn man sich die Situation eines nicht
untergebrachten, eines untergebrachten und eines nach den Bestimmungen des
Maßregelrechts untergebrachten Betreuten vor Augen führt.

213 Umso problematischer kann es sein, durch die Verwendung einer Aufgabenkreisbezeichnung, die einen komplexen Lebenssachverhalt erfassen soll und erfasst, dem
Betreuer eine umfassendere Rechtsmacht einzuräumen, als er gegenüber dem Betreuten benötigt. Die vom Recht getroffene und auch im Betreuungsrecht aufrecht-
erhaltene Trennung von rechtsgeschäftlichen Handlungen und Willenserklärungen
einerseits und sonstigen Rechtshandlungen andererseits lässt die Erfassung eines
komplexen Betreuungssachverhalts durch eine Aufgabenkreisbestimmung immer
nur dann zweifelsfrei zu, wenn der Betroffene auch nicht mehr in der Lage ist,
die sonstigen zu dem komplexen Lebenssachverhalt gehörenden Rechtshandlungen
vorzunehmen bzw über sie zu entscheiden. Da auch die Aufenthaltsfrage bzw der
Aufenthaltswechsel sowohl die Grundentscheidung über den neuen Aufenthalt zum
Inhalt hat als auch die Entscheidungen bzw Handlungen zum Vollzug der getroffenen Grundentscheidung voraussetzt, muss nach wie vor unterschieden werden, ob
der Betroffene nur außerstande ist, die rechtsgeschäftlichen Anteile der Aufenthaltsveränderung vorzunehmen, oder auch die Grundentscheidung von einem Betreuer getroffen werden muss (zur Unterscheidung von Grundentscheidung und Folgehandlungen und Folgeentscheidungen s BIENWALD, Untersuchungen 429).

214 Je umfassender die Angelegenheiten eines Betroffenen besorgt werden müssen,
desto eher könnte es vertreten werden, die den Aufenthaltswechsel und/oder die
gesundheitlichen Angelegenheiten in der Aufgabenbestimmung mit Globalbezeich-

nungen wie Aufenthaltsbetreuung oder Gesundheitsbetreuung zu bezeichnen. De lege lata empfehlen sich solche Globalbezeichnungen bereits deshalb nicht, weil, soweit erkennbar, über das in ihnen enthaltene Quantum an Rechtsmacht keine einheitliche Auffassung existiert (zu semantischen Problemen bei der Frage der Aufgabenkreise HOLZHAUER, Rechtsgutachten in: SELLIN/ENGELS, Qualität, Aufgabenverteilung und Verfahrensaufwand bei rechtlicher Betreuung 197, 205). Je weniger umfassend der Betreuer zuständig sein muss, desto größer sind die Bedenken gegen Globalzuweisungen, die mit dem Grundsatz der Erforderlichkeit kollidieren könnten und einen realen Verlust an Selbstbestimmung für den Betreuten bedeuten würden. Auch das Moment der Dauer der Betreuung spricht gegen Globalbeschreibungen und Zuweisungen, weil die Gefahr besteht, dass der Betreute zu häufig Opfer wechselnder Entscheidungen des Betreuers werden könnte. Im Übrigen s STAUDINGER/BIENWALD (2006) S 110/111.

Die Voraussetzungen dafür, dass ein Betreuer – anstelle des Betroffenen – über das **215** **Verbleiben** an dem jetzigen Aufenthaltsort oder einen **Aufenthaltswechsel** entscheidet, sind:

– Der Betreute kann selbst über die erforderliche Aufenthaltsveränderung nicht entscheiden; insofern ist davon auszugehen, dass der Betroffene einen eigenen Willen nicht bilden und infolgedessen auch nicht widersprechen kann;

– das Unvermögen, diese Entscheidung selbst zu treffen, beruht auf einer der in § 1896 Abs 1 S 1 BGB aufgeführten Behinderungen oder Krankheiten;

– der Aufenthaltswechsel ist deshalb erforderlich, weil der Betreute am jetzigen Aufenthaltsort selbst die Angelegenheiten des täglichen Lebens nicht mehr ausreichend zu bewältigen imstande ist und Hilfen in ausreichendem Maße zur Verpflegung und Versorgung (zB auch zum Verhindern des Weglaufens) nicht zur Verfügung stehen und nicht in der zur Verfügung stehenden Zeit organisiert werden können.

Sofern nicht der in einem Heim oder in einer sonstigen Einrichtung lebende Be- **216** treute, der eine eigene Entscheidung über seinen Aufenthalt (auch den gegenwärtigen) nicht mehr treffen kann, außerstande ist, sich noch körperlich zu bewegen (also nicht ständig bettlägerig ist), benötigt der Betreuer das Aufenthaltsbestimmungsrecht, auch wenn aktuell über einen Aufenthaltswechsel nicht zu entscheiden ist. Andernfalls wäre im Falle des Weglaufens des Betreuten niemand berechtigt, stellvertretend für den nicht entscheidungsfähigen Betreuten über dessen Aufenthalt (zB auch die Rückführung) zu bestimmen. Insofern handelt es sich um eine **auf Dauer erforderliche Befugnis** des Betreuers. Auf sie kann aus den genannten Gründen auch dann nicht verzichtet werden, wenn das Gericht einen vom Betreuer angedeuteten Heimwechsel nicht billigt. Abgesehen davon, dass das Gericht nur im Falle von Pflichtwidrigkeiten berechtigt wäre einzuschreiten (§§ 1837 Abs 2, 1908i Abs 1 S 1 BGB), müsste es mit anderen Mitteln versuchen, den Betreuer von der Entscheidung abzuhalten. **Eine objektiv erforderliche Aufgabenzuweisung darf das Gericht nicht vernachlässigen** (BIENWALD, Aufenthaltsbestimmung auch ohne Ortswechsel, BtPrax 2004, 182).

217 Über die **Ausübung des Aufenthaltsbestimmungsrechts** enthält das Betreuungsrecht keine Kriterien (Coeppicus FamRZ 1992, 741, 747 spricht in diesem Zusammenhang von fatalen Konsequenzen; vgl auch Sonnenfeld, Selbst- und Fremdbestimmung des Aufenthaltes Volljähriger, FamRZ 1995, 393). Es besteht der Verdacht, dass Aufenthaltsbestimmungsentscheidungen, die mit der Unterbringung in einem Heim gegen den Willen des Betreuten verbunden sind, weniger unter Beachtung des grundsätzlichen Willensvorrangs der Betreuten als mit dem Argument der Unzumutbarkeit der bisherigen Sachlage für den Betreuer gerechtfertigt werden.

218 Soweit der BGH in Entscheidungen verschiedener Strafsenate die Bestellung eines Betreuers als Möglichkeit oder als Realität für eine vorrangige Alternative gegenüber der Anordnung (§ 63 StGB) oder Vollstreckung (§ 67b StGB) der Unterbringung in einem psychiatrischen Krankenhaus hält (R & P 1999, 140; 2001, 41; 2002, 192; NStZ 2002, 367 = FamRZ 2002, 1556 mAnm Bienwald; NStZ-RR 2011, 75 mwNw), beruht dies offensichtlich auf der irrtümlichen Annahme, die Rechtliche Betreuung diene dem Schutz der Allgemeinheit vor möglichen Straftaten des Betroffenen, und auf der Vorstellung, der gerichtlich bestellte Betreuer könne sein ihm übertragenes Aufenthaltsbestimmungsrecht zu diesem Zweck ausüben.

219 Problematisch ist in der Gegenwart, dass Entscheidungen über den Aufenthalt des Betreuten nicht nur unter Gesichtspunkten der Sicherheit für den Betreuten und der Sorge vor Haftung bei Angehörigen und Betreuern getroffen werden, sondern dass zusätzlich ein Mangel an sozialer Infrastruktur (zB fehlende ambulante Hilfen und Tagespflegestellen für ältere Menschen) und geeignetem Wohnraum seine Wirkung hat. Der Wohnungsmarkt und der Mangel an geeigneten Heimplätzen oder anderen Wohnformen lassen es nicht oder nur sehr schwer zu, adäquate und für den Betreuten annehmbare Lösungen in entsprechend langen Zeiträumen zu planen und vorzubereiten. Trotz der Möglichkeit, eine Wohnung schnell zu vermieten und einen unliebsamen und unbequemen Mieter bald loszuwerden, hat die **Aufenthaltssicherung** immer noch Vorrang vor der Aufenthaltsveränderung, die, mindestens bei zunehmendem Verwirrtsein, die Problematik nicht löst. Zum Unterlaufen des mit den Kontrollmöglichkeiten des § 1907 BGB beabsichtigten Schutzes durch die behördliche Einstellung der an den Vermieter direkt gezahlten Mietbeträge s unten § 1907 BGB.

6.   Gesundheitsfürsorge/Gesundheitsbetreuung*

220 Wird einem Betreuer ein (Teil-)Aufgabenkreis dieser Bezeichnung zugewiesen, muss davon ausgegangen werden, dass der Betreute selbst zur Wahrnehmung dieser Angelegenheit außerstande ist. Das Unvermögen dazu muss durch eine Krankheit oder Behinderung iSv Abs 1 bedingt sein; ein willentliches, wenn auch unvernünftiges, Ernährungs- und Gesundheitsverhalten rechtfertigt nicht, einem Betreuer die Verantwortung für eine Veränderung zu übertragen. Der Betreute muss durch die Krankheit in seiner Entscheidungsfähigkeit erheblich beeinträchtigt sein, sodass eine eigene Bestimmung über die gesundheitliche Versorgung nicht möglich ist. Außerdem muss die Voraussetzung des Abs 1a erfüllt sein.

---

* **Schrifttum:** Martin, Die Betreuung mit dem
Aufgabenkreis Gesundheitssorge (2002).

Durch den (Teil-)Aufgabenkreis der Gesundheitsfürsorge werden mehrere zu un- **221** terscheidende Bereiche erfasst:

- die Inanspruchnahme von Leistungen der Gesundheitsfürsorge, sei es ärztliche oder andere Beratung, sei es die Versorgung mit Medikamenten, einschl Leistungen nach dem Hospiz- und Palliativgesetz (HPG) v 1. 12. 2015 (BGBl I 2114)

- die Einwilligung in eine ärztliche Behandlungsmaßnahme, in eine Untersuchung, einen ärztlichen Eingriff usw, dh die Gestattung der Vornahme einer medizinischen Maßnahme am oder mit dem Körper;

- das Einverständnis mit dem Aufenthalt in einer Klinik zwecks Durchführung einer medizinischen Maßnahme;

- der Abschluss eines Behandlungsvertrages oder eines Krankenhaus- und Behandlungsvertrages;

- die Sicherstellung der zur Finanzierung ärztlicher und pflegerischer Maßnahmen erforderlichen Versicherungen (insbesondere Krankenversicherung), speziell dann, wenn infolge rechtskräftiger Scheidung die während der Ehe bestandene Familienversicherung erloschen ist (BSG FamRZ 2002, 1471 mAnm BIENWALD = NJW 2002, 2413; BSG FamRZ 2009, 225).

Zu jedem dieser Teilbereiche gehören Leistungen und Gegenleistungen, Pflichten **222** und Rechte beider oder mehrerer Seiten. So beispielsweise die ärztliche Aufklärung des Patienten vor der Durchführung einer ärztlichen Behandlung oder sonst einer Maßnahme, zu der die Einwilligung des Patienten erforderlich ist. Ist der Betreute zur Entgegennahme der erforderlichen Aufklärung außerstande, hat der Betreuer die entsprechenden Informationen entgegenzunehmen. Über den Erfolg oder Misserfolg einer ärztlichen Maßnahme hat der Arzt auf Verlangen des Betreuers diesem Auskunft zu geben, soweit der Patient selbst zum Empfang und der Verarbeitung der Informationen nicht imstande ist und der Aufgabenkreis des Betreuers reicht.

Die Entscheidung des Betreuers in Angelegenheiten der Gesundheitsfürsorge kann, **223** abgesehen von rechtsgeschäftlichen Angelegenheiten, nicht neben einer Entscheidung des Betreuten bestand haben. Konkurrenzen sind ausgeschlossen (RAUSCH/KLÜSENER/RAUSCH NJW 1993, 617, 619). Sollte der Betreute trotz der Zuständigkeit des Betreuers zu einer Entscheidung imstande sein, tritt die Zuständigkeit des Betreuers hinter die des Betreuten zurück. Im Ergebnis ist dies in den Fällen ebenso, in denen der Betreuer seine Entscheidung (zulässig) von den Wünschen des Betreuten abhängig macht (§ 1901 BGB nF). Zur Frage einer Doppelkompetenz im Übrigen s unten Rn 232.

Zu unterscheiden sind im Bereich gesundheitlicher Fürsorge folgende Konstellatio- **224** nen:

- Der Betreuer ist nicht zuständig, stellt aber einen Versorgungsmangel fest; es besteht eine Informationspflicht nach § 1901 Abs 5 BGB;

– der Betreuer ist zuständig, weil der Aufgabenkreis besteht und der Betreute selbst nicht entscheidungsfähig ist. Hier entscheidet der Betreuer allein. Fraglich ist in solchen Fällen dann mitunter, ob im Falle rein tatsächlicher Abwehr durch den Betreuten die Maßnahme dennoch mit Gewalt vorgenommen werden darf.

225 Gegebenenfalls ist zusätzlich die Genehmigung des Betreuungsgerichts erforderlich, ohne die der Eingriff in die körperliche Integrität des Betreuten rechtswidrig wäre. Die nach § 1904 BGB erforderliche Genehmigung des Betreuungsgerichts betrifft aber lediglich die den Eingriff tragende tatsächliche Entscheidung des Betreuers; sie betrifft nicht die rechtsgeschäftliche Seite des Eingriffs. Das Gericht genehmigt mithin nicht den Behandlungs-(Krankenhaus- oder Arzt-)Vertrag; dieser ist ohne gerichtliche Zustimmung wirksam. Ebenfalls nicht der Genehmigung des Betreuungsgerichts bedürfen die zur Abwicklung dieses Vertrages einschließlich der zur Geltendmachung von Schadensersatzansprüchen und anderen Leistungen erforderlichen Erklärungen und Handlungen.

226 Angelegenheiten der Gesundheitsfürsorge lassen sich erfassen

– innerhalb eines umfassenden Aufgabenkreises der Personensorge, der jedoch die Ausnahme bilden sollte (KLÜSENER/RAUSCH NJW 1993, 617, 619);

– durch Zuweisung eines entspr Aufgabenkreises. Die Beschreibung dieses Aufgabenbereichs mit „Gesundheitsfürsorge" hat den Nachteil relativer Unbestimmtheit. Die Abgrenzung zwischen gesundheitlichen Angelegenheiten, die der Betreffende allein, ohne die Hilfe des Betreuers, entscheidet, und solchen, die der Betreute nicht mehr allein wahrnehmen kann, kann Probleme aufwerfen. Wegen des zu beachtenden Erforderlichkeitsgrundsatzes ist die allgemeine Angabe „Gesundheitsfürsorge" ohne Beschränkung auf den nervenärztlichen Bereich fehlerhaft, wenn nicht die tatsächlichen Feststellungen des Gerichts die weite Fassung des Aufgabenkreises, die die Gesundheitsfürsorge in allen Bereichen der Medizin umfasst, rechtfertigen (BayObLG FamRZ 1994, 1059 = R & P 1994, 195; BtPrax 1995, 218 = FamRZ 1996, 250 [LS] = BtE 1994/95 mAnm SEITZ [st Rspr]);

– durch gesonderte Zuweisung von einzelnen Angelegenheiten der Gesundheitsfürsorge.

227 Ist oder wird der Betreute aufgrund einer Entscheidung des Betreuers freiheitsentziehend untergebracht (§ 1906 Abs 1 BGB), gilt für das Arzt-Patient-Verhältnis nichts anderes. Aufgrund der Unterbringung durch den Betreuer ist der Arzt nicht befugt, den Patienten gegen seinen Willen zu behandeln. Ausnahme: der Notfall. Ist der Patient einwilligungsunfähig und steht dem Betreuer die Entscheidung über die gesundheitlichen Belange des Patienten nicht zu, ist aber insoweit Betreuung erforderlich, ist der Aufgabenkreis zu erweitern und/oder ein weiterer Betreuer zu bestellen. Der Betreuer hat das Gericht gemäß § 1901 Abs 5 BGB zu informieren. Ggf entscheidet das Betreuungsgericht allein, wenn die Voraussetzungen der §§ 1846, 1908i Abs 1 S 1 BGB vorliegen.

228 Steht dem Unterbringungsbetreuer auch die Gesundheitsfürsorge zu, ist er vom Arzt (Psychiater) in allen Fragen der gesundheitlichen Versorgung zu beteiligen; in Not-

fällen ist er über das Veranlasste zu informieren. Nur wenn im Einzelfall der Patient einwilligungsfähig erscheint, tritt die Zuständigkeit des Betreuers hinter die des Patienten zurück. Bestehen, insbesondere bei globaler Zuständigkeit des Betreuers, in der einzelnen Behandlungssituation Zweifel, ob der Betreute (Patient) einwilligungsfähig ist, ist der Betreuer zu beteiligen, der im Zweifel zu entscheiden hat. Nur wenn der Patient einwilligungsfähig ist, entscheidet er allein (auch über riskante Eingriffe iSd Beschreibung des § 1904 BGB).

Risikoeingriffe (§ 1904 BGB) bedürfen nur dann der Einwilligung des Betreuers, **229** wenn sie in seinen Aufgabenkreis fallen und der Betreute selbst nicht imstande ist, die erforderliche Einwilligung zu erteilen, oder Zweifel an seiner Einwilligungsfähigkeit bestehen. Ist er einwilligungsfähig, kommt es weder auf eine Erklärung des Betreuers noch auf die des Betreuungsgerichts an. Ist der Betreute nicht einwilligungsfähig oder bestehen Zweifel an seiner Einwilligungsfähigkeit, entscheidet der Betreuer, wenn diese Angelegenheit durch seinen Aufgabenkreis erfasst wird. Ist er für den Eingriff (die Maßnahme), bedarf es noch der Genehmigung des Betreuungsgerichts. Ist der Betreuer gegen die ärztliche Maßnahme, sieht das Gesetz eine Beteiligung des Betreuungsgerichts vor, wenn die Voraussetzungen des § 1904 vorliegen. In dessen Abs 2 heißt es, dessen geltende Fassung auf das Dritte Gesetz zur Änderung des Betreuungsrechts zurückzuführen ist, die Nichteinwilligung oder der Widerruf der Einwilligung des Betreuers in eine Untersuchung des Gesundheitszustands, eine Heilbehandlung oder einen ärztlichen Eingriff bedürfe der Genehmigung des Betreuungsgerichts, wenn die Maßnahme medizinisch angezeigt ist und die begründete Gefahr bestehe, dass der Betreute aufgrund des Unterbleibens oder des Abbruchs der Maßnahme stirbt oder einen schweren und länger dauernden gesundheitlichen Schaden erleidet.

In einem solchen Falle – Differenz zwischen ärztlicher Auffassung und Meinung des **230** Betreuers – behandelt der Arzt in einem Notfall allein ohne jede vorher eingeholte Einwilligung oder Genehmigung, oder er teilt den Sachverhalt dem Gericht mit, das dann im Wege der Aufsicht den Betreuer anweisen kann, eine bestimmte Entscheidung zu treffen (§ 1837 Abs 2 BGB). UU entlässt es den Betreuer aus dem Amt nach Maßgabe von § 1908b BGB. Auch der Selbsteintritt des Betreuungsgerichts (nach § 1846 iVm § 1908i Abs 1 S 1 BGB) kommt in Betracht (KLÜSENER/RAUSCH NJW 1993, 617, 619).

Die Feststellung, dass der Patient einwilligungsfähig und mit der vorgesehenen **231** Maßnahme einverstanden ist, trifft der Arzt. Sein Handeln ist rechtswidrig, wenn der Patient die erforderliche Einwilligung nicht erteilt hat oder erteilen konnte. Dementsprechend muss der behandelnde Arzt ein eigenes Interesse daran haben, festzustellen, ob der Patient – nach entsprechender Information und Aufklärung – mit der beabsichtigten Maßnahme einverstanden ist und in der Lage war, sein Einverständnis zu geben. Ob er, wenn er Zweifel an der Einwilligungsfähigkeit des Patienten hat, das Gesundheitsamt (das seinerseits beim Betreuungsgericht die Bestellung eines Betreuers anregt oder im Rahmen seiner Zuständigkeit nach dem PsychKG tätig wird) darüber informiert oder unmittelbar beim Betreuungsgericht die Bestellung eines Betreuers für diese Angelegenheit anregt, entscheidet er nach ärztlichem Ermessen.

232 **Abzulehnen** ist die Auffassung von einer **Doppelkompetenz** (Holzhauer NJW 1992, 2325, 2329; aufgegeben von Erman/Roth § 1904 Rn 2), allein schon deshalb, weil der Arzt sich ohnehin in jedem Behandlungsfall mit einem Betreuten einen Eindruck vom Zustand des Patienten verschaffen muss und es ihm freisteht, sicherheitshalber den Betreuer zu konsultieren. Doppelkompetenz hilft aber vor allen Dingen nicht weiter in Streitfällen zwischen Betreuer und Betreutem.

233 Zur **Einsichtnahme** der psychiatrischen Patienten in die **Behandlungsdokumentation** s den Nichtannahmebeschluss des BVerfG MedR 1993, 232. Erstrebt der Patient über die Kenntnis objektiver Befunde hinaus Einsicht in die **Krankenunterlagen** über seine psychiatrische Behandlung, so sind nach BGHZ 106, 146 **entgegenstehende** therapeutische **Gründe** vom Arzt nach Art und Richtung näher zu kennzeichnen, allerdings ohne Verpflichtung, dabei ins Detail zu gehen. Das BVerwG (E 82, 45) hielt es mit dem Grundrecht auf freie Entfaltung der Persönlichkeit gem Art 2 Abs 1 GG iVm Art 1 Abs 1 GG für unvereinbar, einem ehemaligen Untergebrachten die Einsicht in die ihn betreffenden Akten eines psychiatrischen Landeskrankenhauses ausschließlich mit der Begründung zu verweigern, es bestehe die Gefahr, dass sich der Antragsteller durch die Einsichtnahme gesundheitlich schädige. Nach LG Saarbrücken (MedR 1996, 323) steht einem Patienten, der sich in psychiatrischer Behandlung befindet oder befand, kein Recht auf Einsicht in seine Krankenunterlagen zu, wenn er kein sachlich anerkennenswertes Interesse an der begehrten Einsicht geltend macht. Krit dazu Kern MedR 1996, 324.

234 Einem Patienten, der behauptet, dem Arzt sei ein Behandlungsfehler unterlaufen, räumt der BGH Beweiserleichterung ein, wenn der Krankenhausträger seine Pflicht verletzt, dafür Sorge zu tragen, dass über den Verbleib von Behandlungsunterlagen jederzeit Klarheit besteht (BGH NJW 1996, 779). Soweit Krankenunterlagen zu Verfahren beigezogen werden und damit grundsätzlich zur Kenntnis des (ehemaligen) Patienten gelangen können, sind Gründe nicht ersichtlich, die Akten außerhalb eines Verfahrens ganz oder teilweise vorzuenthalten. Müsste jemand erst einen Prozess anstrengen, um auf diese Weise Kenntnis der Behandlungsakten zu erhalten, käme es zu ungleichen Verhältnissen, weil der von PKH-Bewilligung abhängige Kläger nur bei entsprechender Erfolgsaussicht Chancen einer Akteneinsicht hätte (s zur ärztlichen Dokumentationspflicht und zum Recht auf Einsicht in die Krankenunterlagen auch Nüßgens, in: FS Boujong [1996] 831; Scheiwe, Informationsrechte von Patienten hinsichtlich der medizinischen und psychiatrischen Dokumentation, KritV 1998, 313).

7. Gesonderte Entscheidungen

235 Mit der Bestellung eines Betreuers kann das Betreuungsgericht einen **Einwilligungsvorbehalt** (§ 1903 BGB) anordnen. Einer gesonderten Entscheidung bedarf es, wenn die in § 1908i Abs 2 S 2 BGB aufgeführten Angehörigen, der Vereinsbetreuer oder der Behördenbetreuer nicht von den gesetzlichen Verpflichtungen (§§ 1857a, 1908i Abs 1 S 1 BGB) befreit sein sollen. Die Entscheidung über den **Fernmeldeverkehr** des Betreuten, über die Entgegennahme, das Öffnen und das Anhalten seiner Post muss im Bedarfsfall dem Betreuer gesondert zugewiesen werden; diese Angelegenheiten werden von keiner anderen Aufgabenkreisbestimmung erfasst (§ 1896 Abs 4 BGB). Deshalb muss gegebenenfalls auch mit oder nach der Bestellung eines Betreuers mit dem Aufgabenkreis des § 1896 Abs 3 eine Entscheidung nach § 1896

Abs 4 getroffen werden. Die Befugnis zur Postkontrolle wie auch die Entscheidung über den Fernmeldeverkehr dürfen dem Betreuer nur eingeräumt werden, wenn dieser ihm übertragene Aufgaben ohne diese Befugnis nicht in der gebotenen Weise erfüllen könnte und hierdurch wesentliche Rechtsgüter des Betreuten erheblich gefährdet oder beeinträchtigt würden (BayObLG FamRZ 2001, 1558 [1559]; BayObLG FamRZ 2001, 871 = NJWE-FER 2001, 179; bereits BayObLGZ 1996, 253 = FamRZ 1997, 244, jedoch weniger differenziert). Diese einschränkende Anwendung der Vorschrift (§ 1896 Abs 4 BGB) hat zur Folge, dass eine isolierte Übertragung der Aufgabe auf einen speziellen Betreuer grundsätzlich nicht in Betracht kommt, sondern dass dieser Aufgabenkreis als Annex zu einer Betreuerbestellung oder einer bereits vorgenommenen Bestellung zuzuweisen ist. Die Entscheidung lässt erkennen, dass bei der Einschränkung der Grundrechte des Betroffenen gem Abs 4 zu differenzieren ist und die Aufzählung der möglichen Maßnahmen keinen Aufgaben„block" darstellen. Nach OLG Oldenburg (FamRZ 1996, 757, 758 = ZfF 1997, 15) ist die Postkontrolle vielfach schon bei der Bestellung des Betreuers sinnvoll (bedenklich, weil der Betreuer Post an sich adressieren lassen kann, die dann nicht Post des Betreuten ist).

Der dem Betreuer zugewiesene Aufgabenkreis „Entgegennahme, Öffnen und An- **236** halten der Post" verpflichtet den Betreuer nicht, stets die Post des Betreuten vor einer Aushändigung an ihn zu kontrollieren. Ggf hat das Gericht die Notwendigkeit dieses Aufgabenkreises von Amts wegen oder nach entsprechender Anzeige des Betreuers (§ 1901 Abs 5 BGB) zu prüfen (OLG München FamRZ 2008, 89 = Rechtsdienst der Lebenshilfe 2008, 36).

Hat das Gericht einen Betreuer mit dem Aufgabenkreis bestellt, Rechte des Betreuten gegenüber seinem Bevollmächtigten geltend zu machen (§ 1896 Abs 3 BGB), hat es durch gesonderte Entscheidung den Betreuer zu ermächtigen, wenn er die (Vorsorge-)Vollmacht widerrufen können soll (BGH FamRZ 2015, 1702 mAnm ZIMMERMANN = NJW 2015, 3572; FamRZ 2015, 2163; FamRZ 2016, 117, 119).

Wurde dem Betreuer der Aufgabenkreis des Abs 4 ganz oder teilweise übertragen, hat der Betreuer seinerseits zusätzlich in jedem Einzelfall in eigener Verantwortung zu prüfen und zu entscheiden, ob bzw inwieweit es erforderlich ist, von der ihm übertragenen Kontrollbefugnis Gebrauch zu machen (BayObLG FamRZ 2001; 1558, 1559 mwNw).

Ist ein Betreuer, gleich mit welchem Aufgabenkreis, bereits bestellt, ist für die **237** Entscheidung über die Einwilligung in eine **Sterilisation** des Betreuten stets ein besonderer Betreuer zu bestellen (§ 1899 Abs 2 BGB); die Erweiterung des Aufgabenkreises des vorhandenen Betreuers reicht nicht aus und kommt dafür nicht in Betracht.

8.   Zur Verwendung von Formularen in der Praxis der Betreuerbestellung

Die Bestimmung des Aufgabenkreises soll und darf aus verfassungsrechtlichen **238** Gründen (Rechtseingriff) nicht weiter reichen, als es zur Besorgung der Angelegenheiten der betreuten Person aufgrund deren Unvermögen zu eigener Wahrnehmung der Angelegenheiten erforderlich ist. Die Begründung des RegEntw des Betreuungsgesetzes lehnte es demzufolge ab, den Aufgabenkreis des Betreuers ohne

Werner Bienwald

eingehende Prüfung des Betreuungsbedürfnisses formularmäßig zu bestimmen (BT-Drucks 11/4528, 58).

239 Das in der Praxis verwendete Formular für die Bestellung eines Betreuers mit Einwilligungsvorbehalt (7.08 Ri), dessen Bezeichnung bereits deshalb kritikwürdig ist, weil nicht der Betreuer einen Einwilligungsvorbehalt erhält, enthält zwar eine Reihe von „Vorschlägen" zur Formulierung von Aufgabenkreisen, in den hauptsächlichen Bereichen werden jedoch wie nach altem Recht globale Formulierungen ohne ausreichende Differenzierungen benutzt. So reicht es nach obergerichtlicher Rechtsprechung nicht aus, die Sorge für die Gesundheit allgemein als Aufgabe vorzusehen, wenn nicht hinreichende Feststellungen zu einem entsprechenden Bedarf getroffen werden. Das unterbleibt in aller Regel. Ebensowenig wird die Vermögenssorge konkretisiert. Welche Maßnahmen und sonstige Aktivitäten der Betreuer mit dem Aufgabenkreis Wohnungsangelegenheiten an die Hand bekommt und für den Betreuten besorgen soll, ist offen und räumt dem Betreuer in der Regel eine Rechtsmacht ein, die nur dann begründet ist, wenn hinreichender Bedarf festgestellt wurde. Da auch die Begründung der getroffenen Entscheidung mit floskelhaften Textbausteinen ohne jeden konkreten Bezug zu tatsächlich getroffenen Feststellungen formularmäßig vorgesehen ist, kann die Verwendung (und die Herstellung durch die Justizverwaltung) solcher Formulare nur als nicht gesetzmäßig (Abs 2 S 1) und nicht verfassungskonform (Art 1 Abs 1 und 2, Art 2 Abs 1 GG) bezeichnet werden.

V. Der Erforderlichkeitsgrundsatz

1. Als allgemeines Prinzip in der rechtlichen Betreuung

240 Das gesamte Betreuungsrecht wird von dem Grundsatz der Erforderlichkeit durchzogen. Das Betreuungsgesetz erwähnt ihn ausdrücklich an mehreren Stellen des materiellen und des formellen Betreuungsrechts:

– bei der Bestellung des Betreuers und der Bestimmung des Aufgabenkreises (§ 1896 Abs 2 BGB);

– bei der Anordnung eines Einwilligungsvorbehalts (§ 1903 Abs 1 S 1 BGB);

– bei der Genehmigung der Unterbringung (§ 1906 Abs 1, Abs 4 BGB);

– bei der vorsorglichen Bestellung eines Betreuers für einen noch nicht Volljährigen (§ 1908a BGB);

– bei der Erweiterung des Aufgabenkreises des Betreuers (§ 1908d Abs 3 und 4; § 1901 Abs 5 S 2 BGB);

– in den Vorschriften über die Bestellung eines Verfahrenspflegers (§§ 276 und 317 jeweils Abs 1 FamFG);

– bei den entgegengesetzten Entscheidungen der Aufhebung und Einschränkung der Betreuung (§ 1908d Abs 1, 2 und 4; § 1901 Abs 5 BGB);

– bei der Unterbringung zwecks Begutachtung (§ 284 Abs 1 FamFG);

– für die Entscheidung über die Nichtbekanntgabe der Entscheidungsgründe (§ 288 Abs 1 und § 325 Abs 1 FamFG);

– bei der Entscheidung der zuständigen Behörde über die Weitergabe von Informationen, die die Bestellung eines Betreuers oder eine andere Maßnahme erforderlich machen können (§ 7 BtBG);

– für die Mitteilung betreuungsgerichtlicher Entscheidungen an andere Gerichte, Behörden oder sonstige öffentliche Stellen in Betreuungs- und in Unterbringungssachen (§§ 308, 338 FamFG).

Auch für andere Fragen ergibt sich aus Wortlaut oder Zweck der Regelung, dass der Grundsatz der Erforderlichkeit zu beachten ist:

– bei der Durchbrechung des Willensvorrangs des Betreuten;

– bei der Sterilisation;

– bei der Wohnungsauflösung;

– bei der Notwendigkeit, die Maßnahmen zu befristen (BT-Drucks 11/4528, 120);

– bei der Entscheidung, ob bei Übernahmebereitschaft eines ehrenamtlich tätigen Betreuers immer ein berufsmäßig tätiger Betreuer gemäß § 1908b Abs 1 S 2 BGB (ohne weitere Entlassungsgründe) zu entlassen ist.

241 Für die Bestellung eines Vereins oder einer Behörde zum Betreuer (§ 1900 Abs 1 und 4 BGB) wird nicht ausdrücklich auf den Grundsatz der Erforderlichkeit abgestellt. Er gilt jedoch auch hier, und zwar insofern, als diese Betreuerbestellungen dann erforderlich sind, wenn der Betroffene durch eine oder mehrere natürliche Personen nicht hinreichend betreut werden kann. Dadurch wird die Subsidiarität der Vereins- und schließlich die der Behördenbestellung und die Ersatzfunktion beider Institutionen gegenüber den natürlichen Personen zum Ausdruck gebracht. Ebenso muss die Bestellung eines berufsmäßig tätigen Betreuers vor der Bestellung eines ehrenamtlich tätigen Betreuers aus bestimmten Gründen erforderlich sein (§§ 1897 Abs 6, 1908b Abs 1 S 2 BGB).

242 Der Erforderlichkeitsgrundsatz bestimmt mithin das materielle Betreuungsrecht wie das Verfahrensrecht und ist für die **Ermittlungstätigkeit** des Betreuungsgerichts von Bedeutung (§ 26 FamFG; auch im Hinblick auf eine Ermittlungsbitte an die zuständige Behörde gemäß § 8 BtBG). Vgl dazu ua BGH FamRZ 2012, 1210 = BtPrax 2012, 161. Zu beachten ist er insbesondere auch in Unterbringungssachen zivilrechtlicher (§ 1906 BGB) oder öffentlich-rechtlicher Art (PsychKG). In den Unterbringungsgesetzen der Länder kommt er ua dadurch zum Ausdruck, dass eine Unterbringung nur dann zulässig ist, „wenn die Gefährdung oder Gefahr nicht auf andere Weise abgewendet werden kann" (so zB § 1 Abs 4 BadWürtt Unterbringungsgesetz). Unterschiedlich ist die Zielsetzung in den einzelnen Normen, in denen der

Grundsatz aufgeführt ist. Was die Bestellung eines Betreuers angeht, bewirkt er einerseits, dass der mit der Bestellung eines Betreuers verbundene Eingriff in die Rechte des Betroffenen begrenzt wird; andererseits begrenzt er die Inanspruchnahme der Gemeinschaft für die Belange eines Einzelnen.

2.   Erforderlichkeitsgrundsatz und Betreuerbestellung

243 Nach § 1896 Abs 2 S 1 darf ein Betreuer nur für Aufgabenbereiche bestellt werden, in denen Betreuung (nach den Bestimmungen der §§ 1896 ff) erforderlich ist. Dies besagt zweierlei: Die Bestellung eines Betreuers ohne die Zuweisung eines bestimmten Aufgabenkreises ist ausgeschlossen. Der Betreuer als Lebensbegleiter der betroffenen Person schlechthin wird nicht zur Verfügung gestellt. Die Bestellung eines (weiteren) Betreuers zur Unterstützung des bereits vorhandenen Betreuers kommt nach geltendem Betreuungsrecht ebenfalls nicht in Betracht (LG Mühlhausen FamRZ 2011, 1897 mAnm BIENWALD). Zweitens: Jemand kann betreuungsbedürftig im Allgemeinen Sprachverständnis sein; die Bestellung eines Betreuers nach den §§ 1896 ff kommt dennoch nur in Betracht, wenn die Besorgung der Angelegenheiten des Betroffenen diese Betreuungsform der staatlich organisierten und überwachten mit Vertretungsrecht versehenen Rechtlichen Betreuung (§ 1896 Abs 2 iVm § 1902 BGB) erfordert. Die Betreuung darf Angelegenheiten nicht erfassen, die der Betroffene noch selbst besorgen kann (OLG Zweibrücken FamRZ 2004, 1815). Ein Betreuungsbedürfnis besteht nicht schon dort, wo auch ein gesunder Volljähriger sich der Hilfe eines anderen (zB eines Rechtsanwalts oder eines Steuerberaters) bedienen würde. Nur wenn der Betroffene psychisch außerstande ist, solche Hilfe von sich aus in Anspruch zu nehmen oder die Notwendigkeit der Inanspruchnahme zu erkennen, kommt die Bestellung eines Betreuers in Betracht (BayObLG FamRZ 2001, 1249). Ein Betreuer kann jedoch bestellt werden, wenn zwar kein akuter Handlungsbedarf besteht, ein erneutes Auftreten von Verwirrtheitszuständen mit halluzinatorischen Symptomen aber konkret zu erwarten ist, das ein sofortiges Handeln eines Betreuers erforderlich macht (BayObLG FamRZ 2003, 1043 [LS] = BtPrax 2003, 177). Ist ein betreuungsbedürftiger Betroffener gemäß § 63 StGB in einer forensischen Klinik untergebracht, lässt dieser Umstand allein den Betreuungsbedarf nicht entfallen (BGH FGPrax 2015, 173 = FamRZ 2015, 1378).

244 Obwohl erst in Abs 2 S 1 der Vorschrift genannt, betrifft der Grundsatz der Erforderlichkeit nicht erst die Bestimmung des Aufgabenkreises. Lediglich vor dem Hintergrund bisheriger Praxis, bei Anordnung einer Gebrechlichkeitspflegschaft dem Pfleger zum Teil formularmäßig und ohne eingehende Prüfung umfangreiche Aufgaben zuzuweisen (Vermögenssorge, Aufenthaltsbestimmung, Gesundheitsfürsorge, vgl BT-Drucks 11/4528, 120), lässt sich die Einschätzung des RegEntw nachvollziehen, der Erforderlichkeitsgrundsatz sei von besonderer Bedeutung für die Bestimmung der Aufgabenkreise. Der Grundsatz verlangt für die Bestellung eines Betreuers tatrichterliche Feststellungen dazu, ob und für welche Aufgabenbereiche ein objektiver Betreuungsbedarf besteht; der wäre wegen der konkreten Lebenssituation des Betroffenen zum Zeitpunkt der Entscheidung festzustellen (BGH FamRZ 2011, 1391 mAnm SONNENFELD 1392; BGH FamRZ 2017, 995 Rn 7 mwNw). Dementsprechend hat der Tatrichter hat für jeden einzelnen dem Betreuer zu übertragenden Aufgabenkreis die Erforderlichkeit der Betreuung darzulegen (BayObLG FamRZ 1999, 1612). Auch im Bereich der Vermögenssorge reicht es nicht aus, dass der Betroffene unfähig ist, seine diesbezüglichen Angelegenheiten selbst zu regeln; vielmehr muss aufgrund konkreter tatrichterlicher Feststellungen die gegenwärtige Gefahr begründet sein, dass der Betreute einen Schaden erleidet, wenn man ihm die Erledigung seiner vermögensrechtlichen Angelegenheiten eigenverantwortlich selbst überließe (BGH FamRZ 2015, 649 Rn 9). Aus bloßen Zweckmäßigkeitserwägungen lässt sich die Vermögensbetreuung nicht herleiten (BGH aaO; FamRZ 2012, 1365 Rn 10). Ein aktueller Handlungsbedarf zugunsten des Vermögens des Betreuten muss nicht bestehen; es genügt, dass dieser Bedarf jederzeit auftreten kann und für diesen Fall die Besorgnis begründet ist, ohne die Bestellung eines Betreuers werde das Notwendige nicht veranlasst (BGH FamRZ 2015, 649, 650 Rn 9; FamRZ 2017, 995 Rn 7; FamRZ 2017, 648 Rn 18; FamRZ 2016, 1668 Rn 14).

Der RegEntw des BtG fasste den Grundsatz der Erforderlichkeit als ein mit Verfassungsrang ausgestattetes Regelungsprinzip für das gesamte Betreuungsrecht auf (BT-Drucks 11/4528, 58). Die Erwähnungen in den verschiedenen Vorschriften des BtG werden als Ausgestaltungen bzw Konsequenzen dieses dem Bürgerlichen Gesetzbuch gegenüber höherrangigen verfassungsrechtlichen Grundsatzes verstanden. Der Erforderlichkeitsgrundsatz ist danach Ausdruck und Voraussetzung einer Betreuerbestellung schlechthin (BT-Drucks 11/4528, 120). Die Absätze 1 und 2 sind lediglich Ausgestaltungen des allgemeinen Prinzips. Die Bestellung eines Betreuers ist deshalb nur zulässig, soweit sie erforderlich ist. Demgegenüber will SCHWAB (Münch Komm/SCHWAB Rn 39 ff) den Erforderlichkeitsgrundsatz durch die Regelung des § 1896 Abs 2 BGB als ein eigenständiges Normelement verstanden und gehandhabt wissen. Dies hätte jedoch zur Folge, dass nach dem Feststellen der positiven Tatbestandsmerkmale des Abs 1 und der negativen Tatbestandsmerkmale des Abs 2 in einem weiteren Gang die Erforderlichkeit der Betreuung zu prüfen wäre, die sich bereits aus der Bejahung der Voraussetzungen des Abs 1 und der Bestätigung der Voraussetzungen des Abs 2 (keine anderen Hilfen sind vorhanden oder reichen aus; weder eine Bevollmächtigung noch sonstige Hilfen) ergeben hat. Der Begriff der Erforderlichkeit hätte an dieser Stelle keine eigene Bedeutung mehr. Ähnlich läge es in den übrigen Fällen, in denen die Bejahung der Tatbestandsvoraussetzungen die Prüfung der Erforderlichkeit beinhalten würde.

245

Der RegEntw des BtG leitete aus dem Grundsatz der Erforderlichkeit her:

246

– einen Maßstab für die Entscheidung, ob und für welche Angelegenheiten dem Betroffenen ein Betreuer bestellt werden solle (BT-Drucks 11/4528, 58);

– die Subsidiarität staatlicher, die Rechtsposition beeinträchtigender Hilfe durch Bestellung eines Betreuers gegenüber anderen (nichtstaatlichen) Hilfen (BT-Drucks 11/4528, 59) und das Erfordernis gesetzlicher Vertretung;

– die geringst mögliche bzw notwendige Einschränkung oder Ausschließung des Betroffenen von der Teilnahme am Rechtsverkehr, die dadurch zum Ausdruck kommt, dass lediglich § 104 Nr 2 (sog natürliche Geschäftsunfähigkeit) und die Anordnung eines Einwilligungsvorbehalts mit der Anwendung der §§ 108 ff (§ 1903 Abs 1 S 2 BGB) der unabhängigen Teilnahme des Betreuten am Rechtsverkehr im Bereich des bürgerlichen Rechts entgegenstehen;

– die zeitliche Begrenzung der Betreuung zumindest insoweit, als eine Höchstdauer festgelegt wurde, bis zu der das Gericht geprüft haben sollte, ob die Maßnahme aufzuheben oder zu verlängern ist.

247 Der Grundsatz der Erforderlichkeit

– verlangt für die Bestellung eines Betreuers die tatrichterliche Feststellung, dass sie auch unter Beachtung der Verhältnismäßigkeit notwendig ist, weil der Betroffene auf entsprechende Hilfen angewiesen ist und weniger einschneidende Maßnahmen nicht in Betracht kommen. Die Erforderlichkeit der Betreuung darf sich dabei nicht allein aus der subjektiven Unfähigkeit des Betroffenen ergeben, seine Angelegenheiten selbst regeln zu können (Betreuungsbedürftigkeit). Hinzutreten muss ein konkreter Bedarf für die Bestellung eines Betreuers. Ob und für welche Angelegenheiten ein objektiver Betreuungsbedarf besteht, ist aufgrund der konkreten gegenwärtigen Lebenssituation des Betroffenen zu beurteilen (BGH BtPrax 2016, 30 m redaktionellem Leitsatz = FamRZ 2016, 291);

– begrenzt den Eingriff in die Rechtsposition des Einzelnen, der dadurch bewirkt wird, dass der Betroffene einen Betreuer erhält, der für ihn verbindlich handeln kann und muss (§§ 1901, 1902 BGB); die Begrenzung erstreckt sich auf den Umfang und die Dauer der Betreuung (vgl § 295 Abs 2 FamFG). Das Gericht hat für jeden Aufgabenkreis gesondert zu prüfen und zu entscheiden, ob für die von ihm erfassten Angelegenheiten ein Betreuer erforderlich ist, der die dazu gehörenden Angelegenheiten der/des Betroffenen besorgt. Die Betreuung darf Angelegenheiten nicht erfassen, die der Betroffene/Betreute noch selbst besorgen kann (BayObLG Rpfleger 2001, 234 = FamRZ 2001, 1249 [LS]) und nur für den Zeitraum angeordnet werden, für den sie nach den zum Zeitpunkt der Anordnung vorliegenden Erkenntnissen unbedingt erforderlich ist (OLG Köln NJWE-FER 1998, 226);

– beschreibt und begrenzt den Betreuungsbedarf in dem Sinne, dass der Staat nur im Rahmen der Erforderlichkeit Betreuung zur Verfügung zu stellen hat, indem er Personen oder Institutionen für diese Aufgabe verpflichtet. Zur Bestellung eines Betreuers für alle Angelegenheiten einschließlich der Entgegennahme und des Öffnens der Post s BayObLG FamRZ 2002, 1225;

– zwingt den Staat, dasjenige Maß an Betreuung zur Verfügung zu stellen, das der einzelne Betroffene benötigt. Er benötigt dies – in den meisten Fällen – nicht ausschließlich für sich. Denn die Rechtsordnung versetzt ihn mit ihren Bestimmungen (§ 104 Nr 2 BGB) in einen Zustand der „Teilnahmslosigkeit". Mit Hilfe der Bestellung eines Betreuers wird er als Rechtsperson wieder zum vollwertigen Teilnehmer am Rechtsverkehr;

– enthält eine dem Aufgabenkreis oder einzelnen Teilbereichen innewohnende **Begrenzung der Befugnisse des Betreuers** auf das Erforderliche. Dies hat vor allem dann Bedeutung, wenn ein Aufgabenkreis relativ global gefasst ist, der reale Betreuungsbedarf aber, zumindest phasenweise, geringer ist. Diese immanente Begrenzung hat jedoch nur Bedeutung für die **Innenbeziehung**. Der Betreuer ist in diesem Fall nicht handlungsbefugt, solange der Betreute innerhalb des Aufgabenkreises des Betreuers die betreffenden Angelegenheiten wahrnehmen kann. Der Betreuer kann ihn dabei aber unterstützen. Eine Beschränkung des Vertretungsrechts (§ 1902 BGB) ist damit nicht verbunden;

– verlangt, dass die Bestellung eines Betreuers – auch unter Beachtung der Verhältnismäßigkeit – notwendig ist, weil der Betroffene auf entsprechende Hilfen angewiesen ist und weniger einschneidende Maßnahmen nicht in Betracht kommen (BGH FamRZ 2012, 868 = MDR 2012, 587 [LS]). Der Grundsatz der Erforderlichkeit gilt auch im Bereich der Vermögenssorge (BGH FamRZ 2011, 1391 = MDR 2011, 1041). Diese Notwendigkeit entfällt, wenn sich der angestrebte Zweck durch die vorgesehene Maßnahme nicht erreichen lässt (BayObLGZ 1994, 209 = FamRZ 1994, 1551 = BtE 1994/95, 93 mwNw); für die Regelung von Sozialhilfeangelegenheiten ist die Bestellung eines Betreuers (grundsätzlich) nicht erforderlich (AG Duisburg-Hamborn BtPrax 2004, 79); erfährt ein Betroffener durch Familienangehörige, Nachbarn und Bekannte ausreichende Unterstützung und wird durch das Zurverfügungstellen von Wohnraum und Versorgung durch nahe Angehörige sein Lebensbedarf sichergestellt, besteht keine Notwendigkeit, einen Betreuer zu bestellen (LG Essen FamRZ 2008, 183);

– verbietet die Erweiterung des Aufgabenkreises des Betreuers auf die Besorgung aller Angelegenheiten des Betroffenen, wenn dieser in der Lage ist, einen Teilbereich seines Lebens zu bewältigen (BayObLG NJW-RR 1997, 967); sie kommt auch zur Verhinderung von Wahlmanipulationen nicht in Betracht;

– kann (mit dem Aufgabenkreis Vermögenssorge) erforderlich sein, um eine (weitere) Verschuldung zu verhindern, auch wenn der Betroffene vermögenslos ist. In einem solchen Falle ist in der Regel auch die Anordnung eines Einwilligungsvorbehalts erforderlich (BayObLG FamRZ 1997, 902 = Rpfleger 1997, 307 = BtPrax 1997, 160). Eine Spielsperre (zB) reicht allein nicht aus, um einen Spieler vor Verlusten seines Vermögens zu bewahren (s dazu BGH NJW 1996, 248). Die Bestellung eines Betreuers für die vermögensrechtlichen Angelegenheiten des Betroffenen kann erforderlich sein, wenn aufgrund konkreter tatrichterlicher Feststellungen die gegenwärtige Gefahr begründet ist, dass der Betreute einen Schaden erleidet, wenn man ihm die Erledigung seiner vermögensrechtlichen Angelegenheiten eigenverantwortlich überließe; ein aktueller Handlungsbedarf ist jedoch nicht erforderlich, die Möglichkeit jederzeitigen Auftretens eines Bedarfs genügt (BGH FamRZ 2015, 649).

– verlangt, dass bereits die **Ermittlungstätigkeit** von Gericht und Behörde (§ 8 BtBG) auf das unbedingt Erforderliche **beschränkt** werden. Es ist unzulässig, weil unberechtigter Eingriff in Grundrechte, einem Sachverständigen den Auftrag für die Erstellung eines umfassenden Gutachtens zu erteilen, wenn es lediglich um die Feststellung geht, ob ein „Kontrollbetreuer" zu bestellen ist. Und ebenso unzulässig ist es, dass die Betreuungsbehörde ein umfassendes Gespräch mit der betroffenen Person führt, wie wenn über eine umfassende Betreuung entschieden werden müsste, anstatt sich auf die Fragen zu beschränken und zu konzentrieren, die vor einer Entscheidung über den Aufgabenkreis des § 1896 Abs 3 zu stellen und zu beantworten sind. Ob und für welche Aufgabenkreise ein Betreuungsbedarf besteht, ist im Übrigen aufgrund der konkreten, gegenwärtigen Lebenssituation des Betroffenen zu beurteilen (BGH FamRZ 2012, 1365 mAnm BIENWALD; FamRZ 2011, 1391 Rn 9 mwNw).

Die Erforderlichkeit einer Betreuung kann im Einzelfall fehlen, wenn der Betroffene jeden Kontakt mit seinem Betreuer verweigert und der Betreuer dadurch handlungsunfähig ist, also eine „Unbetreubarkeit" vorliegt. Bei der Annahme einer solchen „Unbetreubarkeit" ist jedoch Zurückhaltung geboten (BGH FamRZ 2016, 291, 292; FamRZ 2015, 650; früher bereits FamRZ 2014, 466, 467; BayObLG FamRZ 1994, 1551, 1553; FamRZ 2001, 1244; OLG Schleswig FGPrax 2010, 32, 34 = FamRZ 2009, 2116 [LS]; OLG Rostock FamRZ 2003, 1691; BtPrax 2003, 234). Kritisch dazu BIENWALD RpflStud 2015, 157.

3.   Praktische Konsequenzen

248 Abs 2 und 3 setzen voraus, dass der Betroffene einen Betreuungsbedarf iwS hat, der nicht (nur) von einem gerichtlich bestellten Betreuer zu erfüllen ist. Dieser Betreuungsbedarf wird entweder dadurch befriedigt, dass ein Bevollmächtigter bestellt ist oder andere Hilfen vorhanden sind und ausreichen. Wird der bestehende Betreuungsbedarf nicht oder nicht ausreichend von den Kräften abgedeckt, die der Betroffene selbst organisiert hat oder die für ihn vorhanden sind und tätig werden, besteht Bedarf an gerichtlich bestelltem Personal, das entweder die Betreuungsaufgabe vollständig übernimmt oder die bestehende Hilfe „kontrolliert" (Abs 3).

249 Ist der Betroffene infolge körperlicher Behinderung weitestgehend immobil und sein körperlicher Zustand dauerhaft geschwächt und benötigt er ständig pflegerische Hilfe, reicht aber für die Umsetzung seiner Entscheidungen – auch für die Geltendmachung vermögensrechtlicher Interessen gegenüber seinen Kindern – die Hilfe durch Dritte, ggf solche sozialer Dienste, ist die Bestellung eines Betreuers nicht erforderlich, insbesondere deshalb nicht, weil er geschäftsfähig und in der Lage ist, mittels Erteilung von Vollmachten Dritte mit der Wahrnehmung seiner Interessen zu betrauen (LG Osnabrück 9. 2. 2004 – 3 T 131/04). Kann ein Betreuer mit dem Aufgabenkreis „Wahrnehmung der Interessen bei der Entmüllung der Wohnung" eine erneute Vermüllung nicht dauerhaft verhindern, ist eine Erweiterung der Betreuung um die Aufgabe Gesundheitsfürsorge und Wohnungsangelegenheiten kein taugliches Mittel; insoweit kommen vorrangig vielmehr tatsächliche Hilfen nach dem BSHG, ggf auch eine öffentlich-rechtliche Unterbringung in Betracht, um das Problem zu bewältigen (OLG Oldenburg FamRZ 2004, 1320 = NdsRpfl 2004, 43).

250 Ermittlungstechnisch ist bei den **vorhandenen Ressourcen** anzusetzen, um dann festzustellen, ob sie ausreichen. Eine abstrakte Bedürfnisprüfung, nach der dann deren Befriedigungsformen (Bevollmächtigung, andere Hilfen) festgestellt werden würden, widerspräche dem Erforderlichkeitsgrundsatz. Ebenso fehlerhaft ist der Schluss, aus der Tatsache einer Erkrankung oder Behinderung iSd § 1896 Abs 1 ergebe sich zwangsläufig die Notwendigkeit, einen Betreuer zu bestellen (dazu BIENWALD Anm zu BayObLG FamRZ 2003, 1968, 1969).

251 Die Tatsachen, auf die die Bestellung eines Betreuers oder die Anordnung eines Einwilligungsvorbehalts gestützt wird, müssen im **Zeitpunkt der Entscheidung** der letzten Tatsacheninstanz feststehen. Andernfalls lehnt das Gericht, wenn weitere Ermittlungen keine der Sachentscheidung dienenden Erkenntnisse zutage fördern werden, die Bestellung eines Betreuers und/oder die Anordnung eines Einwilligungsvorbehalts ab.

4. Unklarheit bezüglich der Erforderlichkeit einer Betreuung

Auf dem 3. Vormundschaftsgerichtstag Bonn 1992 war die Frage aufgeworfen wor- **252** den, wie der Richter zu entscheiden habe, wenn nicht zu beseitigende Zweifel an der Erforderlichkeit der Betreuung bestehen (Prot der Arbeitsgruppe V, Materialien und Ergebnisse 81, 84). Bei genauer Betrachtung kann die Situation des „non liquet" deshalb nicht auftreten, weil eine Unklarheit in der Feststellung von beobachtbaren Tatsachen nicht bestehen kann, sondern nur in deren Bewertung und Zuordnung. Da dies aber eine Angelegenheit gerichtlicher Entscheidung ist, kommt ein Ergebnis „im Zweifel für" oder „im Zweifel gegen" eine rechtliche Betreuung nicht in Betracht (BayObLG FamRZ 1994, 720, 721 = BtPrax 1994, 59; aA BAUMGÄRTEL/LAUMEN, Hdb der Beweislast Bd 2 [2. Aufl 1999] 963). Bewertung und Entscheidungsfindung dürfen nicht auf die Tatsachenebene verschoben werden. Sowohl die Nichtbesorgung und die Besorgungsbedürftigkeit von Angelegenheiten als auch die Zuordnung der Krankheit oder Behinderung des Betroffenen zu einer der in Abs 1 S 1 genannten Gruppen kann keinem Zweifel unterliegen. Bestehen Unklarheiten darüber, ob der Betroffene irgendwann eine Vollmacht wirksam erteilt hat, und konnte dies bis zum Zeitpunkt der Entscheidung nicht geklärt werden, hat bei Vorliegen der Voraussetzungen des Abs 1 das Gericht einen Betreuer zu bestellen. Steht nicht fest, dass andere Hilfen vorhanden sind oder ausreichen, ist ein Betreuer im Bedarfsfall zu bestellen. Besteht Betreuungsbedarf, kann nicht „ausprobiert" werden, ob Alternativen ausreichen. Dies kann dann Gegenstand der Betreuung selbst sein.

5. Unbetreubarkeit von Betroffenen

Nicht selten gehen bzw gingen Versuche des bestellten Betreuers, mit der betroffenen **253** Person Kontakte aufzunehmen, ins Leere, sei es, dass der Betroffene den Betreuer zwar in seine Räumlichkeiten einlässt, aber jegliche Zusammenarbeit verweigert, sei es, dass der Betroffene den Betreuer nicht einmal in seine Räumlichkeiten einlässt, auf entsprechende Klingel- oder Klopfzeichen oder Rufe nicht reagiert und auch jegliche Reaktion auf eine schriftliche Mitteilung unterlässt. Verweigert der Betroffene jeden Kontakt mit seinem Betreuer und ist der Betreuer dadurch handlungsunfähig, liegt also eine „Unbetreubarkeit" vor, kann es im Einzelfall an der Erforderlichkeit einer Betreuung fehlen (BGH FamRZ 2014, 466 Rn 7; FamRZ 2015, 650 Rn 12 ff = FGPrax 2015, 127 [LS]; BGH FamRZ 2016, 1350, 1351 Rn 19 = NJW 2016, 2650, 2651. Kritisch dazu BIENWALD RpflStud 2015, 157). **Die Bereitschaft des Betroffenen zur Zusammenarbeit mit dem Betreuer ist dennoch keine conditio sine qua non der Betreuerbestellung.** Trotz fehlender Bereitschaft zur Zusammenarbeit mit dem Betreuer kann die Betreuung erforderlich sein, wenn der Betreuer auch ohne Kommunikation mit dem Betroffenen in dessen Interesse und zu dessen Wohl rechtlich tätig werden kann (BGH FamRZ 2015, 650; FamRZ 2016, 1350 = NJW 2016, 2650; FamRZ 2016, 1663 = MDR 2016, 1089). Der Bestellung eines Betreuers gegen den Willen des Betroffenen steht die anfangs bestehende mangelnde Kooperationsbereitschaft nur entgegen, wenn die Betreuung gegen den Willen des Betroffenen gegenüber den krankheitsbedingten Nachteilen unverhältnismäßig erscheint (LG Mainz FamRZ 2016, 2033 [LS] = BtPrax 2016, 246 [LS]).

Allein die Tatsache, dass die/der Betroffene sich dahingehend äußert, eine Betreuung nicht haben und mit einem möglichen Betreuer nicht zusammenarbeiten zu wollen, genügt nicht, um die Erforderlichkeit einer Betreuung entfallen zu lassen (BGH Rpfleger 2017, 29). Lehnt die/der Betroffene eine notwendige Behandlung ab oder kann angenommen werden, sie/er werde sich jeglicher Maßnahme zur psychiatrischen Heilbehandlung nachhaltig widersetzen, lässt dies den Betreuungsbedarf für sich genommen nicht entfallen, sodass ein Betreuer zu bestellen ist, wenn die/der Betroffene aufgrund einer psychischen Erkrankung die Angelegenheiten der Gesundheitssorge nicht selbst besorgen kann (BGH FamRZ 2014, 1997 mAnm Bienwald = NJW 2014, 3515; BGH FamRZ 2014, 256). Zu den tatrichterlichen Ermittlungen bei der Prüfung, ob die Ablehnung der Betreuung auf einem freien Willen des Betroffenen beruht BGH FamRZ 2014, 647.

254 Kann man zunächst davon ausgehen, dass es dem bestellten Betreuer aufgrund seines Unvermögens nicht gelingt, Kontakt zu dem Betroffenen aufzunehmen und dass dies einem anderen Betreuer eher gelingen könnte, können entsprechende Recherchen bei der Betreuungsbehörde, beim Sozialamt oder anderen Behörden, denen die betroffene Person bekannt ist oder sein kann, Hinweise für eine wirkungsvolle Kontaktaufnahme ergeben oder bestätigen, dass solche Versuche vergeblich gewesen sind.

In Betracht kommen auch solche Sachverhalte, bei denen von vornherein, noch vor der Bestellung eines Betreuers, die Unbetreubarkeit der betroffenen Person ersichtlich ist und festgestellt werden kann.

255 Stellt das Betreuungsgericht fest, dass die betroffene Person insoweit einen freien Willen bilden kann, um die Bestellung eines Betreuers abzulehnen (Abs 1a), darf eine zwangsweise Betreuung nicht vorgenommen werden, auch wenn objektiv Betreuungsbedürftigkeit bestehen sollte. Da eine Geschäftsunfähigkeit der betroffenen Person nicht zur Voraussetzung für die Bestellung eines Betreuers erhoben wurde, Geschäftsunfähigkeit wiederum nicht gleichzusetzen ist mit einer Unfähigkeit, aus freiem Willen die Bestellung eines Betreuers abzulehnen, können sich zwar Bemühungen empfehlen, dem Betroffenen nahezulegen, die Betreuerbestellung zuzulassen; bleiben diese erfolglos, kann ein Betreuer nicht bestellt werden.

256 Der BGH hat sich zwar dahingehend geäußert, der Begriff der freien Willensbestimmung iSd § 1896 Abs 1a und der des § 104 Nr 2 seien im Kern deckungsgleich (BGH FGPrax 2011, 119 = FamRZ 2011, 630 mAnm Müther 632). Davon mag in der Regel auszugehen sein. Wie der BGH (FamRZ 2011, 630; FamRZ 2014, 647) jedoch weiter ausgeführt hat, setzt Einsichtsfähigkeit des Betroffenen und dessen Fähigkeit, nach dieser Einsicht zu handeln, die Fähigkeit des Betroffenen voraus, im Grundsatz die für und wider eine Betreuerbestellung sprechenden Gesichtspunkte zu erkennen und gegeneinander abzuwägen. Dabei dürfen jedoch keine überspannten Anforderungen an die Auffassungsgabe des Betroffenen gestellt werden. Auch der an einem Gebrechen iSd § 1896 Abs 1 leidende Betroffene könne in der Lage sein, einen freien Willen zu bilden. Wichtig sei das Verständnis, dass ein gesetzlicher Vertreter bestellt wird (§ 1902 BGB), der eigenständige Entscheidungen in den ihm übertragenen Aufgabenkreisen treffen kann. Der Betroffene müsse Grund, Bedeutung

und Tragweite einer Betreuung intellektuell erfassen können (BT-Drucks 15/2494, 28; BGH FamRZ 2011, 630 [631]).

Stimmt der Betroffene der Einrichtung einer Betreuung nicht zu, hat das Betreu- **257** ungsgericht deswegen neben der Notwendigkeit einer Betreuung stets zu prüfen, ob die Ablehnung durch den Betroffenen auf einem freien Willen beruht (BGH FGPrax 2011, 119 = FamRZ 2011, 630 mAnm MÜTHER 632; BGH FamRZ 2012, 869). Lehnt ein vorläufig untergebrachter Betroffener die ärztlich empfohlene medikamentöse Behandlung ab und kommt eine gerichtlich genehmigte Zwangsbehandlung mangels ausreichender Rechtsgrundlage nicht in Betracht, darf ein Betreuer nicht bestellt werden, weil das Betreuungsziel nicht zu erreichen ist (AG Frankfurt/Main BtPrax 2012, 130 [LS]). Sollte ein Betreuer nur zum Betreten der Wohnung des Betroffenen bestellt sein und lehnte dieser das Betreten der Wohnung durch einen Betreuer ab, ist die Betreuung als undurchführbar aufzuheben, weil eine Ermächtigungsgrundlage zum Betreten der Wohnung gegen den Willen des Betreuten sowohl für den Betreuer als auch für eine gerichtliche Genehmigung/Anordnung fehlt (LG Darmstadt BtPrax 2012, 129 [LS]). Besteht objektiv ein Betreuungsbedarf, ist bei fehlender Kooperationsbereitschaft des Betroffenen entscheidend, ob durch die Betreuung eine Verbesserung der Situation des Betroffenen erreicht werden kann, ob der Betreuer auch ohne Kommunikation mit dem Betroffenen in dessen Interesse und zu dessen Wohl rechtlich tätig werden kann (BGH MDR 2016, 1021; FamRZ 2015, 650 = MDR 2015, 335). Dabei ist zu berücksichtigen, ob ein Betreuer durch rechtliche Entscheidungen einen für den Betroffenen positiven Einfluss nehmen könnte (BGH FamRZ 2015, 650 Rn 17; FamRZ 2016, 1350, 1351).

Die Gründe für eine Weigerung, sich betreuen zu lassen, sind vielfältig. Erfahrungen **258** mit einer Betreuung im Familienkreis oder in der Nachbarschaft, die Angst, gegen den Willen in einem Heim untergebracht zu werden, die Berichte in Medien über Missbrauchsfälle, Bereicherungen und andere Skandale, nicht zuletzt auch die Werbung für die Erteilung von Vorsorgevollmachten mit dem Hinweis, dadurch eine Fremdbestimmung durch Betreuung vermeiden zu können.

Der Einschätzung, dass bei einer Aufhebung einer Betreuung wegen Unbetreubar- **259** keit die betroffene Person hilflos in den Rechtsverkehr entlassen werde und dass der Betreuer als gesetzlicher Vertreter des Betroffenen selbstverständlich auch gegen dessen Widerstand Willenserklärungen für diesen abgeben könne (SACHS, Betreuungsaufhebung wegen „Unbetreubarkeit", FamRZ 2011, 1550, 1551), kann schon deshalb nicht gefolgt werden, als das Betreuungsrecht weder beabsichtigt war noch geeignet ist, dem Betroffenen Hilfe aufzudrängen. Abgesehen davon, dass das Betreuungsrecht nicht zu dem Zweck geschaffen wurde, die Schwierigkeiten, die eine betroffene Person verursacht, zu ihrer Vermeidung ihre Verlagerung auf andere zu verschieben, bereiten Gläubigern auch solche Schuldner Probleme, für die eine Betreuerbestellung nicht in Betracht kommt oder naheliegt (vgl dagegen SACHS FamRZ 2011, 1581). Auch jemand, für den eine Betreuerbestellung nicht in Frage kommt, entscheidet, ob er bestehende Ansprüche geltend macht oder davon Abstand nimmt.

Hat das Betreuungsgericht (oder das Rechtsmittelgericht) die Betreuung wegen **260** Unbetreubarkeit aufgehoben, bleibt es einem Gläubiger unbenommen, erneut eine Betreuerbestellung für den Gegner anzuregen (ebenso SACHS FamRZ 2011, 1581). Dadurch, dass der BGH seinerzeit anerkannt hat, eine Betreuerbestellung (damals Pflegschaft) könne auch im ausschließlichen Interesse eines Dritten in Betracht kommen (BGHZ 93, 1 = JZ 1985, 289 mAnm BEITZKE = FamRZ 1985, 276; s auch BT-Drucks 11/4528, 117; außerdem BIENWALD/SONNENFELD/HARM [BIENWALD], BtR § 1896 Rn 42; später auch BayObLGZ 1996, 52, 53 = FamRZ 1996, 1369 mwNw), wurden die übrigen Voraussetzungen einer Betreuerbestellung weder vernachlässigt noch eingeschränkt. Deshalb kann auch bei einem weiteren (begründeten) Versuch, eine Betreuerbestellung zu erreichen, § 1896 Abs 1a nicht unberücksichtigt bleiben, wonach gegen den freien Willen des Volljährigen ein Betreuer nicht bestellt werden darf.

261 Ist der Leidensdruck des Betroffenen stark genug geworden und findet er unter Angehörigen, Dritten oder sonst in seinem Umfeld nicht (mehr) die erforderliche Hilfe und Unterstützung, mit der er unbetreut leben konnte, wird er selbst oder mithilfe anderer Dienste davon überzeugt sein bzw werden können, dass die Bestellung eines Betreuers sinnvoll ist. Derartige „Fälle" bestätigen die Erfahrung „sozialer Arbeit", dass die Verweigerung von Hilfe nicht in erster Linie das Problem der betroffenen Person, vielmehr das der Gesellschaft ist.

6. Keine Feststellung eines besonderen Fürsorgebedürfnisses

262 Soweit im Schrifttum davon ausgegangen wird, die Anordnung einer Betreuung setze grundsätzlich ein Fürsorgebedürfnis der betroffenen Person voraus (SACHS, Betreuungsaufhebung wegen „Unbetreubarkeit", FamRZ 2011, 1550, 1551), handelt es sich um einen Rückgriff auf die Rechtslage vor Inkrafttreten des Betreuungsgesetzes. Damals verlangte die Rechtsprechung für die Anordnung einer (Gebrechlichkeits-) Pflegschaft nach § 1910 BGB aF neben den gesetzlichen Voraussetzungen das Bestehen eines Fürsorgebedürfnisses der betroffenen Person. Seitdem das Betreuungsgesetz die Bestellung eines Betreuers ua davon abhängig gemacht hat, dass und insoweit Angelegenheiten des Betroffenen rechtlich zu besorgen sind und ein entsprechender Aufgabenkreis des Betreuers auf die Angelegenheiten zu beschränken ist, deren Besorgung erforderlich ist (§ 1896 Abs 2 S 1 BGB), erweist sich die besondere Feststellung eines Fürsorgebedürfnisses nicht nur als überflüssig, sondern als fehlerhaft.

VI. Die Bevollmächtigung als „andere Hilfe"

1. Stellenwert der Bevollmächtigung

263 Vorrang vor der gerichtlichen Bestellung eines Betreuers hat die eigene, kraft Selbstbestimmungsrecht gewählte Lösung des Betreuungsproblems. Die Bestellung eines Betreuers ist deshalb immer dann nicht erforderlich und damit nicht zulässig, soweit die Angelegenheiten des Volljährigen durch einen Bevollmächtigten ebenso gut wie durch einen Betreuer besorgt werden können (Abs 2 S 2). Erfasst die Bevollmächtigung alle betreuungsbedürftigen und betreuungsfähigen Angelegenheiten, kann eine Betreuung nur noch insoweit in Betracht kommen, als der Betroffene als Vollmachtgeber infolge Krankheit oder Behinderung iSd Abs 1 S 1 außerstande ist, den oder die Bevollmächtigten hinreichend zu überwachen und seine Rechte und Ansprüche ihnen gegenüber geltend zu machen (Abs 3). Nur wenn im Einzelfall eine solche Überwachung erforderlich ist, darf ein Betreuer bestellt werden; anders als der Bevollmächtigte unterliegt der bestellte Betreuer dann der Aufsicht des Betreuungsgerichts gem §§ 1837 ff, 1908i Abs 1 S 1 BGB (BT-Drucks 11/4528, 122).

Neben der rechtswirksamen Vorsorgevollmacht kommt die Bestellung eines Betreuers dann in Betracht, wenn bestimmte Angelegenheiten aus der erteilten Vollmacht herausgenommen sind und die begründete Gefahr besteht, dass ohne die (ergänzende) Bestellung eines Betreuers nicht das Notwendige (hier: Eingehen von Verbindlichkeiten und Vertretung gegenüber Gerichten) veranlasst wird (BGH FamRZ 2015, 1016 = FGPrax 2015, 170 = FamRB 2015, 223 m Beraterhinweis MOLL-VOGEL).

Das Betreuungsgericht wird bei seinen Ermittlungen (§ 26 FamFG) sowohl die zu **264** besorgenden Angelegenheiten als auch die von der Bevollmächtigung erfassten Gegenstände festzustellen und zu vergleichen haben.

Der DiskE I hatte Fälle dieser Art nur in der Begründung erwähnt. Der RegEntw **265** enthielt dann bereits die später Gesetz gewordene Regelung. Die **Bevollmächtigung** war bereits **vor dem Betreuungsgesetz zulässig**, wenn auch nicht ausdrücklich geregelt, und in allen Teilen der Bundesrepublik Deutschland verbreitet (Näheres BÜHLER BWNotZ 1990, 1; CYPIONKA NJW 1992, 207 f; MÜLLER-FREIENFELS, in: FS Coing [1982] 395; ders, in: FS Keller [1989] 35). Freilich konnte seinerzeit mit einer solchen Vollmacht nur die Anordnung einer Pflegschaft gemäß § 1910, nicht dagegen die Entmündigung mit nachfolgender Vormundschaft vermieden werden. Durch das **BtÄndG** v 25. 6. 1998 (BGBl I 1580) wurden verschiedene die Bevollmächtigung betreffende **Neuerungen** eingeführt. So ist es aufgrund der Ergänzung der §§ 1904 und 1906 BGB zulässig, dass der Bevollmächtigte in die in § 1904 bezeichneten medizinischen Maßnahmen einwilligt und über eine Unterbringung (§ 1906 Abs 1 BGB) sowie freiheitsentziehende Maßnahmen gem § 1906 Abs 4 BGB entscheidet, wenn auch grundsätzlich nur nach vorheriger gerichtlicher Genehmigung (Näheres jeweils dort). Das Gericht hat während des Verfahrens in Betreuungssachen in geeigneten Fällen **auf die Möglichkeit der Vorsorgevollmacht und deren Inhalt hinzuweisen** (§ 278 Abs 2 S 2 FamFG). Die Betreuungsvereine werden durch die Nummer 2a in § 1908f Abs 1 BGB verpflichtet, planmäßig über Vorsorgevollmachten und Betreuungsverfügungen zu informieren. Die Betreuungsbehörden haben die Aufgabe erhalten, die Aufklärung und Beratung über Vollmachten und Betreuungsverfügungen zu fördern (§ 6 S 2 BtBG).

Die **Stärkung der Vorsorgevollmacht** war auch ein wesentliches **Anliegen der Bund-** **266** **Länder-Arbeitsgruppe „Betreuungsrecht"** der Konferenz der Justizministerinnen und -minister (näher dazu BT-Drucks 15/2494, 12). Ihr wurde das 1. Kapitel des Abschlussberichts der Arbeitsgruppe gewidmet, in dem der Inhalt einer Informationsbroschüre mit Mustervollmacht vorgestellt und der bereits in dem Zwischenbericht der Arbeitsgruppe enthaltene Vorschlag einer bundesweiten Registrierung erneuert wurde. Außerdem wurde vorgeschlagen, eine Beglaubigungskompetenz der Betreuungsbehörden für Vorsorgevollmachten einzuführen und die Kompetenz von Betreuungsvereinen und Betreuungsbehörden in Hinsicht auf eine Beratung bei der Erstellung von Vorsorgevollmachten und die Begleitung von Bevollmächtigten nach Eintritt des Vertretungsfalles zu erweitern.

Nachdem bereits vor einigen Jahren bei einigen Wohlfahrtsverbänden oder ihren **267**

Untergliederungen sowie sonstigen Stellen die **Aufbewahrung und Registrierung** von Vorsorgeverfügungen eingeführt worden war, wurde in Dresden eine zentrale Erfassungsstelle gegründet. Später wurde bei der Bundesnotarkammer in Berlin ein Zentrales Register (seit der Ergänzung der BNotO am 31. 7. 2004: Zentrales Vorsorgeregister) errichtet (Einzelheiten dazu in der VO über das Zentrale Vorsorgeregister [VRegV] v 21. 2. 2005 BGBl I 318 und der Gebührensatzung vom selben Tag, veröffentlicht in DNotZ 2005, 81; zur Notwendigkeit der Schaffung einer Zentrale für Vorsorgeverfügungen und zur Bedeutung von Vorsorgeverfügungen für das Vormundschaftsgericht die Beiträge von BIENWALD, in BtPrax 2002, 227 und in BtPrax 2002, 244. Zur Handhabung von Vorsorgevollmachten und Betreuungsverfügungen in der Praxis HOFFMANN/SCHUMACHER BtPrax 2002, 191 und speziell in Nordrhein-Westfalen BtPrax 2003, 74 [Antwort der Landesregierung auf die Kleine Anfrage 1038 der Abgeordneten CHRISTIAN LINDNER und KARL PETER BRENDEL FDP, Drucks 13/3160]). Rechtsgrundlage für die Errichtung des Zentralen Registers sind die der BNotO eingefügten §§ 78a–78c (durch Art 2b durch G v 23. 4. 2004, BGBl I 598).

268 Im Zusammenhang mit der Errichtung eines Zentralen Testamentsregisters bei der Bundesnotarkammer (und der Überführung der Testamentsverzeichnisse und der Hauptkartei beim Amtsgericht Schöneberg in Berlin in das Zentrale Testamentsregister der Bundesnotarkammer) wurden die das Zentrale Vorsorgeregister betreffenden Vorschriften neu geordnet, geändert und/oder gefasst (Art 1 des G zur Modernisierung des Benachrichtigungswesens in Nachlasssachen durch Schaffung des Zentralen Testamentsregisters bei der Bundesnotarkammer und zur Fristverlängerung nach der Hofraumverordnung v 22. 12. 2010, BGBl I 2255).

269 Vergleicht man die Einführung dieses Zentralen Vorsorgeregisters mit der Absicht, durch eine verstärkte Eigenvorsorge etwaiger Betroffener die Bestellung eines Betreuers und damit eine Kostenbelastung der Länderjustizhaushalte zu vermeiden, muss diese Lösung als halbherzig bezeichnet werden. Weder besteht eine Pflicht zur Registrierung von Vorsorgevollmachten (zB nicht die während des Verfahrens betr die Bestellung eines Betreuers zu Protokoll genommene Vollmacht) noch erfasst das Register alle für den Fall einer in Erwägung gezogenen rechtlichen Betreuung für das Verfahren und sein Ergebnis bedeutsamen Informationen. Insbesondere fehlt eine Orientierung auf eine notwendige europaweite Erfassung.

270 Mit der Bezeichnung **Vorsorgeverfügungen** werden die (nicht nur für das Betreuungsrecht bedeutsamen) **drei Arten**: Vorsorgevollmacht, Patientenverfügung und Betreuungsverfügung erfasst. Die Vorsorgemaßnahme, die gemäß § 1896 Abs 2 S 2 BGB die Bestellung eines Betreuers vermeiden lässt, ist nur die **Vorsorgevollmacht**. Deren Erteilung ist, wie das BVerfG bestätigte (FamRZ 2008, 2260 = BtPrax 2009, 27 = R & P 2009, 44), Ausdruck des durch das Grundgesetz garantierten **Selbstbestimmungsrechts**.

271 Zur Ergänzung des § 1896 in Abs 2 S 2 BGB durch Einfügung der Wörter „der nicht zu den in § 1897 Abs 3 BGB bezeichneten Personen gehört" (Art 1 Nr 11 BtÄndG) s unten Rn 316.

272 Abs 2 S 2 hebt nicht nur auf die bereits erteilte Vorsorgevollmacht ab, sondern erfasst auch den Fall, dass der Betroffene noch während des Verfahrens betreffend die Bestellung eines Betreuers imstande ist, eine Vollmacht zu erteilen. Die bisher vertretene Auffassung, das Gericht sei dadurch nicht gezwungen, jeden noch Geschäftsfähigen auf die Möglichkeit zu verweisen, sich durch Erteilung einer Vollmacht selbst zu helfen (HOLZHAUER/REINICKE Rn 37), ist durch die Regelung des § 278 Abs 2 S 2 FamFG, wonach das Gericht während des Verfahrens in Betreuungssachen in geeigneten Fällen den Betroffenen auf die Möglichkeit der Vorsorgevollmacht und deren Inhalt hinweist, überholt. Soweit sich die Fälle für eine solche Information eignen, besteht eine **Informationspflicht.** Von einer Eignung kann dann ausgegangen werden, wenn der Betroffene in der Lage ist, die Information aufzunehmen, und ggf auch gewillt ist, eine Vollmacht oder mehrere (auch Gegenvollmachten zur Vermeidung der Bestellung eines Betreuers nach Abs 3) zu erteilen. Allerdings kann (und soll, BT-Drucks 13/7158, 49) während des Verfahrens auch die Gelegenheit genutzt werden, die vorher formlos oder nur schriftlich erteilten Vollmachten durch eine gerichtliche Protokollierung in ihrer Außenwirkung (aber nicht nur dort) aufzuwerten. Erteilt der Betroffene vor der Entscheidung über die Bestellung des Betreuers eine Vollmacht, so wird dadurch ein von ihm gestellter Antrag auf Bestellung eines Betreuers nicht mutwillig. Die Erklärung einer Bevollmächtigung kommt auch noch nach oder erst recht nach der Begutachtung in Betracht (vgl § 96 KostO). Nicht die abstrakte, aber doch die konkrete Möglichkeit, dass der Betroffene sich durch Erteilung einer Vollmacht zur Erledigung der besorgungsbedürftigen Angelegenheiten selbst helfen kann, begründet grundsätzlich den **Nachrang der Betreuerbestellung** (aA HOLZHAUER/REINICKE Rn 37; SCHWAB FamRZ 1992, 493, 495; zurückhaltend ERMAN/ROTH Rn 45, 46). Ist der Betroffene noch in der Lage, jemanden mit der Wahrnehmung seiner Angelegenheiten zu beauftragen, ist regelmäßig die Bestellung eines Betreuers nicht erforderlich (BGH FamRZ 2014, 294). Nach § 1896 Abs 2 kann die Erforderlichkeit der Betreuung aber nur verneint werden, wenn konkrete Alternativen im Sinne dieser Vorschrift bestehen. Falls die Bestellung eines Bevollmächtigten in Betracht kommt, muss es mindestens eine Person geben, der der Betroffene das für eine Vollmachterteilung notwendige Vertrauen entgegenbringt. Außerdem muss die zur Übernahme der anfallenden Aufgaben in Betracht kommende Person als Bevollmächtigter des Betroffenen bereit und in der Lage sein (BGH FamRZ 2015, 2049, 2050).

Die bereits in der 12. Aufl vertretene Auffassung, von dem Betroffenen – meist wird **273** er in einem solchen Fall Antragsteller sein – könne erwartet werden, dass er vor der Inanspruchnahme staatlicher Dienstleistung selbst in geeigneter Weise Vorsorge trifft, wenn ihm das möglich ist (BIENWALD, in: BIENWALD/SONNENFELD/HARM, BtR Rn 83; ebenso HOLZHAUER/REINICKE Rn 38), ist durch das BtÄndG bestätigt worden. Abzulehnen ist deshalb die Auffassung, dem Betreuungsbedürftigen müsse es anheim gegeben bleiben, ob er trotz möglicher Vollmachterteilung den gerichtlichen Schutz des Betreuungsrechts vorzieht (so aber SCHWAB FamRZ 1992, 493, 495; HOLZHAUER/REINICKE Rn 38; s aber auch MünchKomm/SCHWAB Rn 63 m Fn 185: Keine Obliegenheit zur Vollmachterteilung). Der Betroffene hat jedenfalls **kein Wahlrecht,** ob er Vollmacht erteilt oder einen Betreuer vom Gericht gestellt bekommt. Lehnt er die Bestellung eines Betreuers ab und stellt das Gericht einen Mangel an freier Selbstbestimmung fest (Abs 1a), entfällt damit auch die Möglichkeit, noch wirksam eine Vollmacht zu erteilen (BayObLG FamRZ 2005, 63).

Voraussetzung einer möglichen Vollmachterteilung ist, dass der Betroffene (noch) in **274** der Lage ist, die Bevollmächtigung in ihrer Bedeutung und Tragweite zutreffend einzuschätzen und inhaltlich die besorgungsbedürftigen Angelegenheiten zu benennen. Zur Vollmachterteilung gehört – neben der allgemeinen Voraussetzung der Geschäftsfähigkeit (Staudinger/Schilken [2014] § 167 Rn 75; zu einem selbständigen Beweisverfahren zwecks Feststellung der Geschäftsfähigkeit usw Dodegge FamRZ 2010, 1786) –, dass der Betroffene eine Person seines Vertrauens findet oder kennt, die bereit und imstande ist, sich bevollmächtigen zu lassen. Eine aus Rechtsgründen mögliche Vollmachterteilung könnte tatsächlich daran scheitern, dass sich keine dafür geeignete Person findet, sei es dass der Betreffende die Kommunikation oder die Verantwortung scheut (zB bei bestimmten familiären Konstellationen), sei es, dass ihm nicht genügend Honorar angeboten wird. So kann bereits aus diesen Gründen eine Vollmachterteilung auf unüberwindliche Schwierigkeiten stoßen und damit als Betreuungsalternative ausscheiden. Der Betroffene soll auf die Möglichkeit der Bevollmächtigung nicht verwiesen werden dürfen, wenn er diese nicht ausreichend überwachen kann (LG Berlin FamRZ 2007, 931). Das kann nach dem Zweck der Vorsorgebevollmächtigung allerdings auch nicht anders sein.

275 Auch wenn eine umfassend erteilte Vorsorgevollmacht besteht, kann ein Betreuer bestellt werden (müssen), wenn aufgrund heftiger innerfamiliärer Streitigkeiten die Vollmacht im familiären Umfeld des Betroffenen nicht anerkannt wird und der Bevollmächtigte es deshalb ablehnt, von der Vollmacht Gebrauch zu machen (BayObLGR 2004, 306 = FamRZ 2004, 1403). Wurde eine Betreuung parallel zu einer bestehenden und die zu regelnden Sachverhalte umfassenden Vermögensvollmacht angeordnet, ist sie aufzuheben (BGH FamRZ 2012, 969 m krit Anm Böhm S 970).

276 Ist eine Vorsorgevollmacht wirksam erteilt, kann die Bestellung eines Betreuers erforderlich sein, wenn konkrete Anhaltspunkte dafür bestehen, dass der Vorsorgebevollmächtigte die Vorsorgevollmacht missbraucht (BayObLG FGPrax 2003, 171) oder erhebliche Zweifel an der Redlichkeit des Bevollmächtigten bestehen und der Bevollmächtigte aus diesem Grunde als zur Wahrnehmung der Interessen des Vollmachtgebers nicht tauglich erscheint (BGH FamRZ 2016, 704, 705 = BtPrax 2016, 110 = Rpfleger 2016, 343; FamRZ 2014, 738 Rn 17; FamRZ 2011, 964, 965; die Bestellung eines **Kontrollbetreuers** gemäß Abs 3 soll dann regelmäßig nicht genügen; BGH FamRZ 2012, 868 = ZEV 2012, 372 = FGPrax 2012, 109 [Ungeeignetheit]), so etwa wenn der Verdacht begründet ist, er werde die Vollmacht zu eigennützigen Zwecken missbrauchen (BayObLG FamRZ 2001, 1219 unter Berufung ua auf BayObLG FamRZ 2001, 1402, LG Wiesbaden FamRZ 1994, 778). Zum Verhältnis einer durch Dritte angeregten Betreuung gegen den Willen des Betroffenen und der Möglichkeit einer Vollmachterteilung als anderer Hilfe (Wechselwirkung nicht gewünschter Betreuung und rechtlich möglicher Bevollmächtigung) vgl BayObLG FamRZ 2005, 63. Zum Schutz des Betroffenen kann trotz Vorliegens einer General- oder Vorsorgevollmacht bei unklarer Wirksamkeit der Vollmacht wegen Zweifeln an der Geschäftsfähigkeit des Betroffenen und der Gefahr, dass ohne Einwilligungsvorbehalt vermögensrechtliche Transaktionen zum Nachteil des Betroffenen vorgenommen werden, ein vorläufiger Einwilligungsvorbehalt angeordnet werden (BayObLG FamRZ 2004, 1814). Eine vom Betroffenen erteilte Vorsorgevollmacht hindert die Bestellung eines Betreuers auch nur, wenn keine Bedenken gegen die Wirksamkeit der Vollmachtserteilung bestehen (BGH FamRZ 2011, 285 = NJW 2011, 925).

Bestehen hinsichtlich der Geschäftsfähigkeit des Vollmachtgebers zum Zeitpunkt der Erteilung der Vollmacht Bedenken, sodass die Bestellung eines Betreuers in

Betracht kommt, hat das Gericht von Amts wegen die erforderlichen Aufklärungs-
maßnahmen zu treffen, um Zweifel zu klären (BGH FamRZ 2016, 701 mAnm FRÖSCHLE =
NJW 2016, 1514 =BtPrax 2016, 112; OLG Brandenburg FamRZ 2008, 303 [LS m Anm d Redak-
tion]). Einer förmlichen Beweisaufnahme durch Einholung eines Gutachtens nach
§ 280 Abs 1 FamFG bedürfe es nicht zwingend. Bleiben Zweifel trotz der Ermittlungen, ist ein Betreuer nur dann zu bestellen, wenn die Akzeptanz der Vollmacht
im Rechtsverkehr eingeschränkt ist, zB weil Dritte die Vollmacht unter Berufung
auf die bedenken zurückgewiesen haben oder Zurückweisungen zu besorgen sind
(BGH FamRZ 2016, 701 mAnm FRÖSCHLE = NJW 2016, 151; FamRZ 2016, 704, 705 mAnm
DODEGGE, 806). Das Betreuungsgericht hat nicht nur die Frage der Wirksamkeit
der Vollmacht von Amts wegen zu prüfen, sondern auch, ob die Bevollmächtigung
dem Bevollmächtigten ermöglicht, die Angelegenheiten des Betroffenen ebenso gut
wie durch einen Betreuer zu besorgen, schließlich die Akzeptanz der Vollmacht im
Rechtsverkehr und eine etwaige Ungeeignetheit des Bevollmächtigten (BGH FamRZ
2017, 141 = Rpfleger 2017, 88). Das Eingehen von Verbindlichkeiten des Betroffenen und
seine Vertretung gegenüber Gerichten können, falls notwendig, die Bestellung eines
Betreuers neben einem Bevollmächtigten erfordern, wenn diese Punkte aus der
erteilten Vorsorgevollmacht ausgenommen worden sind (BGH FamRZ 2015, 1016).
Bestehen Zweifel, ob eine Vorsorgevollmacht wirksam widerrufen worden ist, können die Angelegenheiten des Betroffenen durch den Bevollmächtigten nicht eben so
gut wie durch einen Betreuer besorgt werden, sodass die Bestellung eines Betreuers
erforderlich sein kann (BGH FamRZ 2015, 2047 = Rpfleger 2016, 100).

Hat der Betroffene eine umfassende und zweifelsfrei wirksam erteilte Vorsorgevollmacht erteilt, ist die Bestellung eines Betreuers auch dann nicht erforderlich, weil
eine Bank nicht bereit ist, diese Vollmacht zu akzeptieren (LG Kleve FamRZ 2015,
1523). Diese Vollmacht (hier für Vermögensangelegenheiten) berechtigt auch dann
zu einer Verfügung über ein Bankkonto des Vollmachtgebers, wenn für dieses keine
gesonderte Bankvollmacht erteilt worden ist (LG Detmold FamRZ 2015, 1522). Macht
eine Bank die Verfügung des Vorsorgebevollmächtigten über ein Bankkonto des
Vollmachtgebers trotz Vorliegens der Vorsorgevollmacht von unberechtigten Bedingungen abhängig, haftet sie dem Vollmachtgeber für den diesem entstandenen
Schaden (hier: die Aufwendungen für die Einschaltung eines Rechtsanwalts, LG Detmold oben).

Nicht zu Unrecht äußerte SCHWAB (MünchKomm/SCHWAB³ Rn 31; ders 4. Aufl Rn 49) Be- **277**
denken gegen die Erteilung von Vollmachten durch einen Personenkreis, der nach
bisherigem Recht durch § 114 aF (beschränkte Geschäftsfähigkeit) einerseits in
seinen rechtsgeschäftlichen Aktivitäten eingeschränkt, aber andererseits auch geschützt war. Wird heute einerseits die Geschäftsunfähigkeit des Behinderten oder
Kranken nicht festgestellt, sodass er (zunächst) Vollmachten erteilen kann, kann
andererseits eine Fürsorge durch Vollmachten nicht geeignet erscheinen, weil die
Vollmachten und sonstige damit verbundene Rechtsgeschäfte, nach Auffassung von
SCHWAB, nicht als Ausdruck voller Selbstbestimmung zu werten sind. In dem „Zwi-
schenbereich" zwischen dem Tatbestand der „natürlichen Geschäftsunfähigkeit"
(§ 104 Nr 2 BGB) und der gedachten Normalität bestehender Selbstbestimmung,
in dem die „freie Selbstbestimmung" zwar nicht ausgeschlossen, aber doch gemindert sei, bestehe Anlass (so SCHWAB), erteilte Vollmachten sorgfältig zu prüfen. Der
Konstruktion des Betreuungsgesetzes entsprechend kann das für die Zukunft wirksame Instrument des Einwilligungsvorbehalts (was zu einer Zustimmung zu Voll-

machterteilungen führen würde) erst einsetzen, wenn ein Betreuer bestellt ist. Neben dem nach Abs 3 bestellten bloßen Vollmachtbetreuer ist ein Einwilligungsvorbehalt strukturell nicht ausgeschlossen, praktisch aber kaum denkbar, weil der Vollmachtgeber zur Geltendmachung seiner Rechte außerstande sein muss, um den Betreuer mit dem Aufgabenkreis des Abs 3 zu erhalten, demzufolge auch nicht in der Lage sein dürfte, konkurrierend zu diesem Betreuer Rechte geltend zu machen oder auf sie zu verzichten. Bietet die Vollmachterteilung keinen ausreichenden Schutz vor konkurrierendem Handeln des Vollmachtgebers, so kann ebenfalls nicht ausgeschlossen werden, dass eine Mehrzahl konkurrierender oder sich widersprechender Bevollmächtigungen vorgenommen wird oder vorgenommen worden ist. Es besteht zudem weder eine Sicherheit noch eine Rechtsverpflichtung, dass der Rechtsverkehr mit Bevollmächtigten verhandelt. Von Bedeutung ist außerdem, dass der Bevollmächtigte durch die Vollmacht grundsätzlich nicht die (in anderen Zusammenhängen bedeutsame und notwendige) Stellung eines gesetzlichen Vertreters erlangt (s dazu aber die Ergänzung des § 51 ZPO durch seinen Abs 3). Näher zur Frage, ob die Vorsorgevollmacht ein gleichwertiger Ersatz einer Betreuerbestellung ist, BIENWALD BtPrax 1998, 164 sowie BtR³ Rn 104.

278 Bei der Gestaltung der Vorsorgevollmacht in der Weise, dass der Vollmachtgeber die Vorsorgevollmacht unbedingt erteilt und den Bevollmächtigten intern anweist, dass grundsätzlich erst bei Eintritt des Vorsorgefalls (Betreuungsbedürftigkeit oder Geschäftsunfähigkeit) von der Vollmacht Gebrauch gemacht werden darf, muss der Vollmachttext eindeutig ergeben, dass die Anweisung bzw die Bedingung nur im Innenverhältnis zwischen Vollmachtgeber und Bevollmächtigtem gilt (OLG Frankfurt B 15. 10. 2010 – 20 W 399/10 – DNotZ 2011, 745 mAnm MÜLLER 747 = FGPrax 2011, 58, 59 = FamRZ 2011, 114 [LS]; FamRZ 2012, 61).

279 Ist der Betroffene noch in der Lage, Vollmacht zu erteilen, oder liegen bereits ausreichende und wirksame Vollmachten vor, liegt die Prüfung nahe, ob ein Überwachungs-, Kontroll- oder Vollmachtbetreuer (das BtG hat keine Benennung vorgenommen; alle drei Bezeichnungen sind gebräuchlich) bestellt werden muss. Diese Prüfung obliegt dem Rechtspfleger (§ 3 Nr 2b, § 15 Abs 1 S 2 RPflG), der an möglicherweise vorangegangene Ermittlungen und Bewertungen des Richters nicht gebunden ist. Eine Verpflichtung, zum Zwecke der Feststellung, dass zZ ein Überwachungsbetreuer nicht in Betracht kommt, dem Rechtspfleger die Akten zuzuleiten, besteht für den Richter nicht.

280 Es erscheint zwar widersprüchlich, den Betroffenen für (noch) fähig zu halten, eine Vollmacht zu erteilen, wenn er nicht mehr in der Lage ist, seine Rechte gegenüber dem Bevollmächtigten geltend zu machen (HOLZHAUER/REINICKE Rn 42); das Gericht kann jedoch dem Betroffenen nicht verwehren, eine Vollmacht anstelle des ursprünglich vorgesehenen Betreuers zu erteilen. Es kann dann nur darauf reagieren (Abs 3), wenn es nicht möglich war oder gelungen ist, durch entsprechende Vollmachtgestaltung eine (wechselseitige) Kontrolle von Bevollmächtigten herbeizuführen (näher zu solchen Vollmachtgestaltungen BÜHLER BWNotZ 1990, 1, 3).

281 Zweifel an der Wirksamkeit erteilter Vorsorgevollmachten ergeben sich bei unterschiedlicher Beantwortung der Frage, ob der Vollmachtgeber im fraglichen Zeitpunkt (noch) geschäftsfähig war, insbesondere die Tragweite seiner Entscheidung (zB hinsichtlich des Umfangs der Vollmacht etwa im Falle einer Generalvollmacht mit Befreiung vom Verbot des § 181 BGB), erkennen und ermessen konnte. Um die Vermutung der Wirksamkeit einer vorliegenden (Vorsorge-)Vollmacht zu erschüttern, reicht ein bloßer Verdacht nicht aus. Der Amtsermittlungsgrundsatz (§ 26 FamFG) verpflichtet den Tatrichter, die erforderlichen Ermittlungen durchzuführen, die zur Beurteilung der Geschäftsfähigkeit des die Vollmacht erteilenden Betroffenen benötigt werden (BGH FamRZ 2016, 1446, 1447). Vermerke beurkundender Notare, in denen den Betroffenen bei der Beurkundung volle Geschäftsfähigkeit attestiert wird, beruhen in der Regel auf punktueller Wahrnehmung, während ein Arzt – in der Regel der Hausarzt – den Vollmachtgeber längere Zeit kennt und beobachtet hat und auch ein Sachverständiger sich einen längeren und eingehenderen Eindruck von dem Betroffenen verschafft (hierzu BayObLG FamRZ 2004, 1814). **Soziale**, wenn auch im Ergebnis nicht immer zutreffende, **Kontrolle** hinsichtlich der Rechtmäßigkeit des Zustandekommens von Vorsorgevollmachten bieten solche Angehörige des Vollmachtgebers, denen eine Vorsorgevollmacht nicht erteilt worden ist. Wird das Handeln des als Bevollmächtigten bestellten Sohnes des Betroffenen im familiären Umfeld immer wieder infrage gestellt, weil der Betroffene dazu neigt, auch im Zustand gutachtlich festgestellter Geschäftsunfähigkeit Schriftstücke mit rechtsgeschäftlichem Erklärungswert, die ihm von anderen Familienmitgliedern unterbreitet werden, zu unterzeichnen, kann dem Wohl des Betroffenen nur durch Bestellung eines Betreuers (wohl mit Einwilligungsvorbehalt) hinreichend Rechnung getragen werden (BayObLG FamRZ 2004, 1403).

Wird die Unwirksamkeit einer (Vorsorge-)Vollmacht nicht positiv festgestellt, bleibt es bei der wirksamen Bevollmächtigung. Zweifel, die auch nach den Ermittlungen des Gerichts verbleiben, führen gegebenenfalls zu einer Betreuerbestellung bei eingeschränkter Akzeptanz der Vollmacht im Rechtsverkehr (BGH FamRZ 2016, 701 mAnm FRÖSCHLE). Ist zweifelhaft, ob eine Vorsorgevollmacht wirksam widerrufen worden ist (zum Widerruf näher Rn 325), können die Angelegenheiten des Betroffenen durch den Bevollmächtigten wegen der dadurch bedingt eingeschränkten Akzeptanz der Vollmacht im Rechtsverkehr regelmäßig nicht ebenso gut wie durch einen Betreuer besorgt werden (BGH FamRZ 2015, 2047 = NJW 2016, 159).

Inhalt und Umfang einer (Vorsorge-)Vollmacht sind nach den Grundsätzen der **282** §§ 133, 157 BGB durch Auslegung zu ermitteln (BGH FamRZ 2012, 969 mAnm BÖHM). Bei einer reinen Innenvollmacht kommt es auf die Verständnismöglichkeit des Bevollmächtigten an; bei der nach außen kundgegebenen oder in einer Urkunde verlautbarten (§ 172 BGB) Vollmacht ist für die Auslegung auf die Sicht des Geschäftsgegners abzustellen. Bei der Auslegung einer Vollmachtsurkunde können nur solche Umstände herangezogen werden, die dem potenziell betroffenen Personenkreis bekannt oder jedenfalls für ihn erkennbar sind (OLG Frankfurt FamRZ 2004, 1322; bemerkenswert die mitgeteilte „Kenntnis" des Notars vom Betreuungsrecht). Wird in einem Formular einer Vorsorgevollmacht die Formulierung „Sie darf mein Vermögen verwalten und hierbei alle Rechtshandlungen und Rechtsgeschäfte im In- und Ausland vornehmen, Erklärungen aller Art abgeben und entgegennehmen sowie Anträge stellen, abändern, zurücknehmen" bestätigt, ist grundsätzlich eine Vollmacht im Bereich der Vermögenssorge erteilt, die auch den Abschluss und die Erfüllung von Verpflichtungsgeschäften beinhaltet (BGH FamRZ 2015, 1282, 1283 mit Bezug auf BGH FamRZ 2015, 1016).

2.   Bevollmächtigung und andere Vorsorgeregelungen

a)   Bevollmächtigung und Betreuungsverfügung

283   Der kraft **Selbstbestimmung** ausgeübte Einfluss auf die Bestellung eines Betreuers kann auf zweierlei Weise gestaltet werden:

aa)   durch Erteilung einer **Vollmacht**, die das Ziel hat, eine uU erforderlich werdende rechtliche Betreuung zu vermeiden und damit für den Fall der Betreuungsbedürftigkeit Vorsorge zu treffen, soweit das möglich ist;

bb)   durch Äußerung von Wünschen für den Fall, dass es zu der Bestellung eines Betreuers kommt (Betreuer- oder **Betreuungsverfügung**); s dazu § 1901 Abs 3 S 2 sowie § 1901c BGB. Die Betreuungsverfügung kann sich darauf beschränken, Wünsche hinsichtlich ärztlicher Maßnahmen und/oder deren Unterlassen (Patientenverfügung) zu äußern. Beides ist nebeneinander möglich, weil die Bestellung eines Betreuers nach Abs 3 erforderlich werden und der Vollmachtgeber für diesen Fall personelle Wünsche geäußert haben kann (Beispiel bei LANGENFELD 148, 170, 184).

284   Hindert eine vorhandene Vorsorgevollmacht die Bestellung eines Betreuers nicht, weil gegen die Wirksamkeit der Vollmachterteilung Bedenken bestehen (BGH FamRZ 2011, 964, 965 = NJW 2011, 2135 [2136]) oder weil der Bevollmächtigte wegen erheblicher Bedenken an seiner Redlichkeit als ungeeignet erscheint (BGH aaO mwNw; FamRZ 2011, 1047 [1048] mAnm RENNER = JZ 2011, 1068 mAnm FRÖSCHLE S 1069 = ZNotP 2011, 273, 274), können die in einer Betreuungsverfügung enthaltenen Wünsche zur Person des Betreuers zum Tragen kommen. Ebenso, wie die aktuell geäußerten Vorschläge des Betroffenen in der Regel weder Geschäftsfähigkeit noch natürliche Einsichtsfähigkeit erfordern (BGH FamRZ 2011, 285, 286), ist das in einer vorsorglichen Betreuungsverfügung erforderlich. Ob in diesem Zusammenhang andere Maßstäbe von Bedeutung sind (vgl einerseits BayObLG FamRZ 2005, 548; BayObLGR 2003, 360 = FamRZ 2003, 1871 [LS] = BtPrax 2003, 370; andererseits BGH FamRZ 2011, 285, 286 mwNw), kann dahinstehen, wenn die Wünsche schriftlich niedergelegt sind und die Äußerungen bereits einige Zeit zurückliegen.

285   Zur Verpflichtung des Besitzers einer Betreuungsverfügung, diese an das Betreuungsgericht **abzuliefern**, sowie zu der Verpflichtung des Besitzers einer (Vorsorge-)Vollmacht zur **Benachrichtigung** des Gerichts und ggf Vorlage einer Abschrift § 1901c BGB.

b)   Bevollmächtigung und Patientenverfügung

286   Als Patientenverfügung bezeichnet das Dritte Gesetz zur Änderung des Betreuungsrechts v 29. 7. 2009 (BGBl I 2286) in dem neuen § 1901a BGB die schriftliche Festlegung eines einwilligungsfähigen Volljährigen für den Fall seiner Einwilligungsunfähigkeit, ob er in bestimmte, zum Zeitpunkt der Festlegung noch nicht unmittelbar bevorstehende Untersuchungen seines Gesundheitszustands, in eine Heilbehandlung oder in ärztliche Eingriffe einwilligt oder sie untersagt.

287   Die Patientenverfügung enthält eigene Entscheidungen des Volljährigen, während durch die Bevollmächtigung die Entscheidungszuständigkeit auf einen anderen, den Bevollmächtigten, übertragen wird.

Durch die Öffnung der Bevollmächtigung für Angelegenheiten der Gesundheits- **288**
sorge und aufgrund entsprechender Empfehlungen (SASS/KIELSTEIN 66) ist damit zu
rechnen, dass die strukturell voneinander zu trennenden Vorsorgeregelungen aus
praktischen Gründen miteinander verbunden werden (vgl dazu auch § 1 Abs 1 Nr 5b
und 5c der Vorsorgeregister-VO). Aber auch eine isolierte Patientenverfügung
kann – zumindest ergänzend – für den Bevollmächtigten oder den gerichtlich bestellten Betreuer von Bedeutung sein. Zur Patientenverfügung näher unten § 1901a
BGB.

c)   Hinterlegung und/oder zentrale Erfassung der Vorsorgeregelungen

Siehe dazu § 1901c Rn 6. Ausführlich LIPP in dem von ihm herausgegebenen Hand- **289**
buch der Vorsorgeverfügungen § 5 (Registrierung, Verwahrung und Ablieferungspflicht). Zur Zahl der seit über zehn Jahren erfassten Vorsorgeregelungen Vorbem
71 zu §§ 1896.

d)   Letztwillige Verfügungen

Letztwillige Verfügungen kommen als Willensäußerungen zur Vermeidung oder zur **290**
(Mit-)Gestaltung von Betreuung iSv §§ 1896 ff nicht in Frage, weil ihre Inhalte, ihrer
Zweckbestimmung entsprechend erst nach dem Tode des Verfügenden wirksam
werden (sollen). Deshalb empfiehlt es sich nicht, den Wunsch, an einer bestimmten
Stelle und in einer bestimmten Weise bestattet zu werden, in einem Testament
festzuhalten, das erst nach dem Tod des Erblassers eröffnet werden wird und muss.
Ebensowenig ist es ratsam, Wünsche, wie nach dem Tod mit den vom Erblasser
hinterlassenen Haustieren verfahren werden soll, in einem Testament festzuhalten,
weil für die Tiere alsbald gesorgt werden muss.

Die Grenze für die Zulässigkeit einer Zuwendung von Todes wegen zugunsten einer **291**
Person, die vom Erblasser umfassende Vorsorgevollmacht erhalten hat, sah das
BayObLG (FamRZ 2003, 713, 715) nicht überschritten. Eine analoge Anwendung
des § 14 HeimG lehnte das Gericht ebenso ab wie im Verhältnis Betreuer und
Betreuter (BayObLGZ 1997, 374, 376 f = FamRZ 1998, 702). Als zu den Rechtsgeschäften
gehörende letztwillige Verfügungen können auf sie grundsätzlich die Vorschriften
über Bedingungen angewendet und Hilfs- und Pflegeleistungen der bedachten Person grundsätzlich zur Bedingung gemacht werden (BayObLG FamRZ 1993, 1494, 1495).
Zur Verschaffung der Kenntnis einer letztwilligen Verfügung und ihrer Verwertung
iS einer Betreuungsverfügung für die Führung der Betreuung im Bereich der Vermögenssorge EPPLE BWNotZ 2008, 147.

3.   Die Bevollmächtigung im Einzelnen

a)   Voraussetzungen für die Bevollmächtigung als „andere Hilfe"

Eine Vollmacht, speziell die Vorsorgevollmacht, kann für die Bestellung eines Be- **292**
treuers nur dann von Bedeutung sein, wenn sie wirksam erteilt worden ist und noch
fortbesteht (BayObLGZ 1993, 236 = FamRZ 1993, 1249 = MDR 1993, 872). Sie hindert die
Bestellung nur, wenn gegen die Wirksamkeit keine Bedenken bestehen (BGH FamRZ
2011, 285 [286]; FamRZ 2011, 964 [965] = BtPrax 2011, 173 = Rpfleger 2011, 498). Die Erteilung
der Vollmacht erfordert ausnahmslos die Geschäftsfähigkeit des Volljährigen (OLG
Zweibrücken FamRZ 2006, 1710). Das Gericht hat von Amts wegen entsprechende
Feststellungen zu treffen, gegebenenfalls die erforderlichen Aufklärungsmaßnah-

men vorzunehmen (OLG Brandenburg FamRZ 2008, 303 [LS]; OLG Hamm FamRZ 2011, 1815 = FGPrax 2011, 232). Stellt das Gericht nicht zweifelsfrei fest, dass die Vorsorgevollmacht wirksam zustande gekommen und zum entscheidenden Zeitpunkt noch rechtswirksam ist, und hat das Gericht die zur Feststellung des Sachverhalts erforderlichen Ermittlungen (§ 26 FamFG) getroffen und alle in Betracht kommende Ermittlungsmöglichkeiten ausgeschöpft (BGH FamRZ 2011, 285, 286; OLG Hamm FamRZ 2011, 1815), bleibt nur die Möglichkeit der Betreuerbestellung. Bestehen Bedenken auch aus anderen Gründen gegen den Vorrang der Vorsorgevollmacht, und reichen diese aus, der Anordnung der Betreuung entgegenzustehen, müssen Ermittlungen hinsichtlich der Geschäftsfähigkeit des Betroffenen zum Zeitpunkt der Vollmachterteilung nicht ausgeschöpft werden. Aus der Zeit vor Inkrafttreten des Betreuungsgesetzes stammende Vollmachten können auch von einem beschränkt geschäftsfähigen Volljährigen erteilt sein, wenn dieser wegen der in § 114 aF genannten Gründe entmündigt oder unter vorläufige Vormundschaft (§ 1906 aF) gestellt worden war, aber mit Einwilligung seines Vormunds gehandelt hatte (§§ 111, 183 BGB).

Wurde eine (Vorsorge-)Vollmacht erteilt, kommt die Bestellung eines Betreuers nicht bereits dann in Betracht, wenn nach Meinung des Gerichts die Besorgung der Angelegenheiten des Betroffenen durch einen Betreuer vorzuziehen ist (OLG Brandenburg FamRZ 2005, 1859). Solange die Ausübung der Vollmacht durch den Bevollmächtigten dem Wohl des Vollmachtgebers nicht zuwiderläuft, ist der in der Vollmachterteilung zum Ausdruck gebrachte Wille des Betroffenen beachtlich (OLG Brandenburg aaO).

Zur Bevollmächtigung durch beschränkt Geschäftsfähige ohne Einwilligung des ges Vertreters s STAUDINGER/SCHILKEN (2014) § 167 Rn 75. Haben Eltern eines behinderten Kindes eine Vollmacht vor Eintritt der Volljährigkeit ihres Kindes erteilt, ist zu prüfen, ob diese – weil maßgeblich von Erziehungsverantwortung getragen – mit der Volljährigkeit des Kindes ihr Ende gefunden hat oder ob sie im Rahmen zulässiger Nachwirkungen der elterlichen Sorge (BVerfG JZ 1986, 632, 633) von dem nunmehr volljährigen Behinderten zunächst hingenommen werden muss.

293   Hat der Betroffene im Zeitpunkt bestehender Geschäftsfähigkeit die Vollmacht wirksam erteilt, erlischt sie nicht durch den Wegfall der Geschäftsfähigkeit (§§ 168 S 1, 672 S 1 BGB). Sie kann jedoch aus anderen Gründen nichtig oder auch vom Vollmachtgeber widerrufen sein (§ 168 S 2 und 3 BGB). Der Widerruf der Vollmacht verlangt ebenso wie die Erteilung Geschäftsfähigkeit. Der Eintritt der Geschäftsunfähigkeit auf Seiten des Bevollmächtigten führt zum Erlöschen der Vollmacht (§ 168 S 1, § 673 S 1 BGB; STAUDINGER/SCHILKEN [2014] § 168 Rn 21). Eine Altersvorsorgevollmacht erlischt mit dem Tode des Vollmachtgebers auch für den Bereich der Vermögensverwaltung, wenn deren zugrunde liegendes Auftragsverhältnis darauf zugeschnitten ist, dem Bevollmächtigten für den Fall der Betreuungsbedürftigkeit des Vollmachtgebers eine rechtsgeschäftliche Vertretungsmacht einzuräumen, die uneingeschränkt der gesetzlichen Vertretung eines für alle Angelegenheiten des Betreuten bestellten Betreuers entspricht (OLG Hamm FamRZ 2003, 324 = DNotZ 2003, 120 = MittBayNot 2003, 125 = ZEV 2003, 470; OLG München FamRZ 2014, 1942 = NJW 2014, 3166, 3167 mwNw = BtPrax 2014, 240 LS). Die Vollmacht (hier Generalvollmacht) erlischt, wenn der Bevollmächtigte Alleinerbe des Vollmachtgebers wird (OLG Hamm FamRZ 2013, 1513 mwNw u krit Anm DUTTA 1514 = MittBayNot 2013, 395; vgl auch LANGE ZEV 2013, 343). In

Betracht kommt ein Mangel an Bestimmtheit (s dazu LG Krefeld MittRhNotK 1998, 17, das eine Altersvorsorgevollmacht für unwirksam [und deshalb die Bestellung eines Betreuers für erforderlich] hielt, die nicht erkennen ließ, für welche einzelnen Maßnahmen sie im vermögensrechtlichen Bereich und im Bereich der gesundheitlichen Fürsorge und des Selbstbestimmungsrechts gelten sollte).

Ist die Bevollmächtigung **nichtig**, kann dennoch auf der Grundlage der §§ 170 ff **294** Vertretungsmacht bestehen, sodass Bedarf für die Geltendmachung von Rechten des Betroffenen iSv Abs 3 besteht. Sollen Rechte gegenüber einem Vertreter ohne Vertretungsmacht geltend gemacht werden, muss ein Betreuer nach Abs 1 und 2 bestellt werden; die Voraussetzungen einer Betreuung nach Abs 3 liegen dann nicht vor (BayObLGZ 1993, 236 = FamRZ 1993, 1249 = MDR 1993, 872).

b)   Form der Bevollmächtigung
Eine Bevollmächtigung ist nach den Vorschriften des BGB grundsätzlich formfrei **295** möglich (§ 167 Abs 2 BGB). Auch für die der Betreuung vorrangigen Vollmachten sieht das Betreuungsrecht keine Form vor. Soweit rechtsgeschäftliche Bestimmungen dies vorsehen oder gesetzlich geregelte Ausnahmen (zB § 311b) bestehen, ist Schriftform, öffentliche Beglaubigung oder notarielle Beurkundung einzuhalten. Zur Notwendigkeit, einen Betreuer mit dem Aufgabenkreis der Grundstücksveräußerung zu bestellen, wenn dem Vorsorgebevollmächtigten nur eine privatschriftliche Vorsorgevollmacht erteilt ist, BGH FamRZ 2016, 699 = NJW 2016, 1516). Aus Gründen der Auffindbarkeit und des Nachweises sollte die Vollmacht zumindest schriftlich erteilt werden, wenn nicht (zB für das Grundbuchamt oder Kreditinstitute, vgl HOLZHAUER/REINICKE Rn 36) eine andere Form gewählt wird. HOLZHAUER empfiehlt die notarielle Beurkundung, weil sich in diesem Falle der Notar gem § 11 BeurkG von der Geschäftsfähigkeit des Vollmachtgebers überzeugen muss, sodass eine gewisse Sicherheit gegen die Anzweiflung der Geschäftsfähigkeit gegeben wäre (so auch BÜHLER BWNotZ 1990, 1). Ein Notar ist verpflichtet, die sichere Gestaltung eines (Rechts-)Geschäfts zu empfehlen, auch wenn dies nicht der kostengünstigste Weg zur Erreichung des angestrebten Zwecks ist (OLG Naumburg FamRZ 2012, 1251).

Soll die Vorsorgevollmacht dem Vorsorgebevollmächtigten die Befugnis einräumen, Darlehensverträge abzuschließen und Kredite aufzunehmen, und handelt es sich um einen entgeltlichen Darlehensvertrag zwischen einem Unternehmer und einem Verbraucher als Darlehensnehmer (Verbraucherdarlehensvertrag), so sind die besonderen Vorschriften des § 492 Abs 1 u 2 (Schriftform, Vertragsinhalt) zu beachten (§ 492 Abs 4 BGB). Danach sind Verbraucherdarlehensverträge, soweit nicht eine strengere Form vorgeschrieben ist, schriftlich abzuschließen (§ 492 Abs 1 S 1 BGB). Der Vertrag muss die für den Verbraucherdarlehensvertrag vorgeschriebenen Angaben nach Art 247 §§ 6 bis 13 EGBGB enthalten (vom Abdruck dieser Vorschriften musste aus Raumgründen abgesehen werden). Die nach § 492 Abs 4 S 1 iVm Abs 1 und 2 für die Vollmacht, die ein Darlehensnehmer zum Abschluss eines Verbraucherdarlehensvertrags erteilt, geltenden Bestimmungen sind nicht maßgebend für die Vollmacht, die notariell beurkundet wird/ist (§ 492 Abs 4 S 2 BGB).

Zu Darlehensvermittlungsverträgen s Art 247 § 13 EGBGB.

Soll der Bevollmächtigte eine Einwilligung in Maßnahmen des § 1904 Abs 1 erteilen, **296**

über die Unterbringung des Vollmachtgebers oder über freiheitsentziehende Maßnahmen (§ 1906 Abs 1, 4 BGB) entscheiden, ist die **schriftliche Erteilung** der Vollmacht in qualifizierter Form notwendig; für beide Vorschriften wird verlangt, dass
die jeweils genannten Maßnahmen von der Vollmacht umfasst werden (§ 1904
Abs 2, § 1906 Abs 5 BGB). Soll aufgrund der Bevollmächtigung die Wirkung des
§ 51 Abs 3 ZPO (Gleichstellung mit einem gesetzlichen Vertreter) eintreten, muss
die Vollmacht schriftlich erteilt sein. Fraglich ist, ob für die Vollmachten betreffend
Befugnisse nach §§ 1904, 1906 auch Geschäftsfähigkeit zu ihrer Wirksamkeit vorauszusetzen ist, wo es doch im Falle von Nichtbetreuung darauf ankommt, ob der
Betreffende die erforderliche Einwilligungsfähigkeit besitzt. Problematisch ist dies
jedoch immer nur und erst dann, wenn eine Vollmacht isoliert auf Angelegenheiten
bezogen erteilt wird, in denen es ausschließlich auf die Einwilligung und die Einwilligungsfähigkeit ankommt. Zur Frage einer Kontrollbetreuung (Abs 3) in solchem Fall unten Rn 321 ff. Die widerruflich erteilte Vollmacht zum Abschluss eines
Ehevertrages bedarf grundsätzlich keiner notariellen Beurkundung (BGH FamRZ
1998, 902).

297   Eine Vollmacht, die zum Abschluss eines Verbraucherkreditvertrages erteilt wird,
muss grundsätzlich nicht die Mindestangaben über die Kreditbedingungen (§ 4
Abs 1 S 4 Nr 1 VerbrKrG) enthalten (BGH NJW 2001, 2963 = DNotI-Rp 2001, 175; vgl
nunmehr §§ 488 ff). Bei einer Vollmachtsurkunde genügt die Vorlage einer beglaubigten Abschrift allein nicht, wenn der Besitz der Vollmachtsurkunde nach materiellem
Recht (zB § 172 BGB) zum Nachweis der Vertretungsmacht erforderlich ist. Die
beglaubigte Abschrift kann in diesem Falle durch eine notarielle Bescheinigung des
Inhalts, dass dem Notar die Vollmachtsurkunde im Original oder in Ausfertigung zu
einem bestimmten Zeitpunkt vom Bevollmächtigten vorgelegt wurde, **ergänzt** werden (BayObLG MittBayNot 2002, 112 = Rpfleger 2002, 194 = DNotI-Rp 2002, 38). Wird eine
(Vorsorge-)Vollmacht, die nur für den Fall erteilt wurde, dass der Vollmachtgeber
seine Angelegenheiten infolge von Entscheidungsunfähigkeit nicht mehr selbst regeln kann, dem Grundbuchamt vorgelegt, bedarf der Nachweis des Bedingungseintritts der Form des § 29 Abs 1 S 2 GBO; eine Bescheinigung eines Arztes erfüllt
nicht diese Form (Böhringer Rpfleger 2009, 124 [137] mwNw).

c)   Folgen der Bevollmächtigung für die Bestellung eines Betreuers

298   Die Bevollmächtigung kann die Bestellung eines Betreuers vorläufig oder auf Dauer
nur entbehrlich machen, wenn sie zeitlich und inhaltlich ausreicht, um den bestehenden Betreuungsbedarf zu decken. Eine von der betroffenen Person erteilte Vorsorgevollmacht kann die Bestellung eines Betreuers nur hindern, wenn gegen die
Wirksamkeit keine Bedenken bestehen (BGH FamRZ 2010, 285; FamRZ 2011, 964) und
außerdem das Innenverhältnis, insbesondere bei mehreren Bevollmächtigungen,
ausreichend geregelt ist (Fröschle Anm zu BGH JZ 2011, 1068 in: JZ 2011, 1069 [1072];
zur Überprüfung der Geschäftsfähigkeit bei Erteilung der Vorsorgevollmacht OLG Hamm FamRZ
2011, 1815 = FGPrax 2011, 232). Trotz vorhandener Bevollmächtigung kann für nicht
erfasste oder nicht zu erfassende Angelegenheiten ein Betreuer bestellt werden
müssen. Eine umfassende Vorsorge durch Bevollmächtigung schließt nicht aus, dass
ein Betreuer nach Abs 3 bestellt werden muss. Ob eine „Generalvollmacht" ihrem
Umfang nach alle aktuell besorgungsbedürftigen Angelegenheiten erfasst, muss ggf
durch Auslegung ermittelt werden. Durch eine als Vorsorgevollmacht auszulegende
Generalvollmacht wird das Betreuungsgericht nicht gehindert, einen vorläufigen

Betreuer im Wege einstweiliger Anordnung zu bestellen, wenn die Vollmacht nicht ausdrücklich klarstellt, dass sie sich auch auf medizinische oder freiheitsentziehende Maßnahmen wie Unterbringungsfälle erstrecken soll, deshalb auch nicht zur Einwilligung in solche Maßnahmen ermächtigt und demzufolge die auf entsprechende Aufgabenkreise (Gesundheitssorge, Aufenthaltsbestimmung) begrenzt vorläufige Betreuung nicht entbehrlich machen kann. Für die Wirksamkeit einer bereits vor dem Inkrafttreten des BtÄndG erteilten Vollmacht und deren Vorrang vor einer Betreuung kommt es darauf an, dass erforderlichenfalls die vom Bevollmächtigten zu entscheidenden Angelegenheiten der §§ 1904, 1906 (ärztliche Eingriffe, freiheitsentziehende Unterbringungsmaßnahmen) von der schriftlich abzufassenden Vollmacht ausdrücklich umfasst sind (OLG Zweibrücken FamRZ 2003, 113).

Das Recht zur Ausschlagung der Erbschaft ist rechtsgeschäftlich nicht übertragbar; seine Ausübung kann deshalb nicht einem Dritten, auch nicht durch eine über den Tod hinaus wirksame Vorsorgevollmacht überlassen werden (OLG Zweibrücken 2008, 646).

Bevollmächtigung anstelle der Bestellung eines Betreuers reicht dann nicht aus, **299** wenn sich herausstellt, dass der Bevollmächtigte nicht handelt, sei es, dass er die ihm übertragenen Entscheidungen nicht treffen will, sei es, dass er dazu – womöglich durch Krankheit oder Behinderung daran gehindert – nicht in der Lage ist. Ob es in solchen Fällen ausreicht, einen Betreuer nach Abs 3 zu bestellen, oder ob davon auszugehen ist, dass eine wirksame Bevollmächtigung nicht (mehr) vorliegt, ist im Einzelfall zu klären (vgl dazu BGH FamRZ 2011, 1047 mAnm RENNER, 1048 = JZ 2011, 1068 mAnm FRÖSCHLE, 1069). Möglich ist die Bestellung eines Berufsbetreuers trotz bestehender Vorsorgevollmacht, wenn die Wahrnehmung der Interessen des Betroffenen durch den Bevollmächtigten dem Wohl des Betroffenen klar zuwiderläuft, sodass eine konkrete Gefahr für das Wohl des Betroffenen begründet wird (LG Bochum FamRZ 2010, 1471 unter Berufung auf KG FGPrax 2006, 182 ff = FamRZ 2006, 1301 [LS]). Besteht ein konkreter Verdacht, dass der Bevollmächtigte die ihm erteilte Vollmacht missbraucht, kann das Gericht auch im Fall einer erteilten General- und Vorsorgevollmacht einen Betreuer bestellen (LG Bielefeld FamRZ 2012, 1671). Zur Bestellung eines Betreuers, wenn der Bevollmächtigte als zur Wahrnehmung der Interessen des Betroffenen nicht tauglich erscheint, namentlich Zweifel an seiner Redlichkeit im Raum stehen, BGH FamRZ 2014, 738 = BtPrax 2014, 129.

Ein Vorsorgebevollmächtigter ist auch dann ungeeignet, die Angelegenheiten des Betroffenen zu besorgen, wenn er – auch unverschuldet – objektiv nicht in der Lage ist, die Vorsorgevollmacht zum Wohl des Betroffenen auszuüben (im Anschluss an BGH NJW-RR 2012, 772 FamRZ 2012, 868 = BtPrax 2012, 118 BGH NJW 2013, 3373 = BtPrax 2013, 253). Ein Betreuer ist (ergänzend zur Bevollmächtigung) dann zu bestellen, wenn bestimmte besorgungsbedürftige Angelegenheiten von der Vorsorgevollmacht nicht erfasst sind (BGH FamRZ 2015, 1016 = DNotZ 2015, 543).

Eine parallel zu einer bestehenden und die zu regelnden Sachverhalte umfassenden Vorsorgevollmacht angeordnete Betreuung ist aufzuheben (BGH FamRZ 2012, 969 mAnm BÖHM, 970).

Ungelöst ist bisher das Problem mangelnder Akzeptanz von Vorsorgevollmachten **300** durch Banken und andere Geldinstitute. Die vom BMJ beabsichtigt gewesenen Gespräche mit den Verbänden haben bisher offensichtlich zu einer zufriedenstellenden Lösung nicht geführt. In der Regel werden selbst notariell beurkundete Generalvollmachten nicht akzeptiert, offenbar in erster Linie deshalb nicht, weil sie Mehrfachbevollmächtigungen nicht ausschließen und die Institute nicht in Auseinandersetzungen hineingezogen werden wollen, in denen es um die Feststellung befreiender Leistung geht. S dazu aber LK Kleve FamRZ 2015, 1523 und LG Detmold FamRZ 2015, 1522 LS sowie näher oben Rn 276 aE.

301 Ein Grund zur Bestellung eines Betreuers trotz Bevollmächtigung kann darin liegen, dass der Betroffene bereits im Zeitpunkt der Erteilung der Vollmacht jemand bevollmächtigt hat, der zu den in § 1897 Abs 3 BGB bezeichneten Personen gehört, oder dass diese Sachlage später entstanden ist und aus Anlass der Prüfung der Betreuerbestellung festgestellt wird. Näher dazu § 1897 BGB. Liegen mehrere, verschiedenen Personen erteilte Vorsorgevollmachten vor, ist aber zweifelhaft, welche von ihnen wirksam ist, muss diese Frage im Verfahren über die Bestellung eines Betreuers aufgeklärt werden. Kann die Frage nicht geklärt werden, ist ein Betreuer zu bestellen (BayObLG FamRZ 2004, 402). Die Bestellung eines Betreuers kann erforderlich werden, wenn aufgrund heftiger innerfamiliärer Streitigkeiten die Vollmacht im familiären Umfeld nicht anerkannt wird und der Bevollmächtigte es deshalb ablehnt, von der Vollmacht Gebrauch zu machen (BayObLG FamRZ 2004, 1403). Die Bestellung eines Betreuers kann auch erforderlich sein, wenn die Vorsorgevollmacht im Rechtsverkehr auf Akzeptanzprobleme (hier: in Ansehung des früheren RBeratG) stößt, sodass die Angelegenheiten des Betroffenen nicht ebenso gut wie durch einen Betreuer besorgt werden (OLG Schleswig FamRZ 2006, 645 [LS]). Zu Akzeptanzproblemen im Verkehr mit Banken siehe ZIMMERMANN BKR 2007, 226 und TERSTEEGEN NJW 2007, 1717; allgemein dazu SPALCKHAVER, in: LIPP (Hrsg), Handbuch der Vorsorgeverfügungen § 12 III 2.

Die Bestellung eines Betreuers trotz erteilter Vorsorgevollmacht kann unvermeidlich sein, um in den Besitz einer Ausfertigung der Vollmacht zu kommen und damit als Bevollmächtigter handlungsfähig zu sein. Hatte die Vollmachtgeberin den Notar angewiesen, dem Bevollmächtigten eine (weitere) Ausfertigung der Urkunde nur auf schriftliche Anweisung des Vollmachtgebers (hier: der Auftraggeberin) zu erteilen und war die Betroffene inzwischen dauerhaft geschäftsunfähig geworden, durfte der Notar sich über die Anweisung dennoch nicht hinweg setzen (OLG Nürnberg FamRZ 2012, 1418), sodass das Betreuungsgericht einen Betreuer zumindest mit dem Aufgabenkreis der Erteilung der erforderlichen Anweisung an den Notar bestellen muss (zeitlich und gegenständlich beschränkt; zu bedenken wäre dabei, ob als Betreuer der Bevollmächtigte in Frage käme oder ausgeschlossen wäre).

d) Wirksamwerden und Unwirksamwerden der Vorsorgevollmacht
aa) Wirksamwerden
302 Maßgebend dafür ist das vom Vollmachtgeber Gewollte. Die Vollmacht kann ab dem Zeitpunkt gelten, von dem an Geschäftsunfähigkeit eingetreten ist oder doch erhebliche Zweifel an der Geschäftsfähigkeit entstanden sind (dazu im Einzelnen SPALCKHAVER, in: LIPP [Hrsg], Handbuch der Vorsorgeverfügungen § 13 III; OLG Frankfurt DNotZ 2011, 745 mAnm MÜLLER, 747). Allerdings gibt es kein speziell gesetzlich geregeltes Verfahren zur ausschließlichen Feststellung des Bestehens oder Nichtbestehens von

Geschäftsfähigkeit (vgl aber DODEGGE, Selbständiges Beweisverfahren zur Feststellung der Geschäftsfähigkeit eines Vollmachtgebers bei Errichtung oder Widerruf der Vollmacht, FamRZ 2010, 1786). Ein Notar könnte gegenüber dem Betreuungsgericht eine Erklärung dieses Inhalts für den Vollmachtgeber abgeben. Es kann auch bestimmt sein, dass von der Vollmacht nur mit Zustimmung des Vollmachtgebers Gebrauch gemacht wird. Zur praktischen Handhabung und der Beachtung von Sicherheitsmomenten BÜHLER BWNotZ 1990, 1, 4; weitere Einzelheiten zur Gestaltung des In-Kraft-Tretens bei MÜLLER DNotZ 1997, 100. Hat der Vollmachtgeber den Eintritt der Bevollmächtigung im Innenverhältnis von dem Eintritt einer Bedingung (Feststellung der „Betreuungsbedürftigkeit" durch einen Arzt oä) abhängig gemacht, muss bei der Bestimmung des Bedingungseintritts geregelt werden, wer für den Eintritt der Bedingung Sorge trägt. Viele Vorsorgevollmachten und Patientenverfügungen enthalten keine Regelungen darüber, wie es zum Wirksamwerden der Vollmacht kommt (zB wer entdeckt den Zustand der Hilflosigkeit der allein lebenden Vollmachtgeberin).

bb) Unwirksamwerden

Auch hierfür ist das vom Vollmachtgeber Gewollte maßgebend. Im Übrigen richtet **303** sich das Unwirksamwerden nach gesetzlichen Vorgaben (§§ 168 ff, 672, 675 BGB). Eine von einem Betroffenen im Zustand der Geschäftsfähigkeit erteilte Vorsorgevollmacht wird weder durch einen im Zustand der Geschäftsunfähigkeit ausgesprochenen Widerruf noch dadurch unwirksam, dass der Betroffene im Zustand der Geschäftsunfähigkeit erklärt, er wolle den Bevollmächtigten nicht als Betreuer haben; diese Vollmacht ist deshalb bei der Prüfung, ob die Bestellung eines Betreuers erforderlich ist, zu beachten (BayObLG FamRZ 2002, 1220). Zu einer Generalvollmacht, die auch die Einwilligung gemäß § 22 S 1 KUG zur Verbreitung des Bildnisses abdeckte und nach ihrem Wortlaut über den Tod des Vollmachtgebers hinaus galt, OLG München ZEV 2002, 73 mAnm KLINGELHÖFFER.

Steht die Wirksamkeit der Vollmachterteilung außer Frage, bestehen jedoch hinsichtlich ihres Bestandes/Weiterbestehens Zweifel, weil ungeklärt ist, ob die Vollmacht wirksam widerrufen wurde, würden die Angelegenheiten des Betroffenen nicht ebenso gut wie durch einen Betreuer besorgt werden, würde man es bei der Vollmachterteilung belassen und von der Bestellung eines Betreuers absehen (BGH FamRZ 2015, 2047, 2048 = NJW 2016, 159, 160). Kann die Unwirksamkeit einer Vorsorgevollmacht nicht positiv festgestellt werden, bleibt es bei der (förmlich) wirksamen Bevollmächtigung (BGH FamRZ 2016, 701, 702 mAnm FRÖSCHLE, 703). Anders lautende frühere Äußerungen gibt der BGH in dieser Entscheidung auf. Bestehen Bedenken gegen die Wirksamkeit der Vollmacht, weil ungeklärt ist, ob die/der Betroffene im Zeitpunkt der Vollmachterteilung geschäftsfähig oder geschäftsunfähig war, muss im Hinblick auf die Bestellung eines Betreuers und den etwaigen Vorrang einer Vollmacht geklärt werden, ob Anhaltspunkte für eine mangelnde Akzeptanz der Vollmacht im Rechtsverkehr bestehen. Für die Entscheidung, ob trotz vorhandener Vollmacht ein Betreuer zu bestellen ist, kommt es nur auf die Feststellung an, ob die Akzeptanz der Vollmacht im Rechtsverkehr eingeschränkt ist. Ob sich die Wirksamkeitsbedenken bereits auf die Erteilung der Vollmacht beziehen oder auf einen etwaigen Widerruf und damit den Fortbestand der Vollmacht erstrecken, kann insoweit dahinstehen.

304 Weist ein Beteiligter im Verfahren zur Bestellung eines Betreuers auf die Existenz einer Vorsorgevollmacht hin, ohne diese vorzulegen, muss der Tatrichter dem nachgehen (§ 26 FamFG). Eine kritische Einstellung des Bevollmächtigten gegenüber einer gebotenen psychiatrischen Behandlung des Betroffenen rechtfertigt nicht ohne Weiteres die Annahme, der Bevollmächtigte sei ungeeignet, die Interessen des Betroffenen wahrzunehmen, sodass schon deshalb und wegen des grundsätzlichen Vorrangs der Fürsorge durch einen Bevollmächtigten die Bestellung eines Betreuers nicht in Betracht kommt (OLG Oldenburg R & P 2003, 102 mAnm Marschner). Ein Vorsorgebevollmächtigter kann gegen die Bestellung und Auswahl des Betreuers nur im Namen des Betroffenen Rechtsmittel einlegen, wenn seine Vollmacht diese Befugnis umfasst; ein eigenständiges Beschwerderecht gegen die Bestellung eines Betreuers für seinen Vollmachtgeber hat er nicht (BayObLGZ 2003, 106 = FamRZ 2003, 1219 = Rpfleger 2003, 424 = FGPrax 2003, 17); auch nicht der Inhaber einer Generalvollmacht (BayObLGR 2004, 112 [LS]; **aA** OLG Zweibrücken FamRZ 2003, 703 = FGPrax 2002, 260; auch wenn der [General-]Bevollmächtigte nicht zum Personenkreis des § 69g Abs 1 FGG, nunmehr § 303 Abs 2 FamFG, gehört). Ein Betreuer, dem der Aufgabenkreis Vermögenssorge nicht übertragen ist, der jedoch Bankvollmacht hat, kann weder im eigenen Namen noch namens des Betroffenen gegen die Bestellung eines weiteren Betreuers für einen Teilbereich der Vermögenssorge Beschwerde einlegen (BayObLG FamRZ 2002, 1590). Das Rechtsmittel eines geschäftsunfähigen Bevollmächtigten ist unwirksam und als unzulässig zu verwerfen (BayObLG FamRZ 2001, 1246).

4.   Zu Inhalt, Umfang und Grenzen der Bevollmächtigung

305 Durch Erteilung von Vollmachten kann der Bestellung eines Betreuers nur insoweit vorgebeugt werden, als durch die Vollmacht die betreuungsbedürftigen Angelegenheiten inhaltlich erfasst werden und erfassbar sind. Inhaltliche Grenzen markieren den Punkt, von dem an trotz des Nachrangs der Betreuung eine solche unvermeidlich sein kann. Demjenigen, der durch eine Bevollmächtigung Vorsorge treffen will, sind auch in personeller Hinsicht Grenzen gesetzt. So erteilte der zuständige OLG-Präsident einem selbständig tätigen Berufsbetreuer nicht die beantragte Erlaubnis, rechtliche Angelegenheiten Dritter aufgrund von Vorsorgevollmachten zu besorgen (Präsident des OLG Saarbrücken, Widerspruchsbescheid v 7. 2. 2003, FamRZ 2003, 1044). Eine unzulässige Rechtsberatung hat das LG Traunstein (FamRZ 2002, 39) in dem Falle verneint, dass ein Berufsbetreuer in einem Notfall Rechtsangelegenheiten einer Person besorgt, zu deren Betreuer er noch nicht bestellt war. Zu gesetzlichen Vorgaben für erlaubte Rechtsbesorgung bzw Rechtsdienstleistung Spalckhaver, in: Lipp, Handbuch der Vorsorgeverfügungen, § 9.

306 Eine Betreuerbestellung kann insbesondere erforderlich sein, wenn der Bevollmächtigte die übernommene Aufgabe nicht oder nur unvollständig erledigt und die Durchsetzung daraus entstehender oder entstandener Ansprüche von einem Betreuer mit dem Aufgabenkreis des Abs 3 zur Besorgung der erforderlichen Angelegenheiten nicht ausreicht. Wurde der Bevollmächtigte angewiesen, von der Vorsorgevollmacht erst bei Eintreten des Vorsorgefalls Gebrauch zu machen, ohne dass diese im Innenverhältnis geltende Bedingung auch im Außenverhältnis von Bedeutung sein sollte, handelt es sich nicht um eine in ihrer Wirksamkeit nach außen bedingte Vollmacht. Notfalls muss der Bevollmächtigte den Willen des Vollmachtgebers, mit einer nach außen unbedingt erteilten Vorsorgevollmacht eine rechtliche Betreuung zu vermeiden, im Rechtsweg durchsetzen (AG Lübeck FamRZ 2012, 898). Soll die Vorsorgevollmacht unbedingt erteilt und der Bevollmächtigte intern angewiesen werden, von der Vollmacht grundsätzlich erst bei Eintritt des Vorsorgefalls Gebrauch zu machen, muss der Vollmachttext eindeutig ergeben, dass die Anweisung nur im Innenverhältnis zwischen dem Vollmachtgeber und dem Bevollmächtigten gilt (OLG Frankfurt FamRZ 2012, 61; FGPrax 2011, 58 = DNotZ 2011, 745 mAnm MÜLLER, 747).

a) Notwendiger Qualitätsvergleich

Hat der Betroffene Vollmacht(en) erteilt, würde die Wahrnehmung seiner Angele- **307** genheiten aber insgesamt gesehen durch einen gerichtlich bestellten Betreuer besser erfolgen, so ergibt sich die Frage, ob das Gericht hier tätig zu werden hat. Trotz bestehender Vollmacht könnte sich ein Betreuungsbedarf dadurch ergeben, dass der Bevollmächtigte zu weit entfernt vom Betroffenen wohnt und deshalb nicht rechtzeitig handeln kann oder erreichbar ist. Bevollmächtigung kann deshalb vor der Bestellung eines Betreuers nur in dem Maße Vorrang haben, wie die Angelegenheiten des Volljährigen durch den Bevollmächtigten **ebenso gut** wie durch einen Betreuer besorgt werden können.

b) Inhaltliche Grenzen der Bevollmächtigung; zur Bedeutung der Bezugnahme auf § 1897 Abs 3

Durch die Erteilung von Vollmacht(en) können nicht alle Angelegenheiten erfasst **308** werden, die Gegenstand von Betreuung sein können oder müssen. Der Kreis der Angelegenheiten, für die eine Vollmacht erteilt werden kann, ist nicht größer als der, der einem Betreuer übertragen werden kann, allerdings auch nicht erheblich geringer. Angelegenheiten, die einer Betreuung nicht zugänglich sind, können auch nicht einem Bevollmächtigten übertragen werden (so auch HOLZHAUER/REINICKE Rn 19). Willenserklärungen, die niemals, auch nicht bei Geschäftsunfähigkeit des Betroffenen, zum Aufgabenkreis des Betreuers gehören und auch nicht Gegenstand eines Einwilligungsvorbehalts sein können, sind nicht auf einen Bevollmächtigten übertragbar (ERMAN/HOLZHAUER Rn 43; ERMAN/ROTH Rn 47). So zB die Eheschließung oder die Begründung einer eingetragenen Lebensgemeinschaft sowie eine Testamentserrichtung. Die Einwilligung in eine medizinische Maßnahme ist übertragbar, wenn die Zuständigkeit des Bevollmächtigten davon abhängig gemacht wird, dass der Betroffene einwilligungsunfähig ist. Erst dann ist auch ein dafür zuständiger Betreuer einwilligungsberechtigt. In einem solchen Fall wird durch eine rechtsgeschäftliche Übertragung der Entscheidungskompetenz nichts anderes bewirkt, als das Betreuungsrecht mit Hilfe des Betreuungsgerichts erreicht. Da aufgrund der Ergänzung des § 1904 BGB einem Bevollmächtigten eingeräumt werden kann, in riskante medizinische Maßnahmen einzuwilligen, bestehen keine Bedenken, dass der Betroffene auch weniger gefährliche andere Angelegenheiten, die seine Gesundheit und sein körperliches Befinden angehen, einem Bevollmächtigten zur Entscheidung im Falle seiner eigenen Entscheidungsunfähigkeit überlässt. Selbst die freiheitsentziehende Unterbringung (§ 1906 Abs 1 BGB) und die Entscheidung über freiheitsentziehende Maßnahmen (§ 1906 Abs 4 BGB) kann einem Bevollmächtigten, wie sich aus den Vorschriften unmittelbar ergibt, übertragen werden. Zur Frage der Wirksamkeit älterer Vollmachten, die den Anforderungen der §§ 1904 Abs 2 S 2 und 1906 Abs 5 S 1 idF durch BtÄndG (noch) nicht entsprechen, unten § 1904.

Nach der dem Vollmachtgeber eingeräumten Möglichkeit, die Bevollmächtigung auf **309** die freiheitsentziehende Unterbringung und die freiheitsentziehenden Maßnahmen des § 1906 Abs 4 zu erstrecken, könnte zwar in Erwägung gezogen werden, die Unterbringung durch einen Bevollmächtigten auch auf den Schutz und die Sicherheit Dritter (entsprechend den Unterbringungsvoraussetzungen der PsychKG der Länder) auszudehnen bzw zu beziehen. Dem dürfte jedoch die Formulierung des § 1906 Abs 5 („die" Unterbringung) entgegenstehen, sodass auch der Bevollmächtigte aufgrund der ihm verliehenen Befugnis den Vollmachtgeber nur aus den in § 1906 Abs 1 vorgesehenen Gründen freiheitsentziehend unterbringen kann. Zur Bestimmungsbefugnis über die persönliche Freiheit der Person außerhalb der gesetzlich geregelten Fälle vSACHSEN GESSAPHE 265 ff. Nach BVerfG FamRZ 2015, 1365 (m Anm SCHWAB) kann in einer Vorsorgevollmacht nicht auf gerichtliche Genehmigung bei freiheitsbeschränkenden Maßnahmen verzichtet werden.

310 Ausgeschlossen ist die rechtsgeschäftliche Übertragung der Sterilisationsentscheidung; dafür spricht die Ergänzung der §§ 1904, 1906 durch das BtÄndG, die § 1905 nicht einbezogen hat. Die Sterilisationsentscheidung kann zwar Gegenstand von Betreuung sein, darf aber niemals dem bereits bestellten Betreuer überlassen werden (§ 1899 Abs 2 BGB).

311 Werden dem Bevollmächtigten Willenserklärungen überlassen, die ein Betreuer nur abgeben oder entgegennehmen kann, wenn der Betreute geschäftsunfähig ist, oder solche, auf die sich bei Geschäftsfähigkeit des Betreuten der Aufgabenkreis des Betreuers nur erstrecken kann, wenn ein Einwilligungsvorbehalt angeordnet ist, kann der Bevollmächtigte unter denselben Voraussetzungen wie der Betreuer handeln. Der Bevollmächtigte ist kein gesetzlicher Vertreter; ihm kann auch nicht durch Rechtsgeschäft die Stellung eines gesetzlichen Vertreters eingeräumt werden. Deshalb kommen für eine Bevollmächtigung alle diejenigen Angelegenheiten nicht in Betracht, bei denen im Falle von Geschäftsunfähigkeit des Betreffenden sein gesetzlicher Vertreter zuständig ist. Das betrifft zB die Vaterschaftsanerkennung (§ 1596 Abs 1 S 3 BGB) oder die Beantragung des Beistands für eine geschäftsunfähige werdende Mutter gem § 1713 Abs 2 S 3. Aus diesem Grunde muss auch einem geschäftsunfähigen Betroffenen zum Zwecke der Vertretung in gerichtlichen Verfahren ein Betreuer als gesetzlicher Vertreter bestellt werden, soweit dies mit einer erteilten Vollmacht nicht erreicht werden kann/konnte (BayObLG FamRZ 1998, 920; SEITZ BtPrax 1996, 93). Beachte aber nunmehr die Ergänzung des § 51 ZPO um den neuen Abs 3 durch Art 4 2. BtÄndG. Eine den Anforderungen des § 51 Abs 3 ZPO entsprechende Vorsorgevollmacht gleicht im Vorsorgefall die Prozessunfähigkeit aus. Der Bevollmächtigte nimmt dann die Stellung eines gesetzlichen Vertreters ein (OLG Koblenz FamRZ 2016, 1864). Die durch einen Betreuer vertretene Partei kann nur durch den Betreuer, nicht aber selbst (und deshalb bisher auch nicht durch einen Bevollmächtigten) wirksam Berufung einlegen (LG Hannover FamRZ 1998, 380). Dies beruht dann allerdings auf der Regelung des § 53 ZPO, wonach im Rechtsstreit die durch einen Betreuer vertretene prozessfähige Person einer nicht prozessfähigen nicht betreuten Person gleichsteht. Soweit die Unterbringungsgesetze der Länder eine Beteiligung des Betreuers oder des gesetzlichen Vertreters der untergebrachten Person (auch die vorrangige Entscheidungszuständigkeit) vorsehen, reicht eine Bevollmächtigung/Ermächtigung nicht aus.

312 Die Bestellung des Betreuers hindert den Betreuten rechtlich nicht, die Besorgung

auch solcher Angelegenheiten, die zum Aufgabenkreis des Betreuers gehören, einer von ihm bevollmächtigten Person zu übertragen. Was der Betreute selbst kann (vgl § 1903 BGB), kann er grundsätzlich auch von einer von ihm beauftragten Person vornehmen lassen. Ob eine derartige Bevollmächtigung wirksam ist, bestimmt sich nach allgemeinem Recht (§§ 104 Nr 2, 105 Abs 1 BGB); über die Akzeptanz im Rechtsverkehr entscheidet dieser. Da die Bestellung eines Betreuers auf den rechtsgeschäftlichen Status der betreuten Person keinen Einfluss hat, und die Betreuerbestellung nicht zwangsläufig darauf schließen lässt, dass die betreute Person geschäftsunfähig ist, ist diese nicht gehindert, eine Vollmacht zu erteilen. Die Vorstellung, wer unter Betreuung steht, könne aus diesem Grund nicht eine Vollmacht erteilen, trifft deshalb nicht zu. Der Aufgabenkreis des Betreuers braucht zB nur einen Teil von Angelegenheiten des Betreuten zu erfassen, sodass der Betroffene im Übrigen völlig frei und ungehindert seine Angelegenheiten besorgen oder die Besorgung anderen Personen übertragen kann. Zu prüfen wäre in einem solchen Fall, ob der Betreute dann noch einen Betreuer benötigt. Erteilt der Betreute seinem Betreuer Vollmacht zur Besorgung von Angelegenheiten, die zu dessen Aufgabenkreis gehören, wird die Betreuung als staatlich erteilter Auftrag nicht eingeschränkt.

Sind Gegenstand der Bevollmächtigung vermögensrechtliche Angelegenheiten, so **313** kann der Betreute seinen Vertreter von den Genehmigungen des Betreuungsgerichts, deren der Betreuer bedarf, freistellen (hinsichtlich der Beauftragung des Betreuers **aA** ERMAN/HOLZHAUER § 1902 Rn 16 unter Berufung auf BT-Drucks 11/4528, 135, wonach „eine derartige Freistellung von zwingenden gesetzlichen Vorschriften" mit der Rechtsstellung eines Betreuers schlechthin unvereinbar sei; s andererseits Bt-Drucks 11/4528, 123; abwägend ERMAN/ROTH § 1902 Rn 16). Während HOLZHAUER (aaO) den Schrankenvorschriften des Betreuungsrechtes eine die Möglichkeit dieser Bevollmächtigung verdrängende Wirkung beimisst, ist es nach Ansicht von MünchKomm/SCHWAB (§ 1902 Rn 10) nicht einsichtig, wenn der Betreute jedermann mit einer über die gesetzliche Vertretungsmacht hinausgehenden Wirkung bevollmächtigen könnte, nur seinen Betreuer nicht.

Den zugleich als Betreuer vorgeschlagenen und bestellten ehemals Bevollmächtig- **314** ten kann der Vollmachtgeber nicht von der Pflicht zur periodischen Rechnungslegung (§§ 1840 Abs 2, 1908i Abs 1 S 1 BGB) und auch nicht im Voraus von der Rechenschaftslegung nach Beendigung des Betreueramtes (§§ 1890, 1908i Abs 1 S 1 BGB) befreien. Ob der Vollmachtgeber seine(n) Bevollmächtigten, speziell nahe Angehörige oder andere Vertrauenspersonen verpflichtet bzw verpflichten soll, regelmäßig Rechnung zu legen, wird in der Praxis unterschiedlich beurteilt. Einerseits wird die Notwendigkeit erkannt, andererseits eine derartige Regelung als Misstrauensbeweis abgelehnt. Wurde bei der Bevollmächtigung nicht eine abweichende Regelung getroffen, kommt eine gesetzliche Regelung bei entsprechendem Innenverhältnis in Betracht (§ 666 BGB). Ob der Vollmachtgeber in dem Zeitpunkt der Wirksamkeit der Vollmacht noch in der Lage ist, derartige Informationen seines Bevollmächtigten entgegenzunehmen, und ob für diesen Fall ein Betreuer zu bestellen ist, wird in der Praxis nicht diskutiert.

Erhalten mehrere Personen, jede für sich, gleichrangige Generalvollmacht (Solidarvollmacht), ist keiner der Bevollmächtigten befugt, die Vollmacht des anderen zu widerrufen, wenn nicht ein anderes bestimmt wurde (OLG Karlsruhe FamRZ 2010, 1762).

315 In der Praxis weitaus häufiger und problematischer als die bisher beschriebenen Situationen sind diejenigen Fälle, in denen ein Betroffener eine weitreichende Vollmacht einer ihm vertrauenswürdigen Person erteilt hat, nach Beobachtung von Pflegekräften aber die Sorge besteht, die erteilte Vollmacht werde nicht (mehr) im Interesse und im Sinne des Vollmachtgebers verwendet. Problematisch sind ferner die Fälle, in denen Verträge über lebenslange Pflege abgeschlossen werden gegen die Überlassung von Grundbesitz, Barvermögen oder gegen Erbeinsetzung oder Aussetzung eines Vermächtnisses. Das Problem liegt nicht darin, dass es keine rechtliche Handhabe gäbe, dem entgegenzuwirken (zB durch Bestellung eines Betreuers nach Abs 3); es liegt in der Schwierigkeit, dem Gericht (ggf der Behörde) in geeigneter Weise die erforderlichen Informationen zukommen zu lassen, damit ggf dagegen eingeschritten werden kann. Häufiger kommen auch solche Vollmachten vor, die das Heim, in dem der Betroffene lebt, bevollmächtigen.

316 Der Bundesrat hatte in seiner Stellungnahme zum Entwurf der BReg darum gebeten, im weiteren Gesetzgebungsverfahren zu prüfen, wie verhindert werden könne, dass sich die Betreiber oder Angestellten von **Alten- und Pflegeheimen** von den Heimbewohnern routinemäßig Altersvorsorgevollmachten erteilen lassen (BT-Drucks 11/4528, 207). Mit solchen Altersvorsorgevollmachten sei, so der BRat, aufgrund von § 1896 Abs 2 S 2 BGB verstärkt zu rechnen. Die Bedenken, die zu dem Ausschluss dieser Personen als Betreuer (§ 1897 Abs 3 BGB) geführt haben, bestünden gegen die Bevollmächtigung in gleicher Weise. Zu denken wäre an eine Regelung im **Heimrecht**. Die BReg bestätigte in ihrer Gegenäußerung (BT-Drucks 11/4528, 226) die Annahme, dass mit der Erteilung von Altersvorsorgevollmachten aufgrund des § 1896 Abs 2 S 2 verstärkt zu rechnen sei, verwies aber wegen eines Schutzes der Betroffenen vor Missbrauch auf die in Abs 3 ermöglichte Vollmachtbetreuerbestellung und teilte im Übrigen mit, ihr seien bisher keine Missbräuche bei der Erteilung von Vollmachten an Betreiber oder Personal von Heimen bekannt geworden, die eine gesetzliche Regelung erfordern würden. Für die von PALANDT/ DIEDERICHSEN bisher (Einf vor § 1896 Rn 7) vertretene Auffassung, solche Vollmachten seien als Umgehungsgeschäfte nichtig (§ 134 BGB), ließ sich eine Bestätigung aus den Materialien nicht herleiten. Zu der vom Bundesrat angeregten Ergänzung des Heimgesetzes ist es bisher nicht gekommen, jedoch zu der Ergänzung des Abs 2 S 2 durch die Einfügung der Wörter „der nicht zu den in § 1897 Abs 3 bezeichneten Personen gehört". Mit dieser durch Art 1 Nr 11 BtÄndG eingeführten Regelung wird einer Praxis von Gerichten begegnet, die offenbar nicht selten die rechtsgeschäftliche Bevollmächtigung zum Anlass genommen hat, von einer Betreuerbestellung abzusehen, wenn der Bevollmächtigte zu dem in § 1897 Abs 3 BGB beschriebenen Personenkreis gehörte (BT-Drucks 13/7158, 33). Mit dem gleichlautenden Gesetzesvorschlag der BReg sollte allerdings nicht ein vollständiges Verbot solcher Bevollmächtigungen ausgesprochen werden, sondern nur der im bisher geltenden Recht normierte grundsätzliche Vorrang der (Vorsorge-)Vollmacht vor einer Betreuung ausdrücklich auf Fälle beschränkt werden, in denen der Bevollmächtigte nicht zu den in § 1897 Abs 3 BGB genannten Personen gehört. Gehöre der Bevollmächtigte dazu, müsse das Gericht bei Vorliegen der allgemeinen Voraussetzungen nicht einen Betreuer bestellen; vielmehr erhalte das (Betreuungs-)Gericht Gelegenheit, die

Erforderlichkeit der Betreuerbestellung anhand der besonderen Umstände des Einzelfalles individuell und unabhängig von gesetzlichen Regelvorgaben zu prüfen (BT-Drucks 13/7158, 33). Einem vom Bundesrat in seiner Stellungnahme enthaltenen Formulierungsvorschlag, der das Anliegen klarer zum Ausdruck bringe (BT-Drucks 13/ 7158, 49), stimmte die BReg nicht zu (ebd 56). In der Beschlussempfehlung des Rechtsausschusses blieb es bei dem Regierungsvorschlag, ohne dies zu begründen (BT-Drucks 13/10331, 10, 27). Ob von der Betreuerbestellung Abstand genommen werden kann, lässt sich erst im Bedarfsfalle feststellen. Bestehen gegen die Bevollmächtigung Bedenken, steht es **nicht im Ermessen** des Gerichts, einen Betreuer zu bestellen.

Solange kein ausdrückliches gesetzliches Verbot besteht (würde es in Heimrechts- **317** vorschriften aufgenommen, wäre die Kontrolle eine Aufgabe der Heimaufsicht), lassen sich derartige Bevollmächtigungen kaum entdecken, geschweige denn verhindern. Dies wiederum wäre nötig, um im Einzelfall zu prüfen, ob der Inhalt der Vollmacht den Interessen des Betroffenen entspricht oder nicht. Wenn der Rechtsverkehr an dem Auftreten von Heimträger, Heimleiter oder Mitarbeitern für den Bewohner keinen Anstoß nimmt und keine Zweifel in Bezug auf deren Vertretungsmacht äußert, bleibt es dem Zufall überlassen, ob eine – uU anstößige – Bevollmächtigung dem Betreuungsgericht bekannt wird. UU berichten Angehörige darüber. Erst aus Anlass einer nicht durch Vollmacht gedeckten Angelegenheit, für deren Besorgung ein Betreuer zu bestellen ist (zB erforderliche ärztliche Maßnahme, die der Genehmigung bedarf), wird in der Regel das Gericht über bestehende Bevollmächtigungen etwas erfahren. Ggf kommt, wenn gegen die Bevollmächtigung Bedenken bestehen, eine originäre Bestellung eines Betreuers nach Abs 1 und 2 in Betracht. Dem Betreuer müsste dann auch aufgegeben werden, Ansprüche geltend zu machen, die sich aus der (fehlgeschlagenen) Bevollmächtigung ergeben haben können. Ebenso gut können aber auch Ansprüche der Gegenseite bestehen, deren Berechtigung zu prüfen und ggf deren Befriedigung Sache des Betreuers sein würde. Lagen keine Nichtigkeitsgründe vor, handelt es sich bei der Bevollmächtigung und dem ihr zugrundeliegenden Rechtsverhältnis um ein beide Seiten berechtigendes und verpflichtendes Rechtsgeschäft, sofern man nicht von einer reinen Gefälligkeit ausgehen kann. Solange ein Bewohner eines Heimes im Vollbesitz seiner geistigen Kräfte eine Vollmacht erteilt, verstößt dies nicht schon deshalb gegen § 1897 Abs 3 BGB, weil es sich nicht um eine „betreuerähnliche" Sachlage handelt. Die Erteilung einer Vorsorgevollmacht an den Leiter der Einrichtung, in der der Betreute lebt, oder an eine andere Person iSd § 1897 Abs 3 BGB durch den Betreuer ist grundsätzlich möglich und stellt keine Gesetzesumgehung dar (OLG München FamRZ 2006, 441).

c)   Vertretungskonkurrenzen
(1)   Bevollmächtigung und Betreuung   **318**

Hat das Betreuungsgericht einem Betroffenen einen Betreuer bestellt und erteilt danach der Betroffene einer dritten Person eine General-/Vorsorgevollmacht, so bestehen und konkurrieren miteinander bis zur wirksamen Aufhebung der Betreuung (ggf deren Ablehnung, wenn gegen die Wirksamkeit der Bevollmächtigung durchschlagende Bedenken bestehen) zwei Vertretungsverhältnisse. Jeder der beiden Vertreter, sowohl der Betreuer als auch der Bevollmächtigte, ist berechtigt, im

Werner Bienwald

Rahmen seines Aufgabenkreises bzw seiner Vertretungsberechtigung, für den Betroffenen, diesen berechtigend und verpflichtend, tätig zu werden. Eine vorläufige Aussetzung der Wirksamkeit einer erteilten Vorsorgevollmacht kommt mangels Rechtsgrundlage nicht in Betracht (LG München I FamRZ 2008, 184).

(2)   Mehrere Bevollmächtigte mit gleichen Befugnissen/Konfliktlösungen

Hat die/der Betroffene zwei Kindern je eine uneingeschränkte Vorsorgevollmacht erteilt mit der Maßgabe, dass jedes Kind ohne Mitwirkung des anderen in jeder Hinsicht Entscheidungen treffen kann/darf, besteht ein Konkurrenzverhältnis, das sich zum Nachteil der/des Betroffenen auswirken kann, wenn nebeneinander oder nacheinander gegensätzliche und widersprechende Entscheidungen getroffen werden. Solange nicht eine der beiden Vollmachten eingeschränkt oder aufgehoben wird und die beiden Bevollmächtigten uneins sind, bleibt einem Dritten (zB der Leitung des Heims, in dem der Vollmachtgeber lebt) nichts anderes übrig, als sich an das Betreuungsgericht zuwenden, und die Bestellung eines Betreuers anzuregen, dem die Aufgabe zugewiesen wird, die erforderliche Entscheidung zu treffen. Ob dem Betreuer die Befugnis eingeräumt wird, die Vollmacht(en) zu kündigen, erscheint nach der Rechtssprechung des BGH bedenklich. Diskutabel erscheint dagegen eine entsprechende Anwendung der im Falle mehrerer Betreuer vorgesehenen Möglichkeit der Streitentscheidung durch das Betreuungsgericht gemäß §§ 1797 Abs 1 S 2, 1908i Abs 1 S 1 BGB. Vgl auch das Gutachten in DNotI-Report 2014, 3 betreffend Erteilung zweier Vorsorgevollmachten mit Einzelvertretungsmacht; Widerruf der einen Vollmacht durch den anderen Bevollmächtigten; Bestellung eines Kontrollbetreuers; Meinungsverschiedenheiten zwischen den Bevollmächtigten.

Bevor das Gericht über die Bestellung eines Betreuers gemäß § 1896 Abs 3 BGB entscheidet, kann es den Versuch unternehmen, die beiden Bevollmächtigten (regelmäßig sind es nur zwei; von einer darüber hinaus gehenden Zahl von gleichberechtigten Bevollmächtigten ist bisher nichts bekannt geworden) zu einvernehmlichen Regelungen aufzufordern. Dafür kann auch die Unterstützung der Behörde in Anspruch genommen werden.

319   (3)   Wirksamkeit konkurrierender Aktivitäten

Die Wirksamkeit ihrer Rechtsgeschäfte und Erklärungen richtet sich nach der Reihenfolge ihres Tätigseins bzw des Erklärungszugangs. Ob jeweils der eine das Rechtsgeschäft des anderen widerrufen, bei Dauerschuldverhältnissen kündigen darf, hängt von ihrer Handlungsbefugnis ab. UU darf der gerichtlich bestellte Betreuer das Auftragsverhältnis kündigen und die Vollmacht widerrufen. Der Bevollmächtigte kann im umgekehrten Fall die rechtliche Betreuung nicht beenden oder auch nur einschränken. Dazu wäre nur das Betreuungsgericht befugt.

320   Für das Verhältnis von Betreuung und Bevollmächtigung gilt das Prinzip der Subsidiarität des § 1896 BGB nicht, jedenfalls nicht unmittelbar. § 1896 Abs 2 S 2 BGB richtet sich an das Betreuungsgericht, das bei der Bestellung eines Betreuers oder zu einem späteren Zeitpunkt (Auffinden einer Vollmacht) den Vorrang einer Bevollmächtigung zu beachten und zu berücksichtigen hat. Unter „Privatleuten" gilt § 1896 Abs 2 S 2 BGB nicht. Würde der Betreuer selbst entscheiden, die Betreuung im

Hinblick auf die Bevollmächtigung nicht mehr zu führen, könnte er sich dem Vorwurf der Pflichtwidrigkeit aussetzen und mit Aufsichtsmaßnahmen (§§ 1837 Abs 2, 1908i Abs 1 S 1 BGB) oder Schadensersatzansprüchen (§§ 1833, 1908i Abs 1 S 1 BGB) rechnen müssen.

5. Bestellung eines Betreuers nach Abs 3; Verfahren

Ein Betreuer mit dem in Abs 3 formulierten Aufgabenkreis kann nur dann bestellt **321** werden, wenn die Geltendmachung von Rechten des Betroffenen gegenüber seinem Bevollmächtigten in Frage kommt (Erforderlichkeitsgrundsatz; OLG München FamRZ 2009, 1437 [1438]). Das setzt nicht nur das Bestehen einer wirksam erteilten Vollmacht voraus (BayObLGZ 1993, 236 = FamRZ 1993, 1249 = MDR 1993, 872; BayObLG FamRZ 1996, 1370 [1371]; OLG Schleswig Rpfleger 2003, 245 = OLG Rp 2003, 159 = R & P 2003, 103 mAnm MARSCHNER; OLG München FamRZ 2007, 582 [583]; OLG München FamRZ 2009, 1437 [1438]), sondern auch eine gewisse Wahrscheinlichkeit von Ansprüchen und Rechten gegenüber dem Bevollmächtigten, die der Vollmachtgeber selbst aus einem der in Abs 1 genannten Gründe nicht mehr geltend machen kann (LG München I FamRZ 1998, 923); auch ist davon die Rede, dass der Betroffene nicht in der Lage ist, den Bevollmächtigten hinreichend selbst zu überwachen (BayObLG FamRZ 1994, 1550; OLG München FamRZ 2007, 582 [583]; OLG München FamRZ 2009, 1437 [1438]), insbesondere die Vollmacht nicht mehr selbst widerrufen kann (LG Wiesbaden FamRZ 1994, 778). Ist die Vollmacht bereits widerrufen, ist ein Betreuer zur Geltendmachung von Rechten aus dem der inzwischen erloschenen Vollmacht zugrundeliegenden Rechtsverhältnis nach Abs 3 zu bestellen, weil der dort formulierte Aufgabenkreis dies umfasst. Insoweit liegt es hier anders als in den Fällen, in denen Rechte aus einem vollmachtlosen Vertreterhandeln geltend gemacht werden sollen. Die Prüfung des Gerichts erstreckt sich dementsprechend auf das Bestehen oder Nichtbestehen der Vollmacht. Insoweit bezieht sich die Gültigkeitskontrolle nicht nur auf die Einhaltung von Vorschriften über die Form der Vollmacht, sondern auch auf die inhaltliche Gestaltung und den Bestand der Vollmacht. Wurde eine Vorsorgevollmacht nicht nur in Vermögensangelegenheiten, sondern auch für weitere Bereiche erteilt, kann eine nur im Vermögensbereich erforderliche Kontrollbetreuung entsprechend beschränkt werden (OLG München FamRZ 2009, 1437). Eine darüber hinausgehende Prüfung, zB hinsichtlich der Abdeckung des Fürsorgebedürfnisses durch Bevollmächtigung, kann zwar geboten sein (weitergehend MünchKomm/SCHWAB Rn 248), obliegt aber nicht mehr dem für die Betreuerbestellung nach Abs 3 zuständigen Gericht. Mit einer Kontrollbetreuung kann im Falle einer wirksam erteilten Vorsorgevollmacht auch für eine Kontrolle des Bevollmächtigten gesorgt werden, wenn diesem die Entscheidung über die Durchführung von Maßnahmen i S von § 1904 Abs 1 S 1, Abs 2 übertragen ist (BGH FamRZ 2016, 1671 mAnm DODEGGE, Rn 33).

Die von einem Betreuungsgericht beschlossene Bestellung eines Betreuers mit dem Aufgabenkreis des Abs 3 zur „Kontrolle der Vermögensverwaltung" des bereits bestellten Betreuers beruht offensichtlich auf einer fehlerhaften Anwendung der Vorschrift.

Für die Bestellung eines Betreuers nach Abs 3 gelten im Übrigen die allgemeinen **322** sachlichen Voraussetzungen für die Bestellung eines Betreuers (Abs 1 bis 2). Deshalb ist es erforderlich, dass das Gericht das Unvermögen des Betroffenen zu gebotener Kontrolle des Bevollmächtigten wegen seiner psychischen Erkrankung feststellt (BayObLG FamRZ 1999, 1302; OLG München FamRZ 2009, 1437 [1438]). Gegen den freien Willen des Volljährigen darf auch ein Kontrollbetreuer nicht bestellt werden (BGH FamRZ 2016, 456 = FamRB 2016, 107). Hat der Vollmachtgeber (im Innenverhältnis) die Vorsorgevollmacht gerade für den Fall bestellt, dass er seine Angelegenheiten nicht mehr selbst regeln kann, kann das Bedürfnis für eine Kontrollbetreuung nicht allein mit diesem Unvermögen begründet werden, sodass weitere Umstände hinzutreten müssen, die die Errichtung einer Kontrollbetreuung erforderlich machen (BGH FamRZ 2015, 2162 = NJW 2015, 3575 Rn 11; NJW 2014, 3237, 3238 = FGPrax 2014, 250, 251 = FamRZ 2014, 1693; FamRZ 2012, 871 [872] = Rpfleger 2012, 437; NJW 2012, 2885 = MDR 2012, 1093; FamRZ 2011, 1047 [1048] mAnm Renner, 1048 = NJW 2011, 2137 = Rpfleger 2011, 433). Notwendig ist der konkrete, dh durch hinreichende tatsächliche Anhaltspunkte untermauerte Verdacht, dass mit der Vollmacht dem Betreuungsbedarf nicht Genüge getan wird (BGH FamRZ 2016, 456 Rn 21; FamRZ 2015, 2162 = DNotZ 2016, 52; FamRZ 2014, 1693; FamRZ 2012, 871 = Rpfleger 2012, 437; NJW 2012, 2885 = MDR 2012, 1093). Es kommt nicht entscheidend darauf an, dass ein Missbrauch der Vollmacht oder ein dahingehender Verdacht besteht; es genügt, dass die zu besorgenden Geschäfte von besonderer Schwierigkeit und/oder von besonderem Umfang sind (OLG München FamRZ 2007, 582 mAnm Schwab = NJW-RR 2007, 294; BGH FamRZ 2016, 456; 2015, 2162). Bei sog Überforderung des Bevollmächtigten reicht die Bestellung eines Kontrollbetreuers nicht aus (Bienwald RpflStud 2016, 126).

Ausreichend sind konkrete Anhaltspunkte dafür, dass der Bevollmächtigte nicht mehr entsprechend der Vereinbarung und dem Interesse des Vollmachtgebers handelt (BGH FamRZ 2015, 2162 = NJW 2015, 3575; FamRZ 2011, 1047 = NJW 2011, 2137; FamRZ 2014, 1693 = NJW 2014, 3237 = FGPrax 2014, 250). Zur Kontrollbetreuung bei Verdacht eigenmächtiger Verwendung von 7000 Euro BGH FamRZ 2015, 2162 = NJW 2015, 3575. Eine inhaltliche Kontrolle der Vollmacht (iS einer Kritik an den vom Vollmachtgeber getroffenen Bestimmungen) steht dem Gericht nicht zu. Erweckt ein Bevollmächtigter erhebliche Zweifel an seiner Redlichkeit und kann die dadurch bedingte Vermögensgefährdung durch eine Vollmachtüberwachungsbetreuung nicht ausreichend abgewendet werden, so kann (und muss ggf) ein Vollbetreuer bestellt werden (BayObLG FamRZ 2001, 1402 = BtPrax 2001, 163 = OLGRp 2001, 87; BayObLGZ 2003, 106 = FamRZ 2003, 1219 = FGPrax 2003, 171 = Rpfleger 2003, 424; BGH FamRZ 2011, 964). Zu den Voraussetzungen einer Kontrollbetreuung, wenn eine Generalvollmacht wirksam erteilt wurde, BGH FamRZ 2012, 871 = Rpfleger 2012, 437 (im Anschluss an BGH FamRZ 2011, 1047 mAnm Renner, 1048 = MDR 2011, 789; s auch BGH FamRZ 2012, 1631). Hat ein Bevollmächtigter in eigener Sache bei der Abgabe der eidesstattlichen Versicherung falsche Angaben zu seinen wirtschaftlichen Verhältnissen und zu seinem Aufenthaltsort gemacht und beantwortet er die ihm gestellten Fragen nach Einkünften, Forderungen und Gutachten wahrheitswidrig, erweist er sich als für die übernommene Verwaltung fremden Vermögens ungeeignet. In diesem Fall soll die Bestellung eines Kontrollbetreuers gerechtfertigt sein (OLG Köln FamRZ 2009, 1517 [LS]). Das kann nur zu dem Zweck und mit dem Ziel geschehen, den Bevollmächtigten aus seinem Amt zu entlassen. Denn die Bestellung eines Betreuers mit dem Aufgabenkreis des Abs 3 hat nicht das Ziel, den „Kontroll" Betreuer die Aufgaben wahrnehmen zu lassen, zu denen der Bevollmächtigte die erforderliche Verlässlichkeit vermissen lässt.

Hat der Betroffene einer ihm bekannten Person seine Geldkarte ausgehändigt, **323** damit diese davon für ihn Besorgungen bestreitet, weil er selbst sich dazu nicht mehr in der Lage sieht, kann die Bestellung eines Betreuers mit dem Aufgabenkreis des Abs 3 in Betracht kommen, wenn die nicht unerheblichen monatlichen Einkünfte des Betroffenen jeweils am Monatsende vollständig verbraucht sind, eine Abrechnung nicht erfolgt und deshalb die Annahme naheliegt, die bevollmächtigte Person werde sich in einem nicht mehr vertretbaren Maß „Aufwendungsersatz und Vergütung bewilligen". Wurde eine Generalvollmacht erteilt, kann die Bestellung eines Vollmachtbetreuers dann erforderlich sein, wenn ein konkreter Überwachungsbedarf besteht und der Betroffene seinen Anspruch auf Auskunft und Rechnungslegung gem § 666 BGB gegenüber dem Bevollmächtigten aufgrund seiner psychischen Erkrankung nicht mehr selbst wahrnehmen kann (LG München I FamRZ 1998, 700 = BtPrax 1998, 117; es handelte sich um sehr weitreichende Vollmachten). Unter Hinweis darauf, dass das Sozialamt Ansprüche eines Sozialhilfeempfängers selbst durch Überleitung gem §§ 93 ff SGB XII verfolgen könne, die deshalb ihm nicht unmittelbar zugutekommen würden, hat die Kammer in einer anderen Sache (FamRZ 1998, 923) die Bestellung eines Betreuers nach Abs 3 allein zur Geltendmachung dieser gegenüber der bevollmächtigten Ehefrau uU bestehenden Ansprüche abgelehnt.

Hat der Vollmachtgeber mehreren Personen – jeder für sich – gleichrangige Gene- **324** ralvollmacht (Solidarvollmacht) erteilt, so ist mangels abweichender Bestimmungen keiner der Bevollmächtigten befugt, die Vollmacht des anderen zu widerrufen. Das gilt grundsätzlich auch für den Fall, dass der Vollmachtgeber mangels Geschäftsfähigkeit nicht mehr in der Lage ist, selbst über den Vollmachtwiderruf zu entscheiden. In diesem Fall ist die Bestellung eines Betreuers mit dem Aufgabenkreis des Abs 3 entgegen der ursprünglichen Absicht des Vollmachtgebers, jegliche Betreuerbestellung zu vermeiden, erforderlich (OLG KARLSRUHE FamRZ 2010, 1762 [1763]). Zum Betreuer mit dem Aufgabenkreis des Abs 3 im Einzelnen auch BIENWALD Rpfleger 1998, 231.

Nach Auffassung des BGH kann ein Betreuer, auch der nach Abs 3 bestellte sog **325** Kontrollbetreuer eine Vorsorgevollmacht nur widerrufen, wenn ihm diese Befugnis als eigenständiger Aufgabenkreis ausdrücklich zugewiesen worden ist. Dieser Aufgabenkreis dürfe ihm aber nur dann übertragen werden, wenn das Festhalten an der erteilten Vorsorgevollmacht eine künftige Verletzung des Wohls des Betroffenen mit hinreichender Wahrscheinlichkeit und in erheblicher Schwere befürchten lässt und mildere Mittel zur Abwehr eines Schadens für den Betroffenen nicht geeignet erscheinen (BGHZ 206, 321 = FamRZ 2015, 1702 mAnm ZIMMERMANN = Rpfleger 2015, 704 [LS] mAnm BESTELMEYER = NJW 2015, 3572; BGH FamRZ 2016, 117, 119; FamRZ 2016, 1670, 1671).

Widerruft der zur Geltendmachung von Rechten des Vollmachtgebers gegenüber seinem/seinen Bevollmächtigten bestellte und ausdrücklich mit dem Aufgabenkreis des Widerrufs erteilter Vollmachten ausgestattete „Kontroll"betreuer die Vollmacht(en), hat sich die Aufgabe des Vollmachtkontrollbetreuers entgegen BVerfG (FamRZ 2008, 2260 [2261] = BtPrax 2009, 27) nicht erledigt (BIENWALD, in der Anm zu dieser Entscheidung in FamRZ 2008, 2262), sodass für ein Rechtsmittel gegen die Bestellung des Betreuers nach Abs 3 Raum ist. Verfassungsrechtliche Bedenken gegen die Bestellung eines Vollmachtbetreuers und speziell gegen dessen Ermächtigung, die Vollmacht(en) zu widerrufen und/oder das dieser(n) zugrundeliegende Rechtsverhältnis zu kündigen, die das BVerfG in der genannten Entscheidung angedeutet hat, wurden bisher nicht konkretisiert. Im Schrifttum wurden derartige Bedenken bisher, soweit ersichtlich, nicht geäußert.

326 Dass der Vollmachtgeber für den Fall einer späteren Bestellung eines Betreuers nach Abs 3 verbindliche Wünsche hinsichtlich der Voraussetzungen dieser Bestellung äußern kann, wird in Frage gestellt (SCHWAB in Anm zu OLG München FamRZ 2007, 582 [584]; MÜLLER ZFE 2008, 50 [52]); brauchte aber in der kritisierten Entscheidung des (OLG München FamRZ 2007, 582) nicht entschieden zu werden. Angesichts der erst durch die verschiedenen Gerichtsentscheidungen ermittelten (weiteren) Voraussetzungen der Bestellung eines Vollmachtkontrollbetreuers stellt es nach diesseitiger Auffassung keine Einschränkung der Tatbestandsvoraussetzungen des Abs 3 dar, wenn der Vollmachtgeber einen bestimmten Sachverhalt als Voraussetzung der Bestellung formuliert. Wird einem Betroffenen gestattet, für die Zukunft zu bestimmen, welche medizinischen Maßnahmen zu unterlassen sind (§ 1901a BGB), kann auch die Anordnung in der Vorsorgevollmacht, eine Betreuerbestellung nach § 1896 Abs 3 zu unterlassen, der betroffenen Person nicht verwehrt werden. Es handelt sich um die Vorwegnahme einer Ablehnung gemäß Abs 1a (aA Münch Komm/SCHWAB Rn 257).

327 Sowohl die für den nach Abs 3 bestellten oder zu bestellenden Betreuer gebräuchlichen Bezeichnungen als auch der Wortlaut der Vorschrift greifen zu kurz. Die Aufgabe des danach bestellten Betreuers kann und darf nicht auf eine Kontroll- oder Überwachungsfunktion reduziert werden. Ebenso wie der Vollmachtgeber seine Rechte und Ansprüche aus dem der Bevollmächtigung zugrunde liegenden Auftrags-/Geschäftsbesorgungsverhältnis geltend machen und ggf auf dem Rechtsweg durchsetzen (lassen) kann, die sich daraus ergeben, dass der Bevollmächtigte seinen Verpflichtungen nicht vertragsgemäß nachkommt, benötigt der Bevollmächtigte seinerseits, um seine Pflichten (§§ 665 S 2, 666 HS 1, 667 BGB) ordnungsgemäß erfüllen zu können, ein Gegenüber, dass die von ihm (ohne Aufforderung oder gerichtliche Geltendmachung) erbrachten Leistungen kompetent entgegennimmt. Im Gesetzgebungsverfahren wurde dieser Aspekt offensichtlich übersehen (BT-Drucks 11/4528, 123). Der Betroffene, der zur Geltendmachung von Rechten gegenüber seinem Bevollmächtigten die Bestellung eines Betreuers mit dem Aufgabenkreis des Abs 3 benötigen kann, benötigt bereits zu einem früheren Zeitpunkt, nämlich sobald er nicht mehr in der Lage ist, die Leistungen des Bevollmächtigten abzunehmen und den Bevollmächtigten entsprechend zu entlasten, einen Betreuer. Wer für diese Angelegenheiten den Betreuer mit dem Aufgabenkreis des Abs 3 nicht für ausreichend legitimiert hält, weil er den Wortlaut der Vorschrift insoweit nicht für auslegungsfähig hält, muss die Bestellung eines Regelbetreuers gemäß Abs 1 und 2 mit einem entsprechend formulierten Aufgabenkreis befürworten. Bei den vom Bevollmächtigten nach den gesetzlichen Bestimmungen zu erbringenden Leistungen handelt es sich um die Nachrichtengebung und die Rechenschaftslegung (§ 666 BGB), ferner die Benachrichtigungspflicht vor dem Abweichen bestehender Weisungen (§ 665 BGB). Ohne einen entsprechend bestellten Betreuer könnte der Vollmachtgeber auf die Anzeige hin keinen eigenen Entschluss fassen. Können die Pflichten aus § 666 dem Bevollmächtigten erlassen werden (STAUDINGER/MARTINEK/OMLOR [2017] § 666

Rn 18), werden abweichende Regelungen zu § 665 übereinstimmend nicht zugelassen.

Ansprüche, die dem Vollmachtgeber gegenüber Dritten bestehen, fallen nicht unter **328** den in Abs 3 vorformulierten Aufgabenkreis. Ebensowenig kann der Kontroll- oder Überwachungsbetreuers Auskünfte von der Bank oder einem anderen Geldinstitut verlangen, auf dem Gelder oder Wertsachen des Vollmachtgebers deponiert sind. Insoweit dem Kontroll- oder Überwachungsbetreuer, sofern er überhaupt bestellt worden sein sollte (die Rechtsprechung geht damit sehr restriktiv um), derartige Aufgaben zusätzlich übertragen werden, handelt es sich nicht mehr um die Geltendmachung der Rechte und Ansprüche aus dem Auftrags- oder Geschäftsbesorgungsverhältnis, sondern um eine Regelbetreuung nach Abs 1 und 2. Hinsichtlich der Folgen des Widerrufs der Vorsorgevollmacht ist deshalb zu unterscheiden, wer die Vollmacht widerruft. Der Vollmachtwiderruf durch den nach § 1896 Abs 3 bestellten Kontroll- oder Überwachungsbetreuer verschafft diesem nicht automatisch die Befugnis und die Rechtsstellung, die Angelegenheiten des Betroffenen, für die der Bevollmächtigte nicht mehr zuständig ist, zu besorgen. Anders liegt es, wenn ein nach § 1896 Abs 1, 2 bestellter Betreuer die Vollmacht widerruft und sein Aufgabenkreis für die Besorgung der Angelegenheiten des Betroffenen (Vollmachtgebers) ausreicht.

Zur Bedeutung der Bestellung eines Kontrollbetreuers unter ausdrücklicher Zuweisung der Befugnis zum Widerruf erteilter Vollmachten als gewichtigen Eingriff in das Selbstbestimmungsrecht des Vollmachtgebers BVerfG FamRZ 2008, 2260 mAnm BIENWALD, 2262 = FamFB 2009, 115.

Zuständig für die Entscheidung ist der **Rechtspfleger** (§§ 3 Nr 2b, 15 Abs 1 S 2 **329** RPflG), soweit sich der Aufgabenkreis des Betreuers im Rahmen des Abs 3 bewegt. Ob das auch gilt, wenn dem Kontrollbetreuer der Aufgabenkreis des Vollmachtwiderrufs zugewiesen werden soll, oder wegen des besonderen Gewichts des Grundrechtseingriffs und zur Wahrung der in Art 19 Abs 4 GG statuierten Rechtsweggarantien dem Richter vorbehalten ist, hat der BGH in seiner Entscheidung BGHZ 206, 321 (FamRZ 2015, 1702 mAnm ZIMMERMANN = NJW 2015, 3572) ausdrücklich offen gelassen (Rn 22). Besteht die Notwendigkeit, dem Vollmachtgeber nicht nur einen Betreuer mit dem Aufgabenkreis des Abs 3 zu bestellen, sondern einen Einwilligungsvorbehalt anzuordnen, obliegt diese Entscheidung dem Richter (Vorbehalt gem § 15 Abs 1 Nr 4 RPflG). Wird die Anordnung zu einem späteren Zeitpunkt getroffen, bleibt es bei den vorgesehenen Zuständigkeiten. Soll der Einwilligungsvorbehalt sogleich mit der Betreuerbestellung angeordnet werden, kann beides vom Richter vorgenommen werden, weil eine getrennte Bearbeitung der beiden Verfahren nicht sachdienlich wäre (§ 6 RPflG). Der Rechtspfleger ist regelmäßig auch zuständig für die Folgeentscheidungen, dh für die Aufhebung oder Verlängerung der Betreuung, soweit dadurch nicht der Rahmen des Abs 3 überschritten wird (offenbar für Nachfolgeentscheidungen unbegrenzt MünchKomm/SCHWAB Rn 267). Ist der Betreute über den Aufgabenkreis des Abs 3 hinaus betreuungsbedürftig, entscheidet der Richter, weil es sich dann um eine Betreuerbestellung nach den allgemeinen Bestimmungen der Abs 1 und 2 handelt. In der Praxis scheint die Abgrenzung und Einhaltung der Zuständigkeiten nicht immer zu funktionieren. Nicht selten ziehen die Richter die Verfahren, in denen eine Betreuerbestellung nach § 1896 Abs 3 angeregt oder in Betracht gezogen wird, an sich, wohl um die eigene Auffassung durchzusetzen.

330 Für das einzuhaltende Verfahren gibt es keine Sonderregelungen mit Ausnahme des Nachweises der Notwendigkeit der Betreuung. Hierfür kann in den Fällen des Abs 3 ein ärztliches Zeugnis ausreichen (§ 281 Abs 1 Nr 2 FamFG). Während für die Erstattung eines Gutachtens nach § 280 FamFG trotz der Einschränkung durch Abs 1 S 2 (der Sachverständige soll Arzt für Psychiatrie oder Arzt mit Erfahrung auf dem Gebiet der Psychiatrie sein) auch eine andere Profession als die eines Arztes in Betracht käme, muss das ärztliche Attest von einem approbierten Arzt erteilt sein. Dieser hat darüber Auskunft zu geben, dass der Betroffene krankheits- oder behinderungsbedingt außerstande ist, die ihm zustehenden Rechte und An- sprüche gegenüber seinem Bevollmächtigten geltend zu machen. Durch die Inan- spruchnahme eines vorhandenen Gutachtens des Medizinischen Dienstes der Kran- kenversicherung lässt sich das ärztliche Attest nicht ersetzen (§ 282 FamFG). Beruht das Unvermögen des Vollmachtgebers ausschließlich in einer mangelnden Durch- setzungsfähigkeit, bestünde aber noch die Möglichkeit, mit der Geltendmachung der Rechte und Ansprüche einen weiteren Bevollmächtigten zu beauftragen, besteht allein wegen des Mangels an Durchsetzungsvermögen kein Bedürfnis für die Be- stellung eines Kontroll- oder Überwachungsbetreuers.

331 Das ärztliche Zeugnis (gegebenenfalls das Gutachten) hat sich auch über die vor- aussichtliche Dauer der Betreuerbestellung zu äußern. Die Bestellung eines Sach- verständigen ist nach § 26 FamFG geboten, wenn das ärztliche Zeugnis nicht aus- reicht. Auch die Unterstützung der zuständigen Behörde (§ 8 BtBG) kann und sollte das Gericht in Anspruch nehmen. Um zu vermeiden, dass die Behörde ihre Ermitt- lungen auf die Gesamtsituation des Betroffenen und seines sozialen Umfeldes ohne Grund ausdehnt, sollte das Gericht seine Bitte um Unterstützung gemäß § 8 BtBG präzise formulieren und damit genau den Rahmen und Umfang der notwendigen Sachverhaltsfeststellungen vorgeben (JURGELEIT/KANIA/LANGHOLF/SCHMIDT [2. Aufl] § 8 BtBG Rn 3). Für die Beurteilung der Wirksamkeit der Vollmachterteilung kann es geboten sein, ein Sachverständigengutachten zur Frage der Geschäftsfähigkeit des Vollmachtgebers zum damaligen Zeitpunkt einzuholen (BayObLG FamRZ 1994, 1550, 1551; FamRZ 1993, 1249); uU auch zu Fragen eines (wirksamen) Widerrufs der Voll- macht.

332 Soll einem **körperlich Behinderten** ein Vollmachtbetreuer (Abs 3) bestellt werden, ist ein entsprechender **Antrag** erforderlich. Ohne Antrag wäre die Betreuerbestellung unzulässig, es sei denn, dass der Betroffene außerstande ist, seinen Willen kundzutun (Abs 1 S 3).

333 Ein Betreuer nach Abs 3 kann auch als **vorläufiger Betreuer** durch einstweilige Anordnung bestellt werden, wenn die Voraussetzungen des § 300 FamFG vorliegen. Mitteilungen an andere öffentliche Stellen wird das Gericht idR nicht zu geben haben, weil diese Betreuerbestellung in die Rechte des Betroffenen nur insoweit eingreift, als der Betreuer den Betreuten in der Geltendmachung seiner Rechte vertritt, der Betreute aber im Übrigen seine Angelegenheiten (ggf durch einen Bevollmächtigten) selbst besorgt. Wäre eine erhebliche Gefahr für das Wohl des Betroffenen, für Dritte oder für die öffentliche Sicherheit abzuwenden (§ 308

FamFG), dürfte sich das betreuungsgerichtliche Handeln nicht auf die Bestellung eines Betreuers nach Abs 3 beschränken.

Im Falle des (Weiter-)Bestehens **anderer Vollmachten**, – nicht (Vorsorge-)Vollmach- **334** ten, die vom Betroffenen herrühren – kommt die Bestellung eines Vollmacht- (Kontroll- oder Überwachungs-, auch Auftrags-)Betreuers gemäß Abs 3 nicht in Betracht. Ob solche Vollmachten von dem Betreuer beachtet werden müssen, ob sie wirksam oder erloschen sind und ob der Betreuer zum Widerruf berechtigt ist, bestimmt sich nach allgemeinen Vorschriften. Hat zB der überlebende Elternteil eines behinderten Menschen, dem später ein Betreuer bestellt wird, vor seinem Tod Vollmachten erteilt, sind diese von dem Betreuer grundsätzlich als für ihn bindend hinzunehmen.

6. Folgen der Vollmachtbetreuerbestellung

Die Bestellung eines Betreuers nach Abs 3 markiert die Nahtstelle der im Betreu- **335** ungsgesetz zugelassenen und bestätigten Prinzipien der Wahrnehmung der Angelegenheiten des Betreuten: Selbstbestimmung und Fremdbestimmung. Die Erörterung dieser Form von Betreuung hat deshalb sowohl bei der Vollmacht als auch bei der Betreuung ihren Platz. Der Betreuer des Abs 3 ist **keine mindere Form** des nach Abs 1 und 2 bestellten Betreuers, wenngleich sein Aufgabenkreis begrenzt ist (angesichts der im Gesetz vorgegebenen Formulierung kann sich eine Erweiterung oder Beschränkung des Aufgabenkreises [s dazu MünchKomm/SCHWAB 244] nur auf die Quantität, nicht auf die Qualität dieses Aufgabenkreises erstrecken). Erhält der Betreuer des Abs 3 weitere, über den Inhalt des Aufgabenkreises des Abs 3 hinausgehende Aufgaben zugewiesen (JÜRGENS [Hrsg], Betreuungsrecht [4. Aufl 2010] § 1896 Rn 37 aE), handelt es sich nicht um eine Erweiterung des Aufgabenkreises, sondern um eine Neubestellung derselben Person, jedoch in einer anderen Rolle.

Die Bestellung des Vollmachtbetreuers setzt andererseits selbstbestimmtes Handeln, **336** nämlich die Bevollmächtigung, voraus. Sie sichert und schützt die Selbstbestimmung, indem sie den Betreuten nicht zum Opfer unkontrollierter Ausübung der dem Bevollmächtigten verliehenen Macht werden lässt. Der nach Abs 3 bestellte Betreuer ist **echter Betreuer** (LG Koblenz FamRZ 2011, 1329 [LS]). Lautet der Aufgabenkreis „Geltendmachung der Rechte des Vollmachtgebers", stehen ihm sämtliche Rechte des Betreuten aus der Bevollmächtigung und dem ihr zugrundeliegenden Rechtsverhältnis zur Betreuung zu mit Ausnahme solcher Rechte und Ansprüche, die auf einem verwandtschaftlichen Verhältnis zwischen Vollmachtgeber und Bevollmächtigtem beruhen. Seine Rechtsstellung ist die eines (gesetzlichen) Vertreters und umfasst die gerichtliche und die außergerichtliche Vertretung (§ 1902 BGB).

Zu seinem Aufgabenkreis gehört damit die Geltendmachung des Rechts auf Aus- **337** kunft und Rechenschaft (§ 666 BGB), die Erteilung von Weisungen (§ 665 BGB), das Herausverlangen von Sachen, die zur Ausführung des Auftrags weggegeben worden sind (§ 667 BGB) bzw entsprechende Ansprüche, wenn das zugrunde liegende Rechtsverhältnis nicht ein Auftrag ist. In Betracht kommt ferner die Entgegennahme von Informationen (BÜHLER BWNotZ 1990, 1, 2), die Geltendmachung von Erfüllungs- (Erstellung einer Bilanz oä) und von Ersatzansprüchen (Schadensersatz bei Vertragsverletzungen), auch der Widerruf der Vollmacht und die Kündigung des der Bevollmächtigung zugrundeliegenden Rechtsverhältnisses, sofern dies vertraglich oder gerichtlich zugelassen ist (BayObLG FamRZ 1994, 1550: regelmäßig). Die Befugnis zum **Widerruf** einer Vorsorgevollmacht muss dem Betreuer als **eigenständige Aufgabe** ausdrücklich zugewiesen werden, und zwar nur dann, wenn das Festhalten an der erteilten Vorsorgevollmacht eine künftige Verletzung des Wohls des Betroffenen mit hinreichender Wahrscheinlichkeit und in erheblicher Schwere befürchten lässt und mildere Maßnahmen nicht zur Abwehr eines Schadens für den Betroffenen geeignet erscheinen (BGHZ 206, 321, 330, 331 = FamRZ 2015, 1702 mAnm ZIMMERMANN 1705; BGH FamRZ 2016, 117 Rn 16; BGH 2016, 1670 Rn 13). Eine früher geäußerte Absicht, die Vorsorgevollmacht zu widerrufen, rechtfertigt nicht die gerichtliche Erweiterung des Aufgabenkreises des Kontrollbetreuers (BGH 2016, 1670 Rn 16).

Zu den Aufgaben des Betreuers mit dem Aufgabenkreis des Abs 3 gehört auch die Verteidigung des Betreuten (Vollmachtgebers) gegenüber Rechten und Ansprüchen, die der Bevollmächtigte ihm gegenüber geltend macht. Ein Recht, von Banken Auskünfte über Kontenbewegungen und Kontenstände einzuholen und zu erhalten, hat der Vollmachtbetreuer nicht. Erhält er diese auf (rechtmäßiges) Verlangen nicht von dem Bevollmächtigten, bleibt ihm ggf nur der Rechtsweg, um die erbetenen und für die Führung der Betreuung erforderlichen Auskünfte zu erhalten.

338 Konnte die tatsächliche Führung der Kontrollbetreuung je nach Umfang der Vollmacht und Ausführung des Auftrags mehr oder minder umfangreich sein, gewinnt das Amt des Vollmachtbetreuers (Abs 3) durch die Ausweitung möglicher Vollmachtinhalte (vgl §§ 1904, 1906 BGB) eine neue Dimension. Wird der Vollmachtbetreuer auch nicht unmittelbar zur Kontrolle der Einholung etwa notwendiger betreuungsgerichtlicher Genehmigungen verpflichtet, so kann diese Aufgabe sich aber aus dem der Bevollmächtigung zugrunde liegenden Rechtsverhältnis ergeben. Man wird hier unterstellen dürfen, dass die Bevollmächtigung die stillschweigende Vereinbarung enthält, die erforderlichen Genehmigungen einzuholen (ähnlich den für andere Rechtsgeschäfte notwendigen behördlichen Erlaubnissen usw), sodass dem Betroffenen ein schuldrechtlicher Anspruch darauf zusteht, an dessen Erfüllung und Einhaltung der Vollmachtbetreuer „erinnern" darf. Es lässt sich im Übrigen auch vorstellen, dass der Vollmachtgeber hinsichtlich der Auftragserfüllung im Bereich von Geld- und Vermögensverwaltung überwachungsfähig ist, nicht dagegen, was die Wahrnehmung des Auftrags in Personensorgeangelegenheiten anbetrifft.

339 Erstreckt sich die Vollmacht auf Angelegenheiten des § 1904 und/oder § 1906, wird sogar die **Bestellung eines Vollmachtbetreuers die Regel** sein müssen, weil andernfalls die Risikolage bei Angelegenheiten des § 1904 als auch die Ausnahmesituation des § 1906 Abs 1 und erst recht die physische und psychische Verfassung des Betroffenen im Falle von § 1906 Abs 4 dafür sprechen, dass der Betroffene zur Kontrolle seines Bevollmächtigten in der Wahrnehmung dieser Angelegenheiten nicht in der Lage ist (krit ERMAN/HOLZHAUER § 1896 Rn 46).

340 Das Gericht, das über die Bestellung eines Vollmachtbetreuers in einem solchen Falle (Entscheidungszuständigkeit in Personensorgerechtsangelegenheiten) zu befinden hat, wird dabei zu berücksichtigen haben, dass eine soziale Kontrolle des Bevollmächtigten (zB durch Angehörige des Vollmachtgebers) im finanziell-wirt-

schaftlichen Bereich intensiver und anders motiviert vorausgesetzt werden darf als in Angelegenheiten der Personensorge, sodass hier, parallel zur Genehmigungsbedürftigkeit der Entscheidungen nach §§ 1904, 1906, dem Gericht eine stärkere Überwachungsrolle zukommt.

Widerruft der Vollmachtbetreuer aufgrund seines Aufgabenkreises die Vollmacht, **341** oftmals zu schnell, endet damit nicht seine Aufgabe mit der Begründung, dass er damit die Grundlage seiner Bestellung beseitigt habe (so BVerfG FamRZ 2008, 2260 m abl Anm Bienwald = BtPrax 2009, 27). Denn nach dem Aufgabenkreis hat er die Ansprüche des Vollmachtgebers gegenüber dem Bevollmächtigten wahrzunehmen, die jedoch zum Teil erst mit der Beendigung der Rechtsbeziehung zwischen den beiden Seiten entstehen (zB Rechenschaftslegung nach Auftragsende gem § 666 BGB).

Wird die Vollmacht widerrufen und das Grundverhältnis aufgegeben, kann die **342** Bestellung des (Regel-)Betreuers erforderlich sein, der die bisher dem Bevollmächtigten übertragenen Angelegenheiten besorgt. In Betracht kommt die „Erweiterung" des Aufgabenkreises des nach Abs 3 bestellten Betreuers. Genau genommen wäre mit Beendigung der Aufgaben dieses Betreuers die Betreuung aufzuheben. Aus der Abwicklung der bisherigen Rechtsbeziehung können sich jedoch noch Ansprüche für den Vollmachtgeber ergeben, sodass eine Aufhebung verfrüht wäre. Zur Vermeidung von Unvereinbarkeiten zweier Ämter sollte ggf der Vollmachtbetreuer als solcher entlassen (wichtiger Grund, § 1908b Abs 1, 2. Alt BGB) und als Regelbetreuer nach Abs 1 und 2 bestellt werden. Entsprechende Informationspflichten ergeben sich für den Betreuer nach Abs 3 aus § 1901 Abs 5 BGB (Bühler BWNotZ 1990, 1, 2). Soweit nicht bereits ein Ersatzbevollmächtigter bestellt ist, wenn der bisherige stirbt oder geschäftsunfähig wird, ist ebenfalls das Betreuungsgericht zu benachrichtigen.

Dem Betreuer nach Abs 3 stehen die für jeden anderen Betreuer vorgesehenen **343** Rechte zu. Je nachdem, ob eine Privatperson, ein Mitarbeiter eines Vereins oder der zuständigen Behörde oder eine Institution bestellt wurde, ob der Betreuer ehrenamtlich tätig wird oder die Betreuung berufsmäßig geführt wird, bestehen Ansprüche aus §§ 1835 ff iVm § 1908i Abs 1 S 1 BGB einschl des VBVG. Der Betreuer nach Abs 3 unterliegt, soweit sein Aufgabenkreis reicht, der Aufsicht und Kontrolle des Betreuungsgerichts (§§ 1837 ff iVm § 1908i Abs 1 S 1 BGB). Hier besteht die Situation des früheren Rechts weiter, dass das bestellende auch das kontrollierende Gericht ist (Rechtspflegerzuständigkeit). Ob eine Rechnungslegungspflicht besteht, ist im Einzelfall zu prüfen. Eine generelle Verneinung einer solchen Pflicht (Münch Komm/Schwab Rn 241 mwNw) lässt außer Betracht, dass der Betreuer nach Abs 3 uU über Beträge abrechnen muss, die er zur Ausführung seines Amtes oder durch sie erhalten hat, und dass außerdem seiner Betreuung auch vermögenswerte Rechte und Ansprüche unterliegen können. Zweifellos hat er auf Verlangen Auskunft zu geben (§ 1839 iVm § 1908i Abs 1 S 1 BGB). Selbst eine dem Betreuungsauftrag angepasste Berichterstattung über die persönlichen Verhältnisse des Betreuten (§ 1840 Abs 1 iVm § 1908i Abs 1 S 1 BGB) kann geboten sein. Ein Vermögensverzeichnis (§ 1802 iVm § 1908i Abs 1 S 1 BGB) hat der nach Abs 3 bestellte Betreuer dagegen grundsätzlich nicht zu erstellen, weil sein Auftrag nicht darauf hinzielt. Aus Gründen der Gebührenfestsetzung (§ 92 KostO) kann es erforderlich sein, dass der

Vollmacht- oder Kontrollbetreuer über das Vermögen des Vollmachtgebers Auskunft zu geben hat, soweit er dazu imstande ist.

VII. Weitere andere Hilfen

344 Die Bestellung eines Betreuers ist ferner dann nicht erforderlich, wenn und soweit die Angelegenheiten des Betroffenen durch andere Hilfen, bei denen kein gesetzlicher Vertreter bestellt wird, ebenso gut wie durch einen Betreuer besorgt werden können. Betreuung ist in einem solchen Fall zwar erforderlich, sie muss aber in dem erforderlichen Maß nicht von einem Betreuer oder mehreren geleistet werden, weil andere Hilfen zur Verfügung stehen. Abs 2 S 2 enthält mithin den Grundsatz der Subsidiarität der staatlich organisierten und kontrollierten Hilfe gegenüber privater oder anderer Hilfe, die von privaten (Rechts-)Trägern geleistet wird. In erster Linie kommen Angehörige, Lebensgefährten, Nachbarn, Freunde oder Bekannte in Betracht, dann aber auch soziale Dienste, behördliche und freie soziale Arbeit uä. Solange auch Rechtsangelegenheiten auf diese Weise besorgt werden (können), bedarf es nicht der Betreuerbestellung nach § 1896 (vgl OLG Köln NJWE-FER 1998, 250; im Falle einer fast vollständig erblindeten Betroffenen OLGR Köln 2002, 45 = FamRB 2002, 143). Ob die nicht gerichtlich bestellten Primärhelfer gegenüber dem gerichtlich bestellten Sekundärhelfer (Betreuer) vorteilhaft sind, weil dem Betreuten kein gesetzlicher Vertreter bestellt wird, kann nur aus einer juristisch-formalen Sicht bejaht werden. Die anderen Hilfen können gegenüber dem Betroffenen eine weitaus größere **reale Macht** haben als der Betreuer, dessen Vertretungsmacht nur ein Instrument ist, mit dessen Hilfe er als für den Betreuten Tätiger akzeptiert wird. Solange die anderen Hilfen vom Rechtsverkehr akzeptiert werden, bedarf es – trotz fehlender Vollmachten – keiner förmlichen Legitimation als gerichtlich bestellter Betreuer.

345 Für diese Art von „Betreuung" sind grundsätzlich nur solche Angelegenheiten geeignet, für die ein gesetzlicher Vertreter nicht bestellt werden muss. Deshalb stellte der RegEntw zutreffend fest, dass eine tatsächliche Betreuungsbedürftigkeit des Betroffenen vielfach keine Betreuung nach bürgerlichem Recht erfordert (BT-Drucks 11/4528, 122). Sofern tatsächliche Handlungen durch einen anderen stellvertretend nur mit entsprechender Rechtsmacht versehen ausgeübt werden können, reichen die anderen Hilfen nicht, sodass ein Betreuer bestellt werden muss. Verbindliche Rechtshandlungen erfordern in aller Regel einen Betreuer nach §§ 1896 ff. Eine rein tatsächliche pflegerische Versorgung durch Angehörige, Bekannte usw stößt an ihre **Grenzen**, wenn der Betroffene außerstande ist, sich zur Frage ärztlicher Behandlung und ihrer Finanzierung uä zu äußern. Besteht in dieser Hinsicht der Eindruck, der Betroffene sei nicht einwilligungsfähig, brauchen uU auch Angehörige und andere Helfer – nicht allein aus Rechtsgründen (Mangel an Vollmacht), sondern um des Nachweises willen – eine gerichtliche Legitimation zur Abgabe entsprechender Erklärungen. Auf jeden Fall müssten sie sie haben, um eine erforderliche Einwilligung zu verweigern. Dass sich solche „anderen" Hilfen bewährt haben, wie der RegEntw feststellt (BT-Drucks 11/4528, 121), kann gar nicht bezweifelt werden, sieht man von Problemen, die nicht zu leugnen sind, ab. Nur ein Teil erforderlicher Betreuung wird über den Weg gerichtlich bestellter Funktionsträgerschaft geleistet.

Der Nachrang der Bestellung von Betreuern nach § 1896 ff endet dort, wo die **346**
Angelegenheiten eines Betroffenen durch solche Hilfen nicht ebenso gut wie durch
einen Betreuer besorgt werden können (BT-Drucks 11/4528, 122). Es kommt auch hier
auf einen **Qualitätsvergleich** an. Hinzukommt der unterschiedliche Organisations-
grad verwandtschaftlicher oder nachbarschaftlicher Hilfe und eine mangelnde Dich-
te in der Versorgung mit sozialen Diensten.

Nicht zu folgen ist der Auffassung des RegEntw (BT-Drucks 11/4528, 122), trotz vor- **347**
handener anderer Hilfen könne die Betreuerbestellung deshalb erforderlich werden,
weil andere Hilfen im Einzelfall uU deswegen nicht wirksam sind, weil der Betroffene zu einer erforderlichen Mitwirkung oder Zusammenarbeit nicht bereit oder in
der Lage ist. Ist das der Fall, muss ein Betreuer schon deshalb bestellt werden, weil
der Betroffene außerstande ist, rechtlich erforderliche Erklärungen abzugeben, und
ein anderer (ohne bevollmächtigt zu sein) dazu nicht befugt ist. Ein gerichtlich
bestellter Betreuer hat keine bessere Handhabe, eine tatsächliche Mitarbeit des
Betreuten zu erwirken, als den Ausweis der amtlichen Bestellung und der damit
verbundenen Entscheidungsmacht.

Verweigert sich der Betreute jeglicher Kooperation zwecks rechtlicher Betreuung, **348**
kann diese sich als undurchführbar erweisen und aufzuheben sein, während die
(rechtliche) Besorgung der Angelegenheiten der betroffenen Person durch eine
nicht amtlich bestellte „Betreuerin" insoweit erfolgreich sein kann. Entsprechende
Feststellungen lassen sich mit Unterstützung der Betreuungsbehörde oder eines
Betreuungsvereins treffen (krit zur sog Unbetreubarkeit Bienwald RpflStud 2015, 157).

Die Bestellung setzt nicht voraus, dass für jede einzelne Besorgung der Betreuer als **349**
gesetzlicher Vertreter benötigt wird. Letztlich dort, wo die Besorgung der Angelegenheiten des Betroffenen **generell keine gesetzliche** Vertretung erfordert, sind weiterhin andere Hilfen vorrangig (BT-Drucks 11/4528, 122). Vielfach sind andere Hilfen,
auch wenn sie ausreichen würden, nicht verfügbar oder noch nicht für den Betreuten
wirksam. Vielmehr kann es eine wichtige Arbeit des Betreuers sein, derartige „andere Hilfen" zu organisieren, zu finanzieren, zu kontrollieren und zu koordinieren.
Auch ein körperlich Behinderter kommt uU ohne einen gerichtlich bestellten Betreuer nicht aus, wenn es darum geht, solche Dienste für ihn zu mobilisieren. Es
kommt auf den Grad der Behinderung an, ob der Betroffene allein in der Lage ist,
Hilfe zu organisieren. „Gesetzliche" Betreuung, wie sie auch genannt wird, hat dann
vielfach den Charakter einer „Zwischenlösung" mit dem Ziel, sie nach einer gewissen Zeit wenn nicht ganz aufzuheben, so doch erheblich **einzuschränken.**

Rechtlich, aber insbesondere tatsächlich problematisch sind diejenigen Fälle, bei **350**
denen Angehörige jahrelang eine mehr oder minder umfassende Versorgung geleistet haben und Rechtshandlungen vornehmen konnten, weil der Behinderte es hingenommen und das soziale Umfeld es toleriert hat, in denen letztlich aber über den
Betroffenen „verfügt" worden ist. Vielfach kommt es zu Betreuungen iSd §§ 1896 ff
dann, wenn ein Helfer ausfällt oder andere Ereignisse (Erbschaft) eintreten, für die
das bisherige Versorgungssystem nicht mehr hinreicht. Die Problematik liegt vor
allem darin, dass die Bestellung eines außerfamiliären Helfers auf große Schwierigkeiten stößt (Akzeptanz), weil nunmehr „Kontrolle" durch Fremde ins Haus steht.
Um des Betroffenen willen lassen sich solche Konflikte nicht vermeiden, obwohl es

Werner Bienwald

andererseits oft kaum gelingt, solche **„Versorgungskartelle"** aufzubrechen, insbesondere dann nicht, wenn der Betroffene selbst nicht in der Lage ist, sich zu artikulieren und Wünsche zu äußern. Zu Einstellungen von Angehörigen und Betreuern zum Leben eines erwachsenen Menschen mit geistiger Behinderung in der Familie und im Heim vgl die Darstellung einer Untersuchung (aus Österreich) von KLÌCPERA/ GASTEIGER-KLÌCPERA, Geistige Behinderung (1998) 108.

351 Sowohl die Bevollmächtigung als auch sonstige andere Hilfen schließen eine Betreuerbestellung nach §§ 1896 ff grundsätzlich aus. Beides ist in Form eines negativen Tatbestandsmerkmals formuliert, sodass ein **Betreuer zu bestellen** ist, **wenn nicht** zur Gewissheit des Gerichts festgestellt wird, dass **andere ausreichende Hilfen** vorhanden sind. Das trifft jedenfalls für die von Amts wegen eingeleiteten Verfahren zu und entspricht der Fassung der Norm in Abs 1 und 2. Diese Regelung verstößt nicht gegen Art 1 und 2 GG, denn der Ausschluss einer Betreuerbestellung kommt erst dann in Betracht, wenn der Betreuungsbedarf nach Abs 1 festgestellt worden ist, dem auf andere Weise nicht begegnet werden kann.

352 Stellt der Betroffene einen Antrag auf Betreuerbestellung und ist ein Betreuer nicht von Amts wegen zu bestellen, ist der Antrag zurückzuweisen, wenn die Voraussetzungen nach Abs 1 nicht vorliegen. Trägt der Antragsteller Betreuungsbedarf vor, hat er im Rahmen seiner Fähigkeiten schlüssig darzulegen, dass der Bedarf auf andere Weise als durch Betreuerbestellung nicht gedeckt werden kann.

VIII. Zum Verfahren

1.   Einleitung des Verfahrens

353 Das Verfahren zur Bestellung eines Betreuers kommt entweder auf Antrag des Betroffenen oder von Amts wegen zustande. Den Antrag kann auch ein geschäftsunfähiger Betroffener stellen (Abs 1 S 2). Soweit der Betroffene lediglich aufgrund körperlicher Behinderung die eigenen Angelegenheiten nicht besorgen kann, darf das Gericht einen Betreuer nur auf Antrag des Betroffenen bestellen, es sei denn, dass dieser seinen Willen nicht kundtun kann (Abs 1 S 3). Die **Anregung** zu der Bestellung eines Betreuers bzw zur Einleitung des Verfahrens mit dem Ziel der Betreuerbestellung kann von jedermann ausgehen. Sie kann mündlich oder schriftlich erfolgen. Anregungen werden oft von Angehörigen, Krankenhäusern, sozialen und sozialpsychiatrischen Diensten, Altenheimen, Einrichtungen der Altenhilfe sowie Behörden (Sozialamt, Versicherungsanstalt), aber auch von Vermietern und Wohnungsverwaltungen gegeben (vgl SELLIN/ENGELS, Qualität, Aufgabenverteilung und Verfahrensaufwand bei rechtlicher Betreuung 57). Über die Aufnahme eines „Antrags" auf Bestellung eines Betreuers s den Beitrag v WENKER BtPrax 1993, 161. Die Einleitung des Betreuungsverfahrens durch das AmtsG ist keine beschwerdefähige Entscheidung iSd § 58 FamFG (zum bisherigen Recht des § 19 Abs 1 FGG BayObLG FamRZ 2001, 707 = FGPrax 2001, 78 mwNw). Ebensowenig ist die Ablehnung der Einstellung eines auf die Überprüfung der Betreuungsbedürftigkeit gerichteten Verfahrens vor dem Abschluss der für erforderlich gehaltenen Ermittlungen mit der Beschwerde anfechtbar (noch zu § 19 FGG OLG Frankfurt FamRZ 2008, 1477).

Das materielle Betreuungsrecht und das Verfahrensrecht enthalten keine die Einleitung und die Anfangsermittlungen regelnden Vorschriften. Nach § 26 FamFG hat das Gericht von Amts wegen die zur Feststellung der entscheidungserheblichen Tatsachen erforderlichen Ermittlungen durchzuführen. Über die Reihenfolge und den Umfang der anzustellenden Ermittlungen enthält die Vorschrift keine Vorgaben.

Das Gericht ist weder verpflichtet noch berechtigt, auch auf solche Anregungen mit der Einleitung von Ermittlungen zu reagieren, die keine Tatsachen enthalten, aus denen entnommen werden könnte, dass die betroffene Person ihre Angelegenheiten ganz oder teilweise nicht (mehr) besorgen kann. Berichte (uU aus dritter Hand oder anonym) über den Umgang in einer Familie oder die Sorge, eines Tages könne die betroffene Person die selbst gestellten Aufgaben (Pflege des Ehemannes) nicht mehr bewältigen, können zwar für den Allgemeinen Sozialdienst einer Kommune von Interesse und Anlass zu Unterstützungsangeboten sein, geben dem Betreuungsgericht aber keinen Anlass zur Einleitung von ersten Ermittlungsschritten (Ankündigung einer Anhörung; Beweisbeschluss mit Entwurf eines Gutachtenauftrags bereits mit konkret benannten Aufgabenkreisen!). Die Bestellung eines Betreuers betrifft einen persönlichen, äußerst sensiblen Bereich (BT-Drucks 11/4528, 89). Grundlose Aktivitäten des Betreuungsgerichts können deshalb Betroffene in ihren Grundrechten verletzen.

Sowohl für die Antragstellung als auch für die Anregung (Anzeige) einer Prüfung, ob ein Betreuer zu bestellen ist, sieht das Betreuungsrecht keine die Form und den Inhalt einzuhaltenden Vorschriften. Beantragt ein Betroffener die Bestellung eines Betreuers, hat das Gericht zu prüfen, ob es antragsgemäß entscheiden kann. Bevor es auf eine Anregung hin ein Verfahren einleitet und Ermittlungen durchführt, hat es zu prüfen, ob die Anzeige hinreichende Angaben enthält, aus denen hervorgeht, dass jemand seine Angelegenheiten ganz oder teilweise nicht besorgt oder besorgen kann. Eine Pflicht zur Sachverhaltsermittlung setzt erst dann ein, wenn hierfür ein ausreichender Anlass besteht (MünchKommFamFG/Ulrici[2] § 26 Rn 12 mwNw). Enthält zB eine Mitteilung an das Betreuungsgericht Hinweise, dass sich Angehörige untereinander beschimpfen und der familiäre Umgang zu wünschen übrig lässt, besteht kein Anlass, ein Verfahren zur Prüfung einzuleiten, ob ein Betreuer zu bestellen ist. Dafür müssen sich aus der Anzeige konkrete Hinweise dafür ergeben, dass die Bestellung eines Betreuers zur Besorgung von Angelegenheiten des Betroffenen in Betracht kommt und erforderlich sein kann.

Das Gericht kann unter bestimmten Voraussetzungen einen vorläufigen Betreuer durch einstweilige Anordnung bestellen (§ 300 FamFG), wobei bei gesteigerter Dringlichkeit bestimmte Verfahrenshandlungen zunächst unterbleiben können, später aber nachgeholt werden müssen (§ 301 FamFG). Die Vorschriften über die Bestellung eines Betreuers gelten grundsätzlich auch für die Erweiterung des Aufgabenkreises des Betreuers (§ 293 Abs 1 FamFG) und die Verlängerung der Betreuung (§ 295 Abs 1 FamFG).

Nicht allein die Fassung des § 1896 Abs 1 sowie Sinn und Zweck der rechtlichen **354** Betreuung sprechen dagegen, dass regelmäßig zunächst ein Sachverständigengutachten in Auftrag gegeben wird. Auch die Rechtsprechung des BVerfG zu Art 103 GG sollte die Betreuungsgerichte zu einer Korrektur ihrer (regelmäßig geübten)

Praxis einer schnellen Gutachteneinholung veranlassen. In der jüngeren Vergangenheit wurde mehrfach die Verletzung rechtlichen Gehörs mit Erfolg gerügt, wenn Betreuungsgerichte an ihrer einmal getroffenen Entscheidung über die Einholung eines Sachverständigengutachtens festhielten, ohne der betroffenen Person vorher Gelegenheit zu einer Äußerung zu dem Verfahren betreffend die Bestellung eines Betreuers gegeben zu haben. Daraus folgt, dass das Betreuungsgericht die betroffene Person mündlich oder schriftlich über die Einleitung eines Verfahrens zur Prüfung der Bestellung eines Betreuers zu informieren hat, damit die Möglichkeit besteht, durch Anhörung oder Stellungnahme auf die Sachverhaltsermittlung und die Entscheidungsfindung bereits vor der Beauftragung eines Sachverständigen und der Formulierung eines Gutachtenauftrags zur Prüfung möglicher Betreuungsbedürftigkeit einzuwirken (BVerfG FamRZ 2011, 272, 274 mAnm DIENER, 275; NJW 2011, 1275). Insoweit hat sich die zu Beginn des Betreuungsrechts aufgekommene Diskussion, in welcher Reihenfolge Ermittlungen durchzuführen sind, in gewisser Weise erledigt.

Hat das Betreuungsgericht (zB) aus Anlass ungeklärten Vollmachtwiderrufs zu prüfen, ob ein Sachverständigengutachten zur Frage der Geschäftsfähigkeit der/des Betroffenen im Zeitpunkt des Widerrufs eingeholt wird, hat es **zunächst** vor der Anordnung der Gutachtenerstattung zu prüfen, ob das Verfahren im Hinblick auf eine Betreuerbestellung weiter zu betreiben ist (BGH FamRZ 2015, 2047, 2048 = NJW 2016, 159, 160). Dies setzt hinreichende Anhaltspunkte voraus, dass **Betreuungsbedarf** besteht oder die Anordnung eines Einwilligungsvorbehalts in Betracht kommt (BGH FamRZ 2015, 2047, 2048 = NJW 2016, 159, 160; FamRZ 2015, 844 Rn 13 mwNw).

Nach bisher herrschender Auffassung, waren die Gerichte verpflichtet, soweit es die von Amts wegen durchzuführenden Ermittlungen erforderten (§ 26 FamFG; BGH FamRZ 2012, 1210 = MDR 2012, 917), sich der Hilfe der zuständigen Behörde zu bedienen, die durch die Regelung des § 8 S 1 BtBG verpflichtet wurde, das Betreuungsgericht insbesondere bei der Feststellung des Sachverhalts, den das Gericht für aufklärungsbedürftig hält, zu unterstützen. Eine gesetzliche Verpflichtung der Gerichte zur Anhörung der zuständigen Behörde führte erst das Gesetz zur Stärkung der Funktionen der Betreuungsbehörde m Wirkung v 1. 7. 2014 ein (Änderung des § 279 FamFG). Die Anhörung der Betreuungsbehörde vor der Bestellung eines Betreuers soll sich insbesondere auf folgende Kriterien beziehen: Persönliche, gesundheitliche und soziale Situation des Betroffenen, Erforderlichkeit der Betreuung einschließlich geeigneter anderer Hilfen, Betreuerauswahl unter Berücksichtigung des Vorrangs der Ehrenamtlichkeit und die diesbezügliche Sichtweise des Betroffenen (§ 279 Abs 2 S 2 FamFG). Die Verpflichtung des Sachverständigen, bei Erstellung seines Gutachtens das Ergebnis der Anhörung der Behörde zu berücksichtigen, wenn es ihm bei Erstattung seines Gutachtens vorliegt (§ 280 Abs 2 S 2 FamFG), engt den Spielraum des Gerichts hinsichtlich der Reihenfolge seiner Ermittlungen ein. Zumindest zeitgleich sind Anhörung der Behörde und Gutachtenauftrag zu veranlassen.

Die Behörde ist wie bisher zur Unterstützung des Betreuungsgerichts verpflichtet (§ 8 Abs 1 S 1 BtBG). Tritt das Gericht mit einer entsprechenden Bitte um Aufklärung und Mitteilung des Sachverhalts, den es für aufklärungsbedürftig hält, an die Behörde heran, gibt es den Umfang der Untersuchungen verbindlich vor (zB die Frage, ob ein Kontrollbetreuer zu bestellen sei). Die Durchführung der Untersuchungen ist dann Sache der Behörde. Sowohl das Gericht als auch die Behörde haben die Ermittlungen auf das für die Entscheidung unbedingt erforderliche Maß zu beschränken (Erforderlichkeitsgrundsatz!). Eine darüber hinausgehende Ausfragung und Ausforschung der betroffenen Person verstößt gegen das Persönlichkeitsrecht der betroffenen Person, denn die in Betracht kommende Maßnahme stellt zumindest teilweise einen Rechtseingriff dar, der auf das erforderliche Maß zu beschränken ist. Auch ist bei der Feststellung und Bewertung von Tatsachen davon auszugehen, dass Maßstab die betroffene Person und ihre Lebensverhältnisse, nicht dagegen die eines (anonymen) Bevölkerungsdurchschnitts sind. Die Behörde ist bei ihren Untersuchungen auf die freiwillige Mitarbeit der betroffenen Person angewiesen. Zwangsmittel stehen ihr nicht zur Verfügung. Einem bereits bestellten Verfahrenspfleger hat die Behörde Besuche der betreuten Person mitzuteilen und seine Anwesenheit zu gestatten.

2. Zuständigkeiten

Für Verrichtungen, die die Betreuung betreffen, ist regelmäßig das Gericht (ausschließlich) zuständig, in dessen Bezirk der Betroffene zu der Zeit, zu der das Gericht mit der Angelegenheit **befasst** wird, seinen gewöhnlichen Aufenthalt hat (§ 272 Abs 1 Nr 2 FamFG); ist bereits ein Betreuer bestellt, geht die Zuständigkeit dieses Gerichts vor (§ 272 Abs 1 Nr 1 FamFG). Hat ein Betroffener keinen gewöhnlichen Aufenthalt im Inland, kann ein Fürsorgebedürfnis für die erstmalige Bestellung eines Betreuers auch an dem Ort gegeben sein, an dem sein Immobilieneigentum liegt (OLG München FamRZ 2011, 399 mAnm BIENWALD, 400). Zu weiteren Gerichtsständen und zur Abgabe des Verfahrens aus wichtigem Grund s § 272 Abs 1 Nr 3 und 4, Abs 2 und § 273 FamFG. Die frühere Anknüpfung an den gewöhnlichen Aufenthalt des Betroffenen hatte in der Praxis in den ersten Monaten nach Inkrafttreten des BtG dazu geführt, dass zahlreiche Zuständigkeits- und Abgabestreitigkeiten entstanden. Infolge des gegenüber einem Wohnsitzwechsel (§§ 7 und 8 BGB) leichteren Aufenthaltswechsels kann schneller ein Zuständigkeitswechsel des Gerichts in Frage kommen (zB bei Heimverlegung, Entlassung aus dem Krankenhaus). Näher dazu DODEGGE NJW 1993, 2353, 2354 f. Zu obergerichtlichen Abgabeentscheidungen kommt es bei unterschiedlicher Bewertung länger dauernder, aber nicht genau bestimmbarer Aufenthaltswechsel zB in einer Rehabilitationseinrichtung (OLG Stuttgart BWNotZ 1998, 23) oder einer Klinik (BayObLG FamRZ 1997, 1363 = BtPrax 1996, 195 [LS]; BtE 1994/95, 175; OLG Karlsruhe FamRZ 1996, 1341 = BtE 1994/95, 175 mAnm SEITZ und wN). In erster Linie (nach BayObLG Rpfleger 1998, 200 = FGPrax 1998, 56: allein; anders noch BayObLGZ 1996, 274 = FamRZ 1997, 438 = BtPrax 1997, 123) sind für die Abgabe **Zweckmäßigkeitserwägungen** maßgebend (zB Kontakt Betreuer/Gericht; OLG Köln FamRZ 1998, 840; BayObLGZ 1998, 1 = FamRZ 1998, 1181). Die zu dem unbestimmten Rechtsbegriff nach altem Recht (§ 46 FGG aF) ergangenen Entscheidungen und entwickelten Grundsätze können auch für das neue Verfahrensrecht herangezogen werden (KEIDEL/STERNAL FamFG16 § 4 Rn 12). Nach BayObLG (aaO) kann das Verfahren deshalb auch an ein Gericht abgegeben werden, das nach den Verhältnissen zum Zeitpunkt des Übernahmeverlangens für Verrichtungen, die die Betreuung betreffen, örtlich nicht zuständig wäre. Zum Abgabeverfahren s § 4 FamFG. Erforderlich ist, dass sich die beiden Gerichte über die Abgabe verständigen (§ 4 S 1 FamFG); außerdem sollen vor der Abgabe die Beteiligten gehört werden (§ 4 S 2 FamFG). Nicht mehr erforderlich ist die Zustimmung eines bereits bestellten Betreuers; auch

355

besteht nicht mehr ein Widerspruchsrecht der betroffenen Person (BT-Drucks 16/6308, 176).

356 Eine Abgabe dient nicht dazu, Unerledigtes andere bearbeiten zu lassen. Auch für die Frage, ob und gegebenenfalls welche anstehenden **Verfügungen** das Gericht vor einer Abgabe des Verfahrens noch zu treffen hat, sind **Zweckmäßigkeitserwägungen** maßgebend (BayObLG FamRZ 1997, 439). Vor der Abgabe des Betreuungsverfahrens darf das Gericht von der Anhörung der betroffenen Person absehen, wenn diese aufgrund ihrer psychischen Erkrankung oder ihrer geistigen oder seelischen Behinderung außerstande ist zu verstehen, dass in Zukunft ein anderes Gericht für sie tätig werden soll (BayObLGZ 1998, 38 = FamRZ 1998, 1181, 1182 = Rpfleger 1998, 285). Auch ist die Bestellung eines Verfahrenspflegers nicht erforderlich (BayObLG aaO). Das Betreuungsgericht ist grundsätzlich **nicht** gehalten, dem Gegenbetreuer Gelegenheit zu geben, sich zu der beabsichtigten Abgabe des Betreuungsverfahrens zu äußern (BayObLGZ 1996, 274 = FamRZ 1997, 438 = BtPrax 1997, 123 [LS]).

357 Ist die Abgabe eines Betreuungsverfahrens vollzogen, ist gegen die Abgabe- oder Übernahmeverfügung der beteiligten Gerichte nur die Beschwerde eröffnet (**aA** KEIDEL/STERNAL § 4 FamFG Rn 40: keine selbständige Anfechtung einer Zwischenentscheidung); für die Anrufung des gemeinschaftlichen oberen Gerichts ist kein Raum (BayObLGZ 1998, 109 = FamRZ 1998, 1182 = FGPrax 1998, 145). Hat sich das um Übernahme eines Betreuungsverfahrens gebetene Amtsgericht eine Übernahme (zur Prüfung) **vorbehalten**, wird der Vorbehalt gegenstandslos, wenn das Gericht in der Sache selbst tätig wird und dadurch das Verfahren übernimmt (BayObLG BtPrax 1998, 237). Wechselt nach Abschluss des Beschwerdeverfahrens die Zuständigkeit des Gerichts für ein Betreuungsverfahren, ist das Rechtsbeschwerdegericht zur Entscheidung über die eingelegte Beschwerde berufen, das dem jetzt verfahrensführenden Betreuungsgericht übergeordnet ist (BayObLG FamRZ 2004, 1899 [LS]). Ist der Richter für die Hauptentscheidung funktional zuständig, entscheidet er auch über eine Abgabe, eine Übernahme oder eine Vorlage an das obere Gericht zur Bestimmung der Zuständigkeit gemäß § 5 FamFG (zum früheren Recht OLG München FamRZ 2008, 920).

358 Für die Abgabe des Verfahrens betr die Bestellung des Betreuers mit dem Aufgabenkreis des Abs 3 ist der Rechtspfleger zuständig (§ 15 Abs 1 S 2 RPflG; BGH FamRZ 2011, 884 [LS]).

3. Bestellung eines Verfahrenspflegers; Beteiligungen

a) Bestellung eines Verfahrenspflegers

359 Das Gericht hat dem Betroffenen einen **Verfahrenspfleger** zu bestellen, wenn dies zur Wahrnehmung der Interessen des Betroffenen erforderlich ist (§ 276 Abs 1 S 1 FamFG). Er ist im Betreuungsverfahren dann zu bestellen, wenn die betroffene Person nicht mehr in der Lage ist, ihren Willen kundzutun, einen freien Willen überhaupt noch zu bilden (BGH FamRZ 2011, 1577 = MDR 2011, 1132). Die Bestellung ist in der Regel erforderlich, wenn

– von der persönlichen Anhörung des Betroffenen nach § 278 Abs 4 iVm § 34 Abs 2 FamFG abgesehen werden soll oder

– Gegenstand des Verfahrens die Bestellung eines Betreuers zur Besorgung aller Angelegenheiten des Betroffenen oder die Erweiterung des Aufgabenkreises hierauf ist; dies gilt auch, wenn der Gegenstand des Verfahrens die in § 1896 Abs 4 und § 1905 BGB bezeichneten Angelegenheiten nicht erfasst. Die Bestellung eines Verfahrenspflegers für den Betroffenen ist nach § 276 Abs 1 S 2 Nr 2 FamFG regelmäßig bereits dann geboten, wenn der Verfahrensgegenstand die Bestellung eines Betreuers in allen Angelegenheiten als möglich erscheinen lässt (BGH FamRZ 2014, 648; FamRZ 2013, 1648 = BtPrax 2013, 251; BGH FamRZ 2014, 648 = BtPrax 2014, 75; BGH NJW 2016, 1828).

Liegt ein Regelfall nach § 276 Abs 1 S 2 Nr 2 FamFG nicht vor, ist die Bestellung eines Verfahrenspflegers vom Grad der Krankheit oder Behinderung und von der Bedeutung des jeweiligen Verfahrensgegenstandes ab (BGH FamRZ 2014, 192, 193 = BtPrax 2014, 32; BGH FamRZ 2014, 378, 379 = BtPrax 2014, 79 = NJW 2014, 787). Die Bestellung ist regelmäßig bereits dann geboten, wenn der Verfahrensgegenstand die Anordnung einer Betreuung in allen Angelegenheiten als möglich erscheinen lässt. Für einen in diesem Sinne umfassenden Verfahrensgegenstand spricht, dass die vom Gericht getroffene Maßnahme die Betreuung auf Aufgabenbereiche erstrecken soll, die in ihrer Gesamtheit alle wesentlichen Bereiche der Lebensgestaltung des Betroffenen umfassen (BGH FamRZ 2010, 1648 mAnm FRÖSCHLE = Rpfleger 2010, 661; FamRZ 2011, 1866 [1867]).

Obligatorisch ist die Bestellung weiterhin, wenn Gegenstand des Verfahrens die **360** Genehmigung einer Einwilligung des Betreuers in die Sterilisation (§ 1905 BGB) ist, sofern sich die betroffene Person nicht von einem Rechtsanwalt oder einem anderen geeigneten Verfahrensbevollmächtigten vertreten lässt (§ 297 Abs 5 FamFG).

Allgemein gilt, wie für alle übrigen Verfahren (§ 276 Abs 1 S 1 FamFG), dass das Gericht dem Betroffenen einen Pfleger für das Verfahren zu bestellen hat, soweit dies zur Wahrnehmung seiner Interessen erforderlich ist (BayObLG FamRZ 2003, 1044). Das ist zB dann der Fall, wenn dem Betroffenen andernfalls der Anspruch auf rechtliches Gehör verweigert werden würde (ähnlich BayObLG FamRZ 1997, 1358 = BtPrax 1997, 37; vgl auch BGH FamRZ 2011, 1577). Ist die Fähigkeit eines Betroffenen, seine Interessen im Verfahren wahrzunehmen, erheblich eingeschränkt, ist ihm ein Verfahrenspfleger zu bestellen, wenn es um die Bestellung eines Kontrollbetreuers geht, die sich auf eine umfassen Vorsorgevollmacht bezieht (BGH FamRZ 2014, 192).

Auch einem Betroffenen, der aufgrund seiner psychischen Erkrankung nur vorder- **361** gründig in der Lage ist, seine Rechte im Verfahren wahrzunehmen, seine Einwendungen aber nicht artikulieren und mit einer differenzierten Begründung dem Gericht nahe bringen kann, ist ein Verfahrenspfleger zu bestellen (BayObLG FamRZ 2003, 1044 mwNw). Dort auch zur Erforderlichkeit der Bestellung eines Verfahrenspflegers im Verfahren der Beschwerde gegen eine Betreuerbestellung. Die Vertretung des Betroffenen durch einen Verfahrensbevollmächtigten erst im Verfahren der weiteren Beschwerde kann den Verfahrensmangel fehlender Verfahrenspflegerbestellung im Beschwerdeverfahren nicht heilen (BayObLG aaO).

Der Verfahrenspfleger ist dem Betroffenen so früh wie möglich und nötig zu be- **362** stellen. Ein bestimmter Zeitpunkt wurde nicht festgelegt, um dem Gericht Raum für Anfangsermittlungen zu belassen und offensichtlich unnötige Bestellungen zu vermeiden (BT-Drucks 11/4528, 171).

363 Der Verfahrenspfleger wird durch seine Bestellung als **Beteiligter** zum Verfahren hinzugezogen (§ 274 Abs 2 FamFG). Rechtliches Gehör wird ihm nur dann ausreichend gewährt, wenn ihm ein Sachverständigengutachten unverzüglich nach seiner Bestellung und vor der Anhörung des Betroffenen, spätestens aber rechtzeitig vor Erlass der Entscheidung übermittelt wird (LG München I FamRZ 1998, 1183 [LS]). Er ist zu einer Abgabe des Betreuungsverfahrens, in dem ein Betreuer noch nicht bestellt worden ist, zu hören. Seine Zustimmung zur Abgabe ist aber nicht erforderlich (BayObLG FamRZ 1998, 1182).

364 Generell soll die Bestellung eines Verfahrenspflegers unterbleiben oder aufgehoben werden, wenn die Interessen des Betroffenen von einem Rechtsanwalt oder von einem anderen geeigneten Verfahrensbevollmächtigten vertreten werden (§§ 276 Abs 4, 297 Abs 5 FamFG). Die Erteilung einer Vollmacht für das Betreuungsverfahren setzt unbeschadet der Verfahrensfähigkeit des Betroffenen eine dem Vollmachtgeber zuzurechnende Willenserklärung voraus (BayObLG FamRZ 2004, 1323). In Ausnahmefällen kommt die Bestellung eines Verfahrenspflegers auch neben dem anwaltlichen Verfahrensbevollmächtigten in Betracht, zB dann, wenn ein Rechtsanwalt zugleich die Interessen eines anderen Verfahrensbeteiligten wahrnimmt und deshalb ein Interessenkonflikt nicht auszuschließen ist (KG FGPrax 2004, 117 = FamRZ 2004, 1593 [LS]). Ein Rechtsanwalt, der an dem Ergebnis eines Schadensersatzprozesses seiner Mandantin gegen einen Notar persönlich interessiert ist, kann die Mandantin nicht in dem Verfahren vertreten, das auf die Bestellung eines Überwachungsbetreuers ausgerichtet ist, dessen Aufgabe darin bestehen würde, die Ansprüche der Betroffenen gegenüber dem von ihr bevollmächtigten Rechtsanwalt geltend zu machen.

365 Gemäß § 276 Abs 2 FamFG kann in den Fällen des Abs 1 S 2 von einer Bestellung abgesehen werden, „wenn ein Interesse des Betroffenen an der Bestellung des Verfahrenspflegers offensichtlich nicht besteht" (krit BIENWALD FamRefK § 67 FGG Rn 10; zur Rechtsstellung des Verfahrenspflegers s BIENWALD, Verfahrenspflegschaftsrecht 402). Ein Verfahrenspfleger soll nach den Absichten des Gesetzgebers (zu § 67 Abs 1 S 3 FGG aF) dann nicht zu bestellen sein, wenn seine Bestellung lediglich einen rein formalen Charakter hätte (BT-Drucks 13/7158, 36; BGH FamRZ 2010, 1648 mAnm FRÖSCHLE, 1649). Aufwendungsersatz und die Vergütung des Verfahrenspflegers, der die Aufgabe berufsmäßig wahrnimmt (§ 277 Abs 1 bis 4 FamFG), sind unabhängig von der Einkommens- und Vermögenslage des Betroffenen/Betreuten zunächst aus der Staatskasse zu zahlen (§ 277 Abs 5 S 1 FamFG), die den vermögenden Betroffenen, gegebenenfalls seine Erben, dann in Anspruch nimmt.

366 Das Betreuungsgericht entscheidet nach pflichtgemäßem Ermessen, wen es als Verfahrenspfleger bestellt (JÜRGENS/KRETZ § 276 FamFG Rn 15). Er muss für die Aufgabe geeignet sein.

367 Wer Verfahrenspflegschaften im Rahmen seiner Berufsausübung führt, soll nur dann zum Verfahrenspfleger bestellt werden, wenn keine andere geeignete Person zur

Verfügung steht, die zur ehrenamtlichen Führung der Verfahrenspflegschaft bereit ist (§ 276 Abs 3 FamFG). Der in Betreuungssachen zuständigen Behörde ist durch § 8 BtBG aufgegeben, dem Betreuungsgericht eine Person vorzuschlagen, die sich im Einzelfall zum Verfahrenspfleger eignet, wenn sie vom Gericht dazu aufgefordert wurde. Auch ein anerkannter Betreuungsverein oder die zuständige Behörde können als Verfahrenspfleger bestellt werden (skeptisch JÜRGENS/KRETZ § 276 FamFG Rn 16). die Behörde auf jeden Fall dann, wenn niemand, der vorrangig hätte bestellt werden können, zur Verfügung steht. Eine dem § 1898 Abs 2 entsprechende Vorschrift kennt das Verfahrenspflegschaftsrecht nicht.

Unabhängig von der Bestellung eines Verfahrenspflegers ist der **Betroffene** berech- **368** tigt, Anträge zu stellen, Erklärungen abzugeben und Rechtsmittel einzulegen. Er ist in allen Verfahren, die die Betreuung betreffen, ohne Rücksicht auf seine Geschäftsfähigkeit und sein Alter **verfahrensfähig** (§ 276 FamFG). Auf eine Fähigkeit, einen natürlichen Willen zu bilden, kommt es nicht an (BGH FamRZ 2014, 110, 111 mAnm HEIDERHOFF, 112 = BtPrax 2014, 37). Die Verfahrensfähigkeit umfasst die Befugnis, einen Verfahrensbevollmächtigten zu bestellen (BGH FamRZ 2014, 110, 112 = BtPrax 2014, 37) und zwar auch dann, wenn nach materiellem Recht der Anwaltsvertrag wegen Fehlens der Geschäftsfähigkeit oder einer Anordnung eines Einwilligungsvorbehalts nicht wirksam geschlossen werden könnte (OLG Koblenz NJW 2014, 1251 = FamRZ 2014, 1483). Mit dem Ziel des § 275 FamFG sei es schwerlich zu vereinbaren, so das OLG Koblenz aaO, dem Betroffenen zwar einerseits die Rechtsmacht zuzubilligen, einem Rechtsanwalt eine Verfahrensvollmacht zu erteilen, ihm aber die rechtliche Handlungsfähigkeit abzusprechen, den zu Grunde liegenden schuldrechtlichen Vertrag über die Erteilung des Mandats wirksam zu schließen. Durch diese Konsequenz erwirbt der (geschäftsunfähige) Betroffene aber nicht die Geschäftsfähigkeit; andere Rechtsgeschäfte als der Geschäftsbesorgungsvertrag mit dem Verfahrensbevollmächtigten werden von dieser Entscheidung nicht berührt. Die Verfahrensfähigkeit bezieht sich auch auf Kostenverfahren im Zusammenhang mit der Betreuung, sodass der Betroffene für diese Verfahren selbst einen Bevollmächtigten bestellen kann (BayObLG BtPrax 2002, 129 [LS]). In welchem Umfang eine nicht geschäftsfähige Person im Betreuungsverfahren einen Rechtsanwalt mandatiert hat, muss das Gericht ermitteln (AG Mannheim Beschluss 4. 5. 2015 – 2 Ha XVII 523/11) Die Bestellung eines Verfahrenspflegers durch den Richter kann von dem Betroffenen **nicht angefochten** werden (§ 276 Abs 6 FamFG; zur Rechtslage vor dem FamFG BGH FamRZ 2003, 1275 mAnm BIENWALD; dort auch zu den unterschiedlichen Auffassungen in Schrifttum und Rspr). Gegen die Entscheidung des Rechtspflegers, einen Verfahrenspfleger zu bestellen, findet die befristete Erinnerung gemäß § 11 Abs 2 S 1 RPflG statt (BayObLG FamRZ 2003, 189).

Die **Aufgabe** des Verfahrenspflegers besteht darin, die verfahrensmäßigen Rechte **369** der/des Betroffenen/Betreuten zur Geltung zu bringen; vorrangige Aufgabe ist es, gegenüber dem Gericht den Willen des Betroffenen mitzuteilen und dessen aus Art 103 GG folgenden Anspruch auf rechtliches Gehör wahrzunehmen (BGH FamRZ 2011, 1577 mwNw). Er hat nicht die Interessen des Betroffenen gegenüber dem Betreuer zu schützen und über dessen Amtsführung zu wachen, sondern den tatsächlichen oder mutmaßlichen Willen des Betroffenen/Betreuten zu erforschen und in das Verfahren einzubringen (BGHZ 182, 116 = FamRZ 2009, 1656). Hat das Betreuungsgericht einen Verfahrenspfleger bestellt, weil es von der vollständigen schriftlichen Bekanntgabe eines Gutachtens an den Betroffenen absieht und dem Verfahrenspfleger das Gutachten mitteilt, hat dieser mit dem Betroffenen über das Gutachten zu sprechen (BGH BtPrax 2010, 278; FamRZ 2011, 1289).

Das Gericht (in diesem Fall der Rechtspfleger) ist nicht befugt, dem Verfahrenspfleger eine über den gesetzlichen Auftrag hinausgehende Aufgabe, die in den Bereich des materiellen Rechts gehört, zuzuweisen (hier: Prüfung der Wirtschaftlichkeit des zur gerichtlichen Genehmigung vorgelegten Vertrags). Näher dazu und zur Fehlerhaftigkeit von Verfahrenspflegerbestellungen BIENWALD, Bemerkungen aus Anlass der Entscheidung des BGH FamRZ 2015, 847, FamRZ 2015, 1779.

b) Beteiligungen

370 Soweit sie nicht als unmittelbar Betroffene oder aufgrund gesetzlicher Bestimmung als Beteiligte zum Verfahren hinzuzuziehen sind, kann das Gericht von Amts wegen oder auf Antrag weitere Personen oder Institutionen zum Verfahren hinzuziehen. Als von einer Bestellung eines Betreuers unmittelbar betroffene Person ist derjenige Verfahrensbeteiligter, dem ein Betreuer bestellt werden soll (§ 274 Abs 1 Nr 1 FamFG). Der Verfahrenspfleger wird durch seine Bestellung als Beteiligter zum Verfahren hinzugezogen (§ 274 Abs 2 FamFG). Die zuständige Behörde ist auf ihren Antrag als Beteiligte in Verfahren über die Bestellung eines Betreuers und Umfang, Inhalt oder Bestand einer solchen Entscheidung hinzuzuziehen (§ 274 Abs 3 FamFG).

Soweit es sich in dem Verfahren um die genannten Verfahrensgegenstände handelt, können im Interesse der betroffenen Person auch deren nahe Angehörige oder eine Person des Vertrauens der betroffenen Person beteiligt werden, wenn deren Beteiligung sachgerecht und verfahrensfördernd ist (BGB FamRZ 2012, 960); der Vertreter der Staatskasse, soweit das Interesse der Staatskasse durch den Ausgang des Verfahrens betroffen sein kann (§ 274 Abs 4 FamFG). Das Interesse des Betroffenen hat das Gericht positiv festzustellen (LG Wuppertal FamRZ 2016, 1485). Massive innerfamiliäre Konflikte können dem Interesse des Betroffenen entgegenstehen (LG Wuppertal FamRZ 2016, 1485). Die Beteiligung der nahen Angehörigen und/oder einer Person, die das Vertrauen der/des Betroffenen hat, ist Voraussetzung für ein Beschwerderecht, das auch nur im Interesse der/des Betroffenen ausgeübt werden kann (§ 303 Abs 2 FamFG). Die durch Hinzuziehung zum Verfahren erlangte Beteiligtenstellung bleibt in der Beschwerdeinstanz erhalten (BGH FamRZ 2012, 1049 = BtPrax 2012, 174 [LS]).

371 Sowohl die Regelung der Beteiligung als auch die der Beschwerde scheinen sich an einem wunschgemäß funktionierenden Modell orientiert, nicht aber menschliche Schwächen und infolge dessen abweichende Praktiken berücksichtigt zu haben.

Nach § 7 Abs 4 FamFG sind diejenigen, die auf Antrag beteiligt werden können, zu benachrichtigen und über ihr Antragsrecht zu belehren. Unterlässt das Gericht diese Information, gibt es dagegen kein Beschwerderecht. Möglich ist noch die im Laufe des Verfahrens beantragte Beteiligung. Ob diese im Interesse der/des Betroffenen geschieht, entscheidet das Gericht. Welche Interessen es zu berücksichtigen hat, sagt das Gesetz nicht. Verfolgen die Angehörigen mit guten Gründen ein anderes Ziel (im Interesse der/des Betroffenen) als das Gericht als im Interesse der/des Betroffenen liegend sieht, wird es die Beteiligung ablehnen. Ob die dagegen eingelegte

Beschwerde (sie ist statthaft) erfolgreich ist, lässt sich nicht vorhersehen. Soll eine Entscheidung in der Sache schnell getroffen werden, könnte bereits aus diesem Grunde die Beteiligung ohne Aussicht auf Erfolg beantragt sein.

Aus der Perspektive des Gerichts trägt eine Angehörigenbeteiligung nichts zu einem reibungslosen und zügigen Verfahren bei. Auch der Verfahrenspfleger, den das Gericht selbst bestellt, kann, wenn er sich kritisch äußert, den Unwillen des Richters/der Richterin hervorrufen. Er riskiert, nicht noch einmal bestellt zu werden, was ihm in dem Verfahren sozusagen in einem Nebensatz angedeutet wird. Macht er von seinem ihm gesetzlich eingeräumten Beschwerderecht Gebrauch, wird ihm bedeutet, das Einlegen von Beschwerden sei unerwünscht. Die hier mitgeteilten Verfahrenseigenheiten stellen keine bloßen Gedankenspiele dar, sondern halten Erfahrungen und Erlebnisse von Praktikern fest. Abgesehen von dem Interesse des Richters, die Verfahren zügig durchzuführen und zu erledigen, hat ein unkompliziertes und schnelles Verfahren den Vorteil, dass Kapazitäten gespart werden. Es liegt demnach auch im Interesse des Gesetzgebers und derjenigen, die das Gesetz auszuführen haben. Die verfahrensrechtlich stärkste Position (uneingeschränktes Beschwerderecht, § 59 Abs 1 FamFG) hat ausgerechnet diejenige Person, von der angenommen werden muss und/oder wird, sie könne ihre Angelegenheiten ganz oder teilweise nicht selbst besorgen, sei deshalb auf Unterstützung angewiesen.

4. Persönliche Anhörung des Betroffenen

Abgesehen von gesetzlich bestimmten Ausnahmefällen (§ 278 Abs 4, 34 Abs 2 **372** FamFG) sowie im Falle einstweiliger Anordnung bei gesteigerter Dringlichkeit nach § 301 Abs 1 S 1 FamFG hat das Gericht den Betroffenen vor der Bestellung eines Betreuers, auch der Anordnung eines Einwilligungsvorbehalts, und zur Klärung der Frage, welche Person zum Betreuer bestellt werden soll, stets **persönlich anzuhören**; nicht dagegen vor der Einleitung des Verfahrens (BayObLG FamRZ 2001, 707 = FGPrax 2001, 78). Die persönliche Anhörung ist angesichts der mit einer Betreuung verbundenen tiefen Eingriffe in das allgemeine Persönlichkeitsrecht grundsätzlich unverzichtbar (BVerfG FamRZ 2016, 1041, 1042 mAnm SONNENFELD, 1043 = Rpfleger 2016, 408 = NJW 2016, 2559). Sie ist auch im Verfahren über die Verlängerung der Betreuung gem § 295 Abs 1 FamFG erforderlich (BGH FamRZ 2016, 1667 = MDR 2016, 1148). Die in § 34 Abs 1 Nr 1 FamFG vorgesehene persönliche Anhörung dient sowohl der Gewährung rechtlichen Gehörs als auch der Sachverhaltsfeststellung (BGH FamRZ 2014, 1543 mAnm FRÖSCHLE, 1545 = FGPrax 2014, 210; BGH FamRZ 2015, 485, 486 = NJW 2015, 693; BGH FamRZ 2016, 1663, 1664 Rn 16 = MDR 2016, 1089). Entsprechend ihrem Zweck, dem Gericht einen unmittelbaren Eindruck von dem Betroffenen zu verschaffen, kann die persönliche Anhörung zur Sachverhaltsfeststellung entsprechend der Amtsermittlungspflicht gem § 26 FamFG erforderlich sein (BGH FamRZ 2016, 1663, 1664 = MDR 2016, 1089). Durch die Einholung eines Sachverständigengutachtens oder/ und die Auswertung schriftlicher Äußerungen des Betroffenen kann das Gericht nicht davon absehen, sich im Rahmen seiner Amtsermittlungspflicht durch die Anhörung des Betroffenen einen persönlichen Eindruck von ihm zu verschaffen (BGH FamRZ 2014, 293), insbesondere nicht, ob der Betroffene tatsächlich zur Bildung eines freien Willens nicht in der Lage ist (BGH aaO). Die Pflicht zur persönlichen Anhörung des Betroffenen besteht nach § 68 Abs 3 S 1 FamFG grundsätzlich auch im Beschwerdeverfahren (BGH FamRZ 2014, 293); nach Maßgabe von § 68 Abs 3 S 2

FamFG kann davon abgesehen werden (BGH FamRZ 2011, 880 = Rpfleger 2011, 431; FGPrax 2011, 120; FamRZ 2010, 1650 mAnm FRÖSCHLE, 1651; FamRZ 2012, 968 = BtPrax 2012, 164 = NJW-RR 2012, 833; BGH FamRZ 2012, 1207 mAnm FRÖSCHLE, 1209; BGH FamRZ 2015, 1603, 1604: das Absehen muss nachvollziehbar begründet werden). Die Anhörung in einem sog Folgeverfahren ersetzt nicht die notwendige Anhörung durch das Betreuungsgericht (OLG Naumburg FamRZ 2002, 986). Diese dient zwar auch der Gewährung rechtlichen Gehörs; ist aber in erster Linie ein Element der Sachverhaltsermittlung (§ 26 FamFG). Sie ist deshalb nicht zu verwechseln und nicht identisch mit der vom BVerfG geforderten Einräumung einer Gelegenheit zur Stellungnahme oder persönlichen Anhörung vor der Beauftragung eines Gutachters zur Prüfung einer möglichen Betreuungsbedürftigkeit der/des Betroffenen (BVerfG NJW 2011, 1275). Diese dient dazu, dem Betroffenen Gelegenheit zu geben, auf die Sachverhaltsermittlung und auf die Entscheidungsfindung des zuständigen Betreuungsgerichts in Anhörungen und Stellungnahmen einwirken zu können (BVerfG aaO; FamRZ 2011 272, 273 mAnm DIENER S 274; FamRZ 2010, 186, 187). Von einer erneuten Anhörung im Beschwerdeverfahren sind nach Ansicht des BGH in der Regel neue Erkenntnisse zu erwarten, wenn der Betroffene an seinem in der amtsgerichtlichen Anhörung erklärten Einverständnis mit einer Betreuung nicht mehr festhält oder wenn er erstmals den Wunsch äußert, ihm einen bestimmten Betreuer zu bestellen (BGH FamRZ 2015, 1603; BGH FamRZ 2011, 880 = Rpfleger 2011, 431 = FGPrax 2011, 120). Insoweit kann ein Beschwerdegericht jedoch das Ergebnis einer nochmaligen Anhörung nicht vorhersehen, um auf die Anhörung ggf zu verzichten.

Zur Bedeutung der grundsätzlich unverzichtbaren persönlichen Anhörung und zu einem durch spätere Anhörung nicht rückgängig zu machenden **Verfassungsverstoß bei Nichtanhörung** BVerfG FamRZ 2016, 1041, 1042 mAnm SONNENFELD; FamRZ 2015, 1688.

Das Gericht hat die Möglichkeit, sich den persönlichen Eindruck von dem Betroffenen dadurch zu verschaffen, dass es den Betroffenen aufsucht, um ihn in seiner üblichen Umgebung anzuhören (BGH FamRZ 2016, 1663, 1664). Im Wege der **Rechtshilfe** darf die persönliche Anhörung nur dann vorgenommen werden, wenn anzunehmen ist, dass die Entscheidung ohne eigenen Eindruck von dem Betroffenen getroffen werden kann, was auf Ausnahmen beschränkt bleibt (BGH FamRZ 2016, 804 Rn 12 f; FamRZ 2016, 1667 Rn 7 = MDR 2016, 1148).

373 Weil die Einrichtung einer Rechtlichen Betreuung einen erheblichen Grundrechtseingriff bedeutet, kommt dem Recht des Betroffenen, auf die Sachverhaltsermittlung und die Entscheidungsfindung einwirken zu können, besondere Bedeutung zu (BVerfG NJW 2011, 1275). Hat das Gericht, weil nach § 276 FamFG erforderlich, dem Betroffenen einen Verfahrenspfleger bestellt, hat dieser als Verfahrensbeteiligter (§ 274 Abs 2 FamFG) ein eigenes Recht auf Teilnahme an der persönlichen Anhörung des Betroffenen (KEIDEL/BUDDE § 278 FamFG Rn 9) und ist entsprechend zu benachrichtigen. Ist der Betroffene durch einen Rechtsanwalt als Verfahrensbevollmächtigten vertreten, muss diesem Gelegenheit gegeben werden, an der Anhörung teilzunehmen (BGH FamRZ 2017, 131 Rn 7). Wurde der Verfahrensbevollmächtigte des Betroffenen zum Anhörungstermin (hier wegen der von dem Betroffenen angestrebten Aufhebung der Betreuung) weder geladen noch hiervon benachrichtigt, leidet die Anhörung an einem Verfahrensfehler, der eine erneute Anhörung – ggf

durch das Beschwerdegericht – erforderlich macht (BGH FamRZ 2012, 104 = NJW 2012, 317). Angehörigen des Betroffenen steht ein eigenes Recht auf Anwesenheit bei der persönlichen Anhörung des Betroffenen nicht zu (OLG Hamm FamRZ 2009, 2035 [LS] = MDR 2009, 1343 noch zu § 68 Abs 4 S 2 FGG aF). Der Betroffene kann lediglich verlangen, dass das Gericht eine ihm nahestehende Person anhört, wenn dies ohne erhebliche Verzögerung möglich ist (§ 279 Abs 3 FamFG). Die unterbliebene Anhörung stellt aber keinen von Amts wegen zu berücksichtigenden Verfahrensmangel dar, sondern ist im Verfahren der Rechtsbeschwerde nur auf entsprechende Rüge zu berücksichtigen (BGH FamRZ 2015, 1603; **aA** BVerfG FamRZ 2015, 565 Rn 34 mAnm SCHWAB, 566). Ist in einer Betreuungssache die/der Betroffene durch einen Rechtsanwalt als Verfahrensbevollmächtigtem vertreten, muss ihm Gelegenheit gegeben werden, an der Anhörung teilzunehmen (BGH FamRZ 2017, 131 im Anschluss an BGH FamRZ 2012, 104 = BtPrax 2017, 42 [LS]).

Das Gericht hat sich in allen Fällen, auch wenn die persönliche Anhörung des **374** Betroffenen unterbleiben darf, einen **persönlichen Eindruck** von ihm zu verschaffen. Diesen persönlichen Eindruck soll sich das Gericht in der üblichen Umgebung des Betroffenen verschaffen („Milieuanhörung"), wenn dieser es verlangt oder wenn es der Sachaufklärung dient und der Betroffene nicht widerspricht (§ 278 Abs 1 S 2 und 3 FamFG). Befindet sich der Betroffene nicht für längere Zeit im Krankenhaus, reicht es nicht aus, den Betroffenen im Krankenhaus aufzusuchen. Da der Zweck dieses Teils der Ermittlungen ua dazu dient, zu erfahren, ob und ggf in welchem Maße jemand in der Lage ist, in seiner üblichen Umgebung – wenn auch mit Hilfen – zu leben, kommt es auch darauf an, sich ein Bild von der **üblichen** Umgebung des Betroffenen zu machen. Der Besuch im Krankenhaus kann dennoch (im Sinne des § 26 FamFG) geeignet und sinnvoll sein. Zur Notwendigkeit, dass sich das Gericht einen persönlichen Eindruck von dem Betroffenen verschafft, um festzustellen, ob dieser tatsächlich zur Bildung eines freien Willens nicht in der Lage ist (Abs 1a), BGH FamRZ 2014, 293, 294 = BtPrax 2014, 82; BGH BtPrax 2014, 226 = FamRZ 2014, 1543 mAnm FRÖSCHLE, 1545 = FGPrax 2014, 210. Zum Absehen von der Anhörung des Betroffenen und der Verschaffung eines persönlichen Eindrucks, wenn eine Vorführung des Betroffenen unverhältnismäßig wäre und das Gericht zuvor sämtliche nicht mit Zwang verbundenen Versuche unternommen hat, um den Betroffenen zu befragen und sich einen persönlichen Eindruck von ihm zu verschaffen, BGH FamRZ 2014, 1543 mAnm FRÖSCHLE, 1545 = FGPrax 2014, 210; FamRZ 2015, 485 = NZFam 2015, 212 mAnm WEBER. Zur Prüfung, ob die Vorführung des Betroffenen und die zwangsweise Vollziehung ausnahmsweise unverhältnismäßig ist und in diesem Fall das Betreuungsgericht grundsätzlich nur nach § 34 Abs 3 FamFG das Verfahren beenden darf, BGH FamRZ 2017, 142 = BtPrax 2017, 33. Bei der Frage, ob vor der (erstmaligen) Bestellung eines Betreuers (oder der Anordnung eines Einwilligungsvorbehalts) die Vorführung des Betroffenen und deren zwangsweise Vollziehung ausnahmsweise unverhältnismäßig ist, ist insbesondere die Bedeutung des Verfahrensgegenstandes in den Blick zu nehmen (BGH FamRZ 2017, 142 = BtPrax 2017, 33 = NJW 2017, 332).

Wegen des Zwecks und der Bedeutung der persönlichen Anhörung kommt ihr auch in den Fällen, in denen sie nicht durch Gesetz vorgeschrieben ist, eine zentrale Stellung im Rahmen der von Amts wegen durchzuführenden Ermittlungen (§ 26

FamFG) zu (BGH Rpfleger 2017, 29 = FamRZ 2016, 1663, 1664 im Anschluss an BGH FamRZ 2014, 652 = Rpfleger 2014, 318).

375 Die persönliche Anhörung des Betroffenen allein durch den **beauftragten Richter** der Kammer ist (jedenfalls dann) unzulässig, wenn sie auch dazu dienen soll, den übrigen Kammermitgliedern den persönlichen Eindruck vom Betroffenen zu vermitteln (BGH NJW 2016, 2745; BayObLG FamRZ 1997, 900 = NJW-RR 1997, 69 = BtPrax 1996, 229). Will das Beschwerdegericht aufgrund eigener Feststellungen das Gutachten des Sachverständigen in der Frage der Möglichkeit freier Willensbildung und -betätigung ergänzen oder korrigieren, setzt dies einen persönlichen Eindruck der Richter von dem Betroffenen voraus. In diesem Fall kann die Anhörung des Betroffenen nicht dem beauftragten Richter überlassen werden (BayObLGR 2004, 432). Misst das Gericht der Anhörung der/des Betroffenen im Hinblick auf die noch durchzuführenden Ermittlungen ein besonderes Gewicht bei, muss es die Anhörung auch in voller Kammerbesetzung vornehmen (BGH FamRZ 2016, 1446, 1447 = MDR 2016, 1351 = NJW-RR 2017, 517). Hört das Beschwerdegericht die betroffene Person lediglich durch den beauftragten Richter und nicht durch die vollbesetzte Kammer an, verstößt es gegen den Amtsermittlungsgrundsatz des § 26 FamFG (BGH FamRZ 2016, 1446, 1447).

Entscheidet das Beschwerdegericht in einer vom Gesetz dem Kollegium zugewiesenen Sache unbefugt durch den Einzelrichter, so liegt darin eine von Amts wegen zu berücksichtigende Verletzung des Verfassungsgebots des gesetzlichen Richters. Sie ist absoluter Rechtsbeschwerdegrund und führt zur Aufhebung der Entscheidung (BGH FamRZ 2016, 451, 452 = FGPrax 2016, 95).

376 Bei der Entscheidung über die Verlängerung der Betreuerbestellung ist in der Regel auch im Beschwerdeverfahren die persönliche Anhörung des Betreuten geboten, insbesondere dann, wenn ihm das LG trotz ganz oder teilweise fehlender Fähigkeit zu freier Selbstbestimmung auch keinen Verfahrenspfleger bestellt hat (BayObLGR 1998, 86). Von der persönlichen Anhörung darf im Verlängerungsverfahren dann nicht abgesehen werden, wenn nicht ausgeschlossen ist, dass aus den Antworten und dem Verhalten der/des Betroffenen Rückschlüsse auf den natürlichen Willen gezogen werden können (BGH FamRZ 2016, 2093 = NJW 2017, 77 mAnm WEBER = Rpfleger 2017, 90 = BtPrax 2017, 35). Persönliche Anhörung des Betroffenen ist auch in der Beschwerdeinstanz notwendig (BayObLG FamRZ 2001, 1646 = NJWE-FER 2001, 324; BGH FamRZ 2011, 880 = MDR 2011, 664), jedenfalls dann, wenn sich Tatsachen, die für die Entscheidung über die Notwendigkeit einer Betreuung wesentlich sind, zwischen der erstinstanzlichen Entscheidung und der Beschwerdeentscheidung geändert haben oder hierfür konkrete Anhaltspunkte vorhanden sind (BayObLGR 2004, 317 = BtPrax 2004, 197 = FamRZ 2003, 1043 [LS]). Zu den Chancen neuer Informationen s oben Rn 372. Der Betroffene ist erneut zu hören, bevor das Beschwerdegericht ein neues Gutachten, das es eingeholt hat, zur Grundlage seiner Entscheidung macht (BGH FamRZ 2016, 300; FamRZ 2015, 1959). Immer dann, wenn von einer erneuten Anhörung im Beschwerdeverfahren neue Erkenntnisse zu erwarten sind, ist sie erforderlich. Solche neuen Erkenntnisse sind regelmäßig zu erwarten, wenn der Betroffene an seinem in der amtsgerichtlichen Anhörung erklärten Einverständnis mit einer Betreuung im Beschwerdeverfahren nicht mehr festhält (BGH FamRZ 2017, 323 = BtPrax 2017, 42 [LS]).

Das Gericht unterrichtet den Betroffenen über den möglichen Verlauf des Verfah- **377** rens und weist ihn in geeigneten Fällen auf die Möglichkeit der Vorsorgevollmacht, deren Inhalt sowie auf die Möglichkeit ihrer Registrierung bei dem Zentralen Vorsorgeregister nach §§ 78 BNotO hin (§ 278 Abs 2 S 2 FamFG). Es hat außerdem den Umfang des Aufgabenkreises und die Frage, welche Person oder Stelle als Betreuer in Betracht kommt (zum Vorschlagsrecht der Betroffenen § 1897 Abs 4; es setzt weder Geschäftsfähigkeit noch natürliche Einsichtsfähigkeit voraus; BGH FamRZ 2011, 880), mit dem Betroffenen zu erörtern (§ 278 Abs 2 S 3 FamFG). Das Gutachten über seinen Geisteszustand ist dem Betroffenen grundsätzlich vollständig in schriftlicher Form rechtzeitig vor dem Termin kostenfrei zu übersenden, wenn nicht die Voraussetzungen des § 34 Abs 2 FamFG (zu besorgende gesundheitliche Nachteile) vorliegen (zu der Vorgängerregelung in § 68 Abs 2 FGG OLG Düsseldorf FamRZ 1897, 1361; dort auch zur Frage der Akteneinsicht und der Erteilung von Abschriften). Hatte der Betroffene nicht ausreichend Zeit, vom Sachverständigengutachten Kenntnis zu nehmen und sich dazu zu äußern, kann dieses Gutachtens nicht verwertet werden (BGH FamRZ 2016, 1148). Das Verfahren bietet die Möglichkeit, den Betroffenen nach Vorschlägen für die Person des Betreuers zu fragen (§ 1897 Abs 4 BGB). Über die persönliche Anhörung hat das Gericht einen Vermerk zu fertigen. In dem Vermerk sind die wesentlichen Vorgänge der persönlichen Anhörung aufzunehmen (§ 28 Abs 4 FamFG). Die Vorgänge sind vollständig, im Zusammenhang und frei von Wertungen des Gerichts wiederzugeben (OLG Karlsruhe FamRZ 1997, 688 mAnm EWERS, 689 u Anm SCHULTE-KELLINGHAUS, 1295; OLG Brandenburg 11. 2. 2011 – 13 UF 7/11– entschieden für die Anhörung des Kindes, gilt aber gleichermaßen für die persönliche Anhörung des Betroffenen).

Will das Gericht gemäß § 282 FamFG ein Gutachten des Medizinischen Dienstes der **378** Krankenversicherung verwenden, hat es nach Durchsicht des Gutachtens vor einer weiteren Verwendung die Einwilligung des Betroffenen oder des Verfahrenspflegers einzuholen (§ 282 Abs 3 S 1 FamFG).

5.   Gutachten; ärztliches Zeugnis; Verwendung von MDK-Gutachten

Das Betreuungsgericht kann oder muss sich verschiedener fachlicher Hilfen bedie- **379** nen. Das FamFG unterscheidet, ohne damit eine Hierarchie zu verbinden, das **Gutachten** eines Sachverständigen, das ärztliche **Zeugnis** und die (formlose) **Anhörung** eines Sachverständigen. In bestimmten Fällen hat das Gericht das Sachverständigengutachten einzuholen; in einigen Fällen kann ein ärztliches Zeugnis das Gutachten eines Sachverständigen ersetzen (vgl § 281 FamFG). Das ärztliche Attest hat auch eine eigenständige Bedeutung (vgl § 300 Abs 1 S 1 Nr 2 FamFG). In bestimmten Verfahrensabschnitten hat das Gericht vor einer Entscheidung einen Sachverständigen anzuhören (§ 284 Abs 1 S 1 FamFG). Im Verfahren zur Bestellung eines Betreuers zur Wahrnehmung der Rechte des Beamten im Disziplinarverfahren nach § 19 Abs 2 Nr 1 BDO, das sich nach den Vorschriften des FamFG richtet, kann die Begutachtung des Betroffenen gemäß § 30 Abs 1 FamFG iVm § 411a ZPO durch die Verwertung eines gerichtlich oder staatsanwaltlich eingeholten Sachverständigengutachtens aus einem anderen Verfahren ganz oder teilweise ersetzt werden; das Gutachten muss aber den Anforderungen des § 280 Abs 3 FamFG genügen (BGH FamRZ 2012, 293, 295). Bevor das Gericht das Gutachten durch ein gerichtlich oder staatsanwaltlich eingeholtes Gutachten aus einem anderen Verfahren ersetzt (§ 411 ZPO), hat es den Beteiligten rechtliches Gehör zu gewähren (BGH FamRZ 2017, 48 =

Werner Bienwald

MDR 2016, 1468; MDR 2017, 70; s auch BGH FamRZ 2016, 1149 mAnm SEIFERT = FGPrax 2016, 175). Ob ein Gutachten, das im Zeitpunkt der erstinstanzlichen Entscheidung rund ein Jahr zurückliegt, noch verwertbar ist, ist eine Frage der vom Rechtsbeschwerdegericht nur eingeschränkt nachprüfbaren Beweiswürdigung; eine starre Frist, binnen derer ein eingeholtes Sachverständigengutachten noch verwertet werden kann, kennt das Gesetz nicht (BGH FamRZ 2016, 2091, 2092 Rn 7, 8 FamFG).

380 Soweit das ärztliche Zeugnis anstelle eines Sachverständigengutachtens ausreicht, sind an seinen Inhalt und das Zustandekommen (persönliche Untersuchung oder Befragung des Probanden) die gleichen Anforderungen wie an ein Gutachten zu stellen (§§ 281 Abs 2, 280 Abs 2 FamFG; KEIDEL/BUDDE FamFG[17] § 281 Rn 1). Ein amtsärztliches Zeugnis ist kein ärztliches Gutachten, seine Verwertung kann die Einholung eines medizinischen Sachverständigengutachtens nicht ersetzen (BVerfG FamRZ 2012, 185). Für die auf Veranlassung des Gerichts ausgestellte Bescheinigung zur Entscheidung über die Verlängerung der Betreuung schuldet die Staatskasse das in Anl 2 Nr 200 zu § 10 Abs 1 JVEG angegebene Honorar (OLG Brandenburg FamRZ 2011, 400 mAnm BIENWALD, 401).

381 Ein Betreuer darf erst bestellt werden, nachdem das Gutachten eines Sachverständigen über die Notwendigkeit einer Betreuung eingeholt worden ist, das diese Voraussetzungen überzeugend feststellt (§ 280 Abs 1 FamFG). Näheres oben Rn 97 ff. Lässt sich nach dem bisherigen Informationsstand des Gerichts feststellen, dass eine Betreuerbestellung abzulehnen ist bzw unterbleibt, muss das Gericht und darf es auch aus verfahrensökonomischen Gründen nicht noch ein Gutachten eines Sachverständigen in Auftrag geben (BGH FamRZ 2015, 844 = FGPrax 2015, 128 LS; FamRZ 2015, 2047, 2048 = NJW 2016, 159, 160; im Ergebnis auch KEIDEL/BUDDE § 280 FamFG Rn 3, BIENWALD Anm zu LG Saarbrücken FamRZ 2011, 1094, 1095). Deshalb hat das Gericht vor der Anordnung der Gutachtenerstattung zu prüfen, ob hinreichende Anhaltspunkte dafür vorliegen, dass Betreuungsbedarf besteht oder die Anordnung eines Einwilligungsvorbehalts **in Betracht** kommt (BGH FamRZ 2015 Rn 13).

Das Gutachten hat sich, obwohl in § 280 Abs 3 FamFG nicht erwähnt, zu der Frage zu äußern, ob die betroffene Person iSd Abs 1a einen freien Willen bilden kann, um sich gegen die Bestellung eines Betreuers zu wenden (BGH FamRZ 2014, 647 Rn 5 ff; FamRZ 2014, 1626 Rn 19). Das Gericht hat das Gutachten im Rahmen eines förmlichen Beweisverfahrens einzuholen (§ 280 Abs 1 FamFG). Danach gelten die Vorschriften der Zivilprozessordnung über den Sachverständigenbeweis entsprechend (§ 30 Abs 1 FamFG; §§ 402 bis 414 ZPO; KEIDEL/BUDDE § 280 FamFG Rn 4). Eine bloße **Verdachtsdiagnose** des Sachverständigen reicht für die Feststellung der Voraussetzungen einer Betreuerbestellung nicht aus (BGH FamRZ 2015, 44 = BtPrax 2015, 25 = NZFam 2015, 74 im Anschluss an FamRZ 2012, 1210 = MDR 2012, 91= FGPrax 2012, 199; FGPrax 2017, 29). Zu mangelnder Eindeutigkeit sachverständiger Aussage BGH FamRZ 2015, 648.

382 Der Sachverständige soll Arzt für Psychiatrie oder Arzt mit Erfahrung auf dem Gebiet der Psychiatrie sein (§ 280 Abs 1 S 2 FamFG). Das entspricht der Praxis vor Inkrafttreten des FamFG (OLG Schleswig FamRZ 2008, 77). Die Vorschrift schließt nicht aus, dass in **begründeten** Fällen ein Sachverständiger einer anderen Profession bestellt wird. Der Gutachter in einer Unterbringungssache muss schon vor der Untersuchung des Betroffenen zum Sachverständigen bestellt worden sein (BGH FamRZ 2013, 1725; FamRZ 2015, 2047, 2048 = NJW 2016, 159; FamRZ 2015, 2156 mAnm SEIFERT, 2157).

In seinem Beschluss vom 13. 7. 2016 (XII ZB 46/15, FamRZ 2016, 1665, 1666) wiederholt der BGH und bestätigt seine bereits in früheren Entscheidungen getroffene Feststellung, dass das Gericht die Sachkunde des mit der Erstattung des psychiatrischen Gutachtens beauftragten Sachverständigen zu prüfen und in der Entscheidung darzulegen habe, wenn der Sachverständige nicht Arzt für Psychiatrie, aber Arzt mit Erfahrung auf dem Gebiet der Psychiatrie sei (BGH FamRZ 2012, 1207, 1208 mAnm FRÖSCHLE, 1209; FamRZ 2011, 637 Rn 17; FamRZ 2010, 1726 Rn 13, jeweils mwNw; FamRZ 2016, 456; BGH FamRZ 2017, 234 Rn 8). Der allgemein gehaltene Hinweis des Beschwerdegerichts, an den begründeten Ausführungen der gerichtsbekannt sorgfältigen und kompetenten Sachverständigen zu zweifeln bestehe kein Anlass, hat der BGH als Prüfung und Festellung nicht gelten lassen. Nach BGH, FamRZ 2016, 1665, 1666 (im Anschluss an BGH FamRZ 2016, 456 = BtPrax 2016, 235) soll aber regelmäßig die tatrichterliche Festellung, dass die/der beauftragte Sachverständige Arzt mit Erfahrung auf dem Gebiet der Psychiatrie ist, ausreichen. Damit dürfte die Praxis, eine floskelhafte Wendung zu benutzen, ihre Fortsetzung finden.

Obwohl der BGH von dem Tatrichter verlangt, dass er die Prüfung der Sachkunde und deren Ergebnis in der Entscheidung darlegt, wird auch in Zukunft nicht damit zu rechnen sein, dass sich die Begründungspraxis ändert, die sich schon bisher vielfach auf die Wiedergabe des Gesetzestextes beschränkte.

Die Anordnung des Beschwerdegerichts über die Erholung eines entsprechenden **383** psychiatrischen Sachverständigengutachtens ist **grundsätzlich unanfechtbar** (BayObLG FamRZ 2000, 249 mAnm BIENWALD). Zwischen- und Nebenentscheidungen sind grundsätzlich nicht selbständig anfechtbar (vgl § 58 Abs 1 FamFG; BT-Drucks 16/6308, 203; BVerfG FamRZ 2016, 1044). Mit der Verfassungsbeschwerde können Zwischenentscheidungen (hier: Anordnung eines Sachverständigengutachtens zum weiteren Vorliegen der medizinischen Voraussetzungen einer Betreuung) nur angefochten werden, wenn die Zwischenentscheidung zu einem bleibenden rechtlichen Nachteil für den Betroffenen führt (BVerfG FamRZ 2016, 1044); als Zwischenentscheidung ist die Anordnung eines Sachverständigengutachtens (hier zum weiteren Vorliegen der medizinischen Voraussetzungen einer zivilrechtlichen Betreuung) unanfechtbar (BVerfG FamRZ 2016, 1044). Der Beschluss, durch den ein Sachverständiger mit der Erstellung eines Gutachtens über die Betreuungsbedürftigkeit des Betroffenen beauftragt wird ohne diesen zu verpflichten, sich zum Zwecke der Begutachtung untersuchen zu lassen, ist unanfechtbar (BGH FamRZ 2008, 774 mAnm BIENWALD; BVerfG FamRZ 2016, 1044). Ist die gerichtliche Anordnung, sich untersuchen zu lassen, objektiv willkürlich, kann diese Anordnung mit der Beschwerde angegriffen werden (noch zu §§ 19, 20 FGG aF BGH FamRZ 2008, 1002 mAnm BIENWALD).

Bevor das Betreuungsgericht einen/den Sachverständigen mit der Erstellung eines **384** Gutachtens zwecks Prüfung einer möglichen Betreuungsbedürftigkeit **beauftragt**, hat es dem Betroffenen **Gelegenheit zur Stellungnahme** oder einer persönlichen Anhörung einzuräumen (BVerfG NJW 2011, 1275; FamRZ 2011, 272 mAnm DIENER 274). Ist der Betroffene im Betreuungsverfahren (wie in diesem Fall) nicht zur Zusammenarbeit mit dem Sachverständigen bereit, entfällt dadurch allein nicht die Notwendigkeit der im Gesetz vorgesehenen Anhörung. Es ist in einem solchen Fall angezeigt, mittels der Anhörung die Gründe zu erkunden, die den Betroffenen zu einer Verweigerungshaltung bringen (BVerfG NJW 2011, 1275). Im Hinblick auf die im geltenden Recht nicht vorgesehene Anfechtung der Sachverständigenbeauftragung erhält die vor der Beauftragung des Sachverständigen vorzunehmende Anhörung des Betroffenen zum Schutz seiner Rechte besondere Bedeutung (BVerfG NJW 2011, 1275, 1276 mwNw). Demgegenüber sieht das OLG Saarbrücken (FamRZ 2011, 1094 mAnm BIENWALD) die Notwendigkeit vorheriger persönlicher Anhörung des Betroffenen nur für die zwei gesetzlich geregelten Ausnahmen vor (Untersuchung und Vorführung sowie Unterbringung; §§ 283 Abs 1 S 2, 284 Abs 1 S 1 FamFG). Lehnt der Betroffene die Befragung und körperliche Untersuchung durch den Sachverständigen ab, kann der persönliche Eindruck des Sachverständigen vom Betroffenen im Zusammenhang mit den zur Verfügung stehenden Unterlagen und den Angaben behandelnder Personen ausnahmsweise eine ausreichende Grundlage für ein Gutachten über die Notwendigkeit einer Betreuung bilden (BGH FamRZ 2016, 1149 mAnm SEIFERT = FGPrax 2016, 175).

385   Das Gutachten hat sich auf folgende Bereiche zu erstrecken: das Krankheitsbild einschließlich der Krankheitsentwicklung, die durchgeführten Untersuchungen und die diesen zugrunde gelegten Forschungserkenntnisse, den körperlichen und psychiatrischen Zustand des Betroffenen, den Umfang des Aufgabenkreises und die voraussichtliche Dauer der Maßnahme (§ 280 Abs 3 FamFG). Diese Anforderungen an das erforderte Gutachten stellen einen **Mindestkatalog** dar und schließen weitere Feststellungen und Bewertungen, zu denen der jeweilige Einzelfall Anlass gibt, nicht aus. Das Gutachten muss so gefasst sein, dass das Gericht es auf seine wissenschaftliche Begründung, seine innere Logik und seine Schlüssigkeit hin überprüfen kann (BHG FamRZ 2012, 104 = NJW 2012, 317 im Anschluss an BGH FamRZ 2011, 637 Rn 12 = NJW-RR 2011, 641). Das gilt auch dann, wenn ein Gutachten nicht erforderlich gewesen wäre, aber dennoch eingeholt und zur Grundlage der Entscheidung gemacht wurde (BGH FamRZ 2012, 104 [105] = NJW 2012, 317). Näher oben Rn 97 ff.

386   Zur Einholung der Gutachten, der Gutachtenqualität und der Notwendigkeit krit Auseinandersetzung näher BIENWALD, in: BIENWALD/SONNENFELD/HARM, BtR § 280 – § 284 FamFG und oben Rn 100 ff (vgl statt aller KG FamRZ 1995, 1379 = BtE 1994/95, 182 mAnm FLORENTZ; BGH FamRZ 2012, 1796 mAnm SCHMIDT-RECLA). Das Gericht ist zu einer kritischen Würdigung des Sachverständigengutachtens verpflichtet. Es hat sich ein eigenes Bild von der Richtigkeit der durch den Sachverständigen gezogenen Schlüsse zu machen. Eine pauschale Bezugnahme auf den Inhalt des Gutachtens lässt eine solche Würdigung regelmäßig vermissen (BGH FamRZ 2012, 1796, 1797 mAnm SCHMIDT-RECLA). Die Prüfpflicht des Gerichts erstreckt sich auf die wissenschaftliche Begründung des Gutachtens, seine innere Logik und seine Schlüssigkeit (BGH FamRZ 2016, 1352, 1353 Rn 10 = MDR 2016, 843). Legt der Tatrichter seine eigene medizinische Sachkunde nicht dar, darf er sich nicht ohne weitere Aufklärung über das erstattete Gutachten zur Notwendigkeit einer Betreuung hinwegsetzen (BGH FamRZ 2016, 1352 = MDR 2016, 843). Zu eigenmächtiger Abweichung vom Gutachtenauftrag und den Folgen bereits SchlHOLG SchlHA 1997, 43. Zur Berücksichtigung des Ergebnisses der Anhörung der zuständigen Behörde, wenn es dem Sachverständigen bei der Erstellung seines Gutachtens vorliegt, § 280 Abs 2 S 1 FamFG sowie oben Rn 97.

Der Sachverständige hat den Betroffenen vor der Erstattung des Gutachtens per- **387** sönlich zu untersuchen oder zu befragen (§ 280 Abs 2 FamFG). Ein ohne die erforderliche persönliche Untersuchung erstattetes Sachverständigengutachten ist grundsächlich nicht verwertbar (BGH FamRZ 2016, 1149 mAnm Seifert = FGPrax 2016, 175).

Der Sachverständige hat außerdem vor der Untersuchung (oder Befragung) dem Betroffenen den Zweck der Untersuchung zu eröffnen, damit der Betroffene sein Recht, an der Beweisaufnahme teilzunehmen, sinnvoll ausüben kann (BGH FamRZ 2015, 486 = BtPrax 2015, 67 = Rpfleger 2015, 333; FamRZ 2013, 1725 Rn 8; FamRZ 2015, 2156). Trotz mangelnder Kooperationsbereitschaft des Betroffenen darf sich der Sachverständige nicht mit einer kurzen Exploration am Fenster begnügen (OLG Köln FamRZ 2001, 310). Eine Begutachtung nach Aktenlage ist grundsätzlich nicht zulässig (BGH FamRZ 2015, 486 = BtPrax 2015, 67 = Rpfleger 2015, 333; FamRZ 2014, 1917 = FGPrax 2014, 252 = NJW 2014, 3445). Weigert sich der Betroffene, einen Kontakt mit dem Sachverständigen zuzulassen, ist das kein hinreichender Grund, von einer persönlichen Untersuchung durch den Sachverständigen abzusehen (BGH FamRZ 2016, 1149 mAnm Seifert = MDR 2016, 1023). Der persönliche Eindruck des Sachverständigen vom Betroffenen im Zusammenhang mit den zur Verfügung stehenden Unterlagen und den Angaben der behandelnden Personen können eine ausreichende Grundlage für ein Gutachten über die Notwendigkeit einer Betreuung darstellen, wenn der Betroffene es ablehnt, sich befragen und untersuchen zu lassen (BGH FamRZ 2016, 1149, 1150 mAnm Seifert). Kann der Sachverständige seine Erkenntnisse nicht aus einer Befragung des Betroffenen schöpfen, setzt das Gesetz eine Untersuchung des Betroffenen zwingend voraus. Diese erfordert zumindest, dass sich der Sachverständige einen persönlichen Eindruck von dem Betroffenen verschafft (BGH FamRZ 2016, 1149, 1150 mAnm Seifert).

Hat der Betroffene einen Antrag auf Bestellung eines Betreuers gestellt oder soll ein **388** Betreuer nur zur Geltendmachung von Rechten des Betroffenen gegenüber seinem Bevollmächtigten bestellt werden, genügt ein ärztliches Zeugnis, im ersten Fall allerdings nur, wenn der Betroffene auf die Begutachtung verzichtet hat und das Einholen des Gutachtens insbesondere im Hinblick auf den Umfang des Aufgabenkreises des Betreuers unverhältnismäßig wäre (§ 281 Abs 1 FamFG). Entspricht das ärztliche Zeugnis den Anforderungen des § 281 FamFG und stellt der Betroffene den Antrag, ihm einen Betreuer zu bestellen, so bedarf es noch der Feststellung, dass dieser Antrag auf dem freien Willen des Betroffenen beruht und nicht etwa durch Druck interessierter Angehöriger oder durch sonstige Beeinflussungen zustande gekommen ist. Hierzu kann und sollte sich ggf das ärztliche Zeugnis äußern.

Im Verfahren über einen Antrag auf **Aufhebung** der Betreuung ist erneut ein Gut- **389** achten einzuholen, wenn die Erstellung des letzten Gutachtens lange (hier: 1 Jahr und 5 Monate) zurückliegt oder eine erhebliche Veränderung seiner Tatsachengrundlagen nahe liegt (BayObLG FamRZ 2003, 115 [LS]). Nach § 294 FamFG ist die Einholung eines Sachverständigengutachtens im Aufhebungsverfahren nicht obligatorisch (BGH 2012, 104 [105]). Stellt der Betroffene einen Antrag auf Aufhebung der Betreuung und war vor der Bestellung des Betreuers nach § 281 Abs 1 Nr 1 von der Einholung eines Gutachtens abgesehen worden, hat das Gericht das Gutachten nachzuholen, wenn es den Antrag des Betroffenen ablehnen will (§ 294 Abs 2 FamFG).

390 Das Gericht kann im Verfahren zur Bestellung eines Betreuers von der Einholung eines Gutachtens nach § 280 Abs 1 absehen, soweit durch die Verwendung eines bestehenden ärztlichen Gutachtens des Medizinischen Dienstes der Krankenversicherung nach § 18 SGB XI festgestellt werden kann, inwieweit bei dem Betroffenen infolge einer psychischen Krankheit oder einer geistigen oder seelischen Behinderung die Voraussetzungen für die Bestellung eines Betreuers vorliegen (§ 282 Abs 1 FamFG). Die Gutachten enthalten jedoch oft nicht die für die Entscheidungsfindung des Betreuungsgerichts nötigen Angaben (KÖLLER/ENGELS, Rechtliche Betreuung in Deutschland 208, 209).

Das in einem anderen Verfahren eingeholte Gutachten kann nur dann verwertet werden, wenn es gemäß § 411a ZPO in das Verfahren eingeführt und dem Betroffenen Gelegenheit gegeben worden ist, zu den Ausführungen des zu verwertenden Gutachtens in dem Verfahren Stellung zu nehmen (im Anschluss an Senatsbeschluss 16. 11. 2011, FamRZ 2012, 2993; FamRZ 2016, 1149 mAnm SEIFERT = MDR 2016, 1022).

Hat der Betroffene nicht ausreichend Zeit, vom Sachverständigengutachten Kenntnis zu nehmen und sich dazu zu äußern, kann dieses Gutachten nicht verwertet werden (BGH FamRZ 2016, 1148).

391 Das Gericht kann anordnen, dass der Betroffene zur Vorbereitung eines Gutachtens **untersucht** und durch die zuständige Behörde zu einer Untersuchung **vorgeführt** wird (§ 283 Abs 1 FamFG). Türöffnungskosten, die der Betreuungsbehörde aus Anlass der Vorführung des Betroffenen zu einer Untersuchung gem § 283 FamFG entstehen, hat die Behörde selbst zu tragen; sie nimmt eine originär eigene Aufgabe iSd § 8 Abs 1 S 1 BtBG wahr (BGH FamRZ 2016, 451 Rn 12, 13).

Zur Sicherung seiner Verfahrensrechte soll der Betroffene vor der Vorführung persönlich angehört werden (§ 283 Abs 1 S 2 FamFG; BT-Drucks 16/6308, 268; BVerfG FamRZ 2010, 1145 = BtPrax 2010, 173 = Rechtsdienst der Lebenshilfe 2010, 75). Wurde dem Betroffenen vor der Anordnung der Vorführung zu einer Untersuchung zur Erforderlichkeit der Betreuung eines Betreuers kein rechtliches Gehör gewährt, verstößt die Anordnung gegen Art 103 Abs 1 GG (BVerfG FamRZ 2010, 1145, 1146 mAnm SCHMIDT-RECLA und DIENER).

392 Die Anordnung ist als **Zwischenentscheidung nicht anfechtbar** (vgl § 58 Abs 1 FamFG) und zwar auch dann nicht, wenn der Betroffene aufgrund der Anordnung mehrere Tage im Bezirkskrankenhaus untergebracht wird (BayObLG FamRZ 2002, 419 = NJWE-FER 2001, 323; FamRZ 2001, 707 = FGPrax 2001, 78; aA KG FamRZ 2001, 311 = FGPrax 2000, 237 und BtPrax 2002, 78 = FamRZ 2002, 970, 972 [dort auch zu den Gründen, die Sache dem BGH nicht vorlegen zu müssen]). Ausnahmsweise kann der Betroffene die gerichtliche Anordnung, sich psychiatrisch untersuchen zu lassen, jedenfalls dann anfechten, wenn die Anordnung objektiv willkürlich, dh in so krassem Maße rechtsfehlerhaft ist, dass sie unter Berücksichtigung des Schutzzwecks von Art 3 Abs 1 und Art 103 Abs 1 GG nicht mehr verständlich erscheint (BGH FamRZ 2007, 1002). Einen solchen krassen Ausnahmefall nahm der BGH dann an, wenn das Gericht die psychiatrische Untersuchung eines Betroffenen anordnet, ohne ihn vorher persönlich gehört oder sonstige Feststellungen, die die Annahme der Betreuungsbedürftigkeit des Betroffenen rechtfertigen könnten, getroffen zu haben (BGH FamRZ 2007, 1002).

Das Gericht kann außerdem (nach Anhörung eines Sachverständigen und persön- **393** licher Anhörung des Betroffenen) anordnen, dass der Betroffene auf bestimmte Dauer (bis zu sechs Wochen, längstens jedoch bis zu drei Monaten) **untergebracht** und **beobachtet** wird, soweit dies zur Vorbereitung des Gutachtens erforderlich ist (§ 284 Abs 2 FamFG). Der Anordnung sind enge Grenzen gesetzt. Sie setzt eine strenge Verhältnismäßigkeitsprüfung voraus. Zunächst sind alle anderen ärztlichen Maßnahmen, insbesondere eine Vorführung zur Untersuchung oder zu einem Erörterungstermin zu versuchen. Weitere Voraussetzung für eine derartige Unterbringung ist in Anbetracht der Schwere des Grundrechtseingriffs ein konkreter Verdacht auf Betreuungsbedürftigkeit. Es müssen tatsächliche Anhaltspunkte von erheblichem Gewicht auf eine Betreuungsbedürftigkeit hindeuten. Bloße Vermutungen reichen nicht aus (BayObLG FamRZ 2006, 289 [290] mwNw). Gegen die Unterbringungsbeschlüsse findet die sofortige Beschwerde nach den §§ 567 bis 572 ZPO statt (§ 284 Abs 3 S 2 FamFG). Sowohl bei der Vorführung als auch bei der Unterbringung darf die Behörde Gewalt nur nach entsprechender ausdrücklicher Entscheidung des Gerichts anwenden. Auch darf die Wohnung des Betroffenen ohne dessen Einwilligung nur betreten werden, wenn das Gericht dies aufgrund einer ausdrücklichen Entscheidung angeordnet hat (Ausnahmefall: Gefahr im Verzug); §§ 283 Abs 2 und 3, 284 Abs 3 S 1 FamFG.

Das Betreuungsgericht hat das schriftliche Sachverständigengutachten dem Betrof- **394** fenen **vollständig** und **rechtzeitig** vor der persönlichen Anhörung zu übersenden (BGH FamRZ 2014, 648, 649; FamRZ 2013, 1725; FamRZ 2011, 1574; FamRZ 2014, 1916 [LS] = NZFam 2015, 26 mAnm LEEB; BGH FamRZ 2015, 2047, 2048 = NJW 2016, 159). Die Bekanntgabe des Gutachtens an den Verfahrenspfleger ersetzt nicht die notwendige Bekanntgabe an den Betroffenen persönlich (BGH FamRZ 2017, 911). Die Verwertung des Sachverständigengutachtens als Entscheidungsgrundlage setzt außerdem voraus, dass das Gericht den Beteiligten ausreichend Gelegenheit zur Stellungnahme eingeräumt hat (BGH FamRZ 2015, 2047, 2048 = NJW 2016, 159; FamRZ 2015, 2156 mAnm SEIFERT; FamRZ 2014, 1916 [LS] = NZFam 2015, 26; FamRZ 2013, 1725). Sieht es davon ab, dem Betroffenen das schriftliche Gutachten mit der vollständigen Begründung bekannt zu geben, weil zu besorgen ist, dass die Bekanntgabe die Gesundheit des Betroffenen schädigen werde, hat es einen Verfahrenspfleger zu bestellen, diesem das Gutachten zu übergeben und von ihm zu erwarten, dass er mit dem Betroffenen über das Gutachten spricht (BGH FamRZ 2014, 648, 649; FamRZ 2013, 1725; BtPrax 2010, 278; FamRZ 2011, 1289 = FGPrax 2011, 232 [LS]; FamRZ 2011, 1574, 1575). Sollen in einem Betreuungsverfahren im Anhörungstermin in Abwesenheit des Betroffenen gemachte Ausführungen des Sachverständigen verwertet werden, muss dem Betroffenen vorher Gelegenheit zur Stellungnahme gegeben werden (BGH FamRZ 2011, 1574 = FGPrax 2011, 232 [LS]).

Vorführung zur Untersuchung sowie Unterbringung zur Begutachtung sind zur Vor- **395** bereitung eines Gutachtens vorgesehen, nicht jedoch für die Erstellung eines ärztlichen Zeugnisses. Mit dem Amtsermittlungsprinzip ist es grundsätzlich nicht zu vereinbaren, dass das Betreuungsgericht (in diesem Fall zwecks Aufhebung der

Betreuung) dem Betroffenen auferlegt, ärztliche Atteste vorzulegen (BGH NJW 2011, 1289, 1290 = FGPrax 2011, 118 [LS]).

6. Gelegenheit zur Äußerung Dritter und der zuständigen Behörde sowie weitere Ermittlungen

396 Vor der Bestellung eines Betreuers (oder der Ablehnung der Betreuerbestellung) hat das Gericht die zuständige Behörde anzuhören, wenn es der Betroffene verlangt oder es der Sachaufklärung dient (§ 279 Abs 2 FamFG). Das Gericht hat die sonstigen Beteiligten (§ 274 FamFG) und auf Verlangen des Betroffenen eine ihm nahestehende Person anzuhören, wenn dies ohne erhebliche Verzögerung möglich ist (§ 279 Abs 1 und 3 FamFG).

397 Nach Auffassung des OLG Oldenburg verbieten Datenschutzgesichtspunkte nicht, in Betreuungsverfahren Daten anderer Behörden (hier: Schulbehörde) im Wege der Amtshilfe einzuholen; die auf diesem Wege in Anspruch genommenen Behörden seien durch den Datenschutz nicht prinzipiell gehindert, Daten weiterzugeben, deren das Gericht im Interesse des Betroffenen dringend bedarf, um über die Erforderlichkeit der Betreuung entscheiden zu können (FamRZ 1996, 757, 758 = NdsRpfl 1996, 94). Im Anschluss an diese Feststellung wird allerdings in der Sache eine Güterabwägung vorgenommen (**abl** PARDEY, Schutz persönlicher Daten Betreuter, BtPrax 1998, 92, 95).

7. Die Entscheidung, deren Bekanntmachung und Anfechtbarkeit; Rechtswidrigkeitsfeststellung

a) Die Entscheidung und ihre Bekanntmachung

398 Die Entscheidung, durch die ein Betreuer bestellt oder die Bestellung abgelehnt wird, ergeht durch Beschluss, dessen Inhalt zunächst für alle Beschlüsse durch § 38 FamFG bestimmt wird. Die Beschlussformel hat im Fall der Bestellung eines Betreuers den Anforderungen des § 286 FamFG zu entsprechen. Dazu gehört dann auch die Bezeichnung des Aufgabenkreises des Betreuers sowie die genaue Bezeichnung des Betreuers hinsichtlich seiner Stellung als Allein-, Vereins- oder Behördenbetreuer und eine etwaige berufsmäßige Führung der Betreuung (§ 286 Abs 1 Nr 4 FamFG). Außerdem gehört dazu die Angabe des Zeitpunktes, zu dem das Gericht spätestens über die Aufhebung oder die Verlängerung der Maßnahme zu entscheiden hat (§ 286 Abs 3 FamFG). Dieser Zeitpunkt darf höchstens sieben Jahre nach Erlass der Entscheidung liegen (§§ 294 Abs 3, 295 Abs 2 FamFG). Für die Bestimmung des Zeitpunktes bei der Anordnung der Betreuung ist der Verhältnismäßigkeitsgrundsatz zu beachten (OLG Köln NJWE-FER 1998, 226). Der Zeitpunkt des Bekanntwerdens der Betreuerbestellung ist dafür maßgebend, ob der Betroffene noch allein handeln darf oder ob der Betreuer (neben ihm oder an seiner Stelle) handelt und ob ggf die Einwilligung des Betreuers nach § 1903 Abs 1 (Einwilligungsvorbehalt) erforderlich ist. Eine gesonderte Anfechtung der Bestimmung des Zeitpunkts ist nicht vorgesehen.

399 Die Entscheidung, durch die ein Betreuer bestellt oder die Bestellung abgelehnt wird (Einheitsentscheidung), ist zu begründen (§ 38 Abs 3 S 1 FamFG). Grundsätzlich muss jede Endentscheidung begründet werden; andernfalls ist die Sache an das

Gericht der ersten Instanz zurückzuverweisen (OLG Saarbrücken FamRZ 2015, 1928).
Die Begründungspflicht umfasst die Bestellung des Betreuers für jeden Aufgabenkreis, zB die Erforderlichkeit der Betreuung für die Vermögenssorge (BGH FamRZ
2013, 619, 620). Die in Abs 4 geregelten Ausnahmen von der Begründungspflicht
gelten nicht für die Endentscheidungen in Betreuungssachen. Die danach ergangenen Endentscheidungen (auch die Ablehnungen einer Betreuerbestellung) sind in
jedem Fall zu begründen. Sie sind dem Betroffenen bekanntzumachen (§ 41 Abs 1
FamFG). Das gilt auch für die Entscheidung, durch die das Betreuungsgericht die
Betreuung erweitert oder/und verlängert (BGH NJW 2015, 2576, 2577). Von der Bekanntmachung der Entscheidungsgründe an den Betroffenen kann abgesehen werden, wenn dies nach ärztlichem Zeugnis zur Vermeidung erheblicher Nachteile für
seine Gesundheit erforderlich ist (§ 288 Abs 1 FamFG). Fehlt die erforderliche
Begründung, handelt es sich um einen groben Verfahrensmangel, der die Aufhebung
der Entscheidung im Beschwerdeverfahren und die Zurückweisung der Sache an das
Gericht erster Instanz rechtfertigt (BORK ua, FamFG[2] § 38 Rn 46; BGH NJW 2015, 2576).
Gegen die Anordnung, dem Betroffenen die Gründe der Entscheidung nicht bekanntzumachen, war bisher die Beschwerde statthaft (BayObLGZ 1999, 191= FamRZ
2000, 250 = FGPrax 1999, 181 = NJW-RR 2001, 583; OLG Stuttgart FGPrax 2003, 72). Der
Beschluss soll jetzt mit der instanzabschließenden Entscheidung anfechtbar sein
(KEIDEL/BUDDE Rn 5; JÜRGENS/KRETZ Rn 5; DAMRAU/ZIMMERMANN[4] Rn 23, alle zu § 288
FamFG). Diese schematische Beurteilung sollte überprüft und aufgegeben werden,
weil die Begründung für die Entscheidung maßgebend sein kann, ob die Entscheidung angefochten werden sollte. Die Entscheidung wird wirksam mit der Bekanntgabe an den Betreuer (§ 287 Abs 1 FamFG). Ist die Bekanntgabe an den Betreuer
nicht möglich oder ist Gefahr im Verzug, kann das Gericht die sofortige Wirksamkeit des Beschlusses anordnen (§ 287 Abs 2 S 1 FamFG). Das weitere Verfahren
richtet sich nach § 287 Abs 2 S 2 und 3 FamFG.

b) Rechtsbehelfe

Der Betroffene kann gegen die Entscheidung des Gerichts, durch die ein Betreuer **400**
bestellt oder die Bestellung eines Betreuers abgelehnt wurde, Beschwerde einlegen
(§§ 58, 59 FamFG; nach § 305 FamFG ggf beim Gericht des Unterbringungsortes; krit
zur 12. Aufl SCHREIEDER FGPrax 1998, 41, 42). Die Beschwerde mit dem Ziel der Betreuerbestellung kann der Betroffene unabhängig davon, ob er in erster Instanz mit einer
Betreuung einverstanden war, einlegen; eine Versagung der staatlichen Fürsorgeleistung des betreuungsrechtlichen Erwachsenenschutzes stellt für den Betroffenen
eine Rechtsbeeinträchtigung iSd § 59 Abs 1 FamFG dar (BGH FamRZ 2015, 486 Rn 21;
BGH FamRZ 2017, 49 Rn 7). Der Pfleger für das Verfahren (§ 303 Abs 3 FamFG) und
der Verfahrensbevollmächtigte können ebenfalls Beschwerde einlegen, der letzte
jedoch nicht ohne Vollmacht. Wurde der Betreuer von Amts wegen bestellt, steht
die Beschwerde im Interesse des Betroffenen dem Ehegatten oder Lebenspartner
bei nicht dauerndem Getrenntleben, den näheren Verwandten und Verschwägerten
sowie einer Person des Vertrauens zu, wenn sie im ersten Rechtszug beteiligt worden
sind (§ 303 Abs 2 Nr 1 und 2 FamFG). Der in erster Instanz nicht hinzugezogene
Vater des Betroffenen hat gegen die Aufhebung der Betreuung kein Beschwerderecht (LG Bielefeld FamRZ 2011, 1617 mAnm DEINERT, 1618). Durch Einlegen einer Beschwerde gegen die getroffene Betreuungsentscheidung kann die im ersten Rechtszug nicht hinzugezogene Angehörige auch keine Überprüfung der getroffenen
Sachentscheidung durch das Beschwerdegericht erzwingen (BGH FamRZ 2015, 572 =

Werner Bienwald

NJW 2015, 1180). Die zuständige Behörde kann, im Gegensatz zu früherem Recht (s STAUDINGER/BIENWALD [2006] Rn 155), auch dann Beschwerde einlegen, wenn die Bestellung des Betreuers vom Betroffenen beantragt worden ist (§ 303 Abs 1 FamFG). Dem Lebensgefährten des Betroffenen, der nicht Lebenspartner iSd LPartG ist, steht gegen die Bestellung eines Betreuers kein Beschwerderecht zu (BayObLGZ 1998, 10 = FamRZ 1998, 1185 = NJW 1998, 1567; OLG Schleswig FamRZ 2002, 987 = MDR 2002, 645). Der für die Vermögenssorge bestellte Betreuer kann gegen den Beschluss, durch den ein (Berufs-)Betreuer mit dem Aufgabenkreis Gesundheitssorge bestellt worden ist, auch nicht wegen der wirtschaftlichen Auswirkungen der Betreuerbestellung Beschwerde einlegen (LG Freiburg v 11. 12. 2002 – 4 T 259/02).

401 Die Einleitung eines Verfahrens stellt keine mit Rechtsmitteln anfechtbare Verfügung dar (BayObLG NJWE-FER 1998, 225 = FamRZ 1998, 1183 [LS]). Auch die Ablehnung der Einstellung eines auf die Überprüfung der Betreuungsbedürftigkeit gerichteten Verfahrens kann nicht selbständig angefochten werden (OLG Frankfurt FamRZ 2008, 1477). Hat das Gericht den Betreuer auf Antrag bestellt, besteht ein Beschwerderecht der genannten Personen nach den allgemeinen Voraussetzungen der §§ 58, 59 FamFG. Zur Beschwerdebefugnis im Einzelnen sowie zur Zulässigkeit, das **Rechtsmittel** auf die Frage der Auswahl des Betreuers zu **beschränken**, SONNENFELD, in: BIENWALD/SONNENFELD/HARM, BtR § 303 FamFG Rn 26 f. Anders als eine Teilanfechtung der Betreuerauswahl ist eine **Teilanfechtung** nur der **Betreuungsanordnung** nicht möglich (BGH FamRZ 2016, 1258 = FGPrax 2016, 175 = BtPrax 2016, 159 [LS], m Gründen BtPrax 2016, 198 = MDR 2016, 1039 = Rpfleger 2016, 475, im Anschluss an BGH FamRZ 2016, 895 = MDR 2016, 542). Legt der Betroffene gegen die Bestellung eines Betreuers Beschwerde ein, so ist nach BayObLG (FamRZ 1998, 1183, 1184) das Beschwerdegericht nicht befugt, den Aufgabenkreis des Betreuers zu erweitern, weil Gegenstand des Beschwerdeverfahrens grundsätzlich nur der Verfahrensgegenstand sein kann, über den im ersten Rechtszug entschieden worden ist (BGH FamRZ 2011, 367). Die Beschwerdeberechtigung gilt auch für die Verlängerung nach § 295 FamFG, sodass die Söhne eines Betreuten im Verfahren über die Verlängerung der Betreuerbestellung sowohl was die Betreuung als auch was die Person des Betreuers betrifft, beschwerdeberechtigt sein können (OLG Schleswig FamRZ 1998, 963 = NJWE-FER 1998, 155), neuerdings aber nur unter den besonderen Voraussetzungen des § 303 Abs 2 FamFG (insbesondere Beteiligung).

402 Der Vorsorgebevollmächtigte kann ebenso wie der (Vollmachts-)Betreuer gegen eine Entscheidung, die seinen Aufgabenkreis betrifft, auch im Namen des Betroffenen Beschwerde einlegen (§ 303 Abs 4 S 1 FamFG). Obwohl der Wortlaut dieser Vorschrift darauf hindeutet, dass der Betreuer und der Vorsorgebevollmächtigte jeweils auch ein eigenes Beschwerderecht haben, ergibt sich aus der allgemeinen Vorschrift über die Beschwerdeberechtigung (§ 59 FamFG), dass die Beschwerde (nur) demjenigen zusteht, der durch den Beschluss (die Endentscheidung) in seinen Rechten beeinträchtigt ist. Durch die Betreuerbestellung erfährt der Bevollmächtigte in seiner Rechtsposition gegenüber dem Vollmachtgeber keine Veränderung, denn die Aufgabe des Vollmachtsbetreuers erschöpft sich in dem Geltendmachen der Rechte, die dem Vollmachtgeber gegenüber seinem Bevollmächtigten zustehen.

403 Ein Vorsorgebevollmächtigter kann gegen die Bestellung und Auswahl des Betreuers nur im Namen des Betroffenen Rechtsmittel einlegen; ein eigenständiges Beschwerderecht gegen die Bestellung eines Betreuers für seinen Vollmachtgeber hat er nicht (BayObLZ 2003, 106 = FamRZ 2003, 1219 = Rpfleger 2003, 424; Rp 2004, 112; BGH FamRZ 2015, 249 mAnm FRÖSCHLE 251= NJW 2015, 407 = BtPrax 2015, 21; BGH 2015, 1015 = NJW 2015, 1963 = BtPrax 2015, 151 = DNotZ 2015, 615; aA OLG Zweibrücken FamRZ 2003, 703 = FGPrax 2002, 260). Auch eine nach Vollmachtwiderruf fortdauernde Vertretung des Betroffenen durch den Vorsorgebevollmächtigten kann diesem nur die Befugnis geben, eine Beschwerde gegen die Bestellung des Betreuers im Namen des Betroffenen einzulegen (BGH 2015, 1015). Ein Betreuer, dem der Aufgabenkreis Vermögenssorge nicht übertragen ist, der jedoch Bankvollmacht hat, kann weder im eigenen Namen noch im Namen des Betroffenen gegen die Bestellung eines – weiteren – Betreuers für einen Teilbereich der Vermögenssorge Beschwerde einlegen (BayObLG FamRZ 2002, 1590).

Hält das Gericht, dessen Beschluss angefochten wird, die Beschwerde für begründet, **403a** hat es ihr abzuhelfen, andernfalls hat es die Beschwerde unverzüglich dem Beschwerdegericht (Landgericht, § 72 Abs 1 S 2 GVG) vorzulegen (§ 68 Abs 1 S 2 FamFG). Das Beschwerdegericht hat zu prüfen, ob die Beschwerde an sich statthaft und ob sie in der gesetzlichen Form und Frist eingelegt ist (§ 68 Abs 2 S 1 FamFG). Im Übrigen bestimmt sich das Beschwerdeverfahren nach den Vorschriften über das Verfahren im ersten Rechtszug (§ 68 Abs 3 S 1 FamFG). Danach besteht die Pflicht zur persönlichen Anhörung des Betroffenen auch im Beschwerdeverfahren (§§ 68 Abs 3 S 1, 278 Abs 1 S 1 FamFG). Zur Entscheidung über die Beschwerde ohne persönliche Anhörung des Betroffenen LG Mainz FamRZ 2016, 2033 = BtPrax 2016, 246 (LS). Das Beschwerdegericht darf von der persönlichen Anhörung nur absehen, wenn sie im ersten Rechtszug vorgenommen worden ist und von einer erneuten Anhörung keine neuen Erkenntnisse zu erwarten sind (§ 68 Abs 3 S 2 FamFG). Dazu BGH FamRZ 2016, 38; FamRZ 2015, 1603. In der Regel sind neue Erkenntnisse zu erwarten, wenn der Betroffene an seinem in der amtsgerichtlichen Anhörung erklärten Einverständnis mit einer Betreuung im Beschwerdeverfahren nicht mehr festhält (BGH FamRZ 2015, 1603 Rn 6 mwNw; FamRZ 2017, 323 Rn 7).

Gegen die Entscheidungen der zweiten Instanz findet das Rechtsmittel der **Rechts-** **404** **beschwerde** statt (§§ 70 ff FamFG). Grundsätzlich ist sie nur statthaft, wenn das Beschwerdegericht sie in seinem Beschluss (ausdrücklich) zugelassen hat (§ 70 Abs 1 FamFG). Die Rechtsbeschwerde ist ohne Zulassung statthaft in Betreuungssachen zur Bestellung eines Betreuers, zur Aufhebung einer Betreuung, zur Anordnung oder Aufhebung eines Einwilligungsvorbehalts sowie in Unterbringungssachen und Verfahren in Freiheitsentziehungssachen (§ 70 Abs 3 FamFG). In den Fällen des Satzes 1 Nr 2 und 3 gilt dies nur, wenn sich die Rechtsbeschwerde gegen den Beschluss richtet, der die Unterbringung oder die freiheitsentziehende Maßnahme anordnet. Gegen einen Beschluss im Verfahren über die Anordnung, Abänderung oder Aufhebung einer einstweiligen Anordnung oder eines Arrests findet die Rechtsbeschwerden nicht statt (§ 70 Abs 4 FamFG).

Über die Rechtsbeschwerde entscheidet der Bundesgerichtshof (§ 133 GVG). Kritisch dazu KNITTEL FF 2015, 281.

Soweit die Rechtsbeschwerde zugelassen sein muss, hat sie das Gericht zuzulassen, **405** wenn 1. die Rechtssache grundsätzliche Bedeutung hat oder 2. die Fortbildung des Rechts oder die Sicherung einer einheitlichen Rechtsprechung eine Entscheidung des Rechtsbeschwerdegerichts erfordert. Die Bestellung eines Ergänzungsbetreuers kann ebensowenig wie deren Ablehnung ohne Zulassung mit der Rechtsbeschwerde angegriffen werden (BGH FamRZ 2011, 1219). Eine Nichtzulassungsbeschwerde hat das FamFG nicht vorgesehen. Rechtsbeschwerden zum BGH in Betreuungs- und in Unterbringungssachen können von einem Beteiligten formgerecht nur durch einen beim BGH zugelassenen Rechtsanwalt eingelegt werden (§ 10 Abs 4 FamFG; BGH FamRZ 2010, 544 [LS]).

406 Hatte das Gericht gemäß § 1900 Abs 1, 4 BGB einen Verein oder die zuständige Behörde zum Betreuer bestellt, so haben diese dem Gericht Umstände mitzuteilen, aus denen sich ergibt, dass der Betreute durch eine oder mehrere natürliche Personen hinreichend betreut werden kann (§ 1900 Abs 3 BGB). Das BtÄndG hat einen strikten **Nachrang beruflich geführter Betreuung** gegenüber der ehrenamtlichen (grundsätzlich unvergüteten) Betreuung eingeführt (§ 1897 Abs 6, § 1908b Abs 1 S 2 BGB) verbunden mit einer Informationspflicht des bestellten Berufsbetreuers (§ 1897 Abs 6 S 2 BGB), einer Verpflichtung des Gerichts zur Konsultation der Betreuungsbehörde bei erstmaliger Bestellung eines Berufsbetreuers (§ 1897 Abs 7 BGB) und einer kalenderjährlich der Betreuungsbehörde zu meldenden Betreuungszahl und des für die Führung von Betreuungen im Kalenderjahr erhaltenen Geldbetrags (§ 10 VBVG). Außerdem wurde dem Vertreter der **Staatskasse** eingeräumt, **Beschwerde** gegen Entscheidungen des Gerichts einzulegen, durch die eine vorgeschlagene Entlassung des Berufsbetreuers und Bestellung eines ehrenamtlichen Betreuers abgelehnt wurde (§ 304 Abs 1 S 2 FamFG).

c) Feststellung der Rechtswidrigkeit

407 Hat sich die angefochtene Entscheidung in der **Hauptsache erledigt**, spricht das Beschwerdegericht auf Antrag aus, dass die Entscheidung erster Instanz den Beschwerdeführer in seinen Rechten verletzt hat, wenn der Beschwerdeführer ein berechtigtes Interesse an der Feststellung hat. Ein berechtigtes Interesse liegt in der Regel vor, wenn 1. schwerwiegende Grundrechtseingriffe vorliegen oder 2. eine Wiederholung konkret zu erwarten ist (§ 62 FamFG). Die Anordnung einer Betreuung, ohne dass dafür die Voraussetzungen vorliegen, stellt einen solchen tief greifenden und fortwirkenden Grundrechtseingriff dar (BVerfG FamRZ 2010, 1624; BGH FamRZ 2011, 1390); ebenso die Bestellung eines Kontrollbetreuers (BVerfG FamRZ 2008, 2260 mAnm BIENWALD, 2262 = FamRB 2009, 115). Die Feststellung, dass die Entscheidung der Vorinstanz den Rechtsmittelführer in seinen Rechten verletzt hat, erfordert einen darauf gerichteten Antrag (BGH FamRZ 2011, 1390).

Die Vorschrift geht zurück auf die Rechtsprechung des BVerfG seit 1997 zu Art 19 Abs 4 GG, wonach diese Bestimmung Effektivität des Rechtsschutzes gebiete, ein Rechtsmittel nicht ineffektiv gemacht werden dürfe. Diese zunächst zu Unterbringungssachen ergangene Rechtsprechung wurde auch auf diverse Betreuungsverfahren ausgedehnt (FamRZ 2008, 2260; FamRZ 2009, 115 = BtPrax 2009, 27; FamRZ 2010, 1624 = R & P 2011, 23). Es folgten verschiedene Oberlandesgerichte (München FamRZ 2009, 1246 = FGPrax 2009, 113 = R & P 2009, 146 = BtPrax 2009, 122; KG FamRZ 2009, 1942 [im Ergebnis abl]). Weitere Fälle s das Schrifttum zu § 62 FamFG.

8. Verpflichtung des Betreuers; Betreuerausweis

Der Privatbetreuer (Einzelbetreuer) wird mündlich **verpflichtet**. Er ist über seine **408** Aufgabe zu unterrichten (§ 289 Abs 1 FamFG). Der Betreuer erhält unabhängig davon, um wen es sich handelt, eine Urkunde über seine Bestellung (Betreuerausweis; dem Wortlaut des Gesetzes nach eine Bestellungsurkunde; § 290 FamFG). Zur Rechtsqualität der Urkunde SONNENFELD, in: BIENWALD/SONNENFELD/HARM, BtR § 290 FamFG Rn 2. Jeder Betreuer erhält den Betreuerausweis unabhängig von seinem Aufgabenkreis und seiner Funktion, also auch der Gegenbetreuer und der Sterilisationsbetreuer (SONNENFELD, in: BIENWALD/SONNENFELD/HARM, BtR § 290 FamFG Rn 3). Die Urkunde ist keine Vollmachtsurkunde; die Anwendung von § 172 kommt nicht in Betracht (HOLZHAUER/REINICKE § 69b FGG Rn 6). Zur Urkunde des Ersatzbetreuers s MünchKomm/SCHWAB § 1899 Rn 26. In geeigneten Fällen führt das Gericht (der Rechtspfleger) mit dem Betreuer und dem Betroffenen ein Einführungsgespräch (§ 289 Abs 2 FamFG, §§ 3 Nr 2 b, 15 RPflG).

9. Mitteilungen

Das Betreuungsgericht teilt die Entscheidung über die Bestellung eines Betreuers **409** anderen Gerichten, Behörden oder sonstigen öffentlichen Stellen mit, soweit dies unter Beachtung berechtigter Interessen des Betroffenen erforderlich ist, um eine erhebliche Gefahr für das Wohl des Betroffenen, für Dritte oder für die öffentliche Sicherheit abzuwenden (§ 308 Abs 1 FamFG). Ergeben sich im Verlaufe eines gerichtlichen Verfahrens Erkenntnisse, die eine Mitteilung nach § 308 Abs 1 FamFG vor Abschluss des Verfahrens erfordern, so hat das Gericht unverzüglich Mitteilung zu machen (§ 308 Abs 2 FamFG). Mitteilungen ans Wählerverzeichnis und an die Meldebehörde erfolgen nach Maßgabe von § 309 FamFG.

Mitteilungen an das Gericht richten sich ua in Strafsachen nach der Anordnung über Mitteilungen in Strafsachen (Mistra).

10. Einstweilige Anordnung

Das Gericht kann durch einstweilige Anordnung einen **vorläufigen Betreuer** bestel- **410** len (§ 300 Abs 1 FamFG). Eine einstweilige Anordnung tritt, sofern das Gericht keinen früheren Zeitpunkt bestimmt, nach sechs Monaten außer Kraft. Sie kann jeweils nach Anhörung eines Sachverständigen durch weitere einstweilige Anordnungen bis zu einer Gesamtdauer von einem Jahr verlängert werden (§ 302 FamFG). Neben den materiell-rechtlichen Grundvoraussetzungen für die Bestellung eines Betreuers des § 1896 Abs 1–3 müssen die weiteren Voraussetzungen des § 300 Abs 1 S 1 FGG gegeben sein: es müssen dringende Gründe für die Annahme bestehen, dass die Voraussetzungen für die Bestellung eines Betreuers gegeben sind und mit dem Aufschub der Entscheidung Gefahr verbunden ist (BayObLGZ 1997, 142 = FamRZ 1997, 1288 = BtPrax 1997, 197; FamRZ 2001, 935 = BtPrax 2001, 37).

Anstelle einer Begutachtung muss ein ärztliches Zeugnis über den Zustand des **411** Betroffenen vorliegen; außerdem muss im Falle des § 276 FGG ein Pfleger für das Verfahren bestellt werden. Der Betroffene muss persönlich angehört worden sein (§ 300 Abs 1 S 1 Nr 2–4 FamFG). Entgegen dem Wortlaut des § 300 Abs 1 S 1

Nr 2 FGG reicht es nicht aus, dass sich das ärztliche Attest über den Zustand des Betroffenen äußert. Auch im Falle der Bestellung eines vorläufigen Betreuers muss die materiellrechtliche Frage der Erforderlichkeit der Betreuerbestellung vom Sachverständigen (Arzt) behandelt werden (BIENWALD FamRZ 1988, 906; MünchKomm/SCHWAB Rn 211 mwNw; DAMRAU/ZIMMERMANN § 300 FamFG Rn 16 mwNw). Deshalb muss für den Fall abgelehnter Betreuung festgestellt worden sein, ob die Ablehnung auf dem freien Willen des Betroffenen beruht. Auch wenn dies im Gesetz nicht ausdrücklich vorgeschrieben ist, erfordert die ordnungsgemäße Erstellung eines ärztlichen Attestes für die vorläufige Bestellung eines Betreuers, dass der Arzt den Betroffenen zuvor zeitnah persönlich befragt oder untersucht hat (OLG Frankfurt FamRZ 2005, 303 = FGPrax 2005, 23; ausdrücklich §§ 280 Abs 2, 281 Abs 2 FamFG). Das ärztliche Zeugnis kann ohne Einhaltung des Strengbeweisverfahrens vom Gericht eingeholt werden (§§ 29, 30 Abs 2 FamFG).

412 Während die persönliche Anhörung des Betroffenen abweichend von § 278 Abs 3 FamFG auch durch einen ersuchten Richter erfolgen darf (§ 300 Abs 1 S 2 FamFG), ist diese Form der Anhörung für den Verfahrenspfleger nicht vorgesehen. Die Art der Anhörung (persönlich, schriftlich) ist nicht vorgegeben (KEIDEL/BUDDE § 300 FamFG Rn 5). Eine vorläufige Betreuung endet mit dem in ihr angegebenen Zeitpunkt; ab diesem Zeitpunkt ist die Hauptsache eines Beschwerdeverfahrens erledigt (BayObLG v 29.10.1997 – 3 Z BR 196/97). Hat das Eilgericht dem Betroffenen durch einstweilige Anordnung einen vorläufigen Betreuer bestellt und den Vorgang anschließend an das Gericht übersandt, in dessen Bezirk der Betroffene seinen gewöhnlichen Aufenthalt hat, ist dieses Gericht verpflichtet, das Verfahren fortzuführen (BayObLG FamRZ 2000, 1442).

413 Unter bestimmten Umständen kann das Gericht bereits vor der persönlichen Anhörung des Betroffenen sowie vor Bestellung und Anhörung des Pflegers für das Verfahren die einstweilige Anordnung erlassen (**Einstweilige Anordnung bei gesteigerter Dringlichkeit** § 301 FamFG). Gefahr im Verzuge ist dann gegeben, wenn die Anordnung so dringend ist, dass eine vorherige Anhörung nicht mehr möglich ist (DAMRAU/ZIMMERMANN § 301 FamFG Rn 3).

414 Die Nachholbarkeit (§ 301 Abs 1 S 2 FamFG) der Anhörung des Betroffenen erlaubt nicht, auf die unmittelbare Augenscheinseinnahme zu verzichten. Auch im Zusammenhang der FGG – Reform hat der Gesetzgeber es unterlassen, neben der Verpflichtung zur persönlichen Anhörung des Betroffenen auch die sich aus § 26 FamFG ergebende Notwendigkeit zu nennen, dass sich das Gericht einen unmittelbaren Eindruck von dem Betroffenen verschafft (dies wird im Schrifttum bisher übersehen, vgl DAMRAU/ZIMMERMANN § 301 FamFG; ebenso KEIDEL/BUDDE zu § 301 FamFG). Gegen einen Beschluss im Verfahren über die Anordnung, Abänderung oder Aufhebung einer einstweiligen Anordnung findet die Rechtsbeschwerde nicht statt (§ 70 Abs 4 FamFG).

11. Änderungen der Sachlage nach Einlegen der Beschwerde

415 Die Tatsachen, auf die eine Betreuerbestellung gestützt wird, müssen im Zeitpunkt der Entscheidung feststehen. Andernfalls lehnt das Gericht die Bestellung ab, wenn nicht weitere der Sachentscheidung dienliche Ermittlungen in Betracht kommen.

Veränderungen, die sich zwischen einer erstinstanzlichen Entscheidung und der Entscheidung in der Rechtsmittelinstanz ergeben, können berücksichtigt werden (für die Anordnung eines Einwilligungsvorbehalts entschieden von OLG Hamm FamRZ 1995, 1519 = BtPrax 1995, 221 = BtE 1994/95, 161 mwNw).

Entscheidet das Betreuungsgericht über die Bestellung eines Betreuers von Amts **416** wegen, ist eine Veränderung der Entscheidung zum Wohl des Betroffenen zulässig; das sind solche Entscheidungen, die in seinem Interesse erforderlich waren oder sind. Hat der nicht allein körperlich Behinderte einen „Antrag" auf Bestellung eines Betreuers gestellt, kann von Amts wegen über den „Antrag" hinaus entschieden und dementsprechend auch im Beschwerdeverfahren zu Ungunsten des Beschwerdeführers, wenn auch nur zu seinem Wohl, abgeändert werden. Legt allein der Betroffene gegen die Betreuerbestellung Beschwerde ein, so ist das LG als Beschwerdegericht nicht befugt, den Aufgabenkreis des Betreuers zu erweitern. Eine darüber hinaus gehende Entscheidungsbefugnis hätte (so BayObLGZ 1996, 81 = FamRZ 1996, 1035 = NJWE-FER 1996, 9 = MDR 1996, 715) dem LG nur dann zugestanden, wenn das AG die Bestellung eines Betreuers für weitergehende Aufgabenkreise abgelehnt hätte und auch diese ablehnende Entscheidung angefochten worden und damit Gegenstand des Beschwerdeverfahrens geworden wäre (zweifelhaft).

Ein Richter, der im amtsgerichtlichen Betreuungsverfahren durch einstweilige Anordnung einen vorläufigen Betreuer für den Betroffenen bestellt hat, darf nach seiner Versetzung oder Abordnung an das Beschwerdegericht als Richter in einem Beschwerdeverfahren mitwirken, wenn mit der Beschwerde nicht die einstweilige Anordnung, sondern die – von einem anderen Richter angeordnete – endgültige Bestellung eines Betreuers für den Betroffenen angegriffen wird (BGH FamRZ 2017, 557).

Nimmt der nicht allein körperlich Behinderte den „Antrag" zurück, wird das Ver- **417** fahren, sofern für eine Sachentscheidung von Amts wegen Bedarf besteht, weitergeführt. Eine Rücknahme des „Antrags" auch in der Rechtsmittelinstanz führt dann nicht zur Beendigung des Verfahrens.

12. Kosten

Die Bestellung eines **Betreuers** ist bis zu einem Vermögenswert v 25 000 Euro **418** kostenfrei (§ 92 Abs 1 S 1 KostO). Für jedes angefangene Kalenderjahr wird eine Gebühr in Höhe von 5 Euro für jede angefangenen 5000 Euro erhoben, um die das reine Vermögen des Betreuten den Betrag von 25 000 Euro übersteigt (§ 92 Abs 1 S 2 KostO). Geht eine vorläufige Betreuung in eine endgültige über oder wird eine Betreuung von einem anderen Gericht übernommen, so bildet das Verfahren eine Einheit (§ 92 Abs 4 KostO). Die Jahresgebühr gemäß § 92 Abs 1 S 2 KostO fällt auch für eine kurzfristige Betreuung an, unabhängig davon, ob es sich um eine vorläufige oder um eine regelrechte Betreuung handelt (LG Koblenz FamRZ 2005, 1000). Das gilt auch für die durch einstweilige Anordnung beschlossene vorläufige Betreuung, die nicht in eine endgültige Betreuung übergeht (LG Koblenz FamRZ 2006, 1482 [LS]). Nach dem Tod der betreuten Person schuldet der Erbe die fällig gewordene Jahresgebühr (§ 1967 BGB); vgl LS Koblenz FamRZ 2005, 1000. Haften mehrere Erben als Gesamtschuldner, kann auch ein Erbe in Anspruch genommen werden (LG Koblenz FamRZ 2006, 1482 [LS]). Wird ein Betreuer für einen bestimmten Aufgabenkreis (hier: Gesundheitsfürsorge und Aufenthaltsbestimmung) und nicht nur für ein einzelnes Geschäft bestellt, so handelt es sich kostenrechtlich um eine Dauerbetreuung (BayObLG FamRZ 1997, 833). Bei Betreuungen für einzelne Rechtshandlungen wird die volle Gebühr nach dem Wert des Gegenstands erhoben, auf den sich die Rechtshandlung bezieht (§ 93 Abs 1 KostO).

419 Durch Art 3 BtÄndG wurde die KostO in Bezug auf die Vergütungsregelung für **Verfahrenspfleger** geändert. Die an den Verfahrenspfleger gezahlten Beträge (Ersatz von Aufwendungen und bei beruflich tätigen Verfahrenspflegern die Vergütung nach Maßgabe von § 277 FamFG) sind gem § 137 Nr 16 KostO Auslagen und können von dem Betroffenen nach Maßgabe des § 1836c (Einsatz eigenen Einkommens und Vermögens) erhoben werden. Die Bestellung des Verfahrenspflegers und deren Aufhebung sind Teil des Verfahrens, für das der Pfleger bestellt worden ist. Bestellung und Aufhebung sind gebührenfrei (§ 93a Abs 1 und 2 KostO). Wird eine bestehende, im zentralen Vorsorgeregister nicht erfasste Vorsorgevollmacht dem Gericht erst vorgelegt, nachdem im Rahmen der Anordnung einer (vorläufigen) Betreuung ein Gutachten eingeholt ist, sind die dadurch entstandenen Sachverständigenauslagen gegenüber dem Fürsorgebedürftigen als Gerichtskosten anzusetzen (AG Sinzig FamRZ 2011, 843).

Zur **steuerlichen** Berücksichtigung von Betreuungskosten als außergewöhnliche Belastung im Rahmen des § 33 EStG s Vfg der OFD München NJW 1998, 803; Fahrtkosten und Telefonkosten für die Betreuung des Vaters sind nicht absetzbar (FG Berlin-Brandenburg FamRZ 2009, 819). Zur einkommensteuerlichen Behandlung der Aufwandsentschädigung für ehrenamtlich tätige Betreuer s Verfügung der OFD Chemnitz v 1. 12. 2008, FamRZ 2009, 840.

420 Während vor der FGG-Reform die Auslagen des Betroffenen, soweit sie zur zweckentsprechenden Rechtsverfolgung notwendig waren, vom Gericht ganz oder teilweise der Staatskasse auferlegt werden konnten, wenn eine Betreuungsmaßnahme nach § 1896 abgelehnt, als ungerechtfertigt aufgehoben, eingeschränkt oder das Verfahren ohne Entscheidung über eine Maßnahme beendet worden war (§ 13a Abs 2 S 1 FGG), kann das Gericht gemäß § 81 Abs 1 FamFG die Kosten des Verfahrens den Beteiligten nach billigem Ermessen ganz oder zum Teil auferlegen (Grundsatz der Kostenpflicht). Es kann auch anordnen, dass von der Erhebung der Kosten abzusehen ist. Beispielfälle für die Auferlegung der Kosten auf einen Beteiligten sind in § 81 Abs 2 FamFG vorgesehen.

13. Abgabe des Verfahrens an ein anderes Gericht

421 Nach § 4 S 1 FamFG kann die Sache aus wichtigem Grund an ein anderes Gericht abgegeben werden, wenn dieses sich zur Übernahme der Sache bereit erklärt hat. Als wichtiger Grund für eine Abgabe iSd § 4 S 1 FamFG ist es in der Regel anzusehen, wenn sich der gewöhnliche Aufenthalt des Betroffenen geändert hat und die Aufgaben des Betreuers im Wesentlichen am neuen Aufenthaltsort des Betroffenen zu erfüllen sind. Der Änderung des gewöhnlichen Aufenthalts steht ein tatsächlicher Aufenthalt von mehr als einem Jahr an einem anderen Ort gleich (§ 273 S 1 und S 2 FamFG). Vor der Abgabe sollen die Beteiligten angehört werden (§ 4 S 2

FamFG). Außerdem hat das abgebende Gericht grundsätzlich alle Verfügungen zu treffen, die im Zeitpunkt der Abgabe von Amts wegen oder auf Antrag möglich und notwendig sind (Abgabereife; SONNENFELD, in: BIENWALD/SONNENFELD/HARM § 273 FamFG Rn 20 mwNw). Aus Zweckmäßigkeitsgründen kommt eine Abgabe auch bei noch zu erledigenden Verrichtungen dann in Betracht, wenn nach dem Aufenthaltswechsel über weitere betreuungsrechtliche Maßnahmen zu entscheiden ist, die eine persönliche Anhörung des Betroffenen erfordern und keinen Aufschub dulden (OLG Oldenburg FamRZ 2014, 2020 LS = FGPrax 2014, 212). Zuständig für das Abgabeverfahren und die Abgabeentscheidung ist im Regelfall der Richter (OLG Zweibrücken FamRZ 2010, 1371); der Rechtspfleger in den ihm zugewiesenen Verfahren zur Bestellung eines Betreuers mit dem Aufgabenkreis des Abs 3. Die Abgabeentscheidung (§§ 4 S 1, 273 S 1 FamFG) ist nicht selbständig anfechtbar (BGH FGPrax 2011, 101; jedoch umstr [102] = FamRZ 2011, 282 mAnm FRÖSCHLE 284).

IX. Verlängerung

Während das materielle Betreuungsrecht in § 1908d BGB Regelungen über die **422** vollständige oder teilweise Aufhebung der Betreuung und/oder des Einwilligungsvorbehalts (§ 1908d Abs 1 BGB) sowie der Erweiterung des Aufgabenkreises des Betreuers und des Kreises der einwilligungsbedürftigen Willenserklärungen (§ 1908d Abs 3 BGB) enthält, fehlt eine Bestimmung über die Verlängerung der Maßnahme. Hierfür beschränkte sich das BtG auf verfahrensrechtliche Regelungen, die jetzt § 295 FamFG enthält. Dass das materielle Recht eine Verlängerungsnorm nicht vorsieht, leuchtet unmittelbar ein, weil von einer Verlängerung einer Maßnahme nur dann die Rede sein kann, wenn es sich um die gleiche Maßnahme handelt. Auf das Verfahren bezogen wird die Verlängerung wie eine erstmalige Anordnung behandelt (KEIDEL/BUDDE FamFG § 295 Rn 1).

Danach gelten für die Verlängerung der Bestellung eines Betreuers oder der An- **423** ordnung eines Einwilligungsvorbehalts die Vorschriften über die erstmalige Anordnung dieser Maßnahme entsprechend. Von der erneuten Einholung eines Gutachtens kann abgesehen werden, wenn sich aus der persönlichen Anhörung des Betroffenen und einem ärztlichen Zeugnis ergibt, dass sich der Umfang der Betreuungsbedürftigkeit offensichtlich nicht verringert hat (§ 295 Abs 1 FamFG). Für die Auswahl des Betreuers ist auch bei der Verlängerung der Betreuerbestellung die Vorschrift über die Erstbestellung (§ 1897 BGB) und nicht die über die Entlassung des Betreuers (§ 1908b BGB) maßgebend (BayObLG FamRZ 2002, 1145 = BtPrax 2002, 165; FamRZ 2001, 1100 [LS] = BtPrax 2001, 218 [LS]; OLG Zweibrücken BtPrax 2002, 87). Bei einer Entscheidung über die Verlängerung der Betreuerbestellung ist in der Regel auch im Beschwerdeverfahren die persönliche Anhörung des Betreuten und die Verschaffung eines persönlichen Eindrucks von ihm geboten (BGH FamRZ 2016, 2016, 2093, 2094 Rn 10). Dies gilt insbesondere dann, wenn ihm das LG trotz ganz oder teilweise fehlender Fähigkeit zu freier Willensbestimmung auch keinen Verfahrenspfleger bestellt hat (BayObLG FamRZ 1999, 873 [4. ZS]). Das Gericht darf von einer persönlichen Anhörung des Betroffenen in diesem Verfahren jedenfalls dann nicht absehen, wenn nicht ausgeschlossen ist, dass aus den Antworten und aus dem Verhalten des Betroffenen Rückschlüsse auf dessen natürlichen Willen gezogen werden können (BGH FamRZ 2016 2093, 2094 Rn 10 bis 12). Ordnet das Betreuungsgericht in dem Verfahren über die Verlängerung der Betreuung die Anhörung des

Betroffenen im Wege der Rechtshilfe an, erfordert dies besondere Gründe, aus denen sich ergibt, dass eine persönliche Anhörung nicht erforderlich war (BGH FamRZ 2016, 1667; FamRZ 2016, 804 Rn 14). Im Verfahren über die Verlängerung ist gegen die Beschwerdeentscheidung die zulassungsfreie Rechtsbeschwerde statthaft (§ 70 Abs 3 S 1 Nr 1 FamFG; BGH FamRZ 2010, 1897 mAnm HEIDERHOFF, 1899). Hat das Betreuungsgericht vor Ablauf des Zeitpunkts, bis zu dem es spätestens über die Aufhebung oder Verlängerung der Betreuung hätte entscheiden müssen (§ 286 Abs 3 FamFG), eine Entscheidung nicht getroffen, soll sich nach hM die Betreuung fortsetzen (KEIDEL/BUDDE § 286 FamFG Rn 9), eine nach diesseitiger Auffassung mit dem GG nicht zu vereinbarende Konsequenz (vgl auch BIENWALD Rpfleger 2010, 119).

Wird die Betreuung verlängert und mit einer Erweiterung der Aufgabenkreise verbunden, handelt es sich insoweit um die erstmalige Anordnung der Betreuung für den erweiternden Aufgabenkreis, dessen Anordnung sich auf ein förmliches Gutachten nach § 280 FamFG stützen müsste. Das gilt aber nach § 293 Abs 2 FamFG nur dann, wenn es sich um eine substanzielle Erweiterung des Aufgabenkreises handelt und sich dem früheren Gutachten nicht bereits entnehmen lässt, dass der Betroffene aufgrund seiner Erkrankung auch zur eigenständigen Erledigung dieser Angelegenheit nicht mehr in der Lage ist (BGH FamRZ 2016, 1668, 1669).

X. Das Betreuungsrechtsverhältnis

1. Begriff; Betreuerpflichten

424 Mit der Wirksamkeit des Beschlusses, durch den der Betreuer bestellt wird, besteht das gesetzliche Rechtsverhältnis der Betreuung. An ihm lassen sich die Wirkungen der Betreuerbestellung darstellen, und es lässt sich demonstrieren, in welcher Hinsicht Änderungen in der Rechtsstellung des Betroffenen durch die Betreuerbestellung nicht bewirkt werden sollten und werden. Die Einbeziehung der Rechte und Pflichten des Betreuers sowie des Verhältnisses von Betreutem und Umwelt führt zwangsläufig dazu, das Betreuungsrechtsverhältnis als eine Summe von Rechtsbeziehungen zu begreifen, die – jedenfalls – zwischen Betreuer und Betreutem, Betreuer und Gericht sowie Betreuer und Betreutem einerseits und der Außenwelt andererseits bestehen.

425 Mit dem Entstehen des Betreuungsrechtsverhältnisses beginnt das Amt des Betreuers, wachsen dem Betreuer die Pflichten und Rechte seines Amtes zu (MünchKomm/ SCHWAB Rn 147). Er hat die ihm im Rahmen seines Aufgabenkreises übertragenen Angelegenheiten nach Maßgabe des § 1901 Abs 2 BGB – im Grundsatz – zu besorgen. In einzelnen Verrichtungen kann er sich vertreten lassen; das Amt und die Verantwortung als Betreuer kann er jedoch **nicht übertragen**. Allerdings kann er, was im Zusammenhang mit der Abrechnung von Aufwendungen und Vergütung vielfach verkannt wird, Hilfskräfte einsetzen, ohne dass damit den Helfern eine Entscheidungsverantwortung quasi „als" Betreuer übertragen wird. Differenzierend OLG Köln Rpfleger 1996, 197, 198. Zum Einsatz von Hilfspersonen eingehend § 1902 Rn 129 ff. Im Rahmen seines Aufgabenkreises hat der Betreuer den Betreuten gerichtlich und außergerichtlich zu vertreten (§ 1902 BGB). Neben diesen Hauptpflichten entstehen Nebenpflichten, die sich entweder unmittelbar aus dem Gesetz ergeben (Mitteilungspflichten gem § 1901 Abs 5 BGB und § 10 VBVG sowie die

durch das 2. BtÄndG eingeführte Verpflichtung der berufsmäßig tätigen Betreuer, in geeigneten Fällen auf Anordnung des Gerichts zu Beginn der Betreuung einen Betreuungsplan zu erstellen; § 1901 Abs 4 S 2 und 3 BGB) oder auf den auf gesetzlicher Grundlage ergangenen Geboten oder Verboten des Betreuungsgerichts beruhen (Bienwald, Vormundschaftsrecht 184). Hierzu gehören, jeweils iVm § 1908i Abs 1 S 1, die Gehorsamspflicht (§ 1837 Abs 2 BGB), die Auskunftspflicht (§ 1839 BGB), die Berichtspflicht (§ 1840 BGB), die Rechenschafts- und die Rechnungslegungspflicht (§§ 1840, 1841, 1843, 1890, soweit nicht davon befreit) und die Herausgabepflicht (§ 1893 Abs 2 BGB), nicht zu vergessen die Anzeigepflicht des § 1894 Abs 2 und die Pflicht zur Fortführung der Geschäfte nach § 1893 Abs 1, § 1698b.

Art 1 d Gesetzes zur Änderung des Vormundschafts- und Betreuungsrechts v 29. 6. **426** 2011 (BGBl I 1306) enthält auch einige mittelbare und unmittelbare Änderungen und Ergänzungen des Vormundschafts- und Betreuungsrechts. Nach § 1840 Abs 1 S 2 BGB, angefügt durch Art 1 Nr 4, haben die Betreuer in den zu erstattenden Bericht Angaben zu den persönlichen Kontakten mit dem Betreuten aufzunehmen. Das Gericht hat die Einhaltung der erforderlichen persönlichen Kontakte des Betreuers zu dem Betreuten zu beaufsichtigen (§ 1837 Abs 2 S 2 BGB, eingefügt durch Art 1 Nr 3). Wegen Nichteinhaltung persönlicher Kontakte zu dem Betreuten kann das Betreuungsgericht den Betreuer aus wichtigem Grund entlassen (Ergänzung des § 1908b Abs 1 S 2 BGB durch Art 1 Nr 5).

Während die aufgeführten Änderungen des Vormundschaftsrechts für die Betreu- **427** ung aufgrund von § 1908i Abs 1 S 1 BGB verbindlich sind, wird der Betreuer durch die Änderung des § 1793 BGB, die Einzelheiten des persönlichen Kontaktes zum Mündel regelt, und die Ergänzung des § 1800 BGB, die den Vormund verpflichtet, persönlich die Pflege und Erziehung des Mündels zu fördern und zu gewährleisten, nicht betroffen. Beide Vorschriften (§§ 1793, 1800 BGB) sind in den Katalog der entsprechend anzuwendenden Vorschriften des § 1908i Abs 1 S 1 BGB nicht aufgenommen.

2. Weiterer wesentlicher Inhalt

Mit der Bestellung eines Betreuers **428**

– erhält der Betreute einen gesetzlichen Vertreter in allen Angelegenheiten, die zu dem Aufgabenkreis des Betreuers gehören (§ 1902 BGB);

– können durch die gleichzeitige Anordnung eines Einwilligungsvorbehalts Konsequenzen für die Rechtsmacht des Betreuers entstehen. Ist der Betreute geschäftsunfähig (§ 104 Nr 2 BGB), verhilft die Anordnung des Einwilligungsvorbehalts dazu, dass der Betreute dennoch nach Maßgabe des § 1903 Abs 3 S 2 BGB handeln kann. Ist der Betreute nicht geschäftsunfähig, weil die Voraussetzungen des § 104 Nr 2 BGB nicht vorliegen (oder zumindest erhebliche Zweifel daran bestehen), erfährt der Betreute durch die Anordnung des Einwilligungsvorbehalts eine Einschränkung seiner rechtsgeschäftlichen Handlungsfähigkeit und -freiheit nach Maßgabe des § 1903 Abs 1 S 2 BGB und zwar auch hinsichtlich der Abgabe von Erklärungen, mit denen er auf Angebote reagiert und sich dadurch finanziellen Schaden zufügt. In der ihm durch § 1903 Abs 3 S 2 BGB eingeräumten bzw belassenen Handlungsfreiheit kann er nur durch betreuungsgerichtliche Entscheidung beschränkt werden;

– entstehen Rechtswirkungen ipso iure (MünchKomm/SCHWAB Rn 135);

– wird der **Betreuer** durch seine Bestellung zum Betreuer **nicht unterhaltspflichtig**. Auch wird kein irgendwie geartetes Angehörigenverhältnis begründet. Der Betreuer kann, wenn sein Aufgabenkreis dies zulässt, anstelle des verletzten Betreuten einen erforderlichen Strafantrag stellen, wenn der Betreute geschäftsunfähig ist (§ 77 Abs 3 S 1 StGB). Wird gegen den Betreuer von dem Betreuten ein Diebstahl oder eine Unterschlagung begangen, so handelt es sich nur um ein Antragsdelikt (§ 247 StGB), wenn beide in häuslicher Gemeinschaft leben, es sei denn, dass verwandtschaftliche Beziehungen bereits vor der Betreuerbestellung bestanden haben oder nach der Bestellung des Betreuers entstehen (Heirat, Adoption).

429 Die für den Vormund im Falle der Aufnahme des Mündels in seinen Haushalt eingeführte und aufgrund der Verweisung des § 1915 Abs 1 BGB ggf auch für den Pfleger eines Minderjährigen in Betracht kommende **Haftungsbeschränkung** (§ 1664 BGB) sowie die Beistandsverpflichtung (§ 1618a BGB) und die Dienstleistungsverpflichtung (§ 1619 BGB) – § 1793 Abs 1 S 3, angefügt durch Art 1 Nr 5 BtÄndG – wurden für den **Betreuer nicht** übernommen (vgl § 1908i Abs 1 S 1 BGB); eine Haftung für schadensbegründendes oder strafbares Verhalten der betreuten Person wird mit der Übernahme der Betreuung grundsätzlich nicht begründet; ausnahmsweise jedoch dann, wenn der Betreuer über seine originären Aufgaben hinaus besondere Schutzaufgaben übernimmt (BERNAU/RAU/ZSCHIESCHACK NJW 2008, 3756, 3761). Das OLG Celle schloss sich der Auffassung von RUDOLPHI (SK-StGB § 13 Rn 32, 33) an, der für den Betreuer eine **Garantenstellung** zur Verhinderung von Straftaten des Betreuten annahm, wenn dieser selbst für sein Verhalten nicht verantwortlich ist und gerade deshalb die Aufsicht über ihn dem Betreuer von der Rechtsordnung auferlegt worden ist (FamRZ 2008, 1026, 1027 mAnm BIENWALD = NJW 2008, 1012 [1013]; auch ERMAN/ROTH § 1901 Rn 26). Da der Aufgabenkreis des Betreuers durch das bestellende Gericht bestimmt wird und die gesetzlichen Verpflichtungen eine allgemeine Aufsichtspflicht über seinen Betreuten nicht vorsehen, kann die „Rechtsordnung" den Betreuer nur insoweit verpflichten, als das Gericht dies unter Beachtung des Erforderlichkeitsgrundsatzes und des Verhältnismäßigkeitsprinzips durch den Aufgabenkreis bestimmt. Zur (hier abgelehnten) Garantenpflicht des Betreuers gegenüber dem Betreuten im Bereich der Gesundheitssorge iSd § 13 StGB LG Potsdam BtPrax 2016, 242.

XI. Bedeutung der Betreuerbestellung; unmittelbare Konsequenzen für den Betroffenen

1. Übersicht

430 Wird für einen Betroffenen ein Betreuer bestellt, so hat das, gleichgültig in welchem Umfang Betreuung besteht, für einige Bereiche keine den Status des Betroffenen unmittelbar verändernde Wirkungen. In Bezug auf die Konsequenzen sind drei Arten von Betreuungen zu unterscheiden:

– Der Aufgabenkreis des Betreuers umfasst sämtliche Angelegenheiten (ggf ohne die des § 1896 Abs 4 und des § 1905 BGB);

– der Aufgabenkreis des Betreuers umfasst eine Teilmenge von Angelegenheiten;

– es ist ein Einwilligungsvorbehalt mit Wirkung für einen Aufgabenbereich, für mehrere oder sämtliche Aufgabenbereiche angeordnet worden.

Soweit sich für einen Betroffenen aufgrund einer bestimmten Situation oder einer spezifischen Aufgabe Besonderheiten ergeben (zB § 1436 BGB), sind diese hier nicht erfasst.

2.   Folgenlosigkeit der Betreuerbestellung

Im Gegensatz zum bisherigen Vormundschafts- und Pflegschaftsrecht für Volljährige **431** hat die Bestellung eines Betreuers – unabhängig von dem dafür durchgeführten Verfahren (Regelverfahren oder einstweilige Anordnungsverfahren) – keine unmittelbar verändernden Auswirkungen auf die bestehende Geschäftsfähigkeit oder Geschäftsunfähigkeit (§ 104 Nr 2 BGB). Je nach der konkreten Situation kann der Betreute neben dem Betreuer oder anstelle des Betreuers wirksam rechtsgeschäftlich tätig sein, und zwar sowohl hinsichtlich der Abgabe als auch der Entgegennahme von Willenserklärungen. Ferner hat die Bestellung eines Betreuers keine Auswirkungen auf die **Ehefähigkeit** des Betreuten. Diese bestimmt sich in jedem Falle nach § 1304, der vorsieht, dass eine Ehe nicht eingehen kann, wer geschäftsunfähig ist (s dazu BÖHMER StAZ 1990, 213 und StAZ 1992, 65; ferner SCHWAB, in: FS Rebmann 685; KERN, Zum Aufgabenkreis „Scheidungsangelegenheiten" bei der Betreuung, in: FS Bienwald 137). Zum Gesetz zur Neuregelung des Eheschließungsrechts s FamRefK/WAX Vorb v § 1300 BGB und die Erläuterungen zu den einzelnen Vorschriften sowie das dort angegebene Schrifttum. Zur **Eheschließung behinderter oder unter Betreuung stehender Menschen** aus der Judikatur: BVerfG FamRZ 2003, 359, partielle Geschäftsfähigkeit für Eheschließung trotz erheblicher Zweifel an Geschäftsfähigkeit im Übrigen; BGH NJW 1970, 1680; AG Rottweil FamRZ 1990, 626; AG Bremen StAZ 1992, 272; AG München StAZ 1993, 194 mit aufhebender Entsch LG München StAZ 1994, 258; AG Kaiserslautern Recht der Lebenshilfe 1995, 28; BayObLG FGPrax 1996, 143 = BtPrax 1997, 111; LG Saarbrücken FamRZ 2000, 819 (LS); LG Osnabrück RdLH 2/2002, 86 (hier bestand noch ein Einwilligungsvorbehalt in vermögensrechtlichen Angelegenheiten); BayObLG FamRZ 2003, 373 = BtPrax 2003, 78 = StAZ 2003, 109 (insbesondere zu Beweisanforderungen und persönlicher Anhörung). Zur Frage des Scheiterns der Ehe bei Geisteskrankheit eines Ehegatten (und der Erfolgsaussicht eines Scheidungsantrags des Betreuers für diesen Ehegatten) BGHZ 149, 140 = FamRZ 2002, 316 = NJW 2002, 671 = JuS 2002, 613 (HOHLOCH) = JZ 2002, 710 mAnm MUSCHELER; ferner RAUSCHER, Geisteskrankheit als Scheidungsgrund?, JR 2002, 455. Zwecks Prüfung der Ehefähigkeit soll der Standesbeamte Einsicht in die Akten des Gerichts nehmen dürfen (BT-Drucks 11/4528, 65). Nach § 308 FamFG (bisher § 69k FGG) kann das Betreuungsgericht verpflichtet sein, dem Standesamt mitzuteilen, wenn sich aus dem Verfahren Bedenken betreffend die Ehefähigkeit ergeben (MünchKomm/SCHWAB Rn 149 mwNw).

Mangels besonderer Lebenspartnerschaftsfähigkeit setzt die Erklärung zur Begrün- **432** dung einer **eingetragenen Partnerschaft** nach LPartG Geschäftsfähigkeit voraus. Auf sie wirkt sich die Betreuerbestellung allein nicht aus. Für den unter Betreuung stehenden geschäftsunfähigen Lebenspartner (LPartG) kann der Betreuer die zur Aufhebung der Partnerschaft erforderliche Erklärung, die Partnerschaft nicht fortsetzen zu wollen, nicht wirksam abgeben (OLG Köln FamRZ 2004, 1724).

433 Die Betreuerbestellung hat außerdem keine Folgen für die **Testierfähigkeit** des Betreuten. § 2229 Abs 3 wurde durch das BtG aufgehoben. Für betreute wie für nicht betreute Menschen gilt, dass ein Testament nicht errichten kann, wer wegen krankhafter Störung der Geistestätigkeit, wegen Geistesschwäche oder wegen Bewusstseinsstörung nicht in der Lage ist, die Bedeutung einer von ihm abgegebenen Willenserklärung einzusehen und nach dieser Einsicht zu handeln (§ 2229 Abs 4 BGB). Im Einzelnen dazu STAUDINGER/BAUMANN (2012) § 2229 Rn 35 ff und § 2253 Rn 13 ff sowie HAHN FamRZ 1991, 27 ff und RAUSCH RpflStud 1992, 65.

434 Die Änderung bisherigen Rechts hat keine Auswirkungen auf die vor dem 1. 1. 1992 errichteten **Testamente**. Deren Wirksamkeit ist nach dem Recht des Errichtungszeitpunktes zu beurteilen. Der Betreute kann, wenn er nicht testierunfähig ist, sein Testament jederzeit widerrufen. Andere Einschränkungen sind entfallen (näher BIENWALD, BtR [2. Aufl] Teil 6 Nr 53).

435 Während nach früherem Recht der durch Entmündigung oder Anordnung der vorläufigen Vormundschaft beschränkt geschäftsfähig gewordene Elternteil (vgl § 114 aF) nach Maßgabe des bisherigen § 1673 Abs 2 in seiner Rechtsposition eingeschränkt war (Ruhen elterlicher Sorge; Nebensorgerecht), hat die Betreuerbestellung allein keine Auswirkungen auf die **elterliche Sorge** (OLG Brandenburg FamRZ 2009, 1499 [LS]). Ist der Betreute geschäftsunfähig, ruht sie nach § 1673 Abs 1 aufgrund seiner (natürlichen) Geschäftsunfähigkeit (§ 104 Nr 2 BGB). Ob der „unter Betreuung stehende" Elternteil seiner elterlichen Verantwortung gerecht werden kann und ob gegebenenfalls nach den tatsächlichen Verhältnissen ein behördliches Hilfeangebot (nach den Bestimmungen des SGB VIII) oder eine gerichtliche Intervention (§§ 1666, 1666a) erforderlich ist, muss im Einzelfall geprüft und entschieden werden. Seinem Rechtsstatus nach ist der nicht geschäftsunfähige Betreute in der Lage, seine Pflichten und Rechte aus der Elternrolle (elterliche Sorge, §§ 1626 ff) wahrzunehmen; seine Betreuungsbedürftigkeit kann ein Indiz dafür sein, dass diese Rechtsposition tatsächlich nicht ausgefüllt und wahrgenommen werden kann. Im Einzelnen zu den sich für den betreuten Elternteil und die Eltern untereinander ergebenden Unsicherheiten und Rechtsproblemen BIENWALD, BtR[2] Teil 6 Nr 20 und FamRZ 1994, 484 sowie STAUDINGER/COESTER (2016) § 1673 Rn 8 ff; außerdem WALTER FamRZ 1991, 765. Zur Abschaffung der Amtspflegschaft der §§ 1706 ff und zur Einführung der Beistandschaft auf Antrag (§§ 1712 ff) s FamRefK/SONNENFELD sowie das Spezialschrifttum.

436 Mit der Bestellung des Betreuers nicht zwangsläufig verbunden ist eine Einschränkung der **Einwilligungsfähigkeit** des Betroffenen in Bezug auf tatsächliche Einwirkungen auf seine Person, zB ärztliche Untersuchungen und Behandlungen, ärztliche Eingriffe, sonstige ärztliche Maßnahmen von besonderer Bedeutung wie Schwangerschaftsabbruch bei einer Betreuten, Sterilisation, aber auch in Bezug auf die Duldung freiheitsentziehender Maßnahmen der in § 1906 Abs 4 BGB genannten Art oder die Unterbringung iSd § 1906 Abs 1 BGB. Ob die Entscheidungsfähigkeit der betreuten Person vorhanden ist oder fehlt, kann erst im Einzelfall festgestellt werden. Umfasst der Aufgabenkreis des Betreuers solche Angelegenheiten, hat der Betreuer das Recht und die Pflicht zur Vertretung des Betreuten (§ 1902 BGB); dies schließt jedoch nicht aus, dass der Betreute im fraglichen Zeitpunkt zur Erklärung oder auch zur Verweigerung der erforderlichen Einwilligung selbst fähig ist. Aus diesem Grunde, weil es nicht lediglich um eine Einwilligung, sondern auch um eine Nichteinwilligung geht, sollte der Begriff der Einwilligungsfähigkeit aufgegeben werden. Vgl auch LG Frankfurt aM FamRZ 1993, 478 = R & P 1993, 83, wo die Betreuung mit dem Aufgabenkreis „Zustimmung und Zuführung zur Heilbehandlung" bei ablehnender Haltung des Betroffenen gegenüber jedweder Heilmaßnahme und bei Unzulässigkeit einer zwangsweisen Unterbringung nicht für sinnvoll angesehen worden war. Zu vorab getroffenen Entscheidungen im Rahmen von Patientenverfügungen näher §§ 1901a, 1901b, 1904 BGB.

Die Bestellung des Betreuers hat grundsätzlich keine Auswirkungen auf das **Wahl-** **437** **recht** nach den Wahlrechtsbestimmungen des Bundes, vorausgesetzt der Aufgabenkreis des Betreuers umfasst nicht alle Angelegenheiten des Betroffenen, auch wenn die in § 1896 Abs 4 und § 1905 BGB bezeichneten Angelegenheiten dem Betreuer nicht übertragen sind (§ 13 Nr 2 BWG). Wurde die Bestellung mit einer so umfassenden Zuständigkeit des Betreuers lediglich durch einstweilige Anordnung vorgenommen, tritt ebenfalls keine Wahlrechtsbeschränkung durch die Betreuerbestellung ein. Alle Angelegenheiten des Betreuten sind nur dann erfasst, wenn der Aufgabenkreis mit dieser Formulierung beschrieben ist. Eine Formulierung entspr § 1793 BGB für die Aufgaben des Vormunds eines Minderjährigen reicht zur Kennzeichnung der Angelegenheiten des Betreuten dann nicht aus, wenn weitere davon nicht eindeutig erfasste Rechte (zB Urheberrechte) bestehen. Eine Beschreibung des Aufgabenkreises, die zwar im Wesentlichen die einen Volljährigen betreffenden Angelegenheiten erfasst (Vermögenssorge, Aufenthaltsbestimmung, Gesundheitsfürsorge oä), reicht dafür nicht aus, weil davon nicht erfasste Angelegenheiten vorhanden sein können. In der vom VerwG Neustadt (FamRZ 2000, 1049) entschiedenen Sache umfasste der Aufgabenkreis des Betreuers die Sorge für die Gesundheit, die Aufenthaltsbestimmung (einschließlich der Entscheidung über die Unterbringung und unterbringungsähnliche Maßnahmen), die Vermögenssorge und die Entscheidung über den Fernmeldeverkehr sowie das Anhalten und Öffnen der Post; auf Nachfrage des VerwG bestätigte der die Betreuerbestellung beschließende Richter, es sei sein erklärter Wille gewesen, den Betroffenen unter vollständige Betreuung zu stellen. Dementsprechend stellte das Verwaltungsgericht fest, dass dem Betreuten das aktive Wahlrecht für die Kommunalwahlen und die Europawahl (bezogen auf das seinerzeit geltende Wahlrecht) nicht zustehe. Nach BayVerfGH (BtPrax 2003, 34) ist die typisierende Entscheidung des Gesetzgebers, eine Person, für die eine Betreuung zur Besorgung aller Angelegenheiten eingerichtet worden ist, vom Wahlrecht auszuschließen, verfassungsgemäß. Das UN-Behindertenrechtsabkommen v 5. 6. 2009 (BGBl II 812) wird eine Überprüfung des Wahlrechtsausschlusses erfordern (s auch HELLMANN, Zur Vereinbarkeit des Wahlrechtsausschlusses nach § 13 Nr 2 BWG mit bestehenden völkerrechtlichen Verpflichtungen, BtPrax 2010, 208).

Aufgrund der Übergangsvorschriften (Art 9 § 1 BtG) waren nach dem 1. 1. 1992 **438** bisher alle diejenigen Betreuten nicht wahlberechtigt, die früher unter Vormundschaft oder unter vorläufiger Vormundschaft standen, weil der Aufgabenkreis des Betreuers hier alle Angelegenheiten des Betreuten erfasste mit Ausnahme der Entscheidung über die Einwilligung in die Sterilisation (Art 9 § 1 Abs 3 BtG). Bei der Gebrechlichkeitspflegschaft (§ 1910 aF) konnte eine Auswirkung dadurch gegeben sein, dass der Wirkungskreis des Gebrechlichkeitspflegers die Personen- und Vermögenssorge (entgegen den Bestimmungen des § 1910 Abs 2 aF) – dh alle Angelegenheiten des Betroffenen – erfasst hatte. Da eine solche Totalpflegschaft außer bei körperlicher Behinderung (§ 1910 Abs 1 aF) unzulässig war, dürfte auch die an die Stelle der bisherigen Gebrechlichkeitspflegschaft getretene Betreuung nicht zwangsläufig sämtliche Angelegenheiten umfassen (Art 9 § 1 Abs 4 BtG).

439 Die Ländergesetzgebung zur Anpassung an das BtG hat nicht in allen Fällen unmittelbar Änderungen des Wahlrechts vorgenommen. Änderungen sind ergangen in Bayern (Änderung des Art 2 Nr 2 Gemeindewahlgesetz und der Art 10, 16 und 32 des G über kommunale Wahlbeamte – KWBG), Bremen (Änderung des Bremischen Wahlgesetzes in § 2 Nr 2), Hamburg (Änderung des § 7 des G über die Wahl zur hamburgischen Bürgerschaft und Änderung des § 7 des G über die Wahl zu den Bezirksversammlungen), Hessen (Änderung von § 3 des Landtagswahlgesetzes, von § 4 des G über Volksabstimmung, von § 31 der Hess GO, des § 22 der Hess LKO, von § 2 der Wahlordnung für die Wahl zur Vertreterversammlung der Architektenkammer Hessen sowie von § 12 des G über die Auflösung der Land- und Forstwirtschaftskammern Hessen-Nassau und Kurhessen und die Mitwirkung des Berufsstandes bei der Förderung der Landwirtschaft), Mecklenburg-Vorpommern (Änderung des Landeswahlgesetzes), Niedersachsen (Änderung des Nds Landeswahlgesetzes in § 3 Nr 2), Rheinland-Pfalz (Änderung von § 3 des Landeswahlgesetzes und Änderung des § 2 KommunalwahlG), Saarland (Änderung des § 9 des Landtagswahlgesetzes und Änderung des § 14 des KommunalwahlG), Sachsen-Anhalt (Änderung des § 3 des G über die Wahlen zu Kreistagen, Stadtverordnetenversammlungen, Stadtbezirksversammlungen und Gemeindevertretungen), Schleswig-Holstein (Neufassung des § 4 des Gemeinde- und Kreiswahlgesetzes).

440 Art 7 § 44 BtG änderte das Vierte Buch SGB in § 50 Abs 2 und bestimmte, dass derjenige zu den Selbstverwaltungsorganen der Versicherungsträger nicht wahlberechtigt ist, der „nach § 13 des Bundeswahlgesetzes vom Wahlrecht ausgeschlossen ist".

441 Die Betreuerbestellung hat keine unmittelbar verändernden Auswirkungen auf die **Deliktsfähigkeit** (§ 827 wurde durch das BtG nicht geändert) und die **strafrechtliche Schuldfähigkeit** (keine Änderungen der §§ 20 und 21 StGB durch das BtG). Unverändert geblieben ist § 33 Nr 4 GVG, wonach zum Amt eines Schöffen nicht berufen werden sollen (Nr 4) Personen, die wegen geistiger oder körperlicher Gebrechen zu dem Amt nicht geeignet sind. § 32 Nr 3 GVG, der vorsah, dass zum Amt eines Schöffen diejenigen Personen unfähig sind, die infolge gerichtlicher Anordnung in der Verfügung über ihr Vermögen beschränkt sind, wozu Betreute zählten, die unter einem entsprechenden Einwilligungsvorbehalt (§ 1903 BGB) stehen, der sich auf das gesamte Vermögen erstreckt, ist durch Art 12 Nr 2 EGInsO v 5. 10. 1994 (BGBl I 2911) mit dessen Inkrafttreten am 1. 1. 1999 entfallen.

442 Weder die Bestellung eines Betreuers mit dem Aufgabenkreis, die Prozess- und

Behördenangelegenheiten des Betroffenen wahrzunehmen, noch die Anordnung eines Einwilligungsvorbehalts in diesem Bereich zwingen zu der Annahme, dass einem 80-jährigen Angeklagten, der seit sieben Jahren in dieser Weise unter Betreuung steht, ein Pflichtverteidiger beizuordnen ist, weil der Betroffene sich nicht selbst (gegen den Vorwurf unerlaubten Entfernens vom Unfallort) **verteidigen** könne (**aA** OLG Hamm NJW 2003, 3286). Die Aufgaben eines Betreuers nach §§ 1896 ff und die eines Strafverteidigers sind grundlegend zu unterscheiden. Deshalb rechtfertigt die Bestellung eines Betreuers im Falle notwendiger Verteidigung nicht, die Bestellung als Pflichtverteidiger mit der Begründung aufzuheben, mit der Bestellung eines Betreuers liege kein Fall notwendiger Verteidigung mehr vor (OLG Nürnberg NStZ-RR 2008, 253). Die Zustellung eines Strafaussetzungswiderrufsbeschlusses an den verurteilten Straftäter, dem ein Betreuer mit dem Aufgabenkreis „Wahrnehmung von Vermögensangelegenheiten und Vertretung vor Behörden und Gerichten" bestellt worden ist, ist wirksam (OLG Brandenburg NStZ-RR 2009, 219).

3. Zivilrechtliche Folgen der Betreuerbestellung ohne Einwilligungsvorbehalt

§ 1447 Nr 4 (Änderung durch Art 1 Nr 6 BtG): Ein Ehegatte, der das Gesamtgut **443** nicht verwaltet, kann auf Aufhebung der Gütergemeinschaft klagen, wenn die Verwaltung des Gesamtguts in den Aufgabenkreis des Betreuers des anderen Ehegatten fällt (dazu ausführlich STAUDINGER/THIELE [2007] § 1447 Rn 26 ff sowie § 1495 Rn 6); **§ 1469 Nr 5** (Änderung durch Art 1 Nr 7 BtG): Jeder Ehegatte kann auf Aufhebung der Gütergemeinschaft klagen, wenn die Wahrnehmung eines Rechts des anderen Ehegatten, das sich aus der Gütergemeinschaft ergibt, vom Aufgabenkreis eines Betreuers erfasst wird (näher STAUDINGER/THIELE [2007] § 1469 Rn 24); **§ 1781 Nr 2** (geändert durch Art 1 Nr 28 BtG): zum Vormund (und zum Pfleger, § 1915 Abs 1 BGB) soll derjenige nicht bestellt werden, für den ein Betreuer bestellt worden ist; **§ 2201** (Änderung durch Art 1 Nr 50 BtG): Die Ernennung des Testamentsvollstreckers ist unwirksam, wenn er zu der Zeit, zu welcher er das Amt anzutreten hat, geschäftsunfähig oder in der Geschäftsfähigkeit beschränkt ist oder nach § 1896 zur Besorgung seiner Vermögensangelegenheiten einen Betreuer erhalten hat. Das Amt eines Testamentsvollstreckers erlischt, wenn für ihn ein vorläufiger Betreuer für alle Vermögensangelegenheiten bestellt wird (BayObLG FamRZ 1995, 962). Das einmal erloschene Amt lebt (bei Aufhebung der Betreuung) nicht wieder auf (STAUDINGER/REIMANN [2012] § 2225 Rn 14: in der Regel).

Nach **§ 53 ZPO** steht eine prozessfähige Partei, die durch einen Betreuer vertreten **444** wird, für den Rechtsstreit einer nicht prozessfähigen Person gleich; **§ 455 ZPO** bestimmt, dass eine Person, die in einem Rechtsstreit durch einen Betreuer vertreten wird, über Tatsachen, die in ihren eigenen Handlungen bestehen oder Gegenstand ihrer Wahrnehmung gewesen sind, vernommen werden und auch beeidigt werden kann, wenn das Gericht dies nach den Umständen des Falles für angemessen erachtet; in einem Rechtsstreit, der die Anfechtung der Vaterschaft zum Gegenstand hat, wird für eine geschäftsunfähige Partei der gesetzliche Vertreter tätig (§§ 172, 8, 9 Abs 2 FamFG); die Genehmigung des Familiengerichts ist nicht vorgesehen; §§ 159 Abs 2 VVG und 179 VVG enthalten Vertretungsbeschränkungen.

Hat der Betreuer aufgrund des ihm zugewiesenen Aufgabenkreises die Vertretung in den von dem Betreuten erhobenen Klagen übernommen, sind die von dem Betreuer erklärten Klagerücknahmen wirksam; danach durch die betreute Person persönlich gestellte Anträge, die der Betreuer nicht übernimmt, sind unzulässig (FG Hamburg 15. 12. 2011 – 3 K 179/11 u 3 K 180/11; FamRZ 2012, 1594 [LS]).

Wird ein Beteiligter in einem Gerichtsverfahren durch einen vom Betreuungsgericht wirksam bestellten Betreuer vertreten, gilt die Vertretung „nach Vorschrift des Gesetzes" auch dann, wenn die Betreuung zu Unrecht angeordnet wurde und im betreuungsgerichtlichen Rechtsmittelverfahren später aufgehoben oder ihre Rechtswidrigkeit festgestellt wird (OLG Karlsruhe NJW 2017, 415).

4. Zivilrechtliche Folgen der Betreuerbestellung mit Anordnung eines Einwilligungsvorbehalts

445 **§ 1411**: Der geschäftsfähige Betreute kann einen Ehevertrag nicht ohne Einwilligung seines Betreuers schließen, soweit für diese Angelegenheit ein Einwilligungsvorbehalt besteht (Art 1 Nr 4 BtG; näher STAUDINGER/THIELE [2007] § 1411 Rn 18, 21); entsprechendes gilt gemäß § 7 Abs 1 LPartG für die vertragliche Regelung der vermögensrechtlichen Verhältnisse von Lebenspartnern (Lebenspartnerschaftsvertrag).

§ 1596 Abs 3: Ein geschäftsfähiger Betreuter kann nur selbst die Vaterschaft anerkennen oder ihr zustimmen; § 1903 bleibt unberührt (Art 1 Nr 13 BtG; Art 1 Nr 1 KindRG).

446 Nach den Änderungen des AktG (Art 7 § 32 BtG) kann ein Betreuter, der bei der Besorgung seiner Vermögensangelegenheiten ganz oder teilweise einem Einwilligungsvorbehalt unterliegt, nicht Mitglied des Vorstandes sein (§ 76 Abs 3 AktG). Nach **§ 100 Abs 1 S 2 AktG** kann ein Betreuter, der bei der Besorgung seiner Vermögensangelegenheiten ganz oder teilweise einem Einwilligungsvorbehalt unterliegt, nicht Mitglied des Aufsichtsrates sein. Nach **§ 6 Abs 2 S 2 GmbHG**, geändert durch Art 7 § 33 BtG, kann ein Betreuter, der bei der Besorgung seiner Vermögensangelegenheiten ganz oder teilweise einem Einwilligungsvorbehalt unterliegt, nicht Geschäftsführer sein, weil er ohne Einwilligung seines Betreuers nicht handeln könne (so LUTTER/HOMMELHOFF/KLEINDIEK, GmbH-Gesetz [17. Aufl 2009] § 6 Rn 18 unter Berufung auf JÄGER DStR 1996, 108). Dem steht entgegen, dass der Betreuer nur Angelegenheiten des Betreuten zu besorgen hat und sich der Einwilligungsvorbehalt auch nur auf derartige Angelegenheiten erstreckt, der Geschäftsführer der GmbH jedoch deren Angelegenheiten wahrzunehmen hat.

447 Wer als Betreuer einem Einwilligungsvorbehalt der oa Art ganz oder teilweise nicht unterliegt, kann als Geschäftsführer tätig sein (LUTTER/HOMMELHOFF/KLEINDIEK Rn 18). Das wäre nur ausgeschlossen, wenn der Geschäftsführer nicht unbeschränkt geschäftsfähig ist (§ 6 Abs 2 S 1 GmbHG). Die Bestellung eines Betreuers hat jedoch keine unmittelbaren Auswirkungen auf die Geschäfts-(un-)fähigkeit eines Betroffenen. Kann der nicht durch einen Einwilligungsvorbehalt ausgeschlossene Geschäftsführer seiner Aufgabe nicht nachkommen, vertritt ihn sein Betreuer im Rahmen seines diese Aufgabe umfassenden Aufgabenkreises.

5. Öffentlich-rechtliche Folgen der Betreuerbestellung ohne Einwilligungsvorbehalt

Durch das BtG sind in den folgenden Bereichen Änderungen eingetreten: **448**

a) **VwZG** – Nach § 7 (geändert durch Art 7 § 2 BtG) sind Zustellungen bei Personen, für die ein Betreuer bestellt ist, an den Betreuer zu bewirken, soweit dessen Aufgabenkreis reicht.

b) **Pass- und Meldewesen** (Änderungen durch Art 7 § 7 BtG). Ist der Betreute geschäftsunfähig, kann nur derjenige den Antrag auf Ausstellung eines Passes stellen, der als Sorgeberechtigter seinen Aufenthalt zu bestimmen hat. Aufgrund des BtG haben mehrere Länder ihre Melderechtsbestimmungen und Gesetze über das Ausweis- und Passwesen geändert. Im Wortlaut nahezu übereinstimmend heißt es: Für Personen, für die ein Pfleger oder Betreuer bestellt ist, dessen Aufgabenbereich die Aufenthaltsbestimmung umfasst, obliegt die Meldepflicht dem Pfleger oder Betreuer. Die Anmeldung ist je nach landesrechtlicher Regelung unverzüglich innerhalb einer Woche oder von zwei Wochen vorzunehmen.

Von der Ermächtigung des § 11 Abs 7 Melderechtsrahmengesetz (MRRG), wonach die Länder bestimmen können, dass sich die meldepflichtigen Personen durch eine hierzu bevollmächtigte Person vertreten lassen können, wenn die Vollmacht öffentlich oder nach § 6 Abs 2 des BtBG durch die Urkundsperson bei der Betreuungsbehörde beglaubigt worden ist, haben bisher Bayern (§ 13 Abs 4 MeldeG), Sachsen (§ 10 Abs 4 MeldeG), Mecklenburg-Vorpommern (§ 13 Abs 3 S 2 MeldeG) und Thüringen (§ 13 Abs 3 S 4 MeldeG) Gebrauch gemacht.

Die Ausführungsgesetze der Länder zum Personalausweis- und Passrecht sehen eine Befreiung bestimmter Personen von der Ausweispflicht vor. Erforderlich ist ein entsprechender Antrag.

c) **Seuchenrechtsneuordnungsgesetz, SGB IX**
Die durch Art 7 § 10 BtG eingetretene Änderung des GeschlKG bewirkte, dass der **449** Arzt den Betreuer zu unterrichten und zu belehren hatte, wenn die Sorge für die Person des Betreuten zu seinem Aufgabenkreis gehört. Eine Differenzierung nach dem Grad der Aufnahmefähigkeit (entspr der Einwilligungsfähigkeit) war nicht vorgesehen. Das GeschlKG und das BSeuchG wurden zum Jahresende 2001 aufgehoben. Seit dem 1. 1. 2002 gilt das **Seuchenrechtsneuordnungsgesetz** v 20. 7. 2000 (BGBl I 1045). Den nach §§ 1896 ff bestellten Betreuer sieht das Gesetz weder als meldepflichtige Person noch als Adressaten von Informationen vor (BIENWALD, Rechtliche Betreuung [§§ 1896 ff BGB] und das Krebsregisterrecht des Bundes und der Länder, in: OXENKNECHT-WITSCH ua, Soziale Arbeit und soziales Recht, Dokumentation des Dies academicus am 19./20. 6. 2008 an der Fachhochschule Köln zu Ehren von Helga Oberloskamp [Köln 2009]).

Nach § 60 SGB IX sollen Betreuer, die bei ihrer Personensorge anvertrauten Men- **450** schen Behinderungen (§ 2 Abs 1) wahrnehmen oder durch die in § 61 (ua Ärzte, Sozialarbeiter) genannten Personen hierauf hingewiesen werden, im Rahmen ihres Betreuungsauftrags die behinderten Menschen einer gemeinsamen Servicestelle oder einer sonstigen Beratungsstelle für Rehabilitation oder einem Arzt zur Beratung über die geeigneten Leistungen zur Teilhabe vorstellen.

451 Die Bestellung eines Betreuers **beschränkt nicht das Wunsch- und Wahlrecht des Hilfeempfängers** (§ 9 Abs 2 und 3 SGB XII). Neben ihm, oder sofern dieser sich nicht äußern kann, nimmt der Betreuer das Recht wahr (SCHELLHORN/SCHELLHORN BSHG [16] § 3 Rn 34). Die Beteiligtenstellung (§§ 12, 15 SGB X) wird durch die Betreuerbestellung nicht unmittelbar eingeschränkt. Ist ein für diese Angelegenheiten zuständiger Betreuer bestellt, kommt die Bestellung eines geeigneten Vertreters für den Beteiligten, der infolge einer psychischen Krankheit oder einer körperlichen, geistigen oder seelischen Behinderung nicht in der Lage ist, in dem Verwaltungsverfahren selbst tätig zu werden, nicht in Betracht.

d) Strafrecht/Strafprozess

452 Durch Art 7 § 34 Nr 1 BtG wurde § 77 Abs 3 S 2 StGB aufgehoben. Nach Abs 3 S 1 sind strafantragsberechtigt der gesetzliche Vertreter in den persönlichen Angelegenheiten und derjenige, dem die Sorge für die Person des Antragsberechtigten zusteht, wenn dieser geschäftsunfähig ist. Der in dieser Vorschrift auch geregelte Fall des beschränkt geschäftsfähigen Antragsberechtigten kann im Betreuungsrecht nicht eintreten. Durch die mit Art 7 § 34 Nr 2 BtG getroffene Ergänzung des § 247 StGB um den Betreuer wird ein Diebstahl oder eine Unterschlagung zum Nachteil des Betreuers nur auf Antrag verfolgt, wenn der Verletzte mit dem Täter in häuslicher Gemeinschaft lebt. Entsprechendes gilt für den Fall des Betruges (§ 263 Abs 4 StGB) und den der Untreue (§ 266 Abs 2 StGB). Zur Strafantragsbefugnis eines Betreuers im Übrigen s einerseits LG Hamburg NStZ 2002, 39, andererseits LG Ravensburg FamRZ 2001, 937.

453 Art 7 § 19 BtG passte die Bestimmungen der StPO über die Zeugnisverweigerung und die Weigerung zur Untersuchung (§ 52 und § 81c) an das BtG an.

454 Der Betreuer als gesetzlicher Vertreter des Angeklagten ist in der Hauptverhandlung als Beistand des Betreuten gemäß § 149 Abs 1, 2 StPO zuzulassen und auf sein Verlangen zu hören. Zeit und Ort der Hauptverhandlung sollen ihm rechtzeitig mitgeteilt werden. Da der Betreuer nur im Rahmen der ihm übertragenen Aufgabenbereiche den Betreuten gerichtlich (und außergerichtlich) vertreten kann (§ 1902 BGB), muss ihm ein entsprechender Aufgabenkreis zugewiesen sein.

e) Beamten-, Richter- und Notarrecht

455 Aufgrund der Änderungen des BRRG und des BBG durch Art 7 §§ 4 und 5 BtG ist die Ernennung eines Beamten, dem ein Betreuer bestellt ist, nicht nichtig; war der Beamte im Zeitpunkt der Ernennung iSv § 104 Nr 2 geschäftsunfähig, ist die Ernennung ebenfalls nicht nichtig. Eine entsprechende Regelung ist im DRiG getroffen (Art 7 Nr 14 BtG). § 39 BNotO ist durch Art 7 Nr 15 BtG dahingehend geändert, dass der Betreuer für den Notar einen Antrag auf Vertreterbestellung stellt.

f) Hochschulrecht

456 Nur noch wenige Länder bestimmen in ihren Hochschulgesetzen, dass die Immatrikulation versagt werden kann, wenn der Studienbewerberin oder dem Studienbewerber ein Betreuer bestellt ist (Sachsen § 18 Abs 3; Sachsen-Anhalt § 29 Abs 3;

NRW § 50 Abs 2; Thüringen § 66 Abs 2). Während Sachsen und Thüringen die Bestellung nach § 1896 genügen lassen, muss nach dem HochschulG von Sachsen-Anhalt die Betreuerin/der Betreuer zur Besorgung aller Angelegenheiten bestellt sein. NRW schränkt den Umfang der Betreuung nicht ein, bestimmt aber, dass die Studienbewerberin/der Studienbewerber aufgrund einer psychischen Krankheit oder einer geistigen oder seelischen Behinderung unter Betreuung gestellt sein muss.

6. Öffentlich-rechtliche Folgen der Betreuerbestellung mit Einwilligungsvorbehalt

Das VwVfG, die VwGO, die FGO, die AO (1977) und das SGB X sind dahingehend **457** geändert, dass ein geschäftsfähiger Betreuter, wenn ein Einwilligungsvorbehalt nach § 1903 den Gegenstand des Verfahrens betrifft, nur insoweit zur Vornahme von Verfahrenshandlungen fähig ist, als er nach den Vorschriften des bürgerlichen Rechts ohne Einwilligung des Betreuers handeln kann oder durch Vorschriften des öffentlichen Rechts als handlungsfähig anerkannt ist (§ 12 VwVfG, § 62 Abs 2 VwGO, § 58 Abs 3 FGO, § 79 Abs 2 AO [1977], § 11 Abs 2 SGB X).

§ 12 Abs 1 AsylVfG bestimmt, dass zur Vornahme von Verfahrenshandlungen nach **458** diesem Gesetz auch ein Ausländer fähig ist, der das 16. Lebensjahr vollendet hat, sofern er nicht nach Maßgabe des BGB geschäftsunfähig ist oder im Falle seiner Volljährigkeit in dieser Angelegenheit zu betreuen und einem Einwilligungsvorbehalt zu unterstellen wäre.

§ 2 Abs 1 S 2 FamNamÄndG sieht vor, dass für eine geschäftsfähige Person, für die **459** in dieser Angelegenheit ein Betreuer bestellt und ein Einwilligungsvorbehalt nach § 1903 BGB angeordnet ist, der Betreuer den Antrag auf Änderung des Familiennamens stellt.

Vorbemerkungen zu §§ 1897–1900

Systematische Übersicht

Werner Bienwald

Alphabetische Übersicht

I.   Überblick über das „alte" und das „neue" System der Betreuer

1 Das bis zum 31. 12. 1991 geltende Recht der Vormundschaft für Volljährige und der Gebrechlichkeitspflegschaft kannte ein dreigliedriges System derjenigen, denen die Aufgabe des Vormunds oder des Gebrechlichkeitspflegers übertragen werden konnte. In Betracht kamen dafür: a) Natürliche Personen, b) anerkannte (Vormundschafts-)Vereine und c) die Behörde, die entweder beim Jugendamt, beim Sozialamt oder beim Gesundheitsamt ressortierte. War ein Verein oder die Behörde mit der

Aufgabe betraut worden, übertrug die Institution die Ausübung der Aufgabe einzelnen Mitarbeiterinnen oder Mitarbeitern (beim Verein auch Mitgliedern; vgl die unverändert gebliebene Bestimmung der § 1791a Abs 3 S 1 BGB, die gemäß § 1897 aF sowie § 1915 Abs 1 BGB auf das Erwachsenenrecht entsprechend anzuwenden war).

Die natürliche Person konnte jemand sein, der (zumeist ein Angehöriger, seltener **2** Nachbarn, Bekannte oder Freunde) ohne Anspruch auf Vergütung (Entgelt für aufgewendete Zeit) – ehrenamtlich – tätig wurde. Wer die Vormundschaft oder die Gebrechlichkeitspflegschaft berufsmäßig führte (fast ausschließlich Rechtsanwälte), hatte spätestens seit der Entscheidung des BVerfG vom 1. 7. 1980 (BVerfGE 54, 251 = FamRZ 1980, 765 [LS]) einen Anspruch auf Vergütung.

Das Betreuungsrecht hat diese Dreigliedrigkeit als Grundstruktur beibehalten. Im **3** Hinblick darauf, dass die Bestellung der Institutionen (speziell der Behörde) nicht in ausreichendem Maße die gewünschte persönliche Betreuung (s dazu BT-Drucks 11/4528, 68) gewährleistete, führte das Betreuungsgesetz zwei weitere Gruppen natürlicher Personen ein, den Vereinsbetreuer und den Behördenbetreuer. Bei beiden handelt es sich um Mitarbeiterinnen oder Mitarbeiter des Vereins bzw der Behörde, die vom Betreuungsgericht unmittelbar und persönlich zu Betreuern bestellt werden, die Führung der Betreuung aber als Dienstaufgabe im Rahmen ihrer Arbeitnehmerstellung wahrnehmen. Das bestehende Anstellungsverhältnis verpflichtet sie in der Regel zur Führung von Betreuungen als Dienstaufgabe, und räumt ihnen gleichzeitig einen Anspruch auf Gegenleistung (Gehalt, Honorar) ein. Näher zu dem früheren Betreuersystem und zu den Gründen, die zu dem neuen System geführt haben, s STAUDINGER/BIENWALD (1999) Rn 1–4.

II. Einzelheiten zum neuen System

Das neue System kennt demnach drei Arten von natürlichen Personen: die Privat- **4** personen (die berufsmäßig und solche, die nicht berufsmäßig tätig werden) und die Vereins- sowie die Behördenbetreuer, die jeweils – in dieser Form der Betreuerbestellung – Betreuungen berufsmäßig führen. Werden sie zu Betreuern bestellt, hat der Bestellungsbeschluss die entsprechende Bezeichnung zu enthalten (§ 286 Abs 1 Nr 2 und 3 FamFG). Die letztgenannten zwei Arten von Betreuern unterscheiden sich in ihrer Rechtsstellung nur geringfügig (vgl § 1908g BGB). Privatpersonen können ehrenamtlich Betreuungen führen, sie können aber auch als beruflich tätige Betreuer bestellt sein. Der durch Art 1 Nr 12 BtÄndG in § 1897 angefügte Abs 6 bestimmt eine Rangfolge innerhalb der natürlichen Personen, indem Berufsbetreuer nur dann bestellt werden dürfen, wenn keine andere geeignete Person zur Verfügung steht, die zur ehrenamtlichen Führung der Betreuung bereit ist. Angehörige unter den Privatpersonen sind gegenüber anderen Privatpersonen nach Maßgabe von § 1908i Abs 2 S 2 BGB privilegiert.

Mehrere Regelungen, die das BtÄndG eingeführt hat, zielen darauf ab, die beruf- **5** liche, dh in erster Linie bezahlte freiberufliche, Betreuung zurückzudrängen und der ehrenamtlichen Betreuung vor der beruflichen den Vorrang einzuräumen. Ehrenamtlich, dh ohne Anspruch auf Vergütung, werden noch immer etwa 60 bis 65 % Betreuungen geführt. Die Bewilligung einer Vergütung als Berufsbetreuer setzt eine entsprechende gerichtliche Feststellung beruflich geführter Betreuung bei der Bestellung des Betreuers voraus (§ 1836 Abs 1 S 2 iVm § 1908i Abs 1 S 1 BGB, § 1 Abs 2 und § 4 Abs 1 VBVG). Mit Wirkung für die Zukunft kann diese Feststellung grundsätzlich auch nachher getroffen werden, während sie rückwirkend unzulässig ist (BGH FamRZ 2014, 468).

6 Bei erstmaliger Bestellung eines Berufsbetreuers im Gerichtsbezirk soll das Betreuungsgericht eine Stellungnahme der Betreuungsbehörde zu dessen Eignung einholen (§ 1897 Abs 7 BGB idF von Art 1 Nr 8 2. BtÄndG). Die zuständige Behörde soll die Person auffordern, ein Führungszeugnis und eine Auskunft aus dem Schuldnerverzeichnis vorzulegen (ebd). Die berufsmäßig tätige Person hat sich über Zahl und Umfang der von ihr berufsmäßig geführten Betreuungen zu erklären (§ 1897 Abs 8 BGB). Das Gericht soll den Berufsbetreuer entlassen, wenn ein Betreuer oder mehrere außerhalb der beruflichen Betreuung zur Verfügung stehen (§ 1908b Abs 1 Satz 3 BGB). Der Vertreter der Staatskasse kann darauf drängen und fristgemäß Beschwerde gegen Entscheidungen des Betreuungsgerichts einlegen, durch die die Umbestellung abgelehnt wird (§ 304 Abs 1 S 2 FamFG). Schließlich hat der Berufsbetreuer selbst Umstände dem Gericht mitzuteilen, die eine Umbestellung ermöglichen (§ 1897 Abs 6 S 2 BGB). Der zuständigen Behörde haben die entgeltlich tätigen Betreuer jährlich bis zum 31. März des folgenden Jahres die Zahl der im vergangenen Jahr geführten Betreuungen sowie den dafür erhaltenen Geldbetrag mitzuteilen (§ 10 VBVG). Diese Regelungen beeinträchtigen nicht unerheblich das Wunschrecht des Betroffenen nach § 1897 Abs 4 BGB.

III. Anforderungsprofil

7 Obwohl der Gesetzgeber der Bestellung von ehrenamtlich tätigen Privatpersonen, ihrer Gewinnung, Beratung und Fortbildung, neuerdings auch der Aufklärung über Vorsorgevollmachten im Hinblick auf die dadurch zu vermeidende Betreuung (BT-Drucks 13/7158, 51), Priorität einräumt, rechnet er zugleich mit der Mitwirkung beruflich tätiger Personen, und zwar sowohl bei der Führung von Betreuungen als auch bei der Wahrnehmung der Aufgaben, die der Betreuung von Betreuern gewidmet sind. Der in der Praxis dafür gebräuchliche Begriff „Querschnittsaufgaben" trifft dafür jedoch nicht zu.

8 Eine einzelne Person, die an der Führung von Betreuungen interessiert ist und sich darum bewirbt, hat **keinen Anspruch**, durch die Betreuungsbehörde als Betreuer „anerkannt" und dem Betreuungsgericht vorgeschlagen zu werden (VG Frankfurt aM BtPrax 1997, 83).

9 In den anerkannten (oder nach den Bestimmungen des Übergangsrechts als anerkannt geltenden) Vereinen und bei den zuständigen Behörden werden für die Ausübung der diesen obliegenden Tätigkeiten geeignete Mitarbeiterinnen und Mitarbeiter benötigt, deren berufliche (Grund-)Qualifikation der Gesetzgeber allerdings bewusst nicht vorgegeben hat. Für die professionellen Vereinsmitarbeiter hält der RegEntw als Grundlage für ihre Arbeit in der Regel eine erfolgreich abgeschlossene fachliche Ausbildung für erforderlich. Den Verzicht darauf, einen bestimmten Ausbildungsabschluss vorzuschreiben, hat der RegEntw einerseits mit der Vielseitigkeit der Anforderungen an die Betreuer, andererseits aber damit begründet, dass es auch qualifizierte Betreuer geben könne, die zwar nicht über einen derartigen Ausbildungsabschluss, jedoch über einen großen Erfahrungsschatz verfügen (BT-Drucks 11/4528, 158). Die Einführung eines an beruflichen Abschlüssen orientierten Vergütungssystems durch das BtÄndG hat diesem Argument (Erfahrung/Berufserfahrung) weitgehend die Grundlage entzogen.

Die Bestellung einer natürlichen Person zum Betreuer hat der Gesetzgeber lediglich **10** davon abhängig gemacht, dass die betreffende Person imstande ist, in dem gerichtlich bestimmten Aufgabenkreis die Angelegenheiten des Betreuten zu besorgen und ihn in dem hierfür erforderlichen Umfang **persönlich zu betreuen** (§ 1897 Abs 1 BGB). Ob eine natürliche Person, die nicht ehrenamtlich tätig sein will, zur Bestellung zum Betreuer unabhängig von den im jeweiligen Einzelfall zu besorgenden Angelegenheiten weitere Eignungskriterien erfüllen muss, erscheint zumindest fraglich und lässt sich aus den Bestimmungen des BtG nicht unmittelbar entnehmen. Handelt es sich bei den von dieser Person geführten Betreuungen nicht um solche, bei denen aus Gründen der Person des Betreuten oder einer Besonderheit bestimmter Aufgaben spezielle Kenntnisse und Fähigkeiten erforderlich sind, besteht das Merkmal des nichtehrenamtlichen gegenüber dem ehrenamtlich tätigen Betreuer in der Entgeltlichkeit der Betreuertätigkeit.

Die Bemühungen um ein Anforderungs- bzw ein Ausbildungsprofil von Betreuern, **11** die diese Aufgabe hauptberuflich wahrnehmen wollen, sind deshalb in erster Linie unter dem Aspekt von Personalentscheidungen und Berufspolitik zu sehen. Dabei soll nicht in Abrede gestellt werden, dass es Berufe, Ausbildungen oder sonstige Befähigungen gibt, die eher auf eine Eignung als Betreuer schließen lassen, als das bei anderen der Fall ist. Der Gesetzgeber verlangt aber keineswegs nach „dem Betreuer", sondern lässt unterschiedliche Personen geeignet sein. Auch die Tatsache, dass der hauptamtlich tätige Betreuer in der Regel eine Reihe unterschiedlicher Fälle nebeneinander zu bewältigen hat, rechtfertigt allein nicht ein besonderes „Anforderungsprofil" (vgl dazu aber Oberloskamp ua 111), zumal auch ein ehrenamtlicher Betreuer nicht immer nur „lediglich einmal in seinem Leben eine Betreuung übernimmt" (so aber Oberloskamp ua 111; s zu diesem Thema Bundesverband der Berufsbetreuer/-innen e V, Berufsethik und Leitlinien, Beiträge zur Entwicklung von beruflichen Standards im Betreuungswesen [2005]).

Obwohl nach den rechtstatsächlichen Befunden des Instituts für Sozialforschung **12** und Gesellschaftspolitik e V (Sellin/Engels, Qualität, Aufgabenverteilung und Verfahrensaufwand bei rechtlicher Betreuung [2003] 79 ff) nicht davon ausgegangen werden kann, dass in der Mehrzahl der Betreuungen oder in den meisten Fällen dem Betreuer sämtliche oder nahezu sämtliche Angelegenheiten des Betreuten zur Besorgung übertragen werden, scheint die Diskussion um ein Anforderungsprofil als Idealtypus des Betreuers den umfassend zuständigen berufsmäßig tätigen Betreuer anzusehen und anzustreben. Dieses Betreuerbild widerspräche dem durch das Betreuungsgesetz betonten Erforderlichkeitsgrundsatz und könnte Gerichte dazu verleiten und dazu beitragen, mehr und umfassendere Betreuungen einzurichten als unbedingt erforderlich. Die Berufsbilddiskussion geht allerdings davon aus, dass der Betreuer in Zukunft eine umfassendere Zuständigkeit als (lediglich) die Rechtsfürsorge haben wird.

Werner Bienwald

13 Eine andere Frage ist es, ob diejenigen Mitarbeiterinnen und Mitarbeiter eines anerkannten Betreuungsvereins oder der Betreuungsbehörde, die nicht lediglich Betreuungen führen, sondern darüber hinaus zB Aufgaben der Gewinnung, Einführung, Fortbildung, Beratung und Unterstützung ehrenamtlich Tätiger wahrzunehmen haben, eine spezifische Befähigung nachweisen müssen oder sollten. Überdies hat die zuständige Behörde weitere Aufgaben zu erfüllen (Beteiligung an den verschiedenen Verfahren in Betreuungs- und Unterbringungssachen, Unterstützung bei Vorführungen und Unterbringungen, Unterstützung des Betreuungsgerichts bei der Ermittlung des Sachverhalts, Initiierung von Aktivitäten, die der Betreuung von Betreuern dienen). Hier sind Befähigungen gefragt, die über die Eignung zum Betreuer hinausgehen und auch anderer Art als diese sind. An die Qualität sog Sozialberichte der zuständigen Behörde, wenn sie vom Gericht erbeten werden (vgl § 8 S 2 BtBG), müssen Anforderungen gestellt werden, die denen ähneln, die im Laufe der Zeit von der Rspr an Sachverständigengutachten gestellt wurden.

14 Soweit im Zusammenhang mit Fragen der Eignung und Qualifikation von Profession und Professionalisierung die Rede ist, wird mitunter sowohl die Tatsache der beruflichen Ausübung als auch eine bestimmte Fachlichkeit gemeint. Dies ist irreführend und sollte vermieden werden. Der professionell tätige Betreuer führte bisher beruflich Betreuungen (§ 1836 Abs 1, § 1908i Abs 1 S 1 BGB), ohne dass er dazu in einer dafür existierenden Berufsausbildung befähigt worden ist oder sonst eine vergleichbare Prüfung als Betreuer abgelegt hatte. Die in einzelnen Ländern aufgrund der Ermächtigung des § 2 Abs 1 und Abs 2 BVormVG eingeführten Nachqualifizierungsverfahren dienten dem Erreichen einer höheren Vergütungsstufe und setzten bereits eine mehrjährige berufsmäßige Führung von Vormundschaften und Betreuungen voraus, stellen also keine Berufsausbildung im engeren Sinne dar (krit zu den Sachgebietskatalogen in den Prüfungsbestimmungen BIENWALD BtPrax 2000, 155, 157). Ob es berufspolitisch und psychologisch gesehen ratsam ist, einen Beruf des Betreuers zu schaffen, muss auch unter dem Gesichtspunkt betrachtet werden, dass letztlich für ein und dieselbe Tätigkeit sowohl Ausgebildete als auch Unausgebildete geeignet sein können; eine für das Selbstwertgefühl nicht unbedingt förderliche Tatsache. Das erste und auch das 2. BtÄndG geben in dieser Hinsicht keinen Anlass zu einer anderen Beurteilung. Weiterhin kommt es generell auf die **Eignung des Betreuers im konkreten Fall** an. Für die der (entgeltlichen) Berufsbetreuertätigkeit war bis 1. 7. 2005 nach § 1836 Abs 1 S 3 und 4 und ist seitdem nach § 1 Abs 1 VBVG der Umfang der übertragenen Betreuungen maßgebend.

15 Nutzbare Fachkenntnisse haben erst Bedeutung bei der Frage der Vergütungshöhe. Hier wird zwischen den nutzbaren und den besonderen Fachkenntnissen unterschieden, innerhalb der letzten Gruppe jedoch nicht nach inhaltlichen, sondern nach äußeren Merkmalen (Ausbildungsabschluss) die Zuordnung zur jeweiligen Vergütungshöhe vorgenommen (§ 4 VBVG). Danach werden auch für die Einordnung in die niedrigste Vergütungsgruppe von Berufsbetreuern nutzbare Fachkenntnisse verlangt. Sämtliche Arten von Fachkenntnissen können aber auch im Rahmen ehrenamtlicher Betreuung – je nach Betreuungsfall – für die Eignungsfrage entscheidend sein. Die Bemühungen des ersten BtÄndG, einerseits die Vergütungspflicht für Berufsbetreuer von der Höhe der Vergütung zu trennen (BT-Drucks 13/7158, 25), andererseits die Bestellung eines Betreuers mit besonderen Fachkenntnissen von der Notwendigkeit im Einzelfall abhängig zu machen (BT-Drucks 13/7158, 26), um die

Betreuung aus der Staatskasse nicht unnötig teuer werden zu lassen, hätten nur dort Erfolg haben können, wo die Gerichte auf eine entsprechende Vielfalt von Betreuern zurückgreifen können.

IV. Zum Begriff der Ehrenamtlichkeit

In den Bestimmungen über die Bestellung des Betreuers bzw einer Mehrzahl von **16** Betreuern (§§ 1899, 1900 BGB) werden, entsprechend der Zielsetzung des BtG, die persönliche Betreuung sicherzustellen, natürliche Personen und Institutionen (Verein, Behörde) unterschieden. Von Ehrenamtlichen ist erst seit Einführung des § 1897 Abs 6 BGB die Rede. In Verbindung mit § 1908b Abs 4 S 2 und 3 BGB lassen sich die natürlichen Personen in Privatpersonen und solche, die als Mitarbeiter des Vereins oder der Behörde ausschließlich oder teilweise Betreuungen führen, gruppieren.

Ehrenamtliche Betreuer gerieten in den Blick erst im Zusammenhang mit der Auf- **17** gabenbeschreibung für den Betreuungsverein (§ 1908f BGB). Bei der Bestimmung der Aufgaben der zuständigen Behörde haben sie keine besondere Erwähnung gefunden. Das BtG nimmt als Ehrenamtliche diejenigen, die durch verwandtschaftliche Beziehungen oder durch ein Amt zur Führung einer Betreuung gekommen sind, nicht aus. Anders die sozialwissenschaftliche Literatur (vgl nur Rauschenbach, Artikel Ehrenamtliche/freiwillige Tätigkeit im sozialen Bereich, Fachlexikon der sozialen Arbeit [5. Aufl 2002]).

Der ehrenamtlich tätige Betreuer hat in Bezug auf die Führung der Betreuung die **18** gleiche Rechtsstellung wie derjenige, der die Betreuung berufsmäßig führt. Auch der ehrenamtliche Betreuer hat die Angelegenheiten des Betreuten rechtlich zu besorgen, den Betreuten gerichtlich und außergerichtlich zu vertreten, Rechnung zu legen (sofern nicht befreit), ggf Schadensersatz zu leisten und untersteht der Aufsicht des Betreuungsgerichts usw. Keinesfalls ist der ehrenamtliche Betreuer, was seine Pflichten angeht, ein minderer Betreuer. Wer in ihm einen qualifizierten Besuchsdienst sehen will, verkennt, dass auch ein ehrenamtlich Tätiger zum Betreuer (auch als Folgebetreuer; vgl § 1908b Abs 1 S 2 BGB) nur bestellt werden darf für Aufgabenkreise, in denen (rechtliche) Betreuung erforderlich ist (§ 1896 Abs 2 S 1 BGB) und auch nur dann, wenn er im Sinne des § 1897 Abs 1 geeignet ist. Als Unterscheidungsmerkmal zwischen ehrenamtlich und nicht ehrenamtlich tätigen Betreuern bleibt nach dem Betreuungsgesetz also lediglich die Entgeltlichkeit erhalten, wobei ein durch die Regelung des § 1835a BGB erreichbares geringes Entgelt (Aufwendungsersatz auch ohne entsprechend hohe Aufwendungen) nicht ins Gewicht fällt. Die durch den BGH zugunsten des Betreuers entschiedene Frage, ob Eltern oder nahen Verwandten des Betreuten die Aufwandsentschädigung nach § 1835a (damals § 1836a BGB) zusteht (BGHZ 133, 337 = FamRZ 1996, 1545 = NJW 1997, 58), sollte durch § 1835a Abs 3 HS 2 BGB erledigt sein (BT-Drucks 13/7158, 24, aber auch 44, 55).

Ein Verein erfüllt deshalb die ihm nach § 1908f Abs 1 Nr 2 BGB zugewiesenen **19** Aufgaben der Gewinnung, Einführung, Fortbildung und Beratung von Betreuern auch dann, wenn er sich nicht lediglich Fremden zuwendet, sondern es sich bei den genannten Personen um Angehörige von Betroffenen/Betreuten handelt. Dies ist insbesondere dann von Bedeutung, wenn ein anerkannter Verein nach den Richtlinien seines Landes Zuwendungen in Anspruch nimmt und über ihre Verwendung Rechenschaft abzulegen hat.

V.   Strukturelle Probleme des neuen Systems

Die das Betreuersystem und die Auswahl und Bestellung des einzelnen Betreuers (oder mehrerer Betreuer) regelnden Bestimmungen stoßen auf Bedenken und werfen etliche Anwendungsprobleme auf.

1.   Problem der Durchsetzbarkeit der Rangfolge

20   Die Einhaltung der Stufenfolge der Betreuerbestellung, insbesondere die subsidiäre Bestellung der Behörde, lässt sich nur dann durchsetzen, wenn der Betroffene oder ein sonst Beschwerdeberechtigter ein grundloses Abweichen von der Norm zur Sprache bringt. Sind zB Betreuungsgericht und Behörde „darüber einig", dass es im Zeitpunkt der Entscheidung über eine Betreuerbestellung keine geeigneten vorrangig zu bestellenden Personen oder Vereine „gibt" oder eine etwaige Eignung nicht hinreichend geprüft oder festgestellt werden konnte, wird eine Rechtspraxis etabliert, die dem gesetzgeberischen Anliegen zuwiderläuft. Bevorzugen Gerichte berufsmäßig tätige Betreuer, weil die Zusammenarbeit mit ihnen weniger aufwendig als die mit „Laien" ist, und fehlen Betreuungsvereinen geeignetes Personal und/oder Sachmittel, um sich stärker der Werbung ehrenamtlich tätiger Personen und deren Einführung in die Aufgaben eines Betreuers sowie deren kontinuierlicher Betreuung und Fortbildung zu widmen, ergänzen sich und kumulieren negative Voraussetzungen, durch die das System unterlaufen wird.

21   Hinsichtlich der Einhaltung des Vorrangs ehrenamtlicher Betreuung vor einer berufsmäßig geführten Betreuung steht dem Vertreter der Staatskasse gegen einen die Entlassung des Betreuers ablehnenden Beschluss Beschwerde zu (§ 304 Abs 1 FamFG).

2.   Relativierung der Bestellungsvoraussetzungen

22   Mit der globalen Annahme, dass ehrenamtliche Betreuer in ihre Aufgaben eingeführt, fortgebildet und beraten werden müssten, wird die persönliche Eignung zum Betreuer als Bestellungskriterium inhaltlich relativiert (Bienwald BtPrax 1993, 79, 82). Wenn jemand in seine Aufgaben als Betreuer erst eingeführt werden muss, wenn Beratungs- und Fortbildungsbedarf besteht, können an die Eignung zum Betreuer keine hohen Anforderungen gestellt werden. Lässt sich dies noch für die Eignung zu persönlicher Betreuung (zu ihr BT-Drucks 11/4528, 68) erklären, ist zu bezweifeln, dass das auch für die Eignung gelten kann, die Angelegenheiten des Betroffenen zu besorgen, zumal vielfach irrtümlich angenommen wird, Betreuungsfälle, bei denen kein größeres Vermögen zu verwalten ist, seien „einfach". Bei dieser Einschätzung wird nicht berücksichtigt, dass ein Betreuer oftmals selbst mit solcherart Angelegenheiten und Behörden in eigener Sache noch nichts zu tun hatte und auf Erfahrungen im Umgang mit sozialrechtlichen Angelegenheiten und Verfahren demnach nicht zurückgreifen kann. Fraglich ist, ob durch die Betreuung der Betreuer nicht die Gefahr besteht, dass sich eine eigene „Zunft" herausbildet, die ein Interesse daran hat, ehrenamtliche Betreuer „betreuungsbedürftig" zu halten.

3. Ausschluss von Heimmitarbeitern

Durch das institutionalisierte Misstrauen gegenüber Heimmitarbeitern uä gemäß **23**
§ 1897 Abs 3 BGB hat der Gesetzgeber ein Potential an fähigen und bereiten Betreuern zur Untätigkeit verurteilt und außerdem den Willen von Betreuten nicht
respektiert, die mit den genannten Betreuern keine schlechten Erfahrungen gemacht haben. Eine Einzelprüfung und -kontrolle in Bezug auf Abhängigkeiten
(zB bezogen auf die Verausgabung von sog Taschengeld oder die Nichtinanspruchnahme bestimmter Leistungen) hätte ausgereicht. Durch die Ergänzung des § 1896
Abs 2 S 2 BGB gewinnt die Vorschrift Bedeutung auch in Fällen erteilter Vorsorgevollmacht.

4. Marktregulierende Macht des Betreuungsgerichts

Mit der Feststellung von Betreuungsbedürftigkeit und der Bestellung eines Betreu- **24**
ers (unter Mitarbeit der Behörde) entscheidet das Betreuungsgericht nicht nur über
das Schicksal des Betroffenen und ggf seiner Angehörigen, sondern auch über
Arbeits- und Verdienstchancen von Betreuern und solchen Personen (einschl Vereinen), die im Begriff sind, Betreuungen zu übernehmen. Das BtG enthielt keine
Kontrollen in Bezug auf solche marktregulierenden Betätigungen (BIENWALD BtPrax
1993, 78, 83). Das auf Fälle von Amts wegen bestellter Betreuer beschränkte Beschwerderecht der zuständigen Behörde (§ 69g Abs 1 S 1 FGG aF) verhinderte eine
Korrektur von „Mitleids-" oder „Gefälligkeits-"Bestellungen und von solchen, bei
denen das Gericht das Verhalten der Betroffenen bei seiner persönlichen Anhörung
als Zustimmung und weitergehend als Antrag gewertet hatte (vgl OLG Hamm FamRZ
2002, 194). Die Reform des FGG beseitigte diese Beschränkung des Beschwerderechts der Behörde, sodass diese nunmehr gegen jede Bestellung eines Betreuers
oder die Anordnung eines Einwilligungsvorbehalts Rechtsmittel einlegen kann,
wenn sie deren Voraussetzungen nicht vollständig für gegeben hält (§ 303 Abs 1
Nr 1 FamFG).

5. Die mit nur einer Person besetzte Betreuungsbehörde

Nicht in erster Linie rechtliche, sondern eher methodische und psychologische **25**
Probleme wirft die Besetzung der zuständigen Behörde mit einer einzigen (nicht
immer fachlich einschlägig ausgewiesenen) Person auf. Fremd- und Eigenkontrolle
muss bei einer solchen Besetzung zu kurz kommen, von Problemen der Vertretung
während Abwesenheitszeiten und der Realisierung des Anspruchs persönlicher Betreuung als Reformprogramm einmal abgesehen. Sowohl die Mitarbeit bei der Erforschung des Sachverhalts als auch die Suche nach einem geeigneten Betreuer, die
Bestellung der Behörde zum Betreuer und die Wahrnehmung der Aufgabe, die
Entscheidung über die Unterbringung und die Hilfe beim Vollzug, um nur einige
Bereiche zu nennen, liegen alle in einer Hand. Datenschutzprobleme sind dabei
noch ausgeklammert. Sollten sich entsprechende Reformüberlegungen durchsetzen,
Kontroll- und Abrechnungsaufgaben des Betreuungsgerichts sowie weitere Aufgaben auf die zuständige Behörde zu verlagern, könnten durch weiteren Personalbe-
darf diese Probleme zT der Vergangenheit angehören.

6. Übersehene Problematik der Angehörigenberatung

26 Als Aufgabe nicht berücksichtigt hat der Gesetzgeber die Information und Beratung Angehöriger eines Betroffenen über die Voraussetzungen und Folgen einer Betreuerbestellung und die mit der Verselbständigung von aus der Betreuung entlassenen Personen verbundenen Ablösungsprozesse, die ihrerseits Beratung und Begleitung erfordern (s BIENWALD FamRZ 1992, 1125, 1127). Da anerkannte Betreuungsvereine, die dafür in Frage kommen, nur die Kosten abrechnen können, die ihnen für die Führung der Betreuungen durch Mitarbeiterinnen und Mitarbeiter nach den Bestimmungen über Aufwendungsersatz und Vergütung des BGB und den landesrechtlichen Förderrichtlinien zugebilligt werden, ist es letztlich eine Frage der Finanzierung unbenannter Dienstleistungen. Das Problem wird durch die mit dem ersten BtÄndG eingeführte Aufgabe, planmäßig über Vorsorgevollmachten und Betreuungsverfügungen zu informieren (Einfügung der Nr 2a in § 1908f Abs 1 BGB) nicht gemildert. Denn die hier formulierte Aufgabe erstreckt sich auf die Information einer unbekannten Zahl von Adressaten; die Einzelberatung wird dadurch nicht unmittelbar erfasst. Hinzukommt, dass die Behörde zwar zur Unterstützung auch in finanzieller Hinsicht aufgefordert ist (§ 6 S 2 BtBG), die öffentlichen Mittel jedoch nicht ausreichen oder erst gar nicht ausreichend bewilligt werden.

27 Der Kreis der möglichen an Beratung interessierten Personen wurde durch die Berücksichtigung der Lebenspartner des LPartG im Betreuungsrecht erweitert (§§ 1836c Nr 1, 1897 Abs 5, 1903 Abs 2, 1908i BGB, § 274 Abs 4 Nr 1 FamFG). Soweit Lebenspartner auf Antrag oder von Amts wegen als Beteiligte zum Verfahren hinzugezogen werden, hat das Gericht sie in Betreuungs- und in Unterbringungssachen zu hören (§§ 279 Abs 1, 320 S 1 FamFG). Die Beratung und Unterstützung der Bevollmächtigten auf deren Wunsch hat dagegen der durch Art 9 Nr 1 2. BtÄndG neu gefasste § 4 BtBG der Behörde zur Pflicht gemacht. Zu einer Angehörigenberatung kann es kommen, wenn ein anerkannter Betreuungsverein im Einzelfall für die Beratung bei der Errichtung einer Vorsorgevollmacht (§ 1908f Abs 4 BGB) in Anspruch genommen wird.

VI. Wesentliche Grundsätze für die Bestellung von Betreuern

1. Übernahmepflicht für jedermann

28 Anders als im früheren Recht und noch im geltenden Vormundschaftsrecht ist die Übernahmepflicht, die das BtG im Übrigen beibehalten hat, nicht auf Deutsche begrenzt (§ 1898 BGB).

2. Mitwirkungsverpflichtung ohne Zwangsgeldregelung

29 Wie bisher darf der Ausgewählte erst dann zum Betreuer bestellt werden, wenn er sein Einverständnis erklärt hat (§ 1898 Abs 2 BGB; Konsensprinzip). Sein Wille darf jedoch nicht mehr durch Androhung und Festsetzung von Zwangsgeld gebeugt werden (anders § 1788 BGB für die Vormundschaft).

3. Bestellungsverbote/-hindernisse

Wer zu einer Anstalt, einem Heim oder einer sonstigen Einrichtung, in welcher der **30** Volljährige untergebracht ist oder wohnt, in einem Abhängigkeitsverhältnis oder in einer anderen engen Beziehung steht, darf nicht zum Betreuer bestellt werden (§ 1897 Abs 3 BGB). Diese Bestimmung kann auch bei Bevollmächtigungen von Bedeutung sein (§ 1896 Abs 2 S 2 BGB).

Wer Betreuer ist, darf nicht auch über die Einwilligung in eine Sterilisation ent- **31** scheiden. Es ist stets ein besonderer Betreuer zu bestellen (§ 1899 Abs 2 BGB). Vereinen oder Behörden als Institutionen darf die Entscheidung über die Einwilligung in eine Sterilisation der/des Betreuten nicht übertragen werden (§ 1900 Abs 5 BGB).

4. Vorschlagsrecht des Betroffenen

Der Betroffene hat die Möglichkeit, auf die Personalentscheidung Einfluss zu neh- **32** men (vgl § 1897 Abs 4 BGB; § 1900 Abs 2 S 2 BGB; § 291 S 1 FamFG). Dem Verfahrenspfleger (§ 276 FamFG) steht ein Vorschlagsrecht nicht zu (OLG Hamm FamRZ 1996, 1372 = BtPrax 1996, 189 unter Aufgabe der in FamRZ 1993, 988, 990 vertretenen Auffassung). Zur Auswahl des Betreuers kann er gehört werden und Stellung nehmen (KEIDEL/BUDDE [17. Aufl] § 276 FamFG Rn 13). Trotz des Vorschlags des Betroffenen, einen bestimmten Berufsbetreuer zu bestellen, hat das Betreuungsgericht zu prüfen, ob ein geeigneter ehrenamtlicher Betreuer zur Verfügung steht (KG FamRZ 2007, 81 = FGPrax 2006, 258 im Anschluss an OLG Jena NJW-RR 2001, 769 = FamRZ 2001, 714 = FGPrax 2000, 239). Eine von der Betroffenen als Betreuer vorgeschlagene Person kann nur dann abgelehnt werden, wenn deren Bestellung dem Wohl der Betroffenen zuwiderlaufen würde (BGH FamRZ 2010, 1897 mAnm HEIDERHOFF 1899). In diesem Fall hat das Betreuungsgericht im Hinblick auf die weiteren Angelegenheiten zu prüfen, ob dem Vorschlag des Betroffenen möglichst weitgehend dadurch Rechnung getragen werden kann, dass ein Mitbetreuer gemäß § 1899 Abs 1 bestellt wird (BGH FamRZ 2015, 1103 = FGPrax 2015, 172 = 2015, 149). Auch wenn die/der Betreute die Vergütung aus eigenen Mitteln bezahlen könnte, gilt der gesetzlich bestimmte Vorrang der ehrenamtlichen Betreuung (LG Kleve FamRZ 2016, 2034 = BtPrax 2016, 246 [LS]).

5. Bedarfsorientierte Zahl von Betreuern

Die Zahl der zu bestellenden Betreuer richtet sich nicht mehr nach dem Regel- **33** Ausnahme-Prinzip (s § 1775 BGB), sondern ist am Bedarf orientiert (§ 1899 Abs 1 BGB) und neuerdings auch an der Kostenfrage (§ 1899 Abs 1 S 2, angefügt durch Art 1 Nr 9a 2. BtÄndG); Grenzen setzt die zur Verfügung stehende Zahl von Personen bzw Institutionen und der Vergütungsanspruch etwaiger weiterer Betreuer. Mehrbetreuerbestellungen dienen mitunter dazu, eine interne Vertretungsregelung zu ermöglichen und dadurch weitere (aufwändige) Bestellungsverfahren zu vermeiden.

6. Begrenzung der Zahl der Betreuungen

Das Betreuungsrecht kennt keine Höchstzahlbegrenzung. Einem ehrenamtlich tä- **34** tigen Betreuer können bis zur Grenze seiner Leistungsfähigkeit Betreuungen übertragen werden, vorausgesetzt er ist geeignet, die Angelegenheiten der Betroffenen rechtlich zu besorgen und die Betroffenen in dem hierfür erforderlichen Umfang persönlich zu betreuen (§ 1897 Abs 1 BGB). Eine durch das Gesetz zur Änderung des Vormundschafts- und Betreuungsrechts v 29. 6. 2011 (BGBl I 1306) eingeführte Höchstzahl betrifft die Führung von Vormundschaften und Pflegschaften durch die Jugendämter (Änderung des § 55 SGB VIII durch Art 2 des Gesetzes). Das Betreuungsgericht hat im Rahmen seiner Eignungsprüfung festzustellen, ob der zum Betreuer Ausgewählte bei der Zahl der ihm bisher übertragenen Aufgaben seinen Pflichten (ua auch der persönliche Betreuung in Form des persönlichen Kontakts) nachkommen kann.

VII. Zur Bedeutung von Vorauswahllisten und anderen Zulassungsverfahren

35 Zur Zulässigkeit von und rechtsstaatlichen Anforderungen zu Vorauswahllisten, die bei den zuständigen Betreuungsbehörden und/oder bei den Betreuungsgerichten geführt werden, DODEGGE, Vorauswahllisten für Berufsbetreuer, in: FS Bienwald (2009) 69, 82. Bei der Auswahl des Betreuers ist das Betreuungsgericht nicht an den Vorschlag der Behörde gebunden (OLG Hamm FamRZ 2006, 1785 = BtManagement 2006, 155), selbst dann nicht, wenn sie vom Gericht aufgefordert wurde, einen Personalvorschlag zu machen. Die Mitwirkung der Betreuungsbehörde bei der Auswahl eines Berufsbetreuers ergibt keine gesetzliche Grundlage für die Einrichtung eines bestimmten Zulassungsverfahrens (hier: Bochumer Modell). Dadurch könnte auch das Auswahlermessen des Gerichts in der Weise eingeschränkt werden, nur die behördlich zugelassenen Bewerber zu berücksichtigen (OLG Hamm FamRZ 2006, 1785 = BtManagement 2006, 155). Die Entscheidung des Gerichts über die Aufnahme eines interessierten Betreuers in die bei Gericht geführte Liste kann ein nach § 23 EGGVG anfechtbarer Justizverwaltungsakt sein (OLG Saarbrücken BtManagement 2005, 225; OLG Frankfurt BtPrax 2008, 223), auch wenn der einzelne Richter bei der Auswahl des geeigneten Betreuers nicht an die Liste gebunden ist (OLG Saarbrücken 225). Übersteigt die Gesamtzahl der geeigneten Bewerber den absehbaren Bedarf an neuen Berufsbetreuern, so beschränkt sich der Anspruch des Bewerbers darauf, chancengleich am Auswahlverfahren beteiligt zu werden (OLG Saarbrücken 225).

§ 1897
Bestellung einer natürlichen Person

(1) Zum Betreuer bestellt das Betreuungsgericht eine natürliche Person, die geeignet ist, in dem gerichtlich bestimmten Aufgabenkreis die Angelegenheiten des Betreuten rechtlich zu besorgen und ihn in dem hierfür erforderlichen Umfang persönlich zu betreuen.

(2) Der Mitarbeiter eines nach § 1908f anerkannten Betreuungsvereins, der dort ausschließlich oder teilweise als Betreuer tätig ist (Vereinsbetreuer), darf nur mit Einwilligung des Vereins bestellt werden. Entsprechendes gilt für den Mitarbeiter einer in Betreuungsangelegenheiten zuständigen Behörde, der dort ausschließlich oder teilweise als Betreuer tätig ist (Behördenbetreuer).

(3) Wer zu einer Anstalt, einem Heim oder einer sonstigen Einrichtung, in welcher der Volljährige untergebracht ist oder wohnt, in einem Abhängigkeitsverhältnis oder in einer anderen engen Beziehung steht, darf nicht zum Betreuer bestellt werden.

(4) Schlägt der Volljährige eine Person vor, die zum Betreuer bestellt werden kann, so ist diesem Vorschlag zu entsprechen, wenn es dem Wohl des Volljährigen nicht zuwiderläuft. Schlägt er vor, eine bestimmte Person nicht zu bestellen, so soll hierauf Rücksicht genommen werden. Die Sätze 1 und 2 gelten auch für Vorschläge, die der Volljährige vor dem Betreuungsverfahren gemacht hat, es sei denn, dass er an diesen Vorschlägen erkennbar nicht festhalten will.

(5) Schlägt der Volljährige niemanden vor, der zum Betreuer bestellt werden kann, so ist bei der Auswahl des Betreuers auf die verwandtschaftlichen und sonstigen persönlichen Bindungen des Volljährigen, insbesondere auf die Bindungen zu Eltern, zu Kindern, zum Ehegatten und zum Lebenspartner, sowie auf die Gefahr von Interessenkonflikten Rücksicht zu nehmen.

(6) Wer Betreuungen im Rahmen seiner Berufsausübung führt, soll nur dann zum Betreuer bestellt werden, wenn keine andere geeignete Person zur Verfügung steht, die zur ehrenamtlichen Führung der Betreuung bereit ist. Werden dem Betreuer Umstände bekannt, aus denen sich ergibt, dass der Volljährige durch eine oder mehrere andere geeignete Personen außerhalb einer Berufsausübung betreut werden kann, so hat er dies dem Gericht mitzuteilen.

(7) Wird eine Person unter den Voraussetzungen des Absatzes 6 Satz 1 erstmals in dem Bezirk des Betreuungsgerichts zum Betreuer bestellt, soll das Gericht zuvor die zuständige Behörde zur Eignung des ausgewählten Betreuers und zu den nach § 1 Abs 1 Satz 1 zweite Alternative des Vormünder- und Betreuervergütungsgesetzes zu treffenden Feststellungen anhören. Die zuständige Behörde soll die Person auffordern, ein Führungszeugnis und eine Auskunft aus dem Schuldnerverzeichnis vorzulegen.

(8) Wird eine Person unter den Voraussetzungen des Absatzes 6 Satz 1 bestellt, hat sie sich über Zahl und Umfang der von ihr berufsmäßig geführten Betreuungen zu erklären.

Materialien: Art 1 Nr 6 DiskE I; Art 1 Nr 41 RegEntw; Art 1 Nr 47 BtG; DiskE I (§ 1898) 113; BT-Drucks 11/4528, 124 ff (BReg); BT-Drucks 11/4528, 207 (BRat); BT-Drucks 11/4528, 226 (BReg); BT-Drucks 11/6949, 9 und 72 f Nr 14 (zT unverändert). Art 1 Nr 12 RegEntw BtÄndG (BR-Drucks 960/96 = BT-Drucks 13/7158, 7, 33); Stellungnahme BRat und Zustimmung BReg BT-Drucks 13/7158, 49, 57; BT-Drucks 13/10331, 15 (RA); BR-Drucks 339/98. BGBl I 1580 Art 1 Nr 12 (unverändert); STAUDINGER/BGB-Synopse 1896–2005 § 1897. Abs 5 ergänzt durch Art 2 Nr 19 LPartG); BT-Drucks 14/3751, 7, 46. Art 1 Nr 7 2. BtÄndG (BT-Drucks 15/2494, 6, 29) = Art 1 Nr 8 2. BtÄndG (BT-Drucks 15/4874 [Beschlussempf]), BR-Drucks 121/05 (Beschluss); BGBl I 1073. Änderung der Gerichtsbezeichnung durch Art 50 Nr 47 FGG-RG (BGBl I 2008, 2586, 2724).

Werner Bienwald

Schrifttum

vBERGEN/PUFHAN, Wenig Ehre und viel Arbeit – Zum Vorrang der Ehrenamtlichkeit, Vormundschaftsgerichtstag eV, betrifft: Betreuung 1/1999, 39 (AG 9)
BRUCKER, Die persönliche Betreuung und ihre Realisierung in einem regionalen Betreuungsverein, BtPrax 2003, 105
COESTER-WALTJEN/LIPP/SCHUMANN/VEIT, Neue Perspektiven im Vormundschafts- und Pflegschaftsrecht, 9. Göttinger Workshop zum Familienrecht 2010 (Göttingen 2011)
DERBEN, Anmerkung zum Berufsbild der Verbände, BtPrax 2003, 66 (zum gemeinsamen Entwurf eines Berufsbildes von BdB und VfB für Berufsbetreuer v 17. 1. 2003; s BtPrax 2003, 73)
GEIGER, Die Außenhaftung des Arbeitnehmers eines Betreuungsvereins – Anmerkung zum Urteil des OLG Saarbrücken v 12. 6. 2013 – 1 U 157/12-44, FamRZ 2015, 14
HOFFMANN, Das Gesetz zur Änderung des Vormundschafts- und Betreuungsrechts, FamRZ 2011, 1185

MAASSEN, Wenn Angehörige betreuen und pflegen, BtPrax 2003, 111
Th MEYER, Rechtliche Betreuung in Ordensgemeinschaften. Abgrenzungsfragen im Zusammenhang mit § 1897 Abs 3 BGB, in: FS Bienwald 195
SCHAUB, Die Bedeutung der SA-/SP-Qualifikationen bei der Auswahl von Betreuern durch die Justiz, in: Recht sozial, Rechtsfragen der sozialen Arbeit (2. Aufl 2002) 348
SIEKMANN, Der Lebensgefährte als Betreuer, Besprechung von OLG Köln EzFamR 1999, 274; Kerbe 2000, 19
WEIS, Betreuerbestellung innerhalb von Ordensgemeinschaften, NZFam 2015, 948
WÖHLER, Ehrenamtliche Betreuerinnen gewinnen und sie angemessen unterstützen: Wie kann der Vorrang der Ehrenamtlichkeit optimal realisiert werden? in: VÖGELE (Hrsg), Einer trage des andern Last? Die Reform des Betreuungsrechts, Loccumer Protokolle 13/1999, 120.

Systematische Übersicht

Werner Bienwald

I. Normzweck

1 Entsprechend der Zielsetzung des Gesetzgebers, eine persönliche Betreuung der Betreuten zu erreichen, die er am ehesten durch die persönliche Bestellung des Betreuers gewährleistet sieht, bestimmt diese Vorschrift, wer in erster Linie als Betreuer in Betracht kommt und welche Voraussetzungen dafür gegeben sein müssen (Abs 1 und 2). Der Betreuer wird nicht nur durch gesetzliche Handlungsanweisungen auf die persönliche Betreuung verpflichtet (§ 1901 Abs 2 und 3 BGB); er kommt als Betreuer nur in Betracht, wenn er den Betreuten bei der Besorgung von

dessen Angelegenheiten in dem erforderlichen Umfang persönlich betreuen kann.
Die persönliche Betreuung wird damit zum Eignungskriterium der Betreuerbestellung und ergänzt damit die wichtige personale Komponente der Betreuung, die
bereits dadurch zum Ausdruck kommt, dass nicht in erster Linie Betreuung angeordnet, sondern ein Betreuer bestellt wird (§ 1896 Abs 1 BGB). Entgegen der inhaltlichen Füllung des Begriffs der persönlichen Betreuung durch den Gesetzgeber
des Betreuungsgesetzes (BT-Drucks 11/4528, 68) haben den Begriff einige Gerichte
neuerdings bei ihren Einstufungsentscheidungen (§ 1 Abs 1 VBVG) im Sinne einer
selbständigen Aufgabe des Betreuers interpretiert.

Die durch Art 1 Nr 12 BtÄndG getroffene Änderung des Abs 1 (Einfügung des **2**
Wortes „rechtlich" und Neufassung „ihn in dem hierfür") soll die Betreuung als
Rechtsfürsorge verdeutlichen. Der RegEntw des BtÄndG begründete die Änderung
in engem Zusammenhang mit der Einfügung des Abs 1 in § 1901 BGB. Es solle, so
heißt es, die rechtliche Besorgung der Angelegenheiten des Betreuten von sonstigen
faktischen mit der rechtlichen Besorgung nicht verbundenen Tätigkeiten des Betreuers klarer abgegrenzt werden und die Klarstellung bereits bei der Bestellung des
Betreuers Beachtung finden (BT-Drucks 13/7158, 33).

Die Ergänzung der Vorschrift um Abs 6 dient dazu, den Vorrang der ehrenamtlichen **3**
Betreuung vor der beruflich geführten zum Ausdruck zu bringen und die Bestellung
überqualifizierter Betreuer zu vermeiden (BT-Drucks 13/7158, 50). Die Bestimmung
wird ergänzt durch die neue Entlassungsvorschrift des § 1908b Abs 1 S 2 BGB, die
wiederum durch Art 1 Nr 5 des Gesetzes zur Änderung des Vormundschafts- und
Betreuungsrechts (v 29. 6. 2011 – BGBl I 1306) ergänzt worden ist, sodass als ein weiterer
wichtiger Grund für die Entlassung des Betreuers die Nichteinhaltung des erforderlichen persönlichen Kontakts zum Betreuten in Betracht kommt, und das dem Vertreter der Staatskasse durch § 304 Abs 1 FamFG eingeräumte Beschwerderecht
gegen Entscheidungen, durch die die Entlassung eines Berufsbetreuers und seine
Ersetzung durch einen ehrenamtlichen Betreuer abgelehnt wird. Mit der Anfügung
des Abs 7 sowie dessen Neufassung wird die Vorschrift über die Feststellung der
Berufsmäßigkeit der Betreuungsführung in Bezug auf deren Voraussetzungen ergänzt. Letzten Endes geht es darum, einerseits die Staatskasse bei Mittellosigkeit
von Betreuten zu schonen, andererseits Betreuer mit besonderen Qualifikationen
denjenigen Betreuungen vorzubehalten, bei denen die entsprechenden Kenntnisse
und Fähigkeiten wirklich benötigt werden (BT-Drucks 13/7158, 50).

Gemäß der Zielsetzung des Gesetzes zur Beendigung der Diskriminierung gleich- **4**
geschlechtlicher Gemeinschaften: Lebenspartnerschaften (v 16. 2. 2001, BGBl I 266)
wurde in Abs 5 dem Kreis derjenigen, zu denen die betroffene Person persönliche
Bindungen haben kann, auf die Rücksicht genommen werden soll, der Lebenspartner hinzugefügt (vgl auch die weiteren Hinzufügungen in den §§ 1903 Abs 2, 1908i
Abs 2 S 2, 1836c BGB). Damit erhält der (gleichgeschlechtliche) Lebenspartner die
gleiche Rechtsstellung wie die übrigen in den genannten Vorschriften aufgeführten
Personen. Abs 7 wurde neu gefasst durch Art 1 Nr 8a; Abs 8 angefügt durch Art 1
Nr 8b 2. BtÄndG.

Mit Abs 3 der Vorschrift wird einem weiteren wichtigen Anliegen, die Qualität der **5**
Betreuung zu verbessern, Geltung verschafft. Es soll nicht mehr möglich sein, dass

ein Mitarbeiter der Einrichtung, in der der Betreute lebt, dessen Betreuung übernimmt. Dieses Verbot gilt absolut und wird auch nicht durch den sonst im BtG beachteten Grundsatz der vorrangigen Selbstbestimmung des Betreuten durchbrochen (BayObLG FamRZ 2002, 703 mwNw; vgl auch OLG Schleswig FamRZ 2002, 984 mAnm BIENWALD).

Grundsätzlich bestehen keine Bedenken, dass Ordensangehörige (auch Oberin) zu Betreuern (Ersatzbetreuern) ihrer Mitordensangehörigen bestellt werden. Die nicht auszuschließende Gefahr von Interessenkonflikten kann und muss im Hinblick auf das kirchliche Selbstorganisationsrecht (Art 4 GG, Art 140 GG iVm Art 137 Abs 3 WRV) hingenommen werden (LG Passau FamRZ 2016, 2035 [LS]; MEYER, in: FS Bienwald [2006] 195; WEIS NZFam 2015, 948).

6 Der Grundsatz, dass Wünschen des Betreuten weitgehend Rechnung getragen werden soll, findet seinen Niederschlag in Abs 4 und in Abs 5 insofern, als persönliche Bindungen berücksichtigt werden sollen, auch wenn ein entsprechendes Interesse nicht artikuliert wird. Abs 4 nimmt gewissermaßen die Zielsetzung der Betreuung, den noch vorhandenen eigenen Entscheidungs- und Gestaltungsmöglichkeiten Raum zu lassen (§ 1901 Abs 3 S 1 BGB), für die Personalentscheidung vorweg. Das Wunschrecht des Betroffenen hat durch den angefügten Abs 6 und die weiteren damit in engem Zusammenhang stehenden Ergänzungen des bisherigen Rechts Einschränkungen erfahren. Der Grundsatz des Vorrangs der ehrenamtlich geführten Betreuung vor der beruflich geführten Betreuung steht nicht zur Disposition des Betroffenen.

7 Die Grundregel des § 1897 Abs 1 und 2 BGB wird ergänzt durch § 1900 BGB, der Alternativen anbietet, die jedoch erst nachrangig wirksam werden. Sie wird auch ergänzt durch § 1899 BGB, der die eng interpretierte Regel der Einmannbetreuung des § 1775 BGB einerseits aufgelockert, durch den Abs 1 angefügten S 3 aber wieder eingeschränkt hat.

Abs 7 S 1 formuliert zwar eine Verpflichtung des Gerichts („soll"), stellt aber das Verfahren und die Betreuerbestellung nicht in Frage, wenn das Gericht lediglich dieser Verpflichtung nicht nachgekommen ist. S 2 ergänzt § 8 BtBG um eine weitere Aufgabe der zuständigen Behörde. Abs 8 verpflichtet die berufsmäßig tätigen Betreuer, muss aber aktualisiert werden durch eine entsprechende Aufforderung durch den Richter oder Rechtspfleger.

II.   Geltungsbereich

1.   Bestellung natürlicher Personen

8 § 1897 BGB regelt die Bestellung natürlicher Personen zu Betreuern. Für die Bestellung von Vereinen und der zuständigen Behörde gilt § 1900 BGB. Sie fällt nicht unter die Regelung des § 1897 Abs 1 BGB. Die persönliche Betreuung der Betreuten im Sinne des Gegenteils von anonymer Verwaltung von Fällen (sprachlich lautet der Gegensatz „unpersönliche" Betreuung; er drückt noch schärfer aus, was der Gesetzgeber [nicht] wollte) hat zwar den Charakter eines allgemeinen Arbeitsprinzips der Betreuungsarbeit, bedeutet jedoch in § 1897 Abs 1 BGB nur ein Auswahlkriterium, das für die Bestellung einer Institution (Verein, Behörde) nicht ausschlaggebend sein kann. Der Verein und die Behörde haben bei der Übertragung der Betreuung auf einzelne Personen (§ 1900 Abs 2 S 1 und Abs 4 S 2 BGB) dem Wohl des Betreuten zu entsprechen (vgl auch § 291 S 2 FamFG). Dadurch wird die Notwendigkeit persönlicher Betreuung nicht zum Kriterium der Bestellung von Verein oder Behörde.

2. Alle Arten von Betreuern

Die Vorschrift betrifft die Auswahl aller natürlichen Personen zu Betreuern, un- **9** abhängig von der Art der Betreuung. Sowohl der Einzelbetreuer als auch der Mitbetreuer (§ 1899 Abs 1, 3 und 4 BGB) sind nach § 1897 auszuwählen, ebenso wie der Hauptbetreuer und der Ergänzungsbetreuer (zur Auswahl eines weiteren Betreuers nach § 1899 Abs 4 OLG Zweibrücken Rpfleger 1999, 535 = FGPrax 1999, 182 = NJWE-FER 1999, 272); ebenso der endgültig bestellte bisher zum vorläufigen Betreuer bestellt gewesene Betreuer (OLG Köln FamRZ 2005, 237 [LS]). Zur Frage einer (Dauer-)Ersatzbetreuerbestellung s LG Frankfurt/Oder FamRZ 1999, 1221, 1223, sowie ALPERSTEDT, Dauerergänzungsbetreuung bei tatsächlicher Verhinderung, BtPrax 2001, 106. Grundsätzlich ist auch bei einer Betreuerbestellung durch vorläufige Anordnung § 1897 zu beachten; bei Gefahr im Verzug kann von dem Grundsatz abgewichen werden (LG Regensburg FamRZ 1993, 597; § 301 Abs 2 FamFG). Der nach § 1899 Abs 2 BGB für die Entscheidung über die Einwilligung in eine Sterilisation zu bestellende besondere Betreuer kann nur als Einzelperson nach den Kriterien des § 1897 BGB ausgewählt werden (§ 1900 Abs 5 BGB). Ob die Auswahl des Betreuers nach § 1897 BGB auch im Falle des Kontroll-, Überwachungs- oder Vollmachtbetreuers uneingeschränkt vorgenommen werden kann, ist zumindest fraglich. Allerdings muss auch er für die ihm übertragene Aufgabe, der Geltendmachung von Rechten des Betreuten gegenüber seinem Bevollmächtigten, geeignet sein. In gewisser Weise hat auch er bei der Wahrnehmung dieser Aufgabe den Betreuten „im erforderlichen Umfang persönlich zu betreuen". Der Inhalt dieser persönlichen Betreuung weicht jedoch in der Regel von der durch den nach § 1896 Abs 1 und 2 BGB bestellten Betreuer ab. In der Geltendmachung der Rechte gegenüber dem Bevollmächtigten des Betreuten ist der Betreuer in erster Linie an den Inhalt der Vollmacht und des der Bevollmächtigung zugrunde liegenden Rechtsverhältnisses, ersatzweise an gesetzliche Vorgaben des Auftrags- und Geschäftsbesorgungsrechts, gebunden und kann nur in eingeschränktem Maße den Wünschen und Vorstellungen des Betreuten in dem von § 1901 für den Regelfall vorgegebenen Maß entsprechen. UU würde die Beachtung und Berücksichtigung solcher Wünsche sogar dem vom Gericht erhaltenen Auftrag widersprechen und dementsprechende Reaktionen hervorrufen (§§ 1833, 1837, 1908i Abs 1 S 1 BGB).

3. Keine Anwendung auf die Bestellung eines Gegenbetreuers

In ähnlicher Weise untypisch ist die Aufgabe des Gegenbetreuers (§ 1792 iVm **10** § 1908i Abs 1 S 1 BGB), für dessen Auswahl die Kriterien des § 1897 erst recht nicht maßgebend sein können (aA BayObLGR 2001, 60 = FamRZ 2001, 1555; MünchKomm/ SCHWAB § 1908i Rn 10). Dem Gegenvormund sind Aufgaben der Kontrolle zugewiesen (STAUDINGER/ENGLER [2004] § 1792 Rn 1). Dadurch wird auch eine Entlastung des Betreuungsgerichts erreicht. Auf eine persönliche Betreuung des Betreuten (s dazu

BT-Drucks 11/4528, 68) und eine dementsprechende Eignung kommt es beim Gegenbetreuer nicht an. Gleichwohl schadet die persönliche Kontaktnahme zu dem Betreuten nicht. Der Gegenbetreuer hat nicht unmittelbar die Angelegenheiten des
Betreuten zu besorgen. Seine Aufgaben ergeben sich unmittelbar aus dem Gesetz.
Bei der Wahrnehmung dieser Aufgaben kann er nicht in gleicher Weise wie der
Betreuer den Wünschen und Vorstellungen der/des Betreuten Rechnung tragen
müssen und verpflichtet sein.

4. Erstmalige und weitere Personalentscheidungen

11 Die Vorschrift betrifft die erstmalige Bestellung eines Betreuers. Sie ist für den
Betreuerwechsel (§ 1908b Abs 3 BGB) zu beachten (ebenso BayObLG FamRZ 1994,
322 = Rpfleger 1994, 64 = BtPrax 1993, 171 sowie FamRZ 1994, 1353) und kommt für die
Erweiterung des Aufgabenkreises des Betreuers und die Bestellung eines weiteren
Betreuers ebenfalls zur Anwendung, weil auch insoweit eine Eignung im Sinne von
Abs 1 gegeben sein muss. Bei der Entscheidung über die Verlängerung der Betreu-
erbestellung richtet sich die Auswahl der Person des Betreuers nach § 1897 BGB
und nicht nach § 1908b BGB (BGH FamRZ 2015, 2165 = ZNotP 2015, 383 jeweils Rn 24;
BayObLG FamRZ 2001, 1100 [LS] = BtPrax 2001, 218 [LS] = NJWE-FER 2001, 234; OLG Hamm
FamRZ 2001, 255 = FGPrax 2000, 196; OLG Zweibrücken Rpfleger 2002, 312 = BtPrax 2002, 87; vgl
auch BayObLG 2002, 1145 [LS]; BGH FamRZ 2010, 1897, 1898 mAnm HEIDERHOFF, 1899, wenn
über einen Betreuerwechsel im Zusammenhang mit der Entscheidung über die Verlängerung einer
bereits bestehenden Betreuung zu befinden ist).

12 Ist der nach § 1908b BGB zu bestellende neue Betreuer zunächst durch einstweilige
Anordnung bestellt worden, kann er in der Hauptsacheentscheidung nicht allein
deshalb in seinem Amt bestätigt werden, weil er die Voraussetzungen für eine
Entlassung nach § 1908b Abs 1 S 1 BGB nicht erfüllt; vielmehr bedarf es einer
Auswahlentscheidung nach den Kriterien des § 1897 BGB (BayObLG FamRZ 2001,
252). Ob die Eignung des Betreuers, die Angelegenheiten des Betreuten rechtlich
zu besorgen, nicht mehr gewährleistet ist und das Betreuungsgericht den Betreuer
aus diesem wichtigen Grunde zu entlassen hat (§ 1908b Abs 1 BGB), bestimmt sich
nach den Kriterien des § 1897 BGB. Wer im Falle einer Mehrbetreuerbestellung
(§ 1899 BGB) als geeignet in Frage kommt, entscheidet sich, sofern nicht Ausschlussgründe zu beachten sind, nach den Kriterien des § 1897 BGB.

5. Keine unmittelbare Anwendung auf Verfahrenspfleger

13 Die Vorschrift gilt für die Auswahl des (Einzel-)Betreuers. Sie ist abgesehen von
Abs 6 S 1 nicht unmittelbar anwendbar auf die Bestellung eines Pflegers für das
Verfahren nach den §§ 276, 317 FamFG. Das Gericht hat hierbei auch auf die
Eignung des Betreffenden zu achten und kann Vorschläge des Betroffenen berücksichtigen. Die Rücksichtnahme auf verwandtschaftliche und sonstige persönliche
Bindungen kann jedoch dem Zweck der Pflegerbestellung und der dem Pfleger
zugedachten Funktion zuwiderlaufen. Das in Abs 3 enthaltene gesetzliche Bestellungsverbot gilt dann ebenfalls nicht für die Bestellung des Verfahrenspflegers. Es
drückt aber einen Grundsatz aus, der wiederum auch bei der Bestellung des Verfahrenspflegers nicht außer Acht gelassen werden darf. Ähnlich wie bei Angehörigen, die die Unterbringung ihres angehörigen Betreuten erreichen wollen, deren

Bestellung zum Verfahrenspfleger sich von selbst verbietet, kann allgemein eine Bestellung zum Verfahrenspfleger dann nicht ratsam sein, wenn die Interessenlage eine objektive Vertretung der Interessen des Betroffenen als zweifelhaft erscheinen lässt. Näher dazu BIENWALD, Verfahrenspflegschaftsrecht Rn 160 ff.

Den Grundsatz des Abs 6 S 1 haben § 276 Abs 3 und § 317 Abs 3 FamFG für die **14** Bestellung des Verfahrenspflegers in Betreuungs- und in Unterbringungssachen übernommen, indem sie bestimmen, dass zum Verfahrenspfleger vorrangig Personen zu bestellen sind, die zur ehrenamtlichen Führung der Verfahrenspflegschaft bereit sind.

6. Zahl der Betreuer

Die Vorschrift äußert sich nicht zu der Zahl der zu bestellenden Betreuer. Die **15** Voraussetzungen, unter denen mehrere Betreuer bestellt werden können, enthält § 1899. Danach kommt eine Mehrbetreuerbestellung nur in Betracht, wenn die Angelegenheiten des Betreuten hierdurch besser besorgt werden können als durch einen Betreuer (§ 1899 Abs 1 S 1 BGB). Deshalb muss die Bestellung von (in diesem Fall) vier Betreuern mit Einzelvertretungsmacht für den gesamten Aufgabenkreis durch besondere Umstände des Einzelfalls gerechtfertigt sein (BayObLG FamRZ 2003, 1967).

III. Grundsätze der Auswahl und Bestellung des Betreuers

Für die Auswahl des Betreuers, die, soweit nicht gesetzlich gebunden, im Ermessen **16** des Tatsachengerichts liegt (BayObLGZ 1995, 220 = FamRZ 1996, 419; FamRZ 1995, 1596 = BtPrax 1995, 181; OLG Düsseldorf FamRZ 1998, 700; BayObLG FamRZ 2004, 976; weitere Nachweise in BtE 1994/95, 103) und im Gegensatz zum bisherigen Recht keine besondere Entscheidung des Gerichts erfordert (BT-Drucks 11/4528, 124), sind verschiedene Kriterien maßgebend:

– Die **Einzelbetreuung**, dh die Betreuung durch eine natürliche Person, hat **Vorrang** vor der Betreuung durch einen Verein oder die zuständige Behörde (§ 1900 BGB);

– die Bestellung eines Berufsbetreuers kommt nur dann in Betracht, wenn keine andere geeignete Person zur Verfügung steht, die zur **ehrenamtlichen Führung** der Betreuung bereit ist (Abs 6 Satz 1), dies ist in den Gründen der Entscheidung darzulegen (BayObLG FamRZ 1999, 1612). Der Vorrang der ehrenamtlichen Betreuung gilt auch, wenn der Betreute die Betreuung durch einen Berufsbetreuer wünscht, dessen Vergütung er aus eigenen Mitteln zahlen könnte (LG Kleve FamRZ 2016, 2034 = BtPrax 2016, 246 [LS]). Wird eine Person unter den Voraussetzungen des Abs 6 Satz 1 erstmals in dem Bezirk des Betreuungsgerichts zum Betreuer bestellt, so soll das Gericht zuvor die zuständige Behörde zur Eignung des ausgewählten Betreuers und zu den nach § 1 Abs 1 S 1 2. Alt VBVG zu treffenden Feststellungen anhören (Abs 7; § 8 BtBG). Da sowohl Vereinsbetreuer als auch Behördenbetreuer die Betreuung berufsmäßig führen, stehen sie in der Rangfolge der zu bestellenden Einzelpersonen nach den ehrenamtlich tätigen Betreuern, konkurrieren aber mit den (frei-)berufsmäßig tätigen Betreuern;

– maßgebend für die Betreuerauswahl ist das **Wohl des Betreuten** (§ 1897 Abs 4 S 1, § 291 FamFG; BGH FamRZ 2010, 1899; BayObLG FamRZ 2004, 1600);

– gehört eine **kontinuierliche**, also möglichst störungsfreie, **Betreuung** durch denselben Betreuer zum Wohl des Betroffenen, so kann es nach dem angefügten Abs 6 schwerlich dem Wohl des Betroffenen entsprechen, einen Berufsbetreuer zu bestellen, dessen Bestellung unter dem ständigen Vorbehalt steht, dass nicht ein bereiter ehrenamtlicher Betreuer zur Verfügung steht;

im Rahmen des Betreutenwohls und der weiteren gesetzlichen Vorgaben kommt dem **Willen** und den **Wünschen** des Betroffenen eine entscheidende Bedeutung zu (§ 1897 Abs 4 BGB; BayObLG FamRZ 2004, 1600: herausragende) unabhängig davon, wann der Betreute/Betroffene sich zur Person des Betreuers geäußert hat (§ 1897 Abs 4 S 3; „Betreuungsverfügung"; §§ 1901 Abs 3, 1901c S 1 BGB). Personalvorschläge des Betroffenen sind keine rechtsgeschäftlichen Willenserklärungen; sie setzen deshalb nicht die Geschäftsfähigkeit des Betroffenen voraus (BGH FamRZ 2011, 285; FamRZ 2011, 880; Rpfleger 2011, 431; BGH FamRZ 2011, 1577 = BtPrax 2011, 208; BayObLG FamRZ 1993, 1110; FamRZ 1994, 530; BayObLGZ 1996, 136 mwNw; BayObLG BtPrax 2002, 36 [Wunschbekundung mit natürlichem Willen]; OLG Düsseldorf FamRZ 1996, 1373 = FGPrax 1996, 184 = BtPrax 1996, 195 [LS]; OLG Hamm BtPrax 1996, 189; OLG Zweibrücken BtPrax 1997, 164, 165). Solche Vorschläge bewirken keine Selbstbindung des Betroffenen in der Weise, dass er nicht trotz späteren Eintritts von Geschäftsunfähigkeit wieder davon abrücken könnte (BayObLG FamRZ 1993, 1110 mwNw).

17 Ein eigener Vorschlag des Betreuten zur Person des Betreuers bindet grundsätzlich das Gericht (BGH Rpfleger 2011, 431). Er darf nur dann übergangen werden, wenn die zu befürchtenden Konflikte so stark sind, dass der Vorgeschlagene als ungeeignet erscheint, weil eine konkrete Gefährdung des Wohls des Betreuten zu besorgen ist (BayObLG FamRZ 2001, 1100 [LS]; BGH FamRZ 2010, 1897; FamRZ 2011, 100; OLG Brandenburg FamRZ 2001, 936 = FGPrax 2001, 111 = BtPrax 2001, 219 [LS]). Bei der Auswahl des Betreuers hat der Wille des Betroffenen Vorrang, soweit sein Wohl nicht entgegensteht (BGH FamRZ 2010, 1897, 1899 mAnm HEIDERHOFF, 1899; BayObLG FamRZ 1994, 530; FamRZ 2004, 1600; OLG Köln FamRZ 1999, 811; FamRZ 2000, 513). Abs 4 S 1 räumt dem Tatrichter bei der Auswahl des Betreuers kein Ermessen ein, vielmehr hat das Betreuungsgericht grundsätzlich die vom Betroffenen gewünschte Person zu bestellen (BGH FamRZ 2010, 1897, 1899 mAnm HEIDERHOFF, 1899). Äußert eine geschäftsunfähige betroffene Person, mit der eine sinnvolle Verständigung nicht mehr möglich ist, sie sei mit einem vom Gericht vorgeschlagenen Betreuer einverstanden, ohne dass zweifelsfrei klar ist, dass sie die Ausführungen des Richters verstanden hat, liegt hierin kein eigener Vorschlag eines Betreuers (BayObLGR, 2004, 251). Äußert die betroffene Person, sie benötige keinen Betreuer, „sondern jemand, der sie täglich psychosozial für etwa zwei Stunden an die Hand nimmt", liegt darin kein zu beachtender Vorschlag (BGH FamRZ 2010, 1651 [LS]).

18 Die Frage, ob die Bindung an den Vorschlag entfällt, weil die Bestellung des Vorgeschlagenen dem Wohl des Betroffenen zuwiderläuft, erfordert eine **umfassende Abwägung aller Umstände**, zB die Art der vom Betreuer zu besorgenden Angelegenheiten, insbesondere aber auch, ob der Vorschlag dem ureigenen Willen des Betroffenen entspricht oder auf den Einfluss eines Dritten zurückgeht (BayObLGZ

1996, 136, 138 = FamRZ 1996, 1374, 1375 m weiteren Beispielen). Schlägt der Betroffene eine bestimmte Person als Betreuer vor, so ist nicht die zur Betreuung am besten geeignete Person auszuwählen, sondern dem Vorschlag des Betroffenen zu entsprechen, wenn dies seinem Wohl nicht zuwiderläuft (BayObLGR 2001, 85 [LS]; OLG Köln FamRZ 1999, 81). Um den Willen des Betroffenen möglichst zu verwirklichen, muss auch erwogen werden, ob nicht wenigstens für einen Teil der Aufgaben der gewünschte Betreuer ohne große Nachteile für den Betroffenen bestellt werden kann (BayObLGR 2004, 251; FamRZ 1994, 323; OLG Düsseldorf FamRZ 2000, 1536). Nur wenn das Ergebnis der Abwägung deutlich gegen die Bestellung der vorgeschlagenen Person zum Betreuer spricht, darf eine andere Person zum Betreuer bestellt werden (BayObLGZ 1996, 136, 138 = FamRZ 1996, 1374, 1375 = FGPrax 1996, 185). Etwaigen Gefahren für das Wohl des Betroffenen kann mit Mitteln der Aufsicht, zB durch die Aufhebung der Befreiung von der Rechnungslegung bei Personen, die zu den in § 1908i Abs 2 S 2 genannten gehören, begegnet werden (BayObLG 3. 12. 1997 – 3 Z BR 364/97); entgegen dieser Entscheidung jedoch nicht durch Ausübung des Weisungsrechts, weil dies eine Pflichtwidrigkeit voraussetzt, von der aber vor einer Betreuerbestellung noch keine Rede sein kann. Zur Verbindlichkeit von Vorschlägen des Betroffenen betreffend die Person des Gegenbetreuers BayObLG FamRZ 2001, 1555, 1556 (auch zur Frage der Notwendigkeit erstmaliger oder wiederholender persönlicher Anhörung des Betroffenen);

– dem Wohl des Betreuten entspricht es nicht, jemand zum Betreuer zu bestellen, der zu einer **Anstalt**, einem **Heim** oder einer **sonstigen Einrichtung**, in welcher der Betroffene untergebracht ist oder wohnt, in einem Abhängigkeitsverhältnis oder in einer anderen engen Beziehung steht. Aus diesem Grunde **verbietet** § 1897 Abs 3 BGB eine solche Betreuerbestellung. Die noch im RegEntw enthaltene Ordnungsvorschrift des Abs 4, wonach der Pfleger für das Verfahren idR nicht zum Betreuer bestellt werden sollte, ist nicht Gesetz geworden.

– verwandtschaftliche und sonstige **persönliche Bindungen** zu Eltern, Kindern, zum Ehegatten oder zum Lebenspartner sind zu berücksichtigen; ebenfalls die Gefahr von Interessenkonflikten (§ 1897 Abs 5 BGB); eine abstrakt befürchtete Gefahr von Interessenkonflikten reicht jedoch nicht, um einem entsprechenden Vorschlag oder Gedanken nicht zu folgen. Erforderlich ist eine konkret dargelegte Gefahr, sind konkrete Verdachtsgründe in der Person oder in dem Verhalten der Verwandten, die die Annahme rechtfertigen, ihre Bestellung könnte dem Wohl des Betreuten zuwiderlaufen (OLG Karlsruhe FamRZ 1995, 431; OLG Düsseldorf BtPrax 1995, 110 = FamRZ 1995, 894). Ist die Betreuerentscheidung zwischen einem entfernten Verwandten des Betroffenen einerseits und einem Verwandten des verstorbenen Ehepartners des Betroffenen andererseits zu treffen, so ist vorrangig maßgeblich, inwieweit sich die verwandtschaftliche Bindung in einer besonderen **persönlichen Beziehung** des Verwandten zu dem Betreuten niedergeschlagen hat. Dem Umstand der entfernten Verwandtschaft kommt aus sich heraus keine besondere Bedeutung zu. Der künftige Erbkonflikt zwischen den um die Betreuung konkurrierenden Bewerbern, von denen sich der eine als Testamentserbe, der andere in gesetzlicher Erbfolge zum Erben des Betreuten berufen fühlt, ist jedenfalls zur Entscheidung zwischen diesen Betreuern kein taugliches Kriterium (OLG Brandenburg 18. 4. 2002 – 11 Wx 43/01);

– eine gedeihliche Zusammenarbeit von Betreuer und Betreutem erfordert auch eine Rücksichtnahme auf Belange des Betreuers. Zur Übernahme einer für ihn vorgesehenen Betreuung ist der Ausgewählte deshalb nur verpflichtet, wenn ihm die Übernahme unter Berücksichtigung seiner familiären, beruflichen und sonstigen Verhältnisse **zugemutet** werden kann (§ 1898 Abs 1 BGB). Im Rahmen der Prüfung, wer als geeigneter Betreuer in Betracht kommt, und ob einem Vorschlag des Betroffenen zu folgen ist, muss vor der Bestellungsentscheidung (Einheitsentscheidung § 1896 BGB, § 286 Abs 1 FamFG) die Übernahmebereitschaft geklärt sein;

– obwohl das Gesetz bisher eine – etwa dem § 1900 Abs 4 BGB entsprechende – Rangfolge zwischen den verschiedenen Gruppen von natürlichen Personen an dieser Stelle nicht ausdrücklich regelte (so auch MünchKomm/Schwab § 1897 Rn 4), wurde der privaten Einzelbetreuung bei entsprechender Eignung Vorrang vor der Bestellung von Vereins- und Behördenbetreuern zugestanden (Erman/Roth Vorbem §§ 1897–1900 Rn 4; MünchKomm/Schwab Rn 4; offen gelassen in BayObLG FamRZ 1994, 1061 = BtPrax 1994, 135). Die dafür vorgebrachten Argumente reichen von verfeinertem Subsidiaritätsprinzip (Erman/Holzhauer Rn 5), finanzieller Staatsnähe von Vereinen (Erman/Holzhauer Rn 5), Vorrang mitmenschlichen Engagements vor professioneller Motivation (Erman/Holzhauer Rn 5) bis zu verfassungsrechtlicher Subsidiarität und grundsätzlich privatrechtlichem Charakter der Betreuung (MünchKomm/Schwab § 1897 Rn 4 und FamRZ 1992, 493, 501; Damrau/Zimmermann § 1897 Rn 1). Die Argumentation war zu ergänzen durch die Motive des Gesetzgebers, der Gewinnung ehrenamtlicher Betreuer, ihrer Einführung, Fortbildung, Beratung und Unterstützung mehr Aufmerksamkeit zu widmen (s § 1908f Abs 1 Nr 2 BGB; §§ 4 und 5 BtBG) und die Rechtsstellung der Betreuer zu stärken durch eine Reihe von Maßnahmen, die in erster Linie auf ehrenamtliche Betreuer zugeschnitten sind bzw nur für sie in Betracht kommen (§ 1835 Abs 2 BGB – Erstattung v Versicherungskosten; § 1836a aF – Aufwandsentschädigung). Durch den neuen Abs 6 hat das BtÄndG eine eindeutige Rangfolge zwischen der ehrenamtlichen und der beruflich geführten Betreuung zu Ungunsten der freiberuflich tätigen Betreuer bestimmt. Das Betreuungsgericht hat grundsätzlich diesen Vorrang auch gegenüber einem durch den Betreuten eingebrachten Vorschlag zu beachten; ausnahmsweise erlaubt Abs 6 S 1, einem Berufsbetreuer den Vorrang zu geben (OLG Thüringen FamRZ 2001, 714 = NJW-RR 2001, 796). Die Bedeutung der Rangfolge wird durch die tatsächliche Situation relativiert, wenn – zB – in einer Region (AG-Bezirk oder Landkreis) ein anerkannter Verein nicht existiert, ein bestehender Verein seine Tätigkeit wieder eingestellt hat, die Mitarbeiter überlastet sind durch eine übergroße Zahl von Betreuungen oder aus sonstigen Gründen für die Bestellung zum Vereinsbetreuer keine Kapazitäten frei haben und die Zahl der zu ehrenamtlicher Betreuung bereiten Personen nicht ausreicht;

19 – Abs 5 räumt, anders als Abs 4, dem Tatsachengericht bei der Auswahl zwischen mehreren geeigneten Personen ein **Auswahlermessen** ein (BGH FamRZ 2015, 2165 = MDR 2016, 29 = ZNotP 2015, 383 = FGPrax 2015, 270 LS); Angemessenheit und Zweckmäßigkeit der Ermessensentscheidung sind einer Nachprüfung durch das Rechtsbeschwerdegericht entzogen (BGH 2165; BayObLG FamRZ 1994, 530, 531; BayObLGZ 1995, 220 = FamRZ 1996, 419; BayObLG FamRZ 2001, 1249; OLG Brandenburg 18. 4. 2002 – 11 Wx 43/11; OLG Karlsruhe FamRZ 1995, 431 = BtPrax 1994, 214; dort auch zur Frage der Gefahr von Interessenkonflikten). Die Auswahlentscheidung unterliegt der Prüfung in der Rechtsbeschwerdeinstanz nur insoweit, als das Gericht zu prüfen hat, ob der Tatrichter sich des ihm zustehenden Ermessens bewusst gewesen ist, er alle wesentlichen Umstände berücksichtigt und von dem Ermessen in einer dem Zweck der Ermächtigung entsprechenden Weise Gebrauch gemacht oder die Grenzen des Ermessens überschritten hat; Angemessenheit und Zweckmäßigkeit der Auswahlentscheidung sind grundsätzlich nicht zu prüfen (BGH FamRZ 2015, 2165= ZNotP 2015, 383).

– Die Gewichtung der einzelnen bei der Auswahl und Bestellung des Betreuers zu beachtenden Kriterien zueinander ist in den verschiedenen Regelungen der Absätze 4 bis 6 nur teilweise geregelt. Der Zusammenhang zwischen den Kriterien und der Umstand, dass keines der Kriterien absolut gesetzt werden kann, setzt voraus, dass der Richter anhand der Kriterien die jeweils für den Einzelfall einschlägigen Gesichtspunkte ermittelt, sie dann unter Berücksichtigung ihres Ranges, insbesondere der hohen Bedeutung von Wille und Wohl des Betroffenen, und der gesetzlich vorgesehenen Regeln gewichtet und auf dieser Grundlage eine Entscheidung fällt. Erforderlich ist letztlich eine **Gesamtabwägung** der für und gegen die Bestellung einer bestimmten Person sprechenden Gesichtspunkte (BayObLG FamRZ 2004, 1600; FamRZ 2002, 768 [769]; KG FamRZ 2006, 889 = BtPrax 2006, 118 [LS]; BGH FamRZ 2010, 1897, 1899 mAnm HEIDERHOFF, 1899).

IV. Auswahlkriterien

1. Orientierung an der Generalklausel

Die für die Auswahl des Betreuers maßgebenden Grundsätze orientieren sich sämt-   **20** lich an der Generalklausel des Abs 1, wonach zum Betreuer nur eine geeignete Person bestellt werden darf. Nur dies entspricht dem Wohl des Betreuten, das Maßstab für die Betreuungsarbeit ist (§ 1901 Abs 2 S 1 BGB; BT-Drucks 11/4528, 52). Deshalb ist dem Personalvorschlag des Betroffenen nur dann und insoweit zu entsprechen, als der Vorgeschlagene bestellt werden kann. Das ist der Fall, wenn er geeignet ist und nicht gesetzliche Gründe seiner Bestellung entgegenstehen (zB § 1897 Abs 3 BGB). Vgl auch für den Fall des Betreuerwechsels die Notwendigkeit für den Betreuten, eine gleichgeeignete zur Übernahme bereite Person vorzuschlagen (§ 1908b Abs 3 BGB). Ein wesentliches Kriterium für die Auswahl eines (neuen) Betreuers ist die Berücksichtigung der Kontinuität des Betreuungsverhältnisses im Interesse des Betroffenen (OLG München FamRZ 2006, 506 [LS] = BtPrax 2006, 34).

Eine von Verwaltungsbehörden (hier: Justizministerium des Landes NRW, Bezirksregierung Detmold, Landesamt für Personaleinsatzmanagement; vgl CREFELD, Ehrenamt per Dienstanweisung, Psychosoziale Umschau 2/2008, 22) gegebene Einschätzung, als ehrenamtliche Betreuer empfohlene Beschäftigte des Landes von künftig wegfallenden Stellen seien hoch qualifizierte und engagierte Beschäftigte des Landes, ersetzt nicht die im Einzelfall einer Betreuerbestellung vom Gericht nach den erforderlichen Ermittlungen zu treffende Entscheidung, ob bzw dass die ausgewählte Person im konkreten Fall die zur rechtlichen Besorgung notwendige Eignung besitzt (s auch BIENWALD, Landesbedienstete als Behördenbetreuer. Zu einer beabsichtigten Änderung des Niedersächsischen

Ausführungsgesetzes zum Betreuungsgesetz, FamRZ 2007, 1860). Das NdsGesetz wurde inzwischen geändert. S dazu Anhang zu § 1900.

2. Eignung als unbestimmter Rechtsbegriff

a) Allgemeines

21 Die Eignung der als Betreuer in Erwägung gezogenen Person(en) ist ein unbestimmter Rechtsbegriff. Er unterliegt der vollen Nachprüfung in der Rechtsbeschwerde (BayObLG FamRZ 1994, 530; FamRZ 1996, 509: vgl auch BayObLG FamRZ 2001, 1249; FamRZ 2002, 768, 769). Für seine Ausfüllung enthält das Gesetz zwei Merkmale: Die Eignung muss sich auf die rechtliche Besorgung der Angelegenheiten des Betreuten in dem gerichtlich bestimmten Aufgabenkreis erstrecken; außerdem muss der Betreffende geeignet sein, den Betreuten bei der Besorgung der Angelegenheiten in dem hierfür erforderlichen Umfang persönlich zu betreuen. In dem ersten Punkt kann es auch einen Rückschluss von der Person auf die ihr zugewiesenen Aufgaben geben. Ist ein Betreuer nur teilgeeignet und steht ein weiterer zur Verfügung, kann das Gericht jeden als für seinen Teil geeignet bestellen. Die Feststellung einer Teileignung und die daraus abgeleitete Bestellung des Betreuers (insbesondere Angehöriger) zu einem Teil der zu besorgenden Angelegenheiten kann sich grundsätzlich nur auf die Sachkompetenz und nicht auf die personale/soziale Kompetenz erstrecken.

22 Die Eignung des Abs 1 als Bestellungsvoraussetzung und deren Prüfung erstreckt sich nicht auf die Einhaltung und Erfüllung der gesetzlich bestimmten (Neben-)Pflichten (BIENWALD Rpfleger 2003, 229, 231). Dazu dienen die Vorschriften über die Aufsicht und Kontrolle der §§ 1837, 1908i Abs 1 S 1 BGB.

23 Die Einfügung des Wortes „rechtlich" in Abs 1 und die Neuformulierung „ihn in dem hierfür erforderlichen Umfang" stellen **keine inhaltlichen Neuerungen** dar. Sie dienen der deutlicheren Abgrenzung der dem Betreuer obliegenden Amtstätigkeiten von solchen nur faktischen Tätigkeiten des Betreuers, die zwar wünschenswert sind, zu der dem Betreuer obliegenden Rechtsfürsorge für den Betreuten aber in keinem erkennbaren Sachzusammenhang stehen (BT-Drucks 13/7158, 33, 49, 50, 57). Dass auch Angelegenheiten, zu deren Besorgung die Bestellung eines gesetzlichen Vertreters nicht erforderlich ist, Gegenstand eines Aufgabenkreises des Betreuers sein können, ergibt sich aus § 1896 Abs 2 aE.

Bedenklich ist die von Oberlandesgerichten vertretene Auffassung, dass auch eine Hochschulausbildung, die in ihrem Kernbereich (auch) soziale Kompetenzen und zwischenmenschliche Kommunikationsfähigkeit vermittelt, die bei der Erfüllung von Betreuungsaufgaben von allgemeinem Vorteil sein können, geeignet sei, den höchsten Stundensatz des § 4 VBVG zu begründen (vgl dazu OLG Zweibrücken FGPrax 2001, 21; OLG Dresden FamRZ 2000, 1310; OLG Thüringen 14. 11. 2001 – 6 W 488/01; v 11. 3. 2002 – 6 W 54/02, FamRZ 2002, 1431 mAnm BIENWALD). Damit wird die für die Erfüllung einer Nebenpflicht nutzbringende Ausbildung zum Maßstab der Vergütung für die Erfüllung der Hauptpflicht. Nach OLG Saarbrücken (Beschluss 29. 11. 2004, Betreuungsmanagement 2005, 225) verlangt die Erfüllung der spezifischen Aufgaben eines Betreuers vor allem menschliches Verständnis und Kompetenz, sodass es bei der Auswahlentscheidung unter Juristen nicht entscheidend auf die Examensnoten der Bewerber ankommt.

b) Konkrete Eignungsgesichtspunkte

Der Betreuer ist dann geeignet, in dem gerichtlich bestimmten Aufgabenkreis die **24** Angelegenheiten des Betreuten rechtlich zu besorgen, wenn er die dazu notwendigen intellektuellen und emotionalen Kenntnisse und Fähigkeiten besitzt und einsetzen kann und/oder bereit ist, sich in dem erforderlichen Umfang fortbilden und beraten zu lassen, um der übertragenen Aufgabe gewachsen zu sein. Das Betreuungsgericht hat bei der Auswahl des Betreuers dessen Geeignetheit umfassend im Hinblick auf alle erforderlichen Aufgabenbereiche zu prüfen. UU muss erwogen werden, für Teilbereiche einen weiteren (gewünschten) Betreuer zu bestellen (KG FamRZ 2009, 910).

Handelt es sich um die Besorgung der üblicherweise mit der Alltagsbewältigung **25** eines Durchschnittshaushalts verbundenen Angelegenheiten (Erhaltung von Wohnraum, Zahlung der Miete und Nebenkosten, Konfliktbewältigung bei Auseinandersetzungen von Mieter und Vermieter, Organisieren von Handwerkerleistungen, Bank- und sonstige Geldgeschäfte, Begleichen von Rechnungen, Organisieren von Haushalts- uä Hilfen, Stellen von einfachen Anträgen auf Sozialleistungen), erfordert die Besorgung dieser Angelegenheiten keine besonderen Kenntnisse und Fähigkeiten, zweifellos allerdings eine gewisse Einarbeitung und auch Anleitung, etwa was die Reihenfolge der Erledigungen und die Dringlichkeit einzelner Angelegenheiten angeht. Soweit dem Betreuer aufgegeben ist, sich um eine Heimunterbringung oder um die Unterbringung in einer geschlossenen Einrichtung zu bemühen, im Zusammenhang damit kompliziertere Anträge auf Sozialleistungen zu begründen, kann von dem Betreuer nicht erwartet werden, dass er bereits entsprechende Kenntnisse und Erfahrungen besitzt und einbringen kann. Für solche Angelegenheiten besteht die Möglichkeit, Beratung und Unterstützung durch Gericht (§ 1837 Abs 1 BGB), Verein (§ 1908f Abs 1 Nr 2 BGB) oder Behörde (§ 4 BtBG) in Anspruch zu nehmen. Um den Betroffenen vor einer unfreiwilligen Mitwirkung an einer reißerischen, sachlich unangebrachten und seine Menschenwürde herabsetzenden Berichterstattung zu schützen, kann es erforderlich sein, dem Betroffenen einen (weiteren) Betreuer mit dem Aufgabenkreis „Umgang mit der Presse" zu bestellen (OLG Köln FamRZ 2001, 872 = NJWE-FER 2001, 73; dort auch zu den Anforderungen an die Eignung des betreffenden Betreuers).

Die dem berufsmäßig tätigen Betreuer gem § 1901 Abs 4 BGB obliegende Ver- **26** pflichtung, im Falle gerichtlicher Anordnung einen Betreuungsplan zu erstellen (angefügt durch Art 1 Nr 10 2. BtÄndG), stellt zwar eine Nebenpflicht dar, dient jedoch der besseren Führung der Betreuung. Insofern muss der berufsmäßig tätige Betreuer auch für die Erstellung eines Betreuungsplans grundsätzlich geeignet sein, auch wenn er dabei Rat und Unterstützung der zuständigen Behörde in Anspruch nehmen kann (§ 4 BtBG).

Das Verfahren, ähnlich wie bei der Kindeswohlprüfung eine negative Selektion **27** vorzunehmen (MünchKomm/WAGENITZ § 1779 Rn 5; BayObLG FamRZ 1994, 530; FamRZ 1994, 1284; kritisch dazu BGH FamRZ 2015, 2165 = ZNotP 2015, 383 jeweils Rn 17), kann nicht darauf verzichten, gewisse Kriterien negativer Auslese zu entwickeln, wenn es nicht willkürlich erscheinen will. Es reicht jedenfalls nicht aus, geringe Lebenserfahrung, zu hohes Alter oder Mängel des Gesundheitszustandes als Eignungsmängel zu benennen, wenn nicht Maßstäbe gefunden werden, die ein bestimmtes Ergebnis erwarten lassen. Geht man mit BayObLG FamRZ 1994, 530 (ebenso FamRZ 1994, 1284 = Rpfleger 1994, 252 = MDR 1994, 277) davon aus, dass im Allgemeinen jede natürliche Person im Sinne einer allgemeinen Tauglichkeit geeignet ist, stellt sich die **Eignungsprüfung** als ein **zweiaktiges Verfahren** dar, in dem zunächst von der einfachen Eignung jeder natürlichen Person ausgegangen und dann, je nach Betreuungsbedarf, eine etwa erforderliche qualifizierte Eignung nachgefragt wird.

Zur Methodik äußert sich der BGH wie folgt (FamRZ 2015, 2165 = ZNotP 2015, 383 jeweils Rn 16 mNw, die hier weggelassen sind): Die Beurteilung, ob eine bestimmte Person als Betreuer eines konkreten Betroffenen geeignet ist, erfordert die Prognose, ob der potenzielle Betreuer voraussichtlich die sich aus der Betreuungsführung und den damit verbundenen Pflichten iSd § 1901 BGB folgenden Anforderungen erfüllen kann. Diese Prognose muss sich jeweils auf die aus der konkreten Betreuung erwachsenden Aufgaben beziehen und zu der Einschätzung führen, dass die als Betreuer in Aussicht genommene Person das Amt zum Wohl des Betroffenen führen wird. Dafür können ua ihre intellektuellen und sozialen Fähigkeiten, ihre psychische und körperliche Verfassung, die persönlichen Lebensumstände, etwa räumliche Nähe zum Betroffenen, berufliche Auslastung oder finanzielle Verhältnisse, bereits bestehende familiäre oder sonstige Beziehungen zum Betroffenen, aber auch besondere Kenntnisse oder Einstellungen zu für die Betreuungsführung relevanten Fragen von Bedeutung sind. Weil es sich um eine rechtliche Betreuung handelt, werden jedoch regelmäßig nicht Spezialwissen oder außergewöhnliche Fertigkeiten nötig sein, sondern es wird idR ausreichen, wenn der Betreuer sich erforderlichenfalls fachkundiger Hilfen bedienen kann.

c)   Geeignetheit zu persönlicher Betreuung

28 Ähnlich dem Pflegerbegriff des früheren § 1910 BGB wird mit „persönlicher" Betreuung vielfach irrtümlich die Verpflichtung zu persönlicher Versorgung des Betreuten, insbesondere persönlicher Pflegeleistung, uä verbunden. Irreführend deshalb auch BayObLG FamRZ 1994, 1061, 1062 = BtPrax 1994, 135, 136, wo festgestellt wird, die Betreuung durch einen Vereinsbetreuer sei „persönliche Betreuung". Persönliche Betreuung ist nicht Hauptzweck der rechtlichen Betreuung, sondern fasst in einem Wort die Art und Weise zusammen, in der das Amt des Betreuers wahrgenommen werden soll. Der RegEntw hat sein Verständnis von persönlicher Betreuung formuliert (BT-Drucks 11/4528, 68, Textabdruck bei BIENWALD/SONNENFELD/HARM, BtR § 1897 Rn 126). Ob jemand geeignet ist, den Betreuten persönlich zu betreuen, hängt ua auch davon ab, ob er genügend Zeit und Geduld für Besuch, Gespräch und Kontakte hat. Von Bedeutung ist hier die räumliche Nähe zwischen Betreuer und Betreutem. Der Umstand, dass der Wohnort des in Betracht kommenden Betreuers sich in großer räumlicher Entfernung von dem des Betroffenen befindet, steht der Eignung nicht grundsätzlich entgegen; es kommt auf den Einzelfall (ist häufigerer Kontakt erforderlich?) an (OLG Köln FamRZ 1996, 506 = MDR 1996, 498 = Rpfleger 1996, 197). Während eine räumliche Entfernung der betroffenen Person vom Wohnort des Betreuers von mehreren hundert Kilometern für die Übertragung (und die Ausübung) der Betreuung in Vermögensangelegenheiten und für die Geltendmachung von Ansprüchen nicht hinderlich sein muss, erfordert die Wahrnehmung der Gesundheitssorge und die Kontrolle der Einhaltung der Heimvertragsverpflichtungen die räumliche Nähe zum Betreuten (AG Obernburg FamRZ 2010, 403 [LS]). UU muss die Betreuung abgegeben werden (§ 1908b Abs 1 S 1 BGB, §§ 4, 273 FamFG). Jedenfalls kann die Entfernung des Wohnsitzes des Betreuers von dem des Betreuten die Bestellung eines weiteren Betreuers rechtfertigen (BayObLG FamRZ 2000, 1183 = NJWE-FER 2000, 259). Für die erforderliche Kommunikation kann es unumgänglich sein, Kenntnisse und Fähigkeiten im Umgang mit bestimmten krankheits- oder behinderungsbedingten Verhaltensweisen zu besitzen, um adäquat agieren oder reagieren zu können. Eine Privatperson kann zB in der Lage sein, sich einem altersgebrechlichen Menschen eher zuzuwenden als einem alkoholkranken Betreuten. Im Einzelfall kann es erforderlich sein, einen Betreuer zu finden, der in Gesprächsführung geschult oder sprachtherapeutisch vorgebildet ist. Allein aus dem Umstand, dass die rechtlichen Kenntnisse eines Betreuers eher als mangelhaft zu bezeichnen sind, soll nicht unbedingt folgen, dass dieser für das Amt eines Betreuers ungeeignet ist (so LG Arnsberg FamRZ 2000, 1313 m **abl** Anm BIEN-WALD, 1314). Das Gericht berief sich zu Unrecht auf den Wortlaut des § 1901 und des Abs 1, indem es behauptete, Hauptbestandteil der Eignung als Betreuer sei die Möglichkeit zu persönlicher Betreuung.

Die Anforderungen an die Geeignetheit zu persönlicher Betreuung dürfen aber **29** **nicht überspannt** werden. Niemand hat einen Anspruch an die Gesellschaft auf die bestmögliche und völlig problemfreie Besorgung seiner Angelegenheiten mit einer reibungslos funktionierenden persönlichen Betreuung. Gleichwohl hat sich das Betreuungsgericht maßgeblich von der Frage leiten zu lassen, durch wen die bestmögliche Kombination von aufgabenbezogener persönlicher Betreuung und Besorgung der Angelegenheiten des Betreuten gewährleistet wird. So wird durch Abs 6 S 1 nicht ausgeschlossen, einen berufsmäßig tätigen Betreuer dann zu bestellen, wenn er die wesentlich besser geeignete Person ist (BayObLG FamRZ 2002, 768, 769). Kostengesichtspunkte dürfen die Entscheidung über die Geeignetheit nicht unmittelbar beeinflussen. Mittelbar können sie von Bedeutung und auch nicht zu verhindern sein. Ob der Betreuer innerhalb einer bestimmten Zeit eine Angelegenheit des Betreuten erledigt, ist in erster Linie eine Frage der durch § 1901 BGB beschriebenen Innenbeziehung von Betreutem und Betreuer. Erfordert es Zeit, die Wünsche des Betreuten zu erfahren und ihnen auch zu entsprechen, ist dies – auch bei staatlicher Finanzierung der Betreuung – im Rahmen angemessener Grenzen zu akzeptieren. Grundsätzlich hat auch der Bezirksrevisor, der über die Verausgabung der Mittel aus der Justizkasse wacht, keine Kompetenz, im Rahmen von Vergütungsverfahren einzelne Leistungen zu „streichen" (zu Umfang und Grenzen der Kontrolle von Berufsbetreuer-Abrechnungen eindrücklich LG Oldenburg FamRZ 1997, 947 = JurBüro 1997, 543). Dessen ungeachtet kann eine übermäßig zeit- und kostenaufwendige Besorgung außer Verhältnis zum Bedarf stehen und eine Pflichtwidrigkeit darstellen, die Konsequenzen aus §§ 1837 Abs 2, 1833, 1908i Abs 1 S 1 BGB nach sich ziehen kann.

Ob eine Betreuung effektiv geführt wird, ist unterschiedlich zu beantworten, je **30** nachdem, unter welchen Prämissen diese Frage geprüft wird. Bestehen Chancen, dass der Betreute später wieder seine Angelegenheiten selbst erledigen können wird, wenn er zZ angemessen betreut wird, kann auch eine zeit- und kostenaufwendige auf Rehabilitation ausgerichtete Betreuung effektiv sein im Verhältnis zu einer zunächst geringe Kosten verursachenden, aber lebenslang anhaltenden Betreuungsbedürftigkeit. Andererseits war und ist die Sorge, die Kosten einer Betreuung könnten bei einem nicht effektiv arbeitenden Berufsbetreuer außer Verhältnis zu dem durch die Betreuung bewirkten Nutzen stehen (LG Berlin BtPrax 1992, 40, 42), nicht von der Hand zu weisen. Ist der vorgesehene Betreuer nach bisherigen Erkenntnissen nicht in der Lage, in dem gerichtlich bestimmten oder zu bestimmenden Aufgabenkreis die Angelegenheiten des Betreuten in angemessener Zeit und zu solchen dem Gegenstand angemessenen Bedingungen rechtlich zu besorgen, reicht es für die Eignung nicht aus, dass er sonst für die Betreuung geeignet zu sein scheint.

d)   Sonstige Kriterien

31 Als Kriterien für die Auswahl eines Betreuers für einen Volljährigen kommen auch die für das Vormundschaftsrecht noch bestehenden Auswahlgesichtspunkte des § 1779 Abs 2 S 1 und 2 (persönliche Verhältnisse, Vermögenslage, sonstige Umstände, religiöses Bekenntnis) in Betracht (so auch Erman/Roth Rn 14; Bienwald, in: Bienwald/Sonnenfeld/Harm, BtR Rn 20). Die Zugehörigkeit zur Religionsgemeinschaft der „Zeugen Jehovas" ist im Falle der Betreuerbestellung für die Gesundheitssorge unbedenklich, wenn die Betreute selbst (hier: die Mutter der Betreuerin) in einer Patientenverfügung bestimmte medizinische Behandlungen untersagt hat (AG Dülmen FamRZ 1999, 1300). Zur Übertragung der notwendigen ärztlichen Behandlung und Gesundheitsfürsorge auf einen anderen Betreuer reicht bei Angehörigen der Zeugen Jehovas die abstrakte Gefahr von Interessenkollisionen wegen deren Ablehnung einer Bluttransfusion nicht aus (LG Schweinfurt FamRZ 2001, 313).

32 Hinsichtlich einer vom Betreuer behaupteten großzügigen Spendenbereitschaft des Betroffenen sollte insbesondere bei der Bestellung bestimmter religiös oder ideologisch orientierter Organisationen und deren Mitarbeiter deren Eignung sorgfältig geprüft werden.

33 Zur Frage der Vertretung des Betreuers und zur Übertragbarkeit der persönlichen Betreuung s Jürgens BtPrax 1994, 10 und Bienwald, in: Bienwald/Sonnenfeld/Harm, BtR Rn 153 ff. Die Frage, ob der bestellte Betreuer in jedem Fall die übernommene Aufgabe selbst wahrnehmen muss, ob und ggf wofür er Hilfskräfte oder für den Fall seiner Verhinderung oder Abwesenheit (zB bei Urlaub) Vertreter bestellen/beschäftigen darf, wurde in der Rechtsprechung höchst unterschiedlich beantwortet. Erörtert wurden diese Fragen jeweils im Zusammenhang mit der Abrechnung von Vergütung und Aufwendungsersatz. Ob ein Berufsbetreuer, der Bürotätigkeiten von Hilfskräften ausführen lässt, nach dem Inkrafttreten des BtÄndG die dadurch entstehenden Kosten als Aufwendungen gemäß §§ 1908i Abs 1 S 1, 1835 Abs 1, Abs 4 BGB geltend machen konnte, wurde im Gegensatz zu OLG Bremen (FamRZ 2000, 555) vom BayObLG verneint, und die Sache zur Entscheidung dem BGH vorgelegt (BayObLGZ 2001, 22 = FamRZ 2001, 653 mAnm Bienwald). Auf die Vorlage entschied der BGH, dass ein anwaltlicher Berufsbetreuer nach dem für das Verfahren maßgeblichen Recht (Rechtslage bis zum 30. 6. 2005) Aufwendungsersatz für Hilfsarbeiten, die von angestellten Bürokräften im Rahmen der rechtlichen Betreuung erledigt wurden, verlangen könne; allerdings sei der Erstattungsanspruch, der die mit der Beschäftigung der Bürokräfte verbundenen Kosten ausgleichen soll, schon dem Grunde nach an enge Voraussetzungen gebunden, auf die der BGH im weiteren Verlauf der Gründe näher eingeht (FamRZ 2006, 111, 112 mAnm Bienwald). Unabhängig davon, in welcher Weise entgeltlich verrichtete Hilfs- und/oder Ver-

tretungstätigkeiten abgerechnet werden können, sollte unterschieden werden: Der gerichtlich bestellte Betreuer kann das Amt nicht übertragen; er kann jemand als „Stellvertreter" nur mit einer eingegrenzten Entscheidungsbefugnis bestellen; „delegieren" kann er nur Arbeiten, die in seinen Aufgabenbereich gehören (vgl dazu LG Koblenz FamRZ 2002, 845 mAnm BIENWALD; außerdem BIENWALD, Delegation von Betreueraufgaben und Einsatz von Hilfskräften, BtPrax 2003, 158). Deshalb ist auch die Übertragung sämtlicher Betreuungsaufgaben durch den Berufsbetreuer auf einen von ihm bevollmächtigten Dritten als Urlaubsvertreter unzulässig (OLG Frankfurt FamRZ 2002, 1362 [LS] mAnm BIENWALD = Rpfleger 2002, 359).

Die Auswahl der Person eines nach deutschem Recht zu bestellenden Betreuers ist **34** nicht gebunden an die Vorstellungen eines US-amerikanischen Gerichts über eine solche Auswahlentscheidung, von der dieses eine Rückführung der deutschen Staatsangehörigen nach Deutschland abhängig macht (OLG Hamm FamRZ 2003, 253 = Rpfleger 2003, 87 = BtPrax 2003, 39 = FGPrax 2003, 27).

3. Ungeeignetheit zum Betreuer

a) aus rechtlichen Gründen

Das BtG hat die bisher für die Erwachsenenvormundschaft und -pflegschaft gleich- **35** falls geltenden und für das Minderjährigenvormundschaftsrecht jetzt noch maßgebenden Bestimmungen über die Unfähigkeit und Untauglichkeit zur Vormundschaft oder Pflegschaft (§§ 1780, 1781, 1987 S 1 aF, § 1915 Abs 1 BGB) für die Auswahl des Betreuers nicht übernommen (zu den Gründen BT-Drucks 11/4528, 125). Die vom Gesetzgeber gewählte Form der Generalklausel für die Eignung zum Betreuer (§ 1897 Abs 1 S 1 BGB) muss deshalb im Einzelfall durch Kriterien ergänzt werden, die Aussagen zur Ungeeignetheit machen.

Dass in Anbetracht der gesetzlichen Vertretung des Betreuers (§ 1902 BGB) ein **36** Geschäftsunfähiger oder ein beschränkt Geschäftsfähiger zu dem Amt nicht geeignet ist, hielt der RegEntw (BT-Drucks 11/4528, 125) für offensichtlich (ebenso ERMAN/HOLZHAUER Rn 14). Für einen Geschäftsunfähigen leuchtet das angesichts der §§ 104 Nr 2, 105 Abs 1 unmittelbar ein; es lässt sich für den beschränkt Geschäftsfähigen, der als rechtsgeschäftlicher Vertreter fungieren kann (§ 165 BGB), aber nur daraus ableiten, dass die Rechtsordnung an anderer Stelle gesetzliche Vertretung durch einen beschränkt Geschäftsfähigen nicht zulässt (vgl § 1673 Abs 2 S 2 HS 2 BGB).

Die nach § 1781 Nr 3 BGB vorhandene Untauglichkeit desjenigen, der in Konkurs **37** geraten ist, galt nicht für die Betreuerbestellung und wurde durch Art 33 Nr 30 EGInsO mit Wirkung vom 1. 1. 1999 gestrichen. Obwohl die persönlichen Verhältnisse des Schuldners ihn eher weniger geeignet erscheinen lassen, werden Ausnahmen für denkbar gehalten, so zB, wenn Eltern eines geistig Behinderten einen Aufgabenkreis im Bereich der Personensorge (zB die Einwilligung in eine Heilbehandlung) übernehmen sollen (BT-Drucks 11/4528, 125; weitergehend – bei Vorliegen eines Vorschlags oder des Vorzugs persönlicher Bindungen – ERMAN/ROTH Rn 14). In dieser Frage dürften im konkreten Fall jedoch weniger rechtliche (**anders beim Verein**, der grundsätzlich durch die Eröffnung des Insolvenzverfahrens und mit Rechtskraft des Beschlusses, durch den die Eröffnung des Insolvenzverfahrens mangels Masse abgewiesen worden ist, aufgelöst wird, § 42 Abs 1 S 1 BGB idF des Art 33 Nr 1 EGInsO) als tatsächliche Bedenken bestehen, weil es bei der Einbindung in das Insolvenz-geschehen an der notwendigen Zeit und Aufmerksamkeit für die insbesondere auch persönliche Betreuung fehlen wird.

38 Während zum Vormund für einen Minderjährigen und zum Pfleger (§ 1915 Abs 1 BGB) jemand nicht bestellt werden soll, für den ein Betreuer bestellt ist (§ 1781 Nr 2 BGB), besteht ein solcher gesetzlicher Ausschluss nicht im Betreuungsrecht. Sollte ein Betroffener jemand zum Betreuer vorschlagen (§ 1897 Abs 4 BGB), der selbst einen Betreuer hat, muss deshalb konkret geprüft werden, ob der Betreffende im Sinne des Abs 1 geeignet ist und seine Bestellung dem Wohl des Betroffenen nicht zuwiderläuft.

39 Ungeeignet zum Betreuer ist der in Abs 3 dieser Vorschrift beschriebene Personen-kreis, solange die Bedingungen auf beiden Seiten bestehen. Zieht der Betreute aus der Einrichtung aus oder verändert der Mitarbeiter seinen Arbeitsplatz, entfällt das Hindernis des Abs 3. Deshalb ist es für die Gültigkeit einer Vorsorgevollmacht unschädlich, dass der Vollmachtgeber die Vollmacht auf eine Person ausstellt, die zu dem Personenkreis des Abs 3 gehört. Ob im Bedarfsfall dann eine Betreuung im Hinblick auf die bestehende Vorsorgevollmacht entbehrlich ist, richtet sich nach den dann vorherrschenden Umständen. Nach dem Eintritt in den Ruhestand kann der Heimleiter eines DRK-Kreisverbandes zum Betreuer eines Heimbewohners des bisher von ihm verwalteten Heimes bestellt werden (OLG Schleswig FamRZ 2002, 986 mAnm Bienwald = BtPrax 2002, 271 [LS]).

40 Der Geschäftsführer der Komplementär-GmbH der Betreiber-KG einer Einrich-tung, in der der Betroffene wohnt oder untergebracht ist, steht in einer engen Beziehung zu dieser Einrichtung, kann deshalb nicht zum Betreuer eines Bewohners bestellt werden (BayObLG FamRZ 2002, 702 = NJW-RR 2001, 1514 = BtPrax 2001, 253). Dagegen steht der Bestellung einer bei einem Betreuungsverein angestellten natür-lichen Person die Tatsache, dass der Verein auch Träger einer Einrichtung ist, in der der Betroffene wohnt, dann einer Bestellung zu dessen Betreuer nicht entgegen, wenn Heimleitung und Betreuung organisatorisch getrennt sind und die Weisungs-unabhängigkeit des Betreuers arbeitsrechtlich sichergestellt ist (OLG Stuttgart FamRZ 1999, 811 = FGPrax 1999, 109 = PflegeRecht 1999, 224).

41 Abs 3 enthält einen **absoluten Ausschlussgrund**. Deshalb entfällt die Bindung an einen Vorschlag des Betroffenen (BayObLGZ 1996, 250 = FamRZ 1997, 245 = BtPrax 1997, 36; BayObLG FamRZ 1999, 50). Der Begriff der Einrichtung ist nach dem Willen des Gesetzgebers weit zu sehen; die verschiedenen Heim- und Wohnformen der jünge-ren Zeit sollen erfasst sein. Eine „andere enge Beziehung" liegt dann vor, wenn jemand Inhaber einer entsprechenden Einrichtung ist (BT-Drucks 11/4528, 126, 127).

42 Weitere Entscheidungen dazu: BayObLG Rpfleger 1998, 159 = BtPrax 1998, 76 = NJWE-FER 1998, 177, wonach ein Mitarbeiter des Betreuungsvereins, der Allein-gesellschafter einer ein Heim betreibenden GmbH ist, dann nicht zum Betreuer für Bewohner dieses Heims bestellt werden kann, wenn er dem Geschäftsführer der GmbH disziplinarisch unterstellt ist. Ein Abhängigkeitsverhältnis iSv Abs 3 besteht auch, wenn die zum Betreuer vorgeschlagene Person in einem Heim als Angestellter tätig ist, das der gleichen Leitung unterliegt wie das Heim, in dem der Betreute

wohnt (BayObLGZ 1996, 250 = NJWE-FER 1997, 83 = MDR 1997, 268). Ausgeschlossen ist
dagegen nicht die Bestellung, wenn das Abhängigkeitsverhältnis zu deren Träger
gegeben ist (BayObLGZ 1996, 250, 252 = NJWE-FER 1997, 83; LG Berlin BtPrax 1997, 39 =
NJWE-FER 1997, 31; **aA** LG Stuttgart BtPrax 1996, 75 = BWNotZ 1996, 14, wo allerdings LS 1
[„steht nicht entgegen"] auf das Gegenteil schließen lässt). Der als Betreuer in Erwägung
gezogene Ehegatte der Leiterin des Heimes, in dem der Betroffene lebt, steht in
einer engen Beziehung zu der Einrichtung; eine Bestellung zum Betreuer entfällt
daher (OLG Düsseldorf FamRZ 1994, 1416 = Rpfleger 1994, 416). Ebenso scheiden als
„andere Hilfen" iS von § 1896 Abs 2 S 2 Mitarbeiter von Trägern einer Wohngemeinschaft, in der die Betroffene, lebt, aus; zu ihnen besteht ein Vertragsverhältnis,
sodass bei ihnen grundsätzlich ein Interessenwiderstreit anzunehmen ist (LG Berlin
FamRZ 2007, 931). Eine selbstorganisierte oder auch eine Auftraggebergemeinschaft
sind keine Einrichtungen iSd Abs 3 (AG Neuruppin FamRZ 2009, 727, 728; dort auch zu
Wohngemeinschaften allgemein und zu Einrichtungen, zu denen Heime und sonstige Anstalten nicht
zu rechnen sind, weil in ihnen die Bewohner eine höhere Selbständigkeit und Gestaltungsfreiheit als
in Heimen haben). Grundsätzlich bestehen keine Bedenken bei Bestellung von ordens-
angehörigen Betreuern für Betroffene in Ordensgemeinschaften (LG Passau FamRZ
2016, 2035 [LS]; MEYER, in: FS Bienwald 195; WEIS NZFam 2015, 948). Die nicht auszuschließende Gefahr von Interessenkonflikten kann und muss im Hinblick auf Art 4 GG
bzw das kirchliche Selbstorganisationsrecht aus Art 140 GG iVm Art 137 Abs 3
WRV hingenommen werden (LG Passau FamRZ 2016, 2035 [LS] = BtPrax 2016, 241 [LS]).

Verwandtschaft oder die Ehe mit einer nach § 1897 Abs 3 BGB ausgeschlossenen **43**
Person begründen nicht ohne Weiteres ein enges Verhältnis zur Einrichtung im
Sinne dieser Vorschrift. Es muss in derartigen Fällen konkret geprüft werden, ob
zwischen dem vorgeschlagenen Betreuer und dem ausgeschlossenen Angehörigen
eine so enge Beziehung besteht, dass hierdurch eine andere enge Beziehung des
Betreuers zu der Einrichtung, in der der Betroffene untergebracht ist oder wohnt,
entsteht (BayObLG FamRZ 1999, 50 = FGPrax 1998, 180, 181).

Ein **Rechtsanwalt** darf nicht tätig werden, wenn er gegen den Träger des von ihm **44**
verwalteten Vermögens vorgehen soll in Angelegenheiten, mit denen er als Betreuer
oder in ähnlicher Funktion bereits befasst war (§ 45 Abs 1 Nr 3 BRAO); ihm ist es
untersagt, in Angelegenheiten, mit denen er bereits als Rechtsanwalt gegen den
Träger des zu verwaltenden Vermögens befasst war, als Betreuer oder in ähnlicher
Funktion (zB Kontrollbetreuer) tätig zu werden (§ 45 Abs 2 Nr 1 BRAO); auch
nicht auf Wunsch des Betroffenen (BGH FamRZ 2014, 466, 467 = NJW 2014, 935; LG KLEVE
FamRZ 2015, 1523). Die Verbote gelten auch für die mit dem Rechtsanwalt in Sozietät
oder in sonstiger Weise zu gemeinschaftlicher Berufsausübung verbundenen oder
verbunden gewesenen Rechtsanwälte und Angehörigen anderer Berufe und auch
insoweit einer von diesen im Sinne der Absätze 1 und 2 befasst war (§ 45 Abs 3
BRAO; insoweit ist am 1. 1. 2000 bzw am 1. 1. 2005 keine Änderung durch das Gesetz zur Neuordnung des Berufsrechts der Rechtsanwälte und der Patentanwälte v 2. 9. 1994 [BGBl I 2278]
eingetreten. Näher: BGH FamRZ 2014, 466; BGH 18. 11. 2015 – XII ZB 106/15, FamRZ 2016, 292 =
MDR 2016, 161 = AnwBl 2016, 264 m krit Anm DECKENBROCK 265; LG Kleve FamRZ 2015, 1523).
Das Betreuungsgericht muss bei seiner Auswahlentscheidung nach Abs 1, 5 berücksichtigen, ob ein Rechtsanwalt mit der Übernahme des Betreueramts gegen ein
Tätigkeitsverbot nach § 45 Abs 2 BRAO verstoßen würde (BGH FamRZ 2016, 292,
293). Die Tätigkeitsverbote des § 45 BRAO knüpfen an die Vorbefassung an und

gelten ohne Rücksicht darauf, ob im Einzelfall ein konkreter Interessenkonflikt besteht (BGH FamRZ 2016, 292, 293).

Die in § 45 Abs 2 Nr 1 BRAO sonst noch genannten Funktionen erfassen nicht alle in Betracht kommenden ausgeschlossenen Personen. In Betracht kommen aber nur solche Funktionen, aufgrund derer der Betreffende berechtigt und/oder verpflichtet wäre, fremde Vermögensinteressen wahrzunehmen. Das trifft nicht zu auf einen Verfahrenspfleger (§§ 276, 317 FamFG), der lediglich zur Wahrnehmung der Interessen des Betroffenen im Verfahren bestellt wird und außerdem eine vom Betroffenen unabhängige Beteiligtenstellung im Verfahren innehat.

Nach Sinn und Zweck der Regelung soll eine Interessenkollision vermieden werden. Deshalb kommt es für den Ausschluss des betreffenden Rechtsanwalts nicht darauf an, ob er die Betreuung berufsmäßig oder ehrenamtlich hätte führen sollen/wollen. Ausgeschlossen ist die Bestellung als Anwalt. Soll oder will der Betreffende als Privatperson (zB innerfamiliär) eine Betreuung übernehmen, liegen die Voraussetzungen für einen Ausschluss nach § 45 Abs 2 Nr 1 BRAO nicht vor. Das schließt aber nicht aus, dass betreuungsrechtliche Bedenken gegen seine Bestellung bestehen können. Ein im Betreuungsverfahren zum Verfahrenspfleger bestellter Rechtsanwalt kann dann nicht zum Betreuer des Betroffenen bestellt werden, wenn das dem natürlichen Willen des Betroffenen widerspricht (LG Kleve 20. 10. 2014 – 4 T 429/14; 4 T 436/14, juris).

45 Ist bereits ein Betreuer bestellt, kann diesem nicht (im Wege der Aufgabenkreiserweiterung) die Entscheidung über die Einwilligung in die Sterilisation übertragen werden (§ 1899 Abs 2 BGB).

46 Die Entlassung eines Elternteils als Betreuer gemäß § 1897 Abs 3 verstößt nicht gegen Art 6 Abs 1 und 2 GG (die Mutter des Betreuten als dessen Betreuerin ist Geschäftsführerin der Komplementär-GmbH der KG, die die Einrichtung betreibt, in der der Betreute lebt). Art 6 garantiert den Eltern eines Volljährigen nicht, dass sie dessen gesetzliche Vertreter werden (BayObLG FamRZ 2002, 702 mwNw). Das Elternrecht aus Art 6 Abs 2 GG erlaubt es nicht, Abs 3 dahingehend auszulegen, dass bereits die entfernte, abstrakte Möglichkeit einer Interessenkollision genügen kann, das Recht der Eltern auf eine bevorzugte Berücksichtigung bei der Auswahl von Betreuern für ihr volljähriges schutzbedürftiges Kind einzuschränken (BVerfG FamRZ 2006, 1509 mAnm Bienwald, 1510).

47 Nicht ausgeschlossen (weil ungeeignet) ist die Bestellung des **Verfahrenspflegers** zum Betreuer. Nach Auffassung des RegEntw sollte er in der Regel nicht bestellt werden, weil es zu Konflikten führen könne, wenn er zunächst der Bestellung eines Betreuers entgegengetreten sei und dann sich bestellen lasse (BT-Drucks 11/4528, 127). Der BRat hielt die sich daraus ergebenden Konflikte für weniger häufig als die Fälle, in denen der Betroffene die Betreuung zwar ablehnt, aber für den Fall der Betreuungsanordnung auch als Betreuer die Person wünscht, die schon für ihn als Verfahrenspfleger tätig geworden ist (BT-Drucks 11/4528, 207); die Bundesregierung schloss sich dieser Argumentation an (BT-Drucks 11/4528, 226). Es sind demnach weniger Rechtsgründe als die tatsächlichen Umstände, die für oder gegen die Bestellung des Verfahrenspflegers zum Betreuer sprechen, beispielsweise dann, wenn für die Auswahl und

Bestellung des Verfahrenspflegers solche Kriterien für maßgebend gehalten werden, die für die Bestellung zum Betreuer von geringerer Bedeutung sind. Mit dem Schutz und der Interessenwahrung des Betroffenen unvereinbar ist es, einen Angehörigen, dem an der (alsbaldigen) Unterbringung des Betroffenen gelegen ist, zunächst zum Verfahrenspfleger im Betreuerbestellungsverfahren und dann zum Betreuer mit dem für die Unterbringungsentscheidung erforderlichen Aufgabenkreis zu bestellen (**aA** OLG Naumburg FamRZ 2002, 988).

Nicht ausgeschlossen, aber mit Vorsicht zu behandeln ist die Bestellung des **behan-** **48** **delnden Arztes** oder des bisher als Sachverständiger tätigen Arztes, Psychologen oder Sozialarbeiters zum Betreuer des Patienten bzw Probanden. Der behandelnde Arzt kann bei einigen Entscheidungen durch § 181 BGB unmittelbar (§ 1795 Abs 2 iVm § 1908i Abs 1 S 1 BGB) oder in Anwendung des dieser Vorschrift zugrunde liegenden Gedankens ausgeschlossen sein, sodass die Bestellung eines Ergänzungsbetreuers erforderlich ist. Es empfiehlt sich eher, die Bestellung eines Mitbetreuers zu erwägen, wenn die Bestellung des behandelnden Arztes nicht ganz vermieden werden kann (**aA** BayObLG BtPrax 1993, 171 und die Vorinstanz, die festgestellt hatte, die Betroffene habe den Wunsch geäußert, ihren Hausarzt zum Betreuer zu bestellen; das Gericht der weiteren Beschwerde hat die Eignungsfeststellungen gebilligt). Die Bestellung des behandelnden (Nerven-)Arztes, dem nur Aufgabenkreise übertragen waren, um eine Notfallbehandlung des Betroffenen in einer Klinik – und gerade nicht beim Betreuer – zu ermöglichen, ist nicht ausgeschlossen (BayObLG FamRZ 2003, 1043 = BtPrax 2003, 177). Gegen die Bestellung einer angestellten Pflegekraft einer Sozialstation, die die tatsächliche Pflege und Betreuung vornimmt, bestehen dagegen eher geringe Bedenken (offen gelassen in DIV-Gutachten DAVorm 1992, 844). Problematisch ist wiederum die Bestellung eines Leiters eines privat betriebenen Pflegedienstes, weil hier Dienstleister und Auftraggeber eine Person wären.

Soweit nach Bundes- oder Landesrecht der ausgewählte Betreuer eine besondere **49** **Erlaubnis** zur Übernahme der Betreuung benötigt, handelt es sich nicht um eine Frage der Eignung, sondern um eine sonstige Bestellungsvoraussetzung. Wird der Ausgewählte entgegen den Sollvorschriften bestellt (§ 1784 iVm § 1908i Abs 1 S 1 BGB; s ferner § 21 SoldatenG, § 65 BBG, § 46 DRiG, § 11 BAT; Einzelheiten dazu bei BIENWALD/SONNENFELD/HARM [BIENWALD], BtR Rn 68), so ist die Bestellung **nicht unwirksam**, der Betreuer aus diesem Grunde nicht ungeeignet.

b) aus tatsächlichen Gründen

– Ist nach den Feststellungen der Tatsacheninstanz der Betreuer zu einer den ge- **50** setzlichen Vorschriften entsprechenden Rechnungslegung nicht in der Lage oder will er eine solche Rechnung nicht erstellen, ist der Betreffende als Betreuer nicht geeignet (BayObLG FamRZ 1994, 1282 = Rpfleger 1994, 252 = MDR 1994, 277).

– Eine Person, die sich laut Auskunft des Zentralregisters bereits vierfach strafbar gemacht hat, davon in drei Fällen wegen Vergehens gegen fremdes Vermögen, ist als Betreuerin für den Bereich der Vermögenssorge ungeeignet, weil sie keine Gewähr dafür bietet, dass sie das Amt in dem genannten Aufgabenbereich bedenkenfrei (dh über jeden Verdacht erhaben, die Vermögenssorge zu eigenem Vorteil zu führen) führt (LG Koblenz BtPrax 1998, 38 = JurBüro 1998, 166).

– Ein Rechtsanwalt ist für das Amt eines Betreuers ungeeignet, wenn er eine Partei, die mit dem Betreuten einen Rechtsstreit führt, einmal vertreten hat, auch wenn er dieses Mandat niedergelegt hat. Daran ändert auch nichts, dass der Betreute ihn vorgeschlagen hat (OLG Köln NJWE-FER 1998, 227 = FamRZ 1999, 54).

– Aufgrund des um einen S 2 ergänzten § 1908b Abs 1 BGB liegt ein wichtiger Entlassungsgrund vor, wenn der Betreuer eine erforderliche Abrechnung vorsätzlich falsch erteilt hat. Obwohl das Gesetz dies nicht ausdrücklich regelt, kann eine einmal (oder mehrmals) bewusst unrichtig erteilte Abrechnung einen Eignungsmangel darstellen, wenn es für die Führung der Betreuung auf die Verlässlichkeit in Angelegenheiten, bei denen Abrechnungsgenauigkeit vorausgesetzt werden muss, ankommt.

– Jemand, der zwar in der Lage sein wird, in dem gerichtlich bestimmten Aufgabenkreis die Angelegenheiten des Betroffenen rechtlich zu besorgen, dem aber die Möglichkeit oder/und die Fähigkeit fehlt, den Betroffenen in dem hierfür erforderlichen Umfang persönlich zu betreuen, insbesondere den erforderlichen persönlichen Kontakt zu halten, ist für eine Betreuerbestellung nicht geeignet (Abs 1, § 1908b Abs 1 S 2 BGB).

V.   Die Bedeutung des Vorschlagsrechts

51 Einem wesentlichen Anliegen der Reform folgend (BT-Drucks 11/4528, 52, 53), Wünschen der Betroffenen mehr Beachtung zu schenken, regelt die Vorschrift drei verschiedene Äußerungsmöglichkeiten des Betroffenen, die seinem Verfahrenspfleger nicht zustehen (OLG Hamm FamRZ 1996, 1372 = BtPrax 1996, 189 = NJW-RR 1997, 70):

52 **a)**   Er macht einen **positiven Vorschlag** (Abs 4 S 1). An diesen Vorschlag ist das Gericht grundsätzlich gebunden, auch wenn der Betroffene nicht geschäftsfähig ist (BGH FamRZ 2016, 1758), aber seinen Wunsch mit natürlichem Willen kundtun kann (BayObLG FamRZ 2002, 1145 [LS] = Rpfleger 2002, 312 [LS] = BtPrax 2002, 36; **aA** BGH FamRZ 2011, 880 = BtPrax 2011, 124, wonach der grundsätzlich bindende Vorschlag weder Geschäftsfähigkeit noch natürliche Einsichtsfähigkeit verlangt; im Anschluss an BGH FamRZ 2011, 285; FamRZ 2016, 1758). Es genüge, so der BGH (1758, auch FamRZ 2015, 648 Rn 19), dass der Betroffene seinen Willen oder Wunsch kundtut, eine bestimmte Person solle sein Betreuer werden. Insofern hat das Gericht kein Auswahlermessen (BayObLG FamRZ 1996, 1374 = Rpfleger 1997, 19; BGH FGPrax 2011, 77 = FamRZ 2011, 285 [286]; BGH FamRZ 2016, 1758, 1759 = BtPrax 2016, 234 [LS] = Rpfleger 2017, 25). Durch den Vorrang der ehrenamtlichen vor der berufsmäßig geführten Betreuung iSd Abs 6 S 1 wird die Bindung an den Vorschlag des Betroffenen begrenzt (OLG Thüringen FamRZ 2001, 714 mwNw; **aA** MünchKomm/Schwab § 1897 Rn 22). Auch wenn der Betroffene die Vergütung eines Berufsbetreuers aus eigenen Mitteln zahlen könnte, gilt der Vorrang der ehrenamtlichen Betreuung (LG Kleve FamRZ 2016, 2034 = BtPrax 2016, 246 [LS]). Die Tatsache eines Vorschlags ist, unabhängig davon, ob dieser aktuell geäußert wurde oder einige Zeit zurückliegt (Betreuungsverfügung), beachtlich (BayObLG 1374). Zweifelhaft kann es sein, an einen zu einem früheren Zeitpunkt geäußerten Wunsch des Betroffenen anzuknüpfen, von seinem Sohn betreut zu werden, wenn zwischenzeitlich ein Prozess des Betroffenen gegen seinen Sohn auf Zahlung einer Nutzungsentschädigung in nicht unbeträchtlicher Höhe anhängig gemacht worden ist (BayObLG FamRZ 2004,

1750). Schlägt der Betroffene eine bestimmte Person als Betreuer vor, so ist nicht die zur Betreuung am besten geeignete Person auszuwählen, sondern dem Vorschlag des Betroffenen zu folgen, sofern dies dem Wohl des Betroffenen nicht zuwiderläuft (BayObLGR 2001, 55 [LS]). Der Wille des Betroffenen kann dann unberücksichtigt bleiben, wenn die Bestellung der vorgeschlagenen Person dem Wohl des Betreuten zuwiderläuft (BayObLGR 2001, 55 [LS]; BGH FamRZ 2016, 1758, 1759). Vorauszusetzen ist, dass sich aufgrund einer umfassenden Abwägung aller relevanten Umstände Gründe von erheblichem Gewicht ergeben, die gegen die Bestellung der vorgeschlagenen Person sprechen; es muss die konkrete Gefahr bestehen, dass die vorgeschlagene Person die Betreuung nicht zum Wohl des Betreuten führt (BGH FamRZ 2016, 1758, 1759 = BtPrax 2016, 234 [LS] = Rpfleger 2017, 25; FamRZ 2013, 1798 Rn 14 mwNw). Zur Bestellung eines Mitbetreuers, wenn dem Vorschlag des Betroffenen, weil seinem Wohl widersprechend, nicht in vollem Umfang gefolgt werden kann (BGH FamRZ 2015, 1103 = NJW 2015, 1876).

Einem Vorschlag des Betroffenen, eine bestimmte Person zum Betreuer zu bestellen, soll dann nicht entsprochen werden müssen, wenn der Vorschlag nicht auf einer eigenständigen und dauerhaften Willensbildung des Betroffenen beruht (BayObLG FamRZ 2003, 1871 [LS] = ZFE 2004, 92; FamRZ 2004, 978; FamRZ 2005, 548). Das ist nach Auffassung des BGH (FamRZ 2011, 285, 286 = FGPrax 2011, 77) jedoch nicht erforderlich. Der ernsthafte und durch seinen natürlichen Willen getragene Wunsch auch eines willensschwachen Betroffenen nach einem bestimmten Betreuer ist nur dann nicht zu beachten, wenn die Bestellung des gewünschten Betreuers dem Wohl des Betroffenen widerspricht (hier: Bestellung des Bruders trotz innerfamiliärer Spannungen, unter denen der Betroffene aber nicht leidet, BayObLG FamRZ 2002, 1145 [LS]). Erklärt ein geschäftsunfähiger Betroffener, mit dem eine sinnvolle Verständigung nicht mehr möglich ist, sein Einverständnis mit einem vom Gericht vorgeschlagenen Betreuer, ohne dass zweifelsfrei klar ist, das er die Ausführungen des Richters überhaupt verstanden hat, liegt hierin kein eigener Vorschlag des Betroffenen (BayObLGR 2004, 251). Freude signalisierende nonverbale Reaktion eines zu gesicherter Kommunikation nicht mehr fähigen Betreuten auf die Frage, ob ein familienfremder vorläufiger Berufsbetreuer in Amt bleiben soll, kann nicht als Vorschlag mit der Folge gewertet werden, dass kein Versuch unternommen wird, im Kreis der Familie des Betroffenen eine geeignete Person zu finden (OLG Köln FamRZ 2005, 1860 [LS]). Die Meinung einer Betroffenen, sie benötige keinen Betreuer „sondern jemanden, der sie täglich psychosozial für etwa zwei Stunden an die Hand nimmt", begründet keinen Vorschlag, auf den nach Abs 4 S 2 Rücksicht genommen werden müsste (BGH FamRZ 2010, 1651 [LS]). Die Gründe, die gegen eine Bindung an den Vorschlag sprechen, brauchen sich nicht auf die gesamte Betreuung zu erstrecken, sodass die vorgeschlagene Person mit einem Teil des erforderlichen Aufgabenkreises bestellt werden kann (s dazu BayObLG BtPrax 2000, 260). Der Vorschlag ist jederzeit widerruflich und veränderbar, unabhängig von der Geschäftsfähigkeit des Betroffenen (MünchKomm/Schwab § 1897 Rn 21). Hält der Betroffene erkennbar an dem alten Vorschlag nicht mehr fest, besteht keine Bindung.

Der Vorschlag begründet (unabhängig von der Geschäftsfähigkeit des Betroffenen) **53** einen Vorrang dieser Person vor allen anderen in Betracht kommenden (BayObLGZ 1996, 136 = FamRZ 1996, 1374 = FGPrax 1996, 185; BayObLG BtPrax 2001, 218 [LS] = Rp 2001, 55 [LS]; OLG Zweibrücken FamRZ 2003, 187). Der Vorschlag zur Bestellung eines bestimmten Berufsbetreuers enthebt das Gericht nicht der Prüfung, ob ein geeigneter ehrenamtlicher Betreuer zur Verfügung steht (KG FamRZ 2007, 61 [LS] = FGPrax 2006, 258). Der Vorschlag, einen bestimmten Berufsbetreuer zu bestellen, bindet dann, wenn die Bestellung eines ehrenamtlich tätigen Angehörigen nicht dem Wohl des Betroffenen entspricht und ein anderer ehrenamtlicher Betreuer nicht zur Verfügung steht (KG aaO; zum Umfang diesbezüglicher Ermittlungspflicht BGH FamRZ 2011, 285 = FGPrax 2011, 77). Der Vorrang der vom Betroffenen als Betreuer vorgeschlagenen Person besteht grundsätzlich auch gegenüber dem zur Betreuung geeignet erscheinenden Vater des Betroffenen (BayObLG 28. 10. 1999 – 3 Z BR 250/99). Zur Bindung an einen Vorschlag, die nächste Verwandte zur Betreuerin zu bestellen, BayObLG FamRZ 1995, 894 = BtPrax 1995, 110. Die Annahme, ein Vorschlag des Betroffenen laufe seinem Wohl zuwider, bedarf konkreter tatsächlicher Feststellungen (BayObLG FamRZ 1994, 323, 324; OLG Düsseldorf BtPrax 1995, 110; OLG Brandenburg FamRZ 2001, 936, 937) und einer umfassenden Abwägung aller Umstände (BayObLGZ 1996, 136 = FamRZ 1996, 1374 = Rpfleger 1997, 19 = FGPrax 1996, 185). Die abstrakte Gefahr einer Kollision der Interessen des Betroffenen mit denen der als Betreuer in Betracht kommenden Person schließt deren Bestellung zum Betreuer nicht aus (BayObLG FamRZ 2000, 1183 = NJWE-FER 2000, 259; LG Schweinfurt FamRZ 2001, 313 [LS]). Sind die zu befürchtenden Konflikte so stark, dass die vorgeschlagene Person (damaliger Lebensgefährte und jetziger Ehemann) als ungeeignet erscheint, weil eine konkrete Gefährdung des Wohls der Betreuten zu besorgen ist, darf der Vorschlag der Betroffenen übergangen werden (OLG Brandenburg FamRZ 2001, 936). Der Umstand, dass eine vom Betroffenen vorgeschlagene Person erbberechtigt ist, steht ihrer Bestellung zum Betreuer zunächst nicht entgegen. Erst konkrete Gefahren rechtfertigen es, einen Vorschlag zu übergehen (OLG Düsseldorf FamRZ 1996, 1373 = FGPrax 1996, 184 = BtPrax 1996, 195 [LS]). Die Bestellung eines vom Betroffenen vorgeschlagenen volljährigen Kindes zum Betreuer kann dem Wohl des Betroffenen zuwiderlaufen, wenn durch nachhaltige Spannungen zwischen diesem und einem weiteren Kind, bei dem sich der Betroffene wegen der dort geleisteten Versorgung gewöhnlich aufhält, die Wahrnehmung der Aufgaben des Betreuers – insbesondere soweit sie den notwendigen persönlichen Kontakt voraussetzen – erheblich erschwert wird (BayObLG FamRZ 2004, 976). Hat die betroffene Person ein Kind als Betreuer benannt, ist auf die verwandtschaftlichen Beziehungen der betroffenen Person, insbesondere auf deren persönliche Bindungen (wie nach Abs 4 S 1) Rücksicht zu nehmen; ob dennoch gewichtige Gründe des Wohls der betreuten Person einer Bestellung des vorgeschlagenen Kindes entgegenstehen, hat das Tatsachengericht besonders sorgfältig zu ermitteln. Es verstößt deshalb gegen den Grundsatz der Amtsermittlungspflicht (§ 26 FamFG), wenn das Gericht die Eignung des Angehörigen lediglich aufgrund von Mitteilungen Dritter in Zweifel zieht (BGH FamRZ 2011, 285, 286 = FGPrax 2010, 77, 78).

54 Zum Übergehen des vorgeschlagenen Sohnes bei Gefahr erheblicher Interessenkonflikte aufgrund festgestellter Tatsachen (Aufgabenkreis: Vermögenssorge) BayObLG BtPrax 1998, 74; in Bezug auf die vorgeschlagene Tochter BayObLG FamRZ 1997, 246 (LS). Zum Abweichen von dem Vorschlag die Ehefrau zu bestellen (keine Übertragung der Vermögenssorge), weil eine Wohnung im Mehrfamilienhaus des Betroffenen an die Eltern der Ehefrau vermietet ist, BayObLG BtPrax 2000, 260.

55 b)   Der Betroffene schlägt vor, **eine bestimmte Person nicht zu bestellen.** Dieser „negative" (ERMAN/HOLZHAUER Rn 4) Vorschlag hat nicht die gleiche Kraft wie der zu

a) genannte. Hierauf soll das Betreuungsgericht lediglich Rücksicht nehmen. Ein höherer Bindungsgrad könnte die Betreuerbestellung gefährden. Lehnt der Betroffene ohne triftigen Grund den bisher für ihn bestellten und über Jahre ohne Beanstandungen für ihn tätig gewordenen Betreuer aus Anlass der Verlängerung der Betreuung ab, ist dies für das Gericht nicht bindend (BayObLG FamRZ 2002, 1362 [LS]; KG FamRZ 2010, 1764). Das Betreuungsgericht hat bei der Auswahlentscheidung jedoch darauf Rücksicht zu nehmen. Um das tun zu können, hat das Betreuungsgericht die für die Ablehnung einer bestimmten Person maßgeblichen Gründe des Betroffenen (hier: Ablehnung des Vaters als Betreuer) zu ermitteln (KG FamRZ 2010, 1764).

c) Schlägt der Betroffene **niemand** vor (und äußert er sich auch nicht negativ zu **56** einer Person), ist das Gericht an Abs 5 gebunden. Diese Vorschrift räumt dem Gericht ein **Auswahlermessen** ein, das im Rahmen der Rechtsbeschwerde nur in eingeschränktem Umfang überprüft werden kann (BayObLG FamRZ 1995, 1232 = BtPrax 1995, 65 = BtE 1994/95 zu § 1897 Abs 5; OLG Köln FamRZ 2000, 116 = NJWE-FER 1999, 271). Im Rahmen des pflichtgemäßen Ermessens hat das Gericht auch den hypothetischen Willen des Betroffenen zu berücksichtigen (OLG Köln FamRZ 2000, 116 = NJWE-FER 1999, 271) sowie auf die Gefahr einer Interessenkollision Rücksicht zu nehmen (BayObLG FamRZ 2000, 1183 = NJWE-FER 2000, 259). Wichtig ist hier, dass auf bestehende Bindungen, nicht dagegen auf einen Status (der Verwandtschaft) abgehoben wird. Es können verwandtschaftliche Bindungen fehlen (zB bei älteren Betroffenen), aber solche zu einem Bekannten, Nachbarn oder Lebensgefährten noch bestehen. Langjährige Lebensgefährten stehen bei der Auswahl des Betreuers im Rahmen des § 1897 Abs 5 gleichrangig neben den Kindern und Eltern des zu Betreuenden (OLG Köln FamRZ 2000, 116 = NJWE-FER 1999, 271). Schlägt der Betroffene jemand vor, der – gleichgültig aus welchen Gründen – nicht bestellt werden kann/darf, kommt der nach Abs 4 S 1 geäußerte Vorschlag nicht zum Tragen. Selbst wenn durch § 1897 Abs 5 BGB bevorzugte Personen als Betreuer in Betracht kommen, ist bei der Auswahl des (geeigneten) Betreuers letztlich das Wohl des Betroffenen ausschlaggebend (BayObLG MDR 1996, 286; FamRZ 2002, 768 mAnm BIENWALD; FamRZ 2004, 1991 = Rp 2004, 328). Lässt der Betroffene durch seinen Verfahrensbevollmächtigten erklären, dass er mit diversen Betreuern einverstanden sei, ist diese Äußerung nicht als Vorschlag iSv Abs 4, jedenfalls nicht in dem Sinne aufzufassen, dass der Betroffene ausschließlich die zuständige Behörde wolle (BayObLG FamRZ 1994, 1203, 1204 = BtPrax 1994, 171, 172).

Der Betroffene ist, etwa wenn das Gericht ihn über den möglichen Verlauf des **57** Verfahrens informiert (§ 278 Abs 2 FamFG), oder in anderer Weise rechtzeitig darauf **hinzuweisen**, dass er **Vorschläge machen** kann. Andernfalls ist zu befürchten, dass der Betroffene mangels Kenntnis von seinem Recht keinen Gebrauch macht. Ist ein Pfleger für das Verfahren bestellt (§ 276 FamFG), hat dieser die Möglichkeit, den Betroffenen auf sein Recht aufmerksam zu machen, ggf dahingehende Äußerungen des Betroffenen zu vermitteln.

Das Gericht hat die Bestimmungen in § 1897 Abs 4 und 5 BGB grundsätzlich auch **58** dann zu beachten, wenn es über die Betreuerbestellung durch **einstweilige Anordnung** entscheidet. Lediglich bei Gefahr im Verzuge darf von diesem Grundsatz abgewichen werden (LG Regensburg FamRZ 1993, 597; LG Flensburg BtPrax 1993, 180; vgl

§ 301 Abs 2 FamRG). Äußerungen des Betroffenen zur Person des Betreuers sind keine Willenserklärungen iSd §§ 104 ff, 116 ff BGB (OLG Hamm FamRZ 1996, 1372 = BtPrax 1996, 189 = FGPrax 1996, 183); sie sind deshalb auch zu berücksichtigen, wenn der Betroffene nicht geschäftsfähig ist (BT-Drucks 11/4528, 127; BayObLGZ 1997, 136 = FamRZ 1996, 1374 = Rpfleger 1997, 19; OLG Düsseldorf FamRZ 1996, 1373 = FGPrax 1996, 184 = BtPrax 1996, 195 [LS]; OLG Frankfurt BtPrax 1997, 123 [LS]; OLG Hamm NJW-RR 1997, 70, 71; näher BIENWALD, BtR Rn 50 ff). Im Übrigen sind die Äußerungen schon deshalb beachtlich, weil der Betroffene rechtlich uneingeschränkt verfahrensfähig ist (§ 275 FamFG). Auch ein Abgehen von dem früher geäußerten Vorschlag zur Person eines Betreuers setzt Geschäftsfähigkeit nicht voraus (BayObLG FamRZ 1993, 1110).

59 Zum Wohle des Betroffenen, der nicht mehr dazu in der Lage ist, einen eigenen Wunsch zur Betreuerbestellung zu äußern, kann ein berufsmäßig tätiger Betreuer auch dann bestellt werden, wenn zwar eine andere natürliche Person zur Übernahme der Betreuung bereit, der Berufsbetreuer aber wesentlich bessert geeignet ist (BayObLG FamRZ 2002, 768 mAnm BIENWALD = BtPrax 2002, 130). Gegenüber dem ernsthaft geäußerten Vorschlag des Betroffenen, eine hierzu geeignete Person zum Betreuer zu bestellen, begründet die Tatsache, dass noch geeignetere Personen in Betracht kommen, grundsätzlich nicht die Annahme, die Bestellung der vorgeschlagenen Person laufe dem Wohl des Betroffenen zuwider (BayObLG FamRZ 1999, 53).

VI. Keine Sonderregelungen für nichtdeutsche Betroffene

60 Art 24 EGBGB lässt es zu, für einen Angehörigen eines fremden Staates, der seinen gewöhnlichen Aufenthalt oder, mangels eines solchen, seinen Aufenthalt im Inland hat, einen Betreuer nach deutschem Recht zu bestellen. Der Inhalt der Betreuung unterliegt dem Recht des anordnenden Staates, also in diesem Falle dem Recht der Bundesrepublik Deutschland. Dementsprechend hat das BtG die Übernahmepflicht für eine Betreuung nicht auf Deutsche beschränkt (§ 1898 BGB). Nach Auffassung des Gesetzgebers des BtG sollte es möglich sein, bei Betreuungsbedürftigkeit von Ausländern, die in der Bundesrepublik Deutschland wohnen, eine Person gleicher Staatsangehörigkeit zum Betreuer zu bestellen (BT-Drucks 11/4528, 129).

61 Eigene Vorschriften über die Auswahl und Bestellung eines Betreuers für diesen Kreis von Betroffenen enthält das BtG nicht. Demzufolge ist hierfür § 1897 maßgebend. Es ist also zu prüfen, welche natürliche Person für die Betreuung eines bestimmten Angehörigen eines ausländischen Staates nach Maßgabe dieser Vorschrift geeignet ist (Abs 1). Entgegen der Annahme des RegEntw kommt es hierfür nicht in erster Linie auf die (gleiche) Staatsangehörigkeit, sondern auf die Zugehörigkeit zu einer Volksgruppe oder einer landsmannschaftlichen Gruppierung an, aus der ein Angehöriger für die Betreuung gewonnen werden kann. Für die Frage der Geeignetheit des Betreuers können sprachliche, familiäre, kulturelle und andere Eigenheiten, Traditionen und Bedingungen von Bedeutung sein, die die Führung der Betreuung beeinflussen (§ 1901 BGB); Ausnahmegenehmigungen in vermögensrechtlicher Hinsicht können in Betracht kommen.

62 Die Zahl der Personen, für die nach Art 24 EGBGB ein Betreuer zu bestellen ist, nimmt immer mehr zu. In solchen Fällen sollte das Gericht über die örtliche Sozialarbeit (Allgemeiner Sozialdienst; kommunaler Sozialdienst) oder unmittelbar über

den jeweils zuständigen Träger freier Wohlfahrtspflege den für die Betreuung der Gruppe verantwortlichen Sozialberater (zu ihnen s den Artikel „Sozialberater für Ausländer" im Fachlexikon der sozialen Arbeit [1997]) um Informationen, eine gutachtliche Stellungnahme und/oder einen Personalvorschlag bitten.

Zur rechtlichen Betreuung von **Migranten** s die gleichnamige Veröffentlichung von **63** SALMAN/WÖHLER (2001). Rechtliche Betreuung von Migrantinnen und Migranten in Niedersachsen bietet das Institut für transkulturelle Betreuung (Betreuungsverein) eV, Zentrale, Freundallee 25, 30173 Hannover, Tel: 05 11/5 90 92 00; Außenstelle Hannoversche Straße 41, 38116 Braunschweig, an. Zu den entsprechenden Aktivitäten in Hamburg s KINZEL/ZIESCHE in BtPrax 2015, 60, auch kritisch zu einem Beitrag in BtPrax 2014, 253 (Migranten in Aktion).

VII. Besonderheiten bei einzelnen Betreuerarten

1. Angehörige

Der Vorschlag des Betroffenen kann sich auf einen Angehörigen oder mehrere **64** beziehen (Abs 4). Ihm ist zu folgen, wenn es dem Wohl des Volljährigen nicht zuwiderläuft (Abs 4 S 1). Die Frage, ob die Bindung an den Vorschlag aus diesem Grunde entfällt, erfordert eine umfassende Abwägung aller Umstände. Nur wenn das Ergebnis der Abwägung deutlich gegen die Bestellung des Vorgeschlagenen spricht, darf eine andere Person bestellt werden (BayObLGZ 1996, 136, 138). Häufiger hindern Spannungen unter den Angehörigen des Betroffenen, unter seinen Kindern oder seinen Geschwistern, die Bestellung eines Familienangehörigen, selbst wenn der Betroffene dies wünscht (vgl BayObLG FamRZ 2004, 976, 977). Zur Vermeidung von innerfamiliären Konflikten kann deshalb zum Wohl des Betroffenen für einen abgegrenzten Bereich neben einem ehrenamtlichen Betreuer ein weiterer (Berufs-)Betreuer bestellt werden (BayObLGR 2004, 251). Die Gefahr von Interessenkonflikten, die in Abs 5 aufgeführt ist, muss auch im Rahmen von Abs 4 berücksichtigt werden, weil die in Abs 5 genannten Personen von dem Betroffenen selbst vorgeschlagen werden können (im Ergebnis ebenso BayObLGZ 1993, 226 = Rpfleger 1994, 110 = FamRZ 1993, 1225, 1226). Die Gefahr geringerer Interessenkonflikte soll es nach Auffassung des RegEntw nicht rechtfertigen, von dem Vorschlag des Betroffenen abzuweichen (BT-Drucks 11/4528, 127; aus der Judikatur: BayObLGZ 1996, 136, 138 = FamRZ 1996, 1374, 1375 mwNw; OLG Hamm NJW-RR 1997, 70, 71; KG BtPrax 1995, 106, 107; OLG Zweibrücken BtPrax 1997, 164 = FGPrax 1997, 104 = NJWE-FER 1997, 155).

Sind Interessenkonflikte zu befürchten (zu deren Feststellung OLG Schleswig FGPrax 2005, 262 = FamRZ 2005, 1860 [LS]), sodass der Vorgeschlagene als im Sinne des Abs 1 ungeeignet erscheint, kann dem Vorschlag nicht gefolgt und der Betreffende nicht bestellt werden. Es fragt sich beispielsweise, ob es zweckmäßig ist, einen potenziellen Erben mit der Vermögenssorge zu betrauen, „weil dieser dazu neigen könnte, den Kostenerstattungsansprüchen des mit der persönlichen Sorge für den Betroffenen vergleichsweise viel stärker belasteten Betreuers (Mitbetreuers) in kleinlicher Weise entgegenzutreten" (OLG Düsseldorf BtPrax 1993, 103, 104). Zum Übergehen des vorgeschlagenen Sohnes, wenn aufgrund festgestellter Tatsachen die konkrete Gefahr erheblicher Interessenkonflikte gegeben ist, BayObLG 22. 10. 1997   3 Z BR 112/97. Ist eine der Wohnungen des Mehrfamilienhauses des Betroffenen, das dessen wesentliches Vermögen darstellt, an die Eltern der Ehefrau des Betroffenen vermietet, so rechtfertigt es dieser Umstand, der Ehefrau – entgegen dem Vorschlag des Betroffenen – als Betreuerin nicht auch die Vermögenssorge zu übertragen (BayObLG BtPrax 2000, 260 = NJWE-FER 2001, 44).

Führt der Betroffene gegen seinen Sohn einen Rechtsstreit auf Zahlung einer Nutzungsentschädigung in nicht unbeträchtlicher Höhe, liegt ein konkreter, massiver Interessenskonflikt vor, der die Bestellung des Sohnes zum Betreuer seines Vaters ausschließt. Ein dahin gehender zu einem früheren Zeitpunkt geäußerter Wunsch ist deshalb nicht zu befolgen (BayObLG FamRZ 2004, 1750 [1751]).

65 Zurückhaltung bei der Bestellung Angehöriger ist jedenfalls insoweit geboten, als der Gesetzgeber diesen Personenkreis von bestimmten Kontrollen und Aufgaben freigestellt hat (§ 1908i Abs 2 S 2 BGB). Soweit das Betreuungsgericht nichts anderes anordnet, besteht in sinngemäßer Anwendung des § 1857a für den Vater, die Mutter, den Ehegatten, den Lebenspartner oder einen Abkömmling des Betreuten (nicht jedoch für dessen Geschwister!) keine Pflicht zur Rechnungslegung während der Dauer des Amtes. Der Betreuer hat lediglich jeweils nach zwei Jahren eine Übersicht über den Bestand des seiner Verwaltung unterliegenden Vermögens einzureichen (§ 1854 Abs 2 BGB). Zu den weiteren Befreiungen sowie den zugelassenen Einschränkungen durch das Betreuungsgericht s § 1857a iVm § 1908i Abs 2 S 2 BGB.

66 Aus der Sicht des BayObLG (BayObLGZ 1993, 226 = FamRZ 1993, 1225, 1226 = Rpfleger 1994, 110) besteht die **Gefahr von Interessenkonflikten** insbesondere bei nahen Verwandten, Eheleuten oder Lebensgefährten, wenn sie im selben Haushalt leben. Andererseits ist die Bestellung des Ehepartners, mit dem der Betroffene bis zum Eintritt des Betreuungsfalles in häuslicher Gemeinschaft gelebt hat, zu dessen Betreuer grundsätzlich nicht zu beanstanden (BayObLG BtE 1994/95 § 1897 Abs 1 [LS]). Wegen der vom Gesetz geforderten Rücksichtnahme auf die Bindungen des Volljährigen sei hier eine sorgfältige Abwägung zwischen der Gefahr von Interessenkonflikten und der Rücksicht auf den Wunsch des Betroffenen und seine persönlichen Bindungen durchzuführen. Dabei stehe das Wohl des Betroffenen im Vordergrund. Es muss sich jedoch um konkrete Interessenkonflikte handeln; die abstrakte Möglichkeit für solche Konflikte reicht nicht aus. Wurde eines der Kinder der Betroffenen zum Betreuer bestellt, so ist dies nicht schon allein deshalb rechtsfehlerhaft, weil die Kinder untereinander zerstritten sind (BayObLG 11. 9. 1996 – 3 Z BR 128/96). Etwaigen Gefahren für das Wohl des Betroffenen könnte durch Mittel der Aufsicht, insbesondere durch die Aufhebung der Befreiung von der Rechnungslegungspflicht bei den in § 1908i Abs 2 S 2 genannten Angehörigen, begegnet werden (zu entsprechender Prüfungspflicht BayObLG 3. 12. 1997 – 3 Z BR 364/97). Der Umstand allein, dass die Betroffene die Kosten ihrer Pflege und Versorgung nicht aus eigenen Mitteln aufbringen kann und die zum Unterhalt verpflichtete (an einer Betreuerbestellung interessierte) Tochter diese Kosten möglicherweise mittragen muss, begründet noch nicht die konkrete Gefahr, dass finanzielle Interessen des Betreffenden den Bedürfnissen und dem Wohl der Betroffenen vorgehen können (OLG Köln FamRZ 1996, 1024). Der künftige Erbkonflikt zwischen den um die Betreuung eines Angehörigen konkurrierenden Bewerbern, von denen sich der eine als Testamentserbe, der andere in gesetzlicher Erbfolge zum Erben des Betreuten berufen fühlt, ist

jedenfalls zur Entscheidung zwischen diesen Betreuern kein taugliches Entscheidungskriterium (OLG Brandenburg v 18. 4. 2002 – 11 Wx 43/01).

Eine rechtskräftige Verurteilung wegen Aussagedelikten steht der Bestellung eines **67** nahen Verwandten nicht von vornherein entgegen; maßgeblich ist, ob die zugrunde liegenden Tatvorwürfe Rückschlüsse auf die Eignung der betreffenden Person für die konkret zu übertragenen Aufgabenbereiche zulassen (KG FamRZ 2006, 889, 890 = BtPrax 2006, 118 [LS]). Stellt der Tatrichter ermessensfehlerfrei fest, dass der nur denkbare Interessenkonflikt, dem der Testamentserbe ausgesetzt sein könnte, für die Führung der Betreuung und für das Wohl des Betreuten ohne Auswirkung ist, so ist diese Entscheidung in der weiteren Beschwerde nur eingeschränkt nachprüfbar. Sind die Ansprüche eines Betroffenen aus einem Übergabevertrag nicht oder nur unzureichend erfüllt worden, so kann dies der Bestellung des Übernehmers als Betreuer bezüglich des Aufgabenkreises Vermögenssorge entgegenstehen (BayObLG FamRZ 2002, 1589 = Rp 2002, 453).

In einem Verfahren, das mit der Entscheidung des BayObLG (FamRZ 2003, 1775 **68** mAnm BIENWALD = Rp 2004, 89) endete, war der Sohn der Betroffenen deshalb nicht für die Rechtliche Betreuung seiner Mutter vorgesehen und stattdessen eine berufsmäßig tätige Betreuerin bestellt worden, weil offensichtlich der Bereitschaftserklärung des Beschwerdeführers, für die Mutter zumindest versuchsweise eine Tagesbetreuung in der Wohnung zu organisieren (anstatt der Teilnahme in einer Tagespflegeeinrichtung außerhalb der Wohnung), nicht getraut wurde und er sich geweigert hatte, einer aus diesem Grunde beabsichtigten Aufteilung der Betreuung zuzustimmen. Das BayObLG korrigierte die Entscheidung der Vorinstanz ua deshalb, weil die Möglichkeit des Betreuungsgerichts, auf die Führung der Betreuung einzuwirken, nicht diskutiert worden war. In der Anmerkung wird auf die generelle Problematik einer Zusammenarbeit von ehrenamtlich und berufsmäßig tätigen Personen hingewiesen und an die „Betreuung" der (ehrenamtlichen) Betreuer durch Betreuungsvereine und die zuständige (Betreuungs-)Behörde erinnert.

Die Tochter eines Betroffenen ist als Betreuerin nicht allein deshalb ungeeignet, **69** weil sie in Übereinstimmung mit dem Betroffenen das Legen einer Magensonde ablehnt (OLG Frankfurt FamRZ 2007, 584 [LS] = NJW 2006, 3436 = BtPrax 2007, 91). Ein zur Übernahme der Betreuung bereites Kind seiner zu betreuenden Eltern ist nicht deshalb für Vermögensangelegenheiten ungeeignet, weil zwischen ihm und seinen Geschwistern erheblicher Streit über die Verwaltung des elterlichen Vermögens herrscht, solange es die elterlichen Vermögensangelegenheiten objektiv und sachgerecht wahrnimmt und keine Positionen vertritt, die dem Wohl der Betroffenen deutlich zuwiderlaufen. Dagegen kann ein Interesse an geschwisterlicher Regelung von Dienst- und Pflegeleistungen und deren Vergütung für die betreute Mutter dazu führen, anstelle eines Geschwisters eine außenstehende Person zum Betreuer der Mutter mit einem entsprechenden Aufgabenkreis zu bestellen (OLG Köln FamRZ 2000, 512; vgl auch OLG Köln FamRZ 2000, 116 [LS], das Spannungen unter Geschwistern als alleiniges Eignungsproblem dann nicht durchschlagen lässt, wenn der Betreute nicht diese Spannungen wahrnehmen und unter ihnen leiden kann oder, so OLG Schleswig FamRZ 2005, 1860 [LS] = FGPrax 2005, 262, dadurch das Wohl des betreuten Elternteils ernsthaft gefährdet wäre). Ein zum Betreuer bestellter Sohn, der an sich selbst und an andere Verwandte Geldgeschenke in erheblicher Höhe (hier: 80 000 DM) getätigt hat und womöglich weiterhin tätigen wird, kann insoweit als Betreuer ungeeignet sein (BayObLG FamRZ 2004, 734 mAnm BIENWALD). Bedenklich die Bestellung der Tochter einer/eines Betroffenen als Vermögensbetreuerin, wenn diese aus einem notariellen Grundstücksübertragungsvertrag zur Wartung und Pflege der/des Betroffenen verpflichtet ist, den Lohn für die hierfür eingestellte Pflegekraft dem Vermögen der/des Betroffenen entnimmt und darüber hinaus die Überweisung größerer Geldbeträge von dem Konto der/des Betroffenen an sich und ihre Schwester veranlasst hat (OLG Zweibrücken FamRZ 2005, 832 = FGPrax 2004, 286 = BtPrax 2004, 246). Hat die verstorbene Mutter des Betreuten in einem sogenannten Behindertentestament den Betreuten zum Vorerben und eine nahe Angehörige der Vermögensbetreuerin zur Nacherbin und Testamentsvollstreckerin bestimmt, rechtfertigt dieser Umstand, bei der Betreuerin einen erheblichen Interessengegensatz iSd § 1796 Abs 2 anzunehmen (OLG Zweibrücken FGPrax 2004, 30 = FamRZ 2004, 834 [LS] = ZEV 2004, 161).

70 Als zwangsläufig kann die Übernahme der Betreuung für den Vater als Ehrenamt nicht angesehen werden, sodass Fahrt- und Telefonkosten des Betreuers (Sohn) nicht als außergewöhnliche Belastung abzugsfähig sind (FG Berlin – Brandenburg FamRZ 2009, 819). Wegen der Aufwendungen besteht aber ein Ersatzanspruch gegenüber dem Betreuten oder bei dessen Mittellosigkeit gegenüber der Staatskasse (§§ 1835, 1835a, 1908i Abs 1 S 1 BGB). Nach der Verfügung der OFD Chemnitz 1. 12. 2008 – S 2257 – 7/4 – St 22 betreffend Aufwandsentschädigung für ehrenamtlich tätige Betreuer stellen die Aufwandsentschädigungen (§ 1835a BGB) – nach Abzug der Werbungskosten – sonstige Einkünfte iSd § 22 Nr 3 EStG dar und sind einkommensteuerpflichtig, wenn sie – ggf zusammen mit weiteren Einkünften iS dieser Vorschrift – die Freigrenze von 256 Euro übersteigen (FamRZ 2009, 840). S auch HELLMANN, „Steuerpflicht für ehrenamtliche rechtliche Betreuer – eine unendliche Geschichte? Bundesrat fordert erneut Steuerfreiheit der Aufwandspauschale", Rechtsdienst der Lebenshilfe 2008, 65. Einzelheiten auch in der „Empfehlung des Deutschen Vereins zur Stärkung des Ehrenamtes in der rechtlichen Betreuung", NDV 2010, 168, in der die Besteuerung der jährlichen Aufwandspauschale (ohne Nachweis getätigter Aufwendungen) als ein Hemmnis für die Übernahme ehrenamtlich geführter Betreuungen bezeichnet wird. Zu beachten ist für die Abrechnung gegenüber dem Finanzamt, dass die Zahlung der Jahrespauschale sich nach dem Betreuungsjahr richtet, das nicht mit dem für die Steuer maßgebenden Kalenderjahr identisch sein muss.

2. Selbständig tätige Berufsbetreuer

71 Es handelt sich um natürliche Personen, die als Privatpersonen Betreuungen führen, jedoch mit dem Anspruch auf Vergütung gem § 1836 Abs 2 iVm § 1908i Abs 1 S 1 BGB. Danach sind jemandem Betreuungen zu vergüten, wenn das Gericht bei der Bestellung des Betreuers feststellt, dass der Betreuer die Betreuung berufsmäßig führt. Diese Feststellung hat das Gericht zu treffen, wenn dem Betreffenden Betreuungen in einem solchen Umfang übertragen sind, dass er sie nur im Rahmen seiner Berufsausübung führen kann, oder wenn zu erwarten ist, dass dem Betreffenden in absehbarer Zeit Betreuungen in diesem Umfang übertragen sein werden (§ 1 VBVG). Die Vergütung steht dem Berufsbetreuer auch dann zu, wenn er sonst keine Vergütung erhalten würde, weil entweder das Vermögen des Betreuten oder

der Umfang und die Schwierigkeit der Betreuungsgeschäfte dies nicht rechtfertigen. Die Vergütung wird dann aus der Staatskasse gezahlt.

Eine Berufsbetreuung als solche erfüllt nicht den Typusbegriff „Freier Beruf"; nimmt ein Anwalt neben seiner Anwaltstätigkeit eine Betreuertätigkeit wahr, gehört die Betreuertätigkeit nicht zu der berufstypischen freiberuflichen Tätigkeit eines Rechtsanwalts (BVerwG ErbR 2013, 320) mit der Folge der Anzeigepflicht nach § 14 GewO.

Für die Bestellung freiberuflich tätiger Berufsbetreuer sind **keine besonderen Eig-** **72** **nungsprüfungen** vorgesehen. Im Schrifttum werden sie von JAEGER (NDV 1992, 245, 248) unter Berufung auf OBERLOSKAMP (FamRZ 1988, 22) sowie von den Berufsverbänden (vgl dazu deren Äußerungen in ihren Verbandsveröffentlichungen) befürwortet. Einzelne Betreuungsbehörden haben zwecks Ausübung ihrer Verpflichtung aus § 8 BtBG eigene Prüfungsmaßstäbe mitentwickelt (zB die Landesbetreuungsstelle in Hamburg und die Landesarbeitsgemeinschaft für Betreuungsangelegenheiten in Sachsen). Ein Betreuungsbewerber hat gegenüber der Betreuungsbehörde keinen Anspruch darauf, dass diese ihn dem Betreuungsgericht vorschlägt und sie das ihr zustehende Beschwerderecht zu seinen Gunsten ausübt (OVG Lüneburg NdsRpfl 2001, 67).

Zur Zulässigkeit von und rechtsstaatlichen Anforderungen an Vorauswahllisten für **73** Berufsbetreuer, die bei Behörden und/oder Gerichten geführt werden, vgl DODEGGE, in: FS Bienwald (2006) 69 ff (82); s dazu auch oben Vorbem 35 zu §§ 1897–1900, außerdem SONNENFELD FamRZ 2007, 784. Zur Anfechtbarkeit einer Entscheidung von Betreuungsrichtern eines Gerichts über die (Nicht-)Aufnahme eines Interessenten OLG Frankfurt FamRZ 2008, 2233 u 2234.

Der RegEntw hatte sich positiv dazu geäußert, dass „künftig neben den Rechts- **74** anwälten sich auch **Angehörige anderer Berufsgruppen**, insbesondere Sozialarbeiter, verstärkt dieser Aufgabe widmen" (BT-Drucks 11/4528, 111). Angesichts der in der Vergangenheit in Bezug auf Zahl und Qualität der geführten Vormundschaften und Pflegschaften geübten Kritik war von STAUDINGER/BIENWALD (2006) die Bestellung von selbständig tätigen Berufsbetreuern als nicht unbedenklich bezeichnet worden angesichts fehlender Kontrolle. Ein verbindliches zentrales Register gibt es in der Bundesrepublik Deutschland nicht. Eine Höchstzahlbegrenzung erübrigte sich demzufolge (s dazu BT-Drucks 11/4528, 125). Durch § 10 VBVG (früher § 1908k) werden diese Betreuer verpflichtet, der Betreuungsbehörde, in deren Bezirk sie ihren Sitz oder Wohnsitz haben, kalenderjährlich die Zahl der geführten Betreuungen und den für die Führung von Betreuungen erhaltenen Geldbetrag bis spätestens 31. März des folgenden Jahres mitzuteilen. Diese Informationen können dem Betreuungsgericht zur Verfügung gestellt werden.

Als ein Kriterium für die Geeignetheit zu beruflicher Führung von Betreuungen **75** werden organisatorische Voraussetzungen angesehen. Dazu werden das Vorhalten eines Büros oder einer büroähnlichen Organisation sowie die Erreichbarkeit (auch verkehrstechnisch) für den Betreuten und die mit dem Betreuer zusammenarbeitenden Stellen gerechnet (vgl Empfehlungen zur Geeignetheit als Berufsbetreuer der überörtlichen Arbeitsgemeinschaft usw für den Regierungsbezirk Oberpfalz vom 22. 11. 1994 sowie ein entsprechendes Papier der Landesbetreuungsstelle Hamburg vom 5. 4. 1995).

76 Soweit die büromäßige oder büroähnliche Ausstattung als ein Zeichen für eine kontinuierliche und **auf Dauer angelegte Arbeit** angesehen wird, ist dagegen nichts einzuwenden. Geht es um die Gestaltung der eigenen Arbeit, steht es der Behörde nicht zu, den Vorschlag einer Bestellung zum Betreuer von der Errichtung oder dem Vorhandensein eines Büros abhängig zu machen, weil der Betreuer insoweit keinen Vorschriften unterliegt. Freilich muss der Betreuer sich den Mangel technischer Hilfen (zB Kopierer, Computer) vorhalten lassen, wenn er einen höheren Zeitaufwand als mit dem Einsatz von Technik erforderlich abrechnen und geltend machen würde, sofern das nach der grundsätzlichen Pauschalierung der Vergütung noch möglich ist.

77 Ob der berufsmäßig tätige Betreuer verkehrstechnisch erreichbar sein muss oder sein sollte, dürfte seiner eigenen Entscheidung vorzubehalten sein, denn die reale Gestaltung der **Betreuungsführung ist eine eigene Angelegenheit** und nicht die der Behörde oder des (Aufsicht führenden) Gerichts. Aus dem Betreuungsrecht, speziell den in Bezug genommenen Vorschriften über Aufsicht und Kontrolle der Führung der Betreuung, lassen sich dahingehende Pflichten oder Obliegenheiten nicht entnehmen. Andernfalls müsste zB jeder freiberuflich Tätige (etwa auch ein Anwalt oder ein Steuerberater) gehalten sein, für einen behindertengerechten Zugang zu seinem Büro Sorge zu tragen, was er als Grundstückseigentümer, aber nicht als sonstiger Nutzer von Grundstück und Räumlichkeiten, durchsetzen könnte. Die Umsetzung des Übereinkommens über die Rechte von Menschen mit Behinderungen (Art 9) könnte zu entsprechenden Verpflichtungen führen.

78 Im Einzelfall kann es allerdings geboten sein, dass der **Betreuer für den Betreuten** unmittelbar **erreichbar** ist, wenn es (zB) dem Betreuten nicht möglich ist, den Besuch seines Betreuers in seiner üblichen Umgebung zu empfangen und dort ungestört über die Besorgung seiner Angelegenheiten zu sprechen. Vgl aber BayObLG, das dem Betreuer den Zeitaufwand für Besprechungen mit dem Betreuten außerhalb seines Heimes im Rahmen von Kurzausflügen zubilligte (FamRZ 2000, 1048 = BtPrax 2000, 124).

79 Dass der Betreuer außer über das Telefon (zB mobil) auch unmittelbar in seinem Büro erreichbar und durch ein am Hause (oder sonst geeigneter Stelle) angebrachtes Hinweisschild erkennbar sein sollte und die Sprechzeiten (ggf Sprechstunden nach Vereinbarung) ersichtlich sein müssten, ist gesetzlich nicht vorgesehen und vorgegeben. Es kommt nicht darauf an, dass der Betreuer als solcher sich einem unbestimmten Kreis von Adressaten erkennbar zeigt, sondern dass in jeder einzelnen Betreuungssache die betreute Person erfährt oder weiß, auf welchem Wege sie den Betreuer erreicht, wenn sie das außerhalb der ohnehin vereinbarten Begegnungszeiten und Treffpunkte will. Ein Betreuer ist nicht deshalb ungeeignet (und infolgedessen zu entlassen), weil er seine Büroanschrift aufgegeben hat, aber (für die bettlägerige, pflegebedürftige und an seniler Demenz leidende Betreute) über seine Postfachanschrift, über Mobilfunkanschluss und Anrufbeantworter bzw Mobilbox ständig erreichbar ist (LG Hamburg FamRZ 2003, 1323). Dort auch zur Frage, ob einem Betreuer ein schützenswertes Interesse an der Geheimhaltung seiner Privatanschrift zuzubilligen ist. Dazu aus Anlass der Frage, ob ein berufsmäßig tätiger Betreuer für die Betreuung als ungeeignet erscheint, der lediglich die Postfachnummer als ladungsfähige Anschrift angibt, LG Hildesheim FamRZ 2016, 399.

Den freiberuflich tätigen Berufsbetreuern stehen irgendwelche Befreiungen nicht **80** zu. In Bezug auf ihre Eignung sind für die Höhe der Vergütung für die Führung der Betreuung nutzbare Fachkenntnisse mitbestimmend (§ 4 VBVG). Vergütungserhöhend wirken sich besondere Kenntnisse, die für die Führung der Betreuung nutzbar sind, aus, je nachdem, über welche beruflichen Abschlüsse der Betreuer verfügt. Die Einzelheiten der zuletzt genannten Vergütungsmerkmale sind in dem Vormünder- und Betreuervergütungsgesetz (VBVG) geregelt. Das VBVG weist unterschiedliche Stundenansätze für die Betreuung mittelloser und nicht mittelloser Personen aus (§ 5 VBVG).

Rechnet ein berufsmäßig tätiger Betreuer vorsätzlich falsch ab, kann er nicht nur aus **81** wichtigem Grund entlassen (§ 1908b Abs 1 S 2 BGB) werden, sondern auch von der Bestellung als Betreuer in bestimmten Fällen wegen Eignungsmangels ausgeschlossen sein.

Als einen wichtigen Grund für seine Entlassung hat das Gesetz zur Änderung des **82** Vormundschafts- und Betreuungsrechts v 29. 6. 2011 (BGBl I 1306) die Nichteinhaltung des erforderlichen Kontakts des Betreuers zum Betreuten eingeführt (§ 1908b Abs 1 S 2 BGB). Diese Vorschrift gilt jedenfalls für berufsmäßig tätige Betreuer, deren diesbezüglicher Einsatz aufgrund der pauschal bemessenen Betreuungszeit abgenommen hat (BT-Drucks 537/10, 3, 9). Der mindestens einmal jährlich dem Gericht gegenüber abzugebende Bericht hat auch Angaben zu den persönlichen Kontakten des Betreuers zu dem Betreuten zu enthalten (§§ 1840 Abs 1, 1908i Abs 1 S 1 BGB).

3. Vereinsbetreuer

a) Auch Vereinsbetreuer nehmen ihre Aufgabe im Rahmen ihrer Berufsausübung **83** wahr, sind also auch „Berufsbetreuer". Einer entsprechenden Feststellung für die Zwecke der Vergütungsbewilligung (s dazu § 1836 Abs 1 S 2, 3 BGB) bedarf es bei ihnen jedoch nicht (§ 7 VBVG). Sie sind nicht selbständig tätig. Vereinsbetreuer kann nur sein, wer in einem Arbeitsverhältnis zum Betreuungsverein steht. Diese Voraussetzung ist bei einem freien Mitarbeiter nicht gegeben (OLG Hamm FamRZ 2001, 253 = BtPrax 2000, 218; LG München I FamRZ 2000, 321). Der Status als Mitarbeiter ist auch Voraussetzung für die Anerkennung des Anstellungsträgers (eingetragener Verein) als Betreuungsverein (§ 1908f BGB). Der aA von Jaschinski (NJW 1996, 1521), ein Vereinsbetreuer müsse nicht Arbeitnehmer des Vereins, sondern könne auch freier Mitarbeiter sein, folgend, wurden offenbar zahlreiche „freie Mitarbeiter" beschäftigt und bestellt, was sich jedoch im Hinblick auf die Anerkennung als Berufsbetreuer (§ 1836 Abs 1 S 2 iVm § 1908i Abs 1 S 1 BGB) im Einzelfall als problematisch erweist. Als Mitarbeiter des Vereins können sie zu Vereinsbetreuern bestellt werden (Abs 2).

b) Von den selbständig tätigen Betreuern unterscheiden sie sich insbesondere **84** dadurch, dass

– sie selbst nicht nach den §§ 1835 bis 1836b BGB abrechnen dürfen (§ 7 Abs 3 VBVG);

– das Gericht bei ihrer Bestellung die für den Vergütungsanspruch wichtige Feststellung, dass sie die Betreuung entgeltlich führen, nicht zu treffen hat. § 1836 Abs 1 S 2 und 3 BGB findet auf sie keine Anwendung (§ 7 VBVG). Der Meldepflicht unterliegen sie aufgrund von § 10 VBVG;

– ihnen die Befreiungen des § 1857a BGB (iVm § 1908i Abs 2 S 2 BGB) zustehen, wenn das Betreuungsgericht nichts anderes anordnet;

– ihre Bestellung zum Betreuer von der Einwilligung des Vereins, bei dem sie angestellt sind, abhängt;

– ihre Entlassung aus dem Amt (auch gegen ihren Willen) allein aufgrund eines entsprechenden Antrags ihres Vereins vorzunehmen ist (§ 1908b Abs 4 S 1 BGB).

c)   Voraussetzung einer Bestellung eines Mitarbeiters zum Vereinsbetreuer nach Abs 2 S 1 ist

– die Anerkennung seines Anstellungsträgers als Betreuungsverein nach § 1908f BGB. Dem steht gleich, dass der Verein vor Inkrafttreten des BtG für geeignet erklärt worden ist, zum Vormund oder Pfleger bestellt zu werden. Er gilt dann als anerkannter Betreuungsverein im Sinne des § 1908f BGB (Art 9 § 4 BtG). Die Anerkennung als Betreuungsverein setzt nicht voraus, dass alle Mitarbeiter des Vereins fachlich geeignet sein müssen, sämtliche Aufgaben iSd § 1908f zu erfüllen. Ausreichend ist, dass die Mitarbeiter des Vereins in ihrer Gesamtheit dazu in der Lage sind. Ein Widerruf der Anerkennung ist nur möglich, wenn die Voraussetzungen des § 1908f nicht mehr vorliegen (VerwG Ansbach FamRZ 2016, 738 [LS]). Nimmt ein Verein sowohl Betreuungs- als auch Vormundschafts- und Pflegschaftsaufgaben wahr, benötigt er die Anerkennung für jeden dieser Arbeitsbereiche.

– die im Zeitpunkt der Bestellung vorliegende Einwilligung des Vereins (§ 1897 Abs 2 S 1 BGB);

– die im Zeitpunkt der Bestellung erklärte Bereitschaft des Mitarbeiters, sich zum Vereinsbetreuer bestellen zu lassen (§ 1898 Abs 2 BGB). Dieses Erfordernis ergibt sich aus der Tatsache, dass das BtG den Vereinsbetreuer (und den Behördenbetreuer) als Individualbetreuer konzipiert hat, die dann zum Betreuer bestellt werden dürfen, wenn sie sich zur Übernahme der Betreuung bereit erklärt haben (Bienwald, in: Bienwald/Sonnenfeld/Harm, BtR Rn 175).

85 d)   **Ehrenamtliche Helfer und Mitglieder** eines Vereins können **nicht** zu Vereinsbetreuern bestellt werden (LG München I FamRZ 2000, 321). Das ergibt der eindeutige Wortlaut der Bestimmung. Der RegEntw begründete dies damit, dass die für Vereins- und Behördenbetreuer geltenden Sonderregelungen nicht auf ehrenamtliche Helfer zugeschnitten seien, versicherte aber andererseits, dass die Tätigkeit der ehrenamtlichen Helfer dadurch nicht abgewertet werden sollte (BT-Drucks 11/4528, 126).

e) Obwohl der Vereinsbetreuer natürliche Person und Individualbetreuer ist, **86** besteht die Besonderheit, dass er in den Betrieb integriert ist und seine Aufgabe der Betreuungsführung als **Dienstaufgabe** wahrnimmt. Gleichwohl untersteht er in der Führung der Betreuung nicht den Weisungen seines „Dienstherrn", sondern untersteht, was die Führung der Betreuungen angeht, wie alle Betreuer der unmittelbaren Kontrolle und Aufsicht des Vormundschaftsgerichts (BIENWALD BtR Rn 177; KLÜSENER Rpfleger 1991, 225, 228; vgl auch das Gutachten des Deutschen Vereins für öffentliche und private Fürsorge NDV 1992, 335, dessen Aussagen zwar für den persönlich zum Betreuer bestellten Behördenbetreuer gelten, sinngemäß aber auch für das Verhältnis Vereinsbetreuer/Verein zum Tragen kommen).

Zur Organisation innerhalb des Betreuungsvereins, zu Anforderungen an Vereinsbetreuer und ihr Ausbildungsprofil s im Einzelnen die vom Deutschen Verein herausgegebene Arbeitshilfe für Betreuungsvereine, 103 ff sowie OBERLOSKAMP ua, Hauptamtliche Betreuer und Sachverständige 111 ff, auf die sich die erstgenannte Veröffentlichung im Wesentlichen stützt.

Zum Aufwendungsersatz und zur Vergütung für Betreuungsvereine vgl § 7 VBVG. Ist ein Vereinsbetreuer bestellt, so richten sich die Ansprüche des Vereins nach § 7 Abs 1 VBVG. Der Vereinsbetreuer selbst kann keine Vergütung und keinen Aufwendungsersatz nach dem VBVG oder nach den §§ 1835 bis 1836 geltend machen (§ 7 Abs 3 VBVG). Die von einem Betreuungsverein, der einem anerkannten Verband der freien Wohlfahrtspflege angeschlossen ist, durch seine Vereinsbetreuer erbrachten Betreuungsleistungen sind sowohl gegenüber bemittelten als auch gegenüber mittellosen Personen steuerfrei gemäß § 4 Nr 18 UStG (NdsFG 14. 1. 2010, BtPrax 2010, 141).

f) Beantragt der Verein die Entlassung des Vereinsbetreuers, hat das Betreuungs- **87** gericht die **Entlassung** auszusprechen. Das Gericht kann aber auch, wenn die Entlassung des Vereinsbetreuers nicht zum Wohl des Betreuten erforderlich ist, aussprechen, dass der bisherige Vereinsbetreuer die Betreuung künftig **als Privatperson weiterführt** (§ 1908b Abs 4 BGB), wenn er dazu bereit ist. Die Bestellung auch des Vereinsbetreuers steht unter dem Vorbehalt des Abs 6 Satz 1, wonach ein Berufsbetreuer nur dann zum Betreuer bestellt werden soll, wenn keine andere geeignete Person zur Verfügung steht, die zur ehrenamtlichen Führung der Betreuung bereit ist. War ein Vereinsmitarbeiter als Vereinsbetreuer bestellt worden, ist er gemäß § 1908b Abs 1 S 3 BGB zu entlassen, wenn der Betreute durch eine oder mehrere andere Personen außerhalb einer Berufsausübung betreut werden kann. Der Entlassungsgrund vorsätzlich falscher Abrechnung (§ 1908b Abs 1 S 2 BGB) kommt nicht zum Tragen, weil der Verein und nicht der Vereinsbetreuer abrechnet (§ 7 Abs 3 VBVG). Er kann nach § 1908b Abs 1 S 2 BGB entlassen werden, wenn er den erforderlichen persönlichen Kontakt zum Betreuten nicht gehalten hat.

g) Berufsmäßige Führung von Betreuungen schließt nicht aus, dass die betref- **88** fende Person einzelne Betreuungen ehrenamtlich führt. Im Falle des LG Chemnitz (FamRZ 2001, 313) hatte dies zur Folge, dass ein beruflich tätiger (Vereins-)Betreuer, der eine Betreuung ehrenamtlich weiterführte, nicht nach § 1908b Abs 1 S 3 BGB (damals Abs 2) entlassen und neu bestellt zu werden brauchte. Allerdings war in diesem Falle eine Änderung des Betreuerausweises vorzunehmen.

4. Behördenbetreuer

89 Die Mitarbeiter einer in Betreuungsangelegenheiten zuständigen Behörde, die dort ausschließlich oder teilweise als Betreuer tätig sind, können mit Einwilligung der dafür zuständigen Stelle zu Behördenbetreuern bestellt werden (Abs 2 S 2). Wer zuständige Behörde auf örtlicher Ebene ist, bestimmt sich nach Landesrecht (§ 1 S 1 BtBG). Für die Führung von Betreuungen, eine Aufgabe, die der Behörde nach anderen Vorschriften (BGB) obliegt, ist die örtliche Behörde zuständige Behörde (§ 9 BtBG). Dies ist auch für die nicht unmittelbar im Gesetz geregelte, aber aus dem Gesamtzusammenhang des BtG ersichtliche Aufgabe anzunehmen, die Mitarbeiter für die Führung von Betreuungen als Behördenbetreuer zur Verfügung zu stellen. Denn die Behörde als Institution darf nach § 1900 Abs 4 BGB nur dann zum Betreuer bestellt werden, wenn keine natürliche Person (also auch kein Mitarbeiter der Behörde für eine Bestellung zum Behördenbetreuer!) und auch kein Betreuungsverein gefunden werden konnte oder kann (BayObLG FamRZ 1993, 1248 = Rpfleger 1993, 447 = BtPrax 1993, 140, 141; FamRZ 1994, 1203; FamRZ 1994, 1203). Der Nachrang der Behörde gilt auch dann, wenn ein vorläufiger Betreuer zu bestellen ist (BayObLG FamRZ 2001, 316). Steht eine geeignete natürliche Person zur Verfügung, so ist diese als vorläufiger Betreuer zu bestellen, auch wenn die Rangverhältnisse (§ 1897 BGB) noch nicht ermittelt sind (BayObLG FamRZ 2001, 316, 317). Für die Bestellung des Mitarbeiters der Behörde zum Behördenbetreuer ist, wie bei der Bestellung eines Vereinsbetreuers, die Übernahmebereitschaft des Mitarbeiters erforderlich. Ehrenamtliche Helfer der Behörde können nicht zu Behördenbetreuern bestellt werden. Dies entspricht der Situation bei den anerkannten Betreuungsvereinen.

90 Der Behördenbetreuer wird als **Einzelbetreuer** bestellt. Er nimmt seine Aufgabe innerhalb des Behördenorganismus als Individualbetreuer wahr.

Durch die Integration der Betreuungsarbeit in den Behördenorganismus wird die privatrechtlich organisierte Betreuung nicht zu einer öffentlich-rechtlichen Leistung. Zum Verhältnis von Behörde und Behördenbetreuer hat der Deutsche Verein für öffentliche und private Fürsorge in einem Gutachten (NDV 1992, 335) folgendermaßen Stellung genommen (wörtliche Wiedergabe der Leitsätze):

1. In Ausübung der ihr vom Gesetzgeber zugewiesenen „Kontrolle" über die Tätigkeit eines persönlich zum Betreuer bestellten Behördenbetreuers darf sich die Betreuungsbehörde oder die sie tragende Körperschaft nicht an die Stelle des Vormundschaftsgerichts setzen, soweit die Ausübung der vormundschaftsgerichtlichen Aufsichtsbefugnisse durch die dem Behördenbetreuer vom Gesetz zugestandenen Befreiungen nicht tangiert ist.

2. Soweit danach noch eine „Kontrolle" durch die Betreuungsbehörde oder die sie tragende Körperschaft zulässig ist, beschränkt sie sich auf die Rechtmäßigkeit der Ausübung der Betreuung und erstreckt sich nicht auf Zweckmä-

ßigkeitserwägungen. Die Rechtmäßigkeit einer Betreuung bemisst sich ausschließlich nach den Vorschriften des Bürgerlichen Rechts.

3. Auch im Rahmen der der Betreuungsbehörde oder der sie tragenden Körperschaft zugewiesenen „Kontrolle" über die Rechtmäßigkeit der Ausübung einer Betreuung durch einen Behördenbetreuer darf diese „Kontrolle" nicht in Form von Aufsicht und Weisung, sondern nur in Gestalt von Beratung und Unterstützung erfolgen.

4. Ein Behördenbetreuer, der entgegen der Beratung oder Unterstützung durch die Betreuungsbehörde oder die sie tragende Körperschaft unrechtmäßig handelt und dadurch dem Betreuten schuldhaft einen Schaden zufügt, für den die Betreuungsbehörde oder die sie tragende Körperschaft einzustehen hat, setzt sich der Gefahr eines Haftungsregresses aus.

Dem Behördenbetreuer stehen, sofern das Betreuungsgericht nichts anderes bestimmt, die in § 1908i Abs 2 S 2 iVm § 1857a BGB enthaltenen **Befreiungen** zu. Insofern stehen sich Behördenbetreuer und Vereinsbetreuer gleich. An den nach Landesrecht den Behörden uU eingeräumten Befreiungen hat der Behördenbetreuer keinen Anteil. Vom Vereinsbetreuer unterscheidet ihn der Vorteil des § 1908g Abs 1 BGB: Gegen den Behördenbetreuer darf kein Zwangsgeld nach § 1837 Abs 3 S 1 BGB festgesetzt werden (krit BIENWALD, in: BIENWALD/SONNENFELD/HARM, BtR § 1908g Rn 2). **91**

Ist ein Behördenbetreuer bestellt worden, soll dieser nur dann **entlassen** und ein neuer Betreuer bestellt werden, wenn dies dem Wohl des Betreuten nicht zuwiderläuft und ein sachlich gebotener Anlass hierfür gegeben ist (LG Mainz Rpfleger 1993, 283 = BtPrax 1993, 176, 177). Der in § 1897 BGB bekundete Vorrang der persönlichen Betreuung rechtfertige, so das Gericht, für sich allein nicht die Entlassung des Behördenbetreuers und die Bestellung eines Rechtsanwalts als neuen Betreuer. Da der Behördenbetreuer Berufsbetreuer ist, trifft für ihn Abs 6 zu, sodass auch er – wie der Vereinsbetreuer – zu entlassen ist, wenn der Betreute durch eine oder mehrere andere Personen außerhalb einer Berufsausübung betreut werden kann (§ 1908b Abs 1 S 3 BGB). **92**

5. Zur Verpflichtung persönlicher Kontakte

Der durch das Gesetz zur Änderung des Vormundschafts- und Betreuungsrechts v 29. 6. 2011 (BGBl I 1306) § 1840 Abs 1 angefügte S 2 verpflichtet den Betreuer, in dem jährlich über die persönlichen Verhältnisse des Betreuten zu erstattenden Bericht auch Angaben zu den persönlichen Kontakten des Betreuers zu dem Betreuten aufzunehmen. **93**

Art, Umfang und Häufigkeit der persönlichen Kontakte unterliegen dem Erforderlichkeitsgrundsatz. Wer zum Betreuer bestellt ist, hat den Betreuten (nur) in dem für die Besorgung seiner Angelegenheiten erforderlichen Umfang persönlich zu betreuen (§§ 1897 Abs 1, 1901 Abs 3 BGB). Weder eine Mindest- noch eine Höchstzahl regelmäßiger Kontakte sind dem Betreuer vorgegeben. Auch kommt es darauf an, welche Angelegenheiten der Betreuer für den Betreuten zu besorgen hat und wie das soziale Umfeld des Betreuten beschaffen ist (BT-Drucks 11/4528, 68; LG Hamburg FamRZ 2011, 1329). Geht es lediglich darum, Wünsche des Betreuten zu ermitteln oder über die Erledigung bestimmter Geschäfte zu berichten, kann ein telefonischer Kontakt ausreichen. Der Betreuer hat auch darauf zu achten, ob der Betreute den persönlichen Kontakt mit dem Betreuer (in seiner Häuslichkeit) wünscht und damit einverstanden ist. Gegen den Willen des Betreuten darf der Betreuer den persönlichen Kontakt grundsätzlich nicht durchführen. Auch insoweit sind die Wünsche des Betreuten beachtlich (§ 1901 Abs 3 S 1 BGB). Besuchskontakte, sofern sie als im Auftrag des Betreuers wahrgenommen erlebt werden können, sind dem Betreuer als „persönlicher Kontakt" zuzurechnen.

94   Hält der Betreuer den erforderlichen (!) persönlichen Kontakt zum Betreuten nicht, kann das ein wichtiger Grund sein, den Betreuer zu entlassen (§ 1908b Abs 1 S 2 2. Alt BGB).

95   Der durch die Einfügung des neuen Satzteils („oder den erforderlichen persönlichen Kontakt zum Betreuten nicht gehalten hat") hergestellte Zusammenhang zu dem Entlassungsgrund vorsätzlich falscher Abrechnung erweckt den Eindruck, als komme dieser wichtige Entlassungsgrund nur bei berufsmäßig tätigen Betreuern in Betracht, zumal das Motiv für die Regelung auf die Feststellung zurückgeht, dass der Kontakt zu dem Betreuten infolge der Einführung der pauschalierten bezahlten Betreuungszeit nachgelassen hat (BR-Drucks 537/10, 1). Insofern ist ein Wandel gegenüber der vor dem 1. 7. 2005 bestehenden Sachlage zu beobachten. Damals fanden zahlreiche Auseinandersetzungen zwischen Betreuern und Gerichten deswegen statt, weil die Gerichte die Häufigkeit und Dauer zur Besorgung der Angelegenheiten nicht erforderlicher persönlicher Kontakte beanstandeten.

96   Die Verpflichtung zu „persönlicher", dh den Betreuten einbeziehenden (BT-Drucks 11/4528, 68), Betreuung trifft jedoch nicht nur berufsmäßig tätige Betreuer, sondern grundsätzlich alle Betreuer, auch diejenigen, die eine Betreuung ehrenamtlich führen. Auch der Entlassungsgrund vorsätzlich falscher Abrechnung (gegenüber der Staatskasse) beschränkt sich entgegen den Motiven (BT-Drucks 15/2494, 30) nicht lediglich auf berufsmäßig tätige Betreuer. Wer Aufwendungsersatz nach §§ 1835, 1908i Abs 1 S 1 verlangt, kann ebenso gut falsch abrechnen wie der berufsmäßig tätige Betreuer, der dazu angesichts der Pauschalvergütung kaum noch Gelegenheit hat.

97   Sämtliche Entlassungen aus wichtigem Grund (§ 1908b Abs 1 S 1 und 2 BGB) stehen unter dem Vorbehalt, dass sie das letzte Mittel einer Reaktion auf die Anlässe (in BR-Drucks 537/10, 7 als Regelbeispiele bezeichnet) darstellen, und in der Regel zunächst versucht werden muss, das Problem auf andere Weise zu lösen.

VIII. Verfahrensrechtliches

1.   Bedeutung der Personalentscheidung

98   Der Standort der Vorschrift entspricht nicht ganz der zentralen Bedeutung, die der Personalentscheidung im Rahmen der Betreuungsrechtsreform zukommt. Schon § 1896 Abs 1 S 1 BGB macht deutlich, dass das Ergebnis des Entscheidungsprozesses die Bestellung eines Betreuers oder deren Ablehnung – also die Personalent-

scheidung des Gerichts – ist. Die Bedeutung dieser Entscheidung wird außerdem sichtbar in der Einheitsentscheidung, die sich aus § 1896 Abs 1 BGB und § 286 FamFG und ihrem wesentlichem Inhalt im Falle der Bestellung des Betreuers ergibt. Dennoch besteht der Entscheidungsinhalt nicht allein in der Personalentscheidung, sodass eine isolierte Anfechtung der Betreuerbestellung, die sich auf die Bestimmung der Person oder Institution reduziert, grundsätzlich nicht statthaft ist.

2. Überprüfbarkeit der Personalentscheidung

Will der Betroffene/Betreute die Bestimmung der Betreuerperson angreifen, muss **99** er die Bestellungsentscheidung insgesamt anfechten. Die Begründung kann sich freilich darauf konzentrieren, die Bestimmung der Betreuerperson überprüfen zu lassen. Hierbei handelt es sich jedoch nicht um die verfahrensrechtlich sonst mögliche Beschränkung eines Rechtsmittels auf einen Teilbereich einer Entscheidung (so aber DAMRAU/ZIMMERMANN § 1897 Rn 53). In der Rspr wird es überwiegend für zulässig gehalten, das Rechtsmittel gegen die Bestellung eines Betreuers auf die Frage der Betreuerauswahl zu beschränken mit der Folge, dass das Gericht der weiteren Beschwerde die Voraussetzungen für die Betreuerbestellung selbst nicht mehr zu prüfen habe (BayObLG FamRZ 1996, 419, 420 = MDR 1995, 1146; OLG Hamm FamRZ 1996, 1372 = FGPrax 1996, 183 = BtPrax 1996, 189; für eine Beschränkung der Erstbeschwerde auf die Betreuerauswahl außerdem: OLG Celle FamRZ 1997, 845, 846 = NdsRpfl 1997, 45; OLG Düsseldorf FamRZ 1994, 451; KG FamRZ 1995, 1442 = Rpfleger 1995, 411 = BtPrax 1995, 106; OLG Karlsruhe BtPrax 1994, 214; OLG Schleswig FamRZ 1995, 432 = BtPrax 1994, 175 = MDR 1994, 805; OLG Zweibrücken FGPrax 1997, 104 = BtPrax 1997, 164 = NJWE-FER 1997, 155; LG Oldenburg FamRZ 1994, 178 = BtPrax 1993, 180 [LS] = JurBüro 1993, 694; LG Krefeld BtPrax 1993, 106; OLG Oldenburg FamRZ 1996, 1343 = NdsRpfl 1996, 126, 234 nach Aufgabe der Gegenmeinung [FamRZ 1995, 432 = NdsRpfl 1994, 366]).

Die Beschränkung der Erstbeschwerde auf die Betreuerauswahl hindert das Gericht **100** der zweiten Tatsacheninstanz nicht, eine von Amts wegen vorzunehmende Bestellung eines Betreuers auf ihre Richtigkeit zu überprüfen, soweit Anlass dazu besteht. Hält das Beschwerdegericht nur die Auswahl für fehlerhaft, muss es nach Anfechtung der Betreuerbestellung regelmäßig selbst einen anderen Betreuer bestellen (so bereits BayObLGZ 1993, 14 = FamRZ 1993, 602 = Rpfleger 1993, 283; **aA** OLG Zweibrücken FamRZ 2005, 932 [LS] = BtPrax 2005, 74: Keine Prüfung der Voraussetzungen der Betreuung bei Rechtsmittelbeschränkung auf die Auswahl).

Zur Beschwerde gegen die Auswahl eines Ergänzungsbetreuers OLG Zweibrücken **101** Rpfleger 1999, 534, 535 = FGPrax 1999, 182 = NJWE-FER 1999, 272.

3. Beschwerde und Beschwerdebefugnis

Das FamFG hat das Beschwerderecht neu geregelt. Es führte die befristete Be- **102** schwerde als Regel ein; sie ist, soweit gesetzlich keine andere Frist bestimmt ist, binnen einer Frist von einem Monat einzulegen (§ 63 Abs 1 FamFG). Richtet sich die Beschwerde gegen eine einstweilige Anordnung oder einen Beschluss, der die Genehmigung eines Rechtsgeschäfts zum Gegenstand hat, ist die Beschwerde binnen einer Frist von zwei Wochen einzulegen (§ 63 Abs 2 FamFG).

103 Anders als bisher kann die Beschwerde nicht mehr alternativ bei dem Gericht, dessen Entscheidung angefochten wird, oder bei dem Beschwerdegericht, sondern nur noch bei dem Gericht eingelegt werden, dessen Beschluss angefochten wird (§ 64 Abs 1 FamFG). Diese Regelung kann einerseits den Geschäftsgang vereinfachen, weil das Rechtsmittelgericht nicht erst die Akten bei der Vorinstanz anfordern muss; sie hat aber den Nachteil, dass das Gericht, dessen Entscheidung angefochten wird, die Weitergabe der Akten verzögern und den Fortgang der Bearbeitung blockieren kann.

104 Die speziellen Regelungen des Beschwerderechts der Verfahren in Betreuungssachen (§ 303 FamFG) unterscheiden die beschwerdebefugten Personen/Institutionen danach, ob sie vom Betreuungsgericht in erster Instanz ausdrücklich beteiligt worden sind. Gegen Entscheidungen über 1.) die Bestellung eines Betreuers oder die Anordnung eines Einwilligungsvorbehalts und 2.) gegen Entscheidungen über Umfang, Inhalt oder Bestand einer der in Nummer 1 genannten Maßnahme steht das Recht der Beschwerde der zuständigen Behörde zu (§ 303 Abs 1 FamFG). Uneingeschränkt beschwerdebefugt ist außerdem der Verfahrenspfleger (§ 303 Abs 3 FamFG). Beschränkt sich der Betroffene mit seiner Beschwerde auf die Auswahl des Betreuers, handelt es sich um eine zulässige Teilanfechtung (BGH FamRZ 2015, 1178).

105 Der Betreuer oder der Vorsorgebevollmächtigte kann gegen eine Entscheidung, die seinen Aufgabenkreis betrifft, auch im Namen des Betroffenen Beschwerde einlegen. Führen mehrere Betreuer oder Vorsorgebevollmächtigte ihr Amt gemeinschaftlich, kann jeder von ihnen für den Betroffenen selbständig Beschwerde einlegen (§ 303 Abs 4 FamFG). Im eigenen Namen können sie Beschwerde einlegen, wenn sie durch den Beschluss in ihren Rechten beeinträchtigt sind (§ 59 Abs 1 FamFG).

106 Nahen Angehörigen sowie einer Person seines Vertrauens des Betroffenen steht das Recht der Beschwerde gegen eine von Amts wegen ergangene Entscheidung im Interesse des Betroffenen nur zu, wenn sie im ersten Rechtszug beteiligt worden sind (§ 303 Abs 2 FamFG). Sind die weiteren Voraussetzungen der Beschwerdebefugnis gegeben, kann eine Beschwerde auch zum Ziel haben und damit im Interesse des Betroffenen eingelegt sein, eine für erforderlich gehaltene vom Erstgericht und auch vom Betroffenen abgelehnte Betreuerbestellung zu erreichen (KEIDEL/BUDDE § 303 FamFG Rn 15). Soweit sie in eigenen Rechten beeinträchtigt sind, steht den Angehörigen das Recht der Beschwerde an der allgemeinen Regelung des § 59 Abs 1 FamFG zu. Die nahen Angehörigen gehören nicht zu den Personen, die das Betreuungsgericht zum Verfahren hinzuziehen muss. Es kann sie auf ihren Antrag hinzuziehen und hat diese Personen von der Einleitung des Verfahrens zu benachrichtigen und über ihr Antragsrecht zu belehren (§ 7 Abs 3 und 4 FamFG). Mit dieser gegenüber bisherigem Recht einschränkenden Beschwerderegelung sollen altruistische Beschwerden solcher Angehörigen vermieden werden, die am Verfahren erster Instanz kein Interesse gezeigt haben (BT-Drucks 16/63088, 271).

107 Bei allem Verständnis für dieses Motiv wird dieser Regelung zurecht mit Skepsis begegnet (KEIDEL/BUDDE § 303 FamFG Rn 16). Zu berücksichtigen ist bei ihrer Anwendung insbesondere, dass sie für alle Verfahren des FamFG gleichermaßen gilt, die von den verschiedenen Verfahren betroffenen Personen jedoch zu aktiver Teilnahme und Mitwirkung ganz unterschiedlich in der Lage sind. Es wäre weltfremd, würde man nicht damit rechnen, dass viele Betreuungsgerichte in erster Linie ein Interesse an einer schnellen Erledigung des Verfahrens und an einem möglichst störungsfreien Verfahrensablauf haben, anstatt sich mit den unterschiedlichen Positionen und Argumenten uU zerstrittener Angehöriger auseinanderzusetzen. Bei der Regelung der Informationspflicht des Gerichts über die Beteiligungsmöglichkeit von Angehörigen scheint der Gesetzgeber einem Idealbild eines Richters erlegen zu sein. Gegen die Versuchung, erst gar nicht zu informieren, oder die Vergesslichkeit gibt es kein ordentliches Rechtsmittel.

Macht der Vertreter der Staatskasse geltend, der Betreute könne anstelle eines nach **108** § 1897 Abs 6 S 1 bestellten Betreuers durch eine oder mehrere andere geeignete Personen außerhalb einer Berufsausübung betreut werden, so steht ihm gegen einen die Entlassung des Betreuers ablehnenden Beschluss die Beschwerde zu (§ 304 S 2 FamFG). Das Beschwerderecht muss jedoch auf diejenigen Fälle ausgedehnt werden, in denen das Gericht die in dieser Vorschrift vorgesehene Anregung des Vertreters der Staatskasse für unzulässig hält und den sich daraus ergebenden Antrag, einen Betreuer zu entlassen, deshalb zurückweist (LG Koblenz FamRZ 2002, 1509).

4. Bestellung eines Verfahrenspflegers

Wurde in der ersten Instanz ein Verfahrenspfleger nach Maßgabe des § 276 FamFG **109** bestellt, weil dies zur Wahrnehmung der Interessen des Betroffenen erforderlich war (§ 276 Abs 1 S 1 FamFG), dauert die Bestellung an. Sie endet auch in Betreuungssachen (anders als nach bisherigem Recht) erst mit der Rechtskraft der Entscheidung oder mit dem sonstigen Abschluss des Verfahrens, sofern sie nicht vorher aufgehoben wurde (§ 276 Abs 5 FamFG). War in erster Instanz ein Verfahrenspfleger nicht bestellt worden, ist dieser vom Beschwerdegericht zu bestellen, wenn dies zur Wahrnehmung der Interessen des Betroffenen erforderlich ist (§ 276 Abs 1 S 1 FamFG).

Wird im Rahmen eines (Beschwerde-)Verfahrens über die Entlassung des Betreuers **110** und eine Neubestellung entschieden, ist nach § 276 FamFG ein Pfleger für das Verfahren zu bestellen, wenn dies erforderlich ist, um zu gewährleisten, dass das Ziel einer verständigen, sowohl die vermögensrechtlichen Belange als auch familiäre Rücksichten wahrenden Betreuung erreicht und dem Betreuten insoweit rechtliches Gehör gewährt wird (OLG Hamm Rpfleger 1993, 338, 339 = BtPrax 1993, 135, 137). Das betraf die frühere Rechtslage, wonach in jeder Instanz die Bestellung eines Verfahrenspflegers zu prüfen und zu entscheiden war. Die Entscheidung kann heute den Fall betreffen, dass in erster Instanz (noch) kein Verfahrenspfleger bestellt worden ist.

Kann in dem Verfahren vor dem Beschwerdegericht, in dem nur noch die Auswahl **111** des Betreuers geprüft wird, die Betroffene noch einen rechtlich erheblichen (natürlichen) Willen äußern, ist es nicht rechtsfehlerhaft, wenn das Beschwerdegericht keinen Verfahrenspfleger bestellt (BayObLG BtE 1994/95, 104 mwNw).

Werner Bienwald

IX. Zum institutionalisierten Vorrang ehrenamtlicher vor beruflich geführter Betreuung (Abs 6 und 7)

112 **Abs 6 S 1** wendet sich in erster Linie an das für die Bestellung eines Betreuers zuständige Gericht. Je nach funktionaler Zuständigkeit ist das (in den meisten Fällen) der Richter; soweit er für die Betreuerbestellung zuständig ist (§ 1896 Abs 3 BGB; §§ 3 Nr 2 b, 15 RPflG), auch der Rechtspfleger.

113 Versteht man die Tatsache der ehrenamtlichen und der berufsmäßigen Führung der Betreuung als ein über den Eignungsbegriff des Abs 1 hinausgehendes Eignungskriterium, ist die Betreuungsbehörde, die vom Betreuungsgericht dazu aufgefordert wird, eine im Einzelfall geeignete Person vorzuschlagen (§ 8 S 3 BtBG), gehalten, in erster Linie eine geeignete ehrenamtlich tätige Person (oder mehrere) zu benennen.

114 Diese Vorschrift erstreckt sich nicht lediglich auf die vollständige Betreuung, sondern lässt eine Aufteilung des Aufgabenkreises in einen ehrenamtlich und einen berufsmäßig wahrzunehmenden Teil zu (Beispiel: BayObLGR 2004, 251 [252]).

115 **Abs 6 S 2** verpflichtet den einzelnen bestellten berufsmäßig tätigen Betreuer, dem Gericht davon Mitteilung zu machen, dass ihm Umstände bekannt geworden sind, aus denen sich ergibt, dass der Volljährige durch eine oder mehrere andere außerhalb einer Berufsausübung tätige geeignete Personen betreut werden könne. Der bestellte Betreuer muss nicht bestimmte Personen mit Namen wissen, um sie dem Gericht mitzuteilen. Verletzt der berufsmäßig tätige Betreuer die Pflicht, das Gericht gemäß Abs 6 S 2 zu informieren, rechtfertigt der erstmalige Verstoß gegen diese Pflicht nicht die Entlassung des Betreuers (LG Dresden FamRZ 2016, 2035 [LS]).

116 Der Bundesrat hatte in der Begründung seines Vorschlags bemängelt, dass die einem berufsmäßig tätigen Betreuer übertragene Aufgabe vielfach unverändert fortgeführt werde, obwohl eine Übertragung auf einen ehrenamtlichen Betreuer möglich und sinnvoll wäre, weil wesentliche Angelegenheiten des Betreuten, die die Fachkenntnisse eines Berufsbetreuers erforderten, geregelt sind. Dass die Erreichung dieses Zieles durch die Bestimmung des S 2 sichergestellt werde oder werden könne, entspricht zwar einer gewissen Begründungstechnik, erweist sich jedoch als die Vermittlung einer Illusion. Offenkundig wurde und wird übersehen, dass Betreuungsarbeit sich schwerlich mechanisieren und typisieren lässt, dass es Erwerbsinteressen gibt und dass Gerichte anscheinend (mitunter ausdrücklich eingeräumt) weniger gern mit ehrenamtlich tätigen Betreuern zusammenarbeiten als mit berufsmäßig tätigen. Außerdem kann das schwerfällige Verfahren einer Neubestellung im Wege stehen.

117 Die Vorschrift ist nicht sanktionsbewehrt. Je nach „Betriebsklima" könnte sich ein einmaliger oder mehrfacher Verstoß gegen die Informationspflicht in der Weise bemerkbar machen, dass die örtliche Betreuungsbehörde den Betreffenden nicht wieder zur Bestellung vorschlägt oder nur in solchen Betreuungsfällen, die sonst niemand haben will.

118 Die Regelung des Abs 6 wird durch § 1908b Abs 1 S 3 BGB und § 304 S 2 FamFG

ergänzt. Den nach § 1897 Abs 6 BGB (zunächst) bestellten Betreuer soll das Gericht entlassen, wenn der Betreute durch eine oder mehrere andere Personen außerhalb einer Berufsausübung betreut werden kann (§ 1908b Abs 1 S 3 BGB). Macht der Vertreter der Staatskasse geltend, der Betreute könne anstelle eines nach § 1897 Abs 6 S 1 BGB bestellten Betreuers durch eine oder mehrere andere geeignete Personen außerhalb einer Berufsausübung betreut werden, so steht ihm gegen einen die Entlassung des Betreuers ablehnenden Beschluss die Beschwerde zu. Diese hat nur dann Aussicht auf Erfolg, wenn der Vertreter der Staatskasse konkrete Angaben macht, die einen Betreuerwechsel als erforderlich erscheinen lassen. Die später erklärte Bereitschaft eines nahen Angehörigen, der bei der Einrichtung der Betreuung als Betreuer nicht zur Verfügung stand, nunmehr dieses Amt zu übernehmen, ist allein noch kein wichtiger Grund iSd § 1908b Abs 1, den bisherigen mit dem Betreuten nicht verwandten Berufsbetreuer gegen den nunmehr bereiten Angehörigen auszuwechseln (OLG Köln FamRZ 2003, 188).

Abs 7 wendet sich wiederum in erster Linie an das Gericht, enthält aber gleichzeitig **119** eine weitere Aufgabe für die örtliche Betreuungsbehörde (§§ 3, 9 BtBG), der sie gem § 8 BtBG nachzukommen hat. Die Gegenstände der Anhörung betreffen die Bestellung des Betreuers und damit auch die Feststellung des dazu notwendigen Sachverhalts.

Wird eine Person erstmals in dem Bezirk des in dem konkreten Verfahren tätigen **120** Betreuungsgerichts bestellt, heißt das nicht zwangsläufig, dass die betreffende Person nicht bereits tätig war bzw ist und die in beiden Fällen zuständige örtliche Betreuungsbehörde davon Kenntnis hat. Die Behörde kann dann bei der Inanspruchnahme durch das Gericht auf bereits vorhandene Recherchen zurückgreifen; ggf die über § 10 VBVG erlangten Informationen verwenden. Würde das Gericht eine Beteiligung der Behörde iSd Abs 7 grundlos unterlassen und infolgedessen eine ungeeignete oder den Voraussetzungen berufsmäßiger Führung von Betreuung nicht gewachsene Person bestellen, könnte dies sowohl einen Ermittlungsmangel (§ 26 FamFG) als auch einen zu Schadensersatz verpflichtenden Umstand darstellen.

Abs 7 S 2 richtet sich nicht unmittelbar an das Gericht. Das Gericht könnte jedoch, **121** falls die Behörde die in Aussicht genommene Person nicht aufgefordert hat, ein Führungszeugnis und eine Auskunft aus dem Schuldnerverzeichnis vorzulegen, oder die betreffende Person dieser Aufforderung nicht nachgekommen ist, die Behörde bitten, die Aufforderung nachzuholen und für deren Vollzug Sorge zu tragen. Auch hier ist keine unmittelbare Sanktion gegen die betreffende Person vorgesehen. Konsequenzen kann das Gericht ziehen, indem es von der Bestellung der betreffenden Person Abstand nimmt.

Eine Aufforderung durch die Behörde wird dann ohne Erfolg bleiben, wenn die in **122** Aussicht genommene Person erst kurze Zeit in Deutschland lebt, aber von der betroffenen Person zur Bestellung als Betreuer vorgeschlagen worden ist und eine andere Person nicht in Betracht kommt.

Der Begriff „auffordern" ist § 31 BZRG entnommen. Wenn eine solche Aufforde- **123** rung nicht sachgemäß ist oder erfolglos bleibt, erhalten Behörden das Führungszeugnis über eine bestimmte Person, soweit sie es zur Erledigung ihrer hoheitlichen

Aufgaben benötigen; für das Schuldnerverzeichnis nach § 915 Abs 3 S 1 HS 2 ZPO gilt entsprechendes (BT-Drucks 15/2494, 29).

124 Das Gericht „soll" nach Abs 7 verfahren. Es hat zwar die Verpflichtung dazu; das Verfahren und die Entscheidung über die Bestellung des Betreuers werden aber nicht dadurch in Frage gestellt, dass das Gericht lediglich dieser Verpflichtung nicht nachgekommen ist. Eine Anhörung der Behörde nach dieser Vorschrift kann sich dadurch erübrigen, dass das Gericht aus anderen Quellen über hinreichende Informationen verfügt oder selbst geeignete Ermittlungen anstellt.

X. Die Erklärungspflicht berufsmäßig tätiger Betreuer nach Abs 8 sowie weitere berufsrechtliche und berufspolitische Besonderheiten

125 Die Einfügung des Abs 8 durch Art 1 Nr 8b 2. BtÄndG soll der Klarstellung der Kompetenzen des Betreuungsgerichts im Rahmen seiner Prüfung der Eignung des Betreuers dienen. Der in Aussicht genommene Betreuer soll den Umfang der von ihm berufsmäßig geführten Betreuungen erläutern, indem er Zahl und Aufwand mitteilt (BT-Drucks 15/2494, 29). Die Vorschrift ist nicht dadurch überflüssig, dass das Gericht von der Behörde die bei ihr gemäß § 10 VBVG gemeldeten Betreuungen erfahren kann. Denn der Umfang der Betreuungen wird mit diesen Meldungen nicht erfasst, und die gemeldeten Betreuungen betreffen das zurückliegende Jahr, sodass der aktuelle Stand nicht von der Behörde aufgrund der getätigten Meldungen in Erfahrung gebracht werden kann.

126 Die Ergänzung der Institutsbezeichnung durch das BtÄndG in „Rechtliche Betreuung" bewirkt nicht, dass einem selbständig tätigen Betreuer, der die Betreuungen berufsmäßig führt, untersagt werden dürfe, die Gesetzesüberschrift auf den Büroschildern und Briefköpfen zu verwenden. Die verwendete Bezeichnung „Rechtliche Betreuungen (BGB)" vermittelt nach Ansicht des LG Gera (FamRZ 2006, 223; Berufungsentscheidung zu Amtsgericht Gera FamRZ 2005, 1011, das eine andere Auffassung vertrat) im Rechtsverkehr nicht den Eindruck, dass es sich bei dem betreffenden Betreuer um eine Person handelt, die zur Rechtsberatung iSd des (damals noch geltenden) RBeratG befugt ist. Das Gericht sah in der Führung des genannten Zusatzes keine irreführende Werbung gemäß § 5 Abs UWG, die als unlauter iSv § 3 Abs 1 UWG anzusehen wäre. Im Ergebnis ebenso OLG Frankfurt, das die Werbung eines berufsmäßig tätigen Betreuers mit der Aufgabe „Rechtliche Betreuung" jedenfalls im Hinblick auf eine vorzunehmende Interessenabwägung dann nicht für irreführend hielt, wenn in der Werbung gleichzeitig ein nicht auf die Erbringung einer umfassenden Rechtsberatung hindeutender Berufsabschluss (hier: DiplSozArb u Heilpraktiker) mitgeteilt wird (FamRZ 2010, 2018). Dagegen sind berufsmäßig tätige Betreuer nicht berechtigt, die Bezeichnung „Kanzlei für rechtliche Betreuung" zu führen.

Die Verwendung der Bezeichnung „Kanzlei für rechtliche Betreuungen" hat das LG Nürnberg-Fürth durch Urteil v 5. 7. 2007 (1 HK O 8273/06) mit dem Hinweis darauf, dass der Begriff „Kanzlei" mit einer Rechtsanwaltskanzlei assoziiert werde und die Kombination aus den Begriffen „Kanzlei" und „Rechtliche Betreuungen" deshalb den Eindruck erweckt oder erwecken könne, dass auch Rechtsberatungen oder die rechtliche Durchsetzung von Forderungen angeboten werde, abgelehnt (Mitteilung in bdbaspekte 68/2007, 26; dazu auch AHRENS, Autonomie in Fesseln – Vorsorgevollmacht und Vorsorgeverhältnis an den Schranken des Rechtsberatungsgesetzes, BtPrax 2005, 163; ZELLER, Berufsbetreuer und das neue Rechtsberatungsgesetz, BtPrax 2006, 170).

Zur Frage, ob die Führung von Betreuungen die Ausübung eines Gewerbes darstellt oder als selbständige Tätigkeit mit der Folge zu werten ist, dass die betreffenden Betreuer der Einkommensteuerpflicht unterliegen:

Der BFH hat seine bisherige Ansicht aufgegeben und durch Urteil v 15. 6. 2010 (FamRZ 2010, 1731 = BtPrax 2010, 232 mAnm der Redaktion; JurBüro 2010, 606 [LS]) hinsichtlich einer Volljuristin, die ohne Anwaltszulassung als Berufsbetreuerin und Verfahrenspflegerin tätig ist, sowie einer Sozietät von Rechtsanwälten, die neben ihrer anwaltlichen Tätigkeit als Berufsbetreuer tätig sind, entschieden, dass die aus der Berufsbetreuung erzielten Einkünfte solche aus sonstiger selbständiger Arbeit iSd § 18 Abs 1 Nr 3 EStG sind. In einer früheren Entscheidung (4. 11. 2004, FamRZ 2005, 516 = Rpfleger 2005, 192 = BtPrax 2005, 67) hatte der BFH entschieden, dass berufsmäßig tätige Betreuer iSd §§ 1896 ff Einkünfte aus **Gewerbebetrieb** erzielen. Der als berufsmäßiger Betreuer Tätige erziele keine Einkünfte aus freiberuflicher Tätigkeit und auch nicht aus sonstiger selbständiger Arbeit iSd EStG. Ua unter Berufung auf die Entscheidung des BFH stellte das VerwG Lüneburg (10. 5. 2006, FamRZ 2006, 1873; OVG Lüneburg 29. 8. 2007, FamRZ 2008, 440 = BtPrax 2008, 81) fest, der berufsmäßig tätige Betreuer übe ein **anzeigepflichtiges Gewerbe** aus (ebenso BVerwG, FamRZ 2008, 985 mAnm LÜTGENS). Die Tätigkeit als Berufsbetreuer stelle keine freiberufliche Tätigkeit dar; sie sei keine Dienstleistung höherer Art, die eine „höhere Bildung" erfordere. Unerheblich sei, über welche Kenntnisse und Fähigkeiten der jeweilige Betreuer aufgrund seines individuellen Bildungsweges verfügt. Es komme auch nicht darauf an, dass er an einer Fachhochschule den Hochschulgrad „Diplom-Sozialpädagoge" erworben habe. Maßgebend sei vielmehr allein, ob die Ausübung der Tätigkeit als Berufsbetreuer den Besuch einer Hochschule, Fachhochschule oder Akademie objektiv voraussetze; das sei nicht der Fall.

Infolgedessen bestand eine **Pflichtmitgliedschaft** in der **Industrie- und Handelskammer** und eine **Beitragspflicht** nach den dafür maßgebenden Bestimmungen (VerwG Neustadt ad Weinstraße FamRZ 2007, 302, 303 n rkr; ebenso VerwG Ansbach FamRZ 2006, 728; eine vom Bundesverband der Berufsbetreuer/-innen eV unterstützte Verfassungsbeschwerde nahm das BVerfG nicht an – Mitteilung in bdbaspekte 68/2007, 25); ferner eine **Buchführungspflicht** (FG Köln FamRZ 2005, 313 mAnm BIENWALD S 315). Auch ein Rechtsanwalt, der Betreuungen berufsmäßig führt, übt eine gewerbliche Tätigkeit iSd § 15 EStG aus (FG Münster FamRZ 2009, 249).

Im Anschluss an Entscheidungen des LSG Berlin (12. 9. 2002 – I. 3 U 20/11) und LSG Nordrhein-Westfalen (21. 5. 2003 – L 17 U 54/02) entschied das LSG Niedersachsen-Bremen am 21. 6. 2007 (L 9 U 315/04) durch (n rkr) Urteil, dass Berufsbetreuer zu den nach § 2 Abs 1 Nr 9 SGB VII in der gesetzlichen **Unfallversicherung** pflichtversicherten Selbständigen in der Wohlfahrtspflege gehören.

§ 1898
Übernahmepflicht

**(1) Der vom Betreuungsgericht Ausgewählte ist verpflichtet, die Betreuung zu über-
nehmen, wenn er zur Betreuung geeignet ist und ihm die Übernahme unter Berücksichtigung seiner familiären, beruflichen und sonstigen Verhältnisse zugemutet
werden kann.**

**(2) Der Ausgewählte darf erst dann zum Betreuer bestellt werden, wenn er sich zur
Übernahme der Betreuung bereit erklärt hat.**

Materialien: Art 1 Nr 6 DiskE I; Art 1 Nr 41
RegEntw; Art 1 Nr 47 BtG; DiskE I § 1899, 118;
BT-Drucks 11/4528, 129 (BReg); BT-Drucks 11/
4528, 207 (BRat); BT-Drucks 11/4528, 227
(BReg); RA in BT-Drucks 11/6949, 73 Nr 15;

STAUDINGER/BGB-Synopse 1896–2005 § 1898.
Änderung der Gerichtsbezeichnung durch
Art 50 Nr 47 FGG-RG (BGBl I 2008, 2586,
2724).

Systematische Übersicht

Alphabetische Übersicht

Werner Bienwald

I. Allgemeines

1. Beibehaltung der Übernahmepflicht

1 Bis zum Inkrafttreten des Betreuungsgesetzes galt auch im Bereich des Vormundschaftsrechts für Volljährige und der Gebrechlichkeitspflegschaft die für die Minderjährigenvormundschaft getroffene Regelung (§§ 1780 bis 1788 BGB). Davon sind im Betreuungsrecht die allgemeine Rechtspflicht zur Übernahme einer Betreuung und das Konsensprinzip übrig geblieben; beides mit gewissen Abwandlungen (zur Gesetzgebungsgeschichte STAUDINGER/BIENWALD [1999] Rn 8). §§ 1784 und 1787 Abs 1 wurden durch § 1908i Abs 1 S 1 für das Betreuungsrecht in Bezug genommen. Die Übernahmepflicht wurde nicht auf Deutsche beschränkt wie im Vormundschaftsrecht (§ 1785 BGB); sie wurde an bestimmte Kriterien gebunden. Der Katalog von Ablehnungsgründen (§ 1786 BGB) wurde nicht übernommen, ebenfalls nicht die Sanktionierung grundloser Ablehnung (§ 1788 BGB). Einzige Konsequenz abgelehnter, obwohl zumutbarer Übernahme als Ausgewählter ist die Verpflichtung zum Ersatz des durch verzögerte Bestellung entstandenen und verschuldeten Schadens (§§ 1908i Abs 1 S 1, 1787 Abs 1 BGB). Zu den Motiven des Gesetzgebers, auf die Willensbeeinflussung durch Zwangsgeld zu verzichten, STAUDINGER/BIENWALD (1999) Rn 4. Dafür, dass der Mangel an Druck oder Zwang zu einer deutlichen Verringerung der Übernahmeverweigerung geführt habe, gibt es keine verlässlichen Daten. Die im Zusammenhang mit der Kostenexplosion im Betreuungswesen geführten Klagen, es gebe zu wenig (ehrenamtliche) Betreuer, übersehen, dass der (damals) innerhalb von 12 Jahren eingetretenen Verdreifachung der Betreuungen nicht eine vergleichbare Zunahme der Bevölkerung entspricht.

2. Geltungsbereich

2 Betroffen sind von der Vorschrift alle Arten von Betreuerbestellungen, zB die weiteren Betreuer des § 1899 BGB, und auch die Bestellung zum sog Kontrollbetreuer sowie die zum Gegenbetreuer. Die Regelung erfasst die Erstbestellung, die wiederholte Bestellung sowie die Erweiterung der Betreuung (§ 1908d Abs 3 BGB). Wird die bestehende Betreuung um einen Einwilligungsvorbehalt erweitert (dieser Fall wird durch § 1908d Abs 3 BGB nicht unmittelbar erfasst), tritt dadurch eine Veränderung der Ausgangslage ein, die Gegenstand des Konsenses war. Auch in

diesem Falle bedarf es der Erklärung der Bereitschaft des Betreuers, die veränderte Betreuung weiterzuführen.

Die Regelung betrifft alle Einzelpersonen (natürlichen Personen). Sie betrifft nicht **3** die Bestellungen nach § 1900 BGB. Dort sind spezielle Regelungen getroffen, die denen des § 1898 vorgehen. Zur Geltung der Vorschrift für Vereins- und Behördenbetreuer s unten Rn 9.

Auf den Verfahrenspfleger in Betreuungs- oder Unterbringungssachen (§§ 276, 317 **4** FamFG) und den Verfahrensbeistand der Verfahren in Kindschaftssachen (§§ 151, 158 FamFG) lässt sich die Vorschrift nicht anwenden (aA BVerfG FamRZ 2000, 1280, 1282 mAnm BIENWALD). Eine Anleihe am materiellen Pflegschaftsrecht (ua wegen der beschränkten auf eine Aufgabe oder einen begrenzten Teil bezogenen Verantwortlichkeit) würde zu den Bestimmungen des Vormundschaftsrechts hinführen (§§ 1915 Abs 1, 1785, 1786, 1788 BGB; näher dazu BIENWALD, Verfahrenspflegschaftsrecht Rn 305 ff).

3. Motive des Gesetzgebers; Kritik

Der Vorschrift liegt der Gedanke zugrunde, dass es nicht sinnvoll sei, jemand zum **5** Betreuer zu bestellen, der sich weigert, das Amt zu übernehmen, weil dann nicht erwartet werden könne, dass der Betreffende seine Pflichten erfüllen werde (BT-Drucks 11/4528, 129; skeptisch dazu SCHWAB, Dt Juristentag K 25). Abgesehen davon, dass das Betreuungsgericht gegen Pflichtwidrigkeiten einzuschreiten hätte (§ 1837 BGB) und Schadensersatzansprüche bestehen könnten (§ 1833 BGB), dürfte eine Verallgemeinerung nicht der Realität entsprechen. Bei Gerichten und Behörden hatte sich bereits vor der Reform des Vormundschafts- und Pflegschaftsrechts eine veränderte Bestellpraxis eingestellt. Aber auch unter dem Druck der Übernahmeverpflichtung und der Zwangsgeldandrohung „bereite" Vormünder und Pfleger haben ihre Aufgabe ordnungsgemäß wahrgenommen und nicht selten eine Befriedigung in der Arbeit erfahren. Abgeschreckt haben in erster Linie die eigenartigen und nicht durchschaubaren Methoden der Gewinnung ehrenamtlicher Personen. Vermisst wurde die Einführung in die Aufgaben und eine qualifizierte Beratung und Unterstützung (BIENWALD ZBlJugR 1980, 497). Diesen Missständen wollte der Gesetzgeber durch entsprechende gesetzliche Verpflichtungen von Gericht (§ 1837 Abs 1 BGB), Verein (§ 1908f BGB) und Behörde (§ 4 BtBG) begegnen. Es wurde befürchtet, dass der Verzicht auf eine zwangsweise Durchsetzung der Übernahmepflicht dazu beiträgt, dass noch weniger Menschen als bisher zum Einzelbetreuer bestellt werden könnten. Allerdings dürfte der immer wieder beklagte Mangel an ehrenamtlichen Betreuern (s dazu die Entschließung des Deutschen Bundestages im Zusammenhang mit der Beschlussfassung über das BtÄndG zu BT-Drucks 339/98) in erster Linie auf die außergewöhnliche und unerwartete Zunahme von für betreuungsbedürftig gehaltenen Tatbeständen zurückzuführen sein. Die im Auftrag des Bundesministeriums für Gesundheit durchgeführten Modellmaßnahmen zur Förderung der ehrenamtlichen Tätigkeit im Betreuungswesen basierten auf der Annahme, dass bisher 60–80 % der Betreuungen ehrenamtlich geführt worden sind, davon 75 % von Familienangehörigen des Betroffenen (Abschlussbericht 1991–1995 S 27). Allein die Reform des bisherigen Vormundschafts- und Pflegschaftsrechts für Volljährige und das dadurch geschärfte Bewusstsein, man könne nicht einfach ohne förmliche Legitimation für einen anderen handeln, dürfte nicht unerheblich für die Zunahme von Betreuungen gesorgt haben. Ob das personelle Defizit durch eine verstärkte Werbung der Betreuungsvereine aufgefangen wurde und werden kann, hängt auch von den dafür zur Verfügung stehenden Mitteln ab. Psychologisch kann der Verzicht auf Zwangsmaßnahmen dazu führen, dass zur Übernahme bereiten Personen eilfertig ein Helfersyndrom angedichtet wird. Zweckmäßig und mit dem Grundgesetz vereinbar dürfte es sein, die Ablehnung einer zumutbaren Betreuung mit der Zahlung einer Ausgleichsabgabe ähnlich der Regelung im Schwerbehindertengesetz zu verbinden.

6 Da die Übernahmepflicht von zwei Voraussetzungen abhängig gemacht ist, die weder konstante Größen sind noch objektiv feststehen, sondern das Ergebnis gerichtlicher Wertung vorangegangener Ermittlungen sind, muss der bürgerlich-rechtlichen Regelung eine höherrangige Verpflichtungsnorm zugrunde liegen, über deren Annahme und Hintergründe die Motive sich jedoch ausschweigen. Offenbar wurden weitergehende Überlegungen aus pragmatischen Gründen unterlassen. Das GG enthält keine Bestimmung über eine Pflicht zur Übernahme einer Betreuung oder eines entsprechenden Ehrenamtes. Dagegen verpflichtet Art 131 BayVerf alle Bewohner Bayerns, ehrenamtlich, dh neben ihrem Hauptberuf und ohne Entgelt, als „Vormund, Waisenrat, Jugendpfleger, Schöffe oder Geschworener" tätig zu sein.

4. Ergänzende Vorschriften; Ausnahmen

7 Sinngemäß anzuwenden sind § 1784 BGB (Beamte und Religionsdiener als Betreuer; zu § 1784 ausführlich Erman/Holzhauer Rn 1–3) und § 1787 Abs 1 BGB (Haftung bei unbegründeter Ablehnung der Betreuung bzw verweigerter Bereitschaft und verzögerter Betreuerbestellung); dies ergibt sich aus § 1908i Abs 1 S 1. Ergänzend sind heranzuziehen die §§ 1897 Abs 2 BGB (Einwilligungserfordernis der Anstellungsträger bei Vereins- und Behördenbetreuer) und § 1900 Abs 1 BGB (Bestellung des Vereins nur mit dessen Einwilligung).

8 Die Einwilligung des Vereins beruht nicht auf einer auch dem Betreuungsverein abverlangten Individualverpflichtung zur Übernahme, sondern auf der Akzeptanz von Autonomie und Organisationshoheit des Vereins (s auch § 1791a BGB). Die Behörde wird dagegen zum Betreuer bestellt, ohne dass es auf ihre Einwilligung ankommt (Auffangzuständigkeit).

9 Eine Übernahmeverpflichtung von Vereins- und Behördenbetreuern besteht nur, wenn und soweit Mitarbeiter und Institution einverstanden sind (aA MünchKomm/ Schwab Rn 2; wie hier Erman/Holzhauer Rn 8). Obwohl Vereins- und Behördenbetreuer Individualbetreuer sind (BT-Drucks 11/4528, 126; für den Vereinsbetreuer BayObLG FamRZ 1994, 1061 auch zu Vorangegangenem) und insofern eine Gleichstellung mit allen anderen Individualbetreuern hätte erwartet werden können, ist Abs 1 auf sie nicht uneingeschränkt anzuwenden. Wären Vereins- und Behördenbetreuer zur Übernahme einer Betreuung schon dadurch verpflichtet, dass ihr Anstellungsträger sein Einverständnis gegeben hat, obwohl sie selbst nicht bereit sind, entstünde in ihrer Person der Haftungstatbestand des § 1833 iVm § 1908i Abs 1 S 1 BGB, und die Organisationshoheit würde durch die Haftungsregelung unterlaufen. Aus diesem Grunde entfällt auch eine Anwendung des § 1787 Abs 1 iVm § 1908i Abs 1 S 1 BGB auf Vereins-

und Behördenbetreuer für die genannte Konstellation. Durch das Konsensprinzip des Abs 2 wird der grundsätzliche Vorrang des Wunsches des Betroffenen nicht berührt (BayObLG FamRZ 1994, 1061 = BtPrax 1994, 135); er kann auch sonst nur mit einem Betreuer seiner Wahl rechnen, wenn dieser zur Übernahme bereit ist (§ 1908b Abs 3 BGB).

5. Zum Schadensersatzanspruch nach §§ 1787 Abs 1, 1908i Abs 1 S 1

Mangels konkreter und im Einzelnen geregelter Ablehnungsgründe im Betreuungs- **10** recht kann die sinngemäße Anwendung des § 1787 Abs 1 BGB nur bedeuten, dass die bloße Verweigerung der Einverständniserklärung – ohne weitere Begründung – ausreicht, um die wesentliche Ursache für die Schadensersatzpflicht dem Grunde nach zu setzen. Der Anspruch des Betreuten richtet sich auf Ersatz des durch die verzögerte oder abgelehnte Betreuerbestellung entstehenden Schadens einschließlich der durch die Weigerung entstehenden Kosten (BIENWALD, BtR² § 1908i Rn 31). § 1787 Abs 1 BGB ist ein Fall von Verschuldenshaftung; gehaftet wird deshalb für Vorsatz und Fahrlässigkeit (§ 276 BGB). Der Anspruch verjährt in 3 Jahren (STAU-DINGER/VEIT [2014] § 1787 Rn 13). Für die Geltendmachung im Zivilklagewege ist das Prozessgericht zuständig. Dieses hat ohne Bindung an betreuungsgerichtliche Feststellungen und Wertungen zu entscheiden, ob eine Übernahmepflicht nach § 1898 Abs 1 bestanden hat (str, näher dazu PETERS 171 ff). Dagegen ist das Prozessgericht an die Feststellung der Eignung des Betreffenden durch das Betreuungsgericht gebunden (STAUDINGER/VEIT [2014] § 1787 Rn 15).

II. Grundlagen der Übernahmepflicht und Bereiterklärung

1. Rechtsnatur der Übernahmepflicht

Nach wie vor handelt es sich bei der Übernahmepflicht um eine öffentlich-rechtliche **11** Verpflichtung (zur bisherigen Rechtslage KG KGJ 45, A 38, 39). Die Verpflichtung zur Übernahme besteht nicht gegenüber dem einzelnen Betroffenen. Gleichwohl kann sich aus der grundlosen Weigerung zur Übernahme ein privatrechtlicher Schadensersatzanspruch des Betroffenen gegenüber dem die Betreuung ablehnenden Ausgewählten ergeben (§ 1908i Abs 1 S 1, § 1787 Abs 1 BGB). Eine privatrechtliche Übernahmeverpflichtung kann sich aus Vereinbarungen ergeben, die Angehörige eines Betroffenen untereinander oder mit einem als Betreuer in Betracht kommenden Dritten geschlossen haben. Sie bewirken jedoch weder eine öffentlich-rechtliche Verpflichtung der in Betracht Kommenden noch eine Bindung des Betreuungsgerichts, bei der Bestellung des Betreuers absprachegemäß zu verfahren. Übertragung und Übernahme einer Betreuung beruhen auf dem **Konsensprinzip**. Gleichwohl handelt es sich nicht um einen öffentlich-rechtlichen Vertrag oder einen Verwaltungsakt auf Unterwerfung, sondern um eine Voraussetzung eines Rechtspflegeaktes.

Die Regelung des Abs 1 betrifft nur die Verpflichtung zur Übernahme einer Be- **12** treuung; die Vorschrift lässt sich nicht auf die Fälle ausdehnen, in denen (Vorsorge-)Vollmachten erteilt werden sollen. Diese (Rechts-)Beziehung bewegt sich zZ noch im privaten/privatrechtlichen Raum und wird von dem Grundsatz der Vertragsfreiheit getragen. Eine andere Sichtweise hätte sich möglicherweise ergeben, wenn die Vorstellung des Bundesrates Gesetz geworden wäre, die er im Zusammenhang mit der Einführung der Aufklärungspflicht betr Vorsorgevollmachten geäußert hatte, dass zugleich für die Betreuungsbehörden eine „Förderungs- und Sicherstellungspflicht für ein Angebot an Bevollmächtigten als behördliche Aufgabe normiert" werde, „um wirksam für Umsetzungsmaßnahmen sorgen zu können" (BT-Drucks 13/7158, 53).

2. Zur Rechtsnatur der Übernahmeerklärung

13 Die Erklärung der Übernahmebereitschaft wird dadurch, dass das BGB eine öffentlich-rechtliche Verpflichtung zur Übernahme von Betreuungen für den Fall der Eignung der ausgewählten Person festlegt, nicht zu einer (Willens-)Erklärung im öffentlichen Recht. Sie ist auch kein Rechtsgeschäft, sondern eine den Prozesshandlungen zuzurechnende Willensäußerung (nach HOLZHAUER/REINICKE Rn 7 ein mitwirkungsbedürftiger Justizhoheitsakt). Eine materiell – rechtliche Wirkung kommt der Einverständniserklärung insofern zu, als mit Abgabe der Erklärung der nach § 1787 Abs 1 iVm § 1908i Abs 1 S 1 BGB mögliche Anspruch nicht entstehen kann. Abgesehen von den Auslegungsregeln des bürgerlichen Rechts, die als allgemeine Rechtsgrundsätze Anwendung finden (STAUDINGER/DILCHER[12] Vorbem 87 zu §§ 116 ff), gelten die Regeln über Rechtsgeschäfte für sie nicht. Insbesondere finden die bürgerlich-rechtlichen Vorschriften über die Anfechtung keine Anwendung (BGH NJW 1963, 957; ROSENBERG/SCHWAB/GOTTWALD § 65 V; ZEISS, Zivilprozeßrecht § 35 VII).

3. Bedingungsfeindlichkeit der Erklärung

14 Die Erklärung der Übernahmebereitschaft kann nicht vom Eintritt einer Bedingung abhängig gemacht werden, weil andernfalls die Betreuerbestellung nicht in dem erforderlichen Zeitpunkt vorgenommen werden könnte. Dies hat zur Folge, dass eine unter einer Bedingung abgegebene Bereitschaftserklärung als nicht abgegeben gelten muss, sofern das Gericht nicht festgestellt hat, dass sie auch ohne Bedingung gelten sollte (**aA** DAMRAU/ZIMMERMANN Rn 6).

4. Zeitliche Begrenzung der Bereitschaft

15 Dagegen kann die Übernahmebereitschaft für eine begrenzte Zeit erklärt werden. Es erscheint zulässig und aus Gründen der Gewinnung geeigneter und bereiter (ehrenamtlich tätiger) Personen geboten, eine zeitlich begrenzte Bereitschaft zur Führung einer Betreuung zuzulassen und auch zu praktizieren, weil und wenn der Betreffende nur bereit ist, eine gewisse Zeit für diese Aufgabe zur Verfügung zu stehen. Ohne eine solche zeitliche Begrenzung der Amtsführung würde der bestellte Betreuer nur entlassen werden müssen, wenn bestimmte Voraussetzungen vorliegen (§ 1908b BGB) oder er als ungeeignet befunden wird (§ 1908b Abs 1 S 1 BGB). Dem bereitwilligen Betreuer sollte nicht „zugemutet" werden, auf seine Ungeeignetheit zum Zwecke seiner Entlassung hinzuarbeiten.

5. Höchstpersönlicher Charakter der Erklärung; die eigene Einschätzung

16 Die Erklärung des Einzelbetreuers, dass er mit der Übernahme der Betreuung einverstanden ist, ist höchstpersönlicher Natur. Eine Vertretung im Willen ist nicht zulässig (BIENWALD, in: BIENWALD/SONNENFELD/HARM § 1898 Rn 2). Gleichwohl stellt Abs 2 die Übernahme der Betreuung nicht in das Belieben des Ausgewählten. Er kann die Übernahme nicht allein mit der Begründung ablehnen, er sei seiner Meinung nach für die Aufgabe nicht geeignet. Insofern hat sich die Rechtslage durch das BtG nicht geändert (**aA** HOLZHAUER/REINICKE Rn 6; wie hier MünchKomm/SCHWAB Rn 4). Die amtliche Begründung gibt zu einer anderen Annahme keinen Anlass. Auch wenn der Ausgewählte ein eigenes Interesse daran haben sollte, nicht mit einer Aufgabe belastet zu werden, zu deren Erledigung er nicht fähig ist, kommt es für die Übernahme**pflicht** darauf an, dass er vom Betreuungsgericht für geeignet gehalten wird (BT-Drucks 11/4528, 129). Im Übrigen hatte das KG (19. 12. 1913, KGJ 45, A 38) lediglich entschieden, der vom Gericht zum Vormund Ausgewählte dürfe die Wahl nicht wegen Verletzung des § 1779 Abs 2 S 1 BGB mit der Behauptung anfechten, dass er seiner persönlichen Verhältnisse wegen zur Führung der Vormundschaft ungeeignet sei; er könne die Weigerung, die Vormundschaft zu übernehmen, nur darauf stützen, dass einer der gesetzlichen Ablehnungsgründe, insbesondere einer der Gründe des § 1786 BGB vorliege. Der Unterschied zum BtG besteht mithin in einer eigenständigen Prüfung und Feststellung der Geeignetheit zum Amt des Betreuers.

Eine Auseinandersetzung über die Frage, ob der Betreffende, der vom Gericht in **17** Aussicht genommen war, für die Betreuung geeignet war, wird sich im Einzelfall auf den – wohl seltenen – Fall einer Schadensersatzforderung gemäß § 1787 Abs 1 iVm § 1908i Abs 1 S 1 BGB verlagern.

6. Übernahmepflicht unabhängig von einzelnen Betreuerfunktionen

Die Pflicht zur Übernahme des Betreueramtes trifft grundsätzlich alle vom Betreu- **18** ungsgericht ausgewählten Betreuer, unabhängig davon, welche Funktion sie ausüben sollen (Hauptbetreuer, Mitbetreuer, Ersatzbetreuer, Ergänzungs- und/oder Verhinderungsbetreuer, Gegenbetreuer usw). Auch für den nach § 1896 Abs 3 BGB zu bestellenden Kontroll-, Überwachungs- oder Vollmachtbetreuer gilt § 1898 Abs 1 BGB (MünchKomm/SCHWAB Rn 2). Von den verschiedenen Arten von Betreuern trifft die Übernahmeverpflichtung alle privaten Einzelbetreuer, unabhängig davon, ob sie ehrenamtlich tätig sind oder als Berufsbetreuer bestellt werden sollen. Berufsmäßig tätige Personen trifft jedoch keine gesteigerte Übernahmepflicht (so aber BT-Drucks 13/7158, 15: grundsätzlich zur Übernahme verpflichtet); überzeugende Gründe dafür sind nicht ersichtlich. Sich nicht mehr, als man zu leisten imstande ist, aufbürden lassen, sondern begründet ablehnen, ist bei einer berufsmäßig tätigen Person nicht nur ein Gebot eigenen Interesses. Wegen der fehlenden Kasuistik von Ablehnungsgründen im Betreuungsrecht fehlt hier eine dem § 1786 Abs 1 Nr 7 entsprechende Vorschrift (Ablehnungsrecht bei Mitbetreuung).

III. Voraussetzungen der Übernahmepflicht

1. Anknüpfungspunkte der Übernahmepflicht

Anknüpfungspunkt für die Übernahmepflicht sind die Eignung des Ausgewählten **19** und die Zumutbarkeit der Übernahme der Betreuung. Feststellungen dazu sowie der daraus gezogene Schluss beziehen sich immer nur auf den konkreten Einzelfall.

Mithin kommt es auf die Person des Betroffenen, auf die in Aussicht genommene Betreuerperson und auf die Umstände des einzelnen Falles an. Eine fehlerhaft getroffene Auswahl begründet keine Übernahmeverpflichtung (gleicher Ansicht Erman/Roth Rn 2), so wenn zwingende Auswahlbestimmungen nicht beachtet wurden (zB § 1897 Abs 3 BGB).

2. Keine Beschränkung auf Deutsche

20 Voraussetzung für die Bestellung zum Betreuer ist nicht mehr, wie nach bisherigem Recht und auch noch in dem unverändert gebliebenen § 1785 für die Vormünder und Pfleger (§ 1915 Abs 1 BGB), die deutsche Staatsangehörigkeit. Der Gesetzgeber hat sich dabei von dem Gedanken leiten lassen, dass es bei einer Betreuungsbedürftigkeit eines Ausländers, der in der Bundesrepublik lebt, oft sinnvoll sein kann und wird, eine Person gleicher Staatsangehörigkeit zum Betreuer zu bestellen (BT-Drucks 11/4528, 129), wobei letztlich die Staatsangehörigkeit allein nicht das ausschlaggebende Kriterium sein wird, sondern die Zugehörigkeit zu einer Gemeinschaft oder Gruppierung innerhalb des Heimatstaates. Die Bestellung nichtdeutscher Personen zu Betreuern gewinnt zunehmend an Bedeutung, weil immer mehr Migranten in das Alter kommen, in dem die Betreuungsbedürftigkeit zunimmt. Gleichwohl dürfte die Bestellung von Angehörigen anderer Staaten nicht als problemlos eingeschätzt werden, weil es darum geht, deutsche Rechtsnormen und die ihnen zugrunde liegenden Vorstellungen durchzusetzen.

3. Geeignetheit als unbestimmter Rechtsbegriff

21 Die Geeignetheit des Ausgewählten als Voraussetzung der Übernahmeverpflichtung ist ein unbestimmter Rechtsbegriff und seine Ausfüllung deshalb im Rechtsmittelzug nachprüfbar (BayObLG FamRZ 1994, 1353). Der Begriff der Eignung entspricht dem des § 1897 Abs 1 BGB (Peters 157) und erstreckt sich **a**) auf die Besorgung der in dem gerichtlich bestimmten Aufgabenkreis erfassten und beschriebenen Angelegenheiten des Betreuten und **b**) auf die im Zusammenhang mit der Besorgung dieser Angelegenheiten erforderliche persönliche Betreuung (BT-Drucks 11/4528, 129). Ob der Betreffende geeignet ist, muss aus der Sicht des Betroffenen und der des zukünftigen Betreuers beurteilt werden (Damrau/Zimmermann Rn 2). Der Ausgewählte muss beispielsweise in der Lage sein, mit dem Betroffenen eine Arbeitsbeziehung einzugehen, um ihn in dem erforderlichen Umfang persönlich betreuen zu können (zum Inhalt dieses Begriffs s BT-Drucks 11/4528, 68 und oben § 1897 Rn 21 ff). Bestehen bei ihm Aversionen gegen bestimmte Krankheiten oder Behinderungen, gegen Eigenheiten oder Verhaltensweisen, die ihn daran hindern, eine persönliche, für die Betreuungsarbeit tragfähige Beziehung aufzubauen, fehlt es an der notwendigen Eignung.

22 Da die Aussage über die Geeignetheit oder die Nichteignung des Ausgewählten zu einem Teil auf einer Vorausschau zukünftig entstehender bzw sich entwickelnder Betreuungsbeziehung beruht, lassen sich Bemühungen rechtfertigen, für die Eignung eines Betreuers allgemeingültige Kriterien zu finden (s dazu H Oberloskamp [Hrsg], Hauptamtliche Betreuer und Sachverständige 111 ff). Dennoch bleibt die Eignung zum Betreuer, gleichgültig ob es sich um einen ehrenamtlich tätigen oder einen Betreuer handelt, der die Führung von Betreuungen im Rahmen seiner Berufsausübung leistet oder als Beruf betreibt, im Rahmen von § 1898 Abs 1 BGB und § 1897

Abs 1 BGB eine Frage des Einzelfalles, zumal nach den bisherigen Erfahrungen sich die Vormundschafts-, Pflegschafts- und Betreuungsarbeit Typisierungen nur schwer zugänglich gezeigt hat. Die anhand genereller Aussagen über Eignungsprofile, berufliche Standards, Ausbildungsvoraussetzungen usw mögliche abstrakte Feststellung der Geeignetheit kann deshalb zwar als Grundlage für die konkrete Feststellung von Eignung im Einzelfall dienen, sie kann und darf jedoch die konkrete Eignungsfeststellung in dem jeweiligen Betreuungsfall nicht ersetzen.

Zur Eignungsfrage im Übrigen s oben § 1897. Nur wenn der Betreffende für geeignet gehalten wird, kommt es darauf an, ob die Betreuung ihm auch zugemutet werden kann. Ist der Ausgewählte geeignet, kann er zur Übernahme bereit sein, obwohl ihm die Übernahme nicht zugemutet werden dürfte. **23**

4. Die Zumutbarkeit

a) Zumutbarkeit als Voraussetzung der Betreuerbestellung
Nach der Textfassung gehört die Zumutbarkeit der Betreuung zu den Voraussetzungen der Übernahmepflicht; mithin sind deren Voraussetzungen im Rahmen der Amtsermittlung (§ 26 FamFG) vom Betreuungsgericht festzustellen. Bereits zu den Ablehnungsrechten des § 1786 BGB war gefordert worden, sie nicht als ein der Einrede ähnliches Recht zu charakterisieren (GERNHUBER/COESTER-WALTJEN, FamR § 70 IV 9). Gleichwohl muss von dem in Aussicht Genommenen erwartet werden, dass er von sich aus Gründe der Unzumutbarkeit, die gegen seine Bestellung sprechen, benennt, wenn sie nicht für das Gericht offenkundig sind. Hat das Betreuungsgericht am Ende seiner Ermittlungen nach Abwägen aller für und gegen die Zumutbarkeit sprechenden Umstände die Überzeugung gewonnen, dass der Betreffende zu bestellen ist, kann dieser zwar im Wege der Selbsteinschätzung das Gegenteil behaupten; ihm bleibt aber nur die Möglichkeit, gegen die Bestellung Beschwerde einzulegen. **24**

b) Zumutbarkeit als unbestimmter Rechtsbegriff
Auch die Zumutbarkeit ist ein ausfüllungsbedürftiger Rechtsbegriff (im Ergebnis auch SOERGEL/DAMRAU Rn 7). Von einer kasuistischen Aufzählung von Ablehnungsgründen, wie sie in § 1786 BGB enthalten sind, hat das BtG Abstand genommen. Sie wurde als nicht flexibel genug angesehen. Sie könnte der Tatsache nicht genügend Rechnung tragen, dass die Aufgabenkreise der Betreuer und damit die mit der Betreuung verbundene Belastung sehr unterschiedlich sein können (BT-Drucks 11/4528, 129). Als Gesichtspunkte für die Unzumutbarkeit können Ablehnungsgründe aus dem Katalog des § 1786 dennoch herangezogen werden (ERMAN/ROTH Rn 6; MünchKomm/SCHWAB Rn 5). Ausgeschlossen ist es, als Gründe der Unzumutbarkeit Argumente zu benutzen, die bei der Prüfung der Geeignetheit berücksichtigt worden sind. Zumindest zweifelhaft ist es deshalb, hohes Alter, schlechten Gesundheitszustand oder das Vorliegen eines persönlichen Zerwürfnisses zwischen dem Ausgewählten und dem Betreuungsbedürftigen als die Zumutbarkeit ausschließende Umstände gelten zu lassen (so aber DAMRAU/ZIMMERMANN sowie SOERGEL/DAMRAU, jeweils § 1898 Rn 3). Solche Umstände müssen bei der Eignungsprüfung erörtert werden mit dem Ergebnis, dass der Betreffende gegebenenfalls für ungeeignet gehalten wird. Nach KÜHLING (in seinem abweichenden Votum zu BVerfG NJW 1995, 1373 = NdsRpfl 1995, 323) umschreibt der Begriff der Zumutbarkeit eine Beziehung zwischen einer Belastung und den sie legitimierenden Zwe- **25**

cken; zumutbar ist danach, was angesichts des Gewichts hingenommen werden muss. Unzumutbar demnach, was nicht mehr hingenommen werden muss.

5.   Unzumutbarkeitskriterien

26 Für die Beurteilung der Zumutbarkeit der Betreuungsarbeit sind maßgebend die familiären, beruflichen und sonstigen Verhältnisse des Ausgewählten. Gründe, die bei der Prüfung der Geeignetheit berücksichtigt worden sind, können nicht noch einmal als Argument gegen die Zumutbarkeit (also doppelt) benutzt werden. Als Orientierung (nicht aber als Richtschnur, wie SCHMIDT/BÖCKER Rn 67 meinen) kann der Katalog der Ablehnungsgründe des § 1786 dienen.

27 Unzumutbar ist für den Einzelnen die Übernahme einer (weiteren) Betreuung dann, wenn dem Betreffenden unter Berücksichtigung der oa Verhältnisse mehr als allen anderen abverlangt wird.

28 Wegen familiärer Verhältnisse ist die Übernahme einer Betreuung dann nicht zu-zumuten, wenn der Betreffende als Elternteil zwei oder mehr noch nicht schulpflich-tige Kinder überwiegend zu betreuen hat, wenn die dem Betreffenden obliegende Fürsorge für die Familie die Ausübung des Betreueramtes dauernd besonders er-schweren würde oder dem betreffenden Ausgewählten die Sorge für die Person oder das Vermögen von mehr als drei minderjährigen Kindern zusteht. Bei einer Belas-tung mit der Sorge für minderjährige Kinder wird die Zumutbarkeitsgrenze schon bei weniger als vier Kindern überschritten, wenn diese noch sehr jung, krank oder behindert sind (MünchKomm/SCHWAB Rn 5), wobei ein nicht nur leicht behindertes Kind eine solche Belastung für die Eltern bedeuten kann, dass bereits deshalb die Übernahme einer Betreuung für einen von ihnen, uU auch für beide, unzumutbar sein kann. Für die Beurteilung der Zumutbarkeit aus den oa familiären Gründen ist zu beachten, dass die gesellschaftlichen Anforderungen an die Erziehungsleistung von Eltern erheblich gestiegen sind und auch der Gesetzgeber unmittelbar oder mittelbar zu einer höheren Belastung der Eltern als in der Vergangenheit beigetra-gen hat (Geltendmachung finanzieller Ansprüche, Beteiligung der Kinder am Erziehungsgesche-hen, Inanspruchnahme von Kinderbetreuung, Vorschule, Elternmitwirkung in der Schule uam).

29 Berufliche Belastungen, die die Übernahme der Betreuung unzumutbar sein lassen, können insbesondere dadurch gegeben sein, dass die mit der Berufsausübung ver-bundenen Anstrengungen ein überdurchschnittliches Maß an Erholung erfordern, sodass die regelmäßig zur Verfügung stehende Freizeit für eine Betreuungsarbeit nicht zur Verfügung steht (eine Mehrarbeitszeit, die persönliche Betreuung nicht zulässt, würde zum Eignungsmangel führen).

30 Als sonstige die Zumutbarkeit ausschließende Umstände werden hohes Alter, schlechter Gesundheitszustand, schon übernommene pflegerische oder sonstige so-ziale Aufgaben (MünchKomm/SCHWAB Rn 8), das Vorliegen eines persönlichen Zer-würfnisses zwischen dem Ausgewählten und dem Betroffenen (DAMRAU/ZIMMERMANN Rn 3) genannt. Überwiegend dürfte es sich jedoch hier um Kriterien handeln, die bereits die Eignung des Betreffenden in Frage stellen, sodass für die Frage der Zumutbarkeit kein Raum ist.

In Betracht kommt dagegen eine außergewöhnliche (in erster Linie psychische) **31** Belastung durch die Führung von Prozessen, zB eines Scheidungsverfahrens mit komplizierten Folgeregelungen. Von Bedeutung ist die räumliche Entfernung zum Sitz des zuständigen Betreuungsgerichts (§§ 1786 Abs 1 Nr 5, 1908i Abs 1 S 1 BGB), was bei häufig notwendigen Besuchen zu einer überdurchschnittlichen oder sogar außergewöhnlichen Belastung führen kann. Die Zahl der bereits geführten Betreuungen (einschl Vormundschaften, Pflegschaften oder Beistandschaften, wenn zugelassen) kann die Unzumutbarkeit begründen, jedoch bereits die Eignung in Frage stellen. Bei einem beruflich tätigen Betreuer dürfte die (hohe) Zahl von Betreuungen usw allerdings eine Eignungs- und nicht eine Zumutbarkeitsfrage sein. Unzumutbar ist dagegen eine Betreuerbestellung, bei der eine gesamtschuldnerische Haftung gemäß § 1908i Abs 1 S 1, § 1833 Abs 2 S 1 BGB droht (MünchKomm/SCHWAB Rn 8 unter Berufung auf DAMRAU/ZIMMERMANN Rn 3). Eine möglicherweise zu Unrecht erfolgte Vergütungskürzung in einem Einzelfall ist kein Umstand, der die Betreuung unzumutbar macht (OLG Schleswig SchlHA 1998, 53 = NJWE-FER 1998, 153 [LS]; hier entschieden auf einen Entlassungsantrag nach § 1908b Abs 2; vorstellbar auch als Argument für die Nichtübernahme).

Übernimmt der Ausgewählte, für den die Führung der Betreuung unzumutbar wäre, **32** dennoch die ihm angetragene Betreuung, setzt der Ausgewählte seine Zumutbarkeitsgrenze selbst neu. Geschieht dies in mehreren Fällen, kann die Grenze der Ungeeignetheit erreicht sein. Aus diesem Grunde kann die Geeignetheit des Betreuers nicht lediglich aus der Sicht des Betreuten und die Zumutbarkeit aus der Sicht des Betreuers beurteilt werden (so aber DAMRAU/ZIMMERMANN Rn 2).

IV. Die Erklärung der Übernahmebereitschaft

1. Die Notwendigkeit der Erklärung

Das Betreuungsrecht hat das bisherige und im Vormundschaftsrecht noch immer **33** geltende **Konsenssystem**, wonach die Bestellung zum Vormund oder Pfleger der Einwilligung des Ausgewählten bedarf (§ 1789 BGB), für die Betreuung beibehalten. Wer sich weigert, das Amt zu übernehmen, darf nicht als Einzelperson bestellt werden. Das Erfordernis der Einwilligung im Falle der Vereinsbestellung enthält erst § 1900 Abs 1 S 2 BGB. Die Auffassung des RegEntw (BT-Drucks 11/4528, 129), dies sei sinnvoll, da bei einer solchen Weigerung nicht zu erwarten sei, dass der Betreffende seine Pflichten erfüllen werde, dürfte auf einer Fehleinschätzung des Bürgerverhaltens beruhen. Genaue Untersuchungen darüber, dass ein im Grunde unwilliger Betreuer sein Amt mangelhaft und/oder zum Schaden des Betreuten geführt habe, gibt es nicht. Eine „unpersönliche" Betreuung wurde auch und vor allem von den Behörden geleistet, deren Mitarbeiter eine übergroße Zahl von Vormundschaften und Pflegschaften zu führen hatten. Das Regelungssystem wurde in der Praxis anders verstanden. Der Ausgewählte unterwarf sich der gerichtlichen Anordnung, selten wissend, dass er mit Zwangsgeldfestsetzung hätte rechnen müssen, wenn er sich geweigert hätte. In der Regel wurde der Wille des Ausgewählten bereits zu einem früheren Zeitpunkt als dem der Zwangsgeldfestsetzung gebeugt.

2. Frühzeitige Klärung der Übernahmebereitschaft

34 Schlägt die zuständige Behörde (§ 8 BtBG) eine Person vor, die sich in dem Fall zum Betreuer eignet, sollte die Frage der Übernahmebereitschaft zur Sprache gebracht und soweit möglich geklärt sein. Eine gegenüber der zuständigen Behörde, einem Mitarbeiter von ihr oder der Leitung gegenüber abgegebene Erklärung bindet den Betreffenden nicht. Widerruf ist zulässig. Das Gericht hat außerdem eine eigene Feststellung darüber zu treffen, ob der Betreffende (noch) einverstanden ist. Eine zu einem früheren Zeitpunkt dem Betroffenen gegenüber gemachte Zusage, eines Tages die Betreuung für ihn zu übernehmen, genügt nicht als Erklärung im Sinne von § 1898 Abs 2 BGB, wenn sie nicht dem Gericht gegenüber erneuert wird.

3. Die auf den Einzelfall bezogene Übernahmebereitschaft

35 Die Einverständniserklärung kann immer nur für die konkrete Bestellung als Betreuer abgegeben werden. Ein generelles Einverständnis kann als Zusage, als Absichtserklärung, sich gegebenenfalls zum Betreuer bestellen zu lassen, verstanden werden; diese ersetzt aber nicht das Einverständnis mit dem konkreten Betreuungsfall. Die Erklärung muss sich deshalb auch auf die jeweils konkrete Betreuerbestellung, die dann Gegenstand der gerichtlichen Entscheidung wird (§§ 38, 286 Abs 1 FamFG), beziehen. Der Ausgewählte muss wissen, wozu er seine Einwilligung gibt. Er ist dementsprechend vom Gericht zu informieren. Bedingungen der Übernahme müssen geklärt sein, so etwa die der berufsmäßigen Führung gemäß §§ 1836 Abs 1 S 2, 1908i Abs 1 S 1 BGB.

4. Spätester Zeitpunkt der Erklärung der Übernahmebereitschaft

36 Die Erklärung der Übernahmebereitschaft muss spätestens vor der Bestellung des Ausgewählten zum Betreuer eingeholt sein. Sie ist Voraussetzung der Bestellung zum Betreuer (MünchKomm/Schwab Rn 9). Die Frage des Gerichts nach dem Einverständnis des Ausgewählten, sich zum Betreuer bestellen zu lassen, erübrigt sich, wenn das Gericht im Laufe des Verfahrens zu der Überzeugung kommt, dass es eine Betreuerbestellung ablehnen wird. Ändert sich im Laufe des Verfahrens die voraussichtliche Betreuungsbedürftigkeit des Betroffenen, hat das Gericht den Ausgewählten vor der Abgabe der Einverständniserklärung entsprechend zu informieren.

5. Ablehnung der Übernahme und Widerruf der Einwilligung

37 Wird die erforderliche Einwilligung verweigert, kann die Bestellung der vom Gericht vorgesehenen Person nicht vorgenommen werden. Wer sich weigert, das Amt des Betreuers, für das er ausgewählt worden ist, zu übernehmen, kann nicht als Einzelperson zum Betreuer bestellt werden (Abs 2). Die Einzelperson kann nicht mit Zwang zur Übernahme angehalten werden. Auch eine auf § 35 FamFG gestützte Zwangsgeldfestsetzung (nach vorangegangener Androhung) wäre unzulässig (JKMW Rn 128). Dies gilt auch für den als Einzelbetreuer konzipierten Vereinsbetreuer und den Behördenbetreuer. Eine bereits grundsätzlich oder für den Einzelfall erklärte Übernahmebereitschaft des Anstellungsträgers ändert daran nichts. Ist der Vereinsbetreuer mit dieser Art von Bestellung nicht einverstanden, kann der Ausgewählte dennoch zur Übernahme der Betreuung als Privatperson bereit sein. Zur Feststellung der Übernahmebereitschaft gehört deshalb auch immer die Art der Betreuerbestellung.

Eine Bindung an die bereits abgegebene Einverständniserklärung besteht nicht. Die **38** Widerruflichkeit ist nicht ausgeschlossen. Eine so weitgehende Wirkung kann dem Konsensprinzip nicht eingeräumt werden. Da die Einverständniserklärung spätestens vor der Beschlussfassung über die Betreuerbestellung eingeholt sein muss, kann eine spät widerrufene Einverständniserklärung die Bestellung verzögern. Eine Inanspruchnahme des Widerrufenden auf Schadensersatz gemäß § 1787 Abs 1 iVm § 1908i Abs 1 S 1 BGB ist nicht auszuschließen. Ist der Betreuer mit seinem Einverständnis bestellt worden, so handelt es sich bei einem danach gestellten Entlassungsantrag nicht um einen Widerruf der Bereiterklärung (so zwar LG Duisburg FamRZ 1993, 851, aber m **abl** Anm LUTHIN). Dem Entlassungsantrag ist dann zu entsprechen, wenn die Voraussetzungen des § 1908b Abs 1, 2 BGB vorliegen.

V. Der Zeitpunkt der Übernahmeverpflichtung

Nach dem Wortlaut des Gesetzes sind die Auswahl des Betreuers und die Bestellung **39** des Betreuers zu unterscheiden. Während die Bestellung des Betreuers sich zeitlich genau bestimmen lässt, trifft das für die Auswahl des Betreuers nicht zu.

Während das frühere Recht für die Auswahl der Person des Vormunds oder Pflegers **40** ein eigenes Verfahren nach der Anordnung der Maßnahme zuließ, bestehen gegen die Ansicht, das Betreuungsgericht könne und müsse die Auswahl des Betreuers in einer besonderen Verfügung zum Ausdruck bringen und dem Ausgewählten bekannt machen (so ERMAN/ROTH und HOLZHAUER/REINICKE jeweils Rn 5), Bedenken. Sie beruhen insbesondere darauf, dass das Gericht erst mit seiner Entscheidung gemäß §§ 38, 286 FamFG (früher § 69 FGG), durch die es den Betreuer bestellt, das Verfahren beendet, bis zu dessen Ende Ermittlungen und Informationen auch zur Person des möglichen Betreuers zulässig sind. So kann beispielsweise bis zum Zeitpunkt der Entscheidung über die Betreuerbestellung jede der anzuhörenden Personen oder Stellen Argumente für und wider die als Betreuer in Aussicht genommene Person (Institution) vorbringen. Das Recht des Betroffenen, die Nichtbestellung einer bestimmten Person vorzuschlagen (§ 1897 Abs 4 S 2 BGB), ist an die Einhaltung einer bestimmten Frist nicht gebunden und bis zum Ende des Verfahrensabschnitts, der mit der Bestellungsentscheidung endet, möglich. Dem Betroffenen darf auch nicht die Möglichkeit abgeschnitten werden, den während des Bestellungsverfahrens vorgestellten „Betreuer" abzulehnen. Die von HOLZHAUER und jetzt von ROTH als für die Übernahmeverpflichtung entscheidend angesehene Auswahlverfügung kann nur als eine die Bestellung vorbereitende Absichtserklärung verstanden werden, die noch keine Rechtsfolgen nach sich zieht. Die Neuregelung des Verfahrensrechts durch das FGG-RG sieht, anders als das FGG, eine gesonderte Zurückweisung einer Weigerung der ausgewählten Person, sich zum Betreuer bestellen zu lassen, und eine dagegen statthafte sofortige Beschwerde nicht mehr vor. Als Zwischenentscheidung wäre eine derartige Zurückweisung nicht (mehr) anfechtbar.

Sowohl das relativ bindende Vorschlagsrecht des Betroffenen selbst (§ 1897 Abs 4 **41** BGB) als auch die Tätigkeit der zuständigen Behörde, schließlich die Richtlinie des

§ 1897 Abs 5 führen bereits zu einer gewissen Vorauswahl, auf die das Gericht zurückgreift, um sich ein Bild von der Eignung der in Frage kommenden Person zu machen. Suche und Benennung einer als Betreuer in Betracht kommenden Person (eine „Auswahl" unter mehreren zur Verfügung stehenden Personen findet schon seit langem in aller Regel nicht mehr statt!), die Prüfung ihrer Geeignetheit und die Erörterung der (Un-)Zumutbarkeit der Aufgabe stellen einen Prozess dar, der erst mit der Bestellungsentscheidung des Betreuungsgerichts abgeschlossen ist und in dessen Verlauf eine (Zwischen-)Entscheidung der Auswahl keinen Platz hat. Der für das Entstehen der Übernahmeverpflichtung maßgebende Zeitpunkt kann deshalb nur der der Bestellungsentscheidung gemäß §§ 38, 286 FamFG sein (so im Ergebnis bereits BIENWALD, BtR Rn 14 sowie ZIMMERMANN FamRZ 1991, 270, 279 zur damaligen Rechtslage).

VI. Folgen fehlerhafter Bestellungsentscheidung

1. Keine Nichtigkeit

42 Ein Verstoß des Betreuungsgerichts gegen die Bestimmung des Abs 2, den Ausgewählten erst nach seiner Bereitschaftserklärung zu bestellen, führt nicht zur Nichtigkeit der nach §§ 38, 286 FamFG getroffenen Entscheidung. Mit dem Erlass der Entscheidung hat das Gericht zwar einen Betreuer bestellt, wie es das Gesetz vorsieht (§ 1896 Abs 1 BGB), aber nicht lediglich eine Personalentscheidung getroffen, sondern auch das Vorliegen der Voraussetzungen einer Betreuerbestellung (Betreuungsbedürftigkeit iwS) bejaht. Eine Teilnichtigkeit kommt im Hinblick auf das Prinzip der Einheitsentscheidung nicht in Frage. Mit ihr würde das Prinzip aufgegeben werden.

2. Beschwerdefähigkeit; Verfahren

43 Wird die Personalentscheidung mit der Beschwerde gerügt (oder mit einer entsprechenden Äußerung), kann sie vom Gericht geändert werden (§ 68 Abs 1 S 1 FamFG). Eine Korrektur findet uU aber auch erst im Beschwerdeverfahren statt. Obwohl der Verstoß gegen Abs 2 der Wirksamkeit der Entscheidung nicht entgegensteht (so auch DAMRAU/ZIMMERMANN § 1899 Rn 1; § 1898 Rn 8), handelt es sich bei der anschließenden Korrektur nicht um eine Entlassungsverfügung aufgrund von § 1908b Abs 1 (so aber DAMRAU/ZIMMERMANN 1898 Rn 7), sondern um die Rückgängigmachung einer fehlerhaften (Teil-)Entscheidung.

Allerdings wird damit nicht die der Betreuerbestellung zugrundeliegende Betreuung aufgehoben (§§ 1896, 1908d BGB), weil deren Voraussetzungen etwa nicht vorlagen, und in der Regel die fehlerhafte Personalentscheidung auch keinen Anlass für die Überprüfung der Gesamtentscheidung bieten wird (vgl BayObLGZ 1993, 14 = FamRZ 1993, 602 = Rpfleger 1993, 283).

44 Auf einen „anderen wichtigen Grund", der hier für eine Entlassungsentscheidung allenfalls herangezogen werden könnte (§ 1908b Abs 1 BGB), lässt sich die von DAMRAU/ZIMMERMANN (in der 2., nicht mehr in der 3. und der 4. Aufl) befürwortete Entlassung des fehlerhaft bestellten Betreuers nicht stützen, weil es sich bei diesen Gründen um solche handeln muss, die in den Verhältnissen, die für die Betreuer-

bestellung inhaltlich maßgebend waren, zu suchen sind (s dazu BT-Drucks 11/4528, 153);
die Korrektur eines Verfahrensfehlers liegt dagegen auf einem anderen Gebiet.

VII. Rechtsmittel

1. Anfechtbarkeit der Betreuerbestellung

Anfechtbar ist die Betreuerbestellung, nicht dagegen eine vorab zum Ausdruck **45**
gekommene Absicht des Gerichts, eine bestimmte Personalentscheidung zu treffen
(so auch MünchKomm/SCHWAB Rn 12; aA HOLZHAUER/REINICKE Rn 5). Von ihr betroffen sind
in erster Linie der Betreute und der Betreuer. Da lediglich die zuständige Behörde
keine Möglichkeit hat, sich gegen die Bestellung zum Betreuer zu wehren – auf ihre
Bereitschaft kommt es nicht an (§ 1900 Abs 4 BGB) –, können in Bezug auf die
Personalentscheidung sowohl die bestellten Einzelpersonen als auch der mit der
Bestellung eines Mitarbeiters nicht einverstandene Verein und auch die im Falle
einer Behördenbetreuerbestellung nicht einverstandene Behörde beschwert sein. Da
eine besondere Auswahlentscheidung im Betreuerbestellungsverfahren nicht vorgesehen ist, kann der Ausgewählte, der die Betreuerbestellung mit dem Hinweis auf
den subjektiv empfundenen Eignungsmangel ablehnt, die Eignungsfeststellung des
Gerichts nur dadurch überprüfen lassen, dass er einen Antrag auf Feststellung
mangelnder Geeignetheit stellt und gegen die ablehnende Entscheidung Beschwerde einlegt (§§ 58, 59 FamFG). Die Beschwerde ist bei dem Gericht einzulegen,
dessen Beschluss angefochten wird, und zwar binnen einer Frist von einem Monat
(§§ 63 Abs 1, 64 Abs 1 FamFG).

Hat das Betreuungsgericht den Privatbetreuer, ohne ihn zu fragen, oder entgegen **46**
seiner Ablehnung zum Betreuer bestellt, kann der Betreuer befristete Beschwerde
einlegen (§§ 58 Abs 1, 59 Abs 1 FamFG). Das Gleiche gilt, wenn der Vereins- oder
der Behördenbetreuer nicht eingewilligt hat oder wenn der Verein oder die Behörde
ihr Einverständnis mit der Bestellung ihres Mitarbeiters nicht gegeben haben oder
nicht danach gefragt worden sind.

2. Keine isolierte Anfechtung der Personalentscheidung

Aus Gründen der Einheitsentscheidung kann die Personalentscheidung nicht isoliert **47**
angefochten werden (unentschieden BayObLGZ 1993, 14 = FamRZ 1993, 602 = Rpfleger 1993,
283). Die Begründung der Beschwerde gegen die Betreuerbestellung (§ 65 FamFG)
kann aber auf die Personalentscheidung – hier den Verstoß gegen Abs 2 – beschränkt werden (dazu näher oben § 1897 Rn 99 sowie DAMRAU/ZIMMERMANN [3. Aufl] § 69g
FGG aF Rn 14).

3. Zum Ergebnis des Beschwerdeverfahrens

Zur Befugnis des Beschwerdegerichts, selbst einen (neuen) Betreuer zu bestellen **48**
(anstatt die Sache an das Amtsgericht zurückzuverweisen), s BayObLG aaO. Kosten: Gerichtskosten im Falle des Obsiegens keine (§ 131 Abs 1 S 2, Abs 5 KostO; die
Entscheidung über außergerichtliche Kosten richtet sich nach §§ 307 FamFG, 16
KostO). Die Erstattung außergerichtlicher Kosten in diesem Verfahren ist nicht
vorgesehen. Für die Bewilligung von Prozesskostenhilfe gelten keine Besonderhei-

Werner Bienwald

ten. Im Falle der Korrektur der Personalentscheidung hat das Betreuungsgericht gegebenenfalls bereits vorgenommene Mitteilungen nach den §§ 308, 309 FamFG zu ergänzen bzw zu korrigieren.

VIII. Vollzug der Bestellungsentscheidung (Amtseinführung)

49 Die Entscheidung, durch die das Betreuungsgericht den (die) Betreuer bestellt, ist Grundlage für die (vom Rechtspfleger vorzunehmende, §§ 3 Nr 2 Buchst b, 15 RPflG) Verpflichtung des Betreuers (§ 289 FamFG); diese entfällt jedoch seit dem 1. 7. 2005 für Vereinsbetreuer, Behördenbetreuer, Vereine, die zuständige Behörde und Personen, die die Betreuung im Rahmen ihrer Berufsausübung führen sowie für ehrenamtliche Betreuer, die mehr als eine Betreuung führen oder in den letzten zwei Jahren geführt haben (§ 289 Abs 1 S 2 FamFG). Es handelt sich bei der Verpflichtung des Betreuers, der Aushändigung der Bestellungsurkunde sowie dem in geeigneten Fällen durchzuführenden Einführungsgespräch mit dem Betreuer und dem Betreuten um Folgehandlungen der Betreuerbestellungsentscheidung, nicht dagegen um Einzelheiten der Bestellung (so aber HOLZHAUER/REINICKE Rn 9; im Ergebnis wie hier KEIDEL/BUDDE § 289 FamFG Rn 1).

Die Bestellung des Betreuers wird bereits mit der Bekanntmachung der Entscheidung an ihn wirksam (§ 287 Abs 1 FamFG). Die Verpflichtung ist deshalb für den Beginn der Betreuung nicht konstitutiv. Das Betreueramt beginnt bereits mit der **Wirksamkeit** der Bestellungsentscheidung. In diesem Zeitpunkt ist die Handlungsmacht des Betreuers eingetreten (WESCHE Rpfleger 1989, 225). Außerdem entstehen bereits in diesem Zeitpunkt Betreuerrechte wie zB das der Auslagenerstattung (KEIDEL/KAYSER § 69b FGG aF Rn 4).

IX. Zum Umfang einer Haftung nach § 1787 Abs 1 iVm § 1908i Abs 1 S 1

50 Der Anspruch ist gerichtet auf Ersatz des durch die Verzögerung entstehenden Schadens einschließlich der durch die Weigerung entstehenden Kosten (ERMAN/HOLZHAUER § 1787 Rn 2). Eine etwaige Kostentragungspflicht für die Verfahrenskosten ergibt sich jedoch nicht aus dieser Vorschrift. Sie kommt nur als Ersatz gegenüber dem Betroffenen in Frage. Der Anspruch richtet sich auf Geldersatz. Ersatz entgangener „persönlicher Betreuung" ist nicht zu leisten. Entgegen ERMAN/HOLZHAUER (§ 1787 Rn 2) wird die Schadensersatzpflicht dadurch gemindert, dass das Gericht eine vorläufige Maßnahme (unter Umständen auch nach § 1846 BGB) hätte treffen können. Das Gericht trifft eine Verpflichtung zur Schadensminderung zwar nicht gegenüber dem potenziellen, aber nicht bestellbaren Betreuer, jedoch gegenüber dem als hilfebedürftig erkannten Betroffenen aufgrund der allgemeinen Fürsorgepflicht des Staates gegenüber diesen Personen.

§ 1899
Mehrere Betreuer

(1) Das Betreuungsgericht kann mehrere Betreuer bestellen, wenn die Angelegenheiten des Betreuten hierdurch besser besorgt werden können. In diesem Falle bestimmt es, welcher Betreuer mit welchem Aufgabenkreis betraut wird. Mehrere

Betreuer, die eine Vergütung erhalten, werden außer in den in den Absätzen 2 und 4 sowie § 1908i Abs 1 Satz 1 in Verbindung mit § 1792 geregelten Fällen nicht bestellt.

(2) Für die Entscheidung über die Einwilligung in eine Sterilisation des Betreuten ist stets ein besonderer Betreuer zu bestellen.

(3) Soweit mehrere Betreuer mit demselben Aufgabenkreis betraut werden, können sie die Angelegenheiten des Betreuten nur gemeinsam besorgen, es sei denn, dass das Gericht etwas anderes bestimmt hat oder mit dem Aufschub Gefahr verbunden ist.

(4) Das Gericht kann mehrere Betreuer auch in der Weise bestellen, dass der eine die Angelegenheiten des Betreuten nur zu besorgen hat, soweit der andere verhindert ist.

Materialien: Art 1 Nr 6 DiskE I; Art 1 Nr 41 RegE; Art 1 Nr 47 BtG; DiskE I 120 (§ 1900); BT-Drucks 11/4528, 129 (BReg); STAUDINGER/ BGB-Synopse 1896–2005 § 1899. Abs 1 S 3 angefügt und Abs 4 2. Alt gestrichen durch Art 1 Nr 9a und 9b 2. BtÄndG (BT-Drucks 15/2494, 6, 29; BT-Drucks 15/4874, 14 [Beschlussempfehlung]); BR-Drucks 121/05 (Beschluss). Änderung der Gerichtsbezeichnung durch Art 50 Nr 47 FGG-FG (BGBl I 2008, 2586, 2724).

Schrifttum

ALPERSTEDT, Dauerergänzungsbetreuung bei tatsächlicher Verhinderung?, BtPrax 2001, 106
BERNHARD, Über die Notwendigkeit von Betreuungsvereinen im sozialen Netz der Kommunen, BtPrax 2002, 102
BIENWALD, Die Verpflichtung des Betreuers aus § 1901 Abs 4, Rpfleger 2003, 229
DEINERT, Argumente für die Bestellung eines Vertretungsbetreuers gem § 1899 Abs 4 BGB, LWV Baden, Betreuung aktuell 1/2000, 24 = BdB-Verbandszeitschrift März 2000, 28

KUHRKE, Amt für Betreuung, BtPrax 2003, 51
SCHÜTTE, Sozial- und Gesundheitsdienste: Neuere Trends im deutschen Sozialrecht, BtPrax 2003, 61
SCHWARZBACH, Betreuungsverein musste schließen, BtPrax 2003, 67
SONNENFELD, Das 2. BtÄndG, FamRZ 2005, 941 (942)
ZIMMERMANN, Vorsorgevollmacht und Beratungsgesetz, BtPrax 2001, 192.

Systematische Übersicht

I. Allgemeines

1. Normzweck

1 § 1899 BGB erlaubt dem Betreuungsgericht oder verpflichtet es, mehrere Betreuer
für einen Betroffenen zu bestellen und das Verhältnis zwischen ihnen zu bestimmen.
Nach Abs 2 ist auf jeden Fall ein weiterer Betreuer (für die Sterilisationsentscheidung „besonderer" Betreuer) zu bestellen, dessen Aufgabenkreis gesetzlich vorgegeben ist. Eine Mehrbetreuerbestellung iSd Vorschrift liegt nicht vor, wenn vom
Rechtsmittelgericht eine Entlassungsentscheidung aufgehoben und der anstelle des
zunächst entlassenen Betreuers bestellte Betreuer wieder entlassen wird (Fall des
OLG Köln FamRZ 1995, 1086 = FGPrax 1995, 106). Es handelt sich um eine verfahrens-

rechtlich verursachte, nicht jedoch um eine der Zielsetzung des § 1899 gemäße Folge. Näher dazu BIENWALD, in: BIENWALD/SONNENFELD/HARM Rn 5.

Die Vorschrift erfasst nicht nur alle Erstbetreuerbestellungen; sie bietet auch die **2** Grundlage dafür, in den Fällen gesetzlichen Ausschlusses der Vertretungsmacht (§ 1795 iVm § 1908i Abs 1 S 1 BGB) und gerichtlicher Entziehung von Vertretungsmacht (§ 1796 iVm § 1908i Abs 1 S 1 BGB) einen weiteren (Ergänzungs-)Betreuer (nicht: Ergänzungspfleger) zu bestellen, wobei dieser „als Betreuer" den Bindungen des Betreuungsrechts, insbesondere dem grundsätzlichen Willensvorrang des Betreuten (§ 1901 Abs 3 S 1 BGB) unterworfen ist (BT-Drucks 11/4528, 130). Die Bestellung eines „weiteren Betreuers" kam nach der amtlichen Begründung auch dann in Betracht, wenn die Betreuung einem Vereins- oder Behördenbetreuer (§ 1897 Abs 2 BGB) übertragen war, der aus seiner Tätigkeit in absehbarer Zeit ausscheiden würde. Hier sollte ein reibungsloser Übergang auf den neuen Betreuer gewährleistet sein. Deshalb hielt der RegEntw eine rechtzeitige Bestellung eines weiteren Betreuers für sinnvoll (BT-Drucks 11/4528, 130). In diesem Falle handelte es sich jedoch weniger um eine fortdauernde Tätigkeit mehrerer Betreuer, als um eine vorgezogene Ablösungsbetreuung, bei der zumindest fraglich war, ob sie im Interesse des Betreuten erforderlich ist; denn nur dann, wenn die Angelegenheiten des Betreuten hierdurch besser besorgt werden konnten, hätte nach dem Grundsatz des Abs 1 S 1 ein weiterer Betreuer bestellt werden dürfen. Die sog Tandembetreuung wurde als überflüssig und missglückt (BT-Drucks 15/2494, 29) mit Wirkung vom 1. 7. 2005 abgeschafft (Streichung der Worte „oder ihm die Besorgung überträgt").

Die Bestellung von mehreren Betreuern ist **nicht** in das freie **Ermessen** des Gerichts **3** gestellt. Bei ihr handelt es sich um eine Ausnahme von dem nach § 1897 Abs 1 BGB geltenden Grundsatz der Einzelbetreuung. Sie setzt voraus, dass der Betreuer aus tatsächlichen oder rechtlichen Gründen verhindert ist (vgl Abs 2 oder Abs 4) oder dass die Angelegenheiten des Betroffenen durch die Bestellung eines weiteren Betreuers besser besorgt werden können (BayObLG 12. 10. 2001 – 3 Z BR 292/01).

Mit der Begründung, dass die Vorschrift des Abs 1 für den Bereich der Berufs- **4** betreuer keine praktische Bedeutung habe, hat der Gesetzgeber des 2. BtÄndG die Bestellung von mehreren eine Vergütung beanspruchenden Betreuern nach Abs 1 ausgeschlossen (Abs 1 S 3), ausgenommen den Sterilisationsbetreuer, den Verhinderungsbetreuer und den Gegenbetreuer (BT-Drucks 15/2494, 29). Diese Änderung, die seit dem 1. 7. 2005 in Kraft ist, hatte **für die bereits bestehenden Mehrbetreuerbestellungen** berufsmäßig tätiger Betreuer insofern **Bedeutung**, als nach § 1908b Abs 1 S 3 BGB bei Vorliegen von dessen Voraussetzungen im Fall einer Mehrbetreuerbestellung der berufsmäßig tätige Betreuer durch einen ehrenamtlichen Betreuer zu ersetzen war. Einer von zwei berufsmäßig tätigen vor dem 1. 7. 2005 bestellten Betreuern konnte aus wichtigem Grund entlassen werden (OLG München FamRZ 2006, 890 [LS]).

Eine Betreuerbestellung nach Abs 4 für den Fall einer erforderlichen gerichtlichen **5** Genehmigung kommt nicht in Betracht, wenn der Vertrag von vornherein als nicht genehmigungsfähig eingestuft wird (OLG Stuttgart FamRZ 2005, 62). Eine in der Praxis gehandhabte Bestellung eines Rechtsanwalts neben dem „Haupt" betreuer für schwierigere Angelegenheiten (fälschlich als Ergänzungsbetreuer bezeichnet) ist aufzuheben und der Aufgabenbereich dem des „Haupt" betreuers zuzuschlagen, sofern dieser geeignet ist, auch diese Angelegenheiten zu besorgen. Anwaltliche Beratung und Unterstützung kann der Betreuer im Rahmen des ihm übertragenen Aufgabenkreises in Anspruch nehmen. Die Bestellung eines Rechtsanwalts als weiteren Betreuer ist grundsätzlich nicht erforderlich, unabhängig davon, ob der „Haupt" betreuer berufsmäßig oder ehrenamtlich tätig ist.

6 Solange der weitere vergütet tätige Betreuer nicht entlassen ist, hat er entsprechend seiner Tätigkeit im Rahmen seines Aufgabenkreises Anspruch auf Aufwendungsersatz und Vergütung nach dem VBVG.

2.   Zur Geschichte der Vorschrift

7 Dass die Aufnahme dieser Vorschrift von der Absicht des Gesetzgebers getragen war, die Bestellung eines Gegenbetreuers im Betreuungsrecht **nicht** vorzusehen, ergibt sich unmittelbar aus der Begründung zu § 1899 BGB (BT-Drucks 11/4528, 128). Unklar ist allerdings, in welcher Hinsicht dieses Motiv für die Regelungen des § 1899 im Einzelnen maßgebend war. Die Möglichkeit, einen Gegenbetreuer zu bestellen, ist erst im Laufe des Gesetzgebungsverfahrens eingeführt worden. Die seinerzeit unterbliebene Inbezugnahme aller Vorschriften der Gegenvormundschaft wurde durch die Neufassung des § 1908i Abs 1 S 1 (Art 1 Nr 16 2. BtÄndG) korrigiert.

8 Der Ausdruck Mitbetreuer entstammt nicht der Gesetzessprache des BtG. Er entspricht dem früher im Vormundschaftsrecht verwendeten Begriff „Mitvormund" (s STAUDINGER/VEIT [2014] § 1775 Rn 5 ff; § 1797 Rn 6 ff; MünchKomm/WAGENITZ § 1775 Rn 1) und wird von dort in das Betreuungsrecht übernommen. § 1908i Abs 1 S 1 BGB bietet durch die Verweisung auch auf § 1797 Abs 1 BGB zwar einen Anknüpfungspunkt. Gegen die Verwendung des Begriffs Mitbetreuer bestehen Bedenken. Der Ausdruck kann einmal den Eindruck einer Rangfolge unter mehreren Betreuern hervorrufen. Gerade dies haben aber weder die Regelungen des Vormundschaftsrechts noch die des Betreuungsrechts für die Volljährigen im Sinn (vgl §§ 1775, 1797, 1798, 1899 iVm § 1908i Abs 1 S 1 BGB). Zum andern wurde auch der Ergänzungsbetreuer (s oben Rn 1) ein Fall der „Mit"betreuung, obgleich er für einen Teil der Aufgaben an die Stelle des Regelbetreuers tritt, demnach eine Lücken füllende „Ersatz"betreuer-Rolle hat.

3.   Bedarfsbezogene Regelentscheidung

9 Die Norm muss, was auch andeutungsweise ihrer amtlichen Begründung zu entnehmen ist (BT-Drucks 11/4528, 130), vor dem Hintergrund zweier Entscheidungen gesehen werden, die die Bestellung des Ehegatten bzw Elternteils zum „Mit"-Vormund des Mündels bestimmt hatten (LG Heidelberg FamRZ 1981, 96 und LG Berlin FamRZ 1986, 103; zu beiden mit Inhaltsangaben BIENWALD, Vormundschafts-, Pflegschafts- und Betreuungsrecht 17 ff; ferner STAUDINGER/VEIT [2014] § 1775 Rn 5 ff; REINHART FamRZ 1981, 8 und HASEL BWNotZ 1986, 82). Während im damaligen Vormundschaftsrecht die Ausnahmevorschrift des § 1775 BGB – entgegen der natürlichen Ausgangssituation, dass ein Kind zwei Elternteile hat – bis zur Änderung durch das BtÄndG unangefochten bestehen geblieben war, erweckt die Formulierung des § 1899 auf den ersten Blick den Eindruck, dass im Interesse des Betreuten eher ein weiterer Betreuer bestellt werden

sollte, zumal bei totaler oder annähernd totaler Betreuungsbedürftigkeit im Falle ehrenamtlicher Betreuung durchaus eine Aufgabenteilung gewünscht sein könnte. Die amtliche Begründung spricht auch nicht dagegen (BT-Drucks 11/4528, 129 f). Hier ist zwar die Rede davon, § 1899 gehe davon aus, dass in der Regel nur eine Person zum Betreuer des Betroffenen bestellt wird; dies erleichtere eine persönliche Betreuung und ein darauf gegründetes Vertrauensverhältnis zwischen Betreutem und Betreuer. Letzteres steht jedoch in engem Zusammenhang mit der Annahme, dass „der knappe Bestand an Personen, die zur Betreuung geeignet sind, auf diese Weise nicht unnötig mit Gegenbetreuungen belastet werde".

Die Fassung der Vorschrift, die für die Bestellung eines oder mehrerer weiterer **10** Betreuer bestimmte (wenn auch ungenaue) Voraussetzungen verlangt, lässt den Schluss zu, dass **in der Regel ein Betreuer** bestellt wird (wie MünchKomm/Schwab Rn 1). Auch die Bestellung der Eltern eines Betroffenen steht unter dem **Erforderlichkeitsgebot** des Abs 1 und ist nicht etwa nur im Falle des Widerspruchs des Betroffenen zu unterlassen (entgegen Erman/Holzhauer Rn 3). Eine uU lebenslange Abhängigkeit eines Menschen von seinen Eltern, wenn auch in der Rolle des Betreuers, entspricht nicht der Regel. Zutreffend deshalb OLG Zweibrücken (Rpfleger 2002, 146 = FGPrax 2002, 22 = BtPrax 2002, 132), wonach jeweils im Einzelfall unter Berücksichtigung der Interessen und entsprechend dem Wohl des Betroffenen zu entscheiden ist, ob im Falle der Betreuungsbedürftigkeit eines behinderten volljährigen Kindes eine gemeinschaftliche Betreuung durch beide Elternteile in Betracht kommt (hier: verneint wegen Trennung der Eltern und ganz erheblicher Spannungen während des laufenden Scheidungsverfahrens). Gegen eine automatische Bestellung beider Eltern auch OLG Schleswig (FamRZ 2005, 1278 [LS]). Zur Beschwerdebefugnis des einen Elternteils gegen die erstmalige Bestellung des anderen Elternteils zum Betreuer des gemeinsamen Kindes (auch) mit dem Ziel, die gemeinschaftliche Betreuung durch beide Elternteile zu erreichen, ebd (vgl auch LG Kleve 23. 5. 2011 – 4 T 98/11 und LG Hannover 27. 6. 2011 – 3 T 49/11, beide Rechtsdienst der Lebenshilfe 2011, 188 mAnm Hellmann 189).

Stellt das Gericht bei der Auswahl des zu bestellenden Betreuers fest, dass die vom **11** Betroffenen gewünschte Person nicht für den erforderlichen Aufgabenkreis geeignet erscheint, und dem Willen des Betroffenen mit der Bestellung mehrerer Betreuer am ehesten entsprochen werden kann, muss sich das Betreuungsgericht mit dieser Möglichkeit auseinandersetzen und entsprechende Feststellungen treffen (KG FamRZ 2009, 910, 911).

4.   Zu den allgemeinen Bestellungsvoraussetzungen

Hat das Betreuungsgericht festgestellt, dass die betroffene Person zur Besorgung **12** ihrer Angelegenheiten einen Betreuer benötigt (§ 1896 Abs 1 und 2 BGB), bedarf es lediglich noch der Feststellung, dass die Angelegenheiten durch die Bestellung eines weiteren Betreuers oder mehrerer besser als durch den einen Betreuer besorgt werden, sowie der Bestimmung, welcher Betreuer mit welchem Aufgabenkreis betraut wird (Abs 1 S 1 und 2). Bei zeitgleicher Entscheidung wird für die Bestellung eines weiteren Betreuers oder mehrerer eine Feststellung iSd § 1896 Abs 1a BGB nicht benötigt und nicht getroffen werden.

13 Ebenso liegt es bei nachträglicher Bestellung eines weiteren Betreuers oder mehrerer nach Maßgabe des Abs 1. Denn die Betreuungsbedürftigkeit steht bereits dem Grunde und dem Umfang nach fest. Bei der Bestellung eines weiteren Betreuers oder mehrerer handelt es sich nicht darum, dass ein Betreuer bestellt wird, sondern darum, auf welche Weise die Angelegenheiten des Betroffenen besorgt werden können.

14 Soll die Entscheidung über eine Sterilisierung der betroffenen Person getroffen werden, wird eine entsprechende Bedürfnislage durch ein Sachverständigengutachten oder ein ärztliches Zeugnis nicht festgestellt. Erforderlich ist aber die Anregung zu einer solchen Betreuerbestellung, weil die Sterilisierung einer betreuten Person nicht zu deren regelmäßig zu besorgenden Angelegenheiten gehört.

15 Ist der bestellte Betreuer aus Rechtsgründen daran gehindert, eine Angelegenheit des Betreuten oder mehrere zu besorgen (§§ 181, 1795, 1796, 1908i Abs 1 S 1 BGB), erfordert die Bestellung eines entsprechenden Verhinderungs- (Ergänzungs-)Betreuers nicht die Feststellung einer besonderen Betreuungsbedürftigkeit. Die Notwendigkeit der Betreuung steht seit der Bestellung des Betreuers fest; der Bedarf für die Bestellung eines weiteren Betreuers nach Abs 4 beruht auf der Verhinderung des Betreuers und ergibt sich entweder unmittelbar aus dem Gesetz oder einer entsprechenden Feststellung des Betreuungsgerichts aufgrund des Gesetzes. Ist der bestellte Betreuer aus tatsächlichen Gründen verhindert, wird dadurch die Betreuungsbedürftigkeit des Betreuten nicht in Frage gestellt, sodass sie auch nicht erneut festgestellt zu werden braucht. Die tatsächliche Verhinderung kann aber Anlass sein zu prüfen, ob der bisher bestellt gewesene Betreuer (noch) geeignet ist, oder ob stattdessen ein anderer Betreuer bestellt werden sollte, für den nicht aus Gründen tatsächlicher Verhinderung (zB langdauernde Krankheit) ein neuer Betreuer bestellt werden muss.

16 Um eine Mehrbetreuerbestellung handelt es sich, wenn das Betreuungsgericht bereits bei der Erstbestellung eines Betreuers einen weiteren Betreuer bestellt und die Zuständigkeiten für die verschiedenen von ihnen zu besorgenden Angelegenheiten bestimmt. Eine Mehrbetreuerbestellung liegt auch dann vor, wenn zu einem späteren Zeitpunkt ein weiterer Betreuer bestellt wird, sei es, dass er eine erst jetzt entstandene neue Aufgabe zugewiesen erhält (Regelung einer erst jetzt entstandenen Erbschaftsangelegenheit), sei es, dass der Aufgabenkreis des bisherigen Betreuers eingeschränkt (Teilentlassung!) und als Aufgabe einem anderen (weiteren) Betreuer zugewiesen wird.

17 Das Betreuungsgericht kann einen bestellten Betreuer kurze Zeit nach seiner Bestellung zusätzlich als Kontrollbetreuer für den ihm als Betreuer nicht übertragenen Aufgabenbereich „Vermögensangelegenheiten" bestellen. Hierbei handelt es sich aber nicht um eine Mehrbetreuerbestellung, sondern um die Zuweisung eines besonderen (weiteren) Aufgabenkreises einer Betreuung (LG Koblenz FamRZ 2011, 1329). Die Verwendung des Begriffs kollidiert mit der Bezeichnung des Betreuers, dem der Aufgabenkreis der § 1896 Abs 3 BGB zugewiesen worden ist. Die Betreuerbestellung nach § 1896 Abs 3 BGB setzt eine wirksame Bevollmächtigung voraus.

18 Abs 1 lässt die Bestellung eines weiteren Betreuers zum Zweck der „Delegation" der dem Gericht obliegenden Kontrolle der Amtsführung des vorhandenen Betreuers und zur Vermeidung etwaiger Missstände durch dessen Tätigkeit auf einen weiteren Betreuer nicht zu (OLG Frankfurt FamRZ 2009, 247, 248 mAnm BIENWALD, 249). Ebensowenig kommt die Bestellung eines weiteren Betreuers zum Widerruf einer rechtsgeschäftlich erteilten Vollmacht in Betracht, wenn der bestellte Betreuer mit einschlägigem Aufgabenkreis dazu berechtigt ist (OLG Brandenburg FamRZ 2009, 912, 913).

Das geltende Recht erlaubt nicht, zur Unterstützung des bereits vorhandenen Be- **19** treuers einen (weiteren) Betreuer zu bestellen (LG Mühlhausen FamRZ 2011, 1897 mAnm BIENWALD).

Eine Mitbetreuung von einem ehrenamtlich tätigen Betreuer und einem berufsmä- **20** ßig tätigen Betreuer ist dann nicht (mehr) erforderlich, wenn für alle bestehenden Aufgabenkreise ein neuer berufsmäßig tätiger Betreuer bestellt werden kann (OLG München FamRZ 2006, 506 [LS]).

II. Voraussetzungen für mehrere Betreuer nach Abs 1 S 1

1. Besserbetreuung

Voraussetzung ist immer, dass die Angelegenheiten des Betreuten bei der Bestellung **21** mehrerer Betreuer **besser besorgt** werden können als mit nur einem Betreuer. Ob hiervon auszugehen ist, hat das Gericht unter Berücksichtigung der gesamten Umstände des Einzelfalls zu beurteilen. So kann wegen der für einen Teil von Angelegenheiten notwendigen Kenntnisse oder Fähigkeiten, die der bisherige Betreuer nicht hat, ein weiterer Betreuer erforderlich sein (im konkreten Fall verneint von BayObLG FamRZ 1997, 1502 = BtPrax 1997, 114). In einer vom OLG Düsseldorf verhandelten Sache waren beide Söhne Betreuer des Vaters, der eine, in dessen Haushalt der Vater lebte, für die Aufenthaltsbestimmung zuständig, dem anderen oblag die Vermögenssorge (BtPrax 1993, 103). Die Entfernung des Wohnsitzes des Betreuers von dem des Betreuten kann die Bestellung eines weiteren Betreuers rechtfertigen (BayObLG FamRZ 2000, 1183 [LS]).

Eine Besserbetreuung muss bereits dadurch gegeben sein, dass nur ein Betreuer die **22** Betreuung berufsmäßig führt und der weitere Betreuer ohne Anspruch auf Vergütung tätig wird (Abs 1 S 3). Die Neuregelung des Abs 1 S 3 kollidiert mit den in §§ 1897 Abs 1 und 1900 BGB enthaltenen Grundsätzen, wenn objektive Umstände eine Mehrbetreuerbestellung erfordern, der weitere Betreuer aber nicht mit Vergütungsanspruch tätig werden darf. In diesem Fall bleibt dann nur die Bestellung eines Vereins oder der Behörde zum weiteren Betreuer, weil diese keine Vergütung erhalten können (§§ 1836 Abs 3, 1908i Abs 1 S 1 BGB). Vereinsbetreuer oder Behördenbetreuer kommen als berufsmäßig tätige weitere Betreuer iSd Abs 1 S 2 nicht in Betracht. Sie können zwar selbst einen Anspruch auf Vergütung nicht geltend machen; durch ihre Bestellung entsteht aber ggf ihrem Anstellungsträger ein von diesem geltend zu machender Anspruch, sodass der Zweck der Neuregelung verfehlt werden würde, wenn das Gericht als weiteren Betreuer einen Vereins- oder Behördenbetreuer bestellen würde.

Werner Bienwald

23 Gesetzlicher Fall einer Besserbetreuung ist kraft Unterstellung des Gesetzgebers die Entscheidung über die Einwilligung in eine Sterilisation (Abs 2). Weitere Fälle sind zwangsläufig die des Fehlens der Vertretungsmacht (§§ 1795, 1796 BGB) des vorhandenen Betreuers. Ohne die Bestellung eines (weiteren, anderen) Betreuers bestünde weiterhin keine Vertretungsbefugnis des Betreuers und damit eine Schadensquelle. Ist der Betreuer verhindert, braucht wegen der speziellen Regelung in § 1899 Abs 4 BGB nicht auf die allgemeine Regelung des § 1899 Abs 1 BGB zurückgegriffen zu werden (für den Fall der rechtlichen Verhinderung BayObLGZ 1997, 288 = FamRZ 1998, 512, 513; vgl auch BayObLG FamRZ 1999, 1303). Als einen Verhinderungsfall gemäß §§ 181, 1908i Abs 1 S 1 BGB mit der Folge der Bestellung eines weiteren Betreuers nach Abs 4 hat es das BayObLG angesehen, wenn der Bruder und Betreuer des Betroffenen zu prüfen hat, ob dem Betroffenen gegen ihn Ansprüche im Zusammenhang mit einem Erbfall zustehen (FamRZ 2002, 61 = BtPrax 2001, 252). Besteht eine Vollmachts- (Kontroll- oder Überwachungs-)Betreuung und soll dieser Betreuer nicht ersetzt werden, besteht aber darüber hinaus Betreuungsbedarf, kommt es zur Bestellung eines weiteren Betreuers; sie liegt im Interesse des Betreuten und dient der besseren Besorgung seiner Angelegenheiten. Insbesondere bei abgrenzbaren wirtschaftlichen Einheiten (Firmenbeteiligungen, Geschäftsbetrieb) oder im Fall einer Erbschaft oder Schenkung, die nach bestimmten Anweisungen verwaltet werden sollen (§ 1908i Abs 1 S 1 iVm § 1803 BGB), ist die Bestellung eines weiteren Betreuers empfehlenswert oder sogar geboten, weil nur so diese Angelegenheiten angemessen besorgt werden können. Ist der bestellte Betreuer nicht gesetzlich ausgeschlossen, können aber aufgrund eines konkreten Interessenkonflikts die Angelegenheiten des Betreuten durch die Bestellung eines weiteren Betreuers insoweit besser besorgt werden, kommt eine Bestellung nach Abs 1 in Betracht (BayObLG 1303). In einer weiteren Entscheidung hat das BayObLG die Bestellung eines weiteren selbständigen Betreuers für zulässig erachtet, soweit der Betreuer von der Vertretung ausgeschlossen ist, und auch dann, wenn sich der Betreuer in einem Interessenkonflikt befindet (BayObLGZ 1997, 288 = FamRZ 1998, 512 = BtPrax 1998, 32 = Rpfleger 1998, 111 = NJW-RR 1998, 869). In diesem Fall hatte die weitere Betreuerin selbständig zu prüfen, ob ein gegen den Betreuer in Betracht kommender Anspruch aus einer Leibgedingsvereinbarung zu erheben ist.

24 Das Gericht bestätigte bei der Gelegenheit, dass die Bestellung von mehreren Betreuern für den Betroffenen nicht in das freie Ermessen des Gerichts gestellt sei, es sich vielmehr um eine Ausnahme von dem nach § 1897 Abs 1 BGB geltenden Grundsatz der Einzelbetreuung handele (FamRZ 1998, 512, 513); kurz darauf heißt es in einer weiteren Entscheidung, die Tatsacheninstanz habe durch das Rechtsbeschwerdegericht nachprüfbare tatsächliche Feststellungen zu treffen, aus denen folgt, dass die Angelegenheiten eines Betreuten mit einem weiteren Betreuer (für denselben Aufgabenkreis) besser wahrgenommen werden können (BayObLG NJWE-FER 1998, 33 = EzFamR aktuell 1998, 80). Das Betreuungsgericht soll im Hinblick auf die weiteren Angelegenheiten einer erforderlichen Betreuung die Bestellung eines Mitbetreuers prüfen, wenn es dem Vorschlag des Betroffenen zur Auswahl des Betreuers nicht folgt, weil in diesem Fall die Betreuerbestellung dem Wohl des Betroffenen in einem bestimmten Aufgabenkreis zuwiderlaufen würde (BGH FamRZ 2015, 1103 = FGPrax 2015 = BtPrax 2015, 149).

25 Werden dem Betreuer Umstände bekannt, welche die Bestellung eines weiteren

Betreuers erfordern (zB Fälle gesetzlicher Verhinderung, konkrete Interessenkonflikte, angeregte Sterilisation, tatsächliche Verhinderung; die Informationspflicht erstreckt sich nicht nur auf den Fall gesetzlicher Verhinderung und Betreuerbestellung nach Abs 4 1. Alt), so hat er dies dem Betreuungsgericht mitzuteilen (§ 1901 Abs 5 BGB).

Wird für den Betroffenen ein weiterer Betreuer unter Aufteilung des bisherigen, **26** einem anderen Betreuer zugewiesenen Aufgabenkreises bestellt, so liegt in dieser Maßnahme eine Teilentlassung des bisherigen Betreuers, verbunden mit der Bestellung eines weiteren Betreuers (BayObLG FamRZ 2002, 1656 [LS]).

Soweit die Bestellung eines weiteren Betreuers für erforderlich gehalten wird für **27** den Fall, dass zwischen Betreuer und Betreutem eine Vergütungsvereinbarung getroffen wird oder werden soll und der Betreute unter Einwilligungsvorbehalt steht (HK-BUR/DEINERT § 1836 BGB Rn 36; s auch DAMRAU/ZIMMERMANN § 1836 Rn 11), wird übersehen, dass es nicht zu den dem Betreuer aufgegebenen Angelegenheiten des Betreuten gehört, die eigene Vergütung „zu besorgen" (näher BIENWALD Rpfleger 2002, 423).

2. Keine Abhängigkeit von Wünschen des Betreuten oder des Betreuers

Dem bloßen Wunsch des Betreuten, einen weiteren Betreuer zu bestellen, braucht **28** das Gericht nicht zu entsprechen. Der Betroffene/Betreute hat zwar die Möglichkeit, auf die Bestellung der Person oder Stelle hinzuwirken (vgl § 1897 Abs 4 und 5; § 1900 Abs 2 S 2 BGB und Abs 4 S 2; § 291 FamFG). Diese erstreckt sich jedoch nicht auf die Zahl der Betreuer und auf die Bestimmung der Aufgabenkreise. Insoweit besteht **keine Bindung** des Gerichts **an Wünsche** und Vorstellungen des Betroffenen. Das Wunschrecht des Betroffenen wird durch das Bestellungsverbot des Abs 1 S 2 weiter eingeschränkt.

Kann der bestellte Betreuer im Namen der betreuten Person einen Rechtsanwalt **29** mit der zu seinem Aufgabenkreis gehörenden Durchsetzung der Rechte oder der Rechtsverteidigung des Betreuten beauftragen, besteht kein Anlass, der betreuten Person auf Anregung des bereits bestellten Betreuer einen Rechtsanwalt als weiteren Betreuer zu bestellen (LG Münster FamRZ 2009, 151 mAnm BIENWALD).

III. Die Personalentscheidung

Die Entscheidung, wer als weiterer Betreuer in Betracht kommt, richtet sich nach **30** den allgemeinen Bestimmungen. Deshalb sind auch hier die gesetzlichen Ausschlussvorschriften des § 1897 Abs 3 BGB und § 1900 Abs 5 BGB zu beachten. Bei der Auswahl eines weiteren Betreuers gemäß § 1899 Abs 4 BGB gilt § 1897 BGB. Zu berücksichtigen sind, jedenfalls bei tatsächlicher Verhinderung des Betreuers, zunächst Vorschläge des Betroffenen. Fehlen diese und schlägt stattdessen der Betreuer eine Person vor, so ist nach § 1897 Abs 5 BGB neben der Gefahr von Interessenkollisionen auf etwaige persönliche Bindungen Rücksicht zu nehmen. Dabei ist der Vorrang geeigneter ehrenamtlicher Betreuer vor Betreuern, die eine Betreuung berufsmäßig führen, gemäß § 1897 Abs 6 S 1 BGB zu berücksichtigen (OLG Zweibrücken Rpfleger 1999, 534, 535).

31 Im Falle der Bestellung eines weiteren Betreuers ist immer auch zu bestimmen, wer mit welchen Aufgaben betraut wird (§ 1899 Abs 1 S 2 BGB). Im Übrigen entspricht der Inhalt der Entscheidung der Erstentscheidung über eine Betreuerbestellung (§§ 38, 39, 286 FamFG). Die Behörde hat ggf mehrere Betreuer vorzuschlagen (§ 8 S 3 BtBG).

32 Sinngemäß anzuwenden ist die **Konfliktregelung**sbestimmung des § 1797 Abs 1 S 2 BGB (iVm § 1908i Abs 1 S 1 BGB). Führen mehrere Betreuer die Betreuung gemeinschaftlich, entsteht das Problem der Entscheidung bei Meinungsverschiedenheiten. Das Gericht kann dazu bei Bestellung der Betreuer oder im Zusammenhang mit einer späteren Bestellung eines weiteren Betreuers eine Regelung treffen; andernfalls hat es bei Meinungsverschiedenheiten nach dieser Vorschrift zu entscheiden. In diesem Falle trifft es, um nicht an die Stelle des einen oder anderen Betreuers zu treten, eine Kompetenzentscheidung oder es tritt einer der beiden Meinungen bei (STAUDINGER/VEIT [2014] § 1797 Rn 29). Steht die Sorge für die Person und die Sorge für das Vermögen des Betreuten verschiedenen Betreuern zu, so entscheidet bei einer Meinungsverschiedenheit über die Vornahme einer sowohl die Person als auch das Vermögen des Betreuten betreffenden Handlung das Betreuungsgericht (§ 1798 iVm § 1908i Abs 1 S 1 BGB). Die Entscheidung trifft der Richter (§ 15 Abs 1 S 1 Nr 7 RPflG).

33 Ebenso wie die Einzelbetreuerbestellung ist auch die Bestellung mehrerer Betreuer gegenüber der alleinigen Bestellung eines Vereins oder der Behörde vorrangig (§ 1900 Abs 1 S 1 BGB; zutreffend ERMAN/HOLZHAUER Rn 2). Dies trifft jedoch dann nicht (mehr) zu, wenn als ein weiterer Betreuer ein Verein bestellt wird oder (zB) im Falle der Bestellung eines Sterilisationsbetreuers neben dem zum Betreuer bestellten Verein ein Arzt oder anderer Spezialist zum Sterilisationsbetreuer bestellt wird.

IV.   Die Praxis der Mehrbetreuerbestellung

1.   Gemeinschaftliche Betreuung (Abs 3)

34 Sind zwei oder mehrere Betreuer mit demselben Aufgabenkreis betraut, können sie grundsätzlich die Angelegenheiten des Betreuten, die dazu gehören, nur gemeinsam besorgen (Gesamt- oder Kollektivbetreuung, MünchKomm/SCHWAB Rn 16). Das System entspricht der Zuständigkeitsregelung für beide Elternteile bei gemeinsamer Sorge (§ 1627 BGB; Ausgangslage) und sollte deshalb nur in ähnlich gearteten Betreuungskonstellationen gewählt werden (s die oben Rn 9 angeführten Entscheidungen des LG Heidelberg und des LG Berlin).

35 Jeder der beiden (oder mehreren) Betreuer ist zum Alleinhandeln befugt, wenn der Aufschub der Entscheidung oder Handlung mit Gefahr verbunden ist. Es muss sich um eine Gefahr für wichtige persönliche oder wirtschaftliche Interessen des Betreuten handeln (MünchKomm/SCHWAB Rn 17), und es muss eine Kontaktaufnahme nicht rechtzeitig möglich oder im Rahmen des Zumutbaren zu erreichen sein. Im Falle des Erklärungszugangs soll es nach MünchKomm/SCHWAB Rn 17 aE ausreichen, wenn die Erklärung dem einen der gemeinschaftlichen Betreuer zugeht (sinngemäß § 1629

Abs 1 S 2 BGB). Das muss dann auch für den Zugang betreuungsgerichtlicher Genehmigungen gelten.

Die gemeinschaftlich verantwortlichen Betreuer haften gesamtschuldnerisch. Fällt **36** ein Betreuer oder fallen mehrere weg, entscheiden die übrigen allein (STAUDINGER/ VEIT [2014] § 1797 Rn 34 f; MünchKomm/SCHWAB Rn 19), bis das Betreuungsgericht die Nachfolge regelt. Dabei kann es einen neuen weiteren Betreuer bestellen oder die übrig gebliebenen allein bestellen. In jedem Falle hat das Gericht ein Bestellungsverfahren nach den §§ 271 ff FamFG durchzuführen, bei dem es zunächst zu prüfen hat, ob die gemeinschaftliche (Mit-)Betreuung aufrechterhalten oder durch eine Einzelbetreuerbestellung fortzusetzen ist; außerdem hat es sowohl den Betreuten (§ 1897 Abs 4 BGB; § 278 FamFG – Personalvorschlag, Anhörung) als auch den/ die bisherigen Betreuer zu beteiligen. Sowohl für die bisherigen Betreuer als auch für den neuen (weiteren) Betreuer kann die gemeinschaftliche Führung der Betreuung mit dem/den anderen aus dem Anlass des Wegfalls ein Grund sein, die Übernahme (oder Fortführung) der Betreuung zu verweigern (§ 1898 Abs 1 BGB; s für die Vormundschaft § 1786 Abs 1 Nr 7 BGB). Ist die gesetzliche Voraussetzung der (gemeinschaftlichen) Mitbetreuung entfallen, liegt ein Grund für die Entlassung für mindestens einen der beiden Betreuer vor (OLG München FamRZ 2007, 853 [LS]).

Zur Kontroverse in Bezug auf die Unterscheidung von Fällen, in denen zwei, und **37** solchen, in denen mehr als zwei Mitvormünder (hier: Betreuer) bestellt sind, s STAUDINGER/VEIT (2014) § 1797 Rn 35 ff mwNw.

2.   Getrennte Betreuung (Abs 1 S 2)

Jeder Betreuer hat einen eigenen von dem des anderen getrennten Aufgabenkreis, **38** den er selbständig und in eigener Verantwortung (der in der 13. Bearb benutzte Ausdruck „unabhängig" könnte einem Gegeneinander das Wort reden; er wird deshalb aufgegeben) von dem/den anderen wahrnimmt. Beide (oder mehr als zwei) brauchen nicht die Zustimmung des (oder der) anderen zur Besorgung einer der ihnen aufgegebenen Angelegenheiten. Jeder von ihnen unterliegt der Verpflichtung des § 1901 BGB. Aus Gründen der Verständigung und der unter Umständen notwendigen Abstimmung von Entscheidungen, die benachbarte Bereiche betreffen, kann eine Absprache geboten und um des Wohls des Betreuten willen auch verpflichtend sein (§ 1901 Abs 2 BGB). Bestehen Abgrenzungsprobleme und damit zugleich – zB – Zuständigkeitsprobleme, ist nach § 1798 zu verfahren. Jeder Betreuer haftet als Einzelbetreuer nach § 1833 iVm § 1908i Abs 1 S 1 BGB. Eine gesamtschuldnerische Haftung entsteht nicht allein dadurch, dass eine Angelegenheit in den Aufgabenbereich mehrerer Betreuer fällt (so aber MünchKomm/SCHWAB Rn 13). Es kommt darauf an, wer entscheidungszuständig war und eine Entscheidung, die schadensursächlich geworden ist, getroffen oder unterlassen hat. Das schadensstiftende Verhalten könnte auch darin gesehen werden, dass nicht rechtzeitig eine Konfliktregelung des Betreuungsgerichts angestrebt oder die Bestellung eines weiteren (Ersatz-)Betreuers angeregt worden ist (§ 1901 Abs 5 BGB).

Hat das Betreuungsgericht einer Betreuten, für deren Vermögenssorge zwei Betreu- **39** er mit der Bestimmung zuständig sind, dass jeder der beiden Betreuer die Aufgaben der Betroffenen selbständig besorgen könne, einen Ergänzungsbetreuer mit dem

Werner Bienwald

Aufgabenkreis Überprüfung der Wirksamkeit von Überlassungsverträgen einschließlich etwaiger Rückgängigmachung bzw Heilung im Falle einer Unwirksamkeit bestellt, werden dadurch die den bestellten Betreuern übertragenen Befugnisse zur gerichtlichen und außergerichtlichen Vertretung der Betroffenen (§ 1902 BGB) nicht eingeschränkt. Die Betreuer können deshalb die Verweigerung der betreuungsgerichtlichen Genehmigung eines Rechtsgeschäfts anfechten, solange sie nicht durch Gesetz oder gerichtliche Verfügung von der Vertretung der Betreuten ausgeschlossen sind (§§ 1795, 1796 iVm § 1908i Abs 1 S 1 BGB; BayObLG BtPrax 1998, 72, 73).

3. Ersatzbetreuung (Abs 4)

40 Abs 4 ermöglicht die Bestellung mehrerer Betreuer in der Weise, dass der eine die Angelegenheiten des Betreuten nur zu besorgen hat, soweit der andere verhindert ist. Aus Rechtsgründen kommt es dazu, wenn der Betreuer gesetzlich oder gerichtlich von der **Vertretungsmacht ausgeschlossen** ist (§ 1795, § 1796 iVm § 1908i Abs 1 S 1; § 181 BGB). In diesen Fällen tritt der nach Abs 4 bestellte weitere Betreuer an die Stelle des verhinderten Betreuers, wie bisher (und noch im Vormundschaftsrecht) der Ergänzungspfleger. Nach Abs 4 ist auch zu verfahren, wenn der Betreuer für einige Zeit oder regelmäßig aus **tatsächlichen Gründen verhindert** ist, ohne dass er wegen Eignungsmangels zu entlassen wäre (**aA** MünchKomm/Schwab Rn 23). Im Amt befindet sich dann jeweils nur ein Betreuer. Der Beginn und das Ende der Befugnis des Ersatzbetreuers richten sich nach dem Ausmaß und den Daten des Verhinderungsfalles, müssen aber Gegenstand des Beschlusses sein.

Muss ein Betreuer bestellt werden, weil der Vorsorgebevollmächtigte rechtlich verhindert ist, findet § 1899 Abs 4 entsprechende Anwendung (BGH FamRZ 2015, 1710, 1711 = NJW 2015, 2886 = BtPrax 2015, 203). Die Vergütung des Betreuers richtet sich nach § 6 S 1 VBVG. S auch unten § 1908i Rn 445.

Abs 4 unterscheidet ebensowenig wie § 1909 Abs 1 S 1 (s dazu bereits Staudinger/ Engelmann [1. Aufl 1899 Reprint 1997] Bem 2) tatsächliche von der rechtlichen Verhinderung, sondern umfasst beide Arten. Deshalb lässt sich die Zulässigkeit einer Dauerergänzungsbetreuung (dazu näher Rn 41 ff) nicht unterschiedlich beantworten je nachdem, ob sie wegen rechtlicher Verhinderung oder wegen tatsächlicher Verhinderung angeordnet werden soll (**aA** HK-BUR/Bauer § 1899 Rn 77, 80). Soweit die Bestellung eines Ergänzungsbetreuers für den Fall einer Vergütungsvereinbarung zwischen dem Betreuer und dem Betreuten für erforderlich gehalten wird (so HK-BUR/Bauer/Deinert § 1836 Rn 36; s auch Damrau/Zimmermann, Betreuungsrecht[3] § 1836 Rn 60), wird übersehen, dass die Vereinbarung der eigenen Vergütung nicht zum Aufgabenkreis des Betreuers des Betreuten gehören kann, der Betreuer demzufolge auch nicht rechtlich in der Vertretung des Betreuten verhindert sein und die Bestellung eines Ergänzungsbetreuers erforderlich machen kann (Bienwald Rpfleger 2002, 423, 424). Bedarf für die Bestellung eines weiteren Betreuers nach Abs 4 besteht für die Geltendmachung etwaiger Rückforderungsansprüche gegen die amtierende Betreuerin, der der Betroffene kurz vor der Feststellung seiner Geschäftsunfähigkeit Schenkungen an die für die Besorgung seiner Vermögensangelegenheiten später bestellte Betreuerin vorgenommen hat (BayObLG FamRZ 2005, 1196 [LS]). Zur Notwendigkeit der Bestellung eines Ergänzungsbetreuers bei Auflassung von Grundbesitz im Rahmen einer Erbauseinandersetzung, wenn Betreuer und Betreuter einer Erbengemeinschaft angehören, OLG München BtPrax 2015, 249 = FamRZ 2016, 399 (LS).

Die Bestellung eines sog **Dauerergänzungs-**/Dauervertretungsbetreuers (etwa ver- **41** gleichbar einem „Ständigen Vertreter" in einer Verwaltungsbehörde) lässt sich nicht auf Abs 4 stützen. Sind die Zeiten der Verhinderung des Hauptbetreuers häufiger und auf längere Sicht vorhersehbar, stellt sich die Frage, ob er dann nicht ganz oder teilweise ungeeignet ist und ggf zu entlassen wäre. Sind die Vertretungszeiten nicht von vornherein bestimmt, womöglich die Vertretungsgründe nicht festgestellt, handelt es sich um eine Vorsorgemaßnahme, die ebenso wie eine Vorratsbetreuung im Falle der Bestellung des (Haupt-)Betreuers unzulässig wäre. Sie widerspräche dem auch im Falle einer Ersatzbetreuerbestellung zu beachtenden (BayObLG FamRZ 2004, 1993, 1994) **Erforderlichkeitsgrundsatz**. Eine Dauerergänzungs-/Vertretungsbetreuung wegen tatsächlicher Verhinderung würde auch nur den amtlichen Rahmen dafür abgeben, dass im konkreten Vertretungsfall mit einer Vollmacht (nicht Untervollmacht, wie LG Hamburg [FamRZ 1999, 797] für den „Normalfall" formuliert) gearbeitet werden müsste, weil weder Beschluss noch Betreuerausweis den konkreten Betreuungsvertretungsfall ausweisen. Der Rechtsverkehr weiß nicht, mit welchem vertretungsberechtigten Betreuer er es zu tun hat. Diese Unsicherheit lässt sich weder durch die Beschränkung auf die Ausstellung eines Betreuerausweises noch durch die Ausstellung von zwei Betreuerausweisen in einer mit den gesetzlichen Regelungen übereinstimmenden Weise (§§ 286, 290 FamFG) vermeiden. Eine weder zeitlich noch inhaltlich konkretisierte Möglichkeit, dass der Betreuer wegen Krankheit zeitweise an der Wahrnehmung seiner Aufgaben verhindert sein könnte, genügt für die Bestellung eines Ersatzbetreuers nicht (BayObLG FamRZ 2004, 1993).

Das von den Befürwortern benutzte Argument mangelnder Praktikabilität der Ein- **42** zelvertretungsentscheidung schlägt deshalb nicht durch, weil der Gesetzgeber einerseits nicht gehindert war und ist, praktikablere Lösungen zu regeln, man andererseits den Gesetzgeber nicht benötigt, wenn „die Praxis" im Betreuungswesen auffallend oft nach ihren eigenen Vorstellungen verfährt und im Übrigen der Gesetzgeber eine Regelung für den Fall tatsächlicher Verhinderung des Betreuers getroffen hat (§§ 1846, 1908i Abs 1 S 1 BGB; wie hier LG Frankfurt/Oder FamRZ 1999, 1221, 1222; MünchKomm/Schwab § 1899 Rn 23; **aA** LG Stuttgart BtPrax 1999, 200; OLG Frankfurt Rpfleger 2002, 359, 360; Alperstadt BtPrax 2001, 106, 107; Damrau/Zimmermann § 1899 Rn 21; HK-BUR/ Bauer BtG § 1899 Rn 80).

Eine „Dauervertretungslösung" ließe Abs 1 zu. Hierfür müsste das Gericht fest- **43** stellen, dass diese Form der Betreuerbestellung zwecks besserer Besorgung der Angelegenheiten erforderlich ist. Das Gericht käme aber grundsätzlich nicht daran vorbei festzulegen, welcher Betreuer für welche Zeit mit welchem Aufgabenkreis betraut wird (Abs 1 S 2).

Wurde ein Ergänzungsbetreuer bestellt und wurde dadurch die dem Betreuer über- **44** tragene Befugnis zur gerichtlichen und außergerichtlichen Vertretung des Betreuten (§ 1902 BGB) nicht eingeschränkt, kann dieser die Verweigerung der Genehmigung eines Rechtsgeschäfts durch das Betreuungsgericht mit einem Rechtsmittel im Namen des Betreuten anfechten (BayObLG BtPrax 1998, 72 = NJWE – FER 1998, 81). Bestellt das Betreuungsgericht bei Vorliegen eines erheblichen Interessenkonflikts zwischen Betroffenem und seinem Betreuer dem Betroffenen einen Ergänzungsbetreuer, entzieht es dem Betreuer insoweit konkludent die Vertretungsmacht (BayObLG FamRZ 2004, 906 = FGPrax 2003, 268 = NJW-RR 2004, 1157).

Bestellt das Betreuungsgericht einen **neuen** Ergänzungsbetreuer, so kann der bisherige Ergänzungsbetreuer nicht die Feststellung der Rechtswidrigkeit seiner Ernennung verlangen (BayObLG 17. 11. 1999 – 3 Z BR 347/99).

45 Entgegen der Regelung, dass – mit Ausnahme des sog Kontrollbetreuers (§ 1896 Abs 3 BGB) – der Richter den Betreuer bestellt (§ 15 Abs 1 S 1 Nr 1 RPflG), kann der Rechtspfleger für die Bestellung des Verhinderungs- oder Ergänzungsbetreuers zuständig sein, wenn durch eine auf § 19 Abs 1 S 1 Nr 1 RPflG gestützte landesrechtliche Rechtsverordnung der Richtervorbehalt des § 15 Abs 1 S 1 Nr 3 RPflG aufgehoben wurde und eine erstmalige Bestellung vorzunehmen ist (BGH FamRZ 2017, 549).

V.   Folgen eines Verstoßes gegen das Bestellungsverbot des Abs 1

46 Bestellt das Betreuungsgericht einen Ergänzungsbetreuer, weil der Regelbetreuer aus Rechtsgründen verhindert ist, hat es darauf zu achten, dass die von dem Ergänzungsbetreuer wahrzunehmende Angelegenheit auf das unbedingt Notwendige beschränkt bleibt bzw wird. In der Praxis besteht die Gefahr, dass der Regelbetreuer mit seiner Pauschalvergütung und einer Verantwortung für die Betreuung im Übrigen gegenüber einem nach Stundenhonorar (§ 6 S 1 VBVG) vergüteten Ergänzungsbetreuer erheblich schlechter gestellt ist/wird.

47 Die Formulierung in Abs 1 S 2 „werden nicht bestellt" deutet auf ein Bestellungsverbot. Weder objektive Umstände noch der Wille oder der Wunsch des Betroffenen dürfen vom Gericht bei der Entscheidung, ob ein weiterer Betreuer oder mehrere bestellt werden, zugunsten von Betreuern mit Vergütungsanspruch berücksichtigt werden. Die Folge, wenn das Gericht gegen das Bestellungsverbot verstößt und bewusst oder in Verkennung der Rechtslage mehrere Betreuer mit Vergütungsanspruch bestellt, kann nur die Nichtigkeit der Personalentscheidung sein, weil andernfalls (bei Annahme einer Ordnungsvorschrift) Vergütungsansprüche entstehen würden, die verhindert werden sollen. Der Zweck der Regelung kann nur dadurch erreicht werden, dass die fehlerhafte Bestellung auf Beschwerde hin (zur Beschwerdebefugnis des Vertreters der Staatskasse die erhalten gebliebene Regelung jetzt § 304 Abs 1 S 2 FamFG) oder von Amts wegen korrigiert wird oder hinsichtlich eines Vergütungsanspruchs des weiteren Betreuers ohne Folgen bleibt, der betreffende Betreuer also in diesem Falle keinen Anspruch auf Vergütung erwirbt.

VI.   Zum Verfahren

48 § 293 Abs 3 FamFG bestimmt, dass dessen Absätze 1 und 2 für die Bestellung eines weiteren Betreuers nach § 1899 BGB gelten, soweit damit eine Erweiterung des Aufgabenkreises verbunden ist. Die in Bezug genommenen Absätze betreffen Verfahren zur Erweiterung des Aufgabenkreises des Betreuers und zur Erweiterung des Kreises der einwilligungsbedürftigen Willenserklärungen (§ 1903 BGB). Im Übrigen gelten die allgemeinen Beschwerdevorschriften (§§ 58 ff FamFG) und die ergänzenden Vorschriften über die Beschwerde im Betreuungsverfahren (§ 303 FamFG). Danach steht der zuständigen Behörde das Recht der Beschwerde zu gegen Entscheidungen über Umfang, Inhalt oder Bestand einer Betreuerbestellung (§ 303 Abs 1 Nr 2 FamFG) und zwar auch dann, wenn die Entscheidung nicht von Amts wegen, sondern auf Antrag des Betroffenen ergangen ist. Damit steht der zuständigen Behörde das Beschwerderecht auch gegen den Willen der betroffenen Person zu (BT-Drucks 16/6308, 271).

In Betracht kommt auch eine Beschwerde der Staatskasse, wenn deren Vertreter **49** geltend gemacht hat, der Betreute könne anstelle einer nach § 1897 Abs 6 BGB bestellten Betreuerperson durch eine oder mehrere andere geeignete Personen außerhalb einer Berufsausübung betreut werden, damit aber nicht durchgedrungen ist (§ 304 Abs 1 S 2 FamFG).

Gegen einen Beschluss des Beschwerdegerichts, durch den die Bestellung eines **50** Ergänzungsbetreuers durch das Betreuungsgericht oder deren Ablehnung bestätigt wurde, ist die zulassungsfreie Rechtsbeschwerde nach §§ 70 ff FamFG nicht statthaft. Die Bestellung eines Ergänzungsbetreuers gemäß §§ 1899 Abs 4, 1908i Abs 1 S 1, 1795, 1796 BGB wird ebenso wie die Ablehnung einer solchen Bestellung nicht von den §§ 70 Abs 3 Nr 1, 271 Nr 1 FamFG erfasst (BGH FamRZ 2011, 1219 = Rpfleger 2011, 499 im Anschluss an BGH FamRZ 2010, 1897 und FamRZ 2011, 632).

Zum Verfahren im Übrigen: **51**

Die Tatsache, dass für die gleichzeitige Bestellung mehrerer Betreuer (gleichgültig, ob für denselben Aufgabenkreis oder mehrere getrennte Aufgabenkreise) eine spezielle Regelung nicht getroffen worden ist, spricht dafür, dass sich das Verfahren, soweit erforderlich, nach den allgemeinen Bestimmungen richtet. Für die Anhörung des Betroffenen und die Bestellung eines Verfahrenspflegers in einem separaten Bestellungsverfahren sind die §§ 276 und 278 FamFG maßgebend. Werden die Rechte des Betreuten durch die Bestellung eines weiteren Betreuers nicht unmittelbar geschmälert, kann das vereinfachte Verfahren durchgeführt werden, wobei der Betroffene Vorschläge für die Person nach den allgemeinen Bestimmungen machen kann (§§ 1897 Abs 4, 1900 Abs 2 S 2 BGB). Das trifft vor allen Dingen bei der Bestellung eines Ergänzungsbetreuers oder eines Ersatzbetreuers zu. Um eine Erweiterung des Aufgabenkreises handelt es sich dann, wenn zunächst ein Betreuer nach § 1896 Abs 3 BGB (Vollmachtbetreuer) und später zusätzlich ein weiterer Betreuer nach § 1896 Abs 1 und 2 BGB bestellt wird. Ein Betreuer, dem der Aufgabenkreis Vermögenssorge nicht übertragen ist, der jedoch Bankvollmacht des Betroffenen hat, kann weder im eigenen Namen noch namens des Betroffenen gegen die Bestellung eines weiteren Betreuers für einen Teilbereich der Vermögenssorge Beschwerde einlegen (BayObLG FamRZ 2002, 1590 = Rp 2002, 454 [LS]).

Kostenrechtlich ist bei der Bestellung weiterer Betreuer zu unterscheiden, ob es sich **52** um eine einzelne Rechtshandlung handelt, für die ein weiterer Betreuer bestellt werden muss, oder nicht (§§ 92 und 93 KostO).

§ 1900
Betreuung durch Verein oder Behörde

(1) Kann der Volljährige durch eine oder mehrere natürliche Personen nicht hinreichend betreut werden, so bestellt das Betreuungsgericht einen anerkannten Betreuungsverein zum Betreuer. Die Bestellung bedarf der Einwilligung des Vereins.

(2) Der Verein überträgt die Wahrnehmung der Betreuung einzelnen Personen. Vorschlägen des Volljährigen hat er hierbei zu entsprechen, soweit nicht wichtige Gründe entgegenstehen. Der Verein teilt dem Gericht alsbald mit, wem er die Wahrnehmung der Betreuung übertragen hat.

(3) Werden dem Verein Umstände bekannt, aus denen sich ergibt, dass der Volljährige durch eine oder mehrere natürliche Personen hinreichend betreut werden kann, so hat er dies dem Gericht mitzuteilen.

(4) Kann der Volljährige durch eine oder mehrere natürliche Personen oder durch einen Verein nicht hinreichend betreut werden, so bestellt das Gericht die zuständige Behörde zum Betreuer. Die Absätze 2 und 3 gelten entsprechend.

(5) Vereinen oder Behörden darf die Entscheidung über die Einwilligung in eine Sterilisation des Betreuten nicht übertragen werden.

Materialien: Im DiskE I nicht vorgesehen; Art 1 Nr 41 RegEntw; Art 1 Nr 47 BtG; BT-Drucks 11/4528, 131 ff (BReg); BT-Drucks 11/6949, 74 Nr 16 (RA); Staudinger/BGB- Synopse 1896–2005 § 1900. Änderung der Gerichtsbezeichnung durch Art 50 Nr 47 FGG-FG (BGBl I 2008, 2586, 2724).

Systematische Übersicht

I.   Normzweck, Überblick

1.   Grundsatz

1 Die Vorschrift ermöglicht die Bestellung eines Vereins oder der zuständigen Behörde (Betreuungsstelle) zum Betreuer und übernimmt damit eine dem bisherigen Recht bekannt gewesene (§§ 1897 aF, 1915 BGB iVm §§ 1791a, 1791b BGB, § 54a JWG) und im Vormundschaftsrecht noch bestehende Konstruktion (§§ 1791a, 1791b BGB, § 55 SGB VIII): Der Verein oder die zuständige Behörde wird als Institution zum Betreuer bestellt, überträgt aber die Ausübung der Aufgaben der Betreuung einzelnen Personen, wobei je nach Betreuerart unterschiedliche Personen für diese Übertragung in Betracht kommen.

2 Ist die Behörde Betreuer, so kann kein Gegenbetreuer bestellt werden (§ 1792 Abs 1 S 2 iVm § 1908i Abs 1 S 1 BGB); im Falle der Vereinsbestellung ist das nicht ausgeschlossen.

3 Die Bestellung des Vereins oder der Behörde ist nicht für alle Betreuungsaufgaben vorgesehen. Abs 5 schließt es aus, dass Vereinen oder Behörden die Entscheidung über die Einwilligung in eine Sterilisation des Betreuten übertragen wird.

2.   Zielsetzung; Ausnahmecharakter der Regelung

4 Die Möglichkeit, den Verein oder die zuständige Behörde zum Betreuer zu bestellen, soll nach dem Willen des Gesetzgebers auf besondere Fälle beschränkt bleiben

(BT-Drucks 11/4528, 131). Ursprünglich war sie für das Betreuungsrecht nicht vorgesehen gewesen. Im Gegensatz zum damals geltenden Recht sollten nach dem DiskE I (§ 1898; s DiskE I S 2 und 113) nur natürliche Personen als Betreuer in Betracht kommen. Dadurch sollte aber lediglich vermieden werden, dass im Rahmen einer Vereins- oder Amtsbetreuung die Person des (Real-)Betreuers laufend wechselt und damit eine persönliche Betreuung unmöglich gemacht wird oder nicht zustande kommt. Man wollte künftig nicht Vereine und Ämter als solche, sondern die von einem Verein vorgeschlagene Person oder den Bediensteten der Behörde zum persönlichen Betreuer bestellen.

Aufgrund der mitgeteilten Erfahrungen der Verbände und ihrer Gliederungen sah **5** sich die Bundesregierung außerstande, auf dem ursprünglichen Konzept eines völlig uneingeschränkten Verbotes der Betreuung durch Vereine oder Behörden zu bestehen (BT-Drucks 11/4528, 131), und sah nun die Vereins- und die Behördenbetreuung – in dieser Reihenfolge – als letzte Möglichkeit der Betreuerbestellung nach allen anderen Formen der Einzelbetreuung vor. Die Bestellung des Vereins oder der Behörde ist nur für eine Übergangszeit gedacht (BT-Drucks 11/4528, 131). Sobald der Betreute durch eine oder mehrere natürliche Personen hinreichend betreut werden kann, soll die Vereins- oder die Amtsbetreuung beendet werden. Der Verein und die zuständige Behörde haben durch entsprechende Mitteilungen an das Gericht dazu beizutragen (Abs 3). Eine dem Gericht aufgegeben gewesene Prüfpflicht (§ 69c Abs 1 FGG) wurde durch Art 2 Nr 5 BtÄndG aufgehoben (z Begr s BT-Drucks 13/7158, 38). Kann der Betreute durch eine oder mehrere natürliche Personen hinreichend betreut werden, sind der Verein oder die Behörde zu entlassen (§ 1908b Abs 5 BGB). Es handelt es sich um eine echte Entlassung und eine Neubestellung nach § 1908c BGB, § 296 FamFG. Wird die Bestellung eines weiteren Betreuers gemäß § 1899 Abs 1 S 1 BGB erforderlich und steht eine natürliche Person ohne Vergütungsanspruch nicht zur Verfügung, kommt als weiterer Betreuer ein Verein oder die Behörde in Betracht, denen eine Vergütung nicht bewilligt werden kann (§§ 1836 Abs 3, 1908i Abs 1 S 1 BGB; BGH FamRZ 2011, 1394 [1395] mAnm BIENWALD u FRÖSCHLE [1397]).

Die Regelungen über Aufwendungsersatz und Vergütung (§§ 1835 Abs 5, 1835a **6** Abs 5 sowie 1836 Abs 3 BGB, §§ 7 und 8 VBVG) boten bisher einen Anreiz, die Mitarbeiterinnen und Mitarbeiter vorrangig zum Vereins- oder Behördenbetreuer bestellen zu lassen, anstatt die Betreuung dem Verein oder der Behörde zu übertragen. Dadurch wurde auf Vereine und Behörden ein gewisser Druck ausgeübt, die Bestellung als Institution zu vermeiden. Diese Wirkung wird jedoch dort nicht erzielt, wo zB eine Behörde zur Vermeidung der mit dem Betreuerwechsel verbundenen Unruhe und aus anderen Motiven mit dem Gericht übereingekommen ist, die Behörde ausschließlich als Institution zu bestellen und ihre Weigerung, Mitarbeiter zu Behördenbetreuern bestellen zu lassen, zu akzeptieren. Eine solche Praxis verfehlt die Absichten des Gesetzgebers. Nachdem das OLG München (FamRZ 2011, 998 mAnm BIENWALD, 1001) entgegen OLG Düsseldorf (BtPrax 2010, 126) und OLG Koblenz (FamRZ 2011, 61) mit Zustimmung des OLG Celle (FamRZ 2011, 1329 mAnm BIENWALD) ungeachtet des Wortlauts von § 1836 Abs 3 einem (Vormundschafts-)Verein einen Vergütungsanspruch zugebilligt hatte, entschied der BGH, dass der zum Vormund bestellte Verein gemäß § 1836 Abs 3 keine Vergütung verlangen könne; eine Entscheidung, die auch für das Betreuungsrecht maßgebend ist.

Werner Bienwald

Einen etwaigen Aufwendungsersatz kann der Verein (entgegen dem LS der BGH – Entscheidung) nach § 1835 Abs 5 (ggf iVm § 1908i Abs 1 S 1 BGB) verlangen.

7 In der bei HK-BUR/DEINERT mitgeteilten Statistik für 1999 und 2000 werden für die Vereine und die Behörden die Bestellungen nach § 1897 Abs 2 und § 1900 nicht getrennt ausgewiesen, sodass nur vermutet werden kann, dass der Anteil der Bestellungen nach § 1900 gering ist. Für 2000 sind 1,9 % aller neuen Betreuungen für die Behörden und 7,3 % für die Vereine genannt; für 2003 werden in BtPrax 2004, 229 0,91 % Behördenbestellungen und 6,01 % Vereinsbestellungen gemeldet (ohne diesbezügliche Differenzierung die von DEINERT [BtPrax 2006, 65] für 2004 mitgeteilten Betreuungszahlen).

8 Der Anteil der Vereinsbetreuungen für 2009 wird von DEINERT (Betreuungszahlen 2015, BtPrax 2016, 218: Neue Betreuungen) mit 6,6 % angegeben. Der Anteil der Behördenbetreuungen betrug 2015 0,17 %. Dem stehen gegenüber: Familienangehörige 49,72 %, Selbständige Berufsbetreuer 37,73 %, Sonstige Ehrenamtliche 5,72 %.

3. Rechtsbehelf des Betreuten gegen die Auswahlentscheidung

9 Der Betreute, der keine gesetzlich garantierte Einflussmöglichkeit auf die Bestellung des Vereins oder der Behörde zum Betreuer hat (anders bei der Bestellung einer natürlichen Person nach § 1897 BGB), kann gegen die Auswahl der Person, der ein Verein oder die zuständige Behörde die Wahrnehmung der Betreuung übertragen hat, gerichtliche Entscheidung beantragen (§ 291 FamFG). Zuständig ist in der Regel der Betreuungsrichter (§ 15 Abs 1 S 1 Nr 3 RPflG); der Rechtspfleger, wenn es sich um eine Betreuung nach § 1896 Abs 3 BGB handelt. Das Gericht kann dann dem Verein oder der Behörde aufgeben, eine andere Person auszuwählen, wenn einem Vorschlag des Betreuten, dem keine wichtigen Gründe entgegenstanden, nicht entsprochen wurde oder die bisherige Auswahl dem Wohl des Betroffenen zuwiderläuft (§ 291 S 2 FamFG). Diese gerichtliche Verfügung kann aber – wie gerichtliche Verfügungen gegenüber Vereinen und Behörden auch sonst (§ 1837 Abs 3 iVm § 1908i Abs 1 S 1 BGB) – nicht mit Zwangsmitteln durchgesetzt werden; § 35 FamFG ist nicht anwendbar (§ 291 S 3 FamFG).

10 Dem Wohl des Betroffenen läuft die von der Institution getroffene Entscheidung, wer die Betreuung zu führen hat, (dann) zuwider, wenn die Gefahr besteht oder Tatsachen bereits belegen, dass der Realbetreuer nicht oder nicht hinreichend die Interessen des Betroffenen vertritt und verfolgt und/oder die Betreuung grundlos ohne die erforderliche Einbeziehung und Beteiligung des Betroffenen (also unpersönlich) über dessen Kopf hinweg führt. Darauf, dass der Betroffene diese Art der Führung der Betreuung registriert, kommt es nicht an; sein Unbehagen als Anlass seines Verlangens nach einer anderen Betreuerperson reicht aus.

4. Befreiungen für Vereine und Behörden

11 Dem Verein als Betreuer und der zuständigen Behörde, die zum Betreuer bestellt worden ist, stehen zahlreiche Befreiungen, insbesondere im Rahmen der Vermögenssorge sowie der Rechenschaftspflicht (Rechnungslegung) zu (§ 1908i Abs 1 S 1, § 1857a BGB). Landesrecht kann außerdem bestimmen, dass Vorschriften, welche

die Aufsicht des Betreuungsgerichts in vermögensrechtlicher Hinsicht sowie beim Abschluss von Lehr- und Arbeitsverträgen betreffen, gegenüber der zuständigen Behörde außer Anwendung bleiben (§ 1908i Abs 1 S 2 BGB).

5. Verfahrensrechtliches

In der Entscheidung, durch die ein Betreuer bestellt oder ein Einwilligungsvorbehalt **12** angeordnet wird, erscheint bei Bestellung eines Betreuers der Verein oder die zuständige Behörde (Betreuungsstelle) als Betreuer. Das ergibt sich, entgegen der bisherigen Regelung (§ 69 Abs 1 Nr 2 FGG) nicht unmittelbar aus den Vorschriften über den Inhalt des Beschlusses (§§ 38 Abs 2, 286 Abs 1 FamFG). Zwar sind die Beteiligten in dem Beschluss aufzuführen; bevor der Betreuer nicht bestellt ist, kann er jedoch nicht Verfahrensbeteiligter sein. Ohne Angabe des Betreuers ergäbe der Beschluss jedoch keinen Sinn. § 290 FamFG bestimmt dagegen, dass die Urkunde, die dem Betreuer auszuhändigen ist, den Betreuer (also auch den Verein oder die zuständige Behörde) zu enthalten hat. Der Verein und die Behörde bzw der für die Wahrnehmung der Aufgabe Ausgewählte werden nicht mündlich verpflichtet; sie brauchen auch nicht über ihre Aufgaben unterrichtet zu werden (§ 289 Abs 1 FamFG). Die Teilnahme an dem Einführungsgespräch, das das Betreuungsgericht in geeigneten Fällen mit dem Betreuer und dem Betroffenen führt, wird dadurch nicht berührt (§ 289 Abs 2 FamFG).

In der vorgesehenen Begründung des Beschlusses (§ 38 Abs 3 FamFG) hat der Tatrichter nachvollziehbar darzulegen, weshalb der Betroffene nicht durch eine natürliche Person hinreichend betreut werden kann (BayObLG v 30. 1. 1997 – 3 Z BR 2/97).

In der Entscheidung, durch welche die Behörde zur Betreuerin bestellt wird, sind die Gründe dafür (Entscheidungsvoraussetzungen materiellen Rechts) anzugeben. Das BayObLG (FamRZ 1993, 1248 = Rpfleger 1993, 447 = BtPrax 1993, 140, 141) rügte, dass die Gründe der landgerichtlichen Entscheidung nichts darüber enthielten, weshalb nicht wenigstens ein anerkannter Betreuungsverein zum Betreuer bestellt werden konnte (vgl auch DODEGGE FamRZ 1992, 1936, 1937).

Bevor das Betreuungsgericht den Verein zum Betreuer bestellt, hat es dessen Ein- **13** willigung in die Bestellung einzuholen (Abs 1 S 2), sofern der Verein nicht bereits sein Einverständnis mitgeteilt hat. Das Einverständnis mit der Bestellung ist aktenkundig zu machen, spätestens im Bestellungsbeschluss festzuhalten.

Die Einwilligung der Behörde in ihre Bestellung zum Betreuer wird nicht voraus- **14** gesetzt; als letzte Möglichkeit einer Betreuerbestellung kommt es auf die Einwilligung der Behörde als Voraussetzung ihrer Bestellung nicht an. Die Behörde könnte die Bestellung auch nicht ablehnen.

Der als Betreuer eingesetzte Betreuungsverein ist hinsichtlich seiner Bestellung als **15** Betreuer beschwerdeberechtigt; seine Bestellung ist gesetzwidrig, wenn sie ohne seine Zustimmung vorgenommen wurde (LG Cottbus BtPrax 2001, 172).

Werner Bienwald

II.   Vereinsbetreuung (Abs 1 bis 3)

1.   Voraussetzungen einer Vereinsbestellung

16 Die Bestellung des Vereins zum Betreuer ist gegenüber allen natürlichen Personen (Privatperson, Vereinsbetreuer, Behördenbetreuer) nachrangig, der Bestellung der Behörde gegenüber vorrangig. Deshalb ist die Bestellung eines Vereins nur zulässig, wenn der Betroffene durch natürliche Personen (als Betreuer) nicht hinreichend betreut werden kann. Auch die Bestellung des Vereins als **Vertretungsbetreuer** setzt voraus, dass geeignete natürliche Personen die als Betreuer in Frage kommen, nicht zur Verfügung stehen (LG Cottbus BtPrax 2001, 172). Der Vorrang der Betreuung durch eine natürliche Person wird nicht durch den Vorschlag des Betroffenen, ihm einen Verein zum Betreuer zu bestellen, beseitigt (BayObLG Rpfleger 1998, 199 = NJWE-FER 1998, 105 mAnm BIENWALD BtPrax 1998, 135 wegen der Reaktionen auf diese Entscheidung).

Bestellt werden kann nur ein **anerkannter** Betreuungsverein. Er muss die Voraussetzungen des § 1908f BGB und gegebenenfalls weitere landesrechtliche Anerkennungsvoraussetzungen (§ 1908f Abs 3 S 2 BGB) erfüllen. Die Anerkennung muss im Zeitpunkt der Bestellung noch bestehen. Sie darf nicht widerrufen sein. Die Möglichkeit der Bestellung darf auch nicht durch unerfüllte Auflagen in Frage gestellt sein.

2.   Eignung zur Bestellung

17 Die in § 1908f Abs 1 BGB formulierten Anerkennungsvoraussetzungen nennen nicht ausdrücklich die Bereitschaft zur Führung von Betreuungen und die Eignung dafür. Sie setzen dies voraus, indem sie von dem Verein erwarten, dass er zur Bewältigung der Vereinsaufgaben geeignete Mitarbeiter beschäftigt und diese beaufsichtigt und weiterbildet. Eine besondere Eignungsprüfung vor der Bestellung des Vereins zum Betreuer, die nicht ausdrücklich vorgesehen ist, kann danach entbehrt werden. Durch Spezialisierungen in der Betreuungsarbeit (Arbeit mit Menschen mit geistiger Behinderung oder speziell mit psychisch Kranken) kann sich jedoch ein Verein für bestimmte Betreuungen als weniger geeignet erweisen als ein anderer. Dies stellt aber keinen Verstoß gegen § 1908f BGB dar und gibt keine Grundlage für den Widerruf der Anerkennung als Betreuungsverein ab.

Als besonderer Sterilisationsbetreuer kann der Verein nicht bestellt werden (§ 1900 Abs 5 BGB), sondern nur eine im Verein oder für diesen tätige Mitarbeiterin oder ein Mitarbeiter (§ 1897 Abs 2 S 1 BGB).

3.   Notwendiges Einverständnis

18 Der Verein darf nur zum Betreuer oder Gegenbetreuer bestellt werden, wenn er mit der Bestellung einverstanden ist (Abs 1 S 2; LG Cottbus BtPrax 2001, 172 = RdLH 3/2001, 131 mAnm HELLMANN; auch für die Bestellung zum „Vertretungsbetreuer").

Die Einwilligung ist jeweils für den konkreten Bestellungsfall erforderlich. Es muss sich bei der dem Gericht gegenüber geäußerten Einwilligung um eine für den Verein abgegebene Erklärung handeln. Gibt ein Vereinsbetreuer oder ein anderer Mitarbeiter des Vereins die Erklärung ab, kommt es für die Verbindlichkeit darauf an, dass er entsprechend bevollmächtigt war. Im Übrigen richtet sich die Vertretungsbefugnis des Vereins nach Vereinsrecht.

Ohne die im Zeitpunkt der Entscheidung des Gerichts notwendige Einwilligung darf **19** der Verein nicht zum Betreuer bestellt werden. Wird er dennoch bestellt, ist die Entscheidung nicht deswegen nichtig. Sie kann mit der Regelbeschwerde (§ 63 Abs 1 FamFG) angefochten werden. Weist das Gericht die Weigerung des Vereins, sich bestellen zu lassen, zurück, so ist die Regelbeschwerde (§§ 58 ff FamFG) gegeben.

Der Verein ist weder verpflichtet, Mitarbeiter als Einzelbetreuer (Vereinsbetreuer) **20** zu stellen (§ 1897 Abs 2 S 2 BGB), noch kann er selbst zur Übernahme des Amtes gezwungen werden (MünchKomm/Schwab Rn 3). Generelle Zusagen des Vereins dem Gericht gegenüber, Betreuungen zu übernehmen, sind nicht verbindlich, sie ersetzen nicht die Einwilligung im Einzelfall. Die gegenüber der Betreuungsbehörde eingegangene Verpflichtung, mitunter schriftlich abgefasst, ist in aller Regel Voraussetzung einer Bezuschussung nach den Förderrichtlinien der Länder (oder Kommunen), nicht dagegen eine gegenüber dem Betreuungsgericht bindende Erklärung. Auf den Verein als Betreuer ist § 1787 Abs 1 iVm § 1908i Abs 1 S 1 BGB (Schadensersatz bei grundloser Ablehnung) nicht anwendbar.

Eine dem § 1908b Abs 4 BGB entsprechende für den Vereinsbetreuer getroffene **21** Regelung, wonach dieser jederzeit auf Antrag seines Vereins zu entlassen wäre, besteht für den zum Betreuer bestellten Verein nicht. Daraus wird geschlossen, dass der Verein nicht beliebig die seiner Bestellung zugrunde liegende Einwilligung widerrufen dürfe (MünchKomm/Schwab Rn 4). Diese Einschränkung lässt sich schon im Hinblick darauf, dass beide Institutionen nicht genannt sind (die Behörde deshalb nicht, weil es auf ihre Einwilligung nicht ankommt), aber auch deshalb nicht halten, weil der Verein allein aus Gründen unvorhergesehenen Mitarbeiterausfalls Betreuungen zurückgeben können muss. Fraglich kann deshalb nicht die Zulässigkeit, sondern nur die Begründetheit eines solchen Widerrufs sein. Lehnt das Betreuungsgericht die beantragte Entlassung ab, wird das Beschwerdegericht dies prüfen (§ 58 FamFG; zur Beschwerdefähigkeit s § 59 Abs 1 FamFG).

4. Rechtsstellung des Vereins

Wurde der Verein zum Betreuer oder Gegenbetreuer bestellt, genießt er die in **22** § 1908i Abs 1 S 1 iVm § 1857a BGB eingeräumten Befreiungen im Bereich von Vermögenssorge und Rechnungslegung.

Anders als im Falle der Amtsbetreuung kann dem Verein ein Gegenbetreuer bestellt **23** werden (§ 1908i Abs 1 S 1 iVm § 1792 Abs 1 S 2 BGB). Der Verein unterliegt nicht der Aufsicht und Kontrolle der Betreuungsbehörde. Ist der Verein zum Betreuer oder Gegenbetreuer bestellt worden, hat er gegen den Betreuten einen Anspruch auf Ersatz der zum Zwecke der Führung der Betreuung gemachten Aufwendungen gemäß § 1908i Abs 1 S 1 iVm § 1835 Abs 1 und Abs 5 S 1 BGB. Vorschuss auf die für die Führung der Betreuung (Gegenbetreuung) erforderlichen Aufwendungen kann der Verein nicht verlangen. Allgemeine Verwaltungskosten sowie die Kosten einer angemessenen Versicherung (§ 1835 Abs 2 BGB) werden nicht ersetzt (§ 1908i

Abs 1 S 1 iVm § 1835 Abs 5 S 2 BGB). Der Anspruch gegen den Betreuten besteht nur, soweit das einzusetzende Einkommen und Vermögen des Betreuten ausreicht (§ 1908i Abs 1 S 1 iVm § 1835 Abs 5 S 1 BGB). Dem Verein als Betreuer steht die Aufwandspauschale des § 1835a BGB nicht zu; eine Vergütung kann ihm nicht bewilligt werden (§§ 1836 Abs 3, 1908i Abs 1 S 1 BGB). Da der Verein als Betreuer weder vom Betreuten noch aus der Staatskasse Vergütung verlangen kann (§§ 1836 Abs 3, 1908i Abs 1 S 1 BGB), entfällt die bei der Bestellung zum Betreuer zu treffende Feststellung des Gerichts, ob die Betreuung unentgeltlich oder entgeltlich geführt wird (§§ 1836 Abs 1 S 2, 1908i Abs 1 S 1 BGB). Aus diesem Grunde kommt für den Verein als Betreuer auch nicht die Berichtspflicht des § 10 VBVG in Betracht.

5.   Übertragung der Betreuungsarbeit und ihre Grenzen

a)   Grundsatz

24 Der Verein überträgt die Wahrnehmung der Betreuung einzelnen natürlichen Personen. Er behält die Rechtsstellung des Betreuers. Die amtliche Begründung (BT-Drucks 11/4528, 132) sieht darin die Entsprechung zu der für die Vormundschaft und die Pflegschaft geltenden Rechtslage (§ 1791a Abs 3 S 1, § 1897 S 1 aF, § 1915 Abs 1 BGB).

Die Auswahl der einzelnen Personen liegt im Ermessen der satzungsgemäß zuständigen Organe des Vereins (MünchKomm/Schwab Rn 7). Im Rahmen seiner Organisationsgewalt kann der Verein die Wahrnehmung der Betreuung auch auf mehrere Personen übertragen, sodass jede einen Teil des Aufgabenkreises zu erledigen hat (s BT-Drucks 11/4528, 132). Die persönliche Betreuung iSd § 1901 BGB (dazu BT-Drucks 11/4528, 68) muss jedoch gewährleistet sein.

b)   Ausgeschlossene Personen

25 Einer Person, die den Betreuten in einem Heim des Vereins betreut, darf der Verein die Aufgabe der Betreuung nicht übertragen (§ 1908i Abs 1 S 1 iVm § 1791a Abs 3 S 1 HS 2 BGB). Heim im Sinne dieses Ausschlusses ist nicht nur die Einrichtung, die formal den Vorschriften über Heime entspricht, sondern auch jede andere Wohnform, in der der Betreute umfassend versorgt wird (zum Begriff des Betreuens nach dem HeimG Kunz/Ruf/Wiedemann, HeimG § 1 Rn 2). Der Ausschluss einer solchen Person dient dem gleichen Zweck wie die Regelung des § 1897 Abs 3 BGB. Es sollen Konflikte vermieden werden, die sich daraus ergeben können, dass der Mitarbeiter einerseits der Leitung oder dem Träger der Einrichtung gegenüber weisungsgebunden ist, als Betreuer des Bewohners jedoch dessen Interessen wahrzunehmen und auch gegenüber seinem Dienstherrn durchzusetzen hätte, zB in Fragen der Art und Weise der Unterbringung, der Finanzierung, der Kündigung des Heimplatzes usw (BT-Drucks 11/4528, 126). In erster Linie geht es dabei um die Vermeidung von Nachteilen für den Betreuten, die sich daraus ergeben, dass der Betreuer aufgrund seiner beruflichen Abhängigkeit außerstande ist, die Interessen des Betreuten angemessen zu vertreten. Zu Hindernissen, die sich aus den Landesausführungsgesetzen zum BtG bzgl der Verbindung von Betreuung und Heimträger- oder Mitarbeiterschaft ergeben, Bienwald, in: Bienwald/Sonnenfeld/Harm Rn 14.

c) Anhörung des Betreuten; Vorschläge

Der Betreute ist vor der Übertragung der Wahrnehmung der Betreuungsaufgabe zu 26
hören. Das ist zwar nicht ausdrücklich so bestimmt, ergibt sich aber aus dem Recht
des Betreuten, Vorschläge für die Personalentscheidung des Vereins zu machen
(Abs 2 S 2). Das kann er nur, wenn er auf diese Möglichkeit hingewiesen wurde
oder/und sonst Gelegenheit hatte, von seinem Recht Gebrauch zu machen (weiter-
führend BIENWALD, in: BIENWALD/SONNENFELD/HOFFMANN, BtR Rn 12).

Den Vorschlägen des Betreuten hat der Verein zu entsprechen, soweit nicht wichtige 27
Gründe entgegenstehen (Abs 2 S 2). Wichtige Gründe können organisatorische
Schwierigkeiten oder ein personeller Engpass sein (BT-Drucks 11/4528, 132). Fachliche
Gründe können dafür sprechen, eine bestimmte Art von Betreuungen nur bestimmten Mitarbeitern zu übertragen. Auch eine gleichmäßige Auslastung der für den
Verein tätigen Einzelpersonen soll für den Verein ein Argument sein, dem Vorschlag
des Betreuten nicht zu entsprechen (BT-Drucks 11/4528, 132). Gerade dies wird, insbe-
sondere dann, wenn ein Mitarbeiter neben der Führung von Betreuungen (jedweder
Art) auch noch Aufgaben nach § 1908f Abs 1 BGB zu erfüllen hat, kaum nachprüfbar sein. Wird sein Vorschlag nicht berücksichtigt, bleibt dem Betreuten die Möglichkeit, gegen die getroffene Auswahlentscheidung des Vereins gerichtliche Entscheidung zu beantragen (§ 291 FamFG); s oben Rn 5. Wird während der Dauer der
Vereinsbetreuung die Aufgabe einem anderen übertragen, findet Abs 2 S 2 ebenfalls
Anwendung.

Der Verein hat jede nach Abs 2 getroffene Personalentscheidung alsbald dem Ge- 28
richt mitzuteilen (Abs 2 S 3). Die Überwachung dieser Mitteilungspflicht obliegt
dem Rechtspfleger im Rahmen seiner Aufsichtstätigkeit (§§ 1837, 1908i Abs 1 S 1
BGB, 3 Nr 2b, 15 RPflG).

d) In Betracht kommende Personen

Anders als in § 1791a Abs 3 BGB wird der für die Übertragung der Betreuungsauf- 29
gabe in Betracht kommende Personenkreis nicht näher umschrieben. Überwiegend
geht das Schrifttum (zT mit Hinweis auf die Neufassung des § 1791a Abs 3 S 2 BGB)
davon aus, dass sowohl Vereinsmitglieder (die nicht zwangsläufig Mitarbeiter des
Vereins sind) als auch Mitarbeiter des Vereins (die nicht unbedingt Mitglied des
Vereins sein müssen) mit der Aufgabe betraut werden dürfen (BIENWALD, in: BIEN-
WALD/SONNENFELD/HARM Rn 13; ERMAN/HOLZHAUER Rn 6; MünchKomm/SCHWAB Rn 6; WIEN-
AND FuR 1990, 281, 283; PALANDT/GÖTZ Rn 5; aA KNITTEL Rn 7 sowie DAMRAU/ZIMMERMANN
Rn 10, der deshalb nur Bedienstete des Vereins einbeziehen will, weil nur ihnen gegenüber der
Verein die erforderliche Personalhoheit habe). Die Betreuungsarbeit dritten Personen zu
übertragen (sog ehrenamtlichen Helfern; zu ihnen BT-Drucks 11/4528, 126), wird aus-
drücklich abgelehnt von ERMAN/HOLZHAUER Rn 6, wohl auch von MünchKomm/
SCHWAB Rn 6, der von Vereinsfremden spricht, sowie PALANDT/GÖTZ Rn 5 (bei
geeigneten Außenstehenden gelte Abs 3). Für zulässig gehalten wird dies von BIEN-
WALD, BtR Rn 13, OBERLOSKAMP 2. VGT 33, und – im Anschluss daran – DEINERT,
Arbeitshilfe für Betreuungsvereine 77 (Hrsg Deutscher Verein für öffentliche und private
Fürsorge). Dass es sich dabei nicht um vereinsfremde Personen handelt (MünchKomm/
SCHWAB Rn 6), macht die Bezeichnung „ehrenamtlicher Helfer" (nämlich des Vereins)
deutlich, die in vielen Fällen schon wegen der Inanspruchnahme von Beratung,

Unterstützung und Fortbildung eine mehr oder weniger enge Beziehung zum Verein haben.

30 Oftmals kommen solche ehrenamtlichen Betreuer für die Besorgung von Teilaufgaben in Betracht, sodass eine vollständige Übertragung der Betreuung oder eine eigenständige Bestellung zum Betreuer (iSv PALANDT/Götz Rn 5) eine Überforderung bedeuten würde. Hinzu kommt, dass die Vereinsmitgliedschaft und die Betreuungsarbeit nicht zwingend parallel verlaufen müssen. Andernfalls müsste beispielsweise mit der Aufgabe der Mitgliedschaft im Verein auch die Beauftragung zurückgegeben werden. Da die Aufgabe der Vereinsmitgliedschaft für den Verein aber weder zwingend vorhersehbar noch vermeidbar ist, wäre er vor erhebliche Probleme gestellt, wenn er jede übertragene Betreuung zurückrufen und allein weiterführen müsste. Man stelle sich auch den Fall einer unwirksamen Vereinsmitgliedschaft (zB bei fehlerhaftem Aufnahmebeschluss des Vorstandes) vor. Die Wirksamkeit und Zulässigkeit der Betreuungsübertragung kann nicht von vereinsrechtlichen Eigenheiten abhängig gemacht werden. Die schuldrechtlichen Haftungsnormen im Falle des Einsatzes ehrenamtlicher Helfer dürften im „Ernstfall" ausreichen. Auf eine Personalhoheit kommt es nicht an, wie § 1791a Abs 3 S 2 BGB zeigt.

31 Ebenso wie der Einzelbetreuer erst zum Betreuer bestellt werden darf, wenn er sich zur Übernahme der Betreuung bereit erklärt hat, sollte der zum Betreuer bestellte Verein die Wahrnehmung der Betreuung nur einer Person übertragen, die sich – trotz einer möglichen abstrakten Verpflichtung dem Verein gegenüber – zur Wahrnehmung der konkreten Betreuung bereit erklärt hat. Das empfiehlt sich insbesondere bei Betreuungen, die besondere Kenntnisse und Fähigkeiten erfordern oder besondere Schwierigkeiten aufweisen

6. Gründe für eine Vereinsbetreuung

32 Ein Verein darf nur zum Betreuer bestellt werden, wenn der Betroffene durch eine oder mehrere natürliche Personen nicht hinreichend betreut werden kann (§ 1900 Abs 1 S 1 BGB). Das gilt grundsätzlich auch für den Fall einer einstweiligen Anordnung mit Bestellung eines vorläufigen Betreuers im Rahmen der für entsprechende Ermittlungen zur Verfügung stehenden Zeit (für die Betreuungsstelle entschieden von BayObLG FamRZ 2001, 316 = NJWE-FER 2000, 179). Der Verein kann auch als Vertretungsbetreuer bestellt werden (LG Cottbus BtPrax 2001, 172). Da der Verein im Falle seiner Bestellung die Wahrnehmung der Betreuung einzelnen Personen übertragen muss (§ 1900 Abs 2 BGB), vorrangig aber seine Mitarbeiterinnen und Mitarbeiter als Vereinsbetreuer zu bestellen wären (§§ 1897 Abs 2, 1900 Abs 1 BGB), kommen als Gründe für die Bestellung des Vereins nur solche in Betracht, die gegen eine Bestellung seiner Mitarbeiter sprechen. Solange deren Bestellung in Frage kommt und Hinderungsgründe nicht entgegenstehen, besteht kein Grund für die Bestellung des Anstellungsträgers. Die bei der Bestellung des Vereins als Institution beabsichtigte oder erwünschte Flexibilität in der Verteilung von Personen und Betreuungen und ein damit verbundener häufiger Wechsel der Bezugspersonen eines Betroffenen wollte der Gesetzgeber vermeiden.

33 Nach Auffassung des RegEntw (BT-Drucks 11/4528, 131 f) kann die Bestellung des Vereins (oder der Behörde) anstelle eines Einzelbetreuers – in der Regel nur für eine Übergangzeit – dann sinnvoll (und zulässig) sein, wenn die Besonderheit der Art der Erkrankung oder Behinderung eines Betroffenen dazu führt (oder führen kann), dass die Zuordnung konkreter Einzelpersonen eine Betreuung eher erschwert als erleichtert. So gibt es Fälle, in denen sich – etwa bei Alkoholikern oder Personen, die an einer Manie erkrankt sind – Aggressionen gegen einen konkreten Betreuer aufbauen, die in Ausnahmefällen in Tätlichkeiten münden und das Verhältnis zwischen Betreutem und Betreuer stark belasten können. Hier stehen dem Verein (und der Behörde) flexiblere Möglichkeiten zur Verfügung (was im konkreten Fall allerdings zu prüfen wäre), durch einen raschen und an eine vorhergehende gerichtliche Entscheidung nicht gebundenen Wechsel der konkreten Betreuungsperson auf solche Vorfälle zu reagieren.

Bei argwöhnischen und misstrauischen Betreuten ist es – wie die Begründung des **34** RegEntw weiter ausführt – oft nicht leicht, eine Vertrauensbeziehung zwischen ihnen und dem Betreuer herzustellen. Hier kann es sich empfehlen, die Wahrnehmung der Betreuung verschiedenen Personen zu übertragen und dabei abzuwarten, zu welcher dieser Personen eine Vertrauensbeziehung entsteht. Der in dieser „Erprobungsphase" erforderliche Wechsel der konkreten Betreuungspersonen lässt sich (jedenfalls vereinsintern) flexibler handhaben, wenn zunächst nur ein Verein (oder die Behörde) zum Betreuer bestellt wird.

Da die zuletzt beschriebene Konstellation nicht so selten anzutreffen ist, wie offen- **35** bar im RegEntw vorausgesetzt, könnten damit sehr viel mehr Vereins- und Behördenbetreuungen gerechtfertigt werden, als dies beabsichtigt war. Hinweise darüber, dass sich die Vorstellung des Gesetzgebers, die Bestellung eines Vereins bei besonders schwierig zu betreuenden Personen für eine Übergangzeit vorzusehen, durchgesetzt und bewährt habe, liegen nicht vor.

Über diese beiden Konstellationen hinaus kann es weitere Gründe für eine Ver- **36** einsbetreuung geben. Sie können darin liegen, dass die Kapazitäten für die Bestellung der Mitarbeiter zu Vereinsbetreuern erschöpft sind oder die Mitarbeiter ihre Einwilligung versagen, dagegen Vereinsmitglieder bereit sind, in der Regie des Vereins Betreuungen zu führen, die Bestellung als voll verantwortliche Einzelbetreuer jedoch ablehnen. Regional unterschiedliche Verhältnisse können außerdem eine Rolle spielen.

7. Beendigung der Vereinsbetreuung

a) Gründe betreuungsrechtlicher Art

Als ausdrückliche Entlassungsbestimmung für einen Verein enthält § 1908b Abs 5 **37** BGB die Regelung, dass der Verein oder die Behörde zu entlassen sind, sobald der Betreute durch eine natürliche Person oder mehrere hinreichend betreut werden kann. Den Verein trifft eine entsprechende Informationspflicht (Abs 3).

Wegen fehlender Eignung (§ 1908b Abs 1 BGB) kann der Verein als Betreuer nicht **38** entlassen werden, solange er als Betreuungsverein anerkannt ist (dazu oben Rn 17). Da die Körperschaft selbst die Betreuungen nicht führt, kann die mangelhafte Führung von Betreuungen durch Mitarbeiterinnen und Mitarbeiter oder andere beauftragte Personen nur dadurch beendet werden, dass der Verein entlassen wird, wenn andere

Mittel (§ 1837 BGB) nicht ausreichen, um Abhilfe zu schaffen (Grundsatz der Verhältnismäßigkeit). Entlassungsgrund ist in diesem Falle nicht die mangelnde Eignung „des Betreuers" (§ 1908b Abs 1 HS 1 BGB), sondern ein „anderer wichtiger Grund" (§ 1908b Abs 1 HS 2 BGB).

39   Der Verein ist auf seinen Antrag zu entlassen, wenn nach seinem Einverständnis mit der Bestellung als Betreuer Umstände eintreten oder eingetreten sind, die ein Festhalten an der gegebenen Zusage als unzumutbar erscheinen lassen. Solche Umstände können zB dadurch eintreten, dass Mitarbeiterinnen und Mitarbeiter oder andere Personen als beauftragte Realbetreuer durch Krankheit oder wegen Ausscheidens aus dem Dienstverhältnis ihre Arbeit nicht mehr fortsetzen können oder aus anderen Gründen (zB erhebliche Störung der Arbeitsbeziehung zu dem Betreuten) nicht bereit sind, die Betreuung fortzuführen, und der Verein nicht in der Lage ist, in absehbarer Zeit für Ersatz zu sorgen.

40   Wird die Anerkennung als Betreuungsverein widerrufen (§ 1908f Abs 2 S 2 BGB), endet damit nicht die Betreuung. Auch die Stellung des Vereins als Betreuer wird davon unmittelbar nicht berührt. Der Widerruf der Anerkennung als Betreuungsverein und damit der Wegfall einer Bestellungsvoraussetzung ist jedoch ein wichtiger Grund, den Verein als Betreuer zu entlassen (§ 1908b Abs 1 BGB aE).

b)   Gründe vereinsrechtlicher Art

41   Verliert der Verein seine Rechtsfähigkeit (§§ 43, 73 BGB), endet die Betreuerbestellung, ohne dass es einer konstitutiven Entlassungsverfügung des Betreuungsgerichts bedarf, sofern nicht bereits vorher eine Entlassung aus dem Amt verfügt worden ist, weil die Entwicklung des Vereins (wichtiger Grund) dazu Anlass gegeben hat. Die Betreuerbestellung endet insbesondere auch dann, wenn über das Vermögen des Vereins das Insolvenzverfahren eröffnet ist. Der Verein wird dadurch aufgelöst (§ 42 BGB). § 42 idF des Zweiten Teils Art 33 Nr 1 EGInsO sieht allerdings vor, dass nach Verfahrenseinstellung auf Antrag des Schuldners oder nach der Bestätigung eines Insolvenzplans, der den Fortbestand des Vereins vorsieht, und Verfahrensaufhebung die Mitgliederversammlung des Vereins dessen Fortsetzung beschließen kann (§ 42 Abs 1 S 2 BGB).

42   Diese unter dem Gesichtspunkt wirtschaftlicher und das Vermögen betreffender Erwägungen vorgesehene Lösung ist auf die Situation eines Betreuungsvereins nicht übertragbar, weil hier die Führung von Betreuungen (und die Wahrnehmung der Aufgaben des § 1908f BGB) im Vordergrund steht und die einmal eingetretene Beendigung der Betreuerstellung nicht ohne Mitwirkung des Gerichts ungeschehen gemacht werden kann. Soweit seine Rechtsfähigkeit für die Zwecke der Abwicklung als vorhanden angenommen wird (Staudinger/Weick [2005] § 42 Rn 8 f), trägt diese aufgrund ihrer veränderten Zweckrichtung nicht eine Weiterführung oder Führung der Betreuungstätigkeit.

43   Wird der Verein aufgelöst, sei es aus eigenem Entschluss, sei es aus anderen Gründen (s dazu im Einzelnen Staudinger/Weick [2005] § 41 Rn 6 ff), kann er als Körperschaft Betreuungen nicht mehr führen. Er ist aus seiner Betreuerstellung aus wichtigem Grund zu entlassen (§ 1908b Abs 1 BGB aE).

Im Falle des Verlustes der Rechtsfähigkeit entspricht dies dem Tod einer natürlichen **44** Person, die zum Betreuer bestellt worden war; es ist ein neuer Betreuer zu bestellen (§ 1908c BGB). Wird der Verein entlassen, ist gleichfalls – unverzüglich – ein neuer Betreuer zu bestellen (§ 1908c BGB). In beiden Fällen wird die Betreuung als Rechtsstatus des Betreuten weder beendet noch unterbrochen.

Fusionieren zwei (oder mehrere) Vereine und soll der neue Verein (auch) Betreu- **45** ungen führen, ist die Auflösung der fusionierenden Vereine unerlässlich (so für fusionierende Vereine allgemein STAUDINGER/WEICK [2005] § 41 Rn 9). In diesem „besonderen Fall" der Auflösung sollte die (unvermeidliche) Beendigung der bisherigen und die Begründung der neuen Betreuungsverhältnisse so organisiert werden, dass eine nahtlose Folge eintritt.

III. Amtsbetreuung (Abs 4)

1. Die Auffangzuständigkeit

Kann der Volljährige weder durch eine oder mehrere natürliche Personen noch **46** durch einen Verein hinreichend betreut werden, bestellt das Gericht die zuständige Behörde (Betreuungsstelle) zum Betreuer. Die Behördenbestellung rangiert eindeutig nach der Vereinsbestellung (BayObLG FamRZ 1993, 1248 = Rpfleger 1993, 447 = BtPrax 1993, 140; BayObLG FamRZ 1994, 1203 = BtPrax 1994, 171 = MDR 1994, 922; OLG Hamburg BtPrax 1994, 138 = BtE 1994/95, 107 m Anm v GAESSLER) und zwar auch im Falle einstweiliger Anordnung, entsprechend der für Ermittlungen zur Verfügung stehenden Zeit (BayObLG FamRZ 2001, 316 = NJWE-FER 2000, 179). War die Betreuungsbehörde zum Betreuer bestellt worden, ist auch bei der Verlängerung der Betreuerbestellung zu prüfen, ob der Betroffene durch eine natürliche Person oder einen Verein hinreichend betreut werden kann (BayObLG v 22. 3. 2000 – 3 Z BR 36/2000).

Die Bestellung kann nicht abgelehnt werden; auf die Einwilligung der Behörde in **47** die Bestellung kommt es nicht an (MünchKomm/SCHWAB Rn 10; SOERGEL/DAMRAU Rn 15), und das Gesetz beschreibt auch keine Merkmale, aus denen sich die Eignung der Behörde ergibt. Auf die Stellenbesetzung der Behörde (Betreuungsstelle) hat das Betreuungsgericht keinen Einfluss. Probleme könnten allenfalls in den Betreuungsbeiräten oder Arbeitsgemeinschaften verhandelt werden, die nach den Bestimmungen der meisten Landesrechte auf örtlicher Ebene, mitunter auch oder nur auf überörtlicher Ebene, gebildet werden sollten. Der absolute Auffangtatbestand des § 1900 Abs 4 S 1 BGB gilt auch für den Fall eines quantitativen Mangels an (anderen) Betreuern (BayObLG FamRZ 1993, 1248 = Rpfleger 1993, 447 = BtPrax 1993, 140).

Der Behörde steht es frei, Beschwerde gegen die Bestellung zum Betreuer einzu- **48** legen und geltend zu machen, dass die Voraussetzungen für die Bestellung einer oder mehrerer natürlicher Personen oder eines Vereins gegeben sind (DAMRAU/ZIMMERMANN Rn 15). Findet sich tatsächlich eine bereite natürliche Person (einschl Vereins- oder Behördenbetreuer, s dazu aber die Voraussetzung der Einwilligung, § 1897 Abs 2 S 1 und 2 BGB) oder ein anerkannter Betreuungsverein, ist die Amtsbetreuung aufzuheben, dh die Behörde als Betreuer zu entlassen (§ 1908b Abs 5 BGB; die entsprechende Informationspflicht ergibt sich aus Abs 4 S 2 iVm Abs 3).

49 Die Letztzuständigkeit der Behörde, der sowohl die Behörde als auch der Betreute nicht entgehen können, kollidiert mit dem Verbot des Abs 5, Vereinen oder Behörden die Entscheidung über die Einwilligung in eine Sterilisation des Betreuten zu übertragen. Wenn niemand außer der Behörde mit der Entscheidung über die Einwilligung in eine Sterilisation betraut werden kann und die Entscheidung notwendig und unaufschiebbar ist, muss die Behörde auch hier als letzte Instanz bestellt werden dürfen. Eine gerichtliche Zuständigkeit nach § 1846 BGB kommt aus sachlichen Gründen (fehlende Eilbedürftigkeit) nicht in Betracht.

Die rangletzte Bestellung der Behörde ist nicht nur zulässig, sie ist auch erforderlich, wenn weder eine natürliche Person noch ein Verein zur Verfügung steht oder bereit ist, die Betreuung zu übernehmen.

2. Bestellungsgründe

50 Besteht in einem bestimmten Gebiet kein Verein, lehnen seine Mitarbeiter die Bestellung zum Vereinsbetreuer ab, weil sie überlastet sind oder sich nicht für fachlich geeignet halten, und verweigert der Verein aus ähnlichen Gründen seine Einwilligung für die Bestellung als Verein, ist die Behördenbestellung unvermeidlich. Die amtl Begr (BT-Drucks 11/4528, 131) sieht die Bestellung der Behörde auch dann für sinnvoll an, wenn die Besonderheit der Art der Erkrankung oder Behinderung eines Betroffenen dazu führt, dass die Zuordnung konkreter Einzelpersonen eine Betreuung eher erschwert als erleichtert (zB bei Alkoholismus oder an Manie erkranktem Betreuten die Entwicklung von Aggressionen gegen bestimmte Personen). Bei argwöhnischen oder misstrauischen Betreuten will die amtl Begr (s auch oben Rn 34) es gelten lassen, die Führung der Betreuung verschiedenen Personen zu übertragen und dabei abzuwarten, zu welcher dieser Personen eine Vertrauensbeziehung entsteht. Der in dieser „Erprobungsphase" erforderliche Wechsel der konkreten Betreuerpersonen (Realbetreuer, BIENWALD, in: BIENWALD/SONNENFELD/HARM Rn 5) lässt sich bei der Behördenbestellung flexibler gestalten als bei einer Einzelbestellung. Diese Argumente kommen zwar auch für die Bestellung eines Vereins zum Tragen, können aber insbesondere zusammen mit den genannten Gründen für die Bestellung der Behörde zum Betreuer sprechen.

51 Die Auffangzuständigkeit der Behörde zwingt die Träger dieser Betreuungsbehörden (Betreuungsstellen) dazu, auch nur für eventuelle behördliche Betreuerbestellungen Personal vorzuhalten. Zwischen Kommunen und gegründeten Vereinen getroffene Vereinbarungen, in denen sich die Vereine zur Führung von Betreuungen (in der Form der Vereinsbetreuerbestellung) verpflichten (ein Mustervertrag ist bei DEINERT, Handbuch der Betreuungsbehörde [2. Aufl] 169, veröffentlicht), können die Behörden deshalb nicht vollständig entlasten, weil die Behörde sich nicht von ihrer Auffangzuständigkeit befreien kann (krit zu den Verträgen BIENWALD, in der Bespr des Handbuchs von DEINERT FamRZ 1994, 289).

3. Zuständigkeit der Behörde

52 Für die Betreuung ist die örtliche Behörde zuständig (§ 3 Abs 1 und Abs 2 BtBG). Das ist diejenige Behörde, in deren Bezirk der Betroffene zum Zeitpunkt der zu treffenden Maßnahme seinen gewöhnlichen Aufenthalt hat (OLG Hamburg BtPrax

1994, 138 = BtE 1994/95, 107 mAnm vGAESSLER). Entgegen der Zuständigkeitsregelung fällt eine uU langjährige Betreuungsbeziehung, so bedauerlich es für die unmittelbar Betroffenen sein mag, nicht ins Gewicht. Welche Behörde auf örtlicher Ebene in Betreuungsangelegenheiten zuständig ist, bestimmt das Landesrecht. Es bestimmt auch, ob es eine überörtliche Betreuungsbehörde gibt. Zu den weiteren Aufgaben der zuständigen Behörde §§ 4 bis 9 BtBG im Anhang zu dieser Vorschrift.

Die Texte der Ausführungsgesetze der Länder sind abgedruckt bei BIENWALD/SONNENFELD/HARM S 1465 ff.

4. Die Übertragung der Betreuungsarbeit

Die Behörde überträgt die Wahrnehmung der Betreuung einzelnen Personen (Abs 4 **53** S 2 iVm Abs 2 S 1). Die „einzelne Person" muss ein Mitarbeiter (Angestellter, Beamter) sein. Bei der Entscheidung, wem die Wahrnehmung der Betreuung übertragen wird, ist der Betroffene zu beteiligen. Er kann Vorschläge zur Personalentscheidung machen, denen nur dann nicht entsprochen werden muss, wenn wichtige Gründe ihrer Verwirklichung entgegenstehen (Abs 2 S 2 iVm Abs 4 S 2). Im Rahmen ihrer Organisationsgewalt kann die Behörde die Betreuung auch auf mehrere Mitarbeiter übertragen, sodass jeder einen Teil des Aufgabenkreises zu erledigen hat (BT-Drucks 11/4528, 132). Die persönliche Betreuung iS des § 1901 BGB muss jedoch gewährleistet sein (vgl BT-Drucks 11/4528, 68).

Die Behörde hat alsbald dem Gericht mitzuteilen, wem sie die Wahrnehmung der **54** Betreuung übertragen hat (Abs 4 S 2 iVm Abs 2 S 3). Sie hat Umstände, die eine Einzelbetreuung möglich erscheinen lassen, dem Gericht mitzuteilen (Abs 3 iVm Abs 4 S 3). Das käme zB in Betracht, wenn ein Mitarbeiter durch den Tod eines Betreuten oder die Aufhebung der Betreuung entlastet ist und die Amtsbetreuung mit Einwilligung seiner Behörde (§ 1897 Abs 2 S 2 BGB) als Behördenbetreuer übernehmen kann.

Ist die Behörde zum Betreuer bestellt worden, kommt die Bestellung eines Gegen- **55** betreuers nicht in Betracht (§ 1908i Abs 1 S 1 iVm § 1792 Abs 1 S 2 BGB). Zum Gegenbetreuer kann die Behörde jedoch bestellt werden.

5. Rechtsstellung der Behörde

Die Behörde hat, wenn sie zum Betreuer oder zum Gegenbetreuer bestellt worden **56** ist, einen Anspruch gegen den Betreuten auf Ersatz der zum Zwecke der Führung der Betreuung gemachten Aufwendungen gemäß § 1908i Abs 1 S 1 iVm § 1835 Abs 1 und Abs 5 S 1 BGB. Vorschuss auf die für die Führung der Betreuung erforderlichen Aufwendungen kann die Behörde nicht verlangen. Auch werden ihr allgemeine Verwaltungskosten sowie die Kosten nach § 1835 Abs 2 (Versicherungskosten) nicht ersetzt (§§ 1835 Abs 5 S 2, 1908i Abs 1 S 1 BGB). Der Anspruch gegen den Betreuten besteht nur, soweit das einzusetzende Einkommen und Vermögen des Betreuten ausreichen (§§ 1835 Abs 5 S 1, 1908i Abs 1 S 1 BGB). Der Behörde steht als Betreuerin nicht die Aufwandspauschale nach § 1835a BGB zu; eine Vergütung kann nicht bewilligt werden (§ 1836 Abs 3 BGB).

6. Organisatorische Probleme

57 Die Aufgabenfülle und die Vielfalt der Aufgaben lassen, insbesondere bei kleinen Betreuungsbehörden (Betreuungsstellen), Zweifel daran aufkommen, dass die Besorgung der Angelegenheiten des Betreuten, insbesondere auch seine persönliche Betreuung, im Sinne des Betreuungsrechts und der mit seiner Inkraftsetzung verbundenen Intentionen geleistet werden kann. Der für die persönliche Betreuung notwendige und charakteristische Aufbau eines Vertrauensverhältnisses muss zwangsläufig darunter leiden, dass derselbe Mitarbeiter nicht nur die Betreuungsarbeit leistet (ob als beauftragter Mitarbeiter oder als Behördenbetreuer, ist zu unterscheiden, spielt in diesem Zusammenhang jedoch nicht die Hauptrolle), sondern in derselben Sache die Unterstützungsarbeit für das Gericht zu leisten sowie die Entscheidung über die Unterbringung des Betreuten zu treffen und deren Vollzug (ggf Vorführungen innerhalb des Verfahrens) zu organisieren und zu verantworten hat.

Aus diesem Grunde muss die Entlastung der Behörde durch Vereine insoweit in Frage gestellt werden, als sie zwar zu einer Einsparung von Personal in der Behörde, aber auch dazu führt, dass die verschiedenen Aufgaben in einer Person konzentriert werden, was der Sache selbst schadet und zu einer unvertretbaren psychischen Belastung des Mitarbeiters beiträgt.

IV. Bestellungsverbot für Verein und Behörde (Abs 5)

58 Einem Verein und der zuständigen Behörde darf die Entscheidung über die Einwilligung in eine Sterilisation des Betreuten nicht übertragen werden. Das Verbot der Sterilisationsbetreuung auch für die Behörde widerspricht der Auffangzuständigkeit der Behörde und könnte in der Praxis gegebenenfalls zu einer Durchbrechung führen.

59 Der RegEntw sieht demgegenüber die Situation, die eine Bestellung von Verein oder Behörde rechtfertigen könnte, im Falle der Sterilisationsbetreuung als nicht gegeben an (BT-Drucks 11/4528, 132). Wäre dies tatsächlich so, hätte sich Abs 5 erübrigt. Nicht wünschenswert sind nach dem RegEntw außerdem Erleichterungen im Wechsel der konkreten Betreuungsperson, wie sie die Bestellung eines Vereins oder der Behörde als Betreuer ermöglicht. Da das Bestellungs- und das anschließende Genehmigungsverfahren in einer Sterilisationsbetreuungsangelegenheit eine überschaubare Sach- und Zeiteinheit sein dürften, wäre wohl nur eine unvorhergesehene Verhinderung ein Anlass für einen Wechsel in der zuständigen Person. Das kann auch bei einer individuellen Bestellung eintreten. Insofern sind die Motive für die Regelung des Abs 5 nicht sehr überzeugend.

60 Das Bestellungsverbot betrifft ausschließlich die Einwilligung in die Sterilisation, die durch den Betreuer erklärt werden muss oder soll, weil der Betroffene selbst nicht einwilligungsfähig ist. Als Betreuer für sonstige Angelegenheiten dieses Betroffenen (zB für die Gesundheitsfürsorge im Übrigen) sind der Verein und die Behörde nicht ausgeschlossen (Bienwald, in: Bienwald/Sonnenfeld/Harm Rn 25; MünchKomm/Schwab Rn 13). Zu beachten ist in diesem Zusammenhang, dass der Sterilisationsbetreuer immer ein besonderer Betreuer ist (§ 1899 Abs 2 BGB), der gegebenenfalls neben

einem anderen Betreuer bestellt werden muss. Möglich ist es und vom Gesetz nicht
ausgeschlossen, dass der Verein oder die Behörde zum Betreuer bestellt sind und der
Mitarbeiter, dem die Wahrnehmung dieser Betreuung übertragen wurde, als Vereinsbetreuer oder Behördenbetreuer für die Entscheidung über die Einwilligung in
die Sterilisation desselben Betreuten bestellt wird (Bienwald Rn 5).

V. Zur Rechtsstellung der Realbetreuer

1. Rechtsgrundlagen der Übertragung

Nach § 1900 Abs 2 S 1 BGB überträgt der zum Betreuer bestellte Verein die Wahr- **61**
nehmung der Betreuung einzelnen Personen. Das trifft in gleicher Weise für die
zuständige Behörde zu, wenn sie zum Betreuer bestellt worden ist (§ 1900 Abs 4 S 2
BGB). Das entspricht der bisher für die Vormundschaft und die Pflegschaft für
Volljährige geltenden Rechtslage (§ 1791a Abs 3 S 1 BGB; § 54a JWG; § 1897 S 1
aF; § 1915 Abs 1 BGB). Zur Rechtslage im Vormundschaftsrecht Staudinger/Veit
(2014) zu §§ 1791a und 1791b.

2. Rechtsstellung von bestelltem Betreuer und beauftragtem Realbetreuer

Die Rechtsstellung des Betreuers behält nach den Bestimmungen des BtG die **62**
Körperschaft, dh der Verein oder die Behörde. Übertragen wird die Ausübung
dessen, wozu die Rechtsstellung des Betreuers berechtigt und verpflichtet. Gleichwohl leistet der Mitarbeiter einen Teil der Betreuung unmittelbar, weil die Institution selbst dazu nicht imstande ist. So kann zB die als persönliche Betreuung bezeichnete Betreuungsleistung (Einbeziehung des Betroffenen in die Besorgung
seiner Angelegenheiten, persönlicher Kontakt, Gespräch; § 1901 Abs 2 und 3 BGB)
nicht stellvertretend für den eigentlichen Betreuer, sondern nur persönlich durch
den Realbetreuer erbracht werden. Die Übertragung der gesetzlichen Vertretung als
der Rechtsposition des Betreuers (§ 1902 BGB), wie sie für Mitarbeiter des Jugendamtes in § 55 Abs 2 SGB VIII kraft Gesetzes bestimmt ist, hat das Betreuungsrecht
nicht vorgesehen.

Mit der Beibehaltung der Rechtsstellung des Betreuers unterliegt der Verein oder **63**
die Behörde der Fürsorge und Aufsicht des Betreuungsgerichts, soweit sie nach den
Befreiungen durch die §§ 1908i Abs 1 S 1 iVm § 1857a BGB sowie etwaige landesrechtliche Befreiungen (aufgrund der Ermächtigung des § 1908i Abs 1 S 2 BGB;
s unten § 1908i Rn 287 ff) noch besteht. Richtet das Betreuungsgericht gerichtliche Verfügungen an den Betreuer (vgl § 1837 iVm § 1908i Abs 1 S 1 BGB), ist Adressat und
Empfänger dieser Verfügungen der Verein oder die Behörde als Betreuer.

Die mit der Rechtsstellung als Betreuer verbundenen Pflichten und Rechte üben die **64**
natürlichen Personen aus, denen die Wahrnehmung der Betreuung übertragen ist,
und zwar jeweils im Umfang der vorgenommenen Übertragung.

Im Rahmen der Organisationsgewalt des Vereins oder der Behörde liegt es in deren **65**
Ermessen, „die Wahrnehmung der Betreuung" – zB nach bestimmten Angelegenheiten getrennt – verschiedenen natürlichen Personen zu übertragen. Der Wortlaut
der Bestimmung (Abs 2 S 1), die einerseits von Betreuung und andererseits von

Personen spricht, scheint dies sogar für den Regelfall nahezulegen. Da auch der zum Betreuer bestellte Verein an die Pflichtenregelung des § 1901 BGB gebunden ist, hat er bei der Übertragung der Wahrnehmung darauf zu achten, dass die Erfüllung dieser Pflichten, insbesondere die „persönliche Betreuung" (BT-Drucks 11/4528, 68) gewährleistet ist.

66 Hat der Verein als Betreuer im Rahmen seines Aufgabenkreises Erklärungen mit Außenwirkung abzugeben, wie zB nach § 1903 Abs 1 S 2 iVm § 108 BGB, handelt der Realbetreuer entsprechend den ihm vereinsintern eingeräumten Vollmachten für den Betreuer. Ebenso nimmt er solche Erklärungen entgegen, die dem Verein als Betreuer gegenüber abzugeben sind. Entsprechend der Übertragung der Betreuung entscheidet der Realbetreuer über die Angelegenheiten, in denen betreuungsgerichtliche Genehmigungsvorbehalte bestehen. Die gerichtlichen Genehmigungen werden von dem Betreuer eingeholt und vom Gericht diesem gegenüber erklärt. Der Realbetreuer handelt hierbei nicht „als Betreuer", sondern nur als dessen Beauftragter.

3.   Besonderheiten behördlicher Amtsbetreuung

67 Soweit Mitarbeiterinnen und Mitarbeiter der zuständigen Behörde mit der Wahrnehmung der Betreuung beauftragt sind, nehmen sie innerhalb der Behörde eine Sonderstellung ein. Wesen und Inhalt der „Amtsbetreuung" werden durch die im Bürgerlichen Gesetzbuch geregelte, dem Zivilrecht zugeordnete „Rechtsfürsorge" bestimmt. Daran ändert die Feststellung des BVerfG (BVerfGE 10, 311), das Vormundschaftsrecht habe von jeher einen starken öffentlich-rechtlichen Einschlag gehabt, im Kern nichts. Die behördlich geleistete Betreuung wird dadurch, dass sie von öffentlicher Verwaltung wahrgenommen wird, weder ein Gegenstand leistender noch der einer eingreifenden oder sonst hoheitlich tätigen Verwaltung in funktionaler Hinsicht. So hat zB die vom Realbetreuer für seine zum Betreuer bestellte Behörde entschiedene Unterbringung des Betreuten nach § 1906 Abs 1– 3 BGB oder das Einverständnis mit einer Maßnahme nach § 1906 Abs 4 BGB keinen anderen Rechtscharakter als die von einer als Betreuer tätigen Privatperson vorgenommene gleiche Maßnahme; sie bleibt eine Angelegenheit der zivilrechtlichen Betreuung, für deren Vollzug der Mitarbeiter der Behörde als Realbetreuer sich seiner eigenen Behörde zwecks Unterstützung (§ 326 FamFG) bedienen kann und bedient. Letztlich kann es dazu kommen, dass der Mitarbeiter als ausführender Betreuer sich selbst um Unterstützung bei Maßnahmen des Vollzuges bittet, wenn er etwa der einzige Mitarbeiter in der Betreuungsstelle ist und ein und dieselbe Betreuungsbehörde sowohl Betreuerin als auch Fachbehörde für die Unterstützung des Gerichts und der Betreuer ist (vgl §§ 8 und 9 sowie § 4 BtBG).

68 Soweit nach den landesrechtlichen Ausführungsgesetzen zum BtG die Gebietskörperschaften als örtliche Betreuungsbehörden bestimmt worden sind (so die meisten Landesausführungsgesetze; in Bremen ist das Amt für soziale Dienste, in Bremerhaven der Magistrat zuständig; in Berlin sind es die Bezirksämter), wird die Aufgabenerfüllung als „weisungsfreie Pflichtaufgabe", als „Angelegenheit des eigenen Wirkungskreises", als „Pflichtaufgabe der Selbstverwaltung", als „Selbstverwaltungsangelegenheit" oder als „in eigener Verantwortung wahrzunehmen" beschrieben (WINTERSTEIN BtPrax 1995, 194; JÜRGENS/WINTERSTEIN, Betreuungsrecht [4. Aufl 2010] § 1 BtBG Rn 2 und 3). In Hamburg wurden diese nicht als Betreuer tätig bzw bestellt. Die

Gebietskörperschaft ist Aufgabenträger, bestellt wird die mit der Wahrnehmung der Aufgabe betraute Behörde. Dies entspricht im Ergebnis bisherigem Recht (näher BIENWALD DAVorm 1995, 287, 289). Deshalb können behördenintern dieselben Probleme auftreten wie in dem Bereich von Amtspflegschaft und Amtsvormundschaft, uU sogar schärfer, weil im Betreuungsrecht das zur gesetzlichen Vertretung berufene Organ Betreuungszuständigkeiten besitzt.

Problematisch kann es sein, die dem Betreuungsgericht vorbehaltene Fachaufsicht, **69** die durch konkrete Weisungen behördenintern nicht unterlaufen werden kann, und die innerbehördlich vom zuständigen Vorgesetzten auszuübende Dienstaufsicht voneinander abzugrenzen. Zu lösen sind Probleme, die sich in Bereichen wie Datenschutz, Einsichtnahme in Akten, Aktenführung, -aufbewahrung und -vernichtung, Beiziehung und Beschlagnahme von Akten durch andere Stellen, Geschäftsverteilungsplan, Vertretungsbefugnisse, Kontrollen, Prüfungsberechtigung von Rechnungsprüfungsämtern in Bezug auf die Einhaltung von kassentechnischen Bestimmungen oder bezüglich der Bewirtschaftung von Vermögen Betreuter usw ergeben können (s dazu im Einzelnen, wenn auch für das Vormundschaftsrecht, KUNKEL, in: OBERLOSKAMP [Hrsg], Vormundschaft, Pflegschaft und Beistandschaft für Minderjährige [3. Aufl 2010] 398, Rn 30 ff).

Anhang zu § 1900
Gesetz über die Wahrnehmung behördlicher Aufgaben bei der Betreuung Volljähriger (Betreuungsbehördengesetz – BtBG)

Materialien: Geändert durch Art 34 Nr 2 JuMiG (Aufhebung des § 7 Abs 3; BT-Drucks 13/4709; BR-Drucks 287/97; BGBl I 1430) und durch Art 3 § 4 BtÄndG (Ergänzung des § 6 durch einen weiteren Satz; BT-Drucks 13/7158, 53; BT-Drucks 13/10331, 21; BR-Drucks 339/98 und 517/98). §§ 4, 6 und 8 geändert sowie neu gefasst durch Art 9 2. BtÄndG (BT-Drucks 15/2494, 10, 15, 44, 49); Änderungen durch §§ 4, 6 und 8 durch Art 9 2. BtÄndG (BGBl I 1073, 1079); BT-Drucks 15, 2494, 10, 44, 49 (BT-Drucks 15/4874); BR-Drucks 121/05 (Beschluss). Anpassung an das FamFG in § 1 S 2 (statt § 70 Abs 1 S 2 Nr 1 Buchst b und Nr 2 FGG § 312 Nr 1 und 2) und Änderung der Gerichtsbezeichnung in § 7 Abs 1 und § 8 S 1, 3 und 4 durch Art 67 Nr 1 und 2 FGG-RG (BGBl I 2008, 2586). § 6 Abs 2 ergänzt durch Art 11 des Gesetzes zur Änderung des Zugewinnausgleichs- und Vormundschaftsrechts vom 6. 7. 2009 (BGBl I 1696). § 4 neu gefasst, § 5 ergänzt, § 8 durch einen neuen § 8 und § 9 ersetzt und den bisherigen § 9 als § 10 nummeriert durch Art 2 Nrn 1 bis 4 des Gesetzes zur Stärkung der Funktionen der Betreuungsbehörde vom 28. 8. 2013 (BGBl I 3393) mit Wirkung vom 1. 7. 2014. Entwurf d Bundesregierung v 22. 3. 2013 BR-Drucks 220/13; BT-Drucks 17/13419 vom 8. 5. 2013. Bericht des RA – BT-Drucks 17/13952, Beschluss des Bundestages vom 13. 6. 2013, BR-Drucks 501/13 vom 14. 6. 2013. Gesetz zur Stärkung der Funktionen der Betreuungsbehörde vom 28. 8. 2013 (BGBl I 3393); in Kraft seit 1. 7. 2014 (Art 4). § 1 Satz 2 geändert durch Art 5 des G z Änderung der materiellen Zulässigkeitsvoraussetzungen von ärztlichen Zwangsmaßnahmen und zur Stärkung des Selbstbestimmungsrechts von Betreuten v 17. 7. 2017 (BGBl I 2426).

Werner Bienwald

Schrifttum

(Auswahl aus der Zeit nach 1999; Schrifttum zum Behördenstärkungsgesetz s oben)

BECK, Schafft die Betreuungsbehörden ab, BtPrax 2003, 98

BIENWALD, Zu den Aufgaben der örtlichen Betreuungsbehörden/-stellen, Recht sozial (2002) 25

ders, Die Rechtliche Betreuung – gestern, heute, morgen. Beiträge zum Recht der sozialen Dienste und Einrichtungen (RsDE) Heft 50/2002, 1, 17

ders, Landesbedienstete als Behördenbetreuer, FamRZ 2007, 1860

ders, Rechtsänderungen durch das Gesetz zur Stärkung der Funktionen der Betreuungsbehörde, Rpfleger 2014, 574

BÖHME, Qualität von Betreuungsbehörden, BtPrax 2010, 113

Bundesarbeitsgemeinschaft der überörtlichen Träger der Sozialhilfe, Orientierungshilfen etc, Landeswohlfahrtsverband Baden, Betreuung aktuell 1/2002, 3

DEINERT/WALTHER, Handbuch der Betreuungsbehörde (3. Aufl 2006)

DIEKMANN/LIPP/MEIER (Hrsg), Der Mensch im Mittelpunkt, Berichte vom 11. Vormundschaftsgerichtstag und vom Göttinger Workshop zur Sachverhaltsaufklärung nach § 8 BtBG (2010)

Vormundschaftsgerichtstag eV, Betrifft: Betreuung, Beiträge und Ergebnisse der VormundschaftsGerichtsTage, zuletzt Band 11/2011 (ua Beiträge von ACKERMANN/VORHOLZ, CREFELD, GUTZEIT-LÖHR und KORT in den Diskussionsbeiträgen und Arbeitsergebnissen vom 10. VGT)

WALTHER, Betreuungsbehörden und Datenschutz, BtPrax 2016, 167.

I. Überblick über das Recht der Betreuungsbehörde

1 In der Folge behördlicher Beteiligung in den Vormundschafts- und Pflegschaftssachen für Volljährige sah das Betreuungsgesetz die Mitwirkung einer Behörde, einer „Stelle" innerhalb der öffentlichen Verwaltung vor, die – wie bisher, wenn auch nur im äußersten Fall – selbst Betreuungen führt, im Übrigen aber das Gericht in seiner Tätigkeit unterstützt und in der Region für eine funktionierende Betreuungsarbeit Sorge zu tragen hat. Die Regelung des Behördenaufbaus und die Behördenzuständigkeit sollten weitestgehend den Landesgesetzgebern überlassen werden (BT-Drucks 11/4528, 101). Ein als wünschenswert angesehenes „Betreuungsamt" kam nicht zustande (BT-Drucks 11/4528, 101). Zunächst sah das Betreuungsbehördengesetz (BtBG) vor, dass die Behörde die Betreuer auf ihren Wunsch bei der Wahrnehmung ihrer Aufgaben berät und unterstützt (§ 5 E), dass sie dafür sorgt, dass in ihrem Bezirk ein ausreichendes Angebot zur Einführung der Betreuer in ihre Aufgaben und zu ihrer Fortbildung vorhanden ist (§ 6 E), und dass sie die Tätigkeit einzelner Personen sowie von gemeinnützigen und freien Organisationen zugunsten Betreuungsbedürftiger anregt und fördert (§ 7 E).

Die Behörde hatte das Gericht zu unterstützen; sie sollte aber auch Vorführungen durchführen und den Betreuer, Eltern, den Vormund oder Pfleger auf deren Wunsch bei der Vollziehung von Unterbringungsmaßnahmen unterstützen (§ 9 BtBG-E; § 70g FGG-E). § 1900 BGB sah und sieht vor, dass die Behörde zum Betreuer (und auch zum Gegenbetreuer) bestellt werden darf, wenn eine vorrangig zu bestellende Person oder Institution nicht zur Verfügung steht (differenzierter und systematisch geordnet Bienwald, in: Bienwald/Sonnenfeld/Hoffmann, BtR Teil 4 A Vorbem v § 1 BtBG Rn 9 ff).

Während § 1900 BGB die Bestellung der Behörde zum Betreuer regelt, enthalten **2** die Vorschriften des BtBG und des FamFG in Betreuungs- und in Unterbringungs-sachen Bestimmungen über die unterstützende Tätigkeit der Behörde im Verhältnis zum Betreuungsgericht und zu den Betreuern und das FamFG ein eigenes Beschwer-derecht. Landesrecht, das die Förderung der Vereine regelt, räumt der Behörde jedenfalls eine Mitwirkung dabei ein. Sowohl in Bezug auf die regionale Betreu-ungsarbeit als auch auf die Fürsorge für den betreuungsbedürftigen Einzelnen steht ihr ein weitreichendes Initiativrecht zu. Durch das „Gesetz zur Änderung des Nie-dersächsischen Ausführungsgesetzes zum Betreuungsgesetz und der Allgemeinen Vorbehaltsverordnung" v 23. 3. 2012 (GVBl 2012, 30) schuf dieses Land die rechtliche Grundlage dafür, dass die bisher als ehrenamtliche Betreuerinnen und Betreuer tätigen Mitarbeiterinnen und Mitarbeiter des Landesamtes für Soziales, Jugend und Familie zukünftig (ab Inkrafttreten 25. 3. 2012) als Behördenbetreuerinnen und -betreuer bestellt werden können. Außerdem wurde die Möglichkeit geschaffen, im Rahmen des Bedarfs dienstunfähige und begrenzt dienstfähige Beamtinnen und Beamte als Behördenbetreuerinnen und Behördenbetreuer einzusetzen (Drucks 16/4153, 4; Begründung A. I 6-Ziel).

Zu diesem Zweck bestimmt das Gesetz, dass das Landesamt für Soziales, Jugend und Familie als weitere Betreuungsbehörde iSd § 2 BtBG zuständig ist, und bei der Wahrnehmung der Aufgaben nach S 1 die Bezeichnung „Landesbetreuungsstelle" führt, für 1. die Beschäftigung von Landesbediensteten, die als Behördenbetreue-rinnen und Behördenbetreuer (§ 1897 Abs 2 S 2 BGB) tätig werden, und 2. die Anerkennung von rechtsfähigen Vereinen als Betreuungsvereine nach § 1908f BGB.*

Das erste BtÄndG teilte der zuständigen Behörde (Betreuungsstelle) weitere Auf- **3** gaben zu und verpflichtete das Gericht zur Inanspruchnahme behördlicher Unter-stützung nicht nur allgemein im Rahmen von § 26 FamFG (früher § 12 FGG), sondern darüber hinaus ausdrücklich, indem es bestimmte, dass das Gericht bei erstmaliger Bestellung einer Person zum Berufsbetreuer in dem Bezirk des ent-scheidenden Betreuungsgerichts die zuständige Behörde zur Eignung des ausge-wählten Betreuers und zur Frage der zu erwartenden Aktivitäten des Betreuers zu hören hat (§ 1897 Abs 7 BGB). Ein Betreuungsbewerber hat jedoch gegenüber der Betreuungsbehörde keinen Anspruch darauf, dass diese ihn gegenüber dem Betreuungsgericht vorschlägt und ihr Beschwerderecht zu seinen Gunsten ausübt (OVG Lüneburg NdsRpfl 2001, 67). § 6 Abs 1 S 2 BtBG verpflichtet die Behörde, die Aufklärung und Beratung über Vollmachten und Betreuungsverfügungen, die den Vereinen durch die Einfügung des § 1908f Abs 1 Nr 2a BGB aufgetragen wurde, zu

---

* **Schrifttum**: BdB-Landesgruppe Niedersach-sen, Stellungnahme zum Änderungsgesetz des Ausführungsgesetzes, bdbaspekte 93/2012, 39, Bienwald, Landesbedienstete als Behörden-betreuer, FamRZ 2007, 1860; Crefeld, Ehren-amt per Dienstanweisung, Verwaltungskräfte

sollen als rechtliche Betreuer eingesetzt werden, Psychosoziale Umschau 2008, 22 (NRW betref-fend); Hantusch/Tetera, Beamte/innen sollen Betreuungen übernehmen. Projekt ohne Herz-blut, bdbaspekte 69/2008, 46.

fördern. Damit war die Erwartung des Bundesgesetzgebers verbunden, in den Förderungen der Betreuungsvereine würden entsprechende anteilige Mittel vorgesehen werden (BT-Drucks 13/7158, 50 – Vorschlag des Bundesrates zur Ergänzung des § 1908f). Durch Art 9 Nr 2 des 2. BtÄndG wurden dem § 6 die Absätze 2 bis 6 angefügt (in Kraft seit 1. 7. 2005), wodurch die Behörde die Befugnis erhielt, Unterschriften oder Handzeichen auf Vorsorgevollmachten und Betreuungsverfügungen zu beglaubigen. Art 11 des Gesetzes zur Änderung des Zugewinnausgleichs-und Vormundschaftsrechts v 6. 7. 2009 (BGBl I 1696) schuf die Voraussetzung dafür, dass die Beglaubigung der Unterschriften und Handzeichen auf Vorsorgevollmachten und Betreuungsverfügungen durch die Behörde die Qualität einer öffentlichen Beglaubigung erhielt (Ergänzung des § 6 Abs 2).

4 In den §§ 7 und 8 wird die Beziehung zum Betreuungsgericht geregelt. § 7 ermächtigt die zuständige Behörde (die in § 22a FamFG geregelte Befugnis zur Datenübermittlung an das Betreuungsgericht betrifft sonstige Behörden), dem Gericht Informationen zukommen zu lassen, die die Bestellung eines Betreuers oder eine andere Maßnahme in Betreuungssachen erforderlich machen können. § 8 verpflichtet die Behörde, das Betreuungsgericht zu unterstützen. Herausgehoben sind die Unterstützung für die Feststellung des Sachverhalts und die Gewinnung geeigneter Betreuer und Verfahrenspfleger. Die Behörde wird verpflichtet, im Einzelfall, nämlich dann, wenn das Betreuungsgericht die Behörde dazu auffordert, dem Gericht eine Person vorzuschlagen, die sich zum Betreuer oder zum Verfahrenspfleger eignet (§ 8 S 3 BtBG). Schließlich wird die Behörde verpflichtet, dem Betreuungsgericht den Umfang der berufsmäßig geführten Betreuungen mitzuteilen. Verlangt der Betroffene, dass die Auswahl der Person, der die zuständige Behörde die Wahrnehmung der Betreuung übertragen hat, durch gerichtliche Entscheidung überprüft wird, kann das Gericht der Behörde aufgeben, eine andere Person auszuwählen (§ 291 S 1 und 2 FamFG). Zwangsmittel zur Durchsetzung der Aufforderung stehen dem Betreuungsgericht nicht zur Verfügung; § 35 FamFG ist nicht anzuwenden (§ 291 S 3 FamFG).

5 Die Unterstützungspflicht der Behörde beschränkt sich nicht auf die Bestellung eines Betreuers und die Entscheidung über die Anordnung eines Einwilligungsvorbehalts, obwohl § 8 S 2 und 3 BtBG diesen Eindruck vermitteln.

6 Weitere Unterstützungsleistungen ergeben sich aus den Bestimmungen des FamFG. Weigert sich der Betroffene, sich vom Gericht anhören zu lassen (§ 278 Abs 1 FamFG), kann das Gericht ihn vorführen lassen. Es bedient sich dabei der zuständigen Behörde (§ 278 Abs 5 FamFG). Ordnet das Gericht an, dass der Betroffene zur Vorbereitung eines Gutachtens untersucht und zu diesem Zweck vorgeführt wird, bedient sich das Gericht wiederum der zuständigen Behörde (§ 283 Abs 1 S 1 FamFG). Wird der Betroffene auf bestimmte Zeit zur Vorbereitung eines Gutachtens untergebracht und beobachtet, unterstützt die zuständige Behörde dabei das Gericht. Das ist zwar nicht ausdrücklich wie in § 283 FamFG geregelt, ergibt sich aber aus der Inbezugnahme von § 283 Abs 2 und 3, die das von der Behörde einzuhaltende Verfahren regeln. Entsprechende Regelungen befinden sich bei den Bestimmungen über die freiheitsentziehende Unterbringung eines Betroffenen/Betreuten (§§ 319, 322 FamFG).

Ursprünglich in § 1908k BGB geregelt wurde der zuständigen Behörde (Betreuungs- **7** stelle) die Aufgabe zugewiesen, die Meldungen, zu denen bestimmte Betreuer nach § 10 VBVG verpflichtet sind, entgegenzunehmen, für die rechtzeitige Meldung zu sorgen, die Mitteilungen auf ihre Vollständigkeit zu prüfen und ggf die Bestätigung der Richtigkeit der Angaben durch eidesstattliche Versicherung einzuholen. Die Behörde hat die mitgeteilten Daten zu sammeln, zu verwalten, ggf auszuwerten und dem Betreuungsgericht unaufgefordert oder auf Verlangen zu übermitteln. Damit wurde der Betreuungsbehörde erstmals durch Bundesrecht eine unmittelbare und originäre Überwachungstätigkeit über Betreuer übertragen.

Ob sich bei der vom Bundestag beschlossenen (BR-Drucks 339/98) Weiterarbeit am **8** Betreuungsrecht Vorstellungen der SPD (BT-Drucks 13/10301) durchsetzen würden, die Aufgaben der Betreuungsbehörde noch zu erweitern (Bewilligung der Vergü- tungen, Prüfung der Rechnungslegungen, Einschreiten gegen Missbräuche der Be- treuungsmacht), war abzuwarten. Die von der Justizministerkonferenz eingesetzte Bund-Länder-Arbeitsgruppe „Betreuungsrecht" war bereits in ihrem der 73. Kon- ferenz vorgelegten Zwischenbericht zu dem Ergebnis gekommen, dass aus verfas- sungsrechtlicher Sicht in einem breiten Umfang der Frage nachgegangen werden könne, ob und inwieweit es für die betroffenen Menschen sinnvoll ist, Aufgaben der Betreuungsgerichte auf die Betreuungsbehörden zu verlagern. Die dafür gegebene Begründung mit einer Reihe von Einzelpunkten vermeidet nahezu zwanghaft die hauptsächliche Konsequenz einer solchen Aufgabenverlagerung: die Kostenbelas- tung der Kommunen. Argumente, die gegen eine Aufgabenverlagerung sprechen oder zumindest die dafür vorgebrachten entkräften, sind nicht festgehalten. Die Zuweisung von Aufgaben durch den Gesetzgeber garantiert allein nicht deren Wahr- nehmung, sofern sich darin nicht einklagbare Ansprüche befinden Ebensowenig wäre eine bundesrechtliche Norm und Verpflichtung der Kommunen, eine ausrei- chende Zahl geeigneter Mitarbeiter in den zuständigen Behörden zu beschäftigen, durchsetzbar. Der Gesetzentwurf eines (weiteren) BtÄndG v 12. 2. 2004 (BT-Drucks 15/2494) enthielt keine Vorschläge in dieser Hinsicht. Dagegen enthielt er Vorschläge, die Beratung und Unterstützung auf Wunsch der Adressaten auf Bevollmächtigte und gesetzliche Vertreter auszudehnen (§ 4), der Behörde eine Beglaubigungsbe- fugnis für Vorsorgevollmachten und Betreuungsverfügungen einzuräumen (§ 6), in die das Betreuungsgericht unterstützende Tätigkeit den Vorschlag geeigneter Ver- fahrenspfleger (§ 8 S 3) einzubeziehen sowie die Mitteilungspflicht zu erweitern, indem die Behörde dem Betreuungsgericht den Umfang der berufsmäßig geführten Betreuungen mitteilt (§ 8). Diese Vorschläge sind dann (mit Ausnahme der Bera- tung naher Angehöriger als gesetzlicher Vertreter) Gesetz geworden. Die bestehen- de Vorschrift über die jährlichen Mitteilungen an die Betreuungsbehörde wurde reduziert und als § 10 in das VBVG aufgenommen. Die Unterstützungspflicht ge- genüber Betreuern wurde erweitert um die bei der Erstellung des Betreuungsplans (§ 4).

Sollte die Bevölkerung, der schon aus Anlass des BtÄndG geäußerten Erwartung **9** des Gesetzgebers entsprechend, verstärkt dazu übergehen, Vorsorgevollmachten zu erteilen, könnte es erforderlich werden, dass die Behörde insofern von ihrem Ini- tiativrecht Gebrauch macht, als sie aus gegebenem Anlass die Bestellung von Voll- machtbetreuern (§ 1896 Abs 3 BGB) anregt (§ 7 Abs 1 BtBG). Anlass zu entspre- chender Aufmerksamkeit könnte dann geboten sein, wenn sich ein „Markt" an

Bevollmächtigten bzw solchen Personen bildet, die bereit sind, sich für entsprechende Gegenleistung bevollmächtigen zu lassen. Mindestens im Einzelfall könnte eine Tätigkeit als Bevollmächtigter (als eine erlaubnispflichtige Rechtsbesorgung; anders als die gesetzliche Vertretung des Betreuers) mit dem Rechtsdienstleistungsgesetz kollidieren.

10 Durch das **FGG-RG** hat sich die Rechtsstellung der Behörde in Verfahren in Betreuungssachen (§§ 271 ff FamFG) und in Unterbringungssachen (§§ 312 ff FamFG) geändert. Zu unterscheiden sind die Beteiligung der Behörde am Verfahren und ihre Anhörung ohne förmliche Beteiligung.

11 Die mit den beiden ersten Betreuungsrechtsänderungsgesetzen verbundene Erwartung, die Zahl der rechtlichen Betreuungen werde nicht mehr wie bisher ansteigen und die Kostenbelastung erhöhen, erfüllte sich nicht, jedenfalls nicht in dem gewünschten Maß. Deshalb gab es weitere Bemühungen, das Ziel zu erreichen. Eine vom BMJ eingesetzte Arbeitsgruppe stellte in den Jahren 2009 bis 2011 Überlegungen zur Weiterentwicklung und Verbesserung des Betreuungsrechts an und legte in ihrem Abschlussbericht vom 20. 10. 2011 diverse Vorschläge vor (BtPrax 2012 Sonderausgabe). Entsprechend dem Beschluss der Konferenz der Justizministerinnen und Justizminister auf ihrer Herbstkonferenz am 9. 11. 2011 legte das Ministerium den Entwurf eines Gesetzes zur Stärkung der Funktionen der Betreuungsbehörde vor. Das Gesetz, das der Deutsche Bundestag am 13. 6. 2013 verabschiedet hat und das am 1. 7. 2014 in Kraft getreten ist, enthält im Wesentlichen Änderungen und Ergänzungen des Betreuungsbehördengesetzes und des Gesetzes über das Verfahren in Familiensachen und in den Angelegenheiten der freiwilligen Gerichtsbarkeit. Eine Ausnahme bildet die Ergänzung des § 1908f Abs 1 Nr 2 BGB, der neu gefasst wurde.

Die Änderungen und Ergänzungen des BtBG betreffen die §§ 4, 5, 8, 9 und 10. § 4 wurde vollständig neu gefasst. Der bisherige § 8 wurde durch die folgenden §§ 8 und 9 ersetzt. Der bisherige § 9 wurde § 10. In § 5 wurden nach dem Wort „Betreuer" die Wörter „und der Bevollmächtigte" eingefügt. § 4 Abs 1 enthält die Verpflichtung der Behörde, bereits im Vorfeld eines betreuungsrechtlichen Verfahrens tätig zu werden. Nach Abs 2 S 2 soll die Behörde andere Hilfen vermitteln, aber selbst nicht tätig werden (RefE S 13). § 9 enthält erstmals eine Vorschrift, nach der die Behörde mit qualifizierten Kräften auszustatten ist. Unterschieden werden Fachkräfte und solche Personen, die über vergleichbare Erfahrungen verfügen.

Durch die Änderungen im Verfahrensrecht (FamFG) werden die Betreuungsgerichte ausnahmslos verpflichtet, vor der Bestellung eines Betreuers oder der Anordnung eines Einwilligungsvorbehalts die zuständige Behörde anzuhören. Diese Anhörung soll sich insbesondere auf bestimmte Kriterien beziehen (persönliche, gesundheitliche und soziale Situation des Betroffenen; Erforderlichkeit der Betreuung; Hinweis auf geeignete andere Hilfen; die Betreuerauswahl unter Berücksichtigung des Vorrangs der Ehrenamtlichkeit sowie die diesbezügliche Sicht des Betroffenen, § 279 Abs 2 FamFG). Der Sachverständige, der vor der Bestellung eines Betreuers oder der Anordnung eines Einwilligungsvorbehalt ein Gutachten über die Notwendigkeit der Maßnahme zu erstellen hat (§ 280 Abs 1 FamFG), hat das Ergebnis der Anhörung der Behörde zu berücksichtigen, wenn es ihm bei der Erstellung seines Gutachtens vorliegt (§ 280 Abs 2 S 2 FamFG).

Das Recht der Beschwerde steht der zuständigen Behörde gegen Entscheidungen **12** über 1. die Bestellung eines Betreuers oder die Anordnung eines Einwilligungsvorbehalts, und 2. Umfang, Inhalt oder Bestand einer in Nummer 1 genannten Maßnahme zu (§ 303 Abs 1 FamFG).

Das Gericht hat sowohl in Betreuungssachen (§ 274 Abs 3 FamFG) als auch in **13** Unterbringungssachen (§ 315 Abs 3 FamFG) die zuständige Behörde als Beteiligte zum Verfahren hinzuziehen, wenn die Behörde dies beantragt. In Betreuungssachen geht es um die Beteiligung in Verfahren über 1. die Bestellung eines Betreuers oder die Anordnung eines Einwilligungsvorbehalts und über 2. Umfang, Inhalt oder Bestand von Entscheidungen der in Nummer 1 genannten Art (§ 274 Abs 3 FamFG). Das Gericht hat die Behörde von der Einleitung des Verfahrens zu benachrichtigen und sie über ihr Antragsrecht zu belehren (§ 7 Abs 4 FamFG). Aus den besonderen Regelungen über die Beteiligung der Behörde ergibt sich, dass das Gericht weder berechtigt ist, die Beteiligung der Behörde zu verweigern (vgl § 7 Abs 5 FamFG), noch durch Beschluss die Hinzuziehung der zuständigen Behörde beschließen muss. Mit Eingang des Antrags bei Gericht wird die zuständige Behörde automatisch Beteiligte (KEIDEL/ZIMMERMANN, FamFG [17. Aufl] § 7 Rn 18).

II. Text des BtBG (Stand: 22. 7. 2017)

I. Behörden   **14**
§ 1
Welche Behörde auf örtlicher Ebene in Betreuungsangelegenheiten zuständig ist, bestimmt sich nach Landesrecht. Diese Behörde ist auch in Unterbringungsangelegenheiten im Sinne des § 312 Nummer 1 bis 3 des Gesetzes über das Verfahren in Familiensachen und in den Angelegenheiten der freiwilligen Gerichtsbarkeit zuständig.

§ 2
Zur Durchführung überörtlicher Aufgaben oder zur Erfüllung einzelner Aufgaben der örtlichen Behörde können nach Landesrecht weitere Behörden vorgesehen werden.

II. Örtliche Zuständigkeit
§ 3
(1) Örtlich zuständig ist diejenige Behörde, in deren Bezirk der Betroffene seinen gewöhnlichen Aufenthalt hat. Hat der Betroffene im Geltungsbereich dieses Gesetzes keinen gewöhnlichen Aufenthalt, ist ein solcher nicht feststellbar oder betrifft die Maßnahme keine Einzelperson, so ist die Behörde zuständig, in deren Bezirk das Bedürfnis für die Maßnahme hervortritt. Gleiches gilt, wenn mit dem Aufschub einer Maßnahme Gefahr verbunden ist.
(2) Ändern sich die für die örtliche Zuständigkeit nach Absatz 1 maßgebenden Umstände im Laufe eines gerichtlichen Betreuungs- oder Unterbringungsverfahrens, so bleibt für dieses Verfahren die zuletzt angehörte Behörde allein zustän-

dig, bis die nunmehr zuständige Behörde dem Gericht den Wechsel schriftlich anzeigt.

III. Aufgaben der örtlichen Behörde

§ 4

(1) Die Behörde informiert und berät über allgemeine betreuungsrechtliche Fragen, insbesondere über eine Vorsorgevollmacht und über andere Hilfen, bei denen kein Betreuer bestellt wird.

(2) Wenn im Einzelfall Anhaltspunkte für einen Betreuungsbedarf nach § 1896 Absatz 1 des Bürgerlichen Gesetzbuchs bestehen, soll die Behörde der betroffenen Person ein Betreuungsangebot unterbreiten. Diese Beratung umfasst auch die Pflicht, andere Hilfen, bei denen kein Betreuer bestellt wird, zu vermitteln. Dabei arbeitet die Behörde mit den zuständigen Sozialleistungsträgern zusammen.

(3) Die Behörde berät und unterstützt Betreuer und Bevollmächtigte auf deren Wunsch bei der Wahrnehmung von deren Aufgaben, die Betreuer insbesondere auch bei der Erstellung des Betreuungsplans.

§ 5

Die Behörde sorgt dafür, dass in ihrem Bezirk ein ausreichendes Angebot zur Einführung der Betreuer und der Bevollmächtigten in ihre Aufgaben und zu ihrer Fortbildung vorhanden ist.

§ 6

(1) Zu den Aufgaben der Behörde gehört es auch, die Tätigkeit einzelner Personen sowie von gemeinnützigen und freien Organisationen zugunsten Betreuungsbedürftiger anzuregen und zu fördern. Weiterhin fördert sie die Aufklärung und Beratung über Vollmachten und Betreuungsverfügungen.

(2) Die Urkundsperson bei der Betreuungsbehörde ist befugt, Unterschriften oder Handzeichen auf Vorsorgevollmachten oder Betreuungsverfügungen öffentlich zu beglaubigen. Dies gilt nicht für Unterschriften oder Handzeichen ohne dazugehörigen Text. Die Zuständigkeit der Notare, anderer Personen oder sonstiger Stellen für öffentliche Beurkundungen und Beglaubigungen bleibt unberührt.

(3) Die Urkundsperson soll eine Beglaubigung nicht vornehmen, wenn ihr in der betreffenden Angelegenheit die Vertretung eines Beteiligten obliegt.

(4) Die Betreuungsbehörde hat geeignete Beamte und Angestellte zur Wahrnehmung der Aufgaben nach Absatz 2 zu ermächtigen. Die Länder können Näheres hinsichtlich der fachlichen Anforderungen an diese Personen regeln.

(5) Für jede Beglaubigung nach Absatz 2 wird eine Gebühr von 10 Euro erhoben; Auslagen werden gesondert nicht erhoben. Aus Gründen der Billigkeit kann von der Erhebung der Gebühr im Einzelfall abgesehen werden.

(6) Die Landesregierungen werden ermächtigt, durch Rechtsverordnung die Gebühren und Auslagen für die Beratung und Beglaubigung abweichend von Absatz 5 zu regeln. Die Landesregierungen können die Ermächtigung nach Satz 1 durch Rechtsverordnung auf die Landesjustizverwaltungen übertragen.

§ 7

(1) Die Behörde kann dem Betreuungsgericht Umstände mitteilen, die die Be-

stellung eines Betreuers oder eine andere Maßnahme in Betreuungssachen erforderlich machen, soweit dies unter Beachtung berechtigter Interessen des Betroffenen nach den Erkenntnissen der Behörde erforderlich ist, um eine erhebliche Gefahr für das Wohl des Betroffenen abzuwenden.

(2) Der Inhalt der Mitteilung, die Art und Weise ihrer Übermittlung und der Empfänger sind aktenkundig zu machen.

(3) (Aufgehoben durch Art 34 Nr 2 JuMiG)

§ 8

(1) Die Behörde unterstützt das Betreuungsgericht. Dies umfasst insbesondere folgende Maßnahmen:

1. die Erstellung eines Berichts im Rahmen der gerichtlichen Anhörung (§ 279 Absatz 2 des Gesetzes über das Verfahren in Familiensachen und in den Angelegenheiten der freiwilligen Gerichtsbarkeit),

2. die Aufklärung und Mitteilung des Sachverhalts, den das Gericht über Nummer 1 hinaus für aufklärungsbedürftig hält, sowie

3. die Gewinnung geeigneter Betreuer.

(2) Wenn die Behörde vom Betreuungsgericht dazu aufgefordert wird, schlägt sie eine Person vor, die sich im Einzelfall zum Betreuer oder Verfahrenspfleger eignet. Steht keine geeignete Person zur Verfügung, die zur ehrenamtlichen Führung der Betreuung bereit ist, schlägt die Behörde dem Betreuungsgericht eine Person für die berufsmäßige Führung der Betreuung vor und teilt gleichzeitig den Umfang der von dieser Person derzeit berufsmäßig geführten Betreuungen mit.

§ 9

Zur Durchführung der Aufgaben werden Personen beschäftigt, die sich hierfür nach ihrer Persönlichkeit eignen und die in der Regel entweder eine ihren Aufgaben entsprechende Ausbildung erhalten haben (Fachkräfte) oder über vergleichbare Erfahrungen verfügen.

§ 10

Die Aufgaben, die der Behörde nach anderen Vorschriften obliegen, bleiben unberührt. Zuständige Behörde im Sinne dieser Vorschriften ist die örtliche Behörde.

IV. Berlin-Klausel
(entfällt)

§ 1901
Umfang der Betreuung, Pflichten des Betreuers

(1) Die Betreuung umfasst alle Tätigkeiten, die erforderlich sind, um die Angelegenheiten des Betreuten nach Maßgabe der folgenden Vorschriften rechtlich zu besorgen.

(2) Der Betreuer hat die Angelegenheiten des Betreuten so zu besorgen, wie es dessen Wohl entspricht. Zum Wohl des Betreuten gehört auch die Möglichkeit, im

Rahmen seiner Fähigkeiten sein Leben nach seinen eigenen Wünschen und Vorstellungen zu gestalten.

(3) Der Betreuer hat Wünschen des Betreuten zu entsprechen, soweit dies dessen Wohl nicht zuwiderläuft und dem Betreuer zuzumuten ist. Dies gilt auch für Wünsche, die der Betreute vor der Bestellung des Betreuers geäußert hat, es sei denn, dass er an diesen Wünschen erkennbar nicht festhalten will. Ehe der Betreuer wichtige Angelegenheiten erledigt, bespricht er sie mit dem Betreuten, sofern dies dessen Wohl nicht zuwiderläuft.

(4) Innerhalb seines Aufgabenkreises hat der Betreuer dazu beizutragen, dass Möglichkeiten genutzt werden, die Krankheit oder Behinderung des Betreuten zu beseitigen, zu bessern, ihre Verschlimmerung zu verhüten oder ihre Folgen zu mildern. Wird die Betreuung berufsmäßig geführt, hat der Betreuer in geeigneten Fällen auf Anordnung des Gerichts zu Beginn der Betreuung einen Betreuungsplan zu erstellen. In dem Betreuungsplan sind die Ziele der Betreuung und die zu ihrer Erreichung zu ergreifenden Maßnahmen darzustellen.

(5) Werden dem Betreuer Umstände bekannt, die eine Aufhebung der Betreuung ermöglichen, so hat er dies dem Betreuungsgericht mitzuteilen. Gleiches gilt für Umstände, die eine Einschränkung des Aufgabenkreises ermöglichen oder dessen Erweiterung, die Bestellung eines weiteren Betreuers oder die Anordnung eines Einwilligungsvorbehalts (§ 1903) erfordern.

Materialien: Art 1 Nr 6 DiskE I; Art 1 Nr 41 RegEntw; Art 1 Nr 47 BtG; DiskE I, 123; BT-Drucks 11/4528, 133 ff (RegEntw); BT-Drucks 11/6949, 11 (RA, unverändert); Abs 1 eingefügt und d bisherigen Abs neu gezählt d Art 1 Nr 13 BtÄndG; BT-Drucks 13/7158, 7, 33 (RegEntw); BT-Drucks 13/10331, 11 (RA, unverändert); Beschlüsse BR-Drucks 339/98 und 517/98; BGBl 1998 I 1580, 1582; STAUDINGER/BGB-Synopse 1896–2005 § 1901; Abs 4 S 2 und 3 angefügt durch Art 1 Nr 10d 2. BtÄndG (BT-Drucks 15/2494, 6, 20, 29); BT-Drucks 15/4874; BR-Drucks 121/05 (Beschluss). Änderung der Gerichtsbezeichnung durch Art 50 Nr 47 FGG-RG (BGBl 2008, 2586).

Schrifttum (Auswahl)

BAUER, Persönliche Betreuung – die Wurzel des Betreuungsrechts, Betreuungsmanagement 2008, 139
BIENWALD, Die Verpflichtung des Betreuers aus § 1901 Abs 4 BGB, Rpfleger 2003, 229
ders, Brauchen wir eine (bundes-)gesetzliche Regelung der Zahl der Kontakte zwischen Betreuer und Betreutem?, BtPrax 2010, 167
BORUTTA, Pflege zwischen Schutz und Freiheit: das Selbstbestimmungsrecht verwirrter alter Menschen (2000)
DIERCKS, Die persönliche Betreuung (1997)
FRATZKY, Kann der Betreuer die Wohnung des Betreuten gegen dessen Willen betreten?, BtPrax 2000, 239
FORMELLA, Aufsicht über die persönliche Betreuung, Rpfleger 1994, 238
FRÖSCHLE, Der Betreuungsplan nach § 1901 Absatz 4 Satz 2 und 3 Bürgerliches Gesetzbuch, BtPrax 2006, 43
GREGERSEN, Rechtliche Betreuung – was ist das?, BtPrax 1999, 211
HOFFMANN, Persönliche Betreuung im Betreuungsrecht, BtPrax 2008, 95
HOLLER, Berufliche Rehabilitation und Beschäftigung für psychisch Kranke und seelisch

Behinderte: eine Bilanz des Erreichten und Möglichen (1999) – Schriftenreihe des Bundesministeriums für Gesundheit (119)

JÜRGENS, Der Betreuer zwischen rechtlicher Vertretung und persönlicher Betreuung, BtPrax 1998, 129

ders, Weitere Einzelfragen zur Tätigkeit des Betreuers, BtPrax 1998, 212

KAMPS, Aut idem aut exitus der Therapiefreiheit, MedR 2002/193

KOLLMER, Selbstbestimmung im Betreuungsrecht (1992)

ders, Die Durchführung der Betreuung, § 1901 BGB, FuR 1993, 325

ders, Personensorge im Betreuungsrecht. Probleme im Spannungsfeld zwischen Eigen- und Fremdbestimmung, Rpfleger 1995, 45

MEES-JACOBI/STOLZ, Rechtliche und psychologische Aspekte einer Betreuung entsprechend den Wünschen und Vorstellungen des Betreuten, BtPrax 1994, 83

STEFFEN, Mehr Schutz für die Patientenrechte durch ein Patienten-Schutzgesetz oder eine Patienten-Charta?, MedR 2002, 190

STROH, Wer entscheidet über das Wohl der Betreuten?, BdB-Verbandszeitung Heft 40 (6/2002) 20

WAGENITZ/ENGERS, Betreuung – Rechtliche Betreuung – Sozial(rechtlich)e Betreuung, FamRZ 1998, 1273

WELTI, Das neue SGB IX-Recht der Rehabilitation und Teilhabe behinderter Menschen, NJW 2001, 2210.

Systematische Übersicht

Alphabetische Übersicht

Werner Bienwald

I.   Vorbemerkung

1 Während vor der zum 1. 7. 2005 eingeführten Vergütung nach Zeitpauschalen über
zu häufige Besuche der Betreuten durch ihre Betreuer geklagt worden war und

Gerichte die Besuchstätigkeit in einigen Gerichtsbezirken auf ein bis zwei im Monat festlegten, Behörden und Gerichte in anderen Regionen, in denen nach einer eigenen Vergütungspauschalierung verfahren wurde, auf regelmäßige häusliche Besuche Wert legten, wurde nach dem 1. 7. 2005 eine Abnahme der Besuchstätigkeit festgestellt und eingeräumt. Offenbar wurde unter Praktikern die Auffassung vertreten, die vergütete Zeit begrenze grundsätzlich auch die Betreuerverantwortung. Das Gesetz zur Änderung des Vormundschafts- und Betreuungsrechts v 29. 6. 2011 (BGBl I 1306), das eine Höchstzahl für behördlich geführte Vormundschaften und Pflegschaften einführte, sieht zwar davon ab, Zahl und/oder Häufigkeit persönlicher Kontakte zwischen Betreuer und Betreutem vorzuschreiben, verpflichtet aber die Betreuer, in den jährlichen Bericht an das Betreuungsgericht (§§ 1840, 1908i Abs 1 S 1 BGB) Angaben zu den persönlichen Kontakten zu dem Betreuten aufzunehmen. Als weiteren wichtigen Entlassungsgrund führte das Gesetz in § 1908b Abs 1 S 2 BGB die Vernachlässigung der erforderlichen persönlichen Kontakte ein.

In der Praxis des Betreuungsrechts ist immer häufiger die Rede von Unterstützung, nicht selten synonym für Betreuung und gesetzliche Vertretung verwendet. Die UN-Behindertenrechtskonvention versteht in Art 12 Abs 1 Unterstützung als Oberbegriff für alle Maßnahmen, die Menschen mit Behinderungen bei und für die Ausübung ihrer Rechts- und Handlungsfähigkeit gegebenenfalls benötigen. Danach gehört die rechtliche Betreuung als eine Maßnahme zu der Gesamtheit von Unterstützungen, ohne selbst als solche i S einer gegenüber der rechtlichen Betreuung mildere Maßnahme zu gelten. Die Bestellung eines Betreuers kommt nur in Betracht, wenn die Besorgung der Angelegenheiten der betroffenen Person einen gesetzlichen Vertreter erfordert. Der Entwurf des Betreuungsgesetzes bezeichnet die Vertretungsmacht des Betreuers als ein Wesensmerkmal der Betreuung (BT-Drucks 11/ 4528, 135). Das schließt nicht aus, dass die Tätigkeit des Betreuers auch Angelegenheiten erfasst, für deren Besorgung die gesetzliche Vertretung nicht erforderlich ist (BT-Drucks 11/4528, 122). Reichen andere Hilfen aus, bei denen kein gesetzlicher Vertreter bestellt wird, darf ein Betreuer nicht bestellt werden, ist eine Betreuung nicht zulässig (BT-Drucks 114528, 135). Der Abbau sozialer Dienste und das Verständnis der rechtlichen Betreuung als vorrangig vor sozialen Hilfen bereits unmittelbar nach Inkrafttreten des Betreuungsgesetzes hat nachhaltig zu einem Fehlgebrauch rechtlicher Betreuung beigetragen.

II. Allgemeines

1. Normzweck

Die Vorschrift betrifft die Pflichten des Betreuers im Verhältnis zum Betreuten. Sie **2** regelt insbesondere, welche Bedeutung das Wohl des Betreuten und seine Wünsche für das Verhalten des Betreuers haben sollen (BT-Drucks 11/4528, 133). Sie bestimmt nicht den Umfang der Betreuung im Sinne einer Verantwortungszuständigkeit, der durch den Aufgabenkreis festgelegt ist, sondern kennzeichnet die Art und Weise, wie zu betreuen ist (KOLLMER 121). Der durch das BtÄndG mit Wirkung vom 1. 1. 1999 den bisherigen Absätzen vorangestellte Abs 1 hat den Zweck, die auf die **rechtliche** Besorgung der Angelegenheiten des Betreuten bezogene Amtsführung des Betreuers von nur **faktischen** Tätigkeiten klarer abzugrenzen, die nicht zur Ausführung des Betreuerauftrags gehören und infolgedessen auch nicht (in erster Linie aus der

Staatskasse) vergütet werden sollten (BT-Drucks 13/7158, 33). Eine scharfe Trennlinie wurde damit nicht gezogen. Das Bemühen um Abgrenzung erstreckt sich, wie der Standort des Abs 1 zeigt, auf das Innenverhältnis der Betreuung; Maßnahmen des Betreuers, die jeglichen Bezug zu der dem Betreuer übertragenen Rechtsfürsorge vermissen lassen, gehören schon deshalb nicht zum Auftrag des Betreuers und können deshalb auch nicht Gegenstand des Abs 1 sein. Um eine „Neudefinition" der Aufgabe des Betreuers (so aber HK-BUR/BAUER, Eröffnungsvortrag 8. VGT-Aktuelles) handelte es sich nicht.

3   Das Problem unmittelbarer finanzieller Auswirkungen auf beruflich tätige Betreuer und die bereits mit der Verabschiedung des BtÄndG zum Ausdruck gebrachte Absicht, „hilfsbedürftigen Menschen langfristig rechtliche Betreuung ebenso … wie tatsächliche Zuwendung und Fürsorge" zu verbürgen (BR-Drucks 339/98), was auch aus ihr eines Tages wird, erschweren Abgrenzungsbemühungen. Die Vergütung der berufsmäßig tätigen Betreuer nach Maßgabe bestimmter Zeitkontingente dürfte das Problem weitgehend entschärft haben.

4   Durch Art 1 Nr 10 des 2. BtÄndG wurden dem Abs 4 die Sätze 2 und 3 angefügt. Durch sie werden alle Betreuer, die Betreuungen berufsmäßig, dh mit Anspruch auf Vergütung, führen, verpflichtet, zu Beginn der Betreuung einen Betreuungsplan zu erstellen, der die Ziele der Betreuung und die zu ihrer Erreichung zu ergreifenden Maßnahmen darstellen soll. Diese Verpflichtung beschränkt sich jedoch auf dafür geeignete Fälle (näher dazu unten Rn 86). Sie setzt eine Anordnung des Gerichts voraus (Ergänzung durch Beschluss des Rechtsausschusses).

5   Abs 2 S 1 der Vorschrift macht das Wohl des Betreuten zum Maßstab für das Verhalten des Betreuers. Darüber hinaus ist das Wohl des Betreuten das Grundziel des Betreuungsrechts (BT-Drucks 11/4528, 53). Damit kommt der Vorschrift jedoch nicht die Funktion einer Grundzielbestimmung zu (so aber wohl ERMAN/HOLZHAUER Rn 3). Dieses Grundziel der Betreuung wird bereits durch die Grundnorm des Betreuungsrechts (§ 1896 BGB) und die dort enthaltene Begrenzung der Betreuerbestellung auf die Fälle erforderlicher Betreuung bestimmt (§ 1896 Abs 2 S 1 BGB). Eine Betreuerbestellung, die nicht auch dem Wohl des Betreuten dient, indem seine Angelegenheiten besorgt werden und er in dem hierfür erforderlichen Umfang persönlich betreut wird (§ 1897 Abs 1 BGB), entbehrt ihrer Rechtfertigung. Zur Berücksichtigung der Interessen der Betroffenen im BtG s BIENWALD Protokolldienst Bad Boll 23/93 (Rechtspflegertagung 9.–11. 11. 1992), 32.

6   § 1901 BGB enthält wichtige aus dem allgemeinen Ziel der Betreuerbestellung abgeleitete Handlungsanweisungen für den Betreuer. Nur so lässt sich erklären, dass die als Richtschnur des Betreuerhandelns verstandene Orientierung am Wohl des Betreuten als eine Selbstverständlichkeit begriffen wird (ERMAN/HOLZHAUER Rn 3). § 1901 Abs 3 BGB ist Ausdruck eines allgemeinen Prinzips des Betreuungsrechts, den Wünschen des Betroffenen soweit vertretbar und möglich Geltung zu verschaffen, vgl etwa § 1896 Abs 1 und 2, § 1897 Abs 4 S 1 und 2, § 1900 Abs 2 S 2 BGB, §§ 275, 316 FamFG. Die Vorschrift wird ergänzt durch § 1903 Abs 3 und § 1804 BGB iVm § 1908i Abs 2 S 1 BGB. Sie verpflichtet nicht unmittelbar den rechtsgeschäftlich bestellten Bevollmächtigten (§ 1896 Abs 2 BGB). Er kann jedoch vertraglich verpflichtet werden. Hierfür empfiehlt es sich, die Inhalte der Norm, soweit gewollt, in

die Vereinbarung dem Wortlaut nach zu übernehmen. In Anbetracht der Änderbarkeit der Norm (s BtÄndG) sollte um der Bestimmtheit des Auftrags willen von der bloßen Verweisung auf die Vorschrift (davon wird Gebrauch gemacht) Abstand genommen werden.

2. Anwendungsbereich

Die Vorschrift hat mit Ausnahme der neu eingeführten Verpflichtung, einen Betreuungsplan zu erstellen (Abs 4 S 2 und 3) für die **Amtsführung aller Betreuer**, unabhängig von dem Aufgabenkreis, wenn auch in unterschiedlichem Umfang, Bedeutung. Am wenigsten gilt sie für den Gegenbetreuer, der nicht unmittelbar Angelegenheiten des Betreuten zu besorgen, gleichwohl aber sein Handeln am Wohl des Betreuten auszurichten hat. Für den Verfahrenspfleger, der nach § 276 oder nach § 317 FamFG bestellt wird/ist, kommt die Vorschrift weder dem Wortlaut noch ihrem Zweck nach zur Anwendung. Der Stellung des Verfahrenspflegers entspricht es nicht, den (begrenzten) Willensvorrang des Betroffenen zu beachten oder an Weisungen des Betroffenen gebunden zu sein; er soll (nur) die objektiven Interessen des Betroffenen wahrnehmen (BT-Drucks 11/4528, 171). Im Übrigen s STAUDINGER/BIENWALD[12] Rn 4.

Mit der Vorschrift wird auf die privatrechtlich gestaltete Rechtsbeziehung zwischen Vollmachtgeber und Bevollmächtigtem jedenfalls nicht unmittelbar Einfluss genommen. Der **Bevollmächtigte** unterliegt auch nicht der Aufsicht und Kontrolle des Betreuungsgerichts. Ist der (Vorsorge-)Vollmachtgeber außerstande, die gegenüber dem Bevollmächtigten bestehenden Rechte wahrzunehmen, kann das Gericht dem Vollmachtgeber einen Betreuer nach § 1896 Abs 3 BGB bestellen. Aufgrund der Genehmigungsbedürftigkeit von Erklärungen Bevollmächtigter nach §§ 1904, 1906 BGB und der Notwendigkeit, die gerichtlichen Entscheidungen nach bestimmten Kriterien (Wohl des Betroffenen) zu treffen, kann es nicht ausbleiben, dass auf Wünsche des Vollmachtgebers, sofern bekannt, zurückgegriffen wird. Dies umso mehr, als mit der (Vorsorge-)Vollmacht die Tatsache der Betreuungsbedürftigkeit nicht geleugnet, sondern lediglich das Instrument staatlicher Fürsorge nicht in Anspruch genommen wird, insofern also Parallelitäten bestehen.

3. Das Binnenverhältnis in der Betreuungsarbeit

Die Schaffung eines neuen Rechtsinstituts Betreuung, die jedenfalls teilweise Loslösung von dem Modell der Vormundschaft und zuletzt die durch das BtÄndG vorgenommene Öffnung der (Vorsorge-)Bevollmächtigung für personensorgebezogene Angelegenheiten und Entscheidungen lassen auch das Rechtsverhältnis zwischen Betreutem und Betreuer in einem neuen Licht erscheinen. Zumindest der Absicht und der gesetzlichen Regelung nach (§ 1896 Abs 2 BGB; statistisch überwiegt die Zahl der Betreuerbestellungen) ist die gerichtliche Bestellung eines Betreuers gegenüber der Eigenvorsorge **nachrangig**. Dieser Nachrang erstreckt sich damit nicht lediglich auf im Wesentlichen vermögensrechtliche Angelegenheiten des Betroffenen, sondern kann die Gesamtheit der zu besorgenden Angelegenheiten erfassen, sofern sie überhaupt nach der Rechtsordnung durch einen Vertreter besorgt und entschieden werden können. Hat aber, soweit sie dem Betroffenen möglich ist, die Eigenvorsorge Vorrang, gewinnt die Betreuung den (rechtlichen) Charakter einer Ersatzlösung. Erteilt im Falle der Eigenvorsorge der Betroffene den Auftrag, so handelt im Falle fehlender oder nicht ausreichender Eigenvorsorge **an dessen Stelle** das Gericht. Aus der Zweierbeziehung wird eine Dreierbeziehung, jedoch lediglich insoweit, als das Gericht an die Stelle des nicht tätig gewordenen und nun dazu nicht mehr fähigen Betroffenen tritt.

10 Speziell die in den Abs 2 und 3 enthaltenen Handlungsanweisungen an den Betreuer geben deshalb grundsätzlich nichts anderes wieder, was nicht auch Gegenstand eines vom Betroffenen unmittelbar vereinbarten Auftragsverhältnisses sein könnte. Weil der Betroffene aufgrund der aktuellen Krankheits- oder Behinderungslage zu eigener Beauftragung und Überwachung eines solchen Auftrags außerstande ist (und sich womöglich auch niemand von ihm beauftragen lässt), nimmt das Gericht während des Bestehens der Betreuung auch die Kontroll- und Überwachungsfunktion (§§ 1837–1841, 1908i Abs 1 S 1 BGB) wahr und gibt sie lediglich für den Fall der Beendigung des gerichtlich initiierten Auftragsverhältnisses an den Betroffenen (den bisherigen Betreuten) oder seinen Rechtsnachfolger wieder zurück (§§ 1890, 1892, 1908i Abs 1 S 1 BGB). Bei dem Grundverhältnis zwischen Betreutem und Betreuer handelt es sich also der Struktur nach um eine Auftragsbeziehung, die lediglich vom Gericht in Wahrnehmung einer staatlichen Fürsorge und in Verantwortung für das Funktionieren der Rechtsordnung vermittelt wird. Auch aus diesem Grunde **kommt der persönlichen Betreuung nicht die Bedeutung einer eigenständigen Aufgabe neben den sonst formulierten Aufgaben(kreisen) zu**; vielmehr ist sie Ausdruck der durch ein persönliches Vertrauensverhältnis geprägten Auftragsbeziehung (s STAUDINGER/MARTINEK/OMLOR [2017] § 664 Rn 21, 22). Bei den in den Absätzen 2 und 3 enthaltenen Anweisungen handelt es sich deshalb nicht um für das Betreuungsverhältnis charakteristische Besonderheiten, sondern um die Formulierung von sich aus dem Grundverhältnis ergebenden Selbstverständlichkeiten.

11 Insbesondere für die Wahrnehmung des Betreueramts sind zwei Ebenen der Betreuungsarbeit zu unterscheiden: einerseits die durch die Bestellung zum Betreuer und die Bestimmung des Aufgabenkreises übertragene Verantwortung für die Besorgung der Angelegenheiten des Betreuten nach Maßgabe der gesetzlichen Bestimmungen und unter Beachtung und Berücksichtigung der Wünsche und Willensbekundungen der betreuten Person; andererseits die Wahrnehmung und Handhabung der Betreuung im Rahmen des formulierten Auftrags und unter Beachtung und Berücksichtigung des Betreuungsziels, den Betreuten zu befähigen, seine Angelegenheiten selbst zu besorgen.

Zur etwaigen Garantenstellung des Betreuers gegenüber dem Betreuten iSd § 13 StGB (hier abgelehnt) LG Potsdam BtPrax 2016, 242, 243. Die Angelegenheit betraf den Vorwurf unterlassener Maßnahmen im Bereich der Gesundheitssorge.

12 Der Betreuer muss nicht sämtliche ihm übertragenen Aufgabenbereiche für den Betreuten besorgen, sondern kann den Betreuten in die Besorgung seiner Angelegenheiten einbeziehen, ihm eine gewisse Handlungsfreiheit einräumen und ihn dadurch aktivieren. Es ist deshalb nichts dagegen einzuwenden, dass der Betreuer dem Betreuten die „Verwaltung" seines Taschengeldes überlässt, dem Betreuten die eingegangene Post nach Durchsicht zur Kenntnis gibt, ihn zu praktischen Tätigkeiten einsetzt und/oder anspornt.

4. Normverstöße und ihre Folgen

Richtet sich der Betreuer in seiner Amtsführung nicht nach den in dieser Vorschrift **13**
enthaltenen Handlungsanweisungen, kann er dafür nach Maßgabe des § 1837 Abs 2
BGB, ggf iVm § 35 FamFG, vom Betreuungsgericht zur Verantwortung gezogen
werden. Gegenüber Verein und Behörde sowie gegenüber dem Behördenbetreuer
besteht nur eine eingeschränkte Reaktionsmöglichkeit (§ 1837 Abs 3 S 2, § 1908g
Abs 1 BGB). UU erwächst dem Betreuten aus dem pflichtwidrigen Verhalten ein
Schadensersatzanspruch (§ 1833 iVm § 1908i Abs 1 S 1 BGB), zu dessen Prüfung
und Geltendmachung ein weiterer Betreuer (§ 1899 BGB) zu bestellen wäre. Äußerstenfalls käme die Entlassung des pflichtwidrig tätig gewesenen Betreuers in
Betracht (§ 1908b Abs 1 BGB), wenn weiterhin, trotz Belehrungen, mit einem entsprechenden Verhalten zu rechnen wäre. Vorstellbar ist auch ein Amtshaftungsanspruch, wenn das Betreuungsgericht seiner Aufsichtspflicht nicht ausreichend nachgekommen und infolgedessen dem Betreuten ein Schaden entstanden ist.

Dem Charakter der Vorschrift entsprechend, dem Betreuer zumeist allgemein, von **14**
dem Aufgabenkreis unabhängig, formulierte Handlungsanweisungen für die Führung der Betreuung zu geben, werden Verstöße gegen diese Anweisungen im Allgemeinen erst im Zusammenhang von konkreten Handlungen oder Unterlassungen
sichtbar. Unabhängig von weiteren Handlungen oder Unterlassungen sind Verletzungen der Besprechungspflicht des Abs 3 S 3 und der Informationspflicht des
Abs 5. Hält der Betreuer die Besprechungspflicht nicht ein oder hält er entgegen
dem Gebot persönlicher Betreuung keinen (ausreichenden) Kontakt zu dem Betreuten, entspricht dies nicht dem gerichtlichen und gesetzlichen Auftrag, bewirkt
jedoch nicht schon deshalb, dass die von dem Betreuer besorgten Angelegenheiten
mit einem Rechtsmangel behaftet sind. Insofern dürfte auch die Geltendmachung
eines Schadensersatzanspruchs kaum in Betracht kommen. Allerdings würde das
Unterlassen jeglichen Kontaktes oder die unzureichende Beteiligung des Betreuten
den Betreuer grundsätzlich als **ungeeignet** erscheinen lassen, sodass er zu **entlassen**
wäre (§ 1908b Abs 1 BGB). Dem entspricht der durch Art 1 Nr 5 des Gesetzes zur
Änderung des Vormundschafts- und Betreuungsrechts eingeführte weitere wichtige
Entlassungsgrund der Vernachlässigung des erforderlichen persönlichen Kontakts
zum Betreuten.

Abs 1 enthält eine Beschreibung und Bestätigung des Inhalts der Betreuung. Aus **15**
dieser Vorschrift lassen sich konkrete Verstöße in der Amtsführung nicht unmittelbar ableiten. In der realen Betreuungsarbeit wirkte sich die Bestimmung auf die
Vergütungspraxis der Gerichte aus, was der Absicht des Gesetzgebers entspricht, mit
der er die Bestimmung eingefügt hatte. Zum Nachteil des Betreuten und der persönlichen Betreuung iS ihrer eigentlichen Bedeutung (s BT-Drucks 11/4528, 68) darf sich
die durch Abs 1 beabsichtigte Klarstellung des Betreuerauftrags nicht auswirken;
lediglich dort, wo der Betreuer über das zur Besorgung der ihm aufgetragenen
Angelegenheiten und gesetzlich vorgegebenen Verpflichtungen notwendige Maß
persönlicher Betreuung hinausgegangen ist, wird die Bestimmung und werden ihre
Auswirkungen als Einengung seiner Betreuungsarbeit empfunden. Seit dem ersten
BtÄndG kam es stärker darauf an, bei Vergütungsanträgen – jedenfalls in Zweifelsfällen – eine eingehende Begründung dafür zu liefern, dass die in Rechnung gestellte

Zeit und die Art der in Rechnung gestellten Tätigkeit einschließlich der Beteiligung des Betreuten zur auftragsgemäßen Erledigung gerechtfertigt war.

Abs 2 S 1 und 2 verpflichten den Betreuer zwar unmittelbar, aber allgemein. Setzt sich der Betreuer über die Anweisungen hinweg, kann sich der Betreute dagegen zur Wehr setzen und sich bei Gericht beschweren. Das können aber auch Außenstehende (sog Dritte) tun. Das Gericht hat ggf dann den Sachverhalt von Amts wegen aufzuklären und die erforderlichen Maßnahmen zu treffen.

16   Für sein persönliches Verhalten gegenüber dem Betreuten steht dem Betreuer ein Spielraum zu (BayObLG FamRZ 1994, 1353).

5.   Zum scheinbaren Widerspruch von rechtlicher und persönlicher Betreuung

17   Der vom Deutschen Bundestag an den Rechtsausschuss und an den Ausschuss für Familie, Senioren, Frauen und Jugend überwiesene Antrag von Abgeordneten und Fraktion der SPD „Reform des Betreuungsrechts: Von der justizförmigen zur sozialen Betreuung" (BT-Drucks 13/10301; Plenarprotokoll 228, 20957, 20966) ging davon aus, dass das geltende Betreuungsrecht bestimmten rechtspolitischen Zielsetzungen nicht gerecht werde, und führte das darauf zurück, „dass der Gesetzgeber seine Vorstellungen weitgehend mit den Mitteln des Zivilrechts und des justiziellen Instrumentariums hat durchsetzen wollen"; beides sei aber nur in Grenzen dafür tauglich. Die Betreuung könne „nicht nur als ein zivilrechtliches Rechtsverhältnis begriffen und beschrieben werden, in dem eine Person für eine andere Geschäfte zu besorgen hat. Zur Betreuung gehörten vielmehr der Aufbau eines Vertrauensverhältnisses, die Stützung und Unterstützung des Betreuten, die Vermittlung von Konfliktlösungen im Verhältnis zu Dritten, die Anleitung und Führung des Betreuten in persönlichsten Angelegenheiten." Das erfordere auf Seiten des Betreuers Aktivitäten, die den Rahmen des im Zivilrecht Regelbaren sprengen.

18   Abgesehen davon, dass die späteren Ausführungen und Vorstellungen in dem Papier nicht auf eine soziale, sondern sozial(rechtlich)e – so WAGENITZ/ENGERS FamRZ 1998, 1273 – oder noch genauer: sozialbehördlich gesteuerte Betreuung hinausliefen, wies der Eingangstext zwei Irrtümer auf, die Fehleinschätzungen zur Folge haben müssen.

19   Anliegen des Betreuungsgesetzgebers war es nicht, ein – je nach Bedarf – umfassendes Betreuungsverhältnis zu regeln. Dafür hätte angesichts der zahlreichen realen Betreuungsverhältnisse – abgesehen von Regelungen finanzieller Förderung – kein Bedarf bestanden. Der Gesetzgeber hatte, wollte er die Entmündigung abschaffen und die Vormundschaft für Volljährige sowie die Gebrechlichkeitspflegschaft ersetzen, eine **Entscheidungszuständigkeit** zu begründen, weil insoweit in den Fällen, die in § 1896 Abs 1 BGB beschrieben sind, Bedarf bestand. Aus verfassungsrechtlichen Gründen wurde eine eher totale durch eine partielle Betreuung (Erforderlichkeitsgrundsatz) ersetzt. Der Gesetzgeber hatte ferner vor dem Hintergrund festgestellter Mängel – wohl überwiegend aufgrund der hohen Fallzahlen bei behördlich geführten Vormundschaften und Pflegschaften (BT-Drucks 11/4528, 50, 68) – die Bestellung in erster Linie natürlicher Personen zu Betreuern vorgesehen und außerdem die Betreuer zu persönlicher Betreuung (im Gegensatz zu unpersönlicher, lediglich vom Schreibtisch aus geführter, Betreuung) verpflichtet (§ 1897 Abs 1 BGB).

Da der Aufgabenkreis des Betreuers bedarfsgerecht und bedarfsbezogen festzustel- **20** len und festzusetzen ist (§ 1896 Abs 1, 2 BGB), kommen als Auftrag eines Betreuers zB auch Bereiche in Betracht, die angeblich vom geltenden Recht nicht erfasst werden: die Klärung von nachbarschaftlichen Konflikten im Rahmen der Regulierung von Wohnungs- oder Mieterangelegenheiten. Die Anleitung und Führung des Betreuten in persönlichsten Angelegenheiten kommt als Gegenstand der in Abs 4 verankerten Verpflichtung in Betracht. Je nach Auftrag des Betreuers erschöpft sich die Besorgung der Angelegenheiten des Betreuten auch nicht in der Wahrnehmung von rechtsgeschäftlichen Angelegenheiten, nicht einmal in Angelegenheiten, für die ein gesetzlicher Vertreter bestellt wird, wie sich aus § 1896 Abs 2 BGB unmittelbar ergibt. So stellt beispielsweise die Einteilung von Arbeitsverdienst, von Werkstattentgelt oder des dem Betreuten gezahlten Betrages zu persönlicher Verwendung keine rechtsgeschäftliche Angelegenheit dar, ebensowenig wie es die Einwilligung in eine ärztliche Maßnahme oder die Nachforschung regelmäßiger Medikamentengabe ist. Geschieht dies unter Beteiligung des Betreuten und nicht über seinen Kopf hinweg, entspricht diese Praxis den Bestimmungen des Betreuungsgesetzes und den Erwartungen des damaligen Gesetzgebers.

Auch der persönliche Kontakt und die **Besuchstätigkeit** des Betreuers unterliegen **21** dem Erforderlichkeitsgrundsatz. Weder verlangt der Grundsatz der persönlichen Betreuung ausschließlich einen Hausbesuch oder sonst persönlichen Kontakt, wenn zB der Betroffene telefonischen oder schriftlichen Kontakt bevorzugt oder wenn dieser ausreicht, um den für die Besorgung der Angelegenheiten des Betreuten nötigen Kontakt herzustellen. Der betreute Mensch hat ein Recht darauf, in seinem Wohnbereich nicht mehr als für die Führung der Betreuung erforderlich gestört zu werden. Außerdem handelt es sich bei der Betreuung um eine vom Einzelfall bestimmte und auf ihn zugeschnittene fürsorgliche Maßnahme, die nicht mehr als unbedingt nötig eine Verallgemeinerung duldet. Das Betreuungsgericht ist nicht befugt, Art und Häufigkeit des persönlichen Kontakts zum Betreuten zu reglementieren (LG Hamburg FamRZ 2010, 1329).

Die früher übergroße Zahl von Verfahren in Vergütungs- und Aufwendungsersatz- **22** angelegenheiten spricht zwar nicht für die gesetzgeberische Lösung, zumal unter dem vorher geltenden Vormundschafts- und Pflegschaftsrecht solche Verfahren kaum Erwähnung fanden. Sie spricht aber ebensowenig gegen sie, solange nicht genau festgestellt ist, weshalb es einer Praxis nicht gelungen ist, mit einem in seiner Konstruktion einfachen Rechtsinstitut – Besorgung von im Wesentlichen Rechtsangelegenheiten in einer den Betroffenen einbeziehenden (ihn als „Auftraggeber" akzeptierenden) Art und Weise – adäquat umzugehen. Nicht selten wird der begrenzte Willensvorrang des Betreuten dahin missverstanden, die Entscheidung in einer Sachfrage dem Betreuten zu überlassen, diese dann zu vollziehen und dann darauf hinzuweisen, der Betreute habe das (uU schädliche) Ergebnis selbst gewollt. Hier wird verkannt, dass dem Betreuer deshalb Entscheidungskompetenz zugewiesen wurde, weil sie in dem erforderlichen Maße bei der betreuten Person vermisst wurde (vgl dazu BIENWALD RsDE 50/2002, 1, 34 sowie als Beispielsfall LG Berlin FamRZ 2000, 1526 [monatelanges Warten des sachlich zuständigen Betreuers, dass der Betreute sich für die

Aufgabe der Wohnung seiner verstorbenen Mutter entscheidet]. Die den Betreuer verurteilende Entscheidung hatte jedoch vor dem KG keinen Bestand).

III.   Maximen und Grenzen des Betreuerhandelns

1.   Die Verpflichtung zu rechtlicher Betreuung (Abs 1)

23 Der neu eingefügte Abs 1 soll die Abgrenzung zwischen den dem Betreuer vom Gesetz zugewiesenen Amtsgeschäften und dessen darüber hinausgehendem faktischem Engagement für den Betreuten verdeutlichen. Maßnahmen des Betreuers, die zur Willenserforschung und damit zu einer persönlichen Interessenwahrnehmung durch den Betreuer nicht mehr erforderlich sind oder sogar jeglichen Bezug zu der dem Betreuer übertragenen Rechtsfürsorge vermissen lassen, werden als Ausdruck menschlicher Zuwendung für wünschenswert gehalten, gehören aber nach Auffassung des Gesetzgebers nicht mehr zu den dem Betreuer vom Gesetz/Gericht zugewiesenen Aufgaben rechtlicher Interessenwahrnehmung. Da es in erster Linie um die Frage, wofür der Berufsbetreuer zu vergüten ist, ging (hierzu und zu dem Vorangegangenen BT-Drucks 13/7158, 33), hat die Abgrenzungsproblematik hauptsächlich im Bereich der entgeltlich/berufsmäßig geführten Betreuung ihre betreuungsrechtliche Bedeutung; im Bereich ehrenamtlicher Betreuung handelt es sich bei der Frage nach den Grenzen der Betreuung, der Gefahr einer Überbetreuung, um ein Problem der eigenen Kräfte und Grenzen und der Würde des Betreuten. Durch die Einführung von Zeitpauschalen für die berufsmäßige Führung der Betreuung verlagert sich das Problem von der Abrechnung auf die Person des Betreuers, der die Grenzziehung für sich vornehmen muss. Zur Abgrenzung von rechtlicher Betreuung und Sozialleistung vgl die gleichnamige Handreichung des Deutschen Vereins für öffentliche und private Fürsorge (2007).

24 Dem gesetzgeberischen Anliegen zufolge berührt die Vorschrift sowohl § 1901 BGB als auch § 1902 BGB. Einerseits geht es um die Frage, ob der Betreuer sich mit seinem Handeln außerhalb seines Auftrags bewegt, zum andern um das Maß persönlicher Betreuung im Rahmen der ihm aufgetragenen Geschäfte. Bewegt sich der Betreuer **außerhalb seines Aufgabenkreises**, kann es gar keine Frage sein, dass er dafür grundsätzlich Vergütung nicht beanspruchen kann, abgesehen einmal davon, dass es sich um einen Fall von GoA handeln konnte. Soweit es um die **Art und Weise der Besorgung** der Angelegenheiten des Betreuten geht, steht der Betreuer unter der generellen Verpflichtung persönlicher Betreuung, als deren Konkretisierung einzelne Bestimmungen des § 1901 BGB verstanden werden müssen. Persönliche Betreuung heißt, auf eine kurze Formel gebracht (vgl BT-Drucks 11/4528, 68): Die Besorgung der Angelegenheiten unter Einbeziehung des Betreuten – keine Betreuung lediglich vom Schreibtisch aus.

25 Der gesetzliche Auftrag zur Einbeziehung des Betreuten in die Besorgung seiner Angelegenheiten lässt eine rein objektive Bewertung des Maßes notwendiger Beteiligung nicht zu. In einem erheblichen Umfang kommt es auf die Person des Betreuten an.

26 Dem neuen Abs 1 kann deshalb nicht mehr abverlangt werden, als Betreuer dahin zu beeinflussen, sowohl mit der eigenen Zeit als auch mit dem Geld anderer bewusst(er) umzugehen, und bei Gericht mehr Verständnis und Offenheit für die Abgrenzungsproblematik zu erreichen. Auf beiden Seiten sollte es zu mehr Bereitschaft für eine argumentative Auseinandersetzung geben, als sie dem Vernehmen und den veröffentlichten Entscheidungen nach zu urteilen stattfindet. Sowohl dem abrechnenden Betreuer als auch dem Gericht muss die Erklärungsbedürftigkeit und -fähigkeit besonders gelagerter Fälle bewusst sein.

Das „Programm" der Betreuungsführung – auch **Betreuungsplan** genannt (HK-BUR/ 27 BAUER § 1901 Rn 33) – gehört grundsätzlich nicht zu den Angelegenheiten des Betreuten. Der für die Aufstellung und ggf seine Fortschreibung und Kontrolle benötigte zeitliche und sächliche Aufwand ist deshalb nicht nach §§ 1835 ff BGB aufwendungsersatzfähig. Es handelt sich auch nicht um eine nach § 1835 Abs 3 BGB abzurechnende berufsspezifische Angelegenheit. Macht sich der Betreuer eine geordnete Zusammenstellung der in einem bestimmten Zeitraum zu besorgenden Angelegenheiten und der einzuhaltenden Termine usw, handelt es sich um ein Hilfsmittel zu möglichst reibungsloser und fehlerfreier Führung der Betreuung. Es handelt sich also grundsätzlich um ein Gebot des eigenen Interesses. Anders kann es zu beurteilen sein, wenn das Gericht auf der Basis der §§ 1839, 1840 Abs 1 BGB dem Betreuer aufgibt, bereits nach Ablauf einer relativ kurzen Zeit zu berichten und die Vorhaben, insbesondere im Bereich von Angelegenheiten der Personensorge, zu erläutern. Dem Vorschlag von HOLZHAUER (Gutachten 57. DJT B 114) ist der Gesetzgeber seinerzeit nicht gefolgt. In der Praxis zu beobachtende Anlehnungen an den Hilfeplan des § 36 SGB VIII gehen fehl, wie auch sonst aus der Sozialarbeit unreflektiert übernommene Theorie- und Methodikanteile (dazu näher BIENWALD Rpfleger 1998, 462 und RsDE 50/2002, 1, 33 ff). Die durch das 2. BtÄndG eingeführte Verpflichtung zur Aufstellung eines Betreuungsplans, der die Ziele der Betreuung und die zu ihrer Erreichung zu ergreifenden Maßnahmen darstellen soll, steht dazu nicht im Gegensatz, bestätigt vielmehr die hier vertretene Auffassung. Denn die Verpflichtung besteht nur insoweit, als es sich um einen geeigneten Fall handelt, und der Betreuer die Betreuung berufsmäßig führt, sie trifft also nicht alle Betreuer und gilt auch nicht für alle berufsmäßig geführten Betreuungen.

2. Wohl des Betreuten (Abs 2)

a) Begrenzter Vorrang des Willens des Betreuten

Entscheidender Maßstab für das Verhalten des Betreuers soll das Wohl des Betreu- 28 ten sein (BT-Drucks 11/4528, 133). Ausdruck dessen ist Abs 2 S 1, der von dem Betreuer erwartet, dass er seine Tätigkeit am Wohl des Betreuten ausrichtet. Diese Orientierung am Wohl des Betreuten bildet auch den Maßstab und die Grenze der Beachtlichkeit von Wünschen, die der Betreute in der Vergangenheit (Abs 3 S 2) oder in der Gegenwart (Abs 3 S 1) geäußert hat (sog begrenzter Willensvorrang des Betreuten, KOLLMER 325, 326; zum Begriff des Betreutenwohls einerseits ERMAN/HOLZHAUER Rn 3 und 6 und andererseits MünchKomm/SCHWAB Rn 10 f). Zur Zumutbarkeit als Grenze der Belastbarkeit des Betreuers s STAUDINGER/BIENWALD (1999) Rn 31 ff.

b) Das Wohl des Betreuten

Das Wohl des Betreuten lässt sich nicht mit dem „Kindeswohl" gleichsetzen. Das 29 Kindeswohl (vgl § 1627 S 1; § 1626 Abs 3; § 1666 Abs 1 S 1 BGB) ist zu orientieren an dem durch § 1626 Abs 2 S 1 BGB anerkannten Erziehungsziel einer Heranführung

Werner Bienwald

des Kindes zu einem selbständigen verantwortungsbewussten (und selbstverantworteten) Handeln iS einer Entwicklung zur eigenverantwortlichen Persönlichkeit (MünchKomm/HINZ § 1626 Rn 32). Demgegenüber ist Maßstab des Betreuerhandelns der Volljährige, der – in der Regel – selbst über seine persönlichen, gesellschaftlichen, beruflichen usw Angelegenheiten und Wünsche selbst entscheiden und im Rahmen der durch das GG gesetzten Grenzen seine Persönlichkeit entfalten kann oder doch konnte. Dementsprechend kann als ein wesentlicher Grundsatz für die Arbeit des Betreuers die Respektierung der Vorstellungen des Betreuten über die Gestaltung seines Lebens, seines Alltags, seiner Wohn-, Arbeits- und Freizeitgewohnheiten und -bedürfnisse gelten. Zum Wohl des Betreuten gehört die Selbstbestimmung, dh die Möglichkeit, im Rahmen seiner Fähigkeiten sein Leben nach seinen eigenen Wünschen und Vorstellungen zu gestalten. Begrenzt wird das Recht der Selbstbestimmung durch die Rechte anderer, durch die verfassungsmäßige Ordnung und das Sittengesetz (Art 2 Abs 1 GG). In gewissen Grenzen muss auch einem psychisch Kranken die „Freiheit zur Krankheit" belassen bleiben (BVerfG FamRZ 1998, 895, 896 = BtPrax 1998, 144, 145 m Bezug auf BVerfGE 58, 208, 224 ff; BVerfG FamRZ 2011, 1128, 1130 = R & P 2011, 168, 170).

30 Dem Wohl des Betreuten dient es nicht, wenn er die Begrenzung überschreitet oder wenn er die Grenzen überschreiten darf und sich damit der Gefahr aussetzt, zur Rechenschaft gezogen zu werden. Die Möglichkeiten des Betreuers, tatsächliches Verhalten des Betreuten in dieser Hinsicht zu „steuern", sind jedoch gering. Das BtG ist an dem Modell gelingender Kommunikation, nicht an dem der Machtausübung und Gewaltanwendung orientiert, wenngleich auf letzte nicht ganz verzichtet wird (s §§ 283, 284, 322 FamFG). Insoweit obliegt es, je nach Aufgabenkreis, dem Betreuer, darauf zu achten und mit Mitteln der Überzeugung darauf hinzuwirken, dass der Betreute sein Leben nicht nur nach seinen eigenen (unkontrollierten) Wünschen und Vorstellungen, sondern auch im Bewusstsein gestaltet, als „soziales Wesen" in gleicher Weise berechtigten anderen Menschen gegenüberzustehen, sich entsprechend zu verhalten. In diesem Zusammenhang kommt der Aufgabe des Abs 4 eine über diese Regelung hinausgehende Bedeutung zu. Mitunter bleibt nur die Alternative einer Einschränkung der Freiheit, wenn diese ausschließlich den Zweck verfolgt, (zB) einen psychisch Kranken vor sich selbst in Schutz zu nehmen, vorausgesetzt, dass sich die Unterbringung als unumgänglich erweist, um eine drohende gewichtige gesundheitliche Schädigung von dem Kranken abzuwenden (BVerfG FamRZ 1998, 895, 896 = BtPrax 1998, 144, 145).

c)   Aufrechterhaltung des früher selbstbestimmten Lebens

31 Haben die Fähigkeiten des Betreuten, sein Leben nach seinen eigenen Wünschen und Vorstellungen zu gestalten, infolge von Krankheit oder Behinderung nachgelassen oder waren sie nie oder nur in geringem Maße vorhanden, bleiben als objektives Kriterium für die Bestimmung des Betreutenwohls auch in diesen Fällen die verfassungsmäßige Ordnung und das Sittengesetz erhalten. Im Übrigen bedarf es der Differenzierung. Hatte der Betreute in früherer Zeit die Möglichkeiten und Fähigkeiten selbstbestimmter Lebensgestaltung, ist die Betreuung und damit auch die Verpflichtung des Betreuers nach Abs 3 S 1 an der bisherigen Lebensgestaltung des Betreuten zu orientieren. Der Betreuer hat seine Entscheidungen danach auszurichten, wie der Betreute sein gegenwärtiges Leben selbst gestalten würde, wenn er die dazu notwendigen Fähigkeiten noch hätte. So für die Vermögenssorge des Gebrechlichkeitspflegers, aber für die Betreuung in gleicher Weise gültig, das BayObLG im Beschluss v 20. 9. 1990 (BayObLGZ 1990, 249 = FamRZ 1991, 481), wonach eine Pflegschaft (Betreuung) nicht dazu führen dürfe, den Pflegling (Betreuten) entgegen seinen Wünschen vom Genuss seines Vermögens oder seiner Einkünfte weitgehend auszuschließen; vielmehr solle er den gewohnten Lebenszuschnitt beibehalten dürfen (bestätigt durch BayObLGZ 1993, 63 = FamRZ 1993, 851 = FuR 1993, 228 = MDR 1993, 545 = R & P 1993, 79).

Gibt es aus der Vergangenheit des Betreuten keine Anhaltspunkte für ein selbst-bestimmtes Leben, lässt sich die Wohlbestimmung nach den Grundsätzen der Geschäftsführung ohne Auftrag vornehmen. Es kommt dann auf den mutmaßlichen Willen des Betreuten, seine mutmaßlichen Wünsche und Vorstellungen an. **32**

Nicht zu folgen ist für das geltende Betreuungsrecht der Auffassung, dass sich die Pflichten des Betreuers in erster Linie aus seiner Verpflichtung auf das Wohl des Betreuten ergeben (ERMAN/ROTH Rn 3). Insbesondere führen die Vergleiche mit dem früheren Recht (sowohl dem schriftlich fixierten als auch dem angewendeten) sowie dem Kindschaftsrecht der heutigen Minderjährigenvormundschaft zu keiner schlüssigen Aussage. Während beim Eltern-Kind-Verhältnis zunächst eine umfassende Sorge besteht, die im Laufe der Zeit geringer wird, innerfamiliär sich zum Teil über die Volljährigkeitsgrenze fortsetzt, handelt es sich seit dem Betreuungsgesetz um eine grundsätzlich nicht mehr umfassende Fürsorge, sondern um eine an dem individuellen und aktuellen Hilfebedarf orientierte Maßnahme, die in ihrem Umfang gleichbleibend, schwankend oder auf Erweiterung angelegt sein kann (je nach Art der Behinderung oder Krankheit). **33**

Die Pflichten bestimmen sich nach dem Aufgabenkreis und unmittelbar nach dem Gesetz. Der Betreute hat deshalb auch ein Recht, von Betreuung verschont zu bleiben und nicht, wie vielfach bedingt durch die „persönliche Betreuung" missverstanden, tendenziell umfassend betreut zu werden. Ein Ergebnis dieses Missverständnisses ist die übergroße Zahl von Betreuungen und ein Abbau allgemeiner sozialer Dienste zu Lasten der diese Leistungen „offensichtlich miterbringenden" Rechtlichen Betreuung. **34**

Für eine Notzuständigkeit des Betreuers, gewissermaßen eine gegenüber jedermann gesteigerte (nachbarrechtliche) Fürsorgepflicht für faktische Hilfeleistungen (Münch Komm/SCHWAB Rn 8), besteht weder eine Rechtsgrundlage noch ein Bedürfnis. Entweder ergibt sich die Notwendigkeit zu faktischem Tun unmittelbar im Zusammenhang mit der Wahrnehmung einer Angelegenheit oder als Handlungspflicht, die jedermann in der fraglichen Situation trifft. Damit wird die Betreuerfunktion nicht auf den Einsatz der mit ihr verbundenen rechtstechnischen Mittel reduziert, sondern auf den Gesetzestext bezogen. Dass die Sachaufgabe und die Art und Weise ihrer Wahrnehmung sich in einem dauernden Spannungsverhältnis befinden, ist in dem Betreuungsrecht angelegt und hätte auch nach früherem Recht bereits bestehen und wahrgenommen werden können (vgl § 1901 aF). **35**

Nach OLG Hamm (FamRZ 2017, 929) ist der Betreuer eines behinderten (volljährigen) Kindes nicht verpflichtet, die Erbschaft zugunsten des Sozialhilfeträgers auszuschlagen. Umgekehrt ist auch ein Sozialhilfeempfänger nicht gehindert, eine werthaltige

Werner Bienwald

Erbschaft auszuschlagen. Die Entscheidung erging im Fall eines Behindertentestaments. Dazu die krit Anm v ZIMMERMANN wegen der Höhe des dem behinderten Kind verbleibenden Vermögens (Pflichtteil 960 000 Euro).

3. Beachtlichkeit von Wünschen und ihre Grenzen (Abs 3 S 1 und 2)

36 Wünschen des Betroffenen Geltung zu verschaffen, war ein Hauptanliegen des BtG (BT-Drucks 11/4528, 1, 53) und zwar auch außerhalb des unmittelbaren Betreuungsverhältnisses (§ 1897 Abs 4 BGB) wie im Rahmen der Führung der Betreuung. Die Beachtlichkeit der Wünsche des Betreuten ist unabhängig von seiner Geschäftsfähigkeit. Wünsche sind nicht als Willenserklärungen iS der §§ 104 ff BGB zu verstehen (MünchKomm/SCHWAB Rn 14). Es kommt auch nicht darauf an, dass sie aktuell geäußert werden. Bereits in früheren Zeiten geäußerte Wünsche behalten ihre Bedeutung, wenn der Betreute nicht von ihnen erkennbar Abstand genommen hat. Auf die Form der Überlieferung kommt es für die Beachtlichkeit der Wünsche nicht an. Zu schriftlich niedergelegten Wünschen zur Wahrnehmung der Betreuung s § 1901c BGB. Die bisherige Lebensgestaltung des Betreuten kann dem Betreuer als Orientierung dafür dienen, was den Wünschen des Betreuten entspricht (BayObLGZ 1993, 63 = FamRZ 1993, 851 = R & P 1993, 79).

37 **Kasuistik**: Dem (aktuellen) Wunsch des Betreuten, an einem bestimmten Ort wohnen zu wollen, hat der Betreuer mit dem Aufgabenkreis „Bestimmung des Wohnsitzes des Betroffenen" zu entsprechen, soweit dies dessen Wohl nicht zuwiderläuft (OLG Köln NJW-RR 1997, 451 = NJWE-FER 1997, 130 [LS]). Bei seiner Entscheidung über die Genehmigung eines vom Betreuer abgeschlossenen Vertrages über den Verkauf eines Grundstücks des Betreuten hat sich das Gericht vorrangig an dem Wunsch des Betreuten auszurichten, soweit dies dem Wohl des Betreuten nicht zuwiderläuft und es dem Betreuer zuzumuten ist (BayObLG FGPrax 1997, 227). Der Betreute darf regelmäßig nicht entgegen seinen Wünschen vom Genuss seines Vermögens oder seiner Einkünfte weitgehend ausgeschlossen werden, sondern soll seinen gewohnten Lebenszuschnitt beibehalten können (BayObLGZ 1993, 63 = FamRZ 1993, 851; BayObLGZ 1990, 249). Der Wunsch einer Betreuten, das ihr gehörende Einfamilienhaus nicht zu vermieten, hat Vorrang vor anderen Überlegungen (OLG Schleswig BtPrax 2001, 211 = SchlHA 2001, 238). Solche Wünsche können jedoch nicht isoliert gewürdigt werden; die gesamten Umstände der Betreuung müssen berücksichtigt werden.

38 Wenn der Betreute im Rahmen seiner Fähigkeit sein Leben nach seinen eigenen Wünschen und Vorstellungen gestalten darf, ohne seinem Wohl entgegenzuhandeln, dann enthält die selbstbestimmte Lebensgestaltung im Rahmen der eigenen (körperlichen und intellektuellen) Fähigkeiten Maß und Ziel der Betreuungsarbeit (BIENWALD FamRZ 1992, 1125, 1128). Maßstab für das Wohl des Betreuten sind danach nicht in erster Linie objektive Kriterien, sondern die Fähigkeiten und Möglichkeiten des Betreuten selbst.

39 Objektive Grenzen bestehen nur in dem für alle geltenden Maße. Der Betreute, der im Rahmen seiner Fähigkeiten sein Leben (ganz oder teilweise) nach seinen eigenen Wünschen und Vorstellungen gestalten darf, unterliegt dabei keinen anderen Begrenzungen und Einschränkungen als jeder Nichtbetreute. Er hat die Rechte anderer zu respektieren und nicht gegen die verfassungsmäßige Ordnung und das Sittenge-

setz zu verstoßen (Art 2 GG). Darf der Betreute im Rahmen der verfassungsmäßigen Ordnung und des Sittengesetzes Entscheidungen zum Zwecke selbstbestimmter Lebensgestaltung treffen, die nicht unbedingt vernünftig erscheinen oder den Maßstäben des Betreuers oder anderer Personen entsprechen, kann er die Erfüllung entsprechender Wünsche durch den Betreuer erwarten, vorausgesetzt der Betreuer lehnt dies nicht als unzumutbar ab.

Die Kündigung eines vom Betreuten zu seinen Gunsten abgeschlossenen Dauer-   **40** grabpflegevertrages zum Zwecke der Ermöglichung anderweitiger Schuldentilgung (hier: Bezahlung der Kosten des Pflegeheims) entspricht regelmäßig nicht dem Willen des zu einer eigenen Meinungsäußerung nicht mehr fähigen Betreuten (OLG Köln FamRZ 2003, 188 [LS]).

Abzulehnen sind alle Versuche, den Betreuer „kaum den subjektiven Wünschen des   **41** Betreuten, sondern vielmehr einer allenfalls empirisch bestimmbaren Normalität Nichtbetreuter" für verpflichtet zu halten (FROMMANN NDV 1992, 2, 4; weitergehend DAMRAU/ZIMMERMANN sowie SOERGEL/DAMRAU jeweils Rn 4) und damit die Liberalisierung, die das BtG mit sich brachte, auf eine überholte Praxis zurückzuführen (ähnlich wie hier ERMAN/HOLZHAUER Rn 9, der feststellt, dass das BtG den Schwerpunkt „deutlich in Richtung auf das subjektive Wohl verschoben" habe).

Die von KOLLMER (142) angebotene Lösung, eine Selbstschädigung drohe dann,   **42** wenn aus der Sicht des Betreuers das objektive Interesse des Betroffenen an der Nichterfüllung des Wunsches dessen subjektiven Wunsch auf Erfüllung seines Begehrens wesentlich überwiegt, stellt sich, wie die dort angegebenen Beispiele zeigen, als kaum geeignet heraus. Warum der Betreuer den Wunsch des Betreuten nach einer größeren Menge Alkohol nicht erfüllen soll, ist allein deshalb unerklärlich, weil der nicht unter Betreuung stehende Bürger unbegrenzt Alkohol kaufen und zu sich nehmen kann und das BtG den Betreuer in erster Linie als Rechtsbesorger und nicht als Therapeut und Berater in Fragen der Lebensgestaltung konstruiert hat. Das BtG und der im Einzelfall bestellte Betreuer sind keine geeigneten Instrumentarien, den vorhandenen Missbrauch von Alkohol und anderen Rauschmitteln zu bekämpfen, noch dazu wenn Therapien nur eine sehr begrenzte Wirkung haben. Eine Grenze für die Wunscherfüllung in solchen Fällen setzen die eigene Entscheidungsunfähigkeit des Betreuten, der Mangel an Geldmitteln und die Unzumutbarkeit für den Betreuer.

Will man, wie SCHWAB (FamRZ 1992, 493, 503) es vorschlägt, für die Beachtlichkeit der   **43** Betreutenwünsche auf die Gefährdung von Rechtsgütern des Betreuten abheben, müsste entsprechend den §§ 1903 Abs 1 und 1906 Abs 1 Nr 1 BGB eine qualifizierte Gefährdung (erhebliche Gefahr für Leben und Gesundheit) zum Maßstab der Nichtbeachtung der Wünsche genommen werden (vgl aber auch MünchKomm/SCHWAB Rn 15). Die im Schrifttum vereinzelt vorzufindende Trennung zwischen dem Grundsatz des beschränkten Willensvorrangs und der Rechtsfigur des Wunsches (Nachw und Auseinandersetzung damit b KOLLMER FuR 1993, 325, 328: KOLLMER vertritt die „Einheitslösung") kann sich praktisch nicht auswirken. Inhalt und Verhältnis der beiden Begriffe sind nicht geklärt. Die Qualität eines rechtsgeschäftlichen Willens kommt hier offensichtlich nicht in Frage. Anscheinend soll nach dem „Grad der Verbindlichkeit" des

Durchsetzungsinteresses unterschieden werden. Die Verwendung des Wortes Wille im BtG ist schillernd.

44 Auch für die Untersuchung des Gesundheitszustands, eine Heilbehandlung oder einen ärztlichen Eingriff des Betreuten gilt, dass der Betreuer Wünschen des Betreuten zu entsprechen hat, soweit dies dessen Wohl nicht zuwiderläuft und dem Betreuer zuzumuten ist (BT-Drucks 11/4528, 71).

45 Wünschen nach sozialem Kontakt und persönlichen Gesprächen kommt der Betreuer im Rahmen der Besorgung der Angelegenheiten des Betreuten nach. Ob ein Betreuer/eine Betreuerin außerhalb der Betreueraufgabe als Privatperson auf derlei Wünsche eingeht, hat nicht nur mit Mitmenschlichkeit, sondern auch mit Arbeitsprinzipien zu tun. Auftrag eines Betreuers kann es sehr wohl sein (wird aber kaum formuliert), für die notwendigen sozialen Kontakte Sorge zu tragen. Würden in diesem Bereich alle Beteiligten mehr auf eine genaue und den Bedürfnissen entsprechende Aufgabenbeschreibung achten und Grenzüberschreitungen vermeiden, gäbe es damit weniger Probleme.

4. Nutzung von Heilungs- und Rehabilitationschancen (Abs 4)

a) Keine Erweiterung des Aufgabenkreises

46 Der Betreuer hat **innerhalb seines Aufgabenkreises** dazu beizutragen, dass Möglichkeiten genutzt werden, die Krankheit oder Behinderung des Betreuten zu beseitigen, zu bessern, ihre Verschlimmerung zu verhüten oder ihre Folgen zu mildern. Durch diese Bestimmung wird die Gesundheitsfürsorge nicht zur allgemeinen Aufgabe jedes Betreuers (im Ergebnis ebenso ERMAN/HOLZHAUER Rn 28). Um dies zu erreichen, müsste sie in den Aufgabenkreis des Betreuers aufgenommen werden (§ 286 Abs 1 FamFG). Auch könnte ein weiterer Betreuer bestellt werden (müssen). Auf den Betreuer nach § 1896 Abs 3 BGB findet die Vorschrift keine Anwendung (z Begr s STAUDINGER/BIENWALD[12] Rn 54).

b) Reichweite der Bestimmung

47 Die Vorschrift weist dem Betreuer eine wichtige Rolle bei der Rehabilitation des Betreuten zu (BT-Drucks 11/4528, 134). Sie verpflichtet ihn, unabhängig davon, welche Art und welcher Umfang von Angelegenheiten zu seinem Aufgabenkreis gehören. Auch ein Betreuer, dem lediglich der Aufgabenkreis der Vermögenssorge übertragen wurde, muss sich um die Nutzung der Möglichkeiten der Rehabilitation kümmern. Es handelt sich mithin um eine unmittelbar gesetzlich bestimmte Nebenpflicht des Betreuers.

48 Die Vorschrift schließt keine Gruppe von Kranken oder Behinderten iSd § 1896 Abs 1 BGB aus. Auch dem körperlich Gebrechlichen gilt die Aufmerksamkeit des Betreuers nach Abs 4.

49 Da die in Abs 4 geregelte Verpflichtung nicht ohne entsprechende gerichtliche Entscheidung zum Aufgabenkreis des jeweiligen Betreuers gehört, steht diesem insoweit keine Vertretungsmacht zu. § 1902 BGB findet auf die Verpflichtung des Abs 4 keine Anwendung.

c) Inhalt der Verpflichtung

Der Betreuer soll „dazu beitragen", dass die genannten Möglichkeiten genutzt **50**
werden. Er soll keinesfalls an die Stelle des Arztes oder anderer Fachleute treten,
sondern sich deren Hilfe bedienen (BT-Drucks 11/4528, 134). Dies kann nur in der
Weise geschehen, dass sich der Betreuer über Möglichkeiten der Behandlung und
Rehabilitation (Kuren, Spezialbehandlungen, Trainings, Hilfsmittel) informiert und
entsprechende Angebote dem Betreuten unterbreitet. Weder hat der Betreuer im
Rahmen des Abs 4 die Möglichkeit, für den Betreuten verbindlich zu handeln und
bereits Vereinbarungen über die Teilnahme an Maßnahmen sowie über deren Finanzierung zu treffen, noch ist er befugt, den Betreuten zu zwingen, entsprechende
Angebote wahrzunehmen, ganz abgesehen davon, dass – ohne einen dementsprechenden Aufgabenkreis – der Betreuer nicht berechtigt ist, persönliche Daten über
den Betreuten, dessen Krankheit und/oder Behinderung sowie sein Krankheitsver-
halten uä preiszugeben. Soll der Betreuer Aufgaben als gesetzlicher Vertreter wahrnehmen, ist sein Aufgabenkreis entsprechend zu erweitern, ggf auf seine Anregung
hin (Abs 5).

Ihrem Charakter nach handelt es sich nicht um „rechtliche Betreuung" iSd Abs 1; **51**
die Verpflichtung steht mithin im Widerspruch zu dem später hinzugefügten Abs 1,
ohne jedoch dadurch entfallen oder reduziert zu sein. Da die konkrete Anwendbarkeit des Abs 4 sich auf die dafür in Betracht kommenden Betreuungssachver-
halte beschränkt, muss die Abgrenzungsproblematik, der das BtÄndG begegnen
wollte, nicht sehr häufig auftreten. Einer Erstreckung der Verpflichtung auf sozialpsychiatrische und sozialintegrative Aspekte (HK-BUR/BAUER § 1901, 62) wird im Hinblick auf die damalige Begründung in BT-Drucks 11/4528, 134 (der Entwurf verkenne
nicht, dass bei einem Teil der Betreuten keine Rehabilitationschancen bestehen) nicht gefolgt.
Dem Betreuungsgericht steht nichts im Wege, die bei BAUER aufgeführten Aspekte
in den Aufgabenkreis des Betreuers einzubeziehen, wenn dies nach § 1896 Abs 1, 2
BGB geboten ist. Wie weit derartige Nebenpflichten gehen können, muss auch
danach beurteilt werden, wer den Pflichten nachkommen soll. Der Gesetzgeber
geht davon aus, dass Betreuungen in erster Linie von ehrenamtlichen Betreuerinnen
und Betreuern geführt werden sollen. Zu fragen ist (insbesondere im Hinblick darauf, dass
in der Hinsicht das alte Recht als defizitär erkannt worden war), was von einem „normalen"
Betreuer erwartet werden kann. Würde die Nebenpflicht durch Einbeziehung in den
Aufgabenkreis zur Hauptpflicht, wäre ein (auch) dafür geeigneter Betreuer zu bestellen, der die nötige Vorbildung mitbringt, um die erforderlichen Hilfen zu organisieren (näher dazu BIENWALD Rpfleger 2003, 229; dort auch zur Erfüllung der Verpflichtung aus
Abs 4 im Falle mehrerer Betreuer).

Entgegen dem Wortlaut und dem Sinn und Zweck der Vorschrift des Abs 4 knüpft **52**
die amtliche Begründung des 2. BtÄndG an diese Vorschrift mit der Einführung der
Verpflichtung eines Betreuungsplans an (BT-Drucks 15/2494, 29), wogegen die BReg in
ihrer Stellungnahme nichts einzuwenden hatte (BT-Drucks 15/2494, 46 ff). In der Einzelbegründung zu § 1901 Abs 4 S 2 BGB wird unmittelbar auf die Verpflichtung des
Betreuers gem Abs 4 Bezug genommen, innerhalb seines Aufgabenkreises dazu
beizutragen, Möglichkeiten zu nutzen, die Krankheit oder Behinderung des Betreuten zu beseitigen, zu bessern, ihre Verschlimmerung zu verhüten oder ihre Folgen zu
mindern. In welcher Form dies zu geschehen habe, bleibe ungeregelt, stellt die amtl
Begr fest und zieht daraus den Schluss: „Mithin ist auch eine effektive Kontrolle, ob

der Betreuer etwa erforderliche Rehabilitationsmaßnahmen veranlasst oder durchführt, nur eingeschränkt möglich. Zudem besteht nach geltendem Recht die nicht unerhebliche Gefahr, dass der Betreuer sich zu Beginn der Betreuung keine hinreichenden Gedanken über die Ziele und Möglichkeiten der Betreuungsführung macht und es keine klaren Zielvorstellungen gibt."

53 Abgesehen davon, dass ein Betreuer nur Maßnahmen der Rehabilitation durchführen oder verbindlich veranlassen kann, wenn er den dafür erforderlichen Aufgabenkreis zugewiesen erhalten hat, bestätigt die in der amtl Begr zum Ausdruck kommende Vorstellung diejenige Praxis, die ungeachtet des § 1901 Abs 1 BGB ihre Aufgabe (auch) darin sieht, die Lebensqualität des Betreuten über die Besorgung der angegebenen Angelegenheiten hinaus zu fördern und damit die Grenzen zwischen rechtlicher und sozialer Betreuung zu überschreiten. Außerdem stellt die amtl Begr an dieser Stelle den Erforderlichkeitsgrundsatz infrage, den der Gesetzgeber an anderer Stelle gestärkt hat und stärker beachtet wissen wollte (BT-Drucks 15/2494, 17).

54 Ist der Betroffene zu eigener Entscheidung betreffend die Inanspruchnahme einer Reha-Maßnahme (gesundheitlicher oder beruflicher Art) fähig, entfällt eine stellvertretende Entscheidung durch den Betreuer; dessen Zuständigkeit würde sich auf Bemühungen zur Finanzierung oder einer Kostenübernahme beschränken. In diesem Fall dürfte sich die Betreuung auch nicht auf vom Betreuten selbst (noch) wahrzunehmende Angelegenheiten erstrecken (Erforderlichkeitsgrundsatz). Ist der Betroffene dagegen zu eigener Entscheidung nicht in der Lage, muss der Betreuer für stellvertretende Entscheidungen zuständig sein, sofern eine Reha-Maßnahme unter diesen Umständen überhaupt in Betracht kommt und in Erwägung zu ziehen ist. Für eine Entscheidungsbefugnis zur Wahrnehmung einer Reha-Maßnahme (Einwilligung) muss das Gericht dem Betreuer den geeigneten Aufgabenkreis übertragen haben. Dafür besteht aber erst ein Bedürfnis, wenn die Erforderlichkeit einer Betreuerbestellung festgestellt worden ist. Ob und ggf für welche Reha-Maßnahme der Betreuer entscheidungszuständig ist, kann grundsätzlich nicht erst nach der Bestellung des Betreuers und durch diesen festgestellt werden, sondern bedarf entsprechender Ermittlungen und Feststellungen vor der Bestellung des Betreuers. Dies übersieht die amtl Begr zu dem neuen Abs 4 S 2. Offensichtlich wird auch unter Rehabilitation iSd Abs 4 in der Betreuungspraxis Unterschiedliches verstanden. Eine Wiederherstellung von Eigenverantwortlichkeit in der Wahrnehmung der eigenen Angelegenheiten ist noch keine Rehabilitation ieS.

55 Gleichwohl kann es im Einzelfall sinnvoll und geboten sein, dass der Betreuer zusammen mit dem Betreuten und den an der Durchführung und Finanzierung der Maßnahme beteiligten Stellen und Personen ein Konzept erstellt und dem Betreuungsgericht zur Kenntnis gibt. Das wäre jedoch nicht ein Betreuungsplan ieS, sondern ein durch die Eigenart der Maßnahme und ihre Erfolgskontrolle begründetes Vorhaben, und auch nicht eine unmittelbar der Kontrolle und Disziplinierung des Betreuers dienende Maßnahme. Die Beschreibung des Planinhalts durch Abs 4 S 3 geht über die Absichten der Vorschrift weit hinaus, sodass der Verdacht hier angebracht ist, die Maßnahme diene weitgehend der Kontrolle und Disziplinierung der berufsmäßig tätigen Betreuer, wiewohl durch die Zeitpauschalen für die Führung der Betreuung die Gründe dafür entfallen sein dürften.

5. Mitteilungspflichten gegenüber dem Gericht (Abs 5)

Umstände, die eine Änderung oder Aufhebung der Betreuung, die Anordnung eines **56** Einwilligungsvorbehalts, seine Änderung oder Aufhebung zur Folge haben können oder sollten, hat der Betreuer dem Betreuungsgericht mitzuteilen. Es handelt sich um eine gesetzlich bestimmte Rechtspflicht, die jedem Betreuer unabhängig von Art und Umfang seines Aufgabenkreises auferlegt ist. Von dem Betreuer wird nicht erwartet, dass er die Umstände zutreffend einschätzt und eine zutreffende Prognose der zu erwartenden gerichtlichen Entscheidung abgibt. Erwartet wird seine **Aufmerksamkeit** insbesondere im Hinblick auf die Umstände, die zu einer Einschränkung oder Aufhebung der Betreuung führen (können), denn die Umstände, die eine Erweiterung des Aufgabenkreises oder die Anordnung oder Erweiterung eines Einwilligungsvorbehalts nach sich ziehen sollen oder müssen, erfährt der Betreuer regelmäßig unmittelbar im Zusammenhang mit der Führung der Betreuung, etwa durch Berichte des Pflegepersonals im Heim oder durch die Nachbarschaft im Wohnbereich des Betreuten oder durch vom Rechtsverkehr gesetzte Grenzen (Verweigerung von Kontoauszügen, wenn zum Auftrag des Betreuers lediglich die Verwaltung von Arbeitsverdienst oder Taschengeld, nicht jedoch die Vermögenssorge gehört).

Umstände, welche die Bestellung eines weiteren Betreuers erfordern, liegen insbe- **57** sondere dann vor, wenn der Betreuer verhindert ist, die Angelegenheit(en) des Betreuten zu besorgen. Das sind in erster Linie die Fälle, in denen der Betreuer den Betreuten entweder aufgrund gesetzlicher Regelung (§§ 1908i Abs 1 S 1, 1795 BGB) oder gerichtlicher Bestimmung (§§ 1908i Abs 1 S 1, 1796 BGB) nicht vertreten kann (darf).

Ein höherer Grad von Aufmerksamkeit wird von einem Betreuer im Falle eines **58** Betreuten erwartet, dessen psychische Krankheit schubförmig verläuft und bei dessen Betreuerbestellung auch die Überprüfungsfrist unter Berücksichtigung des bisherigen Verlaufs der Krankheit festzulegen ist (BayObLGZ 1994, 387 = FamRZ 1995, 510 = BtE 1994/95, 110 mw Fundstellen; in der Entscheidung ist von „erhöhten Mitteilungspflichten" die Rede).

Umstände, die eine Aufhebung der Betreuung zur Folge haben, sind auch solche, die **59** bei der Betreuerbestellung bereits vorgelegen haben, damals aber anders bewertet worden sind. Stellt sich nachträglich heraus, dass die Bestellung des Betreuers unbegründet war, gehört die Information über die Aufhebungsmöglichkeit zu den Pflichten aus Abs 5. Ebenso liegt es, wenn sich bei der Führung der Betreuung herausstellt, dass sich der Betreute in wesentlichen Angelegenheiten oder in jeglicher Hinsicht der Betreuungsarbeit verweigert.

Umstände, die eine Verringerung oder eine Aufhebung der Betreuung ermöglichen **60** können (§ 1908d Abs 1 S 1 BGB), liegen zB dann vor, wenn sich die Krankheit oder Behinderung des Betreuten dermaßen gebessert hat, dass er seine Angelegenheiten (wieder) ganz oder teilweise allein oder mit Hilfe anderer, die nicht zum Betreuer bestellt werden müssen, besorgen oder eine Vollmacht erteilen kann. Ein Umstand, der zur Aufhebung oder Einschränkung der Betreuung führen kann, ist das spätere Auffinden einer (Vorsorge-)Vollmacht.

61 Die Mitteilungspflichten des Abs 5 sind nicht zu verwechseln mit denjenigen, die nicht die Änderung der Betreuung zum Ziel haben, sondern die Entlassung des bisherigen und die Bestellung eines neuen Betreuers (§§ 1897 Abs 6, 1900 Abs 3 und 4 BGB).

62 Ein Einwilligungsvorbehalt ist dann aufzuheben, ggf einzuschränken, wenn – zB – konkurrierende Aktivitäten des Betreuten nachgelassen haben oder infolge veränderter äußerer Verhältnisse (Änderung des Wohn- oder Arbeitsverhältnisses, Aufgabe von Einkaufsgelegenheiten) nicht mehr zu befürchten sind. Zu weiteren in Betracht kommenden Gründen STAUDINGER/BIENWALD[12].

63 Eine Zeitangabe für die (späteste) Mitteilung ist nicht vorgesehen. Anlass zu der Frage besteht am ehesten in den Fällen, in denen es um Änderungen zu Gunsten des Betreuten, um die Verringerung der Rechtsbeeinträchtigung geht. In den Fällen, die zu einer weiteren Rechtsbeschränkung des Betreuten führen, liegt es im Interesse der Handlungsfähigkeit des Betreuten und der Schadensvermeidung für ihn, alsbald dem Gericht Mitteilung zu machen. Sachgemäß ist es, von dem Betreuer zu verlangen, dass er fragliche Umstände **unverzüglich**, dh ohne schuldhaftes Zögern (§ 121 Abs 1 S 1 BGB), mitteilt.

64 Die Verpflichtung aus Abs 5 ist nicht unmittelbar sanktionsbewehrt. Sobald das Gericht, wenn auch verspätet, Informationen/Anregungen erhält, kommt eine Reaktion nach § 1837 Abs 2, 3 BGB iVm § 1908i Abs 1 S 1 BGB nicht mehr in Betracht; allenfalls für die Zukunft. Die Geltendmachung eines Schadens ist nicht ausgeschlossen (§ 1833 BGB), wenn auch wenig wahrscheinlich. Liegt nicht eine unerlaubte Handlung vor, für die der Betreuer einzustehen hätte, entfällt auch ein Schmerzensgeldanspruch nach § 253 BGB.

6. Zur Anwendung von Zwang zur Durchsetzung des Betreuerauftrags

a) Allgemeines

65 Eine Bestimmung, die dem Betreuer erlaubt, in dieser Funktion gewaltsam gegen den Betreuten vorzugehen, hat das BtG nicht eingeführt. Das Gericht ist befugt, den Betroffenen in Betreuungssachen zur Anhörung (§ 278 Abs 1 und 5 FamFG) oder zwecks Vorbereitung eines Gutachtens (§ 283 FamFG) vorführen zu lassen; für das Verfahren in Unterbringungssachen gilt Entsprechendes (§§ 319 Abs 5, 322 FamFG). Die zuständige Behörde ist auf Wunsch derjenigen, die die Unterbringungsentscheidung getroffen haben, verpflichtet, bei der Zuführung Unterstützung zu leisten, und aufgrund gerichtlicher Entscheidung berechtigt, Gewalt anzuwenden (§ 326 FamFG).

66 Die Frage etwaiger Gewaltanwendung oder zwangsweisen Vorgehens durch den Betreuten stellt sich in verschiedener Weise:

– Darf der Betreuer gegen den Willen des Betreuten dessen Räumlichkeiten betreten und dort verweilen; darf er die Wohnung öffnen lassen, wenn der Betreute sie nicht öffnet, sei es, dass er den Betreuer nicht hereinlassen will, sei es, dass er den Zutritt dem Vermieter, seinem Beauftragten oder Handwerkern verwehrt;

– darf der Betreuer gegen den Willen des Betreuten Gegenstände, die unmittelbar oder mittelbar seiner Verwaltung unterliegen, an sich nehmen, nach ihnen suchen (zB Sparbücher, Personalpapiere, Bargeld, Schriftwechsel, Kontoauszüge, Schmuck oder andere Wertgegenstände usw)? Wie hier ablehnend DAMRAU/ZIMMERMANN Rn 8. **AA** OLG Dresden OLGE 26, 118. Zur Frage zwangsweiser Inventarisierung s unten § 1908i Rn 165.

Keine Frage ist es, dass dem Betreuer zu seinem Schutz und zum Schutz anderer alle **67** diejenigen Rechte zustehen, wie sie jedermann zur Seite stehen.

b)   Befugtes Eindringen in die Räumlichkeiten des Betreuten?
Auszugehen ist von dem Auftrag des Betreuers, Angelegenheiten des Betreuten zu **68** besorgen. Von der Ausnahmesituation abgesehen, mangels Schlüssels selbst nicht in die Wohnung hineinzukommen oder zur Abwendung einer Gefahr sie auf dem nicht regelrechten Weg zu betreten, gehört es **nicht** zu den **Angelegenheiten** des Betreuten, mittels des Betreuers die eigene Wohnung sozusagen unter **Zwang gegen sich selbst** zu betreten. Die Logik der Betreuung schließt daher auch aus, dem Betreuer einen entsprechenden gerichtlichen Auftrag zu erteilen (Rechtsgrund?) oder an seiner Stelle (!) gem § 1846, § 1908i Abs 1 S 1 BGB zu handeln. Ebensowenig kann sich die Aufgabe, das Hausrecht für den Betreuten wahrzunehmen, gegen diesen richten (**aA** LG Freiburg FamRZ 2000, 1316 mAnm BIENWALD, wonach der Aufgabenkreis des Betreuers „Wohnungsangelegenheiten" den Teilaufgabenbereich des „Zutritts zur Wohnung" durch ihn beinhalte, der zugleich die Grundlage für eine gerichtliche Ermächtigung gem Art 13 Abs 2 GG zum zwangsweisen Eindringen in die Wohnung des Betreuten zu Kontrollzwecken bzw zum Zwecke der Entmüllung durch den Betreuer bilde; zustimmend FRATZKY BtPrax 2000, 239, 241). Vgl dagegen BayObLG FamRZ 2002, 348 (= Rpfleger 2001, 545 = BtPrax 2001, 251 = NJW-RR 2001, 1513), wonach zwar die Entrümpelung einer Wohnung grundsätzlich als Aufgabenkreis eines Betreuers bestimmt werden kann; die Aufgabenkreise Aufenthaltsbestimmung, Entscheidung über eine Unterbringung oder unterbringungsähnliche Maßnahmen und Betreten der Wohnung des Betroffenen auch gegen dessen Willen aber nicht zur Ermöglichung der Durchführung der Entrümpelung bestimmt werden können, wenn nicht eine erhebliche Gefahr für die Gesundheit des Betroffenen durch die Vermüllung verursacht ist. Sieht der Betreuer, dass der Betroffene zu Verwahrlosungstendenzen neigt und die Gefahr besteht, dass eine Vermüllung der Wohnung eintritt, soll er zum Einschreiten (Überprüfung der Wohnverhältnisse des Betroffenen) verpflichtet sein, um gesundheitliche Gefahren für den Betroffenen bereits im Ansatz zu verhindern (BayObLG FamRZ 2004, 977 m krit Anm BIENWALD betr die Begründung mit einer Verpflichtung aus Abs 4).

Spielt insoweit Art 13 GG eine Rolle, entschied das BayObLG (BayObLGZ 1999, 117 = **69** FamRZ 1999, 1460 = Rpfleger 1999, 445 = FGPrax 1999, 147 = NJW 1999, 3205), dass leer stehende Räumlichkeiten, die der Betreute weder als Wohnraum noch als Geschäfts- oder Arbeitsstätte nutzt, nicht in den Schutzbereich des Art 13 Abs 1 GG fallen, der Betreuer deshalb ohne die von ihm beantragte gerichtliche Genehmigung in dem Anwesen des Betreuten zwei leer stehende Wohnungen mit etwaigen Kauf- oder Mietinteressen auch gegen den Willen des Betreuten besichtigen dürfe. Das Gericht ließ offen, ob sich der Betreute gegenüber dem Betreuer auf Art 13 GG berufen könne.

70 Eine Pflicht des Betreuten zur **Duldung der tatsächlichen Betreuung** (gegen rechtsgeschäftliche Aktivitäten kann er sich nicht unmittelbar wehren) und daran anknüpfend eine entsprechende Anordnung des Gerichts mit der Möglichkeit der Vollstreckung nach § 35 FamFG hat das BtG ebensowenig eingeführt wie eine Verpflichtung
zur Kooperation mit dem Betreuer.

71 Eine rechtliche Handhabe hat der Betreuer (einschl Gericht) auch nicht deshalb,
weil er die **verwahrloste Wohnung säubern** lassen möchte (im Ergebnis wie OLG Frankfurt
BtPrax 1996, 71 = BtE 1994/95, 108 mw Fundstellen und Anm SEITZ). Diese Entscheidung
befriedigt allerdings insofern nicht, als sie die Möglichkeit für gegeben hält, dem
Betreuer den Auftrag zu erteilen, die Wohnung zu entrümpeln (so auch im Ergebnis
BayObLG FamRZ 2002, 348 = BtPrax 2001, 251). Auch diesen Auftrag dürfte aber der
Betreuer nicht unter Anwendung von Zwang ausführen. Aus anderen Gründen, als
den von SEITZ (in Anm) angeführten, ist zu bezweifeln, dass eine gesetzliche Regelung zulässig wäre. Sie würde nicht in das Konzept einer **Betreuung** als einer Art
Beistand passen. Der Betreuer steht dem Betreuten nicht gewissermaßen als Partei
gegenüber, sondern neben ihm. Dagegen hat jeder, der kraft Gesetzes oder Rechtsgeschäfts dem Betreuten gegenübersteht, die Möglichkeit, seine Rechte und Ansprüche mit den ihm von der Rechtsordnung zur Verfügung gestellten (Zwangs-)Mit-
teln durchzusetzen oder zu verteidigen. So hätte im Falle des OLG Frankfurt (BtPrax
1996, 71) die Vermieterseite den Anspruch auf Wohnungsbesichtigung oder auf Vornahme von Schönheits- oder anderen Reparaturen einklagen und vollstrecken können. Das mag im Ergebnis umständlich erscheinen; der mögliche Weg stellt sich
jedoch auch in Fällen Nichtbetreuter nicht anders dar. Zum Betreten einer Wohnung
aufgrund zivilrechtlicher Berechtigung BVerfGE 75, 318 (s dazu im Übrigen BAUER
FamRZ 1994, 1562; BtPrax 1996, 55; BIENWALD, in: BIENWALD/SONNENFELD/HARM § 1901 Rn 62 f;
KOLLMER FuR 1993, 325, 331; PETERS, Die Betreuung Volljähriger [1992] 304 ff. Ferner: LG Berlin
FamRZ 1996, 821 = BtPrax 1996, 111 = NJWE-FER 1997, 55; LG Frankfurt aM FamRZ 1994, 1617 =
R & P 1995, 97; OLG Frankfurt BtPrax 1996, 71; LG Görlitz NJWE-FER 1998, 153; LG Offenburg
NJWE-FER 1997, 275). Den Aufgabenkreis „Gewährung von Wohnungszutritt" hält das
LG Darmstadt (Beschluss v 14. 3. 2012 – 5 T 128/11) für unzulässig (Rechtsdienst der Lebens-
hilfe 2012, 91).

7.   Einsicht des Betreuten in Betreuerakten; Auskünfte

72 Innerhalb der Binnenbeziehung zwischen Betreuer und Betreutem ist die Frage zu
erörtern, ob der Betreute gegenüber seinem Betreuer einen Anspruch auf Einsicht
in die Betreuerakten hat und dementsprechend der Betreuer verpflichtet ist, dem
Betreuten, wenn dieser es verlangt, Einsicht in die von ihm geführten Betreuungsakten zu gewähren. Anders als für die Einsicht in Gerichtsakten (§ 13 FamFG) gibt
es dazu keine gesetzliche Regelung. Ehe im außerbetreuungsrechtlichen Bereich
Anleihen genommen werden (zB § 68 Abs 3 SGB VIII; s dazu BIENWALD, in: BIENWALD/
SONNENFELD/HARM § 1901 Rn 67 ff), sollte eine Lösung mit Mitteln des Betreuungsrechts
gefunden werden. Hier spricht die Gesamtheit der Bestimmungen, die Ausdruck
einer offenen und einsichtigen („durchsichtigen") Führung der Betreuung sind, **für
eine Einsichtnahme** in die Akten des Betreuers durch den Betreuten, soweit diese
nicht (zB persönliche) Notizen enthalten, die nicht unmittelbar zur Führung der
Betreuung gehören. Vor allen Dingen die in Anlehnung an das Auftragsrecht bestehende Verpflichtung, bei Beendigung der Betreuung dem dann Berechtigten –

dies kann der ehemalige Betreute sein – das verwaltete Vermögen herauszugeben und Rechenschaft zu geben, sowie seine Funktion als gesetzlicher Vertreter, in der er auch die Akten stellvertretend für den Betreuten führt, sprechen für eine Verpflichtung des Betreuers zur Gewährung von Akteneinsicht (näher zur Führung der Akten und zur Vorbereitung einer Akteneinsicht BIENWALD, in: BIENWALD/SONNENFELD/HARM § 1901 Rn 67; zur Einsichtnahme in die Betreuungsakten des Betreuers s auch BIENWALD BtPrax 2003, 16).

Der Betreuer ist nur gegenüber dem Gericht und nicht unmittelbar gegenüber der **73** Verfahrenspflegerin auskunftspflichtig; er muss dieser auch nicht Einsicht in seine „Betreuerakten" gewähren (LG Saarbrücken FamRZ 2003, 60). Eine Pflicht des Betreuers zur Auskunftserteilung und zur jährlichen Rechnungslegung (sofern nicht davon befreit) besteht zwar nur gegenüber dem Betreuungsgericht; jedoch obliegt dem Betreuer die Verpflichtung, alle wichtigen Angelegenheiten mit dem Betreuten zu besprechen (OLG Düsseldorf FamRZ 2000, 1536).

IV. Problemfälle der Praxis zum Verhältnis von rechtlicher und persönlicher Betreuung

Im Zusammenhang mit der Begründung des Regelungsbedarfs hat die BReg in **74** ihrem Entwurf eines BtÄndG (BT-Drucks 13/7158) über den Umfang der Betreuung, insbesondere den Kreis der vergütungspflichtigen Geschäfte, ua ausgeführt (15 ff):

Der Betreuer habe den Betreuten nicht nur gerichtlich und außergerichtlich zu **75** vertreten (§ 1902 BGB). Er habe auch die Angelegenheiten des Betreuten zu besorgen (§ 1897 Abs 1, § 1901 Abs 1 BGB; vgl auch § 1896 Abs 1 BGB). Diese dem Auftragsrecht entlehnte weite Formulierung bedeute einerseits **nicht**, dass der Betreuer alle in seinen Aufgabenkreis fallenden Angelegenheiten des Betreuten **selbst erledigen** soll; er solle vielmehr deren sachgerechte Erledigung **veranlassen**. So sei der Betreuer weder Haushälter des hilfsbedürftigen noch Pfleger des kranken oder Anwalt des verklagten Betreuten; er habe lediglich die organisatorischen Vorkehrungen dafür zu treffen, dass der Hilflose versorgt, der Kranke gepflegt und der Streitende rechtlich beraten wird. Andererseits solle sich die (von § 1897 Abs 1, § 1901 BGB geforderte) persönliche Betreuung nicht auf bloß rechtsgeschäftliches Handeln für den Betreuten beschränken; vielmehr sollen dem Betreuer im Rahmen seines – durch den rechtsgeschäftlichen Vertretungsbedarf zu bestimmenden – Aufgabenkreises auch Maßnahmen faktischer Sorge für den Betreuten obliegen (vgl statt aller etwa MünchKomm/SCHWAB[6] Rn 46 ff zu § 1896 BGB):

„Der Entwurf möchte die Abgrenzung zwischen den zu vergütenden Amtsgeschäf- **76** ten eines Betreuers und seinem darüber hinausgehenden vergütungsfreien Engagement für den Betreuten verdeutlichen. Er sieht die Grenze in der rechtlichen Besorgung der in den Aufgabenkreis des Betreuers fallenden Angelegenheiten. Damit bleiben einerseits alle – also nicht etwa nur vermögensrechtliche – Angelegenheiten des Betreuten umfasst. Andererseits werden solche Tätigkeiten ausgeschieden, die sich in der tatsächlichen Hilfeleistung für den Betreuten erschöpfen, ohne mit dessen rechtlicher Vertretung in einem erkennbaren Sachzusammenhang zu stehen. Mit dieser Grenzziehung wird der Anspruch auf persönliche Betreuung nicht eingeschränkt: Die rechtliche Vertretung des Betreuten hat, wie bisher, nach den Wünschen und Vorstellungen des Betreuten zu erfolgen. Zur rechtlichen Besorgung seiner Angelegenheiten gehören deshalb nicht nur das eigentliche rechtsgeschäftliche Handeln für den Betreuten, sondern auch alle dieses Handeln vorbereitenden Tätigkeiten. Hierzu zählen insbesondere vertrauensbildende Maßnahmen, die erforderlich sind, um Wohl und Willen des Betreuten zu erkunden und die rechtliche Vertretung des Betreuten entsprechend dem Auftrag persönlicher Betreuung verantwortlich wahrzunehmen."

77 Für die bisher ausweislich der veröffentlichten Entscheidungen umstrittenen Tätigkeiten von (zumeist vergüteten) Betreuern ergibt sich daraus folgendes:

Während die **Besprechungspflicht** (eingehend dazu STAUDINGER/BIENWALD [1999] Rn 38 ff) des Betreuers (Abs 3 S 3) sich lediglich auf wichtige Angelegenheiten erstreckt, erfasst die Wunschbeachtung und -erkundung den gesamten Aufgabenkreis eines Betreuers, soweit die Besorgung der dazu gehörenden Angelegenheiten die Beachtung von Wünschen zulässt. Soweit **Gespräche** dafür in Betracht kommen, muss für deren Zeitdauer und Häufigkeit berücksichtigt werden, dass ein Betreuer selbst bei angemeldetem Besuch nicht alsbald seine Wünsche mitgeteilt („rezitiert") hat, sondern dass zu einem Gespräch eine Atmosphäre gehört, die es erlaubt und möglich macht, Angelegenheiten der Betreuung zu besprechen. Zu berücksichtigen sind Eigenheiten und Gewohnheiten sowie krankheits- oder behinderungsbedingte Verhaltensweisen des Betreuten, die für die Gestaltung und den Ablauf eines Gesprächs von Bedeutung sind und vom Betreuer bedacht werden müssen, soll die Zusammenkunft nicht ihren Zweck verfehlen. Ihren Charakter als (vergütungspflichtige) Besprechungen iSd Vorschrift verlieren die Gespräche nicht schon dadurch, dass sie nicht im Heim des Betreuten, sondern etwa in Gaststätten in der Umgebung abgewickelt werden; zB im Rahmen v Kurzausflügen (BayObLG FamRZ 2000, 1048). ZB kann für die Bemessung der erforderlichen **Zeit** eines Gesprächs eine Rolle spielen, ob der Betreute das Gespräch lieber in Räumlichkeiten oder bei einem Spaziergang führen möchte. Zu beachten ist auch, dass solche Gespräche und Zusammenkünfte nicht immer einen konkreten Anlass (vgl BayObLG FamRZ 2000, 1048) und nicht lediglich den Zweck haben müssen, Wünsche zu erkunden. Sie sollen vielmehr dem Betreuer die Möglichkeit einräumen, sich von der Befindlichkeit (ggf dem Versorgtsein) des Betreuten ein Bild zu machen, um – zB – weitere Betreuung anregen zu können. Ob eine Angelegenheit, die mit dem Betreuten zu besprechen ist, wichtig ist, bestimmt sich danach, ob sie in dem Lebenszusammenhang des Betreuten und für seine Lebensgestaltung eine aus dem Alltag herausragende Bedeutung hat (OLG Düsseldorf FamRZ 2000, 1536). Zur Frage der Erreichbarkeit des Betreuers BIENWALD, in: BIENWALD/SONNENFELD/HARM § 1901 Rn 73 ff.

78 Für die **Häufigkeit** von Gesprächskontakten und Besuchen kann es von Bedeutung sein, wie lange Zeit vergeht, bis der Betreute seinen Betreuer wiedererkennt. Hing die Entscheidung, ob der Zeitaufwand für eine bestimmte Tätigkeit des Betreuers bei der Vergütungsbemessung zu berücksichtigen ist (betrifft Abrechnungen für die Zeit vor dem 1. 7. 2005), grundsätzlich davon ab, ob der Betreuer aus seiner Sicht die Tätigkeit zur Erfüllung seiner Aufgaben für erforderlich halten durfte (BayObLGZ 1996, 47 = FamRZ 1996, 1169 [1170]: Beurteilungsermessen d Tatrichters; bestätigt ua in FamRZ 2000, 1048 mwNw), sind nach Einführung der Pauschalvergütung für die Regelfälle der Betreuung solche Überlegungen weitgehend überholt.

Befindet sich der Betreute im Heim oder bewohnt er eigene Räumlichkeiten ohne **79**
hinreichenden sozialen Kontakt, ist es grundsätzlich nicht Angelegenheit des Betreuers, selbst durch lange Anwesenheitszeiten für Zeitvertreib und Freizeitgestaltung zur Verfügung zu stehen; vielmehr gehört dies bei einem Heimaufenthalt
grundsätzlich in die Zuständigkeit des Heims, andernfalls in die Verantwortung
des Betreuers nur bei einem entsprechenden Aufgabenkreis. In diesem Fall hat er –
schon aus Gründen des geringeren finanziellen Aufwands – die Freizeitgestaltung
nicht selbst zu leisten, sondern ggf unter Einsatz vorhandener oder zu beschaffender
Mittel zu organisieren.

Was die **Teilnahme an Festen**, Weihnachtsfeiern und sonstigen geselligen Veranstal- **80**
tungen anbetrifft, so ist es allein aus Gründen des Versichertseins notwendig, im
Einzelfall einen Bezug zur Aufgabenerfüllung herzustellen, um so eine Betreuer-
verpflichtung entstehen zu lassen. Die zur Rechtfertigung der Vergütungsbewilligung gegebene allgemein gehaltene Begründung „soweit dies zum Wohl des Betreuten sinnvoll und erforderlich ist" (vgl LG Koblenz BtPrax 1998, 195) reicht dafür
nicht aus. Denn das Wohl des Betreuten ist zwar Maßstab für die Besorgung der
Angelegenheiten des Betreuten, nicht jedoch Ursache für die Bestellung eines Betreuers. Um den Maßstab zu erhalten, ist es erforderlich, dass Angelegenheiten des
Betroffenen zu besorgen sind (krit BIENWALD BtPrax 1999, 25). Zur Verweigerung des
Versicherungsschutzes, weil ein der Freizeitgestaltung dienender Sonntagsspazier-
gang eines ehrenamtlichen Betreuers mit dem Betreuten nicht in einem inneren
Zusammenhang mit den Aufgabenkreisen Vermögenssorge, Aufenthaltsbestimmung
und Gesundheitsfürsorge stand, LSG Rheinland-Pfalz BtPrax 1998, 187. Die dagegen eingelegte Revision hatte allerdings Erfolg (BSG BtPrax 2000, 30 = RdLH 2/2000, 84
mAnm HELLMANN).

Bei der Ablehnung der Vergütungsbewilligung für die **Begleitung zum Arzt** scheint **81**
sowohl auf Seiten der Antragsteller als auch auf Seiten der Gerichte nicht ausreichend bedacht zu werden, dass die Begleitung zum Arzt (Klinik, Krankenhaus uä)
bei entsprechendem Aufgabenkreis (Gesundheitssorge oä) allein deswegen erforderlich sein kann, weil andernfalls unsicher bleibt, ob die erforderliche Einwilligung
in ärztliches Handeln gegeben worden ist und gegeben werden konnte. Fraglich
kann sein, ob der Betreute in der Lage ist, ärztliche Informationen (Aufklärung)
hinreichend aufzunehmen und darauf adäquat zu reagieren. Ggf ist es erforderlich,
ärztliche Äußerungen oder Handlungen kritisch aufzunehmen, wozu uU der Betreute nicht in der Lage ist. Im Falle einer Begleitung zum Arzt ist regelmäßig das
Organisieren anderer Hilfen keine hinreichende Lösung, weil der Betreuer in seiner
Entscheidungs-(Einwilligungs-)Verantwortung grundsätzlich nicht „vertreten" werden kann.

Die **Begleitung bei Einkäufen** (meist Garderobe) lässt sich, sofern Menschen sich **82**
dafür bereit finden (entgeltlich oder unentgeltlich), organisieren und in andere
Hände geben. Insofern aber das gemeinsame Unternehmen von Betreuer und Betreutem eine wirksame Möglichkeit ist, miteinander „ins Gespräch" (Wünsche erfahren, Befindlichkeit erkunden!) zu kommen – vielleicht sogar die einzige Möglichkeit –, wird die Begleitung zur (vergütungsfähigen) Verpflichtung des Betreuers
(zur Einkaufsbegleitung und zum Arztbesuch BayObLG BtPrax 1998, 237; zu Lampenkauf und
Frisörbegleitung, beides ablehnend, AG Koblenz FamRZ 2003, 708).

83 Soweit Vergütung für eine **gemeinsame Heimbesichtigung** verweigert wurde (LG Potsdam BtPrax 1998, 242), wurde übersehen, dass der Betreuer bei entsprechendem Aufgabenkreis für seine Entscheidung einzustehen hat. Für die Entscheidung, in welchem Heim der Betreute in Zukunft leben soll, kommt es darauf an, dass das Heim in der Lage ist, den spezifischen Bedürfnissen des Betreuten gerecht zu werden, und Gewähr dafür bietet, dass es die im Heimvertrag eingegangenen Verpflichtungen erfüllt. Außerdem muss sich der Betreuer ein Bild dazu machen, welche Gegenstände der Betreute in das Heim mitnehmen kann (näher dazu BIENWALD BtPrax 1999, 22).

84 Gelingt es dem Betreuer nicht, geeignete Kräfte zu finden, die bereit sind, notwendige tatsächliche Dienstleistungen zu erbringen, ist dagegen nichts einzuwenden, dass der **Betreuer** solche **Dienstleistungen** übernimmt, wenn er beachtet, dass er für den Abschluss eines entsprechenden Vertrages für eine Vertretung seines Betreuten sorgen muss (§§ 1795, 181 BGB; bei kurzzeitigen oder einmaligen Tätigkeiten dürfte das Einverständnis des Gerichts ausreichen) und für diese Dienstleistung nicht als Betreuer bezahlt, sondern nur zu dem für die jeweilige Dienstleistung gewöhnlich zu zahlenden Entgelt tätig werden kann (ggf zu verausgaben oder bei Gericht geltend zu machen als Aufwendungsersatz). Im Einzelfall kommt eine Bezahlung nach § 1835 BGB iVm § 1908i Abs 1 S 1 BGB in Betracht. Leistet der Betreuer nämlich im Rahmen des ihm übertragenen Aufgabenkreises für den Betreuten **berufsspezifische Dienste** (hier: psychosoziale Therapie), sind diese als Aufwendungen (!) zu vergüten, wenn ein anderer Betreuer, der die hierfür erforderliche Qualifikation nicht besitzt, berechtigterweise einen entsprechend qualifizierten Dritten hinzugezogen hätte (BayObLG BtPrax 1998, 146).

85 Zur Abgrenzung von rechtlicher Betreuung und karitativer Tätigkeit BSozG FamRZ 2016, 2012 (LS) mit Anm d Redaktion = ZfF 2016, 256. Siehe außerdem BGH FamRZ 2011, 293 mAnm BIENWALD.

V. Die Verpflichtung zur Aufstellung eines Betreuungsplans

86 Die Verpflichtung zur Aufstellung eines Betreuungsplans, in dem die Ziele der Betreuung und die zu ihrer Erreichung zu ergreifenden Maßnahmen dargestellt werden sollen (Abs 4 S 2 und 3) steht unter einem dreifachen Vorbehalt:

Der Betreuer hat den Betreuungsplan zu Beginn der Betreuung **in geeigneten Fällen** zu erstellen; es handelt sich demnach nicht um eine Regelverpflichtung, sondern um eine auf Einzelfälle beschränkte Pflicht. Sie trifft nur **denjenigen, der die Betreuung berufsmäßig führt.** Das ist der, bei dem das Betreuungsgericht festgestellt hat oder feststellt, dass er die Betreuung berufsmäßig führt (§§ 1836 Abs 1 S 2 und 3, 1908i Abs 1 S 1 BGB), und es sind die geborenen Berufsbetreuer (§§ 1897 Abs 2, 1900 BGB). Schließlich muss das **Gericht die Erstellung** des Betreuungsplans **angeordnet,** die grundsätzlich bestehende allgemeine Pflicht mithin konkretisiert haben.

87 Für ehrenamtliche Betreuer besteht eine Verpflichtung zur Betreuungsplanung iSd genannten Bestimmungen auch dann nicht, wenn der einzelne Betreuungsfall dafür geeignet wäre und den berufsmäßig tätigen Betreuer zur Betreuungsplanung verpflichten könnte. Ein daraus gezogener Schluss, den ehrenamtlich tätigen Betreuern würden nur solche Betreuungen übertragen werden oder werden dürfen, die sich für eine Betreuungsplanung nicht eignen, wäre mit den bisher geltenden Regelungen und den durch das 2. BtÄndG eingeführten Bestimmungen betreffend die Rangfolge von ehrenamtlich und von berufsmäßig geführter Betreuung (§§ 1897 Abs 6 und 7, 1899 Abs 1 S 2 BGB nF) nicht vereinbar. Denn dass ehrenamtlich tätige Betreuer nur für die Führung sogenannter einfacher Fälle geeignet sind, wird zwar oft behauptet, trifft jedoch nicht allgemein zu.

Der vom Gesetz vorgesehene Inhalt des Betreuungsplans widerspricht der für die **88** Einführung der Verpflichtung gegebenen Begründung. Es mag auf den ersten Blick plausibel erscheinen, für die Planung und Durchführung einer bestimmten Rehabilitationsmaßnahme eine Konzeption zu erarbeiten und deren Einhaltung sowie begründete Abweichungen zu kontrollieren; für die Feststellung des Ziels der Betreuung und der zu ihrer Erreichung zu ergreifenden Maßnahmen bedarf es keines besonderen Betreuungsplans.

Maßgebend für die Zielsetzung der jeweiligen Betreuung sind die gesetzlichen **89** Bestimmungen und ist die am Erforderlichkeitsgrundsatz ausgerichtete gerichtliche Bestimmung des Aufgabenkreises. Für dessen Konkretisierung sind die vor der Bestellung des Betreuers getroffenen Feststellungen über den Betreuungsbedarf heranzuziehen. Eine Praxis, die die Notwendigkeit einer Betreuerbestellung bereits aus dem Krankheitsbild ableitet, ohne im Einzelnen zu prüfen, in welcher Hinsicht Angelegenheiten des Betroffenen zu besorgen sind, weil dieser dazu krankheitsbedingt nicht in der Lage ist, führt dazu, dass bestellte Betreuer erst im Laufe der Arbeit einen gewissen Überblick darüber erhalten, welche Angelegenheiten besorgungsbedürftig sind.

Die Verpflichtung zu einer bestellungsnahen Betreuungsplanung könnte diese Pra- **90** xis noch verstärken, die dem Gericht mit Hilfe der Betreuungsbehörde obliegende Ermittlung von Art, Umfang und Dauer der Betreuungsbedürftigkeit in die Zeit nach der Betreuerbestellung zu verlegen. Dass eine derartige Praxis weder mit den geltenden Verfahrensregelungen noch mit rechtsstaatlichen Garantien vereinbar ist, bedarf hier keiner weiteren Erklärung.

Soweit mit dem Plan eine effektive Kontrolle der berufsmäßig tätigen Betreuer **91** erreicht werden soll, „ob der Betreuer etwa erforderliche Rehabilitationsmaßnahmen veranlasst oder durchführt", überzeugt die Begründung der Planungsverpflichtung nicht. In der Praxis wird, soweit bekannt, schon seit längerem von den gesetzlich möglichen Kontrollen nicht der nötige Gebrauch gemacht. Das Gericht (hier: mangels Richtervorbehalts der Rechtspfleger) hat die Möglichkeit, sich über die persönlichen Verhältnisse des Betroffenen ein Bild zu machen, indem es den Betreuer um Auskunft bittet (§§ 1839, 1908i Abs 1 S 1 BGB) und den Bericht des Betreuers auswertet (§§ 1840 Abs 1, 1908i Abs 1 S 1 BGB). Soweit die Berichterstattung nicht die gewünschten Informationen liefert, besteht die Möglichkeit, sie über die Auskunftpflicht des Betreuers einzuholen, gegebenenfalls bei der Gelegenheit dem Betreuer Anregungen für die Führung der Betreuung zu geben. Beschränkt sich die Berichterstattung des Betreuers über die persönlichen Verhältnisse darauf, die in einem Formular (Muster bei HK-BUR/WALTHER Nr 5434) vorgegebenen Fragen durch Ankreuzen der vorgegebenen Antworten zu beantworten (Multiple choice-Verfahren), und die Tätigkeit des Gerichts darauf, einen solchen wenig aussagekräftigen Bericht kommentarlos zu den Akten zu nehmen, werden die rechtlich gebotenen Kontroll-, Aufsichts- und Leitungsinstrumente der §§ 1837 ff BGB (iVm § 1908i Abs 1 S 1 BGB) nicht ausgeschöpft. Dass die Praxis durch die bloße Einführung einer Planungsverpflichtung in geeigneten Fällen eine wesentliche Änderung erfahren werde, lassen die bestehenden Verhältnisse nicht erwarten.

92 Sowohl hinsichtlich des vom Gericht zu fordernden und vom Betreuer zu liefernden Inhalts des Betreuungsplans als auch der Beurteilung, wann ein Betreuungsfall für eine Betreuungsplanung (iSe Rechtspflicht!) geeignet erscheint, sowie der Beurteilungs- und Bewertungskriterien bestehen erhebliche Bedenken gegen die in Abs 4 S 2 und 3 getroffenen Regelungen. In der amtl Begr wird darauf hingewiesen, dass hinsichtlich der inhaltlichen Ausgestaltung eines Betreuungsplans die Vielgestaltigkeit der Lebenssachverhalte berücksichtigt werden müsse; die jeweiligen inhaltlichen Anforderungen an den Betreuungsplan müssten daher flexibel gehandhabt werden, abhängig insbesondere von den zugewiesenen Aufgabenkreisen, der Komplexität der Betreuung, den Wünschen und Widerständen des Betroffenen, den tatsächlichen Besserungsmöglichkeiten und dem Krankheitstyp (BT-Drucks 15/2494, 20). Anforderungen an den zu erstellenden Betreuungsplan enthalten diese Hinweise nicht. Damit wird die in der vom Bundesministerium der Justiz in Auftrag gegebenen „Rechtstatsächlichen Untersuchung zur Qualität von Betreuungen, zur Aufgabenverteilung im Bereich der Betreuung und zum Verfahrensaufwand" getroffene Feststellung bestätigt, bisher gebe es weder einheitliche Handlungskonzepte für die Berufsbetreuung noch ein einheitliches Instrumentarium zur individuellen Fallsteuerung (Sellin/Engels [2003] 114). Insoweit fehlt es bisher auch an nachvollziehbaren Voraussetzungen zur Bewertung der vom Betreuer vorgelegten, nicht oder nicht rechtzeitig vorgelegten Betreuungsplanung im Hinblick auf etwaige Maßnahmen nach §§ 1837 Abs 2 und 3, 1908i Abs 1 S 1 BGB und/oder die in Betracht zu ziehende Entlassung des Betreuers, der sich, weil zu einer adäquaten Betreuungsplanung nicht imstande, als für die konkrete (berufsmäßig geführte) Betreuung ungeeignet erwiesen hat (§ 1908b Abs 1 S 1 BGB). Ein Muster eines Betreuungsplans enthält der Beitrag von Thar in den Berichten vom 12. Vormundschaftsgerichtstag 2010 in Brühl, Bochum 2010, 207, 208; zum Betreuungsplan im Übrigen Fröschle BtPrax 2006, 43 sowie Bienwald, in: Bienwald/Sonnenfeld/Harm § 1901 Rn 77–104.

93 Das Betreuungsgericht ist verpflichtet, den Betreuungsplan zu prüfen und zu bewerten (BT-Drucks 15/2494, 30).

94 Abgesehen davon, dass sich generell die Frage aufdrängt, ob die mit dieser Materie befassten Richterinnen und Richter sowie die Rechtspflegerinnen und Rechtspfleger darauf hinreichend vorbereitet sind und werden, wird durch die fehlenden Grundlagen die Arbeit der befassten Gerichte untereinander erschwert. Mindestens dann, wenn der Richter bei der Bestellung des Betreuers anordnet, dass der Betreuer in dem vom Gericht für geeignet gehaltenen Fall einen Betreuungsplan zu erstellen hat, entsteht das Problem, dass der die Aufsicht führende Rechtspfleger die Geeignetheit des Falls in Frage stellt und an die Führung der Betreuung andere Anforderungen stellt als der Richter. Ebenso gut kann der umgekehrte Fall eintreten, dass der die Aufsicht über den Betreuer führende Rechtspfleger im Laufe der Zeit feststellt, der Fall wäre für eine Betreuungsplanung geeignet gewesen, eine Anordnung aber unterblieb.

Über das zu beobachtende Verfahren enthält die Bestimmung keine Einzelheiten; auch an anderer Stelle fehlen Angaben dazu.

Ohne den Zusatz der gerichtlichen Anordnung hätte der Betreuer selbst beurteilen **95** müssen, ob sein Fall für die Erstellung eines Betreuungsplans geeignet ist. Es hätte weder eines Hinweises noch eines „Auftrags" des Gerichts bedurft, um die Verpflichtung entstehen zu lassen. Nunmehr beurteilt das Gericht die Eignung des Falls und ordnet ggf die Erstellung des Plans an. Als Fälligkeitszeitpunkt nennt das Gesetz „zu Beginn der Betreuung", meint aber damit offensichtlich nicht die Wirksamkeit der Betreuerbestellung, sondern die Anfangsphase der Betreuung, in der der Betreuer auf der Basis des ihm vorgegebenen Aufgabenkreises Art und Umfang der von ihm zu besorgenden Angelegenheiten im Einzelnen ermittelt und feststellt.

Auch am Ende dieser Anfangsphase, die erfahrungsgemäß drei bis vier Monate **96** dauert, wird ein Betreuungsplan eher selten aufgestellt werden können, weil zunächst beobachtet und abgeklärt werden muss, ob im Hinblick auf die Lebensverhältnisse und die Mitwirkungsbereitschaft des Betroffenen sowie die objektiven Bedingungen eine längerfristig angelegte Veränderung der Lebenssituation des Betroffenen in Betracht kommt, dh auch eine hinreichende Erfolgsaussicht bietet. Dies führt dazu, den Zeitpunkt für die Vorlegung eines Betreuungsplanes in die Zeit zwischen dem dritten und dem sechsten Monat nach Übernahme der Betreuung durch den Betreuer zu legen.

Jedenfalls unter diesen Umständen fragt es sich, ob die Erstellung eines Betreuungs- **97** plans in die **Aufsichtszuständigkeit** des Rechtspflegers fällt, weil der Führung der Betreuung zuzurechnen, oder als eine besondere Ausgestaltung des Aufgabenkreises in die Zuständigkeit desjenigen fällt, der den Betreuer bestellt (regelmäßig der Richter, §§ 3 Nr 2 Buchst b, 15 Abs 1 S 1 Nr 1 RPflG) und von diesem zugleich mit der Bestellung des Betreuers anzuordnen ist. Insbesondere praktische Gründe sprechen dafür, eine Verpflichtung des Betreuers zur Erstellung eines Betreuungsplans von einer ausdrücklichen Beauftragung bei oder in engem zeitlichen Zusammenhang mit seiner Bestellung (durch den Richter) abhängig zu machen. Der Betreuer kann dann die Anfangsphase seiner Arbeit bereits dazu nutzen, sein Augenmerk auf die Erstellung des Betreuungsplans zu richten. Sache des aufsichtführenden Rechtspflegers wäre es danach, die Einhaltung der dem Betreuer übertragenen Aufgabe zu überwachen. Erhält der Betreuer den „Auftrag" zur Erstellung eines Betreuungsplans nicht, steht es ihm zwar frei, seine Arbeit nach einem „Betreuungsplan" auszurichten und auch Ziele anzustreben, die er in einem aufgegebenen Betreuungsplan festgelegt hätte. Eine förmliche Verpflichtung, deren Nichteinhaltung zu Konsequenzen führte, liegt dann aber nicht vor.

Um dem Betreuer die Erstellung eines Betreuungsplans aufgeben zu können, wird **98** bereits im Vorfeld der Betreuerbestellung die **Ermittlungstätigkeit**, insbesondere die Mitwirkung **der Betreuungsbehörde** und die Beauftragung des Sachverständigen mit der Erstellung eines Gutachtens über die Notwendigkeit der Betreuung (gegebenenfalls deren Umfang und Dauer; § 280 FamFG) darauf abgestellt werden müssen, ob sich dieser „Fall" für eine Betreuungsplanung eignet. In dieser Hinsicht enthält die amtl Begr des 2. BtÄndG die folgenden Hinweise: „Anknüpfend an § 1901 Abs 4 BGB ist ein Betreuungsplan vor allem in solchen Aufgabenbereichen wichtig, die in stärkstem Maße mit der Person des Betroffenen verknüpft sind, etwa der Gesundheitssorge oder Aufenthaltsbestimmung. Gerade in derart wichtigen Bereichen ist eine Zielreflexion besonders bedeutsam, soll doch der Betroffene wieder in die Lage versetzt werden, seine Angelegenheiten in stärkerem Maße selbst zu regeln. Hinsichtlich dieser Aufgabenbereiche wird sich eine intensivere Betreuungsplanung aufdrängen. Daher knüpft die Betreuungsplanung konsequent an die Pflicht des Berufsbetreuers zur Förderung der Rehabilitation und Verhinderung der Verschlimmerung des Gesundheitszustandes des Betroffenen gemäß § 1901 Abs 4 BGB an" (BT-Drucks 15/2494, 30).

99   Diese Hinweise sind insofern wenig hilfreich, als einerseits auf den Rechtseingriff, andererseits auf Chancen einer Rehabilitation abgestellt wird. Denn es handelt sich weder um identische oder kongruente, noch um parallele Bereiche. Bereits der Wortlaut, insbesondere aber die amtl Begr lassen erkennen, dass die gesetzliche (Neben-)Pflicht des Betreuers aus Abs 4 für jeden Betreuer unabhängig von der Art seines Aufgabenkreises gilt (BT-Drucks 11/4528, 134). Die Bestimmung des Aufgabenkreises und die Intensität des Rechtseingriffs ergeben sich in erster Linie aus der Entscheidungsunfähigkeit des Betroffenen und den zu besorgenden Angelegenheiten. Ist der Betroffene an einer Rehabilitation interessiert und beabsichtigt er, sich an ihr zu beteiligen, kann sich die Betreuerzuständigkeit gegebenenfalls darauf beschränken, die Maßnahmen zu organisieren und ihre Finanzierung sicherzustellen. Ist der Betroffene nicht in der Lage, seinen Aufenthalt zu bestimmen, benötigt er aus diesem Grunde einen Betreuer ohne dass damit Chancen für eine Rehabilitation verbunden wären, kommt es darauf an, dem (potenziellen) Rehabilitanden zu gesicherten Wohnverhältnissen zu verhelfen, die Aufenthaltsbestimmung durch den Betreuer ist dann nicht erforderlich und dieser Aufgabenkreis unzulässig. Ebenso verhält es sich mit einem Aufgabenkreis Gesundheit, der weder die Hilfe bei der beruflichen Rehabilitation umfasst und umfassen muss noch für deren Organisation erforderlich wäre. Zum Begriff der Rehabilitation allgemein sowie zur umfassenden Ermittlung des individuellen Rehabilitationspotentials (Reha-Assessment) vgl die Stichwörter im Fachlexikon der sozialen Arbeit, hrsg v Deutschen Verein f öffentliche und private Fürsorge (5. Aufl 2002).

100 Das Gericht hat zu prüfen, ob es sich um einen für die Erstellung eines Betreuungsplans geeigneten Fall handelt. Kommt es zu dem Ergebnis, dass der Fall geeignet ist, hat es die Erstellung anzuordnen; andernfalls unterbleibt diese Entscheidung. Aus Gründen der Erkennbarkeit, dass das Gericht sich mit der Frage beschäftigt hat, empfiehlt es sich, die Nichtanordnung aktenkundig zu machen. Ein Ermessen in dieser Angelegenheit kann dem Gericht nur insofern eingeräumt werden, als Gründe außerhalb der Führung der Betreuung einen Entscheidungsspielraum gewähren. Denkbar wäre, dass andere außerhalb des Falles und seiner Eignung liegende Gründe ein Absehen von einer Betreuungsplanung rechtfertigen. Diese Gründe müssten ebenfalls aktenkundig gemacht werden. Nach den Ergebnissen der Evaluation des Zweiten Betreuungsrechtsänderungsgesetzes (Köller/Engels, Rechtliche Betreuung in

Deutschland [2009] 112) wurde 2007 in 0,2 % aller berufsmäßigen Betreuungen ein Betreuungsplan angeordnet.

Die Anordnung wird durch Beschluss getroffen. Auch wenn die Anordnung bereits **101** mit der Betreuerbestellung getroffen wird, handelt es sich um eine Entscheidung, die von der Betreuerbestellung zu trennen und nicht Bestandteil der Bestellung ist. Die Entscheidung stellt ein eigenständiges „Verfahren" dar und kann deshalb auch vom Betreuer, dessen Rechtsposition betroffen wird, als eine selbständige Angelegenheit angefochten werden (§§ 58 ff FamFG, 11 Abs 1 RPflG; JURGELEIT/KIESS § 1901 Rn 110).

Bereits bei der Prüfung der **Betreuereignung** sollte berücksichtigt werden, dass die **102** Erstellung eines Betreuungsplans in Betracht kommen kann und die Betreuereignung sich deshalb auch auf die Erstellung eines solchen Plans erstrecken müsste. Verpflichtet erst zu einem späteren Zeitpunkt der dann zuständige Rechtspfleger den bestellten Betreuer, unterbleibt eine entsprechende Eignungsprüfung. Dem Betreuer steht es zu, aber auch frei, bei der Erstellung des Betreuungsplans die Unterstützung der Betreuungsbehörde in Anspruch zu nehmen, die zu dieser Unterstützung nach § 4 BtBG verpflichtet ist.

§ 1901a
Patientenverfügung

(1) Hat ein einwilligungsfähiger Volljähriger für den Fall seiner Einwilligungsunfähigkeit schriftlich festgelegt, ob er in bestimmte, zum Zeitpunkt der Festlegung noch nicht unmittelbar bevorstehende Untersuchungen seines Gesundheitszustands, Heilbehandlungen oder ärztliche Eingriffe einwilligt oder sie untersagt (Patientenverfügung), prüft der Betreuer, ob diese Festlegungen auf die aktuelle Lebens- und Behandlungssituation zutreffen. Ist dies der Fall, hat der Betreuer dem Willen des Betreuten Ausdruck und Geltung zu verschaffen. Eine Patientenverfügung kann jederzeit formlos widerrufen werden.

(2) Liegt keine Patientenverfügung vor oder treffen die Festlegungen einer Patientenverfügung nicht auf die aktuelle Lebens- und Behandlungssituation zu, hat der Betreuer die Behandlungswünsche oder den mutmaßlichen Willen des Betreuten festzustellen und auf dieser Grundlage zu entscheiden, ob er in eine ärztliche Maßnahme nach Absatz 1 einwilligt oder sie untersagt. Der mutmaßliche Wille ist aufgrund konkreter Anhaltspunkte zu ermitteln. Zu berücksichtigen sind insbesondere frühere mündliche oder schriftliche Äußerungen, ethische oder religiöse Überzeugungen und sonstige persönliche Wertvorstellungen des Betreuten.

(3) Die Absätze 1 und 2 gelten unabhängig von Art und Stadium einer Erkrankung des Betreuten.

(4) Der Betreuer soll den Betreuten in geeigneten Fällen auf die Möglichkeit einer Patientenverfügung hinweisen und ihn auf dessen Wunsch bei der Errichtung einer Patientenverfügung unterstützen.

Werner Bienwald

(5) Niemand kann zur Errichtung einer Patientenverfügung verpflichtet werden. Die Errichtung oder Vorlage einer Patientenverfügung darf nicht zur Bedingung eines Vertragsschlusses gemacht werden.

(6) Die Absätze 1 bis 3 gelten für Bevollmächtigte entsprechend.

§ 1901b
Gespräch zur Feststellung des Patientenwillens

(1) Der behandelnde Arzt prüft, welche ärztliche Maßnahme im Hinblick auf den Gesamtzustand und die Prognose des Patienten indiziert ist. Er und der Betreuer erörtern diese Maßnahme unter Berücksichtigung des Patientenwillens als Grundlage für die nach § 1901a zu treffende Entscheidung.

(2) Bei der Feststellung des Patientenwillens nach § 1901a Absatz 1 oder der Behandlungswünsche oder des mutmaßlichen Willens nach § 1901a Absatz 2 soll nahen Angehörigen und sonstigen Vertrauenspersonen des Betreuten Gelegenheit zur Äußerung gegeben werden, sofern dies ohne erhebliche Verzögerung möglich ist.

(3) Die Absätze 1 und 2 gelten für Bevollmächtigte entsprechend.

Materialien: BT-Drucks 16/8442 (Entwurf STÜNKER); BT-Drucks 16/11360 (Entwurf BOSBACH); BT-Drucks 16/11493 (Entwurf: ZÖLLER/ FAUST); Beschlussempfehlung und Bericht des Rechtsausschusses des Deutschen Bundestages v 8. 6. 2009 (BT-Drucks 16/13314); 3. BtÄndG v 29. 7. 2009 (BGBl I 2286). Abs 4 eingefügt sowie Absätze 4 und 5 geändert durch Art 1 Nr 1 d G zur Änderung der materiellen Zulässigkeitsvoraussetzungen von ärztlichen Zwangsmaßnahmen und zur Stärkung des Selbstbestimmungsrechts von Betreuten v 17.7. 2017 (BGBl I 2426).

Schrifttum

ALBERS, Zur rechtlichen Ausgestaltung von Patientenverfügungen, MedR 2009, 138
ALBRECHT/ALBRECHT, Die Patientenverfügung (2009)
dies, Die Patientenverfügung – jetzt gesetzlich geregelt, MittbayNot 2009, 426
BECKMANN, Patientenverfügungen: Entscheidungswege nach der gesetzlichen Regelung, MedR 2009, 582
BEERMANN, Die neuen Regelungen zur Wirksamkeit und Reichweite von Patientenverfügungen, ZFE 2009, 333
ders, Die Patientenverfügung, FPR 2010, 252
BINSCHUS, Betreuungsrechtliche Neuregelungen – Schwerpunkte: Patientenverfügung und Patientenautonomie, ZfF 2009, 234

BRAUER/LIPP, Patientenautonomie und Familie, MedR 2016, 231
BROSEY, Der Wille des Patienten entscheidet. Übersicht über die gesetzlichen Regelungen zur Patientenverfügung, BtPrax 2009, 175
dies, Psychiatrische Patientenverfügung nach dem 3. Betreuungsrechtsänderungsgesetz. Wille und Behandlungswünsche bei psychiatrischer Behandlung und Unterbringung, BtPrax 2010, 161
CHOI, Patientenverfügung und Patientenautonomie zwischen Rechtsdogmatik und Rechtswirklichkeit (2009/2010)
COEPPICUS, Fragen zum „Patientenverfügungsgesetz", NJW 2011, 2085

DEHN/REBHAN, Vorsorgevollmacht und Patientenverfügung, NJW 2010, 326
HEINEMANN, Die Reform der freiwilligen Gerichtsbarkeit durch das FamFG und ihre Auswirkungen auf die notarielle Praxis, DNotZ 2009, 6
HÖFLING, Das neue Patientenverfügungsgesetz, NJW 2009, 2849 (mit Richtigstellungen in NJW 2009, Heft 42, XVIII)
KNITTEL, Die Patientenverfügung als Rechtsinstitut – Zum Referentenentwurf eines 3. Betreuungsrechtsänderungsgesetzes, NJW-Sonderheft zur Aufhebung des BayObLG, 54
KRESS, Patientenverfügungen und Selbstbestimmung in Anbetracht der Notfallmedizin, ZRP 2009, 69
KUTZER, Ärztliche Pflicht zur Lebensgestaltung unter besonderer Berücksichtigung des neuen Patientenverfügungsgesetzes, MedR 2010, 531
LAUBE, Die Patientenverfügung – Betrachtungen aus der betreuungsrechtlichen Praxis, FPR 2010, 255
LUDYGA, Der Abbruch lebensverlängernder oder -erhaltender Maßnahmen aufgrund von Patientenverfügungen und die Genehmigung des Betreuungsgerichts, FPR 2010, 266
MAY, KRESS, VERREL, WAGNER (Hrsg), Patientenverfügungen, Handbuch für Berater, Betreuer und Ärzte (2016)
MEYER-GÖTZ, „Patientenverfügung" – Was nun?, NJ 2009, 363
ders, Kritische Anmerkungen zum Patientenverfügungsgesetz, FPR 2010, 270
MÜLLER, Verschärfte Anforderungen an den Behandlungsabbruch aufgrund Vorsorgevollmacht und Patientenverfügung, ZEV 2016, 605
OLZEN, Die gesetzliche Neuregelung der Patientenverfügung, JR 2009, 354
OLZEN/METZMACHER, Rechtliche Probleme der

Patientenverfügung – Einleitung in das Thema, FPR 2010, 249
PROBST, Patientenverfügung – gelöste und ungelöste Probleme nach der Neuregelung, FF 2010, 144
REETZ, Bestimmtheit der Vorsorgevollmacht und Patientenverfügung – Zugleich zu BGH FamRZ 2016, 1671, RNot 2016, 571
REGER, Gesetzliche Regelung von Patientenverfügungen und Behandlungswünschen. Auswirkungen auf die Beratungspraxis, FamRZ 2010, 1601
RENNER, Die Patientenverfügung – Gestaltungs- und Beratungshinweise nach der Reform, ZFE 2010, 341
SCHMITZ, Voraussetzungen und Umsetzung der Patientenverfügung nach neuem Recht: ein dialogischer Prozess, FamFR 2009, 64
SEIBL, Die Bestimmtheit von Vorsorgevollmachten und Patientenverfügungen, NJW 2016, 3277
SPICKHOFF, Autonomie und Heteronomie im Alter, AcP 2008, 345
ders, Rechtssicherheit kraft Gesetzes durch sog Patientenverfügungen? – Zum Dritten Gesetz zur Änderung des Betreuungsrechts, FamRZ 2009, 1949
STERNBERG-LIEBEN/REBMANN, Die gesetzliche Regelung der Patientenverfügung und das medizinische Selbstbestimmungsrecht Minderjähriger, NJW 2012, 257
VETTER, Selbstbestimmung am Lebensende (2. Aufl 2009).

Siehe auch die Schrifttumsangaben in BIENWALD/SONNENFELD/HOFFMANN/HOFFMANN zu § 1904 BGB.

Systematische Übersicht

Werner Bienwald

I.   Vorbemerkungen zu §§ 1901a–1901c

1.   Die Neuregelungen

1 Das Dritte Gesetz zur Änderung des Betreuungsrechts v 29. 7. 2009 (BGBl I 2286) fügte nach § 1901 BGB die neuen §§ 1901a und 1901b BGB ein (Art 1 Nr 2) und bestimmte, dass der bisherige § 1901a BGB die Nummer 1901c BGB erhält (Art 1 Nr 3). Die Existenz des bisherigen § 1901a BGB mit der später erhaltenen amtlichen Überschrift „Schriftliche Betreuungswünsche, Vorsorgevollmacht" geht zurück auf den Vorschlag des Bundesrates in seiner Stellungnahme zu dem Regierungsentwurf eines Betreuungsgesetzes (BT-Drucks 11/4528, 208), dem die Bundesregierung grund-sätzlich zugestimmt hatte. Die jetzige Fassung (ohne die Änderung der Gerichts-bezeichnung) beruht auf Art 1 Nr 11 des 2. Betreuungsrechtsänderungsgesetzes v 21. 4. 2005 (BGBl I 1073). Die Änderungen der Gerichtsbezeichnung (anstatt Vor-mundschaftsgericht Betreuungsgericht) beruhen auf dem „Gesetz zur Reform des Verfahrens in Familiensachen und in den Angelegenheiten der freiwilligen Gerichts-barkeit (FGG-Reformgesetz – FGG-RG)" v 17. 12. 2008 (BGBl I 2586). Durch die Neuregelung der Gerichtsverfassung (Art 22 Nr 9 und Nr 10 des FGG-RG) mussten für Betreuungs- und Unterbringungssachen sowie für die betreuungsgerichtlichen Zuweisungssachen (neuer Begriff) bei den Amtsgerichten Betreuungsgerichte ge-bildet werden.

2 § 1904 BGB erhielt eine neue Fassung einschließlich der Überschrift. Durch Art 2 des 3. BtÄndG wurde § 287 FamFG ein neuer Abs 3 angefügt, der die Wirksamkeit eines Genehmigungsbeschlusses nach § 1904 Abs 2 BGB betrifft. § 298 FamFG wurde neu gefasst. Er regelt das Verfahren in Fällen des § 1904 BGB. Näher dazu § 1904 BGB. Das 3. BtÄndG trat am 1. 9. 2009 in Kraft (Art 3). Eine Übergangsregelung (etwa im Hinblick auf die Definition und frühere Äußerungen eines Patienten) enthält das Gesetz nicht.

Durch das Gesetz zur Strafbarkeit der geschäftsmäßigen Förderung der Selbsttötung **3** vom 3. 12. 2015 (BGBl I 2177) wurde § 217 StGB neu gefasst. Er lautet jetzt:

§ 217
Geschäftsmäßige Förderung der Selbsttötung

(1)   Wer in der Absicht, die Selbsttötung eines anderen zu fördern, diesem hierzu geschäftsmäßig die Gelegenheit gewährt, verschafft oder vermittelt, wird mit Freiheitsstrafe bis zu drei Jahren oder mit Geldstrafe bestraft.

(2)   Als Teilnehmer bleibt straffrei, wer selbst nicht geschäftsmäßig handelt und entweder Angehöriger des in Absatz 1 genannten anderen ist oder diesem nahesteht.

Das Gesetz trat am Tag nach der Verkündung in Kraft; es war am 3. 12. 2015 verkündet worden. Bereits am 29. 8. 2012 hatte die Bundesregierung einen Gesetzentwurf zur Strafbarkeit der gewerbsmäßigen Förderung der Selbsttötung beschlossen. Näheres s die Neubearbeitung 2013.

Ua Regelungen für die Versorgungsplanung für die letzte Lebensphase enthält das Gesetz zur Verbesserung der Hospiz- und Palliativversorgung in Deutschland (Hospiz- und Palliativgesetz – HPG) vom 1. 12. 2015 (BGBl I 2114), das im Wesentlichen am Tag nach seiner Verkündung in Kraft trat.

2.   Zur Vor- und Entstehungsgeschichte einer gesetzlichen Regelung betreffend
Patientenverfügungen

Nachdem der BGH in der Entscheidung v 17. 3. 2003 (XII ZB 2/03; BGHZ 154, 205 = **4** FamRZ 2003, 748 mAnm LIPP, 756) festgestellt hatte, dass eine Regelung über die gerichtliche Überprüfung des Verlangens, die künstliche Ernährung eines Patienten einzustellen, nicht besteht (BGHZ 154, 205 = FamRZ 2003, 752 III 2 d), nahm der Ruf nach einer Regelung des Rechts der Patientenverfügung durch den Gesetzgeber zu (LIPP FamRZ 2003, 756; KUTZER, Der Vormundschaftsrichter als „Schicksalsbeamter"?, ZRP 2003, 213; ders, Der Gesetzgeber muss die Sterbebegleitung regeln, ZRP 2005, 277; SCHREIBER, Rechtssicherheit durch Kodifizierung der Patientenverfügung, NJ 2006, 204; VOSSLER, Bindungswirkung von Patientenverfügungen? Gesetzgeberischer Handlungsbedarf?, ZRP 2002, 295). Wegen der bereits seit Jahren in Gang gekommenen Diskussion um die Themen „Umgang mit Tod und Sterben", Sterbehilfe, Patientenverfügungen, hatte sich der 63. Deutsche Juristentag 2000 mit der Frage beschäftigt, ob sich zivilrechtliche Regelungen zur Absicherung der Patientenautonomie am Ende des Lebens empfehlen (Gutachten A von TAUPITZ). Der Deutsche Bundestag hatte am 18. 2. 2003 die Einsetzung einer Enquete-Kommission „Ethik und Recht der modernen Medizin, Patientenverfügungen" beschlossen (BT-Drucks 15/464). Die Bundesjustizministerin setzte Anfang September 2003 eine interdisziplinäre Arbeitsgruppe „Patientenautonomie am Lebensende" ein, die sich mit Fragen der Verbindlichkeit und Reichweite von Patientenverfügungen beschäftigen sollte. Der Bericht dieser Arbeitsgruppe wurde im Juni 2004 abgeschlossen. Ein Zwischenbericht der Enquete-Kommission wurde am 13. 9. 2004 vorgelegt (BT-Drucks 15/3700). Das BMJ legte daraufhin im November 2004 einen Entwurf eines 3. BtÄndG vor (KUTZER, Probleme der Sterbehilfe – Entwicklung und Stand der Diskussion, FPR 2004, 683). In einer Information für die Presse v 5. 11. 2004 veröffentlichte das BMJ „Eckpunkte zur Stärkung der Patientenautonomie". Einen Entschließungsantrag an den Deutschen Bundestag zu dem Thema „Selbstbestimmungsrecht und Autonomie von nichteinwilligungsfähigen Patienten stärken" legten Abgeordnete und Fraktion der FDP am 30. 6. 2004 vor (BT-Drucks 15/3505). Der Beschlussentwurf enthält einige formulierte Regelungsvorschläge.

5 Nachdem Abgeordnete des Deutschen Bundestages die Initiative ergriffen hatten, eigene Entwürfe vorzulegen, war der Gesetzentwurf des BMJ zurückgezogen worden. In der parlamentarischen Diskussion und Abstimmung im Deutschen Bundestag befanden sich schließlich drei Entwürfe. Der Entwurf eines Gesetzes zur Klarstellung der Verbindlichkeit von Patientenverfügungen (Patientenverfügungsverbindlichkeitsgesetz – PVVG) v 18. 12. 2008 (BT-Drucks 16/11493) – sog Zöller-Entwurf; der Entwurf eines Gesetzes zur Verankerung der Patientenverfügung im Betreuungsrecht (Patientenverfügungsgesetz – PatVerfG) v 16. 12. 2008 (BT-Drucks 16/11360) und der sog STÜNKER-Entwurf eines 3. Gesetzes zur Änderung des Betreuungsrechts v 6. 3. 2008 (BT-Drucks 16/8442). Beschlussempfehlung und Bericht des Rechtsausschusses tragen die Drucksachen – Nummer 16/13314. Der Deutsche Bundestag beschloss am 18. 6. 2009 mit einer Mehrheit v 317 Stimmen bei 233 Nein-Stimmen und 5 Enthaltungen den Gesetzentwurf der Abgeordneten STÜNKER und weiterer Parlamentarier. Das Gesetz wurde am 29. 7. 2009 verkündet (BGBl I 2286). Es trat in Kraft am 1. 9. 2009.

3. Das Verhältnis zu § 1901 BGB und zu den weiteren Vorsorgeverfügungen

6 Die in § 1901 Abs 2 bis 5 BGB enthaltenen Regelungen bestimmen allgemein, wie der Betreuer die Betreuung zu führen und welche Pflichten er dabei zu erfüllen hat. Die §§ 1901a und 1901b BGB enthalten demgegenüber Pflichtenregelungen, die allein auf ärztliche Maßnahmen bezogen sind. Als solche werden in § 1901a Abs 1 BGB Untersuchungen des Gesundheitszustandes, Heilbehandlungen und ärztliche Eingriffe verstanden. Als Spezialregelungen gehen die in §§ 1901a und 1901b BGB enthaltenen Bestimmungen denjenigen des § 1901 BGB vor, soweit sie dieselbe Angelegenheit betreffen.

7 Während nach § 1901 Abs 3 BGB die Beachtung von Wünschen des Betreuten bis zur Grenze von dessen Wohl geboten ist, enthält § 1901a Abs 2 BGB eine derartige Grenzziehung nicht. Das liegt daran, dass die Vorschrift des § 1901a Abs 2 BGB für Bevollmächtigte entsprechend gilt, der Bevollmächtigte aber grundsätzlich nicht durch ein Gesetz, sondern durch die mit dem Vollmachtgeber/Auftraggeber etwa getroffenen Vereinbarungen über die Art und Weise der Geschäftsbesorgung gebunden wird. Dagegen bestimmt § 1901 Abs 2 BGB ausnahmslos für die Besorgung aller ihm aufgegebenen Angelegenheiten des Betreuten, unabhängig von Art und Umfang des Aufgabenkreises des Betreuers, dass dieser die Angelegenheiten des Betreuten so zu besorgen hat, wie es dessen Wohl entspricht. Das gilt dann auch für

die in § 1901a Abs 2 BGB enthaltene Verpflichtung. Eine Bindung des Betreuers an das Wohl des Betreuten im Falle des § 1901a Abs 1 BGB entfällt, weil die Aufgabe des Betreuers nicht darin besteht, eine Entscheidung als Betreuer für den Betreuten zu treffen, sondern den Betreuer verpflichtet, die vom Betreuten selbst (zu einem früheren Zeitpunkt) getroffene Entscheidung durchzusetzen.

Das Verhältnis von Patientenverfügung, Vorsorgevollmacht und Betreuungsverfü- **8** gung hat im Übrigen durch die Regelungen des 3. BtÄndG keine Klärung erfahren. Im Gegenteil. Das macht sich vor allen Dingen bei der Beratung von Mandanten bemerkbar. Soweit das Vorhandensein einer schriftlichen „Patientenverfügung" iSd § 1901a Abs 1 S 1 BGB von einem Betreuer die Prüfung verlangt, ob die Festlegungen auf die aktuelle Lebens- und Behandlungssituation zutreffen, und das Ergebnis zulässt, dass das nicht der Fall ist, betrifft die Patientenverfügung die Wahrnehmung der Betreuung und stellt einen besonderen Fall einer Betreuungsverfügung dar.

Soweit die Prüfung einen bereits zu einem früheren Zeitpunkt bestellten Bevoll- **9** mächtigten voraussetzt, handelt es sich bei der Patientenverfügung um einen Bestandteil einer (Alters-)Vorsorgeregelung („Vollmacht").

Nicht eindeutig geklärt hat das 3. BtÄndG, ob die Patientenverfügung des § 1901a **10** Abs 1 S 1 BGB eine gesonderte Verfügung zu sein hat oder Bestandteil einer Vorsorgevollmacht und/oder einer Betreuungsverfügung sein darf oder sein sollte. In der Praxis wird empfohlen, die Patientenverfügung mit einer Vorsorgevollmacht zu kombinieren (komplettieren). Kommt es für den Fall einer Betreuerbestellung darauf an, ob eine der Betreuung gegenüber vorrangige Vorsorgeregelung oder/und eine die Auswahl des Betreuers und/oder seine Amtsführung betreffende Betreuungsverfügung erstellt worden ist, sodass eine beide Anliegen enthaltende Urkunde existiert oder jedenfalls zwei getrennte, aber aufeinander bezogene Verfügungen angefertigt wurden, kann die Patientenverfügung zum Gegenstand der verschiedenen Vorsorgeverfügungen gemacht werden oder gemacht worden sein, vorausgesetzt die Schriftform wurde eingehalten.

Die in § 6 Abs 2 BtBG der zuständigen Behörde eingeräumte Beglaubigungsbefug- **11** nis erfasst ausdrücklich „Unterschriften oder Handzeichen auf Vorsorgevollmachten oder Betreuungsverfügungen." Namentlich nicht genannt sind Patientenverfügungen, woraus der Schluss gezogen wurde, dass die Behörde „Unterschriften oder Handzeichen unter Patientenverfügungen" nicht beglaubigen darf (JURGELEIT/KANIA/LANGHOLF/SCHMIDT [2. Aufl] § 6 BtBG Rn 11). Sind die Entscheidungen des Betroffenen zu medizinischen Maßnahmen iSd § 1901a BGB oder Behandlungswünsche Inhalt einer Vorsorgevollmacht oder einer Betreuungsverfügung, stellen sie insoweit kein Hindernis für eine Unterschrifts- oder Handzeichenbeglaubigung dar. Obwohl den Inhalt der Vorsorgevollmacht oder die Führung der Betreuung betreffend, sollen isolierte Patientenverfügungen anders behandelt werden als Vorsorgevollmachten und Betreuungsverfügungen nach § 6 Abs 2 BtBG. Ebenso verhält es sich mit der Registrierung von Vorsorgeverfügungen nach § 78a Abs 1 BNotO idF des Gesetzes zur Änderung des Zugewinnausgleichs- und Vormundschaftsrechts v 6. 7. 2009 (BGBl I 1696) und § 10 der Vorsorgeregister-Verordnung.

Werner Bienwald

II. Zu §§ 1901a und b

1. Allgemeines

12 Durch Abs 1 S 1 der Vorschrift wird die Patientenverfügung als Rechtsinstitut eingeführt und amtlich definiert. Damit werden alle Äußerungen über gewünschte oder
abgelehnte ärztliche oder pflegerische Maßnahmen, die den gesetzlichen Voraussetzungen nicht entsprechen, als „Patientenverfügungen" ausgeschlossen. Ihrem
Inhalt nach können solche Äußerungen gleichwohl beachtlich sein, wenn es darum
geht, den „mutmaßlichen", dh den zu mutmaßenden Willen des Betreuten/Betrof-
fenen aufgrund konkreter Anhaltspunkte zu ermitteln (Abs 2 S 2).

13 Sind die Voraussetzungen des Abs 1 gegeben und kommt der Betreuer oder der
Bevollmächtigte (s Abs 5) zu dem Ergebnis, dass die Festlegungen des Betroffenen
auf die aktuelle Lebens- und Behandlungssituation zutreffen, handelt es sich um
eine vorweggenommene Entscheidung des Betroffenen. Weder der Betreuer noch
der Bevollmächtigte sind dann aufgerufen, ihrerseits eine Entscheidung zu treffen.
Dagegen besteht im Fall des Abs 2 eine Entscheidungszuständigkeit des Betreuers
bzw des Bevollmächtigten.

14 Wird ein Betreuer für erforderlich gehalten, kommt es darauf an, dass diesem der
zutreffende Aufgabenkreis zugewiesen wurde. Ist das nicht der Fall, hat das Betreuungsgericht den Aufgabenkreis des Betreuers zu erweitern oder einen weiteren
Betreuer mit dem erforderlichen Aufgabenkreis zu bestellen (§ 1899 Abs 1, 1908d
Abs 3 BGB). Fehlt dem vom Betroffenen bestellten Bevollmächtigten die nötige
Handlungs- und/oder Entscheidungszuständigkeit, kann das Gericht nicht die Bevollmächtigung ändern, aber einen dann erforderlichen Betreuer bestellen.

15 Abs 4, wonach niemand zur Errichtung einer Patientenverfügung verpflichtet wer-
den kann und die Errichtung oder Vorlage einer Patientenverfügung auch nicht zur
Bedingung eines Vertragsschlusses gemacht werden darf, geht zurück auf den sog
Bosbach-Entwurf (BT-Drucks 16/11360, 40), dessen § 1901b – BGB-E den Text als
Abs 5 (iS eines allgemeinen zivilrechtlichen Koppelungsverbots) enthielt. Als Beispiele von Vertragsabschlüssen werden der Heimvertrag und der Versicherungsvertrag genannt. Einen Verstoß gegen das Koppelungsverbot wertet der Entwurf als
Verstoß gegen ein gesetzliches Verbot iSd § 134 BGB mit der Folge der (Teil-)Nich-
tigkeit des Vertragsschlusses, ggf eines Schadensersatzanspruchs.

16 Eine Übergangsregelung, wie mit den vor Inkrafttreten des 3. BtÄndG errichteten
Patientenäußerungen zu verfahren ist, enthält das 3. BtÄndG nicht. Soweit diese
Patientenäußerungen den Anforderungen der gesetzlichen Definition des Abs 1
genügen, sind sie nach den durch das 3. BtÄndG eingefügten bzw geänderten Vorschriften verbindlich. Zur Wirksamkeit vor Einführung der Schriftform mündlich
erklärter Patientenverfügungen HOFFMANN, in: BIENWALD/SONNENFELD/HOFF-
MANN, Betreuungsrecht (5. Aufl) § 1901a Rn 24.

2. Selbstbestimmung und Fremdbestimmung bei Einwilligungsunfähigkeit des Patienten im Krankheitsfall

a) Die Patientenverfügung als Ausdruck des Patientenwillens

Erfüllt die Patientenäußerung die äußeren und inhaltlichen Voraussetzungen des 17 Abs 1 S 1 und treffen die in ihr enthaltenen Bestimmungen auf die aktuelle Lebens- und Behandlungssituation des gedachten Falles zu, sind die Festlegungen des Betreuten/Betroffenen als dessen eigene Entscheidungen für den behandelnden Arzt, weitere an der Behandlung beteiligte Personen, den Betreuer und ggf den Bevollmächtigten verbindlich. Die Beachtlichkeit des festgestellten Patientenwillens ist unabhängig von Art und Stadium einer Erkrankung des Betreuten/Betroffenen (Abs 3).

b) Wirksamkeitsvoraussetzungen einer Patientenverfügung des Abs 1 S 1

aa) Inhalt der Patientenverfügung

Die in einer Patientenverfügung enthaltenen Bekundungen einer Einwilligung in 18 bestimmte Maßnahmen oder deren Untersagung erfordern zu ihrer Gültigkeit, dass sie von einem einwilligungsfähigen Volljährigen verfasst wurden, in schriftlicher Form vorliegen und eine Entscheidung über die Einwilligung oder Nichteinwilligung in eine bestimmte, noch nicht unmittelbar bevorstehende ärztliche Maßnahme zum Inhalt haben (BT-Drucks 16/8442, 24). Der Bestimmtheitsgrundsatz bezieht sich nicht auf Krankheiten (oder Behinderungen) und die Beschreibung von Krankheitsbildern (SCHUMACHER, Ist die Umsetzung des Patientenverfügungsgesetzes gefährdet?, FPR 2010, 474, 475), sondern auf ärztliche Maßnahmen. Insofern empfiehlt sich, die Informationsmöglichkeiten über den neuesten Stand ärztlicher Maßnahmen und Methoden, die im konkreten Fall angewendet und verweigert werden könnten, in Anspruch zu nehmen. Erklärungen allgemeinen Inhalts, die sich nicht auf eine konkrete ärztliche Behandlung beziehen, stellen keine Patientenverfügung dar. Dazu zählt der Wunsch nach würdevollem Sterben oder der Art und Weise, dem Ort oder/und der Person der Behandlung (Beispiele in BT-Drucks 16/8442, 24). Solche Wünsche und Vorstellungen kann der Betreuer im Rahmen der Vorgaben für die Führung der Betreuung beachten und befolgen müssen (BT-Drucks 16/8442, 24).

Der Bundesgerichtshof hat sich in zwei Entscheidungen zu dem notwendigen Inhalt einer Patientenverfügung geäußert. In dem Beschluss v 8. 2. 2017 (FamRZ 2017, 748, 749 Rn 17 mAnm DODEGGE) heißt es, eine Patientenverfügung entfalte nur dann unmittelbare Bindungswirkung, wenn sie neben den Erklärungen zu den ärztlichen Maßnahmen, in die der Ersteller der Patientenverfügung einwilligt oder die er untersagt, auch erkennen lasse, dass sie in der konkreten Behandlungssituation Geltung beanspruchen soll. Die für eine bindende Patientenverfügung notwendige konkrete Behandlungsentscheidung enthalte nicht die schriftliche Äußerung, dass „lebensverlängernde Maßnahmen unterbleiben" sollen. Die erforderliche Konkretisierung könne sich aber im Einzelfall durch die Bezugnahme auf ausreichend spezifizierte Krankheiten oder Behandlungssituationen ergeben. Der Wille des Errichters sei dann durch Auslegung der in der Patientenverfügung enthaltenen Erklärungen zu ermitteln. Bereits in der Entscheidung v 6. 7. 2016 (FamRZ 2016, 1671, 1673 Rn 17 mAnm DODEGGE 1678 = NJW 2016, 3297 = DNotZ 2017, 199 mAnm RENNER 210 und Hinweisen auf Reaktionen im Schrifttum) hat der BGH gefordert, dass der Vollmachtstext hinreichend klar umschreibe, dass sich die Entscheidungskompetenz des Bevoll-

mächtigten auf die im Gesetz genannten ärztlichen Maßnahmen sowie darauf be-
ziehe, diese zu unterlassen oder am Betroffenen vornehmen zu lassen. Auch müsse
aus der Vollmacht deutlich werden, dass die jeweilige Entscheidung mit der begründeten Gefahr des Todes oder eines schweren und länger dauernden gesundheitlichen
Schadens verbunden sein kann.

19 Nicht erfasst werden nach Auffassung des Entwurfs konkrete und situationsbezogene mündliche Willensbekundungen über die Einwilligung oder Nichteinwilligung
in eine bestimmte, noch nicht unmittelbar bevorstehende ärztliche Maßnahme. Diese sind keine Patientenverfügungen, weil sie nicht in schriftlicher Form vorliegen.
Begrifflich handelt es sich nicht um eine Patientenverfügung, wenn sich der einwilligungsfähige Patient zu einer unmittelbar bevorstehenden, also konkret und zeitnah
durchzuführenden Maßnahme des Arztes äußert. Bemerkenswert an der Begriffs-
bildung ist, dass die Verfügung (krit dazu SPICKHOFF FamRZ 2009, 1949 1950) nicht bereits
von einem Patienten herrühren muss, sondern einen Sachverhalt betrifft, bei dem
der Verfügende Patient sein wird. Die mündlich wirksame und lediglich zum Nachweis in einem Krankenhaus oder einer ähnlichen Einrichtung schriftlich gegebene
Einverständniserklärung vor einem ärztlichen Eingriff einschließlich der damit verbundenen notwendigen vorbereitenden und begleitenden Maßnahmen (Anästhesie)
bezieht sich nicht auf eine unmittelbar bevorstehende (Abs 1 S 1) Maßnahme. Ob
eine Einwilligung in einen ärztlicherseits für notwendig gehaltenen Folgeeingriff von
dem Einverständnis mit dem Ersteingriff erfasst wird, ist eine Frage des Einzelfalls.

20 Zu unterscheiden sind auch die in einer Patientenverfügung getroffenen Entscheidungen über die Vornahme oder Verweigerung ärztlicher Maßnahmen von denjenigen der sogenannten **Basisbetreuung**, für die Arzt und Pflegepersonal in jedem Fall
zu sorgen haben (BT-Drucks 16/8442, 24). Dazu gehören nach den „Grundsätzen der
Bundesärztekammer zur ärztlichen Sterbebegleitung" vom 7. 5. 2004 ua eine men-
schenwürdige Unterbringung, Zuwendung, Körperpflege, Schmerzlinderung, Lindern von Atemnot und Übelkeit, das Stillen von Hunger und Durst auf natürlichem
Wege. Dafür erforderliche ärztliche Eingriffe erfordern das Einverständnis des Patienten, ggf des dafür zuständigen Vertreters bei Einwilligungsunfähigkeit des Patienten. Vgl auch die Empfehlungen der Bundesärztekammer und der Zentralen
Ethikkommission bei der Bundesärztekammer zum Umgang mit Vorsorgevollmacht
und Patientenverfügung in der ärztlichen Praxis v 16. 4. 2010.

bb) Einwilligungsfähigkeit des Verfügenden

21 Obwohl der Entwurf in der Einzelbegründung zu § 1901a Abs 1 BGB feststellt, dass
es für die Wirksamkeit der Festlegungen in einer Patientenverfügung nicht auf die
Geschäftsfähigkeit, sondern auf die Einwilligungsfähigkeit des Betroffenen ankomme, beschränkt die Vorschrift (bereits nach dem Entwurf) die Wirksamkeit einer
Patientenverfügung auf **einwilligungsfähige Volljährige**. Damit stellt das Gesetz auf
ein allgemein gültiges Kriterium und nicht (allein) auf ein individuelles Merkmal ab
(näher STERNBERG-LIEBEN/REICHMANN, Die gesetzliche Regelung der Patientenverfügung und das
medizinische Selbstbestimmungsrecht Minderjähriger, NJW 2012, 257).

22 Einwilligungsfähig ist, wer Art, Bedeutung und Tragweite – auch die Risiken – der
Maßnahme zu erfassen und seinen Willen hiernach zu bestimmen vermag
(BT-Drucks 11/4528, 71). Das 3. BtÄndG hat insoweit keine andere Regelung getroffen.

Für die Wirksamkeit des jederzeit zulässigen Widerrufs der Patientenverfügung werden keine anderen Voraussetzungen verlangt. Da sowohl die Patientenverfügung als auch deren Widerruf nicht lediglich die Einwilligung in medizinische Maßnahmen betrifft, sollte der zu enge Begriff der Einwilligungsfähigkeit vermieden und stattdessen von Entscheidungsfähigkeit gesprochen werden (ebenso MünchKomm/ SCHWAB[6] § 1901a Rn 9). Ob diese in jedem Fall der Patientenverfügung gegeben ist, muss geprüft und im Einzelnen festgestellt werden, je nachdem, worum es dem (zukünftigen) Patienten in seiner Verfügung geht. Die Festlegungen in der Patientenverfügung können sich auf unterschiedliche Krankheiten, deren jeweilige Zustände und Behandlungsmöglichkeiten erstrecken, sodass sich die Entscheidungsfähigkeit des Betroffenen nicht losgelöst von Art und Stadium einer Erkrankung allgemein feststellen lässt.

Da es für die Rechtmäßigkeit ärztlicher Maßnahmen auf die aktuelle Einwilligung **23** und die Feststellung ankommt, ob in der aktuellen Situation der Patient einwilligungsfähig (entscheidungsfähig) ist, muss die Einwilligungsunfähigkeit nicht von Dauer sein und sich auf alle angesichts der aktuellen gesundheitlichen Situation des Patienten in Frage kommende ärztliche Maßnahmen erstrecken. Es ist nicht auszuschließen, dass ein Patient lediglich hinsichtlich bestimmter Maßnahmen entscheidungsunfähig, dagegen im Übrigen in der Lage ist, eine Einwilligung zu erteilen oder bindend zu verweigern. Zur Bedeutung der Familie (ggf als Bevollmächtigte oder als Betreuer) für die Patientenautonomie BRAUER/LIPP in dem gleichnamigen Beitrag in MedR 2016, 231.

cc) Volljährigkeit des Verfügenden
Volljährig muss der Verfügende im **Zeitpunkt der Festlegung** der Einwilligungen und/ **24** oder Ablehnungen sein. Die Abfassung der Patientenverfügung vor Eintritt der Volljährigkeit für den Fall späterer nach Eintritt der Volljährigkeit in Betracht kommender Maßnahmen stellt keine Patientenverfügung nach Abs 1 S 1 dar. Trifft jemand, der noch nicht volljährig ist, Entscheidungen für den Fall späterer Einwilligungsunfähigkeit und bestätigt er durch seine Unterschrift, nachdem er volljährig geworden ist, seine früheren Festlegungen, liegt insoweit eine wirksame Patientenverfügung vor. Der Eintritt der **Volljährigkeit als persönliche Voraussetzung** der Wirksamkeit einer Patientenverfügung korrespondiert mit der Befugnis zur Erteilung einer Vorsorgevollmacht, die Regelungen sowohl personaler wie Vermögensangelegenheiten enthält, sowie mit der Regelvoraussetzung einer Betreuerbestellung (§ 1896 Abs 1 S 1 BGB).

Volljährigkeit tritt mit der Vollendung des 18. Lebensjahres ein (§ 2 BGB). Das **25** Internationale Privatrecht kennt im Recht der natürlichen Personen und der Rechtsgeschäfte (Art 7 ff EGBGB) die Rechtsfähigkeit und die Geschäftsfähigkeit einer Person, die nach dem Recht des Staates bestimmt werden, dem die Person angehört (Art 7 Abs 1 S 1 EGBGB). Eine unmittelbare Anknüpfung über den Begriff der Volljährigkeit findet deshalb nicht statt. Rechtsvergleichende Hinweise bei STAUDINGER/HAUSMANN (2013) Anhang zu Art 7 EGBGB. Soweit ein Land die Möglichkeit vorsieht, ab einem früheren Lebensalter einen Menschen für mündig zu erklären, entspricht das Ergebnis dem Eintritt der Volljährigkeit deutschen Rechts nach § 2 BGB.

26 Ihre aktuelle Bedeutung gewinnt die Patientenverfügung (§ 1901a Abs 1 BGB) erst dadurch, dass der Verfügende in dem Moment, in dem eine ärztliche Maßnahme angeboten wird oder vorgeschlagen wurde und durchgeführt werden soll, einwilligungsunfähig ist. Die Prüfung, ob der Patient in der Lage ist, in eine ärztliche Maßnahme einzuwilligen oder ihre Vornahme abzulehnen, obliegt dem Arzt, der die Maßnahme durchführen will/soll. Er benötigt, damit sein Handeln nicht rechtswidrig ist, die Einwilligung des Patienten. Erhält er sie nicht, hat er, solange der Patient einwilligungsfähig ist, die beabsichtigte Maßnahme zu unterlassen. Ein von dieser Grundregel abweichendes Verfahren bestimmt Abs 1 nicht. Er verpflichtet lediglich den Betreuer oder den Bevollmächtigten zu prüfen, ob die getroffenen Festlegungen auf die aktuelle Lebens- und Behandlungssituation zutreffen. Stellt der Arzt fest, dass der Patient noch einwilligungsfähig ist, gilt dessen aktueller Wille. Eine früher getroffene schriftliche Festlegung kann deshalb noch nicht maßgebend sein. Dafür fehlt es an dem Tatbestandsmerkmal der Einwilligungsunfähigkeit.

dd) Schriftform

27 Hinsichtlich der Pflichtenbestimmung des § 1901a Abs 1 BGB liegt eine Patientenverfügung nur dann vor, wenn sie der geforderten Schriftform entspricht. Mündliche Bekundungen, die einen derartigen Inhalt haben, werden damit nicht als Patientenverfügungen im Sinne des Abs 1 anerkannt. Sie können gleichwohl als Behandlungswünsche und/oder bei der Ermittlung des mutmaßlichen Willens des Betroffenen im Sinne des Abs 2 Bedeutung haben und für einen Betreuer und andere Akteure beachtlich sein. Ihre Zulässigkeit als Ausdruck des Selbstbestimmungsrechts wird durch die Regelungen des 3. BtÄndG und speziell den neuen § 1901a BGB nicht ausgeschlossen.

28 Mündlich geäußerte Entscheidungen oder Wünsche mit dem Inhalt einer Patientenverfügung haben weiterhin Bedeutung in der unmittelbaren Vertragsbeziehung zwischen Arzt und Patient. Ein Arzt, der sich an eine früher von dem Patienten geäußerte Entscheidung erinnert, welche Art von Behandlung dieser befürwortet und welche er ablehnt, und dem Patientenwillen folgt, begeht deshalb keine unerlaubte Handlung und macht sich auch nicht strafbar, obwohl er sich nicht an das Betreuungsgericht zwecks Bestellung eines Betreuers zur Einhaltung des Verfahrens nach Abs 2 gewendet hat.

29 Die Schriftform richtet sich nach § 126 BGB. Bei Nichteinhaltung der Schriftform ist die Patientenverfügung nichtig (§ 125 BGB) und erfüllt damit nicht die Voraussetzungen des Abs 1. Nach § 126 Abs 1 BGB muss die Urkunde von dem Aussteller eigenhändig durch Namensunterschrift oder mittels notariell beglaubigten Handzeichens unterzeichnet werden. Die Urkunde muss nicht, wie das für eigenhändige Testamente vorgesehen ist (§ 2247 BGB), von dem Verfügenden eigenhändig verfasst sein.

30 Datum und Ort sind nicht vorbestimmt, aber zu empfehlen, damit etwa weitere Äußerungen gleichen oder ähnlichen Inhalts zeitlich eingeordnet werden können. Die schriftliche Form wird durch die notarielle Beurkundung ersetzt (§ 126 Abs 4 BGB). Die nach § 126 Abs 3 BGB mögliche elektronische Form, die die schriftliche Form ebenfalls ersetzen kann, wird durch § 1901a BGB nicht ausdrücklich ausgeschlossen, aber auch nicht ausdrücklich zugelassen. Aus praktischen Gründen

kommt sie nicht in Betracht, weil auf die Patientenverfügung schnellstmöglich zu-
gegriffen werden soll, und Manipulationen nicht ausgeschlossen werden können.

Mit der Wirksamkeitsvoraussetzung der Schriftform gemäß § 126 BGB wird das Ziel **31**
verfolgt, die Betroffenen angesichts der zum Teil weitreichenden Folgen der in einer
Patientenverfügung getroffenen Festlegungen vor übereilten oder unüberlegten
Festlegungen zu warnen. Außerdem kann der Zwang zur Schriftform (§ 126 BGB)
auch zur Klarstellung des Gewollten beitragen (BT-Drucks 16/8442, 13). Die zahllosen
Muster und Formulare von Patientenverfügungen, die „in Umlauf" sind, lassen in
dieser Hinsicht aber Zweifel aufkommen.

Durch einen protokollierten Vergleich (§ 127a BGB) kann eine persönliche Patientenverfügung nicht errichtet oder ersetzt werden.

§ 126 schreibt nicht vor, in welcher Sprache das Schriftstück verfasst, die Patienten- **32**
verfügung formuliert sein muss, um als Patientenverfügung iSd § 1901a Abs 1 S 1
BGB zu gelten. Die Schriftlichkeit des § 126 BGB hängt nicht davon ab, dass der
Text der Urkunde in deutscher Sprache oder sonst einer bestimmten Sprache abgefasst sein muss. Entscheidend ist die Verständlichkeit der Schriftzeichen für Dritte
(STAUDINGER/HERTEL [2012] § 126 Rn 108). In dieser Hinsicht enthält das 3. BtÄndG
keine weiteren Regelungen. Die Einhaltung der deutschen Sprache gehört danach
nicht zur Definition der Patientenverfügung iSd § 1901a Abs 1 S 1 BGB und zu ihren
Wirksamkeitsvoraussetzungen. Gleichwohl empfiehlt es sich für Personen, die der
deutschen Sprache nicht mächtig sind, sich einer Person zu bedienen, die dabei
behilflich ist, die Erklärungen in der Patientenverfügung eindeutig und in deutscher
Sprache auszudrücken. Dafür sprechen in erster Linie folgende Gesichtspunkte: Die
Patientenverfügung als einseitige nicht empfangsbedürftige Erklärung (MünchKomm/
SCHWAB § 1901a Rn 8) wendet sich an nicht näher bekannte und benennbare Personen
und Institutionen (Ärzte, Betreuer, Klinik). Hat die betroffene Person einen Bevollmächtigten benannt, kann trotzdem die Bestellung eines Betreuers unvermeidbar
sein, sodass wiederum eine nicht näher bestimmte Person oder Institution (§ 1900
BGB) sich nach der Patientenverfügung zu richten hat (§ 1901a Abs 1 S 2 BGB).
Um sowohl von Ärzten als auch Betreuern verstanden und dementsprechend beachtet zu werden, ist die Abfassung des Textes in der Landessprache erforderlich (vgl
RÖTHEL, Private Vorsorge im internationalen Rechtsverkehr, in: LIPP [Hrsg], Handbuch der Vorsorgeverfügungen [2009] § 20 Rn 27). Das betrifft nicht die Unterschrift, die auch in nicht
deutschen Schriftzeichen geleistet werden kann.

Davon zu unterscheiden sind die Patientenverfügungen, die Ausländer in ihrem **33**
Heimatland nach den dort geltenden Bestimmungen erstellt haben und die während
eines Aufenthalts in Deutschland von einem Bevollmächtigten oder einem Betreuer
oder einer sonst verfügungsberechtigten Person präsentiert werden. Hier stellt sich
die Frage, ob diese Patientenverfügungen in Deutschland nur anerkannt werden
können, wenn sie in vollem Umfang deutschem Recht entsprechen oder bereits
dann, wenn sie nach den Bestimmungen ihres Heimatrechts gültig sind. Ihre Beantwortung richtet sich nach IPR (zu privater Vorsorge deutscher Staatsangehöriger mit Wirkung
im Ausland RÖTHEL, in: LIPP [Hrsg], Handbuch der Vorsorgeverfügungen § 21 mit Berichten über
die Schweiz, Österreich, Frankreich, Belgien, Niederlande, Italien, Spanien, England und Wales,

Schottland und Vereinigte Staaten von Amerika; rechtsvergleichend LÖHNIG/SCHWAB/HENRICH/ GOTTWALD, Vorsorgevollmacht und Erwachsenenschutz in Europa [2011]).

34 Das 2. BtÄndG führte in § 6 Abs 2 bis 6 BtBG die Befugnis der in Betreuungssachen zuständigen Behörde ein, Unterschriften und Handzeichen auf Vorsorgevollmachten oder Betreuungsverfügungen zu beglaubigen. Blankounterschriften oder Handzeichen ohne einen dazugehörigen Text wurden davon ausgenommen. Zu Beurkundungen sind die zuständigen Behörden nicht befugt (JÜRGENS/WINTERSTEIN § 6 BtBG Rn 11). Obwohl die Vorschrift durch Art 11 des Gesetzes zur Änderung des Zugewinnausgleichs- und Vormundschaftsrechts v 6. 7. 2009 (BGBl I 1696) in Abs 2 S 1 um das Wort „öffentlich" ergänzt worden ist, das Inkrafttreten des 3. BtÄndG kurz bevorstand, erwähnt die Vorschrift nicht die isolierte Patientenverfügung. Eine „kombinierte", gemeinsam mit und/oder in einer Vorsorgevollmacht oder einer Betreuungsverfügung erklärte, Patientenverfügung kann/darf die Behörde beglaubigen (LIPP, Handbuch § 17 Rn 14 mwNw).

35 Das bei der Bundesnotarkammer geführte automatisierte Register über Vorsorgevollmachten und Betreuungsverfügungen (Zentrales Vorsorgeregister) nimmt Angaben über Vollmachtgeber, Bevollmächtigte, die Vollmacht, deren Inhalt, Vorschläge zur Auswahl eines Betreuers, Wünsche zur Wahrnehmung der Betreuung und den Vorschlagenden auf (§ 78a Abs 1 BNotO idF des Gesetzes zur Änderung des Zugewinnausgleichs- und Vormundschaftsrechts v 6. 7. 2009 [BGBl I 1696]). Während § 10 Vorsorgeregister – VO bestimmt, dass Betreuungsverfügungen unabhängig von der Eintragung einer Vollmacht registriert werden können, wurde die Erfassung separater Patientenverfügungen bisher abgelehnt (näher BIENWALD, in: BIENWALD/SONNENFELD/HOFFMANN § 1901c Rn 34 ff). Es trifft zwar zu, dass die in einer nach Abs 1 wirksam errichteten Patientenverfügung enthaltenen Äußerungen das ärztliche Handeln betreffen; sowohl die Tatsache einer bestehenden Patientenverfügung als auch deren Inhalt sind nach der Regelung des Abs 1 aber nicht nur für den Arzt, sondern auch oder sogar in erster Linie für den Aufgabenkreis bzw Auftrag von Betreuer und/oder Bevollmächtigtem maßgebend und bestimmen ihre Pflichten. Wenn auch nach der geltenden Rechtslage Krankenhäusern und ähnlichen Einrichtungen Auskünfte aus dem Zentralen Vorsorgeregister nicht erteilt werden dürfen, muss ggf das Betreuungsgericht, sofern nicht bereits geschehen, dem Betreuer und dem Bevollmächtigten den Inhalt einer integrierten Patientenverfügung mitteilen, damit diese nach §§ 1901a Abs 1, Abs 5 iVm § 1904 BGB verfahren können.

36 Eine Patientenverfügung enthält eigene Entscheidungen des Verfügenden betreffend die Vornahme ärztlicher Maßnahmen oder deren Unterlassung. Solange und soweit der Betroffene in dieser Beziehung selbst Bestimmungen getroffen und in einer Patientenverfügung (schriftlich) fixiert hat, entfällt eine Entscheidungszuständigkeit des Betreuers. In der Verfügung soll aber auch festgelegt werden können, dass die Patientenverfügung trotz konkreter Entscheidungen nicht unmittelbar gelten soll, sondern dass der Bevollmächtigte oder der Betreuer immer die Entscheidung über die Behandlung zu treffen und ggf welchen Spielraum er bei seiner Entscheidung hat (BT-Drucks 16/8442, 15). Mit dieser Vorstellung des Gesetzentwurfs werden die Unterschiede zwischen Bevollmächtigung und Betreuung verwischt. Während dem Bevollmächtigten die Rechtsmacht eingeräumt wird, an Stelle des Vollmachtgebers/Auftraggebers die erforderliche Entscheidung zu treffen, handelt es sich bei einer entsprechenden an den Betreuer gerichteten Willenskundgabe um eine vom Betreuer bei seiner Entscheidung zu beachtende und zu berücksichtigende Äußerung, nicht dagegen um die Übertragung der Entscheidungskompetenz. Sie erhält der Betreuer als solcher allein durch die Bestellung und die Aufgabenbestimmung des Betreuungsgerichts.

c) Unvertretbarkeit bei der Erstellung einer Patientenverfügung

Die Entscheidung darüber, in welche Maßnahmen der Verfügende einwilligt und in **37** welche nicht, kann nicht durch einen Vertreter abgegeben oder vermittelt werden (Spickhoff FamRZ 2009, 1949 [1950] mwNw). Damit wird nicht ausgeschlossen, dass sich der Betroffene eines Helfers bei der Herstellung der schriftlichen Verfügung bedient. Zur Errichtung einer Patientenverfügung darf niemand verpflichtet werden (§ 1901a Abs 4 BGB). Ebensowenig kann jemand für einen anderen eine Erklärung abgeben, die erst in der Zukunft wirken soll, oder eine Patientenverfügung „erlassen". Im Gegensatz dazu entscheidet ein dazu befugter (gewillkürter oder gerichtlich bestellter) Stellvertreter vor einer medizinischen Maßnahme, wenn der Betroffene zu einer eigenen Erklärung nicht mehr in der Lage ist und eine eigene Erklärung in einer Patientenverfügung nicht abgegeben hat. Dass es uU eingehender Prüfung bedarf, ob die Patientenverfügung auf den Aussteller zurückzuführen ist, leuchtet unmittelbar ein.

d) Reichweite der Regelungen

Die Regelungen der Absätze 1 und 2 des § 1901a BGB gelten unabhängig von Art **38** und Stadium einer Erkrankung (Abs 3). Sie beziehen sich nicht lediglich auf das Selbstbestimmungsrecht am Lebensende (vgl den Titel des Buches von Vetter, Selbstbestimmung am Lebensende [2. Aufl 2009]) oder auf Autonomie und Heteronomie im Alter (vgl Spickhoff AcP 2008, 345). Sie müssen daher auch unabhängig davon verstanden und angewendet werden, dass der Sterbeprozess eines Menschen bereits begonnen hat oder unmittelbar bevorsteht (wie hier Höfling NJW 2009, 2849). Sind die Regelungen der Absätze 1 und 2 unabhängig von der Art der Erkrankung anzuwenden, kommt es auch nicht darauf an, dass die Patientenverfügung sich nur auf besonders schwerwiegende Erkrankungen und deren etwaige Beendigung durch Verweigerung von Therapien erstreckt.

Die fehlende Reichweitenbegrenzung hindert die betroffene Person nicht, in der **39** Patientenverfügung selbst eine Begrenzung vorzunehmen und die eigenen Entscheidungen, die eine Einwilligung in bestimmte Maßnahmen oder deren Ablehnung betreffen, der Art nach zu bestimmen und die nicht ausdrücklich einbezogenen Maßnahmen der Entscheidung eines Betreuers oder des Bevollmächtigten zu überlassen. Soweit eine Patientenverfügung Entscheidungen enthält, die den Beginn einer bestimmten Krankheits- oder Sterbephase voraussetzen, ist die geschilderte Rechtslage bereits dadurch gekennzeichnet. Derartige Beschränkungen beruhen nicht auf Vorgaben des Gesetzgebers oder der Rechtsprechung, sondern auf der Autonomie der betroffenen Person.

e) Adressaten

Patientenverfügungen richten sich an alle am Behandlungsprozess Beteiligten **40** (BT-Drucks 16/8442, 9). Zwar wurde im Entwurf nicht ausdrücklich die Aufgabe des Arztes und weiterer an der Behandlung beteiligter Personen (zB Pflegepersonal) geregelt, im Rahmen ihrer Verantwortung zu prüfen, ob und welchen Behandlungs-willen der Patient geäußert hat oder ob es dafür der Entscheidung des Betreuers oder eines Bevollmächtigten bedarf (BT-Drucks 16/8442, 15). Die Begründung des Gesetzentwurfs bezieht sich aber auf Äußerungen der Bundesärztekammer und deren Ethikkommission zum Umgang mit Vorsorgevollmacht und Patientenverfü-gung in der ärztlichen Praxis (v 30. 3. 2007), wonach Adressat der Patientenverfü-gung jede an der Behandlung und Betreuung beteiligte Person sein kann, die ent-sprechend ihrer Verantwortung in die vorzunehmenden Prüfungen eingebunden ist (aA – gehört nur zum Innenverhältnis zwischen Patient und Vertreter – IHRIG DNotZ 2011, 583 [Anm zu BGH 2 StR 320/10 DNotZ 2011, 622 = FamRZ 2011, 108]).

Vergegenwärtigt man sich die rechtliche Ausgangslage, wonach eine ärztliche oder pflegerische Maßnahme grundsätzlich der Einwilligung des Patienten oder bei des-sen Einwilligungsunfähigkeit der Einwilligung eines bevollmächtigten oder gericht-lich bestellten und für die zu treffende Entscheidung zuständigen Vertreters bedarf, kann es keinem Zweifel unterliegen, dass sowohl Arzt als auch Pflegepersonal an der Klarstellung ein Interesse haben müssen, ob die notwendige Einwilligung durch die entscheidungszuständige Person oder Stelle vorliegt.

41 Da, mit Ausnahme von Notfällen und einer in einer solchen Situation anzutreffen-den Entscheidungsunfähigkeit der verletzten und dadurch hilflosen Person, jede ärztliche und pflegerische Maßnahme nur mit Einwilligung des Patienten nach erforderlicher ärztlicher Aufklärung zulässig ist und ihr den Charakter einer rechts-widrigen Handlung nehmen kann, kann sich ein vorweg genommener Patientenwille auf jede Art von Erkrankung beziehen und auf deren Behandlung oder Nichtbe-handlung Einfluss haben.

42 Ob der Volljährige im entscheidenden Moment in eine ärztliche Behandlung/Maß-nahme einwilligen kann oder wegen seiner Einwilligungsunfähigkeit die Patienten-verfügung maßgebend ist, wird sich nach dem aktuellen Zustand der/des Betroffenen entscheiden lassen. Die Patientenverfügung muss in dem entscheidenden Behand-lungsmoment verfügbar sein. Deshalb sollten bei der Errichtung einer Patienten-verfügung, insbesondere wenn in dem Zusammenhang auch eine Vorsorgevollmacht errichtet wird, voraussehbare und kalkulierbare Umstände, die für die Wirksamkeit der Vollmacht maßgebend sein sollen (zB Ärztliches Attest über den Verlust der Selbstbestimmungsfähigkeit) berücksichtigt und dafür Regelungen getroffen wer-den. Vor allen Dingen von allein lebenden Personen sollte bestimmt werden, auf welche Weise der Bevollmächtigte von dem Zustand der Vollmachtgeberin erfährt, um Weiteres veranlassen zu können.

3. Kein Ausschluss in der Rechtsordnung vorgesehener und zugelassener ärztlicher Maßnahmen

43 Der einwilligungsfähige Volljährige kann für den Fall seiner späteren Einwilligungs-unfähigkeit nur solche Bestimmungen treffen, die mit der im Übrigen geltenden Rechtsordnung in Einklang stehen oder zu bringen sind. Er kann hinsichtlich ärzt-licher Maßnahmen seine Einwilligung vorab erteilen oder verweigern für solche Fälle, bei denen es auf seine Einwilligung oder deren Verweigerung ankommt. Mit seiner Patientenverfügung kann der Volljährige deshalb nicht solche Maßnahmen verbieten oder deren Vornahme ablehnen, die gesetzlich vorgesehen sind, denen er sich nicht entziehen kann und die zu dulden er verpflichtet ist. Deshalb kann eine von der Bundesarbeitsgemeinschaft Psychiatrie-Erfahrener eV, Berlin, unter dem Namen Patienten – Verfügung verbreitete „spezielle Form der Patientenverfügung" keine Befolgung erwarten. Mit ihr sollen psychiatrische Zwangsmaßnahmen unterbunden werden (Rundschreiben der BAG v 25. 8. 2009 m Anl). Unter keinen Umständen, so lautet die Verfügung unter Anderem (Teil A), dürfe bei dem betreffenden Verfügenden irgendeine psychiatrische Diagnose erstellt werden. Der Unterzeichnete verbietet „hiermit jedem psychiatrischen Facharzt oder Fachärztin", mich zu untersuchen, genauso wie ich jedem anderen approbierten Mediziner untersage, mich hinsichtlich irgendeines Verdachts einer angeblichen „psychischen Krankheit" zu untersuchen. Allen Ärzten, die mich untersuchen wollen, untersage ich, den Versuch irgendeine der Diagnosen, die im Internationalen Code of Deseases (aktuell ICD 10. Revision, German Modification) im Kapitel V mit den Bezeichnungen von F00 fortlaufend bis F99 als „psychische und Verhaltensstörungen" bezeichnet werden, zu stellen, und um jede mögliche Unklarheit zu beseitigen, führe ich diese noch genauer aus als: „(es folgt die Liste der Klassifizierungen)". Es folgt dann ein Teil B), in dem der Unterzeichnete folgende Behandlungen strikt untersagt:

– Behandlungen von einem psychiatrischen Facharzt oder dem sozialpsychiatrischen Dienst,

– Behandlung in einer psychiatrischen Station eines Krankenhauses oder einer Ambulanz oder einem sog Krisendienst,

– jede Einschränkung meiner Freiheit zB Einsperren in einer psychiatrischen Station, jede Fixierung, jede Behandlung gegen meinen geäußerten Willen, jede Zwangsbehandlung egal mit welchen als Medikamente bezeichneten Stoffen oder Placebos.

Es folgt ein Teil C), in dem der Unterzeichnete ohne inhaltliche Vorgaben in dem Verfügungsformular mitteilt, welche medizinischen Behandlungen er ausdrücklich wünscht, wenn eine Erkrankung ein unumkehrbar tödliches Stadium erreicht haben sollte.

Gesetzliche Befugnisse, den Betroffenen, ohne dass es dafür seiner Einwilligung **44** bedarf, freiheitsentziehend unterzubringen, enthalten zB die §§ 63 StGB (Unterbringung in einem psychiatrischen Krankenhaus); § 81 StPO (Unterbringung zur Beobachtung), § 112 StPO (Untersuchungshaft), § 126a StPO (einstweilige Unterbringung); § 1906 Abs 1 und 4 BGB. Befugnisse, an dem Betroffenen eine ärztliche Untersuchung des Gesundheitszustands oder andere angeordnete Maßnahmen vorzunehmen, enthalten die §§ 81a StPO (körperliche Untersuchung, Blutprobe); § 463 (div Maßnahmen im Rahmen der Vollstreckung von Maßregeln der Besserung und Sicherung, § 6 StVollzG (Behandlungsuntersuchung), § 136 StVollzG (Unterbringung in einem psychiatrischen Krankenhaus). Vgl im Übrigen die landesspezifischen Regelungen in den verschiedenen PsychKG sowie §§ 283 Abs 1 FamFG (Vorführung zur Untersuchung), 284 FamFG (Unterbringung zur Begutachtung), 322 FamFG (Vorführung zur Untersuchung; Unterbringung zur Begutachtung in einer Unterbringungssache).

45 Die schriftlichen Festlegungen in einer Patientenverfügung können sich auf die Ablehnung bestimmter ärztlicher Maßnahmen beschränken. Sie können auch oder ausschließlich Erklärungen enthalten, mit denen bestimmte ärztliche Maßnahmen ausdrücklich erwünscht werden und zu deren Vornahme eine entsprechende Einwilligung erteilt wird.

46 Mit der Definition nicht in Einklang stehen konkrete und situationsbezogene mündliche Willensbekundungen über die Einwilligung oder Nichteinwilligung in eine bestimmte, noch nicht unmittelbar bevorstehende ärztliche Maßnahme. Ihnen fehlt es an der erforderten Schriftform (BT-Drucks 16/8442, 13). Vom Begriff der Patientenverfügung nicht erfasst sind auch solche Entscheidungen des einwilligungsfähigen Betroffenen, die sich auf unmittelbar bevorstehende, also konkret und zeitnah durchzuführende ärztliche Maßnahmen beziehen (BT-Drucks 16/8442, 13). Inwiefern dadurch ein – bewusst in Kauf genommener – Wertungswiderspruch entsteht, dass aktuelle Einwilligungen oder Nichteinwilligungen in ärztliche Maßnahmen (zB wegen einer am nächsten Tag anstehenden Operation) keiner Form bedürfen, leuchtet nicht ein. Wer sich in die Behandlung eines Arztes oder in ein Krankenhaus begibt, wird wohl in der Regel nicht mit einer vorgefertigten schriftlichen Erklärung erscheinen, mit welchen Maßnahmen er einverstanden und mit welchen er nicht einverstanden ist. Sollte ein Patient am Tag vor seiner Operation als einwilligungsfähige Person seine Einwilligung erteilt haben, bevor er am nächsten Tage einwilligungsunfähig war oder wurde, dürfte auch eine schriftliche Einverständniserklärung nicht anders als die mündliche zu bewerten sein.

47 Im Hinblick auf den Fortschritt medizinischer Leistungsfähigkeit wird es einem Verfügenden eher möglich sein, bekannte ärztliche Maßnahmen abzulehnen, als solche Maßnahmen aufzuführen, die zwar eines Tages in Betracht kommen, im Zeitpunkt der Formulierung der Patientenverfügung jedoch noch nicht näher und präzise bezeichnet werden können. Insoweit kann die ungenaue Bezeichnung einer gewünschten Behandlung dazu führen, dass ein Betreuer oder auch die bevollmächtigte Person nach Abs 2 zu verfahren hat.

4. Keine Wirksamkeitsvoraussetzungen

a) Ärztliche oder/und rechtliche Beratung

48 Der sogen Stünker-Entwurf empfiehlt sowohl eine fachkundige Beratung als auch eine regelmäßige oder beim Auftauchen von schweren Krankheiten vorzunehmende Aktualisierung der Patientenverfügung (BT-Drucks 16/8442, 26). Für die Wirksamkeit der Patientenverfügung ist im Allgemeinen eine fachkundige Beratung nicht Voraussetzung. Das erstreckt sich nicht nur auf den medizinischen Bereich, sondern auch auf die Inanspruchnahme von Rechtsrat/Rechtsberatung (Gestaltungsvorschläge bei RENNER ZNotP 2009, 371 378; ferner COEPPICUS, Patientenverfügung, Vorsorgevollmacht und Sterbehilfe [Essen 2009]). Davon unabhängig bleibt es bei der allgemeinen Rechtslage, dass die Wirksamkeit der Einwilligung in eine ärztliche Maßnahme zu ihrer Gültigkeit die vorherige ärztliche Aufklärung erfordert (BT-Drucks 16/8442, 26), sofern der Patient nicht ausdrücklich darauf verzichtet hat und verzichten konnte (BT-Drucks 16/8442, 27). Das österreichische Recht kennt, anders als das Schweizer Recht, eine ärztliche Aufklärungspflicht und eine verpflichtende rechtliche Beratung (TABAN iFamZ 2012, 80, 85).

b) Aktualisierung

Das 3. BtÄndG verpflichtet den Betroffenen/Betreuten nicht, seine Patientenver- **49** fügung regelmäßig oder aus gegebenem Anlass zu aktualisieren, sei es auch nur in der Weise, dass er den bisherigen Unterschriften und Daten eine weitere Unterschrift mit Angabe des Kalenderdatums hinzufügt. Es kommt nicht darauf an, wann die Patientenverfügung verfasst wurde und ob sie zwischenzeitlich, in regelmäßigen Abständen oder gelegentlich oder erst kurze Zeit vor Eintritt der Einwilligungsunfähigkeit erneuert oder bestätigt worden ist (näher BT-Drucks 16/8442, 14; zur Begründung 27). Dagegen sind **nachträgliche Änderungen** oder später verfasste weitere Patientenverfügungen von Bedeutung. Insofern weitere Verfügungen einer früheren oder mehreren widersprechen, kommt es auf die zeitlich letzte Fassung an.

Der Verzicht auf die Notwendigkeit einer vorausgegangenen oder vor einer **50** etwaigen Erneuerung der Verfügung eingeholten ärztlichen Beratung und Aufklärung ist nicht bedenkenfrei. Ist die Einwilligung des Patienten im Fall einer aktuell angebotenen und beabsichtigten ärztlichen Maßnahme grundsätzlich nur wirksam, wenn der Betroffene über die Maßnahme, insbesondere über die mit ihr verbundenen Risiken, hinreichend aufgeklärt wurde (BT-Drucks 11/4528, 71), kann für den Fall einer vorweggenommenen Einwilligung oder deren Ablehnung nicht Geringeres verlangt werden, damit die später durchgeführte oder unterlassene Maßnahme nicht einem Unwerturteil unterliegen soll. Lässt eine Patientenverfügung auch nicht immer verlässlich erkennen, dass eine hinreichende Aufklärung durch einen Arzt oder mehrere (fachlich zuständige) tatsächlich vorgenommen wurde, kann dennoch materiellrechtlich auf sie nicht verzichtet werden. Folgerichtig müsste bei Aufklärungsmangel die Patientenverfügung als unverbindlich, weil für das in Abs 1 bestimmte Verfahren untauglich, behandelt werden mit der Konsequenz, dass Betreuer oder Bevollmächtigter nach Abs 2 vorzugehen und zu verfahren haben.

c) Zeitlich begrenzte Wirksamkeit

Das 3. BtÄndG hat keine Begrenzung der zeitlichen Dauer der Patientenverfügung **51** eingeführt. Anders das österreichische Recht, das die Gültigkeitsdauer einer (verbindlichen; anders bei der beachtlichen) Patientenverfügung auf fünf Jahre begrenzt (Taban iFamZ 2012, 80, 85; Bachinger iFamZ 2006, 79, 84).

d) Beschränkung auf Art oder Stadium einer Erkrankung

Das Gesetz kennt keine sogenannte Reichweitenbegrenzung. Der Zöller-Entwurf **52** will auch die Entscheidung des BGH v 17. 3. 2003 (BGHZ 154, 205 = FamRZ 2003, 748 mAnm Lipp 756; auch BGH v 8. 6. 2005 = BGHZ 163, 195 = FamRZ 2005, 1474 mAnm Bienwald 1476) nicht dahin verstanden wissen, dass diese eine Reichweitenbegrenzung vorgegeben habe (BT-Drucks 16/11493, 16; ebenso der Stünker-Entwurf BT-Drucks 16/8442, 32). Die Patientenverfügung wird deshalb nicht beschränkt auf das Verbot oder die Gestattung bestimmter ärztlicher Maßnahmen während der sogenannten letzten Lebensphase. Die Patientenverfügung kann sich auf jede Art und jedes Stadium einer Erkrankung beziehen (C Bienwald, in: Bienwald/Sonnenfeld/Harm § 1901a Rn 31). Es kommt nicht darauf an, dass das/die Grundleiden der betroffenen Person einen irreversiblen und tödlichen Verlauf genommen hat oder nimmt.

Indem das Gesetz von solchen Beschränkungen einer Patientenverfügung Abstand **53** genommen hat, beseitigte es die in dieser Hinsicht vorhandene Unsicherheit im

Umgang mit Patientenverfügungen und achtet das Selbstbestimmungsrecht der Bürgerinnen und Bürger bei ärztlichen Behandlungen in allen Lebensphasen (BT-Drucks 16/8442, 2, 20).

5.   Rechtsnatur der Patientenverfügung

54 Eine Patientenverfügung im Sinne des Abs 1 enthält eine oder mehrere einseitige Erklärungen, deren Wirksamkeit nicht davon abhängt, dass sie gegenüber einer empfangsberechtigten Person oder Stelle abgegeben werden müssen. Sie stellen keine Willenserklärungen im Sinne der §§ 104 ff, 116 ff BGB dar (Spickhoff FamRZ 2009, 1949 mwNw; aA Diederichsen, in: FS Schreiber [2003] 635, 646 ff). Als vorweggenommene Einwilligung oder deren Verweigerung in eine ärztliche Maßnahme enthalten sie die Gestattung eines Eingriffs oder einer sonstigen ärztlichen Maßnahme oder die Ablehnung eines Eingriffs oder einer solchen Maßnahme.

6.   Zur Notwendigkeit eines Betreuers oder einer Bevollmächtigung

a)   Ein Betreuer oder ein Bevollmächtigter ist bereits vorhanden

55 Die durch das 3. BtÄndG eingeführten Regelungen über die Patientenverfügung setzen voraus, dass der Patient einen Betreuer erhalten oder einen Bevollmächtigten bestellt hat. Wurde dem Patienten **trotz** des Bestehens einer **Bevollmächtigung** ein Betreuer nach § 1896 Abs 1, Abs 2 BGB bestellt, kommt es darauf an, in wessen Verantwortungsbereich die Beachtung und Durchsetzung des Patientenwillens oder die Befolgung der Behandlungswünsche des Patienten gehören. Ebenso liegt es, wenn mehrere Betreuer mit unterschiedlichen Aufgabenbereichen bestellt worden sind.

56 Hat der Betroffene bestimmt, dass zwei von ihm bevollmächtigte Personen (oder mehrere) gemeinsam die hier betreffenden Angelegenheiten zu besorgen haben oder hat das Gericht mehrere Betreuer mit demselben Aufgabenkreis betraut, ohne eine von der gesetzlichen Regel der gemeinsamen Besorgung abweichende Bestimmung zu treffen (§ 1899 Abs 3 BGB), sind die in den §§ 1901a, 1901b, 1904 BGB enthaltenen Pflichten jeweils von den mehreren Personen gemeinsam wahrzunehmen.

57 Bei bestehenden Meinungsverschiedenheiten, die sich ohne gerichtliche Mitwirkung nicht beheben lassen, kann das Betreuungsgericht bestimmen, dass für die Angelegenheiten nur der eine Betreuer zuständig ist (§ 1899 Abs 3 BGB). Ist mit dem Aufschub der vorzunehmenden Handlung der Betreuer Gefahr verbunden, darf auch ein Betreuer allein entscheiden. Für den Arzt dürfte allerdings schwierig zu bestimmen sein, welchem Betreuer er in einer derartigen Situation folgt, wenn jeder für sich die Alleinzuständigkeit im Notfall in Anspruch nimmt. Können sich mehrere zuständige Bevollmächtigte nicht einigen, bestellt das Gericht einen Betreuer, weil andernfalls die Angelegenheit des Betroffenen nicht wahrgenommen wird.

58 Der bereits bestellte Betreuer sowie der vom Betroffenen bestellte Bevollmächtigte sind für die in den §§ 1901a, 1901b, 1904 BGB bestimmten Äußerungen und Verhalten nur zuständig, wenn ihnen diese Aufgabe(n) zugewiesen bzw zum Gegenstand der Bevollmächtigung gemacht worden sind. Betreuer und/oder Bevollmäch-

tigte iSd § 1901a BGB und der weiteren Vorschriften des 3. BtÄndG sind deshalb nur diejenigen Personen/Institutionen, die entsprechend legitimiert sind. Die Verwirklichung vorweggenommener Patientenentscheidungen sowie die Entscheidungen eines Betreuers oder des Bevollmächtigten des Patienten über die Vornahme oder das Unterlassen ärztlicher/pflegerischer Maßnahmen betreffen die Gesundheitssorge, sodass eine entsprechende Zuständigkeit von Betreuer oder Bevollmächtigtem gegeben sein oder im Falle rechtlicher Betreuung herbeigeführt werden muss.

b)   Ein Betreuer ist erforderlich
§§ 1901a, 1901b, 1904 BGB betreffen lediglich die medizinische Komponente ge-   **59** sundheitlicher Belange des Betreuten/Betroffenen. Weder wird von den Vorschriften die rechtsgeschäftliche Seite der Gesundheitssorge erfasst noch auch das Recht der Aufenthaltsbestimmung, das den Betreuer/Bevollmächtigten berechtigt, ggf verpflichtet, für eine Aufnahme des Patienten im Krankenhaus zu sorgen. Sind Entscheidungen in dieser Hinsicht (noch) nicht getroffen, wird zu deren Vornahme ein Betreuer benötigt, sofern dafür nicht vorrangig ein Bevollmächtigter bestellt worden und zuständig ist. Auch wird ggf eine Person benötigt, die entscheidet, welcher Arzt hinzugezogen wird, den Arztvertrag schließt und die Vergütung regelt. Maßgebend für die Entscheidung, ob ein Betreuer zwecks Durchsetzung des Patientenwillens, der Berücksichtigung seines mutmaßlichen Willens sowie der Besorgung der sonstigen notwendigen Angelegenheiten zu bestellen ist, ist danach die Erforderlichkeit.

Für die Information der Klinik oder des behandelnden Arztes über das Vorhanden-   **60** sein von (schriftlichen) Äußerungen des Patienten zu Behandlungen oder deren Unterlassen wird ein Betreuer nicht benötigt. Diese Information verlangt keine gesetzliche Vertretung. Wendet sich eine Klinik oder ein Heim oder der behandelnde Arzt an das Betreuungsgericht mit dem (meist als Antrag formulierten) Anliegen einer Betreuerbestellung, hat das Gericht den Sachverhalt von Amts wegen aufzuklären (§ 26 FamFG) und einen Betreuer, ggf einen vorläufigen Betreuer durch einstweilige Anordnung (§§ 300, 301 FamFG), zu bestellen.

Während der Vorrang eigener Vorsorge durch Erteilung einer (Vorsorge-)Vollmacht   **61** dazu führen soll und kann, dass die Bestellung eines Betreuers unterbleibt und nur dann ergänzend zur (Vorsorge-)Vollmacht oder trotz der erteilten Vollmacht vorgenommen werden muss, wenn die Besorgung der Angelegenheiten des Betroffenen durch die eigene Vorsorge nicht gesichert ist, eignet sich die Patientenverfügung nicht dazu, die Bestellung eines Betreuers als überflüssig anzusehen und zu vermeiden. Die Patientenverfügung enthält zwar Entscheidungen bzw Äußerungen des Betroffenen zu eines Tages in Betracht kommenden ärztlichen Maßnahmen, sodass ein (gewillkürter oder gerichtlich bestellter) Stellvertreter insoweit keine Entscheidungskompetenz besitzt. Die Patientenverfügung erstreckt sich jedoch nur auf einen Teilbereich von Angelegenheiten des Betroffenen.

c)   Zur Aufgabenkreisgestaltung
Bestellt das Betreuungsgericht einen Betreuer mit dem Aufgabenbereich Gesund-   **62** heitssorge, so hat es nicht nur die zur Begründung der Notwendigkeit dieses Aufgabenbereichs erforderlichen Tatsachen von Amts wegen festzustellen; es hat außer-

dem die Aufgabe des Betreuers so präzise zu formulieren, dass dessen Rechtsmacht (und damit die Rechtsbeschränkung der/des Betroffenen) nicht umfangreicher als unbedingt erforderlich ist. Deshalb schließt das Betreuungsrecht grundsätzlich aus, dass das Gericht bei jeder Betreuung den Aufgabenbereich der Gesundheitssorge vorsorglich vorsieht, nur weil die Möglichkeit der oder sogar (mit zunehmender Zahl älterer und/oder sehr alter Menschen) die Wahrscheinlichkeit besteht, dass eines Tages der Betreuer Mutmaßungen über den Willen der/des Betroffenen hinsichtlich der Ablehnung bestimmter medizinischer oder pflegerischer Maßnahmen (zB künstliche Ernährung) anzustellen hat.

7.   Die Aufgabe des Betreuers bzw des Bevollmächtigten

a)   Vergleich von Patientenverfügung und aktueller Lebens- und Behandlungssituation

63   Diese Aufgabe erfüllen die genannten Personen, indem sie zusammen mit dem behandelnden/hinzugezogenen Arzt die ärztlicherseits angezeigte Maßnahme mit den vom Patienten vorgenommenen Festlegungen in der Patientenverfügung in Bezug setzen. Das sieht der Wortlaut des § 1901b Abs 1 BGB zwar so nicht ausdrücklich vor, der sich nur auf die „nach § 1901a zu treffende Entscheidung" bezieht. Eine Entscheidung treffen diese Personen aber nur im Fall des Abs 2, nicht dagegen im Fall des Abs 1. Ohne Gespräch mit dem Arzt lässt sich aber auch die zu respektierende Entscheidung des Patienten (Abs 1) nicht feststellen. Außerdem soll bei der Feststellung des Patientenwillens nach Abs 1 nahen Angehörigen oder sonstigen Vertrauenspersonen des Betreuten/Betroffenen Gelegenheit zur Äußerung gegeben werden, sofern dies ohne erhebliche Verzögerung möglich ist (§ 1901b Abs 2 BGB). Soweit es darum geht, dem nach Abs 1 festgestellten Willen Ausdruck und Geltung zu verschaffen, entscheiden sowohl Betreuer als auch Bevollmächtigter darüber, wem Gelegenheit zur Äußerung gegeben wird, nachdem sie sich darüber mit dem Arzt verständigt haben.

64   Hat die/der Betroffene in der Patientenverfügung eine Entscheidung allgemeiner Art getroffen, die den aktuellen Sachverhalt (Lebens- und Behandlungssituation) der/des Betroffenen umfasst, dürfte es nicht schwer fallen, der Willensbekundung der/des Betroffenen zu folgen. Wird in der Patientenverfügung jegliche Operation abgelehnt, wird eine aktuell für erforderlich gehaltene Amputation (zB „Raucherbein") als ebenfalls abgelehnt und von der Patientenverfügung erfasst gelten können.

b)   Dem Willen des Betreuten/Betroffenen Ausdruck und Geltung verschaffen

65   Betreuer wie Bevollmächtigter haben darauf zu achten, dass der Betroffene/Betreute seinem Willen entsprechend behandelt wird, dass seine Entscheidungen befolgt werden (BT-Drucks 16/8442, 29). Die Formulierung, es sei Aufgabe des Betreuers (Bevollmächtigten), der von dem Betroffenen selbst getroffenen Entscheidung „Ausdruck und Geltung zu verschaffen" entstammt der Entscheidung des BGH (17. 3. 2003; BGHZ 154, 205 = FamRZ 2003, 748 mAnm Lipp 756). Worin diese Aufgabe besteht, was der Betreuer (Bevollmächtigte) dafür zu tun habe, wird weder in der Entscheidung des BGH noch im Gesetz namentlich aufgeführt. Handelt es sich nicht um die Durchsetzung der Untersagung sogenannter lebensverlängernder Maßnahmen oder deren Abbruch, wird die Durchsetzung des Patientenwillens kaum

Probleme verursachen. Schwierigkeiten entstehen dann oder sind zu erwarten, wenn die Entscheidungen des Betreuten/Betroffenen aufgrund abweichender Überzeugungen nicht respektiert werden. Auf welche Schwierigkeiten die Durchsetzung des Patientenwillens stoßen kann, zeigt der vom BGH in letzter Instanz entschiedene Fall, in dem es um die Verurteilung eines Rechtsanwalts ging, der seiner Mandantschaft empfohlen oder nahegelegt hatte, selbst die Versorgungsleitungen einer künstlich ernährten/versorgten Angehörigen zu durchtrennen (25. 6. 2010 – 2 StR 454/ 09, FamRZ 2010, 1551 mAnm Lipp 1555; s auch Bienwald Anm zu BGH FamRZ 2005, 1475, 1476 = BGHZ 163, 195). Soweit dies den Umständen nach in Betracht kommt, sollten Angehörige wie auch ein Bevollmächtigter oder ein Betreuer vor Aufnahme des Betroffenen in einer Klinik oder einem Heim oder vor dem Abschluss eines Behandlungsvertrags klären, ob Bedenken bestehen und ggf geltend gemacht werden, den Entscheidungen des Patienten oder denen des Bevollmächtigten oder des Betreuers zu folgen.

III. Fremdbestimmung durch den Betreuer oder den Bevollmächtigten (Abs 2)

1. Allgemeines

Soweit Abs 2 dem Betreuer aufgibt, Behandlungswünsche oder den mutmaßlichen **66** Willen des Betreuten bei einer aktuell erforderlichen Entscheidung über die Vornahme oder das Unterlassen einer ärztlichen oder pflegerischen Maßnahme zu berücksichtigen, wiederholt und präzisiert diese Regelung die sich bereits aus § 1901 Abs 3 BGB ergebende Verpflichtung. Abs 2 enthält jedoch, anders als § 1901 Abs 3 BGB, keine Bindung des Betreuers an das Wohl des Betreuten und erweitert somit den Handlungsspielraum des Betreuers.

Eine vergleichbare Regelung für den Bevollmächtigten enthielt das Betreuungsrecht **67** bisher nicht, sodass die Bestimmung des Abs 2 sich als für den Bevollmächtigten neu erweist. Dass auch ein Bevollmächtigter mit einem entsprechenden Auftrag verpflichtet ist und vom Gesetz daran erinnert wird, die getroffene Entscheidung des Auftraggebers durchzusetzen, wie in Abs 1 vorgesehen, nimmt nicht wunder. Dagegen stößt die gesetzliche Verpflichtung des Bevollmächtigten, sich entsprechend Abs 2 zu verhalten, auf Bedenken. Mit dieser Anweisung greift das Gesetz in die Autonomie von Auftraggeber und Bevollmächtigtem und die zwischen ihnen bestehenden, ggf abweichenden, Vereinbarungen ein. In der Begründung zu Abs 4 stellt der Stünker-Entwurf lediglich fest, § 1901a Abs 4 BGB-E stelle klar, dass die Aufgaben eines Bevollmächtigten bei der Beachtung und Durchsetzung einer Patientenverfügung denen eines Betreuers entsprechen (BT-Drucks 16/8442, 36). Auch der Zöller-Entwurf hält lediglich fest, dass sich die für den Betreuer geltenden Regelungen auf denjenigen Bevollmächtigten erstrecken, der vom Patienten zur Wahrnehmung der Gesundheitssorge ermächtigt wurde (BT-Drucks 16/11493, 25). Offensichtlich wurde in den Entwürfen und im Gesetzgebungsverfahren übersehen, dass zwischen einem gerichtlich bestellten Betreuer und einem privatrechtlich bestellten Bevollmächtigten gravierende rechtliche Unterschiede bestehen. Offenbar haben dazu auch die durch das 1. BtÄndG eingeführten Regelungen in den §§ 1904 BGB (ursprünglich Abs 2, jetzt Abs 5) und 1906 BGB beigetragen.

2.   Der Auftrag nach Abs 2

68   Liegt keine Patientenverfügung iSd Abs 1 vor oder treffen die Feststellungen einer Patientenverfügung nicht auf die aktuelle Lebens- und Behandlungssituation zu, können Betreuer oder Bevollmächtigter eine vorweggenommene eigene Entscheidung des Betreuten/Betroffenen nicht mehr als solche durchsetzen, sondern sind zu eigener Entscheidung als Betreuer oder Bevollmächtigter aufgerufen, vorausgesetzt dass ihnen die Befugnis dazu erteilt wurde.

69   Eine Patientenverfügung iSd Abs 1 liegt dann nicht vor, wenn die Behandlungswünsche

–   ihrem Inhalt nach nicht den Anforderungen des Abs 1 entsprechen,

–   nicht in schriftlicher Form festgelegt worden sind,

–   der Verfügende im Zeitpunkt der Festlegung nicht (mehr) einwilligungsfähig war,

–   der Verfügende im Zeitpunkt der Festlegung nicht volljährig war,

–   die Patientenverfügung vor oder während der ärztlichen/pflegerischen Maßnahme wirksam widerrufen worden ist.

Eine Patientenverfügung iSd § 1901a Abs 1 BGB liegt auch dann nicht vor, wenn sie aktuell nicht verfügbar, ggf verlegt oder sonst unauffindbar ist.

70   Der Betreuer wie der Bevollmächtigte haben mit dem behandelnden Arzt die nach dessen Feststellungen indizierte ärztliche/pflegerische Maßnahme im Hinblick auf die von ihnen zu treffende Entscheidung zu erörtern und dabei die Behandlungswünsche oder einen „mutmaßlichen" Willen des Betreuten/Betroffenen festzustellen. Für dessen Ermittlung sind die in Abs 2 S 2 und 3 aufgeführten Gesichtspunkte sowie Äußerungen der hinzugezogenen nahen Angehörigen und sonstigen Vertrauenspersonen zu berücksichtigen (§ 1901b Abs 2 BGB). Die eigenen Festlegungen des Betreuten/Betroffenen können, auch wenn bzw weil ihnen nicht die Qualität einer Patientenverfügung zukommt, für die Mutmaßungen erhebliche Bedeutung haben (JÜRGENS/JÜRGENS[4] § 1901a Rn 17). Befand bzw befindet sich der Betreute/Betroffene im Krankenhaus, einen (Pflege-)Heim oder einer vergleichbaren Einrichtung, sollte das in der Pflege tätige Personal beteiligt werden, um in Erfahrung zu bringen, ob und in welcher Weise der Betreute/Betroffene Wünsche zu seiner Behandlung oder zum Unterlassen von Maßnahmen geäußert hat.

§ 1901c
Schriftliche Betreuungswünsche, Vorsorgevollmacht

Wer ein Schriftstück besitzt, in dem jemand für den Fall seiner Betreuung Vorschläge zur Auswahl des Betreuers oder Wünsche zur Wahrnehmung der Betreuung geäußert hat, hat es unverzüglich an das Betreuungsgericht abzuliefern, nachdem er

von der Einleitung eines Verfahrens über die Bestellung eines Betreuers Kenntnis erlangt hat. Ebenso hat der Besitzer das Betreuungsgericht über Schriftstücke, in denen der Betroffene eine andere Person mit der Wahrnehmung seiner Angelegenheiten bevollmächtigt hat, zu unterrichten. Das Betreuungsgericht kann die Vorlage einer Abschrift verlangen.

Materialien: Im RegEntw noch nicht vorhanden; Art 1 Nr 47 BtG; BT-Drucks 11/4528, 208 (BRat); BT-Drucks 11/4528, 227 (BReg); BT-Drucks 11/6949, 12, 74 Nr 17 (RA).

Art 1 Nr 10a und 10b 2. BtÄndG (BGBl I 1073); BT-Drucks 15/2494, 6, 30, 47 (Stellungen d BReg); BT-Drucks 15/4874 (RA); BR-Drucks 121/05 (Beschluss).

Schrifttum (Auswahl):

BIENWALD, Vorsorgeverfügungen und ihre Bedeutung für das Vormundschaftsgericht, BtPrax 2002, 227
ders, Die Notwendigkeit der Schaffung einer Zentrale für Vorsorgeverfügungen, BtPrax 2002, 244
BUND, Die General- und Vorsorgevollmacht mit Betreuungs- und Patientenverfügung als Vorsorgemaßnahmen und ihre Kosten, BtPrax 2005, 174
EPPLE, Die Betreuungsverfügung, BWNotZ 1992, 27
ders, Der Einfluss der Betreuungsverfügung auf das Verfahren, die Führung und Überwachung der Betreuung, BtPrax 1993, 156
HOFFMANN/SCHUMACHER, Vorsorgevollmachten und Betreuungsverfügungen: Handhabung in der Praxis, BtPrax 2002, 191
JACOBI/MAY/KIELSTEIN/BIENWALD (Hrsg), Ratgeber Patientenverfügung (5. Aufl 2005)
KLIE/STUDENT, Die Patientenverfügung (2. Aufl 2002)

LANGENFELD, Vorsorgevollmacht, Betreuungsverfügung und Patiententestament (1994)
MAY/GAWRICH/STIEGEL, Empirische Erfahrungen mit wertanamnestischen Betreuungsverfügungen (1997)
PERAU, Betreuungsverfügung und Vorsorgevollmacht, MittRhNotK 1996, 285
RUDOLF/BITTLER, Vorsorgevollmacht, Betreuungsverfügung, Patiententestament (1999)
SASS/KIELSTEIN, Patientenverfügung und Betreuungsvollmacht (2001)
dies, Die medizinische Betreuungsverfügung in der Praxis (1998)
TAUPITZ, Zivilrechtliche Regelungen zur Absicherung der Patientenautonomie am Ende des Lebens – Eine internationale Dokumentation (2000)
WALTER, Die Vorsorgevollmacht (1997)
dies, Das BtÄndG und das Rechtsinstitut der Vorsorgevollmacht, FamRZ 1999, 685.

Systematische Übersicht

Werner Bienwald

Alphabetische Übersicht

I. Normbedeutung

Ein wesentliches Ziel des Betreuungsgesetzes besteht darin, dem Willensvorrang des **1** Betreuten/Betroffenen Geltung zu verschaffen, soweit dies seinem Wohl nicht zuwiderläuft (BT-Drucks 11/4528, 53). Deshalb sind auch Wünsche und Vorschläge zu beachten, gegebenenfalls zu befolgen (§ 1897 Abs 4 S 1; § 1901 Abs 3 S 1 BGB), die der Betroffene vor der Bestellung des Betreuers gemacht hat, und zwar unabhängig davon, ob sie schriftlich oder mündlich geäußert worden sind (§ 1897 Abs 4 S 3 BGB; § 1901 Abs 3 S 2 BGB; beachte aber die besonderen Vorschriften der §§ 1901a und 1901b BGB). Eine Betreuungsverfügung ist demnach eine Willensäußerung, in der jemand für den Fall seiner Betreuungsbedürftigkeit und der Bestellung eines Betreuers Vorschläge zur Person des Betreuers und/oder Wünsche zur Wahrnehmung der Aufgaben des Betreuers oder durch den Betreuer geäußert hat.

Die Vorschrift hat eine Ablieferungspflicht für derartige Betreuungsverfügungen **2** eingeführt, vorausgesetzt dass sie in einem Schriftstück festgehalten worden sind. Mit der Ablieferungspflicht des damaligen § 1901a BGB wollte der Gesetzgeber nicht, auch nicht mittelbar, einen Formzwang für Betreuungsverfügungen einführen. Obwohl eine schriftlich abgefasste Betreuungsverfügung eine größere Gewähr dafür bietet, gefunden und beachtet zu werden, hatte das BtG keine Vorschrift erhalten, aus der sich unmittelbar oder mittelbar ein Formzwang ergeben hätte (BT-Drucks 11/4528, 208). Es sollte dem Willen des Betroffenen auch Geltung verschafft werden, wenn er diesen nicht schriftlich festgehalten hat. Durch die Neuregelung der §§ 1901a und 1901b BGB trat insoweit eine gewisse Änderung ein.

Die Ablieferungspflicht setzt nicht voraus, dass das Gericht zuvor zur Ablieferung **3** aufgefordert hat, dass Ermittlungen nach einer Vorsorgeverfügung angestellt worden sind oder eine Abfrage bei (allen) in Betracht kommenden Hinterlegungsstellen vorgenommen worden ist.

Ursprünglich galt die Vorschrift, die aus dem jetzigen S 1 bestand, nicht für Voll- **4** machten, die für den Fall der Betreuungsbedürftigkeit erteilt worden sind und die dazu dienen, geeignet oder bestimmt sind, eine Betreuerbestellung ganz oder teilweise zu vermeiden. Für eine **Ausdehnung** der Vorschrift auf Schriftstücke, die eine Vorsorgebevollmächtigung oder die Benennung einer Vertrauensperson zur vertretungsweisen Wahrnehmung von Zuständigkeiten auf dem Gebiet der Gesundheitssorge zum Inhalt haben (so ERMAN/HOLZHAUER Rn 2), schien **keine Notwendigkeit** zu bestehen; rechtspolitisch schien es verfehlt, den Kreis der potenziellen „Täter" zu vergrößern und zu kriminalisieren. Es hieß, wer daran interessiert ist, dass jemand aufgrund der von ihm erteilten Vollmacht tätig wird, könne und müsse selbst dafür sorgen, dass die Bevollmächtigung den Betreffenden auch erreicht (näher STAUDINGER/ BIENWALD [1999] Rn 2). Die durch Anfügen der S 2 und 3 (durch Art 1 Nr 11 Buchst a und b 2. BtÄndG) zum Ausdruck kommende Abweichung von der bisherigen Auffassung steht in engem Zusammenhang mit dem Bemühen, die Zahl der gerichtlich begründeten Betreuungen und damit auch oder in erster Linie die Kostenbelastung der Justizhaushalte der Länder in Grenzen zu halten. Zwar wird das Bemühen um eine „Stärkung" der Vorsorgevollmacht damit begründet, die Empfehlung (der Bund-Länder-Arbeitsgruppe „Betreuungsrecht"), das Rechtsinstitut der Vorsorgevollmacht zu stärken, diene der Verwirklichung des Selbstbestimmungsrechts (Zwischenbericht 5). Ein ebensolches Kennzeichen des Selbstbestimmungsrechts ist es aber, sich einer Vorsorgeregelung zu enthalten und darauf zu vertrauen, die Notwendigkeit stellvertretenden Handelns werde nicht eintreten oder das Gericht werde die dann notwendigen und geeigneten Maßnahmen ergreifen.

5 Der Entwurf eines 2. BtÄndG beschränkte sich darauf, S 1 auf (Vorsorge-)Vollmachten anzuwenden. Dabei wurde offensichtlich nicht bedacht, dass ein Bevollmächtigter die in seinen Händen befindliche Vollmachtsurkunde nicht aus der Hand geben kann, ohne im Rechtsverkehr handlungsunfähig zu werden. Bei notariellen Vollmachten wäre eine Ablieferungsverpflichtung systemwidrig gewesen, weil das Original in der Urkundensammlung des Notars zu verbleiben hat. Der Rechtsausschuss hat deshalb die Regelung vorgeschlagen, die Gesetz geworden ist und es dem Bevollmächtigten ermöglicht, sich im Rechtsverkehr zu legitimieren.

6 Bereits am 31. 7. 2004 traten Bestimmungen in Kraft, die eine **Registrierung von Vorsorgeverfügungen** bei der Bundesnotarkammer ermöglichen. Durch Art 2b des Gesetzes zur Änderung der Vorschriften über die Anfechtung der Vaterschaft und das Umgangsrecht von Bezugspersonen des Kindes, zur Registrierung von Vorsorgeverfügungen und zur Einführung von Vordrucken für die Vergütung von Berufsbetreuern v 23. 4. 2004 (BGBl I 598) wurden in die BNotO die §§ 78a bis 78c eingefügt, die zunächst vorsahen, dass die Bundesnotarkammer ein automatisiertes Register über Vorsorgevollmachten (Zentrales Vorsorgeregister) führt, in das Angaben über Vollmachtgeber, Bevollmächtigte, die Vollmacht und deren Inhalt aufgenommen werden dürfen. Inzwischen dürfen auch Angaben über Vorschläge zur Auswahl eines Betreuers, Wünsche zur Wahrnehmung der Betreuung und den Vorschlagenden aufgenommen werden (Erweiterung durch Art 9 d G zur Änderung des Zugewinnausgleichs- und Vormundschaftsrechts v 6. 7. 2009 [BGBl I 1696]).

7 Auf sein Ersuchen wird dem Betreuungsgericht Auskunft aus dem Register erteilt. Das Bundesministerium der Justiz hat entsprechend der ihm erteilten Ermächtigung die Verordnung über das Zentrale Vorsorgeregister (Vorsorgeregister-Verordnung-VRegV) v 21. 2. 2005 (BGBl I 318) erlassen und dort die näheren Bestimmungen über den Inhalt und die Führung des Registers, die Auskunft aus dem Register und über die Änderung, Eintragung und Löschung von Eintragungen sowie die Aufbewahrung und Vernichtung von Dokumenten (§ 9d VO) getroffen. Beurkundet ein Notar eine Vorsorgevollmacht, so soll er auf die Möglichkeit der Registrierung bei dem Zentralen Vorsorgeregister nach § 78a Abs 1 BNotO hinweisen (§ 20a BeurkG). Der Wortlaut der Bestimmungen ist im **Anhang** zu dieser Vorschrift abgedruckt. Zur Kritik des Bundesbeauftragten für den Datenschutz s BT-Drucks 15/5252, 103. Eine Vorsorgeregister-Gebührensatzung wurde am 2. 2. 2005 erlassen (DNotZ 2005, 81); zu ihrer Änderung Görk DNotZ 2006, 6.

8 § 4 BtBG in der durch Art 9 Nr 1 2. BtÄndG geänderten Fassung verpflichtet die Betreuungsbehörde, die Bevollmächtigten zu beraten und zu unterstützen; der durch Art 9 Nr 2 2. BtÄndG geänderte § 6 BtBG befugt die Behörde, Unterschriften oder Handzeichen auf Vorsorgevollmachten oder Betreuungsverfügungen öffentlich zu beglaubigen und zu diesem Zweck geeignete Beamte und Angestellte zur Wahrnehmung dieser Aufgabe zu ermächtigen. Näheres im **Anhang** zu dieser Vorschrift. Schließlich sieht eine Ergänzung des § 1908f BGB vor, dass die anerkannten Be-

treuungsvereine im Einzelfall Personen bei Errichtung einer Vorsorgevollmacht beraten können (Art 1 Nr 14 Buchst c 2. BtÄndG). Dadurch wird den anerkannten Betreuungsvereinen lediglich die Möglichkeit eröffnet, individuell rechtsberatend tätig zu werden. Diese Befugnis geht über die den Betreuungsvereinen als Pflichtaufgabe obliegende planmäßige Information hinaus und stellt ihrerseits nicht eine Pflichtaufgabe dar. Ob Betreuungsvereine in dieser Hinsicht tätig werden wollen und werden können, wurde ihnen überlassen (BT-Drucks 15/2494, 31).

Entgegen der in § 78a Abs 1 BNotO und in § 20a BeurkG gewählten Bezeichnung **9** „Zentrales Vorsorgeregister" handelt es sich nicht, wie vermutet werden könnte, um „das" Zentrale Vorsorgeregister, dem – wie etwa der zentralen Testamentskartei – bestimmte Daten verbindlich mitzuteilen sind. Außerdem haben sich zT seit Jahren Registrierungs- und/oder Hinterlegungsstellen, von einzelnen Gerichten abgesehen, organisiert (zuletzt beim Bundesanzeiger Verlag Köln; s BtPrax 2004, 61).

II. Textgeschichte

Die Vorschrift ist auf Anregung des Bundesrates in das BtG aufgenommen worden. **10** Zielsetzung war, dem Betroffenen die Gewissheit zu verschaffen, dass das Vormundschaftsgericht auf die Existenz einer Betreuungsverfügung (und nunmehr einer Vorsorgevollmacht) aufmerksam gemacht wird und rechtzeitig von den Wünschen des Betroffenen Kenntnis erlangt (BT-Drucks 11/4528, 208). Durch Einfügung der Nr 2a in § 1908f Abs 1 BGB verpflichtete das BtÄndG die Betreuungsvereine, planmäßig über Vorsorgevollmachten und Betreuungsverfügungen zu informieren, und durch Ergänzung des § 1 BtBG erhielten die Betreuungsbehörden die Aufgabe, die Aufklärung und Beratung über (Vollmachten und) Betreuungsverfügungen zu fördern.

Die Ergänzung der Vorschrift geht zurück auf die Initiative des Bundesrats, genauer **11** den Gesetzesantrag der Länder Nordrhein-Westfalen, Bayern, Sachsen und Niedersachsen (BR-Drucks 865/03; BT-Drucks 15/2494) v 19. 11. 2003. Zunächst war nur die Anwendung der bisherigen Regelung auf Vollmachten vorgesehen. Auf den Vorschlag des RA ist die Gesetzesfassung der Sätze 2 und 3 zurückzuführen (s auch oben Rn 2). Während die BReg zu der Ergänzung des § 1901a BGB keine Stellungnahme abgab, schloss sie sich den von der Bundesnotarkammer vorgebrachten Bedenken gegen die Schaffung einer weiteren (behördlichen) Urkundsperson für die Beglaubigung von Handzeichen und Unterschriften auf Vorsorgevollmachten und Betreuungsverfügungen an (BT-Drucks 15/2494, 49).

III. Sachlicher Anwendungsbereich des Satzes 1

1. Ablieferungspflicht des Besitzers

Die Ablieferungspflicht besteht für alle, die ein Schriftstück des beschriebenen **12** Inhalts in Besitz haben. Auf die Eigentumsverhältnisse kommt es dabei nicht an (PALANDT/GÖTZ Rn 1). Besitz ist die tatsächliche Herrschaft über eine Sache (PALANDT/ BASSENGE Überbl vor § 854 Rn 1). Ablieferungspflichtig ist deshalb zB derjenige, der einen Brief in Händen hat, dessen Inhalt ganz oder teilweise als eine Betreuungsverfügung verstanden werden kann. Mit dem Ansichnehmen wird der Finder Besitzer. Besitzer iSd Vorschrift kann auch derjenige sein, der in Abwesenheit des

Wohnungsinhabers (bei dessen Aufenthalt im Krankenhaus oder nach dessen Einweisung in ein psychiatrisches Krankenhaus) dessen Angelegenheiten besorgt und bei der Gelegenheit eine Betreuungsverfügung findet.

2.   Kreis der Ablieferungspflichtigen

13 Ablieferungspflichtig ist jeder, der ein derartiges Schriftstück in Besitz hat. In Betracht kommen Angehörige des Betroffenen, Nachbarn, sonstige Dritte, aber auch der Betroffene selbst (BIENWALD, in: BIENWALD/SONNENFELD/HARM Rn 10; aA MünchKomm/ SCHWAB Rn 4). Gibt dieser die von ihm herrührende Betreuungsverfügung nicht heraus oder ihren Inhalt nicht bekannt, kann darin ein Zeichen dafür gesehen werden, dass er erkennbar an den früher geäußerten Wünschen und personellen Vorstellungen nicht mehr festhalten will (vgl § 1901 Abs 3 S 2 BGB). Eine Selbstbindung des Betroffenen durch früher geäußerte Wünsche tritt nicht ein (ERMAN/ROTH Rn 3).

14 Hat jemand eine Betreuungsverfügung dem zuständigen **Amtsgericht** (Betreuungsgericht) zur Aufbewahrung überlassen, befindet sich das Schriftstück dort, wo es zunächst daraufhin zu prüfen ist, ob sich in ihm Vorschläge zur Auswahl der Betreuungsperson und/oder Wünsche zur Wahrnehmung der Betreuung befinden, die bereits bei der Entscheidung über die Bestellung eines Betreuers zu berücksichtigen sind. Die beim Amtsgericht aufbewahrten Betreuungsverfügungen unterliegen deshalb nicht mehr einer Herausgabepflicht gegenüber dem Betreuungsgericht. Sie werden zu den Verfahrensakten des betreffenden Verfahrens in Betreuungssachen genommen.

15 Dem Betroffenem steht/stand es frei, bis zum Beginn des Verfahrens betreffend die Betreuerbestellung die Betreuungsverfügung herauszuverlangen. Nach Einleitung des Verfahrens kann der Betroffene sowohl Bezug auf den Personalvorschlag als auch hinsichtlich der Besorgung seiner Angelegenheiten erklären, dass er an den bisher geäußerten Vorschlägen und den Wünschen nicht festhalten will (§§ 1897 Abs 4 S 3, 1901 Abs 3 S 2 BGB).

16 Hat der Betroffene **einer anderen Stelle** als dem Betreuungsgericht die Betreuungsverfügung zur Aufbewahrung überlassen, kann er ebenfalls jederzeit die Verfügung aus der Verwahrung zurückfordern. Hat er bis zur Einleitung des Verfahrens betreffend die Bestellung eines Betreuers die Betreuungsverfügung nicht zurückgefordert, ist davon auszugehen, dass die Verwahrung dem Zweck diente, das Schriftstück zu gegebener Zeit an die befugte Adresse (Betreuungsgericht) gelangen zu lassen. Es entspricht dem Willen des Betroffenen, dass die Betreuungsverfügung an das Betreuungsgericht herausgegeben wird, so bald die Voraussetzungen dafür vorliegen. Die verwahrende Stelle ist unmittelbarer Besitzer (§ 868 BGB); sie trifft deshalb die Verpflichtung zur Herausgabe des Schriftstücks (MünchKomm/SCHWAB § 1901c Rn 4). Zum Besitz juristischer Personen STAUDINGER/GUTZEIT (2012) § 854 Rn 58.

17 Bewahrt ein Notar eine Betreuungsverfügung, die nicht in einer Niederschrift aufgenommen worden ist (§§ 39, 40 BeurkG), auf, so befindet sich diese nicht (anders als bei Testamenten, § 2259 Abs 2 BGB) in amtlicher Verwahrung des Notars, sodass die dafür bestehenden besonderen Vorschriften nicht zur Anwendung kommen.

3. Abzuliefernde Schriftstücke nach ihrem Inhalt

Abzuliefern sind alle schriftlichen Äußerungen des Betroffenen, die ganz oder teil- **18** weise der Beschreibung des § 1901a BGB entsprechen. Ihrem Inhalt nach können sich die Äußerungen beispielsweise auf die Zahl und die Art der zu bestellenden Betreuer, auf den Umfang des Aufgabenkreises oder die Art und Weise, in der ein Betreuer die Angelegenheiten des Betroffenen zu besorgen hat, beziehen. Die Betreuungsverfügung kann Regelungen oder Wünsche hinsichtlich der Lebensgestaltung des Betroffenen (PALANDT/DIEDERICHSEN Einf vor § 1896 Rn 9) oder in Bezug auf den Aufenthalt, den Wechsel in ein Heim und/oder für die Wohnungsauflösung und die Verteilung der Habe enthalten. Hierher gehören auch die sog Patiententestamente (der Begriff ist als Fachbegriff nicht mehr gebräuchlich; vgl Schrifttumsangaben), soweit sie Wünsche an den Betreuer in Bezug auf bestimmte Behandlungen oder das Unterlassen ärztlicher Behandlungen, auch das Konsultieren eines bestimmten Arztes, die Entbindung von der Schweigepflicht usw enthalten.

Die als Betreuungsverfügungen anzusehenden Äußerungen können Teil einer letzt- **19** willigen Verfügung oder mit anderen Vorsorge-„Verfügungen" verbunden sein. Weniger in dem Fall, dass jemand eine derartige Vorsorgeverfügungsgesamtheit in den Händen hat, als vielmehr bei Verwahrungen stellt sich die Frage, wem welcher Teil ausgehändigt und/oder zur Kenntnis gegeben werden darf. Hat ein Mensch eine im Ergebnis nicht wirksame und akzeptierte Vorsorgevollmacht erstellt und in ihr Wünsche an den behandelnden Arzt geäußert, kann der gerichtlich bestellte Betreuer seinem Auftrag der Gesundheitssorge mit Einbeziehung der Äußerungen der/ des Betroffenen nur nachkommen, wenn ihm die Gesamtheit der äußerlich nicht trennbaren und auch eindeutig kenntlich gemachten getroffenen Bestimmungen zur Verfügung steht. Derartige Fragen und Probleme sind neuerdings im Zusammenhang mit der Schaffung von Aufbewahrungszentren und der Regelung des Abrufs und der Berechtigung dazu entdeckt und, soweit ersichtlich, bisher nicht diskutiert worden. Soweit eine Verbindung mit einer letztwilligen Verfügung besteht, lässt sich dem Betreuungsgericht das vollständige Schriftstück abliefern, das den die Betreuung betreffenden Teil zur Kenntnis nimmt und das Testament zurückgibt.

4. Abzuliefernde Schriftstücke nach ihrem Material

Abzuliefern ist jedes Schriftstück, das den Inhalt einer Betreuungsverfügung hat. **20** Abzuliefern ist das Original; da die Schriftform für die Existenz einer Betreuungsverfügung nicht konstitutiv ist, ist auch die Durchschrift oder die Kopie einer Betreuungsverfügung ein abzulieferndes Schriftstück. Es kommt nicht darauf an, dass es eine offene oder eine geschlossene Schrift ist. Maßgebend ist nicht das Material, auf dem die Willensäußerung angebracht ist, sondern die Schriftform. Gleichgültig ist, in welcher Sprache der Text verfasst wurde, wenn nur sichergestellt ist, dass der Text inhaltlich vom Betroffenen stammt. Die Ablieferungspflicht besteht ohne Rücksicht auf die „Gültigkeit" der Betreuungsverfügung (DAMRAU/ZIMMERMANN Rn 1). Der Besitzer braucht also weder die sachliche noch die formelle Gültigkeit der Betreuungsverfügung zu prüfen; es ist auch nicht seine Sache, dies zu prüfen und zu entscheiden. Auch die Feststellung der Urheberschaft gehört nicht in seinen Kompetenzbereich. Aus diesem Grunde, zwecks Prüfung der Verbindlichkeit der Betreuungsverfügung, muss auch ein etwaiger Widerruf einer früheren Betreuungsverfügung abgeliefert werden. Für die Ablieferungspflicht kommt es nicht darauf an, dass das Schriftstück eigenhändig hergestellt und verfasst worden ist. Auch das maschinen schriftlich oder auf einem anderen mechanischen oder elektronischen Schreibgerät hergestellte Exemplar fällt unter die Ablieferungspflicht.

21   **Ton-, Bild- und Textträger** sind keine Schriftstücke (so nach MünchKomm/SCHWAB Rn 3). Eine entsprechende Anwendung des § 1901c BGB auf Tonband oder Videokassetten, die von DAMRAU/ZIMMERMANN Rn 1 befürwortet wird, verbietet sich aus folgendem Grund: Tonband oder Kassette sind mündliche Überlieferungen. Sie sind als solche zu behandeln, dh es bedarf weiterer Beweismittel (Zeugen), um festzustellen, dass es sich um Betreuungsverfügungen handelt (für eine Analogie MünchKomm/SCHWAB Rn 3). Eine Verpflichtung zur Bekanntgabe mündlicher Betreuungsverfügungen hat das BtG nicht eingeführt.

5.   Zeitpunkt der Ablieferungspflicht

22   Die Ablieferungspflicht entsteht in dem Moment, in dem der Besitzer des Schriftstücks von der Einleitung eines Verfahrens über die Bestellung eines Betreuers für den Verfügenden Kenntnis erlangt. Ein Verfahren, in dem es um die Bestellung eines Betreuers geht, wird in dem Moment eingeleitet, in dem das Betreuungsgericht Verfügungen zur Aufklärung des Sachverhalts trifft. Das ist bereits dann der Fall, wenn das Betreuungsgericht die Anregung zu einer Betreuerbestellung dem Betroffenen mit der Bitte um Stellungnahme schickt.

23   Die Möglichkeit der Kenntnis reicht nicht aus; auch nicht eine verschuldete Unkenntnis. Auf das Ergebnis des Verfahrens, die Tatsache der Betreuungsbedürftigkeit oder die Bedeutung der Betreuungsverfügung für die Entscheidung des Gerichts oder die Führung der Betreuung kommt es nicht an. Entscheidend ist auch nicht, dass der Betroffene/Verfügende betreuungsbedürftig wird (aA PALANDT/DIEDERICHSEN Rn 4; PALANDT/GÖTZ Rn 1). Von Bedeutung für die Ablieferungspflicht und den Zeitpunkt der Ablieferung ist lediglich die Einleitung, nicht dagegen der Inhalt und der Ausgang des Verfahrens.

24   Der Besitzer des Schriftstücks muss die Einleitung des Verfahrens und die Kenntnis davon nicht abwarten, um sich von dem Schriftstück trennen zu können. Das Betreuungsgericht ist nicht berechtigt, aufgrund der für einen späteren Zeitpunkt vorgesehenen Ablieferungspflicht eine zu einem früheren Zeitpunkt beabsichtigte Ablieferung zurückzuweisen (BIENWALD, in: BIENWALD/SONNENFELD/HARM Rn 11). Da das FamFG hierfür keine Regelungen bereithält, lassen sich folgende Hilfsverfahren denken: a) Das im Zeitpunkt des geäußerten Ablieferungswunsches für ein Betreuungsverfahren zuständige Betreuungsgericht legt eine Betreuungsverfahrensakte an, zu der lediglich die Betreuungsverfügung genommen wird; b) das gleiche Gericht nimmt die Ablieferung der Betreuungsverfügung zum Anlass, ein Verfahren zwecks Prüfung der Voraussetzungen einer Betreuerbestellung einzuleiten, und lässt das Verfahren, gegebenenfalls nach Einholen eines Sozialberichts der zuständigen Betreuungsbehörde, „ruhen", wenn nicht weitere Ermittlungen und andere Verfahrenshandlungen sowie eine abschließende Sachentscheidung angezeigt sind. Die Betreuungsverfügung wird dann Teil dieses Vorgangs.

Das Schriftstück ist von dem zur Ablieferung Verpflichteten nach Kenntnis von der 25
Einleitung des Verfahrens **unverzüglich**, dh ohne schuldhaftes Zögern (§ 121 Abs 1
S 1 BGB), abzuliefern.

6. Dauer der Ablieferungspflicht

Dem Wortlaut nach besteht die Ablieferungspflicht nur für den Fall der erstmaligen 26
Einleitung eines Verfahrens zur Bestellung eines Betreuers. Das ist, berücksichtigt
man die Zielsetzung der Regelung und des gesamten BtG, zu eng. Soll den Wünschen und Vorstellungen des (späteren) Betroffenen ein hohes Maß an Berücksichtigung zukommen, hindert eine bereits entschiedene oder vollzogene Betreuerbestellung nicht, einen früher geäußerten Wunsch jetzt noch zur Kenntnis zu nehmen
und gegebenenfalls zu berücksichtigen. Wünsche, die sich nicht auf die Person des
Betreuers beschränken, sondern die Art und Weise der Betreuung betreffen, können
während der gesamten Dauer der Betreuung von Bedeutung sein.

Die Ablieferungspflicht setzt demnach **frühestens** mit Kenntnis von der **Einleitung** 27
eines Verfahrens auf Betreuerbestellung ein, endet aber grundsätzlich erst mit der
Beendigung der Betreuung. Stellt sich im Laufe der Zeit allerdings heraus, dass ein in
einer Betreuungsverfügung geäußerter Wunsch nicht mehr berücksichtigt werden
kann, weil die davon betroffene Angelegenheit bereits erledigt ist, kann die Ablieferungspflicht im Einzelfall entfallen. Das Betreuungsgericht wird insbesondere bei
der Frage einer Zwangsgeldfestsetzung zu prüfen haben, ob die Ablieferungspflicht
noch eindeutig genug zu bestimmen war. War dies nicht der Fall, kann das Zwangs-
geldverfahren an einem wesentlichen Mangel leiden und scheitern. Im Falle einer
Novellierung des BtG sollte die Vorschrift des § 1901c BGB in der hier entwickelten
Richtung neu formuliert werden.

7. Adressat der Ablieferung

Die Ablieferungspflicht besteht gegenüber dem **Betreuungsgericht**. Die Aushändi- 28
gung einer Betreuungsverfügung an einen bestellten oder zur Bestellung vorgeschlagenen Betreuer, an Angehörige oder an die Betreuungsbehörde ersetzt nicht die
Ablieferung an das Gericht. Erst wenn das Gericht auf einem solchen Umweg die
Betreuungsverfügung erhalten hat, erlischt die Ablieferungspflicht.

Das für die Entgegennahme örtlich zuständige Gericht ist das in Betreuungssachen 29
zuständige Gericht (§§ 271 FamFG, 23c GVG). Mit der Ablieferung einer Betreuungsverfügung erhält das Betreuungsgericht Informationen, die für die Feststellung
des Sachverhalts in einer Betreuungssache von Bedeutung sind. Die Entgegennahme
einer Betreuungsverfügung gehört deshalb zu Verrichtungen des Gerichts, die die
Betreuung betreffen. Für sie ist örtlich ausschließlich zuständig in erster Linie das
Gericht, bei dem die Betreuung anhängig ist, wenn bereits ein Betreuer bestellt
wurde (§ 272 Abs 1 Nr 1 FamFG), danach das Gericht, in dessen Bezirk der Betroffene seinen gewöhnlichen Aufenthalt hat (§ 272 Abs 1 Nr 2 FamFG), danach das
Gericht, in dessen Bezirk das Bedürfnis der Fürsorge hervortritt (§ 272 Abs 1 Nr 3
FamFG) und schließlich das Amtsgericht Schöneberg in Berlin, wenn der Betroffene
Deutscher ist (§ 272 Abs 1 Nr 4 FamFG).

8.   Hinterlegung und zentrale Erfassung von Vorsorgeverfügungen

30 Obwohl das Bestehen einer Vorsorgeregelung des Betroffenen – entweder in Form einer Bevollmächtigung oder als Betreuungsverfügung – für das Bestellungsverfahren und/oder die Führung der Betreuung von Bedeutung sein konnte, hatten weder das BtG noch das BtÄndG eine Regelung über die Erfassung derartiger Vorsorgeregelungen getroffen. § 1901c BGB beschränkte sich als bundesrechtliche Vorschrift zunächst auf die Bestimmung der Ablieferungspflicht und die Regelung der Folgen ihrer Verletzung. Zuständigkeitsregelungen im Einzelnen können landesrechtlich getroffen werden. Eine Zusammenstellung der Länderregelungen zu den Hinterlegungsmöglichkeiten bei den Amtsgerichten nach dem Stand: April 2002 findet sich bei HOFFMANN/SCHUMACHER, Vorsorgevollmachten und Betreuungsverfügungen, Handhabung in der Praxis, BtPrax 2002, 191 (193); dort ist bei einigen Regelungen auf die Wiedergabe bei HK-BUR Bezug genommen. Die Regelungen sind auch bei Knittel, Betreuungsgesetz, Abschnitt Landesrecht, abgedruckt.

31 Sowohl in den amtlichen Regelungen als auch in den Mitteilungen an die Gerichte wird Wert darauf gelegt, die Betroffenen darauf hinzuweisen, dass – insbesondere bei späteren Umzügen – die Information des dann zuständigen Gerichts **nicht sichergestellt** ist.

32 Nachdem der Ortsverein des Deutschen Roten Kreuzes in Mainz die „Erste Zentralstelle für Betreuungsverfügungen" eingerichtet hatte, haben im Laufe der Jahre mehrere Träger und Verbände bzw Gruppierungen allgemein oder für Mitglieder zugängliche Hinterlegungsmöglichkeiten geschaffen. Nicht die Hinterlegung, sondern eine zentrale Erfassung mit Nachweis des Aufbewahrungsortes und der Zugriffsmöglichkeit ist das Ziel der im Mai 2002 in Dresden gegründeten www.deutsche verfuegungszentrale.de. In ihr können sämtliche Vorsorgeregelungen (Betreuungsverfügungen, Vorsorgevollmachten, Patientenverfügungen, Organverfügungen) verzeichnet werden, um von Betreuungsgerichten im Rahmen ihrer Amtsermittlungen (§ 26 FamFG) festgestellt und bei den Aufbewahrungsorten abgefordert werden zu können. Unter der Domain www.mego.org, so heißt es in einer Mitteilung, veröffentlicht in bdbaspekte 41, könne in Zukunft über das Internet abgefragt werden, ob die betreffende Person eine Verfügung verfasst hat. Informationen über errichtete und (wo auch immer) deponierte Vorsorgeverfügungen werden gesammelt. Ziel ist, dass Betreuungsrichterinnen und -richter, Rechtspflegerinnen und Rechtspfleger oder klinische Einrichtungen nicht mehr bei mindestens vier bis fünf verschiedenen Stellen Nachfrage halten müssen, sondern der Ermittlungspflicht nachkommen, wenn sie bei der Deutschen Verfügungszentrale unter www.verfuegungszentrale.org nachfragen.

33 Im März 2003 gab die Bundesnotarkammer bekannt, dass sie ein zentrales Register für Vorsorgeverfügungen errichtet. „Ab sofort", so hieß es in einem Flugblatt, „kann jede vor einem Notar erklärte Vorsorgevollmacht oder Betreuungsverfügung diesem zentralen Register mitgeteilt werden. Einzige Voraussetzung ist die Zustimmung gegenüber dem Notar."

34 Die Möglichkeit, Vorsorgeverfügungen zu hinterlegen, gibt es bereits sehr viel länger. Die folgenden Hinterlegungsstellen bieten diese Möglichkeit jedoch nicht in gleicher Weise für alle Arten von Vorsorgefügungen. Über die Voraussetzungen der Entgegennahme oder Registrierung von Vorsorgeverfügungen informieren die verschiedenen Stellen auch auf Einzelanfrage.

– Humanistischer Verband Deutschlands, Hobrechtstraße 8, 12043 Berlin (für Vorsorgevollmachten, Betreuungsverfügungen)

– Deutsches Rotes Kreuz Zentralarchiv, Altenauergasse 1, 55116 Mainz (für Vorsorgevollmachten, Betreuungsverfügungen)

– Bundeszentralregister Willenserklärung, Hohle Eiche 29, 44229 Dortmund (für Patientenverfügungen) – Serviceangebot der Deutschen Hospizstiftung –

– Deutsche Gesellschaft für humanes Sterben (für Patientenverfügungen)

– Zentrales Vorsorgeregister beim Bundesanzeiger Verlag, Amsterdamer Straße 192, 50735 Köln

HOFFMANN/SCHUMACHER (BtPrax 2002, 192) teilen mit, dass auch „Betreuungsvereine, **35** Berufsbetreuer, Praxen" oder Betreuungsstellen (zB Gladbeck) bereit seien, Vorsorgeregelungen zur Aufbewahrung entgegenzunehmen. Hinweise auf das Zentrale Vorsorgeregister bei der Bundesnotarkammer enthalten BtPrax 2004, 67; ZNotP 2003, 182; ZNotP 2004, 104; ZFE 2004, 98. Auf das beim Bundesanzeiger Verlag geführte Register wird in BtPrax 2004, 61 hingewiesen.

Hinterlegung und zentrale Erfassung konkurrieren nicht miteinander, sondern kön- **36** nen einander ergänzen. Sowohl aus Sicht der Verfügenden als auch aus der Sicht von Gericht und Ärzten/Kliniken kommt es zunächst darauf an festzustellen, ob ein Betroffener/Patient eine Vorsorgeregelung getroffen hat, die für die nächsten Schritte von Gericht oder Arzt/Klinik von Bedeutung sein kann. Durch eine entsprechende Kommunikation kann dann dafür gesorgt werden, dass die befugten Stellen/Personen Kenntnis von dem Inhalt der getroffenen Bestimmungen erhalten. Den Betroffenen ist nicht damit gedient, dass die Verfügungen lediglich aufbewahrt werden; sie müssen auch im richtigen Moment und so schnell wie möglich auch mit ihrem Inhalt zur Kenntnis derjenigen gelangen können, für die die Vorsorgeverfügungen bestimmt und/oder maßgebend sind bzw sein können.

IV. Folgen unterlassener Ablieferung

1. Allgemeines

Die Vorschrift begründet keinen durch den Verfügenden und späteren Betroffenen **37** durchsetzbaren Anspruch auf Herausgabe. Für die Rechtsbeziehungen zwischen dem Verfügenden und dem Besitzer in Bezug auf diese Betreuungsverfügung ist das Recht des BGB (Schuldrecht und Sachenrecht) maßgebend. In Betracht kommt als Straftat die Urkundenunterdrückung (§ 274 Abs 1 Nr 1 StGB; ERMAN/HOLZHAUER Rn 5).

2. Festsetzung von Zwangsgeld

38 §§ 285, 35 FamFG räumen dem Betreuungsgericht die Möglichkeit ein, den nach
§ 1901c S 1 zur Herausgabe verpflichteten Besitzer einer Betreuungsverfügung (das
sind auch die privaten Stellen, denen Betroffene eine Betreuungsverfügung zur
Aufbewahrung übergeben haben; s oben Rn 16) durch Festsetzung von Zwangsgeld
zur Ablieferung der Betreuungsverfügung anzuhalten. Das Gericht entscheidet ohne
Antrag von Amts wegen.

Zunächst ist der Besitzer (gegebenenfalls unter Hinweis auf die gesetzliche Ablieferungspflicht) aufzufordern, die Betreuungsverfügung abzuliefern. Zur unmittelbaren Erzwingung der Ablieferung kann das Gericht entweder gemäß § 35 Abs 4
FamFG vorgehen und unmittelbaren Zwang ausüben (zB wenn der Ablieferungspflichtige nicht bekannt ist oder sich die Betreuungsverfügung in einem Bankfach
befindet) oder durch Verhängung von Zwangsgeld (§ 35 Abs 1 FamFG) den Ablie-
ferungspflichtigen zur Ablieferung anhalten.

39 Das Zwangsgeld muss, bevor es festgesetzt wird, angedroht werden (§ 35 Abs 2
FamFG). Bei der Festsetzung des Zwangsgeldes sind dem Herausgabepflichtigen
auch die Kosten des Verfahrens aufzuerlegen (§ 35 Abs 3 S 2 FamFG). Die Festsetzung des Zwangsgeldes kann wiederholt werden, jedenfalls solange bis das Schriftstück abgeliefert ist (KEIDEL/ZIMMERMANN § 35 FamFG Rn 48). Das einzelne Zwangsgeld
(ohne Verfahrenskosten) darf den Betrag von 25 000 Euro nicht übersteigen (§ 33
Abs 3 S 1 FamFG).

40 Die Zwangsgeldfestsetzung setzt eine schuldhafte (vorsätzliche oder fahrlässige)
Zuwiderhandlung oder Unterlassung voraus. Da es sich aber nicht um eine Krimi-
nalstrafe, sondern um ein Beugemittel handelt, kommt es nicht darauf an, dass der
Herausgabepflichtige strafmündig ist.

3. Eidesstattliche Versicherung und Haft

41 Besteht Grund zu der Annahme, dass jemand eine Betreuungsverfügung in Besitz
hat, zu deren Ablieferung er nach § 1901c BGB verpflichtet ist, so kann er von dem
Betreuungsgericht zur Abgabe einer eidesstattlichen Versicherung über den Verbleib
der Betreuungsverfügung angehalten werden (§§ 883 Abs 2 bis 4, 900 Abs 1, 901, 902,
904 bis 910, 913 ZPO in entsprechender Anwendung). Das Betreuungsgericht kann
von dem Betreffenden die Abgabe einer eidesstattlichen Versicherung dahingehend
verlangen, dass er die Betreuungsverfügung nicht besitze und auch nicht wisse, wo sie
sich befinde (§ 35 Abs 4 FamFG, § 883 Abs 2 ZPO). Für die Abgabe der eidesstattlichen Versicherung gelten die §§ 478 bis 480, 483 ZPO entsprechend.

42 Erscheint der Betreffende in dem zur Abgabe der eidesstattlichen Versicherung
bestimmten Termin nicht oder verweigert er die Abgabe der eidesstattlichen Versicherung ohne Grund, hat das Gericht zur Erzwingung der Abgabe Haft anzuordnen (§ 35 Abs 4 FamFG, § 901 ZPO). Auch dieses Verfahren findet ohne Antrag und
ohne die vorherige Zahlung eines Haftkostenvorschusses statt. Die Kosten der
Verhaftung und die Folgekosten gehören zu den Kosten der Zwangsvollstreckung;
für sie hat der Ablieferungspflichtige aufzukommen (§ 3 Nr 4 KostO).

4. Rechtsbehelfe

Gegen die Androhung des Zwangsgeldes ist die Beschwerde zulässig (§ 58 FamFG). **43** Gegen die Festsetzung des Zwangsgeldes findet ebenfalls die sofortige Beschwerde statt (KEIDEL/ZIMMERMANN § 35 FamFG Rn 66). S im Übrigen KEIDEL/BUDDE § 285 FamFG.

V. Sachlicher Anwendungsbereich der Sätze 2 und 3

1. Keine Ablieferung

Anders als ursprünglich vorgesehen (entspr Anwendung d S 1) hat der Besitzer einer **44** Vollmacht diese nicht abzuliefern, sondern das Betreuungsgericht zu unterrichten (S 2). Das Gericht kann dann verlangen, dass eine Abschrift des Schriftstücks vorgelegt wird (S 3). Wurde die Vollmacht in eine Niederschrift des Notars aufgenommen, richtet sich das Recht auf Ausfertigungen, Abschriften und Einsicht nach § 51 BeurkG. Daraus ergibt sich noch keine Informationspflicht gegenüber dem Betreuungsgericht (näher vSCHUCKMANN/PREUSS, in: HUHN/vSCHUCKMANN, BeurkG [4. Aufl 2003] § 51 Rn 8 ff).

2. Kreis der verpflichteten Personen

Während die Tatsache einer vorhandenen schriftlichen Betreuungsverfügung für die **45** Entscheidung des Gerichts über die Bestellung eines Betreuers unmittelbar von Interesse sein kann, weil in ihr ein Personalvorschlag des Betroffenen enthalten ist, den das Gericht zu beachten hat, und die Tatsache, dass der Betroffene seine Angelegenheiten nicht (mehr) besorgt oder besorgen kann, Anlass zu dem Verfahren gegeben haben muss, kann eine Bevollmächtigung bereits geraume Zeit wirksam (geworden) sein, bevor ein Verfahren über die Bestellung eines Betreuers eingeleitet wird. Ebenso gut kann die Einleitung seines solchen Verfahrens der Anlass sein, die Bevollmächtigung wirksam werden zu lassen, weil erst jetzt die Bedingungen für das Tätigwerden des Bevollmächtigten eingetreten sind. Es gibt danach verschiedene Gründe für das Gericht, über das Bestehen einer Bevollmächtigung und den Inhalt der Vollmacht sowie den Inhalt des ihr zugrundeliegenden Rechtsgeschäfts informiert zu sein. Es kann darum gehen festzustellen, ob überhaupt ein Betreuer und ggf für welche Angelegenheiten er bestellt werden muss, ob trotz der bisher funktionierenden Bevollmächtigung eine Betreuerbestellung für solche Angelegenheiten erforderlich ist, die besorgungsbedürftig geworden sind, aber von der Vollmacht nicht erfasst werden und ob ein Kontroll- oder Überwachungsbetreuer gemäß § 1896 Abs 3 BGB bestellt werden muss, weil der Betroffene und Vollmachtgeber nicht seine Rechte gegenüber seinem Bevollmächtigten geltend machen kann, dafür jedoch hinreichender Grund besteht.

Besitzer eines Schriftstücks, in dem der Betroffene eine andere Person mit der **46** Wahrnehmung seiner Angelegenheiten bevollmächtigt hat, kann demnach im fraglichen Zeitpunkt oder Zeitraum der Bevollmächtigte, aber auch eine Person sein, die die Vollmacht zunächst in Besitz hat, um sie zu einem späteren Zeitpunkt dem Bevollmächtigten auszuhändigen.

Werner Bienwald

3. Die in Betracht kommenden Schriftstücke

47 Da eine Vorsorgevollmacht, jedenfalls hinsichtlich des von ihr erfassten rechtsgeschäftlichen Handelns, nur von einer nicht geschäftsunfähigen Person wirksam erteilt worden sein kann, und sowohl ihrem Inhalt als auch der äußeren Form und Gestaltung nach im Rechtsverkehr präsentiert zu werden geeignet sein muss, kommen nahezu ausnahmslos nur Schriftstücke und Erklärungen in Betracht, die den Formvorschriften des BGB genügen (§§ 126, 126a, 128, 129 BGB). Die Erklärung der (Vorsorge-)Vollmacht kann in ein nach den Vorschriften der ZPO errichtetes Protokoll aufgenommen worden sein, sodass den Besitzer des Protokolls die Pflicht zur Unterrichtung des Betreuungsgerichts trifft.

48 Hat das Betreuungsgericht in einem bereits eingeleiteten Betreuungsverfahren den Betroffenen aus Anlass seiner persönlichen Anhörung darauf hingewiesen, dass er die Möglichkeit habe, eine Vorsorgevollmacht zu erteilen (§ 278 Abs 2 S 2 FamFG), ist es Sache des Gerichts, in dem laufenden Verfahren die erforderlichen Erkundigungen einzuholen, ob der Betroffene und in welcher Weise er von der Möglichkeit der Bevollmächtigung Gebrauch gemacht hat.

49 Von der Formulierung des S 2 werden nicht nur Vorsorgevollmachten erfasst. Nach der amtl Begründung (BT-Drucks 15/2494, 30) sollte ursprünglich die für Betreuungsverfügungen geltende Ablieferungspflicht nur auf Vorsorgevollmachten erstreckt werden. Auch die Überschrift des § 1901c BGB nennt die Vorsorgevollmacht. Für die Frage, ob jemand einen Betreuer nach §§ 1896 ff BGB benötigt, kommt es jedoch nicht darauf an, dass die Vollmacht lediglich für den Fall der eigenen Entscheidungsunfähigkeit oder bereits früher erteilt und wirksam geworden ist. Auch im Fall einer allgemeinen Vollmacht, die nicht zwischenzeitlich widerrufen worden ist, steht der betroffenen Person eine andere Hilfe zur Verfügung, die grundsätzlich eine Betreuerbestellung erübrigen kann. Ohne Bedeutung für die Unterrichtungsverpflichtung ist es, ob durch die Vollmacht die besorgungsbedürftigen Angelegenheiten vollständig erfasst werden, ob es sich um eine General- oder um eine Spezialvollmacht handelt, ob sie zeitlich begrenzt oder unbegrenzt und wirksam erteilt wurde oder ob Bedenken hinsichtlich eines einwandfreien Zustandekommens angebracht sind oder geäußert werden. Maßgebend ist lediglich, dass in dem Schriftstück ein Betroffener eine andere Person (ggf Institution) mit der Wahrnehmung seiner Angelegenheiten bevollmächtigt hat. Dabei braucht das Wort Vollmacht im Text nicht benutzt zu sein, wenn durch die Wortwahl eine Bevollmächtigung zum Ausdruck kommt. Auch wird der Charakter einer (Vorsorge-)Vollmacht nicht dadurch geändert, dass in dem Schriftstück über die Vollmacht hinausgehende weitere Verfügungen oder Erklärungen enthalten sind.

50 In Betracht kommt ein in deutscher Sprache abgefasstes Schriftstück. Aber auch ein in einer anderen Sprache abgefasster Text, der eine Bevollmächtigung zum Inhalt hat und geeignet ist, im Rechtsverkehr verwendet zu werden, kann unter die Regelung des S 2 fallen.

51 Von der Bestimmung werden nur diejenigen Schriftstücke erfasst, die eine Bevollmächtigung zum Inhalt haben; Texte, die eine Einschränkung der Bevollmächtigung oder deren Widerruf enthalten, gehören weder dem Wortlaut noch dem Zweck und

Ziel der Bestimmung nach hierher. Während für die Bestellung eines Betreuers und die Führung der Betreuung die bisher geäußerten und noch gültigen Wünsche des Betroffenen Bedeutung haben, kann es zunächst dahingestellt bleiben, ob eine bekanntgewordene Vollmacht noch wirksam sein kann und soll. Der Bevollmächtigte oder der Rechtsverkehr werden sich von sich aus dazu verhalten und äußern. Gibt es Anhaltspunkte dafür, dass die bekannt gewordene Vollmacht nicht wirksam ist oder widerrufen wurde, kann das Betreuungsgericht im Rahmen seiner Ermittlungspflicht (§ 26 FamFG) den Anzeichen nachgehen und die erforderlichen Tatsachen feststellen, ohne dass es einer unaufgeforderten Bekanntgabe bedarf.

4. Zeitpunkt und Dauer der Verpflichtung

In dieser Hinsicht bestehen keine Unterschiede zur Betreuungsverfügung. Vgl deshalb oben Rn 22–27. **52**

5. Verpflichtung zur Vorlage einer Abschrift (S 3)

Für die Einführung einer Verpflichtung zur Vorlage einer Abschrift auf Verlangen **53** des Gerichts enthält die Beschlussempfehlung des RA keine Begründung, sodass zwar das Motiv für die Regelung erklärbar, ihr Zweck aber nicht recht erkennbar ist. Eine Vorlage des Originals würde den Zweck in gleicher Weise erfüllen, ohne dass der Verpflichtete eine Abschrift (Kopie) herstellen (lassen) muss. Handelt es sich um ein umfangreiches Schriftstück, kann die Kostenfrage nicht unberücksichtigt bleiben. Schließlich verfügt auch nicht jede Ortschaft über ein Copycenter, und die Fahrkosten zum Gericht, um das Original (oder dessen Ausfertigung) zu präsentieren, können sogar recht hoch sein. Ersichtlich benötigt das Betreuungsgericht den Text der Vollmacht, um prüfen zu können, inwieweit ggf noch ein Betreuer bestellt werden muss. Dafür reicht die einfache Vorlegung des Schriftstücks nicht aus: Das Gericht muss sich dann eine Abschrift für die eigenen Zwecke selbst herstellen.

Die Vorlage einer Abschrift muss zuvor vom Betreuungsgericht verlangt worden **54** sein. Eine Vorlagepflicht ohne entsprechende Aufforderung besteht nicht.

VI. Folgen unterlassener Mitteilung

§ 285 FamFG wurde nicht um den Fall unterlassener Mitteilung erweitert. Der **55** Wortlaut erstreckt sich nur auf den bisherigen Inhalt des § 1901c BGB und die Ablieferung der Betreuungsverfügung. Wegen der andersartigen Verpflichtung des Besitzers einer (Vorsorge-)Vollmacht kommt eine Anwendung, auch eine entsprechende Anwendung der Sanktionsnorm nicht in Betracht.

VII. Folgen nicht befolgter Vorlageanordnung

Während die Information des Gerichts eine gesetzlich bestimmte Verpflichtung ist, **56** für deren Durchsetzung eine gesetzliche Regelung hätte getroffen werden können, wird die Vorlage einer Abschrift des Schriftstücks durch dessen Besitzer durch eine gerichtliche Verfügung verlangt. Für deren Befolgung sieht § 35 FamFG die Androhung (Abs 2) und Festsetzung (Abs 1) von Zwangsgeld vor. Das Verfahren kann wiederholt werden; das einzelne Zwangsgeld darf den Betrag von 25 000 Euro nicht übersteigen (Abs 3 S 1).

VIII. Regelungen der Bundesnotarordnung, des Beurkundungsgesetzes und der Kostenordnung betreffend das Zentrale Vorsorgeregister*

57 Durch Art 9 des Gesetzes zur Änderung des Zugewinnausgleichs- und Vormundschaftsrechts v 6. 7. 2009 (BGBl I 1696) wurde § 78a Abs 1 der Bundesnotarordnung neu gefasst. Die Neufassung wurde im Anhang zu § 1901c BGB berücksichtigt.

58 Durch Art 1 d Gesetzes zur Modernisierung des Benachrichtigungswesens in Nachlasssachen durch Schaffung des Zentralen Testamentsregisters bei der Bundesnotarkammer und zur Fristverlängerung nach der Hofraumverordnung v 22. 12. 2010 (BGBl I 2255) wurden auch die das Zentrale Vorsorgeregister betreffenden Bestimmungen der Bundesnotarordnung geändert. Zu den bisher geltenden Regelungen vgl die im Anhang zu § 1901a BGB der Bearbeitung von 2006 wiedergegebenen Vorschriften.

59 Durch das o a Gesetz wurden die §§ 78a bis 78c neu gefasst; nach § 78c wurden die §§ 78d bis 78 f BNotO eingefügt. Durch Art 2 dieses Gesetzes wurden auch die §§ 20a und 34a des Beurkundungsgesetzes geändert. Art 3 enthält Änderungen des Gesetzes über das Verfahren in Familiensachen und in den Angelegenheiten der freiwilligen Gerichtsbarkeit (FamFG).

60 Die für die Hinterlegung von Vorsorgevollmachten und Betreuungsverfügungen im zentralen Vorsorgeregister maßgebenden Vorschriften, die geändert worden sind, werden anschließend in vollem Wortlaut mitgeteilt. Die Art 1 und 2 traten am Tag nach der Verkündung in Kraft (Art 10). Das Gesetz wurde am 22. 12. 2010 verkündet (BGBl I 2260).

61 § 10 der Vorsorgeregister – Verordnung v 21. 2. 2005 (BGBl I 318), zuletzt geändert durch Art 25 des Gesetzes v 17. 12. 2008 (BGBl I 2586) wurde durch das Gesetz zur Änderung des Zugewinnausgleichs- und Vormundschaftsrechts v 6. 7. 2009 (BGBl I 1696) wie folgt neu gefasst:

> „§ 10 Betreuungsverfügungen
>
> Im Zentralen Vorsorgeregister können auch Betreuungsverfügungen unabhängig von der Eintragung einer Vollmacht registriert werden. Die §§ 1 bis 9 gelten entsprechend."

---

* **Schrifttum**: Görk, Zentrales Vorsorgeregister und zentrales Testamentsregister – die Bundesnotarkammer als Registerbehörde, in: 50 Jahre Bundesnotarkammer 1961 bis 2011; Sonderheft der Deutschen Notar-Zeitschrift (2011) S 71 ff, sowie das dort in Fn 3 angegebene Schrifttum; Görk DNotZ 2005, 87.

IX.　Anhang zu § 1901c

Die geänderten Vorschriften der Bundesnotarordnung, des Beurkundungsgesetzes **62**
und der Kostenordnung:

1. Bundesnotarordnung

§ 78a BNotO

(1) Die Bundesnotarkammer führt ein automatisiertes Register über Vorsorge-vollmachten und Betreuungsverfügungen (Zentrales Vorsorgeregister). In dieses Register dürfen Angaben über Vollmachtgeber, Bevollmächtigte, die Vollmacht, deren Inhalt sowie über Vorschläge zur Auswahl eines Betreuers, Wünsche zur Wahrnehmung der Betreuung und den Vorschlagenden aufgenommen werden. Das Bundesministerium der Justiz führt die Rechtsaufsicht über die Registerbe-hörde.

(2) Dem Gericht wird auf Ersuchen Auskunft aus dem Register erteilt. Die Auskunft kann im Wege der Datenfernübertragung erteilt werden. Dabei sind dem jeweiligen Stand der Technik entsprechende Maßnahmen zur Sicherstellung von Datenschutz und Datensicherheit zu treffen, die insbesondere die Vertrau-lichkeit, Unversehrtheit und Zurechenbarkeit der Daten gewährleisten; im Falle der Nutzung allgemein zugänglicher Netze sind dem jeweiligen Stand der Technik entsprechende Verschlüsselungsverfahren anzuwenden.

(3) Das Bundesministerium der Justiz hat durch Rechtsverordnung mit Zustim-mung des Bundesrates die näheren Bestimmungen über die Einrichtung und Führung des Registers, die Auskunft aus dem Register und über Anmeldung, Änderung, Eintragung, Widerruf und Lösung von Eintragungen zu treffen.

§ 78b BNotO

(1) Die Bundesnotarkammer kann für die Aufnahme von Erklärungen in das Register nach § 78a Gebühren erheben. Die Höhe der Gebühren richtet sich nach den mit der Einrichtung und dauerhaften Führung des Registers sowie den mit der Nutzung des Registers durchschnittlich verbundenen Personal- und Sachkos-ten. Hierbei kann insbesondere der für die Anmeldung einer Eintragung gewähl-te Kommunikationsweg angemessen berücksichtigt werden.

(2) Die Bundesnotarkammer bestimmt die Gebühren durch Satzung. Die Satzung bedarf der Genehmigung durch das Bundesministerium der Justiz.

§ 78c BNotO

Gegen Entscheidungen der Bundesnotarkammer nach den §§ 78a und 78b findet die Beschwerde statt. Sie ist bei der Bundesnotarkammer einzulegen. Diese kann der Beschwerde abhelfen. Hilft sie nicht ab, legt sie die Beschwerde dem Land-gericht am Sitz der Bundesnotarkammer vor. Im Übrigen gelten für das Verfah-

ren die Vorschriften des Gesetzes über das Verfahren in Familiensachen und in den Angelegenheiten der freiwilligen Gerichtsbarkeit.

2. Beurkundungsgesetz

§ 20a BeurkG
Vorsorgevollmacht

Beurkundet der Notar eine Vorsorgevollmacht, so soll er auf die Möglichkeit der Registrierung bei dem Zentralen Vorsorgeregister nach § 78a Abs 1 der Bundesnotarordnung hinweisen.

3. Kostenordnung

§ 147 Abs 4 Nr 6 KostO

(4) Keine Gebühr erhält der Notar für

(...)

die Übermittlung von Anträgen an das Zentrale Vorsorgeregister nach § 78a Abs 1 der Bundesnotarordnung, wenn der Antrag mit einer anderen gebührenpflichtigen Tätigkeit im Zusammenhang steht; Gleiches gilt für die Stellung von Anträgen bei dem Zentralen Vorsorgeregister im Namen der Beteiligten.

§ 1902
Vertretung des Betreuten

In seinem Aufgabenkreis vertritt der Betreuer den Betreuten gerichtlich und außergerichtlich.

Materialien: Art 1 Nr 6 DiskE I; RegEntw Art 1 Nr 41; Art 1 Nr 47 BtG; DiskE I 126; BT-Drucks 11/4528, 135 f (BReg); BT-Drucks 11/4528, 208 (BRat); BT-Drucks 11/4528, 227 (BReg); BT-Drucks 11/6949, 12, 74 Nr 18 (RA); Staudinger/BGB-Synopse 1896–2005 § 1902.

Schrifttum (Auswahl)

Bienwald, Zur Stellung des Betreuers nach dem Betreuungsgesetz, RsDE 7/1989, 1
ders, Zur Vertretung des Betreuten vor Gericht, BtPrax 2001, 150
ders, Zum Verhältnis von § 1902 BGB und § 53 ZPO – Eine Stellungnahme zu Deinerts Nachtrag, BtPrax 2001, 198
ders, Zur Frage der Vertretung des Betreuers bei Urlaub des Betreuten, BtPrax 2002, 101
ders, Zur Vertretung des Betreuten gegenüber Behörden, BtPrax 2003, 71
ders, Delegation von Betreuungsaufgaben und Einsatz von Hilfskräften, BtPrax 2003, 158
Böhmer, Das Betreuungsgesetz und seine Bedeutung für die Tätigkeit des Standesbeamten, StAZ 1992, 65
Bork, Die Prozeßfähigkeit nach neuem Recht, MDR 1991, 97
Caspar, Geschäfte des täglichen Lebens – kritische Anmerkungen zum neuen § 105a BGB, NJW 2002, 3425
Cypionka, Fortfall der Entmündigung Volljäh-

riger – Auswirkungen auf den Rechtsverkehr, NJW 1992, 207

DEINERT, Die gerichtliche Vertretung von Betreuten, BtPrax 2001, 66

ders, Eintritt des Betreuers in Gerichtsverfahren nötig?, BtPrax 2001, 146

vEINEM, Auswirkungen des Betreuungsgesetzes auf das Sozialrecht, Verwaltungsrundschau 1992, 341 (auch SGb 1991, 477)

ELZER, Die Teilnahme von Betreuern an Strafverfahren, BtPrax 2000, 139

FORMELLA, Der Vertreter des Vertreters, BtPrax 1996, 208

GRÜNER, Das Betreuungsgesetz und seine Ausstrahlung in das Sozialrecht, ZfSH/SGB 1993, 338

HARNECKE, Zwangsvollstreckung gegen Personen, die unter Betreuung stehen, DGVZ 2000, 161

HEIM, Gesetzgeberische Modifizierung der Auswirkungen der Geschäftsunfähigkeit Volljähriger beim Vertragsschluss, JuS 2003, 141

JÜRGENS, Vertretung des Betreuers?, BtPrax 1994, 10

ders, Der Betreuer zwischen rechtlicher Vertretung und persönlicher Betreuung, BtPrax 1998, 129

KRETSCHMER, Deutsche Post AG und Zustellungen an den Betroffenen bei Briefpostangelegenheiten. Ein Bericht, BtPrax 1998, 99

LABUHN/LABUHN/VELDTRUP, Familiengericht und Vormundschaftsgericht, Genehmigung und Verfahren in der Praxis (1999)

LAUBINGER/REPKEWITZ, Der Betreute im Verwaltungsverfahren und Verwaltungsprozeß, VerwArch 1994, 86

LIPP, Freiheit und Fürsorge, Der Mensch als Rechtsperson (2000)

ders, Die neue Geschäftsfähigkeit Erwachsener, FamRZ 2003, 721

MÜLLER, Betreuung und Geschäftsfähigkeit (1998)

MÜLLER-FREIENFELS, Die Vertretung beim Rechtsgeschäft (1955)

vSACHSEN GESSAPHE, Der Betreuer als gesetzlicher Vertreter für eingeschränkt Selbstbestimmungsfähige (1999)

ders, Privatautonome Vorsorge für den Zivilprozeß, ZZP 2000, 25

SPANL, Vermögensverwaltung durch Vormund und Betreuer, Mündel-und Betreutengeld verzinslich und mündelsicher anlegen (2001)

STAHL/CARLE, Die steuerliche Rechtsstellung des Betreuers eines steuerunehrlichen Betreuten und strafrechtliche Folgen, DStR 2000, 1245

STEFFEN, Betreuungsgesetz und landwirtschaftliches Sondererbrecht, AgrarR 1993, 129

STRAILE, Sind geschäftsunfähige Volljährige seit 1. 8. 2002 teilweise geschäftsfähig?, FuR 2003, 207

VEIT, Das Betreuungsrechtsverhältnis zwischen gesetzlicher und rechtsgeschäftlicher Vertretung, FamRZ 1996, 1309

ZIMMERMANN, Neue teilgeschäftsfähige Betreute, BtPrax 2003, 26.

Systematische Übersicht

Alphabetische Übersicht

Werner Bienwald

I.   Normbedeutung

1.   Grundsätzliches

1 Die Vorschrift räumt dem Betreuer die Rechtsmacht ein, die er benötigt, um im Rechtsverkehr für einen anderen, den Betreuten, auftreten und verbindlich handeln zu können. Die durch § 1902 BGB verliehene Vertretungsmacht des Betreuers in dem ihm übertragenen Aufgabenkreis bildet ein wichtiges Mittel zur Erfüllung seiner Aufgaben (MünchKomm/Schwab Rn 1). Andere Regeln der Rechtsordnung, durch die ebenfalls erreicht werden könnte, jemandem ein Drittverhalten zuzurechnen (s dazu Staudinger/Schilken [2014] Vorbem 2 zu § 164), hat der Gesetzgeber für die Betreuung nicht gewählt. Gesetzlicher Vertreter kann nur der wirksam bestellte Betreuer sein.

2 Das Betreuungsgericht hat über die Bestellung (und die Entlassung) des Betreuers **förmlich** zu befinden. Interne Absprachen mit dem Betreuungsgericht und dessen stillschweigende Duldung der Betreuertätigkeit durch eine nicht bestellte Person können den gesetzlich zwingend erforderlichen Bestellungsakt nicht ersetzen (LG Frankenthal Rpfleger 1997, 380). Auch der vom Betroffenen Bevollmächtigte erlangt auf diese Weise nicht die Rechtsstellung eines gesetzlichen Vertreters. Allein deshalb (außerdem wegen Fehlens gerichtlicher Aufsicht und Kontrolle) kann eine Bevollmächtigung mit Vorsorgevollmacht kein vollwertiger Ersatz gerichtlich bestimmter Betreuung sein, solange innerhalb der Rechtsordnung (zB in Unterbringungsgesetzen der Länder) an die gesetzliche Vertretung eines Menschen oder an die Bestellung eines Betreuers Rechtsfolgen geknüpft werden.

3 Weil der Betreute, der vor der Bestellung eines Betreuers Betroffene, zu anderer Zeit selbst nicht Vorsorge getroffen hat und nunmehr aus tatsächlichen oder rechtlichen (§ 104 Nr 2 BGB) Gründen nicht in der Lage ist, einen anderen mit der dafür notwendigen Vollmacht auszustatten und für sich handeln zu lassen, tritt der Staat in Gestalt des Betreuungsgerichts an seine Stelle, erteilt dem Betreuer die Vertretungsmacht und nimmt damit zugleich eine bedeutende Aufgabe öffentlicher Fürsorge wahr (das BVerfG in BVerfGE 10, 302, 328 bezeichnet den Vormund, den Vorgänger des Betreuers, als „Vertrauensperson des fürsorgenden Staates"). Die Ergänzungen der §§ 1908 f BGB, 6 S 2 BtBG und 278 Abs 2 S 2 FamFG sollen zu einer stärkeren Eigenvorsorge der Bevölkerung und damit zu einer Vermeidung von Betreuerbestellungen sowie zu einer Kostenminderung (in erster Linie Entlastung von Justiz und Justizkasse) beitragen. Der Verpflichtung des Gerichts, während des Betreuerbestellungsverfahrens auf die Möglichkeit der Vorsorgevollmacht und deren Inhalt in geeigneten Fällen hinzuweisen, kann die Erwartung entnommen werden, dass auch während (und

sogar nach Abschluss) des Verfahrens Vollmachten erteilt und damit Betreuerbestellungen – mit der Folge gesetzlicher Vertretung – ganz oder teilweise vermieden
oder Voraussetzungen für ihre (teilweise) Aufhebung geschaffen werden. Da offenbar auch diese Instrumente einschließlich der in den Medien und durch diese vorgenommenen Werbe-„kampagnen" nicht schnell genug die erwünschte Entlastung
der öffentlichen Kassen (Justizhaushalte) mit sich brachten, war die Einführung
eines gesetzlichen Vertretungsrechts von Eheleuten/Lebenspartnern und nahen Angehörigen erwogen worden. Entsprechende Gesetzesvorschläge (BT-Drucks 15/2494)
fanden jedoch nicht die nötige Zustimmung. Dagegen wurde durch Art 4 2. BtÄndG
dem § 51 ZPO der folgende Abs 3 angefügt, durch den ein Gleichlauf mit der
materiell-rechtlichen Rechtslage im Fall der Bevollmächtigung erreicht werden sollte. Für die Bestellung eines Prozesspflegers ist dann grundsätzlich kein Raum (OLG
Koblenz FamRZ 2016, 1864).

§ 51 ZPO

...

**(3) Hat eine nicht prozessfähige Partei, die eine volljährige natürliche Person ist,
wirksam eine andere natürliche Person schriftlich mit ihrer gerichtlichen Vertretung bevollmächtigt, so steht diese Person einem gesetzlichen Vertreter gleich,
wenn die Bevollmächtigung geeignet ist, gemäß Abs 2 Satz 2 des Bürgerlichen
Gesetzbuchs die Erforderlichkeit einer Betreuung entfallen zu lassen.**

Zur Begrenzung der Vertretungsbefugnis des Betreuers durch die gesetzlichen Ge-   **4**
nehmigungsvorbehalte des Betreuungsgerichts s unten Rn 88.

2. Gesetzliche Vertretung als Strukturmerkmal der Betreuung

Der Begrifflichkeit nach handelt es sich um gesetzliche Vertretung. Das ergibt sich   **5**
nicht unmittelbar aus dem Wortlaut der Vorschrift (BT-Drucks 11/4528, 135; das bisherige
Recht regelte dies durch Verweisung auf die Eltern-Kind-Beziehungen), mittelbar jedoch aus
der Bestellungsvorschrift des § 1896 Abs 2 S 2 BGB. Die gesetzliche Vertretungsmacht des Betreuers ist Strukturelement der Betreuung (BT-Drucks 11/4528, 135 bezeichnet sie als Wesensmerkmal der Betreuung; nach MünchKomm/SCHWAB Rn 1 Mittel zum
Zweck). Besteht kein aktueller Bedarf, den Betroffenen gerichtlich oder außergerichtlich zu vertreten, kann Betreuung in anderer Weise geboten sein. Die Betreuerbestellung wäre nicht zulässig, wenn sich andere gleichwertige Hilfen finden ließen
(§ 1896 Abs 2 S 2 BGB; BT-Drucks 11/4528, 135); sie ist aufzuheben (§ 1908d Abs 1
BGB), wenn nach der Betreuerbestellung eine gesetzliche Vertretung des Betreuten
nicht mehr geboten ist und andere Betreuung durch geeignete Hilfen geleistet
werden kann oder geleistet wird. So gesehen ist die gesetzliche Vertretung grundsätzlich mit jeder Betreuung zwingend verbunden (ERMAN/HOLZHAUER Rn 3; Münch
Komm/SCHWAB Rn 2), obgleich der Aufgabenkreis des Betreuers Angelegenheiten
zur Besorgung enthalten kann, die nicht immer ein stellvertretendes Handeln iSd
§§ 164 ff BGB erfordern (BT-Drucks 11/4528, 122).

Die Betreuerbestellung (Betreuung) erschöpft sich nicht in der rechtlichen Vertre-   **6**
tung; beides ist nicht identisch, auch wenn dieser Eindruck durch die Hervorhebung

der „rechtlichen" Betreuung durch die Ergänzungen der §§ 1897 Abs 1, 1901 BGB
(vgl die durch das BtÄndG eingeführten Kapitel- und Titelüberschriften, nunmehr
Abschnitts- und Titelüberschriften) noch verstärkt wird. Die Bestellung eines Betreuers begründet eine (grundsätzlich begrenzte) Verantwortung für den Betroffenen, verbunden mit einer Handlungs- und Vertretungsbefugnis und einer darüber
hinausgehenden Aufmerksamkeit, was die Änderung der Betreuung nach Umfang
und Notwendigkeit angeht (vgl § 1901 Abs 5 BGB).

7   Eine Haftung des Betreuers für Pflichtverletzungen gegenüber Dritten kommt nur
dann in Betracht, wenn er besonderes persönliches Vertrauen in Anspruch genommen hat (§§ 311 Abs 3, 241 Abs 2 BGB); die Tätigkeit des Betreuers fällt regelmäßig
nicht darunter (OLG Düsseldorf FamRZ 2011, 674 unter Berufung auf BGH FamRZ 1995, 282 =
NJW 1995, 1213).

8   Die Regelung verstößt **nicht** gegen das **Übereinkommen** über die Rechte von Menschen mit Behinderungen, insbesondere nicht gegen dessen Art 12, der die gleiche
Anerkennung der Menschen mit Behinderungen und derjenigen, die uneingeschränkte Rechts- und Handlungsfähigkeit genießen, verlangt. Obgleich die Ausübung des Vertretungsrechts durch den Betreuer für den betreuten Menschen verbindlich ist (§ 164 Abs 1 BGB), verpflichtet das Betreuungsrecht den Betreuer, bei
der Ausübung des Betreuungsrechts den Wünschen des Betroffenen zu entsprechen
(§ 1901 Abs 3 BGB). Die gesetzliche Vertretung belässt dem Betroffenen das Recht,
im Rahmen seiner Fähigkeiten selbst zu handeln und zu entscheiden und selbst-
bestimmt zu leben (§ 1901 Abs 2 S 2 BGB). Er kann die Abbestellung seines Betreuers verlangen, der sich bei der Führung der Betreuung an die gesetzlichen
Vorgaben nicht hält. Damit der durch das Übereinkommen ebenfalls geforderte
Schutz betroffener Menschen gewährleistet ist und die betreffenden Personen nicht
von der Teilnahme am Rechtsverkehr ausgeschlossen sind, kann auf die allgemein
gültigen Regelungen nicht verzichtet werden.

9   Nach hM wird durch die Vorschrift des § 1902 BGB dem Betreuer, ohne dass dies
ausdrücklich so ausgesprochen ist, die Rechtsstellung eines gesetzlichen Vertreters
verliehen (BT-Drucks 11/4528, 135; MünchKomm/SCHWAB Rn 1; PALANDT/GÖTZ Rn 2; DAMRAU/
ZIMMERMANN Rn 1; ERMAN/HOLZHAUER Rn 3; krit BIENWALD, Rechtsstellung 295 ff; RsDE 7, 1,
13). Der Umfang und die Reichweite der Vertretungsmacht fallen mit dem Aufgabenkreis des Betreuers zusammen. Beides liegt im Begründungsstadium der Betreuung (zur späteren Rechtslage s § 1796 BGB iVm § 1908i Abs 1 S 1 BGB) nicht in
der Entscheidungsmacht des Betreuungsgerichts, sondern ist unmittelbare Folge der
Aufgabenkreisbestimmung. Innerhalb der durch den Aufgabenkreis begrenzten Vertretungsmacht existieren betreuungsrechtsimmanente Schranken, die sich unmittelbar aus dem Gesetz oder der verfassungsmäßigen Ordnung ergeben.

10   Die nach bisherigem Verständnis in der Bezeichnung „Personen- und Vermögenssorge" (§ 1626 Abs 1 S 2 BGB; §§ 1897 S 1 aF iVm § 1793 BGB) zum Ausdruck
kommende umfassende Sorge für einen Menschen erfasst im Betreuungsrecht nicht
automatisch die in § 1896 Abs 4 BGB aufgeführten Angelegenheiten und nie die
Entscheidung nach § 1905 BGB (immer Sache des nach § 1899 Abs 2 BGB zu
bestellenden besonderen Betreuers). Zu den von der Vertretung ausgenommenen
Angelegenheiten s unten Rn 53.

Die in § 1902 BGB vorgenommene Zuweisung gesetzlicher Vertretungsmacht und **11** die daraus iVm § 1896 Abs 2 S 2 BGB abgeleitete Rechtsstellung des Betreuers als eines gesetzlichen Vertreters vereinfacht die Rechtsanwendung in allen Fällen, wo das Gesetz an die gesetzliche Vertretung bzw die Position des gesetzlichen Vertreters anknüpft. Das war nach bisherigem Recht (der Gebrechlichkeitspflegschaft) nur mittelbar möglich, weil die Position des Pflegers von der inneren Einstellung des Betroffenen zu der beschlossenen Pflegschaft abhängig gemacht worden war (§ 1910 Abs 3 BGB aF sowie die zur Rechtsnatur der Einwilligung in die Gebrechlichkeitspflegschaft ergangene Rechtsprechung).

Durch die Betreuerbestellung werden bestehende Verwandtschaftsverhältnisse nicht **12** verändert, neue nicht begründet. Werden Angehörige zu Betreuern bestellt, tritt die Betreuungsrechtsbeziehung neben die verwandtschaftliche. Bestehende unterhaltsrechtliche Verpflichtungen bleiben bestehen. Strafrechtliche Privilegien gehen durch die Betreuerbestellung nicht verloren (vgl § 247 StGB). Anstelle des geschäftsunfähigen Betreuten stellt sein gesetzlicher Vertreter den Strafantrag, wenn er personensorgeberechtigt ist (§ 77 Abs 3 StGB).

3. Begründung der gesetzlichen Vertretung

Die Berechtigung des Betreuers, den Betroffenen gerichtlich und außergerichtlich **13** zu vertreten, ist gesetzlich/staatlich verliehene Vertretungsmacht, die sich anders als die von Eltern nicht auf eine verfassungsrechtlich geschützte Grundlage zurückführen lässt. Auch die Position von Eltern als Betreuer ihrer volljährigen kranken oder behinderten Kinder beruht nicht mehr auf ihrer durch Art 6 GG gesicherten Elternrolle, sondern auf der staatlichen Verleihung der Rechtsmacht des Betreuers. Familienbeziehungen sind im Betreuungsrecht berücksichtigt. Für die Bestellung eines Angehörigen zum Betreuer reicht dessen Status als Familienangehöriger aber allein nicht aus (§ 1897 Abs 5 BGB „persönliche Bindungen"). Zumindest für die Betreuerbestellung kommt es auf bestehende verwandtschaftliche (und sonstige persönliche) Bindungen (!) des Volljährigen, insbesondere auf die Bindungen zu Eltern, Kindern, zum Ehegatten und zum Lebenspartner an (§ 1897 Abs 5 BGB). Eine aus Art 6 Abs 1 GG abgeleitete Beschwerdebefugnis naher Angehöriger des Betreuten hat der BGH abgelehnt (BGHZ 132, 157, 162 = FamRZ 1996, 607, 608 = LM Nr 51 zu § 20 FGG mAnm HOHLOCH).

Die verfahrensrechtliche Position naher Angehöriger hat das FamFG geschwächt, **14** zB indem es das Recht der Beschwerde gegen eine von Amts wegen ergangene Entscheidung auch im Interesse des Betroffenen davon abhängig gemacht hat, dass die Betreffenden im ersten Rechtszug vom Gericht am Verfahren beteiligt worden sind (§ 303 Abs 2, §§ 7, 274 FamFG). Der Betroffene kann zwar verlangen, dass das Gericht eine ihm nahestehende Person anhört, wenn das ohne erhebliche Verzögerung möglich ist (§ 279 Abs 3 FamFG); er kann sich aber nicht mehr dagegen wehren, dass das Gericht von sich aus nahe Angehörige beteiligt oder ohne förmliche Beteiligung anhört (§ 279 Abs 1, §§ 7 Abs 2, 274 FamFG). Dementsprechend hat das FamFG die Beschwerdebefugnis naher Angehöriger eingeschränkt. Bezüglich der Befreiung von Vater, Mutter, Ehegatte, Lebenspartner oder Abkömmlingen als Betreuer von diversen Bestimmungen, die Vermögenssorge betreffend, stellt das

Gesetz allerdings auf die bloße Tatsache des Angehörigenstatus und nicht auf bestehende oder im Entstehen begriffene Beziehungen ab (§ 1908i Abs 2 S 3 BGB).

4.   Gesetzliche Vertretung für alle Arten von Betreuungen

15 Die Bestimmung des § 1902 BGB gilt uneingeschränkt für alle Arten und Grade von Krankheiten und Behinderungen der Betroffenen, denen ein Betreuer (oder mehrere) bestellt worden ist (MünchKomm/SCHWAB Rn 2). Auch der Betreuer eines lediglich körperlich Behinderten handelt aufgrund der gesetzlichen Vertretungsmacht für den Betroffenen, obgleich dieser aus Rechtsgründen nicht gehindert ist, dem Betreuer Vollmacht zu erteilen, sofern er nicht selbst handeln will oder aus tatsächlichen Gründen kann. Solange § 104 Nr 2 BGB Bestand hat, kann ein „lediglich" körperlich Behinderter nach dieser Vorschrift nicht, auch nicht partiell, geschäftsunfähig sein.

16 Die Bestimmung des § 1902 BGB trifft keine Unterscheidungen in Bezug auf die verschiedenen Arten von Betreuern. Auch der sog Kontroll- oder Überwachungsbetreuer, ebenso der Sterilisationsbetreuer, vertritt den Betroffenen. In welcher Beziehung und mit welchem Umfang diese Betreuer vertretungsberechtigt sind, ergibt sich jeweils aus den konkreten Aufgabenkreisen oder aus dem unmittelbar im Gesetz formulierten Auftrag (§ 1899 Abs 2 BGB, § 1905 BGB). Ebenso wie dem Gegenvormund des Vormundschaftsrechts (STAUDINGER/VEIT [2014] § 1799 Rn 1; ERMAN/HOLZHAUER § 1799 Rn 1; MünchKomm/SPICKHOFF § 1799 Rn 5) steht auch dem **Gegenbetreuer** ein Vertretungsrecht und damit eine gesetzliche Vertretung des Betreuten **nicht** zu (MünchKomm/SCHWAB Rn 2).

17 Die Vorschrift des § 1902 BGB bestimmt ausschließlich die Rechtsstellung und die Rechtsmacht des Betreuers; sie regelt weder die Position des Vorsorgebevollmächtigten noch die des Verfahrenspflegers (§§ 276, 317 FamFG) oder die des den Betroffenen/Betreuten vertretenden Rechtsanwalts oder anderen Verfahrensbevollmächtigten (vgl § 276 Abs 4 FamFG). Zur Rechtsstellung des Verfahrenspflegers BIENWALD/SONNENFELD/HARM/BIENWALD § 276 FamFG Rn 16.

5.   „Fremdbestimmung" – ein ungeeignetes Abgrenzungskriterium

18 Das Verständnis der gesetzlichen Vertretung als einer Befugnis zur Fremdbestimmung (so bereits MÜLLER-FREIENFELS, Vertretung beim Rechtsgeschäft 335; MünchKomm/SCHWAB Rn 1) leistet keinen Beitrag zur Erklärung und zur Abgrenzung zwischen gesetzlicher Vertretung und gewillkürter Vertretung. Fremdbestimmung ist keine juristische Kategorie. Die Begrenzung und die Abgrenzung der eigenen Entfaltung durch andere und die Befugnis zu beschränkenden Maßnahmen für den Fall, dass Selbstbeschränkung nicht stattfindet (oder stattfinden kann), sind Elemente sozialen Lebens und der dieses regelnden Verfassung. Rechtlich trifft die Feststellung zu, vom Betreuten aus gesehen werde dieser nur dann fremdbestimmt, wenn der Betreuer nicht gemäß den Wünschen des Betreuten handelt (HOLZHAUER, Rechtsgutachten, in: SELLIN/ENGELS, Qualität, Aufgabenverteilung und Verfahrensaufwand bei rechtlicher Betreuung [2003] 197, 204). In der Entscheidung, mit der es die Vereinbarkeit der Zwangspflegschaft für Gebrechliche mit dem Grundgesetz feststellte, wies das BVerfG darauf hin, dass die mit der Anordnung der Pflegschaft verbundene Beschränkung der

allgemeinen Handlungsfreiheit des Betroffenen und damit die Beschränkung der freien Entfaltung der Persönlichkeit ein Bestandteil der verfassungsmäßigen Ordnung ist (BVerfGE 19, 93, 96 = FamRZ 1965, 547 = NJW 1965, 2051 = MDR 1965, 972). Der Einzelne müsse sich, so das BVerfG (FamRZ 1965, 547, 548), diejenigen Schranken seiner Handlungsfreiheit gefallen lassen, die der Gesetzgeber zur Pflege des sozialen Zusammenlebens in den Grenzen des bei dem gegebenen Sachverhalt allgemein Zumutbaren zieht, vorausgesetzt, dass dabei die Eigenständigkeit der Person gewahrt bleibt (BVerfGE 8, 274, 329).

Bei der staatlichen Verleihung von Vertretungsmacht handelt es sich deshalb in **19** erster Linie um die Schaffung einer Ersatzzuständigkeit, weil der zu eigenem Handeln Berechtigte und Verpflichtete insoweit ausfällt (ähnlich der Geschäftsführung ohne Auftrag oder der Ersatzvornahme im Polizeirecht). Von Interesse ist deshalb nicht in erster Linie die Tatsache, dass es sich bei der Ausübung gesetzlicher Vertretung um „Fremdbestimmung" handelt, sondern vielmehr die Notwendigkeit, diese „Fremdbestimmung" iSd BVerfG (FamRZ 1965, 547, 548) zu begrenzen. Der Betroffene fällt infolge seines Unvermögens, seine Angelegenheiten ganz oder teilweise selbst zu besorgen oder besorgen zu lassen, zwar als Handelnder, nicht aber als Teilnehmer am Rechtsleben, als Berechtigter und/oder Verpflichteter, aus. Zur „Besonderheit der gesetzlichen Vertretung" s auch STAUDINGER/SCHILKEN (2014) Vorbem 23 zu §§ 164 ff.

6. Keine verdrängende Stellvertretung; mögliche Doppelkompetenzen

Die Bestellung eines Betreuers hat keine die bestehende Geschäftsfähigkeit oder **20** Geschäftsunfähigkeit (§ 104 Nr 2 BGB) des Betroffenen unmittelbar verändernde Wirkung. § 1902 BGB mit seiner einheitlichen gesetzlichen Vertretung erfasst auch diejenigen Betreuungsfälle, in denen der Betreute nicht geschäftsunfähig, rechtlich also durchaus handlungsfähig ist. Der Betreute bleibt selbständig handlungsfähig, soweit er nicht im Augenblick der Vornahme des Rechtsgeschäfts ganz oder auf dem bestimmten Gebiet (partiell) geschäftsunfähig war oder ist (§ 104 Nr 2 BGB). Hat das Gericht einen Einwilligungsvorbehalt nach § 1903 Abs 1 BGB angeordnet, wird die Handlungsfähigkeit des Betreuten dadurch eingeschränkt (näher dort).

Der Gesetzgeber hat mit diesen Regelungen bewusst in Kauf genommen, dass auch **21** der rechtlich voll handlungsfähige Betreute von einem Betreuer gesetzlich vertreten wird (BT-Drucks 11/4528, 59, 135). Mit der ihm eingeräumten Rechtsmacht verdrängt der Betreuer den Betreuten nicht. Das Nebeneinanderbestehen zweier Kompetenzen entspricht dem bisherigen Recht der Gebrechlichkeitspflegschaft. Eine Doppelkompetenz (ERMAN/HOLZHAUER Rn 18) wurde im vor seiner Reform geltenden Vormundschaftsrecht dadurch vermieden, dass die Entmündigung je nach Entmündigungsgrund Geschäftsunfähigkeit oder beschränkte Geschäftsfähigkeit zur Folge hatte (§ 104 Nr 3 aF; § 114 aF); die Anordnung der vorläufigen Vormundschaft zog ebenfalls die beschränkte Geschäftsfähigkeit des Betroffenen nach sich (§ 1906 aF, § 114 aF).

Wenn in der Vergangenheit Problemfälle in Bezug auf die Doppelkompetenz von **22** Pfleger und Pflegebefohlenem nicht bekannt geworden sind, liegt das sehr wahrscheinlich an der Art der Pflegschaftsführung und der Unterordnung des Pflegebe-

Werner Bienwald

fohlenen unter den Willen des Pflegers (ebenso ERMAN/HOLZHAUER Rn 20). Das Bewusstsein, für den Pflegebefohlenen und an seiner Stelle handeln zu müssen und Widerspruch um seinetwillen nicht entstehen zu lassen, fand Unterstützung in dem Verständnis des § 1910 Abs 3 aF, der eine sogenannte Zwangspflegschaft immer dann vorsah, wenn der Betroffene für geschäftsunfähig gehalten worden war, und bei dem umgekehrt auf Geschäftsunfähigkeit geschlossen wurde, wenn eine Verständigung (Einverständnis) über die Anordnung einer Gebrechlichkeitspflegschaft nicht erzielt werden konnte.

7. Keine Erstreckung der gesetzlichen Vertretung auf die „persönliche" Betreuung

23   Die Rechtsmacht des Betreuers aus § 1902 BGB erstreckt sich auf den gerichtlich bestimmten Aufgabenkreis, nicht dagegen auf die Ausübung des Amtes, was die „persönliche Betreuung" (BT-Drucks 11/4528, 68) angeht (BIENWALD, Untersuchungen 281 Fn 436). Auch die dem Betreuer aus dem Gesetz oder gerichtlicher Weisung erwachsenden Verpflichtungen (Nebenpflichten) betreffen nicht seine Stellung als gesetzlicher Vertreter (die Vollziehung gerichtlicher Weisung als Handeln für und gegen den Betreuen allerdings), sondern die des vom Staat bestellten und infolgedessen ihm gegenüber verpflichteten „Amtsträgers". Persönliche Betreuung und rechtliche Betreuung (nunmehr in § 1901 Abs 1 BGB ausdrücklich benannt) waren und sind weder Alternativen noch Gegensätze, jedenfalls nicht, was die gesetzgeberische Absicht anbetrifft (BT-Drucks 11/4528, 68 und BT-Drucks 13/7158, 33).

II. Normgeschichte

1. Überblick

24   Die Vorschrift entspricht der bereits im ersten Diskussions-Teilentwurf an gleicher Stelle eingestellten Norm (DiskE I 3). Obwohl die Entscheidung, ausnahmslos in allen Betreuungsfällen dem Betreuer den Status eines gesetzlichen Vertreters einzuräumen, sowohl im Schrifttum (BIENWALD FamRZ 1988, 902, 1014; RsDE 7, 1, 13; BÜRGLE NJW 1988, 1881; DIECKMANN JZ 1988, 789, 797; KLÜSENER Rpfleger 1989, 217, 220; SCHWAB, in: FS Mikat 881, 891; ders, Referat 57. DJT K 14) als auch im Anhörungsverfahren zahlreicher Kritik ausgesetzt war, blieb die Bundesregierung bei ihrem Regelungsvorschlag. Ihn hat der Bundesrat fast kritiklos passieren lassen (BT-Drucks 11/4528, 208). Im Bundesrat war die Bitte geäußert worden, im weiteren Gesetzgebungsverfahren zu prüfen, ob in § 1902 BGB eine Klarstellung dahingehend erforderlich sei, dass die Geschäftsfähigkeit des Betreuten durch die Bestellung eines Betreuers allein nicht berührt werde (BT-Drucks 11/4528, 208). Die BReg sah einen derartigen Klarstellungsbedarf nicht, sondern verwies auf die mehrfachen ausdrücklichen Regelungen für Betreute, wodurch unmissverständlich zum Ausdruck gebracht werde, dass die Bestellung des Betreuers keine Auswirkungen auf die Geschäftsfähigkeit (bzw Geschäftsunfähigkeit) des Betreuten habe. Auch die Regelung über den Einwilligungsvorbehalt verlöre ihren Sinn, wenn die Geschäftsfähigkeit des Betreuten bereits durch die Betreuerbestellung eingeschränkt wäre (BT-Drucks 11/4528, 227).

25   Ein Antrag der Fraktion DIE GRÜNEN im Rechtsausschuss, die gerichtliche und außergerichtliche Vertretung des Betreuten durch einen Betreuer inhaltlich zu be-

schränken (Fassung des Antrags in BT-Drucks 11/6949, 72), fand keine Mehrheit. Im Übrigen hielt der Rechtsausschuss die von der BReg gegebene Zusage für ausreichend, die zukünftigen potenziellen Betreuer in einer entsprechend gestalteten Broschüre mit dem Gesetz vertraut zu machen.

Die Vorschrift erfasst unmittelbar nur die gerichtliche und die außergerichtliche **26** Vertretung des Betreuten, entsprechend einer rechtsgeschäftlich erteilten Vertretungsmacht gleichen Wortlauts. Die darüber hinausgehende Befugnis, als gesetzlicher Vertreter aufzutreten, ergibt sich nicht unmittelbar aus § 1902 BGB, sondern erst aus dem Zusammenhang mit § 1896 Abs 2 S 2 BGB sowie den Bestimmungen des BtG, die die Befugnis des Betreuers, ggf als gesetzlicher Vertreter des Betreuten aufzutreten und tätig zu werden, voraussetzen (als Beispiel: § 1903 Abs 1 BGB iVm §§ 108 ff BGB). Dadurch, dass ein Volljähriger nicht mehr beschränkt geschäftsfähig sein kann, entfallen die dadurch erforderlich gewesenen Betätigungen eines „Betreuers" (Vormunds, Pflegers) als gesetzlicher Vertreter zB nach den §§ 108 ff BGB oder § 1596 Abs 1 S 1, 2 BGB.

2. Keine Betreuung ohne Vertretungsmacht

Bereits für den Diskussions-Teilentwurf war entschieden worden, bezüglich der **27** (gesetzlichen) Vertretungsmacht des Betreuers eine einheitliche Regelung vorzuschlagen. Weder sollte die bei den Gebrechlichkeitspflegschaften gemachte Unterscheidung übernommen noch eine Differenzierung bei den Erkrankungen und Behinderungen nach Schweregraden (Zweistufigkeit der Betreuung) eingeführt werden.

Nach überwiegender Auffassung war der Gebrechlichkeitspfleger des bisherigen **28** Rechts gesetzlicher Vertreter des Pflegebefohlenen, wenn dieser geschäftsunfähig war; lag Geschäftsunfähigkeit nicht vor, hatte der Pfleger die Rechtsstellung eines staatlich bestellten Bevollmächtigten (dazu BT-Drucks 11/4528, 135; DiskE I 126; zum Sach- und Streitstand ausführlich BIENWALD, Untersuchungen 183 ff; ferner ERMAN/HOLZHAUER [8. Aufl] Vor § 1909 Rn 4). Diese Unterscheidung, die materiellrechtlich keine Bedeutung hatte, weil die erzielten Ergebnisse auch ohne sie zu begründen waren (Einzelheiten BIENWALD, Untersuchungen 295 ff), hatte insbesondere seit der Entscheidung des BGH in BGHZ 48, 144 ff Platz gegriffen. Die bei den Vorarbeiten zum RegEntw erörterte Lösung eines sog „zweistufigen" Modells hätte zur Folge gehabt, dass der Betreuer für Menschen mit leichteren Behinderungen oder Krankheiten als Betreuer ohne Rechtsmacht tätig gewesen wäre, der Betreuer der 2. Stufe dagegen als ein Betreuer mit Vertretungsmacht (Einzelheiten in BT-Drucks 11/4528, 57). Aus einer Reihe von Gründen, die hier nicht im Einzelnen dargestellt werden können, war von einem solchen Zweistufenmodell Abstand genommen worden (BT-Drucks 11/4528, 57; zu einigen damaligen außerdeutschen Regelungen s BIENWALD, Untersuchungen 211).

3. Freistellung des Betreuers gegenüber dem Betreuungsgericht

Mit der Schaffung eines einheitlichen Instituts der Betreuung mit einem Betreuer als **29** gesetzlichem Vertreter des Betreuten und der Beseitigung der Rechtsfigur des „staatlich bestellten Bevollmächtigten" erhoffte sich der Gesetzgeber, eine Maßnahme zum Schutz des Betreuten getroffen zu haben, die es dem Betreuten nicht mehr erlaubt, den Betreuer von der Genehmigungspflicht zB nach den Vorschriften der §§ 1821, 1822 BGB (durch Bevollmächtigung) freizustellen. Der RegEntw war der Auffassung, eine derartige Freistellung von zwingenden gesetzlichen Vorschriften sei mit der Rechtsstellung eines Betreuers, bei dem die betreuungsgerichtliche Aufsicht das Wohl des Betreuten sichern solle, schlechthin unvereinbar. Dass ein geschäftsfähiger Betreuter andere Personen als den Betreuer oder diesen außerhalb seines Aufgabenkreises bevollmächtigen könne, ändere daran nichts. Die Schranken, die dem Betreuer als gesetzlichem Vertreter innerhalb seines Aufgabenbereichs gesetzt seien, dürften jedenfalls nicht unterlaufen werden (BT-Drucks 11/4528, 135 ff).

30 Die getroffenen Regelungen entsprechen dieser Vorstellung nicht. Weder aus den übrigen Normen des Betreuungsgesetzes noch aus denen des BGB lässt sich eine derartige Rechtsbeschränkung des geschäftsfähigen Betreuten ableiten (BIENWALD/SONNENFELD/HARM/BIENWALD Anhang zu § 1908i Rn 54; CYPIONKA DNotZ 1991, 571, 577; DAMRAU/ZIMMERMANN Rn 6; DIECKMANN JZ 1988, 789/797; MünchKomm/SCHWAB Rn 10; SCHWAB FamRZ 1992, 493, 504; ders FamRZ 1990, 681, 683; ders, in: FS Mikat 881, 892; aA ERMAN/HOLZHAUER Rn 16). MünchKomm/SCHWAB Rn 10 zufolge wäre es absurd, wenn der (geschäftsfähige) Betreute jedermann bevollmächtigen könnte, nur seinen Betreuer nicht.

III. Kritik

31 Die Absichten des Reformgesetzgebers, dem Betreuer die Stellung eines gesetzlichen Vertreters unabhängig von der jeweiligen Krankheit und Behinderung des Betroffenen und seinem rechtsgeschäftlichen Status einzuräumen, blieb nicht ohne kritische Kommentare. Abgesehen davon, dass während der Reformarbeiten eine Diskussion um die Verfassungsmäßigkeit von § 105 Abs 1 BGB geführt wurde (CANARIS JZ 1987, 993 mit Stellungnahmen von RAMM JZ 1988, 489 und WIESER JZ 1988, 493; dazu auch SCHWAB, Referat auf dem 57. DJT K 17), wurde die Einbeziehung der Vorschriften über die Geschäftsunfähigkeit und ihre Folgen in die Reformüberlegungen gefordert, ohne die eine Neugestaltung des Betreuungsrechts nicht sinnvoll erfolgen könne (SCHWAB, Ref K 44; ebenso DIECKMANN JZ 1988, 789, 793; krit auch BÜRGLE NJW 1988, 1881). Dieckmann forderte, die Grundsatzfrage nach Art und Ausmaß der Geschäftsfähigkeit eines Menschen klar zu beantworten. Für ihn war insbesondere das Verhältnis von Geschäftsunfähigkeit und den Regeln des Einwilligungsvorbehalts undeutlich im Hinblick auf die Zielsetzung, die Teilnahme geistig Behinderter am allgemeinen Rechtsleben zu fördern.

32 Mit der Einführung des Einwilligungsvorbehalts und seiner Anordnung auch bei geschäftsunfähigen Betreuten wurde einerseits nicht deren Rechtsstatus verändert, andererseits aber der Abschluss von Rechtsgeschäften über – zumindest geringfügige, wenn auch nicht rechtlich lediglich vorteilhafte – Angelegenheiten des täglichen Lebens erlaubt, ohne die damit verbundene Wirksamkeitsproblematik zu lösen (JKMW [JÜRGENS] Rn 185: „Verdrängung" des § 105 Abs 1 BGB durch § 1903 BGB; hiergegen SCHREIEDER BtPrax 1996, 96; JÜRGENS hat inzwischen seine Ansicht aufgegeben, vgl Rn 185 der 5. Aufl).

33 Kritisiert wurde weiterhin die entgegen der generellen Absicht des Gesetzgebers eintretende Schlechterstellung derjenigen Betreuten, die – wiewohl nicht geschäfts-

unfähig – einen „gesetzlichen Vertreter" nicht nötig haben und nach dem Verständnis des bisherigen Pflegschaftsrechts auch nicht bekamen (BGHZ 48, 147, 161; **aA** GERNHUBER [3. Aufl] § 70 VI 4). Da die Rechtsfigur des gesetzlichen Vertreters immer nur dort eine Funktion hat, wo der Betreffende nicht voll geschäftsfähig oder unbeschränkt handlungsfähig ist (zB § 1411 Abs 1 BGB), ist der Betreuer eines geschäftsfähigen Betreuten (speziell der eines ausschließlich körperlich Behinderten) als „gesetzlicher Vertreter" funktionslos, wiewohl er die ihm verliehene Vertretungsmacht für den Betreuten besitzt und auch einsetzen kann (eingehend dazu BIENWALD, Untersuchungen zur Rechtsstellung des Gebrechlichkeitspflegers usw 347 ff; zur Unvereinbarkeit von gesetzlicher Vertretung und Geschäftsfähigkeit auch BÜRGLE NJW 1988, 1881).

Die mit der Einführung des Betreuers als gesetzlichen Vertreters in allen Betreu- **34** ungsfällen verbundene Vorstellung, der Betreute könne den Betreuer nun nicht mehr von gesetzlichen Kontrollbestimmungen freistellen, wenn er rechtsgeschäftlich dazu in der Lage ist, eine entsprechende Bevollmächtigung vorzunehmen (BT-Drucks 11/4528, 135), wird überwiegend abgelehnt (**aA** lediglich ERMAN/HOLZHAUER Rn 16 und PETERS 197, jedoch ohne überzeugende Begründung). Das eigentliche Problem und Dilemma (BIENWALD, Untersuchungen 376), das bei der Gebrechlichkeitspflegschaft bestand – einerseits als Voraussetzung einer Gebrechlichkeitspflegschaft eine geistige und/ oder körperliche Gebrechlichkeit und eine dadurch bedingte Hilfebedürftigkeit, andererseits aber trotz dieser realen Hilfebedürftigkeit weder eine rechtsgeschäftliche Handlungsunfähigkeit (Geschäftsunfähigkeit) noch eine mit der Pflegschaft verbundene partielle Handlungsbeschränkung (Verfügungs- und Verpflichtungsbeschränkung) –, hat der Gesetzgeber für das Betreuungsrecht (auch mit der Einführung des Einwilligungsvorbehalts, s DIECKMANN JZ 1988, 789, 793) bisher nicht gelöst.

IV. Sachlicher Anwendungsbereich

1. Allgemeines

Die Vorschrift enthält die für die Befugnisse des Betreuers im Außenverhältnis **35** wesentliche Regelung. Sie legitimiert den Betreuer, im Rechtsverkehr für den Betreuten zu handeln, ihn verpflichtende und berechtigende Willensäußerungen abzugeben und entgegenzunehmen. Willenserklärungen, die der Betreuer für den Betreuten abgibt, wirken unmittelbar für und gegen den Betreuten (§ 164 Abs 1 S 1 BGB). Tritt der Betreuer nicht als solcher im Rechtsverkehr auf und bestehen Zweifel, dass er für den Betreuten handelt, wird der Betreuer unmittelbar verpflichtet und berechtigt (§ 164 Abs 2 BGB). Die mit dem Betreuten in noch ungeteilter Erbengemeinschaft nach ihrer Mutter stehende Antragstellerin hat ein berechtigtes Interesse an der Einsichtnahme in die Betreuungsakte, um den Nachlass betreffende Angaben des Betreuers festzustellen. Das Interesse des Betreuers an einem seine Arbeit betreffenden Datenschutz muss demgegenüber zurücktreten. Dem Betreuer steht aber gegen die die Einsicht in die Betreuungsakten betreffenden Entscheidungen ein eigenes Beschwerderecht zu (OLG Köln OLGR 1997, 175 = NJW-RR 1998, 439).

Das Innenverhältnis, die Beziehung zwischen dem Betreuten und seinem Betreuer, **36** wird rechtlich bestimmt durch die Bestellungsentscheidung des Betreuungsgerichts, den in dem Beschluss festgelegten Aufgabenkreis des Betreuers (§ 286 Abs 1 Nr 1 FamFG), die vom Gericht erlassenen Anordnungen (§ 1837 Abs 3 BGB; ggf § 1908i

Abs 2 S 2 BGB) und die der Führung der Betreuung dienenden Vorschriften des Betreuungsrechts (insbesondere § 1901 BGB). Es handelt sich mithin um ein Rechtsverhältnis eigener Art, das als **Betreuungsrechtsverhältnis** bezeichnet werden kann (so auch MünchKomm/SCHWAB § 1896 Rn 147) und seinem Hauptinhalt nach eine **Geschäftsbesorgung** zum Gegenstand hat. Der Betreuer schuldet im Regelfall nicht einen bestimmten Erfolg (zB die Beschaffung eines Passes), sondern die für die Wahrnehmung der Belange des Betreuten erforderlichen Tätigkeiten (BayObLGZ 2002, 353 = FamRZ 2003, 405). Zur Frage, ob der Betreuer berechtigt ist, sich gegen den Willen, notfalls mit Gewalt, Zutritt zur Wohnung des Betreuten zu verschaffen, s § 1901 Rn 66; zur Frage zwangsweiser Durchsetzung der Inventarisierung (§ 1802 BGB) § 1908i Rn 165.

37 Von der Vorschrift des § 1902 BGB wird nicht erfasst die Beziehung des Betreuers zum Betreuungsgericht und zu der zuständigen Behörde. Die Aufsichts- und Kontrollmöglichkeit des Betreuungsgerichts gilt der Amtsführung des Betreuers, auch wenn sie letztlich dem Betreuten zugutekommt. Die dem Gericht gegenüber bestehenden Verpflichtungen (zB Auskunfts-, Berichts- und Rechnungslegungspflicht, §§ 1839 und 1840 BGB iVm § 1908i Abs 1 S 1 BGB) erfüllt der Betreuer als eigene Verpflichtungen, nicht dagegen als solche des Betreuten in dessen Vertretung. Ähnlich liegt es im Verhältnis zur zuständigen Behörde (Betreuungsstelle). Ihr stehen nach dem Gesetz (BtG und BtBG) keine Aufsichts- und Kontrollbefugnisse über den Betreuer zu. Rechtlich hat sich daran durch die Einführung einer Meldepflicht für bestimmte Berufsbetreuer (§ 10 VBVG) nichts geändert; sie dient zwar der Kontrolle und Steuerung des Betreuungs „marktes" und insgesamt einer „Qualitätssicherung", gestattet aber nicht Eingriffe in die Führung der einzelnen Betreuung. Nimmt der Betreuer Beratung und Unterstützung durch die Behörde in Anspruch, wird er dabei nicht als Vertreter des Betreuten, sondern im eigenen Namen für sich tätig. Auch die Hilfeleistung der zuständigen Behörde zum Zwecke des Vollzugs der Unterbringung des Betroffenen (§ 1906 Abs 1 BGB, § 326 Abs 1 FamFG) dient der Unterstützung des Betreuers in der Wahrnehmung seines Amtes, nicht dagegen der Erbringung einer dem Betreuten gegenüber geschuldeten Leistung.

38 Die Rechtsstellung des Betreuers als gesetzlicher Vertreter eines Betreuten ist unabhängig davon, welchen Inhalt sein Aufgabenkreis hat; zB auch der des nach § 1899 Abs 4 BGB bestellten weiteren Betreuers. Auch wenn die Betreuung in Teilbereichen lediglich tatsächliche Besorgung erfordert, handelt der Betreuer in dieser Funktion als gesetzlicher Vertreter (zur Inkongruenz von Voraussetzungen und Folgen einer Betreuerbestellung BIENWALD, Untersuchungen 282 Fn 441).

39 Die gesetzliche Vertretung des Betreuers kann rechtsgeschäftlich weder zusammen mit dem Betreuten noch mit einem Dritten verändert oder aufgehoben werden; der Betreuer kann auf sie auch nicht verzichten. Der Betreute kann sie durch Erteilung von Vollmachten gegenüber Dritten nicht beschränken oder beseitigen.

2. Inhalt und Umfang gesetzlicher Vertretung

a) Begrenzung durch den Aufgabenkreis

40 Die gesetzliche Vertretung und die Rechtsstellung des Betreuers als gesetzlicher Vertreter eines Betreuten umfassen danach

– die Abgabe und die Entgegennahme von Willenserklärungen einschließlich geschäftsähnlicher Handlungen im Namen des Betreuten;

– die Vertretung des Betreuten in gerichtlichen Verfahren einschl Vorverfahren;

– die Zustimmung (und deren Verweigerung) zu einwilligungsbedürftigen Rechtsgeschäften/Willenserklärungen des Betreuten, wenn und soweit dieser unter Einwilligungsvorbehalt steht (so auch MünchKomm/Schwab Rn 4);

– die Gestattung der Vornahme von Handlungen, die den Körper oder die Freiheit des Betreuten betreffen;

– sonstige vom Gesetz vorgesehene Erklärungen oder Zustimmungsakte (zB § 52 Abs 2 S 1 StPO; MünchKomm/Schwab Rn 4).

Die Vertretungsmacht des Betreuers wird konkret begrenzt durch den gerichtlich **41** bestimmten Aufgabenkreis sowie die eine Vertretung ausschließenden gesetzlichen Bestimmungen. Ein bereits bestellter Betreuer (auch ein aus altem Recht übergeleiteter, vgl Art 9 § 1 Abs 2–4 BtG) ist nie gesetzlicher Vertreter, soweit es sich um die Frage der Einwilligung in die Sterilisation handelt, weil dafür immer ein besonderer Betreuer zu bestellen ist (§ 1899 Abs 2 BGB). Wurde als Aufgabenkreis des Betreuten die Personensorge und die Vermögenssorge bestimmt, sind die in § 1896 Abs 4 BGB aufgeführten Angelegenheiten dennoch nicht erfasst. Hierfür bedarf es einer ausdrücklichen Aufnahme in den Aufgabenkreis oder der Bestellung eines weiteren Betreuers. Die Vertretungsmacht geht nicht über den Aufgabenkreis hinaus, sie muss sich aber nicht auf alle zur Aufgabenerfüllung gehörenden Tätigkeiten erstrecken. Denkbar ist, dass als Annex zu Aufgaben mit Vertretungscharakter auch solche übertragen werden, bei denen eine Vertretung nicht erforderlich ist, nicht in Betracht kommt oder ausdrücklich ausgeschlossen ist (Bienwald, in: Bienwald/Sonnenfeld/Harm Rn 1). Mit diesen Einschränkungen kann MünchKomm/Schwab (siehe § 1902 Rn 5) zugestimmt werden, dass Aufgabenkreis und Umfang der Vertretungsmacht strikt identisch sind.

b) Ohne Aufgabenkreis keine gesetzliche Vertretung

Fehlt es an einer ausdrücklichen Zuweisung eines Aufgabenkreises, besteht keine **42** Vertretungsmacht (Cypionka DNotZ 1991, 578; Palandt/Diederichsen Rn 1; Bienwald, in: Bienwald/Sonnenfeld/Harm Rn 19). Davon zu unterscheiden sind diejenigen Fälle, in denen das Gericht bei einem Betreuerwechsel und der Entscheidung über die Bestellung des neuen Betreuers in einem Beschluss nicht den (weiterbestehenden) Aufgabenkreis wiederholt, so dass, solange der Betreuer in Ermangelung des Betreuerausweises mit dem Bestellungsbeschluss arbeitet, dieser seinen Aufgabenkreis nicht erkennen lässt. Auch wenn sich der Aufgabenkreis des neuen Betreuers mühelos unter Zuhilfenahme früherer Entscheidungen des zuständigen Betreuungsgerichts (Betreuerbestellung, Erweiterung und/oder Einengung des Aufgabenkreises usw) erkennen lassen würde, sollte jeder Bestellungsbeschluss den **Aufgabenkreis** des jetzt bestellten Betreuers enthalten (§ 286 Abs 1 Nr 1 FamFG), auch wenn es sich im Allgemeinen nur um eine deklaratorische Wiedergabe handelt.

c)   Handeln außerhalb des Aufgabenkreises

43 Handelt der Betreuer außerhalb des ihm übertragenen Aufgabenkreises, sind seine Erklärungen nicht durch § 1902 BGB legitimiert. Er kann dennoch stellvertretend für den Betreuten tätig sein, wenn dieser ihm wirksam Vollmacht erteilt hat (§ 167 BGB).

Soweit sich der Betreuer bei der Besorgung der Angelegenheiten des Betreuten im Rahmen seines Aufgabenkreises bewegt, handelt er nie ohne Vertretungsmacht.

44 Die Vertretungsmacht des Betreuers kann sich im Einzelfall auf eine Angelegenheit beschränken (zB auf die außergerichtliche und gerichtliche Durchsetzung eines bestimmten Anspruchs); sie kann sich auf sämtliche Angelegenheiten des Betroffenen beziehen, auch wenn die in § 1896 Abs 4 BGB genannten Angelegenheiten einbezogen worden sind, mit Ausnahme der Sterilisationsangelegenheit (§ 1905 BGB, § 1899 Abs 2 BGB). Zum Handeln eines gesetzlichen Vertreters ohne Vertretungsmacht und der Genehmigungsfähigkeit von Verträgen STAUDINGER/SCHILKEN (2014) § 177 Rn 4. Im Übrigen s dazu unten Rn 117.

45 Umfasst die Bestellung des Betreuers nicht die Vertretungsbefugnis zu einer Löschungsbewilligung, ändert daran nichts deren gerichtliche Genehmigung (OLG Frankfurt FamRZ 2010, 1762).

d)   Altfälle

46 Hierunter sind solche Betreuungen zu verstehen, deren Ursprung in vor dem 1. 1. 1992 angeordneten Pflegschaften (§ 1910 BGB aF) und Vormundschaften für Volljährige (§§ 1896 ff BGB aF) einschl der vorläufigen Vormundschaften liegt. Zu ihnen und den Übergangsvorschriften des BtG (Art 9) die vorherige Bearbeitung (2006) an dieser Stelle.

e)   Keine Verfahrensvertretung durch den Betreuer in Betreuungs- und Unterbringungsverfahren

47 Die gesetzliche Vertretung des Betreuers erstreckt sich nicht auf das Verfahren in Betreuungssachen und auch nicht auf das Verfahren in Unterbringungssachen. Dieser Ausschluss beruht nicht darauf, dass der Betreute sowohl für das eine als auch für das andere Verfahren ohne Rücksicht auf seine Geschäftsfähigkeit für verfahrensfähig gehalten wird (§§ 9, 275, 316 FamFG). Ebenso wie das Betreuungsgesetz konkurrierendes Handeln von Verfahrenspfleger und Betroffenem im Verfahren zulässt (BIENWALD, in: BIENWALD/SONNENFELD/HARM § 275 FamFG Rn 13 ff; POHL BtPrax 1992, 26), könnte es konkurrierendes Handeln von Betreuer und Betreutem in Verfahren betr Betreuungssachen zulassen, wenn nicht andere Gründe dagegen sprächen. Als Beistand während eines Verfahrens in Betreuungs- und/oder Unterbringungssachen hat das BtG nicht den Betreuer, sondern den **Verfahrenspfleger** als verfahrensrechtliches Gegenstück vorgesehen, der im Bedarfsfall nach den §§ 276, 317 FamFG zu bestellen ist. Für eine Vertretung des Betreuten durch seinen Betreuer in den genannten Verfahren besteht deshalb kein Bedarf.

48 Die Verfahren sind zwar heute nicht mehr als kontradiktorische Verfahren konzipiert; der Betreuer wird vom Betreuten jedoch oftmals als der Initiator von Verfahren, die letztlich als gegen ihn gerichtet verstanden werden, gesehen werden,

sodass auch deshalb eine Vertretung des Betreuten durch seinen Betreuer in Unter-
bringungs- und Betreuungsverfahren nicht als zulässig und zweckmäßig anerkannt
werden kann. Die Beteiligung des Betreuers an solchen Verfahren, zumindest im
Rahmen von § 26 FamFG (wenn nicht als Zustellungsadressat), bleibt davon unberührt.

In weiteren Verfahren in Betreuungssachen hat das Betreuungsgericht den Betreuer **49**
zu beteiligen, sofern sein Aufgabenkreis betroffen ist (§§ 7, 274 Abs 1 Nr 2
FamFG).

f)   Öffentlich-rechtliche Verpflichtungen des gesetzlichen Vertreters
Gehört zum Aufgabenbereich des Betreuers die Sorge für die Person des Betreuten, **50**
ist er nach § 60 SGB IX verpflichtet, den Betroffenen einer gemeinsamen Servicestelle oder einer sonstigen Beratungsstelle für **Rehabilitation** oder einem Arzt zur
Beratung über die geeigneten Leistungen zur Teilhabe vorzustellen. Zu rechtlicher
Betreuung und **Krebsregisterrecht** von Bund und Ländern s den gleichnamigen Auf-
satz von BIENWALD, in: OXENKNECHT-WITZSCH/ERNST/HORLBECK, Soziale Arbeit
und Soziales Recht (2009) 74. Länderregelungen zum Krebsregisterrecht:

Bremen, Gesetz zur Neuregelung des Krebsregisterrechts v 24. 2. 2015 (GBl 2015,
241); Verordnung zur Umsetzung des Krebsregisterrechts v 7. 4. 2015 (GBl 2015,
259);

Kann ein Beamter seiner Verpflichtung, sich selbst über geltende Anforderungen
über die Inanspruchnahme von Leistungen zu informieren, nicht nachkommen,
gelten die **Informationsobliegenheiten** in gleichem Maße für seinen Betreuer
(BayVGH v 14. 6. 2016 – 14 ZB 14. 1508; bisher nicht veröffentlicht).

Im **Sicherungsverfahren** und vor einer Unterbringung des Angeklagten im **Strafver- 51
fahren** wird es regelmäßig naheliegen, den Betreuer des Unterzubringenden als
Zeugen zu hören, sofern nicht bereits der nach §§ 246a, 415 Abs 5 StPO zu vernehmende Sachverständige diese Beweisquelle ausgeschöpft hat. Ausdrücklich ist
eine Beteiligung oder sonstige Anhörung des Betreuers in den Vorschriften der
StPO, insbesondere den Vorschriften über das Sicherungsverfahren, nicht vorgesehen. Ob eine Beteiligung des Betreuers entsprechend § 149 StPO in Betracht
kommt, hat der Senat nicht entschieden (BGH FamRZ 1997, 175).

Während die bisher aufgeführten Informations- und Melderegelungen den lebenden **52**
Betreuten voraussetzen, den Betreuer jedenfalls nur dann betrafen bzw betreffen,
solange die betreute Person noch lebt, haben einige Länder in ihren das Friedhofs-,
Leichen-und/oder Bestattungswesen regelnden Gesetzen den Betreuer zur Veranlassung von **Leichenschau** und/oder **Bestattung** ihres verstorbenen Betreuten verpflichtet. Soweit die Betreuer in einigen Ländern aufgrund ausdrücklicher Bestimmung oder als „sonstige Sorgeberechtigte" für die Bestattung der von ihnen
betreuten Person verantwortlich gemacht und ggf finanziell in Anspruch genommen
wurden (dazu näher STAUDINGER/BIENWALD [2006] § 1902 Rn 29a), sind die Bestimmungen
aufgehoben (**Bayern**) oder für unanwendbar erklärt worden. Für Sachsen entschied
das VerwG Leipzig (17. 7. 2007 – 6 K 1204/05, FamRZ 2007, 1686), dass der Betreuer kein
„sonstiger Sorgeberechtigter" ist. Für das Land Rheinland-Pfalz bestätigte das OVG

Rheinland-Pfalz in Koblenz die vom VerwG Neustadt a d Weinstraße (FamRZ 2007, 302) vertretene Auffassung, dass der Betreiber eines Alten- und Pflegeheims nicht nach den Bestimmungen des Bestattungsrechts bestattungspflichtig ist (14. 6. 2007 – 7 A 11566/06. OVG). Im Einzelnen DEINERT, in: FS Bienwald (2006) 33 ff.

g)   Ausschluss oder Einschränkung gesetzlicher Vertretung durch gesetzliche Bestimmungen

53   Der Betreuer kann den Betreuten dann nicht gesetzlich vertreten, wenn

– wegen der höchstpersönlichen Natur des Rechtsgeschäfts oder der Sache selbst eine Vertretung durch einen anderen ausgeschlossen ist

– gesetzliche Bestimmungen unmittelbar eine Vertretung des Betreuten durch den Betreuer nicht zulassen oder das Gericht zur Entziehung der Vertretungsmacht ermächtigen und das Gericht von dieser Ermächtigung Gebrauch gemacht hat.

54   Die zuletzt genannten Fälle liegen vor, wenn das Gesetz das Alleinhandeln des geschäftsfähigen Betreuten vorgesehen hat (s dazu unten Rn 66, 67), in bestimmten Fällen die Vertretung des Betreuten durch seinen Betreuer generell ausgeschlossen ist (§ 1795 Abs 1, § 1795 Abs 2 BGB, jeweils iVm § 1908i Abs 1 S 1, § 181 BGB) oder das Gericht dem Betreuer die Vertretung für einzelne Angelegenheiten oder für einen bestimmten Kreis von Angelegenheiten entzieht (§§ 1796, 1908i Abs 1 S 1 BGB).

55   Bei Verhinderung des Betreuers nach diesen Vorschriften muss ggf ein weiterer Betreuer (Ergänzungsbetreuer) bestellt werden (§ 1899 Abs 4 BGB). Im Verhältnis zu dem uU geringen Ausmaß an Verhinderung des Hauptbetreuers erscheint das für die Bestellung des (Ergänzungs-)Betreuers notwendige Verfahren recht aufwendig. Vereinfachungen sind dafür in den §§ 271 ff FamFG, abgesehen vom Verfahren einstweiliger Anordnung (§§ 300, 301 FamFG), nicht vorgesehen.

56   Eine betreuungsgerichtliche Gestattung des In-sich-Geschäfts im Rahmen von § 1795 BGB wird von der hM abgelehnt (Näheres bei ERMAN/HOLZHAUER § 1795 Rn 7, der die Gestattung auch im Betreuungsrecht befürwortet).

57   Die nach §§ 1796, 1908i Abs 1 S 1 BGB in Betracht kommende **Entziehung der Vertretungsmacht** soll das Gericht nur dann vornehmen, wenn das Interesse des Betreuten zu dem Interesse des Betreuers oder eines von diesem vertretenen Dritten oder zu einer der in § 1795 Nr 1 BGB bezeichneten Personen in erheblichem Gegensatz steht (§§ 1796 Abs 2, 1908i Abs 1 S 1 BGB). Das Betreuungsgericht kann durch die Bestellung eines Ergänzungsbetreuers für die Prüfung und Geltendmachung von Pflichtteils- und Pflichtteilsergänzungsansprüchen des Betroffenen **kon- kludent** die Vertretungsmacht des Betreuers für den betreffenden Aufgabenkreis entziehen, wenn ein erheblicher Interessenkonflikt zwischen Betreuer und Betrof- fenem vorliegt (BayObLGZ 2003, 248 = FamRZ 2004, 906 = BtPrax 2004, 32)

58   Der Betreuer kann in Vertretung des Betreuten nur in bestimmten Fällen **Schen- kungen** vornehmen. Gegenüber dem bisherigen Recht hat das BtG die Möglichkei- ten jedoch erweitert. Das strenge Schenkungsverbot des § 1804 S 1 BGB (iVm

§ 1908i Abs 2 S 1 BGB), von dem § 1804 S 2 BGB diejenigen Schenkungen aus-
nimmt, durch die einer sittlichen Pflicht oder einer auf den Anstand zu nehmenden
Rücksicht entsprochen wird, erfährt durch § 1908i Abs 2 S 1 BGB eine weitere
Lockerung dahingehend, dass der Betreuer in Vertretung des Betreuten Gelegenheitsgeschenke auch dann vornehmen kann, wenn dies dem **Wunsch des Betreuten**
entspricht und **nach seinen Lebensverhältnissen üblich ist**.

Maßstab für den Betreuer kann danach nicht sein, ob die unentgeltliche Übertra- **59**
gung von Vermögen auf Angehörige, um es nicht der Sozialhilfe anheimfallen zu
lassen, ihm „als Träger eines Amtes" objektiv zumutbar ist (so aber ERMAN/HOLZHAUER
Rn 11 unter Berufung auf § 1901 Abs 3 S 1). Hat der Betreute den Wunsch, sein Vermögen
auf Angehörige zu übertragen, um Sozialhilfe zu erhalten oder den Rückgriff des
Sozialhilfeträgers zu vermeiden, liegen bereits die Voraussetzungen der § 1908i
Abs 2 S 1 BGB nicht vor, weil der geschilderte Vorgang etwas Einmaliges darstellt
und nicht den Lebensverhältnissen des Betreuten entspricht. Überträgt der Betreuer
Grundbesitz des Betreuten unentgeltlich auf dessen künftige Erben (vorweggenommene Erbfolge), so ist dieser Vertrag grundsätzlich nichtig und kann deshalb auch
nicht gerichtlich genehmigt werden. Eine solche Übertragung ist durch eine sittliche
Pflicht nicht geboten, auch wenn mit ihr für die künftigen Erben eine Steuerersparnis erreicht werden könnte (BayObLGZ 1996, 118 = FamRZ 1996, 1359 = Rpfleger 1996, 508 =
BtPrax 1996, 183). Der Auffassung von CANARIS (JZ 1987, 993, 998 f), das Schenkungsverbot des § 1804 S 1 BGB sei verfassungswidrig, wird nicht gefolgt.

Der Betreuer kann als Vertreter des Betreuten **sich selbst keine Schenkung** machen **60**
oder versprechen (§ 1908i Abs 1 S 1 BGB iVm § 1795 Abs 2, § 181 BGB), wenn ihm
dies nicht ausdrücklich gestattet ist. Ein nicht geschäftsfähiger Betreuter ist rechtlich
dazu nicht in der Lage (§ 104 Nr 2, § 105 Abs 1 BGB).

Ein vom Betreuten formwirksam gemachtes Schenkungsversprechen darf der Be- **61**
treuer später erfüllen. Ein Verstoß gegen § 181 BGB liegt dann nicht vor (§ 1795
Abs 1 BGB trifft auf diese Fälle ohnehin nicht zu), weil die Tätigkeit des Betreuers
ausschließlich in der Erfüllung dieses (gültigen) Schenkungsversprechens liegt.

Ist der Betreute geschäftsfähig, kann er Schenkungen vornehmen, auch wenn dem **62**
Betreuer die Vermögenssorge obliegt. Grenzen der Erfüllung von Schenkungsversprechen des Betreuten ziehen § 1901 BGB und die zur Verfügung stehenden Mittel,
sofern nicht bereits das Schenkungsversprechen nach den allgemeinen Bestimmungen wegen Unerfüllbarkeit nichtig ist.

Steht der (geschäftsfähige) Betreute unter **Einwilligungsvorbehalt** und erfasst dieser **63**
Schenkungen, sind entsprechende Willenserklärungen an die Einwilligung des Betreuers gebunden. Unter dem Gesichtspunkt des § 181 BGB kann der Betreuer nicht
in eine vom Betreuten selbst abgegebene Schenkungserklärung einwilligen (ERMAN/
HOLZHAUER Rn 12).

Beschränkungen sieht das Gesetz über den **Versicherungsvertrag** (VVG) für die **64**
Lebensversicherung (§§ 159 ff VVG) und die Unfallversicherung (§§ 179 ff VVG)
vor. Wird eine Lebensversicherung von jemandem auf den Tod eines anderen genommen, ist zur Gültigkeit des Versicherungsvertrags die schriftliche Einwilligung

des anderen erforderlich, wenn die vereinbarte Leistung den Betrag der gewöhnlichen Beerdigungskosten übersteigt. Für diesen anderen kann der Betreuer nicht handeln, wenn er selbst Versicherungsnehmer ist (§ 159 Abs 2 S 2 VVG).

65 Wird eine Versicherung gegen Unfälle, die einem anderen zustoßen, von dem Versicherungsnehmer für eigene Rechnung genommen, so ist zur Gültigkeit des Vertrags die schriftliche Einwilligung des anderen erforderlich. Hat dieser einen Betreuer, kann dieser die Einwilligung nicht erteilen, wenn er zugleich Versicherungsnehmer ist (§ 179 Abs 3 S 2 VVG). In beiden Fällen muss ggf ein weiterer (Ergänzungs-)Betreuer nach § 1899 Abs 4 BGB mitwirken.

66 Ausgeschlossen ist die gesetzliche Vertretung eines Betreuers schlechthin (nicht nur eingeschränkt, vgl MünchKomm/Schwab Rn 24 ff; s auch Erman/Holzhauer Rn 5) bei bestimmten **Geschäften höchstpersönlicher Natur.** Das liegt allerdings nicht an dem Charakter der Angelegenheit (über die Sterilisation entscheidet auch ein Vertreter), sondern an dem gesetzlichen Ausschluss.

67 Der Betreuer kann deshalb nicht im Namen des Betreuten

– für diesen die **Ehe** schließen (§ 1311 S 1 BGB); eine Aufgabenkreisbestimmung, die diese Angelegenheit zum Inhalt hätte, wäre insoweit unzulässig. Ebensowenig kann sich ein Einwilligungsvorbehalt auf Erklärungen erstrecken, die auf die Eingehung einer Ehe gerichtet sind (§ 1903 Abs 2 BGB);

– für diesen eine **Lebenspartnerschaft** eingehen (§ 1 Abs 1 S 1 LPartG). Ebensowenig kann sich ein Einwilligungsvorbehalt auf Willenserklärungen erstrecken, die auf die Begründung einer Lebenspartnerschaft gerichtet sind (§ 1903 Abs 2 BGB). Auch kann der Betreuer für den (geschäftsunfähigen) Partner einer eingetragenen Lebenspartnerschaft nicht die Erklärung abgeben, dass er die Lebenspartnerschaft nicht fortsetzen wolle (§ 15 Abs 2 Nr 2, Abs 4 LPartG; OLG Köln FamRZ 2004, 1724);

– für Eltern oder einen Elternteil eine/die **Sorgeerklärung** abgeben (§§ 1626a Abs 1, 1626c Abs 1 BGB);

– für den Betreuten ein **Testament** oder sonst eine letztwillige Verfügung errichten (§§ 2064, 2274 BGB). Auch ein Einwilligungsvorbehalt kann sich nicht auf Verfügungen von Todes wegen erstrecken (§ 1903 Abs 2 BGB);

– die **Zustimmung zu einer letztwilligen Verfügung** des Ehegatten geben, mit der dieser die Fortsetzung der Gütergemeinschaft mit einem gemeinschaftlichen Abkömmling ausschließt oder dessen Stellung in der ehevertraglich vorgesehenen fortgesetzten Gütergemeinschaft verschlechtert (§ 1516 Abs 2 BGB);

– die **Einwilligung in die Adoption** des Kindes durch die Eltern sowie den Ehegatten (§§ 1747, 1749, 1750 Abs 3 BGB) erklären;

– den Antrag eines Elternteils auf **Aufhebung des Annahmeverhältnisses** wegen Unwirksamkeit seiner Einwilligung stellen (§ 1762 Abs 1 S 3 und S 4 BGB);

– die **Aufhebung eines Erbvertrages** durch den Erblasser (§ 2290 Abs 2 BGB) bewirken; steht dagegen der andere Teil unter Betreuung und wird die Aufhebung vom Aufgabenkreis des Betreuers erfasst, so ist die Genehmigung des Betreuungsgerichts erforderlich (§ 2290 Abs 3 S 3 BGB);

– den **Rücktritt vom Erbvertrag** erklären (§ 2296 Abs 1 BGB).

Diese Rechtsgeschäfte kommen für einen Geschäftsunfähigen nicht in Betracht.

Ist bei einem Zustimmungsbedürfnis zu dem Rechtsgeschäft eines Dritten der Betreute zur Abgabe der Willenserklärung dauernd außerstande (oder ist sein Aufenthalt dauernd unbekannt), entfällt das Zustimmungserfordernis (s § 1747 Abs 4 BGB; § 1749 Abs 3 BGB). **68**

Eine Vertretung des Betreuten durch den Betreuer in der **Wahrnehmung elterlicher Sorge** ist ausgeschlossen. Ruht die elterliche Sorge der/des Betreuten, weil sie/er geschäftsunfähig ist (§ 1673 Abs 1 BGB, § 1675 BGB), übt der andere Elternteil die elterliche Sorge allein aus (§ 1678 Abs 1 S 1 BGB). Dies gilt nicht, wenn die elterliche Sorge dem Elternteil nach § 1626a Abs 2, § 1671 oder § 1672 Abs 1 BGB allein zustand (§ 1678 Abs 1 HS 2 BGB). Ruht die elterliche Sorge des Elternteils, dem sie nach § 1626a Abs 2 BGB allein zustand, und besteht keine Aussicht, dass der Grund des Ruhens wegfallen werde, so hat das Familiengericht die elterliche Sorge dem anderen Teil zu übertragen, wenn dies dem Wohl des Kindes dient (§ 1678 Abs 2 BGB). Kommt es nicht zu dieser Entscheidung, muss Vormundschaft angeordnet und ein Vormund bestellt werden (§ 1773 BGB), sofern nicht im Einzelfall ein Pfleger (§ 1909 BGB) ausreicht. **69**

Die Bestellung eines Betreuers für einen Elternteil, gleich welchen Umfangs der Aufgabenkreis auch ist, hat keinen Einfluss auf die Sorgerechtslage. Ebensowenig verändert sie die Anordnung eines Einwilligungsvorbehalts (STAUDINGER/COESTER [2016] § 1673 Rn 8). **70**

Besteht ein Betreuungsrechtsverhältnis, ohne dass der Betreute eindeutig (voll oder partiell) geschäftsunfähig ist, kann sich nach der Abschaffung der beschränkten Geschäftsfähigkeit bei Volljährigen (Aufhebung von § 114 durch Art 1 Nr 3 BtG) ein Hilfebedarf (zB nach den Vorschriften des SGB VIII) oder die Notwendigkeit gerichtlicher Intervention (§§ 1666, 1666a, 1667 BGB) nur auf den Mangel in der tatsächlichen Wahrnehmung des Sorgerechts beziehen, nicht dagegen auf ein Defizit in der Rechtsmacht. Ist der Betreute nicht geschäftsunfähig und wurde das Sorgerecht nicht entzogen oder eingeschränkt oder besteht ein Hindernis aufgrund von §§ 1795, 1796 BGB, steht ihm das Vertretungsrecht für sein Kind zu. Hat das Betreuungsgericht einen Einwilligungsvorbehalt angeordnet, kann sich dieser nicht auf Willenserklärungen erstrecken, die sich unmittelbar auf die Ausübung elterlicher Sorge beziehen (STAUDINGER/COESTER [2016] § 1673 Rn 9). **71**

Nimmt der betreute Elternteil seine Sorgerechtspflichten nicht ausreichend wahr, wäre der Einwilligungsvorbehalt kein geeignetes Instrument zur Aktivierung des Betreuten, weil der Betreuer nur in die von dem Betreuten gewollten Erklärungen einwilligen kann, aufgrund des Einwilligungsvorbehalts aber keine Erweiterung der **72** nach dem Aufgabenkreis bereits vorhandenen Kompetenzen erreicht. Wird der betreute Elternteil tätig, wäre der Betreuer nur insoweit zur Intervention berechtigt, als der Betreute sich selbst schädigt. Schadet er durch sein Handeln im Rahmen der Sorgerechtsausübung seinem Kind, kommt neben vorrangigen Maßnahmen durch das Jugendamt nur ein Eingreifen durch das Familiengericht nach den §§ 1666, 1666a, 1667 BGB in Betracht.

73 Betätigt sich der Betreute rechtsgeschäftlich, um seiner Sorgepflicht zu genügen, im Bereich der Vermögenssorge, und besteht insoweit ein Einwilligungsvorbehalt, würde die Verweigerung der erforderlichen Einwilligung des Betreuers zwar die Ausübung des Sorgerechts mittelbar berühren. Ist der unter Totalbetreuung und umfassendem Einwilligungsvorbehalt stehende Elternteil (noch) nicht geschäftsunfähig iSd § 104 Nr 2 BGB, ruht seine elterliche Sorge nicht nach § 1673 Abs 1 BGB.

74 Ob eine Vertretung des Kindes aufgrund des umfassenden Einwilligungsvorbehalts völlig ausgeschlossen ist, erscheint angesichts von Restzuständigkeiten des Betreuten (§ 1896 Abs 4, § 1899 Abs 2, § 1905 BGB) oder eines anderen Betreuers (§ 1899 Abs 2 BGB) zumindest fraglich. Insofern kann auch hier nicht von einem vollständigen rechtlichen Defizit ausgegangen werden. Dies und der in BT-Drucks 11/4528, 108 enthaltene generelle Verweis auf §§ 1666 ff BGB sprechen dafür, nach diesen Vorschriften zu verfahren und entweder a) einem vorhandenen anderen Elternteil die alleinige Sorge für das gemeinsame Kind zuzusprechen bzw zu belassen oder b) im Falle von „Alleinerziehung" einen Vormund zu bestellen (im Ergebnis ebenso STAU-DINGER/COESTER [2016] § 1673 Rn 10).

75 **Das Verhältnis von Betreuung und elterlicher Sorge ist nicht befriedigend geregelt.** Insbesondere fällt auf, dass das Betreuungsrecht einerseits für die Bestellung des Betreuers und die Anordnung eines Einwilligungsvorbehalts bewusst auf die Anknüpfung an die Geschäftsfähigkeit verzichtet, an anderer Stelle dieses Kriterium als Voraussetzung einer bestimmten Rechtsfolge aber beibehält.

76 Sind beide Elternteile sorgeberechtigt, verändert sich diese Rechtsposition durch die Bestellung eines Betreuers für einen der beiden Elternteile nicht, vorausgesetzt, der Betroffene ist nicht geschäftsunfähig (§ 1673 Abs 1 BGB). Der Anteil des jeweiligen Elternteils an der gemeinsamen Elternverantwortung im Rechtssinne bleibt im Dunkeln.

77 Die Ausübung der elterlichen Sorge obliegt beiden Eltern, es sei denn, die elterliche Sorge des betreuten Elternteils ruht (§ 1673 Abs 1 BGB) oder wird ihm entzogen (§ 1666, § 1680 Abs 1 S 1 BGB).

78 Weder in solchen Fällen noch in denen des § 1628 BGB (Übertragung des Entscheidungsrechts auf einen Elternteil) gibt es einen Anspruch auf Feststellung des Ruhenstatbestands. Lediglich bei defizitärer Sorgerechtsausübung wird § 1673 Abs 1 BGB durch die §§ 1666 ff BGB verdrängt, weil die Notwendigkeit erzieherischer Hilfen und die Unterstützung eines psychisch Kranken oder eines geistig oder seelisch Behinderten, der einen Betreuer hat, nach dem tatsächlichen Defizit erzieherischer Leistung und nicht nach der abstrakt definierten Mängellage (Geschäftsunfähigkeit und infolgedessen Erziehungsunfähigkeit, § 1673 Abs 1 BGB) bestimmt wird (BIENWALD FamRZ 1994, 484).

Hat eine Mutter eines nichtehelichen Kindes, die vor dem Inkrafttreten des BtG **79** wegen Geisteskrankheit entmündigt war, jetzt einen Betreuer erhalten, der nur einen Teil ihrer Angelegenheiten zu besorgen hat, ist unklar, auf welche Norm sie ein Umgangsregelungsgesuch stützen kann, um ihr Kind, das unmittelbar nach seiner Geburt in (anonyme) Familienpflege gegeben worden war, in bestimmten Abständen zu sehen (Näheres BIENWALD FamRZ 1994, 484, 486).

Die Beweislastregel der §§ 104 ff BGB, auf die mitunter zurückgegriffen wird, bietet **80** keine geeignete Grundlage für die Feststellung der Rechtslage. Bestehen tatsächlich Zweifel, wird zugunsten des Betreuten angenommen, dass er nicht geschäftsunfähig ist und infolgedessen seine elterliche Sorge nicht ruht. Die im Innenverhältnis unsichere Situation, in welchem Maße der betreute Elternteil rechtlich und tatsächlich an der Elternverantwortung zu beteiligen ist, dauert an.

Nicht miteinander verheiratete Eltern können **Sorgeerklärungen**, nach deren Abga- **81** be ihnen die elterliche Sorge für ihr Kind gemeinsam zusteht (§ 1626a Abs 1 Nr 1 BGB), nur selbst abgeben (§ 1626c Abs 1 BGB). Die Mitwirkung des gesetzlichen Vertreters ist nur für den Fall vorgesehen, dass ein Elternteil (oder beide) beschränkt geschäftsfähig (also noch minderjährig) ist (§ 1626c Abs 2 BGB). Die Frage, ob eine geschäftsunfähige Person die Sorgeerklärung abgeben kann (Münch Komm/SCHWAB Rn 35), ist betreuungsrechtlich ohne Bedeutung, weil im Fall der Wirksamkeit der Erklärung eine Betreuerbeteiligung nicht erforderlich ist, und sie bei Unwirksamkeit an diesem Ergebnis nichts ändert.

Die Anordnung eines Einwilligungsvorbehalts für den Bereich der Sorgeerklärung **82** zum Schutz eines betreuten Elternteils (MünchKomm/SCHWAB Rn 35, der insbesondere den Schutz der Mutter vor Augen hat; ebenso schutzbedürftig kann der betreute Vater sein) könnte nur dann in Betracht kommen, wenn dem Betreuer ein Aufgabenkreis zugewiesen werden könnte und würde, in den die Sorgeerklärung gehört. Als persönliche Erklärung kann die Sorgeerklärung aber nicht Aufgabe des Betreuers sein.

Da die Bestellung eines Betreuers – unabhängig von dessen Aufgabenkreis – keine **83** unmittelbaren Auswirkungen auf die Geschäftsfähigkeit der betreuten Person hat, kann diese einen Antrag gemäß §§ 1712, 1713 BGB auf Eintreten der **Beistandschaft** für ihr Kind/ihre Kinder stellen, sofern ihr die Sorge für das Kind/die Kinder zusteht oder nach der Geburt zustünde. Das KindRVerbG führte die Möglichkeit ein, dass der Antrag von dem Elternteil gestellt werden kann, in dessen Obhut sich das Kind befindet, wenn beiden Eltern die elterliche Sorge gemeinsam zusteht. Ist die antragsberechtigte Person geschäftsunfähig, sind die Voraussetzungen des § 1673 Abs 1 BGB gegeben, wenn das Kind bereits geboren ist. Für eine werdende Mutter, die geschäftsunfähig ist, kann nur ihr gesetzlicher Vertreter den Antrag stellen (§ 1713 Abs 2 S 2 BGB); ist sie volljährig, also nur ein Betreuer mit dem erforderlichen Aufgabenbereich, sofern er bereits bestellt worden ist.

Im Hinblick darauf, dass weder das FamFG noch das SGB VIII ein abstraktes **84** Verfahren der Feststellung der Geschäfts-(un-)fähigkeit kennen, könnten praktische

Gründe dafür sprechen, dass der Betreuer bei entsprechendem Aufgabenkreis gewissermaßen vorsorglich den Antrag stellt, auch wenn die werdende Mutter selbst die Beistandschaft beantragt. Das wäre aber jedenfalls dann keine Lösung, wenn die Beendigung der Beistandschaft beantragt wird (§ 1715 BGB) und das Jugendamt wissen muss, ob es seine Tätigkeit einzustellen hat. Entgegen STAUDINGER/RAUSCHER (2014) § 1713 Rn 27 geht es bei der Problematisierung der unbefriedigenden Regelung nicht um die Alternative Schutz des Kindes/Schutz des möglicherweise geschäftsunfähigen Betreuten, sondern in erster Linie um Konsequenzen aus dem der **Einführung** der Beistandschaft zugrundeliegenden Grundsatz der Freiwilligkeit.

85 Ausgeschlossen ist die gesetzliche Vertretung des Betreuten durch den Betreuer durch Regelungen, die das **Alleinhandeln des geschäftsfähigen Betreuten** vorsehen:

a) § 1411 Abs 1 S 4 BGB – Der gesetzliche Vertreter (Betreuer) kann für den geschäftsfähigen Betreuten keinen Ehevertrag schließen. Entsprechendes gilt für den Lebenspartnerschaftsvertrag gemäß § 7 Abs 1 S 3 LPartG.

b) § 1596 Abs 3 BGB – Ein geschäftsfähiger Betreuer kann eine Vaterschaft nur selbst anerkennen; er kann auch nur selbst einer Vaterschaftsanerkennung zustimmen. Die Anordnung eines Einwilligungsvorbehalts ist möglich (§ 1596 Abs 3 HS 2 BGB iVm § 1903 Abs 2 BGB). In einem solchen Fall muss dem Betreuer die Angelegenheit übertragen werden, damit ein Einwilligungsvorbehalt angeordnet werden darf (Akzessorietät des Einwilligungsvorbehalts, s § 1903 Rn 35, Rn 40); in der Sache selbst darf trotz des Aufgabenkreises der Betreuer für einen geschäftsfähigen Betreuten nur insoweit tätig werden, als ihm dies durch die Anordnung des Einwilligungsvorbehalts gestattet ist.

c) Der Widerruf der Vaterschaftsanerkennung, wenn sie ein Jahr nach der Beurkundung noch nicht wirksam geworden ist, kann durch den geschäftsfähigen Betreuten nur selbst erklärt werden; § 1903 BGB bleibt jedoch unberührt (§ 1597 Abs 3 BGB iVm § 1596 Abs 3 BGB).

d) § 1600a Abs 5 BGB – Ein Betreuer eines Geschäftsfähigen kann die Anerkennung der Vaterschaft nicht anfechten. Ein Einwilligungsvorbehalt kann sich auf diese Angelegenheit nicht erstrecken (§ 1600a Abs 2 S 2 HS 2 BGB iVm § 1903 Abs 2 BGB).

e) Die Bestimmungen über die Namensgebung und Einbenennung in der durch das KindRG erhaltenen Fassung (§§ 1617 ff BGB) sehen, anders als das bisherige Recht (s dazu STAUDINGER/BIENWALD[12]), eine Beteiligung des Betreuers nicht vor und treffen auch keine Regelung für den Fall eines betreuten Beteiligten. Namensführung und Namensgebung richtet sich nach der Sorgerechtsinhaberschaft; ggf werden erforderliche Einwilligungen gerichtlich ersetzt (§ 1618 S 4 BGB nunmehr idF des KindRVerbG).

86 Das heißt:

– Das Betreuungsgericht kann bei der enumerativen Aufgabenkreisbestimmung diese Angelegenheiten nicht in den Aufgabenkreis des Betreuers einbeziehen (sofern es feststellt, dass der Betroffene geschäftsfähig ist).

– Für den Fall, dass eine globale Aufgabenkreisbestimmung (Personensorge) diese Angelegenheiten enthalten sollte, besteht in diesen Fällen kein Vertretungsrecht des Betreuers. Das Betreuungsgericht hätte in solchen Fällen auch nicht die Möglichkeiten der eigenen Entscheidung oder der gerichtlichen Genehmigung des „vollmacht"losen Handelns des Betreuers.

Das für die Regelung dieser Angelegenheiten zuständige Gericht muss demnach **87** jeweils prüfen, ob der handelnde Betreuer, der einen Antrag stellt oder eine Erklärung abgibt, den Betreuten vertreten kann, dh, es muss die Geschäftsfähigkeit des Betreuten selbst feststellen.

Die gesetzliche Vertretung wird durch die zahlreichen **Genehmigungsvorbehalte** des **88** Betreuungsgerichts oder des Gegenbetreuers zwar nicht in ihrer Substanz (der Betreuer bleibt zuständig), aber doch in der Reichweite (Wirksamkeit der Willenserklärung nur bei Genehmigung oder doch wenigstens rechtmäßigem Handeln mit gerichtlicher Genehmigung) begrenzt. Durch das BtG wurden die Genehmigungsvorbehalte im Bereich der Personensorge (§§ 1904–1906 BGB) und nach § 1907 BGB eingeführt. Im Bereich der Vermögenssorge ist es außerdem das **Ausstattungsversprechen** (§ 1908 BGB). Die Genehmigungsvorbehalte gelten für alle Arten von Betreuern, soweit nicht landesrechtliche Ausnahmen bestehen (bzgl § 1907 vgl dazu § 1908i Rn 398). Die aus dem Vormundschaftsrecht in Angelegenheiten der Vermögenssorge ins Betreuungsrecht übernommenen Vorbehalte (§ 1908i Abs 1 S 1 BGB) sind für die Betreuer unterschiedlich verbindlich je nachdem, in welchem Umfang und mit welcher Dauer sie ggf befreit sind oder werden können.

Nach § 2 Abs 1 **FamNamÄndG** (Fassung nach Art 7 § 30 BtG) stellt für eine ge- **89** schäftsunfähige Person der gesetzliche Vertreter (Betreuer) den Antrag; er bedarf hierzu jedoch der Genehmigung des Betreuungsgerichts. Für eine geschäftsfähige Person, für die in dieser Angelegenheit ein Betreuer bestellt und ein Einwilligungsvorbehalt nach § 1903 BGB angeordnet ist, stellt der Betreuer den Antrag; er benötigt hierzu aber die Genehmigung des Betreuungsgerichts.

Eine **echte Begrenzung der Vertretungsmacht**, die allerdings durch Gerichtsbeschluss **90** beseitigt werden kann, enthält § 1903 Abs 3 S 2 BGB. Hat das Betreuungsgericht einen Einwilligungsvorbehalt angeordnet, und benötigt der Betreute zu den davon erfassten Willenserklärungen die Einwilligung des Betreuers (§ 1903 Abs 1 S 1 und 2 BGB), handelt er völlig frei, wenn die Willenserklärung eine geringfügige Angelegenheit des täglichen Lebens betrifft. Entgegen verbreiteter Meinung kann der Betreute, der nicht geschäftsfähig ist, aus eigenem Recht handeln (vgl Pawlowski JZ 2003, 66 [69 Fn 32]).

Für die **Aufhebung einer Gemeinschaft** durch Zwangsversteigerung (Einzelheiten **91** dazu in § 181 Abs 2 ZVG) benötigt der Betreuer eines Miteigentümers für seinen Antrag die Genehmigung des Betreuungsgerichts (§ 181 Abs 2 S 2 ZVG).

Der Betreuer ist **kein Empfangsberechtigter** iSv § 37 Abs 3 StPO. Als gesetzlicher **92**

Vertreter eines Untergebrachten kann dieser Betreuer (iSd §§ 1896 ff BGB) von einem Rechtsmittel gegen eine den Untergebrachten betreffende gerichtliche Entscheidung nur binnen der für den Vertretenen laufenden Frist Gebrauch machen (OLG Düsseldorf JurBüro 1996, 163 = R & P 1996, 31). Schätzungsbescheide des Finanzamts betreffend Einkommens- und Umsatzsteuer werden nur wirksam, wenn sie dem für die Vermögenssorge zuständigen Betreuer und nicht lediglich dem Betreuten zugegangen sind (FG Niedersachsen FamRZ 2003, 1511 = BtPrax 2003, 230).

3.   Beginn und Ende der gesetzlichen Vertretung

a)   Beginn

93 Die gesetzliche Vertretung des Betreuers entsteht mit der Wirksamkeit seiner Bestellung, dh wenn dem Betreuer die Entscheidung bekanntgemacht wird (§§ 40, 287 Abs 1 FamFG). Durch die Bekanntmachung an den Betreuten selbst, die zwar unerlässlich ist (§§ 40 Abs 1, 41 Abs 1 FamFG), wird die Bekanntgabe an den Betreuer als Wirksamkeitsvoraussetzung nicht ersetzt (BT-Drucks 11/4528, 175). Die Wirksamkeit der Betreuerbestellung äußert sich darin, dass der Betreuer nun die ihm kraft des Amtes zukommenden Rechte erhält (ähnlich Keidel/Kayser § 69a FGG aF Rn 9). Ist die Bekanntmachung an den Betreuer nicht möglich oder ist Gefahr im Verzug, und hat das Gericht aus einem dieser Gründe die sofortige Wirksamkeit angeordnet (§ 287 Abs 2 FamFG), wird die Entscheidung der Betreuerbestellung, auch die nach § 300 FamFG getroffene, in dem Zeitpunkt wirksam, in dem sie und die Anordnung der sofortigen Wirksamkeit dem Betroffenen oder dem Pfleger für das Verfahren bekannt gegeben oder der Geschäftsstelle des Gerichts zur Bekanntmachung übergeben werden bzw wurden (§ 287 Abs 2 S 2 FamFG). Das Gericht hat den Zeitpunkt auf der Entscheidung zu vermerken (§ 287 Abs 2 S 3 FamFG). Hat das Gericht einen vorläufigen Betreuer durch einstweilige Anordnung gemäß §§ 300, 301 FamFG bestellt, endet dessen Bestellung und damit seine gesetzliche Vertretung, sofern das Gericht keinen früheren Zeitpunkt bestimmt hat, mit Ablauf von sechs Monaten, gerechnet von der Wirksamkeit der Entscheidung. Wurde die einstweilige Anordnung vor Ablauf der Frist durch eine weitere einstweilige Anordnung bis zur Gesamtdauer von einem Jahr verlängert (§ 302 FamFG), endet sie spätestens nach Ablauf dieses Zeitraums, andernfalls mit dem Ende des Zeitraums, für den die Maßnahme angeordnet worden ist.

94 Wird der **Aufgabenkreis** des Betreuers **erweitert**, tritt zugleich damit eine Änderung des Umfangs und des Inhalts gesetzlicher Vertretung ein (§ 1902 BGB), ohne dass materiell-rechtlich zwischen wesentlicher und unwesentlicher Erweiterung unterschieden werden könnte.

95 Die Bekanntmachung der Entscheidung an den Betreuer als Wirksamkeitsvoraussetzung und Zeitpunkt für den Beginn der Vertretungsmacht ist auch für die **Bestellung eines weiteren Betreuers** nach § 1899 BGB maßgebend. Ist mit der Bestellung eines weiteren Betreuers eine Erweiterung des Aufgabenkreises nicht verbunden, handelt es sich um eine Mitbetreuung durch beide Betreuer gemeinsam (§ 1899 Abs 3 S 1 BGB), wenn das Gericht nicht etwas anderes bestimmt hat. Das Vertretungsrecht des einen Betreuers setzt dann ein, wenn ihm die Entscheidung über seine Bestellung bekannt gegeben ist (§ 287 FamFG). Hat das Betreuungsgericht einen Mitbetreuer mit einem eigenen Aufgabenkreis bestellt, beginnt die

gesetzliche Vertretung dieses Betreuers ebenfalls mit der Bekanntgabe der Entscheidung an ihn.

Hat das Betreuungsgericht nachträglich einen **Mitbetreuer** bestellt, und erhält dieser **96** Mitbetreuer einen eigenen Aufgabenkreis, ohne dass dadurch der Aufgabenkreis des anderen Mitbetreuers eingeschränkt wurde, bedarf es der Bekanntgabe der Entscheidung zu ihrer Wirksamkeit an den bisherigen Alleinbetreuer nicht. Hat das Gericht in diesem Falle den Aufgabenkreis des bisherigen Alleinbetreuers eingeschränkt, handelt es sich nicht nur um eine Bestellungsentscheidung, sondern außerdem um die Entscheidung, durch die der Aufgabenkreis des bisherigen Betreuers eingeschränkt wurde. Diese Entscheidung muss zu ihrer Wirksamkeit dem Betreuer bekannt gegeben werden (§§ 40, 287 Abs 1 FamG). Damit die Reduzierung des einen Aufgabenkreises und die entsprechende Beendigung der gesetzlichen Vertretung nicht zu einem späteren Zeitpunkt erfolgt als die Bestellung des weiteren (Mit-)Betreuers und die dadurch bedingte gesetzliche Vertretung einsetzt, muss das Gericht ggf die sofortige Wirksamkeit der den Aufgabenkreis einschränkenden Entscheidung anordnen (§ 287 Abs 2 FamFG).

b)   Ende

Die gesetzliche Vertretung eines Betreuers endet mit dem Ende der Betreuung, mit **97** der Wirksamkeit der Entscheidung, durch die eine Betreuung ganz oder teilweise aufgehoben, der Aufgabenkreis des Betreuers eingeschränkt oder der Betreuer entlassen wird. Sie endet auch mit dem Tod des Betreuers, obgleich dadurch an der Betreuungsbedürftigkeit des Betreuten und seinem Rechtsstatus als Betreuter nichts geändert wird (BT-Drucks 11/4528, 155).

Die Betreuung endet grundsätzlich mit dem Tod des Betreuten. Das wurde nicht **98** ausdrücklich geregelt, weil sich die Folgen aus dem Wesen der Betreuung als einer Hilfe für einen entsprechend bedürftigen Betreuten ergeben (BT-Drucks 11/4528, 155). Mit dem Ende der Betreuung durch den Tod des Betreuten verliert der Betreuer die gesetzliche Vertretungsmacht (§ 1698a, § 1893, § 1908i Abs 1 S 1 BGB).

Obwohl und weil § 1908i Abs 1 S 1 BGB die sinngemäße Anwendung des § 1884 **99** BGB (Verschollenheit und Todeserklärung des Mündels) auf die Betreuung nicht vorgesehen hat, endet die Betreuung mit der Rechtskraft des Beschlusses über die Todeserklärung oder die Feststellung der Todeszeit (MünchKomm/Schwab § 1908d Rn 2; Damrau/Zimmermann § 1908d Rn 2). In Betracht kommt auch eine Aufhebung der Betreuung in analoger Anwendung des § 1884 Abs 1 S 1 BGB, wonach die Vormundschaft mit der Aufhebung durch das Gericht endigt, wenn der Mündel verschollen ist. Denn eine persönliche Betreuung unter Beteiligung des Betroffenen (§ 1901 BGB) kann unter diesen Umständen nicht durchgeführt werden. Der bestellte Betreuer kann die ihm auferlegte Aufgabe nicht erfüllen.

Soweit Vermögensangelegenheiten für die Person, deren Aufenthalt unbekannt ist, **100** zu besorgen sind, kann das Betreuungsgericht (§§ 23a Abs 1, Abs 2 Nr 1, 23c Abs 1 GVG; § 340 Nr 1 FamFG; betreuungsgerichtliche Zuweisungssache) anstelle der Betreuung eine Abwesenheitspflegschaft einrichten (§ 1911 Abs 1 BGB).

Endet das Betreuungsrechtsverhältnis durch den Tod des Betreuten oder in ent- **101** sprechender Anwendung des § 1884 BGB, entsteht ein Abwicklungsverhältnis, in dessen Verlauf sowohl gegenüber dem Betreuungsgericht als auch den Erben des Betreuten Verpflichtungen und Berechtigungen (Aufwendungsersatz, ggf Vergütung) bestehen. Nach Maßgabe der §§ 1698a und 1698b BGB (§§ 1908i Abs 1 S 1, 1893 Abs 1 BGB) kann die Fortführung der Geschäfte erforderlich sein.

102 Entlässt das Betreuungsgericht den Betreuer aus seinem Amt, endet folglich dessen gesetzliche Vertretung. Eine Fortführung von Geschäften wie im Todesfall des Betreuten entfällt hier. Eine Entlassung des Betreuers kann unterschiedlich begründet sein. Entlassungsgründe enthält insbesondere § 1908b BGB; auch kommt eine Entlassung in sinngemäßer Anwendung des § 1888 BGB (§ 1908i Abs 1 S 1 BGB) in Betracht, wenn zum Betreuer ein Beamter oder Religionsdiener bestellt worden war, die Erlaubnis, die nach den Landesgesetzen zur Übernahme der Betreuung oder zur Fortführung der vor dem Eintritt in das Amts- oder Dienstverhältnis übernommenen Betreuung erforderlich ist, versagt oder zurückgenommen wird oder wenn die Fortführung der Betreuung nach den Landesgesetzen zulässig untersagt wird.

103 Stirbt der Betreuer, ändert dies an der Betreuungsbedürftigkeit des Betreuten nichts. Der Tod des Betreuers führt daher rechtlich nicht zum Ende der Betreuung, sondern nur zur Bestellung eines neuen Betreuers (§ 1908c BGB). Die gesetzliche Vertretung des verstorbenen Betreuers endet mit seinem Tod. Eine Fortführung des Amts durch die Erben findet nicht statt. Sie sind dazu nicht verpflichtet, mangels Bestellung aber auch nicht berechtigt. Gegen sie können sich Herausgabeansprüche des Nachfolgebetreuers richten.

c)   Nachwirkungen (Vertretungsbefugnis nach Ende der Betreuung)
104 Nach § 1893 BGB iVm § 1698a und § 1698b BGB, die auf die Betreuung sinngemäß anzuwenden sind (§ 1908i Abs 1 S 1 BGB), darf und muss ggf der Betreuer nach Beendigung der Betreuung diejenigen Geschäfte besorgen, die nicht ohne Gefahr aufgeschoben werden können, bis der Erbe anderweit Fürsorge treffen kann. Näheres zu dieser „Notzuständigkeit" des Betreuers unten § 1908i Rn 97 ff.

105 Für die Erteilung oder Verweigerung einer erforderlichen Genehmigung **nach dem Tode des Betreuten** ist jedoch kein Raum mehr. Die Fortdauer der Befugnisse des Betreuers behält aber ihre Bedeutung für solche Rechtsgeschäfte des Betreuers, die keiner Genehmigung des Betreuungsgerichts bedürfen (BayObLGZ 1964, 350, 352 = FamRZ 1965, 101, 102 = NJW 1965, 397). Insoweit hat sich die Rechtslage durch das Inkrafttreten des BtG nicht geändert.

V.   Formen stellvertretenden Handelns

106 Die im Recht der Eltern-Kind-Beziehung getroffene Unterscheidung der Möglichkeiten rechtlichen Handelns für das Kind in

– Handeln im Interesse, aber nicht in Vertretung des Kindes durch den Abschluss von Rechtsgeschäften und die Vornahme amtsähnlicher Handlungen

sowie

– Handeln in gesetzlicher Vertretung als direkter Stellvertreter (näher hierzu STAU-
DINGER/PESCHEL-GUTZEIT [2015] § 1629 Rn 21 ff)

findet im Betreuungsrecht keine genaue Entsprechung.

Hier lassen sich folgende Gruppen von Handlungen unterscheiden:

1. Handeln anstelle des Betreuten

Hierzu gehören   **107**

a)   die **direkte Stellvertretung** (§ 164 BGB) im Bereich von Personen- oder/und
Vermögenssorge, je nach Aufgabenkreis, zum Zwecke des Abschlusses oder der
Aufhebung/Beendigung von Rechtsgeschäften; Abgabe und/oder Entgegennahme
von Willenserklärungen (ua Dereliktion); zu einer Auskunftserteilung durch den
Betreuer BGH FamRZ 1998, 365;

b)   die **Gestattung von tatsächlichen Eingriffen** in grundgesetzlich geschützte
Rechtsgüter bei Einwilligungsunfähigkeit des Betreuten (einschl Schwangerschaftsabbruch der Betreuten), gegebenenfalls mit Genehmigung des Betreuungsgerichts;

c)   die **Gestattung oder Vornahme tatsächlicher Freiheitsentziehung** oder unterbringungsähnlicher Maßnahmen bei erheblicher Eigengefährdung oder zum Zweck der
Durchführung von Untersuchungen, Heilbehandlungen oder ärztlichen Eingriffen
(§ 1906 BGB); hier ist die nachträgliche Genehmigung des Betreuungsgerichts unerlässlich (§ 1906 Abs 2 BGB);

d)   **Vertretung vor Gericht**, insbesondere in Prozessen familienrechtlicher Art wie
Familiensachen (§§ 111 ff FamFG), speziell Kindschaftssachen (§§ 151 ff FamFG)
und bei dem Geltendmachen familienrechtlich begründeter Unterhaltsansprüche
(verwandtschaftlich, ehelich, nachehelich, Trennung), in entsprechenden Verfahren
bei eingetragener Lebenspartnerschaft (§§ 269 ff FamFG; näher dazu MünchKomm/
SCHWAB Rn 33) sowie die Abgabe der eidesstattlichen Offenbarungsversicherung nach
§ 807 ZPO (§§ 899 ff ZPO), wenn dem Betreuer die Vermögenssorge oder eine
entsprechende Aufgabe übertragen wurde. Nachdem der BGH (BGHZ 93, 1 = JZ 1985,
289 mit Anm BEITZKE = FamRZ 1985, 276) entschieden hatte, dass eine Gebrechlichkeitspflegschaft unter bestimmten Voraussetzungen im Drittinteresse angeordnet werden
dürfe, und sich der Gesetzgeber des BtG dieser Auffassung angeschlossen hatte
(BT-Drucks 11/4528, 117 f), war auch das BayObLG (BayObLGZ 1990, 322) der Meinung
gefolgt, dass zum Zweck der Zwangsvollstreckung gegen einen prozessunfähigen
Schuldner Pflegschaft angeordnet werden könne mit dem Wirkungskreis (ua) der
Abgabe der eidesstattlichen Offenbarungsversicherung; zur Beachtung und Prüfung
der Prozessfähigkeit des Schuldners von Amts wegen durch den Gerichtsvollzieher
AG Varel (DGVZ 2001, 31) sowie durch das Gericht in jeder Lage des Vollstreckungs-
verfahrens LG Braunschweig (NdsRpfl 2001, 131; vgl zur Zwangsvollstreckung außerdem
HARNACKE DGVZ 2000, 161 sowie CHRISTMANN DGVZ 1995, 66 und DAMRAU/ZIMMERMANN
§ 1902 Rn 36. Zur teilweisen Geschäftsunfähigkeit eines Ehegatten sowie dessen Prozessunfähigkeit
bereits BGH FamRZ 1971, 243). Zur fehlerhaften Zurückweisung des Betreuers als

Verfahrensbevollmächtigten trotz Vorlage einfacher Kopie der Bestellungsurkunde VerfG Brandenburg FamRZ 2015, 1123.

Zur gerichtlichen Vertretung von Betreuten und den Eintritt des Betreuers in Gerichtsverfahren einerseits DEINERT BtPrax 2001, 66 und 146, anderseits BIENWALD BtPrax 2001, 150 und 198;

e)   Anerkennung der Vaterschaft für den geschäftsunfähigen Betreuten (§ 1596 Abs 1 S 3 BGB) sowie deren Anfechtung (§ 1600a Abs 2 S 3 BGB). Angelegenheit des Betreuers kann es bei entsprechendem Aufgabenkreis sein, den Antrag auf **Beistandschaft** des Jugendamts für die Feststellung der Vaterschaft und/oder die Geltendmachung von Unterhaltsansprüchen gem § 1712 BGB zu stellen. Eine solche Antragstellung kommt jedoch nur dann in Betracht, wenn das Kind noch nicht geboren und die werdende Mutter geschäftsunfähig ist (§ 1713 Abs 2 BGB). Zur **Sorgeerklärung** durch einen geschäftsunfähigen Elternteil einerseits LIPP FamRZ 1998, 66, 71 und DICKERHOF/BORELLO FuR 1998, 70 ff, andererseits BRAMBRING DNotI-Rp 1998, 89, 90;

f)   Bestimmung des **Wohnsitzes** (§ 8 BGB); s dazu STAUDINGER/KANNOWSKI (2013) § 8 Rn 3. Außerdem: Entscheidung über den **Aufenthalt** des Betreuten. Die Entscheidung eines Betreuers über den Aufenthalt einer betreuten Ehefrau gegen den Willen des Ehemannes ist vom Betreuungsgericht nur auf Pflichtwidrigkeiten oder Missbrauch seines Ermessens nachprüfbar (OLG Schleswig FamRZ 1996, 1368). Den zur Aufenthaltsbestimmung berechtigten Betreuer und Vater eines geistig Behinderten trifft keine generelle Einstandspflicht für Handlungen des Betreuten unter dem Gesichtspunkt einer **Aufsichtspflichtverletzung** iSv § 832 Abs 1 BGB (LG Bielefeld NJW 1998, 2682);

g)   Weitergabe von Informationen zur Erfüllung einer öffentlich-rechtlichen **Meldepflicht** (dazu oben Rn 50);

h)   Entgegennahme von Erklärungen, Hinweisen, Informationen, Beratungen aufgrund **öffentlich-rechtlicher (SGB IX) und anderer gesetzlicher Bestimmungen**. Eine Bank kann ihre Informationspflichten gem § 676b Abs 2 BGB einem Geschäftsunfähigen gegenüber nur dadurch erfüllen, dass sie sie an den gesetzlichen Vertreter richtet (iS von § 131 Abs 1 BGB: OLG Schleswig FamRZ 2016, 1972). Nach § 3 Abs 4 des Sächsischen Krebsregistergesetzes (SächsKRG) vom 19. 7. 1993 (Sächs GVBl 590) unterrichten die meldepflichtigen Ärzte ihre Patienten über die Meldung und deren Inhalt, sofern nicht nach ihrem fachlichen Urteil dadurch physische, psychische oder soziale Schäden zu befürchten sind. Einer Einwilligung des Patienten oder des Angehörigen eines Verstorbenen in die Meldungen bedarf es nicht. Ist nach dem fachlichen Urteil der Ärzte einer der beschriebenen Schäden nicht zu befürchten, wird der Patient über die Meldung unterrichtet. Ähnlich Art 5 Abs 2 BayKRG (v 25. 7. 2000, GVBl 474). Hat der Patient einen Betreuer, der für seine **gesundheitlichen Belange** verantwortlich ist, ist der Betreuer zu benachrichtigen, wenn anzunehmen ist, dass der Betreute den Inhalt und die Bedeutung der Mitteilung nicht erfassen wird; s auch § 3 des Krebsregistergesetzes des Bundes (v 4. 11. 1994 – BGBl I 3351) und das dort eingeräumte Widerspruchsrecht. Nimmt der Betreuer anstelle des Betreuten die diesem geschuldete Auskunft und Beratung über **Sozi-**

al(hilferechtliche)leistungen in Anspruch, so kommt bei fehlerhafter Information ein Amtshaftungsanspruch für den Betreuten in Betracht. Zur Berechtigung des Betreuers, die **Mitgliedschaft** des Betreuten **bei einer gesetzlichen Krankenkasse** rückwirkend zu beantragen s SG Speyer RdLH 1999; zur versäumten Weiterversicherung SozG Hamburg FamRZ 2004, 136;

i) die tatsächliche Regelung des **Umgangs des Betreuen** und die Geltendmachung des Herausgabeanspruchs gegen denjenigen, der die betreute Person dem Betreuer widerrechtlich vorenthält (§ 1632 Abs 1–3 BGB). Anders als im Recht der Eltern-Kind-Beziehungen bestehen keine Bedenken, diese Angelegenheit zur Personensorge zu rechnen. Ein Grund, dies nicht zu tun (das Umgangsrecht hängt nicht von der Inhaberschaft der elterlichen Sorge ab, sondern steht dem betreffenden Elternteil auch und gerade dann zu, wenn ihm die elterliche Sorge entzogen ist; STAUDINGER/PESCHEL-GUTZEIT [2015] § 1626 Rn 58 Nr 20 und § 1634 [12. Aufl] Rn 5 ff, 124), besteht im Betreuungsrecht nicht. Gehört die Umgangsbestimmung zur Aufgabe des Betreuers (vgl § 1908i Abs 1 S 1 BGB), kann er **Besuche eines Rechtsanwalts** ohne Rücksicht auf die Geschäftsfähigkeit des Betreuten **nicht verhindern**, wenn der Rechtsanwalt versichert, vom Betreuten beauftragt zu sein, die Aufhebung der Betreuung zu betreiben (für das bisherige Recht BayObLG FamRZ 1990, 1273 – Rpfleger 1990, 361). Hat das Betreuungsgericht den Antrag von Verwandten oder nicht verwandten Dritten auf Genehmigung eines vom Betreuer **unerwünschten Umgangs** mit dem Betroffenen abgewiesen, steht diesen Antragstellern ein Beschwerderecht nicht zu (BayObLGZ 1993 Nr 55 = FamRZ 1993, 1222). Verwandte des Betreuten haben kein gegenüber einer Umgangsbestimmung des Betreuers höherrangiges Umgangsrecht (BayObLG FamRZ 2002, 907 mAnm BIENWALD). Das Umgangsrecht des Betreuten kann von dessen Betreuer nicht stellvertretend wahrgenommen werden. Der Betreuer kann aber den Betreuten bei dem Geltendmachen des Anspruchs auf Umgang unterstützen und vertreten. Der Betreuer könnte auch dazu verpflichtet werden, den Betreuten dazu anzuhalten, seinen Verpflichtungen zum **Umgang als Elternteil** (§ 1684 Abs 1 BGB) nachzukommen, wobei dem Betreuer keinerlei Durchsetzungsrechte zur Verfügung stünden;

k) die Erstattung von **Strafanzeigen** sowie die **Ausübung prozessualer Weigerungsrechte** des Betreuten im Strafprozess (§§ 52 Abs 2 S 1, 60 Nr 1, 81c Abs 3 S 2 StPO); über die Ausübung des Zeugnisverweigerungsrechts im Falle einer bestehenden Betreuung des Zeugen enthält die ZPO, anders als die StPO, keine Regelung. In Anlehnung an die für das Minderjährigenrecht entwickelten Grundsätze (STAUDINGER/PESCHEL-GUTZEIT [2015] § 1629 Rn 93 ff; BAUMBACH/LAUTERBACH/HARTMANN Einf §§ 383 bis 389 ZPO Bem 3) ist zu unterscheiden zwischen dem Betreuten, der von der Zeugenaussage und dem Zeugnisverweigerungsrecht eine genügende Vorstellung hat, und demjenigen, dem diese Fähigkeit wegen einer psychischen Krankheit oder einer geistigen oder seelischen Behinderung fehlt. Ob diese Einsichtsfähigkeit vorliegt, entscheidet das vernehmende Gericht oder die vernehmende Behörde (STAUDINGER/PESCHEL-GUTZEIT [2015] § 1629 Rn 95).

Anders als im Minderjährigenrecht ist bei einem erwachsenen Betreuten nicht im **108** Zweifel mangelnde Verstandesreife anzunehmen. Hält das vernehmende Gericht oder die vernehmende Behörde den betreuten Zeugen für einsichtsfähig, entscheidet dieser allein darüber, ob er das Zeugnis verweigert, nachdem er entsprechend belehrt worden ist (§ 383 Abs 1 Nr 1–3, Abs 2 ZPO). Der Betreuer muss der Ausübung des Zeugnisverweigerungsrechts nicht zustimmen. Verweigert der Betreute die Aussage, kommt es auf eine andere Meinung des Betreuers nicht an. Durch sie entsteht nicht eine Zeugnispflicht des Betreuten. Will der einsichtsfähige Betreute aussagen, verzichtet er damit auf das prozessuale Weigerungsrecht. Anders als im Minderjährigenrecht (STAUDINGER/PESCHEL-GUTZEIT [2015] § 1629 Rn 93 ff) bedarf es hierzu im Betreuungsrecht nicht der Genehmigung des Betreuers. Diesem steht ein „Vetorecht" nicht zu, denn der Betreute ist volljährig und nur insoweit betreuungsbedürftig, als dies der jeweiligen Sach- und Rechtslage entspricht. Hat der Betreute trotz seiner psychischen Krankheit oder seiner geistigen oder seelischen Behinderung von der Bedeutung des Zeugnisverweigerungsrechts eine genügende Vorstellung, so kann er, trotz etwaiger anderer Auffassung des Betreuers, vernommen werden. Hält das Gericht oder die für die Vernehmung zuständige Behörde den Betreuten nicht für fähig, über das Zeugnisverweigerungsrecht selbst zu entscheiden, oder wird die Einsichtsfähigkeit nur hinsichtlich der Bedeutung der Aussage, nicht aber in Bezug auf das Weigerungsrecht bejaht, so entscheidet über die Verweigerung des Zeugnisses der gesetzliche Vertreter zunächst allein. Verweigert der Betreuer die Vernehmung, unterbleibt sie. Verweigert sie nicht der Betreuer, aber der Betreute, kann auch hier eine Vernehmung nicht erzwungen werden.

109   Ist der Betreuer selbst Partei, kann er über die Ausübung des Zeugnisverweigerungsrechts nicht entscheiden (entsprechend der Ausschlussregelung des § 52 Abs 2 S 2 StPO); es muss ein weiterer (Ergänzungs-)Betreuer bestellt werden (§ 1899 Abs 4 BGB).

110   Ein ua mit der Besorgung aller Vermögensangelegenheiten beauftragter Betreuer ist befugt, den nach § 247 StGB erforderlichen **Strafantrag** zu stellen (LG Ravensburg FamRZ 2001, 937). Dagegen neuerdings OLG Celle (FamRZ 2012, 1089 [LS]), wonach einen wirksamen Strafantrag ein Betreuer für den Betreuten nur stellen kann, wenn das Betreuungsgericht seinen Aufgabenkreis ausdrücklich auf die Stellung von Strafanträgen erweitert hat. Weder der allgemeine Aufgabenkreis der Vermögenssorge noch der der Vertretung gegenüber Behörden enthalten dieses höchstpersönliche Recht.

Ein nach § 77 Abs 3 StGB grundsätzlich strafantragsberechtigter Betreuer ist von diesem Recht ausgeschlossen, wenn er selbst der Beteiligung an der Tat verdächtig ist (OLG Celle FamRZ 2012, 1089; das gilt auch für die Stellung von Strafanträgen gegen Mitbeteiligte).

111   Eine Anwendung des § 149 Abs 2 StPO auf einen Betreuer scheidet, ebenso wie eine entsprechende Anwendung, aus (BGH NStZ 2008, 524). Der BGH geht davon aus, die Betreuung (ohne Anordnung eines Einwilligungsvorbehalts) führe nicht zu einer Geschäftsunfähigkeit (was zutrifft), daher sei der Betreuer auch kein gesetzlicher Vertreter (!). Der gesetzliche Vertreter des Beschuldigten kann die gem § 302 Abs 2 StPO erforderliche Ermächtigung zur Rücknahme eines vom Verteidiger für den Beschuldigten eingelegten Rechtsmittels nicht wirksam für den Beschuldigten erteilen (BGH 4. Strafsenat 6. 7. 2016 – BGH FamRZ 2016, 1682).

112   Aufgrund der Bestellung zum Betreuer (ua mit dem Aufenthaltsbestimmungsrecht) haben Eltern keine rechtliche Möglichkeit, eine Zeugenaussage ihrer (betreuten) Tochter (der ein Zeugnis- oder Auskunftsverweigerungsrecht nicht zustand) zu verhindern. Eine Entfernung des Angeklagten gemäß § 247 S 1 StPO kann deshalb nicht darauf gestützt werden, dass ein gemäß § 1896 BGB bestellter Betreuer der Vernehmung des Betreuten in Anwesenheit des Angeklagten widersprochen hat (BGH JZ 2001, 414 mAnm MEIER = FamRZ 2001, 687 [LS]). Gegen Entscheidungen der Strafvollstreckungskammer betreffend die strafrechtlich begründete Unterbringung seines Betreuten in einem psychiatrischen Krankenhaus, deren Erledigung, Aussetzung der Reststrafe zur Bewährung und die Führungsaufsicht kann ein Betreuer mit dem Aufgabenkreis der Gesundheitssorge, Aufenthaltsbestimmung und Vermögensangelegenheiten einschließlich Wohnungsangelegenheiten nicht Rechtsmittel einlegen (OLG Hamm R & P 2008, 59 mAnm BIENWALD S 60).

2. Handeln in Ergänzung von Betreutenhandeln

Hierzu gehören die Abgabe oder Verweigerung von Einwilligungen oder (sofern **113** zulässig) Genehmigungen im Falle der Abgabe oder Entgegennahme von Willenserklärungen des unter Einwilligungsvorbehalt stehenden Betreuten (§ 1903 BGB) und die Ermächtigungen, die eine Erweiterung der Rechtsmacht eines unter Einwilligungsvorbehalt stehenden Betreuten zur Folge haben (§ 1903 Abs 1 S 2, §§ 112, 113 BGB).

3. Handeln mit Blick auf den Betreuten

In diesem Bereich hat der Betreuer innerhalb seines Aufgabenkreises dazu beizu- **114** tragen, dass Möglichkeiten genutzt werden, die Krankheit oder Behinderung des Betreuten zu beseitigen, zu bessern, ihre Verschlimmerung zu verhüten oder ihre Folgen zu mildern (§ 1901 Abs 4 BGB).

Die Zustimmung zur **Sektion** und zur **Organspende** des toten Betreuten ist keine **115** Angelegenheit des Personensorgerechts, sondern allenfalls Bestandteil des allgemeinen verwandtschaftlichen Totensorgerechts (STAUDINGER/PESCHEL-GUTZEIT [2015] § 1626 Rn 59 Nr 16 mit Begründung und Nachweisen). Zur Frage einer Zuständigkeit des Betreuers für Entscheidungen über

– Organtransplantation insbesondere bei lebendem Spender und

– Arzneimittelerprobung, Prüfung von Medizinprodukten

unten § 1904 BGB.

Der Betreuer ist **nicht** ermächtigt, für den Betreuten in **verdeckter Stellvertretung** zu **116** handeln, also in eigenem Namen, aber auf Rechnung oder zu Lasten des Betreuten. Eine Kontoeröffnung für den Betreuten, aber auf den Namen des Betreuers, ist unzulässig. Soweit im Gesetz die Anlage von Geld vorgesehen ist, geschieht dies auf den Namen des Betreuten. War das bereits vor dem Inkrafttreten des Betreuungsrechts nicht anders, liefert das Betreuungsrecht ein neues Argument: Der durch die Bestellung eines Betreuers in seiner Rechtsstellung sonst nicht eingeschränkte Betreute muss die Möglichkeit haben und behalten, über seine Konten zu verfügen.

Nur wenn die Voraussetzungen des § 1903 BGB vorliegen, kann das Betreuungsgericht diese Befugnis einschränken. Alle Handlungen, die nicht unmittelbar für und
gegen den Betreuten wirken, sind mit dem Betreueramt nicht vereinbar, weil nur
dadurch sichergestellt wird, dass der Betreute durch die Betätigung eines Mittels-
manns keinen vermeidbaren Schaden erleidet. Insofern liegt es bei der Betreuung
grundlegend anders als bei der Eltern-Kind-Beziehung, wo Grundlage der Elternverantwortung in erster Linie die verwandtschaftliche Bindung und nicht wie bei der
Betreuung lediglich ein – zudem tendenziell zeitlich unbegrenzter – staatlicher
Auftrag ist.

VI. Rechtsfolgen der Vertretung und Haftung des Betreuten

1. Handeln ohne Vertretungsmacht

117 Handelt der Betreuer erkennbar für den Betreuten im Rahmen seines Aufgabenkreises, wird der Betreute unmittelbar berechtigt oder verpflichtet, § 164 Abs 1
BGB. Handelt der Betreuer außerhalb des ihm übertragenen Aufgabenkreises, überschreitet er mithin seine Vertretungsmacht, und lässt sich aus den Umständen auch
keine Bevollmächtigung durch den (nicht geschäftsunfähigen) Betreuten entnehmen, richten sich die Folgen nach den §§ 177 ff BGB. Entsprechendes gilt, wenn der
Betreuer von der Vertretung des Betreuten ausgeschlossen ist (§§ 1795, 1796, 1908i
Abs 1 S 1, 181 BGB).

118 Der ohne die erforderliche Vertretungsmacht für den Betreuten geschlossene Vertrag ist schwebend unwirksam, bis er genehmigt (oder die Genehmigung verweigert)
wird. Bei einseitigen Rechtsgeschäften gelten die §§ 174, 180 BGB. Ebenso wie
seinerzeit ein Gebrechlichkeitspfleger (dazu BGHZ 41, 104 und die weiteren Hinweise
bei STAUDINGER/ENGLER[10/11] § 1910 Rn 29) kann auch ein Betreuer, der vor seiner Bestellung einen Prozess in Vertretung seines späteren (geschäftsunfähigen) Betreuten
geführt hatte, seine eigene Prozessführung wirksam genehmigen; § 181 BGB steht
nicht dagegen.

119 Die nachträgliche Zustimmung kann der geschäftsfähige Betreute oder der Betreuer
erteilen, nachdem die betreffende Angelegenheit zur Besorgung übertragen worden
ist und das Rechtsgeschäft noch genehmigt werden kann. Zur Erteilung der Genehmigung und zum Erklärungsgegner s § 182 BGB. Wird die Genehmigung verweigert,
so kann der andere Vertragsteil Ansprüche nach § 179 BGB geltend machen.

120 Tritt der Betreffende als Betreuer auf, ohne zum Betreuer eines anderen bestellt
worden zu sein, liegt ebenfalls Vertretung ohne Vertretungsmacht mit den aufge-
zeigten Konsequenzen vor. Führt eine Bank Überweisungsaufträge eines bereits
entlassenen Betreuers zu Lasten eines Kontos des Betreuten noch aus, obwohl ihr
die Bestellung eines neuen Betreuers bereits mitgeteilt worden war, ist sie zur
Rückzahlung der überwiesenen Beträge jedenfalls dann verpflichtet, wenn den Betroffenen bzw dessen neuen Betreuer seinerseits kein Verschulden an den unrecht-
mäßigen Überweisungsaufträgen trifft (AG Frankfurt aM BtPrax 1998, 191).

2. Haftung des Betreuten für Verhalten seines Betreuers

Soweit der Betreuer den Betreuten innerhalb des ihm übertragenen Aufgabenkrei- **121**
ses und kraft des gesetzlich geregelten Vertretungsrechts vertritt, muss der Betreute
sich das fehlerhafte Verhalten seines Betreuers nach Maßgabe von § 278 BGB
zurechnen lassen (BGHZ 100, 313, 317; STAUDINGER/CASPERS [2014] § 278 Rn 123; BIENWALD,
in: BIENWALD/SONNENFELD/HARM Rn 41).

VII. Besonderheiten bei Bestellung eines Kontroll-/Überwachungsbetreuers nach § 1896 Abs 3 BGB

Der Inhalt und die Reichweite der Vertretungsmacht des Betreuers sind an den **122**
Aufgabenkreis geknüpft (§ 1902 BGB). Die Art und der Umfang der von dem
Aufgabenkreis erfassten Angelegenheiten bestimmen die Vertretungsbefugnis des
Betreuers. Davon macht § 1896 Abs 3 BGB in gewisser Weise eine Ausnahme.

Der – im Gesetz bereits formulierte – Aufgabenkreis des Vollmachts-, Kontroll- oder **123**
Überwachungsbetreuers ist nur relativ bestimmt. Der genaue Inhalt des Aufgabenkreises und damit auch des Vertretungsrechts ergibt sich erst im Zusammenwirken
von § 1896 Abs 3 BGB und der Bevollmächtigung sowie dem ihr zugrundeliegenden
Rechtsgeschäft, sofern nicht für die Bestimmung der Rechte des Betreuten gegenüber seinem Bevollmächtigten ergänzend gesetzliche Bestimmungen (zB §§ 675
Abs 1, 666, 667, 669, 670 BGB) heranzuziehen sind.

Zumindest zweifelhaft ist es, ob der nach § 1896 Abs 3 BGB bestellte Betreuer wie **124**
alle übrigen Betreuer (mit Ausnahme des Sterilisationsbetreuers aufgrund dessen
enger Aufgabenkreisbestimmung) verpflichtet sein kann, dazu beizutragen, dass
Möglichkeiten genutzt werden, die Krankheit oder Behinderung des Betreuten zu
beseitigen, zu bessern, ihre Verschlimmerung zu verhüten oder ihre Folgen zu mildern (§ 1901 Abs 4 BGB); zumal die Ausgestaltung der Vertragsbeziehung zwischen
dem Vollmachtgeber und dem Bevollmächtigten deren Angelegenheit ist.

Die Art der Betreuungstätigkeit unterscheidet sich von der der übrigen Betreuer **125**
insbesondere dadurch, dass nur eine direkte Stellvertretung des Betreuten in Betracht kommt, Tathandlungen (Prüfung von Abrechnungen und Belegen, Kontroll-
gänge) demgegenüber aber nur die Bedeutung einer Annexmaßnahme haben.

VIII. Handeln des Betreuten im Rechtsverkehr und die Folgen für Dritte

1. Der geschäftsunfähige Betreute

Der geschäftsunfähige Betreute kann im Rahmen rechtsgeschäftlichen Handelns **126**
keine Erklärungen verbindlich abgeben oder entgegennehmen (§§ 104 Nr 2, 105
Abs 1 BGB). Ihm gegenüber ist der Rechtsverkehr ebensowenig geschützt wie
gegenüber dem Auftreten eines Geschäftsunfähigen, dem kein Betreuer bestellt ist.
Das Gleiche gilt im Fall der Anordnung eines Einwilligungsvorbehalts für einen
geschäftsunfähigen Betreuten, dessen Rechtsmacht dadurch nicht erheblich erweitert wird. Lediglich im Rahmen von § 1903 Abs 3 BGB ist ein Handeln neben dem
Betreuer, ihn verdrängend, zulässig und wirksam. In diesem Rahmen kann ein

geschäftsunfähiger Betreuter in gleicher Weise wirksam handeln wie ein geschäftsfähiger Betreuter. Informationen gem § 676b Abs 2 S 2 BGB kann die Bank wirksam nur an den gesetzlichen Vertreter (§ 131 Abs 1 BGB) richten (OLG Schleswig
FamRZ 2016, 1972).

2. Der geschäftsfähige Betreute

127 Handelt der nicht geschäftsunfähige Betreute rechtsgeschäftlich innerhalb des Aufgabenkreises seines Betreuers, ist sein Handeln wirksam. Er kann Eigentum übertragen, schuldrechtliche Verträge schließen, auch wenn sie für ihn rechtlich nachteilig
sind, sowie einseitige Willenserklärungen – zB die Kündigung des Arbeitsverhältnisses oder des Mietverhältnisses – abgeben. Die Zustimmung des Betreuers zur
Abgabe oder Entgegennahme derartiger Erklärungen ist nur dann erforderlich,
wenn das Betreuungsgericht einen Einwilligungsvorbehalt angeordnet hat und die
Willenserklärungen, um deren Wirksamkeit es geht, durch den Einwilligungsvorbehalt erfasst sind.

3. Der geschäftsfähige unter Einwilligungsvorbehalt gestellte Betreute

128 Ist der Betreute nicht geschäftsunfähig und hat das Betreuungsgericht einen Einwilligungsvorbehalt angeordnet, wird das Vertrauen des Rechtsverkehrs auf die
uneingeschränkte Verfügungs- und Verpflichtungsbefugnis des Betreuten nicht geschützt. Die Funktion des Einwilligungsvorbehalts besteht ausschließlich darin, den
Betreuten vor ihn treffenden Gefahren zu schützen.

IX. Zur Übertragbarkeit der Betreuung und zum Einsatz von Hilfspersonen

1. Grundsätzliches

129 Das BtG erlaubt es dem Betreuer nicht, das Amt auf einen anderen zu übertragen
oder es selbst niederzulegen. Ebenso wie der Betreuer durch Gerichtsbeschluss zum
Betreuer bestellt worden ist, kann er auch nur durch Gerichtsbeschluss wieder aus
dem Amt entlassen werden (§ 1908b Abs 2 BGB). Die Beendigung des Amtes durch
den eigenen Tod ist keine freiwillige Amtsaufgabe. Die Erteilung einer Generalvollmacht (zum Begriff STAUDINGER/SCHILKEN [2014] § 167 Rn 83) entspricht einer Amts-
übertragung und kann schon deshalb die Betreuung nicht ohne Aufhebungsbeschluss beseitigen. Zudem wäre sie nicht bestimmt und bestimmbar genug, um die
durch den Betreuer übertragene Vertretungsbefugnis zu dokumentieren.

130 Nur in dem seltenen Fall einer umfassenden Betreuung (Personen- und Vermögenssorge einschließlich der Befugnisse gemäß § 1896 Abs 4 BGB) entspräche eine
Generalvollmacht inhaltlich der Vertretungsbefugnis des Betreuers. Insofern der
Aufgabenkreis des Betreuers eingeschränkter ist und sich nur auf einzelne besorgungsbedürftige Bereiche erstreckt, ginge der Begriff der Generalvollmacht über die
(„übertragbare") Vertretungsmacht hinaus. Hinzukommt, dass die Verfassung der
betreuten Person (zB hinsichtlich der Einwilligungsfähigkeit in ärztliche Maßnahmen) die Befugnis des Betreuers einschränkt, insoweit aber schon begrifflich in der
Generalvollmacht nicht zum Ausdruck kommt. Fraglich ist allerdings, ob nicht dann,
wenn der Betreuer als Aussteller nicht erkennbar ist, der Rechtsverkehr den Rechts-

schein einer korrekt erteilten (General-)Vollmacht in Anspruch nehmen können
soll.

Die oa Bedenken hinsichtlich der Zulässigkeit bestehen auch bei Vollmachten, die **131**
zur Vornahme aller Rechtsgeschäfte einer bestimmten Art (Gattungsvollmacht; STAU-
DINGER/SCHILKEN [2014] § 167 Rn 83) berechtigen, weil auch hier die Formulierung weiter
gehen kann als der eingeschränkte Aufgabenkreis (und damit die Vertretungsbefugnis) des Betreuers.

Wird der Verein oder die Behörde als Institution bestellt, ist einer Einzelperson oder **132**
mehreren die Ausübung des Amtes, nicht dagegen das Amt selbst, zu übertragen
(§ 1900 Abs 2 BGB).

2. Beispiele für die Beauftragung Dritter

Die Betreuerbestellung mit der Maßgabe, die Aufgabe als „persönliche Betreuung" **133**
wahrzunehmen (§ 1897 Abs 1 BGB), schließt nicht aus, für die Erfüllung der sich aus
dem Amt ergebenden einzelnen Leistungen Hilfskräfte in Anspruch zu nehmen.
Niemand hegt Zweifel an der Zulässigkeit einer Anwaltsbeauftragung, wenn es um
das gerichtliche Geltendmachen von Ansprüchen und Rechten des Betreuten geht.
Im Fall notwendiger anwaltlicher Vertretung im Prozess ist es für den Betreuer sogar
unvermeidlich, die Wahrnehmung der Rechte des Betreuten insoweit einem Dritten
zu übertragen und den Rechtsanwalt entsprechend zu bevollmächtigen (zum Umfang der Prozessvollmacht § 81 ZPO).

Auch sonst schließt das Betreuungsrecht nicht aus, Tätigkeiten, die der Besorgung **134**
der Angelegenheiten des Betreuten dienen, von anderen erledigen zu lassen. Fraglich sind Art und Umfang sowie die Grenzen einer solchen Beschäftigung Dritter
(„Hilfspersonen"). Nicht zu beanstanden, sondern zumindest aus Kostengesichtspunkten sogar gefordert (BayObLG FamRZ 1997, 578 = BtPrax 1997, 112 = NJWE-FER 1997,
82), ist die Beschäftigung von Personen unterhalb der Betreuerqualifikation mit
Tätigkeiten, die üblicherweise Bürokräften überlassen werden. Soweit im bürgerlichen und Geschäftsleben Spezialisten in Anspruch genommen zu werden pflegen
(Handwerker, Steuerberater, Rechtsanwalt, Buchhalter, Pflegekräfte, Umzugs- und
sonstige Transportunternehmen), ist dagegen nichts einzuwenden, dass ein Betreuer
ebenso verfährt. Im Gegenteil, hier würde der Betreuer sich dem Verdacht aussetzen-
zen, Aufgaben ohne die Inanspruchnahme von Spezialisten nicht sachgemäß erledigt
zu haben.

Da der Betreuer das Amt nicht übertragen kann, Hauptmerkmal dieses Betreuer- **135**
amts die übertragene **Entscheidungsverantwortung** ist, kann der Betreuer – von
Ausnahmen abgesehen, in denen dem „Bevollmächtigten" ein eng begrenzter Entscheidungsspielraum überlassen wird – keine Verantwortung aus der Hand geben.
Die Übertragung sämtlicher Betreueraufgaben oder kompletter Aufgabenkreise auf
einen Dritten ist grundsätzlich unzulässig (LG Koblenz FamRZ 2004, 1752). Die Überlassung aller nach außen gerichteter Tätigkeiten einem in Kanzleigemeinschaft tätigen Rechtsanwalt stellt eine unzulässige Delegation der Betreueraufgaben dar
(OLG Frankfurt FamRZ 2004, 736 [LS]). Die Erteilung einer „Untervollmacht" lässt sich
am ehesten in Angelegenheiten der Vermögenssorge vertreten. In vielen Fällen

verwechselt die Praxis allerdings den Boten mit dem Stellvertreter und meint (zB), auch das Abholen von Kontoauszügen sei nur dem Betreuer erlaubt. Dass der Betreuer ggf für den Einsatz von Hilfskräften nach Maßgabe der §§ 278, 831 BGB haftet, bedarf keiner weiteren Begründung. Dass der Betreuer (damals Vormund) nicht verpflichtet sei, für den Betreuten (Mündel) und an seiner Statt persönlich diejenigen wirtschaftlichen Verrichtungen auf sich zu nehmen, an deren Leistung der Betreute (Mündel) zB infolge eingetretener geistiger Erkrankung verhindert ist, hat bereits das RG (RGZ 76, 185, 186) 1911 entschieden.

136 Obwohl die Zulässigkeit der Beschäftigung von Hilfspersonen zunächst unabhängig von finanziellen Konsequenzen zu beurteilen ist, spielen diese eine nicht unerhebliche Rolle. Während eine Betreuervergütung, jedenfalls wenn sie aus der Staatskasse bewilligt wird, nur der gerichtlich bestellte Betreuer (auch der Ersatzbetreuer des § 1899 Abs 4 BGB) verlangen kann, kann der Einsatz Dritter immer nur im Rahmen von Aufwendungsersatz abgerechnet werden (zutreffend LG Hildesheim NdsRpfl 1997, 261). Dass für den Einsatz Dritter weder Vergütung noch Aufwendungsersatz verlangt werden könne (LG Memmingen Rpfleger 1998, 341), erscheint nicht zutreffend, wenn es sich um Hilfstätigkeiten für den Betreuer handelt. Bedenklich auch LG Frankfurt/Oder (BtPrax 1997, 78), wonach nicht durch Aufklärung zu beseitigende Zweifel, ob der Betreuer höchstpersönlich bzw ein Dritter im Rahmen einer zulässigen Vertretung gehandelt hat, zu Lasten des Betreuers gehen. Hier werden die verschiedenen gerichtlichen Zuständigkeiten verwechselt, indem sich die zahlende Stelle zur aufsichtführenden macht. Auch für einen etwaigen nicht zu billigenden Einsatz Dritter ist, wenn es zum ersten Mal geschehen ist, Aufwendungsersatz zu zahlen, ggf dem Betreuer ein entsprechender Hinweis für die Zukunft nach § 1837 BGB zu geben. Näher STAUDINGER/BIENWALD (2014) § 1836 Rn 107 ff.

3. Zur Frage höchstpersönlicher Betreuung

137 Die Formulierung, der Betreuer habe höchstpersönlich tätig zu sein, beruht offensichtlich auf einer Gleichsetzung von „persönlicher" Betreuung und eigenhändiger Betreuung. Unter persönlicher Betreuung ist, wie sich aus BT-Drucks 11/4528, 68 ergibt, der Gegensatz zu unpersönlicher, nämlich der anonymen, lediglich vom Schreibtisch aus vorgenommener Betreuung, zu verstehen. Keinesfalls handelt es sich um eine eigenständige unabhängig von den Bereichen des Aufgabenkreises bestehende Aufgabe, wie Gerichte, speziell im Zusammenhang mit Entscheidungen zum früheren § 1 BVormVG, zunehmend angenommen haben (vgl BayObLGZ 2002, 353 = FamRZ 2003, 407; BIENWALD BtPrax 2003, 158). Damit ist nicht zwangsläufig verbunden, dass dies auch immer nur in der Person des bestellten Betreuers, also eigenhändig, geschehen dürfe. Erkrankt zB der Betreuer plötzlich oder wird er (etwa bei einem Geschäftsgang) unterwegs aufgehalten, so ist dagegen nichts einzuwenden, dass er seine Frau bittet, an seiner Stelle das wöchentliche Haushaltsgeld der betreuten Person zu bringen. Der neuerdings vom BtÄndG eingeführte notwendige Wechsel von Berufsbetreuung zu ehrenamtlicher Betreuung (§ 1908b Abs 1 S 2 BGB; § 1897 Abs 6 BGB) spricht ebenfalls dagegen, dass Betreuung eine in ihrer Ausübung höchstpersönliche, dh eigenhändig vorzunehmende Angelegenheit ist.

138 Unvertretbar ist der Betreuer in der Abgabe einer eidesstattlichen Versicherung gemäß §§ 807, 899 ZPO.

4. Grenzen der Beschäftigung Dritter

Die dem Verein und der Behörde mögliche Übertragung der Ausübung der Betreu- **139** ung auf einen Mitarbeiter ist einem bestellten Einzelbetreuer nicht erlaubt. Überlässt eine zur Berufsbetreuerin bestellte Rechtsanwältin ihrem mit ihr in Kanzleigemeinschaft als Rechtsanwalt tätigen Ehemann alle nach außen gerichteten Tätigkeiten durch die eigenverantwortliche Unterzeichnung sämtlicher Schriftsätze und die Wahrnehmung aller Besprechungstermine, so handelt es sich um eine unzulässige Delegation der Betreuungsaufgaben (OLG Frankfurt FamRZ 2004, 736 [LS]). Die Beschäftigung von Dritten kann sich immer nur auf **einzelne Besorgungen** innerhalb der Gesamtaufgabe Betreuung bewegen. Wird ein Dritter mit der Besorgung eines ganzen Komplexes innerhalb der Betreuung betraut, ist zu prüfen, ob mangelnde Eignung des Betreuers dafür ursächlich ist. Ggf ist der Betreuer aus der Teilaufgabe zu entlassen und der Dritte unmittelbar zum Betreuer zu bestellen. Bedenklich zB, dass ein zum Betreuer bestellter Rechtsanwalt die gesamte Vermögenssorge durch Vertrag auf einen Vermögensverwalter überträgt, der die Arbeit weitgehend selbständig erledigt.

Fraglich ist auch, in welchem Maße die „Auslagerung" bestimmter Angelegenheiten **140** zu Lasten des Vermögens des Betreuten oder der Staatskasse gehen kann, so etwa, wenn die Beschäftigung Dritter einen höheren Aufwendungsersatz erfordern würde, als dem Betreuer Vergütung zusteht. Abgesehen von besonders gelagerten und dementsprechend begründeten Fällen ist im Rahmen der Aufsicht des Betreuungsgerichts dafür zu sorgen, dass sich die Bestellung zum Betreuer nicht zu einer eigenen **Arbeitsbeschaffungsstelle** entwickelt.

X. Zur Haftung des Betreuers für die Verursachung von Drittschäden durch den Betreuten*

Eine Haftung des Betreuers für einen von seinem Betreuten verursachten Dritt- **141** schaden kommt nur nach § 832 BGB in Betracht. Voraussetzung dafür ist eine gesetzliche oder vertraglich übernommene Aufsicht über den Betreuten. Die Rechtslage vor Inkrafttreten des Betreuungsgesetzes war insoweit eindeutig. Die Pflichten und Rechte des Vormunds eines Volljährigen ergaben sich aus der Bezugnahme auf die Vorschriften über den Minderjährigenvormund und weiter der das Eltern-Kind-Verhältnis regelnden Normen, die in § 1631 BGB die Beaufsichtigung des Kindes zur Elternpflicht machen (vgl insoweit § 1897, § 1793 und § 1800 BGB jeweils aF). Für die Gebrechlichkeitspflegschaft ergab sich durch die Verweisung des § 1915 Abs 1 BGB die gleiche Rechtslage, jedenfalls soweit sich die Aufgabe des Pflegers nicht lediglich auf Angelegenheiten der Vermögenssorge erstreckte. Für die

---

* **Schrifttum**: (Auswahl): BAUER/KNIEPER, Haftung des Betreuers wegen Verletzung der Aufsichtspflicht über einen drittschädigenden Betreuten?, BtPrax 1998, 123 ff, 168 ff; BIENWALD, BtR³ § 1896 Rn 215 Stichwort: Beaufsichtigung; DEINERT/SCHREIBAUER, Haftung und Haftungsübernahme im Betreuungsverhältnis, BtPrax 1993, 185; mit Nachtrag DEINERT BtPrax 1994, 9; DEINERT/LÜTGENS/MEIER, Die Haftung des Betreuers (2004) 115 ff; JÜRGENS/ JÜRGENS, Kommentar zum Betreuungsrecht (4. Aufl 2010) § 832 Rn 2; ders, in: JÜRGENS ua, Betreuungsrecht kompakt (7. Aufl 2011) Rn 247; STAUDINGER/BELLING (2012) § 832 Rn 26 f.

Volljährigenvormundschaft und ebenso für die Gebrechlichkeitspflegschaft enthielt allerdings § 1901 BGB aF eine wesentliche Einschränkung in Bezug auf die Personensorge. Sie gehörte zur Aufgabe des Betreffenden nur insoweit, als der Zweck der Vormundschaft (Pflegschaft) es erforderte.

142 Für das Betreuungsrecht wurde bewusst davon Abstand genommen, auf Normen des Vormundschaftsrechts generell zu verweisen (vgl § 1908i Abs 1 S 1 BGB). Auf zweierlei Weise kann jedoch dem Betreuer die Aufsicht über den Betreuten übertragen sein: entweder durch ausdrückliche Benennung dieser Verpflichtung, uU ergänzt um bestimmte Verpflichtungen in gefahrenträchtigen Situationen, oder durch Zuweisung der gesamten Personensorge (mit Ausnahme der Entscheidung nach § 1905 BGB). In diesem Falle kann aufgrund der Verwendung der Terminologie der §§ 1626, 1631 Abs 1 und der in § 1631 Abs 1 BGB enthaltenen Inhaltsbeschreibung davon ausgegangen werden, dass – wie die anderen für Volljährige relevanten Bestandteile der Personensorge – die Aufsicht über den Betreuten von der Personensorge umfasst wird. Einschränkend muss jedoch, der Intention des Betreuungsrechts folgend, der schon in dem alten § 1901 BGB zum Ausdruck gekommene und nunmehr im geltenden § 1901 Abs 2 S 2 BGB enthaltene Gedanke zum Tragen kommen, dass – bei umfassender Personensorge – eine **Aufsichtspflicht** des Betreuers **nur dann und insoweit** in Betracht kommt, als der Betreute einer Beaufsichtigung bedarf. Eine generelle Einstandspflicht iSv § 832 BGB für Handlungen seines geistig behinderten Sohnes, dessen Betreuer der Vater war, lehnte das LG Bielefeld NJW 1998, 2682 ab.

143 Bisher nicht bedacht wird, dass bei Aufnahme der betreuten Person in ein Heim der Betreuer dem Heim nur dann die Aufsicht über den Betreuten in dem hier verstandenen Sinn (mit der Folge des § 832 BGB) übertragen kann, wenn sie zu seinem Aufgabenkreis gehört. Bestehen wegen der Regelung des § 823 BGB hinsichtlich des Schutzes des Betreuten im Heim weniger Bedenken, dass es an einer vertraglichen Übernahme uU mangelt, besteht jedenfalls für das Heim eine Haftung gegenüber Dritten wegen Aufsichtspflichtverletzung aus § 832 BGB nur dann, wenn es durch Vertrag die Aufsicht über den Betreuten zwecks Vermeidung von Drittschäden durch ihn übertragen erhalten und übernommen hat.

144 Soweit Bauer/Knieper die Haftung wegen Verletzung der Verkehrssicherungspflicht erörtern und ua auf die Entscheidung des BGH LM Nr 8 zu § 832 = MDR 1961, 222 Bezug nehmen, in der ein Ehemann als Vormund seiner geisteskranken Ehefrau dafür verantwortlich gemacht worden war, dass er die den nachbarschaftlichen Frieden störenden ehrverletzenden Äußerungen seines Mündels nicht verhindert hatte, ist zumindest fraglich, ob die Entscheidung angesichts gewandelter Verhältnisse (Psychiatrie-Enquete) und Sichtweisen (Verhältnismäßigkeitsgrundsatz) vor dem BVerfG Bestand haben würde (s dazu auch Staudinger/Belling [2012] § 832 Rn 200 ff). Soweit die genannten Autoren eine Übertragung der Aufsicht begrifflich für ausgeschlossen halten, gehen sie von der – unzutreffenden – Annahme aus, Angelegenheit des Betroffenen, die der Betreuer dann wahrzunehmen habe, aber nicht könne, sei das deliktische Verhalten des Betreuten (BtPrax 1998, 123, 125). Geht man von dem Grundgedanken aus, dass dem Schadensersatzrecht der §§ 823 ff BGB die Annahme einer (quasi-)nachbarschaftlichen Wohlverhaltenspflicht vorausgeht, kann die Verhinderung ihrer Verletzung durch jemand, der außerstande ist,

sich entsprechend zu kontrollieren, eine Angelegenheit sein, die dem Betreuer über-tragen werden kann. Aus der Entscheidung des BGH (BtPrax 1995, 103) lässt sich Gegenteiliges nicht entnehmen; in diesem Falle ging es um vertragliche oder vor-vertragliche Pflichten, nicht um deliktische Haftung; die Entscheidung des BGH in BGHZ 100, 313 betraf eine Klage wegen Amtspflichtverletzung (Art 34 GG, § 839 BGB). Auch hier stellte der BGH fest, der Vertretene hafte für schuldhaftes Han-deln seines gesetzlichen Vertreters; das schließe eine persönliche Haftung des ge-setzlichen Vertreters für eigenes unerlaubtes Handeln nicht aus. Bei den Hinweisen auf den Schutz Dritter durch die Unterbringungsgesetze der Länder wird verkannt, dass durch sie zwar ein Schutz der Person oder des Eigentums erreicht werden kann, nicht jedoch ein Ersatz bereits entstandenen Schadens.

Problematisch ist hiernach nicht die Begründung, ob die Aufsicht über den Betreu- **145** ten dem Betreuer übertragen werden kann; vielmehr kommt es darauf an festzu-stellen, ob Bedarf für eine Übertragung besteht (§ 1896 Abs 1, 2 BGB). Denn dem Betreuer dürfen nur solche Angelegenheiten übertragen werden, zu deren Besor-gung der Betroffene selbst außerstande ist. Des Weiteren dürfen dem Betreuer aber nur Angelegenheiten übertragen werden, zu deren Besorgung er auch objektiv imstande ist. Ist zB nicht bekannt und vorhersehbar, wann und in welchen Situa-tionen sich der Betroffene schadenstiftend verhalten wird, kann dem Betreuer eine Aufsicht zur Verhinderung solchen Verhaltens nicht auferlegt werden, weil eine konkrete Gefahr nicht besteht und der Betreuer den Betroffenen nicht auf Schritt und Tritt begleiten oder verfolgen kann.

XI. Zur Reichweite von Aufgabenkreisen (weitere Einzelfälle)

– Der Widerruf einer **Altersvorsorgevollmacht** erfordert die Bestellung zum Voll- **146** machtbetreuer (§ 1896 Abs 3 BGB) oder die gesondert (im Rahmen des Aufga-benkreises) übertragene Befugnis zum Widerruf der Vollmacht (OLG Köln RNotZ 2001, 345; s auch BayObLG FamRZ 2002, 1220 = BtPrax 2002, 214); s auch § 1896 Rn 337;

– Zur Vertretung des Betroffenen im **Ehescheidungsverfahren** ermächtigt nicht die Bestellung eines Betreuers mit dem Aufgabenkreis „Vertretung in Behördenan-gelegenheiten" (OLG Zweibrücken FamRZ 2011, 1814 [LS]);

– Die Sorge des berufsmäßig tätigen (Fremd-)Betreuers für die **Gesundheit** des Betreuten umfasst grundsätzlich die Abgabe der für die (Weiter-)Versicherung des Betreuten in der **Krankenversicherung** erforderlichen Erklärungen, wenn die Familien-(Kranken-)Versicherung des Betreuten (Ehemannes) mit Rechtskraft der Scheidung von der versicherten Ehefrau endet (BSG FamRZ 2002, 1471 mAnm BIENWALD = BtPrax 2003, 172 mAnm MEIER 173; LG Dessau – Roßlau FamRZ 2010, 1011 [LS] mAnm BIENWALD);

– Zum Aufgabenkreis der **Aufenthaltsbestimmung** gehört es auch, einen **Heimplatz** zu suchen und den Umzug des Betreuten zu organisieren. Dazu gehört die Ver-tretung des Betreuten bei Abschluss oder Kündigung von Verträgen, die im Zu-sammenhang mit der Begründung des Wohnsitzes oder dem Wechsel des ständi-gen Aufenthaltsorts stehen;

– Zum Aufgabenkreis „Wohnungsangelegenheiten" gehört auch das **Entrümpeln** der Wohnung der Wohnung der/des Betroffenen/Betreuten (AG Detmold FamRZ 2011, 1898 [LS]); der Auftrag des Betreuers zur Wohnungsentrümpelung erfordert einen entsprechenden Aufgabenkreis, wenn ihm die Wohnungsangelegenheiten bisher nicht zugewiesen worden sind (AG Detmold aaO);

– Der Aufgabenkreis der **Vermögenssorge/Vertretung in Vermögensangelegenheiten** berechtigt zur Geltendmachung von **Rentenansprüchen** (LG Berlin FamRZ 2002, 345 = BtPrax 2001, 215), auch zur Erhebung einer gegen belastende **sozialhilferechtliche Bescheide** gerichteten Klage (OVG Münster FamRZ 2001, 312 = NDV-RD 2000, 111); er ermächtigt **nicht** zur Stellung eines **Strafantrags**, auch nicht hinsichtlich Eigentums- und Vermögensdelikten (LG Hamburg NStZ 2002, 39; s aber LG Ravensburg FamRZ 2001, 937, wonach der Aufgabenkreis, der Vermögensangelegenheiten und wichtige personelle Belange umfasst, zur Stellung eines nach § 247 StGB erforderlichen Strafantrags berechtigt); der Aufgabenkreis verpflichtet nicht zu tatsächlichen Hilfeleistungen, sondern nur zu deren Organisation (BGH FamRZ 2011, 293), zB nicht zur Verwaltung des dem betreuten Heimbewohner zustehenden Barbetrags (BGH FamRZ 2011, 293 mAnm BIENWALD 295);

– **Unterhaltsansprüche** werden auch bei einem Volljährigen nicht von der Vermögenssorge erfasst, sodass die von einem Betreuer mit diesem Aufgabenkreis als Vertreter des Betreuten erhobene Unterhaltsklage unzulässig ist (OLG Zweibrücken FamRZ 2000, 1324 m **abl** Anm BIENWALD = NJW-RR 2001, 151);

– Verpflichtung eines Betreuers mit dem Aufgabenkreis der Vermögenssorge, den Versicherer über das eine Gefahrenerhöhung und damit ein höheres Versicherungsrisiko darstellendes Verhalten des wegen fortgeschrittener seniler Demenz betreuten Versicherungsnehmers gemäß § 6 Abs 2 der Allgemeinen Brandversicherungsbedingungen (ABB) des Versicherers unverzüglich zu **informieren** (OLG Nürnberg VersR 2002, 1232);

– Ist ein Beteiligter des **Zwangsversteigerungsverfahrens** eine betreute Person, so ist zur Wirksamkeit von Entscheidungen eine **Zustellung** an den Betreuer nur dann erforderlich, wenn die Zwangsversteigerung den Aufgabenkreis des Betreuers betrifft und dieser sich im Verfahren für den Betreuten legitimiert hat **oder** der Betreute augenscheinlich geschäftsunfähig ist (LG Rostock Rpfleger 2003, 142);

– Ist ein Betreuer aus einem von mehreren Aufgabenbereichen entlassen worden, kann er Beschwerde dagegen einlegen, wenn und weil er auch nach Wirksamwerden der angefochtenen Entscheidung ua im Geschäftsbereich Vertretung bei Ämtern und Behörden im Amt verblieben und insofern befugt ist, **weiterhin für den Betroffenen zu handeln** (BayObLG FamRZ 2004, 734 mAnm BIENWALD);

– **Erbschaftsausschlagung** eines Sozialhilfeempfängers durch den Betreuer (IVO FamRZ 2003, 1).

– Gehört zum Aufgabenkreis des Betreuers die Vermögenssorge, kann auch der **Widerruf eines gemeinschaftlichen Testaments** gegenüber dem Betreuer erklärt werden (LG Hamburg 17. 2. 2000 – 301 T 264/99; referiert in DNotI-Rp 2000, 86).

– Ist für die Vermögenssorge des Schuldners ein Betreuer bestellt, nicht aber ein Einwilligungsvorbehalt angeordnet, hat das Vollstreckungsgericht nach pflichtgemäßem Ermessen zu bestimmen, ob der Betreuer oder der Schuldner die **eidesstattliche Offenbarungsversicherung** abzugeben hat (BGH FamRZ 2008, 2109). Das bedeutet umgekehrt: hat das Betreuungsgericht einen auf die Vermögenssorge oder speziell die Abgabe einer eidesstattlichen Offenbarungsversicherung bezogenen Einwilligungsvorbehalt angeordnet, kann die Versicherung nur der Betreuer abgeben, dem die Vermögenssorge oder die spezielle Aufgabe der Abgabe der Versicherung übertragen worden ist. Hat der Betroffene einen Bevollmächtigten mit der Sorge seines Vermögens beauftragt, kommt nur der Vollmachtgeber für die Abgabe der eidesstattlichen Offenbarungsversicherung in Betracht; ein Einwilligungsvorbehalt kann hier nicht angeordnet sein. Handelt es sich um eine Vorsorgevollmacht, die erst dann wirksam sein soll, wenn der Vollmachtgeber selbst nicht mehr entscheidungsfähig ist, muss deshalb für die Abgabe der eidesstattlichen Offenbarungsversicherung ein Betreuer bestellt werden.

§ 1903
Einwilligungsvorbehalt

(1) Soweit dies zur Abwendung einer erheblichen Gefahr für die Person oder das Vermögen des Betreuten erforderlich ist, ordnet das Betreuungsgericht an, dass der Betreute zu einer Willenserklärung, die den Aufgabenkreis des Betreuers betrifft, dessen Einwilligung bedarf (Einwilligungsvorbehalt). Die §§ 108 bis 113, 131 Abs. 2 und § 210 gelten entsprechend.

(2) Ein Einwilligungsvorbehalt kann sich nicht erstrecken auf Willenserklärungen, die auf Eingehung einer Ehe oder Begründung einer Lebenspartnerschaft gerichtet sind, auf Verfügungen von Todes wegen und auf Willenserklärungen, zu denen ein beschränkt Geschäftsfähiger nach den Vorschriften des Buches vier und fünf nicht der Zustimmung seines gesetzlichen Vertreters bedarf.

(3) Ist ein Einwilligungsvorbehalt angeordnet, so bedarf der Betreute dennoch nicht der Einwilligung seines Betreuers, wenn die Willenserklärung dem Betreuten lediglich einen rechtlichen Vorteil bringt. Soweit das Gericht nichts anderes anordnet, gilt dies auch, wenn die Willenserklärung eine geringfügige Angelegenheit des täglichen Lebens betrifft.

(4) § 1901 Abs. 5 gilt entsprechend.

Materialien: Art 1 Nr 6 DiskE I; Art 1 Nr 41 RegEntw; Art 1 Nr 47 BtG; DiskE I 127; BT-Drucks 11/4528, 136 ff 2 (BReg); STAUDINGER/BGB-Synopse 1896–2005 § 1903. Abs 2 ergänzt durch Art 2 Nr 20 LPartG v 16. 2. 2001 (BGBl I 266, 271); BT-Drucks 14/3751, 7, 46. Die Verweisung in Abs 1 S 2 geändert d Art 1 d G zur Modernisierung des Schuldrechts v 26. 11. 2001 (BGBl I 3138). Abs 4 geändert und neu gefasst d Art 2 d G v 11. 12. 2001 (BGBl I 3513). Abs 1 S 1 (Gerichtsbezeichnung) geändert durch Art 50 Nr 47 FGG-RG (BGBl 2008 I 2586, 2724). Durch Art 50 Nr 4 FGG-RG wurde in den Abs 1 S 2 zitierten Vorschriften § 112 Abs 1 S 1 und S 2, Abs 2 sowie in § 113 Abs 1 S 2, Abs 3 S 1 und S 2 jeweils das Wort „Vor-

Werner Bienwald

mundschaftsgericht" durch das Wort „Familiengericht" und das Wort „Vormundschaftsgerichts" durch das Wort „Familiengerichts" ersetzt. Die Änderung der Gerichtsbezeichnung oben in Abs 1 S 1 beruht auf Art 50 Nr 47 FGG-RG (BGBl 2008 I 2586, 2724).

Schrifttum

BOBENHAUSEN, Konkurrenz zwischen dem Willen des Betreuten und des Betreuers: gesetzliche Vertretung – Kontosperre – Schenkung, BtPrax 1994, 158

CASPAR, Geschäfte des täglichen Lebens – kritische Anmerkungen zum neuen § 105a BGB, NJW 2002, 3425

ENDERLEIN, Geschäftsunfähigkeit und Einwilligungsvorbehalt, JR 1998, 485

GROSS, Darf das Familiengericht gemäß § 1630 III BGB sorgerechtliche Befugnisse ohne Zustimmung des Betreuers (§ 1903 I BGB) übertragen?, KindPrax 2001, 50

JURGELEIT, Der geschäftsunfähige Betreute unter Einwilligungsvorbehalt, Rpfleger 1995, 282

LIPP, Die neue Geschäftsfähigkeit Erwachsener, FamRZ 2003, 721

MITKO, Der Einwilligungsvorbehalt (Diss Regensburg 1993)

PAWLOWSKI, Willenserklärungen und Einwilligungen in personenbezogene Eingriffe, JZ 2003, 66

ders, Rechtsfähigkeit im Alter?, JZ 2004, 13

POESCHL, Die Anordnungsvoraussetzungen der Betreuung und des Einwilligungsvorbehalts in ihrem Verhältnis zu den Regelungen der Geschäftsfähigkeit (1999)

SCHREIEDER, Ist § 1903 BGB eine Spezialvorschrift zu § 105 BGB?, BtPrax 1996, 96

STRAILE, Sind geschäftsunfähige Volljährige seit 1. 8. 2002 teilweise geschäftsfähig?, FuR 2003, 207

ZIMMERMANN, Neue Teilgeschäftsfähigkeit für geschäftsunfähige Betreute, BtPrax 2003, 26.

Systematische Übersicht

Werner Bienwald

Alphabetische Übersicht

Werner Bienwald

I. Allgemeines

1. Normzweck

1 Die Bestellung eines Betreuers hat keine unmittelbar konstitutiven Auswirkungen auf die rechtsgeschäftliche Handlungsfähigkeit (Geschäftsfähigkeit) des Betroffenen. Das Gesetz verzichtet auch auf eine konstitutive Feststellung der Geschäftsfähigkeit vor Betreuerbestellung (BT-Drucks 11/4528, 61). Ob der Betreute geschäftsfähig oder geschäftsunfähig ist, beurteilt sich – ebenso wie für Nicht-Betreute – nach der Regelung des § 104 Nr 2 BGB. Entsprechend der Absicht des Gesetzgebers, Rechtseingriffe bei hilfebedürftigen Betroffenen nur dort zuzulassen, wo dies unausweichlich ist (BT-Drucks 11/4528, 52), soll die Teilnahme des Betreuten am Rechtsverkehr nicht mehr generell wie bisher bei Entmündigungen (§ 104 Nr 3 und § 114 BGB jeweils aF), sondern nur im Einzelfall eingeschränkt werden können, und zwar auch nur, wenn dies erforderlich ist (BT-Drucks 11/4528, 52, 63, 136). Es müssen konkrete Anhaltspunkte für eine erhebliche Vermögensgefährdung erheblicher Art vorliegen (BGH FamRZ 2016, 2088, 2089 Rn 6). Der Einwilligungsvorbehalt kann je nach den Umständen auf einen einzelnen Vermögensgegenstand oder eine bestimmte Art von Geschäften beschränkt werden (BGH FamRZ 2006, 2088 Rn 6; FamRZ 2015, 1793 = FGPrax 2015, 267 Rn 10).

2 Ein Einwilligungsvorbehalt ist deshalb nur unter engen Voraussetzungen und nur zur Abwehr **erheblicher** Gefahren in Betracht zu ziehen; allein die Möglichkeit einer gefahrenträchtigen rechtsgeschäftlichen Betätigung des Betroffenen reicht hierzu

nicht aus (LG Köln BtPrax 1992, 109; LG Regensburg FamRZ 1993, 476, 477: kein Einwilligungsvorbehalt, weil Reparaturrechnung nicht bezahlt). In den Materialien wird die Erwartung
geäußert, dass in etwa 96 % aller Fälle auf die Anordnung eines Einwilligungsvorbehalts verzichtet werden könne (BT-Drucks 11/4528, 64 unter Zugrundelegung der damals
bekannten süddeutschen Praxis, die weitgehend auf Entmündigungen verzichtet hatte). Dieser
Erwartung scheint die gerichtliche Praxis bisher gefolgt zu sein (näher HK-BUR/BAUER
§ 1903 Rn 83 ff [Rechtstatsachen]; danach waren im Jahr 2001 im Bundesgebiet [Zahlenangaben
ohne Hamburg] bei 205 266 neuen Betreuungen nur in 8572 Fällen [= 4,18 %] Einwilligungsvorbehalte angeordnet worden. Nach DEINERT [BtPrax 2016, 218, 219] wurden 2015 12 429 Einwilligungsvorbehalte angeordnet; 2014 waren es 13 189; 2013: 13 278. Erstbestellungen von Betreuern gab
es 2015: 209 664; 2014: 210 554; 2013: 221 262. Die Quote von Einwilligungsvorbehalten in Relation
zu Erstbestellungen lag im regionalen Vergleich 2015 zwischen 2,6 % [Bayern] und 10,49 % [Schles-
wig-Holstein]). Soweit Betreuer, meist solche, die Betreuungen berufsmäßig führen,
die Zurückhaltung der Gerichte bei der Anordnung von Einwilligungsvorbehalten
kritisieren, ist deren Interesse in der Regel auf die Erleichterung ihrer Betreuungsarbeit ausgerichtet. Die erwünschte/erhoffte Erleichterung der Führung der Betreuung (etwa durch Verringerung der Bemühungen um die Stornierung der von den
Betroffenen eingegangenen Verpflichtungen) kann und darf jedoch nicht der alleinige Grund für die Anordnung eines Einwilligungsvorbehalts sein (BGH FamRZ 2016,
2088 Rn 12). Tritt diese Erleichterung als (Neben-)Folge der Anordnung ein, ist dagegen nichts einzuwenden. Der Einwilligungsvorbehalt ist als Disziplinierungsinstrument nicht nur untauglich (BGH FamRZ 2015, 1793 = FGPrax 2015, 267), sondern auch
unzulässig (BGH FamRZ 2016, 2088, 2089 Rn 6 und 12 = Rpfleger 2017, 91).

2. Die Arten von Einwilligungsvorbehalten

Als Instrument der Einschränkung der Teilnahme am Rechtsverkehr dient das **3**
Rechtsinstitut des Einwilligungsvorbehalts in zweifacher Form. Der einfache („nor-
male", BIENWALD, in: BIENWALD/SONNENFELD/HARM Rn 15) oder auch **Regel-Einwilligungsvorbehalt** belässt dem Betreuten die Teilnahme am Rechtsverkehr ohne Einschränkungen in Bezug auf die sog geringfügigen Angelegenheiten des täglichen
Lebens (Abs 3 S 2; BIENWALD, in: BIENWALD/SONNENFELD/HOFFMANN, BtR Rn 63 f). Das
Betreuungsgericht kann den Vorbehalt jedoch erweitern und auf diese Angelegenheiten ausdehnen (**erweiterter oder qualifizierter** [BGH FamRZ 2017, 474] Einwilligungsvorbehalt). Ebenso, wie der Regel-Einwilligungsvorbehalt nur angeordnet
werden darf, wenn er erforderlich ist (BGH FamRZ 2017, 754), muss auch der qualifizierte Einwilligungsvorbehalt verhältnismäßig dh geeignet und erforderlich sein,
um den bezweckten Erfolg zu erreichen (BGH FamRZ 2017, 474).

3. Wirkungskonzept

In der Wirkungsweise entspricht der Einwilligungsvorbehalt der Mitwirkung des **4**
gesetzlichen Vertreters bei nicht voller Geschäftsfähigkeit eines über sieben Jahre
alten Minderjährigen (§§ 106 ff BGB). Die Teilnahme des Betreuten am Rechtsverkehr ist durch den Einwilligungsvorbehalt, soweit dieser reicht, in der Weise
eingeschränkt, dass der Betreute zu Willenserklärungen, die den Aufgabenkreis
des Betreuers betreffen, dessen Einwilligung (dh der vorherigen Zustimmung, § 183
S 1 BGB) bedarf (bei Verträgen reicht auch die nachträgliche Zustimmung = Genehmigung, § 184 Abs 1 BGB); § 108 Abs 1 BGB iVm § 1903 Abs 1 S 1 BGB (BGH

FamRZ 2016, 1070 = MDR 2016, 825; s auch BGH FamRZ 2016, 2088, 2089 = Rpfleger 2017, 91). Ausgenommen sind Willenserklärungen, die dem Betreuten lediglich einen rechtlichen Vorteil bringen (Abs 3 S 1). Mit diesem Regelungsmodell sowie der entsprechenden Anwendung von Vorschriften, die bei Minderjährigen über sieben Jahren in Betracht kommen (s Abs 1 S 2), erreicht das Betreuungsgesetz, dass sich der Betreute in einer **ähnlichen Rechtslage** wie ein beschränkt Geschäftsfähiger befindet, allerdings **nur** in den vom Einwilligungsvorbehalt **erfassten Bereichen**. Außerhalb des Einwilligungsvorbehalts unterliegt der Betreute lediglich den Beschränkungen, die sich aus dem allgemeinen Recht ergeben (zB § 104 Nr 2 BGB). Insofern die rechtsgeschäftliche Handlungsfähigkeit des Betreuten für die Dauer der Wirksamkeit des Einwilligungsvorbehalts eingeschränkt ist, bestimmt der Vorbehalt den Rechtsstatus des Betreuten, ohne diesem den Status eines beschränkt Geschäftsfähigen zu vermitteln (MünchKomm/SCHWAB [6. Aufl] Rn 3; DAMRAU/ZIMMERMANN Rn 1). Irrtümlich wird § 1903 BGB mit der Anbringung eines Sperrvermerks im Sparbuch zu Lasten des Betreuten in Verbindung gebracht (näher dazu BIENWALD BtPrax 1998, 15 in der Anm zu LG Mönchengladbach [BtPrax 1997, 203] sowie BLANK BtPrax 1998, 21).

Steht ein Betreuer hinsichtlich seiner Vermögenssorge unter Einwilligungsvorbehalt, fehlt ihm die Empfangszuständigkeit zur Entgegennahme von Sozialleistungen. Zahlungen ohne Zustimmung des Betreuers haben daher keine Erfüllungswirkung (SozG Marburg FamRZ 2016, 1397 [LS] = BtPrax 2016, 124 [LS]; BGH FamRZ 2015, 1386 mAnm ZORN). Informationspflichten gem § 670b Abs 2 BGB kann die Bank Geschäftsunfähigen gegenüber nur dadurch erfüllen, dass sie die entsprechende Information iSd § 131 Abs 1 BGB an den gesetzlichen Vertreter richtet (OLG Schleswig FamRZ 2016, 1972 [LS]). Erstrecken sich der Aufgabenkreis und der Einwilligungsvorbehalt einer Betreuerin auch auf den Verfahrensgegenstand der kostenauslösenden Grundbuchverfahren, besteht für das Grundbuchverfahren keine Verfahrensfähigkeit des Betreuten, wenn dieser das Verfahren ohne Wissen und Billigung der Betreuerin auslöst (OLG Karlsruhe FamRZ 2017, 396). Ist für einen Betreuten ein Einwilligungsvorbehalt in Rechtsangelegenheiten angeordnet worden, ist dessen Beschwerde gegen einen OVG-Beschluss unzulässig (BVerwG FamRZ 2017, 229 [LS]).

5 Wegen der Wirkungsweise des Einwilligungsvorbehalts wird die Auffassung vertreten, die Vorschrift des § 1903 BGB gehöre „auf den Prüfstand", weil sie mit Art 12 der UN-Behindertenrechtskonvention nicht in Einklang stehe (LACHWITZ, Rechtsdienst der Lebenshilfe [2011] 53, 54). Dazu LIPP, Assistenzprinzip und Erwachsenenschutz, FamRZ 2017, 4, 8.

4. Keine Übernahme der österreichischen Lösung

6 Der Gesetzgeber des Betreuungsgesetzes hatte sich mit der Einführung des Einwilligungsvorbehalts nicht der Regelung des österreichischen Sachverwalterschaftsrechts angeschlossen, nach der die Bestellung eines Sachwalters stets zu einer Einschränkung der Teilnahme des Betroffenen am Rechtsverkehr führte, wenn auch dies in Ausnahmefällen (§ 273a ABGB) abgemildert werden konnte (BT-Drucks 11/4528, 136). Zur Einführung des österr Sachwalterrechts BIENWALD ZfJ 1984, 271 und DAMRAU FamRZ 1984, 236 ff. Ob diese Rechtsfolge im Hinblick auf Art 12 der UN-Behindertenrechtskonvention aufrechterhalten werden kann oder eingeschränkt werden wird, wird im Schrifttum diskutiert. S Rn 5.

5. Geltung für Willenserklärungen

Die Einschränkung der Teilnahme am Rechtsverkehr bezieht sich auf die Abgabe **7**
wie auf die Entgegennahme von Willenserklärungen (§ 131 Abs 2 BGB iVm § 1903
Abs 1 S 2 BGB). Die Anordnung eines Einwilligungsvorbehalts schützt deshalb den
Betreuten nicht nur davor, sich durch eigene Aktivitäten (zB den Kauf unnötiger
oder überteuerter Waren, Widerruf von Erklärungen des Betreuers) erheblichen
Schaden zuzufügen; sie schützt den Betreuten auch vor rechtsgeschäftlichen Aktivitäten anderer, zB der Kündigung des Mietvertrags über die vom Betreuten inne-
gehaltene Wohnung. Rein tatsächlich gesehen kommt es bei der Betreuung darauf
an, nicht nur schädigende Aktivitäten des Betreuten zu verhindern, sondern auch
dafür zu sorgen, dass der Betreute, weil außerstande, sich gegenüber Anbietern und
Werbern zur Wehr zu setzen, nicht durch „Passivität" Schaden erleidet. Schutz bietet
die Anordnung eines Einwilligungsvorbehalts nur bei **erheblichen** Gefahren. Geringfügige, wenn auch ständige, Beeinträchtigungen der Vermögenslage des Betroffenen
müssen zunächst in Kauf genommen werden. Schutz bietet dann erst die Erweiterung des Einwilligungsvorbehalts gem Abs 3 S 2. Allerdings fragt es sich, ob es nach
dem Willen des Gesetzgebers zwischen den erheblichen Gefahren für die Person
oder das Vermögen des Betreuten einerseits und den geringfügigen Gegenständen
des täglichen Lebens einen durch einen Einwilligungsvorbehalt nicht zu schützenden
Bereich geben soll oder darf.

Soweit im Schrifttum darauf hingewiesen wird, dass entsprechend der nach altem **8**
Recht möglichen Entmündigung wegen Verschwendung ein Einwilligungsvorbehalt
in Betracht komme (Damrau/Zimmermann Rn 2; Schmidt/Böcker ua Rn 38), greift dieser
Hinweis zu kurz. Denn ein verschwenderisches Verhalten eines iSd § 1896 BGB
Betreuten kann nicht losgelöst von dem Grund der Betreuerbestellung und dem
Aufgabenkreis des Betreuers gesehen werden. Ein Einwilligungsvorbehalt kommt
wegen verschwenderischen Verhaltens nur dann in Betracht, wenn aus diesem
Grund ein Betreuer mit entsprechendem Aufgabenkreis bestellt worden ist und
der erheblichen Selbstschädigung des Betreuten innerhalb des Aufgabenkreises
des Betreuers nicht anders als durch einen Einwilligungsvorbehalt begegnet werden
kann. Ob eine erhebliche Selbstschädigung des Betreuten dann praktisch noch
möglich ist, muss festgestellt werden und hängt auch von der Führung der Betreuung
ab.

Heute kann ein Einwilligungsvorbehalt dagegen eingesetzt werden, dass durch süch- **9**
tiges Verhalten ua erhebliche eigene Vermögensschäden verursacht werden (Spielsucht, Kaufrausch) oder dass bei einer in Aussicht stehenden **Schuldenregulierung**
der Betreute durch Eingehen neuer Verbindlichkeiten das Regulierungskonzept
gefährdet.

Besteht die Gefahr, dass der Betreute sich durch Abgabe von Willenserklärungen **10**
selbst erheblich schädigt, insbesondere dadurch, dass er ordnungsgemäße Willenserklärungen des Betreuers durch Widerruf oder in anderer Weise zunichte macht
und hierdurch sein Wohl gefährdet, soll die Anordnung eines Einwilligungsvorbehalts auch für einen nach § 104 Nr 2 BGB geschäftsunfähigen Betreuten allein
deshalb notwendig sein, weil dadurch etwaigen Beweisschwierigkeiten aus dem
Wege gegangen werden kann (BT-Drucks 11/4528, 137; Erman/Roth[13] Rn 3 spricht davon,

dass ein aus diesem Grund angeordneter Einwilligungsvorbehalt der Rechtsklarheit diene; aA
JURGELEIT Rpfleger 1995, 282, 283: kein EV bei Geschäftsunfähigkeit erforderlich).

6. Praktische Konsequenzen des Abs 3 S 2

11 Mit der Regelung des Abs 3 S 2 eröffnet der Gesetzgeber die Möglichkeit der Teilnahme am Rechtsverkehr in einem Umfang, der ein **Training zur Alltagsbewältigung**
möglich macht. Mit der Freiheit, geringfügige Angelegenheiten des täglichen Lebens
ohne eine im Einzelnen erforderliche Mitwirkung des Betreuers zu besorgen, erhält
oder behält der Betreute – unabhängig von der dogmatischen Begründung und
Einordnung – ein gewisses Maß an Eigenkompetenz, in das nur in besonders begründeten Fällen beschränkend eingegriffen werden darf. Bereits nach dem bisher
geltenden Vormundschafts- und Pflegschaftsrecht konnte der Vormund oder Pfleger
dem Betreuten gestatten, mit ihm überlassenem Geld Kaufgeschäfte zu tätigen und
damit in geringem (maßvollem) Umfang am rechtlichen Alltagsleben teilzuhaben.
Die jetzt durch das BtG eingeführte Regelung räumt dem Betreuten die Betätigung
unabhängig von dem Willen des Betreuers ein. Es ist nicht zu verkennen, dass die
Vorschrift über den Weg der Geldzuteilung durch den Betreuer unterlaufen werden
kann.

7. Keine Ausnahme geschäftsunfähiger Betreuter

12 Ebensowenig wie die Betreuerbestellung ist auch die Anordnung des Einwilligungsvorbehalts abhängig von einer Prüfung oder Voraussetzung der Geschäftsfähigkeit
oder Geschäftsunfähigkeit des Betroffenen (sinngemäß ebenso BayObLG FamRZ 1998,
454, 455; BayObLG NJWE-FER 2000, 152 = FamRZ 2000, 567 [LS]; auch OLG Düsseldorf FamRZ
1993, 1224 = BtPrax 1993, 175). Ob ein Einwilligungsvorbehalt in einem solchen Fall
erforderlich ist, obliegt der Beurteilung des Tatrichters (BayObLG NJWE-FER 2000,
152 = FamRZ 2000, 567 [LS]). Infolgedessen gibt es geschäftsunfähige Betreute, die unter
Einwilligungsvorbehalt stehen. Für sie ist keine Ausnahme von dem gesetzgeberisch
gewollten Ziel einer Teilnahme am Rechtsverkehr iSv Abs 3 S 2 erkennbar (Zur
Begründung dieser Regelung vgl BT-Drucks 11/4528, 60, 63 f, 136 ff). Eine partielle Geschäftsunfähigkeit des Betroffenen steht der Anordnung eines Einwilligungsvorbehalts
ebenfalls nicht entgegen (BayObLG FamRZ 1994, 1135 [LS] = BtPrax 1994, 136; BayObLG
FamRZ 1995, 1518 = BtE 1994/95, 111).

13 Kann ein Betroffener mangels Prozessfähigkeit Prozesserklärungen nicht wirksam
abgeben, bedarf es nicht (zu seinem Schutz) der Anordnung eines Einwilligungsvorbehalts (LSG Berlin-Brandenburg FamRZ 2010, 1472, 1473).

14 Die amtl Begründung, die das Verhältnis von § 104 Nr 2, § 105 Abs 1 BGB einerseits
und der Einwilligung des Betreuers im Fall der Anordnung eines Einwilligungsvorbehalts andererseits erläutert und (wie das bisher geltende Recht) die Lösung der
Umdeutung vorschlägt, erstreckt sich nicht auf Abs 3 S 2. Hier kommt eine Umdeutung nicht in Betracht, weil der Betreuer nur dann beteiligt ist, wenn der Einwilligungsvorbehalt auch auf die zunächst von Gesetzes wegen ausgeschlossenen
geringfügigen Angelegenheiten des täglichen Lebens ausgedehnt wird. Damit ist
freilich nicht der Weg eröffnet, in allen Angelegenheiten, in denen ein Lernen durch
Tun möglich erscheint, über die Anwendung eines Einwilligungsvorbehalts dem

Betreuten den Umgang mit dem Geld (wieder) zu ermöglichen, ohne dass die allgemeinen Voraussetzungen der Anordnung vorzuliegen brauchen. Der Ausschluss der in Abs 3 S 2 genannten Angelegenheiten bzw ihre Einbeziehung in den Einwilligungsvorbehalt kommt erst dann in Betracht, wenn der Einwilligungsvorbehalt nach § 1903 Abs 1 BGB angeordnet worden ist.

Rechtstatsächlich gesehen handelt der unter Einwilligungsvorbehalt stehende geschäftsunfähige Betreute solange unangefochten im Bereich geringfügiger Angelegenheiten des täglichen Lebens, als die ihm dafür zur Verfügung stehenden Mittel („Taschengeld" aus eigenem Vermögen oder der Barbetrag zur freien Verfügung nach § 35 Abs 2 SGB XII) ausreichen und die Umwelt sein Handeln toleriert, unabhängig davon, ob er am Rechtsverkehr aus eigenem oder aus abgeleitetem Recht teilnimmt. **15**

Ob sich die Anordnung eines Einwilligungsvorbehalts de facto wie die bisherige Entmündigung auswirken werde (KLÜSENER Rpfleger 1989, 221; BÖHMER StAZ 1990, 214; PALANDT/DIEDERICHSEN Rn 1; SCHMIDT/BÖCKER ua Rn 38), konnte mangels entsprechender Untersuchungen allenfalls vermutet werden, hat sich aber nicht bewahrheitet. Die Zurückhaltung der Gerichte in der Anordnungspraxis wird allerdings damit begründet, die Anordnung des Einwilligungsvorbehalts käme einer Entmündigung gleich. Die Bewertung des Betreuungsrechts und die Einschätzung der Reform durch die Rechtswelt leidet vielfach darunter, dass **tatsächliche Machtverhältnisse und Abhängigkeiten** sowohl im Verhältnis von Betreuer und Betreutem als auch im Verhältnis beider zu Dritten bzw zur Umwelt nicht genügend berücksichtigt werden. Ihnen ist allerdings auch kaum mit Mitteln des Gesetzgebers beizukommen, genauso wenig wie dem inflationären Gebrauch des Wortes „Entmündigung". **16**

Ebenso wie die Kenntnis von einem Einwilligungsvorbehalt wird bereits das Wissen um das Bestehen eines Betreuungsverhältnisses einen Geschäftspartner – unabhängig von dem Aufgabenkreis und dem Grad der Betreuungsbedürftigkeit – zurückhaltend sein und sich unmittelbar an den Betreuer wenden lassen (PALANDT/DIEDERICHSEN Rn 1), obgleich das Risiko, mit einem Geschäftsunfähigen zu verhandeln, angesichts der Beweislastregelung des BGB nicht so hoch ist, wie allgemein, wenn auch irrtümlich, angenommen wird. Die Beweislastregelung muss sich nicht immer zuungunsten des Betreuten auswirken; es kommt auf die jeweilige Interessenlage und die prozessuale Situation an. Ist Geldinstituten bekannt, dass der Kunde einen Betreuer hat, werden in der Regel (Auszahlungs-)Aufträge nur noch von dem zuständigen Betreuer entgegengenommen ohne Rücksicht darauf, dass die Betreuerbestellung keine unmittelbare Wirkung auf die rechtsgeschäftliche Handlungsfähigkeit des Betreuten hat und nach dem Willen des Gesetzgebers auch nicht haben sollte. Ebenso wurde einem alkoholabhängigen Rentenempfänger nach Bewilligung der Erwerbsunfähigkeitsrente deren Auszahlung mit der Begründung verweigert, zunächst müsse das Gericht über die Anregung einer Betreuerbestellung entschieden haben. Dank richterlicher Aufklärung des betreffenden Rentenversicherungsträgers wurde das mir bekannt gewordene Problem beseitigt. **17**

In st Rspr hat das BayObLG entschieden, dass ein Einwilligungsvorbehalt nur angeordnet werden darf, wenn festgestellt ist, dass der Betreute aufgrund einer psychischen Erkrankung seinen Willen nicht frei bestimmen kann (BayObLGZ 1993, **18**

63 = FamRZ 1993, 851; BayObLGZ 1995, 146 = FamRZ 1995, 1296; FamRZ 1995, 1518; BtE 1994/95, 111, 112; FamRZ 1998, 454; OLG Zweibrücken FamRZ 2004, 1897 mAnm BIENWALD; ähnlich OLG Hamm FGPrax 1995, 56 mAnm SEITZ = FamRZ 1995, 433; FamRZ 1999, 681 [4. ZS]; weitere Nachweise BtE 1994/95, 112). In Anbetracht der Akzessorietät des Einwilligungsvorbehalts (dazu unten Rn 40) erscheint es zumindest überdenkenswert, ob im Anschluss an die Betreuerbestellung, bei der die genannte Feststellung bereits gefordert wird, dieselbe Voraussetzung noch einmal gefordert werden kann. Eine dem § 1896 Abs 1a BGB entsprechende Ergänzung, wonach ein Betreuer gegen den freien Willen des Volljährigen nicht bestellt werden darf, hat das 2. BtÄndG für § 1903 BGB nicht vorgesehen. Hinzukommt, dass diese Forderung schwerlich mit dem Zweck der Vorschrift vereinbart werden kann, konkurrierende Aktivitäten des Betreuten, mit denen er sich erheblichen Schaden zufügen kann, zu verhindern oder doch zumindest zu steuern. Mit gezielten schadenstiftenden Aktivitäten ist jedoch regelmäßig dann zu rechnen, wenn der Betreute insoweit in der Lage ist, „seinen Willen zu bestimmen". Schließlich kommt es auch auf ein Einverständnis des Betroffenen/Betreuten mit der Maßnahme nicht an, sodass es fraglich ist, welche Bedeutung einer solchen subjektiven Komponente zukommt (ausführlicher BIENWALD, in: BIENWALD/SONNENFELD/HARM Rn 40 auch im Hinblick auf die Kritik von HOLZHAUER an der Auffassung des BayObLG).

8. Subjektives Empfinden als Entmündigung und Bedeutung für die Praxis

19 Die bei Gerichten anzutreffende Zurückhaltung in der Anordnung von Einwilligungsvorbehalten mit dem Hinweis, die Betroffenen würden dadurch entmündigt werden (JURGELEIT/KIESS spricht § 1903 Rn 5 von entmündigender Wirkung), beruht offensichtlich auf einem Vorurteil. Denn nur, soweit der Einwilligungsvorbehalt reicht, ähnelt die Rechtsstellung des Betroffenen der eines beschränkt Geschäftsfähigen (ERMAN/ROTH Rn 15). Die Verwendung der Vokabel unterstützt das Vorurteil, das die unterschiedlichen Rechtsfolgen früher möglicher Entmündigung unberücksichtigt lässt.

9. Keine Ablehnung des Einwilligungsvorbehalts durch den Betreuten

20 Gegen den freien Willen des Volljährigen darf ein Betreuer nicht bestellt werden (§ 1896 Abs 1a BGB). Eine entsprechende Regelung für die Anordnung eines Einwilligungsvorbehalts besteht nicht, sodass auch ein zu freier Willensbestimmung fähiger Betroffener der Anordnung eines Einwilligungsvorbehalts nicht mit Erfolg widersprechen kann. Das leuchtet unmittelbar ein, weil die Anordnung des Einwilligungsvorbehalts den Zweck hat, den Betroffenen davon abzuhalten, sich erheblich zu schädigen und damit eine erhebliche Gefahr für seine Person oder sein Vermögen abzuwenden.

II. Reichweite und Grenzen des Einwilligungsvorbehalts

1. Allgemeines

21 Die Vorschrift bestimmt, unter welchen Voraussetzungen ein Einwilligungsvorbehalt angeordnet werden darf und muss; sie regelt die Wirkungsweise dieses Rechtsinstituts und benennt die vom Einwilligungsvorbehalt nicht erfassten oder nicht betrof-

fenen Willenserklärungen (Abs 2). Das BtG kennt den einfachen oder Regelvorbehalt (Abs 1) und den erweiterten (qualifizierten, BGH FamRZ 2017, 474 = MDR 2017, 211) Einwilligungsvorbehalt des Abs 3 S 2. Der Regelvorbehalt belässt dem Betreuten die Möglichkeit, ohne Mitwirkung des Betreuers geringfügige Angelegenheiten des täglichen Lebens selbst zu besorgen. Erforderlichenfalls kann das Betreuungsgericht den Einwilligungsvorbehalt ganz oder teilweise auf diese Angelegenheiten ausdehnen, dh die gesetzliche Befreiung davon zurücknehmen. Solche Angelegenheiten des täglichen Lebens lassen sich nicht bei jeder Art von Einwilligungsvorbehalt denken; sie entfallen zB, wenn der Einwilligungsvorbehalt Vaterschaftsanerkennungen erfassen würde oder sich nur auf Bereiche erstreckt (Abzahlungsgeschäfte über 250 Euro), von denen geringfügige Angelegenheiten des täglichen Lebens nicht berührt werden. Steht dem Betreuer die Vermögenssorge zu und unterliegt der Betreute in diesem Rahmen einem Einwilligungsvorbehalt, wird die Regelung des Abs 3 S 2 praktisch.

Die Anordnung eines Einwilligungsvorbehalts kann und muss eine **zeitliche Be-** 22 **schränkung** vorsehen, wenn der Schutz des Betroffenen eine weiterreichende Anordnung nicht erfordert. Auch kann der Einwilligungsvorbehalt **gegenständlich beschränkt** werden, zB in der Weise, dass für Rechtsgeschäfte mit Verpflichtungen über einen bestimmten Betrag hinaus die Einwilligung des Betreuers benötigt wird (BayObLGZ 1993, 346 = FamRZ 1994, 1135), oder dass er auf die Verwaltung und insbesondere die Sanierung des Hauses der Betreuten beschränkt wird, um die ungestörte Durchführung notwendiger Instandsetzungsmaßnahmen zu gewährleisten (BayObLG FamRZ 1995, 1517 = BtPrax 1995, 143).

2. Kein Antragsverfahren

Der Einwilligungsvorbehalt bedarf der gerichtlichen Anordnung. In keinem der seit 23 dem 1.1.1992 begründeten Betreuungsverhältnisse tritt der Einwilligungsvorbehalt unmittelbar von Gesetzes wegen ein. Eine inhaltlich gleichlautende Anordnung oder Verabredung des Betreuers bewirkt keinen Einwilligungsvorbehalt iSd § 1903 BGB. Ein Antragsverfahren ist nicht vorgesehen; das Gericht entscheidet in allen Fällen der Anordnung eines Einwilligungsvorbehalts und der Folgeentscheidungen (zB Erweiterung oder Verringerung, auch der Aufhebung) von Amts wegen (ERMAN/ROTH Rn 46; MünchKomm/SCHWAB Rn 29). „Anträge", sowohl solche auf Anordnung als auch solche auf Aufhebung oder Veränderung des Einwilligungsvorbehalts, sind als Anregungen zu werten. Für den Betreuer besteht eine entsprechende Informationspflicht nach § 1901 Abs 5 S 2 BGB (§ 1903 Abs 4 BGB).

3. Keine Anwendung auf körperlich Behinderte

Die Norm bestimmt den Personenkreis, für den ein Einwilligungsvorbehalt ange- 24 ordnet werden kann, nicht ausdrücklich. Ist der Betreute lediglich körperlich behindert, soll ein Einwilligungsvorbehalt nicht angeordnet werden dürfen (BT-Drucks 11/4528, 64, 117, 137; ERMAN/ROTH Rn 5; MünchKomm/SCHWAB Rn 8). Dies folgt – entgegen der amtl Begründung (BT-Drucks 11/4528, 64) – nicht erst aus dem Grundsatz der Erforderlichkeit (auch körperlich Behinderte können zu ihrem eigenen Schutz eine solche Kontrolle nötig haben), sondern ergibt sich bereits aus der Annahme, dass sich ein lediglich körperlich Behinderter nicht aufgrund psychischer Krankheit oder geistiger oder seelischer Behinderung selbst Schaden zufügt. Eine Selbstschädigung eines Betreuten, der ausschließlich körperlich behindert ist, nimmt die Rechtsordnung in Kauf. Ob die Selbstschädigung auf mangelnder Einsicht beruht, wie DAMRAU/ZIMMERMANN Rn 2 anzunehmen scheinen, kann dahinstehen, solange sie nicht im Sinne der Voraussetzungen des § 1896 Abs 1 BGB krankheits- oder behinderungsbedingt ist (Ausnahme natürlich die körperliche Behinderung). Auch der Hinweis auf das Antragserfordernis bei körperlicher Behinderung (§ 1896 Abs 1 S 3 BGB) und die Möglichkeit, durch einen Entlassungsantrag dem Einwilligungsvorbehalt die Grundlage zu entziehen (ERMAN/ROTH Rn 5), trägt nicht, weil dieses Ergebnis auch durch andere nicht geschäftsunfähige Personen erreicht werden kann.

4. Anordnung im Fall von § 1908a BGB

25 Der Einwilligungsvorbehalt kann bereits für einen Minderjährigen, der das siebzehnte Lebensjahr vollendet hat, angeordnet werden, wenn die in § 1903 BGB bestimmten Voraussetzungen gegeben sind und außerdem anzunehmen ist, dass der Einwilligungsvorbehalt auch bei Eintritt der Volljährigkeit, mit der der Einwilligungsvorbehalt erst wirksam wird, noch erforderlich ist (§ 1908a BGB).

5. Keine Anwendung auf Tathandlungen

26 Der Vorbehalt, dass zur Wirksamkeit von Willenserklärungen des Betreuten die Einwilligung seines Betreuers erforderlich ist, setzt, wie auch durch die entspr Anwendung der §§ 108 ff BGB bestätigt wird, Willenserklärungen im Rechtssinne voraus. Sie werden verstanden als ein, wenn auch das wichtigste, Tatbestandselement des Rechtsgeschäfts (STAUDINGER/DILCHER[12] Vorbem 1 zu §§ 116 ff). Willensbekundungen des Betreuten, die auf die Erlangung eines Gegenstands, die Erreichung eines bestimmten Zieles, die Erfüllung von Wünschen schlechthin ausgerichtet sind, reichen für die Annahme einer Willenserklärung iSd §§ 108 ff, 116 ff BGB nicht aus (im Einzelnen dazu STAUDINGER/SINGER [2017] Vorbem 4 ff zu §§ 116 ff). Ein Einwilligungsvorbehalt mit dem Zweck und Ziel, dass die/der Betroffene mit der Entfernung im Treppenhaus gelagerter Gegenstände (Kartons mit Garderobe) einverstanden ist, was bisher trotz Erinnerung nicht erfolgte. Damit würde der Einwilligungsvorbehalt in sein Gegenteil verkehrt werden. Der Einwilligungsvorbehalt kommt auch zur Verhinderung oder Steuerung anderer Tathandlungen nicht in Betracht. Als solche werden Vorgänge bezeichnet, bei denen das menschliche Handeln nur den Anknüpfungspunkt für die rechtliche Regelung bildet, ohne dass sie inhaltlich vom Willen des Handelnden abhängig sind (STAUDINGER/DILCHER[12] Einl 17 zu §§ 104 ff). Geschäftsähnliche Handlungen unterscheiden sich von Rechtsgeschäften dadurch, dass die abgegebene Willenserklärung nicht primär auf Selbstgestaltung ausgerichtet ist, sodass sie nur gesetzlich normierte Folgen auslösen (STAUDINGER/SINGER [2017] Vorbem 2 zu §§ 116 ff). Gegenstand eines Einwilligungsvorbehalts kann deshalb nicht die Einwilligung in eine Rechtsgutsverletzung sein, die als Realakt aufgefasst wird (STAUDINGER/SINGER [2017] Vorbem 3 zu §§ 116 ff).

27 Die Anordnung eines Einwilligungsvorbehalts kommt deshalb auch nicht in Betracht zur Steuerung von Verhaltensweisen von Betreuten, die als reine unerlaubte Handlungen oder als Straftaten bewertet werden können. Ausgenommen können solche strafbaren Handlungen sein, bei denen rechtsgeschäftliches Handeln zur Tat-

begehung gehört. In solchen Fällen muss das Gericht prüfen, inwieweit der Einwilligungsvorbehalt erforderlich und geeignet ist, von dem Betroffenen/Betreuten erhebliche Gefahren für die Person oder das Vermögen abzuwenden. Keine rechtsgeschäftlichen Willenserklärungen sind Einwilligungen in medizinische Maßnahmen (ERMAN/ROTH Rn 39; MünchKomm/SCHWAB [Sonstige Erklärungen] Rn 24 und § 1904 Rn 12; für die Statthaftigkeit eines Einwilligungsvorbehalts COESTER ZfJ 1989, 350, 351; SCHMIDT/BÖCKER Rn 38). Dazu gehören die Einwilligung in eine Sterilisation (MünchKomm/SCHWAB Rn 24) oder die Einwilligung in einen Schwangerschaftsabbruch (MünchKomm/SCHWAB Rn 24; ERMAN/ROTH Rn 39). Begibt sich jemand ständig in ärztliche Behandlung und sucht zu diesem Zweck Krankenhäuser auf, aus denen er nach einiger Zeit ohne Befund wieder entlassen wird, so kann ein angeordneter Einwilligungsvorbehalt zwar die Wirksamkeit des Abschlusses verpflichtender Behandlungsverträge verhindern, nicht dagegen die Inanspruchnahme ärztlicher und pflegerischer Leistungen und Zuwendungen, die der Betroffene wünscht und mit denen er einverstanden ist.

6. Grundsätzliche Ungeeignetheit zur Steuerung von Patientenverhalten

Der Einwilligungsvorbehalt ist grundsätzlich ungeeignet, steuernd auf Patientenverhalten eines Betreuten einzuwirken. In der Praxis der Betreuungsarbeit besteht verschiedentlich das Missverständnis, einem Behinderten oder Kranken iSd § 1896 Abs 1 BGB, der sich weigert, sich einer für ihn objektiv für notwendig gehaltenen Heilmaßnahme zu unterziehen, könne man mit der Anordnung eines Einwilligungsvorbehalts bezogen auf Gesundheitsmaßnahmen beikommen. Diese Annahme kann auf einem Missverständnis des Begriffs sowie einer Verkennung von Inhalt und Funktion und den Anordnungsvoraussetzungen des Einwilligungsvorbehalts beruhen. Andererseits stellt die Anordnung eines Einwilligungsvorbehalts auch keine geeignete Maßnahme dar, einem etwaigen (krankhaften) Bedürfnis nach ärztlicher Behandlung entgegenzuwirken. Denn die Frage der Zulässigkeit ärztlicher Behandlung als eines Eingriffs in die Persönlichkeit des Betreuten hängt ausschließlich von der Einwilligung (Gestattung) des einwilligungsfähigen Patienten ab, ggf von der Einwilligung des an seiner Stelle zuständigen Betreuers. Diese ist aber keine rechtsgeschäftliche Willenserklärung und demzufolge auch nicht Gegenstand eines Einwilligungsvorbehalts. Eine mittelbare Steuerung ist über den Behandlungsvertrag möglich, wenn dessen Abschluss von einem Einwilligungsvorbehalt erfasst wird. **28**

7. Kein Einwilligungsvorbehalt für das Wahlrecht

Beim Wahlrecht ist Stellvertretung durch die Wahlgesetze ausgeschlossen. Schon aus diesem Grunde ist die Anordnung eines Einwilligungsvorbehalts nicht möglich (ebenso ERMAN/ROTH Rn 42). **29**

8. Keine Anwendung bei Sterilisation

Die Einwilligung in die Sterilisation als ein ärztlicher Eingriff ist keine rechtsgeschäftliche Willenserklärung, sondern eine von der Einwilligungsfähigkeit der/des Betreuten abhängige Gestattung einer medizinischen Maßnahme. Sie ist deshalb einem Einwilligungsvorbehalt nicht zugänglich (MünchKomm/SCHWAB Rn 24). Nach ERMAN/ROTH Rn 39 schließt bereits die Regelung des § 1905 BGB die Anordnung **30** eines Einwilligungsvorbehalts aus, weil der/die Betreute auf jeden Fall dauernd unfähig sein muss, selbst einzuwilligen. Der auf die Vornahme einer Sterilisation ausgerichtete Vertragsschluss kann dagegen nach § 1903 BGB vom Betreuer zu genehmigen sein.

9. Keine Anwendung auf Unterbringungen und Maßnahmen nach § 1906 Abs 4 BGB

31 Die mit Freiheitsentziehung verbundene Unterbringung des Betreuten und die in § 1906 Abs 4 BGB genannten freiheitsentziehenden oder „unterbringungsähnlichen" Maßnahmen kommen schon begrifflich für einen Einwilligungsvorbehalt nicht in Betracht (MünchKomm/SCHWAB Rn 24), ganz abgesehen davon, dass es sich nicht um Willenserklärungen handelt. Im Falle einer wirksamen Einwilligung liegt eine Unterbringung iSd § 1906 Abs 1 BGB und/oder eine unterbringungsähnliche Maßnahme nicht vor (ERMAN/ROTH Rn 41).

32 Ist der Betreute einwilligungsfähig, und wünscht er ärztliche Behandlung und Versorgung in einem Maße, das seine wirtschaftlichen Verhältnisse übersteigt, ohne dass die Kostentragung durch die Krankenkasse, andere Sozialleistungsträger oder die Sozialhilfe sichergestellt oder zu erwarten ist (therapeutische Maßnahmen usw), könnte in einem solchen Falle ein Einwilligungsvorbehalt bezogen auf die vom Betreuten beabsichtigten Behandlungsverträge (zu ihrer rechtlichen Einordnung s STAU-DINGER/RICHARDI/FISCHINGER [2016] Vorbem 55, 56 zu §§ 611 ff; PALANDT/WEIDENKAFF Einf v § 611 Rn 18) erforderlich und geeignet sein, die Schuldenlast nicht ansteigen zu lassen und Folgewirkungen (Prozesse; Zwangsvollstreckungsmaßnahmen) zu vermeiden.

10. Zum Verhältnis von Einwilligungsvorbehalt und Aufenthaltsbestimmung

33 Die Aufenthaltsbestimmung ist keine Willenserklärung. Die Bestimmung des eigenen Aufenthalts ist Realakt (eingehend ERMAN/ROTH Rn 38; BayObLG Rpfleger 1985, 300, 301 mwNw; OLG Hamm FamRZ 1995, 433 = FGPrax 1995, 56 mAnm SEITZ) und nicht mit der Wohnsitznahme (§§ 7 ff BGB) zu verwechseln. § 309 Abs 2 S 1 FamFG sieht vor, dass sich ein Einwilligungsvorbehalt auch auf die Aufenthaltsbestimmung des Betreuten erstrecken kann. Ein solcher Einwilligungsvorbehalt kann nur so verstanden werden, dass die mit der Aufenthaltsbestimmung ggf verbundenen rechtsgeschäftlichen Angelegenheiten dem Einwilligungsvorbehalt unterliegen wie zB die polizeiliche An- und Abmeldung (BIENWALD, in: BIENWALD/SONNENFELD/HARM Rn 19 f; zust ZIMMERMANN FamRZ 1993, 32; vgl auch MünchKomm/SCHWAB Rn 20), aber auch die Ausstellung eines Passes gem § 6 Abs 1 PassG. Die Wohnsitzbegründung und -bestimmung ist nicht automatisch mit dem Aufgabenkreis der Aufenthaltsbestimmung verbunden (BayObLG Rpfleger 1985, 300; **aA** BayObLGZ 1992, 123 = FamRZ 1993, 852; wie hier LG Köln FamRZ 1992, 857 = NJW 1993, 207). Muss sie ausdrücklich in den Aufgabenkreis aufgenommen werden, handelt es sich nicht um eine Auslegungsfrage nach dem Beispiel ROTH (in: ERMAN Rn 38). Widerspricht der Betreute (lediglich) der Aufenthaltsbestimmung, so ist dies **nicht** ein Fall des § 1903 BGB (LG Hildesheim BtPrax 1996, 230).

34 Benutzt eine Norm das Aufenthaltsbestimmungsrecht als Anknüpfung für eine Antragsbefugnis im öffentlichen Recht wie (zB) § 6 PassG, bestehen gegen die Anwendung des § 1903 BGB keine Bedenken, weil insoweit die bürgerlich-rechtlichen Regeln über Willenserklärungen entsprechend angewendet werden. Zur Wohnsitzbestimmung durch den Betreuer s STAUDINGER/KANNOWSKI (2013) § 8 Rn 3.

III. Voraussetzungen des Einwilligungsvorbehalts (Abs 1 S 1)

1. Die Bestellung eines Betreuers bzw das Bestehen einer Betreuung

Die Anordnung eines Einwilligungsvorbehalts setzt die Bestellung eines Betreuers **35** voraus (BT-Drucks 11/4528, 138; wohl allgM; vgl MünchKomm/SCHWAB Rn 4; DAMRAU/ZIMMER- MANN Rn 11; ERMAN/ROTH Rn 6; BayObLG FamRZ 2004, 1814). Die Äußerung, ein Einwilligungsvorbehalt könne nur angeordnet werden, wenn vorher oder gleichzeitig ein Betreuer für den entsprechenden Geschäftskreis bestellt ist (MünchKomm/SCHWAB Rn 4), darf nicht dahin missverstanden werden, dass zum Zweck der Anordnung eines Einwilligungsvorbehalts ein Betreuer bestellt werden dürfe. Sowohl die Betreuerbestellung als auch die Anordnung des Einwilligungsvorbehalts muss je für sich erforderlich sein.

Neben der Anordnung eines Einwilligungsvorbehalts nach Betreuerbestellung in **36** einem **isolierten Verfahren** (materiell begründet durch die erst später gewonnene Erkenntnis, dass der Betreute sich erheblich schädigt oder zu schädigen droht), wird die **Anordnung zusammen mit der Betreuerbestellung** befürwortet (MünchKomm/ SCHWAB Rn 5; DAMRAU/ZIMMERMANN Rn 11; ERMAN/ROTH Rn 6). Dies entspricht auch der amtl Begr (BT-Drucks 11/4528, 138), die genügen lässt, dass die Bestellung des Betreuers in dem Augenblick wirksam ist oder wird, in dem die Wirksamkeit des Einwilligungsvorbehalts eintritt.

Eine Anordnung eines (vorläufigen) Einwilligungsvorbehalts im Wege einstweiliger **37** Anordnung (§ 300 Abs 1 FamFG) **vor einer Betreuerbestellung** ist **nicht möglich** und nicht zulässig, schon deswegen nicht, weil der Aufgabenkreis des Betreuers in dem Moment noch nicht feststeht, in dessen Rahmen der Einwilligungsvorbehalt nur Platz haben kann. Lediglich beim Tod oder der Entlassung des Betreuers kann ein isolierter Einwilligungsvorbehalt bestehen (ERMAN/HOLZHAUER Rn 13 und § 1908c Rn 2; MünchKomm/SCHWAB Rn 5). Die Betreuung und der angeordnete Einwilligungsvorbehalt dauern an, ohne dass ein neuer Betreuer bestellt ist. Bis dahin muss gegebenenfalls nach § 1908i Abs 1 S 1 BGB iVm § 1846 BGB verfahren werden. Zumindest dann, wenn durch das Fehlen des Entscheidungsträgers dem Betreuten ein erheblicher Nachteil entstehen könnte, erscheint es vertretbar, dass anstelle des noch nicht vorhandenen Betreuers das Betreuungsgericht eine Entscheidung über eine erforderliche, aber noch nicht erteilte Genehmigung trifft (§ 1846 BGB).

Eine isolierte Anfechtung einer Betreuerbestellung führt nicht zu einer Verselbstän- **38** digung des gleichzeitig angeordneten Einwilligungsvorbehalts. Auch hier ist der Bestand des Einwilligungsvorbehalts davon abhängig, dass ein Betreuer bestellt ist und dessen Aufgabenkreis feststeht.

Ebenso wie der Aufgabenkreis des Betreuers später erweitert oder eingeschränkt **39** werden kann (§ 1908d Abs 1 und Abs 3 BGB; zum Verfahren §§ 293, 294 FamFG), ist auch die spätere Aufhebung, Einschränkung oder Erweiterung des Einwilligungsvorbehalts möglich (§ 1908d Abs 4 BGB; §§ 293, 294 FamFG). Die **Verlängerung** eines Einwilligungsvorbehalts setzt nach Auffassung des BayObLG voraus, dass der Betroffene in dessen Bereich zu einer freien Willensbestimmung weiterhin nicht imstande ist, dass die konkrete Gefahr für die Person oder das Vermögen des Betroffenen, die zur Anordnung des Einwilligungsvorbehalts geführt hat, nach wie vor besteht und dass zur Abwendung dieser Gefahr die Aufrechterhaltung des Einwilligungsvorbehalts erforderlich ist (BayObLG NJWE-FER 2000, 9 = FamRZ 2000, 1327 [LS]; vgl auch BGH NJW-RR 2017, 517). Hinsichtlich des Fortbestehens des Einwilligungsvorbehalts in Angelegenheiten der Vermögenssorge reichen bloße Befürchtungen zukünftiger rechtsgeschäftlicher Aktivitäten nicht aus, den Vorbehalt aufrechtzuerhalten, wenn die betreute Person über Jahre hinweg nicht selbständig am Rechtsverkehr teilgenommen hat und auch das Krankheitsbild eine Änderung des Verhaltens der betreuten Person nicht erwarten lässt (OLG Zweibrücken FamRZ 1999, 1171 = FGPrax 1999, 107).

40 Der Einwilligungsvorbehalt ist bei seiner Anordnung und seinen späteren Erweiterungen sind **in doppelter Hinsicht akzessorisch.** Der Betreute muss einen Betreuer haben, und die vom Einwilligungsvorbehalt erfassten Willenserklärungen müssen in den Aufgabenkreis des Betreuers fallen. Der vom Einwilligungsvorbehalt erfasste Bereich kann mit dem Aufgabenkreis des Betreuers identisch sein. Die vom Einwilligungsvorbehalt erfassten Willenserklärungen können einen Teilbereich dessen umfassen, was zum Aufgabenkreis gehört. Bei mehreren Betreuern mit geteilten Kompetenzen kann sich ein Einwilligungsvorbehalt ausschließlich auf den Aufgabenkreis des einen Betreuers erstrecken. Ordnet der Tatrichter für sämtliche dem Betreuer übertragenen Aufgabenkreise einen Einwilligungsvorbehalt an, hat er dessen Erforderlichkeit für jeden einzelnen Aufgabenkreis darzulegen (BayObLG NJW-RR 2003, 871).

41 Da der **Gegenbetreuer** keinen eigenen betreuungsgerichtlich angeordneten Aufgabenkreis hat, wird er von der Anordnung eines Einwilligungsvorbehalts oder seiner Aufhebung nicht unmittelbar berührt.

42 Trotz Vorliegens einer General- oder Vorsorgevollmacht kann ein vorläufiger Einwilligungsvorbehalt angeordnet werden, wenn die Wirksamkeit der Vollmacht wegen Zweifeln an der Geschäftsfähigkeit des Betroffenen im Zeitpunkt der Vollmachterteilung unklar ist und die konkrete Gefahr besteht, dass ohne Einwilligungsvorbehalt vermögensrechtliche Transaktionen zum Nachteil des Betroffenen vorgenommen werden. Voraussetzung ist das Bestehen einer Betreuung. Nur dann, wenn für den Betroffenen ein Betreuer zu Recht bestellt worden ist, kann auch ein Einwilligungsvorbehalt rechtmäßig sein (BayObLG FamRZ 2004, 1814).

43 Geht der Einwilligungsvorbehalt über die durch den Aufgabenkreis des Betreuers bestimmten Grenzen hinaus, ist er unbeachtlich (Damrau/Zimmermann Rn 11; nach MünchKomm/Schwab Rn 5 „unwirksam"). Der Betreuerausweis sollte dementsprechend geändert werden, sofern nicht auch die gerichtliche Anordnung abgeändert werden muss.

44 Entgegen der amtl Begr (BT-Drucks 11/4528, 138) hat die Akzessorietät des Einwilligungsvorbehalts nicht zur Folge, dass die Voraussetzungen der Betreuerbestellung

als eigene Voraussetzungen der Anordnung eines Einwilligungsvorbehalts zu prüfen
wären. Einer gesonderten Prüfung, ob der Betroffene/Betreute aufgrund einer psychischen Krankheit oder einer geistigen oder seelischen Behinderung die dem Einwilligungsvorbehalt unterfallenden Angelegenheiten nicht besorgen kann, bedarf es
nicht. Der Schutzzweck des Einwilligungsvorbehalts würde seine Bedeutung verlieren, wenn das Gericht als Voraussetzung des Einwilligungsvorbehalts, der einer
Gefahr erheblicher Selbstschädigung begegnen soll, feststellen müsste, dass der
Betreute infolge seines Unvermögens sich nicht selbst schädigen kann. Auch wenn
die Anordnung eines Einwilligungsvorbehalts lediglich zur Vermeidung von Beweisschwierigkeiten erforderlich sein sollte, weil der an sich geschäftsunfähige Betreute
für ihn sich ungünstig auswirkende Aktivitäten entfaltet, kommt es zwecks Anordnung des Einwilligungsvorbehalts nicht auf die nochmalige Feststellung des Unvermögens zur Besorgung der eigenen Angelegenheiten an.

Die Voraussetzungen des Einwilligungsvorbehalts stehen mit denen der Betreuer- **45**
bestellung in einem Zusammenhang. Die erhebliche Gefahr für Person oder Vermögen des Betreuten muss aus der psychischen Krankheit oder der seelischen oder
geistigen Behinderung resultieren (MünchKomm/SCHWAB Rn 11; ERMAN/ROTH Rn 6). Die
psychische Krankheit, die geistige oder seelische Behinderung muss für die bereits
vorgenommenen oder zu befürchtenden schädigenden Handlungen (Abgabe oder
Entgegennahme von Willenserklärungen im Bereich von Personen- oder Vermögenssorge) ursächlich sein.

**2.   Verhinderung der Abgabe oder Entgegennahme schädigender
        Willenserklärungen**

a)   Willenserklärungen
Vom Einwilligungsvorbehalt werden Willenserklärungen betroffen, die dem Betreu- **46**
ten gegenüber abgegeben werden (sollen), und solche, die der Betreute selbst abgibt
oder abgeben will (entspr Anwendung der §§ 108–113, 131 Abs 2 BGB). Sämtliche
vom Einwilligungsvorbehalt erfassten Willenserklärungen, die dem Betreuten gegenüber abgegeben werden oder die dieser sich gegenüber abgeben lässt (!), werden
deshalb erst wirksam, sofern nicht die Voraussetzungen des § 131 Abs 2 S 2 BGB
vorliegen, wenn sie dem gesetzlichen Vertreter, dem Betreuer, zugehen. Mit DIECK-
MANN (JZ 1988, 789, 794) und anderen (DAMRAU/ZIMMERMANN Rn 9) kann die Möglichkeit, durch Entgegennahme von Willenserklärungen geschädigt zu werden, nur dahin verstanden werden, dass nicht der Zugang der fremden Willenserklärung von der
Einwilligung des Betreuers abhängen soll, sondern dass die sich aus der Willenserklärung ergebenden Rechtsfolgen erst mit Zugang an den Betreuer eintreten
sollen, entspr der Regelung des § 131 BGB.

Die Beschränkung des Einwilligungsvorbehalts auf Willenserklärungen ist bei der **47**
Formulierung des Einwilligungsvorbehalts zu beachten, wenn der Kreis der von ihm
zu erfassenden Willenserklärungen bezeichnet werden muss. Es kann Schwierigkeiten bereiten, den Kreis der Rechtsgeschäfte und Willenserklärungen präzise zu
beschreiben, für deren Wirksamkeit die Mitwirkung des Betreuers erforderlich ist
(DIECKMANN JZ 1988, 789, 794). Der Erforderlichkeitsgrundsatz lässt es aber auch bei
der Anordnung eines Einwilligungsvorbehalts nicht zu, den Kreis der einwilligungsbedürftigen Willenserklärungen weiter zu ziehen als unbedingt erforderlich. Er

zwingt dazu, den Kreis einzuschränken, wenn der Vorbehalt insoweit nicht mehr erforderlich erscheint (BT-Drucks 11/4528, 136 ff).

b)   Einwilligungsvorbehalt in Angelegenheiten elterlicher Sorge?

48 Fraglich ist die Zulässigkeit eines Einwilligungsvorbehalts in Angelegenheiten elterlicher Sorge. Folgende Konstellationen sind zu unterscheiden (STAUDINGER/COESTER [2016] § 1673 Rn 9): Kann das Betreuungsgericht einen Einwilligungsvorbehalt anordnen, der Angelegenheiten der elterlichen Sorge erfasst? Kann ein bestehender umfassender Einwilligungsvorbehalt Willenserklärungen im Rahmen der Ausübung elterlicher Sorge erfassen? Löst ein umfassender Einwilligungsvorbehalt das (beschränkte) Ruhen der elterlichen Sorge gem § 1673 Abs 2 BGB aus? Die erste und die dritte Frage werden von STAUDINGER/COESTER (2016) § 1673 Rn 9 und 10 verneint; die zweite Frage wird dadurch mittelbar beantwortet. Das Problem stellt sich nur in Bezug auf Willenserklärungen, die im Rahmen elterlicher Sorgerechtsausübung abgegeben oder entgegengenommen werden. Erziehungshandlungen, die nicht unter den Begriff der Willenserklärung unterzuordnen sind (reine Versorgungshandlungen, Strafaktionen uä), entfallen als Gegenstand eines Einwilligungsvorbehalts von selbst.

49 Einwilligungen und Genehmigungen, die Eltern (Vormund) zu Willenserklärungen ihrer Kinder abgeben, können von einem Einwilligungsvorbehalt zu Lasten eines Elternteils nicht erfasst werden, weil sie lediglich die Erklärung der Kinder wirksam werden, aber nicht unmittelbar in der Person des Betreuten Rechte und Pflichten entstehen lassen. S auch oben § 1902 Rn 69.

3.   Abwendung erheblicher Gefahren für die Person oder das Vermögen des Betreuten

50 Ein Einwilligungsvorbehalt darf nur dann angeordnet werden, wenn hinreichend konkrete **Anhaltspunkte für eine Gefahr** iSd Abs 1 S 1 bestehen (BGH BtPrax 2010, 208). Wegen des erheblichen Eingriffs, der in der Anordnung eines Einwilligungsvorbehalts liegt, darf nur eine **erhebliche** Gefahr berücksichtigt werden (BT-Drucks 11/4528, 136). Die Gefahr geringfügiger Vermögensschäden rechtfertigt einen Einwilligungsvorbehalt nicht (BT-Drucks 11/4528, 136; BGH FamRZ 2017, 474). Nach Auffassung des RegEntw soll ein Bedürfnis für einen Einwilligungsvorbehalt aber auch in (wirtschaftlich) geringfügigen Angelegenheiten des täglichen Lebens bestehen (s § 1903 Abs 3 S 2 BGB). Als Beispiel nennt die amtl Begr den Alkoholiker, der durch die Anordnung des Einwilligungsvorbehalts daran gehindert werden soll, sich – rechtswirksam – kleinere Mengen alkoholischer Getränke zu verschaffen (BT-Drucks 11/4528, 136; **aA** BGH FamRZ 2017, 474). Dieses Beispiel ist jedoch in mehrfacher Hinsicht unbrauchbar. Das kann hier nicht in allen Einzelheiten diskutiert werden; Andeutungen müssen genügen. Ist der Alkoholiker in der Lage, sich Alkohol selbst zu beschaffen, ist bereits fraglich, ob und insbesondere für welche Aufgabenkreise eine Betreuerbestellung notwendig und sinnvoll ist; hinzu kommt die zweifelhafte Praktikabilität einer solchen Maßnahme, schließlich die Frage, ob der Einwilligungsvorbehalt iSd Erforderlichkeitsgrundsatzes geeignetes Mittel ist, ob nicht durch eine Aushändigung entsprechend kleiner Mengen Bargeld ein gleicher Effekt erzielt werden könnte (Verhältnismäßigkeit des Rechtseingriffs!).

Ein Einwilligungsvorbehalt kann auf einen einzelnen Vermögensgegenstand oder
eine bestimmte Art von Geschäften beschränkt werden (BGH NJW-RR 2017, 517 Rn 11;
FamRZ 2016, 1070 Rn 1; NJW-RR 2017, 67 Rn 6).

Der Einwilligungsvorbehalt muss einerseits dem Grunde nach notwendig, anderer- **51**
seits von seiner Praktikabilität her **geeignet** sein, die drohende Gefahr abzuwenden.
Wäre der Einwilligungsvorbehalt als Mittel der Gefahrenabwehr untauglich, weil
der Betreute sich trotzdem den Schaden zufügt oder zufügen kann, den die Anordnung des Einwilligungsvorbehalts verhindern sollte, dürfte er als untaugliches
Mittel nicht angeordnet werden. Dies muss auch mit Rücksicht auf den Betreuer
beachtet werden, der in der Lage sein muss, den Einwilligungsvorbehalt zu reali-
sieren. Damit wird ein etwaiges Drittinteresse zur Begründungsvoraussetzung nicht
für den Einwilligungsvorbehalt, wohl aber für seine Vermeidung, gemacht.

Für die Berechtigung des Einwilligungsvorbehalts sind die wirtschaftlichen Verhält- **52**
nisse des Betreuten sowie die Vollstreckungsaussichten eines Prozess- oder Verfah-
rensgegners grundsätzlich ohne Interesse. Deshalb kann ein Einwilligungsvorbehalt
auch bei einem umfangreichen Vermögen des Betreuten nur dann angeordnet werden, wenn konkrete Anhaltspunkte für eine Vermögensgefährdung (erheblicher
Art) vorliegen (LG München I 27. 11. 2000 – 13 T 16848; BGH FamRZ 2015, 1793 = FGPrax
2015, 267 Rn 9 mwNw; BGH FamRZ 2016, 1151, 1152 Rn 9 = MDR 2016, 826; BGH FamRZ 2016,
2088, 2089 = BtPrax 2017, 42 [LS]; BGH NJW-RR 2017, 517 Rn 11). Entgegen einer bei
Praktikern gelegentlich vorzufindenden Auffassung muss sich die Betreuung nicht
auf die gesamte Vermögenssorge erstrecken, damit dann hinsichtlich eines Teils
davon (zB „Abschluss von verpflichtenden Verträgen über Leistungen des Betreuten von mehr als Y-Euro") ein Einwilligungsvorbehalt angeordnet werden kann. Es
geht darum, mithilfe des Einwilligungsvorbehalts Selbstschädigungen in Bezug auf
die Vermögenslage zu verhindern. Deshalb hat die Anordnung eines Einwilligungsvorbehalts auch dann ihren Sinn, wenn ein vermögensloser Betreuter wie ein Hoch-
stapler Schulden macht (so das Beispiel für die **aA** von DAMRAU/ZIMMERMANN Rn 4 zu § 1903).
Der Betreute kann erheblichen Schaden allein dadurch erleiden, dass der Gläubiger
trotz geringer Vollstreckungsaussichten den Schuldner (Betreuten) in ein Verfahren
zur Erlangung eines Vollstreckungstitels zieht. Nach BayObLG (FamRZ 2000, 1327 =
BtPrax 2000, 123) kann die Anordnung eines Einwilligungsvorbehalts dann erforder-
lich sein, wenn der Betroffene eine erhebliche schuldrechtliche Verpflichtung ohne
Gegenleistung eingeht und der beurkundende Notar die Geschäftsunfähigkeit des
Betroffenen nicht erkennt. Auch wenn bei einem Mangel an Vermögen der Vermö-
gensschaden nicht erheblich sein mag, bleibt doch die Gefahr einer erheblichen
Beeinträchtigung der Person, indem der Kredit bzw die Vertrauenswürdigkeit des
Betreuten in Zweifel gezogen wird.

Schützenswert ist die Person als soziales Wesen. Der Einwilligungsvorbehalt kann **53**
deshalb auch dann erforderlich sein, wenn er geeignet ist, den Betreuten vor dem
Absinken ins soziale Abseits zu bewahren. Die Anordnung eines Einwilligungsvorbehalts kann erforderlich und berechtigt sein für den Aufgabenkreis Vermögenssorge, um eine (weitere) Verschuldung des Betroffenen zu verhindern, auch wenn
dieser vermögenslos ist (BayObLG FamRZ 1997, 902 = Rpfleger 1997, 307 = BtPrax 1997,
160). Die Anordnung eines Einwilligungsvorbehalts ist auch dann gerechtfertigt,
wenn der Betreute wegen seiner durch eine psychische Erkrankung bedingten

Wahnvorstellungen (die insoweit seine Einsichtsfähigkeit ausschließen) tatsächlich nicht bestehende Ansprüche verfolgt und hierdurch Geld und andere Vermögenswerte aufs Spiel setzt (BayObLG v 9. 10. 1996 – 3 Z BR 203/96). Soll ein Einwilligungsvorbehalt im Zusammenhang mit der Verursachung sinnloser Gerichtskosten durch den Betroffenen angeordnet werden, hat das Gericht konkret zu prüfen, ob diese Maßnahme geeignet ist, eine erhebliche Vermögensgefahr von dem Betroffenen abzuwenden (OLG Schleswig Rp 2005, 350 = FamRZ 2005, 1196 [LSe]). Obwohl die Verfahrenshandlungen eines prozessunfähigen Betreuten von vornherein unwirksam sind und gerichtliche Gebühren nicht entstehen oder erhoben werden, weil Anträge eines Prozessunfähigen keine Haftung begründen, kann die Anordnung eines Einwilligungsvorbehalts für „Behördenangelegenheiten und gerichtliche Auseinandersetzungen" in Betracht kommen und geeignet sein, eine erhebliche Gefährdung des Vermögens eines Betroffenen abzuwenden (KG FamRZ 2007, 1127 [LS] in Abgrenzung zu OLG Oldenburg FamRZ 2005, 1196 = OLGR 2005, 350).

54 Ein Einwilligungsvorbehalt kann nicht angeordnet werden, wenn der Betroffene einem Sparzwang unterliegt und der Betreuer nur bei persönlicher Übergabe der laufenden Bezüge zum Lebensunterhalt die Möglichkeit erhält, sich über den Gesundheits- und Ernährungszustand des Betreuten sowie den Zustand der Wohnung zu informieren (LG München I FamRZ 1999, 1303). Hat die betreute Person über Jahre hinweg nicht selbständig am Rechtsverkehr teilgenommen und lässt auch das Krankheitsbild eine Änderung dieses Verhaltens nicht erwarten, reichen bloße Befürchtungen zukünftiger rechtsgeschäftlicher Aktivitäten nicht aus, einen angeordneten Einwilligungsvorbehalt aufrechtzuerhalten (OLG Zweibrücken FamRZ 1999, 1171). Ist der Betreute dagegen, dass der Betreuer eine EU-Rente beantragt, müsste ein Einwilligungsvorbehalt (nur) angeordnet werden, wenn der Betreute die Absicht hätte und dies auch konkret zu befürchten wäre, dass er eine Verzichtserklärung abgibt.

55 **Gefahren** für die Person oder das Vermögen können alle unmittelbaren oder mittelbaren Nachteile sein, die sich für den Betroffenen daraus ergeben würden, dass er durch Willenserklärungen rechtlich nicht vorteilhafte Geschäfte zustande kommen lässt oder Interventionen in Bezug auf Betreuerhandeln vollzieht, die sich rechtlich negativ auswirken. Dazu gehören Statusänderungen, Verlust oder drohender Verlust der Kreditwürdigkeit, drohender Verlust der Wohnung iwS, Verlust des sozialen Status, Verschuldung, die Rolle als Beklagter im Prozess und als Vollstreckungsschuldner in der Zwangsvollstreckung mit den kostenrechtlichen Folgen, die Gefahr der Eintragung ins Schuldnerverzeichnis des Amtsgerichts oder in ähnliche Verzeichnisse von Banken und Kreditinstituten, etwa mit dem Erfolg, dass kein Institut zur Führung eines Girokontos bereit ist und damit die Arbeitsaufnahme erschwert wird, Verlust der Arbeitsstelle, Ausgeschlossenwerden von Fördermaßnahmen verschiedener Art, drohendes Strafverfahren aufgrund von Willenserklärungen mit strafrechtlich relevantem Gehalt, wirtschaftliche Nachteile durch Veräußerungen unter Wert. In Betracht kommt die Erweiterung des Aufgabenkreises des Betreuers auf die Vertretung des Betreuten gegenüber Behörden und Gerichten und die gleichzeitige Anordnung eines darauf bezogenen Einwilligungsvorbehalts (BayObLG FamRZ 1998, 454; BIENWALD BtPrax 2003, 71).

Droht der Betroffene durch eine Vielzahl von unsinnigen Anträgen oder Rechts-

streitigkeiten zu seinen Lasten erhebliche Kosten zu verursachen, wie zB Gerichts-
gebühren, Kosten der gegnerischen Rechtsvertretung oder auch die Auferlegung von
Verschuldenskosten bei missbräuchlicher Rechtsverfolgung in sozialgerichtlichen
Verfahren, kann das die Annahme einer die Anordnung eines Einwilligungsvorbe-
halts erfordernden erheblichen Gefahr für sein Vermögen rechtfertigen. Neigt der
Betroffene krankheitsbedingt dazu, sich durch das Betreiben einer Vielzahl von
sinnlosen Verfahren zu schädigen, kommt die isolierte Bestimmung der rechtlichen
Vertretung des Betroffenen als Aufgabenkreis des Betreuers in Betracht (BGH
FamRZ 2016, 627, 628 im Anschluss an BGH FamRZ 2015, 649).

Ob die Gefahren **erheblich** sind, wie es das Gesetz als Voraussetzung für die An- **56**
ordnung eines Einwilligungsvorbehalts verlangt, hängt in erster Linie von den persönlichen und den das Vermögen betreffenden Umständen des Einzelfalls ab. Ver-
allgemeinerungen sind regelmäßig untauglich. Dagegen ist es zulässig, typische
Verhaltensweisen bestimmter Gruppen von Kranken oder Behinderten zu berücksichtigen und daraus Schlüsse zu ziehen, in welchem Umfang mit Schäden zu rechnen ist. Begrifflich muss die Gefahr von Bedeutung sein; es muss sich um Nachteile
von Gewicht handeln; sie müssen nennenswert, der Rede wert sein. Sie kommen –
abgesehen von der Ausnahme des Abs 3 S 2 – dann nicht für die Anordnung eines
Einwilligungsvorbehalts in Betracht, wenn man sie als unerheblich, unbedeutend,
nicht der Rede wert charakterisiert; wenn sie – auf die Person oder das Vermögen
bezogen – keine nachhaltigen Wirkungen zeigen oder eher belanglos sind. Es handelt sich um einen unbestimmten Rechtsbegriff, der in vollem Umfang der Prüfung
durch die Rechtsmittelgerichte unterliegt.

Im Bereich der Geldwirtschaft (um den Begriff der Vermögenssorge wegen der **57**
Zuordnungsprobleme zu vermeiden) ist die Anordnung eines Einwilligungsvorbehalts dann geboten, wenn der Betreute infolge seiner Krankheit oder Behinderung
(völlig) unkontrolliert Ausgaben tätigt oder Verpflichtungen eingeht, mit denen er
sich unmittelbar Schaden zufügt, indem er in erheblichem Umfang (auf das Verhältnis von Ausgabenhöhe und Zeit bezogen) sein Vermögen, das er für seinen
weiteren Lebensunterhalt und die Erfüllung seiner Verpflichtungen in absehbarer
Zeit benötigt, reduziert. Droht der Betreute sich zu überschulden iSd neueren
Theorie der Schuldnerberatung, dh Verpflichtungen einzugehen, die er in absehbarer Zeit aus eigenen Mitteln nicht mehr begleichen kann, ist die Anordnung eines
Einwilligungsvorbehalts geboten.

Die Erheblichkeit der Gefahr betrifft sowohl den Umfang des drohenden Schadens **58**
als auch die Wahrscheinlichkeit seines Eintritts (ERMAN/ROTH Rn 9).

4. Anwendung in Personensorgeangelegenheiten

Der Einwilligungsvorbehalt kann auch in Angelegenheiten der Personensorge an- **59**
geordnet werden, wenn auch nur in besonders gelagerten Ausnahmefällen (BT-Drucks
11/4528, 136). Das im RegEntw gewählte Beispiel des Vaterschaftsanerkenntnisses ist
nicht unrealistisch, kommen doch immer wieder Fälle vor, in denen Männer eine
Vaterschaft für Kinder anstreben, deren genetische Väter sie nicht sind. Als Beispiel
für eine Gefährdung in Angelegenheiten der Person nur in Bezug auf den Status als
Vater und dessen Rechte interessant hat die Anerkennung einer Vaterschaft in

erster Linie Auswirkungen auf das Vermögen des Betreuen (etwa den Unterhaltsanspruch des Kindes sowie erbrechtliche Konsequenzen).

60 Die Gefährdung des Betreuten kann im Bereich seines Lebens, seiner Gesundheit
oder anderer wichtiger Persönlichkeitsgüter liegen (MünchKomm/SCHWAB Rn 9). In
Betracht kommt eine Gefährdung der rechtsgeschäftlichen Entschließungsfreiheit,
wenn ein geistig Behinderter oder psychisch Kranker durch versierte Geschäftspartner (häufig) übervorteilt oder die Abhängigkeit (Sucht) des Betroffenen ausgenutzt
wird. Der Einwilligungsvorbehalt in Bezug auf das Aufenthaltsbestimmungsrecht
gehört ebenfalls zum Bereich der Angelegenheiten der Personensorge.

5.   Kein Schutz von Drittinteressen

61 Die Anordnung eines Einwilligungsvorbehalts muss zur Abwendung erheblicher
Gefahr für den Betreuen erforderlich sein. Zum Schutz Dritter ist der Einwilli-
gungsvorbehalt nicht vorgesehen (OELKERS 79; MünchKomm/SCHWAB Rn 13; aA das Bay-
ObLG in der aber wohl vereinzelt gebliebenen Entscheidung BayObLGZ 1993, 346 = BtPrax 1994,
136, 137 = FamRZ 1994, 1135 [LS] = BtE 1994/95, 112). Der Gesetzgeber hielt den Schutz
Dritter durch diese Maßnahme nicht für geboten (BT-Drucks 11/4528, 136). So ist zB die
Vermeidung einer eines Tages eintretenden Sozialhilfebedürftigkeit des Betreuen
allein kein Grund für die Anordnung eines Einwilligungsvorbehalts zur Beschränkung seiner Ausgaben.

62 Ebensowenig reicht als alleiniger Zweck die Erleichterung der Führung der Betreuung aus (so auch ERMAN/ROTH Rn 12; s außerdem oben Rn 2 sowie MünchKomm/SCHWAB
Rn 10). Ist die Anordnung eines Einwilligungsvorbehalts zum Schutz des Betreuen
und zur Abwehr erheblicher Gefahren für den Betreuen erforderlich, schadet es
nichts, dass die Maßnahme auch für Dritte oder den Betreuer von (und sei es auch
nur ein ideeller) Vorteil ist.

63 Die Anordnung eines Einwilligungsvorbehalts kann nicht mit dem Anliegen von
Familienangehörigen begründet werden, das „Familienvermögen" zu erhalten
(MünchKomm/SCHWAB Rn 13). Im Einzelfall kann es aber geboten sein, mittelbar Dritte
davor zu schützen, dass der Betreute als Nichtberechtigter verfügt und dadurch,
sofern nicht Bösgläubigkeit vorliegt (§ 932 Abs 1 und 2 BGB), den Verlust des
Eigentums Dritter bewirkt. Da in einem solchen Falle Ansprüche gegen den nicht-
berechtigt Verfügenden erhoben werden können, würde der Einwilligungsvorbehalt
auch zur Gefahrenabwehr im Interesse des Betreuen liegen.

64 Das Interesse von Gläubigern daran, dass das vollstreckungsfähige Vermögen nicht
durch willkürliche Maßnahmen vermindert wird, liegt nicht im Zweckbereich des
Einwilligungsvorbehalts (MünchKomm/SCHWAB Rn 13). Der Schutz des Betreuen vor
sich selbst durch Anordnung eines Einwilligungsvorbehalts könnte jedoch zugleich
den Interessen von Gläubigern dienen. „Verschwendung" allein kann schon deshalb
die Anordnung eines Einwilligungsvorbehalts nicht rechtfertigen, weil der Begriff
nicht präzise genug ist, um als Voraussetzung zu dienen. Abs 1 S 1 verlangt eine
erhebliche Gefahr für das Vermögen des Betreuen, die schon dann gegeben sein
kann, wenn der Betreute „über seine Verhältnisse" lebt, also Verpflichtungen eingeht, die er nicht erfüllen kann, ohne dass dies unnötige oder zu seinem Vermögen in

keinem Verhältnis stehende unnütze Ausgaben sein müssen (STAUDINGER/COING/HA-
BERMANN[12] § 6 Rn 24 zum bisherigen Recht).

„Verschwendung" von Vermögenswerten kann nicht nur unter dem Aspekt der **65**
Selbstgefährdung gesehen werden (**aA** MünchKomm/SCHWAB Rn 13). Maßgebend ist
die Gesamtsituation, in der sich der Betreute befindet, dh auch seine Schuldenlage.
Erstreckt sich die Betreuung zB auf die Besorgung von Vermögensangelegenheiten,
zu denen auch die Erfüllung von Unterhaltsansprüchen oder die Einhaltung von
Verpflichtungen im Rahmen eines Schuldenregulierungsverfahrens gehört, kann ein
Einwilligungsvorbehalt darauf bezogen erforderlich sein, um den Betreuten daran
zu hindern, durch unnötige Vermögensdispositionen die Gläubigerposition und mit-
telbar die Schuldnerposition deutlich zu verschlechtern. Allerdings ist in solchen
Fällen auch die Prüfung angezeigt, ob der Betreute „sich helfen lassen will", ob die
Betreuerbestellung noch aufrechterhalten werden soll und darf.

6. Zur Anordnung eines Einwilligungsvorbehalts auch bei Geschäftsunfähigkeit

Die Anordnung eines Einwilligungsvorbehalts ist unabhängig von der Feststellung **66**
der Geschäftsfähigkeit oder Geschäftsunfähigkeit des Betreuten. Ebensowenig wie
für die Bestellung eines Betreuers hat das Betreuungsrecht das Vorliegen der Geschäftsfähigkeit oder Geschäftsunfähigkeit zur Voraussetzung eines Einwilligungsvorbehalts erhoben (zu den Motiven für die Regelung s BT-Drucks 11/4528, 136 ff). Die
Tatsache, dass für einen geschäftsunfähigen Betreuten ein Einwilligungsvorbehalt
angeordnet wird, ist deshalb nicht eine Frage der Statthaftigkeit dieses Rechtsinstituts. Hierfür spricht insbesondere die Übergangsregelung des BtG, die einen Einwilligungsvorbehalt für alle früher unter Vormundschaft gestellten Personen vorsah
(Art 9 § 1 Abs 3 BtG), mithin auch für solche Betreute, die jedenfalls nach altem
Recht infolge von Entmündigung wegen Geisteskrankheit geschäftsunfähig waren
(§ 6 Abs 1 Nr 1 aF, § 104 Nr 3 aF). Auch unter denjenigen, die unter vorläufige
Vormundschaft gestellt waren (§ 114, 1906 aF), konnten sich Personen befinden, die
in natürlichem Sinne geschäftsunfähig waren (§ 104 Nr 2 BGB). Es ist deshalb eine
Frage der Erforderlichkeit und nicht der Statthaftigkeit, ob für einen Betreuten, der
in natürlichem Sinn geschäftsunfähig ist und dessen Willenserklärungen ohnehin
nichtig sind (§ 104 Nr 2, § 105 Abs 1 BGB), ein Einwilligungsvorbehalt angeordnet
werden kann oder darf (s dazu BayObLG FamRZ 2000, 567 [LS]).

Für einen Betroffenen, dessen Prozessfähigkeit feststeht und der infolge dessen **67**
Prozesserklärungen nicht wirksam abgeben kann, ist die Bestellung eines Einwilligungsvorbehalts zu seinem Schutz nicht erforderlich (LSG Berlin-Brandenburg FamRZ
2010, 1472, 1473). Die Willenserklärung eines Betreuten kann nichtig sein, wenn und
obwohl ein Einwilligungsvorbehalt angeordnet ist und der Betreuer zu der Willenserklärung seine „Einwilligung" gegeben hat. Es ist die Frage, ob dieser Einwilligung
zu einer nichtigen Willenserklärung des Betreuten mehr als nur die Bedeutung eines
natürlichen Einverständnisses zukommen kann. Eine **partielle Geschäftsunfähigkeit**
des Betreuten steht der Anordnung eines Einwilligungsvorbehalts nicht entgegen
(BayObLG FamRZ 1994, 1135 [LS] = BtPrax 1994, 136; FamRZ 1995, 1518).

Zu Recht wurde während der Vorarbeiten zum Betreuungsgesetz kritisiert, dass der **68**

Werner Bienwald

Gesetzgeber sich zu einer eindeutigen Abgrenzung nicht entschließen konnte (BÜR-GLE NJW 1988, 1881, 1883; DIECKMANN JZ 1988, 789, 794). Bei den Arbeiten am Entwurf war erwogen worden, § 1903 BGB-E dahingehend zu ergänzen, dass in Fällen natürlicher Geschäftsunfähigkeit die Willenserklärung dieses geschäftsunfähigen Betreuten, die mit Einwilligung seines Betreuers erfolgte, wirksam ist. Dies hätte, so der RegEntw (BT-Drucks 11/4528, 137), dem Betreuten auch bei einer schweren psychischen Krankheit oder geistigen oder seelischen Behinderung eine Teilnahme am Rechtsverkehr – wenn auch unter Mitwirkung des Betreuers – ermöglicht. Für den Rechtsverkehr hätte eine solche Regelung nach Auffassung des RegEntw den Vorteil gehabt, dass er sich bei Zustimmung des Betreuers auf die Wirksamkeit der Erklärung des Betreuten verlassen könnte, ohne dass es auf die vielfach schwierig zu beurteilende Frage ankäme, ob der Betreute geschäftsunfähig ist bzw war.

69 Auf eine solche Regelung wurde jedoch im Hinblick darauf verzichtet, dass die Einwilligung des Betreuers in eine Willenserklärung des Betreuten oder seine Genehmigung eines Vertrages idR als Eigenvornahme durch den Betreuer umgedeutet werden könnte (BT-Drucks 11/4528, 137; krit dazu im Einzelnen ERMAN/ROTH Rn 21; Münch Komm/SCHWAB Rn 17 f sowie SCHWAB FamRZ 1992, 493, 505; LIPP FamRZ 2003, 723 Fn 25). Mit dem Hinweis, die Einwilligung oder Genehmigung des Betreuers werde idR als Eigenvornahme durch den Betreuer umgedeutet werden können, es werde auch möglich sein, den Betreuer als Erklärenden und den Betreuten als Boten anzusehen (BT-Drucks 11/4528, 137 re Sp), bewegt sich die amtl Begr auf der Linie des bisherigen Rechts, das an anderer Stelle des RegEntw heftig kritisiert wurde (BT-Drucks 11/4528, 50 li Sp). Schon bisher konnte eine reale Teilnahme eines geschäftsunfähigen Mündels oder unter „Zwangspflegschaft" stehenden Pflegebefohlenen dadurch ermöglicht und mit dem geltenden Recht vereinbar begründet werden, dass man das Rechtsgeschäft als eigenes des Vormunds/Pflegers umdeutete oder/und den Mündel/Pflegebefohlenen als Boten deklarierte, der zwar tätig wird, aber eine fremde Willenserklärung transportiert.

70 Die Entscheidung des Gesetzgebers ist, abgesehen davon, dass der Begründung nicht zu folgen ist, aus mehreren Gründen zu kritisieren. Der Rückgriff auf alte Lösungsmuster (Konversion, § 140 BGB, und die an anderer Stelle des RegEntw genannte Botenkonstruktion; vgl zu dieser STAUDINGER/SCHILKEN [2014] Vorbem 73 ff zu §§ 164 ff) widerspricht dem Reformziel, den Betroffenen am Rechtsleben stärker als bisher teilhaben zu lassen und ihn aus der rechtlichen Abhängigkeit vom Betreuer zu lösen (BT-Drucks 11/4528, 59 ff); sie steht aber auch mit dem Gesetzeswortlaut nicht in Einklang. Ein wirklicher, auch von der Verfassung getragener Fortschritt wird nur dadurch erreicht, dass die Regelung des § 1903 BGB dem Betreuten ein reales Handeln aus eigenem Recht ermöglicht. Wenn der Gesetzgeber gewollt oder in Kauf genommen hat, dass Einwilligungsvorbehalte auch bei Geschäftsunfähigkeit von Betreuten bestehen können, hätte er, weil die Fälle auf die Gesamtzahl von Betreuungen bezogen keine Seltenheit sind (man denke an die vielen sog Zwangspflegschaften der Vergangenheit), eine eigene Folgeregelung treffen müssen. Mit der Formulierung der Funktionsweise des Einwilligungsvorbehalts des Abs 1 S 1 werden nur diejenigen Fälle erfasst, bei denen Geschäftsunfähigkeit nicht vorliegt. Für alle diejenigen Fälle, bei denen der unter Einwilligungsvorbehalt stehende Betreute geschäftsunfähig ist, enthält das Gesetz nicht etwa nur eine Fiktion, sondern eine Fehlinformation. Im Übrigen erklärt die Begründung des RegEntw nicht, wie mit denjenigen Fällen umzugehen ist, die mangels möglicher Umdeutung unwirksam bleiben müssen. Der Betreute, ginge er der Sache nach, würde erfahren, dass ihm aufgrund des Einwilligungsvorbehalts eine Handlungsmöglichkeit eröffnet wird, die dann aber ins Leere geht.

Dürfte Abs 3 S 1 auf den – objektiv gesehen – geschäftsunfähigen Betreuten, für den **71** ein Einwilligungsvorbehalt wegen der zu besorgenden Selbstschädigung angeordnet wurde, nicht angewendet werden, könnten Willenserklärungen, die dem Betreuten lediglich einen rechtlichen Vorteil bringen und die dementsprechenden Angebote nur dann wirksam sein, wenn der Betreute als Bote gehandelt hätte und die Erklärungen dem Betreuer zugegangen wären oder deren Nichtigkeit über die Konversion zu heilen wäre. Das Ziel einer verstärkten Teilnahme am Rechtsverkehr durch die Bestimmung des Abs 3 S 2 kann für einen natürlich geschäftsunfähigen Betreuten aber nur dann erreicht werden, wenn akzeptiert wird, dass diese Vorschrift dem Betreuten eine auf diese Angelegenheit bezogene relative Geschäftsfähigkeit einräumt, sofern nicht eine einschlägige partielle Geschäftsfähigkeit angenommen werden kann. Würde auch in Fällen des Abs 3 S 2 mit der Botenstellung gearbeitet werden, läge eine die Führung der Betreuung betreffende Zwangsregelung für den Betreuer vor. Mit der Anordnung des Einwilligungsvorbehalts wäre dieser Bereich der Einwilligungsentscheidung des Betreuers entzogen und stattdessen fingiert, er habe – generell unbestimmt, denn ob der Betreute handelt, wird sich erst herausstellen – den Betreuten als Boten für den Abschluss solcher Rechtsgeschäfte bestellt. Hätte der Betreute, der unter Einwilligungsvorbehalt steht, aus fremdem/abgeleitetem Recht die Möglichkeit, die geringfügigen Angelegenheiten des täglichen Lebens zu besorgen, dürfte der Betreuer auch von sich aus die Befugnis widerrufen. Das sieht die Vorschrift aber nicht vor, sondern es bedarf der gerichtlichen Entscheidung für eine Rechtsbeschränkung. Dieses Verfahren sieht das Gesetz ebenso für geschäftsunfähige wie für geschäftsfähige Betreute vor. Angesichts der unvollständigen, die Konsequenzen eines Einwilligungsvorbehalts nicht voll enthaltenden Gesetzesbestimmung kann der Auffassung, inhaltlich liege – zumindest im Falle des Abs 3 S 2 – relative Geschäftsfähigkeit vor, nicht entgegengehalten werden, der Gesetzgeber hätte dies deutlich regeln müssen (so aber DIECKMANN in der Besprechung v BIENWALD, Betreuungsrecht[1], NJW 1993, 642; wie hier BÖHMER StAZ 1992, 65, 67). Der Gesetzgeber hat eine deutliche Regelung getroffen, dass der Betreute zu bestimmten Handlungen der Einwilligung des gesetzlichen Vertreters nicht bedarf, unabhängig davon, ob er geschäftsfähig oder nicht geschäftsfähig ist. Zur „relativen Geschäftsfähigkeit" der Betreuten auch (befürwortend) PAWLOWSKI JZ 2003, 66 (72).

Auch wenn die Anordnung eines Einwilligungsvorbehalts bei Geschäftsunfähigen in **72** Betracht kommt, tatsächlich stattfindet (Ermittlungen in dieser Hinsicht sind nur begrenzt erforderlich) und damit dem Zweck dient, den Betroffenen davor zu bewahren, wegen Beweisschwierigkeiten an einer für ihn nachteiligen Willenserklärung festgehalten zu werden (BT-Drucks 11/4528, 61), kann die materiell-rechtliche Lösung nicht vernachlässigt und etwa darin gesehen werden, die Willenserklärung des geschäftsunfähigen Betreuten weiterhin nach § 105 Abs 1 BGB auch dann als nichtig zu betrachten, wenn der Betreuer eingewilligt hat (BT-Drucks 11/4528, 137). Konversion und Eigenvornahme als Instrumente zur Aufrechterhaltung oder Heilung des allein durch die Einwilligung oder Genehmigung des Betreuers nicht wirksam werdenden Rechtsgeschäfts reichen nicht aus. Die Absicht, den Betreuten gemäß seinen ihm verbliebenen Fähigkeiten – uU in ganz geringem Maße – am Rechtsleben teilhaben zu lassen, wird so nicht erreicht. Bedenklich ist die Vorstellung des Gesetzgebers insbesondere im Hinblick auf die uneingeschränkte entsprechende Anwendung der §§ 112, 113 BGB. Muss es schon als ein Widerspruch angesehen werden, einem Betroffenen zur Besorgung seiner Angelegenheiten einen Betreuer bestellen zu müssen, ihn aber dennoch für fähig zu halten, selbständig ein Erwerbsgeschäft – wenn auch mittels Einwilligungsvorbehalts kontrolliert – zu führen (§ 112 Abs 2 BGB; skeptisch auch MünchKomm/Schwab Rn 58 und vSachsen Gessaphe, Der Betreuer als gesetzlicher Vertreter für eingeschränkt Selbstbestimmungsfähige 440), fragt es sich, wie sich diese Norm im Falle der Geschäftsunfähigkeit des Betroffenen auswirken soll (krit Bienwald RsDE 1989 Heft 7, 1, 21). Auch die entsprechende Anwendung des § 113 BGB lässt sich nur denken in Fällen, bei denen davon ausgegangen werden kann, dass der Betreute nicht geschäftsunfähig ist. Nicht unproblematisch ist ferner die unterschiedliche Zuständigkeit von Richter und Rechtspfleger. Während der Richter über die Anordnung des Einwilligungsvorbehalts, seine Erweiterung, Einengung oder Aufhebung befindet (§§ 3 Nr 2b, 15 Abs 1 Nr 4 RPflG), entscheidet der Rechtspfleger über die Genehmigung der Ermächtigung und damit über die Lockerung des Einwilligungsvorbehalts (§ 3 Nr 2 b, § 15 Abs 1 RPflG; kein Richtervorbehalt).

73   Sind trotz der Verwendung der Lösungsmuster von Konversion und Botenstellung nicht alle Fälle lösbar, kann sich der Rechtsverkehr nicht darauf verlassen, dass die Einwilligung oder Genehmigung des Betreuers im Falle eines bestehenden Einwilligungsvorbehalts die Willenserklärungen des Betreuten wirksam werden lässt.

74   Die Begründung des RegEntw, der Betreute sei beweispflichtig, dass er im Zeitpunkt der Abgabe der Willenserklärung geschäftsunfähig war, dieser Beweis sei mit fortschreitender Zeitdauer immer schwieriger zu führen (BT-Drucks 11/4528, 137 re Sp), berücksichtigt nicht genügend die unterschiedlichen Interessen- und Verfahrenslagen. Ob der Betreute beweispflichtig ist, lässt sich nicht abstrakt beantworten. Die Annahme, der Geschäftsunfähige müsse beweisen, dass seine Willenserklärungen nichtig sind (Schmidt/Böcker Rn 39), verkennt die Funktionsweise der Beweislastregel, dass derjenige, der sich auf die für ihn günstige Norm beruft, notfalls die Tatsachen dafür beweisen muss und den Nachteil zu tragen hat, wenn der Sachverhalt nicht in seinem Sinne geklärt wird. Die jeweilige Interessenlage und das prozessuale Vorgehen eines der Kontrahenten bestimmt in der Regel, ob es für die eine oder die andere Seite von Bedeutung ist, dass das Rechtsgeschäft aufgrund von § 104 Nr 2, § 105 Abs 1 BGB nichtig ist.

75   Die Anordnung eines Einwilligungsvorbehalts unabhängig von einer Feststellung, dass der Betroffene nicht geschäftsunfähig, weil dann der Einwilligungsvorbehalt nicht erforderlich sei, lässt sich auch deshalb rechtfertigen, weil andernfalls bei denjenigen Betroffenen, bei denen erst im Laufe der Zeit der Zustand natürlicher Geschäftsunfähigkeit eintritt und nicht von vornherein feststeht, zwischenzeitlich der Einwilligungsvorbehalt aus diesem Grund aufgehoben werden müsste.

Wurde für den geschäftsfähigen Betreuten ein Einwilligungsvorbehalt in Rechtsangelegenheiten angeordnet, ist er zur Vornahme von Verfahrenshandlungen nur insoweit fähig, als er nach den Vorschriften des BGB ohne Einwilligung des Be-

treuers handeln kann oder durch Vorschriften des öffentlichen Rechts als handlungsfähig anerkannt ist. Im Übrigen ist er prozessunfähig (BVerwG FamRZ 2017,
229).

7. Einwilligungsvorbehalt und Prozessfähigkeit des Betreuten

Wird in einem Rechtsstreit eine prozessfähige Person durch einen Betreuer ver- **76**
treten, so steht sie für den Rechtsstreit einer nicht prozessfähigen Person gleich (§ 53
ZPO). Für das Betreuungsverfahren ist der Betroffene/Betreute jedoch ohne Rücksicht auf seine Geschäftsfähigkeit verfahrensfähig. Das gilt für die Bestellung eines
Betreuers, dessen Abbestellung, die Aufhebung der Betreuung und die den Aufgabenkreis des Betreuers verändernden Entscheidungen.

Die durch Art 4 Nr 1 BtG neugefasste Vorschrift des § 53 ZPO schließt (erkennbar) **77**
konkurrierendes Handeln von Betreuer und Betreutem im Prozess aus, soweit diese
Regelung reicht. Wer geschäftsunfähig ist und einen Betreuer hat, kann ohnehin
mangels Prozessfähigkeit Prozesshandlungen nicht wirksam vornehmen (§ 52 ZPO).
Wurde ein Einwilligungsvorbehalt angeordnet, der die Befugnis des Betreuers zur
Ermächtigung des Betreuten nach § 112 oder § 113 BGB enthält, hat der Vollzug
einer solchen Ermächtigung eine gegenständlich beschränkte volle Prozessfähigkeit
für Verfahren, die mit den Bereichen der Ermächtigung zusammenhängen, zur Folge
(BORK MDR 1991, 97, 98). Während materiellrechtlich die Anordnung eines Einwilligungsvorbehalts unabhängig von einer vorher festgestellten Geschäftsfähigkeit
oder Geschäftsunfähigkeit verfügt werden kann, hat das Betreuungsrecht eine entsprechende Regelung für das Prozessrecht nicht vorgesehen. Da die Anordnung
eines Einwilligungsvorbehalts das Nebeneinanderhandeln von Betreuer und Betreutem nicht ausschließt, dies aber für den Zivilprozess in jedem Falle ausgeschlossen
sein soll, kommt die Anordnung eines Einwilligungsvorbehalts für Betreute innerhalb der Zuständigkeit des Betreuers für das Verfahren nicht in Betracht. Der
Einwilligungsvorbehalt ist ein Institut des materiellen Rechts, nicht des Prozess-
rechts. Für materiell-rechtliche Erklärungen im Rahmen eines Prozesses und Erklärungen außerhalb des Verfahrens verbleibt es bei der Regelung des § 1903 BGB. Der
Betreute ist nicht prozessunfähig, soweit er geringfügige Angelegenheiten des täglichen Lebens nach § 1903 Abs 3 S 2 BGB besorgt (MünchKomm/SCHWAB Rn 47 f); die
Wahrscheinlichkeit, dass es hier zu Rechtsstreitigkeiten kommt, dürfte nicht groß
sein (vSACHSEN GESSAPHE 444).

8. Einwilligungsvorbehalt bei Bestehen einer Betreuerbestellung nach § 1896 Abs 3

Nach § 1896 Abs 3 BGB kann als Aufgabenkreis des Betreuers auch die Geltend- **78**
machung von Rechten des Betreuten gegenüber seinem Bevollmächtigten bestimmt
werden. Die Betreuerbestellung kann den Betreuten davor schützen, dass der Bevollmächtigte unkontrolliert für den Betreuten handelt und ihm gegebenenfalls
Schaden zufügt, indem er sich abredewidrig verhält. Die Betreuerbestellung reicht
dagegen nicht aus, um den Betreuten vor sich selbst zu schützen. Zur Begrenzung
der Handlungsbefugnis des Betreuten, der zwar zu einer sinnvollen Wahrnehmung
seiner Rechte außerstande, aber zu störenden Aktivitäten durchaus imstande sein
kann, kann deshalb auch bei einer Betreuerbestellung nach § 1896 Abs 3 BGB die

Anordnung eines Einwilligungsvorbehalts erforderlich sein. Besondere Schwierigkeiten können sich bei der Begrenzung der Rechtsstellung des Betreuten und ihrer
Formulierung ergeben. UU ist es unerlässlich, diesen Einwilligungsvorbehalt auf den
gesamten Aufgabenkreis des nach § 1896 Abs 3 BGB bestellten Betreuers zu erstrecken.

IV. Zur Frage der Erforderlichkeit des Einwilligungsvorbehalts

79 Obwohl nach dem Gesetzeswortlaut ein Einwilligungsvorbehalt nur angeordnet
werden darf, soweit dies zur Abwendung einer erheblichen Gefahr für die Person
oder das Vermögen des Betreuten erforderlich ist, reicht die Beschreibung der
Voraussetzungen in Abs 1 S 1 nicht aus, um alle Fälle, in denen die Anordnung
eines Einwilligungsvorbehalts nach dem Willen des Gesetzgebers in Betracht
kommt, zu erfassen. Ist der Betreute nicht geschäftsunfähig, kann er im Rechtsverkehr wirksam handeln und sich dadurch Schaden zufügen, indem er etwa für ihn
völlig nutzlose Gegenstände kauft, Bestellungen im Versandhandel aufgibt, von
denen er kurze Zeit danach nichts mehr wissen will, oder Versicherungsverträge
schließt und sich damit „überversichert". Durch die Wirkungsweise des Einwilligungsvorbehalts ist sichergestellt, dass die dem Betreuten rechtlich nachteiligen
Rechtsgeschäfte und Willenserklärungen, die in den Aufgabenkreis des Betreuers
fallen, nur dann wirksam sind, wenn der Betreuer seine Einwilligung gegeben hat
oder (soweit zulässig) nachträglich zustimmt. Der Betreuer hat es demnach in der
Hand, in welchem Umfange er die Aktivitäten seines Betreuten – auch unter wirtschaftlichen Gesichtspunkten – billigt.

80 Ist der Betreute geschäftsunfähig (§ 104 Nr 2 BGB), kann er sich materiell-rechtlich
gesehen durch Abgabe oder Entgegennahme ihm nachteiliger Willenserklärungen
keinen Schaden zufügen, weil seine Willenserklärungen nach § 105 Abs 1 BGB
nichtig sind und die ihn erreichenden Willenserklärungen allein dadurch keine
Wirksamkeit erlangen (§ 131 Abs 2 BGB). Es bedarf deshalb weiterer Kriterien,
um einen Einwilligungsvorbehalt dann zu rechtfertigen, wenn der Betreute, ohne
dass dies ausdrücklich festgestellt worden sein müsste, tatsächlich in natürlichem
Sinne geschäftsunfähig ist (§ 104 Nr 2 BGB).

81 Die Anordnung eines Einwilligungsvorbehalts soll – zB – dann nicht erforderlich
sein, wenn der Betreute offensichtlich geschäftsunfähig und keine erhebliche Gefährdung erkennbar ist. Ein Einwilligungsvorbehalt soll auch dann nicht erforderlich
sein, wenn der Betreute ohnehin handlungsunfähig ist, keine Willenserklärungen
abgeben kann oder vom Rechtsverkehr als geschäftsunfähig erkannt wird (BT-Drucks
11/4528, 137). Klagt der prozessunfähige Betreute vor dem Sozialgericht, bedarf es für
das gerichtliche Verfahren nicht der Anordnung eines Einwilligungsvorbehalts (LSG
Berlin – Brandenburg FamRZ 2010, 1472, 1473).

82 Nach Auffassung des RegEntw (BT-Drucks 11/4528, 137) besteht die Notwendigkeit für
einen Einwilligungsvorbehalt nicht in besonders schweren Fällen, etwa dann, wenn
ein geschäftsfähiger Betreuter seinen Willen zwar kundtun kann, seine psychische
Krankheit oder geistige oder seelische Behinderung in schweren Fällen aber so
offenkundig ist, dass der Rechtsverkehr seine „Willenserklärungen" ohnehin nicht
akzeptiert. Dieser von der Absicht, die Anordnung eines Einwilligungsvorbehalts

künftig die Ausnahme sein zu lassen, getragenen Auffassung muss nachdrücklich widersprochen werden, weil sie einen redlichen Geschäftsverkehr voraussetzt, den es nicht ausnahmslos gibt, und außerdem typische Fallkonstellationen außer Betracht lässt, die beweisen, wie in einer konsumorientierten Welt vor den Toren von Wohnungen und Heimen behinderter Menschen nicht haltgemacht wird.

Die Erklärung der Notwendigkeit eines Einwilligungsvorbehalts mit der zunehmend **83** schwierigen Beweissituation (BT-Drucks 11/4528, 137) in Fällen geschäftsunfähiger Betreuter führt bei genauer Betrachtung ein neues Tatbestandsmerkmal in die Norm ein. Zweck des Einwilligungsvorbehalts ist dann nicht die Kontrolle über das rechtsgeschäftliche Verhalten des Betreuten, sondern die Verhinderung des Unterliegens im Prozess aufgrund von Beweisnot. Ob diese Gefahr besteht, hängt nicht lediglich vom Betreuten und seinem Verhalten ab; es kommt vielmehr auf die konkrete Interessenlage der Parteien an, die sich dann im Rechtsstreit befinden.

Unabhängig von dieser Frage führt die Beachtung des Erforderlichkeitsgrundsatzes **84** und/oder des Subsidiaritätsgrundsatzes dazu, vor Anordnung des Einwilligungsvorbehalts genau zu prüfen, ob **Handlungsalternativen** erkennbar und durchführbar sind. Ggf reicht es im Einzelfall aus, zB einen Ortswechsel zu veranlassen, Gespräche mit umliegenden Geschäften (Ladeninhabern) zu führen, um dem Kaufdrang zu begegnen, Begleitung bei Einkaufsgängen zu stellen, Hausverbote für Vertreter zu erteilen. Grenze für den Betreuer wie für andere ist die Zumutbarkeit, soweit sie an solchen Alternativmaßnahmen beteiligt sind oder beteiligt werden sollen (s auch oben Rn 5 zur Frage, ob ein Einwilligungsvorbehalt bei Verschwendung und bei bestimmten Fällen süchtigen Verhaltens angeordnet werden darf oder muss, etwa auch in Fällen geplanter Schuldenregulierung). Soll für sämtliche dem Betreuer übertragenen Aufgabenbereiche ein Einwilligungsvorbehalt angeordnet werden, hat das Gericht dessen Erforderlichkeit für jeden Aufgabenbereich darzulegen (BayObLG FamRZ 2003, 476 [LS]).

Der Einwilligungsvorbehalt kann (entsprechend dem Grundsatz der Erforderlich- **85** keit) je nach den Umständen auf einen einzelnen Vermögensgegenstand oder eine bestimmte Art von Geschäften **beschränkt** werden (BGH FamRZ 2015, 1793 = FGPrax 2015, 267 Rn 10 mwNw; FamRZ 2016, 1070, 1071 Rn 16; FamRZ 2016, 1151, 1152 Rn 9 = MDR 2016, 826), zB auf Rechtsgeschäfte, die Verpflichtungen von mehr als (seinerzeit) 500 DM zum Gegenstand haben, wenn dies zur Abwendung einer erheblichen Gefahr für die Person oder das Vermögen des Betroffenen erforderlich ist und ausreicht (BayObLGZ 1993, 346 = FamRZ 1994, 1135 = MDR 1994, 173 mwNw). Selbst bei einem umfangreichen Vermögen des Betreuten kann ein Einwilligungsvorbehalt nur dann angeordnet werden, wenn konkrete Anhaltspunkte für eine Vermögensgefährdung erheblicher Art vorliegen (BGH FamRZ 2015, 1793= FGPrax 2015, 267 Rn 9; FamRZ 2016, 1070, 1071 Rn 16; FamRZ 2016, 1151, 1152 Rn 9 = MDR 2016, 826). Bleiben die Umstände eines befürchteten Verlusts im Spekulativen und/oder ist nicht festgestellt, dass einer möglichen Freigebigkeit der Betroffenen gegenüber ihren Verwandten krankhafte Ursachen zugrunde liegen, reicht dies für die Anordnung eines Einwilligungsvorbehalts nicht aus (BGH FamRZ 2016, 1070, 1071 Rn 18). Zur Zulässigkeit zeitlich oder gegenständlich beschränkter Einwilligungsvorbehalte allgemein s oben Rn 22.

Die Anordnung eines Einwilligungsvorbehalts kann dann erforderlich sein, wenn **86** der Betroffene eine erhebliche schuldrechtliche Verpflichtung ohne Gegenleistung eingeht und der beurkundende Notar die Geschäftsunfähigkeit des Betroffenen nicht erkennt (BayObLG FamRZ 2000, 1327 = BtPrax 2000, 123). Die Verlängerung eines Einwilligungsvorbehalts ist erforderlich, wenn die konkrete Gefahr für die Person oder das Vermögen des Betroffenen, die zur Anordnung des Einwilligungsvorbehalts geführt hat, nach wie vor besteht und zur Abwendung dieser Gefahr der Einwilligungsvorbehalt aufrechterhalten werden muss (BayObLG NJWE-FER 2000, 9 = FamRZ 2000, 1327 [LS]; OLG Zweibrücken [bezogen auf Angelegenheiten der Vermögenssorge] FamRZ 1999, 1171 = FGPrax 1999, 107).

V.   Von einem Einwilligungsvorbehalt ausgeschlossene Willenserklärungen

87 1. Ein Einwilligungsvorbehalt kann sich nicht auf Willenserklärungen erstrecken, die auf Eingehen einer **Ehe** oder **Begründung einer Lebenspartnerschaft** gerichtet sind; er kann sich auch nicht auf **Verfügungen von Todes wegen** und auf Willenserklärungen erstrecken, zu denen ein beschränkt geschäftsfähiger Betroffener nach den Vorschriften des Vierten und Fünften Buches BGB nicht der Zustimmung seines gesetzlichen Vertreters bedarf (Abs 2). Die Ausschlussgründe gelten für einige Einwilligungsvorbehalte, gleichgültig ob sie von Gesetzes wegen eingetreten oder durch das Betreuungsgericht von Amts wegen angeordnet worden sind. Ordnet das Betreuungsgericht für den gesamten Aufgabenkreis des Betreuers einen Einwilligungsvorbehalt nach § 1903 BGB an und erstreckt sich der Aufgabenkreis des Betreuers auf alle Angelegenheiten des Betroffenen, so erfasst der Einwilligungsvorbehalt nicht die in Abs 2 genannten Willenserklärungen, auch wenn dies im Anordnungsbeschluss nicht ausdrücklich bestimmt ist.

88 Der Gesetzgeber hielt es nicht für hinnehmbar, dass der Betreuer die Wahl des Ehegatten oder die Einsetzung eines Erben durch rechtsverbindliche Erklärungen beeinflusst (BT-Drucks 11/4528, 139). Dies ist nun auch für den Gesetzgeber des LPartG anzunehmen (vgl auch BT-Drucks 14/3751, 46). Auch bei den übrigen in Abs 2 aufgezählten Willenserklärungen sollte die Wirksamkeit nicht von einer Zustimmung des gesetzlichen Vertreters abhängig sein (BT-Drucks 11/4528, 139). Obwohl als Motiv dieser Entscheidung der höchstpersönliche Charakter der bezeichneten Willenserklärungen angegeben worden ist (BT-Drucks 11/4528, 139; auch BT-Drucks 14/3751, 46), sind nicht sämtliche als höchstpersönliche Angelegenheiten zu bezeichnenden Willenserklärungen von der Möglichkeit, einen Einwilligungsvorbehalt anzuordnen, ausgenommen worden.

89 2. Auf die **Eingehung einer Ehe** gerichtete Willenserklärungen sind das Eheversprechen (§ 1297 BGB) und die Erklärung eines Verlobten, die Ehe mit dem anderen eingehen zu wollen (§ 1310 BGB). Ist der Betreute geschäftsunfähig, kann er eine Ehe nicht eingehen (§ 1304 BGB). Stellvertretung bei der Eheschließung ist durch § 1311 BGB ausgeschlossen. Die Eheschließung seines Betreuten kann deshalb nie Sache des Betreuers sein.

90 Eine trotz § 1304 BGB geschlossene **Ehe** kann nur durch gerichtliches Urteil auf Antrag **aufgehoben** werden; mit Rechtskraft des Urteils ist die Ehe aufgelöst (§§ 1313, 1314 Abs 1 BGB). Die Aufhebung der Ehe wegen Verstoßes gegen § 1304 BGB ist dann ausgeschlossen, wenn der Ehegatte nach Wegfall der Geschäftsunfähigkeit zu erkennen gegeben hat, dass er die Ehe fortsetzen will (Bestätigung);

§ 1315 Abs 1 S 1 Nr 2 BGB. Die Bestätigung eines Geschäftsunfähigen ist jedoch unwirksam (§ 1315 Abs 1 S 2 BGB). Antragsberechtigt sind bei Verstoß gegen § 1304 BGB (Geschäftsunfähigkeit) jeder Ehegatte und die zuständige Verwaltungsbehörde (§ 1316 Abs 1 Nr 1 BGB). Für einen geschäftsunfähigen Ehegatten kann der Antrag nur von seinem **gesetzlichen Vertreter** gestellt werden (§ 1316 Abs 2 S 1 BGB). Bei Verstoß gegen § 1304 BGB soll die zuständige Verwaltungsbehörde den Antrag stellen, wenn nicht die Aufhebung der Ehe für einen Ehegatten oder für die aus der Ehe hervorgegangenen Kinder eine so schwere Härte darstellen würde, dass die Aufrechterhaltung der Ehe ausnahmsweise geboten erscheint (Änderung der eherechtlichen Bestimmungen durch das Gesetz zur Neuordnung des Eheschließungsrechts [Eheschließungsrechtsgesetz – EheschlRG] von 4. 5. 1998, das das EheG aufgehoben und die eherechtlichen Bestimmungen in das BGB zurückgeführt hat).

3.   Ein Einwilligungsvorbehalt kann sich **nicht** erstrecken auf Willenserklärungen,   **91** die auf **Begründung einer Lebenspartnerschaft** gerichtet sind. Nach der amtl Begr zu § 1903 BGB (BT-Drucks 14/3751, 46) soll durch die Einfügung der Worte „oder Begründung einer Lebenspartnerschaft" in Abs 2 die Begründung einer Lebenspartnerschaft wie andere höchstpersönliche Willenserklärungen von der Möglichkeit ausgenommen sein, einen Einwilligungsvorbehalt anzuordnen.

Eine Lebenspartnerschaft begründen zwei Personen gleichen Geschlechts, wenn sie   **92** gegenseitig persönlich und bei gleichzeitiger Anwesenheit erklären, miteinander eine Partnerschaft auf Lebenszeit führen zu wollen (§ 1 Abs 1 Satz 1 LPartG). Weitere Voraussetzung für die Begründung der Lebenspartnerschaft ist die Abgabe einer Erklärung über „ihren" Vermögensstand (§ 6 Abs 1 LPartG) durch jeden Lebenspartner. Dabei müssen die Lebenspartner entweder erklären, dass sie den Vermögensstand der Ausgleichsgemeinschaft vereinbart haben, oder sie müssen einen Lebenspartnerschaftsvertrag (§ 7 LPartG) abgeschlossen haben.

Während die Erklärung der Partner, miteinander eine Partnerschaft auf Lebenszeit   **93** führen zu wollen, sowie die über ihren Vermögensstand, unmittelbare Begründungsvoraussetzungen sind (§ 1 Abs 1 LPartG), sodass sich darauf ein Einwilligungsvorbehalt nicht erstrecken kann, gilt dies **nicht für die güterrechtlichen Vereinbarungen** im Zusammenhang mit der Begründung einer Lebenspartnerschaft. Für den Lebenspartnerschaftsvertrag (§ 7 LPartG) ergibt sich das unmittelbar aus der Verweisung auf § 1411 BGB (§ 7 S 2 LPartG). Neben der aufgrund eines Einwilligungsvorbehalts erforderlichen **Zustimmung des Betreuers** wird die Genehmigung des Betreuungsgerichts benötigt (§ 1411 Abs 1 S 3 BGB).

Eine Lebenspartnerschaft kann nicht wirksam begründet werden   **94**

– mit einer Person, die minderjährig oder verheiratet ist oder bereits mit einer anderen Person eine Lebenspartnerschaft führt;

– zwischen Personen, die in gerader Linie miteinander verwandt sind;

– zwischen vollbürtigen und halbbürtigen Geschwistern;

– wenn die Lebenspartner bei der Begründung der Lebenspartnerschaft darüber
  einig sind, keine Verpflichtungen gemäß § 2 begründen zu wollen (§ 1 Abs 3
  LPartG).

95 **4.** **Verfügungen von Todes wegen** sind Rechtsgeschäfte, in denen der Erblasser
über das Schicksal seines Vermögens nach seinem Tod Anordnungen trifft (STAU-
DINGER/OTTE [2017] Vorbem 2 zu §§ 1937 ff). Es sind dies einseitige Verfügungen (Testamente oder letztwillige Verfügungen, § 1937 BGB) und Erbverträge (§ 1941 BGB).
Hierzu zählt auch das gemeinschaftliche Testament (§ 2265 BGB). Wer wegen
krankhafter Störung der Geistestätigkeit, wegen Geistesschwäche oder wegen Bewusstseinsstörung nicht in der Lage ist, die Bedeutung einer von ihm abgegebenen
Willenserklärung einzusehen und nach dieser Einsicht zu handeln, kann ein Testament nicht errichten (§ 2229 Abs 4 BGB). Aus § 2064 BGB folgt, dass der Betreute
ein Testament nur persönlich errichten kann, der Betreuer das nicht stellvertretend
für seinen (ggf geschäftsunfähigen) Betreuten tun kann. Der Abschluss eines Erbvertrags erfordert Geschäftsfähigkeit (§ 2275 Abs 1 BGB). Stellvertretung ist auch
hier ausgeschlossen (§ 2274 BGB).

96 **5.** Für die Abgabe von **Willenserklärungen, zu denen ein beschränkt Geschäftsfähiger nach den Vorschriften des Vierten und Fünften Buches des Bürgerlichen Gesetzbuchs nicht der Zustimmung seines gesetzlichen Vertreters bedarf**, ist ein Betreuer
nicht zuständig (Abs 2). Diese Willenserklärungen kann ein Betreuter, auch wenn er
in dem höchstzulässigen Umfang unter Einwilligungsvorbehalt steht, nur allein
abgeben. Ihre Wirksamkeit hängt davon ab, ob die Voraussetzungen des § 104
Nr 2 BGB gegeben sind und/oder jemand vorhanden ist, der die Wirksamkeit der
abgegebenen Erklärung(en) mit Erfolg in Zweifel zieht. Abs 2 zählt die in Frage
kommenden Vorschriften nicht im Einzelnen auf, sondern beschreibt sie ihrer Art
nach. In den Vorschriften selbst kommt die Entbehrlichkeit der Zustimmung des
gesetzlichen Vertreters entweder dadurch zum Ausdruck, dass die Erklärung nicht
durch einen Vertreter abgegeben werden kann, oder dadurch, dass nur der beschränkt Geschäftsfähige selbst die Willenserklärungen abgeben kann. Im Einzelnen
handelt es sich um die nachfolgend aufgeführten Vorschriften nach dem gegenwärtigen Rechtszustand. Die Formulierung des Abs 2 lässt es offen, ob infolge
von Änderungen des Vierten und des Fünften Buches Vorschriften wegfallen oder
hinzukommen (dürfen), die vom Einwilligungsvorbehalt nicht erfasst werden können.

– § 1316 Abs 2 BGB iVm § 1314 BGB: Antrag auf Aufhebung der Ehe. Ein minderjähriger Ehegatte kann den Antrag nur selbst stellen und bedarf dazu nicht der
  Zustimmung seines gesetzlichen Vertreters (Abs 2 S 2).

– § 1516 BGB betrifft die Zustimmung des anderen Ehegatten zu letztwilligen Verfügungen eines Ehegatten im Rahmen fortgesetzter Gütergemeinschaft. Abs 2 S 1
  schließt Stellvertretung, auch für einen Geschäftsunfähigen, aus. Der beschränkt
  geschäftsfähige Ehegatte kann die Zustimmungserklärung nur selbst abgeben. Die
  Zustimmung des gesetzlichen Vertreters ist nach Abs 2 S 2 nicht erforderlich
  (ERMAN/ROTH Rn 29). Die letztwillige Verfügung des Ehegatten des Betreuten ist
  ausgeschlossen (PALANDT/BRUDERMÜLLER § 1516 Rn 2).

Die Anfechtung der Ehelichkeit bisherigen Rechts, die nicht durch einen Vertreter erfolgen konnte (s STAUDINGER/BIENWALD[12]) und die **Anerkennungsanfechtung** wurden zu einer einheitlichen Feststellung der Nichtvaterschaft (§§ 1599 bis 1600c, § 1600e BGB nF). Anfechtungsberechtigt sind der Mann, dessen Vaterschaft nach § 1592 Nr 1 und 2, § 1593 BGB besteht, die Mutter und das Kind (§ 1600 BGB). Bei beschränkter Geschäftsfähigkeit benötigen der Mann und die Mutter nicht die Zustimmung ihres gesetzlichen Vertreters. Sind sie geschäftsunfähig, so kann nur ihr gesetzlicher Vertreter anfechten. Seine Anfechtung ist nur zulässig, wenn sie dem Wohl des Vertretenen dient. Für ein geschäftsunfähiges oder in der Geschäftsfähigkeit beschränktes Kind kann nur der **gesetzliche Vertreter** anfechten (**§ 1600a BGB**).

– **§ 1630 Abs 3 BGB**: Antrag der Eltern/eines Elternteils, Angelegenheiten der elterlichen Sorge auf die Pflegeperson zu übertragen sowie Erteilung der Zustimmung, wenn der Antrag von der Pflegeperson gestellt wird (GROSS KindPrax 2001, 50, 51).

– **§ 1713 Abs 2 S 2 BGB iVm § 1712 BGB**: Antrag auf Beistandschaft durch die werdende Mutter. Bei beschränkter Geschäftsfähigkeit kann nur die Mutter selbst den Antrag stellen und benötigt dazu nicht die Zustimmung ihres gesetzlichen Vertreters. Für eine geschäftsunfähige werdende Mutter kann nur ihr gesetzlicher Vertreter den Antrag stellen (§ 1713 Abs 2 S 3 BGB).

– **§ 1750 BGB** betrifft die für eine Annahme als Kind erforderlichen Einwilligungserklärungen: § 1746 BGB – Einwilligung des Kindes; § 1747 BGB – Einwilligung der Eltern des Kindes; § 1749 BGB – Einwilligung des Ehegatten des Annehmenden. Stellvertretung ist in allen Fällen nach § 1750 Abs 3 S 1 BGB ausgeschlossen. Ist der Einwilligende in der Geschäftsfähigkeit beschränkt, so bedarf seine Einwilligung nicht der Zustimmung seines gesetzlichen Vertreters (Abs 3 S 2). Der geschäftsfähige Betreute kann nur selbst einwilligen. Die Anordnung eines Einwilligungsvorbehalts wäre unzulässig. § 1746 Abs 1 S 2 BGB, der für ein geschäftsunfähiges minderjähriges Kind gilt, bleibt außer Betracht, weil der Minderjährige noch nicht unter Betreuung stehen kann (§ 1908a S 2 BGB).

Für die Annahme eines Volljährigen ist nach § 1768 Abs 1 S 1 BGB dessen Antrag erforderlich, der für einen geschäftsunfähigen Betreuten von einem gesetzlichen Vertreter (Betreuer) gestellt wird (§ 1768 Abs 2 BGB). Ist bei einer Betreuung der Ehegatte geschäftsunfähig, ist der Betreffende zur Abgabe einer Erklärung außerstande, entfällt das Erfordernis der Einwilligung (§ 1749 Abs 3 BGB). Auch hier kann die Betreuung nicht die Einwilligung erfassen.

– **§ 1760 Abs 3 S 2 BGB.** Die Aufhebung des Kindesannahmeverhältnisses wegen fehlender Erklärung schließt § 1760 Abs 3 BGB aus, wenn der Erklärende nach Wegfall der Geschäftsunfähigkeit, der Bewusstlosigkeit, der Störung der Geistestätigkeit, der durch die Drohung bestimmten Zwangslage, nach der Entdeckung des Irrtums oder nach Ablauf der in § 1747 Abs 2 S 1 BGB bestimmten Frist den Antrag oder die Einwilligung nachgeholt oder sonst zu erkennen gegeben hat, dass das Annahmeverhältnis aufrechterhalten werden soll (§ 1760 Abs 3 S 1 BGB). § 1750 Abs 3 S 2 BGB ist entsprechend anzuwenden. Stellvertretung ist danach ausgeschlossen. Der geschäftsfähige Betreute kann die Erklärung (Antrag/ Einwilligung) nur selbst abgeben, Handeln für einen geschäftsunfähigen Betreuten kommt hier nicht in Betracht (s Abs 3 S 1 – Wegfall der Geschäftsunfähigkeit).

- **§ 1760 Abs 5 S 2 BGB** (Textänderung von „sind" in „ist"). Auch in dieser Bestimmung geht es um den Ausschluss der Adoptionsaufhebung, jedoch in dem Fall, dass beim Ausspruch der Annahme zu Unrecht angenommen worden ist, ein Elternteil sei zur Abgabe der Erklärung dauernd außerstande. Die Aufhebung ist ausgeschlossen (Abs 5 S 1), wenn der Elternteil die Einwilligung nachgeholt oder sonst zu erkennen gegeben hat, dass das Annahmeverhältnis aufrechterhalten werden soll. Diese Einwilligung kann nicht durch einen Vertreter abgegeben werden. Ist der Betreffende beschränkt geschäftsfähig, so bedarf seine Einwilligung nicht der Zustimmung seines gesetzlichen Vertreters. Ein Einwilligungsvorbehalt ist danach unzulässig. Der geschäftsfähige Betreute kann (nur) selbst einwilligen. Die Abgabe der Erklärung durch einen geschäftsunfähigen Betreuten kommt hier nicht in Betracht.

- **§ 1762 Abs 1 S 4 BGB**. Die Bestimmung regelt Antragsrecht und Antragsfrist für die Aufhebung einer Annahme als Kind wegen fehlender Erklärungen. Der geschäftsfähige Betreute kann den Antrag nur selbst stellen; Stellvertretung ist ausgeschlossen. Ein Einwilligungsvorbehalt ist unzulässig (vgl § 1762 Abs 1 S 4 BGB). Hat das inzwischen volljährige Kind einen Betreuer und ist das Kind geschäftsunfähig, so kann der Betreuer den Antrag stellen (vgl Abs 1 S 3 „im Übrigen kann …"). Gleiches gilt für den Annehmenden (§ 1762 Abs 1 S 2 BGB). Ein geschäftsunfähiger Elternteil ist von dem Aufhebungsantrag ausgeschlossen, § 1762 Abs 1 S 2 BGB. Auch der Betreuer kann für ihn nicht handeln.

- **§ 1768 BGB** regelt die Antragsbefugnis eines Anzunehmenden im Falle der Volljährigenadoption. § 1768 Abs 2 S 2 BGB wurde durch das BtG gestrichen (Art 1 Nr 26 BtG). Er sah vor, dass der in seiner Geschäftsfähigkeit beschränkte Volljährige den Antrag nur selbst stellen konnte. Volljährige mit diesem Status gibt es seit dem 1.1.1992 nicht mehr (Wegfall von § 114 BGB). Aus dieser Regelung ergibt sich, dass sich ein Einwilligungsvorbehalt auf den Antrag betr die eigene Adoption nicht erstrecken kann. Der geschäftsfähige Betreute stellt den Antrag selbst (ohne Einschränkungen); der geschäftsunfähige Betreute kann den Antrag nicht selbst stellen. Für ihn handelt der Betreuer, wenn die Angelegenheit zu seinem Aufgabenkreis gehört (§ 1768 Abs 2 BGB).

- **§ 2229 Abs 2 BGB**. Der Hinweis auf diese Vorschrift in der amtl Begr (BT-Drucks 11/ 4528, 139) verstärkt die in § 1903 Abs 2 enthaltene Aussage, dass ein Einwilligungsvorbehalt sich nicht auf Verfügungen von Todes wegen erstrecken kann. Befindet sich der Betreute in einem Zustand, wie ihn § 2229 Abs 4 BGB beschreibt, kann der Betreffende ein Testament nicht errichten. Stellvertretung ist ausgeschlossen (§ 2064 BGB; STAUDINGER/OTTE [2013] § 2064 Rn 3). Der Aufgabenkreis des Betreuers kann sich folglich nicht darauf erstrecken.

- **§ 2282 Abs 1 S 2 BGB** betrifft die Anfechtung eines Erbvertrags. Zu der Erwägung, die Vorschrift nicht zu ändern, s BT-Drucks 11/4528, 161 sowie BIENWALD, BtR[1]

Teil 6 Art 1 Nr 51. Der geschäftsfähige Betreute muss selbst anfechten; der Betreuer kann für ihn nicht handeln. Ein Einwilligungsvorbehalt kann sich auf die Anfechtung nicht erstrecken. Ein geschäftsunfähiger Betreuter kann nicht anfechten. Für ihn kann nur der Betreuer handeln, und zwar mit Genehmigung des Betreuungsgerichts, wenn diese Angelegenheit zu seinem Aufgabenkreis gehört.

– **§ 2290 Abs 2 S 2 BGB** betrifft die vertragliche Aufhebung eines Erbvertrags. Der geschäftsfähige Betreute kann als Erblasser den Aufhebungsvertrag nur selbst schließen. Das Tätigwerden seines Betreuers ist nicht vorgesehen; ein Einwilligungsvorbehalt kann sich darauf nicht erstrecken. Die Aufhebung durch einen geschäftsunfähigen Betreuten ist nicht möglich. Für ihn handelt der Betreuer, wenn die Aufhebung des Erbvertrages von seinem Aufgabenkreis erfasst wird und der Betreute den Erbvertrag nicht als Erblasser geschlossen hat. In diesem Falle ist die Genehmigung des Betreuungsgerichts erforderlich (§ 2290 Abs 3 S 1 BGB).

– **§ 2296 Abs 1 S 2 BGB** betrifft den Rücktritt des Erblassers vom Erbvertrag. Der geschäftsfähige Betreute kann nur selbst den Rücktritt erklären. Durch einen Betreuer kann der Rücktritt nicht vorgenommen werden; auf ihn kann sich ein Einwilligungsvorbehalt nicht erstrecken. Bei Geschäftsunfähigkeit des Betreuten ist ein Rücktritt nicht möglich. Auf ihn kann sich der Aufgabenkreis eines Betreuers daher nicht erstrecken.

– **§ 2347 Abs 2 S 1 BGB**. Nach seiner Änderung durch Art 1 Nr 55 BtG (amtl Begründung noch zu Art 1 Nr 49 BtG-E) sieht Abs 1 S 2 der Vorschrift nunmehr vor, dass die Genehmigung des Gerichts auch für den Erbverzicht durch den Betreuer erforderlich ist. Die Verzichtserklärung des Betreuers ist nur dann wirksam, wenn sie in seinen Aufgabenkreis fällt (BT-Drucks 11/4528, 162). Ist der Betreute geschäftsfähig, kann er als Erblasser den Verzichtsvertrag nur persönlich schließen. Da im Falle beschränkter Geschäftsfähigkeit des Verzichtenden die Mitwirkung des gesetzlichen Vertreters ausgeschlossen ist, kommt ein Einwilligungsvorbehalt nicht in Betracht. Ist der Betreute geschäftsunfähig, kann der Vertrag nur durch den Betreuer geschlossen werden. Die Genehmigung des Betreuungsgerichts ist in gleichem Maße wie nach Abs 1 erforderlich (§ 2247 Abs 2 S 2 HS 2 BGB).

6. Sonstige Erklärungen, bei denen ein Einwilligungsvorbehalt nicht statthaft **97** ist:

– Eingehung eines Verlöbnisses/Abgabe eines Eheversprechens

– Antrag auf Adoption durch den Annehmenden (§ 1752 BGB)

– Einwilligung in eine Sterilisation

– Einwilligung in einen Schwangerschaftsabbruch

– Einwilligung in eine ärztliche Untersuchung oder Behandlung

– Einwilligung in eine freiheitsentziehende Maßnahme

– Willenserklärungen, die der Betreute als gesetzlicher Vertreter seiner Kinder abgibt oder empfängt

– Willenserklärungen in Angelegenheiten des religiösen Bekenntnisses.

VI. Die Wirkungsweise des Einwilligungsvorbehalts und die entsprechende Anwendung der §§ 108–113, 131 Abs 2, 210 und anderer Vorschriften

1.   Die Regelung des § 1903 Abs 1 S 1

98 Die Anordnung eines Einwilligungsvorbehalts schränkt die Geschäftsfähigkeit des Betreuten grundsätzlich nicht ein; sie begrenzt seinen Handlungsspielraum, ohne ihn jedoch in den Zustand einer die Gesamtperson erfassenden beschränkten Geschäftsfähigkeit zu versetzen. Im Gegensatz zu der beschränkten Geschäftsfähigkeit betrifft der Einwilligungsvorbehalt in der Regel nur einen begrenzten Kreis von Willenserklärungen. Niemals erfasst er sämtliche Angelegenheiten des Betreuten, auch wenn der Betreuer mit dem Aufgabenkreis der Personen- und Vermögenssorge, also grundsätzlich nahezu umfassender Zuständigkeit ausgestattet worden ist. Der Einwilligungsvorbehalt erstreckt sich auf keinen Fall auf die Ehefähigkeit des Betreuten und seine Testierfähigkeit (Abs 2). Die Rechtsbeschränkung eines beschränkt Geschäftsfähigen wird nicht erreicht. Die Struktur und Wirkungsweise des Einwilligungsvorbehalts ähnelt jedoch der der beschränkten Geschäftsfähigkeit: Der Betreute kann/darf rechtsgeschäftlich handeln. Soweit sein Handeln nicht ohnehin mitwirkungsfrei ist, ist die Wirksamkeit des rechtsgeschäftlichen Handelns des Betreuten an die zustimmende Mitwirkung des Betreuers als des gesetzlichen Vertreters des Betreuten gebunden (MünchKomm/Schwab Rn 42). Die Wirkungsweise des Einwilligungsvorbehalts und der Mitwirkungsbestimmungen entspricht, soweit der Einwilligungsvorbehalt reicht, den Regelungen der beschränkten Geschäftsfähigkeit. § 1903 Abs 1 S 2 BGB verweist auf die Vorschriften des Minderjährigenrechts, die entsprechend anzuwenden sind. Hiernach tritt der Betreute, soweit der Einwilligungsvorbehalt reicht, an die Stelle des Minderjährigen (MünchKomm/Schwab Rn 43). Im Übrigen sind die Regelungen so anzuwenden, wie sie auch für beschränkt geschäftsfähige Personen gelten (BT-Drucks 11/4528, 138; MünchKomm/Schwab Rn 43). Hebt eine betreute Person, für die insoweit ein Einwilligungsvorbehalt angeordnet ist, von ihrem Girokonto Geld ab, und hat der Betreuer in die Leistungsannahme (hier: mangels Kenntnis) nicht eingewilligt, hat die Zahlung keine Erfüllungswirkung (BGHZ 205, 90 = FamRZ 2015, 1386 mAnm Zorn, 1388). Steht ein Betreuer hinsichtlich seiner Vermögenssorge unter Einwilligungsvorbehalt, fehlt ihm die Empfangszuständigkeit zur Entgegennahme von Sozialleistungen, die dann ohne Zustimmung des Betreuers keine Erfüllungswirkung haben (SozG Marburg FamRZ 2016, 1397 [LS]).

99 Kamen die Vorschriften zur Anwendung, bevor der spätere Betreute volljährig wurde, hat der Betreuer zu prüfen, ob die Folgen für die Führung der Betreuung noch von Bedeutung sind. Haben Eltern des späteren Betreuten von den Ermächtigungen der §§ 112, 113 BGB Gebrauch gemacht, enden diese mit Erreichen der Volljährigkeit des späteren Betreuten. Sie finden keine automatische Fortsetzung im Falle der Betreuung und binden den Betreuer nicht. § 130 Abs 2 BGB ist entsprechend anzuwenden (OLG Celle FamRZ 2007, 853 = NJW 2006, 3501).

2. Zur entsprechenden Anwendung der §§ 108–113, 131 Abs 2, 210

a) §§ 108, 109, 111

Schließt der Betreute ohne die nach dem Einwilligungsvorbehalt iVm Abs 1 S 2 **100** erforderliche Einwilligung des Betreuers einen Vertrag, so hängt die Wirksamkeit des Vertrags von der Genehmigung des Betreuers ab (§ 108 Abs 1 BGB). Sowohl die Einwilligung als auch die Genehmigung kann dem Betreuten oder dem Geschäftspartner gegenüber erklärt werden (§ 182 BGB; MünchKomm/Schwab Rn 52, der auf § 108 Abs 2 BGB hinweist und beide Möglichkeiten nur „in der Regel" gelten lassen will). Die Zustimmung des Betreuers bedarf nicht der für das Rechtsgeschäft bestimmten Form (§ 182 Abs 2 BGB).

Die für das Minderjährigenrecht anerkannte Möglichkeit, für bestimmte vorherseh- **101** bare Geschäfte in abgegrenzten Geschäftsbereichen einen eingeschränkten Generalkonsens zuzulassen (Näheres bei Staudinger/Klumpp [2017] § 107 Rn 101 ff), kommt für den Einwilligungsvorbehalt auch theoretisch (so aber MünchKomm/Schwab Rn 52; auch Damrau/Zimmermann Rn 15) nicht in Betracht (Bienwald FamRZ 1988, 1012, 1015). Der eingeschränkte Generalkonsens ist eine zu § 107 BGB entwickelte Möglichkeit, innerhalb eines überschaubaren Rahmens auf die Wiederholung erforderlicher Einwilligungen gleicher Art zu verzichten. Im Übrigen verbleibt es bei der Grundregel des § 107 BGB. § 1903 BGB nF enthält dagegen eine dem § 107 BGB gegenüber besondere Regelung, indem sie nur bestimmte Willenserklärungen unter Einwilligungsvorbehalt stellt, aber im Übrigen die Rechtsmacht des Betreuten zum Alleinhandeln unangetastet lässt. Die Notwendigkeit der Anordnung eines Einwilligungsvorbehalts ergibt sich gerade deshalb, weil der Betreute außerstande ist, mit einer generell bestehenden Rechtsmacht sachgerecht umzugehen.

§ 108 Abs 3 BGB, entsprechend angewendet, kann nur bedeuten, dass der Betreute **102** nach Beseitigung des für die betreffenden Willenserklärungen geltenden Einwilligungsvorbehalts selbst genehmigen kann; eine in der Betreuungspraxis wohl kaum in Frage kommende Situation. Eher wird das Rechtsgeschäft, weil die Genehmigung nicht mehr rechtzeitig erteilt wurde, nichtig sein und ggf als Neuvornahme in Betracht kommen.

Wird ein Einwilligungsvorbehalt als ungerechtfertigt angeordnet wieder aufgeho- **103** ben, kann die Wirksamkeit der von oder gegenüber dem Betroffenen vorgenommenen Rechtsgeschäfte nicht aufgrund dieses Einwilligungsvorbehalts in Frage gestellt werden (§ 306 FamFG). Der (aufgehobene) Einwilligungsvorbehalt berührt die Wirksamkeit der vom Betreuten seit der Anordnung abgeschlossenen Rechtsgeschäfte nicht (MünchKomm/Schwab Rn 56). Lediglich andere Gründe können dafür in Betracht kommen. Aus der sachlich unrichtigen Entscheidung der ersten Instanz sollen dem Betreuten keine Nachteile erwachsen (Bumiller/Harder § 306 FamFG Rn 1). Die Vorschrift bezieht sich auf die Anordnung des endgültigen und die Anordnung eines vorläufigen Einwilligungsvorbehalts gem § 300 FamFG (BT-Drucks 11/4528, 179; Keidel/Budde § 306 FamFG Rn 2). Hebt das Betreuungsgericht den Einwilligungsvorbehalt nach § 1908d Abs 4 iVm Abs 1 BGB wegen Wegfalls der Voraussetzungen auf, wirkt diese Entscheidung nur für die Zukunft (Bumiller/Harder § 306 FamFG Rn 2).

Werner Bienwald

104 In § 109 Abs 2 BGB kommt es nicht auf die Kenntnis des Einwilligungsvorbehalts (als Voraussetzung der Zustimmungsbedürftigkeit) an.

105 Die Genehmigung und ihre Verweigerung sind nicht an eine Form gebunden; sie können außerdem durch schlüssiges Verhalten erfolgen. Genehmigung durch schlüssiges Verhalten wurde zB (im Fall des Kfz-Erwerbs eines Minderjährigen) angenommen, als der gesetzliche Vertreter nach Kenntnis von dem ohne seine Einwilligung geschehenen Erwerbsgeschäft nichts zur Rückgängigmachung der Leistungsverschiebung unternommen hatte (OLG Karlsruhe RdJ 1966, 105; eingehender STAUDINGER/ DILCHER[12] § 108 Rn 8; PALANDT/ELLENBERGER § 108 Rn 2 f).

106 Ein einseitiges Rechtsgeschäft, das der Betreute ohne die erforderliche Einwilligung des Betreuers vornimmt, ist unwirksam; nachträgliche Heilung ist ausgeschlossen (§ 111 BGB). Neuvornahme ist nach vorheriger Einwilligung des Betreuers (ggf des Betreuungsgerichts, s § 1831 BGB) möglich. Anwendbar ist auch § 111 S 2 und S 3 BGB.

107 Benötigt der Betreuer für die von ihm im Namen des Betreuten als dessen gesetzlichem Vertreter vorgenommenen Rechtsgeschäfte die Genehmigung des Betreuungsgerichts, gilt Entsprechendes, wenn der Betreuer zu Rechtsgeschäften des Betreuten die nach Anordnung eines Einwilligungsvorbehalts erforderlichen Zustimmungen geben will (MünchKomm/SCHWAB Rn 53; MünchKomm/WAGENITZ § 1821 Rn 6; STAUDINGER/ENGLER [2004] § 1821 Rn 10).

b) Erfordernis betreuungsgerichtlicher Genehmigung

108 Entscheidungen, die unter dem Vorbehalt der betreuungsgerichtlichen Genehmigung stehen, bedürfen grundsätzlich der **vorherigen** Genehmigung des Betreuungsgerichts. Bei Verträgen kann die Genehmigung nachträglich erteilt werden (§ 1829 BGB); einseitige Rechtsgeschäfte können nur vorher genehmigt werden (§ 1831 BGB). Im Übrigen s zu den genehmigungsbedürftigen Rechtsgeschäften die §§ 1812, 1821, 1822, 1825–1831 BGB, die (mit Ausnahme von § 1822 Nr 5 BGB) sinngemäß auf die Betreuungssituation anzuwenden sind (§ 1908i Abs 1 S 1 BGB). Speziell zu § 1822 BGB s KLÜSENER Rpfleger 1993, 133. Die §§ 1821 bis 1825, 1828 bis 1831 BGB sind im Wortlaut unten § 1908i Rn 228 wiedergegeben.

c) § 110 BGB

109 In entsprechender Anwendung des § 110 BGB bedarf der Betreute nicht der Einwilligung/Genehmigung des Betreuers, weil ein von ihm geschlossener Vertrag als von Anfang an wirksam gilt, wenn der Betreute die vertragsmäßige Leistung mit Mitteln bewirkt hat, die ihm zu diesem Zweck oder zu freier Verfügung von dem Betreuer oder mit dessen Zustimmung von (einem) Dritten überlassen worden sind. Ein Vertrag wird nach dieser Bestimmung also nicht wirksam, wenn der Betreute die Mittel ohne Kenntnis des Betreuers von anderen (zB von einem anderen Betreuten) erhalten hat (MünchKomm/SCHWAB Rn 54; STAUDINGER/DILCHER[12] § 110 Rn 11). Die Anwendung von § 110 BGB ist ausgeschlossen, wenn der Betreute die vertragsmäßige Leistung nicht bewirkt, also tatsächlich nicht leistet oder geleistet hat; Teilzahlungen, ausgenommen bei Verträgen selbständige Teilleistungen, reichen nicht aus (STAUDINGER/DILCHER[12] § 110 Rn 5). Die im Minderjährigenrecht durch die Annahme eines eingeschränkten Generalkonsenses eher geringe Bedeutung der Vorschrift kann im Betreuungsrecht größer sein, weil hier ein Generalkonsens abzulehnen ist. Andererseits muss bedacht werden, dass durch die Regelung des § 1903 Abs 3 S 2 BGB viele Geschäfte wirksam sind, zB auch solche, bei denen die geschuldete Leistung nicht immer sofort erbracht wird (BIENWALD, BtR Rn 75), sodass die Anwendung des § 110 BGB, der ein einwilligungsbedürftiges Rechtsgeschäft voraussetzt, nur dann zu diskutieren wäre, wenn Abs 3 S 2 durch richterliche Entscheidung eingeschränkt worden ist.

d)   § 112 BGB

Durch die entsprechende Anwendung des § 112 BGB ist dem Betreuer eines unter **110** Einwilligungsvorbehalt stehenden Betreuten die Befugnis eingeräumt, mit Genehmigung des Betreuungsgerichts den Betreuten zum selbständigen Betrieb eines Erwerbsgeschäfts zu ermächtigen. Im Falle wirksamer Ermächtigung darf der Betreute dann solche Rechtsgeschäfte ohne Einwilligung des Betreuers vornehmen, die der Geschäftsbetrieb mit sich bringt. Ausgenommen sind nur solche Rechtsgeschäfte, zu denen der Betreuer die Genehmigung des Betreuungsgerichts benötigt. Die Ermächtigung kann von dem Betreuer nur mit Genehmigung des Betreuungsgerichts zurückgenommen werden (§ 112 Abs 2 BGB).

e)   § 113 BGB

§ 113 Abs 1 BGB räumt dem Betreuer des unter Einwilligungsvorbehalt stehenden **111** Betreuten die Möglichkeit ein, diesen zu ermächtigen, in Dienst oder in Arbeit zu treten. Hat der Betreuer davon Gebrauch gemacht, so kann der Betreute solche Rechtsgeschäfte unbeschränkt vornehmen, welche die Eingehung oder Aufhebung eines Dienst- oder Arbeitsverhältnisses der gestatteten Art oder die Erfüllung der sich aus einem solchen Verhältnis ergebenden Verpflichtungen betreffen. Ausgenommen sind Verträge, zu denen der Betreuer die Genehmigung des Betreuungsgerichts benötigt. Die Ermächtigung kann von dem Betreuer zurückgenommen oder eingeschränkt werden (§ 113 Abs 2 BGB). Abs 3 sieht vor, dass die vom Betreuer ohne triftigen Grund verweigerte Ermächtigung auf Antrag des Betreffenden vom Betreuungsgericht ersetzt werden kann. Ein dementsprechender Antrag kann auch von einem nicht geschäftsfähigen Betreuten gestellt werden (§ 275 FamFG); als Folgeverfahren zum Einwilligungsvorbehalt handelt es sich um ein die Betreuung betreffendes Verfahren, sodass einem Verfahren zur Klärung, ob im Rahmen des Einwilligungsvorbehalts eine Ermächtigung nach § 113 BGB im Interesse des Betreuten liegt, nichts im Wege steht.

f)   Kritik zur entsprechenden Anwendung der §§ 112, 113

Die praktische Bedeutung dieser Vorschriften für die Führung von Betreuungen **112** scheint eher gering zu sein. Bestehen gegen eine Ermächtigung nach § 112 oder § 113 BGB keine Bedenken, verliert schon der Einwilligungsvorbehalt seine Grundlage. Man kann nicht einerseits den Betreuten für die Bereiche des Erwerbs- oder Arbeitslebens, weil erforderlich, unter Einwilligungsvorbehalt stellen, ihn aber zugleich durch Ermächtigung für dieselben Bereiche vom Einwilligungsvorbehalt und der dadurch für nötig befundenen Kontrolle freistellen (BIENWALD RsDE 7/1989, 1, 21, 23; MünchKomm/SCHWAB Rn 58; skeptisch auch vSACHSEN GESSAPHE, Der Betreuer als gesetzlicher Vertreter für eingeschränkt Selbstbestimmungsfähige 440). Kann der Betreffende selbständig einen Erwerbsbetrieb führen, ist der diesen Bereich erfassende Einwilligungsvorbehalt insoweit aufzuheben oder einzuschränken (§ 1908d Abs 4 S 1 BGB; MünchKomm/SCHWAB Rn 58).

113 Die Benutzung des Einwilligungsvorbehalts als ein Disziplinierungsinstrument und die Ermächtigung als Trainingsmöglichkeit entfallen deshalb, weil die Ermächtigung grundsätzlich einen zu weiten – unkontrollierbaren – Spielraum zulässt. Die Aufnahme beider Vorschriften in den Katalog der anzuwendenden Bestimmungen lässt sich deshalb überzeugend nur damit begründen, dass das Betreuungsrecht Rechtseingriffe von Verfassung wegen auf ein Mindestmaß reduzieren wollte. Demgemäß mussten alle Vorschriften für anwendbar erklärt werden, die zur Stärkung der Rechtsstellung der Betroffenen und zur Verminderung von Rechtseinbußen beitragen.

g) § 131 und zur erforderlichen Verhaltensweise des Betreuers

114 § 131 Abs 1 BGB regelt den Zugang von Willenserklärungen, die einem Geschäftsunfähigen gegenüber abgegeben werden. Die Wirksamkeit tritt erst mit Zugang bei dem gesetzlichen Vertreter ein. Die entsprechende Anwendung dieser Vorschrift auf das Betreuungsrecht brauchte nicht bestimmt zu werden, weil die Vorschriften des Allgemeinen Teils des BGB grundsätzlich auch für Betreuungen nach den §§ 1896 ff BGB gelten. Die entsprechende Anwendung des § 131 Abs 2 BGB bewirkt, dass auch die einem unter Einwilligungsvorbehalt stehenden Betreuten gegenüber abgegebenen Willenserklärungen, soweit sie unter den Einwilligungsvorbehalt fallen, nicht wirksam werden, bevor sie dem Betreuer zugehen. Bringt die Erklärung jedoch dem unter Einwilligungsvorbehalt stehenden Betreuten lediglich einen rechtlichen Vorteil oder hat der Betreuer seine Einwilligung erteilt, so wird die Erklärung in dem Zeitpunkt wirksam, in welchem sie dem Betreuten zugeht (§ 131 Abs 2 S 2 BGB).

115 Ist der Betreute, der unter Einwilligungsvorbehalt steht, geschäftsunfähig oder in den vom Einwilligungsvorbehalt betroffenen Bereichen partiell geschäftsunfähig, treten die Rechtswirkungen der §§ 108–113 BGB nicht ein (§§ 104 Nr 2, § 105 Abs 1, § 131 Abs 1 BGB). Rechtsdogmatisch lässt sich nicht begründen, dass ein geschäftsunfähiger Betreuter, der aus eigenem Recht nicht rechtswirksam handeln kann (§ 105 Abs 1 BGB), dazu mit Hilfe des Betreuers und dessen Zustimmung in der Lage sein sollte. Die Nichtigkeit der Willenserklärungen des Betreuten lässt sich durch die Zustimmungserklärungen des Betreuers nicht heilen (im Ergebnis ebenso DAMRAU/ZIMMERMANN Rn 18; ERMAN/ROTH Rn 21; SOERGEL/DAMRAU Rn 8). Der Vergleich mit dem früheren Recht und der Situation, dass ein gemäß § 114 aF beschränkt geschäftsfähiger Entmündigter tatsächlich geschäftsunfähig war oder sein konnte, erklärt zwar abstrakt die Rechtslage, scheitert jedoch daran, dass nach der damaligen Rechtslage aufgrund der Entmündigung und der im Gesetz geregelten Rechtsfolge zunächst davon ausgegangen werden konnte, dass der Mündel beschränkt geschäftsfähig ist. Die durch das Betreuungsrecht und den bestehengebliebenen § 104 Nr 2 BGB geschaffene Rechtslage ist dagegen nicht ohne Weiteres für den Rechtsverkehr und den Betreuer erkennbar und, was den Betreuer angeht, auch nicht belegbar. Solange der Betreute nicht eindeutig als geschäftsunfähig erkannt wird, kann der Betreuer bei angeordnetem Einwilligungsvorbehalt nicht davon ausgehen, dass rechtsgeschäftliches Handeln seines Betreuten ohne Konsequenzen bleiben müsste (§ 104 Nr 2, § 105 Abs 1 BGB). Zwar können rechtlich nachteilige

Willenserklärungen, wenn überhaupt, nur mit Zustimmung des Betreuers wirksam werden. Der Betreuer wird aber auf entsprechende Nachfrage zu reagieren haben, um nicht den Eindruck zu erwecken, als billige er das Verhalten des Betreuten. Einerseits enthält § 108 BGB keine Verpflichtung zum Reagieren, andererseits kann aber im Dulden des Schwebezustands eine „stillschweigende" Genehmigung gesehen werden oder eine treuwidrig hinausgezögerte Entscheidung über die Beendigung des Schwebezustands als Verstoß gegen Treu und Glauben die spätere Verweigerung unzulässig werden lassen (STAUDINGER/DILCHER[12] § 108 Rn 17).

h) § 210 BGB

§ 210 BGB hemmt die Verjährung bei nicht voll Geschäftsfähigen. Die entsprechen- **116** de Anwendung der Vorschrift im Falle der Anordnung eines Einwilligungsvorbehalts soll bewirken, dass – ähnlich dem beschränkt Geschäftsfähigen – die gegen einen unter Einwilligungsvorbehalt gestellten Betreuten, der keinen gesetzlichen Vertreter hat, laufende Verjährungsfrist nicht vor dem Ablaufe von sechs Monaten nach dem Zeitpunkt vollendet wird, in welchem der Betreute den Einwilligungsvorbehalt verliert oder der Betreuer wieder bestellt ist. Ein Anwendungsfall dieser Norm wird der sein, dass der Betreuer verstorben und noch kein Nachfolger bestellt worden ist (s dazu auch DIV-Gutachten DAVorm 1994, 704 sowie BRIESKE JurBüro 1994, [a]33).

i) Zur Prozessfähigkeit im Falle von §§ 112, 113

Hat das Gericht einen Einwilligungsvorbehalt angeordnet und der Betreuer im **117** Rahmen seiner Befugnisse von der Möglichkeit der Ermächtigung nach § 112 BGB (mit Genehmigung des Betreuungsgerichts) oder nach § 113 BGB Gebrauch gemacht, bewirkt dies, dass die Wirkung des Einwilligungsvorbehalts aufgehoben wird. Während im Minderjährigenrecht der Sorgerechtsinhaber infolge einer Ermächtigung nach den §§ 112, 113 BGB für die von der Ermächtigung erfassten Angelegenheiten materiell-rechtlich und verfahrensrechtlich nicht mehr zuständig ist, hat die Ermächtigung innerhalb eines bestehenden Einwilligungsvorbehalts lediglich zur Folge, dass die Einwilligungsvorbehaltswirkungen entfallen, der Betreute also neben dem Betreuer handeln kann. Der Betreute wird so gestellt, wie er stünde, wenn kein Einwilligungsvorbehalt angeordnet wäre. Demzufolge gilt aber auch für die Fälle einer Ermächtigung nach den §§ 112, 113 BGB die Vorschrift des § 53 ZPO. Dh der Betreute, der unter Einwilligungsvorbehalt steht, aber gem §§ 112, 113 BGB ermächtigt wurde, kann zwar materiell-rechtlich handeln, seine Freiheit endet aber an den Grenzen zum Prozessrecht. Hier wird er trotz des § 112 BGB (oder § 113 BGB) wie ein Betreuter ohne Einschränkungen behandelt.

Eine andere Lösung könnte darin bestehen, den geschäftsfähigen Betreuten in **118** diesem Falle (Einwilligungsvorbehalt mit Ermächtigung) wie einen Minderjährigen anzusehen, der im Rahmen der erteilten Ermächtigung, weil teilgeschäftsfähig, allein handelt; diese scheitert aber daran, dass das BtG keine Basis für eine Klärung des rechtsgeschäftlichen Status des Betreuten bietet und auch vor Anordnung eines Einwilligungsvorbehalts dafür kein Raum ist, sodass auch Geschäftsunfähige unter Einwilligungsvorbehalt stehen können. Für die Annahme einer relativen Prozessfähigkeit (ähnlich der hier zu Abs 3 S 2 vertretenen Auffassung, s oben Rn 66 ff), besteht kein Bedürfnis.

Werner Bienwald

3. Einwilligungsvorbehalt und die Zuständigkeit des Betreuers in Ehesachen

119 Ein in der Geschäftsfähigkeit beschränkter Ehegatte ist in Ehesachen verfahrensfähig (§ 125 FamFG). Ehesachen sind Verfahren auf Scheidung oder Aufhebung einer Ehe, und auf Feststellung des Bestehens oder Nichtbestehens einer Ehe zwischen den Parteien (§ 121 FamFG). Ehesachen sind dagegen nicht die mit einer Scheidungssache verbundenen Folgesachen. Das ergibt sich ua aus § 137 FamFG, der Scheidungs- und Folgesachen unterscheidet.

120 In Ehesachen handelt der beschränkt Geschäftsfähige ohne Mitwirkung seines gesetzlichen Vertreters. In entsprechender Anwendung des § 1903 Abs 2 BGB kann es deshalb in Bezug auf einen Scheidungsantrag (und die übrigen Ehesachen, soweit keine Sonderregelungen zutreffen) keinen Einwilligungsvorbehalt geben (ERMAN/ HOLZHAUER Rn 36).

121 Der Betreuer eines geschäftsfähigen (besser: nicht geschäftsunfähigen) Betreuten kann diesen weder vertreten (höchstpersönliche Entscheidung) noch einwilligend tätig werden. Ist der Betreute geschäftsunfähig, führt der Betreuer das Verfahren in Ehesachen; er benötigt für den Antrag auf Scheidung oder Aufhebung der Ehe die Genehmigung des Betreuungsgerichts (§ 125 Abs 2 FamFG). Bittet das Betreuungsgericht zum Zwecke der entsprechenden Erweiterung des Aufgabenkreises des Betreuers um ein „Gutachten zur Verfahrensfähigkeit bezüglich des Scheidungsverfahrens sowie der Folgesache Sorgerecht", reicht die Äußerung des Sachverständigen, die/der Betreute sei „aus ärztlicher Sicht auch nicht in der Lage, Prozesshandlungen selber wirksam vorzunehmen oder vornehmen zu lassen. Aus psychiatrischer Sicht ist Prozessfähigkeit somit nicht gegeben", nicht aus, um darauf die Erweiterung des Aufgabenkreises zu stützen. Weder kann die Rechtsfrage dem Sachverständigen zur Entscheidung überlassen werden, noch hat der Sachverständige die vom Gericht gestellte Frage beantwortet (unveröffentlichte Betreuungssache).

4. Mehrere Betreuer und die Anordnung eines Einwilligungsvorbehalts

122 Hat das Betreuungsgericht mehrere Betreuer bestellt oder beabsichtigt es, mehrere Betreuer zu bestellen, kann die Anordnung eines Einwilligungsvorbehalts einen oder mehrere Betreuer angehen. Hat das Gericht mehrere Betreuer mit demselben Aufgabenkreis betraut und werden von dem Einwilligungsvorbehalt Willenserklärungen des Betreuten betroffen, die den Aufgabenkreis mehrerer Betreuer betreffen, so hat das Betreuungsgericht dies entsprechend zu beschließen, sowie die Betreuerausweise entsprechend zu formulieren oder zu ergänzen (§§ 286 Abs 2, 38, 39; 290 FamFG). Das ist sowohl bei einer Entscheidung nach § 1899 Abs 3 BGB (mehrere Betreuer besorgen die Angelegenheiten des Betreuten gemeinsam), als auch der Bestellung eines Vertretungsbetreuers nach § 1899 Abs 4 BGB erforderlich.

123 Hat das Gericht über die Besorgung der Angelegenheiten durch mehrere Betreuer nach § 1899 Abs 3 BGB nichts anderes bestimmt, und können aus diesem Grunde die Betreuer die Angelegenheit des Betreuten nur gemeinsam besorgen, so können sie, wenn sich der Einwilligungsvorbehalt auf diese Angelegenheit ganz oder teilweise erstreckt, auch nur gemeinsam einwilligen (§ 1903 Abs 1 S 1 BGB) oder die

Einwilligung (ggf die nachträgliche Zustimmung) verweigern. Bei einer Meinungsverschiedenheit entscheidet das Betreuungsgericht, sofern nicht bei der Bestellung
zum Betreuer oder bei der Anordnung des Einwilligungsvorbehalts ein anderes
bestimmt wurde (§ 1797 Abs 1 S 2 BGB iVm § 1908i Abs 1 S 1 BGB).

5. Einwilligungsvorbehalt und Geschäftsführung einer GmbH oder AG

a) Das Problem
Geschäftsführer einer GmbH oder Mitglied des Vorstandes einer AG kann nur eine **124**
natürliche, unbeschränkt geschäftsfähige Person sein (§ 6 Abs 2 S 1 GmbHG, § 76
Abs 3 S 1 AktG). Ein Betreuter, der bei der Besorgung seiner Vermögensangelegenheiten ganz oder teilweise einem Einwilligungsvorbehalt unterliegt (§ 1903
BGB), kann nicht Geschäftsführer oder Vorstandsmitglied sein (§ 6 Abs 2 S 2
GmbHG, § 76 Abs 3 S 2 AktG). Das Amt endet, sobald der Geschäftsführer in
der angegebenen Weise in seiner Handlungsfähigkeit eingeschränkt ist. Mit der
Anordnung eines Einwilligungsvorbehalts für die Besorgung aller oder eines Teils
seiner Vermögensangelegenheiten nach § 1903 BGB wird der Betreute zwar in
seiner Geschäftsfähigkeit nicht beschränkt, sofern er nicht wegen Geschäftsunfähigkeit ohnehin rechtsgeschäftliche Willenserklärungen nicht wirksam abgeben oder
entgegennehmen kann (§§ 104 Nr 2, 105 Abs 1 BGB), er benötigt aber zu allen
diesbezüglichen Willenserklärungen die Einwilligung bzw Genehmigung seines Betreuers, soweit dies nicht vom Gesetz ausdrücklich ausgeschlossen worden ist. Zur
Frage, welche Erklärungen bei der Anmeldung von Geschäftsführern einer GmbH
in das Handelsregister infolge der BtG-Regelung abzugeben sind, s DEUTLER, „Betreute" als Geschäftsführer – Versicherungen bei der Anmeldung, GmbH-Rdsch
1992, 252 f. Nach § 100 Abs 1 S 2 AktG kann der unter Einwilligungsvorbehalt betr
die Besorgung seiner Vermögensangelegenheiten stehende Betreute nicht Mitglied
des Aufsichtsrates einer AktG sein.

b) Folgen der Anordnung eines Einwilligungsvorbehalts
Die Anordnung eines Einwilligungsvorbehalts führt dazu, dass der Betreute die **125**
persönlichen Voraussetzungen verliert, die zu der Organstellung erforderlich sind,
oder anders ausgedrückt: die Anordnung des Einwilligungsvorbehalts des genannten
Inhalts setzt die Bedingung für das Ende der Organstellung des betreuten Geschäftsführers oder Vorstandsmitglieds. Das damit einhergehende Ende der Vertretungsbefugnis ist zur Eintragung ins Handelsregister anzumelden (§ 39 Abs 1 GmbHG,
§ 81 Abs 1 AktG). Solange der Mangel der Vertretungsbefugnis eines unter Einwilligungsvorbehalt für die gesamten oder einen Teil der Vermögensangelegenheiten
stehenden Geschäftsführers oder Vorstandsmitglieds nicht eingetragen und bekanntgemacht ist, kann Dritten der Mangel der Vertretungsmacht nicht entgegengehalten
werden (§ 15 Abs 1 HGB).

c) Die vertretungsrechtlichen Konsequenzen im Einzelnen
Während nach bisherigem Recht für die organschaftliche Vertretung § 165 BGB **126**
Anwendung fand, die beschränkte Geschäftsfähigkeit des (volljährigen) Vertreters
(§ 114 aF) deshalb ohne Einfluss auf die von dem Vertreter abgegebenen Willenserklärungen blieb (SOERGEL/LEPTIEN § 165 Rn 3; PALANDT/ELLENBERGER § 165 Rn 1), sodass
die von einem wegen Geistesschwäche entmündigten (u deshalb beschränkt geschäftsfähigen, § 114 BGB aF) Geschäftsführer einer GmbH für diese abgegebenen

Erklärungen voll wirksam waren und die Gesellschaft banden, enthält § 1903 BGB keine Bezugnahme auf § 165 BGB. Die Annahme, der unter Einwilligungsvorbehalt stehende Betreute könne rechtsneutrale Willenserklärungen nicht ohne Einwilligung des Betreuers wirksam abgeben, führt nicht zu einem anderen Ergebnis. Insbesondere spricht die Absicht des Gesetzgebers, die Rechtsstellung geistig und seelisch Behinderter zu verbessern, nicht dafür, den Rechtsgedanken des § 165 BGB auch auf Willenserklärungen des Betreuten unter Einwilligungsvorbehalt anzuwenden (so aber DIECKMANN NJW 1993, 642 re Sp in der Bespr v BIENWALD, BtR[1]; ebenso LUTTER/GEHLING JZ 1992, 154 in der Urteilsanmerkung zu BGH JZ 1992, 152; ERMAN/HOLZHAUER Rn 16 mit dem Hinweis, dass der Einwilligungsvorbehalt den Betreuten schützen solle, dem durch § 165 keine Gefahr drohe, wenn § 179 Abs 2 BGB auch entsprechend angewendet werde; ebenso auch MünchKomm/SCHWAB § 1903 Rn 3). Die Verbesserung der Rechtsstellung der geistig und seelisch Behinderten sowie der psychisch Kranken sollte um der Betroffenen selbst willen erreicht werden. Im Mittelpunkt der Zielsetzung des Betreuungsgesetzes stand das Wohl der Betroffenen, ihre persönliche Betreuung sowie die Stärkung der Personensorge; ihre Anträge, Wünsche und Vorschläge sollten verbindlich sein, soweit dies verantwortet werden kann (BT-Drucks 11/4528, 52).

127 Die Betätigung als Vertreter für einen anderen geschieht idR, jedenfalls wenn hilfebedürftige Personen „als Vertreter" tätig werden, nicht in erster Linie um ihrer selbst willen, sondern zur Erreichung von Zielen, die anderen zugute kommen. Eine entsprechende Anwendung von § 165 BGB schadet zwar dem Betreuten (und unter Einwilligungsvorbehalt Stehenden) nicht, sie kommt ihm aber auch nicht zugute, sondern lediglich seiner Gesellschaft, für die er tätig war. Der Gesetzgeber hat bewusst nicht alle Vorschriften über die beschränkte Geschäftsfähigkeit gelten lassen für den Fall, dass ein Einwilligungsvorbehalt – welchen Umfangs auch immer – angeordnet worden ist (BT-Drucks 11/4528, 52 re Sp). Er hat den unter Einwilligungsvorbehalt gestellten Betreuten **nicht dem früheren beschränkt Geschäftsfähigen (§ 114 aF) gleichstellen** wollen, sondern bewusst davon abgesehen (BT-Drucks 11/4528, 136). Für eine entsprechende Anwendung von §§ 165, 179 Abs 2 BGB besteht deshalb kein Raum mit der Folge, dass im Falle der Geschäftsführung einer GmbH oder Leitung einer AG der Ausschluss von der Geschäftsführung oder Leitung auch den Ausschluss von der Vertretungsmacht zur Folge hat.

128 Die Einwände von LUTTER/GEHLING (JZ 1992, 154), nicht der Geschäftsgegner/Vertragspartner des Vertretenen, sondern der Vertretene müsse das Risiko aus dem Geschäftsfähigkeitsmangel seines Vertreters tragen, zumindest wenn der Vertretene um die mangelnde Geschäftsfähigkeit seines Vertreters weiß, können nicht in gleicher Weise für die Situation im Betreuungsrecht herangezogen werden. Richtig ist es, dass der Vertretene den Vertreter als seine Hilfsperson in das Rechtsgeschäft einschaltet. Nur er hat die Möglichkeit, auf die Auswahl seines Vertreters Einfluss zu nehmen. In der Frage eines Interessenausgleichs zwischen Vertretenem und Vertragspartner sind solche Überlegungen am Platze. In Bezug auf die (entsprechende) Anwendung der §§ 165, 179 Abs 2 BGB im Falle eines Einwilligungsvorbehalts können sie keine Berücksichtigung finden. Sinn und Zweck der Anordnung des Einwilligungsvorbehalts ist es, den Betreuten davor zu schützen, dass er durch eigene rechtsgeschäftliche Aktivitäten sich selbst schadet oder infolge Leichtgläubigkeit, Mangel an Hemmungen oder Durchsetzungsvermögen uä zur Abgabe oder Entgegennahme von Willenserklärungen veranlasst wird, die seiner Person oder

seinem Vermögen erheblichen Schaden zufügen, den der Betreuer nicht auf andere
Weise verhindern kann.

Hinzu kommt noch folgendes: Fraglich ist, ob das Eingehen auf die Erteilung **129**
rechtsgeschäftlicher Vertretungsmacht Gegenstand eines Einwilligungsvorbehalts
sein kann. Dieser ist nur zulässig, wenn dies zur Abwendung einer erheblichen
Gefahr für die Person oder das Vermögen des Betreuten erforderlich ist (Abs 1
S 1). Wenn durch Erteilung und das Akzeptieren der rechtsgeschäftlichen Vertretungsmacht dem Betreuten unmittelbar ein Schaden nicht entstehen kann, weil
durch sein Vertreterhandeln lediglich der Vertretene berechtigt oder verpflichtet
wird (§ 164 Abs 1 BGB), kann mithin die Vollmachterteilung nicht von einem Einwilligungsvorbehalt erfasst werden. Sie kann es auch deshalb nicht, weil die Befugnis, für einen anderen verbindlich zu handeln, nicht auf die eigene Person oder das
eigene Vermögen ausgerichtet ist.

Handelt der Betreute dagegen ohne rechtsgeschäftliche Vertretungsmacht und be- **130**
stünde die Gefahr einer Selbstschädigung darin, dass er selbst nach § 179 BGB
haftet, kann dieser Gefahr nur dadurch begegnet werden, dass auch das Handeln
für einen anderen ohne dessen Vollmacht in den Einwilligungsvorbehalt aufgenommen wird. Im Innenverhältnis wäre der Betreuer freilich gehalten, die Einwilligung/
Genehmigung zu verweigern, weil er sonst die Haftung des Betreuten auslösen
würde, er aber kraft Gesetzes zur Beachtung des Wohls des Betroffenen/Betreuten
verpflichtet ist (§ 1901 Abs 2 BGB).

Die im Außenverhältnis wirksame Einwilligung/Genehmigung des Handelns ohne **131**
Vertretungsmacht würde die gesetzliche Garantenhaftung des Betreuten auslösen,
allerdings nicht in entsprechender Anwendung des § 179 Abs 3 BGB, sondern in
unmittelbarer Anwendung von § 179 Abs 1 BGB iVm § 1903 Abs 1 S 1 BGB.

Die zum Nachteil des Betreuten gereichende Einwilligung/Genehmigung könnte als **132**
dem Wohl des Betreuten nicht gemäße Maßnahme des Betreuers dessen Haftung
nach § 1833 BGB dem Betreuten gegenüber auslösen, sodass zur Vermeidung der
gesamten Folgeproblematik das Gericht zwar bezüglich des Handelns für einen
anderen ohne Vertretungsmacht den Betreuten zu seinem Schutz unter einen entsprechenden Einwilligungsvorbehalt stellen, dem Betreuer aber gleichzeitig mitteilen müsste, dass er zur Vermeidung von Schaden und Schadensersatzansprüchen von
einer Einwilligung/Genehmigung Abstand nehmen solle.

Schließlich bestehen gegen eine entsprechende Anwendung von §§ 165, 179 Abs 2 **133**
BGB insofern Bedenken, als – entgegen bisherigem Recht – die Rechtsstellung und
die Rechtsmacht des Betreuten im Unklaren bleiben. Während nach früherem
Recht der nur wegen Geistesschwäche, Alkoholismus, Drogenabhängigkeit usw
Entmündigte gemäß § 114 BGB aF beschränkt geschäftsfähig war, konnte auf den
Pflegebefohlenen, der nach § 1910 Abs 2, 3 BGB aF einen Gebrechlichkeitspfleger
erhalten hatte, § 165 BGB nicht angewendet werden. Der Betreffende war entweder
geschäftsfähig, oder er galt infolge der Regelung des § 1910 Abs 3 BGB und der
dazu bestehenden hM als geschäftsunfähig. Der Personenkreis, für den die Bestellung eines Betreuers in Betracht kommt oder vorgenommen wurde, ist jedoch weitgehend unverändert. Das bedeutet, dass der weitaus größte Teil der unter Einwil-

ligungsvorbehalt stehenden oder gestellten Betreuten nicht geschäftsfähig sein dürfte. Insofern würde § 165 BGB auf einen Personenkreis entsprechend angewendet,
der dem damaligen nicht (mehr) entspricht, denn der Rechtsstatus der Betroffenen/
Betreuten bleibt, wenn nicht im Einzelfall Feststellungen darüber getroffen werden
(§ 104 Nr 2, § 105 Abs 1 BGB), ungeklärt. Überdies kann der Einwilligungsvorbehalt einen sehr unterschiedlichen Inhalt haben, so dass – gegenüber dem eindeutigen
Status eines beschränkt Geschäftsfähigen des bisherigen Rechts – auch deshalb eine
auch nur annähernd gleiche Basis und verlässliche Größe für eine entsprechende
Anwendung von § 165 BGB nicht besteht. § 6 Abs 2 S 2 GmbHG und § 76 Abs 3 S 2
AktG sehen lediglich eine Mindesteinschränkung der Rechtsmacht des Betroffenen
vor.

VII. Geringfügige Angelegenheiten des täglichen Lebens (Abs 3 S 2)

134 Nach Abs 3 S 2 bedarf der Betreute dann nicht der Einwilligung seines Betreuers,
wenn die Willenserklärung lediglich eine geringfügige Angelegenheit des täglichen
Lebens betrifft, auch dann nicht, wenn ein Einwilligungsvorbehalt das gesamte
Vermögen erfasst (BGH FamRZ 2017, 474 = MDR 2017, 211). Durch diese Regelung
werden nicht nur Verpflichtungs-, sondern auch Erfüllungsgeschäfte erfasst (Münch
Komm/SCHWAB Rn 49).

1.   Zum Begriff der Geringfügigkeit

135 Die geringfügigen Angelegenheiten des täglichen Lebens (§ 1903 Abs 3 S 2 BGB)
stehen in einem Gegensatz einmal zu den übrigen Angelegenheiten des täglichen
Lebens, die nicht mehr als geringfügig anzusehen sind, zum anderen zu den Angelegenheiten, die nicht zu denen des täglichen Lebens gehören, gleichgültig ob sie als
geringfügig einzustufen sind oder nicht.

136 Die amtl Begr (BT-Drucks 11/4528, 139) ging davon aus, generell werde sich nicht
bestimmen lassen, was eine geringfügige Angelegenheit des täglichen Lebens ist;
die Praxis werde in angemessener Zeit Abgrenzungskriterien entwickeln. Soweit
festzustellen bestand für derartige Bemühungen bisher weder Bedarf noch Gelegenheit. In erster Linie, so die amtl Begr (BT-Drucks 11/4528, 139), werden für die
Ausnahmeregelung alltägliche Bargeschäfte über geringwertige Gegenstände in Betracht kommen, zB der Kauf von zum alsbaldigen Verbrauch bestimmten Lebensmitteln, wenn diese nach Menge und Wert das übliche Maß nicht übersteigen. Aus
der Formulierung „des täglichen Lebens" kann nicht geschlossen werden, dass solche Rechtsgeschäfte üblicherweise jeden Tag vorgenommen werden. Entscheidend
ist, ob die Verkehrsauffassung das Rechtsgeschäft zu den Alltagsgeschäften zählt.
Genannt wird in diesem Zusammenhang der Kauf einer Tube Zahnpasta (BT-Drucks
11/4528, 139), Hygieneartikel in kleineren Mengen (keine Vorratshaltung!); der Erwerb einer Eintrittskarte zu einer Sportveranstaltung oder für eine Kinovorstellung,
auch die Anschaffung von Gebrauchstextilien von geringem Wert können unter die
Ausnahmeregelung fallen. Dem widerspricht allerdings die Feststellung, ob die Angelegenheit geringfügig sei, bestimme die Höhe des Preises, nicht dagegen die subjektive Wertschätzung (MünchKomm/SCHWAB Rn 48).

137 Diese Sichtweise wird der Zielsetzung dieser Vorschrift sowie den Möglichkeiten und Grenzen von Betreuten nicht gerecht. Der Gesetzgeber des BtG hat ua mit Rücksicht auf die tatsächliche (und wünschenswerte) Teilnahme Betreuer am Rechtsverkehr und die hierbei getätigten, vielfach geringfügigen Geschäfte von einer konstitutiven Feststellung der Geschäftsunfähigkeit der Betroffenen Abstand genommen (BT-Drucks 11/4528, 61). Die flexible Betreuung, die nur im Rahmen der Erforderlichkeit zugelassen ist, darf den Betroffenen nicht in Bereichen einschränken, die er selbst bewältigen kann, seien es nur die geringfügigen Angelegenheiten des täglichen Lebens (BT-Drucks 11/4528, 120), wobei in diesem Zusammenhang die Tragfähigkeit der rechtlichen Konstruktion des Betreutenhandelns von untergeordneter Bedeutung ist. Auch Abzahlungsgeschäfte können geringfügige Angelegenheiten des täglichen Lebens betreffen (**aA** MünchKomm/SCHWAB § 1903 Rn 49 mwNw; wie hier: SOERGEL/ZIMMERMANN Rn 36 und ERMAN/ROTH Rn 17).

Nimmt ein geschäftsfähiger Betreuer, für den in vermögensrechtlichen Angelegen- **138** heiten ein Einwilligungsvorbehalt angeordnet wurde, für Ausflugfahrten zu Gaststätten einen Krankentransportwagen eines Rettungsdienstes in Anspruch, stellen die damit verbundenen Fahrtkosten keine einwilligungsfreie, geringfügige Angelegenheit des täglichen Lebens dar (LG Gießen FamRZ 2003, 476 [LS] = BtPrax 2003, 88 = MDR 2003, 459). Ebenso nicht der Abschluss eines Mobilfunkvertrags mit einer Laufzeit von 24 Monaten und einer Grundgebühr von insgesamt 306,48 Euro (LG Trier BtPrax 2004, 78). Bei einer vom Betreuten veranlassten Türöffnung, für das ein Entgelt von 505,96 DM gefordert worden war, handelte es sich nicht um eine geringfügige Angelegenheit des täglichen Lebens (AG Dortmund 11. 12. 2000 – 107 c 10910/00).

2. Maßstäbe

Sowohl § 1903 Abs 3 BGB als auch die Feststellung der Betreuungsbedürftigkeit **139** durch Sachverständige nach § 280 FamFG sind darauf ausgerichtet, vorhandene Potentiale des Betroffenen/Betreuten zu entdecken und zu fördern. Aufgabe des Betreuers ist es danach, im Rahmen des Abs 3 S 2 möglichst alles zuzulassen, was der Betreute tatsächlich leisten kann und wodurch er sich keinen (erheblichen) Schaden zufügt. Deshalb kann der objektive Wert/Preis eines Gegenstandes oder einer Dienstleistung nicht allein für die Zuordnung zum Bereich der geringfügigen Angelegenheiten maßgebend sein. Andernfalls könnte zB der Besuch des Friseurs zum Preise von früher 15 Euro noch als geringfügig angesehen werden, der zum Preise von bisher 38 Euro oder 60 Euro (bei einem vermögenden Betreuten) dagegen nicht mehr. Auch kann der Preis für eine Eintrittskarte zu einer Sportveranstaltung nicht schlechthin als geringfügig angesehen werden im Verhältnis – zB – zu einer Tasse Kaffee und einem Stück Kuchen (BT-Drucks 11/4528, 61). Richtig ist dagegen, dass für die Bewertung der Angelegenheit gem Abs 3 S 2 die finanziellen Verhältnisse des Betreuten nicht völlig gleichgültig sein dürfen (MünchKomm/SCHWAB Rn 48). Erforderlich ist deshalb eine Bewertung unter Einbeziehung objektiver und subjektiver Maßstäbe und die Berücksichtigung der betreuungsrechtlichen Zielsetzung größtmöglichen Alleinhandelns des Betreuten.

3. Bedeutung der Bewertungsfrage in der Praxis

Die Ausnahme des Abs 3 S 2 (kein Erfordernis der Zustimmung des Betreuers bei **140** geringfügigen Angelegenheiten des täglichen Lebens) trifft nur zu, wenn feststeht, dass es sich bei der Willenserklärung (die nicht lediglich einen rechtlichen Vorteil bringt) um eine geringfügige Angelegenheit des täglichen Lebens handelt. Bestehen Zweifel, ist unklar, dass das beabsichtigte Rechtsgeschäft zu solchen Angelegenheiten zu rechnen ist, liegen die Voraussetzungen des Abs 3 S 2 nicht positiv vor, sodass die beabsichtigte Rechtshandlung als Regelfall des § 1903 Abs 1 S 1 BGB zu behandeln ist und der Genehmigungspflicht unterfällt. Die Willenserklärungen, die geringfügige Angelegenheiten betreffen, fallen auch dann in den Kreis der genehmigungsbedürftigen Willenserklärungen, wenn das Betreuungsgericht gemäß Abs 3 S 2 HS 1 etwas anderes angeordnet hat (Bienwald, in: Bienwald/Sonnenfeld/Harm Rn 63).

141 Einer von der Betreuermeinung abweichenden Bewertung durch den nicht geschäftsfähigen Betreuten kommt dann keine Bedeutung zu, wenn mit der hM davon ausgegangen wird, dass der geschäftsunfähige Betreute nur Erklärungen seines Betreuers weitergibt und der Betreuer das Rechtsgeschäft als eigenes vornimmt oder gelten lässt. Der Betreute hat hier nur die ihm durch den Betreuer vermittelte „Rechtsmacht". Wird der Betreute im Falle des Abs 3 S 2 nach diesseitiger Auffassung aus eigenem Recht tätig (insofern besteht kein Unterschied zu einem unter Einwilligungsvorbehalt stehenden geschäftsfähigen Betreuten), ist das Rechtsgeschäft nur wirksam, wenn die Voraussetzungen des Abs 3 S 2 vorliegen. Je nach dem Stand der Abwicklung des Rechtsgeschäfts wird der Betreuer vom Geschäftsgegner Rückabwicklung oder dieser Erfüllung verlangen, sofern auch er der Auffassung ist, dass der Gegenstand eine geringfügige Angelegenheit des täglichen Lebens betraf. Gehört bei objektiver Betrachtung der Gegenstand nicht zu den nach Abs 3 S 2 genehmigungsfreien Geschäften, bleibt es dem Betreuer dennoch überlassen, mit dem Rechtsgeschäft einverstanden zu sein und so die Wirksamkeit nach Abs 1 iVm § 108 BGB eintreten zu lassen.

4. Grund und Voraussetzungen abweichender gerichtlicher Entscheidung

142 Die Ausnahmeregelung, dass der Betreute zu einer Willenserklärung, die eine geringfügige Angelegenheit des täglichen Lebens betrifft, eine Einwilligung seines Betreuers nicht benötigt (Abs 3 S 2), gilt nur, solange und soweit nicht das Betreuungsgericht ein anderes bestimmt. Die Ermächtigung zur vollständigen oder teilweisen Rücknahme der Ausnahme ist an den Grundsatz der Erforderlichkeit und den der Subsidiarität geknüpft, entspr den allgemeinen Grundsätzen und Zielen des Betreuungsrechts. Soweit der Betreute unter Einwilligungsvorbehalt steht, sind auch die geringfügigen Angelegenheiten des täglichen Lebens ganz oder teilweise zustimmungsbedürftig, wenn dies zum Wohl des Betreuten erforderlich ist und geringere Mittel als die der Rechtsbeschränkung für die Abwendung der Gefahr nicht zur Verfügung stehen. Ein Grund dafür, auch in geringfügigen Angelegenheiten des täglichen Lebens eine Einwilligung des Betreuers zu verlangen, soll dann vorliegen, wenn auf andere Weise nicht verhütet werden kann, dass sich ein Alkoholiker (rechtswirksam) kleinere Mengen alkoholischer Getränke verschafft (BT-Drucks 11/4528, 139).

VIII. Erweiterung des Kreises der einwilligungsbedürftigen Willenserklärungen

143 Der Kreis der einwilligungsbedürftigen Willenserklärungen ist zu erweitern, wenn dies erforderlich ist (§ 1908d Abs 3, 4 BGB). Die Vorschriften über die Anordnung des Einwilligungsvorbehalts (§ 1903 BGB) gelten hierfür entsprechend (auch die Verfahrensbestimmungen). Die Erweiterung ist deshalb nur zulässig, wenn dies zur Abwendung einer erheblichen Gefahr für die Person oder das Vermögen des Betreuten erforderlich ist. Die Anordnung nach Abs 3 S 2 muss verhältnismäßig sein; sie erfordert tatrichterliche Ermittlungen, ob der qualifizierte Einwilligungsvorbehalt geeignet und erforderlich ist, um den bezweckten Erfolg (hier: Hinderung am Erwerb von Alkohol) zu erreichen (BGH FamRZ 2017, 474 = Rpfleger 2017, 275). Auch die Erweiterung des Aufgabenkreises des Betreuers setzt voraus, dass der Betroffene aufgrund seiner Krankheit oder Behinderung seinen Willen nicht frei bestimmen kann (BayObLG EzFamR aktuell 3/1998, 43). Wie die Erstanordnung eines Einwilligungsvorbehalts findet deshalb die Erweiterung des Kreises der einwilligungsbedürftigen Willenserklärungen von Amts wegen und entsprechend den Verfahrensregelungen statt, die für die erstmalige Anordnung des Einwilligungsvorbehalts gelten (§ 295 Abs 1 FamFG). Wird der Kreis der einwilligungsbedürftigen Willenserklärungen nur unwesentlich erweitert oder liegen Verfahrenshandlungen nach § 278 Abs 1 und §§ 280, 281 FamFG nicht länger als sechs Monate zurück, kann das Gericht davon absehen, sich einen unmittelbaren Eindruck des Betreuten in dessen üblicher Umgebung zu verschaffen und ihn über das Verfahren zu unterrichten. Der Betreute muss jedoch angehört werden (Art 103 Abs 1 GG). Fraglich ist allerdings, ob und wann angesichts der materiell-rechtlichen Voraussetzungen der Anordnung eines Einwilligungsvorbehalts (Abwendung erheblicher Gefahr) eine unwesentliche Erweiterung erforderlich sein kann.

Der Betreuer hat in entspr Anwendung des § 1901 Abs 5 BGB nF (§ 1903 Abs 4 **144** BGB) dem Betreuungsgericht Mitteilung zu machen, wenn ihm Umstände bekannt werden, die eine Erweiterung des Kreises der einwilligungsbedürftigen Willenserklärungen erfordern.

IX. Beendigung des Einwilligungsvorbehalts

1. Allgemeines

Die Akzessorietät des Einwilligungsvorbehalts hat zur Folge, dass mit dem Ende der **145** Betreuung auch das Ende des Einwilligungsvorbehalts eintritt. Endet die Betreuung nicht zu einem bestimmten Zeitpunkt von selbst, tritt ihr Ende mit der Wirksamkeit der Aufhebungsentscheidung ein. Entsprechendes gilt für die teilweise Beendigung, dh die Einschränkung des Aufgabenkreises. Wird der Aufgabenkreis insoweit reduziert, dass der Teil, für den ein Einwilligungsvorbehalt bestand, entfällt, besteht die Betreuerbestellung im Übrigen fort, und zwar ohne Einwilligungsvorbehalt.

2. Aufhebung des Einwilligungsvorbehalts

Der Einwilligungsvorbehalt ist aufzuheben (ohne gleichzeitige Aufhebung der Be- **146** treuung oder der Reduzierung des Aufgabenkreises), wenn seine Voraussetzungen wegfallen (§ 1908d Abs 1 Abs 4 BGB). Fallen diese Voraussetzungen nur für einen Teil der Willenserklärungen des Betreuten weg, so ist der Einwilligungsvorbehalt entsprechend einzuschränken. Die Anwendung des § 1908d Abs 2 BGB auf den Einwilligungsvorbehalt, wie sie in Abs 4 vorgesehen ist, gibt keinen rechten Sinn.

Denn auf Antrag des Betreuten oder eines Dritten wird der Einwilligungsvorbehalt weder angeordnet noch aufgehoben. Kann eine dem Vermögen drohende Gefahr nicht ausgeschlossen werden, fehlen aber im Zeitpunkt einer Aufhebungsentscheidung konkrete Anhaltspunkte für eine Realisierung der potenziellen Gefahr, kann der Einwilligungsvorbehalt nicht aufrechterhalten werden (LG Marburg FamRZ 2005, 549 mAnm BIENWALD).

147 In entspr Anwendung des § 1901 Abs 5 BGB (§ 1903 Abs 4 BGB) hat der Betreuer dem Betreuungsgericht Mitteilung zu machen, wenn ihm Umstände bekanntwerden, die eine Aufhebung des Einwilligungsvorbehalts oder eine Einschränkung des Kreises der einwilligungsbedürftigen Willenserklärungen ermöglichen.

X.   Verfahren, Entscheidungsinhalt, Bekanntmachung, Mitteilungen

1.   Allgemeines

148 Die Anordnung eines Einwilligungsvorbehalts kann zusammen mit der Entscheidung über die Bestellung eines Betreuers erforderlich sein und beschlossen werden; die überwiegende Zahl von Einwilligungsvorbehalten wird jedoch erst nachträglich angeordnet. Der Einwilligungsvorbehalt kann nur von Amts wegen angeordnet werden (MünchKomm/SCHWAB Rn 29; ERMAN/ROTH Rn 46). Ein Antragsrecht einer Person oder einer Institution oder auch nur die Notwendigkeit einer Antragstellung sind nicht vorgesehen (BT-Drucks 11/4528, 137; dort auch zu den Gründen). Mit dem Hinweis, dass der Einwilligungsvorbehalt die Beachtlichkeit des Willens des Betreuten einschränke, sich ein Kranker oder Behinderter nicht glaubhaft um seine eigene Entmachtung bemühen könne (ERMAN/ROTH Rn 46 m Bezug auf BT-Drucks 11/4528, 137), wurde auch kein Antragsrecht des Betreuten vorgesehen. Dies widerspricht der Antragsbefugnis des Betroffenen (nicht nur des körperlich Behinderten) nach § 1896 Abs 1 S 2 BGB. Die zur Begründung eines solchen „Antrags"rechts auf Bestellung eines Betreuers angeführten Gründe (BT-Drucks 11/4528, 118) hätten auch die Beachtung des Betreutenwillens auf Anordnung eines Einwilligungsvorbehalts gerechtfertigt, der sich in Form eines Antrags ausdrücken ließe. HOLZHAUER hält es deshalb für erforderlich, den „Antrag" eines Betroffenen, der sich um Anordnung eines Einwilligungsvorbehalts in einem relativ gesunden Zustand bemüht, der ihn schützen soll, besonders sorgfältig zu prüfen (ERMAN/HOLZHAUER Rn 46). Da es „Anträge" auf Anordnung eines Einwilligungsvorbehalts nicht gibt, sind gleichlautende Ansinnen sowie die inhaltlich darauf ausgerichteten Anliegen als Anregungen zur Prüfung und Entscheidung von Amts wegen zu behandeln (so auch MünchKomm/ SCHWAB Rn 29). Zur Informationspflicht des bereits bestellten Betreuers über entscheidungserhebliche Umstände s §§ 1901 Abs 5, 1903 Abs 4 BGB.

149 Die Betreuungsbehörde und andere Behörden können das Gericht entsprechend informieren; sie entscheiden in eigener Kompetenz über Inhalt und Form der Mitteilung. Die zuständige Behörde teilt dem Gericht solche Umstände mit, soweit dies unter Beachtung berechtigter Interessen des Betroffenen/Betreuten nach den Erkenntnissen der Behörde erforderlich ist, um eine erhebliche Gefahr für das Wohl des Betroffenen/Betreuten abzuwenden (§ 7 Abs 1 BtBG). Im Übrigen dürfen Gerichte und Behörden dem Betreuungsgericht personenbezogene Daten übermitteln, wenn deren Kenntnis aus ihrer Sicht für betreuungsgerichtliche Maßnahmen erforderlich ist, soweit nicht für die übermittelnde Stelle erkennbar ist, dass schutzwürdige Interessen des Betroffenen an dem Ausschluss der Übermittlung das Schutzbedürfnis eines Betreuten oder das öffentliche Interesse an der Übermittlung überwiegen. Die Übermittlung unterbleibt, wenn ihr eine besondere bundes- oder entsprechende landesgesetzliche Verwendungsregelung entgegensteht (§ 22a FamFG). Die Behörde unterstützt das Betreuungsgericht gegebenenfalls bei der Feststellung des Sachverhalts, wenn es dies für erforderlich hält (§ 8 BtBG).

Ebensowenig wie über die Anordnung eines Einwilligungsvorbehalts auf Antrag **150** entschieden wird, ist das bei einer Einschränkung, Erweiterung, Verlängerung oder Aufhebung des Einwilligungsvorbehalts der Fall. Eine Amtsprüfungspflicht besteht in jeder Lage des Verfahrens. Hat ein Betroffener „lediglich" die Bestellung eines Betreuers beantragt, hat das Gericht ggf von Amts wegen zu prüfen, ob darüber hinaus – soweit zulässig – die Anordnung eines Einwilligungsvorbehalts in Betracht kommt (ebenso ERMAN/ROTH Rn 46). Stellt sich im Rechtsmittelverfahren vor dem LG heraus, dass die Tatsachen, auf die das AG seine Entscheidung gestützt hat, nicht oder nicht mehr bestehen, ist der Einwilligungsvorbehalt als unbegründet aufzuheben, selbst wenn der Betreute die Aufhebung des Einwilligungsvorbehalts nicht selbständig beantragt oder auf sie hingewiesen hat. Hat das Betreuungsgericht die Betreuerbestellung verlängert, ohne über den bestehenden Einwilligungsvorbehalt eine (ggf Verlängerungs-)Entscheidung zu treffen, besteht der Einwilligungsvorbehalt weiter (BayObLG BtPrax 1998, 110, 111).

Das Verfahren entspricht im Wesentlichen dem für die Entscheidung über eine **151** Betreuerbestellung. Dass die Anordnung eines Einwilligungsvorbehalts stärker noch als die Bestellung eines Betreuers ein schwerwiegender Eingriff in die Rechtsstellung des Betroffenen sei (MünchKomm/SCHWAB Rn 26), lässt sich aus dem materiellen Recht nicht ableiten und führt auch nicht zu einem strengeren Verfahren. Die Anordnung eines Einwilligungsvorbehalts schränkt zwar die Handlungsfreiheit eines nicht geschäftsunfähigen Betreuten ein, weil dieser ihm nachteilige Rechtsgeschäfte nicht mehr ohne Zustimmung des Betreuers vornehmen kann. Im Vergleich dazu hat die Betreuerbestellung die umfassende Vertretungsbefugnis des Betreuers, soweit dessen Aufgabenkreis reicht, zur Folge. Hiergegen ist zwar ein eigenes Handeln des Betreuten möglich, in den wenigsten Fällen jedoch zu erwarten. Im Übrigen kann ein Betreuer auch im Drittinteresse bestellt werden, wohingegen die Anordnung eines Einwilligungsvorbehalts ausschließlich zum Schutz des Betroffenen/Betreuten zugelassen ist (BT-Drucks 12/4528, 136). Abweichend von dem Verfahren betreffend die Bestellung eines Betreuers genügt anstelle der Einholung eines Sachverständigengutachtens ein ärztliches Zeugnis nicht (§ 281 Abs 1 FamFG). Auch wird ein Gutachten des Medizinischen Dienstes der Krankenkasse die Einholung des obligatorischen Gutachtens nach § 280 Abs 1 FamFG nicht ersetzen können.

Die Anordnung eines **vorläufigen** Einwilligungsvorbehalts ist zulässig (§ 300 **152** FamFG) und zwar sowohl im Verfahren der einstweiligen Anordnung als auch im Verfahren der einstweiligen Anordnung bei gesteigerter Dringlichkeit vor Anhörung des Betroffenen und vor Bestellung und Anhörung eines Verfahrenspflegers (§ 301 FamFG), wenn dringende Gründe für die Annahme bestehen, dass die Voraussetzungen für die Anordnung eines Einwilligungsvorbehalts gegeben sind und mit dem Aufschub Gefahr verbunden wäre. Regelvoraussetzung ist das Vorliegen eines ärztlichen Zeugnisses sowie die Anhörung des Betroffenen und, soweit dessen Bestellung nach § 276 FamFG erforderlich ist, die Anhörung des Verfahrenspflegers. Bei Gefahr im Verzug kann das Gericht die einstweilige Anordnung bereits vor der persönlichen Anhörung des Verfahrenspflegers erlassen; die Verfahrenshandlungen sind unverzüglich nachzuholen (§ 301 Abs 1 FamFG). Die einstweilige Anordnung darf die Dauer von sechs Monaten nicht überschreiten; sie kann aber nach Anhörung eines Sachverständigen durch weitere einstweilige Anordnungen bis zu einer Gesamtdauer von einem Jahr verlängert werden. Ein vorläufiger Einwilligungsvorbehalt kann **trotz** Vorliegens einer General- oder **Vorsorgevollmacht** angeordnet werden, wenn die Wirksamkeit der Vollmacht wegen Zweifeln an der Geschäftsfähigkeit des Betroffenen unklar ist und die konkrete Gefahr besteht, dass ohne Einwilligungsvorbehalt vermögensrechtliche Transaktionen zum Nachteil des Betroffenen vorgenommen werden (BayObLG FamRZ 2004, 1814).

153 Kann eine dem Vermögen drohende Gefahr nicht ausgeschlossen werden, fehlen aber konkrete Anhaltspunkte für eine Realisierung der potenziellen Gefahr, ist ein vorläufiger Einwilligungsvorbehalt betreffend die Vermögenssorge wieder aufzuheben (LG Marburg FamRZ 2005, 549 mAnm BIENWALD).

2.   Zuständigkeit

154 Die Entscheidung ist dem Richter vorbehalten (§ 3 Nr 2 Buchst b, § 15 Abs 1 S 1 Nr 4 RPflG). Ist ein Betreuer nach § 1896 Abs 3 BGB bestellt worden, entscheidet über die Anordnung eines Einwilligungsvorbehalts ebenfalls der Richter (Münch Komm/SCHWAB Rn 27). Die örtliche und sachliche Zuständigkeit des Gerichts richtet sich nach den §§ 2, 272 FamFG, §§ 13, 23a Abs 1 S 1 GVG; die internationale Zuständigkeit nach § 104 FamFG.

155 Wird im Laufe der Rechtsmittelverfahren für möglich gehalten, dass für den Betroffenen ein Einwilligungsvorbehalt (für einen bestimmten Aufgabenbereich) erforderlich sein könnte, hat das Betreuungsgericht zu prüfen, ob es für diesen bestimmten Aufgabenbereich (hier: Behördenangelegenheiten) flankierend einen Einwilligungsvorbehalts anzuordnen hat. Dem Landgericht als Gericht der Erstbeschwerde ist die – erstmalige – Anordnung eines solchen Einwilligungsvorbehalts aus Rechtsgründen verwehrt (OLG Zweibrücken FamRZ 2005, 748 mAnm BIENWALD).

3.   Verfahren

156 a)   Verfahrensfähigkeit; Verfahrenspflegerbestellung
Der Betroffene/Betreute ist ohne Rücksicht auf seine Geschäftsfähigkeit verfahrensfähig (§ 275 FamFG). Für die Bestellung eines Verfahrenspflegers für dieses Verfahren gelten die gleichen Regeln wie bei der Betreuerbestellung (§ 276 FamFG). Ob für das Einwilligungsvorbehaltsverfahren ein Verfahrenspfleger zu bestellen ist, hat das Gericht, wie in allen anderen Betreuungssachen (§ 271 FamFG), aufgrund aller Umstände des Einzelfalles zu entscheiden. Ua kommt es auf den Grad der Behinderung oder Erkrankung und die Bedeutung des jeweiligen Verfahrensgegenstands an (BT-Drucks 11/4528, 171). Die Tatsache, dass es sich um die Anordnung eines Einwilligungsvorbehalts und damit um einen Eingriff in die Rechtsstellung des Betroffenen handelt, reicht für die Bestellung eines Verfahrens-

pflegers allein nicht aus (**aA** MünchKomm/SCHWAB Rn 28). Da durch die Bestellung eines Verfahrenspflegers nicht die Verfahrensfähigkeit des Betreuten berührt wird und dieser Pfleger nicht der Vormund/Betreuer des Betroffenen, sondern ein weisungsfreier Helfer sein soll, ist für die Entscheidung des Gerichts bestimmend, ob der Betreffende eines Beistandes oder Helfers im Verfahren bedarf. Die Notwendigkeit, einen Einwilligungsvorbehalt anzuordnen, spricht eher dafür, dass der Betreute sich auch insoweit selbst helfen kann.

b)   Amtsermittlungsgrundsatz

Ebenso wie für das Verfahren zur Betreuerbestellung gilt für das Verfahren zur **157** Anordnung eines Einwilligungsvorbehalts der Amtsermittlungsgrundsatz (§ 26 FamFG). Ein Einwilligungsvorbehalt, gleich welchen Umfangs, darf nur angeordnet werden, wenn der Betroffene/Betreute aufgrund einer psychischen Krankheit oder einer geistigen oder seelischen Behinderung eine erhebliche Gefahr für Person oder Vermögen besorgen lässt und das Gericht diese Voraussetzungen konkret feststellt (BayObLG FamRZ 1993, 442 = BtPrax 1993, 64). Ordnet der Tatrichter für sämtliche dem Betreuer übertragenen Aufgabenkreise einen Einwilligungsvorbehalt an, hat er dessen Erforderlichkeit für jeden Aufgabenkreis darzulegen (BayObLG FamRZ 2003, 476 [LS]). Diese Feststellungen müssen der schriftlichen Begründung der gerichtlichen Entscheidung zu entnehmen sein (§§ 38, 287 BGB; sinngemäß KEIDEL/BUDDE, FamFG [17. Aufl] § 287 Rn 12). Für die Annahme, dass die Anordnung eines Einwilligungsvorbehalts in Vermögensangelegenheiten erforderlich sei, reicht es nicht aus, dass lediglich die Gefahr einer eigennützigen Beeinflussung des Betroffenen durch Dritte behauptet wird, ohne dass Tatsachen festgestellt werden, die diesen Verdacht begründet erscheinen lassen (ähnlich BayObLG FamRZ 1993, 442, 443 = BtPrax 1993, 64, 65; LG Köln BtPrax 1992, 109, 110).

Die für die Entscheidung über eine Anordnung eines Einwilligungsvorbehalts er **158** forderlichen Feststellungen, die dem Tatrichter (Betreuungsgericht, Landgericht als Gericht der ersten Beschwerde) obliegen, können im Verfahren der Rechtsbeschwerde nur daraufhin geprüft werden, ob sie verfahrensfehlerfrei getroffen worden sind (OLG Hamm OLGZ 1993, 261 = FamRZ 1993, 722, 723). Das ist dann nicht der Fall, wenn das (Beschwerde-)Gericht seine Feststellung, die Voraussetzungen für die Anordnung eines Einwilligungsvorbehalts lägen vor, auf den Inhalt eines Telefonats mit dem Betreuer stützt, ohne diesen Gesprächsinhalt vor seiner Entscheidung dem Betroffenen zur Kenntnis zu geben (OLG Schleswig Rp 2005, 350 = FamRZ 2005, 1196 [LSe]).

c)   Anhörung des Betroffenen/Betreuten

Für die Anhörung des Betroffenen/Betreuten gilt § 278 Abs 1 FamFG. Der Richter **159** hat den Betreffenden persönlich anzuhören und sich einen unmittelbaren Eindruck von ihm zu verschaffen. Er hat ihn über den möglichen Verlauf des Verfahrens zu unterrichten (§ 278 Abs 2 FamFG). Wird bereits in dem Verfahren, das der Bestellung eines Betreuers dient, die Anordnung eines Einwilligungsvorbehalts erwogen, ist darauf zu achten, dass uU einzelne Verfahrensschritte wegen der erst später bedachten Vorbehaltsentscheidung nachzuholen sind. Andernfalls lägen Verstöße gegen Art 103 Abs 1 GG und jedenfalls auch gegen § 26 FamFG vor.

§ 278 Abs 4 FamFG iVm § 34 Abs 2 FamFG (Unterbleiben persönlicher Anhörung) **160** ist ebenfalls anwendbar. Angesichts des Zwecks des Einwilligungsvorbehalts dürften Fälle selten sein, in denen auf die Anhörung verzichtet werden durfte. In einem einstweiligen Anordnungsverfahren ist der Betroffene vor der Anordnung des Einwilligungsvorbehalts anzuhören (§ 300 Abs 1 S 1 Nr 4 FamFG). Bei gesteigerter Dringlichkeit des Verfahrens (Gefahr im Verzug) kann vor der Anordnung die Anhörung des Betroffenen unterbleiben, ist aber unverzüglich nachzuholen (§ 301 Abs 1 FamFG).

d)   Persönlicher Eindruck vom Betroffenen/Betreuten

161 § 278 Abs 1 S 2 und 3 FamFG sieht neben der persönlichen Anhörung des Betroffenen/Betreuten vor, dass sich das Gericht einen persönlichen Eindruck von dem Betroffenen/Betreuten verschafft. Während nach Abs 4 iVm § 34 Abs 2 FamFG die persönliche Anhörung unter bestimmten Voraussetzungen unterbleiben darf, gilt dies nicht für das Verschaffen des persönlichen Eindrucks. Auch zu diesem Zweck darf das Gericht den Betroffenen durch die zuständige Behörde vorführen lassen, wenn er sich weigert, an Verfahrenshandlungen nach Abs 1 mitzuwirken. Ob dieses Verfahren sachdienlich ist, muss im Einzelfall anhand vorhandener Erkenntnisse über die Krankheit bzw Behinderung des Betroffenen/Betreuten und sein dadurch bedingtes Verhalten entschieden werden.

e)   Anhörungen sonstiger Beteiligter, § 279 FamFG

162 Anhörungen Dritter (sonstiger Beteiligter) finden im Verfahren zwecks Anordnung eines Einwilligungsvorbehalts wie im Verfahren betr die Bestellung eines Betreuers nach Maßgabe des § 279 FamFG statt (KEIDEL/BUDDE, FamFG [17. Aufl] § 279 Rn 1). Anzuhören sind sonstige Beteiligte (§§ 279 Abs 1, 274 FamFG). Der zuständigen Behörde ist als Verfahrensbeteiligter sowie nach Maßgabe dieser Vorschrift Gelegenheit zur Äußerung zu geben und die getroffene Entscheidung (Anordnung eines Einwilligungsvorbehalts, Beschlüsse über Umfang, Inhalt und Bestand) stets bekannt zu geben (§ 288 Abs 2 S 1 FamFG).

f)   Zum Sachverständigengutachten (§ 280 FamFG)

163 Die Vorschrift bestimmt, auf welche Bereiche das obligatorische Gutachten sich zu erstrecken hat (Abs 3). Die Vorgaben sind auf die Bestellung eines Betreuers bezogen und müssen dem Zweck des Verfahrens (Prüfung der Anordnung eines Einwilligungsvorbehalts) angepasst werden, auch wenn die Fragen der Zahl und dem Inhalt nach einen geschlossenen Katalog darzustellen scheinen. Soll über die Anordnung eines Einwilligungsvorbehalts zugleich über die Bestellung eines Betreuers entschieden werden, sind nicht zwei getrennte Gutachten zu erstellen, sondern zu beiden Verfahrensgegenständen in einem Gutachten Stellung zu nehmen. Soll über die Anordnung eines Einwilligungsvorbehalts in einem getrennten Verfahren entschieden werden, hat das Gericht im Rahmen der förmlichen Beweisaufnahme (§ 280 Abs 1 S 1 FamFG) den Gutachtenauftrag entsprechend zu formulieren. Vorführung und Unterbringung zur Vorbereitung eines Gutachtens, wenn überhaupt erforderlich, richten sich nach den für das Verfahren zwecks Betreuerbestellung maßgebenden Bestimmungen der §§ 283, 284 FamFG.

g)   Besondere Verfahren

164 Für die **Erweiterung des Kreises der einwilligungsbedürftigen Willenserklärungen** gelten die Vorschriften über die Anordnung dieser Maßnahme entsprechend (§ 293

Abs 1 FamFG); Erleichterungen sind vorgesehen, wenn unwesentliche Erweiterungen des Kreises der einwilligungsbedürftigen Willenserklärungen vorgenommen werden sollen; außerdem wenn Verfahrenshandlungen nach §§ 278 Abs 1 und 280 FamFG nicht länger als sechs Monate zurückliegen (§ 293 Abs 2 FamFG).

Das Verfahren zur **Aufhebung** des Einwilligungsvorbehalts richtet sich nach § 294 **165** FamFG.

Erledigt sich die Anordnung eines vorläufigen Einwilligungsvorbehalts, kann dessen **166** Rechtmäßigkeit bei der weiterhin erforderlichen Prüfung (Aufhebung des Einwilligungsvorbehalts) nur bejaht werden, wenn auch die Bestellung eines vorläufigen Betreuers rechtmäßig war (BayObLG FamRZ 2004, 1814).

Für die **Verlängerung der Anordnung des Einwilligungsvorbehalts** sind die Vorschrif- **167** ten für die erstmalige Entscheidung entsprechend anzuwenden (§ 295 FamFG). Hat das Gericht den Einwilligungsvorbehalt zeitlich nach der Bestellung des Betreuers angeordnet und ist abzusehen, dass der Einwilligungsvorbehalt für längere Zeit erforderlich sein wird, empfiehlt es sich, ihn zeitlich so zu begrenzen, dass zur gleichen Zeit sowohl über die Verlängerung der Betreuerbestellung als auch über die Verlängerung des Einwilligungsvorbehalts ermittelt und entschieden werden kann. Hinsichtlich des Verfahrens und in Bezug auf die Aktenführung handelt es sich um ein und dieselbe Betreuungssache, nicht um eine Verbindung mehrerer Verfahren.

4. Inhalt, Bekanntmachung und Wirksamwerden der Entscheidung

Der Inhalt der Entscheidung richtet sich nach §§ 38, 286 FamFG; bei Anordnung **168** eines Einwilligungsvorbehalts ist neben den übrigen Inhalten der Entscheidung die Bezeichnung des Kreises der einwilligungsbedürftigen Willenserklärungen aufzunehmen (§ 286 Abs 2 FamFG). Der Zeitpunkt, zu dem das Gericht spätestens über die Aufhebung oder die Verlängerung der Maßnahme zu entscheiden hat, ist – wie bei der Betreuerbestellung – in der Entscheidung anzugeben. Dieser Zeitpunkt darf höchstens sieben Jahre nach Erlass der Entscheidung liegen (§ 295 Abs 2 FamFG). Eine kurzzeitige Begrenzung ist wie auch bei einer Betreuerbestellung zulässig. Die Versäumung der Überprüfungsfrist bewirkt nicht einen automatischen Wegfall des Einwilligungsvorbehalts. Wegen des uU unbegründeten Rechtseingriffs zumindest bedenkenlos.

Lehnt das Gericht eine angeregte Anordnung eines Einwilligungsvorbehalts ab, hat **169** es lediglich die Bezeichnung des Betroffenen/Betreuten, den Tenor der Ablehnung und eine Rechtsmittelbelehrung in die Entscheidung aufzunehmen. In jedem Fall ist die Entscheidung zu begründen (§ 38 Abs 3, Abs 5 FamFG).

Weicht das Gericht mit seiner anordnenden Entscheidung von einer Anregung ab, **170** bedarf es keiner Ablehnung im Übrigen, weil das Gericht in jedem Fall von Amts wegen entschieden hat. Die Teil-Ablehnung ist deshalb auch nicht im Tenor der Entscheidung zum Ausdruck zu bringen. Eine Auseinandersetzung mit der Anregung findet lediglich in den Gründen statt. Eine einen Einwilligungsvorbehalt ablehnende Entscheidung des Gerichts liegt dann nicht vor, wenn das Gericht von sich aus die Frage eines Einwilligungsvorbehalts aufgeworfen und ohne weitere Ermittlungen beantwortet hat oder wenn es auf eine anonyme Anregung hin keine Ermittlungen angestellt, sondern die Sache zu den Akten genommen hat.

171 Legt allein der Betroffene gegen die Bestellung eines Betreuers Beschwerde ein, ist die – **erstmalige** – Anordnung eines Einwilligungsvorbehalts dem LG als Gericht der Erstbeschwerde aus Rechtsgründen verwehrt (OLG Zweibrücken FamRZ 2005, 748, 749 mAnm Bienwald). Eine Klarstellung hinsichtlich der durch das AG getroffenen Anordnung des Einwilligungsvorbehalts ist dagegen zulässig (BayObLG FamRZ 1998, 1183, 1184).

172 Für die Bekanntmachung der Entscheidung sind die §§ 41, 288 FamFG maßgebend. Die Entscheidung ist dem Betroffenen/Betreuten stets selbst bekanntzumachen. Von der Bekanntmachung der Entscheidungsgründe an den Betroffenen kann abgesehen werden, wenn dies nach ärztlichem Zeugnis wegen erheblicher Nachteile für seine Gesundheit erforderlich ist. Diese Situation dürfte im Falle der Anordnung eines Einwilligungsvorbehalts äußerst selten sein.

173 Der zuständigen Behörde ist der Beschluss über die Anordnung eines Einwilligungsvorbehalts bekanntzumachen (§ 288 Abs 2 S 1 FamFG), auch wenn sie am Verfahren nicht beteiligt war. War der zuständigen Behörde während des Verfahrens Gelegenheit zur Äußerung gegeben, ist auch die eine Anordnung ablehnende Entscheidung der Behörde bekanntzumachen (§ 288 Abs 2 FamFG); außerdem sind ihr Beschlüsse über Umfang, Inhalt oder Bestand eines Einwilligungsvorbehalts bekannt zu geben (§ 288 Abs 2 S 1 FamFG).

174 Die Wirksamkeit der Entscheidung über die Anordnung eines Einwilligungsvorbehalts tritt mit der Bekanntgabe an den Betreuer ein (§ 287 Abs 1 FamFG). Dies trifft auch bei gleichzeitiger Betreuerbestellung und Anordnung eines Einwilligungsvorbehalts zu (Erman/Roth Rn 49). Ist die Bekanntmachung der Entscheidung(en) an den Betreuer nicht möglich oder ist Gefahr im Verzug, kann das Gericht die sofortige Wirksamkeit des Beschlusses anordnen. In diesem Falle wird die Entscheidung in dem Zeitpunkt wirksam, in dem sie und die Anordnung der sofortigen Wirksamkeit (diese ist also eine selbständige Entscheidung) dem Betroffenen oder dem Verfahrenspfleger bekannt gegeben oder der Geschäftsstelle des Gerichts zur Bekanntgabe übergeben werden (§ 287 Abs 2 FamFG). Das Gericht hat dann den Zeitpunkt der sofortigen Wirksamkeit auf der Entscheidung zu vermerken (§ 287 Abs 2 S 3 FamFG). Je größer und irreparabler der zu befürchtende Schaden erscheint, desto eher ist die Anordnung der sofortigen Wirksamkeit der Entscheidung geboten. Hat das Gericht einen einstweiligen Einwilligungsvorbehalt im Wege einstweiliger Anordnung beschlossen, wird diese einstweilige Anordnung nach Maßgabe der §§ 51 Abs 2, 286, 287 FamFG wirksam.

5. Rechtsbehelfe

175 Nach § 58 Abs 1 FamFG findet gegen die im ersten Rechtszug ergangenen Endentscheidungen der Amtsgerichte in Angelegenheiten nach diesem Gesetz die (befristete) Beschwerde statt, sofern nichts anderes bestimmt ist. Führt das Betreuungsgericht ein Verfahren durch, das der Prüfung dient, ob ein Einwilligungsvorbehalt anzuordnen ist, handelt es sich im Fall der Anordnung oder auch der Ablehnung eines Einwilligungsvorbehalts je um eine Endentscheidung. Trifft das Betreuungsgericht eine derartige Entscheidung im Zusammenhang mit der Entscheidung über die Bestellung eines Betreuers, werden, obwohl in engem zeitlichen Zusammenhang, zwei Endentscheidungen getroffen, die jeweils unabhängig voneinander angegriffen werden können.

Ändert das Betreuungsgericht den Einwilligungsvorbehalt (Erweiterung oder Einschränkung des Kreises der einwilligungsbedürftigen Willenserklärungen [§§ 293 Abs 1, 294 Abs 1 FamFG]) oder hebt es den Einwilligungsvorbehalt auf, werden ebenfalls selbständige Verfahren durchgeführt, deren Ergebnisse der Beschwerde unterliegen. **176**

Die Beschwerde ist binnen einer Frist von einem Monat einzulegen (§ 63 Abs 1 FamFG). Binnen einer Frist von zwei Wochen ist die Beschwerde einzulegen, die sich gegen eine einstweilige Anordnung richtet (§ 63 Abs 1 Nr 1 FamFG). Das Betreuungsgericht kann durch einstweilige Anordnung einen vorläufigen Einwilligungsvorbehalt anordnen (§§ 300, 301 FamFG). **177**

Die Beschwerde ist bei dem Gericht einzulegen, dessen Beschluss angefochten wird (§ 64 Abs 1 FamFG). Hält das Gericht, dessen Beschluss angefochten wird, die Beschwerde für begründet, hat es ihr abzuhelfen; andernfalls ist die Beschwerde unverzüglich dem Beschwerdegericht vorzulegen (§ 68 Abs 1 FamFG). **178**

Die Rechtsbeschwerde ist statthaft, wenn sie das Beschwerdegericht in seinem Beschluss zugelassen hat (§ 70 Abs 1 FamFG). In Betreuungssachen zwecks Anordnung oder Aufhebung eines Einwilligungsvorbehalts ist die Rechtsbeschwerde ohne Zulassung statthaft (§ 70 Abs 3 Nr 1 FamFG). Gegen einen Beschluss im Verfahren über die Anordnung, Abänderung oder Aufhebung einer einstweiligen Anordnung findet die Rechtsbeschwerde nicht statt (§ 70 Abs 4 FamFG). **179**

Beschwerdeberechtigt sind der Betroffene gegen die Anordnung eines Einwilligungsvorbehalts, die Ablehnung der Anordnung oder ihre (teilweise) Aufhebung (DAMRAU/ZIMMERMANN § 1903 Rn 43); die Anordnung schränkt ihn in seiner Rechtsposition ein, die Ablehnung verweigert ihm ein Institut, das seinem Schutz dient. Der in seinen Rechten beeinträchtigte Betreuer kann im eigenen (§ 59 Abs 1 FamFG), der Betreuer kann gegen eine Entscheidung, die seinen Aufgabenkreis betrifft, auch im Namen des Betroffenen Beschwerde einlegen (§ 303 Abs 4 S 1 FamFG; KEIDEL/BUDDE, FamFG § 303 Rn 9). Uneingeschränkt beschwerdeberechtigt ist der Verfahrenspfleger (§ 303 Abs 3 FamFG). Der zuständigen Behörde steht das Recht der Beschwerde zu gegen Entscheidungen über die Anordnung eines Einwilligungsvorbehalts und den Umfang, Inhalt oder Bestand dieser Maßnahme (§ 303 Abs 1 N 1 und 2 FamFG). Dem in § 303 Abs 2 FamFG aufgeführten Personenkreis (sog nahe Angehörige) steht die Beschwerde nur im Interesse des Betroffenen und nur dann zu, wenn das Gericht sie im ersten Rechtszug am Verfahren beteiligt hat. **180**

Der Tod des Betreuten bewirkt nicht die Hauptsacheerledigung bezüglich eines mit der statthaften Beschwerde angegriffenen Einwilligungsvorbehalts (BayObLG FamRZ 2000, 1328 = NJWE-FER 2000, 266). Wird gegen die Anordnung des Einwilligungsvor- **181** behalts nicht oder verspätet Beschwerde eingelegt, aber zugleich die Bestellung des Betreuers angefochten, so hat das Gericht von Amts wegen den Einwilligungsvorbehalt aufzuheben, wenn sich bei der Prüfung der Betreuerbestellung herausstellt, dass die Gründe für die Anordnung des Einwilligungsvorbehalts entfallen sind.

6. Inhalt und Änderungen der Bestellungsurkunde

182   Die Urkunde, die der Betreuer erhält oder erhalten hat, soll bei einer Anordnung eines Einwilligungsvorbehalts auch die Bezeichnung des Kreises der einwilligungsbedürftigen Willenserklärungen enthalten (§ 290 Abs 1 Nr 4 FamFG).

183   Wird der Einwilligungsvorbehalt nachträglich angeordnet, hat der Betreuer den Betreuerausweis zur Ergänzung oder (bei Erweiterungen oder Reduzierungen des Kreises der einwilligungsbedürftigen Willenserklärungen sowie bei der Aufhebung des Einwilligungsvorbehalts) Änderung dem Gericht zur Verfügung zu stellen (vgl die Herausgabepflicht nach Beendigung des Amtes, die in § 1893 Abs 2 S 1 BGB ausdrücklich geregelt ist und für das Betreuungsrecht sinngemäß gilt, § 1908i Abs 1 S 1 BGB). Die Ergänzung bzw Änderung des Betreuerausweises liegt nicht nur im Interesse des Betreuers, um den Einwilligungsvorbehalt im Rechtsverkehr nachweisen zu können; die Herausgabepflicht beruht darauf, dass für den Betreuer die bisherige Aufgabe und die mit dem Einwilligungsvorbehalt verbundene Rechtsbeschränkung des Betroffenen beendet ist.

7. Mitteilungsinhalte

184   Eine etwaige Mitteilung des Gerichts von der Anordnung eines Einwilligungsvorbehalts erfolgt nach den für Betreuungssachen maßgebenden Vorschriften: §§ 308 bis 310 FamFG. Außer § 309 Abs 2 FamG für den Einwilligungsvorbehalt, der sich auf die Aufenthaltsbestimmung des Betroffenen/Betreuten erstreckt und der Meldebehörde mitzuteilen ist, enthält das Gesetz keine inhaltlichen Vorgaben, wonach Einwilligungsvorbehalte zu bestimmten Kreisen von einwilligungsbedürftigen Willenserklärungen gezielt bestimmten Stellen mitzuteilen wären. Das Gericht hat dies im Einzelfall zu klären und zu entscheiden. Da der Einwilligungsvorbehalt ausschließlich zur Abwendung einer erheblichen Gefahr für die Person oder das Vermögen des Betreuten angeordnet werden darf, können auch Mitteilungen nach § 308 Abs 1 FamFG grundsätzlich nur zur Abwendung einer erheblichen Gefahr für das Wohl des Betreuten/Betroffenen erfolgen. Der Inhalt der Information, dass der Betreute/Betroffene zu bestimmten Willenserklärungen der Einwilligung seines Betreuers bedarf, muss geeignet sein, eine erhebliche Gefahr für das Wohl des Betreuten/Betroffenen zu verhüten. In Betracht kommt das etwa zum Zwecke der Verhinderung einer Anklage oder einer Verurteilung in Strafsachen oder von Zwangsvollstreckungsmaßnahmen gegen den Betreuten. Die in der amtlichen Begründung (BT-Drucks 11/4528, 182) im Übrigen mitgeteilten Beispiele (Gewalttätigkeit des Betroffenen als Gefahr für Dritte, Besitz eines Führerscheins, eines Waffenoder Jagdscheins, als Gefahr für die öffentliche Sicherheit) haben keinen Bezug zu der Anordnung eines Einwilligungsvorbehalts.

185   Inwieweit der Betreuer bisherige oder zukünftige Geschäftspartner des Betroffenen/ Betreuten (zB Banken) über den angeordneten Einwilligungsvorbehalt informiert,

entscheidet er im Rahmen seiner Kompetenz und der Berechtigung und der Verpflichtungen, die Teilnehmer am Rechtsverkehr haben (zB § 242 BGB).

XI. Zum Verhältnis von Abs 3 S 1 und S 2 und § 105a

1. Die Regelung des § 105a*

Im Rahmen des G zur Änderung des Rechts der Vertretung durch Rechtsanwälte **186** vor den Oberlandesgerichten (OLGVertrÄndG) vom 23. 7. 2002 (BGBl I 2850), das am 1. 8. 2002 (bis auf seinen Art 25 Abs 2) in Kraft getreten ist, wurde ein neuer § 105a in das BGB eingefügt. Er lautet:

§ 105a
Geschäfte des täglichen Lebens

Tätigt ein volljähriger Geschäftsunfähiger ein Geschäft des täglichen Lebens, das mit geringwertigen Mitteln bewirkt werden kann, so gilt der von ihm geschlossene Vertrag in Ansehung von Leistung und, soweit vereinbart, Gegenleistung als wirksam, sobald Leistung und Gegenleistung bewirkt sind. Satz 1 gilt nicht bei einer erheblichen Gefahr für die Person oder das Vermögen des Geschäftsunfähigen.

Die Vorschrift soll die Rechtsstellung geistig behinderter Menschen verbessern, also **187** eines Personenkreises, der in vielen Fällen einen Betreuer wenigstens für einen Teil der zu besorgenden Angelegenheiten benötigt. Um die Eigenverantwortlichkeit der mit der Vorschrift erfassten Personen zu stärken und ihre soziale Emanzipation zu fördern, sollen die von ihnen getätigten Rechtsgeschäfte des täglichen Lebens unter den Voraussetzungen des § 105a BGB wirksam werden. Die Vorschrift soll nach ihrer Entstehungsgeschichte zu urteilen einen Beitrag zum Abbau von Diskriminierung leisten (PALANDT/HEINRICHS[62] Bem 1 zu § 105a; CASPER NJW 2002, 3425, 3429; zu CASPER krit LIPP Fn 5). Nach PAWLOWSKI (JZ 2003, 66 [67]) gehört § 105a BGB in den Zusammenhang des Betreuungsrechts.

Mit der Einfügung des § 105a BGB wurden auch neue Regelungen in das HeimG **188** und in das SGB IX (Rehabilitation und Teilhabe behinderter Menschen) für Heim- und Werkstattverträge volljähriger geschäftsunfähiger Personen eingeführt: §§ 5 Abs 12, 8 Abs 10 HeimG, § 138 Abs 5, 6 SGB IX (s LIPP FamRZ 2003, 721).

---

* **Schrifttum**: BRAUN JuS 2002, 424; Casper, Geschäfte des täglichen Lebens – kritische Anmerkungen zum neuen § 105a BGB, NJW 2002, 3425; DIETRICH, Oberlandesgerichtsvertretungsänderungsgesetz übernimmt „Restbestände" des gescheiterten ZAG, Recht der Lebenshilfe 3/2002, 96; FRANZEN, Rechtsgeschäfte erwachsener Geschäftsunfähiger nach § 105 BGB zwischen Rechtsgeschäftslehre und Betreuungsrecht, JR 2004, 221; HEIM, Gesetzgeberische Modifizierung der Auswirkungen der Geschäftsunfähigkeit Volljähriger bei Vertragsschluss, JuS 2003, 141; LIPP, Die Geschäftsfähigkeit Erwachsener, FamRZ 2003, 721; LÖHNIG/SCHÄRTL, Zur Dogmatik des § 105a BGB, AcP 2004, 25; PAWLOWSKI, Willenserklärungen und Einwilligungen in personenbezogene Eingriffe, JZ 2003, 66; WIEDEMANN/THÜSING DB 2002, 463; ZIMMERMANN, Neue Teilgeschäftsfähigkeit für geschäftsunfähige Betreute, BtPrax 2003, 26.

189 § 5 Abs 12 HeimG bestimmte, dass im Fall der Geschäftsunfähigkeit der Bewohne-rin/des Bewohners im Zeitpunkt der Aufnahme in ein Heim der von ihr oder ihm geschlossene Heimvertrag „in Ansehung einer bereits bewirkten Leistung und deren Gegenleistung" als wirksam galt, soweit diese Leistungen in einem angemessenen Verhältnis zueinander stehen. § 8 Abs 10 HeimG beschränkte die Auflösungsmög-lichkeit des Trägers, wenn die betreffende Person bei Vertragsschluss geschäftsun-fähig war. Die oa Vorschriften des SGB IX regelten für den Werkstattvertrag und das Werkstattverhältnis Entsprechendes oder Ähnliches.

Mit dem 1. 10. 2009 trat das Wohn- und Betreuungsvertragsgesetz (WBVG) in Kraft, das bundesweit einheitliches Recht für vertragsrechtliche Regelungen einführte und das HeimG, soweit es nicht für eine Übergangszeit noch gilt, ablöste.

190 Das WBVG enthält in § 4 (Vertragsschluss und Vertragsdauer) folgenden Abs 2:

„War der Verbraucher bei Abschluss des Vertrags geschäftsunfähig, so hängt die Wirksamkeit des Vertrags von der Genehmigung eines Bevollmächtigten oder Be-treuers ab. § 108 Absatz 2 des Bürgerlichen Gesetzbuchs ist entsprechend anzuwen-den. In Ansehung einer bereits bewirkten Leistung und deren Gegenleistung gilt der Vertrag als wirksam abgeschlossen. Solange der Vertrag nicht wirksam geschlossen worden ist, kann der Unternehmer das Vertragsverhältnis nur aus wichtigem Grund für gelöst erklären; die §§ 12 und 13 Absatz 2 und 4 sind entsprechend anzuwen-den."

2. Mögliche Konkurrenzen

191 Eine Konkurrenz zwischen § 105a BGB einerseits und § 1903 Abs 3 S 1, 2 BGB andererseits kommt insofern in Betracht, als ein Einwilligungsvorbehalt auch für eine geschäftsunfähige Person angeordnet werden kann (s oben Rn 12, Rn 66). Denn § 105a BGB gilt für Personen, die volljährig **und** geschäftsunfähig sind. Für betreute Personen, die nicht geschäftsunfähig sind (oder waren), kann ein Einwilligungsvor-behalt mit sich daraus ergebenden Folgen angeordnet werden; die Anwendung des § 105a BGB entfällt aber. § 1903 BGB stellt auf Willenserklärungen ab, § 105a BGB erstreckt sich auf Geschäfte, und zwar auf Verträge, die entweder gegenseitige oder einseitige Leistungsverpflichtungen enthalten (s dazu Casper NJW 2002, 3425, 3429 unter IV 3).

3. Lösung der Konkurrenzen

192 Nach § 105a BGB gilt der geschlossene Vertrag in Ansehung von Leistung und ggf Gegenleistung als wirksam, während § 1903 BGB die Rechtsfolge insoweit offen lässt, lediglich ausspricht, dass der Betreute in den Fällen des Abs 3 S 2 nicht der Einwilligung seines Betreuers bedarf.

193 Soweit Rechtsgeschäfte unter § 105a BGB und unter § 1903 Abs 3 S 2 BGB zu subsumieren sind, wenn die vertragsmäßigen Leistungen bewirkt wurden, wird das Rechtsgeschäft nach der Vorschrift des Allgemeinen Teils als wirksam angese-hen. Die Betreuereinwilligung entfällt nach Abs 3 S 2. Da der Gesetzgeber zum Schutz des Geschäftsunfähigen am Grundsatz der Nichtigkeit des Vertrags festhalten wollte bzw will (Casper NJW 2002, 3425, 3429), dürfte § 1903 Abs 3 S 2 BGB der **Vorrang** einzuräumen sein, wenn davon ausgegangen wird, dass hier das Rechtsgeschäft wirksam ist (!). Zur Forderung, den Vertrag auch bei dem durch § 105a BGB erfassten Sachverhalt wirksam sein zu lassen, s Casper NJW 2002, 3425, 3429 m Fn 30 und 31. Während das Gericht bei den § 1903 BGB unterfallenden Personen anordnen kann, dass die nach § 1903 Abs 3 S 2 BGB grundsätzlich genehmigungsfreien Rechtsgeschäfte nur mit Einwilligung des Betreuers wirksam sind, besteht bei § 105a BGB diese Möglichkeit nicht (Pawlowski JZ 2003, 66).

Wurden die Leistungen (noch) nicht bewirkt, kommt zwar § 105a BGB nicht in **194** Betracht, wohl aber § 1903 Abs 3 S 2 BGB, weil hier das Bewirken der Gegenleistung durch den Betreuten nicht gefordert wird (Palandt/Diederichsen Rn 18). Während Verträge, die in einer Haustürsituation (§ 312 BGB) oder im Fernabsatz (§ 312b BGB) geschlossen werden, wegen der besonderen den behinderten Menschen überfordernden Betriebsmodalitäten nicht unter § 105a BGB fallen sollen, eine andere Beurteilung dagegen für Geschäfte des Versandhandels in Frage kommen soll (Palandt/Heinrichs § 105a Rn 3), ergeben sich solche Einschränkungen für § 1903 BGB nicht. Führt die Anwendung des § 105a BGB nicht zu Prozessfähigkeit, wird die Prozessfähigkeit des unter Einwilligungsvorbehalt stehenden Betreuten nicht eingeschränkt, soweit er geringfügige Angelegenheiten des täglichen Lebens gemäß § 1903 Abs 3 S 2 BGB selbst besorgt (hat); die Wahrscheinlichkeit, dass es zu Rechtsstreitigkeiten kommt, wurde als gering eingeschätzt (vSachsen Gessaphe, Der Betreuer als gesetzlicher Vertreter für eingeschränkt Selbstbestimmungsfähige 444; im Übrigen MünchKomm/Schwab Rn 60 mwNw). Zur Genehmigungsfähigkeit nichtiger Prozesshandlungen geschäfts- und damit prozessunfähiger (§§ 51 Abs 1, 52 ZPO) Personen Lipp FamRZ 2003, 721, 724.

§ 1904
Genehmigung des Betreuungsgerichts bei ärztlichen Maßnahmen

(1) Die Einwilligung des Betreuers in eine Untersuchung des Gesundheitszustands, eine Heilbehandlung oder einen ärztlichen Eingriff bedarf der Genehmigung des Betreuungsgerichts, wenn die begründete Gefahr besteht, dass der Betreute aufgrund der Maßnahme stirbt oder einen schweren und länger dauernden gesundheitlichen Schaden erleidet. Ohne die Genehmigung darf die Maßnahme nur durchgeführt werden, wenn mit dem Aufschub Gefahr verbunden ist.

(2) Die Nichteinwilligung oder der Widerruf der Einwilligung des Betreuers in eine Untersuchung des Gesundheitszustands, eine Heilbehandlung oder einen ärztlichen Eingriff bedarf der Genehmigung des Betreuungsgerichts, wenn die Maßnahme medizinisch angezeigt ist und die begründete Gefahr besteht, dass der Betreute aufgrund des Unterbleibens oder des Abbruchs der Maßnahme stirbt oder einen schweren und länger dauernden gesundheitlichen Schaden erleidet.

(3) Die Genehmigung nach den Absätzen 1 und 2 ist zu erteilen, wenn die Einwilligung, die Nichteinwilligung oder der Widerruf der Einwilligung dem Willen des Betreuten entspricht.

(4) Eine Genehmigung nach den Absätzen 1 und 2 ist nicht erforderlich, wenn zwischen Betreuer und behandelndem Arzt Einvernehmen darüber besteht, dass die Erteilung, die Nichterteilung oder der Widerruf der Einwilligung dem nach § 1901a festgestellten Willen des Betreuten entspricht.

(5) Die Absätze 1 bis 4 gelten auch für einen Bevollmächtigten. Er kann in eine der in Absatz 1 Satz 1 oder Absatz 2 genannten Maßnahmen nur einwilligen, nicht einwilligen oder die Einwilligung widerrufen, wenn die Vollmacht diese Maßnahmen ausdrücklich umfasst und schriftlich erteilt ist.

Materialien: Art 1 Nr 6 DiskE I; RegEntw Art 1 Nr 41; Art 1 Nr 47 BtG; DiskE I 133; BT-Drucks 11/4528, 140 ff (BReg); BT-Drucks 11/4528, 208 (BRat); BT-Drucks 11/4528, 227 (BReg); BT-Drucks 11/6949, 13, 74 Nr 19 (RA); Abs 2 angefügt d Art 1 Nr 14 BtÄndG; BT-Drucks 13/7158, 34 (RegEntw); unverändert durch RA (BT-Drucks 13/10331, 11); BR-Drucks 339/98 und 517/98 m Beschl; STAUDINGER/BGB-Synopse 1896–2005 § 1904. BT-Drucks 15/2494, 6, 9, 27, 39, 42, 47, 48. Jetzige Fassung aufgrund v Art 1 Nr 4 d Dritten Gesetzes z Änderung des Betreuungsrechts v 29. 7. 2009 (BGBl I 2286); BT-Drucks 16/8442 (Entwurf STÜNKER); BT-Drucks 16/11493 (Entwurf ZÖLLER für ein Patientenverfügungsverbindlichkeitsgesetz – PVVG); BT-Drucks 16/11360 (Entwurf BOSBACH für ein Gesetz zur Verankerung der Patientenverfügung im Betreuungsrecht [Patientenverfügungsgesetz – PatVerfG]); Änderung der Gerichtsbezeichnung aufgrund v Art 50 Nr 47 FGG-RG v 17. 12. 2008 (BGBl I 2586).

Schrifttum*

a) Allgemeines

BAUER/LIPP, Patientenautonomie und Familie, MedR 2016, 231

BECKMANN, Patientenverfügungen: Entscheidungswege nach der gesetzlichen Regelung, MedR 2009, 582

BEERMANN, Die neuen Regelungen zur Wirksamkeit und Reichweite von Patientenverfügungen, ZFE 2009, 333

BENDER, Zeugen Jehovas und Bluttransfusionen, MedR 1999, 260

BÜHLER/STOLZ, Das neue Gesetz zu Patientenverfügungen in der Praxis, BtPrax 2009, 261

Bundesärztekammer (Hrsg), Handreichungen für Ärzte zum Umgang mit Patientenverfügungen,

COEPPICUS, Patientenverfügung, Vorsorgevollmacht und Sterbehilfe (2009)

EIBACH, Künstliche Ernährung um jeden Preis?

Ethische Überlegungen zur Ernährung durch „percutane enterale Gastrostomie" (PEG Sonden), MedR 2002, 123

DIEKMANN, Die Aufgaben des Betreuers im Aufgabenkreis Gesundheitssorge – Ein Überblick, BtPrax 2010, 53

DIEN, Das Ausdrücklichkeitsgebot des neuen § 1904 Abs 5 Satz 2 BGB, FamRZ 2009, 1958

DOERING-STRIENING, Das Negativattest bei Behandlungsabbruch i. S des § 1904 Abs 2 BGB – Bespr von LG Kleve, Beschl v 31. 5. 2010, FamRZ 2010, 341

FOLKERTS, Elektrokrampftherapie, Untersuchung zum Monitoring, zur Effektivität und zum pathischen Aspekt (1999)

HIRSCHBERG, Versuch einer Bestimmung des wissenschaftlichen Status der Elektrokrampftherapie, Sozialpsychiatrische Informationen 2000, 28

---

* Wegen des bis einschließlich 1998 erschienenen Schrifttums wird auf die Verzeichnisse in der 13. Bearb (1999) verwiesen.

HÖFLING, Das neue Patientenverfügungsgesetz, NJW 2009, 2849

HOFFMANN, Information einwilligungsunfähiger Erwachsener vor ärztlichen Maßnahmen, R & P 2005, 52

HOPPE, Patientenverfügungen – Eine Stellungnahme aus ärztlicher Sicht, FPR 2010, 257

KRESS, Patientenverfügungen und Selbstbestimmung in Anbetracht der Notfallmedizin, ZRP 2009, 69

KRIETER, Grenzfälle der Patienteneinwilligung in ärztliche Eingriffe (2000)

KUTZER, Ärztliche Pflicht zur Lebenserhaltung unter besonderer Berücksichtigung des neuen Patientenverfügungsgesetzes, MedR 2010, 531

LANGE, Das Patientenverfügungsgesetz – Überblick und kritische Würdigung, ZEV 2009, 537

LEMKE, PEG-Anlage beim einwilligungsunfähigen Patienten, DMW 2003, 160

LIPP (Hrsg), Handbuch der Vorsorgeverfügungen (2009)

LIPP/NAGEL, Die Patientenverfügung-Bemerkungen zur aktuellen rechtspolitischen Debatte, FF 2005, 83

LOCHER, Die neuen Regelungen zur Patientenverfügung, FamRB 2010, 56

LUDYGA, Der Abbruch lebensverlängernder oder -erhaltender Maßnahmen aufgrund von Patientenverfügungen und die Genehmigung des Betreuungsgerichts, FPR 2010, 266

MAIO, Sterbehilfe nach Checkliste? Zu den Fallstricken einer rechtlichen Verankerung der Patientenverfügung?, DMW 2009, 1165

MAMEGHANI, Der mutmaßliche Wille als Kriterium für den ärztlichen Behandlungsabbruch bei entscheidungsunfähigen Patienten und sein Verhältnis zum Betreuungsrecht (2010)

G MÜLLER, Die Patientenverfügung nach dem 3. Betreuungsrechtsänderungsgesetz: alles geregelt und Vieles ungeklärt, DNotZ 2010, 169

STRÄTLING/EISENBART/SCHARF, Stellvertretungsentscheidungen in Gesundheitsfragen unter epidemiologisch – demographischen Gesichtspunkten: Wie realistisch sind die Vorgaben des deutschen Betreuungsrechts?, MedR 2000, 251

STRÄTLING/STRÄTLING-TÖLLE/SCHARF/SCHMUCKER, „Automatische" gesetzliche Stellvertretung nicht entscheidungsfähiger Patienten durch „nahe Angehörige"?, MedR 2003, 372

UHLENBRUCK, Die Stellvertretung in Gesundheitsangelegenheiten – Zu einem wichtigen, aber verkannten Rechtsinstitut in Deutschland, in: FS Deutsch (1999) 849

YOSHIDA, Zur materiellen Legitimation der mutmaßlichen Einwilligung, in: FS Roxin (2001) 401

ZINKLER/SCHNEEWEISS, Zur vormundschaftsgerichtlichen Genehmigungspflicht der Elektrokrampftherapie nach § 1904 BGB, R & P 2000, 12

ZIMMERMANN, Vorsorgevollmacht – Betreuungsverfügung – Patientenverfügung für die Beratungspraxis (2. Aufl 2010).

b) Medizinische Forschung

DEUTSCH/SCHREIBER/TAUPITZ (Hrsg), Die klinische Prüfung in der Medizin: Europäische Regelungswerke auf dem Prüfstand (2004)

EMMRICH, Forschung an nichteinwilligungsfähigen Menschen, Aus Politik und Zeitgeschichte B 6/99, 12

FRÖHLICH, Forschung wider Willen? (1999)

HABERMANN/LASCH/GÖDICKE, Therapeutische Prüfungen an Nicht-Einwilligungsfähigen im Eilfall – ethisch geboten und rechtlich zulässig?, NJW 2000, 3389

HELLE/FRÖLICH/HAINDL, Der Heilversuch in der klinischen Prüfung von Arzneimitteln und Medizinprodukten, NJW 2002, 857

HÖFLING/DEMEL, Zur Forschung an Nichteinwilligungsfähigen, MedR 1999, 540

HOFFMANN, Forschung an und mit einwilligungs(un)fähigen Menschen, in: BRILL (Hrsg), Zum Wohl des Betreuten, Betrifft: Betreuung H 5 (2003) 122

dies, Forschung mit und an betreuten Menschen, BtPrax 2004, 216

KAMP, Die Europäische Bioethik – Konvention. Medizinische Versuche an einwilligungsunfähigen Menschen unter besonderer Berücksichtigung der Vorgaben im nationalen und internationalen Recht (2000)

KLINKHAMMER, Medizinische Ethikkommissionen. Keine Forschung ohne Einwilligung, DÄBl 2001, 51

Werner Bienwald

Köhler, Medizinische Forschung in der Behandlung des Notfallpatienten, NJW 2002, 853

Lachwitz, Bioethik und wissenschaftliche Forschung als neue Herausforderungen für den Schutz der Menschenrechte von Personen mit geistiger Behinderung, RdLH 2000, 194

Lammersmann, Medizinische Eingriffe an einwilligungsunfähigen Personen: Die Position der Biomedizin – Konvention des Europarates im Spannungsfeld zwischen Forschungsbedarf der Medizin und Selbstbestimmungsrecht des Patienten, R & P 1999, 157

Neuer-Miebach/Kanowski/Jürgens, Forschung an Einwilligungsunfähigen, Vormundschaftsgerichtstag e V (Hrsg), Betrifft Betreuung H 1 1999, 49

Peter, Forschung am Menschen, Eine Untersuchung der rechtlichen Rahmenbedingungen unter besonderer Berücksichtigung einwilligungsunfähiger Patienten (2000)

Spranger, Fremdnützige Forschung an Einwilligungsunfähigen, Bioethik und klinische Arzneimittelprüfung, MedR 2001, 238

ders, Die Rechte des Patienten bei der Entnahme und Nutzung von Körpersubstanzen, NJW 2005, 1084

Wachenhausen, Medizinische Versuche und klinische Prüfung an Einwilligungsunfähigen (2001)

Wölk, Medizinische Forschung an einwilligungsunfähigen Personen, ZME (Zeitschrift für medizinische Ethik) 2001, 387

Woopen, Ethische Aspekte der Forschung an nicht oder teilweise Einwilligungsfähigen, ZME (Zeitschrift für medizinische Ethik) 1999, 51

Wunder, Neue europäische Entwicklungen im Bereich der Gesundheitsversorgung, VuR 2009, 443.

c) Transplantation

Bavastro, Das Hirnversagen und das Transplantationsgesetz, ZRP 1999, 114

Deutsch ua, Transfusionsrecht. Ein Handbuch für Ärzte und Juristen (2001)

Holznagel, Aktuelle verfassungsrechtliche Fragen der Transplantationsmedizin, DVBl 2001, 1629

Lilie, 10 Jahre Transplantationsgesetz – Verbesserung der Patientenversorgung, in: FS Egon Müller (2008) S 395

Nagel, Organtransplantation und internationales Privatrecht (2009)

Reich, Organspendeverträge (2000).

d) Ausländische Rechte

Aigner, Zur Situation der Patientenrechte in Österreich, RdM 2000, 77

Barth, Medizinische Maßnahmen bei Personen unter Sachwalterschaft, ÖJZ 2000, 57

Conti, Die Pflichten des Patienten im Behandlungsvertrag (Bern 1999)

Hanika, Patientencharta. Stärkung der Rechte der Patienten bei der Reform der Gesundheitssysteme in Europa – Herausforderungen für Deutschland?, MedR 1999, 149

Kern, Limitierte Einwilligung. Zum Ausschluss von Behandlungsmethoden (Wien 1999)

Kerschner, Arzthaftung bei Patientenverfügungen, RdM 1998, 131

Kopetzki (Hrsg), Antizipierte Patientenverfügungen. „Patiententestament" und Stellvertretung in Gesundheitsangelegenheiten (Wien 2000)

Parlamentarische Österreichische Juristenkommission, Patientenrechte in Österreich (2001)

Springorum, Das Selbstbestimmungsrecht des geistig Behinderten in der medizinischen Behandlung. Eine vergleichende Studie zu den Rechtsordnungen Deutschlands, Englands und Kanadas (1999)

Wedemann, Vorsorgevollmachten im internationalen Rechtsverkehr, FamRZ 2010, 785

Wunder, Zum Vorschlag des Erlasses einer Richtlinie über die Ausübung der Patientenrechte in der grenzüberschreitenden Gesundheitsversorgung – Was ist neu?, MedR 2009, 324.

Systematische Übersicht

Alphabetische Übersicht

Werner Bienwald

I. Entstehung und Reichweite der Vorschrift

1. Zur Bedeutung und Entwicklung der Vorschrift

Die Vorschrift ist nach wie vor Ausdruck des Bemühens, der Personensorge des **1** Betreuers ein stärkeres Gewicht als bisher zu verleihen und die Position des Betreuten zu stärken (BT-Drucks 11/4528, 53). Sie entstand vor dem Hintergrund der am früheren Recht geübten Kritik, der damalige Gesetzgeber habe zwar die Vermögenssorge eingehend geregelt und damit in den Vordergrund der gesetzlichen Bestimmungen gestellt, die Personensorge aber vernachlässigt (BT-Drucks 11/4528, 50; krit dazu BIENWALD FamRZ 1987, 533, 541); er habe selbst schwerste Eingriffe in die körperliche Integrität des Betroffenen in der Alleinzuständigkeit des Vormunds/Pflegers belassen (vgl BT-Drucks 11/4528, 50, 70).

Abs 1 S 1 verpflichtet den mit einer entsprechenden Entscheidungsbefugnis ausge- **2** statteten Betreuer, vor der beabsichtigten Maßnahme die Genehmigung des Betreuungsgerichts einzuholen, wenn die Voraussetzungen der Genehmigungspflicht vorliegen. Abs 1 S 2 erlaubt es, die Maßnahme ohne gerichtliche Genehmigung durchzuführen, wenn mit ihrem Aufschub Gefahr verbunden ist/wäre. In jedem Fall muss die beabsichtigte Maßnahme auf einer Entscheidung des mit entsprechender Entscheidungsmacht versehenen Betreuers beruhen, vorausgesetzt, es kommt auf seine Entscheidung an, weil der Betreute selbst in dieser Angelegenheit nicht (mehr) entscheidungs-(einwilligungs-)fähig ist. Kann der Betreute selbst über die Durchführung einer Maßnahme iSd Abs 1 S 1 entscheiden, kommt es allein auf seine Entscheidung an. Eine gerichtliche Genehmigung entfällt dann.

Die Vorschrift bestand ursprünglich nur aus dem Text des jetzigen Abs 1. Das **3** BtÄndG erweiterte den Anwendungsbereich, indem es die Genehmigungspflicht für Entscheidungen einführte, die der (Vorsorge-)Bevollmächtigte zu treffen beabsichtigte. Die jetzige Fassung der Vorschrift beruht auf Art 1 Nr 4 des Dritten Gesetzes zur Änderung des Betreuungsrechts v 29. 7. 2009 (BGBl I 2286); diese wiederum auf dem sog Stünker-Entwurf (BT-Drucks 16/8442). Dieser Fassung wurden im Gesetzgebungsverfahren in Abs 4 vor dem Wort „Willen" die Wörter „nach § 1901a festgestellten" und in Abs 5 S 2 nach dem Wort „einwilligen" ein Komma und die

Werner Bienwald

Wörter „nicht einwilligen" eingefügt. Die Neufassung ist am 1. 9. 2009 in Kraft getreten; sie berücksichtigt deshalb bereits, dass an die Stelle des nicht mehr bestehenden Vormundschaftsgerichts das Betreuungsgericht getreten ist (näher zur Gesetzgebungsgeschichte BGH FamRZ 2016, 1671 mAnm DODEGGE Rn 22 ff).

4 Die damalige Regelung war nicht nur während ihrer Entstehung umstritten (dazu näher STAUDINGER/BIENWALD [1999] Rn 10); sie hat auch eine relativ geringe Bedeutung erlangt. Nach DEINERT (Betreuungszahlen 2010 BtPrax 2011, 248) sank die Zahl der Genehmigungen gegenüber 2009 erneut geringfügig und betrug 3 374; davon wurden von Bevollmächtigten 513 Genehmigungen beantragt. Bei der Bewertung dieser Tatsache darf nicht unbeachtet gelassen werden, in welchen gesetzlich bestimmten Fällen eine gerichtliche Genehmigung nur erforderlich ist.

5 Der jetzige Text der Vorschrift setzt voraus, dass entweder ein Betreuer mit der Befugnis, nach Abs 1 oder 2 Entscheidungen zu treffen, bestellt worden ist oder eine Vorsorgevollmacht eine dem Abs 5 entsprechende Regelung enthält und der Bevollmächtigte noch existent und entscheidungswillig – und fähig ist. Muss zunächst ein Betreuer bestellt werden (§§ 1896 ff BGB), sind das Bestellungsverfahren und das Genehmigungsverfahren zu unterscheiden und getrennt durchzuführen.

6 Fraglich ist, ob der in einer Patientenverfügung zum Ausdruck gebrachte Wille des Patienten auch ohne einen vom Gericht bestellten Betreuer oder einen vom Patienten bestimmten Bevollmächtigten von Ärzten und Pflegepersonal zu beachten und zu befolgen ist (SPICKHOFF FamRZ 2009, 1949, 1953).

7 Nicht betroffen von dem Erfordernis gerichtlicher Genehmigung nach § 1904 BGB ist der Abschluss des Behandlungsvertrages und weiterer der Maßnahme dienender zivilrechtlicher Äußerungen.

8 Mit dem Dritten Gesetz zur Änderung des Betreuungsrechts wurde § 287 FamFG (Wirksamkeit von Beschlüssen) um einen Abs 3 erweitert. Er lautet:

„(3) Ein Beschluss, der die Genehmigung nach § 1904 Absatz 2 des Bürgerlichen Gesetzbuchs zum Gegenstand hat, wird erst zwei Wochen nach Bekanntgabe an den Betreuer oder Bevollmächtigten sowie an den Verfahrenspfleger wirksam."

Diese Bestimmung betrifft nicht die Genehmigung nach Abs 1.

2. Vorgesehen gewesene entsprechende Anwendung der Vorschrift auf die Vertretung durch Ehegatten, Lebenspartner und andere Angehörige

9 Die beabsichtigte Änderung des Betreuungsrechts durch ein 2. BtÄndG, die insoweit unmittelbar nach der Verkündung des Gesetzes in Kraft treten sollte, sah vor, dass ein Ehegatte für den verhinderten, dh den entscheidungsunfähigen, Ehegatten Erklärungen abgeben darf, die auf die Vornahme einer Untersuchung des Gesundheitszustandes, einer Heilbehandlung oder eines ärztlichen Eingriffs gerichtet sind (§ 1358a BGB-E). Entsprechendes war für die eingetragene Lebenspartnerschaft vorgesehen (Neufassung des § 8 Abs 2 LPartG). § 1904 Abs 1 BGB sollte entsprechend gelten. Ein nach § 1618a BGB eingefügter § 1618b BGB sah die entspr

Anwendung des § 1358a Abs 1 BGB im Verhältnis von Eltern und ihren volljährigen Kindern vor, es sei denn, dass ein erklärungsbefugter Ehegatte oder Lebenspartner vorhanden ist. Kinder sollten vor Eltern erklärungsbefugt sein. Bei mehreren gleichrangigen Angehörigen sollte die Erklärung eines von ihnen genügen; der Widerspruch eines jeden von ihnen beachtlich sein. Falls ein vorrangiger Angehöriger innerhalb angemessener Zeit nicht erreichbar ist, sollte die Erklärung des nächst erreichbaren nachrangigen Angehörigen genügen (Art 1 Nr 3 BtÄndG-E). Diese Pläne waren während des Gesetzgebungsverfahrens fallen gelassen worden. Zur jetzt vorgesehenen Verbesserung der Beistandsmöglichkeiten unter Ehegatten und Lebenspartnern in Angelegenheiten der Gesundheitssorge und in Fürsorgeangelegenheiten (Gesetzentwurf des Bundesrats BT-Drucks 18/10485 v 30. 11. 2016) s Vorbem 111 zu §§ 1896 ff.

Seit dem 30. 11. 2016 liegt ein Gesetzentwurf des Bundesrats zur Verbesserung der Beistandsmöglichkeiten unter Ehegatten und Lebenspartnern in Angelegenheiten der Gesundheitssorge und in Fürsorgeangelegenheiten vor (BT-Drucks 18/10485), wonach ein volljähriger Ehegatte, dessen volljähriger Ehegatte aufgrund einer psychischen Krankheit oder einer körperlichen, geistigen oder seelischen Behinderung die nachgenannten Angelegenheiten nicht besorgen kann und weder einen entgegenstehenden Willen geäußert noch eine andere Person zur Wahrnehmung dieser Angelegenheiten bevollmächtigt hat und kein Betreuer bestellt ist, als bevollmächtigt gilt. Näheres bei DUTTA, Gesetzliche Beistandschaft unter Ehegatten und Lebenspartnern bei Handlungsunfähigkeit?, FamRZ 2017, 581.

3. Die Fälle der Absätze 1 und 2

a) Volljährigkeit des Betreuten/Vollmachtgebers

§ 1904 BGB regelt, wann und in welchen Fällen der Betreuer und der Bevollmäch- **10** tigte Genehmigungen des Betreuungsgerichts bei ärztlichen Maßnahmen einzuholen haben. Einen Betreuer erhält nach §§ 1896 ff BGB ein **Volljähriger**. Bestellt das Gericht ausnahmsweise für einen Minderjährigen, der das 17. Lebensjahr vollendet hat, einen Betreuer, wird die Maßnahme erst mit dem Eintritt seiner Volljährigkeit wirksam (§ 1908a S 2 BGB). Die Einwilligung des Betreuers, seine Nichteinwilligung oder der Widerruf in eine der in Abs 1 S 1 aufgeführten Maßnahmen betrifft deshalb immer nur eine volljährige Person.

Die Erteilung einer (Vorsorge-)Vollmacht setzt voraus, dass der Vollmachtgeber in **11** diesem Zeitpunkt geschäftsfähig ist. Auch soweit es in § 1904 BGB um Einwilligung, Nichteinwilligung oder Widerruf in eine medizinische Maßnahme geht, für die ein nach Abs 5 Bevollmächtigter zuständig ist, betreffen die Maßnahmen des § 1904 BGB sowie die Erklärungen dafür eine **volljährige** Person. Ob ein Minderjähriger in einer Patientenverfügung seinen Willen oder seine Wünsche zum Ausdruck bringen kann oder darf, bedarf deshalb für § 1904 BGB keiner Klärung.

b) Die genehmigungsbedürftigen und die genehmigungsfreien Entscheidungen im Überblick

aa) Benötigt die betreute Person ärztliche Hilfe, ohne selbst entscheidungsfähig zu **12** sein, veranlasst der mit der Sorge für die Gesundheit des Betreuten betraute Betreuer, dass ärztliche Hilfe zur Verfügung steht und erteilt seine Einwilligung in die ärztliche Versorgung des Betreuten. Er benötigt dafür nicht die Genehmigung des Gerichts. Zieht der Betreuer seine Einwilligung in die ärztliche Maßnahme zurück, benötigt er dafür ebenfalls nicht die Genehmigung des Gerichts, solange nicht die begründete Gefahr besteht, dass der Betroffene infolge der unterlassenen ärztlichen Versorgung stirbt oder einen schweren und länger dauernden gesundheitlichen Schaden erleidet. Sollte das angenommen werden können, wäre noch die Kausalität zwischen der Unterlassung und den möglichen Folgen, wie sie prognostiziert wurden, festzustellen.

13 bb) Soll eine Untersuchung des Gesundheitszustands des Betreuten, eine Heilbehandlung oder ein ärztlicher Eingriff vorgenommen werden, bei denen zu befürchten ist, dass der Betreute aufgrund der Maßnahme stirbt oder einen schweren und länger dauernden gesundheitlichen Schaden erleidet, benötigt der Betreuer für seine (beabsichtigte) Einwilligung die gerichtliche Genehmigung (§ 1904 Abs 1 BGB).

14 cc) War der Betreuer bisher nicht gezwungen, von der gerichtlichen Genehmigung, die ihm ein Handeln erlaubte, Gebrauch zu machen, wenn es dafür Gründe gab, weil (zB) der Zustand des Betreuten sich gebessert oder die Auffassung des Arztes über die Notwendigkeit der Maßnahme sich geändert hatte, hat sich die Rechtslage durch das 3. BtÄndG geändert. Hat der Betreuer bisher von der erteilten gerichtlichen Genehmigung keinen Gebrauch gemacht und auch seine Einwilligung in eine medizinische Maßnahme nicht erklärt, können unter Beachtung des Abs 2 folgende Situationen bestehen:

– Die gesundheitliche Verfassung des Betreuten hat eine Wendung genommen, sodass die Maßnahme nicht geboten zu sein scheint. Die Maßnahme ist nicht (mehr) ärztlich/medizinisch angezeigt und unterbleibt deshalb. Eine weitere Genehmigung des Gerichts entfällt.

– Der Betreuer hatte dem Arzt die Einwilligung in die medizinisch angezeigte Maßnahme mitgeteilt, danach will er aber, bevor die Maßnahme durchgeführt wird, seine Einwilligung widerrufen, weil er die Maßnahme nicht für erforderlich erachtet oder inzwischen eine Meinungsänderung seines Betreuten wahrgenommen hat. Für diesen Widerruf benötigt der Betreuer die gerichtliche Genehmigung (§ 1904 Abs 2 BGB), wenn die Maßnahme angezeigt ist/war und die begründete Gefahr besteht, dass der Betreute aufgrund des Unterbleibens der Maßnahme stirbt oder einen schweren und länger dauernden gesundheitlichen Schaden erleidet. Besteht die begründete Gefahr nicht, wird für den Widerruf der Einwilligung die gerichtliche Genehmigung nicht benötigt.

– Will der Betreuer seine Einwilligung widerrufen, nachdem die medizinische Maßnahme bereits begonnen wurde, benötigt der die Genehmigung des Betreuungsgerichts nach Abs 2.

– Dem Betreuer wird vermittelt, dass eine bestimmte Maßnahme der in Abs 1 S 1 beschriebenen Art medizinisch angezeigt ist; er will in die Maßnahme nicht einwilligen. Nach Abs 2 benötigt er für die Nichteinwilligung die Genehmigung des Betreuungsgerichts, wenn die begründete Gefahr besteht, dass der Betreute aufgrund des Unterbleibens der Maßnahme stirbt oder einen schweren und länger dauernden gesundheitlichen Schaden erleidet.

– Entsprechend liegt es, wenn der Betroffene eine Vorsorgevollmacht erteilt hat und der Bevollmächtigte sich wie der Betreuer verhalten will oder verhalten hat.

Hat der einwilligungsfähige Volljährige für den Fall seiner Einwilligungsunfähigkeit **15** schriftlich festgelegt, dass er in bestimmte, zum Zeitpunkt der Festlegung noch nicht unmittelbar bevorstehende Untersuchungen seines Gesundheitszustands, Heilbehandlungen oder ärztliche Eingriffe einwilligt oder sie untersagt und kommt der Betreuer oder der Bevollmächtigte nach Prüfung zu dem Ergebnis, dass diese Festlegungen auf die aktuelle Lebens- und Behandlungssituation zutreffen, gilt die **Entscheidung des Betreuten**. Eine (weitere) Entscheidung des Betreuers kommt nicht in Betracht. § 1904 Abs 1 oder Abs 2 BGB ist deshalb nicht anzuwenden.

Liegt keine Patientenverfügung (s die Legaldefinition in § 1901a Abs 1 S 1 BGB) vor **16** oder treffen die Festlegungen einer Patientenverfügung nicht auf die aktuelle Lebens- und Behandlungssituation zu, kommt es auf den gemutmaßten Willen oder die (bekannten bzw ermittelten) Wünsche des Betroffenen/Betreuten an. Der Betreuer oder der Bevollmächtigte haben die Behandlungswünsche oder den mutmaßlichen Willen des Betreuten festzustellen und auf dieser Grundlage zu entscheiden, ob sie in eine ärztliche Maßnahme nach § 1901a Abs 1 S 1 BGB (wortgleich § 1904 Abs 1 S 1 BGB) einwilligen oder sie untersagen. Der Gesetzgeber ist damit der allgemeinen Meinung gefolgt, dass es sich bei einem gemutmaßten Willen des Betroffenen/ Betreuten im Ergebnis nicht um eine Entscheidung des Betroffenen/Betreuten handelt, sodass der Betreuer oder der Bevollmächtigte eine Entscheidung als Stellvertreter an Stelle des Betroffenen/Betreuten treffen (**aA** Bienwald Anm zu OLG Frankfurt FamRZ 1998, 1137, FamRZ 1998, 1138 f; Seitz, in: FS Bienwald [2006] 303, 318). Nach § 1901a Abs 2 BGB genügt jedoch der Betreuer und ggf der Bevollmächtigte der Feststellungspflicht, wenn sie sich auf die Behandlungswünsche des Betroffenen/Betreuten konzentrieren. Auf eine gesonderte Feststellung eines „mutmaßlichen Willens" kommt es dann nicht mehr an.

c)   Bindung an die Wünsche des Betreuten/Vollmachtgebers
Im Innenverhältnis gilt auch für eine Untersuchung des Gesundheitszustands des **17** Betreuten/Betroffenen, eine Heilbehandlung oder einen ärztlichen Eingriff, dass der Betreuer Wünschen des Betreuten zu entsprechen hat, soweit dies dessen Wohl nicht zuwiderläuft und dem Betreuer zuzumuten ist (§ 1901 Abs 3 S 1 BGB; BT-Drucks 11/ 4528, 71). Der RegEntw zitiert in diesem Zusammenhang § 1901 Abs 1 S 2 BGB (idF d BtG), wonach zum Wohl des Betreuten auch die Möglichkeit gehört, im Rahmen seiner Fähigkeiten sein Leben nach seinen eigenen Wünschen und Vorstellungen zu gestalten. Die Regelung des § 1904 BGB setzt diese allgemeinen Bestimmungen über die Beziehung von Betreuer und Betreutem und die den Betreuer bindenden Vorschriften über die Führung der Betreuung nicht außer Kraft. Während § 1904 Abs 1 BGB vor Inkrafttreten des 3. BtÄndG die Möglichkeit zuließ, dass sich der Betreuer die Ablehnung einer Maßnahme durch den Betreuten zu eigen machte und dementsprechend ohne das Gericht fragen zu müssen von einer Maßnahme des Abs 1 S 1 Abstand nahm, schließt § 1904 Abs 2 BGB diese Möglichkeit aus; zumindest beschränkt er den Spielraum des Betreuers erheblich.

18 In der Einzelbegründung zu § 1904 BGB wird in BT-Drucks 16/8442, 18 zu Absatz 1 zwar zutreffend festgestellt, Abs 1 bleibe unverändert. Das bezieht sich jedoch nur auf den Text der Vorschrift und lässt dessen Anwendung außer Betracht.

19 Eine Nichteinwilligung oder der Widerruf der Einwilligung des Betreuers bedarf bereits dann der Genehmigung des Betreuungsgerichts, wenn die Maßnahme medizinisch angezeigt ist, und nicht erst, wenn sie von einem Arzt auch angeboten wird/wurde (§ 1904 Abs 2 S 1 1. Alt BGB), wie bisher in der Rechtsprechung vorausgesetzt (BT-Drucks 16/8442, 10 m Hinweis auf BGHZ 154, 205). Eine Genehmigung des Betreuungsgerichts ist nach Abs 1 dann erforderlich, wenn der Betreuer die Maßnahme entgegen den Wünschen des Betroffenen, aber im Einvernehmen mit dem Arzt für im Interesse des Betreuten geboten hält, oder wenn er die Auffassung des Arztes nicht teilt und seinerseits die Maßnahme für geboten hält.

20 Hat der Betreute zu einem früheren Zeitpunkt eine Bestimmung über seine spätere ärztliche oder pflegerische Behandlung getroffen und erfasst diese als vorweggenommene Einwilligung oder Verweigerung einer Einwilligung in eine bestimmte Behandlung die gegenwärtige Sachlage, ist die von dem Betreuten getroffene Verfügung für den behandelnden Arzt und den in Angelegenheiten der Gesundheitssorge zuständigen Betreuer maßgebend (§ 1901 Abs 3 S 2 BGB). Eine Patientenverfügung, entweder isoliert oder im Zusammenhang mit einer (Vorsorge-)Vollmacht erlassen oder erteilt, hat nicht nur in Fällen des Unterlassens oder der Beendigung sog lebensverlängernder oder sterbeverzögernder Maßnahmen eine Bedeutung; sie kann für jede Art von medizinischen Maßnahmen oder ärztlichen Behandlungen oder Unterlassungen erteilt und demzufolge für Arzt und Betreuer maßgebend sein.

d)   Unklarheit in Bezug auf die Einwilligungsfähigkeit des Betreuten/ Wunschfähigkeit

21 Für die Gestattung eines Eingriffs in die körperliche Integrität kommt es darauf an, ob der Betreute/Betroffene selbst (noch) entscheidungsfähig ist, ob er Art, Bedeutung und Tragweite – auch die Risiken – der Maßnahme zu erfassen und seinen Willen danach zu bestimmen vermag (BT-Drucks 11/4528, 71). Die Rechtswidrigkeit eines ärztlichen Eingriffs oder sonst einer der in Abs 1 genannten Maßnahmen wird nur dadurch ausgeschlossen, dass der Patient oder der an seiner Stelle entscheidungsbefugte Vertreter (nach ärztlicher Aufklärung) seine Einwilligung erteilt. Die Einwilligung des nicht zweifelsfrei einwilligungsfähigen Patienten reicht nicht aus. Bestehen Zweifel, dass der Betreute/Betroffene einwilligungsfähig ist, und lassen sich die Zweifel in der zur Klärung zur Verfügung stehenden Zeit und mit den verfügbaren Mitteln nicht beseitigen, kommt es auf die Entscheidung des mit der Aufgabe der Gesundheits(für)sorge betrauten Betreuers oder des entsprechend Bevollmächtigten an.

22 Hat das Gericht einen Betreuer bestellt und mit der Aufgabe der ärztlichen Versorgung oder gesundheitlichen Betreuung/Versorgung des Betreuten versehen, muss es davon ausgegangen sein, dass der Betreute diese Angelegenheiten nicht selbst besorgen kann. Dass der Betreute dennoch in einer besonderen Situation für einwilligungsfähig gehalten werden kann, wird eher ein Ausnahmefall sein. Liegt dieser Ausnahmefall nicht eindeutig vor, bleibt es bei der Regelzuständigkeit des Betreuers. Bei der Ermittlung, ob der Betreute/Betroffene (noch) einwilligungsfähig ist,

kann nicht ohne Rücksicht auf die Unterschiede der in Betracht kommenden Maßnahmen und deren Auswirkungen vorgegangen werden. Eine ausdrückliche Regelung, wie bei Unklarheit der Einwilligungsfähigkeit zu verfahren ist, hat das Betreuungsrecht nicht getroffen. Zur Einwilligungsfähigkeit des Betroffenen bei
schmerzbeeinträchtigten Patienten OLG Koblenz MedR 2015, 422 und die Besprechung von GENSKE MedR 2016, 173.

Geringere Anforderungen an die Fähigkeit des Betreuten/Betroffenen stellt das **23**
Betreuungsrecht bei den zu beachtenden und zu befolgenden Wünschen. Auch
die Wünsche eines geschäftsunfähigen Betreuten sollen nicht unbeachtet bleiben
dürfen, hieß es in der Begründung des RegEntw des Betreuungsgesetzes (BT-Drucks
11/4528, 133). Der Betreute/Betroffene soll in der Lage sein dürfen, sein Leben nach
seinen eigenen Vorstellungen und Wünschen zu gestalten (§ 1901 Abs 2 S 2 BGB).
Daraus ist auch zu schließen, dass beachtliche Wünsche nicht lediglich Spontanäuß-
erungen sein dürfen, die einer momentanen „Laune" des Betreuten/Betroffenen
entspringen, ohne dass sie auch kurze Zeit danach noch Bestand haben. Die in
§ 1901 Abs 3 S 1 BGB gezogene Grenze für die Beachtlichkeit der Wünsche des
Betreuten (seinem Wohl zuwider) setzt § 1901a (Patientenverfügung) Abs 2 S 1
BGB nicht.

Wünsche des Betreuten/Betroffenen müssen feststellbar sein. Dazu gehört auch die **24**
Feststellung, dass die Wünsche tatsächlich von dem Betreuten/Betroffenen stammen
(vgl dazu zB KG FamRZ 2009, 1942 = NJW-RR 2010, 79), dh von ihm gebildet wurden/
werden, und Dritte sie lediglich vermitteln. Wünsche sowie sonstige Willensbekundungen, aktuell oder früher gebildet, müssen nicht in Worte gefasst sein/werden.
Auch nonverbal geäußerte Wünsche sind beachtlich. Zur Aufnahme und Interpretation der verschiedenen Äußerungsmöglichkeiten werden sich insbesondere Be-
treuer/Bevollmächtigte und Gerichte der Hilfe jeweils geeigneter Spezialisten (zB
Gebärdendolmetscher[in], Sprachtherapeut[in]) versichern müssen.

II. Zum Verfahren

Während im BGB zunächst § 1904 BGB und erst danach die Sterilisation (§ 1905 **25**
BGB) geregelt worden ist, enthält das FamFG die Verfahrensbestimmungen in
umgekehrter Reihenfolge. § 297 FamFG betrifft das Verfahren für die Genehmigung
in eine Sterilisation, § 298 FamFG das Verfahren in Fällen des § 1904 BGB. § 298
FamFG erhielt durch Art 2 Nr 2 des 3. BtÄndG eine neue Fassung.

Danach darf das Gericht die Einwilligung des Betreuers oder eines Bevollmächtig- **26**
ten in eine Untersuchung des Gesundheitszustands, eine Heilbehandlung oder einen
ärztlichen Eingriff (§ 1904 BGB) nur genehmigen, wenn es den Betroffenen zuvor
persönlich angehört hat (§ 298 Abs 1 S 1 FamFG). Hat die Anhörung des Betroffenen stattgefunden, ohne dass der Verfahrenspfleger Gelegenheit hatte, an ihr
teilzunehmen, liegt ein Verfahrensfehler vor (BGH NJW 2016, 3596 = FamRZ 2016, 2092;
BGH NJW 2012 = FamRZ 2012, 619). Das Gericht soll die sonstigen Beteiligten anhören
(§ 298 Abs 1 S 2 FamFG). Verlangt es der Betroffene, hat das Gericht eine ihm
nahestehende Person anzuhören, wenn dies ohne erhebliche Verzögerung möglich
ist (§ 298 Abs 1 S 3 FamFG). Vor der Genehmigung hat das Gericht ein Sachver-

ständigengutachten einzuholen; der Sachverständige soll nicht auch ausführender Arzt sein (§ 298 Abs 4 FamFG).

27 Ist Gegenstand des Verfahrens eine Genehmigung nach Abs 2, muss das Gericht stets einen Verfahrenspfleger bestellen. Im Übrigen richtet sich die Notwendigkeit einer Verfahrenspflegschaft und der Bestellung eines Verfahrenspflegers nach § 276 FamFG. Das Betreuungsgericht hat dem Betroffenen immer dann einen Verfahrenspfleger zu bestellen, wenn dies zur Wahrnehmung seiner Interessen erforderlich ist (§ 276 Abs 1 FamFG). Der Beschluss, der die Genehmigung des Gerichts nach § 1904 Abs 2 BGB zum Gegenstand hat, wird erst zwei Wochen nach Bekanntgabe an den Betreuer oder Bevollmächtigten sowie an den Verfahrenspfleger wirksam (§ 287 Abs 3 FamFG). Die Zweiwochenfrist beginnt zu laufen, wenn der Beschluss **sowohl** dem Betreuer oder dem Bevollmächtigten als **auch** dem Verfahrenspfleger zugegangen ist.

28 Danach handelt es sich nicht nur materiell-rechtlich um zwei verschiedene Gegenstände (Abs 1 und Abs 2); auch das Verfahrensrecht unterscheidet die Verfahren danach, ob der Betreuer oder der Bevollmächtigte eine Genehmigung der von ihm beabsichtigten Einwilligung in eine der in Abs 1 S 1 beschriebenen Maßnahmen oder die Genehmigung des Gerichts für die beabsichtigte Nichteinwilligung oder den beabsichtigten Widerruf der Einwilligung (Abs 2) benötigt.

29 Die Notwendigkeit gerichtlicher Genehmigung der genannten Entscheidungen des Betreuers oder des Bevollmächtigten macht aus den gerichtlichen Verfahren noch nicht Antragsverfahren, deren Endentscheidung von der Stellung eines bestimmten Antrags abhängig ist. Beide Verfahren nach § 298 FamFG können deshalb von Amts wegen (Keidel/Budde FamFG § 298 Rn 1), auf Antrag des Betreuers oder des Bevollmächtigten oder auf Anregung Dritter (zB des Pflegeheims, in dem sich die betroffene Person befindet, LG Oldenburg FamRZ 2010, 1470, 1471) eingeleitet werden. Eine vorherige Erteilung der Einwilligung in die Behandlungsmaßnahme (so Keidel/Budde Rn 1) setzt weder das materielle Recht noch das Verfahrensrecht voraus. Betreuer wie Bevollmächtigter werden allerdings dem Gericht die von ihnen beabsichtigte Entscheidung mitzuteilen haben, damit der Gegenstand des Verfahrens feststeht und den Beteiligten bekanntgegeben werden kann. Die Tenorierung des Genehmigungsbeschlusses erfordert ebenfalls eine entsprechende Bekanntgabe. Eine vorher erteilte Einwilligung des Betreuers oder des Bevollmächtigten in die Maßnahme, die an die Adresse des die Maßnahme durchführenden Arztes gerichtet wäre und diesem gegenüber abgegeben wird, würde die Maßnahme als „rechtmäßig" erscheinen lassen, sofern sich der Betreuer oder der Bevollmächtigte das Nachholen der gerichtlichen Genehmigung nicht vorbehalten haben.

30 Kommt das Gericht nach Einleitung des Verfahrens zu dem Ergebnis, dass die beantragte Genehmigung nicht erforderlich ist, hat es, bevor es ausspricht, dass die Genehmigungsbedürftigkeit gem § 1904 Abs 4 BGB nicht besteht (Negativattest) zur Vermeidung von Missbrauch deren Voraussetzungen zu prüfen (LG Kleve FamRZ 2010, 1841, 1842; dazu Doering-Striening, Bespr d Entsch in FamFR 2010, 341).

31 Hat das Gericht die nach § 1904 Abs 1 BGB erforderliche Genehmigung erteilt, erwächst daraus allein nicht die Verpflichtung des Betreuers oder des Bevollmäch-

tigten, von der Genehmigung Gebrauch zu machen und die beabsichtigt gewesene Entscheidung zu treffen. Ändert sich nach Erteilung der Genehmigung die Sachlage, entweder dadurch, dass der gesundheitliche Zustand des Betroffenen eine unvorhergesehene Wendung erfährt oder dass die Wünsche des Betroffenen in eine andere als bisher geäußerte Richtung gehen, verhält sich der Betreuer (oder der Bevollmächtigte, der aber nicht unter der Aufsicht des Gerichts steht) nicht fehlerhaft, wenn er von der gerichtlichen Genehmigung keinen Gebrauch macht.

Im Hinblick auf die materiell-rechtliche Regelung in Abs 1 S 2 ist in den §§ 300, 301 **32** FamFG die Entscheidung über die Genehmigung durch einstweilige Anordnung nicht vorgesehen. Anders als in § 334 FamFG (Unterbringungssachen) wurde eine Anwendung des § 1846 BGB iVm 1908i Abs 1 S 1 BGB in die genannten Vorschriften nicht aufgenommen. Maßnahmen nach diesen Vorschriften können nach den Bestimmungen des Allgemeinen Teils des FamFG (Einstweilige Anordnungen gem §§ 49 ff FamFG) in Betracht kommen.

III. Die Genehmigungen

1. Allgemeine Voraussetzungen

a) Persönliche Entscheidungszuständigkeit des Betreuers

Die Einwilligung des Betreuers in eine der in Abs 1 S 1 aufgeführten Maßnahmen ist **33** nur dann beachtlich, wenn die Entscheidung darüber zum Aufgabenkreis des Betreuers gehört. Soweit der Betreuer für den nicht einwilligungsfähigen Betreuten im Rahmen seines Aufgabenkreises für die Entscheidung über das „Ja" oder „Nein" einer medizinischen Maßnahme an dem Betreuten zuständig ist, ist er auch zuständig für die aus Anlass der Maßnahme erforderlichen Informationen und Beratungen, die an sich dem Patienten/Betreuten geschuldet werden. Es ist schlechthin ausgeschlossen, dass der (kraft Aufgabenkreis zuständige) Betreuer einerseits um seine Einwilligung in eine medizinische Maßnahme gebeten, ihm aber andererseits später auf seine Frage nach dem Befinden des Patienten/Betreuten unter Berufung auf die ärztliche Schweigepflicht mitgeteilt wird, darüber könne man ihm keine **Auskunft** geben. Hierbei würde übersehen, dass der Betreuer im Rahmen seines Betreuerauftrags an die Stelle des Patienten/Betreuten tritt. An diesem wird zwar die Behandlung vorgenommen. Die Wahrnehmung der damit verbundenen Rechte und Pflichten ist aber Sache des zuständigen Betreuers, soweit der Betreute dazu nicht in der Lage ist.

Dem Betreuer dürfen nach einer erfolgten Maßnahme auch nicht Auskünfte über **34** das Befinden des Patienten/Betreuten und etwaige Verhaltenshinweise mit der Begründung verweigert werden, nunmehr sei der Betreute selbst in der Lage, diese Informationen entgegenzunehmen. Selbst wenn dies in Ausnahmefällen tatsächlich einmal vorkommen sollte, ist doch der Betreuer als Veranlasser der Maßnahme über deren Ergebnis zu informieren.

Erstreckt sich die Befugnis des Betreuers lediglich auf eine bestimmte ärztliche **35** Maßnahme, ist er auch nur in diesem Rahmen berechtigt und verpflichtet, sich zur Frage ärztlicher/medizinischer Maßnahmen zu äußern und gegebenenfalls (nach entsprechender Aufklärung) Einwilligung zu erteilen sowie Auskünfte über den

Gesundheitszustand des Patienten und seine weitere Versorgung einzuholen. Erfasst der Aufgabenkreis des Betreuers alle die Gesundheit seines Betreuten betreffenden Angelegenheiten (Gesundheitsfürsorge oder noch umfassender die Personensorge), so ist er umfassend zuständig, sofern nicht für eine einzelne Angelegenheit der Betreute als einwilligungsfähig anzusehen ist.

36 Die Verpflichtung des Arztes zur **Aufklärung** und **Information** des Betreuers (und damit auch uU die Preisgabe von Informationen über den Betreuten) erstreckt sich nicht auf ein der Vergangenheit angehörendes Arzt-Patient-Verhältnis, wenn dieses für die aktuelle Behandlung/Maßnahme keine Bedeutung hat. Insofern unterliegt der Arzt gegenüber seinem früheren Patienten der uneingeschränkten **Schweigepflicht**, von der ihn der Betreuer auch nicht befreien kann. Dessen Aufgabenkreis umfasst regelmäßig die Fürsorge für die Gesundheit in der Gegenwart und der Zukunft, nicht jedoch die Erforschung der Vergangenheit seines Betreuten als Patient.

37 Soweit das im Rahmen seines Betreuerauftrags liegt und erforderlich ist, entbindet der Betreuer auch den behandelnden Arzt des Betreuten von der Schweigepflicht gegenüber Dritten und entscheidet über die Einsichtnahme in Patientenakten.

38 Der Betreuer kann und darf in eine medizinische Maßnahme an der betreuten Person iSd Abs 1 S 1 nur dann einwilligen, wenn dies von dem ihm übertragenen Aufgabenkreis erfasst wird. Das ist dann der Fall, wenn dem Betreuer die **Sorge für die Gesundheit** des Betreuten allgemein oder eine Entscheidungszuständigkeit für eine bestimmte medizinische Maßnahme oder deren Unterlassung zugewiesen worden ist. Herkömmlich erfasst der Aufgabenkreis der Personensorge jede Entscheidung in Angelegenheiten der Gesundheitssorge einschl der vertraglichen und vorvertraglichen Angelegenheiten sowie der sich aus einer Fehlbehandlung ergebenden Ansprüche.

39 Obliegt einem bereits bestellten Betreuer nicht der erforderliche Aufgabenbereich, besteht aber in dieser Hinsicht Entscheidungsbedarf, hat der Betreuer die Verpflichtung zur Information des Betreuungsgerichts (§ 1901 Abs 5 BGB), damit dieses ggf den Aufgabenkreis des Betreuers erweitern oder einen weiteren Betreuer zur Besorgung dieser Angelegenheit bestellen kann.

40 Hat ein Betroffener eine (Vorsorge-)Vollmacht erteilt, erfasst aber die Vollmacht nicht oder nicht eindeutig die erforderliche Entscheidung in den in Betracht kommenden gesundheitlichen Angelegenheiten, bestehen Zweifel, dass die Maßnahmen des § 1904 Abs 1 BGB erfasst sein sollten, oder ist die einmal erteilte Vollmacht insoweit aus anderen Gründen ungültig oder widerrufen und ist der Betroffene in dem fraglichen Zeitpunkt zu einer eigenen Entscheidung nicht (mehr) in der Lage, hat das Gericht einen Betreuer mit dem notwendigen Aufgabenkreis zu bestellen (AG Frankfurt aM FamRZ 2002, 1508; OLG Zweibrücken FamRZ 2003, 113 = FGPrax 2002, 179 = RNotZ 2004, 505; AG Neuruppin FamRZ 2009, 1863 [LS]; OLG Schleswig FamRZ 2008, 1376 [LS]. Für die Frage der Wirksamkeit einer vor Inkrafttreten des [ersten] BtÄndG erteilten Vorsorgevollmacht hinsichtlich Maßnahmen nach § 1904 kommt es nach OLG Zweibrücken [aaO] auf die Gesetzeslage zum Zeitpunkt der gerichtlichen Entscheidung über die Betreuungsanordnung an).

b) Sachliche Entscheidungszuständigkeit des Betreuers

Der Betreuer ist für die Entscheidung in der konkreten gesundheitlichen Angele- **41** genheit nur dann zu einer Entscheidung berufen und befugt, wenn der Betreute in dem Zeitpunkt der Maßnahme selbst nicht entscheidungsfähig (einwilligungsfähig) ist und nicht bereits zu einem früheren Zeitpunkt eine noch wirksame eigene Entscheidung getroffen hat.

Der Betroffene kann, solange er einwilligungsfähig war, für den Fall seiner Einwil- **42** ligungsunfähigkeit schriftlich festgelegt haben, ob er in bestimmte, zum Zeitpunkt der Festlegung noch nicht unmittelbar bevorstehende Untersuchungen seines Gesundheitszustands, Heilbehandlungen oder ärztliche Eingriffe einwilligt (Patientenverfügung, § 1901a Abs 1 S 1 HS 1 BGB). Dem Betreuer obliegt es, dem auf diese Weise mitgeteilten Willen des Betreuten „Ausdruck und Geltung" zu verschaffen, sofern seine Prüfung der Patientenverfügung ergeben hat, dass die Festlegungen des Betroffenen auf die aktuelle Lebens- und Behandlungssituation zutreffen (§ 1901a Abs 1 S 1 HS 2 BGB).

Auch wenn dem Betreuer die Personensorge oder die Sorge für die Gesundheit des **43** Betreuten übertragen wurde, kommt es für den aktuell in Frage stehenden Eingriff in die körperliche Integrität oder die Untersuchung des Betreuten darauf an, ob zu diesem Zeitpunkt der Betreute entscheidungsfähig ist. Kann der Arzt davon ausgehen, dann kommt es auf die Entscheidung des Betreuten und nicht die des Betreuers an, auch wenn diesem die Gesundheitssorge zugewiesen worden ist. Diese Rangfolge ergibt sich aus dem Grundsatz der Erforderlichkeit der Betreuung, die insoweit nicht in Betracht kommt, als der Betreute entscheidungsfähig ist oder selbst Vorsorge getroffen hat (§ 1896 Abs 2 BGB).

Diese Differenzierung zwischen allgemeiner Entscheidungszuständigkeit des Be- **44** treuers (aufgrund der Gesundheitssorge) und aktueller Entscheidungszuständigkeit ist deshalb von Bedeutung, weil nicht davon ausgegangen werden kann, dass bereits bei der Betreuerbestellung darauf geachtet worden ist, die Betreuung hinsichtlich der Gesundheitssorge auf den (zB nervenärztlichen) Bereich zu beschränken, in dem der Betroffene zu einer eigenen Entscheidung nicht fähig ist (vgl dazu BayObLG FamRZ 1994, 1059; FamRZ 1996, 250).

c) Keine Doppelzuständigkeit

Für die Einwilligung in einen ärztlichen Heileingriff, eine Untersuchung des Ge- **45** sundheitszustands oder eine Heilbehandlung kommt es – so die amtl Begr, die sich auf die hM beruft (BT-Drucks 11/4528, 71) – auf die natürliche Einsichts- und Steuerungsfähigkeit an. Einwilligungsfähig ist danach, wer Art, Bedeutung und Tragweite – auch die Risiken – der Maßnahmen zu erfassen und seinen Willen hiernach zu bestimmen vermag. Verfügt der Patient über die Einwilligungsfähigkeit, dh über die „Reife und Fähigkeit, die Tragweite des ärztlichen Eingriffs für Körper, Beruf und Lebensglück zu ermessen und danach selbstverantwortlich Entschlüsse zu fassen" (LAUFS, Arztrecht Rn 143), kommt es allein auf seine Willensäußerung an, die inhaltliche Zustimmung zur oder Ablehnung der Maßnahme sein kann und so auch hingenommen werden muss. Eine Doppelzuständigkeit für die Erteilung der Einwilligung oder auch die Verweigerung der Maßnahme ist nicht vorgesehen (allgM, die früher von ERMAN/HOLZHAUER vertretene **aA** ist in der Neubearbeitung des Kommentars aufgegeben worden; vgl ERMAN/ROTH Rn 2).

46 Nach AMELUNG, der die übliche Definition der Einwilligungsunfähigkeit nicht für ausreichend hält (R & P 1995, 20, 26) ist **einwilligungsunfähig**, wer wegen Minderjährigkeit, geistiger Behinderung oder psychischer Erkrankung nicht erfassen kann,

– welchen Wert oder Rang die von der Einwilligungsentscheidung berührten Güter und Interessen für ihn haben;

– um welche Tatsachen es bei der Entscheidung geht;

– welche Folgen oder Risiken sich aus der Einwilligungsentscheidung ergeben;

– welche Mittel es zur Erreichung der mit der Einwilligung erstrebten Ziele gibt, die möglicherweise weniger belasten.

Das Gleiche gilt, wenn der geistig Behinderte oder psychisch Erkrankte zwar die erforderliche Einsicht hat, aber nicht in der Lage ist, sich nach ihr zu richten.

Nimmt der Betreuer an Gesprächen zwischen Arzt und Betreutem teil, so kann dies der Klärung der Situation und der Positionen und auch der Frage dienen, inwieweit der Betreute die **ärztliche Aufklärung** aufgenommen und verarbeitet hat. Die **Anwesenheit des Betreuers** kann dazu beitragen, dass sich der Betreute sicher und geborgen fühlt. Eine Mit-Entscheidungszuständigkeit erwächst dem Betreuer rechtlich daraus nicht. Lediglich aus praktischen Gründen lässt es sich verantworten, dass der Arzt neben der Einwilligung des Betreuten auch noch die des Betreuers einholt, um sicherzugehen, dass er nicht ohne wirksame Einwilligung handelt (KERN MedR 1993, 245, 248; SOERGEL/DAMRAU Rn 2).

47 Der Gesetzgeber hat die Schwierigkeiten, im Einzelfall zu beurteilen, ob der Betreute einwilligungsfähig ist, nicht verkannt (BT-Drucks 11/4528, 71). Er hat die Frage, ob es sinnvoll und möglich ist, die Probleme der Einwilligungsfähigkeit und der ärztlichen oder sonstigen Aufklärung, die der Einwilligung vorausgegangen sein muss, näher zu regeln, zwar aufgeworfen, zur damaligen Zeit jedoch keine Möglichkeit gesehen, gesetzesreife Vorschläge zu erarbeiten, die über die bisherigen Ergebnisse der Rechtsprechung hinausgehen (zum Verhältnis von Einwilligungsfähigkeit und Geschäftsfähigkeit s STAUDINGER/BIENWALD [1999] Rn 25 ff).

**d)　Unklarheit in Bezug auf die Einwilligungsfähigkeit des Betreuten/
Betroffenen**

48 Ist unklar, ob der Betreute einwilligungsfähig ist, besteht auch darüber keine Gewissheit, dass er eine Behandlungseinwilligung wirksam erteilen kann. Da der Arzt aber nur behandeln darf, wenn die Einwilligung wirksam erklärt ist (von der Notfallsituation abgesehen), ist bereits in diesem Stadium der Betreuer entscheidungszuständig. Ist der Betreuer nur für eine konkret genannte Behandlung bestellt worden, kann aus diesem Umstand allein noch nicht geschlossen werden, der Betreute sei demzufolge auch nicht einwilligungsfähig (KERN MedR 1993, 245, 248; **aA** SOERGEL/DAMRAU Rn 4). Ist der Betreuer für die Gesundheitssorge oder näher bezeichnete Einzelbereiche davon zuständig und steht nicht fest, dass der Betreute für Maßnahmen in diesen Bereichen einwilligungsfähig ist, erfordert dies die Anwesenheit des Betreuers beim Arzt, um ggf die Einwilligung geben zu können. In solchem Fall ist dem beruflich tätigen Betreuer die Begleitung zum Arzt, weil erforderlich, zu vergüten. Der notwendige Aufwand ist zu entschädigen.

e)   Notwendigkeit ärztlicher Aufklärung

Auch bei Einwilligungsfähigkeit des Betreuten ist dessen Einwilligung in eine Behandlung nicht wirksam, wenn er über die Maßnahme und insbesondere über die mit ihr verbundenen Risiken nicht hinreichend aufgeklärt worden ist (BT-Drucks 11/4528, 71). Zu Art und Ausmaß ärztlicher Aufklärungspflicht s LAUFS, in: LAUFS/UHLENBRUCK, Handbuch §§ 61 ff; zur sog Risikoaufklärung ebd § 64, ferner § 630e BGB im Rahmen der Vorschriften über den Behandlungsvertrag. **49**

f)   Exkurs: Umgang mit natürlichem Widerstand des Betreuten

Ist der Betreute nicht einwilligungsfähig, mithin der Betreuer zur Entscheidung über die medizinische Maßnahme befugt, findet der natürliche Wille des Betreuten rechtlich keine Beachtung, sofern nicht die Voraussetzungen des § 1901 Abs 3 S 1 BGB vorliegen. Wünschen des Betreuten hat der Betreuer zu entsprechen, soweit dies dem Wohl des Betreuten nicht zuwiderläuft. Dies gilt auch, wenn die besorgungsbedürftige Angelegenheit in der Einwilligung in eine medizinische Maßnahme besteht. **50**

Lässt der Betreute die vom Betreuer getroffene Behandlungsentscheidung für sich gelten, ergeben sich keine Probleme. Ist der Betreute dagegen nicht bereit, die Entscheidung des Betreuers und deren Konsequenzen hinzunehmen, obwohl er zu einer eigenen Entscheidung nicht fähig ist, sondern lediglich mit dem sog natürlichen Willen Widerstand leistet, fragt es sich, in welcher Weise der Betreuer seine Entscheidung durchsetzt. Der RegEntw weist zwar darauf hin, dass Zwangsbehandlungen nicht generell verboten sind. Wer aufgrund seiner psychischen Krankheit oder seiner geistigen oder seelischen Behinderung seine Behandlungsbedürftigkeit nicht erkennen kann und eine Behandlung deshalb ablehnt, dem soll nicht schon deshalb die Behandlung versagt werden (BT-Drucks 11/4528, 72). Im Innenverhältnis zwischen Betreuer und Betreutem handelt es sich aus der Sicht des Betreuten immer um eine Zwangsmaßnahme, wenn sich der Betreuer (zum Wohl des Betroffenen) über dessen Wünsche oder Willen hinwegsetzt. **51**

Über die Zulässigkeit **unmittelbarer Zwangsmaßnahmen** zwecks Durchführung einer erforderlichen Behandlung hat das BtG jedoch **keine Bestimmung** getroffen. Der Betreuer ist dazu aufgrund seiner Funktion, gleichgültig welchen Aufgabenkreis er zugewiesen bekommen hat, nicht befugt. Er darf lediglich zum Zwecke der Verteidigung gegen einen rechtswidrigen Angriff Gewalt anwenden. Der Angriff mit Gewalt zur Durchsetzung seiner Entscheidungen ist ihm – mangels entsprechender Erlaubnis – verwehrt. Bei einer auf andere Weise nicht abwendbaren Gefahr für Leib oder Leben handelt der Arzt, ohne dass es einer Entscheidung des Betreuers bedarf (**aA** BGH FamRZ 2006, 615). **52**

Der BGH hat seine Auffassung, eine betreuungsrechtliche Zwangsbehandlung sei während der zum Zwecke der Behandlung gemäß § 1906 Abs 1 Nr 2 BGB untergebrachten Person zulässig, durch Beschluss v 20. 6. 2012 (XII ZB 99/12; FamRZ 2012, 1366 mAnm BIENWALD S 1371 u SONNENFELD S 1372 = BtPrax 2012, 156 = JZ 2012, 1182 mAnm LIPP S 1186) aufgegeben und festgestellt, dass der Betreuer derzeit auch im Rahmen einer geschlossenen Unterbringung keine Zwangsbehandlung veranlassen dürfe. Der BGH berief sich auf die Rechtsprechung des BVerfG zur Zwangsbehandlung im Maßregelvollzug (FamRZ 2011, 1128 Rn 72 und FamRZ 2011, 1929 Rn 38) und die an eine gesetzliche Regelung zu stellenden Anforderungen. Solange keine entsprechende gesetzliche Regelung die Anwendung von Zwang zur Durchführung medizinischer Maßnahmen gegen den natürlichen Willen der betroffenen Person erlaubt, dürfen diese weder vom Arzt noch einem Betreuer oder einem Bevollmächtigten durchgesetzt werden. Zur Zulassung von Zwangsbehandlung eingehend § 1906 BGB.

2. In Betracht kommende Maßnahmen

a) Untersuchung des Gesundheitszustandes

53 Eine Untersuchung des Gesundheitszustands ist eine diagnostische Maßnahme. Zu unterscheiden sind unmittelbare und mittelbare Untersuchungen (UHLENBRUCK/LAUFS [Hrsg], Handbuch des Arztrechts § 49 Rn 1). Zu den erstgenannten zählen einfache, nicht an aufwendige Apparaturen oder Hilfspersonal gebundene Funktionsprüfungen wie zB der Atmung oder des Kreislaufs sowie die Messung des Blutdrucks. Zur mittelbaren Untersuchung rechnen dagegen sämtliche naturwissenschaftlichen Untersuchungsmethoden, wie zB morphologische Untersuchungen, physikalische, chemische, bakteriologische, virologische und immunologische Analysen. SCHREIBER (FamRZ 1991, 1014) zählt eine Reihe von Untersuchungsmethoden mit ihren jeweils spezifischen Zielen auf, von denen er einige (zB Katheterisierung der Harnblase und Magen-Darm-Spiegelung) nur „im Einzelfall", andere (zB Arthroskopie, Liquorentnahme und Katheterisierung des Herzens) allgemein für gefährlich und deshalb genehmigungspflichtig hält (s dazu die Kritik von NEDOPIL FamRZ 1993, 24 mit Erwiderung von SCHREIBER FamRZ 1993, 26).

54 Es liegt auf der Hand, dass bei der Prüfung, ob die begründete Gefahr einer schweren Schädigung vorliegt, die im Einzelfall gegebene labile Gesundheit des unter Betreuung stehenden alten, gebrechlichen Patienten berücksichtigt werden muss; das trifft (worauf SCHREIBER FamRZ 1991, 1014, 1015 hinweist) insbesondere bei einer Narkose zu (der RegEntw hatte es als „nicht sinnvoll" bezeichnet, „jede Narkose" als genehmigungspflichtig zu betrachten, BT-Drucks 11/4528, 140).

55 Bei der Beurteilung der Gefahren kann nur davon ausgegangen werden, dass die Untersuchungen sachgemäß durchgeführt werden. Die im Einzelfall bei fehlerhafter Handhabung drohenden Schäden können für die Beurteilung einer Gefahr iSd § 1904 BGB nicht herangezogen werden. Verlieren solche Mängel den Charakter von Einzelfällen, kann eine Gefahr iSv § 1904 BGB zu besorgen sein.

56 Die für die Feststellung einer Untersuchungsbedürftigkeit vorzunehmende „Vor"-Untersuchung unterliegt zwar nicht der Genehmigungsbedürftigkeit, sie ist aber **einwilligungsbedürftig**, wobei anstelle des nicht einwilligungsfähigen Betreuten der Betreuer oder der Bevollmächtigte bei entsprechender Bevollmächtigung entscheidet, wenn die Angelegenheit zu seinem Aufgabenkreis gehört. Gegebenenfalls ist die Bestellung eines Betreuers, die Erweiterung des Aufgabenkreises des bestellten

Betreuers oder die Bestellung eines weiteren Betreuers (§ 1901 Abs 5 BGB) anzuregen. Derartige Untersuchungen können Gegenstand einer Patientenverfügung sein. Sie haben in der Regel nichts mit dem vorrangigen Zweck von Patientenverfügungen zu tun, sog lebensverlängernde Maßnahmen zu verhindern (ausschlaggebendes Motiv für das 3. BtÄndG).

b) Heilbehandlung

Als Heilbehandlung ist jede ärztliche Maßnahme zu verstehen, die den Gesund- **57** heitszustand eines Betreuten wieder oder soweit wie möglich herstellt, also sowohl internistische als auch chirurgische, psychiatrische oder zahnärztliche Tätigkeiten (Schreiber FamRZ 1991, 1014, 1016; vgl auch Laufs, Handbuch des Arztrechts [Uhlenbruck/ Laufs] § 39 Rn 16 m Fn 58). Der RegEntw zählt dazu auch Maßnahmen, die nicht mit Eingriffen in die körperliche Integrität verbunden sind, zB ein therapeutisches Gespräch (BT-Drucks 11/4528, 71). Weshalb physiotherapeutische Maßnahmen wie Wandern, Schwimmen, Wannenbäder und Gymnastik nicht darunter fallen (so aber Erman/Roth Rn 14), ist nicht erklärt. Im Hinblick auf den Schutz des Betreuten dürfte sich für die Erfassung dessen, was als Heilbehandlung uU gefährlich ist, eine Orientierung an Leistungskatalogen von Krankenversicherungen wenig eignen. Einer umfassenden Beschreibung ist deshalb der Vorzug zu geben. Danach sind Heilbehandlungen Maßnahmen jeglicher Art, die auf Herstellung der Gesundheit, Linderung der Krankheit, Beseitigung oder Linderung von Krankheitsfolgen sowie Verhütung von Krankheiten und ihrer Verschlimmerung gerichtet sind, wozu auch „alternative" Behandlungsmethoden jeglicher Art gezählt werden (MünchKomm/ Schwab Rn 30). Schreiber (FamRZ 1991, 1014, 1016) stellt auf ärztliches Tun ab, sodass vom Grundsatz her jedes ärztliche Agieren, jedes Gespräch, jede Beratung des Arztes mit dem Patienten einen therapeutischen Sinn haben und eine Heilbehandlung darstellen kann. Der Begriff der Heilbehandlung darf aber nicht nur den Arzt und das ärztliche Tun erfassen, sondern auch das Tätig-sein anderer zugelassener Heilberufe. Soweit ärztliche Eingriffe (dazu anschließend Rn 61 f) einen kurativen Zweck verfolgen, werden sie vom Begriff der Heilbehandlung erfasst (Schreiber 1016).

Zur Heilbehandlung rechnen chirurgische Eingriffe aller Art einschließlich der **58** Anästhesie (Schreiber 1016). Dazu rechnen grundsätzlich auch die Verordnung und Verabreichung von Medikamenten. Die Arzneimittel, die der Betreute nehmen soll, unterliegen deshalb ebenfalls der betreuungsgerichtlichen Genehmigung, wenn damit eine der in § 1904 BGB beschriebenen Gefahren zu befürchten ist (s dazu Erman/ Roth Rn 16; Schreiber 1018 ff). Das Betreuungsgericht hat seine Entscheidung, ob es dem Betreuer die Genehmigung zu der Behandlung erteilt, am **Wohl des Betreuten** unter dem Gesichtspunkt der Verhältnismäßigkeit zu orientieren (OLG Hamm NJWE-FER 1997, 178 = FamRZ 1998, 190 [LS] bezogen auf die Anwendung des Cyatil – Z Depot; dort auch zur Abgrenzung gegenüber § 1906 Abs 4).

Soweit die Verabreichung von „Medikamenten" als eine freiheitsentziehende Maß- **59** nahme zu qualifizieren ist, weil sie lediglich auf die Sedierung (Müdigkeit) oder Muskelrelaxation (Muskelschwäche) zum Zweck der Beweglichkeitseinschränkung hinzielt und die Wirkungen nicht als eine unvermeidliche Nebenwirkung einer notwendigen Therapie erzeugt werden (s 1.1.3. der Fixierungsrichtlinien des Landesbetriebs Pflegen & Wohnen Hamburg BtPrax 1992, 30, 31), dient sie nicht der Heilung, sodass ihre

Verabreichung auch nicht als Heilmaßnahme einer gerichtlichen Genehmigung unterliegen kann. Diese lässt sich nur damit begründen, dass die Verabreichung mit dem genannten Ziel als ein ärztlicher Eingriff verstanden wird, der als solcher im Fall von § 1904 BGB betreuungsgerichtlicher Genehmigung bedarf. Das hat das LG Berlin in seinem Beschluss vom 5. 11. 1992, mit dem es die Genehmigung der Verabreichung von Glianimon, Atosil und Neurocil ablehnte, übersehen. Es hat zwar zutreffend festgestellt, dass die Vergabe lediglich sedierender und affektiv dämpfender Wirkung dienender Medikamente keine Heilbehandlung darstellt, hätte aber die Genehmigungsfähigkeit auch unter dem Gesichtspunkt ärztlichen Eingriffs prüfen müssen (LG Berlin FamRZ 1993, 597 = BtPrax 1993, 66 = R & P 1993, 39). Wegen der bisher bekanntgewordenen „Risiko"fälle dürfte – jedenfalls zZ – die Verabreichung von **Viagra** im Einzelfall genehmigungsbedürftig sein, sofern es hier auf eine Entscheidung des Betreuers ankommt.

60 Ob im Falle des Einsatzes der **Elektrokrampftherapie** die Entscheidung des Betreuers genehmigungsbedürftig ist, wird unterschiedlich beantwortet. Nachdem das LG Hamburg zunächst jede Form der Elektrokrampftherapie als eine nach § 1904 BGB genehmigungsbedürftige Heilbehandlung eingestuft hatte (FamRZ 1994, 1204 m zust Anm RICHTER = R & P 1995, 49 = BtE 1994/95, 113 m **abl** Anm SCHREIEDER bzgl der „längeren Dauer"), differenzierte es in seiner zweiten Entscheidung und hielt nun generell nur die bilateral durchgeführte Elektrokrampftherapie für genehmigungsbedürftig, dagegen die unilateral durchgeführte nicht ohne Weiteres (NJW-FER 1998, 203). Die Sachverhaltsschilderung lässt allerdings Zweifel aufkommen, dass eine Betreuerentscheidung als Voraussetzung gerichtlicher Genehmigung geboten war, weil der Betreute sich „zustimmend zur Durchführung der Elektrokrampftherapie" geäußert hatte. In dieser Beziehung ebenfalls zurückhaltend, die erste Entscheidung des LG Hamburg ablehnend, im Übrigen eingehend zu der Frage DODEGGE FamRZ 1996, 74 (77, 79) mwNw; für eine gerichtliche Genehmigung nur in Ausnahmefällen (zB bei Risikopatienten) WIEBACH/KREYSSIG/PETERS/WÄCHTER/WINTERSTEIN BtPrax 1997, 48, 52 (vgl außerdem HUBERT-FEHLER/HOLLMANN BtPrax 1996, 210 und DtÄrzteBl 1998, A 805; dazu krit DODEGGE DtÄrzteBl 1998, A 1754).

Ein Verbot für den Betreuer, in persönlichkeitsverändernde Maßnahmen einzuwilligen, enthält das Betreuungsrecht nicht (zur Begründung s BT-Drucks 11/4528, 142).

Wie die Untersuchungen des Gesundheitszustands können auch Heilbehandlungen im Rahmen einer Patientenverfügung erwünscht oder abgelehnt sein.

c) Ärztlicher Eingriff

61 Als ärztliche Eingriffe werden solche Maßnahmen des Arztes qualifiziert, die nicht schon unter die Rubrik der Heilbehandlung fallen. Es sind solche Maßnahmen, die nicht einen kurativen Zweck verfolgen (SCHREIBER FamRZ 1991, 1014, 1016; ERMAN/ROTH Rn 18), andererseits aber eine Beeinträchtigung der körperlichen Integrität darstellen (MünchKomm/SCHWAB Rn 30). Als Beispiele werden genannt der Schwangerschaftsabbruch, der nicht medizinisch indiziert ist (SCHREIBER 1016; MünchKomm/SCHWAB Rn 30, 37; ERMAN/ROTH Rn 19), die Sterilisation (SCHREIBER 1016; s hierzu die Sonderregelung in § 1905) oder Schönheitsoperationen (BT-Drucks 11/4528, 71; MünchKomm/SCHWAB Rn 30) sowie nach diesseitiger Auffassung die Vergabe von Sedativa uä, deren Hauptzweck nicht die Beeinflussung der Heilung ist (s oben Rn 59).

Der **Schwangerschaftsabbruch** ist nicht dadurch ausgeschlossen, dass die Schwangere 62
nicht einwilligungsfähig ist (BT-Drucks 11/4528, 141; eingehender ERMAN/ROTH Rn 19 sowie
MünchKomm/SCHWAB Rn 37; **aA** REIS ZRP 1988, 318, 320). Das Betreuungsrecht hat die
Einwilligung des Betreuers in einen Schwangerschaftsabbruch bei der Betreuten,
wenn die Befugnis zur Erklärung der Einwilligung zu seinem Aufgabenkreis gehört,
nicht generell von einer gerichtlichen Genehmigung abhängig gemacht (BT-Drucks 11/
4528, 141). Ist der Schwangerschaftsabbruch medizinisch indiziert und damit auch als
Heileingriff zu qualifizieren, können die Voraussetzungen für die Einholung der
betreuungsgerichtlichen Genehmigung nach § 1904 BGB gegeben sein (ERMAN/ROTH
Rn 19). Dass im Hinblick auf die strafrechtliche Regelung (§ 218a StGB) § 1904 BGB
praktisch kaum zur Anwendung kommt, nimmt der Regelung nicht ihre Rechtfertigung. Aufgrund ihrer unterschiedlichen Stellung und Zielsetzung kann es keine
Rangfolge von § 218a StGB und § 1904 BGB geben. Die Begründung im RegEntw
(BT-Drucks 11/4528, 141), dass ein zusätzliches Erfordernis gerichtlicher Genehmigung
sich zum Nachteil der Schwangeren auswirken könne, bezieht sich auf die bei den
Vorarbeiten zum BtG angestellte Überlegung, die Einwilligung des Betreuers in
einen Schwangerschaftsabbruch bei der Betreuten generell von einer gerichtlichen
Genehmigung abhängig zu machen.

d)   Künstliche Ernährung

Die Nahrungsaufnahme dient der Erhaltung des Lebens. Die Aufnahme von Nah- 63
rung und Flüssigkeit hat eine zentrale biologische Funktion (DE RIDDER BtPrax 2009,
14), abgesehen davon, dass sie darüber hinaus soziale, religiöse und symbolische
Funktionen erfüllt (DE RIDDER BtPrax 2009, 14). Auf längere Sicht ist ein Mensch ohne
Aufnahme von Nahrung und Flüssigkeit nicht lebensfähig. Der Unterbindung der
Nahrungszufuhr kommt im Zusammenhang mit Patientenverfügungen und der Beachtlichkeit der darin enthaltenen Willensbekundungen zur Ablehnung sog lebensverlängernder Maßnahme besondere Bedeutung zu.

Ist jemand nicht (mehr) in der Lage, auf natürlichem Wege Nahrung und Flüssigkeit 64
zu sich zu nehmen (oder auch bei sich zu behalten), kommt eine künstliche Nah-
rungs- und Flüssigkeitszufuhr in Betracht durch eine Magensonde oder, hier insbesondere, den Einsatz der PEG-Sonde (percutane endoskopische Gastrostomie).
Sowohl die Ablehnung ihres Einsatzes als auch ihre Entfernung, nachdem sie zuvor
eingesetzt worden war, sind häufig Gegenstand der Patientenverfügungen. Ebenfalls
bekannt sind die Gründe, die das Pflegepersonal in einem (Pflege-)Heim bewegen,
in einem Gespräch mit dem zuständigen Betreuer und dem behandelnden
(Haus-)Arzt eine Übereinkunft über den Einsatz einer PEG-Sonde zu erzielen,
sei es, dass die Nahrungsaufnahme auch mithilfe menschlicher Essenshilfe immer
weniger gelingt oder dem Heim bei dem (unzureichenden) Personalschlüssel die für
eine ausreichende Essenshilfe erforderliche Zeit nicht zur Verfügung steht.

Der Einsatz einer PEG-Sonde lässt sich nicht als eine Heilmaßnahme qualifizieren, 65
ein ärztlicher Eingriff ist sie insofern, als die Anordnung ihrer Verwendung und die
Einsetzung des Arztes erfordern. Ihrer Zweckbestimmung entsprechend wird sie als
Maßnahme eigener Art beschrieben und eingeordnet werden können. Wegen der
mit ihrem Einsatz verbundenen möglichen Folgen gilt der Eingriff als riskant und
genehmigungsbedürftig iSd § 1904 BGB. Zudem bringt das Anlegen der PEG für
den Patienten keinen Gewinn; im Gegenteil, weder muss der Patient selbst die

Nahrungsaufnahme mit den zur Verfügung stehenden Mitteln bewältigen, noch
gewinnt er bei dieser Form der Nahrungs- und Flüssigkeitszufuhr einen Geschmack
für die Nahrung und die Flüssigkeit.

66 Als erhebliche Risiken und unerwünschte (Neben-)Wirkungen werden genannt:
schwere Unruhezustände mit nachfolgender Fixierungsnotwendigkeit; Selbstentfer-
nung der Sonde durch den Patienten; Lungenentzündung, hervorgerufen durch
aspirierte Sondenernährung (Rücklauf aus dem Magen in Luftröhre und Bronchi-
albaum); ernste Infektionen und andere schwerwiegende Komplikationen (DE RIDDER
BtPrax 2009, 14 [15]).

e) Organspende
67 Das Betreuungsgesetz enthält keine Regelung für die Organspende. Der RegEntw
des BtG sah seinerzeit dafür kein Bedürfnis (im Einzelnen dazu STAUDINGER/BIEN-
WALD[12]).

68 Das am 1. 12. 1997 in Kraft getretene Gesetz über die Spende, Entnahme und
Übertragung von Organen (Transplantationsgesetz – TPG) v 5. 11. 1997 (BGBl 1997
I 2631), geändert durch das „Gesetz zur Änderung des Transplantationsgesetzes"
v 21. 7. 2012 (BGBl I 1601), zuletzt geändert durch Art 2 G v 21. 11. 2016 (BGBl I 2623)
sieht Folgendes vor:

Zu unterscheiden sind die Organentnahme bei toten und die bei lebenden Organ-
spendern. Für die Entscheidung über die Organentnahme zum Zwecke der Transplantation (Organspende) bei einem **toten Betreuten** ist der Betreuer nicht zuständig. Entweder hat der Organspender selbst in die Organentnahme eingewilligt (§ 3
TPG) oder ein anderer hat zugestimmt (§ 4 TPG). Das kann ein naher Angehöriger
oder eine ihm gleichstehende Person sowie ein von dem Spender Beauftragter (§ 4
Abs 3 TPG) sein. Die nächsten Angehörigen sind in § 4 Abs 2 S 1 TPG genannt; dort
ist auch die Reihenfolge ihrer Entscheidungszuständigkeit bestimmt. Während anstelle von Eltern eines minderjährigen Organspenders der personensorgeberechtigte
Vormund oder Pfleger entscheidungszuständig sein kann, wurde dem Betreuer keine
entsprechende Funktion eingeräumt. Allerdings steht dem nächsten Angehörigen
eine volljährige Person gleich, die dem möglichen Organspender bis zu seinem Tode
in besonderer persönlicher Verbundenheit offenkundig nahegestanden hat; sie tritt
neben den nächsten Angehörigen (§ 4 Abs 2 S 6 TPG). Hierunter ist in erster Linie
der in der bisherigen Aufzählung nicht genannte Lebensgefährte zu verstehen. Der
Betreuer kommt als solcher dafür nicht in Betracht, mag er auch in Ausübung seines
Amtes nahegestanden haben. Erforderlich ist, dass die betreffende zustimmungs-
berechtigte Person dem möglichen Organspender „in besonderer persönlicher Verbundenheit offenkundig" nahegestanden hat. Dass eine derartige Verbundenheit
zwischen dem (ehemaligen) Betreuer und dem Spender bestanden haben kann,
ist in Ausnahmefällen denkbar. Diese Beziehung muss aber über die Betreuungstätigkeit hinaus und die dadurch bedingte Nähe zustande gekommen sein; das Amt
keine Rolle mehr gespielt haben (**aA** wohl DEINERT BtPrax 1998, 60, 63; zweifelnd ERMAN/
ROTH Rn 20).

69 Organentnahme bei **lebenden Spendern** verlangt nach § 8 Abs 1 S 1 Nr 1 a) und b)
TPG die Einwilligung einer in bestimmter Hinsicht aufgeklärten Person, die voll-

jährig und einwilligungsfähig ist. Aus der Einzelbegründung des RegEntw des TPG zu dem damaligen § 7 (nunmehr § 8) geht hervor, dass die zum Zeitpunkt der Einwilligung einwilligungsfähige Person „insbesondere weder geistig noch seelisch behindert noch psychisch krank" sein darf (BT-Drucks 13/4355, 20). Eine **Stellvertretung** ist **nicht** vorgesehen. Andeutungen im RegEntw des BtG, die auf eine Zuständigkeit des Betreuers, wenn auch in seltenen Ausnahmefällen, deuten könnten (BT-Drucks 11/4528, 142), sind, was DEINERT (BtPrax 1998, 60, 62) übersieht, durch das TPG überholt, ganz abgesehen davon, dass sich die Frage nach einer Genehmigungsbedürftigkeit einer Betreuerentscheidung immer erst dann stellt, wenn sie in seinen Aufgabenkreis fällt. Langfristig gesehen kann einem Betreuer die Sache nicht als eine besorgungsbedürftige Angelegenheit übertragen werden (Erforderlichkeitsgrundsatz); eine kurzfristige Übertragung kommt wegen der Voraussetzungen des § 8 TPG nicht in Betracht (dies ist auch bei WALTER FamRZ 1998, 201, 203/204 übersehen; im Ergebnis aber gl Ansicht). Abl bereits nach bisherigem Recht AG Mölln FamRZ 1995, 188, 1232 = Recht der Lebenshilfe 1995, 27 (bestätigt durch LG Lübeck aaO).

f)   Wissenschaftliche Arzneimittelerprobung und klinische Prüfung von Medizinprodukten

Eine spezielle betreuungsrechtliche Regelung haben diese Bereiche nicht erfahren. **70** Der RegEntw des BtG hatte seinerzeit keine eigenen Bestimmungen zur wissenschaftlichen Erprobung von **Arzneimitteln** vorgesehen, sondern auf bestehende Sonderregelungen hingewiesen. Zu damaliger Zeit existierte bereits das Arzneimittelgesetz (AMG). In der Einzelbegründung zu § 1904 BGB-E verwies der RegEntw darauf und stellte fest, danach (§ 40 Abs 2 Nr 2 AMG) könne der Betreuer nicht für den Betreuten in die klinische Prüfung eines Arzneimittels einwilligen.

Nach der Bekanntmachung der Neufassung des Arzneimittelgesetzes vom 11. 12. **71** 1998 (BGBl I 3586) und späterer Neufassung durch Bekanntmachung v 12. 12. 2005 (BGBl I 3394) stellt sich die Rechtslage folgendermaßen dar: Nach § 40 AMG darf eine **klinische Prüfung** eines Arzneimittels bei volljährigen Menschen nur durchgeführt werden, wenn und solange die Person, bei der sie durchgeführt werden soll, ihre Einwilligung hierzu erteilt hat, nachdem sie durch einen Arzt über Wesen, Bedeutung und Tragweite der klinischen Prüfung aufgeklärt worden ist (§ 40 Abs 1 Nr 3 AMG). Diese Einwilligung ist nur wirksam, wenn die Person, die sie abgibt, geschäftsfähig und in der Lage ist, Wesen, Bedeutung und Tragweite der klinischen Prüfung einzusehen und ihren Willen hiernach zu bestimmen, und wenn sie die Einwilligung selbst und schriftlich erteilt hat. Die Einwilligung kann auch jederzeit widerrufen werden. Eine Ersetzung der Einwilligung eines Volljährigen ist nicht vorgesehen.

Davon zu unterscheiden ist der **Heilversuch** (§ 41 AMG), der auch bei einer Person **72** durchgeführt werden darf, die geschäftsunfähig ist. Ist der Kranke (unabhängig von der Frage der Geschäftsfähigkeit) nicht fähig, Wesen, Bedeutung und Tragweite der klinischen Prüfung einzusehen und seinen Willen hiernach zu bestimmen, so genügt die Einwilligung seines gesetzlichen Vertreters (Abs 3 Nr 2). Diese ist allerdings nur wirksam, wenn der gesetzliche Vertreter hinreichend (Abs 3 Nr 2) aufgeklärt worden ist. Lebensrettende Maßnahmen können ggf auch ohne seine Einwilligung getroffen werden. Ist eine geschäftsunfähige Person in der Lage, Wesen, Bedeutung und Tragweite der klinischen Prüfung einzusehen und ihren Willen hiernach zu bestimmen, so bedarf die klinische Prüfung neben einer erforderlichen Einwilligung dieser Person der Einwilligung ihres gesetzlichen Vertreters (Nr 3). Die klinische Prüfung darf nur durchgeführt werden, wenn die Anwendung des zu prüfenden Arzneimittels nach den Erkenntnissen der medizinischen Wissenschaft angezeigt ist, um das Leben des Kranken zu retten, seine Gesundheit wiederherzustellen oder sein Leiden zu erleichtern (§ 41 Abs 1 Nr 1 AMG). Weitere Einzelheiten s § 41 AMG sowie den Beitrag von SOBOTA, in: FS Kriele 367, 378 ff. Entgegen SOBOTA kann eine Beauftragung des Betreuers mit der Entscheidung über die Einwilligung in die klinische Prüfung nicht mit dem Argument abgelehnt werden, der Versuch käme auch der Allgemeinheit zugute. Die Betreuerbestellung findet nicht im ausschließlichen Interesse des Betroffenen statt. Widersprüchlich FREUND/HEUBEL, die einerseits feststellen, ein Einverständnis einer Betreuerperson übersteige deren Kompetenz (Fürsorge für den Betreuten), andererseits auf die klarstellende Funktion der Marburger Richtlinien (§ 2 Abs 4 weist auf die Genehmigungsbedürftigkeit nach § 1904 BGB hin) aufmerksam machen (MedR 1997, 347, 350). Fehlt dem Betreuer die Befugnis zur Entscheidung, liegt eine genehmigungsfähige Entscheidung nicht vor.

73 Das Gesetz über **Medizinprodukte** (Medizinproduktegesetz – MPG) vom 2. 8. 1994 (BGBl I 1963; idF von 7. 8. 2002 [BGBl I 3146]; zuletzt geändert d Art 16 G v 23. 12. 2016 [BGBl I 3191]), dessen Anwendungsbereich in § 2 näher beschrieben ist, sieht vor, dass die klinische Prüfung eines Medizinprodukts nur bei Menschen durchgeführt werden darf, wenn und solange die Person ihre Einwilligung erklärt hat, nachdem sie hinreichend aufgeklärt worden ist (näher dazu § 17 Abs 1 Nr 2 MPG). Während bei Minderjährigen die zusätzliche Einwilligung des gesetzlichen Vertreters erforderlich ist, kann die mangels Einwilligungsfähigkeit nicht erreichbare Einwilligung des Betroffenen nicht ersetzt werden. § 17 Abs 2 Nr 1 MPG bestimmt ausdrücklich, dass eine Einwilligung nach Absatz 1 Nr 2 nur wirksam ist, wenn die Person, die sie abgibt, geschäftsfähig und in der Lage ist, Wesen, Bedeutung und Tragweite der klinischen Prüfung einzusehen und ihren Willen hiernach zu bestimmen.

74 Auch das MPG sieht in besonderen Fällen (um das Leben des Kranken zu retten, seine Gesundheit wiederherzustellen oder sein Leiden zu erleichtern, § 18 Nr 1 MPG) die klinische Prüfung bei Personen vor, die geschäftsunfähig sind. Hier ist die Einwilligung des **gesetzlichen Vertreters** erforderlich. Daneben bedarf es auch der Einwilligung des Vertretenen, wenn er in der Lage ist, Wesen, Bedeutung und Tragweite der klinischen Prüfung einzusehen und seinen Willen hiernach zu bestimmen. Medizinprodukte sind Instrumente, Apparate, Vorrichtungen, Stoffe und Zubereitungen aus Stoffen oder anderen Gegenständen, die der Behandlung dienen sollen (JÜRGENS KritV 1998, 34).

75 Der Betreuer ist aufgrund seiner betreuungsrechtlichen Einbindung in der Abgabe der Einwilligung nicht völlig frei, ganz abgesehen davon, dass sein Aufgabenkreis eine Einwilligungserklärung erlauben muss. Im Allgemeinen dürfte der Aufgabenkreis Gesundheitsfürsorge (oder spezifisch: Entscheidungen zwecks Behandlung der XY-Krankheit) ausreichen, um die Entscheidung zu treffen und das Produkt zur Behebung der betreffenden Krankheit usw einzusetzen. Der Betreuer hat sich nach dem Gebot des § 1901 Abs 2 BGB mit seinen Entscheidungen am **Wohl des Betreuten** zu orientieren und etwaige Wünsche und Vorstellungen seines Betreuten zu berücksichtigen (TAUPITZ/FRÖHLICH VersR 1997, 911, 917). Liegen die Voraussetzungen des § 1904 Abs 1 BGB vor, benötigt der Betreuer für seine Einwilligung grundsätzlich (Ausnahme: Abs 1 S 2) die Genehmigung des Betreuungsgerichts.

Zur Stellungnahme der Zentralen Ethikkommission „Zum Schutz nichteinwilli- 76
gungsfähiger Personen in der medizinischen Forschung" TAUPITZ/FRÖHLICH VersR
1997, 911; im Übrigen neben dem Spezialschrifttum HOLZHAUER NJW 1992, 2325;
JÜRGENS KritV 1998, 34; HOFFMANN BtPrax 2004, 216. S auch die kleine Anfrage
(BT-Drucks 13/9520) und die Antwort der Bundesregierung (BT-Drucks 13/9577) zum
„Schutz einwilligungsunfähiger Menschen bei Forschungsvorhaben", bezogen auf
das vom Europarat beschlossene „Menschenrechtsübereinkommen zur Biomedizin".

Die Erteilung einer (Vorsorge-)**Vollmacht** zwecks Vermeidung einer Betreuerbestel- 77
lung ist in diesen Fällen **ungeeignet**. Als gesetzlicher Vertreter kann der Bevollmächtigte nicht auftreten; diesen Status kann der Vollmachtgeber ihm nicht verleihen. Eine durch das 2. BtÄndG eingefügte Änderung des § 51 ZPO beseitigt
dieses Problem nicht. Soweit die Einwilligung des Betroffenen erforderlich ist, ist
durch die Forderung des Gesetzes (§ 40 Abs 2 S 1 Nr 2 AMG, § 17 Abs 2 S 1 Nr 2
MPG), die Einwilligung müsse von der betreffenden Person selbst und schriftlich
erteilt sein, gewillkürte Stellvertretung als ausgeschlossen anzusehen.

g) Kastration

Unter Kastration ist die völlige Entfernung der Keimdrüsen oder die auf Dauer 78
angelegte Aufhebung ihrer Funktionsfähigkeit ohne ihre Entfernung zu verstehen.
Maßgebend ist das Gesetz über die freiwillige Kastration und andere Behandlungsmethoden von 15. 8. 1969 (BGBl I 1143), das zuletzt durch Artikel 2 Absatz 8 d G vom
4. 11. 2016 (BGBl I 2460) geändert worden ist. Ist die betreute Person nicht fähig,
Grund und Bedeutung der Kastration einzusehen und ihren Willen hiernach zu
bestimmen, kommt eine Einwilligung durch einen dafür entscheidungsbefugten Betreuer in Betracht. Der Betreuer benötigt für seine Einwilligung die Genehmigung
des Betreuungsgerichts (§ 6 KastrG; Änderung der Gerichtsbezeichnung durch
Art 85 FGG-RG). Zu weiteren Voraussetzungen sowohl der Entscheidung des Betreuers als auch der Genehmigung des Gerichts s d KastrG sowie LAUFS/UHLEN-
BRUCK, Handbuch des Arztrechts (3. Aufl 2002) 1072 ff.

3. Schwerwiegende Folgen

a) Zum schweren und länger dauernden gesundheitlichen Schaden

Die betreuungsgerichtliche Genehmigung sowohl der Einwilligung des Betreuers in 79
die beabsichtigte Maßnahme als auch der Nichteinwilligung oder des Widerrufs der
Einwilligung ist nur erforderlich, wenn die begründete Gefahr besteht, dass der
Betreute aufgrund der Maßnahme oder infolge des Unterlassens der medizinisch
angezeigten Maßnahme stirbt oder einen schweren und länger dauernden gesundheitlichen Schaden erleidet.

Bei einer nachträglichen Prüfung und Würdigung der Umstände des Falles spräche 80
gegen das Erfordernis der Genehmigung eine abstrakt nicht auszuschließende Gefahr des Eintritts schwerwiegender Folgen oder auch die fehlende Kausalität der

Maßnahme für einen konkret eingetretenen Schaden. Die Feststellung der begründeten Gefahr hat sowohl allgemeine (objektive) Gefährlichkeit einer Maßnahme als auch das Maß der Folgen für den jeweiligen Betreuten zu berücksichtigen. Geht es um die Durchführung einer Maßnahme, die an und für sich ein hohes Risiko für den Patienten bedeutet, benötigt der Betreuer die Genehmigung des Betreuungsgerichts schon deshalb, weil die begründete Gefahr allgemein besteht, wenngleich es ärztlicherseits verantwortet werden kann, bei Abwägung aller für und wider die Maßnahme sprechender Umstände ein so hohes Risiko einzugehen. Zum Grad und zu der Nähe der Gefahr WIEBACH/KREYSSIG/PETERS/WÄCHTER/WINTERSTEIN BtPrax 1997, 48, 49.

81 Ist die beabsichtigte Maßnahme im Allgemeinen nicht gefährlich, kann sie bei dem einzelnen Betreuten jedoch zu schwerwiegenden Folgen iSd § 1904 Abs 1 S 1 BGB führen, so braucht der Betreuer die Genehmigung des Betreuungsgerichts. Zu den Maßnahmen, bei denen eine ernste Lebensgefahr für den Betreuten zu befürchten ist, zählen nach der amtl Begr (BT-Drucks 11/4528, 140) vor allem Risikooperationen, die an herzkranken oder aus sonstigen Gründen durch die Operation besonders gefährdeten Patienten vorgenommen werden. Das Genehmigungsbedürfnis besteht auch, wenn zu befürchten ist, dass der Betreute einen schweren und länger dauernden gesundheitlichen Schaden erleidet. Beides muss zusammenkommen (BT-Drucks 11/4528, 140). Ist der gesundheitliche Schaden lediglich schwer, aber nicht länger dauernd, oder wird er länger andauern, aber nicht schwer sein, benötigt der Betreuer für seine Einwilligung in die Maßnahme nicht die gerichtliche Genehmigung.

82 Die in der Aufzählung des § 224 StGB enthaltenen Wertungen sollen bei der Auslegung des § 1904 BGB herangezogen werden können (BT-Drucks 11/4528, 140). Danach liegen schwere gesundheitliche Beeinträchtigungen vor, wenn jemand ein wichtiges Glied des Körpers, das Sehvermögen auf einem oder beiden Augen, das Gehör, die Sprache oder die Zeugungsfähigkeit verliert oder in erheblicher Weise dauernd entstellt wird oder in Siechtum, Lähmung oder Geisteskrankheit verfällt. Diese Aufzählung an Beispielen enthält allerdings schwerwiegende Beeinträchtigungen bzw Schäden, die zugleich auch dauerhaft sind. Als konkrete Folgen bestimmter Untersuchungen werden bei SCHREIBER (FamRZ 1991, 1014, 1015) Nierenbeckenentzündung, die zum Tode führen kann, völlige Gelenksteife, Herzarrhythmien, bleibende Schäden bei Liquorentnahme genannt. Als schwere gesundheitliche Schäden können auch schwere nachteilige Nebenwirkungen von Medikamenten angesehen werden (BT-Drucks 11/4528, 140).

83 Ob der Betreute durch die Maßnahme einen länger dauernden gesundheitlichen Schaden erleidet, soll sich nicht ohne den Blick auf die Art des Schadens beantworten lassen (BT-Drucks 11/4528, 141). Im Regelfall soll nach der amtl Begr (BT-Drucks 11/4528, 141) bei einer Dauer von einem Jahr oder mehr ein länger dauernder Schaden vorliegen. In solchen Fällen, die unterhalb dieser Grenze liegen, ist die Genehmigung des Betreuungsgerichts nicht erforderlich; es entscheidet der Betreuer allein. Das LG Hamburg, das zunächst eine Elektrokrampfbehandlung (elektrokonvulsive Therapie) im Hinblick auf den Eintritt von Erinnerungsstörungen, die die Persönlichkeit uU auf das schwerste beeinflussen und sich erst nach dem Ablauf von sechs Monaten zurückgebildet haben können, für eine derart einschneidende Beeinträchtigung angesehen hatte, dass es bereits bei einer Dauer von mehr als sechs Monaten

die Einschaltung des Gerichts für angezeigt hielt (FamRZ 1994, 1204 mAnm RICHTER; abl
SCHREIEDER BtE 1994/95, 113, 114), hat seine Auffassung dahingehend modifiziert, dass
generell nur die bilateral durchgeführte Maßnahme genehmigungsbedürftig ist, die
unilateral durchgeführte nicht ohne Weiteres (NJWE-FER 1998, 203).

b) Der Gefahrbegriff

Die in Abs 1 S 1 genannten Folgen müssen ernstlich und konkret zu erwarten sein. **84**
Für eine Genehmigungsbedürftigkeit reicht es nicht aus, dass die schweren Folgen
nicht auszuschließen sind. Nur ernste und konkrete Erwartungen sollen die Genehmigungsbedürftigkeit begründen (BT-Drucks 11/4528, 140). Als Beispiele für eine Lebensgefahr nennt die amtl Begr Risikooperationen an herzkranken oder aus sonstigen Gründen durch die Operation besonders gefährdeten Patienten.

IV. Die betreuungsgerichtliche Genehmigung

1. Rechtsnatur und Wirkungsweise der Genehmigung

Ebenso wie die Einwilligung des Patienten Rechtmäßigkeitsvoraussetzung einer **85**
Untersuchung, einer Heilbehandlung oder eines ärztlichen Eingriffs ist, nimmt die
Einwilligung des Betreuers, der anstelle des einwilligungsunfähigen Betreuten han-
delt, der medizinischen Maßnahme den Charakter eines rechtswidrigen Eingriffs.
Das BtG hat bewusst stellvertretendes Handeln des gesetzlichen Vertreters für einen
einwilligungsunfähigen Betreuten eingeführt, um diesen Personenkreis von solchen
Maßnahmen, wie sie in § 1904 BGB genannt sind, nicht auszuschließen (BT-Drucks 11/
4528, 72). **Stirbt der Betreuer** (oder der Bevollmächtigte), nachdem er seine Absicht
zu entscheiden dem Gericht zwecks Genehmigung mitgeteilt hat, liegt es hier wie im
Falle der Unterbringung.

Die Erteilung oder die Nichterteilung der nach den §§ 1821 ff BGB erforderlichen
gerichtlichen Genehmigungen wird jeweils als ein Akt der freiwilligen Gerichtsbarkeit, als ein gerichtlicher Hoheitsakt, verstanden (eingehend STAUDINGER/VEIT [2014]
§ 1828 Rn 7).

Es ist kein Grund ersichtlich, die Erteilung oder die Nichterteilung der Genehmigungen des § 1904 BGB anders zu deuten. Es geht um die Gestattung von Eingriffen
oder die Verweigerung oder Rücknahme der Gestattung, nicht um Rechtsgeschäfte
und deren Wirksamwerden.

Der Charakter der betreuungsgerichtlichen Genehmigung der Einwilligungserklä- **86**
rung ist im Übrigen umstritten. Während DAMRAU/ZIMMERMANN Rn 2 sowie Münch
Komm/SCHWAB Rn 39 (vgl ANS FROST 149; ebenfalls RINK, in: HK-BUR § 1904 Rn 29; wohl
auch KERN MedR 1993, 245, 248) die Rechtmäßigkeit ärztlichen Handelns von dem
Vorliegen auch der betreuungsgerichtlichen Genehmigung der Einwilligungserklärung abhängig machen wollen, qualifizierten BIENWALD, BtR Rn 27, sowie KEIDEL/
ENGELHARDT (15. Aufl) § 55 FGG Rn 5 aF, wohl auch KEIDEL/BUDDE § 298 FamFG
Rn 1 die gerichtliche Genehmigung als reine „Innengenehmigung", deren Fehlen
keine Auswirkung auf die Rechtmäßigkeit der durchgeführten Maßnahme hat, wenn
sonst keine Mängel vorliegen (differenzierend und zum Meinungsstand ERMAN/ROTH Rn 25).
Fehlt die gerichtliche Genehmigung, betrifft dies allein den Betreuer, der dann

pflichtwidrig gehandelt hat, sofern es sich nicht um die in Abs 1 S 2 beschriebene Ausnahmesituation handelt. Für sie ist zwar die Genehmigung des Betreuungsgerichts, nicht aber die Einwilligung des Betreuers entbehrlich, es sei denn, dass es sich um einen Notfall handelt, in dem der tätige Arzt als „Geschäftsführer ohne Auftrag" handeln würde, wenn auch der Betreuer nicht erreichbar ist.

87 Die gerichtliche Genehmigung dient nach hM (so Erman/Roth Rn 25), wenn auch nicht in erster Linie, der Entlastung für Arzt und Betreuer (so aber Palandt/Diederichsen Rn 25; auch Palandt/Götz Rn 25), insbesondere aber deren Kontrolle (Erman/Roth Rn 25). Die Motive des 3. BtÄndG (Stärkung des Selbstbestimmungsrechts; BT-Drucks 16/8442, 2) und das aufwändige Genehmigungsverfahren sowie die bereits früher im RegEntw des Betreuungsgesetzes zum Ausdruck gebrachte Absicht, die persönliche Betreuung und die Personensorge (im Verhältnis zu den Regelungen der Vermögenssorge) zu stärken (BT-Drucks 11/4528, 49, 53, 72 ff), deuten darauf hin, dass es in erster Linie darauf ankam, die betroffene Person in ihrer Entscheidungsfreiheit zu unterstützen, obwohl die Genehmigungsfreiheit des Abs 4 nicht davor schützt, dass Arzt und Betreuer (Bevollmächtigter) einvernehmlich zum Nachteil des Betroffenen handeln.

88 Über die Rechtsnatur der Genehmigung und deren Verweigerung lässt sich die amtl Begr des damaligen RegEntw des Betreuungsgesetzes (BT-Drucks 11/4528) weder in ihrem dem materiellen Recht gewidmeten Teil noch in der Begründung zu der einschlägigen Verfahrensbestimmung (§ 69d FGG aF) aus. Dort wird auch zur Wirkungsweise der gerichtlichen Genehmigung nichts ausgesagt. Der zur Begründung der Auffassung, es handele sich um eine Außengenehmigung (OLG Frankfurt FamRZ 1998, 1137 [1138] mAnm Bienwald 1138 = NJW 1998, 2747; Damrau/Zimmermann Rn 7, MünchKomm/Schwab Rn 39, HK-BUR/Rink Rn 29; Erman/Roth Rn 25), herangezogene Vergleich mit den Regelungen der §§ 1905 und 1906 BGB (Erman/Roth Rn 25) erklärt nicht, die nach § 1904 BGB geforderte Genehmigung sei eine Außengenehmigung. Die Vorschriften weisen erhebliche Unterschiede auf. Mit der ausführlichen Begründung und den Einzelheiten der Vorschrift weicht die Regelung der Sterilisation sowohl im materiellen Recht als auch in den Verfahrensbestimmungen deutlich von den anderen Regelungen ab (BT-Drucks 11/4528, 73–79, 142–145). § 1905 BGB wurde von vornherein ein Sonderstatus eingeräumt. Für die Entscheidung ist mehr als nur die Einwilligungsunfähigkeit nötig. Eine freiheitsentziehende Unterbringung oder Maßnahme ist nur zulässig, wenn der Richter darüber entschieden hat (Art 104 Abs 2 GG). Ob in Anbetracht der uneingeschränkten Richterzuständigkeit der zivilrechtlichen Unterbringungsentscheidung des Betreuers oder des Bevollmächtigten mehr als nur die Bedeutung eines Vorschlags zukommt, kann zumindest fraglich sein. Die Genehmigung ist nachzuholen (§ 1906 Abs 2 S 2 BGB), wenn sie nicht vor der Freiheitsentziehung eingeholt werden konnte bzw musste.

89 Die nach § 1904 Abs 1 BGB erforderliche Genehmigung des Gerichts verschafft dem Betreuer die Befugnis, die Durchführung einer ärztlichen Maßnahme iSd Abs 1 S 1 zu veranlassen und die notwendige Einwilligung zu erteilen. Der die Genehmigung (oder ihre Ablehnung) enthaltende Beschluss ist dem Betreuer bekanntzugeben. Eine Weitergabe an den die Maßnahme vollziehenden Arzt ist nicht vorgesehen. Der Arzt wird weder an dem Genehmigungsverfahren beteiligt noch sieht das

Verfahrensrecht vor, dass ihm die Entscheidung bekanntgegeben wird. Verlässt sich der Arzt auf die Mitteilung des Betreuers oder des Bevollmächtigten, dass das Gericht die Maßnahme genehmigt habe, begeht der Arzt keine rechtswidrige Körperverletzung, weil für ihn die Einwilligung des Betreuers (anstelle der des Patienten) maßgebend ist. Wird die gerichtliche Genehmigung versagt, bindet die Entscheidung den Betreuer und schränkt dessen Entscheidungszuständigkeit ein. An dieser Rechtslage hat die Neufassung des § 1904 BGB durch das 3. BtÄndG nichts geändert, das den Abs 1 unverändert gelassen hat.

Will der Betreuer in die medizinisch angezeigte Maßnahme (entsprechend den **90** Wünschen des Betreuten) nicht einwilligen, benötigt er die gerichtliche Genehmigung. Der Arzt wird dadurch unmittelbar nicht betroffen. Denn ein ärztliches Tätigwerden würde die Einwilligung des Betreuers voraussetzen. Aus welchen Gründen der Betreuer nicht einwilligt oder seine Einwilligung widerruft, hat für den Arzt keine Bedeutung. Er befindet sich allerdings in der Situation, entweder eine rechtswidrige Maßnahme vorzunehmen oder einer unterlassenen Hilfeleistung bezichtigt zu werden.

Genehmigt das Gericht das beabsichtigte „nein" zu der medizinischen Maßnahme, **91** erlangt der Betreuer die konkrete Befugnis, sich wie beabsichtigt zu verhalten. Widerruft der Betreuer die vorher erteilte Einwilligung, darf der Arzt die beabsichtigt gewesene Maßnahme nicht durchführen, gleichgültig, ob das Gericht die Entscheidung des Betreuers genehmigt hat oder nicht. Denn es fehlt die für das Tätigwerden des Arztes notwendige Einwilligung des Betreuers, die nötig wäre, um eine ärztliche Maßnahme rechtmäßig sein zu lassen. Lehnt das Gericht das Unterlassen der Maßnahme oder den beabsichtigten Widerruf der Einwilligung ab, hätte der Betreuer seine Einwilligung in die Maßnahme zu erteilen bzw den beabsichtigten Widerruf zu unterlassen. Würde der Betreuer sich nicht daran halten, hätte das für den Arzt die Konsequenz, dass nicht die Entscheidung des Gerichts, sondern nur die des Betreuers für ihn unmittelbar verbindlich wäre.

Anders als bei den Genehmigungen nach §§ 1821 ff BGB schränkt § 1904 Abs 3 **92** BGB den Entscheidungsspielraum des Gerichts ein, indem das Gericht die nach Abs 1 und 2 vorgesehenen Genehmigungen zu erteilen hat, wenn die vom Betreuer beabsichtigte Entscheidung dem Willen des Betreuten entspricht. Das Gericht hat deshalb lediglich die Aufgabe, den Sachverhalt festzustellen und danach dem Betreuer zu bestätigen, dass die beabsichtigte Entscheidung dem Willen des Betreuten entspricht. Während das Gericht in den Fällen der §§ 1821 ff BGB die Genehmigung verweigern darf (muss), wenn das Geschäft nicht den Interessen des Betreuten entspricht (STAUDINGER/VEIT [2014] § 1828 Rn 13), erlaubt § 1904 Abs 3 BGB eine Einschränkung dieses Inhalts nicht, um den Willen des Betreuten keinen Korrekturen zu unterwerfen. Eine Sachverhaltsfeststellung unterbleibt bei dem Einvernehmen von Betreuer und Arzt gem Abs 4 und auch im Eilfall des Abs 1 S 2.

Ob eine Untersuchung des Gesundheitszustands, eine Heilbehandlung oder ein **93** ärztlicher Eingriff genehmigungsbedürftig ist, kann im Einzelfall für den Betreuer schwierig zu beurteilen sein. Der Betreuer wird dann zwar die Beratung des Gerichts (§ 1837 Abs 1 S 1 BGB iVm § 1908i Abs 1 S 1 BGB) in Anspruch nehmen können, worauf der RegEntw hinweist (BT-Drucks 11/4528, 141). Fraglich ist jedoch, ob dies den

Betreuer im Haftungsfall entlasten kann. Würde der Richter die Genehmigungsbedürftigkeit irrtümlich verneinen (uU würde ein Sachverständiger in dem Rechtsmittelverfahren die Folgenschwere des Eingriffs bestätigen), müsste der Betreuer jegliche Zweifel an der Auskunft unterdrücken, um nicht in einem späteren Schadensersatzprozess dem Vorwurf der Fahrlässigkeit ausgesetzt zu sein. Der Hinweis des Richters auf die Genehmigungsbedürftigkeit könnte dazu beitragen, die Gefahrensituation zu verkennen, sodass ein Handeln nach Abs 1 S 2 zum Schaden des Betreuten unterbleibt. Durch eine Genehmigung des Betreuungsgerichts wird der Betreuer einer selbständigen Prüfungspflicht nicht enthoben (für eine vertragsrechtliche Angelegenheit entschieden von BGH FamRZ 2003, 1924, 1925 mwNw).

2. Entscheidungsmaßstäbe

94 Mit der Genehmigungsbedürftigkeit von Betreuerentscheidungen im Bereich riskanter ärztlich-therapeutischer Maßnahmen reagierte das BtG auf das kritisierte Regelungsdefizit im bisherigen Recht (BT-Drucks 11/4528, 50). Die Beteiligung des Gerichts sollte dem Schutz des Betreuten dienen und die Entscheidungsmacht des Betreuers kontrollieren. Infolgedessen hat das Betreuungsgericht in der Sache keine weitergehende Entscheidungsbefugnis als der Betreuer (so auch KERN NJW 1994, 753, 759 Fn 73). Dessen betreuungsrechtliche Handlungsmaxime bildet die Grenze auch für die betreuungsgerichtliche Genehmigung. Dementsprechend sollte das Gericht seine Genehmigung der beabsichtigten Maßnahme am Wohl des Betreuten (§ 1901 Abs 2 S 1 BGB) ausrichten und in gleichem Maße wie der Betreuer die Wünsche des Betreuten beachten (§ 1901 Abs 3 S 1 und 2 BGB).

95 Obgleich es naheliegt, Vergleiche mit dem Entscheidungsverhalten einer angenommenen verständigen Person in entsprechender Situation anzustellen, darf nicht übersehen werden, dass es sich insbesondere infolge der Einwilligungsunfähigkeit des Betreuten (uU auch nicht vorhandener Verständigungsmöglichkeit im natürlichen, alltäglichen Sinne) um eine besondere Situation handelt. Da das Ziel ärztlichen Handelns die Besserung, zumindest aber die Verhinderung einer Verschlechterung des Befindens des Patienten ist und auch das Interesse des Patienten ganz überwiegend darauf ausgerichtet sein wird, hat das Gericht zu prüfen, ob bei der vom Betreuer beabsichtigten Maßnahme nach Abwägen aller für und gegen die Durchführung der Maßnahme sprechenden Umstände erwartet werden kann, dass sich das Befinden des Betreuten deutlich bessert, die Verschlechterung seines Zustands zum Stillstand gebracht oder doch in einem für den Patienten spürbaren und erträglichen Maße verlangsamt werden kann. Dabei ist zu berücksichtigen, dass dem Betreuer für seine Entscheidung im Rahmen unterschiedlicher ärztlicher Prognosen und Bewertungen bei dieser Zielsetzung (!) ein gewisses Ermessen eingeräumt werden muss, das vom Gericht bis an die Grenze des Ermessensfehlgebrauchs (oder Nichtgebrauchs) zu respektieren ist.

96 Dieser Maßstab kann nur noch uneingeschränkt für die nach Abs 1 erforderliche Genehmigung gelten, der Vorschrift, die durch das 3. BtÄndG unverändert geblieben ist. Abs 2 erfasst Entscheidungen des Betreuers, die das vom Betreuten erwünschte Ableben als Folge der unterlassenen ärztlichen Maßnahme zum Ziel haben, aber auch solche Entscheidungen, durch die dem Widerstand des Betreuten Rechnung getragen wird mit dem in der Vorschrift beschriebenen und in Kauf genommenen Risiko. Während für die erstgenannten Entscheidungen des Betreuers und die Genehmigungen des Gerichts ausschließlich der Wille des Betreuten maßgebend ist, bieten die mit anderer Zielsetzung unterlassenen Maßnahmen Raum, um Aspekte des Wohls des Betreuten zu bedenken.

V. Zur Entbehrlichkeit der betreuungsgerichtlichen Genehmigungen

In seiner Neufassung enthält § 1904 BGB zwei Bestimmungen, die eine betreu- **97** ungsgerichtliche Genehmigung und auch deren Beantragung als nicht erforderlich regeln. Wie bisher bestimmt Abs 1 S 2, dass ohne die Genehmigung des Betreuungsgerichts eine der in Abs 1 S 1 aufgeführten ärztlichen Maßnahmen nur durchgeführt werden darf, wenn mit dem Aufschub Gefahr verbunden ist. Die andere Regelung sieht vor, dass eine gerichtliche Genehmigung nach den Absätzen 1 und 2 nicht erforderlich ist, wenn zwischen dem Betreuer und dem behandelnden Arzt Einvernehmen darüber besteht, dass die Erteilung, die Nichterteilung oder der Widerruf der Einwilligung dem nach § 1901a BGB festgestellten Willen des Betreuten entspricht (Abs 3). S dazu BGHZ 202, 226 = FamRZ 2014, 1909 mAnm SPICKHOFF 1913, dessen LS lautet: „a) Der Abbruch einer lebenserhaltenden Maßnahme bedarf dann nicht der betreuungsgerichtlichen Genehmigung nach § 1904 Abs 2 BGB, wenn der Betroffene einen entsprechenden eigenen Willen bereits in einer wirksamen Patientenverfügung (§ 1901a Abs 1 BGB) niedergelegt hat und diese auf die konkret eingetretene Lebens- und Behandlungssituation zutrifft. Im Übrigen differenziert § 1901a Abs 2 Satz 1 BGB zwischen den Behandlungswünschen einerseits und dem mutmaßlichen Willen des Betroffenen andererseits. b) Das Vorliegen einer Grunderkrankung mit einem ‚irreversibel tödlichen Verlauf‘ ist nicht Voraussetzung für den zulässigen Abbruch lebenserhaltender Maßnahmen. Für die Verbindlichkeit des tatsächlichen oder mutmaßlichen Willens eines aktuell einwilligungsunfähigen Betroffenen kommt es nicht auf die Art und das Stadium der Erkrankung an (§ 1901a Abs 3 BGB).“ Die zuerst genannte Genehmigung betrifft die Einwilligung in eine beabsichtigte Maßnahme der in Abs 1 S 1 beschriebenen Maßnahmen. Die nach Abs 3 entbehrliche Genehmigung betrifft sowohl die vom Betreuer (oder dem Bevollmächtigten) beabsichtigte(n) Maßnahme(n) als auch die ablehnende oder der Aufhebung der Maßnahme(n) dienende Entscheidung des Betreuers (oder des Bevollmächtigten). Deshalb ist das Verhältnis beider Regelungen zu bestimmen.

Durch die Bestimmung des Abs 3, die sich sowohl auf Abs 1 S 1 als auch Abs 1 S 2 **98** (Eilfall) bezieht, erstreckt sich die Genehmigungsfreiheit bei Einvernehmen von Arzt und Betreuer (Bevollmächtigtem) über den Willen des Betreuten auch auf den Fall des Abs 1 S 2. Die dort geregelte Genehmigungsfreiheit kommt in diesem Fall nicht zum Tragen. Besteht kein Einvernehmen über den Willen des Betreuten, behält die Genehmigungsfreiheit des Abs 1 S 2 ihre Bedeutung. Mit dieser Regelung wird dem Betreuer (Bevollmächtigten) das Recht eingeräumt, in die (erforderliche) Maßnahme einzuwilligen und sie dementsprechend auch durchzuführen. Im Ergebnis dürfte aber die Rechtsmacht des Betreuers (Bevollmächtigten) allein nicht ausreichen, um die Maßnahme durchzusetzen, wenn nicht ein Arzt dazu bereit ist. Insofern kommt es auch hier zu einer Übereinstimmung zwischen Arzt und Betreuer (Bevollmächtigtem) mit dem Unterschied, dass den Arzt in diesem Fall keine eigene

Verpflichtung zur Willensermittlung trifft, während der Betreuer durch § 1901 Abs 2 und 3 BGB gebunden ist.

99 Nach Abs 1 S 2 darf die Maßnahme zwar ohne die betreuungsgerichtliche Genehmigung, dh auch nach deren Beantragung, aber vor ihrer Erteilung, aber nur durchgeführt werden, wenn mit dem Aufschub Gefahr verbunden ist. Satz 2 macht damit die gerichtliche Genehmigung der Betreuerentscheidung entbehrlich, nicht aber die Entscheidung des Betreuers. Handelt es sich um einen ärztlichen Notfall, dann – allerdings unabhängig von eventuellen Risiken der in § 1904 BGB beschriebenen Art – bedarf es auch nicht der Einwilligung des einwilligungszuständigen Betreuers (so auch ERMAN/ROTH Rn 30). Ärztliche Notfallsituationen sind nicht mit denen des S 2 identisch (so aber KERN MedR 1993, 245, 249). Angesichts der voraussichtlichen Dauer des Genehmigungsverfahrens könne auf die Genehmigung des Betreuungsgerichts nicht erst dann verzichtet werden, wenn es „auf jede Minute ankommt" (KERN MedR 1993, 245, 249).

100 Anders als in § 1906 Abs 2 BGB oder in § 1631b S 2 BGB ist die **nachträgliche Genehmigung** des Betreuungsgerichts **nicht vorgesehen**. Im Hinblick auf die andauernde Freiheitsentziehung ist die nach dem Beginn dieser Maßnahme eingeholte gerichtliche Genehmigung sinnvoll. Sind Maßnahmen nach § 1904 abgeschlossen, kann eine nachträgliche Genehmigung des Gerichts daran nichts ändern (BT-Drucks 11/4528, 141).

101 Ob die Voraussetzungen des Abs 1 S 2 vorgelegen haben, ob andernfalls die Genehmigung des Betreuungsgerichts einzuholen gewesen wäre, muss erforderlichenfalls in einem Folgeverfahren geklärt werden, das Aufsichtsmaßnahmen (vorsorgliche Gebote oder Verbote, § 1837 Abs 2 BGB; nachträgliche Bemerkungen aus Anlass des Berichts nach § 1840 BGB oder der Rechnungslegung, jeweils iVm § 1908i Abs 1 S 1 BGB), die Entlassung des Betreuers (§ 1908b Abs 1 BGB) oder einen Schadensersatzanspruch zum Gegenstand hat (Beispiele zT aus BT-Drucks 11/4528, 141).

102 Da die nachträgliche Genehmigung nicht etwa nur entbehrlich, sondern nicht vorgesehen ist, kann ein entsprechender Antrag verfahrensmäßig nur als unzulässig (und nicht als unbegründet) behandelt werden (so auch MünchKomm/SCHWAB Rn 44). Es entfällt auch die Möglichkeit, dem Betreuer ein Negativattest auszustellen.

103 Ohne die Genehmigung des Betreuungsgerichts darf die Maßnahme nur durchgeführt werden, wenn mit dem Aufschub Gefahr verbunden ist (Abs 1 S 2). Die hier gemeinte Gefahr entspricht nicht der des Abs 1 S 1, in § 1904 Abs 1 S 2 BGB ist sie auf einen anderen Gegenstand gerichtet. Eine Gefahr, der durch den Heileingriff begegnet werden soll, reicht nicht hin. Damit würde jede ärztlicherseits für erforderlich gehaltene Maßnahme ohne gerichtliche Genehmigung möglich sein, die sich gegen die Erkrankung richtet. Heileingriff und Gefahrenabwehr wären identisch. Hinzu kommt, dass nach dem Wortlaut der Vorschrift auch eine ärztliche Untersuchung keinen Aufschub dulden darf und ohne Abwarten der Genehmigung des Gerichts erforderlich sein muss.

104 „Gefahr" kann deshalb in diesem Zusammenhang nur bedeuten, dass eine erhebliche gesundheitliche Beeinträchtigung, die über den Anlass ärztlicher Bemühungen hinausgeht, ein Handeln ohne Aufschub – allerdings mit Einwilligung des Betreuers, denn auf dessen Einwilligung wird hier nicht verzichtet – erfordert. Wäre das Erfolgsrisiko eines Heileingriffs bei Aufschub der Maßnahme erheblich geringer, käme bei einer aufgeschobenen Diagnose ein Eingriff oder eine sonstige therapeutische Maßnahme zu spät oder werden Heilungschancen erheblich verschlechtert, so ist ein Handeln ohne gerichtliche Genehmigung geboten. In diesem Sinne handelt es sich (mit Schwab FamRZ 1990, 681, 686) um eine Gefahr für Leib und Leben, der durch ein rechtzeitiges Handeln begegnet werden kann (Bienwald, BtR Rn 26 unter Berufung auf Schwab FamRZ 1990, 681, 686; Kern MedR 1993, 245, 249; MünchKomm/Schwab Rn 32, 54 ff mwNw; Soergel/Zimmermann Rn 48).

VI. Zur Anwendung der Regelungen für den Bevollmächtigten (Abs 5)

1. Allgemeines und zur Vorgeschichte

Mit den in Abs 5 enthaltenen Regelungen passt das 3. BtÄndG in gewisser Weise die **105** Rechtsstellung des Bevollmächtigten den für den Betreuer geltenden Vorschriften an. Abs 5 S 2 macht die Einwilligungsbefugnis – wie bisher – davon abhängig, dass die Vollmacht die Maßnahmen, in die der Bevollmächtigte einwilligen können soll, ausdrücklich umfasst und die Vollmacht insoweit schriftlich erteilt worden ist. Das entspricht dem bis zum Inkrafttreten des 3. BtÄndG geltenden Recht.

Die dem jetzigen Abs 5 entsprechende Vorschrift des Abs 2 (aF) wurde durch Art 1 **106** Nr 14 BtÄndG angefügt. In der Zielsetzung des RegEntw des BtÄndG heißt es dazu, im materiellen Betreuungsrecht solle der Schutz des Betroffenen bei Erteilung einer Vorsorgevollmacht verbessert und damit dieses Rechtsinstitut als Alternative zur Betreuung gestärkt werden (BT-Drucks 13/7158, 1). Erst die Einzelbegründung der Ergänzungen der §§ 1904 und 1906 BGB, dessen neuer Abs 5 dem § 1904 Abs 2 BGB entsprach, räumte ein, dass zunächst der Weg geebnet werden musste, die Bevollmächtigung auch im Bereich von ärztlicher Heilbehandlung und Unterbringung einzusetzen. Bis dahin war überwiegend abgelehnt worden, dass der Bevollmächtigte aufgrund entsprechender rechtsgeschäftlich erteilter Vollmacht in eine ärztliche Heilbehandlung des Vollmachtgebers einwilligen oder auch dessen Unterbringung verfügen darf (BT-Drucks 13/7158, 34 m Diskussion der jüngeren Entscheidungen).

Die Regelungen des § 1904 Abs 5 BGB (früher Abs 2) und des § 1906 Abs 5 BGB **107** betreffen zwar nur eng begrenzte Sachverhalte; mit ihnen eröffnete der Gesetzgeber aber nicht nur die Möglichkeit, sogar lebensgefährliche gesundheitliche Angelegenheiten und die Entscheidung über die freiheitsentziehende Unterbringung einem anderen, der nicht amtlich bestellt worden ist, anzuvertrauen, sondern grundsätzlich die Bevollmächtigung für Angelegenheiten der Personensorge. Mit der Regelung sollte die praktische Bedeutung der Vorsorgevollmacht und damit zugleich die Fähigkeit des Betroffenen, in voller geistiger Klarheit über sein künftiges Wohl und Wehe zu entscheiden, gestärkt werden; außerdem sollte sichergestellt werden, dass Vorsorgevollmachten in höchstpersönlichen Angelegenheiten nicht voreilig erteilt und dass einschneidende Maßnahmen des Bevollmächtigten vom Gericht kontrolliert werden (BT-Drucks 13/7158, 34).

108 Für die eine Betreuerbestellung ersetzende Bevollmächtigung gilt der durch Art 1 Nr 11 BtÄndG ergänzte § 1896 Abs 2 S 2 BGB. Die beabsichtigte Wirkung tritt danach nur ein, wenn die Vollmacht nicht einer Person erteilt worden ist, die – in dem Zeitpunkt, in dem es auf die Bevollmächtigung ankommt – zu den in § 1897 Abs 3 BGB bezeichneten Personen gehört. Nach der Vorstellung des BtÄndG sollte damit die Bevollmächtigung nicht unwirksam sein, sondern das Gericht zu prüfen haben, inwieweit dennoch eine Betreuerbestellung entbehrlich ist. Zumindest erhält durch die Ungewissheit, ob der Bevollmächtigte eines Tages entscheidungsbefugt sein werde, die Vorsorgevollmacht ein nicht unerhebliches Element der Unsicherheit.

109 Sind § 1904 Abs 5 BGB und § 1906 Abs 5 BGB als besonders ausgestaltete Fälle des allgemeinen Grundsatzes zu verstehen, dass nunmehr auch Angelegenheiten der Personensorge Gegenstand einer Bevollmächtigung sein können, sind diese Angelegenheiten solange nicht genehmigungsbedürftig, als sie nicht den Vorschriften der §§ 1904 Abs 5 und 1906 Abs 5 BGB unterliegen. Damit genügt eine Vollmacht – ohne Einhaltung einer bestimmten Form –, um über die Behandlung des Vollmachtgebers zu entscheiden. Während allerdings § 1906 Abs 1 BGB gleichartige Maßnahmen milderer Qualität als die freiheitsentziehende Unterbringung nicht kennt, sind einer Bevollmächtigung im Bereich von Gesundheitsfürsorge alle denkbaren Maßnahmen (Untersuchungen, Behandlungen, Eingriffe) zugänglich, soweit nicht die begründete Gefahr besteht, dass der Vollmachtgeber aufgrund der Maßnahmen stirbt oder einen schweren und länger dauernden gesundheitlichen Schaden erleidet (Abs 1). Erst dann hat der Bevollmächtigte die Genehmigung des Betreuungsgerichts einzuholen, vorausgesetzt sie ist nicht nach Abs 4 entbehrlich und die Vollmacht reicht inhaltlich und förmlich aus.

Eine Vorsorgevollmacht, die für den Bereich der Gesundheits(für-)sorge errichtet wurde und erteilt ist und der bevollmächtigten Person die Vertretung in Fragen medizinischer Versorgung und Behandlung übertragen hat, ermächtigt die bevollmächtigte Person ohne Weiteres zu entscheiden, dass lebensverlängernde ärztliche Maßnahmen **nicht beendet** werden. Insoweit muss die Vollmacht nicht den Anforderungen des Abs 5 S 2 genügen. Die bloße Fortführung einer lebenserhaltenden künstlichen Ernährung ist nicht mit der begründeten Gefahr des Todes oder eines schweren und länger dauernden gesundheitlichen Schadens verbunden. Dagegen muss die Vorsorgevollmacht, soll die bevollmächtigte Person über den **Abbruch** einer lebenserhaltenden Maßnahme (Abbruch der künstlichen Ernährung) oder deren **Unterlassung** entscheiden, muss die Vollmacht diese Maßnahme ausdrücklich umfassen und schriftlich erteilt sein. Abs 1 erfasst die Einwilligung in Maßnahmen, mit deren Durchführung die begründete Gefahr des Todes oder eines schweren und länger dauernden gesundheitlichen Schadens verbunden ist. Abs 2 betrifft die Unterlassung oder Beendigung von lebenserhaltenden Maßnahmen. Sie betrifft nicht deren Fortführung (BGH FamRZ 2016, 1671 Rn 15 mAnm DODEGGE 1678 = Rpfleger 2016, 723).

Der Bevollmächtigte kann in eine der in § 1904 Abs 1 S 1, Abs 2 BGB genannten Maßnahmen nur einwilligen, nicht einwilligen oder die Einwilligung widerrufen, wenn der Vollmachttext hinreichend klar umschreibt, dass sich die Entscheidungskompetenz des Bevollmächtigten auf die im Gesetz genannten ärztlichen Maßnahmen sowie darauf bezieht, sie zu unterlassen oder am Betroffenen vornehmen zu lassen. Hierzu muss aus der Vollmacht auch deutlich werden, dass die jeweilige Entscheidung mit der begründeten Gefahr des Todes oder eines schweren und länger dauernden gesundheitlichen Schadens verbunden sein kann (BGH FamRZ 2016, 1671, 1673 mAnm DODEGGE 1678 = NJW 2016, 3297 mAnm d Redaktion = DNotZ 2017, 199 mAnm RENNER 210 und Hinweisen auf weitere Äußerungen zu der Entscheidung in Fn 1). Die schriftliche Äußerung, „keine lebenserhaltenden Maßnahmen" zu wünschen, enthält für sich genommen nicht die für eine bindende Patientenverfügung notwendige konkrete Behandlungsentscheidung des Betroffenen (BGH FamRZ 2017, 748 mAnm DODEGGE). Die insoweit erforderliche Konkretisierung kann sich aber gegebenenfalls durch die Bezugnahme auf ausreichend spezifierte Krankheiten oder Behandlungssituationen ergeben (BGH FamRZ 2017, 748 mAnm DODEGGE 752; FamRZ 2016, 1671, 1672 mAnm DODEGGE S 1678 = NJW 2016, 3297).

Die als Ausfluss des von Art 2 Abs 1 iVm Art 1 Abs 1 GG garantierten Selbstbestimmungsrechts bestehende Möglichkeit vorsorgender Bevollmächtigung endet erst dann, wenn die rechtliche Fürsorge durch einen Betreuer derjenigen durch einen Bevollmächtigten überlegen ist (BGH FamRZ 2016, 1670, 1671 mAnm DODEGGE S 1678 = NJW 2016, 3297). S auch §§ 1901a, 1901b Rn 18.

110 Soweit die Einwilligung des Vollmachtgebers in spezialgesetzlich geregelte Maßnahmen (Organspende, Arzneimittelerprobung, Medizinprodukte-Erprobung) einbezogen werden soll und eine Einwilligung des gesetzlichen Vertreters erforderlich sein sollte, kommt hierfür der Bevollmächtigte nicht in Betracht. Mit Hilfe einer noch so umfassend gestalteten Vollmacht (uneingeschränkte Generalvollmacht) kann dem Bevollmächtigten **nicht** der Status eines **gesetzlichen Vertreters** vermittelt werden. Ggf ist in solchen Fällen die Bestellung eines Betreuers, der innerhalb des ihm zugewiesenen Aufgabenkreises den Betreuten gesetzlich vertritt (§ 1902 BGB), unerlässlich.

111 Ebenso wie der Betreuer ist der Bevollmächtigte erst dann für die Entscheidung über eine der von § 1904 Abs 1 erfassten Maßnahmen zuständig, wenn der Vollmachtgeber selbst nicht (mehr) imstande ist, seine Einwilligung zu erteilen, weil er entweder zu jeglicher Meinungsbildung oder Meinungsäußerung außerstande ist oder als nicht einwilligungsfähig gelten kann. Eine Bevollmächtigung mit der Maßgabe, dass der Bevollmächtigte auch dann stellvertretend für den Vollmachtgeber entscheiden darf/soll, wenn dieser selbst entscheidungsfähig ist, dürfte als sittenwidrig zu qualifizieren sein. Bestehen Zweifel an der Einwilligungsfähigkeit des Patienten (Vollmachtgebers), kommt es, weil nur die Einwilligung einer einwilligungsfähigen Person den Arzt entlasten kann und entlastet, auf die Entscheidung des Bevollmächtigten an.

2. Voraussetzungen

a) Wirksame Vollmachterteilung im Allgemeinen

112 Wie bisher erfordert die Bevollmächtigung die **Geschäftsfähigkeit** des Vollmachtgebers im Zeitpunkt der Erteilung der Vollmacht (MünchKomm/SCHWAB Rn 57: mindestens beschränkt geschäftsfähig). Werden jeweils Teilbereiche zur Entscheidung einem Vertreter übertragen, kommt es für die Frage der Wirksamkeit auf die jeweiligen

Werner Bienwald

Zeitpunkte an, in denen eine Vollmacht für bestimmte Angelegenheiten erteilt worden ist. Die Vollmacht kann als General- oder als Spezialvollmacht ausgestaltet sein, je nachdem, welche Angelegenheiten von ihr erfasst sein sollen.

113 Enthält die Vollmacht Angelegenheiten der Gesundheitssorge, kommt es für die Entscheidung über eine Maßnahme der Gesundheitssorge, etwa einen ärztlichen Eingriff, auf die **Einwilligungsfähigkeit** des Patienten an. Der Vollmachtgeber muss deshalb im Zeitpunkt der Vollmachterteilung auch hinsichtlich der Übertragung der Entscheidungsbefugnis in den betreffenden Angelegenheiten der Gesundheitssorge zur Entscheidung fähig gewesen sein. Ebensowenig, wie Geschäftsfähigkeit und Einwilligungsfähigkeit im Falle der Betreuerbestellung identisch sind und eins das andere umschließt, kann der Gesichtspunkt der Einwilligungsfähigkeit für die Frage wirksamer Vollmachterteilung im Bereich von Gesundheitssorge außer Acht gelassen werden. Die Auffassung von WALTER (Die Vorsorgevollmacht 231), dass beim Abstellen auf die Einwilligungsfähigkeit des Vollmachtgebers die Wirksamkeitsvoraussetzungen für die Vollmacht (Geschäftsfähigkeit des Vollmachtgebers) „heruntergefahren" werden, übersieht, dass sowohl die Geschäftsfähigkeit als auch im Bereich der einwilligungsbedürftigen Eingriffe und sonstigen Maßnahmen die Einwilligungsfähigkeit Voraussetzung für die Übertragung entsprechender Befugnisse auf den Vertreter ist (so bereits FamRefK/BIENWALD § 1904 Rn 10).

b)   Zu den spezifischen Voraussetzungen des Abs 5*
114 Abs 1 bis 4 gelten für die Einwilligung eines Bevollmächtigten nur, wenn die Vollmacht **schriftlich** erteilt ist und die in Abs 1 S 1 oder Abs 2 genannten **Maßnahmen ausdrücklich** umfasst. Die Vollmacht ist schriftlich erteilt, wenn sie den Anforderungen des § 126 BGB entspricht. Danach muss die Urkunde von dem Aussteller eigenhändig durch Namensunterschrift oder mittels notariell beglaubigten Handzeichens unterzeichnet sein (§ 126 Abs 1 BGB; s auch Abs 2 und 3). Die schriftliche Form wird durch die notarielle Beurkundung ersetzt (§ 126 Abs 4 BGB). Die notarielle Vollmacht dürfte die in jeder Hinsicht geeignete Art der Bevollmächtigung sein, weil diese Form auch anderen Vorschriften genügt und sowohl eine Belehrung des Vollmachtgebers (§ 17 BeurkG) vorgesehen ist als auch den Notar zur Prüfung der Geschäftsfähigkeit des Ausstellers verpflichtet (§ 11 BeurkG). Außerdem kann mit ihr eine größere Akzeptanz (insbesondere bei Behörden; ggf auch bei Banken) erreicht werden (LIMMER ZNotP 1998, 322, 323).

115 Dass die Vollmacht die Maßnahmen „ausdrücklich umfasst", dürfte nach der Neufassung des § 1904 BGB Anlass zu der Prüfung geben, ob nicht mehr allein die Einwilligungsbefugnis in bestimmte Maßnahmen, sondern ausdrücklich auch die Nichteinwilligung und ein etwaiger Widerruf einer bereits erteilten Einwilligung erfasst sein sollen. Da insoweit jedoch der Text des alten Abs 2 übernommen wurde, hat sich die Reichweite der Formvorschrift nicht geändert (DIEHN FamRZ 2009, 1958, 1959). Deshalb muss, wer Abweichendes bestimmen will, das in der Vollmacht ausdrücklich benennen. Aus der Vollmacht muss deutlich werden, dass die jeweilige Entscheidung mit der begründeten Gefahr des Todes oder eines schweren und

---

* **Schrifttum:** SEIBL, Die Bestimmtheit von Vorsorgevollmachten und Patientenverfügungen. Besprechungsaufsatz betr BGH NJW 2016, 3297 (= FamRZ 2016, 1671 mit Anm DODEGGE S 1678 = DNotZ 2017, 199 mAnm RENNER S 210), NJW 2016, 3277.

länger dauernden gesundheitlichen Schadens verbunden sein kann (BGH FamRZ 2016, 1671 mAnm DODEGGE Rn 18 m zahlr Nachw = NJW 2016, 3277 = DNotZ 2017, 199 mAnm RENNER S 210). Nur auf solche Maßnahmen mit dieser qualifizierten Gefahrensituation bezieht sich die Vorschrift und nur für solche schreibt Abs 5 die besonderen Anforderungen an eine Bevollmächtigung vor (BGH FamRZ 2016, 1671 mAnm DODEGGE Rn 19, 20 = NJW 2016, 3277 = DNotZ 2017, 199 mAnm RENNER S 210). Der Vollmachttext soll es nämlich auch Dritten ermöglichen, zweifelsfrei nachzuvollziehen, dass es dem Willen des Betroffenen entspricht, dem Bevollmächtigten die Entscheidung in Angelegenheiten der Gesundheits(für-)sorge gerade auch in den von § 1904 BGB erfassten Situationen zu übertragen, in den es um Leben oder Tod geht (BGH FamRZ 2016, 1671 mAnm DODEGGE Rn 20 = NJW 2016, 3277 = DNotZ 2017, 199 mAnm RENNER S 210).

Die Maßnahmen werden ausdrücklich umfasst, wenn sie im Text der Vollmacht **116** dem Wortlaut der Vorschrift entsprechend aufgeführt sind. Die Wiedergabe der Nummer und des Absatzes des Paragraphen reicht nicht, weil dadurch die Maßnahme nicht ausdrücklich genannt wird. Es lässt sich nicht ausschließen, dass nicht alle der mehreren Arten von Maßnahmen von der Vollmacht erfasst sein sollen. Eine über den Text des Abs 1 S 1 hinausgehende Differenzierung der Maßnahmearten ist nicht verlangt und wohl auch kaum möglich, weil die im konkreten Fall notwendige und mögliche Maßnahme nicht genau bestimmbar sein und auch die Zuordnung zu der Gruppenbezeichnung (Heilbehandlung/ärztl Eingriff) nicht immer eindeutig möglich sein wird. Die Aufführung der von der Vollmacht erfassten Maßnahmen dem Wortlaut des Abs 1 S 1 entsprechend ist auch deshalb zu empfehlen, weil dadurch den Beteiligten die Bedeutung der Vollmacht vor Augen geführt wird (vgl MünchKomm/SCHWAB Rn 85). Zu bedenken ist immer, dass Unklarheiten oder Ungenauigkeiten von Textfassungen zu Lasten des Vollmachtgebers gehen, weil der Rechtsverkehr sich auf eine wirksame Bevollmächtigung verlassen können muss. Außerdem können Zweifel an der Eignung der Vollmacht zur Erledigung der erforderlichen Maßnahme(n) zu einer Betreuerbestellung führen (DIEHN FamRZ 2009, 1958, 1959). Aus dem Sinn des Gesetzes folgt nicht, dass der Wortlaut von Abs 1 S 1 und Abs 2 wiedergegeben werden muss. Nicht ausreichend ist jedoch allein der Verweis auf die gesetzliche Bestimmung. Ein solcher beinhaltet keine ausdrückliche Nennung der Maßnahme(n). Der Vollmachttext muss hinreichend klar umschreiben, das sich die Entscheidungskompetenz des Bevollmächtigten auf die im Gesetz genannten ärztlichen Maßnahmen sowie darauf bezieht, diese zu unterlassen oder am Betroffenen vornehmen zu lassen (BGH FamRZ 2016, 1671 Rn 17 mwNw, mAnm DODEGGE S 1678 = NJW 2016, 3297 u redaktioneller Anm = DNotZ 2017, 199 mAnm RENNER S 210 = MDR 2016, 1087). Für die Entscheidung des Bevollmächtigten ist es erforderlich, dass beiden Voraussetzungen genüge getan ist. Weder die Schriftform allein noch die Benennung der Maßnahmen in mündlicher Form reichen als Grundlage der Entscheidungsbefugnis aus. Im Leitsatz zu der Entscheidung hat sich der BGH zu den Anforderungen an den Vollmachttext wie folgt geäußert: Der Bevollmächtigte kann in eine der in § 1904 Abs 1 S 1, Abs 2 BGB genannten Maßnahmen nur einwilligen, nicht einwilligen oder die Einwilligung widerrufen, wenn der Vollmachttext die Entscheidung in Angelegenheiten der Gesundheits(für-)sorge gerade auch in den von § 1904 BGB erfassten genannten ärztlichen Maßnahmen sowie darauf bezieht, sie zu unterlassen oder am Betroffenen vornehmen zu lassen. Hierzu muss aus der Vollmacht auch deutlich werden, dass die jeweilige Entscheidung mit der begründeten Gefahr des Todes oder eines schweren

und länger dauernden gesundheitlichen Schadens verbunden sein kann. Die schriftliche Äußerung, „keine lebenserhaltenden Maßnahmen" zu wünschen, enthält für
sich genommen nicht die für eine bindende Patientenverfügung notwendige konkrete Behandlungsentscheidung des Betroffenen. Die insoweit erforderliche Konkretisierung kann aber gegebenenfalls durch die Benennung bestimmter ärztlicher
Maßnahmen oder die Bezugnahme auf ausreichend spezifizierte Krankheiten oder
Behandlungssituationen erfolgen (FamRZ 2016, 1671 = NJW 2016, 3277 = MDR 2016, 1087 =
DNotZ 2017, 199). S auch oben Rn 109.

Der BGH bekräftigte seine Meinung mit einer Entscheidung vom 8. 2. 2017 (FamRZ
2017, 748 mAnm DODEGGE; zur Veröffentlichung in der Amtl Sammlung vorgesehen), in der er
entschied, dass eine Patientenverfügung nur dann unmittelbare Bindungswirkung
entfaltet, wenn sie neben den Erklärungen zu den ärztlichen Maßnahmen, in die der
Ersteller einwilligt oder die er untersagt, auch erkennen lässt, dass sie (die Patientenverfügung) in der konkreten Behandlungssituation Geltung beanspruchen soll.
Die schriftliche Äußerung, dass „lebensverlängernde Maßnahmen unterbleiben"
sollen, enthalte für sich genommen nicht die für eine bindende Patientenverfügung
notwendige konkrete Behandlungsentscheidung des Betroffenen. Die erforderliche
Konkretisierung könne sich im Einzelfall auch bei nicht hinreichend konkret be-
nannten ärztlichen Maßnahmen durch eine Bezugnahme auf ausreichen spezifizierte
Krankheiten oder Behandlungssituationen ergeben. Der Wille des Errichters der
Patientenverfügung sei dann durch Auslegung der in der Verfügung enthaltenen
Erklärungen zu ermitteln. Zu Altfällen, dh solchen Vollmachten, die den jetzigen
Anforderungen an die Textgestaltung nicht entsprechen, s MünchKomm/SCHWAB
Rn 90 sowie unten Rn 120. Ältere Vollmachten, die lediglich das Unterbleiben
„lebensverlängernder Maßnahmen" bestimmten, konnten auch bisher nicht, weil
nicht hinreichend bestimmt, als geeignet iS des § 1904 BGB gelten.

c) Folgen der Nichteinhaltung

117 Fehlt eine der beiden Voraussetzungen, an die Abs 5 die Entscheidungsbefugnis des
Bevollmächtigten knüpft, kann der Bevollmächtigte nicht wirksam in eine der in
Abs 1 S 1 oder Abs 2 aufgeführten Maßnahmen einwilligen, nicht einwilligen oder
die Einwilligung widerrufen, und das Gericht die beabsichtigte Erklärung nicht
genehmigen, sofern die Genehmigung erforderlich ist. Die Befugnis zur Erklärung
der Einwilligung, der Nichteinwilligung oder des Widerrufs der Einwilligung und die
Genehmigungsfähigkeit der Erklärung stehen in einem engen Zusammenhang. Würde die insoweit unvollständige Vollmacht lediglich die Genehmigung des Betreuungsgerichts nicht zulassen, könnte der Bevollmächtigte die Einwilligung, Nichteinwilligung oder den Widerruf der Einwilligung in eine der Maßnahmen nach Abs 1
S 1 oder Abs 2 erklären, obwohl er nach dem Wortlaut der Vollmacht dazu nicht
berechtigt wäre. In diesem Falle ist die Bestellung eines Betreuers erforderlich. In
Notfällen bedarf es auch nicht eines Betreuers, um ggf lebensrettende Sofortmaß-
nahmen zu ergreifen. Der Mangel der Vollmacht führt also zu einem **Vertretungs-
mangel**, nicht nur zu einem Genehmigungsmangel.

118 Die Gültigkeit der Vollmacht im Übrigen wird dadurch nicht berührt. Weder die
Nichterwähnung der Maßnahmen noch der Mangel der Schriftform begründen eine
Unzuständigkeit des Bevollmächtigten im Bereich der Gesundheitssorge schlecht-
hin, sondern erlauben lediglich nicht, dass der Bevollmächtigte sich zu den in Abs 1

S 1 oder Abs 2 aufgeführten Maßnahmen erklärt. Ob Maßnahmen der genannten Art lebensgefährlich sind oder der Patient einen schweren und länger dauernden gesundheitlichen Schaden erleidet, lässt sich nur begrenzt generell beantworten und stellt nicht die Bevollmächtigung für gesundheitliche Belange des Vollmachtgebers in Frage.

Praktisch bedeutsam ist allerdings, dass nach Abs 4 bei einvernehmlicher Feststellung des Willens des Betroffenen durch den behandelnden Arzt und den Bevollmächtigten eine Genehmigung des Betreuungsgerichts nach den Abs 1 und 2 nicht erforderlich ist, infolgedessen auch keine gerichtliche Prüfung der Vollmacht nach Form und Inhalt stattfindet. **119**

3. Geltung früher erteilter Vollmachten

Insofern das 3. BtÄndG durch die Regelungen des § 1901a Abs 2 und 5 BGB sowohl Betreuer wie Bevollmächtigte verpflichtet, den mutmaßlichen Willen des Betroffenen zu ermitteln, wenn eine Differenz zwischen Patientenverfügung und aktueller Lebens- und Behandlungssituation, kommt es nicht darauf an, dass die Patientenverfügung den Anforderungen des neu gefassten § 1904 BGB entspricht, sofern eine Konkretisierung nach Maßgabe der Entscheidung des BGH FamRZ 2017, 748, 749 (ggf durch Auslegung) möglich ist. Klärungsbedürftig wäre in jedem Fall, ob sich der in einer Patientenverfügung zum Ausdruck gekommene oder der gemutmaßte Wille des Betroffenen auf alle Lebensphasen bezieht oder lediglich für einen bestimmten Lebensabschnitt oder/und ein bestimmtes Krankheitsstadium gelten sollte. Denn anders als nach bisherigem Recht regelt § 1901a Abs 3 BGB, dass die voraufgegangenen Vorschriften der Abs 1 und 2 unabhängig von Art und Stadium der Erkrankung des Betreuten gelten (zur Begründung vgl BT-Drucks 16/8442, 12). **120**

4. Konsequenzen in Bezug auf § 1896 Abs 3

Die Bevollmächtigung kann bei entsprechendem Bedarf dazu führen, einen Betreuer zwecks Geltendmachung von Rechten des Betroffenen gegenüber seinem Bevollmächtigten zu bestellen (§ 1896 Abs 3 BGB). Je nach bestehendem aktuellem Überwachungs- oder Kontroll-Bedarf kann der Kreis der geltend zu machenden Rechte (einschl des Widerrufs der Vollmacht) mehr oder weniger umfangreich oder umfassend sein. Bestand früher überwiegend die Auffassung, eine (Vorsorge-)Vollmacht könne sich auf Angelegenheiten der Gesundheitssorge nicht erstrecken (näher WALTER, Die Vorsorgevollmacht 201 ff), sodass die Geltendmachung von Rechten aus einer solchen Vollmacht nicht in Betracht kommen konnte, hatte sich durch die Ergänzung der Vorschrift um den Abs 2 aF (und die entsprechende Ergänzung des § 1906 BGB) die Situation geändert. Bei der Bestellung eines Betreuers nach § 1896 Abs 3 BGB kann sich die Geltendmachung von Rechten auch auf solche aus der Bevollmächtigung in gesundheitlichen Angelegenheiten entstehenden Ansprüche und auf eine Kontrolle des Bevollmächtigten, dem die Entscheidung über die Durchführung von lebensverlängernden Maßnahmen iSd Abs 1 S 1, Abs 2 übertragen ist (BGH FamRZ 2016, 1671 Rn 33), erstrecken. Entsprechendes gilt für Freiheitsentzug und freiheitsentziehende Maßnahmen. **121**

Weniger als im Bereich der Vermögenssorge wird es hier auf die Geltendmachung **122** von Auskunfts-, Rechenschafts- und Herausgabeansprüchen als auf die Überwa-chung der Erfüllung ankommen. Der Betreuer wird in erster Linie darauf zu achten haben, dass der Bevollmächtigte zum richtigen Zeitpunkt die ihm übertragenen Entscheidungen in Angelegenheiten der Gesundheit, des Freiheitsentzugs sowie der Maßnahmen des § 1906 Abs 4 BGB trifft oder unterlässt. Die Geltendmachung von Schadensersatzansprüchen oder auch die Veranlassung von Ermittlungen in einer Strafsache können in Betracht kommen.

§ 1905
Sterilisation

(1) Besteht der ärztliche Eingriff in einer Sterilisation des Betreuten, in die dieser nicht einwilligen kann, so kann der Betreuer nur einwilligen, wenn

1. **die Sterilisation dem Willen des Betreuten nicht widerspricht,**

2. **der Betreute auf Dauer einwilligungsunfähig bleiben wird,**

3. **anzunehmen ist, dass es ohne die Sterilisation zu einer Schwangerschaft kommen würde,**

4. **infolge dieser Schwangerschaft eine Gefahr für das Leben oder die Gefahr einer schwerwiegenden Beeinträchtigung des körperlichen oder seelischen Gesund-heitszustands der Schwangeren zu erwarten wäre, die nicht auf zumutbare Weise abgewendet werden könnte, und**

5. **die Schwangerschaft nicht durch andere zumutbare Mittel verhindert werden kann.**

Als schwerwiegende Gefahr für den seelischen Gesundheitszustand der Schwange-ren gilt auch die Gefahr eines schweren und nachhaltigen Leides, das ihr drohen würde, weil betreuungsgerichtliche Maßnahmen, die mit ihrer Trennung vom Kind verbunden wären (§§ 1666, 1666a), gegen sie ergriffen werden müssten.

(2) Die Einwilligung bedarf der Genehmigung des Betreuungsgerichts. Die Sterili-sation darf erst zwei Wochen nach Wirksamkeit der Genehmigung durchgeführt werden. Bei der Sterilisation ist stets der Methode der Vorzug zu geben, die eine Refertilisierung zulässt.

Materialien: Art 1 Nr 6 DiskE I; Art 1 Nr 41 RegE; Art 1 Nr 47 BtG; DiskE I 138; BT-Drucks 11/4528, 209 f (BRat); BT-Drucks 11/4528, 228 (BReg); BT-Drucks 11/6949, 13, 76 Nr 20 (RA); BT-Drucks 11/6983; BT-Drucks 13/3822: Bericht der BReg über die prakt Auswirkungen der im BtG enthaltenen Regelungen z Sterilisation. BT-Drucks 13/11033: Beschlussempfehlung und Bericht des RA zur Änderung der Berichts-praxis (BT-Drucks 13/11033); STAUDINGER/ BGB-Synopse 1896–2005 § 1905. Änderung der Gerichtsbezeichnungen durch Art 50 Nr 48 FGG-RG v 17. 12. 2008 (BGBl I 2586) (BT-Drucks 16/6308, 143).

Schrifttum (Auswahl)

AMELUNG, Vetorechte beschränkt Einwilligungsfähiger in Grenzbereichen medizinischer Intervention (1995)
Bericht der Bundesregierung über die praktischen Auswirkungen der im Betreuungsgesetz enthaltenen Regelungen zur Sterilisation, BtPrax 1996, 176 (ohne Erhebungsbogen) = BT-Drucks 13/3822
BLUME, Sterilisation (2) 1991
BRAUN/MIESS/SIBINGER/ENGELMANN, Zur Rechtslage bei der Sterilisation geistig behinderter Menschen, DMW 2003, 1412
COESTER, Die sorgerechtliche Indikation bei der Sterilisation behinderter Volljähriger (§ 1905 I 2 BetrG-E), ZfJ 1989, 350
DEUTSCH, Das Kind oder sein Unterhalt als Schaden – Eine methodische Grundfrage des geltenden Rechts, VersR 1995, 609
ders, Berufshaftung und Menschenwürde: Akt III, NJW 1998, 510
FINGER, Zulässigkeit einer Sterilisation geistig Behinderter aus eugenischer oder sozialer Indikation, R & P 1988, 14
ders, Zur Einwilligung des Betreuers in die Sterilisation eines geistig Behinderten nach § 1905 BGB (in der Fassung des Betreuungsgesetzes 11/1987 und 4/1988), NDV 1989, 87 mit Nachtrag NDV 1989, 201
ders, Die Sterilisation geistig Behinderter und § 1905 BGB idF des BtG, DAVorm 1989, 11; Nachtrag DAVorm 1989, 440
GAIDZIK/HIERSCHE, Historische, rechtstatsächliche und rechtspolitische Aspekte der Sterilisation Einwilligungsunfähiger, MedR 1999, 58
GIESEN, Schadenbegriff und Menschenwürde, Zur schadenrechtlichen Qualifikation der Unterhaltspflicht für ein ungewolltes Kind, JZ 1994, 286
GONSBACH, Sterilisation ohne Kontrolle, ZVS 1989, 12
HEIDENREICH/OTTO (Hrsg), Sterilisation bei geistiger Behinderung (1991)
HIERSCHE/HIRSCH/GRAF/BAUMANN (Hrsg), Die Sterilisation geistig Behinderter, II. Einbecker Workshop der Deutschen Gesellschaft für Medizinrecht 20.–21. 6. 1987 (Berlin usw 1988)

HOFFMANN, Sterilisation geistig behinderter Erwachsener (1996)
dies, Anmerkungen zum Beschluss des OLG Hamm vom 28. 2. 2000 (BtPrax 2000, 168), BtPrax 2000, 235
KERN, Fremdbestimmung bei der Einwilligung in ärztliche Eingriffe, NJW 1994, 753
KERN/HIERSCHE, Zur Sterilisation geistig Behinderter, MedR 1995, 463
KUPER, Vormundschaftsrechtsreform und Sterilisation Behinderter – Diskussionsstand des Deutschen Caritasverbandes, TuP 1989, 97
LACHWITZ, 40 Jahre Grundgesetz, Die Reform des Vormundschaftsrechts und die Grundrechte geistig behinderter Menschen, 2. Teil, DAVorm 1989, 453
LEISTER, Nach Bevensen oder die Nichteinwilligungsfähigen und die Sterilisation, Betrifft JUSTIZ 1989, 58
MAYER, Medizinische Maßnahmen an Betreuten – §§ 1904, 1905 BGB, Eine Untersuchung aus zivilrechtlicher Sicht (1995)
NEUER-MIEBACH, Sterilisation geistig behinderter Menschen – Hilfe oder Zwangseingriff?, TuP 1989, 90
NEUER-MIEBACH/KREBS (Hrsg), Schwangerschaftsverhütung bei Menschen mit geistiger Behinderung – notwendig, möglich, erlaubt? (1987)
PICKER, Schadensersatz für das unerwünschte Kind („Wrongful birth") – Medizinischer Fortschritt als zivilisatorischer Rückschritt?, AcP 195 (1995) 483
PIEROTH, Die Verfassungsmäßigkeit der Sterilisation Einwilligungsunfähiger gemäß dem Entwurf für ein Betreuungsgesetz, FamRZ 1990, 117
PIXA-KETTNER/BARGFREDE/BLANKEN, „Dann waren sie sauer auf mich, dass ich das Kind haben wollte …"; Eine Untersuchung zur Lebenssituation geistig behinderter Menschen mit Kindern in der BRD (1996)
PÖLD-KRÄMER, Sterilisation gegen den Willen der Betroffenen – das falsche Signal!, BtPrax 2000, 237 (Anm z Beschluss d OLG Hamm BtPrax 2000, 168)

Werner Bienwald

POHLMANN, Sexuelle Aufklärung geistig behinderter Menschen, BtPrax 1995, 171

REIS, Sterilisation bei mangelnder Einwilligungsfähigkeit, ZRP 1988, 318

STÜRNER, Das Bundesverfassungsgericht und das frühe menschliche Leben – Schadensdogmatik als Ausformung humaner Rechtskultur?, JZ 1998, 317

WALTER (Hrsg), Sexualität und geistige Behinderung (2. Aufl 1983)

ders, Überlegungen zur Sterilisation geistig behinderter Menschen, pro familia magazin 1990, Heft 1, 6

ders, Sterilisation geistig behinderter Menschen aus sexualpädagogischer Sicht, Geistige Behinderung 1987, 87

WOLF, Personenbezogene Entscheidungen im Diskussionsentwurf eines Betreuungsgesetzes, ZRP 1988, 313

WUNDER, Zwangssterilisation von Behinderten, KritJustiz 1988, 309

ders, Betreuungsgesetz verabschiedet – Sterilisation ohne Einwilligung legalisiert, R & P 1990, 197.

Systematische Übersicht

Alphabetische Übersicht

Werner Bienwald

I. Allgemeines

Die in Art 50 Nr 48a FGG-RG vorgeschriebene Änderung des Textes, wonach in **1** Abs 1 S 2 das Wort „vormundschaftsgerichtliche" durch das Wort „betreuungsgerichtliche" ersetzt wird, hat nicht berücksichtigt, dass gegen die betroffene Person zu ergreifende gerichtliche Maßnahmen, „die mit ihrer Trennung vom Kind" verbunden wären (§§ 1666, 1666a BGB), grundsätzlich in die Zuständigkeit des Familiengerichts fallen (§ 151 Nr 1 FamFG). Zwar wäre als trennende Maßnahme auch ein vom Gericht angeordneter oder genehmigter Aufenthaltswechsel der betroffenen Person denkbar, ohne dass das Kind eine räumliche Veränderung hinnehmen müsste. Dabei würde es sich jedoch nicht um eine Trennung des Kindes von der elterlichen Familie (s den Wortlaut des § 1666a Abs 1 S 1 BGB im Anschluss hieran), sondern um die Trennung der betroffenen Person von dem Kind handeln.

§ 1666   **2**
Gerichtliche Maßnahmen bei Gefährdung des Kindeswohls

(1) Wird das körperliche, geistige oder seelische Wohl des Kindes oder sein Vermögen gefährdet und sind die Eltern nicht gewillt oder nicht in der Lage, die Gefahr abzuwenden, so hat das Familiengericht die Maßnahmen zu treffen, die zur Abwendung der Gefahr erforderlich sind.

(2) In der Regel ist anzunehmen, dass das Vermögen des Kindes gefährdet ist, wenn der Inhaber der Vermögenssorge seine Unterhaltspflicht gegenüber dem Kind oder seine mit der Vermögenssorge verbundenen Pflichten verletzt oder Anordnungen des Gerichts, die sich auf die Vermögenssorge beziehen, nicht befolgt.

(3) Zu den gerichtlichen Maßnahmen nach Absatz 1 gehören insbesondere

1. Gebote, öffentliche Hilfen wie zum Beispiel Leistungen der Kinder- und Jugendhilfe und der Gesundheitsfürsorge in Anspruch zu nehmen,

2. Gebote, für die Einhaltung der Schulpflicht zu sorgen,

3. Verbote, vorübergehend oder auf unbestimmte Zeit die Familienwohnung oder eine andere Wohnung zu nutzen, sich in einem bestimmten Umkreis der Wohnung aufzuhalten oder zu bestimmende andere Orte aufzusuchen, an denen sich das Kind regelmäßig aufhält,

4. Verbote, Verbindung zum Kind aufzunehmen oder ein Zusammentreffen mit dem Kind herbeizuführen,

5. die Ersetzung von Erklärungen des Inhabers der elterlichen Sorge,

6. die teilweise oder vollständige Entziehung der elterlichen Sorge.

(4) In Angelegenheiten der Personensorge kann das Gericht auch Maßnahmen mit Wirkung gegen einen Dritten treffen.

3   **§ 1666a**
Grundsatz der Verhältnismäßigkeit; Vorrang öffentlicher Hilfen

(1) Maßnahmen, mit denen eine Trennung des Kindes von der elterlichen Familie verbunden ist, sind nur zulässig, wenn der Gefahr nicht auf andere Weise, auch nicht durch öffentliche Hilfen, begegnet werden kann. Dies gilt auch, wenn einem Elternteil vorübergehend oder auf unbestimmte Zeit die Nutzung der Familienwohnung untersagt werden soll. Wird einem Elternteil oder einem Dritten die Nutzung der vom Kind mitbewohnten oder einer anderen Wohnung untersagt, ist bei der Bemessung der Dauer der Maßnahme auch zu berücksichtigen, ob diesem das Eigentum, das Erbbaurecht oder der Nießbrauch an dem Grundstück zusteht, auf dem sich die Wohnung befindet; Entsprechendes gilt für das Wohnungseigentum, das Dauerwohnrecht, das dingliche Wohnrecht oder wenn der Elternteil oder Dritte Mieter der Wohnung ist.

(2) Die gesamte Personensorge darf nur entzogen werden, wenn andere Maßnahmen erfolglos geblieben sind oder wenn anzunehmen ist, dass sie zur Abwendung der Gefahr nicht ausreichen.

1.   Gesetzgeberisches Anliegen

4   Auf der Grundlage der Entscheidung des Bundesgerichtshofs aus dem Jahre 1964 (BGHSt 20, 81 ff = JZ 1965, 220 mit abl Anm von HANACK), nach der die freiwillige Sterilisation eines einwilligungsfähigen Menschen keinen Straftatbestand erfüllt, und infolge der Untätigkeit des Gesetzgebers, der in den darauffolgenden Jahren keine Bestimmungen über die Sterilisation schuf, sah sich der Gesetzgeber des Betreuungsrechts aufgerufen, die Sterilisation einwilligungsunfähiger Betreuter zu regeln. Probleme, die eine generelle gesetzgeberische Aktivität zur Regelung von Sterilisation schlechthin hätten anzeigen erscheinen lassen, hat der Gesetzgeber nicht gesehen (BT-Drucks 11/4528, 75). Auch für die Sterilisation einwilligungsfähiger Betreuter hielt die Bundesregierung eine Regelung nicht für erforderlich. Sie wäre, so die Argumentation (BT-Drucks 11/4528, 75), mit dem System des Betreuungsrechts

nicht vereinbar. Ein Betreuer sei nur für eine Angelegenheit zu bestellen, die ein Betroffener nicht selbst erledigen kann. Wer für die Sterilisation einwilligungsfähig ist, ist insoweit nicht betreuungsbedürftig; ihm kann schon nach dem Erforderlichkeitsgrundsatz der §§ 1896 ff BGB kein Betreuer zugewiesen werden, in dessen Aufgabenkreis die Einwilligung in die Sterilisation fällt (BT-Drucks 11/4528, 75).

Während das BtÄndG mit der Ergänzung des § 1904 BGB und des § 1906 BGB   5
(Art 1 Nr 14, 15) eine Erweiterung des Anwendungsbereichs der (Vorsorge-)Vollmacht bewirkte, wurde diese Möglichkeit für § 1905 BGB nicht eingeführt.

2. Nichtverwerflichkeit der Sterilisation

Die Frage, ob die freiwillige Sterilisation die Grundvorstellungen von dem verletzt,   6
was nach den herrschenden Anschauungen unseres Rechts- und Kulturkreises innerhalb der sozialen Gemeinschaft vom Einzelnen als sittliches Verhalten verlangt wird, verneint BGHZ 67, 48 ff. Nach herrschender Moralvorstellung, so der BGH (BGHZ 67, 48, 51), sei weder die Empfängnisverhütung als solche noch ärztliche Mithilfe dazu verwerflich. Im Gegenteil werde die freie Entscheidung für oder gegen eine Elternschaft als Möglichkeit zu einer humaneren Lebensführung verstanden.

3. Regelung nur für betreute Personen

§ 1905 BGB gilt für diejenigen einwilligungsunfähigen Personen, für die bereits ein   7
Betreuer zur Besorgung ihrer Angelegenheiten bestellt worden ist. Die Bestimmung trifft aber auch für diejenigen Personen zu, denen bisher kein Betreuer bestellt wurde, über deren Sterilisation aber durch einen Betreuer entschieden werden soll.

Mit der Regelung, dass ein Betreuer über die Sterilisation eines Menschen ent-   8
scheiden kann, hat sich der Gesetzgeber der Auffassung angeschlossen, dass die Entscheidung über die Sterilisation eines Menschen nicht ausschließlich von ihm selbst, sondern auch, wenn auch nur in eng begrenzten Fällen, von einem Vertreter entschieden werden kann.

Mit der durch § 1905 BGB getroffenen Regelung hat der Gesetzgeber auch zu der   9
bisher unterschiedlich beantworteten Frage Stellung genommen, ob die Einwilligung eines (gesetzlichen) Vertreters in die Sterilisation eines Betreuten gerichtlicher Genehmigung bedarf (BT-Drucks 11/4528, 75).

4. Keine Sterilisation im Interesse Dritter

Indem die Vorschrift die Zulässigkeit der Sterilisation einwilligungsunfähiger Be-   10
treuter an sehr enge Voraussetzungen knüpft, bietet sie keine Grundlage für eine Sterilisation „im Interesse der Allgemeinheit" oder „im Interesse von Verwandten" (näher dazu BT-Drucks 11/4528, 75). Im RegEntw wird ausdrücklich darauf hingewiesen, man habe nicht verkannt, welche erheblichen Belastungen entstehen können, wenn Eltern, die selbst ihr behindertes Kind großgezogen haben, sich nunmehr um ein – und sei es auch ein nicht behindertes – Enkelkind kümmern sollen (BT-Drucks 11/4528, 75, 76). Die allgemeine Zielsetzung des Betreuungsrechts, das dem Wohl des Betroffenen dienen will, sowie die Schwere der mit einer Sterilisation verbundenen Folgen

habe eine andere Entscheidung nicht zugelassen (BT-Drucks 11/4528, 75). Dass offensichtlich die Sterilisation weniger dem psychosozialen Wohl des behinderten Menschen als der Beruhigung der Betreuerängste (gemeint sind pädagogische Betreuer) und der Erfüllung ihres Wunsches nach risikoloser totaler Sicherheit diene, wurde bereits vor der RegVorlage angenommen (WALTER 38). WALTER wies darauf hin, dass hinter dem Sterilisationsbegehren von Eltern oder Betreuern der unbewusste Wunsch und die insgeheime Hoffnung verborgen sei, durch die Sterilisation würde man alle realen und phantasierten Probleme mit der Sexualität des geistig behinderten Angehörigen für immer behoben haben, und stellte fest, eine Sterilisation werde nie sexuelle Probleme lösen oder die pädagogische Verpflichtung zur Sexualerziehung ersetzen können.

11 Die Sterilisation kann nicht als ein geeignetes Mittel zur Verhinderung von unerwünschtem Geschlechtsverkehr Behinderter untereinander oder unerwünschter sexueller Belästigung oder sexueller Gewalt durch Nichtbehinderte oder Behinderte verstanden und eingesetzt werden.

5. Eingeschränkter Personenkreis

12 Die Vorschrift lässt nur die Sterilisation **dauernd einwilligungsunfähiger** Personen zu (Abs 1 Nr 2). Damit erreicht die Vorschrift allerdings solche Personen nicht, die weder dauernd einwilligungsunfähig noch ständig in der Lage sind, selbst über ihre Sterilisation zu bestimmen. Kann sich der zur Sterilisation bereite Arzt nicht darauf verlassen, dass die sterilisationswillige Person bei der Erklärung ihres Sterilisationswunsches eindeutig einwilligungsfähig war oder ist, trägt er das Risiko eines rechtswidrigen Eingriffs. Dem Wunsch dieser „Patientin" kann aber auch nicht mit Hilfe einer Betreuerbestellung nachgekommen werden, weil die vom Stellvertreter abzugebende Einwilligung an die strengen Voraussetzungen des § 1905 BGB gebunden ist.

13 Durch das Abhängigmachen der Sterilisation von der dauernden Einwilligungsunfähigkeit als einem Rechtsbegriff und dem sog natürlichen Einverständnis der/des Betroffenen wird die zulässige „fremdbestimmte" Sterilisation von der unzulässigen Zwangssterilisation abgegrenzt. Zulässig ist danach nur die sowohl von der/dem Betreuten als auch von dem Sterilisationsbetreuer (mit Genehmigung des Betreuungsgerichts) gewollte Sterilisation.

14 Durch die Verwendung des Tatbestandsmerkmals der dauernden Einwilligungsunfähigkeit erreicht der Gesetzgeber, dass nicht von vornherein nur ein bestimmter Personenkreis erfasst und genannt wird (vgl demgegenüber die Begriffsbestimmung des sog Erbkranken in § 1 Abs 2 des Gesetzes zur Verhütung erbkranken Nachwuchses vom 14. 7. 1933 [RGBl I 529], abgedruckt bei HIERSCHE 12; zur Genese des Gesetzes UDO BENZENHÖFERS 2006 erschienene gleichnamige Schrift). Gleichwohl dürfte das Problem der Sterilisation nicht einwilligungsfähiger Personen überwiegend bei Menschen mit geistiger Behinderung eine Rolle spielen.

15 Wohl nicht zu Unrecht weist jedoch WALTER darauf hin, dass die Sterilisation geistig behinderter Menschen weniger ein juristisches oder medizinisches, als zunächst und in erster Linie ein pädagogisches, insbesondere sexualpädagogisches Problem ist,

wobei er feststellt, dass es nicht **die** Sexualität und auch nicht **den** geistig Behinderten (als Kategorie) gibt (Sexualität und geistige Behinderung usw 30). Die verschiedenen Ursachen, Erscheinungsbilder und Schweregrade geistiger Behinderung sprechen dagegen, dem geistig behinderten Menschen als solchem pauschal die Fähigkeit abzusprechen, eine wirksame Einwilligung zu erteilen (Hirsch 94). Aus diesem Grunde lastet auf allen Beteiligten die Verantwortung, eine sorgfältige und sachgerechte Beurteilung des Einzelfalles zu suchen und die dementsprechende Entscheidung zu treffen.

Wenn im Zusammenhang mit der Sterilisation als einem speziellen Fall eines ärzt- **16** lichen Eingriffs sowie bei ärztlichen Heilmaßnahmen, Untersuchungen uä von der Einwilligungs(un-)fähigkeit der/des Betreuten die Rede ist, so handelt es sich immer um die Einwilligungs(un-)fähigkeit im konkreten Einzelfall, bezogen auf die jeweilige konkrete Maßnahme. Anders als bei der Geschäftsfähigkeit eines Menschen geht es nicht um eine von der Rechtsordnung verliehene oder jedenfalls zugebilligte Rechtsmacht, sondern um eine Fähigkeit, einen Eingriff in die körperliche Integrität zu gestatten. Ob die/der Betreffende dazu in der Lage ist, hängt ua davon ab, dass sie/er auch die Konsequenzen der Einwilligung abschätzen und die Risiken des Eingriffs erkennen und wollen kann. Im Ergebnis bedeutet dies, dass die Fähigkeit einer/eines behinderten Menschen, in eine Vielzahl von ärztlichen Maßnahmen einzuwilligen und mit ihnen einverstanden zu sein, keineswegs die Fähigkeit indiziert, in eine Sterilisation einzuwilligen.

6. Abgrenzung zu anderen Maßnahmen

Unter Sterilisation oder Sterilisierung im Sinne des § 1905 BGB ist die auf die **17** Aufhebung der Fortpflanzungsfähigkeit eines Mannes oder einer Frau gerichtete operative Unterbrechung oder Unbrauchbarmachung der Samen- bzw Eileiter zu verstehen, ohne – im Prinzip – sonstige Körperfunktionen, insbesondere die Fähigkeit zum Geschlechtsverkehr, zu beeinträchtigen (Erman/Roth Rn 9; Hanack JZ 1964, 393). Nicht erfasst ist die Ausschaltung männlicher oder weiblicher Keimdrüsen (Kastration), obgleich ein derartiger Eingriff ebenfalls zur Fortpflanzungsunfähigkeit führt. Kastration im Sinne des Gesetzes über die freiwillige Kastration und andere Behandlungsmethoden in der Fassung vom 12. 9. 1990 (BGBl I 2023) ist dagegen eine gegen die Auswirkungen eines abnormen Geschlechtstriebs gerichtete Behandlung, durch welche die Keimdrüsen eines Mannes absichtlich entfernt oder dauernd funktionsunfähig gemacht werden (§ 1 KastrG).

Ist der Verlust der Fortpflanzungsfähigkeit lediglich (unerwünschte, aber in Kauf **18** genommene) Nebenfolge eines ärztlichen Eingriffs, wie zB bei vollständiger Entfernung der Gebärmutter im Rahmen einer Krebsoperation, kommt § 1905 BGB nicht zur Anwendung. Ob ein derartiger Fall von § 1904 BGB erfasst wird, hängt von der Entscheidung ab, den Verlust der Fortpflanzungsfähigkeit als einen schweren und länger dauernden gesundheitlichen Schaden einzustufen (so Erman/Roth Rn 9: ohne Zweifel).

Sterilisation ist nicht die Verabreichung hormoneller Empfängnisverhütungsmittel **19** (Erman/Roth Rn 10; OLG Karlsruhe FamRZ 2008, 1211 [1213]). Im Einzelfall können stattdessen die Voraussetzungen des § 1904 BGB gegeben sein.

Zu den verschiedenen Methoden der Sterilisation, deren Zuverlässigkeit, Komplikationen und Gefahren, vgl Hiersche, in: Hiersche/Hirsch/Graf/Baumann (Hrsg), Die Sterilisation geistig Behinderter 1 ff, 5 ff. Trotz verbesserter operativer Refertilisierungsmethoden muss damit gerechnet werden, dass der Sterilisationseingriff zu irreparabler Infertilität führt (Boenigk/Schernus/Wolf, in: Hiersche ua 43).

Eine medizinische Indikation im strengen Sinne gibt es nicht, da es sich **nicht** um einen **Heileingriff** handelt (Boenigk/Schernus/Wolf 43).

7. Weitere eine Sterilisierung betreffende Regelungen im BGB

20 a)   Neben § 1905 BGB, der nur für Volljährige gilt, enthält das BGB zwei weitere Bestimmungen, die für die Sterilisation zu beachten sind.

§ 1631c BGB schließt eine rechtmäßige Sterilisation eines Minderjährigen aus, auch wenn er selbst eingewilligt hat oder statt seiner die Eltern, der Vormund oder ein Pfleger. § 1631c BGB schränkt damit das Recht und die Pflicht der Eltern sowie eines Vormunds (§§ 1773, 1793, 1800 BGB) ein, für die Person des Kindes/Mündels zu sorgen und es zu vertreten. Auch darf wegen dieser gesetzlichen Verhinderung, eine Entscheidung für die/den Minderjährige(n) zu treffen, eine Ergänzungspflegschaft nicht angeordnet werden. § 1909 BGB findet keine Anwendung (§ 1631c S 2 BGB). Wegen der Einschränkung der elterlichen und der vormundlichen Sorge um die Entscheidung über die Sterilisation des Kindes/Mündels kann dieser Teilbereich der Sorge auch nicht selbständiger oder unselbständiger Gegenstand einer Pflegschaft nach den §§ 1909 iVm 1671, 1672, 1666 BGB sein.

Durch § 1631c BGB nicht ausgeschlossen sind – entgegen der Auffassung des Reg-Entwurfs, die Regelung des § 1631c BGB bewirke insgesamt, dass Minderjährige nicht sterilisiert werden dürften (BT-Drucks 11/4528, 107) – ärztliche Eingriffe, die a) zur Unfruchtbarkeit führen, ohne dass eine Sterilisation ieS vorliegt, b) die Unfruchtbarmachung als Nebenwirkung eines anderen notwendigen Eingriffs, der zwangsläufig diese Folge hatte, c) als Notfallentscheidung und -eingriff des Arztes, die zur Rettung des Lebens der/des Minderjährigen oder der Gesundheit unerlässlich war (krit Bienwald, BtR Rn 8).

Als Begründung für die Regelung des § 1631c BGB führt der RegEntw an, während der Minderjährigkeit eines Menschen ließen sich Erforderlichkeit und Auswirkungen der Sterilisation besonders schwer beurteilen. Auch bestehe bei behinderten Kindern die Gefahr, dass die Sterilisation vorsorglich schon während der Minderjährigkeit durchgeführt werde, wenn das Gesetz wie vorgesehen die Sterilisation volljähriger Betreuter, die nicht einwilligungsfähig sind, nur in engen Ausnahmefällen zulässt (BT-Drucks 11/4528, 76 und 107).

21 b)   Unter das Verbot der Minderjährigensterilisation fallen auch diejenigen, die zwar noch nicht volljährig sind, für die aber eine vorsorgliche Betreuerbestellung zulässig ist **(§ 1908a BGB)**. Die Bestellung eines Betreuers zum Zwecke der Entscheidung über die Einwilligung in eine Sterilisation würde nach dieser Vorschrift erst mit Eintritt der Volljährigkeit der/des Betroffenen wirksam werden. Vor dem Wirksamwerden seiner Bestellung dürfte der zukünftige Betreuer keine Erklärung über die Einwilligung in die Sterilisation abgeben (§ 1908a S 2 BGB). Da eine Betreuerbestellung zwecks Entscheidung über die Einwilligung in eine Sterilisation außerdem erst in Betracht kommt, wenn die/der Betroffene einwilligungsunfähig ist, die Entscheidung dieser Frage während der Minderjährigkeit der/des Betroffenen aber nicht getroffen werden darf, um nicht das Verbot der Minderjährigensterilisation zu umgehen, ist auch die Bestellung eines Sterilisationsbetreuers nicht vor Vollendung des 18. Lebensjahres der/des Betroffenen zulässig. Regt jemand vor diesem Zeitpunkt das Verfahren zur Bestellung eines Sterilisationsbetreuers an, können lediglich Vorermittlungen verfügt werden, die nicht die Frage der Einwilligungsfähigkeit der/des Betroffenen berühren. Auch die Untersuchung und Begutachtung zum Zwecke der Bestellung eines Sterilisationsbetreuers kann vor Eintritt der Volljährigkeit nicht erfolgen (aA DAMRAU/ZIMMERMANN Rn 12).

8. Verfassungsmäßigkeit der Regelung

Die Verfassungsmäßigkeit der Regelung wird heute nicht mehr in Zweifel gezogen. **22**

9. Berichtsverpflichtung und Statistik

Durch Beschluss des Deutschen Bundestages vom 25. 4. 1990 (BT-Drucks 11/6983) **23** wurde die BReg verpflichtet, alle vier Jahre, erstmals bis zum 1. 1. 1996, über die praktischen Auswirkungen der Sterilisationsregelung zu berichten (Näher dazu STAUDINGER/BIENWALD [2006]). Nach den von DEINERT ausgewerteten und veröffentlichten Statistiken wurden 2004 154, 2008 89 und 2009 68 Genehmigungen erteilt (BtPrax 2006, 65; BtPrax 2009, 273; BtPrax 2010, 257; zu den Zahlen von 1992 bis 2001 s HK-BUR/HOFFMANN Rn 105a).

II. Überblick über die Sterilisationsregelung

1. Verhältnis zu § 1904 BGB

Die Übernahme des Begriffs „ärztlicher Eingriff" in § 1905 BGB lässt die Sterili- **24** sationsregelung als einen Sonderfall des § 1904 BGB erscheinen (BT-Drucks 11/4528, 141; ERMAN/ROTH Rn 7 zu § 1905). Dem ist insoweit zuzustimmen, als es sich bei der Sterilisation ebenso wie bei den von § 1905 BGB erfassten ärztlichen Eingriffen um Eingriffe in die körperliche Unversehrtheit der/des Betroffenen handelt, die grundsätzlich nur mit Einwilligung der/des Betroffenen vorgenommen werden dürfen. Systematisch sollte die Vorschrift jedoch als eine völlig eigenständige Regelung verstanden werden, die sämtliche Merkmale der gerichtlichen Entscheidung ohne Rückgriff auf andere Normen des BGB regelt. Außerdem fragt es sich angesichts der Tatsache, dass die Sterilisation zwar als ärztlicher Eingriff, nicht jedoch als Heilmaßnahme zu qualifizieren ist, ob die Sterilisation unter solche Eingriffe zu subsumieren ist, die zu einem länger dauernden gesundheitlichen Schaden führen können.

2. Notwendigkeit der Betreuerentscheidung; keine Ersatzzuständigkeit

§ 1905 BGB setzt die Entscheidung des Sterilisationsbetreuers, er wolle in diesen **25** ärztlichen Eingriff anstelle der/des Betreuten einwilligen, voraus. Die Bestellung eines besonderen Betreuers für die Sterilisationsentscheidung schließt es grundsätzlich aus, dass anstelle des Sterilisationsbetreuers eine andere Person oder Institution entscheidet. Weder darf der Betreuer seine Entscheidungsbefugnis delegieren noch kann das Betreuungsgericht anstelle des besonderen Betreuers die Einwilligung erteilen oder verweigern. Ist der Betreuer verhindert, hat das Gericht einen neuen Sterilisationsbetreuer zu bestellen, wenn die Verhinderung nicht nur vorübergehend ist. Angesichts der rechtsstaatlichen Ausgestaltung des Verfahrens ist nicht erkennbar, dass der Gesetzgeber eine besondere Eilbedürftigkeit anerkannt hätte.

26 Die Entscheidung über die Genehmigung der Einwilligung in die Sterilisation im Wege einstweiliger Anordnung ist nicht vorgesehen (vgl § 301 FamFG). Nur der Sterilisationsbetreuer könnte als vorläufiger Betreuer im Wege einstweiliger Anordnung bestellt werden; dieses Verfahren ist im Gesetz nicht ausdrücklich ausgeschlossen. Schließlich spricht auch die Bestellung eines besonderen Betreuers dafür, dass auch das Gericht nicht zwei Entscheidungen, nämlich die über die Sterilisation und die über die Genehmigung der Einwilligung, treffen darf.

3. Gesetzlicher Ausschluss von Verein und Behörde als Betreuer

27 Als Sterilisationsbetreuer kommen weder der Verein noch die Behörde in Betracht (§ 1900 Abs 5 BGB). Für beide gilt ein gesetzlicher Ausschluss. Dagegen sind der Vereinsbetreuer und der Behördenbetreuer bestellbar unter der Voraussetzung, dass der Verein oder die Behörde eingewilligt haben bzw einwilligen (§ 1897 Abs 2 BGB). Da auch das Einverständnis des Mitarbeiters mit seiner Bestellung zum Vereins- oder Behördenbetreuer vorausgesetzt ist (Bienwald RsDE 8/1989, 36 f), hat er die Möglichkeit, aus Gründen anderer Überzeugung die Betreuerbestellung abzulehnen.

4. Keine betreuungsgerichtliche Genehmigung ohne Antrag

28 Die Entscheidung des Betreuungsgerichts, mit der es die Einwilligung des Betreuers in die Sterilisation der/des Betreuten genehmigt oder die Genehmigung ablehnt, ergeht außerdem **nur auf Antrag** des Betreuers. Der Betreuer darf die Einwilligung in den ärztlichen Eingriff erst dann erklären, wenn das Betreuungsgericht seine Entscheidung gebilligt hat. Es ist demnach Sache des Betreuers, dem ihm zugewiesenen Aufgabenkreis entsprechend eine Entscheidung zu treffen und für den Fall der Einwilligung die erforderliche Genehmigung des Gerichts einzuholen. Eine Betätigung des Gerichts von Amts wegen ist nicht vorgesehen; allerdings auch nicht ausdrücklich ausgeschlossen. Das Antragserfordernis ergibt sich aus der Besonderheit des speziell zuständigen Betreuers und einem Vergleich mit den Regelungen der §§ 1904, 1906 BGB. Allenfalls kann das Gericht den Betreuer zur Auskunft über die beabsichtigte Entscheidung bzw die Erledigung der ihm übertragenen Aufgabe auffordern (§ 1839 iVm § 1908i Abs 1 S 1 BGB).

29 Die Notwendigkeit eines Antrags des Betreuers bedeutet nicht, dass dieser dadurch zum Kostenschuldner würde. Zur Kostenfrage s Rn 102. Das Verfahren selbst wird von Amts wegen durchgeführt (§ 26 FamFG).

30 Für die Bestellung eines Sterilisationsbetreuers gilt § 1896 Abs 1 S 1 und 2 BGB, wonach die Bestellung sowohl auf Antrag, auch eines geschäftsunfähigen Betroffenen, als auch von Amts wegen erfolgen kann.

5. Ziel der Sterilisation

Hauptziel der Sterilisation kann nur die dauernde (gegebenenfalls reversible) Verhütung von Schwangerschaften der Betroffenen oder – mittelbar – durch den Betroffenen sein (zur Sterilisation von Männern s Rn 71). Die Sterilisation stellt kein geeignetes Mittel zur Verhinderung unerwünschten Geschlechtsverkehrs Behinderter untereinander oder unerwünschter sexueller Belästigung oder sexueller Gewalt durch Behinderte oder Nichtbehinderte dar. **31**

6. Zur Frage der Anordnung eines Einwilligungsvorbehalts

Ebensowenig wie bei verweigerter ärztlicher Behandlung durch den Betreuten kann für den Fall einer Sterilisation einwilligungsunfähiger Betreuter die Anordnung eines Einwilligungsvorbehalts ein zur Problemlösung geeignetes Instrument sein; dies wird jedoch vielfach in der Praxis angenommen, weil der Begriff der Einwilligung und des Einwilligungsvorbehalts und/oder der Regelungszweck missverstanden wird. **32**

Die Anordnung eines Einwilligungsvorbehalts bewirkt, dass bestimmte Willenserklärungen der/des Betreuten erst mit Zustimmung des Betreuers wirksam werden (§ 1903 Abs 1 S 1 BGB). Ist die/der Betreute einwilligungsfähig, bedarf es für die Zulässigkeit des Eingriffs keiner zusätzlichen Erklärung des Betreuers. Lediglich wegen des Abschlusses des Behandlungsvertrages könnte zur Verhinderung mehrfacher Vertragsabschlüsse zum Schaden der/des Betreuten die Anordnung eines Einwilligungsvorbehalts in Erwägung zu ziehen sein. **33**

Die Fähigkeit der/des Betreuten zur Einwilligung in den ärztlichen Eingriff der Sterilisierung schließt nicht aus, dass die/der Betreute für den Abschluss des Arzt- oder/und Krankenhausvertrages sowie für die Geltendmachung etwaiger Ansprüche auf Kostenübernahme uä nicht die erforderliche Geschäftsfähigkeit besitzt. Deshalb besteht durchaus bei vorhandener Einwilligungsfähigkeit in den ärztlichen Eingriff **darüber hinaus** ein **Betreuungsbedarf**, zu dessen Besorgung jedoch kein besonderer Sterilisationsbetreuer nach § 1899 Abs 2 BGB, sondern nur ein „einfacher" Betreuer nach § 1896 Abs 1 S 1 BGB zu bestellen ist. Erforderlichenfalls ist die Betreuerbestellung in die Aufgabenbereiche 1) Entscheidung über die Einwilligung in die Sterilisation und 2) sonstige mit der Sterilisationsentscheidung in Zusammenhang stehende Entscheidungen, die den Eingriff nicht unmittelbar betreffen, aufzuspalten. **34**

Soweit im Schrifttum davon die Rede ist, der Sterilisationsbetreuer habe sich um die betreute Person vor, während und im Anschluss an den Eingriff auch persönlich zu kümmern (HK-BUR/Hoffmann Rn 27), die Betreuung schließe die Nachbehandlung ein (MünchKomm/Schwab Rn 16), die Sterilisationsbetreuung sei aufzuheben, sobald die Zeit der Nachsorge verstrichen ist (Damrau/Zimmermann[3] Rn 47), fehlen Erläuterungen, was mit dieser Betreuungsaufgabe gemeint ist, was von ihr erfasst sein bzw geleistet werden soll. Zu persönlichem Kontakt gemäß §§ 1897, 1901 BGB ist auch **35**

Werner Bienwald

der Sterilisationsbetreuer im Rahmen seines Auftrages verpflichtet; dabei handelt es sich jedoch nicht um eine eigene Sachaufgabe, sondern um Anforderungen an die Art und Weise der Aufgabenerfüllung. Geht es um psychologische Betreuung, stellt sich die Frage nach der fachlichen Kompetenz und dem Vorrang anderer Hilfe gemäß § 1896 Abs 2 BGB. Soll mit der Nachbehandlung oder Nachsorge eine Vertretungstätigkeit verbunden sein, kann sie schon begrifflich nicht von der Aufgabenformulierung: Entscheidung über die Sterilisation oder enger: Einwilligung in die Sterilisation erfasst sein. Ein etwas umfassender formulierter Aufgabenkreis kraft Sachzusammenhangs müsste nicht gegen §§ 1905, 1899 Abs 2 BGB und deren Sinn und Zweck verstoßen.

III.   Voraussetzungen der Einwilligung in die Sterilisation

1.   Zum Verfahren

a)   Allgemeines

36   Hat die/der Betroffene bereits einen Betreuer mit einem mehr oder weniger umfassenden Aufgabenkreis (angesichts des Personenkreises, auf den § 1905 BGB zugeschnitten ist, werden Betreuungsfälle mit geringen Aufgabenkreisen eher selten sein), und soll eine Sterilisation vorgenommen werden, muss für die Entscheidung über die Einwilligung in eine Sterilisation der/des Betreuten ein **besonderer Betreuer** bestellt werden (§ 1899 Abs 2 BGB), sofern die/der Betreute nicht selbst die Einwilligung erteilen kann. Ist die/der Betreute einwilligungsfähig, entscheidet sie/er selbst über die Vornahme oder Nichtvornahme eines solchen Eingriffs.

37   Besteht keine Betreuung oder wurde eine frühere Betreuung aufgehoben, muss ggf ein Betreuer für die Entscheidung über die Einwilligung in die Sterilisation bestellt werden.

38   In beiden Fällen besteht der Aufgabenkreis des Betreuers zumindest darin, eine Entscheidung über die Einwilligung in eine Sterilisation der/des Betreuten zu treffen. Die Entscheidungszuständigkeit dieses Sterilisationsbetreuers enthält, wenn das Betreuungsgericht nichts anderes bestimmt, nicht nur die Befugnis, über die nicht rechtsgeschäftliche Seite des ärztlichen Eingriffs zu befinden, sondern auch die Rechtsmacht, im Namen der/des Betreuten als deren/dessen gesetzlicher Vertreter (§ 1902 BGB) den erforderlichen zivilrechtlichen Behandlungs- und Krankenhausvertrag (zu beidem s STAUDINGER/RICHARDI/FISCHINGER [2016] § 611 Rn 1866, 1886 sowie [2011] Vorbem 101 ff zu §§ 611 ff) zu schließen sowie alle diejenigen Angelegenheiten zu besorgen, die zur Durchführung der genehmigten Sterilisationseinwilligung erforderlich sind, zB die Verhandlungen mit den Stellen zu führen, die den Eingriff zu finanzieren haben (Krankenkasse [dazu § 24b SGB V], Sozialamt). Dem Vollzug der genehmigten Sterilisationseinwilligung dient die Geltendmachung von vertraglichen Erfüllungsansprüchen oder auch die Ausübung eines vertraglich vereinbarten oder eines außerordentlichen Kündigungsrechts. Wegen des Sachzusammenhangs umfasst die Aufgabe der Sterilisationsbetreuung auch die Geltendmachung von Schadensersatzansprüchen, die der/dem Betreuten wegen Schlechterfüllung oder unerlaubter Handlung zustehen können. Beschränkt das Gericht den Aufgabenkreis des besonderen Betreuers dem Wortlaut des § 1899 Abs 2 BGB entsprechend auf die Entscheidung über die Einwilligung in die Sterilisation der Betroffenen, wären

die weiteren mit der Sterilisation in Zusammenhang stehenden Angelegenheiten einschließlich einer Nachsorge im Zweifel nicht Aufgabe dieses, sondern des bereits bestellten oder eines noch zu bestellenden Betreuers.

Die Verbindung der Entscheidungszuständigkeiten ergibt sich nicht unmittelbar aus **39** § 1902 BGB, der dem Betreuer die Vertretungsbefugnis einräumt. Das Vertretungsrecht des Betreuers ist an den Aufgabenkreis gebunden. Würde die Aufgabenbestimmung eine rechtsgeschäftliche Vertretung nicht zulassen, käme sie auch nach § 1902 BGB nicht in Frage; sie wäre wirkungslos.

Wurde der Betreuer vom Betreuungsgericht bestellt, entscheidet er über die Abgabe **40** der Einwilligungserklärung. Er darf nur einwilligen, wenn das Gericht die Einwilligung genehmigt hat. Die Genehmigung muss vorliegen, bevor der Betreuer seine Einwilligung erteilt. Eine nachträgliche Genehmigung einer bereits erteilten Einwilligung kommt nicht in Betracht (Abs 2). Adressat der Erklärung ist der für die Operation verantwortliche Arzt. Dieser darf mit dem (medizinischen) Sachverständigen, der sich in einem Gutachten zur Frage der Einwilligung geäußert hat, nicht identisch sein (§ 297 Abs 6 S 3 FamFG). Die Sterilisation darf erst zwei Wochen nach Wirksamkeit der Genehmigung des Gerichts durchgeführt werden (§ 1905 Abs 2 S 2 BGB). Das Gericht hat dem Betreuer eine **Bescheinigung** auszustellen, aus der ersichtlich ist, wann die Genehmigung wirksam wurde.

Hat der Arzt die Sterilisation vorgenommen, bevor die Frist abgelaufen war, kommt **41** es für die rechtliche Bewertung des Vorgangs darauf an, ob die Sterilisation aus medizinischen Gründen vor dem Ablauf der Wartefrist erforderlich war.

Hat das Betreuungsgericht die Einwilligung in die Sterilisation genehmigt, steht es **42** dem Betreuer dennoch frei, ob er den Eingriff durchführen lässt und seine Einwilligung dazu erteilt (MünchKomm/Schwab Rn 28). Die erteilte gerichtliche Genehmigung verpflichtet den Betreuer nicht, an dem gefassten Entschluss festzuhalten. Der Sterilisationsbetreuer kann auch nicht mit der Begründung entlassen werden, er habe nach Überprüfung der Voraussetzungen einen Antrag auf Genehmigung der Sterilisation nicht gestellt (LG Hildesheim BtPrax 1997, 121). Der Betreuer handelt jedoch pflichtwidrig, wenn er trotz bestehender Notlage nicht für die Durchführung der Maßnahme sorgt (MünchKomm/Schwab Rn 29). Er hat darauf zu achten, dass bis zuletzt die materiell-rechtlichen Voraussetzungen der Einwilligung vorliegen. Gibt die/der Betreute nach Erteilung der Genehmigung, aber vor dem Eingriff, zu erkennen, dass sie/er den Eingriff nicht will, darf von der gerichtlichen Genehmigung kein Gebrauch gemacht werden (MünchKomm/Schwab Rn 29).

b) Das Verhältnis von Betreuerbestellung und betreuungsgerichtlicher Genehmigung

Muss das Gericht zunächst einen (besonderen) Sterilisationsbetreuer bestellen **43** (§ 1899 Abs 2 BGB), sind zwei verschiedene Verfahren durchzuführen. Für das Verfahren zur Bestellung eines Betreuers nach § 1899 Abs 2 BGB gelten die allgemeinen Verfahrensbestimmungen mit wenigen speziellen Regelungen; für das Verfahren zur Genehmigung der Einwilligung des Betreuers sind zahlreiche Sonderbestimmungen zu beachten. Sie haben den Zweck, besonders strenge rechtsstaatliche Garantien zu sichern (BT-Drucks 11/4528, 145).

Werner Bienwald

44 Wurden für die Entscheidung über die Bestellung des besonderen Betreuers gemäß § 1899 Abs 2 BGB bereits Verfahrenshandlungen vorgenommen, die auch für ein etwaiges Genehmigungsverfahren vorgesehen sind, kann deren Wiederholung entbehrlich sein, wenn die Verfahren in einem engen zeitlichen Zusammenhang durchgeführt werden und durch ihre erneute Vornahme weitere entscheidungserhebliche Erkenntnisse nicht zu erwarten sind (OLG Hamm OLGR 2000, 176 = FamRZ 2001, 314 = Rpfleger 2000, 328 = BtPrax 2000, 168 mAnm HOFFMANN BtPrax 2000, 235 und POLD-KRÄMER BtPrax 2000, 237; KEIDEL/BUDDE § 297 FamFG Rn 1).

45 Der Aufgabenkreis des besonderen Betreuers beschränkt sich auf die Entscheidung über die Einwilligung in die Sterilisation. Die (persönliche) Nachbetreuung wird ihm durch § 1899 Abs 2 BGB nicht zur Aufgabe gemacht (aA HK-BUR/HOFFMANN Rn 27). Eine fachkundige Nachbetreuung darf nicht mit der „persönlichen Betreuung" des § 1897 Abs 1 BGB verwechselt werden, die jedem Betreuer obliegt (zur persönlichen Betreuung BT-Drucks 117 4528, 68).

46 Für beide Verfahren ist die/der Betroffene bzw Betreute verfahrensfähig (§ 275 FamFG); für beide Verfahren ist der Richter zuständig (§ 15 Nr 4 RPflG). Für das Verfahren zur Bestellung eines besonderen Sterilisationsbetreuers muss ein Verfahrenspfleger nur dann bestellt werden, wenn andere Gründe (nicht die des Verfahrensziels) dies erfordern. Die Regelung des § 297 Abs 5 FamFG bezieht sich ausdrücklich nur auf das Verfahren, dessen Gegenstand die Genehmigung der Einwilligung des Betreuers in die Sterilisation ist (§ 1905 Abs 2 BGB).

c) Zur Einleitung des Verfahrens

47 Das Verfahren zur Genehmigung der Einwilligung in die Sterilisierung setzt keinen förmlichen Antrag iSd § 23 FamFG voraus, ohne den eine Sachentscheidung nicht ergehen dürfte. Erforderlich ist allerdings eine Anregung des Sterilisationsbetreuers, durch die das gerichtliche Verfahren eingeleitet wird. Ohne einen Hinweis, dass die Einwilligung in die Sterilisation beabsichtigt sei und gerichtlich genehmigt werden solle, darf ein Verfahren nicht (von Amts wegen) durchgeführt werden (KEIDEL/BUDDE § 297 FamFG Rn 1), weil dadurch in die Entscheidungsfreiheit und -kompetenz des Sterilisationsbetreuers eingegriffen werden würde.

d) Das Genehmigungsverfahren

48 § 297 FamFG enthält die für das Genehmigungsverfahren maßgebenden Vorschriften (KEIDEL/BUDDE FamFG § 297 Rn 4). Die Regelungen werden lediglich durch allgemeine Vorschriften ergänzt.

49 Das Gericht hat die Betroffene/den Betroffenen vor der Genehmigungsentscheidung **persönlich anzuhören** und sich einen unmittelbaren Eindruck von ihr/ihm zu verschaffen (§ 297 Abs 1 S 1 FamFG). Die persönliche Anhörung kann unterbleiben, wenn hiervon erhebliche Nachteile für die Gesundheit der/des Betroffenen zu besorgen sind oder die betroffene Person offensichtlich nicht in der Lage ist, ihren/ seinen Willen kundzutun (§ 34 Abs 2 FamFG). Das Verschaffen eines persönlichen Eindrucks von der betroffenen Person kann nicht unterbleiben. Wo die Anhörung und/oder die Verschaffung des persönlichen Eindrucks stattzufinden haben, wird nicht bestimmt. Auf § 278 Abs 1 S 3 FamFG, wonach sich das Gericht den persönlichen Eindruck in der üblichen Umgebung der/des Betroffenen verschafft, wenn es die betroffene Person verlangt oder wenn es der Sachaufklärung dient und die betroffene Person nicht widerspricht, wird nicht Bezug genommen, sodass die Verschaffung des persönlichen Eindrucks an die übliche (häusliche) Umgebung der/des Betroffenen nicht gebunden ist. Erfordert es die Verständigung, kann der Richter zur Anhörung im Rahmen seiner Amtsermittlungspflicht (§ 26 FamFG) und wegen Art 103 GG einen Sachverständigen hinzuziehen.

Das Gericht hat die betroffene Person über den möglichen Verlauf des Verfahrens **50** zu unterrichten (§ 297 Abs 1 S 2 FamFG).

Örtlich zuständig für das Genehmigungsverfahren ist das Gericht, bei dem die **51** Betreuung anhängig ist (§ 272 Abs 1 Nr 1 FamFG). Das ist entweder das Gericht, das den weiteren Betreuer nach § 1899 Abs 2 BGB bestellen musste und bestellt hat, oder das den Sterilisationsbetreuer zu bestellen hatte, weil vorher eine Betreuung nicht bestand. Funktional zuständig ist der Richter, dem nach § 15 Abs 1 Nr 4 RPflG die Verrichtungen aufgrund von § 1905 BGB vorbehalten sind. Die Anhörung der betroffenen Person und das Verschaffen eines persönlichen Eindrucks von ihr können ebensowenig durch einen ersuchten Richter vorgenommen werden, wie die Anhörungen der Behörde oder sonstiger Beteiligter (§ 297 Abs 4 FamFG).

Die zur Feststellung der entscheidungserheblichen Tatsachen erforderlichen Ermitt- **52** lungen hat das Gericht von Amts wegen durchzuführen (§ 26 FamFG). Die zuständige Behörde hat es anzuhören, wenn es die betroffene Person verlangt oder wenn es der Sachaufklärung dient (§ 297 Abs 2 FamFG). Das Gericht hat die sonstigen Beteiligten anzuhören und auf Verlangen der/des Betroffenen das Gericht eine ihr/ ihm nahestehende Person anzuhören, wenn das ohne erhebliche (!) Verzögerung möglich ist. Bestellt das Gericht einen Verfahrenspfleger, so wird dieser von Gesetzes wegen als Beteiligter zum Verfahren hinzugezogen (§§ 297 Abs 5, 274 Abs 2 FamFG). Unterbleibt die Bestellung eines Verfahrenspflegers, weil die/der Betroffene von einem Rechtsanwalt oder einem anderen geeigneten Verfahrensbevollmächtigten vertreten wird, ist dieser Verfahrensbevollmächtigte zum Verfahren hinzuzuziehen. Zu beteiligen ist der Sterilisationsbetreuer, dessen Recht (die Entscheidungszuständigkeit für die Einwilligung oder Nichteinwilligung in die Sterilisation) durch das Verfahren unmittelbar betroffen wird (§§ 7 Abs 2 Nr 1, 274 Abs 1 Nr 2 FamFG). Eine Beteiligung weiterer Personen, über die das Gericht zu befinden hätte, richtet sich nach § 7 FamFG.

Das Gericht darf die Einwilligung erst genehmigen, nachdem es durch förmliche **53** Beweisaufnahme **Gutachten** von Sachverständigen eingeholt hat, die sich auf die **medizinischen, psychologischen, sozialen, sonderpädagogischen und sexualpädagogischen Gesichtspunkte** erstrecken (§ 297 Abs 6 S 1 FamFG). Sämtliche bestellten Sachverständigen haben die betroffene Person vor der Erstattung ihres Gutachtens persönlich zu untersuchen oder zu befragen (§ 297 Abs 6 S 2 FamFG). Während der medizinische Sachverständige ohne Untersuchung der/des Betroffenen sein Gutachten nicht abgeben können wird, werden sich die übrigen Professionen in der Regel gesprächsweise der/dem Betroffenen nähern können.

Die Zahl der einzuholenden Gutachten hat der Gesetzgeber nicht beziffert. Der **54** RegEntw versteht die Gesetzesformulierung aber so, dass für die Entscheidung des

Gerichts mindestens zwei Gutachten eingeholt werden müssen, weil die zu untersuchenden unterschiedlichen Aspekte von einem einzigen Sachverständigen nicht abgedeckt werden können (BT-Drucks 11/4528, 177). Im Hinblick auf die zahlreichen zu begutachtenden Aspekte der Sterilisation (vgl § 297 Abs 6 S 1 FamFG) dürften aber auch zwei Gutachten in der Regel nicht ausreichen. Die Gutachten, in erster Linie das medizinische Gutachten, sollten sich zu allen fünf gesetzlichen Voraussetzungen für die Einwilligung in eine Sterilisation (Abs 1 S 1 Nr 1–5) äußern. Die für das Gutachten zur Bestellung eines Betreuers oder der Anordnung eines Einwilligungsvorbehalts maßgebende Vorschrift gibt in Abs 3 eine Struktur vor, die in ihren ersten drei Punkten auch für die Gutachten zur Sterilisierungsentscheidung die Struktur maßgebend ist.

55   Soll aus irgendeinem Grund die Einwilligung des Betreuers in die Sterilisierung nicht genehmigt werden, kann der Stand der Ermittlungen die Einholung von Gutachten entbehrlich machen.

56   Sachverständiger und ausführender Arzt dürfen nicht personengleich sein (§ 297 Abs 6 S 3 FamFG). Das bezieht sich offensichtlich auf den medizinischen Sachverständigen. Ein Verstoß gegen diese Bestimmung hat nicht die Rechtswidrigkeit des ärztlichen Eingriffs zur Folge. Weitere Ausschlüsse von Professionen hat das Verfahrensrecht nicht vorgesehen.

57   Die Gutachten sind sowohl der/dem Betroffenen als auch dem Verfahrensbevollmächtigten oder dem Verfahrenspfleger auszuhändigen. Wird von der Bekanntgabe an die betroffene Person Abstand genommen, ist davon auszugehen, dass der Verfahrensbevollmächtigte oder der (sonst stets erforderliche) Verfahrenspfleger mit der/dem Betroffenen über die Gutachten spricht (vgl BGH FamRZ 2011, 1289, 1290).

58   Das Gericht entscheidet durch Beschluss, dessen allgemeiner Inhalt sich aus § 38 FamFG ergibt. Die Beschlussformel enthält entweder die Genehmigung der Einwilligung in die Sterilisation oder deren Ablehnung. Aufgabe des Gerichts ist es nicht, in dem Genehmigungsbeschluss die vom Arzt zu wählende Sterilisationsmethode vorzugeben (aA HK-BUR/Hoffmann Rn 51; vgl auch MünchKomm/Schwab Rn 35 und Erman/Roth Rn 23). Nicht nur unschädlich, sondern sinnvoll ist der den Text des Gesetzes wiedergebende Hinweis des Gerichts, dass bei der Sterilisation stets der Methode der Vorzug zu geben ist, die eine Refertilisierung zulässt (§ 1905 Abs 2 S 3 BGB). § 38 Abs 3 S 1 FamFG verpflichtet das Gericht, den Beschluss zu begründen. Es handelt sich um eine Betreuungssache, deshalb trifft keine Ausnahme von der Begründungspflicht zu (§ 38 Abs 4, Abs 5 Nr 3 FamFG). Die Begründung darf sich nicht in der bloßen Wiedergabe des Gesetzestextes oder in der Benutzung floskelhafter Wendungen erschöpfen.

59   Die Entscheidung über die Genehmigung einschließlich der Begründung ist der/dem Betroffenen stets selbst bekannt zu machen (§ 297 Abs 8 S 1 FamFG). Von der Bekanntgabe der Gründe an die betroffene Person kann nicht abgesehen werden (§ 197 Abs 8 S 2 FamFG). Wegen deren Anfechtbarkeit ergeht die Ablehnung der Genehmigung ebenfalls durch Beschluss (obwohl eine Einstellung des Verfahrens in Betracht käme), der ebenfalls der/dem Betroffenen mit den Gründen bekanntzu-

machen ist. Der zuständigen Behörde ist die Entscheidung stets bekanntzugeben
(§ 297 Abs 8 S 3 FamFG).

Die Genehmigung wird wirksam mit der Bekanntgabe an den für die Entscheidung **60**
über die Einwilligung in die Sterilisation bestellten Betreuer und an den Verfahrenspfleger oder den Verfahrensbevollmächtigten, wenn ein Verfahrenspfleger nicht
bestellt wurde (§ 297 Abs 7 FamFG). Gegen die (End-)Entscheidung des Gerichts
über die Genehmigung findet die Beschwerde statt (§ 58 FamFG). Die Beschwerde
steht demjenigen zu, der durch den Beschluss in seinen Rechten beeinträchtigt ist
(§ 59 Abs 1 FamFG). Das Recht der Beschwerde steht uneingeschränkt dem Verfahrenspfleger zu (§ 303 Abs 3 FamFG). Der Betreuer kann gegen die Entscheidung,
weil sie seinen Aufgabenkreis betrifft, auch im Namen der/des Betroffenen Beschwerde einlegen (§ 303 Abs 4 S 1 FamFG). Als den Inhalt der Sterilisationsbetreuung betreffend steht auch der zuständigen Behörde das Beschwerderecht zu
(§ 300 Abs 1 Nr 2 FamFG). Für die Einlegung der Beschwerde gilt eine Frist von
einem Monat (§ 63 Abs 1 FamFG). Insofern die Sterilisierung erst zwei Wochen
nach der Wirksamkeit der Genehmigung durchgeführt werden darf, findet zu dem
Lauf der Beschwerdefrist kein Gleichlauf statt. Die Sterilisierung könnte bereits vor
Ablauf der Beschwerdefrist (rechtmäßig) durchgeführt werden. Sie könnte trotz
eingelegter Beschwerde vorgenommen werden, weil die Beschwerde keine aufschiebende Wirkung hat (KEIDEL/BUDDE § 297 FamFG Rn 13). Das Gesetz enthält keine
unmittelbare Lösung dieser Differenz. Um die volle Beschwerdefrist zur Verfügung
zu haben oder den Eingriff nicht vor dem Abschluss des Beschwerdeverfahrens
stattfinden zu lassen, können Betroffene wie Verfahrenspfleger den Erlass einer
einstweiligen Anordnung mit dem Ziel beantragen, die Wirksamkeit der Genehmigung auszusetzen (§ 64 Abs 3 FamFG; KEIDEL/BUDDE aaO).

Im Wege einstweiliger Anordnung kann zwar der Sterilisationsbetreuer bestellt **61**
(§ 300 FamFG), nicht aber die Genehmigung des Gerichts zur Sterilisation erteilt
werden.

Träger der Sterilisationsentscheidung ist weiterhin der (besondere) Betreuer; er hat **62**
die unmittelbar im Gesetz ausgesprochene Verpflichtung an die Ärztin/den Arzt
weiterzugeben. Praktisch wäre die Aufnahme des Gesetzestextes (Abs 2 S 3) in den
Beschlusstext.

e) Zur Qualifikation der Sachverständigen
Die Qualifikation des oder der Sachverständigen lässt das Gesetz offen, um dem **63**
Gericht die Entscheidung zu überlassen, je nach Fallgestaltung und den zu unter-
suchenden Gesichtspunkten diejenigen Sachverständigen auszuwählen, welche die
entsprechende Qualifikation für die Schwerpunkte der untersuchungsbedürftigen
Gesichtspunkte haben (BT-Drucks 11/4528, 177).

Indem das Gesetz lediglich die verschiedenen Aspekte der zu treffenden Entschei- **64**
dung nennt, ohne eine fachwissenschaftliche Zuordnung vorzunehmen, lässt es offen, welche Fachwissenschaft auf welchem Teilaspekt eine Antwort zu geben hat.
Auch den einzelnen Tatbestandselementen der Genehmigung des Gerichts sind
nicht etwa bestimmte Aspekte oder Wissenschaften zugewiesen. Die amtliche Begründung geht allerdings davon aus, dass zur Beurteilung der Gesamtsituation die

Erforschung der sozialen Gesichtspunkte erforderlich ist, dass zur Feststellung der Einwilligungsunfähigkeit insbesondere medizinische, psychologische und sonderpädagogische Gesichtspunkte als Entscheidungsgrundlage notwendig sind, dass für eine gesicherte Prognose über die Entwicklungsmöglichkeiten und die Lebensperspektive der/des Betreuten spezielle sonderpädagogische Erkenntnisse nicht entbehrt werden können. Auch für die Beurteilung der Notlagensituation hält die amtliche Begründung medizinische, psychologische und sonderpädagogische Erkenntnisse für erforderlich. Im Hinblick darauf, dass die Sterilisation nur als letztes Mittel in Betracht zu ziehen ist, soll das Gericht auch sexualpädagogische Gesichtspunkte prüfen, so etwa die Frage, ob und auf welche Weise nach therapeutischen Maßnahmen Verhütungsmittel eingesetzt werden können (BT-Drucks 11/4528, 177).

65 Im Hinblick darauf, dass in den genannten Fachwissenschaften die Sterilisierung eines Menschen eine ganz unterschiedliche Aufmerksamkeit und Beurteilung erfährt und unter sehr verschiedenen Aspekten gesehen wird, empfiehlt es sich nicht, den jeweiligen Sachverständigen mit ihrer Beauftragung lediglich den Text des § 1905 BGB mitzuteilen und ihnen die Entscheidung darüber zu überlassen, auf welche der möglichen Fragen, die für die Entscheidung des Gerichts wichtig sind, sie im Einzelnen eingehen wollen.

2. Materiellrechtliche Voraussetzungen der Einwilligung des Betreuers und der betreuungsgerichtlichen Genehmigung dieser Einwilligung

a) Allgemeines
aa) Alleinzuständigkeit des besonderen Betreuers
66 § 1905 BGB setzt die Absicht des besonderen Betreuers voraus, anstelle der/des Betroffenen über die Sterilisierung zu entscheiden und in den Eingriff einzuwilligen. Die Bestellung eines besonderen Betreuers für die Sterilisierungsentscheidung schließt es grundsätzlich aus, dass anstelle dieses Betreuers eine andere Person oder Institution entscheidet. Allein der besondere Betreuer erhält die Befugnis zur Entscheidung in der Frage der Sterilisation, dokumentiert in der Bestellungsurkunde. Weder darf der besondere Betreuer seine Entscheidungsbefugnis delegieren noch kann das Betreuungsgericht anstelle des besonderen Betreuers die Einwilligung erteilen oder verweigern. Ist der entscheidungsbefugte besondere Betreuer zeitweilig verhindert, duldet die Entscheidung in der Regel Aufschub. Der Gesetzgeber hat der Angelegenheit keine besondere Eilbedürftigkeit zuerkannt, wenn man bedenkt, wie umfangreich und umfassend die Entscheidung des Gerichts vorzubereiten ist. Eine Entscheidung im Wege einstweiliger Anordnung wurde nicht vorgesehen (§ 300 FamFG). Der Sterilisationsbetreuer konnte als vorläufiger Betreuer bestellt werden (§ 300 FamFG). Diese Möglichkeit wurde für die Bestellung des besonderen Betreuers zwar nicht ausgeschlossen. Da während dieses Verfahrens bereits Erkenntnisse gesammelt werden (können), die für das spätere Genehmigungsverfahren von Bedeutung sein können, erscheint die einstweilige Anordnung wenig sinnvoll.

bb) Keine Sterilisationsbetreuung durch Verein oder Behörde
67 Weder ein Verein noch die zuständige Behörde als Institutionen dürfen als Sterilisationsbetreuer bestellt werden (§ 1900 Abs 5 BGB). Eine letztinstanzliche Zuständigkeit der Behörde, die sonst besteht (§ 1900 Abs 4 BGB), entfällt in diesem Fall. Dagegen ist die Bestellung eines Mitarbeiters als Vereinsbetreuer oder als Behör-

denbetreuer möglich, vorausgesetzt der Verein oder die Behörde hat ihre Einwilligung erteilt (§ 1897 Abs 2 BGB). Erforderlich ist auch das Einverständnis des Mitarbeiters mit seiner Bestellung zum Vereins- oder Behördenbetreuer (BIENWALD RsDE 8/1989, 36 f).

cc) Kein Einwilligungsvorbehalt

Ebensowenig wie bei verweigerter ärztlicher Behandlung durch den Betreuten kann **68** für den Fall der Sterilisation einwilligungsunfähiger Betreuter die Anordnung eines Einwilligungsvorbehalts ein zur Problemlösung geeignetes Instrument sein. Das wird jedoch in der Praxis der Betreuung nicht selten angenommen, weil der Begriff der Einwilligung und des Einwilligungsvorbehalts und/oder der Regelungszweck des § 1903 BGB missverstanden werden.

Die Anordnung eines Einwilligungsvorbehalts bewirkt, dass bestimmte Willenserklärungen der/des Betreuten erst mit Zustimmung des Betreuers wirksam werden (§ 1903 Abs 1 S 1 BGB). Ist die/der Betreute einwilligungsfähig, bedarf es für die Zulässigkeit des Eingriffs keiner (ergänzenden) Erklärung des Betreuers. Lediglich wegen des Abschlusses des Behandlungsvertrags könnte zur Verhinderung mehrfacher Vertragsabschlüsse zum Schaden der/des Betreuten die Anordnung eines Einwilligungsvorbehalts in Erwägung zu ziehen sein.

Die Fähigkeit der/des Betreuten zur Einwilligung in den ärztlichen Eingriff der Sterilisierung schließt nicht aus, dass die/der Betreute für den Abschluss des Arzt- oder/und Krankenhausvertrags sowie für die Geltendmachung etwaiger Ansprüche auf Kostenübernahme uä nicht die erforderliche Geschäftsfähigkeit besitzt. Deshalb besteht bei vorhandener Einwilligungsfähigkeit in den ärztlichen Eingriff ein Betreuungsbedarf, zu dessen Befriedigung jedoch kein besonderer Sterilisationsbetreuer nach § 1899 Abs 2 BGB, sondern nur ein „einfacher" Betreuer nach § 1896 Abs 1 S 1 BGB zu bestellen wäre. Erforderlichenfalls ist die Bestellung der Betreuer und die Aufgabenkreisbestimmung in die Entscheidung über die Einwilligung in die Sterilisation und in sonstige mit der Sterilisationsentscheidung im Zusammenhang stehende Angelegenheiten, die den Eingriff nicht unmittelbar betreffen, aufzuspalten.

dd) Struktur des § 1905

Die Vorschrift des § 1905 BGB regelt sowohl die Voraussetzungen für die betreu- **69** ungsgerichtliche Genehmigung der Einwilligung des Betreuers, als auch die Voraussetzungen dieser Einwilligung. Damit sind zugleich die Kriterien der gerichtlichen Genehmigung einer Sterilisation gesetzlich bestimmt. Ein Ermessensspielraum in der Hinsicht, dass es geringere Anforderungen an seine Genehmigung selbst stellen könnte, wurde dem Betreuungsgericht nicht eingeräumt (MünchKomm/SCHWAB Rn 27 mwNw; ERMAN/ROTH Rn 27).

Die Einwilligung in die Sterilisation und die Genehmigung der Betreuerentscheidung sind nur zulässig, wenn sämtliche fünf **Voraussetzungen in ihrer Gesamtheit** gegeben sind. Dies muss noch **im Zeitpunkt des ärztlichen Eingriffs** so sein. Fehlt im Zeitpunkt des Eingriffs des Arztes auch nur ein Merkmal des gesetzlichen Tatbestands, wäre die dennoch vorgenommene Sterilisierung rechtswidrig. Nicht nur wegen der Möglichkeit, wegen des rechtswidrigen Eingriffs zivilrechtlich oder strafrechtlich (dazu näher HK-BUR/HOFFMANN Rn 87 ff) zur Rechenschaft gezogen zu werden, muss der Arzt darauf achten, dass die Voraussetzungen eines zulässigen Eingriffs gegeben sind. Auch die Übernahme der Kosten durch die Krankenkassen oder den Träger der Sozialhilfe hängt davon ab, dass es sich um eine rechtmäßige Sterilisation handelt.

Die Anwendung der Vorschrift setzt voraus, dass die/der Betroffene nicht einwilligungsfähig, also außerstande ist, Art, Bedeutung und Tragweite – auch die Risiken – der Maßnahme zu erfassen und ihren/seinen Willen hiernach zu bestimmen (BT-Drucks 11/4528, 71). Die/der Betroffene müsste, wäre sie/er einwilligungsfähig, auch imstande sein, die erforderliche ärztliche Aufklärung über die Maßnahme, ihre Folgen und die mit ihr verbundenen Risiken zu erfassen. Andernfalls wäre selbst bei Einwilligungsfähigkeit die Einwilligung der/des Betroffenen nicht wirksam (BT-Drucks 11/4528, 71).

b)   Sterilisationsvoraussetzungen

70 Neben der Grundvoraussetzung für eine Fremdbestimmung in der Angelegenheit einer Sterilisierung, der dauerhaften Einwilligungsunfähigkeit, müssen die **weiteren Voraussetzungen** erfüllt sein:

– das Fehlen eines Widerspruchs (Abs 1 S 1 Nr 1),

– das Fehlen anderer zumutbarer Mittel, eine Schwangerschaft zu verhindern (Abs 1 S 1 Nr 5),

– die Annahme, dass es ohne die Sterilisation zu einer Schwangerschaft kommen würde und infolge dieser Schwangerschaft eine Gefahr für das Leben oder die Gefahr einer schwerwiegenden Beeinträchtigung des körperlichen oder seelischen Gesundheitszustandes der Schwangeren zu erwarten wäre, die nicht auf andere zumutbare Weise abgewendet werden könnte (Abs 1 S 1 Nr 3 und 4).

c)   Zur Sterilisierung von Männern

71 Nach dieser Vorschrift (§ 1905 BGB) soll die Sterilisierung eines einwilligungsunfähigen Mannes mit Hilfe einer entsprechenden Einwilligung seines Sterilisationsbetreuers zulässig sein (BT-Drucks 11/4528, 79). Da die Vorschrift in Bezug auf die in Abs 1 S 1 Nr 3 und 4 genannten Voraussetzungen keine männerspezifische Indikation vorsieht, kann die Absicht des Gesetzgebers nur so verstanden werden, dass diese Voraussetzungen bei der (uU auch betreuten) Partnerin des betreuten Mannes gegeben sind. Unter diesen Umständen kann jedoch nur angenommen werden, dass es ohne die Sterilisierung (des Mannes) zu einer Schwangerschaft (der Partnerin) kommen würde, wenn zuvor der Mann untersucht und seine Zeugungsfähigkeit festgestellt worden ist. Der Mangel der Zeugungsfähigkeit fällt dagegen nicht unter das Merkmal des Abs 1 S 1 Nr 5, das Verhütungsmittel bzw -möglichkeiten meint, also davon ausgeht, dass Verhütung von Schwangerschaft überhaupt erforderlich und möglich sein kann. Bei der Abwägung der für und gegen eine Sterilisation des Mannes sprechenden Umstände kann von Bedeutung sein, dass der Eingriff bei einem Mann wesentlich einfacher und risikoärmer vorzunehmen ist als bei einer Frau (BLUME, Sterilisation Vorwort 9). Die Sterilisation von Männern nach § 1905 BGB wird abgelehnt von ERMAN/ROTH Rn 24 f.

d) Die weiteren Einwilligungs- und Genehmigungsvoraussetzungen im Einzelnen

aa) Fehlen eines Widerspruchs (Abs 1 S 1 Nr 1)

Die Einwilligung des Betreuers in die Sterilisation einer/eines einwilligungsunfähi- **72** gen Betreuten darf nur zum Wohl der/des Betreuten erfolgen (BT-Drucks 11/4528, 76). Die Vorschrift erlaubt deshalb keine Anwendung von Zwang zur Durchsetzung der Betreuereinwilligung. Zwangssterilisationen werden nicht als ein Mittel zur Verwirklichung des Wohls des Betroffenen angesehen; sie könnten zu schweren seelischen Schäden bei den Betroffenen führen (BT-Drucks 11/4528, 76).

Zwang zur Durchsetzung der Sterilisation ist selbst dann ausgeschlossen, wenn eine **73** Schwangerschaft zu einer Lebensgefahr oder einer schweren Gesundheitsgefahr für die betroffene Frau führen würde (BT-Drucks 11/4528, 76); die schwere Gesundheitsgefahr, die auch bei einem Mann zu befürchten sein kann, erlaubt auch bei ihm keinen zwangsweisen Eingriff. Der RegEntw sieht als Alternative zu einer lediglich mit Gewalt durchzusetzenden Sterilisierung die Unterbringung an, die jederzeit rückgängig gemacht werden kann.

Das Verbot der Zwangssterilisation erlaubt die Einwilligung des Betreuers in den **74** Eingriff nur dann, wenn die Sterilisation dem Willen der/des Betreuten nicht widerspricht (BT-Drucks 11/4528, 143). Unter „Wille" versteht der RegEntw (aaO) den „natürlichen" Willen eines Menschen, auch wenn dieser Wille nicht von Einsichts- oder Steuerungsfähigkeit getragen wird. HOLZHAUER (Gutachten DJT B 87) sieht darin einen gewissen Widerspruch, dass einerseits ein natürlicher, gegen die Sterilisation gerichteter Wille der/des einwilligungsunfähigen Betreuten maßgebend sein soll, bei der Einwilligung in eine diagnostische oder therapeutische Behandlung diesem natürlichen Willen aber die Maßgeblichkeit abgesprochen wird (kritisch auch DIECKMANN JZ 1988, 789, 799; FINGER DAVorm 1989, 11, 24 sowie LEISTER Betrifft JUSTIZ 1989, 58, 59).

Problematisch für den Juristen wie für den Mediziner und den Psychologen ist die **75** Abgrenzung zwischen Einwilligungsfähigkeit bzw -unfähigkeit und der Beachtlichkeit eines ablehnenden Willens. Einerseits darf die/der Betreute nicht in der Lage sein, einen qualifizierten Willen zur Frage des Sterilisierungseingriffs zu bilden, und zwar auf Dauer; sie/er darf aber andererseits imstande sein, eine Ablehnung des Eingriffs zu wollen und diesen „Willen" zu äußern. Eine Möglichkeit der Unterscheidung bietet das Zeitmoment. Während die Einwilligungsunfähigkeit von Dauer sein muss, dh mehr oder weniger starke Schwankungen aufgrund von Beeinflussungen auf eine Unfähigkeit zur verantwortlichen Alleinentscheidung schließen lassen, kommt es für die Beachtlichkeit des Widerstands (Widerwillens) der/des Betreuten gegen die Sterilisierung nicht auf dessen Dauerhaftigkeit an.

Das Verbot der Zwangssterilisation (der Ausdruck ist mehrdeutig und deshalb miss- **76** verständlich; dazu GAIDZIK/HIERSCHE 62) erlaubt deshalb nicht die Anwendung physischer Gewalt. Die Einwirkung auf die Psyche der/des Betreuten bedeutet dann Zwang, wenn sie die Äußerung des „natürlichen" Gegenwillens der/des Betreuten nicht mehr zulässt. Dagegen ist eine argumentative Auseinandersetzung zulässig, die dazu führt, dass die/der Betreffende in ihrer/seiner Meinung umgestimmt wird.

Hat sich die/der Betreute mit dem Eingriff einverstanden erklärt, schließt dies nicht **77** aus, dass spätestens vor dem Eingriff die Sterilisation im Sinne der Nr 1 abgelehnt wird. Ein vorheriges Einverständnis mit dem Eingriff bindet die/den Betreute(n) nicht, schließt deshalb auch einen Widerstand gegen die Sterilisation nicht aus (BT-Drucks 11/4528, 143; MünchKomm/SCHWAB § 1905 Rn 18). Fraglich ist, ob nur ein gegen die Sterilisation gerichteter Widerstand oder jegliche Abwehr beachtlich ist. Während DAMRAU/ZIMMERMANN (§ 1905 Rn 18; ebenso OLG Hamm FamRZ 2001, 314 = BtPrax 2000, 168) den erstgenannten Standpunkt einnehmen, allerdings dann davon ausgehen, dass ein anders motivierter Widerstand nach Gesprächen aufgegeben wird, lehnen ERMAN/ROTH § 1905 Rn 10 eine Differenzierung ab, weil sonst die Gefahr bestehe, dass das Verbot der Zwangssterilisation unterlaufen wird. Der Wortlaut des Gesetzes deutet darauf hin, dass nur ein Widerspruch gegen die Sterilisierung den Eingriff (und sogar bereits die Einwilligung des Betreuers, vgl BT-Drucks 11/4528, 143; MünchKomm/SCHWAB Rn 18 sind gegen jede „Motivforschung" bei klarer Ablehnung) verbietet. Lässt sich die Zielrichtung des Widerspruchs eindeutig klären als ein gegen andere Beeinträchtigungen gerichteter („natürlicher") Wille – zB Spritze, Arztkleidung, Gesichtsmaske, Raumverhältnisse –, kann darauf eingegangen und können die den Widerstand hervorrufenden Verhältnisse geändert werden. Bestehen Zweifel hinsichtlich der Motivation und Zielrichtung des Widerstandes, muss die Sterilisation unterbleiben, weil nicht ausgeschlossen werden kann, dass sich der Widerspruch auch gegen sie richtet.

78 Es kommt nicht darauf an, dass der Widerspruch mit Worten oder Lauten geäußert wird; jegliche Äußerungsform, die einen Widerspruch ausdrückt, verbietet den Eingriff (Gestik, Mimik, jegliche Gefühlsäußerung, s ERMAN/ROTH § 1905 Rn 10).

bb) Das Fehlen anderer zumutbarer Mittel, die Schwangerschaft zu verhindern (Abs 1 S 1 Nr 5)

79 Mit dieser (weiteren) Voraussetzung bestimmt das Gesetz den Nachrang der Sterilisierung gegenüber anderen zumutbaren Mitteln der Empfängnisverhütung (BT-Drucks 11/4528, 144). Die Sterilisation ist gemäß Abs 1 S 1 Nr 5 unzulässig, und sowohl die Einwilligung des Betreuers als auch die Genehmigung dieser Einwilligung durch das Betreuungsgericht ohne Rechtsgrundlage, wenn die Schwangerschaft durch andere zumutbare Mittel verhindert werden kann. Das setzt voraus, dass andere Mittel vorhanden, geeignet und – unabhängig von der Frage der Zumutbarkeit – auch anwendbar sind. Erst wenn dies alles zu bejahen ist, kommt es darauf an, dass das alternative Mittel der Verhütung auch zumutbar ist.

80 In Betracht kommen mechanische oder chemische Mittel. Nicht ausgeschlossen erscheint auch eine Kontrolle empfängnisfreier Zeiten. Zum Vorhandensein anderer Mittel und Möglichkeiten der Schwangerschaftsverhütung gehört, dass sie zuverlässig angewendet werden können. Das heißt nicht nur, dass ihre (regelmäßige) Verwendung von der/dem Betreffenden erwartet und dies notfalls mit Hilfe von Betreuungskräften sichergestellt werden kann; erforderlich ist auch, dass die Einnahme oder Benutzung nicht von der/dem Betreuten verweigert wird. Die amtl Begr betont die besondere Bedeutung anwendbarer sexualpädagogischer Maßnahmen (BT-Drucks 11/4528, 144). Die bestehenden (und erfolgversprechenden) Möglichkeiten sind auszuschöpfen, ehe eine Sterilisation in Betracht gezogen werden kann. Auf solche sexualpädagogischen Gesichtspunkte hat sich demzufolge auch das einzuholende Sachverständigengutachten zu erstrecken (§ 297 Abs 6 S 1 FamFG).

Ob mechanische oder chemische Empfängnisverhütungsmittel und -verfahren zu- **81**
mutbar sind, entscheiden die Umstände des Einzelfalls (BT-Drucks 11/4528, 144), zB zu
erwartende Nebenwirkungen oder andere Unverträglichkeiten, die nicht nur bei
chemischen Mitteln auftreten können. Umstritten ist es, ob einer auf Dauer nicht
einwilligungsfähigen betreuten Person zugemutet werden kann, zur Vermeidung
einer Sterilisation einen Freiheitsentzug oder schwere freiheitsentziehende Maßnahmen hinzunehmen (BT-Drucks 11/4528, 144; MünchKomm/Schwab Rn 19 in der Tendenz
ablehnend; Damrau/Zimmermann Rn 36 – anders aber offenbar in Rn 10; Erman/Roth Rn 18).
Richtiger Ansicht nach ist dies nicht eine Frage der Zumutbarkeit. Eine Isolierung
der/des Betreuten kommt als Alternative zur Sterilisation schon begrifflich nicht in
Betracht, weil sie nicht lediglich Schwangerschaften vermeidet, sondern den Sexu-
alverkehr schlechthin verhindert bzw verhindern soll. Demgegenüber ist die Sterilisation ein Mittel lediglich der Schwangerschaftsverhütung, das als äußerstes Mittel
nur deshalb in Betracht kommt und erforderlich ist, weil und damit es den Sexual-
verkehr ermöglicht. Bereits die Zielsetzung der freiheitsentziehenden Maßnahme
geht in eine andere Richtung als die einer Sterilisation.

cc) Indikationen (Abs 1 S 1 Nr 3 und 4, Abs 1 S 2)
Der Betreuer darf seine Einwilligung in die Sterilisation nur dann geben und das **82**
Betreuungsgericht seine Genehmigung der Einwilligung nur dann erteilen, wenn
neben den übrigen Voraussetzungen

– anzunehmen ist, dass es ohne die Sterilisation zu einer Schwangerschaft kommen
  würde,

– infolge dieser Schwangerschaft eine Gefahr für das Leben oder die Gefahr einer
  schwerwiegenden Beeinträchtigung des körperlichen oder seelischen Gesundheitszustands der Schwangeren zu erwarten wäre, die nicht auf zumutbare Weise
  abgewendet werden könnte,

– wobei als schwerwiegende Gefahr für den seelischen Gesundheitszustand der
  Schwangeren auch die Gefahr eines schweren und nachhaltigen Leides gilt, das
  ihr drohen würde, weil gerichtliche Maßnahmen, die mit der Trennung von dem
  Kind verbunden wären (§§ 1666, 1666a BGB), gegen sie ergriffen werden müssten.

Das Gesetz verbietet eine „vorsorgliche" Sterilisierung, zB von Personen, die sexuell **83**
nicht aktiv oder jedenfalls nicht in einer Weise aktiv sind, die eine Schwangerschaft
erwarten ließe (BT-Drucks 11/4528, 143). Erforderlich ist mithin die konkrete und
ernstliche Annahme, dass ohne Sterilisation eine Schwangerschaft zu erwarten wäre
(BayObLGZ 1997, 49 = FamRZ 1997, 702 = FGPrax 1997, 65 mAnm Seitz FGPrax 1997, 101 =
BtPrax 1997, 158 m eingehender Begründung; die Entscheidung ist in zahlreichen weiteren Fach-
zeitschriften abgedruckt, teils vollständig, teils in Auszügen oder mit LS; genauer Nachweis in BtE
1996/97; bestätigt d BayObLG FamRZ 2001, 1560 = NJW 2002, 149 = MDR 2001, 1170 mwNw;
s außerdem OLG Hamm FamRZ 2001, 314, 315 = BtPrax 2000, 168 [169] mAnm Hoffmann und
Pöld-Krämer BtPrax 2000, 235 und 237). Dies setzt nicht nur entsprechende sexuelle
Betätigungen beider Partner, sondern auch eine konkrete Empfängnisbereitschaft
bzw -fähigkeit voraus. Insoweit muss eine medizinische Klärung erfolgen. Die bloß
abstrakte Möglichkeit einer Schwangerschaft genügt nicht; auch wäre es nicht ge-

rechtfertigt, sexuell (zZ) nicht aktive Personen etwa für den Fall einer möglichen Vergewaltigung vorsorglich zu sterilisieren (MünchKomm/Schwab Rn 21; sinngemäß auch BT-Drucks 11/4528, 77). Dagegen genügt es, wenn die/der Betreute sexuelle Kontakte hat und der Eintritt einer Schwangerschaft nicht aus anderen Gründen unwahrscheinlich ist (MünchKomm/Schwab Rn 21).

84 Es ist nicht erforderlich, dass die betreute Person selbst schwanger wird. Es genügt auch die Annahme, dass die Partnerin eines betreuten Mannes schwanger wird (BT-Drucks 11/4528, 79). Der RegEntw hat die Partnerschaft eines behinderten Mannes mit einer behinderten Frau zwar vor Augen und rechtfertigt damit die Sterilisation des Mannes mit dem Hinweis, es wäre nicht einzusehen, weshalb der Gesetzgeber die Sterilisation der Frau erlauben, die des Mannes jedoch verbieten sollte. Kriterien für die Entscheidung, ob in einem solchen Falle der Mann oder die Frau sterilisiert werden sollte, werden nicht vorgegeben (vgl BT-Drucks 11/4528, 143). Ist nur der eine Teil einwilligungsunfähig und hat er aus diesem Grund einen Sterilisationsbetreuer, dürfte davon auszugehen sein, dass gegen eine Ablehnung der Sterilisierung durch den einwilligungsfähigen Partner letztlich nichts unternommen werden kann.

85 Nicht auszuschließen ist der Fall, dass **jeder der beiden Partner** einen Betreuer für die Entscheidung über die Einwilligung in die Sterilisation erhält und zwischen den Betreuern eine Einigung, bei wem von beiden der Eingriff vorgenommen werden soll, nicht erreicht wird. Ein Konfliktregelungsmuster für diesen Fall enthält das BtG nicht; § 1899 BGB regelt die Fälle, dass mehrere Betreuer für die Angelegenheiten eines Betreuten bestellt worden sind. Das Betreuungsgericht könnte lediglich im Rahmen seiner Beratungs-, Aufsichts- und Kontrollbefugnis auf die Meinungsbildung der beiden Sterilisationsbetreuer Einfluss zu nehmen versuchen.

86 Nr 4 lässt eine Einwilligung des Betreuers in die Sterilisation seiner/seines Betreuten nur zu, wenn infolge der zu erwartenden Schwangerschaft eine Gefahr für das Leben oder die Gefahr einer schwerwiegenden Beeinträchtigung des körperlichen oder seelischen Gesundheitszustandes der Schwangeren zu erwarten wäre, die nicht auf eine andere zumutbare Weise abgewendet werden könnte (BT-Drucks 11/4528, 143).

87 Diese Notlagenumschreibung konkretisiert das Hauptanliegen des Gesetzgebers, die „fremdbestimmte" Sterilisierung einer/eines einwilligungsunfähigen Betreuten ausschließlich im Interesse der/des Betreuten zuzulassen (Erman/Roth Rn 15). Die Einwilligung des Betreuers darf weder im Interesse der Allgemeinheit oder von Verwandten noch im Interesse des ungezeugten Kindes (vgl zu allem BT-Drucks 11/4528, 75, 76) erteilt werden. Allerdings kann nicht ausgeschlossen werden, dass eine durch die Nr 4 gedeckte vollzogene Sterilisation von Verwandten oder Dritten als auch für sie vorteilhaft angesehen wird.

88 Vorausgesetzt wird auch hier, dass eine **Schwangerschaft** zu erwarten ist. Die lediglich abstrakte Möglichkeit reicht nicht aus (Erman/Roth Rn 14).

89 Eine **Gefahr für das Leben** der Schwangeren kann körperliche oder seelische Ursachen haben. Als Beispiele führt die amtl Begr an (BT-Drucks 11/4528, 143): Gebärmutterkrebs, chronisch entzündete Restniere, Selbsttötungsgefahr aufgrund schwerer Depressionen; Fälle dieser Art sollen bei dem betroffenen Personenkreis außerordentlich selten, aber dennoch nicht auszuschließen sein (BT-Drucks 11/4528, 143). Es kommen ferner Fälle in Betracht, bei denen infolge der Schwangerschaft die Gefahr einer schwerwiegenden Beeinträchtigung des körperlichen oder seelischen Gesundheitszustandes der Schwangeren zu erwarten wäre, beispielsweise schwere Herz- und Kreislauferkrankungen oder schwere depressive Fehlentwicklungen (BT-Drucks 11/4528, 143). Als eine schwerwiegende Gefahr für den seelischen Gesundheitszustand der Schwangeren gilt dabei auch die Gefahr eines schweren und nachhaltigen seelischen Leides, das ihr drohen würde, weil gerichtliche Maßnahmen, die mit ihrer Trennung vom Kind verbunden wären (§§ 1666, 1666a BGB), gegen sie ergriffen werden müssten.

Als schwerwiegende Beeinträchtigung des seelischen Gesundheitszustands kann **90** nicht schon jede fühlbare Störung des subjektiven Wohlbefindens verstanden werden (so zutreffend MünchKomm/SCHWAB Rn 23). Wenn es SCHWAB genügen lässt, dass eine Schwangerschaft und ihre Folgen für die Frau mit schwerem und nachhaltigem psychischem Leid verbunden wären, wird allerdings neben Abs 1 S 2 eine weitere (mildere) Voraussetzung eingeführt. Als Gefahr eines schweren und nachhaltigen Leides im Sinne einer schwerwiegenden Gefahr für den seelischen Gesundheitszustand der Schwangeren (Abs 1 S 1 Nr 4 zufolge müsste es genauer heißen: der Gefahr einer schwerwiegenden Beeinträchtigung, weil Abs 1 S 2 eine Definitionsnorm enthält) werden gerichtliche Maßnahmen gemäß §§ 1666, 1666a BGB (eine Trennung kommt auch infolge von §§ 1673 Abs 1, 1674 Abs 1 oder 1748 Abs 3 BGB in Betracht) angesehen, die mit der Trennung des Kindes von seiner Mutter verbunden wären (Abs 1 S 2). Offenkundig wollte der Gesetzgeber Abs 1 S 2 nicht als ein (Regel-)Beispiel verstanden wissen, wenn davon die Rede ist (BT-Drucks 11/4528, 143, 144), diese Bestimmung enthalte eine abschließende Sonderregelung. Dass dadurch die Anwendung des § 1748 Abs 3 BGB in Zweifel gezogen werden könnte, lag fern. Zutreffend warnt SCHWAB (MünchKomm Rn 23) davor, die Erwartung einer Trennung des Kindes von seiner Mutter aufgrund und infolge von §§ 1666, 1666a BGB vorschnell zu bejahen. Vgl in diesem Zusammenhang BVerfGE 60, 79 = JZ 1982, 416 = FamRZ 1982, 567, wo die Maßnahme der Trennung des Kindes von seiner Familie (in diesem Falle seinen durch die Behindertenfürsorge betreuten Eltern) als stärkster Eingriff in das Elternrecht nur bei strikter Wahrung der Verhältnismäßigkeit für mit dem Grundgesetz vereinbar erklärt worden ist. Im Ergebnis bedeutet dies, dass bei einer nicht von vornherein völlig aussichtslosen Alternative zur Kindeswegnahme diese Fallgestaltung des Abs 1 S 1 Nr 4 nicht vorläge.

Der DiskE I enthielt an dieser Stelle der Nr 4 anstelle einer eigenständigen Notla- **91** genumschreibung die Verweisung auf § 218a Abs 1, Abs 2 Nr 1, 3 StGB. Der dort formulierte Tatbestand greift weiter als der Text des § 1905 BGB.

Die eigenständige Umschreibung der Notlagen durch den RegEntw diente der **92** Präzisierung derjenigen seltenen Ausnahmefälle, in denen die Einwilligung des Betreuers in die Sterilisation einer/eines einwilligungsunfähigen Betreuten zulässig sein soll. Wertungswidersprüche sollten jedoch vermieden werden (BT-Drucks 11/4528, 77). Ein Wertungswiderspruch zu § 218a StGB wird nicht darin gesehen, dass in § 1905 Abs 1 S 2 BGB Maßnahmen nach §§ 1666, 1666a BGB als Ursachen schweren und nachhaltigen Leides formuliert sind (BT-Drucks 11/4528, 79). Nach Auffassung des RegEntw ist ein Wertungswiderspruch auch deshalb ausgeschlossen, weil das Gericht die Genehmigung der Einwilligung in die Sterilisation nicht mit der Begründung versagen kann, der Betreuer solle den Eintritt der Schwangerschaft abwarten und dann in einen **Abbruch der Schwangerschaft** einwilligen. Der Abbruch der Schwangerschaft ist nach Auffassung des RegEntw kein geeignetes Mittel, durch das die Gefahr für das Leben oder die Gefahr einer schwerwiegenden Beeinträchtigung des körperlichen oder seelischen Gesundheitszustands der Betroffenen auf zumutbare Weise im Sinne des § 1905 Abs 1 S 1 Nr 4 BGB abgewendet werden könnte.

93 **Lebensgefahr** kann aus körperlichen Gründen vorliegen, aber auch dann, wenn im Zusammenhang mit einer Schwangerschaft die Gefahr der **Selbsttötung** besteht (BT-Drucks 11/4528, 78). Eine infolge der zu erwartenden Schwangerschaft zu befürchtende Beeinträchtigung des körperlichen Gesundheitszustands muss schwerwiegend sein; sie muss deutlich über die bei einer Schwangerschaft üblichen Beschwerden hinausgehen, wobei solche dann anzunehmen sind, wenn eine nicht ganz geringe Zahl von Frauen davon betroffen sind.

94 Zu den Voraussetzungen der Herausnahme von Kindern aus der Familie behinderter Eltern s BVerfGE 60, 79 = FamRZ 1982, 567 = JZ 1982, 416 = NJW 1982, 1379; zu den eher geringen realen Eltern-Chancen Behinderter s Coester ZfJ 1989, 350, 353; dort auch die zutreffende Skepsis, inwieweit von den „öffentlichen Hilfen" realistischerweise Hilfe für behinderte Eltern erwartet werden kann. Zum Umgang einer Einrichtung für Behinderte mit Kinderwunsch und Elternschaft vgl die Betheler Arbeitstexte 6, Kinderwunsch und Elternschaft von Menschen mit einer geistigen Behinderung (oJ, hrsg von den von Bodelschwinghschen Anstalten in Bethel bei Bielefeld). Zum Unterstützungsbedarf geistig behinderter Eltern und ihrer Kinder sowie derjenigen Personen, die mit ihnen zu tun haben, und dem unzulänglichen Unterstützungsangebot Pixa-Kettner/Bargfrede/Blanken 237.

95 Nicht ausreichend ist die (juristisch formulierte) Feststellung, dass behinderte Eltern (nicht) gewillt und in der Lage seien, die tatsächliche Personensorge für ein Kind auszuüben. Selbst wenn es gelingen könnte, das intellektuelle Defizit an Erziehungsleistung behinderter Eltern durch Dritthilfe auszugleichen (BVerfGE 60, 79, 93), könnten die Eltern auch emotional der Betreuung und Erziehung ihrer Kinder uU nicht gewachsen sein (Coester ZfJ 1989, 350, 354, mit Fn 45 mit Beispielen zum Versagen von Eltern im emotionalen Bereich, sowie Staudinger/Coester [2016] § 1666 Rn 140, § 1674 Rn 6 und 16 mwNw). Zu Problemen des Sorgerechts bei psychisch kranken und geistig behinderten Eltern s auch die gleichnamige vom BMJ herausgegebene Schrift von Münder (Rechtstatsächliche Untersuchungen).

96 Zu Recht wurde die in Abs 1 S 2 enthaltene Anbindung an das „seelische Leid" der Mutter kritisiert (Coester ZfJ 1989, 350, 352/354). Außerhalb des Blickfelds des Gesetzgebers ist die Möglichkeit geblieben, dass die Wegnahme des Kindes entsprechendes Leid beim (behinderten) Vater, vielleicht sogar nur bei ihm, hervorruft. Der von Coester vertretenen Auffassung, wenn man es bei dieser gesetzlich dekretierten Verkümmerung des männlichen Persönlichkeitsbereichs nicht belassen wolle, müsse auch die Sterilisation der Frau bei einer seelischen Notlage nur ihres Ehemannes wie auch die Sterilisation des Mannes nur bei eigener Notlage gesetzlich zugelassen werden (352), ist bisher niemand gefolgt. Fehlerhaft und durch entsprechende Aus-

legung zu korrigieren ist die Vorschrift insoweit, als eine Entscheidung nach §§ 1666, 1666a BGB sich nicht nur gegen die Mutter, sondern auch gegen den Vater richten würde oder könnte. Eine Herausnahme wäre nur dann zulässig, wenn auch der Vater außerstande wäre, das Kind in dem erforderlichen Maße zu erziehen, sei es, dass er tatsächlich dazu außerstande ist, sei es, dass ihm die elterliche Sorge nicht (mehr) zusteht oder übertragen werden kann (§ 1678 Abs 2 nF BGB). Der Anknüpfung an die Schwangere in Abs 1 S 2 scheint zumindest unbewusst das Modell der schwangeren ledigen Mutter und des Eingriffs in deren (alleiniges) Sorgerecht zugrunde gelegen zu haben.

Aus diesem Grunde ist auch die Prüfung, ob mit Hilfe von Entscheidungen nach **97** §§ 1666, 1666a BGB, § 1748 Abs 3 BGB das Kind bzw die Kinder, die geboren werden würden, von der Mutter getrennt werden müssten, auf die gesamte familiäre Situation zu erstrecken und eine Trennungsentscheidung nicht isoliert zu sehen. Zu berücksichtigen ist insbesondere, dass die Entscheidungen nach den §§ 1666, 1666a, 1748 Abs 3 BGB allein unter dem Aspekt des Kindeswohls zu treffen sind, für die Indikationsproblematik aber die etwaigen Folgen solcher Entscheidungen von Bedeutung sein sollen (vgl zu §§ 1666, 1666a im Zusammenhang mit § 1905 insbesondere COESTER ZfJ 1989, 350, 352 noch zu dem bisherigen Recht; zu beachten ist die Rechtslage aufgrund der Kindschaftsrechtsreform, insbes die Änderung gerichtlicher Zuständigkeiten).

dd) Keine Möglichkeit zur Abwendung der in Nr 4 genannten Gefahren

Möglichkeiten der Gefahrenabwendung müssten für den Fall einer Gefahr für das **98** Leben der Schwangeren oder der Gefahr einer schwerwiegenden Beeinträchtigung des körperlichen oder seelischen Gesundheitszustands dieser Schwangeren gegeben sein. Soweit als schwerwiegende Gefahr für den seelischen Gesundheitszustand der Schwangeren auch die Gefahr eines schweren und nachhaltigen Leides infolge von zu ergreifenden gerichtlichen Maßnahmen nach den §§ 1666, 1666a, 1748 Abs 3 BGB gilt, kommen Abwendungsmöglichkeiten begrifflich nicht in Betracht, weil bereits im Rahmen der Ermittlungen zwecks Entscheidung nach §§ 1666, 1666a, 1748 Abs 3 BGB geprüft werden muss und geprüft worden sein musste, ob eine weniger schwere Alternative möglich und durchführbar ist, um die Trennung des Kindes von den Eltern zu vermeiden. Einwilligungsersetzung als „letztes Mittel" kommt in § 1748 Abs 3 BGB in der Formulierung seiner Voraussetzungen zum Ausdruck. Nach dem Verhältnismäßigkeitsgrundsatz darf die Einwilligung des Elternteils nur ersetzt werden, wenn die Adoption erforderlich ist, um eine bereits eingetretene oder drohende Gefahr für eine gesunde Kindesentwicklung abzuwenden, und mildere Mittel zu diesem Zweck nicht ausreichen (BVerfGE 24, 119, 146 = NJW 1968, 2233, 2236 = FamRZ 1968, 578, 584; Näheres im Übrigen bei STAUDINGER/FRANK [2007] § 1748 Rn 57). Kann die Ersetzung der Einwilligung nur dadurch vermieden werden, dass das Kind auf Dauer beim anderen Elternteil (getrenntlebend), bei Verwandten, Stief- oder Pflegeeltern („in einer Familie") aufwachsen kann (Näheres s STAUDINGER/FRANK [2007] § 1748 Rn 57), dürften die Voraussetzungen der §§ 1666, 1666a gegeben sein.

Unter Nr 4 kommen deshalb nur solche alternativen Gefahrenabwendungsmöglich- **99** keiten in Betracht, die sich nicht auf Abs 1 S 2 beziehen. Der RegEntw sah solche Möglichkeiten dann, wenn die Notlage durch eine medizinische Behandlung etwa der zu erwartenden Depression oder der Herz- oder Kreislauferkrankung zu beheben wäre (BT-Drucks 11/4528, 144). Medizinische Maßnahmen können sein die Vergabe kreislaufstärkender Mittel oder die Behandlung der Depression mit den dort zur Verfügung stehenden Mitteln oder Verfahren (MünchKomm/Schwab Rn 24), soweit sie zumutbar sind.

100 Diese Alternativen zur Sterilisierung müssen zumutbar sein. Für die Frage der **Zumutbarkeit** kann es auf die Art der Behandlungsmethode, deren Wirkungen und deren Nebenwirkungen ankommen. Eine die Persönlichkeit auf Dauer verändernde Behandlung wäre danach keine Alternative (Art 1 und 2 GG). Es versteht sich von selbst, dass die alternativen Maßnahmen, wenn sie überhaupt zur Anwendung kommen, körperlich oder seelisch verträglich bzw verkraftbar sein müssen (MünchKomm/Schwab Rn 24).

101 Als Alternative nicht zumutbar ist der Schwangerschaftsabbruch (BT-Drucks 11/4528, 144; MünchKomm/Schwab Rn 24). Mehr als die Sterilisation ist der Schwangerschaftsabbruch mit gesundheitlichen Risiken behaftet; auch besteht die Gefahr psychischer Störungen als Folge des Schwangerschaftsabbruchs. Auch sie dürfen nicht unterschätzt werden (BT-Drucks 11/4528, 144). Außerdem spricht die durch § 1905 Abs 1 S 2 BGB getroffene Regelung gegen diese Alternative; wäre der Schwangerschaftsabbruch ein zumutbares Mittel, könnte das durch Wegnahme des geborenen Kindes entstehende Leid nicht aufkommen, die dort getroffene Regelung wäre überflüssig (BT-Drucks 11/4528, 144). Hinzu kommen wegen der unterschiedlichen Tragweite der Eingriffe verfassungsrechtliche Bedenken: der Schwangerschaftsabbruch ist immer mit der Tötung menschlichen Lebens verbunden und greift damit nicht nur in die Persönlichkeitsrechte der Schwangeren ein (Coester ZfJ 1989, 350, 355; ähnlich bereits Holzhauer, Gutachten B 88–90 sowie Schwab, Schwangerschaftsverhütung 141).

IV.   Kosten der Sterilisation

102 Die Übernahme der Kosten einer Sterilisation durch die gesetzliche Krankenkasse richtet sich nach § 24b SGB V.

103 Empfänger von Sozialhilfe haben Anspruch auf Hilfe zur Gesundheit nach den §§ 24 ff SGB XII. § 51 SGB XII sieht vor, dass „bei einer durch Krankheit erforderlichen Sterilisation ... die ärztliche Untersuchung, Beratung und Begutachtung, die ärztliche Behandlung, die Versorgung mit Arznei-, Verbands- und Heilmitteln sowie die Krankenhauspflege geleistet" werden.

104 Ob Privatversicherte die Kosten der Sterilisation ganz oder teilweise von ihrer Versicherung erstattet bekommen, hängt von den Versicherungsbedingungen und den Leistungskatalogen der Versicherungsgesellschaften ab. Für Bedienstete des öffentlichen Dienstes kommen Beihilfezahlungen in Betracht, über die jedoch im Einzelfall Auskünfte eingeholt werden müssen. S dazu für NRW (§ 88 S 1 NWBG iVm der Beihilfeverordnung) OVG Münster NJW 1994, 3030.

105 Soweit der Sterilisationsbetreuer auch für die Besorgung der zivilrechtlichen und der sozialrechtlichen, mit dem Eingriff notwendig verbundenen, Angelegenheiten zuständig ist, obliegt es ihm, die Finanzierung des Eingriffs sicherzustellen und auch die Konditionen zu klären, zu denen der Arzt den Eingriff vornimmt (Honorarhöhe bei Privatpatienten uam).

Ob andere als die oben aufgeführten Leistungen in Betracht kommen (zB Haus- **106** haltshilfe), scheint bei dem für § 1905 BGB in Frage kommenden Personenkreis eher zweifelhaft, muss aber im Einzelfall geklärt werden.

V. Folgen fehlerhafter Sterilisationsbehandlung und -beratung

Als Gegenstand gerichtlicher Auseinandersetzung kommen unzulängliche Beratung, **107** fehlgeschlagener Eingriff sowie der unsachgemäß durchgeführte Eingriff mit dadurch bedingten Verletzungen in Betracht. Soweit es bisher um die Frage ging, ob Unterhalt für das ungeplant/ungewollt geborene Kind verlangt werden kann, hat der Erste Senat des BVerfG der Rechtsprechung der Zivilgerichte beigepflichtet: deren Verurteilungen zu Schadensersatz und Schmerzensgeld verstoße nicht gegen Art 1 Abs 1 GG (JZ 1998, 352 = FamRZ 1998, 149 = NJW 1998, 519 = VersR 1998, 190 = MedR 1998, 176), wohingegen der Zweite Senat in einer als Beschluss gefassten Stellungnahme (JZ 1998, 356 = FamRZ 1998, 605 = NJW 1998, 523) feststellte, bei seiner Rechtsauffassung, mit der er die Rechtsprechung, die die Unterhaltspflicht für ein Kind als Schaden begreife, ablehnt, handele es sich um eine tragende Rechtsansicht, sodass bei abweichender Meinung des Ersten Senats das Verfahren nach § 16 BVerfGG hätte eingehalten werden müssen (NJW 1998, 523, 524). Der Zweite Senat stellt in seiner Reaktion auf die Entscheidung des Ersten Senats ausdrücklich fest, sein damaliges Urteil habe „ausdrücklich die Haftung für ärztliche Beratungsfehler und für fehlgeschlagene Sterilisationen neben den fehlgeschlagenen Schwangerschaftsabbrüchen" genannt (JZ 1998, 356, 358 = FamRZ 1998, 605, 606 = NJW 1998, 523, 524).

Der Bundesgerichtshof hatte mehrfach – auch – zur Schadensersatzpflicht im Falle **108** misslungener Sterilisation Stellung genommen (ua VersR 1992, 1229; zu früheren Entscheidungen s die Zusammenstellung in BGH JZ 1994, 305). Im Rahmen des Normenkontrollverfahrens zur verfassungsrechtlichen Prüfung der Vorschrift des § 218b StGB hatte sich das Bundesverfassungsgericht ua auch (beiläufig) zur Schadensersatzfrage geäußert und in einem Leitsatz (LS 14) festgestellt: „Eine rechtliche Qualifikation des Daseins eines Kindes als Schadensquelle kommt von Verfassungs wegen (Art 1 Abs 1 GG) nicht in Betracht. Deshalb verbietet es sich, die Unterhaltspflicht für ein Kind als Schaden zu begreifen" (FamRZ 1993, 899). In der sich darauf beziehenden Begründung der Entscheidung ist zwar generell von dem Dasein des Kindes als Schadensquelle, nicht jedoch von misslungener Sterilisation, sondern nur von fehlgeschlagenem Schwangerschaftsabbruch die Rede. Allerdings werden Entscheidungen des BGH zur Sterilisation mit aufgeführt. Es heißt dort im Anschluss an den als erster Satz des LS formulierten Text folgendermaßen: „Die Verpflichtung aller staatlichen Gewalt, jeden Menschen in seinem Dasein um seiner selbst willen zu achten (...), verbietet es, die Unterhaltspflicht für ein Kind als Schaden zu begreifen." Die Rspr der Zivilgerichte zur Haftung für ärztliche Beratungsfehler oder für fehlgeschlagene Schwangerschaftsabbrüche (es folgen BGH-Entscheidungen „zum Schwangerschaftsabbruch" und „zur Sterilisation") ist im Blick darauf der Überprüfung bedürftig. Hiervon unberührt bleibt eine Schadensersatzpflicht des Arztes gegenüber dem Kind wegen Schädigungen, die diesem bei einem nicht kunstgerecht ausgeführten, misslungenen Schwangerschaftsabbruch zugefügt worden sind (FamRZ 1993, 899, 918). Im juristischen Schrifttum war diese Ansicht deshalb fast allgemein als obiter dictum angesehen worden (DEUTSCH NJW 1998, 510). Zum Konflikt der beiden Senate des BVerfG und zur Gesamtproblematik STÜRNER JZ 1998, 317.

109 In einem als Ergänzung zu BGHZ 124, 128 = VersR 1994, 425 (gegen diese Entscheidung richtete sich die Verfassungsbeschwerde, auf die der Erste Senat des BVerfG mit der in NJW 1998, 519 veröffentlichten Entscheidung reagierte) bezeichneten Urteil stellte der BGH fest (FamRZ 1995, 1124 = NJW 1995, 2407 = MedR 1996, 129 = VersR 1995, 1099), neben dem Unterhaltsbedarf für das Kind könne auch ein Schmerzensgeld für die Mutter verlangt werden, wenn der Arzt bei der Sterilisation des Mannes nicht ausreichend über die Notwendigkeit eines Spermiogramms aufgeklärt hat. Zeitlich vor den Äußerungen der beiden Senate des BVerfG bestätigte das OLG Zweibrücken das Urteil der Vorinstanz, durch das der beklagte Arzt zur Zahlung eines Schmerzensgeldes verurteilt worden war. Im Leitsatz stellte das OLG folgendes fest (VersR 1997, 1009 = NJW-RR 1997, 666 = FamRZ 1998, 231):

1. Misslingt eine ausschließlich medizinisch indizierte Sterilisation, fallen Ansprüche, die nicht auf dem abzuwendenden Gesundheitsrisiko für die Frau beruhen, insbesondere solche aus einer ungewollten Schwangerschaft, nur dann unter den Schutzzweck des § 823 BGB oder einer positiven Vertragsverletzung, wenn der Arzt im Behandlungsvertrag, wenigstens als Nebenpflicht, derartige Vermögensinteressen der Eltern eines ungewollten Kindes übernommen hat.

2. Ob eine familienplanerische Indikation vom Behandlungsvertrag neben der im Vordergrund stehenden medizinischen Indikation umfasst war, ist nicht aufgrund einer generalisierenden, anhand allgemeiner Anschauungen oder Erwartungen gewonnenen Betrachtung festzustellen, sondern bedarf, ohne dass kleinliche Anforderungen gestellt werden dürfen, einer einzelfallorientierten Bewertung.

3. Der Anspruchsteller hat hierzu vorzutragen und zu beweisen, dass der Arzt erkennen konnte, dass im Falle des Misslingens des Eingriffs auch das Vertrauen der Eltern eines unerwünschten Kindes in eine Familienplanung enttäuscht werde.

110 Zur Beratungspflicht bei Sterilisationseingriffen (Aufklärungsdefizite als Behandlungsfehler) s OLG Düsseldorf MedR 1994, 404. Zur Begrenzung des persönlichen Schutzbereichs eines Sterilisationsvertrages (hier im Falle der Sterilisation eines Mannes) SchlHOLG SchlHAnz 1996, 123 = DAVorm 1996, 628.

VI. Prozessuale Folgen ungenehmigt durchgeführter Sterilisation

111 Wurde die Sterilisation mit Einwilligung des besonderen Betreuers (§ 1899 Abs 2 BGB) vorgenommen, bevor die Genehmigung des Gerichts wirksam war (§ 297 Abs 7 FamFG), und hat nach ausgeführter Sterilisation der Verfahrenspfleger gegen den Genehmigungsbeschluss Beschwerde eingelegt, ist mit der Durchführung der Sterilisation das Verfahren auf Erteilung der gerichtlichen Genehmigung in der Hauptsache erledigt. Gleichwohl hielt das OLG Düsseldorf (FamRZ 1996, 375 = FGPrax 1996, 22 m darauf bezogener krit Anm SEITZ FGPrax 1996, 23) eine von dem Betroffenen eingelegte Beschwerde für zulässig, weil die Genehmigung der Sterilisation dieser auf Dauer den Anschein der Rechtmäßigkeit verleihe.

112 Zu strafrechtlichen Konsequenzen eingehend HK-BUR/HOFFMANN Rn 87 ff.

§ 1906
Genehmigung des Betreuungsgerichts bei freiheitsentziehender Unterbringung und bei freiheitsentziehenden Maßnahmen

(1) Eine Unterbringung des Betreuten durch den Betreuer, die mit Freiheitsentziehung verbunden ist, ist nur zulässig, solange sie zum Wohl des Betreuten erforderlich ist, weil

1. aufgrund einer psychischen Krankheit oder geistigen oder seelischen Behinderung des Betreuten die Gefahr besteht, dass er sich selbst tötet oder erheblichen gesundheitlichen Schaden zufügt, oder

2. zur Abwendung eines drohenden erheblichen gesundheitlichen Schadens eine Untersuchung des Gesundheitszustands, eine Heilbehandlung oder ein ärztlicher Eingriff notwendig ist, die Maßnahme ohne die Unterbringung des Betreuten nicht durchgeführt werden kann und der Betreute aufgrund einer psychischen Krankheit oder geistigen oder seelischen Behinderung die Notwendigkeit der Unterbringung nicht erkennen oder nicht nach dieser Einsicht handeln kann.

(2) Die Unterbringung ist nur mit Genehmigung des Betreuungsgerichts zulässig. Ohne die Genehmigung ist die Unterbringung nur zulässig, wenn mit dem Aufschub Gefahr verbunden ist; die Genehmigung ist unverzüglich nachzuholen.

(3) Der Betreuer hat die Unterbringung zu beenden, wenn ihre Voraussetzungen weggefallen sind. Er hat die Beendigung der Unterbringung dem Betreuungsgericht unverzüglich anzuzeigen.

(4) Die Absätze 1 bis 3 gelten entsprechend, wenn dem Betreuten, der sich in einem Krankenhaus, einem Heim oder einer sonstigen Einrichtung aufhält, durch mechanische Vorrichtungen, Medikamente oder auf andere Weise über einen längeren Zeitraum oder regelmäßig die Freiheit entzogen werden soll.

(5) Die Unterbringung durch einen Bevollmächtigten und die Einwilligung eines Bevollmächtigten in Maßnahmen nach Absatz 4 setzen voraus, dass die Vollmacht schriftlich erteilt ist und die in den Absätzen 1 und 4 genannten Maßnahmen ausdrücklich umfasst. Im Übrigen gelten die Absätze 1 bis 4 entsprechend.

§ 1906a
Genehmigung des Betreuungsgerichts bei ärztlichen Zwangsmaßnahmen

(1) Widerspricht eine Untersuchung des Gesundheitszustands, eine Heilbehandlung oder ein ärztlicher Eingriff dem natürlichen Willen des Betreuten (ärztliche Zwangsmaßnahme), so kann der Betreuer in die ärztliche Zwangsmaßnahme nur einwilligen, wenn

1. die ärztliche Zwangsmaßnahme zum Wohl des Betreuten notwendig ist, um einen drohenden erheblichen gesundheitlichen Schaden abzuwenden,

Werner Bienwald

2. der Betreute auf Grund einer psychischen Krankheit oder einer geistigen oder seelischen Behinderung die Notwendigkeit der ärztlichen Maßnahme nicht erkennen oder nicht nach dieser Einsicht handeln kann,

3. die ärztliche Zwangsmaßnahme dem nach § 1901a zu beachtenden Willen des Betreuten entspricht,

4. zuvor ernsthaft, mit dem nötigen Zeitaufwand und ohne Ausübung unzulässigen Drucks versucht wurde, den Betreuten von der Notwendigkeit der ärztlichen Maßnahme zu überzeugen,

5. der drohende erhebliche gesundheitliche Schaden durch keine andere den Betreuten weniger belastende Maßnahme abgewendet werden kann,

6. der zu erwartende Nutzen der ärztlichen Zwangsmaßnahme die zu erwartenden Beeinträchtigungen deutlich überwiegt und

7. die ärztliche Zwangsmaßnahme im Rahmen eines stationären Aufenthalts in einem Krankenhaus, in dem die gebotene medizinische Versorgung des Betreuten einschließlich einer erforderlichen Nachbehandlung sichergestellt ist, durchgeführt wird.

§ 1846 ist nur anwendbar, wenn der Betreuer an der Erfüllung seiner Pflichten verhindert ist.

(2) Die Einwilligung in die ärztliche Zwangsmaßnahme bedarf der Genehmigung des Betreuungsgerichts.

(3) Der Betreuer hat die Einwilligung in die ärztliche Zwangsmaßnahme zu widerrufen, wenn ihre Voraussetzungen weggefallen sind. Er hat den Widerruf dem Betreuungsgericht unverzüglich anzuzeigen.

(4) Kommt eine ärztliche Zwangsmaßnahme in Betracht, so gilt für die Verbringung des Betreuten gegen seinen natürlichen Willen zu einem stationären Aufenthalt in ein Krankenhaus § 1906 Absatz 1 Nummer 2, Absatz 2 und 3 Satz 1 entsprechend.

(5) Die Einwilligung eines Bevollmächtigten in eine ärztliche Zwangsmaßnahme und die Einwilligung in eine Maßnahme nach Absatz 4 setzen voraus, dass die Vollmacht schriftlich erteilt ist und die Einwilligung in diese Maßnahmen ausdrücklich umfasst. Im Übrigen gelten die Absätze 1 bis 3 entsprechend.

Materialien: Art 1 Nr 6 DiskE I; RegEntw Art 1 Nr 41; Art 1 Nr 47 BtG; DiskE I, 142; BT-Drucks 11/4528, 145 ff (BReg); BT-Drucks 11/4528, 209 f (BRat); BT-Drucks 11/4528, 229 (BReg); BT-Drucks 11/6949, 13 f; 79 Nr 21; Art 1 Nr 15 BtÄndG-E, BT-Drucks 13/7158, 7, 34; Änderung der §§ 70, 70b, 70g FGG durch Art 2 Nr 11–13 BtÄndG-E; BT-Drucks 13/7158, 9, 40; STAUDINGER/BGB-Synopse 1896–2005 § 1906; Änderung der Gerichtsbezeichnungen in der Überschrift und im Text der Vorschrift durch Art 50 Nr 49 FGG-RG (BT-Drucks 16/6308, 143; G z Regelung der betreuungsrechtlichen Einwilligung in eine ärztliche Zwangsmaßnahme, Entwurf der Fraktionen der CDU/ CSU und FDP v 19. 11. 2012 (BT-Drucks 17/ 11513); Beschlussempfehlung und Bericht d Rechtsausschusses (6. Ausschuss) zu dem Gesetzentwurf d Fraktionen der CDU/CSU und FDP – Drucks 17/11513 – v 16. 1. 2013

(BT-Drucks 17/12086); G v 18. 2. 2013 (BGBl I 266). Änderungen d G z Änderung der materiellen Zulässigkeitsvoraussetzungen von ärztlichen Zwangsmaßnahmen und zur Stärkung des Selbstbestimmungsrechts von Betreuten v 17. 7. 2017 (BGBl I 2426).

Schrifttum*

BIENWALD, Die Zwangsbehandlung und Unterbringung geistig verwirrter Menschen aus betreuungsrechtlicher Sicht, FPR 2012, 4
ders, Fristenlauf der Genehmigungen bei Unterbringung zur Zwangsbehandlung, FamRZ 2016, 1730
BRAUER/LIPP, Patientenautonomie und Familie, MedR 2016, 231
BROSEY, Die Würdigung von Sachverständigengutachten in Betreuungs- und Unterbringungssachen unter Berücksichtigung aktueller Rechtsprechung, BtPrax 2011, 141
DODEGGE, Selbständiges Beweisverfahren zur Feststellung der Geschäftsfähigkeit eines Vollmachtgebers bei Errichtung oder Widerruf der Vollmacht, FamRZ 2010, 1786
DODEGGE/ZIMMERMANN, PsychKG NRW (2. Aufl 2003)
FIRSCHING/DODEGGE, Familienrecht, 2. Halbband, Betreuungssachen und andere Gebiete der freiwilligen Gerichtsbarkeit (7. Aufl)
HENKING, Patientenrechte in der Psychiatrie im Kontext von Zwang, R & P 2016, 155
KLIE, Redufix ambulant. Freiheitseinschränkende und -entziehende Maßnahmen in der häuslichen Pflege. Eine betreuungsrechtliche Betrachtung, BtPrax 2011, 154
MARSCHNER, Aktuelles zur Zwangsbehandlung – in welchen Grenzen ist sie noch möglich?, R & P 2011, 160
MARSCHNER/VOLCKART/LESTING, Freiheitsentziehung und Unterbringung (5. Aufl 2010)
MICHEL, Alternativen zur Zwangsbehandlung, BtPrax 2011, 162

MÜTHER, Das Sachverständigengutachten im Betreuungs- und Unterbringungsverfahren, FamRZ 2010, 857
NARR/SASCHENBRECKER, Unterbringung und Zwangsbehandlung, FamRZ 2006, 1079
OLZEN/METZMACHER, Zulässigkeit der Zwangsbehandlung untergebrachter Personen, BtPrax 2011, 233
RÖTHEL, Form und Freiheit der Patientenautonomie, AcP 211 (2011) 196
SACHS, Schutzpflicht zur Zwangsbehandlung (Anmerkung zu BVerfG Beschluss v 26. 7. 2016 – 1 Bvt 8/15, FamRZ 2016, 1738), JuS 2016, 1147
SCHERR, Umgang mit Zwangsmaßnahmen in Krankenhäusern, Psychiatrien und Pflegeeinrichtungen (2015)
SCHIEFERDECKER/ACKERMANN/MAY, Patientenverfügung – Beratungsmöglichkeiten durch Betreuungsvereine, BtPrax 2011, 65
SCHMIDT-RECLA/DIENER, Zwangsmittel im Betreuungs- und Unterbringungsverfahrensrecht, FamRZ 2010, 696
SONNENTAG, Erforderlichkeit der Genehmigung unterbringungsähnlicher Maßnahmen bei untergebrachten Betreuten durch das Betreuungsgericht, FamRZ 2011, 1635 (zugleich Anm zu LG Freiburg FamRZ 2010, 1846)
STOLZ, Patientenverfügungen in Notfallsituationen, BtPrax 2011, 103
WIEDWALD/STOLZ/WARMBRUNN/JUCHART/ MEYDER, Psychisch-Kranken-Hilfe- Gesetz Baden-Württemberg (2016)

---

* Nach dem Erscheinen der 3. Aufl von SAAGE/ GÖPPINGER (nunmehr als MARSCHNER/VOLCKART [4. Aufl 2002]) beschränkt sich das Schrifttumsverzeichnis auf solche Titel, die in dem Literaturverzeichnis des genannten Werkes nicht aufgeführt sind. Verzeichnet ist im Wesentlichen neueres Schrifttum; wegen des vor 1994 erschienenen wird auf die Angaben in der 12. Aufl verwiesen.

Werner Bienwald

ZIMMERMANN, Bayerisches Unterbringungsgesetz (2. Aufl 2005)
ders, Unterbringungsgesetz Baden-Württemberg (UBG) (2003)

ders, Praxisprobleme der ärztlichen Zwangsbehandlung bei Betreuten, NJW 2014, 2479.

Systematische Übersicht

Alphabetische Übersicht

Werner Bienwald

A.   Materielles Unterbringungsrecht

I.   Allgemeines

1.   Normzweck

1 Die freiheitsentziehende Unterbringung eines kranken oder behinderten Menschen ist ein schwerwiegender Eingriff in seine Person und seine Rechte. Gegenüber dem bisherigen Recht, das die materiellen Voraussetzungen der zivilrechtlichen Unterbringung des Mündels oder Pflegebefohlenen durch seinen Vormund oder Gebrechlichkeitspfleger nicht hinreichend geregelt hatte (vgl §§ 1897 S 1 aF, 1915 Abs 1 iVm § 1800 Abs 2 aF sowie §§ 1800 und 1631b BGB), sollte das BtG eine grundlegende Verbesserung herbeiführen (BT-Drucks 11/4528, 50, 79). Dementsprechend enthält § 1906 Abs 1 **Vorgaben für Unterbringungsentscheidungen des Betreuers**. Wie das bisherige Recht hält auch das neue Betreuungsrecht an dem Grundsatz fest, dass die Unterbringung des Betreuten aufgrund entsprechender Entscheidung seines Betreuers nur mit Genehmigung des Betreuungsgerichts zulässig ist (Abs 2 S 1). Die Regelung, dass die Unterbringung im Ausnahmefall zwar zunächst ohne gerichtliche Genehmigung erfolgen darf, jedoch nur zulässig ist, wenn das Gericht sie nachträglich billigt und die Genehmigung auch unverzüglich nachgeholt wird (Abs 2 S 2), erneuert die bisherige Rechtslage (BT-Drucks 11/4528, 82). Für die Unterbringung Minderjähriger durch die Personensorgeberechtigten sind die §§ 1631b und 1800 BGB (ggf iVm § 1915 Abs 1 BGB) maßgebend.

Der **RegEntw** sah in der Beibehaltung der zivilrechtlichen Unterbringung ua den **2** Vorteil, dass der Betreuer die genehmigte Unterbringung (aber auch die noch nicht genehmigte) jederzeit ohne Einschaltung des Gerichts beenden darf, aber auch muss, sobald ihre Voraussetzungen wegfallen bzw weggefallen sind (Abs 3 S 1). Die Entlassung soll dem Gericht aber nicht verborgen bleiben. Deshalb hat der Betreuer die Beendigung der Unterbringung dem Betreuungsgericht anzuzeigen (Abs 3 S 2). Ob sich die zivilrechtliche Unterbringung durch den Betreuer gegenüber der öffentlich-rechtlichen Unterbringung durch das Gericht unmittelbar in diesem Punkt als vorteilhaft erweist (so BT-Drucks 11/4528, 82), muss bezweifelt, zumindest aber abgewartet werden. Sie führt zunächst nur dazu, die Verantwortung für die Wiedergewinnung der Freiheit und das damit uU verbundene Risiko dem Betreuer aufzubürden, der sich zwar der verschiedenen Ratgeber (Arzt, Gericht, Behörde, Verein) bedienen kann, letztlich aber selbst zu entscheiden und für diese Entscheidung auch einzustehen hat. Sichert der Betreuer nach allen Seiten hin seine Entscheidung ab und entschließt er sich im Zweifelsfalle zu Gunsten der Sicherheit ohne Inkaufnahme eines gewissen Risikos (zB entspr der Empfehlung von DAMRAU/ZIMMERMANN § 1901 Rn 11), riskiert der Betreuer den Vorwurf der Freiheitsberaubung, und für den Betreuten ist nichts gewonnen. Eher wird ein anderer Effekt erzielt: Betreuer, insbesondere solche, die ehrenamtlich tätig sind, empfinden es als eine unerträgliche Belastung, schwerwiegende und weitreichende Entscheidungen, noch dazu, wenn sie mit einem nicht unerheblichen Haftungsrisiko belastet sind, treffen zu sollen, ohne fachlich fundierte und orientierende Maßstäbe als Entscheidungshilfe angeboten zu bekommen oder erwarten zu dürfen. Freilich kann das Betreuungsgericht neben oder anstelle des Betreuers auch selbst seine Unterbringungsmaßnahme aufheben.

Eine Ausweitung der Unterbringungsbefugnis auf Ehegatten und Lebenspartner **3** durch Einführung eines entsprechenden Vertretungsrechts im Entwurf eines zweiten Betreuungsrechtsänderungsgesetzes (BT-Drucks 15/2494, 5 ff) hat sich nicht durchsetzen lassen; ebensowenig die Einführung einer zwangsweisen Zuführung des Betreuten zur ambulanten ärztlichen Heilbehandlung durch den Betreuer und die Genehmigungspflicht seiner Entscheidung durch Einfügen eines § 1906a (BT-Drucks 15/2494, 7). Nachdem das BVerfG mehrfach auf den Regelungsmangel einer ärztlichen Zwangsbehandlung hingewiesen (FamRZ 2011, 1128; FamRZ 2014, 1775 [LS] = BtPrax 2014, 266) und der BGH seine bisherige Rechtsprechung aufgegeben hatte (FamRZ 2012, 1634 = BtPrax 2012, 253), änderte das Gesetz zur Regelung der betreuungsrechtlichen Einwilligung in eine ärztliche Zwangsmaßnahme v 18. 2. 2013 (BGBl I 266) den bisherigen Absatz 3 und ersetzte ihn durch die Absätze 3 und 3a. Diese wurden jetzt durch Abs 3 ersetzt. Zur Zwangsbehandlung im Einzelnen und der Vorgeschichte der Gesetzgebung unten Rn 70 ff.

2.   Normstruktur

4 Während Abs 1–3 materielle Voraussetzungen von Unterbringungen und die Genehmigungspflicht von freiheitsentziehenden Unterbringungen regeln, die tendenziell vorübergehender Natur sind, im Regelfall nicht länger als ein Jahr dauern sollen (§ 329 Abs 1 FamFG) und eine Verbesserung des Gesundheitszustandes des Betreuten (Abs 1 Nr 1) oder die tendenziell kurzzeitige Durchführung einer bestimmten Untersuchung, einer Heilbehandlung oder eines ärztlichen Eingriffs (Nr 2) zum Ziel haben, betrifft Abs 4 in erster Linie Personen, die sich für längere Zeit oder dauernd in einer Anstalt, einem Heim oder einer sonstigen Einrichtung aufhalten, weil sie entsprechend hilfe- und/oder pflegebedürftig sind. Die uU dem Wohl dieser Betreuten dienenden Maßnahmen stellen zwar ebenfalls einen ganz erheblichen Rechtseingriff dar, lassen aber doch die Frage aufkommen, ob es nicht besser gewesen wäre, tatsachenbezogen Abs 4 als eine eigene Vorschrift zu gestalten und dadurch Probleme zu vermeiden, die durch das Verknüpfen nur äußerlich zusammenhängender Eingriffsnormen entstehen. Der durch das BtÄndG der Vorschrift angefügte Abs 5 erlaubt die Unterbringung einer Person durch den von ihr wirksam Bevollmächtigten; ebenfalls durch den Bevollmächtigten kann über eine der durch Abs 4 erfassten freiheitsentziehenden Maßnahmen entschieden werden. Die entsprechende Anwendung der Abs 1 und 4 bewirkt, dass die Entscheidungen des Bevollmächtigten an dieselben Voraussetzungen geknüpft sind wie die des Betreuers mit dem entsprechenden Aufgabenkreis. Die Entscheidungen des Bevollmächtigten unterliegen in gleicher Weise wie die des Betreuers dem gerichtlichen Genehmigungsvorbehalt (Abs 2).

3.   Kritik an einer „Unterbringungsbetreuung"

5 Insbesondere wegen der unterschiedlichen Klientel von Abs 1–3 einerseits und Abs 4 andererseits (zB in Bezug auf die Zielsetzung des Aufenthalts und die Verweildauer) scheint es nicht angebracht, von einer „Unterbringungsbetreuung" im Falle der Abs 1–3 zu sprechen (so aber ERMAN/HOLZHAUER Rn 61 ff).

6 Die Unterbringungsbetreuung, die auch „unterbringungsähnliche Maßnahmen" umfassen soll (ERMAN/HOLZHAUER Rn 61 aE), suggeriert eine eher umfassende und auf Dauer angelegte Unterbringungszuständigkeit des Betreuers, die dieser nach dem Wortlaut und der Zielsetzung der Abs 1–3 nicht hat und nicht haben soll (Erforderlichkeitsgrundsatz). Wenn, wie HOLZHAUER im Anschluss an DAMRAU/ZIMMERMANN Rn 6 (mit Recht) feststellt, eine medizinische Unterbringung (Abs 1 Nr 2) außerdem voraussetzt, dass sich der Aufgabenkreis des Betreuers auf die Gesundheitsfürsorge erstreckt, wird durch den Begriff der Unterbringungsbetreuung ein bestimmter Lebenszusammenhang gerade nicht vollständig erfasst. Der Begriff der Unterbringungsbetreuung steht außerdem einer durch § 1901 BGB gebotenen flexiblen Handhabung der Betreuung im Wege. Kann der Betreute über die durch § 1906 Abs 1–3 BGB erfassten Angelegenheiten (weitgehend) selbst entscheiden, besteht die Gefahr, dass der „Unterbringungsbetreuer" aufgrund der durch den Begriff suggerierten Zuständigkeit eine Entscheidungszuständigkeit des Betreuten schwerlich zulässt. In einem, von ERMAN/HOLZHAUER Rn 61 jedoch nicht diskutierten, Punkt gibt der Begriff eine Realität wieder, die zwar rechtlich vertretbar, praktisch aber kaum noch nachvollziehbar ist: die Bestellung eines Betreuers lediglich oder zu dem überwiegenden Zweck, über die Unterbringung des Betroffenen zu entscheiden, damit dem Vorrang der zivilrechtlichen vor der öffentlich-rechtlichen Unterbringung Genüge getan wird. Hier handelt es sich vielfach um Fälle, bei denen die Vernunft zwar dafür spricht, sich ärztlicher Behandlung anzuvertrauen, der Patient dies aber nicht tut und von den am Verfahren betr eine Betreuerbestellung Beteiligten irrig angenommen wird, diese „Uneinsichtigkeit" beruhe auf einer geistigen oder seelischen Behinderung. In solchen Fällen wird, wohl eher in Unkenntnis, die **Bestellung eines Betreuers als Disziplinierungsinstrument** benutzt, um das eigene Gewissen zu beruhigen. Tatsächlich kann der Betreuer vielfach aber nichts ausrichten, weil Überzeugungsarbeit nach bisheriger Erfahrung nicht zum Erfolg führt und die Voraussetzungen des § 1906 Abs 1–3 BGB dennoch nicht für gegeben angesehen werden. Um die mit der Unterbringung und ihrem Vollzug verbundenen rechtsgeschäftlichen Angelegenheiten zu erfassen (ERMAN/HOLZHAUER Rn 63), ist der Begriff der Unterbringungsbetreuung nicht hinreichend deutlich.

II. Begriff der Unterbringung

1. Abgrenzung zu § 1838 aF

Während der Vorbereitungen des BtG und noch im Zeitpunkt seiner Verabschiedung enthielt das Familienrecht des BGB zwei verschiedene Begriffe von Unterbringung. § 1838 aF erlaubte dem Gericht, im Rahmen seiner Fürsorge und Aufsicht über die Tätigkeit des Vormunds anzuordnen, dass der Mündel zum Zwecke der Erziehung in einer geeigneten Familie oder in einer Erziehungsanstalt untergebracht wird (S 1). § 1631b BGB dagegen bestimmte, dass eine von dem personensorgeberechtigten Elternteil (oder beiden) beabsichtigte Unterbringung des Minderjährigen, die mit Freiheitsentziehung verbunden ist, nur mit Genehmigung des Gerichts zulässig ist. Ohne diese Genehmigung war und ist diese Unterbringung nur zulässig, wenn mit dem Aufschub Gefahr verbunden war bzw ist; die Genehmigung muss unverzüglich nachgeholt werden. Diese durch das SorgeRG mit Wirkung von 1. 1. 1980 in den Normkomplex der elterlichen Sorge für eheliche Kinder aufgenommene Vorschrift galt auch für die Unterbringungsentscheidung des Volljährigenvormunds (§ 1897 S 1 aF) und die des mit entsprechendem Wirkungskreis ausgestatteten Pflegers (§ 1915 Abs 1, § 1910 aF). Hauptanwendungsgebiet war § 1910 Abs 3 aF (näher BIENWALD, Untersuchungen 421 ff). Infolgedessen konnte der DiskE I (142) in seiner Begründung zum damaligen § 1906 BGB-E darauf hinweisen, dass die im Text aufgenommene, dem Wortlaut des § 1631b S 1 BGB entsprechende Einschränkung auf die mit Freiheitsentziehung verbundene Unterbringung erforderlich sei, „weil es nach bürgerlichem Recht auch Unterbringungen gibt, die ohne Freiheitsbeschränkungen erfolgen können, so zB die Unterbringung in einer anderen Familie (§ 1838 BGB)". Inzwischen hat Art 5 KJHG die Vorschrift des § 1838 mit Wirkung vom 1. 1. 1991 aufgehoben, sodass eine Abgrenzung zu dieser Vorschrift entbehrlich ist.

Gleichwohl ist in Abs 2 die Kennzeichnung der erlaubnisbedürftigen Unterbringung als einer mit Freiheitsentziehung verbundenen Unterbringung erhalten geblieben.

8   Dem Zweck des Abs 4, Rechtseingriffe bei Betreuten/Betroffen, die in einer offenen Einrichtung leben (DiskE I 146), zu erfassen und Fixierungsmaßnahmen uä einem gerichtlichen Genehmigungsvorbehalt zu unterwerfen, entspricht es, den in diesem Absatz verwendeten Unterbringungsbegriff iSd Abs 1 zu verstehen. Der bisherige Teilsatz „ohne untergebracht zu sein" wäre demnach wie folgt zu ergänzen: „ohne freiheitsentziehend untergebracht zu sein". Zur Frage, ob auch freiheitsentziehende Maßnahmen innerhalb einer freiheitsentziehenden Unterbringung genehmigungsbedürftig sind, s unten Rn 94.

9   Während eine Unterbringung eines Menschen als Veränderung seines Aufenthaltsortes immer mit der Verschaffung oder Gewährung von Obdach verbunden ist, kann ihm die Freiheit auch außerhalb von Räumlichkeiten entzogen werden. Das Festhalten eines nicht iSv Abs 1 untergebrachten Bewohners außerhalb des Heimgeländes und Maßnahmen, die ihn am Verlassen des Grundstücks hindern, werden damit ebenso von Abs 4 erfasst wie das Einschließen im Zimmer, wenn die weiteren Voraussetzungen für die Genehmigungsbedürftigkeit dieser Maßnahmen gegeben sind.

Der im RegEntw (BT-Drucks 11/4528, 82) verwendete Ausdruck „formalisierter Unterbringungsbegriff" ist wenig hilfreich.

10   Während es für die Unterbringungsbefugnis des Familiengerichts nach § 1838 nicht darauf ankam, dass die Entscheidung gegen den Willen des Minderjährigen vorgenommen wurde – § 1838 regelte insofern lediglich die Entscheidungszuständigkeit –, liegt im Falle des § 1906 Abs 1 BGB immer eine Maßnahme vor, zu der der Betreute sein Einverständnis nicht gegeben hat und/oder nicht geben konnte. „Von Freiheitsentziehung kann sowohl begrifflich wie auch nach dem Gesetzeszweck dann keine Rede sein, wenn die Unterbringung mit Willen des Betroffenen erfolgt" (BT-Drucks 11/4528, 146). Wird der Betreute gegen seinen Willen in einem Heim untergebracht, das keine geschlossene Einrichtung ist und auch keine geschlossene Abteilung unterhält, in die der Betroffene verbracht wurde, handelt es sich zwar um eine gegen den Willen des Betroffenen (uU sogar unter Einsatz von Gewalt) vorgenommene Unterbringung als eine zielgerichtete Transportmaßnahme, nicht jedoch um eine solche, die mit Freiheitsentziehung auf Dauer oder längere Zeit verbunden ist. Willigt der Betroffene in die freiheitsentziehende Unterbringung ein, liegt keine freiheitsentziehende Unterbringung iSv § 1906 BGB vor, es sei denn, dass die zustimmende Äußerung des Betroffenen nicht von einem natürlichen Willen getragen war (BT-Drucks 11/4528, 146).

11   Zur Begriffsgeschichte vgl HOLZHAUER/REINICKE Rn 15 sowie BtPrax 1992, 54.

2.   Unterbringungsmaßnahmen

12   Unterbringungssachen, für die das Verfahren in den §§ 312 ff FamFG geregelt ist, sind die in § 312 Nr 1 bis 3 FamFG abschließend aufgezählten Maßnahmen. Unter-

bringungsmaßnahmen anderer Art, für welche die §§ 312 ff FamFG nicht oder nicht unmittelbar gelten, sind

- die Unterbringung in einem psychiatrischen Krankenhaus gem § 63 StGB, wenn jemand eine rechtswidrige Tat im Zustand der Schuldunfähigkeit (§ 20 StGB) oder der verminderten Schuldfähigkeit (§ 21 StGB) begangen hat und die Gesamtwürdigung des Täters und seiner Tat ergibt, dass von ihm infolge seines Zustands erhebliche rechtswidrige Taten zu erwarten sind und er deshalb für die Allgemeinheit gefährlich ist; der Auffassung des BGH (R & P 1999, 140, 141), auch bei Anordnung der (späteren) Unterbringung eines Angeklagten in einem psychiatrischen Krankenhaus sei im Blick auf den Grundsatz der Verhältnismäßigkeit zu prüfen, ob die Vollstreckung der Maßregel ausgesetzt werden könne, wenn beispielsweise durch Begründung eines Betreuungsverhältnisses die Chance bestehe, seine Gefährlichkeit in vertretbarer Weise abzumildern, ist im Hinblick auf Zweck und Ziel des Betreuungsrechts, insbesondere auch der Hervorhebung als einer rechtlichen Betreuung (Art 1 Nrn 1, 10a, 12a BtÄndG), nicht zu folgen;

- die Unterbringung in einer Entziehungsanstalt (§ 64 StGB). Sie kann dann in Betracht kommen, wenn jemand den Hang hat, alkoholische Getränke oder andere berauschende Mittel im Übermaß zu sich zu nehmen, und wegen einer rechtswidrigen Tat, die er im Rausch begangen hat oder die auf seinen Hang zurückgeht, verurteilt oder deshalb nicht verurteilt wird, weil seine Schuldunfähigkeit erwiesen oder nicht auszuschließen ist, und die Gefahr besteht, dass er infolge seines Hanges erhebliche rechtswidrige Taten begehen wird;

- die einstweilige Unterbringung in einem psychiatrischen Krankenhaus oder einer Entziehungsanstalt, wenn es die öffentliche Sicherheit erfordert, weil dringende Gründe für die Annahme vorliegen, dass jemand eine rechtswidrige Tat im Zustand der Schuldunfähigkeit oder verminderten Schuldfähigkeit (§§ 20, 21 StGB) begangen hat und anzunehmen ist, dass seine Unterbringung in einem psychiatrischen Krankenhaus oder einer Entziehungsanstalt angeordnet werden wird (§ 126a Abs 1 StPO);

- die Unterbringung zur Vorbereitung eines Gutachtens über den psychischen Zustand eines Beschuldigten gem § 81 StPO;

- Unterbringungen, die aufgrund des Infektionsschutzgesetzes durchgeführt werden, und für deren Verfahren die §§ 340 f FamFG maßgebend sind.

Die §§ 312 ff FamFG gelten **nicht für solche Unterbringungsmaßnahmen**, die zwar **13** nach dem BtG vorgenommen werden und objektiv auch Unterbringungsmaßnahmen sind, jedoch in den Katalog der in § 312 FamFG beschriebenen Maßnahmen nicht aufgenommen wurden. Beispiel: Die Unterbringung eines Betroffenen zur Vorbereitung eines Sachverständigengutachtens nach §§ 322, 284 FamFG. Die in einigen Landesgesetzen geregelte einstweilige Unterbringung psychisch Kranker zur Vorbereitung eines Gutachtens wird von der Legaldefinition des § 312 Nr 3 FamFG erfasst (BIENWALD, BtR § 70 FGG aF Rn 3; HOLZHAUER/REINICKE Rn 7).

III. Das Nebeneinander von zivilrechtlicher und öffentlich-rechtlicher Unterbringung

1. Die bisherige Rechtslage

14 Vor Inkrafttreten des BtG konnte ein volljähriger Mündel oder Pflegebefohlener durch Entscheidung seines Vormunds oder Pflegers (§ 1910 Abs 3 aF), wenn dessen Wirkungskreis diese Entscheidung umfasste, mit Genehmigung des Vormundschaftsgerichts oder unmittelbar durch Entscheidung des Vormundschaftsgerichts gem § 1846 BGB (iVm § 1897 S 1 aF bzw § 1915 Abs 1 iVm § 1897 S 1 aF) untergebracht werden. Neben diesen zivilrechtlichen sog fürsorglichen Unterbringungen erlaubten die landesgesetzlichen Unterbringungsgesetze die Unterbringung psychisch Kranker aufgrund eines entsprechenden Beschlusses des Amtsgerichts, im Falle einer bestehenden Vormundschaft oder Pflegschaft allerdings nur dann, wenn die Einweisung gegen den Willen des Vormunds oder Pflegers vorgenommen wurde oder Vormund oder Pfleger keine Erklärung abgaben (vgl zB NdsPsychKG § 10 Abs 2 aF). Die Unterbringungsgründe überschnitten sich zT, sodass ein Betroffener uU zwar nach beiden Rechtsgrundlagen hätte untergebracht werden dürfen, die Unterbringung nach Landesrecht jedoch im Hinblick auf die vorrangige Unterbringung nach BGB unterblieb.

15 In dem sog Beitrittsgebiet richtete sich die öffentlich-rechtliche Unterbringung nach dem „Gesetz über die Einweisung in stationäre Einrichtungen für psychisch Kranke" vom 11. 6. 1968 (GBl I 273), das seit dem 3. 10. 1990 als Landesrecht überall dort noch galt, wo die Länder noch kein neues Unterbringungsrecht verabschiedet hatten. Das Familiengesetzbuch der DDR von 20. 12. 1965 (GBl 1966 I 1) idF des EGZGB von 19. 6. 1975 enthielt in § 102 (Aufgaben des Vormundes) den Hinweis, dass der Vormund sich um das persönliche Wohl des Mündels zu kümmern, insbesondere für eine Heilbehandlung und gegebenenfalls für die Unterbringung des Mündels zu sorgen habe. Durch die Verweisungsnorm des § 107 FGB war diese Bestimmung auf die Pflegschaft entsprechend anzuwenden.

16 Während die meisten Unterbringungsgesetze der Länder eigene Verfahrensvorschriften enthielten (davon machte lediglich Berlin eine Ausnahme, indem es die Vorschriften des FGG für anwendbar erklärte), richtete sich das Unterbringungsverfahren für die zivilrechtliche sog fürsorgliche Unterbringung nach den §§ 64a ff FGG, die durch das SorgeRG eingefügt worden waren.

17 Trotz der seit längerem bestehenden Kritik an dem „Nebeneinander" von zivilrechtlicher Unterbringung nach Bundesrecht und öffentlich-rechtlicher nach Landesrecht (statt vieler MARSCHNER R & P 1986, 47; BT-Drucks 11/4528, 80) behielt der Gesetzgeber des BtG diesen Dualismus (HOLZHAUER/REINICKE § 1906 Rn 2) bei, führte jedoch für beide Arten von Unterbringungen ein **einheitliches Verfahren** ein (§§ 70 ff FGG aF). Für die gerichtliche Prüfung einer auf der Grundlage der Landesgesetze über die Unterbringung psychisch kranker Personen behördlich angeordnete Unterbringung ist nicht der Verwaltungsrechtsweg gegeben; es handelt sich um eine Angelegenheit der freiwilligen Gerichtsbarkeit (VG Koblenz BtPrax 2026, 246 [LS]). Infolge der Anwendbarkeit des § 1846 BGB (iVm § 1908i Abs 1 S 1 BGB) konnte eine zivilrechtliche Unterbringung nach Abs 1 und Abs 4 sowohl durch den Betreuer mit Genehmigung des Vormundschaftsgerichts als auch durch das Gericht unmittelbar getroffen werden.

2. Zur Rechtslage in den Ländern

Durch die Vereinheitlichung des Verfahrensrechts als Bundesrecht haben Teile der **18** bisherigen landesrechtlichen Unterbringungsgesetze ihre Bedeutung verloren. Die Länder haben Gesetze zur Anpassung und Bereinigung, zum Teil auch neue PsychKG (zB Brandenburg) erlassen:

Baden-Württemberg: Gesetz über Hilfen und Schutzmaßnahmen bei psychischen Krankheiten (Psychisch-Kranken-Hilfe-Gesetz – PsychKG) vom 25. 11. 2014 – (GBl 534); geändert d Art 5 des Gesetzes zur Verbesserung von Chancengerechtigkeit und Teilhabe in Baden-Württemberg v 1. 12. 2015 (GBl 1047);

Bayern: Gesetz über die Unterbringung psychisch Kranker und deren Betreuung (Unterbringungsgesetz – UnterbrG) idF der Bekanntmachung vom 5. 4. 1992 (GVBl 60, berichtigt 851); mit späteren Änderungen, zuletzt durch Art 53a Abs 3 Bayerisches Maßregelvollzugsgesetz v 17. 7. 2015 (GVBl 222).

Berlin: Gesetz für psychisch Kranke (PsychKG) vom 8. 3. 1985 (GVBl 586), geändert durch Artikel II d G z Ausführung des Betreuungsgesetzes und z Anpassung des Landesrechts vom 17. 3. 1994 (GVBl 86);

Brandenburg: Gesetz über Hilfen und Schutzmaßnahmen sowie über den Vollzug gerichtlich angeordneter Unterbringung für psychisch Kranke und seelisch behinderte Menschen im Land Brandenburg (Brandenburgisches Psychisch-Kranken-Gesetz-BbgPsychKG) vom 8. 5. 2009 (GVBl I 134); zuletzt geändert d G v 10. 7. 2014 (GVBl I Nr 34) und G v 25. 1. 2016 (GVBl I Nr 5);

Bremen: Gesetz über Hilfen und Schutzmaßnahmen bei psychischen Krankheiten (PsychKG) vom 19. 12. 2000 (BremGbl 471);

Hamburg: Hamburgisches Gesetz über Hilfen und Schutzmaßnahmen bei psychischen Krankheiten (HmbPsychKG) vom 27. 9. 1995 (GVBl 235); zuletzt geändert d G v 1. 10. 2013 (GVBl 425, 427);

Hessen: Gesetz über die Entziehung d Freiheit geisteskranker, geistesschwacher, Rauschgift- oder alkoholsüchtiger Personen von 19. 5. 1952 (GVBl 111), geändert d Art 2 d Hess G z Ausführung d Betreuungsgesetzes und z Anpassung d hess Landesrechts an das Betreuungsgesetz von 5. 2. 1992 (GVBl 66); ein neues PsychKG befindet sich im Gesetzgebungsverfahren.

Mecklenburg-Vorpommern: Gesetz über Hilfen und Schutzmaßnahmen für psychisch Kranke (Psychischkrankengesetz – PsychKG M-V) in der Fassung der Bekanntmachung vom 13. 4. 2000 (GVOBl 182); zuletzt geändert d G v 9. 11. 2010 (GVOBl 642);

Niedersachsen: Niedersächsisches Gesetz über Hilfen und Schutzmaßnahmen für

Werner Bienwald

psychisch Kranke (NPsychKG) vom 16. 6. 1997 (GVBl 272); geändert d G v 10. 6. 2010 (GVBl 249, ber 285);

Nordrhein-Westfalen: Gesetz über Hilfen und Schutzmaßnahmen bei psychischen Krankheiten (PsychKG) vom 17. 12. 1999 (GVNRW 662); geändert d G v 22. 11. 2011 (GVNRW 587);

Rheinland-Pfalz: Landesgesetz für psychisch kranke Personen (PsychKG) vom 17. 11. 1995 (GVBl 473); zuletzt geändert d LG v 27. 5. 2014 (GVBl 69);

Saarland: Gesetz Nr 1301 über die Unterbringung psychisch Kranker (Unterbringungsgesetz – UBG) von 11. 11. 1992 (ABl 1271); zuletzt geändert d Art 1 ÄndG v 9. 4. 2014 (ABl I 156);

Sachsen: Sächsisches Gesetz über die Hilfen und die Unterbringung bei psychischen Krankheiten (SächsPsychKG) von 10. 10. 2007 (GVBl 422); zuletzt geändert durch das 3. ÄndG v 7. 8. 2014 (GVBl 446);

Sachsen-Anhalt: Gesetz über Hilfen für psychisch Kranke und Schutzmaßnahmen des Landes Sachsen-Anhalt (PsychKG LSA) von 30. 1. 1992 (GVBl 88); zuletzt geändert durch G v 13. 4. 2010 (GVBl 192);

Schleswig-Holstein: Gesetz zur Hilfe und Unterbringung psychisch kranker Menschen (Psychisch-Kranken-Gesetz – PsychKG) vom 14. 1. 2000 (GVOBl 106; ber 206); zuletzt geändert durch das Gesetz zur Änderung des PsychKG und des MaßregelvollzugsG v 7. 5. 2015 (GVOBl Schl-H 106);

Thüringen: Thüringer Gesetz zur Hilfe und Unterbringung psychisch kranker Menschen (ThürPsychKG) in der Fassung der Bekanntmachung vom 5. 2. 2009 (GVBl 10); geändert d G v 21. 12. 2011 (GVBl 539); zuletzt geändert d G v 8. 8. 2014 (GVBl 545).

Die Gesetzestexte sind abgedruckt bei MARSCHNER/VOLCKART/LESTING (5. Aufl 2010; Neuauflage voraussichtlich 2018).

3. Zur Abgrenzung der zivilrechtlichen von der öffentlich-rechtlichen Unterbringung

19 Die Unterbringungsvoraussetzungen der zivilrechtlichen und der öffentlich-rechtlichen Unterbringung wurden durch das BtG stärker voneinander abgegrenzt. Während die landesgesetzlich geregelte Unterbringung wie bisher eine mehr oder minder unmittelbar bevorstehende Gefahr für die eigene Person des Betroffenen oder Rechtsgüter anderer erfordert, darf die Unterbringung nach § 1906 BGB nur vorgenommen werden, wenn sie zum Wohl des Betroffenen erforderlich ist. Ein alleiniger Schutz Dritter oder der Allgemeinheit reicht als Unterbringungsgrund nach § 1906 BGB nicht aus (OLG Hamm R & P 2001, 109 = BtPrax 2001, 40). Dies gilt nicht nur für die originäre freiheitsentziehende Unterbringung nach Abs 1, sondern auch für die durch Abs 4 erfassten freiheitsentziehenden oder unterbringungsähnlichen (s dazu HOLZHAUER/REINICKE Rn 36 ff) Maßnahmen, für die die Abs 1–3 entsprechend gelten. Eine den gesetzlichen Anforderungen des § 1906 BGB genügende Vorsorgevoll-

macht steht der freiheitsentziehenden Unterbringung nach dem PsychKG des Landes (hier NRW) nicht entgegen. Ihr Vorhandensein bewirkt nicht bereits für sich gesehen die Unzulänglichkeit einer öffentlich-rechtlichen Unterbringung. Ist aus der Sicht des vom Ordnungsamt angerufenen Gerichts eine geschlossene Unterbringung des Betroffenen wegen akuter Selbstgefährdung erforderlich (Gefahrenabwehr), kommt eine öffentlich – rechtliche Unterbringung nur dann nicht in Betracht oder ist aufzuheben, wenn der Vorsorgebevollmächtigte die Beseitigung der Gefährdung mit gleicher Wirksamkeit anstrebt und etwa durch privatrechtliche Unterbringung nach § 1906 BGB gewährleistet (OLG Hamm FamRZ 2007, 934, 936 mwNw).

Auch bei der Anwendung der Unterbringungsbestimmungen des öffentlich-recht- **20** lichen Unterbringungsrechts ist der **Grundsatz der Verhältnismäßigkeit** streng zu beachten (BayObLGZ 1999, 216 = NJW 2000, 881 = R & P 2000, 81 = MedR 1999, 531). Der Eingriff in die persönliche Freiheit darf nicht außer Verhältnis zur Schutzwürdigkeit der vom psychisch Kranken gefährdeten Rechtsgüter stehen (BayObLGZ 1998, 116 = FamRZ 1998, 1329). Die Unberechenbarkeit des Verhaltens eines psychisch Kranken reicht allein für eine öffentlich-rechtliche Unterbringung nicht aus. Hinzukommen müssen weitere Umstände, die den Eintritt der Gefahr mit sehr hoher Wahrscheinlichkeit und in allernächster Zeit erwarten lassen (LG München I BtPrax 1998, 152).

Der Begriff der psychischen Krankheit erfordert einen die Freiheitsentziehung **21** rechtfertigenden Schweregrad der Persönlichkeitsstörung. Ebenso muss die von dem psychisch Kranken ausgehende Gefährdung von Rechtsgütern der Schwere des Eingriffs in die persönliche Freiheit entsprechen (BayObLGZ 1999, 216 = NJW 2000, 881 = R & P 2000, 81 = MedR 1999, 531 zu Art 1 Abs 1 BayUnterbrG). Bei krankheitsbedingten unablässigen Stalking – Attacken kommt eine Unterbringung (hier nach nach UBG BW) nur ausnahmsweise in Betracht, wenn diese im Einzelfall geeignet ist, die Gesundheit der attackierten Person erheblich zu gefährden (BGH FamRZ 2012, 442, 443). Die vorläufige Unterbringung nach dem UnterbrG kann dann gerechtfertigt sein, wenn der Betroffene durch das Ansammeln von Abfall eine Vermüllung des von ihm bewohnten Grundstücks herbeiführt, daraus erhebliche Gefahren insbesondere für Bewohner und Nachbarn drohen und eine Sanierung des Grundstücks ohne die Unterbringung nicht erfolgen kann (BayObLG FamRZ 2001, 365). Die Persönlichkeitsstörung des Betroffenen muss für die von ihm ausgehende Gefahr für die öffentliche Sicherheit und Ordnung kausal sein (BayObLGZ 2001, 352 = FamRZ 2002, 765). Es muss eine Situation vorliegen, die in überschaubarer Zukunft einen Schadenseintritt hinreichend wahrscheinlich macht (OLG Saarbrücken BtPrax 1997, 202 = R & P 1998, 45 bezogen auf § 4 SaarlUBG). Unterbringungen nach den landesrechtlichen Unterbringungsvorschriften müssen von der zuständigen Behörde beantragt werden (LG Essen für Freiheitsentziehungssachen nach § 415 FamFG aufgrund der Polizeigesetze FamRZ 2016, 1697)

Eine behandlungsbedürftige psychische Krankheit, fehlende Krankheitseinsicht und **22** eine fortschreitende Verwahrlosung rechtfertigen noch keine sofortige vorläufige Unterbringung nach dem Bayerischen Unterbringungsgesetz (LG Traunstein R & P 1993, 84). Unter dem Gesichtspunkt der Krankenfürsorge allein ist auch nach der Anpassung des hessischen Landesrechts an das Betreuungsgesetz eine Unterbringung nicht zulässig (OLG Frankfurt OLGZ 1993, 172 = NJW-RR 1993, 579). Bei grundsätzlichem Vorrang der zivilrechtlichen Unterbringung vor der öffentlich-rechtlichen kommt eine solche neben einer bereits bestehenden zivilrechtlichen Unterbringung ausnahmsweise dann in Betracht, wenn eine medizinische Zwangsbehandlung zur Abwendung einer erheblichen Gefahr für die öffentliche Sicherheit auch gegen oder ohne den Willen des Betreuers erforderlich ist, nämlich insbesondere dann, wenn der Betreuer sich weigert, einer gemäß § 18 Abs 4 PsychKG-NRW erforderlichen Zwangsbehandlung zuzustimmen (LG Mönchengladbach FamRZ 2003, 115 [LS]). Das Sich-Entblößen und Onanieren vor dritten Personen stellt noch nicht ohne Weiteres eine erhebliche Fremdgefährdung im Sinne des HFEG dar, die eine endgültige Zwangsunterbringung nach diesem Gesetz rechtfertigt (OLG Frankfurt BtPrax 1994, 32). Die öffentlich-rechtliche Unterbringung einer durch Alkoholmissbrauch psychisch gestörten Person ist verhältnismäßig, wenn mit einer an Sicherheit grenzenden Wahrscheinlichkeit die Gefahr besteht, dass sie im alkoholisierten Zustande schwerwiegende Straftaten begehen wird (BayObLG von 22. 7. 1997 – 3 Z BR 284/97). Zur Unterbringung in einem psychiatrischen Krankenhaus bei Alkoholsucht und Persönlichkeitsstörung BGH R & P 1998, 106 (im Zusammenhang mit § 63 StGB).

23 Die gesetzlichen Voraussetzungen für eine Unterbringung nach § 7 SchlHPsychKG sind nicht allein mit dem Wort „Bedrohung" zu begründen ohne eine nähere Beschreibung der Art und Weise, des Inhalts und der Tatsachen, aus denen auf die Wahrscheinlichkeit einer Verwirklichung geschlossen werden kann (OLG Schleswig FamRZ 2003, 477 [LS] = BtPrax 2003, 41 = R & P 2003, 29); auch reicht dafür nicht der bloße Hinweis auf die „Gefahr von Fehlhandlungen" (OLG Schleswig FamRZ 2003, 1499 [LS]). Zur Unterbringung eines Betroffenen nach § 7 PsychKG SH bei Vorliegen einer Unterbringungsmaßnahme nach § 1906 BGB LG Itzehoe FamRZ 2016, 1397. Abgelehnt wurde eine Unterbringungsentscheidung nach PsychKG SH mangels Voraussetzungen gesetzeskonformen Vollzugs (AG Oldenburg [Holstein] FamRZ 2016, 325). Eine Unterbringung nach dem landesrechtlichen PsychKG (hier: Brandenburg) kann auch bei dem unter Betreuung stehenden Betroffenen unabhängig von einer etwaigen Unterbringung nach § 1906 BGB in Betracht kommen (AG Brandenburg FamRZ 2017, 1001). Solange der Betroffene zu einer freien Willensbestimmung noch in der Lage ist, kann er trotz Vorliegens einer psychischen Anomalie und der Gefahr krimineller Handlungen nicht nach Art 1 Abs 1 S 1 BayUnterbrG untergebracht werden (BayObLG FamRZ 2002, 909). Zur Unterbringung eines Sexualstraftäters auf der Grundlage des Art 1 Abs 1 S 2 BayUnterbrG BayObLG R & P 2002, 179 mAnm MARSCHNER.

24 Während sich die Unterbringungsvoraussetzungen der Landesgesetze und des Bundesrechts (§ 1906 BGB) wie bisher zT überschneiden (zum Vorrang zivilrechtlicher Unterbringung, wenn der für den Betroffenen bestellte Betreuer diesen mit dessen Zustimmung zivilrechtlich unterbringen will, OLG Hamm NJWE-FER 2000, 86 = BtPrax 2000, 35 = R & P 2000, 84; im Einzelnen MARSCHNER/VOLCKART/LESTING 60), kann von einem Nebeneinander oder einem Dualismus beider Arten von Rechtsgrundlagen in Bezug auf **Abs 4** keine Rede sein. Dem Wortlaut nach kommt eine Anwendung des Abs 4 auf Fälle landesgesetzlicher Unterbringung nicht in Betracht. Befindet sich der Betreute aufgrund einer Entscheidung seines Betreuers oder einer Entscheidung des Gerichts nach § 1846 BGB in einer geschlossenen Einrichtung (oder einem geschlossenen Teil von ihr), steht nach ganz überwiegender Ansicht eine beabsichtigte Maßnahme nach Abs 4 in verfassungskonformer Anwendung der Vorschrift ebenfalls unter Genehmigungsvorbehalt (BayObLGZ 1993, 208 = BtPrax 1993, 139 = BtE 1992/93, 86 mwNw und Anm SCHREIEDER; FamRZ 1994, 721; OLG Düsseldorf FamRZ 1995, 118 [119]).

Dies betrifft jedoch nicht Unterbringungen nach Landesrecht. Bei ihnen bestimmt **25** sich das Verhältnis des Untergebrachten zum Träger der Einrichtung nach den öffentlich-rechtlichen Normen des Landesunterbringungsrechts. Lediglich hilfsweise könnte im Einzelfall eine dem Zivilrecht entsprechende Lösung erwogen werden (DODEGGE MDR 1992, 437, 439). Zum Rechtsverhältnis zwischen psychiatrischen Landeskrankenhäusern und ihren Patienten FISCHER/MANN NJW 1992, 1539 ff, 1540 sowie SchlHOLG SchlHA 1994, 171 (bürgerlich-rechtlicher Natur). Inwieweit sich beabsichtigte oder bereits vollzogene Privatisierungen von psychiatrischen (Landes-)Krankenhäusern auf das Unterbringungsrecht auswirken (werden), kann hier nicht näher behandelt werden.

Der BGH (31. 1. 2008 – III ZR 186/08; R & P 2008, 126 mAnm MARSCHNER = FamRZ 2008, 782 [LS] = NJW 2008, 1444 = BtPrax 2008, 73) betonte in dieser Entscheidung, er halte daran fest, dass die Behandlung eines Patienten in der geschlossenen Abteilung eines psychiatrischen Landeskrankenhauses auch dann öffentlich-rechtlicher Natur ist, wenn sie im Einverständnis des Patienten und seines Betreuers und nicht etwa aufgrund einer hoheitlichen Unterbringung erfolgt (**aA** BIENWALD R & P 2008, 212: „Zur Rechtsnatur der Beziehungen zwischen Patient und Einrichtung bei nicht öffentlich-rechtlich fundiertem Aufenthalt").

IV. Die Unterbringungstatbestände des Abs 1

1. Übersicht

Abs 1 erlaubt dem Betreuer mit einem entsprechenden Aufgabenkreis aus zwei **26** Gründen, den Betreuten zu seinem Wohl freiheitsentziehend unterzubringen:

– wenn die Unterbringung erforderlich ist, weil aufgrund einer psychischen Krankheit oder geistigen oder seelischen Behinderung des Betreuten die Gefahr besteht, dass er sich selbst tötet oder erheblichen gesundheitlichen Schaden zufügt;

– wenn die Unterbringung erforderlich ist, weil eine Untersuchung des Gesundheitszustands, eine Heilbehandlung oder ein ärztlicher Eingriff notwendig ist, ohne die Unterbringung des Betreuten aber nicht durchgeführt werden kann und der Betreute aufgrund einer psychischen Krankheit oder geistigen oder seelischen Behinderung die Notwendigkeit der Unterbringung nicht erkennen oder nicht nach dieser Einsicht handeln kann.

Andere Unterbringungsgründe kommen als Entscheidungsgrundlage für den Betreuer nicht in Betracht. **Ausgeschlossen** ist damit eine freiheitsentziehende Unterbringung eines Betreuten **ausschließlich zum Schutz der Allgemeinheit** oder einzelner Dritter. Hierfür kommen lediglich die Unterbringungsgesetze der Länder in Frage. Ausgeschlossen ist ferner eine freiheitsentziehende Unterbringung, die ausschließlich der „Besserung" des Betroffenen/Betreuten dient (BVerfGE 22, 180 = FamRZ 1967, 449 und 606 = NJW 1967, 1795 = JZ 1967, 568).

2.   Persönliche Voraussetzungen

27   Der Grund für die Notwendigkeit der freiheitsentziehenden Unterbringung der betreuten Person muss auf ihre psychische Krankheit oder ihre geistige oder seelische Behinderung zurückzuführen sein. Das sind die Ursachen, die, neben weiterer Voraussetzungen der §§ 1896 ff BGB die Bestellung eines Betreuers erforderten. Soweit sie für die Bestellung eines Betreuers nicht ausreichten, rechtfertigen sie auch nicht die Unterbringungsentscheidung des zuständigen Betreuers. Alkoholismus ist für sich gesehen keine psychische Krankheit oder geistige oder seelische Behinderung iSd § 1906 Abs 1 Nr 1 BGB; allein darauf kann deshalb die Genehmigung einer freiheitsentziehenden Unterbringung iSd § 1906 Abs 1 Nr 1 BGB nicht gestützt werden (BGH FamRZ 2016, 1070; FamRZ 2011, 1725, 1726 = MDR 2011, 1176 mwNw; BayObLG FamRZ 1999, 1306, 1307). Ebensowenig rechtfertigt die bloße Rückfallgefahr eine Anordnung der zivilrechtlichen Unterbringung (BGH FamRZ 1070 mwNw). Steht der Alkoholismus entweder in ursächlichem Zusammenhang mit einem geistigen Gebrechen oder ist ein darauf zurückzuführender Zustand eingetreten, der dann – besonders bei hochgradigem Alkoholismus – die Annahme eines geistigen Gebrechens rechtfertigt, kann etwas anderes gelten (BGH FamRZ 2016, 1070 mwNw; BayObLG FamRZ 1998, 1327, 1328). Die Voraussetzungen für eine Unterbringung nach Abs 1 Nr 1 und 2 sind nicht gegeben, wenn eine Alkoholsucht weder Symptom einer bereits vorhandenen psychischen Krankheit oder geistigen oder seelischen Behinderung noch Ursache eines bereits eingetretenen entsprechenden Persönlichkeitsabbaus ist und der Betroffene auch nicht zu einer Alkoholentwöhnungsbehandlung bereit ist (OLG Schleswig FamRZ 1998, 1328 = BtPrax 1998, 185). Eine infolge Alkoholismus eingetretene hirnorganisch bedingte Leistungsbeeinträchtigung mit Wesensveränderung und einer schweren narzisstischen Persönlichkeitsstörung kann eine Unterbringung begründen (BayObLG FamRZ 1994, 1617 = BtPrax 1994, 211 = R & P 1994, 193). Eine nicht hinreichend eingrenzbare Diagnose „Borderline"-Persönlichkeitsstörung reicht für eine zeitlich nicht befristete Unterbringung in einem psychiatrischen Krankenhaus (hier nach § 63 StGB) nicht aus (BGH R & P 1997, 180, 181). Ist der Betroffene aufgrund eines dementiellen Syndroms bei Alkoholabhängigkeit iVm einem Korsakow-Syndrom zu einem eigenständigen Leben nicht (mehr) in der Lage, schreitet die Krankheit bei weiterem Alkoholkonsum fort und bedroht sie sein Leben, ist gegen die Unterbringungsentscheidung des Betreuers nichts einzuwenden (BayObLG FamRZ 2002, 908). In Betracht kommt eine freiheitsentziehende Unterbringung, wenn die Gefahr einer völligen Verwahrlosung der/des Betroffenen besteht und damit eine Gesundheitsgefahr durch körperliche Verelendung und Unterversorgung verbunden ist (BGH FamRZ 2010, 365; FamRZ 2012, 441 mAnm ZIMMERMANN).

28   Tritt zugleich als Begleiterfolg der freiheitsentziehenden Unterbringung eine „Besserung" des Betreuten ein oder wird neben der Zielsetzung des Abs 1 auch ein Schutz Dritter oder der Öffentlichkeit erreicht, stellt das die Unterbringungsberechtigung nicht in Frage.

3.   Unterbringung nur bei Einverständnismangel

29   Abs 1 ist nur anwendbar, wenn die Unterbringung ohne oder gegen den Willen des Betreuten erfolgt (BT-Drucks 11/4528, 146). Begrifflich wie auch nach dem Gesetzeszweck kann von einer freiheitsentziehenden Unterbringung dann keine Rede sein, wenn der Betreute mit der Unterbringung einverstanden ist, wenn er sich freiwillig in die betreffende Einrichtung begibt und dort verbleibt oder, sofern er ohne oder gegen seinen Willen dorthin verbracht worden ist, sich freiwillig weiterhin dort aufhält. In solchen Fällen endet die freiheitsentziehende Unterbringung durch den Betreuer mit der Erklärung des Betreuten, sich **freiwillig** weiterhin in der Einrichtung **aufzuhalten**. Eine bereits gerichtlich erteilte Unterbringungsgenehmigung (§ 1906 Abs 2 S 1 BGB) verliert ihre Wirkung; eine noch zu erteilende gerichtliche Genehmigung (§ 1906 Abs 2 S 2 BGB) braucht nur für den vorangegangenen Zeitraum erteilt zu werden.

Willigt der Betreute in den Aufenthalt in einer entsprechenden Einrichtung ein, so **30** liegt nur dann eine freiheitsentziehende Unterbringung nicht vor, wenn dieser Wille rechtlich wirksam ist (HOLZHAUER/REINICKE Rn 12). Dafür reicht ein natürlicher Wille aus (BT-Drucks 11/4528, 146), wenn eine Einsichtsfähigkeit des Betreuten in die Tragweite der Maßnahme gegeben ist (hM, BT-Drucks 11/4528, 146; BayObLGZ 1996, 34 = FamRZ 1996, 1375; z Streitstand HOLZHAUER/REINICKE Rn 12). Ein bloßes Erdulden der Maßnahme ist kein Einverständnis. Gleichwohl bedarf es nicht einer verbalen Äußerung, wenn auf andere Weise zweifelsfrei das Einverständnis geäußert wird. Die Skepsis von SCHWAB (MünchKomm/SCHWAB bisher Rn 30, jetzt Rn 19) in Bezug auf eine eher großzügige Annahme von Einwilligungsfähigkeit und damit eine Zunahme von gerichtlich nicht kontrollierten und nicht zu kontrollierenden Unterbringungen freiheitsentziehender Art scheint nicht ganz unbegründet. Auf jeden Fall muss bei der Prüfung ein auf den Aufenthalt und die geschlossene Unterbringung bezogener natürlicher Wille, der die Konsequenzen und die Tragweite der Maßnahme zu erfassen hat, je nach Unterbringungsgrund von Abs 1 S 2 Nr 1 und Nr 2 getrennt festgestellt werden. Da nach hiesiger Auffassung eine freiheitsentziehende Unterbringung durch den Betreuer ohnehin nur bei geschäftsunfähigen Betreuten iSv § 104 Nr 2 BGB zulässig ist, kommt dem Meinungsunterschied zu SCHWAB (MünchKomm/SCHWAB[5] Rn 17 und 18) praktisch kaum Bedeutung zu.

Zumindest in die Nähe der hier vertretenen Auffassung kommt die Rspr des Bay- **31** ObLG (BayObLGZ 1993, 18, 19 = FamRZ 1993, 600 = MDR 1993, 545; NJWE-FER 2001, 150; außerdem EzFamR 1993, 280; ebenso OLG Stuttgart FamRZ 2004, 834 [LSe]), wonach die Unterbringung zur Verhinderung einer Selbstschädigung infolge psychischer Erkrankung voraussetzt, dass der Betreute aufgrund der Krankheit seinen Willen nicht frei bestimmen kann. Dies gehe, so das Gericht, aus dem Gesetz zwar nicht hervor, ergebe sich aber aus einer verfassungskonformen Auslegung des Gesetzes. Der Staat habe, so das Gericht, von Verfassungs wegen nicht das Recht, seine erwachsenen und zu freier Willensbestimmung fähigen Bürger zu erziehen, zu „bessern" oder zu hindern, sich selbst gesundheitlich zu schädigen (BVerfGE 22, 180, 219 f; BÜRGLE NJW 1988, 1881, 1885; MünchKomm/SCHWAB Rn 17). Dabei reicht es aus, da der Ausschluss der freien Willensbestimmung partiell die Umstände betrifft, aus denen sich die Unterbringungsnotwendigkeit ergibt (BayObLG NJWE-FER 2001, 150; hier Alkoholismus).

Die durch Art 1 Nr 7 2. BtÄndG dem § 1896 BGB eingefügte Vorschrift (Abs 1a), **32** wonach gegen den freien Willen des Volljährigen ein Betreuer nicht bestellt werden darf, kann nach Wortlaut und Standort für das Unterbringungsrecht des § 1906 BGB nicht unmittelbar in Anspruch genommen werden. Sie enthält jedoch, wie den Materialien entnommen werden kann, einen allgemeinen Grundsatz (BT-Drucks 15/

Werner Bienwald

2494, 17, 27 f), der die bisherige Rechtsprechung zu § 1906 BGB bestätigt und auch in Zukunft bei der Unterbringungsentscheidung sowie deren Genehmigung durch das Betreuungsgericht entsprechend zu beachten ist.

33 In der Praxis wird die Bereitschaft zu freiwilligem Aufenthalt in einer geschlossenen Einrichtung unterschiedlich bewertet. Einerseits kann sie ein gerichtliches Verfahren zur Genehmigung der Betreuerentscheidung vermeiden, andererseits kann damit gerechnet werden, dass der Betroffene sich anders entscheidet und dann zunächst entlassen werden muss. Eine die Unterbringungsgenehmigung erübrigende Erklärung zur Freiwilligkeit des weiteren Klinikaufenthalts muss auch die zeitliche Reichweite der Genehmigung abdecken. Erklärt die betroffene Person ausdrücklich, für einen Zeitraum von etwas über drei Monaten freiwillig in der Klinik bleiben zu wollen, ersetzt das nicht eine vom Sachverständigen und dem Gericht mit überzeugender Begründung zur Abwendung konkreter Lebensgefahr bei erneutem Alkoholmissbrauch für notwendig gehaltene Genehmigung einer geschlossenen Unterbringung bis zu weiteren 21 Monaten (OLG München FamRZ 2008, 89 [LS]).

4. Keine Unterbringung körperlich Behinderter

34 Nach § 1906 BGB können und dürfen körperlich Behinderte, die einen Betreuer haben, nicht untergebracht werden. Ihnen kann nach § 1896 Abs 1 BGB ein Betreuer bestellt werden, wenn sie einen dementsprechenden Antrag stellen. Wird einem körperlich Behinderten ohne seinen Antrag ein Betreuer bestellt, weil er seinen Willen nicht kundtun konnte, aber aufgrund einer körperlichen Behinderung seine Angelegenheiten nicht besorgen kann, besteht dennoch von Gesetzes wegen keine Möglichkeit, ihn gegen oder ohne seinen Willen durch Entscheidung des Betreuers (mit Genehmigung des Betreuungsgerichts) freiheitsentziehend unterzubringen. Fraglich kann sein, ob in solchen Fällen immer davon ausgegangen werden kann, dass eine freiheitsentziehende Unterbringung nicht erforderlich ist. Eine Verbringung in ein Krankenhaus oder in eine nicht geschlossene andere Einrichtung ohne oder gegen den Willen des (nicht verständigungsfähigen) Betreuten allein aufgrund des Aufenthaltsbestimmungsrechts des Betreuers fällt dagegen nicht unter § 1906 BGB. Zur Anwendung von Gewalt ist der Betreuer nicht befugt.

5. Unterbringungsorte

35 Eine Unterbringung ist dann mit Freiheitsentziehung verbunden, wenn sich der Untergebrachte in einer geschlossenen Einrichtung oder in einer geschlossenen Abteilung einer Einrichtung befindet. Dazu genügt es, dass bauliche und/oder organisatorische Vorkehrungen getroffen sind, um die einzelnen Bewohner nicht nur im Einzelfall am Verlassen der Einrichtung oder der Räumlichkeiten zu hindern (ERMAN/ROTH Rn 10). Einweisungen, Einschließungen in psychiatrischen Kliniken oder sonst geschlossenen Anstalten sind deshalb genehmigungspflichtige Unterbringungen, nicht dagegen Unterbringungen in Alten- oder Pflegeheimen, wenn deren Bewohner wunschgemäß das Haus oder das Grundstück verlassen können. Die zwangsweise Verbringung eines Betreuten in eine offene Heimeinrichtung ist deshalb nicht genehmigungsfähig (AG Mainz FamRZ 2001, 656). Für eine solche Maßnahme fehlt die notwendige gesetzliche Grundlage; eine analoge Anwendung des § 1906 Abs 1 BGB kommt insoweit nicht in Betracht (OLG Hamm FamRZ 2003, 255 = BtPrax

2003, 42 = R & P 2003 mAnm Marschner, insbesondere unter Berufung auf die auf Vorlage des
Senats [FGPrax 2000, 113] ergangene Entscheidung des BGH BGHZ 145, 297 = FamRZ 2001, 149 =
JZ 2001, 821 mAnm Lipp). Eine geschlossene Einrichtung und damit die Genehmigungsbedürftigkeit der „Einweisungen" hat das KreisG Schwedt/Oder in dem Falle
verneint, dass den Heimbewohnern, die keinen Hausschlüssel haben, wunschgemäß
vom Hauspersonal die Tür geöffnet wird (FamRZ 1993, 601). Das AG Marburg (BtPrax
1994, 106 [107]) hat die Unterbringung im ersten Obergeschoss eines Heimtrakts für
genehmigungspflichtig angesehen, weil durch Änderung an der Haustür der offene
Charakter nicht uneingeschränkt besteht und die Benutzung des Aufzugs mit den
üblichen Bedienungsvorrichtungen für die Betroffene in ihrem Zustand ein unüberwindliches Hindernis darstellt.

Eine Unterbringung zur Durchführung einer Heilbehandlung ist nur dann verhält- **36**
nismäßig, wenn eine solche Behandlung möglich erscheint. Das setzt voraus, dass es
eine Einrichtung gibt, die bereit und in der Lage ist, den Betroffenen auch gegen
seinen Willen aufzunehmen. Dabei darf nicht schon wegen mangelnder finanzieller
Möglichkeiten ausgeschlossen sein, dass eine solche Behandlung vorgenommen
werden kann (OLG Braunschweig FamRZ 2007, 1127 [LS]).

6. Unterbringungsvoraussetzungen als Handlungsmaßstab für den Betreuer

Obwohl das Gesetz betont von der Zulässigkeit der freiheitsentziehenden Unter- **37**
bringung spricht, ist davon auszugehen, dass die gesetzlich normierten Zulässigkeitsvoraussetzungen zugleich den Maßstab für den Zwang zum Handeln des Betreuers
enthalten. Mit anderen Worten: Liegen die Eingriffsvoraussetzungen des § 1906
Abs 1 Nr 1 oder Nr 2 BGB vor, besteht jedenfalls dann für den Betreuer **kein Ermessensspielraum** mehr, wenn Alternativen nicht erkennbar oder durchführbar sind.
Ist dem Betreuer ein die Unterbringungsentscheidung beinhaltender Aufgabenkreis
übertragen worden, hat der Betreuer das Wohl des Betreuten durch Abwendung
einer erheblichen Selbstgefährdung zu gewährleisten (Bienwald/Sonnenfeld/Harm/
Bienwald Rn 18, 25). Dies gilt entsprechend für die Unterbringung zum Zwecke
der Behandlung oder einer ärztlichen Maßnahme nach Abs 1 Nr 2. Da im Falle
anderer Möglichkeiten der Abhilfe auch eine freiheitsentziehende Unterbringung
nicht zulässig ist, reduziert sich ein – abstrakt anzuerkennendes – Ermessen des
Betreuers auf Null, wenn die Zulässigkeitsvoraussetzungen für die Unterbringungen
nach § 1906 Abs 1 BGB gegeben sind.

7. Der für die Unterbringungsentscheidung erforderliche Aufgabenkreis

Maßgebend für die zivilrechtliche Unterbringung nach § 1906 Abs 1–3 BGB ist der **38**
Wille des Betreuers. Nur wenn ausnahmsweise die Voraussetzungen des § 1846 BGB
vorliegen, darf das Betreuungsgericht tätig werden. Der Betreuer handelt im Rahmen der ihm eingeräumten Entscheidungsmacht, die in dem gerichtlich bestimmten
Aufgabenkreis ihren Niederschlag findet. Unstreitig handelt es sich bei der Unterbringungsentscheidung des Abs 1 um einen Akt der **Aufenthaltsbestimmung**, wobei
zu beachten ist, dass die Bestimmung des Aufenthalts Realakt ist und erst die sich
daraus ergebenden oder die seiner Stabilisierung dienenden weiteren Handlungen
und Entscheidungen rechtsgeschäftlicher Natur sind (Bienwald, Untersuchungen 429;
Holzhauer/Reinicke Rn 13). Eine Befugnis zur Unterbringung hat der Betreuer mit-

hin dann, wenn ihm das uneingeschränkte Aufenthaltsbestimmungsrecht zusteht (BayObLGZ 1993, 18, 19; BayObLG FamRZ 1994, 320; FamRZ 2002, 908; OLG Braunschweig FamRZ 2007, 1768), dh ohne Ausschluss der zwangsweisen Unterbringung, wie dies in den siebziger Jahren des vorigen Jahrhunderts von manchem Vormundschaftsgericht gehandhabt worden ist. Entgegen MünchKomm/Schwab Rn 8 befugt auch die generelle Benennung der Personensorge als Aufgabenkreis oder innerhalb dessen zur Unterbringung nach § 1906 Abs 1 (zum Stand der Meinungen Erman/Roth Rn 9). Nach dem familienrechtlichen System der für einen anderen Menschen bestehenden Verantwortlichkeiten, auf das das Betreuungsrecht Bezug nimmt (§ 1908i BGB), ist die Aufenthaltsbestimmung ein Teil der Personensorge für einen Menschen. Die Benennung der Befugnis zur Unterbringung oder zur Aufenthaltsbestimmung würde die Rechtsmacht des Personensorgeberechtigten nicht begründen oder erweitern, sondern lediglich der Klarstellung dienen. Ist dem Betreuer nur die Gesundheitssorge, nicht jedoch das Aufenthaltsbestimmungsrecht für den Betreuten übertragen, steht ihm die Unterbringung des Betreuten nach § 1896 Abs 1 BGB und die Beantragung der betreuungsgerichtlichen Genehmigung der Unterbringungsentscheidung nicht zu (OLG Hamm FamRZ 2001, 861 mAnm Bienwald). Kann eine notwendige Heilbehandlung erfolgreich nur mit Zwang durchgeführt werden, genügt der Aufgabenkreis „Wahrnehmung der Rechte bei der psychiatrischen Heilbehandlung" ohne Übertragung des Aufenthaltsbestimmungsrechts nicht (KG FamRZ 2010, 835 mAnm Bienwald).

39 Auch in den sonst bestehenden Aufgabenkreisen wirkt sich die Betreuerbestellung nicht rechtsmindernd auf die Position des Betreuten aus. Lediglich die Anordnung eines Einwilligungsvorbehalts bewirkt dies aufgrund ausdrücklicher gesetzlicher Bestimmung. Dass dem Aufenthaltsbestimmungsrecht des Betreuers eine ähnliche Wirkung zukäme (so MünchKomm/Schwab bisher Rn 6), lässt sich dem Gesetz nicht entnehmen. Dass ein zeitlich vorrangiges Handeln des Betreuers Auswirkungen auf die Rechtsposition des Betreuten hat, ist ein Kennzeichen und ein Zweck (der Hauptzweck) der Betreuung (vgl § 1902 BGB). Gegen die Annahme von Schwab sprechen insbesondere auch die Übergangsvorschriften (Art 9 BtG), die einen Übergang der Vormundschaften und Pflegschaften nach § 1910 aF dem bisherigen Aufgabenumfang nach vorgesehen haben. Sind dem Betreuer alle Angelegenheiten des Betreuten, entweder mit oder ohne die in § 1896 Abs 4 BGB aufgeführten, zugewiesen, beinhaltet dies ebenfalls die Befugnis zur Unterbringung nach Abs 1.

40 Steht dem Betreuer die Unterbringungsbefugnis nicht zu, kann er dennoch zum Handeln verpflichtet sein, nämlich zur Information des Betreuungsgerichts nach § 1901 Abs 5 BGB, wenn ihm Umstände bekannt werden, die eine Erweiterung des Aufgabenkreises oder die Bestellung eines weiteren Betreuers erfordern.

41 Soll eine (General-)Vollmacht zur Entscheidung über eine Unterbringung nach Abs 1 oder eine Maßnahme nach Abs 4 berechtigen, muss sie den Anforderungen des Abs 5 genügen (AG Frankfurt aM PflegeRecht 2001, 409).

42 Für die Unterbringung zum Zwecke der Durchführung einer medizinischen Maßnahme (Abs 1 Nr 2) muss der Betreuer ggf einen entsprechenden Aufgabenkreis zugewiesen bekommen haben. Das Aufenthaltsbestimmungsrecht erfasst nicht die Entscheidungszuständigkeit in den Angelegenheiten einer Untersuchung, einer

Heilbehandlung oder eines ärztlichen Eingriffs. Ggf muss der **Aufgabenkreis** des Betreuers um die Angelegenheit, die konkret beabsichtigt ist, oder um die Sorge für die Gesundheit des Betreuten **ergänzt** werden. Soll der Aufgabenkreis des Betreuers um die Gesundheitssorge und die Aufenthaltsbestimmung mit dem Ziel der Unterbringung zur Heilbehandlung erwirkt werden, kommt das nur in Betracht, wenn eine Heilbehandlung in einer geschlossenen Einrichtung nach § 1906 Abs 1 Nr 2 BGB überhaupt in Frage kommt, dh nach vorläufiger Einschätzung Erfolg versprechend und nach dem Verhältnismäßigkeitsgrundsatz unumgänglich erscheint (OLG Schleswig FamRZ 2008, 1376 [LS]). Ob die „Gesundheitsbetreuung" und die Befugnis zur Unterbringung im Aufgabenkreis des Betreuers ausreichen (so MünchKomm/SCHWAB Rn 8), ist aus zwei Gründen fraglich: Ist ein melderechtlicher Aufenthaltswechsel erforderlich, erfasst diesen die Unterbringungsbefugnis nicht; zweifelhaft ist auch, ob die Unterbringungsbefugnis die Aufhebung der Unterbringung und die mit der Beendigung der Unterbringung verbundenen Folgeentscheidungen umfasst.

8.   Funktion und Umfang der gerichtlichen Genehmigung

Träger der Unterbringungsentscheidung ist der Betreuer, und zwar auch bei einer **43** einstweiligen Anordnung nach den §§ 331, 332 FamFG (OLG Brandenburg FamRZ 2007, 2107 [LS]). Lediglich eine Entscheidung nach § 1846 iVm § 1908i Abs 1 S 1 BGB trifft das Gericht (OLG Brandenburg FamRZ 2007, 2107). Die erforderliche betreuungsgerichtliche Genehmigung stellt ein Rechtmäßigkeitserfordernis dar. Die für eine Unterbringungsentscheidung des Betreuers nach Abs 1 erforderliche gerichtliche Genehmigung kann nur die damit verbundene Freiheitsentziehung erfassen. Einschränkungen der Bewegungsfreiheit, die über die vom Gericht genehmigte Freiheitsentziehung hinausgehen, bedürfen einer eigenen Entscheidung (MünchKomm/ SCHWAB Rn 14 unter Hinweis auf These 10 d Arbeitsgruppe 4 des 2. VGT). Dieser im Schrifttum überwiegend vertretenen Auffassung (BIENWALD, BtR Rn 68; DODEGGE MDR 1992, 437; JKMW Rn 516; MünchKomm/SCHWAB 14; PALANDT/GÖTZ Rn 34 mwNw; RINK R & P 1991, 148, 160; SCHUMACHER FamRZ 1991, 280, 281 f) haben sich inzwischen das AG Hannover (BtPrax 1992, 113) und das BayObLG (BayObLGZ 1993, 208 = BtPrax 1993, 139) angeschlossen. Auf eine nicht vom Willen des Betreuers getragene Anregung der Betreuungsstelle darf die Genehmigung einer Unterbringung nicht erteilt werden (BayObLG FamRZ 2003, 325 [LSe] = R & P 2003, 99 mAnm MARSCHNER). „Eine Genehmigung der Unterbringung in einer geschlossenen Einrichtung umfasst ... alle damit regelmäßig verbundenen Beschränkungen der körperlichen Bewegungsfreiheit. Zu diesen gehört aber nicht ein Anbinden des Betreuten im Bett durch einen Beckengurt für einen längeren Zeitraum oder regelmäßig" (BayObLGZ 1993, 208 = FamRZ 1994, 721 = MDR 1993, 649 = R & P 1993, 147 = BtPrax 1993, 139; ERMAN/ROTH Rn 26; aA ERMAN/ HOLZHAUER Rn 51; RAUSCH/KLÜSENER/RAUSCH NJW 1993, 617, 623; SOERGEL/DAMRAU Nachträge Rn 21). Mit Recht weist Klüsener (RAUSCH/KLÜSENER/RAUSCH NJW 1993, 617, 623) darauf hin, dass ein zusätzlicher Rechtseingriff uU einer besonderen gesetzlichen Grundlage bedürfe (vgl auch BVerfGE 33, 1 = NJW 1972, 811). Dies befreit jedoch nicht von der Verpflichtung, den für nicht verfassungsgemäß erkannten Regelungsmangel gerichtlich zu beseitigen.

9. Die Unterbringungstatbestände im Einzelnen

a) Regelunterbringung (Abs 1 Nr 1)

44 Nr 1 nennt als Unterbringungsgrund die Abwendung der Gefahr, dass sich der Betreute selbst tötet oder einen erheblichen gesundheitlichen Schaden zufügt, vorausgesetzt, dass diese Selbstgefährdung ihre Ursachen in einer psychischen Krankheit oder einer geistigen oder seelischen Behinderung des Betreuten hat (BT-Drucks 11/4528, 146). Die geschlossene Unterbringung zur Vermeidung einer erheblichen Selbstgefährdung kann auch dann genehmigt werden, wenn eine gezielte Therapiemöglichkeit nicht besteht (BGH FamRZ 2016, 807; BGH FamRZ 2015, 1017). Wer sich lediglich aus Freude an den Genüssen des Lebens oder aus Leichtsinn selbst gesundheitlich schädigt, kann nicht zur Abwendung der dadurch verursachten Gesundheitsgefahren nach Abs 1 Nr 1 untergebracht werden (BT-Drucks 11/4528, 146). Auch ist Trunksucht/Alkoholismus für sich allein betrachtet keine psychische Krankheit oder eine geistige oder seelische Behinderung (BGH FamRZ 2016, 1068 mAnm Fröschle 1069 = FGPrax 2016, 172 = R & P 2016, 192; BGH R & P 2016, 193) und kein Unterbringungsgrund (BayObLG FamRZ 1999, 1306 = NJWE-FER 1999, 210 = R & P 1999, 179). Darauf kann deshalb die Genehmigung des Gerichts nicht gestützt werden. Etwas anderes gilt nur, wenn der Alkoholismus entweder im Zusammenhang mit einem geistigen Gebrechen, insbesondere einer psychischen Erkrankung steht, oder ein auf den Alkoholmissbrauch zurück zuführender Zustand eingetreten ist, der das Ausmaß eines geistigen Gebrechens erreicht hat (BGH FamRZ 2016, 1068 mAnm Fröschle = FGPrax 2016, 172 = R & P 2016, 192). Anders als nach einigen landesrechtlichen Unterbringungsbestimmungen (zB BadWürtt § 1 Abs 4; Brem § 11 Abs 1 S 1 und 2; Nds § 16 iVm § 2 Nr 1 Buchst b und c NGefAG) ist eine qualifizierte Gefahr (zB unmittelbar bevorstehende) nicht erforderlich. Da der Betreuer dem Wohl des Betreuten verpflichtet ist, braucht er nicht den äußersten Zeitpunkt abzuwarten, zu dem die Intervention spätestens zu erfolgen hat, um Chancen einer Gefahrenabwehr zu haben.

45 Die betreuungsgerichtliche Genehmigung einer Unterbringung zur Vermeidung einer Selbstschädigung setzt voraus, dass ein Betreuer aufgrund seiner Krankheit seinen Willen nicht frei bestimmen kann (BGH FamRZ 2016, 807; BGH FamRZ 2015, 1017; BayObLG in st Rspr, BayObLGZ 1993, 18 = FamRZ 1993, 600; FamRZ 1998, 1327; OLG Hamm DAVorm 1997, 55; im Ergebnis auch OLG Düsseldorf FamRZ 1995, 118, wonach es darauf ankommt, dass der Betroffene die Notwendigkeit der Unterbringung nicht erkennen oder nicht nach dieser Einsicht handeln kann; **aA** insofern, „dass es nicht primär um die Einsicht in die Notwendigkeit der Unterbringung, sondern der durch die Unterbringung möglichen Heilbehandlung geht"). Die zivilrechtliche Unterbringung nach § 1906 Abs 1 Nr 1 BGB setzt keine akute, unmittelbar bevorstehende Gefahr voraus (BGH FamRZ 2010, 365 mAnm Zimmermann). Das Gesetz versteht in Abs 1 Nr 1 andererseits unter Gefahr eine ernstliche und konkrete Gefahr für Leib und Leben (BT-Drucks 11/4528, 146; BGH FamRZ 2011, 1141 mAnm Müther, 1143; BGH FamRZ 2010, 365 mAnm Zimmermann; BGH FamRZ 2010, 1432 mAnm Zimmermann, 1433), sodass ein zu frühes Eingreifen bei bloßen Verdachtsmomenten durch Abs 1 Nr 1 nicht gerechtfertigt wäre. Gefahren, die sich nur möglicherweise ergeben könnten, oder Umstände, die lediglich dem Pflegepersonal die Beaufsichtigung der Betroffenen erleichtern sollen, reichen nicht aus (AG Soltau BtPrax 1993, 212). Die Anforderungen an die Vorhersehbarkeit einer Selbsttötung dürfen aber auch nicht überspannt werden (BGH FamRZ 2010, 1432, 1433 mAnm Zimmermann).

Es muss die **Gefahr der Selbsttötung oder eines erheblichen gesundheitlichen Schadens** 46
gegeben sein. Die Gefahr anderer als gesundheitlicher Schäden kann eine Unterbringung durch den Betreuer nicht rechtfertigen (BT-Drucks 11/4528, 146). Der Schutz
des Vermögens oder anderer Rechtsgüter wird durch diese Vorschrift nicht bezweckt. Eine zivilrechtliche Unterbringung für einen krankhaften Verschwender
(HOLZHAUER/REINICKE Rn 20) kommt deshalb nach dieser Vorschrift nicht in Betracht.
Schäden an anderen Rechtsgütern können nach Auffassung des RegEntw mittelbar
auch zu einer Gefahr für das Leben oder die Gesundheit des Betreuten führen, so
beispielsweise in der Art, dass ein psychisch Kranker, der nicht untergebracht ist,
durch sein Verhalten seine familiären Beziehungen zerstört und dies – wenigstens ist
das in manchen Fällen anzunehmen – zu einer nachhaltigen Verschlimmerung seines
Leidens führt (BT-Drucks 11/4528, 146; hiergegen mit Recht skeptisch MünchKomm/SCHWAB
Rn 15). Nicht zulässig ist nunmehr die Unterbringung des Betreuten nach § 1906
Abs 1 Nr 1 zur Vermeidung oder zur Verhinderung von Straftaten (BIENWALD, BtR
Rn 37; HOLZHAUER/REINICKE Rn 20; KERN MedR 1991, 66, 71; BT-Drucks 11/4528, 81 f). Das
Verwahrlosenlassen der Wohnung mit dem Risiko eines Wohnungsverlustes durch
Kündigung und Räumung (Beispiel bei HOLZHAUER/REINICKE Rn 20) reicht allein für eine
freiheitsentziehende Unterbringung nach Abs 1 Nr 1 nicht aus. Häufig geht mit
diesem Zustand jedoch eine körperliche Verelendung und Unterversorgung (zusätzlich zu der bereits bestehenden Isolation) einher, sodass neben dem Verlust des
Obdachs und des sozialen Umfeldes der Eintritt erheblicher gesundheitlicher Schädigung zu befürchten und aus diesem Grunde eine – vielleicht nur vorübergehend
erforderliche – Unterbringung zu rechtfertigen ist. Ein zu befürchtender „sozialer
Abstieg" allein – mitunter durch Nichtzahlung von Miete und Nichteinhalten anderer Mieterpflichten in Gang gebracht – rechtfertigt allein noch nicht eine freiheitsentziehende Unterbringung, insbesondere dann nicht, wenn er nicht eindeutig
auf krankhaftem oder behinderungsbedingtem Verhalten des Betreuten beruht.
Eine Unterbringung gemäß Abs 1 Nr 1 kommt aber auch ohne Aussicht auf einen
Therapieerfolg in Betracht (OLG Rostock FamRZ 2010, 1272 [LS]).

Stellt das Gericht fest, dass der Zweck des Aufgabenkreises Gesundheitssorge an- 47
gesichts der familiären Situation des Betroffenen nur zu erreichen ist, wenn dieser
gegen seinen und seiner Familie Willen untergebracht wird, hat es sich mit der Frage
auseinanderzusetzen, ob eine derart erhebliche Gesundheitsgefährdung vorliegt,
dass trotz des mit einer (Heim-)Unterbringung verbundenen Eingriffs in die Rechte
des Betroffenen und der möglicherweise damit einhergehenden Entwurzelung eine
solche Vorgehensweise zum Wohl des Betroffenen geboten ist (BayObLG FamRZ 2001,
1244). Lehnt der Betroffene die Einnahme der zur Behandlung erforderlichen Medikamente ab und beschwört er dadurch einen gesundheitlichen Rückfall herauf,
reicht das für eine Unterbringung nach Abs 1 Nr 1 nicht aus (OLG Schleswig Rp 2003,
391; dort auch zur Unterbringung zwecks Untersuchung durch CCTS).

Die in Abs 1 Nr 1 aufgeführte Selbstgefährdung setzt **kein zielgerichtetes Tun des** 48
Betreuten voraus (BGH FamRZ 2010, 365 mAnm ZIMMERMANN). Wer als altersverwirrter
Betreuter seine Gesundheit und sein Leben dadurch aufs Spiel setzt, dass er regelmäßig – auch nachts oder bei großer Kälte – planlos und ohne Beachtung des
Straßenverkehrs (oder ohne ausreichende Bekleidung) umherirrt und sich hierdurch
der Gefahr aussetzt, überfahren zu werden oder zu erfrieren, soll nach Abs 1 Nr 1
untergebracht werden dürfen (BT-Drucks 11/4528, 146). Diese Gefahr, von der hier im

RegEntw die Rede ist, besteht allerdings in erster Linie dann, wenn die/der Betreute sich im Krankenhaus oder in einem Heim befindet, dort Orientierungsprobleme hat und sich mehr oder weniger selbst überlassen ist. In diesen Einrichtungen sollten ausreichende Möglichkeiten gegeben sein, Weglauftendenzen adäquat zu begegnen und die geschilderten Gefahrensituationen zu vermeiden. Die **Gefahr** muss **konkret** bestehen. Eine abstrakte, nur mögliche, Gefahr reicht nicht aus. Bei einer ernsthaften psychischen Erkrankung kann die (vorläufige) Unterbringungsmaßnahme auch zum Schutz des Betroffenen gerechtfertigt sein, wenn dieser in einem seit langem eskalierenden Nachbarschaftskonflikt in der konkreten Gefahr steht, nach einer Provokation in eine körperliche Auseinandersetzung mit möglichen Bedrohungen für Gesundheit oder Leben zu geraten (BayObLG FamRZ 2004, 1304 [LS]).

49 Gefährdungen sind auch durch **Unterlassen** möglich, so etwa, wenn der Betroffene sich nicht ausreichend ernährt oder Nahrungsaufnahme verweigert. Über eine etwaige Zwangsernährung entscheidet ggf der Arzt, ohne dass es auf eine Entscheidung des Betreuers ankommt. Eine Genehmigung des Gerichts ist nicht vorgesehen.

50 Was die Gefahr der **Selbsttötung** angeht, mutet der Gesetzgeber dem Betreuer die Rolle eines **Garanten** für das Leben des Betreuten im strafrechtlichen Sinne zu. Er gerät in die Gefahr strafrechtlicher Verfolgung wegen eines oder mehrerer Delikte, zB auch eines Unterlassungsdelikts, weil und wenn er nicht rechtzeitig die durch Unterbringung zu vermeidende Gefahr erkannt hat. Die Unterbringung nach Abs 1 Nr 1 ist ohne Rücksicht auf bestehende Therapiemöglichkeiten zu genehmigen, um die Selbstgefährdung des Betroffenen zu verhindern (BayObLG FamRZ 2004, 1135).

51 Die Unterbringung nach Abs 1 Nr 1 steht unter dem **Grundsatz der Erforderlichkeit**. Das Gericht hat die Erforderlichkeit der Unterbringung nach Abs 1 Nr 1 im Hinblick auf in Betracht kommende mildere Maßnahmen festzusetzen und entsprechende Feststellungen zu treffen (§ 26 FamFG; BGH FamRZ 2012, 441 = BtPrax 2012, 62). Kann die Gefahr durch andere Mittel als durch freiheitsentziehende Unterbringung ganz oder teilweise abgewendet werden, kommt eine Unterbringung dieser Art nicht in Betracht. Dies wird besonders sorgfältig in dem Fall der Verweigerung der Nahrungsaufnahme und in ähnlichen Fällen zu prüfen sein (BT-Drucks 11/4528, 147). Speziell hierzu sollten sich Sachverständige (ua auch die zuständige Behörde, soziale Dienste usw) äußern.

52 Eine Gefahr der **Schädigung Dritter oder der Allgemeinheit** genügt für die Rechtfertigung der zivilrechtlichen Unterbringung nicht (BT-Drucks 11/4528, 146). Der alleinige Schutz Dritter oder der Allgemeinheit ist bewusst aus dem Zweckbereich dieser Unterbringung durch Betreuer ausgenommen und der öffentlich-rechtlichen Unterbringung nach den Unterbringungsrechten der Länder (sofern nicht andere Spezialbestimmungen in Frage kommen) vorbehalten worden (BT-Drucks 11/4528, 146). Wird bei Gelegenheit des Betreutenschutzes auch ein Schutz Dritter oder der Allgemeinheit erreicht (Beispiel: die Verhinderung eines Selbsttötungsversuchs durch Gasvergiftung verhütet auch eine Explosion, der andere zum Opfer gefallen wären; ein weiteres Beispiel bei Münch Komm/Schwab Rn 15), steht dies der Zulässigkeit der Unterbringung nach Abs 1 Nr 1 nicht im Wege.

Neben einer Unterbringungsmaßnahme nach § 1906 kann ein Betroffener noch nach PsychKG (SH) untergebracht werden (LG Itzehoe FamEZ 2016, 1397). Auch bei erheblicher Gefahr für die Gesundheit des Betroffenen kann er aber nach §§ 1, 7 PsychKG SH nicht gegen seinen freien Willen untergebracht werden (LG Itzehoe FamRZ 2016, 324).

Der zu befürchtende gesundheitliche **Schaden** muss **erheblich** sein. Nicht jede Be- **53**
einträchtigung der Gesundheit berechtigt zur Unterbringung, schon gar nicht unvernünftiges Ernährungs- und Gesundheitsverhalten (das gesamtgesellschaftliche Anliegen muss auf andere Weise verfolgt werden). Es kommt vor allen Dingen auf den Zusammenhang zwischen dem Verhalten des Betreuten und der dieses Verhalten verursachenden Krankheit oder Behinderung an. Nicht erforderlich ist eine Gefahr schwerer Gesundheitsbeschädigung. Ein erheblicher Schaden liegt dann vor bzw ist dann zu befürchten, wenn er nicht heilbar ist oder der Patient längere Zeit an den Folgen zu leiden hat. Zu bedenken ist immer, dass eine geschlossene Einrichtung keine Besserungsanstalt zum Zwecke der Nachsozialisation ist.

Eine Unterbringungsgenehmigung kann sich auf die Unterbringung nach Abs 1 Nr 1 **54**
und Nr 2 beziehen, weil einerseits die Gefahr besteht, dass der Betroffene sich ohne die Unterbringung erheblichen gesundheitlichen Schaden zufügt und zum anderen eine Heilbehandlung ohne eine längerfristige Unterbringung des Betroffenen nicht durchgeführt werden kann und der Betroffene aufgrund seiner Erkrankung die Notwendigkeit der Unterbringung nicht erkennen kann (so die erstinstanzliche Entscheidung von BGH FamRZ 2010, 1976).

b)   „Medizinische Unterbringung" (Abs 1 Nr 2)
Der Begriff geht wohl auf HOLZHAUER/REINICKE Rn 31 zurück. Eine Unterbrin- **55**
gung, die mit Freiheitsentziehung verbunden ist, ist nach Abs 1 Nr 2 auch dann zulässig, wenn bei dem Betroffenen eine medizinische Maßnahme erforderlich ist und ohne die Unterbringung nicht durchgeführt werden kann, und wenn außerdem der Betreute aufgrund seiner psychischen Krankheit, geistigen oder seelischen Behinderung nicht in der Lage ist, die Notwendigkeit der Unterbringung zu erkennen oder nach dieser Einsicht zu handeln. Es kommt nicht darauf an, dass die ärztliche Maßnahme mit einem solchen Risiko verbunden ist, dass eine Genehmigung des Betreuungsgerichts nach § 1904 BGB erforderlich wäre oder werden würde.

Grund der zwangsweisen Unterbringung ist nicht die durchzuführende Maßnahme, **56**
sondern die **Weigerung des Betreuten**, die erforderliche **Maßnahme stationär vornehmen zu lassen**. Der Patient kann mit der Durchführung der medizinischen Maßnahme einverstanden sein, sich aber, bedingt durch eine psychische Krankheit oder eine geistige oder seelische Behinderung (BayObLG BtPrax 1996, 28 = FamRZ 1996, 511 [LS]; auch OLG Düsseldorf FamRZ 1995, 118 = BtPrax 1995, 29, 30 = R & P 1995, 93) gegen die stationäre Unterbringung wenden. Untersuchungen des Gesundheitszustands, Heilbehandlungen oder ärztliche Eingriffe sind mitunter ohne Unterbringung bzw unterbringungsähnliche Maßnahme nicht, nicht im erforderlichen Umfang oder auch mit der erforderlichen Präzision nicht möglich. „Mit der fehlenden Krankheitseinsicht der Betroffenen ist regelmäßig auch die fehlende Einsicht in die Unterbringungsbedürftigkeit verbunden. Auch das darf nicht zum Anlass genommen werden, die Betroffenen mit ihrer Krankheit oder Behinderung allein zu lassen" (BT-Drucks

11/4528, 147). Nach AG Wolfshagen (BtPrax 1998, 83 [84] unter Berufung auf ARNOLD/KLOSS FuR 1996, 264 ff) soll eine zur Heilbehandlung notwendige mit Freiheitsentziehung verbundene Unterbringung nach Abs 1 Nr 2 auch dann vorliegen, wenn die Betreute sich auf einer **offenen** psychiatrischen **Krankenstation** befindet, weil die Betreute sich schon durch psychische Beeinflussung außerstande sieht, eine Krankenstation zu verlassen.

57 Der Anlass für die erforderliche medizinische Maßnahme kann in der Krankheit oder Behinderung liegen, die Grund für die Bestellung des Betreuers war (Anlasskrankheit). Aber auch andere als diejenigen Krankheiten oder Behinderungen, die Grund zur Betreuerbestellung waren, können Anlass für eine Unterbringung sein (Begleitkrankheiten, HK-BUR/RINK Rn 23); eine Unterscheidung beider nimmt das Gesetz nicht vor (BT-Drucks 11/4528, 147; HOLZHAUER/REINICKE Rn 24; MünchKomm/SCHWAB Rn 20).

58 Soll das Betreuungsgericht die Unterbringung genehmigen (Abs 2 S 1), muss sie zulässig sein. Das ist dann nicht der Fall, wenn eine angestrebte Heilbehandlung nicht oder nicht mehr durchgeführt werden kann. Deshalb darf auch eine bereits erteilte Genehmigung nicht länger aufrechterhalten werden, wenn die betreute Person bereits untergebracht ist, sich aber danach herausstellt, dass die in der Unterbringungseinrichtung tätigen Ärzte eine Heilbehandlung für medizinisch nicht geboten erachten und eine solche Behandlung deshalb auch nicht durchführen (BGH FamRZ 2010, 202, 203 mAnm HEIDERHOFF S 285).

59 Die Genehmigung einer Unterbringung nach Abs 1 Nr 2 gemäß Abs 2 S 1 setzt voraus, dass das Gericht konkrete Tatsachen feststellt, aus denen sich unter Berücksichtigung des Prinzips der Verhältnismäßigkeit (s dazu AG Obernburg FamRZ 2008, 1559) die Erforderlichkeit der Heilbehandlung ergibt. Außerdem ist grundsätzlich ein konkretes Behandlungskonzept darzustellen (OLG Schleswig FamRZ 2008, 1376 [LS]). Die Heilbehandlung muss vertretbar und verhältnismäßig sein (OLG Naumburg FamRZ 2008, 2060, 2061). Wird durch die während der Unterbringung nach Abs 1 Nr 2 durchgeführte Heilbehandlung der Gesundheitszustand hinsichtlich der Anlasskrankheit auf ein im Rahmen der Chronifizierung bestehendes Maß stabil gehalten und weitere Chronifizierung verhindert, kann die Behandlung erforderlich sein (OLG Schleswig FamRZ 2005, 834 [LS]). Die geschlossene Unterbringung eines alkohol- und medikamentenabhängigen Betroffenen kann dann genehmigt werden, wenn der Betroffene krankheitsbedingt seinen Willen nicht mehr frei bilden kann und ohne Unterbringung konkret die Gefahr eines Rückfalls mit lebensbedrohlichen Zuständen droht (BayObLG FamRZ 2006, 288).

60 Soll der Aufgabenkreis des Betreuers um die Gesundheitssorge und die Aufenthaltsbestimmung mit dem Ziel der Unterbringung zur Heilbehandlung in einer geschlossenen Einrichtung nach Abs 1 Nr 2 erweitert werden, muss eine Behandlung überhaupt in Betracht kommen, nach einer vorläufigen Einschätzung Erfolg versprechen und unter Beachtung des Verhältnismäßigkeitsgrundsatzes als unumgänglich erscheinen (OLG Schleswig FamRZ 2008, 1376 [LS]; FamRZ 2005, 1776 [LS]). Kann eine Veränderung oder Stabilisierung der Psychose auch unter stationären Bedingungen nicht erreicht werden, ist die zwangsweise Unterbringung eines psychisch Kranken nach Abs 1 Nr 2 unzulässig (KG FamRZ 2005, 1777 [LS]).

Ist auszuschließen, dass der Betroffene eine Behandlung ohne Zwang vornehmen lassen wird, ist die Genehmigung der Unterbringung zur Durchführung der Heilbehandlung nur zulässig, wenn die Voraussetzungen für die Einwilligung in eine ärztliche Zwangsmaßnahme im Sinne des Abs 3 vorliegen und diese nach Abs 3a rechtswirksam genehmigt wird. Nur dann besteht für die eine Freiheitsentziehung rechtfertigende Heilbehandlung auch gegen den Willen des Betroffenen eine rechtliche Grundlage (BGH FamRZ 2014, 1694, 1695).

Um nicht eine dem Wortlaut nach mögliche uferlose Ausweitung der Unterbrin- **61** gungsmöglichkeiten zur Zwangsbehandlung (RINK R & P 1991, 148, 158) eintreten zu lassen, bedarf es eines Korrektivs. Nach SCHWAB (MünchKomm Rn 20) wird es (wenn die Unterbringung zulässig sein soll) dabei bleiben müssen, dass – wie in Nr 1 formuliert – bei Unterlassung der medizinischen Maßnahme ein gewichtiger gesundheitlicher Schaden droht (so auch BVerfGE 58, 208, 225; OLG Schleswig NJW-RR 2002, 795 [796] = FamRZ 2002, 984; BIENWALD, BtR Rn 47; MünchKomm/SCHWAB Rn 20; PARDEY, Betreuung Volljähriger 136; SCHUMACHER FamRZ 1991, 280; LG Frankfurt aM FamRZ 1993, 478 = R & P 1993, 83; s auch LG Regensburg FamRZ 1994, 125 für den Fall, dass die vorgesehene Behandlung keinen hinreichenden Erfolg verspricht). Dürfte zB die psychische Krankheit eines Betreuten gegen seinen Willen bei nichterheblicher Gefahr zwangsbehandelt werden, würde dem Betreuten die Freiheit zur Krankheit genommen, die ihm das BVerfG ausdrücklich zugebilligt hat (BVerfGE 58, 208 ff). Voraussetzung für eine Freiheitsentziehung zur Heilbehandlung ist das Vorliegen einer gesundheitsgefährdenden Krankheit, die dringend behandlungsbedürftig ist. Darunter fällt grundsätzlich nicht die psychische Krankheit, die bereits der Betreuerbestellung zugrunde liegt. Die mit dieser Krankheit einhergehende Gesundheitsgefährdung wird schon von Abs 1 Nr 1 erfasst (OLG Rostock FamRZ 2003, 704 = BtPrax 2003, 87).

Auch eine **Unterbringung zur Erzwingung der Krankheits- und Behandlungseinsicht ist** **62** **nicht zulässig** (LG Frankfurt aM FamRZ 1993, 478 = R & P 1993, 83; OLG Schleswig SchlHA 2000, 117 = FamRZ 2000, 1122 mAnm BIENWALD = R & P 2000, 39). Das LG Frankfurt aM hat es in seiner Entscheidung auch nicht für sinnvoll erachtet, eine Betreuung mit dem Aufgabenkreis „Zustimmung und Zuführung zur Heilbehandlung" einzurichten, wenn der Betroffene jedweder Heilmaßnahme ablehnend gegenübersteht und eine zwangsweise Unterbringung unzulässig ist.

Besonderes Augenmerk verdient deshalb die **subjektive** Seite. Beruht die Weige- **63** rung, sich einer notwendigen medizinischen Maßnahme zu unterziehen und/oder sich zu dem Zwecke in eine entsprechende Einrichtung zu begeben, zwar auf unvernünftigen Gedanken, ist sie in sich aber schlüssig, entscheidet der Betreute selbst. Beruht die Weigerung auf einer krankheits- oder behinderungsbedingten Fehlannahme, können dagegen die Voraussetzungen für Abs 1 Nr 2 gegeben sein. Nach den von RINK gemachten und in R & P 1991, 148, 158 mitgeteilten Erfahrungen handelt es sich bei der **Freiheit zur Krankheit keineswegs um eine Fiktion**. Zahlreiche „therapieerfahrene" Patienten hätten auf die Frage, warum sie die Medikation absetzten oder die Behandlung verweigerten, geantwortet, ihnen sei es immer noch lieber, in den Augen der Umwelt als verrückt, lästig oder störend zu gelten, als weiterhin die Medikamente mit ihren Nebenwirkungen oder die Behandlung in der psychiatrischen Klinik über sich ergehen zu lassen. RINKS Auffassung nach stellt die Beurteilung der Notwendigkeit einer Heilbehandlung bei der Gefahr weniger schwerer

Gesundheitsstörungen eine reine Opportunitätsentscheidung des Arztes dar, der sich notfalls immer auf die Gefahr der „Chronifizierung" berufen könne. Der seinerzeit vom BVerfG zur Begrenzung der zu Behandlungszwecken vorgenommenen Unterbringung ins Feld geführte **Verhältnismäßigkeitsgrundsatz** kann die Fälle zwangsweiser Unterbringung nach Abs 1 Nr 2 in **Schranken** halten. Die von RINK R & P 1991, 148, 158 prognostizierte geringe Bedeutung der Nr 1 gegenüber der Nr 2 lässt sich bisher anhand veröffentlichter Entscheidungen und mündlicher Informationen nicht bestätigen.

64 Sowohl die Unterbringung und deren Anlass als auch die während der Unterbringung uU erforderliche gewaltsame Behandlung bzw Maßnahme sowie die Bedeutung der Erkrankung und die durch das Unterlassen der medizinischen Maßnahme bestehende Gefahr müssen in einem vertretbaren Verhältnis zueinander stehen, damit die Rechtsbeeinträchtigung noch gerechtfertigt ist. Überdies ist zu prüfen, ob die argumentative Vorgehensweise tatsächlich ausgeschöpft ist.

65 Die Unterbringung darf nur dann zur Durchführung einer medizinischen Maßnahme erfolgen, wenn diese selbst rechtlich zulässig ist (HOLZHAUER/REINICKE Rn 32). Abgesehen davon, dass der Betreuer im Rahmen seines Aufgabenkreises für die Entscheidung zuständig sein muss (ggf ist der Aufgabenkreis zuvor zu erweitern), darf die Maßnahme gegen den Willen des Betreuten nur durchgeführt werden, wenn dieser im Zeitpunkt der Durchführung einwilligungsunfähig, dh selbst außerstande ist, die Maßnahme zu gestatten. Ob er, sofern der Betreuer über die Vornahme der Maßnahme entscheidet, sich dagegen zur Wehr setzt, ist damit nicht gesagt. Eine gewaltsame Vorgehensweise zur Durchführung der Maßnahme bedürfte, wenn sie ärztlicherseits unter diesen Umständen überhaupt für durchführbar gehalten wird, einer entsprechenden Eingriffsnorm.

c)   Keine Genehmigung ambulanter medizinischer Zwangsbehandlung analog Abs 1 Nr 2

66 Die gegen den Willen eines Betreuten in regelmäßigen (im konkreten Fall: zweiwöchentlichen) Zeitabständen durchzuführende Dauermedikation mit Neuroleptika und die zwangsweise Zuführung des Betreuten zu dieser – jeweils kurzfristigen – Behandlung stellen nach Auffassung des BGH (BGHZ 145, 297 = FamRZ 2001, 149 = R & P 2001, 46 = NJW 2001, 888 = JZ 2001, 821 mAnm LIPP) keine mit Freiheitsentziehung verbundene Unterbringung oder unterbringungsähnliche Maßnahme dar. Diese sind deshalb **nicht nach § 1906 Abs 1 Nr 2 oder § 1906 Abs 4 genehmigungsfähig.** Entsprechendes muss dann auch für diese Maßnahmen gelten, wenn sie vom Bevollmächtigten beschlossen worden sind.

67 Der BGH hatte sich mit der Frage der Genehmigungsbedürftigkeit einer solchen Praxis aufgrund der Divergenzvorlage (§ 28 Abs 2 FGG aF) des OLG Hamm (FamRZ 2000, 1115 = R & P 2000, 143) zu beschäftigen. Zuvor hatte das OLG Zweibrücken entschieden, dass eine zur Vermeidung einer Unterbringung für erforderlich gehaltene regelmäßige ambulante Medikation des Betreuten mit Depot-Neuroleptika im Falle von dessen Einwilligungsunfähigkeit der Einwilligung des mit der Gesundheitsfürsorge beauftragten Betreuers nicht bedurfte; weder komme eine gerichtliche Genehmigung nach § 1906 Abs 1 Nr 2 BGB noch eine nach § 1906 Abs 4 BGB in Betracht. Ggf sei die gerichtliche Genehmigung nach § 1904 Abs 1

BGB erforderlich. Mangels geeigneter Rechtsgrundlage könne der Betreuer eine ambulante Dauertherapie mit Depotspritzen nicht zwangsweise gegen den natürlichen Willen des Betreuten durchsetzen (OLG Zweibrücken FamRZ 2000, 1114 = R & P 2000, 142 = BtPrax 2000, 88 = FGPrax 2000, 24).

In der Folgezeit stellte das OLG Schleswig (FamRZ 2002, 984 = R & P 2002, 118 m krit Anm **68** MARSCHNER 119; bejahend auch TIETZE, Ambulante Zwangsbehandlungen im Betreuungsrecht 189) fest, die Zwangsbehandlung einwilligungsunfähiger Betreuter sei nicht in jedem Fall unzulässig. Dagegen wiederum eindeutig das OLG Thüringen (NJ 2002, 317 = R & P 2003, 29 mAnm MARSCHNER; das OLG gab seine Auffassung später auf; FamRZ 2006, 576) mit der Begründung, das Betreuungsrecht enthalte keine Regelung zum Einsatz physischer Gewalt zwecks Vollziehung einer ärztlichen Maßnahme. Im Anschluss an BGHZ 145, 297 (= FamRZ 2001, 149 = NJW 2001, 888 = MDR 2001, 32) entschied das OLG Bremen (FamRZ 2006, 730 [LS]), die kurzfristige, notfalls unter Anwendung von Zwang gegen den Willen des Betreuten durchzuführende stationäre Unterbringung in einer psychiatrischen Klinik allein zu dem Zweck, dem Betreuten zwangsweise eine Depotspritze mit einem Neuroleptikum zu verabreichen, sei nicht nach § 1906 Abs 2 BGB iVm § 1906 Abs 1 Nr 1 und Nr 2 BGB oder § 1906 Abs 4 BGB genehmigungsfähig.

Die nach dem Entwurf eines zweiten Betreuungsrechtsänderungsgesetzes vorgese- **69** hen gewesene Einfügung eines § 1906a BGB mit den Voraussetzungen einer zwangsweisen Zuführung des Betreuten zur ambulanten ärztlichen Heilbehandlung durch den Betreuer und dem Vorbehalt gerichtlicher Genehmigung (Art 1 Nr 11 BGB-E) ist nicht Gesetz geworden.

d) Zur Zwangsbehandlung bei stationärer Unterbringung
aa) Zur Rechtslage vor 2013
Eine medizinische Behandlung einer untergebrachten Person aufgrund einer Ent- **70** scheidung des mit entsprechendem Aufgabenkreis versehenen Betreuers (sog Zwangsbehandlung, jedoch ohne Einsatz körperlicher Gewalt) ist grundsätzlich dann nicht zulässig, wenn sie gegen den natürlichen Willen der/des Untergebrachten vorgenommen wird. Soll dennoch eine medizinische Behandlung der untergebrachten Person gegen deren natürlichen Willen vorgenommen werden – zB mit Neuroleptika – muss sie vom Gesetzgeber zugelassen sein. Die Zwangsbehandlung ist, wie jeder andere Grundrechtseingriff, nur auf der Grundlage eines Gesetzes zulässig (BVerfG FamRZ 2011, 1138). So bereits im Anschluss an BGH FamRZ 2001, 149 (zur ambulanten Zwangsbehandlung) das OLG Celle (FamRZ 2006, 443 mAnm BRAKEBUSCH, 444) für die stationäre Zwangsbehandlung wegen Fehlens einer ausreichenden Rechtsgrundlage (ebenso OLG Thüringen R & P 2003, 29; MARSCHNER R & P 2005, 47 mwNw). Das OLG Thüringen hatte seine Auffassung mit Beschluss v 30. 11. 2005 – 9 W 627/ 05 u 659/05 (FamRZ 2006, 576) aufgegeben und entschieden, die zum Zweck einer gegen den Willen des Betroffenen vorzunehmenden Zwangsmedikation angeordnete Unterbringung des Betroffenen könne nach Maßgabe des § 1906 Abs 1 gerichtlich genehmigt werden, wenn sie dem Verhältnismäßigkeitsgrundsatz entspricht. Dem Gesetzgeber ist es nicht prinzipiell verwehrt, solche (schwerwiegenden) Grundrechtseingriffe zuzulassen (BVerfG FamRZ 2011, 1128, 1139).

In den letzten Jahren waren etliche Entscheidungen ergangen, in denen eine medizinische Zwangsbehandlung innerhalb, aber auch außerhalb geschlossener Unterbringung für unzulässig erklärt worden sind, weil dafür entweder eine Rechtsgrundlage fehlte oder eine Regelung zwar vorhanden, aber hinsichtlich der an sie zu stellenden Anforderungen nicht ausreichte. So erklärte das BVerfG im Rahmen seiner Entscheidung v 23. 2. 2011 – 2 BvR 882/09 (FamRZ 2011, 1128, 1133 = NJW 2011, 2113) die Regelung des § 6 Abs 1 S 2 HS 1 MVollzG Rh-Pfalz gesetzliche Grundlage einer Zwangsbehandlung für nicht ausreichend. Dementsprechend erschien im BGBl I 841 die dazu gehörende Entscheidungsformel, in der die Vorschrift als mit Art 2 Abs 2 S 1 iVm Art 79 Abs 4 GG unvereinbar und nichtig erklärt worden ist. Durch Beschluss v 12. 10. 2011 – 2 BvR 633/11 (FamRZ 2011, 1927 = BtPrax 2011, 253, 255 = NJW 2011, 357) entschied das BVerfG, dass § 8 Abs 2 S 2 UBG BaWü nichtig ist und deshalb als Rechtsgrundlage einer Zwangsbehandlung einer untergebrachten Person nicht in Betracht kommt. Im Anschluss an die beiden Erkenntnisse des BVerfG beschloss das LG Darmstadt (FamRZ 2012, 901 [LS] = BtPrax 2012, 86 [LS]), dass § 17 S 1 und S 2 des Hessischen Freiheitsentziehungsgesetzes (HFEG) als Grundlage für eine erlaubte Zwangsbehandlung mangels der an die an sie zu stellenden Anforderungen nicht ausreichen. Das AG Bremen (BtPrax 2012, 85) stellte fest, dass auch für eine betreuungsgerichtliche Genehmigung einer Zwangsbehandlung eine gesetzliche Grundlage fehlt. Auf den gleichen Standpunkt stellte sich das LG Stuttgart (16. 2. 2012 – 2 T 35/12; FamRZ 2012, 1086 mAnm BIENWALD = BtPrax 2012, 125 mAnm OLZEN und GÖTZ). Ebenso AG Frankfurt aM v 29. 2. 2012 (49 XVII Hof 399/12, FamRZ 2012, 1084); auch AG Ludwigsburg (BtPrax 2012, 86 [LS]). Das AG Freising (27. 10. 2011 – XVII O 319/ 04; BtPrax 2012, 40 [LS]) vertrat die Auffassung, auch auf einer offenen Krankenstation außerhalb einer geschlossenen Unterbringung sei eine medizinische Zwangsbehandlung unzulässig. Bzgl § 22 Abs 1 S 1 SächsPsychKG BVerfG FamRZ 2013, 767. Keine Zwangsmedikation eines in Untersuchungshaft Inhaftierten auf der Grundlage von § 28 UVollzGNRW (OLG Hamm R & P 2016, 200).

Der BGH übernahm die Argumentation des BVerfG zur Zwangsbehandlung im Maßregelvollzug für das Betreuungsrecht und stellte fest, wegen fehlender ausreichender Rechtsgrundlage dürfe der Betreuer derzeit auch im Rahmen einer geschlossenen Unterbringung keine Zwangsbehandlung veranlassen (20. 6. 2012 – XII ZB 99/12, FamRZ 2012, 1366 mAnm BIENWALD und Anm SONNENFELD = JZ 2012, 1182 mAnm LIPP). Damit entfiel auch die Grundlage für die Unterbringung (BGH FamRZ 2012, 1634). Allerdings komme die Genehmigung einer Unterbringung zur Heilbehandlung nach § 1906 Abs 1 Nr 2 noch in den Fällen in Betracht, so der BGH (FamRZ 2012, 1634), in denen nicht von vornherein ausgeschlossen ist, dass sich der Betroffene in der Unterbringung behandeln lassen wird, sein natürlicher Wille also nicht bereits der medizinisch notwendigen Behandlung entgegensteht und er die Notwendigkeit der Unterbringung nicht einsieht.

bb) Zur Regelung der Zwangsbehandlung

71 Das am 18. 2. 2013 verkündete Gesetz zur Regelung der betreuungsrechtlichen Einwilligung in eine ärztliche Zwangsmaßnahme trat mit einer Ausnahme (Art 5 betr RPflG) am Tag nach seiner Verkündung in Kraft (Art 6). Das Gesetz erlaubt dem Betreuer mit entsprechendem Aufgabenkreis (verpflichtet ihn?), in eine ärztliche Zwangsmaßnahme einzuwilligen, die dem natürlichen Willen des Betreuten widerspricht (§ 1906 Abs 3 aF; jetzt § 1906a BGB). Die Einwilligung in die ärztliche Zwangsmaßnahme bedarf der Genehmigung des Betreuungsgerichts. Der Betreuer hat die Einwilligung zu widerrufen, wenn ihre Voraussetzungen wegfallen. Er hat

den Widerruf dem Betreuungsgericht anzuzeigen (§ 1906 Abs 3a aF; jetzt § 1906a Abs 3 S 2 BGB). Entsprechendes gilt für den Bevollmächtigten (§ 1906 Abs 5 aF; jetzt § 1906a). Das Genehmigungsverfahren richtet sich, soweit nichts anderes bestimmt ist, nach den Vorschriften über die Unterbringung (§ 312 Nr 3 FamFG). Bei der Genehmigung einer Einwilligung in eine ärztliche Zwangsmaßnahme ist stets die Bestellung eines Verfahrenspflegers erforderlich (§ 312 S 3 FamFG; jetzt § 317 Abs 1 S 3 FamFG). Soll die Einwilligung in eine ärztliche Zwangsmaßnahme im Wege einstweiliger Anordnung genehmigt werden, müssen für deren Zulässigkeit die Voraussetzungen des § 1906a BGB, bisher Abs 3 erfüllt sein (BVerfG FamRZ 2015, 1589, 1590 mAnm Spickhoff, 1593).

Die Genehmigung einer Einwilligung in eine ärztliche Zwangsmaßnahme (oder deren Anordnung gem § 1846 BGB) darf die Dauer von sechs Wochen nicht überschreiten, wenn sie nicht vorher verlängert wird (§ 329 Abs 1 S 2 FamFG). Das gilt auch für die Verlängerung der Zwangsbehandlung gem § 29 Abs 5 S 6 ThürMRVG iVm § 312 S 2, § 329 Abs 1 S 2 und Abs 2 S 1 FamFG (BVerfG FamRZ 2015, 1588 m Hinweis auf OLG Thüringen, 11. 2. 2015 – 1 Ws 40/15, juris Rn 18 = FamRZ 2015, 1652); deshalb keine Zustimmung zur Verlängerung der Zwangsbehandlung für eine Dauer von zwei Jahren. Die einstweilige Anordnung darf bei der Genehmigung einer Einwilligung in eine ärztliche Zwangsmaßnahme oder deren Anordnung die Dauer von zwei Wochen nicht überschreiten (kritisch dazu Bienwald FamRZ 2016, 1730). Bei mehrfacher Verlängerung darf die Gesamtdauer sechs Wochen nicht überschreiten (§ 333 Abs 2 FamFG). Genehmigt das Gericht die Einwilligung, hat es in die Beschlussformel Angaben zur Durchführung und Dokumentation der Maßnahme in der Verantwortung eines Arztes aufzunehmen (§ 323 Abs 2 FamFG). Hierbei handelt es sich nicht lediglich um einen klarstellenden Ausspruch. Fehlen die Angaben, ist die Anordnung insgesamt rechtswidrig (BGH FamRZ 2015, 573, 574). Der Zustimmung zur Zwangsbehandlung steht nicht entgegen, dass die Behandlung auf mehr als sechs Wochen angelegt ist (OLG Karlsruhe [2. Strafsenat] FamRZ 2015, 2008).

Von den in § 1906 Abs 3 aF, jetzt § 1906a BGB, bestimmten Einwilligungsvoraussetzungen einer ärztlichen Zwangsmaßnahme war bisher der (fehlende oder unzureichende) Überzeugungsversuch bereits seit einigen Jahren Gegenstand von Entscheidungen des BGH und des BVerfG (BVerfG FamRZ 2011, 1128; FamRZ 2015, 1589, 1591 mAnm Spickhoff; BGHZ 201, 324 = FamRZ 2014, 1358 Rn 15 mAnm Spickhoff FamRZ 2014, 1447 = NJW 2014, 2497 mAnm Zimmermann NJW 2014, 2479 m Analyse der einzelnen Bestandteile des Überzeugungsversuchs; vgl auch BT-Drucks 17/12086, 1, 11; BGH FamRZ 2014, 1694; BGH FamRZ 2015, 573).

Die Einwilligung des Betreuers in eine ärztliche Zwangsmaßnahme ist (ua) nur zulässig, wenn vor der Einwilligung versucht wurde, den Betroffenen von der Notwendigkeit der ärztlichen Maßnahme zu überzeugen und seine auf Vertrauen gegründete Zustimmung zu erreichen. Dieser Versuch muss ernsthaft, mit dem nötigen Zeitaufwand und ohne Ausübung unzulässigen Drucks durch eine überzeugungsfähige und -bereite Person unternommen worden sein, was das Gericht in jedem Einzelfall feststellen und in seiner Entscheidung in nachprüfbarer Weise darzulegen hat (BVerfG FamRZ 2015, 1589, 1591; BGH FamRZ 2014, 1358 mAnm Spickhoff; FamRZ 2014, 1447; FamRZ 2014, 1694; FamRZ 2015, 2050, 2051 mAnm Seifert, 2052; in dem zuletzt genannten Fall reichte dem BGH die Feststellung des LG, dass seit Januar 2015 mindestens zweimal wöchent-

Werner Bienwald

lich im Rahmen der Visitengespräche durch Stationsarzt und Oberärztin erfolglos versucht wurde, der Betroffenen Sinnhaftigkeit, Notwendigkeit und Gründe der Behandlung zu vermitteln). Das gilt auch für eine Augenoperation als Zwangsmaßnahme (LG Saarbrücken FamRZ 2016, 1302 [LS]).

Eingehend dazu ZIMMERMANN, Praxisprobleme der ärztlichen Zwangsbehandlung bei Betreuten, NJW 2014, 2479, der die einzelnen Bestandteile des Überzeugungsversuchs analysiert.

Der erforderliche Überzeugungsversuch ist eine **materiell-rechtliche Voraussetzung** für die Wirksamkeit der Einwilligung durch den Betreuer, der mit Blick auf den Verhältnismäßigkeitsgrundsatz entscheidende Bedeutung zukommt (BGHZ 201, 324 LS b). Das Gericht hat die Tatsache des Überzeugungsversuchs in jedem Einzelfall festzustellen und in seiner Entscheidung in nachprüfbarer Weise dazulegen (BGHZ 201, 324). Es reicht nicht aus, dass sich der Genehmigungsbeschluss des Betreuungsgerichts auf die Aussage beschränkt, es sei vergeblich versucht worden, den Betroffenen von der Notwendigkeit der ärztlichen Maßnahmen zu überzeugen. Fehlen Angaben zu Zeitpunkt, äußerem Rahmen, beteiligten Personen, Umfang und Inhalt des Überzeugungsversuchs, kann eine rechtliche Prüfung, ob den Vorgaben des § 1906 Abs 3 S 1 Nr 2, jetzt § 1906a Abs 1 Nr 4 BGB genügt wurde, nicht vorgenommen werden (BGH FamRZ 2014, 1694, 1695; BVerfG FamRZ 2015, 1589, 1591 mAnm SPICKHOFF 1593). Enthält der Genehmigungsbeschluss keine Angaben zu Durchführung und Dokumentation (§ 323 Abs 2 FamFG), ist die Anordnung insgesamt gesetzeswidrig (BGH FamRZ 2015, 573).

Ist aufgrund Zeitablaufs die Erledigung der angefochtenen ärztlichen Zwangsmaßnahme eingetreten, kann deren Rechtswidrigkeit festgestellt werden, weil die Genehmigung der Zwangsmedikation ohne ausreichende gutachtliche Grundlage vorgenommen worden ist (BGH FamRZ 2015, 1706 mAnm SEIFERT FamRZ 2015, 1879 = MedR 2016, 330 mAnm DIENER).

Anpassungen an die im Bund geltenden Regelungen zur Zwangsbehandlung untergebrachter Personen haben bisher die folgenden **Länder** vorgenommen:

Baden-Württemberg (§ 20); Bayern (Art 13); Berlin (§ 28); Brandenburg (§ 18); Bremen (§ 22); Hamburg (§ 16); Mecklenburg-Vorpommern (§ 26); Nordrhein-Westfalen (§ 18); Rheinland-Pfalz (§ 20); Saarland (§§ 12, 13); Sachsen (§§ 21, 22); Schleswig-Holstein (§ 14); Thüringen (§ 12).

Nach § 20 Abs 3 S 1 PsychKHG ist die Zwangsbehandlung zur Abwendung einer erheblichen Eigengefährdung oder zur Wiederherstellung der Voraussetzungen freier Selbstbestimmung zur Ermöglichung eines selbstbestimmten Lebens zulässig. Außerdem ist die Zwangsbehandlung zur Abwendung einer erheblichen Fremdgefährdung gerechtfertigt (nach OLG Karlsruhe FamRZ 2017, 1000; dort auch zur Notwendigkeit gerichtlicher Feststellung von entstehenden Belastungen [Verhältnismäßigkeitsgrundsatz]).

cc)   Zur Zwangsbehandlung ohne freiheitsentziehende Unterbringung

72 Die Regelungen betreffend die Einwilligung des Betreuers in eine ärztliche Zwangsmaßnahme setzen die Unterbringung des Betroffenen gemäß § 1906 Abs 1 Nr 2

BGB voraus. Nach der Entscheidung des BGH v 1. 7. 2015 – XII ZB 89/15 – zur Frage, ob eine ärztliche Zwangsbehandlung auch bei einem nicht fortbewegungs-fähigen und deshalb nicht „untergebrachten" oder unterzubringenden Patienten mit dem Grundgesetz vereinbar ist (Vorlagebeschluss gem Art 100 Abs 1 S 1 GG; FamRZ 2015, 1484 mAnm Spickhoff, 1490 = GesR 2015, 501 = BtPrax 2015, 208 m Besprechungsaufsatz Dodegge BtPrax 2015, 185 = NJW 2015, 2528 [LS] = MedR 2016, 44 mAnm Schmidt-Recla), hat die 86. Konferenz der Justizministerinnen und Justizminister am 12. 11. 2015 in Berlin das Bundesministerium der Justiz und für Verbraucherschutz gebeten zu prüfen, ob und inwieweit eine Rechtsgrundlage für eine ärztliche Zwangsbehandlung außerhalb einer geschlossenen Unterbringung zumindest in bestimmten Fallgestaltungen ge-schaffen werden muss (TOP I. 10 Abs 2; NdsRpfl 2015, 366, 367).

Das BVerfG hat am 26. 7. 2016 – 1 BvL 8/15 – auf die vom BGH vorgelegte Frage, ob § 1906 Abs 3 BGB in der Fassung des Gesetzes zur Regelung der betreuungs-rechtlichen Einwilligung in eine ärztliche Zwangsmaßnahme v 18. 2. 2013 (BGBl I 266) mit dem Grundgesetz vereinbar ist, soweit es für eine ärztliche Zwangsmaß-nahme auch bei Betroffenen, die sich der Behandlung räumlich nicht entziehen wollen oder hierzu körperlich nicht in der Lage sind, voraussetzt, dass die Behand-lung im Rahmen einer freiheitsentziehenden Unterbringung nach § 1906 Abs 1 BGB erfolgt, welche nach gefestigter Rechtsprechung in diesen Fällen nicht angeordnet werden darf, die folgende Entscheidung getroffen:

1. „Es ist mit der aus Artikel 2 Absatz 2 Satz 1 des Grundgesetzes folgenden Schutzpflicht des Staates unvereinbar, dass für Betreute, denen schwerwiegen-de gesundheitliche Beeinträchtigungen drohen und die die Notwendigkeit der erforderlichen ärztlichen Maßnahme nicht erkennen oder nicht nach dieser Einsicht handeln können, eine ärztliche Behandlung gegen ihren natürlichen Willen unter keinen Umständen möglich ist, sofern sie zwar stationär behan-delt werden, aber nicht geschlossen untergebracht werden können, weil sie sich der Behandlung räumlich nicht entziehen wollen oder hierzu körperlich nicht in der Lage sind."

2. „Der Gesetzgeber ist verpflichtet, unverzüglich eine Regelung für diese Fallgruppe zu treffen."

3. „Bis zu einer solchen Regelung ist § 1906 Abs 3 Bürgerliches Gesetzbuch in der Fassung von Artikel 1 Nummer 3 des Gesetzes zur Regelung der betreu-ungsrechtlichen Einwilligung in eine ärztliche Zwangsmaßnahme vom 18. 2. 2013 (Bundesgesetzblatt I Seite 266) auch auf stationär behandelte Betreute an-zuwenden, die sich einer ärztlichen Zwangsbehandlung räumlich nicht entzie-hen können." (BVerfG FamRZ 2016, 1738 mAnm Uerpmann-Wittzack, 1746 = BtPrax 2016, 182 = Rpfleger 2016, 638).

Nachdem das BVerfG sich zunächst zur Zulässigkeit der Vorlage geäußert hatte, begründete es die These von der staatlichen Schutzpflicht und der daraus resultie-renden Notwendigkeit, in dem Fall eine medizinische Zwangsmaßnahme zuzulassen, obwohl die/der Betroffene nicht freiheitsentziehend untergebracht ist und werden konnte. Zur Vereinbarkeit mit dem Gleichheitssatz äußerte sich das Gericht dann nicht mehr. Die Schutzpflicht des Staates resultiere, so das BVerfG, aus der spezi-

Werner Bienwald

fischen Hilfebedürftigkeit der nicht einsichtigen Person. Stehe einer in Wahrnehmung dieser Schutzpflicht medizinisch gebotenen Behandlung der natürliche Wille einer nicht einsichtsfähigen Person entgegen, gerate die Maßnahme in Konflikt mit dem Selbstbestimmungsrecht und mit dem Recht auf körperliche Unversehrtheit. Dieser Konflikt sei möglichst schonend aufzulösen (Rn 72). Die materiellen Voraussetzungen einer durch die Schutzpflicht gebotenen Regelung müssen gewährleisten, dass eine Zwangsbehandlung bei offensichtlicher Eindeutigkeit des Abwägungsergebnisses der genannten Parameter erfolgen darf (Rn 83).

Das BVerfG forderte den Gesetzgeber auf, unverzüglich eine Regelung für diese Fallgruppe zu treffen, und bestimmte, bis zu einer solchen Regelung § 1906 Abs 3 idF von Artikel 1 Nr 3 des Gesetzes zur Neuregelung der betreuungsrechtlichen Einwilligung in eine ärztliche Zwangsmaßnahme vom 18. 2. 2013 (BGBl I 266) auch auf stationär behandelte Personen anzuwenden, die sich einer ärztlichen Zwangsmaßnahme räumlich nicht entziehen können. Mit dem 25. 1. 2017 liegt der Entwurf eines Gesetzes zur Änderung der materiellen Zulässigkeitsvoraussetzungen von ärztlichen Zwangsmaßnahmen und zur Stärkung des Selbstbestimmungsrechts von Betreuten vor. Das Gesetz wurde in BGBl 2017 I 2426 veröffentlicht. Zur wechselvollen Geschichte der Zwangsbehandlung und zur geplanten Neuregelung s GÖTZ FamRZ 2017, 413, auch Vorbem 111 zu §§ 1896 ff.

V.   Zum Genehmigungsvorbehalt (Abs 2) im Einzelnen

73   Beide Unterbringungsformen des Abs 1 bedürfen zu ihrer Zulässigkeit der Genehmigung des Betreuungsgerichts. Fehlt die Genehmigung oder verweigert das Gericht ihre Erteilung, war/ist die Unterbringung rechtswidrig. Grundsätzlich ist die Genehmigung vorher einzuholen und die Unterbringung nach Abs 1 Nr 1 oder Nr 2 erst nach der Erteilung der Genehmigung durchzuführen. Ohne die Genehmigung ist die Unterbringung nur zulässig, wenn mit dem Aufschub Gefahr verbunden ist. Die Genehmigung ist dann unverzüglich (§ 121 Abs 1 BGB) nachzuholen. Diese Regelung lässt auf ihren Ausnahmecharakter schließen. Dass sich daraus eine Regel entwickeln würde, wie befürchtet (vgl STAUDINGER/BIENWALD [2006]), wurde nicht beobachtet.

74   Die nachträglich notwendige Genehmigung erlaubt eine nachträgliche Bewertung der Sachlage. Genehmigt das Gericht die Unterbringung nicht nachträglich, entweder weil der Betreute keinen entsprechenden „Antrag" (dieses Verfahren verlangt keinen förmlichen Antrag als Entscheidungsvoraussetzung, BayObLG FamRZ 1994, 1416, 1417 = BtPrax 1994, 98) gestellt oder das Gericht die Genehmigung verweigert hat, war die Unterbringung rechtswidrig. Als Folge davon kann eine Schadensersatzpflicht nach § 823 Abs 1 und Abs 2 iVm § 239 StGB (Schutzgesetz) bestehen sowie ein Strafverfahren aufgrund von § 239 StGB angestrengt werden. Betreuungsrechtlich liegt objektiv eine Pflichtwidrigkeit des Betreuers vor, gegen die das Betreuungsgericht einzuschreiten hätte (§ 1837 iVm § 1908i Abs 1 S 1 BGB).

75   Die Genehmigung der Unterbringung wegen notwendiger Heilbehandlung hat **Art, Inhalt und Dauer** der Heilbehandlung genau festzulegen, weil der Zweck der Unterbringung entfällt, wenn die Heilbehandlung beendet oder undurchführbar geworden ist. Auch muss der Betreuungsrichter anhand entsprechender Informationen

prüfen können, ob die Heilbehandlung vertretbar und verhältnismäßig ist (OLG Düsseldorf FamRZ 1995, 118).

Von der Unterbringungsmöglichkeit des Abs 2 S 2 kann ein Betreuer allein kaum **76** Gebrauch machen, weil entweder die Behörde, wenn sie um Unterstützung gebeten wird (§ 326 FamFG), oder die Einrichtung, in der der Betreute freiheitsentziehend untergebracht werden soll, ein (fach-)ärztliches (Kurz-)Gutachten über die Notwendigkeit der Unterbringung und die Dringlichkeit ihrer Durchführung verlangen. Diese Anforderung kann sich für den Betreuer als für ihn praktisch nicht durchführbar erweisen, wenn und weil (zB) ein niedergelassener Arzt von dem Betreuer dazu nicht verpflichtet werden kann und der Amtsarzt (wie in der Praxis bereits erlebt) sich gehalten sieht, den niedergelassenen Ärzten den Vorrang einzuräumen. Hinzu kommt, dass der Amtsarzt vom Betreuer nicht zur Erstattung eines entsprechenden (Kurz-)Gutachtens verpflichtet werden kann, sondern allenfalls im Rahmen seiner amtlichen Verpflichtung tätig zu werden hat.

Die Vorschrift ist dennoch als Rechtfertigung genehmigungsloser Unterbringung **77** unentbehrlich und praktisch immer dann von Bedeutung, wenn ein Arzt die Unterbringung für erforderlich hält und der Betreuer als dafür zuständig die Unterbringungsentscheidung trifft, die Zeit für die Einholung der betreuungsgerichtlichen Genehmigung aber nicht mehr zur Verfügung steht bzw gestanden hätte.

Maßstäbe für die Erteilung oder Ablehnung der Genehmigung durch das Gericht enthält das Gesetz nicht ausdrücklich. Der Sache nach hat das Gericht zu prüfen, ob die Voraussetzungen für die Unterbringungsentscheidung des Betreuers gegeben waren oder noch sind und ob die Entscheidung des Betreuers dem Wohl des Betreuten entspricht.

Zu Vollziehung einer Unterbringungsentscheidung nach PsychKG in einem nicht öffentlichen Krankenhaus und zur Frage der Verfassungsmäßigkeit des § 13 Abs 3 PsychKGSH LG Lübeck FamRZ 2016, 327, 328.

VI. Die Beendigung der Unterbringung

1. Beendigung durch den Betreuer/den Bevollmächtigten

Der Betreuer und ebenso der Bevollmächtigte hat die Unterbringung zu beenden, **78** wenn ihre Voraussetzungen wegfallen. Beendet er die Unterbringung, hat er dies dem Betreuungsgericht anzuzeigen. Der Betreuer ist Entscheidungsträger der Unterbringung. Deshalb ist es nur folgerichtig, dass er auch über die Beendigung der Unterbringung entscheidet. Diese Entscheidung muss nicht vom Betreuungsgericht genehmigt werden. Dafür wurde vom Gesetzgeber keine Notwendigkeit gesehen. Es reicht aus, dass der Betreuer die Beendigung der Unterbringung dem Gericht anzeigt, damit die Fortdauer des Unterbringungsverfahrens trotz bereits beendeter Unterbringung vermieden wird (BT-Drucks 11/4528, 148). Eine bestimmte Form der Beendigungsanzeige hat das BtG nicht vorgesehen. Die telefonische Benachrichtigung reicht der Form nach aus; es empfiehlt sich aber dann die schriftliche Bestätigung, um die Tatsache der Mitteilung aktenkundig gemacht zu haben. Entsprechendes gilt für den Bevollmächtigten (Abs 5 S 2).

79 Der Betreuer hat die Unterbringung auch in den Fällen zu beenden, die nicht auf seine eigene Entscheidung, sondern die des Gerichts nach § 1846 iVm § 1908i Abs 1 S 1 BGB zurückgehen. Das Gericht hat hier „lediglich" in Ermangelung eines Betreuers entschieden (s § 1906a Abs 1 S 2 BGB), aber in der Sache eine Angelegenheit wahrgenommen, die, wenn sie in den Aufgabenkreis des Betreuers gehört, von diesem hätte entschieden werden können und entschieden werden müssen.

80 Die Beendigungsbefugnis des Betreuers aus § 1906a Abs 3 BGB oder des Bevollmächtigten erstreckt sich auf die Unterbringung nach Abs 1 Nr 1 und Nr 2. Mit der Beendigung der nach Nr 2 vorgenommenen Unterbringung endet dann auch die Möglichkeit der medizinischen Maßnahme während der Unterbringung.

81 Die Verpflichtung des Betreuers oder des Bevollmächtigten zur Beendigung der Unterbringung ist der Aufhebungszuständigkeit des Betreuungsgerichts gegenüber nicht subsidiär, wie dies nach der amtl Begr den Anschein haben könnte („auch", BT-Drucks 11/4528, 148). Macht der Betreuer oder der Bevollmächtigte von einer Unterbringungsgenehmigung über einen nicht unerheblichen Zeitraum hinweg keinen Gebrauch (mehr), verliert die Genehmigung ihre Gültigkeit. Ein gegen die Unterbringungsgenehmigung gerichtetes Beschwerdeverfahren hat sich dann in der Hauptsache erledigt (BayObLG FamRZ 2004, 1323 [LS]).

2. Beendigung durch das Gericht

82 Für das Gericht ergibt sich eine eigene Verpflichtung zur Aufhebung der Unterbringungsmaßnahme (nämlich seiner Unterbringungsentscheidung) aus § 330 FamFG. Das Betreuungsgericht kann (dh es darf und muss ggf) somit von sich aus – notfalls sogar gegen den Willen des Betreuers – für die Beendigung einer nicht mehr notwendigen Unterbringung Sorge tragen. Eine weiter andauernde Unterbringung wäre rechtswidrig. Das Betreuungsgericht kann auch im Rahmen seiner allgemeinen Aufsicht nach § 1837 BGB die Unterbringung unmittelbar beenden und muss sich nicht auf die Aufhebung seiner Genehmigung beschränken, wenn der Betreuer sich weigern würde, die Aufhebung zu veranlassen, sich seine Weigerung als Pflichtwidrigkeit herausstellen würde und das Gericht anstelle einer in gravierenden Fällen gebotenen Entlassung des Betreuers die eigene Entscheidung über die Entlassung des Betreuten als mildere und geeignete Maßnahme wählt.

83 Das Gericht hebt nicht nur seine Genehmigung der Unterbringungsentscheidung auf, wenn deren Voraussetzungen wegfallen. Es hebt auch seine Anordnung auf, die es nach dem entsprechenden Landesgesetz über die Unterbringung psychisch kranker Menschen getroffen hat. Vor einer solchen Aufhebung soll das Betreuungsgericht die zuständige Behörde anhören (§ 330 S 2 FamFG), damit diese sich auf die zu erwartende neue Sachlage einstellen kann. Die vorherige Anhörung der zuständigen Behörde entfällt, wenn dies zu einer nicht nur geringen Verzögerung führen würde. Die Entscheidung, durch die die Unterbringungsmaßnahme aufgehoben worden ist, hat das Gericht dann der zuständigen Behörde mitzuteilen (§ 325 Abs 2 S 2 FamFG).

3. Mitteilungen

84 Die in den §§ 338, 308 und 311 FamFG normierte Mitteilungspflicht des Betreuungs-

gerichts sowie die zunächst nicht ausdrücklich festgelegte, weil für selbstverständlich gehaltene, Nachberichtspflicht beziehen sich primär nur auf Entscheidungen des Gerichts. Beendet der Betreuer die Unterbringung, trifft das Betreuungsgericht eine Mitteilungspflicht in gleicher Weise wie bei eigener Entscheidung, wenn der Betreuer seiner Informationspflicht gegenüber dem Betreuungsgericht nachgekommen ist. Unmittelbare Informationen durch den Betreuer ersetzen die vom Gericht zu prüfenden und ggf zu leistenden Mitteilungen nicht. Die Aufhebung einer Unterbringungsmaßnahme nach § 330 S 1 FamFG (Genehmigung oder Anordnung der Unterbringungsmaßnahme) hat das Gericht dem Leiter der Einrichtung, in der der Betreute/Betroffene lebt, mitzuteilen (§ 338 S 2 FamFG).

4. Vollzug der Beendigung

Der Betreuer vollzieht die Beendigung der Unterbringung unmittelbar, indem er **85** den Betreuten aus der geschlossenen Einrichtung herausführt oder aus der entsprechenden Abteilung in eine offene verlegen lässt. Er kann auch die Einrichtung bitten, die Entlassung an seiner Stelle vorzunehmen. Zugleich damit wird das zwischen dem Betreuten und der Einrichtung bestehende Unterbringungsverhältnis (auf vertraglicher Grundlage beruhend) aufgelöst oder inhaltlich verändert. Das geschieht zulässig ohne Einhaltung einer Kündigungsfrist, weil der Gesetzgeber die jeweilige Entlassung des Untergebrachten bei Wegfall der Unterbringungsvoraussetzungen vorgesehen hat.

VII. Freiheitsentziehende Maßnahmen (Abs 4)

1. Allgemeines

Maßnahmen der in Abs 4 genannten Art unterliegen ebenso wie die Unterbringungsfälle des Abs 1 Nr 1 und Nr 2 der Entscheidungszuständigkeit des Betreuers **86** bzw des Bevollmächtigten (Abs 5 S 2), sofern der Aufgabenkreis diese Angelegenheiten erfasst und der Betreute/Betroffene nicht selbst darüber entscheidet und entscheiden kann (BayObLG FamRZ 1994, 1418 [LS] = MDR 1994, 922). Auf die Unterbringung **Minderjähriger** ist **Abs 4 nicht anzuwenden** (LG Essen FamRZ 1993, 1347, 1348 m krit Anm DODEGGE; AG Hamburg-Barmbek FamRZ 2009, 792 [LS]; WEBER 113). Der Aufgabenkreis des Betreuers kann diese Angelegenheit mit umfassen, er kann sie auch namentlich aufführen. Für die rechtliche Qualifikation kommt es nicht darauf an, von wem die „unterbringungsähnliche Maßnahme" ausgeht (so aber HOLZHAUER/REINICKE Rn 36 aE und 58, der die Auffassung vertritt, die Maßnahmen des Abs 4 seien kein Akt des Betreuers; wiederum soll sich aber die Genehmigung auf die Bewilligung der Maßnahme durch den Betreuer richten, Rn 58). Als Rechtseingriff bedürfen die Maßnahmen der Gestattung des Betreuten und, sofern dieser dazu außerstande ist, der Gestattung des für ihn und für diese Angelegenheit zuständigen Betreuers oder seines Bevollmächtigten. Mit Ausnahme der Situationen, die unter den Begriff der Geschäftsführung ohne Auftrag untergeordnet werden können, ist deshalb der zuständige nach den §§ 1896 ff BGB bestellte Betreuer zu beteiligen. Die betreuungsgerichtliche Genehmigung erstreckt sich weder auf ein Handeln der Einrichtung, in der sich der Betreute/Betroffene befindet, noch auf ein Handeln von deren Personal, sondern auf das des Betreuers/Bevollmächtigten bzw auf die von ihm getroffene oder beabsichtigte Entscheidung.

87 Auf eine nicht vom Willen des Betreuers/Bevollmächtigten getragene Anregung der Betreuungsstelle darf die Genehmigung einer Unterbringungsmaßnahme nicht erteilt werden (BayObLG FamRZ 2003, 327 [LS] = BtPrax 2003, 37). Ohne konkreten Anhalt für eine Gefährdung ist ein Heim nicht verpflichtet, beim Betreuungsgericht die Fixierung eines geistig verwirrten und gehbehinderten Heimbewohners in seinem Rollstuhl zu beantragen (OLG Koblenz FamRZ 2002, 1359 mAnm Bienwald = R & P 2003, 30 mAnm Marschner – hier fälschlich als OLG Karlsruhe bezeichnet).

88 Grundsätzlich entscheidet über die ihn beeinträchtigende, seine Bewegungsfreiheit einschränkende Maßnahme der Betreute selbst, sofern er dazu (noch) in der Lage ist. Ist er einwilligungsunfähig, bedarf es statt seiner der Einwilligung der dafür zuständigen Person oder Institution. War der Betreute einverstanden, konnte er aber die Tragweite der (genehmigten) Maßnahme nicht erkennen, hindert dies nicht eine gerichtliche Genehmigung, ihn unter gewissen Voraussetzungen zeitweise am Bett anzubinden (BayObLG FamRZ 1994, 1418 [LS] = MDR 1994, 922). Kann nach dem Ergebnis der Ermittlungen (§ 26 FamFG) nicht ausgeschlossen werden, dass der Betreute noch zu einer von einem natürlichen Willen getragenen Fortbewegung in der Lage ist, muss im Zweifel davon ausgegangen werden, dass mechanische Sicherungsmaßnahmen (hier: Bettgitter und Bauchgurt im Rollstuhl) freiheitsentziehende Wirkungen haben und dass das Einverständnis des Betreuers mit solchen Maßnahmen einer Genehmigung des Betreuungsgerichts bedarf (OLG Hamm FamRZ 1993, 1490 = R & P 1993, 207 = BtPrax 1993, 172; BGH FamRZ 2012, 1372 mAnm Sonnenfeld). Kann sich der Betreute aufgrund körperlicher Gebrechen ohnehin nicht mehr fortbewegen oder ist er aufgrund geistigen Gebrechens zur Bildung eines natürlichen Willens im Hinblick auf eine Fortbewegung nicht (mehr) in der Lage, können Maßnahmen, die der Sicherung des Betreuten vor Verletzungen dienen, begrifflich nicht zu einer Freiheitsentziehung führen (OLG Hamm FamRZ 1994, 1270 = BtPrax 1994, 32).

89 Entsprechend der am früheren Recht geübten Kritik (BT-Drucks 11/4528, 50) sollte die Rechtsstellung des Betreuten auch dadurch gestärkt werden, dass Maßnahmen des Betreuers, die eine Unterbringung in einer geschlossenen Einrichtung oder in einem abgeschlossenen Teil einer Einrichtung gleichkommen, unter betreuungsgerichtliche Kontrolle und Genehmigungspflicht gestellt werden. Als solche Maßnahmen kommen die anschließend aufgeführten in Betracht (s auch BT-Drucks 11/4528, 82 und 148; vEicken ua 44; Holzhauer/Reinicke Rn 39 ff). Nach AG Stuttgart-Bad Cannstatt (BtPrax 1996, 35 = BtE 1994/95, 133 [LS] m redakt Anm und Anm Schreieder 127) sind freiheitsbeschränkende Maßnahmen iSv § 1906 Abs 4 nur individuelle – also personenbezogene – Einzelmaßnahmen. Solche, die alle Bewohner eines Heimes gleichermaßen treffen, fallen nicht unter diese Vorschrift (LG Ulm FamRZ 2010, 1764, 1765). Neben der Verhinderung von Eigengefährdung können diese Maßnahmen auch einem Drittinteresse dienen; sie dürfen nur nicht den alleinigen Schutz Dritter zum Ziel haben (OLG Karlsruhe FamRZ 2009, 640).

90 Überschreitet der Betreuer seine Befugnisse, indem er eine freiheitsentziehende Maßnahme nach Abs 4 ohne gerichtliche Genehmigung anordnet, verliert er für diese, je nach Sachlage möglicherweise sogar für seine gesamte Tätigkeit, den Anspruch auf Vergütung (BayObLGZ 1994, 4 = FamRZ 1994, 779 = R & P 1994, 132 = BtPrax 1994, 108 [LS], in Fortführung von BayObLGZ 1991, 272 = FamRZ 1992, 106). Diese und ähnliche Sanktionen (aufgrund der Aufsichtstätigkeit des Betreuungsgerichts) kommen gegenüber dem Bevollmächtigten nicht in Betracht, weil dieser nicht der Fürsorge und Aufsicht des Betreuungsgerichts (§§ 1837 ff iVm § 1908i Abs 1 S 1 BGB) untersteht. Hier wäre die Bestellung eines sog Kontrollbetreuers nach § 1896 Abs 3 BGB zu prüfen, der etwaige Ansprüche des Betroffenen und Vollmachtgebers gegen seinen Bevollmächtigten aus dem der Bevollmächtigung zugrunde liegenden Rechtsverhältnis geltend zu machen hätte.

2. In Betracht kommende Maßnahmen

Unter **Medikamenten**, die der Freiheitsentziehung dienen (dazu OLG Hamm FGPrax **91** 1997, 142 = BtPrax 1997, 162 = NJWE-FER 1997, 178; zur Frage der Genehmigungspflicht einer Neuroleptikabehandlung bei freiwilligem Aufenthalt einerseits AG Bremen R & P 1997, 84, andererseits OLG Bremen R & P 1997, 87 m jeweils **abl** Anm MARSCHNER 88), sind solche Arzneimittel zu verstehen, die allein oder im Zusammenwirken mit anderen Stoffen dazu führen, dass der Betreute die Einrichtung oder Räumlichkeiten in ihr nicht verlassen kann. Zu den **mechanischen Vorrichtungen** gehören das Festbinden im oder am Bett oder an dem Stuhl durch Leibgurte, das Anbringen eines Bettgitters einseitig oder beidseitig, um den Betreuten am Verlassen des Bettes zu hindern (LG Essen Pflege-Recht 2001, 83), das Anbringen eines „Therapie"tisches am Stuhl oder am Rollstuhl (OLG Frankfurt FamRZ 1994, 992; LG Frankfurt aM FamRZ 1993, 601; auch in der eigenen Wohnung AG Tempelhof-Kreuzberg BtPrax 1998, 194 = PflegeRecht 2000, 110 durch fremde Personen, MünchKomm/SCHWAB Rn 44; ERMAN/ROTH Rn 35). Das Anbringen und Verwenden komplizierter Schließmechanismen, um dadurch den Betreuten am Verlassen des Gebäudes oder Raumes zu hindern, das zeitweilige Einschließen des Betreuten in seinem Zimmer bei Aggressionsausbrüchen (OLG Karlsruhe FamRZ 2009, 640), das (insbesondere während der Nachtzeit) **Verschließen der Tür**, ohne dass der Betreute einen Schlüssel erhält oder ein Portier oder das Pflegepersonal das jederzeitige Verlassen der Einrichtung ermöglichen, übermannsgroßer Zaun mit Pförtnerbewachung (AG Stuttgart-Bad Cannstatt BtPrax 1996, 35 = BtE 1994/95, 133 LS m redakt Anm und Anm SCHREIEDER 127), Das Verstellen der Zimmertür mit dem Bett der Bewohnerin oder mit einem anderen sperrigen Gegenstand zur Verhinderung des Weglaufens. Keine freiheitsentziehende Unterbringung bei zur Nachtzeit verschlossener Tür und der Möglichkeit, Pflegepersonal zum Öffnen herbeizurufen (BGH FamRZ 2015, 567). Anbringen eines Bauchgurtes (OLG Hamm FamRZ 1993, 1490 = BtPrax 1993, 172 = OLGZ 1994, 188). Ein am Handgelenk einer nicht mehr orientierten Heimbewohnerin zur Vermeidung des Weglaufens angebrachter Funkclip ist gerichtlich zu genehmigen (LG Ulm FamRZ 2009, 544). Personenortungsanlage mittels GPS-Überwachung als milderes Mittel gegenüber sensorgesteuerter Weglaufsperre, die bei entsprechender Dauer als Maßnahme nach Abs 1 zu werten wäre (LG Fulda FamRZ 2017, 64 [LS]).

Als **andere Verfahren** („auf andere Weise") kommen in Betracht zB das Festhalten **92** des Betreuten durch den Pförtner oder anderes Personal, das Sichindenwegstellen, das Wegnehmen von Kleidungsstücken, die benötigt werden, ohne die der Betreute das Gebäude nicht verlassen will oder kann, die Wegnahme oder das Vorenthalten von Fortbewegungshilfen, die Ausstattung mit Sendeanlagen (Personenortungsanlagen; AG Bielefeld BtPrax 1996, 232 = RdLH 1997, 35; AG Stuttgart-Bad Cannstatt FamRZ 1997, 704 = NJWE-FER 1997, 274; OLG Brandenburg FamRZ 2006, 1481; **aA** AG Coesfeld FamRZ 2008, 304; AG Meißen FamRZ 2007, 1911 = BtPrax 2007, 187 mwNw), um den Aufenthalt des Betreuten festzustellen und ihn dann am Weglaufen zu hindern (AG Hannover BtPrax

1992, 113; aA HOLZHAUER/REINICKE Rn 40 a). Nach BayObLG (MDR 1994, 922) ist Anbinden am Bett gegenüber medikamentöser Behandlung die weniger schwerwiegende Beeinträchtigung. Zum Schutz des Patienten muss ein Bettgitter erst bei Vorliegen besonderer Gründe angebracht werden; ein Sturz während eines früheren Krankenhausaufenthalts genügt dazu noch nicht (OLG Stuttgart MedR 2002, 153). Je nach den Umständen des Einzelfalles kann eine Maßnahme zur Vermeidung von Sturzgefahren (Bettgitter, Bettgurt) unverhältnismäßig sein, wenn zB ein sog Bettnest (Matratzen auf dem Fußboden) geeignet und zumutbar ist (OLG München FamRZ 2006, 441). Ein durchgehendes Bettgitter ist zum Schutz gegen Hinausfallen aus dem Bett nicht genehmigungsfähig, wenn der Schutz der betroffenen Person auch durch ein zweiteiliges Bettgitter, das in der Mitte einen Freiraum zum Verlassen des Bettes lässt, erreicht werden kann (AG Neuruppin BtPrax 2004, 80). In Betracht kommt der Einsatz von farblichen Kennzeichnungen am Boden oder an der Wand, die den Bewohner am Weitergehen hindern.

93 **Auf andere Weise** kann die betroffene Person am Gebrauch ihrer Freiheit dadurch gehindert sein, dass optische oder verbale Täuschungen eingesetzt werden (Näheres und Beispiele bei JACOBS, Freiheitsentziehende Maßnahmen nach § 1906 Abs 4 BGB durch optische oder verbale Täuschungen, BtPrax 2012, 99).

94 Befindet sich der Betreute nicht in einer geschlossenen Einrichtung, unterliegen die Maßnahmen betreuungsgerichtlicher Genehmigung, wenn dadurch dem Betreuten entweder über einen längeren Zeitraum oder regelmäßig die Freiheit entzogen werden soll (Abs 4). Die Absätze 1–3 gelten hierfür entsprechend. Abs 4 ist jedoch auch dann anzuwenden, wenn sich der Betreute in einer **geschlossenen Einrichtung** aufgrund entsprechender Unterbringungsentscheidung seines Betreuers oder des Gerichts gem § 1846 befindet und Maßnahmen der in Abs 4 beschriebenen Art als gesonderte dem Freiheitsentzug dienende Maßnahmen ergriffen werden (Nachweise bei MARSCHNER/VOLCKART/LESTING/MARSCHNER C 43 S 232; anderer Ansicht LG Freiburg FamRZ 2010, 1846; LG Baden-Baden FamRZ 2010, 1471: keine gerichtliche Genehmigung bei bereits untergebrachten Personen).

95 Freiheitsentziehende Maßnahmen, hier: strengste Fixation, zur Vermeidung von Unfällen während einer Suchtbehandlung, sind ohne eindeutige Anzeichen einer Selbstgefährdung bzw Suizidalität unzulässig und unvertretbar (OLG München MedR 1998, 366). Fixierung zum Zwecke der Disziplinierung eines geistig Behinderten mit einer Koffeinpsychose ist eine ungerechtfertigte Freiheitsentziehung; sie kann zur Schadensersatzpflicht führen (LG Freiburg i Br MedR 1995, 411 m redakt Anm; die Entscheidung wurde vom OLG Karlsruhe und vom BGH [hier durch Nichtannahme] bestätigt).

96 Abs 4 erstreckt die Genehmigungspflicht nur auf solche Maßnahmen, die einen Bewohner betreffen, der sich **in einem Krankenhaus, einem Heim oder einer sonstigen Einrichtung aufhält**. Von der Genehmigungspflicht sind diejenigen Freiheitsentziehungen nicht betroffen, die durch **Angehörige**, Freunde, Nachbarn, Lebensgefährten, Pflegedienste außerhalb solcher Einrichtungen, die nicht Anstalts-, Heim- oder Einrichtungscharakter haben, vorgenommen werden (ähnl DODEGGE MDR 1992, 437; RINK, in: WIENAND/REIS 37; zur Entstehungsgeschichte HOLZHAUER/REINICKE § 1906 Rn 52–54). Die Wohnung des Betreuten, der ausschließlich von seinen Familienangehörigen betreut wird, ist keine „sonstige Einrichtung" (BayObLG FamRZ 2003, 325 [LS] = BtPrax

2003, 37; **aA** AG Garmisch-Partenkirchen BtPrax 1999, 207). Wird der Betroffene in seiner eigenen Wohnung ausschließlich durch fremde ambulante Pflegekräfte versorgt, so bedarf das zeitweise Absperren der Wohnungstür der betreuungsgerichtlichen Genehmigung; die eigene Wohnung des Betroffenen kann eine „sonstige Einrichtung" iSd Abs 4 sein (LG München I FamRZ 2000, 1123 = NJW 1999, 3642 = BtPrax 1999, 242). Diese freiheitsentziehenden Handlungen bzw Maßnahmen (idR ist es das Abschließen der Wohnungstür während der Abwesenheit pflegender Angehöriger oder nach Beendigung der Dienstleistung wie Putzen, Zuführen von Essen auf Rädern oä) sind deswegen jedoch nicht ohne Weiteres erlaubt und zulässig (DODEGGE MDR 1992, 437). Obwohl in fürsorglicher Absicht begangen, erfüllen sie vielfach zumindest objektiv den Tatbestand einer Freiheitsberaubung (§ 239 StGB).

Zur Genehmigungsbedürftigkeit und Genehmigungsfähigkeit des zeitweisen Ein- **97** schließens einer Betreuten in der eigenen Wohnung analog Abs 4 AG Tempelhof-Kreuzberg (BtPrax 1998, 194) sowie bereits früher LG Hamburg (FamRZ 1994, 1619 = BtPrax 1995, 31 = BtE 1994/95, 136 m redakt Anm).

Ist der Betroffene außerstande, sein Einverständnis mit der Maßnahme zu erklären, **98** oder willigt er nicht ein, kann eine zur Verhinderung des Weglaufens oder des Eintritts eines erheblichen Schadens für den Betroffenen begangene Freiheitsberaubung iSv § 34 StGB gerechtfertigt sein. Ein Betreuer kann in eine freiheitsentziehende Maßnahme (Bettgitter) gegenüber einer Person, die sich in einem Privathaushalt aufhält, strafbefreiend nur einwilligen, solange die betroffene Person „natürlich einsichts- und urteilsunfähig" ist (Gutachten d Deutschen Vereins NDV 1993, 478). Voraussetzung in einem solchen Fall ist, dass die Einwilligung durch seinen Aufgabenkreis gedeckt ist.

3. Entsprechende Anwendung der Abs 1–3

Die entspr Anwendung der Abs 1–3 erstreckt sich auf die Zulässigkeitsvorausset- **99** zungen (Abs 1), die Genehmigungspflichtigkeit (Abs 2) sowie die Befugnis und gleichzeitige Verpflichtung des Betreuers zur Beendigung der Maßnahme (Abs 3; HOLZHAUER/REINICKE Rn 59). Dagegen ist die Zielsetzung der Maßnahmen, die in Abs 4 genannt sind, bereits in dieser Vorschrift enthalten ebenso wie das Instrumentarium, das zur Erreichung des Zieles eingesetzt werden kann. Auf eine Abgrenzung der freiheitsentziehenden Maßnahme des Abs 4 zu einer nach Abs 1 vorgenommenen freiheitsentziehenden Unterbringung (so MünchKomm/SCHWAB Rn 37) kommt es nach diesseitiger Auffassung dann nicht an, wenn einem nach Abs 1 untergebrachten Betreuten durch eine selbständige Maßnahme nach Abs 4 für einen längeren Zeitraum oder regelmäßig die Freiheit entzogen werden soll. Auch in diesem Falle bedarf es einer (weiteren) gerichtlichen Genehmigung (BayObLGZ 1993, 208 = FamRZ 1994, 721 = MDR 1993, 649 = R & P 1993, 147 = BtPrax 1993, 139).

Gerechtfertigt ist eine freiheitsentziehende Maßnahme des Abs 4 (nur) dann, wenn **100** ohne diese Maßnahme die Gefahr bestand, dass der psychisch Kranke oder der geistig oder seelisch Behinderte infolgedessen sich selbst tötet oder erheblichen gesundheitlichen Schaden zufügt (Abs 1 Nr 1; OLG Frankfurt FamRZ 1994, 992 = BtPrax 1993, 138 = R & P 1993, 206). Sie ist ferner dann gerechtfertigt, wenn eine Untersuchung des Gesundheitszustands, eine Heilbehandlung oder ein ärztlicher Eingriff notwendig war/ist, ohne die Maßnahme des Abs 4 aber nicht durchgeführt werden konnte/ kann und der Betreute aufgrund einer psychischen Krankheit oder einer geistigen oder seelischen Behinderung die Notwendigkeit der Maßnahme nicht erkennen oder nach dieser Einsicht handeln konnte/kann. Auch eine freiheitsentziehende Maßnahme ist im alleinigen Dritt- oder Allgemeininteresse nicht zulässig (Holzhauer/Reinicke Rn 39; LG Hildesheim BtPrax 1994, 106; aA Damrau/Zimmermann Rn 23; vgl auch Pardey FamRZ 1995, 713).

101 Genehmigungspflichtig sind nur solche Maßnahmen, durch die dem Betreuten die Freiheit entzogen werden soll, die darauf abzielen, den Betreuten an der selbstbestimmten Fortbewegung zu hindern (MünchKomm/Schwab Rn 75, 78; OLG Hamm FGPrax 1997, 64). Medikamente, die zu Heilzwecken verabreicht werden, die aber als Nebenwirkung den Bewegungsdrang des Betreuten einschränken, fallen nicht unter die Genehmigungspflicht des Abs 2 (BT-Drucks 11/4528, 149; eingehend Münch Komm/Schwab Rn 78; dort auch z Forderung der Dokumentation über die Medikamentenvergabe). Maßgebend für die Abgrenzung ist die **Zweckbestimmung**. Dient das Medikament der Behandlung der Krankheit des Betreuten, soll es seine Behinderung lindern, soll es einen krankheits- oder behinderungsbedingt schlechten Zustand des Betreuten bessern, indem auf die Ursachen eingewirkt wird, entfällt das Erfordernis der gerichtlichen Genehmigung. Dient die Medikamentengabe dagegen lediglich der Behandlung von Symptomen und der Verhinderung eines bestimmten unerwünschten Verhaltens iSd Abs 4, bedarf diese Verabreichung, wenn sie über einen längeren Zeitraum andauern oder regelmäßig stattfinden soll, der betreuungsgerichtlichen Genehmigung. Fiskalische Erwägungen sind grundsätzlich nicht geeignet, eine freiheitsentziehende Maßnahme zu rechtfertigen (LG München I BtPrax 1995, 110, 111 mwNw).

4. Weitere Voraussetzungen der Genehmigungsbedürftigkeit

102 Die Genehmigungspflicht betrifft nur solche Freiheitsentziehungen des Abs 4, die **regelmäßig oder über einen längeren Zeitraum** erfolgen sollen (oder erfolgt sind, s Abs 2 S 2). Die amtl Begr versteht unter einem „regelmäßigen" ein Hindern des Betreuten an der Fortbewegung, wenn es entweder stets zur selben Zeit erfolgt (Absperren der Tür jeweils zur Nachtzeit) oder aus wiederkehrendem Anlass geschieht (wiederkehrendes Einsperren eines Betreuten jedes Mal, wenn er die Nachtruhe stört; BT-Drucks 11/4528, 149). Über die beabsichtigte Wiederholung hinaus können auch ungeplante Wiederholungen die Genehmigungspflicht auslösen, wenn die Wiederkehr des Anlasses absehbar ist (MünchKomm/Schwab Rn 80 m Hinweis auf These 4 der AG 4 des 2. VGT). Die Genehmigungspflicht setzt dann ein, sobald eine **Prognose** ergibt, dass die Maßnahme regelmäßig wiederholt werden soll/muss.

103 Ein „ununterbrochenes" Hindern setzt nicht voraus, dass die Maßnahme auf lange Dauer angelegt ist. Im Gegensatz zum regelmäßigen Hindern ist aber erforderlich, dass es nicht nur während bestimmter Zeiten oder aus bestimmten Anlässen erfolgt (BT-Drucks 11/4528, 149). Die amtl Begr hielt es zwar für möglich, letzten Endes als Lösung aber zu unflexibel, eine Begrenzung auf den dem Beginn der Maßnahme folgenden Tag festzulegen, wie dies bei freiheitsentziehenden Maßnahmen ohne richterliche Entscheidung teilweise vorgesehen ist (so bei der vorläufigen Festnahme, § 128 StPO). Nach MünchKomm/Schwab Rn 81 (in Anlehnung an These 4 der

AG 4 des 2. VGT) könnte man sich äußerstenfalls an Art 104 Abs 2 S 3 GG orientieren. HOLZHAUER/REINICKE sehen (unter Ablehnung des in BT-Drucks 11/4528, 149 gebrauchten Beispiels für ein gelegentliches Überschreiten der 24-Stunden-Regelung) keinen Grund, den maßgebenden Zeitraum anders als nach § 128 StPO zu bestimmen. ERMAN/ROTH (Rn 33) will danach differenzieren, ob eine Maßnahme von vornherein länger als 24 Stunden dauern wird (dann ist sie genehmigungspflichtig); bei (zunächst) kürzer geplanter Zeit soll spätestens am Ende des auf die Unterbringung folgenden Tages eine Genehmigung einzuholen sein. DAMRAU/ZIMMERMANN Rn 75 wollen nach der Schwere des Eingriffs abstellen, ohne einen zeitlichen Maßstab anzugeben. Ohne Maßstab auch PALANDT/DIEDERICHSEN Rn 16. Aus anderen als formal am Begriff der Freiheitsentziehung orientierten Überlegungen für einen kürzeren Zeitraum BIENWALD, BtR Rn 74. Ein Beispiel für regelmäßige Fixierung unter Geltung des bisherigen Rechts bringt LG Berlin R & P 1990, 178.

5. Zum Verhältnis von Abs 1 und Abs 4

Dazu und zu den Gesichtspunkten, die für die Entscheidung des Betreuers maßgebend sein können, den Aufenthalt für seinen Betreuten in einem Heim, in dem – nur – freiheitsentziehende Maßnahmen erforderlich sind, dem Aufenthalt in einer geschlossenen gerontopsychiatrischen Klinik vorzuziehen, s LG Köln FamRZ 1993, 110 = NJW 1993, 206 = BtPrax 1992, 112.   **104**

VIII. Zum Rechtsverhältnis zwischen dem Betreuten und der Einrichtung, in der er untergebracht ist oder sich aufgrund einer Maßnahme nach Abs 4 aufhält

1. Heimvertrag als Rechtsgrundlage

Maßnahmen nach Abs 4 betreffen in erster Linie Betreute, die sich in einer Anstalt, einem Heim oder einer sonstigen Einrichtung aufhalten, ohne freiheitsentziehend untergebracht zu sein. Grundlage dafür ist nach dem Gesetz zur Regelung von Verträgen über Wohnraum mit Pflege- oder Betreuungsleistungen (Wohn- und Betreuungsvertragsgesetz – WBVG) ein Vertrag zwischen dem Träger/Betreiber der Einrichtung (Unternehmer) und einem volljährigen Verbraucher, in dem sich der Unternehmer zur Überlassung von Wohnraum und zur Erbringung von Pflege- und/ oder Betreuungsleistungen verpflichtet, die der Bewältigung eines durch Alter, Pflegebedürftigkeit oder Behinderung bedingten Hilfebedarfs dienen (§ 1 Abs 1 S 1 WBVG). Der Vertrag ist schriftlich abzuschließen (§ 6 Abs 1 S 1 WBVG). Inhaltliche Mindestvoraussetzungen bestimmt § 6 Abs 2 WBVG Die Leistungspflichten von Unternehmer und Verbraucher regelt § 7 WBVG. War der Verbraucher (der Betroffene oder Betreute) bei Abschluss des Vertrags geschäftsunfähig, so hängt die Wirksamkeit des Vertrags von der Genehmigung des Bevollmächtigten oder des Betreuers ab (§ 4 Abs 2 WBVG). Deren Genehmigung setzt voraus, dass der Abschluss des Vertrags bzw dessen Genehmigung zu ihren Aufgaben gehört. Weitere Einzelheiten zum Rechtsverhältnis von Unternehmer und Verbraucher in diesem Gesetz betreffen Schlechtleistung, Kündigung, Anpassung der Unternehmerleistungen an Veränderungen von Pflege- und Betreuungsbedarf des Betroffenen/Betreu-   **105** ten. Aufgrund der Föderalismusreform wurden die Länder im Übrigen für den Bereich des Heimrechts zuständig.

106 Die Behandlung eines Patienten in der geschlossenen Abteilung eines psychiatrischen Landeskrankenhauses ist weiterhin auch dann öffentlich-rechtlicher Natur, wenn sie im Einverständnis des Patienten und seines Betreuers und nicht etwa aufgrund einer hoheitlichen Unterbringung erfolgt (BGH FamRZ 2008, 782 [LS]; Bestätigung der Senatsurteile in BGHZ 38, 49 und FamRZ 1984, 766 = NJW 1985, 677). Grundlage für Schadensersatzansprüche aus Behandlungsfehlern ist daher die Amtshaftung und nicht etwa eine privatrechtliche Haftung wegen positiver Vertragsverletzung (BGH FamRZ, 782).

2. Maßnahmen nach Abs 4 als geschuldete Leistung?

107 Die Maßnahmen des Abs 4 sind keine vertraglich geschuldeten Leistungen; sie gehören nicht zur Betreuungsleistung der Einrichtung, solange nicht der Betreute mit ihnen als vertraglicher Leistung einverstanden ist (Eingriffsgestattung). Indem der Gesetzgeber diese Maßnahmen unter Genehmigungsvorbehalt des Betreuungsgerichts gestellt hat, hat er sie der freien Entscheidung des Betreuers entzogen, sodass dieser sie allein durch seine Absicht nicht zum Gegenstand vertraglicher Vereinbarung machen kann. Es liegt nahe, eine die Maßnahmen nach Abs 4 gestattende Vereinbarung im Heimvertrag ohne gerichtliche Genehmigung als nach § 134 BGB nichtig anzusehen.

108 Werden diese Maßnahmen vom Betreuer mit Genehmigung des Gerichts gebilligt, nehmen sie die Gestalt **vertraglich geschuldeter Leistung** an. Es gelten dann die allgemeinen Grundsätze über Erfüllungsmängel sowie über die Haftung für eigenes und für fremdes Verschulden (§§ 276, 278 BGB), ähnlich den Verhältnissen, wie sie in der Beziehung Patient-Krankenhaus-Arzt-Pflegepersonal bestehen.

109 Für die fachgerechte und sachgemäße Durchführung einer vom Betreuer gebilligten und vom Betreuungsgericht genehmigten Maßnahme nach Abs 4 wird nach den Vorschriften über die unerlaubte Handlung (§§ 823 ff BGB) gehaftet. Außerdem dürfte es sich im Falle von Verletzungen oder gesundheitlichen Schädigungen des Betreuten durch unsachgemäße Durchführung usw regelmäßig um einen Fall von Schlechterfüllung handeln.

110 Genehmigt das Betreuungsgericht die bereits begonnene genehmigungsbedürftige Maßnahme nicht, handelt es sich zivilrechtlich um eine unerlaubte Handlung nach § 823 Abs 1 und Abs 2 BGB iVm § 239 StGB (Palandt/Thomas § 823 Rn 149 m Hinweis auf Warneyer 17, 118) mit allen sich daraus ergebenden Konsequenzen. Treffen der Betreuer und/oder die Einrichtung eine Maßnahme nach Abs 4, **ohne** die **Genehmigung** des Betreuungsgerichts einzuholen, verhält es sich rechtlich ebenso. Zu einer schadensverursachenden Fixierung durch Pflegepersonal s OLG Köln R & P 1993, 81. Eine Maßnahme, die weder vom einwilligungsfähigen Betreuten noch von dem (anstelle des einwilligungsunfähigen Betreuten handelnden) Betreuer gebilligt worden ist, erfüllt allein deshalb den Tatbestand der unerlaubten Handlung, es sei denn, dass das Betreuungsgericht anstelle des verhinderten Betreuers die Einwilligung erteilt (§ 1846 BGB). Zur Schadensersatzpflicht des psychiatrischen Krankenhauses, wenn sich der Betroffene während einer medizinisch nicht gebotenen Fixierung verletzt, OLG Karlsruhe R & P 1995, 185. Zu den Sorgfaltspflichten gegenüber **suizidgefährdeten Patienten** in einem psychiatrischen Krankenhaus BGH NJW 1994, 794. Zur Haftung für einen Fenstersprung und dessen Folgen eines wegen Alkoholabhängigkeit im Krankenhaus aufgenommenen Patienten OLG Koblenz MedR 1998, 421. Keine Berufspflichtverletzung eines Arztes im Zusammenhang mit dem Suizid eines Patienten, wenn sich nach einem Suizid des Patienten herausstellt, dass der Arzt im Rahmen einer psychiatrischen Behandlung die Suizidalität falsch eingeschätzt hat (OVG Münster, NJW 2016, 2522 LS).

3. Zur Haftung des Heimträgers/-betreibers

Kommt ein Heimbewohner zu Fall oder verletzt er sich in anderer Weise, kann das **111** Heim eine haftungsbegründende Unterlassung begangen haben. Das Heim treffen Obhuts- und Verkehrssicherungspflichten (BGHZ 163, 53 = FamRZ 2005, 1074 mAnm BIENWALD = NJW 2005, 1937). Sie sind auf die in Pflegeheimen üblichen Maßnahmen begrenzt, die mit einem vernünftigen und personellen Aufwand realisierbar sind (BGH FamRZ 2005, 1074). Als Maßnahmen zur Sturzprophylaxe hatte das OLG Dresden (FamRZ 2005, 1174 mAnm BIENWALD, 1176; Revisionsentscheidung des BGH in FamRZ 2005, 1561) eine erreichbare Klingel, Bemühungen um das Einverständnis mit einem Bettgitter, die Hinzuziehung von Vertrauenspersonen der Betroffenen zur Unterstützung bei der Überzeugungsarbeit, ggf den Einsatz erforderlicher Schutzmaßnahmen auch gegen den Willen der betroffenen Person gefordert. Sicherungsmaßnahmen nach Abs 4 können jedoch genehmigungspflichtig sein oder werden.

Auch bei einem Patienten, der nach Selbstverletzung in fraglicher suizidaler Absicht und möglicher psychotischer Störung in die geschlossene Abteilung eines psychiatrischen Krankenhauses eingewiesen wurde, ist bei einem Toilettengang nicht stets eine Begleitung oder Videoüberwachung erforderlich (OLG Oldenburg MedR 2012, 332).

Was sich dem medizinischen Dienst der im Schadensfall eintrittspflichtigen Kran- **112** kenkasse anlässlich eines Besuchs der Bewohnerin an Sicherungsmaßnahmen nicht aufdrängte, muss sich bei unverändertem Befund nicht auch der Leitung eines (Alten-)Heims aufdrängen (BGHZ 163, 53 = FamRZ 2005, 1074, 1075; OLG Koblenz FamRZ 2002, 1359 mAnm BIENWALD, 1361 = NJW-RR 2002, 867, 868). Hat sich das Pflegepersonal davon überzeugt, dass ein halbseitig gelähmter Heimbewohner noch dazu in der Lage ist, sich im Außengelände ohne fremde Hilfe aktiv im Rollstuhl fortzubewegen, besteht keine Veranlassung für ein Verbot, das Heim mit dem Rollstuhl unbegleitet zu verlassen; auch die Heimleitung war nicht gehalten, den Heimbewohner beim Verlassen des Gebäudes oder danach ständig zu beobachten (OLG Saarbrücken FamRZ 2008, 2197, 2199; BGHZ 163, 53 = FamRZ 2005, 1074 = NJW 2005, 1937: strukturgleiche Verkehrssicherungspflichten).

IX. Zur Befugnis des Bevollmächtigten

1. Zu Entstehung des Abs 5

Abs 5 wurde durch Art 1 Nr 15 BtÄndG angefügt. Mit dieser Ergänzung schloss sich **113** der Gesetzgeber der Auffassung an, durch eine persönliche (Altersvorsorge-)Vollmacht könne einem Bevollmächtigten auch die Befugnis übertragen werden, anstelle des (dazu nicht mehr fähigen) Betroffenen in freiheitsbeschränkende Maßnahmen einzuwilligen; eine Auffassung, die insbesondere vom OLG Stuttgart (BtPrax 1994, 99) vertreten worden war. Vorrang vor den gesetzlichen Regelungen über die freiheitsbeschränkenden Maßnahmen sollte eine Vollmacht allerdings nur dann haben, wenn hinreichend sichergestellt ist, dass sich der Betroffene bei der Erteilung der Vollmacht über deren Inhalt und Tragweite im Klaren gewesen ist. Dies sei nur dann der Fall, wenn die Vollmacht ausdrücklich, insbesondere in Anlehnung an den Gesetzeswortlaut des § 1906 Abs 4 BGB, den Entzug der Freiheit durch mechanische Einrichtungen, Medikamente oder auf andere Weise anspreche. Aus Gründen des Schutzes des Betroffenen wurde die Einwilligung des Bevollmächtigten unter den Vorbehalt gerichtlicher Genehmigung gestellt. Mit dieser Regelung sollten einerseits die Bedeutung der Vorsorgevollmacht und die Fähigkeit des Betroffenen gestärkt werden, in voller geistiger Klarheit über sein künftiges Wohl und Wehe zu entscheiden; andererseits sollte sichergestellt werden, dass Vorsorgevollmachten nicht voreilig erteilt und einschneidende Maßnahmen des Bevollmächtigten vom Betreuungsgericht kontrolliert werden (BT-Drucks 13/7158, 34) Der Regelung des Abs 5 entspricht dem jetzigen § 1904 Abs 5 BGB.

2. Anforderungen an die Bevollmächtigung

114 Soll die eigene Vorsorge des Betroffenen die staatliche Fürsorge in Form der Betreuerbestellung für die jeweilige Angelegenheit vermeiden (betreuungsersetzende Ermächtigung, PALANDT/DIEDERICHSEN Einf vor § 1896 Rn 8), muss sie ihrem Inhalt und der Form nach diesen Zweck erfüllen können, und zwar in dem Zeitpunkt, in dem der Bevollmächtigte tätig werden soll und will, sowie für die betreffende Angelegenheit. Die Formulierung der Bevollmächtigung darf keine Auslegung zulassen, die bei dem Vollmachtgeber auch nur den Eindruck erwecken könnte, der Bevollmächtigte sei zu einer milderen und nicht mit einer gegen seinen Willen veranlassten Freiheitsentziehung verbundenen Maßnahme befugt (LG Düsseldorf FamRZ 2000, 1315 = NJW-RR 2001, 723). Wegen der äußeren Anforderungen an die Vollmacht (§§ 1904 Abs 5 S 2, 1906 Abs 5 S 1 BGB) ist für bereits vor dem Inkrafttreten der Regelungen erteilte Vollmachten auf die Gesetzeslage zum Zeitpunkt der gerichtlichen Entscheidung über die Betreuungsanordnung abzustellen (OLG Zweibrücken FamRZ 2002, 113 = BtPrax 2002, 171) Die Erteilung einer Untervollmacht – generell für zulässig gehalten (STAUDINGER/SCHILKEN [2014] § 167 Rn 60 ff) – kommt hier nicht in Betracht. Das BtÄndG hat sie zwar nicht ausdrücklich ausgeschlossen. Die Zulassung der Vorsorgevollmacht, insbesondere in höchstpersönlichen Angelegenheiten, wurde jedoch – abgesehen von der durch § 1896 Abs 2 BGB vorgegebenen begrenzten Vorrangigkeit – mit der Erwartung verbunden, sie werde nicht voreilig erteilt und ihre Ausübung durch das Betreuungsgericht kontrolliert werden (BT-Drucks 13/7158, 34). Einer solchen Erwartung stünde die Erteilung von Untervollmachten im Wege (im Ergebnis wie hier LIMMER ZNotP 1998, 322 [325]).

115 Allgemeine Voraussetzung einer wirksamen Bevollmächtigung ist die **Geschäftsfähigkeit** des Vollmachtgebers im Zeitpunkt der Erteilung der Vollmacht und für den dem Bevollmächtigten zugewiesenen Bereich. Es kommt (nur) auf die Fähigkeit zur Selbstbestimmung in dem fraglichen Bereich (hier: Unterbringung und freiheitsentziehende Maßnahmen) an (MünchKomm/SCHWAB Rn 109). Maßgebend ist deshalb in erster Linie die Einwilligungsfähigkeit des Vollmachtgebers. Eine für die Besorgung zahlreicher verschiedener Angelegenheiten einschl der Unterbringung und freiheitsentziehender Maßnahmen erteilte Vollmacht lässt sich in dieser Beziehung jedoch regelmäßig nicht in einzelne Bestandteile, insbesondere nicht in die rechtsgeschäftlichen und in die nicht rechtsgeschäftlichen Angelegenheiten zerlegen.

Die Vollmacht darf außerdem im Bedarfsfall nicht wieder erloschen oder aufgeho- **116** ben sein (BayObLG FamRZ 1993, 1249 = BtPrax 1993, 180 [LS]). Da es sich in Angelegenheiten des § 1906 BGB nicht (allein) um rechtsgeschäftliche Willenserklärungen handelt und der Betroffene dem Bevollmächtigten nicht mehr Rechte einräumen kann als er selbst hat, kommt es außerdem darauf an, dass er im Zeitpunkt der auf die Angelegenheiten des § 1906 BGB bezogenen Bevollmächtigung entscheidungsfähig iSd **Einwilligungsfähigkeit** war. Während die Bevollmächtigung grundsätzlich formfrei gültig ist, verlangt Abs 5 zusätzlich zu den allgemeinen Wirksamkeitsvoraussetzungen der Bevollmächtigung, dass die Vollmacht, soweit sie sich auf Angelegenheiten dieser Vorschrift erstreckt, schriftlich erteilt ist und die in den Absätzen 1 und 4 genannten Maßnahmen ausdrücklich umfasst. Der Gesetzestext ist jedoch nicht so zu verstehen, dass nur die Nennung sowohl der in Abs 1 als auch der in Abs 4 bezeichneten Maßnahmen die Vollmacht wirksam sein lässt. Es kommt darauf an, dass diejenige Maßnahme, über die der Bevollmächtigte entscheiden können soll, ausdrücklich umfasst wird. Im Einzelfall können das die Maßnahmen des Abs 1 und die des Abs 4 sein; vorstellbar ist auch, dass die Vollmacht lediglich die Maßnahmen des Abs 4 (oder die des Abs 1) erfassen soll. Indem die Neuregelung des Abs 5 als Wirksamkeitsvoraussetzung der Bevollmächtigung verlangt, dass die in Abs 1 genannte(n) Maßnahme(n) ausdrücklich umfasst werden, schließt sie aus, dass ein Betroffener einen anderen ermächtigt, ihn auch im Falle einer Drittschädigung (oder -gefahr) unterzubringen. Mit einer Bevollmächtigung wird also **nicht eine öffentlich-rechtliche Unterbringung vermieden**! Auch ist im Fall zulässiger, die Maßnahme(n) des Abs 1 umfassender Bevollmächtigung das öffentlich-rechtliche Unterbringungsrecht (sofern überhaupt noch) **nicht nachrangig**, weil **der Bevollmächtigte nicht den Status eines gesetzlichen Vertreters** erlangt.

Wegen der jedenfalls im Bereich von Abs 4 nicht im Einzelnen voraussehbaren **117** Möglichkeiten, die eines Tages noch für die Zwecke des Freiheitsentzugs zur Verfügung stehen, muss es für die Wirksamkeit der darauf bezogenen Vollmacht genügen, wenn die Vollmacht insoweit dem Wortlaut des Gesetzestextes entspricht (PALANDT/GÖTZ § 1904 Rn 26: ausdrücklich, nicht notwendig wörtlich). Die Vorschrift erfasst auch gegenwärtig noch nicht bekannte und deshalb nicht bestimmbare Mittel („auf andere Weise") und stellt deshalb in erster Linie auf die Zielsetzung ihres Einsatzes ab.

Die durch Art 1 Nr 11 BtÄndG in § 1896 Abs 2 BGB eingefügte Einschränkung des **118** Vorrangs der Vorsorgevollmacht vor der Betreuerbestellung („der nicht zu den in § 1897 Abs 3 BGB bezeichneten Personen gehört") beeinträchtigt nicht ohne Weiteres die Wirksamkeit der Vollmacht. Denn erst im Zeitpunkt der vom Bevollmächtigten zu treffenden Entscheidung/Maßnahme steht fest, ob er dann zu dem betreffenden Personenkreis gehört. Außerdem wollte der Gesetzgeber die getroffene Regelung nicht als ein absolutes Verbot der Bevollmächtigung verstanden wissen.

Es sollte dem Gericht nach Prüfung des Einzelfalls überlassen bleiben, ob es trotz der vorhandenen Vorsorgevollmacht einen Betreuer bestellt (BT-Drucks 13/7158, 33). Zu einer solchen Prüfung kommt es im Fall des Abs 5 erst dann, wenn der Bevollmächtigte die Genehmigung des Betreuungsgerichts einholt oder das Gericht auf anderem Wege den Sachverhalt erfährt.

119 Bringt der Bevollmächtigte seinen Vollmachtgeber unter den Voraussetzungen des Abs 2 S 2 unter oder willigt er unter diesen Umständen in eine Maßnahme nach Abs 4 ein, erfährt das Gericht sogar erst nachher den Sachverhalt, der Anlass hätte geben können, trotz der wirksam erteilten Vollmacht einen Betreuer – jedenfalls mit dem für die Maßnahmen des § 1906 Abs 1 und 4 erforderlichen Aufgabenkreis – zu bestellen. Verweigert in einem solchen Falle das Betreuungsgericht die nachträgliche Genehmigung, ist die Maßnahme jedenfalls nicht deshalb rechtswidrig, weil der Bevollmächtigte als zu dem Personenkreis des § 1897 Abs 3 BGB gehörig die Entscheidung bzw Maßnahme getroffen hat. Allerdings kann auf diese Weise der mit § 1897 Abs 3 BGB beabsichtigte Schutz des Betroffenen/Betreuten infrage gestellt sein. Die von einem AG vorgelegte Frage, ob § 1906 Abs 5 mit Art 2 Abs 1 iVm Art 1 Abs 1 GG zu vereinbaren sei, hat das BVerfG als ungenügend begründet nicht zugelassen (FamRZ 2009, 945 = NJW 2009, 1803 = BtPrax 2009, 118).

3. Die genehmigungsbedürftigen Entscheidungen

120 Abs 5 setzt die Bestimmung voraus, dass die Unterbringung eines Vollmachtgebers und eine ihn betreffende Maßnahme durch seinen Bevollmächtigten rechtlich zugelassen sind. Die Vorschrift regelt allein noch, dass die in Abs 1 und Abs 4 genannten Maßnahmen gerichtlich zu genehmigen sind, sofern nicht der Ausnahmetatbestand des Abs 2 S 2 vorliegt, bevor die Maßnahme im Einverständnis mit dem Bevollmächtigten ergriffen wird (Abs 5 S 2 iVm Abs 2). Infolge der Verweisung des Abs 5 S 2 kommen die beiden in Abs 1 geregelten Unterbringungsarten sowie die Maßnahmen des Abs 4 ohne Einschränkung auch für den Bevollmächtigten in Betracht, wenn die Vollmacht entsprechend inhaltlich ausgestaltet ist.

121 Die beiden Entscheidungen des BGH v 20. 6. 2012 (FamRZ 2012, 1366 mAnm d Red sowie Anm BIENWALD und SONNENFELD), in denen festgestellt wird, gegenwärtig fehle es an einer den verfassungsrechtlichen Anforderungen genügenden gesetzlichen Grundlage für eine betreuungsrechtliche Zwangsbehandlung, können nicht ohne Auswirkungen auf Bevollmächtigungen sein, die den förmlichen Anforderungen des Abs 5 entsprechen, rechtlich aber mit der Befugnis des gerichtlich bestellten Betreuers nicht gleichzusetzen sind. Die Beschreibung der Tätigkeit des Betreuers gegenüber der betreuten Person in der Begründung des BGH als eine Maßnahme im Rahmen öffentlicher Fürsorge trifft nicht für das Verhältnis von Vollmachtgeber und Bevollmächtigtem zu. **AA** offensichtlich der BGH in FamRZ 2012, 1372 (m Anm SONNENFELD), wonach das Selbstbestimmungsrecht des Betroffenen nicht dadurch verletzt werde, dass die Einwilligung eines von ihm Bevollmächtigten in eine freiheitsentziehende Maßnahme der gerichtlichen Genehmigung bedarf. Ohne auf die aufgezeigte Differenz in der Dogmatik einzugehen, äußert sich der BGH zum Umfang der gerichtlichen Prüfung, die sich nicht nur auf die Rechtswirksamkeit der Vorsorgevollmacht (und der Entscheidungszuständigkeit des Bevollmächtigten) zu erstrecken habe, sondern die Prüfung umfasse, ob eine Gefährdungslage nach § 1906

Abs 1 BGB vorliegt, durch die die Vollmacht in Kraft gesetzt werde/wurde (FamRZ 2012, 1372, 1373).

Seitdem das 3. BtÄndG bestimmt hat, dass (auch) ein Bevollmächtigter eine auf die aktuelle (Behandlungs-)situation des Betroffenen zutreffende vorweggenommene Behandlungsentscheidung des Vollmachtgebers als dessen Willensäußerung nicht nur zu respektieren, sondern auch durchzusetzen hat, kann eine Bevollmächtigung, die sich auf die freiheitsentziehende Maßnahme erstreckt, nicht hinter der Regelung des 3. BtÄndG zurückbleiben mit der Folge, dass eine gerichtliche Kontrolle zu entfallen hat, wenn die (in der Vorsorgevollmacht enthaltene) Willensäußerung eindeutig zum Ausdruck gebracht wurde und eine unterschiedliche Auffassung zwischen dem behandelnden Arzt (in der Einrichtung) und dem Bevollmächtigten insoweit nicht besteht.

4. Praktische Konsequenzen; Probleme

Praktische Bedeutung erlangen und damit auch zur Entlastung des Betreuungswesens beitragen kann die Bevollmächtigung im Fall von § 1906 BGB in erster Linie im Bereich des Abs 4, dh dann, wenn der Vollmachtgeber sich in einer Anstalt, einem Heim oder einer sonstigen Einrichtung aufhält, in der Regel ohne dort untergebracht zu sein, und ihm dort durch eine oder mehrere der genannten Maßnahmen die Freiheit über einen längeren Zeitraum oder regelmäßig entzogen werden soll. Hier wird sich die Einrichtung an den Bevollmächtigten wenden, sofern die Bevollmächtigung bekannt ist, und seine Einwilligung zu der für erforderlich gehaltenen Maßnahme einholen. Angelegenheit des Bevollmächtigten ist es dann, erforderlichenfalls die Genehmigung des Betreuungsgerichts zu erholen, bevor er seine Einwilligung erteilt. Wäre mit dem Aufschub der Maßnahme infolge der Anrufung des Gerichts Gefahr verbunden, müsste und dürfte der Bevollmächtigte ohne Genehmigung des Gerichts einwilligen; die Genehmigung des Gerichts wäre nachträglich einzuholen. **122**

Schwieriger gestaltet sich eine Unterbringung nach Abs 1 und zwar in erster Linie aus tatsächlichen Gründen. Gelang es bisher Betreuern nur in seltenen Fällen, von der ihnen nach Abs 2 S 2 eingeräumten Unterbringungsbefugnis in Eilfällen erfolgreich Gebrauch zu machen, wird noch weniger einem Bevollmächtigten dieser Weg der Unterbringung praktisch zur Verfügung stehen. Kommt es dann – anstelle einer Betreuerbestellung, die wegen des Vorrangs der Bevollmächtigung zu unterlassen ist – zur Unterbringung nach landesrechtlichem Unterbringungsrecht, genießt hier die Bevollmächtigung keinen Vorrang, jedenfalls solange nicht, bis die Länder den Bevollmächtigten (mit seiner Unterbringungsbefugnis) einem Betreuer gleichgestellt haben. **123**

Auch während der Unterbringung nach öffentlichem Unterbringungsrecht kann der Bevollmächtigte ohne Änderung der landesrechtlichen Bestimmungen nicht die einem Betreuer entsprechende Rechtsstellung beanspruchen. Ist – zB – der Untergebrachte nicht fähig, Grund, Bedeutung oder Tragweite einer ärztlichen Untersuchung oder Behandlung einzusehen oder seinen Willen nach dieser Einsicht zu bestimmen, so ist die Einwilligung seines gesetzlichen Vertreters maßgeblich (§ 8 Abs 4 S 1 BW UnterbringungsG). Weder ist hier der Tatbestand gewillkürter Voll- **124** macht vorgesehen noch hat der gewillkürte Stellvertreter die Rechtsstellung eines gesetzlichen Vertreters.

5.   Zur Frage einer Rückwirkung des Abs 5

125   Abs 5 trat am 1. 1. 1999 in Kraft. Eine Übergangsregelung war nicht vorgesehen; angesichts der denkbaren Vielfalt bereits vorgenommener Bevollmächtigungen auch eine kaum zu lösende Aufgabe. Zu danach getroffenen Entscheidungen STAUDIN-GER/BIENWALD (2013) Rn 125.

B.   Unterbringungsverfahren

I.   Überblick

1.   Einheitliches Verfahren und Verfahren bei Tod des Betreuers oder des Bevollmächtigten

126   Für die zivilrechtliche Unterbringung nach den Bestimmungen des vierten Buches des BGB und für die Anordnung einer freiheitsentziehenden Unterbringung nach den Landesgesetzen über die Unterbringung psychisch Kranker hat das Betreuungsgesetz ein einheitliches Verfahrensrecht geschaffen, das am 1. 1. 1992, in dem sog Beitrittsgebiet (DDR ohne Ostberlin; zu Berlin s BIENWALD, in: SCHWAB [Hrsg] Familienrecht und deutsche Einigung 147, 148) bereits am 3. 10. 1990 in Kraft getreten ist. Das durch das FGG-RG mit Wirkung v 1. 9. 2009 geregelte Verfahrensrecht in Unterbringungssachen der §§ 312 ff FamFG wird ergänzt durch erhalten gebliebene oder neu aufgenommene Verfahrensbestimmungen in einzelnen Landesrechten. Die Zulässigkeit dieser Verfahrensweise ergibt sich aus Art 74 GG. Eine grundlegende Neuausrichtung des Verfahrens in Unterbringungssachen wurde damit nicht verbunden. Änderungen in dem Verfahren (ebenso wie in den Betreuungssachen) resultieren im Wesentlichen aus der Anpassung an die Vorschriften des Allgemeinen Teils des FamFG (BT-Drucks 16/6308, 170). Die Ausgestaltung des gerichtlichen Verfahrens zur Zwangsbehandlung bei einer strafrechtlichen Unterbringung durch den Landesgesetzgeber ist mit der verfassungsrechtlichen Kompetenzordnung vereinbar (OLG Karlsruhe FamRZ 2016, 1400 LS = BtPrax 2016, 160 [LS]).

127   Der **Tod des Betreuers** führt nicht zur Beendigung der Betreuung (vgl § 1908c BGB; AG Stuttgart-Bad Cannstadt BtPrax 1996, 35 = BtE 1994/95, 126 mAnm SCHREIEDER). Beabsichtigte der Betreuer die Unterbringung des Betreuten oder hatte er vor, in eine Maßnahme nach Abs 4 einzuwilligen, und hatte er die Genehmigung des Betreuungsgerichts beantragt, **entfällt die Genehmigung**, wenn der Betreuer nach der Antragstellung stirbt, weil die zu genehmigende Entscheidung von ihm nicht mehr getroffen werden kann. Hat das Gericht die Genehmigung erteilt und stirbt der Betreuer, ehe er die vom Gericht genehmigte Entscheidung trifft (wobei es auf den Zugang und nicht die Abgabe der Erklärung ankommt), **verfällt die Genehmigung**. Da jeder Betreuer selbständig entscheidet und eine etwaige Absicht des Vorgängers den Nachfolger nicht bindet (auch nicht im Fall eines vom bisherigen Betreuer gemäß § 1901 Abs 4 S 2 und 3 BGB aufgestellten Betreuungsplans), bedarf es ggf einer neuen Genehmigung des Betreuungsgerichts. Hält das Gericht die vom Betreuer beabsichtigt gewesene Maßnahme nach Abs 1 oder 4 für erforderlich, hat es nach dem Tod des Betreuers die Möglichkeit, gemäß § 1846 BGB selbst zu entscheiden. Entsprechendes gilt bei einer Bevollmächtigung, sofern nicht der Vollmachtgeber für den Fall des Todes des Bevollmächtigten eine Ersatzregelung getroffen hat.

Hat der Betreuer oder der Bevollmächtigte die Unterbringung bereits bewirkt oder **128** in die Maßnahme nach Abs 4 eingewilligt und stirbt er dann, ehe das Gericht seine Entscheidung genehmigt hat, kann das Betreuungsgericht nachträglich genehmigen oder missbilligen, und zwar gleichgültig, ob der Betreuer oder der Bevollmächtigte (noch) einen Antrag auf Genehmigung gestellt hat. Auf einen solchen „Antrag" iS einer Entscheidungsvoraussetzung kommt es nicht an (s Schreieder BtE 1994/95, 126). Das Gericht hat in diesem Fall alsbald einen neuen Betreuer zu bestellen, der über die Beendigung oder Fortsetzung der Maßnahme entscheidet. Ggf hat das Gericht gemäß § 1846 BGB eine eigene Entscheidung zu treffen.

2. Zum Geltungsbereich der §§ 312 ff FamFG

Von den Verfahrensregelungen der §§ 312 ff FamFG werden folgende zivilrechtliche **129** Unterbringungsmaßnahmen erfasst:

– die Genehmigung einer freiheitsentziehenden Unterbringung nach § 1906 Absatz 1 und 2 auch in Verbindung mit Absatz 5 BGB;

– die Genehmigung einer freiheitsentziehenden Maßnahme nach § 1906 Abs 4, die von dem Betreuer oder der bevollmächtigten Person veranlasst ist.

Unterbringungssachen sind außerdem die freiheitsentziehende Unterbringung und eine ärztliche Zwangsmaßnahme eines Volljährigen nach den Landesgesetzen über die Unterbringung psychisch Kranker.

– eine ärztliche Zwangsmaßnahme auch einschließlich einer Verbringung zu einem stationären Aufenthalt, nach § 1906a Abs 1, 2 und 4 BGB auch in Verbindung mit Abs 5 BGB.

Bei der Genehmigung einer Einwilligung in eine ärztliche Zwangsmaßnahme ist die Bestellung eines Verfahrenspflegers stets erforderlich (§ 317 Abs 1 S 3 FamFG).

Die Unterbringung Minderjähriger durch die Unterbringungsberechtigten oder aufgrund öffentlich – rechtlicher Bestimmungen ist in § 151 Nr 6 und 7 sowie in § 167 FamFG geregelt. Das Verfahren für Maßregeln nach § 1846 BGB richtet sich nach den für einstweilige Anordnungen geltenden Vorschriften der §§ 331, 332 und 333 FamFG (§ 334 FamFG).

II. Gegenstand der Unterbringungsmaßnahmen

Unterbringungssache im Sinne des Verfahrensrechts sowohl nach § 1906 Abs 1 bis **130** 3a BGB als auch nach Abs 4 ist die Entscheidung des Betreuungsgerichts, durch die es eine entsprechende Absicht oder bereits ins Werk gesetzte Entscheidung (§ 1906

Abs 2 S 2 BGB) des Betreuers billigt. Die sachliche Entscheidung, der das Gericht seine Zustimmung gibt oder verweigert, trifft der Betreuer. Ihm steht es deshalb im Rahmen seines pflichtgemäßen Ermessens frei, von einer zunächst beabsichtigten und gerichtlich genehmigten Unterbringungsmaßnahme nach Abs 1 oder Abs 4 Abstand zu nehmen, bevor sie verwirklicht worden ist, sofern veränderte Umstände einen solchen Meinungswechsel rechtfertigen. Gegebenenfalls zwingen veränderte Umstände sogar, von einer solchen Maßnahme Abstand zu nehmen. Entsprechendes gilt für den Bevollmächtigten (Abs 5).

131 Ohne einen entsprechenden „Antrag" des Betreuers auf Genehmigung der beabsichtigten oder bereits vorgenommenen Unterbringung oder freiheitsentziehenden Maßnahme nach Abs 1 oder Abs 4 wird das Gericht von sich aus nur in Fällen des § 1846 BGB tätig und auch nur dann, wenn es auf die Notwendigkeit oder die vermeintliche Notwendigkeit einer Entscheidung hingewiesen wird. Die Genehmigungsentscheidung selbst setzt einen Antrag des Betreuers materiell-rechtlich nicht voraus (**aA** LG Hildesheim BtPrax 1993, 210; wie hier BayObLG FamRZ 1994, 1416 = BtPrax 1994, 98).

132 Wird die **Genehmigung nur für einen bestimmten Zeitraum** beantragt, ist das Gericht (so BayObLG FamRZ 1994, 1416, 1417 = BtPrax 1994, 98, 99), hieran nicht gebunden und kann auch einen längeren Zeitraum bis zur gesetzlichen Höchstdauer genehmigen (bedenklich insofern, als nur eine entsprechende vom Betreuer/Bevollmächtigten beabsichtigte Entscheidung genehmigungsbedürftig und genehmigungsfähig ist und durch eine „Global"-Genehmigung der Betreuer/Bevollmächtigte unter Entscheidungsdruck gerät).

III. Sachliche, örtliche, internationale und funktionale Zuständigkeit des Betreuungsgerichts

133 Ebenso wie die Betreuungssachen sind die Unterbringungssachen der §§ 312 ff FamFG den bei den Amtsgerichten gebildeten Betreuungsgerichten zugewiesen (§ 23c GVG). Für die örtliche Zuständigkeit bestimmt § 313 FamFG eine Reihenfolge, die aber nur für die Unterbringungssachen der Nr 1 bis 3 gilt. Für die Unterbringungssachen der Nr 4 besteht eine ausschließliche Zuständigkeit. Maßgebend ist das Bedürfnis für die Maßnahme (§ 313 Abs 3 S 1 FamFG). Befindet sich die betroffene Person bereits in einer Einrichtung zur freiheitsentziehenden Unterbringung, ist das Gericht ausschließlich zuständig, in dessen Bezirk die Einrichtung liegt. Für die Unterbringungssachen nach § 312 Nr 1 bis 3 FamFG ist in erster Linie das Gericht örtlich zuständig, bei dem ein Verfahren zur Bestellung eines Betreuers eingeleitet oder das Betreuungsverfahren anhängig war (§ 313 Abs 1 Nr 1 FamFG).

134 Funktional zuständig ist nach Art 104 Abs 2 GG der Richter. Der durch Art 23 Nr 5 FGG-RG eingefügte § 15 RPflG (Betreuungssachen und betreuungsgerichtliche Zuweisungssachen) enthält keinen Richtervorbehalt für Maßnahmen nach § 1906, weil Unterbringungssachen von der Aufgabenübertragung in § 3 Nr 2 Buchst b nicht mehr umfasst sind (BT-Drucks 16/6308, 322).

135 Zu Verfahren mit Auslandsbezug bestimmt § 104 FamFG (Betreuungs- und Unterbringungssachen, Pflegschaft für Erwachsene), dass deutsche Gerichte zuständig sind, wenn der Betroffene oder der volljährige Pflegling Deutscher ist oder seinen gewöhnlichen Aufenthalt im Inland hat. Die deutschen Gerichte sind ferner zuständig, soweit der Betroffene oder der volljährige Pflegling der Fürsorge durch ein deutsches Gericht bedarf (§ 104 Abs 2 iVm § 99 Abs 2, 3 FamFG). Eine besondere Regelung gilt wiederum für Unterbringungen nach § 312 Nr 4 FamFG (§ 104 Abs 3 FamFG).

IV. Verfahrensbeteiligte

Das Gericht hat den Betroffenen/Betreuten, dessen Bevollmächtigten oder Betreu- **136** er zu beteiligen (§ 315 Abs 1 FamFG). Der Verfahrenspfleger wird durch seine Bestellung als Beteiligter zum Verfahren hinzugezogen (§ 315 Abs 2 FamFG). Ihn hat das Betreuungsgericht zu bestellen, wenn dies zur Wahrnehmung der Interessen des Betroffenen erforderlich ist (Näheres im Anschluss hieran). Die zuständige Behörde ist auf ihren Antrag als Beteiligte hinzuzuziehen (§ 315 Abs 3 FamFG). Andere Personen, insbesondere nahe Angehörige, aber auch der Leiter der (Unterbringungs-)Einrichtung, in der der Betroffene lebt, und eine von dem Betroffenen benannte Vertrauensperson können im Interesse des Betroffenen auf ihren Antrag beteiligt werden.

Der Betroffene/Betreute ist ohne Rücksicht auf seine Geschäftsfähigkeit **verfahrens-** **137** **fähig** (§ 316 FamFG).

V. Zur Bestellung eines Verfahrenspflegers

1. Allgemeines

Soweit dies zur Wahrnehmung der Interessen des Betroffenen/Betreuten erforder- **138** lich ist, bestellt das Gericht ihm einen Pfleger für das Verfahren (§ 317 Abs 1 S 1 FamFG). Mit Rücksicht auf die Ausnahmesituation, in der sich der Betroffene im Falle einer freiheitsentziehenden Unterbringung (oder freiheitsentziehenden Maßnahme) befindet, wird in der Regel ein Verfahrenspfleger zu bestellen sein (BGH FamRZ 2011, 805, 806 mAnm SCHMIDT-RECLA, 807; FamRZ 2016, 2092, 2093 = NJW 2016, 3596 = MDR 2017, 15). Auf jeden Fall ist die Bestellung eines Verfahrenspflegers geboten, wenn die geistigen Fähigkeiten des Betroffenen derart gemindert sind, dass er seine Interessen nicht mehr ausreichend wahrnehmen kann (ZIMMERMANN FamRZ 1990, 1308, 1309 mwNw). Zumindest dann, wenn das Betreuungsgericht bereits vor der Anhörung des Betroffenen erkennen kann, dass die Bestellung eines Verfahrenspflegers erforderlich sein werde, hat es diesen bereits vor der abschließenden Anhörung des Betroffenen zu bestellen. Das Betreuungsgericht muss außerdem durch die rechtzeitige Bestellung des Verfahrenspflegers und dessen Benachrichtigung von dem Anhörungstermin sicherstellen, dass dieser an der Anhörung teilnehmen kann. Dem Verfahrenspfleger steht auch ein eigenes Anhörungsrecht gem §§ 315 Abs 2, 320 FamFG zu (BGH FamRZ 2016, 2092, 2093 = NJW 2016, 3596 = MDR 2017, 95). Besteht die Sorge, dass hinter dem Anliegen eines angehörigen Betreuers, den Betreuten freiheitsentziehend unterzubringen, wirtschaftliche Überlegungen stehen, ist die Schutzbedürftigkeit des Betreuten bezüglich der Verfahrenspflegerbestellung aufmerksam zu prüfen. Bestehen Zweifel, ob die Bestellung eines Verfahrenspflegers zur Wahrnehmung der Interessen des Betroffenen erforderlich ist, hätte das Gericht zwar dem **Wortlaut** der Vorschrift nach einen Pfleger nicht zu bestellen, der **Zielsetzung** des BtG nach aber doch.

139 Gesetzlich vorgesehen ist die Bestellung eines Verfahrenspflegers, wenn das Gericht von der persönlichen Anhörung des Betroffenen absehen will (§ 317 Abs 1 S 2 FamFG; BGH FamRZ 2017, 923). Die Bestellung eines Verfahrenspflegers ist regelmäßig auch dann erforderlich, wenn von der Bekanntgabe der Entscheidungsgründe an den Betroffenen gemäß §§ 319 Abs 3, 34 Abs 2 FamFG abgesehen werden soll. Das Gesetz sieht das nicht ausdrücklich vor; es muss aber sichergestellt werden, dass die Einlegung eines Rechtsmittels auf der Grundlage der Entscheidungsgründe ordnungsgemäß geprüft werden kann (s auch BT-Drucks 11/4528, 183). Durch das Gesetz zur Regelung der betreuungsrechtlichen Einwilligung in eine ärztliche Zwangsmaßnahme wurde in § 312 S 3 FamFG (jetzt § 317 Abs 1 S 3 FamFG) vorgesehen, dass bei der Genehmigung einer Einwilligung in eine ärztliche Zwangsmaßnahme die Bestellung eines Verfahrenspflegers stets erforderlich ist. Weder das Gesetz noch die Rechtsstellung des Verfahrenspflegers erfordern die Bestellung eines weiteren Verfahrenspflegers. Im Unterbringungsverfahren ist deshalb regelmäßig ein Verfahrenspfleger, ggf neben einem Verfahrensbevollmächtigten, zu bestellen. Bestellt das Gericht einen weiteren Verfahrenspfleger, hat es den zunächst bestellten Verfahrenspfleger zu entlassen (OLG München FamRZ 2006, 578 [LS]).

140 Ist in einem Unterbringungsverfahren die Bestellung eines Verfahrenspflegers erforderlich, hat das Gericht die Bestellung so rechtzeitig (frühzeitig) vorzunehmen, dass der Verfahrenspfleger noch Einfluss auf die Entscheidung nehmen kann (BGH FamRZ 2011, 805 mAnm SCHMIDT-RECLA, 807).

141 Sieht das Gericht bereits vorher von der vollständigen Bekanntgabe des schriftlichen Gutachtens an die betroffene Person ab, weil zu besorgen ist, dass die Bekanntgabe die Gesundheit des Betroffenen schädigen oder zumindest ernsthaft gefährden werde, muss es einen Verfahrenspfleger bestellen, dem das Gutachten mit der Erwartung übergeben wird, dass er über das Gutachten mit dem Betroffenen spricht (BGH BtPrax 2010, 278; FamRZ 2010, 1650 mAnm FRÖSCHLE; FamRZ 2011, 1299). Die eben zitierten Entscheidungen betreffen zwar das Verfahren, das die Bestellung eines Betreuers zum Gegenstand hat, das Schutzbedürfnis und der Anspruch des Betroffenen auf Gewährung rechtlichen Gehörs erfordern auch in einem Verfahren zur Genehmigung einer Unterbringung durch den Betreuer eine entsprechende Praxis.

142 Bestellt das Gericht dem Betroffenen keinen Pfleger für das Verfahren, so ist dies in der Entscheidung, durch die eine Unterbringungsmaßnahme genehmigt oder angeordnet wird, zu begründen (§ 317 Abs 2 FamFG). Kommt das Gericht zu dem gegenteiligen Ergebnis, braucht es die Nichtbestellung des Verfahrenspflegers nicht zu begründen. Bestellt das Gericht mit Rücksicht auf die Vertretung des Betroffenen/Betreuten, der durch einen geeigneten Verfahrensbevollmächtigten vertreten wird, keinen Verfahrenspfleger, wird auch für diesen Fall die Begründung der Nichtbestellung gefordert (MünchKomm/SCHWAB Rn 99). Dem kann nicht gefolgt werden. Es würde bei Vorhandensein eines geeigneten Verfahrensbevollmächtigten jeweils eine ausdrückliche Entscheidung des Gerichts erfordern, die dem Inhalt nach sich auf die Wiedergabe des Gesetzeswortlauts beschränken würde.

2. Verfahrenspfleger und Verfahrensbevollmächtigter

Die Bestellung eines Verfahrenspflegers kann und soll unterbleiben oder aufgeho- **143** ben werden, wenn der Betroffene/Betreute von einem Rechtsanwalt oder von einem anderen geeigneten Verfahrensbevollmächtigten vertreten wird (§ 317 Abs 4 FamFG), der die Interessen der betroffenen Person wahrnimmt.

Wird der Betroffene/Betreute von einem Rechtsanwalt oder von einem anderen **144** geeigneten Verfahrensbevollmächtigten vertreten, soll die bereits erfolgte Bestellung eines Verfahrenspflegers aufgehoben werden (§ 317 Abs 4 FamFG). Neben einem Anwalt als Verfahrensbevollmächtigtem kann noch ein Verfahrenspfleger zu bestellen sein (ZIMMERMANN FamRZ 1990, 1308, 1310). Nimmt zB der Bevollmächtigte die Interessen des Betroffenen nicht oder nicht ausreichend wahr, ist dem Betroffenen ein Verfahrenspfleger zu bestellen (LG Bremen FamRZ 2005, 222). Die Bestellung eines Verfahrenspflegers oder deren Aufhebung sowie die Ablehnung einer derartigen Entscheidung sind nicht selbständig anfechtbar (§ 317 Abs 6 FamFG).

Durch die Bestellung eines Verfahrenspflegers wird die Rechtsposition des Betreu- **145** ten/Betroffenen nicht eingeschränkt. Der Verfahrenspfleger verdrängt durch seine Rechtsstellung nicht den Betreuten/Betroffenen, der seine Rechte wahrzunehmen berechtigt ist. Das Gericht hat den in einer Unterbringungsgenehmigungssache bestellten Verfahrenspfleger an allen Verfahrenshandlungen zu beteiligen, insbesondere zur persönlichen Anhörung des Betroffenen zu laden. Einen Verlegungsantrag des Verfahrenspflegers darf der Tatrichter nur aus triftigen Gründen ablehnen (BayObLGZ 2001, 219; BayObLG FamRZ 2002, 629 sowie Rpfleger 2000, 24).

Die Bestellung des Verfahrenspflegers endet, wenn sie nicht vorher aufgehoben **146** wird, mit Rechtskraft der das Verfahren abschließenden Entscheidung oder mit dem sonstigen Abschluss des Verfahrens (§ 317 Abs 5 FamFG), zB bei Entlassung des Betroffenen aus der Unterbringung, bei seinem Tod oder der Rücknahme des Antrags auf Genehmigung der Unterbringungsmaßnahme. Für die Beschwerdeinstanz braucht deshalb ein Verfahrenspfleger nicht erneut bestellt zu werden.

Mit dem geltenden Recht der Verfahrenspflegschaft und der dem Verfahrenspfleger zugedachten Rechtsstellung **unvereinbar** ist eine sich immer mehr ausbreitende Praxis von Betreuungsgerichten, in Verfahren betreffend die Genehmigung sogen Fixierungen (Abs 4) eine Pflegefachkraft zum Verfahrenspfleger zu bestellen, diese mit entsprechenden Ermittlungsaufträgen zu versehen und sich gewissermaßen die gerichtlich zu treffende Entscheidung vorbereiten zu lassen. Um die Zahl von Fixierungen in Heimen und sonstigen Einrichtungen zu verringern, wird ein derartiger Verstoß gegen geltendes Recht nicht benötigt.

VI. Anhörung des Betroffenen/Betreuten und sonstiger Beteiligter

Vor einer Unterbringungsmaßnahme hat das Gericht den Betroffenen/Betreuten **147** persönlich anzuhören und sich einen persönlichen Eindruck von ihm zu verschaffen (§ 319 Abs 1 S 1 FamFG). Es hat den Betroffenen/Betreuten über den möglichen Verlauf des Verfahrens zu unterrichten. Das Gericht muss durch die rechtzeitige Bestellung eines Verfahrenspflegers und dessen Benachrichtigung von dem Anhörungstermin sicherstellen, dass der Verfahrenspfleger an der Anhörung teilnehmen kann (BGH FamRZ 2017, 923 im Anschluss an BGH FamRZ 2012, 619 u FamRZ 2011, 805 mAnm SCHMIDT-RECLA). Dem Verfahrenspfleger steht ein eigenes Anhörungsrecht zu (BGH FamRZ 2016, 2092, 2093 Rn 10). Diese Verpflichtung besteht grundsätzlich auch für das Beschwerdeverfahren (§ 68 Abs 3 S 1 FamFG). Eine Anhörung, die stattgefunden hat, ohne dass der Verfahrenspfleger Gelegenheit hatte, an ihr teilzunehmen, ist verfahrensfehlerhaft (BGH FamRZ 2016, 2092, 2093 = NJW 2016, 3596 = MDR 2017, 95 = BtPrax 2017, 38). Eine nachträgliche Anhörung mit Rückwirkung kann dem Verfahren den Makel einer rechtswidrigen Freiheitsentziehung nicht nehmen (BGH FamRZ 2016, 2092, 2093 Rn 15).

Die persönliche Anhörung kann unterbleiben, wenn

a) nach dem ärztlichen Gutachten hiervon erhebliche Nachteile für die Gesundheit des Betroffenen zu besorgen sind oder

b) der Betroffene nach dem unmittelbaren Eindruck des Gerichts offensichtlich nicht in der Lage ist, seinen Willen kundzutun (§ 34 Abs 2 FamFG).

148 Ein Verzicht auf die persönliche Anhörung des Betroffenen kommt nur in Betracht, wenn ihm schwerwiegende, insbesondere irreversible oder lebensgefährliche gesundheitliche Schäden drohen (OLG Karlsruhe FamRZ 1999, 670); vorübergehende Beeinträchtigungen oder Nachteile, denen mit Medikamenten entgegengewirkt werden kann, reichen für einen Anhörungsverzicht nicht aus (OLG Karlsruhe aaO). Im Hinblick auf die Schwere des freiheitsentziehenden Eingriffs ist die persönliche Anhörung des Betroffenen im Beschwerdeverfahren in der Regel zu wiederholen (BayObLG FamRZ 2003, 1499; FamRZ 2003, 1854 [LS]); von ihr kann nur in besonderen Fällen abgesehen werden (BayObLG FamRZ 2001, 1646 = NJWE-FER 2001, 324). Im Falle ergänzender Ermittlungen kann das Beschwerdegericht von einer erneuten persönlichen Anhörung des Betroffenen nicht nach § 68 Abs 3 S 2 FamFG Abstand nehmen (BGH FamRZ 2016, 2095, 2096 Rn 16, 18 = MDR 2017, 155 [ergänzendes Gutachten]; BGH FamRZ 2016, 2089, 2090 Rn 5 [telefonische Auskunft des behandelnden Arztes]). Eine neue Tatsachengrundlage erfordert eine erneute persönliche Anhörung (BGH FamRZ 2016, 2089, 2090 = MDR 2016, 1455 = BtPrax 2017, 42 [8 LS]).

149 Hat das Gericht erster Instanz bei der Anhörung der/des Betroffenen in einem Unterbringungsverfahren zwingende Verfahrensvorschriften verletzt (hier: verspätete Bestellung eines Verfahrenspflegers), kann das Beschwerdegericht nicht von einer erneuten Anhörung der/des Betroffenen absehen (BGH FamRZ 2011, 805, 806). Andernfalls könnte das Beschwerdegericht von der Durchführung einzelner Verfahrenshandlungen absehen, wenn diese bereits im ersten Rechtszug vorgenommen wurden und von einer erneuten Vornahme keine zusätzlichen Erkenntnisse zu erwarten sind (§ 68 Abs 3 S 2 FamFG). Macht das Beschwerdegericht von dieser Möglichkeit Gebrauch, muss es in seiner Entscheidung die Gründe hierfür in nachprüfbarer Weise darlegen (BGH FamRZ 2011, 805, 806 mwNw). Die Möglichkeit, die gebotene persönliche Anhörung des Betroffenen im Wege der Rechtshilfe vorzunehmen, schließt § 319 Abs 4 FamFG nicht völlig aus, ist jedoch auf eng begrenzte Ausnahmefälle beschränkt (BGH BtPrax 2016, 114 = MDR 2016, 606). Die Gründe dafür müssen in der Entscheidung in nachprüfbarer Weise dargelegt werden (BGH BtPrax

2006, 114 = MDR 2016, 606). Hat das Gericht des ersten Rechtszugs die Anhörung im Wege der Rechtshilfe vorgenommen, ohne hierfür ausreichende Gründe darzulegen, kann das Beschwerdegericht nicht gem § 68 Abs 3 S 2 FamFG von einer erneuten Anhörung absehen (BGH FamRZ 2016, 1354 = NJW 2016, 2743 = R & P 2016, 195).

Die Anwesenheit des Betreuers ist bei der Anhörung des Betroffenen nicht geboten, **150** sofern der Betroffene sie nicht ausdrücklich verlangt (BayObLG FamRZ 2003, 963). Für die Anhörung in Unterbringungssachen ist die Anhörung einer Vertrauensperson nicht, auch nicht durch Verweisung auf deren Regelung in Betreuungssachen (§ 279 Abs 3 FamFG) vorgesehen. Die Zulässigkeit der Anwesenheit Dritter bei nicht öffentlichen Verhandlungen regelt § 170 GVG, der in Abs 1 S 3 bestimmt, „in Betreuungs- und Unterbringungssachen ist auf Verlangen des Betroffenen einer Person seines Vertrauens die Anwesenheit zu gestatten". Im Übrigen kann das Gericht die Öffentlichkeit zulassen, jedoch nicht gegen den Willen eines Beteiligten (§ 170 Abs 1 S 2 GVG). Wurde die Vertrauensperson vom Betroffenen zwecks Beteiligung am Verfahren benannt (§ 315 Abs 4 Nr 2 FamFG), ist sie zu hören.

Die persönliche Anhörung, nicht dagegen die Verschaffung des unmittelbaren Ein- **151** drucks, kann auch dann unterbleiben, wenn die Unterbringungsmaßnahme nicht angeordnet werden wird, weil zB der Antrag bereits nach dem bisherigen Ermittlungsergebnis unbegründet ist (ZIMMERMANN FamRZ 1990, 1308, 1311). Das Verschaffen des persönlichen Eindrucks ist unverzichtbar.

Das Gutachten muss der/dem Betroffenen grundsätzlich vollständig, schriftlich und **152** rechtzeitig vor der persönlichen Anhörung mitgeteilt werden (BayObLG BtPrax 1993, 208; FamRZ 1995, 695; OLG München FamRZ 2006, 440). Der Betroffene muss Gelegenheit erhalten, zu allen Tatsachenfeststellungen des Gerichts, die für die Entscheidung maßgebend sein werden, Stellung zu nehmen; andernfalls wird ihm nicht ausreichend rechtliches Gehör gewährt (OLG München FamRZ 2006, 440). Ein telefonisch eingeholter Bericht des behandelnden ärztlichen Sachverständigen reicht für die vom Beschwerdegericht getroffene Feststellung, die Voraussetzungen des § 1906 Abs 1 lägen weiterhin vor, nicht aus. Wurde dieser telefonische Bericht der/dem Betroffenen nicht vor der Entscheidung zur Kenntnis gegeben, verstößt die Verfahrensweise gegen Art 103 Abs 1 GG (OLG Schleswig FamRZ 2005, 64).

Holt das Beschwerdegericht in der Beschwerdeinstanz ein neues Sachverständigengutachten (hier zur Frage des freien Willens) ein, und stützt es seine Entscheidung darauf, hat es den Betroffenen selbst anzuhören und ihm Gelegenheit zur Stellungnahme einzuräumen (BGH FamRZ 2017, 227 Rn 11 = BtPrax 2017, 29; BGH FamRZ 2016, 300). Eine erneute Anhörung des Betroffenen hat das (Beschwerde-)Gericht vorzunehmen, wenn es für seine Entscheidung mit einem neuen oder ergänzenden Sachverständigengutachten eine neue Tatsachengrundlage heranzieht (BGH FamRZ 2017, 477). Ein Abweichen davon ist möglich, wenn die erstinstanzliche Anhörung des Betroffenen nur kurze Zeit zurückliegt und sich nach dem Akteninhalt keine neuen entscheidungserheblichen Tatsachen oder rechtlichen Gesichtspunkte ergeben, das Beschwerdegericht das in den Akten dokumentierte Ergebnis der erstinstanzlichen Anhörung nicht abweichend werten will und es auf den persönlichen Eindruck des Gerichts von dem Betroffenen nicht ankommt (BGH FamRZ 2016, 2089, 2090 = MDR 2016, 1455; s auch BGH FamRZ 2016, 2095). Das vollständige Gutachten hat das Gericht dem (verfahrensfähigen!) Betroffenen grundsätzlich persönlich zur Verfügung zu stellen (BGH FamRZ 2017, 227, 228; FamRZ 2016, 300; FamRZ 2017, 996 Rn 15).

153 Sowohl die persönliche Anhörung als auch die Verschaffung eines unmittelbaren Eindrucks sollen nicht im Wege der Rechtshilfe erfolgen (§ 319 Abs 4 FamFG). Bei Verlängerung von Unterbringungsmaßnahmen (§ 329 Abs 2 FamFG) und üblichen freiheitsentziehenden Maßnahmen des Abs 4 wie nächtliche Bettgitter, nächtliches Versperren der Haustür uä genügt nach ZIMMERMANN (FamRZ 1990, 1308, 1311) die Anhörung durch den ersuchten Richter. Bei erstmaliger Unterbringung soll es dagegen darauf ankommen, ob die Anhörung durch den ersuchten Richter ausreichend erscheint. Dass ein Betroffener verwirrt und völlig desorientiert ist, könne, so ZIMMERMANN (FamRZ 1990, 1308, 1311), auch der Rechtshilfe-Richter eindeutig feststellen. Der BGH schloss wegen der Ausgestaltung des § 319 Abs 4 FamFG als Sollvorschrift die Anhörung im Wege der Rechtshilfe nicht aus, wies aber darauf hin, dass der Richter, der über eine Unterbringungsmaßnahme zu entscheiden hat, in der Regel den Betroffenen persönlich anzuhören und sich selbst einen persönlichen Eindruck von dessen Lebensumständen zu verschaffen hat. Wegen der zentralen Bedeutung der persönlichen Anhörung des Betroffenen im Unterbringungsverfahren sei seine Anhörung im Wege der Rechtshilfe nur in eng begrenzten Ausnahmefällen möglich (BGH FamRZ 2016, 804, 805; FamRZ 2016, 1354, 1355 mwNw = NJW 2016, 2741, 2742; FamRZ 2017, 996 Rn 8, 9).

153a Macht das Gericht des ersten Rechtszugs von der Möglichkeit Gebrauch, die nach § 319 Abs 1 FamFG notwendigen Verfahrenshandlungen im Wege der Rechtshilfe vornehmen zu lassen, hat es die Gründe dafür in seiner Entscheidung in nachprüfbarer Weise dazulegen (BGH FamRZ 2016, 804, 805). Hat das Gericht die Anhörung der/des Betroffenen im Wege der Rechtshilfe vorgenommen, ohne hierfür in der Entscheidung ausreichende Gründe darzulegen, darf das Beschwerdegericht nicht gem § 68 Abs 3 S 2 FamFG von einer erneuten Anhörung absehen (BGH FamRZ 2016, 1354 = NJW 2016, 2743, 2744).

154 Für die Anhörung zu bedenken ist jedenfalls, dass der Betroffene/Betreute bereits bisher Medikamente erhalten haben und **aus diesem Grunde** (und nicht krankheits- oder behinderungsbedingt) außerstande sein kann, seinen Willen adäquat kundzutun.

155 Die Frage, ob die persönliche Anhörung des Betroffenen/Betreuten durch einen ersuchten Richter sachdienlich ist, muss in erster Linie nach Sachaufklärungsgesichtspunkten (§ 26 FamFG) und im Interesse der Wahrung der Rechte und der Person des Betroffenen/Betreuten entschieden werden. Sollen zB die von ZIMMERMANN genannten Fragen gestellt und eine Stellungnahme des Betroffenen/Betreuten eingeholt werden, fragt es sich, ob dies in vollem Umfang von dem ersuchten Richter erreicht werden kann. Zum Inhalt der Anhörung s insbesondere COEPPICUS FamRZ 1991, 892 und ZIMMERMANN FamRZ 1990, 1308, 1310. Das Rechtshilfeersuchen, den Betroffenen vor Anordnung einer vorläufigen Unterbringung persönlich anzuhören, darf jedenfalls grundsätzlich nicht abgelehnt werden (BayObLG FamRZ 2000, 1444; bestätigt durch Beschluss von 26. 2. 2004 – 3 Z AR 10/04).

Die Anhörung des Betroffenen im Beschwerdeverfahren muss nicht zwangsläufig durch alle Mitglieder der Beschwerdekammer vorgenommen werden; ob die Kammer den Betroffenen anhört, entscheidet die Kammer im Rahmen der ihr obliegenden Amtsermittlungspflicht (BGH FamRZ 2017, 996 Rn 12 mwNw).

Über den **Ort der Anhörung** ist im Unterbringungsverfahrensrecht nichts bestimmt. **156** Die Verschaffung des unmittelbaren Eindrucks hat, soweit erforderlich, in der üblichen Umgebung des Betroffenen/Betreuten zu erfolgen (§ 319 Abs 1 S 2 FamFG). Im Falle von Maßnahmen nach Abs 4 lassen sich kaum Fälle vorstellen, in denen der unmittelbare Eindruck nicht vor Ort, dh in der Einrichtung, in der sich der Betreffende aufhält, gewonnen wird. Ein Krankenhausaufenthalt wird in der Regel keine übliche Umgebung des Betroffenen darstellen; mit der Anhörung wird aber nicht solange gewartet werden können, bis die betroffene Person wieder aus dem Krankenhaus entlassen ist.

Dem Betroffenen/Betreuten wurde durch das FamFG weder das Recht eingeräumt, **157** die Anhörung in der üblichen Umgebung zu verlangen, noch die Möglichkeit gegeben, ihr zu widersprechen. Es lässt sich allerdings kaum vorstellen, dass sich das Gericht einen unmittelbaren Eindruck nicht in der üblichen Umgebung, in der sich der Betroffene/Betreute befindet, verschafft. Andererseits wird durch das Unterbringungsverfahren das Hausrecht der/des Betroffenen nicht rechtsgrundlos eingeschränkt oder außer Kraft gesetzt.

Das Gericht unterrichtet den Betroffenen/Betreuten über den möglichen Verlauf **158** des Verfahrens (§ 319 Abs 2 FamFG). Der Ort der Unterrichtung ist nicht bestimmt. Unterbleibt die persönliche Anhörung des Betroffenen/Betreuten, weil er nach dem unmittelbaren Eindruck des Gerichts offensichtlich nicht in der Lage ist, seinen Willen kundzutun (§ 319 Abs 3 iVm § 34 Abs 2 FamFG), dürfte in aller Regel auch eine Unterrichtung über den möglichen Verlauf des Verfahrens entbehrlich sein oder nicht in Betracht kommen. Eine Verknüpfung von persönlicher Anhörung und Unterrichtung über den möglichen Verlauf des Verfahrens ist nicht vorgesehen und auch nicht erforderlich. Die Unterrichtung über den möglichen Verfahrensablauf kann bereits vor der persönlichen Anhörung stattgefunden haben (näher dazu, wenn auch auf das Betreuungsverfahren bezogen, RINK, in: WIENAND/REIS 28).

Das Gericht hat die sonstigen Beteiligten anzuhören (§ 320 S 1 FamFG); es soll die **159** zuständige Behörde anhören (§ 320 S 2 FamFG). Zu den Beteiligten gehören außer dem Betroffenen und dem Betreuer bzw dem Bevollmächtigten der betroffenen Person der Verfahrenspfleger, der durch seine Bestellung als Beteiligter zum Verfahren hinzuzuziehen ist (§ 315 Abs 1, Abs 2 FamFG). Die zuständige Behörde ist auf ihren Antrag als Beteiligte hinzuzuziehen (§ 315 Abs 3 FamFG). Im Interesse der/des Betroffenen können in die § 315 Abs 4 FamFG näher bezeichneten nahen Angehörigen beteiligt werden (Nr 1); außerdem eine Vertrauensperson der/des Betroffenen, die dann auch auf Verlangen der/des Betroffenen als Vertrauensperson zu der persönlichen Anhörung hinzuzuziehen ist. Schließlich der Leiter der Einrichtung, in der der Betroffene lebt und diejenigen, die nach Landesrecht als Person oder Stelle beteiligt werden sollen/dürfen (§ 315 Abs 4 S 2 FamFG).

Der in § 315 Abs 4 Nr 3 FamFG genannte Leiter der Einrichtung muss nicht per- **160** sönlich angehört werden. Er kann seine Befugnisse innerhalb der Einrichtung auf andere delegieren (BT-Drucks 11/4528, 184; MünchKomm/SCHWAB Rn 115). Die Behörde wird nach allgemeinem Kommunalrecht von ihrem Leiter vertreten. Kritisch zur ausnahmslosen Anhörung des Betreuers unabhängig von Art und Umfang des Aufgabenkreises und von weiteren Anhörungspersonen BIENWALD (BIENWALD/SONNENFELD/HOFFMANN BtR § 315 FamFG Rn 5 f).

161 Von dem Vorbehalt für die Ländergesetzgebung, Äußerungsmöglichkeiten für weitere Personen und Stellen vorzusehen (§ 315 Abs 4 S 2 FamFG), hat bisher nur Bremen (§ 22) Gebrauch gemacht. In Hamburg gibt es eine Regelung schon im bisherigen Unterbringungsrecht (§ 16).

162 Die Anhörung weiterer Personen oder Stellen kann im Rahmen von § 26 FGG geboten sein (MünchKomm/SCHWAB Rn 117).

163 Die Gelegenheit zur Äußerung hat das Gericht **vor jeder Unterbringungsmaßnahme** zu geben, also auch vor einer nach Abs 4. Für das reguläre Verfahren sind keine Ausnahmen von der Verpflichtung vorgesehen, die genannten Personen und Institutionen anzuhören. Lediglich im Falle einer vorläufigen Unterbringungsmaßnahme durch einstweilige Anordnung bei gesteigerter Dringlichkeit (§ 332 FamFG) kann die Einräumung der Äußerungsmöglichkeit unterbleiben.

164 Mündliche Anhörung ist, abgesehen von der persönlichen Anhörung des Betroffenen, nicht zwingend. Gelegenheit zur schriftlichen Anhörung genügt (MünchKomm/SCHWAB Rn 116; ZIMMERMANN FamRZ 1990, 1308, 1312); im Einzelfall kann das jedoch § 26 FamFG (Amtsermittlung) widersprechen.

165 Das Gericht kann, darf und muss gegebenenfalls, wenn dies erforderlich ist (§ 26 FamFG), einen **Sachverständigen** ebenso wie einen **Dolmetscher** hinzuziehen, wenn es den Betreuten/Betroffenen persönlich anhört und sich einen unmittelbaren Eindruck von ihm verschafft.

166 Das Gericht kann den Betroffenen/Betreuten vorführen lassen, wenn er sich weigert, an Verfahrenshandlungen nach § 319 Abs 1 FamFG mitzuwirken (§ 319 Abs 5 FamFG). Das Gesetz spricht hier von der Weigerung, an Verfahrenshandlungen mitzuwirken. Darunter fallen auch das Schweigen auf eine Frage des Gerichts und die Weigerung, dem Gericht die Möglichkeit zu geben, sich einen unmittelbaren Eindruck von ihm zu verschaffen (zB zieht der bettlägerige Betreute die Decke über den Kopf). Vorführung im engeren Sinne dagegen ist mit einer Ortsveränderung verbunden. Wird der Betroffene/Betreute, der zugedeckt im Bett liegt, gewaltsam aufgedeckt und in einen Gesprächsraum der Einrichtung geführt, ist das „Vorführen", wenn auch in anderer als der üblichen Vorführweise. Ohne Hausrechtsverletzung kommt eine Tätigkeit der zuständigen Behörde nur in Einrichtungen der Kommune in Betracht, wenn dort die Zuständigkeiten entsprechend geregelt sind.

167 Das bisher vorgesehene Schlussgespräch, in dem das Gericht das Ergebnis der Anhörung, das Gutachten des Sachverständigen oder das ärztliche Zeugnis sowie die vorgesehenen Unterbringungsmaßnahmen (Art, Umfang, Ort, Dauer, Besonderheiten) mit dem Betroffenen/Betreuten mündlich erörtern sollte, soweit dies zur

Gewährung rechtlichen Gehörs oder zur Sachaufklärung erforderlich ist, hat in dem FamFG keine eigene Regelung mehr erfahren.

VII. Sachverständigengutachten

1. Unterschiede zwischen Abs 1 und Abs 4

Vor einer Unterbringungsmaßnahme muss die fachliche Äußerung eines Arztes **168** vorliegen. Das Gericht hat vor der Entscheidung über die Unterbringungsmaßnahme eine förmliche Beweisaufnahme (§ 30 Abs 2 FamFG) durch Einholen eines Gutachtens über die Notwendigkeit der Maßnahme durchzuführen (§ 321 Abs 1 FamFG). Die förmliche Beweisaufnahme durch Einholen eines Gutachtens kann durch die Anhörung des behandelnden Arztes nicht ersetzt werden (BGH FamRZ 2010, 1726, 1727 [Rn 17]; FamRZ 2012, 441). Das gilt auch, wenn das Gericht zwar das Gutachten eingeholt hat, im Ergebnis aber davon abweicht, ohne die Abweichung zu begründen und sich mit der abweichenden Einschätzung des Gutachtens auseinanderzusetzen (BGH FamRZ 2012, 441, 442). Zweck der Begutachtung nach § 321 Abs 1 FamRZ ist die Sicherstellung einer sorgfältigen Sachaufklärung zur Feststellung der medizinischen Voraussetzungen einer Unterbringung. Dabei hat das Gericht seiner Pflicht nachzukommen, das Gutachten auf seine wissenschaftliche Begründung, seine innere Logik und seine Schlüssigkeit hin zu überprüfen (BGH FamRZ 2016, 1068 mAnm FRÖSCHLE, 1069 = BtPrax 2016, 149).

Hat der Gutachter des anhängigen Verfahrens die Voraussetzungen für die Unterbringung bejaht und war der Betroffene drei Monate vorher mit anderem Ergebnis begutachtet worden, zwingt dies nicht zu einer weiteren Begutachtung (BayObLG FamRZ 2004, 1064 = BtPrax 2004, 114). Maßgebend dafür dürfte die Aussagekraft des Gutachtens sein.

Der Beschluss des Gerichts, durch eine förmliche Beweisaufnahme das Gutachten **169** eines Sachverständigen zur Notwendigkeit der Maßnahme einzuholen, ist keine mit der Beschwerde anfechtbare Entscheidung (BayObLG FamRZ 2005, 390). Nach § 58 Abs 1 FamFG sind grundsätzlich beschwerdefähig nur die im ersten Rechtszug ergangenen Endentscheidungen. Der Sachverständige soll Arzt für Psychiatrie sein; er muss Arzt mit Erfahrung auf dem Gebiet der Psychiatrie sein (§ 321 Abs 1 S 4 FamFG).

Für die Entscheidung über die Genehmigung einer freiheitsentziehenden Maßnahme **170** nach § 312 Nr 2 FamFG (§ 1906 Abs 4 BGB) genügt ein ärztliches Zeugnis (§ 321 Abs 2 FamFG). Diese Regelung hindert nicht, falls im Rahmen von Amts wegen vorzunehmender Ermittlungen notwendig, ein Gutachten zu erfordern. Für die Vorlegung und/oder die Einholung eines ärztlichen Zeugnisses sieht das FamFG nicht die Einhaltung eines förmlichen Beweisverfahrens vor (§ 321 Abs 2 FamFG).

2. Voraussetzungen für das Gutachten/ärztliche Zeugnis

Der (bereits vor der Untersuchung des Betroffenen zu bestellende, BGH FamRZ 2013, **171** 1725; FamRZ 2015, 2156 mAnm SEIFERT) Sachverständige hat den Betroffenen/Betreuten vor der Erstattung des Gutachtens persönlich zu untersuchen oder zu befragen

(§ 321 Abs 1 S 2 FamFG). Die Untersuchung erfordert einen persönlichen Kontakt mit dem Betroffenen/Betreuten (BayObLGZ 1981, 339, 342 = Rpfleger 1982, 67). Sie darf nur in einem zeitlich geringen Abstand von der Erstattung des Gutachtens liegen (Zimmermann FamRZ 1990, 1308, 1312). Der Sachverständige darf Hilfskräfte hinzuziehen. Die Anwesenheit einer Begleitperson ohne Äußerungs- bzw Beteiligungsrecht ist zu gestatten (OLG Hamm FamRZ 2015, 1126 mwNw). Eine Begutachtung nach Aktenlage genügt nicht (Zimmermann FamRZ 1990, 1308, 1312). Vor der Untersuchung hat der Sachverständige dem Betroffenen den Zweck der Untersuchung mitzuteilen, damit dieser sein Recht, an der Beweisaufnahme teilzunehmen, sinnvoll ausüben kann (BGH FamRZ 2013, 1725; FamRZ 2015, 2157 mAnm Seifert).

172 Auch das ärztliche Zeugnis muss sich zur Notwendigkeit der Unterbringungsmaßnahme äußern und darf nicht lediglich anhand von Akten oder länger zurückliegender Daten (Patientenkartei) ausgestellt sein. Ebenso wie das ärztliche Zeugnis, das im Betreuungsverfahren unter bestimmten Voraussetzungen anstelle eines Gutachtens ausreicht, auf einer Untersuchung und/oder Befragung des Betroffenen auszustellen ist (§§ 281 Abs 2, 280 Abs 2 FamFG), hat der ausstellende Arzt vor der Erteilung des Attests den Betroffenen persönlich zu untersuchen und/oder zu befragen (LG Hildesheim BtPrax 1993, 210; § 321 Abs 1 S 2 FamFG). Um die Notwendigkeit der beabsichtigten freiheitsentziehenden Maßnahme zu begründen, reichen telefonisch übermittelte Daten nicht aus. Stellt der als Heimarzt tätige Arzt das Zeugnis aus, wird die vorherige Kenntnisnahme von der Befindlichkeit des Patienten keine Probleme verursachen.

173 Ob für die Entscheidung über eine Maßnahme nach § 1906 Abs 4 immer ein ärztliches Zeugnis ausreicht, ist nach Grundsätzen der Amtsermittlungspflicht zu beantworten (BT-Drucks 11/6949, 91; Bienwald, BtR Rn 3; LG Hildesheim BtPrax 1993, 210, 211). Da die Unterscheidung von Sachverständigengutachten und ärztlichem Zeugnis im Wesentlichen verfahrensrechtlicher Natur ist (Bienwald, § 280–284 FamFG Rn 20) und an die Qualität der wesentlichen Aussagen eines Zeugnisses der gleiche Maßstab anzulegen ist wie bei einem Gutachten, sollte der Unterscheidung und dadurch verursachten Kontroversen keine große Bedeutung beigemessen werden (vgl dazu Holzhauer/Reinicke Rn 1 zu § 70e FGG aF).

174 Die Beauftragung einer Klinik oder eines privatrechtlichen Instituts für die Erstattung eines Sachverständigengutachtens kommt nicht in Betracht (OLG Düsseldorf FamRZ 1989, 1101; ihm folgend Bienwald, BtR Rn 6; Zimmermann FamRZ 1990, 1308, 1312).

175 Die Auswahl des Sachverständigen steht im pflichtgemäßen Ermessen des Gerichts, das durch die gesetzliche Vorgabe des § 321 Abs 1 S 4 FamFG begrenzt wird (Zimmermann FamRZ 1990, 1308, 1312). Ein Arzt für Psychiatrie ist ein Arzt, der eine abgeschlossene Facharztausbildung im Fach Psychiatrie hat. Ein Neurologe ohne die Qualifikation im Fach Psychiatrie ist kein „Arzt für Psychiatrie" (Holzhauer/Reinicke Rn 3). Er kann aber als „Arzt mit Erfahrungen auf dem Gebiet der Psychiatrie" in Betracht kommen (Holzhauer/Reinicke Rn 3). Ein Arzt im Praktikum scheidet als Sachverständiger aus (Marschner, in: JKMW Rn 548; Holzhauer/Reinicke Rn 3; KG FamRZ 2007, 1127 [LS]; dort auch zur Verwertung des Gutachtens bei Mitunterzeichnung des Gutachtens durch einen ausreichend qualifizierten Arzt). Bei einem Sachverständigen, der sich noch in der Facharztausbildung befindet, muss die Sachkunde besonders fest-

gestellt werden (ZIMMERMANN FamRZ 1990, 1308, 1312). Auf einen Arzt mit Erfahrungen auf dem Gebiet der Psychiatrie darf das Gericht nur zurückgreifen, wenn ein „Arzt für Psychiatrie" als Gutachter nicht zu erhalten ist (BT-Drucks 11/6949, 84). Ist der Sachverständige nicht Arzt für Psychiatrie, muss das Gericht prüfen und in der Entscheidung darlegen, ob er als Arzt über Erfahrungen auf dem Gebiet der Psychiatrie iSv § 321 Abs 1 S 4 HS 2 FamFG verfügt. Dafür genügt nicht ein pauschaler Verweis auf die Selbsteinschätzung des Sachverständigen (BGH FamRZ 2010, 1726 mwNw). Ergibt sich die Qualifikation nicht ohne Weiteres aus der Fachbezeichnung des Arztes, ist seine Sachkunde vom Gericht zu prüfen und in der Entscheidung darzulegen (BGH FamRZ 2017, 234 im Anschluss an BGH FamRZ 2016, 456).

Nur Unterbringungen mit einer Gesamtdauer von mehr als vier Jahren (§ 329 Abs 2 S 2 FamFG) hindern, den behandelnden Arzt der/des Betroffenen im Unterbringungsverfahren gemäß § 321 FamFG zum Sachverständigen zu bestellen (OLG Rostock FamRZ 2010, 1272 [LS]; BGH FamRZ 2010, 1726 mAnm MÜTHER, 1728). Bei Vertragsärzten der Bezirkskrankenhäuser ist die Sachkunde zur Erstattung von Gutachten über die Voraussetzungen einer geschlossenen Unterbringung vom Tatrichter darzulegen (BayObLGZ FamRZ 1998, 1188). Zur Sachkunde der Landgerichtsärzte BayObLGZ 1993, 63, 65; zu der von Ärzten des höheren öffentlichen Gesundheitsdienstes der Staatlichen Gesundheitsämter in Bayern BayObLG FamRZ 1997, 1565 m w Hinweisen zu in Betracht kommenden Gutachtern und Anm CHRISTL 1566.

Bei der Genehmigung einer Einwilligung in eine **ärztliche Zwangsmaßnahme** oder bei deren Anordnung soll der Sachverständige nicht der zwangsbehandelnde Arzt sein (§ 321 Abs 1 S 5 FamFG).

Ist der Sachverständige nicht hinreichend qualifiziert, darf sein Gutachten nicht verwertet werden (BGH FamRZ 2010, 1726, 1727; DODEGGE § 321 FamFG Rn 11; MÜTHER FamRZ 2010, 857, 859).

Neben dem psychiatrischen Sachverständigen können (und müssen nach § 26 **176** FamFG) weitere Sachverständige anderer Fachrichtungen hinzugezogen werden, etwa im Falle der Unterbringung Minderjähriger oder (speziell jüngerer) geistig Behinderter. Auch wenn die Voraussetzungen des § 329 Abs 2 S 2 FamFG nicht vorliegen, kann es im Einzelfall geboten sein, mit der Gutachtenerstellung nicht einen Sachverständigen zu beauftragen, der der Einrichtung angehört, in der der Betreute derzeit untergebracht ist, wohnt oder in der Vergangenheit vielfach stationär behandelt wurde, wenn gutachterliche Erklärungen auf eine seit Jahren festgefügte Meinung hindeuten (OLG Düsseldorf FamRZ 1995, 118, 119). Die Anordnung einer (vorläufigen) Unterbringung kann nicht auf der Grundlage des ärztlichen Zeugnisses eines Orthopäden erfolgen, dessen Qualifikation auf psychiatrischem bzw neurologischem Gebiet weder ersichtlich noch dargetan ist (OLG Zweibrücken BtPrax 2003, 80). Hat der Sachverständige bereits früher mehrfach die Bestellung eines Betreuers oder die freiheitsentziehende Unterbringung angeregt, wird es für bedenklich gehalten, wenn der Sachverständige später die Richtigkeit seiner eigenen Anregung im Wege der Beweisaufnahme überprüfen soll (OLG Rostock FamRZ 2010, 1272 [LS]).

Die durch Art 5 Nr 7 2. BtÄndG geschaffene Möglichkeit, dass das Gericht ärztliche **177**

Gutachten des medizinischen Dienstes der Krankenversicherung nach § 18 SGB XI beizieht (§ 282 FamFG), bezieht sich nicht auf Begutachtungen zum Zwecke der Entscheidung über Unterbringung oder freiheitsentziehende Maßnahmen.

3. Inhalt und Form des Gutachtens

178 Der Sachverständige hat sich in seinem Gutachten darüber zu äußern, ob die materiellrechtlichen Voraussetzungen der jeweiligen Unterbringungsmaßnahme vorliegen. Das im Verfahren betreffend die Genehmigung einer Unterbringung oder deren Verlängerung erforderliche Gutachten muss so gestaltet sein, dass es für den Betreuungsrichter eine in den jeweiligen Einzelheiten nachvollziehbare und überprüfbare Entscheidungsgrundlage ergibt. Das setzt voraus, dass das Gutachten insbesondere Art und Ausmaß der Krankheit oder Behinderung im Einzelnen anhand der Vorgeschichte, der durchgeführten Untersuchungen und der sonstigen Erkenntnisse darstellt und wissenschaftlich begründet sich mit den gesetzlichen Voraussetzungen für die Freiheitsentziehung (§ 1906 Abs 1 BGB) detailliert auseinandersetzt (OLG Naumburg FamRZ 2008, 2060, 2061; OLG Düsseldorf FamRZ 1995, 118). Wichtig ist auch die Diskussion von Alternativen, Einzelheiten zur Prognose und zu Fragen des Ob und Wie von Rehabilitationsmöglichkeiten (ZIMMERMANN FamRZ 1990, 1308, 1312 f; OLG Naumburg FamRZ 2008, 2060). Der Sachverständige wird sich uU zur Frage gesundheitlicher Nachteile bei einer persönlichen Anhörung des Betroffenen/ Betreuten zu äußern haben (§§ 319 Abs 3, 34 Abs 2 FamFG); auch kann die Frage der Bekanntgabe der Entscheidungsgründe an den Betroffenen/Betreuten (§ 325 Abs 1 FamFG) zu erörtern sein (HARM, in: BIENWALD/SONNENFELD/HARM § 325 FamFG Rn 6; ZIMMERMANN FamRZ 1990, 1308, 1312). Das Gericht hat dem Sachverständigen diese Fragen ausdrücklich vorzugeben. Gegebenenfalls ist das Gutachten entsprechend zu ergänzen.

179 Die Begutachtung im Unterbringungsverfahren beinhaltet die Pflicht, den Betroffenen nicht durch Fehldiagnosen zu schädlichen Vermögensdispositionen zu veranlassen. Verfügt der Betroffene aufgrund einer solchen Fehldiagnose über sein Vermögen, ist der Sachverständige für den daraus entstandenen Schaden ersatzpflichtig (BGH NJW 1995, 2412 = R & P 1995, 184). Zur Höhe eines Schmerzensgeldes bei rechtswidriger Unterbringung infolge fehlerhafter Begutachtung und fehlerhafter Behandlung LG Marburg R & P 1996, 137.

180 Der Sachverständige hat sein Gutachten so aufzubauen und abzufassen, dass seine Ausführungen eine verantwortliche richterliche Prüfung auf ihre wissenschaftliche Fundierung, Logik und Schlüssigkeit zulassen. Bei einem Gutachten ist hierfür erforderlich, dass der Sachverständige den Untersuchungsbefund, aus dem er seine Diagnose ableitet, im Einzelnen mitteilt und die Folgerungen aus den einzelnen Befundtatsachen auf die Diagnose oder die ihm sonst gestellte Beweisfrage nachvollziehbar darstellt (KG OLGZ 1988, 270, 276 = NJW-RR 1988, 1031, 1032).

Zur Feststellung, für den Betreuten bestehe aufgrund seiner Krankheit die Gefahr, dass er sich selbst tötet oder einen erheblichen gesundheitlichen Schaden zufügt, genügt nicht die Behauptung einer ohne die Unterbringung bzw Heilbehandlung bestehenden Eigen- bzw Selbstgefährdung. Gutachten und gerichtliche Entscheidungen müssen konkrete Tatsachen benennen, aus denen sich Art und Umfang sowie die Wahrscheinlichkeit der gesundheitlichen Selbstschädigung ergeben (OLG München FamRZ 2006, 445).

Das ärztliche Gutachten darf sich nicht darauf beschränken, dem Gericht nur die **181** Ergebnisse von Untersuchungen mitzuteilen und damit pauschale Wertungen zu verbinden; es muss vielmehr ausreichende Tatsachen enthalten, die dem Gericht eine **eigene Prüfung** des Ergebnisses der Untersuchungen ermöglichen. Dem dient die vorangegangene persönliche Untersuchung oder Befragung des Betreuten/Betroffenen (§ 321 Abs 1 S 2 FamFG). Ferner ist darzulegen, aufgrund welcher tatsächlichen Feststellungen der Gutachter seine Meinung gebildet hat; dabei muss grundsätzlich erkennbar werden, inwieweit es sich um eigene Wahrnehmungen des Gutachters handelt sowie wann und in welchem Zusammenhang sich für erheblich gehaltene, möglichst genau zu schildernde Vorgänge zugetragen haben (KG OLGZ 1988, 270, 277). Um dem Betreuungsrichter eine in den jeweiligen Einzelheiten nachvollziehbare und überprüfbare Entscheidungsgrundlage zu bieten, hat das Gutachten insbesondere Art und Ausmaß der Behinderung im Einzelnen anhand der Vorgeschichte, der durchgeführten Untersuchungen und der sonstigen Erkenntnisse darzustellen und wissenschaftlich zu begründen, sich mit den gesetzlichen Voraussetzungen für die Freiheitsentziehung (§ 1906 Abs 1 BGB) detailliert auseinanderzusetzen und auch zu der Frage Stellung zu nehmen, ob und welche Alternativen anstelle der Freiheitsentziehung zur Verfügung stehen (OLG Düsseldorf FamRZ 1995, 118 = BtPrax 1995, 29 = R & P 1995, 93). Bezugnahmen auf frühere Gutachten werden nicht zugelassen (BayObLG FamRZ 1995, 695). Zu den entsprechenden Anforderungen an die Sachdarstellung in den Gründen der gerichtlichen Entscheidung BayObLG FamRZ 1998, 1327, 1328.

Das Sachverständigengutachten muss nicht schriftlich abgefasst sein (BGH FamRZ **182** 2010, 1726, 1727; OLG Brandenburg FamRZ 2001, 38, 39). Wird es nur mündlich erteilt, kann es im weiteren Verfahren nur dann verwertet werden, wenn die Ausführungen des Sachverständigen in der Art und Weise aktenkundig gemacht werden, die den Anforderungen an ein schriftliches Gutachten entsprechen (KG FamRZ 2007, 1042).

Ein nicht zeitnahes ärztliches Zeugnis, das weder die mit der befürworteten Behand- **183** lung für die betreute Person zu erwartenden Vorteile noch die ohne die Behandlung entstehenden oder bestehenden Nachteile aufzeigt, reicht für eine richterliche Unterbringungsgenehmigung nicht aus (OLG Köln FamRZ 2006, 1875 [LS]).

Die Verwertung eines Sachverständigengutachtens als Grundlage einer Entscheidung in der Hauptsache setzt voraus, dass das Gericht den Beteiligten Gelegenheit zur Stellungnahme eingeräumt hat (BGH FamRZ 2017, 911, 912 Rn 5). Die Bekanntgabe des Gutachtens an den Verfahrenspfleger ersetzt nicht die Bekanntgabe an den Betroffenen persönlich, von der nur unter den Voraussetzungen des § 325 Abs 1 FamFG abgesehen werden kann (BGH FamRZ 2017, 911, 912 Rn 5; FamRZ 2015, 2156 mAnm SEIFERT Rn 15).

4. Untersuchung und Vorführung des Betroffenen/Betreuten

Das Gericht kann anordnen, dass der Betroffene/Betreute zur Vorbereitung eines **184** Gutachtens untersucht und durch die zuständige Behörde zu einer Untersuchung vorgeführt wird (§§ 322, 283 Abs 1 S 1 FamFG). Der Betroffene soll vorher persönlich angehört werden (§§ 322, 283 Abs 1 S 2 FamFG). Die Anordnung der zwangsweisen Vorführung ist objektiv willkürlich, wenn der Betroffene dazu nicht persönlich angehört wurde und keine Feststellungen getroffen wurden, ob die Maßnahme erforderlich ist (OLG Thüringen FamRZ 2015, 1994). Außerdem kann das Gericht nach Anhörung eines Sachverständigen beschließen, dass der Betroffene auf bestimmte Dauer untergebracht und beobachtet wird, soweit dies zur Vorbereitung des Gutachtens erforderlich ist. Der Betroffene ist vorher persönlich anzuhören (§§ 322, 284 Abs 1 FamFG). Die Unterbringung darf die Dauer von sechs Wochen nicht überschreiten. Reicht dieser Zeitraum nicht aus, um die erforderlichen Erkenntnisse für das Gutachten zu erlangen, kann die Unterbringung durch gerichtlichen Beschluss bis zu einer Gesamtdauer von drei Monaten verlängert werden (§§ 322, 284 Abs 2 FamFG).

185 Sowohl bei der Vorführung durch die zuständige Behörde als auch bei der Unterbringung darf die Behörde Gewalt nur anwenden, wenn das Gericht dies aufgrund einer ausdrücklichen Entscheidung angeordnet hat. Die zuständige Behörde ist befugt, falls erforderlich, die Unterstützung der polizeilichen Vollzugsorgane nachzusuchen (§§ 322, 283 Abs 2, 284 Abs 3 S 1 FamFG). Die Wohnung des Betroffenen darf ohne dessen Einwilligung nur betreten werden, wenn das Gericht dies aufgrund einer ausdrücklichen Entscheidung angeordnet hat; das gilt nicht bei Gefahr im Verzug (§§ 322, 283 Abs 3, 284 Abs 3 S 1 FamFG).

Der von der Betreuungsbehörde erbetene Einsatz der polizeilichen Vollzugsorgane dient grundsätzlich nicht der Abwehr eines rechtswidrigen Angriffs durch den Betroffenen, sondern stellt eine Maßnahme dar, mit deren Hilfe die/der Betroffene den Ort erreichen soll, an dem die beabsichtigte Anhörung oder ärztliche Untersuchung durchgeführt werden soll. Ebenso sind Maßnahmen, die den Betroffenen daran hindern (sollen), sich unter Einsatz von körperlicher Kraft gegen eine rechtmäßige Fixierung zu wehren, Reaktionen auf einen rechtswidrigen Angriff. Mit der Abwehr der Maßnahme bzw dem Widerstand gegen die Anbringung (zB) eines Bauchgurtes reagiert der Betroffene nahezu automatisch, weil er die Maßnahme ablehnt und sich in seinen Grundrechten verletzt sieht.

186 Der Betroffene/Betreute, der aufgrund eines solchen „Sechswochenbeschlusses" untergebracht ist, muss, wenn dieser Zeitraum für die Vorbereitung des Gutachtens nicht benötigt wurde/wird, nach dem Abschluss der Vorbereitung unverzüglich entlassen werden.

5.   Qualifikation des Arztes für das nach Abs 4 erforderliche Zeugnis

187 Auch bezüglich der Qualifikation des Arztes, der das Zeugnis für die freiheitsentziehenden Maßnahmen des Abs 4 ausstellt, ist eine auf den Inhalt und den Zweck der Maßnahme bezogene Qualifikation zu fordern. Sowohl nach der Regelung für das Unterbringungsverfahren als auch der für das Betreuungsverfahren würde zwar das Zeugnis eines Allgemeinarztes genügen. Das kann für Ausnahmefälle (zB die Fesselung eines altersverwirrten Patienten nach einer Operation, damit er sich nicht den Verband abreißt; so in BT-Drucks 11/6949, 84) ausreichend sein, kann aber für die überwiegende Anzahl von Fällen, bei denen Maßnahmen nach Abs 4 getroffen werden bzw worden sind, nicht gelten. Zutreffend wies SCHWAB (MünchKomm[5] Rn 72) darauf hin, dass der Arzt in der Lage sein muss, zu beurteilen, ob auch die Voraussetzungen des Abs 1, an die die Maßnahme des Abs 4 gebunden ist, gegeben sind. Die Vorlage eines ärztlichen Zeugnisses kann dann allenfalls dafür ausreichen, einen bestimmten Sachverhalt glaubhaft zu machen. Würde sich das Gericht mit einem ärztlichen Zeugnis schlechthin zufriedengeben, käme es seiner Amtsermittlungspflicht nicht ausreichend nach (im Ergebnis SCHUMACHER FamRZ 1991, 280, 284). Die von HOLZHAUER/ REINICKE Rn 10, weil gesetzlich nicht ausgeschlossen, für möglich gehaltene Ausstellung eines Zeugnisses nach Aktenlage (aA RINK R & P 1990, 160) scheint eher theoretischer Art zu sein; es fragt sich, aufgrund welcher Akten (ohne Verletzung des Datenschutzes) der Arzt in der Lage sein sollte, sich über die Voraussetzungen einer Maßnahme nach Abs 4 iVm Abs 1 zu äußern. Da in Einrichtungen Fixierungen, das Anbringen von Bettgittern oder die Verabfolgung bestimmter „Medikamente" nur nach ärztlicher Anordnung bzw mit ärztlichem Wissen geschehen sollen und der Arzt (vielfach der Heimarzt) in mehr oder minder regelmäßigen Abständen die Patienten bzw Bewohner sieht, dürfte die Ausstellung eines ärztlichen Zeugnisses lediglich aufgrund von Aktenkenntnis so gut wie ausgeschlossen sein. Allerdings wird sich aus einem ärztlichen Zeugnis, das nähere Angaben über die Herkunft der Daten nicht enthält, schwerlich erkennen lassen, dass oder ob es sich um ein Zeugnis nach Aktenlage handelt. Hier wäre von Gerichts wegen um die Vervollständigung des Zeugnisses zu bitten, gegebenenfalls ein Sachverständigengutachten einzuholen (§ 26 FamFG). Auch als Ersatz eines ärztlichen Zeugnisses kommt die Beiziehung von Gutachten des Medizinischen Dienstes nach § 18 SGB XII gemäß § 282 FamFG (auch nicht analog) nicht in Frage.

Nach § 26 FamFG entscheidet sich, ob weitere Ermittlungen zur Feststellung der **188** Tatsachen erforderlich sind. ZB könnte die Vernehmung von Zeugen oder die Einholung von Behördenauskünften notwendig sein (ZIMMERMANN FamRZ 1990, 1308, 1312).

VIII. Inhalt, Bekanntmachung sowie Wirksamkeit der erstmaligen Entscheidung in Unterbringungssachen

1.   Mindestgehalt der Entscheidung

Die Entscheidung, durch die eine Unterbringungsmaßnahme genehmigt oder an- **189** geordnet wird, muss außer den für alle Beschlüsse geforderten Inhalten einschließlich der unverzichtbaren Begründung und der Rechtsbehelfsbelehrung (§§ 38, 39 FamFG) die Bezeichnung des Betroffenen/Betreuten, die nähere Bezeichnung der Unterbringungsmaßnahme sowie den Zeitpunkt enthalten, zu dem die Unterbringungsmaßnahme endet. Der Endigungszeitpunkt darf höchstens ein Jahr nach Erlass der Entscheidung liegen; bei offensichtlich langer Unterbringungsbedürftigkeit endet die Unterbringungsmaßnahme spätestens mit Ablauf von zwei Jahren nach Erlass der Entscheidung, wenn sie nicht vorher verlängert wird (§ 329 FamFG). Geht von der untergebrachten Person nach wie vor die akute und hochgradige Gefahr für Leib und Leben anderer aus, ist die Fortdauer der Unterbringung gem § 11 Abs 1, Abs 2 PsychKGNRW für weitere zwei Jahre verhältnismäßig (BGH FamRZ 2016, 39 = R & P 2016, 125).

Werner Bienwald

Wichtig ist die genaue Beschreibung oder Umschreibung von Art, Ausmaß und Mittel der genehmigten Maßnahme, insbesondere in Fällen des Abs 4. Je nach Art der Unterbringungsmaßnahme können sehr verschiedene Beschreibungen nötig sein (BayObLGZ 1993, 208 = FamRZ 1994, 721 = BtPrax 1993, 139).

190 Genehmigt das Gericht eine Unterbringung nach Abs 1 Nr 2, hat es die vom Betroffenen zu duldende Behandlung so präzise wie möglich anzugeben, weil sich nur hieraus der Unterbringungszweck sowie Inhalt, Gegenstand und Ausmaß der von der betroffenen Person zu duldenden Behandlung hinreichend konkret und bestimmbar ergeben (OLG Stuttgart FamRZ 2010, 1107). In der Regel genügt es, dass dem Beschluss die zu behandelnde Krankheit und die Art der Behandlung zu entnehmen ist (OLG Karlsruhe FamRZ 2007, 2107 [LS]). Bei einer Behandlung durch Medikamente muss in der Regel das Arzneimittel oder der Wirkstoff möglichst genau angegeben werden sowie deren Dosierung und Verabreichungshäufigkeit (OLG Stuttgart FamRZ 2010, 1107, 1108; BGH FamRZ 2006, 615 mAnm Muscheler, 690 = NJW 2006, 1277); empfehlenswert ist die Angabe alternativer Medikationen (OLG Stuttgart FamRZ 2010, 1107, 1108; dort S 1108 auch zu weiteren Angaben; LG Kleve FamRZ 2009, 1245 [LS]). Die gerichtliche Genehmigung der Unterbringung soll aber nicht deshalb rechtswidrig sein, weil der Beschluss keine Angaben über die einzusetzenden Arzneimittel oder Wirkstoffe und deren Höchstdosierung sowie Häufigkeit der Verabreichung enthält (OLG Karlsruhe FamRZ 2007, 2107 [LS] entgegen BGHZ 166, 141 = FamRZ 2006, 615 mAnm Muscheler, 690 = NJW 2006, 1277).

191 In den Fällen der Unterbringung des Betreuten (§ 1906 Abs 1 und 4 BGB) wird die Art der beabsichtigten oder der bereits ins Werk gesetzten (§ 1906 Abs 2 S 2 BGB) Unterbringung oder Maßnahme genehmigt. Betrifft die Genehmigung eine freiheitsentziehende Maßnahme nach Abs 4, bezieht sich die Genehmigung auf ganz bestimmte genau zu bezeichnende Maßnahmen (Beispiele dazu bei Marschner/Volckart/ Lesting [Marschner] § 1906 Rn 49). Das Gesetz enthält hier keinen geschlossenen Katalog von Maßnahmen, aus dem das Gericht eine „auswählt", sondern um verschiedene bisher gebräuchliche Mittel der Freiheitsentziehung, von denen der Einsatz eines oder mehrerer Mittel Gegenstand gerichtlicher Genehmigung ist, wenn der Betreuer sich dafür ausgesprochen hat. Auch bisher nicht bekanntgewordene Maßnahmen können, wenn die Voraussetzungen des Abs 4 gegeben sind, unter die Genehmigungspflicht fallen.

192 In dem Beschluss, durch den es die Unterbringungsentscheidung des Betreuten oder des Bevollmächtigten genehmigt, hat das Gericht die materiell – rechtlichen Voraussetzungen der Unterbringung sowie die tatsächlichen Ermittlungen anzugeben. Die Begründung darf sich nicht auf formelhafte Wendungen beschränken, auch nicht im Fall einer wiederholten Unterbringung der betroffenen Person; sie hat die Tatbestandsvoraussetzungen im jeweiligen Einzelfall durch die Angabe der Tatsachen konkret und nachvollziehbar zu machen. Zum Beispiel reicht es nicht aus, dass sich das Gericht auf eine bloße Inbezugnahme des medizinischen Gutachtens und zahlreicher ärztlicher Stellungnahmen beschränkt ohne im Einzelnen nachvollziehbar zu erläutern, welche Feststellungen es seiner Beurteilung zugrunde legt (OLG Brandenburg FamRZ 2007, 1768, 1769; OLG München FamRZ 2006, 445).

Bei der Genehmigung einer Einwilligung in eine ärztliche Zwangsmaßnahme oder bei deren Anordnung hat die Beschlussformel auch Angaben zur Durchführung und Dokumentation dieser Maßnahme in der Verantwortung eines Arztes zu enthalten (§ 323 Abs 2 FamFG).

2.   Angabe der Art der Einrichtung und Maßnahme

Die konkrete Anstalt oder Einrichtung, bei der der Betreuer oder der Bevollmäch- **193** tigte den Betroffenen unterbringen soll/wird, ist in die Entscheidung nicht aufzunehmen (KEIDEL/BUDDE FamFG[17] § 323 Rn 4). Dagegen muss die Entscheidung eindeutig ergeben, ob das Gericht selbst eine Unterbringung oder eine Maßnahme anordnet (nach Landesrecht oder nach § 1846 BGB), oder ob es die Entscheidung des gesetzlichen Vertreters oder des Bevollmächtigten genehmigt. Die Unterscheidung ist vor allen Dingen von Bedeutung für die **Entlassungszuständigkeit** (vgl § 1906 Abs 3 S 1 BGB), die jedenfalls bei den nach Landesrecht angeordneten Unterbringungen nicht bei dem Betreuer oder dem Bevollmächtigten liegt.

Die Angabe der **Art der Einrichtung** soll gewährleisten, dass der Betroffene/Betreute **194** in eine für ihn geeignete Einrichtung aufgenommen wird (BIENWALD, BtR § 70f FGG aF Rn 6 ff; KEIDEL/KAYSER § 70f FGG aF Rn 3). Ein bestimmtes Krankenhaus oder eine bestimmte Anstalt ist nicht anzugeben, weil andernfalls die Entscheidungsfreiheit des zuständigen Betreuers oder Bevollmächtigten eingeschränkt werden würde (Bay-ObLG FamRZ 1992, 105; BayObLGZ 1993, 18 = FamRZ 1993, 600; OLG Düsseldorf FamRZ 1995, 118). Fehlt eine hinreichende Bezeichnung, so kann dies durch das Beschwerdegericht nachgeholt werden (BayObLG 19. 12. 1996 – 3 Z BR 350/96). Bei der Genehmigung der Unterbringung wegen einer notwendigen Heilbehandlung nach Abs 1 Nr 2 hat das Gericht Art, Inhalt und Dauer der Heilbehandlung in der Unterbringungsgenehmigung genau festzulegen, weil der Zweck der Unterbringung dann entfällt, wenn die Heilbehandlung beendet oder undurchführbar geworden ist (OLG Düsseldorf FamRZ 1995, 118 = BtPrax 1995, 29, 30 = R & P 1995, 93, 94; OLG Brandenburg FamRZ 2007, 1127 [LS]). Unter Bezugnahme auf das in Art 20 GG festgeschriebene Rechtsstaatsprinzip lehnte das AG Oldenburg/Holstein eine Unterbringungsentscheidung nach § 13 Abs 3 PsychKG SH mangels Voraussetzungen eines gesetzeskonformen Vollzugs ab (hier: Ungeeignetheit einer Klinik; FamRZ 2016, 325, 326).

In Abs 4 werden die Maßnahmen bereits der Art nach bezeichnet. Hier kommt es **195** auf die Angabe der konkreten genehmigten Maßnahme an. Mit dem Zusatz in der Entscheidung, dass der Betreute nur nach ausdrücklicher Anordnung des behandelnden Arztes angebunden werden darf, wird die Verantwortung des Betreuers nicht auf den Arzt übertragen, sondern die Maßnahme von einer weiteren Voraussetzung abhängig gemacht (BayObLGZ FamRZ 1993, 208 = FamRZ 1994, 721 = BtPrax 1993, 139 = R & P 1993, 147 = DAVorm 1994, 890). Gegen sehr detaillierte Angaben DAMRAU/ ZIMMERMANN[2] § 1906 Rn 24.

Die Maßnahmen müssen auch hinsichtlich der Dauer und Häufigkeit (im Fall ihrer Wiederholung) bestimmt sein (Abs 4). Dies gehört zur näheren Bezeichnung der Maßnahmen des Abs 4.

3. Unterbringungsdauer

196 Die Entscheidung, durch die eine Unterbringungsmaßnahme getroffen wird, muss den Zeitpunkt enthalten, zu dem die Unterbringungsmaßnahme endet, wenn sie nicht vorher verlängert wird; dieser Zeitpunkt darf höchstens ein Jahr, bei offensichtlich langer Unterbringungsbedürftigkeit höchstens zwei Jahre nach Erlass der Entscheidung liegen (§§ 323 Nr 2, 329 Abs 1 FamFG). Wird die Unterbringung über die regelmäßige Höchstfrist von einem Jahr hinaus genehmigt, ist die Abweichung vom Regelfall ausreichend zu begründen. Dabei erfordert das im Gesetz genannte Merkmal der „Offensichtlichkeit", dass die Gründe für eine über ein Jahr hinaus während Unterbringungsbedürftigkeit für das sachverständig beratene Gericht deutlich und erkennbar hervortreten. Besondere Zurückhaltung ist geboten, wenn erstmalig eine Unterbringung angeordnet oder genehmigt wird (BGH FamRZ 2016, 1063, 1064 = FGPrax 2016, 171; FamRZ 2017, 996 Rn 23, 24).

Das Gericht hat den Zeitpunkt, zu dem die Maßnahme enden soll, selbst festzulegen; es darf dies nicht der Entscheidung des Betreuers überlassen (BGH FamRZ 2010, 1726, 1727 Rn 28 mAnm MÜTHER, 1728; OLG München FamRZ 2006, 362, 363).

197 Wird über die regelmäßige Höchstdauer der geschlossenen Unterbringung von einem Jahr hinaus eine Unterbringung von zwei Jahren genehmigt, muss diese Abweichung vom Regelfall wegen des hohen Ranges des Freiheitsrechts besonders begründet werden (BayObLG FamRZ 2002, 629; FamRZ 2005, 1278 [LS]; BGH FamRZ 2016, 1065, 1066 mwNw = NJW 2016, 1960 = BtPrax 2016, 150 = FGPrax 2016, 171). Als besondere Gründe kommen zB in Betracht: Längere Dauer einer notwendigen Therapie, fehlende Heilungs- und Besserungsaussichten bei anhaltender Eigengefährdung (BGH FamZ 2016, 1065, 1066 mwNw). In diesem Fall hat das Gericht (hier: das Beschwerdegericht) grundsätzlich die betroffene Person persönlich anzuhören und sich einen persönlichen Eindruck von ihr zu verschaffen (BayObLG FamRZ 2005, 1278 [LS]). Die Prognose für die Erforderlichkeit der Unterbringungsdauer kann regelmäßig nur auf der Grundlage des einzuholenden Sachverständigengutachtens getroffen werden. Außerdem hat sich der Fristablauf dabei grundsätzlich an dem Zeitpunkt der Erstellung des Gutachtens zu orientieren; die Frist beginnt **nicht** erst **mit der Entscheidung** des Gerichts (BGH FamRZ 2016, 1065 mAnm SEIFERT = FGPrax 2016, 172).

198 Die Angabe der Dauer der angeordneten Maßnahme soll sicherstellen, dass die Unterbringungsmaßnahme auf den voraussichtlich notwendigen Zeitraum begrenzt wird (KEIDEL/KAYSER § 70f FGG aF Rn 4). Anzugeben ist eine kalendermäßig bestimmte Frist oder ein kalendermäßig bestimmter Zeitpunkt (KEIDEL/BUDDE § 323 FamFG Rn 11).

Die Frist beginnt mit dem Erlass der Entscheidung, nicht erst mit ihrem Wirksamwerden, der Bekanntmachung, der Rechtskraft oder dem Vollzug (BIENWALD, BtR Rn 10; DAMRAU/ZIMMERMANN Rn 4; HOLZHAUER/REINICKE Rn 5; KEIDEL/KAYSER § 70f FGG aF Rn 4; ZIMMERMANN FamRZ 1990, 1308, 1313; KEIDEL/BUDDE § 323 FamFG Rn 11).

Die Entscheidung ist dann erlassen, wenn sie mit dem Willen des Gerichts der Außenwelt übergeben worden ist (HOLZHAUER/REINICKE Rn 5).

Mit dem Ablauf der angegebenen Frist endet die Unterbringungsmaßnahme, bei der **199** genehmigten Entscheidung die Genehmigung des Betreuungsgerichts. Zugleich damit endet die Zulässigkeit der durch den Betreuer entschiedenen Maßnahme, es sei denn, dass für deren Fortbestand ein rechtfertigender Umstand eingetreten ist. Der Hinweis auf die Verlängerung der Maßnahme wurde aus Gründen der Klarstellung aufgenommen, damit im Fall langdauernder Unterbringung beim Betreuten/Betroffenen keine falschen Hoffnungen geweckt werden (KEIDEL/KAYSER § 70f FGG aF Rn 4; HOLZHAUER/REINICKE Rn 5).

4. Fristbemessung keine Ermessensentscheidung

Die Bemessung der Frist unterliegt nicht gerichtlichem Ermessen (HOLZHAUER/REI- **200** NICKE Rn 5). Das Gericht hat die Frist unter Berücksichtigung der voraussichtlichen Dauer der Maßnahme zu bestimmen, für die das Gutachten des Sachverständigen, gegebenenfalls das ärztliche Zeugnis (in Fällen des Abs 4) wesentliche Argumente und konkrete Anhaltspunkte zu liefern haben.

Bejaht ein Beschwerdegericht die Notwendigkeit der Unterbringung der betreuten **201** Person wegen der Gefahr der Selbsttötung und stützt sich hierbei auf ein hinreichend zeitnah in erster Instanz erstattetes Gutachten, in dem ein psychiatrischer Sachverständiger die weitere Unterbringung „zunächst für einen Zeitraum von sechs Monaten" befürwortet, ist die Festlegung der Höchstdauer der genehmigten Unterbringung grundsätzlich an dem Zeitpunkt der Erstattung des Gutachtens auszurichten. Das gilt auch dann, wenn bei der zwei Monate danach stattfindenden Anhörung der betroffenen Person eine behandelnde Psychologin erneut den „weiteren Bedarf der Unterbringung auf ca ein halbes Jahr" schätzt. Diese Schätzung erscheint für sich genommen nicht als ausreichende Grundlage, um die Unterbringungsdauer ohne Weiteres (OLG München FamRZ 2007, 584, 585).

Steht fest, dass eine an fortschreitender Demenz leidende, aber noch verhältnismä- **202** ßig mobile Bewohnerin sich bei einem unbeaufsichtigten Verlassen des Heims erheblich an Leben oder Gesundheit gefährden würde und belegen wiederholte dokumentierte Vorfälle in der nahen Vergangenheit ihren Antrieb, die geschlossene Abteilung bei sich bietender Gelegenheit zu verlassen, kann dies grundsätzlich die **weitere** geschlossene **Unterbringung** durch den Betreuer rechtfertigen. Nicht erforderlich ist der Nachweis, dass die Betroffene aus der Einrichtung bereits weggelaufen ist oder weglaufen würde (OLG München FamRZ 2006, 1228 [LS]).

Fehlt die Fristangabe in der Entscheidungsformel und lässt sie sich nicht aus der **203** Begründung der Entscheidung herleiten, ist die Entscheidung unwirksam (**aA** die hM, wenn auch mit zT unterschiedlichem Ergebnis, s HOLZHAUER/REINICKE Rn 6; KEIDEL/KAYSER § 70f FGG aF Rn 6; auch SCHREIEDER FGPrax 1998, 41, 42 mwNw). Eine andere Lösung (schlechthin ergänzbar) würde das Gericht in die Lage versetzen, eine Ermessensentscheidung zu treffen. Fehlen andere Angaben, die notwendig sind, ist die Entscheidung zwar fehlerhaft und anfechtbar, aber nicht unwirksam (so auch KEIDEL/KAYSER § 70f FGG aF Rn 6).

5. Rechtsbehelfsbelehrung

204 Jeder Beschluss hat eine Belehrung über das statthafte Rechtsmittel, den Einspruch, den Widerspruch oder die Erinnerung sowie das Gericht, bei dem diese Rechtsbehelfe einzulegen sind, dessen Sitz und die einzuhaltende Form und Frist zu enthalten (§ 39 FamFG). Die durch das Betreuungsgesetz eingeführte Bestimmung (§ 70f Abs 1 Nr 4 FGG aF) sah lediglich vor, dass die Entscheidung, durch die eine Unterbringungsmaßnahme getroffen wird, eine Rechtsmittelbelehrung zu enthalten habe. Sie wurde aus rechtsstaatlichen Gründen aufgenommen (BT-Drucks 11/4528, 145 – zu § 69 FGG aF). Sie wird nicht in die Entscheidungsformel aufgenommen, sondern der Begründung der Entscheidung angefügt. Ihr Fehlen führt nicht zur Unwirksamkeit der Entscheidung. Eine unterbliebene oder unrichtig erteilte Rechtsbehelfsbelehrung hindert nicht den Eintritt der Rechtskraft nach Ablauf der Rechtsmittelfrist. Diese beträgt regelmäßig einen Monat; zwei Wochen, wenn sich die Beschwerde gegen eine einstweilige Anordnung oder gegen einen Beschluss richtet, der die Genehmigung eines Rechtsgeschäfts zum Gegenstand hat (§ 63 Abs 2 FamFG).

205 Wird innerhalb der gesetzlichen Frist kein Rechtsmittel eingelegt und kann sich der Beschwerdeführer auf den Mangel einer ordentlichen Rechtsbehelfsbelehrung berufen, kommt eine Wiedereinsetzung in den vorigen Stand in Betracht (näher KEIDEL/ MEYER- HOLZ § 39 FamFG Rn 14 ff). Da jeder Beschluss eine Rechtsbehelfsbelehrung zu enthalten hat, ist sie auch bei Ablehnung einer Unterbringungsmaßnahme erforderlich. Sie muss für einen juristischen Laien **verständlich** sein (KEIDEL/KAYSER § 70f FGG aF Rn 7; DAMRAU/ZIMMERMANN § 286 FamFG Rn 46).

6. Beschwerdebefugnis

206 Die Beschwerde steht demjenigen zu, der durch den Beschluss in seinen Rechten beeinträchtigt ist (§ 59 Abs 1 FamFG). Das Recht der Beschwerde steht im Interesse der/des Betroffenen auch den folgenden Personen zu, wenn sie im ersten Rechtszug beteiligt worden sind (§ 335 Abs 1 Nr 1 bis 3 FamFG): dem Ehegatten oder Lebenspartner der/des Betroffenen, wenn die Ehegatten oder Lebenspartner nicht dauernd getrennt leben, den Eltern und Kindern der/des Betroffenen, wenn die/der Betroffene bei diesen lebt oder bei Einleitung des Verfahrens gelebt hat, den Pflegeeltern, einer von der/dem Betroffenen benannten Vertrauensperson sowie dem Leiter der Einrichtung, in der die/der Betroffene lebt.

Dem Verfahrenspfleger steht das Recht der Beschwerde uneingeschränkt zu (§ 335 Abs 2 FamFG), ebenso der zuständigen Behörde (§ 335 Abs 4 FamFG). Der Betreuer oder der Vorsorgebevollmächtigte kann gegen eine Entscheidung, die seinen Aufgabenkreis betrifft, auch im Namen der/des Betroffenen Beschwerde einlegen (§ 335 Abs 3 FamFG).

7. Bekanntgabe

207 Nach § 41 Abs 1 S 1 FamFG sind Beschlüsse allen Beteiligten bekannt zu geben. Ein anfechtbarer Beschluss ist demjenigen zuzustellen, dessen erklärtem Willen er nicht entspricht (§ 41 Abs 1 S 2 FamFG). Die Entscheidung über die Unterbringungsmaßnahme ist dem Betroffenen/Betreuten stets selbst, dh unabhängig von seiner persönlichen Verfassung und den Folgen der Mitteilung, bekanntzumachen (§ 41 Abs 1 S 1 FamFG). Auch wenn der Betroffene/Betreute außerstande ist oder auch zu sein scheint, die Information des Gerichts aufzunehmen und/oder zu verarbeiten, darf die Bekanntgabe nicht unterbleiben. Die Zustellung im Unterbringungsverfahren an den Betroffenen selbst kann auch im Wege der Ersatzzustellung erfolgen (BayObLG FamRZ 2002, 848 mwNw entgegen MARSCHNER/VOLCKART/LESTING § 325 FamFG Rn 4). Dagegen kann (und muss bei Vorliegen der Voraussetzungen) von der Bekanntmachung der Entscheidungsgründe an den Betroffenen/Betreuten abgesehen werden, wenn dies nach ärztlichem Zeugnis zur Vermeidung erheblicher Nachteile für seine Gesundheit erforderlich ist (§ 325 Abs 1 FamFG). Dies gilt für Entscheidungen, durch die eine Unterbringungsmaßnahme getroffen, aber auch für solche, durch die eine Unterbringungsmaßnahme abgelehnt wird.

Der zuständigen Behörde sind die Entscheidungen bekannt zu geben, durch die eine **208** Unterbringungsmaßnahme genehmigt, angeordnet oder aufgehoben wird. Da die Behörde ein uneingeschränktes Beschwerderecht hat (§ 335 Abs 4 FamFG), ist ihr auch die Entscheidung bekannt zu geben, durch die eine Unterbringungsmaßnahme abgelehnt worden ist, weil sie prüfen können muss, ob sie Beschwerde einlegt. Gegebenenfalls macht die Behörde von ihrem Antragsrecht nach den landesrechtlichen Unterbringungsbestimmungen Gebrauch.

Der Verfahrenspfleger ist als Bekanntmachungsadressat durch die im Allgemeinen **209** Teil enthaltene Bestimmung erfasst, wonach der Beschluss allen Beteiligten bekannt zu geben ist (§ 41 Abs 1 S 1 FamFG).

8. Wirksamkeit von Beschlüssen

Nach der allgemeinen Regel (§ 40 Abs 1 FamFG) werden Beschlüsse mit der Be- **210** kanntgabe an die Beteiligten, für die sie ihrem wesentlichen Inhalt nach bestimmt sind, wirksam. Die spezielle Regelung des Unterbringungsverfahrensrechts sieht vor, dass Beschlüsse über die Genehmigung oder die Anordnung einer Unterbringungsmaßnahme erst mit **Rechtskraft** wirksam werden (§ 324 Abs 1 FamFG).

Das Gericht kann die **sofortige Wirksamkeit** des Beschlusses anordnen. In diesem **211** Fall wird der Beschluss wirksam, wenn er und die Anordnung seiner sofortigen Wirksamkeit dem Betroffenen, dem Verfahrenspfleger, dem Betreuer oder dem Bevollmächtigten iSd § 1896 Abs 2 S 2 bekannt gegeben werden, einem Dritten zum Zweck des Vollzugs des Beschlusses mitgeteilt werden oder der Geschäftsstelle des Gerichts zum Zweck der Bekanntgabe übergeben werden (§ 324 Abs 2 FamFG). Die Bekanntmachung an weitere Beteiligte ist zum Eintritt der Wirksamkeit nicht vorgesehen. Die Anordnung der sofortigen Wirksamkeit einer vorläufigen Unterbringungsanordnung, die der Richter nicht in die schriftliche Fassung des Beschlusses aufgenommen hat, ist wirksam, wenn der Beschluss (in entspr Anwendung von § 319 Abs 1 ZPO) berichtigt worden ist (BayObLG BtPrax 2002, 39 [40]; OLG Hamm FGPrax 2009, 135; **aA** MARSCHNER/VOLCKART/LESTING § 324 FamFG Rn 5). Es müssen aber entsprechende Anhaltspunkte für die Anordnung gegeben sein.

Die Anordnung der sofortigen Wirksamkeit sowie deren Ablehnung sind nicht isoliert anfechtbar (KEIDEL/BUDDE § 324 FamFG Rn 3). Die Voraussetzungen für die im Ermessen des Gerichts stehende Anordnung sofortiger Wirksamkeit sind in dieser Vorschrift nicht geregelt. Sie kann von Beteiligten angeregt werden. Sie kann und muss ggf von Amts wegen angeordnet werden, wenn dies zum Wohl des Betroffenen/Betreuten erforderlich ist. Im Falle öffentlich-rechtlicher Unterbringung können auch andere Gründe maßgebend sein (ausführlich BIENWALD/SONNENFELD/HOFFMANN/ HARM § 324 FamFG Rn 10 ff, 17). Mit Recht weist BUDDE (KEIDEL/BUDDE § 324 FamFG Rn 1) darauf hin, dass die Anordnung der sofortigen Wirksamkeit eine Konsequenz der materiellrechtlichen Voraussetzungen der jeweiligen Unterbringungsmaßnahme ist. Die sofortige Wirksamkeit kann auch in der Beschwerdeinstanz angeordnet werden (BIENWALD, in: BIENWALD/SONNENFELD/HOFFMANN § 324 FamFG Rn 22 ff). Zur Frage, inwieweit es zulässig ist, eine amtsgerichtliche Unterbringungsentscheidung für sofort wirksam zu erklären und gleichzeitig die Vollziehung auszusetzen (OLG Frankfurt NJW-RR 1993, 579 = OLGZ 1993, 172 [zu § 70k FGG aF]).

212　Die Wirksamkeit der Entscheidung, durch die eine Unterbringungsmaßnahme getroffen wird, endet mit dem Ablauf der in ihr bestimmten Frist (§ 329 FamFG), mit der Zurücknahme der Genehmigung oder mit der Entlassung des Betroffenen/Betreuten aufgrund entsprechender Entscheidung des dazu Befugten. Sie endet, wenn der Betreuer sein Unterbringungsvorhaben aufgibt. Entsprechendes gilt für eine Maßnahme nach Abs 4.

213　Während sich das **Rechtsverhältnis des Untergebrachten und des Krankenhauses** im Falle öffentlich-rechtlicher Unterbringung nach den Bestimmungen des PsychKG des jeweiligen Landes richtet (ärztliche Versorgung, Beurlaubung, Beendigung der Unterbringung/Entlassung), fallen diese Entscheidungen in die Zuständigkeit des Betreuers, wenn er die Unterbringung veranlasst hat. Entscheidet im Fall öffentlich-rechtlicher Unterbringung der Richter über die Beendigung der Unterbringung, wird **durch unerlaubtes Entfernen** (Entweichen) des Untergebrachten die Unterbringungsentscheidung **nicht verbraucht**. Demgegenüber verfällt die gerichtliche Genehmigung der Unterbringung im Falle der Betreuerentscheidung, wenn es zu einer Unterbringung nicht kommt, wenn sie der Betreuer beendet oder wenn sich der Betreute aus der Anstalt ohne Einverständnis des Betreuers entfernt. Im letzten Falle tritt das jedoch erst ein, wenn der Betreute nicht alsbald in die Einrichtung zurückkehrt (ähnlich BayObLGZ 1970, 197, 202, 203; nach LG München I FamRZ 1969, 439, wenn der Zeitpunkt der Rückkehr ungewiss ist). Dafür sprechen (entgegen LG München I FamRZ 1969, 439) nicht in erster Linie verfassungsrechtliche Gründe, sondern die Tatsache, dass es sowohl dem Betreuer wie der Einrichtung infolge des Wegbleibens des Betreuten unmöglich ist, an dem **Unterbringungsvertrag** festzuhalten, weil er **unerfüllbar** geworden ist. Der Zeitraum, nach dessen Ablauf die Unterbringungsgenehmigung unwirksam wird, kann deshalb längstens einer Beurlaubung entsprechen, während der der Unterbringungsvertrag weiterläuft (**aA** DAMRAU/ZIMMERMANN[2] Rn 16). Wird der Betreute von einer geschlossenen **auf eine offene Station** einer psychiatrischen Klinik **verlegt**, führt dies im Allgemeinen dazu, dass die erteilte gerichtliche Genehmigung der geschlossenen Unterbringung wirkungslos wird, sodass für eine **Rückverlegung** des Betreuten auf die geschlossene Station eine **erneute Genehmigung des Gerichts** erforderlich ist (OLG Hamm FamRZ 2000, 1120 = BtPrax 2000, 34 = R & P 2000, 83 = Rpfleger 2000, 14). Das OLG Hamm ließ allerdings offen, für welchen Zeitraum eine **Erprobung** einer Behandlung des Betroffenen auf einer

Station hingenommen werden kann, die die Wirksamkeit der betreuungsgerichtlichen Genehmigung der geschlossenen Unterbringung unberührt lässt. Jedenfalls würde, so das OLG Hamm (FamRZ 2000, 1120), nach einer Verweildauer des Betreuten auf einer offenen Station von sechs Wochen die betreuungsgerichtliche Genehmigung verbraucht sein.

Die Verwahrung von mitgebrachten Wertgegenständen, die **Haftung** für deren Ab- **214** handenkommen, das Einstehen für die Sicherheit der eingeschlossenen Personen, die Haftung für die Verletzung einer Aufsichtspflicht, richten sich nach den allgemeinen Bestimmungen. Grundrechtseinschränkungen bedürfen entsprechender Rechtsgrundlagen.

IX. Vollzug der Unterbringungsmaßnahmen

1. Vollzugszuständigkeit; behördliche Unterstützung

Die zivilrechtlichen Unterbringungen (§ 1906 BGB, § 312 Nr 1 u Nr 2 FamFG) **215** werden von den entscheidungszuständigen Personen (Betreuer, Bevollmächtigter) durchgeführt (LG Karlsruhe FamRZ 2011, 1688). Das Gericht erteilt seine Genehmigung, erlässt aber keinen Unterbringungsbefehl. Nach § 326 Abs 1 FamFG hat die zuständige Behörde die Befugnis, den unterbringungsberechtigten Betreuer oder Bevollmächtigten auf deren Wunsch bei der Zuführung zur Unterbringung nach § 312 Nr 1 oder bei der Verbringung nach § 312 Nr 3 FamFG zu unterstützen. Zugleich wird damit ein **Anspruch** der betreffenden unterbringungsberechtigten Personen **auf Unterstützung** durch die zuständige Behörde formuliert. Bei einer genehmigten Unterbringungsentscheidung des Betreuers oder des Bevollmächtigten obliegt diesen allein der Vollzug der Maßnahme, nicht dem Gericht oder der zuständigen Behörde.

Unterstützt die zuständige Behörde den Betreuer oder den Bevollmächtigten bei der **216** Zuführung zur genehmigten Unterbringung in die von der entscheidungszuständigen Person bestimmten Einrichtung (§ 326 Abs 1 FamFG), handelt die Behörde in Erledigung der ihr zugewiesenen eigenen originären Aufgabe. Sie kann deshalb von der Staatskasse ihre Kosten für die Zuführung der betroffenen Person zur Unterbringung nicht ersetzt verlangen (LG Karlsruhe FamRZ 2011, 1688). Ebenso wie bei der Vorführung zur Untersuchung und bei der Unterbringung zur Begutachtung darf die zuständige Behörde, wenn sie den Betreuer oder den Bevollmächtigten bei der Zuführung zur Unterbringung nach § 312 Nr 1 unterstützt, Gewalt nur anwenden, wenn das Gericht dies aufgrund einer ausdrücklichen Entscheidung angeordnet hat. Die zuständige Behörde ist befugt, erforderlichenfalls die Unterstützung der polizeilichen Vollzugsorgane nachzusuchen (§ 326 Abs 2 FamFG). Die Wohnung des Betroffenen darf ohne dessen Einwilligung nur betreten werden, wenn das Gericht dies aufgrund einer ausdrücklichen Entscheidung angeordnet hat (§ 326 Abs 3 S 1 FamFG). Bei Gefahr im Verzug findet S 1 keine Anwendung (§ 326 Abs 3 S 2 FamFG). Die Kosten eines Schlüsseldienstes, der für das Öffnen der Wohnung des Betroffenen im Rahmen einer zwangsweisen Zuführung zur Unterbringung herangezogen wurde, sind von der zuständigen Behörde zu tragen. Sie gehören nicht zu den erstattungsfähigen Aufwendungen des Betreuers (LG Limburg BtPrax 1998, 116).

217 In der (sozial-)psychiatrischen Unterbringungspraxis hat sich vor etlichen Jahren eine Übung entwickelt, als vertrauensbildende Maßnahme mit dem Patienten/Untergebrachten eine **„Behandlungsvereinbarung"** zu treffen, ein (schriftlich fixiertes) Behandlungsprogramm mit dem Patienten zusammen zu verabreden, in dem ua Wünsche und Hinweise für die Behandlung festgehalten werden. Psychiatrieerfahrene Personen vermitteln den Eindruck (sie haben an dem Zustandekommen von Vertragsmustern mitgearbeitet), dass sie sich mit einer „Behandlungsvereinbarung" als Patienten sicherer als ohne und der Einrichtung nicht mehr so ausgeliefert wie ohne fühlen. Von rechtlicher Seite hat, soweit ich sehe, MARSCHNER (R & P 1997, 171) Stellung genommen. WILKENS (PsychPflege 1998, 166) berichtet über Erfahrungen mit den Behandlungsvereinbarungen. Ohne hier näher auf „Vollzugs"-inhalte eingehen zu können, besteht mE insofern Grund zu Skepsis, als der Betreuer „außen vor" gelassen wird oder gelassen werden soll, obwohl ihm die Angelegenheit der Gesundheitssorge, Unterbringung usw zur Aufgabe gemacht wurde.

2.   Verzicht auf Vollzug

218 Ob der Betreuer oder der Bevollmächtigte von der gerichtlichen Genehmigung zur Unterbringung Gebrauch machen, haben sie nach pflichtgemäßem Ermessen zu prüfen und zu entscheiden. Die gerichtliche Genehmigung ihrer beabsichtigten Entscheidung stellt keinen Befehl zum Handeln dar. Andererseits kann das Unterlassen der beabsichtigten und nunmehr gerichtlich genehmigten Unterbringung eine Pflichtwidrigkeit darstellen (§§ 1908i Abs 1 S 1, 1837 BGB), die das Betreuungsgericht zum Einschreiten berechtigt. Eine Genehmigung, von der kein Gebrauch gemacht wird oder worden ist, kann zurückgenommen werden.

219 Wurde die Unterbringung nach Abs 1 oder die Maßnahme nach Abs 4 bereits vor der Genehmigung des Betreuungsgerichts vorgenommen, rechtfertigt die beschlossene Genehmigung die Maßnahmen. Sie werden dann nicht gesondert vollzogen. Hat das Gericht dagegen die beantragte Genehmigung verweigert, ist die Unterbringung bzw die Maßnahme nach Abs 4 erst mit Rechtskraft der Entscheidung unzulässig, sofern das Betreuungsgericht nicht die sofortige Wirksamkeit seiner ablehnenden Entscheidung anordnet, sodass der Betreuer oder der Bevollmächtigte unverzüglich die Unterbringung bzw die Maßnahme nach Abs 4 beenden muss, auch wenn Beschwerde eingelegt oder beabsichtigt ist.

220 Der Betreuer ist nicht gehindert, nach Ablehnung der beantragten Genehmigung im Rahmen seines pflichtgemäßen Ermessens die Unterbringung durch eigene Entscheidung zu **beenden**; er würde damit allerdings seinem Antrag bzw einer etwaigen Beschwerde den Boden entziehen.

221 Beabsichtigt der Betreuer bzw der sonst Entscheidungsberechtigte nicht, gegen die eine Unterbringungsmaßnahme ablehnende Entscheidung Rechtsmittel einzulegen, darf (und muss ggf) er im Rahmen pflichtgemäßer Ermessensentscheidung die Unterbringung oder die Maßnahme nach Abs 4 aufgrund seiner Entscheidungsbefugnis alsbald nach Erlass der Entscheidung beenden.

3. Keine Aussetzung des Vollzugs zivilrechtlicher Unterbringungsmaßnahmen

Das Gericht kann die Vollziehung einer Unterbringung aussetzen. Dies ist jedoch **222** nur für eine Unterbringung nach § 312 Nr 4 FamFG, nach den Landesgesetzen über die Unterbringung psychisch Kranker, vorgesehen (§ 328 Abs 1 FamFG). Auf die übrigen Unterbringungen und die Maßnahmen nach Abs 4 ist diese Vorschrift nicht anwendbar. Um eine Aussetzung des Vollzugs handelt es sich nicht, wenn das Gericht eine Unterbringungsentscheidung nach PsychKG SH mangels Voraussetzungen gesetzeskonformen Vollzugs unterlässt (AG Oldenburg [Holstein] FamRZ 2016, 325).

X. Mitteilungen des Gerichts

Entscheidungen in Unterbringungssachen teilt das Betreuungsgericht anderen Ge- **223** richten, Behörden oder sonstigen öffentlichen Stellen mit, soweit dies unter Beachtung berechtigter Interessen des Betroffenen/Betreuten erforderlich ist, um eine erhebliche Gefahr für das Wohl des Betroffenen/Betreuten, für Dritte oder für die öffentliche Sicherheit abzuwenden (§ 338 S 1 iVm § 308 Abs 1 FamFG). Zugleich mit der Mitteilung an andere Gerichte, Behörden und sonstige öffentliche Stellen unterrichtet das Betreuungsgericht den Betroffenen/Betreuten, seinen Verfahrenspfleger (oder den Verfahrensbevollmächtigten) sowie den Betreuer und den (Vorsorge-)Bevollmächtigten über den Inhalt und den/die Empfänger der Mitteilung. Gegebenenfalls unterbleibt die Unterrichtung (§ 338 S 1 iVm § 308 Abs 3 S 1 und S 2 FamFG). Bemerkenswert an der Regelung ist, dass private Personen oder Stellen Mitteilungen im Sinne dieser Vorschriften nicht erhalten.

Die Aufhebung einer Unterbringungsmaßnahme nach § 330 S 1 und die Aussetzung **224** der Unterbringung nach § 328 Abs 1 S 1 sind dem Leiter der Einrichtung, in der der Betroffene lebt, mitzuteilen (§ 338 S 2 FamFG). Zu Mitteilungen zur Strafverfolgung s § 338 S 1 iVm § 311 FamFG.

XI. Vorläufige Maßnahmen*

1. Allgemeines

Vorläufige Maßnahmen sind zulässig und werden durch einstweilige Anordnung **225** nach §§ 331 bis 334 FamFG getroffen.

Zu unterscheiden sind einstweilige Anordnungen des Gerichts nach den Vorschriften des FamFG und vorläufige Unterbringungen durch die Behörden nach den landesrechtlichen PsychKG (zB Berlin: § 26; Brandenburg: § 12). Zuständig für diese nicht durch das Gericht veranlasste, angeordnete oder genehmigte Unterbringungen sind die in den jeweiligen Landesgesetzen bestimmten Behörden oder Ersatzbehörden (§ 12 Abs 4 BrandenbPsychKG). Diese Maßnahmen werden durch die §§ 331 bis 334 FamFG nicht erfasst. Nach § 12 Abs 5 BrandenbPsychKG ist die betroffene Person unverzüglich, spätestens binnen 24 Stunden, seitdem die einst-

---

* **Schrifttum**: Röck, Die einstweilige Anordnung im Unterbringungsverfahren, FamRZ 2017, 591.

Werner Bienwald

weilige Unterbringung (§ 12 Abs 3 BrandenbPsychKG) begonnen hat, richterlich anzuhören. Spätestens bis zum Ende des dem Beginn der einstweiligen Unterbringung folgenden Tages hat das Gericht über Zulässigkeit und Fortdauer der Freiheitsentziehung zu entscheiden (§ 12 Abs 5 BrandenbPsychKG).

226 Das FamFG unterscheidet in den §§ 331 bis 334 einstweilige Anordnungen (§§ 331 bis 333) und einstweilige Maßregeln (§ 334). § 331 regelt die Voraussetzungen einer „gewöhnlichen einstweiligen Anordnung", § 332 die der einstweiligen Anordnung bei gesteigerter Dringlichkeit. § 334 betrifft einstweilige Maßregeln, die unter den Voraussetzungen des § 1846 BGB getroffen werden dürfen.

2. Übersicht über die vorläufigen Maßnahmen

227 **a)** Das Gericht kann durch einstweilige Anordnung eine vorläufige Unterbringungsmaßnahme anordnen oder genehmigen, wenn

– dringende Gründe für die Annahme bestehen, dass die Voraussetzungen für die Genehmigung oder Anordnung einer Unterbringungsmaßnahme gegeben sind und ein dringendes Bedürfnis für ein sofortiges Tätigwerden besteht,

– ein ärztliches Zeugnis über den Zustand des Betroffenen vorliegt,

– ein Verfahrenspfleger nach § 317 FamFG bestellt und angehört worden ist

und

– der Betroffene persönlich angehört worden ist.

Eine Anhörung des Betroffenen im Wege der Rechtshilfe ist abweichend von § 319 Abs 4 zulässig (§ 331 FamFG).

b) Gemäß § 332 FamFG (Einstweilige Anordnung bei gesteigerter Dringlichkeit) kann das Gericht bei Gefahr im Verzug eine einstweilige Anordnung nach § 331 bereits vor der Anhörung der betroffenen Person sowie vor Anhörung und Bestellung des Verfahrenspflegers erlassen. Diese Verfahrenshandlungen sind unverzüglich nachzuholen.

c) Beide Vorschriften geltend entsprechend, wenn nach § 1846 eine Unterbringungsmaßnahme getroffen werden soll (§ 334 FamFG).

228 Für alle drei vorläufigen Maßnahmen (§§ 331, 332, 334 FamFG) gilt § 333 FamFG, wonach die einstweilige Anordnung die Dauer von sechs Wochen nicht überschreiten darf. Reicht dieser Zeitraum nicht aus, kann die einstweilige Anordnung nach Anhörung eines Sachverständigen durch eine weitere einstweilige Anordnung verlängert werden (§ 333 S 2 FamFG).

229 Die mehrfache Verlängerung ist unter den Voraussetzungen der Sätze 1 und 2 zulässig. Sie darf die **Gesamtdauer** von drei Monaten nicht überschreiten (§ 333

S 3 und S 4 FamFG). Eine Unterbringung zur Vorbereitung eines Gutachtens (§ 322 FamFG) ist in diese Gesamtdauer einzubeziehen (§ 333 S 5 FamFG).

3. Zu den Voraussetzungen im Einzelnen

Der in § 331 S 1 FamFG verwendete Ausdruck „Unterbringungsmaßnahme" umfasst **230** die freiheitsentziehenden Unterbringungen des § 1906 Abs 1 BGB ebenso wie die freiheitsentziehenden Maßnahmen nach § 1906 Abs 4 BGB. Über diese Maßnahmen entscheidet der Betreuer mit dem erforderlichen Aufgabenkreis oder der (Vorsorge-)Bevollmächtigte, beide mit Genehmigung des Betreuungsgerichts. Unterbringungsmaßnahme ist auch die freiheitsentziehende Unterbringung eines Volljährigen nach den Landesgesetzen über die Unterbringung psychisch kranker Personen (§ 312 Nr 4 FamFG; MARSCHNER/VOLCKART/LESTING Vorbem zu §§ 331–334 FamFG Rn 4).

Ebenso wie bei der regulären Unterbringungsmaßnahme entscheidet über die Un- **231** terbringung des Betreuten oder über eine Maßnahme nach § 1906 Abs 4 BGB der nach dem Aufgabenkreis dazu befugte Betreuer mit Genehmigung des Betreuungsgerichts, wobei grundsätzlich auch bei dieser vorläufigen Maßnahme die nachträgliche Entscheidung des Gerichts in Betracht kommt. Entsprechendes gilt für den Fall der Bevollmächtigung. Ein zumindest vorläufiger Betreuer mit dem Aufgabenkreis „Unterbringung" und dessen Antrag auf betreuungsgerichtliche Genehmigung seiner Entscheidung sind auch hier erforderlich, weil das Gericht nur die Entscheidung des Betreuers genehmigt, sich aber nicht an dessen Stelle setzt und – von Ausnahmen (§ 1846 BGB) abgesehen – selbst entscheidet.

Wurde bisher ein Betreuer nicht bestellt oder enthält sein Aufgabenkreis nicht die **232** notwendige Entscheidungsbefugnis, wurde keine (Vorsorge-)Vollmacht erteilt oder mangelt es dieser an Form und/oder Inhalt, kommt die Bestellung eines vorläufigen Betreuers vorab im Wege einstweiliger Anordnung in Betracht. Trotz des möglichen Eilverfahrens einer Betreuerbestellung lässt sich nicht leicht einsehen, dass dieses Verfahren mit den gleichen Voraussetzungen wie bei der vorläufigen Unterbringungsmaßnahme zunächst durchgeführt werden soll, wenn die Unterbringungsmaßnahme auch ohne das vorgeschaltete Betreuerbestellungsverfahren zugelassen ist (im Ergebnis ebenso MARSCHNER/VOLCKART/LESTING § 331 FamFG Rn 4). Allerdings sind bei dieser Reihenfolge – zuerst die einstweilige Unterbringung, danach eine Betreuerbestellung – die vom BGH geforderten geeigneten Maßnahmen zur alsbaldigen Betreuerbestellung zu berücksichtigen (Näher zur Vorgeschichte STAUDINGER/BIENWALD [2006]).

Auf Vorlage des BayObLG (BayObLGZ 2000, 295 = FamRZ 2001, 576 = NJW 2001, 1088 **233** [LS]), das einen von OLG Frankfurt abweichenden Standpunkt vertrat, hatte der BGH entschieden (BGHZ 150, 45 = FamRZ 2002, 744 mAnm BIENWALD = BtPrax 2002, 162 = R & P 2002, 177 mAnm MARSCHNER), es sei grundsätzlich zulässig, in Eilfällen eine zivilrechtliche Unterbringung anzuordnen, ohne dass zugleich damit schon ein Betreuer bestellt werden müsse. Allerdings sei das Gericht in einem solchen Fall gehalten, gleichzeitig mit der Anordnung der Unterbringung durch geeignete Maßnahmen sicherzustellen, dass dem Untergebrachten unverzüglich – binnen weniger Tage – ein Betreuer oder jedenfalls ein vorläufiger Betreuer zur Seite gestellt wird. Die vom BGH (FamRZ 2002, 744) geforderte geeignete Maßnahme einer vorläufigen

Betreuerbestellung soll je nach Sachlage auch in dem unverzüglichen Ersuchen an die Betreuungsstelle liegen können/dürfen, eine als Betreuer geeignete Person vorzuschlagen (BayObLGZ 2003, 97 = FamRZ 2003, 1322 = Rpfleger 2003, 426 = FGPrax 2003, 145). Nach BayObLG (FGPrax 2002, 191 = NJW-RR 2002, 1446 = R & P 2002, 249 mAnm MARSCHNER = Rpfleger 2003, 426), das sich der Auffassung des BGH anschloss, gilt Gleiches „für ergänzende Anordnungen des Gerichts betreffend die ärztliche Behandlung des Betroffenen und/oder Maßnahmen der Körperpflege, soweit diese Anordnungen nicht sofort zu vollziehen sind und damit noch Raum für die Bestellung eines Betreuers ist".

234 Danach ist der untergebrachten Person der Betreuer unverzüglich auch für und wegen der während der Unterbringung notwendigen stellvertretenden Entscheidungen zu bestellen. Auch in diesen Fällen dürfe die Anordnung nach § 1846 BGB nicht dazu führen, die an sich gebotene Bestellung eines Betreuers zu umgehen. Müsse in eine Heilbehandlung durch einstweilige Maßregel nach § 1846 BGB eingewilligt werden, weil noch kein Betreuer bestellt ist, so sei auch insoweit ein Betreuer in der Regel unverzüglich zu bestellen und aufzufordern, alsbald zu entscheiden, ob der Heilbehandlung zugestimmt werde (BayObLG aaO; vgl auch BayObLG FamRZ 1990, 1154, 1156). Die Auffassung des BayObLG hat nicht lediglich für die Erstbestellung des Betreuers nach gerichtlich angeordneter Unterbringung Bedeutung, sondern ebenso für den Fall, dass der Aufgabenkreis des Betreuers für Entscheidungen während und im Rahmen der Unterbringung nicht ausreicht und erweitert (ggf ein weiterer Betreuer bestellt, § 1899 Abs 1 BGB) werden muss (zur Problematik der Aufgabenkreisbestimmung BIENWALD FamRZ 2002, 747 in der Anm zu BGH FamRZ 2002, 744). Soweit das BayObLG festgestellt hat, die Anordnung der Unterbringung sei unzulässig, wenn das Gericht Maßnahmen unterlässt, die die Bestellung eines (vorläufigen) Betreuers sicherstellen (BayObLG FGPrax 2002, 191 = R & P 2002, 247), fragt es sich, ob die sich daraus ergebenden Folgen (diverse Ansprüche des unrechtmäßig untergebracht gewesenen Betroffenen) bereits bedacht worden sind.

235 Einem nach vorläufiger zivilrechtlicher Unterbringung unverzüglich bestellten vorläufigen Betreuer (BGH FamRZ 2002, 744 = NJW 2002, 1801, 1803) muss Gelegenheit gegeben werden, die Interessen des Betroffenen wahrzunehmen und die Entscheidung über die Fortdauer der Unterbringung in eigener Verantwortung zu treffen. Es muss gewährleistet sein, dass dem Betreuer diese Aufgabe bekannt ist (BayObLG FamRZ 2003, 783).

236 Da mangels anderer geeigneter Betreuer die Behörde zum Betreuer bestellt werden kann und darf, ohne dass es auf ihre Zustimmung ankommt, dürfte die Behördenbestellung auch an Wochenenden und in vergleichbaren Situationen einer gerichtlichen Notentscheidung nach § 1846 BGB generell vorzuziehen sein. Wurde bisher kein Betreuer mit Unterbringungsbefugnis bestellt, ist auch das Unterbringungsrecht des Landes nicht nachrangig; so im Falle einer Bevollmächtigung.

237 Die Frage der Anwendbarkeit des § 1846 BGB stellt sich und ist ebenso wie beim Fehlen eines Betreuers zu beantworten, wenn und obwohl der Betroffene einen **Bevollmächtigten** bestellt, diese Bevollmächtigung aus irgendeinem Grund nicht (mehr) wirksam ist oder nicht ausreicht, oder der Bevollmächtigte zwar für eine freiheitsentziehende Unterbringung zuständig ist, in dieser Hinsicht jedoch nicht oder nicht rechtzeitig tätig wird. Da Bevollmächtigte nicht den Weisungen des Gerichts nach §§ 1837, 1908i Abs 1 S 1 BGB unterliegen, bleibt nur die (ergänzende) Bestellung eines Betreuers oder die Entscheidung des Gerichts unmittelbar nach §§ 1846, 1908i Abs 1 S 1 BGB nach Maßgabe der Entscheidung des BGH (BGHZ 150, 45).

Die richterliche Anordnung der Fixierung einer untergebrachten Person als einst- **238** weilige Maßregel nach §§ 1846, 1908i Abs 1 S 1 BGB kommt nicht in Betracht, wenn dem Richter, weil die gebotenen Auskünfte nicht eingeholt worden sind, nicht bekannt ist, dass bereits ein Betreuer mit dem Aufgabenkreis der Aufenthaltsbestimmung und der Gesundheitssorge bestellt ist (OLG Frankfurt FamRZ 2007, 673).

Der auch im RegEntw des BtG in § 1908i Abs 1 S 1 BGB nicht enthaltene § 1846 **239** BGB verdankt seine Aufnahme in die Verweisungsnorm der Intervention des Bundesrates. Mit der auf Beschlussempfehlung des Rechtausschusses des Deutschen Bundestages (BT-Drucks 111/6949, 18, 85) zustande gekommenen Gesetzesfassung wurde die zivilrechtliche Unterbringung eines Betreuten auch durch unmittelbare gerichtliche Entscheidung – wie bisher – möglich. Mit der Befugnis und gleichzeitigen Verpflichtung des Gerichts, ausnahmsweise unmittelbar fürsorglich tätig zu sein, wird der Grundsatz der bloßen Kontroll- und Aufsichtsfunktion des Betreuungsgerichts in laufenden Betreuungssachen durchbrochen. Das Gericht nimmt, wenn auch nur für kurze Zeit, Funktionen des Betreuers wahr (insoweit ungenau BGHZ 150, 45 = FamRZ 2002, 744 mAnm BIENWALD), was nach den Regelungen des Betreuungsrechts zur Folge hat, dass das Gericht mangels eines Betreuers selbst unmittelbar zur Durchführung die Unterstützung der zuständigen Behörde in Anspruch nehmen müsste.

XII. Die Verlängerung der Unterbringungsmaßnahme

Sowohl die Unterbringung als auch die Maßnahme nach § 1906 Abs 4 BGB kann **240** über die zunächst vorgesehene Zeit hinaus verlängert werden. Dementsprechend kommt auch eine die Verlängerung genehmigende gerichtliche Entscheidung in Betracht. Eine vollzogene Verlängerung mit nachträglicher gerichtlicher Genehmigung nach Abs 3 S 2 dürfte auszuschließen sein. Die vom Gericht getroffene Unterbringungsmaßnahme ist stets befristet (§ 323 Nr 2 FamFG). Der Zeitpunkt, zu dem die Unterbringungsmaßnahme endet, ist Inhalt der Beschlussformel (§ 323 Nr 2 FamFG). Die Maßnahme muss deshalb **vor Ablauf der Frist** verlängert sein, wenn nicht eine Vakanz entstehen soll.

Auch für die Verlängerung gilt dann die Höchstdauer des § 329 Abs 1 FamFG **241** (MünchKomm/SCHWAB Rn 88). Die Zulässigkeit mehrfacher Verlängerungen ergibt sich aus § 329 Abs 2 S 2 FamFG, der bestimmt, dass bei Unterbringungen mit einer Gesamtdauer von mehr als vier Jahren das Gericht in der Regel keinen Sachverständigen bestellen soll, der den Betroffenen/Betreuten bisher behandelt oder begutachtet hat oder der Einrichtung angehört, in der der Betroffene/Betreute untergebracht ist (war). Zur Feststellung der materiellrechtlichen Voraussetzungen vgl BVerfG NJWE-FER 1998, 33 = BtPrax 1997, 196, wonach die **Auslegung** des § 1906 Abs 1 Nr 1 BGB dahingehend für möglich gehalten wird, dass zur Beurteilung der

Frage der Selbstgefährdung auch auf die Situation abgestellt wird, die sich ergäbe, wenn die Unterbringung des Betroffenen beendet würde.

Im Übrigen gelten für die Verlängerung der Genehmigung oder Anordnung einer Unterbringungsmaßnahme die Vorschriften für die erstmalige Genehmigung oder Anordnung entsprechend (§ 329 Abs 2 S 1 FamFG). Sämtliche Verfahrensgarantien für die Erstentscheidung gelten uneingeschränkt auch im Verlängerungsverfahren, insbesondere die zwingende Anhörung des Betroffenen (§ 319 FamFG) und die Einholung eines Sachverständigengutachtens zum Fortbestehen der Unterbringungsvoraussetzungen gemäß § 321 FamFG. Das Beschwerdegericht kann von einer erneuten Anhörung nicht absehen, wenn das Gericht des ersten Rechtszugs bei der Anhörung des Betroffenen zwingende Verfahrensvorschriften verletzt hat. In diesem Fall muss das Beschwerdegericht den betreffenden Teil des Verfahrens nachholen oder das gesamte Verfahren wiederholen (BGH FamRZ 2016, 802, 803 mwNw = MDR 2016, 789).

242   Um zu verhindern, dass die nachfolgenden erneuten Unterbringungsmaßnahmen zur gerichtlichen Routine werden, enthält § 329 Abs 2 S 1 FamFG die Regelung, dass die erneuten Unterbringungsmaßnahmen nur unter Beachtung der Verfahrensgarantien für die erstmalige Maßnahme beschlossen werden dürfen (BT-Drucks 11/4528, 186). Demgemäß müssen persönliche Anhörung, unmittelbarer Eindruck vom Betroffenen/Betreuten, Sachverständigengutachten (ggf ärztliches Zeugnis), Anhörung der sonstigen Beteiligten und der zuständigen Behörde (§ 320 FamFG) und die Bestellung eines Verfahrenspflegers (§ 317 FamFG) wie bei erstmaliger Entscheidung stattfinden (HOLZHAUER/REINICKE Rn 10). Dies trifft auch für die Bekanntmachung, die Wirksamkeit und die Anfechtbarkeit der Entscheidung sowie die Mitteilungen durch das Gericht zu. Für die Entscheidung über die Genehmigung einer vorläufigen Unterbringung und deren Verlängerung und die anschließende Unterbringung für ein Jahr kann ausnahmsweise auf eine erneute Anhörung verzichtet werden, wenn sich die Gerichte durch mehrfache Anhörungen im Rahmen der Betreuerbestellungen und einer zeitlich unmittelbar vorangegangenen vorläufigen Unterbringung einen hinreichenden Eindruck von der Erkrankung und der fehlenden Einsichtsfähigkeit der betroffenen Person verschafft haben und deshalb auch von einer weiteren Anhörung keine Erkenntnisse erwarten dürfen (OLG Rostock FamRZ 2007, 1767 [LS]). Können sich die Tatsachengerichte auf ein ca ein Jahr altes Gutachten und zusätzlich auf wiederholte ergänzende ärztliche Stellungnahmen beziehen, die eine hinreichende medizinische Entscheidungsgrundlage bieten, kann auch von einer erneuten Einholung eines Gutachtens abgesehen werden (OLG Rostock FamRZ 2007, 1767). Eine Sonderregelung iS einer Verschärfung besteht in der Bestimmung über die Bestellung des Sachverständigen (§ 329 Abs 2 S 2 FamFG). Abweichungen dürfen nur in atypischen Situationen vorgenommen werden (HOLZHAUER/REINICKE Rn 11; JÜRGENS/MARSCHNER § 329 FamFG Rn 4). Gegen das dieser Bestimmung innewohnende Misstrauen gegenüber dem Arzt WOJNAR/Bruder BtPrax 1993, 50, 51. Die Bestimmung ist auf die Fälle, bei denen ein ärztliches Zeugnis ausgestellt wurde/wird, entsprechend anzuwenden (BIENWALD/SONNENFELD/HARM/HARM § 329 FamFG Rn 18: gerichtliche Prüfung; MARSCHNER/VOLCKART/LESTING § 329 FamFG Rn 14 mwNw; aA HOLZHAUER/REINICKE Rn 13, der aber einräumt, dass ein Verstoß gegen den Amtsermittlungsgrundsatz vorliegt, wenn das Gericht in einem Verlängerungsverfahren einen voreingenommenen Arzt mit der Erstellung eines Zeugnisses beauftragt).

XIII. Erledigung in der Hauptsache/Prozessuale Überholung und effektiver Rechtsschutz

Mit Beschluss vom 30. 4. 1997 hat das BVerfG seine frühere Rechtsprechung, wo- **243** nach Art 19 Abs 4 GG bei erledigten Grundrechtseingriffen in der Regel eine nachträgliche gerichtliche Überprüfung durch die Fachgerichte nicht verlange (BVerfGE 49, 329 = NJW 1979, 154), aufgegeben und entschieden, Art 19 Abs 4 GG gewährleiste, wenn das Prozessrecht eine weitere Instanz eröffne, in diesem Rahmen die Effektivität des Rechtsschutzes iS eines **Anspruchs auf eine wirksame gerichtliche Kontrolle** (NJW 1997, 2163, 2164). Die von Art 19 Abs 4 GG gewährleistete Effektivität des Rechtsschutzes verbiete es den Rechtsmittelgerichten, so das BVerfG in der Entscheidung vom 26. 6. 1997 (R & P 1998, 39), ein von der jeweiligen Rechtsordnung eröffnetes Rechtsmittel ineffektiv zu machen und für den Beschwerdeführer „leerlaufen" zu lassen.

Handelte es sich in der erstgenannten Angelegenheit um die nachträgliche Feststel- **244** lung der Rechtswidrigkeit von Wohnungsdurchsuchungen, ging es in dem späteren Verfahren um die nachträgliche gerichtliche Überprüfung vorbeugenden Polizeigewahrsams. Unter Berufung auf die geänderte Rechtsprechung des BVerfG stellte das LG Köln (NJW 1998, 1323) fest, auch in zwischenzeitlich erledigten Unterbringungssachen (nach dem NWPsychKG) werde ein gegen die Unterbringungsanordnung eingelegtes Rechtsmittel nicht durch tatsächliche oder prozessuale Überholung unzulässig. Es habe vielmehr eine **nachträgliche Rechtmäßigkeitsprüfung** stattzufinden, die sich ausschließlich darauf erstreckt, ob die formellen und materiellen Voraussetzungen für die Unterbringungsanordnung rückblickend (ex tunc) im Zeitpunkt der angefochtenen Entscheidung gegeben waren.

Während die Entscheidung des OLG Köln (BtPrax 1998, 35), mit der es seine bisherige **245** Rechtsprechung im Hinblick auf die neuen Entscheidungen des BVerfG aufgab (vgl auch JENSEN/RÖHLIG BtPrax 1998, 17), eine Abschiebehaftsache betraf, sah das Bay-ObLG (NJW 1998, 1323) in der von ihm entschiedenen Angelegenheit die Voraussetzungen einer unzulässigen Erledigung der Hauptsache als nicht gegeben an, weil über die Beschwerde des Betroffenen noch während der Unterbringung sachlich entschieden worden war und nach dem typischen Verfahrensablauf auch eine Entscheidung durch das Rechtsbeschwerdegericht nicht von vornherein ausgeschlossen gewesen wäre. Allerdings hat sich das BayObLG in dieser Sache insoweit auch grundsätzlich geäußert, als es feststellte, im Gegensatz zu den vom BVerfG entschiedenen Fällen gehe es bei der Unterbringung nach dem Betreuungsrecht und den Unterbringungsgesetzen der Länder nicht um einen abgeschlossenen Sachverhalt. Die Rechtmäßigkeit der Unterbringung hänge vom jeweiligen Gesundheitszustand des Betroffenen ab. Die Bejahung oder Verneinung der Voraussetzungen der Unterbringung für einen bestimmten Zeitraum könne ohne aktualisierte Tatsachenfeststellung nicht für die Beurteilung der Unterbringung in einem anderen Zeitraum verbindlich sein (die Entscheidung ist außerdem in BayObLGZ 1997, 276 und FGPrax 1998, 33 veröffentlicht; zur [Un-]Zulässigkeit der **Fortsetzungsbeschwerde** s außerdem SMID in der Anm zu BayObLG FamRZ 1996, 558, 559, sowie die Beiträge von BÜRGLE und PENTZ FamRZ 1996, 1453 und 1455). Das OLG Karlsruhe schloss sich der Auffassung des BayObLG an und entschied (FamRZ 1998, 439 = FGPrax 1998, 34 = BtPrax 1998, 34), dass in Unterbringungssachen das Rechtsmittel der (damaligen) sofortigen weiteren Beschwerde unzulässig wird, wenn eine Erledigung der Hauptsache eintritt.

246 Es folgt die Entscheidung des BVerfG vom 10. 5. 1998 (BtPrax 1998, 184 = R & P 1998, 201), wonach über die Beschwerde gegen die Genehmigung einer Unterbringung im Interesse eines effektiven Rechtsschutzes grundsätzlich **auch dann** in der Sache **entschieden** werden muss, wenn die Unterbringungsmaßnahme (hier nach § 10 HFEG, § 70h FGG aF) durch **Zeitablauf** erledigt ist. Mit Beschluss vom 14. 6. 1998 (3. Kammer des Zweiten Senats, NJW 1998, 2813) stellte das BVerfG fest, es sei unter dem Aspekt des effektiven Rechtsschutzes nicht zu beanstanden, wenn das Rechtsschutzinteresse für eine weitere Beschwerde mit Rücksicht darauf verneint wurde, dass sich die Betroffene der Untersuchung freiwillig unterzogen habe, die angefochtene Anordnung nicht vollzogen worden und ein nachhaltiger Eingriff in die Grundrechte der Betroffenen daher nicht erfolgt sei. Das Saarländische OLG hat mit Beschluss von 23. 6. 1998 die Frage nachträglicher Feststellung der Rechtswidrigkeit einer Unterbringung im Hinblick auf die abweichenden Meinungen des BayObLG und des OLG Karlsruhe zum Gegenstand einer **Vorlage an den BGH** gemacht (FGPrax 1998, 197). Das SchlHOLG hatte sich im Hinblick auf die kurze Unterbringungsdauer von längstens zwei Wochen der Auffassung des BVerfG vom 10. 5. 1998 angeschlossen und die (damalige) sofortige weitere Beschwerde zur Feststellung der Rechtswidrigkeit der Unterbringung (trotz der Endigung der Maßnahme) für zulässig erachtet. Die Notwendigkeit einer Vorlage an den BGH hat es verneint (BtPrax 1998, 238, 239).

247 Es folgen Entscheidungen, die zur Frage, ob und wann eine Hauptsachenerledigung eingetreten ist und welche Konsequenzen sich daraus ergeben, seit der letzten Bearbeitung ergangen sind. Zu früheren Entscheidungen s die vorherige Bearbeitung (2006):

OLG München (7. 7. 2006 – 33 Wx 146/05; FamRZ 2006, 1617): Auferlegung notwendiger Auslagen des Betroffenen in entspr Anwendung des (damaligen) § 13a Abs 2 S 1 FGG auf die Staatskasse nach Erledigung der Hauptsache eines öffentlich – rechtlichen Unterbringungsverfahrens, Antrags auf Feststellung der Rechtswidrigkeit der Unterbringungsanordnung und der sie bestätigenden Beschwerdeentscheidung sowie der Kosten zu Lasten der Staatskasse. Zum Verfahren im Ergebnis ebenso OLG Hamm (19. 12. 2006 – 15 W 126/06; FamRZ 2007, 934) unter Aufgabe bisher anderslautender Rechtsprechung (2. 2. 1995 – 15 W 295/94; FamRZ 1995, 1595).

OLG Hamm (11. 5. 2006 – 15 W 87/06; FamRZ 2007, 763): Das Gericht gibt seine Auffassung auf, dass im (damaligen) Rechtsbeschwerdeverfahren ein rechtlich schützenswertes Interesse an einer nachträglichen Feststellung der Rechtswidrigkeit (nach tatsächlicher Erledigung der Unterbringungsmaßnahme und entsprechender Antragstellung) nur in den zeitlichen und sachlichen Grenzen bestehe, die für die ursprünglich begehrte Beschwerdeentscheidung maßgeblich waren. Der Senat ist nunmehr der Auffassung, dass die Prüfung der Rechtmäßigkeit zwischenzeitlich erledigter Unterbringung und ggf Feststellung von deren Rechtswidrigkeit lückenlos zu erfolgen habe. Das Grundrecht auf effektiven und möglichst lückenlosen Rechtsschutz gegen Akte der öffentlichen Gewalt bei schwerwiegenden Eingriffen in das Freiheitsgrundrecht (Art 19 Abs 4 GG) verlange, dass die Rechtmäßigkeit der zwischenzeitlich erledigten Maßnahme geprüft und ggf deren Rechtswidrigkeit nachträglich festzustellen sei, wobei sich ein Rechtsschutzinteresse auch auf die Feststellung der Rechtswidrigkeit der Genehmigung der Unterbringung für den Zeitraum vor Einlegung der Beschwerde bezieht (FamRZ 2007, 764).

OLG München (4. 8. 2005 – 33 Wx 36/05; FamRZ 2006, 62 [LS]): Erledigt sich ein Unterbringungsverfahren – zB durch Entlassung des Betroffenen aus der geschlossenen Abteilung eines Bezirkskrankenhauses – während eines (sofortigen) Beschwerdeverfahrens, so hat das Beschwerdegericht den nicht anwaltlich vertretenen Betroffenen darauf hinzuweisen, dass er die Möglichkeit hat, seinen Antrag auf Feststellung der Rechtswidrigkeit der Unterbringungsanordnung umzustellen.

OLG München (8. 8. 2005 – 33 Wx 133/05; FamRZ 2006, 64 [LS]): Eine (sofortige) Beschwerde mit dem Ziel, die Rechtswidrigkeit der Genehmigung einer Unterbringung festzustellen, ist zulässig, auch wenn sich die Hauptsache noch vor Erledigung des Rechtsmittels erledigt hat (vgl BayObLG 18. 3. 2004 – 3 Z BR 253/03).

OLG München (19. 10. 2005 – 33 Wx 130/05; FamRZ 2006, 506): In einem Beschwerdeverfahren über die Ablehnung eines Antrags auf Genehmigung der Unterbringung nach § 1906 BGB ist die Hauptsache erledigt, wenn nach der zurückweisenden Entscheidung des Landgerichts das Gericht einen weiteren, auf neue Tatsachen gestützten Unterbringungsantrag ablehnt. Ein Rechtsschutzbedürfnis für eine (sofortige) weitere Beschwerde gegen die landgerichtliche Entscheidung in dem früheren Unterbringungsverfahren besteht dann nicht mehr.

BGH (2. 9. 2015 – XII ZB 226/15; FamRZ 2015, 2050 mAnm SEIFERT 2052): Für die Feststellung nach § 62 Abs 1 FamFG ist kein Raum, wenn das Vorliegen des Rechtsfehlers noch vor Eintritt der Erledigung jedenfalls inzident festgestellt worden ist. Das ist auch dann zu bejahen, wenn das Beschwerdegericht einen Verfahrensfehler erkannt und geheilt hat.

BGH (8. 7. 2015 – XII ZB 600/14; FamRZ 2015, 1706, LS FamRZ 20151879 mAnm SEIFERT 1880 = MedR 2016, 330 Rn 13): Die Feststellung, dass ein Betroffener durch angefochtene Entscheidungen in seinen Rechten verletzt ist, kann grundsätzlich auch auf einer Verletzung des Verfahrensrechts beruhen. Die Feststellung nach § 62 FamFG ist dann gerechtfertigt, wenn der Verfahrensfehler so gravierend ist, dass die Entscheidung den Makel einer rechtswidrigen Freiheitsentziehung hat, der durch Nachholung der Maßnahme nicht mehr zu tilgen ist (Hinweis auf BGH FamRZ 2012, 619 Rn 27 mwNw).

C.   Finanzielle Folgen rechtswidriger Unterbringung

Verletzen Ärzte eines öffentlich – rechtlich organisierten Zentrums für Psychiatrie **248** die Amtspflicht, bei der Ausstellung von ärztlichen Zeugnissen, die eine Unterbringung rechtfertigen sollen, Fehler in des Betreuers Diagnostik und in der Gefährdungsprognose zu vermeiden, kann der infolgedessen rechtswidrig untergebrachten Person ein Schadensersatzanspruch zustehen (hier für zwei Monate ein Schmerzensgeld von 25. 0 Euro (OLG Karlsruhe 12. 11. 2015 – 9 U 78/11, R&P 2016, 67 = MedR 2016, 445 mAnm MIDDENDORF S 450). Wer im Rahmen einer öffentlich-rechtlichen Unterbringung nach PsychKG 16 Stunden lang fixiert war und während dieser Zeit ohne ausreichende Rechtsgrundlage mit diversen Medikamenten, die mit einer erheblichen Gefahr für die Gesundheit verbunden waren, zwangsbehandelt worden war, kann 5000 Euro beanspruchen (LG Berlin FamRZ 2015, 2084 [LS]).

D.   Das Verfahren zur Genehmigung einer Einwilligung des Betreuers in eine ärztliche Zwangsbehandlung der untergebrachten Person

249 Die Einwilligung des Betreuers in die gegen den natürlichen Willen des Betreuten vorzunehmende ärztliche Behandlung (ärztliche Zwangsmaßnahme) erfordert die Genehmigung des Betreuungsgerichts (§ 1906a Abs 2 BGB). Die Zwangsmaßnahme ist nur zulässig, wenn die gerichtliche Genehmigung und die Einwilligung vorliegen, bevor die Maßnahme vorgenommen werden darf. Das Verfahren des Gerichts zur Entscheidung über die Genehmigung dieser Maßnahme entspricht im Wesentlichen dem Verfahren, das die Genehmigung der Unterbringungsentscheidung des Betreuers zum Gegenstand hat (§ 312 S 1 Nr 1, S 2 FamFG).

250 Das Betreuungsgericht des BGB sieht eine ärztliche Zwangsbehandlung und die Entscheidungsbefugnis des Betreuers mit dem erforderlichen Aufgabenkreis nur für solche Betreute vor, die nach § 1906 Abs 1 BGB freiheitsentziehend untergebracht sind. Seit der auf Vorlage des BGH (FamRZ 2015, 1484 mAnm SPICKHOFF) ergangenen Entscheidung des BVerfG vom 26. 7. 2016 (FamRZ 2016, 1738 mAnm UERPMANN-WITTZACK S 1746) kann der Betreuer in eine ärztliche Zwangsmaßnahme ausnahmsweise auch dann einwilligen, wenn sich die betreute Person zwar in stationärer Behandlung befindet, jedoch nicht freiheitsentziehend untergebracht ist, weil sie faktisch nicht in der Lage ist, sich räumlich zu entfernen, sodass die Voraussetzungen einer freiheitsentziehenden Unterbringung nicht gegeben waren/sind (BVerfG FamRZ 2016, 1738 Rn 97, 98). Das BVerfG hatte den Gesetzgeber aufgefordert, die festgestellte Schutzlücke unverzüglich zu schließen und bestimmt, dass mit Rücksicht auf das Bedürfnis einer Zwangsbehandlung (bei drohenden gravierenden oder gar lebensbedrohlichen Gesundheitsschäden) die geltende Rechtslage auch auf stationär, aber nicht freiheitsentziehend, untergebrachte Personen entsprechend anzuwenden ist (BVerfG FamRZ 2016, 1738, 1745 Rn 103). Inzwischen ist das Gesetz zur Änderung der materiellen Zulässigkeitsvoraussetzungen von ärztlichen Zwangsmaßnahmen und zur Stärkung des Selbstbestimmungsrechts von Betreuten verabschiedet und im BGBl I 2017, 2426 veröffentlicht worden.

251 Die Anwendung der materiell-rechtlichen Normen erfordert keine Differenzierung der Anwendung der Verfahrensregelungen. Das Betreuungsgericht hat die betroffene Person persönlich anzuhören und sich einen persönlichen Eindruck von ihr zu verschaffen (§ 319 Abs 1 S 1 FamFG), es hat eine förmliche Beweisaufnahme durch Einholung eines Gutachtens über die Notwendigkeit der Maßnahme durchzuführen (§ 321 Abs 1 FamFG). Bei der Genehmigung einer Einwilligung in eine ärztliche Zwangsmaßnahme soll der Sachverständige nicht der zwangsbehandelnde Arzt sein. Bei der Genehmigung einer Einwilligung in eine ärztliche Zwangsmaßnahme oder deren Anordnung mit einer Gesamtdauer von mehr als zwölf Wochen soll das Gericht keinen Sachverständigen bestellen, der den Betroffenen bisher behandelt oder begutachtet hat oder in der Einrichtung tätig ist, in der der Betroffene untergebracht ist (§ 329 Abs 3 FamFG). Das Gericht hat die sonstigen Beteiligten (s dazu § 315 FamFG) anzuhören. Die zuständige Behörde soll es anhören (§ 320 FamFG). Bei der Genehmigung einer Einwilligung in eine ärztliche Zwangsmaßnahme hat das Gericht in jedem Fall der betroffenen Person einen Verfahrenspfleger zu bestellen (§ 317 Abs 1 S 3 FamFG). Auf Verlangen des Betreuungsgerichts hat die zuständige Behörde dem Gericht eine Person vorzuschlagen, die sich im Einzelfall zum Verfahrenspfleger eignet (§ 8 S 3 BtBG). Im Übrigen finden auf die ärztliche Zwangsmaßnahme die für die Unterbringung in diesem Abschnitt (Abschnitt 2 Verfahren in Unterbringungssachen) geltenden Vorschriften entsprechende Anwendung, soweit nicht anderes bestimmt ist (§ 312 S 2 FamFG). Die Beschlussformel, durch die die beabsichtigte Einwilligung in eine ärztliche Zwangsmaßnahme genehmigt wird, hat auch Angaben zur Durchführung und Dokumentation dieser Maßnahme in der Verantwortung eines Arztes zu enthalten (§ 323 Abs 2 FamFG).

Abweichend von den bisher mitgeteilten Verfahrensbestimmungen sind die Fristen **252** geregelt. Die Genehmigung einer Einwilligung in eine ärztliche Zwangsmaßnahme (oder deren Anordnung) darf die Dauer von sechs Wochen nicht überschreiten, wenn sie nicht vorher verlängert wird (§ 329 Abs 1 S 3 FamFG). Für die Verlängerung der Genehmigung oder Anordnung der Unterbringungsmaßnahme gelten die Vorschriften für die erstmalige Anordnung der Genehmigung entsprechend (§ 329 Abs 2 S 1 FamFG). Dementsprechend darf jede Verlängerung der Zwangsmaßnahme die Dauer von sechs Wochen nicht überschreiten; die Gesamtdauer einer vorläufigen Unterbringung in derselben Angelegenheit nicht drei Monate (LG Lübeck FamRZ 2016, 660).

Regelt das Betreuungsgericht die Maßnahme im Wege einstweiligen Genehmigungs- **253** verfahrens (§§ 312 S 2, 331 FamFG), darf bei der Genehmigung einer Einwilligung in eine ärztliche Zwangsmaßnahme die einstweilige Anordnung die Dauer von zwei Wochen nicht überschreiten (§ 333 Abs 2 FamFG). In einer Zwangsbehandlungssache, in der die zulässige Höchstdauer der einstweiligen Anordnung deutlich überschritten worden war, äußerte das BVerfG, diese Regelung der kurzen Fristen solle gerade sicherstellen, dass bei einer so einschneidenden Maßnahme wie der Zwangsbehandlung die Gesamthöchstdauer von sechs Wochen nicht überschritten werde und damit die Verfahrensgarantie der Begutachtung durch einen unabhängigen Sachverständigen nicht umgangen werden könne (BVerG FamRZ 2015, 1589, 1592 mAnm SPICKHOFF S 1593 Rn 38 m Hinweis auf MünchKomm/SCHMIDT-RECLA FamFG § 333 Rn 7). In einer anderen Entscheidung, in der es um eine Zwangsbehandlung während der Unterbringung nach dem ThürMRVG ging, bemängelte das BVerfG eine Verlängerung der Zwangsbehandlung für die Dauer von zwei (weiteren) Jahren (BVerfG FamRZ 2015, 1588). Die Ausgangsentscheidung in dieser Sache widerlegt in gewisser Weise die Argumentation, mit der die von der Dauer einer Unterbringung abweichende Genehmigung der Einwilligung in eine ärztliche Zwangsmaßnahme begründet worden war. Nach Erfahrungswerten der bisherigen Praxis sollte von einer wenige Wochen andauernden Behandlungsbedürftigkeit ausgegangen werden dürfen (BT-Drucks 17/11513, 8). Beschlussempfehlung und Bericht des Rechtsausschusses (6. Ausschuss) des Deutschen Bundestages hatten sich in diesem Punkt zu dem Gesetzentwurf nicht geäußert, sondern lediglich die Anfügung des Abs 3 empfohlen.

254 Wird entgegen der Begründung im Gesetzentwurf eine Zwangsbehandlung über einen längeren Zeitraum nötig, sind zum Beispiel im Laufe eines Kalenderjahres zahlreiche Genehmigungsverfahren mit den oben aufgeführten Verfahrensschritten erforderlich. Das stellt nicht nur eine außerordentliche zeitliche Belastung für das Gericht dar; das Gericht steht auch vor der Frage, ob in Anbetracht der eingeschränkten Einsatzmöglichkeiten Sachverständige in ausreichender Zahl zur Verfügung stehen. Näher dazu BIENWALD, Fristenlauf der Genehmigungen bei Unterbringung zur Zwangsbehandlung, FamRZ 2016, 1730, 1731, wobei es nicht darauf ankommt, ob die zu behandelnde Person freiheitsentziehend untergebracht ist oder lediglich stationär behandelt wird ohne freiheitsentziehend untergebracht zu sein.

§ 1907
Genehmigung des Betreuungsgerichts bei der Aufgabe der Mietwohnung

(1) Zur Kündigung eines Mietverhältnisses über Wohnraum, den der Betreute gemietet hat, bedarf der Betreuer der Genehmigung des Betreuungsgerichts. Gleiches gilt für eine Willenserklärung, die auf die Aufhebung eines solchen Mietverhältnisses gerichtet ist.

(2) Treten andere Umstände ein, aufgrund derer die Beendigung des Mietverhältnisses in Betracht kommt, so hat der Betreuer dies dem Betreuungsgericht unverzüglich mitzuteilen, wenn sein Aufgabenkreis das Mietverhältnis oder die Aufenthaltsbestimmung umfasst. Will der Betreuer Wohnraum des Betreuten auf andere Weise als durch Kündigung oder Aufhebung eines Mietverhältnisses aufgeben, so hat er dies gleichfalls unverzüglich mitzuteilen.

(3) Zu einem Miet- oder Pachtvertrag oder zu einem anderen Vertrag, durch den der Betreute zu wiederkehrenden Leistungen verpflichtet wird, bedarf der Betreuer der Genehmigung des Betreuungsgerichts, wenn das Vertragsverhältnis länger als vier Jahre dauern oder vom Betreuer Wohnraum vermietet werden soll.

Materialien: Art 1 Nr 6 DiskE I; Art 1 Nr 41 RegEntw; Art 1 Nr 47 BtG; DiskE I 148, 151; BT-Drucks 11/4528, 149 ff (BReg); BT-Drucks 11/4528, 210 (BRat); BT-Drucks 11/4528, 229 (BReg); BT-Drucks 11/6949, 14, 79 Nr 22 und 80 Nr 23 (RA); STAUDINGER/BGB-Synopse 1896–2005 § 1907. Änderung der Gerichtsbezeichnungen in der Überschrift und in den Absätzen durch Art 50 Nr 49 FGG-RG (BT-Drucks 16/6308, 143).
Gesetz zur Änderung des Grundgesetzes (Art 22 usw, 74...) v 28. 8. 2006 (BGBl I 2034); Gesetz zur Neuregelung der zivilrechtlichen Vorschriften des Heimgesetzes nach der Föderalismusreform v 29. 7. 2009 (BGBl I 2319);
Art 1 Gesetz zur Regelung von Verträgen über Wohnraum mit Pflege- oder Betreuungsleistungen (Wohn- und Betreuungsvertragsgesetz – WBVG).
Gesetz zur Umsetzung der Richtlinie über alternative Streitbeilegung in Verbraucherangelegenheiten und zur Durchführung der Verordnung über Online-Streitbeilegung in Verbraucherangelegenheiten v 19. 2. 2016 (BGBl I 254).

Schrifttum

BAUER, Zwangsbefugnisse des Betreuers im Aufgabenkreis „Wohnungsangelegenheiten"? – Anmerkungen zur Entscheidung des LG Frankfurt/Main vom 9. 6. 1993 – 2/9 T 510/93, FamRZ 1994, 1562

ders, Anmerkung zum Beschluß des OLG Frankfurt vom 28. 11. 1995 zu Az 20 W 507/95 (betr den gewaltsamen Zutritt zur verwahrlosten Wohnung des Betreuten, BtPrax 1996, 71), BtPrax 1996, 55

BINDOKAT, Vollstreckungsschutz gegen wegen Krankheit und Alters sittenwidrige Zwangsräumung, NJW 1992, 2872

BOBENHAUSEN, Wohnungskündigung durch den Betreuer, Rpfleger 1994, 13

COEPPICUS, Das Betreuungsgesetz schützt Betroffene nicht, FamRZ 1993, 1017

ders, Zur ersten Reform des Betreuungsgesetzes, Rpfleger 1996, 425 (432 zur Genehmigung einer Wohnungsauflösung)

DEINERT, Heimrecht, Textsammlung, Bundes- und landesrechtliche Vorschriften (2012)

FRIESER, Rücktritt vom Übergabevertrag mit Pflegeverpflichtung, ZFE 2002, 178

FROESE/MICHELSEN, Wohn- und Betreuungsgesetz – WBVG, Praxiskommentar (AOK-Verlag), ohne Datum

HARM, Die „Wohnungsauflösung". Gerichtliche Aufsicht und Genehmigungsverfahren, Rpfleger 2002, 59

ders, Der „Heimvertrag" und die Genehmigungspflichten gemäß § 1907 BGB, Rpfleger 2012, 53

ders, Das Wohn- und Betreuungsvertragsgesetz (WBVG), BtPrax 2015, 177

HEINEMANN, „Betreutes Wohnen" und notarieller Gestaltungsbedarf – zugleich eine kritische Betrachtung zur Neufassung des Heimgesetzes, MittBayNot 2002, 69

HEUMANN, Die Testierfreiheit von Heimbewohnern und der Regelungsgehalt des Art 14 Abs 1 Satz 1 GG, PflegeRecht 2000, 376

JOCHUM, Zur Frage von Mitteilungspflicht und vormundschaftsgerichtlicher Genehmigung bei drohendem Wohnungsverlust durch fristlose Kündigung bei Mietzahlungsverzug, § 1907 BGB, BtPrax 1994, 201

KLIE, „Plötzlich ist die Wohnung weg …", Zur Aufrechterhaltung der Wohnung bei Einzug in ein Heim nach Krankenhausaufenthalt sowie zur Problematik des § 85 Nr 3 S 2 BSHG, R & P 1990, 170

KRÜGER, Anmerkungen zum Abschluß von Heimverträgen durch den Betreuer, BtPrax 1995, 165

KUNZ/RUF/WIEDEMANN, Heimgesetz (9. Aufl 2003; 10. Aufl 2005)

MÜLLER, Zur Wirksamkeit lebzeitiger und letztwilliger Zuwendungen des Betreuten an seinen Betreuer, ZEV 1998, 219

RASCH, Wohn- und Betreuungsvertragsgesetz (2012)

RENNER, Die Wohnungskündigung im Betreuungsverfahren, BtPrax 1999, 96

ROTH, Testamente Betreuter zu Gunsten besonderer Personengruppen, NJW-Spezial 2016, 551

SCHNEIDER, Krankheit und Suizidgefahr als Vollstreckungshindernis, JurBüro 1994, 321

SCHUMACHER, Wohnraummiete und Betreuung, WuM 2003, 190

SUYTER, Neue Probleme bei der Testamentsgestaltung im Hinblick auf § 14 HeimG, ZEV 2003, 104

TSCHEPE, Aktuelle Probleme des Betreuungsrechts im Notariat, AnwBl 1993, 357

WALKER/GRUSS, Räumungsschutz bei Suizidgefahr und altersbedingter Gebrechlichkeit, NJW 1996, 352

ZSCHIESCHACK/BRÜCHER, Die „begleitete Räumung" bei Suizidankündigungen in der Räumungsvollstreckung, ZMR 2015, 745.

Systematische Übersicht

Werner Bienwald

I. Allgemeines

1. Normzweck

1 Die Einführung dieser Vorschrift hängt eng zusammen mit der Kritik an dem früheren Recht, es habe die vermögensrechtlichen Aufgaben des Vormunds und des Gebrechlichkeitspflegers stark betont und eingehend geregelt, die Personensorge demgegenüber aber in den Hintergrund treten lassen (BT-Drucks 11/4528, 70). Nach bisherigem Recht war nur der Eigentümer oder sonst an seiner Wohnung dinglich Berechtigte über § 1821 Abs 1 Nr 1 BGB vor Wohnungsaufgabe durch den Vormund oder den dazu berechtigten Pfleger geschützt. Während sich die Bestimmungen der §§ 1904–1906 BGB eindeutig auf Angelegenheiten der Personensorge beziehen, bezeichnet der RegEntw die Regelungen des § 1907 BGB als Angelegenheiten der Vermögenssorge, „die sich besonders schwerwiegend auf die persönlichen Lebensverhältnisse des Betreuen auswirken" (BT-Drucks 11/4528, 70).

2 Die Vorschrift soll mit ihren beiden ersten Absätzen die Wohnung als räumlichen Mittelpunkt der Lebensverhältnisse des Betreuen schützen (BT-Drucks 11/4528, 149).

Diesen Schutz soll der Betreute insbesondere dadurch nicht verlieren, dass er untergebracht werden musste oder die Wohnung wegen eines Krankenhausaufenthalts nicht nutzen kann. Die Wohnung kann dann die Möglichkeit und die Erwartung und Hoffnung des Betreuten verkörpern, bei Beendigung der Unterbringung oder des Krankenhausaufenthalts in seine frühere Umgebung zurückzukehren (BT-Drucks 11/4528, 83). Die Gefahr einer unzeitigen (dh zu frühen) Aufgabe der Wohnung sieht der RegEntw zutreffend in dem Zusammentreffen verschiedener Interessierter mit dem gleichen Ziel („Gleichklang"), den Betreuten in ein (Alten-)Heim oder in eine ähnliche Einrichtung zu verbringen und die Wohnung aufzulösen. Als Interessierte waren bisher allerdings nicht nur Betreuer, Vermieter und Nachbarn (so BT-Drucks 11/4528, 84) festzustellen, sondern auch Stellen, die eine Doppelfinanzierung von Wohnung und Krankenhaus- oder Heimaufenthalt möglichst schnell beenden wollten, sowie Angehörige, die den (begrenzten) Pflegeaufwand nicht mehr leisten konnten oder wollten und eine etwaige Erbschaft nicht durch ihrer Auffassung nach unnötige Mietkosten gemindert sehen wollten.

Ob die getroffene Regelung den mit ihr verfolgten Absichten gerecht werden konn- **3** te und wird, ließe sich nur anhand rechtstatsächlicher Untersuchungen beantworten. Von ihnen ist jedoch nichts bekannt. Die Große Anfrage der SPD-Bundestagsfraktion zum Betreuungsrecht (BT-Drucks 13/3834 = BtPrax 1996, 21), auf die die BReg mit der BT-Drucks 13/7133 antwortete, interessierte sich nicht für die Anwendung und die Nichtanwendung des § 1907 BGB. Auch die vom BMJ in Auftrag gegebene „Rechtstatsächliche Untersuchung" hat ihr Augenmerk nicht darauf gelenkt (vgl SELLIN/ENGELS, Qualität, Aufgabenverteilung und Verfahrensaufwand bei rechtlicher Betreuung [2003]). Die weitere vom BMJ in Auftrag gegebene Untersuchung diente der Evaluation des Zweiten Betreuungsrechtsgesetzes und hier insbesondere der Auswirkungen der Neuregelung des Vergütungssystems sowie der Qualität der Arbeit der an der Betreuungspraxis beteiligten Personen und Stellen (KÖLLER/ENGELS, Rechtliche Betreuung in Deutschland, Evaluation des Zweiten Betreuungsrechtsänderungsgesetzes [2009]).

Die Vorstellung des Gesetzgebers und von Kritikern früherer Praxis, der Wechsel **4** von der Wohnung in ein Heim, wenn denn nach einem Krankenhausaufenthalt erforderlich, werde mit Bedacht und Behutsamkeit vorgenommen werden, erweist sich zumindest in den Fällen als zum Teil illusionär, in denen Sozialämter übernommene Mietkosten unmittelbar der Vermieterseite überweisen, die Überweisungen aber alsbald nach Bekanntwerden einer Aufenthaltsveränderung einstellen, auch ohne den Betreuer zu informieren, sodass dieser davon erst im Zusammenhang mit einer Kündigung erfährt. In dieser Beziehung hat sich letztlich durch § 1907 BGB gegenüber der Zeit vor dem BtG wenig geändert, wo Sozialämter mit der Ankündigung, die Mietzahlungen nicht mehr zu übernehmen, die betreffenden Vormünder und Pfleger unter Druck setzten, eine baldige räumliche Veränderung für den Betroffenen vorzunehmen. Zu Mängeln bei der Anwendung der Vorschrift bereits COEPPICUS Rpfleger 1996, 425, 432; vgl im Übrigen HARM Rpfleger 2002, 59, der von „Heimverschaffung" spricht. Zur gegenwärtigen Situation s unten Rn 43.

Das Erfordernis einer betreuungsgerichtlichen **Genehmigung entfällt** für eine Kün- **5** digung des Mietverhältnisses (zB) **nicht dadurch**, dass der Betreuer infolge der

Zahlungseinstellung oder eines sonstigen Drucks das Mietverhältnis beenden will, auch wenn er keine Möglichkeiten sieht, die Kosten für die Miete aufzubringen.

6 Durch das BtÄndG hat die Vorschrift keine Änderung erfahren. Während § 1904 BGB und § 1906 BGB **Entscheidungen eines Bevollmächtigten** grundsätzlich einer gerichtlichen Kontrolle unterwerfen, wurde für § 1907 BGB Vergleichbares nicht vorgesehen. Demgegenüber sah der Entwurf eines zweiten BtÄndG die Einführung eines Vertretungsrechts für nahe Angehörige und in diesem Zusammenhang auch die Anwendung des § 1907 Abs 1 und 3 BGB vor (§ 1358 Abs 2 Nr 4 BGB-E; BT-Drucks 15/2494, 5). Die Einführung eines gesetzlichen Vertretungsrechts für nahe Angehörige hat sich jedoch im Gesetzgebungsverfahren nicht durchsetzen lassen.

Ein Mietverhältnis endet mit dem Zugang der Kündigungserklärung an den – notariell – Generalbevollmächtigten der betroffenen Person, ohne dass es eines Betreuers bedarf (LG Hamburg ZMR 2016, 627). Gerechtfertigte fristlose Kündigung gegenüber dem unter Betreuung stehenden Mieters bei vorsätzlicher nicht unerheblicher Körperverletzung eines Mitbewohners und Unzumutbarer Fortsetzung des Mietverhältnisses (AG München ZMR 2016, 532).

7 Die mit der Neufassung des BGB vom 2. 1. 2002 (BGBl I 42) eingeführte amtliche Überschrift des § 1907 BGB trifft nicht die Bedeutung und Reichweite der Vorschrift (HARM Rpfleger 2002, 59). Mit dem Begriff der „Heimverschaffung" (HARM Rpfleger 2002, 59) wird allerdings ebenfalls der Regelungsgehalt verkürzt. Es mag sein, dass der Umzug in ein Heim oder in eine ähnliche Einrichtung der häufigste Anwendungsfall der Vorschrift ist oder doch sein müsste. Um eine Aufgabe des Lebensmittelpunktes handelt es sich aber auch dann, wenn Angehörige eine betreute Person aufnehmen und infolgedessen die bisher innegehabte Wohnung/ Räumlichkeit aufgegeben werden soll.

2.   Stärkung auch der Betreuerposition

8 In ihren Wirkungen soll die Vorschrift nicht nur den Betreuten vor seinem an der baldigen Auflösung des Wohnverhältnisses des Betreuten interessierten Betreuer, sondern auch den Betreuer selbst schützen, der das Bestreben hat, dem Betreuten möglichst lange die Chancen einer Rückkehr in den häuslichen Bereich offenzuhalten, sich aber dem Druck der Behörden oder sonstigen Institutionen, uU auch von Angehörigen des Betreuten, ausgesetzt sieht und sich dagegen kaum oder gar nicht zur Wehr setzen kann.

3.   Instrumente der Schutzgewährung

9 Zur Verhinderung vorzeitiger Wohnungsaufgabe und -auflösung sieht die Vorschrift einen **Genehmigungsvorbehalt** für die Kündigung von Wohnraum, den der Betreute gemietet hat (Abs 1 S 1), sowie für sonstige Willenserklärungen vor, die auf die Aufhebung eines solchen Mietverhältnisses gerichtet sind (Abs 1 S 2). Um das Betreuungsgericht in die Lage zu versetzen, wirksam für die Interessen des Betreuten einzutreten, verpflichtet Abs 2 S 1 den Betreuer zu **unverzüglicher Mitteilung** von Umständen, die auf die Beendigung des Mietverhältnisses hinzielen. Der Betreuer ist außerdem zu unverzüglicher Mitteilung verpflichtet, wenn er Wohnraum des

Betreuten auf andere Weise als durch Kündigung oder Aufhebung eines Mietverhältnisses aufgeben will (Abs 2 S 2).

4. Ergänzung der Regelung; landesrechtliche Besonderheiten

Die Vorschrift wird ergänzt durch § 1901 Abs 5 BGB. Die Mitteilungspflichten des **10**
Abs 2 sind an bestimmte Zuständigkeiten gebunden. Treten iSv Abs 2 S 1 Umstände
ein, ohne dass ein Betreuer für die Mitteilung zuständig ist, besteht Informationsbedarf nach § 1901 Abs 5 BGB, sodass das Gericht mit einer Erweiterung des Aufgabenkreises oder der Bestellung eines weiteren Betreuers (uU auch durch eigenes
Handeln nach § 1846 BGB) reagieren kann.

Auf die **Aufgabe der Wohnung nach dem Tod des Betreuten** und auf die dann erfol- **11**
gende Kündigung des Heimvertrags ist § 1907 BGB nicht mehr anzuwenden. Die
Betreuung und damit auch das Betreuungsrechtsverhältnis endet grundsätzlich bis
auf die gesetzlich geregelten Ausnahmen mit dem Tod der betreuten Person. Außerdem besteht zu Gunsten Anderer kein durch diese Norm zu schützendes Interesse.

Als einziges Land sieht Hamburg in seinem Ausführungsgesetz vor, dass die Vor- **12**
schriften des § 1907 BGB, soweit sie die Aufsicht des Betreuungsgerichts in vermögensrechtlicher Hinsicht betreffen, gegenüber der zum Betreuer bestellten Behörde
nicht angewendet werden (§ 3 Abs 1 HmbAGBtG, HambGVBl 1993, 149).

II. Zur Entstehungsgeschichte

Die Vorschrift entstand aus zwei Vorgängerbestimmungen (§ 1907 und § 1908 BGB) **13**
des RegEntw (BT-Drucks 11/4528, 16), von denen § 1907 Abs 1 und Abs 2 S 1 BGB
bereits dem DiskE I entstammen. Abs 3 war ursprünglich § 1908 des RegEntw. Um
auch die Aufgabe der Wohnung des Betreuten, die dieser als Eigentümer oder sonst
dinglich Berechtigter besitzt, durch den Betreuer der gerichtlichen Genehmigung zu
unterstellen, schlug der BRat in seiner Stellungnahme eine andere Fassung des
Abs 1 S 1 vor (BT-Drucks 11/4528, 210). Die BReg stimmte in ihrer Gegenäußerung
dem Anliegen grundsätzlich zu, sprach sich aber gegen die Aufnahme der „Wohnungsaufgabe" in den Gesetzestext aus und formulierte einen Gegenvorschlag, der
in Form des Abs 2 S 2 Gesetz geworden ist (BT-Drucks 11/4528, 229). Im Rechtsausschuss wurde der Vorschlag der BReg einstimmig angenommen (BT-Drucks 11/6949,
79).

III. Grundsätzliches

1. Die Zuordnung der Aufgabe

a) Das Problem

Die Vorschrift dient der Stärkung der Personensorge. Ihre Zuordnung zur Perso- **14**
nensorge wird jedoch überwiegend (zT unter Hinweis auf die Materialien: BT-Drucks 11/
4528, 70) verneint (KLÜSENER Rpfleger 1991, 225, 228). Die dort enthaltene Formulierung
des Regelungsgegenstandes „Angelegenheit der Vermögenssorge, die sich besonders
schwerwiegend auf die persönlichen Lebensverhältnisse des Betreuten auswirkt"
(BT-Drucks 11/4528, 70), lässt die soziale Situation außer Betracht und erfasst allenfalls

einen Teil der Norm. Insbesondere das Verständnis von Wohnung als dem räumlichen Mittelpunkt der Lebensverhältnisse des Betreuten steht einer Zuordnung zur Vermögenssorge entgegen (aA nunmehr auch BOBENHAUSEN Rpfleger 1994, 13; wie hier im Ergebnis JÜRGENS, in: JKMW Rn 197).

15 Die umstrittene Zuordnung der durch § 1907 BGB erfassten Angelegenheiten zu bestimmten Aufgabengruppen (vgl BOBENHAUSEN Rpfleger 1994, 13 mwNw) dient nicht in erster Linie einem Systematisierungsinteresse, sondern der im jeweiligen Genehmigungsfall notwendigen Feststellung der Handlungsbefugnis des Betreuers. Auch in den übrigen Fällen des § 1907 BGB kommt es für die Pflichten des Betreuers auf die Zuordnung zu dessen Aufgabenkreis an. Praktisch ohne Bedeutung ist die Frage nur dort, wo das Gericht die beabsichtigte Entscheidung des Betreuers nicht billigt. Trifft der Betreuer eine für erforderlich gehaltene Entscheidung nicht, kann das Betreuungsgericht dem Betreuer dessen Untätigkeit nur vorhalten (§§ 1837, 1908i Abs 1 S 1 BGB), wenn er aufgrund seines Aufgabenkreises zum Handeln berechtigt und verpflichtet gewesen war.

16 Erstreckt sich der Aufgabenkreis des Betreuers nicht darauf, kann die beabsichtigte Rechtshandlung nicht genehmigt werden; wegen fehlender Rechtsmacht ist sie ohnehin wirkungslos (HOLZHAUER/REINICKE Rn 4). Auch mangelt es an der Zuständigkeit des Gerichts, eine Genehmigung zu einer Rechtshandlung zu erteilen, die der Betreuer rechtmäßig nicht vornehmen kann. Eine gerichtliche Genehmigung könnte den Mangel an materiellrechtlicher Handlungsbefugnis des Betreuers nicht ersetzen. Dem Rechtspfleger, der die nach § 1907 erforderliche Genehmigung erteilt (§ 3 Nr 2 Buchst a, § 15 Abs 1 RPflG), obliegt es deshalb, für die Zwecke der Genehmigungsentscheidung die Kompetenz des Betreuers zu überprüfen. Aus Gründen seiner Aufsichtsführung wird er gleichzeitig darauf zu achten haben, dass der erforderliche Aufgabenkreis für notwendige Handlungen im Zusammenhang mit § 1907 BGB dem Betreuer zugewiesen worden ist. Ggf müssten die oa Ergänzungen angeregt werden.

b) Diskussion

17 Die Verpflichtungen des Abs 2, die an bestimmte enumerativ aufgeführte Aufgabenkreise gebunden sind, schließen eine Zuordnung zur Vermögenssorge allein aus. Der umfassendste Aufgabenkreis „Alle Angelegenheiten" und auch der Aufgabenkreis „Personen- und Vermögenssorge" umfassen die in § 1907 BGB enthaltenen Handlungsbefugnisse und -verpflichtungen des Betreuers. Ob auch die in § 1896 Abs 4 BGB genannten Angelegenheiten dem Betreuer zugewiesen wurden, ist in diesem Zusammenhang ohne Belang. Wird als Folge einer Wohnungsaufgabe ein Telefonanschluss uä aufgegeben, handelt es sich um Folgewirkungen der Wohnungsaufgabe und stellt nicht eine Entscheidung (Kontrolle) über den Fernmeldeverkehr des Betroffenen dar. Bedenken bestehen, wenn nur Teilbereiche erfassende Aufgabenkreise formuliert werden.

18 Ob die Angelegenheiten des § 1907 BGB (je nachdem alle oder nur ein Teil von ihnen) erfasst werden, hängt von der Formulierung des Aufgabenkreises, seinem allgemeinen Verständnis und der Sorgfalt der Ermittlungen ab, weil etwa eine Bezeichnung „Mietverhältnis" nicht präzise genug sein dürfte, um die Aufgabe von Räumen zu erfassen, die nicht aufgrund eines regulären Mietverhältnisses ge-

nutzt werden. Auch die Bezeichnung „Wohnungsangelegenheiten" kann zu Zweifeln Anlass geben, wenn nicht näher angegeben wird, um welche Wohnung es sich handelt, und nicht zweifelsfrei festzustellen ist, dass der Betreute nur eine Wohnung hat (vgl KLÜSENER Rpfleger 1991, 225, 228, DAMRAU/ZIMMERMANN Rn 4). Alltagssprachlich erfasst die Formulierung „Wohnungsangelegenheiten" eher die der Wohnungserhaltung und nicht die ihrer Aufgabe dienenden Aktivitäten eines Mieters oder Benutzers, sodass ein Zusatz: einschl der Beendigung des Miet- oder Nutzungsverhältnisses (oä) geboten, zumindest empfehlenswert erscheint. Dass sich der Aufgabenkreis des Betreuers auf das Mietverhältnis erstrecken muss (ERMAN/ROTH Rn 4), löst nicht das Problem einer geeigneten Formulierung und Fassung des Aufgabenkreises. Nach der von BOBENHAUSEN (Rpfleger 1994, 13, 14) vorgenommenen Differenzierung der zum Lebenssachverhalt „Umzug in ein Heim" zu rechnenden Entscheidungen bzw Handlungen des Abs 1 unterliegt die Kündigung des Mietvertrags über die bisher genutzte Wohnung (bzw der Aufhebungsvertrag darüber oder die Entscheidung über die weitere Verwendung der eigenen Wohnung) sowie der Abschluss eines neuen Mietvertrages (Heimvertrages) – hier kommt es auf den Inhalt der Vereinbarung an – der gerichtlichen Genehmigung. Die Willensbekundung zur Aufhebung des bisherigen Aufenthalts und die Begründung eines neuen sowie die Räumung der bisherigen Wohnung werden von dem Genehmigungsvorbehalt des § 1907 Abs 1 nicht erfasst.

Die Zuordnung der Kündigung des Mietvertrags und der anderen der Aufgabe oder **19** anderweitigen Nutzung der bisher innegehaltenen Wohnung (Räumlichkeiten) dienenden Erklärungen bzw Handlungen zur Vermögenssorge (BOBENHAUSEN Rpfleger 1994, 13, 14) verdeutlicht die Fragwürdigkeit, einen komplexen Lebenssachverhalt, in dem insgesamt der Betreute für schützenswert angesehen wurde, in Bestandteile aufzuteilen, für die aufgrund bestimmter Zuordnungen der Betreuer uU (noch) gar nicht zuständig ist. Obwohl der Wechsel von Wohnung zu Heim der häufigste Anwendungsfall des § 1907 sein dürfte, sollten die übrigen, nicht typisch verlaufenden, dennoch aber von § 1907 erfassten Fälle nicht außer Betracht gelassen werden.

Nach bisherigem Verständnis reichte für die Erfassung der Angelegenheiten des **20** § 1907 Abs 1 und 2 das **Aufenthaltsbestimmungsrecht** aus. Bei allen Bedenken wegen der Missbrauchsgefahr (COEPPICUS FamRZ 1993, 1017, 1024 ff) hat dieser Aufgabenkreis die größte Nähe zu dem Vollzug einer realen Aufenthaltsbestimmung durch die Schaffung oder Veränderung räumlicher Bedingungen für den Aufenthalt eines Betreuten (anders für Abs 2 S 2 MünchKomm/SCHWAB Rn 19; SOERGEL/DAMRAU Rn 7 sieht dagegen keinen Unterschied zu Abs 2 S 1). Insbesondere für die Mitteilungspflicht des Abs 2 besteht kein Bedürfnis, dafür einen weitergehenden Aufgabenkreis zu verlangen, weil durch die Mitteilung des Betreuers an das Betreuungsgericht die Möglichkeit gegeben ist, je nach konkreter Bedarfslage den Anwendungsbereich des Betreuers für die gewünschten Zwecke zu erweitern oder einen weiteren Betreuer zu bestellen. Das reicht aus, um dem Schutzbedürfnis des Betreuten gerecht zu werden. Da durch die Verpflichtung des Abs 2 nicht ein (weiterer) Eingriff in die Rechte des Betreuten bewirkt wird, bedarf es auch aus diesem Grunde keiner eigenen Aufgabenzuweisung. Gegen das Herausheben einzelner zur Aufenthaltsbestimmung zu rechnender Handlungen oder Entscheidungen (etwa mit dem Wort „insbesondere") ist nichts einzuwenden. Nach DAMRAU/ZIMMERMANN[2] Rn 1 reicht der Aufgabenkreis der Vermögenssorge für Verträge nach Abs 3, nicht dagegen für Fragen der Wohnungsauflösung der Absätze 1 und 2. Die Praxis behilft sich vielfach mit dem konturenarmen Begriff der Wohnungsangelegenheiten, hat aber damit offensichtlich, wie aus der veröffentlichten Rechtsprechung zu erkennen ist, keine Umsetzungsprobleme.

2. Erweiterung des durch § 1821 gewährleisteten Schutzes

21 Die Vorschrift erweitert den bisher in § 1821 Abs 1 Nr 1 und 4 BGB enthaltenen Schutz, der unmittelbar für die Vormundschaft und durch die Bezugnahme in § 1908i Abs 1 S 1 BGB auch für die rechtliche Betreuung gilt.

3. Reichweite der Norm

22 Die Regelung der Abs 1 und 2 betrifft nur Mietverhältnisse über **Wohnraum**. Die Kündigung eines Pachtverhältnisses ist in den Schutz der Vorschrift nicht einbezogen worden, auch nicht für diejenigen Fälle, bei denen das Pachtobjekt Wohnraum enthält. Der RegEntw ist davon ausgegangen, dass in solchen Fällen in aller Regel eine gewerbliche oder sonst dem Erwerb dienende Nutzung nicht nur rechtlich, sondern auch tatsächlich im Vordergrund stehen wird, sodass eine Anwendung der in § 1907 enthaltenen Regelung deshalb in erster Linie auf eine Überwachung der erwerbswirtschaftlichen Betätigung des Betreuten hinauslaufen und damit den Regelungsrahmen der Vorschrift überschreiten würde (BT-Drucks 11/4528, 151). Gleichwohl könnte im Einzelfall der Schutzzweck der Norm eine entsprechende Anwendung auch bei Vorliegen von Pacht(ähnlichen)-Verhältnissen erforderlich werden lassen (BIENWALD, BtR[2] Rn 16).

4. Einschränkende und ausdehnende Interpretation

23 Abs 1 und 2 betreffen die Beendigung des Mietverhältnisses, also einer vertraglich geregelten Rechtsbeziehung zwischen Vermieter und Mieter, die eine entgeltliche Gebrauchsüberlassung von Räumlichkeiten mit oder ohne ein dazugehörendes Grundstück zum Gegenstand hat (BIENWALD, BtR[2] Rn 14). Der Zweck der Vorschrift, die unkontrollierte unzeitige Aufgabe des Lebensmittelpunktes des Betreuten zu verhindern, erfordert jedoch eine teils einschränkende, teils ausdehnende Interpretation (MünchKomm/SCHWAB Rn 8).

24 Hat der Betreute Wohnraum gemietet, ohne darin selbst zu wohnen (zB für den studierenden Sohn oä, wobei es nicht darauf ankommt, dass dieser Zweck bereits bei Vertragsschluss beabsichtigt war), genießt die Aufgabe dieses Wohnraums, die aus Kostengründen notwendig werden könnte, nicht den Schutz des § 1907 (MünchKomm/SCHWAB Rn 9; ERMAN/ROTH Rn 2), sofern es sich um die Betreuung des Mieters dieses Wohnraums handelt. Wird dem Sohn (oder der Tochter), wegen dessen Ausbildung der Wohnraum gemietet worden war, ein Betreuer bestellt und will dieser den Wohnraum aufgeben, kommt eine unmittelbare Anwendung des Abs 1 und des Abs 2 S 1 nicht in Betracht; gleichwohl handelt es sich – regelmäßig – in einem solchen Fall um eine räumliche Veränderung des Lebensmittelpunktes dieses Betroffenen, sodass jedenfalls eine Mitteilungspflicht gemäß Abs 2 S 2 besteht.

Es kommt nicht darauf an, wer den Mietvertrag geschlossen hat. Entscheidend ist, **25**
dass der Betreute durch den Mietvertrag die Rechtsposition des (Mit-)Mieters erworben hat. § 1907 BGB ist auch anzuwenden, wenn der Betreute in das bestehende
Mietverhältnis als Ehegatte, Familienangehöriger (§§ 563, 563a BGB), Lebenspartner, Erbe oder in ähnlicher Position eingetreten ist.

5. Entsprechende Anwendung auf andere Wohn-/Lebensverhältnisse

Da dem Wortlaut der Vorschrift nach in Abs 1 und 2 nur Mietverhältnisse von dem **26**
Schutz erfasst werden, die realen Lebensverhältnisse von Betroffenen aber sehr
verschiedene Wohnformen aufweisen, stellt sich die Frage einer entsprechenden
Anwendung der Bestimmungen auf solche Wohnverhältnisse. Die Beantwortung
dieser Frage steht in engem Zusammenhang mit dem Verständnis und der Reichweite des Abs 2 S 2. Die Materialien geben darüber keinen hinreichenden Aufschluss. Anliegen des BRates war es, „auch die Aufgabe der Wohnung des Betreuten, die dieser als Eigentümer oder sonst dinglich Berechtigter besitzt", der
Genehmigung des Gerichts zu unterstellen (BT-Drucks 11/4528, 210). Die BReg stimmte diesem Anliegen, „den Schutz des Betreuten gegen die faktische Aufgabe einer
ihm gehörenden Wohnung bzw einer Wohnung, zu deren Gebrauch er aufgrund
eines dinglichen Rechts berechtigt ist, zu verstärken", in ihrer Gegenäußerung
grundsätzlich zu, schlug jedoch eine Formulierung vor, die über diese Absicht hinausgehen könnte, wenn man nicht den Begriff „Wohnraum des Betreuten" nur als
Ausdruck der dinglichen Berechtigung erkennen will. Abs 1 bezieht sich seinem
Wortlaut nach nur auf die Beendigung einer Wohnberechtigung durch Willenserklärung und sieht demgemäß nur die Genehmigung des Betreuungsgerichts zu einer
Willenserklärung vor, nimmt also eine tatsächliche Aufgabe von Wohnraum aus.
Würde man eine entsprechende Anwendung von Abs 1 auf die tatsächliche Aufgabe
von Wohnraum in Fällen der genannten sonstigen Wohnformen ablehnen, bliebe ein
Schutz nur über Abs 2 S 2 übrig. Hiergegen spricht der schwache Schutz, den die
bloße Mitteilung einer beabsichtigten Veränderung der Wohnsituation bietet im
Gegensatz zu einem Genehmigungsvorbehalt, der eine ähnliche Wirkung entfaltet
wie in den §§ 1904 ff BGB. Abs 1 sollte deshalb eine entsprechende Anwendung auf
sämtliche **Nutzungsverhältnisse von Wohnraum** erfahren, die für den Betreuten eine
Erlaubnis oder Duldung des Wohnens enthalten (ähnlich bereits BIENWALD, BtR²
Rn 14 ff).

Dazu sind aber auch **Heimverträge** zu rechnen, bei denen die Leistungen der Ein- **27**
richtung nicht lediglich in der Pflege der Bewohnerinnen und Bewohner bestehen.
Denn selbst wenn der Raum, in dem die betreffende hilfebedürftige Person lebt,
nicht vermietet wird, so wird doch vielfach das Mitbringen eigener Gegenstände wie
Mobiliar (soweit dafür Platz vorhanden) und Bilder usw gestattet oder vereinbart
sein, um eine persönliche Wohnatmosphäre entstehen zu lassen, die es ausschließt,
sich hinsichtlich der Aufgabe des Lebensmittelpunktes (und eines etwaigen Genemi-
migungsvorbehalts) an bestimmten Merkmalen des Heimvertrages oder des Miet-
rechts festzuhalten. **AA** LG Münster (FamRZ 2001, 1404 = Rpfleger 2001, 180 = BtPrax 2001,
81), das die Anwendung des § 1907 BGB auf die Kündigung eines Vertragsverhält-
nisses über einen Pflegeheimplatz nicht (entsprechend) anwenden will. Im Ergebnis
ebenso HARMS (Rpfleger 2002, 60, 61), der dem Heimplatz grundsätzlich die Eigenschaft des Wohnraums abspricht, den Heimwechsel, auch wenn es sich nicht um

„Wohnraum" iSd § 1907 handelt, aber der Aufsicht des Gerichts unterstellt. Formen des **Betreuten Wohnens**, für die das HeimG nicht gilt/galt (bisher § 1 Abs 2 HeimG; näher KUNZ/BUTZ/WIEDEMANN HeimG [2003] § 1 Rn 14), fallen unter den Genehmigungsvorbehalt dieser Vorschrift ebenso wie Formen gemeinschaftlichen Wohnens, bei denen unterschiedliche Eigentums- und Besitzverhältnisse (Nutzungsverhältnisse; nicht unbedingt Mietverhältnisse) bestehen können (zB bei **Seniorenwohngemeinschaften; Mehrgenerationenhäuser**). Dazu sind Heimverträge zu rechnen, bei denen nicht die Pflegeleistung überwiegt, auch Wohnverhältnisse bei Angehörigen, gleichgültig ob hiermit eine Pflegeleistung verbunden ist oder nicht.

28 Es kann auch nicht auf die Wirksamkeit von Mietverhältnissen abgestellt werden, weil andernfalls der durch einen Nichtbetreuten, aber nicht Geschäftsfähigen, hergestellte Zustand eines Wohnverhältnisses nicht geschützt wäre.

29 Der von der Bund-Länder-Arbeitsgruppe „Betreuungsrecht" vorgeschlagene und von der Konferenz der Justizministerinnen und Justizminister am 6. 11. 2003 gebilligte Entwurf eines 2. BtÄndG sah die Vertretung eines Ehegatten oder Lebenspartners durch den anderen in einigen Lebensbereichen für den Fall vor, dass dieser Ehegatte oder Lebenspartner außerstande ist, selbst die erforderliche Entscheidung zu treffen. Unter anderem bestimmte ein neu einzufügender § 1358 BGB-E, dass der andere Ehegatte (oder Lebenspartner, § 8 Abs 2 LPartG) „ein Mietverhältnis, an dem der Ehegatte als Mieter beteiligt ist, kündigen oder aufheben, in dessen Namen einen Heimvertrag abschließen und Rechte und Pflichten aus einem Heimvertrag wahrnehmen" können sollte; § 1907 Abs 1 und 3 BGB sollten in diesem Fall entsprechend gelten. Diese Regelung ist jedoch nicht Gesetz geworden.

Exkurs Heimrecht

30 Durch die Föderalismusreform ging die Gesetzgebungskompetenz in dem Bereich des (sozialen) Heimrechts auf die Länder über. Soweit das Heimrecht Elemente des bürgerlichen Rechts enthält, besteht weiterhin die konkurrierende Regelungszuständigkeit des Bundes. Als Bundesgesetz wurde das „Gesetz zur Regelung von Verträgen über Wohnraum mit Pflege- oder Betreuungsleistungen (Wohn- und Betreuungsvertragsgesetz – WBVG)" erlassen, das am 1. 10. 2009 in Kraft trat.* Es wurde geändert durch Artikel 2 des Gesetzes zur Umsetzung der Richtlinie über alterna-

---

* **Schrifttum:** BACHEM/HACKE, Wohn- und Betreuungsvertragsgesetz, Kommentar (1. Aufl 2015); BURMEISTER/GASSNER/MELZER/MÜLLER, Bayerisches Pflege- und Wohnqualitätsgesetz (2. Aufl 2015); DICKMANN, Wohn- und Teilhabegesetz, Alten- und Pflegegesetz (NRW) (2. Aufl 2016); DISSEL-SCHNEIDER, Landesgesetz über Wohnformeen und Teilhabe. Rheinland-Pfalz (2015); DRASDO, Das Wohn- und Betreuungsvertragsgesetz, NJW 2010, 1174; ders, Heimverträge unter Wohn- und Betreuungsgesetz, NJW Spezial 2011, 289; HÖFER, Wohn- und Betreuungsvertragsgesetz (WBVG) (2. Aufl 2010); MICHELCHEN/FROESE, Niedersächsisches HeimG (2012); SAMLAND, Neuordnung des Heimrechts durch das aktuelle Wohn- und Betreuungsvertragsgesetz (WBVG), Heim-Pflege 2009, 279; SCHMITT/KÜFNER-SCHMITT, Heimrecht für Baden-Württemberg, Kommentar zum LHeimG und WBVG (2012); THEISEN (Hrsg), Hessisches Gesetz über Betreuungs- und Pflegeleistungen (HGBP), Praxiskommentar (2014); WILCKEN/DINTER/SHAFAEI, Heimrecht für Berlin, Brandenburg, Mecklenburg-Vorpommern zum WTB, BbgPBWoG, EQG M-V und WBVG (2012).

tive Streitbeilegung in Verbraucherangelegenheiten und zur Durchführung der Verordnung über Online-Streitbeilegung in Verbraucherangelegenheiten vom 19. 2. 2016 (BGBl I 254). Das Gesetz ist anzuwenden auf einen Vertrag zwischen einem Unternehmer und einem volljährigen Verbraucher, in dem sich das Unternehmen zur Überlassung von Wohnraum und zur Erbringung von Pflege- oder Betreuungsleistungen verpflichtet, die der Bewältigung eines durch Alter, Pflegebedürftigkeit oder Behinderung bedingten Hilfebedarfs dienen (§ 1 Abs 1 S 1 WBVG). War der Verbraucher bei Abschluss des Vertrags geschäftsunfähig, so hängt die Wirksamkeit des Vertrags von der Genehmigung eines Bevollmächtigten oder Betreuers ab. § 108 Abs 2 BGB ist entsprechend anzuwenden. In Ansehung einer bereits bewirkten Leistung und deren Gegenleistung gilt der Vertrag als wirksam geschlossen. Solange der Vertrag nicht wirksam geschlossen worden ist, kann der Unternehmer das Vertragsverhältnis nur aus wichtigem Grund für gelöst erklären; die §§ 12 und 13 Abs 2 und 4 sind entsprechend anzuwenden (§ 4 Abs 2 WBVG).

Der in der Praxis der Heimunterbringung bedeutsame § 14 HeimG, der dem Träger eines Heims untersagte, sich von oder zugunsten von Bewohnern Geld- oder geldwerte Leistungen über das nach § 4 HeimG vereinbarte Entgelt hinaus versprechen oder gewähren zu lassen, wurde in die Gesetze der Länder übernommen (vgl § 14 Brandenburgisches Pflege- und Betreuungswohngesetz; § 7 Hessisches Gesetz über Betreuungs- und Pflegeleistungen). Dazu OLG Frankfurt, FamRZ 2015, 1840, das entschied, für die Erbeinsetzung der Geschäftsführerin eines ambulanten Pflegedienstes durch eine zu pflegende Person in einem Erbvertrag gelte bis zum Beweis des Gegenteils die Vermutung, dass diese Erbeinsetzung mit den Pflegeleistungen im Zusammenhang stehe.

Der Betreiber eines Seniorenheims handelt § 14 Abs 1 S 1 WBVG iSv § 2 Abs 1 S 1, Abs 2 Nr 10 UKlaG zuwider, wenn er interessierten Pflegegästen oder Dritten im Zusammenhang mit dem Abschluss eines Wohn- und Betreuungsvertrags als Anlage zu einem vorformulierten Vertragsentwurf eine „Beitrittserklärung" überlässt, in der sich ein Dritter als Beitretender verpflichtet, selbständig und neben dem Pflegegast für dessen Verpflichtungen aus dem Vertrag aufzukommen (BGH NJW 2015, 2573 = FamRZ 2015, 1491 mAnm BIENWALD, 1494).

Eine Entgelterhöhung des Unternehmens/Heimträgers bei Änderung der Berechnungsgrundlage nach § 9 WBVG erfordert zu ihrer Wirksamkeit die Zustimmung des Verbrauchers (Heimbewohners). Das gilt auch, wenn der Heimbewohner Leistungen nach dem SGB XI oder SGB XII in Anspruch nimmt (BGH FamRZ 2015, 1270 [LS] mAnm d Red = MDR 2016, 815); keine formularmäßige Vereinbarung eines einseitigen Entgelterhörungsrechts des Heimträgers (BGH FamRZ 2016, 1270[LS] mAnm d Red = MDR 2016, 815). Will der Betreiber eines Alten- oder Pflegeheims seine Ansprüche gegen den Bewohner über einen Schuldbeitritt Dritter sichern, sind solche Vereinbarungen regelmäßig unwirksam (OLG Zweibrücken, NJW Spezial 2014, 642 nach BeckRS 2014, 16284).

Die Länder haben seither folgende Gesetze erlassen (außer Hessen und Sachsen bei **31** RASCH, Wohn- und Betreuungsvertragsgesetze [2012] 159 ff zusammengestellt. S auch DEINERT, Textsammlung Heimrecht Bundes- und landesrechtliche Vorschriften [2012]):

Werner Bienwald

– Heimgesetz für Baden-Württemberg (Landesheimgesetz – LHeimG) v 10. 6, 2008 (GBl S 169), zuletzt geändert durch Gesetz v 11. 5, 2010 (GBl S 404);

– Bayerisches Gesetz zur Regelung der Pflege-, Betreuungs- und Wohnqualität im Alter und bei Behinderung (Pflege- und Wohnqualitätsgesetz – PfleWoqG) v 3. 7. 2008 (GVBl S 346);

– Gesetz über Selbstbestimmung und Teilhabe in betreuten gemeinschaftlichen Wohnformen (Wohnteilhabegesetz – WTG) Berlin v 3. 6. 2010 (GVBl S 285);

– Gesetz über das Wohnen mit Pflege und Betreuung des Landes Brandenburg (Brandenburgisches Pflege- und Betreuungswohngesetz – BbgPBWoG) v 8. 7. 2009 (GVBl I 298);

– Gesetz zur Sicherstellung der Rechte von Menschen mit Unterstützungs-, Pflege- und Betreuungsbedarf in unterstützenden Wohnformen (Bremisches Wohn- und Betreuungsgesetz – BremWoBeG v 5. 10. 2010; BremGBl S 509);

– Hamburgisches Gesetz zur Förderung der Wohn- und Betreuungsqualität älterer, behinderter und auf Betreuung angewiesener Menschen (Hamburgisches Wohn- und Betreuungsqualitätsgesetz – HmbWBG) v 15. 12. 2009 (HmbGVBl S 494);

– Hessisches Gesetz über Betreuungs- und Pflegeleistungen (HGBP) v 7. 3. 2012 (GVBl S 34);

– Gesetz zur Förderung der Qualität in Einrichtungen für Pflegebedürftige und Menschen mit Behinderung sowie zur Stärkung ihrer Selbstbestimmung und Teilhabe Mecklenburg-Vorpommern (Einrichtungenqualitätsgesetz – EQG M-V) v 17. 5. 2010 (GVOBl S 241);

– Niedersächsisches Heimgesetz (NHeimG) v 29. 6. 2011 (NdsGVBl S 196);

– Gesetze über das Wohnen mit Assistenz und Pflege im Einrichtungen (Wohn- und Teilhabegesetz – WTG) Nordrhein-Westfalen v 18. 11. 2008 (GVNRW S 738);

– Landesgesetz über Wohnformen und Teilhabe (LWTG) Rheinland-Pfalz v 22. 12. 2009 (GVBl 2009, 399);

– Saarländisches Gesetz zur Sicherung der Wohn-, Betreuungs- und Pflegequalität für ältere Menschen sowie pflegebedürftige und behinderte Volljährige (Landesheimgesetz Saarland – LHeimGS) v 6. 5. 2009 (ABl S 906);

– Gesetz zur Regelung der Betreuungs- und Wohnqualität im Alter, bei Behinderung und Pflegebedürftigkeit im Freistaat Sachsen (Sächsisches Betreuungs- und Wohnqualitätsgesetz – SächsBeWoG) v 12. 7. 2012 (GVBl 2012, 397); Verordnung des Sächsischen Staatsministeriums für Soziales und Verbraucherschutz zur Durchführung des Sächsischen Betreuungs- und Wohnqualitätsgesetzes (Sächs-WoGDVO) v 5. 9. 2014 (GVBl 13/2014, 505);

– Gesetz über Wohnformen und Teilhabe des Landes Sachsen-Anhalt (Wohn- und Teilhabegesetz – WTG LSA) v 17. 2. 2011 (GVBl LSA 2011, 136);

– Gesetz zur Stärkung von Selbstbestimmung und Schutz von Menschen mit Pflegebedarf oder Behinderung (Selbstbestimmungsstärkungsgesetz – SbStG) v 17. 7. 2009 (GVOBl Schl-H S 402), geändert d G v 17. 12. 2010 (GVOBl Schl-H 789);

– Thüringer Gesetz über betreute Wohnformen und Teilhabe (Thüringer Wohn- und Teilhabegesetz – ThürWTG) v 10. 6. 2014 (GVBl 2014 S 161).

Offenbar wurde eine Notwendigkeit, Regelungen zur Ausübung des Hausrechts zu treffen, kaum gesehen. Art 5 des Bayerischen Pflege- und Wohnqualitätsgesetzes enthält in seinem Abs 5 die Erlaubnis, der Träger oder die Leitung einer stationären Einrichtung dürfe gegen Besucher von Bewohnerinnen und Bewohnern ein Hausverbot (nur) insoweit aussprechen, als dies unerlässlich ist, um eine unzumutbare Beeinträchtigung des Betriebs der stationären Einrichtung abzuwenden. Zu einem Hausverbot gegenüber einer Angehörigen des Heimbewohners, die zugleich Betreuerin für die Vermögensangelegenheiten des Heimbewohners ist, AG Spaichingen FamRZ 2016, 1008 mAnm BIENWALD.

Von Bedeutung sind die § 14 HeimG entsprechenden Länderregelungen (Verbot der Annahme über das Entgelt hinausgehender Geld- oder geldwerter Leistungen). Dazu zB OLG Frankfurt FamRZ 2015, 1840, wonach die zu § 14 HeimG entwickelten Grundsätze auch im Rahmen des diesen ersetzenden § 7 HGBP Anwendung finden. Unzulässige Beitrittserklärungen, in der sich ein Dritter selbständig und neben dem Pflegegast für dessen Verpflichtungen aufzukommen bereit erklärt (BGH FamRZ 2015, 1491).

6.   Ausgeschlossene Anwendung

Die Vorschrift ist nicht anzuwenden, wenn und soweit der Betreute außerhalb der **32** Zuständigkeit des Betreuers oder innerhalb des Aufgabenkreises des Betreuers konkurrierend zu diesem handelt und diese Handlungen mangels Geschäftsunfähigkeit und anderer Entstehungshindernisse wirksam sind. Der Betreute regelt außerhalb der Betreuung seine Angelegenheiten selbst, solange das Betreuungsgericht nicht eine Erweiterung des Aufgabenkreises des Betreuers vorgenommen oder einen weiteren Betreuer mit entsprechendem Aufgabenkreis bestellt hat. Zu der diesbezüglichen Informationspflicht des bestellten Betreuers s § 1901 Abs 5 BGB. Handelt der nicht geschäftsunfähige Betreute innerhalb des Aufgabenkreises des Betreuers in Angelegenheiten, die durch § 1907 BGB erfasst werden, benötigt der Betreute nicht die Genehmigung des Betreuungsgerichts (ebenso ERMAN/ROTH Rn 3; MünchKomm/ SCHWAB Rn 4). Zu Mitteilungen an das Gericht ist er nicht verpflichtet. Ist zu befürchten, dass er sich dadurch erheblichen Schaden (weiterhin) zufügt, kann mit der Anordnung eines Einwilligungsvorbehalts reagiert werden. Auch in dieser Hinsicht besteht eine Mitteilungspflicht des Betreuers nach § 1901 Abs 5 BGB.

Beauftragt der Betreute den Betreuer, das Mietverhältnis über Wohnraum des **33** Betreuten aufzugeben, und handelt der Betreuer aufgrund und im Rahmen dieser (wirksamen) Vollmacht, entfällt die Anwendung von Abs 1 und 2. Es liegt in diesen

Fällen nicht anders als in denen konkurrierender Zuständigkeit (ebenso MünchKomm/ Schwab Rn 4; Erman/Roth Rn 3). Wer aufgrund einer (Vorsorge-)**Vollmacht** tätig wird, benötigt zu den Handlungen und Entscheidungen, die von § 1907 BGB erfasst werden bzw erfasst werden würden, nicht die Genehmigung des Betreuungsgerichts. Ebensowenig unterliegt er wie der nach § 1896 Abs 3 bestellte Betreuer dem Genehmigungsvorbehalt, wenn dieser lediglich darüber wacht, dass der Bevollmächtigte bei der Wahrnehmung seiner Aufgaben, die Angelegenheiten des § 1907 BGB darstellen, sich vereinbarungsgemäß und anweisungsgerecht verhält. Es ist Tatfrage, ob der Betreute den Betreuer lediglich von der Genehmigungspflicht befreien will, wenn er mit der Aufgabe der Mietwohnung einverstanden ist, was nicht zugelassen ist, oder als geschäftsfähiger Betreuter den Betreuer bevollmächtigt, was eine gerichtliche Genehmigung nicht erfordert.

7. Sonderfälle

34 War im Zeitpunkt des Wirksamwerdens der Betreuerbestellung bzw der Erweiterung des Aufgabenkreises für die in § 1907 Abs 1 BGB geregelten Angelegenheiten die für die Beendigung der Wohnsituation maßgebende Handlung bereits bewirkt (Zugang der Kündigungserklärung, s dazu Staudinger/Rolfs [2014] § 542 Rn 31 ff, 57; Abschluss des Aufhebungsvertrags), kommt eine gerichtliche Genehmigung nicht mehr in Betracht, auch wenn der Wohnraum tatsächlich noch nicht aufgegeben, die Wohnung noch nicht geräumt ist. Der Betreuer übernimmt die Besorgung der Angelegenheiten in der Rechtslage, in der sie sich bei Wirksamwerden seiner Bestellung befinden. Waren in diesem Zeitraum Umstände, aufgrund derer die Beendigung des Mietverhältnisses in Betracht kommt, bereits eingetreten, ohne dass das Gericht bisher davon Kenntnis hatte, trifft den Betreuer die Verpflichtung aus Abs 2 S 1, solange nicht die Beendigung des Mietverhältnisses vollzogen ist.

8. Auswirkungen bei Mitbewohnerschaft

35 Zu beachten sind Besonderheiten, die sich dadurch ergeben, dass der Betreute verheiratet ist, in Lebensgemeinschaft mit einem Partner gelebt hat oder Mitbewohner in einer Wohngemeinschaft war. Ändert der Betreuer den Aufenthalt des Betreuten und bleibt ein Angehöriger allein in der gemeinsamen Wohnung zurück, wird dadurch das „Zurück" des Betreuten in die früheren Wohnverhältnisse nicht ausgeschlossen. Ist aber der zurückbleibende Ehegatte berechtigt, die Wohnung allein aufzugeben, ist der Betreuer daran nicht beteiligt. Die Informationspflicht des Betreuers nach Abs 2 S 1 wird dadurch nicht entbehrlich.

36 Entsprechendes gilt für die Personen, die eine Lebenspartnerschaft nach Maßgabe des LPartG eingegangen sind.

37 War die Betroffene (Mutter) allein Partei des Mietvertrags, hatte der in der Wohnung der Mutter mitlebende Sohn keinen Anspruch darauf, dass der Vertrag ungekündigt blieb. Aus seiner späteren Erbenstellung oder seiner Chance, im Fall des Todes der Betroffenen in den Mietvertrag einzutreten, kann der Sohn kein Recht ableiten, gegen die Kündigungsgenehmigung des Gerichts Beschwerde zu erheben (KG FamRZ 2010, 494).

Nach § 1 des **Gesetzes zum zivilrechtlichen Schutz vor Gewalttaten und Nachstellun-** **38** **gen** (GewSchG) von 11. 12. 2001 (BGBl I 3513) hat das Gericht auf Antrag der verletzten Person die zur Abwendung weiterer Verletzungen erforderlichen Maßnahmen zu treffen. Es kann insbesondere anordnen, dass der Täter es unterlässt, die Wohnung der verletzten Person zu betreten. Das Gericht kann dies auch dann anordnen, wenn eine Person die Tat in einem die freie Willensbestimmung ausschließenden Zustand krankhafter Störung der Geistestätigkeit begangen hat, vorausgesetzt sie hat sich in diesen Zustand durch geistige Getränke oder ähnliche Mittel vorübergehend versetzt. Bei dauerhafter Schuldunfähigkeit infolge schwerer psychischer Krankheit kommt eine Maßnahme nach dem GewSchG nicht in Betracht (AG Wiesbaden FamRZ 2006, 1145 mAnm NAGEL; OLG Frankfurt FamRZ 2010, 1812 mwNw; Schrifttumsangaben in der Anm NAGEL).

Obwohl das GewSchG nicht, jedenfalls nicht in erster Linie, im Hinblick auf Sach- **39** verhalte mit Beteiligung einer (nach den Bestimmungen der §§ 1896 ff BGB) betreuten Person entwickelt worden ist, kann es zu den Aufgaben des Betreuers gehören, einen Antrag zu stellen, die zur Abwendung weiterer Verletzungen erforderlichen Maßnahmen zu treffen. Wurde dem Betreuer nicht der allgemeine und eher umfassende Aufgabenkreis der Personensorge zugewiesen, dürfte es erforderlich sein, als **Aufgabe** die **Geltendmachung** oder Wahrnehmung **der Rechte aus dem GewSchG** zu bestimmen. Ob das Gesetz auch gegen eine nach §§ 1896 ff BGB betreute Person angewendet, ihr also zB das Betreten oder die Mitbenutzung der Räumlichkeiten einer anderen Person untersagt werden kann, ist bereits im Hinblick auf § 1 Abs 3 fraglich. Außerdem besteht für den Betreuer mit Personensorge oder dem Aufenthaltsbestimmungsrecht (einschl des Rechts der Unterbringung in einer geschlossenen Einrichtung) die Möglichkeit, entsprechende Entscheidungen zu treffen. Haben in einem Heim zwei Bewohner einen Raum oder eine Wohnung inne, kommt ebenfalls die Anwendung des GewSchG in Betracht.

9. Räumungsschutz bei Suizidgefahr und ähnliche Fälle

Zum Räumungsschutz bei Suizidgefahr s BVerfG NJW 1991, 3207 = R & P 1992, 34 **40** und die im Anschluss daran ergangenen Entscheidungen KG Rpfleger 1995, 469; LG Krefeld Rpfleger 1996, 363; OLG Düsseldorf Rpfleger 1998, 208. Das LG Hannover wendete die Grundsätze des BVerfG auch auf das Verfahren auf Erlass einer Durchsuchungserlaubnis nach § 758 ZPO an. Besteht im Fall einer Zwangsräumung bei einem nahen Angehörigen des Schuldners eine Suizidgefahr, ist diese bei der Anwendung des § 765a ZPO in gleicher Weise wie eine beim Schuldner selbst bestehende Gefahr zu berücksichtigen (BGHZ 163, 66, 73 = FamRZ 2005, 1170 = NJW 2005, 1859). Schrifttum: BINDOKAT NJW 1992, 2872; SCHNEIDER JurBüro 1994, 321 (krit); WALKER/GRUSS NJW 1996, 352 (fordern in jedem Fall Interessenabwägung; dazu BGHZ 163, 66 = FamRZ 2005, 1170 = NJW 2005, 1859). Zur Auslegung des § 18 WEG und der Verpflichtung eines Wohnungseigentümers, sein Wohnungseigentum zu veräußern, wenn die verpflichtete (ehemals unter Gebrechlichkeitspflegschaft stehende) Person nicht schuldhaft die Rechte anderer Wohnungseigentümer schwer verletzt hat, BVerfG (3. Kammer des Ersten Senats) NJW 1994, 241.

Eine einstweilige Einstellung der Zwangsräumung bei Suizidgefahr kommt erst bei **41** einem durch die Vollstreckung entstehenden Nachteil und nicht schon dann in

Betracht, wenn der Nachteil in der Tatsache des Titels selbst besteht (BGH FamRZ 2003, 372). Das Gericht ist verpflichtet, dem Vorbringen des Schuldners, ihm drohten bei einer Zwangsräumung seines Hausgrundstücks schwerwiegende Gesundheitsbeeinträchtigungen (Suizidgefahr), besonders sorgfältig (ggf Einholen eines Gutachtens) nachzugehen (OLG Brandenburg Rpfleger 2000, 406; Rpfleger 2001, 91). S auch BVerfG FamRZ 2012, 185 sowie BVerfG FamRZ 2014, 1691 (Ablehnung der Einstellung eines Verfahrens auf Zwangsräumung eines Wohnhauses trotz festgestellter akuter Suizidgefahr ohne ausreichende fachgerichtliche Schutzmaßnahmen). Keine unbefristete und ohne Auflagen beschlossene Einstellung der Zwangsvollstreckung, bevor nicht gänzlich ausgeschlossen ist, dass eine suizidale Lebens- oder Gesundheitsgefahr durch therapeutische Maßnahmen vermindert werden kann (BGH NJW 2014, 2288).

42 Das Grundrecht auf Leben und körperliche Unversehrtheit verpflichtet die Vollstreckungsgerichte dazu, Verfahren so durchzuführen, dass den verfassungsrechtlichen Schutzpflichten Genüge getan wird (BGH FamRZ 2011, 1582, 1583; FamRZ 2011, 33 [LS]; BVerfG FamRZ 2014, 1601, 1602). Das Vollstreckungsgericht hat deshalb bei der Durchführung eines Zwangsversteigerungsverfahrens unter Abwägung der Interessen der Beteiligten dem Umstand Rechnung zu tragen, dass die Fortführung des Zwangsversteigerungsverfahrens den Erfolg der Behandlung einer lebensbedrohlichen Erkrankung des Schuldners (ihr Vorliegen hier aber bezweifelt) gefährdet (BGH FamRZ 2012, 478); gegebenenfalls kann der Schutz des Lebens und der Gesundheit nach Art 2 Abs 2 S 1 GG in Ausnahmefällen gebieten, Zwangsvollstreckungsmaßnahmen (hier die Zwangsversteigerung eines Grundstücks) auf unbestimmte Zeit einzustellen (BVerfG 6. 7. 2016 – 2 BvR 548/16, FamRZ 2016, 1645 mwNw). Begründet die Einstellung der für den Schuldner lebensbedrohlichen Räumungsvollstreckung eine Gefahr für Leben und Gesundheit des Gläubigers, so ist im Rahmen der Entscheidung nach § 765a ZPO das Ausmaß der jeweiligen Gefährdung zu würdigen. Ist das mit einer Zwangsräumung verbundene Gefährdungspotential für den Schuldner deutlich höher zu bewerten als die mit einem weiteren Vollstreckungsstillstand für den Gläubiger bestehenden Gesundheitsgefahren, so kommt eine befristete Einstellung der Zwangsvollstreckung in Betracht, mit der dem Schuldner auferlegt wird, durch geeignete Maßnahmen an einer Verbesserung seines Gesundheitszustands zu arbeiten (BGH FamRZ 2016, 1769 [LS]).

Bei drohenden schwerwiegenden Gesundheitsbeeinträchtigungen oder Lebensgefahr sind die Gerichte im Hinblick auf Art 2 Abs 2 S 1 GG gehalten, ihre Entscheidung auch verfassungsrechtlich auf eine tragfähige Grundlage zu stellen und diesen Gefahren bei der Abwägung der widerstreitenden Interessen hinreichend Rechnung zu tragen. Das kann bei der Gesamtabwägung nach § 543 Abs 1 S 2 zur Folge haben, dass ein wichtiger Grund für eine außerordentliche Kündigung wegen besonders schwerwiegender persönlicher Hintergründe aufseiten des Mieters trotz seiner erheblichen Pflichtverletzung nicht vorliegt (BGH FamRZ 2017, 256 [LS]. In diesem Fall bestand die Sorge um eine ernsthafte Verschlechterung des Gesundheitszustands einer 97-jährigen bettlägerigen Mieterin für den Fall eines erzwungenen Wechsels aus bisheriger häuslicher Umgebung und Pflegesituation).

10.   Kostenübernahme für eine Übergangszeit

43 Verzögert sich die Entscheidung über die gerichtliche Genehmigung zur Wohnungskündigung eines bereits in einem Pflegeheim lebenden Betreuten, so kann der Sozialhilfeträger verpflichtet sein, für diesen Übergangszeitraum neben der Übernahme der Pflegekosten auch die Mietkosten der nicht mehr benötigten Unterkunft zu zahlen. Das ergibt sich nicht nur aus dem besonderen Schutz des § 1907 für diesen Personenkreis. Es verletzt den Betreuten in seinen Rechten, wenn solche bestehenden Verbindlichkeiten nicht berücksichtigt werden (VG München BtPrax 1993, 213, 215).

Nach § 29 SGB XII hat der Sozialhilfeträger ausnahmsweise doppelte „Mietaufwen- **44** dungen" als sozialhilferechtlichen Bedarf zu übernehmen (LSG NRW 18. 2. 2010; FEVS 62, 136, zit nach ZfF 2011, 139 = BtPrax 2011, 181; LSG Berlin – Brandenburg BtPrax 2011, 179 = BtPrax 2011, 272 mAnm STÜRMANN). Das setzt voraus, dass der Auszug aus der bisherigen Wohnung notwendig war und die Mietzeiträume wegen der einzuhaltenden Kündigungsfristen nicht nahtlos aufeinander abgestimmt werden können/konnten. Die Unterkunftskosten für die alte Wohnung sind neben den Kosten für die neue Unterkunft (hier: Aufnahme in ein Pflegeheim) dann zu übernehmen, wenn es notwendig war, dass der Hilfeempfänger die neue Wohnung zu diesem Zeitpunkt gemietet und bezogen hat. Außerdem muss der Hilfeempfänger (ggf der Betreuer für ihn) alles ihm Mögliche und Zumutbare getan haben, die Aufwendungen für die frühere Wohnung so gering wie möglich zu halten. Dazu gehört die Suche nach einem Nachmieter (LSG NRW ZfF 2011, 139).

Zur Übernahme von Unterkunftskosten gem § 29 SGB XII (damals § 12 BSHG) **45** grundsätzlich BVerwG DÖV 1997, 35, 36. Zur Änderung des Familienunterhalts des Ehemannes gegenüber seiner stationär untergebrachten pflegebedürftigen Ehefrau als deren Eigenanteil bei Leistungen des Sozialhilfeträgers BGH Beschluss v 27. 4. 2016 – XII ZB 485/14, FamRZ 2016, 1142 und Maurer, Der Pflegebedürftige Ehegatte im Familienunterhalt, FamRZ 2016, 1220. Bedurfte die Kündigung der bisherigen Wohnung der gerichtlichen Genehmigung und führte dies zu einer verspäteten Kündigung, ist auch dies ein Grund, der die Übernahme der überschneidenden Mietkosten rechtfertigt (Soz Aachen FamRZ 2016, 856 [LS] 9).

IV. Beendigung des Wohnraum-Mietverhältnisses (Abs 1)

1. Kündigung (Abs 1 S 1)

Der Betreuer benötigt die betreuungsgerichtliche Genehmigung zur Kündigung **46** eines **Mietverhältnisses**, an dem der Betreute als Mieter beteiligt ist. Der Betreute muss nicht Alleinmieter sein. Wird ein Mietverhältnis über Wohnraum aufgegeben, den Eheleute gemeinschaftlich gemietet hatten, benötigt der Betreuer zur Kündigung ebenfalls die Genehmigung des Betreuungsgerichts. Genügt im Außenverhältnis die Erklärung eines Ehegatten und kündigt die nicht betreute Person, kommt eine gerichtliche Genehmigung dieser Kündigung nicht in Betracht. Dem Betreuer obliegt hier gegebenenfalls die Mitteilung an das Betreuungsgericht gemäß Abs 2 S 1. Ebenso liegt es, wenn nur der nichtbetreute Ehegatte Mietvertragspartner ist und das Mietverhältnis kündigen will (zur Situation von Ehegatten im Mietrecht generell STAUDINGER/EMMERICH [2014] Vorbem 82 zu § 535). Unter den Genehmigungsvorbehalt fällt auch die Beendigung eines **Untermietverhältnisses**.

47 Genehmigungsbedürftig ist die **rechtsgeschäftliche** Aufgabe oder Veränderung des Mietverhältnisses. Eine Änderung des Mietverhältnisses durch den Richter nach §§ 1361b, 1568a BGB, 200 ff FamFG, die für den Betreuten zum gleichen Ergebnis wie die Kündigung des Mietverhältnisses führen kann, unterliegt nicht einer weiteren gerichtlichen Tätigkeit (Genehmigung) des Betreuungsgerichts.

48 Kündigung ist die einseitige empfangsbedürftige Willenserklärung, durch die das Mietverhältnis für die Zukunft beendet wird. Voraussetzung dieser Wirkung ist das Vorhandensein eines entsprechenden Kündigungsgrundes. Das Erfordernis der Genehmigung gilt für jede Kündigung, gleichgültig aus welchem Grunde sie ausgesprochen wird (gesetzliche, vertragliche, ordentliche, außerordentliche Kündigung). Für das Genehmigungserfordernis kommt es auch nicht darauf an, aus welchen Motiven die Kündigung erklärt werden soll, ob eine andere Wohnung bezogen, in ein Pflegeheim gewechselt, der Hausrat in die neue Wohnung mitgenommen oder veräußert werden soll. Die Wohnungsauflösung als ein eigenes Arbeitsprogramm des Betreuers steht nicht unter Genehmigungsvorbehalt (BT-Drucks 11/4528, 150). Gegebenenfalls sind einzelne Handlungen oder Entscheidungen genehmigungsbedürftig. Zu einer (fristlosen) Kündigung gegenüber dem Betreuten wegen dessen vorsätzlicher nicht unerheblicher Körperverletzung eines Mitbewohners AG München ZMR 2016, 552.

49 Durch den Hinweis auf den vom Betreuten gemieteten Wohnraum hat der Gesetzgeber sichergestellt, dass die Vorschrift auch dann anzuwenden ist, wenn der Betreute den Raum nicht mehr oder vorübergehend nicht bewohnt, etwa weil er untergebracht ist oder sich in einem Krankenhaus aufhält (BT-Drucks 11/4528, 150).

50 Der RegEntw hat es im Zusammenhang mit der Begründung, weshalb eine allgemeine Regelung über die Wohnungsauflösung nicht getroffen worden ist, abgelehnt, den möglicherweise auf zwingenden beruflichen Gründen beruhenden Umzug von Eltern, die ihr volljähriges Kind betreuen und ihm in ihrer Wohnung ein eigenes Zimmer überlassen haben, einer generellen Genehmigungspflicht zu unterwerfen (BT-Drucks 11/4528, 84). Die Gründe für die Nichtanwendung des § 1907 BGB in diesem Fall sind darin zu sehen, dass sich zwar die räumliche Situation für den Betroffenen ändert und die sozialen Bezüge berührt werden, die rechtliche Situation bezüglich seiner Wohnverhältnisse, auf die Abs 1 S 1 und 2 abheben, aber dadurch nicht geändert wird, sodass eine Genehmigungspflicht in einem solchen Fall entfällt. Für einen Fremdbetreuer besteht hier auch keine Mitteilungspflicht aus Abs 2.

2.   Aufhebung (Abs 1 S 2)

51 Abs 1 S 2 macht die Willenserklärung des Betreuers, die auf eine Aufhebung eines in S 1 bezeichneten Mietverhältnisses gerichtet ist, genehmigungsbedürftig. Das betrifft sowohl das eigene Angebot des Betreuers auf den Abschluss eines Aufhebungsvertrages als auch die Annahme des von Seiten des Vermieters gemachten Vertragsangebotes. Auf die Aufhebung iS einer Beseitigung des Mietverhältnisses gerichtete Erklärungen sind genehmigungspflichtig, so der Verzichtsvertrag, der (erlaubte) Rücktritt vom Vertrag sowie die Anfechtung wegen Willensmängeln (MünchKomm/SCHWAB Rn 12). Auch die Erklärung nach Abs 3 des § 563 BGB (Eintrittsrecht bei Tod des Mieters), das Mietverhältnis nicht fortzusetzen, muss betreuungsgerichtlich genehmigt sein (MünchKomm/Schwab Rn 13). Soweit es sich bei diesen Beendigungsmöglichkeiten um Verträge handelt, kann die erforderliche gerichtliche Genehmigung auch nachträglich erteilt werden (sinngemäße Anwendung von § 1829 BGB; vgl § 1908i Abs 1 S 1 BGB). Einseitige Willenserklärungen sind dagegen nur mit vorher erteilter Genehmigung Gerichts wirksam (§ 1831 iVm § 1908i Abs 1 S 1 BGB).

3. Maßstäbe für die Entscheidung nach Abs 1

Maßgebend sind die auch für den Betreuer geltenden Handlungsanweisungen des **52** § 1901 Abs 2 und 3 BGB. Die Beachtung von § 1901 Abs 4 BGB kann ausnahmsweise dann für die Entscheidung des Gerichts von Bedeutung sein, wenn die Änderung des Aufenthaltsortes des Betreuten und die Aufgabe der Wohnung die Inanspruchnahme von gesundheitsfördernden und rehabilitativen Maßnahmen iSd § 1901 Abs 4 BGB erheblich erleichtern würde. Zu beachten ist dabei jedoch, dass die in dieser Vorschrift aufgeführten Maßnahmen nur Angebotscharakter haben, solange dem Betreuer nicht der entsprechende Aufgabenkreis mit gesetzlicher Vertretung übertragen worden ist.

Ausschlaggebend für die Frage, ob und mit welcher Zielrichtung die Genehmigung **53** erteilt wird, ist vor allem, ob der Betreute durch die beabsichtigte Aufgabe der bisherigen Wohnung (Wohnraum) seine selbständige Lebensweise ganz oder teilweise aufgeben muss oder verliert. In diesem Zusammenhang kommt es wesentlich darauf an, ob die bisher vorhanden gewesenen sozialen Bezüge erhalten bleiben oder so erhebliche Veränderungen erfahren, dass eine Eingewöhnung in die neue Umgebung nur schwer oder gar nicht gelingt. Wichtig ist, ob auch an dem neuen (Wohn-)Ort eine erforderliche Unterstützung ganz oder teilweise selbständiger Lebensführung durch diverse personelle und finanzielle Hilfen sichergestellt werden kann.

Hat der Wohnungswechsel den Umzug in ein Heim zum Ziel, kommt es zB auf die **54** Feststellung an, ob der Betreute in der bisherigen Umgebung mit der zur Verfügung stehenden Unterstützung (ambulante Hilfen) weiterhin selbständig leben kann oder ob ein so hohes Maß an Gefahr für Leib oder Leben besteht, dass ein Alleinleben nicht mehr verantwortet werden kann (näher Harm Rpfleger 2002, 59, 60). Entscheidungserheblich kann es sein, in welchem Maße Verhaltensauffälligkeiten des Betreuten der Umgebung zuzumuten sind (der Betreute hat Mieterpflichten) und wann die Grenze des Unerträglichen (Unzumutbaren) und damit auch für den Betreuten Schädlichen (Isolierung) erreicht ist.

Finanzielle Überlegungen und Konsequenzen sind zu bedenken, haben aber je nach **55** Situation einen unterschiedlichen Stellenwert. Wechselt der vermögende Betreute in ein Heim, nehmen die laufenden Kosten allgemein erheblich zu, sodass der Aspekt des Sparens durch baldige Aufgabe der bisherigen Wohnung eine untergeordnete Rolle spielt. Entscheidet sich der Betreuer, die Mietwohnung des Betreuten trotz dessen Unterbringung aufrechtzuerhalten, ist dies nicht pflichtwidrig, wenn sich die Fortexistenz der Wohnung positiv auf die Befindlichkeit des Betroffenen auswirkt und die damit einhergehende Vermögensbelastung im Ergebnis nicht ins Gewicht fällt (Sonnenfeld FamRZ 2005, 762, 764; BayObLG FamRZ 2004, 834 [LS] – DtPrax 2004, 69).

Wegen des Schutzes der Wohnung für den Betreuten darf die Genehmigung zur Kündigung eines Mietverhältnisses sogar bei objektiv unsinnigen Mietausgaben nicht erteilt werden, solange nicht höherrangige Rechtsgüter gefährdet sind und die Gefahr droht, künftig ohne Hilfe einen angemessenen Unterhalt nicht mehr bestreiten zu können (OLG Oldenburg Rpfleger 2003, 65).

56 Das Gericht darf die Kündigung erst genehmigen, wenn eine Rückkehr in die eigene Wohnung auf Dauer ausgeschlossen ist (OLG Frankfurt FamRZ 2006, 1875). Ob das der Fall sein wird, hat das Gericht aufgrund eigener von Amts wegen vorzunehmender Ermittlungen und ggf mithilfe eines Sachverständigengutachtens festzustellen. Ein Gutachten zur Frage, welche Auswirkungen die Wohnraumkündigung auf die betreute Person, den Krankheitsverlauf und die verbliebenen Möglichkeiten selbständiger Lebensgestaltung haben wird, wird nicht in jedem Fall (so aber OLG Oldenburg NJW-RR 2003, 587) in Auftrag zu geben sein (OLG Frankfurt FamRZ 2006, 1875). Geht es nach einem mehr oder weniger langen Krankenhausaufenthalt um die Frage, ob der Betreute in die bisherige Umgebung zurückkehren kann oder in ein Heim ziehen muss, kann eine schnelle Entscheidung verfehlt sein, weil nicht genügend Zeit für die Prognose zur Verfügung steht. Nach einiger Zeit (ca 3–4 Monate) lässt sich verlässlicher entscheiden, welcher Aufenthalt dauerhaft in Frage kommt. Die während dieser Zeit (uU auch durch Inanspruchnahme von Probewohnmöglichkeiten) entstehenden doppelten Kosten fallen längerfristig kaum ins Gewicht.

57 Allgemeinwirtschaftliche Überlegungen sowie eine Rücksichtnahme auf den Wohnungsmarkt („Zeiten der Wohnungsknappheit", ERMAN/HOLZHAUER Rn 10) oder auf den Sozialhilfeetat (PALANDT/DIEDERICHSEN Rn 5; abw PALANDT/GÖTZ Rn 5) sind regelmäßig fehl am Platz, weil dadurch eher eine sachlich fehlerhafte und damit eine uU sehr viel teurere Entscheidung bewirkt wird. Missbrauchsfälle sind nicht auszuschließen, aber in diesem Feld eher selten. Abzuwägen sind das persönliche Wohl des Betreuten, seine Wünsche und Interessen, die in erster Linie auf die Aufrechterhaltung des bisherigen Lebensmittelpunktes ausgerichtet sein werden, und die für die Änderung des Aufenthalts und die damit verbundene Aufgabe des bisherigen Wohnraums sprechenden Umstände. Nicht zum Vorteil der Betroffenen wird die **Bereitschaft** eines älter gewordenen Menschen, das Alleinleben in einer kaum noch selbst zu bewirtschaftenden Wohnung zu Gunsten einer Betreuung im Heim aufzugeben, durch reale Missstände, aber ebenso durch einseitige Berichterstattung, Gerüchte und vielerlei Vorbehalte **beeinträchtigt**.

58 Eine mit der Änderung des bisherigen Lebensmittelpunktes verbundene Entfernung von Betreuer und Betreutem darf regelmäßig deshalb kein Gesichtspunkt sein, weil bei Unzumutbarkeit der Belastung der Betreuer aus seinem Amt entlassen werden darf (§ 1908b Abs 2 BGB) und außerdem ein wichtiger Grund für die Abgabe der Betreuungssache an ein anderes Gericht oder eine andere zuständige Behörde gegeben sein kann (§ 272 FamFG, § 3 Abs 2 BtBG). Der mitunter entstehende Konflikt zwischen einer gewachsenen Vertrauensbeziehung zwischen Betreuer und Betreutem einerseits und den Notwendigkeiten räumlicher Veränderung lässt sich bedauerlicherweise nicht immer zu aller Zufriedenheit lösen.

4. Wirkung der Genehmigung und ihrer Verweigerung

§ 1907 BGB enthält keine eigene Bezugnahme auf das System der §§ 1825 ff BGB; **59**
die Verweisung in § 1908i Abs 1 S 1 BGB erstreckt sich nur auf die Anwendung der
dort genannten Genehmigungsbestimmungen. Wegen des inneren Zusammenhangs
der die Genehmigung des Gerichts erfordernden Bestimmungen ist von einer entspr
Anwendung der §§ 1825 ff BGB auszugehen. Hat der Betreuer die nach Abs 1
erforderliche Genehmigung des Betreuungsgerichts nicht eingeholt oder hat das
Betreuungsgericht die beantragte Genehmigung verweigert, ist eine ohne sie erklärte Kündigung und jede andere **einseitige** Willenserklärung, die auf die Beendigung
des Mietverhältnisses abzielt, **nichtig** (§ 1831 iVm § 1908i Abs 1 S 1 BGB); die
nachgeholte Genehmigung und die nach Einlegen der Beschwerde erteilte Genehmigung haben keine nachträglich heilende Kraft (Damrau/Zimmermann Rn 15).

Hat das Gericht die Genehmigung vor der Erklärung der Kündigung oder der **60**
Abgabe der entsprechenden Erklärungen erteilt, ist diese dennoch unwirksam, wenn
der Betreuer die Genehmigung nicht in schriftlicher Form vorlegt und der Erklärungsgegner die Kündigung aus diesem Grunde unverzüglich zurückweist (§ 1831
S 2 iVm § 1908i Abs 1 S 1 BGB). Die vertragliche Beendigung kann ohne vorher
erteilte gerichtliche Genehmigung vorgenommen werden; der Vertrag ist jedoch
schwebend unwirksam. Er wird erst wirksam, wenn das Gericht die erforderliche
Genehmigung nachträglich erteilt hat und der Betreuer die Tatsache der Genehmigung dem Vertragspartner mitteilt (§ 1829 Abs 1 S 2 iVm § 1908i Abs 1 S 1 BGB).
Lehnt das Gericht die Genehmigung des Vertrags ab, hat der Betreuer auch dies
dem Vertragspartner mitzuteilen (§ 1829 Abs 1 S 2 iVm § 1908i Abs 1 S 1 BGB). Zu
beachten ist außerdem die Regelung des § 1829 Abs 2 BGB, die nach § 1908i Abs 1
S 1 BGB im Betreuungsrecht sinngemäß anzuwenden ist: Fordert der andere Teil
den Betreuer zur Mitteilung darüber auf, ob die Genehmigung erteilt worden ist,
kann die Mitteilung nur bis zum Ablauf von vier (vor der Änderung durch Art 50
Nr 38b FGG-RG waren es zwei) Wochen nach dem Empfang der Aufforderung
erfolgen; erfolgt sie nicht, so gilt die Genehmigung als verweigert.

5. Zum Verfahren

Die Entscheidungen nach § 1907 Abs 1 trifft der Rechtspfleger (§ 3 Nr 2a RPflG). **61**
Ein Richtervorbehalt besteht nicht (§ 15 RPflG; Klüsener Rpfleger 1991, 225, 226; Erman/
Roth Rn 10; MünchKomm/Schwab Rn 11). Zur „sinnlosen Aufspaltung der Bearbeitung",
wenn zunächst der Richter die überwiegend personenbezogene Aufgabenzuweisung
vornimmt, der Rechtspfleger anschließend (erneute persönliche Anhörung erforderlich, § 299 S 2 FamFG) die Entscheidung des Betreuers genehmigt, HK-BUR/Rink
§ 1907 Rn 2. Örtlich zuständig ist das Betreuungsgericht gemäß § 272 FamFG. Es
handelt sich um eine Verrichtung, die die Betreuung betrifft, sodass die Vorschriften
der §§ 271 ff FamFG (Betreuungssachen) zur Anwendung kommen, soweit sich
nicht aus Spezialbestimmungen ein anderes ergibt. Der Betreute ist uneingeschränkt
verfahrensfähig (§ 275 FamFG). Nach Maßgabe des § 276 FamFG ist ihm ein Verfahrenspfleger zu bestellen (Kirsch Rpfleger 1992, 379, 381; OLG Oldenburg Rpfleger 2003,
65; **aA**, auch für den Fall nicht möglicher persönlicher Anhörung, Soergel/Zimmermann Rn 19;
MünchKomm/Schwab Rn 10). Ist der Betreute untergebracht und wird aus diesem
Grund eine Genehmigung nach § 1907 eingeholt, ist dies eine Betreuungs- und

Werner Bienwald

keine Unterbringungssache. Wird zugleich mit einer Genehmigung nach § 1907 BGB eine Genehmigung nach § 1906 verbunden, ist jedes Verfahren grundsätzlich nach den für sich geltenden Bestimmungen durchzuführen. Werden die Verfahren aus zeitlichen Gründen miteinander durchgeführt, sind die Vorschriften anzuwenden, die den weitestgehenden Rechtsschutz bieten.

62 Das Gericht hat den Betreuten vor einer Entscheidung nach § 1907 Abs 1 (u Abs 3 BGB) persönlich anzuhören (§ 299 S 2 FamFG), und zwar auch im Beschwerdeverfahren, das sich „im Übrigen" nach den Vorschriften über das Verfahren im ersten Rechtszug bestimmt (§ 68 Abs 3 S 1 FamFG). Die persönliche Anhörung kann nur unterbleiben, wenn hiervon erhebliche Nachteile für die Gesundheit des Betroffenen zu besorgen sind und der Betreute offensichtlich nicht in der Lage ist, seinen Willen kundzutun (§ 34 Abs 2 FamFG).

63 Die Einholung eines Sachverständigengutachtens ist nicht ausdrücklich vorgesehen. Im Rahmen von § 26 FamFG (Amtsermittlung) kann es geboten sein, insbesondere zur Frage der Auswirkungen der räumlichen Veränderung auf den Betreuten, zum Krankheits- oder Gesundungsverlauf und zur Prognose in Bezug auf die Dauer selbständiger Lebensgestaltung Sachverständige zu hören (OLG Oldenburg Rpfleger 2003, 65, 66). Das Unterlassen solcher Ermittlungen kann mit der Rüge mangelnder Sachaufklärung angegriffen werden. Empfehlenswert ist die Einholung eines Sozialberichts der Betreuungsbehörde (§ 8 BtBG), der ua Aussagen über Quantität und Qualität ambulanter Hilfen enthalten sollte.

64 Die Anhörung der Behörde und sonstiger Beteiligter nicht ausdrücklich bestimmt, kann sich aber als notwendig für die Aufklärung des Sachverhalts erweisen. Ist ein Gegenbetreuer bestellt, ist er zu hören (§§ 1826, 1832, 1908i Abs 1 S 1 BGB).

65 Die Entscheidung ist zu begründen und mit einer Rechtsbehelfsbelehrung zu versehen (§§ 38, 39 FamFG); sie ist dem Betreuten selbst bekanntzugeben (§ 41 Abs 1 S 1 FamFG). Die Entscheidung ist ferner dem Betreuer (Beteiligter gemäß § 274 Abs 1 Nr 2 FamFG, sofern sein Aufgabenkreis betroffen ist) bekanntzugeben. Eine Beteiligung der Behörde und die Mitteilung der Entscheidung an sie sind nicht vorgesehen.

66 Das Verfahren auf betreuungsgerichtliche Genehmigung einer vom Betreuer ausgesprochenen Kündigung (so der LS) eines Mietverhältnisses ist in der Hauptsache erledigt, wenn der Vermieter seinerseits gekündigt hat und die Wohnung daraufhin geräumt worden ist (BayObLG von 13. 11. 1997 – 3 Z BR 397/97).

6. Folgen

67 Die Genehmigung zur Kündigung der Wohnung durch das Betreuungsgericht berechtigt den Betreuer **nicht**, den Betreuten **zwangsweise** aus der Wohnung zu setzen und (zB) in ein Alten-/Pflegeheim zu befördern. Das Betreuungsgericht kann auch nicht aufgrund von § 35 FamFG Zwang anordnen (Damrau/Zimmermann Rn 8). Im Falle einer Unterbringung, die vom Betreuungsgericht genehmigt wurde, besteht die Möglichkeit, der zur Unterstützung bei der Unterbringung in Anspruch genommenen oder zu nehmenden zuständigen Behörde Gewaltanwendung gerichtlich zu genehmigen (§ 326 Abs 2 FamFG). Dabei geht es aber um die Unterbringung, die mit Freiheitsentziehung verbunden ist. Gewaltanwendung für das Verlassen der Räumlichkeiten und den „Umzug" ohne das Ziel der Unterbringung ist nicht vorgesehen (LG Offenburg FamRZ 1997, 899 = NJWE-FER 1997, 275: unzulässig; aA LG Bremen BtPrax 1994, 102: soweit z Wohl d Betreuten objektiv erforderlich). Auch ein gewaltsamer Zugang zu den Räumlichkeiten der betroffenen Person aufgrund gerichtlicher Anordnung nach § 326 Abs 3 FamFG kommt nur zum Zweck der Zuführung zur Unterbringung in Frage.

Kündigt der Betreuer **ohne** die vorherige **Genehmigung** des Gerichts, ist die Kün- **68** digung unwirksam (§ 1831 S 1 iVm § 1908i Abs 1 S 1 BGB). Nimmt der Betreuer mit Genehmigung des Betreuungsgerichts die Kündigung vor ohne schriftlichen Nachweis, kann der Vermieter die Kündigung zurückweisen (im Einzelnen § 1831 S 2 iVm § 1908i Abs 1 S 1 BGB). Im Fall vertraglicher Aufhebung des Mietverhältnisses ist nachträgliche Genehmigung durch das Betreuungsgericht möglich (§ 1829 Abs 1 S 1 iVm § 1908i Abs 1 S 1 BGB). Zur Fristsetzung durch den Vermieter und deren Folgen s § 1829 BGB im Übrigen. Zur Übernahme von Unterkunftskosten bei einem Wechsel in ein Pflegeheim und im Falle verspäteter Kündigung, wenn dafür eine gerichtliche Genehmigung erforderlich war, SozG Aachen FamRZ 2016, 856 (LS).

V.   Die Mitteilungspflicht nach Abs 2

1.   Ziel und Inhalt der Mitteilungspflicht des S 1

S 1 soll den Betreuten davor schützen, dass er die Wohnung bzw den Wohnraum als **69** seinen Lebensmittelpunkt dadurch verliert, dass der Betreuer gegen die Kündigung oder die Räumungsanliegen des Vermieters nicht die notwendigen Schritte unternimmt. Aufgrund der Mitteilung an das Betreuungsgericht kann das Gericht zum Wohl des Betreuten Anordnungen nach § 1837 iVm § 1908i Abs 1 S 1 BGB treffen, soweit dafür Anlass besteht und die Voraussetzungen vorliegen. Ein Einschreiten in sinngemäßer Anwendung des § 1837 BGB kommt deshalb nur gegen Pflichtwidrigkeiten des Betreuers in Betracht (§ 1837 Abs 2 iVm § 1908i Abs 1 S 1 BGB). In einem solchen Fall kann das Betreuungsgericht iS einer äußersten Maßnahme den Betreuer zB anweisen, einer Kündigung durch den Vermieter entgegenzutreten (BT-Drucks 11/4528, 50; ERMAN/ROTH Rn 5).

Sache des Betreuungsgerichts ist es nicht, die Einzelheiten der Berechtigung der **70** Kündigung oder der Räumungsklage oder deren Prozessrisiko in vollem Umfang abzuschätzen (BT-Drucks 11/4528, 151). Zum (fehlenden) Kündigungsschutz zB BGH NJW 1996, 2862, wenn ein gemeinnütziger Verein die vom Eigentümer gemietete Wohnung an eine von ihm betreute Person (nicht iSd § 1896 BGB, gleichwohl kann sie auch in diesem Sinne betreut sein) weitervermietet hat und der Eigentümer von dieser die Räumung der Wohnung verlangt. Die Mitteilungspflicht und deren Erfüllung können aber immerhin zur Folge haben, dass das Betreuungsgericht Missbräuchen rechtzeitig entgegentreten kann. UU sind Probleme, die auf eine Kündigung oder Räumung hinauslaufen, bereits im Rahmen jährlicher Berichterstattung (§ 1840 Abs 1 iVm § 1908i Abs 1 S 1 BGB) angekündigt oder berichtet worden.

71 Der Betreuer hat die Umstände unverzüglich, dh ohne schuldhaftes Zögern (§ 121 Abs 1 S 1 BGB), mitzuteilen. Die Mitteilung kann schriftlich oder mündlich, ggf auch telefonisch erfolgen.

72 Kommt der Betreuer mit dem zutreffenden Aufgabenkreis seiner Mitteilungspflicht nach, kann davon ausgegangen werden, dass er sich einer Beratung über die in Betracht kommenden und/oder erforderlichen Schritte nicht verschließt. Das Gericht kann aber auch auf anderem Wege über die Sachlage informiert worden sein und werden, sodass es darauf reagieren und den Betreuer an seine Pflichten erinnern kann.

73 Will der nicht geschäftsunfähige Betreute selbst den Wohnraum aufgeben, besteht zwar keine Mitteilungspflicht nach dieser Vorschrift, uU aber die Mitteilungspflicht aus § 1901 Abs 5 BGB, weil in Bezug auf zu befürchtende Aktivitäten des Betreuten entweder eine Erweiterung des Aufgabenkreises des Betreuers, die Anordnung eines Einwilligungsvorbehalts oder die Erweiterung der einwilligungsbedürftigen Willenserklärungen angezeigt erscheinen.

74 Ein Umstand, der zur Beendigung des Mietverhältnisses führt, ist die Kündigung des Mietverhältnisses durch den Vermieter oder einen von ihm Beauftragten, aber auch jede andere einseitige Erklärung der Vermieterseite, durch die das Mietverhältnis beendet wird, zB ein (zulässiger) Rücktritt vom Vertrag oder die Anfechtung wegen Irrtums (§§ 119, 121, 122 BGB).

75 Die Räumungsklage und bereits das Räumungsverlangen sind regelmäßig Folgen aus dem bereits beendeten Mietverhältnis. Eine entsprechende Anwendung aus Gründen des Betreutenschutzes ist auch für diese Fälle schon deshalb geboten, weil die erfolgte Erklärung der Kündigung zeitlich vor der Betreuerbestellung liegen kann, sodass der Betreuer auf die Beendigung des Mietverhältnisses noch keinen Einfluss nehmen konnte. War die Kündigung oder die sonst der Beendigung des Mietverhältnisses dienende Erklärung der Vermieterseite dem geschäftsfähigen Betreuten gegenüber erklärt worden, hat auch der Betreuer lediglich die Möglichkeit, sich gegen die Folgen der Beendigung des Mietverhältnisses zu wenden, sofern die Beendigung nicht aus einem anderen Grunde unwirksam ist.

76 Erforderlich ist die Mitteilung an das Betreuungsgericht auch dann, wenn der als Mieter des Mietvertrags alleinzuständige nichtbetreute Ehegatte das Mietverhältnis durch Kündigung oder in sonstiger Weise beendet.

2. Abs 2 S 2

77 Die Mitteilungspflicht dient dem Schutz des Betreuten gegen die faktische Aufgabe einer ihm gehörenden Wohnung, zu deren Gebrauch der Betreute aufgrund eines dinglichen Rechts berechtigt ist (BT-Drucks 11/4528, 229). Der Betreuer wird zur Mitteilung verpflichtet für den Fall, dass er selbst die tatsächliche Aufgabe der Wohnung betreibt. Allerdings unterliegen einzelne Geschäfte, die der Wohnungsauflösung dienen oder sie dokumentieren, zB Kündigung von Versorgungsverträgen (Stromlieferung), Veräußerung einzelner Möbel, nicht dem Genehmigungsvorbehalt (DAMRAU/ZIMMERMANN[3] Rn 6); sie werden auch nicht mitgeteilt. Mitzuteilen ist die Absicht der Wohnungsaufgabe, das Vorhaben, ehe es zur Ausführung kommt. Die Aufgabe der dinglichen Berechtigung unterliegt der betreuungsgerichtlichen Genehmigung nach § 1821 iVm § 1908i Abs 1 S 1 BGB.

Verlässt der Betreute die Wohnung mit dem Ziel der Aufgabe seines Lebensmittel- **78** punktes, liegt kein Fall des Abs 2 S 2 vor. Es handelt sich um eine Angelegenheit des Aufenthaltsbestimmungsrechts. Räumt der Betreute die Wohnung aus und zieht er um, ist die Aufgabe des Wohnraums bereits tatsächlich vollzogen, sodass auch in dieser Situation die Voraussetzungen der Mitteilungspflicht nach Abs 2 S 2 nicht vorliegen.

Die Befugnis und die Verpflichtung zur Mitteilung nach Abs 2 S 2 erfordern keinen **79** umfassenderen Aufgabenkreis als das Aufenthaltsbestimmungsrecht, diesen aber mindestens (BT-Drucks 11/4528, 151; ERMAN/ROTH Rn 5). Für den Inhalt der Mitteilung, die tatsächliche Aufgabe der Wohnung des dinglich Berechtigten, ist nicht die Befugnis zur Aufgabe des Eigentums oder der dinglichen Berechtigung nötig (**aA** Münch Komm/SCHWAB Rn 18).

VI. Räumung der Wohnung

Die faktische Räumung der Wohnung bzw der Räumlichkeiten, zu deren Aufgabe **80** die betreuungsgerichtliche Genehmigung erforderlich war, steht nicht unter Genehmigungsvorbehalt. Bei der Miete von Räumlichkeiten gehört die Entfernung der eingebrachten Sachen, soweit der Vermieter nicht ihre Zurücklassung aufgrund des Vermieterpfandrechts beansprucht, zur Mieterpflicht (STAUDINGER/ROLFS [2011] § 546 Rn 17). Keine Verpflichtung des Betreuers für die Vermögenssorge, das Appartement im Altenwohnheim zu räumen (AG Saarbrücken BtPrax 2014, 92).

Ob die Veräußerung bzw Verwertung der Gegenstände genehmigungsfrei ist, bestimmt sich nach allgemeinem Recht (§ 1908i iVm §§ 1802 ff BGB). Die Eigentums- und Besitzaufgabe an wertlosem Hausrat ist als genehmigungsfreie Annexhandlung zur genehmigten Wohnungsaufgabe zu werten.

Räumt der Betreuer die Räumlichkeit zwecks Aufgabe des Lebensmittelpunktes **81** seines Betreuten, stellt dies ein Symbol dar und ist nach Maßgabe von § 1907 genehmigungspflichtig. Zum Räumungsschutz s oben Rn 42.

VII. Das Genehmigungserfordernis in Fällen des Abs 3

Abs 3 enthält einen Genehmigungsvorbehalt für **82**

– Miet- und Pachtverträge jeder Art, wenn das Vertragsverhältnis länger als vier Jahre dauern soll (Abs 3 Alt 1);

– Mietverträge von beliebiger Dauer, wenn durch sie vom Betreuer Wohnraum vermietet werden soll (Abs 3 Alt 2);

– Verträge aller Art, durch die der Betreute zu wiederkehrenden Leistungen für länger als vier Jahre verpflichtet wird (Abs 3 Alt 3).

83 Nach Abs 3 Alt 1 sind die Verträge dann genehmigungsbedürftig, wenn sie sowohl den Betreuten zu wiederkehrenden Leistungen verpflichten, als auch auf die Dauer von mehr als vier Jahren geschlossen werden Das sind auch Verträge, bei denen eine Lösung aus der vertraglichen Bindung vor Ablauf der vier Jahre nicht oder nur mit Einbußen verbunden möglich ist (LG Münster FamRZ 2005, 1860 mAnm BIENWALD). Abzustellen ist deshalb darauf, binnen welcher Frist der Vertrag gekündigt werden kann (SONNENFELD 653, 656). Immer besteht aber die Möglichkeit zur Kündigung aus wichtigem Grund ohne Einhaltung einer Kündigungsfrist (hier: nach § 626 BGB). Gegenstand des Verfahrens beim LG Münster und seiner Entscheidung war eine Vereinbarung, durch die sich der Betreuer verpflichtete, seinen durch einen Ergänzungsbetreuer vertretenen Betreuten auf seinem Hof als landwirtschaftlichen Helfer entgeltlich zu beschäftigen und durch den sich die Ehefrau des Betreuers verpflichtete, für den Betreuten haushaltsnahe Dienstleistungen im Rahmen eines geringfügigen Beschäftigungsverhältnisses entgeltlich zu erbringen. Beide Verträge waren nach Auffassung des LG nicht genehmigungsbedürftig (LG Münster FamRZ 2005, 1860 mAnm BIENWALD).

84 Zunächst werden in Abs 3 Alt 1 nur Miet- und Pachtverträge dieser Art genannt. Abs 3 Alt 3 dehnt das Genehmigungserfordernis auf andere Verträge jedweden Inhalts aus, vorausgesetzt, sie erfüllen die genannten zwei Voraussetzungen. Hierzu gehören zB Versicherungsverträge (Personen- und Sachversicherungen), Bauspar- und sonstige Sparverträge oder Abzahlungsgeschäfte über einen längeren Zeitraum (Beispiele bei STAUDINGER/VEIT [2014] § 1822 Rn 113 mwNw). Mit dem Ausdruck „wiederkehrende Leistungen" werden nicht nur Geldleistungen erfasst, sondern Leistungen jeglicher Art, nicht allein Sachleistungen; zwischen beweglichen und unbeweglichen Sachen wird kein Unterschied gemacht (STAUDINGER/VEIT [2014] § 1822 Rn 109 mwNw). Dem Regelungszweck entsprechend ist Abs 3 auch auf unbefristete Verträge anzuwenden (LG Wuppertal FamRZ 2007, 1269 = BtPrax 2007, 91; ebenso SOERGEL/ZIMMERMANN[13] § 1907 Rn 15; JÜRGENS/MARSCHNER[3] § 1907 Rn 5).

85 Der Genehmigungsvorbehalt erstreckt sich auch auf die Fälle, in denen der unter Einwilligungsvorbehalt stehende Betreute (mit Einwilligung des Betreuers) handelt oder handeln will (DAMRAU/ZIMMERMANN[3] Rn 6 mwNw).

86 Die Regelung des Abs 3 Alt 2 soll verhindern, dass der Betreuer die in Abs 1 und 2 vorgesehene Regelung über die Wohnungsauflösung durch Weitervermietung der Wohnung des Betreuten unterläuft (BT-Drucks 11/4528, 151). Deshalb benötigt der Betreuer nach dieser Vorschrift die Genehmigung des Betreuungsgerichts zu einem Mietvertrag, durch den er Wohnraum vermieten will, auch dann, wenn das Vertragsverhältnis nicht länger als vier Jahre dauern soll (BT-Drucks 11/4528, 151). Im Verhältnis zu Alt 1 geht es in der Alt 2 um den vom Betreuten genutzten oder seiner Nutzung vorbehaltenen Wohnraum, nicht dagegen um Räumlichkeiten, die dem Betreuten zur Vermietung für Wohnzwecke zur Verfügung stehen (HK-BUR/RINK Rn 21; LG Münster FamRZ 1994, 531 = Rpfleger 1994, 251 = BtE 1992/93, 96 mAnm ENDERS; DAMRAU/ZIMMERMANN Rn 20; ERMAN/ROTH Rn 7; aA MünchKomm/SCHWAB Rn 20). Nach dem Wortlaut der Vorschrift kommt es auch nicht darauf an, dass der Wohnraum „als Wohnraum" vermietet wird, sondern dass durch die „Vermietung" dem Betreuten der Wohnraum entzogen wird (BIENWALD/SONNENFELD/HARM/C BIENWALD Rn 57). Dem Zweck der Norm zufolge kann nicht allein auf den Abschluss eines Mietvertrags abgestellt werden; auch die Erlaubnis der Nutzung würde im Hinblick auf die Räumungsprobleme dem Betreuten die Räumlichkeiten entziehen (BIENWALD/SONNENFELD/HARM/C BIENWALD Rn 57).

Vermietung oder Nutzungserlaubnis durch den nicht unter Einwilligungsvorbehalt **87** stehenden Betreuten unterliegt nicht der Genehmigungspflicht; ebenso nicht das Handeln eines Bevollmächtigten, sei es auch der Betreuer, der sich hat bevollmächtigen lassen. Bei erheblicher Eigenschädigung durch Alleinhandeln des Betreuten kann die Anordnung eines auf diesen Aufgabenkreis bezogenen Einwilligungsvorbehalts geboten sein.

Die erforderliche betreuungsgerichtliche Genehmigung ist grundsätzlich vor Ver- **88** tragsschluss einzuholen. Da es sich in Abs 3 um Verträge handelt, ist nachträgliche Genehmigung möglich (§ 1829 iVm § 1908i Abs 1 S 1 BGB). Die Genehmigung kann nur dem Betreuer gegenüber erteilt werden (§ 1828 iVm § 1908i Abs 1 S 1 BGB). In Betracht kommt eine allgemeine Ermächtigung nach § 1825 BGB nach Maßgabe von dessen Abs 2. Werden die §§ 1825 ff BGB allgemein auf § 1907 BGB angewendet, kommt die in § 1825 Abs 1 BGB enthaltene Eingrenzung nicht zum Tragen. Ist ein Gegenbetreuer bestellt, soll er, sofern dies tunlich ist, vor der Entscheidung über die erforderliche gerichtliche Genehmigung gehört werden (§ 1826 BGB). **Maßstab** für die gerichtliche Entscheidung ist ausschließlich das Wohl des Betreuten (§ 1901 Abs 2 BGB), wobei dabei sowohl die Person und ihr Wohlergehen als auch wirtschaftlich/rechtliche Interessen und Gesichtspunkte zu berücksichtigen sind. Dem psychischen Wohlbefinden des Betreuten kann es dienlich sein, seinen Wünschen zu folgen, die darauf ausgerichtet sind, dass er seinen Angehörigen etwas Gutes tut.

§ 1908
Genehmigung des Betreuungsgerichts bei der Ausstattung

Der Betreuer kann eine Ausstattung aus dem Vermögen des Betreuten nur mit Genehmigung des Betreuungsgerichts versprechen oder gewähren.

Materialien: Art 1 Nr 47 BtG; erstmals als § 1908k in BT-Drucks 11/4528, 211 (BRat); BT-Drucks 11/4528, 229 (BReg); BT-Drucks 11/ 6949, 14, 80 Nr 24 (RA); STAUDINGER/ BGB-Synopse 1896–2005 § 1908.

I. Gesetzgebungsgeschichte

Der RegEntw sah eine dem § 1902 Abs 1 BGB aF entsprechende Regelung nicht **1** vor. Soweit die Ausstattung nach § 1624 Abs 1 BGB als Schenkung anzusehen sei, bedürfe es keiner besonderen Regelung. Hier sei der Betreute durch das in § 1908i Abs 2 BGB iVm § 1804 BGB enthaltene Schenkungsverbot hinreichend geschützt. Soweit die Ausstattung das den Umständen, insbesondere den Vermögensverhältnissen des Betreuten, entsprechende Maß nicht übersteige, also nicht als Schenkung anzusehen sei, könne auf das Erfordernis der gerichtlichen Genehmigung ebenfalls

Werner Bienwald

verzichtet werden. Geschäftsunfähige Betreute empfänden es teilweise als demütigend, wenn sie etwa bei der Heirat eines Kindes eine Ausstattung nur unter Einschaltung des Gerichts gewähren könnten (BT-Drucks 11/4528, 151).

Mit dem Hinweis, die bisherige Vorschrift habe sich bewährt, sie habe bisher Bedeutung vor allem bei Hof- oder Geschäftsübergaben gehabt, schlug der BRat in
seiner Stellungnahme zum RegEntw vor, nach § 1908i BGB einen § 1908k BGB
einzufügen, dessen Wortlaut dem jetzigen § 1908 BGB entsprach (BT-Drucks 11/4528,
211). Die BReg stimmte dem Vorschlag zu (BT-Drucks 11/4528, 229), erwog aber einen
anderen Standort, den die Vorschrift dann entsprechend dem Beschluss des Rechtsausschusses erhielt (BT-Drucks 11/6949, 76).

II. Normzweck

2 Die Zustimmung zum Bundesratsvorschlag lässt den Schluss zu, dass die BReg ihre
Argumente gegen die Aufnahme der Vorschrift für nicht so schwerwiegend angesehen hat, um auf ihrem Gedanken zu bestehen. Danach wird in Kauf zu nehmen
sein, dass die Kontrolle des Gerichts auch in den Fällen für sinnvoll gehalten wird, in
denen geschäftsunfähige Betreute die Einschaltung des Gerichts als demütigend
empfinden. Normzweck ist danach der Schutz des Betreuten und seines Vermögens
vor der Vergabe von Ausstattungen, die über das den Verhältnissen des Betreuten
entsprechende Maß hinausgehen, sowie (MünchKomm/Schwab Rn 1) eine entsprechende Kontrolle des Betreuers bei der Vergabe von Ausstattungen.

III. Anwendungsbereich

1. Abgrenzung zu genehmigungsfreier Ausstattung

3 Handelt der Betreute, der nicht geschäftsunfähig ist, selbst oder beauftragt er den
Betreuer, eine Ausstattung aus seinem Vermögen vorzunehmen, bedarf es nicht der
Genehmigung des Betreuungsgerichts; der Betreuer handelt in diesem Fall außer-
halb seines Betreueramtes (zu dem ersten Fall zustimmend Erman/Roth Rn 4). Anders
liegt es nur, wenn der nicht geschäftsfähige Betreute oder der geschäftsfähige Betreute unter einem diese Angelegenheit erfassenden Einwilligungsvorbehalt stehen.
Ohne die Einwilligung des Betreuers ist dann ein Handeln des Betreuten nicht
möglich (bei Verträgen reicht die nachträgliche Zustimmung, § 1903 Abs 1 S 2
BGB). Der Betreuer benötigt die Genehmigung des Betreuungsgerichts nach § 1908
BGB. Der Genehmigungsvorbehalt gilt auch in den Fällen, in denen der Betreuer
lediglich seine Einwilligung in das Handeln des Betreuten gibt (ebenso Erman/Holz-
hauer Rn 4; MünchKomm/Schwab Rn 6).

2. Der Begriff der Ausstattung

4 Ausstattung ist nach der Legaldefinition des § 1624 BGB, „was einem Kinde mit
Rücksicht auf seine Verheiratung oder auf die Erlangung einer selbständigen Le-
bensstellung zur Begründung oder zur Erhaltung der Wirtschaft oder der Lebens-
stellung von dem Vater oder der Mutter zugewendet wird" (zum Gegenstand der Ausstattung s Staudinger/Hilbig-Lugani [2015] § 1624 Rn 9 f; ausführlich auch MünchKomm/
Schwab Rn 2). Will der Betreuer über Grundvermögen des Betroffenen zugunsten

eines erwachsenen Kindes des Betroffenen verfügen, um der Familie des Betroffenen das Anwesen zu erhalten, liegt darin keine Ausstattung des Kindes iSv § 1624 BGB (BayObLG FamRZ 2003, 1967 [LS]).

3. Umfang und Wirkung der Genehmigung

Genehmigungspflichtig ist das Versprechen (das Verpflichtungsgeschäft) oder das 5 Gewähren (das Verfügungsgeschäft). Ist das Ausstattungsversprechen genehmigt, so kann es genehmigungsfrei erfüllt werden (Labuhn/Veldtrup/Labuhn, Familiengericht und Vormundschaftsgericht [1999] Rn 1215).

Das wirksame Ausstattungsversprechen begründet einen gerichtlich durchsetzbaren Anspruch des Versprechensempfängers (Staudinger/Hilbig-Lugani [2015] § 1624 Rn 16). Zu evtl Rückforderungsansprüchen s Staudinger/Hilbig-Lugani (2015) § 1624 Rn 23 ff. Besonderheiten können sich daraus ergeben, dass nur einer der Eheleute/Eltern betreut wird.

4. Formfreiheit des Versprechens als Regel

Das Versprechen nach § 1908 BGB bedarf nicht der Form des § 518 BGB; Schen- 6 kungsrecht ist nicht anzuwenden (MünchKomm/Schwab Rn 8; Staudinger/Hilbig-Lugani [2015] § 1624 Rn 27). Der Gegenstand des Ausstattungsversprechens kann jedoch eine bestimmte Form erfordern (Staudinger/Hilbig-Lugani [2015] § 1624 Rn 26 mit Beispielen).

5. Genehmigungskriterien

Das Gericht kann in dem Genehmigungsverfahren prüfen, ob die Ausstattung das 7 den Vermögensverhältnissen des Betreuten entsprechende Maß nicht übersteigt. Maßgebend ist das Wohl des Betreuten. Seinem Wunsch ist nach Maßgabe von § 1901 Abs 3 BGB zu entsprechen (MünchKomm/Schwab Rn 7). Ein gesetzlicher Anspruch auf eine Ausstattung, gleich aus welchem Anlass, besteht nicht. Ein im Übrigen vermögensloser pflegebedürftiger Betreuter ist sittlich nicht verpflichtet, seiner vermögenden Tochter einen Teil des von beiden gemeinsam bewohnten Hauses in Form einer Eigentumswohnung zu überlassen, um einen Ausbau der Wohnung herbeizuführen, der die beengte Wohnungssituation der Tochter zu verbessern geeignet ist (BayObLG FamRZ 2003, 1967 [LS]). Zur Frage einer etwaigen sittlichen oder anders zu begründenden Verpflichtung von Eltern s auch Staudinger/Hilbig-Lugani (2015) § 1624 Rn 4. Zur Angemessenheit einer Ausstattung OLG Stuttgart BWNotZ 1997, 147 m krit Anm Zieger, der eine Ausstattung für genehmigungsfähig hält, die die Höhe des Pflichtteils nicht übersteigt.

IV. Verfahren

Zuständig für die Genehmigung oder deren Verweigerung ist der Rechtspfleger, § 3 8 Nr 2 Buchst b, § 15 RPflG. Die örtliche Zuständigkeit des Betreuungsgerichts ergibt sich aus § 272 FamFG (Betreuungsgericht). Besondere Verfahrensvorschriften bestehen nicht, insbesondere ist die persönliche Anhörung des Betreuten nicht vorgesehen (vgl § 299 FamFG). Der Betreute ist unbegrenzt verfahrensfähig (§ 275

FamFG). Unter den Voraussetzungen des § 276 FamFG ist ein Pfleger für das Verfahren zu bestellen. Im Rahmen von § 26 FamFG kann die Einholung eines Wertgutachtens geboten sein. Ein bestellter Gegenbetreuer ist zu hören. Die Genehmigung des Gegenbetreuers anstelle des Betreuungsgerichts ist nicht vorgesehen. Schwierigkeiten bei der Beurteilung der Werte können sich in Fällen ergeben, in denen der Betreuer von der Rechnungslegung befreit ist (§ 1857a BGB iVm § 1908i Abs 1 S 1 BGB; § 1908i Abs 2 S 3 BGB), weil dann die vermögensmäßige Bewertung einige Zeit in Anspruch nehmen kann.

9 Die materiellrechtlichen Konsequenzen der Erteilung oder Verweigerung der Genehmigung ergeben sich aus den §§ 1828 bis 1831 BGB iVm § 1908i Abs 1 S 1 BGB. Äußerst umstritten ist, wer gegen welche Entscheidung Beschwerde einlegen kann (MünchKomm/Schwab Rn 10). Zuzustimmen ist MünchKomm/Schwab (aaO), dass der Betreute selbst (§ 275 FamFG) gegen die Genehmigung Beschwerde einlegen können muss (zB weil er nicht beteiligt wurde oder die Grenzen der Angemessenheit überschritten worden sind). Wird die von dem Betreuer beantragte betreuungsgerichtliche Genehmigung nicht erteilt, hat ein Ausstattungsempfänger kein Beschwerderecht und der Betreuer nur, wenn er die Beschwerde im Namen des Betreuten einlegt.

§ 1908a
Vorsorgliche Betreuerbestellung und Anordnung des Einwilligungsvorbehalts für Minderjährige

Maßnahmen nach den §§ 1896, 1903 können auch für einen Minderjährigen, der das 17. Lebensjahr vollendet hat, getroffen werden, wenn anzunehmen ist, dass sie bei Eintritt der Volljährigkeit erforderlich werden. Die Maßnahmen werden erst mit dem Eintritt der Volljährigkeit wirksam.

Materialien: Art 1 Nr 6 DiskE I; Art 1 Nr 41
RegE; Art 1 Nr 47 BtG; DiskE I 151; BT-Drucks
11/4528, 152 (BReg); BT-Drucks 11/6949, 15.

Systematische Übersicht

Alphabetische Übersicht

I. Normzweck

Innerhalb des Betreuungsrechts für Volljährige stellt diese Vorschrift eine Ausnah- **1** me dar, indem sie es ermöglicht, einem Kranken oder Behinderten iS des § 1896 Abs 1 BGB einen Betreuer zu bestellen und auch einen Einwilligungsvorbehalt anzuordnen, bevor der Betroffene das 18. Lebensjahr vollendet hat. Vielfach wird bei einer entsprechenden Erkrankung oder Behinderung eines Minderjährigen absehbar sein, dass er bei Eintritt der Volljährigkeit einen Betreuer braucht (BT-Drucks 11/4528, 152). Dies kann besonders bei geistiger Behinderung, aber auch bei einer Abhängigkeitskrankheit begründet sein (ERMAN/ROTH Rn 3). Zur Vermeidung einer zeitlichen Lücke zwischen der Volljährigkeit und dem späteren Wirksamwerden einer Betreuerbestellung und der Anordnung eines Einwilligungsvorbehalts sind diese vorsorglichen Maßnahmen zugelassen worden.

2 Die Maßnahmen werden **unbedingt beschlossen**; ihre Wirksamkeit tritt aber erst mit dem Erreichen der Volljährigkeit ein (S 2). Dieser Norminhalt wird durch die neu hinzugefügte amtliche Überschrift verwischt. Die Maßnahmen sind gerade nicht als Vorsorgemaßnahmen für Minderjährige konzipiert, sondern für den dann Volljährigen; sie sollen freilich so rechtzeitig in Gang gebracht werden, dass sie mit Eintritt der Volljährigkeit wirken können. Dadurch wird in das Elternrecht nicht unzulässig eingegriffen (DAMRAU/ZIMMERMANN Rn 1). Diese Feststellung bezieht sich aber nur auf die Maßnahmen selbst; das Elternrecht wird insofern berührt, als das Verfahren, das von Amts wegen betrieben werden kann, nicht ihrer Verfügungsmacht unterliegt.

II.   Normgeschichte

3 Bereits im DiskE I (5, 151) war eine Bestimmung vorgesehen, die es erlaubte, Maßnahmen nach den §§ 1896, 1897, 1903 BGB auch für einen Minderjährigen zu treffen, der das siebzehnte Lebensjahr vollendet hat, vorausgesetzt dass sie bei Eintritt der Volljährigkeit erforderlich sein werden. Der Betreuer sollte allerdings bereits vor Eintritt der Maßnahmen mit dem Minderjährigen persönlichen Umgang pflegen (§ 1908a S 2 HS 2 DiskE I). Hierdurch sollte ermöglicht werden, dass schon zu Beginn der Betreuung ein Vertrauensverhältnis zwischen dem Betreuten und dem Betreuer besteht. Der DiskE I hielt diese Regelung im Interesse des Minderjährigen für dringend erforderlich und sah darin keinen unzulässigen Eingriff in die Rechte der Eltern, auf deren Beschwerdeberechtigung (§ 69f Abs 1 FGG-E) in diesem Zusammenhang hingewiesen wurde (DiskE I 151). Die Umgangsverpflichtung wurde in den RegEntw nicht übernommen. Man sah es als problematisch an, eine das Elternrecht berührende Umgangsregelung vorzusehen, wollte aber außerdem Unklarheiten in Bezug auf Aufwendungsersatz und Vergütung vor der Wirksamkeit der Betreuerbestellung vermeiden. Wegen der Neufassung der §§ 1896 und 1897 BGB ist die Bezugnahme auf § 1897 BGB entfallen. Eine große praktische Bedeutung wurde der Umgangsregelung nicht eingeräumt. In der Regel, so hieß es, sei davon auszugehen, dass bei einer vorsorglichen Betreuerbestellung für einen Minderjährigen in erster Linie dessen Eltern zum Betreuer bestellt werden, da sie meist für eine persönliche Betreuung besonders geeignet sein dürften, ein etwaiger Vorschlag des Minderjährigen auch hierauf gerichtet sein werde und mangels eines solchen Vorschlags die Eltern ohnehin zu berücksichtigen seien (BT-Drucks 11/4528, 152). Zum Gesichtspunkt der persönlichen Bindungen und zu dem Problem der Ablösung der Kinder von ihren Eltern s § 1897 BGB.

III. Maßnahmen nach § 1896 (Betreuerbestellung)

1. Art der Maßnahme

Nach dem Wortlaut der Vorschrift können als vorsorgliche Maßnahmen für den **4** noch Minderjährigen sämtliche Arten von Betreuerbestellungen in Frage kommen. In der Regel wird die Bestellung eines Betreuers (zunächst) ausreichen oder die Bestellung der Eltern zu Mitbetreuern naheliegen. In geeigneten Fällen kann auch ein Kontrollbetreuer (MünchKomm/Schwab Rn 4) oder ein Gegenbetreuer bestellt werden (MünchKomm/Schwab Rn 4). Die Bestellung eines Gegenbetreuers kann bereits mit der Bestellung des (Haupt-)Betreuers erfolgen und zugleich mit dieser wirksam werden; sie kann auch in einem eigenen Verfahren nachgeholt werden.

2. Aufgabenkreis des Betreuers

Entsprechend den allgemeinen Bestimmungen sind alle zulässigen Aufgabenkreis- **5** bestimmungen möglich. Da die Betreuerbestellung erst mit dem Eintritt der Volljährigkeit wirksam wird, kann auch ein Sterilisationsbetreuer bestellt werden (**aA** MünchKomm/Schwab Rn 4). Eine Umgehung des § 1631c BGB (Verbot der Sterilisation Minderjähriger) liegt darin nicht, weil mit der Maßnahme zunächst nur der Entscheidungsträger bestellt, nicht aber über die Sterilisation entschieden wird.

Entsprechend der Zielsetzung, mit der vorzeitigen Betreuerbestellung eine lücken- **6** lose Betreuung des Betroffenen auf der Schwelle zur Volljährigkeit zu erreichen, wird der zu beschließende Aufgabenkreis eher umfassend sein müssen; seltener werden nur Teilbereiche oder Einzelangelegenheiten zu besorgen sein. Die Betreuung darf aber auch hier nicht weiter gehen als unbedingt erforderlich. In Anbetracht dessen, dass der Betroffene bisher eher umfassend von seinen Eltern versorgt worden sein wird, dürfte eine Prognose, in welchem Umfang nach Vollendung des 18. Lebensjahres eine Betreuung erforderlich ist, nicht leicht fallen. Je nach Krankheit oder Behinderung iSd § 1896 Abs 1 BGB wird zu berücksichtigen sein, dass Entwicklung und Lernerfolge den Unterstützungsbedarf verändern werden/können.

3. Voraussetzungen der Betreuerbestellung

Für die vorsorgliche Betreuerbestellung müssen neben den besonderen Voraussetz- **7** zungen des § 1908a BGB die für die Bestellung eines Betreuers und für die Anordnung eines Einwilligungsvorbehalts, sofern er in Betracht kommt, vorgesehenen allgemeinen Voraussetzungen (§§ 1896, 1897, 1903 BGB) gegeben sein. Hinzu kommt, was nicht ausdrücklich bestimmt ist und sich von selbst versteht, die besondere Situation des jungen Menschen, seine bisherigen Bindungen und Beziehungen, die erfahrene oder unterlassene Förderung, die zu erwartenden Entwicklungen uam.

a) Die allgemeinen Voraussetzungen

Entsprechend den für die Betreuerbestellung und die Auswahl des Betreuers ge- **8** troffenen Regelungen erhält der Betroffene einen oder mehrere Betreuer, wenn er seine Angelegenheiten ganz oder teilweise nicht selbst besorgen kann wegen in

Werner Bienwald

§ 1896 Abs 1 BGB näher beschriebener Krankheiten oder Behinderungen, und andere Hilfen, bei denen kein gesetzlicher Vertreter bestellt wird, nicht vorhanden oder nicht ausreichend sind (§ 1896 Abs 1 und 2 BGB; BT-Drucks 11/4528, 152; Münch Komm/Schwab Rn 4).

9 Eine Vorsorge durch eigene Vollmachterteilung ist im Allgemeinen nicht anzunehmen (mangelnde Geschäftsfähigkeit, §§ 104 ff BGB, insbesondere §§ 106 ff BGB). Sie könnte im Rahmen der in den §§ 106 ff BGB eingeräumten Teilgeschäftsfähigkeit des Minderjährigen gegeben sein. Die Bestellung eines Bevollmächtigten durch Eltern (mit Ausnahme ihrer Selbstbevollmächtigung; vgl dazu Erman/Roth Rn 3 und MünchKomm/Schwab Rn 4) ist nicht unbedenklich. Denn Eltern (ebenso wie der Vormund) können die Vollmacht nur in Ausübung ihres Sorgerechts erteilen, das mit der Volljährigkeit ihres Kindes endet und diese (im deutschen Recht) nicht überdauert. Sie könnten damit die Lebensführung des dann volljährigen (und uU zu einem Widerruf der Vollmacht nicht fähigen) Kindes in unzumutbarer Weise (Art 1 Abs 1 und Art 2 Abs 1 GG) einschränken. Bestünde eine über die Volljährigkeitsgrenze hinaus oder ab dem Zeitpunkt der Volljährigkeit erteilte Vollmacht, könnte es nahezu alleiniger Zweck einer vorzeitigen Betreuerbestellung gemäß § 1908a BGB sein, alsbald nach Wirksamwerden der Bestellung die bestehende(n) Vollmacht(en) zu widerrufen.

10 Für die Feststellung von Art und Umfang der Betreuungsbedürftigkeit ist zu beachten, dass sich der Sachverständige (§ 280 FamFG) nicht nur über die Notwendigkeit der Betreuung, sondern auch über den **Umfang** des Aufgabenkreises und die voraussichtliche **Dauer** der Betreuungsbedürftigkeit zu äußern hat. Danach ist eine **doppelte Prognose** zu stellen über die voraussichtliche Dauer der Betreuungsbedürftigkeit und über die Notwendigkeit der Betreuung in einem bestimmten Umfang bei Eintritt der Volljährigkeit des jetzt noch minderjährigen Betroffenen.

11 Nach § 1896 Abs 1a BGB darf ein Betreuer gegen den freien Willen des Volljährigen nicht bestellt werden. Unabhängig davon, ob der Minderjährige iS dieser Vorschrift nach dem Willen des Gesetzgebers einen freien Willen haben kann, kommt eine entsprechende Anwendung (so aber Sonnenfeld FamRZ 2005, 941, 948) jedenfalls im Zeitpunkt einer vor Eintritt der Volljährigkeit beschlossenen Betreuerbestellung nicht in Betracht. Da die Bestellung erst mit der Volljährigkeit wirksam wird und eine auf diesen Zeitpunkt bezogene Prognose bestenfalls mit dem Ergebnis der Verneinung möglich ist, muss die Voraussetzung des § 1896 Abs 1a BGB unmittelbar vor Wirksamwerden der Betreuerbestellung festgestellt oder ihr Vorliegen bestätigt werden. Andernfalls liegen die Voraussetzungen einer Betreuerbestellung nicht vollständig vor. Die vorsorglich getroffene Entscheidung ist (deklaratorisch) aufzuheben.

12 Die vorsorgliche Betreuerbestellung kann von Amts wegen oder auf Antrag vorgenommen werden; da Dritte kein Antragsrecht haben, ist ein entsprechendes Anliegen von Eltern als Anregung zu einer Bestellung von Amts wegen anzusehen (hM, BT-Drucks 11/4528, 152; MünchKomm/Schwab Rn 4; Damrau/Zimmermann Rn 3). Bei lediglich körperlich Behinderten ist die Betreuerbestellung grundsätzlich nur auf Antrag zulässig (§ 1896 Abs 1 S 3 BGB).

Für die Auswahl des Betreuers gelten die §§ 1897 und 1900 BGB. Auch kann nach **13** § 1899 BGB die Bestellung mehrerer Betreuer in Betracht gezogen werden, insbesondere dann, wenn beide Elternteile als Betreuer geeignet erscheinen und die bisher gemeinsam getragene Erziehungsverantwortung als Betreuerverantwortung weiter gemeinsam tragen wollen (vgl § 1775 nF und zum früheren Recht BT-Drucks 11/4528, 130 sowie LG Heidelberg FamRZ 1981, 96 und LG Berlin FamRZ 1986, 103). Zu beachten ist die Einschränkung der Mehrbetreuerbestellung in § 1899 Abs 1 S 3 BGB. Problematisch angesichts des Entscheidungszeitpunkts ist die Berücksichtigung von § 1897 Abs 3 BGB, wenn nicht schon jetzt abzusehen ist, dass bestimmte Einrichtungen als Lebensmittelpunkte für den Betroffenen nicht in Frage kommen.

b)   Die besonderen Voraussetzungen des § 1908a
Der Betroffene darf nicht schon volljährig sein, und er muss das siebzehnte Lebens- **14** jahr vollendet haben. Außerdem muss anzunehmen sein, dass die Bestellung eines Betreuers und ggf die Anordnung eines Einwilligungsvorbehalts (§ 1903 BGB) bei Eintritt der Volljährigkeit erforderlich sind. Das angegebene Mindestalter ist Sachentscheidungsvoraussetzung. Eine Anregung, die nach § 1908a BGB zulässigen Maßnahmen zu beschließen, ist auch vor diesem Zeitpunkt möglich (ERMAN/ROTH Rn 2).

Lediglich die Entscheidung in der Sache selbst darf nicht vor Vollendung des sieb- **15** zehnten Lebensjahrs getroffen werden. Auch wenn nach Auffassung des RegEntw (BT-Drucks 11/4528, 152) die vorgesehene Zeitschranke ausreicht, rechtzeitig die mit Eintritt der Volljährigkeit erforderlichen Maßnahmen zu treffen, ist dadurch nicht ausgeschlossen, das Verfahren bereits vor Vollendung des 17. Lebensjahres einzuleiten (so aber MünchKomm/SCHWAB Rn 2; ERMAN/ROTH Rn 2). Die elterliche Sorge wird durch die Einleitung des Verfahrens in Betreuungssachen bereits zu diesem Zeitpunkt grundsätzlich nicht stärker betroffen als durch einen Schadensersatzprozess oder eine Strafsache gegen den Minderjährigen. Würden Eltern bereits vor Vollendung des 17. Lebensjahrs ihres betroffenen Sohnes eine Betreuerbestellung anregen, wäre nichts dagegen einzuwenden, dass das Gericht seine Zuständigkeit prüft und andere geeignete Schritte zur Vorbereitung einer Entscheidung trifft. Eine Sachentscheidung vor dem in § 1908a BGB vorgesehenen Zeitpunkt muss deshalb nicht nichtig sein. Soweit die sachlichen Voraussetzungen für die getroffene Entscheidung auch noch zu dem frühestmöglichen Zeitpunkt des Erlasses der Entscheidung vorliegen, ist sie als mit diesem Tag ergangen anzusehen.

Es muss anzunehmen sein, dass die Bestellung des Betreuers (und die Anordnung **16** des Einwilligungsvorbehalts) bei Eintritt der Volljährigkeit **erforderlich** sein wird. Das Gericht muss feststellen, dass die Betreuungsbedürftigkeit im Zeitpunkt der Volljährigkeit noch besteht und nicht vorher behoben oder wesentlich verringert ist (ähnlich MünchKomm/SCHWAB Rn 3). Das betrifft auch Entscheidungen der Rechtsmittelgerichte, sofern sie vor Eintritt der Volljährigkeit getroffen werden.

IV.   Wirkung der Betreuerbestellung

1.   Rechtsstellung des Betreuers

Die Wirksamkeit der Betreuerbestellung tritt frühestens mit der Vollendung des **17**

18. Lebensjahres des Betroffenen ein, und zwar automatisch, ohne dass dieser Zeitpunkt in den Beschluss aufgenommen sein müsste. Mit diesem Zeitpunkt, gegebenenfalls zu einem späteren Zeitpunkt, erhält der Betroffene einen Betreuer und es setzen die Pflichten und Rechte des Betreuers ein. Der Betreuer vertritt den Betreuten gerichtlich und außergerichtlich im Rahmen seines Aufgabenkreises (§ 1902 BGB); er hat den ihm erteilten Auftrag (Aufgabenkreis) nach Maßgabe der für den Betreuer geltenden Bestimmungen (insbes §§ 1901, 1908i Abs 1 BGB) auszuführen. Stirbt der Betroffene vor Erreichen der Volljährigkeit, ist die Maßnahme wirkungslos (BIENWALD, in: BIENWALD/SONNENFELD/HARM Rn 39).

18 Der Betreuer ist mündlich zu verpflichten und über seine Aufgabe zu unterrichten (§ 289 Abs 1 S 1 FamFG). Er erhält eine Urkunde über seine Bestellung (§ 290 FamFG) Mit dem Wirksamwerden der Betreuerbestellung kann auch ein Einführungsgespräch stattfinden, wenn sich der Fall dazu eignet (§ 289 Abs 2 FamFG).

19 Mit Eintritt der Volljährigkeit des Betroffenen endet der bisherige vom Lebensalter abhängig gemachte Rechtszustand der beschränkten Geschäftsfähigkeit nach den §§ 106 ff BGB; eine etwa bestehende Geschäftsunfähigkeit (§ 104 Nr 2 BGB) wird davon nicht berührt.

20 Sofern der Minderjährige nicht in einzelnen Beziehungen teilgeschäftsfähig war, entsteht nunmehr die Ausgangslage für konkurrierendes Handeln. Die Betreuerbestellung lässt die Geschäftsfähigkeit oder Geschäftsunfähigkeit des Betroffenen unberührt. Erst mit der Wirksamkeit der Betreuerbestellung hat der Betreuer ein „Recht zum Umgang" mit dem Betreuten, abgeleitet aus der Verpflichtung zu persönlicher Betreuung. Er hat auch das Recht, die Herausgabe des Betreuten von jedem zu verlangen, der ihm den Betreuten vorenthält, wenn dies zu seinem Aufgabenkreis gehört (§ 1632 Abs 1 iVm § 1908i Abs 1 S 1 BGB).

21 **Vorwirkungen** zeitigt die Entscheidung nach § 1908a BGB **nicht**. Eine ursprünglich in DiskE I vorgesehene Verpflichtung des designierten Betreuers, bereits vor der Wirksamkeit seiner Bestellung persönlichen Umgang mit dem Minderjährigen zu pflegen, ist nicht Gesetz geworden. Eine sinnvolle und wünschenswerte Kontaktpflege (BIENWALD, in: BIENWALD/SONNENFELD/HARM Rn 27; MünchKomm/SCHWAB Rn 12) ist nur auf freiwilliger Basis möglich. Der Betreuer hat vor dem Eintritt der Wirksamkeit seiner Betreuerbestellung keinen Anspruch auf Auslagenerstattung gemäß §§ 1835, 1835a BGB; eine Vergütung kann ihm für diese Zeit nicht bewilligt werden (BIENWALD Rn 32 ff; MünchKomm/SCHWAB Rn 12). Beides kann sich aus vertraglicher Verpflichtung der Sorgeberechtigten oder des Betroffenen (mit Zustimmung des gesetzlichen Vertreters) ergeben. Eine nachträgliche Bewilligung von Auslagenerstattung und Vergütung aus Billigkeitsgründen wird für zulässig erachtet (BIENWALD, in: BIENWALD/SONNENFELD/HOFFMANN Rn 34; MünchKomm/SCHWAB Rn 12).

2.   Auswirkungen auf elterliche und vormundliche Sorge

22 Die Entscheidung, einen Betreuer zu bestellen, gegebenenfalls einen Einwilligungsvorbehalt anzuordnen, berührt die elterliche oder vormundliche Sorge für den minderjährigen Betroffenen nicht. Die elterliche und die vormundliche Sorge enden mit dem Eintritt der Volljährigkeit, also in dem Moment, in dem die Betreuerbestellung wirksam wird. Auch wenn das Betreuungsgericht die Eltern zu Betreuern bestellt hat, setzt sich deren bisheriges Sorgerecht nicht fort. Die Betreuerbestellung bewirkt ein **eigenständiges Betreuungsrechtsverhältnis** zwischen dem Betreuten und seinem Betreuer.

Tritt eine Betreuerbestellung erst nach dem Eintritt der Volljährigkeit in Kraft, wird **23** die dadurch entstandene Lücke in der Vertretung des Betroffenen nachträglich nicht überbrückt oder geschlossen. Ein solcher Sachverhalt kann dadurch entstehen, dass das Gericht kurz vor der Vollendung des 18. Lebensjahres die Entscheidung über die Betreuerbestellung trifft, die Entscheidung aber erst nach dem Eintritt der Volljährigkeit gemäß § 287 FamFG wirksam wird.

3. Weitere Wirkungen der Betreuerbestellung

In Bezug auf die übrigen Wirkungen der Betreuerbestellung bestehen keine Be- **24** sonderheiten gegenüber dem Regelfall. Die Betreuerbestellung und die Anordnung eines Einwilligungsvorbehalts ändern vor Eintritt der Volljährigkeit nichts an der Rechtsstellung des minderjährigen Betroffenen. Er ist zwar für das Verfahren in Betreuungssachen verfahrensfähig; soweit er in anderen Verfahren eine Parteirolle innehat, richtet sich seine Verfahrens- und Prozessfähigkeit nach den allgemeinen Bestimmungen. Kostenschuldner im Falle der Betreuerbestellung ist der Minderjährige.

V. Verfahren

1. Allgemeines

Für das Verfahren zur Prüfung, ob dem Minderjährigen nach Maßgabe des § 1908a **25** BGB ein Betreuer zu bestellen ist, gelten grundsätzlich die allgemeinen Regelungen der §§ 271 ff FGG (so auch MünchKomm/SCHWAB Rn 5). Das FamFG enthält kein besonderes auf § 1908a BGB zugeschnittenes Verfahrensrecht (Ausnahme: § 279 Abs 4). Der Betroffene ist in allen Verfahren, welche die Betreuung betreffen, ohne Rücksicht darauf, dass er nicht geschäftsfähig ist, verfahrensfähig (§ 275 FamFG). Eine Ausnahme für den unter die Bestimmung des § 1908a BGB fallenden Personenkreis hat das BtG nicht getroffen.

Die uneingeschränkte Verfahrensfähigkeit befugt zur Bestellung eines Verfahrens- **26** bevollmächtigten, auch eines Rechtsanwalts (so für den volljährigen Betroffenen KEIDEL/ BUDDE § 275 FamFG Rn 5). Auch wenn die Rechtsordnung dem 17-jährigen Betroffenen materiell rechtlich nur die Rechtsstellung eines beschränkt Geschäftsfähigen einräumt, kann sie ihn verfahrensrechtlich im Betreuungsverfahren nicht schlechter (abhängiger) stellen als den natürlich geschäftsunfähigen volljährigen Betroffenen nach § 275 FamFG.

Soweit dies erforderlich ist, bestellt das Gericht dem minderjährigen Betroffenen **27** einen Pfleger für das Verfahren nach Maßgabe des § 276 FamFG, weil es sich um ein Verfahren in Betreuungssachen handelt. Die Rechtsstellung des Minderjährigen im Verfahren in Betreuungssachen wird davon nicht berührt. Das Gericht kann die Eltern und andere Angehörige auf Antrag zum Verfahren hinzuziehen. Die zuständige Behörde hat das Gericht hinzuzuziehen, wenn diese es beantragt (§ 274 FamFG). Den gesetzlichen Vertreter des minderjährigen Betroffenen hat das Gericht anzuhören (§ 279 Abs 4 FamFG).

28 Uneingeschränkt gilt, dass das Gericht den Betroffenen vor der Bestellung eines Betreuers und/oder der Anordnung eines Einwilligungsvorbehalts persönlich anzuhören und sich in jedem Fall einen unmittelbaren Eindruck zu verschaffen hat (§ 278 Abs 1 FamFG). Während die persönliche Anhörung unterbleiben darf, wenn hiervon erhebliche Nachteile für die Gesundheit des Betroffenen zu besorgen sind (§§ 278 Abs 4, 34 Abs 2 FamFG), darf auf die Inaugenscheinnahme nicht verzichtet werden.

29 Wie in jedem anderen Bestellungsverfahren hat das Gericht, bevor es über die Bestellung eines Betreuers und/oder die Anordnung eines Einwilligungsvorbehalts beschließt, eine förmliche Beweisaufnahme durchzuführen und das Gutachten eines (oder mehrerer) Sachverständiger über die Notwendigkeit der Maßnahme einzuholen. Im Hinblick auf die erforderlichen Prognosen reicht ein ärztliches Zeugnis (§ 281 FamFG) nicht aus (Jürgens § 1908a Rn 4). Ebensowenig kommt die Verwendung von Gutachten des Medizinischen Dienstes der Krankenversicherung (§ 282 FamFG) als alleinige sachverständige Äußerung in Betracht.

30 Die Entscheidung ist dem Betroffenen stets selbst bekanntzugeben (§§ 41, 288 FamFG); die Minderjährigkeit des Betroffenen ändert daran nichts (§ 275 FamFG). Von der Bekanntgabe der Gründe des Beschlusses an den Betroffenen kann das Gericht absehen, wenn das nach ärztlichem Zeugnis (oder einer Äußerung des Gutachters) erforderlich ist, um erhebliche Nachteile für seine Gesundheit zu vermeiden.

2. Zuständigkeit des Gerichts

31 Maßgebend für die örtliche Zuständigkeit des Betreuungsgerichts ist, da es ein Verfahren mit einer Betreuerbestellung noch nicht geben wird, nach § 272 Abs 1 Nr 2 FamFG nicht der Wohnsitz des Minderjährigen (§ 8 BGB), sondern sein gewöhnlicher Aufenthalt. Ihn bestimmt der gesetzliche Vertreter des Minderjährigen im Rahmen seines Aufenthaltsbestimmungsrechts (§ 1631 Abs 1 BGB). Die Aufenthaltsnahme ist tatsächliche Handlung (so jetzt auch Staudinger/Kannowski [2013] § 8 Rn 3), die auch ein Minderjähriger vornehmen kann, mit der die Eltern, der Vormund oder der sonst Aufenthaltsbestimmungsberechtigte einverstanden sein muss. Die Zuständigkeitsregelung für das Betreuungsverfahren kann dann zu Problemen führen, wenn die Eltern oder der sonst Aufenthaltsbestimmungsberechtigte den Aufenthalt des Minderjährigen (Behinderten oder Kranken!) ständig neu bestimmen, sodass sich die Gerichte in Abgabeentscheidungen verlieren. Das Bedürfnis der Fürsorge (§ 272 Abs 1 Nr 3 FamFG) wird für die Zuständigkeit des dann zuständigen Gerichts schwer zu bestimmen sein.

3. Antragsbefugnis des Minderjährigen

32 Die Antragsbefugnis eines Minderjährigen wäre angesichts der ihm eingeräumten Verfahrensfähigkeit (§ 275 FamFG) unbedenklich, wenn durch den Antrag lediglich das Verfahren in Betreuungssachen ausgelöst werden würde. Das Gericht hat jedoch im Betreuerbestellungsverfahren auf Antrag des Betroffenen die Möglichkeit, auf die Einholung eines Gutachtens zur Frage der Betreuungsbedürftigkeit zu verzichten (§ 281 Abs 1 Nr 1 FamFG), wenn ein ärztliches Zeugnis vorgelegt wird, der Betroffene auf die Einholung eines Gutachtens verzichtet und die Einholung des Gutachtens – nach Auffassung des Gerichts – insbesondere im Hinblick auf den Umfang des Aufgabenkreises des Betreuers – unverhältnismäßig wäre. Da das Gericht für die Vollständigkeit des seiner Entscheidung zugrunde gelegten Stoffes die Verantwortung trägt, darf es von der oa **Verfahrenserleichterung nur dann** Gebrauch machen, wenn das Attest zB ausreichend auf die Frage nach den zu stellenden Prognosen Auskunft gibt und nicht der Eindruck besteht, es handle sich um ein Gefälligkeitsattest im Interesse bestimmter Angehöriger.

Ist es schon im Falle eines geschäftsunfähigen Volljährigen wegen des voraussichtlich **33** nicht geringen Aufgabenkreises des zu bestellenden Betreuers eher geboten, trotz des gestellten Antrags ein Sachverständigengutachten einzuholen, kann bei einem Minderjährigen im Fall seiner Antragstellung wegen der doppelten Prognose auf ein Sachverständigengutachten grundsätzlich nicht verzichtet werden (im Ergebnis ebenso MünchKomm/Schwab Rn 6).

4. Untersuchung durch den Sachverständigen

Die zur Vorbereitung des Gutachtens notwendige und vom Gesetz vorgeschriebene **34** (§ 280 Abs 2 FamFG) persönliche Untersuchung oder Befragung setzt voraus, dass der Betroffene damit einverstanden ist. Gegen den Willen des Betroffenen ist die Untersuchung nur zulässig, wenn das Gericht eine dementsprechende Anordnung getroffen hat (§ 283 Abs 1 FamFG). Ist der Betroffene einwilligungsfähig, entscheidet er selbst, ob er sich untersuchen lassen will. Ist er nicht einwilligungsfähig, kommt es auf die Einwilligung des dazu Befugten, hier des Personensorgeberechtigten (§ 1631 BGB) an. Anordnungen des Gerichts nach § 283 Abs 1 und 2 FamFG, die in das Elternrecht eingreifen, sind zulässig (MünchKomm/Schwab Rn 7). Insoweit liegt es nicht anders als bei Eltern, deren minderjährige Kinder Angeklagte eines Strafverfahrens sind. Allerdings fragt es sich, ob die gerichtliche Befugnis nicht einer ausdrücklichen Regelung, und sei es auch nur im Wege der Verweisung, bedurft hätte.

Lehnt der Minderjährige die Untersuchung ab und ist er entscheidungsfähig, richten **35** sich die gerichtlichen Anordnungen gegen ihn. Ist er entscheidungsunfähig und lehnen seine Eltern bzw der Personensorgeberechtigte die Untersuchung ab, kann sich die angeordnete Maßnahme ebenfalls nur an den Minderjährigen richten. Da eine Rechtsgrundlage fehlt, kann nicht von den Eltern bzw dem Personensorgeberechtigten unmittelbar die Einwilligung in die Untersuchung des Minderjährigen verlangt oder eine Einwirkung auf den Willen des Minderjährigen erwartet werden. Das Betreuungsgericht könnte allenfalls erwägen, beim Familiengericht die Einschränkung des Sorgerechts (§ 1666 BGB) anzuregen und mithilfe eines Ergänzungspflegers (§ 1909 BGB) die Einwilligung in die Untersuchung zu erreichen.

5. Die Rechtsstellung von Sorgeberechtigten und/oder Eltern sowie des gesetzlichen Vertreters

36   Die Eltern, ein Sorgeberechtigter oder der gesetzliche Vertreter werden nicht automatisch zu Verfahrensbeteiligten. Das Gericht kann sie beteiligen, wenn sie dies beantragen (§ 274 Abs 4 FamFG). Das Gericht hat diejenigen, die auf ihren Antrag als Beteiligte zu dem Verfahren hinzugezogen werden können, von der Einleitung des Verfahrens zu benachrichtigen und über ihr Antragsrecht zu belehren (§ 7 Abs 4 FamFG). Unterlässt das Gericht diese Information an die Eltern, haben sie kein Beschwerderecht gegen die Bestellung eines Betreuers oder die Anordnung eines Einwilligungsvorbehalts oder die Ablehnung dieser Maßnahmen (§ 303 Abs 2 Nr 1 FamFG).

37   § 279 Abs 4 FamFG sieht vor, dass das Gericht im Fall des § 1908a BGB den gesetzlichen Vertreter des Betroffenen anzuhören hat. Die Anhörung des gesetzlichen Vertreters ist danach keine Ermessensfrage. Die Form der Anhörung ist nicht vorgeschrieben. Im Hinblick auf die Verpflichtung des Gerichts, den Sachverhalt von Amts wegen aufzuklären (§ 26 FamFG), kann eine persönliche Anhörung geboten sein. Nach Auffassung des RegEntw (BT-Drucks 11/4528, 173) sollte dem gesetzlichen Vertreter bei der Bewältigung der Zukunft des minderjährigen Betroffenen eine größere Mitsprachemöglichkeit eingeräumt werden.

6. Betreuerbestellung durch einstweilige Anordnung

38   Im Hinblick auf die Wirksamkeit der Betreuerbestellung frühestens mit dem Eintritt der Volljährigkeit des Betroffenen kommt eine vorsorgliche Betreuerbestellung nach §§ 300, 301 FamFG mit ihren besonderen Voraussetzungen allenfalls dann in Betracht, wenn der Eintritt der Volljährigkeit unmittelbar bevorsteht (nunmehr wohl allg Meinung; statt vieler MünchKomm/Schwab Rn 10).

7. Entscheidungsinhalt und Bekanntmachung

39   Die Vorschrift lässt eine Entscheidung vor Eintritt der Volljährigkeit zu. Es kann aber auch der Fall eintreten, dass das Verfahren zur Zeit der Minderjährigkeit des Betroffenen eingeleitet und erst nach Eintritt der Volljährigkeit durch Bestellung eines Betreuers abgeschlossen wird.

40   Nicht nur der Bestellungsbeschluss sollte das Datum des Eintritts der Volljährigkeit als Anfangszeitpunkt für die Betreuertätigkeit nennen (MünchKomm/Schwab Rn 8; Jürgens § 1908a Rn 4), denn bei Angabe der Personalien mit Geburtsdatum lässt sich das Volljährigkeitsdatum errechnen. Von größerer praktischer Bedeutung ist die Angabe des Volljährigkeitsdatums als frühester Wirksamkeitszeitpunkt der Betreuerbestellung in dem Betreuerausweis.

41   Durch die Wirksamkeitsregelung des § 1908a BGB werden die allgemeinen verfahrensrechtlichen Voraussetzungen der Wirksamkeit einer Entscheidung in Betreuungssachen nicht verdrängt (MünchKomm/Schwab Rn 9). Voraussetzung der Wirksamkeit der Betreuerbestellung ist aber zusätzlich die vor oder nach dem Eintritt der Volljährigkeit liegende Bekanntmachung an den Betreuer oder bei der Anordnung

der sofortigen Wirksamkeit, die frühestens mit dem Eintritt der Volljährigkeit eintreten kann, mit der Bekanntmachung an den Betroffenen oder an den Verfahrenspfleger, ggf der Übergabe an die Geschäftsstelle (§ 287 Abs 2 FamFG).

Zur mündlichen Verpflichtung und Unterrichtung des Betreuers über seine Aufga- **42**
ben hat das BtG für dieses besondere Verfahren keine eigenen Bestimmungen getroffen. Während die Bestellung unmittelbar nach der Beschlussfassung und Bekanntmachung der Entscheidung an den Betreuer erfolgen kann, sollte die Unterrichtung über die Aufgaben in nahem zeitlichem Zusammenhang mit dem Wirksamwerden der Betreuerbestellung liegen.

Ist nach Abschluss der Ermittlungen die Bestellung eines Betreuers zum jetzigen **43**
Zeitpunkt nicht geboten, lehnt das Gericht durch Beschluss die Maßnahme ab. Auch diese Entscheidung ist zu begründen (§ 38 FamFG) und mit einer Rechtsbehelfsbelehrung zu versehen (§ 39 FamFG). Die bloße Einstellung des Verfahrens mit Gründen ist nicht vorgesehen. Beschwerdefähig ist nur eine Endentscheidung, die durch Beschluss getroffen wird.

8. Dauer der Maßnahme, Überprüfungsfristen, Mitteilungen

Der Zeitpunkt, zu dem das Gericht spätestens über die Aufhebung der Verlängerung **44**
der Maßnahme zu entscheiden hat, ist vom Datum der Entscheidung (nicht dem Datum der Wirksamkeit der Maßnahme) an zu berechnen (MünchKomm/Schwab Rn 9).

Mitteilungen über die getroffenen Entscheidungen kommen erst dann in Betracht, **45**
wenn die Entscheidungsinhalte mit dem Eintritt der Volljährigkeit wirksam geworden sind. Eine Ausnahme ist dann gerechtfertigt, wenn unmittelbar nach der nach § 1908a S 2 BGB eintretenden Wirksamkeit Wahlen stattfinden, für die eine Mitteilung gemäß § 309 FamFG von Bedeutung ist.

9. Rechtsbehelfe

Der Betroffene hat, obwohl uU noch minderjährig, ein eigenes Beschwerderecht **46**
(§§ 59, 60 FamFG). Der gesetzliche Vertreter wird in den ergänzenden Bestimmungen über das Beschwerderecht nicht erwähnt (§ 303 FamFG); ebensowenig in den allgemeinen Beschwerdevorschriften (§ 59 FamFG). Seine Eltern (als gesetzliche Vertreter) sind beschwerdeberechtigt, wenn sie im Interesse des Betroffenen Beschwerde einlegen und im ersten Rechtszug beteiligt worden sind (§ 303 Abs 2 Nr 1 FamFG).

VI. Anordnung eines Einwilligungsvorbehalts

1. Voraussetzungen

Das Betreuungsgericht kann für den minderjährigen Betroffenen vorsorglich einen **47**
Einwilligungsvorbehalt neben der Betreuerbestellung oder nachträglich anordnen. Die nachträgliche Anordnung vor Eintritt der Volljährigkeit der betroffenen Person wird aus zeitlichen Gründen jedoch kaum praktisch werden. Die Anordnung eines

Einwilligungsvorbehalts, gleich welchen Inhalts/Umfangs, setzt eine mindestens gleichzeitige Betreuerbestellung voraus (zur Akzessorietät des Einwilligungsvorbehalts s oben § 1903 BGB). Maßgebend für den Zeitpunkt ist das Datum der gerichtlichen Entscheidung, nicht das Datum der Wirksamkeit. Materiellrechtlich muss in diesem Zeitpunkt feststehen, dass die Anordnung des Einwilligungsvorbehalts zur Abwendung einer erheblichen Gefahr für die Person und/oder das Vermögen des Betroffenen auch noch bei Eintritt der Volljährigkeit erforderlich ist. Verfahrensrechtlich ist dieser Zeitpunkt maßgebend, weil die Entscheidung bereits vor der Wirksamkeit der Maßnahmen angefochten und auf ihre Rechtmäßigkeit überprüft werden kann.

48 In gleicher Weise wie bei der Betreuerbestellung ist eine doppelte Prognose erforderlich, erstens für die Dauer der Maßnahme, zweitens für den Beginn der Wirksamkeit der Anordnung.

49 Das Gericht entscheidet ausschließlich von Amts wegen. Entsprechende Anträge sind als Anregungen zu behandeln. Sie werden von Angehörigen oder solchen Personen an das Gericht oder die Behörde herangetragen werden, die den Betroffenen unmittelbar erlebt haben und beobachten konnten, dass er selbst tätig wird und sich iS des § 1903 BGB gefährden kann.

50 Wie auch im Übrigen Betreuungsrecht kommt es darauf an, dass die Maßnahme erforderlich ist. Reichen andere Hilfen aus, wenn die Maßnahme wirksam werden müsste, hat die Anordnung zu unterbleiben.

2. Wirksamkeit

51 Die Entscheidung wird materiellrechtlich in dem Zeitpunkt wirksam, in dem der Betroffene volljährig wird, sofern in diesem Zeitpunkt auch die allgemeinen Wirksamkeitsvoraussetzungen (§§ 40, 287 Abs 3 FamFG) erfüllt sind (MünchKomm/Schwab Rn 15). Wegen der Akzessorietät des Einwilligungsvorbehalts kann dieser nicht vor der vorsorglichen Betreuerbestellung wirksam werden. Tritt die Wirksamkeit des Einwilligungsvorbehalts mit der Volljährigkeit des Betroffenen ein, löst die durch den Einwilligungsvorbehalt entstehende rechtsgeschäftliche Beschränkung des Betreuten die bisherige aufgrund von §§ 106 ff BGB bestehende beschränkte Geschäftsfähigkeit ab. Gesetzlicher Vertreter ist nunmehr der Betreuer. Zum Wirksamwerden schwebender Rechtsgeschäfte im Falle der Bestellung eines Betreuers für den volljährig gewordenen Betroffenen s MünchKomm/Schwab Rn 16.

3. Zum Verfahren

52 Der Einwilligungsvorbehalt wird ausschließlich von Amts wegen angeordnet. Die für die Betreuerbestellung auf Antrag vorgesehene Verfahrenserleichterung (§ 280 Abs 1 Nr 1 FamFG) kommt bereits aus diesem Grund hier nicht in Betracht, sodass für die Anordnung eines Einwilligungsvorbehalts auch für einen Minderjährigen immer das Gutachten eines Sachverständigen einzuholen ist.

§ 1908b
Entlassung des Betreuers

(1) Das Betreuungsgericht hat den Betreuer zu entlassen, wenn seine Eignung, die Angelegenheiten des Betreuten zu besorgen, nicht mehr gewährleistet ist oder ein anderer wichtiger Grund für die Entlassung vorliegt. Ein wichtiger Grund liegt auch vor, wenn der Betreuer eine erforderliche Abrechnung vorsätzlich falsch erteilt oder den erforderlichen persönlichen Kontakt zum Betreuten nicht gehalten hat. Das Gericht soll den nach § 1897 Abs 6 bestellten Betreuer entlassen, wenn der Betreute durch eine oder mehrere andere Personen außerhalb einer Berufsausübung betreut werden kann.

(2) Der Betreuer kann seine Entlassung verlangen, wenn nach seiner Bestellung Umstände eintreten, aufgrund derer ihm die Betreuung nicht mehr zugemutet werden kann.

(3) Das Gericht kann den Betreuer entlassen, wenn der Betreute eine gleich geeignete Person, die zur Übernahme bereit ist, als neuen Betreuer vorschlägt.

(4) Der Vereinsbetreuer ist auch zu entlassen, wenn der Verein dies beantragt. Ist die Entlassung nicht zum Wohl des Betreuten erforderlich, so kann das Betreuungsgericht stattdessen mit Einverständnis des Betreuers aussprechen, dass dieser die Betreuung künftig als Privatperson weiterführt. Die Sätze 1 und 2 gelten für den Behördenbetreuer entsprechend.

(5) Der Verein oder die Behörde ist zu entlassen, sobald der Betreute durch eine oder mehrere natürliche Personen hinreichend betreut werden kann.

Materialien: Art 1 Nr 6 DiskE; Art 1 Nr 41 RegEntw; Art 1 Nr 47 BtG; DiskE I 152; BT-Drucks 11/4528, 152 ff (BReg); BT-Drucks 11/6949, 15, 80 Nr 25 (RA). Abs 1 S 2 durch Art 1 Nr 15 Buchst a BtÄndG eingefügt: BT-Drucks 13/7158, 49, 57; BT-Drucks 13/10331, 11 (RA); BR-Drucks 339 u 517/98 jeweils m Beschluss; BGBl I 1580, 1582. Abs 1 S 2 eingefügt d Art 1 Nr 12 2. BtÄndG (BT-Drucks 15/2494, 7, 30); Beschlussempfehlung u Bericht (RA) BT-Drucks 15/4874; BR-Drucks 121/05 (Beschluss). Änderung der Gerichtsbezeich-nung in Abs 1 und Abs 4 durch Art 50 Nr 49 FGG-RG v 17. 12. 2008 (BGBl I 2586, 2724); BT-Drucks 16/6308, 347; BT-Drucks 617/08 (v 29. 8. 2008). Einfügung eines Satzteils in Abs 1 S 2 durch Art 1 Nr 5 d G z Änd d Vormundschafts- und Betreuungsrechts v 29. 6. 2011 (BGBl I 1306); BT-Drucks 17/3617 (Entwurf d BReg); Beschlussempfehlung und Bericht des RA BT-Drucks 17/5512; Beschluss d Bundestages v 14. 4. 2011, d BRates v 27. 5. 2011 BR-Drucks 243/10 (Beschluss).

Systematische Übersicht

Werner Bienwald

Werner Bienwald

I. Allgemeines

1. Regelungsumfang

Das Amt des Betreuers endet, wenn er stirbt oder wenn er durch das Betreuungs- **1** gericht entlassen wird. In beiden Fällen muss ein neuer Betreuer bestellt werden (§ 1908c BGB). Der Personalwechsel hat keine Bedeutung für das Bestehen oder Weiterbestehen des Betreuungsrechtsverhältnisses. Die Beziehungsebene wird selbstverständlich davon berührt. Das Betreuungsrechtsverhältnis endet – außer durch den Tod des Betreuten – erst mit der Aufhebung durch Beschluss des Betreuungsgerichts (§ 1908d BGB, § 294 FamFG). Im Gegensatz zu der Begründung des Betreuungsrechtsverhältnisses durch die Personalentscheidung (sog Einheitsentscheidung) kommt es bei einem Personalwechsels zu einer Trennung von Personal- und Sachmaßnahme.

Trotz des Fortbestehens der Betreuung bei Tod oder der Entlassung des Betreuers **2** kann das Erfordernis einer neuen Personalentscheidung Anlass zur Prüfung sein, ob die Betreuung überhaupt oder in dem bisherigen Umfang aufrechterhalten bleiben muss. Es kann Anlass zu Erweiterungen oder Einschränkungen des Aufgabenkreises gegeben sein; ebenso zur Überprüfung von Notwendigkeit und/oder Umfang des Einwilligungsvorbehalts.

Die Einfügung des Satzteils in Abs 1 S 2 durch das Vormundschafts- und Betreu- **3** ungsrechtsänderungsgesetz v 29. 6. 2011, wonach ein wichtiger Grund für die Entlassung des Betreuers die Nichteinhaltung des erforderlichen persönlichen Kontakts zum Betreuten sein kann, muss im Zusammenhang aller Änderungen dieses Gesetzes gesehen und gewürdigt werden. Dem Anliegen des Gesetzes folgend sind die Betreuungsgerichte seit dem 5. 7. 2012 (Art 3 Nr 1) verpflichtet, die Einhaltung der erforderlichen persönlichen Kontakte des Betreuers zu seinem/seinen Betreuten zu beaufsichtigen (Einfügung in § 1837 Abs 2 Nr 1 BGB; iVm § 1908i Abs 1 S 1 BGB). Die Ergänzung des § 1840 Abs 1 BGB um einen weiteren Satz verpflichtet den Betreuer, in den grundsätzlich jährlich zu erstattenden Bericht auch Angaben zu den persönlichen Kontakten des Betreuers zu dem Betreuten aufzunehmen. Eine zahlenmäßige Begrenzung der Führung von Betreuungen durch berufsmäßig tätige Betreuer oder durch die zuständige Behörde, wie sie die Änderung des § 55 SGB VIII für das Jugendamt eingeführt hat, enthält das Gesetz zur Änderung des Vormundschafts- und Betreuungsrechts nicht.

§ 1908b BGB regelt lediglich die Voraussetzungen, unter denen der Betreuer von **4** Amts wegen, auf eigenen Wunsch oder auf Antrag eines Vereins oder einer Behörde zu entlassen ist oder auf Vorschlag des Betreuten entlassen werden kann (BT-Drucks 11/4528, 152). Die Korrektur einer fehlerhaften Personalentscheidung ist nach § 1908b

BGB nicht vorgesehen. Erst wenn der amtierende Betreuer entlassen ist, kann bei der Neubestellung ein bei der vorangegangenen Bestellung begangener Fehler vermieden werden.

5 Zu einer Überprüfung durch das Rechtsbeschwerdegericht kommt es grundsätzlich nur dann, wenn dieses Rechtsmittel zugelassen worden ist. Eine zulassungsfreie Rechtsbeschwerde lehnt der BGH mit der Begründung ab, die Entlassung des Betreuers gemäß Abs 1 werde nicht von den §§ 70 Abs 3 S 1 Nr 1, 271 Nr 1 FamFG erfasst (FamRZ 2011, 632; Rpfleger 2011, 499).

2.   Betreuerwechsel nur bei wichtigem Grund

6 Entgegen dem bisherigen Recht (§§ 1885, 1886, 1781 BGB iVm § 1897 S 1, § 1915 Abs 1 BGB aF), das zwischen der Gefährdung der Interessen des Betroffenen infolge von pflichtwidrigem oder sonstigem, dem Wohl des Betroffenen abträglichen Handeln einerseits und in der Person des Vormunds/Pflegers liegenden Untauglichkeitsgründen andererseits unterschied, enthält § 1908b BGB eine allgemeinere Fassung. Abgesehen von den verschiedenen Initiativen, den Betreuer zu entlassen und einen neuen zu bestellen, verlangt das Gesetz durchgängig das Bestehen eines wichtigen Grundes. In Abs 1 der Vorschrift kommt das in der Formulierung „anderer wichtiger Grund" unmittelbar zum Ausdruck.

7 Der Begriff des wichtigen Grundes ist ein **Rechtsbegriff**, der weitestgehend der Nachprüfung durch das Rechtsbeschwerdegericht unterliegt (BayObLG FamRZ 1994, 323; FamRZ 1995, 1232, 1233 = BtPrax 1995, 65, 67; FamRZ 1995, 1235, 1236; OLG Köln NJWE-FER 1998, 129). Voraussetzung für seine Anwendung ist eine genaue durch Tatsachen gestützte vollständige Abwägung der beteiligten Interessen unter Berücksichtigung dessen, dass ein einfacher Grund nicht ausreicht (BayObLG FamRZ 1995, 1232, 1233 = BtPrax 1995, 65, 67). Die Beurteilung des Tatrichters, **ob** ein anderer wichtiger Grund für die Entlassung des Betreuers gegeben ist, kann vom Rechtsbeschwerdegericht nur auf Rechtsfehler überprüft werden (BayObLG FamRZ 1997, 1358, 1359; FamRZ 2001, 935, 936, jeweils mwNw). Als ein wichtiger Grund für einen Betreuerwechsel ist die durch das BtÄndG eingeführte Möglichkeit anzusehen, eine bisher von einem Berufsbetreuer geführte Betreuung auf eine ehrenamtlich tätige Person zu übertragen. Ein wichtiger Grund liegt auch vor, wenn der Betreuer eine erforderliche Abrechnung vorsätzlich falsch erteilt hat (Abs 1 S 2).

8 Durch die Ergänzung des Abs 1 S 2 kann ein wichtiger Grund für eine Entlassung auch darin zu sehen sein, dass der Betreuer den erforderlichen persönlichen Kontakt zum Betreuten nicht gehalten hat. Der entsprechende Satzteil wurde eingefügt durch Art 1 Nr 5 des Gesetzes zur Änderung des Vormundschafts- und Betreuungsrechts vom 29. 6. 2011 (BGBl I 1306) mit Wirkung v 30. 6. 2011.

9 Nach Abs 2 müssen Umstände eintreten, aufgrund derer die Betreuung nicht mehr zugemutet werden kann. Dem Anliegen des Betreuten, einen Betreuerwechsel vorzunehmen, ist nur dann zu entsprechen, wenn bestimmte Voraussetzungen vorliegen (Abs 3). Ihm kommt stets besonderes Gewicht zu (BayObLG FamRZ 2005, 654). Es stellt keine Fehlausübung des Ermessens im Rahmen von Abs 3 dar, wenn das Tatsachengericht entscheidend berücksichtigt, dass ein begonnener schwieriger Zivilprozess zweckmäßig durch den bisherigen Betreuer zu Ende geführt wird. Die gesetzlich vorgesehene Entlassung von Verein oder Behörde beruht auf dem Grundsatz vorrangiger Einzelbetreuung.

Abs 4 räumt dem Verein die Möglichkeit des Widerrufs seiner Einwilligung ein, um **10** personelle Dispositionen zuzulassen. Dadurch wird der Autonomie des Vereins und seiner grundsätzlichen Entscheidungs- und Organisationsfreiheit Rechnung getragen.

§ 1908b BGB wird ergänzt durch § 1888 BGB iVm § 1908i Abs 1 S 1 BGB. Ein zum **11** Betreuer bestellter Beamter oder Religionsdiener ist dann zu entlassen, wenn die landesrechtlich erforderliche Erlaubnis versagt oder zurückgenommen wird oder wenn die nach den Landesgesetzen zulässige Untersagung der Fortführung der Betreuung erfolgt.

3. Keine Änderung des Betreutenstatus

Das Bestehenbleiben der Betreuung trotz Wegfalls des bisherigen Betreuers hat **12** insbesondere zwei Konsequenzen: ein angeordneter Einwilligungsvorbehalt bleibt über die Entlassung oder den Tod des Betreuers hinaus wirksam (MünchKomm/ SCHWAB § 1908c Rn 17; s im Übrigen die Ausführungen zu § 1908c); der sonst eher seltene Fall einer Anwendung des § 1846 BGB iVm § 1908i Abs 1 S 1 BGB liegt hier vor, sodass Raum für einstweilige Maßregeln des Betreuungsgerichts gegeben ist.

4. Geltung für alle Betreuerarten

Bis auf Abs 4 und Abs 5 sowie den Grund mangelnden Kontaktes können die **13** verschiedenen Entlassungstatbestände grundsätzlich auf alle Arten von Betreuern zutreffen. Die Entlassung der nach § 1900 Abs 4 BGB bestellten Behörde aufgrund von Eignungsmangel kommt dann nicht in Betracht, wenn die Behörde bereits infolge ihrer Auffangzuständigkeit bestellt worden ist und die Verhältnisse sich nicht geändert haben.

Der Bestimmung unterliegen die Betreuer in ihren jeweiligen Funktionen. § 1908b **14** BGB ist demnach auch anwendbar auf sämtliche Mitbetreuer, den Gegenbetreuer (mit Ausnahme des mangelnden Kontaktes), den Betreuer nach § 1896 Abs 3 BGB sowie den nach § 1899 Abs 2 BGB zu bestellenden besonderen Betreuer.

Möglich ist eine **teilweise Entlassung** des Betreuers, indem ihm ein bestimmter Auf- **15** gabenkreis entzogen und hierfür ein weiterer Betreuer bestellt wird (§ 1899 Abs 1 BGB; BT-Drucks 11/4528, 153; BayObLG FamRZ 1995, 1232, 1234 = BtPrax 1995, 65, 67; OLG Zweibrücken FGPrax 1998, 57 = BtPrax 1998, 156 [LS]). Eine Neubestimmung von Aufgabenkreisen mehrerer Betreuer ist rechtlich gesehen Entlassung, verbunden mit einer Neubestellung.

Entscheidet das Gericht über die Verlängerung der Betreuung (§ 295 FamFG), sind **16** hinsichtlich der Auswahl des Betreuers nicht die Vorschriften über die Entlassung (§ 1908b BGB), sondern die über die Neubestellung (§ 1897 BGB) anzuwenden

(BayObLG FamRZ 2001, 1100 [LS]; OLG Hamm FamRZ 2001, 254 = NJW-RR 2001, 797; BGH FamRZ 2010, 1897 mAnm HEIDERHOFF 1899).

5. Kein einvernehmlicher Betreuerwechsel

17 Nicht geregelt ist ein vollständiger oder teilweiser Betreuerwechsel „in allseitigem Einvernehmen". Soweit dies mit dem Wohl des Betreuten vereinbar ist, betreuungsrechtlichen Bestimmungen (Bestellungsvorgaben, zB § 1897 Abs 3 BGB, § 1899 Abs 2 BGB) nicht zuwiderläuft und allgemeinen Verfahrensprinzipien nicht widerspricht, dürfte gegen ihn nichts einzuwenden sein. Im Übrigen kennt § 1908b BGB nur zwei Arten von Entlassungen. Das ist einmal die Entlassung auf Antrag des Betreuten (Abs 3) und zweitens die Entlassung aus wichtigem Grund, und zwar

– wegen Eignungsmangels, der nicht behebbar war und ist (Abs 1 S 1 1. Alt); wird ein Eignungsmangel als Entlassungsgrund festgestellt, sind Ausführungen über den (weiteren) „wichtigen Grund" regelmäßig überflüssig (**aA** zB BayObLG BtE 1994/95, 140, 141, jedoch ohne methodologische Erörterungen). Auch kommt eine Abwägung der für und gegen eine Entlassung sprechenden Umstände hier nicht mehr in Betracht (**aA** beiläufig BayObLG FamRZ 1994, 324, 325),

– wegen Verfügbarkeit einer oder mehrerer Personen, die die Betreuung nicht berufsmäßig führen (Abs 1 S 3),

– wegen Unzumutbarkeit für den Betreuer auf dessen Antrag (Abs 2),

– wegen vermuteter organisatorischer Gründe auf Antrag des Anstellungsträgers (Abs 4),

– wegen Verfügbarkeit einer oder mehrerer natürlicher Personen (Abs 5),

– wegen anderer wichtiger Gründe (Abs 1 S 1, 2. Alt). Ein (anderer) wichtiger Grund liegt auch vor, wenn der Betreuer eine erforderliche Abrechnung vorsätzlich falsch erteilt oder den erforderlichen persönlichen Kontakt zum Betreuten nicht gehalten hat (Abs 1 S 2).

6. Antragserfordernis; Entscheidung von Amts wegen; Zeitpunkt der Entscheidung

18 Die Entlassung nach Abs 1 und Abs 5 erfordert keinen Antrag, sondern ist von Amts wegen zulässig und geboten. Im Übrigen findet die Entlassung nur auf Antrag statt. Es versteht sich von selbst, dass Anregungen durch Gerichte oder andere Stellen und Personen, zB durch den Betreuten, gegeben werden können. Antragsteller ist im Fall des Abs 2 der Betreuer, bei einer Entscheidung nach Abs 4 der Verein oder die Behörde, bei Abs 3 der Betreute. Der Wunsch des Betreuten ist unabhängig von seiner Geschäftsfähigkeit zu berücksichtigen (BayObLG FamRZ 1994, 322 = BtPrax 1993, 171); er ist allein nach den Voraussetzungen des Abs 3 zu beurteilen. Ist dem Betreuten eine persönliche Antragstellung nicht möglich, soll ihm für das Verfahren auf Auswechslung des Betreuers ein Rechtsanwalt beizuordnen sein (LG

Aachen FamRZ 1998, 108 m krit Anm BIENWALD FamRZ 1998, 1197; ob ein Antrag erforderlich war, hat das Gericht nicht geprüft!).

Wann das Gericht über die Entlassung des Betreuers, ggf den Betreuerwechsel, zu **19** entscheiden hat, ist nicht ausdrücklich bestimmt. Für die Beantwortung dieser Frage ist deshalb das allgemeine Recht maßgebend. Eine § 300 Abs 1 ZPO entsprechende Bestimmung, wonach das Gericht das Endurteil zu erlassen hat, sobald die Sache zur Entscheidung reif ist, ist dem Recht der freiwilligen Gerichtsbarkeit unbekannt. Hier werden den Streitsachen fürsorgerische Angelegenheiten gegenübergestellt, die eine Personenfürsorge (zB in Vormundschafts-, Pflegschafts-, Betreuungs- und Unterbringungssachen) und eine allgemeine Rechtsfürsorge (Führung von Registern – insbes Grundbuch-, Nachlasssachen) enthalten (BAUR/WOLF, Grundbegriffe des Rechts der freiwilligen Gerichtsbarkeit [2. Aufl 1980] 23) und deren Grundgedanken der Fürsorge ua eine Verpflichtung zu schnellstmöglicher Entscheidung entnommen werden könnte. Ein kurz vor der anstehenden Entscheidung über die Verlängerung der Betreuung vom Betreuten gewünschter Betreuerwechsel kann unzweckmäßig und mit seinem Wohl nicht vereinbar sein (BayObLG FamRZ 2005, 654, 655).

Ohne die Anordnung der Vormundschaft im Falle der Elternlosigkeit befindet sich **20** der Minderjährige in einer rechtlich gesehen hilflosen Lage, weil er selber für sich im Rechtsverkehr regelmäßig nicht handeln und/oder Adressat der Rechtshandlung anderer sein kann. Obwohl die Bestellung eines Betreuers und eine spätere Erweiterung des Aufgabenkreises des Betreuers die rechtsgeschäftliche Handlungsfähigkeit des Betroffenen nicht unmittelbar einschränkt, kann der Betroffene tatsächlich und aufgrund dessen ebenfalls rechtlich hilflos sein, wenn ihm nicht ein Betreuer bestellt oder ggf rechtzeitig der Aufgabenkreis des bereits bestellten Betreuers in dem erforderlichen Umfang erweitert wird.

II. Die Entlassungsgründe des Abs 1

1. Mangelnde Eignung (Abs 1 S 1, 1. Alt)

a) Entstehungszeitpunkt des Eignungsmangels

Ist der Betroffene betreuungsbedürftig (§ 1896 BGB), bestellt ihm das Gericht einen **21** Betreuer, der geeignet ist, in dem gerichtlich bestimmten Aufgabenkreis die Angelegenheiten des Betreuten zu besorgen (§ 1897 BGB). Die Eignung ist ein **unbestimmter Rechtsbegriff** (BayObLG FamRZ 1996, 509, 510; FamRZ 2001, 1249; FamRZ 2003, 1775, 1776). Der Verantwortlichkeit des Betreuungsgerichts für eine „funktionierende", dem Wohl des Betreuten verpflichtete, jedenfalls an ihm orientierte Betreuung entspricht es, dass das Gericht einen ungeeigneten Betreuer zu entlassen und durch einen geeigneten zu ersetzen hat. Die Formulierung von Abs 1 S 1 („nicht mehr gewährleistet") stellt den Bezug zu § 1897 Abs 1 BGB her. Mangels Eignung ist deshalb ein Betreuer immer dann zu entlassen, wenn er bei Kenntnis der gegenwärtigen Sachlage nicht bestellt worden wäre oder hätte bestellt werden dürfen. Für die Entlassung genügt jeder Grund, der den Betreuer als nicht mehr geeignet iSv § 1897 Abs 1 BGB erscheinen lässt (BayObLG FamRZ 2005, 751). Ein Eignungsmangel, der zu einem Betreuerwechsel Anlass geben könnte oder müsste, liegt dann nicht vor, wenn eine besser geeignete Person als der zunächst bestellte Betreuer zur Verfügung steht (so aber ERMAN/ROTH Rn 6), was nicht ausschließt, dass um des Wohls des Betreuten willen der Wechsel aus einem sonstigen wichtigen Grund in Betracht gezogen werden könnte.

22 Die Gründe für den Entscheidungsbedarf können bereits im Zeitpunkt der Betreuerbestellung vorhanden gewesen sein, wenn – zB – das Gericht die Geeignetheit einer Person/Institution falsch eingeschätzt hat, wie im Falle von LG Koblenz (NJWE-FER 1998, 82), wo nachträglich bekannt wurde, dass sich die mit der Vermögenssorge betraute Betreuerin in drei (von vier) Fällen wegen Vergehens gegen fremdes Vermögen strafbar gemacht hatte. Der Eignungsmangel kann im Laufe der Führung der Betreuung entstanden sein (BayObLG FamRZ 1999, 1168). Er kann seine Ursachen in der Person oder in den Verhältnissen des Betreuers haben (BT-Drucks 11/ 4528, 152); die Ursachen können aber auch in der Person des Betreuten liegen (BT-Drucks 11/4528, 153). Schließlich können die Gründe für den Eignungsmangel des Betreuers auf beiden Seiten zu suchen sein.

23 Die Eignung zum Betreuer ist dann nicht mehr gewährleistet, wenn konkrete Umstände es nahelegen, dass der Betreuer nicht willens oder nicht in der Lage ist, den ihm übertragenen Aufgabenkreis zum Wohl des Betreuten wahrzunehmen (BayObLG FamRZ 2000, 1183; FamRZ 2000, 1456). Der Betreuer ist, weil ungeeignet, selbst dann zu entlassen, wenn der Betreute damit nicht einverstanden ist, der Betreuer Angehöriger ist oder sonst persönliche Bindungen zum Betreuer bestehen (BayObLG FamRZ 2000, 1183, 1456). Als wichtiger Grund kann auch anzusehen sein, dass das Vertrauensverhältnis zwischen dem Betreuten und dem Betreuer gestört ist (BayObLG FamRZ 2005, 751 mAnm BIENWALD).

b) Zur Berücksichtigung mittelbarer Mängel

24 Fraglich ist, inwieweit Umstände, die nur mittelbar den Betreuten betreffen, die Geeignetheit des Betreuers in Frage stellen können. Sind beispielsweise Angehörige eines Betreuten in dem Verfahren betreffend die Betreuung vom Gericht nicht ausreichend beteiligt worden (oder gegen die Betreuerbestellung eingestellt, jedenfalls gegen die Bestellung eines Fremden), und blockieren sie infolgedessen jegliche – objektiv notwendige – Zusammenarbeit mit dem Betreuer, indem sie Auskünfte verweigern oder Unterlagen zurückhalten usw, sodass der Betreuer die Angelegenheiten des Betreuten zunächst nur unzureichend besorgen und voraussichtlich nur mit Hilfe gerichtlicher Auseinandersetzungen erledigen kann, besteht weder auf Seiten des Betreuers noch auf Seiten des Betreuten ein Umstand, der den Betreuer als ungeeignet erscheinen lässt.

c) Absoluter Eignungsmangel

25 Ein absoluter Eignungsmangel des Betreuers liegt vor, wenn er nicht behoben werden kann und die Führung der Betreuung scheitern muss. Das ist zB dann der Fall, wenn der Betreuer (entweder bereits bei Übernahme der Betreuung oder seit einem späteren Zeitpunkt) geschäftsunfähig ist (ERMAN/ROTH Rn 5). Als geschäftsunfähige Person kann ein Betreuer den Betreuten nicht gesetzlich vertreten (vgl § 1902 BGB). Ein ebenso absoluter Eignungsmangel ist das Eintreten von Umständen, die im Zeitpunkt der Bestellung des Betreuers diese Entscheidung ausgeschlossen hätten. Treten später die Voraussetzungen des § 1897 Abs 3 BGB ein, sei es, dass der Betreute in die Einrichtung zieht, in der der Betreuer beschäftigt ist, sei es, dass der Betreuer seinen Arbeitsplatz dorthin verlegt, ist der Betreuer wegen der ob-

jektiven Unvereinbarkeitsregelung des § 1897 Abs 3 BGB als absolut ungeeignet zu entlassen (BT-Drucks 11/4528, 153; MünchKomm/SCHWAB Rn 8; DAMRAU/ZIMMERMANN Rn 13). Die Entlassung eines Elternteils als Betreuer gemäß § 1897 Abs 3 BGB verstößt nicht gegen Art 6 Abs 1 u 2 GG (BayObLG FamRZ 2002, 702 = BtPrax 2001, 253 = NJW-RR 2001, 1514).

d) Mangelnde Sachkunde

Mangelnde Sachkunde und mangelnde Erfahrung für die Wahrnehmung bestimmter **26** Aufgaben können sich dann als Eignungsmangel herausstellen, wenn der Betreffende nicht in der Lage ist, das Defizit durch den Erwerb von Kenntnissen und Fertigkeiten, gegebenenfalls mit Hilfe der Beratung, Unterstützung und Fortbildung durch Betreuungsverein und Behörde, auszugleichen. Nach Auffassung des nur vorübergehend in Betreuungssachen tätigen 4. Senats des BayObLG sind die Voraussetzungen für eine Entlassung des Betreuers nach Abs 1 dann gegeben, wenn die Entwicklung der Verhältnisse in dem vom Betreuer zu besorgenden Aufgabenkreis in objektiver und/oder subjektiver Hinsicht zeigt, dass sich die bei seiner Bestellung noch positive Eignungsprognose nicht erfüllt hat und ferner Fehlleistungen des Betreuers auch nicht mit aufsichts- und weisungsrechtlichen Mitteln des Betreuungsgerichts beseitigt werden können (FamRZ 1999, 1168). Eine **Prognose**, der Bestellte werde geeignet sein, ist **keine Eignungsfeststellung**.

In der Frage mangelnder Eignung ist auch der Gedanke des § 1897 Abs 5 BGB von **27** Interesse. Besteht die ernsthafte Gefahr von Interessenkonflikten, kann insoweit dem Wunsch des Betreuten/Betroffenen, der nach § 1897 Abs 4 BGB grundsätzlich Vorrang hat, nicht Folge geleistet werden (näher BayObLGZ 1993, 226 = FamRZ 1993, 1225 = Rpfleger 1994, 110). Die Eignung eines nach § 1897 Abs 5 BGB vorrangig zu bestellenden Angehörigen für das Amt des Betreuers kann nicht allein deshalb verneint werden, weil das Betreuungsgericht der Bereitschaftserklärung des Angehörigen, Wünsche des Betroffenen zu berücksichtigen, misstraut und der Angehörige die Kooperation mit einem weiteren Betreuer (in diesem Falle berufsmäßig tätigen) ablehnt (BayObLG FamRZ 2003, 1775, 1776).

Kann der Betreuer, ohne dafür verantwortlich zu sein, die Angelegenheiten des **28** Betreuten infolge längerer Krankheit oder Abwesenheit nicht oder nicht ordnungsgemäß besorgen (BT-Drucks 11/4528, 153), ist seine Eignung als Betreuer nicht mehr gewährleistet. Zur Ungeeignetheit von (nicht deutschen) Betreuern mit erheblichen Sprachproblemen und geringen Fähigkeiten, mit Behörden zu kommunizieren, BayObLG FamRZ 2003, 405 mAnm BIENWALD = FGPrax 2003, 29.

e) Pflichtwidrigkeiten

Pflichtwidrigkeiten des Betreuers können zu seiner Entlassung führen (ERMAN/ROTH **29** Rn 4; MünchKomm/SCHWAB Rn 6); sie stellen deswegen jedoch nicht ohne Weiteres einen Eignungsmangel dar. Insofern hat sich die Rechtslage für das Betreuungsrecht geändert. § 1886 BGB, der im Vormundschaftsrecht noch gilt, verpflichtet das Gericht, den Vormund zu entlassen, wenn die Fortführung des Amtes, insbesondere wegen pflichtwidrigen Verhaltens des Vormunds, das Interesse des Mündels gefährden würde. Während hier auf die Interessengefährdung bei Fortführung des Amtes abgehoben und als ein Beispiel von Interessengefährdung pflichtwidriges Verhalten hervorgehoben wird, muss nach § 1908b Abs 1 1. Alt ein Eignungsmangel vorliegen.

30 Dass **nicht jede Pflichtwidrigkeit** zugleich einen **Eignungsmangel** darstellt, ergibt sich bereits aus § 1837 Abs 2 BGB (hier iVm § 1908i Abs 1 S 1 BGB), der das Betreuungsgericht zum Einschreiten gegen Pflichtwidrigkeiten ermächtigt und verpflichtet, eine Entlassung des Betreuers als unmittelbare Reaktion jedoch nicht vorschreibt. Als Eignungsmangel kommen Pflichtwidrigkeiten deshalb grundsätzlich erst dann in Betracht, wenn ihr Ausmaß und ihre Dauer sowie vergebliche Reaktionen des Gerichts gemäß §§ 1908i Abs 1 S 1, 1837 Abs 2 BGB darauf schließen lassen, dass der Betreuer nicht gewillt ist, seine Aufgabe als Betreuer pflichtgemäß wahrzunehmen.

31 Dessen ungeachtet können Pflichtwidrigkeiten **im Einzelfall** geeignet sein, einen anderen **wichtigen Grund für die Entlassung** des Betreuers abzugeben. Die Verletzung der Informationspflicht des § 1897 Abs 6 S 2 BGB rechtfertigt jedenfalls bei erstmaligem Normverstoß keine Entlassung (LG Dresden FamRZ 2016, 2035 [LS]).

32 Ob der Betreuer wegen Pflichtwidrigkeiten in der Führung der Betreuung zu entlassen ist, ist deshalb keine Frage der Verhältnismäßigkeit, sondern eine Frage der Begriffsbestimmung. Stellt sich eine Pflichtwidrigkeit als Eignungsmangel heraus, ist der Betreuer zu entlassen. Denn ebensowenig wie das Gericht einen ungeeigneten Betreuer bestellen darf, darf es den als ungeeignet festgestellten Betreuer im Amt belassen. Dies verlangt der Wortlaut der Vorschrift. Gegenstand einer Verhältnismäßigkeitsprüfung kann deshalb nicht erst die Reaktion auf die Ungeeignetheit sein; gefragt werden kann lediglich unter Beachtung des Verhältnismäßigkeitsgrundsatzes, in welchen Fällen von Pflichtwidrigkeit (Art, Häufigkeit, Ausmaß der Folgen, Korrekturmöglichkeiten) sich der Betreuer als ungeeignet erweist, wenn ihm vorher Gelegenheit gegeben worden ist, Pflichtwidrigkeiten zu vermeiden und sein Amt ohne gravierende Beanstandungen zu versehen (vgl BayObLG FamRZ 1996, 509 [LS] = BtE 1994/95, 142 [LS] mwNw). Solange die Pflichtwidrigkeit nicht als Eignungsmangel zu kennzeichnen und auch als anderer wichtiger Grund nicht zu bestimmen ist, kann der Betreuer mit dieser Begründung gegen seinen Willen nicht entlassen werden.

33 Die **Entlassung** eines Betreuers **wegen mangelnder Eignung** setzt wiederum nicht voraus, dass sämtliche möglichen Aufsichtsmaßnahmen nach § 1837 BGB bis hin zur Festsetzung von Zwangsgeld zuvor ausgeschöpft worden sind, wenn der Betreuer durch wiederholtes Zuwiderhandeln gegen seine Betreuerpflichten zeigt, dass er durch Aufsichtsmaßnahmen nicht zu beeindrucken ist (BayObLGR 2004, 270 = FamRZ 2004, 1323 [LS] = BtPrax 2004, 153).

34 Wird es nämlich (so BayObLG FamRZ 2000, 1456) für möglich gehalten, dass ein weniger einschneidendes Mittel als die Entlassung geeignet ist, den Betreuer zur ordnungsgemäßen Ausübung seines Amtes zu veranlassen, und soll deshalb das Betreuungsgericht nach dem **Grundsatz der Verhältnismäßigkeit** zunächst hiervon Gebrauch machen (BayObLG FamRZ 1996, 1105, 1106), handelt es sich nicht um einen Eignungsmangel, sondern um eine bislang unzulängliche, möglicherweise pflichtwidrige, Ausübung des Amtes. **Fehlerhafte Amtsausübung** kann, muss aber nicht ein Zeichen für einen Eignungsmangel sein. Die Entlassung eines Betreuers wegen Eignungsman-

gels ist dann nicht gerechtfertigt, wenn der Betreuer zwar zwei **Jahresberichte** erst
nach mehrfacher Monierung erheblich verspätet abgibt, er aber andererseits über
zehn Jahre lang die Betreuung einwandfrei geführt hat und die verspätete Erstellung
der Berichte für den Betreuten nicht nachteilig war (BayObLG FamRZ 2003, 60 [LS]; vgl
aber auch BayObLG BtPrax 2002, 218, wo eine gravierende Pflichtverletzung bei mehrfacher verspäteter Einreichung von Jahresberichten angenommen worden ist). **Mangelnde Fürsorge** (hier:
unterlassene Überprüfung der Wohnverhältnisse zur Vermeidung von Vermüllung)
kann, zusammen mit anderen Pflichtwidrigkeiten, als Eignungsmangel die Entlassung des Betreuers begründen (BayObLGR 2004, 112 [LS] = FamRZ 2004, 977 m krit Anm
BIENWALD). Die Eignung des Betreuers ist auch dann nicht mehr gewährleistet, wenn
er die jährliche Rechnungslegung auch nach Zwangsgeldandrohung nicht lückenlos
erbringt und/oder zu hohe Barentnahmen vornimmt (AG Langen BtPrax 2005, 40).

Einen besonderen Fall von Pflichtwidrigkeit enthält Abs 1 S 2 HS 1. Er benennt   **35**
ausdrücklich einen bestimmten Sachverhalt als wichtigen Grund für die Entlassung
des Betreuers. Ein weiterer hervorgehobener Fall ist die Nichteinhaltung der erforderlichen persönlichen Kontakte zu der betreuten Person (Abs 1 S 2 HS 2).

Entgegen STAUDINGER/ENGLER (2004) § 1837 Rn 20 und STAUDINGER/VEIT (2014)
§ 1837 Rn 37 und den dort angegebenen Autoren wird daran festgehalten, dass
seinem Begriff nach pflichtwidriges Verhalten ein Verschulden voraussetzt. Die
Überlegungen, die seinerzeit dazu geführt haben, die Voraussetzungen für ein gerichtliches Eingreifen gegenüber Eltern nach den §§ 1666 ff BGB (und gegenüber
Vormund und Pfleger nach §§ 1837 Abs 4, 1915 Abs 1 BGB) zu ändern, haben
andere Ursachen. Es besteht im Übrigen auch angesichts von § 1886 BGB für Vormund und § 1908b Abs 1 BGB nF für Betreuer kein Anlass, für die Bestimmung
einer Verhaltensweise als Pflichtwidrigkeit von dem Verschuldensgrundsatz Abstand
zu nehmen, weil beide Normen eine Entlassung des Betreffenden auch für lediglich
objektive Gefährdungstatbestände vorsehen, ohne dass eine bestimmte subjektive
Einstellung des Betreffenden vorzuliegen braucht.

Die Rechtsprechung hat außerdem in jüngerer Zeit einen **Eignungsmangel**   **36**

bejaht bei:

– andauerndem Verstoß gegen die Pflichten zur mündelsicheren Vermögensanlage
   (OLG Frankfurt Rpfleger 1983, 151);

– Nicht- oder nur verzögerlichem Erfüllen der Rechnungslegungspflicht (BayObLG
   FamRZ 1994, 1282 = Rpfleger 1994, 252; FamRZ 1996, 1105, 1106);

– trotz mehrfacher Anmahnung, zT unter Androhung von Zwangsgeld, wird erst
   Monate nach Verhängung eines Zwangsgeldes das Vermögensverzeichnis aufgestellt; Belege zu Einnahmen und Ausgaben sind trotz Aufforderung vor einem
   Jahr nicht vorgelegt (OLG Zweibrücken FGPrax 1998, 57 = NJWE-FER 1998, 130 = BtPrax
   1998, 156 [LS]);

– Verschweigen der Tatsachen, sowohl als Betreuerin als auch als Erwerberin an der

Veräußerung einer Eigentumswohnung beteiligt zu sein (BayObLG FamRZ 1995, 1232, 1234 = BtPrax 1995, 65, 67);

– wiederholtem und über längere Zeit anhaltendem Verstoß gegen Berichtspflichten (BayObLG FamRZ 1996, 509, 510 = Rpfleger 1996, 244 = BtPrax 1996, 67);

– Hinnehmen des Verfalls mehrerer Hausgrundstücke als Vermögensbetreuer (OLG Hamm NJWE-FER 1998, 34);

– langjährigem (fast 25 Jahre langem) Unterlassen von Besuchen der behinderten Tochter im Heim (LG Hildesheim BtPrax 1997, 79);

– Störungen der Arbeit der Mitbetreuer (BayObLG BtE 1994/95, 137 m Anm FLORENTZ);

– tiefgreifender Feindschaft zwischen betreuender Ehefrau und betreutem Ehemann (BayObLG FamRZ 1995, 1235, 1236);

– Gefährdung des Wohls der im Heim lebenden und auf Heimbetreuung angewiesenen behinderten Tochter durch die Mutter als ihre Betreuerin mit ihrer zwar gut gemeinten, aber objektiv nicht gerechtfertigten misstrauischen und negativen Haltung gegenüber der Mitarbeiterschaft des Heimes (BayObLG BtE 1994/95, 140 m krit Anm vGAESSLER);

– Außerstandesein des zum Betreuer des Betroffenen bestellten Vaters, die Angelegenheiten des Betroffenen in den einzelnen Aufgabenbereichen ordnungsgemäß zu besorgen (Behandlungs- und Rehabilitationsmaßnahmen, Medikamentengabe; näher in den Gründen der Entscheidung); ein Verbleiben im Amt liefe dem Wohl des Betroffenen zuwider (BayOLG FamRZ 1997, 1360 = BtPrax 1997, 200 = NJWE-FER 1997, 204);

– Weigerung des kostenlos im Hause des bedürftigen, andernorts gegen Entgelt untergebrachten Betreuten lebenden Betreuers, eine auch nur annähernd marktgerechte Miete zu zahlen, wodurch der Betreuer zeigt, dass er seine eigenen Interessen über die Vermögensinteressen des Betreuten stellt; der betreffende Betreuer ist regelmäßig als Vermögensbetreuer ungeeignet (OLG Köln NJWE-FER 1998, 201);

– nachträglichem Bekanntwerden mehrerer Vermögensstraftaten von mit Vermögenssorge betrauter Betreuerin (LG Koblenz NJWE-FER 1998, 82 = BtPrax 1998, 38);

– tiefgreifenden Zerwürfnissen zwischen einem „Sonder"betreuer und dem „Haupt"betreuer (BayObLG FamRZ 1999, 1168);

– mangelnder Kooperationsbereitschaft mit notwendigen Hilfen für die Versorgung der/des Betreuten (infolgedessen Einstellung der Arbeit durch einen ambulanten Dienst wegen ständiger Auseinandersetzungen; BayObLG FamRZ 2000, 1456, 1457 = NJWE-FER 2000, 180 = BtPrax 2000, 123);

– Unfähigkeit sicherzustellen, dass es nicht zu (körperlichen) Übergriffen auf die

Betroffene kommt (BayObLG FamRZ 2000, 1456, 1457 = BtPrax 2000, 123 = NJWE-FER 2000, 180);

– Störung des Vertrauensverhältnisses, was sich – zB – in dem mehrfach geäußerten Wunsch der betreuten Person äußert, den Betreuer zu wechseln (OLG Köln FamRZ 1999, 1169; BayObLG FamRZ 2005, 751), auch wenn es sich um den Wunsch und den Willen einer geschäftsunfähigen und in ihrer geistigen Leistungskraft eingeschränkten Person handelt;

– die Eignung zum Betreuer ist nicht mehr gewährleistet, wenn konkrete Umstände es nahelegen, dass er nicht willens oder nicht in der Lage ist, den ihm übertragenen Aufgabenkreis zum Wohl des Betreuten wahrzunehmen. In diesem Fall hindern ein entgegenstehender Wille des Betreuten oder verwandtschaftliche oder sonstige persönliche Bindungen die Entlassung des Betreuers nicht (BayObLG FamRZ 2000, 1183 [LS]);

– ein Betreuer ist (gegen seinen Willen) zu entlassen, wenn er seinen Aufgaben nicht gewachsen ist, wenn er mit der rechtlichen Beurteilung von Verträgen überfordert ist, eindeutige gerichtliche Hinweise missversteht und nicht in der Lage ist, ein aussagekräftiges Vermögensverzeichnis zu erstellen (BayObLG FamRZ 2000, 514 = NJWE-FER 2000, 11);

– während eines Kuraufenthalts des für Vermögenssorge zuständigen Betreuers verursachte Abrechnungsfehler zulasten des Betreuten mit der Folge eines (zum Zeitpunkt der Entlassung noch nicht abgeschlossenen) Strafverfahrens (BayObLG FamRZ 2005, 931);

– Verstoß gegen die Pflicht zur Abrechnungsehrlichkeit (LG Leipzig FamRZ 1999, 1614; hier jedoch – Einzelfall – verneint; krit PALANDT/DIEDERICHSEN § 1908b Rn 3);

– berufsbedingter Abwesenheit (Fernfahrer) (LG Koblenz BtPrax 1998, 38; hier jedoch als Eignungsmangel im Hinblick auf seine Bestellung, nicht auf seine Entlassung);

– Verstößen gegen die Berichtspflicht (BayObLG BtPrax 2002, 218); Nichterstellen eines geeigneten Vermögensverzeichnisses (BayObLG FamRZ 2000, 514); mehrjähriger Nichterfüllung der Rechnungslegungspflicht (BayObLGR 2004, 270 = FamRZ 2004, 1323 [LS] = BtPrax 2004, 153);

– „Verfügen" einer geschlossenen Unterbringung durch Vereinsbetreuer entgegen fachärztlicher Stellungnahme unter Verwendung richterlicher Diktion (BayObLG FamRZ 2005, 750).

– Unfähigkeit des Betreuers, dem die Vermögenssorge obliegt, die Differenz von mehreren tausend Euro zwischen nachgewiesenen Fahrtkosten und tatsächlich dem Vermögen des Betroffenen entnommenem Aufwendungsersatz für Fahrtkosten nachvollziehbar zu erläutern (OLG München Rpfleger 2005, 533 – FamRZ 2005, 1927 [LS]).

verneint in folgenden Fällen: **37**

– Unterlassen des Räumens einer mit Schachteln und Plastiksäcken vollgestellten Wohnung (BayObLG FamRZ 1998, 1257 = BtPrax 1997, 239, 240 = NJWE-FER 1998, 34);

– Unterlassens eines Antrags auf gerichtliche Genehmigung der Sterilisationsentscheidung im Hinblick auf andere Verhütungsmöglichkeiten (LG Hildesheim BtPrax 1997, 121);

– Spannungen zwischen Betreuer und Betroffenem im Bereich der Vermögenssorge (BayObLG FamRZ 1994, 1135 [LS] = BtPrax 1994, 136 = BtE 1994/95, 136 mw Fundstellen);

– fehlendes Einverständnis des Betreuten mit einer Maßnahme des Betreuers (Änderung der Bankverbindung); BayObLG FamRZ 1996, 509 (LS) = BtE 1994/95, 142;

– Versagen eines dem Wohl des Betreuten zuwiderlaufenden Wohnsitzwechsels (Entlassung weder von Amts wegen noch auf Wunsch des Betreuten; BayObLG FamRZ 1998, 1261 [LS]);

– wenn der Betreuer zwar zwei Jahresberichte erst nach mehrfacher Monierung erheblich verspätet abgegeben hat, er aber andererseits über zehn Jahre lang die Betreuung seiner Tochter einwandfrei geführt hat und die verspätete Erstellung der Berichte für die Tochter nicht nachteilig war (BayObLG FamRZ 2003, 60 [LS] = BtPrax 2002, 218 = Rp 2002, 454 [Teilabdruck]; wohl nicht in Fällen beruflich geführter Betreuung vertretbar);

– wenn der Betreuer die Unterzeichnung einer Vollmacht auf sich durch die geschäftsfähige Betreute veranlasst hat und Umstände nicht ersichtlich sind, die darauf hindeuten, dass die Betreute durch den (ehemaligen) Betreuer arglistig bzw gegen ihren Willen zur Unterzeichnung der Vollmacht bestimmt wurde (LG Leipzig FamRZ 2000, 190, 191).

Die Tatsache, dass ein Betreuer nach § 184 StGB rechtskräftig bestraft wurde, ist für sich gesehen (noch) kein Entlassungsgrund (OLG Naumburg BtPrax 2007, 265).

f)   Verfügbarkeit eines anderen Betreuers kein Eignungsmangel

38 Die Tatsache, dass ein anderer Betreuer verfügbar ist, der erheblich geeigneter als der bestellte Betreuer ist, bedeutet nicht einen Eignungsmangel; in Betracht kommt deshalb eine Entlassung des bisherigen Betreuers allenfalls wegen Vorliegens eines anderen wichtigen Grundes (ERMAN/ROTH Rn 6). Die Notwendigkeit, den Berufsbetreuer zu entlassen, sobald ein geeigneter nicht beruflich (entgeltlich) tätiger Betreuer zur Verfügung steht (Abs 1 S 2), beruht nicht auf dessen etwa besserer Geeignetheit.

g)   Eignungsmängel in der Person des Betreuten

39 Die Ursachen für eine mangelnde Eignung des Betreuers können auch in der Person des Betreuten liegen, etwa dann, wenn der Betreute eine unüberwindliche Abneigung gegen den Betreuer gefasst hat, ohne dass der Betreuer dazu (bewusst) Anlass gegeben hätte (so das Beispiel in BT-Drucks 11/4528, 153). Ist die Beziehung der beiden so schwerwiegend gestört, dass der Betreuer seine Aufgabe nicht mehr ordnungsgemäß

besorgen, zB den Betreuten nicht mehr in seine Arbeit einbeziehen (§ 1901 BGB) kann, und ist eine Anleitung oder Hilfe für den Betreuer erfolglos geblieben oder nicht erreichbar gewesen, kann die Entlassung des Betreuers unvermeidlich sein. In solchen Fällen muss jedoch bedacht werden, dass für die Betreuung uU nur noch die Behörde zur Verfügung steht, auf deren personelle Entscheidung und Möglichkeit der Betreute kaum oder keinen Einfluss hat, sodass das eigentliche Problem nicht gelöst wird. Das Gericht sollte hier nicht jeder Laune des Betreuten nachgeben (so ausdrücklich BT-Drucks 11/4528, 153), sondern einen Betreuerwechsel nur dann vornehmen, wenn er das einzige Mittel ist, dem Wohl des Betreuten zu entsprechen.

Spannungen zwischen dem Betreuer und dem Betreuten brauchen kein (anderer) **40** wichtiger Grund für eine Entlassung zu sein (BayObLG FamRZ 1999, 1170 mwNw). Wenn der Betreute den Betreuer zwar ablehnt, der Betreuer aber weiterhin in der Lage ist, durch regelmäßige und engmaschige Kontaktpflege auf den Betreuten positiv einzuwirken, liegt ein wichtiger Grund für die Entlassung des Betreuers nicht vor (BayObLG v 19. 10. 2001 – 3 Z BR 295/01).

Verweigert die/der Betroffene jeden Kontakt mit dem Betreuer, sodass der Betreuer seine Aufgaben nicht wirksam wahrnehmen und zum Wohl der betroffenen Person tätig sein kann, weil sich die betroffene Person trotz aller Bemühungen des Betreuungsgerichts, eine Veränderung der Situation herbeizuführen (s dazu BGH FamRZ 2015, 650, 651), als **unbetreubar** erweist, kann die Betreuung mangels Erforderlichkeit aufgehoben werden (BGH 651). Das Amt des Betreuers endet dann mit der Wirksamkeit der Aufhebungsentscheidung, ohne dass der Betreuer wegen eines anderen wichtigen Grundes entlassen werden müsste (s auch § 1908d Rn 43).

Der Wunsch des Betreuten nach Auswechslung seines Betreuers gegen einen ande- **41** ren, gleich geeigneten Betreuer ist für das Gericht nicht bindend; auch insoweit ist entscheidend auf das **Wohl des Betreuten** abzustellen (BayObLG FamRZ 2015, 651). Für die Frage, ob das Vertrauensverhältnis zwischen Betreuer und Betreutem beeinträchtigt ist, ist auch der Wunsch und Wille einer geschäftsunfähigen und in ihrer geistigen Leistungskraft eingeschränkten Person zu berücksichtigen; über die Ernsthaftigkeit dieses Willens muss sich das Gericht einen persönlichen Eindruck verschafften (BayObLG FamRZ 1999, 1169). Zu eng OLG Köln (FamRZ 2003, 188 mAnm BIENWALD), wonach ein wichtiger Grund „iS dieser Vorschrift allein in der Person des Betreuten liegen" müsse.

h) Änderung der Bestellungsgrundlagen kein Grund für Betreuerwechsel
Ein Betreuerwechsel kommt dann nicht in Betracht, wenn sich lediglich die Rechts- **42** grundlage der Bestellung ändern würde, ohne dass damit ein Wechsel in der Person des Betreuers verbunden ist. Das träfe zB zu, wenn der Behördenbetreuer entlassen werden würde, ein anderer Betreuer als die Behörde nicht zur Verfügung stünde und in der Behörde der bisher tätige Mitarbeiter die Betreuung tatsächlich (weiter-)führen müsste.

i) Insolvenz oder Eröffnung des Insolvenzverfahrens kein Eignungsmangel
Insolvenz oder die Eröffnung des Insolvenzverfahrens (§ 27 InsO) sind allein kein **43** Eignungsmangel. Zur Gefahr von Interessenkollisionen bei eigener schwieriger Wirtschaftslage vgl OLG Zweibrücken FGPrax 1998, 57 = BtPrax 1998, 156 (LS).

Werner Bienwald

Eine bisher nicht bekannt gewesene strafrechtliche Verurteilung, die geeignet ist, an der ordnungsmäßigen Führung der Betreuung zu zweifeln, kann ein Grund für eine Entlassung nach Abs 1 1. Alt sein. In Betracht kommen solche Umstände oder Eigenschaften gegebenenfalls für eine Entlassung aus einem anderen wichtigen Grund.

2. Andere wichtige Gründe für die Entlassung des Betreuers (Abs 1 S 1, 2. Alt)

a) Grundsatz

44 Die Bezeichnung „anderer wichtiger Grund" macht deutlich, dass es zwischen dem wichtigen Grund des Eignungsmangels und anderen wichtigen Gründen **keine Rang- oder Qualitätsunterschiede** gibt. Deshalb sollte nicht von „sonstigen" Gründen gesprochen werden. Bei dem Begriff des wichtigen Grundes handelt es sich um einen Rechtsbegriff, der (weitestgehend) der **Nachprüfung** durch das Rechtsbeschwerdegericht unterliegt (OLG Köln NJWE-FER 1998, 129). Ein einfacher Grund genügt nicht (BayObLG FamRZ 1994, 323).

45 Bei dieser Vorschrift ging es um Gründe, die mit der Eignung des Betreuers nichts zu tun haben, aber dennoch so gewichtig sind, dass sie eine Entlassung des Betreuers rechtfertigen. Ziel der Neuregelung war es, eine Entlassung auch dort zu ermöglichen, wo der bisherige Betreuer zwar keine Eignungsmängel aufweist, ein Betreuerwechsel aber dennoch im Interesse des Betreuten liegt (BT-Drucks 11/4528, 153), weil es dessen Wohl mehr als unerheblich schaden würde, bliebe der Betreuer im Amt (BayObLG FamRZ 1994, 1353; FamRZ 1997, 1358, 1359; FamRZ 2005, 390 [LS] = BtPrax 2004, 240). In der Praxis muss allerdings um der bisherigen Betreuer und um der Gewinnung neuer Betreuer willen mehr als bisher darauf geachtet werden, dem bisherigen Betreuer bei seiner Entlassung zu verdeutlichen, dass mit dem Betreuerwechsel aus einem anderen wichtigen Grund (2. Alt) ein Vorwurf mangelnder Eignung oder Sorgfalt bei der Führung der Betreuung nicht verbunden ist. Ein wichtiger Grund für einen Betreuerwechsel kann vorliegen, wenn das **Vertrauensverhältnis** zwischen dem Betroffenen und dem Betreuer **gestört** ist und der Betroffene aus diesem Grunde eigenständig und ernsthaft einen anderen Betreuer wünscht (BayObLG FamRZ 2005, 751 mAnm Bienwald = BtPrax 2005, 31). Zur Notwendigkeit, den „anderen wichtigen Grund" von der Regelung des Abs 3 abzugrenzen, BayObLG FamRZ 1994, 1353 = BtE 1994/95, 142 mwNw. Für die Beurteilung, ob ein wichtiger Grund für die Entlassung vorliegt, kommt es auf die Feststellungen im Zeitpunkt der letzten tatrichterlichen Entscheidung an (BayObLG FamRZ 1997, 1358, 1359).

b) Beispiele, Einzelfälle

46 Nach dem RegEntw (BT-Drucks 11/4528, 153) liegt ein anderer wichtiger Grund zB dann vor, wenn ein **Ehegatte** oder ein **naher Verwandter**, der zuvor wegen Krankheit oder aus anderen Gründen die Betreuung nicht übernehmen konnte, nunmehr **zur Verfügung** steht. Hier soll, so der RegEntw, ein Dritter, der zwischenzeitlich zum Betreuer bestellt worden war, entlassen werden können, weil im Interesse des Betreuten die persönliche Betreuung durch ein Familienmitglied einer Fremdbestimmung vorzuziehen sei. Gleichwohl dürfen die gegen eine derartige Betreuerbestellung sprechenden Gründe (s vor allem Gernhuber FamRZ 1976, 189, aber auch BT-Drucks 11/4528, 153) nicht außer Acht gelassen werden. S deshalb BayObLGZ 2000, 128 (= FamRZ 2000, 1457 = BtPrax 2000, 213), wonach die Existenz eines nahen

Verwandten als ein anderer wichtiger Grund zur Entlassung des bisherigen Betreuers führt, wenn die Betreuung durch den nahen Verwandten bei Berücksichtigung aller Umstände dem Wohl des Betreuten erheblich besser entspricht. Auch insoweit stehen die Wünsche des Betreuten im Vordergrund.

Ist ein **anderer Betreuer** verfügbar, der **erheblich geeigneter** ist als der bisherige 47
Betreuer, könnte ein wichtiger Grund für einen Betreuerwechsel gegeben sein (Er-
man/Roth Rn 6). Allerdings müssen Umstände hinzutreten, die die Entlassung des
bisherigen Betreuers als einzige dem Wohl und Interesse des Betreuten entsprechende Maßnahme erscheinen lassen. Ein anderer Grund kann gegeben sein, wenn
nahe Angehörige des Betreuten, auf deren Mitarbeit es ankommt, die Mitwirkung
aus Gründen verweigern, die nicht in der Person des bisherigen Betreuers liegen, zur
Mitwirkung im Falle einer anderen Personalentscheidung aber bereit sind. In einem
solchen Falle muss das Gericht sehr sorgfältig prüfen, ob der Betreuerwechsel längerfristig im Interesse des Betreuten liegt und ob nicht die Gefahr besteht, dass in
erster Linie den Wünschen und Interessen der Angehörigen (zB an der Geheimhaltung von Informationen, Betriebs- oder Geschäftsgeheimnissen uä) Rechnung
getragen wird. Der Umstand, dass ein anderer Betreuer den Betreuten besser versorgen, seine Integration in das soziale Leben besser fördern könnte, reicht als
wichtiger Grund für die Ablösung des bisherigen Betreuers dann nicht aus, wenn
der Betreute am bisherigen Betreuer festhalten möchte und mit dessen Leistungen
zufrieden ist. Denn zum Wohl des Betreuten gehört die Möglichkeit, sein Leben
nach seinen eigenen Wünschen und Vorstellungen zu gestalten, solange ihm hierdurch nicht ein ernsthafter Schaden erwächst (OLG Köln FamRZ 1998, 1258 [LS] = NJWE-
FER 1998, 129).

Die Bereitschaft eines nahen Verwandten, der bei der Einrichtung der Betreuung als 48
Betreuer nicht zur Verfügung stand, nunmehr dieses Amt zu übernehmen, ist allein
noch kein wichtiger Grund zur Auswechslung des bisherigen, mit dem Betreuten
nicht verwandten Berufsbetreuers (OLG Köln FamRZ 2003, 188 mAnm Bienwald zur
Frage, warum das Gericht nicht einen Betreuerwechsel gemäß Abs 1 S 2 in Erwägung gezogen
hat).

Der **Wunsch des Betreuen** nach Entlassung des bisherigen Betreuers stellt allein 49
keinen anderen wichtigen Grund dar (MünchKomm/Schwab Rn 13). Seinem Anliegen
ist, sofern nicht von Amts wegen zu berücksichtigende Gründe vorliegen, nur dann
Folge zu leisten, wenn die Voraussetzungen des Abs 3 gegeben sind. Andernfalls
bestünde die Gefahr, „jeder Laune des Betreuten" (BT-Drucks 11/4528, 153) nachzu-
geben.

Familiäre, berufliche und **sonstige Verhältnisse** in der Person des Betreuers, die zwar 50
nicht seine Eignung in Frage stellen, die ihm aber die Fortführung seiner Aufgabe
unzumutbar machen, zählen nicht zu den „anderen" wichtigen Gründen. Sie fallen
unter die spezielle Regelung des Abs 2 (BT-Drucks 11/4528, 153).

Das schließt nicht aus, dass das Gericht den genannten Umständen im Rahmen 51
seiner Aufsichtspflicht von Amts wegen Beachtung schenkt und sie zum Anlass eines
Verfahrens nach Abs 1 1. Alt nimmt, wenn es von ihnen Kenntnis erlangt (BT-Drucks
11/4528, 153).

52 Ein anderer wichtiger Grund kann das Bestehen eines **Interessenkonflikts** (oder die Gefahr seines Entstehens) sein. Abstrakte Gefahren in Bezug auf Vermögensbelange, zB die Erbberechtigung allein, rechtfertigen nicht die Entlassung. Zudem bedarf es sorgfältiger Prüfung, ob mit der Betreuung im Vermögenssorgebereich auch eigene Interessen des Betreuers verfolgt werden oder wurden (vgl BayObLG 1997, 1358, 1359). Eine konkrete Gefahr hat das OLG Köln nicht darin gesehen, dass die an der Übernahme der Betreuung interessierte Tochter die bisher im Heim untergebrachte Betreute bei sich im Hause aufnehmen, versorgen und pflegen wollte (FamRZ 1996, 1024, 1025). Eine Entlassung des Betreuers kommt aus diesem Grunde nur in Betracht, wenn dem Problem nicht auf andere Weise (durch teilweise Entziehung der Vertretungsmacht gemäß § 1908i Abs 1 S 1 BGB, § 1796 BGB und durch Bestellung eines weiteren Betreuers gemäß § 1899 Abs 1 BGB) begegnet werden kann (Damrau/Zimmermann Rn 28).

53 Voraussetzung der Entziehung der Vertretungsmacht gemäß §§ 1796, 1908i Abs 1 S 1 BGB als mildere Maßnahme gegenüber einer (Teil-) Entlassung setzt voraus, dass das Gericht die Gründe für diese Entscheidung feststellt (§ 26 FamFG). Auch die Folgen der beiden Reaktionen unterscheiden sich. Wird der bisherige Betreuer nach § 1908b Abs 1 S 1 BGB entlassen, ist er damit insoweit nicht mehr Betreuer, er hat dieses Amt insoweit nicht mehr inne. An seiner Stelle folgt der vom Gericht nach § 1908c BGB zu bestellende neue Betreuer. Die Entscheidung für die (Teil-)Entlassung und die Nachfolgerbestellung ist dem Richter vorbehalten (§ 15 Abs 1 Nr 1 RPflG). Entzieht das Gericht dem Betreuer in einer einzelnen Angelegenheit oder für einen bestimmten Kreis von Angelegenheiten die Vertretungsmacht, verliert der Betreuer damit nicht sein Amt. Es wird auch kein Nachfolgebetreuer (§ 1908c BGB) bestellt, sondern ein weiterer Betreuer nach § 1899 Abs 4 BGB, weil der Hauptbetreuer verhindert ist. Der weitere Betreuer tritt für die Zeit der Verhinderung an die Stelle des Hauptbetreuers hinsichtlich des Vertretungsrechts, nicht dagegen des Betreueramtes (**aA** Jürgens/vCrailsheim § 1796 Rn 4; wie hier Erman/Roth § 1908i Rn 15). Die Rechtsstellung der beiden Betreuer unterscheiden in ihren Vergütungsansprüchen. Der nach § 1908c BGB bestellte neue Betreuer erhält seine Vergütung, wenn er die Aufgabe berufsmäßig wahrnimmt, nach Maßgabe der §§ 4, 5 VBVG; der nach § 1899 Abs 4 BGB bestellte Vertretungsbetreuer rechnet nach § 6 VBVG, der Vorschrift für Sonderfälle der Betreuung, ab.

54 Auch bei Vorliegen eines anderen wichtigen Entlassungsgrundes nach Abs 1 S 1 2. Alt ist eine **teilweise Entlassung** in Erwägung zu ziehen, zB dann, wenn Angehörige, die jetzt als Betreuer zur Verfügung stehen, nur für einen Teil der Aufgaben des Betreuers in Frage kommen. Wird für den Betroffenen ein weiterer Betreuer unter Aufteilung des bisherigen, einem anderen Betreuer zugewiesenen Aufgabenkreises bestellt, so liegt in dieser Maßnahme eine Teilentlassung des bisherigen Betreuers (BayObLG FamRZ 2002, 1656 [LS]; dort auch zur Frage der Notwendigkeit der persönlichen Anhörung des Betroffenen in diesem Fall).

55 Zur Entlassung aus wichtigem Grund im Falle der Erweiterung des Aufgabenkreises und der Notwendigkeit personeller Konsequenzen s § 1908d Rn 20.

56 Ein weiterer wichtiger Grund für die Entlassung als Betreuer liegt dann vor, wenn **Voraussetzungen**, die für die Bestellung zum Betreuer gegeben waren, **entfallen** oder entgegen der Annahme oder Erwartung des Gerichts nicht eingetreten sind. Gibt ein Mitarbeiter eines Vereins oder der Behörde seine Stellung auf oder wird er versetzt, kann er nicht mehr als Vereinsbetreuer oder als Behördenbetreuer tätig sein (bzgl der Behördenbetreuerbestellung ist bei Versetzungen zu unterscheiden, wer Betreuungsbehörde ist). Stellt sich nach der Betreuerbestellung heraus, dass der Betreute eine andere personelle Entscheidung gewollt hat (späteres Auffinden einer Betreuungsverfügung), oder hat er, was zunächst nicht bekannt war, auch für die Kontrolle und Aufsicht (die Geltendmachung seiner Rechte) des Bevollmächtigten **Vorsorge** getroffen, besteht gegebenenfalls ein wichtiger Grund für die Entlassung des zunächst bestellten Betreuers. Eine Entlassung aus wichtigem Grund kam auch in Betracht, weil der Betreuer die (spätere) einseitige Pauschalierung der Vergütung gem § 1836b BGB nicht akzeptieren wollte, das Gericht aber darauf beharrte.

Wird der **Verein**, der bestellt worden ist, **aufgelöst**, kann er als Körperschaft Betreuungen nicht mehr führen. Er ist aus wichtigem Grund zu entlassen (zur Situation bei Verlust der Rechtsfähigkeit s § 1900 Rn 41). Wird die zuständige Behörde in der bestehenden Form aufgegeben, etwa durch Gebietsreform oder durch Zusammenlegung mit einer anderen Behörde, besteht ein wichtiger Grund für die Entlassung und entsprechende Neubestellung. **57**

Im Falle der Vereinsauflösung sowie des Verlusts der Rechtsfähigkeit endet auch die Stellung der Mitarbeiterinnen und Mitarbeiter, sodass deren Betreuerstatus aufzuheben ist, sofern er nicht von selbst entfällt. **58**

War ein Beamter oder ein Religionsdiener zum Betreuer bestellt worden, so hat ihn das Betreuungsgericht zu entlassen, wenn die Erlaubnis, die nach den Landesgesetzen zur Übernahme der Betreuung oder zur Fortführung der vor dem Eintritt in das Amts- oder Dienstverhältnis übernommenen Betreuung erforderlich ist, versagt oder zurückgenommen wird oder wenn die nach den Landesgesetzen zulässige Untersagung der Fortführung der Betreuung ausgesprochen wird (§ 1888 BGB iVm § 1908i Abs 1 S 1 BGB). **59**

Die Entlassung des ehrenamtlich tätigen Mitbetreuers stellt einen wichtigen Grund für die Entlassung des anderen berufsmäßig tätigen Mitbetreuers dar, wenn für alle bestehenden Aufgabenkreise, die zunächst aufgeteilt waren, ein anderer berufsmäßig tätiger Betreuer bestellt worden ist (OLG München Rpfleger 2006, 123 – BtPrax 2006, 34 = FamRZ 2006, 506 [LS]).

3. Benannte wichtige Gründe (Abs 1 S 2)

a) Vorsätzlich falsche Abrechnung

In gewisser Abschwächung und Einengung des Wortlauts der Vorschrift heißt es in der Einzelbegründung zu der durch Art 1 Nr 12 2. BtÄndG eingetretenen Änderung des § 1908b Abs 1 BGB (eingefügter neuer S 2), ein wichtiger Grund für die Entlassung des Berufsbetreuers gemäß § 1908b BGB werde in der Regel auch dann vorliegen, wenn der Berufsbetreuer zu Lasten der Staatskasse vorsätzlich falsch abrechnet (BT-Drucks 15/2494, 30). Der eingefügte Satz enthält einen weiteren benannten wichtigen Entlassungsgrund. Dem Wortlaut nach ist das Gericht verpflichtet, den Betreuer zu entlassen, ohne dass ihm ein Ermessen eingeräumt ist. Das Betreuungs- **60**

Werner Bienwald

gericht muss nicht abwarten, ob wegen der vorsätzlich falschen Abrechnung ein strafrechtliches Ermittlungsverfahren eingeleitet oder eine rechtskräftige Verurteilung vorgenommen worden ist. Es hat in eigener Zuständigkeit den Sachverhalt festzustellen (§ 26 FamFG) und danach eine Entscheidung zu treffen. Der von der Bestimmung erfasste Personenkreis besteht aus den berufsmäßig tätigen Betreuern, die ihre Vergütung (und ihre Aufwendungen) abrechnen. Durch die eingeführte Vergütungspauschale (einschließlich Aufwendungen) kann erwartet werden, dass die Zahl unrichtiger (ggf vorsätzlicher) Abrechnungen abnimmt.

61 Hat der Vertreter der Staatskasse geltend gemacht, der Betreuer habe eine Abrechnung falsch erteilt, steht ihm gegen einen die Entlassung des Betreuers ablehnenden Beschluss die Beschwerde zu (§ 304 Abs 1 S 2 FamFG).

62 Warum nur eine vorsätzliche Falschabrechnung in der Regel ein Entlassungsgrund sein soll, wenn sie die Staatskasse schädigt oder zu schädigen geeignet ist, nicht dagegen, wenn sie der Vermögenslage eines nicht mittellosen Betreuten schadet, ist unerklärt. Das Gericht ist jedoch nicht gehindert, ein derartiges Verhalten als Entlassungsgrund nach Abs 1 S 1 zu würdigen.

63 Die oa Interpretation (BT-Drucks 15/2494, 30) des neu eingeführten Entlassungsgrundes der vorsätzlichen Falschabrechnung erlaubt es, in minderschweren Fällen (zB bei tätiger Reue) dem Grundsatz der Verhältnismäßigkeit entsprechend von einer Entlassung abzusehen.

b) Kontaktmangel

64 Neben der Ergänzung des Abs 1 S 2 um den weiteren Entlassungsgrund des Kontaktmangels durch das Gesetz zur Änderung des Vormundschafts- und Betreuungsrechts v 29. 6. 2011 (BGBl I 1306) mit Wirkung v 30. 6. 2011 (Art 3 S 2) wurde dem Betreuungsgericht aufgegeben, insbesondere die Einhaltung der erforderlichen persönlichen Kontakte des Betreuers zu seinem Betreuten zu beaufsichtigen (Einfügung des entsprechenden Satzes 2 in § 1837 Abs 2 BGB; für das Betreuungsrecht sinngemäß anzuwenden aufgrund v § 1908i Abs 1 S 1 BGB). Diese Verpflichtung trat erst am 5. 7. 2012 in Kraft. Der Betreuer hat in seinem jährlich zu erstattenden Bericht Angaben über die persönlichen Kontakte aufzunehmen (Ergänzung des § 1840 Abs 1 BGB um einen neuen S 2; Art 1 Nr 4 des Gesetzes).

65 Die Entlassung aus wichtigem Grund wegen der nicht gehaltenen, aber erforderlich gewesenen, persönlichen Kontakte kann sowohl den berufsmäßig tätigen als auch den ehrenamtlichen Betreuer treffen. Nach der Satzstellung scheint das allerdings nicht der Fall zu sein, weil der neue Text sich unmittelbar an den der vorsätzlich falschen Abrechnung anschließt. Vorsätzlich falsch zum Nachteil der Staatskasse kann jedoch auch der ehrenamtlich tätige Betreuer abrechnen, dessen Aufwendungen nach den §§ 1835, 1908i Abs 1 S 1 BGB geltend gemacht werden.

66 Allerdings bot Anlass zu dem Gesetz und der Einbeziehung von Regelungen für Betreuer die anlässlich der Evaluation des 2. BtÄndG getroffene Feststellung, dass offensichtlich durch die Einführung der Vergütungs- und Arbeitszeitpauschalen ein Rückgang in der Häufigkeit der Besuche von berufsmäßig tätigen Betreuern bei ihren Betreuten eingetreten war (KÖLLER/ENGELS, Evaluation 101). Deshalb sollte mit dem Gesetz „auch der persönliche Kontakt zwischen Betreuer und Betreutem besser dokumentiert und vom Gericht stärker beaufsichtigt werden" (BT-Drucks 243/11 v 27. 5. 2011 [Beschluss]). Bisher kannte das Betreuungsrecht die Verpflichtung des Betreuers, den Betroffenen in dem für die Besorgung seiner Angelegenheiten erforderlichen Umfang persönlich zu betreuen (§ 1897 Abs 1 BGB). Diesem Erfordernis entsprechend sollte der Betreuer Wünschen des Betreuten entsprechen und wichtige Angelegenheiten vor ihrer Erledigung mit dem Betreuten besprechen. Eine mangelhafte persönliche Betreuung konnte im äußersten Fall die Entlassung des Betreuers nach sich ziehen, ohne dass das Betreuungsrecht dies ausdrücklich vorgesehen hatte.

Das Betreuungsrecht unterscheidet in der Führung der Betreuung grundsätzlich **67** nicht, ob sie durch einen berufsmäßig tätigen Betreuer oder einen ehrenamtlichen Betreuer wahrgenommen wird. Beide unterliegen den gleichen gesetzlichen Verpflichtungen für die Führung der Betreuung, insbesondere auch der Verpflichtung zu **persönlicher Betreuung**, soweit diese zur Besorgung der Angelegenheiten des Betroffenen erforderlich ist (§ 1897 Abs 1 BGB). Beide haben den Betreuten in die Führung der Betreuung einzubeziehen, haben zu dem Betreuten Kontakt zu suchen und diesen dann aufrecht zu erhalten, soweit dies zur Wahrnehmung der Betreuung nach § 1901 Abs 2 und 3 BGB erforderlich ist. Die Häufigkeit und Intensität richtet sich danach, was mit dem Betreuten zur Besorgung seiner Angelegenheiten zu besprechen, zu berichten und zu befolgen ist. Maßgeblich ist auch insoweit der Wunsch des Betreuten, häufiger oder selten aufgesucht zu werden oder selbst den Betreuer aufzusuchen.

Was der Gesetzgeber jetzt unter einem erforderlichen Kontakt verstanden wissen **68** will, hat er für den Betreuer (den berufsmäßig tätigen wie den ehrenamtlichen) nicht ausdrücklich geregelt. Für den Vormund im Verhältnis zu dessen Mündel wurde in § 1793 BGB die Verpflichtung zu ausreichenden persönlichen Kontakten aufgenommen. Eine sinngemäße Anwendung im Betreuungsrecht ist nicht vorgesehen. Man kann ihr eine gewisse Erwartung, auch bei einer Betreuung danach zu verfahren, unterstellen. Trotzdem sind Vormundschaft und rechtliche Betreuung im Einzelnen zu unterschiedlich, als dass die für die Vormundschaft getroffene Regelung für die Betreuung übernommen werden kann.

Aufgrund seiner Berichtspflicht nach § 1840 Abs 1 S 2 BGB nF (iVm § 1908i Abs 1 **69** S 1 BGB) wird der Betreuer gehalten sein, die von ihm für erforderlich gehaltenen Kontaktzeiten in besonders gelagerten Fällen eingehend zu begründen. Ehe dem Betreuer wegen zu seltener Kontakte Folgen angedroht werden, kann es erforderlich sein, durch ein Sachverständigengutachten Art, Umfang, Dauer, Ort und Häufigkeit feststellen zu lassen (§ 26 FamFG).

4. Entlassung des Berufsbetreuers (Abs 1 S 3)

Der Entlassungsgrund des Abs 1 S 3 ergibt sich folgerichtig aus dem strikten Vor- **70** rang ehrenamtlich und damit grundsätzlich unvergütet geführter Betreuung vor der beruflich und damit entgeltlich (dh mit einem Anspruch auf Entgelt) geführten (§ 1897 Abs 6 BGB). Dem Berufsbetreuer ist aufgegeben, dem Gericht mitzuteilen, wenn ihm Umstände bekannt werden, aus denen sich ergibt, dass der Betreute durch

Werner Bienwald

eine oder mehrere andere geeignete Personen außerhalb einer Berufsbetreuung betreut werden kann (§ 1897 Abs 6 S 2 BGB). Um sicherzustellen, dass der Regelung des Abs 1 S 3 gefolgt wird, hat das BtÄndG (Art 2 Nr 9) dem Vertreter der Staatskasse ein Beschwerderecht gegen Entscheidungen des Betreuungsgerichts eingeräumt, durch die eine Entlassung nach Abs 1 S 3 abgelehnt wird, wenn der Vertreter der Staatskasse geltend gemacht hat, der Betreute könne anstelle eines nach § 1897 Abs 6 S 1 BGB bestellten Betreuers durch eine oder mehrere andere geeignete Personen außerhalb einer Berufsausübung betreut werden (§ 304 Abs 1 S 2 FamFG).

71 Unter Geltendmachen versteht die Begründung des Gesetzesvorschlags, dass der Vertreter der Staatskasse **einen konkreten Vorschlag** macht und sich nicht darauf beschränkt, die Voraussetzungen eines Betreuerwechsels lediglich zu behaupten (BT-Drucks 13/7158, 50). Dem Wortlaut der Vorschrift nach setzt die Beschwerde eine **Entscheidung des Gerichts** voraus. Dem Vertreter der Staatskasse wird weder eine Popularbeschwerde noch eine Untätigkeitsbeschwerde eingeräumt.

72 Sinn und Zweck der Neuregelung entspricht es, bei Vorliegen der Entlassungsvoraussetzungen dem Gericht **kein Ermessen** einzuräumen (**aA** SOERGEL/ZIMMERMANN sowie DAMRAU/ZIMMERMANN[3] jeweils Rn 19; auch JÜRGENS/KRÖGER/MARSCHNER/WINTERSTEIN[4] Rn 149a). Die Formulierung „soll" lässt es zu, alle wesentlichen Gründe, die gegen ein Auswechseln lediglich aus finanziellen Gründen sprechen (nicht lediglich fiskalischen, denn der prinzipielle Vorrang ehrenamtlicher Betreuung vor berufsmäßig geführter Betreuung ist nicht auf die staatlich [vor-]finanzierte Betreuung beschränkt) – zB Kontinuität ua –, zu berücksichtigen. Der Vorrang der ehrenamtlichen Betreuung gilt auch, wenn der Betreute die Bestellung eines Berufsbetreuers wünscht, dessen Vergütung er aus seinem Vermögen zahlen könnte (LG Kleve FamRZ 2016, 2034). Dies räumt dem Gericht gleichwohl kein Ermessen ein, sondern zwingt zu einem Abwägen der für und gegen den Personenwechsel sprechenden Umstände. Aus dem Vorrang ehrenamtlicher Betreuung gemäß Abs 1 S 3 folgt nicht zwingend, dass ein berufsmäßig tätiger Betreuer entlassen werden müsste, wenn eine ehrenamtlich tätige Person zur Führung der Betreuung bereit ist (OLG Jena NJ 2003, 268 [LS]; ebenso LG Chemnitz FamRZ 2001, 253 u BayObLG FamRZ 2005, 1777 [LS]). Ebensowenig kommt es auf einen anderslautenden Wunsch des Betreuten an.

73 Es handelt sich um einen in erster Linie „formalen" Austausch von Betreuern. Die Eignung des Nachfolgers richtet sich nach § 1897 Abs 1 BGB; es dürfen keine (absoluten oder relativen) Gründe gegen seine Bestellung sprechen; § 1897 Abs 5 BGB ist deshalb zu berücksichtigen. Es kommt nicht darauf an, dass der Nachfolgebetreuer in gleicher oder ähnlicher Weise wie der zu entlassende Betreuer fachlich qualifiziert ist; er muss nur iS des § 1897 Abs 1 BGB geeignet sein, die Angelegenheiten des Betreuten rechtlich zu besorgen und ihn in dem hierfür erforderlichen Umfang persönlich zu betreuen. Liegen bei der allein als ehrenamtlicher Betreuer in Betracht kommenden Person erhebliche Interessenkonflikte vor, kommt die Entlassung des Berufsbetreuers nach Abs 1 S 3 nicht in Betracht (BayObLG 26. 1. 2000 – 3 Z BR 13/2000).

74 (Berufs-)Betreuer mit besonderen Qualifikationen sollen auf diese Weise denjenigen vorbehalten werden, die sie benötigen. Das Betreuungsgericht hat grundsätzlich

den Vorrang auch gegenüber einem durch den Betreuten eingebrachten Vorschlag zu beachten (OLG Jena NJW-RR 2001, 796). Im Rahmen dieser Vorschrift ist außerdem für die zu treffende Entscheidung maßgebend, ob sie dem Wohl des Betroffenen entspricht (BayObLG aaO). Wechselseitiges Misstrauen unter Angehörigen des Betroffenen kann gegen den Wechsel sprechen, obwohl eine ehrenamtlich tätige Person zur Übernahme der Betreuung bereit ist (BayObLG aaO). Ein Berufsbetreuer ist zu entlassen und durch einen ehrenamtlich tätigen Betreuer „zu ersetzen", wenn die wesentlichen Angelegenheiten, die sein professionelles Wissen und Können verlangen, geregelt sind und ein geeigneter ehrenamtlicher Betreuer zur Verfügung steht (LG Duisburg BtPrax 2000, 43).

Eine Entlassung des bestellten beruflich tätigen Betreuers nach § 1908b Abs 1 S 2 **75** BGB ist dann nicht erforderlich, wenn er die bisher beruflich geführte Betreuung als ehrenamtlicher Betreuer weiterführt (LG Chemnitz FamRZ 2001, 313). Das Betreuungsgericht muss begründen, weshalb die Betreuung durch den ehrenamtlichen Betreuer ebenso gut geführt werden kann wie durch den zu entlassenden Berufsbetreuer (LG Saarbrücken BtPrax 2000, 266). Denkbar sind auch Teilentlassungen und entspr Neubestellungen mit einer begrenzten Aufgabe (FamRefK/BIENWALD § 1908b Rn 5).

III. Unzumutbarkeit der Fortführung der Betreuung für den Betreuer (Abs 2)

1. Zumutbarkeit als Voraussetzung der Übernahmepflicht

Das Betreuungsrecht verpflichtet natürliche Personen zur Übernahme der Betreu- **76** ung, für die das Gericht sie für geeignet hält, wenn die Übernahme dem Ausgewählten unter Berücksichtigung seiner familiären, beruflichen und sonstigen Verhältnisse zugemutet werden kann (§ 1898 Abs 1 BGB). Treten nach der Bestellung, dh nach dem Zeitpunkt, zu dem spätestens das Gericht sie für seine Entscheidung verwerten konnte, solche Umstände ein, ist der Betreuer zu entlassen, wenn er dies **beantragt**. Dem steht gleich, dass die Umstände zwar schon bei der Bestellung zum Betreuer gegeben, aber noch nicht bekannt waren (BT-Drucks 11/4528, 154; MünchKomm/ SCHWAB Rn 19). In Betracht kommt auch eine Teilentlassung (BT-Drucks 11/4528, 154; MünchKomm/SCHWAB Rn 19), wenn sich die Unzumutbarkeit auf die Erledigung einzelner, dem Betreuer übertragener Angelegenheiten (die BT-Drucks formuliert „Aufgabenkreise"), beschränkt. Eine ergänzende Betreuerbestellung wird dann erforderlich, sofern nicht eine vollständige Neubestellung vorgenommen wird (BT-Drucks 11/4528, 154). Der Entlassungsgrund betrifft berufsmäßig und nicht berufsmäßig tätige Betreuerinnen und Betreuer. Zur Anwendung auf Vereins- und Behördenbetreuer sowie Vereine und Behörden s MünchKomm/SCHWAB Rn 23, 24 sowie unten Rn 107.

2. Entlassungsantrag des Betreuers

Erforderlich ist ein **Antrag** des bisherigen Betreuers, dh eine Äußerung, aus der sich **77** ergibt, dass er die Betreuung nicht mehr fortsetzen, sondern von der Aufgabe entbunden werden möchte. Eine Entlassung **von Amts wegen** kommt nach Abs 2 **nicht** in Betracht. Hat das Gericht Anlass, wegen solcher Umstände, die die Unzumutbarkeit begründen können, die Entlassung des Betreuers in Erwägung zu ziehen, hat es nach Abs 1 zu verfahren und ggf den Betreuer wegen anderer wichtiger Gründe zu entlassen.

78 Das Gericht kann einen Betreuer auch durch einstweilige Anordnung entlassen, wenn dringende Gründe für die Annahme bestehen, dass die Voraussetzungen für die Entlassung vorliegen und ein dringendes Bedürfnis für ein sofortiges Tätigwerden besteht (§ 300 Abs 2 FamFG). Zur Einstweiligen Anordnung bei gesteigerter Dringlichkeit s § 301 FamFG.

3. Gründe für Unzumutbarkeit

79 Die Gründe für die Unzumutbarkeit können sowohl im familiären, als auch im beruflichen oder sonstigen Lebensbereich gegeben sein. In Betracht kommt eine erforderlich werdende Pflege einer nahestehenden Person, eine Verschlechterung des Gesundheitszustandes, das fortgeschrittene Alter des Betreuers. Es können sein: besondere Anstrengungen in der Betreuung der eigenen Kinder, Verschlechterung von Verkehrsverbindungen, erforderliche Aufnahme zusätzlicher Verdienstmöglichkeiten, Veränderung des Wohnsitzes und dadurch größer werdende Entfernung zum Betreuten. In Betracht kommt auch eine tiefgreifende, vom Betreuten ausgehende Entfremdung, die das Vertrauensverhältnis so empfindlich stört, dass dem Betreuer die Fortsetzung seiner Aufgabe unzumutbar wird (BT-Drucks 11/4528, 153). Das AG Northeim sah es als einen die Entlassung eines Berufsbetreuers rechtfertigenden wichtigen Grund an, dass der zugebilligte Stundensatz zu gering war, um eine Berufsexistenz zu begründen (BtPrax 1994, 179).

80 Eine möglicherweise zu Unrecht erfolgte Vergütungskürzung in einem Einzelfall ist dagegen kein Umstand, der die Betreuung unzumutbar macht (OLG Schleswig SchlHA 1998, 53 = FamRZ 1998, 1259 mAnm d Red = NJW-RR 1998, 655). Eine neue Vergütungsregelung (hier aufgrund des ersten BtÄndG) vermag den Wunsch eines (anwaltlichen) Betreuers auf Entlassung zu rechtfertigen; will der Betreuer unter diesen Umständen seine Betreuertätigkeit reduzieren, kann ihm die Auswahl, welche Betreuungen er nicht mehr fortführen will, nicht verwehrt werden (BayObLGZ 2001, 149 = FamRZ 2002, 195 = BtPrax 2001, 206 = JurBüro 2001, 600). Für die Behörde ist die Führung einer Betreuung unzumutbar, für die sie nach § 3 Abs 1 BtBG nicht (mehr) zuständig ist, nachdem der Betreute seinen gewöhnlichen Aufenthalt gewechselt hat. Sie ist deshalb auf Antrag aus dem Amt zu entlassen (OLG Zweibrücken FamRZ 1992, 1325, 1326 = BtE 1992/93, 97 mwNw; OLG Hamburg BtPrax 1994, 138).

81 Umstände, die ein gedeihliches Zusammenwirken von Betreuer und Betreutem unmöglich machen und die Unzumutbarkeit der Betreuung begründen können, sind Handgreiflichkeiten oder Körperverletzungen durch den Betreuten oder eine voraussichtlich länger andauernde Verweigerung von Kontakten zu dem Betreuer, sodass dessen ständige Bemühungen um eine Kontaktaufnahme außer Verhältnis zu dem zu erwartenden Erfolg stehen.

82 Im Falle der Neubestellung eines Mitbetreuers nach Abs 3 kann die Fortsetzung der Betreuung durch den oder die anderen Mitbetreuer unzumutbar sein (§ 1908b Abs 2 BGB iVm § 1898 Abs 1 BGB).

4. Beteiligung des Betreuten

Soweit die Gründe für die Unzumutbarkeit nicht in der Person des Betreuten liegen **83** und dieser kein Interesse an einem Betreuerwechsel hat, ist mit dem Widerspruch des Betreuten zu rechnen. Widerspricht der Betreute der Entlassung des Betreuers, hat das Gericht den Betreuten (und den Betreuer) persönlich anzuhören (§ 296 Abs 1 FamFG). Die persönliche Anhörung kann jedoch unterbleiben, wenn hiervon erhebliche Nachteile für die Gesundheit des Betreuten zu besorgen sind oder der Betreute offensichtlich nicht in der Lage ist, seinen Willen kundzutun (§ 34 Abs 2 FamFG). Das Gericht muss dann einen Verfahrenspfleger bestellen, wenn er das nicht bereits getan hat. Vor der Bestellung eines neuen Betreuers nach § 1908c BGB ist der Betroffene persönlich anzuhören, es sei denn, er hat sein Einverständnis mit dem Betreuerwechsel erklärt (§ 296 Abs 2 S 1 FamFG) Geht es darum, einen Betreuer gegen den Willen des Betreuten zu entlassen, so gilt wie bei der Bestellung eines Betreuers, dass eine Bindung an die Vorschläge des Betroffenen/Betreuten dann entfällt, wenn die Bestellung des Vorgeschlagenen dem Wohl des Betroffenen zuwiderlaufen würde (BayObLG FamRZ 1997, 1360, 1361).

IV. Vorschlag eines neuen Betreuers durch den Betreuten (Abs 3)

1. Vorschlagsrecht und -pflicht

Die Regelung schließt sich an § 1897 Abs 4 BGB an (im RegEntw § 1897 Abs 5; von **84** LG Mainz in seiner Entscheidung Rpfleger 1993, 283 = BtPrax 1993, 176 übersehen). Der Wunsch des Betreuten hinsichtlich der Person des Betreuers soll nicht nur bei dessen erstmaliger Auswahl, sondern auch bei dessen Entlassung zu berücksichtigen sein (BT-Drucks 11/4528, 154). Ergänzt wird dieser Rechtsgedanke nach Auffassung des BayObLG (FamRZ 1994, 322 = Rpfleger 1994, 64 = BtPrax 1993, 171) durch § 1901 BGB: Die Möglichkeit, im Rahmen seiner Fähigkeiten sein Leben nach seinen eigenen Wünschen und Vorstellungen zu gestalten, dürfte auch bei der Auswahl des Betreuers nicht außer Betracht bleiben.

Wendet sich der Betroffene nach der Bestellung des Betreuers noch innerhalb der Beschwerdefrist allein gegen die Auswahl des Betreuers, ist dieses Anliegen als Beschwerde gegen den Ausgangsbeschluss auszulegen und nicht als Antrag nach § 1908b Abs 3 BGB zu behandeln (BGH FamRZ 2014, 1998 = NJW 2014, 3730 = FGPrax 2014, 257).

Wenn im Zusammenhang mit der Entscheidung über die Verlängerung einer bereits **85** bestehenden Betreuung über einen Betreuerwechsel zu befinden ist, ist nicht § 1908b Abs 3 BGB, sondern § 1897 BGB anzuwenden (BGH FamRZ 2010, 1897, 1898 mwNw).

Die Vorschrift erfasst nur einen Betreuerwechsel nach Bestellung eines Betreuers; **86** für einen Wechsel von Personen, die von den Institutionen (Verein, Behörde) zur Wahrnehmung der ihnen übertragenen Betreuungen ausgewählt wurden, ist nach § 291 FamFG zu verfahren. Danach kann der Betroffene verlangen, dass die Auswahl der Person durch gerichtliche Entscheidung überprüft wird (§ 291 S 1 FamFG).

87 Die Vorschrift schränkt die Rechte des Betreuten insofern ein, als sie ihm die „Pflicht" auferlegt (so BT-Drucks 11/4528, 154), selbständig tätig zu werden und mit dem Antrag auf Entlassung des alten Betreuers zugleich dem Gericht einen neuen gleich geeigneten und übernahmebereiten Betreuer zu benennen (BT-Drucks 11/4528, 154). Nach den Vorstellungen des RegEntw soll der Betreute nicht schon bei bloßer persönlicher Unzufriedenheit mit einem an sich geeigneten Betreuer das Gericht veranlassen können, einen Betreuerwechsel vorzunehmen und zu diesem Zweck zunächst einen neuen Betreuer auszusuchen. Dem Betreuten soll vor Augen geführt werden, dass in diesem Falle die Suche nach einem neuen Betreuer seine eigene Sache ist (BT-Drucks 11/4528, 154). Vom Vorschlagsrecht des Abs 3 ist deshalb die Anregung einer Entlassung ohne die Notwendigkeit eines eigenen Personalvorschlags, gestützt auf Entlassungsgründe des Abs 1 zu unterscheiden.

88 Fordert der Betroffene nach Bestellung eines Betreuers oder nach Verlängerung einer Betreuung die Vornahme eines Betreuerwechsels, so kann dies als Beschwerde gegen die Ausgangsentscheidung, aber auch als Antrag auf Entlassung des bisherigen Betreuers und Bestellung eines neuen Betreuers zu werten sein. Welcher Antrag gewollt ist, muss im Wege der **Auslegung** ermittelt werden, wobei insbesondere bei anwaltlicher Vertretung des Betroffenen vom Wortlaut des gestellten Antrags auszugehen ist. Auch soll dem Zeitfaktor, dh der Frage, wie lange nach Bekanntgabe der Ausgangsentscheidung der Antrag gestellt wird, Bedeutung beizumessen sein (BayObLG FamRZ 2003, 784, 785).

89 Die offenkundige Intention des Gesetzgebers, die Gerichte nicht bereits auf momentane Unmutsgefühle oder launenhafte Entlassungsanträge des Betreuten reagieren zu lassen, kommt in dem Wortlaut der Bestimmung nur unzureichend zum Ausdruck, ist aber für die Interpretation nicht ohne Belang. Ausreichend, aber auch erforderlich, ist, dass der Betreuerwechsel dem **eigenen Willen des Betreuten** entspringt und **nicht auf fremde Einflüsse** zurückzuführen ist (OLG Köln Rp 2003, 47; BayObLG FamRZ 2005, 548 mAnm BIENWALD = BtPrax 2005, 35). Der Vorschlag des Betreuten ist nur dann ein maßgebliches Kriterium für einen Betreuerwechsel, wenn der Wunsch nach einem bestimmten Betreuer auf einer **eigenständigen Willensbildung des Betreuten** beruht sowie dauerhaft und unabhängig vom Einfluss Dritter zustande gekommen ist. Ist der Wunsch nur solange vorhanden, wie ein Dritter Einfluss auf den Betreuten ausüben kann, entspricht seine Berücksichtigung nicht dem Selbstbestimmungsrecht des Betreuten (BayObLG FamRZ 2005, 548 mAnm BIENWALD = BtPrax 2005, 35; FamRZ 2005, 390 [LS] = BtPrax 2004, 240).

90 Ein wichtiger Grund für einen Betreuerwechsel kann auch dann vorliegen, wenn das Vertrauensverhältnis zwischen dem Betroffenen und seinem Betreuer gestört ist und der Betroffene aus diesem Grund eigenständig und ernsthaft einen anderen Betreuer wünscht (BayObLG FamRZ 2005, 751 mAnm BIENWALD).

91 Zutreffend wird dem Vorschlagsrecht des Betroffenen nach § 1897 Abs 4 BGB eine größere Kraft beigemessen als dem nachträglich geäußerten Wunsch des Betreuten nach Personalveränderung, weil dieser zwingend mit einem Neuvorschlag verbunden ist (HOLZHAUER/REINICKE Rn 4). Das Gericht tritt demzufolge in eine Sachprüfung erst ein, wenn der Betreute (ob geschäftsfähig oder geschäftsunfähig, ist angesichts der generellen Verfahrensfähigkeit nach § 275 FamFG ohne Bedeutung; so auch BayObLG FamRZ 1994,

322 = Rpfleger 1994, 64 = BtPrax 1993, 171 mwNw und der Begründung, es handle sich nicht um eine rechtsgeschäftliche Erklärung; BayObLG FamRZ 1994, 1353; OLG Köln OLG Rp Köln 1997, 256; OLG Schleswig FamRZ 2006, 289 [LS]) einen Betreuerwechsel nach Abs 3 beantragt hat und mit dem Antrag auf Entlassung des bisherigen Betreuers eine **Namensnennung** verbindet. Der Betreute muss aber nicht noch einen wichtigen Grund benennen (OLG Köln 26. 6. 2002, 16 Wx 104/02). Dagegen gehört die Versicherung, dass der Vorgeschlagene mit seiner Bestellung einverstanden ist, zur **Zulässigkeit des Antrags** (BayObLG FamRZ 1994, 1353; FamRZ 2005, 548 mAnm BIENWALD = BtPrax 2005, 35). Gegebenenfalls hat das Gericht auf die erforderliche Ergänzung hinzuweisen.

Der (nach pflichtgemäßem Ermessen) zu beachtende Wunsch des Betreuten nach **92** einem Betreuerwechsel setzt nicht voraus, dass der Betroffene bei dem erstmals ernstlich und nachvollziehbar geäußerten Wunsch nach einem anderen Betreuer sofort eine gleichgeeignete und zur Übernahme bereite Person namentlich benennt. Es genügt, wenn der Betroffene den konkreten Vorschlag zB nach Herstellung eines Kontakts zu dieser Person durch Vermittlung der Betreuungsbehörde vorbringt (OLG München FamRZ 2007, 2108 [LS]). Für den Wunsch auf Betreuerwechsel soll es auch ausreichen, dass der Betreute sich an seinen Verfahrensbevollmächtigten gewandt hat, ihn im Entlassungsverfahren zu vertreten, und er sich dessen Vorschlag eines neuen Betreuers zu eigen macht (OLG Schleswig FamRZ 2006, 289 [LS]).

Der Antrag dient nicht dazu, eine Neubestimmung der Betreuung herbeizuführen, **93** obgleich es naheliegt, aus Anlass eines solchen Antrags (von Amts wegen) zu prüfen, ob die Betreuung überhaupt noch oder in eingeschränktem Umfang erforderlich ist. Bei **Mitbetreuung** kommt die Auswechslung nur eines Betreuers, aber auch bei entsprechendem Personalvorschlag die Auswechslung aller Betreuer in Betracht (MünchKomm/SCHWAB Rn 26). Bei Neubestellung eines Mitbetreuers kann sich daraus die Unzumutbarkeit der Fortführung der Betreuung für den oder die übrigen Mitbetreuer ergeben (§ 1908b Abs 2 BGB iVm § 1898 Abs 1 BGB).

Ein Betreuerwechsel auf Wunsch des Betroffenen kurze Zeit vor einer Überprüfung **94** der Betreuerbestellung, die dazu führen kann, dass eine Betreuung nicht mehr erforderlich ist, kann nicht nur unzweckmäßig sein, sondern auch dem Wohl des Betroffenen widersprechen (BayObLG FamRZ 2005, 654, 655).

2.   Inhaltliche Anforderungen an den Vorschlag

Dem Wortlaut der Vorschrift nach muss der Betreute eine **bestimmte Person** benen- **95** nen; eine Personenmehrheit zur Auswahl des Gerichts entspricht dem nicht (ebenso MünchKomm/SCHWAB Rn 26; OLG Jena NJ 2003, 268). In Betracht kommt jede zum Betreuer bestellbare natürliche Person, auch ein Mitarbeiter eines Vereins (Vereinsbetreuer) oder der zuständigen Behörde (Behördenbetreuer). Schlägt der Betreute einen Mitarbeiter eines Vereins oder der Behörde vor, so gehört zu seinem Antrag nicht nur das Einverständnis des Mitarbeiters, sondern auch das des Anstellungsträgers (vgl § 1897 Abs 2 BGB; BIENWALD, in: BIENWALD/SONNENFELD/HARM Rn 64). Die betreute Person kann auch eine bereits als weiterer Betreuer bestellte, geeignete Person als nunmehrigen alleinigen Betreuer vorschlagen, wenn diese Person damit einverstanden ist (BayObLGR 2004, 87 = FamRZ 2004, 738 [LS]).

96 Die Benennung eines Vereins oder der zuständigen Behörde kommt aus Gründen der Betreuerrangfolge des BtG (vgl § 1900 BGB) nicht in Betracht, denn solange ein Individualbetreuer vorhanden ist (hier: der bisherige Betreuer), darf ein Verein oder die Behörde nicht bestellt werden. Gleichwohl kann, noch dazu dort, wo die Behörde es ablehnt, ihre Mitarbeiter zu Behördenbetreuern bestellen zu lassen, im Ausnahmefall das Bedürfnis bestehen, über den Weg der Behördenbestellung einen Mitarbeiter mit der Betreuung zu beauftragen (§ 1900 Abs 2 BGB). In einem solchen Falle muss geprüft werden, ob andere Gründe für das Ausscheiden des bisherigen Betreuers und die Bestellung eines anderen gefunden werden. In solchen Fällen werden Grenzen des an sich als flexibel gewollten Betreuungsrechts sichtbar.

97 Das Vorschlagsrecht des Betreuten wird auch durch den durch das erste BtÄndG eingeführten Nachrang der beruflich (entgeltlich) geführten Betreuung gegenüber der ehrenamtlichen (§ 1897 Abs 6 BGB, § 1908b Abs 1 BGB) eingeschränkt, jedenfalls insoweit, als anstelle eines bisher ehrenamtlich tätigen Betreuers nicht ein entgeltlich tätiger Betreuer bestellt werden kann, ohne dass hierfür besondere Gründe vorliegen. Solche sah das OLG Thüringen darin, dass eine enge persönliche Bindung des Betroffenen an den von ihm vorgeschlagenen Berufsbetreuer besteht oder ein bemittelter Betroffener dies möchte (FamRZ 2001, 714 = NJW-RR 2001, 796).

3.   Prüfung des Vorschlags

98 Enthält der Antrag des Betreuten die notwendigen Bestandteile, tritt das Gericht in die Sachprüfung ein, die sich darauf zu erstrecken hat, ob der Vorgeschlagene (oder bei Mehrbetreuerbestellung ggf mehrere) „gleich geeignet" ist, ob er (weiterhin) zur Übernahme bereit ist, ob ggf die Einwilligung des Anstellungsträgers (noch im Zeitpunkt der Entscheidung) vorliegt, ob Hinderungsgründe gesetzlicher Art bestehen, ob Hinderungsgründe ähnlich denen des § 1897 Abs 5 BGB (Gefahr von Interessenkonflikten) bestehen, die dem Wohl des Betreuten abträglich sein können (vgl OLG Jena NJ 2003, 268 [LS]). Zur Frage des notwendigen Umfangs der Sachaufklärung bei der Beurteilung der gleichen Geeignetheit des Wunschbetreuers BayObLG FamRZ 1999, 1170 = BtPrax 1998, 185. Zur Prüfung der Ernsthaftigkeit des Wunsches bei Bejahung der Betreuereignung OLG Köln OLGR 1997, 256. Auch Kontinuität und das Aufgedrängtsein des Anliegens können die Entscheidung des Gerichts beeinflussen (MünchKomm/Schwab Rn 25; s dazu auch OLG Düsseldorf FamRZ 1995, 1234 = BtPrax 1995, 108 = FGPrax 1995, 109 u BayObLG FamRZ 1994, 1353 = BtE 1994/95, 142 mw Fundstellen; OLG Jena NJ 2003, 268 [LS], BayObLG FamRZ 2005, 548 mAnm Bienwald = BtPrax 2005, 35, die übereinstimmend entschieden haben, der Wunsch des Betreuten könne unberücksichtigt bleiben, wenn der Einfluss eines Dritten festgestellt ist und der den Einfluss ausübende Dritte ein erhebliches wirtschaftliches Interesse am Wechsel des Betreuers hat). Es können auch Bedenken des Gerichts bestehen, was Erfahrungen über die Zusammenarbeit des Vorgeschlagenen mit dem Gericht angeht, die aus früheren Betreuungen herrühren. Schlägt der Betreute den wegen Ungeeignetheit entlassenen Betreuer trotz unveränderter Sachlage erneut als Betreuer vor, ist dieser Vorschlag unbeachtlich (BayObLG 2. 8. 1999 – 3 Z BR 199/1999). Zu prüfen ist auch, ob das Wohl des Betreuten bei fortbestehender Betreuerstellung nicht oder erheblich schlechter gewahrt ist als bei einer Betreuerauswechslung (BayObLG FamRZ 2005, 390; FamRZ 2005, 548).

Obwohl der Wunsch des Betreuten nach einem bestimmten Betreuer grundsätzlich **99** zu berücksichtigen ist (für die Erstbetreuung vgl § 1897 Abs 4 BGB; OLG Schleswig FamRZ 2006, 289 [LS]), soll die Vornahme eines Betreuerwechsels für das Gericht nicht zwingend sein, auch wenn die Voraussetzungen des Abs 3 vorliegen; entscheidend sei auch insoweit auf das Wohl des Betreuten abzustellen (BayObLGR 2002, 79; FamRZ 2005, 654; hingegen soll es nach OLG Köln OLGR 2003, 47 genügen, dass durch den Betreuerwechsel das Wohl des Betreuten nicht erheblich gefährdet wird; krit dazu BIENWALD, in: BIENWALD/SONNENFELD/HARM Rn 57). Die in BT-Drucks 11/4528, 154 gegebenen Erläuterungen zu § 1908b Abs 3 BGB fördern eher das Verständnis einer für das Gericht nicht seinem Ermessen unterliegenden Vorschrift (BIENWALD aaO; wie hier anscheinend ERMAN/ROTH Rn 8 ff, jedoch nicht ganz deutlich; aA MünchKomm/SCHWAB Rn 25; BayObLG FamRZ 1999, 1170; OLG Düsseldorf FamRZ 2000, 1536; OLG Hamm FamRZ 2001, 254, 255; s auch d Nachw in STAUDINGER/BIENWALD [1999]; wenn das Gericht einem nicht qualifizierten Vorschlag nicht folgen muss oder darf, liegt darin noch kein Ermessen).

Sehr weit geht die vorinstanzliche Entscheidung zu BayObLG FamRZ 1994, 322 = **100** Rpfleger 1994, 64 = BtPrax 1993, 171, in der die Bestellung des Hausarztes zum neuen Betreuer (anstelle des Bruders der Betreuten) auf ihren Wunsch für richtig und mit dem Wohl der Betreuten vereinbar erklärt wurde, obwohl zumindest in der Hinsicht Bedenken bestehen müssten, dass im ärztlichen Bereich keinerlei Kontrolle vorhanden ist, soweit nicht im Einzelfall ein Ergänzungsbetreuer bestellt werden muss (weitergehend BIENWALD, in: BIENWALD/SONNENFELD/HARM § 1897 Rn 66: grundsätzlich ungeeignet).

Fraglich ist die Vorstellung des RegEntw (BT-Drucks 11/4528, 154), der Betreute solle **101** nicht „bei bloßer persönlicher Unzufriedenheit mit einem an sich geeigneten Betreuer das Gericht veranlassen können, einen Betreuerwechsel vorzunehmen", weil auf diese Weise bei der Prüfung und Entscheidung in der Eignungsfrage die Beurteilung ohne die Person des Betreuten vorgenommen wird. Das Gesetz hat in § 1897 Abs 1 BGB selbst der Beziehungskomponente einen hohen Stellenwert eingeräumt (die persönliche Betreuung ist Eignungsmerkmal!), sodass dieser Aspekt in § 1908b Abs 3 BGB nicht unberücksichtigt bleiben kann. Die Eignungsprüfung muss sich deshalb sowohl auf die Fähigkeit zur Besorgung der Angelegenheiten als auch auf die persönliche Betreuung (vgl dazu BT-Drucks 1174528, 68) erstrecken. Die Aufgabe des Betreuers, in dem Aufgabenkreis die Angelegenheiten des Betreuten rechtlich zu besorgen (§ 1901 Abs 1 BGB), darf aber nicht durch ein Übermaß an Harmoniebedürfnis aus den Augen verloren werden.

4. Entscheidung

Das Gericht (zuständig ist der Rechtspfleger, §§ 3 Nr 2 b, 15 Abs 1 Nr 1 RPflG) **102** kann die Entlassung erst aussprechen, wenn die Übernahme feststeht. Die Entlassungsentscheidung und die Neubestellung sind deshalb so miteinander zu treffen, dass der Betreute nicht betreuerlos wird. Gegen die Entlassung des bisherigen Betreuers kann dieser Beschwerde nach Maßgabe der §§ 58 ff FamFG einlegen. Wird gegen die Entlassungsentscheidung des AG Beschwerde eingelegt, ist hinsichtlich des Kriteriums, ob der Betreuervorschlag auf einer ernsthaften und auf Dauer angelegten eigenständigen Willensbildung beruht, auf den Zeitpunkt der Beschwerdeentscheidung abzustellen (BayObLG FamRZ 2005, 548).

103 Angesichts der Voraussetzungen, die auf Seiten des Betreuten für eine Sachentscheidung nach Abs 3 erforderlich sind, dürfte die Bestellung eines Verfahrenspflegers nach § 276 FamFG mit Ausnahme der gesetzlich vorgeschriebenen Fälle eher
selten in Betracht kommen.

104 Die Feststellung der Eignungsgleichheit bezieht sich auf die Eignungskriterien des
Betreuungsrechts (§ 1897 Abs 1 BGB; BIENWALD, BtR Rn 25). Ausgeschlossen sind
deshalb die in § 1897 Abs 3 aufgeführten Personen, zB der hauptamtl Mitarbeiter
des Kreisverbandes, der Träger der Einrichtung ist (LG Stuttgart BWNotZ 1996, 14 =
BtPrax 1996, 75). Zum Verhältnis von Abs 3 zu anderen Entlassungsgründen s Münch
Komm/SCHWAB Rn 28.

105 Es stellt keine fehlerhafte Ausübung des Ermessens im Rahmen einer Entscheidung
über einen Betreuerwechsel nach Abs 3 dar, wenn das Tatsachengericht berücksichtigt, dass in Kürze über die Person des Betreuers zu entscheiden ist (BayObLG FamRZ
2003, 1411 [LS]). Auch kann ein Betreuerwechsel kurz vor einer Entscheidung über die
Verlängerung dem Wohl des Betreuten widersprechen (BayObLG FamRZ 2005, 654).

V. Entlassung des Vereins- oder des Behördenbetreuers auf Antrag des Vereins
oder der Behörde (Abs 4)

1. Voraussetzungen

106 Abs 4 bietet die Möglichkeit, Vereinsbetreuer und Behördenbetreuer auch dann zu
entlassen, wenn weder die Voraussetzungen des Abs 1 noch die des Abs 3 gegeben
sind. Die Regelung soll die Personalhoheit des Vereins bzw der Behörde über deren
Mitarbeiter sichern. Der Vereinsbetreuer und der Behördenbetreuer können allerdings auch nur dadurch von ihren Aufgaben entbunden werden, dass das Betreuungsgericht sie aus ihren Ämtern entlässt (BT-Drucks 11/4528, 154). Eine interne Entbindung von dem Amt, etwa im Rahmen von Umorganisation, ist nicht zulässig.

2. Das Verhältnis zu Abs 1 bis 3

107 Die in Abs 1 bis 3 geregelten Entlassungsgründe bleiben unberührt (BT-Drucks 11/
4528, 154). Sind Mitarbeiterinnen und Mitarbeiter im Einzelfall für die Betreuung
bestimmter Personen nicht ausreichend vorgebildet, kann die Entlassung wegen
Eignungsmangels in Betracht kommen, wenn andere Möglichkeiten, das Defizit
zu beseitigen, nicht bestehen, nicht wahrgenommen werden können oder sonst keine
Aussicht auf Erfolg haben. Auch eine Entlassung aus anderen wichtigen Gründen
kommt für Vereins- und Behördenbetreuer in Betracht. Praktisch bedeutsam kann
Abs 2 werden (so das Beispiel in BT-Drucks 11/4528, 154), wenn ein Mitarbeiter, der zum
Vereinsbetreuer bestellt ist, sein Arbeitsverhältnis mit dem Verein auflöst oder für
andere Tätigkeiten eingesetzt werden soll. Richtigerweise liegt ein wichtiger Grund
nach Abs 1 2. Alt vor.

108 Scheidet ein Mitarbeiter aus eigenem Antrieb aus dem Verein aus und stellt der
Verein den Antrag nach Abs 4 S 1 nicht (entsprechendes gilt für die Behörde; Abs 4
S 3), kann der Mitarbeiter nicht nach Abs 4 S 2 umbestellt werden. Er ist als Ver-
einsbetreuer förmlich zu entlassen und gegebenenfalls als Privatperson neu nach

§ 1897 BGB zu bestellen. Eine für derartige Konstellationen eigene Verfahrensregelung (Verfahrensvereinfachungen) sieht das FamFG nicht vor. Wird ein bisher ehrenamtlich tätiger oder ein berufsmäßig tätiger Betreuer als Mitarbeiter eines anerkannten Betreuungsvereins eingestellt, kann er ohne Änderung seiner Bestellung die Betreuung als Privatperson weiterführen. Je nach arbeitsvertraglicher Vereinbarung könnte er diese Betreuung im Rahmen seines Dienstverhältnisses führen, er könnte aber auch eine Nebentätigkeitsgenehmigung benötigen, wenn er neben seiner Tätigkeit als Mitarbeiter die Betreuung (weiter-)führt. Er könnte in Bezug auf die bisher geführte Betreuung auch zum Vereinsbetreuer umbestellt werden, wenn sich der Verein damit einverstanden erklärt und dies dem Betreuungsgericht mitteilt (§ 1897 Abs 2 S 1 BGB).

3. Jederzeitige Antragstellung; Bindung des Gerichts

Der Antrag auf Entlassung ist jederzeit möglich und bedarf keiner Begründung **109** (DAMRAU/ZIMMERMANN Rn 47; MünchKomm/SCHWAB Rn 29). Die Beispiele des Reg Entw (BT-Drucks 11/4528, 154) geben lediglich Motive eines Vereins wieder. Das Gericht hat dem Verlangen des Vereins bzw der Behörde stattzugeben; ein Ermessen steht ihm nicht zu (DAMRAU/ZIMMERMANN Rn 46). Das Gericht kann auch nicht anstelle des Vereinsbetreuers dessen Anstellungsträger (Verein) bestellen, weil dafür dessen Einwilligung (neben weiteren Voraussetzungen) erforderlich wäre (§ 1900 Abs 1 S 2 BGB). Der Antrag ist weder entbehrlich noch betreuungsgerichtlich zu ersetzen. Will beispielsweise ein Mitarbeiter eines Vereins oder der Behörde aus dem Dienst ausscheiden und die bisher von ihm als Vereins- oder als Behördenbetreuer geführten Betreuungen „mitnehmen", kann der Anstellungsträger nicht gezwungen werden, mit der – gegenüber einer Neubestellung vereinfachten – Lösung nach Abs 4 einverstanden zu sein. Aus Gründen von Qualitätsgesichtspunkten sollte eine „einfache Lösung" in solchen Fällen auch nicht angestrebt werden. Dadurch, dass sich Vereine gegenüber dem Betreuungsgericht oder gegenüber der Betreuungsbehörde verpflichten, eine bestimmte Anzahl von Betreuungen durch ihre Mitarbeiter als Vereinsbetreuer führen zu lassen (vgl dazu das Vertragsmuster bei DEINERT, Behörde 120) und sich zum großen Teil nur über die Arbeit ihrer zu Vereinsbetreuern bestellten Mitarbeiter finanzieren bzw finanzieren können, wird ein solches Antragsrecht auf Entlassung des Vereinsbetreuers aus einer Betreuung nur in begründeten (Ausnahme-)Fällen wahrgenommen werden.

4. Behördenpraxis

Bei Behörden kommt die Vorschrift nur dort zum Tragen, wo die Bereitschaft **110** vorhanden war bzw ist, Mitarbeiter als Behördenbetreuer bestellen zu lassen. Nicht alle zuständigen Behörden haben eine entsprechende Bereitschaft signalisiert, sondern lassen sich ausschließlich als Behörde zum Betreuer bestellen, um – wie nach bisheriger Rechtslage – eine größere organisatorische Freiheit zu haben (Urlaubsvertretung, Vertretung in Krankheitsfällen uä).

5. Verhältnis von Dienstrecht und Betreuungsrecht

Dienstrechtlich ist das Einverständnis des Vereins- oder Behördenbetreuers mit **111** seiner Entlassung aus dem Amt nicht erforderlich, wenn nicht vertraglich etwas anderes vereinbart worden ist. UU ist die Beteiligung der Personalvertretung vorgesehen. Die Einhaltung derartiger Vereinbarungen oder Bestimmungen ist betreuungsrechtlich für das Betreuungsgericht ohne Belang. Die Wirksamkeit seiner Entscheidung wird davon nicht berührt. Betreuungsrechtlich ist das Einverständnis des (bisherigen) Vereins- bzw Behördenbetreuers nur für den Fall der Fortsetzungsbestellung nach Abs 4 Satz 2 vorgesehen.

6. Die Fortsetzungsentscheidung und ihre Folgen

112 Wird die Entlassung des Vereins- oder Behördenbetreuers von dem jeweiligen Anstellungsträger beantragt, ist sie jedoch von dem Betreuer nicht gewollt und zum Wohl des Betreuten nicht erforderlich, kann das Betreuungsgericht statt der Entlassung des Betreuers aussprechen, dass der Betreuer die Betreuung künftig als Privatperson weiterführt (Abs 4 S 2).

113 Obwohl das Gesetz mit Hilfe der Personengleichheit eine Identität der Betreuerbestellung fingiert, handelt es sich, wie die folgenden Konsequenzen deutlich werden lassen, um eine rechtlich selbständige Betreuung (nach der Vorstellung des RegEntw, BT-Drucks 11/4528, 154, handelt es sich nicht um eine Entlassung mit gleichzeitiger Neubestellung; nach ERMAN/ROTH Rn 12 um eine nicht beschwerdefähige „Entscheidung eigener Art", wobei die Beschwerde durch Behörde oder Verein gemeint sind). Ändert das Gericht die Bestellung zum Vereinsbetreuer nach Maßgabe des Abs 4 S 2, weil er – entgegen der Auffassung des Anstellungsträgers – die Voraussetzungen der Bestellung zum Vereinsbetreuer nicht für gegeben erachtet, steht dem Verein gegen diese Fortsetzungsentscheidung die Befugnis der Beschwerde zu (OLG Hamm FamRZ 2001, 253 = NJW-RR 2001, 651 = BtPrax 2000, 218).

114 Vom Zeitpunkt der Wirksamkeit der Bestellungsentscheidung (Fortsetzungsentscheidung) an

– führt der bisherige Vereins- bzw Behördenbetreuer die Betreuung ausschließlich als Privatperson und untersteht deshalb auch ausschließlich der Aufsicht und Kontrolle des Betreuungsgerichts;

– steht dem neuen (Privat-)Betreuer Auslagenerstattung und Vergütung lediglich als Privatbetreuer zu. Eine Geltendmachung durch Verein oder Behörde entfällt. Eine Abrechnung nach § 1836 Abs 1, 2 BGB kommt nur dann in Betracht, wenn ohne die Tätigkeiten als Vereins- bzw Behördenbetreuer die Voraussetzungen dafür vorliegen. Da für die Geltendmachung von Vergütung durch den Verein eine **Feststellung berufsmäßiger Führung** der Betreuungen nicht erforderlich war, ist darauf zu achten, dass bei der Fortsetzungsbestellung darüber eine Entscheidung getroffen wird (§ 1836 Abs 1 S 2 BGB, § 1908i Abs 1 S 1 BGB; ab 1. 7. 2005: § 1 Abs 1 VBVG); demzufolge enthält der „Umwandlungsbeschluss" im konkreten Fall der Fortführung durch die berufsmäßig tätige Privatperson zwei Entscheidungen, nämlich die Weiterführung als Privatperson und die Feststellung, dass der Betreuer die Betreuung berufsmäßig führt und damit einen Anspruch auf Vergütung hat (BayObLG FamRZ 2002, 767, 768); hiergegen kann der Betreute Beschwerde einlegen, und zwar auch dann, wenn er mittellos ist (BayObLG 768);

während ihm gegen den mit dem Umwandlungsbeschluss verbundenen Status-
wechsel des Betreuers kein Beschwerderecht zusteht;

– gilt für den freiberuflich tätigen Betreuer nunmehr uneingeschränkt die Mittei-
lungsbestimmung des § 10 VBVG, ferner die Mitteilungspflicht des § 1897 Abs 6
S 2 BGB; er muss damit rechnen, entlassen zu werden, sobald die Voraussetzungen des Abs 1 S 2 gegeben sind;

– genießt der Betreuer nicht mehr die Privilegien als Vereins- bzw Behördenbetreuer (§ 1908i Abs 2 S 2 sowie § 1908g Abs 1 BGB);

– versieht er die Betreuung nicht mehr als Dienstaufgabe, sofern nicht sein Anstellungsträger ihm dennoch einräumt, die Betreuung während der Dienstzeit
oder zumindest unter Benutzung technischer Ausrüstung etc seiner Dienststelle
zu führen. Ein Anspruch darauf, diese Betreuung als „Dienstaufgabe" (während
der Dienstzeit) wahrzunehmen, hat der jetzige Privatbetreuer nicht. Die Tatsache
der Privatbetreuung schließt jedoch eine Inanspruchnahme von Zeit und Material
sowie Einrichtungen eines Vereins- bzw Behördenmitarbeiters nicht aus.

Der Anstellungsträger kann (und muss) die bisher von dem Vereins- bzw Behörden- **115**
betreuer erwirtschafteten Ansprüche geltend machen, soweit sie bis zum Wirksamwerden der Fortsetzungsentscheidung entstanden sind.

Es ist eine „Übergabe" der bisherigen Betreuung an den „neuen" Betreuer erfor- **116**
derlich, vor allen Dingen wegen etwaiger Haftung. Der Betreuerausweis ist zu
ändern. Die materiellrechtlichen Betreuungsrechtsteile der bisherigen Entscheidung
bleiben aber grundsätzlich erhalten, wenn nicht aus Anlass der Fortsetzungsentscheidung zB der Aufgabenkreis verändert oder die Entscheidung über den Einwilligungsvorbehalt veränderten Verhältnissen angepasst wird. So erfährt der Aufgabenkreis durch die Entscheidung über die Fortführung der Betreuung durch den
bisherigen Vereins- bzw Behördenbetreuer als Privatbetreuer keine Änderung und
des etwa bisher angeordnet gewesenen Einwilligungsvorbehalts. Bereits erteilte
gerichtliche Genehmigungen bleiben (wegen der Personenidentität) erhalten. Der
Überprüfungszeitpunkt für die Betreuung (§§ 286 Abs 3, 294 Abs 3 FamFG) wird
nicht geändert; das Datum wurde vom Gericht festgesetzt.

Erforderlich ist die Rechenschaftslegung, weil der Privatbetreuer dem Gericht ge- **117**
genüber das seiner Verwaltung unterliegende Vermögen nachweisen können muss.
Als Privatbetreuer muss der bisherige Vereins- bzw Behördenbetreuer die zur Fortführung des Amtes erforderlichen Unterlagen aus seiner Dienststelle mitnehmen
(dürfen). Dies ist vor allen Dingen unter dem Aspekt der Aktenführung, -aufbe-
wahrung, -vernichtung und der Verfügung über die Akten (Eigentum) sowie des
Datenschutzes zu beachten. Abstrakt gesehen kann jede Vereins- und Behörden-
betreuerbetreuung eine Privatbetreuung werden.

In der Praxis der Betreuungsarbeit hat die Einführung des Vereinsbetreuers (weni- **118**
ger die des Behördenbetreuers) und damit auch die Anwendung des Abs 4 S 2 zu
einigen für die Träger kaum zu bewältigenden Problemen geführt. Demgegenüber
hat das Anliegen des Gesetzgebers, mit dem er die gewählte Konstruktion des Abs 4

S 2 begründete, nämlich Fortbestand und Wirksamkeit der bereits erteilten gerichtlichen Genehmigung (BT-Drucks 11/4528, 154), praktische Bedeutung nicht erlangt, soweit darüber Erkenntnisse vorliegen.

119 Dagegen

– dauert im Falle der Beendigung des Arbeitsverhältnisses (gleichgültig, von welcher Seite es beendet wurde) die „Entlassung" oder Umbestellung des bisherigen Vereinsbetreuers zu lange;

– hat sich der Verein von der Mitarbeiterin/dem Mitarbeiter getrennt, weil diese(r) sich nicht in das Arbeitskonzept des Vereins einfügte, sich als kooperationsunwillig oder teamunfähig erwies, versuchen mitunter Vereine, die Mitnahme der Betreuungen und die Umbestellung des Mitarbeiters zum Privatbetreuer mit dem Argument mangelnder Eignung zu verhindern. Das gelingt dann nicht, wenn der Verein nicht in der Lage ist, Mängel in der Führung der Betreuungen aufzuzeigen. Diese dürften ihm eigentlich auch nicht bekannt sein, wenn der Verein sich auf die Dienstaufsicht beschränkt und die Fachaufsicht dem Gericht überlassen hat. Legal dürften dem Verein Bearbeitungsmängel genau genommen nur im Zusammenhang mit Aufwendungsersatz und Vergütung bekannt geworden sein. Probleme der Zusammenarbeit im Verein können das Betreuungsgericht grundsätzlich nicht daran hindern, eine Fortsetzungsentscheidung zu treffen;

– nimmt die ausscheidende Betreuerperson „ihre Fälle" mit, wenn und weil das Gericht gemäß Abs 4 S 2 verfährt, muss zwar die Existenz des Vereins nicht gefährdet sein; die Finanzplanung wird jedoch erheblich gestört. Leisten Vereine speziell Berufsanfängern Hilfestellung und bieten ihnen eine gesicherte Lernphase und scheiden Mitarbeiterinnen und Mitarbeiter dann nach entsprechender Einarbeitungszeit aus dem Beschäftigungsverhältnis aus, kann dies die Existenz des Vereins empfindlich stören und erheblich gefährden. Während Aspekte des Mitarbeiterschutzes bei der Vorbereitung des BtG im Blick waren, ist an derartige Existenzfragen der Vereine nicht gedacht worden.

7.   Festlegung des Übernahmezeitpunkts

120 Aus Gründen der Klarheit und Abgrenzbarkeit der bisherigen und der zukünftigen Betreuung ist der Zeitpunkt der Übernahme der Betreuung als Privatbetreuung zu kennzeichnen (zB aus Gründen der Versicherung, der Abrechnung, der Haftung uam). UU muss das Gericht nach Maßgabe des § 1837 Abs 2 S 1 BGB dem jetzigen Privatbetreuer die Auflage erteilen, eine Versicherung einzugehen. Zum Fehlen verfahrensrechtlicher Bestimmungen für die Fortführungsentscheidung und zum Verfahren s unten Rn 126 sowie MünchKomm/Schwab Rn 33.

VI.   Entlassung des Vereins oder der Behörde als Betreuer (Abs 5)

1.   Grundsatz und Folgen des Nachrangs von Verein und Behörde; Mitteilungspflicht

121 Es entspricht einem wesentlichen Reformanliegen (persönliche Betreuung), zum

Betreuer in der Regel nur natürliche Personen zu bestellen und nur ausnahmsweise die Bestellung eines Vereins oder schließlich auch der zuständigen Behörde zuzulassen. Ursprünglich sollten als Betreuer nur natürliche Personen zu bestellen sein (DiskE I 2; zur Begründung des damaligen § 1898 ebd 113). Erst auf Drängen von Trägern sozialer Arbeit wurde die Bestellung eines Vereins oder der Behörde zugelassen (BT-Drucks 11/4528, 131). Deshalb sind der Verein oder die Behörde als Betreuer von Amts wegen zu entlassen, sobald der Betreute durch eine oder mehrere natürliche Personen hinreichend betreut werden kann.

Der Verein und die Behörde haben dem Gericht Mitteilung zu machen, wenn ihnen **122** Umstände bekannt werden, aus denen sich ergibt, dass der Volljährige durch eine oder mehrere natürliche Personen hinreichend betreut werden kann (§ 1900 Abs 3 und Abs 4 BGB). Durch Gewinnung ehrenamtlicher Betreuer und die Bereitstellung von Mitarbeitern zur Bestellung zum Vereins- oder Behördenbetreuer können sie selbst zum Eintreten solcher Umstände beitragen. Die Überwachungspflicht des Betreuungsgerichts (§ 69c Abs 1 FGG aF) ist entfallen (Art 2 Nr 5 BtÄndG).

2. Die Entlassungsentscheidung

Liegen die Voraussetzungen für die Entlassung des Vereins oder der Behörde vor, **123** hat das Betreuungsgericht die Entlassung vorzunehmen; ein **Ermessensspielraum** steht ihm **nicht** zur Verfügung.

Die Berücksichtigung von Vorschlägen des Betreuten zur Personalentscheidung **124** bezieht sich nur auf die Bestellung von natürlichen Personen (§ 1897 Abs 4 BGB), nicht auf die Bestellung von Institutionen (vgl § 1900; BayObLG Rpfleger 1998, 199 = NJWE-FER 1998, 105 mAnm BIENWALD BtPrax 1998, 135). Will der Betreute weiterhin von demjenigen betreut werden, dem der Verein oder die Behörde die Wahrnehmung der Betreuung übertragen hatte, besteht die Möglichkeit, die betreffende Person als Behördenbetreuer bzw Vereinsbetreuer oder als Privatperson zu bestellen. Soll der (vom Verein oder der Behörde beauftragte) Realbetreuer zum Vereins- oder Behördenbetreuer bestellt werden, handelt es sich um einen Fall von Entlassung und Neubestellung nach § 1908b, § 1908c BGB sowie § 296 FamFG.

Hat der Verein und hat die Behörde die Betreuung zunächst deshalb übernommen, **125** weil eine natürliche Person wegen des Umfangs und des Schwierigkeitsgrades der Aufgabe zur Übernahme der Betreuung nicht bereit war, jedoch eine Einwilligung in Aussicht gestellt hatte, wenn diese Schwierigkeiten behoben sind, handelt es sich ebenfalls um einen Fall von § 1908b BGB und § 1908c BGB, wenn die Betreuung nach Besorgung der umfangreichen und komplizierten Angelegenheiten nunmehr von einem ehrenamtlichen Betreuer übernommen und fortgeführt wird.

3. Keine Regelung des Wechsels von Amtsbetreuung zu Vereinsbetreuung und Privatbetreuung

Stellt die Behörde fest, dass ein (uU neu gegründeter) Betreuungsverein bereit ist, **126** die Betreuung zu übernehmen, kann das Gericht die Behörde entlassen und den Verein zum Betreuer bestellen. Diese in § 1908b BGB nicht geregelte Möglichkeit entspricht dem Subsidiaritätsprinzip sowie der Letzt- oder Auffangzuständigkeit der zuständigen Behörde. Eine (in der Praxis der Betreuungsarbeit gängige) Entlassung der Behörde aus dem Amt in rechtsähnlicher Anwendung der übrigen Bestimmungen des § 1908b BGB ist vertretbar und wird insbesondere in der Praxis dort durchgeführt, wo neue Betreuungsvereine zur Entlastung der Behörde von der Führung von Betreuungen gegründet werden oder gegründet worden sind.

127 Die Ersetzung eines Behördenbetreuers durch einen geeigneten Privatbetreuer (zB einen jüngeren Angehörigen) ist zwar gesetzlich nicht geregelt, jedoch nicht deshalb ausgeschlossen, und in dem Maße zu verwirklichen, wie alle Beteiligten damit einverstanden sind (Ranggleichheit).

VII. Zum Verfahren

1. Zuständigkeit; Mangel an Verfahrensbestimmungen

128 Für die Entlassung des bisherigen Betreuers (oder mehrerer) ist gemäß dem Richtervorbehalt des § 15 Abs 1 Nr 1 RPflG in den Fällen des § 1908b Abs 1, 2 und 5 BGB der Richter zuständig, im Übrigen nach § 3 Nr 2 Buchst b RPflG der Rechtspfleger (BayObLG BtE 1994/95, 209 mw Fundstellen zum bisherigen Recht).

129 Besondere Verfahrensbestimmungen mit Ausnahme von § 296 FamFG (persönliche Anhörung des Betroffenen und des Betreuers; die Anhörung des Betroffenen kann in besonderen Fällen unterbleiben) sind nicht vorgesehen (krit dazu MünchKomm/ Schwab Rn 36).

130 Es handelt sich um ein sonstiges die Betreuung betreffendes Verfahren (§ 271 Nr 3 FamFG), sodass der Betreute ohne Rücksicht auf seine Geschäftsfähigkeit verfahrensfähig ist (§ 275 FamFG). Der Antrag auf Aufhebung der Betreuung enthält auch den Antrag auf Entlassung des Betreuers. Zur gerichtlichen Aufklärungs- und Begründungspflicht bei Entlassung eines Betreuers BezG Frankfurt/Oder FamRZ 1994, 992 = BtPrax 1993, 143; zum Absehen von persönlicher Anhörung des Betreuten, der offensichtlich nicht in der Lage ist, seinen Willen kundzutun, BayObLG BtPrax 1995, 65. Entschließt sich das Gericht zur Aufhebung der Betreuung, und bestellt es im Aufhebungsverfahren ein neues Sachverständigengutachten, um es als Tatsachengrundlage für seine Entscheidung heranzuziehen, hat es den Betroffenen persönlich anzuhören. Zwar ist die persönliche Anhörung im Aufhebungsverfahren nicht vorgeschrieben. Im Aufhebungsverfahren gelten jedoch die allgemeinen Verfahrensregelungen, insbesondere die Grundsätze des rechtlichen Gehörs (Art 103 Abs 1 GG) und der Amtsermittlung (§ 26 FamFG). Ist das Aufhebungsbegehren des Betroffenen von vornherein offenkundig aussichtslos oder querulatorisch, kann im Einzelfall von der persönlichen Anhörung abgesehen werden (BGH FamRZ 2016, 1922, 1923 = MDR 2016, 1280 = BtPrax 2016, 233 = NJW 2016, 3787 [LS]). Ist wegen Ungereimtheiten im Aufgabenbereich Vermögenssorge eine Entlassung des Betreuers unumgänglich, kann in dem Entlassungsverfahren von der Bestellung eines Verfahrenspflegers abgesehen werden, wenn/weil diese nicht im Interesse des geschäftsunfähigen Betreuten liegt (Einschränkung zu BayObLG FamRZ 1997, 1358, BayObLG FamRZ 2003, 786).

2. Verfahren bei Widerspruch des Betreuten; einstweilige Anordnung

Widerspricht der Betreute der Entlassung des Betreuers (§ 1908b BGB), so hat das **131** Gericht den Betroffenen und den Betreuer persönlich anzuhören. Ausnahmsweise darf die Anhörung einem beauftragten Richter übertragen werden, wenn für das Gericht der persönliche Eindruck nicht entscheidungserheblich ist. Das gilt auch für die Beschwerdeinstanz und auch im Falle des § 296 FamFG (BayObLG FamRZ 1997, 1360; einschränkend gegenüber BayObLGZ 1993, 226 = FamRZ 1993, 1225 nach bisherigem Recht). Die persönliche Anhörung kann unterbleiben, wenn hiervon erhebliche Nachteile für die Gesundheit des Betreuten zu besorgen sind oder der Betroffene offensichtlich nicht in der Lage ist, seinen Willen kundzutun (§ 34 Abs 2 FamFG). Ist der Betroffene nicht in der Lage, seinen Willen kundzutun, so ist ihm im Verfahren zur Entscheidung über die (hier von der Behörde angeregte) Entlassung des Betreuers ein Verfahrenspfleger zu bestellen (§ 276 Abs 1 S 2 Nr 1 FamFG; BayObLG FamRZ 1997, 1358 = BtPrax 1997, 37; OLG Zweibrücken FGPrax 1998, 67 = BtPrax 1998, 156 [LS]), damit die Interessen des Betroffenen im Verfahren objektiv vertreten sind (BayObLG Rpfleger 1993, 491). Hat die betreute Person bei ihrer persönlichen Anhörung in erster Instanz der Entlassung des Betreuers (hier: des Bruders der Betroffenen) nicht widersprochen, aber in der Beschwerdeinstanz eindeutig zum Ausdruck gebracht, dass sie mit der Entlassung nicht einverstanden ist, muss sie in der zweiten Instanz grundsätzlich persönlich angehört werden. Eine schriftliche Anhörung würde nicht genügen; dadurch könnte eine persönliche Anhörung grundsätzlich nicht ersetzt werden (BayObLG FamRZ 2001, 935, 936 = BtPrax 2001, 37).

Da der Betroffene nur dann widersprechen kann, wenn er von dem beabsichtigten **132** Betreuerwechsel erfahren hat, ist er vorher zu benachrichtigen (BayObLG FamRZ 1995, 1232, 1234 = BtPrax 1995, 65, 67; BezG Frankfurt/Oder BtPrax 1993, 143, 144). Das gilt auch für den Fall des Abs 4 von § 1908b BGB, wo eine förmliche Entlassung nicht vorgesehen ist, sondern nur eine Neubeauftragung (Weiterführungsentscheidung) vorgenommen wird. Diese Benachrichtigung ist nicht mit einem Vorbescheid gleichzusetzen oder zu verwechseln. Die Notwendigkeit, den Betreuer anzuhören, ergibt sich unmittelbar aus Art 103 Abs 1 GG. Im Übrigen richtet sich das Verfahren weitgehend nach § 26 FamFG. Das Gericht hat die Voraussetzungen für den Betreuerwechsel von Amts wegen zu ermitteln. Dazu gehört gegebenenfalls das Einholen einer behördlichen Stellungnahme zur Frage der Eignung des bisherigen und des in Aussicht genommenen Betreuers (zB im Falle des § 1897 Abs 7 BGB). Die Notwendigkeit, Dritte – insbesondere Angehörige oder Nachbarn – zu hören, ergibt sich vielfach bereits aus deren Anregung, den bisherigen Betreuer als ungeeignet zu entlassen oder jedenfalls in dem (von den Betreffenden gewünschten) Maße zu kontrollieren.

Für die Entlassung des Betreuers nach § 1908b BGB steht nicht nur das Regelver- **133** fahren zur Verfügung. Das Gericht kann den bisherigen Betreuer auch durch **einstweilige Anordnung** entlassen, wenn dringende Gründe für die Annahme bestehen, dass die Voraussetzungen für die Entlassung vorliegen und ein dringendes Bedürfnis für ein sofortiges Tätigwerden besteht (§ 300 Abs 2 FamFG). Eine vorläufige Entlassung (DAMRAU/ZIMMERMANN Rn 62) oder eine befristete Entlassung sind unzulässig. Bei Gefahr im Verzug kann das Gericht eine einstweilige Anordnung nach § 300 FamFG bereits vor Anhörung des Betroffenen sowie vor Anhörung und Bestellung des Verfahrenspflegers erlassen. Diese Verfahrenshandlungen sind unverzüglich nachzuholen (§ 301 Abs 1 FamFG). Das Gericht ist bei Gefahr in Verzug bei der Auswahl des Betreuers nicht an § 1897 Abs 4 und 5 BGB gebunden (§ 301 Abs 2 FamFG). Den mit der Entlassung des Betreuers nicht einverstandenen Betreuten hat das Gericht persönlich anzuhören (§ 296 Abs 1 FamFG); das gilt nicht, wenn der Betreute sein Einverständnis mit dem Betreuerwechsel erklärt hat (§ 296 Abs 2 S 1 und 2 FamFG). Die sonstigen Beteiligten sind nach Maßgabe des § 279 FamFG zu hören (§§ 296 Abs 2 S 3, 279 Abs 1 bis 4 FamFG).

134 Die Entscheidung ist stets dem Betreuten selbst bekanntzumachen (§ 41 FamFG). Von der Bekanntgabe der Gründe des Beschlusses kann abgesehen werden, wenn dies nach ärztlichem Zeugnis erforderlich ist, um erhebliche Nachteile für seine Gesundheit zu vermeiden (§ 288 Abs 1 FamFG). Die Entlassungsentscheidung wird mit der Bekanntgabe an den Betreuer wirksam (§ 287 Abs 1 FamFG). Die sofortige Wirksamkeit kann angeordnet werden. Die sofortige Wirksamkeit kann angeordnet werden (§ 287 Abs 2 FamFG).

3.   Rechtsbehelfe

135 Sowohl gegen die Entlassung eines Betreuers als auch gegen deren Ablehnung, beides iSd Rechtsmittelrechts Endentscheidungen, ist die binnen einer Frist von einem Monat einzulegende Beschwerde statthaft (§§ 58 Abs 1, 63 Abs 1 FamFG). Die Beschwerde steht demjenigen zu, der durch den Beschluss in seinen Rechten beeinträchtigt ist (§ 59 Abs 1 FamFG). Dem Betreuer steht die Beschwerde (und die Rechtsbeschwerde) gegen seine Entlassung auch dann zu, wenn die Betreuung fortbestehen soll und das Gericht im Verfahren der Verlängerung der Betreuung ohne erkennbaren Grund die zu treffende Einheitsentscheidung in einen Beschluss über den Betreuerwechsel und einen Beschluss über die Verlängerung der Betreuung aufgespalten hat (BGH FamRZ 2015, 1178 mAnm SCHMIDT-RECLA S 1283). Wurde ein Beschluss nur auf Antrag erlassen und der Antrag zurückgewiesen, steht nur dem Antragsteller die Beschwerde zu (§ 59 Abs 2 FamFG). Nach § 303 Abs 1 Nr 2 FamFG steht das Recht der Beschwerde der zuständigen Behörde ua gegen Entscheidungen über den Bestand der Betreuerbestellung zu. Ohne Einschränkungen beschwerdebefugt ist der Verfahrenspfleger (§ 303 Abs 3 FamFG).

Die Beschwerdebefugnis naher Angehöriger (auch der Geschwister des Betreuten, wenn sie am Verfahren des ersten Rechtszugs beteiligt waren) erstreckt sich auf eine betreuungsgerichtliche Entscheidung, mit der das Gericht die Entlassung eines Betreuers nach § 1908b BGB abgelehnt hat (Abgrenzung zu BGHZ 132, 157 = FamRZ 1996, 607 = NJW 1996, 1825; BGH FamRZ 2014, 1191 = FGPrax 2014, 235 = NZFam 2014, 670 m Praxishinweis LAUCK/SCHMALENBERGER). Ebenso bei Ablehnung eines Betreuerwechsels BGH FamRZ 2015, 1701 = MDR 2015, 1029.

Der Betreuer oder der Vorsorgebevollmächtigte kann gegen eine Entscheidung, die seinen Aufgabenkreis betrifft, auch im Namen des Betroffenen Beschwerde einlegen (§ 303 Abs 4 S 1 FamFG). Führen mehrere Betreuer oder Vorsorgebevollmächtigte ihr Amt gemeinschaftlich, kann jeder von ihnen für den Betroffenen selbständig Beschwerde einlegen (§ 303 Abs 4 S 2 FamFG). Die in § 303 Abs 2 FamFG aufgeführten Personen, darunter auch die Vertrauensperson des Betreuten, können (nur) dann Beschwerde einlegen, wenn sie im ersten Rechtszug beteiligt worden waren (§ 303 Abs 2 FamFG).

Hat der Vertreter der Staatskasse geltend gemacht, der Betreuer habe eine Abrech- **136** nung vorsätzlich falsch erteilt, steht ihm gegen einen die Entlassung dieser Betreuers ablehnenden Beschluss die Beschwerde zu (§ 304 Abs 1 S 2 FamFG). In diesem Fall beträgt die Beschwerdefrist drei Monate (§ 304 Abs 2 FamFG).

Soweit Entscheidungen nach § 1908b von dem Rechtspfleger zu treffen waren (Rich- **137** terzuständigkeit besteht nur für die Entscheidungen nach Abs 1, 2 und 5; § 15 Abs 1 Nr 1 RPflG) und auch getroffen worden sind (vgl aber § 8 Abs 1 RPflG), findet in den Fällen, in denen gegen die Entscheidung des Rechtspflegers nach den allgemei- nen verfahrensrechtlichen Vorschriften ein Rechtsmittel nicht gegeben ist, die Er- innerung statt, die innerhalb der für die Beschwerde geltenden Frist einzulegen ist (§ 11 Abs 2 S 1 RPflG).

Gegen die Entscheidungen des Beschwerdegerichts kann die Rechtsbeschwerde **138** erhoben werden, wenn sie von dem Beschwerdegericht zugelassen worden oder zulassungsfrei ist. Das Letzte ist der Fall ua in Betreuungssachen zur Bestellung eines Betreuers (§ 70 Abs 3 S 1 Nr 1 FamFG). Bereits mehrfach wurde entschieden, dass die Entscheidung, durch die der bisherige Betreuer entlassen wurde (§ 1908b Abs 1 BGB), von dieser (Ausnahme-)Regelung des § 70 Abs 3 S 1 Nr 1 FamFG nicht erfasst wird. Die Rechtsbeschwerde gegen die Beschwerdeentscheidung in einer solchen Sache ist deshalb ohne Zulassung nicht statthaft (BGH FamRZ 2011, 632 = FGPrax 2011, 118 = BtPrax 2011, 128; FamRZ 2011, 1143; FamRZ 2011, 1289 = NJW 2011, 2577; FamRZ 2012, 1290 [LS]). Eine Rechtsmittelbelehrung, die fälschlicherweise darauf hin- weist, dass gegen den Beschluss das Rechtsmittel der Rechtsbeschwerde stattfinde, stellt keine Entscheidung über die Zulassung der Rechtsbeschwerde dar (BGH FamRZ 2011, 1728). Die Nichtzulassung kann mit einer Nichtzulassungsbeschwerde nicht angefochten werden. Eine solche Beschwerde ist in diesem Zusammenhang nicht vorgesehen.

Gegen die (Teil-)Entlassung des Betreuers kommt eine zulassungsfreie Rechtsbe- schwerde nicht in Betracht (BGH FamRZ 2011, 1393).

Gegen eine Beschwerdeentscheidung im Verlängerungsverfahren nach § 295 FamFG ist die zulassungsfreie Rechtsbeschwerde gemäß § 70 Abs 3 S 1 Nr 1 FamFG statthaft (BGH FamRZ 2010, 1897 [1818] mAnm HEIDERHOFF 1899 = Rpfleger 2011, 30).

4. Mitteilungen

Je nach vorangegangener Mitteilung nach den §§ 308 ff FamFG (bisher §§ 69k und **139** 69l FGG) ist eine Personalveränderung mitzuteilen bzw nachzumelden. Das Gericht hat die Veränderung mitzuteilen, wenn dies nach der Zielsetzung der Vorschrift erforderlich ist. War ein Einwilligungsvorbehalt angeordnet worden, der sich auf die Aufenthaltsbestimmung des Betroffenen erstreckt, so hat das Betreuungsgericht nach § 309 Abs 2 FamFG dies der Meldebehörde unter Angabe des Betreuers mit- zuteilen. Dementsprechend hat dann eine Mitteilung zu erfolgen, wenn ein Wechsel in der Person des Betreuers eintritt (§ 309 Abs 2 S 2 FamFG). Wird innerhalb des

Vereins oder der Behörde bei deren Bestellung die Übertragung zur Wahrnehmung geändert, ändert sich nicht auch „die Person" des Betreuers, sodass eine Mitteilung entfällt. Mitzuteilen sind dagegen die Wechsel der Person bei späterer Bestellung des Vereins oder der Behörde, etwa wenn die Sache sich für einen ehrenamtlichen Betreuer als zu schwierig erwiesen hat und sonst vorrangig vor der Behörde kein Betreuer zur Verfügung steht.

VIII. Folgen der Entlassungsentscheidung

140 Mit der Wirksamkeit der Entlassungsentscheidung ist das Amt des Betreuers beendet, nicht dagegen die angeordnete Betreuung sowie ein Einwilligungsvorbehalt. Der bisherige Betreuer kann den Betreuten nicht mehr im Rechtsverkehr vertreten. Sein Handeln fiele unter die Regelung der Vertretung ohne Vertretungsmacht. Für die Entgegennahme einer von ihm beantragten betreuungsgerichtlichen Genehmigung ist der bisherige Betreuer nicht mehr zuständig.

141 Der Betreuer hat nach der Beendigung seines Amtes das verwaltete Vermögen herauszugeben und über die Verwaltung Rechenschaft abzulegen (§ 1890 S 1 iVm § 1908i Abs 1 S 1 BGB). Er hat Rechnung zu legen und die Rechnung, nachdem er sie dem Gegenbetreuer, falls ein solcher vorhanden ist, vorgelegt hat, dem Betreuungsgericht einzureichen (§ 1892 Abs 1 BGB). Soweit Befreiungen vorgesehen sind, kommen sie hier noch in Betracht. Zur Entlassung des Betreuungsvereins unter gleichzeitiger Bestellung eines Vereinsbetreuers s FORMELLA BtPrax 1995, 21; zur Frage von Pflichten des Betreuers nach dem Tod des Betreuten einerseits DEINERT ZfF 1997, 76, andererseits BIENWALD, in: BIENWALD/SONNENFELD/HARM § 1908d Rn 47. Der Betreuer hat insbesondere auch den Betreuerausweis zurückzugeben (§ 1893 Abs 2 S 1 BGB iVm § 1908i Abs 1 S 1 BGB).

142 Gerichtliche Genehmigungen, die dem Betreuer vor der Beendigung seines Amtes erteilt, aber von diesem noch nicht vollzogen worden sind, dh dem Partner noch nicht mitgeteilt wurden, bleiben wirksam (BT-Drucks 11/4528, 119; DAMRAU/ZIMMERMANN Rn 57). Das gilt auch für die im Bereich von Personensorge vorgesehenen Genehmigungen. Dem Nachfolgebetreuer bleibt es unbenommen, von ihnen keinen Gebrauch zu machen, sofern er dies vertreten zu können meint (DAMRAU/ZIMMERMANN aaO). Solange und soweit die Betreuung besteht, ein neuer Betreuer aber noch nicht bestellt ist, kann das Betreuungsgericht nach § 1846 BGB iVm § 1908i Abs 1 S 1 BGB einstweilige Maßregeln treffen. Die Wirkung der durch Beschluss iSd § 38 FamFG vorgenommenen Entlassung des Betreuers tritt mit der Bekanntgabe an die Beteiligten ein, für die sie ihrem wesentlichen Inhalt nach bestimmt ist (§ 40 FamFG). Die Entlassung wirkt für die Zukunft, gleichgültig, ob der Beschluss mit der Bekanntgabe wirksam oder ob die sofortige Wirksamkeit angeordnet wurde. Die von dem entlassenen Betreuer bis zur wirksamen Entlassung vorgenommenen Rechtshandlungen behalten, sofern sie nicht aus anderen Gründen unwirksam waren/sind, ihre Wirksamkeit, es sei denn, dass die Aufhebung der Betreuerbestellung lediglich deklaratorischen Charakter hat, weil die Betreuerbestellung ausnahmsweise wegen der Schwere ihres Mangels nichtig und nicht nur aufhebbar war. Durfte der bestellt gewesene Betreuer aufgrund des ihm zugewiesenen Aufgabenkreises die von der betroffenen Person einem Bevollmächtigten erteilte Vollmacht widerrufen und die ihr ggf zugrunde liegende Rechtsbeziehung kündigen, bleibt es dabei.

Eine Beschwerde gegen den Entlassungsbeschluss des Betreuungsgerichts hat keine **143** aufschiebende Wirkung (Damrau/Zimmermann Rn 56). Das Betreuungsgericht muss deshalb einen Nachfolger bestellen, auch wenn das Beschwerdeverfahren noch nicht abgeschlossen ist. Hat das Rechtsmittel Erfolg, entfällt rückwirkend die Entlassung (Bienwald, in: Bienwald/Sonnenfeld/Harm Rn 95; Damrau/Zimmermann Rn 59; OLG Köln FamRZ 1998, 841); der Nachfolgebetreuer ist durch gesonderten Beschluss zu entlassen, ohne dass die Voraussetzungen des § 1908b BGB vorliegen (BayObLGZ 1995, 267 = FamRZ 1996, 58, 59 = FGPrax 1995, 197). Der bisherige Betreuer, der wieder im Amt ist, muss nicht neu bestellt werden (BayObLG FamRZ 1996, 58, 59 = FGPrax 1995, 197; OLG Köln FamRZ 1995, 1086, 1087). Der entlassene Nachfolgebetreuer kann gegen die eigene Entlassung Beschwerde einlegen (§§ 58 ff FamFG; BayObLG FamRZ 1996, 58, 59 zum früheren Recht). Gegen die Aufhebung der Entlassung des ursprünglichen Betreuers steht ihm ein Rechtsmittel nicht zu, weil diese weder die Entlassung des Nachfolgebetreuers bewirkt noch dessen Bestellung rückwirkend beseitigt, seine Rechte also nicht unmittelbar beeinträchtigt (BayObLG FamRZ 1996, 58, 59; OLG Stuttgart FamRZ 1996, 420 = Rpfleger 1996, 67 = FGPrax 1995, 19; OLG Düsseldorf BtPrax 1995, 108 = FamRZ 1995, 1234). Nicht zu vermeiden ist die bis zur wirksamen Entlassung des Nachfolgebetreuers bestehende doppelte gesetzliche Vertretung des Betreuten (Damrau/Zimmermann Rn 59; Erman/Roth Rn 18). Aus dieser konkurrierenden Zuständigkeit haben sich Probleme in der Praxis, soweit bekannt, kaum ergeben. Entscheidungen sind nicht bekannt geworden. Hinsichtlich der Geltendmachung von Aufwendungsersatz oder Vergütung konnten früher Probleme insoweit nicht entstehen, als jeder der beiden Betreuer nur für die von ihm gemachten Aufwendungen und die aufgewendete Zeit Entschädigung verlangen konnte. Anders kann es sein, wenn Betreuer pauschal entschädigt werden und ein Nachweis entstandener Aufwendungen oder aufgewendeter Zeit nicht geführt werden muss, um den Anspruch geltend zu machen. Beide (Parallel-)Betreuer sind rechenschafts- und berichtspflichtig (Bienwald, in: Bienwald/Sonnenfeld/Harm Rn 95).

§ 1908c
Bestellung eines neuen Betreuers

Stirbt der Betreuer oder wird er entlassen, so ist ein neuer Betreuer zu bestellen.

Materialien: Art 1 Nr 6 DiskE I; Art 1 Nr 41 RegE; Art 1 Nr 47 BtG; DiskE I 155; BT-Drucks 11/4528, 155 (BReg); BT-Drucks 11/6949, 15.

Schrifttum:

Bienwald, Zur Rechtsstellung des neuen Betreuers (§ 1908c), RpflStud 2015, 125.

Werner Bienwald

Systematische Übersicht

Alphabetische Übersicht

I. Grundlagen der Neubestellung

1. Durchbrechung der Einheit von Betreuerbestellung und Betreuung

Die für den Beginn der Maßnahme geschaffene Einheit von Betreuerbestellung und **1** Betreuung aufgrund der sog Einheitsentscheidung wird nicht immer durchgehalten. Wird die Maßnahme aufgehoben (§ 1908d BGB) oder endet sie durch den Tod des Betreuten, endet damit auch das Amt des Betreuers. Stirbt der Betreuer oder wird er entlassen (dazu s § 1908b BGB), bleibt die Maßnahme (einschl evtl Einwilligungsvorbehalts) bestehen, und es wird lediglich ein neuer Betreuer bestellt. Dem Tod des Betreuers gleichbedeutend ist seine Todeserklärung (MünchKomm/SCHWAB Rn 2). Mit der Regelung, die für alle Arten von Betreuern gilt, wird die Kontinuität der Maßnahme(n) gewährleistet (zu den Konsequenzen daraus unten Rn 23).

Hat das Gericht den Betreuer entlassen, weiß es von der Notwendigkeit, einen **2** neuen Betreuer zu bestellen. Stirbt der Betreuer, greift das Betreuungsrecht hinsichtlich von Informationspflichten auf die Regelungen des Vormundschaftsrechts zurück (§§ 1908i Abs 1 S 1 BGB; §§ 1894, 1895, 1799 Abs 1 S 2 BGB). Den Tod des Betreuers haben dessen Erben unverzüglich anzuzeigen. Den Tod des Gegenbetreuers oder eines Mitbetreuers hat der Betreuer unverzüglich anzuzeigen. Im Sinne einer Anzeigepflicht gelten als Mitbetreuer nicht der nach § 1899 Abs 2 BGB bestellte besondere Betreuer (Sterilisationsbetreuer) und ebenfalls nicht der nach § 1899 Abs 4 BGB bestellte Verhinderungs- oder Ersatzbetreuer, dessen Amtsbeginn unter der Bedingung der Verhinderung des „Haupt" betreuers steht. Für den Todesfall eines Vereins- und eines Behördenbetreuers enthält das Betreuungsrecht keine spezielle Regelung. Hier werden die Anstellungsträger von den Angehörigen eher benachrichtigt werden als das Betreuungsgericht durch die Erben, sodass diese die Informationen an das Betreuungsgericht weiterleiten können. Zur Neubestellung eines Betreuers im Falle der Verschollenheit des bestellten Betreuers s BIENWALD, in: BIENWALD/SONNENFELD/HOFFMANN, BtR § 1908c Rn 3.

Werner Bienwald

3 Ist ein neuer Betreuer noch nicht bestellt, hat das Betreuungsgericht gegebenenfalls die im Interesse des Betroffenen erforderlichen Maßregeln zu treffen (§ 1846 BGB iVm § 1908i Abs 1 S 1 BGB). In diesem Punkt ähnelt das Betreuungsrecht der Situation der Vormundschaft, die bisher die Einheitsentscheidung nicht kennt (s STAUDINGER/VEIT [2014] § 1774 Rn 19). Die Situation der Notzuständigkeit des Betreuungsgerichts kann hauptsächlich dann eintreten, wenn infolge des plötzlichen Versterbens des Betreuers über seine Nachfolge nicht schnell genug entschieden werden kann und unaufschiebbare Angelegenheiten zu besorgen sind. Das Gericht darf die Bestellung eines neuen Betreuers nicht mit der Begründung bis zum nächsten Überprüfungstermin (§ 286 Abs 3 FamFG) hinausschieben, dass einstweilen ein vorhandener Verhinderungsbetreuer (§ 1899 Abs 4 BGB) tätig werden könne. Denn im Fall des Todes des Betreuers liegt ein Verhinderungsfall nicht vor. Nur ein lebender Betreuer kann verhindert sein und durch einen Verhinderungsbetreuer (zeitweilig) „vertreten" werden (BIENWALD in Anm zu OLG Frankfurt FamRZ 2008, 2059).

In Fällen der Betreuerentlassung (§ 1908b BGB) lässt sich im Allgemeinen die Bestellung eines neuen Betreuers zeitlich mit der Entlassung des bisherigen so verbinden, dass eine personelle Lücke und damit auch die Notzuständigkeit des Betreuungsgerichts weitgehend vermieden wird (DAMRAU/ZIMMERMANN Rn 10). Auch im Fall einer Entlassung des Betreuers kann nicht ein (bereits bestellter) Verhinderungsbetreuer tätig werden. Ein Verhinderungsfall liegt nicht vor. Mit der Bekanntgabe der Entlassungsentscheidung an den Betreuer ist die Entlassung wirksam und der Betreuer nicht mehr im Amt, sodass er auch nicht verhindert sein kann. Wenn die Bestellung eines neuen Betreuers nicht als die Bestellung eines weiteren Betreuers gehandhabt wird, kann es Überschneidungen nicht geben. Die Bestellung des neuen Betreuers kann erst wirksam werden frühestens in dem Zeitpunkt, in dem die Entlassung wirksam wird. Andererseits hat das Gericht dafür Sorge zu tragen, dass das Wirksamwerden der Entlassungsentscheidung nicht später als das Wirksamwerden der Bestellungsentscheidung eintritt, damit die Kontinuität der Betreuerbestellung gewahrt wird.

4 Für die weiteren Rechtsfolgen, die sich aus dem Tod oder der Entlassung des bisherigen Betreuers ergeben, sind die Vorschriften des Vormundschaftsrechts maßgebend, soweit auf sie in § 1908i Abs 1 S 1 BGB verwiesen wird (§§ 1890, 1892–1894 BGB) oder ihre Anwendung sich aus anderen Gründen ergibt. Die bisher unvollständige Verweisung auf die Vorschriften betreffend den Gegenvormund hat das 2. BtÄndG korrigiert (s § 1908i Abs 1 S 1 BGB).

2. Auswahl des Betreuers

5 Für die Auswahl des neuen Betreuers sind die Bestimmungen für die Erstbestellung maßgebend (BT-Drucks 11/4528, 155; MünchKomm/SCHWAB Rn 6; BayObLG FamRZ 2001, 252; BGH FamRZ 2010, 1897 mAnm HEIDERHOFF 1899). Sonderregelungen bestehen nicht. Die mit der Erstbestellung eines Betreuers verbundene Prüfung von Art, Umfang und Dauer der Betreuungsbedürftigkeit (vgl § 1896 Abs 1 u 2 BGB sowie § 280 Abs 3 FamFG) entfällt, soweit sich bei Eintreten der in § 1908c BGB genannten Ereignisse für das Gericht nicht ein Anlass zur Überprüfung der gesamten Betreuung oder einzelner Elemente (Einwilligungsvorbehalt) bietet (MünchKomm/SCHWAB Rn 4).

Wie bei einer Neubestellung ist zunächst eine natürliche Person auszuwählen und zu **6** bestellen, wobei die Privatperson vor dem Vereinsbetreuer und dieser wiederum vor dem Behördenbetreuer Vorrang in der Betreuerreihenfolge genießt (ERMAN/HOLZ-HAUER Vor §§ 1897–1899 Rn 4; offen gelassen in BayObLG FamRZ 1994, 1203 = BtPrax 1994, 171 = MDR 1994, 922). Das bestätigt die Fassung des § 1897 Abs 6 BGB, ohne jedoch an dieser Stelle eine Rangfolge unter den beruflich tätigen Betreuern zu bestimmen. Erst wenn feststeht, dass der Betreute nicht durch natürliche Personen hinreichend betreut werden kann, ist ein Betreuungsverein mit seinem Einverständnis (§ 1900 Abs 1 S 2 BGB) und, wenn auch dies nicht möglich ist, die zuständige Behörde zum Betreuer zu bestellen (§ 1900 Abs 4 BGB). Der Vorrang der Betreuung durch eine natürliche Person wird nicht durch den Vorschlag des Betroffenen, ihm einen Verein zum Betreuer zu bestellen, beseitigt (BayObLG Rpfleger 1998, 199 = NJWE-FER 1998, 105 mAnm BIENWALD BtPrax 1998, 135). Ausgeschlossen sind die in § 1897 Abs 3 BGB genannten Personen. Soweit zulässig ist im Rahmen des § 1897 Abs 4 S 1 u 2 BGB den Wünschen des Betreuten Rechnung zu tragen, auch wenn sie vor der Betreuung geäußert worden sind, es sei denn, dass der Betreute an diesen Vorschlägen erkennbar nicht festhalten will. Durch das Ende der Erstbestellung ist das **Vorschlagsrecht** des Betreuten, auch aus einer früheren Betreuungsverfügung, **nicht verbraucht**. Ebenfalls anzuwenden ist § 1897 Abs 5 BGB und das dort bestimmte Ausmaß der Berücksichtigung verwandtschaftlicher und (anderer) persönlicher Bindungen. Wird ein Verein oder die zuständige Behörde bestellt, stehen dem Betreuten die Rechte aus § 1900 Abs 2 u 4 BGB sowie § 291 FamFG zu.

Wurde die Neubestellung erforderlich, weil der bisherige Betreuer entlassen worden **7** ist bzw werden soll, hat das Gericht darauf zu achten, dass die Gründe, die zu der Entlassungsentscheidung geführt oder erheblich dazu beigetragen haben, bei der Bestellung des neuen Betreuers vermieden werden. Das trifft vor allem auf solche Gründe zu, die für die Eignung und die Zumutbarkeit (§ 1908b Abs 1 u 2 BGB) von Bedeutung sind. Der Ausgewählte darf erst dann zum Betreuer bestellt werden, wenn er sich zur Übernahme bereit erklärt hat (§ 1898 Abs 2 BGB). Ist der nach § 1908c BGB zu bestellende neue Betreuer zunächst durch **einstweilige Anordnung** bestellt worden, kann er in der Hauptsacheentscheidung nicht allein deshalb in seinem Amt bestätigt werden, weil er die Voraussetzungen für eine Entlassung nach § 1908b Abs 1 S 1 BGB nicht erfüllt; vielmehr bedarf es einer Auswahlentscheidung nach den Kriterien des § 1897 BGB (BayObLG FamRZ 2001, 252). Soll eine Mitarbeiterin eines Vereins oder der zuständigen Behörde zum Nachfolgebetreuer bestellt werden, hat das Gericht das Einverständnis des jeweiligen Anstellungsträgers festzustellen (§ 1897 Abs 2 BGB). Hat das Gericht die Weigerung des Betreffenden, sich bestellen zu lassen, zurückgewiesen, ist die Beschwerde statthaft (§ 58 FamFG).

3. Dauer und Umfang der Betreuung

Die Festlegung der Dauer der Betreuung bzw des Überprüfungszeitpunktes (zum **8** Beschlussinhalt s § 286 FamFG) bleibt erhalten. Es handelt sich lediglich um einen Personalwechsel, der aufgrund und Dauer der Betreuungsbedürftigkeit ohne Einfluss ist (MünchKomm/SCHWAB Rn 4). Will das Gericht aus Anlass der Personalentscheidung des § 1908c BGB daran etwas ändern, liegt ein Fall der Änderung der Betreuung vor. Wird der Prüfungszeitpunkt hinausgeschoben, hat das Gericht nach § 295 FamFG (Verlängerung der Bestellung des Betreuers) zu verfahren (ebenso

Werner Bienwald

MünchKomm/Schwab Rn 5). Wird der Prüfungstermin vorgezogen, findet ein besonderes Verfahren nicht statt; es handelt sich dann um eine interne Maßnahme des Gerichts ohne nachteilige Konsequenzen für den Betreuten. Das Gericht kann jederzeit die Erforderlichkeit der bestehenden Betreuung prüfen. Im Falle der Bestellung des Vereins oder der Behörde ist die besondere Überprüfungspflicht (§ 69c FGG aF) durch Art 2 Nr 5 des ersten BtÄndG beseitigt worden.

II.   Zum Verfahren

1.   Allgemeines

9   Verfahrensbestimmungen enthält § 296 Abs 1 und 2 FamFG für die Entlassung des Betreuers und die Neubestellung, jedoch nur insoweit, als es um die Sicherung von Verfahrensgarantien geht (BT-Drucks 11/4528, 181). Das gesamte Verfahren wird nicht geregelt. Hierfür sind die allgemeinen Bestimmungen, soweit sie vom Verfahrensgegenstand her in Betracht kommen, entsprechend anzuwenden (s die Kritik von MünchKomm/Schwab Rn 6). Da das Einholen eines Sachverständigengutachtens sich auf die Notwendigkeit der Betreuung (einschließlich deren Umfang und Dauer) bezieht (§ 280 FamFG), kann die nicht vorgesehene (erneute) Begutachtung dann erforderlich sein, wenn mit der Entscheidung über den neuen Betreuer eine Entscheidung über die Betreuung (zB deren Verlängerung oder Erweiterung) verbunden wird (§ 295 Abs 1 FamFG). Von der erneuten Einholung eines Gutachtens kann wiederum abgesehen werden, wenn sich aus der persönlichen Anhörung des Betroffenen und einem ärztlichen Zeugnis ergibt, dass sich der Umfang der Betreuungsbedürftigkeit offensichtlich nicht verringert hat (§ 295 Abs 1 S 2 FamFG).

2.   Anhörung

10   Vor der Bestellung eines neuen Betreuers nach § 1908c BGB ist der Betroffene (er müsste an dieser Stelle Betreuter heißen, weil er weiterhin „unter Betreuung" steht, s oben Rn 1) persönlich anzuhören, es sei denn, er hat sein Einverständnis mit dem Betreuerwechsel erklärt (§ 296 Abs 2 FamFG). Die persönliche Anhörung kann unterbleiben, wenn hiervon erhebliche Nachteile für die Gesundheit des Betreuten zu besorgen sind oder er offensichtlich nicht in der Lage ist, seinen Willen kundzutun (§ 34 Abs 2 FamFG). Das Gericht hat vor der Bestellung des neuen Betreuers die zuständige Behörde anzuhören, wenn der Betreute es verlangt oder es der Sachaufklärung dient (§§ 296 Abs 2 S 3, 279 Abs 2 FamFG; zB für die Frage der Eignung des in Aussicht genommenen Betreuers; vgl § 1897 Abs 7 BGB).

Das Gericht hat die sonstigen Beteiligten vor der Bestellung eines Betreuers oder der Anordnung eines Einwilligungsvorbehalts anzuhören, wenn es sie nach Maßgabe der §§ 7, 274 Abs 4 Nr 1 FamFG zum Verfahren hinzugezogen hat.

3.   Entscheidungsinhalt

11   Für den Inhalt der Entscheidung sind die §§ 38, 286 FamFG maßgebend, soweit es der Verfahrensgegenstand erlaubt. Der Beschluss, durch den ein neuer Betreuer bestellt wird, braucht nur die Bezeichnung des Betreuten und die des neuen Betreuers sowie bei Bestellung eines Vereins- oder eines Behördenbetreuers den ent-

sprechenden Zusatz (§ 286 Abs 1 Nr 3 FamFG), die Rechtsmittelbelehrung (§ 39 FamFG) und die Begründung (§ 38 Abs 3 S 1, Abs 5 FamFG) zu enthalten. Aus praktischen Gründen empfiehlt es sich jedoch, eine **vollständige Fassung des Beschlusses** zu wählen und die aus der früheren Entscheidung (oder mehreren) erhalten gebliebenen Entscheidungsinhalte (Aufgabenkreis, Einwilligungsvorbehalt, Dauer) in die neue Entscheidung zu übernehmen und dadurch zu bestätigen. Mit Hilfe der Kopie eines solchen Beschlusses ist der neue Betreuer bereits (soweit der Rechtsverkehr dies gelten lässt) handlungsfähig, auch wenn er aus Gründen der Überlastung der Gerichtskanzlei den Betreuerausweis erst später nach seiner Bestellung erhält.

Fraglich ist, ob die Entlassungsentscheidung nach § 1908b BGB und die Neubestel- **12** lung eines Betreuers in einem einheitlichen Beschluss vorgenommen werden sollten. Aus Gründen des Datenschutzes und der unterschiedlichen Beschwerdebefugnis im Einzelfall sollte dies nur dann praktiziert werden, wenn der Personalwechsel in allseitigem Einverständnis geschieht (vgl dazu Damrau/Zimmermann Rn 10).

4.   Bekanntmachung; Wirksamkeit der Entscheidung

Die Entscheidung ist dem Betreuten selbst bekanntzumachen (§ 40 Abs 1 FamFG). **13** Von der Bekanntmachung der Gründe des Beschlusses an den Betreuten kann abgesehen werden, wenn dies nach ärztlichem Zeugnis erforderlich ist, um erhebliche Nachteile für seine Gesundheit zu vermeiden (§ 288 Abs 1 FamFG). Die Entscheidung nach § 1908c ist auch der zuständigen Behörde bekanntzumachen (§ 288 Abs 2 S 1 FamFG). Die Entscheidung ist ihr (auch) dann bekanntzumachen, wenn ihr das Gericht im Verfahren Gelegenheit zur Äußerung gegeben hatte (§ 288 Abs 2 S 2 FamFG). Die Entscheidung wird mit der Bekanntmachung an den Betreuer wirksam (§ 287 Abs 1 S 1 FamFG). Hat das Gericht nach Maßgabe des § 287 Abs 2 S 1 FamFG die sofortige Wirksamkeit angeordnet, wird der Beschluss und die Anordnung seiner sofortigen Wirksamkeit wirksam, wenn er dem Betroffenen oder dem Verfahrenspfleger bekannt gegeben oder der Geschäftsstelle zum Zweck der Bekanntgabe nach Nummer 1 übergeben wurde (§ 287 Abs 2 S 2 FamFG).

5.   Verpflichtung des Betreuers

Ebenfalls anzuwenden ist § 289 Abs 1 S 1 FamFG, wonach der Betreuer mündlich zu **14** verpflichten und über seine Aufgaben zu unterrichten ist, es sei denn, dass das Gericht einen Vereins- oder einen Behördenbetreuer oder den Verein oder die Behörde bestellt hat (§ 289 Abs 1 S 2 FamFG). Die mündliche Verpflichtung und Unterrichtung unterbleibt jetzt auch bei Personen, die die Betreuung im Rahmen ihrer Berufsausübung führen sowie bei ehrenamtlich tätigen Betreuern, die mehr als eine Betreuung führen oder in den letzten zwei Jahren geführt haben.

Der neue Betreuer erhält eine Urkunde über seine Bestellung (Betreuerausweis). Obwohl es gute Gründe gäbe, die Kontinuität der Betreuung durch die bloße Änderung und Ergänzung der bisherigen Urkunde zu dokumentieren, entfällt diese Möglichkeit allein aus praktischen Gründen, weil das Gericht mit der Aushändigung des Betreuerausweises an den neuen Betreuer nicht warten kann, bis der alte Betreuerausweis zurückgegeben worden ist. Der Inhalt des Betreuerausweises im Übrigen entspricht dem der Erstbestellung eines Betreuers, wenn nicht Abweichungen bezüglich Umfang und Dauer der Betreuung beschlossen wurden.

6. Weitere Verfahrensbestimmungen

15 Im Übrigen sind ohne Weiteres auch anwendbar die §§ 4, 272, 273 FamFG (Zuständigkeit, Abgabe der Sache) und die §§ 275, 276 FamFG (Verfahrensfähigkeit, Bestellung eines Verfahrenspflegers). Diese Vorschriften sind für alle Verrichtungen in Betreuungssachen maßgebend (MünchKomm/Schwab Rn 7). Die funktionelle Zuständigkeit ist folgendermaßen geregelt: Für die Bestellung eines neuen Betreuers im Falle des Todes des Betreuten (§ 1908c BGB) und die Entlassung des bisherigen Betreuers aus den Gründen des § 1908b Abs 1, 2 und 5 BGB ist der Richter zuständig. Die Neubestellung im Falle des § 1908b Abs 3 und 4 BGB (der Betreute schlägt einen neuen Betreuer vor; der Verein beantragt die Entlassung des Vereinsbetreuers) ist Sache des Rechtspflegers. Der Richtervorbehalt (§ 15 Abs 1 Nr 1 RPflG) erfasst nur die abändernden Entscheidungen in den Fällen, in denen er vorher zuständigkeitshalber tätig war (BT-Drucks 11/4528, 163). Die Entlassung des bisherigen nach § 1896 Abs 3 BGB bestellten Betreuers und die dafür notwendige Neubestellung im Falle des Todes des vorangegangenen und sämtlicher Entlassungsgründe des § 1908b BGB ist Angelegenheit des Rechtspflegers (§ 15 Abs 1 Nr 1, § 3 Nr 2b RPflG). Wurde ein Verfahrenspfleger bestellt, erhält dieser Ersatz seiner Aufwendungen und ggf Vergütung nach Maßgabe des § 277 FamFG.

Von der den Landesregierungen in § 19 Abs 1 Nr 1 RPflG eingeräumten Ermächtigung, bestimmte Richtervorbehalte ganz oder teilweise aufzuheben, haben bisher nur wenige Länder Gebrauch gemacht (Einzelheiten bei Prütting/Helms/Fröschle, FamFG² § 271 Rn 29).

7. Rechtsbehelfe

16 Die Bestellung eines neuen Betreuers als einer von Amts wegen zu treffenden Entscheidung ebenso wie deren Ablehnung oder Einschränkung sind verfahrensbeendende Entscheidungen (§ 58 Abs 1 FamFG), sodass gegen sie die befristete Beschwerde statthaft ist, die binnen einer Frist von einem Monat (§ 63 Abs 1 FamFG) bei dem Gericht einzulegen ist, dessen Beschluss angefochten wird (§ 64 Abs 1 FamFG). Als Rechtsmittel in einer nicht vermögensrechtlichen Angelegenheit unter einem bestimmten Wert ist die Beschwerde ohne Weiteres zulässig, wenn sie derjenige einlegt, der beschwerdeberechtigt ist. Das ist nach § 59 Abs 1 FamFG derjenige, der durch den Beschluss in seinen Rechten beeinträchtigt ist; aber auch derjenige, der zu den in § 303 FamFG aufgeführten (weiteren) beschwerdeberechtigten Verfahrensbeteiligten und anderen Personen/Institutionen gehört.

In jedem Fall steht dem Verfahrenspfleger das Recht der Beschwerde zu, vorausgesetzt das Gericht hat ihn den Vorschriften des § 276 FamFG entsprechend bestellt (§ 303 Abs 3 FamFG). Dem Verfahrenspfleger steht der vom Betroffenen/Betreuten bestellte Verfahrensbevollmächtigte gleich. Das Recht der Beschwerde steht der zuständigen Behörde gegen Entscheidungen über die Bestellung eines Betreuers und über Umfang, Inhalt oder Bestand der Betreuerbestellung zu (§ 303 Abs 1 FamFG). Den in § 303 Abs 2 FamFG aufgeführten Personen (Angehörige sowie

Vertrauensperson des Betreuten) steht das Recht der Beschwerde gegen die von Amts wegen ergangenen Entscheidungen (im Interesse des Betroffenen) nur zu, wenn sie im ersten Rechtszug beteiligt worden sind (§§ 7, 274 FamFG). Der Betreuer oder der Vorsorgebevollmächtigte kann gegen eine Entscheidung, die seinen Aufgabenkreis betrifft, auch im Namen des Betroffenen Beschwerde einlegen (§ 303 Abs 4 S 1 FamFG). Stirbt der Betreute, kann ein von seiner Ehefrau geführtes Beschwerdeverfahren gegen die Betreuerbestellung grundsätzlich nicht mit dem Ziel der Feststellung der Rechtswidrigkeit der Betreuungsmaßnahme fortgesetzt werden. Der Anspruch aus Art 19 Abs 4 GG auf effektiven Rechtsschutz ist höchstpersönlicher Natur und deshalb nicht Gegenstand des Erbrechts (KG FamRZ 2009, 2036 [LS]).

Gegen einen Beschluss des Beschwerdegerichts ist die Rechtsbeschwerde statthaft, **17** wenn sie das Beschwerdegericht in dem Beschluss zugelassen hat (§ 70 Abs 1 S 1 FamFG) oder einer der Gründe vorliegt, bei denen ohne Zulassung die Rechtsbeschwerde statthaft ist (§ 70 Abs 3 S 1 FamFG). Das sind in diesem Fall Betreuungssachen zur Bestellung eines Betreuers und zur Aufhebung einer Betreuung.

Zur Rechtslage, wenn nach Bestellung des Nachfolgebetreuers die Entlassung des bisherigen Betreuers (auf Beschwerde hin) aufgehoben wird, siehe § 1908b Rn 142.

8.   Bestellung durch einstweilige Anordnung

Unter den Voraussetzungen des § 300 FamFG kann der neue Betreuer auch durch **18** einstweilige Anordnung als vorläufiger Betreuer bestellt werden (BayObLG FamRZ 2001, 252 = NJWE-FER 2001, 75). Die Notwendigkeit der Bestellung eines vorläufigen Betreuers wird insbesondere für den Fall gesehen, dass ein Einwilligungsvorbehalt besteht und der Betreute nunmehr in dem davon betroffenen Bereich und Umfang keine wirksamen Willenserklärungen mehr abgeben kann, weil der Betreuer, dessen Einwilligungen erforderlich wären, fehlt (BT-Drucks 11/4528, 155). Je nachdem, wie das Verhältnis von § 1903 BGB und Geschäftsunfähigkeit beurteilt wird, gewinnt dieses Argument an Bedeutung auch durch die Fälle, in denen ein geschäftsunfähiger Betreuter unter Einwilligungsvorbehalt steht.

Fraglich ist hier nach einer vorläufigen Betreuerbestellung das weitere Schicksal **19** dieses Betreuers. Nach § 302 FamFG tritt die einstweilige Anordnung nach sechs Monaten außer Kraft, sofern das Gericht keinen früheren Zeitpunkt bestimmt hat. Sie kann längstens bis zu einer Gesamtdauer von einem Jahr durch einstweilige Anordnung oder mehrere verlängert werden, wenn dazu ein Sachverständiger gehört worden ist. Diese für die Erstbestellung eines vorläufigen Betreuers gedachte und deshalb auch materiellrechtliche Wirkungen entfaltende Regelung kann jedoch für den Fall der Neubestellung nur hinsichtlich der Personalentscheidung gelten, sodass nach einem halben Jahr, spätestens nach einem Jahr eine neue Personalentscheidung getroffen worden sein muss, die Verlängerungsentscheidungen jedoch – abgesehen von Ausnahmefällen – der Anhörung eines Sachverständigen nicht bedürfen.

9.   Mitteilungen des Gerichts

20 Grund und Grenzen der Mitteilungen des Gerichts über den Personalwechsel ergeben sich aus den §§ 308 ff FamFG, die unmittelbar anzuwenden sind; in ihnen wird
von Entscheidungen schlechthin geredet, ohne zu differenzieren. Unter die Mitteilungen in besonderen Fällen (§ 309 FamFG) fällt der Personalwechsel nur in Bezug
auf den Informationsbedarf nach Abs 2 (Mitteilung des Betreuers an die Melde-
stelle), vorausgesetzt die weiteren Voraussetzungen sind gegeben. In § 310 FamFG
(Unterrichtung des Einrichtungsleiters bei Unterbringung des Betreuten) ist der
Wechsel in der Person des Betreuers als mitteilungsbedürftige Tatsache ausdrücklich
genannt. Ggf kommen Mitteilungen nach den § 16 EGGVG in Betracht.

21 Zuständig für die Mitteilungen ist der Rechtspfleger (näher hierzu BIENWALD[3], BtR § 69k
FGG Rn 3 entspr bei den übrigen Vorschriften; **aA** BIENWALD/SONNENFELD/HARM/SONNENFELD
§ 308 FamFG Rn 28; auch KEIDEL/KAYSER § 69k FGG aF Rn 2 [Richter und Rechtspfleger, jeder im
Rahmen der ihm zugewiesenen Sachentscheidung]).

III.   Konsequenzen des Betreuerwechsels für die Betreuung

1.   Bestehenbleiben der Betreuung

22 Stirbt der Betreuer oder entlässt ihn das Betreuungsgericht, wird dadurch der
Rechtszustand des Betreutseins des Betreuten nicht berührt. Der Betreute bleibt
„latent in der durch die Betreuerbestellung geschaffenen Rechtslage" (MünchKomm/
SCHWAB Rn 17). Bei DAMRAU/ZIMMERMANN ist die Rede von der „als fortbestehend
fingierten" Betreuung (Rn 1). ERMAN/ROTH (Rn 2) betont den verfahrensrechtlichen
Charakter der Einheitsentscheidung, die materiellrechtlich keine Bedeutung habe
und „die Betreuung" bestehen lasse. Dass das Auseinanderfallen von Betreutsein
und Betreuerexistenz trotz der Absichten des Gesetzgebers, eine abstrakte Anordnung der Betreuung zu vermeiden (BT-Drucks 11/4528, 91), unvermeidlich sein muss,
liegt daran, dass das plötzliche Ausfallen des Betreuers durch Eintritt seines Todes
nicht kalkuliert werden kann. Angesichts der Bedeutung, die das Betreuungsrecht
der personalen Beziehung (zu Recht) beimisst (BT-Drucks 11/4528, 91), hätte man aber
erwarten können, dass der Gesetzgeber die Betreuerentlassung, zumindest ihren
Zeitpunkt, stärker als das durch § 1908b Abs 3 BGB zum Ausdruck kommt, vom
Geklärtsein der Nachfolge abhängig macht, damit eine Lücke in Bezug auf die
„persönliche Betreuung" nicht eintritt.

**2.   Bestehenbleiben des angeordneten Einwilligungsvorbehalts und erteilter
betreuungsgerichtlicher Genehmigungen**

23 Mit dem Bestehenbleiben der Betreuung bleibt auch ein angeordneter Einwilligungsvorbehalt erhalten. Genehmigungsverfahren können nach der Bestellung des
neuen Betreuers weitergeführt werden (MünchKomm/SCHWAB Rn 17). Eine dem bisherigen Betreuer erteilte betreuungsgerichtliche Genehmigung bleibt erhalten und
kann von dem neuen Betreuer zum Wirksamwerden eines Vertrags eingesetzt werden, sofern der Rechtserfolg noch erreicht werden kann. Eine von dem bisherigen
Betreuer beantragte Genehmigung kann das Betreuungsgericht nach Entlassung des
Betreuers nur noch seinem Nachfolger gegenüber erteilen. Hat der entlassene oder

verstorbene Betreuer eine notwendige betreuungsgerichtliche Genehmigung nicht
eingeholt, muss sie von dem Nachfolger, wenn eine nachträgliche Genehmigung
zugelassen und erforderlich ist, beantragt werden. Das betrifft Genehmigungsfälle
der Vermögenssorge ebenso wie solche der Personensorge (zB § 1906 BGB). Ebensowenig wie der jeweilige Betreuer an die von ihm eingeholte betreuungsgerichtliche (Außen-)Genehmigung gebunden ist, bindet eine dem Vorbetreuer erteilte
Genehmigung des Betreuungsgerichts den Nachfolger.

3. Trennung der beiden Betreuerpositionen; Bestehenbleiben weiterer Betreuerbestellungen

Die Rechtsstellungen der Betreuer bleiben voneinander getrennt. Einen vom Vor- **24**
gänger nicht in Anspruch genommenen Auslagenersatz und nicht beantragte Vergütung kann der Nachfolger nicht für sich in Anspruch nehmen. Eine dem bisherigen Betreuer bewilligte Vergütung hat der Nachfolger aus dem Vermögen des
Betreuten zu begleichen, ebenso einen vom Vorgänger noch geltend gemachten
Aufwendungsersatz.

Unberührt bleiben durch die Neubestellung die Bestellung eines Gegenbetreuers **25**
(§§ 1792, 1799, 1908i Abs 1 S 1 BGB) und die eines weiteren Betreuers oder mehrerer (§ 1899 BGB), vorausgesetzt dass das Gericht die Neubestellung nicht zum
Anlass nimmt, das Verhältnis der mehreren Betreuer zueinander neu zu regeln.

IV. Übergangs- und Abwicklungsprobleme

1. Probleme

Mit dem Personalwechsel verbundene Probleme entstehen in der Praxis weniger **26**
durch die für den Betreuerwechsel maßgebenden Vorschriften als durch die praktische Abwicklung des Übergangs. Wurde der Betreuer wegen Eignungsmangels
oder aus den Gründen des § 1908b Abs 2 BGB entlassen, sind die Probleme im
Grunde durch die Entlassungsgründe vorgezeichnet. Aber auch bei der Entlassung
des Vereins oder der Behörde kann es Abwicklungsverzögerungen geben, die durch
Personalmangel oder durch die Besonderheiten bei befreiter Betreuung (§ 1854a
BGB iVm § 1908i Abs 1 S 1 BGB) entstehen. Die Rechenschaftslegung, die Herausgabe des verwalteten Vermögens sowie die Herausgabe der für die Weiterführung der Betreuung notwendigen Unterlagen und Urkunden, die Rückgabe des
Betreuerausweises (an das Gericht), alles kann lange auf sich warten lassen. UU
werden die Unterlagen nur bruchstückhaft herausgegeben, und Rekonstruktions-
versuche bleiben ohne Erfolg. **Regelungen**, die den Fall der „Übergabe" der Betreuung durch den bisherigen Betreuer an den Nachfolger unmittelbar geordnet
haben, enthält das BGB **bisher nicht**. Der neue Betreuer ist zwar Nachfolger im
Amt, aber **nicht Rechtsnachfolger seines Vorgängers**. Er hat deshalb keinen eigenen
Anspruch auf Vermögensherausgabe, Rechnungslegung sowie Herausgabe von Be-
treuungsunterlagen usw. Der bisherige Betreuer schuldet die Vermögensherausgabe,
die Herausgabe der Belege und Unterlagen sowie die Rechnungslegung dem Betreuten selbst (§ 1890 S 1 BGB iVm § 1908i Abs 1 S 1 BGB). Dem neuen Betreuer
obliegt es, diese Ansprüche seines Betreuten als dessen gesetzlicher Vertreter im

Zivilrechtswege, gegebenenfalls gegenüber den Erben des verstorbenen Betreuers, geltend zu machen.

27   Auch wenn Personenwechsel bei der Minderjährigenvormundschaft oder auch unter der Geltung des Pflegschafts- und Vormundschaftsrechts für Volljährige selten gewesen und deshalb für nicht besonders regelungsbedürftig gehalten worden sein mögen, wurden durch das Betreuungsrecht und seine späteren Änderungen mehrere notwendige Wechsel des Betreuers eingeführt, bei denen eine Abwicklungsregelung zumindest für diskussionswürdig hätten gehalten werden können.

2.   Pflichten des bisherigen und des neuen Betreuers

28   Der bisherige Betreuer hat die Rechnung, nachdem er sie dem Gegenbetreuer, sofern es diesen gibt, vorgelegt hat, dem Betreuungsgericht einzureichen (§ 1892 Abs 1 BGB iVm § 1908i Abs 1 S 1 BGB). Die Vorlegungspflicht an den Gegenbetreuer ergibt sich aus § 1891 Abs 1 BGB. Das Gericht prüft die Rechnung sachlich und rechnungsmäßig (zuständig ist der Rechtspfleger, § 3 Nr 2 Buchst b, § 15 Abs 1 RPflG) und vermittelt deren Abnahme durch Verhandlung mit den Beteiligten. Soweit die Rechnung als richtig anerkannt wird, hat das Betreuungsgericht das Anerkenntnis zu beurkunden. Beteiligt ist hier der Amtsnachfolger. Gegebenenfalls muss der Nachfolgebetreuer seiner Verpflichtung gemäß den ausgeschiedenen Betreuer auffordern, die Schlussrechnung zu prüfen und diese dann prüfen. Die jährliche Prüfung der Rechnungslegung durch das Gericht entbindet den Nachfolgebetreuer nicht von dieser Pflicht. Anspruchsberechtigt und Adressat der Schlussrechnung ist nicht das Betreuungsgericht, sondern der Betreute oder dessen Rechtsnachfolger (OLG Koblenz FamRZ 2016, 2032).

29   Der neue Betreuer hat das Vermögen zwar nicht zu verzeichnen (nach § 1802 BGB ist das bei der Anordnung der Betreuung, also im Falle der Erstbestellung eines Betreuers, vorhandene Vermögen zu verzeichnen!); die von ihm zu besorgenden Vermögensangelegenheiten setzen aber in der Regel voraus, dass der neue Betreuer die Angelegenheiten und die näheren Umstände kennt und dementsprechend informiert wird. Vom Betreuungsgericht kann der neue Betreuer nur in geringem Maße Hilfe erwarten. Soweit es sich um privatrechtliche Ansprüche handelt, die dem Betreuten gegenüber seinem bisherigen Betreuer zustehen, kommt ein Einschreiten des Betreuungsgerichts mit Zwangsmitteln nach § 1837 BGB iVm § 1908i Abs 1 S 1 BGB nicht in Betracht (STAUDINGER/VEIT [2014] § 1890 Rn 2 mwNw). Falls außergerichtliche Schritte nicht ausreichen, muss der neue Betreuer gerichtlich gegen den bisherigen Betreuer vorgehen, wobei im Einzelfall problematisch sein kann, ob die Aufgabenkreisbestimmung diese Geltendmachung der Ansprüche des Betreuten deckt. Zu beachten ist, dass die Pflichten des Betreuers aus § 1840 BGB öffentlich-rechtlichen Charakter haben und mit Hilfe von gerichtlichen Aufsichtsmaßnahmen nach § 1837 BGB iVm § 1908i Abs 1 S 1 BGB durchgesetzt werden können, jedenfalls solange der Betreffende im Amt ist. Gegebenenfalls ist die Entscheidung über den Personalwechsel zeitlich so vorzunehmen, dass die Rechnungslegung und die Berichterstattung nach § 1840 BGB iVm § 1908i Abs 1 S 1 BGB erst kurze Zeit zurückliegen, sodass der neue Betreuer eine einigermaßen zuverlässige Basis für seinen Arbeitsbeginn besitzt. Ist der Amtsvorgänger des neuen Betreuers verstorben, so treffen seine Erben die Verpflichtungen aus § 1890 BGB (näher STAU-

DINGER/VEIT [2014] § 1890 Rn 4 u BIENWALD, BtR[4] Rn 13). Zur Herausgabe der Handakte durch den früheren an den jetzigen Betreuer AG Berlin-Spandau NJWE-FER 1997, 156. Zur Aushändigung, Aufbewahrung und Vernichtung von Akten betr die Führung von Betreuungen BIENWALD, BtR[3] § 1896 Rn 252 ff.

3. Kritik an der zeitlichen Begrenzung der Aufsichtstätigkeit des Gerichts; Lösungsvorschlag

Dass das Gericht während der Amtstätigkeit des Betreuers zu Kontrolle und Auf- **30**
sicht und zu Maßnahmen nach § 1837 Abs 2 und 3 BGB verpflichtet ist, nach der durch seine Entlassungsentscheidung beendeten Amtstätigkeit dagegen nicht mehr berechtigt sein soll, mit Aufsichtsmaßnahmen zur ordnungsgemäßen Abwicklung der Betreuung beizutragen (lediglich Erzwingung einer formell ordnungsgemäßen Schlussrechnung: BayObLG BtPrax 2001, 39 = FamRZ 2001, 934 [LS]; Rpfleger 1997, 476 = FamRZ 1998, 1197 [LS]; OLG Thüringen FamRZ 2001, 579, 580: grundsätzlich kein Aufsichtsrecht nach Beendigung des Betreueramtes), ist angesichts der Auffassung von Betreuung als öffentlicher Aufgabe schwer verständlich. Nicht die Rechtsnatur der Ansprüche des Betreuten sollte für die Frage, ob das Betreuungsgericht auch bei säumiger Abwicklung nach § 1890 BGB iVm § 1908i Abs 1 S 1 BGB mit Aufsichtsmaßnahmen reagieren dürfe, maßgebend sein, sondern die Zuordnung der Abwicklungsgeschäfte zu dem Hauptgeschäft der Betreuung, zumal dem Gericht eine gewisse kontrollierende Beteiligung daran verblieben ist. Ein solches Verständnis der Abwicklung als einer Nebenpflicht würde zwar an der Tatsache nichts ändern, dass der Anspruch auf Herausgabe des verwalteten Vermögens, der Urkunden und auch auf Rechnungslegung gegebenenfalls im Zivilrechtsweg vom Betreuten oder seinem Betreuer durchgesetzt werden müsste, würde aber das Gericht aus seiner Verantwortung für die ordnungsgemäße Abwicklung der von ihm dem bisherigen Betreuer übertragenen Aufgabe nicht ohne Weiteres entlassen.

§ 1908d
Aufhebung oder Änderung von Betreuung und Einwilligungsvorbehalt

(1) Die Betreuung ist aufzuheben, wenn ihre Voraussetzungen wegfallen. Fallen diese Voraussetzungen nur für einen Teil der Aufgaben des Betreuers weg, so ist dessen Aufgabenkreis einzuschränken.

(2) Ist der Betreuer auf Antrag des Betreuten bestellt, so ist die Betreuung auf dessen Antrag aufzuheben, es sei denn, dass eine Betreuung von Amts wegen erforderlich ist. Den Antrag kann auch ein Geschäftsunfähiger stellen. Die Sätze 1 und 2 gelten für die Einschränkung des Aufgabenkreises entsprechend.

(3) Der Aufgabenkreis des Betreuers ist zu erweitern, wenn dies erforderlich wird. Die Vorschriften über die Bestellung des Betreuers gelten hierfür entsprechend.

(4) Für den Einwilligungsvorbehalt gelten die Absätze 1 und 3 entsprechend.

Materialien: Art 1 Nr 6 DiskE I; Art 1 Nr 41
RegEntw; Art 1 Nr 47 BtG; DiskE I 155;
BT-Drucks 11/4528, 155 ff (BReg); BT-Drucks
11/6949, 15, 80 Nr 26 (RA).

Schrifttum

ZIMMERMANN, Der Tod des Betreuten, ZEV
2004, 453.

Systematische Übersicht

Alphabetische Übersicht

Werner Bienwald

I.   Allgemeines

1.   Geltungsbereich

1   Die Vorschrift regelt die materiell-rechtlichen Voraussetzungen für gerichtliche Entscheidungen, durch die die Betreuung aufgehoben, der Aufgabenkreis des Betreuers
eingeschränkt oder erweitert, der Einwilligungsvorbehalt aufgehoben oder der Kreis
der einwilligungsbedürftigen Willenserklärungen eingeschränkt oder erweitert wird.
Damit enthält die Vorschrift Grundlagen für eine Abänderung der bisherigen Betreuerbestellung und des bisher angeordneten Einwilligungsvorbehalts. Von den
nach dieser Vorschrift in Betracht kommenden und zu treffenden Entscheidungen
wird die betreute Person in unterschiedlicher Weise betroffen. Dadurch trägt die

Vorschrift zu einer gewissen Verwirrung und Unübersichtlichkeit bei. Die unterschiedliche Betroffenheit der betreuten Person wirkt sich insbesondere bei der Bestimmung des zutreffenden Rechtsbehelfs aus.

Die Betreuung endet nach dieser Vorschrift grundsätzlich erst durch ausdrückliche gerichtliche Entscheidung, sofern nicht die vom Gericht festgesetzte Frist abgelaufen ist und infolge dessen das Ende der Betreuung feststeht (BGH FamRZ 2012, 295 [296]). Weder das Ende der Betreuungsbedürftigkeit noch ein vor Ablauf der Befristung gestellter Aufhebungsantrag beenden die rechtliche Betreuung. Damit wirkt sich eine durch Verhältnisse bei Gericht entstehende Verzögerung der Entscheidung, die der Betroffene nicht beeinflussen kann, nicht nur negativ auf die Rechtslage des Betroffenen, sondern auch auf seine Einkommens- und Vermögenslage aus, weil er durch die Vergütungspauschale dem (berufsmäßig tätigen) Betreuer Entgelt schuldet, obwohl dieser Angelegenheiten des Betroffenen nicht mehr wahrzunehmen hat (BGH FamRZ 2012, 295).

Die Betreuungsmaßnahme ist auch dann zu beenden, auch wenn sich die Sachlage **2** nicht verändert hat, die auf Antrag, Anregung oder von Amts wegen vorgenommene Prüfung zu dem Ergebnis geführt hat, das für die Anordnung der Maßnahme ein Grund nicht bestanden hat (KEIDEL/BUDDE, FamFG[17] § 294 Rn 3 unter Bezugnahme auf BGH NJW 2009, 299). Wegen der mit einer rechtswidrigen (und grundlosen) Maßnahme verbundenen unzulässigen (Grund-)Rechtseingriffe hat das Gericht zB die von ihm beschlossene Bestellung eines „Kontrollbetreuers" ohne präzise Aufgabenkreisbestimmung und ohne eine Bevollmächtigung, aber nach dem „Muster" des § 1896 Abs 3 BGB vorgenommen, rückwirkend oder mit sofortiger Wirkung aufzuheben.

Eine Bestimmung über ein automatisches Ende der Betreuung oder eines Einwil- **3** ligungsvorbehalts fehlt im Betreuungsgesetz (ERMAN/ROTH Rn 2; MünchKomm/SCHWAB Rn 2). Auch für die Beendigung der Betreuung durch den Tod des Betreuten enthält das BtG keine ausdrückliche Regelung. Der RegEntw (BT-Drucks 11/4528, 155) hielt sie nicht für erforderlich. Gleichwohl ist der Fall des Todes des Betreuten in Abs 1 der Vorschrift erfasst, weil die Voraussetzung der Betreuung, die Betreuungsbedürftigkeit des Betroffenen, mit seinem Tode weggefallen ist (ERMAN/HOLZHAUER Rn 2 spricht von einer begrifflichen Verwerfung im Verhältnis zu § 1882). Verstirbt der Betreute, bedarf es nach allgM keiner aufhebenden oder feststellenden Entscheidung des Betreuungsgerichts.

Mit dem Tod des Betreuten endet auch das Amt des Betreuers. Eine persönliche Betreuung, die § 1901 Abs 2 bis 4 BGB vorschreiben, kann der bisher tätige Betreuer nicht mehr leisten. Er ist auch nicht verpflichtet, für die Bestattung des Betreuten zu sorgen und andere Aufgaben, die das Bestattungsrecht entsprechend verpflichteten Personen auferlegt, wahrzunehmen. In seiner Rolle als Angehörigen des verstorbenen Betreuten können den Betreuer im Bestattungsrecht geregelte Pflichten treffen, je nachdem, welchen Rang in der Reihenfolge Verpflichteter er einnimmt und ohne Rücksicht auf etwa nicht intakte Familienverhältnisse (OVG Schleswig FamRZ 2015, 441). Davon zu unterscheiden ist die etwaige Rechtsstellung des Betreuers als Erbe (Miterbe usw) des verstorbenen Betreuten. Als solcher kann er das Verbleiben elektronischer Daten (digitaler Nachlass) des Verstorbenen verfolgen (dazu näher oben § 1896).

Werner Bienwald

4 Für den Fall der Todeserklärung soll die Betreuung ebenfalls automatisch zum festgesetzten Todeszeitpunkt enden (ERMAN/ROTH Rn 2 und MünchKomm/SCHWAB Rn 2). Lebt der für tot Erklärte, und besteht weiterhin Betreuungsbedarf, muss eine Neubestellung vorgenommen werden (MünchKomm/SCHWAB Rn 2).

5 Hatte das Gericht mehrere Betreuer bestellt (§ 1899 Abs 1, Abs 3 BGB), handelt es sich weder um eine Aufhebung noch um eine Einschränkung, wenn die Betreuer mit demselben Aufgabenkreis betraut worden waren. Hatte das Gericht mehrere Betreuer jeweils mit einem anderen Aufgabenkreis bestellt und hebt es die eine Bestellung auf oder schränkt es sie ein, handelt es sich insoweit aus der Perspektive des Betreuten um eine Teilaufhebung, aus der Perspektive des Betreuers um eine vollständige Aufhebung seiner Betreuerbestellung.

6 Die verfahrensrechtliche Regelung für die Abänderung einer (rechtskräftigen) Endentscheidung mit Dauerwirkung enthält § 48 FamFG. § 294 FamFG regelt speziell die Aufhebung und Einschränkung der Betreuung oder des Einwilligungsvorbehalts; § 293 FamFG das Verfahren der Erweiterung der Betreuung oder des Einwilligungsvorbehalts. § 48 FamFG als allgemeine Regelung, die außerdem eine rechtskräftige Entscheidung voraussetzt, tritt gegenüber der spezielleren Regelung des besonderen Teils zurück. Abgesehen davon, dass nach § 48 FamFG vor Eintritt der Rechtskraft der getroffenen Endentscheidung deren Abänderung oder Aufhebung nicht in Betracht käme, obwohl – zB – die Entscheidung mangels notwendiger materiell – rechtlicher Voraussetzungen nicht hätte getroffen werden dürfen oder aufgehoben werden muss, weil kurz nach der Betreuerbestellung eine Vollmacht präsentiert wurde, die für die erforderliche Besorgung der Angelegenheiten des Betroffenen hinreicht und deshalb die subsidiäre Bestellung eines Betreuers verdrängt, erwächst die Entscheidung über die Bestellung des Betreuers oder die Anordnung eines Einwilligungsvorbehalts nicht in materieller Rechtskraft (KEIDEL/BUDDE § 294 FamFG Rn 3).

2.   Konstitutive und deklaratorische Beschlüsse der Aufhebung der Betreuung

7 Mit dem Ablauf des nach § 286 Abs 3 FamFG bestimmten Zeitpunkts endet die Betreuung nicht von selbst (anders aber die Wirkung des Zeitpunkts im Unterbringungsrecht; vgl § 323 Nr 2 FamFG). Das Gericht hat vor Ablauf dieses Zeitpunktes über die Aufhebung oder Verlängerung der Maßnahme zu entscheiden (BGH FamRZ 2012, 295, 296). Stellt der Betreute den Antrag, die befristete Betreuung vorzeitig aufzuheben, endet die Maßnahme nicht bereits mit dem Antrag; das Gericht ist jedoch verpflichtet zu prüfen, ob die Voraussetzungen für eine Aufhebung bereits zu einem früheren Zeitpunkt gemäß Abs 2 vorliegen (BGH FamRZ 2012, 295, 296).

8 Eine **befristete Betreuung**, die das Gesetz nicht ausdrücklich ausschließt, endet automatisch mit Ablauf der Frist. Ebenso endet eine Betreuung durch die Besorgung einer bestimmten Angelegenheit (Zweckerreichung), wenn dies in dem Bestellungsbeschluss zur Bedingung der Beendigung gemacht worden ist (bezüglich der Beendigung ähnlich ERMAN/HOLZHAUER Rn 2; aA ERMAN/ROTH Rn 2). Eine Beschlussfassung über die Beendigung der Betreuung hat in einem solchen Fall, wenn sie vorgenommen wird, feststellenden (klarstellenden) Charakter. Anders dagegen nach der Besorgung einer einzelnen Angelegenheit. Hier hat der Gesetzgeber, anders als das bisherige

Pflegschaftsrecht (§ 1918 Abs 3 BGB aF), eine Aufhebung der Betreuung für erforderlich gehalten (BT-Drucks 11/4528, 155; ERMAN/HOLZHAUER Rn 2).

Die Aufhebungsentscheidung des Betreuungsgerichts nach erfolgter Sterilisation hat **9** ebenfalls keine konstitutive, sondern lediglich deklaratorische Bedeutung (s dazu auch KERN MedR 1991, 66, 69, der bei nur einer erledigten Aufgabe § 1918 Abs 3 BGB entsprechend anwenden will mit der Begründung, dass dies der besseren Durchsetzung des Erforderlichkeitsgrundsatzes entspreche; **aA** DAMRAU/ZIMMERMANN Rn 1; MünchKomm/SCHWAB Rn 3).

Die Vorschrift trifft auf alle Arten von Betreuungen zu, sodass eine nicht mehr **10** erforderliche Gegenbetreuung aufgehoben, ein für erforderlich gehaltener Gegenbetreuer nachträglich zu bestellen ist. Soweit nicht geteilte Mitbetreuung besteht, sodass über die Aufgabe und die Person getrennt entschieden werden kann, ist die Vorschrift sinngemäß anzuwenden, wenn ein weiterer Betreuer zu bestellen oder eine Mehrbetreuerbestellung zu verändern ist.

3.   Die von Amts wegen zu treffenden Entscheidungen

Die Vorschrift des § 1908d BGB ist als Komplementärnorm zu § 1896 BGB kon- **11** zipiert. Entsprechend dem Erforderlichkeitsgrundsatz hat das Betreuungsgericht von Amts wegen darauf zu achten, dass Dauer und Umfang der Betreuung nicht länger als unbedingt erforderlich aufrechterhalten bleiben (BT-Drucks 11/4528, 155). Die staatliche Fürsorgepflicht erfordert, dass das Gericht einem höheren Grad von Betreuungsbedürftigkeit durch Erweiterung der Maßnahme gerecht wird. In Betracht kommen deshalb gerichtliche Entscheidungen folgender Art:

– Erweiterung des Aufgabenkreises des Betreuers, wobei materiellrechtlich nicht zwischen wesentlichen und unwesentlichen Erweiterungen unterschieden wird (anders das Verfahrensrecht, § 293 Abs 2 S 1 Nr 2, S 2 FamFG);

– Erweiterung des Kreises der einwilligungsbedürftigen Willenserklärungen (§ 293 Abs 1 FamFG);

– Einschränkung des Aufgabenkreises des Betreuers (§ 294 Abs 1 FamFG);

– Einschränkung des Kreises der einwilligungsbedürftigen Willenserklärungen (§ 294 Abs 1 FamFG);

– Aufhebung der Betreuung, gegebenenfalls die Mitaufhebung eines angeordneten Einwilligungsvorbehalts (§ 294 Abs 1 FamFG);

– Aufhebung allein der Anordnung des Einwilligungsvorbehalts, ohne dass dadurch die Betreuung aufgehoben wird (§ 294 Abs 1 FamFG).

Diese Zusammenstellung der möglichen Einzelentscheidungen zeigt deren Inhalte. **12** Betreuung und Einwilligungsvorbehalt betreffende Entscheidungen können unabhängig voneinander getroffen werden; es bestehen aber auch Abhängigkeiten. Eine Aufgabenkreiserweiterung kann mit einem Einwilligungsvorbehalt verbunden werden; dagegen muss einer Erweiterung des Kreises der einwilligungsbedürftigen Willenserklärungen nicht die Erweiterung des Aufgabenkreises des Betreuers vorausgehen.

13 Die begriffliche Trennung von Betreuungsaufhebung und Einschränkung des Aufgabenkreises des Betreuers leuchtet nur auf den ersten Blick ein. Denn die Einschränkung des Aufgabenkreises stellt eine teilweise Aufhebung der Betreuung dar. Konsequenzen für die Entschädigung des Betreuers ergeben sich daraus regelmäßig nicht, weil für die Vergütungspauschale (§§ 4, 5 VBVG) der Umfang des Aufgabenkreises grundsätzlich ohne Bedeutung ist (Ausnahme: Vermögen des Betreuten).

4. Informationspflichten des Betreuers

14 Das Gericht bedient sich des Betreuers, um zu den notwendigen Informationen zu gelangen. Das Gesetz verpflichtet den Betreuer, dem Betreuungsgericht ihm bekannte Umstände mitzuteilen, die eine ändernde Entscheidung des Gerichts erfordern können (§§ 1901 Abs 5, 1903 Abs 4 BGB). Das Gericht wird dadurch nicht der Aufgabe enthoben, bei entsprechendem Anlass die Aufhebbarkeit oder Einschränkbarkeit (ggf die Erweiterung) von Betreuung oder Einwilligungsvorbehalt von Amts wegen zu prüfen (BayObLG FamRZ 1993, 448: ständige Überwachung durch den Richter). Auch der Betroffene hat erforderlichenfalls entsprechende Hinweise zu geben und Tatsachen mitzuteilen (BGH FamRZ 2011, 556).

5. Fortsetzung einer Antragsbetreuung von Amts wegen

15 Abs 2 enthält eine Sondervorschrift für den Fall, dass der Betreuer auf Antrag des Betreuten bestellt wurde. Sie hat vor allem für diejenigen Betreuten Bedeutung, die wegen körperlicher Behinderung einen Betreuer erhalten haben (§ 1896 Abs 1 S 3 BGB), weil in diesen Fällen der Antrag Entscheidungsvoraussetzung ist. Terminologisch ist Abs 2 S 1 missglückt, weil eine Betreuung nie „von Amts wegen erforderlich" sein kann, sondern weil jemand iSv § 1896 BGB betreuungsbedürftig ist. Dem Betroffenen, von dessen Einverständnis (Antrag) mit der Bestellung eines Betreuers das Betreuungsgericht ausging, steht die Beschwerde gegen die Betreuerbestellung zu (§§ 58, 59 Abs 1 FamFG); das in § 1908d Abs 2 BGB vorgesehene erstinstanzliche Verfahren, in dem auf den Aufhebungsantrag des Betroffenen zu prüfen wäre, ob und inwieweit die Betreuung von Amts wegen aufrechtzuerhalten ist, steht dem nicht entgegen (OLG Hamm FamRZ 1995, 1519, 1520 = DAVorm 1996, 73).

6. Verhältnis von Erweiterungen zu Einschränkungen

16 Aus der Absicht des Gesetzgebers, die Zahl der Betreuungen zu reduzieren (vgl zB § 1896 Abs 3 BGB u § 294 Abs 3 FamFG sowie BT-Drucks 11/4528, 122: Entlastung der Gerichte!), war es sachgerecht, zuerst die Aufhebung und die Einschränkung der Betreuung aufzuführen. In der Praxis überwiegt die Zahl der Erweiterungen des Aufgabenkreises und der Anordnungen eines Einwilligungsvorbehalts. Deshalb wird im Folgenden von der im Gesetz eingehaltenen Reihenfolge der Tatbestände abgewichen.

II. Die Erweiterung des Aufgabenkreises des Betreuers (Abs 3)

1. Allgemeine Voraussetzungen

Der Aufgabenkreis des Betreuers ist zu erweitern, wenn dies erforderlich ist. Die **17** materiellrechtlichen Voraussetzungen im Einzelnen sind den §§ 1896 ff BGB zu entnehmen (MünchKomm/Schwab Rn 16). Für einen körperlich Behinderten darf eine Erweiterung des Aufgabenkreises seines Betreuers nur dann vorgenommen werden, wenn er einen entsprechenden Antrag stellt, es sei denn, dass er seinen Willen nicht (mehr) kundtun kann (§ 1896 Abs 1 S 3 BGB). Im Übrigen hat ein entsprechender Antrag des Betreuten nach § 1896 Abs 1 S 1 BGB keine materiellrechtlichen Auswirkungen. Die Erweiterung des Aufgabenkreises von Amts wegen ist im Rahmen des allgemeinen Rechts sonst immer möglich. Soll eine Betreuung ohne Einwilligung des Betreuten auf zusätzliche Aufgabenbereiche erweitert werden, ist für die zusätzlichen Aufgabenbereiche festzustellen, dass der Betroffene krankheitsbedingt auch für den neu hinzugekommenen Aufgabenkreis nicht in der Lage ist, seine Angelegenheiten selbst zu besorgen und seinen **Willen frei** zu **bestimmen** (§ 1896 Abs 1a BGB; bereits früher: BayObLG 23. 1. 2002 – 3 Z BR 396/01). Hat allein der Betroffene gegen die Bestellung eines Betreuers Beschwerde eingelegt, kommt eine Erweiterung des Aufgabenkreises des Betreuers im Beschwerderechtszug nicht in Betracht (BayObLG FamRZ 1998, 922). Ist der Betroffene zwar geistig behindert, kann er gleichwohl seine Angelegenheiten in dem fraglichen Bereich (hier Arztbesuch, Teilnahme an ambulanten Heilbehandlungen) selbst besorgen, ist eine Erweiterung des Aufgabenkreises des Betreuers nicht erforderlich (KG FamRZ 2005, 1776 [LS]).

Um eine Erweiterung des Aufgabenkreises handelt es sich **nie** im Falle der Einwil- **18** ligung in eine **Sterilisation**. Hier ist bei bereits bestehender Betreuung stets ein **besonderer Betreuer** mit dem speziellen Aufgabenkreis zu bestellen (§ 1899 Abs 2 BGB). Um eine Erweiterung des Aufgabenkreises handelt es sich ebenfalls nicht bei der Bestellung eines **Gegenbetreuers** und der Bestellung eines Betreuers mit dem Aufgabenkreis des § 1896 Abs 3 BGB. Letzte kommt zB dann in Betracht, wenn nach Bestellung eines Betreuers nach § 1896 Abs 1, 2 BGB eine (ausreichende) Vollmacht bekannt wird, der Vollmachtgeber aber nicht in der Lage ist, die ihm zustehenden Rechte geltend zu machen (zu weiteren Voraussetzungen näher § 1896).

2. Erweiterungsbedarf im Einzelnen

Die Notwendigkeit, den Aufgabenkreis des Betreuers zu erweitern, kann sich ins- **19** besondere daraus ergeben, dass

– die Krankheit oder die Behinderung und damit die Betreuungsbedürftigkeit zugenommen hat;

– sich für die betreute Person Umstände ändern, zB Belastungen entstehen, vor denen der Betreute geschützt werden muss (etwa belastende Besuche von Angehörigen oder sonstigen Personen; vgl BayObLG FamRZ 2003, 402 = BtPrax 2003, 38);

– der Kreis der Angelegenheiten, die zu besorgen sind, größer geworden ist, zB durch neue Angelegenheiten wie die bisher nicht erfasste Regelung von Erbschaftsangelegenheiten; Stellung sozialrechtlicher Anträge, für die der bisherige Aufgabenkreis nicht ausreichte. Eine Erweiterung des Aufgabenkreises auf die Besorgung aller Angelegenheiten des Betroffenen kommt nicht in Betracht, wenn dieser in der Lage ist, einen Teilbereich seines Lebens zu bewältigen (BayObLG FamRZ 1998, 452 = NJW-RR 1997, 967);

– sonstige Hilfen, die bisher in Anspruch genommen werden konnten und zur Besorgung ausreichten, entfallen sind;

– eine früher erteilte Vorsorgevollmacht dem Umfang nach nicht mehr ausreicht oder zu deren Einsatz der Bevollmächtigte nicht mehr gewillt oder in der Lage ist;

– das Betreuungsgericht einen Bereich besorgungsbedürftiger Angelegenheiten übersehen hat und die Entscheidung auf andere Weise nicht korrigieren konnte;

– eine Entscheidung nach § 1896 Abs 4 BGB erforderlich wird.

3.   Die Personalentscheidung bei der Erweiterung des Aufgabenkreises

20   Die Erweiterung des Aufgabenkreises entspricht materiellrechtlich einer Neubestellung. Die Anwendung der Vorschriften über die Betreuerbestellung (Abs 3 S 2) erfordert, dass der Betreuer, sofern das Gericht nicht einen weiteren geeigneten Betreuer für die Erweiterung des Aufgabenkreises bestellt (§ 1899 Abs 1 BGB), für die Besorgung der weiteren Angelegenheiten geeignet sein muss (§ 1897 Abs 1 BGB). UU ist der bisherige Betreuer zu entlassen und für alle Angelegenheiten ein neuer Betreuer zu bestellen. Dafür kann maßgebend sein, ob sich zwischen dem Betreuten und dem bisherigen Betreuer ein Vertrauensverhältnis entwickelt hat, das es angezeigt sein lässt, den bisherigen Betreuer weiterhin im Amt zu belassen (BT-Drucks 11/4528, 156). Die Eignungsfrage kann sich auch im Zusammenhang mit der erforderlichen Übernahmebereitschaft stellen (dazu näher MünchKomm/Schwab Rn 17). Ebenfalls zu beachten ist der durch Art 1 Nr 12 des ersten BtÄndG eingeführte Nachrang der beruflichen gegenüber der ehrenamtlich geführten Betreuung (§ 1897 Abs 6 BGB).

21   Grundsätzlich ist es mit der Erweiterung des Aufgabenkreises des bisherigen Betreuers nicht anders als mit der Bestellung des Betreffenden als weiteren Betreuer: Die Verpflichtung zur Übernahme auch der Aufgabenkreiserweiterung bestimmt sich nach § 1898 Abs 1 BGB; auch insoweit muss der ausgewählte oder der bereits bestellte Betreuer bereit sein, die Aufgabe zu übernehmen (§ 1898 Abs 2 BGB; MünchKomm/Schwab Rn 17; Damrau/Zimmermann Rn 16). Auf Art und Umfang der Erweiterung des Aufgabenkreises wird es ankommen, um entscheiden zu können, ob die Übernahme zumutbar war.

22   Ist ein Vereinsbetreuer oder ein Behördenbetreuer bestellt worden, erfordert die Erweiterung des Aufgabenkreises die Einwilligung des Vereins oder der Behörde (§ 1897 Abs 2 S 1 und S 2 BGB; MünchKomm/Schwab Rn 17).

4. Konsequenzen der Erweiterung des Aufgabenkreises

Mit ihr erhält der bisherige Betreuer eine entsprechend größere Vertretungsmacht **23**
(§ 1902 BGB). Je nachdem, um welche Angelegenheiten es sich bei der Erweiterung
des Aufgabenkreises handelt, können in stärkerem Maße als bisher gerichtliche
Genehmigungsvorbehalte zu beachten sein. Speziell bei der Erweiterung des Aufgabenkreises „Vermögenssorge" um die „Aufenthaltsbestimmung" und die „Gesundheitsfürsorge" (so vielfach noch immer entgegen der gesetzgeberischen Absicht stärkerer
Differenzierung; vgl BT-Drucks 11/4528, 121) kommen die durch das BtG in Personensorgerechtsangelegenheiten eingeführten Genehmigungsvorbehalte (einschl des in
§ 1907 BGB geregelten) zum Tragen.

Das Gericht kann die Erweiterung des Aufgabenkreises zum Anlass nehmen, den **24**
Versicherungsschutz des Betreuers zu **überprüfen**, und gegebenenfalls darauf hin-
wirken, dass die Versicherung erweitert wird (§ 1837 Abs 2 S 2 BGB iVm § 1908i
Abs 1 S 1 BGB). Gericht, Behörde und Verein haben erweiterte Informations-,
Beratungs- und Unterstützungspflichten. Der Betreuerausweis (§ 290 FamFG) ist
zu korrigieren. UU kommen Mitteilungen nach Maßgabe der §§ 308 ff FamFG in
Betracht.

Bei der Erweiterung des Aufgabenkreises auf alle Angelegenheiten des Betreuten **25**
tritt ein Ausschluss vom Wahlrecht ein (§ 13 Nr 2 BWG). Ob diese Folge der UN –
Behindertenrechtskonvention standhält, wird abzuwarten sein. Zur Mitteilungspflicht in diesem Falle s § 309 FamFG. Wird in Erweiterung des Aufgabenkreises
ein Einwilligungsvorbehalt angeordnet, der sich auf die Aufenthaltsbestimmung
erstreckt, ist die Mitteilungspflicht nach § 309 Abs 2 FamFG zu beachten. Wird
die Besorgung aller Angelegenheiten des Betreuten nur durch einstweilige Anordnung beschlossen, hat dies keinen Ausschluss vom Wahlrecht zur Folge. Im Übrigen
beachte die wahl- und melderechtlichen Bestimmungen des Bundes und die der
einzelnen Länder und das jeweilige Kommunalwahlrecht sowie das Recht der So-
zialwahlen in SGB Buch IV (§ 50).

Insofern die Betreuerin oder der Betreuer die Betreuung bisher berufsmäßig führte, **26**
ist die **Feststellung berufsmäßiger Führung** der Betreuung auch für die erweiterte
Zuständigkeit erforderlich (§§ 1836 Abs 1 S 2 ff, 1908i Abs 1 S 1 BGB) sowie der
Vorrang ehrenamtlich vor beruflich geführter Betreuung zu beachten (§ 1897 Abs 6
BGB). Werden weitere Aufgaben übertragen und übernommen, für die die Betreuungsperson nicht die Voraussetzungen der bisherigen Einstufung in die Vergütungs-
gruppen des § 4 VBVG erfüllt, kann die Abrechnung der geleisteten Arbeit je nach
Aufgabe nach unterschiedlichen Vergütungstarifen erforderlich sein (vgl etwa die Einstufungsentscheidungen LG Leipzig FamRZ 2001, 304; LG Landau FamRZ 2001, 790 oder OLG
Dresden FamRZ 2000, 1306). Wird für die Erweiterung der Betreuung die Bestellung
eines weiteren Betreuers erforderlich, handelt es sich um einen Fall der Erstbestellung.

5. Zum Verfahren

a) Orientierung am Verfahren der Erstbestellung eines Betreuers
Das Verfahren für die Erweiterung des Aufgabenkreises richtet sich nach den Vor- **27**

schriften über die Bestellung eines Betreuers (§ 293 Abs 1 FamFG). Für eine „unwesentliche" Erweiterung des Aufgabenkreises gelten Verfahrenserleichterungen
(§ 293 Abs 2 FamFG). Das Gericht kann davon absehen, den Betreuten persönlich
anzuhören und sich von ihm einen unmittelbaren Eindruck (in seiner üblichen
Umgebung) zu verschaffen, wenn diese Verfahrenshandlung nicht länger als sechs
Monate zurückliegt oder die beabsichtigte Erweiterung des Einwilligungsvorbehalts
nicht wesentlich ist (§ 293 Abs 2 Nr 1 und 2 FamFG). Es entfällt dann auch die
Unterrichtung des Betreuten über den möglichen Verlauf des Verfahrens. Der Betreute muss aber angehört werden. Das kann durch einen ersuchten Richter geschehen. Auch würde eine schriftliche Anhörung ausreichen (ZIMMERMANN FamRZ 1991,
276). Ebenfalls ist die Einholung eines Gutachtens oder eines ärztlichen Zeugnisses
entbehrlich, wenn diese Verfahrenshandlungen nicht länger als sechs Monate zurückliegen oder die beabsichtigte Erweiterung des Einwilligungsvorbehalts nicht
wesentlich ist (krit dazu MünchKomm/SCHWAB Rn 18; ausführlich BIENWALD/SONNENFELD/
HARM/SONNENFELD § 293 FamFG Rn 12 ff).

28 Das Gericht hat die sonstigen Beteiligten (also auch den Verfahrenspfleger, § 274
Abs 2 FamFG) vor der Anordnung des Einwilligungsvorbehalts anzuhören. Es hat
die zuständige Behörde jedenfalls dann vor der Anordnung eines Einwilligungsvorbehalts anzuhören, wenn es der Betroffene verlangt oder es der Sachaufklärung
dient (§ 279 Abs 2 FamFG). Eine dem Betroffenen nahestehende Person hat das
Gericht anzuhören, wenn es der Betroffene verlangt und es ohne erhebliche Verzögerung möglich ist (§ 279 Abs 3 FamFG). Ein Absehen von der Bestellung eines
Verfahrenspflegers nach Maßgabe des § 276 FamFG ist nicht vorgesehen.

29 Die Staatskasse kann die Entscheidung des Betreuungsgerichts über die Erweiterung des Aufgabenkreises des berufsmäßig tätigen Betreuers nicht mit der Beschwerde anfechten, weil deren Interessen durch die Entscheidung des Betreuungsgerichts nicht betroffen sind (§ 304 Abs 1 S 1 FamFG; zum bisherigen Recht OLG
Frankfurt FGPrax 2004, 75 = FamRZ 2004, 902 mAnm BIENWALD).

b)   Wesentliche Erweiterungen

30 Wird erstmals ganz oder teilweise die Personensorge in den Aufgabenkreis des
Betreuers einbezogen (also auch die Aufenthaltsbestimmung oder die Gesundheitsfürsorge), wird eine der in § 1896 Abs 4 BGB genannten Aufgaben einbezogen oder
wird der Aufgabenkreis um die Entscheidungsbefugnis nach den §§ 1904 oder 1906
BGB erweitert, handelt es sich immer um eine „wesentliche" Erweiterung des
Aufgabenkreises (§ 293 Abs 2 S 2 FamFG). Aus dem Umkehrschluss zu dieser Regelung kann gefolgert werden, dass alles, was dort nicht genannt ist, „unwesentlich"
sein kann, aber nicht sein muss. Zu beachten ist der Zusatz „insbesondere", der
erwarten lässt, dass auch andere Bereiche eine wesentliche Erweiterung darstellen
können („Regelbeispiele", DAMRAU/ZIMMERMANN § 69i FGG Rn 3; KEIDEL/KAYSER § 69i FGG
Rn 5). Es kommt deshalb im Einzelfall auf den Inhalt und den Umfang des ursprünglichen Aufgabenkreises und des erweiterten Aufgabenkreises an, um aus dem Verhältnis zueinander auf das Ausmaß der Änderung (Erweiterung) zu schließen (näher
BIENWALD, in BIENWALD/SONNENFELD/HOFFMANN, BtR [4. Aufl] § 69i FGG Rn 7 ff). Wegen des
stark personensorgerechtlichen Bezugs (BT-Drucks 11/4528, 149) soll nach HK-BUR
§ 1908d Rn 15 auch die Ausdehnung des Aufgabenkreises auf die Wohnungsaufgabe
als wesentliche Erweiterung behandelt werden. Eine dort vorgeschlagene generelle

Orientierung an Grundrechtspositionen scheitert jedoch daran, dass Betreuung schlechthin auch mit noch so unwesentlichem Aufgabenkreis einen Grundrechtseingriff darstellt. Wird der Aufgabenkreis von bisher Aufenthaltsbestimmung und Gesundheitssorge um den Bereich der Regelung des Umgangs mit Familienangehörigen erweitert, handelt es sich nicht um eine unwesentliche Erweiterung (BayObLG FamRZ 2003, 402 = Rp 2003, 9 [LS]).

Diese Beispiele für wesentliche (nicht unwesentliche) Erweiterungen betreffen den **31** Aufgabenkreis des Betreuers. Insofern sich der Einwilligungsvorbehalt auch auf Angelegenheiten der Personensorge erstrecken kann, kommen die in §§ 1904 bis 1906 BGB aufgeführten Angelegenheiten auch für einen Einwilligungsvorbehalt in Betracht, sodass dieser dann keinen nicht unwesentlichen Inhalt hat. Soweit sich die Anordnung des Einwilligungsvorbehalts auf Angelegenheiten der Vermögenssorge erstrecken soll, ist aus der Perspektive des Betroffenen jede Anordnung eines Einwilligungsvorbehalts wegen ihrer Erforderlichkeit nicht unwesentlich.

c)   Nicht unwesentliche Vermögensangelegenheiten

Keinesfalls darf aus der Nichtnennung in § 293 Abs 2 S 2 FamFG geschlossen wer- **32** den, vermögensrechtliche Angelegenheiten seien schlechthin unwesentlich (so aber wohl DAMRAU/ZIMMERMANN § 69i FGG Rn 4). Das BtG hat zwar die Personensorge in den Vordergrund gerückt, damit aber nicht die Vermögensangelegenheiten zu unwesentlichen Angelegenheiten erklärt, wie etwa aus den Verweisungen auf die Vermögensbestimmungen des Minderjährigenrechts in § 1908i BGB geschlossen werden könnte. Eine andere Sicht würde die Realität verkennen und diejenigen Betreuten nicht ernst nehmen, für die ihre Vermögensangelegenheiten oft einen hohen Stellenwert besitzen. Vgl auch § 5 VBVG und die Berücksichtigung des Vermögens bei der Bearbeitungszeit. Nach den Feststellungen der Evaluation des 2. BtÄndG von KÖLLER/ENGELS (S 92) bestanden in den Jahren 2002 und 2007 die Aufgabenkreise zu mehr als 85 % aus der Vermögenssorge.

Die Frage der Abgrenzung von wesentlichen und unwesentlichen Erweiterungen des **33** Aufgabenkreises hat für das Verfahren und die Entscheidungen der Rechtsmittelgerichte Bedeutung. Davon kann abhängen, ob das Beschwerdegericht die Sache wegen Verstoßes gegen § 26 FamFG (Ermittlungspflicht) oder wegen anderer Gesetzesverletzungen (Verkennung der oa Abgrenzung in § 293 Abs 2 S 2 FamFG) zurückverweist. In Zweifelsfällen wird das Betreuungsgericht bei der Erweiterung des Aufgabenkreises auf die Verfahrenserleichterungen verzichten, um kein Risiko einzugehen, jedenfalls dann, wenn auf die Verfahrenshandlungen nicht schon wegen der kurze Zeit zurückliegenden Vornahme verzichtet werden kann (§ 293 Abs 2 S 1 Nr 1 FamFG).

d)   Erweiterung durch einstweilige Anordnung

Die Erweiterung des Aufgabenkreises des Betreuers ist auch durch einstweilige **34** Anordnung möglich (§§ 293 Abs 1, 300, 301 FamFG). Als vorläufige Erweiterung ist sie jedoch zeitlich begrenzt (§ 302 S 1 FamFG). Die Erweiterung der einstweiligen Anordnung führt rechtlich ein Eigenleben und orientiert sich an den Verfahrensbestimmungen für die einstweilige Anordnung (§ 293 Abs 1 FamFG). Für den Inhalt der Entscheidung gilt § 286 FamFG entsprechend (§ 293 Abs 1 FamFG). Dazu gehört die Angabe des Zeitpunktes, zu dem das Gericht spätestens über die Aufhebung oder Verlängerung der Maßnahme zu entscheiden hat (§ 286 Abs 3 FamFG). Diese Bestimmung des Zeitpunktes kann sich an der bisherigen Entscheidung orientieren. Möglich ist aber auch, dass für die Überprüfung der Erweiterungsentscheidung eine eigene Frist gesetzt wird. Wegen der Verfallregelung des § 302 S 1 FamFG kann das Gericht von einer zeitlichen Begrenzung der Maßnahme absehen, wenn es davon überzeugt ist, dass für eine vorherige Aufhebung der Maßnahme kein Anlass besteht.

e) Überprüfungsfristen

35 Die in § 286 Abs 3 FamFG vorgegebene äußerste Grenze der Überprüfung bleibt als gesetzliche Vorgabe bestehen. Das Gericht ist unabhängig von der Fristsetzung gehalten, von Amts wegen die Notwendigkeit der Aufhebung oder Verlängerung der Betreuerbestellung zu prüfen, sobald ihm aus Anlass des ersten Termins die Akten vorgelegt werden.

Die Urkunde (Betreuerausweis) ist gegebenenfalls zu ändern und der Betreuer zu verpflichten (§ 289 FamFG). Die Erweiterungsentscheidung ist in gleicher Weise wie die Entscheidung über die Bestellung des Betreuers anfechtbar.

III. Erweiterung des Einwilligungsvorbehalts (Abs 4)

1. Materielle Voraussetzungen

36 Das Gericht hat den Kreis der einwilligungsbedürftigen Willenserklärungen eines angeordneten Einwilligungsvorbehalts zu erweitern, wenn dies erforderlich wird. Abs 3 zufolge gelten die Vorschriften über die Anordnung eines Einwilligungsvorbehalts (§ 1903 BGB) entsprechend. Deshalb muss die Erweiterung zur Abwendung einer erheblichen Gefahr für die Person oder das Vermögen des Betreuten erforderlich sein (§ 1903 Abs 1 BGB). Der Betreute muss sich durch die Abgabe oder Entgegennahme von Willenserklärungen, die innerhalb des Aufgabenkreises des Betreuers liegen, aber von dem bestehenden Einwilligungsvorbehalt noch nicht erfasst sind, einen erheblichen Schaden zugefügt haben, sodass dies auch für die Zukunft zu besorgen ist, oder es müssen Anhaltspunkte für das Vorliegen einer erheblichen Gefahr im Sinne des § 1903 Abs 1 BGB gegeben sein.

2. Amtsverfahren ohne Einschränkungen

37 Die Entscheidung kann nur von Amts wegen ergehen. Ein Antragsrecht ist weder für den Betreuten noch für den Betreuer vorgesehen (MünchKomm/Schwab Rn 20 u § 1903 Rn 13; Damrau/Zimmermann Rn 20). Aus diesem Grund entfällt auch die entsprechende Anwendung des § 1908d Abs 2 BGB (s Abs 4; BT-Drucks 11/4528, 156). Die Informationspflicht des Betreuers aus § 1901 Abs 5 S 2 BGB und § 1903 Abs 4 BGB betrifft auch den Einwilligungsvorbehalt.

38 Die Erweiterung des Kreises der einwilligungsbedürftigen Willenserklärungen kann isoliert angeordnet werden; sie kann auch zusammentreffen mit einer Entscheidung des Gerichts über die Erweiterung des Aufgabenkreises des Betreuers, etwa dann, wenn dem Betreuer die Regelung einer Erbschaftsangelegenheit übertragen wird

und vermieden werden soll, dass sich der Betreute in der gleichen Angelegenheit durch eigene Aktivitäten erheblich schadet.

3. Zum Verfahren im Übrigen

Das Verfahren entspricht dem für die Erweiterung des Aufgabenkreises des Betreu- **39** ers (§ 293 Abs 2 FamFG; s oben Rn 12). Eine persönliche Anhörung nach § 278 Abs 1 FamFG sowie die Einholung eines Gutachtens oder ärztlichen Zeugnisses (§§ 280, 281 FamFG) sind entbehrlich, wenn diese Verfahrenshandlungen nicht länger als sechs Monate zurückliegen oder die beabsichtigte Erweiterung nach Abs 1 nicht wesentlich ist (§ 293 Abs 2 FamFG). Auch im Falle der Erweiterung des Kreises der einwilligungsbedürftigen Willenserklärungen bleiben die in § 1903 Abs 2 BGB genannten Angelegenheiten vom Einwilligungsvorbehalt ausgeschlossen. Ebenfalls bleibt § 1903 Abs 3 BGB von der Erweiterungsentscheidung unberührt.

Danach ist auch bei einer Erweiterung des Kreises der einwilligungsbedürftigen **40** Willenserklärungen zwischen einer unwesentlichen und einer wesentlichen Erweiterung zu unterscheiden. Angesichts der unterschiedlichen materiellrechtlichen Voraussetzungen für die Erweiterung des Aufgabenkreises und die Erweiterung des Kreises der einwilligungsbedürftigen Willenserklärungen muss bezweifelt werden, dass es eine unwesentliche Erweiterung eines solchen Kreises nach § 1903 BGB gibt. Bei der Betreuerbestellung sowie der Erweiterung des Aufgabenkreises kommt es letztlich darauf an, dass sie erforderlich ist, gleichgültig, ob der Betreuer damit rang- oder wertmäßig eine wesentliche Aufgabe zu erledigen hat (zB die Vertretung des Betreuten in einem Prozess mit niedrigem Streitwert). Die Anordnung eines Einwilligungsvorbehalts und dementsprechend auch die Erweiterung des Kreises der einwilligungsbedürftigen Willenserklärungen verlangt materiellrechtlich mehr, nämlich dass dies zur Abwendung einer erheblichen Gefahr für die Person oder das Vermögen erforderlich sei. Dass aber eine unbedeutende Erweiterung zur Abwendung einer erheblichen Gefahr erforderlich sein oder ausreichen soll, ist nicht recht vorstellbar. Die Begründung des RegEntw (BT-Drucks 11/4528, 180) beschränkt sich an dieser Stelle auch auf den Hinweis, Abs 2 regele „die Erweiterung des Kreises der einwilligungsbedürftigen Willenserklärungen".

Zum Inhalt der Entscheidung s §§ 38, 286 FamFG. Soweit die Erweiterung des **41** Aufgabenkreises reicht, ist eine Neubestimmung der Frist des § 286 Abs 3 FamFG grundsätzlich zulässig. Bezüglich der Mitteilungen an andere Gerichte, Behörden oder sonstige öffentliche Stellen nach den §§ 308 ff FamFG ist § 309 Abs 2 FamFG von Interesse, wenn sich die Erweiterung des Kreises der einwilligungsbedürftigen Willenserklärungen (ua) auf die Aufenthaltsbestimmung erstreckt.

Auch die Erweiterungsentscheidung kann im Wege einstweiliger Anordnung erge- **42** hen (§ 300, 301 FamFG; so auch HOLZHAUER/REINICKE § 69f FGG Rn 6). Als vorläufige Erweiterung ist sie zeitlich begrenzt (§ 302 FamFG).

IV. Einschränkung des Aufgabenkreises des Betreuers und Aufhebung der Betreuung (Abs 1)

1. Allgemeines

43 In dem Maße, in dem Betreuung nicht mehr erforderlich ist, hat das Betreuungs- gericht den Aufgabenkreis des Betreuers einzuschränken (Abs 1 S 2). Sind die Vor- aussetzungen der Betreuerbestellung in vollem Umfange entfallen, ist die Betreuung vollständig aufzuheben (Abs 1 S 1). Der Wegfall einer der Voraussetzungen für die Bestellung eines Betreuers reicht für die Aufhebung der Betreuung aus (BGH FamRZ 2016, 2090, 2091 Rn 8 mwNw). Die Betreuung kann im Einzelfall mangels Erforderlich- keit in vollem Umfang aufzuheben sein, wenn die betroffene Person jeden Kontakt mit ihrem Betreuer verweigert und der Betreuer infolgedessen gehindert ist, seine Aufgaben wirksam wahrzunehmen und zum Wohl der betroffenen Person tätig zu sein. Eine Aufhebung wegen **Unbetreubarkeit** (BGH FamRZ 2014, 466; FamRZ 2015, 650; s auch § 1896 Rn 253 ff) kommt danach aber erst in Betracht, nachdem das Betreuungs- gericht durch geeignete Rahmenbedingungen und/oder sonstige in Betracht kom- mende Maßnahmen den Versuch unternommen hat, die betroffene Person zu einer Zusammenarbeit mit dem (gegebenenfalls gewechselten) Betreuer zu bewegen. Eine Aufhebung kommt insbesondere in Betracht, wenn die Krankheit oder Behin- derung, die bei Anordnung der Betreuung vorlag, sich soweit gebessert hat, dass der Betroffene in der Lage ist, seine Angelegenheiten selbst zu besorgen. In psychiatri- schen Fällen kann und müsste aus verfassungsrechtlichen Gründen dies dazu führen, immer dann, wenn eine erforderliche Behandlung erfolgreich abgeschlossen wurde und der Betroffene daher in der Lage ist, voraussichtlich bis zum nächsten Rückfall seine Angelegenheiten selbst zu besorgen, die Betreuung aufzuheben.

Gründe für eine Einschränkung des Aufgabenkreises können dann gegeben sein, wenn der Betreute bestimmte Angelegenheiten wieder selbst erledigen kann oder Angelegenheiten, die der Betreute selbst nicht besorgen konnte, ihre endgültige Erledigung gefunden haben. Die Bestellung eines Betreuers ist auch aufzuheben, wenn der Betroffene trotz vorhandener Persönlichkeitsstörungen die bisher zum Aufgabenkreis des Betreuers gehörenden Angelegenheiten (wieder) selbst besorgen kann, ein Handlungsbedarf nicht besteht und der Betroffene außerdem die Betreu- ung und jeglichen Kontakt mit dem Betreuer ablehnt, sodass die Betreuung so gut wie wirkungslos geblieben ist (LG Rostock FamRZ 2004, 485 [LS]).

Ist ein Betreuter in der Lage, seinen freien Willen zu bestimmen (§ 1896 Abs 1a BGB), ist die Betreuung aufzuheben, wenn er sich mit freiem Willen gegen die (Fortsetzung der) Betreuung entscheidet oder zwar mit der Betreuung einverstan- den ist, aber nur unter der Bedingung, dass das Gericht eine von ihm gewünschte Person bestellt, die jedoch aus Sicht des Betreuungsgerichts für die Übernahme des Betreueramts ungeeignet ist (BGH FamRZ 2017, 473 = MDR 2017, 212).

44 Wird nachträglich eine Bevollmächtigung festgestellt und reicht diese zur Besorgung der Angelegenheiten der/des Betroffenen teilweise oder sogar vollständig aus oder konnten andere Hilfen mobilisiert werden, die ohne (gesetzliche) Vertretungsbefug- nis ausreichen, kommt eine teilweise oder vollständige Aufhebung ebenfalls in Betracht. Die Voraussetzungen der Betreuerbestellung sind weggefallen, wenn der Betreute durch Heilung oder Rehabilitation seine Angelegenheiten im erforderlichen Umfang wieder selbst besorgen kann. Bestand die Betreuung und der Aufgabenkreis des Betreuers lediglich in der Besorgung einer einzigen Angelegenheit, ist die Betreuung nach der vollständigen Erledigung aufzuheben, wenn nicht eine automatische Beendigung der Betreuung bestimmt wurde oder angenommen wird (s dazu oben Rn 3).

In dem die Betreuerbestellung betreffenden Verfahren **erledigt** sich die **Hauptsache** 45 ua durch die Aufhebung der Betreuung gemäß Abs 1 S 1 (BayObLG FamRZ 2001, 255). Hat sich nach Einlegen der Beschwerde (§ 58 FamFG) die angefochtene Entscheidung in der Hauptsache erledigt, spricht das Beschwerdegericht auf Antrag (dazu BGH FamRZ 2011, 1390) aus, dass die Entscheidung des Gerichts des ersten Rechtszugs (oder die der Vorinstanz, BGH FamRZ 2011, 1390) den Beschwerdeführer in seinen Rechten verletzt hat, wenn der Beschwerdeführer ein berechtigtes Interesse zu der Feststellung hat. Das Feststellungsinteresse ist in der Regel anzunehmen, wenn ein schwerwiegender Grundrechtseingriff vorliegt (§ 62 Abs 2 Nr 1 FamFG) oder eine konkrete Wiederholungsgefahr (§ 62 Abs 2 Nr 2 FamFG) besteht (BGH FamRZ 2011, 1390 [1391]). Zur Frage der Hauptsachenerledigung vor oder nach Erledigung des Rechtsmittels KEIDEL/BUDDE, FamRZ[17] § 62 Rn 7 ff. Außerhalb eines Beschwerdeverfahrens in einem isolierten Verfahren kann der Betroffene nach Aufhebung der Betreuerbestellung und der Einstellung eines Betreuungsverfahrens nicht die **Feststellung** begehren, dass die Anordnung der Betreuerbestellung und die Durchführung der **Betreuung rechtswidrig** waren (BayObLG FamRZ 2004, 485 [LS]). Wurde einem Betroffenen unter Beachtung des § 1896 Abs 1a BGB ein Betreuer bestellt, entfällt die Voraussetzung einer Betreuerbestellung auch dann, sobald sich der Betreute mit freiem Willen gegen die Betreuung wendet. Obwohl damit nicht ein Fall des Abs 2 Satz 1 (Aufhebung der Antragsbetreuung) gegeben ist, ähneln die Fälle. Ebenso wie die Bestellung eines Betreuers gegen den freien Willen des Volljährigen nicht zulässig ist (§ 1896 Abs 1a BGB), ist die Betreuung wegen Wegfalls der Voraussetzungen aufzuheben, wenn der Betroffene sein „Einverständnis" widerruft oder zurückzieht und dies das Ergebnis freier Willensbildung ist. Entsprechende Tatsachen hat das Gericht ggf von Amts wegen zu ermitteln und festzustellen (BGH FamRZ 2011, 556, 557 = FGPrax 2011, 118 [LS]). Stellt der Betreute den Antrag, die Betreuung wieder aufzuheben und hatte der Betroffene die Bestellung eines Betreuers nicht beantragt (vgl Abs 2 S 1 HS 1), hat das Betreuungsgericht von Amts wegen zu prüfen, ob die Voraussetzungen der Betreuung ganz oder teilweise weggefallen sind. Das Verfahren richtet sich nach § 294 FamFG. Danach gelten für die Aufhebung der Betreuung die §§ 279, 288 Abs 2 S 1 FamFG entsprechend. Das Gericht hat demnach seine Feststellungen mithilfe sonstiger Beteiligter, der Betreuungsbehörde und ggf des gesetzlichen Vertreters zu treffen (§ 279 FamFG); eine persönliche Anhörung des Betreuten (§ 278 FamFG) ist dagegen nicht vorgeschrieben. Ebensowenig die Einholung eines (weiteren) Sachverständigengutachtens (§ 280 FamFG). Holt das Gericht ein Sachverständigengutachten ein und stützt es seine Entscheidung auf dieses Gutachten, muss das Gutachten den formalen Anforderungen des § 280 FamFG genügen. Es muss noch aktuell sein. Bei zwischenzeitlicher Änderung der Tatsachenlage, die für die Entscheidung nicht offensichtlich unerheblich ist, hat das Gericht zumindest eine ergänzende Stellungnahme des Sachverständigen einzuholen (BGH Beschluss v 21. 9. 2016 – XII ZB 606/15, FamRZ 2016, 2090). Zutreffend stellt der BGH fest, dass § 26 FamFG dafür maßgebend ist, in welchem Umfang Tatsachen zu ermitteln sind. Das Gericht hat von Amts wegen (nur) die zur Feststellung der entscheidungserheblichen Tatsachen erforderlichen Ermittlungen durchzuführen und die geeignet erscheinenden Beweise zu erheben (BGH FamRZ 2011, 556 [557]; FamRZ 2010, 1060 Rn 29). Nach Aufhebung einer Betreuung während des Beschwerdeverfahrens kann die Feststellung der Rechtswidrigkeit der Betreuerbestellung nicht mehr beantragt werden (BayObLGZ 2003, 358 = FamRZ 2004, 657).

2.   Besonderheiten im Falle von Antragsbetreuung

46 War die Betreuerbestellung von einem körperlich Behinderten beantragt worden, ist die Betreuung auf seinen Antrag auch wieder aufzuheben. Entsprechendes gilt für die Einschränkung des Aufgabenkreises des Betreuers (Abs 2 S 1 u S 3).

47 Hatte ein psychisch Kranker oder ein geistig oder seelisch Behinderter den Antrag auf Bestellung eines Betreuers gestellt (§ 1896 Abs 1 S 1 BGB), so hat das Gericht auf seinen Antrag die Betreuung aufzuheben oder einzuschränken, wenn nicht die Betreuung in dem bisherigen Umfang weiterhin erforderlich ist. Dieser Antrag nach § 1896 Abs 1 S 1 BGB hat keine materiellrechtliche Bedeutung (s oben § 1896 Rn 135), ebensowenig der Antrag auf Aufhebung oder Einschränkung der Betreuung. Es kommt darauf an, ob der Betreute seine Angelegenheiten ganz oder teilweise selbst oder durch von ihm bevollmächtigte und kontrollierte Personen besorgen (lassen) kann. Andernfalls bleibt die Betreuerbestellung in dem bisherigen Umfang erhalten. Der Antrag auf Aufhebung oder Einschränkung des Aufgabenkreises des Betreuers ist dann zurückzuweisen. Nach BayObLG (FuR 1998, 90) war es nicht zu beanstanden, dass der Tatrichter den Antrag eines seit vielen Jahren psychisch erkrankten Betreuten ohne weitere Ermittlungen ablehnte, weil (falls) die letzte tatrichterliche Entscheidung erst knapp zwei Monate zurückliegt. Ein Antrag auf Aufhebung der Betreuung kann aber nur abgelehnt werden, wenn die Voraussetzungen für die Bestellung eines Betreuers noch vorliegen. Deshalb ist es bei der Ablehnung eines Antrags auf Aufhebung einer Betreuung erforderlich, festzustellen, dass der Betroffene nicht in der Lage ist, seinen Willen in den bestimmten Aufgabenkreisen frei zu bestimmen (BayObLG FamRZ 1995, 1519 [LS]). Verfahrensmäßige Voraussetzung einer solchen Zurückweisung ist die Einholung eines Sachverständigengutachtens, wenn das Gericht bei seiner Erstentscheidung von der Einholung eines Gutachtens (wegen des gestellten Antrages) abgesehen hatte (§ 294 Abs 2 FamFG). Entsprechend ist zu verfahren, wenn das Gericht auf Antrag des Betreuten, ohne Sachverständigengutachten einzuholen, den Aufgabenkreis des Betreuers erweitert hatte und der Betreute nunmehr beantragt, die Erweiterung rückgängig zu machen (§ 1908d Abs 2 S 3 BGB).

48 Auf die bloße **Behauptung** des Betreuten hin, eine Betreuung sei nicht notwendig, kann diese **nicht aufgehoben** werden. In der Praxis stößt die mit der Einführung des Antragsrechts auch für nicht (lediglich) körperlich behinderte Betroffene auf Betreuerbestellung sowie auf Aufhebung der Betreuung verbundene Absicht des Gesetzgebers (BT-Drucks 11/4528, 118) oft nicht auf entsprechendes Verständnis. Es bedarf in der Regel eingehender Erklärung, dass das Gericht trotz anderslautenden Antrags von Amts wegen entscheiden darf und muss, wenn es nicht durch § 1896 Abs 1a BGB gehindert ist.

3. Verfahren

Zuständig für die Entziehung der Vertretungsmacht gemäß § 1908i Abs 1 S 1, 1796 **49** Abs 1 BGB und die daraus folgende Einschränkung des Aufgabenkreises des Betreuers gem § 1908d Abs 1 S 2 BGB ist der Richter (LG Mainz FamRZ 2016, 2031 = Rpfleger 2016, 650 = BtPrax 2016, 246 [LS]). Für die Aufhebung der Betreuung und die Einschränkung des Aufgabenkreises des Betreuers ist § 294 FamFG maßgebend. Die §§ 279 und 288 Abs 2 S 1 FamFG gelten entsprechend. Von der Verweisung werden die §§ 278 Abs 1 und 280 FamFG nicht erfasst, die die persönliche Anhörung des Betroffenen und die Einholung eines Sachverständigengutachtens vorschreiben (BGH FamRZ 2011, 556, 557 = FGPrax 2011, 118 [LS]; BGH FamRZ 2016, 1350 Rn 8; BGH FamRZ 2016, 2090, 2091 Rn 11). Holt das Gericht dennoch ein Sachverständigengutachten ein und stützt darauf seine Aufhebungsentscheidung, muss das Gutachten den formalen Anforderungen des § 280 FamFG genügen (BGH FamRZ 2014, 1917 = NJW 2014, 3445 jeweils Rn 8 f; FamRZ 2015, 486 = BtPrax 2015, 67 = Rpfleger 2015, 333 Rn 11; BGH v 21. 9. 2016 – XII ZB 606/15 – FamRZ 2016, 2090). Eine Begutachtung nach Aktenlage ist deshalb auch im Aufhebungsverfahren grundsätzlich nicht zulässig (BGH FamRZ 2015, 486 = BtPrax 2015, 67 = Rpfleger 2015, 333 Rn 13 ff). Entschließt sich das Gericht in einem Aufhebungsverfahren, ein neues Gutachten einzuholen und will es dieses Gutachten als Tatsachengrundlage für seine Entscheidung heranziehen, ist die persönliche Anhörung der/des Betroffenen unverzichtbar (BGH FamRZ 2016, 1922 Rn 7, 8 – MDR 2016, 1280). Das Sachverständigengutachten muss noch aktuell sein. Bei offensichtlich nicht unerheblicher geänderter Sachlage kann die ergänzende Stellungnahme des Sachverständigen erforderlich sein (BGH FamRZ 2016, 2090, 2091 Rn 12).

Das Gericht hat die sonstigen Beteiligten anzuhören (§ 279 Abs 1 FamFG). Es hat **50** die zuständige Behörde vor der Entscheidung anzuhören, wenn es der Betreute verlangt oder es der Sachaufklärung dient (§ 279 Abs 2 FamFG). Verlangt der Betreute, dass eine ihm nahestehende Person angehört wird, ist dem Anliegen zu folgen, wenn dies ohne erhebliche Verzögerung möglich ist (§ 279 Abs 3 FamFG). Der Betroffene muss nicht persönlich angehört werden. § 294 FamFG sieht für das Aufhebungsverfahren die persönliche Anhörung des Betroffenen nicht zwingend vor. Ob im Einzelfall eine erneute persönliche Anhörung des Betroffenen erforderlich ist, wird von den Grundsätzen der Amtsermittlung (§ 26 FamFG) bestimmt (BGH FamRZ 2011, 556). Das trifft auch für die Frage zu, ob ein Sachverständigengutachten einzuholen ist (BGH FamRZ 2011, 556). Die Notwendigkeit seiner Anhörung, wie auch immer ausgestaltet, ergibt sich jedenfalls aus Art 103 Abs 1 GG und § 26 FamFG. Nur die Aufforderung, sich zur Sache zu äußern, stellt die Anhörung sicher, sofern nicht weitergehende Schritte nötig sind. Sein Recht kann der Betreute auch in einer Weise geltend machen, in der eine Anhörung nicht erkennbar wird (bloße schriftliche Mitteilung, nach § 279 Abs 3 FamFG zu verfahren). Nach OLG Zweibrücken (BtPrax 1998, 150) hat sich im Verfahren über den Antrag auf Aufhebung der Betreuung auch das Beschwerdegericht grundsätzlich einen persönlichen Eindruck von dem Betroffenen zu verschaffen und ihn anzuhören, auch wenn dies gesetzlich nicht ausdrücklich vorgeschrieben wurde.

Bisher verlangte die Rechtsprechung, dass das Gericht im Rahmen der Amtsermitt- **51** lungspflicht (§ 12 FGG aF; § 26 FamFG) im Interesse des Betreuten ein Gutachten einzuholen hat (OLG Frankfurt FamRZ 1992, 859 = OLGZ 1992, 294 = NJW 1992, 1395 = R & P

1992, 96), wenn das letzte Gutachten lange (hier: 1 Jahr 5 Monate) zurückliegt oder eine erhebliche Veränderung seiner Tatsachengrundlage naheliegt (BayObLGR 2002, 232 [LS]). Ein etwaiger Gutachtenauftrag und die vom Sachverständigen zu erwartende Stellungnahme richten sich danach, aus welchem Grund die Betreuung aufgehoben werden soll. Soll der Aufhebungsantrag des Betreuten erstmals abgelehnt werden und hatte sich das Gericht im Bestellungsverfahren mit der Vorlage eines ärztlichen Zeugnisses begnügt (§ 281 FamFG), ist nunmehr die Einholung eines Sachverständigengutachtens erforderlich (§ 294 Abs 2 FamFG), das sich auch zur Frage des freien Willens zu äußern hat.

Beantragt der Betreute die Aufhebung der Betreuung, kann der Antrag nur abgelehnt werden, wenn im Zeitpunkt der gerichtlichen Entscheidung sämtliche Voraussetzungen für die Bestellung eines Betreuers noch vorliegen. Das Gericht hat deshalb durch ein noch aktuelles Gutachten festzustellen, dass dem Betroffenen die Fähigkeit fehlt, einen freien Willen iS des § 1896 Abs 1a BGB zu bilden (BGH FamRZ 2015, 2160 mAnm SONNENFELD; BGH FamRZ 2015, 2158).

52   Maßgebend für die Durchführung eines Verfahrens zur Prüfung der Aufhebung der Betreuung sind die Grundsätze der Amtsermittlung (§ 26 FamFG). Die Durchführung tatsächlicher Ermittlungen hängt jedoch davon ab, dass dem Gericht von der betroffenen Person oder anderer Seite greifbare Anhaltspunkte für eine Veränderung der der Betreuerbestellung zugrunde liegenden tatsächlichen Umstände mitgeteilt werden (BGH FamRZ 2011, 556, 557).

53   Die Entscheidung ist dem Betreuten selbst bekanntzumachen (§ 40 FamFG). Im Falle der Aufhebung, aber auch der Einschränkung der Betreuung dürfte der Fall, dass von der Bekanntmachung der Gründe aus gesundheitlicher Rücksichtnahme abgesehen werden kann (§ 288 Abs 1 FamFG), selten sein. Für die Wirksamkeit der Entscheidung ist § 287 FamFG maßgebend. Sie tritt regelmäßig mit der Bekanntmachung an den Betreuer ein (§ 287 Abs 1 FamFG).

54   Gegen die Aufhebung der Betreuung oder die Einschränkung des Aufgabenkreises des Betreuers sind Rechtsbehelfe nach Maßgabe von §§ 58 ff FamFG statthaft. Die Beschwerde gegen die Aufhebung der Betreuung und gegen die Einschränkung des Aufgabenkreises des Betreuers steht der zuständigen Behörde zu (§ 303 Abs 1 Nr 2 FamFG). Die in § 303 Abs 2 FamFG aufgeführten nahen Angehörigen können gegen eine von Amts wegen ergangene Entscheidung nur im Interesse des Betroffenen und nur dann Beschwerde einlegen, wenn sie im ersten Rechtszug beteiligt worden sind. Der Antrag auf Aufhebung der Betreuung enthält auch den Antrag auf Entlassung des Betreuers (BayObLGZ 1993, 350). Die Rechtsposition des Betreuten wird durch die Aufhebung der Betreuung negativ betroffen, weil er die ihm vom Staat in Form von Rechtsfürsorge gewährte Leistung verliert; er ist deshalb beschwerdeberechtigt (BayObLG MDR 2001, 94, 95). Seine Beschwerdebefugnis ergibt sich aus §§ 58 ff FamFG.

55   Lehnt das Betreuungsgericht die Aufhebung der Betreuung ab und verlängert es gleichzeitig die Frist für deren Überprüfung, so ist die Beschwerde des Betroffenen gegen die ursprüngliche Bestellung des Betreuers mangels Rechtsschutzbedürfnisses unzulässig (BayObLG FamRZ 2005, 834). Will das Gericht dem Antrag auf Aufhebung der Betreuung nicht entsprechen, bestehen keine besonderen verfahrensrechtlichen Vorschriften. Im Übrigen gilt für das Verfahren über einen Aufhebungsantrag der Grundsatz der Amtsermittlung (BayObLG FamRZ 1998, 323; OLG München FamRZ 2006, 730 [LS] = BtPrax 2006, 79 [LS]).

Im Namen des Betreuten kann der Betreuer Beschwerde gegen eine Entscheidung **56** einlegen, die seinen Aufgabenkreis betrifft (§ 303 Abs 4 S 1 FamFG). Führen mehrere Betreuer ihr Amt gemeinschaftlich, kann jeder von ihnen für den Betroffenen selbständig Beschwerde einlegen (§ 303 Abs 4 S 2 FamFG). Im Übrigen hat der Betreuer kein Recht auf Fortbestand der Betreuung und daher grundsätzlich auch kein Beschwerderecht, wenn die Betreuung aufgehoben wird (OLG Köln FamRZ 1997, 1293 = NJW-RR 1997, 708 zu § 20 FGG aF; OLG München BtPrax 2006, 33 = FamRZ 2006, 577 [LS]). Er kann jedoch in seinen Rechten beeinträchtigt sein, wenn die Betreuung ohne seine vorherige Anhörung und damit unter Verletzung des rechtlichen Gehörs aufgehoben worden ist (OLG Düsseldorf FamRZ 1998, 1244 = BtPrax 1998, 80). Bedenklich, dass der Betreuer für den Betroffenen die Entscheidung über die Entlassung aus einem Teil seiner Aufgaben anfechten können soll, weil ihm die „Vertretung bei Ämtern und Behörden" verblieben ist (BayObLGR 2004, 54 = BtPrax 2004, 35 = FamRZ 2004, 734 mAnm BIENWALD) Wird die Betreuung aufgehoben und waren mehrere Betreuer gemäß § 1899 Abs 3 BGB bestellt, sind die von der Aufhebung betroffenen Betreuer zu hören. Die Nichtanwendung von § 303 Abs 4 S 2 FamFG hat zur Folge, dass im Falle gemeinschaftlicher Führung der Betreuung nach § 1899 Abs 3 BGB nur alle Betreuer gemeinschaftlich Beschwerde einlegen können.

Die Aufhebung der Betreuung wie auch die Änderung des Aufgabenkreises des **57** Betreuers ist anderen Gerichten, Behörden oder sonstigen öffentlichen Stellen nach Maßgabe der §§ 308 ff FamFG mitzuteilen.

Wird eine Betreuung als ungerechtfertigt aufgehoben und legt das Beschwerdegericht die notwendigen Auslagen des Betroffenen der Staatskasse auf, umfasst dies nicht auch die Entschädigung des Betreuers, die dieser für zuvor erbrachte Leistungen im Rahmen seines Aufgabenkreises von dem nicht mittellosen Betroffenen erhalten hat oder fordern kann (OLG München FamRZ 2006, 730 [LS] = BtPrax 2006, 32 = MDR 2006, 759).

4.   Entscheidungsfolgen

a)   bei Aufhebung der Betreuung

Mit dem Wirksamwerden der Aufhebung der Betreuung (§§ 294, 287 FamFG) endet **58** das Betreuungsverhältnis. Das Amt des Betreuers ist beendet, ohne dass es einer besonderen Aufhebungs- und Entlassungsentscheidung bedarf (MünchKomm/SCHWAB Rn 9). War ein Einwilligungsvorbehalt angeordnet, erlischt dieser, ohne dass er ausdrücklich (mit)aufgehoben wird, allein aufgrund seiner Akzessorietät. War ein Gegenbetreuer bestellt, endet sein Amt mit der Aufhebung der Betreuung.

Im Falle der Aufhebung der Betreuung kommt es zu einem Abwicklungsverhältnis, **59** dessen Inhalt sich im Wesentlichen nach den Bestimmungen über die Beendigung der Vormundschaft richtet (§§ 1890, 1892, 1893 Abs 2 BGB iVm § 1908i Abs 1 S 1 BGB). Für den ehrenamtlich tätigen Betreuer kommen in Betracht Ersatz von

Aufwendungen nach Einzelabrechnung (§ 1835 BGB) oder in Form der Aufwands-entschädigung (§ 1835a BGB), in besonderen Fällen die Bewilligung einer Vergü-tung; die Bewilligung einer Vergütung und der Aufwendungsersatz für berufsmäßig tätige Betreuer richten sich seit dem 1. 7. 2005 nach den Bestimmungen des Vor-münder- und Betreuervergütungsgesetzes (VBVG). Vereinsbetreuer und Behörden-betreuer können selbst keine Rechte aus den §§ 1835 bis 1836b BGB geltend ma-chen (§ 7 Abs 3 und § 8 Abs 3 VBVG). Der Vergütungsanspruch eines Betreuers wird dadurch, dass die Betreuung entgegen Abs 1 S 1 zu lange aufrechterhalten wurde, nicht berührt (BayObLGZ 1997, 301 = NJW-RR 1998, 435).

60   Zur Erteilung von Auskünften kann das Betreuungsgericht den Betreuer nach Be-endigung nicht mehr anhalten (BayObLG Rpfleger 1996, 246 = FamRZ 1996, 511 [LS] = BtPrax 1996, 76 [LS]).

61   Haben Betreuer und ggf Gegenbetreuer dringende Geschäfte auch nach Ende der Betreuung (oder auch teilweiser Beendigung) zu besorgen (s §§ 1698a, 1698b iVm §§ 1893 Abs 1, 1908i Abs 1 S 1 BGB), wird insoweit das Fortbestehen von deren Rechtsmacht fingiert.

b)   bei Einschränkung des Aufgabenkreises

62   Die Entscheidung, durch die der Aufgabenkreis des Betreuers eingeschränkt wird, berührt den erhalten gebliebenen Teil der Betreuung nicht. Der festgesetzte Zeit-punkt, zu dem das Gericht spätestens über die Aufhebung oder Verlängerung der (restlichen) Maßnahme zu entscheiden hat, bleibt erhalten (MünchKomm/Schwab Rn 10). Würde das Gericht zugleich mit der Einschränkung des Aufgabenkreises einen neuen hinausgeschobenen Überprüfungszeitpunkt festlegen, bedeutete dies eine Verlängerung der (restlichen) Betreuung. Das Gericht müsste dafür ein be-sonderes Verfahren wählen (MünchKomm/Schwab Rn 10).

63   Die Einschränkung des Aufgabenkreises des Betreuers führt zu einer teilweisen Befreiung des Betreuten von der Betreuung. Ist davon eine Angelegenheit der Vermögensverwaltung betroffen, ist entsprechend § 1890 BGB iVm § 1908i Abs 1 S 1 BGB zu verfahren. Im Übrigen hat der Betreuer dem Betreuten diejenigen Schriftstücke herauszugeben, die der Betreute benötigt, um seine Angelegenheiten wieder selbst wahrzunehmen.

64   Außerdem ist der Betreuerausweis (Bestellungsurkunde, § 290 FamFG) entspre-chend zu korrigieren, obwohl dies nicht ausdrücklich vorgeschrieben ist (Münch Komm/Schwab Rn 10). Die Urkunde genießt zwar keinen öffentlichen Glauben und schützt Dritte darin nicht, auch geht der Inhalt der Entscheidung des Gerichts der Urkunde vor (im Minderjährigenrecht der Bestallung, statt aller Staudinger/Veit [2014] § 1791 Rn 6); die dem Betreuten vom Gericht geschuldete Sorgfalt verlangt jedoch, dass der Legitimationszwecken dienende Betreuerausweis nur die Berechtigung des Betreu-ers erkennen lässt, die diesem auch zusteht, um Missbräuche und damit Schaden für den Betreuten zu vermeiden.

V. Die Aufhebung des Einwilligungsvorbehalts und die Einschränkung des Kreises der einwilligungsbedürftigen Willenserklärungen (Abs 4 iVm Abs 1)

1. Voraussetzungen

Die entsprechende Anwendung des Abs 2 auf die Änderung des Einwilligungsvor- **65** behalts entfällt, weil die Anordnung wie die Abänderung oder Aufhebung des Einwilligungsvorbehalts ausschließlich von Amts wegen vorgenommen werden können (bzgl der Anordnung BT-Drucks 11/4528, 137; ERMAN/ROTH Rn 46; MünchKomm/SCHWAB Rn 26, 41, 42, jeweils zu § 1903; ERMAN/ROTH § 1908d Rn 8; DAMRAU/ZIMMERMANN § 1908d Rn 20 zur Aufhebung usw).

Fallen die Voraussetzungen für die Anordnung des Einwilligungsvorbehalts weg, ist **66** er aufzuheben. Fallen diese Voraussetzungen nur für einen Teil der einwilligungsbedürftigen Willenserklärungen weg, ist der Kreis der einwilligungsbedürftigen Willenserklärungen entsprechend einzuschränken. Beide Arten von Entscheidungen berühren das Bestehen der Betreuung nicht. Auch die Änderung des Kreises der einwilligungsbedürftigen Willenserklärungen schränkt die Betreuung bzw den Kreis der Aufgaben des Betreuers nicht automatisch ein. Ebensowenig wird eine bestehende Gegenbetreuung in ihrer Existenz betroffen. Soll mit der Einschränkung des Einwilligungsvorbehalts auch eine Einschränkung der Betreuung verbunden werden, muss zwar die Betreuung beschlossen werden; eine besondere Einschränkung des Kreises der einwilligungsbedürftigen Willenserklärungen entfällt, soweit diese das Bestehen des betreffenden Aufgabenbereichs voraussetzen.

Der Einwilligungsvorbehalt kann und muss aufgehoben werden, wenn eine erheb- **67** liche Gefahr für die Person oder das Vermögen des Betreuten, die durch eigene rechtsgeschäftliche Betätigungen des Betreuten verursacht wurden, nicht mehr zu besorgen ist. Der Fall kann eintreten, wenn aufgrund zunehmender Krankheit oder Behinderung entsprechende Aktivitäten des Betroffenen nicht mehr zu erwarten sind, oder äußere Umstände (Umzug ggf in ein Heim) ein bestimmtes schädigendes Verhalten nicht mehr zulassen. Eine Änderung der Vermögenslage bietet nicht ohne Weiteres Anlass für eine Einschränkung oder Aufhebung des Einwilligungsvorbehalts, weil das Eingehen von Verpflichtungen nicht notwendig das Vorhandensein von entsprechenden Geldmitteln voraussetzt.

Stellt sich im Laufe der Zeit heraus, dass sich der Betreute – im Rahmen der **68** Zuständigkeit des Betreuers – durch eigenes Handeln erheblich schädigt, hat das Gericht erneut einen Einwilligungsvorbehalt nach § 1903 BGB in dem dann erforderlichen Umfang anzuordnen.

2. Folgen

Wird der Einwilligungsvorbehalt aufgehoben, benötigt der Betreute nicht mehr zu **69** den für ihn rechtlich nachteiligen Willenserklärungen die Einwilligung des Betreuers. Der Betreute handelt rechtswirksam anstelle des Betreuers oder neben ihm, wenn er nicht geschäftsunfähig ist (§ 104 Nr 2 BGB; § 105 Abs 1 BGB) oder die Voraussetzungen des § 105 Abs 2 BGB vorliegen. Mit dem Wirksamwerden der

Aufhebung des Einwilligungsvorbehalts oder der Einschränkung des Kreises der einwilligungsbedürftigen Willenserklärungen entfällt die Zuständigkeit des Betreuers ganz oder teilweise, sich zu solchen Willenserklärungen zu äußern, ggf seine Zustimmung zu geben. Entsprechend § 108 Abs 3 BGB iVm § 1903 Abs 1 S 2 BGB tritt bei einem noch schwebend unwirksamen Vertrag die Genehmigung des Betreuten an die Stelle der des Betreuers.

70 Bei der Anordnung eines Einwilligungsvorbehalts für einen geschäftsunfähigen Betreuten entfällt die Möglichkeit nachträglicher eigener Zustimmung zwangsläufig. Mit der Aufhebung des Einwilligungsvorbehalts oder der Einschränkung des Kreises der einwilligungsbedürftigen Willenserklärungen kann der (geschäftsunfähige) Betreute nicht mehr ohne Mitwirkung des Betreuers geringfügige Angelegenheiten des täglichen Lebens nach Maßgabe des § 1903 Abs 3 BGB selbst erledigen.

3. Verfahren

71 Das Verfahren richtet sich nach § 294 FamFG, der für die Aufhebung des Einwilligungsvorbehalts oder die Einschränkung des Kreises der einwilligungsbedürftigen Willenserklärungen die entsprechende Anwendung der §§ 279 und 288 Abs 2 S 1 FamFG vorsieht. § 279 FamFG betrifft die Anhörung der sonstigen Beteiligten, der Betreuungsbehörde und des gesetzlichen Vertreters; § 288 Abs 2 S 1 FamFG verpflichtet das Gericht zur Bekanntgabe des Beschlusses über Umfang, Inhalt oder Bestand des Einwilligungsvorbehalts an die zuständige Behörde. Im Übrigen entspricht das Verfahren im Wesentlichen den für die Aufhebung der Betreuung geltenden Vorschriften. Hat das Gericht nach § 281 Abs 1 S 1 FamFG von der Einholung eines Gutachtens abgesehen, ist dies nachzuholen, wenn ein Antrag des Betroffenen auf Aufhebung der Betreuung oder Einschränkung des Aufgabenkreises erstmals abgelehnt werden soll (§ 294 Abs 2 FamFG). Gegen die im ersten Rechtszug ergangene Entscheidung über die Aufhebung des Einwilligungsvorbehalts oder die Einschränkung des Kreises der einwilligungsbedürftigen Willenserklärungen findet die befristete Beschwerde statt. Die Beschwerdefrist beträgt einen Monat und beginnt mit der schriftlichen Bekanntgabe des Beschlusses an die Beteiligten (§§ 58, 63 Abs 1, Abs 3 S 1 FamFG).

Von den Meldevorschriften ist bei der Aufhebung von Einwilligungsvorbehalten oder ihrer Einschränkung besonders § 309 Abs 2 FamFG zu beachten, sofern sich der Einwilligungsvorbehalt auf die Aufenthaltsbestimmung des Betroffenen erstreckt hat. Weitere Mitteilungen kommen ggf nach § 311 FamFG und den dort in Bezug genommenen Vorschriften in Betracht.

72 Die **Anhörung des Betreuers** dürfte, obgleich nicht ausdrücklich angeordnet, für die Frage der Aufhebung oder Einschränkung des Einwilligungsvorbehalts von besonderem Interesse und deshalb auch in der Regel unverzichtbar sein (§ 26 FamFG). Kann doch kaum ein anderer besser als er über Art und Zahl der rechtsgeschäftlichen Aktivitäten des Betreuten und den Umfang seiner Zustimmungen oder Ablehnungen im Rahmen des § 1903 BGB Auskunft geben. Ist erkennbar, dass es in Bezug auf die Aufhebung oder Einschränkung des Einwilligungsvorbehalts zwischen dem Betreuer und dem Betreuten gegensätzliche Positionen gibt, kann es schon aus diesem Grunde geboten sein, dem Betreuten für das Verfahren einen Verfahrens-

pfleger zu bestellen (§ 276 FamFG), sofern der Betreute nicht selbst durch Anwalts-
bestellung für seine Vertretung gesorgt hat.

§ 1908e
(aufgehoben)

Die Vorschrift wurde durch Art 1 Nr 13 des 2. BtÄndG (BGBl I 1073) mit Wirkung
v 1. 7. 2005 aufgehoben. Hat das Gericht einen Mitarbeiter eines Vereins zum Vereinsbetreuer bestellt, regelt die Geltendmachung von Vergütung und Aufwendungsersatz durch den Betreuungsverein seit 1. 7. 2005 § 7 des Vormünder- und Betreuervergütungsgesetzes (Text s § 1908i). Der Wortlaut des aufgehobenen § 1908e ist in
der Bearbeitung von 2004 mitgeteilt.

§ 1908f
Anerkennung als Betreuungsverein

**(1) Ein rechtsfähiger Verein kann als Betreuungsverein anerkannt werden, wenn er
gewährleistet, dass er**

**1. eine ausreichende Zahl geeigneter Mitarbeiter hat und diese beaufsichtigen,
    weiterbilden und gegen Schäden, die diese anderen im Rahmen ihrer Tätigkeit
    zufügen können, angemessen versichern wird,**

**2. sich planmäßig um die Gewinnung ehrenamtlicher Betreuer bemüht, diese in
    ihre Aufgaben einführt, sie fortbildet und sie sowie Bevollmächtigte bei der
    Wahrnehmung ihrer Aufgaben berät und unterstützt,**

2a. planmäßig über Vorsorgevollmachten und Betreuungsverfügungen informiert,

3. einen Erfahrungsaustausch zwischen den Mitarbeitern ermöglicht.

**(2) Die Anerkennung gilt für das jeweilige Land; sie kann auf einzelne Landesteile
beschränkt werden. Sie ist widerruflich und kann unter Auflagen erteilt werden.**

**(3) Das Nähere regelt das Landesrecht. Es kann auch weitere Voraussetzungen für
die Anerkennung vorsehen.**

**(4) Die anerkannten Betreuungsvereine können im Einzelfall Personen bei der
Errichtung einer Vorsorgevollmacht beraten.**

Materialien: DiskE II (§ 1908a); RefEntw
(§ 1908f); Art 1 Nr 41 RegEntw; Art 1 Nr 47
BtG; BT-Drucks 11/4528, 157 f (BReg);
BT-Drucks 11/6949, 16, 80 f Nr 28 (RA). Abs 1
Nr 2a eingef d Art 1 Nr 16a BtÄndG
(BT-Drucks 13/7158, 50, 57 BRat m Zust d

BReg; BT-Drucks 13/10331, 12 [RA];
BR-Drucks 339 u 517/98 m Beschluss). Abs 1
Nr 2 ergänzt, Abs 2 geändert (Land) sowie
Abs 4 angefügt d Art 1 Nr 14 2. BtÄndG

Werner Bienwald

(BT-Drucks 15/2494, 7, 31, 47; BT-Drucks 15/ 4874; BR-Drucks 121/05 [Beschluss]; BGBl I 1073).

Schrifttum

AUE, Vereinsvormundschaft und -pflegschaft für Volljährige im Freistaat Bayern (empirisch) (Diss Bamberg 1989)
BERNHARD, Über die Notwendigkeit von Betreuungsvereinen im sozialen Netz der Kommunen, BtPrax 2002, 102
BIENWALD/OETJEN, Betreuungsvereine in Deutschland (1994)
ders, Das Betreuungsbehördenstärkungsgesetz vom 28. 8. 2013 (BGBl I S 3393) und Folgen für die Tätigkeit anerkannter Betreuungsvereine (aufgezeigt am Beispiel Hamburg), BtPrax 2016, 23
BRILL, Förderung des ehrenamtlichen Engagements, BtPrax 2002, 104
Bundesministerium für Gesundheit (Hrsg), Modellmaßnahmen zur Förderung der ehrenamtlichen Tätigkeit im Betreuungswesen: Abschlußbericht 1991–1995 (1996)
COEN, Die Aufsicht des Betreuungsvereins über Vereinsbetreuer nach § 1908f I Nr 1 BGB, NJW 1999, 535
GEISTERT, Der Vereinsbetreuer zwischen Anspruch und Wirklichkeit, DAVorm 1995, 1095

HELLMANN, Betreuungsvereine – Perspektiven und Probleme, BtPrax 1992, 4
HÜLSHOFF, Pädagogische Aspekte der Vormundschaftsarbeit mit Erwachsenen (1989)
KLEINZ, Probleme und Chancen der Umsetzung des Betreuungsgesetzes in der verbandlichen Praxis, FuR 1990, 287
dies, Organisierte Einzelbetreuung – ein Modell der Zukunft?, BtPrax 1993, 113
MEYER-HÖGER, Die finanzielle Förderung von Betreuungsvereinen in Rheinland-Pfalz, BtPrax 1993, 201
OELHOFF, Gesetz und Wirklichkeit: Der Betreuungsverein gem § 1908f BGB, BtPrax 1996, 136
SCHWARZBACH, Betreuungsverein musste schließen, BtPrax 2003, 67
WINTERSTEIN, Die Landesausführungsgesetze und die Förderung von Betreuungsvereinen – ein Länderüberblick, BtPrax 1995, 194
ZIMMERMANN, Vorsorgevollmacht und Rechtsberatungsgesetz, BtPrax 2001, 192.

Systematische Übersicht

Alphabetische Übersicht

I.   Allgemeines

1.   Normzweck

Die in § 1897 Abs 2 BGB vorgesehene Möglichkeit, einen Mitarbeiter eines Vereins **1** zum Betreuer (Vereinsbetreuer) zu bestellen, setzt die Anerkennung dieses Vereins als Betreuungsverein voraus. Die gleiche Voraussetzung muss erfüllt sein, wenn der Verein selbst zum Betreuer bestellt werden soll oder will (§ 1900 Abs 1 BGB).

§ 1908f BGB enthält die materiellrechtlichen Anerkennungsvoraussetzungen als bundesrechtlich vorgegebene Mindestvoraussetzung einer Anerkennung als Betreuungsverein. Das BtG ermächtigt die Länder, weitere Anerkennungsvoraussetzungen vorzusehen (Abs 3). Das Anerkennungsverfahren, seine Regelung und seine Durchführung, ist Ländersache (MünchKomm/Schwab Rn 1; Winterstein, in: JLMW [7. Aufl] Rn 730). Im Sinne des § 1908f Abs 1 Nr 2 BGB können Vereine (eV) tätig sein, ohne die Anerkennung als Betreuungsverein zu besitzen. Solche Vereine – man kann sie im Gegensatz zu den Betreuungsvereinen „Beratungsvereine" nennen – hat es bereits vor dem Inkrafttreten des BtG gegeben. Vereinzelt gibt es sie noch; ebenso Selbsthilfegruppen ohne Vereinsstatus. Durch das 1. und das 2. BtÄndG wurden die Aufgaben erweitert, zunächst um eine Informationspflicht (Abs 1 Nr 2a), dann aber auch um eine Beratungspflicht (Abs 1 Nr 2). Beides zielt auf Aktivitäten, die dazu dienen (können), die Zahl der Betreuerbestellungen in Grenzen zu halten. Die mit dem neuen Abs 4 eingeführte Möglichkeit einer Beratung von Personen bei der Errichtung einer Vorsorgevollmacht geht über die den Betreuungsvereinen als Pflichtaufgabe obliegende planmäßige Information (Abs 1 Nr 2a) hinaus; sie berechtigt die Vereine, verpflichtet sie aber nicht, zu einer individuellen Beratung (BT-Drucks 15/2494, 31). Abs 1 Nr 2 wurde durch Art 3 des Gesetzes zur Stärkung der Funktionen der Betreuungsbehörde v 28. 8. 2013 (BGBl I 3393) mit Wirkung v 1. 7. 2014 wie folgt gefasst:

> „2. sich **planmäßig um die Gewinnung ehrenamtlicher Betreuer bemüht**, diese in ihre Aufgaben einführt, **sie** fortbildet und sie sowie Bevollmächtigte *einschließlich nach § 1358* als *bevollmächtigt geltende Ehegatten* und *Lebenspartner* **bei der Wahrnehmung ihrer Aufgaben** berät **und unterstützt**,".

Die Änderung soll der Stärkung der sog Querschnittsarbeit dienen und eine langfristige Einbindung der Ehrenamtlichen Betreuer und Bevollmächtigten in das Netzwerk eines Betreuungsvereins erreichen. Neu ist die Verpflichtung zur Unterstützung und die strikte Formulierung der Verpflichtung zur planmäßigen Gewinnung ehrenamtlicher Betreuer. Die kursiv gesetzten Wörter entsprechen den Änderungen, die der Entwurf des Gesetzes zur Verbesserung der Beistandsmöglichkeiten unter Ehegatten und Lebenspartnern in Angelegenheiten der Gesundheitssorge und in Fürsorgeangelegenheiten in Art 1 Nr 2 vorgesehen hat. Dazu näher Vorbem 111 zu §§ 1896 ff.

Abs 1 Nr 2a soll nach zwei weiteren Änderungen in dem o.a. Entwurf folgendermaßen lauten: „planmäßig über Vorsorgevollmachten, Betreuungsverfügungen und über Reichweite und Grenzen der Befugnisse des Ehegatten oder Lebenspartners nach § 1358 informiert".

2. Motive

2 Die Einbeziehung der auf dem Gebiet der Betreuung (früher: Vormundschaft und Pflegschaft für Volljährige) bereits tätigen Vereine sowie die Gründung von neuen Betreuungsvereinen gehört zu dem Reformkonzept des Gesetzgebers. Der RegEntw des BtG ging davon aus, dass die Vereinigungen neben ihren Erfahrungen in der Führung von Vormundschaften und Pflegschaften (alten Rechts) im Vergleich zu den Behörden in der Regel einen besseren Zugang zu den Menschen haben, die als

Betreuer in Frage kommen und bereit sind, sich einer solchen Aufgabe zu stellen. Auch können im Rahmen einer Vereinigung hauptamtliche Kräfte in besonders wirksamer Weise dafür eingesetzt werden, ehrenamtliche Mitarbeiter zu gewinnen, sie in ihre Aufgaben einzuführen, sie zu beraten und fortzubilden (BT-Drucks 11/4528, 100).

3. Monopolisierungstendenzen in der Praxis

Die in einigen Regionen eingeführte Praxis, jeweils die Gründung **eines** Betreuungs- **3** vereins für einen Amtsgerichtsbezirk (oder einen Landkreis) ausschließlich zu betreiben oder zu fördern und uU auch durch Vereinbarung mit dem Verein die Übernahme von bisher behördlich geführten Betreuungen zu erreichen, dürfte verfassungsrechtlich nicht unbedenklich sein (Art 4, 9 und 12 GG). Selbst wenn bei Einverständnis diverser Träger sozialer Arbeit deren Freiheit zur Vereinsgründung und sozialen Betätigung nicht eingeschränkt ist, entbehrt der Betroffene selbst die Möglichkeit der Wahl. Der im Vormundschaftsrecht erhalten gebliebene Grundsatz, bei der Auswahl des Vormunds oder Pflegers auf das religiöse Bekenntnis des Mündels Rücksicht zu nehmen, hat nicht nur im materiellen Betreuungsrecht keinen Niederschlag gefunden; das Prinzip der freien Wahl des Angebots wird auch tatsächlich aufgegeben. Im Gesamtzusammenhang von Vereinsgründungspraxis und materieller Förderung nach Maßgabe von Förderrichtlinien der einzelnen Länder (mit Ausnahme von Bayern) stellt sich der Vorgang als ein Prozess der **Privatisierung** der öffentlichen Aufgabe Betreuung (BVerfGE 10, 302) dar, bei der das Risiko des Scheiterns infolge von Geld- oder Personalmangel zunächst bei den Vereinen und ihren Trägern liegt.

Diese Entwicklung stimmt nicht mit den Absichten des Gesetzgebers des BtG **4** überein, der – zB – ein Ermessen der Behörde bei der Entscheidung über die Anerkennung von Vereinen als Betreuungsvereine mit dem Hinweis ablehnte, ein solches Ermessen könne dazu führen, dass bestimmte Vereinigungen bevorzugt und gegen Konkurrenz abgeschirmt würden, was schon wegen der Notwendigkeit, möglichst viele Betreuer zu gewinnen, nicht wünschenswert sei (BT-Drucks 11/4528, 157).

4. Öffentlich-rechtliche Anerkennungsvorschrift

§ 1908f BGB ist eine Norm des öffentlichen Rechts. Nicht so sehr der Sachzusam- **5** menhang (so aber MünchKomm/SCHWAB Rn 1), als vielmehr der Mangel anderer Regelungsalternativen dürfte für die Platzierung der Vorschrift im BGB ursächlich gewesen sein. Für das Betreuungsrecht gibt es insoweit keine Parallele zum SGB VIII im Minderjährigenrecht.

Die Vorschrift wird ergänzt durch Art 9 § 4 BtG. War ein Verein vor Inkrafttreten **6** des BtG bereits für geeignet erklärt worden, zum Vormund oder Pfleger bestellt zu werden (damalige Voraussetzungen regelte das Landesrecht; vgl den bis 31. 12. 1990 in Kraft befindlichen § 54a JWG), so gilt er weiterhin als anerkannter Betreuungsverein iSv § 1908f BGB. Diese **Bestandsgarantie** galt jedoch **nicht uneingeschränkt.** Mit dem Inkrafttreten des BtG war auch für „Alt"-Vereine das gesamte Betreuungsrecht, dh auch die Möglichkeit des Widerrufs der Zulassung nach Maßgabe des § 1908f Abs 2 S 2 BGB, anzuwenden.

5.   Zu den Ergänzungen durch das 2. BtÄndG

7   Abgesehen von der als redaktionelle Änderung (BT-Drucks 15/2494, 31) bezeichneten Korrektur in Abs 2 (statt Bundesland Land) hat das 2. BtÄndG den Vereinen eine weitere Aufgabe zugewiesen, indem es sie verpflichtet, nun auch Bevollmächtigte zu beraten (Abs 1 Nr 2). Der Verein hat die Verpflichtung, Beratung anzubieten, obwohl er nicht davon ausgehen kann, dass Betreuer oder Bevollmächtigte von dem Beratungsangebot Gebrauch machen. Bevollmächtigte stehen anders als Betreuer nicht unter staatlicher Fürsorge und Aufsicht; sie sind schon aus diesem Grund gehalten, Beratung in Anspruch zu nehmen, um den ihnen anvertrauten Auftrag wahrzunehmen. Andererseits besteht für das Gericht keine Möglichkeit, auf die Handhabung der Bevollmächtigung Einfluss auszuüben. Der Bevollmächtigte handelt aufgrund der mit dem Vollmachtgeber getroffenen Vereinbarung, für diesen die übernommenen Geschäfte zu tätigen. In welcher Weise er tätig wird, hängt von den eingegangenen Verpflichtungen und etwaigen ergänzend wirksamen gesetzlichen Regelungen (Auftrags- oder Geschäftsbesorgungsvertragsrecht) ab.

8   Die den Vereinen eingeräumte Befugnis zu individueller Beratung von Personen, die an der Erstellung einer Vorsorgevollmacht Interesse zeigen (Abs 4), wurde von der BReg zwar unterstützt; diese hatte aber in ihrer Stellungnahme zu dem Entwurf des Bundesrats vorgeschlagen, eine Regelung über eine Befugnis zur individuellen Rechtsberatung bei der Erstellung von Vorsorgevollmachten erst im Rahmen der Reform des Rechtsberatungsgesetzes vorzunehmen (BT-Drucks 15/2494, 47). In dem von der BReg vorgelegten Entwurf waren dazu Vorstellungen noch nicht enthalten.

II.   Das Zulassungssystem

1.   Rechtsgrundlagen

9   Das Zulassungssystem gründet sich auf bundesrechtliche und landesrechtliche Regelungen. Die Vorschrift enthält die Mindestanerkennungsvoraussetzungen. In ihren Ausführungsgesetzen zum BtG haben die einzelnen Länder in unterschiedlicher Weise von der Möglichkeit, ergänzende Vorschriften zu erlassen, Gebrauch gemacht. S dazu im Einzelnen unten Rn 18. Die bundesrechtliche Regelung in § 1908f BGB betrifft ausschließlich materielles Anerkennungsrecht. Das Anerkennungsverfahren blieb Angelegenheit der Länder.

10   Die in Abs 1 formulierten Anerkennungsvoraussetzungen beziehen sich auf die Struktur, die Organisation, die Arbeitsbedingungen und die Aufgaben des Vereins. Die Zielsetzung des Vereins wird in Nr 2 angesprochen. Als Anerkennungsvoraussetzung nicht speziell und ausdrücklich formuliert ist die Betätigung des Vereins als Betreuer (§ 1900 Abs 1 BGB) und die Bereitstellung der Mitarbeiter für die Bestellung zum Vereinsbetreuer (§ 1897 Abs 2 BGB). Der Verein, der in dieser Weise tätig werden will, benötigt die Anerkennung als Betreuungsverein.

11   Ein Zusammenschluss von Privatbetreuern zum Zwecke gegenseitiger Information und Unterstützung kann nicht zum Betreuer bestellt werden, sofern er nicht die Anerkennung nach § 1908f BGB besitzt und deren Voraussetzungen erfüllt. Erstrebt er diese Bestellung nicht, benötigt er insoweit auch keine Erlaubnis. Eine Beratung von Personen bei der Errichtung von Vorsorgevollmachten setzt die Anerkennung des Vereins als Betreuungsverein voraus. Sie wäre anderen nicht als Betreuungsverein anerkannten Zusammenschlüssen nicht oder nur unter den Voraussetzungen des Rechtsdienstleistungsgesetzes erlaubt.

2.   Art des Systems

a)   Verbot mit Genehmigungsvorbehalt

Mit diesen Einschränkungen handelt es sich bei der Anerkennung von Vereinen als **12** Betreuungsvereine um ein Zulassungssystem (Verbot mit Genehmigungsvorbehalt). Als Betreuungsverein kann sich nur der als solcher anerkannte eingetragene Verein betätigen. Dementsprechend sieht § 1908f BGB nicht nur die Erteilung der Erlaubnis, sondern auch deren Widerruf vor (Abs 2 S 2), wenn der Verein nicht mehr die Gewähr dafür bietet, dass er die übernommenen Aufgaben erfüllt.

b)   Begünstigender Verwaltungsakt

Die Anerkennung ist ein (begünstigender) Verwaltungsakt (WINTERSTEIN, in: JLMW **13** Rn 723; MünchKomm/SCHWAB Rn 11; BT-Drucks 11/4528, 157). Auf die Erteilung der Anerkennung hat der Verein einen Rechtsanspruch, wenn er die in § 1908f BGB genannten und gegebenenfalls die weiteren landesrechtlich bestimmten Voraussetzungen erfüllt (WINTERSTEIN, in: JLMW Rn 723; MünchKomm/SCHWAB Rn 10; DAMRAU/ZIMMERMANN Rn 2). Bei Ablehnung des Antrags auf Anerkennung kann der Verein Verpflichtungsklage vor dem Verwaltungsgericht erheben (BT-Drucks 11/4528, 157), gegebenenfalls auch Untätigkeitsklage, wenn die Behörde nicht in angemessener Frist sachlich entschieden hat (§ 75 VwGO). Unterschiede in der Terminologie sind – im Verhältnis zu § 54 SGB VIII (Erlaubnis zur Übernahme von Vereinsvormundschaften) – unverkennbar. Eine Formulierung wie in dieser Vorschrift „Die Erlaubnis ist zu erteilen, wenn …" lässt § 1908f BGB vermissen. Obgleich dadurch der Normcharakter nicht grundlegend geändert ist, könnte doch eine Tendenz zum Tragen kommen, Betreuungsvereine mit einer gewissen Zurückhaltung anzuerkennen, und zwar nicht nur aus Gründen, die mit der Finanzierung zusammenhängen, sondern zB aus Gründen einer Beschäftigungs„garantie" (Art 12 GG).

3.   Geltungsbereich der Anerkennung

Die dem Verein erteilte Anerkennung als Betreuungsverein gilt kraft gesetzlicher **14** Bestimmung (Abs 2 S 1) nur für das jeweilige Land. Maßgebend ist der Sitz des Vereins. Betätigt sich der Verein ländergrenzenübergreifend, ist die Erlaubnis für das jeweilige Land erforderlich, in dem der Verein tätig sein will. Diese Begrenzung (gleichlautend in § 54 Abs 3 S 1 SGB VIII) trägt dem Umstand Rechnung, dass die für die Tätigkeit des Vereins maßgebenden Verhältnisse von Land zu Land sehr unterschiedlich sein können. Die Anerkennung entfaltet ihre Wirkung auch dann, wenn sie von einer Stelle erteilt wird, deren Zuständigkeit sich nicht auf das Land erstreckt (BT-Drucks 11/4528, 157). Die Reichweite der Anerkennung ist damit unabhängig von dem Zuständigkeitsbereich der anerkennenden Behörde bzw Stelle.

4.   Modalitäten der Anerkennung

Abs 2 S 2 erlaubt es, die Anerkennung unter Auflagen zu erteilen. Das sind (Ne- **15** ben-)Bestimmungen eines Verwaltungsaktes, durch die einem Begünstigten ein Tun, Dulden oder Unterlassen vorgeschrieben wird (§ 36 Abs 2 Nr 4 VwVfG). Zum Beispiel die Einstellung weiterer Personals und die Durchführung bestimmter Ausbildungsmaßnahmen (BT-Drucks 11/4528, 157).

16   Gegebenenfalls sind weitere Voraussetzungen für die Anerkennung erforderlich, die das Landesrecht in seinem Ausführungsgesetz bestimmt hat. Die sich auf die Anerkennung als Betreuungsverein beziehenden Vorschriften der Landesgesetze sind anschließend in Abschnitt 5 aufgeführt.

17   Die Widerruflichkeit der Anerkennung ist in Abs 2 S 2 vorgesehen. Ein Widerruf ist nur möglich, wenn die Voraussetzungen der Anerkennung gem § 1908f BGB (und ggf landesrechtlicher Anerkennungsvorschriften) nicht mehr vorliegen. Bevor die für die Entscheidung zuständige Behörde die Anerkennung widerruft, hat sie zu prüfen, ob weniger einschneidende Maßnahmen (zB Auflagen) zur Behebung des beanstandeten Mangels ausreichen (VerwG Ansbach FamRZ 2016, 738).

5.   **Die Regelungen der Länder zur Anerkennung von Betreuungsvereinen**

18 a)   **Baden-Württemberg** (v 19. 11. 1991 – BWGBl 681)

       § 3

       Anerkennung von Betreuungsvereinen

       (1) Betreuungsvereine können unter den Voraussetzungen des § 1908f Abs 1 BGB anerkannt werden, wenn sie

       1. ihren Sitz und ihren überwiegenden Tätigkeitsbereich in Baden-Württemberg haben und Personen mit gewöhnlichem Aufenthalt in Baden-Württemberg betreuen,

       2. den Anforderungen der Gemeinnützigkeit im Sinne des Steuerrechts genügen,

       3. den Nachweis erbringen, dass ihre Arbeit nach Inhalt, Umfang und Dauer eine Anerkennung rechtfertigt,

       4. von einer nach Ausbildung oder Berufserfahrung geeigneten Persönlichkeit geleitet werden und über persönlich und fachlich geeignete Mitarbeiter verfügen. Die Betreuungsvereine sollen in keinem Abhängigkeitsverhältnis oder in einer anderen engen Beziehung zu Einrichtungen im Sinne von § 1897 Abs 3 BGB stehen, in denen Betreute auf Dauer untergebracht sind oder wohnen.

       (2) Die Anerkennung ist widerruflich und kann unter Auflagen erteilt werden.

19 b)   **Bayern** (v 27. 12. 1991 – GVBl 496; zuletzt geändert durch G v 23. 11. 2010 – GVBl 738); neu gefasst durch Art 57 G v 18. 6. 1993 (GVBl 392)

       Art 3

       Anerkennung als Betreuungsverein

       Ein rechtsfähiger Verein, der den Anforderungen des § 1908f Abs 1 BGB entspricht, ist als Betreuungsverein anzuerkennen, wenn

       1. die Leitung der Betreuungsarbeit einer oder mehreren nach Ausbildung oder Berufserfahrung geeigneten Fachkräften übertragen ist, die nicht in einem Abhängigkeitsverhältnis oder einer anderen engen Beziehung zu Einrichtungen stehen, in denen Personen, für die ein Mitarbeiter des Vereins als Betreuer bestellt ist, untergebracht sind oder wohnen,

       2. er sich verpflichtet, der Anerkennungsbehörde jährlich einen Tätigkeitsbericht

vorzulegen, der insbesondere Auskunft über Zahl und Art der übernommenen Betreuungen sowie die Zahl der vom Verein in ihre Aufgaben eingeführten, fortgebildeten und beratenen ehrenamtlichen Einzelbetreuer gibt und Kosten sowie Finanzierung der Verwaltungs- und Betreuungsarbeit darstellt.

c)   **Berlin** (v 17. 3. 1994 – GVBl 86)   **20**
      § 3
      Anerkennung von Betreuungsvereinen
      (1) Die Anerkennung eines rechtsfähigen Vereins, der die Voraussetzungen des § 1908f Abs 1 des Bürgerlichen Gesetzbuchs erfüllt, setzt weiter voraus, dass er
      1. seinen Sitz und Tätigkeitsbereich im Land Berlin hat und Personen aus dem Land Berlin betreut,
      2. mildtätige oder gemeinnützige Zwecke im Sinne der Abgabenordnung verfolgt,
      3. gewährleistet, dass seine Arbeit nach Inhalt, Umfang und Qualität zugunsten der Betreuten erfolgen wird und er dafür über fachlich geeignete Mitarbeiter verfügt,
      4. aufgrund seiner Leistungsfähigkeit die Gewähr für eine längere Dauer bietet und seine Betreuer in keinem Abhängigkeitsverhältnis oder einer anderen engen Beziehung zu Einrichtungen stehen, in denen Personen, die sie betreuen, untergebracht sind oder wohnen, und
      5. seine Bereitschaft erklärt, mit Behörden, Institutionen und Einzelpersonen, vor allem auf regionaler Ebene, zusammenzuarbeiten.
      (2) Liegen die Voraussetzungen nach § 1908f Abs 1 des Bürgerlichen Gesetzbuchs und nach Absatz 1 vor, wird der Verein als Betreuungsverein anerkannt.

d)   **Brandenburg** (v 14. 7. 1992 – GVBl I 294, geändert d Gesetz v 22. 4. 2003 – GVBl I 119)   **21**
      § 3
      Anerkennung der Betreuungsvereine
      (1) Rechtsfähige Vereine können unter den Voraussetzungen des § 1908f Abs 1 des Bürgerlichen Gesetzbuches als Betreuungsvereine anerkannt werden, wenn sie
      1. ihren Sitz und Tätigkeitsbereich im Land Brandenburg haben und Personen aus dem Land Brandenburg betreuen,
      2. die Anerkennung der Gemeinnützigkeit im Sinne des Steuerrechts nachweisen,
      3. die Gewähr bieten, dass ihre Arbeit nach Inhalt, Umfang und Qualität zugunsten der Betreuten erfolgen wird und sie über fachlich geeignete Mitarbeiter verfügen,
      4. aufgrund ihrer Leistungsfähigkeit die Gewähr für eine sachgerechte Aufgabenerfüllung auf Dauer bieten und ihre Betreuer in keinem Abhängigkeitsverhältnis oder einer anderen engen Beziehung zu Einrichtungen stehen, in denen Personen, die sie betreuen, untergebracht sind oder wohnen,
      5. ihre Bereitschaft erklären, mit Behörden, Institutionen und Einzelpersonen vor allem auf regionaler Ebene zusammenzuarbeiten.
      (2) Die Anerkennung ist widerruflich und kann unter Auflagen erteilt werden.
      (3) Das Verfahren der Anerkennung wird durch das Ministerium für Arbeit, Soziales, Gesundheit und Frauen geregelt.

e)   **Bremen** (v 18. 2. 1992 – GBl 31)   **22**

§ 5
Anerkennung von Betreuungsvereinen

(1) Betreuungsvereine können unter den Voraussetzungen des § 1908f Abs 1 des Bürgerlichen Gesetzbuches anerkannt werden, wenn sie

1. ihren Sitz und ihren Tätigkeitsbereich im Lande Bremen haben und Personen betreuen, für die nach § 65 des Gesetzes über die Angelegenheiten der freiwilligen Gerichtsbarkeit die Zuständigkeit eines Gerichts im Land Bremen gegeben ist,

2. den Anforderungen der Gemeinnützigkeit im Sinne des Steuerrechtes genügen und

3. von nach Persönlichkeit, Ausbildung und Berufserfahrung geeigneten Personen geleitet werden.

(2) Die Betreuungsvereine haben Beteiligungen oder Mitgliedschaften ihrer Organe und Mitarbeiter an Vereinen, Einrichtungen und Diensten, in denen unter Betreuung des Vereines oder seiner Mitarbeiter Stehende untergebracht sind, wohnen oder ansonsten fachlich betreut werden, gegenüber dem zuständigen Vormundschaftsgericht und der überörtlichen Betreuungsbehörde offenzulegen.

(3) Das Nähere über das Anerkennungsverfahren wird durch Verwaltungsvorschriften der überörtlichen Betreuungsbehörde geregelt.

(4) Vor der Anerkennung wird den örtlichen Betreuungsbehörden Gelegenheit zur Stellungnahme gegeben.

23 f)   Hamburg (v 1. 7. 1993 – GVBl 149)
§ 1
Anerkennung von Betreuungsvereinen

(1) Ein rechtsfähiger Verein kann von der zuständigen Behörde als Betreuungsverein anerkannt werden, wenn er

1. die in § 1908f Absatz 1 des Bürgerlichen Gesetzbuchs genannten Voraussetzungen erfüllt,

2. seinen Sitz und Tätigkeitsbereich in Hamburg hat und Personen mit gewöhnlichem Aufenthalt in Hamburg betreuen will,

3. den Anforderungen der Gemeinnützigkeit im Sinne des Steuerrechts genügt,

4. den Nachweis erbringt, dass seine Arbeit nach Inhalt, Umfang und Dauer eine Anerkennung rechtfertigt,

5. über fachlich und persönlich geeignete hauptamtliche Mitarbeiter verfügt,

6. sich verpflichtet, der zuständigen Behörde jährlich einen Tätigkeitsbericht vorzulegen, der insbesondere Auskunft über Zahl und Art der übernommenen Betreuungen und die Zahl der hauptamtlichen und ehrenamtlichen Mitarbeiter gibt und die Kosten sowie Finanzierung der Verwaltungs- und Betreuungsarbeit darstellt sowie

7. seine Bereitschaft erklärt, mit Behörden, Institutionen, den maßgeblichen Arbeitsgemeinschaften und Einzelpersonen zusammenzuarbeiten.

(2) Betreuungsvereine haben Beteiligungen oder Mitgliedschaften ihrer Organe und Mitarbeiter an Vereinen, Einrichtungen und Diensten, in denen Personen, für die der Verein oder einer seiner Mitarbeiter als Betreuer bestellt ist, untergebracht sind, wohnen oder ansonsten fachlich betreut werden, gegenüber dem zuständigen Vormundschaftsgericht und der Betreuungsbehörde unverzüglich offen zu legen.

(3) Die Anerkennung ist widerruflich. Sie kann befristet und unter Auflagen erteilt werden.

g) **Hessen** (v 5. 2. 1992 – GVBl 66; zuletzt geändert d Gesetz v 14. 12. 2006 – GVBl 666)   **24**
Das Hessische Ausführungsgesetz zum Betreuungsgesetz (Art 1 des Hessischen Gesetzes zur Ausführung des Betreuungsgesetzes und zur Anpassung des Hessischen Landesrechts an das Betreuungsgesetz vom 5. 2. 1992, GVBl I 66) enthält keine – ergänzenden – materiellrechtlichen Anerkennungsbestimmungen. Im Folgenden sind die die Anerkennung betreffenden formalen Regelungen wiedergegeben:

§ 3 [Anerkennung als Betreuungsverein]
(1) Zuständig für die Anerkennung eines rechtsfähigen Vereins als Betreuungsverein im Sinne des § 1908f BGB ist das für den Sitz des Vereins zuständige Regierungspräsidium.
(2) Im Anerkennungsverfahren sind Stellungnahmen der für den Sitz des Vereins zuständigen örtlichen Betreuungsbehörde und des für den Sitz des Vereins zuständigen Vormundschaftsgerichts einzuholen.
(3) Über die Anerkennung ist ein schriftlicher Bescheid zu erteilen.
(4) Die Fachaufsicht für das Anerkennungsverfahren obliegt dem Ministerium für Frauen, Arbeit und Sozialordnung.
§ 4 [Aufhebung bzw Widerruf der Anerkennung]
(1) Die Anerkennung ist auf Antrag des Betreuungsvereins durch die nach § 3 Abs 1 zuständige Behörde aufzuheben.
(2) Örtliche Betreuungsbehörden können bei Vorliegen eines wichtigen Grundes den Widerruf der Anerkennung beantragen.

h) **Mecklenburg-Vorpommern** (v 30. 12. 1991 – GVOBl 1992 2; zuletzt geändert durch G   **25**
v 9. 11. 2010 – GVOBl 642)
§ 3
Anerkennung von Betreuungsvereinen
Betreuungsvereine können unter den Voraussetzungen des § 1908f Abs 1 des Bürgerlichen Gesetzbuches anerkannt werden, wenn
1. sie ihren Sitz und ihren überwiegenden Tätigkeitsbereich in Mecklenburg-Vorpommern haben und Personen mit gewöhnlichem Aufenthalt in Mecklenburg-Vorpommern betreuen,
2. sie den Anforderungen der Gemeinnützigkeit im Sinne des Steuerrechts genügen,
3. sie den Nachweis erbringen, dass ihre Arbeit nach Inhalt, Umfang und Dauer eine Anerkennung rechtfertigt,
4. die Leitung der Betreuungsarbeit einer oder mehreren nach Ausbildung oder Berufserfahrung geeigneten Fachkräften übertragen ist, die nicht in einem Abhängigkeitsverhältnis oder einer anderen engen Beziehung zu Einrichtungen stehen, in denen Personen, für die ein Mitarbeiter des Vereins als Betreuer bestellt ist, untergebracht sind oder wohnen.

i) **Niedersachsen** (v 17. 12. 1991 – GVBl 366; zuletzt geändert durch das Gesetz v 23. 3. 2012 –   **26**
GVBl 30)
§ 3
Anerkennung von Betreuungsvereinen.

(1) Ein Betreuungsverein kann anerkannt werden,

1. wenn er rechtsfähig ist und die übrigen Voraussetzungen des § 1908f Abs 1 des Bürgerlichen Gesetzbuchs erfüllt,

2. wenn er Personen betreut, die ihren gewöhnlichen Aufenthalt in Niedersachsen haben,

3. wenn er einen Nachweis erbringt, der erwarten lässt, dass der Betreuungsverein seine Tätigkeit nach Inhalt und Umfang auf Dauer ausüben wird,

4. wenn er sich verpflichtet, der zuständigen Betreuungsbehörde Einblick in seinen Gesamthaushalt und seine Kassenlage zu gewähren und

5. wenn die Betreuer von einer nach Ausbildung und Berufserfahrung geeigneten Fachkraft geleitet werden und der Betreuungsverein über fachlich und persönlich geeignete Mitarbeiterinnen oder Mitarbeiter verfügt, die in der Regel besondere Erfahrungen in Betreuungsangelegenheiten besitzen.

(2) Die Anerkennung ist zu widerrufen, wenn der Betreuungsverein die Voraussetzungen des Absatzes 1 nicht mehr erfüllt oder seine Geschäfte nicht ordnungsgemäß führt. § 1908f Abs 2 Satz 2 des Bürgerlichen Gesetzbuchs bleibt unberührt.

Das Gesetz zur Änderung des Niedersächsischen Ausführungsgesetzes zum Betreuungsgesetz und der Allgemeinen Vorbehaltsverordnung v 23. 3. 2012 (GVBl 30) regelt ua, dass das Landesamt für Soziales, Jugend und Familie als weitere Betreuungsbehörde im Sinne des § 2 des Betreuungsbehördengesetzes für die Beschäftigung von Landesbediensteten zuständig ist, die als Behördenbetreuerin oder Behördenbetreuer (§ 1897 Abs 2 S 2 BGB) tätig werden. Außerdem lautet das Gesetz jetzt: „Niedersächsisches Ausführungsgesetz zum Betreuungsrecht" (NdsAGBtR).

Materialien und Schrifttum: Landtagsdrucksache 16/4535 v 7. 3. 2012; BIENWALD, Landesbedienstete als Behördenbetreuer, FamRZ 2007, 1860; CREFELD, Ehrenamt per Dienstanweisung, Verwaltungskräfte sollen als rechtliche Betreuer eingesetzt werden, Psychosoziale Umschau 2008, 22; HANTUSCH/TETERA, Beamt/innen sollen Betreuungen übernehmen. Projekt ohne Herzblut, bdbaspekte 69/2008, 46.

27 k) Nordrhein-Westfalen (v 3. 4. 1992 – GVNRW 124; § 6 eingefügt durch Art 67 d Gesetzes v 5. 4. 2005 – GVNRW 306)

§ 2

Anerkennung von Betreuungsvereinen.

Die Anerkennung als Betreuungsverein setzt zusätzlich zu den Voraussetzungen des § 1908f Abs 1 des Bürgerlichen Gesetzbuches voraus,

1. dass der Verein gemeinnützige Zwecke im Sinne von § 52 der Abgabenordnung verfolgt,

2. dass der Verein mindestens eine hauptamtliche Mitarbeiterin/einen hauptamtlichen Mitarbeiter zu Betreuungszwecken beschäftigt, die/der eine abgeschlossene Berufsausbildung im Bereich Sozialarbeit, Sozialpädagogik oder eine vergleichbare Qualifikation hat oder aufgrund der Persönlichkeit oder Lebenserfahrung, zB durch langjährige Tätigkeit als Vormund oder Pfleger, geeignet ist, Betreuungen wahrzunehmen,

3. dass der Verein die Verpflichtung übernimmt, kalenderjährlich einen Tätigkeitsbericht vorzulegen.

Anmerkung: Der angefügte § 6 betrifft die Berichtspflicht der Landesregierung gegenüber dem Landtag über die Auswirkungen dieses Gesetzes.

l)   Rheinland-Pfalz (v 19. 2. 2010 – GVBl 42)   28
§ 3
Anerkennung von Betreuungsvereinen
Ein rechtsfähiger Verein, der den Anforderungen des § 1908f Abs 1 des Bürgerlichen Gesetzbuches entspricht, ist als Betreuungsverein anzuerkennen, wenn er
1. den Anforderungen der Gemeinnützigkeit im Sinne der Abgabenordnung entspricht,
2. von Personen geleitet wird, die nach ihrer Persönlichkeit, Ausbildung oder Berufserfahrung hierzu geeignet sind, und diese Personen in keinem Abhängigkeitsverhältnis und in keiner anderen engen Beziehung zu Einrichtungen stehen, in denen Personen untergebracht sind oder wohnen, für die eine Betreuerin oder ein Betreuer des Vereins bestellt ist,
3. die sachgerechte und wirtschaftliche Verwendung der ihm zur Verfügung stehenden finanziellen Mittel gewährleistet und
4. mit der überörtlichen Betreuungsbehörde zur Sicherstellung der Qualität der Aufgabenerfüllung eine Qualitäts- und Leistungsvereinbarung nach Absatz 2 Satz 1 abgeschlossen hat.
Eine nach dem Landesgesetz zur Ausführung des Betreuungsgesetzes vom 20. 12. 1991 (GVBl S 407) erfolgte Anerkennung gilt als Anerkennung nach diesem Gesetz; die anerkannten Betreuungsvereine haben die Qualitäts- und Leistungsvereinbarung nach Satz 1 Nr 4 bis spätestens 31. 12. 2011 abzuschließen. Die örtlichen Betreuungsbehörden, auf deren Gebiet sich die Tätigkeit des Betreuungsvereins erstreckt, sind bei dem Abschluss der Qualitäts- und Leistungsvereinbarung zu beteiligen. Die überörtliche Betreuungsbehörde schließt mit dem Landkreistag Rheinland-Pfalz, dem Städtetag Rheinland-Pfalz und der LIGA der Spitzenverbände der Freien Wohlfahrtspflege in Rheinland-Pfalz eine Rahmenvereinbarung über wesentliche Inhalte der Qualitäts- und Leistungsvereinbarungen.
(2) In die Qualitäts- und Leistungsvereinbarung sind insbesondere Festlegungen aufzunehmen
1. zur Anzahl, Qualifikation, Weiterbildung und Supervision der für den Betreuungsverein haupt- oder ehrenamtlich tätigen Personen,
2. zur räumlichen und sachlichen Ausstattung auch unter Berücksichtigung der Barrierefreiheit im Sinne des § 2 Abs 3 des Landesgesetzes zur Gleichstellung behinderter Menschen,
3. zur Erreichbarkeit sowie zur Vertretung bei Abwesenheit,
4. zu Dokumentationspflichten und zum Datenschutz,
5. zur Mitarbeit in kommunalen Netzwerken (örtlichen Arbeitsgemeinschaften), zur Information der und Kommunikation mit den Betreuungsbehörden und zur Öffentlichkeitsarbeit und
6. zur Wirkungskontrolle.
Die Betreuungsvereine haben die Erfüllung der in die jeweilige Qualitäts- und Leistungsvereinbarung aufgenommenen Festlegungen auf Verlangen der überörtlichen Betreuungsbehörde nachzuweisen.

m)   Saarland (v 15. 7. 1992 – Abl 838)   29

§ 3
Anerkennung der Betreuungsvereine
Ein rechtsfähiger Verein kann als Betreuungsverein anerkannt werden, wenn er
1. die Voraussetzungen des § 1908f Abs 1 BGB erfüllt,
2. im Saarland tätig ist,
3. den Anforderungen der Abgabenordnung an die Gemeinnützigkeit genügt,
4. die Leitung der Betreuungsarbeit einer oder mehreren nach Ausbildung oder
Berufserfahrung geeigneten Fachkräften übertragen hat, die in keinem Abhängigkeitsverhältnis zu Einrichtungen im Sinne von § 1897 Abs 3 BGB stehen, in
denen Betreute auf Dauer untergebracht sind oder wohnen und
5. sich verpflichtet, der Anerkennungsbehörde alle zwei Jahre einen Tätigkeitsbericht vorzulegen, der insbesondere Auskunft über Zahl und Art der übernommenen Betreuungen, die Zahl der ehrenamtlichen Mitarbeiter und Mitarbeiterinnen gibt sowie die Kosten und die Finanzierung der Verwaltungs- und Betreuungsarbeit darstellt.

30 n)   **Sachsen** (v 10. 11. 1992 – GVBl 539; zuletzt geändert durch Gesetz v 30. 9. 2015 – GVBl
609)
§ 3
Anerkennung von Betreuungsvereinen.
Betreuungsvereine können unter den Voraussetzungen des § 1908f Abs 1 BGB
anerkannt werden, wenn sie
1. ihren Sitz und ihren Tätigkeitsbereich im Freistaat Sachsen haben und Personen aus dem Freistaat Sachsen betreuen,
2. den Anforderungen der Gemeinnützigkeit im Sinne des Steuerrechts genügen,
3. den Nachweis erbringen, dass ihre Arbeit nach Inhalt, Umfang und Dauer eine
Anerkennung rechtfertigt,
4. von einer nach ihrer Persönlichkeit sowie nach Ausbildung oder Berufserfahrung geeigneten Fachkraft geleitet werden und über persönlich und fachlich
geeignete Mitarbeiter verfügen.
Die Betreuungsvereine sollen in keinem Abhängigkeitsverhältnis oder in einer
anderen engen Beziehung zu Einrichtungen im Sinne von § 1897 Abs 3 BGB
stehen, in denen Betreute auf Dauer untergebracht sind oder wohnen.

31 o)   **Sachsen-Anhalt** (v 17. 6. 1992 – GVBl 478; zuletzt geändert durch Gesetz v 13. 4. 2010 –
GVBl 192)
§ 3
Betreuungsvereine.
(1) Betreuungsvereine können anerkannt werden, wenn die Voraussetzungen des
§ 1908f Abs 1 des Bürgerlichen Gesetzbuches vorliegen und
1. sie ihren Sitz und ihren Tätigkeitsbereich in Sachsen-Anhalt haben,
2. sie gemeinnützig im Sinne des Steuerrechts sind,
3. sie den Nachweis erbringen, dass ihre Arbeit nach Inhalt, Umfang und Dauer
eine Anerkennung rechtfertigt,
4. ihre fachliche Arbeit von einer nach ihrer Persönlichkeit sowie der Ausbildung
oder Berufserfahrung geeigneten Fachkraft geleitet wird und der Verein über
persönlich und fachlich geeignete Mitarbeiter verfügt.
(2) Die Betreuungsvereine sollen in keinem Abhängigkeitsverhältnis oder einer
anderen engen Beziehung zu Einrichtungen im Sinne von § 1897 Abs 3 des Bür-

gerlichen Gesetzbuches stehen, in denen von ihnen Betreute auf Dauer untergebracht sind oder wohnen.

(3) Vor der Anerkennung von Betreuungsvereinen sollen die Landkreise und
kreisfreien Städte gehört werden, in denen die Betreuungsvereine tätig werden
wollen.

p) **Schleswig-Holstein** (v 17. 12. 1991 – GVOBl 693); Titel geändert in Landesbetreu- **32**
ungsgesetz
§ 2
Anerkennung von Betreuungsvereinen
**(1) Betreuungsvereine können unter den Voraussetzungen des § 1908f Abs 1 des
Bürgerlichen Gesetzbuches anerkannt werden, wenn sie
1. ihren Sitz und ihren Tätigkeitsbereich in Schleswig-Holstein haben und Personen aus Schleswig-Holstein betreuen,
2. von Personen geleitet werden, die in keinem Abhängigkeitsverhältnis zu einer
Einrichtung stehen, in der Betreute untergebracht sind oder wohnen.
(2) Zuständige Behörde für die Anerkennung von Betreuungsvereinen nach
§ 1908f des Bürgerlichen Gesetzbuches sind die Landrätinnen und Landräte
der Kreise und die Bürgermeisterinnen und Bürgermeister der kreisfreien Städte.**

q) **Thüringen** (v 19. 7. 1994 – GVBl 95; zuletzt geändert durch Gesetz v 25. 10. 2012 – GVBl **33**
418)
§ 3
Anerkennung von Betreuungsvereinen.
**(1) Ein rechtsfähiger Verein, der den Anforderungen des § 1908f Abs 1 des
Bürgerlichen Gesetzbuchs entspricht, ist als Betreuungsverein anzuerkennen,
wenn er
1. den Anforderungen der Gemeinnützigkeit im Sinne der Abgabenordnung
genügt,
2. von Personen geleitet wird, die nach ihrer Persönlichkeit sowie ihrer Ausbildung oder Berufserfahrung hierzu geeignet sind und die in keinem Abhängigkeitsverhältnis und in keiner anderen engen Beziehung zu einer Einrichtung
stehen, in der durch den Verein oder Mitglieder des Vereins betreute Personen
untergebracht sind oder wohnen,
3. die sachgerechte und wirtschaftliche Verwendung der ihm zur Verfügung stehenden Mittel gewährleistet.
(2) Das für das außergerichtliche Betreuungswesen zuständige Ministerium wird
ermächtigt, die Einzelheiten des Anerkennungsverfahrens, insbesondere die Beteiligung von Landkreisen und kreisfreien Städten in Anerkennungsverfahren,
durch Rechtsverordnung zu regeln.**

III. Die Anerkennungsvoraussetzungen des § 1908f im Einzelnen

1. Allgemeines

Die Anerkennungsvoraussetzungen einschl der landesgesetzlich geregelten weiteren **34**
Voraussetzungen müssen in ihrer Gesamtheit gegeben sein. Es handelt sich bei den
Voraussetzungen der Nr 1 bis 3 des § 1908f BGB nicht um Alternativen. Voraus-
setzung für die Anerkennung als Betreuungsverein ist nicht die erklärte Absicht,

Betreuungen in der einen oder anderen Art zu führen. Zumindest ist diese Voraussetzung nicht ausdrücklich formuliert. Die Bereitschaft des Vereins, entweder selbst Betreuungen zu übernehmen oder seine Mitarbeiter zu Vereinsbetreuern bestellen zu lassen, ist in erster Linie ein Gebot des eigenen Interesses, kann er doch nur auf diesem Wege Einnahmen aus der Betreuungstätigkeit erzielen. Ob er sich in der durch Abs 4 vorgesehenen Weise betätigt und sich die Beratung bezahlen lässt, entscheidet der Verein unabhängig davon. Außerdem setzt die Förderung von Betreuungsarbeit durch Landesmittel und kommunale Zuwendungen, sofern sie nicht wegen Mangel an Mitteln teilweise oder ganz eingestellt wurde oder wird, in der Regel voraus, dass der Verein neben den in § 1908f BGB formulierten Aufgaben die Führung von Betreuungen, in erster Linie durch die Mitarbeiter als Vereinsbetreuer, wahrnimmt. Zu den den Vereinen gewährten Zuschüssen DEINERT, Betreuungszahlen 2013, BtPrax 2014, 256, 258.

35 Entgegen der in einem „an die Vorstände sowie Mitarbeiter/innen der anerkannten Betreuungsvereine in Westfalen-Lippe" gerichteten Schreiben des Landschaftsverbandes Westfalen-Lippe Abt Gesundheitswesen – Landesbetreuungsamt – v 18. 7. 2002 (Az: 62 97 50/1) geäußerten Auffassung sind zur Wahrnehmung der sogenannten **Querschnittsaufgaben** (s dazu STAUDINGER/BIENWALD [1999] § 1908f Rn 34 m Fn) die anerkannten Betreuungsvereine, **nicht** dagegen auch sogenannte **Dependancen** von Betreuungsvereinen und deren Büros unmittelbar verpflichtet. Weder das Bundesrecht noch die einschlägigen landesrechtlichen Vorschriften enthalten eine Regelung, die den Standpunkt des Landschaftsverbandes rechtfertigen, „auch alle Dependancen eines Betreuungsvereines" seien „zur Wahrnehmung der Querschnittsaufgaben verpflichtet" und diese „Verpflichtung zur Realisierung dieses Aufgabenbereiches" erstrecke „sich somit auch auf die einzelnen Betreuungsbüros!". Das Bundesrecht – als Rahmenrecht – bindet die Anerkennung an die Voraussetzung eines eingetragenen Vereins, der dadurch Rechtsfähigkeit erlangt und deshalb Träger von Rechten und Pflichten sein kann. Dependancen fehlt regelmäßig diese Voraussetzung.

2.   Eingetragener Verein als Grundvoraussetzung

36 Anerkennungsfähig ist nur ein eingetragener Verein im Sinne der §§ 21 ff, 55 ff BGB. Begrifflich sind dadurch nicht nur solche Vereinigungen ausgeschlossen, die keine eigene Rechtspersönlichkeit haben, wie zB Arbeitsgemeinschaften oder sonstige lose Zusammenschlüsse von Betreuern (JLMW/WINTERSTEIN Rn 723), so auch unorganisierte Selbsthilfegruppen, sondern auch solche Organisationsformen, die zwar eine eigene Rechtspersönlichkeit besitzen (zB gemeinnützige GmbH, mildtätige Stiftungen), aber nicht in der Struktur eines Vereins organisiert sind und dessen Qualität als rechtsfähiger Verein besitzen. Möglich ist aber, dass sich eine bestehende GmbH oder andere Organisationen, die Betreuungsarbeit leisten (wollen), im Rahmen eines rechtsfähigen Vereins betätigen.

37 Die Eintragung in ein von einem Berufsverband angestrebtes oder bereits eingeführtes „Berufsregister" im Sinne eines Qualitätsnachweises (vgl bdbaspekte Heft 56/05 v Oktober 2005, 45) stellt keine Anerkennungsvoraussetzung im Sinne dieser Vorschrift dar.

Wird der Verein durch die Eröffnung des Insolvenzverfahrens oder mit der Rechtskraft des Beschlusses, durch den die Eröffnung des Insolvenzverfahrens mangels Masse abgewiesen wird, aufgelöst (§ 42 Abs 1 S 1 BGB), verliert der Verein seine Anerkennung. Ein nicht existierender Verein kann nicht Träger staatlicher Anerkennung sein. Der Verlust der Anerkennung tritt automatisch ein, ohne dass es eines „Widerrufs" bedarf. Tatsächlich handelt es sich auch nicht um einen Widerruf iS des Abs 2 S 2.

Ein in Gründung befindlicher Verein ist kein eingetragener Verein. Der durch die **38** Beschlussfassung über die Satzung und durch die Wahl des ersten Vorstands körperschaftlich organisierte Personenverband (sog Vorverein) ist noch kein rechtsfähiger Verein (BayObLGZ 1972, 32). Einen Antrag auf Anerkennung als Betreuungsverein kann ein solcher Personenverband (noch) nicht stellen, weil ihm die Beteiligtenfähigkeit des Verwaltungsverfahrensrechts fehlt (vgl §§ 11 und 13 VwVfG; die entsprechenden Gesetze der Länder lauten gleich oder ähnlich). Ein solcher „Antrag" wäre rechtlich nichts anderes als die Ankündigung einer beabsichtigten Antragstellung (zu einer Ausnahme s OVG Lüneburg NJW 1979, 735).

Die Rechtsfähigkeit erlangt ein solcher – nicht auf einen wirtschaftlichen Geschäfts- **39** betrieb ausgerichteter – Verein durch Eintragung in das Vereinsregister des zuständigen Amtsgerichts (Einzelheiten s STAUDINGER/WEICK [2005] § 21 Rn 17 ff). Die Eintragung erfordert das Vorhandensein von mindestens sieben Mitgliedern (§ 56 BGB). Die Satzung muss den in § 57 BGB vorgesehenen Anforderungen entsprechen.

3. Gewährleisten bestimmter Sachverhalte

a) Der Begriff des Gewährleistens

Der Verein kann anerkannt werden, wenn er die in Abs 1 Nr 1–3 aufgeführten **40** Aktivitäten „gewährleistet". Dieser Begriff beinhaltet mehr als nur eine Zusage oder ein Inaussichtstellen, das Verlangte zu tun. Er ist aber nicht mit dem Gewährleistungsbegriff des Haftungsrechts (vgl § 433 Abs 1 S 2 BGB) gleichzusetzen. In Abs 1 Nr 2 wird „lediglich" ein Bemühen, nicht jedoch ein Erfolg der Bemühungen „geschuldet". Ebensowenig kann ein Erfahrungsaustausch erzwungen, er kann nur ermöglicht werden. Der Verein hat die Bedingungen dafür zu schaffen, dass der Erfahrungsaustausch zustande kommen kann und erforderlichenfalls auch in Anspruch genommen wird. Die anerkennende Stelle muss mithin davon ausgehen können, dass die im Gesetz vorgesehenen und zum Satzungszweck gehörenden Leistungen auch erbracht werden.

b) Ausreichende Zahl qualifizierter Mitarbeiter

Der Verein muss gewährleisten, dass er eine ausreichende Zahl geeigneter Mitar- **41** beiter hat. Sowohl der Wortlaut des § 1908f BGB, der Mitarbeiter und ehrenamtliche Betreuer unterscheidet, als auch die amtliche Begründung (BT-Drucks 11/4528, 101: hauptamtlich im Verein angestellte Fachkräfte) lassen erkennen, dass unter Mitarbeitern bezahlte Kräfte zu verstehen sind, die sich in einem Beschäftigungsverhältnis zu dem Anstellungsträger Verein befinden (MünchKomm/SCHWAB Rn 4; DAMRAU/ZIMMERMANN Rn 5). Zur Abgrenzung ehrenamtlicher Betreuer (Helfer) von Arbeitnehmern eingehend BIENWALD, in: BIENWALD/SONNENFELD/HARM Rn 42 ff. Zur Qualifikation von Sozialarbeitern/Sozialpädagogen als Vereinsmitarbeiter s LG Trier Rpfleger 1993, 156, 157. Das Recht eines von dem Verein Betreuten (§ 1900 Abs 1 BGB), gegen die Auswahl der Person, der der Verein die Wahrnehmung der Betreuung übertragen hat, gerichtliche Überprüfung und Entscheidung zu verlangen (§ 291 FamFG), eröffnet dem Gericht die Möglichkeit, einen gewissen Einblick in die personelle Situation des Vereins zu nehmen.

c)   Zahl und Eignung der Mitarbeiter

42 Während für die Bestimmung dessen, was unter der Eignung von Mitarbeitern verstanden werden kann, einige Anhaltspunkte im Gesetz selbst zu finden sind, bleibt unbestimmt, wann die Zahl derartiger Mitarbeiter im Sinne der Anerkennungsvoraussetzungen ausreicht. Die Eignungsfrage kann nur im Zusammenhang mit den vom Verein zu erfüllenden Aufgaben beantwortet werden. Danach ist zu unterscheiden, ob der Mitarbeiter entweder als persönlich bestellter oder vom Verein beauftragter Mitarbeiter Betreuungen (oder/und Gegenbetreuungen) führt oder – im Wesentlichen – die in Abs 1 Nr 2, 2a formulierten (sog) Querschnittsaufgaben zu erledigen hat. Kann, um ein Qualifikationsbeispiel aus der amtlichen Begründung zu benutzen (BT-Drucks 11/4528, 158), ein Jurist oder ein Bankkaufmann als für die Führung von Betreuungen geeignet befunden werden, fragt es sich, ob der Betreffende die für eine planmäßige Gewinnung, die Einführung und Fortbildung ehrenamtlicher Betreuer erforderlichen Grundqualifikationen besitzt. Die in der amtlichen Begründung enthaltenen Beispiele für in Betracht kommende Ausbildungsrichtungen (Sozialpädagogen, Psychologen, Rechtswissenschaftler) sind auf die Betreuertätigkeit ausgerichtet; sie berücksichtigen nicht die übrigen vom Verein wahrzunehmenden Aufgaben, von denen der RegEntw offensichtlich auch annimmt, dass sie nicht von ehrenamtlichen „Helfern" wahrgenommen werden.

43 Dass für die Wahrnehmung der sog Querschnittsaufgaben eher der Abschluss als (Sozial-)Pädagoge mit besonderen Fähigkeiten im Bereich der Erwachsenenbildung, für die Führung der Betreuungen dagegen eher die Ausbildung als Sozialarbeiter einschlägig ist (möglichst in der Kombination Rechtswissenschaft und Sozialarbeit; Bankkaufmann und Sozialarbeit; Rechtspfleger), wurde bisher, soweit ersichtlich, kaum bedacht. Für die Betreuungsarbeit im eigentlichen Sinne kommen nach der amtl Begr auch noch Personen in Betracht, die zwar nicht über einen der angegebenen Ausbildungsgänge und -abschlüsse, aber über langjährige Erfahrungen in der Betreuungsarbeit verfügen (BT-Drucks 11/4528, 158). S dazu aber § 4 VBVG, der ein nach Ausbildungsabschlüssen gestaffeltes Vergütungssystem enthält, das langjährige Erfahrungen ohne einen qualifizierenden Abschluss grundsätzlich nicht honoriert.

Nicht zu folgen ist der Ansicht des VerwG Ansbach, § 1908f BGB setze nicht voraus, dass alle Mitarbeiter des Vereins fachlich geeignet sein müssten, sämtliche Aufgaben iSd Vorschrift zu erfüllen. Es sei ausreichend, dass die Mitarbeiter des Vereins in ihrer Gesamtheit dazu in der Lage seien (FamRZ 2016, 738 LS). Denn auch diejenigen Mitarbeiter, die nicht selbst als Betreuer (Vereinsbetreuer oder Betreuer für den Verein) tätig sind, müssen über so viel Kenntnisse und Fähigkeiten in dem Bereich verfügen, dass sie neue Mitarbeiter gewinnen und sie in ihre Aufgaben (Führung einer Betreuung) einführen und andere Interessierte über Vorsorgevollmachten und Betreuungsverfügungen informieren und beraten können. Zumindest müssen alle Mitarbeiter in der Lage sein, sich untereinander zu vertreten, insbesondere in Krankheits- oder anderen unvorhersehbaren Fällen.

Die Zahl der Mitarbeiter eines Vereins, die dieser gewährleisten muss, hängt ua **44**
davon ab, in welchem Umfang der Verein Betreuungen übernehmen und außerdem
Betreuungen durch seine Mitarbeiter als Vereinsbetreuer führen lassen wird.

Für den Nachweis gegenüber der anerkennenden Behörde ist es sinnvoll, wenn der **45**
Verein eine **Konzeption** vorlegen kann, aus der sich ergibt, in welchen Arbeitsfeldern
der Verein tatsächlich tätig sein und in welchem Umfang er die Aufgaben erfüllen
will, und die Zahl der dafür vorgesehenen Mitarbeiter angegeben ist. Als Mindestvoraussetzung sind zwei Mitarbeiter erforderlich, gleichgültig ob als Vollzeit- oder
als Teilzeitbeschäftigte, weil andernfalls ein Erfahrungsaustausch unter Mitarbeitern
(Abs 1 Nr 3) nicht zustandekommen kann. Die Formulierung des Gesetzes (zwischen den Mitarbeitern) bezieht sich auf die Voraussetzung in Abs 1 Nr 1, mithin auf
die eigenen Mitarbeiter. Die amtl Begr spricht in diesem Zusammenhang eindeutig
von einem vereinsinternen Erfahrungsaustausch (BT-Drucks 11/4528, 158).

d)   Beaufsichtigung, Weiterbildung, Versicherung von Mitarbeitern

Die Beaufsichtigung der Mitarbeiter ist vom Verein zu gewährleisten; dh der Verein **46**
muss in der Lage sein, nicht nur die Dienstaufsicht, sondern auch die Fachaufsicht
über seine Mitarbeiter auszuüben, soweit eine solche zulässig ist. Soweit Mitarbeiter
des Vereins zu Vereinsbetreuern bestellt sind, unterstehen sie der fachlichen Aufsicht des Betreuungsgerichts. Eine **Fachaufsicht** über die Mitarbeiter, die für den
Verein die diesem übertragenen Betreuungen führen, kommt nur **in engen Grenzen**
in Betracht. Dagegen unterstehen diejenigen Mitarbeiter des Vereins der Dienst-
und Fachaufsicht, die die übrigen Tätigkeiten des Vereins (Gewinnung, Einführung,
Fortbildung und Beratung ehrenamtlicher Betreuer, Beratung Bevollmächtigter
oder gesetzlicher Vertreter, Ausübung vereinsinterner Verwaltungsgeschäfte, Vertretung des Vereins im Rechtsverkehr), soweit diese nicht dem Vorstand obliegen
(Geschäftsführung), wahrnehmen. Die Gewährleistung der erforderlichen Beaufsichtigung verlangt entsprechende personelle und organisatorische Voraussetzungen
innerhalb des Vereins. Während der Verein die Prüfung seiner Rechnungsführung
und die Weiterbildung seiner Mitarbeiter durch andere Personen oder Institutionen
durchführen lassen kann, besteht keine Möglichkeit, sich der Beaufsichtigung der
Mitarbeiterschaft durch Delegation der Aufgabe zu entziehen. Der Verein bleibt in
der durch die Anerkennung nach § 1908f BGB übernommenen Verantwortung.

Die fachliche **Weiterbildung** seiner Mitarbeiter muss der Verein nicht selbst leisten; **47**
sie kann durch externe Einrichtungen und Anbieter geschehen (BT-Drucks 11/4528,
158). Da die Gewährleistung der Weiterbildung seiner Mitarbeiter zu den übernommenen Aufgaben des Vereins gehört, muss der Verein nicht nur mit entsprechender
Dienstbefreiung seiner Mitarbeiter, sondern auch durch Finanzierung der Weiter-
bildungsmaßnahmen zur Erfüllung der Aufgabe beitragen. Weiterbildung ist **nicht**
die **Supervision**. Sie ist eine Voraussetzung dafür, dass der Mitarbeiter weiterhin in
der Lage ist, die von ihm übernommenen und erwarteten Aufgaben adäquat zu
erfüllen. Eine Verpflichtung zur Freistellung der Mitarbeiter und zur Finanzierung
von Supervision trifft deshalb den Verein grundsätzlich nicht. Eine Ausnahme besteht in dem Falle, dass für den Meinungs- und Erfahrungsaustausch der Mitarbeiter
(Abs 1 Nr 3) eine fachliche Supervision nicht entbehrt werden kann, um den Austausch überhaupt sachgerecht stattfinden zu lassen. Auch über Aufwendungsersatz
oder Vergütung kann ein Berufsbetreuer nicht seine Kosten und seinen Zeitaufwand

einer von ihm in Anspruch genommenen Supervision erstattet bekommen (OLG Frankfurt FamRZ 2004, 1751 mwNw). Vgl aber das AGBtR von Rheinland-Pfalz, das Weiterbildung und Supervision für haupt- oder ehrenamtlich tätige Personen zum Gegenstand der abzuschließenden Qualitäts- und Leistungsvereinbarungen macht (§ 3 Abs 2 Nr 1).

48   Der Verein muss gewährleisten, dass er für seine Mitarbeiter eine angemessene **Versicherung** abschließt wegen derjenigen Schäden, die diese anderen im Rahmen ihrer Tätigkeit zufügen können. Diese Voraussetzung der Anerkennung wird damit begründet, dass der Verein zwar für schuldhafte Pflichtverletzungen von Mitarbeitern haftet, deren er sich zur Führung von Betreuungen bedient, nicht jedoch in dem Fall, dass der einzelne Mitarbeiter zum Vereinsbetreuer bestellt worden ist. Für die Betroffenen könnte es ein wirtschaftliches Risiko bedeuten, wenn ihnen nur der einzelne Vereinsbetreuer, nicht dagegen der Verein, haften würde (BT-Drucks 11/4528, 158). Die Richtigkeit dieser Auffassung wird zwar bezweifelt (MünchKomm/SCHWAB § 1908i Rn 26); die Zweifel ändern jedoch nichts an der Tatsache, dass der Gesetzgeber positivrechtlich die Versicherung der Mitarbeiter zu einer Anerkennungsvoraussetzung gemacht hat. Das hindert nicht, im Rahmen des Versicherungsvertragsabschlusses das rechtlich begründete Risiko zu berechnen und zum Gegenstand des Versicherungsvertrags zu machen. Für sich selbst muss der Verein keine Versicherung nachweisen (DAMRAU/ZIMMERMANN Rn 9). Auch besteht keine Verpflichtung des Vereins, ehrenamtlich für den Verein tätige Personen, gleichgültig ob sie Mitglieder sind oder nicht, zu versichern (DAMRAU/ZIMMERMANN Rn 9). Da sie sich auf Kosten des Betreuten bzw der Staatskasse, gegebenenfalls nach entsprechender Auflage des Betreuungsgerichts (§ 1837 Abs 2 S 2 BGB iVm § 1908i Abs 1 S 1 BGB), versichern können oder müssen, soweit sie es nicht bereits sind, ist hierfür auch kein Bedarf ersichtlich.

49   Die Versicherung muss Schäden abdecken, welche die Mitarbeiter „anderen im Rahmen ihrer Tätigkeit zufügen können" (Abs 1 Nr 1). Das sind Schäden, die Betreute durch die Führung von Betreuungen und Gegenbetreuungen erleiden, sowie solche, die dem Betreuer dadurch entstehen, dass er einem Dritten zum Ersatz eines durch die Führung der Betreuung bzw Gegenbetreuung verursachten Schadens verpflichtet ist. Zu versichern sind die Mitarbeiter gegen Verpflichtungen, die ihnen dadurch entstehen, dass sie für Schäden einzustehen haben, die sie im Rahmen ihrer Tätigkeit, durch die Führung von Betreuungen und Gegenbetreuungen, dem Betreuten oder Dritten zufügen.

50   Auch soweit der Verein Aufwendungsersatz verlangen kann – entweder bei vorhandenem Vermögen, sofern er als Verein zum Betreuer bestellt worden ist (§ 1835 Abs 5 S 1 BGB), oder wenn er bei Bestellung seiner Mitarbeiter zu Vereinsbetreuern nach § 7 VBVG abrechnet – kann er die Kosten der Versicherung als Aufwendungsersatz nicht geltend machen (§ 7 Abs 2 S 2 VBVG, § 1835 Abs 5 S 2 BGB).

IV.   Weitere Voraussetzungen (Abs 1 Nr 2)

1.   Gelockertes System organisierter Einzelbetreuung

51   Nach der amtlichen Begründung beschreiben die Nummern 2 und 3 den Grundge-

danken der „organisierten Einzelvormundschaft" (BT-Drucks 11/4528, 158). Zu dieser
Näheres bei HÜLSHOFF 60 ff u KLEINZ BtPrax 1993, 113. Nach der Vorstellung des
RegEntw des BtG sollte das Modell der organisierten Einzelbetreuung „künftig
allen Vereinen, die die Anerkennung für sich beantragen, verbindlich vorgeschrieben werden" (BT-Drucks 11/4528, 158). Abgesehen von der berechtigten Kritik an der
Absolutheit dieser Vorstellung (bisher MünchKomm/SCHWAB Rn 3) hat der Gesetzgeber
durch die Einführung des Vereinsbetreuers und die problematische und nicht gesicherte Finanzierungskonzeption das Modell gelockert. Soweit ehrenamtliche Betreuer sich zwar gewinnen lassen, auf die Einführung in die Arbeit als Betreuer aber
verzichten, Fortbildung nicht in Anspruch nehmen und die Beratung entweder
woanders oder beim Verein nur im äußersten Notfall suchen, kann der Arbeit des
Vereins das Modell zwar zugrunde liegen, seine Realisierungschancen sind jedoch
gering. Es fragt sich insbesondere, ob dieses Modell nicht nur dann und dort vollständig zur Wirkung kommen kann, wo alle Mitglieder und ehrenamtlich Tätigen
durch eine gleiche religiöse Grundeinstellung miteinander verbunden sind. Ein
weiterer Schritt der Einschränkung der organisierten Einzelbetreuung war die Abschaffung der sog Delegationsbetreuung durch die Streichung der Wörter „oder ihm
die Besorgung überträgt" in § 1899 Abs 4 BGB (Art 1 Nr 9 Buchst b 2. BtÄndG).

2.   Gewinnung, Einführung, Fortbildung und Beratung ehrenamtlich tätiger Betreuer

Der Verein hat zu gewährleisten, dass er sich planmäßig um die **Gewinnung** ehren- **52**
amtlicher Betreuer bemüht, diese in ihre Aufgaben einführt, fortbildet und berät.
Ziel dieser Aufgabe ist es, auf diesem Wege private Kräfte für die Betreuungsarbeit
zu mobilisieren, damit dadurch das Ziel des neuen Betreuungsrechts erreicht wird,
die persönliche Betreuung der Betroffenen zu stärken (BT-Drucks 11/4528, 100). Den
Vereinigungen kommt die Aufgabe zu, den Gerichten gut motivierte und informierte
Betreuer in möglichst großer Zahl zur Verfügung zu stellen, damit persönliche und
möglichst sachgerechte Betreuungen gewährleistet werden können.

Die Aufgabe darf nicht so verstanden werden, dass die gewonnenen ehrenamtlichen **53**
Betreuer mit denjenigen Betreuern personengleich sein müssen, die beraten und
fortgebildet werden sollen. Für die Übernahme einer Betreuung wird auch derjenige
gewonnen, der **erneut** bereit ist, sich zum Betreuer bestellen zu lassen. Auch derjenige kann als vom Verein gewonnen angesehen werden, der durch die Inanspruchnahme von Beratung und/oder Fortbildung dazu bewogen worden ist, die Betreuung
nicht vorzeitig wieder abzugeben und die Entlassung aus dem Amt zu beantragen.

Die Aufgabenbeschreibung erfasst nicht die Information der Menschen, die sich **54**
darüber schlüssig werden wollen, ob sie für einen Angehörigen oder eine ihnen sonst
bekannte Person die Bestellung eines Betreuers anregen sollen. Das heißt nicht, dass
der Verein solche Beratung nicht ausüben dürfte. Insoweit unterliegt eine solche
Betätigung nicht einer Konzession. Fraglich ist lediglich, ob diese Tätigkeit bei der
Bewilligung öffentlicher Fördermittel Berücksichtigung findet.

Ebenfalls nicht eine Frage des rechtlichen Dürfens, sondern der Finanzierung dieser **55**
Aufgabe ist die **Nachsorge** in Betreuungssachen, dh die Begleitung desjenigen, der
bisher im Sinne der §§ 1896 ff BGB betreut wurde, dessen Betreuung aber ganz oder

teilweise entfallen ist. Die Ablösung von der Betreuung und das Hineinwachsen in die Eigenverantwortlichkeit und Selbständigkeit erfordern weiterhin Begleitung, die nicht sofort von „anderen Hilfen" (vgl § 1896 Abs 2 S 2 BGB) übernommen werden kann (Näheres BIENWALD FamRZ 1992, 1125, 1127).

56 Die **Gewinnung** ehrenamtlicher Betreuer hat **planmäßig**, dh nicht nur bei Gelegenheit oder beiläufig, zu erfolgen. Planmäßig wird sie dann vorgenommen, wenn sie regelmäßig und überlegt, programmgemäß, nach einem Konzept, geschieht. Ein Erfolg wird nicht geschuldet, sondern die auf den Erfolg ausgerichtete Aktivität.

57 Die Aufgabe der **Einführung** der gewonnenen ehrenamtlichen Betreuer oder anderer interessierter Personen darf nicht verwechselt werden mit dem Einführungsgespräch, das dem Gericht (Rechtspfleger) im Einzelfall obliegt (§ 289 Abs 2 FamFG, §§ 3 Nr 2 Buchst b, 15 Nr 4 RPflG). Erwartet wird von dem Verein, dass er die gewonnenen Personen auf die Übernahme einer Betreuung generell vorbereitet, sie über die Aufgaben eines Betreuers, seine Pflichten und Rechte sowie wichtige und wissenswerte Hilfen und Adressen (soziales Netz!) informiert.

58 Die **Fortbildung** ehrenamtlicher Betreuer dient dazu, Kenntnisse und Fertigkeiten genereller Art und für einzelne Aufgabengebiete zu vermitteln, zu vertiefen oder zu erneuern, grundlegende Fragen sowie Probleme zu erörtern und Lösungsmöglichkeiten anzubieten oder zu erarbeiten.

59 **Beratung** ehrenamtlich tätiger Betreuer bezieht sich auf die Führung einer bestimmten Betreuung. Beratung ist Entscheidungshilfe im konkreten Einzelfall. Sie besteht in dem Aufzeigen oder Aufnehmen eines Problems (oder mehrerer), dem Aufzeigen möglicher Lösungen und deren Konsequenzen. Dazu gehört die Information über die bestehende Rechtslage sowie über weitere Informations-, Beratungs- und Hilfeangebote (zB nach dem SGB). Die Beratungsaufgabe des Vereins steht in Konkurrenz zu der Verpflichtung des Gerichts und der Behörde, ebenfalls den Betreuer zu beraten. § 1837 Abs 1 BGB iVm § 1908i Abs 1 S 1 BGB verpflichtet das Betreuungsgericht ausdrücklich, die Betreuer zu beraten und dabei mitzuwirken, sie in ihre Aufgaben einzuführen. Die örtlich zuständige Behörde (Betreuungsstelle) hat ebenfalls die Betreuer bei der Wahrnehmung ihrer Aufgaben zu beraten und zu unterstützen, dies jedoch nur, wenn diese es wünschen (§ 4 BtBG). Der Betreuer hat die **Wahl**, von wem er sich beraten lassen will (BT-Drucks 11/4528, 198).

60 Das Angebot der Beratung (und Unterstützung) ändert nichts an dem auch durch das BtG nicht geänderten **Grundsatz der selbstständigen und eigenverantwortlichen Amtsausübung** des Betreuers, der lediglich durch das Weisungsrecht des Gerichts in Ausnahmefällen (§ 1837 BGB iVm § 1908i Abs 1 S 1 BGB) durchbrochen wird (im Einzelnen s dazu STAUDINGER/VEIT [2014] § 1837 Rn 1 f). Beratung hat nicht zum Ziel, dem Betreuer die Entscheidung abzunehmen. Die Verpflichtung zur Beratung einerseits und Aufsicht und Kontrolle sowie das Recht zur Einzelweisung andererseits tragen jedoch zu einer gewissen Spannung bei, sodass die gerichtliche Beratung nur behutsam und eher in Ausnahmefällen in Anspruch genommen werden sollte. Dies wird in BT-Drucks 11/4528, 198 übersehen, wenn dort festgestellt wird, die Beratung durch das Betreuungsgericht stehe bei einer bereits anhängigen Betreuung im Vordergrund. Schließlich hat das Gericht in fast allen Fällen von Amts wegen tätig zu werden, wenn es einen zum Handeln Anlass gebenden Sachverhalt erfährt! In der Praxis stellt sich die Anfrage bei Gericht meist auch nicht als Beratungswunsch, sondern als Voraberörterung der Chancen eines Genehmigungsantrags oä heraus, von den Fällen einmal abgesehen, in denen Betreuer vom (für die Beratung zuständigen) Rechtspfleger an andere (Behörde, Verein, Rechtsanwalt) verwiesen werden.

Wegen der zu beobachtenden Hemmungen von Betreuern (besonders Angehörigen), Beratung in Anspruch zu nehmen, leistet das **Gericht** im Rahmen von § 1837 Abs 1 BGB iVm § 1908i Abs 1 S 1 BGB einen wichtigen Beitrag, wenn es die Betreuer zur Inanspruchnahme der bestehenden Beratungs- und Unterstützungsangebote **ermutigt** und ihnen (zB bereits bei Einweisung ins Amt) entsprechende **Hinweise** gibt. Zum Verhältnis von Betreuerberatung und Rechtsberatung s BIENWALD, in: BIENWALD/SONNENFELD/HARM Rn 63 ff; dort auch zu der Frage, ob der Verein zur Unterstützung ehrenamtlicher Betreuer, die nicht Mitglieder des Vereins sind, bei der Wahrnehmung ihrer Aufgaben verpflichtet ist. **61**

3. Beratung Bevollmächtigter

Die unter die Vorschrift des § 1908f BGB fallenden Vereine sind verpflichtet, ein Beratungsangebot vorzuhalten, obgleich damit gerechnet werden muss, dass von dem Angebot selten oder gar nicht Gebrauch gemacht wird. Es ist auch damit zu rechnen, dass die Mitarbeiterinnen und Mitarbeiter von Vereinen den Beratungswünschen von Bevollmächtigten nicht nachkommen können, weil sie zur Beratung in komplizierteren Rechtsfragen nicht hinreichend kompetent sein dürften. Im Hinblick darauf werden die Vereine die Verpflichtung zum Anlass nehmen müssen, ihre Versicherungen zu prüfen. Dass sie auch wegen der neuen Verpflichtung und der damit verbundenen weiteren Ausgaben eine höhere Förderung durch öffentliche Mittel erfahren, kann so gut wie ausgeschlossen werden. **62**

Den Vereinen wurde die Beratung von Bevollmächtigten zur Aufgabe gemacht, nicht dagegen die Beratung von Vollmachtgebern. Entsprechende Anliegen können für einen Verein Anlass sein, beim Betreuungsgericht anzuregen, die Bestellung eines Betreuers mit dem Aufgabenkreis des § 1896 Abs 3 BGB zu prüfen. Die übrigen in Nr 2 aufgeführten Betätigungen des Vereins beziehen sich nur auf ehrenamtliche Betreuer (Gewinnung, Einführung, Fortbildung), nicht auf Bevollmächtigte. **63**

Die Vereine werden ihre Beratungstätigkeit in der Weise zu gestalten haben, dass sie zunächst von der Gültigkeit der Bevollmächtigung ausgehen, sofern sie nicht offenkundige (äußere) Mängel feststellen. Besteht Anlass zu der Annahme, dass der Vollmachtgeber zum Zeitpunkt der Bevollmächtigung nicht geschäftsfähig war oder zur Erteilung der Vorsorgevollmacht gedrängt oder in strafbarer Weise veranlasst worden ist, kann es Angelegenheit des Vereins sein, dem Bevollmächtigten die Bedenken mitzuteilen und ihn auf die Folgen einer nichtigen Vollmacht sowie einer Vertretung ohne Vertretungsmacht und auf ein etwaiges Bedürfnis einer Betreuerbestellung hinzuweisen. **64**

Werner Bienwald

V.   Planmäßige Informationen über Vorsorgevollmachten und Betreuungsverfügungen (Abs 1 Nr 2a)

1.   Allgemeines

65 Der auf Vorschlag des BRates mit Zustimmung der BReg zustande gekommenen Ergänzung entspricht die in § 6 Abs 1 S 2 BtBG aufgenommene Aufgabe der Behörde, „weiterhin" die Aufklärung und Beratung über Vollmachten und Betreuungsverfügungen zu fördern. Korrespondierend zu der Erweiterung der Aufgaben der Vereine sollte, so heißt es in der Begründung des Vorschlags (BT-Drucks 13/7158, 53), zur Stärkung der Betreuungsvermeidung eine ausdrückliche Pflicht der Betreuungsbehörde zur Information, Aufklärung und Beratung über Vollmachten und Betreuungsverfügungen eingeführt werden. Offenbar irrtümlich wurde angenommen, dass Betreuungsverfügungen der Vermeidung von Betreuungen dienen können (BT-Drucks 13/7158, 51). Das trifft jedoch nicht zu (vgl dazu oben § 1901c Rn 5). Der BRat ging davon aus, dass die zusätzliche Aufgabe der Vereine förderungswürdig sei und in den Leistungen zur Förderung der Betreuungsvereine entsprechende anteilige Mittel vorzusehen seien (BT-Drucks 13/7158, 51). Dass dieser Erwartung entsprochen werden würde, war angesichts der knappen Mittel und der Förderungserfahrungen von Vereinen bereits damals kaum anzunehmen. Die Praxis ist dem auch nicht überzeugend gefolgt.

2.   Einzelheiten

66 Die neue Aufgabe ist als Anerkennungsvoraussetzung ausgestaltet. Der anerkennungswillige Verein muss gewährleisten, dass er planmäßig über Vorsorgevollmachten und Betreuungsverfügungen informiert. Zum Begriff des Planmäßigen s oben Rn 56. Da die eingefügte Aufgabe als Anerkennungsvoraussetzung formuliert ist, kann sie mangels entsprechender Bestimmung für die bereits anerkannten oder die nach Art 9 § 4 BtG (Übergangsvorschriften) als anerkannt geltenden Vereine nicht unmittelbar Anwendung finden. Im Hinblick darauf, dass auch ohne diese Bestimmung Vereine in der Hinsicht schon tätig geworden sind und die landesrechtlichen Förderbestimmungen die Förderung der Vereine, soweit sie anerkannt sind, nach eigenen Kriterien vornehmen, ist mit Anwendungsproblemen nicht zu rechnen.

67 Die Bestimmung verpflichtet zu **planmäßiger** Information. Darunter sind Aktivitäten zu verstehen, die sich nicht lediglich an individuell bestimmte Interessenten richten, sondern an beliebige Personen wenden. Zu einer Beratung werden die Vereine nicht dadurch verpflichtet. Obgleich aus den Materialien zum BtÄndG nicht erkennbar ist, wer seitens der Behörde für Beratungstätigkeit **Förderung** erfahren soll, lässt sich aus der Erwähnung dieses Wortes in § 6 Abs 1 S 2 BtBG nicht ableiten, dass die Vereine auch zu einer Beratung in Sachen Vorsorgevollmacht und Betreuungsverfügung, soweit sie allgemeine Hinweise (Information) überschreitet, berechtigt oder gar verpflichtet sein sollten. Diese Befugnis zur **Einzelberatung** hat erst der durch Art 1 Nr 14 Buchst c 2. BtÄndG angefügte Abs 4 eingeräumt.

68 Die Annahme einer solchen Verpflichtung brächte Vereine in Gefahr, wegen zu sehr in Einzelheiten gehender Beratung für **Beratungsmängel** einstehen zu müssen, denn dass die Vorsorgevollmacht die an sie gerichteten Erwartungen erfüllen kann, ist keineswegs so sicher, wie aus den Äußerungen darüber geschlossen werden muss/ wird.

Die Vorsorgevollmacht ist als Instrument zur Vermeidung einer Betreuerbestellung **69** nach § 1896 Abs 1, 2 BGB nur mit Einschränkungen tauglich. Die wichtigsten sind folgende: In Anbetracht der Ergänzung des § 1896 Abs 2 S 2 BGB durch Art 1 Nr 11 BtÄndG besteht Ungewissheit darüber, ob eines Tages die Voraussetzungen des § 1897 Abs 3 BGB vorliegen und welche Schlüsse das Betreuungsgericht dann zieht. Hinsichtlich des Inhalts und des Umfangs der Bevollmächtigung können Unklarheiten bestehen, ob der gesamte Betreuungsbedarf erfasst wird, zB auch in Bezug auf die Befugnisse nach §§ 1904 u 1906 BGB (Form und Beschreibung der Entscheidungsbefugnisse) und neuerdings § 51 Abs 3 ZPO und die Änderung des Melderechts (Art 2 2. BtÄndG).

Letzten Endes besteht immer die Unsicherheit, ob der Rechtsverkehr (einschl Arzt **70** und Pflegepersonal) die Vollmacht akzeptiert, zumal die Möglichkeit einer Bevollmächtigung mehrerer Personen mit gleichen, nur teilweise gleichen oder sogar widersprüchlichen Befugnissen nicht auszuschließen ist (ausführlicher BIENWALD BtPrax 1998, 164). Die Tatsache, dass der Bevollmächtigte nicht die Rechtsstellung eines gesetzlichen Vertreters erlangt, wirkt sich überall dort aus, wo eine Beteiligung nur des gesetzlichen (nicht des gewillkürten) Vertreters eines Betroffenen vorgesehen ist, so zB in den Unterbringungsgesetzen der Länder. Hinzu kommen die Erfahrungen der letzten Jahre, dass hinsichtlich der Geschäftsfähigkeit des Vollmachtgebers im Zeitpunkt der Bevollmächtigung Zweifel geäußert werden und durchschlagen, dass innerfamiliäre Rivalitäten dazu führen, von der Vollmacht keinen Gebrauch zu machen oder die Gültigkeit der Vollmacht anzuzweifeln, dass insbesondere die Befreiung von dem Verbot des Insichgeschäfts (§ 181 BGB) zu missbräuchlicher Benutzung der Rechtsmacht geführt hat und Geldinstitute die nicht bei ihnen unterzeichneten Vollmachten nicht oder nicht unbedenklich anerkennen, um nur diese Beispiele zu nennen.

VI. Weitere Voraussetzung (Abs 1 Nr 3 – Erfahrungsaustausch)

Der Verein hat die Verpflichtung, einen Erfahrungsaustausch zwischen den Mit- **71** arbeitern zu ermöglichen. Da die amtliche Begründung auch die Nr 3 als Ausdruck des Grundgedankens der „organisierten Einzelvormundschaft" versteht (BT-Drucks 11/4528, 158), liegt die Annahme nahe, der hier verwendete Mitarbeiterbegriff erfasse auch die ehrenamtlichen Betreuer (so MünchKomm/SCHWAB Rn 9). Zutreffend weist SCHWAB allerdings darauf hin, dass ein selbständig tätiger (ehrenamtlicher) Betreuer zur Teilnahme an einem Erfahrungsaustausch nicht gezwungen werden könne. Daran ändert auch nichts die Bestimmung des neuen AGBtR von Rheinland-Pfalz, wonach in die abzuschließende Qualitäts- und Leistungsvereinbarung Festlegungen zur Anzahl, Qualifikation, Weiterbildung und Supervision der für den Betreuungsverein haupt- oder ehrenamtlich tätigen Personen aufzunehmen sind (§ 3 Abs 2 Nr 1 AGBtR). Wie der Verein mit Personen umgeht, die sich einer Weiterbildung oder Supervision und einem damit verbundenen Erfahrungsaustausch nicht stellen wollen, ist seine Angelegenheit.

Gegen eine Beteiligung ehrenamtlicher Betreuer an dem in Nr 3 genannten Erfah- **72**

rungsaustausch von Mitarbeitern spricht die Verschwiegenheits- und Datenschutz-
problematik. Ehrenamtliche „Mitarbeiter" unterliegen nicht der generellen Verschwiegenheitspflicht von (hauptamtlichen oder nebenamtlichen) Mitarbeitern eines
Vereins. Hinzu kommt Folgendes: In der Formulierung „ermöglichen" kommt in
erster Linie eine Forderung an den Arbeitgeber zum Ausdruck, einen Erfahrungsaustausch während der Dienstzeit oder auf Kosten der Dienstzeit zuzulassen. Das
hat zur Folge, dass die von den Mitarbeitern zu leistenden Aufgaben ihrem Umfang
nach so bemessen sein müssen, dass außerdem ein mitarbeiterinterner Erfahrungsaustausch im Rahmen des Dienstes stattfinden kann. Bilden die Betreuungen den
Gegenstand des Erfahrungsaustausches (sie müssen es nicht, weil der Verein auch
andere Aufgaben hat), kann für eine **effektive Gestaltung** des Erfahrungsaustauschs
die Inanspruchnahme fachbezogener **Supervision** auf Kosten des Arbeitgebers erforderlich sein. Nr 3 würde in seiner Reichweite eingeengt, wenn als Gegenstand des
Erfahrungsaustauschs nur die Führung von Betreuungen im engeren Sinne verstanden werden würde. Für die Gestaltung der Beratung und die Durchführung von
Einführungs- und Fortbildungsveranstaltungen ist der Erfahrungsaustausch auch
insoweit erforderlich.

73 Das durch die Verpflichtung zur Ermöglichung von Erfahrungsaustausch aufgeworfene Problem der **Verschwiegenheitspflicht** wird vom Gesetzgeber des BtG nicht
gelöst. Weder ist die Befugnis der Teilnahme an dem Erfahrungsaustausch präzisiert
noch eingegrenzt. Werden die zu erörternden Sachverhalte anonymisiert, bestehen
gegen einen derartigen Erfahrungsaustausch (ähnlich Teamberatungen) keine Bedenken. Soll der Austausch von Informationen ohne vorherige Anonymisierung
stattfinden, können außer den Betroffenen Angehörige und deren Beziehungen
(untereinander) erörtert werden, ohne dass Grenzen erkennbar sind oder gesetzt
werden; es wäre völlig ins Belieben der Mitarbeiter gestellt, welche Informationen in
dem Teilnehmerkreis preisgegeben werden. Allein die Befugnis und Verpflichtung
zu Erfahrungsaustausch legitimiert nicht die Preisgabe persönlicher Daten iwS.

VII. Förderung von Vereinen

74 Mit Ausnahme von Bayern haben die Länder Förderungsrichtlinien/-Bestimmungen
erlassen. Eine Zusammenstellung der Ausführungsgesetze der Länder mit Förderbestimmungen befindet sich bei BIENWALD/SONNENFELD/HARM/BIENWALD Teil 4,
B; Texte enthalten die Werke von DEINERT (Arbeitshilfe für Betreuungsvereine [2. Aufl])
337 und von KNITTEL (Betreuungsgesetz) im Landesrechtsteil (s auch die Abt Länderrecht
sowie die Rechtstatsachen zu § 1908f BGB [Rn 72 ff] des HK-BUR). Zum Anspruch eines
Betreuungsvereins auf fehlerfreie Ermessensausübung bei der Entscheidung über
die Förderung nach Landesrecht von Rheinland-Pfalz s VG Trier RsDE 30 (1995),
102 = Rechtsdienst der Lebenshilfe 1995, 29; zur Befugnis der Behörde, Betreuungsvereine im Zuständigkeitsbereich unterschiedlich zu fördern, s VG Karlsruhe
FamRZ 1997, 904 (LS) = LWV Baden Betreuung aktuell 1997, 14 f. Zur Rechtswidrigkeit der (neuen) Förderrichtlinien von Niedersachsen, in denen die Förderung
eines Vereins je Landkreis mit 300 000 Einwohnern und von zwei Vereinen je Landkreis mit mehr als 300 000 Einwohnern bei einer Fläche von mehr als 2500 qkm
vorgesehen war, OVG Lüneburg 28. 2. 2002 – 11 LB 3974/01, Rechtsdienst der
Lebenshilfe 2/2002, 83.

Erneut hat das VG Trier über die Zuweisung von Fördermitteln entschieden und **75** festgestellt, dass die Beklagte (überörtliche Behörde) keinesfalls berechtigt sei, das gesamte Bewilligungskonzept generell an anderen als den im Gesetz genannten Zwecken auszurichten, so dass, wenn keine Gründe für ein Abweichen von dem gesetzlichen Regelfall vorliegen, das Ermessen auf die gesetzlichen Regelfolgen reduziert ist (BtPrax 1998, 240, 241).

VIII. Beratungsbefugnis bei Vollmachterrichtung (Abs 4)

Durch Abs 4 wird den Betreuungsvereinen die Möglichkeit eröffnet, bei der Erstel- **76** lung von Vorsorgevollmachten auch individuell rechtsberatend tätig zu werden. Diese Befugnis wurde den Vereinen nicht zur Pflicht gemacht; sie geht über die den Betreuungsvereinen bereits als Pflichtaufgabe obliegende planmäßige Information hinaus (BT-Drucks 15/2494, 31). In der Einzelbegründung zu der Vorschrift wird den Betreuungsvereinen überlassen, ob sie individuell beratend tätig werden. Als weitere Pflichtaufgabe komme diese Beratung schon deshalb nicht in Betracht, heißt es dort, weil nicht sichergestellt ist, ob die Betreuungsvereine hierfür genügend qualifizierte Mitarbeiter haben (BT-Drucks 15/2494, 31).

Anders als für die Bestellung zum Vereinsbetreuer kommt es für die Beratungstä- **77** tigkeit des Betreuungsvereins nicht darauf an, dass sie durch fest angestellte Mitarbeiter durchgeführt wird. Das kann auch durch freie Mitarbeiter geschehen, die sich für diese Aufgabe des Vereins zur Verfügung stellen, die Beratung aber für den Verein und in dessen Namen leisten. Räumt ein Betreuungsverein in seinen Geschäftsräumen einem Anwalt oder Notar die Möglichkeit ein, beratend tätig zu sein, handelt es sich nicht um eine Leistung des Betreuungsvereins.

Weil es sich um eine freiwillige Aufgabe handelt, haben die Betreuungsvereine zu **78** entscheiden, ob sie für die individuelle Beratung bei der Errichtung von Vorsorgevollmachten ein Entgelt verlangen (BT-Drucks 15/2494, 31). Für die Bemessung des Entgelts kann der Verein nicht auf die Vorschriften des Rechtsanwaltsvergütungsgesetzes (RVG) zurückgreifen. Andererseits handelt es sich bei der Beratung bei der Errichtung von Vorsorgevollmachten nicht um eine Gefälligkeitsleistung.

Nach allgemeinen Bestimmungen haften die Vereine als beratende Institution für **79** die Richtigkeit ihrer Tätigkeit und werden sich entsprechend versichern müssen, wenn sie die Beratungsdienste anbieten wollen.

§ 1908g
Behördenbetreuer

(1) Gegen einen Behördenbetreuer wird kein Zwangsgeld nach § 1837 Abs 3 Satz 1 festgesetzt.

(2) Der Behördenbetreuer kann Geld des Betreuten gemäß § 1807 auch bei der Körperschaft anlegen, bei der er tätig ist.

Werner Bienwald

Materialien: Art 1 Nr 41 RegEntw; Art 1 Nr 47
BtG; BT-Drucks 11/4528, 158 f (BReg);
BT-Drucks 11/6949, 16, 80 Nr 29 (RA).

I.   Absatz 1

1   Die Vorschrift stellt, wie der RegEntw des BtG es formulierte (BT-Drucks 11/4528, 158), eine Sonderregelung für den Fall dar, dass der Mitarbeiter einer in Betreuungsangelegenheiten zuständigen Behörde, der dort ausschließlich oder neben anderen Tätigkeiten als Betreuer beschäftigt ist, als solcher bestellt wird (Behördenbetreuer, § 1897 Abs 2 S 2 BGB). Diese Sonderregelung wird damit begründet, dass die Festsetzung eines Zwangsgeldes mit der Stellung auch des Behördenbetreuers als Mitarbeiter der Behörde, gegen die Zwangsgeld nicht festgesetzt werden kann (§ 1837 Abs 3 S 2 BGB iVm § 1908i Abs 1 S 1 BGB), nicht vereinbar sei (BT-Drucks 11/4528, 159; zustimmend ERMAN/ROTH Rn 2; krit DAMRAU/ZIMMERMANN Rn 2 und MünchKomm/ SCHWAB Rn 2).

2   Die Begründung der Vorschrift trägt diese Regelung nicht. Die Rechtsstellung des Behördenmitarbeiters als Betreuer unterliegt wie die aller anderen Betreuer den zivilrechtlichen Bestimmungen der §§ 1896 ff BGB; der öffentlich-rechtliche Einschlag des Betreuungsrechts (so für das alte Recht BVerfGE 10, 302, 311) wird dadurch nicht verstärkt, dass der Mitarbeiter der Behörde intern die Aufgabe als Dienstaufgabe ausführt. Die unbegründete Privilegierung (BIENWALD, in: BIENWALD/SONNEN-FELD/HARM Rn 2) der öffentlichen Bediensteten offenbart vielmehr, dass das Gesetz selbst die „Fiktion der Einzelbetreuung durch Behördenmitarbeiter nicht durchhält" (MünchKomm/SCHWAB Rn 2). Sie enthält außerdem die Gefahr, dass man glaubt, die öffentlichen Bediensteten durch eine derartige „Schonung" auf der einen Seite größeren Belastungen mit höheren „Fallzahlen" auf der anderen Seite aussetzen zu können.

3   Der Charakter der Sonderregelung besteht auch im Verhältnis zu dem Vereinsbetreuer, der sich sonst in ähnlicher Position wie der Behördenbetreuer befindet.

4   Die Sonderregelung hat zur Folge, dass das Betreuungsgericht gegen Pflichtwidrigkeiten des Behördenbetreuers einschreiten darf und muss, ihm auch sonst die Mittel der Aufsicht zur Verfügung stehen (einschl der Entlassung, § 1908b Abs 1 BGB). Lediglich die – vielleicht allein wirksame – Festsetzung eines Zwangsgeldes (einschließlich ihrer Androhung) hat zu unterbleiben.

5   Eine zulässige behördeninterne Kontrolle und die Möglichkeit, den Mitarbeiter dienstrechtlich zur Befolgung einer gerichtlichen Anordnung anzuhalten (ERMAN/ ROTH Rn 2), bleiben uU schon deshalb wirkungslos, weil die Durchsetzung dienstrechtlicher Maßnahmen anderen Gesetzmäßigkeiten (ua Mitwirkung von Personalräten uä) unterliegt. Außerdem besteht die Gefahr, über das zulässige Maß von gerichtlicher Aufsicht behördenintern hinauszugehen.

6   Kommt, wie in Hamburg, die Befreiung von der Genehmigungspflicht nach § 1907

BGB hinzu (näher dazu § 1907 Rn 12), ist in diesem Bereich das **Betreuungsgericht** nicht nur **tatsächlich machtlos**.

Die Behörde und der Verein sind, wenn sie zum Betreuer bestellt wurden, aufgrund **7** von § 1837 Abs 3 S 2 BGB iVm § 1908i Abs 1 S 1 BGB von der Androhung und Festsetzung von Zwangsgeld verschont.

II.   Absatz 2

§ 1805 S 2 BGB erlaubt dem Jugendamt als Vormund oder Gegenvormund, Mün- **8** delgeld gemäß § 1807 BGB auch bei der Körperschaft anzulegen, bei der das Amt errichtet ist. Die Verweisung auf diese Vorschrift in § 1908i Abs 1 S 1 BGB gibt der Behörde das gleiche Recht für den Fall, dass sie als Behörde zum Betreuer bestellt worden ist.

Die nach § 1908g Abs 2 BGB dem Behördenbetreuer eingeräumte Befugnis, ebenso **9** wie sein Anstellungsträger Geld des Betreuten gemäß § 1807 BGB auch bei der Trägerkörperschaft anzulegen, stellt keine Sonderregelung dar, weil dem Verein schon bisher nicht das der Behörde eingeräumte Recht zustand. Die Bestimmung dient eher der Klarstellung (MünchKomm/SCHWAB Rn 3). Denn bei konsequentem Verständnis der Behördenbetreuerbestellung als einer Einzelbetreuerbestellung handelt es sich nicht um eine „Vermischung" eigener Gelder der Behörde mit Betreutengeldern, wenn der Behördenbetreuer das Geld bei dem Geldinstitut seiner Kommune anlegt. Ob diese und die entsprechende Vorschrift des Vormundschaftsrechts (§ 1805 S 2 BGB, gemäß § 1915 Abs 1 BGB auf die Pflegschaft entsprechend anzuwenden) mit europarechtlichen Standards vereinbar ist, bleibt abzuwarten.

Durch die Neufassung des § 1817 BGB (Art 1 Nr 6 BtÄndG), der iVm § 1908i Abs 1 **10** S 1 BGB dem Betreuer die Möglichkeit eröffnet, auf seinen Antrag hin durch das Betreuungsgericht von den ihm nach den §§ 1806 bis 1816 BGB obliegenden Verpflichtungen unter bestimmten Voraussetzungen befreit zu werden, wird die Regelung des Abs 2 nicht betroffen.

§ 1908h
(aufgehoben)

Die Vorschrift wurde durch Art 1 Nr 15 des 2. BtÄndG mit Wirkung vom 1. 7. 2005 aufgehoben. Sie ist noch anzuwenden auf die vor dem 1. 7. 2005 entstandenen Ansprüche (Art 229 § 14 EGBGB, angefügt durch Art 7 des 2. BtÄndG). Für die später entstandenen und entstehenden Ansprüche ist das Gesetz über die Vergütung von Vormündern und Betreuern vom 21. 4. 2005 (BGBl I 1073) maßgebend, das in seinem § 8 Vergütung und Aufwendungsersatz für Behördenbetreuer regelt. Der Text der aufgehobenen Vorschrift ist bei STAUDINGER/BIENWALD (2006) abgedruckt.

§ 1908i
Entsprechend anwendbare Vorschriften

(1) Im Übrigen sind auf die Betreuung § 1632 Abs 1 bis 3, §§ 1784, 1787 Abs 1, § 1791a Abs 3 Satz 1 zweiter Halbsatz und Satz 2, §§ 1792, 1795 bis 1797 Abs 1 Satz 2, §§ 1798, 1799, 1802, 1803, 1805 bis 1821, 1822 Nr 1 bis 4, 6 bis 13, §§ 1823 bis 1826, 1828 bis 1836, 1836c bis 1836e, 1837 Abs 1 bis 3, §§ 1839 bis 1843, 1846, 1857a, 1888, 1890 bis 1895 sinngemäß anzuwenden. Durch Landesrecht kann bestimmt werden, dass Vorschriften, welche die Aufsicht des Betreuungsgerichts in vermögensrechtlicher Hinsicht sowie beim Abschluss von Lehr- und Arbeitsverträgen betreffen, gegenüber der zuständigen Behörde außer Anwendung bleiben.

(2) § 1804 ist sinngemäß anzuwenden, jedoch kann der Betreuer in Vertretung des Betreuten Gelegenheitsgeschenke auch dann machen, wenn dies dem Wunsch des Betreuten entspricht und nach seinen Lebensverhältnissen üblich ist. § 1857a ist auf die Betreuung durch den Vater, die Mutter, den Ehegatten, den Lebenspartner oder einen Abkömmling des Betreuten sowie auf den Vereinsbetreuer und den Behördenbetreuer sinngemäß anzuwenden, soweit das Betreuungsgericht nichts anderes anordnet.

Materialien: Art 1 Nr 6 DiskE I; Art 1 Nr 41 RegEntw; Art 1 Nr 47 BtG; DiskE I 158; BT-Drucks 11/4528, 159 ff (BReg); BT-Drucks 11/4528, 210 ff (BRat); BT-Drucks 11/4528, 229 (BReg); BT-Drucks 11/6949, 17, 81 Nr 31 (RA). Folgeänderung in Abs 1 S 1 (statt § 1836a nunmehr § 1836e) durch Art 1 Nr 18 BtÄndG (BT-Drucks 13/7158, 7, 34; 13/10331, 12 [RA unverändert]; BR-Drucks 339 u 517/98 m Beschluss). Die in Bezug genommenen §§ 1795 und 1836c sowie Abs 2 sind ergänzt d Art 1 Nr 17, 18 u 21 LPartG (BT-Drucks 14/3751, 7, 45, 46). Neufassung d Abs 1 S 1 durch Art 1 Nr 16 2. BtÄndG (BT-Drucks 15/2494, 7; BT-Drucks 15/4874; BR-Drucks 121/05 [Beschluss]). Korrekturen sprachlicher Art sowie Einführung amtlicher Überschriften d Be-

kanntm d Neufassung d BGB v 2. 1. 2002 (BGBl I 42 mit späteren Änderungen); dazu näher STAUDINGER/ENGLER (2004) Vorbem 33 f zu §§ 1773 ff. In Abs 1 wurde nach der Angabe „§§ 1839 bis 1843" das Komma und die Angabe „1845" durch das Gesetz zur Erleichterung familiengerichtlicher Maßnahmen bei Gefährdung des Kindeswohls v 4. 7. 2008 (BGBl I 1188) gestrichen. Die Änderung der Gerichtsbezeichnungen in Abs 1 S 2 und Abs 2 S 2 beruht auf Art 50 Nr 49 FGG-RG (BGBl I 2586, 2724); BT-Drucks 16/6308, 143. Die Änderungen der Gerichtsbezeichnungen in den in Bezug genommenen Vorschriften gehen ebenfalls auf das FGG-RG zurück.

Schrifttum

1. Allgemein zu den in Bezug genommenen Vorschriften
ALBER, Landesausführungsgesetze zum Betreuungsgesetz – ein Überblick, in: WIENAND-REIS, Betreuungsgesetz auf dem Prüfstand (1992) 11

BAUER/MAHR, Haftung der Vereinsbetreuer, Betreuungsmanagement 2/2005, 78
BIENWALD, Von der Schwierigkeit eines Betreuers, Geld seines Betreuten anzulegen, BtPrax 1995, 20
ders, Zur Rechtsstellung der Betreuungsstelle und der mit der Wahrnehmung von Betreuun-

gen beauftragten Mitarbeiterinnen und Mitarbeiter unter besonderer Berücksichtigung des Niedersächsischen Ausführungsgesetzes zum Betreuungsgesetz (NdsAGBtG), DAVorm 1995, 287

ders, Anmerkung zum Beschluss des LG Mönchengladbach vom 6. 3. 1997 – BtPrax 1997, 203 betr Sperrvermerk im Sparbuch des Betreuten, BtPrax 1998, 15

BLANK, Entscheidung des LG Mönchengladbach vom 6. 3. 1997 (BtPrax 5/97, 203 f), BtPrax 1998, 21

BOBENHAUSEN, Konkurrenzen zwischen dem Willen des Betreuten und des Betreuers: Gesetzliche Vertretung – Kontosperre – Schenkung, BtPrax 1994, 158

BURGHARDT, Verfügungen über Nachlaßkonten in der Bankpraxis, ZEV 1996, 136

DEINERT, Die Ausführung des Betreuungsgesetzes durch die Bundesländer, DAVorm 1992, 133

ders, Fundstellen für das Landesrecht zum Betreuungsrecht, BtPrax 1993, 130

ders, Betreuervergütung und Staatsregreß nach dem Tod des Betreuten, FamRZ 2002, 374

DODEGGE, Das Betreuungsbehördengesetz und die Landesausführungsgesetze, NJW 1992, 1936

ders, Erste Entwicklungen des Betreuungsrechts, NJW 1993, 2353

ders, Weitere Entwicklungen des Betreuungsrechts, NJW 1994, 2383

GERNHUBER, Oder-Konten von Ehegatten, WM 1997, 645

HEYDER, Die Haftung des Betreuers – Bewertung der Risiken und Grenzen, Betreuungsmanagement 2/2005, 60

HÖTZEL/VOERTZEN, Substanzerhaltende Geldanlage und Mündelsicherheit, DB 1994, 2303

HOLZHAUER, Abhebungen des Betreuers vom Konto des Betreuten unter 5000,– DM immer genehmigungsfrei?, BtPrax 1994, 42

JOCHUM, Keine Verfügung über Nachlaßkonten nach dem Tod des Betreuten (zugleich Anmerkung zu Vogt BtPrax 2/96, 52), BtPrax 1996, 88

JÜNGER, Geldanlage für Mündel und Betreute, FamRZ 1993, 147

KERKLOH, Das Wohl des Betreuten bei genehmigungspflichtigen Rechtsgeschäften auf dem Gebiet der Vermögenssorge (1995)

KERSTEN, Sachverhaltsermittlung bei Anregung einer Betreuerbestellung, BtPrax 1994, 53

KLIE, Risk-Management in der Altenpflege – Entlastung für die Betreuer?, Betreuungsmanagement 2/2005, 72

KLÜSENER, Vormundschaftsgerichtliche Genehmigungen nach § 1822 BGB, Rpfleger 1993, 133

KÖHLE, Zwangsvorführung durch die Betreuungsbehörde – eine weitere Aufgabe der Betreuungsbehörde, BtPrax 1995, 93

KRAUSS, Befreiung des Betreuers von der Aufsicht durch das Vormundschaftsgericht unter Berücksichtigung des Baden-Württembergischen Landesrechts, BWNotZ 1995, 20

KRÖGER, Der Beamte als Vormund und Pfleger, SchlHA 1992, 85

KURZ, Die Problematik des § 1822 BGB, NJW 1992, 1798

LABUHN, Vormundschaftsgerichtliche Genehmigung (2. Aufl 1994)

LAMPE, Das Geldwäschegesetz und seine Auswirkungen, BWNotZ 1996, 114

MEIER, Zu den Aufgaben und der Haftung von Betreuungsbehörden, Betreuungsmanagement 2/2005, 64

MÜLLER, Zur Organisation der Betreuungsbehörden, BtPrax 1996, 90

RICHTER/HAMMER, Baden-Württembergisches Landesgesetz über die freiwillige Gerichtsbarkeit (4. Aufl 1996)

ROSENOW, Schadensminderung und Haftung Dritter bei Missbrauch der Vertretungsmacht durch den Betreuer, Betreuungsmanagement 2/2005, 81

SPANL, Ergänzungsbetreuung und Gegenbetreuung, Rpfleger 1992, 142

SUSCHONK, Die faktische Girokonto-Sperre im Betreuungsrecht, JurBüro 1997, 508

TÄNZER, Zum Stand der Entwicklung des Betreuungswesens im Land Brandenburg, BtPrax 1993, 163

UHLENBRUCH, Die Ausführungsgesetze der Länder zum Betreuungsgesetz – Ein Überblick, BtPrax 1993, 150

WESCHE, Außen- und Innengenehmigung bei der Geldverwaltung nach dem FamFG, Rpfleger 2010, 403

Werner Bienwald

WIENAND, Die Landesausführungsgesetze zum
Betreuungsgesetz, FuR 1992, 266
WINTERSTEIN, Die Landesausführungsgesetze
und die Förderung von Betreuungsvereinen –
ein Länderüberblick (Stand 9/95), BtPrax 1995,
194.

2. Zu den durch das 2. BtÄndG eingetretenen
Änderungen, insbesondere im Recht der
Vergütung und des Aufwendungsersatzes
DEINERT, Zur Neuregelung der Berufsbetreuer-,
Berufsvormünder- und Berufspflegervergütung,
BtPrax Spezial S 13
ders, Neue Betreuervergütung und Übergangs-
recht, Rpfleger 2005, 304
ders, Neue Pauschalvergütung für anwaltliche
Berufsbetreuer, JurBüro 2005, 285 u FuR 2005,
309
ders, Gewöhnlicher (Heim-)Aufenthalt und
pauschale Betreuervergütung, FamRZ 2005, 954
FRÖSCHLE, Betreuungsrecht 2005 (2005)
LÜTGENS, Vergütung – Abrechnung nach der
Reform, bdbaspekte 55/2005, 31

MAIER, Pauschalierung von Vergütung und
Aufwendungsersatz – Chance für Berufsbetreuer, BtPrax Spezial S 17
MEIER, Zu den Aufgaben und der Haftung von
Betreuungsbehörden, Betreuungsmanagement
2/2005, 64; BtPrax 2005, 82
NEUMANN/NEUMANN, Zur praktischen Umsetzung des ab 1. 7. 2005 geltenden Vergütungssystems, Betreuungsmanagement 2/2005, 90
ZIMMERMANN, Die Betreuer- und Verfahrenspflegervergütung ab 1. 7. 2005, FamRZ 2005,
950
ders, Die Rechtsprechung zur Betreuervergütung nach dem VBVG, FamRZ 2006, 1802
ders, Neuere Rechtsprechung zur Betreuervergütung (VBVG), FamRZ 2008, 1307
ders, Neuere Rechtsprechung zur Vergütung
von Betreuern, Verfahrenspflegern, Verfahrensbeiständen und Nachlasspflegern, FamRZ
2011, 1776.

Systematische Übersicht

Werner Bienwald

Werner Bienwald

Alphabetische Übersicht

Werner Bienwald

A. Allgemeines

I. Gesetzgebungsgeschichte

Ursprünglich (im DiskE I 6) § 1908e BGB nF entsprach die Gesetzesfassung der im **1**
Rechtsausschuss beschlossenen Formulierung. Der RegEntw enthielt noch nicht den
S 2 des Abs 1. Außerdem war noch nicht auf die §§ 1792, 1799 BGB und § 1846 BGB
verwiesen worden. Die Aufnahme dieser Vorschriften geht auf die Vorschläge des
BRates zurück (BT-Drucks 11/4528, 210 f), denen die BReg in ihrer Gegenäußerung zT
ohne, zT mit Einschränkungen gefolgt war (BT-Drucks 11/4528, 229; BT-Drucks 11/6949,
81 – Beschlussvorlage des Rechtsausschusses). Der Text der Vorschrift wurde durch Art 1
Nr 18 BtÄndG dahingehend geändert, dass in Abs 1 S 1 an die Stelle des § 1836a
BGB der § 1836e BGB getreten ist. Abgesehen von den §§ 1835 bis 1836e BGB
wurde von den in Bezug genommenen Vorschriften nur noch § 1817 BGB durch das
BtÄndG geändert. Diese Änderungen sind am 1. 1. 1999 in Kraft getreten (Art 5
BtÄndG). Näheres bei den einzelnen Vorschriften.

Die in Abs 1 S 1 in Bezug genommenen §§ 1795 und 1836c BGB sowie § 1908i Abs 2
BGB wurden ergänzt durch Art 2 Nr 17, 18 und 21 des Lebenspartnerschaftsgesetzes
v 16. 2. 2001 (BGBl I 266). Abs 1 S 1 wurde neu gefasst durch Art 1 Nr 16 des
2. BtÄndG v 21. 4. 2005 (BGBl I 1073). Durch die Neufassung sind die Verweisungen
an die Änderungen des Vergütungsrechts angepasst und die bisher fehlenden Normen betreffend die Gegenvormundschaft ergänzt worden. Die noch nach dem 1. 7.
2005 (2. BtÄndG) in Bezug genommene Vorschrift des § 1845 BGB wurde inzwischen gestrichen (s Materialien).

Die Änderung der Gerichtsbezeichnung in Abs 1 S 2 und Abs 2 S 2 in Betreuungsgericht mit Wirkung v 1. 9. 2009 beruht auf Art 50 Nr 49 FGG-FG v 17. 12. 2008
(BGBl I 2586, 2724); vgl auch §§ 23a und 23c GVG.

Die in Abs 1 S 1 in Bezug genommenen §§ 1837 und 1840 BGB wurden durch das
Gesetz zur Änderung des Vormundschafts- und Betreuungsrechts v 29. 6. 2011
(BGBl I 1306) ergänzt. Die Neufassungen sind unten bei den jeweiligen Textabdru-
cken berücksichtigt.

Kommt es zu der seit Jahren beabsichtigten Reform des Vormundschaftsrechts auch
im Vermögenssorgebereich (§§ 1802 ff BGB), werden sich die Änderungen auf die
rechtliche Betreuung auswirken, soweit auf die geänderten Vorschriften in § 1908i
BGB Bezug genommen ist. Mit der angekündigten Reform wird jedoch vor 2017
nicht zu rechnen sein (vgl COESTER-WALTJEN ua, Neue Perspektiven im Vormundschafts- und
Pflegschaftsrecht, Göttinger Juristische Schriften Band 9 [Göttingen 2011]; VEIT, Die Reform des
Vormundschaftsrechts, Vortrag auf der Jahrestagung der wissenschaftlichen Vereinigung für Familienrecht 2016 in Bielefeld, FamRZ 2016, 2045).

II. Kritik

Die Vorschrift verdient in mehrfacher Hinsicht Kritik. Abs 1 S 1 ist nicht nur wegen **2**
seiner zahllosen Verweisungen und der dadurch erschwerten Benutzbarkeit ein
Ärgernis. Die Erfahrungen mit der Verweisungstechnik im bisherigen Recht (zB

die Orientierung der Vermögenssorge für Volljährige an Grundsätzen für die Minderjährigenvormundschaft; vgl dazu etwa BayObLGZ 1990, 249 = FamRZ 1991, 481, 482 = Rpfleger 1991, 19, 20 sowie BayObLG FamRZ 1992, 106 [LS] = Rpfleger 1992, 11) hätten den Gesetzgeber schon damals dazu veranlassen müssen, auch den Gehalt der Normen, auf die verwiesen wird, inhaltlich zu prüfen und dann erst in eigenständige betreuungsrechtliche Vorschriften zu überführen. Insoweit haben die BtÄndGe keine Nachbesserungen gebracht. Bisher gehegte Erwartungen, dass mit einer Reform des (nur noch für Minderjährige geltenden) Vormundschaftsrechts notwendige Korrekturen vorgenommen werden könnten bzw würden, haben sich bisher nicht erfüllt (vgl auch MünchKomm/WAGENITZ Vor § 1773 Rn 16; SCHWAB/WAGENITZ, Familienrechtliche Gesetze [4. Aufl 2002] 25). Ein in gewisser Weise eigenständiges Recht hat das Vergütungs- und Aufwendungsersatzrecht für Betreuer (VBVG) und für Verfahrenspfleger (bis 1. 9. 2009 § 67a FGG aF; jetzt § 277 FamFG) durch das 2. BtÄndG erhalten. Unbefriedigend ist auch die Inbezugnahme des § 1632 BGB, einer Vorschrift, die für die rechtliche Betreuung einer kranken oder behinderten Person eine andere Bedeutung erhält als sie im Kindschafts- und im Vormundschaftsrecht hat.

3   Indem der Gesetzgeber anders als das bisher geltende Recht die in Bezug genommenen Vorschriften einzeln aufführt und von einer globalen Verweisung Abstand genommen hat, wurde – entgegen der Behauptung des RegEntw (BT-Drucks 11/4528, 159) – eine grundlegende Änderung nicht erreicht. So sind Inhalt und Umfang der die Person des Betroffenen berührenden Angelegenheiten (vgl etwa die Beaufsichtigung) nicht hinreichend bestimmt und von dem im Kindschaftsrecht verwendeten Begriff (§ 1626 Abs 1 S 2, § 1631 Abs 1 BGB) abgegrenzt. Problematisch ist der Rückgriff auf ein Aufenthaltsbestimmungsrecht, das inhaltlich für einen Betreuten nicht gleichbedeutend sein kann mit dem des Minderjährigenrechts, das aber andererseits im Betreuungsrecht seinen Rechtscharakter ändert und – entgegen hM – als Willenserklärung eingeordnet wird (vgl § 309 Abs 2 FamFG iVm § 1903 BGB).

4   Der Rückgriff auf die Personen- und Vermögenssorgeangelegenheiten in § 1903 BGB und anderen Vorschriften überträgt die bekannten Schwierigkeiten der Zuordnung zu einer der beiden Gruppen in das Betreuungsrecht (vgl LG Köln FamRZ 1998, 919, wonach die Beantragung von Sozialhilfe nicht in den Bereich der Vermögenssorge fällt; krit dazu BIENWALD FamRZ 1998, 1567) und lädt dazu ein, bei der Bestimmung der Aufgabenkreise der Betreuer sich der bisher üblichen oder gesetzlich vorgesehenen globalen Bezeichnungen zu bedienen statt Differenzierungen vorzunehmen. Eine eigenständige allgemeine Zielsetzung für die Vermögenssorge des Betreuers fehlt.

Die zunächst fragmentarisch aufgenommenen Bestimmungen über die Gegenvormundschaft für die Zwecke einer Gegenbetreuung (dazu im Einzelnen unten Rn 23 ff) wurden durch die Neufassung des Abs 1 S 1 ergänzt.

5   Obwohl überwiegend und in ständig steigender Zahl Betreuungen für demente alte Menschen eingerichtet werden müssen (für die Gebrechlichkeitspflegschaft bisherigen Rechts s dazu ZENZ ua 13; zur Demographie und Epidemiologie BRUDER, Gutachten DJT C 6) und dadurch der Tod des Betreuten geradezu zum Regelfall der Beendigung der Betreuung wird, hat der Gesetzgeber über die im Vormundschaftsrecht vorhandenen Abwicklungsbestimmungen hinaus spezifischen betreuungsrechtlichen Belangen nicht Rechnung getragen. Auch insoweit haben weder das erste noch das

2. BtÄndG Neuerungen gebracht. In der Praxis entsteht insbesondere bei geringfügigen Nachlässen das Problem, dass an ihnen kaum Interesse besteht und für
deren Sicherung durch Bestellung eines Nachlasspflegers kein Bedürfnis gesehen
wird.

Zu Unklarheiten und Unsicherheiten hinsichtlich der Betreuervergütung und des **6**
Staatsregresses nach dem Tod des Betreuten DEINERT in dem gleichnamigen Beitrag
in FamRZ 2002, 374. Verbreitete Irrtümer über die Herausgabe des durch die
Führung der Betreuung angefallenen Schriftguts (meist fälschlich als Handakten
des Betreuers verstanden und/oder bezeichnet) und eine pauschale Übernahme für
andere Berufe geregelter Aufbewahrungsfristen (dazu LÜTGENS, Aufbewahrung von Unterlagen, bdbaspekte Heft 43/03, 20) könnten durch eine betreuungsrechtsspezifische
Regelung vermieden werden, jedenfalls soweit der Bundesgesetzgeber dafür zuständig ist. Problematisch ist auch die in einzelnen Ländern praktizierte Bestattungspflicht des Betreuers als eines Sorgeberechtigten, obwohl die Betreuung mit dem
Tod des Betreuten endet und für die Aufgabenkreisbestimmung das Bundesrecht
eine abschließende Regelung getroffen hat (näher BIENWALD BtPrax 2000, 107; DEINERT,
in: FS Bienwald [2006] 33).

III. Normstruktur

Die Vorschrift enthielt bisher in ihren zwei Absätzen vier Regelungskomplexe. **7**
Zunächst wird auf eine Anzahl von Vorschriften aus dem Vormundschaftsrecht,
überwiegend solche, die die Vermögenssorge betreffen, und auf kindschaftsrechtliche Regelungen (§ 1632 Abs 1 bis 3 BGB) Bezug genommen. Danach enthält
Abs 1 Satz 2 eine Ermächtigungsnorm für die Länder zur Regelung weiterer Befreiungen. Abs 2 Satz 1 ergänzt eine Bestimmung, die in den Verweisungszusammen-
hang des Abs 1 Satz 1 gehört, aber Veränderungen im Hinblick auf die Betreuung
erfährt. Schließlich wird für bestimmte Betreuer auf eine Befreiungsvorschrift der
Vormundschaft (§ 1857a BGB) Bezug genommen, von deren Anwendbarkeit das
Betreuungsgericht durch Einzelentscheidung Abweichungen bestimmen kann.

B.   Vorschriften, die auf die Betreuung sinngemäß anzuwenden sind

I.   Bestellung eines Betreuers

1.   §§ 1784, 1888

a)   Die Vorschriften im Wortlaut
§ 1784   **8**
Beamter oder Religionsdiener als Vormund

**(1) Ein Beamter oder Religionsdiener, der nach den Landesgesetzen einer be-
sonderen Erlaubnis zur Übernahme einer Vormundschaft bedarf, soll nicht ohne
die vorgeschriebene Erlaubnis zum Vormund bestellt werden.**

**(2) Diese Erlaubnis darf nur versagt werden, wenn ein wichtiger dienstlicher
Grund vorliegt.**

§ 1888
Entlassung von Beamten und Religionsdienern

Ist ein Beamter oder ein Religionsdiener zum Vormund bestellt, so hat ihn das Familiengericht zu entlassen, wenn die Erlaubnis, die nach den Landesgesetzen zur Übernahme der Vormundschaft oder zur Fortführung der vor dem Eintritt in das Amts- oder Dienstverhältnis übernommenen Vormundschaft erforderlich ist, versagt oder zurückgenommen wird oder wenn die nach den Landesgesetzen zulässige Untersagung der Fortführung der Vormundschaft erfolgt.

b) Sinngemäße Anwendung auf die Betreuung

9 Die Vorschriften (§ 1888 BGB geändert durch Art 50 Nr 44 FGG-RG) kommen im Betreuungsrecht erst zum Tragen, wenn das Betreuungsgericht eine Person als geeignet ausgewählt hat, der die Übernahme der Betreuung unter Berücksichtigung ihrer familiären, beruflichen und sonstigen Verhältnisse zugemutet werden kann. Aus der Verpflichtung zur Übernahme der Betreuung (§ 1898 Abs 1 BGB) soll sich die Verpflichtung ergeben, sich um die Erlaubnis der zuständigen Dienststelle zu bemühen (MünchKomm/Wagenitz § 1784 Rn 8). Dies ist insofern bedenklich, als nach § 1898 Abs 2 BGB der Ausgewählte ohne sein Einverständnis nicht bestellt werden darf und es nicht einzusehen ist, dass der Betreffende um die Genehmigung bitten soll, wenn er nicht die Absicht hat, die Betreuung zu übernehmen. Im Hinblick auf die bestehengebliebene Haftung handelt er allerdings im eigenen Interesse, wenn er um die Genehmigung bittet, um Klarheit darüber zu haben, ob er sie auch erhält. Lehnt die zuständige Stelle die Genehmigung ab, kann er schon aus diesem Grunde nicht bestellt werden. Hat er die Genehmigung erhalten, bindet diese den Ausgewählten nicht; er entscheidet unabhängig davon, ob er die Betreuung übernimmt.

10 Wurde der Betreuer ohne Erlaubnis bestellt oder konnte die Erlaubnis entgegen ursprünglichen Absichten nicht nachgereicht werden, ist die Bestellung **aufzuheben**. Die Bestellung ist jedoch nicht nichtig. Begrifflich liegt Ungeeignetheit vor; den Begriff der Untauglichkeit kennt das Betreuungsrecht nicht. Etwaige mit der Einholung der Erlaubnis verbundene Kosten sind Kosten der Betreuung; sie müssen gegebenenfalls aus der Justizkasse ersetzt werden. Zum Begriff des „wichtigen dienstlichen Grundes" iSd § 1784 Abs 2 BGB und zur Frage, ob der Beamte die Einhaltung der Nebentätigkeitsgenehmigungsvorschrift als eigenes Recht im Verwaltungsstreitverfahren geltend machen kann (dies verneinend) BVerwG NJW 1996, 139.

Die Vorschriften sind auf alle Arten von Betreuerbestellungen, auch die des Ergänzungs- und des Gegenbetreuers, anzuwenden (§§ 1908i, 1792 Abs 4 BGB).

Vgl im Übrigen die Erläuterungen zu § 1784 BGB und § 1888 BGB.

2. Folgen der unbegründeten Ablehnung

a) Die Vorschrift im Wortlaut

11 **§ 1787 Abs 1**

Wer die Übernahme der Vormundschaft ohne Grund ablehnt, ist, wenn ihm ein

Verschulden zur Last fällt, für den Schaden verantwortlich, der dem Mündel dadurch entsteht, dass sich die Bestellung des Vormunds verzögert.

b) Zur sinngemäßen Anwendung auf die Betreuung

Das Betreuungsrecht hat den Grundsatz beibehalten, dass jeder vom Betreuungs- **12** gericht als geeignet Ausgewählte verpflichtet ist, die Betreuung zu übernehmen (§ 1898 Abs 1 BGB). Die Bestellung zum Betreuer ist jedoch von dem Einverständnis des für geeignet gehaltenen Ausgewählten abhängig (Konsensprinzip; § 1898 Abs 2 BGB). Verzichtet wurde aber darauf, durch Androhung, Festsetzung und Vollstreckung von Zwangsgeld auf die Entschließung des Ausgewählten Einfluss zu nehmen. Dagegen ist die Haftungsnorm des § 1787 Abs 1 BGB in das Betreuungsrecht übernommen worden.

Die Haftung gemäß dieser Bestimmung tritt jedoch erst mit dem Zeitpunkt ein, zu **13** dem der Betreuer zur Übernahme der Betreuung verpflichtet war. Das Gericht muss ihn als geeignet ausgewählt haben. Das ist nicht schon dann der Fall, wenn der Betreffende gegenüber der Behörde oder auch dem Gericht vor Ablauf des Betreuerbestellungsverfahrens seine Bereitschaft bekundet hat, als Betreuer tätig zu sein, bevor der Betroffene (der spätere Betreute) zur Person des in Aussicht Genommenen gehört worden ist. Eine Haftung nach § 1787 Abs 1 BGB kommt mithin frühestens ab dem Zeitpunkt in Betracht, zu dem das Gericht die Bestellungsentscheidung trifft, weil erst jetzt die Übernahmeverpflichtung konkretisiert und das Einverständnis mit der Bestellung fällig geworden ist.

Die Vorschrift erfasst alle diejenigen, die die Übernahme der Betreuung ablehnen **14** können, grundsätzlich aber zur Übernahme verpflichtet sind. Es sind dies alle natürlichen Personen, dh diejenigen Privatpersonen, die als geeignet anerkannt sind. Auf die Vereins- und die Behördenbetreuung, deren Anstellungsträger in die Betreuerbestellung eingewilligt haben, findet die Vorschrift keine Anwendung. Dem Verein steht es zu, die Übernahme der Betreuung abzulehnen (MünchKomm/Schwab § 1898 Rn 2). Die Behörde dagegen hat nicht die Möglichkeit, ihre Bestellung zum Betreuer durch Ablehnung der Übernahme abzuwenden. Weder bedarf es einer Einwilligung der Behörde als Bestellungsvoraussetzung (Umkehrschluss aus § 1900 Abs 4 iVm Abs 1 S 2 BGB), noch der Erklärung ihrer Bereitschaft nach § 1898 Abs 2 BGB. Da die Behörde keine Möglichkeit hat, die Übernahme der Betreuung abzulehnen, würde es lediglich einer Form genügen, wollte man von der Behörde die Übernahmeerklärung erfordern.

Der dem Betroffenen ggf zustehende Anspruch ist **echter Schadensersatzanspruch**. **15** Der Betroffene oder der ihn vertretende Bevollmächtigte oder rechtliche Betreuer mit dem erforderlichen Aufgabenkreis (Vermögenssorge; Geltendmachung des Schadensersatzanspruchs) hat die entsprechenden Voraussetzungen des Anspruchs darzulegen. Er ist für das Verschulden, den Schaden und die Ursächlichkeit der Weigerung für die Bestellungsverzögerung und den Schadenseintritt darlegungs- und beweispflichtig (Staudinger/Veit [2014] § 1787 Rn 12; vgl auch BGH FamRZ 2011, 1144 [LS] bzgl eines Schadensersatzanspruchs aus §§ 1833, 1908i Abs 1 S 1).

3.   Vereinsvormundschaft (§ 1791a BGB)

a)   Die Vorschrift im Wortlaut
16   **§ 1791a Abs 3 S 1 HS 2 und S 2**

> (…); eine Person, die den Mündel in einem Heim des Vereins als Erzieher betreut, darf die Aufgaben des Vormunds nicht ausüben. Für ein Verschulden des Mitglieds oder des Mitarbeiters ist der Verein dem Mündel in gleicher Weise verantwortlich wie für ein Verschulden eines verfassungsmäßig berufenen Vertreters.

b)   Sinngemäße Anwendung von Abs 3 S 1 HS 2

17   Für die Bestellung einer natürlichen Person zum Betreuer enthält § 1897 Abs 3 BGB eine entsprechende Sperre. Danach kann nicht zum Betreuer bestellt werden, wer zu der Anstalt, dem Heim oder der sonstigen Einrichtung, in welcher der Volljährige untergebracht ist oder wohnt, in einem Abhängigkeitsverhältnis oder in einer anderen engen Beziehung steht. Der Ausschluss von der Bestellung betrifft alle Betreuer, die andernfalls nach § 1897 BGB bestellt werden könnten, also ehrenamtlich oder berufsmäßig tätige Einzelbetreuer, Vereins- und Behördenbetreuer. Dem Sinn dieser und der anzuwendenden Vorschrift des § 1791a Abs 3 S 1 HS 2 BGB iVm § 1908i Abs 1 S 1 BGB entspricht es, den Kreis der von der Betreuerbestellung ausgeschlossenen Personen weit zu ziehen und – anders als der Wortlaut des § 1791a Abs 3 BGB es für das Vormundschaftsrecht vorsieht – nicht nur Personen von der Übertragung der Wahrnehmung der Betreuung auszuschließen, die den Betroffenen unmittelbar im Alltag zu betreuen haben (pädagogisches, heilpädagogisches, altenpflegerisches uä Fachpersonal). Auch Mitarbeiterinnen/Mitarbeiter im Küchen- oder Putzdienst befinden sich in einem Abhängigkeitsverhältnis und können demzufolge nicht die Wahrnehmung der Betreuung übertragen bekommen (weniger einschränkend MünchKomm/Schwab Rn 8, der nur „faktische Pflege" als Ausschlussgrund ansieht; Holzhauer/ Reinicke Rn 9 nennt als Beispiel den Altenpfleger).

18   Die Regelung kann nicht abbedungen werden. Ein anderslautender Wille oder Wunsch des Betroffenen (§ 1901 Abs 3 BGB) kann nicht berücksichtigt werden. Die Mitteilung des Vereins gemäß § 1900 Abs 2 S 3 BGB hat das Betreuungsgericht daraufhin zu prüfen, ob sich der Verein an die Bestimmung des § 1791a Abs 3 S 1 HS 2 BGB gehalten hat.

19   Verstößt der Verein gegen diese Bestimmung, kann der Betreute gerichtliche Entscheidung gemäß § 291 S 1 FamFG beantragen. Er kann dies allerdings auch sonst, wenn er Einwendungen gegen die vom Verein getroffene Auswahl hat. Das Betreuungsgericht kann dem Verein aufgeben, eine andere Person auszuwählen, wenn einem Vorschlag des Betroffenen, dem keine wichtigen Gründe entgegenstehen, nicht entsprochen wurde oder die bisherige Auswahl dem Wohl des Betroffenen zuwiderläuft. Der zuletzt genannte Grund trifft immer dann zu, wenn der Gesetzgeber selbst zum Wohl der Betroffenen ein Bestellungsverbot ausgesprochen und keine Ausnahmen zugelassen hat. Das geregelte Instrument der Konfliktlösung ist jedoch verhältnismäßig stumpf. § 35 FamFG ist nicht anzuwenden (§ 291 S 3 FamFG). Das Betreuungsgericht kann seine Weisung also nicht mit Hilfe von Zwangsmitteln durchsetzen.

Das Gericht kann zur Einhaltung der gesetzlichen Bestimmung auch von sich aus **20** tätig werden. Auch hier besteht keine Möglichkeit, dem Anliegen durch Zwangs- geldandrohung und -festsetzung Geltung zu verschaffen. Als letztes Mittel bleibt nur die Möglichkeit der Entlassung als Betreuer.

c)   Sinngemäße Anwendung von Abs 3 S 2

Diese Vorschrift bestimmt, dass der Verein, wenn er zum Betreuer bestellt ist, für ein **21** Verschulden eines Mitglieds oder eines Mitarbeiters dem Betroffenen in gleicher Weise verantwortlich ist wie für ein Verschulden eines verfassungsmäßig berufenen Vertreters. Dessen Haftung ergibt sich aus § 31 BGB (MünchKomm/Schwab Rn 8).

Überträgt der Verein die Wahrnehmung der Betreuung einer anderen Person, die **22** nicht Mitglied des Vereins oder Mitarbeiter ist, sondern als ehrenamtlicher Helfer bereit ist, die Betreuungsaufgabe allein oder mit einem anderen wahrzunehmen, haftet der Verein dem Betreuten oder Dritten gegenüber nach den Bestimmungen der §§ 278, 831 BGB (Bienwald, BtR² § 1900 Rn 34).

Ist nicht der Verein zum Betreuer bestellt, sondern dessen Mitarbeiter zum Ver- einsbetreuer, haftet der Verein nicht nach dieser Vorschrift. Das wirtschaftliche Risiko für den Betroffenen, dem der bestellte Vereinsbetreuer persönlich haftet, wird dadurch ausgeglichen, dass der Verein seine Mitarbeiter angemessen zu ver- sichern hat, will er nach § 1908f BGB als Betreuungsverein anerkannt werden (BT-Drucks 11/4528, 158; OLG Koblenz FamRZ 2010, 755).

II.   Bestellung eines Gegenbetreuers und seine Funktion

1.   Gesetzgebungsgeschichte

Die Verweisung auf die einschlägigen Normen geht zurück auf eine Anregung des **23** Bundesrates in seiner Stellungnahme zum Gesetzentwurf der BReg (BT-Drucks 11/ 4528, 210). Diese stimmte dem Vorschlag zu (BT-Drucks 11/4528, 229). In der Anhörung vor dem Rechtsausschuss wurde die Einführung eines Gegenbetreuers befürwortet (Prot 52). Mit der damals in § 1908i aufgenommenen Verweisung war nur ein Teil der Vorschriften erfasst worden, die im Vormundschaftsrecht die Gegenvormund- schaft regeln, und zwar diejenige, die die Voraussetzungen der Bestellung enthält (§ 1792 BGB), und diejenige, die Pflichten und Rechte des Gegenvormunds regelt (§ 1799 BGB).

Die unvollständige Inbezugnahme der Vorschriften über den Gegenvormund wurde überwiegend als ein redaktionelles Versehen gewertet (näher Staudinger/Bienwald [1999] § 1908i Rn 22 f). Obwohl ein Gegenbetreuer selten bestellt wird (angesichts der bedeutenden Vermögen, die sich zZ in der Hand älterer Menschen befinden, ver- wunderlich) überdauerte das Rechtsinstitut der Gegenbetreuung das erste und das 2. BtÄndG. Abs 1 S 1 wurde um die fehlenden Bestimmungen ergänzt. Der Wortlaut der sinngemäß anzuwendenden Vorschriften wird ab Rn 25 mitgeteilt.

Nach Auffassung von Zimmermann (FS Bienwald 345, 351) sollte man bei der nächsten **24** Reform den § 1792 BGB aus der Verweisungskette streichen; der Gegenbetreuer sei im Betreuungsrecht nicht nötig. In dem Eckpunktepapier des Bundesministeriums für Justiz und Verbraucherschutz v 13. 10. 2014 (Auszug in FamRZ 2015, 303) sieht Abschnitt IV. Modernisierung und Entbürokratisierung der Vermögenssorge des Vormunds in Nr 6 die Abschaffung des Rechtsinstituts des Gegenvormunds vor. Zur Entlastung des Betreuungsgerichts soll ein geeignetes anderes Kontrollinstrument eingeführt werden (insoweit in FamRZ nicht abgedruckt). Näher dazu BIENWALD, Zur Abschaffung des Gegenbetreuers und der Einführung eines geeigneten anderen Kontrollinstrumentes zur Entlastung des Betreuungsgerichts, RpflStud 2015, 42.

2. Normtexte

Bezüglich einer Gegenbetreuung bestimmt nunmehr Abs 1 S 1 die sinngemäße Anwendung der folgenden die Gegenvormundschaft regelnden Bestimmungen. Vom Abdruck des § 1892 Abs 1 BGB und der in § 1895 BGB aufgeführten Vorschriften wird abgesehen.

a) § 1792

25   **Gegenvormund**

> **(1) Neben dem Vormund kann ein Gegenvormund bestellt werden. Ist das Jugendamt Vormund, so kann kein Gegenvormund bestellt werden; das Jugendamt kann Gegenvormund sein.**

> **(2) Ein Gegenvormund soll bestellt werden, wenn mit der Vormundschaft eine Vermögensverwaltung verbunden ist, es sei denn, dass die Verwaltung nicht erheblich oder dass die Vormundschaft von mehreren Vormündern gemeinschaftlich zu führen ist.**

> **(3) Ist die Vormundschaft von mehreren Vormündern nicht gemeinschaftlich zu führen, so kann der eine Vormund zum Gegenvormund des anderen bestellt werden.**

> **(4) Auf die Berufung und Bestellung des Gegenvormunds sind die für die Begründung der Vormundschaft geltenden Vorschriften anzuwenden.**

b) § 1799

26   **Pflichten und Rechte des Gegenvormunds**

> **(1) Der Gegenvormund hat darauf zu achten, dass der Vormund die Vormundschaft pflichtmäßig führt. Er hat dem Familiengericht Pflichtwidrigkeiten des Vormunds sowie jeden Fall unverzüglich anzuzeigen, in welchem das Familiengericht zum Einschreiten berufen ist, insbesondere den Tod des Vormunds oder den Eintritt eines anderen Umstands, infolgedessen das Amt des Vormunds endigt oder die Entlassung des Vormunds erforderlich wird.**

> **(2) Der Vormund hat dem Gegenvormund auf Verlangen über die Führung der Vormundschaft Auskunft zu erteilen und die Einsicht der sich auf die Vormundschaft beziehenden Papiere zu gestatten.**

c) § 1802 Abs 1 S 2 (Vermögensverzeichnis)

Ist ein Gegenvormund vorhanden, so hat ihn der Vormund bei der Aufnahme des **27**
Verzeichnisses zuzuziehen; das Verzeichnis ist auch von dem Gegenvormund mit
der Versicherung der Richtigkeit und Vollständigkeit zu versehen.

d) § 1826

Anhörung des Gegenvormunds vor Erteilung der Genehmigung   **28**

Das Familiengericht soll vor der Entscheidung über die zu einer Handlung des
Vormunds erforderliche Genehmigung den Gegenvormund hören, sofern ein
solcher vorhanden und die Anhörung tunlich ist.

e) § 1832

Genehmigung des Gegenvormunds   **29**

Soweit der Vormund zu einem Rechtsgeschäft der Genehmigung des Gegenvormunds bedarf, finden die Vorschriften der §§ 1828 bis 1831 entsprechende Anwendung; abweichend von § 1829 Abs 2 beträgt die Frist für die Mitteilung der
Genehmigung des Gegenvormunds zwei Wochen.

f) § 1842

Mitwirkung des Gegenvormunds   **30**

Ist ein Gegenvormund vorhanden oder zu bestellen, so hat ihm der Vormund die
Rechnung unter Nachweisung des Vermögensbestands vorzulegen. Der Gegen-
vormund hat die Rechnung mit den Bemerkungen zu versehen, zu denen die
Prüfung ihm Anlass gibt.

g) § 1891

Mitwirkung des Gegenvormunds   **31**

(1) Ist ein Gegenvormund vorhanden, so hat ihm der Vormund die Rechnung
vorzulegen. Der Gegenvormund hat die Rechnung mit den Bemerkungen zu
versehen, zu denen die Prüfung ihm Anlass gibt.

(2) Der Gegenvormund hat über die Führung der Gegenvormundschaft und,
soweit er dazu imstande ist, über das von dem Vormund verwaltete Vermögen
auf Verlangen Auskunft zu erteilen.

h) § 1895

Amtsende des Gegenvormunds   **32**

Die Vorschriften der §§ 1886 bis 1889, 1893, 1894 finden auf den Gegenvormund
entsprechende Anwendung.

3. Die Gegenbetreuung im Einzelnen

a) Voraussetzungen für die Bestellung eines Gegenbetreuers

Die Voraussetzungen für die Bestellung eines weiteren Betreuers als Gegenbetreuer **33**

(ERMAN/ROTH Rn 11) ergeben sich aus der sinngemäßen Anwendung des § 1792 BGB. Danach soll ein Gegenbetreuer bestellt werden, wenn mit der Betreuung eine Vermögensverwaltung verbunden ist, es sei denn, dass die Verwaltung nicht erheblich oder dass die Betreuung von mehreren Betreuern gemeinschaftlich zu führen ist. Die gemeinsame Mitbetreuung schließt danach die Gegenbetreuerbestellung aus (§ 1899 Abs 3 BGB). Ein Ausschluss der Gegenbetreuerbestellung, wie ihn im Vormundschaftsrecht die Eltern durch letztwillige Verfügung anordnen können (s §§ 1852 Abs 1, 1855, 1856 S 1, 1777 BGB), kommt im Betreuungsrecht nicht in Betracht. Er entfällt auch im Falle vorsorglicher Maßnahmen für Minderjährige gemäß § 1908a BGB, weil diese erst mit der Volljährigkeit wirksam werden und die Entscheidungsvoraussetzungen auf diesen Zeitpunkt bezogen zu prüfen sind.

34 Die Bestellung eines Gegenbetreuers mit dem Ziel, das Gericht im Rahmen einer weder besonders schwierigen noch besonders aufwändigen Betreuung von der Überwachung eines Betreuers zu entlasten, lässt das Gesetz nicht zu (OLG Frankfurt FamRZ 2009, 247, 248 mAnm BIENWALD = FGPrax 2009, 18).

35 Die Bestellung eines Gegenbetreuers eignet sich auch nicht, die erwiesene Ungeeignetheit des regulären für die Vermögenssorge der betroffenen Person zuständigen Betreuers zu kompensieren. Der Gegenbetreuer soll auf die pflichtmäßige Führung der Betreuung durch den Betreuer achten, diesen aber nicht soweit beraten und unterstützen, dass der Betreuer sich gewissermaßen nur noch als ausführendes Organ des Gegenbetreuers versteht.

Ist die Behörde zum Betreuer bestellt worden (§ 1900 Abs 4 BGB), kann ein Gegenbetreuer nicht bestellt werden (§§ 1792 Abs 1 S 2 BGB). Eine versehentliche Bestellung wäre für die Behörde unbeachtlich. Alle anderen Arten von Betreuern vertragen die Bestellung eines Gegenbetreuers. Zum Gegenbetreuer können alle diejenigen bestellt werden, die auch als Betreuer in Betracht kommen. § 1897 Abs 3 BGB hindert die Bestellung zum Gegenbetreuer nicht (s näher unten Rn 41). Durch die Einschränkung der Mehrbetreuerbestellung (§ 1899 Abs 1 S 2 BGB) kann es zu einer Zunahme von Gegenbetreuerbestellungen kommen.

36 Zur Frage einer erheblichen Vermögensverwaltung als Voraussetzung einer Gegenbetreuerbestellung und eines etwaigen Entscheidungsspielraums des Betreuungsgerichts s ERMAN/SAAR § 1792 Rn 2; STAUDINGER/VEIT (2014) § 1792 Rn 8. Die Verwaltung mehrerer Immobilien, kontinuierlich zu treffende Anlageentscheidungen für das Kapitalvermögen gegenüber drei verschiedenen Banken sowie schwierige Rechtsfragen aufwerfende Auseinandersetzung des im Ausland befindlichen Nachlasses rechtfertigen die Annahme einer erheblichen Vermögensbetreuung (BayObLGR 2004, 286, 287 = FamRZ 2004, 1992, 1993). Der Bestellung eines Gegenbetreuers steht nicht entgegen, dass die Betreuung über nahezu zwei Jahrzehnte hinweg allein vom Gericht überwacht wurde, weil der Zweck der Gegenbetreuerbestellung dadurch nicht entfallen ist (BayObLG FamRZ 2004, 1992, 1993).

b) Aufgabenkreis

37 Der Aufgabenkreis des Gegenbetreuers ergibt sich unmittelbar aus dem Gesetz (sinngemäße Anwendung von § 1799 BGB). Für das Vormundschaftsrecht bedarf dies keiner Erwähnung, weil dort die Aufgabe des Vormunds gesetzlich vorgegeben und nicht Gegenstand gerichtlicher Entscheidung ist. Der Gegenbetreuer ist nicht gesetzlicher Vertreter des Betreuten, sondern ein Überwachungsorgan (BayObLG FamRZ 2004, 1992). Der Gegenbetreuer hat darauf zu achten, dass der Betreuer die Betreuung pflichtmäßig führt. Er hat dem Gericht Pflichtwidrigkeiten des Betreuers sowie jeden Fall unverzüglich anzuzeigen, in welchem das Betreuungsgericht zum Einschreiten berufen ist, insbesondere den Tod des Betreuers oder den Eintritt eines anderen Umstands, infolge dessen das Amt des Betreuers endigt oder die Entlassung des Betreuers erforderlich ist.

Der Betreuer hat dem Gegenbetreuer auf Verlangen über die Führung der Betreu- **38** ung Auskunft zu erteilen und die Einsicht in die sich auf die Betreuung beziehenden Papiere zu gestatten.

Wie der Gegenvormund hat der Gegenbetreuer die Aufgabe, den Betreuer zu be- **39** aufsichtigen und an der Vermögensverwaltung in bestimmter Weise mitzuwirken. Zu einer Reihe von Rechtsgeschäften braucht der Betreuer die Genehmigung des Gegenbetreuers, wofür andernfalls das Betreuungsgericht zuständig wäre. Aus diesem Grunde fragt es sich, ob die Bestellung des Gegenbetreuers über die Voraussetzungen des § 1792 BGB hinaus einer eigenen Erforderlichkeitsprüfung bedarf (entsprechende Anwendung von § 1896 Abs 2 S 1 BGB), wenn durch andere Kontrollen sichergestellt wäre, dass es eines Gegenbetreuers nicht bedarf. Angesichts der zahlreichen gesetzlich bestimmten Aufgaben des Gegenbetreuers im Bereich der Vermögenssorge, insbesondere die vorgeschaltete Prüfung der Rechnung des Betreuers (§ 1892 BGB iVm § 1908i Abs 1 S 1 BGB), kann die Bestellung eines Gegenbetreuers nicht im Hinblick auf eine andere, durch Bevollmächtigung sichergestellte Kontrolle entbehrt werden.

Zur zusätzlichen Beauftragung des Gegenbetreuers mit den in § 1896 Abs 4 BGB **40** aufgeführten Angelegenheiten s Bienwald, BtR² § 1896 Rn 221. Der Gegenbetreuer ist nicht Aufsichtsorgan des für besondere Angelegenheiten eingesetzten Ergänzungsbetreuers (Bienwald, in: Bienwald/Sonnenfeld/Hoffmann § 1896 Rn 193). Zur Frage des Fortbestands früherer Gegenvormundschaften s Staudinger/Bienwald¹² Rn 27.

c) Die Bestellung hindernde Normen

Für die Bestellung eines Gegenbetreuers ist § 1897 BGB bis auf die Abs 3 bis 5 **41** entsprechend anwendbar (aA, jedenfalls für § 1897 Abs 4 BGB, MünchKomm/Schwab Rn 11). Das absolute Verbot des Abs 3 muss für die Bestellung eines Gegenbetreuers dahingehend relativiert werden, dass zwar im Einzelfall die das Verbot begründenden Argumente die Bestellung eines Gegenbetreuers verbieten können, im Allgemeinen jedoch aus der Tatsache der Mitarbeiterstellung des in Aussicht genommenen Gegenbetreuers allein keine die Bestellung hindernden Schlüsse gezogen werden können. Aufgabe des Gegenbetreuers ist nicht die Wahrnehmung der Angelegenheiten des Betreuten unmittelbar, sondern die Kontrolle und Aufsicht des Betreuers; diese geht nicht so weit, dass der Gegenbetreuer bei Pflichtwidrigkeiten des Betreuers unmittelbar in dessen Betreuungstätigkeit eingreifen darf (MünchKomm/Wagenitz § 1799 Rn 1 für den Gegenvormund). Ist zu besorgen, dass ein als Gegenbetreuer in Aussicht genommener Mitarbeiter die Interessen seines Anstellungsträgers zum Nachteil des Betreuten wahrnimmt, hat seine Bestellung zu unterbleiben.

Werner Bienwald

42 Da die Kontrolle des Betreuers nur Personen anvertraut werden kann, die eine erforderliche Unabhängigkeit und Distanz zu dem Betreuer haben, kann einem Personalvorschlag des Betroffenen nur dann gefolgt werden, wenn sorgfältig geprüft werden kann, ob dies dem Wohl des Volljährigen zuwiderlaufen würde.

43 Während als Einzelbetreuer nur eine natürliche Person geeignet ist, die den Betreuten in dem erforderlichen Umfang „persönlich betreuen" (dazu BT-Drucks 11/4528, 68) kann, kommt es bei der Gegenbetreuung auf diese Art der Aufgabenwahrnehmung nicht, jedenfalls nicht in gleichem Maße wie bei der Betreuung an. Zum Nachrang der Vereins- und Behördenbestellung gegenüber der Bestellung einer Einzelperson s auch STAUDINGER/VEIT (2014) § 1792 Rn 22 ff (für den Gegenvormund). Die Aufsicht und Kontrolle über die Betreuungstätigkeit in den Angelegenheiten der Vermögensverwaltung nimmt der Gegenbetreuer in unmittelbarer Beziehung zu dem Betreuer, nicht dagegen zu dem Betreuten, wahr (zur Rechtsstellung des Gegenbetreuers s unten Rn 63 ff). Im Einzelfall kann es erforderlich sein, dass auch der Gegenbetreuer die Lebensumstände des Betreuten sowie dessen Wünsche und Vorstellungen kennenlernt, um so seiner Aufgabe besser gerecht werden zu können.

44 Auch den verwandtschaftlichen und sonstigen persönlichen Bindungen des Volljährigen (§ 1897 Abs 5 BGB) kann bei der Bestellung des Gegenbetreuers nicht die Bedeutung beigemessen werden, wie das bei der Bestellung eines Betreuers der Fall ist. Eine entsprechende Anwendung der Vorschrift auf die Gegenbetreuerbestellung entfällt deshalb. Der Gedanke des § 1897 Abs 5 BGB hat seinen Platz im Rahmen von § 26 FamFG (Amtsermittlung).

45 Gegen die entsprechende Anwendung von § 1898 BGB bestehen dagegen keine Bedenken. Eine entsprechende Anwendung des § 1899 BGB kommt zwar, bis auf Abs 2 (Sterilisationsbetreuer), grundsätzlich in Betracht. Mehrere Gegenbetreuer sind denkbar. Aus tatsächlichen Gründen lässt sich eine solche Konstellation selten vorstellen. Auch die Bestellung eines Gegenbetreuers für mehrere Betreuer ist nicht ausgeschlossen. Der durch Art 1 Nr 9 a 2. BtÄndG angefügte § 1899 Abs 1 S 2 BGB verbietet jedoch die Bestellung mehrerer vergütungsberechtigter Gegenbetreuer.

46 Eine entsprechende Anwendung des § 1900 Abs 2 S 1 BGB und des Abs 1 S 2 steht unter ähnlichen Vorbehalten wie die von § 1897 Abs 4 BGB; S 2 insofern, als er zulässt, dass das Wohl des Betroffenen Vorrang vor seinem Willen genießt. Maßgebend für die Entscheidung von Verein oder Behörde, wem die Aufgabe der Gegenbetreuung übertragen wird, ist die Aufgabe des Gegenbetreuers unter Beachtung des Wohls des Betroffenen. Aus diesem Grunde sind im Fall einer gerichtlichen Entscheidung nach § 291 FamFG bei einer Gegenbetreuerbestellung andere Maßstäbe anzulegen als bei der Übertragung der Wahrnehmung der Betreuung.

d) Das Bestellungsverfahren

47 Über das Bestellungsverfahren für den Gegenbetreuer ist im Gesetz nichts ausgesagt. Da das materielle Betreuungsrecht das Institut der Gegenbetreuung vorsieht, muss ein Verfahren gefunden werden, die Gegenbetreuung einzurichten und auch wieder aufzuheben.

aa) Obwohl der Betreuerbestellung und der Bestellung eines Gegenbetreuers **48** unterschiedliche Zielsetzungen zugrundeliegen, kann grundsätzlich der Auffassung gefolgt werden, dass auf die Bestellung eines Gegenbetreuers diejenigen Verfahrensvorschriften anzuwenden sind, die für die Bestellung eines Betreuers gelten (MünchKomm/SCHWAB Rn 11; HOLZHAUER/REINICKE § 69i FGG aF Rn 18; im Ergebnis auch JKMW Rn 317; **abl** KEIDEL/BUDDE § 293 FamFG Rn 13). Für eine andere Lösung gäbe es wohl keine Argumente. Die Tatsache, dass der Gegenbetreuer nicht gesetzlicher Vertreter des Betroffenen ist, seine Tätigkeiten also keine unmittelbaren Folgen für den Betreuten auslösen, überzeugt insofern nicht, als § 293 FamFG bei unwesentlichen Aufgabenerweiterungen (mit deshalb auch unwesentlichen Folgen) auf bestimmte Verfahrensgarantien verzichten lässt (§ 293 Abs 3, Abs 2 FamFG). Fraglich kann nur sein, welche der Regelungen unangewendet bleiben dürfen oder müssen.

Der Mangel einer gesetzlichen Regelung dieses Verfahrens ist insbesondere für die **49** Tatsacheninstanzen und die Beteiligten misslich, weil ungewiss ist, ob von den Rechtsmittelgerichten die Entscheidung aus Gründen von Verfahrensmängeln aufgehoben werden wird. Die Situation ähnelt der des § 293 Abs 1 und Abs 2 FamFG, wo dem Gericht Verfahrenserleichterungen eingeräumt werden, nicht aber eindeutig geregelt wird, wann diese Situationen bestehen (s dazu zB HOLZHAUER/REINICKE § 69i FGG aF Rn 6). Um das Risiko eines Verfahrensfehlers erst gar nicht einzugehen, wird das Gericht in erster Instanz eher das „Normalverfahren" wählen als von Verfahrenshandlungen Abstand nehmen. Dadurch erspart sich das Gericht freilich nicht den Vorwurf, ein zu teures Verfahren gewählt zu haben, wenn das Ziel auch einfacher zu erreichen gewesen wäre.

Die Anwendung der Vorschriften für die Bestellung eines weiteren Betreuers ohne **50** Ausdehnung des Aufgabenkreises (MünchKomm/SCHWAB Rn 12, DAMRAU/ZIMMERMANN Rn 9 und HOLZHAUER/REINICKE Rn 18 [von SCHWAB jedenfalls für die nachträgliche Bestellung]), stößt deshalb auf Bedenken, weil zB die nach § 293 Abs 3 FamFG hierfür anzuwendenden Vorschriften nicht ausdrücklich die Anhörung des Betreuten vorsehen, ein Mangel, der – trotz Art 103 Abs 1 GG – schon zu Zeiten der Gebrechlichkeitspflegschaft zu fehlerhaften Verfahren geführt hatte (dazu ZENZ ua 22; BIENWALD, Untersuchungen 52 ff). Maßstab für die Entscheidung darüber kann nicht der Vergleich mit dem Kontrollbetreuer des § 1896 Abs 3 BGB sein. Auch dieser Betreuer hat echte Kompetenzen, indem er die Rechte des Betreuten geltend macht, zu deren Wahrnehmung dieser nicht imstande ist. Demgegenüber schmälert die Bestellung eines Gegenbetreuers nicht unmittelbar die Rechtsposition des Betreuten. In dessen Rechte greift unmittelbar nur die Betreuerbestellung ein. Der Gegenbetreuer nimmt dagegen nicht Rechte des Betreuten, sondern Aufsichts- und Kontrollfunktionen wahr, die das Betreuungsgericht ohne Gegenbetreuerbestellung selbst wahrnehmen müsste und würde. Unmittelbar betroffen wird der Betreute durch die wirtschaftlichen Konsequenzen der Gegenbetreuerbestellung, weil er die Kosten der Bestellung zu tragen hat und vor allen Dingen Auslagenersatz und Vergütung aus seinem Vermögen schuldet. Auf eine nochmalige für die Zwecke der Gegenbetreuerbestellung vorgenommene Feststellung der Betreuungsbedürftigkeit (nach § 280 Abs 1 FamFG) kommt es nicht an (ähnlich DAMRAU/ZIMMERMANN[2] § 69i FGG aF Rn 14).

bb) Die sich aus der Verfassung unmittelbar ergebenden Rechte des Betroffenen **51** (Art 103 Abs 1 GG) stehen dem Betreuten in dem Verfahren zur Bestellung oder

Abbestellung eines Gegenbetreuers zu. Eine persönliche Anhörung des Betroffenen (§ 278 FamFG) ist dagegen nicht erforderlich (BayObLGR 2001, 60 = FamRZ 2001, 1555: in der Regel nicht). Sie kann dann geboten sein, wenn das Gericht Zweifel hegt, dass der Vorschlag des Betroffenen seinem wirklichen Willen entspricht (BayObLG FamRZ 2001, 1555). Ebensowenig bedarf es einer gutachtlichen Äußerung im Sinne des § 280 FamFG (zweifelnd MünchKomm/Schwab Rn 12). Die zur Frage der Betreuungsbedürftigkeit (einschl Umfang und Zeit) gehörten Sachverständigen können sich in der Regel zur Frage der Gegenbetreuung nicht äußern. Deshalb kommt auch die Verfahrensvereinfachung des § 293 Abs 2 und Abs 3 FamFG der Gegenbetreuerbestellung nicht zugute. Die in § 280 Abs 1 FamFG formulierte Beweisfrage bezieht sich auf die Notwendigkeit der Betreuung und gegebenenfalls auf den Umfang und die voraussichtliche Dauer der Betreuungsbedürftigkeit. Das Gericht kann im Verfahren zur Bestellung eines Gegenbetreuers im Rahmen seiner Ermittlungsbefugnis (§ 26 FamFG) allerdings ein Sachverständigengutachten einholen, jedoch nur zu der Frage, ob eine erhebliche Vermögensverwaltung vorliegt oder zu erwarten ist und dies eine Gegenbetreuerbestellung erforderlich macht (§ 1792 Abs 2 BGB).

52   Fraglich ist es, ob eine Erweiterung oder eine Einschränkung des Aufgabenkreises des Gegenbetreuers in Frage kommt und damit die §§ 293 oder 294 FamFG entsprechend anzuwenden sind. Grundsätzlich ist die Aufgabe des Gegenbetreuers gesetzlich vorgegeben, sodass eine gerichtliche Einschränkung oder Erweiterung unterbleibt. Denkbar ist jedoch, dass die in § 1896 Abs 4 BGB aufgeführten Angelegenheiten ganz oder teilweise in einem selbständigen Verfahren dem Gegenbetreuer dahingehend übertragen werden, dass er Zugang zu den Schriftstücken und den von § 1896 Abs 4 BGB erfassten Medien erhält, um seine Prüf- und Kontrollfunktion ausüben zu können, oder ein diese Angelegenheiten enthaltender Aufgabenkreis eingeschränkt wird. Hier ist dann nach § 293 FamFG zu verfahren.

53   cc)   Auch über die Bestellung des Gegenbetreuers entscheidet das Betreuungsgericht in der Form der Einheitsentscheidung. Für deren Inhalt sind §§ 38, 286 FamFG maßgebend. Wegen der Akzessorietät der Gegenbetreuung kann der Zeitpunkt, zu dem das Gericht spätestens über die Aufhebung oder Verlängerung der Maßnahme zu entscheiden hat, nicht später als der für die Bestellung des Betreuers maßgebende liegen.

54   dd)   Nach ganz überwiegender Auffassung im Schrifttum soll für die Bestellung des Gegenbetreuers (mit Ausnahme eines dem Kontroll- oder Überwachungs- bzw Vollmachtbetreuer zu bestellenden Gegenbetreuers, vgl MünchKomm/Schwab Rn 12) der Richter funktional zuständig sein (Erman/Roth Rn 13). Die Begründungen lauten unterschiedlich. Während Schwab die Richterzuständigkeit durch die Einordnung der Gegenbetreuerbestellung in die §§ 1896, 1899 BGB (in § 15 Abs 1 Nr 1 RPflG) erreichen will, begründen Jürgens ua die Zuständigkeit des Richters mit den dem Gegenbetreuer zustehenden „echten Kompetenzen", die den Betreuten einschränken. Erman/Roth Rn 13 bezieht sich auf § 15 RPflG und den engen Zusammenhang mit der Bestellung des Betreuers, „obwohl die Aufgabe des Gegenbetreuers derjenigen eines Betreuers nach § 1896 Abs 3 verglichen werden kann".

55   Anderer Ansicht sind Bienwald (Bienwald/Sonnenfeld/Harm § 1896 Rn 203) und Spanl (Rpfleger 1992, 142, 144) sowie LG Bonn (Rpfleger 1993, 233). Eine Zuständigkeit

kraft Sachzusammenhangs könnte nur in den Fällen gleichzeitiger Bestellung von Betreuer und Gegenbetreuer überzeugen, im Übrigen aber, wenn es nicht aus der Zuständigkeitsbestimmung des § 15 RPflG und dem mehr oder weniger zufälligen Verfahrensablauf gewonnen wird, sondern von der Aufgabe des Gegenbetreuers ausgeht. Der Funktion nach handelt es sich bei dem Gegenbetreuer nicht um einen Betreuer nach §§ 1896, 1899 BGB, sondern um ein dem Kontrollbetreuer nach § 1896 Abs 3 BGB verwandtes Rechtsinstitut, dessen Amtsträger deshalb von demjenigen bestellt werden sollte, zu dessen Entlastung er tätig wird (SPANL Rpfleger 1992, 142).

ee) Fraglich ist, ob das Gericht von der Gegenbetreuerbestellung anderen Ge- **56** richten, Behörden oder sonstigen öffentlichen Stellen Mitteilung zu machen hat (§ 308 FamFG). Da die Bestellung eines Gegenbetreuers zum Schutz des Betreuten vor einer pflichtwidrigen Betreuung und zur Erleichterung der betreuungsgericht- lichen Aufsichts- und Kontrolltätigkeit (allerdings auch zur Arbeitserleichterung des Betreuers wegen der Entbehrlichkeit betreuungsgerichtlicher Genehmigungen; ähnl SCHMIDT, Handbuch Rn 915) vorgenommen wird, entfallen die eine Mitteilung nach § 308 FamFG rechtfertigenden Zwecke.

ff) Die Entscheidung über die Bestellung eines Gegenbetreuers ist dem Betrof- **57** fenen und dem Betreuer bekanntzumachen (§ 41 FamFG). Der Behörde ist diese Entscheidung nur nach Maßgabe des § 288 FamFG bekanntzumachen. Die Entschei- dung über die Bestellung eines Gegenbetreuers wird mit der Bekanntgabe an ihn, wegen der Akzessorietät der Gegenbetreuung aber frühestens mit der Wirksamkeit der Betreuerbestellung wirksam.

gg) Auch der Gegenbetreuer ist mündlich zu verpflichten (§ 289 FamFG) und über **58** seine Aufgabe zu unterrichten (§ 289 Abs 1 S 1 FamFG). Der Gegenbetreuer erhält einen Ausweis nach Maßgabe des § 290 FamFG (STAUDINGER/VEIT [2014] § 1792 Rn 26). Der Bestellte ist als Gegenbetreuer zu bezeichnen. Da der Gegenbetreuer als Sachwalter im Verhältnis zu dem Betreuungsamt, nicht dagegen als Aufsichts- und Kontrollorgan gegenüber einem bestimmten Amtsinhaber bestellt wird, entfällt die Angabe des Betreuers. Obwohl die Fälle der Beteiligung des Gegenbetreuers dem Gesetz zu entnehmen sind und dem Rechtsverkehr bekannt sein können, ist es sinnvoll, die Gegenbetreuung auf dem Ausweis des Betreuers zu dokumentieren.

e) Bestellung eines Verfahrenspflegers

Ein weiteres Verfahrensproblem der Gegenbetreuerbestellung ist die Bestellung **59** eines Verfahrenspflegers; jedenfalls muss sich das Gericht darüber Klarheit ver- schaffen, wenn über die Bestellung eines Gegenbetreuers in einem separaten Ver- fahren entschieden werden soll. Wer die Bestellung des Gegenbetreuers in einem analog der Bestellung eines weiteren Betreuers ohne Erweiterung des Aufgaben- kreises durchgeführten Verfahren uneingeschränkt befürwortet, kommt zwangsläu- fig zu dem Ergebnis, dass eine Anwendung von § 276 FamFG (Pfleger für das Verfahren) entfällt. Werden je nach Sinn und Zweck der Verfahrensvorschriften die für die Bestellung eines Betreuers vorgegebenen Normen auf die Bestellung eines Gegenbetreuers angewendet, spricht für eine Anwendung des § 276 FamFG die in den §§ 168 Abs 4, 277 Abs 4 FamFG enthaltene Regelung, den Betreuten in den ihn betreffenden und belastenden Entscheidungen zur Festsetzung einer Ver-

gütung zu hören. Auch der Anspruch auf rechtliches Gehör und die Geltendmachung materiellrechtlicher Vorschlagsrechte (zB § 1897 Abs 4 BGB, nach Münch
Komm/Schwab Rn 11 bindend) führt dazu, jedenfalls dann einen Verfahrenspfleger zu
bestellen, wenn der Betreute andernfalls außerstande wäre, seine Rechte geltend zu
machen. Tatsächlich wird, weil die Gegenbetreuerbestellung bei vorhandenem Vermögen in Frage kommt, die Bestellung eines Verfahrenspflegers oft deshalb unterbleiben, weil der Betreute von einem Rechtsanwalt oder von einem anderen geeigneten Verfahrensbevollmächtigten vertreten wird (§ 276 Abs 4 FamFG).

f)   Rechtsmittel

60 Gegen die Bestellung und die Ablehnung der Bestellung eines Gegenbetreuers ist
Beschwerde/Erinnerung statthaft (§ 58 ff FamFG; § 11 Abs 1 RPflG). Im Falle der
Bestellung eines Gegenbetreuers ist jeder beschwerdeberechtigt, dessen Recht
durch die Verfügung beeinträchtigt wird (§ 58 FamFG). Das sind der Betreuer
und der Betreute/Betroffene. Dieser ist auch insoweit verfahrensfähig (§ 275
FamFG), als es um das Verfahren zur Bestellung eines Gegenbetreuers geht, unabhängig davon, dass die Entscheidung in einem separaten Verfahren getroffen
wird. Das Beschwerderecht der Betreuungsbehörde richtet sich nach § 303 Abs 1
FamFG.

61 Den in § 303 Abs 2 FamFG aufgeführten Angehörigen des Betroffenen wird aufgrund dieser Vorschrift ein eigenes Beschwerderecht gegen die Bestellung nur zugebilligt, wenn sie in erster Instanz zum Verfahren hinzugezogen worden sind und
das Rechtsmittel im Interesse des Betroffenen einlegen (§ 303 Abs 2 FamFG). Gegen die Ablehnung der Bestellung eines Gegenbetreuers haben sie kein Beschwerderecht, weil sie durch diese Entscheidung nicht in ihren Rechten betroffen werden.
Ihre etwaigen wirtschaftlichen Interessen, die durch eine pflichtwidrige Amtstätigkeit berührt sein könnten, werden nicht geschützt.

62 Gegen die Ablehnung der Bestellung eines Gegenbetreuers kann der Betreuer und
kann ebenso der Betreute Beschwerde/Erinnerung einlegen, weil eine Gegenbetreuerbestellung (auch) in ihrem Interesse liegen würde. Die Einlegung von Rechtsmitteln im Namen des Betreuten ist dem Gegenbetreuer aufgrund seiner andersartigen
Rechtsstellung verwehrt. Zu einem eigenen Beschwerderecht des Gegenbetreuers
Erman/Saar § 1799 Rn 8.

4.   Die Rechtsstellung des Gegenbetreuers

a)   Allgemeines

63 Der Gegenbetreuer ist zwar Kontrollorgan (BayObLGR 2004, 286 = FamRZ 2004, 1992)
gegenüber dem Betreuer, aber nicht berechtigt, selbst in die Betreuertätigkeit ein-
zugreifen, wenn er sie für pflichtwidrig hält. Er hat lediglich die Möglichkeit, das
Betreuungsgericht auf die Pflichtwidrigkeit aufmerksam zu machen (MünchKomm/
Wagenitz § 1799 Rn 1). Der Gegenbetreuer steht wie auch der Betreuer unter der
Aufsicht des Betreuungsgerichts (§ 1837 Abs 2 BGB iVm § 1908i Abs 1 S 1 BGB).
Der Gegenbetreuer ist nicht gesetzlicher Vertreter des Betreuten (BayObLG FamRZ
2004, 1992). § 1902 BGB ist auf ihn nicht anwendbar (Staudinger/Veit [2014] § 1792 Rn 4
betr den Gegenvormund). Für die Wahrnehmung der Gegenbetreuung sind die für die
Gegenvormundschaft geltenden Vorschriften maßgebend. Es sind dies: §§ 1802

Abs 1 S 2, 1805, 1809 und 1810, 1812 Abs 1, 1824 bis 1826, 1832 BGB iVm §§ 1828
bis 1831, 1886 bis 1889, 1891 Abs 1 und 2, 1892 Abs 1 und Abs 2 S 1, 1893 bis 1895
BGB. Für die Haftung des Gegenbetreuers gilt § 1833 Abs 1 S 2 und Abs 2 S 2 BGB,
jeweils iVm § 1908i Abs 1 S 1 BGB. Im Rahmen der Aufsichts- und Kontrollfunktion
des Gegenbetreuers ieS kommen die §§ 1837 Abs 2 S 1 BGB und S 2, 1839, 1842,
1857a BGB (§ 1852 Abs 2 S 1 und S 2 BGB sowie § 1854 Abs 3 BGB) zur Anwendung. Das Betreuungsgericht muss dem Gegenbetreuer grundsätzlich nicht Gelegenheit geben, sich zu der beabsichtigten Abgabe des Betreuungsverfahrens zu
äußern (BayObLGZ 1996, 274 = FamRZ 1997, 438 = BtPrax 1997, 123).

Die Pflichten und Rechte des Gegenbetreuers beschränken sich nicht lediglich auf **64**
die Beobachtung und Kontrolle der Vermögenssorge des Betreuers (§§ 1799, 1908i
Abs 1 S 1 BGB). Die Pflicht des Gegenbetreuers, darauf zu achten, dass der Betreuer die Betreuung pflichtmäßig führt, erstreckt sich auf die gesamte Betreuungsführung. Deshalb hat der Betreuer dem Gegenbetreuer auf dessen Verlangen über
die Führung der Betreuung Auskunft zu erteilen (§§ 1799 Abs 2, 1908i Abs 1 S 1
BGB). Der Gegenbetreuer hat ua auch darauf zu achten, dass der Betreuer mit dem
Betreuten den erforderlichen Kontakt hält (vgl die Neufassung des § 1840 Abs 1
BGB), auch um die Wünsche des Betreuten für die Besorgung seiner Angelegenheiten zu erfragen und ihn in dem erforderlichen Umfang und soweit möglich dabei
einzubeziehen.

b) Beschränkungen durch das BtG
Angesichts der gesetzlichen Handlungsanweisungen für den Betreuer ist die Kon- **65**
trollbefugnis des Gegenbetreuers gegenüber dem Gegenvormund des bisherigen
Rechts erheblich eingeschränkt. Durch § 1901 BGB wird nicht nur der Handlungsspielraum des Betreuers, sondern auch der des Gegenbetreuers (Akzessorietät)
begrenzt (BIENWALD, in: BIENWALD/SONNENFELD/HARM § 1896 Rn 202).

Die Befugnisse und die Verpflichtungen des Gegenbetreuers werden auch dadurch **66**
eingeschränkt, dass § 1908i Abs 2 S 2 BGB die sinngemäße Anwendung des § 1857a
BGB auf einen größeren Personenkreis als bisher ausdehnt.

c) Auslagenersatz und Vergütung
Macht der Gegenbetreuer zum Zwecke seiner Amtsführung (er führt nicht die **67**
Betreuung!) Aufwendungen, so kann er nach den für den Auftrag geltenden Vor-
schriften der §§ 669, 670 BGB von dem Betreuten Vorschuss und Ersatz verlangen
(§§ 1835 Abs 1 S 1 und 2, 1908i Abs 1 S 1 BGB). Der Anspruch richtet sich gegen
den Betreuten; im Rahmen seiner Vermögenssorge befriedigt der Betreuer den
Gegenbetreuer. Ausnahmsweise kann der Gegenbetreuer Auslagenersatz aus der
Staatskasse verlangen. Eine Aufwandsentschädigung gemäß § 1835a BGB iVm
§ 1908i Abs 1 S 1 BGB sieht das Gesetz nicht vor (anders STAUDINGER/BIENWALD [2006]).
Der Gegenbetreuer, der die Gegenbetreuung grundsätzlich unentgeltlich führt
(§§ 1836 Abs 1 S 1, 1908i Abs 1 S 1 BGB), kann aus besonderen Gründen eine
angemessene Vergütung erhalten, soweit der Umfang oder die Schwierigkeit der
Geschäfte dies rechtfertigen und der Betreute nicht mittellos ist (§§ 1836 Abs 2,
1908i Abs 1 S 1 BGB).

Hat das Betreuungsgericht bei der Bestellung des Gegenbetreuers festgestellt, dass **68** die Gegenbetreuung entgeltlich geführt wird, richten sich die Ansprüche auf Aufwendungsersatz und Vergütung nach den §§ 4 und 5 VBVG (nach ZIMMERMANN, in: FS Bienwald 345 [351]: §§ 1, 3 VBVG). Wurde ein Vereinsmitarbeiter oder ein Behördenmitarbeiter bestellt, sind die §§ 7, 8 VBVG entsprechend anzuwenden. Wurde ein Verein oder die Behörde bestellt, kommt ein Aufwendungsersatz aus Mitteln des Betreuten in Betracht; Vergütung kann nicht verlangt werden (§§ 1836 Abs 3, 1908i Abs 1 S 1 BGB). Dazu näher unten Abschnitt XIII.

69 Im Sinne von § 10 VBVG (bisher § 1908k BGB) sind meldepflichtige Betreuungen auch Gegenbetreuungen.

5.   Entlassung des Gegenbetreuers; Beendigung des Amtes

70 Der Gegenbetreuer ist vom Betreuungsgericht grundsätzlich nach den gleichen Regeln zu entlassen, die für die Entlassung des Betreuers gelten (§ 1908b BGB). Eine Bindung des Betreuungsgerichts, wie sie in § 1908b Abs 3 BGB für die Betreuung vorgesehen ist, kann für die Gegenbetreuung nicht gelten.

71 Stirbt der Gegenbetreuer oder wird er entlassen, und ist weiterhin ein Gegenbetreuer erforderlich, so ist ein neuer Gegenbetreuer zu bestellen (§ 1908c BGB). Ist der Gegenbetreuer nicht mehr erforderlich, weil der Grund der Bestellung entfallen ist (besteht zB keine erhebliche Vermögensverwaltung mehr), hebt das Betreuungsgericht die Gegenbetreuung auf. Eine Aufhebung auf Antrag des Betroffenen (§ 1908d Abs 2 S 1 BGB) entfällt. Anders als im Falle des § 1896 Abs 1 BGB hat der Betroffene auf die Bestellung eines Gegenbetreuers keinen Anspruch. Da die Bestellung eines Gegenbetreuers nicht unmittelbar in diese Rechte des Betroffenen eingreift, bedarf es auch im Falle körperlicher Behinderung keines Antrags.

72 Endet die Betreuung oder wird die Bestellung eines Betreuers im Rechtsmittelzug aufgehoben, endet auch die Gegenbetreuung, ohne dass es einer Aufhebungsentscheidung bedarf (Akzessorietät der Gegenbetreuerbestellung). Zur Klarstellung kann ein deklaratorischer Beschluss wünschenswert sein. Obwohl der Gegenbetreuer den Betreuten nicht gesetzlich vertritt und deshalb auch keine rechtsgeschäftlichen und verbindlichen Erklärungen für den Betreuten abgeben oder entgegennehmen kann, sollte die Bestellungsurkunde zurückgefordert werden.

III.   Einschränkungen der Vertretungsmacht des Betreuers (§§ 1795, 1796 BGB)

1.   § 1795
73   **Ausschluss der Vertretungsmacht**

(1) Der Vormund kann den Mündel nicht vertreten:

1.   **bei einem Rechtsgeschäft zwischen seinem Ehegatten, seinem Lebenspartner oder einem seiner Verwandten in gerader Linie einerseits und dem Mündel andererseits, es sei denn, dass das Rechtsgeschäft ausschließlich in der Erfüllung einer Verbindlichkeit besteht,**

2.   **bei einem Rechtsgeschäft, das die Übertragung oder Belastung einer durch**

Pfandrecht, Hypothek, Schiffshypothek oder Bürgschaft gesicherten Forderung des Mündels gegen den Vormund oder die Aufhebung oder Minderung
dieser Sicherheit zum Gegenstand hat oder die Verpflichtung des Mündels zu
einer solchen Übertragung, Belastung, Aufhebung oder Minderung begründet,

3. bei einem Rechtsstreit zwischen den in Nummer 1 bezeichneten Personen
sowie bei einem Rechtsstreit über eine Angelegenheit der in Nummer 2
bezeichneten Art.

(2) Die Vorschrift des § 181 bleibt unberührt.

§ 1796 BGB (geändert durch Art 50 Nr 37 FGG-RG) bestimmt, dass das Familien- **74**
gericht dem Vormund die Vertretung für einzelne Angelegenheiten oder für einen
bestimmten Kreis von Angelegenheiten entziehen kann. Nach Abs 2 der Vorschrift
soll die Entziehung nur erfolgen, wenn das Interesse des Mündels zu dem Interesse
des Vormunds oder eines von diesem vertretenen Dritten oder einer der in § 1795
Nr 1 BGB bezeichneten Personen in erheblichem Gegensatz steht.

Nach **§ 181 BGB** kann ein Vertreter, soweit nicht ein anderes ihm gestattet ist, im **75**
Namen des Vertretenen mit sich im eigenen Namen oder als Vertreter eines Dritten
ein Rechtsgeschäft nicht vornehmen, es sei denn, dass das Rechtsgeschäft ausschließlich in der Erfüllung einer Verbindlichkeit besteht.

2.   Ausschluss der Vertretungsmacht (§ 1795 BGB)

a)   Wirkungen unerlaubter Rechtsgeschäfte
Die entgegen den Verboten der §§ 181 und 1795 BGB getätigten Rechtsgeschäfte **76**
und Prozesshandlungen sind im Allgemeinen nicht nichtig, sondern nur **schwebend
unwirksam** (STAUDINGER/SCHILKEN [2014] § 181 Rn 45, 47). Sie sind, soweit nach allgemeinem Recht zulässig, genehmigungsfähig. Die Genehmigung kann dem Betreuer von
einem gesondert zu bestellenden Ergänzungsbetreuer, von dem Betreuten selbst,
wenn dieser nicht geschäftsunfähig ist (§ 104 Nr 2 BGB, § 105 Abs 1 BGB), oder von
dem ehemaligen Betreuten, wenn dieser nicht geschäftsunfähig und das Rechtsgeschäft oder die Erklärung des einstigen Betreuers noch genehmigungsfähig ist, erteilt werden. Außerdem sind zur Wirksamkeit die gerichtlichen Genehmigungsvorbehalte zu beachten, wenn nicht der Betreute selbst genehmigt und damit das
Gericht aus seiner Verantwortung entlässt (BIENWALD, BtR § 1902 Rn 32; zur Freistellung
von den gerichtlichen Genehmigungsvorbehalten durch den Betreuten generell s § 1902 Rn 29, 34).
Der Betreuer selbst kann Rechtsgeschäfte bzw Willenserklärungen weder vor noch
nach der Beendigung der Betreuung genehmigen, weil die Ausschließung von der
Vertretungsmacht beim Rechtsgeschäft gleichzeitig die Verhinderung an der Erteilung der erforderlichen Genehmigung bedeutet (BayObLG NJW 1960, 577) und nach
Beendigung der Betreuung dem Betreuer ein Recht zur Vertretung des Betreuten
gesetzlich oder kraft **betreuungsgerichtlicher** Bestellung grundsätzlich nicht mehr
zusteht. S im Übrigen die Erl v STAUDINGER/VEIT (2014) zu § 1795 BGB.

Sind mehrere Betreuer bestellt (§ 1899 Abs 1 u 3 BGB) und trifft eine der in § 1795 **77**
BGB genannten Konstellationen nur auf einen von ihnen zu, so kann der andere das

Rechtsgeschäft tätigen, soweit er zum Alleinhandeln befugt ist (§ 1899 Abs 3 BGB).

b)   Bestellung eines weiteren Betreuers

78 Soweit der Betreuer ausgeschlossen ist, muss ein weiterer („Ergänzungs-")Betreuer bestellt werden (s dazu auch KLÜSENER Rpfleger 1991, 225, 231; BayObLGZ 1997, 288 = Rpfleger 1998, 111 = BtPrax 1918, 32 zwecks Prüfung, ob ein gegen den Betreuer in Betracht kommender Anspruch aus einer Leibgedingvereinbarung erhoben werden soll). Zum Bestellungsverfahren unten Rn 84 ff. Sind mehrere Betreuer bestellt, ist zu prüfen, ob bei Ausschluss eines Betreuers bereits ein weiterer Betreuer bestellt werden muss oder auf andere Weise Vorsorge getroffen wird oder worden ist. So kann der Betreute zwar nicht in Bezug auf die Besorgung der Angelegenheiten, deretwegen er einen Betreuer erhalten hat, aber für den Fall, dass dieser nicht handeln darf, Vorsorge durch Bevollmächtigung getroffen haben.

3.   Entziehung der Vertretungsmacht (§ 1796 BGB)

a)   Normgeschichte

79 Die Vorschrift wurde erst auf Anregung des Bundesrates in § 1908i Abs 1 S 1 BGB eingefügt. Der Bundesrat sah es für sinnvoll an, anstelle der in § 1908d BGB vorgesehenen vollständigen Entlassung in diesem Fall lediglich eine Einschränkung des Aufgabenkreises durch das Gericht zu verfügen (BT-Drucks 11/4528, 210, 211). Zuständig ist der Richter (§ 15 Abs 1 S 1 Nr 3, S 2 RPflG) mit Ausnahme der Betreuung zur Geltendmachung von Rechten des Betreuten gegenüber seinem Bevollmächtigten gemäß § 1896 Abs 3 BGB (LG Mainz FamRZ 2016, 2031), vorbehaltlich anderslautender Entscheidung des BGH.

b)   Eingriffsvoraussetzung

80 Nach der Rechtsprechung verschiedener Oberlandesgerichte (OLG Stuttgart OLGZ 1983, 299 = FamRZ 1983, 831; KG OLGE 18, 305; OLG Frankfurt MDR 1964, 419) kommt es auf einen wirklichen, nicht lediglich einen möglichen, Interessenwiderstreit an. Es genügt aber eine reale **Gefährdung**, die dann anzunehmen ist, wenn konkrete Umstände darauf hinweisen, dass der Betreuer in seinem eigenen Interesse statt im Interesse des Betreuten handeln wird (BayObLG OLGZ 1982, 86 = Rpfleger 1982, 180, 181). Hat die (verstorbene) Mutter des Betreuten diesen zum Vorerben und eine nahe Angehörige der Vermögensbetreuerin zur Nacherbin und Testamentsvollstreckerin bestimmt, rechtfertigt dieser Umstand die Annahme eines bei der Betreuerin bestehenden erheblichen Interessengegensatzes iSv § 1796 Abs 2 BGB (OLG Zweibrücken BtPrax 2004, 75 = Rpfleger 2004, 162 = FGPrax 2004, 30; vgl auch BGH FamRZ 2011, 1219, 1220). In einem vom Betreuer eingeleiteten Erbscheinsverfahren muss dem Betreuten noch kein Ergänzungsbetreuer bestellt werden, nur weil der Betreute neben dem Betreuer als gesetzlicher Vertreter in Betracht kommt (AG Hameln FamRZ 2010, 1272).

81 Zur praktischen Anwendbarkeit dieser Vorschrift im Betreuungsrecht s BIENWALD, BtR² § 1908i Rn 66 ff. Sind die Voraussetzungen des § 1796 Abs 2 BGB gegeben, hat das Betreuungsgericht die erforderliche Entscheidung über die Entziehung der Vertretungsmacht zu treffen (STAUDINGER/VEIT [2014] § 1796 Rn 25 mwNw). Ein Entscheidungsermessen steht dem Gericht nicht zu. Das Betreuungsgericht kann bei Vorliegen eines Interessenkonflikts zwischen Betreuer und Betroffenem die Vertretungsmacht auch konkludent durch die Bestellung eines Ergänzungsbetreuers für den betreffenden Aufgabenkreis entziehen (BayObLGZ 2003, 248 = FamRZ 2004, 906 = BtPrax 2004, 32). Die Haftung des Betreuungsrichters für eine fehlerhafte Entscheidung oder Untätigkeit richtet sich nach allgemeinem Recht.

c) Bestellung eines weiteren Betreuers

Entzieht das Betreuungsgericht dem Betreuer für eine einzelne Angelegenheit oder **82** für einen Kreis von Angelegenheiten die Vertretungsmacht, ist ein weiterer Betreuer zu bestellen, sofern in diesem Punkt aktueller Betreuungsbedarf noch besteht (uU stehen andere Hilfen zur Verfügung, oder sie können kurzfristig mobilisiert werden, § 1896 Abs 2 BGB). Dieser Betreuer wird unterschiedlich, meist als Ergänzungsbetreuer, bezeichnet (MünchKomm/SCHWAB Rn 17; ebenso OLG Schleswig FamRZ 2004, 835). Als Ergänzungsbetreuer könnte man den weiteren Betreuer verstehen, wenn es lediglich um die Entziehung der Vertretungsmacht in einer einzelnen Angelegenheit (analog § 1795 BGB iVm § 1908i Abs 1 S 1 BGB) geht. Entzieht das Betreuungsgericht dem Betreuer die Vertretung für einen Kreis von Angelegenheiten, bedeutet dies eine erhebliche Reduzierung des Aufgabenkreises des Betreuers, sodass treffender von einem weiteren Betreuer iSd § 1899 BGB gesprochen wird. Die Maßnahme unterscheidet sich nicht nur in den Gründen, sondern auch in den Folgen von der (teilweisen) Entlassung des Betreuers (wegen Interessenskollision als Eignungsmangel) nach §§ 1908b, 1908c BGB.

d) Aufhebung der Entziehung nach Wegfall der Voraussetzungen

Nach Wegfall der Voraussetzungen des § 1796 BGB hat das Betreuungsgericht die **83** Entziehung der Vertretungsmacht wieder aufzuheben. Diese für das Vormundschaftsrecht selbstverständliche Konsequenz, die sich schon allein daraus ergibt, dass der Minderjährige in der Regel einen Vormund hat, kommt indes auch im Betreuungsrecht zum Tragen, weil dem Betreuer aufgrund § 1902 BGB das uneingeschränkte Vertretungsrecht im Rahmen des ihm aufgetragenen Aufgabenkreises zusteht. Die Entziehung des Vertretungsrechts nach § 1796 BGB stellt eine als vorübergehend gedachte Maßnahme zur Schadensverhütung dar, die aufzuheben ist, wenn der Eintritt eines Schadens nicht mehr zu besorgen ist. Im Übrigen verlangt die Entscheidung nach § 1796 BGB iVm § 1908i Abs 1 S 1 BGB nicht, dass von der Entziehung der Vertretung der gesamte Bereich des Aufgabenkreises, also auch die „tatsächliche Sorge", betroffen wird. Im Einzelfall kann eine Abspaltung der tatsächlichen Sorge von der Vertretung in einem bestimmten Bereich stattfinden, die durch Aufhebung der Entziehungsentscheidung mit Wirkung ex nunc wieder beseitigt wird. Mit dem Wirksamwerden der Aufhebungsentscheidung (§ 287 FamFG) erhält der Betreuer wieder die volle Vertretungsmacht. Verfahrensmäßig handelt es sich dabei um die Aufhebung der Bestellung des weiteren Betreuers.

4. Verfahrensfragen

a) Anzuwendende Vorschriften

Das Verfahren zur Bestellung eines weiteren Betreuers richtet sich nach § 293 Abs 3 **84** FamFG, wenn lediglich an die Stelle des einen insoweit nicht mehr zuständigen Betreuers ein anderer (weiterer) Betreuer tritt und – im Verhältnis zum Betreuten – eine Erweiterung des Aufgabenkreises nicht eintritt. Näheres zu § 1899 BGB.

b) Einschränkung des Aufgabenkreises vor Betreuerbestellung

85 Die gesetzlich vorgesehene Verhinderung des Betreuers gemäß § 1795 BGB bedarf keiner Vorabentscheidung des Gerichts. Hier ist lediglich der (weitere) Betreuer zu bestellen. Der nach § 1795 BGB verhinderte Betreuer kann zwar den Betreuten nicht vertreten, dieser Mangel an Vertretungsmacht bedeutet jedoch nicht zugleich eine Verringerung seines Aufgabenkreises oder eines Bereichs davon. Bevor im Fall des § 1796 BGB ein weiterer Betreuer bestellt werden kann, muss der Aufgabenkreis des bisherigen Betreuers eingeschränkt worden sein. Die Notwendigkeit für einen (weiteren) Betreuer besteht, sobald die Entscheidung des Gerichts nach § 1796 BGB rechtskräftig geworden ist (§§ 45, 58, 59 FamFG). Dass dem Betreuer durch die Bestellung eines Ergänzungsbetreuers konkludent die Vertretungsmacht entzogen werden kann (so nach bisherigem Recht BayObLGZ 2003, 248 = FamRZ 2004, 906) erscheint bedenklich.

86 Auch für den Fall, dass der Betreute körperlich behindert ist, muss das Betreuungsgericht gegebenenfalls von Amts wegen die Vertretungsbefugnis des bisherigen Betreuers einschränken, weil andernfalls infolge der Regelung des § 1902 BGB der Betreuer weiterhin für den – an sich rechtlich voll handlungsfähigen (vgl § 104 Nr 2 BGB) – Betreuten tätig werden könnte.

c) Zuständigkeiten

87 Örtlich zuständig für die Entziehung – wie für die Betreuerbestellung – ist das Betreuungsgericht, in dessen Bezirk der Betreute zu der Zeit, zu der das Gericht mit der Angelegenheit befasst wird, ein Verfahren geführt wird (§ 272 Nr 1 FamFG), alsdann dort, wo der Betroffene seinen gewöhnlichen Aufenthalt hat (§ 272 Nr 2 FamFG).

88 Im Fall des § 1795 BGB besteht die gerichtliche Entscheidung lediglich in der Bestellung eines (weiteren) Betreuers. Für diese ist grundsätzlich (Ausnahme: § 1896 Abs 3 BGB; vgl § 15 Abs 1 Nr 1 RPflG) der Richter funktional zuständig. Das trifft auch für die Bestellungsentscheidung im Falle des § 1796 BGB zu. Mangels Richtervorbehalts wäre für die Entziehungsentscheidung – wie im Minderjährigenrecht (STAUDINGER/VEIT [2014] § 1796 Rn 35) – der Rechtspfleger zuständig (§ 3 Nr 2 Buchst b iVm § 15 RPflG). Da es sich um nachträgliche Einschränkung des Aufgabenkreises des Betreuers handelt (KLÜSENER Rpfleger 1991, 225, 231), und aus Gründen des Sachzusammenhangs entscheidet der Richter, der auch über die Entziehung des Vertretungsrechts entschieden hat.

89 Das Gericht entscheidet von Amts wegen, es sei denn, der Betreute ist körperlich behindert (§ 1896 Abs 1 S 3 BGB). Wurde der Regelbetreuer nur auf Antrag des körperlich behinderten Betroffenen bestellt, wurde dadurch auch der Umfang des Aufgabenkreises und der Vertretungsbefugnis des Betreuers bestimmt (und vom Antrag erfasst), sodass auch ein etwa erforderlicher weiterer Betreuer und dessen Vertretungsbefugnis von dem Willen des körperlich behinderten Betroffenen abhängt. Eine Hinweispflicht ergibt sich für den Betreuer aus § 1901 Abs 5 BGB.

d) Anhörungen

90 Für beide Verfahren gelten §§ 278 und 303 FamFG entsprechend. Das Betreuungsgericht hat der zuständigen Behörde Gelegenheit zur Äußerung zu geben, wenn es

der Betreute verlangt oder wenn es der Sachaufklärung dient (§ 279 Abs 2 FamFG). Auf Verlangen des Betroffenen hat das Gericht eine ihm nahestehende Person anzuhören, wenn dies ohne erhebliche Verzögerung möglich ist (§ 279 Abs 3 FamFG). Das Gericht hat außerdem sonstige Beteiligte anzuhören, zu denen nahe Angehörige gehören können (§ 274 Abs 4 FamFG), der Verfahrenspfleger jedenfalls, der durch seine Bestellung als Beteiligter zum Verfahren hinzugezogen werden muss (§ 274 Abs 2 FamFG).

e)   Bestellung eines Verfahrenspflegers
Sie kommt nach Maßgabe des § 276 FamFG in Betracht.   **91**

f)   Bekanntmachung der Entscheidungen
Die Entscheidung, durch die das Betreuungsgericht dem bisherigen Betreuer die **92**
Vertretung nach Maßgabe von § 1796 BGB entzieht und einen weiteren Betreuer bestellt, hat das Gericht der zuständigen Behörde stets bekannt zu geben (§ 288 Abs 2 S 1 FamFG).

g)   Rechtsmittel
Die Entscheidung, durch die das Gericht dem Betreuer Vertretungsmacht entzieht, **93**
kann von dem Betreuer mit der befristeten Beschwerde angefochten werden, wenn die Entziehung gegen seinen Willen vorgenommen worden ist (§§ 63 Abs 3, 303 FamFG). Dem Betreuten ist in jedem Falle rechtliches Gehör zu gewähren (Art 103 Abs 1 GG).

Die Beschwerdefrist beginnt mit dem Zeitpunkt, in dem die Entscheidung über die **94**
Entziehung der Vertretung dem Betreuer bekannt gemacht worden ist (§§ 63 Abs 3, 303 FamFG). Um zu vermeiden, dass zwischen der Entziehung der Vertretungsbefugnis, die erst mit Rechtskraft wirksam wird, und der Wirksamkeit der Betreuerbestellung eine zeitliche Lücke oder besser gesagt ein Zeitraum der Doppelvertretung entsteht, in der der bisherige Betreuer weiterhin im Außenverkehr tätig sein kann (und darf), empfiehlt es sich, die Entziehung der Vertretung und die Betreuerbestellung im Wege einstweiliger Anordnung durchzuführen.

Die Beschwerde gegen die Entscheidung des Gerichts, mit der es die Vertretungs- **95**
macht des bisherigen Betreuers einschränkt oder die Entziehung der Vertretung ablehnt, sowie gegen die Bestellung des weiteren Betreuers oder deren Ablehnung richtet sich nach den §§ 58 ff, 303 FamFG. Gegen den Beschluss des Beschwerdegerichts ist eine zulassungsfreie Rechtsbeschwerde nicht statthaft (BGH FamRZ 2011, 1219 im Anschluss an Senatsbeschlüsse in FamRZ 2010, 1897 und FamRZ 2011, 632). Die Entscheidung des Betreuungsgerichts, dem bisherigen Betreuer die Vertretung für einzelne Angelegenheiten oder einen bestimmten Kreis von Angelegenheiten zu entziehen, ergeht von Amts wegen, aber auch auf Antrag des Betreuten (arg § 1908d Abs 2 BGB), ohne dass für den Antrag Geschäftsfähigkeit vorliegen müsste (§ 275 FamFG). Dementsprechend bestellt das Betreuungsgericht anstelle des bisherigen Betreuers, soweit dies erforderlich ist, einen weiteren Betreuer zur Wahrnehmung der dem bisherigen Betreuer entzogenen Vertretungsbefugnis von Amts wegen oder auf Antrag des Betreuten (§ 1896 Abs 1 BGB).

h)   Verpflichtung des weiteren Betreuers; Betreuerausweis

96 Die Bestellung eines weiteren Betreuers nach Entziehung der Vertretungsmacht erfordert die – im Gesetz nicht ausdrücklich geregelte – Verpflichtung des Betreuers und die Aushändigung des Betreuerausweises nach Maßgabe der §§ 289, 290 FamFG. Die Urkunde, die der weitere Betreuer über seine Bestellung erhält, muss den ihm übertragenen Aufgabenkreis (Vertretung in ...) enthalten. Die entsprechende Entziehung der Vertretungsmacht ist auf dem Betreuerausweis des bisherigen Betreuers zu vermerken. Die Bestellung mehrerer Betreuer und die Bezeichnung und Verteilung der Aufgabenkreise sind Inhalt der gerichtlichen Entscheidung über die (erstmalige) Betreuerbestellung (§ 290 FamFG iVm § 1899 Abs 1, 3 und 4 BGB), sodass auch die Betreuerausweise entsprechend gestaltet sein müssen. Da die den Betreuern auszuhändigenden Urkunden im Wesentlichen der gerichtlichen Entscheidung entsprechen (bei Vereins- oder Behördenbestellung gibt es keine Alternative zum Betreuerausweis, SONNENFELD, in: BIENWALD/SONNENFELD/HARM § 290 FamFG Rn 3), ergibt sich bereits aus diesem Grunde die Notwendigkeit, bei mehreren Betreuern diese Tatsache, die Bezeichnung aller Betreuer, ihre Aufgabenkreise und deren Verhältnis zueinander in den Betreuerausweis aufzunehmen. Einer analogen Anwendung des § 1791 Abs 2 BGB (befürwortend MünchKomm/SCHWAB § 1899 Rn 11) bedarf es nicht (so im Ergebnis auch DAMRAU/ZIMMERMANN § 69b FGG Rn 7).

IV.   Fortführung der Geschäfte nach Beendigung der Betreuung (§ 1893 Abs 1 BGB)

1.   Normtexte

97 Nach § 1893 Abs 1 BGB sind bei der Beendigung der Vormundschaft oder des vormundschaftlichen Amtes die Vorschriften der §§ 1698a, 1698b BGB entsprechend anzuwenden. Die beiden Vorschriften regeln Folgendes:

> **§ 1698a**
> **Fortführung der Geschäfte in Unkenntnis der Beendigung der elterlichen Sorge**
>
> **(1) Die Eltern dürfen die mit der Personensorge und mit der Vermögenssorge für das Kind verbundenen Geschäfte fortführen, bis sie von der Beendigung der elterlichen Sorge Kenntnis erlangen oder sie kennen müssen. Ein Dritter kann sich auf diese Befugnis nicht berufen, wenn er bei der Vornahme eines Rechtsgeschäfts die Beendigung kennt oder kennen muss.**
>
> **(2) Diese Vorschriften sind entsprechend anzuwenden, wenn die elterliche Sorge ruht.**
>
> **§ 1698b**
> **Fortführung dringender Geschäfte nach dem Tod des Kindes**
>
> **Endet die elterliche Sorge durch den Tod des Kindes, so haben die Eltern die Geschäfte, die nicht ohne Gefahr aufgeschoben werden können, zu besorgen, bis der Erbe anderweit Fürsorge treffen kann.**

2. Geltungsbereich

Die Vorschrift des § 1893 Abs 1 BGB findet auf alle Arten von Betreuern einschließ- **98** lich des Gegenbetreuers Anwendung, sofern dies der Aufgabenkreis zulässt. Sie entfällt beispielsweise im Falle einer Betreuerbestellung für die Entscheidung über die Einwilligung in eine Sterilisation oder einer anderen speziellen Aufgabe. Die Fallgestaltung des § 1698a Abs 2 BGB kommt im Bereich der Betreuung nicht in Betracht; ein Ruhen der Betreuung ist weder durch Gesetz unmittelbar noch durch gerichtliche Entscheidung vorgesehen.

3. Normbedeutung

Da die Befugnis des Betreuers, Angelegenheiten des Betreuten zu besorgen, mit der **99** Beendigung der Betreuung, sei es durch Aufhebung der Maßnahme (§ 1908d Abs 1 BGB), sei es durch die Entlassung des Betreuers (§ 1908b BGB), endet, bedarf der Betreuer für den Fall, dass er ohne Kenntnis der Beendigung handelt, der Legitimation. Voraussetzung ist, dass der Betreuer von der Beendigung der Betreuung oder seines Amtes weder Kenntnis hat noch fahrlässig in Unkenntnis geblieben ist.

Die Vorschrift enthält für den Betreuer keine selbständige Verpflichtung zum Han- **100** deln und zur Fortführung des Amtes. Sie gilt entsprechend, wenn nicht die Beendigung in vollem Umfang eintritt, sondern die Betreuung nur in Teilbereichen endet, zB dann, wenn der Aufgabenkreis des Betreuers eingeschränkt worden ist (ERMAN/ SAAR Rn 1; PALANDT/DIEDERICHSEN Rn 2; PALANDT/GÖTZ Rn 2; STAUDINGER/VEIT [2014] Rn 3, alle zu § 1893 BGB). Fälle dieser Art dürften jedoch angesichts der Verfahrensregelungen verhältnismäßig selten sein.

4. Norminhalt

Entsprechend § 1698b BGB muss der Betreuer, unabhängig davon, ob er Kenntnis **101** von der Beendigung seines Amtes oder der Betreuung hat oder nicht, die unaufschiebbaren Angelegenheiten der Betreuung noch besorgen, bis der Rechtsnachfolger anderweit Fürsorge treffen kann. Nur in diesem Umfang legitimiert ihn diese Bestimmung. Es kommt nicht darauf an, dass der Rechtsnachfolger tatsächlich gehandelt hat.

Davon nicht betroffen sind die dem Betreuer obliegenden Angelegenheiten, die die Abwicklung der Betreuung und die seines Amtes betreffen (Rechnungslegung, Vermögensherausgabe usw).

Zweifel, dass es sich um unaufschiebbare Angelegenheiten handelte, gehen – nach dem Wortlaut der Vorschrift – zulasten des handelnden Betreuers. Er wird deshalb im eigenen Interesse in der Beurteilung, ob mit dem Aufschub Gefahr verbunden ist, zurückhaltend sein, zumal er als Betreuer nur zur Fortführung seines bisherigen Amtes, dh im Rahmen seines bisherigen Aufgabenkreises, zum Handeln verpflichtet ist.

Nimmt der Betreuer nach dem Tod des Betreuten Geschäfte vor, mit deren Auf- **102** schub keine Gefahr verbunden war, finden die allgemeinen Grundsätze Anwendung. Im Außenverhältnis handelt es sich gegebenenfalls um die Vertretung ohne Vertretungsmacht (§§ 177, 179 BGB), im Innenverhältnis um Geschäftsführung ohne Auftrag (§§ 677 ff BGB). Zur Frage, ob der Betreuer verpflichtet oder berechtigt ist, die Bestattung des verstorbenen Betreuten zu veranlassen, eingehend BIENWALD/SONNENFELD/HARM/BIENWALD § 1908d Rn 63 ff.

103 Da das Betreueramt als fortbestehend gilt, hat das Betreuungsgericht, sofern nicht der Gegenbetreuer zuständig ist oder seine Zustimmung nicht ausreicht, zu Willenserklärungen des Betreuers die erforderlichen betreuungsgerichtlichen Genehmigungen zu erteilen, es sei denn, dass ihm die Beendigung der Betreuung oder des Betreueramtes bekannt ist (STAUDINGER/VEIT [2014] § 1893 Rn 12; MünchKomm/WAGENITZ § 1893 Rn 10 jeweils mwNw).

5.   Betreuerwechsel

104 Endet das Betreueramt des einen Betreuers und wurde ein neuer Betreuer bestellt, sind beide Betreuer zum Handeln befugt. Die Wirksamkeit ihrer Handlungen sowie die Folgen konkurrierenden Handelns richten sich nach den allgemeinen Regeln.

6.   Ansprüche und Haftung des Betreuers

105 Wird der Betreuer nach § 1698a BGB oder nach § 1698b BGB tätig, handelt es sich der Rechtsnatur nach um Betreuerhandeln. Deshalb hat der Betreuer Anspruch auf Ersatz seiner Auslagen (§ 1835, § 1835a BGB), falls er solche getätigt hat. Die Zahlung einer Vergütung bestimmt sich nach § 1836 BGB iVm den Bestimmungen des Vormünder- und Betreuervergütungsgesetzes. Die Haftung des Betreuers richtet sich nach § 1833 BGB iVm § 1908i Abs 1 S 1 BGB. Der Individualbetreuer haftet nach dieser Bestimmung, wenn er handelt oder es unterlässt zu handeln, sofern dies eine Pflichtwidrigkeit darstellt, durch die dem Betreuten ein Schaden entstanden ist. Je nach der konkreten Lage haftet er dem ehemals Betreuten, dem weiterhin (durch einen anderen Betreuer) Betreuten oder dem Rechtsnachfolger des bisherigen Betreuten.

V.   Führung der Betreuung durch mehrere Betreuer

1.   § 1797 Abs 1 S 2 BGB

a)   Die Vorschrift im Wortlaut
106 Nach der Bestimmung des Satzes 1, dass mehrere Vormünder die Vormundschaft gemeinschaftlich führen, heißt es in dem durch Art 50 Nr 37 FGG-RG geänderten S 2:

§ 1797 Abs 1 S 2

Bei einer Meinungsverschiedenheit entscheidet das Familiengericht, sofern nicht bei der Bestellung ein anderes bestimmt wird.

b)   Reichweite des Anwendungsbereichs
107 Die sinngemäß auf das Betreuungsrecht anzuwendende Vorschrift ergänzt die Be-

stimmungen über die Bestellung mehrerer Betreuer. Wenn § 1797 Abs 1 S 2 BGB vorsieht, dass bei einer Meinungsverschiedenheit, für deren Regelung nicht bereits bei Bestellung der Betreuer ein anderes bestimmt worden ist, das Betreuungsgericht zu entscheiden hat, so setzt dies voraus, dass eine entscheidungsbedürftige Meinungsverschiedenheit unter mehreren Betreuern besteht. Das kommt grundsätzlich nur dort in Betracht, wo mehrere Betreuer mit demselben Aufgabenkreis bestellt sind (§ 1899 Abs 3 BGB; MünchKomm/Schwab Rn 18). Bei der Bestellung mehrerer Betreuer, deren Aufgabenkreise getrennt sind (§ 1899 Abs 1 S 2 BGB), entscheidet jeder Betreuer für sich allein.

Den einzelnen Betreuern bleibt es jedoch unbenommen, im Interesse des Betreuten **108** sich in ihren Vorhaben aufeinander abzustimmen, wenn die Angelegenheiten dazu Anlass bieten.

Überschneiden sich die Aufgabenkreise derart, dass dem einen Betreuer die Sorge für die Person oder von Teilen davon und dem anderen Betreuer die Sorge für das Vermögen oder von Teilen davon zusteht, und berühren die Angelegenheiten, die zu besorgen sind, beide Aufgabenkreise (zB Finanzierung des Heimplatzes und Entscheidung über das Heim, in dem der Betreffende wohnen soll; Renovierungskosten für die Wohnung aus Anlass der Aufgabe der Wohnung, Zeitpunkt der Wohnungsaufgabe und erforderliche Mietzahlungen), entscheidet bei Meinungsverschiedenheiten das Betreuungsgericht nach Maßgabe des § 1798 BGB. Würde das Betreuungsgericht nicht nach dieser Vorschrift verfahren, käme grundsätzlich nur die erheblich mehr einschneidende Maßnahme der (teilweisen) Entlassung des einen oder des anderen Betreuers (oder Teilentlassung beider) in Frage.

Kollidieren unterschiedliche Auffassungen von Betreuern, deren Aufgabenbereiche **109** tatsächlich nahe beieinanderliegen (zB der Aufgabenkreis des Sterilisationsbetreuers mit dem Aufgabenkreis Personensorge oder Gesundheitsfürsorge, ärztliche Behandlung oä des anderen Betreuers), ist entsprechend § 1797 Abs 1 S 2 BGB iVm § 1908i Abs 1 S 1 BGB zu verfahren.

Die Vorschrift regelt nicht den Konfliktfall mehrerer Bevollmächtigter. Können **110** diese sich nicht einigen und entsteht dadurch dem Vollmachtgeber ein Versorgungsmangel, kann die Bestellung eines Betreuers (oder mehrerer) in Betracht kommen und erforderlich werden.

c) Entscheidungsinhalt
Hat das Betreuungsgericht nicht bereits bei der Bestellung der mehreren Betreuer **111** ein Konfliktregelungsmodell vorgegeben (zu dieser Art Entscheidungen s oben § 1899 BGB), entscheidet das Betreuungsgericht im jeweils streitigen Einzelfall (§ 1797 Abs 1 S 2 BGB).

Die Entscheidung ergeht **von Amts wegen**. Regelmäßig wird die Anregung dazu von **112** einem Mitbetreuer, dem Betreuten oder Dritten ausgehen. Voraussetzung für das Tätigwerden des Betreuungsgerichts ist nach § 1797 Abs 1 S 2 BGB nicht, dass die beteiligten Betreuer den Versuch unternommen haben müssen, sich zu einigen (vgl etwa für die Eltern-Kind-Beziehung § 1627 S 2 BGB), oder dass es sich um eine Angelegenheit von erheblicher Bedeutung für den Betreuten handelt (vgl § 1628 S 1

BGB). Im Rahmen der Anhörungspflicht wird das Betreuungsgericht Gelegenheit haben, darauf hinzuwirken, dass die Betreuer sich auf eine dem Wohl des Betreuten dienende Entscheidung bzw Regelung einigen.

113 Die Vorschrift sieht, auch bei sinngemäßer Anwendung auf die Betreuung, keine Antragsnotwendigkeit vor. Das Gericht wird aber nur dann tätig werden können, wenn ein Konfliktbeteiligter sich hilfesuchend an das Betreuungsgericht wendet. Dass unter den Konfliktbeteiligten zuvor diverse Auseinandersetzungen und Machtkämpfe stattgefunden haben können, nimmt die Regelung in Kauf. Stellt sich durch notwendige Ermittlungen des Gerichts (§ 26 FamFG) ein Sachverhalt heraus, der zur Korrektur an der Betreuerbestellung Anlass bietet, hat das Betreuungsgericht darauf zu reagieren.

114 Das Betreuungsgericht entscheidet dadurch, dass es einer der vertretenen Meinungen beitritt (OLG Dresden OLGE 40, 95 nach früherem Recht) oder alle vorgebrachten Ansichten verwirft (PALANDT/DIEDERICHSEN § 1797 Rn 4; PALANDT/GÖTZ Rn 4; STAUDINGER/ ENGLER [2004] § 1797 Rn 35 f; zum bisherigen Meinungsstand zu § 1797 BGB STAUDINGER/VEIT [2014] § 1797 Rn 28 ff). Eine eigene Ansicht durchzusetzen ist das Betreuungsgericht grundsätzlich nicht befugt, weil es andernfalls gegen den Grundsatz der Selbständigkeit der Betreuer verstoßen würde (STAUDINGER/VEIT [2014] § 1797 Rn 29; PALANDT/ DIEDERICHSEN § 1797 Rn 4). Eine Ausnahmesituation liegt dann vor, wenn das Aufsichtsrecht des Betreuungsgerichts (§§ 1837, 1908i Abs 1 S 1 BGB) zu einer abweichenden Entscheidung Anlass bietet (STAUDINGER/VEIT [2014] § 1797 Rn 29) oder die Voraussetzungen des § 1846 BGB vorliegen, weil nach Ablehnung aller Lösungsvorschläge eine Entscheidung unaufschiebbar geworden ist.

d) Zuständigkeit

115 Zuständig ist der Richter (§ 15 Abs 1 Nr 7 RPflG). Handelt es sich um eine Meinungsverschiedenheit mehrerer nach § 1896 Abs 3 BGB bestellter Kontroll- oder Überwachungsbetreuer, entscheidet im Konfliktfall in sinngemäßer Anwendung des § 1797 Abs 1 S 2 BGB der für die Bestellung dieser Betreuer zuständige Rechtspfleger. In diesem Falle handelt es sich nicht um eine Entscheidung von Meinungsverschiedenheiten zwischen sorgeberechtigten Betreuern ieS, sodass der Richtervorbehalt nicht greift. Handelt es sich um einen Streitfall zwischen Betreuern nach § 1896 Abs 1 und Abs 3 BGB, bleibt es bei der Richterzuständigkeit.

e) Weitere Verfahrensfragen

116 Derjenige Betreuer, dessen Meinung sich nicht durchgesetzt hat, kann im eigenen Namen, aber auch im Namen der/des Betreuten Beschwerde einlegen. Der Betreute kann auch selbst Beschwerde einlegen (§§ 59, 303 Abs 4 FamFG).

Das Gericht hat die beteiligten Betreuer und den Betreuten zu hören, soweit dies zur Feststellung des Sachverhalts (§ 26 FamFG) oder zur Gewährung rechtlichen Gehörs (Art 103 Abs 1 GG) erforderlich ist. Die persönliche Anhörung des Betreuten ist nicht zwingend vorgesehen; im Rahmen der genannten Bestimmungen entscheidet das Gericht nach pflichtgemäßem Ermessen. Es handelt sich um ein Verfahren, das die Betreuung betrifft, also eine Betreuungssache, sodass das Gericht ggf dem Betreuten einen Pfleger für das Verfahren bestellen muss, weil andernfalls die Interessen des Betreuten nicht ausreichend gewahrt werden (§ 276 FamFG).

2. Meinungsverschiedenheiten (§ 1798)

a)   Die Vorschrift, sinngemäß auf die Betreuung angewendet, sieht die Entschei- **117** dungszuständigkeit des Betreuungsgerichts vor, wenn mehrere Betreuer für einen Betroffenen nach § 1899 BGB bestellt worden sind und dem einen die Sorge für die Person, dem anderen die Sorge für das Vermögen zusteht und eine Meinungsver- schiedenheit in einer beide Bereiche betreffenden Angelegenheit besteht. Die Vor- schrift wurde mit Wirkung v 1. 9. 2009 durch Art 50 Nr 37 FGG-RG geändert (statt Vormundschaftsgericht Familiengericht). Sie lautet wörtlich:

> **„Steht die Sorge für die Person und die Sorge für das Vermögen des Mündels verschiedenen Vormündern zu, so entscheidet bei einer Meinungsverschiedenheit über die Vornahme einer sowohl die Person als auch das Vermögen des Mündels betreffenden Handlung das Familiengericht."**

b)   Zuständig ist der Richter (§ 15 Abs 1 Nr 7 RPflG).   **118**

c)   Hat der Betreute für einen Teil seiner Angelegenheiten eine (Vorsorge-)**Voll- 119 macht** erteilt (zB für Vermögensangelegenheiten) und das Betreuungsgericht für die von der Vollmacht nicht erfassten besorgungsbedürftigen Angelegenheiten einen **Betreuer** bestellt, trifft weder § 1797 Abs 1 S 2 BGB noch § 1798 BGB unmittelbar oder sinngemäß zu, denn eine den Bevollmächtigten bindende Entscheidung kann das Betreuungsgericht nicht treffen. Dem Rechtsgedanken der beiden Vorschriften (und entsprechender Regelungen im Familienrecht) folgend kann das Betreuungs- gericht, gewissermaßen als Schlichtungsstelle (mit Vorschlagsbefugnis), in Anspruch genommen und tätig werden. Da der Vorrang eigener Vorsorge des Betroffenen vor einer Betreuerbestellung davon abhängt, dass die Angelegenheiten des Betroffenen durch den Bevollmächtigten ebenso gut wie durch einen Betreuer besorgt werden können, kann das Betreuungsgericht in einem extrem schwierigen Fall dem Betrof- fenen einen (weiteren) Betreuer bestellen, der ganz oder teilweise die Vollmacht widerruft und danach sich mit dem bereits bestellten Betreuer einigt, sofern ein weiterer Betreuer nicht entbehrlich war.

Selbst im Konfliktfall mehrerer Bevollmächtigter, der den in §§ 1797, 1798 BGB **120** geregelten entspricht, sollte das **Betreuungsgericht** um seine Mitwirkung iS einer **Schlichtungsstelle** gebeten werden können, zumal bei der Gelegenheit auch Bedarf für die Bestellung eines Betreuers offenbar werden kann.

VI.   Allgemeine Pflichten des Betreuers

1.   Auskunftspflicht (§ 1839)

a)   Norminhalt
§ 1839 BGB in sinngemäßer Anwendung auf das Betreuungsrecht verpflichtet jeden **121** Betreuer sowie den Gegenbetreuer, dem Betreuungsgericht **auf dessen Verlangen** jederzeit über die Führung der Betreuung (Gegenbetreuung) und über die persön- lichen Verhältnisse des Betreuten Auskunft zu geben. Die Vorschrift gehört zu denjenigen Bestimmungen, die Art und Umfang des Aufsichts- und Kontrollrechts des Betreuungsgerichts über die Führung der Betreuung regeln.

Werner Bienwald

b) Reichweite der Norm

122 Die Auskunftserteilungspflicht erstreckt sich grundsätzlich auf die **Gesamtheit der Aufgaben**, die dem Betreuer bzw dem Gegenbetreuer übertragen worden sind und/ oder sich aus dem Gesetz unmittelbar ergeben. Erfasst wird die gesamte Tätigkeit des Betreuers (Gegenbetreuers), die die Führung der Betreuung bzw der Gegenbetreuung ausmacht. Das Betreuungsgericht kann deshalb auch analog § 1799 Abs 2 BGB, der ebenfalls sinngemäß anzuwenden ist (§ 1908i Abs 1 S 1 BGB), Einsicht in die sich auf die Betreuung (Gegenbetreuung) beziehenden Papiere verlangen, soweit sie dem Betreuer (Gegenbetreuer) vorliegen oder er sie zu beschaffen in der Lage ist (MünchKomm/WAGENITZ § 1839 Rn 2 mwNw). Nach Einführung der Berichtspflicht über die persönlichen Kontakte zu dem Betreuten (§ 1840 Abs 1, 1908i Abs 1 S 1 BGB) kann das Gericht auch Auskunft über diesen Teil der Führung der Betreuung verlangen. Nach Auffassung des LG Hamburg FamRZ 2017, 247 (LS) entspricht es dem Sinn des § 1840 Abs 1 S 2 BGB, dass der Betreuer über seine persönlichen Kontakte mit dem Betreuten nach Anzahl, Ort und Zeitpunkt sowie Dauer Auskunft erteilt.

123 Das Gericht kann **jederzeit** Auskunft über die Führung der Betreuung bzw Gegenbetreuung verlangen; es ist nicht darauf verwiesen, nur zu bestimmten Zeiten oder Zeitpunkten Berichterstattung zu verlangen oder entgegenzunehmen. Andererseits erlaubt die jederzeitige Auskunftsverpflichtung des Betreuers (Gegenbetreuers) dem Gericht auch, eine periodische Berichterstattung zu verlangen und sich darauf zu beschränken (MünchKomm/WAGENITZ § 1839 Rn 3; STAUDINGER/VEIT [2014] § 1839 Rn 4).

124 Da der Gegenbetreuer keinen eigenen Aufgabenkreis erhält, die von ihm wahrzunehmenden Angelegenheiten sich vielmehr unmittelbar aus dem Gesetz ergeben (vgl STAUDINGER/VEIT [2014] § 1792 Rn 1 ff), kann sich die Kontrolle und die Aufsicht des Betreuungsgerichts auch nur auf die Prüfung erstrecken, ob er die gesetzlichen, durch die Bestellung zum Gegenbetreuer vermittelten Aufgaben auftragsgemäß erledigt hat. Seine Auskunftsverpflichtung erstreckt sich demgemäß nur darauf, über seine Führung der Gegenbetreuung und über die persönlichen Verhältnisse des Betreuten Mitteilung zu machen.

c) Weitere Auskunftspflicht

125 Neben der Verpflichtung zu jederzeitiger Auskunft über die Führung der Betreuung gegenüber dem Betreuungsgericht hat der Betreuer bei bestehender Gegenbetreuung die Pflicht, dem Gegenbetreuer auf Verlangen über die Führung der Betreuung Auskunft zu erteilen und die Einsicht in die sich auf die Betreuung beziehenden Papiere zu gestatten (§ 1799 Abs 2 BGB iVm § 1908i Abs 1 S 1 BGB).

d) Verhältnis von Auskunftspflicht (§ 1839) und Berichtspflicht (§ 1840 Abs 1)

126 Die durch das BtG eingeführte Verpflichtung des Betreuers, über die persönlichen Verhältnisse des Betreuten dem Gericht **mindestens einmal jährlich** zu berichten (§ 1840 Abs 1 BGB [näher unten Rn 133 ff]) ersetzt nicht die nach § 1839 BGB iVm § 1908i Abs 1 S 1 BGB bestehende Auskunftspflicht. Das Verhältnis beider (deren Gerichtsbezeichnung durch Art 50 Nr 42 FGG-RG geändert worden ist) ist wie folgt zu verstehen: Die Auskunftspflicht des § 1839 BGB erstreckt sich zwar auf die gesamte Betreuung, wird aber zugleich durch den Aufgabenkreis begrenzt. Da die Vormundschaft für einen Minderjährigen, für die die Vorschrift zunächst geschaffen wurde, die Personen- und die Vermögenssorge einschl der gesetzlichen Vertretung zum Gegenstand hat, kann vom Vormund des Minderjährigen auch jederzeit Auskunft über die persönlichen Verhältnisse seines Mündels erwartet und verlangt werden. Ist der Aufgabenkreis des Betreuers gegenständlich beschränkt, erstreckt er sich beispielsweise auf die Besorgung weniger Angelegenheiten oder lediglich auf die Vermögenssorge, besteht zwar dennoch die Verpflichtung zu „persönlicher Betreuung" iSd § 1897 Abs 1 BGB (s dazu BT-Drucks 11/4528, 68), nicht jedoch die zu persönlicher Sorge iS v §§ 1626, 1800 BGB. Aus diesem Grunde kann sich das Auskunftsersuchen des Gerichts nach § 1839 BGB nur dann auf die „persönlichen Verhältnisse" beziehen, wenn und soweit die Betreuung sich darauf erstreckt.

Andernfalls bestünde die Gefahr, dass sich der Betreute in einem weiteren Maße, als **127** sich das aus dem Aufgabenkreis und § 1901 BGB ergibt, unter der Kontrolle und Aufsicht des Betreuers (und des Gerichts) befindet, ohne dass dies im Betreuungsverfahren zum Ausdruck gekommen wäre. Die vom Gesetzgeber abgelehnte Überbetreuung durch zu umfassende Zuständigkeit des Betreuers (im alten Recht Entmündigung mit Vormundschaft und Zwangspflegschaft mit relativ umfassender Fürsorge durch den Gebrechlichkeitspfleger) würde auf dem Wege über eine ausgeweitete Berichterstattung in die Betreuung Einzug halten.

Obwohl durch die Änderung des Vergütungsrechts ab dem 1. 7. 2005 der Anteil sozialer Betreuung an der rechtlichen Besorgung der Angelegenheiten Betroffener abgenommen zu haben scheint, neigen Betreuer nach wie vor dazu, mit ihrer persönlichen Betreuung den Bereich rechtlicher Betreuung zu verlassen.

Die Berichtspflicht des § 1840 Abs 1 BGB iVm § 1908i Abs 1 S 1 BGB, die durch das **128** BtG eingeführt worden ist, soll die Betreuung **speziell** im Bereich der **Personensorge** des Volljährigen verbessern. Nur wenn es ausreichend Informationen über die persönlichen Verhältnisse des Betroffenen erhält, kann das Betreuungsgericht seiner Aufsichtspflicht nach § 1837 Abs 2 BGB genügen (BT-Drucks 11/4528, 114). Über diese persönlichen Verhältnisse soll deshalb regelmäßig, mindestens einmal jährlich, berichtet werden (BT-Drucks 11/4528, 114). Diese Berichtspflicht besteht nach Auffassung des RegEntw unabhängig von Art und Umfang des Aufgabenkreises des Betreuers, also auch dann, wenn Angelegenheiten der Personensorge nicht zum Aufgabenkreis des Betreuers gehören. In gewisser Weise ist dies ein Widerspruch. Denn wenn die Personensorge verbessert werden soll, genügt eine Mitteilung des Betreuers nach § 1901 Abs 5 BGB, um das Gericht zu notwendigen Maßnahmen zu veranlassen. Ganz abgesehen davon ist es natürlich eine Frage, ob das Gericht den Betreuer über dessen eigene Berichte kontrollieren kann. Nach der durch das Gesetz zur Änderung des Vormundschafts- und Betreuungsrechts v 29. 6. 2011 (BGBl I 1306) eingetretenen Ergänzung des § 1840 Abs 1 S 2 BGB hat der Bericht auch Angaben zu den persönlichen Kontakten des Vormunds (Betreuers) zu dem Mündel (Betreuten) zu enthalten. Dadurch unterscheiden sich beide Vorschriften zusätzlich.

e)   Verhältnis von Auskunftspflicht (§ 1839) und Befreiungen
Die jederzeitige Auskunftspflicht des Betreuers **kollidiert** mit den Befreiungen, die **129** das Gesetz den Vereinen und Behörden, den Vereins- und den Behördenbetreuern sowie den in § 1908i Abs 2 S 2 BGB aufgeführten nahen Angehörigen eingeräumt hat. Wenn diese privilegierten Betreuer von der jährlichen oder regelmäßigen Rech-

nungslegungspflicht befreit sind und nur in Abständen von zwei Jahren (oder länger) den jeweiligen Vermögensbestand mitzuteilen haben, das Gericht mithin in kürzeren Abständen an einer dementsprechenden Information nicht interessiert zu sein hat, darf diese Befreiung nicht dadurch unterlaufen werden, dass sich das Gericht die begehrten Informationen über die jederzeitige Auskunftspflicht nach § 1839 BGB beschafft. Das Vertrauen, das der Gesetzgeber in die oa Betreuerpersonen und -institutionen gesetzt hat, kann das Gericht nicht durch eine einfache Verfügung in Frage stellen. Ein Berichtsersuchen, das sich auf Angelegenheiten bezieht, die der Befreiung unterliegen, ist deshalb grundsätzlich nur dann und insoweit zulässig, als das Gericht einen **konkreten Anlass** hat, sich über die Führung der Betreuung ein Bild zu machen, beispielsweise dann, wenn der Verdacht von Pflichtwidrigkeiten, Untreue oä geäußert wird oder entstanden ist.

f)   Mehrere Betreuer

130 Sind mehrere Betreuer in der Weise bestellt, dass sie die Angelegenheiten des Betreuten nur gemeinsam besorgen können, sofern nicht mit dem Aufschub Gefahr verbunden ist (§ 1899 Abs 3 BGB), können sie dem Auskunftsersuchen des Gerichts auch nur gemeinsam nachkommen. Da das Gericht bei Betreuerbestellung in Bezug auf die Besorgung der Angelegenheiten generell etwas anderes bestimmen kann, dürften Bedenken dagegen, auch im Einzelfall, nämlich im Falle der Auskunfts-erteilung, eine abweichende Entscheidung zu treffen, nicht bestehen. Das Gericht darf danach auch von einem der beiden nach § 1899 Abs 3 BGB bestellten Betreuer Auskunft nach § 1839 BGB einholen. Es wird jedoch sorgfältig zu prüfen haben, ob es dadurch eine gedeihliche Zusammenarbeit von Betreuern stört.

g)   Durchsetzung des Anspruchs

131 Fordert das Betreuungsgericht den Betreuer wie den Gegenbetreuer vergeblich auf, gemäß § 1839 BGB iVm § 1908i Abs 1 S 1 BGB Bericht zu erstatten, kann es Betreuer oder Gegenbetreuer zur Erfüllung der nach § 1839 BGB bestehenden Verpflichtung durch Festsetzung von Zwangsgeld anhalten (§ 1837 Abs 3 BGB iVm § 1908i Abs 1 S 1 BGB); nicht jedoch die Behörde oder den Verein (§ 1837 Abs 3 S 2 BGB). Bleibt die Maßnahme der Disziplinierung, nachdem andere Maß-nahmen zu einer Verhaltensänderung nicht geführt haben, erfolglos (über das Ver-fahren im Einzelnen s § 1837 BGB), kann das Betreuungsgericht Betreuer wie Ge-genbetreuer entlassen. Gegenüber der Behörde (§ 1837 Abs 3 S 2 BGB iVm § 1908i Abs 1 S 1 BGB) und dem Behördenbetreuer (§ 1908g Abs 1 BGB) sowie gegenüber dem Verein (§ 1837 Abs 3 S 2 BGB iVm § 1908i Abs 1 S 1 BGB) besteht keine Möglichkeit der Zwangsgeldfestsetzung.

132 Mit der Beendigung der Betreuung und der Gegenbetreuung endet die Auskunfts-erteilungspflicht aus § 1839 BGB; die Festsetzung von Zwangsgeld und seine Zwangsvollstreckung sind dann nicht mehr zulässig (STAUDINGER/VEIT [2014] § 1839 Rn 8 mwNw).

2.   Periodische Berichterstattung über die persönlichen Verhältnisse des Betreuten (§ 1840 Abs 1)

a)   Allgemeines

133 Der durch Art 1 Nr 42 BtG eingeführte neue Abs 1 mit der Verpflichtung des Vor-

munds, periodisch (mindestens einmal jährlich) über die persönlichen Verhältnisse des Mündels zu berichten, gilt sinngemäß auch für den Betreuer. Über das Ausmaß der durch § 1908i Abs 1 S 1 BGB bestimmten sinngemäßen Anwendung gibt die Begründung des RegEntw keinen hinreichenden Aufschluss (vgl die kurzen Bemerkungen zu den §§ 1837 ff in BT-Drucks 11/4528, 160 ff). Der Bericht hat jetzt auch Angaben zu den persönlichen Kontakten des Betreuers zu der betreuten Person zu enthalten. Die Vorschrift wurde durch Art 1 Nr 4 des Gesetzes zur Änderung des Vormundschafts- und Betreuungsrechts v 29. 6. 2011 (BGBl I 1306) entsprechend ergänzt.

b) Normzweck

Die Neuregelung des § 1840 BGB soll die Betreuung gerade auch im Bereich der **134** Personensorge für Volljährige verbessern (BT-Drucks 11/4528, 114). Seiner Aufsichtspflicht aus § 1837 Abs 2 BGB könne das Betreuungsgericht auch bei der Betreuung nur dann genügen, wenn es ausreichend Informationen über die persönlichen Verhältnisse des Betroffenen erhalte. Während § 1839 BGB eine Auskunftspflicht über die persönlichen Verhältnisse nur auf Verlangen des Gerichts vorsehe, solle in Zukunft über diese persönlichen Verhältnisse regelmäßig, zumindest einmal jährlich, berichtet werden. Diese (jährliche) Berichterstattung erscheine in der Regel ausreichend, um das Gericht über den Stand und die Entwicklung der Lebensumstände des Betreuten zu informieren (BT-Drucks 11/4528, 114). Voraussetzung der Berichtspflicht ist nicht, dass der Betreuer die Personensorge oder Teile von ihr zur Besorgung übertragen bekommen hat. Der lediglich mit Angelegenheiten der Vermögenssorge betraute Betreuer ist von der Berichterstattung nach § 1840 Abs 1 BGB **nicht befreit** (STAUDINGER/VEIT [2014] § 1840 Rn 4).

c) Der Bericht über die persönlichen Verhältnisse
aa) Inhalt des Berichts

Der Begriff der persönlichen Verhältnisse unterscheidet sich nicht von dem in § 1839 **135** BGB gebrauchten. Er ist nicht identisch mit der Personensorge. Die Pflicht zur Berichterstattung setzt deshalb auch nicht voraus, dass die Personensorge oder Teile davon zum Aufgabenkreis des Betreuers gehören. Zu den persönlichen Verhältnissen rechnen alle diejenigen Verhältnisse, welche die Person als solche, ihre Lebensverhältnisse sowie ihren Status prägen und/oder betreffen. Sie umfassen die äußeren persönlichen Lebensumstände, Fragen der körperlichen und/oder geistig-seelischen Entwicklung und die Beziehungen zu nahestehenden Personen (Münch Komm/WAGENITZ § 1840 Rn 3) sowie zu dem Betreuer. Zu den persönlichen Verhältnissen zählen zB der Aufenthaltsort, die Wohnverhältnisse, das Allgemeinbefinden des Betreuten, seine Gesundheit, sein Krankheits- oder Behinderungszustand, ärztliche Versorgung, Wünsche, Lebensplanung, „normales" sowie krankheits- oder behinderungsbedingtes Sozialverhalten.

Der Zweck des Berichts, dem Gericht eine (weitere) Möglichkeit der Kontrolle der **136** Betreuertätigkeit einzuräumen, kann für den Inhalt des Berichts nicht maßgebend sein (so aber MünchKomm/WAGENITZ § 1840 Rn 3). Andernfalls könnten die Berichte dem Gericht einen Eindruck vermitteln, der den tatsächlichen Verhältnissen nicht entspricht. Die Praxis verkehrt ohnehin zT das Verhältnis von Berichterstattung und daraus zu ziehenden Schlüssen in Bezug auf Kontrolle in sein Gegenteil, indem sie Fragen formuliert, die nur mit ja/nein-Antworten zu beantworten sind. Zweifellos dient der Bericht auch der Kontrolle; sein eigentlicher Zweck ist aber die Informa-

Werner Bienwald

tion schlechthin. Der Bericht darf nicht gleichgesetzt und nicht verwechselt werden mit dem **Betreuungsplan**. Durch Art 1 Nr 10 2. BtÄndG wurde die Erstellung eines Betreuungsplans für diejenigen Betreuer verpflichtend eingeführt, die die Betreuung berufsmäßig führen, sofern das Gericht die Erstellung anordnet. Die Erstellung des Betreuungsplans ist auf dafür geeignete Fälle beschränkt (§ 1901 Abs 4 S 2 u 3 BGB nF).

bb) Die Form des Berichts

137 Eine bestimmte Form des Berichts hat das Gesetz nicht vorgegeben (BT-Drucks 11/ 4528, 114). Dies ermöglichte bisher eine mündliche Berichterstattung, in Ausnahmefällen sogar einen telefonischen Bericht (vgl zu einem mündlichen, im Rahmen eines persönlichen Gesprächs entgegengenommenen Bericht MünchKomm/WAGENITZ § 1840 Rn 3). Damit der Bericht als Instrument der Aufsicht und Kontrolle auf Dauer verwendbar ist, wird er, insbesondere wegen der neuerdings notwendigen Angaben zu den Kontakten zu der betreuten Person, regelmäßig schriftlich zu erstatten sein. Das Gericht wird den Betreuer entsprechend informieren. Im Einzelfall kann dem Gericht die Anfertigung eines Aktenvermerks über ein geführtes Gespräch mit dem Betreuten zugemutet werden. Auf eine schriftliche Berichterstattung sollte regelmäßig schon deshalb Wert gelegt werden, damit der Betreuer den Inhalt seines Berichts überdenkt und ggf mit dem Betreuten darüber spricht (s dazu BIENWALD, BtR[2] § 1840 Rn 23; Anh zu § 1908i Rn 131 ff). Auch der Betreuer dürfte ein Interesse daran haben, schriftlich zu berichten, weil er dann besser als im Falle mündlicher Mitteilungen den Nachweis darüber führen kann, was er dem Gericht mitgeteilt hat.

cc) Der Zeitpunkt des Berichts

138 Anders als der nach § 1839 BGB geforderte ist der Bericht nach § 1840 BGB **unaufgefordert** zu erstatten. Es empfiehlt sich – so wird schon bisher zT in der Praxis verfahren – den Bericht über die persönlichen Verhältnisse im Zusammenhang mit der jährlichen Rechnungslegung zu geben, soweit diese erfolgt, entweder als Annex dazu oder im Zusammenhang mit der Erläuterung wichtiger Entscheidungen in Angelegenheiten der Vermögenssorge. Der genaue Zeitpunkt der Berichterstattung, auch die Häufigkeit, ist durch das BtG nicht vorgegeben. Mangels gesetzlicher Bestimmung über den Termin zur Vorlage des Berichts gem §§ 1840, 1908i Abs 1 S 1 BGB hat der Betreuer den Bericht innerhalb eines **angemessenen Zeitraums** zu erstellen, der vier Wochen bzw einen Monat beträgt (AG Brandenburg/Havel FamRZ 2016, 1302 = Rpfleger 2016, 349; hier: Ablehnung der beantragten darüber hinausgehenden Frist). Dem Betreuer bleibt es unbenommen, mehrmals im Laufe eines Jahres, etwa aus besonderem Anlass (zB Unterbringung in einem Heim oder Beantragung einer notwendigen betreuungsgerichtlichen Genehmigung) zu berichten. Im Rahmen seiner Aufsichts-, Kontroll- und Weisungsbefugnis kann das Betreuungsgericht festlegen, dass mindestens zum Ende des jeweiligen Betreuungsjahres oder des Kalenderjahres oder zu einem anderen regelmäßig wiederkehrenden Zeitpunkt der Bericht nach § 1840 Abs 1 BGB vorgelegt wird.

139 Der Betreuer hat den Bericht selbst, nicht notwendig eigenhändig, zu geben. Einen besonderen Anfangsbericht oder einen speziellen Abschlussbericht hat das Gesetz entgegen plausiblen Vorschlägen (HOLZHAUER Gutachten DJT B 78) nicht eingeführt. Zur Verpflichtung der berufsmäßig tätigen Betreuer, in geeigneten Fällen zu Beginn der Betreuung einen Betreuungsplan zu erstellen, und zu dessen Inhalt s § 1901 Abs 4 S 2 u 3 BGB (BT-Drucks 15/2494, 6, 20, 29).

dd) Berichtspflicht auch bei Befreiung von der Rechnungslegung

Besteht die Verpflichtung zur jährlichen Rechnungslegung nicht, wie in den Fällen **140** des § 1857a BGB iVm § 1908i Abs 1 S 1 BGB, des § 1908i Abs 1 S 2 BGB oder des § 1908i Abs 2 S 2 BGB (vgl auch §§ 1908i Abs 1 S 1, 1840 Abs 3 BGB), so ist der Betreuer dennoch verpflichtet, mindestens einmal jährlich über die persönlichen Verhältnisse des Betreuten sowie über seine Kontakte zu dem Betreuten zu berichten. Dies betrifft Verein und Vereinsbetreuer, Behörde und Behördenbetreuer sowie die in § 1908i Abs 2 S 2 BGB aufgeführten Angehörigen des Betreuten.

ee) Ergänzung des Berichts; Durchsetzung der Berichterstattung

Über den nach § 1840 Abs 1 BGB zu erstattenden Bericht hinaus kann das Gericht **141** nach § 1839 BGB Auskunft verlangen; dieses Auskunftsersuchen und die Verpflichtung zur Auskunftserteilung nach dieser Vorschrift ergänzen die Berichterstattung und bieten weitere Informationsmöglichkeiten. Sie sind an Fristen oder Termine nicht gebunden (BT-Drucks 11/4528, 114).

Kommt der Betreuer seiner Pflicht aus § 1840 Abs 1 BGB nicht nach, kann das **142** Gericht, wenn andere Maßnahmen wie zB mündliche oder schriftliche Erinnerung/ Aufforderung nicht ausreichen, gegen den Betreuer mit Zwangsmitteln vorgehen (§ 1837 Abs 2 u 3 BGB iVm § 1908i Abs 1 S 1 BGB). Spätestens die Erinnerung an die Abgabe des Berichts, aber auch schon die Aufforderung dazu, ist eine gerichtliche Anordnung, zu deren Durchsetzung sich das Gericht der im Gesetz vorgesehenen Zwangsmittel bedienen darf. Einzelheiten dazu s § 1837 BGB sowie § 35 FamFG. Gegenüber der Behörde (§ 1837 Abs 3 S 1 BGB iVm § 1908i Abs 1 S 1 BGB), einem Verein und einem Behördenbetreuer ist die Festsetzung von Zwangsgeld nach § 1837 Abs 3 S 1 BGB ausgeschlossen (§ 1908g Abs 1 BGB).

VII. Die Personensorge betreffende Bestimmungen (§ 1632 Abs 1 bis 3)

1. Norminhalt

Nach den ersten zwei Absätzen der in Bezug genommenen Vorschrift umfasst die **143** Personensorge das Recht, die Herausgabe des Kindes von jedem zu verlangen, der es den Eltern oder einem Elternteil widerrechtlich vorenthält, ferner das Recht, den Umgang des Kindes auch mit Wirkung für und gegen Dritte zu bestimmen. Nach Abs 3 der Vorschrift entscheidet das Familiengericht über Streitigkeiten, die eine Angelegenheit nach Abs 1 oder 2 betreffen, auf Antrag eines Elternteils. Zur Beeinträchtigung des Umgangs der Angehörigen und Betreuerin durch ein Hausverbot des Heims AG Spaichingen FamRZ 2016, 1008 mAnm BIENWALD.

2. Allgemeines

Die sinngemäße Anwendung dieser Bestimmungen räumt einem Betreuer das Recht **144** (und die Pflicht) ein, die Herausgabe des Betreuten von jedem zu verlangen, der ihn dem Betreuer widerrechtlich vorenthält, und den Umgang des Betreuten auch mit Wirkung für und gegen Dritte zu bestimmen. Die Auswirkungen derartiger Bestimmungen eines Betreuers treffen jedoch nicht lediglich den Dritten, sondern auch unmittelbar den Betreuten.

145 Da auf die Vorschriften insgesamt verwiesen ist, müssen deren Voraussetzungen auch im Übrigen vorliegen. Dazu gehört, dass dem Betreuer die Personensorge übertragen oder doch wenigstens ein Aufgabenkreis zugewiesen ist, der die Geltendmachung dieser Rechte (ua) zum Inhalt hat (so wohl auch PALANDT/DIEDERICHSEN Rn 2). Für das Herausgabeverlangen kann es ausreichen, dass dem Betreuer die Befugnis zur Aufenthaltsbestimmung zusteht (MünchKomm/SCHWAB Rn 3; aA DAMRAU/ZIMMERMANN Rn 2 „Personensorge"). Das Verlangen auf Herausgabe des Betreuten ist konkretisiertes Aufenthaltsbestimmungsrecht (BIENWALD, in: BIENWALD/SONNENFELD/HARM § 1908i Rn 20). Zur Problematik des Aufenthaltsbestimmungsrechts als Aufgabenbereich des Betreuers s BIENWALD, BtR § 1896 Rn 215 Stichwort Aufenthaltsbestimmung und SCHWAB, Referat K 27.

146 Das Herausgabeverlangen und die Umgangsregelungsbefugnis können auch als eigene Aufgabenbereiche formuliert werden, zB dann, wenn der Aufgabenkreis des Betreuers entsprechend erweitert werden soll oder wenn für die Besorgung dieser speziellen Angelegenheit ein (weiterer) Betreuer bestellt wird.

147 Die in Bezug genommene Vorschrift legitimiert den Betreuer zum Handeln; sie regelt im Außenverhältnis die Verantwortungszuständigkeit, ohne damit dem Betreuer ein (besseres) „Recht zum Besitz" an dem Betreuten einzuräumen (s auch GERNHUBER/COESTER-WALTJEN § 57 V 2). Die Vorschrift enthält lediglich die für das Außenverhältnis entscheidende Berechtigung (Anspruch). Eine etwaige Verpflichtung zum Handeln ergibt sich aus dem mit der Bestellung zum Betreuer entstandenen Betreuungsrechtsverhältnis mit seinem gerichtlichen Auftrag und den gesetzlich geregelten Pflichten und Handlungsanweisungen.

148 Verwandte des Betreuten haben kein gegenüber einem Umgangsbestimmungsrecht des Betreuers höherrangiges Umgangsrecht (BayObLG FamRZ 2002, 907 [LS] mAnm BIENWALD, 908). Soll der Aufgabenkreis des Betreuers um den Bereich der Regelung des Umgangs mit Familienangehörigen erweitert werden, handelt es sich nicht um eine nur unwesentliche (vgl dazu § 293 FamFG) Erweiterung des bisherigen Aufgabenkreises – hier: Aufenthaltsbestimmung und Gesundheitsfürsorge – (BayObLG FamRZ 2003, 402 f). Wird dem Betreuer die Aufgabe übertragen, den Umgang zu bestimmen, um den Betroffenen von Besuchen oder Anrufen abzuschirmen, die seiner Gesundheit abträglich sind (vgl BayObLG FamRZ 2000, 1524), ist hierbei der verfassungsrechtliche Schutz der Familie (Art 6 Abs 1 GG) zu beachten, wenn die Aufgabe den Umgang des betreuten Menschen mit seinen Eltern betrifft (BayObLGZ 2003, 33 = FamRZ 2003, 962 = Rpfleger 2003, 362; BayObLGR 2004, 372 = FamRZ 2004, 1670; OLG Hamm FamRZ 2009, 810 = BtPrax 2009, 82 = FGPrax 2009, 68).

149 In den dem Betreuer übertragenen Bereichen, in denen Emotionen eine erhebliche Rolle spielen, ist besonders darauf zu achten, ob der Betreute noch in der Lage ist, eine eigene Entscheidung zu treffen oder sich sonst zu äußern und Wünsche mitzuteilen, denen der Betreuer, trifft er eine Entscheidung, nach Maßgabe des § 1901 Abs 3 BGB zu entsprechen hat. Verbale oder durch noch verbale Äußerungen zum Ausdruck gebrachte Willensäußerungen betreffend den Umgang sind keine rechtsgeschäftlichen oder geschäftsähnlichen Erklärungen. Weder ist Geschäftsfähigkeit erforderlich oder im Fall einer Begutachtung vom Sachverständigen zu erforschen noch ein Vergleich mit der Testierfähigkeit anzustellen (so aber in einer gutachtlichen Äußerung zur Frage eigener Willensbildung betreffend gewünschten oder unerwünschten Umgang). Wird eine Äußerung des Betreuten nicht als Willensäußerung und eigene Entscheidung des Betreuten wahrgenommen und festgestellt, kann diese Äußerung dennoch als Wunsch für die dann vom Betreuer zu treffende Entscheidung zu berücksichtigen sein, sodass es im Ergebnis bei einem (in diesem Fall) abgelehnten Umgang bleibt.

Für einen Betroffenen, der seinen Willen nur noch sehr eingeschränkt äußern kann, **150** kann ein Betreuer mit dem Aufgabenkreis **„Umgang mit der Presse"** zu bestellen sein, um ihn vor der unfreiwilligen Mitwirkung an einer reißerischen, sachlich unangebrachten und seine Menschenwürde herabsetzenden Berichterstattung zu schützen (OLG Köln FamRZ 2001, 872).

3. Maßstäbe zur Wahrnehmung der Aufgabe

Die Bestimmung ist Teil der Normen, die das Eltern-Kind-Verhältnis regeln und auf **151** die Verantwortung der Sorgeberechtigten für die Entwicklung des Kindes abheben. An dieser Zielsetzung des Minderjährigenrechts kann sich die Normanwendung im Betreuungsrecht nicht orientieren, sieht man von der beiden Bereichen gemeinsamen Zielsetzung ab, den Betroffenen vor Schaden zu bewahren. Der Betreuer hat keine Erziehungsfunktion. Insbesondere bei der Umgangsbestimmung muss deshalb eine Abwägung vorgenommen werden zwischen dem Bedürfnis nach Kommunikation und der Gefahr der Isolation einerseits und den (möglichen) Gefahren, die von einer Beibehaltung eines entstandenen Umgangs ausgehen. Von Interesse, wenn auch auf andere Vorschriften gestützt, AG Arnsberg (NJW-RR 1996, 1156), wonach ein Kind, bei dem die über 90 Jahre alte Mutter wohnt, seinen Geschwistern das Betreten des Zimmers der Mutter gestatten muss (sofern nicht wichtige Gründe entgegenstehen), und LG Bochum (NJW-RR 1997, 1050), wonach das einzige noch lebende Kind in einem Ausnahmefall von dem Hauseigentümer verlangen kann, ihm tagsüber den Zutritt zur Wohnung seiner lebensbedrohlich erkrankten Mutter zu gestatten. Hier bestanden keine Betreuungen.

Das Umgangsrecht mit Familienangehörigen ist ein höchstpersönliches Recht des **152** Betroffenen, das der Aufrechterhaltung der persönlichen, verwandtschaftlichen und sozialen Bande zwischen dem Betroffenen und seinen Angehörigen dienen soll. Auch und gerade wenn der Betroffene nicht mehr bei seiner Familie lebt, können für ihn die rein persönlichen Kontakte von großer Wichtigkeit sein. Sie können andererseits aber auch eine Gefahr für seine weitere Persönlichkeits- und Krankheitsentwicklung bedeuten (BayObLG FamRZ 2003, 402, 403). Ein Umgangsverbot, das der dafür zuständige Betreuer ausspricht, muss deshalb auf triftigen und sachlichen Gründen bestehen; es muss zum Wohl des Betroffenen erforderlich sein (BayObLG FamRZ 2002, 907, 908 mAnm BIENWALD). Bedenklich ist es, das Umgangsverbot auf eine nach dem Besuch festgestellte Unruhe und Verwirrung zu stützen, ohne die Ursachen dafür genau festgestellt zu haben (BIENWALD Anm zu BayObLG FamRZ 2002, 908).

Eine einstweilige Anordnung auf Herausgabe des Betreuten ist zulässig (OLG Frank- **153** furt FamRZ 2003, 964 mAnm VAN ELS = FGPrax 2003, 81; dort auch zur Nachholung unterbliebener persönlicher Anhörung des Betreuten).

154 Ziel der Betreuung kann es nicht sein, mit dem Hinweis auf das Wohl des Betreuten diesen vor allen Schwierigkeiten in der Alltagsbewältigung zu bewahren. Zur Würde eines behinderten oder kranken Menschen gehört es auch, mit für ihn verkraftbaren Problemen konfrontiert zu werden, um die Möglichkeiten und Grenzen eigenen Verhaltens auszuprobieren. Sache des Betreuers im Sinne der §§ 1896 ff und anderer Begleiter kann es nur sein, die zur Verarbeitung der Probleme mögliche und notwendige Hilfe zu geben oder zu organisieren. Dem Behinderten oder Kranken darf der Betreuer das Erlebnis nicht verwehren, mit einem Problem fertig geworden zu sein (Ergebnis einer Diskussion).

4. Entscheidungszuständigkeit des Gerichts

155 Über Streitigkeiten bezüglich der Herausgabe (Abs 1) oder der Umgangsbestimmung (Abs 2) entscheidet entgegen dem geänderten Wortlaut in Betreuungssachen das Betreuungsgericht auf Antrag des Betreuers. Eine weitere Antragsbefugnis ist nicht vorgesehen; ebenso nicht eine Entscheidung lediglich von Amts wegen. Stellt der Betreuer keinen Antrag, obwohl dies der Sache nach geboten wäre, kann ein Fall des § 1837 Abs 2 S 1 BGB gegeben sein. Hat nach Ausspruch eines Umgangsverbots durch den Betreuer das Betreuungsgericht den Antrag von Verwandten oder mit dem Betreuten nicht verwandten Dritten auf Genehmigung des Umgangs mit dem Betreuten abgewiesen, steht diesen Antragstellern kein Beschwerderecht zu (BayObLGZ 1993, 234). Die Entscheidung kann im Wege einstweiliger Anordnung getroffen werden, vor deren Erlass die persönliche richterliche Anhörung geboten ist (OLG Frankfurt FamRZ 2003, 964 mAnm VAN ELS).

156 Funktional ist der Richter zuständig, und zwar nach § 15 Abs 1 Nr 7 RPflG. § 1908i BGB enthält keine eigene Zuständigkeitsregelung, sodass für die Entscheidung, welches Gericht zuständig ist, auf die in der Verweisung genannten Bestimmungen und die dazu gehörigen Zuständigkeitsregelungen zurückgegriffen werden muss.

157 Der Sache nach handelt es sich um ein sonstiges die Betreuung betreffendes Verfahren (§ 271 Nr 3 FamFG). Dementsprechend sind für das Verfahren die §§ 271 ff FamFG iVm den allgemeinen Verfahrensvorschriften maßgebend. Zur Wahrnehmung der Interessen des Betreuten und zur Wahrung rechtlichen Gehörs ist nach Maßgabe des § 276 FamFG ein Verfahrenspfleger zu bestellen.

VIII. Die Vermögenssorge betreffende Bestimmungen*

1. Allgemeines

a) Der Grundsatz der Einzelverweisung und seine Folgen im Bereich der Vermögenssorge

158 Eine pauschale Verweisung auf die Regelungen der Vormundschaft über Minderjäh-

---

* **Schrifttum**: FIALA/STENGER (Hrsg), Geldanlagen für Mündel und Betreute (2010);   GROTHE, Befreite Betreuer und Rechenschaftslegung nach Beendigung der Betreuung,

rige, wie sie das früher geltende Recht für die Vormundschaft über Volljährige und die Gebrechlichkeitspflegschaft vorsah (§ 1897 S 1 BGB aF, § 1915 Abs 1 BGB), hielt der Gesetzgeber für das Betreuungsrecht nicht mehr für sinnvoll. Er erklärte deshalb zunächst lediglich einzelne der für die Vormundschaft gültigen Vorschriften für anwendbar, von denen er annahm, dass ihr Regelungsgehalt einer sinngemäßen Anwendung auf das Betreuungsrecht nicht im Wege steht (BT-Drucks 11/4528, 159).

Für den Bereich der Vermögenssorge wurde inzwischen kein wesentlich anderes Ergebnis als durch eine Globalverweisung erreicht. Durch § 1908i Abs 2 S 1 BGB wurde eine Modifizierung des § 1804 BGB vorgenommen. Im Übrigen wurde ursprünglich lediglich auf solche Regelungen nicht Bezug genommen, die eine Beteiligung oder Inanspruchnahme des Gegenvormunds vorsehen. Durch das 2. BtÄndG wurde § 1908i Abs 1 S 1 BGB entsprechend ergänzt, sodass nunmehr so gut wie das gesamte die Vermögenssorge des Vormunds enthaltende Recht in das Betreuungsrecht übernommen worden ist.

b)   Keine inhaltlichen Änderungen der vermögensrechtlichen Normen
Mit der Übernahme von Vorschriften des Vormundschaftsrechts ist der Gesetzgeber **159** der Kritik am früheren Recht, auch soweit er sie selbst aufgenommen hatte, nicht voll gerecht geworden. Obwohl im RegEntw festgehalten wird, die Vorschriften über die Vermögenssorge und ihre Anwendung in der Praxis hätten häufig dazu geführt, dass ehrenamtliche Vormünder und Pfleger, insbesondere wegen der Anlage- und der Rechnungslegungsvorschriften und ihrer Handhabung sowie der Bestimmungen über die Haftung, wegen des Aufwendungsersatzes und der Vergütung, von der Übernahme des Amtes abgeschreckt würden, hat der Gesetzgeber, jedenfalls was die nachfolgenden Bestimmungen angeht, wesentliche Änderungen, die das Betreuungsrecht von dem Vormundschaftsrecht deutlich abheben würden, nicht vorgenommen.

c)   Die Zielsetzung der Vermögenssorge für einen Betreuten
Obgleich die Erfahrungen mit der Anwendung des früher geltenden Rechts der **160** Vormundschaft und Pflegschaft für Volljährige dazu Anlass geboten hätten, eine Regelung über die Zielsetzung der Vermögenssorge für Volljährige zu treffen, hat sich der Gesetzgeber des Betreuungsrechts einer Äußerung enthalten. Die Verweisung auf die vermögensrechtlichen Bestimmungen der Vormundschaft macht es jedoch erforderlich, sich **Unterschiede in der Zielsetzung der Vermögenssorge** zu vergegenwärtigen.

Der Zielsetzung der Vermögenssorge kann die Eröffnung eines Basiskontovertrags **160a** (s anschließend) dienen, wenn bisher kein Geldinstitut bereit war, dem Betroffenen ein Girokonto einzuräumen oder für ihn (weiter) zu führen. Das insoweit am 11. 6. 2016 in Kraft getretene Gesetz zur Umsetzung der Richtlinie über die Vergleichbarkeit von Zahlungskontoentgelten, den Wechsel von Zahlungskonten sowie den

---

Rpfleger 2005, 173; Spanl, Vermögensverwaltung durch Vormund und Betreuer (2001); WerkMüller/Oyen, Die Verwaltung des Vermögens unter Betreuung stehender Personen, Rpfleger 2003, 66; Wesche, Gerichtliche Genehmigung bei der Geldverwaltung, BtPrax 2004, 49; Wüstenberg, Die Genehmigungspflicht des Betreuers zur Abhebung oder Annahme von Beträgen bis 3000 €, Rpfleger 2005, 177.

Werner Bienwald

Zugang zu Zahlungskonten mit grundlegenden Funktionen vom 11. 4. 2016 (BGBl I 720) hat für Institute, die Zahlungskonten für Verbraucher anbieten (Verpflichtete), die Verpflichtung zum Abschluss eines Basiskontovertrags mit einem Berechtigten und den Anspruch eines Berechtigten auf Abschluss eines Basiskontovertrags eingeführt (Abschnitt 5 Unterabschnitt 2 §§ 31 ff).

Berechtigter ist jeder Verbraucher mit rechtmäßigem Aufenthalt in der Europäischen Union einschließlich Personen ohne festen Wohnsitz und Asylsuchende sowie Personen ohne Aufenthaltstitel, die aber aus rechtlichen oder tatsächlichen Gründen nicht abgeschoben werden können (§ 31 Absatz 1 Satz 2). Der Verpflichtete hat dem Berechtigten den Abschluss des Basiskontovertrags unverzüglich, spätestens jedoch innerhalb von zehn Geschäftstagen nach Eingang des in Absatz 1 genannten Antrags, anzubieten. Der Verpflichtete hat dem Berechtigten den Eingang des Antrags unter Beifügung einer Abschrift des Antrags zu bestätigen (§ 31 Absatz 2). Anlage 3 (zu § 33 Absatz 2) enthält ein Muster des Antrags auf Abschluss eines Basiskontovertrags (BGBl I 742). Der Antrag des Berechtigten auf Abschluss eines Basiskontovertrags muss alle Angaben enthalten, die für den Abschluss dieses Vertrags erforderlich sind. Das schließt Angaben darüber ein, ob und gegebenenfalls bei welchem Institut für den Berechtigten bereits ein Zahlungskonto geführt wird, das die Voraussetzungen des § 35 Absatz 1 Satz 2 erfüllt. Der Berechtigte kann bereits bei Stellung des Antrags auf Abschluss eines Basiskontovertrags verlangen, dass der Verpflichtete das Basiskonto als Pfändungsschutzkonto nach § 850k ZPO führt (§ 33 Absatz 1). Nach § 34 Absatz 1 kann der Abschluss eines Basiskontovertrags nur aus den in den §§ 35 bis 37 genannten Gründen abgelehnt werden (bereits vorhandenes Konto, strafbares Verhalten, Verstoß gegen gesetzliches Verbot, frühere Kündigung wegen Zahlungsverzugs). Durch den Basiskontovertrag wird das kontoführende Institut verpflichtet, für den Kontoinhaber ein Basiskonto in Euro zu eröffnen und zu führen (§ 38 Absatz 1). In den folgenden Absätzen werden die verschiedenen Leistungen aufgeführt. Weitere Verpflichtungen des kontoführenden Instituts regeln die §§ 40 und 41; die §§ 42 bis 44 die Voraussetzungen einer Kündigung.

160b Das Gesetz ist kein spezifisches auf betreute Personen zugeschnittenes Gesetz. Als anspruchsberechtigte Personen sind die rechtlich betreuten Personen in § 31 Absatz 1 Satz 2 nicht besonders aufgeführt. Die Anwendung des Gesetzes auf Fälle rechtlicher Betreuung richtet sich deshalb nach den für alle geltenden Normen sowie spezifische betreuungsrechtliche Regelungen. Die Bestellung eines Betreuers hat keine die Handlungsmacht des Betreuten unmittelbar verändernde Wirkung. Die betreute Person kann deshalb trotz der Bestellung eines Betreuers und innerhalb des Aufgabenkreises des Betreuers rechtsgeschäftlich tätig sein (vgl § 1903 BGB). Sie kann trotz der dem Betreuer als Aufgabenkreis zugewiesenen Vermögenssorge selbst einen Antrag auf Abschluss eines Basiskontovertrags stellen. Soweit erforderlich hat sie dabei der Betreuer zu unterstützen. Das Geldinstitut kann den Antrag auf Abschluss eines Basiskontovertrags ablehnen, wenn es den Antragsteller für geschäftsunfähig hält (§ 104 Nr 2 BGB). Hat das Betreuungsgericht für die betreute Personen einen Einwilligungsvorbehalt angeordnet, der sich auf die Sorge für das Vermögen oder speziell den Abschluss von Verträgen (oder speziell den eines Basiskontovertrags) erstreckt, benötigt diese zur Antragstellung und dem Vertragsabschluss die Einwilligung des Betreuers (§ 1903 Absatz 1 Satz 1 BGB). Der Basiskontovertrag für die betreute Person ist ein gegenseitiger Vertrag, der auch

Verpflichtungen für die betreute Person enthält, sodass der Vertrag dem Betreuten nicht lediglich einen rechtlichen Vorteil bringt. Auch handelt es sich nicht um eine geringfügige Angelegenheit des täglichen Lebens, sodass aus diesen Gründen die Einwilligung nicht erforderlich wäre (§ 1903 Absatz 3 Satz 2 BGB). Kann der Betreute einen Antrag auf einen Basiskontovertrag nicht stellen (§ 104 Nr 2 BGB) oder will er ihn nicht stellen, kann der Betreuer ihn im Rahmen des Aufgabenkreises stellen (§ 1902 BGB). Die Voraussetzungen für den Abschluss des Basiskontovertrags und die Gründe einer etwaigen Ablehnung des Antrags müssen in der Person des Betreuten, nicht dagegen in der des Betreuers, gegeben sein. Der Betreuer als der gesetzliche Vertreter des Betreuten schließt den Vertrag für den Betreuten und nicht für sich. Kontoinhaber wird der Betreute.

Informationspflichten gemäß § 676 Abs 2 S 2 BGB kann die Bank Geschäftsunfähigen gegenüber nur dadurch erfüllen, dass sie die entsprechende Information iSd § 131 Abs 1 BGB an den gesetzlichen Vertreter richtet (OLG Schleswig FamRZ 2016, 1972 [LS]).

Die Altersvormundschaft der §§ 1773 ff BGB dient der treuhänderischen Wahrneh- **161** mung von Angelegenheiten des Betroffenen, solange er dazu – rechtlich gesehen – noch nicht allein imstande ist. Damit der Betroffene nach Eintritt der Volljährigkeit kraft eigener Entscheidungsfreiheit die Vermögensdispositionen treffen kann, die er für sachgerecht und wünschenswert hält, sollte der gesetzliche Vertreter vor Eintritt der Volljährigkeit seines Mündels nur diejenigen Entscheidungen treffen, die der Sicherung und Vermehrung des Vermögensbestandes dienen und den Betroffenen später nicht mehr als unbedingt erforderlich binden. Zur Beeinträchtigung des allgemeinen Persönlichkeitsrechts Minderjähriger aufgrund unbegrenzter finanzieller Verpflichtung durch deren Eltern kraft elterlicher Vertretungsmacht s BVerfG JZ 1986, 632 (mit Anm FEHNEMANN JZ 1986, 1055). Entsprechendes gilt für den Vormund nach §§ 1773, 1793 ff BGB. Vgl § 1629a BGB und § 1793 Abs 2 BGB, eingefügt durch das Minderjährigenhaftungsbeschränkungsgesetz v 25. 8. 1998 (BGBl I 2487).

Ganz anders liegt es, wenn das Betreuungsgericht einem hilfebedürftigen volljährigen Menschen, der voraussichtlich auf längere Sicht oder auf Dauer seine Angelegenheiten, jedenfalls was die Vermögenssorge angeht, ganz oder teilweise nicht mehr selbst wahrnehmen kann, einen Betreuer mit dem notwendigen Aufgabenkreis bestellt. Zweck der Betreuerbestellung ist es **nicht, die Lebensführung des Betreuten ohne Grund einzuschränken**, sondern die verfügbaren Mittel so einzusetzen, dass der Betroffene möglichst so leben kann, wie er es selbst tun und entscheiden würde, wenn er es noch könnte. Die Erhaltung des Vermögens für spätere Erben gehört zum Auftrag des Betreuers ebensowenig wie ein übermäßiges Sparen um der Entlastung der später unter Umständen in Anspruch zu nehmenden Sozialhilfe willen. Mit Recht hat deshalb das BayObLG noch vor Inkrafttreten des Betreuungsgesetzes den Auftrag eines (damaligen) Gebrechlichkeitspflegers dahin interpretiert, er müsse bei behinderten alten Menschen dafür sorgen, dass ihr Vermögen vor allem dazu eingesetzt werde, ihre Lage zu erleichtern und ihnen den von früher gewohnten Lebensstandard zu erhalten (BayObLGZ 1990, 249 = FamRZ 1991, 481 = NJW 1991, 432 = Rpfleger 1991, 19 = MDR 1991, 57; bestätigt in BayObLGZ 1993, 63 = FamRZ 1993, 851 = FuR 1993, 228 = MDR 1993, 545 = R & P 1993, 79).

Werner Bienwald

d) Hinweis auf landesgesetzliche Regelungen

162 § 1908i Abs 1 S 2 BGB ermächtigt den Landesgesetzgeber, zu bestimmen, dass Vorschriften, welche die Aufsicht des Betreuungsgerichts in vermögensrechtlicher Hinsicht sowie beim Abschluss von Lehr- und Arbeitsverträgen betreffen, gegenüber der zuständigen Behörde außer Anwendung bleiben. Von dieser Ermächtigung haben bisher nur die Länder Baden-Württemberg (Art 7 AGBtG v 19. 11. 1991, GVBl 681 mit der Änderung des Art 1 § 16 Abs 2 AG KJHG [= LJHG – Landesjugendhilfegesetz]), Bayern (Art 57 BayKJHG v 18. 6. 1993, GVBl 392), Bremen (§ 3 des Landesausführungsgesetzes), Hamburg (Art 1 § 3 des Landesausführungsgesetzes), Hessen (§ 2 des Landesausführungsgesetzes) und Sachsen-Anhalt (§ 5 des Landesausführungsgesetzes), und zwar mit unterschiedlicher Reichweite, Gebrauch gemacht (Einzelheiten dazu s unten Rn 391 ff).

2. Generell geltende Vorschriften

163 Die geänderten Gerichtsbezeichnungen (statt Vormundschaftsgericht Familiengericht) beruhen auf Art 50 FGG-RG.

a) Vermögensverzeichnis
aa) § 1802
Vermögensverzeichnis

(1) Der Vormund hat das Vermögen, das bei der Anordnung der Vormundschaft vorhanden ist oder später dem Mündel zufällt, zu verzeichnen und das Verzeichnis, nachdem er es mit der Versicherung der Richtigkeit und Vollständigkeit versehen hat, dem Familiengericht einzureichen. Ist ein Gegenvormund vorhanden, so hat ihn der Vormund bei der Aufnahme des Verzeichnisses zuzuziehen; das Verzeichnis ist auch von dem Gegenvormund mit der Versicherung der Richtigkeit und Vollständigkeit zu versehen.

(2) Der Vormund kann sich bei der Aufnahme des Verzeichnisses der Hilfe eines Beamten, eines Notars oder eines anderen Sachverständigen bedienen.

(3) Ist das eingereichte Verzeichnis ungenügend, so kann das Familiengericht anordnen, dass das Verzeichnis durch eine zuständige Behörde oder durch einen zuständigen Beamten oder Notar aufgenommen wird.

bb) Unabdingbarkeit der Regelung

164 Die sinngemäße Anwendung dieser Bestimmungen steht nicht zur Disposition des Betreuten. Auch bei einer einverständlichen Bestellung eines Betreuers oder der Betreuung eines nicht geschäftsunfähigen Betreuten kann ein Willensvorrang des Betreuten die gesetzliche Verpflichtung des Betreuers nicht außer Kraft setzen. Ebensowenig kann der Inhalt des Vermögensverzeichnisses Gegenstand von Verhandlungen zwischen Betreuer und Betreutem sein. Da das Verzeichnis ua eine wichtige Grundlage für die Führung der Aufsicht über die Vermögenssorge des Betreuers darstellt (STAUDINGER/VEIT [2014] § 1802 Rn 1), kann es nicht in das Belieben des Betreuten gestellt sein, ob und mit welchem Inhalt es erstellt wird.

cc) Keine zwangsweise Durchsetzung des Anliegens

Weigert sich der Betreute, bei der Erstellung des Vermögensverzeichnisses mitzu- **165** wirken, indem er wichtige Unterlagen (Sparbücher, Zinsscheine uä) zurückhält, oder verweigert er den Zutritt zur Wohnung oder zu einzelnen Räumen in ihr, stehen dem Betreuer keine Zwangsmittel zur Verfügung. Das Betreuungsrecht bietet weder eine Grundlage dafür, den Aufgabenkreis des Betreuers auf den gewaltsamen Zutritt zur Wohnung des Betreuten, ggf unter Zuhilfenahme der zuständigen Betreuungsbehörde, zu erweitern, noch für eine entsprechende Einzelweisung oder Einzelanordnung des Betreuungsgerichts, deren Durchsetzbarkeit durch § 35 FamFG gewährleistet wäre.

dd) Die inventarisierungsverpflichteten Betreuer

Die sinngemäße Anwendung der Inventarisierungspflicht des § 1802 BGB auf sämt- **166** liche Betreuungen würde bedeuten, dass auch der – gesondert zu bestellende – Sterilisationsbetreuer (§ 1899 Abs 2 BGB) in jedem Falle ein Vermögensverzeichnis zu erstellen hätte. Dies hat der Gesetzgeber offensichtlich mit dem Enumerationsverfahren nicht bewirken wollen. Andererseits kann die Inventarisierungsverpflichtung angesichts der zu differenzierenden Aufgabenkreise (vgl § 1896 Abs 2 S 1 BGB) nicht auf die Fälle beschränkt bleiben, in denen dem Betreuer die vollständige Vermögenssorge übertragen wurde. Auch bei einer differenzierten Aufgabenkreisbestimmung, die sich nur auf Teile von Vermögenssorge oder – zB – die Regulierung von Schulden erstreckt, kann das Verzeichnis des Vermögens (aller geldwerten Güter einschließlich der Schulden und Forderungen) unentbehrlich sein. Die Erstellung eines Vermögensverzeichnisses ist deshalb in allen Fällen von Betreuungen geboten, in denen die Aufgabenkreisbestimmung dies ihrem Sinn nach nicht ausschließt.

ee) Durchsetzbarkeit der Verpflichtung

Die Aufforderung des Rechtspflegers, das Vermögensverzeichnis binnen einer be- **167** stimmten Frist vorzulegen, stellt noch keine beschwerdefähige Weisung iSv § 1837 Abs 2 S 1 BGB iVm § 1908i Abs 1 S 1 BGB dar. Eine weitere Aufforderung kann Weisungscharakter haben, zu deren Durchsetzung gemäß § 1837 Abs 3 BGB iVm § 1908i Abs 1 S 1 BGB Zwangsgeld verhängt werden kann, soweit dies nicht bei bestimmten Betreuern ausgeschlossen ist. Im Rahmen eines Beschwerdeverfahrens muss die Verpflichtung des Betreuers zur Erstellung des Vermögensverzeichnisses als Grundlage betreuungsgerichtlicher Weisung im Einzelfall festgestellt werden.

ff) Geltung des Abs 1 S 2

Ursprünglich war Abs 1 S 2 in die Verweisungsvorschrift des § 1908i Abs 1 S 1 BGB **168** nicht aufgenommen worden. Dies war als ein redaktionelles Versehen angesehen worden, weil der Gegenbetreuer erst durch die Debatte im Rechtsausschuss Eingang in das BtG gefunden hatte (MünchKomm/SCHWAB Rn 9), sodass nur auf §§ 1792, 1799 BGB verwiesen worden war. Die Neufassung des § 1908i Abs 1 S 1 BGB durch Art 1 Nr 16 2. BtÄndG hat dies nachgeholt.

gg) Befreiungen nach Landesrecht

§ 1802 BGB findet auf die zum Betreuer bestellte Behörde (§ 1900 Abs 4 BGB) **169** keine Anwendung in den Ländern Bayern (Art 1 Abs 3 BayAGBtG), Bremen (§ 3 BremAGBtG), Hessen (Art 1 § 2 HessAGBtG) und Sachsen-Anhalt (Art 1 § 5

AGBtG). In Bayern ist § 1802 Abs 1 S 1 und Abs 3 BGB ausgenommen. In Baden-Württemberg sind die Betreuungsbehörden „von der Aufsicht nach § 1802 ausgenommen" (Art 1 § 16 Abs 1, 2 AG KJHG).

170 hh) Wegen der weiteren Einzelheiten wird auf die Erläuterungen zu § 1802 BGB Bezug genommen.

b)   Vermögensverwaltung bei Erbschaft oder Schenkung
aa)   § 1803
171   Vermögensverwaltung bei Erbschaft oder Schenkung

> **(1) Was der Mündel von Todes wegen erwirbt oder was ihm unter Lebenden von einem Dritten unentgeltlich zugewendet wird, hat der Vormund nach den Anordnungen des Erblassers oder des Dritten zu verwalten, wenn die Anordnungen von dem Erblasser durch letztwillige Verfügung, von dem Dritten bei der Zuwendung getroffen worden sind.**

> **(2) Der Vormund darf mit Genehmigung des Familiengerichts von den Anordnungen abweichen, wenn ihre Befolgung das Interesse des Mündels gefährden würde.**

> **(3) Zu einer Abweichung von den Anordnungen, die ein Dritter bei einer Zuwendung unter Lebenden getroffen hat, ist, solange er lebt, seine Zustimmung erforderlich und genügend. Die Zustimmung des Dritten kann durch das Familiengericht ersetzt werden, wenn der Dritte zur Abgabe einer Erklärung dauernd außerstande oder sein Aufenthalt dauernd unbekannt ist.**

Die Änderung der Gerichtsbezeichnung in Abs 2 und Abs 3 S 2 in Familiengericht beruht auf Art 50 Nr 37 FGG-RG.

bb)   Zur Anwendbarkeit auf die Betreuung

172 Die auf die Führung der Betreuung sinngemäß anzuwendende Vorschrift macht die Tätigkeit des Betreuers, abweichend von § 1901 BGB, von Anordnungen eines Dritten abhängig. Insoweit ist § 1803 BGB iVm § 1908i Abs 1 S 1 BGB lex specialis gegenüber § 1901 Abs 2 ff BGB mit Ausnahme der Abs 4 neu angefügten Sätze 2 u 3 (Art 1 Nr 9 2. BtÄndG). Denn die Erstellung eines Betreuungsplans gemäß Abs 4 S 2 u 3 kann die Verpflichtung aus § 1803 BGB erfassen.

173 Der Betreuer ist § 1803 BGB unterworfen (§ 1908i Abs 1 S 1 BGB), wenn ihm die gesamte Sorge für das Vermögen des Betreuten zugewiesen worden ist oder wenn sein Aufgabenkreis die Verwaltung dessen erfasst, was der Betreute von Todes wegen erwirbt (erworben hat) oder was ihm unter Lebenden von einem Dritten unentgeltlich zugewendet wird (worden ist). War einer dieser Vermögenserwerbe vor der Volljährigkeit des Betreuten eingetreten und hatte der Betroffene damals einen Pfleger nach § 1909 Abs 1 S 2 BGB, entfällt dies im Falle der Bestellung eines Betreuers. Statt dessen kann das Betreuungsgericht gemäß § 1899 BGB einen weiteren Betreuer bestellen, wenn anzunehmen ist, dass die Anordnung des Zuwendenden, die Eltern sollten das zugewendete Vermögen nicht verwalten, auch für den Fall ihrer Bestellung zu Betreuern des volljährig gewordenen Zuwendungsempfängers gelten soll (ERMAN/ROTH § 1909 Rn 15 unter Berufung auf OLG Neustadt FamRZ 1961, 81).

Gegenüber der Betreuungsbehörde bleibt die Vorschrift des § 1803 Abs 2 BGB **174** außer Anwendung in den Ländern Baden-Württemberg, Bremen, Hamburg und Hessen. Das AGBtG des Landes Sachsen-Anhalt enthält eine Befreiung von § 1803 Abs 2 BGB nicht (s dazu die Nachweise unten Rn 397). In Bayern ist eine Genehmigung nach Abs 2 nicht erforderlich (Art 1 Abs 3 S 2 AGBtG). Wegen der weiteren Einzelheiten s die Erläuterungen zu § 1803 BGB.

c) Schenkungen des Vormunds
aa) § 1804
Schenkungen des Vormunds   175

Der Vormund kann nicht in Vertretung des Mündels Schenkungen machen. Ausgenommen sind Schenkungen, durch die einer sittlichen Pflicht oder einer auf den Anstand zu nehmenden Rücksicht entsprochen wird.

Nach § 1908i Abs 2 S 1 BGB ist § 1804 BGB auf die Betreuung sinngemäß anzuwenden, jedoch kann der Betreuer in Vertretung des Betreuten Gelegenheitsgeschenke auch dann machen, wenn dies dem Wunsch des Betreuten entspricht und nach seinen Lebensverhältnissen üblich ist.

bb) Normbedeutung
Entgegen der Auffassung von MÖHRING/BEISSWINGERT/KLINGELHÖFFER, Vermö- **176** gensverwaltung in Vormundschafts- und Nachlasssachen (7. Aufl 1992) 48 war die entsprechende Regelung des Schenkungsverbots im Betreuungsrecht nicht entbehrlich. Denn der Aufgabenkreis eines Betreuers umfasst die „Besorgung der Angelegenheiten des Betreuten", zu denen – zumindest im Vermögenssorgefall, aber ebenso bei der Verwaltung von Taschengeld oä – auch gehören kann, in Vertretung des Betreuten Geschenke zu machen.

Von dem Schenkungsverbot des Satzes 1 ist **kein Betreuer**, sei er ein Angehöriger, **177** ein Verein oder die zuständige Behörde, **ausgenommen**. Obgleich die Vorschrift den die Vermögenssorge regelnden Bestimmungen zugeordnet ist, betrifft sie nicht nur diejenigen Betreuer, zu deren Aufgabenkreis die Vermögenssorge oder Teile davon gehören. Auch wenn dem Betreuer neben anderen Angelegenheiten der Personensorge lediglich die Verwaltung von Taschengeld (Werkstattentlohnung, Barbetrag zur freien Verfügung [§ 35 Abs 2 SGB XII – Sozialhilfe] oä) obliegt, ist er wirtschaftlich imstande, davon Schenkungen vorzunehmen. Die Vorschrift ist deshalb sinngemäß auf alle Betreuungen anzuwenden, bei denen der Betreuer die Möglichkeit hat, über Geldmittel zur Finanzierung von Schenkungen zu verfügen. Schenkungen anderer Art fallen regelmäßig in den Bereich der Vermögenssorge. Überträgt der Betreuer Grundbesitz des Betreuten unentgeltlich auf dessen künftige Erben (vorweggenommene Erbfolge), so ist dieser Vertrag grundsätzlich nichtig und deshalb nicht genehmigungsfähig. Eine Ausnahme gelte nur dann, wenn mit der Übertragung einer sittlichen Pflicht genügt wird. Eine sittliche Pflicht, künftigen Erben zu Lebzeiten unentgeltlich Vermögen zu übertragen, besteht aber selbst dann nicht, wenn mit dieser Übertragung für die künftigen Erben eine Steuerersparnis erreicht werden kann (BayObLGZ 1996, 118 = FamRZ 1996, 1359 = BtPrax 1996, 183). Zu den Voraussetzungen einer Schenkung (durch den Betreuer), die einer sittlichen Pflicht oder einer auf den Anstand zu nehmenden Rücksicht entspricht, BayObLG NJWE-FER 1998, 81. Dazu auch Böhmer, Verfügungen des Betreuers im Rahmen der vorweggenommenen Erbfolge, MittBayNot 1996, 405.

178 Im Hinblick auf die zunehmende Problematik, im sog Mittelstand oder in bestimmten ländlichen Bereichen die Nachfolge auf wirtschaftlich erträgliche Weise zu sichern, erweist sich die vom BayObLG zugelassene einzige Ausnahme als einengend; andererseits wäre es Angelegenheit des Gesetzgebers, weitere – gerichtlich kontrollierte – Ausnahmen zuzulassen.

cc) Schenkungen des Betreuten

179 Die im Minderjährigenrecht mögliche Konstellation, dass der Vormund nach § 1804 BGB auch nicht zu einer vom Mündel selbst gemachten Schenkung seine Einwilligung oder Genehmigung solle erteilen können (dazu im Einzelnen STAUDINGER/VEIT [2014] § 1804 Rn 10 mwNw), kann im Betreuungsrecht nur dann eintreten, wenn der Betreute unter Einwilligungsvorbehalt steht und der Einwilligungsvorbehalt sich auf Schenkungen der durch § 1804 BGB erfassten Art erstreckt. Steht der Betreute dagegen nicht unter Einwilligungsvorbehalt, kann er selbst Schenkungen vornehmen, es sei denn, dass er geschäftsunfähig ist (§ 104 Nr 2 BGB). In diesem Falle könnte auch die Genehmigung des Betreuers die Wirksamkeit nicht herstellen. Als geringfügige Angelegenheit des täglichen Lebens, die der unter Einwilligungsvorbehalt stehende Betreute auch im Fall seiner Geschäftsunfähigkeit ohne Zustimmung des Betreuers vornehmen darf (§ 1903 Abs 3 S 2 BGB), scheiden die hier gemeinten Schenkungen aus § 105a BGB dürfte nicht anwendbar sein, weil Geschenke unter Volljährigen grundsätzlich nicht Geschäfte des täglichen Lebens sind.

180 Zu den Voraussetzungen des § 1804 BGB im Einzelnen s die Erläuterungen von STAUDINGER/VEIT (2014) zu dieser Vorschrift.

dd) Ergänzende Regelung des § 1908i Abs 2 S 1

181 Der Gesetzgeber des BtG hielt zwar das Schenkungsverbot mit den engen Ausnahmen im Minderjährigenrecht für angemessen; er wollte jedoch die Möglichkeit, Geschenke zu machen, im Betreuungsrecht für Volljährige vorsichtig erweitern (BT-Drucks 11/4528, 160), um einem Wunsch des Betreuten Rechnung tragen zu können. Deshalb sind nach § 1908i Abs 2 S 1 BGB Geschenke, die der Betreuer in Vertretung des Betreuten vornimmt, dann zulässig und durch das Gericht im Rahmen seiner Aufsichtsführung nicht zu beanstanden, wenn

– es sich um Gelegenheitsgeschenke handelt,

– es dem Wunsch des Betreuten entspricht und

– die Geschenke nach den Lebensverhältnissen des Betreuten üblich sind.

Es handelt sich um unentgeltliche Zuwendungen (§ 516 Abs 1 BGB), die zu bestimmten Gelegenheiten (zB Geburtstag, Namenstag, Festtage, Silberhochzeit, Betriebszugehörigkeit, Dienstjubiläum) üblich sind. Als Adressaten einer Gelegenheitsschenkung kommen nicht nur Verwandte oder Freunde in Betracht. Es kann sich auch um Arbeitskollegen oder um Mitarbeiter oder andere Personen handeln. Als Beispiel für eine nichtige Schenkung durch den Betreuer und zu den Voraussetzungen einer Schenkung, die einer sittlichen Pflicht oder einer auf den Anstand zu nehmenden Rücksicht entspricht, BayObLG NJWE-FER 1998, 81.

Der Betreute muss einen entsprechenden **Wunsch geäußert** haben. Dieser Wunsch **182** kann mündlich oder schriftlich, er kann ausdrücklich oder durch konkludentes Handeln geäußert worden sein. Der Wunsch muss nicht die Qualität einer Willenserklärung iS der §§ 116 ff BGB haben; auch kommt es nicht darauf an, dass der Betreute bei der Äußerung des Wunsches geschäftsfähig war oder unter Einwilligungsvorbehalt stand (MünchKomm/SCHWAB Rn 42).

Schließlich muss es **nach den Lebensverhältnissen des Betreuten üblich** sein, derartige **183** Gelegenheitsgeschenke zu machen. „Üblichkeit nach den Lebensverhältnissen" bedeutet nach MünchKomm/SCHWAB (Rn 42), dass sich die Geschenke im Rahmen dessen halten müssen, was sich der Betreute für diesen Zweck leisten konnte und leisten kann und was bei seinem Einkommen und seinem Vermögen sowie nach seinem Lebenszuschnitt typisch ist. Die Lebensverhältnisse des Betreuten bilden jedoch nicht nur den Maßstab für den Gegenstand und/oder den Wert oder die Höhe des Geschenkten (Geldbetrages); sie sind auch für die Beurteilung des Anlasses von Bedeutung. Wenn der Betreute es für richtig hält, zu bestimmten Anlässen den ihn pflegenden Personen angemessene Geldgeschenke zu machen, ohne dass er selbst dadurch „arm" wird, ist dagegen nichts einzuwenden.

Bei der Beurteilung, ob die Geschenke **nach den Lebensverhältnissen des Betreuten** **184** **üblich** sind, ist in erster Linie auf die Zeit abzustellen, in der der Betreute noch keinen Betreuer hatte und selbst über seine Angelegenheiten entschied. Insbesondere dann, wenn der Betreute selbst nur noch in geringem Maße an der Wahrnehmung seiner Angelegenheiten beteiligt werden kann, ist so zu verfahren. Was den damaligen Lebensverhältnissen des Betreuten entsprach und von ihm verwirklicht wurde, kann, wenn die Mittel weiterhin zur Verfügung stehen, auch von dem Betreuer in Vertretung des Betreuten geleistet werden. War der Betreute eher freigebig und großzügig, wird sich der Betreuer bei der Erfüllung der Geschenkwünsche seines Betreuten danach richten dürfen, ohne dass ihm daraus ein Vorwurf unsparsamer Wirtschaftsführung gemacht werden dürfte.

Praktische Bedeutung kommt dieser Frage in aller Regel nur dann zu, wenn der **185** Betreute Einkünfte und ein Vermögen hat, woraus zur Zeit zwar noch der laufende Unterhalt bezahlt werden kann, das aber in absehbarer Zeit zur Deckung der notwendigen Ausgaben (zB Heimplatzfinanzierung, relativ umfangreiche und kostenintensive ambulante Versorgung) nicht mehr ausreichen wird. In solchen Fällen neigen dann Gerichte und Behörden (Sozialamt) dazu, dem Betreuer Freigebigkeit vorzuhalten, weil sie ein möglichst spätes Einsetzen der staatlichen Leistungen erreichen wollen. Da der Betreute ohne einen Betreuer ebenso verfahren dürfte und würde, kann dem Betreuer eine entsprechende Handhabung nicht verwehrt und zum Vorwurf gemacht werden. Mit Recht weist MünchKomm/SCHWAB (Rn 42) darauf hin, dass häufig die Voraussetzungen einer Pflicht- oder Anstandsschenkung

(§ 1804 S 2 BGB) gegeben sein werden. Allerdings wollte § 1908i Abs 2 S 1 HS 2 BGB den Kreis der möglichen Geschenke durch den Betreuer nicht generell, sondern „vorsichtig" erweitern (BT-Drucks 11/4528, 160). Ob die Vorschrift mehr Probleme schafft als löst, wie MünchKomm/SCHWAB (5. Aufl Rn 42) prognostizierte, hat weniger mit der Rechtsnorm selbst als mit den für Zwecke von Schenkungen zur Verfügung stehenden Mitteln sowie der tatsächlichen Verfügungsgewalt des Betreuten zu tun. Die Interpretation eines Betreutenwunsches als Einsatz eines Boten bietet sich allenfalls in solchen Fällen an, in denen erhebliche Mittel zur Verfügung stehen, über die der Betreute aber tatsächlich nicht verfügen kann. Während § 534 BGB Rückforderung und Widerruf der § 1804 BGB (iVm § 1908i Abs 2 S 1 BGB) unterfallenden Schenkungen ausschließt, unterliegen die über § 1804 BGB hinausgehenden Schenkungen grundsätzlich den Widerrufs- und Rückforderungsregelungen der §§ 528 ff BGB.

186   Nach Auffassung des LG Traunstein soll ein praktisches Bedürfnis bestehen, eine sittliche Pflicht zur Schenkung eines Betreuten zu bejahen, wenn die Zuwendung aus Mitteln des Betreuten unter Berücksichtigung seiner materiellen und immateriellen Belange, wie beispielsweise zur Zukunftssicherung, letztlich in seinem Interesse liegt (MittBayNot 2005, 231 m **abl** Anm BÖHMER). Ein Übergabevertrag, durch den das dem Betreuten gehörende landwirtschaftliche Unternehmen gegen Zusage eines Altenteils auf den Sohn übertragen werden soll, ist nicht generell „nicht genehmigungsfähig". Die Versagung der Bestellung eines Ergänzungsbetreuers rechtfertigt sich auch nicht allein dadurch, dass potenzielle Miterben des Übernehmers Vermögensteile des Betreuten „ohne Gegenleistung" erhalten sollen (OLG Stuttgart MittBayNot 2005, 229 mAnm BÖHMER).

187   Legt der Betreuer Geld des Betreuten in der Weise an, dass der Rückzahlungsbetrag nach dem Tod des Betreuten einem Drittbegünstigten zufließen soll (§ 331 BGB), unterliegt diese Vereinbarung selbst nicht dem Schenkungsverbot aus §§ 1804, 1908i Abs 2 S 1 BGB. Betroffen von dem Schenkungsverbot sind allenfalls Absprachen im Valutaverhältnis zwischen dem Betreuten und dem Drittbegünstigten (BayObLG FamRZ 2003, 58 [LS] = FGPrax 2002, 221 = NJW-RR 2003, 4).

d)   Keine Verwendung für den Betreuer oder den Gegenbetreuer
aa)   § 1805
188   **Verwendung für den Vormund**

> **Der Vormund darf Vermögen des Mündels weder für sich noch für den Gegenvormund verwenden. Ist das Jugendamt Vormund oder Gegenvormund, so ist die Anlegung von Mündelgeld gemäß § 1807 auch bei der Körperschaft zulässig, bei der das Jugendamt errichtet ist.**

bb)   Normzweck
189   Die Vorschrift will in ihrem ersten Satz die eigennützige Verwendung von Mündelgeldern generell verbieten. Da das Betreuungsrecht, anders als die Vormundschaft, den Grundsatz der Einpersonenvormundschaft nicht kennt (vgl § 1775 BGB einerseits und § 1899 BGB andererseits), in bestimmten Fällen sogar die Bestellung eines weiteren Betreuers zwingend vorschreibt, gehen die Bedeutung und der Anwendungsbereich im Betreuungsrecht über die in der Vorschrift aufgeführten Personen

hinaus. Die Regelung ist bei einer sinngemäßen Anwendung auf die Betreuung deshalb so zu lesen, dass über den Betreuer und den Gegenbetreuer hinaus jeder weitere oder Mitbetreuer erfasst wird, der zwar als Vermögensverwalter und deshalb auch als Täter nicht in Betracht kommt, aber als sonstiger Betreuer Begünstigter sein kann.

cc) Zur Interpretation der Vorschrift bezüglich der Kontenführung

Eine dem § 56 Abs 3 S 1 SGB VIII entsprechende Regelung, wonach Mündelgeld **190** mit Genehmigung des Familiengerichts auf Sammelkonten des Jugendamts bereitgehalten und angelegt werden darf, wenn es den Interessen des Mündels dient und sofern die sichere Verwaltung, Trennbarkeit und Rechnungslegung des Geldes einschließlich der Zinsen jederzeit gewährleistet ist, kennt das Betreuungsrecht nicht. Der Anlegung auf einem Sammelkonto oder auch in Form eines Treuhandkontos auf den Namen des Betreuers steht überdies entgegen, dass der Betreute durch die Bestellung eines Betreuers in seiner rechtsgeschäftlichen Befugnis nicht eingeschränkt wird, sodass er neben dem Betreuer über sein Guthaben verfügen kann, die Möglichkeit dazu ihm aber auch nicht genommen werden darf. Gegen einen etwaigen Missbrauch und eine erhebliche Selbstschädigung kann der Betreute durch einen gegen ihn angeordneten Einwilligungsvorbehalt (§ 1903 BGB) geschützt werden (krit FRÖSCHLE, in: FS Bienwald [2006] 88 [89]).

dd) Bindung an Betreutenwünsche

§ 1805 S 2 BGB in sinngemäßer Anwendung auf die Betreuung erlaubt die Anle- **191** gung bei der Körperschaft, bei der die Behörde errichtet ist (für den Behördenbetreuer s § 1908g Abs 2 BGB), zwingt jedoch nicht dazu. Bei gleichen oder unwesentlich schlechteren Konditionen kann der Betreuer nach § 1901 BGB gehalten sein, dem Wunsch des Betreuten nachzukommen, das Geld bei einem bestimmten Geldinstitut anzulegen oder auch die Anlegung dort zu unterlassen.

3. Die Anlegung von Geld betreffende Bestimmungen

a) Sinngemäß anzuwendende Vorschriften

§ 1908i Abs 1 S 1 BGB sieht die sinngemäße Anwendung der die Anlegung von **192** Mündelgeld regelnden Vorschriften des Vormundschaftsrechts (§§ 1806 bis 1811 BGB) vor.

Nach § **1806** BGB hat der Vormund das zum Vermögen des Mündels gehörende Geld verzinslich anzulegen, soweit es nicht zur Bestreitung von Ausgaben bereitzuhalten ist.

Gemäß § **1807** Abs 1 BGB soll die im § 1806 BGB vorgeschriebene Anlegung von Mündelgeld nur erfolgen:

– in Forderungen, für die eine sichere Hypothek an einem inländischen Grundstück besteht, oder in sicheren Grundschulden oder Rentenschulden an inländischen Grundstücken;

– in verbrieften Forderungen gegen den Bund oder ein Land sowie in Forderungen, die in das Bundesschuldbuch oder in das Landesschuldbuch eines Landes eingetragen sind;

– in verbrieften Forderungen, deren Verzinsung vom Bund oder einem Land gewährleistet ist;

– in Wertpapieren, insbesondere Pfandbriefen, sowie in verbrieften Forderungen jeder Art gegen eine inländische kommunale Körperschaft oder die Kreditanstalt einer solchen Körperschaft, sofern die Wertpapiere oder die Forderungen von der Bundesregierung mit Zustimmung des Bundesrates zur Anlegung von Mündelgeld für geeignet erklärt sind;

– bei einer inländischen öffentlichen Sparkasse, wenn sie von der zuständigen Behörde des Landes, in welchem sie ihren Sitz hat, zur Anlegung von Mündelgeld für geeignet erklärt ist, oder bei einem anderen Kreditinstitut, das einer für die Anlage ausreichenden Sicherungseinrichtung angehört.

§ **1807** Abs 2 BGB sieht vor, dass die Landesgesetze für die innerhalb ihres Geltungsbereichs belegenen Grundstücke die Grundsätze bestimmen können, nach denen die Sicherheit einer Hypothek, einer Grundschuld oder einer Rentenschuld festzustellen ist.

§ **1809** BGB bestimmt, dass der Vormund Mündelgeld nach § 1807 Abs 1 Nr 5 BGB nur mit der Bestimmung anlegen soll, dass zur Erhebung des Geldes die Genehmigung des Gegenvormunds oder des Familiengerichts erforderlich ist.

Nach § **1810** BGB, dessen Überschrift durch Art 50 Nr 1 n FGG-RG in „§ 1810 Mitwirkung von Gegenvormund oder Familiengericht" geändert worden ist, soll der Vormund die in den §§ 1806, 1807 BGB vorgeschriebene Anlegung nur mit Genehmigung des Gegenvormunds bewirken; die Genehmigung des Gegenvormunds wird durch die Genehmigung des Familiengerichts ersetzt. Ist ein Gegenvormund nicht vorhanden, so soll die Anlegung nur mit Genehmigung des Familiengerichts erfolgen, sofern nicht die Vormundschaft von mehreren Vormündern gemeinschaftlich geführt wird.

193 Das Familiengericht kann dem Vormund eine andere Anlegung als die in § **1807** BGB vorgeschriebene gestatten (§ 1811 S 1 BGB). Die Erlaubnis soll nur verweigert werden, wenn die beabsichtigte Art der Anlegung nach Lage des Falles den Grundsätzen einer wirtschaftlichen Vermögensverwaltung zuwiderlaufen würde (§ 1811 S 2 BGB). Zur Beibehaltung getätigter Anlegungen und zu Neuanlagen in anderen Anlageformen, insbesondere in Edelmetallen, in einem besonderen Fall s LG Rottweil FamRZ 2017, 561 = NJW 2017, 679 mAnm d Redaktion. Das Gericht hat über die Genehmigung anderer Anlageformen nach pflichtgemäßem Ermessen zu entscheiden (LG Lübeck FamRZ 2016, 399).

b)   Erläuterungen

194 Zu den durch das BtG vorgenommenen Änderungen einiger Vorschriften gegenüber dem bisher geltenden Recht sowie zu den einzelnen Vorschriften im Übrigen s die

Erläuterungen dort. Zur Anlegung von Mündelgeld in grundpfandrechtlich gesicherten Forderungen (Beleihungshöhe) beachte für Bayern Art 67 AGBGB.

Für die Führung der Betreuung ist folgendes hervorzuheben:

aa) Kein Vorrang anderslautender Wünsche des Betreuten

Die Vorschriften über die Notwendigkeit der Anlegung von Geldern des Betreuten **195** haben für den Betreuer Vorrang vor einem anderslautenden Willen oder Wunsch des Betreuten. Sie gelten nicht für die in der Vergangenheit von dem Betroffenen oder in seinem Auftrag angelegten Gelder. Der Betreuer muss nicht unverzüglich nach Beginn seines Amtes eine Vermögensumschichtung vornehmen.

Auch wenn sich der Betreute aus verständlichen Gründen (Angst vor Verlust des **196** Geldes aufgrund gemachter Erfahrungen) dagegen wehrt, dass bei ihm gefundenes zur Bestreitung von Ausgaben nicht benötigtes Bargeld verzinslich angelegt wird, ist der Betreuer an die für seine Amtsführung maßgeblichen gesetzlichen Bestimmungen gebunden (BayObLG FamRZ 2005, 389). Einerseits kommt eine der Vermehrung des Vermögens dienende Geldanlage dem Wohl des Betreuten zugute, auf das Bedacht zu nehmen der Betreuer verpflichtet ist (§ 1901 Abs 2 S 1 BGB), andererseits setzen verpflichtende Normen und die Gefahr der Haftung (§ 1833 BGB) eine Grenze der Zumutbarkeit im Sinne von § 1901 Abs 3 S 1 BGB.

Geschwister des Betroffenen sind von den Vorschriften der §§ 1806 ff BGB nicht **197** befreit (§§ 1908i Abs 2 S 2, 1857a, 1852 BGB); eine Befreiung durch Beschluss des Betreuungsgerichts kommt mangels geeigneter Ermächtigungsgrundlage nicht in Betracht (BayObLG FamRZ 2005, 389).

Keine Befreiung von den Anlagebestimmungen liegt vor, wenn das Gericht dem **198** Betreuer eine **andere Anlegung** als die in § 1807 BGB vorgeschriebene erlaubt (§ 1811 BGB). Bei größeren Vermögen kann (zB) eine Geldanlage auch in einem offenen Immobilienfonds genehmigungsfähig sein (OLG Frankfurt FamRZ 2003, 59). Die Entscheidung erfordert eine umfassende Prüfung der Vor- und Nachteile, die an den Umständen des jeweiligen Einzelfalls ausgerichtet sein muss. Dabei ist auch die den Grundsätzen einer wirtschaftlichen Vermögensverwaltung entsprechende Streuung auf mehrere Anlageformen zu berücksichtigen (OLG Frankfurt aaO). Der Erwerb von Aktien sowie von Aktien- und Rentenfonds scheidet nicht von vornherein als genehmigungsfähige andere Anlage aus. Scheidet diese Anlagemöglichkeit nicht von vornherein wegen eines allgemeinen Risikos von Kursschwankungen und Schwankungen des Renten- und Geldmarktes als Anlage nach § 1811 BGB aus, hat das Gericht anhand der Vor- und Nachteile der Anlage an den Umständen des Einzelfalls zu prüfen, ob die Anlage den Grundsätzen einer wirtschaftlichen Vermögensverwaltung entspricht (OLG München FamRZ 2009, 1860 [1861]).

Zur Problematik der Kontoeröffnung oder bestimmter Einzahlungen für ausweis- **199** lose Betreute nach Inkrafttreten des Geldwäschegesetzes s BIENWALD BtPrax 1995, 20. Es ist nicht zulässig, Geld mehrerer Betreuter auf einem Sammelkonto („Treuhänderkonto") des Betreuers oder eines Betreuungsvereins zu verwalten, auch wenn aus der internen Buchführung des Betreuers oder Betreuungsvereins jederzeit zweifelsfrei ermittelt werden kann, welcher Betrag welchem Betreuten zuzuordnen ist (OLG Köln OLGR 1997, 51).

200 Zum Anspruch auf ein Girokonto ohne **Überziehungskredit** vgl WEINHOLD NDV 2010, 251 (ebenso nach dem Willen der EU-Kommission [sog Basiskonto]; so: EU-Kommissar BARNER FAZ v 18. 7. 2011). Der Betreuer darf eine Vereinbarung eines Überziehungs- kredits treffen, benötigt zum Abschluss des Dispositionskredits aber die Genehmi- gung des Gerichts, die das Gericht, beruht der Antrag auf einem Wunsch des Betreuten, nur versagen kann, wenn der Wunsch dem Wohl des Betroffenen zu- widerläuft (KG FamRZ 2010, 402 = Rpfleger 2010, 76 = BtPrax 2009, 297).

201 Wegen des ab 1. 1. 2012 geltenden Pfändungsschutzes für Gelder auf einem Giro- konto (Gesetz zur Reform des Kontopfändungsschutzes v 7. 7. 2009 [BGBl 1707]; dazu WELLMANN von der Verbraucherzentrale NRW, NJW-aktuell 49/2011, 12) empfiehlt es sich, zumindest ein Konto auf Guthabenbasis einzurichten, um den Pfändungsschutz zu genießen (Caritas in NRW-Aktuell 05/11, 3). Pfändungsfreigrenzen s die Pfändungsfrei- grenzenbekanntmachung 2017 v 28. 3. 2017 (BGBl I 750).

bb)   Empfehlung eines Wirtschaftsplans

202 Ein verantwortlicher Umgang mit dem Geld des Betreuten setzt voraus, dass sich der Betreuer vorausschauend einen Überblick darüber verschafft, welche Ausgaben regelmäßig oder zu bestimmten Zeiten oder bei besonderen Anlässen anfallen und welche Einnahmen dafür zur Verfügung stehen. Ein in der praktischen Betreuungs- arbeit immer wieder anzutreffender **Fehler** liegt darin, dass **laufend benötigtes Geld zweckwidrig angelegt** und versperrt wird, sodass unnötig häufig Freigabeanträge bei Gericht gestellt werden müssen. Dem Betreuer kann durch entsprechende Freiga- beentscheidungen des Betreuungsgerichts gestattet werden, angelegtes Geld regel- mäßig zu bestimmten oder wiederkehrenden Terminen dem Konto zu entnehmen, um damit laufende oder zu bestimmten Zeiten fällige Ausgaben zu tätigen. Der- artige Freigabebeschlüsse empfehlen sich dann, wenn hohe Zinsen eine bestimmte Geldanlage verlangen und der Abhebungsbetrag verhältnismäßig hoch ist, sodass bei Nichtanlegen eine nennenswerte Zinseinbuße zu verzeichnen wäre.

203 Zur Bestreitung laufender Ausgaben lassen sich für den Bereich rechtlicher Betreu- ung (anders bei den Altersvormundschaften) allgemein gültige Beträge in bestimm- ter Höhe nicht mehr festlegen, weil sowohl die objektiven Lebensbedingungen der betroffenen Menschen als auch ihre individuellen Wünsche und bisherigen Lebens- gewohnheiten zu unterschiedlich sind. Es kommt jeweils auf die Umstände des einzelnen Falles an, weil nur so die individuellen Bedürfnisse und Notwendigkeiten berücksichtigt werden können. UU bedeutet das, dass für die Bestreitung laufender Ausgaben ein Betrag von mindestens 5000 Euro monatlich (auf einem Giro- oder Sparkonto) bereit zu halten ist. Ein Guthaben von 13 400 Euro erscheint dagegen als Durchschnittsbetrag zu hoch für die Bestreitung laufender Ausgaben.

cc)   Wirkung der nach § 1809 veranlassten Sperrung

204 Die vom Betreuer veranlasste Sperrung hat zur Folge, dass zur Erhebung von Geldern durch ihn die Genehmigung des Gegenbetreuers oder des Betreuungsge- richts erforderlich ist. Die Sperrung wirkt sich demnach **nur zulasten des Betreuers** aus (KG NJW 2015, 1394 = FamRZ 2015, 1052 [LS]). Sie hat keine unmittelbare Wirkung zulasten des Betreuten. Kontoinhaber ist der Betreute. Lediglich die **Verfügungsbe-fugnis des Betreuers** ist durch die Sperre **eingeschränkt**. Will der Betreute von einem nach § 1809 BGB gesperrten Konto (Sparbuch) Geld abheben, wird das Geldinstitut durch die Auszahlung an den Betreuten befreit, auch dann, wenn nicht feststeht, dass der Betreute nicht geschäftsunfähig ist.

Zulasten des Betreuten darf der Betreuer bei dem Geldinstitut nur dann eine **205** Kontosperre vereinbaren, wenn sein Aufgabenkreis dies zulässt. Einen Ausschluss des nicht geschäftsunfähigen Betreuten von der Verfügung über sein Geld kann der Betreuer allein aufgrund der Vermögenssorge nicht vornehmen, weil seine gesetz-liche Vertretung nach § 1902 BGB die Rechtsmacht des Betreuten nicht verdrängt. Nur das Betreuungsgericht ist imstande, die Rechtsmacht des Betreuten dadurch zu beschränken, dass es bei Vorliegen der Voraussetzungen des § 1903 Abs 1 BGB einen Einwilligungsvorbehalt anordnet. Das Problem bestand schon zu Zeiten der Gebrechlichkeitspflegschaft; damals wurde es jedoch verdrängt. Versuche in dieser Hinsicht, den Pflegebefohlenen selbst Geld abheben zu lassen, schlugen idR fehl. Auch unter der Geltung des Betreuungsrechts sind entsprechende Verhältnisse an-zutreffen und herrscht zumindest, um es behutsam auszudrücken, eine erhebliche Rechtsunsicherheit. Von der Pflicht zur Sperrung kann der Betreuer auch nicht durch einen geschäftsfähigen Betreuten befreit werden, weil es sich nicht um eine Norm handelt, die für den Betreuten disponibel ist. Ebenso wie der Betreute aber konkurrierend zu seinem Betreuer im Rechtsverkehr sonst tätig werden kann, kann er Abhebungen von seinem Konto vornehmen, dessen Sperrung ihm nicht gilt. Der Betreute veruntreut sein Geld auch nicht; er gibt es ggf nur zu seinem Schaden aus.

dd) Befreiungen

§ 1809 BGB ist nicht anzuwenden beim Verein oder der Behörde, wenn sie zu **206** Betreuern bestellt worden sind (§ 1908i Abs 1 S 1 BGB iVm § 1857a BGB). Die Vorschrift ist ferner nicht anzuwenden auf die Betreuung durch den Vater, die Mutter, den Ehegatten, den Lebenspartner oder einen Abkömmling des Betreuten sowie auf den Vereinsbetreuer und den Behördenbetreuer, soweit das Betreuungs-gericht für diese Betreuungen nichts anderes angeordnet hat oder anordnet (§ 1908i Abs 2 S 2 BGB iVm § 1857a BGB). Abweichungen können sich auch aus Bestim-mungen über die Vermögensverwaltung bei Erbschaft oder Schenkung (vgl § 1908i Abs 1 S 1 BGB iVm § 1803 BGB) ergeben.

Im Beitrittsgebiet waren die Vorschriften des BGB über die Anlegung von Mün- **207** delgeld erst ab 1. 1. 1992 anzuwenden (Art 234 § 14 Abs 4 EGBGB). Nach § **1817** BGB nF iVm § 1908i Abs 1 S 1 BGB kann das Betreuungsgericht auf Antrag des Betreuers von der Verpflichtung des § 1809 BGB befreien. Zu den Voraussetzungen s den Text der Vorschrift unten Rn 211 sowie STAUDINGER/VEIT (2014) § 1817 Rn 12 ff.

§ **1810** BGB ist unanwendbar bei Vereins- und bei Behördenbetreuung gemäß **208** § 1908i Abs 1 S 1 BGB iVm § 1857a BGB. Die Bestimmung ist ferner nicht anzu-wenden, wenn die Betreuung durch den Vater, die Mutter, den Ehegatten, den Lebenspartner oder einen Abkömmling des Betreuten sowie durch einen Vereins-oder einen Behördenbetreuer geführt wird und das Betreuungsgericht für diese Betreuer anderes nicht angeordnet hat (§ 1908i Abs 2 S 2 BGB). Zur Befreiung

Werner Bienwald

durch das Betreuungsgericht auf Antrag des Betreuers gem § 1817 BGB nF iVm § 1908i Abs 1 S 1 BGB s unten Rn 211. Eine Befreiung kommt auch im Falle des § 1803 BGB in Betracht (STAUDINGER/VEIT [2014] § 1810 Rn 6).

209 Zu einer vorübergehenden verzinslichen Anlage von Geld, das der Betreuer zur Bestreitung von Ausgaben bereit zu halten hat (§ 1806 BGB), braucht er nicht die Genehmigung des Gegenbetreuers oder die des Betreuungsgerichts (STAUDINGER/VEIT [2014] § 1810 Rn 5). Mit dieser „Geldanlage" geht der Betreuer über die ihm auferlegte Verpflichtung hinaus, handelt also von sich aus über das von ihm Verlangte hinaus. Im Übrigen kann von dieser Vorschrift nach Maßgabe von § **1817** BGB nF (iVm § 1908i Abs 1 S 1 BGB) Befreiung erteilt werden.

ee)   Andere Anlegung

210 Bei größeren Vermögen kann eine Geldanlage in offenen Immobilienfonds nach § **1811** BGB genehmigungsfähig sein. Die Entscheidung des Gerichts erfordert eine umfassende Prüfung der Vor- und Nachteile, die an den Umständen des jeweiligen Einzelfalls ausgerichtet sein muss. Dabei ist auch die den Grundsätzen einer wirtschaftlichen Vermögensverwaltung entsprechende Streuung auf mehrere Anlageformen zu berücksichtigen (OLG Frankfurt FamRZ 2003, 59 = FGPrax 2002, 257). Zur Entscheidung über eine andere Anlage von Teilen des Betreutenvermögens (hier: Anteile des Wertpapierfonds „Uni Deutschland") OLG Köln FamRZ 2001, 708 mAnm BIENWALD. Zu rechtlichen und finanzmathematischen Grundlagen hinsichtlich der Geldanlagen für Mündel und Betreute s die Veröffentlichung von FIALA/STENGER; zur Genehmigung innovativer Anlageformen WERKMÜLLER/OYEN Rpfleger 2003, 66. S auch oben Rn 198.

4.   Die Bindung des Betreuers an die Genehmigung des Gegenbetreuers oder des Betreuungsgerichts bei bestimmten Rechtsgeschäften betreffend die Anlegung von Geld und andere vermögensrechtliche Angelegenheiten (§§ 1812 bis 1820)

a)   Sinngemäß auf die Betreuung anzuwendende Vorschriften

211 Nach § 1908i Abs 1 S 1 BGB sind die Vorschriften der §§ 1812 bis 1820 BGB, die unterschiedliche vermögensrechtliche Angelegenheiten, insbesondere solche der Vermögensanlage, von der Genehmigung, Anordnung oder Befreiung des Gegenbetreuers oder der des Betreuungsgerichts abhängig machen, auf die Betreuung sinngemäß anzuwenden, sofern dies nicht für bestimmte Betreuer ausgeschlossen ist (s dazu unten Rn 212). Im Einzelnen sind dies (die Änderung der Gerichtsbezeichnung in Familiengericht in den folgenden Vorschriften beruht auf Art 50 Nr 37 FGG-RG):

§ 1812
Verfügungen über Forderungen und Wertpapiere

(1) Der Vormund kann über eine Forderung oder über ein anderes Recht, kraft dessen der Mündel eine Leistung verlangen kann, sowie über ein Wertpapier des Mündels nur mit Genehmigung des Gegenvormunds verfügen, sofern nicht nach den §§ 1819 bis 1822 die Genehmigung des Familiengerichts erforderlich ist. Das Gleiche gilt von der Eingehung der Verpflichtung zu einer solchen Verfügung.

(2) Die Genehmigung des Gegenvormunds wird durch die Genehmigung des Familiengerichts ersetzt.

(3) Ist ein Gegenvormund nicht vorhanden, so tritt an die Stelle der Genehmigung des Gegenvormunds die Genehmigung des Familiengerichts, sofern nicht die Vormundschaft von mehreren Vormündern gemeinschaftlich geführt wird.

§ 1813
Genehmigungsfreie Geschäfte

(1) Der Vormund bedarf nicht der Genehmigung des Gegenvormunds zur Annahme einer geschuldeten Leistung:

1. wenn der Gegenstand der Leistung nicht in Geld oder Wertpapieren besteht,

2. wenn der Anspruch nicht mehr als 3000 Euro beträgt,

3. wenn der Anspruch das Guthaben auf einem Giro- oder Kontokorrentkonto zum Gegenstand hat oder Geld zurückgezahlt wird, das der Vormund angelegt hat,

4. wenn der Anspruch zu den Nutzungen des Mündelvermögens gehört,

5. wenn der Anspruch auf Erstattung von Kosten der Kündigung oder der Rechtsverfolgung oder auf sonstige Nebenleistungen gerichtet ist.

(2) Die Befreiung nach Absatz 1 Nr 2, 3 erstreckt sich nicht auf die Erhebung von Geld, bei dessen Anlegung ein anderes bestimmt worden ist. Die Befreiung nach Absatz 1 Nr 3 gilt auch nicht für die Erhebung von Geld, das nach § 1807 Abs 1 Nr 1 bis 4 angelegt ist.

§ 1814
Hinterlegung von Inhaberpapieren

Der Vormund hat die zu dem Vermögen des Mündels gehörenden Inhaberpapiere nebst den Erneuerungsscheinen bei einer Hinterlegungsstelle oder bei einem der in § 1807 Abs 1 Nr 5 genannten Kreditinstitute mit der Bestimmung zu hinterlegen, dass die Herausgabe der Papiere nur mit Genehmigung des Familiengerichts verlangt werden kann. Die Hinterlegung von Inhaberpapieren, die nach § 92 zu den verbrauchbaren Sachen gehören, sowie von Zins-, Renten- oder Gewinnanteilscheinen ist nicht erforderlich. Den Inhaberpapieren stehen Orderpapiere gleich, die mit Blankoindossament versehen sind.

§ 1815
Umschreibung und Umwandlung von Inhaberpapieren

(1) Der Vormund kann die Inhaberpapiere, statt sie nach § 1814 zu hinterlegen, auf den Namen des Mündels mit der Bestimmung umschreiben lassen, dass er über sie nur mit Genehmigung des Familiengerichts verfügen kann. Sind die

Werner Bienwald

Papiere vom Bund oder einem Land ausgestellt, so kann er sie mit der gleichen Bestimmung in Schuldbuchforderungen gegen den Bund oder das Land umwandeln lassen.

(2) Sind Inhaberpapiere zu hinterlegen, die in Schuldbuchforderungen gegen den Bund oder ein Land umgewandelt werden können, so kann das Familiengericht anordnen, dass sie nach Absatz 1 in Schuldbuchforderungen umgewandelt werden.

§ 1816
Sperrung von Buchforderungen

Gehören Schuldbuchforderungen gegen den Bund oder ein Land bei der Anordnung der Vormundschaft zu dem Vermögen des Mündels oder erwirbt der Mündel später solche Forderungen, so hat der Vormund in das Schuldbuch den Vermerk eintragen zu lassen, dass er über die Forderungen nur mit Genehmigung des Familiengerichts verfügen kann.

§ 1817
Befreiung

(1) Das Familiengericht kann den Vormund auf dessen Antrag von den ihm nach den §§ 1806 bis 1816 obliegenden Verpflichtungen entbinden, soweit

1. der Umfang der Vermögensverwaltung dies rechtfertigt und

2. eine Gefährdung des Vermögens nicht zu besorgen ist.

Die Voraussetzungen der Nummer 1 liegen im Regelfall vor, wenn der Wert des Vermögens ohne Berücksichtigung von Grundbesitz 6000 Euro nicht übersteigt.

(2) Das Familiengericht kann aus besonderen Gründen den Vormund von den ihm nach den §§ 1814, 1816 obliegenden Verpflichtungen auch dann entbinden, wenn die Voraussetzungen des Absatzes 1 Nr 1 nicht vorliegen.

§ 1818
Anordnung der Hinterlegung

Das Familiengericht kann aus besonderen Gründen anordnen, dass der Vormund auch solche zu dem Vermögen des Mündels gehörende Wertpapiere, zu deren Hinterlegung er nach § 1814 nicht verpflichtet ist, sowie Kostbarkeiten des Mündels in der in § 1814 bezeichneten Weise zu hinterlegen hat; auf Antrag des Vormunds kann die Hinterlegung von Zins-, Renten- und Gewinnanteilscheinen angeordnet werden, auch wenn ein besonderer Grund nicht vorliegt.

§ 1819
Genehmigung bei Hinterlegung

Solange die nach § 1814 oder nach § 1818 hinterlegten Wertpapiere oder Kostbarkeiten nicht zurückgenommen sind, bedarf der Vormund zu einer Verfügung über sie und, wenn Hypotheken-, Grundschuld- oder Rentenschuldbriefe hinterlegt sind, zu einer Verfügung über die Hypothekenforderung, die Grundschuld oder die Rentenschuld der Genehmigung des Familiengerichts. Das Gleiche gilt von der Eingehung der Verpflichtung zu einer solchen Verfügung.

§ 1820
Genehmigung nach Umschreibung und Umwandlung

(1) Sind Inhaberpapiere nach § 1815 auf den Namen des Mündels umgeschrieben oder in Schuldbuchforderungen umgewandelt, so bedarf der Vormund auch zur Eingehung der Verpflichtung zu einer Verfügung über die sich aus der Umschreibung oder der Umwandlung ergebenden Stammforderungen der Genehmigung des Familiengerichts.

(2) Das Gleiche gilt, wenn bei einer Schuldbuchforderung des Mündels der im § 1816 bezeichnete Vermerk eingetragen ist.

b) Zur Anwendbarkeit bzw deren Ausschließung im Einzelnen*
aa) Verfügungen über Forderungen und Wertpapiere (§ 1812)
Die Vorschrift findet keine Anwendung auf die Betreuung durch einen Betreuungs- **212** verein oder durch die Betreuungsbehörde (§ 1857a iVm § 1908i Abs 1 S 1 BGB), ferner nicht auf die Betreuung durch die in § 1908i Abs 2 S 2 BGB aufgeführten Personen, sofern das Betreuungsgericht nicht etwas anderes bestimmt hat. Für **Bayern** s die Sonderregelung aufgrund der Ermächtigung des § 1908i Abs 1 S 2 BGB in Art 1 Abs 3 S 1 AGBtG und für **Baden-Württemberg** Art 1 § 16 Abs 1, 2 AGKJHG.

Die Vorschrift findet keine Anwendung auf solche Rechtsgeschäfte, die der Betreu- **213** er kraft rechtsgeschäftlicher Vertretungsmacht im Namen des Betreuten vornimmt, vorausgesetzt, dass der Betreute eine dementsprechende Vollmacht wirksam erteilt hat. Voraussetzung einer solchen Vollmachterteilung ist die Geschäftsfähigkeit des Betreuten. Die Befugnis zur Vollmachterteilung wird nicht dadurch eingeschränkt, dass der (geschäftsfähige) Betreute einen Betreuer hat. Insoweit der Betreute neben dem Betreuer tätig werden kann, wird durch die dem Betreuer nach § 1902 BGB verliehene Vertretungsmacht die Befugnis des Betreuten, den Betreuer rechtswirksam zu bevollmächtigen und von der Genehmigungspflicht der §§ 1812, 1821, 1822 BGB zu „befreien", nicht verdrängt (wie hier MünchKomm/Schwab § 1902 Rn 10).

Genau genommen kann der Betreute in diesem Fall den Betreuer nicht „befreien"; **214** vielmehr kommen die Vorschriften deshalb nicht zur Anwendung, weil bei rechtsgeschäftlich erteilter Vertretungsmacht die Kontrolle des Betreuungsgerichts aufgrund Vormundschafts- bzw Betreuungsrechts entfällt. Die Frage ist im Rahmen einer Betreuerbestellung nach § 1896 Abs 3 BGB anders zu beantworten.

Zum Genehmigungserfordernis nach § 1812 BGB, wenn der Betreuer (damals Vor- **215**

---

* **Schrifttum**: Wesche, Gerichtliche Genehmigung bei der Geldverwaltung, BtPrax 2004, 49.

Werner Bienwald

mund) des Grundstückseigentümers die **Löschung einer nicht rangletzten Eigentümergrundschuld** bewilligen will, OLG Hamm OLGZ 1977, 47. Erklärt der Betreuer im Namen des Betroffenen die Zustimmung zu der von der Hypothekengläubigerin (oder ihrer Rechtsnachfolgerin) bewilligten Löschung des Grundpfandrechts, benötigt er die Genehmigung des Betreuungsgerichts nach §§ 1812, 1908i Abs 1 S 1 BGB (nicht dagegen nach §§ 1821, 1908i Abs 1 S 1 BGB); OLG Hamm FamRZ 2011, 1249 (LS).

216 Die Umstellung von 5000 DM auf 3000 Euro in § 1813 Abs 1 Nr 2 BGB mit Wirkung v 30. 6. 2000 wurde durch das FernabsatzG vom 27. 6. 2000 (BGBl I 897) vorgenommen. § 1813 Abs 1 Nr 3 BGB wurde durch das G zur Änderung des Zugewinnausgleichs- und Vormundschaftsrechts vom 6. 7. 2009 (BGBl I 1696) ergänzt. Die Kündigung eines Lebensversicherungsvertrages durch den Betreuer des Versicherungsnehmers ist gemäß §§ 1812, 1831, 1908i Abs 1 BGB unwirksam, wenn die vereinbarte Todesfallleistung mehr als 3000 Euro beträgt (OLG Nürnberg FamRZ 2016, 1875). Für die Bestimmung des Anspruchswertes analog § 1813 Abs 1 Nr 2 BGB ist bei der gebotenen wirtschaftlichen Betrachtung auf die vereinbarte Todesfallleistung und nicht auf den Rückkaufswert abzustellen (OLG Nürnberg aaO).

bb) Hinterlegung von Inhaberpapieren (§ 1814 BGB)

217 Keine Hinterlegungspflicht besteht nach § 1857a BGB iVm § 1908i Abs 1 S 1 BGB für den Betreuungsverein und die Betreuungsbehörde, soweit sie zu Betreuern bestellt wurden, sowie für die in § 1908i Abs 2 S 2 BGB genannten Betreuer, soweit für sie bzw einen von ihnen im konkreten Fall das Betreuungsgericht nichts anderes angeordnet hat. Die Hinterlegungspflicht nach § 1814 BGB entfällt, wenn der Betreuer nach § 1815 BGB verfährt. Zur Entbindung des Betreuers von den ihm nach dieser Vorschrift obliegenden Verpflichtungen s § 1817 Abs 2 BGB (iVm § 1908i Abs 1 S 1 BGB) – Text oben Rn 211 – sowie die Bemerkungen in Rn 220 (Anhang).

cc) Umschreibung und Umwandlung von Inhaberpapieren (§ 1815 BGB)

218 Die von der Hinterlegungspflicht nach § 1814 BGB vollständig (§ 1857a BGB iVm § 1908i Abs 1 S 1 BGB) oder mangels anderer Entscheidung des Betreuungsgerichts (§ 1908i Abs 2 S 2, § 1857a BGB) befreiten Betreuer werden durch die Alternative des § 1815 BGB nicht erfasst. Diese Betreuer können von sich aus eine derartige Umschreibung/Umwandlung wählen. Eine freiwillige Umschreibung bzw Umwandlung von Papieren durch den Betreuer betrifft solche Papiere, die nicht der Hinterlegungspflicht unterliegen. Hier treten die Rechtswirkungen der §§ 1815, 1820 BGB nicht ein, und die Vorschriften der §§ 1812, 1813 BGB bleiben anwendbar. Zu den einschlägigen landesrechtlichen Bestimmungen s STAUDINGER/VEIT (2014) § 1815 Rn 11 ff.

dd) Sperrung von Buchforderungen (§ 1816)

219 Von der Verpflichtung aus § 1816 BGB befreit sind die Betreuungsvereine und die Betreuungsbehörde, wenn sie als solche zu Betreuern bestellt worden sind (§ 1857a, § 1853 BGB iVm § 1908i Abs 1 S 1 BGB). Befreit sind ebenfalls, wenn das Betreuungsgericht nicht anderes anordnet, die in § 1908i Abs 2 S 2 BGB aufgeführten Angehörigen, sowie die Vereinsbetreuer und die Behördenbetreuer. Maßstab für die Ermessensentscheidung des Betreuungsgerichts über die Aufhebung der Befreiung ist das Wohl des Betreuten (für die Rechnungslegung entschieden von BayObLG FamRZ 2003, 475).

Anhang zu aa) bis dd): Befreiung von Verpflichtungen nach §§ 1806–1816 (§ 1817 BGB) **220**

Nach § 1817 BGB konnte schon bisher das Gericht aus besonderen Gründen jeden Betreuer von den ihm nach den §§ 1814, 1816 BGB obliegenden Verpflichtungen befreien (§ 1908i Abs 1 S 1 BGB). Die Ergänzung des jetzigen Abs 2 folgt aus der Neuregelung des Abs 1. Ziel der durch Art 1 Nr 6 BtÄndG neugefassten Vorschrift ist die Erleichterung der Betreuung, um die Bereitschaft zur Übernahme einer Betreuung zu fördern und den personalen Charakter des Betreueramtes durch eine stärkere Annäherung an die für die elterliche Vermögenssorge geltenden Regelungen in den Vordergrund zu rücken (BT-Drucks 13/7158, 22).

Für WESCHE (Rpfleger 1998, 93, 94) ergibt sich daraus eine Zunahme förmlicher Rech- **221** nungslegungen, von denen die Praxis bisher unter bestimmten Voraussetzungen absehen konnte. Praktisch bedeutsam sind in erster Linie die Befreiungsmöglichkeiten von den Anlagepflichten. Ob sich in der Mehrzahl der Betreuungen auch die Befreiungsmöglichkeit von der Kontrolle bei den Verfügungsvorschriften auswirkt, bleibt abzuwarten, zumal die Vorschrift nur für diejenigen Betreuer Sinn hat, die nicht bereits aufgrund anderer Vorschriften befreit sind. Das Gericht wird nur auf Antrag tätig (Abs 1 S 1). Zuständig ist der Rechtspfleger (§ 3 Nr 2 b, § 15 RPflG). Zur Anfechtbarkeit seiner Entscheidung s § 11 RPflG.

Der in Abs 1 S 2 bisher genannte Betrag von 10 000 DM wurde auf 6000 Euro **222** umgestellt mit Wirkung v 1. 1. 2002 durch Art 27 des G zur Einführung des Euro in Rechtspflegegesetzen und in Gesetzen des Straf- und Ordnungswidrigkeitenrechts, zur Änderung der Mahnvordruckverordnungen sowie zur Änderung weiterer Gesetze v 13. 12. 2001 (BGBl I 3574).

ee) Anordnung der Hinterlegung (§ 1818)
Die Vorschrift gilt, anders als im Minderjährigenrecht (s STAUDINGER/VEIT [2014] § 1818 **223** Rn 18 ff; MünchKomm/WAGENITZ § 1818 Rn 10) für alle Arten von Betreuern. Sie gilt demnach auch für die zum Betreuer bestellte Behörde, soweit nicht das Landesrecht aufgrund von § 1908i Abs 1 S 2 BGB Spezialregelungen getroffen hat. Nach dem Stand v 30. 9. 1994 haben nur Baden-Württemberg, Bayern, Bremen, Hamburg, Hessen und Sachsen-Anhalt von der Ermächtigung Gebrauch gemacht. In den übrigen Ländern bleibt es bei der Regelung des BGB (Nachweise zu den Landesgesetzen s unten Rn 388 ff).

ff) Genehmigung bei Hinterlegung (§ 1819 BGB)
Da aufgrund von § 1857a BGB iVm § 1908i Abs 1 S 1 BGB die Betreuungsbehörde **224** und die Betreuungsvereine, wenn sie als solche zu Betreuern bestellt worden sind, sowie aufgrund von § 1857a BGB iVm § 1908i Abs 2 S 2 die dort aufgeführten Angehörigen, der Vereins- und der Behördenbetreuer von der Genehmigungspflicht des § 1812 BGB befreit sind (§ 1852 Abs 2 BGB), kann die Nichteinhaltung von §§ 1814 und 1818 BGB dazu führen, dass die eben genannten privilegierten Betreuer ohne vorherige Kontrolle oder nachträgliche Prüfung des Betreuungsgerichts han-

Werner Bienwald

deln können. Ob sie so weitgehend kontrollfrei tätig sein sollten, dafür gibt es in den Materialien für das BtG keine Hinweise. Die Vorschrift bleibt gegenüber der Betreuungsbehörde außer Anwendung in den Ländern Baden-Württemberg, Bayern, Hessen und Sachsen-Anhalt. Bremen und Hamburg haben von dieser Vorschrift keine Befreiung erteilt (s die Nachweise oben Rn 162).

gg)   Genehmigung nach Umschreibung und Umwandlung (§ 1820 BGB)

225   Die Vorschrift ist nicht anzuwenden, wenn der Betreuer freiwillig, außerhalb von §§ 1815, 1816 BGB, die Sperrmaßnahmen aufgrund privatrechtlicher „Weisung" oder gemäß § 1803 BGB (Vermögensverwaltung bei Erbschaft oder Schenkung) vorgenommen hat (MünchKomm/WAGENITZ § 1820 Rn 2; STAUDINGER/VEIT [2014] § 1820 Rn 4). Gegenüber der Betreuungsbehörde bleibt die Vorschrift außer Anwendung in den Ländern Baden-Württemberg, Bayern, Hessen und Sachsen-Anhalt. Bremen und Hamburg haben keine entsprechende Befreiung vorgesehen (Nachweise s unten Rn 388 ff).

c)   Genehmigungsfreie Geschäfte nach § 1813 Abs 1 Nr 2 BGB

226   Die Vorschrift wurde durch Art 1 Nr 35 BtG geändert. Die Freigrenze wurde von 300 DM auf 5000 DM erhöht. Demgemäß hatte das LG Saarbrücken (Rpfleger 1993, 109; ihm folgend AG Emden FamRZ 1995, 1081) entschieden, dass Verfügungen über Giro- u Sparkonten ungeachtet der Höhe des Kontostands keiner Genehmigung durch das Gericht (bzw den Gegenvormund) bedürfen, wenn die einzelne Verfügung den Betrag von 5000 DM nicht übersteigt (zu der Umstellung und Erhöhung auf 3000 Euro s oben Rn 216). Die dagegen erhobenen Bedenken (WESCHE Rpfleger 1993, 110; s auch HOLZHAUER BtPrax 1994, 42; gl Ansicht OLG Köln FamRZ 1995, 187 = BtE 1994/95, 54 m weiteren Quellenangaben auch zu den übrigen Entscheidungen; s auch OLG Karlsruhe FamRZ 2001, 786 = NJWE-FER 2001, 292, wo offen gelassen wurde, ob unabhängig von der Höhe des Guthabens Verfügungen über ein Girokonto, das als Sonderkonto ausschließlich für Renten- und Versorgungseinkünfte uä geführt wird, nach § 1813 Abs 1 Nr 4 genehmigungsfrei möglich sind) sind nicht stichhaltig. Kommt es bei der Bemessung des Freibetrags nicht auf die Höhe der Gesamtforderung an (s zu dieser umstrittenen Frage STAUDINGER/VEIT [2014] § 1813 Rn 9 ff; dort auch zu Reformbedarf), kann der Betreuer bis zu 3000 Euro in einem Betrag und, wenn der Kontostand höher ist, auch mehrmals abheben. Eine Neufassung der Vorschrift fordert, jedenfalls aber Konsens mit dem jeweiligen Gericht anzustreben, empfiehlt SUSCHONK JurBüro 1997, 508, 510.

d)   Genehmigungsfreie Geschäfte nach § 1813 Abs 1 Nr 3 BGB

227   Die Vorschrift wurde ergänzt durch das Gesetz zur Änderung des Zugewinnausgleichs- und Vormundschaftsrechts v 6. 7. 2009 (BGBl I 1696).

Sie gilt auch für vor dem 1. 9. 2009 anhängige Vormundschaften, Pflegschaften und Betreuungen (Art 229 § 20 EGBGB, eingefügt durch Gesetz vom 6. 7. 2009 [BGBl I 1696]). Dessen Abs 3 lautet:

„(3) § 1813 Abs 1 Nummer 3 des Bürgerlichen Gesetzbuchs in der Fassung vom 1. 9. 2009 gilt auch für vor dem 1. 9. 2009 anhängige Vormundschaften (§ 1773 des Bürgerlichen Gesetzbuchs), Pflegschaften (§ 1915 Absatz 1 des Bürgerlichen Gesetzbuchs) und Betreuungen (§ 1908i Absatz 1 Satz 1 des Bürgerlichen Gesetzbuchs)."

Die Neuregelung des § 1813 Abs 1 Nr 3 BGB sollte eine einfachere Besorgung von Geldgeschäften betreuter Menschen möglich machen und in erster Linie die Betreuer entlasten, die nicht in einem engen familiären Verhältnis zum Betreuten stehen (Pressemitteilung des BMJ v 15. 5. 2009, FamRZ 12/2009, II). Dort heißt es, die vorher geltende Regelung habe zu einem enormen bürokratischen Aufwand geführt. Wegen dieser Regelung hätten einige Kreditinstitute Betreuern sogar die Teilnahme am automatisierten Zahlungsverkehr (Geldautomat, online banking etc) verwehrt. Die Banken hätten angegeben, im automatisierten Kontoverkehr nicht ausreichend kontrollieren zu können, ob das Kontoguthaben die Grenze von 3000 Euro (wofür die Genehmigung des Gerichts erforderlich gewesen wäre) überschreitet.

5. Rechtsgeschäfte, die der betreuungsgerichtlichen Genehmigung bedürfen (§§ 1821 bis 1825, 1828 bis 1831)*

a) Vorschriften betreffend die Notwendigkeit der betreuungsgerichtlichen Genehmigung

aa) § 1821   228
Genehmigung für Geschäfte über Grundstücke, Schiffe oder Schiffsbauwerke

(1) Der Vormund bedarf der Genehmigung des Familiengerichts:

1. zur Verfügung über ein Grundstück oder über ein Recht an einem Grundstück;

2. zur Verfügung über eine Forderung, die auf Übertragung des Eigentums an einem Grundstück oder auf Begründung oder Übertragung eines Rechts an einem Grundstück oder auf Befreiung eines Grundstücks von einem solchen Recht gerichtet ist;

3. zur Verfügung über ein eingetragenes Schiff oder Schiffsbauwerk oder über eine Forderung, die auf Übertragung des Eigentums an einem eingetragenen Schiff oder Schiffsbauwerk gerichtet ist;

4. zur Eingehung einer Verpflichtung zu einer der in den Nummern 1 bis 3 bezeichneten Verfügungen;

5. zu einem Vertrage, der auf den entgeltlichen Erwerb eines Grundstücks, eines eingetragenen Schiffs oder Schiffsbauwerks oder eines Rechts an einem Grundstück gerichtet ist.

(2) Zu den Rechten an einem Grundstück im Sinne dieser Vorschriften gehören nicht Hypotheken, Grundschulden und Rentenschulden.

§ 1822
Genehmigung für sonstige Geschäfte

Der Vormund bedarf der Genehmigung des Familiengerichts:

---

* Gerichtsbezeichnungen jeweils geändert
durch Art 50 FGG-RG.

Werner Bienwald

1. zu einem Rechtsgeschäft, durch das der Mündel zu einer Verfügung über sein Vermögen im Ganzen oder über eine ihm angefallene Erbschaft oder über seinen künftigen gesetzlichen Erbteil oder seinen künftigen Pflichtteil verpflichtet wird, sowie zu einer Verfügung über den Anteil des Mündels an einer Erbschaft,

2. zur Ausschlagung einer Erbschaft oder eines Vermächtnisses, zum Verzicht auf einen Pflichtteil sowie zu einem Erbteilungsvertrag,

3. zu einem Vertrag, der auf den entgeltlichen Erwerb oder die Veräußerung eines Erwerbsgeschäfts gerichtet ist, sowie zu einem Gesellschaftsvertrag, der zum Betrieb eines Erwerbsgeschäfts eingegangen wird,

4. zu einem Pachtvertrag über ein Landgut oder einen gewerblichen Betrieb,

5. zu einem Miet- oder Pachtvertrag oder einem anderen Vertrag, durch den der Mündel zu wiederkehrenden Leistungen verpflichtet wird, wenn das Vertragsverhältnis länger als ein Jahr nach dem Eintritt der Volljährigkeit des Mündels fortdauern soll,

6. zu einem Lehrvertrag, der für längere Zeit als ein Jahr geschlossen wird,

7. zu einem auf die Eingehung eines Dienst- oder Arbeitsverhältnisses gerichteten Vertrag, wenn der Mündel zu persönlichen Leistungen für längere Zeit als ein Jahr verpflichtet werden soll,

8. zur Aufnahme von Geld auf den Kredit des Mündels,

9. zur Ausstellung einer Schuldverschreibung auf den Inhaber oder zur Eingehung einer Verbindlichkeit aus einem Wechsel oder einem anderen Papier, das durch Indossament übertragen werden kann,

10. zur Übernahme einer fremden Verbindlichkeit, insbesondere zur Eingehung einer Bürgschaft,

11. zur Erteilung einer Prokura,

12. zu einem Vergleich oder einem Schiedsvertrag, es sei denn, dass der Gegenstand des Streites oder der Ungewissheit in Geld schätzbar ist und den Wert von 3000 Euro nicht übersteigt oder der Vergleich einem schriftlichen oder protokollierten gerichtlichen Vergleichsvorschlag entspricht,

13. zu einem Rechtsgeschäft, durch das die für eine Forderung des Mündels bestehende Sicherheit aufgehoben oder gemindert oder die Verpflichtung dazu begründet wird.

§ 1823
Genehmigung bei einem Erwerbsgeschäft des Mündels

Der Vormund soll nicht ohne Genehmigung des Familiengerichts ein neues Er-

werbsgeschäft im Namen des Mündels beginnen oder ein bestehendes Erwerbsgeschäft des Mündels auflösen.

§ 1824
Genehmigung für die Überlassung von Gegenständen an den Mündel

Der Vormund kann Gegenstände, zu deren Veräußerung die Genehmigung des
Gegenvormunds oder des Familiengerichts erforderlich ist, dem Mündel nicht
ohne diese Genehmigung zur Erfüllung eines von diesem geschlossenen Vertrags
oder zu freier Verfügung überlassen.

§ 1825
Allgemeine Ermächtigung

(1) Das Familiengericht kann dem Vormund zu Rechtsgeschäften, zu denen nach
§ 1812 die Genehmigung des Gegenvormunds erforderlich ist, sowie zu den in
§ 1822 Nr 8 bis 10 bezeichneten Rechtsgeschäften eine allgemeine Ermächtigung
erteilen.

(2) Die Ermächtigung soll nur erteilt werden, wenn sie zum Zwecke der Vermögensverwaltung, insbesondere zum Betrieb eines Erwerbsgeschäfts, erforderlich ist.

bb) Sinngemäße Anwendung auf die Betreuung
Sinngemäß anzuwenden sind die §§ 1821 und 1822 Nr 1–4 und 6–13 BGB. Es **229**
handelt sich um Verfügungs- und Verpflichtungsgeschäfte über Grundstücke und
grundstücksgleiche Rechte und um diverse Rechtsgeschäfte, die über Alltagsge-
schäfte hinausgehen. **Anstelle von § 1822 Nr 5** BGB enthält das BtG für die Betreuung in § 1907 Abs 3 BGB eine eigene Regelung. Der Unterschied liegt darin, dass in
§ 1822 Nr 5 BGB auf den Eintritt der Volljährigkeit abgestellt wird (ein Jahr danach), während § 1907 BGB Verträge von einer bestimmten Dauer schlechthin
erfasst. Nach hM bedarf die Bewilligung einer Auflassungsvormerkung durch den
gesetzlichen Vertreter, also auch den Betreuer (§ 1902 BGB), der betreuungsgerichtlichen Genehmigung (OLG Frankfurt FamRZ 1997, 1342, 1343). Zur Erteilung einer
sog Doppelvollmacht für den Notar zur Entgegennahme und Mitteilung einer betreuungsgerichtlichen Genehmigung, durch die der notariell beurkundete Verkauf
eines Grundstücks des Betreuten durch den Betreuer wirksam werden soll, Bay-
ObLG FamRZ 1998, 1325, 1326.

Handelt der Betreute selbst oder wird der Betreuer als Bevollmächtigter des Be- **230**
treuten tätig, kommen die Genehmigungsvorschriften nicht zur Anwendung (hM, wie
hier DIECKMANN JZ 1988, 789, 797; DAMRAU/ZIMMERMANN § 1902 Rn 4; CYPIONKA DNotZ 1991,
571, 577; eingehend BIENWALD, Untersuchungen 366 ff; **aA** ERMAN/HOLZHAUER § 1902 Rn 16 unter
Berufung auf BT-Drucks 11/4528, 135; abwägend ERMAN/ROTH § 1902 Rn 16).

Bei einem nach den §§ 1821 Abs 1 Nr 4, 1829 Abs 1 S 1, 1908i Abs 1 S 1 BGB
genehmigungsbedürftigen Grundstückskaufvertrag sind beide Parteien verpflichtet,
zur Herbeiführung der Genehmigung ihren Anteil beizutragen. Der Betreute haftet
gemäß § 278 BGB dafür, dass der Betreuer des Verkäufers die Erteilung der Ge-

nehmigung verzögert, indem er Anfragen des Gerichts nicht beantwortet (OLG Düsseldorf FamRZ 2016, 1877 [LS] mAnm d Redaktion).

Maßstab für die gerichtliche Entscheidung über die Genehmigung des Verkaufs eines Grundstücks des Betroffenen durch den Betreuer ist das Interesse des Betreuten. Das Gericht hat dabei eine Gesamtabwägung aller Vor- und Nachteile sowie der Risiken des zu prüfenden Geschäfts für den Betroffenen vorzunehmen und ausschließlich das Wohl und die Interessen des Betreuten zu berücksichtigen, nicht die Belange Dritter wie etwa potenzieller Erben (BGH FamRZ 2017, 245, 246). Zur betreuungsgerichtlichen Genehmigung als einer Ermessensentscheidung einer Grundschuld (§§ 1821 Abs 1 Nr 1, 1908i Abs 1 S 1 BGB) LG Hagen FamRZ 2014, 2025.

Schrifttum: Deutsches Notarinstitut (DNotI), Familien-, betreuungs- und nachlassgerichtliche Genehmigungsverfahren nach Inkrafttreten des FamFG zum 1. 9. 2009 (DNotI-Report 19/2009, 145); FIALA/MÜLLER/BRAUN, Genehmigungen bei Vormundschaft über Minderjährige, Betreuung und Nachlasspflegschaft, Rpfleger 2002, 391; SORG, Der Aufgabenkreis Vermögenssorge und die betreuungsgerichtlichen Genehmigungen in der Vermögensverwaltung, BWNotZ 3/2010, 107; WESCHE, Gerichtliche Genehmigung bei der Geldverwaltung, BtPrax 2004, 49; ZIMMER, Verzicht auf im Grundbuch eingetragene Rechte durch den Betreuer, NJW 2012, 1912 (zu BGH NJW 2012, 1956 betr Aufgabe des Wohnungsrechts des Betreuten in dessen Interesse).

cc)   Befreiungen

231   Gegenüber der Betreuungsbehörde bleiben von den Vorschriften der §§ 1821 ff BGB einige außer Betracht. Aufgrund der Regelungsbefugnis, die ihnen § 1908i Abs 1 S 2 BGB eingeräumt hat, haben die Länder Baden-Württemberg, Bayern, Bremen, Hamburg, Hessen und Sachsen-Anhalt in ihren jeweiligen Ausführungsgesetzen zum BtG (im Einzelnen s unten Rn 388 ff) die folgenden Befreiungen vorgesehen:

Bayern: § 1822 Nr 6 u 7; Bremen: §§ 1821, 1822 Nr 1–4 u 6–13, 1823, 1824; Hamburg: §§ 1821–1824; Hessen: §§ 1821, 1822 Nr 1–11 u 13, 1823 u 1824; Sachsen-Anhalt: §§ 1821, 1822 Nr 1, 2, 5–8 u 13, 1824. In Hessen bleibt § 1822 Nr 12 gegenüber der Betreuungsbehörde außer Anwendung, soweit es sich um die Aufsicht in vermögensrechtlicher Hinsicht handelt (Art 1 § 2 S 2 HessAGBtG v 5. 1. 1992, GVBl 66). Wie Hessen auch Baden-Württemberg (Art 1 § 16 Abs 1, 2 AGKJHG).

dd)   Verfahren

232   Zuständig für die Erteilung oder die Versagung der Genehmigung ist der Rechtspfleger (§ 3 Nr 2 Buchst b RPflG); Richtervorbehalte gibt es insoweit nicht mehr. Die Entscheidung über die Erteilung oder Verweigerung der betreuungsgerichtlichen Genehmigung eines Grundstückskaufvertrags steht im Ermessen des Gerichts. Maßgeblich ist auf das Interesse des Betroffenen abzustellen (BayObLG Rpfleger 2003, 361). Die Genehmigung kann auch schon vor Abschluss des zu genehmigenden Vertrags erteilt werden, wenn der Inhalt des Vertrags im Wesentlichen feststeht (BayObLG aaO). Vor einer Entscheidung des Gerichts nach den Vorschriften der §§ 1821, 1822 Nr 1–4, 6–13 BGB, §§ 1823 u 1825 BGB (jeweils iVm § 1908i Abs 1 S 1 BGB) soll der Betreute persönlich angehört werden (§§ 34 Abs 1, 299 FamFG). Die persönliche Anhörung kann aber unterbleiben, wenn hiervon erhebliche Nachteile für die Gesundheit des Betreuten zu besorgen sind oder der Betroffene offensichtlich nicht in der Lage ist, seinen Willen kundzutun (§ 34 Abs 2 FamFG). Anstelle von Einzelgenehmigungen kann das Betreuungsgericht nach Maßgabe des § 1825 BGB dem Betreuer für Rechtsgeschäfte bestimmter Art allgemeine **Ermächtigungen** erteilen, wenn dies zum Zwecke der Vermögensverwaltung, insbesondere zum Betrieb eines Erwerbsgeschäfts, erforderlich ist. Maßgebend für die Genehmigung des Betreuungsgerichts eines vom Betreuer abgeschlossenen Vertrags über den Verkauf eines Grundstücks des Betreuten sind vorrangig dessen Wünsche, soweit sie nicht seinem Wohl zuwiderlaufen und dem Betreuer zuzumuten sind (BayObLG FamRZ 1998, 455 = Rpfleger 1998, 22 = FGPrax 1997, 227; OLG Schleswig BtPrax 2001, 211). Ein im Vergleichswege abgegebenes Schuldanerkenntnis kann das Gericht erst dann genehmigen, wenn es die gegenüber dem Betreuten behaupteten Forderungen daraufhin geprüft hat, ob ihre Höhe, Plausibilität, mögliche Durchsetzbarkeit und rechtliche Grundlage schlüssig dargelegt sind (BayObLG FamRZ 2003, 1967 [LS] = BtPrax 2003, 271).

Der Beschluss, der die Genehmigung eines Rechtsgeschäfts zum Gegenstand hat, **233** wird erst mit Rechtskraft wirksam (§ 40 Abs 2 S 1 FamFG). Das ist mit der Entscheidung auszusprechen (§ 40 Abs 2 S 2 FamFG). Die Rechtskraft eines Beschlusses tritt nicht ein, bevor die Frist für die Einlegung des zulässigen Rechtsmittels oder des zulässigen Einspruchs, des Widerspruchs oder der Erinnerung abgelaufen ist (§ 45 S 1 FamFG). Eine entsprechende Rechtsbehelfsbelehrung hat jeder Beschluss nach Maßgabe des § 39 FamFG zu enthalten. Entgegen der allgemeinen Beschwerdefrist von einem Monat (§ 63 Abs 1 FamFG) ist die Beschwerde gegen einen Beschluss, der die Genehmigung eines Rechtsgeschäfts zum Gegenstand hat, binnen einer Frist von zwei Wochen einzulegen, um dem regelmäßigen Interesse der Beteiligten an einer zügigen Abwicklung des entsprechenden Rechtsgeschäfts Rechnung zu tragen (BT-Drucks 16/6308, 196). Zur Notwendigkeit eines Vorbescheids nach früherem Recht s STAUDINGER/BIENWALD (2006) sowie BT-Drucks 16/6308, 196. Darüber, dass eine betreuungsgerichtliche Genehmigung nicht erforderlich ist (in diesem Fall nicht für den Verkauf von auf einem Pachtgelände stehenden Garagen, aber für die Beendigung des Pachtvertrages), hat das Gericht auf Antrag des Betreuers diesem eine entsprechende Bescheinigung (Negativattest) auszustellen (LG Nordhausen FamRZ 2012, 1324).

b) Anhörung des Gegenbetreuers gemäß § 1826

§ 1908i Abs 1 S 1 BGB enthielt zunächst keine Verweisung auf § 1826 BGB. Nach **234** dieser Bestimmung soll das Familiengericht vor einer Entscheidung über die zu einer Handlung des Vormunds erforderliche Genehmigung den Gegenvormund hören, sofern ein solcher vorhanden und die Anhörung tunlich ist. In Anbetracht der erst während der Beratungen im Rechtsausschuss in die Verweisungsvorschriften aufgenommenen §§ 1792 und 1799 BGB wurde das Fehlen anderer die Gegenbetreuung betreffender Vorschriften überwiegend als redaktionelles Versehen gedeutet. § 1908i Abs 1 S 1 BGB ist durch Art 1 Nr 16 2. BtÄndG entsprechend ergänzt worden. Die Änderung der Gerichtsbezeichnung beruht auf Art 50 Nr 37 FGG-RG.

c) Vorschriften über den Umgang mit der betreuungsgerichtlichen Genehmigung sowie über die Folgen nicht beantragter oder nicht erteilter Genehmigung

§ 1908i Abs 1 S 1 BGB sieht die sinngemäße Anwendung der §§ 1828 bis 1831 BGB **235** auf die Betreuung vor. Danach kann das Betreuungsgericht die Genehmigung zu einem Rechtsgeschäft nur dem Betreuer gegenüber erklären (§ 1828 BGB). Schließt der Betreuer einen Vertrag ohne die erforderliche Genehmigung des Gerichts, so hängt die Wirksamkeit des Vertrages von der nachträglichen Genehmigung des Betreuungsgerichts ab. Die Genehmigung sowie deren Verweigerung wird dem anderen Teil gegenüber erst wirksam, wenn sie ihm durch den Betreuer mitgeteilt wird. Fordert der andere Teil den Betreuer zur Mitteilung darüber auf, ob die Genehmigung erteilt sei, so kann die Mitteilung der Genehmigung nur bis zum Ablauf von **vier** Wochen nach dem Empfang der Aufforderung erfolgen; erfolgt sie nicht, so gilt die Genehmigung als verweigert (§ 1829 Abs 1 und 2 BGB). Ist der Betreute unbeschränkt geschäftsfähig, so tritt seine Genehmigung an die Stelle der Genehmigung des Betreuungsgerichts (§ 1829 Abs 3 BGB).

236   § 1829 BGB wurde durch Art 50 Nr 38 FGG-RG (nicht nur wegen der Gerichtsbezeichnung) geändert. In Abs 2 wurde die Frist von zwei auf vier Wochen heraufgesetzt. Die dazu gehörige Begründung der BT-Drucks 16/6308, 347 lautet:

„Es handelt sich um eine Anpassung des Fristablaufs zur Mitteilung der nachträglich erteilten Genehmigung nach Aufforderung des anderen Teils an die in § 40 Abs 2 Satz 1 FamFG vorgesehene Wirksamkeitsvoraussetzung der Rechtskraft. § 63 Abs 2 Nr 2 FamFG räumt für Beschlüsse, die die Genehmigung zu einem Rechtsgeschäft zum Gegenstand haben, die Beschwerde binnen einer gesetzlichen Frist von zwei Wochen ein. Für den Fall, dass kein Rechtsmittelverzicht erlangt werden kann, muss bis zum Eintritt der Rechtskraft zumindest die zweiwöchige Frist verstreichen. Die zweiwöchige Frist zur Mitteilung der Genehmigung, die ohne Rechtskraft des Beschlusses selbst nicht wirksam ist, ist daher entsprechend um zwei Wochen zu verlängern.“

237   § 1830 BGB enthält das Widerrufsrecht des Geschäftspartners und bestimmt: Hat der Betreuer dem anderen Teil gegenüber der Wahrheit zuwider die Genehmigung des Betreuungsgerichts behauptet, so ist der andere Teil bis zur Mitteilung der nachträglichen Genehmigung des Betreuungsgerichts zum Widerruf berechtigt, es sei denn, dass ihm das Fehlen der Genehmigung bei dem Abschluss des Vertrags bekannt war.

238   Ein einseitiges Rechtsgeschäft, das der Betreuer ohne die erforderliche Genehmigung des Betreuungsgerichts vornimmt, ist unwirksam (§ 1831 S 1 BGB). Nimmt der Betreuer mit dieser Genehmigung ein solches Rechtsgeschäft einem anderen gegenüber vor, so ist das Rechtsgeschäft unwirksam, wenn der Betreuer die Genehmigung nicht vorlegt und der andere das Rechtsgeschäft aus diesem Grunde unverzüglich zurückweist (§ 1831 S 2 BGB). Die Vorschrift wurde durch Art 50 Nr 40 FGG-RG nicht nur hinsichtlich der Gerichtsbezeichnung geändert. In S 2 wurden die Wörter „in schriftlicher Form“ gestrichen. Die BT-Drucks (16/6308, 347) führt dazu aus: „Es handelt sich um eine Anpassung an § 38 Abs 1, § 40 Abs 2 FamFG. Bisher konnte das Vormundschaftsgericht die Genehmigung zu einem Rechtsgeschäft auch mündlich durch Bekanntgabe an den Vormund erteilen, lediglich bei gegenüber einem anderen vorgenommenen einseitigen Rechtsgeschäften ist der Vormund gehalten, die Genehmigung in schriftlicher Form vorzulegen. Andernfalls ist das Rechtsgeschäft unwirksam, wenn der andere es wegen Nichtvorlage der

Genehmigung unverzüglich zurückweist, § 1831 Satz 2 BGB. Da die Genehmigung nunmehr durch einen förmlichen Beschluss erteilt wird, ist der Hinweis auf die schriftliche Form nicht mehr erforderlich. Da in dem Beschluss auch ausgesprochen wird, dass dieser erst mit Rechtskraft wirksam ist, § 40 Abs 2 Satz 2 FamFG, und der Hinweis auf die Beschwerde binnen einer gesetzlichen Frist von zwei Wochen enthalten ist, §§ 39, 63 Abs 2 Nr 2 FamFG, kann der andere das Rechtsgeschäft auch dann noch unverzüglich zurückweisen, wenn nicht zusätzlich ein Rechtskraft- oder ein Notfristzeugnis, § 46 FamFG, vorgelegt wird. Denn nur in diesem Fall wird eine wirksame Genehmigung vorgelegt."

d)   Anwendung von § 1832 (Genehmigung des Gegenbetreuers)

Auch diese Vorschrift war ursprünglich in dem Katalog von Vorschriften, auf die **239** § 1908i Abs 1 S 1 BGB verweist, nicht enthalten. Hier trifft das oben Rn 234 zu § 1826 BGB Gesagte zu. Die Vorschrift wurde durch Art 50 Nr 41 FGG-RG geändert und lautet seitdem:

§ 1832
Genehmigung des Gegenvormunds

Soweit der Vormund zu einem Rechtsgeschäft der Genehmigung des Gegenvormunds bedarf, finden die Vorschriften der §§ 1828 bis 1831 entsprechende Anwendung; abweichend von § 1829 Abs 2 beträgt die Frist für die Mitteilung der Genehmigung des Gegenvormunds zwei Wochen.

Zur Änderung führt die BT-Drucks (16/6308, 347) aus: „Die Gründe, die zu einer Verlängerung der Frist für die Mitteilung in § 1829 Abs 2 BGB führen, liegen im Hinblick auf die Mitteilung der Genehmigung des Gegenvormunds nicht vor, da dieser die Genehmigung als sofort wirksame rechtsgeschäftliche Erklärung abgibt."

6.   Vermögensherausgabe und Rechnungslegung nach Beendigung der Betreuung (§ 1890)*

Nach dieser Vorschrift (in sinngemäßer Anwendung auf die Betreuung, § 1908i **240** Abs 1 S 1 BGB), hat der Betreuer nach Beendigung seines Amtes dem Betreuten das verwaltete Vermögen herauszugeben und über die Verwaltung Rechenschaft abzulegen. Soweit er dem Betreuungsgericht bisher Rechnung gelegt hat, genügt nach S 2 der Vorschrift die Bezugnahme auf diese Rechnung. Zur Beendigung des Betreueramtes s oben § 1908b BGB und § 1908d BGB.

Die nach Maßgabe des § 1908i Abs 2 S 3 BGB iVm § 1857a BGB von der wieder- **241** kehrenden Rechnungslegung während der Dauer des Amtes befreiten Betreuer sind nicht von der Erstellung der Schlussrechnung befreit (OLG Thüringen FamRZ 2001, 579). Aus diesem Grunde stellt die Befreiung von der wiederkehrenden Rechnungslegung keine grundlegende Entlastung dar. Auch der befreite Betreuer muss damit rechnen,

---

* **Schrifttum**: GROTHE, Befreite Betreuer und Rechenschaftslegung nach Beendigung der Betreuung, Rpfleger 2005, 173.

dass von ihm nach Beendigung des Amtes Rechenschaft gemäß §§ 1890, 1908i Abs 1 S 1 BGB verlangt wird und ihm eine die Rechenschaft vereinfachende Bezugnahme auf die Rechnungslegungen nach §§ 1840 Abs 2 bis 4, 1908i Abs 1 S 1 BGB nicht zur Verfügung steht. Auch insoweit stimmen die realen Verhältnisse einer Altersvormundschaft und einer (uU lange Jahre dauernden mit zahlreichen die Einkommens- und Vermögenslage des Betroffenen verbundenen Dispositionen) rechtlichen Betreuung nicht überein.

242 Die Vorschrift berührt allein die Vermögenssorge. Der Betreuer, der weder ausschließlich noch neben anderen Angelegenheiten Vermögensangelegenheiten des Betreuten zu besorgen hatte, wird von dieser Regelung nicht betroffen. Insofern gehört diese Bestimmung in den Zusammenhang der die Vermögenssorge regelnden Vorschriften. S im Übrigen die Erläuterungen zu § 1890 BGB.

243 Gehörte zum Aufgabenkreis des Betreuers nicht die Vermögenssorge oder ein Teil davon, sondern lediglich etwa die **Verwaltung** des **Taschengeldes** oder des **Arbeitsverdienstes**, der **Werkstattvergütung** oder der **Arbeitsbelohnung** oä und dienten diese Einnahmen lediglich zur Bestreitung des Unterhalts des Betreuten einschließlich eines Betrages zu seiner freien Verfügung, entfällt mit dem Tod des Betreuten diese Zweckbestimmung. Nicht verausgabte oder nicht mehr benötigte Beträge gehören deshalb jetzt zum hinterlassenen Vermögen des Verstorbenen. Der Betreuer hat die in seinem Gewahrsam befindlichen Beträge in entsprechender Anwendung des § 1890 BGB herauszugeben sowie Abrechnung zu erstellen. Über ein Taschengeldkonto des Betreuten, dessen Beträge auf ein Konto des Pflegeheims überwiesen werden, legt der Betreuer keine Rechnung (LG Mönchengladbach FamRZ 2010, 1190 mAnm BIENWALD). Bezeichnet der Betreuer die Schlussrechnung nicht ausdrücklich als solche, muss er klarstellen, dass und für welchen Zeitraum er Rechnung legt. Außerdem hat der Betreuer im Rahmen seiner Rechnungslegung die Kontoauszüge bis zum Ende der Betreuung vorzulegen (BayObLG FamRZ 2004, 222).

IX. Fürsorge und Aufsicht des Betreuungsgerichts

1. Beratung und Aufsicht (Anwendung von § 1837 Abs 1 bis 3 BGB)

a) Normtext

244 **(1) Das Familiengericht berät die Vormünder. Es wirkt dabei mit, sie in ihre Aufgaben einzuführen.**

(2) Das Familiengericht hat über die gesamte Tätigkeit des Vormunds und des Gegenvormunds die Aufsicht zu führen und gegen Pflichtwidrigkeiten durch geeignete Gebote und Verbote einzuschreiten. Es hat insbesondere die Einhaltung der erforderlichen persönlichen Kontakte des Vormunds zu dem Mündel zu beaufsichtigen. Es kann dem Vormund und dem Gegenvormund aufgeben, eine Versicherung gegen Schäden, die sie dem Mündel zufügen können, einzugehen.

(3) Das Familiengericht kann den Vormund und den Gegenvormund zur Befolgung seiner Anordnungen durch Festsetzung von Zwangsgeld anhalten. Gegen das Jugendamt oder einen Verein wird kein Zwangsgeld festgesetzt.

b) Entstehung und Bedeutung der Vorschrift

Diese Vorschrift (mit den jetzt durch Art 50 Nr 42 FGG-RG geänderten Gerichts- **245** bezeichnungen) ist durch das Betreuungsgesetz (Art 1 Nr 41 BtG) geändert worden. Ursprünglich als reine Aufsichtsbestimmung ausgestaltet, hat sie nun sowohl im Vormundschaftsrecht als auch im Pflegschafts- und Betreuungsrecht (vgl § 1915 BGB und § 1908i Abs 1 S 1 BGB) die Verpflichtung des Gerichts zur Beratung der Amtsträger eingeführt (Abs 1). § 1837 (iVm § 1908i Abs 1 BGB) stellt einerseits die Rechtsmacht des Betreuungsgerichts in den Vordergrund, betont aber durch die Ergänzung in Abs 1 die fürsorgliche Aufgabe des Gerichts (BT-Drucks 11/4528, 113). Neben der Beratungs- und Unterstützungspflicht hat das Gericht die Aufgabe, sich an der Einführung der Amtsträger in ihre Aufgaben zu beteiligen. Abs 2 S 2 wurde eingefügt durch Art 1 Nr 3 des Gesetzes zur Änderung des Vormundschafts- und Betreuungsrechts v 29. 6. 2011 (BGBl I 1306) mit Wirkung v 5. 7. 2012.

Abs 4 der Vorschrift, der bei der Vormundschaft die entsprechende Geltung der **246** §§ 1666, 1666a und 1696 BGB vorsieht, findet auf Betreuungen jeglicher Art (§§ 1896 ff BGB) keine Anwendung (§ 1908i Abs 1 S 1 BGB).

Die ursprünglich im RegEntw vorgesehene Beteiligung des Gerichts an der Fort- **247** bildung der Betreuer ist nicht Gesetz geworden. Der Anregung des Bundesrates (BT-Drucks 11/4528, 206), den dahingehenden Satzteil zu streichen, ist die BReg gefolgt (BT-Drucks 11/4528, 226). Sie hielt es allerdings für erforderlich, in ihrer Gegenäußerung zu der Stellungnahme des Bundesrates darauf hinzuweisen, es sei wünschenswert, dass an den Fortbildungsveranstaltungen der Behörden und Vereine auch Richter und Rechtspfleger mitwirken. Es werde aufgrund der Erörterungen im Bundesrat davon ausgegangen, dass genügend Richter und Rechtspfleger für diese Aufgabe gefunden werden könnten.

Zur Notwendigkeit und zu den Problemen von Fortbildungsveranstaltungen für **248** Betreuer BT-Drucks 11/4528, 113. Zu Modellmaßnahmen zur Förderung der ehrenamtlichen Tätigkeit im Betreuungswesen s den Abschlussbericht 1991–1995 des im Auftrag des Bundesministeriums für Gesundheit von der Akademie für öffentliches Gesundheitswesen Düsseldorf durchgeführten Projekts, hrsg vom Bundesministerium für Gesundheit (1996).

c) Beratung und Unterstützung der Betreuer
aa) Anspruch auf Beratung

Auf Beratung durch das Betreuungsgericht hat jeder Betreuer einen Rechtsan- **249** spruch. Obwohl gesetzlich nicht geregelt, wurde eine Verpflichtung des Gerichts zur Beratung der Vormünder und Pfleger schon nach dem vor dem BtG geltenden Recht allgemein bejaht (PALANDT/DIEDERICHSEN[46] § 1837 Bem 4; MünchKomm/SCHWAB[2] § 1837 Rn 9). Durch die Beratungspflicht des Jugendamts oder der an seiner Stelle in Vormundschafts- und Pflegschaftssachen für Volljährige zuständigen Behörde (vgl §§ 47d, 54a JWG, § 1897 S 2 BGB aF) wurden die Gerichte von ihrer Verpflichtung nicht entbunden, die Vormünder, insbesondere im Rahmen der gerichtlichen Aufsichtspflicht nach § 1837 BGB, ebenfalls zu unterstützen (JANS/HAPPE 1 A c zu § 47d JWG). Das RG, das sich schon bald nach Inkrafttreten des BGB mit der Frage der Unterstützung von Vormündern durch das Vormundschaftsgericht zu beschäftigen hatte, sprach zunächst nur davon, dass dies „rechtens" sei (RGZ 67, 416, 418 f); später

Werner Bienwald

war dann von einer Verpflichtung des Gerichts die Rede, die das RG aus einer Pflicht zur Förderung des Mündelwohls ableitete (RGZ 75, 230, 231).

250 Obgleich § 1837 Abs 1 S 1 BGB die Gerichte nur zur **Beratung** der Vormünder/ Pfleger und Betreuer verpflichtet, wird eine **Unterstützungspflicht** des Gerichts im Vormundschaftsrecht aus § 1800 BGB iVm § 1631 Abs 3 BGB für die Personensorge und aus dem Sinn der Aufsicht für die Vermögenssorge abgeleitet (MünchKomm/ WAGENITZ § 1837 Rn 8). Wird Unterstützung als konkretisierte Beratung verstanden (Näheres dazu BIENWALD, in: BIENWALD/SONNENFELD/HARM § 1908f Rn 63, 66), ergibt sich die Unterstützungspflicht zwangsläufig aus der Beratungspflicht, ohne dass es einer weiteren Normierung bedarf.

251 Der in MünchKomm (3. Aufl SCHWAB, 4. Aufl WAGENITZ, 6. Aufl Rn 5) vertretenen Auffassung, die Vorschrift räume dem Betreuer ein subjektiv-öffentliches Recht auf Beratung ein, ist nicht zu folgen. Diese Auffassung lehnt sich offenbar an die Rspr des BVerfG an, das in BVerfGE 10, 302, 310 feststellte, das Vormundschaftsrecht habe von jeher einen starken öffentlich-rechtlichen Einschlag gehabt. Sie zieht zwar nicht den Charakter eines Anspruchs in Zweifel, nimmt aber eine Zuordnung des Anspruchs innerhalb der Rechtsordnung vor, die zu Fehldeutungen hinsichtlich der Durchsetzung des Anspruchs Anlass gibt (vgl §§ 40, 42 VwGO).

bb) Weitere Beratungsmöglichkeiten

252 Für die Beratung (und Unterstützung) der Betreuer sind neben den Betreuungsgerichten die anerkannten Betreuungsvereine (§ 1908f Abs 1 Nr 2 BGB) sowie die zuständige (örtliche) Betreuungsbehörde – Betreuungsstelle – zuständig (§ 4 BtBG). Im Übrigen steht es jedem Betreuer frei, im Rahmen einer sachgemäßen Führung der Betreuung sich jeder zur Verfügung stehenden Beratung im Einzelfall zu bedienen (zB Rechtsanwalt, Steuerberater, Sachverständige in medizinischen Fragen). Der Gesetzgeber hat das Nebeneinander zur Beratung und Unterstützung der Betreuer verpflichteter Institutionen nicht lediglich in Kauf genommen, sondern bewusst herbeigeführt und die Erwartung geäußert, der in § 3 BtBG des RegEntw vorgesehene Betreuungsbeirat werde zu einer verbesserten Abstimmung der verschiedenen Beratungsangebote führen. Die Verpflichtung zur Einführung von Betreuungsbeiräten hat sich bundesgesetzlich allerdings nicht durchsetzen lassen. Die meisten Landesausführungsgesetze sehen jedoch die Bildung von Arbeitsgemeinschaften (Beiräten) auf örtlicher und/oder überörtlicher Ebene vor.

cc) Zuständigkeiten

253 Zuständig für die Beratung und Unterstützung der Betreuer ist der Rechtspfleger (§ 3 Nr 2 Buchst b iVm § 15 RPflG) unabhängig davon, ob der Richter oder Rechtspfleger den Betreuer bestellt hat. Kommt der Rechtspfleger seiner Beratungspflicht nicht oder ungenügend nach, besteht praktisch nur die Möglichkeit der Dienstaufsichtsbeschwerde, weil der Anspruch auf Beratung mangels formulierbaren Antrags weder mit hinreichendem Erfolg eingeklagt noch im Falle eines Obsiegens vollstreckt werden kann.

Eine Verpflichtung des Gerichts zur Beratung und Unterstützung der **Bevollmächtigten** wurde bisher nicht eingeführt. Deren Beratung und Unterstützung wurde den anerkannten Betreuungsvereinen und den Betreuungsstellen zugewiesen (Ergänzung des § 1908f Abs 1 Nr 2 BGB durch Art 1 Nr 14a; Neufassung des § 4 BtBG durch Art 9 Nr 1 2. BtÄndG).

dd) Ungeregelte Problembereiche

Das Betreuungsgesetz hat dem Betroffenen bzw Betreuten selbst **keinen Anspruch** **254** **auf Beratung** eingeräumt (BT-Drucks 11/4528, 113). Der Gesetzgeber ging davon aus, die Beratung der Betreuten sei in erster Linie Aufgabe der Betreuer, die sich ihrerseits vom Betreuungsgericht beraten lassen könnten. Das Fehlen einer ausdrücklichen Regelung hindere das Betreuungsgericht allerdings nicht, einem Betreuten ebenso wie etwa seinen Angehörigen mit Hinweisen und Ratschlägen zur Seite zu stehen, soweit sich das Gericht dabei nicht durch Art und Umfang der Beratung an die Stelle des Betreuers setze (BT-Drucks 11/4528, 113).

Nicht unmittelbar der Beratung, sondern der Information des Betroffenen dient die **255** Verpflichtung des (bereits mit der Betreuungssache befassten) Gerichts, im Zusammenhang der Anhörung den Betroffenen in geeigneten Fällen auf die Möglichkeit der Vorsorgevollmacht und deren Inhalt hinzuweisen (§ 278 Abs 2 FamFG). Korrespondierend die Verpflichtungen von Verein (§ 1908f Abs 1 Nr 2a) und Behörde (§ 6 Abs 1 S 2 BtBG), eingeführt durch das BtÄndG.

Weder das Vormundschaftsrecht noch das Betreuungsrecht haben ein bestimmtes **256** Verfahren vorgesehen, in dem ein **Konflikt zwischen Betreuer und Betreutem** (bzw Vormund/Mündel oder Pfleger/Pflegebefohlenem) mit gerichtlicher Hilfe gelöst werden kann. Im RegEntw (BT-Drucks 11/4528, 113) waren verschiedene Regelungen erwogen, letztlich aber mit der Begründung verworfen worden, ein formalisiertes „Vermittlungsverfahren" für alle Konflikte zwischen dem Betreuten und seinem Betreuer könnte die Beziehung zwischen ihnen in einem Maße verrechtlichen, das der Betreuung nicht dienlich wäre (BT-Drucks 11/4528, 113). Das Betreuungsgericht soll jedoch den Betreuten auf dessen Wunsch hin beraten, wie der Konflikt zwischen ihm und dem Betreuer gelöst werden kann. Dazu näher auch MünchKomm/WAGE-NITZ § 1837 Rn 6. Je nach Art des Konflikts kann das Betreuungsgericht gehalten sein, dem Betreuten einen weiteren Betreuer zu bestellen, dem die Aufgabe übertragen wird, die konkrete Streitigkeit (prozess-)gerichtlich klären zu lassen oder die Entscheidungen des Gerichts (zB Genehmigungen) auf dem Rechtswege zu überprüfen. Unbefriedigend ist auch, für den Betroffenen wie für Erben, Einwendungen gegen die Amtsführung eines Betreuers nicht bereits im Rahmen einer Vergütungsfestsetzung anbringen zu können, zumal die Aufsicht über die Führung der Betreuung dem Betreuungsgericht obliegt.

Das Betreuungsgesetz hat nicht die Situation im Blick gehabt, dass Betroffene, **257** **Angehörige** von Betroffenen oder Dritte das Gericht **um Rat fragen**, ob und ggf wie die Bestellung eines Betreuers zu „beantragen" oder anzuregen ist, ob sie vermeidbar und mit welchen Folgen sie verbunden ist. Obwohl derartige „Vorfragen" noch im Vorfeld von Ermittlungen zur Frage einer Betreuerbestellung auftreten, liegt es im Interesse des Gerichts, entweder im richtigen Zeitpunkt zu handeln oder vermeidbare Verfahren nicht erst entstehen zu lassen, die Ratsuchenden entsprechend zu informieren oder zu beraten. Das Gericht könnte diese Ratsuchenden zwar auch an die zuständige Behörde, an einen vorhandenen anerkannten Betreuungsverein, letztlich auch an die Anwaltschaft verweisen, würde sich damit jedoch der

Werner Bienwald

Chance einer „Vorprüfung" und damit einer steuernden Tätigkeit innerhalb der Erledigung von Betreuungssachen entgehen lassen. Zur Frage einer Beratungszuständigkeit von anerkannten Vereinen im Vorfeld einer Betreuerbestellung und zur Frage ihrer Finanzierung s BIENWALD FamRZ 1992, 1125, 1127.

d)   Mitwirkung des Gerichts bei der Einführung der Betreuer

258 Diese durch Art 1 Nr 41 Buchst a BtG in die Vorschrift des § 1837 BGB hineingenommene Aufgabe des Gerichts verpflichtet lediglich zur **Mitwirkung** bei der Einführung der Betreuer in ihre Aufgaben, nicht dagegen zur eigenverantwortlichen Organisierung und Durchführung solcher Veranstaltungen. Die Gerichte werden damit nicht zur Trägerschaft solcher Maßnahmen verpflichtet (BT-Drucks 11/4528, 113). Ob sie berechtigt wären, als Träger solcher Maßnahmen zu fungieren, erscheint fraglich.

Die durch § 1837 Abs 1 S 2 BGB iVm § 1908i Abs 1 S 1 BGB vorgeschriebene Mitwirkung des Betreuungsgerichts bei der Einführung der Betreuer in ihre Aufgaben darf nicht mit der Notwendigkeit verwechselt oder gleichgesetzt werden, den Betreuer über seine Aufgaben zu unterrichten und in geeigneten Fällen mit ihm und dem Betreuten ein Einführungsgespräch gemäß § 289 Abs 2 FamFG zu führen. Während die Unterrichtung des Betreuers (§ 289 Abs 1 S 1 FamFG) und das Einführungsgespräch im jeweils konkreten Einzelfall zu erfolgen haben, betrifft die Beteiligung des Gerichts an Einführungsveranstaltungen in erster Linie die generelle Unterrichtung bereits bestellter und/oder tätiger oder potenzieller Betreuungspersonen unabhängig von deren Bestellung im Einzelfall (näher dazu die Gesetzgebungsgeschichte sowie STAUDINGER/BIENWALD [1999] § 1908i Rn 172 f). Die Sicherung einer solchen Mitwirkung durch eine gesetzliche Verpflichtung wurde für nicht erforderlich gehalten (BT-Drucks 11/4528, 226). Die Regelung in § 1837 BGB war demnach immer im Sinne einer allgemeinen Vorbereitung auf die Aufgaben eines Betreuers und die Führung von Betreuungen schlechthin verstanden worden.

e)   Aufsicht und Kontrolle des Betreuungsgerichts
aa) Allgemeines

259 Das Betreuungsgericht hat über die gesamte Tätigkeit des Betreuers und des Gegenbetreuers die Aufsicht zu führen. Es hat gegen Pflichtwidrigkeiten des Betreuers durch geeignete Gebote und Verbote einzuschreiten (§ 1837 Abs 2 BGB). Die Vorschrift wird ergänzt durch § 1796 BGB, ferner durch § 1797 Abs 1 BGB u § 1798 BGB, jeweils iVm § 1908i Abs 1 S 1 BGB. Zum Begriff der Pflichtwidrigkeit s STAUDINGER/VEIT (2014) § 1837 Rn 30 ff. Soweit für die Auffassung, die Pflichtwidrigkeit iSd § 1837 BGB setze kein Verschulden voraus (MünchKomm/WAGENITZ § 1837 Rn 14), auf die Verweisung des Abs 4 (dort auf § 1666 Abs 1 BGB) hingewiesen und argumentiert wird, wenn sogar für die Entziehung eines gesamten Sorgerechtsbereichs unverschuldetes Versagen ausreichen kann, dürfe für mildere Eingriffe nichts anderes gelten, wird außer Acht gelassen, dass § 1837 Abs 4 BGB im Betreuungsrecht keine Anwendung findet (§ 1908i Abs 1 S 1 BGB), hier also ein anderer Maßstab in Betracht kommen kann.

260 Von der Aufsichts- und Kontrollbefugnis des Betreuungsgerichts nach § 1837 Abs 2 S 1 BGB werden sämtliche Betreuerarten, gleichgültig welche Form der Betreuung und welcher Betreuertyp vorliegt, erfasst (MünchKomm/SCHWAB Rn 31). Unterschiede in Bezug auf den Umfang der Kontroll- und Aufsichtsbefugnis bestehen jedoch für die verschiedenen Betreuertypen, sodass nicht in allen Fällen eine umfassende Kontroll- und Aufsichtsbefugnis des Betreuungsgerichts zum Tragen kommt.

Das Aufsichts- und Kontrollrecht des Betreuungsgerichts lässt die Selbstständigkeit **261** des Betreuers im Kern unberührt. Ebenso wie im bisherigen Recht der Vormundschaft und Pflegschaft für Volljährige gilt für die Führung der Betreuung der Grundsatz der Selbstständigkeit und Eigenverantwortlichkeit des Betreuers (dazu BayObLGZ 1999, 117 = FamRZ 1999, 1460). In sie kann das Gericht nur aufgrund der in dieser Vorschrift enthaltenen Ermächtigungen sowie aufgrund von § 1796 BGB iVm § 1908i Abs 1 S 1 BGB eingreifen. Das Betreuungsgericht ist jedoch nicht darauf beschränkt, bereits vollzogene Maßnahmen, soweit diese rechtswidrig sind, nachträglich zu beanstanden, sondern ist befugt und im Rahmen der betreuungsgerichtlichen Aufsicht auch verpflichtet, dem Betreuer aufzuzeigen, ob eine von ihm beabsichtigte Maßnahme als pflichtwidrig zu beurteilen ist oder nicht (BayObLGZ 1999, 117, 119 = FamRZ 1999, 1460 mwNw; FamRZ 2001, 786).

Äußert sich das Betreuungsgericht im Rahmen seiner Aufsicht über die Führung der **262** Betreuung auf Antrag des Betreuers dazu, ob eine von ihm beabsichtigte Maßnahme möglicherweise pflichtwidrig ist, so hat der Betreute hiergegen kein Beschwerderecht, denn durch diese Stellungnahme des Gerichts werden seine Rechte nicht unmittelbar berührt (BayObLG FamRZ 2001, 786). Dritte Personen haben keinen Rechtsanspruch darauf, dass das Betreuungsgericht gegen Pflichtwidrigkeiten des Betreuers im Wege der Aufsicht tätig wird; dementsprechend sind sie gegen die Ablehnung eines Einschreitens auch nicht beschwerdebefugt (OLG Zweibrücken Rpfleger 2003, 426).

bb) Reichweite der Aufsicht und Kontrolle

Das Recht und die Pflicht zu Aufsicht und Kontrolle über die Tätigkeit des Be- **263** treuers wird einerseits durch dessen Aufgabenkreis begrenzt, andererseits durch die die Art und Weise der Führung der Betreuung regelnden Normen (zB § 1901 BGB) bestimmt. Der Aufsicht und Kontrolle des Gerichts unterliegen mithin die § 1902 BGB zuzurechnenden Entscheidungen und Betätigungen des Betreuers sowie der tatsächliche Vollzug getroffener Entscheidungen. Gegenstand der Aufsicht und Kontrolle ist die Art und Weise, in der der Betreuer die Angelegenheiten des Betreuten besorgt, ob er den Betreuten hinreichend persönlich betreut (zum Begriff der persönlichen Betreuung s BT-Drucks 11/4528, 68), ob er den Informationspflichten des § 1901 Abs 5 BGB in ausreichendem Maße nachkommt und ob er den erforderlichen Kontakt zu seinem Betreuten hält (§ 1837 Abs 2 S 2 BGB). Die Ausübung des Aufsichts- und Kontrollrechts des Betreuungsgerichts ist unabhängig davon, ob der Betreuer im Einzelfall vom Betreuten oder seinem Rechtsnachfolger für eine Pflichtwidrigkeit oder aus sonstigen Gründen zur Verantwortung gezogen werden kann (§ 1833 BGB iVm § 1908i Abs 1 S 1 BGB). Einwirkungen auf die Amtsführung des Betreuers kommen nur **gegen pflichtwidrige oder missbräuchliche Handhabungen** in Betracht. In Fragen der Zweckmäßigkeit hat der Betreuer gegenüber dem Betreuungsgericht eine ebenso selbständige Stellung wie der Vormund. Die Entscheidung des Betreuers über den Aufenthalt der betreuten Ehefrau gegen den Willen ihres Ehemannes ist deshalb vom Betreuungsgericht nur auf Pflichtwidrigkeiten oder Missbrauch überprüfbar (OLG Schleswig FamRZ 1996, 1368, 1369 = Rpfleger 1996, 454).

264 Ist die Betreuung beendet, kann das Betreuungsgericht den Betreuer nicht mehr zur Erteilung von Auskünften anhalten (BayObLG Rpfleger 1996, 246 = BtE 1994/95, 86 m w Fundstellen). Es kann nach Beendigung der Betreuung auch nur noch die Einreichung einer formell ordnungsgemäßen Schlussrechnung, nicht aber deren sachliche Berichtigung oder Ergänzung, erzwingen (BayObLG Rpfleger 1997, 476 = NJWE-FER 1997, 227; MünchKomm/Schwab Rn 33).

265 Überschreitet der Betreuer seine Befugnisse und bewegt er sich außerhalb seines Aufgabenkreises und des Vertretungsrechts gemäß § 1902 BGB, konnte das bisher dadurch vom Betreuungsgericht festgestellt werden, dass Ansprüche auf Vergütung und Aufwendungsersatz gestellt und zurückgewiesen wurden. Die Vergütung in Pauschalen hat derartige Kontrollen erschwert.

cc) Instrumente der Aufsicht und Kontrolle

266 Als Instrumente der Aufsicht und Kontrolle kommen **in erster Linie** die in den §§ 1837 bis 1847 BGB aufgeführten in Betracht, soweit sie auf die Führung der Betreuung sinngemäß Anwendung finden (§ 1908i Abs 1 S 1 BGB). Danach besteht grundsätzlich eine Berichtspflicht (§ 1840 Abs 1 BGB), eine Auskunfts- (§ 1839 BGB) und eine Rechnungslegungspflicht (§§ 1840, 1841 BGB). Zur Prüfung der Rechnung durch das Gericht s § 1843 BGB. Der Betreuer soll im Rahmen seiner Berichtspflicht (§ 1840 Abs 1 S 2 BGB) auch über seine persönlichen Kontakte mit dem Betreuten nach Anzahl, Ort und Zeitpunkt sowie Dauer Auskunft geben (LG Hamburg FamRZ 2017, 247 [LS] = BtPrax 2017, 43 [LS] mwNw). Wegen des engen Zusammenhangs von persönlichem Kontakt und persönlicher Befindlichkeit des Betreuten könnte dann das Gericht auch jederzeit gem § 1839 BGB über die persönlichen Kontakte Auskunft verlangen.

267 Als Instrumente der Aufsicht und Kontrolle dienen **außerdem** die Genehmigungsvorbehalte im Bereich der Personen- und der Vermögenssorge (§§ 1904 bis 1907 BGB; §§ 1811 ff BGB iVm § 1908i Abs 1 S 1 BGB). Zur Frage, ob vor einer Entlassung des Betreuers wegen Eignungsmangels sämtliche Aufsichtsmaßnahmen ausgeschöpft worden sein müssen, s unten Rn 278.

dd) Befreiungen

268 Ausnahmen von der umfassenden Aufsicht und Kontrolle durch das Betreuungsgericht sind im Bereich vermögensrechtlicher Angelegenheiten vorgesehen:

– Der Betreuungsbehörde und dem anerkannten Betreuungsverein als Betreuer stehen die nach § 1852 Abs 2 BGB, §§ 1853, 1854 BGB zulässigen Befreiungen zu (§ 1857a BGB iVm § 1908i Abs 1 S 1 BGB);

– die gleichen Befreiungen stehen (aufgrund von § 1908i Abs 2 S 2 BGB) dem Vater, der Mutter, dem Ehegatten, dem Lebenspartner, einem Abkömmling des Betreuten sowie dem Vereinsbetreuer und dem Behördenbetreuer zu, soweit das Betreuungsgericht nichts anderes anordnet.

Der Unterschied beider Befreiungsvorschriften liegt darin, dass das Betreuungsge- **269** richt in den Fällen des § 1908i Abs 2 S 2 BGB die Anwendung des § 1857a BGB und damit aller dort aufgeführten Befreiungen im Einzelfall ausschließen kann, während die nach Abs 1 S 1 vorgesehene ausnahmslose Geltung der Befreiungen des § 1857a BGB lediglich betreuungsgerichtliche Modifizierungen zulässt (§ 1854 Abs 2 S 2 BGB).

f) Versicherungsauflage

Das Betreuungsgericht kann und wird in den dafür in Betracht kommenden Fällen **270** dem Betreuer und dem Gegenbetreuer aufgeben, eine Versicherung gegen Schäden einzugehen, die der Betreuer oder der Gegenbetreuer dem Betreuten zufügen kön- nen (§ 1837 Abs 2 S 2 BGB iVm § 1908i Abs 1 S 1 BGB). Diese durch Art 1 Nr 41 BtG eingefügte Vorschrift ergänzt § 1835 Abs 2 BGB, der die Erstattung von Ver- sicherungskosten ehrenamtlich tätiger Personen vorsieht, über die Verpflichtung zur Versicherung jedoch keine Bestimmung enthält. In Fällen, in denen ein Versiche- rungsschutz im Interesse des Betreuten geboten ist, soll das Gericht deshalb dem Betreuer und dem Gegenbetreuer ein entsprechendes Gebot auferlegen (BT-Drucks 11/4528, 114).

Die Vorschrift sieht nicht vor, dass das Gericht nur vor oder bei der Betreuerbe- **271** stellung berechtigt wäre, den Abschluss einer Versicherung aufzugeben. Die Auflage kann deshalb auch nachträglich erteilt werden, wenn der Betreuer bestellt und bereits tätig geworden ist. Die Zulässigkeit späterer Versicherungsauflagen war vor allen Dingen für die sog Altfälle, dh die vor dem 1. 1. 1992 bestellten Pfleger und Vormünder, von Bedeutung, etwa dann, wenn begründeter Anlass bestand, dem Betreuten durch die Versicherungsauflage Schutz zu bieten, oder bei Überprüfung, ob die Betreuung noch aufrechtzuerhalten ist. Der Auflage, eine Versicherung ein- zugehen, steht es gleich, dass von dem Betreuer eine Höherversicherung verlangt wird.

S auch die Erläuterungen von STAUDINGER/VEIT (2014) § 1837 Rn 44 ff.

g) Festsetzung von Zwangsgeld

Die bisher als Mittel der Durchsetzung seiner Anordnungen (Gebote oder Verbote) **272** vorgesehene Festsetzung von Zwangsgeld steht dem Betreuungsgericht nach Ände- rung der Vorschrift nicht nur in den Fällen des Abs 2 S 1, sondern auch dann zur Verfügung, wenn sich der ausgewählte Betreuer weigert, die von ihm verlangte (auf Kosten des Betreutenvermögens oder der Staatskasse abzuschließende) Versiche- rung einzugehen. Dies ergibt sich aus der Stellung der Vorschrift innerhalb des § 1837 BGB und aus der Tatsache, dass es sich bei der Versicherungsauflage um ein echtes, auf der Basis gesetzlicher Ermächtigung zulässiges Gebot des Betreu- ungsgerichts handelt.

Einwendungen gegen die Zulässigkeit einer solchen Versicherungsauflage lassen **273** sich nur daraus ableiten, dass dem ausgewählten Betreuer Unzumutbares nicht abverlangt werden darf. Das wäre dann der Fall, wenn er die Versicherung auf eigene Kosten abschließen müsste, weil der Betroffene kein hinreichendes Vermö- gen hat, das Gericht aber andererseits es ablehnen würde, aus der Staatskasse die Kosten vorzuschießen oder den Betrag zu erstatten.

274 § 1837 Abs 3 S 2 BGB nimmt die Betreuungsbehörde (Betreuungsstelle) und den anerkannten Betreuungsverein als Adressaten von Zwangsmaßnahmen aus. Ferner darf ein Zwangsgeld nach § 1837 Abs 3 S 1 BGB nicht gegen den Behördenbetreuer festgesetzt werden (§ 1908g Abs 1 BGB). Dagegen ist die Zwangsgeldfestsetzung gegen einen Vereinsbetreuer zulässig. Dazu und zu der nicht hinreichend begründeten Privilegierung der öffentlichen Bediensteten BIENWALD RsDE 8/1989, 53 sowie BtR § 1908g Rn 2.

275 Zum Problem der Durchsetzbarkeit von Ge- und Verboten des Betreuungsgerichts gegenüber Behördenbetreuern s GRAUMANN NDV 1989, 372, 374. Zur Wiederholbarkeit der Zwangsgeldfestsetzungen, ihrer Höchstzahl und den Folgen einer Überschreitung des Höchstbetrags des einzelnen Zwangsgeldes s STAUDINGER/VEIT (2014) § 1837 Rn 55 ff. Der Mindestbetrag beträgt 5 Euro. Nach § 35 Abs 3 S 1 FamFG (vgl auch Art 6 Abs 1 EGStGB) kann das einzelne Zwangsgeld den Höchstbetrag von 25 000 Euro erreichen. Mit der Festsetzung des Zwangsmittels sind dem Verpflichteten zugleich die Kosten dieses Verfahrens aufzuerlegen (§ 35 Abs 3 S 2 FamFG).

276 Der Grundsatz der Verhältnismäßigkeit von Mittel und Zweck gebietet es, die Festsetzung von Zwangsgeld grundsätzlich als **letztes Mittel** zur Durchsetzung der vom Gericht rechtmäßig getroffenen Anordnungen einzusetzen. Mit Hilfe anderer Mittel wie Gespräch, Hinweis, Erinnerung und Ermahnung können die angestrebten Ziele vielfach erreicht werden, ohne dass das Gericht zu Zwangsgeldfestsetzungen greifen muss. Die erforderliche Zwangsgeldandrohung muss sich auf die Erzwingung einer ganz bestimmten Handlung beziehen (OLG Thüringen FamRZ 2001, 579, 580 = FGPrax 2001, 69). Auch nach dem Ende des Betreueramtes kann das Betreuungsgericht den Betreuer durch Zwangsgeld anhalten, die gemäß §§ 1908i Abs 1 S 1, 1892 BGB geschuldete formal ordnungsgemäße Schlussrechnung einzureichen (OLG Thüringen FamRZ 2001, 579, 580; BayObLG FamRZ 2001, 934 [LS]). Auskunft kann das Betreuungsgericht nach Beendigung des Amtes nicht mehr verlangen (BayObLG FamRZ 1996, 511).

277 Die Androhung oder Anordnung eines Zwangsgeldes ist nicht mehr zulässig, wenn der damit verfolgte Zweck bereits erreicht ist (BayObLG Rpfleger 1997, 476 = NJWE-FER 1997, 227; FamRZ 1998, 1197). Hat der Betreuer die ihm obliegende Verpflichtung erfüllt (hier: Erteilung ihm obliegender Auskünfte), nachdem insoweit ein Zwangsgeld festgesetzt, aber noch nicht beigetrieben worden war, ist der Zwangsgeldbeschluss wieder **aufzuheben**. Er kann nicht mit der Begründung aufrechterhalten werden, der Betreuer habe, wie sich nach der Zwangsgeldfestsetzung herausgestellt habe, seine Verpflichtung nur nachlässig erfüllt (OLG Köln FamRZ 2003, 780). Auch konkludent kann sich eine Zwangsgeldandrohung oder Zwangsgeldfestsetzung erledigen; erfolgt zeitlich danach ein erneuter Verstoß gegen eine gerichtliche Anordnung, kann nicht auf eine erneute Androhung verzichtet werden (OLG Naumburg FGPrax 2004, 21).

278 Erweisen sich die in § 1837 BGB vorgesehenen Aufsichts- und Kontrollinstrumente als unwirksam, sei es, dass der Betreuer die auferlegten Zwangsgelder bezahlt, ohne die Gebote oder Verbote zu befolgen, sei es, dass er andere Hinweise, Ermahnungen, die konkreten Anweisungen des Gerichts oder auch Zwangsgeldandrohungen unbeachtet lässt oder unterläuft, ohne dass das Gericht Zwangsgelder mit Erfolg

eingesetzt hat, besteht **als stärkstes Mittel** die Möglichkeit, den Betreuer als ungeeignet zu **entlassen** und dadurch den Betreuten zu schützen (§ 1908b Abs 1 BGB; vgl
MünchKomm/WAGENITZ § 1837 Rn 3 für den Vormund des Minderjährigen und den Pfleger; s im
Übrigen STAUDINGER/VEIT [2014] § 1837 Rn 49 ff). Um den Betreuer wegen **mangelnder**
Eignung zu entlassen, muss das Gericht nicht sämtliche Aufsichtsmaßnahmen nach
den §§ 1837, 1908i Abs 1 S 1 BGB bis hin zur Zwangsgeldfestsetzung zuvor ausgeschöpft haben, wenn der Betreuer durch wiederholte Zuwiderhandlungen gegen
seine Betreuerpflichten gezeigt hat, dass er durch Aufsichtsmaßnahmen nicht zu
beeindrucken ist (BayObLGRp 2004, 270 = FamRZ 2004, 1323 [LS] = BtPrax 2004, 153).

h) Verfahrensfragen

§§ 1837 Abs 1 bis 3, 1908 i Abs 1 S 1 BGB formulieren Verpflichtungen des Gerichts **279**
gegenüber dem Betreuer. Sie betreffen nicht unmittelbar das Verhältnis zu der
betreuten Person. Aus den Regelungen wird hergeleitet, dass der Betreuer Beratung
und Unterstützung durch das Gericht in Anspruch nehmen kann. Der Betreuer muss
sich wegen seines Anliegens nicht auf Beratungs- und Unterstützungsangebote
durch die zuständige Behörde oder einen bestehenden Betreuungsverein verweisen
lassen. Er kann darauf bestehen, dass das Gericht ihn berät und unterstützt.

Lehnt das Gericht (zuständig ist der Rechtspfleger, § 3 Nr 2b, 15 RPflG) mehr oder **280**
weniger ausdrücklich ab, trifft es damit keine ein Verfahren im ersten Rechtszug
abschließende Endentscheidung, gegen die eine Beschwerde zulässig wäre (§ 58
Abs 1 FamFG, § 11 RPflG). Während die aufgrund von §§ 1837 Abs 1 bis 3, 1908i
Abs 1 S 1 BGB gegen den Betreuer verhängten Maßnahmen jeweils ein selbständiges Verfahren darstellen und die entsprechenden Entscheidungen grundsätzlich
mit der Beschwerde (§§ 58 ff FamFG) anfechtbar sind, mangelt es dem Anliegen des
Betreuer an der Konkretheit, die erforderlich wäre, um Gegenstand eines selbständigen Verfahrens zu sein.

Ist infolgedessen gegen die Weigerung des Rechtspflegers nach den allgemeinen
verfahrensrechtlichen Vorschriften ein Rechtsmittel nicht gegeben, findet die Erinnerung statt, die innerhalb der für die Beschwerde vorgesehenen Frist (§ 63 Abs 1
FamFG: ein Monat) einzulegen ist.

Der Rechtspfleger kann der Erinnerung abhelfen. Eine Erinnerung, der er nicht
abhilft, legt er dem Richter zur Entscheidung vor (§ 11 Abs 2 RPflG). Der Richter
hat zwar die Möglichkeit zu prüfen, ob das Verhalten des Rechtspflegers rechtmäßig
war, er kann auch die Verpflichtung des Rechtspflegers zur Beratung und Unterstützung aussprechen. Auf deren Vollzug kann er mit Erfolg nicht einwirken.

Obwohl das Gericht zur Führung der Aufsicht über die gesamte Tätigkeit des **281**
Betreuers verpflichtet ist und in diesem Zusammenhang auch seiner Beratungs-
und Unterstützungspflicht nachzukommen hat, hat die betreute Person keinen Anspruch darauf, dass das Gericht diesen Verpflichtungen nachkommt. Entsteht der
betreuten Person durch die Untätigkeit des Gerichts oder durch eine fehlerhafte
Entscheidung ein Schaden, ist der Betreuungsrichter und ebenso der Rechtspfleger
dem Betreuten nach § 839 Abs 1 und Abs 3 BGB verantwortlich (STAUDINGER/WÖST-
MANN [2013] § 839 Rn 674 ff; dort auch zur Amtshaftung und zu weiteren Einzelheiten, ua der
Anrechnung mitwirkenden Verschuldens des gesetzlichen Vertreters).

282 Der Betreuer ist gemäß §§ 58 Abs 1, 63 FamFG beschwerdebefugt gegen die Anordnung eines Gebots oder Verbots nach §§ 1837 Abs 2, 1908i Abs 1 S 1 BGB, gegen die Androhung des Zwangsgeldes und gegen dessen Anordnung. Richtet sich eine der genannten Maßnahmen gegen den Gegenbetreuer, ist dieser beschwerdebefugt. Der Betreuer kann (auch) im Namen des Betreuten Beschwerde einlegen gegen eine Entscheidung, die seinen Aufgabenkreis betrifft (§ 303 Abs 4 S 1 FamFG). Eine solche Entscheidung liegt nicht nur dann vor, wenn sie den Aufgabenkreis erweitert oder einschränkt. Erfasst werden auch Folgeentscheidungen innerhalb des Aufgabenkreises des Betreuers sowie seine Teilentlassung (KEIDEL/BUDDE § 303 FamFG Rn 9 mwNw).

283 Gemäß § 303 Abs 1 FamFG steht der zuständigen Behörde das Recht der Beschwerde gegen Entscheidungen über Umfang, Inhalt oder Bestand einer Betreuerbestellung (oder der Anordnung eines Einwilligungsvorbehalts) zu. Maßnahmen des Gerichts, die die Führung der Betreuung betreffen, nehmen auf den Inhalt der Betreuung Einfluss, sind deshalb von der Behörde mit der Beschwerde anzufechten.

284 Gegen die Festsetzung von Zwangsgeld gemäß §§ 35 Abs 1 S 1, Abs 3 S 1 und 2 FamFG ist die sofortige Beschwerde in entsprechender Anwendung der §§ 567 bis 572 ZPO zulässig. Die Beschwerde hat aufschiebende Wirkung (§ 570 ZPO; KEIDEL/ZIMMERMANN § 35 FamFG Rn 66). Die befristete Beschwerde (§§ 58 ff FamFG; Frist: ein Monat) gegen die Androhung eines Zwangsgeldes hat dagegen keine aufschiebende Wirkung (KEIDEL/ZIMMERMANN § 35 FamFG Rn 65).

2. Rechnungslegung

a) Allgemeines

285 Die §§ 1840 bis 1843 BGB regeln die Rechnungslegung durch den Vormund und deren Prüfung durch das Familiengericht. Die Vorschriften sind auf die Betreuung sinngemäß anzuwenden (§ 1908i Abs 1 S 1 BGB). Nicht in die Aufzählung einbezogen war bisher § 1842 (Mitwirkung des Gegenvormunds). Die Neufassung des § 1908i Abs 1 S 1 BGB durch Art 1 Nr 16 2. BtÄndG hat den Mangel beseitigt.

Der Betreuer hat über seine Vermögensverwaltung Rechnung zu legen. Deshalb kann von dem neuen Betreuer, der nach dem Tod des bisherigen Betreuers bestellt worden ist, keine Rechnungslegung nach dieser Vorschrift verlangt werden (BIENWALD Rpfleger 2012, 593). Soweit die Verpflichtungen aus § 1890 BGB die Erben des Verstorbenen Betreuers treffen (STAUDINGER/VEIT [2014] §§ 1890 Rn 4, 1894 Rn 5), kann sich diese Verpflichtung nur auf die Herausgabe des verwalteten Vermögens, nicht aber auf die gesamte Rechnungslegung beziehen.

b) Bericht und Rechnungslegung
286 aa)   § 1840 Abs 2 bis 4

(2) Der Vormund hat über seine Vermögensverwaltung dem Familiengericht Rechnung zu legen.

(3) Die Rechnung ist jährlich zu legen. Das Rechnungsjahr wird von dem Familiengericht bestimmt.

(4) Ist die Verwaltung von geringem Umfang, so kann das Familiengericht, nachdem die Rechnung für das erste Jahr gelegt worden ist, anordnen, dass die Rechnung für längere, höchstens dreijährige Zeitabschnitte zu legen ist.

bb) Befreiungen

Von der Rechnungslegungspflicht nach § 1840 Abs 2 bis 4 BGB sind nach den **287** Bestimmungen des BtG befreit oder bedingt befreit:

– in sinngemäßer Anwendung des § 1857a BGB (§ 1908i Abs 1 S 1 BGB) die zuständige Betreuungsbehörde und der anerkannte Betreuungsverein, wenn sie zum Betreuer bestellt worden sind. Die Behörde und der Verein haben jedoch nach Ablauf von je zwei Jahren eine Übersicht über den Bestand des ihrer Verwaltung unterliegenden Vermögens dem Betreuungsgericht einzureichen. Das Betreuungsgericht kann auch anordnen, dass die Übersicht in längeren, allerdings höchstens fünfjährigen, Zwischenräumen einzureichen ist (§ 1854 Abs 2 S 2 BGB);

– aufgrund landesgesetzlicher Befreiungen (§ 1908i Abs 1 S 2 BGB) die zuständige Behörde. In Hamburg ist § 1840 Abs 2 bis 4 BGB gegenüber der zum Betreuer bestellten Behörde nicht anzuwenden. In den Ländern Bremen, Hessen und Sachsen-Anhalt, die zwar von der Ermächtigung des § 1908i Abs 1 S 2 BGB Gebrauch gemacht haben, ist eine entsprechende Vorschrift nicht ergangen;

– in sinngemäßer Anwendung des § 1857a BGB der Vater, die Mutter, der Ehegatte, der Lebenspartner (zur Begründung für deren Befreiung s BT-Drucks 14/3751, 46) und jeder Abkömmling des Betreuten sowie der Vereinsbetreuer und der Behördenbetreuer. Das Betreuungsgericht kann jedoch etwas anderes anordnen. Die Befreiungen gelten solange und dem Umfang nach soweit, als das Betreuungsgericht nicht aus besonderen Gründen eine einschränkende Anordnung trifft. Von der Möglichkeit der Einschränkung sind auch Vereinsbetreuer und Behördenbetreuer betroffen. **Einschränkungen** sind zulässig, soweit sie **zum Wohle des Betreuten** erforderlich sind, wenn also im Einzelfall eine – vielleicht auch zeitlich beschränkte – engere Kontrolle angezeigt erscheint (BT-Drucks 11/4528, 161). Eine gerichtliche Einschränkung lediglich im Interesse des Betreuers, der (zB) Auseinandersetzungen mit Angehörigen und/oder späteren Erben vermeiden oder ihnen zuvorkommen möchte, wäre nicht zulässig. Die Anordnung der Aufhebung der Befreiung von der jährlichen/periodischen Rechnungslegungspflicht ist eine Ermessensentscheidung des Tatrichters (BayObLG FamRZ 2003, 475). Maßstab für die Entscheidung des Gerichts ist ausschließlich das Wohl des Betreuten (BayObLG FamRZ 2003, 475). Die Entscheidung kann vom Gericht der Rechtsbeschwerde nur auf Rechtsfehler überprüft werden (BayObLG FamRZ 2003, 475).

Geschwister der betreuten Person sind von der periodischen Rechnungslegung nicht **288** befreit. Sie können von der gesetzlichen Verpflichtung zur Rechnungslegung auch nicht durch gerichtlichen Beschluss oder eine Vereinbarung mit dem Gericht entbunden werden (BayObLG FamRZ 2003, 326 [LS]).

cc) Zuständigkeit für die Aufhebung der Befreiung

289   Die Entscheidung, durch welche die gesetzliche Befreiung von der Rechnungslegung nach § 1857a BGB iVm § 1908i Abs 2 S 2 BGB aufgehoben oder eingeschränkt wird, trifft mangels Richtervorbehalts der Rechtspfleger. Die Entscheidung, mit der auf diese Weise in seine Rechte eingegriffen wird, kann der Betreuer anfechten.

dd) Mehrere Betreuer

290   Sind mehrere Betreuer bestellt, richtet sich die Verpflichtung nach ihrem Verhältnis zueinander (§ 1899 Abs 3 u 4 BGB). Demnach haben sie entweder getrennt oder gemeinsam die Rechnungslegungspflicht zu erfüllen. Befreiungen sind nur auf die einzelne Person bezogen möglich. Wegen weiterer Einzelheiten wird auf die Erläuterungen zu § 1840 BGB Bezug genommen.

c) Inhalt der Rechnungslegung
aa) § 1841

291   **Inhalt der Rechnungslegung**

> **(1) Die Rechnung soll eine geordnete Zusammenstellung der Einnahmen und Ausgaben enthalten, über den Ab- und Zugang des Vermögens Auskunft geben und, soweit Belege erteilt zu werden pflegen, mit Belegen versehen sein.**

> **(2) Wird ein Erwerbsgeschäft mit kaufmännischer Buchführung betrieben, so genügt als Rechnung ein aus den Büchern gezogener Jahresabschluss. Das Familiengericht kann jedoch die Vorlegung der Bücher und sonstigen Belege verlangen.**

Nach dem in Bezug genommenen § 1842 BGB (Mitwirkung des Gegenvormunds) hat der Betreuer die Rechnung unter Nachweisung des Vermögensbestands dem Gegenbetreuer vorzulegen, sofern dieser vorhanden oder zu bestellen ist. Der Gegenbetreuer hat dann die Rechnung zu prüfen und mit den Bemerkungen zu versehen, zu denen die Prüfung ihm Anlass gibt.

Die Änderung der Gerichtsbezeichnung beruht auf Art 50 Nr 42 FGG-RG.

bb) Praxisprobleme

292   Während § 1840 BGB die grundsätzliche Verpflichtung des Betreuers zur Rechnungslegung (Abs 2) und den Turnus der Rechnungslegung (Abs 3) sowie die Befugnis des Gerichts zu abweichenden Entscheidungen (Abs 4) regelt, bestimmt § 1841 BGB die Art und Weise, in der Rechnung zu legen ist. Die Vorschrift enthält gegenüber § 259 BGB Sonderbestimmungen für das Vormundschafts-, Pflegschafts- und Betreuungsrecht (§§ 1915 Abs 1; 1908i Abs 1 S 1 BGB; STAUDINGER/VEIT [2014] § 1841 Rn 2). Der Charakter der Vorschrift als Ordnungsvorschrift (STAUDINGER/VEIT [2014] § 1841 Rn 2) enthebt den Betreuer nicht der Verantwortung für die Vollständigkeit und Richtigkeit der gemachten Angaben. § 1841 Abs 1 BGB verlangt die Beifügung von Belegen nur, soweit solche erteilt zu werden pflegen; es hängt also von der Verkehrssitte ab (STAUDINGER/ENGLER [2004] § 1841 Rn 5; vgl auch STAUDINGER/VEIT [2014] § 1841 Rn 7), in welchen Fällen die Einnahmen und Ausgaben (Ab- u Zugänge) zu belegen sind. Unter „Beleg" ist ein Beweismittel zu verstehen, das den tatsächlichen Vorgang des Ab- und Zugangs eines Vermögensstücks dokumentiert (STAU-

DINGER/VEIT [2014] § 1841 Rn 7 unter Bezugnahme auf KGJ 50, A 28, 31). Als Beweismittel kommen deshalb solche Papiere nicht in Betracht, die keinen dauerhaften Hinweis auf denjenigen enthalten, der Einnahmen oder Ausgaben, die aus dem Papier erkennbar sind, getätigt hat. Kassenbons in Supermärkten oder Einzelhandelsgeschäften oder Fahrscheine für eine einmalige Fahrt sind deshalb keine Belege iSd § 1841 BGB und werden der Rechnung nicht beigefügt. Der Betreuer versichert, dass die von ihm mitgeteilten Ausgaben in der Höhe und für den angegebenen Zweck getätigt worden sind. Mitunter werden dafür in der Praxis sog Selbstbelege gefertigt, um den Abgang aus dem Vermögen entsprechend zu „belegen".

In Anbetracht der Aufgabe, die Selbständigkeit des Betreuten zu respektieren oder **293** zu fördern, und der deshalb praktizierten Taschengeldvergabe an den Betreuten zu dessen freier Verfügung oder der Aushändigung von Haushaltsgeld muss die Rechnungslegungspraxis überdacht und **vereinfacht** werden. Nach Einzelbeobachtungen zu urteilen geschieht dies inzwischen auch. Ein Nachweis für den Verbrauch des Taschengeldes, das dem Betreuten zur freien Verfügung überlassen wird, ist nicht zu verlangen; lediglich ein Nachweis, dass das Taschengeld ausgehändigt worden ist. Ebenso können Nachweise für den laufenden Unterhalt unterbleiben, wenn der dem Betreuten dafür ausgehändigte Betrag den aus Mitteln der Sozialhilfe für den notwendigen Lebensunterhalt zur Verfügung stehenden Regelsatz nicht überschreitet. Dieser Betrag deckt nämlich den unbedingt notwendigen Bedarf, den der Betreuer nicht unterschreiten kann, will er sich nicht dem Vorwurf aussetzen, den Betreuten nicht ordentlich versorgt zu haben. In dieser und ähnlicher Hinsicht lassen sich die Anforderungen an die Rechnungslegung erheblich entlasten und sowohl die **Rechnungslegung** als auch deren Prüfung deutlich vereinfachen. Zu Vereinfachungen in der Praxis unter bestimmten Voraussetzungen s auch WESCHE Rpfleger 1998, 93, 94. Die bloße Vorlage von Unterlagen und Belegen zur Erfüllung der Verpflichtung aus § 1841 BGB hat das BayObLG (FamRZ 1993, 237, 238 = BtPrax 1993, 31, 32) ohnehin nicht genügen lassen. Dem Wortlaut der Vorschrift entsprechend besteht die Rechnung aus einer **geordneten Zusammenstellung** der Einnahmen und Ausgaben des betreffenden Zeitraums, wobei die Belege der Kontrolle der Zusammenstellung dienen. Die Abrechnung muss die Einnahmen und Ausgaben schriftlich so klar und übersichtlich darstellen, dass das Betreuungsgericht einen Überblick über alle Vorgänge erhält; die bloße Vorlage von Unterlagen und Belegen, aus denen dann das Gericht sich selbst eine Übersicht erarbeiten müsste, genügt nicht (BayObLG FamRZ 2001, 134 [LS]). Soweit **Kontoauszüge** neben der Höhe vereinnahmter oder verausgabter Beträge und der Angabe des Absenders oder Empfängers der Zahlung auch den **Grund der Leistung** enthalten, käme es einer reinen Schreibübung gleich, wollte das Gericht von dem Betreuer die listenmäßige Wiederholung dieser aus den Kontoauszügen zweifelsfrei zu entnehmenden Informationen als Rechnungslegung verlangen. Es kommt dann auf eine Gesamtaufstellung an. S im Übrigen die Erläuterungen bei STAUDINGER/ENGLER (2004) zu § 1841 sowie STAUDINGER/VEIT (2014) § 1841.

Originalkontoauszüge soll das Betreuungsgericht im Rahmen seines Ermessens verlangen dürfen, wenn zureichende Anhaltspunkte dafür vorliegen, dass die Auszüge nicht richtig erstellt oder dass sie manipuliert worden sind (LG Neuruppin BtPrax 2017, 39). In Anbetracht der zahlreichen Verfahren mit Kontoführungen dürfte eine Schematisierung verfehlt sein.

Werner Bienwald

294 Bei **Barabhebungen**, die nicht vom Betreuer oder in Absprache mit ihm **vom Betroffenen** vorgenommen werden, ergibt sich für Betreuer die Frage, wie sie diese Kontenbewegungen in der Rechnung zu erfassen haben. Hier kann vom Betreuer lediglich die Tatsache der Abbuchung dokumentiert und gegebenenfalls mit einer Erläuterung versehen werden. Lassen wiederholte Abhebungen und/oder deren Höhe den Verdacht aufkommen, dass nicht der Betreute, sondern ein Dritter (im Beisein des Betroffenen oder mit dessen Karte) die Abhebung vorgenommen hat und der Betroffene dadurch selbst erheblich geschädigt wird, dürfte als Schutzmaßnahme lediglich die Anordnung eines Einwilligungsvorbehalts gemäß § 1903 BGB sowie die Ermächtigung, die Karte für die Automatenbenutzung herauszuverlangen oder für ungültig erklären zu lassen, in Betracht kommen.

d)   Prüfung durch das Betreuungsgericht
aa)   § 1843
295   Prüfung durch das Familiengericht

> **(1) Das Familiengericht hat die Rechnung rechnungsmäßig und sachlich zu prüfen und, soweit erforderlich, ihre Berichtigung und Ergänzung herbeizuführen.**

> **(2) Ansprüche, die zwischen dem Vormund und dem Mündel streitig bleiben, können schon vor der Beendigung des Vormundschaftsverhältnisses im Rechtsweg geltend gemacht werden.**

bb)   Allgemeines
296 Durch die sinngemäße Anwendung dieser Vorschrift, deren Gerichtsbezeichnung durch Art 50 Nr 42 FGG-RG geändert worden ist, auf die rechtliche Betreuung § 1908i Abs 1 S 1 BGB wird das Betreuungsgericht verpflichtet, in gleicher Weise wie im Vormundschafts- und Pflegschaftsrecht mit der durch den Betreuer gelegten Rechnung umzugehen (Abs 1). Abs 2 erweitert die Rechtsstellung des Betreuers, der gemäß § 1795 Abs 2 BGB, § 181 BGB gehindert wäre, eigene Ansprüche gegen den Betreuten geltend zu machen. Während des bestehenden Betreuungsverhältnisses kann der Betreuer den Betreuten in der Geltendmachung von Ansprüchen gegen ihn in aller Regel nicht vertreten, sodass das Gericht ggf einen weiteren (Ergänzungs-)Betreuer bestellen muss (MünchKomm/Wagenitz § 1843 Rn 2; Staudinger/Veit [2014] § 1843 Rn 9).

cc)   Kein Anspruch auf Entlastung
297 Das Betreuungsgericht erteilt dem Betreuer keine Entlastung (MünchKomm/Wagenitz § 1843 Rn 1 mwNw; Staudinger/Veit [2014] § 1843 Rn 8). Der Betreuer hat auch keinen Anspruch auf Erteilung einer Entlastungserklärung gegenüber dem nachfolgenden Betreuer (AG Neukölln BtPrax 1992, 77). Um sich Arbeit zu ersparen, veranlassen jedoch Gerichte nicht selten die Betreuten oder deren Rechtsnachfolger sowie nachfolgende Betreuer zur Erteilung einer Entlastungserklärung, ohne auf deren Bedeutung und Risiken hinzuweisen und zu prüfen, ob (zB) die nicht mehr betreute Person in der Lage ist, eine derartige Erklärung abzugeben. Zudem werden Betreuer in dem Glauben belassen, mit ihrer Entlastung seien sie frei von irgendwelcher späterer Inanspruchnahme.

Verschiedentlich werden formularmäßig vorbereitete Entlastungserklärungen verlangt, die erhebliche Mängel enthalten. Beispiel: Die ehemals betreute Person erklärt gegenüber der ehemaligen betreuenden Person, dass sie Ansprüche weder an die ehemalige Betreuerin/den ehemaligen Betreuer noch an das Betreuungsgericht stellen werde und „auf die Durchführung der Rechnungsprüfung und -abnahme durch das Betreuungsgericht" verzichte. Die ehemals betreute Person kann gegenüber der ehemals betreuenden Person nicht auf Ansprüche verzichten, die gegenüber dem Betreuungsgericht bzw dem Land in Betracht kommen können (Art 34 GG, § 839 BGB). Ebensowenig kann die ehemals betreute Person das Gericht von den ihm obliegenden gesetzlich verbindlich geregelten Pflichten (§§ 1892 Abs 2, 1908i Abs 1 S 1 BGB) entbinden, außerdem auch nicht durch Erklärung gegenüber der ehemals betreuenden Person.

dd) Berichtigungen und Ergänzungen
Das Betreuungsgericht ist nicht befugt, selbst Berichtigungen und Ergänzungen der **298** Rechnung vorzunehmen, wenn es diese für erforderlich hält. Es kann den Betreuer nur durch Gebote oder Verbote sowie durch Zwangsgeldandrohung und -festsetzung (§ 1837 Abs 2 u 3 BGB) anhalten, Berichtigungen und/oder Ergänzungen der Rechnung vorzunehmen oder auch angekündigte Änderungen zu unterlassen (ähnlich MünchKomm/WAGENITZ § 1843 Rn 6; OLG Naumburg FamRZ 2012, 800 = FGPrax 2012, 19; aA OLG Zweibrücken Rpfleger 1980, 103: das Gericht dürfe keine Änderung bezüglich einzelner Rechnungsposten verlangen). Eine Heranziehung fachkundiger Hilfspersonen könne in Betracht kommen, jedenfalls bei umfangreichen und unübersichtlichen Vermögensverwaltungen, kaufmännischer Buchführung eines größeren Unternehmens, sei aber auf schwierige Ausnahmefälle beschränkt (OLG Naumburg FamRZ 2012, 800).

Ist der Behördenbetreuer nicht in vollem Umfang nach Maßgabe des § 1857a BGB **299** iVm § 1908i Abs 2 S 2 BGB von der Rechnungslegung befreit, sodass § 1843 BGB auf seine Rechnungslegung Anwendung findet, kann das Betreuungsgericht den Behördenbetreuer zwar zur Berichtigung oder Ergänzung der Rechnung auffordern, gegen ihn jedoch kein Zwangsmittel nach § 1837 Abs 3 S 1 BGB festsetzen (§ 1908g Abs 1 BGB).

ee) Verpflichtung zur eidesstattlichen Versicherung
Gegenüber dem Gericht besteht keine Verpflichtung zur Abgabe einer eidesstatt- **300** lichen Versicherung gem § 259 Abs 2 BGB. Gegenüber dem Betreuten soll eine Pflicht zur Abgabe einer eidesstattlichen Versicherung erst nach Beendigung des Amtes u Vorlage der Schlussrechnung (§ 1890 BGB) bestehen (MünchKomm/WAGENITZ § 1843 Rn 8).

ff) Wegen der weiteren Einzelheiten wird auf die Erläuterungen zu § 1843 BGB Bezug genommen.

3. Die (bisher) sinngemäße Anwendung des § 1845 (Eheschließung des zum Vormund bestellten Elternteils)

Die Vorschrift (zu ihrem Inhalt s STAUDINGER/BIENWALD [2006]) ist aus dem Katalog der **301** sinngemäß auf die Betreuung anzuwendenden Vorschriften in Abs 1 S 1 gestrichen. Sie wurde durch das Gesetz zur Erleichterung familiengerichtlicher Maßnahmen bei Gefährdung des Kindeswohls v 4. 7. 2008 (BGBl I 1188) aufgehoben.

4. Die Anwendung des § 1846

302 **a)** **§ 1846**
Einstweilige Maßregeln des Familiengerichts

Ist ein Vormund noch nicht bestellt oder ist der Vormund an der Erfüllung seiner Pflichten verhindert, so hat das Familiengericht die im Interesse des Betroffenen erforderlichen Maßregeln zu treffen.

b) **Allgemeines**
aa) **Bisheriges Recht, Grundproblem**

303 Die sinngemäße Anwendung der (durch Art 50 Nr 42 FGG-RG hinsichtlich der Gerichtsbezeichnung geänderten) Vorschrift erlaubt dem Betreuungsgericht und verpflichtet es zugleich, die im Interesse des Betroffenen/Betreuten erforderlichen Maßregeln zu treffen, wenn der dafür Verantwortliche noch nicht bestellt oder an der Erfüllung seiner Pflichten gehindert ist. Die Bestimmung ermöglicht ausnahmsweise eine unmittelbare Fürsorgetätigkeit des Gerichts, wenn ein zunächst zuständiger Verantwortlicher die erforderliche Fürsorge nicht leisten kann. Eine privatrechtliche vorläufige Unterbringung gem § 1846 BGB iVm § 334 iVm §§ 331 bis 333 FamFG ist nur zulässig, wenn dringende Gründe für die Annahme bestehen, dass ein Betreuer bestellt wird, dieser die Genehmigung einer endgültigen Unterbringungsmaßnahme beantragen und das Gericht diese Maßnahme genehmigen wird, weil die Voraussetzungen des § 1906 BGB wahrscheinlich vorliegen. Die unmittelbare Tätigkeit des Gerichts ist gegenüber allen anderen gerichtlichen Entscheidungsmöglichkeiten subsidiär.

304 Die im Vormundschaftsrecht enthaltene Vorschrift galt nach früherem Recht auch für die Vormundschaft über Volljährige (§ 1897 S 1 BGB aF) und die Gebrechlichkeitspflegschaft (§ 1915 Abs 1 BGB iVm § 1910 BGB aF). Zweck der Vorschrift war und ist es, für den Betroffenen Nachteile zu vermeiden, die dadurch entstehen, dass er keinen gesetzlichen Vertreter hat, sei es, dass der Vormund verhindert oder weggefallen ist, sei es, dass er noch nicht bestellt wurde (BayObLGZ 1987, 7, 8). Tatsächlich entstand und entsteht im Vormundschaftsrecht noch heute das Problem des Nichtvertretenseins allein dadurch, dass das Familiengericht den Eintritt der Maßnahme anordnet, danach aber erst die Auswahl und Bestellung des Vormunds oder Pflegers stattfindet. Wegen der verschiedenen für die Personalentscheidung zu beachtenden gesetzlichen Vorgaben kommt es regelmäßig zu einer mehr oder minder großen zeitlichen Differenz zwischen der Anordnung der Vormundschaft und der Bestellung des Vormunds oder Pflegers, sodass ein vorläufiges, aber schnelles Handeln des Familiengerichts – sei es auch nur die Bestellung eines Pflegers nach § 1909 Abs 3 BGB – erforderlich werden kann. Durch die im **Betreuungsrecht** eingeführte **Einheitsentscheidung** mit dem Inhalt, dass dem Betroffenen ein Betreuer bestellt wird und er damit „unter Betreuung steht", ist eine Differenz zwischen angeordneter Betreuung und (noch) nicht getroffener Personalentscheidung grundsätzlich nicht mehr möglich. Eine Ausnahme bildet der Fall, dass der Betreuer unerwartet stirbt, die Betreuung fortdauert und bis zur Bestellung eines Nachfolgers des Verstorbenen der Betreute keinen Betreuer hat, der notwendige Entscheidungen trifft. Soweit Länder von der ihnen durch Art 3 Nr 1 2. BtÄndG eingeräumten Befugnis, Auswahl und Bestellung des Betreuers auf den Rechtspfleger zu über-

tragen, Gebrauch machen, entfällt die Einheitsentscheidung und wird infolgedessen in größerer Zahl als bisher Handlungsbedarf nach §§ 1846, 1908i Abs 1 S 1 BGB auftreten (können).

bb) Gesetzgebungsgeschichte

In der ursprünglichen Fassung des § 1908i Abs 1 S 1 RegEntw (BT-Drucks 11/4528, 18) **305** war die sinngemäße Anwendung des § 1846 BGB im Betreuungsrecht noch nicht vorgesehen. Sie war allerdings in Abs 2 S 2 der Vorschrift enthalten mit dem Zusatz, dass sie nicht für die Unterbringung Volljähriger anzuwenden sei. In der amtlichen Begründung wurde dazu ausgeführt: „Nach Satz 2 ist die Vorschrift des § 1846 E, wonach das Vormundschaftsgericht vor der Bestellung oder bei Verhinderung des Vormunds einstweilige Maßregeln treffen darf, sinngemäß anzuwenden. Jedoch darf auf diesem Wege nicht die Unterbringung eines Betroffenen angeordnet werden" (BT-Drucks 11/4528, 160). Der Bundesrat schlug in seiner Stellungnahme zum RegEntw vor, in Abs 1 S 1 (des § 1908i BGB) den § 1846 BGB einzufügen. Auch für die zivilrechtliche Unterbringung müsse die Möglichkeit bestehen, in Eilfällen aufgrund einer gerichtlichen Anordnung ohne Einschaltung eines Betreuers den Betroffenen unterbringen zu lassen (BT-Drucks 11/4528, 211). Da die BReg dem Vorschlag des Bundesrats zugestimmt hatte, übernahm der Rechtsausschuss den Text der Gegenäußerung der BReg in seine Beschlussempfehlung (BT-Drucks 11/6949, 17 u 81). Diese Ausschussfassung wurde einstimmig bei Enthaltung der Fraktion DIE GRÜNEN angenommen (BT-Drucks 11/6949, 81). Mithin bestand zwischen BReg u Bundesrat Einvernehmen darüber, dass § 1846 BGB im Betreuungsrecht sinngemäß anzuwenden ist, soweit es sich nicht um die Unterbringung von Volljährigen handelt. Unterschiedliche Auffassungen bestanden offenkundig nur, was die sinngemäße Anwendung der Vorschrift auf die zivilrechtliche Unterbringung angeht. Die Vorschrift wurde durch das BtG geringfügig geändert (Art 1 Nr 44). Die bisherige Bezeichnung „Mündel" wurde durch die Bezeichnung „Betroffener" ersetzt.

cc) Motive

Der RegEntw wollte sicherstellen, dass die Frage, ob ein Betreuter zivilrechtlich **306** oder öffentlich-rechtlich untergebracht wird, ausschließlich nach Sachgesichtspunkten entschieden wird. Darüber hinaus sollte sichergestellt werden, dass die zivilrechtliche Unterbringung von Betreuten nur Maßnahmen des Betreuers erfasst, nicht jedoch – wie die öffentlich-rechtliche – eine Unterbringung durch das Gericht selbst. Die zivilrechtliche Unterbringung sollte eine Maßnahme des Betreuers sein, deren Einleitung, Fortdauer und Beendigung er selbst zu verantworten hat. Niemand sollte zivilrechtlich untergebracht sein, ohne dass ihm ein Betreuer mit allen Pflichten zur Verwirklichung des Wohls des Betroffenen und zur persönlichen Betreuung zur Seite steht. Hiermit sei es, so der RegEntw, nicht vereinbar, dass das Gericht einen Betreuungsbedürftigen, der noch keinen Betreuer erhalten habe, selbst im Wege einer einstweiligen Maßregel nach § 1846 BGB unterbringe. § 1846 BGB sei deshalb auf die Unterbringung des Betroffenen nicht anzuwenden. Dadurch entstünden keine Nachteile. Bei erheblicher Selbst- und Fremdgefährlichkeit des Betroffenen sei eine öffentlich-rechtliche Unterbringung möglich. Darüber hinaus könne ein vorläufiger Betreuer durch einstweilige Anordnung bestellt und damit kurzfristig eine zivilrechtliche Unterbringung ermöglicht werden. Wenn ein Betreuer bestellt sei, die Entscheidung über die Unterbringung jedoch von seinem Aufgabenkreis nicht erfasst werde, könne der Aufgabenkreis des Betreuers durch einst-

Werner Bienwald

weilige Anordnung vorläufig erweitert werden. Sei ein Betreuer bestellt, dessen Aufgabenkreis die Unterbringungsentscheidung erfasse, sei er aber verhindert, könne kurzfristig ein weiterer Betreuer durch einstweilige Anordnung bestellt werden (BT-Drucks 11/4528, 160).

307 Der Bundesrat befürchtete, bei dieser Regelung könne in Eilfällen eine zivilrechtliche Unterbringung nicht mehr möglich sein. In der Kürze der Zeit, unter Umständen an Feiertagen, dienstfreien Wochenenden oder auch nachts könne eine geeignete Person als Betreuer nicht gefunden werden. Die bisherige Praxis, bei der sich häufig nach einer vorläufigen betreuungsgerichtlichen Unterbringung eine freiwillige Behandlung anschließe, würde mit der Neuregelung unmöglich gemacht. Auch wenn das Gericht einen vorläufigen Betreuer bestelle, werde in diesen Eilfällen die eigentliche Verantwortung beim Betreuungsgericht liegen, weil der Betreuer mangels eigener fachlicher Erfahrung gar nicht die Notwendigkeit einer Unterbringung beurteilen könne. Er müsse sich ohnehin auf die Beratung durch das Gericht verlassen (BT-Drucks 11/4528, 211).

c)   Unproblematische Fälle
aa)   Wegfall des Betreuers

308 Die Einführung der Einheitsentscheidung, wonach die Anordnung der Maßnahme von der Personalentscheidung nicht mehr getrennt wird, kann nicht verhindern, dass im Laufe der Betreuung ein Betreuer nicht vorhanden oder nicht handlungsfähig ist. Es unterliegt keinem Zweifel, dass mit dem Wegfall der Person des Betreuers nicht auch die Maßnahme der Betreuung endet. Wird der bisherige Betreuer amtsenthoben, dh wird er als ungeeignet entlassen (§ 1908b Abs 1 BGB), oder stirbt er (§ 1908c BGB), ohne dass rechtzeitig oder schnell genug ein Nachfolger bestellt werden kann, entsteht ein Vakuum. Der Entscheidungsträger fehlt. Hier kann ein Handeln des Betreuungsgerichts nach § 1846 BGB iVm § 1908i Abs 1 S 1 BGB unerlässlich sein, zB dann, wenn selbst die Behörde im Wege einer eiligen einstweiligen Anordnung nicht schnell genug zum Betreuer bestellt werden kann (vgl § 332 FamFG).

309 Die Vorschrift kann auch dann zur Anwendung kommen können, wenn ein Betroffener eine **(Vorsorge-)Vollmacht** erteilt hat, der Bevollmächtigte aber durch Tod oder eigene Entscheidungsunfähigkeit ausgefallen und eine Ersatzperson nicht bestellt worden ist. Ob damit bereits die Voraussetzungen für die Bestellung eines Betreuers vorliegen, kann zweifelhaft sein; zumindest kann die Bestellung auch eines vorläufigen Betreuers länger dauern, sodass eine Entscheidung des Gerichts unmittelbar nicht zu vermeiden ist.

bb)   Verhinderung des Betreuers

310 Auch die in §§ 1795 u 1796 BGB (iVm § 1908i Abs 1 S 1 BGB) geregelten Fälle fehlender Vertretungsmacht könnten das Handeln des Betreuungsgerichts nach § 1846 BGB erforderlich machen. Auch in diesen Fällen besteht die Betreuung weiter, lediglich der Betreuer ist in bestimmter Weise gehindert, die Vertretung des Betreuten auszuüben. Allerdings treten die Fälle des gesetzlichen Ausschlusses der Vertretungsmacht (§ 1795 BGB) und des gerichtlichen Entzugs von Vertretungsmacht (§ 1796 BGB) in aller Regel nicht so plötzlich auf, dass nicht in geeigneter und regulärer Weise – durch Bestellung eines Ergänzungsbetreuers (§ 1899 BGB) –

Abhilfe geschaffen werden könnte. Deshalb verbietet sich hier regelmäßig die Anwendung von § 1846 BGB, weil keine Notsituation vorliegt. Eine Verhinderung an der Erfüllung seiner Pflichten eines (möglicherweise) Einwilligungsbefugten aus religiösen Gründen nahm das AG Nettetal an und ordnete eine erforderliche Bluttransfusion bei einem geistig behinderten volljährigen Kind eines Angehörigen der „Zeugen Jehovas" an (FamRZ 1996, 1104).

Einer tatsächlichen oder rechtlichen Verhinderung des Betreuers steht seine Weigerung, in bestimmtem Sinne tätig zu werden, nicht gleich. Das Betreuungsgericht darf die Befugnis zur Nothilfe für Betreuer und Betreuten nach § 1846 BGB nicht dazu benutzen, Angelegenheiten, zu denen der Betreuer eine gegenteilige Auffassung vertritt, gegen den Willen des Betreuers selbst anderweitig zu regeln (OLG Düsseldorf FamRZ 1995, 637). Die Anwendung des § 1846 BGB darf auch nicht dazu führen, die gebotene Beteiligung des Betreuers (dem die Aufenthaltsbestimmung und die Gesundheitsfürsorge im konkreten Fall übertragen war) am Verfahren zu umgehen (BayObLG FamRZ 2002, 419, 421). Das Gericht darf nur tätig werden, wenn der Betreuer an der Erfüllung seiner Pflichten real gehindert ist (LG Frankfurt aM BtPrax 2001, 174). **311**

Auch ein **Bevollmächtigter** kann an der erforderlichen Entscheidung gehindert und ein Ersatzbevollmächtigter nicht bestellt sein, sodass entweder ein Betreuer (ergänzend, aber nicht nach § 1896 Abs 3 BGB) bestellt werden muss oder das Gericht vorab nach §§ 1846, 1908i Abs 1 S 1 BGB die unaufschiebbare Entscheidung trifft und ggf alsbald (s BGHZ 150, 45 = FamRZ 2002, 744 mAnm BIENWALD) eine Betreuerbestellung folgen lässt, falls der Bevollmächtigte nicht wieder in der Lage ist, die Entscheidung zu treffen. Ebenfalls vorstellbar ist es, dass im Falle einer akut lebensbedrohlichen Situation der zur Entscheidung berufene Bevollmächtigte entgegen seinem Auftrag und dem Wunsch des Vollmachtgebers untätig bleibt und das Gericht gemäß §§ 1846, 1908i Abs 1 S 1 BGB tätig wird, bevor es einen Betreuer bestellt. **312**

d)   Zur Anwendbarkeit der Vorschrift in Unterbringungssachen
aa)   Unterbringungen nach § 1906 Abs 1 BGB
Bezüglich einer Eilzuständigkeit des Betreuungsgerichts in Unterbringungssachen (§ 313 Abs 2 FamFG) iSv außerordentlicher Vorsorge (GÖPPINGER [2. Aufl] II Rn 86) vor der Bestellung eines (vorläufigen) Betreuers gem § 1846 BGB ist zu unterscheiden, ob es sich um eine Unterbringung, die mit Freiheitsentziehung verbunden ist (§ 1906 Abs 1–3 BGB), oder um eine unterbringungsähnliche Maßnahme nach § 1906 Abs 4 BGB handelt. Hat jemand eine (Vorsorge-)Vollmacht zwecks Unterbringung oder Entscheidung über freiheitsentziehende Maßnahmen (§ 1906 Abs 4 BGB) erteilt (§ 1906 Abs 5 BGB), besteht das Problem gerichtlicher Entscheidungszuständigkeit nach § 1846 BGB, solange der Bevollmächtigte von seiner Entscheidungsbefugnis keinen Gebrauch macht oder machen kann, ein Betreuer (wegen der Vorsorgevollmacht) nicht bestellt ist, aber Entscheidungsbedarf besteht. **313**

Für die Unterbringung bestimmter kranker oder behinderter Personen ist das jeweilige Landesunterbringungsrecht maßgebend, wenn nicht die Einweisung mit Zustimmung des Betreuers erfolgt, dessen Aufgabenkreis das Aufenthaltsbestimmungsrecht umfasst (§ 14 Abs 2 NPsychKG v 16. 6. 1997 [NdsGVBl 272]). Nachrangigkeit **314** des landesrechtlichen Unterbringungsrechts gegenüber dem zivilrechtlichen Unterbringungsrecht besteht nur insoweit, als ein vorrangig zur Unterbringungsentscheidung Berechtigter vorhanden ist und die Voraussetzungen für die Unterbringung gleich sind. Der Betreuer darf über eine Unterbringung des Betreuten nur nach Maßgabe des § 1906 Abs 1–3 BGB entscheiden; andere Gründe (zB der Schutz öffentlicher Interessen) sind für ihn nicht maßgebend. Eine Unterbringung nach den Vorschriften des Landesunterbringungsrechts ist nur unter den dort gegebenen Voraussetzungen möglich; der in § 1906 Abs 1 Nr 2 BGB geregelte Unterbringungszweck lässt sich als Primärzweck nicht über das Landesunterbringungsrecht erreichen.

315 Die Möglichkeit außerordentlicher Fürsorge des Betreuungsgerichts nach Maßgabe des § 1846 BGB bewirkt nicht den Nachrang des Landesunterbringungsrechts, soweit nicht die Unterbringungsgründe differieren. Unterschiede bestehen zB auch in Bezug auf den Gefahrbegriff. Während nach NPsychKG (zB) eine Unterbringung nur zulässig ist, wenn und solange von der Person infolge ihrer Krankheit oder Behinderung eine gegenwärtige erhebliche Gefahr für sich oder andere ausgeht und diese Gefahr auf andere Weise nicht abgewendet werden kann, reicht für die Unterbringung durch den Betreuer die Gefahr, dass der Betroffene sich selbst tötet oder erheblichen Schaden zufügt, ohne dass dies unmittelbar bevorsteht. Die Unterbringung des Betreuten durch den Betreuer ist also zu einem früheren Zeitpunkt zulässig, nämlich sobald die bloße Gefahr besteht. Im Gegensatz zur öffentlich-rechtlichen Unterbringung verlangt die zivilrechtliche Unterbringung des Betreuten keine akute, unmittelbar bevorstehende Gefahr für den Betreuten; allerdings eine ernstliche und konkrete Gefahr für dessen Leib oder Leben (BGH FamRZ 2012, 1705).

316 Wenn mit dem Aufschub Gefahr verbunden ist, darf der Betreuer ohne die Genehmigung des Betreuungsgerichts unterbringen. In diesem Fall besteht die Gefahr der Selbsttötung zu einem früheren Zeitpunkt; sie steht der gegenwärtigen Gefahr des § 16 NPsychKG gleich, ohne dadurch zu einer erheblichen Gefahr zu werden. Die Erheblichkeit der Gefahr ist in § 1906 BGB bereits dadurch gegeben, dass die Unterbringung zum Wohl des Betroffenen/Betreuten erforderlich sein muss. Das kann sie nur, wenn die Gefahr erheblich ist. Bei unerheblichen Gefahren wären andere Möglichkeiten uU ausreichend und vorrangig.

317 Es besteht kein allgemeingültiger Grundsatz, dass jede Form zivilrechtlicher Unterbringung Vorrang vor öffentlich-rechtlicher Unterbringung hätte. Dass letztere als diskriminierender gegenüber der ersteren empfunden würde, ist eine immer wieder – von Experten, nicht von Betroffenen – geäußerte Behauptung, für deren Richtigkeit der Nachweis bisher nicht erbracht ist (vgl RINK FamRZ 1993, 512 [514]; BIENWALD FamRZ 2002, 746 [747]). Die landesrechtliche Unterbringung ist grundsätzlich nur aufgrund gerichtlicher Entscheidung zulässig; Voraussetzung ist ein entsprechender Antrag der Verwaltungsbehörde (§ 17 Abs 1 S 1 NPsychKG). Stellt die Behörde keinen Antrag, etwa weil sie die gesetzlichen Voraussetzungen nicht für gegeben ansieht oder verkennt, oder ist der Antrag nicht zulässig, ist das Gericht nicht befugt, von Amts wegen über die Unterbringung nach diesen Bestimmungen zu entscheiden (s dazu BayObLGZ 1992, 208 = FamRZ 1992, 1221; LG Frankfurt aM NJW 1992, 986 u R & P 1992, 96), Würde das Betreuungsgericht die Unterbringung des Betroffenen im Wege einstweiliger Maßregel nach § 1846 BGB beschließen, käme dies einer Korrektur der behördlichen Entscheidung gleich, zu der das Betreuungsgericht nicht befugt ist. Soweit nach materiellem Unterbringungsrecht die Behörde antragsberechtigt ist, kann deshalb das Betreuungsgericht nicht über die Unterbringung entscheiden, wenn ein Betreuer, auch ein vorläufiger Betreuer, nicht bestellt ist.

bb) Freiheitsentziehende Maßnahmen nach § 1906 Abs 4
Für Entscheidungen nach § 1906 Abs 4 BGB gibt es keine Zuständigkeit des Landes, **318** sodass über die freiheitsentziehenden Maßnahmen des § 1906 Abs 4 BGB nur der Betreuer oder der Bevollmächtigte oder im Falle der Verhinderung des Betreuers das Betreuungsgericht (§ 1846 BGB) entscheiden kann. Dass es solche Fälle außerordentlicher Fürsorge des Betreuungsgerichts geben kann, wird aus § 1906 Abs 2 S 2 iVm Abs 4 BGB deutlich, der dem Betreuer erlaubt, ohne Genehmigung des Betreuungsgerichts in eine solche Maßnahme einzuwilligen, wenn mit dem durch die Einholung der gerichtlichen Genehmigung bedingten Aufschub Gefahr verbunden wäre.

e) Die Rechtsprechung zur Anwendung der Vorschrift
Die in den ersten Jahren nach dem Inkrafttreten des BtG zu dieser Vorschrift **319** veröffentlichten Entscheidungen betreffen ausnahmslos vorläufige Unterbringungen und geben ein uneinheitliches Bild (dazu eingehend STAUDINGER/BIENWALD [1999] an dieser Stelle). Die Meinungsunterschiede betrafen insbesondere die Frage, wann im Falle einer gerichtlichen Tätigkeit aufgrund von §§ 1846, 1908i Abs 1 S 1 BGB ein – jedenfalls vorläufiger – Betreuer zu bestellen sei. Auf Vorlage des BayObLG (BayObLGZ 2000, 295 = FamRZ 2001, 576 = NJW 2001, 1088 [LS]), nach dessen Auffassung die Anordnung der vorläufigen Unterbringung nach Betreuungsrecht nicht die gleichzeitige und sofort wirksame Bestellung eines Betreuers voraussetze – entgegen OLG Frankfurt (OLGZ 1993, 137 = FamRZ 1993, 357 = BtPrax 1993, 32) –, entschied der BGH, es sei grundsätzlich zulässig, in Eilfällen eine zivilrechtliche Unterbringung anzuordnen, ohne dass zugleich damit schon ein Betreuer bestellt werden müsse (BGHZ 150, 45 = FamRZ 2002, 744 mAnm BIENWALD = BtPrax 2002, 162 = R & P 2002, 177 mAnm MARSCHNER). Allerdings, so der BGH (FamRZ 2002, 744), sei das Gericht in einem solchen Fall gehalten, gleichzeitig mit der Anordnung der Unterbringung durch geeignete Maßnahmen sicherzustellen, dass dem Untergebrachten unverzüglich – binnen weniger Tage – ein Betreuer oder jedenfalls ein vorläufiger Betreuer (§ 300 Abs 1 FamFG) zur Seite gestellt werde.

Das BayObLG schloss sich in seiner Entscheidung v 15. 5. 2002 (FamRZ 2002, 1362 **320** [LS]) dieser Auffassung an und stellte fest, dass die Anordnung der Unterbringung dann unzulässig ist, wenn das Gericht Maßnahmen zur unverzüglichen Betreuerbestellung unterlässt. Mit Beschluss v 2. 4. 2003 bekräftigte das BayObLG seine Entscheidung und stellte fest, das Unterlassen geeigneter Maßnahmen zur alsbaldigen Betreuerbestellung habe die Unrechtmäßigkeit der Unterbringung von vornherein zur Folge und diese Konsequenz gelte auch dann, wenn sich die Unterbringung bereits zu einem Zeitpunkt erledigt habe, in dem unter gewöhnlichen Umständen die Bestellung eines vorläufigen Betreuers noch nicht zu erwarten gewesen wäre (FamRZ 2003, 783; FamRZ 2003, 1322). Dem BGH sind auch gefolgt OLG Brandenburg FamRZ 2007, 2107 (LS) und OLG München FamRZ 2008, 917. Zur Anwendung auf

die freiheitsentziehenden Maßnahmen des § 1906 Abs 4 BGB OLG Frankfurt
FamRZ 2007, 673 = FGPrax 2007, 149.

321 Hat das Betreuungsgericht eine (vorläufige) Unterbringung „genehmigt", obwohl
der Betreuer einen entsprechenden Antrag nicht gestellt hat und mangels erforderlichen Aufgabenkreises auch nicht hat stellen können, kann die Beschwerdekammer
unter Abänderung der angefochtenen Entscheidung die vorläufige Unterbringung
des Betroffenen nach Maßgabe der §§ 1908i Abs 1 S 1, 1846 BGB „anordnen" (LG
Kassel FamRZ 2011, 1688 [LS]).

f)   Zum Verfahren

322 Nach § 334 FamFG (Einstweilige Maßregeln) gelten die §§ 331, 332 und 333 entsprechend, wenn nach § 1846 BGB eine Unterbringungsmaßnahme getroffen werden soll. Die in Bezug genommenen Vorschriften betreffen die einstweilige Anordnung einer vorläufigen Unterbringungsmaßnahme, die einstweilige Anordnung bei
gesteigerter Dringlichkeit sowie die Dauer der einstweiligen Anordnung.

§ 312 FamFG enthält die Maßregeln in der Legaldefinition von Unterbringungsmaßnahmen nicht. Für die einstweiligen Anordnungen oder einstweiligen Maßregeln bestimmt § 313 FamFG (örtliche Zuständigkeit), dass auch das Gericht zuständig ist, in dessen Bezirk das Bedürfnis für die Unterbringungsmaßnahme bekannt
wird. Daneben sind die in § 313 Abs 1 FamFG in der dort aufgeführten Rangfolge
örtlich zuständig.

323 Was die Vollzugshilfe der zuständigen Behörde angeht, so muss das Betreuungsgericht als die eine zivilrechtliche Unterbringung betreibende Stelle analog der
Situation des unterbringungsbefugten Betreuers die Hilfe der Behörde nach Maßgabe des § 326 FamFG in Anspruch nehmen (HARM, in: BIENWALD/SONNENFELD/HARM
§ 326 FamFG Rn 2). Die Inanspruchnahme des Gerichtsvollziehers (wie vor Inkrafttreten des BtG) sollte durch die Inanspruchnahme der Vollzugshilfe der Behörde
(Fachpersonal!) vermieden werden.

324 **g)**   Wegen der weiteren Einzelheiten wird auf die Erläuterungen zu § 1846 BGB
verwiesen.

Die zitierten Vorschriften der §§ **331 bis 334 FamFG** lauten:

§ 331
Einstweilige Anordnung

**Das Gericht kann durch einstweilige Anordnung eine vorläufige Unterbringungs-
maßnahme anordnen oder genehmigen, wenn**

**1. dringende Gründe für die Annahme bestehen, dass die Voraussetzungen für die
Genehmigung oder Anordnung einer Unterbringungsmaßnahme gegeben sind
und ein dringendes Bedürfnis für ein sofortiges Tätigwerden besteht,**

2. ein ärztliches Zeugnis über den Zustand des Betroffenen vorliegt,

3. im Fall des § 317 ein Verfahrenspfleger bestellt und angehört worden ist und

4. der Betroffene persönlich angehört worden ist.

Eine Anhörung des Betroffenen im Wege der Rechtshilfe ist abweichend von § 319 Abs 4 zulässig.

§ 332
Einstweilige Anordnung bei gesteigerter Dringlichkeit

Bei Gefahr im Verzug kann das Gericht eine einstweilige Anordnung nach § 331 bereits vor Anhörung und Bestellung des Verfahrenspflegers erlassen. Diese Verfahrenshandlungen sind unverzüglich nachzuholen.

§ 333
Dauer der einstweiligen Anordnung

Die einstweilige Anordnung darf die Dauer von sechs Wochen nicht überschreiten. Reicht dieser Zeitraum nicht aus, kann sie nach Anhörung eines Sachverständigen durch eine weitere einstweilige Anordnung verlängert werden. Die mehrfache Verlängerung ist unter den Voraussetzungen der Sätze 1 und 2 zulässig. Sie darf die Gesamtdauer von drei Monaten nicht überschreiten. Eine Unterbringung zur Vorbereitung eines Gutachtens (§ 322) ist in diese Gesamtdauer einzubeziehen.

§ 334
Einstweilige Maßregeln

Die §§ 331, 332 und 333 gelten entsprechend, wenn nach § 1846 des Bürgerlichen Gesetzbuchs eine Unterbringungsmaßnahme getroffen werden soll.

X.   Beendigung der Betreuung

1.   Allgemeines

Endet die Vormundschaft, besteht ein Abwicklungsverhältnis, dessen Einzelheiten **325** in den §§ 1890 bis 1893 und 1895 BGB geregelt sind. Für die Betreuung nimmt § 1908i Abs 1 S 1 BGB auf diese Vorschriften Bezug. § 1894 BGB enthält Anzeigepflichten, die beim Tod des Betreuers und eines Mitbetreuers sowie des Gegenbetreuers zu beachten sind. Die §§ 1891 und 1895 BGB, auf die bisher nicht verwiesen worden war, sind durch die Neufassung des § 1908i Abs 1 S 1 BGB (Art 1 Nr 16 2. BtÄndG) erfasst.

Die in Bezug genommenen Vorschriften lauten:

§ 1890
Vermögensherausgabe und Rechnungslegung

Der Vormund hat nach der Beendigung seines Amts dem Mündel das verwaltete Vermögen herauszugeben und über die Verwaltung Rechenschaft abzulegen. Soweit er dem Familiengericht Rechnung gelegt hat, genügt die Bezugnahme auf diese Rechnung.

§ 1891
Mitwirkung des Gegenvormunds

(1) Ist ein Gegenvormund vorhanden, so hat ihm der Vormund die Rechnung vorzulegen. Der Gegenvormund hat die Rechnung mit den Bemerkungen zu versehen, zu denen die Prüfung ihm Anlass gibt.

(2) Der Gegenvormund hat über die Führung der Gegenvormundschaft und, soweit er dazu imstande ist, über das von dem Vormund verwaltete Vermögen auf Verlangen Auskunft zu erteilen.

§ 1892
Rechnungsprüfung und -anerkennung

(1) Der Vormund hat die Rechnung, nachdem er sie dem Gegenvormund vorgelegt hat, dem Familiengericht einzureichen.

(2) Das Familiengericht hat die Rechnung rechnungsmäßig und sachlich zu prüfen und deren Abnahme durch Verhandlung mit den Beteiligten unter Zuziehung des Gegenvormunds zu vermitteln. Soweit die Rechnung als richtig anerkannt wird, hat das Familiengericht das Anerkenntnis zu beurkunden.

§ 1893
Fortführung der Geschäfte nach Beendigung der Vormundschaft, Rückgabe von Urkunden

(1) Im Falle der Beendigung der Vormundschaft oder des vormundschaftlichen Amts finden die Vorschriften der §§ 1698a, 1698b entsprechende Anwendung.

(2) Der Vormund hat nach Beendigung seines Amts die Bestallung dem Familiengericht zurückzugeben. In den Fällen der §§ 1791a, 1791b ist die schriftliche Verfügung des Familiengerichts, im Falle des § 1791c die Bescheinigung über den Eintritt der Vormundschaft zurückzugeben.

§ 1894
Anzeige bei Tod des Vormunds

(1) Den Tod des Vormunds hat dessen Erbe dem Familiengericht unverzüglich anzuzeigen.

(2) Den Tod des Gegenvormunds oder eines Mitvormunds hat der Vormund unverzüglich anzuzeigen.

§ 1895
Amtsende des Gegenvormunds

Die Vorschriften der §§ 1886 bis 1889, 1893, 1894 finden auf den Gegenvormund entsprechende Anwendung.

Die Vorschriften, die davon ausgehen, dass das Amt des Vormunds durch das Ende **326** der Vormundschaft ihr Ende findet, werden auch auf die Fälle angewendet, in denen das Amt des Vormunds durch seinen Tod oder seine Entlassung aus dem Amt endet. Bis zur Abschaffung der Entmündigung endete das Amt des Vormunds (auch) mit seiner Entmündigung (§ 1885 Abs 1 BGB aF); wurde der Vormund für tot erklärt, endete sein Amt mit dem Erlass des die Todeserklärung aussprechenden Urteils (§ 1885 Abs 2 BGB aF).

Endet die Vormundschaft durch den Tod des Mündels (die Betreuung durch den Tod der betreuten Person), schuldet der Amtsinhaber die Verpflichtungen aus den aufgeführten Vorschriften dem Rechtsnachfolger (idR der Erbe) der betreuten Person. Ist der Vormund verstorben (oder wurde er für tot erklärt), sollen die Verpflichtungen aus § 1890 BGB seine Erben treffen, die also das Vermögen der betreuten Person herauszugeben und Rechnung zu legen haben (STAUDINGER/VEIT [2014] § 1890 Rn 4; BIERMANN/vBLUME, BGB [1906] Rn 6). Die Haftung des Erben des Vormunds (Betreuers) soll sich nach den allgemeinen erbrechtlichen Grundsätzen (Mat IV, 1185, §§ 1967 ff) bestimmen (STAUDINGER/ENGELMANN [1. Aufl 1899] § 1890 Bem 2; STAU-DINGER/ENGLER [10./11. Aufl 1969] § 1890 Rn 25, jeweils mit Hinweis auf § 67 PreußVormO Abs 4, ebenso BIERMANN/vBLUME Rn 6).

Sowohl rechtliche Bedenken als auch die veränderten gesellschaftlichen Verhält- **327** nisse erfordern eine **Überprüfung** und ggf Neuregelung dieser Bestimmungen, zu denen auch die Verpflichtung aus § 1894 Abs 1 BGB gehört. Da der Erbe grundsätzlich in die vermögensrechtliche Rechtsstellung des Erblassers eintritt, nicht aber in ein vom Betreuungsgericht übertragenes Betreueramt (auch Partei- oder Vereinsmitgliedschaften werden nicht ohne entsprechende Erklärungen übernommen), kann er konsequenterweise auch nicht zur Erfüllung von Betreuerverpflichtungen erblich verpflichtet sein. Mit der Führung der Betreuung im Anschluss an die bisherige Amtsführung und das verfügbare Vermögen kann nicht gewartet werden, bis (durch Erbschein) die Erbenstellung eines Erben nachgewiesen ist. Außerdem können und werden vielfach Erbengemeinschaften bestehen, bei denen kaum Einigkeit hinsichtlich der Erledigung solcher Betreuerpflichten zu erzielen oder vorauszusetzen sein wird.

2.   Verpflichtungen des Amtsinhabers nach Beendigung des Betreueramtes (§§ 1890, 1892)

a)   Allgemeines
Beide Bestimmungen, hinsichtlich der Gerichtsbezeichnung geändert durch Art 50 **328** Nr 44 FGG-RG, regeln Verpflichtungen des Amtsinhabers nach Beendigung des Betreueramtes. Nach § 1890 BGB iVm § 1908i Abs 1 S 1 BGB schuldet der Betreuer die Herausgabe des verwalteten Vermögens und Rechenschaftslegung. § 1892 BGB iVm § 1908i Abs 1 S 1 BGB regelt das Verfahren. Der Betreuer hat die Rechnung

dem Betreuungsgericht einzureichen. Das Betreuungsgericht hat die Rechnung rechnungsmäßig und sachlich zu prüfen und ihre Abnahme durch Verhandlung mit den Beteiligten zu vermitteln. Aus § 1891 BGB ergibt sich, wie der Betreuer zu verfahren hat, wenn ein Gegenbetreuer bestellt wurde. § 1892 BGB trifft auch für den Fall zu, dass ein Gegenbetreuer bestellt ist.

b)   Vermögensherausgabe und Rechnungslegung (§ 1890 BGB)

329   Die Vorschrift berührt allein die Vermögenssorge. Der Betreuer, der allein oder neben anderen Vermögensangelegenheiten des Betreuten nicht zu besorgen hatte, wird von den hier geregelten Pflichten nicht betroffen.

330   Während die Altersvormundschaft spätestens mit der Volljährigkeit des Mündels ihre Berechtigung verliert (§ 1773 BGB) und damit ihr Ende findet, enden viele Betreuungen, jedenfalls die wegen Altersgebrechlichkeit eingerichteten, mit dem Tod der betreuten Person. Der Betreuer hat es dann mit den oder dem Erben zu tun. Der Anspruch auf Rechenschaftslegung nach Amtsende des bisherigen Betreuers steht immer dem Betreuten oder seinem Rechtsnachfolger und nicht dem Betreuungsgericht zu (OLG Koblenz FamRZ 2016, 2032); der Anspruch auf Herausgabe geht bei einer Gesamtberechtigung nur auf Herausgabe an alle Berechtigten (Münch Komm/WAGENITZ § 1890 Rn 2; STAUDINGER/VEIT [2014] § 1890 Rn 11; PALANDT/GÖTZ § 1890 Rn 1). Der Nachfolgebetreuer hat seiner Verpflichtung gemäß den ausgeschiedenen Betreuer zur Übermittlung der Schlussrechnung aufzufordern und diese zu prüfen (OLG Koblenz FamRZ 2016, 2032).

331   Eine Schlussrechnung muss nach der Natur der Sache gewisse formale Mindestanforderungen erfüllen. ZB sollte sie ausdrücklich als solche bezeichnet sein und den Zeitraum angeben, für den sie gelegt wird (BayObLG FamRZ 2004, 220 [LS] = Rp 2003, 382).

332   Wird einem Minderjährigen, der das 17. Lebensjahr vollendet hat, ein Betreuer nach Maßgabe des § 1908a BGB bestellt und wird der bisherige Vormund des Minderjährigen mit Eintritt der Volljährigkeit des Betroffenen dessen Betreuer, so entfällt die Vermögensherausgabe im eigentlichen Sinne (MünchKomm/WAGENITZ § 1890 Rn 12). Der bisherige Vormund hat jedoch ein Vermögensverzeichnis zu fertigen und Rechnung zu legen (MünchKomm/WAGENITZ § 1890 Rn 12; PALANDT/DIEDERICHSEN § 1890 Rn 1; STAUDINGER/VEIT [2014] § 1890 Rn 7), sofern nicht nach § 1857a BGB eine Befreiung besteht und soweit diese reicht.

333   Zu den Ansprüchen des Betreuten s die Kommentierungen zu § 1890 BGB. Da die Bezugnahme des Betreuers auf die im Rahmen des § 1890 BGB getätigte Rechnungslegung den Betreuten oder seine Rechtsnachfolger nicht daran hindert, Rechnungsposten zu beanstanden, die das Betreuungsgericht unbeanstandet gelassen hat, kommt es in Betreuungsfällen häufiger (meist unmittelbar nach dem Tod des Betreuten) dazu, dass die Erben oder Angehörige dem Betreuer wegen der angeblich unsparsamen Haushaltsführung und Geldverwaltung Vorhaltungen machen. Der Betreuungsgesetzgeber hat keine den Betreuer davor schützende Normen geschaffen (näher mit Lösungsvorschlag BIENWALD RpflStud 2012, 127).

334   Eine Befreiung nach § 1857a BGB betrifft ausschließlich die periodische Rech-

nungslegung, nicht aber die Pflicht, eine Schlussrechnung (für die gesamte Zeit der Vermögensverwaltung) einzureichen. Auch bei der befreiten Betreuung umfasst gemäß § 1841 BGB iVm § 1908i Abs 1 S 1 BGB die Schlussrechnung nicht lediglich ein Vermögensverzeichnis ohne Aufschlüsselung der Zu- und Abgänge. Die nach § 1890 S 2 BGB grundsätzlich mögliche Bezugnahme auf die dem Betreuungsgericht periodisch gelegte Rechnung ist nicht möglich, wenn der Betreuer von dieser regelmäßigen Rechnungslegungspflicht nach den §§ 1857a, 1908i Abs 2 S 3 BGB (bisher S 2) befreit war (zu allem OLG Thüringen FamRZ 2001, 579; GROTHE Rpfleger 2005, 173, 175).

Die Position als künftiger Alleinerbe aufgrund Erbvertrags begründet keinen **335** Rechtsanspruch auf Einsichtnahme in die Abrechnungen und Vermögensaufstellungen des Betreuers in den Betreuungsakten, wenn dies dem ausdrücklichen natürlichen, wenn auch nicht mehr rechtsgeschäftlich relevanten Willen des Betreuten widerspricht (OLG Köln FamRZ 2004, 1124 zu § 34 FGG aF).

c) Anwendbarkeit der Vorschrift auf die verschiedenen Betreuerarten

Die Vorschrift ist auf die Betreuung durch einen Betreuungsverein oder die zuständi- **336** ge Behörde sowie auf alle übrigen Betreuer anzuwenden. Befreiungen durch die § 1857a, § 1854 BGB iVm § 1908i Abs 1 S 1 BGB beziehen sich nur auf die periodische Rechnungslegungspflicht nach § 1840 Abs 2–4 BGB (OLG Frankfurt Rpfleger 1980, 18). Befreit sind auch nicht der Vereins- und der Behördenbetreuer sowie die in § 1908i Abs 2 S 2 BGB genannten nahen Angehörigen des Betreuten.

In Hamburg genügt für die zum Betreuer bestellte Behörde anstelle der Rechnungs- **337** legung bei der Beendigung ihrer Tätigkeit als Betreuer nach § 1892 Abs 1 BGB die Einreichung einer zusammenfassenden Darstellung der Einnahmen und Ausgaben sowie der Vermögensentwicklung; die Verpflichtung aus § 1890 BGB bleibt unberührt (Art 1 § 3 Abs 2 HmbAGBtG).

Umstr ist es, ob die Pflicht des Amtsbetreuers aus §§ 1890, 1892 BGB durch Be- **338** zugnahme auf die Vermögensübersichten gem § 1854 Abs 2 BGB erfüllt oder ersetzt werden kann. Gegen diese Verfahrensweise hatten sich SCHWAB (in MünchKomm³ § 1890 Rn 10) und DAMRAU/ZIMMERMANN (§ 1892 Rn 10) ausgesprochen. Für zulässig hielten die Bezugnahme das (damalige) Institut für Vormundschaftswesen (Gutachten DAVorm 1982, 152) und WESCHE Rpfleger 1986, 44 f.

Das Betreuungsgericht kann nach Beendigung der Betreuung nur noch die Einreichung einer formell ordnungsgemäßen Schlussrechnung erzwingen (OLG Thüringen FamRZ 2001, 579; BayObLG FamRZ 2001, 934 [LS]), nicht aber deren sachliche Berichtigung oder Ergänzung (BayObLG Rpfleger 1997, 476 = NJWE-FER 1997, 227).

d) Rechnungsprüfung und -anerkennung (§ 1892)

Das Betreuungsgericht hat nach dieser Vorschrift die **Rechnungsprüfung** vorzuneh- **339** men und die Abnahme der Rechnung zu vermitteln. Gegenüber der Situation bei der Altersvormundschaft (§§ 1773 ff BGB) ergeben sich bei der Beendigung der Betreuung einige **Unterschiede** (zu den Folgen beim Betreuerwechsel nach § 1908b Abs 5 BGB s dort):

aa) Ist die Betreuung aufgehoben, weil sie nicht mehr erforderlich oder die zu **340**

besorgende Angelegenheit erledigt ist, können doch **Zweifel** bestehen, ob der Betroffene tatsächlich imstande ist, die **Rechnung abzunehmen**. Ggf müsste ein (weiterer) Betreuer zwecks Abnahme der Rechnung sowie zur Prüfung, ob Ansprüche gegen den bisherigen Betreuer geltend zu machen sind, bestellt werden. Die Mitteilung des Betreuungsgerichts, die Schlussrechnung des Betreuers werde nicht beanstandet, kann vom Betreuten im Verfahren der freiwilligen Gerichtsbarkeit nicht angefochten werden; er muss seine Rechte und Ansprüche im Prozessweg geltend machen (BayObLG Rpfleger 1997, 476 = NJWE-FER 1997, 227 = FamRZ 1998, 1197 [LS]).

341 bb) Endet die Betreuung durch den Tod des Betreuten, ist die Abnahme der Rechnung durch die Erben des Betreuten zu vermitteln. Sind **Erben** (noch) **nicht bekannt** oder ist ungewiss, ob die Erben die Erbschaft angenommen haben, hat das Nachlassgericht für die **Sicherung des Nachlasses** zu sorgen, soweit ein Bedürfnis dafür besteht (§ 1960 BGB). Das Nachlassgericht kann die zur Prüfung etwaiger Ansprüche gegen den bisherigen Betreuer notwendigen Maßnahmen treffen. Wird die bisher als Betreuer tätige Person gemäß § 1960 BGB zum Nachlasspfleger bestellt, kann dieser nicht auf die Schlussrechnung verzichten oder sich als Betreuer „entlasten". Obwohl nacheinander in zwei unterschiedlichen Rollen (Ämtern) tätig, würde der Betreffende sich selbst „entlasten". Der Gedanke des § 181 BGB schließt dies aus (im Ergebnis ebenso, jedoch mit anderer Begründung, ZIMMERMANN, Nachlasspflegschaft Rn 310).

342 cc) Die Pflicht zur Einreichung einer Schlussrechnung entfällt, wenn der Betroffene (der ehemals Betreute) auf die Schlussrechnungslegung verzichtet hat (Münch Komm/WAGENITZ § 1892 Rn 8). Der Betreuer hat keinen Anspruch darauf, dass der Betreute auf die Schlussrechnungslegung verzichtet. Dieser Verzicht wäre keine besorgungsbedürftige Angelegenheit; für sie wäre die Bestellung eines Betreuers erforderlich. Bestehen Zweifel, ob eine vom bisherigen Betreuten abgegebene **Verzichtserklärung** wirksam ist, hat das Betreuungsgericht kaum eine Möglichkeit, eine Betreuerbestellung von Amts wegen einzuleiten. Besteht Anlass anzunehmen, dass der bisherige Betreute auf etwa vorhandene Ansprüche verzichtet, ohne die Tragweite seiner Erklärung einschätzen zu können, kann das Betreuungsgericht von Amts wegen einen Betreuer bestellen, dem die Aufgabe übertragen wird, das Bestehen etwaiger Schadensersatzansprüche zu prüfen.

343 Ein Verzicht auf die Legung der Schlussrechnung bei einem Wechsel des Betreuers durch den neuen Betreuer (Betreuernachfolger) ist zulässig (**aA** GERNHUBER/COESTER-WALTJEN § 73 III 4, die ua auf das Schenkungsverbot des § 1804 BGB hinweist; DAMRAU/ZIMMERMANN § 1892 Rn 9 mwNw). Zu Abwicklungsfragen beim Betreuerwechsel im Übrigen s oben § 1908b. Der Verzicht kommt durch Verzichtsvertrag zustande (KGJ 23, A 11); er enthält nicht notwendig auch den Verzicht auf die Geltendmachung von Ersatzansprüchen gegen den bisherigen Betreuer (MünchKomm/WAGENITZ § 1892 Rn 8).

344 dd) Eine Entlastung enthält nicht notwendig die Genehmigung bisher unwirksamer Verfügungen des Betreuers (RG LZ 1930, 1390: Vormunds). Ein Anspruch auf Genehmigung solcher Geschäfte besteht nicht. Zu prüfen wäre außerdem, ob sie noch genehmigungsfähig sind (BGH MDR 1951, 280).

ee) Die Entlastungsvermittlung kann das Betreuungsgericht auch im Wege der **345** Rechtshilfe durch ein anderes Gericht vornehmen lassen (RGZ 115, 368, hM, vgl Münch Komm/WAGENITZ § 1892 Rn 5; **aA** KGJ 51, A 42). Wegen Einzelheiten zur Entlastungserteilung s GLEISSNER Rpfleger 1986, 462 ff. Eine Rechtsgrundlage, von dem bisherigen Betreuer die Vorlage einer Entlastungserklärung zu erzwingen, besteht für das Betreuungsgericht nicht (AG Neukölln BtPrax 1992, 77).

ff) Zuständig für die nach §§ 1890, 1892 BGB vorzunehmenden betreuungsge- **346** richtlichen Handlungen oder Entscheidungen ist der Rechtspfleger; ein Richtervorbehalt besteht nicht (vgl § 3 Nr 2 Buchst b, § 15 Abs 1 RPflG).

3. Rückgabe des Betreuerausweises (§ 1893 Abs 2)

Zu § 1893 Abs 1 BGB s oben Rn 97. In sinngemäßer Anwendung des § 1893 Abs 2 **347** BGB, dessen Gerichtsbezeichnungen durch Art 50 Nr 45 FGG-RG geändert wurden, hat der Betreuer nach Beendigung seines Amtes den Betreuerausweis dem Betreuungsgericht zurückzugeben. Diese Verpflichtung trifft jeden Betreuer, gleichgültig um welche Gattung von Betreuern es sich handelt und wie viele Betreuer bestellt worden waren. Das Betreuungsrecht unterscheidet, was die Urkunde über die Bestellung zum Betreuer angeht (§ 290 FamFG), nicht zwischen natürlichen Personen und Institutionen, wie dies im Vormundschaftsrecht der Fall ist (vgl § 1893 Abs 2 S 2 BGB). Dort heißt sie noch Bestallung (s § 1791 BGB). In der amtlichen Überschrift ist von der Bestallungsurkunde die Rede.

4. Amtsende des Gegenbetreuers (§ 1895)

Diese Vorschrift regelt iVm § 1908i Abs 1 S 1 BGB die Amtsbeendigung des Gegen- **348** betreuers, indem sie auf entspr Bestimmungen verweist, die für den Vormund gelten (§§ 1886–1889, 1893, 1894 BGB). Die sinngemäße Anwendung des § 1895 BGB auf die Betreuung bzw den Gegenbetreuer war zunächst in § 1908i Abs 1 S 1 BGB nicht vorgesehen. Das Unterlassen der Verweisung war als Redaktionsversehen gewertet worden (MünchKomm/SCHWAB Rn 9; ERMAN/HOLZHAUER Rn 35). Ihre sinngemäße Anwendung (nunmehr in § 1908i Abs 1 S 1 BGB vorgesehen) in vollem Umfang dürfte wohl nicht in Betracht kommen, jedenfalls insoweit nicht, als das Betreuungsrecht für den Betreuer eigene Vorschriften enthält, die entspr dem in § 1895 BGB enthaltenen Grundsatz (Beendigung der Gegenbetreuung als Accessorium, vgl STAUDINGER/VEIT [2014] § 1895 Rn 1) auch auf die Gegenbetreuung angewendet werden müssen.

Anstelle v § 1886 BGB ist deshalb auf die Gegenbetreuung 1908b Abs 1–4 BGB u **349** anstelle v § 1887 BGB der § 1908b Abs 5 BGB iVm § 291 FamFG anzuwenden. Die Anhörung von Behörde u Verein (vgl § 1887 Abs 3 BGB) ergibt sich zwar aus allgemeinen Grundsätzen, wird aber noch dadurch unterstrichen, dass diesen die Mitteilung von Umständen obliegt, aus denen sich ergibt, dass der Volljährige durch eine oder mehrere natürliche Personen hinreichend betreut werde (§ 1900 Abs 3 u 4 BGB), sodass ihre Entlassung erfolgen kann.

Die sinngemäße Anwendung des § 1889 BGB (Entlassung auf eigenen Antrag) auf **350** den Gegenbetreuer entfällt wegen der speziellen betreuungsrechtlichen Regelung des § 1908b Abs 2–4 BGB. Der Hinweis auf Ablehnungsgründe des Vormunds in

§ 1786 BGB findet im Betreuungsrecht keine Parallele und sollte deshalb auch nicht für den Gegenbetreuer herangezogen werden. Vielmehr sind die für den Betreuer geltenden Vorschriften (§ 1908b Abs 2–4 BGB) auch für den Gegenbetreuer maßgebend. Dass das Betreuungsgericht auch einen Gegenbetreuer entlassen darf (und muss), wenn seine Eignung nicht mehr gewährleistet ist oder ein anderer wichtiger Grund für die Entlassung vorliegt (§ 1908b Abs 1 BGB), versteht sich von selbst.

5.   Anzeige bei Tod des Betreuers (§ 1894)

351   Die Vorschrift, die auf die Betreuung sinngemäß anzuwenden ist (§ 1908i Abs 1 S 1 BGB; die Änderung der Gerichtsbezeichnung beruht auf Art 50 Nr 46 FGG-RG), verpflichtet den **Erben** des Betreuers, dessen Tod dem Betreuungsgericht unverzüglich anzuzeigen. Den Tod des Gegenbetreuers oder eines weiteren Betreuers hat der **Betreuer** unverzüglich **anzuzeigen**. Daneben sind, wenn ein Mitbetreuer oder ein Gegenbetreuer bestellt war, deren Erben zur Anzeige verpflichtet (STAUDINGER/VEIT [2014] § 1894 Rn 8). Mit dem Tod des Betreuers endet dessen Amt. Das Betreuungsgericht hat einen neuen Betreuer zu bestellen (§ 1908c BGB), wenn es nicht die Betreuung aufhebt. Anders als in den Fällen der §§ 1698a und 1698b BGB besteht keine betreuungsrechtliche Befugnis oder Verpflichtung der Erben, anstelle des verstorbenen Betreuers auch nur unaufschiebbare Angelegenheiten zu besorgen (STAUDINGER/VEIT [2014] § 1894 Rn 4). Dies muss für das Betreuungsrecht mit seiner starken personalen Komponente auch als konsequent bezeichnet werden. Ggf kann das Betreuungsgericht nach § 1846 BGB tätig werden. Ist der Verein oder die Behörde bestellt und scheidet ein Mitarbeiter durch Tod aus, tritt ein anderer Mitarbeiter an seine Stelle. Diese Lösung scheidet bei der Bestellung zum Vereins- oder Behördenmitarbeiter aus. Wird der Erbe des verstorbenen Betreuers tätig, finden die §§ 677 ff BGB Anwendung (STAUDINGER/VEIT [2014] § 1894 Rn 4).

352   Das Unterlassen der Anzeige oder die verspätete Anzeige kann zum Schadensersatz verpflichten. Der Erbe verletzt die ihm nach § 1894 Abs 1 BGB auferlegte Pflicht, wenn er unverzüglich hätte Anzeige erstatten können, durch seine Untätigkeit oder verspätete Tätigkeit das Betreuungsgericht nicht rechtzeitig Vorsorge treffen konnte. Adressat der Mitteilung und der evtl Geschädigte sind zu unterscheiden. Es handelt sich um eine Ersatzpflicht eigener Art. Allgemeine Haftungsregeln (zB positive Forderungsverletzung, so MünchKomm/WAGENITZ § 1894 Rn 3 mwNw) kommen nach diesseitiger Auffassung nicht in Betracht. Im Falle des Abs 2 haftet der Betreuer dem Betreuten gegenüber (STAUDINGER/VEIT [2014] § 1894 Rn 6).

353   Die nach § 1894 BGB anzeigeverpflichteten Personen schulden die Information bei Kenntnis; fahrlässige Unkenntnis hat eine Schadensersatzpflicht nicht zur Folge.

XI.   Ansprüche des Betreuten gegen den Betreuer und den Gegenbetreuer (§§ 1833, 1834)

1.   Allgemeines

354   Solche Ansprüche ergeben sich aus den §§ 1833 und 1834 BGB, die sinngemäß auf die Betreuung anzuwenden sind (§ 1908i Abs 1 S 1 BGB). Nach § 1833 BGB ist der Betreuer dem Betreuten für den aus einer Pflichtverletzung entstehenden Schaden

verantwortlich, wenn ihm ein Verschulden zur Last fällt. Das Gleiche gilt von dem Gegenbetreuer (Abs 1 S 2). Sind für den Schaden mehrere nebeneinander verantwortlich, so haften sie als Gesamtschuldner (Abs 2 S 1). Ist neben dem Betreuer für den von diesem verursachten Schaden der Gegenbetreuer oder ein Mitbetreuer nur wegen Verletzung seiner Aufsichtspflicht verantwortlich, so ist in ihrem Verhältnis zueinander der Betreuer allein verpflichtet (Abs 2 S 2). Aus der öffentlichen Bestellung zum Betreuer kann ein besonderer „Vertrauensvorschuss für Dritte" nicht hergeleitet werden; ebensowenig eine drittschützende Funktion. Hierzu und zur Frage der Eigenhaftung eines Betreuers wegen der Inanspruchnahme besonderen persönlichen Vertrauens gegenüber dem Vertragspartner des Betreuten (auf Begleichung offener Krankenhausrechnungen) BGH FamRZ 1995, 282, 283 = DNotZ 1995, 396, 398 = MDR 1995, 284.

§ 1834 BGB bestimmt in sinngemäßer Anwendung, dass der Betreuer Geld des **355** Betreuten, das er entgegen dem Verbot des § 1805 BGB (iVm § 1908i Abs 1 S 1 BGB) für sich verwendet, von der Zeit der Verwendung an zu verzinsen hat.

Beide Vorschriften sind nicht, auch nicht entsprechend anzuwenden auf das Rechts- **356** verhältnis des Vollmachtgebers zu seinem/seinen Bevollmächtigten. Dessen Haftung ergibt sich ggf aus den zwischen beiden bestehenden Vereinbarungen oder allgemeinen schuldrechtlichen Regelungen.

Pflichtwidrig iSd § 1833 BGB handelt ein Betreuer, wenn er gesetzliche oder ge- **357** richtliche Handlungsanweisungen außer acht lässt, wenn er gegen bindende Normen verstößt, das Wohl des Betreuten nicht hinreichend berücksichtigt, eigenen Interessen auf Kosten des Betreuten den Vorrang einräumt, zum Nachteil des Betreuten wichtige Handlungen unterlässt oder nicht rechtzeitig vornimmt. Zur (hier verneinten) Haftung des Betreuers für durch Sozialhilfe nicht gedeckte Heimkosten, wenn er gegen den ablehnenden Sozialhilfebescheid keinen Widerspruch eingelegt hatte, OLG Schleswig PflegeRecht 1999, 226. Ein Betreuer haftet für das von dem Betreuten geschuldete Heimentgelt gegenüber dem Heimträger nur unter den Voraussetzungen des § 311 Abs 3 BGB (LG Duisburg FamRZ 2012, 815). Danach kann ein Schuldverhältnis und Pflichten nach § 241 Abs 2 S 1 BGB auch zu Personen entstehen, die nicht selbst Vertragspartei werden sollen. Das LG Duisburg (FamRZ 2012, 815) berief sich auf die Entscheidung des BGH (FamRZ 1995, 282 = NJW 1995, 1213).

Führt der nach den §§ 1896 ff BGB bestellte Betreuer namens seines Betreuten **358** einen Rechtsstreit, den er für erforderlich hält oder der gegen seinen Betreuten angestrengt worden ist, kann das Ergebnis dieser prozessualen Auseinandersetzung auch ein Vergleich sein. Erfordert das Ergebnis die Genehmigung des Betreuungsgerichts, ist ein entsprechender Vorbehalt anzubringen. Zur Frage, ob die gerichtliche Genehmigung den Betreuer entlastet, unten Rn 365.

Hat der Betreuer im Rahmen der ihm übertragenen Betreuung von den Betreuten- **359** konten Barabhebungen vorgenommen und kann er deren bestimmungsgemäße Verwendung nicht nachweisen, ist er zur Herausgabe verpflichtet (LG Mainz FamRZ 2012, 1325 [LS]). In Betracht kommt eine Schadensersatzpflicht wegen Pflichtverletzung, wenn der Betreuer dem Betreuten hohe Geldbeträge überlässt, ohne deren Verwendung zu kontrollieren (LG Mainz FamRZ 2012, 1325).

2.   Die Haftungsnorm des § 1833 und Besonderheiten bei der Betreuung

a)   Die Bedeutung des Willensvorrangs des Betreuten; keine Haftungsbeschränkung

360 Die Führung der Betreuung wird maßgebend bestimmt von dem gesetzlich verankerten Grundsatz des Willensvorrangs des Betreuten (§ 1901 Abs 3 BGB). Beachtet der Betreuer diesen Willensvorrang, kann sein Handeln aus späterer Sicht anders bewertet werden, speziell, wie die Erfahrung lehrt, von Angehörigen des Betreuten. Wenn auch durch die Beachtung des Willensvorrangs des Betreuten nicht unmittelbar das tatsächliche Haftungsrisiko für den Betreuer erhöht wird, so entsteht doch ein Bedarf an Erklärung und Begründung, den es bisher in diesem Umfang nicht gab. Will der Betreuer sich davor schützen, später keine Erklärungen zur Hand zu haben, wird er in Situationen, die eines Tages Anlass zu Kritik und Nachfrage geben könnten („konfliktträchtige" Fälle), mit Vermerken arbeiten (**Dokumentation** der Problemsituationen). Das bürokratische Element von Betreuung nimmt dadurch zwangsläufig zu.

361 Will der Betreuer unabhängig von dem eingeschränkten Willensvorrang des Betreuten dessen noch vorhandene Fähigkeiten zu eigenverantwortlicher Lebensgestaltung stärken, Aktivitäten nutzen oder fördern (zB durch den Einsatz für Botengänge) oder im Sinne eines **Trainings** Fähigkeiten in dieser Hinsicht wecken, fragt es sich, wann der Betreuer pflichtwidrig handelt oder gehandelt hat, wenn der Betreute in ihn gesetztes Vertrauen nicht erfüllt, Verabredungen nicht einhält oder den in ihn gesetzten Erwartungen nicht entspricht. In solchen Fällen können an den Betreuer und die von ihm für richtig gehaltenen Maßnahmen keine höheren Maßstäbe angelegt werden als an denjenigen, der ohne zum Betreuer nach §§ 1896 ff BGB bestellt zu sein, bei seinen pädagogischen Bemühungen ein gewisses **Risiko des Scheiterns** eingehen muss.

362 Die Neuregelung des § 1793 Abs 1 S 3 BGB durch Art 1 Nr 5 BtÄndG, wonach dem Vormund bei Aufnahme des Mündels in seinen Haushalt die Regelung des § **1664** BGB zugute kommt, wurde für den Betreuer nicht eingeführt. Das G z Modernisierung des Schuldrechts v 26. 11. 2001 (BGBl I 3138) hatte mit Wirkung v 1. 1. 2002 die regelmäßige Verjährungsfrist auf drei Jahre festgesetzt (§ 195 BGB), davon aber familien- und erbrechtliche Ansprüche ausgenommen und deren Verjährungsfrist bei 30 Jahren belassen (§ 197 Abs 1 Nr 2 BGB). Ansprüche aus dem Vormundschafts- oder Betreuungsrechtsverhältnis, wie die aus § 1833 BGB (iVm § 1908i Abs 1 S 1 BGB), haben ihren Entstehungsgrund nicht im Familienrecht, sodass die Regelung des § 197 Abs 1 Nr 2 auf sie nicht zutraf. Inzwischen hat das G zur Änderung des Erb- und Verjährungsrechts v 24. 9. 2009 (BGBl I 3142) die Bestimmung des § 197 Abs 1 Nr 2 BGB aufgehoben (Art 1 Nr 1 Buchst a, bb). Davon sind die aus dem Vormundschafts- oder Betreuungsrechtsverhältnis herrührenden Ansprüche nicht betroffen, auch nicht von der Überleitungsregelung des § 229 § 21 EGBGB (Einzelheiten bei STAUDINGER/PETERS/JACOBY [2014] § 197 Rn 20). Während der Dauer des Betreuungsverhältnisses ist die Verjährung von Ansprüchen zwischen dem Betreuten und dem Betreuer jedoch **gehemmt** (§ 207 Abs 1 S 2 Nr 4 BGB); der Zeitraum, während dessen die Verjährung gehemmt ist, wird in die Verjährungszeit nicht eingerechnet (§ 209 BGB). Vgl auch § 210 BGB (Ablaufhemmung bei nicht voll geschäftsfähigen Personen).

b) Das Zurverfügungstehen von Beratungsangeboten

Das Betreuungsrecht hat dem bereits nach altem Recht bekannten Beratungsbedarf   **363**
Rechnung getragen und das Gericht (§ 1837 Abs 1 S 1 BGB), den Betreuungsverein
(§ 1908f Abs 1 Nr 2 BGB) und die Betreuungsbehörde (§ 4 S 1 BtBG) zur Beratung
der Betreuer verpflichtet. Dadurch kann bei einem durch Nichtbeachtung dieses
Angebots (mit-)verursachten Schadens dem Betreuer eher als in der Vergangenheit
vorgehalten werden, durch Nichtinanspruchnahme von Beratung den Schadenseintritt
nicht vermieden zu haben. Andererseits werden sich die Fälle häufen, in denen
der Betreuer Beratung in Anspruch genommen hat, die Beratung sich aber als
(mit-)ursächlich für einen entstandenen Schaden erweist. Die veränderte rechtliche
und tatsächliche Situation wird sich auf die Frage von Pflichtwidrigkeit und Verschulden
auswirken.

c) Die Stellung des Vereins- und des Behördenbetreuers

Gegenüber dem bisherigen dreiteiligen Betreuermodell der   **364**

– Einzelbetreuung,

– Vereinsbetreuung und

– Amtsbetreuung

sind zwei weitere Betreuertypen eingeführt worden, deren Rechtsstellung nicht in
allen Punkten unumstritten ist: Vereinsbetreuer (§ 1897 Abs 2 S 1 BGB) und Behördenbetreuer
(§ 1897 Abs 2 S 2 BGB). Eine ausdrückliche Haftungsbestimmung
für diese beiden Betreuerarten enthält das BtG nicht. Ihre Rechtsstellung im Allgemeinen
wird dadurch gekennzeichnet, dass sie einerseits Mitarbeiter der Institution
sind, sich in einem Anstellungsverhältnis befinden (oder Beamte sind), das
ihnen erlaubt und zur Verpflichtung macht, als Dienstaufgabe Betreuungen zu führen.
Andererseits werden sie im Verhältnis zum Gericht und zum Betreuten als
Einzelbetreuer bestellt, sind dem Gericht und dem Betreuten gegenüber als Einzelbetreuer
verpflichtet und verantwortlich und erarbeiten als solche die Vergütungen,
die ihr Anstellungsträger geltend macht. Das Interesse des Gesetzgebers an dieser
Form der unmittelbaren Bestellung bestand insbesondere in der Stärkung der persönlichen
Betreuung. Der Vorstellung des Gesetzgebers entspricht deshalb auch die
unmittelbare Haftung des Vereinsmitarbeiters in den Fällen, in denen er zum Vereinsbetreuer
bestellt worden ist (BT-Drucks 11/4528, 158; kritisch MünchKomm/Schwab
Rn 25). Zur Vermeidung eines Risikos für die Betreuten hat das BtG die Vereine
verpflichtet, im Falle ihrer Anerkennung als Betreuungsverein die Mitarbeiter angemessen
zu versichern. Entsprechendes gilt für die Behördenbetreuer, ohne dass
die Behörde zur Versicherung ihrer Mitarbeiter in gleicher Weise verpflichtet wäre
wie die Vereine (näher dazu Deinert/Schreibauer BtPrax 1993, 185, 188 ff mN, s auch Münch
Komm/Schwab Rn 25; zur Haftung allgemein: Deinert/Lütgens/Meier, Haftung des Betreuers
[2. Aufl 2007] und Meier, Zu den Aufgaben und der Haftung von Betreuungsbehörden, Betreuungsmanagement 2/2005, 64).

d) Kein Haftungsausschluss durch erteilte betreuungsgerichtliche
Genehmigungen

Der BGH hat durch Urteil v 18. 9. 2003 (FamRZ 2003, 1924 = BtPrax 2004, 30 = ZNotP 2004,   **365**

63 = ZErb 2004, 95) die von ihm bisher vertretene Auffassung (FamRZ 1964, 199; FamRZ 1983, 1220) **bestätigt**, wonach eine etwaige Schadensersatzpflicht des Betreuers gem §§ 1833, 1908i Abs 1 S 1 BGB nicht dadurch ausgeschlossen wird, dass das Betreuungsgericht einen vom Betreuer geschlossenen Vertrag genehmigt hat. Beide, das Gericht und der Betreuer, haben nach Auffassung des BGH (FamRZ 2003, 1924, 1925) eine selbständige **Prüfungspflicht**. Ausnahmsweise könne der Betreuer durch eine Genehmigung des Gerichts vom Vorwurf pflichtwidrigen schuldhaften Verhaltens entlastet werden, etwa dann, wenn es bei der Genehmigung im Wesentlichen um Rechtsfragen geht, dem Betreuungsgericht alle für deren Beantwortung maßgebenden Tatsachen bekannt sind und der Betreuer, zumal wenn er juristisch nicht vorgebildet ist, deshalb davon ausgehen darf, beim Abschluss des genehmigten Rechtsgeschäfts pflichtgemäß zu handeln.

e)   Weitere etwaige haftungsbegründende Pflichtwidrigkeiten

366 Eine Pflichtwidrigkeit kann dann vorliegen, wenn der Betreuer einer Anzeigepflicht nicht nachkommt und infolgedessen der Versicherer erfolgreich die Versicherungsleistung ablehnt. Nach OLG Nürnberg (BtPrax 2004, 38, 40; Nichtannahmebeschluss des BGH v 13. 3. 2002 – IV ZR 148/01) hatte der Betreuer mit dem Aufgabenkreis Vermögenssorge als gesetzlicher Vertreter des Versicherungsnehmers an dessen Stelle die Obliegenheiten aus dem (Brand-)Versicherungsvertrag zu erfüllen und die durch das Verhalten des Betreuten verursachte Gefahrenerhöhung anzuzeigen (dazu Henkemeier, Versicherungsrechtlicher Aspekt der Betreuerhaftung, BtPrax 2004, 59 u Meier, Haftungsrechtlicher Aspekt der Entscheidung, BtPrax 2004, 60, beides zu OLG Nürnberg BtPrax 2004, 38, 40). Keine Schadensersatzpflicht, sondern eine auf § 92a Abs 4 BSHG beruhende Erstattungspflicht des Betreuers stellt die Rückzahlung von dem Betreuten zu Unrecht gewährten Sozialhilfeleistungen dar, weil der Betreuer den Mitwirkungspflichten nach § 60 Abs 1 SGB I (grob fahrlässig) nicht nachgekommen war (BayObLG BtPrax 2004, 203 mAnm Meier = R & P 2004, 220 mAnm Marschner). Der für die Vermögenssorge zuständige Nachfolgebetreuer hat die anstelle einer Schlussrechnung in Bezug genommenen Rechnungslegungen des Vorgängers im Hinblick darauf zu prüfen, ob sich aus ihnen Hinweise auf etwaige erbrechtliche Ansprüche seines Betreuten ergeben (OLG Koblenz FamRZ 2016, B v 12. 5. 2016 – 1 W 161/16). Verzögert der Betreuer des Verkäufers eines nach §§ 1821 Abs 1 Nr 4, 1829 Abs 1 Nr 1 BGB genehmigungsbedürftigen Grundstückskaufvertrags die Erteilung der Genehmigung dadurch, dass er Anfragen des Familiengerichts nicht beantwortet, haftet dafür der Betreute gemäß § 278 BGB (OLG Düsseldorf FamRZ 2016, B v 16. 2. 16 – I-24 U 102/15). Der Betreuer darf nicht ungeschützte Einkünfte des Betreuten schonen und die laufenden Ausgaben ausschließlich von den geschützten Einnahmen (hier: Conterganrente) bestreiten (LG Arnsberg FamRZ 2016, 578 [LS]).

367 Die Entscheidung des Betreuers, eine Mietwohnung des Betroffenen trotz dessen Unterbringung aufrechtzuerhalten, ist nicht pflichtwidrig, wenn sich die Fortexistenz der Wohnung positiv auf die Befindlichkeit des Betroffenen auswirken kann und die dadurch bewirkte Vermögensbelastung im Ergebnis nicht von Gewicht ist (BayObLGR 2004, 85 [LS] = FamRZ 2004, 834 [LS] = BtPrax 2004, 69). Vgl zur Frage, ob ein Widerspruch des Betreuten zur Aufgabe einer Wohnung durch den Betreuer beachtlich ist, einerseits LG Berlin FamRZ 2000, 1526 = ZMR 2000, 297 (verneinend), andererseits die Berufungsentscheidung des KG ZMR 2002, 265.

Der Betreuer mit dem Aufgabenkreis „Sorge für die Gesundheit und Vermögens- **368** sorge" haftet für den nicht oder nicht rechtzeitig gestellten Antrag auf Rentenzahlung (LG Köln FamRZ 2006, 1874 [LS]); für Unterlassen rechtzeitiger Krankenversicherungsanmeldung nach Scheidung (OLG Brandenburg FamRZ 2008, 916 [LS]; LG Dessau-Roßlau, FamRZ 2010, 1011 mAnm BIENWALD); für das Unterlassen rechtzeitiger Antragstellung auf Weiterversicherung (OLG Hamm FamRZ 2010, 754); Haftung für Aufklärungsmängel eines in Anspruch genommenen Anlageberaters für die Anlage nicht benötigten Geldes (LG Waldshut-Tiengen FamRZ 2008, 916 [LS]). Die Krankenkasse des Versicherten hat die Verpflichtung, über die Möglichkeit der Weiterversicherung zu informieren. Versäumt sie dies, kann die Geltendmachung eines sozialrechtlichen Herstellungsanspruchs in Betracht kommen (LSG Rheinland-Pfalz Rechtsdienst der Lebenshilfe 2011, 161).

3. Verzinsungspflicht (§ 1834)

Der Betreuer hat Geld des Betreuten, das er für sich verwendet, von der Zeit der **369** Verwendung an zu verzinsen. Diese Vorschrift ergänzt § 1805 BGB, der ebenfalls sinngemäß für die Betreuungen gilt (§ 1908i Abs 1 S 1 BGB). Danach darf der Betreuer Vermögen seines Betreuten, auch darlehensweise (STAUDINGER/VEIT [2014] § 1805 Rn 5), nicht für sich verwenden. Diese Bestimmung soll „als Mahnung" dienen, dass der Betreuer sein Vermögen und das des Betreuten „in allen Beziehungen getrennt zu halten" hat (Mot IV 1107; s auch STAUDINGER/VEIT [2014] § 1805 Rn 1).

§ 1834 BGB regelt eine gesetzliche Verzinsungspflicht dem Grunde, nicht der Höhe **370** nach. Die Höhe der Zinsen ergibt sich aus § 246 BGB (STAUDINGER/VEIT [2014] § 1834 Rn 13; PALANDT/GÖTZ § 1834 Rn 1). Zur Geltendmachung eines darüber hinausgehenden Schadens nach § 1833 BGB s STAUDINGER/VEIT (2014) § 1834 Rn 3; PALANDT/GÖTZ § 1834 Rn 1. Daneben kommt ein Schadensersatzanspruch nach § 288 Abs 1 BGB in Betracht, sofern Verzug hinsichtlich des Anspruchs aus § 1834 BGB vorliegt. Dieser Anspruch stellt nicht eine Umgehung des Zinseszinsverbots dar. Zur Geltendmachung dieser Ansprüche kann die Bestellung eines (weiteren) Betreuers erforderlich sein. Die Verpflichtung zur Verzinsung entnommenen Betreutenvermögens trifft jede dem § 1805 BGB zuwider begangene Fremdverwendung des Betreutenvermögens unabhängig von etwaigem Verschulden des Betreuers (STAUDINGER/VEIT [2014] § 1834 Rn 1).

Werden Gelder des Betreuten mit denen des Betreuers lediglich vermischt, liegt **371** darin noch nicht eine Verwendung von Betreutenvermögen. Dies trifft jedoch dann zu, wenn der Betreuer Geld des Betreuten für sich verbraucht und sei es auch nur vorübergehend (PALANDT/DIEDERICHSEN § 1834 Rn 1). Der Betreuer verbraucht Geld des Betreuten nicht dadurch, dass er nach der durch den Tod des Betreuten eingetretenen Beendigung der Betreuung das verwaltete Geld nicht sogleich dem Berechtigten auskehrt, sondern zunächst die Vergütungsbewilligung und Entnahmeerlaubnis des Gerichts abwartet. Dies schon deshalb nicht, weil es sich nicht mehr um Geld des Betreuten handelt.

Die Vorschrift ist grundsätzlich auf alle Betreuerarten sinngemäß anzuwenden. Sie **372** gilt insbesondere für alle Privatbetreuer, den Vereins- und den Behördenbetreuer sowie den Verein und die Behörde. Sie kommt nicht zur Anwendung bei solchen

Betreuern, deren Aufgabenkreise die Verwaltung und den Besitz von Betreuten-vermögen nicht vorsehen oder zulassen. So wird zB der Sterilisationsbetreuer kaum Vermögen des Betreuten in Händen haben, auch nicht der nach § 1896 Abs 3 BGB bestellte Betreuer, der die Aufgabe hat, die Rechte des Betreuten gegenüber dem Bevollmächtigten geltend zu machen. Grundsätzlich dürften auch Gegenbetreuer und lediglich zur Abgabe einer Willenserklärung bestellte Ergänzungsbetreuer von der Vorschrift praktisch nicht erfasst werden.

Zu weiteren Einzelheiten s STAUDINGER/VEIT (2014) § 1834.

XII. Befreiungen

1.   Sinngemäße Anwendung von § 1857a gemäß § 1908i Abs 1 S 1 und Abs 2 S 2

a)   Allgemeines
aa)   Die zweifache Anwendbarkeit der Vorschrift

373   Auf diese Vorschrift wird in § 1908i BGB zweimal Bezug genommen. Abs 1 S 1 sieht die uneingeschränkte sinngemäße Anwendung des § 1857a BGB vor; Abs 2 S 2 erweitert die sinngemäße Anwendung der Vorschrift auf bestimmte Angehörige sowie den Vereins- und den Behördenbetreuer, jedoch mit der Maßgabe, dass das Betreuungsgericht die Anwendung des § 1857a BGB einschränken oder ausschlie-ßen darf.

bb)   Die von der Befreiungsvorschrift erfassten Betreuer

374   Der zuständigen Behörde und dem anerkannten Verein (§ 1908f BGB) stehen, soweit sie als Behörde oder als Verein (§ 1900 BGB) zum Betreuer bestellt sind, die nach § 1852 Abs 2, §§ 1853 u 1854 BGB zulässigen Befreiungen zu, ohne dass es dafür einer Anordnung eines Berechtigten oder einer betreuungsgerichtlichen Ent-scheidung bedarf (MünchKomm/WAGENITZ § 1857a Rn 2). Nach § 1908i Abs 2 S 2 BGB ist § 1857a BGB auf die Betreuung durch den Vater, die Mutter, den Ehegatten, den Lebenspartner oder einen Abkömmling des Betreuten sowie auf den Vereinsbetreu-er (§ 1897 Abs 2 S 1 BGB) und den Behördenbetreuer (§ 1897 Abs 2 S 2 BGB) sinngemäß anzuwenden. Die Geltung der Befreiung auch für den (eingetragenen) Lebenspartner beruht auf Art 2 LPartG. Auch hier ist die sinngemäße Anwendung durch den Gesetzgeber unmittelbar bestimmt worden und nicht an die Entscheidung des Betreuungsgerichts oder eines Berechtigten gebunden. Dem Vater und der Mutter des volljährigen Mündels oder Pflegebefohlenen standen kraft Gesetzes (§ 1903 Abs 1 BGB aF bzw § 1915 BGB iVm § 1903 Abs 1 BGB aF) diese Befrei-ungen nach damaligem Recht bereits zu. Ebenso bestand die Möglichkeit, dass das Betreuungsgericht die Befreiungen außer Kraft setzte.

cc)   Keine Geltung für Geschwister des Betreuten

375   **Geschwister** werden in der Regelung **nicht** aufgeführt. Für eine analoge Anwendung gibt es keine Anhaltspunkte. In § 1897 Abs 5 BGB sind Geschwister des Betreuten zwar nicht ausgeschlossen, aber unter den hervorgehobenen Angehörigen auch nicht ausdrücklich erwähnt.

dd)   Keine Befreiungen nach § 56 Abs 2 u 3 SGB VIII für die Behörde

376   Die gemäß § 56 Abs 2 und 3 SGB VIII dem Jugendamt als Amtsvormund oder

Amtspfleger zugestandenen Erleichterungen gelten nicht für die Behörde als Betreuer (§ 1908i Abs 1 S 2 BGB; MünchKomm/WAGENITZ § 1857a Rn 5). Das ist vor allen Dingen zu beachten, wenn die Betreuungsbehörde dem Jugendamt angegliedert ist.

ee) Möglichkeiten der Einschränkung und Aufhebung der Befreiung nach Abs 2 S 2

Im Gegensatz zu der Behörde und dem Betreuungsverein, deren Befreiungen durch **377** gerichtliche Entscheidungen nicht eingeschränkt werden oder rückgängig gemacht werden können, hat das Betreuungsgericht nach § 1908i Abs 2 S 2 BGB die Möglichkeit, die in § 1857a BGB aufgeführten Befreiungen einzuschränken oder ganz aufzuheben. Dies kommt dann in Frage, wenn im Einzelfall eine – vielleicht auch nur zeitlich begrenzte – Kontrolle angezeigt erscheint (BT-Drucks 11/4528, 161). Ist im Interesse des Betreutenwohls eine solche Entscheidung erforderlich, muss sie das Betreuungsgericht treffen; es hat dann kein Entschließungsermessen mehr (**aA** wohl BayObLG FamRZ 2003, 475). Näher dazu unten Rn 384.

Schränkt das Betreuungsgericht die Befreiung des bestellten Betreuers gemäß **378** § 1908i Abs 2 S 2 BGB ein oder hebt es sie vollständig auf, greift es in die gesetzlich geregelte Rechtsstellung des bestellten Betreuers ein. Dieser Rechtseingriff verlangt ein entsprechendes Verfahren, in dem der Betreuer als Beteiligter anzuhören ist, und das durch Beschluss zu enden hat (§ 38 Abs 1 FamFG). Der Beschluss ist zu begründen. Die Begründung ist nicht entbehrlich. Als ein sonstiges Verfahren, das die rechtliche Betreuung eines Volljährigen betrifft (§§ 1896 ff BGB, § 271 Nr 3 FamFG), gehört es zu den Betreuungssachen (§ 38 Abs 5 Nr 3 FamFG), auf die Abs 4 der Vorschrift (Begründung entbehrlich) nicht anzuwenden ist. Gegen die Entscheidung, durch die das Gericht die Befreiung einschränkt oder aufhebt, ist die befristete Beschwerde statthaft (§§ 58, 63 FamFG; § 11 RPflG), die binnen eines Monats bei dem Gericht, dessen Beschluss angefochten wird (§ 64 Abs 1 FamFG) einzulegen ist.

b) Kritik

Die vom Gesetzgeber mit der Ausdehnung der Befreiungsvorschriften auf andere **379** besonders nahe Angehörige sowie solche Personen, „die aufgrund ihrer Stellung innerhalb eines Vereins oder einer Behörde von ihrer Institution ohnehin kontrolliert werden" (BT-Drucks 11/4528, 161), beabsichtigte Entbürokratisierung dürfte im Wesentlichen nur den Gerichten zugutekommen. Sie brauchen, soweit die Befreiung reicht, Genehmigungen nicht zu erteilen (§ 1852 Abs 2 S 1 BGB) und Rechnungen nicht zu prüfen (§ 1854 BGB iVm § 1843 BGB). Für den Betreuer bringt die Befreiung von der wiederkehrenden Rechnungslegung eine erheblich geringere Entlastung als vielfach behauptet. Der Betreuer hat regelmäßig nach dem Ablauf von je zwei Jahren eine Übersicht über den Bestand des seiner Verwaltung unterliegenden Vermögens einzureichen und nach der Beendigung seines Amtes dennoch über die Verwaltung des Vermögens Rechenschaft abzulegen. Schließlich ist er auch nicht davon befreit, jährlich mindestens einmal über die persönlichen Verhältnisse des Betreuten und seine Kontakte zu ihm zu berichten (§ 1840 Abs 1 BGB). Für Vereine, deren Mitarbeiter zu Vereinsbetreuern bestellt werden, stellt sich die Befreiung als eine zeitliche und finanzielle Belastung heraus. Der mit der Befreiung verbundene Verzicht auf gerichtliche Kontrolle geht zulasten des Vereins, der – insoweit – seine Mitarbeiterinnen und Mitarbeiter als Arbeitnehmer kontrollieren muss, ohne

jedoch für diese Leistung eine Vergütung in Anspruch nehmen zu können. Betreuertätigkeit, für die der Verein Vergütung verlangen kann, ist zwar die Rechnungslegung durch den Vereinsbetreuer, nicht jedoch die Prüfung der Rechnungslegung, die
(Vor-)Prüfung des Vermögensverzeichnisses oder eine vereinsinterne Kontrolle der
Vereinsbetreuer. Dabei ist mindestens fraglich, ob der Verein oder die Behörde
lediglich aufgrund des bestehenden Anstellungsverhältnisses die Betreuungsarbeit
der vom Gericht unmittelbar bestellten und demgemäß auch unmittelbar zu beauf-
sichtigenden Mitarbeiter des Vereins oder der Behörde (Vereinsbetreuer/Behörden-
betreuer) kontrollieren darf. Offenbar wurden seinerzeit beim Zustandekommen
des Betreuungsgesetzes die Unterschiede zwischen der unmittelbaren Bestellung
von Mitarbeitern und der Betreuertätigkeit der Mitarbeiter aufgrund der Übertragung durch die Institution nicht hinreichend beachtet.

c)   Der Umfang der Befreiungen
aa) Die in Bezug genommenen Vorschriften

380   **§ 1852**
       Befreiung durch den Vater

       (1) Der Vater kann, wenn er einen Vormund benennt, die Bestellung eines
       Gegenvormunds ausschließen.

       (2) Der Vater kann anordnen, dass der von ihm benannte Vormund bei der
       Anlegung von Geld den in den §§ 1809, 1810 bestimmten Beschränkungen nicht
       unterliegen und zu den im § 1812 bezeichneten Rechtsgeschäften der Genehmi-
       gung des Gegenvormunds oder des Familiengerichts nicht bedürfen soll. Diese
       Anordnungen sind als getroffen anzusehen, wenn der Vater die Bestellung eines
       Gegenvormunds ausgeschlossen hat.

Bei Amtsbeendigung und Rechenschaftslegung können sich die befreiten Betreuer
nicht auf die periodischen Rechnungslegungen beziehen, müssen also um der Rechenschaftslegung und der zu erwartenden Auskunftsverlangen willen trotz der
Befreiung intern eine Rechnungslegung vornehmen. Die Änderung der Gerichtsbezeichnung in diesen Vorschriften beruht auf Art 50 Nr 44 FGG-RG.

       § 1853
       Befreiung von Hinterlegung und Sperrung

       Der Vater kann den von ihm benannten Vormund von der Verpflichtung entbin-
       den, Inhaber- und Orderpapiere zu hinterlegen und den im § 1816 bezeichneten
       Vermerk in das Bundesschuldbuch oder das Schuldbuch eines Landes eintragen
       zu lassen.

       § 1854
       Befreiung von der Rechnungslegungspflicht

       (1) Der Vater kann den von ihm benannten Vormund von der Verpflichtung
       entbinden, während der Dauer seines Amtes Rechnung zu legen.

       (2) Der Vormund hat in einem solchen Falle nach dem Ablauf von je zwei Jahren

eine Übersicht über den Bestand des seiner Verwaltung unterliegenden Vermögens dem Familiengericht einzureichen. Das Familiengericht kann anordnen, dass die Übersicht in längeren, höchstens fünfjährigen Zwischenräumen einzureichen ist.

(3) Ist ein Gegenvormund vorhanden oder zu bestellen, so hat ihm der Vormund die Übersicht unter Nachweisung des Vermögensbestands vorzulegen. Der Gegenvormund hat die Übersicht mit den Bemerkungen zu versehen, zu denen die Prüfung ihm Anlass gibt.

§ 1857a
Befreiung des Jugendamts und des Vereins

Dem Jugendamt und einem Verein als Vormund stehen die nach § 1852 Abs 2, §§ 1853, 1854 zulässigen Befreiungen zu.

bb) Die sinngemäße Anwendung auf die Betreuung
Die in § 1908i Abs 2 S 2 BGB genannten Betreuer – wie die nach § 1908i Abs 1 S 1 **381** BGB iVm § 1857a BGB befreiten Vereine und Behörden –

– unterliegen bei der Anlegung von Geld nicht den in §§ 1809, 1810 BGB bestimmten Beschränkungen;

– bedürfen zu den in § 1812 BGB bezeichneten Rechtsgeschäften nicht der Genehmigung des Gegenbetreuers oder des Betreuungsgerichts;

– sind von der Verpflichtung entbunden, Inhaber- und Orderpapiere zu hinterlegen und den in § 1816 BGB bezeichneten Vermerk in das Bundesschuldbuch oder das Schuldbuch eines Landes eintragen zu lassen;

– sind von der Verpflichtung befreit, während der Dauer des Amtes Rechnung zu legen (§ 1854 Abs 1 BGB). Stattdessen haben sie nach Ablauf von je zwei Jahren eine Übersicht über den Bestand des ihrer Verwaltung unterliegenden Vermögens dem Betreuungsgericht einzureichen. Das Betreuungsgericht kann anordnen, dass die Übersicht in längeren, höchstens fünfjährigen Zwischenräumen einzureichen ist (§ 1854 Abs 2 S 2 BGB). Ist ein Gegenbetreuer vorhanden, hat der Betreuer die Übersicht unter Nachweisung des Vermögensbestandes ihm vorzulegen (§ 1854 Abs 3 BGB).

d) Die Änderungsermächtigung des § 1908i Abs 2 S 2 BGB
Diese Befreiungen gelten nur solange und soweit, als das Betreuungsgericht nicht **382** Abweichendes anordnet. Einschränkungen oder als äußerste Maßnahme auch die Aufhebung der Befreiungen kann das Gericht sowohl bei Beginn der Betreuung als auch zu einem späteren Zeitpunkt anordnen. Während bei Beginn der Betreuung die abstrakte Gefahr ausreicht, zB eine jährliche Rechnungslegung vorzusehen, um zu prüfen, ob der Betreuer sein Amt ordnungsgemäß versieht, bedarf es bei späterer Anordnung der Feststellung konkreter Gefährdung des Betreutenwohls. Zuständig für eine Anordnung nach Abs 2 S 2 ist der Rechtspfleger (§ 3 Nr 2 Buchst b, § 15 Abs 1 RPflG); es besteht kein Richtervorbehalt.

383 Gegen eine die Befreiungen einschränkende oder aufhebende Entscheidung ist die Beschwerde zulässig (§ 11 Abs 1 RPflG). Sie steht demjenigen Betreuer zu, in dessen Rechte, nämlich die gesetzlich eingeräumte Befreiung, durch die gerichtliche Verfügung eingegriffen worden ist. Bedenken gegen die Eingriffsnorm wegen des Fehlens von Entscheidungskriterien bestehen nicht, weil kein Betreuer der dort angegebenen Art einen Anspruch darauf hat, eine uneingeschränkte Betreuung zu führen. Zum Verfahren s oben Rn 378.

384 **Maßstab** für eine Einschränkung oder Aufhebung der Befreiungen ist ausschließlich das **Wohl des Betreuten**, das bei der uneingeschränkten Beibehaltung der Befreiungen gefährdet wäre und dessen Gefährdung nur durch die Einschränkung oder Aufhebung der Befreiungen verhindert werden kann. Nach LG München I (FamRZ 1998, 701 = BtPrax 1998, 83) war die Aufhebung der Befreiung von der Rechnungslegungspflicht wegen der Gefährdung des Wohls des Betroffenen gerechtfertigt, weil der Betreuer (Sohn des Betroffenen), der ein erhebliches Vermögen zu verwalten hatte, seine Sachkunde hierfür nicht konkret dargelegt hatte und seine Persönlichkeitsstruktur keine Gewähr dafür bot, dass er Ratschläge Dritter annimmt oder einholt und befolgt. Nach BayObLG v 3. 12. 1997 – 3 Z BR 364/97 – hat der Tatrichter bereits bei der Auswahl eines der in § 1908i Abs 2 S 2 BGB genannten Angehörigen zu prüfen, ob etwaigen Gefahren für das Wohl des Betroffenen durch Mittel der Aufsicht oder Ausübung des Weisungsrechts (zB die Aufhebung der Befreiung von der Rechnungslegungspflicht) begegnet werden kann.

385 Befreiungen nach dem neu gefassten § 1817 BGB (Art 1 Nr 6 BtÄndG) berechtigen allein nicht zur Korrektur der Rechnungslegungsbefreiung.

386 Durch die Befreiung auch weiterer Angehöriger und des Vereins- sowie des Behördenbetreuers wird der Betreuer der Kontrolle des Gerichts nicht enthoben. Jeweils bei Vorlegung des Vermögensbestandsverzeichnisses oder auch der jährlichen Berichte über die persönlichen Verhältnisse des Betreuten und die Kontakte zu ihm, ggf bei Beantragung betreuungsgerichtlicher Genehmigungen, hat das Gericht die Möglichkeit, zu prüfen, ob der Betreuer pflichtmäßig gehandelt hat, ob erhebliche und nicht erklärbare Vermögensminderungen festzustellen sind uä.

2. Landesrechtliche Befreiungen aufgrund der Ermächtigung des § 1908i Abs 1 S 2 BGB

a) In Betracht kommende Ausnahmen
387 Abs 1 S 2 enthält für die Länder eine Ermächtigung zum Erlass eigener Befreiungsregelungen. Die landesrechtlichen Ausnahmen können sich auf Bestimmungen beziehen, welche die Aufsicht des Betreuungsgerichts in vermögensrechtlicher Hinsicht betreffen; sie können sich auf diejenigen Vorschriften erstrecken, welche die Aufsicht des Betreuungsgerichts beim Abschluss von Lehr- und Arbeitsverträgen betreffen; sie können auch beide Bereiche erfassen.

388 Der Umfang der landesrechtlich zulässigen Befreiungen ist in Abs 1 S 2 nicht vorgegeben. Nach dem Wortlaut der Bestimmung („Vorschriften, … welche … betreffen") kommt jedoch eine Befreiung von sämtlichen die Aufsicht des Betreuungsgerichts in vermögensrechtlicher Hinsicht betreffenden Vorschriften nicht in

Betracht. Rechtspolitisch wäre eine derartige Globalbefreiung auch unerwünscht, weil dadurch die Führung von Betreuungen mit Vermögenssorge durch die zuständige Behörde völlig außer Kontrolle des Betreuungsgerichts geriete und der Charakter der Betreuung als einer zivilrechtlich geregelten Fürsorge in Frage gestellt würde.

Die Befreiungen können sich nur auf die Behörden als Betreuer, dh die sogenannte **389** Amtsbetreuung, beziehen (§ 1900 Abs 4 BGB), nicht dagegen auf die Betreuung in der Behörde durch die zum Betreuer bestellten Mitarbeiter (Behördenbetreuer, § 1897 Abs 2 BGB). Diese Regelung erscheint zwar insofern konsequent, als die Bestellung zum Behördenbetreuer rechtlich der Bestellung von Privatpersonen (weitgehend) gleichgestellt ist; sie bietet aber der Behörde neben organisatorischen Erleichterungen einen weiteren Anreiz, die Einwilligung in die Bestellung von Mitarbeitern zu Behördenbetreuern zu verweigern und stattdessen (uU ausschließlich) Amtsbetreuungen zuzulassen.

Landesgesetzliche Regelungen können vorsehen, dass das Betreuungsgericht im **390** Wege der Einzelfallregelung diese landesgesetzliche Befreiung aufhebt (vgl die Bestimmungen v BadWürtt).

b)   Die landesgesetzlichen Ausnahmeregelungen
aa)   Baden-Württemberg: Kinder- und Jugendhilfegesetz für Baden-Württemberg **391** (LKJHG) in der Fassung v 14. 4. 2005 (GBl S 376) mit späteren Änderungen:

§ 24
Aufsicht des Familiengerichts und des Betreuungsgerichts

(1) Über § 56 Abs 2 SGB VIII hinaus ist das Jugendamt als Amtsvormund oder Amtspfleger auch von der Aufsicht des Familiengerichts oder Betreuungsgerichts nach §§ 1802, 1803 Abs 2, §§ 1811, 1812 und 1818 bis 1821, 1822 Nr 1 bis 11 und 13 BGB sowie nach §§ 1823, 1824 und 1854 Abs 2 des Bürgerlichen Gesetzbuchs (BGB) ausgenommen. Dasselbe gilt bei § 1822 Nr 12 BGB, soweit es sich um die Aufsicht in vermögensrechtlicher Hinsicht handelt. Anstelle der Rechnungslegung bei der Beendigung der Amtspflegschaft oder Amtsvormundschaft nach § 1892 Abs 1 BGB, § 1915 BGB genügt die Einreichung einer zusammenfassenden Darstellung der Einnahmen mit Ausgaben sowie der Vermögensentwicklung, soweit das Familiengericht oder Betreuungsgericht nicht im Einzelfall etwas anderes anordnet; die Verpflichtung aus § 1890 BGB bleibt unberührt.

(2) Die zum Betreuer bestellte Behörde ist in gleicher Weise von der Aufsicht des Betreuungsgerichts befreit (s auch KRAUSS, Befreiung des Betreuers von der Aufsicht durch das Vormundschaftsgericht unter Berücksichtigung des Baden-Württembergischen Landesrechts, BWNotZ 1995, 20).

bb)   Bayern: Nach § 1 Abs 3 des Gesetzes zur Ausführung des Gesetzes zur Reform **392** des Rechts der Vormundschaft und Pflegschaft für Volljährige (Gesetz zur Ausführung des Betreuungsgesetzes – AGBtG) vom 27. 12. 1991 (GVBl S 496) mit späteren Änderungen ist die Betreuungsstelle als Betreuer von der Aufsicht des Betreuungsgerichts nach § 1908i Abs 1 Satz 1 BGB in Verbindung mit § 1802 Abs 1 Satz 1 und Abs 3 BGB, §§ 1811, 1812, 1818 bis 1820 BGB des Bürgerlichen Gesetzbuchs (BGB) ausgenommen. In den Fällen des § 1908i Abs 1 Satz 1 in Verbindung mit § 1803 Abs 2 und § 1822 Nrn 6 und 7 des BGB ist eine Genehmigung des Betreuungsgerichts nicht erforderlich.

393 cc)   Berlin: § 2 des G zur Ausführung des Betreuungsgesetzes und zur Anpassung des Landesrechts vom 17. 3. 1994 (GVBl 1994, 86) sieht vor, dass gegenüber der zum Betreuer bestellten zuständigen Behörde die Vorschriften der §§ 1811, 1818 und 1854 Abs 2 BGB des Bürgerlichen Gesetzbuchs nicht angewandt werden. In den Fällen des § 1822 Nr 6 u 7 BGB ist eine Genehmigung des Vormundschaftsgerichts nicht erforderlich.

394 dd)   Bremen: Art 1 § 3 des Bremischen Gesetzes zur Ausführung des Betreuungsgesetzes und zur Anpassung des Landesrechts (GBl 1992, 31):

> **Gegenüber der Betreuungsbehörde bleiben die Vorschriften des § 1802 Abs 1 S 1, Abs 2 u 3, des § 1803 Abs 2, der §§ 1818, 1821, 1822 Nr 1–4 u 6–13 u der §§ 1823 u 1824 außer Anwendung, soweit sie die Aufsicht des Vormundschaftsgerichts in vermögensrechtlicher Hinsicht sowie beim Abschluss von Lehr- und Arbeitsverträgen betreffen.**

395 ee)   Hamburg: § 3 des Gesetzes zur Ausführung des Betreuungsgesetzes u vom 1. 7. 1993 (HambGVBl 149) bestimmt:

> **Ausschluss der Anwendung von Vorschriften des Bürgerlichen Gesetzbuchs**
>
> **(1) Die Vorschriften des § 1802, des § 1803 Absatz 2, der §§ 1811, 1818, 1821 bis 1824, des § 1840 Absätze 2 bis 4 und des § 1907 des Bürgerlichen Gesetzbuchs werden, soweit sie die Aufsicht des Betreuungsgerichts in vermögensrechtlicher Hinsicht sowie beim Abschluss von Arbeits- und Berufsausbildungsverträgen betreffen, gegenüber der zum Betreuer bestellten Behörde nicht angewendet.**
>
> **(2) Für die zum Betreuer bestellte Behörde genügt anstelle der Rechnungslegung bei der Beendigung ihrer Tätigkeit als Betreuer nach § 1892 Absatz 1 des Bürgerlichen Gesetzbuchs die Einreichung einer zusammenfassenden Darstellung der Einnahmen und Ausgaben sowie der Vermögensentwicklung; die Verpflichtung aus § 1890 des Bürgerlichen Gesetzbuchs bleibt unberührt.**

396 ff)   Hessen: § 2 des Hessischen Ausführungsgesetzes zum Betreuungsrecht (HAG/BtR) vom 5. 2. 1992 (GVBl I 66), das mit Ablauf des 31. 12. 2017 außer Kraft tritt, lautet:

(Nichtanwendung bestimmter Vorschriften)

> **Die Vorschriften für die Aufsicht des Betreuungsgerichts in §§ 1802, 1803 Abs 2, §§ 1811 und 1818–1821, 1822 Nr 1 bis 11 und 13 sowie in den §§ 1823, 1824 und in § 1854 Abs 2 des Bürgerlichen Gesetzbuchs bleiben gegenüber der Betreuungsbehörde außer Anwendung. Dasselbe gilt für § 1822 Nr 12 des Bürgerlichen**

Gesetzbuchs, soweit es sich um die Aufsicht in vermögensrechtlicher Hinsicht handelt.

gg) Sachsen-Anhalt: § 5 des Ausführungsgesetzes zum Betreuungsgesetz (GVBl LSA **397** 1992, 478) lautet:

Ausnahmen von der vormundschaftlichen Genehmigungspflicht

Die Vorschriften über die Aufsicht des Betreuungsgerichts in §§ 1802, 1811, 1818 bis 1821, 1822 Nr 1, 2, 5 bis 8 und 13 sowie in den §§ 1824 und 1854 Abs 2 des Bürgerlichen Gesetzbuches bleiben gegenüber den Betreuungsbehörden außer Anwendung.

c) Zur Befreiungsregelung bezüglich des § 1907 BGB in Hamburg

Hamburg ist bisher das einzige Land, das die Behörde in ihrer Eigenschaft als **398** (Amts-)Betreuer von der Einholung der betreuungsgerichtlichen Genehmigung des § 1907 BGB, soweit sie die Aufsicht in vermögensrechtlicher Hinsicht betrifft, freistellt. Die amtliche Begründung (Drucks 14/2571, 10) gibt über die Gründe dieser Regelung keine Auskunft. Es wird lediglich auf die bisher für Vormundschaften und Pflegschaften für Volljährige entsprechend geltende Regelung des Minderjährigen-vormundschaftsrechts Bezug genommen und festgestellt, diese habe sich bewährt und zur Entlastung der Gerichte beigetragen. Da das Bundesrecht eine Ermächti-gung wie die des § 1908i Abs 1 S 2 BGB iVm § 1907 BGB nicht vorsah, auch die betreuungsgerichtliche Genehmigung im Falle der Aufgabe von Wohnraum nicht so weitgehend wie jetzt geregelt war, stellt die Hamburger Regelung ein Novum dar.

Wird mit der wohl hM angenommen, die Aufgabe der Wohnung des Betreuten, sei **399** es durch Kündigung, Auflösungsvertrag oder in sonstiger Weise, sei Gegenstand der Vermögenssorge (zum Meinungsstand oben § 1907 Rn 14 ff), bestehen gegen die Hambur-ger Regelung in der Hinsicht Bedenken, als die Behörde schlechthin, noch dazu, wenn ihre Abteilung für Sozialhilfe die Kosten der Wohnung zu tragen hatte, in der Gefahr steht, fiskalische vor Betreuungsinteressen zu stellen. Geht man davon aus, dass die Aufgabe der Wohnung als räumlicher Lebensmittelpunkt eines Menschen im Wesentlichen eine Angelegenheit der Personensorge ist (vgl auch in § 1907 Abs 2 S 1 BGB aE den in Betracht kommenden Aufgabenkreis der Aufenthaltsbestim-mung), bleibt trotz der Befreiungsvorschrift des Art 1 § 3 HambAGBtG die Not-wendigkeit betreuungsgerichtlicher Genehmigung aus § 1907 BGB erhalten. Nach der Bedeutung zu urteilen, die der Bundesgesetzgeber dem § 1907 BGB beigemes-sen hat (vgl BT-Drucks 11/4528, 149), dürfte die hier vertretene Auffassung eher mit dem Gesetzeszweck vereinbar sein als die der Erleichterung der Behördenarbeit dienen-de Entlastungsregelung. Ob sich eine Fallkonstellation anbietet, die Verfassungsmä-ßigkeit der Hamburger Regelung zu prüfen, muss abgewartet werden.

Zur Bedeutung des Wohnbereichs vgl im Übrigen die Empfehlungen der Experten- **400** kommission der Bundesregierung zur Reform der Versorgung im psychiatrischen und psychotherapeutisch/psychosomatischen Bereich auf der Grundlage des Modell-programms Psychiatrie der Bundesregierung (1988) 157, wo zutreffend darauf hin-gewiesen wurde, dass das Bundessozialhilfegesetz „diesem elementaren Bedürfnis nach Sicherung und Existenz" dadurch Rechnung trägt, dass es in § 12 die Wohnung an zweiter Stelle nach der Ernährung als Mittel zum notwendigen Lebensunterhalt nennt.

XIII. Ansprüche des Betreuers, des Gegenbetreuers sowie des Verfahrenspflegers gegen den Betreuten oder die Staatskasse

1. Überblick

401 Die im Vormundschaftsrecht enthaltenen Vorschriften über Aufwendungsersatz (§ 1835 BGB), Aufwandsentschädigung (§ 1835a BGB) und Vergütung (§ 1836 BGB) sowie die Inanspruchnahme des Vormunds und ersatzweise der Staatskasse (§§ 1835 Abs 4, 1835a Abs 3, § 1 Abs 2 S 2 VBVG) und schließlich über den in Betracht kommenden Regress (§ 1836e BGB) gegenüber dem Vormund oder seinen Erben sind sinngemäß auf die Betreuung anzuwenden (§ 1908i Abs 1 S 1 BGB). Danach wird die Betreuung **grundsätzlich unentgeltlich** geführt (§ 1836 Abs 1 S 1 BGB). Aufwendungen werden jedoch ersetzt, entweder gegen Nachweis (§ 1835 BGB) oder als Pauschalbetrag (§ 1835a BGB). Auch der Verfahrenspfleger hat Anspruch auf Ersatz seiner Aufwendungen (§ 277 Abs 1 S 1 FamFG).

Der durch Art 7 des 2. BtÄndG dem Art 229 EGBGB angefügte § 14 sah vor, dass Aufwendungsersatzansprüche von Vormündern, Betreuern und Pflegern, die vor dem 1. 7. 2005 entstanden waren, sich nach den bis zum Inkrafttreten des 2. BtÄndG (1. 7. 2005) geltenden Vorschriften richten (Näher STAUDINGER/BIENWALD [2006] Rn 338). Diese formell noch bestehende Vorschrift dürfte jedoch im Laufe der Zeit immer mehr an Bedeutung verloren haben, sodass es gerechtfertigt schien, sie bereits in der Neubearbeitung seit 2013 zu vernachlässigen.

402 Die Betreuung (und ebenso die Verfahrenspflegschaft) werden ausnahmsweise entgeltlich geführt, wenn das Gericht bei der Bestellung des Betreuers (oder des Verfahrenspflegers) feststellt, dass die Betreuung (die Verfahrenspflegschaft) berufsmäßig geführt wird. Das Nähere regelt das Vormünder- und Betreuervergütungsgesetz (VBVG). Dieses bestimmt zunächst, unter welchen Voraussetzungen das Gericht diese Feststellung zu treffen hat (§ 1 Abs 1 VBVG) und regelt anschließend die zeitliche Begrenzung für die Geltendmachung des Vergütungsanspruchs (§ 2 VBVG).

403 Das VBVG hat zwei Formen von Vergütungen für berufsmäßig tätige Personen eingeführt: eine Vergütung, die nach aufgewandter und erforderlicher Zeit bemessen wird (§ 3 Abs 1 VBVG), und die nach vorgegebenen Zeitrahmen für die Besorgung der Angelegenheiten (Stundenansätze) zu bemessende Pauschalvergütung, die sowohl Auslagen als auch Umsatzsteuer abgilt (§§ 4, 5 VBVG), als Regelvergütung für die berufsmäßig tätigen Betreuer. Für bestimmte Sonderfälle der Betreuung sieht das VBVG (§ 6) die Anwendung der stundenweise bemessene Vergütung (§ 3 VBVG) vor.

404 Für Vereine und die Behörde und für die Bestellung von deren Mitarbeitern zu Vereins- bzw Behördenbetreuern gelten die Regelungen der §§ 7 und 8 VBVG.

Diejenigen, die als Mitarbeiter eines Vereins oder der zuständigen (Betreuungs-)Behörde zu (Vereins-) oder (Behörden-)Betreuern bestellt worden sind, können die von ihnen erarbeiteten Ansprüche auf Aufwendungsersatz und Vergütung nicht selbst geltend machen (§§ 7 und 8, jeweils Abs 3 VBVG). Zuständig sind dafür die Anstellungsträger.

Vergütung und Aufwendungsersatz der Verfahrenspfleger in Betreuungs- und in **405** Unterbringungssachen richten sich nach den §§ 277, 318 FamFG. Danach erhält ein Verfahrenspfleger Ersatz seiner Aufwendungen nach § 1835 Abs 1 bis 2 BGB. Die dem berufsmäßig tätigen Verfahrenspfleger zu bewilligende Vergütung wird nach der aufgewandten und erforderlichen Zeit (§ 3 VBVG) bemessen. In geeigneten Fällen kann das Betreuungsgericht dem Verfahrenspfleger einen festen Geldbetrag zubilligen (§ 277 Abs 3 FamFG). Für das Festsetzungsverfahren wird auf die im Recht der Kindschaftssachen getroffene Regelung (§ 168 FamFG) Bezug genommen (§ 292 Abs 1 FamFG).

Während sich die Ansprüche von Betreuern und Gegenbetreuern in erster Linie **406** gegen die betreute Person richten und die Staatskasse erst bei deren Mittellosigkeit in Anspruch genommen werden kann (§§ 1835 Abs 4, 1835a Abs 3, 1836d, § 1 Abs 2 S 2 VBVG), sind der Aufwendungsersatz und die Vergütung des Verfahrenspflegers stets aus der Staatskasse zu zahlen. Die an den Verfahrenspfleger gezahlten Beträge werden dann von dem Betroffenen nach Maßgabe des § 1836c BGB als Auslagen erhoben (Anlage 1 Nr 31015 zu § 3 Abs 2 des G über die Kosten der freiwilligen Gerichtsbarkeit für Gerichte und Notare – Gerichtskosten- und Notarkostengesetz – GNotKG v 23. 7. 2013, BGBl I 2586, geändert d G v 10. 12. 2014, BGBl I 2082).

Der Mündel/Betreute gilt als mittellos, wenn er den Aufwendungsersatz oder die Vergütung aus seinem einzusetzenden Einkommen oder Vermögen nicht in voller Höhe aufbringen kann (§ 1836d BGB). § 1836c BGB (s Rn 411) bestimmt, in welcher Höhe der Betroffene Einkommen und/oder Vermögen einzusetzen hat. Maßgebend sind Bestimmungen des SGB XII. Das Gesetz zur Ermittlung von Regelbedarfen sowie zur Änderung des Zweiten und des Zwölften Buches Sozialgesetzbuch v 22. 12. 2016 (BGBl I 3159) hat in Art 3 Nr 3 die Anlage zu § 28 SGB XII dahingehend geändert, dass der maßgebende Regelbedarfsbetrag ab 1. 1. 2017 409 Euro beträgt, sodass das Einkommen erst ab dem Zweifachen dieses Betrages (818 Euro) einzusetzen ist.

Keine Änderung ist hinsichtlich des einzusetzenden Vermögens eingetreten. Unberücksichtigt bleiben kleinere Barbeträge bis zu einer Höhe von 2600 Euro (Schneider FamRB 2017, 70).

Trifft das Gericht keine Feststellung zur berufsmäßigen Wahrnehmung der über- **407** tragenen Aufgabe(n), kann es dem Betreuer und aus besonderen Gründen auch dem Gegenbetreuer eine angemessene Vergütung bewilligen, soweit der Umfang oder die Schwierigkeit der Betreuungsgeschäfte dies rechtfertigen; das gilt nicht, wenn die betreute Person mittellos ist (§ 1836 Abs 2 BGB). Wer die Verfahrenspflegschaft nicht berufsmäßig führt, erhält nur seine Aufwendungen ersetzt. Eine dem Betreuungsrecht entsprechende Bestimmung für die Bewilligung einer sog Ermessensvergütung enthält das FamFG nicht.

408 Wird eine Rechtsanwältin/ein Rechtsanwalt zum Betreuer oder zum Verfahrenspfleger bestellt, kann die Abrechnung unter Berücksichtigung von § 1835 Abs 3 BGB vorgenommen werden. § 1 Abs 2 S 1 RVG bestimmt, dass das Rechtsanwaltsvergütungsgesetz nicht auf Tätigkeiten als Vormund, Betreuer, Pfleger, Verfahrenspfleger usw. anzuwenden ist, nach § 1 Abs 2 S 2 RVG bleibt jedoch § 1835 Abs 3 BGB unberührt. Für berufsspezifische Dienste kann demnach nach RVG abgerechnet werden (JÜRGENS/JÜRGENS § 1835 Rn 15).

409 Das Aufwendungsersatz- und Vergütungsrecht bestimmt an mehreren Stellen, dass Ansprüche, die nicht in der vorgegebenen Zeit geltend gemacht werden, erlöschen! Für die Geltendmachung des Aufwendungsersatzes nach § 1835 BGB beträgt die Frist 15 Monate nach Entstehung des Anspruchs (§ 1835 Abs 1 S 3 BGB), die Aufwandsentschädigung des § 1835a BGB muss binnen drei Monaten nach Ablauf des Jahres, in dem der Anspruch entsteht, geltend gemacht werden (Abs 4). Der Vergütungsanspruch des berufsmäßig tätigen Betreuers erlischt, wenn er nicht binnen 15 Monaten nach seiner Entstehung geltend gemacht wird (§ 2 S 1 VBVG).

410 Zur Entwicklung des Aufwendungsersatz- und Vergütungsrechts, insbesondere seit Inkrafttreten des Betreuungsgesetzes am 1. 1. 1992, siehe STAUDINGER/BIENWALD (2006) an dieser Stelle.

Eine von der Bundesregierung beabsichtigte Erhöhung der Vergütung für berufsmäßig geführte Betreuungen, die dem Bundesrat zur Zustimmung vorgelegt worden war (Gesetz zur Verbesserung der Beistandsmöglichkeiten unter Ehegatten und Lebenspartnern in Angelegenheiten der Gesundheitssorge und zur Anpassung der Betreuer- und Vormündervergütung), wurde in der letzten Sitzung des Bundesrates vor der Sommerpause am 7.7. 2017 von der Tagesordnung abgesetzt (Plenarprotokoll der 959. Sitzung des Bundesrates, Mitteilung 325 A zu TOP 17; BT-Drucks 460/17 und 460/1/17).

2.   Rechtsgrundlagen

a)   BGB
411   § 1835
Aufwendungsersatz

(1) Macht der Vormund zum Zwecke der Führung der Vormundschaft Aufwendungen, so kann er nach den für den Auftrag geltenden Vorschriften der §§ 669, 670 von dem Mündel Vorschuss oder Ersatz verlangen; für den Ersatz von Fahrtkosten gilt die in § 5 des Justizvergütungs- und -entschädigungsgesetzes für Sachverständige getroffene Regelung entsprechend. Das gleiche Recht steht dem Gegenvormund zu. Ersatzansprüche erlöschen, wenn sie nicht binnen 15 Monaten nach ihrer Entstehung gerichtlich geltend gemacht werden; die Geltendmachung des Anspruchs beim Familiengericht gilt dabei auch als Geltendmachung gegenüber dem Mündel.

(1a) Das Familiengericht kann eine von Absatz 1 Satz 3 abweichende Frist von mindestens zwei Monaten bestimmen. In der Fristbestimmung ist über die Folgen der Versäumung der Frist zu belehren. Die Frist kann auf Antrag vom Famili-

engericht verlängert werden. Der Anspruch erlischt, soweit er nicht innerhalb der Frist beziffert wird.

(2) Aufwendungen sind auch die Kosten einer angemessenen Versicherung gegen Schäden, die dem Mündel durch den Vormund oder Gegenvormund zugefügt werden können oder die dem Vormund oder Gegenvormund dadurch entstehen können, dass er einem Dritten zum Ersatz eines durch die Führung der Vormundschaft verursachten Schadens verpflichtet ist; dies gilt nicht für die Kosten der Haftpflichtversicherung des Halters eines Kraftfahrzeugs. Satz 1 ist nicht anzuwenden, wenn der Vormund oder Gegenvormund eine Vergütung nach § 1836 Abs 1 Satz 2 in Verbindung mit dem Vormünder- und Betreuervergütungsgesetz erhält.

(3) Als Aufwendungen gelten auch solche Dienste des Vormunds oder des Gegenvormunds, die zu seinem Gewerbe oder seinem Beruf gehören.

(4) Ist der Mündel mittellos, so kann der Vormund Vorschuss und Ersatz aus der Staatskasse verlangen. Absatz 1 Satz 3 und Absatz 1a gelten entsprechend.

(5) Das Jugendamt oder ein Verein kann als Vormund oder Gegenvormund für Aufwendungen keinen Vorschuss und Ersatz nur insoweit verlangen, als das einzusetzende Einkommen und Vermögen des Mündels ausreicht. Allgemeine Verwaltungskosten einschließlich der Kosten nach Absatz 2 werden nicht ersetzt.

§ 1835a
Aufwandsentschädigung

(1) Zur Abgeltung seines Anspruchs auf Aufwendungsersatz kann der Vormund als Aufwandsentschädigung für jede Vormundschaft, für die ihm keine Vergütung zusteht, einen Geldbetrag verlangen, der für ein Jahr dem Neunzehnfachen dessen entspricht, was einem Zeugen als Höchstbetrag der Entschädigung für eine Stunde versäumter Arbeitszeit (§ 22 des Justizvergütungs- und -entschädigungsgesetzes) gewährt werden kann (Aufwandsentschädigung). Hat der Vormund für solche Aufwendungen bereits Vorschuss oder Ersatz erhalten, so verringert sich die Aufwandsentschädigung entsprechend.

(2) Die Aufwandsentschädigung ist jährlich zu zahlen, erstmals ein Jahr nach Bestellung des Vormunds.

(3) Ist der Mündel mittellos, so kann der Vormund die Aufwandsentschädigung aus der Staatskasse verlangen; Unterhaltsansprüche des Mündels gegen den Vormund sind insoweit bei der Bestimmung des Einkommens nach § 1836c Nr 1 nicht zu berücksichtigen.

(4) Der Anspruch auf Aufwandsentschädigung erlischt, wenn er nicht binnen drei Monaten nach Ablauf des Jahres, in dem der Anspruch entsteht, geltend gemacht wird; die Geltendmachung des Anspruchs beim Familiengericht gilt auch als Geltendmachung gegenüber dem Mündel.

Werner Bienwald

(5) Dem Jugendamt oder einem Verein kann keine Aufwandsentschädigung gewährt werden.

§ 1836
Vergütung des Vormunds

(1) Die Vormundschaft wird unentgeltlich geführt. Sie wird ausnahmsweise entgeltlich geführt, wenn das Gericht bei der Bestellung des Vormunds feststellt, dass der Vormund die Vormundschaft berufsmäßig führt. Das Nähere regelt das Vormünder- und Betreuervergütungsgesetz.

(2) Trifft das Gericht keine Feststellung nach Absatz 1 Satz 2, so kann es dem Vormund und aus besonderen Gründen auch dem Gegenvormund gleichwohl eine angemessene Vergütung bewilligen, soweit der Umfang oder die Schwierigkeit der vormundschaftlichen Geschäfte dies rechtfertigen; dies gilt nicht, wenn der Mündel mittellos ist.

(3) Dem Jugendamt oder einem Verein kann keine Vergütung bewilligt werden.

§ 1836a
(aufgehoben)

§ 1836b
(aufgehoben)

§ 1836c
Einzusetzende Mittel des Mündels

Der Mündel hat einzusetzen

1. nach Maßgabe des § 87 des Zwölften Buches Sozialgesetzbuch sein Einkommen, soweit es zusammen mit dem Einkommen seines nicht getrennt lebenden Ehegatten oder Lebenspartners die nach den §§ 82, 85 Abs 1 und § 86 des Zwölften Buches Sozialgesetzbuch maßgebende Einkommensgrenze für die Hilfe nach dem Fünften bis Neunten Kapitel des Zwölften Buches Sozialgesetzbuch übersteigt. Wird im Einzelfall der Einsatz eines Teils des Einkommens zur Deckung eines bestimmten Bedarfs im Rahmen der Hilfe nach dem Fünften bis Neunten Kapitel des Zwölften Buches Sozialgesetzbuch zugemutet oder verlangt, darf dieser Teil des Einkommens bei der Prüfung, inwieweit der Einsatz des Einkommens zur Deckung der Kosten der Vormundschaft einzusetzen ist, nicht mehr berücksichtigt werden. Als Einkommen gelten auch Unterhaltsansprüche sowie die wegen Entziehung einer solchen Forderung zu entrichtenden Renten;

2. sein Vermögen nach Maßgabe des § 90 des Zwölften Buches Sozialgesetzbuch.

§ 1836d
Mittellosigkeit des Mündels

Der Mündel gilt als mittellos, wenn er den Aufwendungsersatz oder die Vergütung aus seinem einzusetzenden Einkommen oder Vermögen

1. nicht oder nur zum Teil oder nur in Raten oder

2. nur im Wege gerichtlicher Geltendmachung von Unterhaltsansprüchen aufbringen kann.

§ 1836e
Gesetzlicher Forderungsübergang

(1) Soweit die Staatskasse den Vormund oder Gegenvormund befriedigt, gehen Ansprüche des Vormundes oder Gegenvormunds gegen den Mündel auf die Staatskasse über. Nach dem Tode des Mündels haftet sein Erbe nur mit dem Wert des im Zeitpunkt des Erbfalls vorhandenen Nachlasses; § 102 Abs 3 und 4 des Zwölften Buches Sozialgesetzbuch gilt entsprechend, § 1836c findet auf den Erben keine Anwendung.

(2) Soweit Ansprüche gemäß § 1836c Nr 1 Satz 3 einzusetzen sind, findet zugunsten der Staatskasse § 850b der Zivilprozessordnung keine Anwendung.

§ 1836e Abs 1 S 2 BGB wurde durch Art 1 Nr 9a d Gesetzes zur Änderung des Erb- und Verjährungsrechts v 24. 9. 2009 (BGBl I 3142) m Wirkung v 1. 1. 2010 aufgehoben. Er bestimmte, dass der übergegangene Anspruch in zehn Jahren vom Ablauf des Jahres an erlischt, in dem die Staatskasse die Aufwendungen oder die Vergütung bezahlt hat.

b) VBVG
Gesetz über die Vergütung von Vormündern und Betreuern (Vormünder- und Betreuervergütungsgesetz – VBVG) 412

vom 21. 4. 2005 (BGBl I 1073, 1076)

Abschnitt 1
Allgemeines

§ 1
Feststellung der Berufsmäßigkeit und Vergütungsbewilligung

(1) Das Familiengericht hat die Feststellung der Berufsmäßigkeit gemäß § 1836 Abs 1 Satz 2 des Bürgerlichen Gesetzbuchs zu treffen, wenn dem Vormund in einem solchen Umfang Vormundschaften übertragen sind, dass er sie nur im Rahmen seiner Berufsausübung führen kann, oder wenn zu erwarten ist, dass dem Vormund in absehbarer Zeit Vormundschaften in diesem Umfang übertragen sein werden. Berufsmäßigkeit liegt im Regelfall vor, wenn

1. der Vormund mehr als zehn Vormundschaften führt
oder

2. die für die Führung der Vormundschaft erforderliche Zeit voraussichtlich 20 Wochenstunden nicht unterschreitet.

(2) Trifft das Familiengericht die Feststellung nach Absatz 1 Satz 1, so hat es dem Vormund oder dem Gegenvormund eine Vergütung zu bewilligen. Ist der Mündel mittellos im Sinne des § 1836d des Bürgerlichen Gesetzbuchs, so kann der Vormund die nach Satz 1 zu bewilligende Vergütung aus der Staatskasse verlangen.

§ 2
Erlöschen der Ansprüche

Der Vergütungsanspruch erlischt, wenn er nicht binnen 15 Monaten nach seiner Entstehung beim Familiengericht geltend gemacht wird; die Geltendmachung des Anspruchs beim Familiengericht gilt dabei auch als Geltendmachung gegenüber dem Mündel. § 1835 Abs 1a des Bürgerlichen Gesetzbuchs gilt entsprechend.

Abschnitt 2
Vergütung des Vormunds

§ 3
Stundensatz des Vormunds

(1) Die dem Vormund nach § 1 Abs 2 zu bewilligende Vergütung beträgt für jede Stunde der für die Führung der Vormundschaft aufgewandten und erforderlichen Zeit 19,50 Euro. Verfügt der Vormund über besondere Kenntnisse, die für die Führung der Vormundschaft nutzbar sind, so erhöht sich der Stundensatz

1. auf 25 Euro, wenn diese Kenntnisse durch eine abgeschlossene Lehre oder eine vergleichbare abgeschlossene Ausbildung erworben sind;

2. auf 33,50 Euro, wenn diese Kenntnisse durch eine abgeschlossene Ausbildung an einer Hochschule oder durch eine vergleichbare abgeschlossene Ausbildung erworben sind.

Eine auf die Vergütung anfallende Umsatzsteuer wird, soweit sie nicht nach § 19 Abs 1 des Umsatzsteuergesetzes unerhoben bleibt, zusätzlich ersetzt.

(2) Bestellt das Familiengericht einen Vormund, der über besondere Kenntnisse verfügt, die für die Führung der Vormundschaft allgemein nutzbar und durch eine Ausbildung im Sinne des Absatzes 1 Satz 2 erworben sind, so wird vermutet, dass diese Kenntnisse auch für die Führung der dem Vormund übertragenen Vormundschaft nutzbar sind. Dies gilt nicht, wenn das Familiengericht aus besonderen Gründen bei der Bestellung des Vormunds etwas anderes bestimmt.

(3) Soweit die besondere Schwierigkeit der vormundschaftlichen Geschäfte dies ausnahmsweise rechtfertigt, kann das Familiengericht einen höheren als den in Absatz 1 vorgesehenen Stundensatz der Vergütung bewilligen. Dies gilt nicht, wenn der Mündel mittellos ist.

(4) Der Vormund kann Abschlagszahlungen verlangen.

Abschnitt 3
Sondervorschriften für Betreuer

§ 4
Stundensatz und Aufwendungsersatz des Betreuers

(1) Die dem Betreuer nach § 1 Abs 2 zu bewilligende Vergütung beträgt für jede nach § 5 anzusetzende Stunde 27 Euro. Verfügt der Betreuer über besondere Kenntnisse, die für die Führung der Betreuung nutzbar sind, so erhöht sich der Stundensatz

1. auf 33,50 Euro, wenn diese Kenntnisse durch eine abgeschlossene Lehre oder eine vergleichbare abgeschlossene Ausbildung erworben sind;

2. auf 44 Euro, wenn diese Kenntnisse durch eine abgeschlossene Ausbildung an einer Hochschule oder durch eine vergleichbare abgeschlossene Ausbildung erworben sind.

(2) Die Stundensätze nach Absatz 1 gelten auch Ansprüche auf Ersatz anlässlich der Betreuung entstandener Aufwendungen sowie anfallende Umsatzsteuer ab. Die gesonderte Geltendmachung von Aufwendungen im Sinne des § 1835 Abs 3 des Bürgerlichen Gesetzbuchs bleibt unberührt.

(3) § 3 Abs 2 gilt entsprechend. § 1 Satz 2 Nr 2 findet keine Anwendung.

§ 5
Stundenansatz des Betreuers

(1) Der dem Betreuer zu vergütende Zeitaufwand ist

1. in den ersten drei Monaten der Betreuung mit fünfeinhalb,

2. im vierten bis sechsten Monat mit viereinhalb,

3. im siebten bis zwölften Monat mit vier,

4. danach mit zweieinhalb Stunden im Monat anzusetzen. Hat der Betreute seinen gewöhnlichen Aufenthalt nicht in einem Heim, beträgt der Stundenansatz

1. in den ersten drei Monaten der Betreuung achteinhalb,

2. im vierten bis sechsten Monat sieben,

3. im siebten bis zwölften Monat sechs,

4. danach viereinhalb Stunden im Monat.

Werner Bienwald

(2) Ist der Betreute mittellos, beträgt der Stundenansatz

1. in den ersten drei Monaten der Betreuung viereinhalb,

2. im vierten bis sechsten Monat dreieinhalb,

3. im siebten bis zwölften Monat drei,

4. danach zwei Stunden im Monat.

Hat der mittellose Betreute seinen gewöhnlichen Aufenthalt nicht in einem Heim, beträgt der Stundenansatz

1. in den ersten drei Monaten der Betreuung sieben,

2. im vierten bis sechsten Monat fünfeinhalb,

3. im siebten bis zwölften Monat fünf,

4. danach dreieinhalb Stunden im Monat.

(3) Heime im Sinne dieser Vorschrift sind Einrichtungen, die dem Zweck dienen, Volljährige aufzunehmen, ihnen Wohnraum zu überlassen sowie tatsächliche Betreuung und Verpflegung zur Verfügung zu stellen oder vorzuhalten, und die in ihrem Bestand von Wechsel und Zahl der Bewohner unabhängig sind und entgeltlich betrieben werden. § 1 Abs 2 des Heimgesetzes gilt entsprechend.

(4) Für die Berechnung der Monate nach den Absätzen 1 und 2 gelten § 187 Abs 1 und § 188 Abs 2 erste Alternative des Bürgerlichen Gesetzbuchs entsprechend. Ändern sich Umstände, die sich auf die Vergütung auswirken, vor Ablauf eines vollen Monats, so ist der Stundenansatz zeitanteilig nach Tagen zu berechnen; § 187 Abs 1 und § 188 Abs 1 des Bürgerlichen Gesetzbuchs geltend entsprechend. Die sich dabei ergebenden Stundenansätze sind auf volle Zehntel aufzurunden.

(5) Findet ein Wechsel von einem beruflichen zu einem ehrenamtlichen Betreuer statt, sind dem beruflichen Betreuer der Monat, in den der Wechsel fällt, und der Folgemonat mit dem vollen Zeitaufwand nach den Absätzen 1 und 2 zu vergüten. Dies gilt auch dann, wenn zunächst neben dem beruflichen Betreuer ein ehrenamtlicher Betreuer bestellt war und dieser die Betreuung allein fortführt. Absatz 4 Satz 2 und 3 ist nicht anwendbar.

§ 6
Sonderfälle der Betreuung

In den Fällen des § 1899 Abs 2 und 4 des Bürgerlichen Gesetzbuchs erhält der Betreuer eine Vergütung nach § 1 Abs 2 in Verbindung mit § 3; für seine Aufwendungen kann er Vorschuss und Ersatz nach § 1835 des Bürgerlichen Gesetzbuchs mit Ausnahme der Aufwendungen im Sinne von § 1835 Abs 2 des Bürgerlichen Gesetzbuchs beanspruchen. Ist im Fall des § 1899 Abs 4 des Bürgerlichen Gesetzbuchs die Verhinderung tatsächlicher Art, sind die Vergütung und der Aufwendungsersatz nach § 4 in Verbindung mit § 5 zu bewilligen und nach Tagen zu teilen; § 5 Abs 4 Satz 3 sowie § 187 Abs 1 und § 188 Abs 1 des Bürgerlichen Gesetzbuchs gelten entsprechend.

§ 7
Vergütung und Aufwendungsersatz für Betreuungsvereine

(1) Ist ein Vereinsbetreuer bestellt, so ist dem Verein eine Vergütung und Aufwendungsersatz nach § 1 Abs 2 in Verbindung mit den §§ 4 und 5 zu bewilligen. § 1 Abs 1 sowie § 1835 Abs 3 des Bürgerlichen Gesetzbuchs finden keine Anwendung.

(2) § 6 gilt entsprechend; der Verein kann im Fall von § 6 Satz 1 Vorschuss und Ersatz der Aufwendungen nach § 1835 Abs 1, 1a und 4 des Bürgerlichen Gesetzbuchs verlangen. § 1835 Abs 5 Satz 2 des Bürgerlichen Gesetzbuchs gilt entsprechend.

(3) Der Vereinsbetreuer selbst kann keine Vergütung und keinen Aufwendungsersatz nach diesem Gesetz oder nach den §§ 1835 bis 1836 des Bürgerlichen Gesetzbuchs geltend machen.

§ 8
Vergütung und Aufwendungsersatz für Behördenbetreuer

(1) Ist ein Behördenbetreuer bestellt, so kann der zuständigen Behörde eine Vergütung nach § 1836 Abs 2 des Bürgerlichen Gesetzbuchs bewilligt werden, soweit der Umfang oder die Schwierigkeit der Betreuungsgeschäfte dies rechtfertigen. Dies gilt nur, soweit eine Inanspruchnahme des Betreuten nach § 1836c des Bürgerlichen Gesetzbuchs zulässig ist.

(2) Unabhängig von den Voraussetzungen nach Absatz 1 Satz 1 kann die Betreuungsbehörde Aufwendungsersatz nach § 1835 Abs 1 Satz 1 und 2 in Verbindung mit Abs 5 Satz 2 des Bürgerlichen Gesetzbuchs verlangen, soweit eine Inanspruchnahme des Betreuten nach § 1836c des Bürgerlichen Gesetzbuchs zulässig ist.

(3) Für den Behördenbetreuer selbst gilt § 7 Abs 3 entsprechend.

(4) § 2 ist nicht anwendbar.

§ 9
Abrechnungszeitraum für die Betreuungsvergütung

Die Vergütung kann nach Ablauf von jeweils drei Monaten für diesen Zeitraum geltend gemacht werden. Dies gilt nicht für die Geltendmachung von Vergütung und Aufwendungsersatz in den Fällen des § 6.

Werner Bienwald

§ 10
Mitteilung an die Betreuungsbehörde

(1) Wer Betreuungen entgeltlich führt, hat der Betreuungsbehörde, in deren Bezirk er seinen Sitz oder Wohnsitz hat, kalenderjährlich mitzuteilen

1. die Zahl der von ihm im Kalenderjahr geführten Betreuungen aufgeschlüsselt nach Betreuten in einem Heim oder außerhalb eines Heimes und

2. den von ihm für die Führung von Betreuungen im Kalenderjahr erhaltenen Geldbetrag.

(2) Die Mitteilung erfolgt jeweils bis spätestens 31. März für den Schluss des vorangegangenen Kalenderjahrs. Die Betreuungsbehörde kann verlangen, dass der Betreuer die Richtigkeit der Mitteilung an Eides Statt versichert.

(3) Die Betreuungsbehörde ist berechtigt und auf Verlangen des Betreuungsgerichts verpflichtet, dem Betreuungsgericht diese Mitteilung zu übermitteln.

Abschnitt 4
Schlussvorschriften

§ 11
Umschulung und Fortbildung von Berufsbetreuern

Vom Abdruck wird abgesehen. Die insoweit vollständige Fassung des VBVG ist abgedruckt bei BIENWALD/SONNENFELD/HARM, Betreuungsrecht S 795.

c)   FamFG

413

§ 168
Beschluss über Zahlungen des Mündels

(1) Das Gericht setzt durch Beschluss fest, wenn der Vormund, Gegenvormund oder Mündel die gerichtliche Festsetzung beantragt oder das Gericht sie für angemessen hält:

1. Vorschuss, Ersatz von Aufwendungen, Aufwandsentschädigung, soweit der Vormund oder Gegenvormund sie aus der Staatskasse verlangen kann (§ 1835 Abs 4 und § 1835a Abs 3 des Bürgerlichen Gesetzbuchs) oder ihm nicht die Vermögenssorge übertragen wurde;

2. eine dem Vormund oder Gegenvormund zu bewilligende Vergütung oder Abschlagszahlung (§ 1836 des Bürgerlichen Gesetzbuchs).

Mit der Festsetzung bestimmt das Gericht Höhe und Zeitpunkt der Zahlungen, die der Mündel an die Staatskasse nach den §§ 1836c und 1836e des Bürgerlichen Gesetzbuchs zu leisten hat. Es kann die Zahlungen gesondert festsetzen, wenn dies zweckmäßig ist. Erfolgt keine Festsetzung nach Satz 1 und richten sich die in Satz 1 bezeichneten Ansprüche gegen die Staatskasse, gelten die Vorschriften

über das Verfahren bei der Entschädigung von Zeugen hinsichtlich ihrer baren Auslagen sinngemäß.

(2) In dem Antrag sollen die persönlichen und wirtschaftlichen Verhältnisse des Mündels dargestellt werden. § 118 Abs 2 Satz 1 und 2 sowie § 120 Abs 2 bis 4 Satz 1 und 2 der Zivilprozessordnung sind entsprechend anzuwenden. Steht nach der freien Überzeugung des Gerichts der Aufwand zur Ermittlung der persönlichen und wirtschaftlichen Verhältnisse des Mündels außer Verhältnis zur Höhe des aus der Staatskasse zu begleichenden Anspruchs oder zur Höhe der voraussichtlich vom Mündel zu leistenden Zahlungen, kann das Gericht ohne weitere Prüfung den Anspruch festsetzen oder von einer Festsetzung der vom Mündel zu leistenden Zahlungen absehen.

(3) Nach dem Tode des Mündels bestimmt das Gericht Höhe und Zeitpunkt der Zahlungen, die der Erbe des Mündels nach § 1836e des Bürgerlichen Gesetzbuchs an die Staatskasse zu leisten hat. Der Erbe ist verpflichtet, dem Gericht über den Bestand des Nachlasses Auskunft zu erteilen. Er hat dem Gericht auf Verlangen ein Verzeichnis der zur Erbschaft gehörenden Gegenstände vorzulegen und an Eides Statt zu versichern, dass er nach bestem Wissen und Gewissen den Bestand so vollständig angegeben habe, als er dazu imstande sei.

(4) Der Mündel ist zu hören, bevor nach Absatz 1 eine von ihm zu leistende Zahlung festgesetzt wird. Vor einer Entscheidung nach Absatz 3 ist der Erbe zu hören.

(5) Auf die Pflegschaft sind die Absätze 1 bis 4 entsprechend anzuwenden.

§ 292
Zahlungen an den Betreuer

(1) In Betreuungsverfahren gilt § 168 entsprechend.

(2) (enthält die Ermächtigung an die Landesregierungen zur Einführung von Abrechnungsformularen.)

§ 277 Vergütung und Aufwendungsersatz des Verfahrenspflegers

(1) Der Verfahrenspfleger erhält Ersatz seiner Aufwendungen nach § 1835 Abs 1 bis 2 des Bürgerlichen Gesetzbuchs. Vorschuss kann nicht verlangt werden. Eine Behörde und ein Verein erhält als Verfahrenspfleger keinen Aufwendungsersatz.

(2) § 1836 Abs 1 und 3 des Bürgerlichen Gesetzbuchs gilt entsprechend. Wird die Verfahrenspflegschaft ausnahmsweise berufsmäßig geführt, erhält der Verfahrenspfleger neben den Aufwendungen nach Absatz 1 eine Vergütung in entsprechender Anwendung der §§ 1, 2 und 3 Abs 1 und 2 des Vormünder- und Betreuervergütungsgesetzes.

(3) Anstelle des Aufwendungsersatzes und der Vergütung nach den Absätzen 1 und 2 kann das Gericht dem Verfahrenspfleger einen festen Geldbetrag zubil-

ligen, wenn die für die Führung der Pflegschaftsgeschäfte erforderliche Zeit vorhersehbar und ihre Ausschöpfung durch den Verfahrenspfleger gewährleistet ist. Bei der Bemessung des Geldbetrags ist die voraussichtlich erforderliche Zeit mit den in § 3 Abs 1 des Vormünder- und Betreuervergütungsgesetzes bestimmten Stundensätzen zuzüglich einer Aufwandspauschale von drei Euro je veranschlagter Stunde zu vergüten. In diesem Fall braucht der Verfahrenspfleger die von ihm aufgewandte Zeit und eingesetzten Mittel nicht nachzuweisen; weitergehende Aufwendungsersatz- und Vergütungsansprüche stehen ihm nicht zu.

(4) Ist ein Mitarbeiter eines anerkannten Betreuungsvereins als Verfahrenspfleger bestellt, stehen der Aufwendungsersatz und die Vergütung nach den Absätzen 1 bis 3 dem Verein zu. § 7 Abs 1 Satz 2 und Abs 3 des Vormünder- und Betreuervergütungsgesetzes sowie § 1835 Abs 5 Satz 2 des Bürgerlichen Gesetzbuchs gelten entsprechend. Ist ein Bediensteter der Betreuungsbehörde als Verfahrenspfleger für das Verfahren bestellt, erhält die Betreuungsbehörde keinen Aufwendungsersatz und keine Vergütung.

(5) Der Aufwendungsersatz und die Vergütung des Verfahrenspflegers sind stets aus der Staatskasse zu zahlen. Im Übrigen gilt § 168 Abs 1 entsprechend.

§ 318
Vergütung und Aufwendungsersatz des Verfahrenspflegers (in Unterbringungssachen)

Für die Vergütung und den Aufwendungsersatz des Verfahrenspflegers gilt § 277 entsprechend.

§ 337
Kosten in Unterbringungssachen

(1) In Unterbringungssachen kann das Gericht die Auslagen des Betroffenen, soweit sie zur zweckentsprechenden Rechtsverfolgung notwendig waren, ganz oder teilweise der Staatskasse auferlegen, wenn eine Unterbringungsmaßnahme nach § 312 Nr 1 und 2 abgelehnt, als ungerechtfertigt aufgehoben, eingeschränkt oder das Verfahren ohne Entscheidung über eine Maßnahme beendet wird.

(2) Wird ein Antrag auf eine Unterbringungsmaßnahme nach den Landesgesetzen über die Unterbringung psychisch Kranker nach § 312 Nr 3 abgelehnt oder zurückgenommen und hat das Verfahren ergeben, dass für die zuständige Verwaltungsbehörde ein begründeter Anlass, den Unterbringungsantrag zu stellen, nicht vorgelegen hat, hat das Gericht die Auslagen des Betroffenen der Körperschaft aufzuerlegen, der die Verwaltungsbehörde angehört.

§ 58
Statthaftigkeit der Beschwerde

(1) Die Beschwerde findet gegen die im ersten Rechtszug ergangenen Endentscheidungen der Amtsgerichte und Landgerichte in Angelegenheiten nach diesem Gesetz statt, sofern durch Gesetz nichts Anderes bestimmt ist.

§ 61
Beschwerdewert; Zulassungsbeschwerde

(1) In vermögensrechtlichen Angelegenheiten ist die Beschwerde nur zulässig, wenn der Wert des Beschwerdegegenstandes 600 Euro übersteigt.

(2) Übersteigt der Beschwerdegegenstand nicht den in Absatz 1 genannten Betrag, ist die Beschwerde zulässig, wenn das Gericht des ersten Rechtszugs die Beschwerde zugelassen hat.

(3) Das Gericht des ersten Rechtszugs lässt die Beschwerde zu, wenn

1. die Rechtssache grundsätzliche Bedeutung hat oder die Fortbildung des Rechts oder die Sicherung einer einheitlichen Rechtsprechung eine Entscheidung des Beschwerdegerichts erfordert und

2. der Beteiligte durch den Beschluss mit nicht mehr als 600 Euro beschwert ist.

Das Beschwerdegericht ist an die Zulassung gebunden.

d)   RPflG
§ 11   414
Rechtsbehelfe

(1) Gegen die Entscheidungen des Rechtspflegers ist das Rechtsmittel gegeben, das nach den allgemeinen verfahrensrechtlichen Vorschriften zulässig ist.

(2) Ist gegen die Entscheidung nach den allgemeinen verfahrensrechtlichen Vorschriften ein Rechtsmittel nicht gegeben, so findet die Erinnerung statt, die in Verfahren nach dem Gesetz über das Verfahren in Familiensachen und in den Angelegenheiten der freiwilligen Gerichtsbarkeit innerhalb der für die Beschwerde, im Übrigen innerhalb der für die sofortige Beschwerde geltenden Frist einzulegen ist. Der Rechtspfleger kann der Erinnerung abhelfen. Erinnerungen, denen er nicht abhilft, legt er dem Richter zur Entscheidung vor. Auf die Erinnerung sind im Übrigen die Vorschriften über die Beschwerde sinngemäß anzuwenden.

(3) Gerichtliche Verfügungen, Beschlüsse oder Zeugnisse, die nach den Vorschriften der Grundbuchordnung, der Schiffsregisterordnung oder des Gesetzes über das Verfahren in Familiensachen und in den Angelegenheiten der freiwilligen Gerichtsbarkeit wirksam geworden sind und nicht mehr geändert werden können, sind mit der Erinnerung nicht anfechtbar. Die Erinnerung ist ferner in den Fällen der §§ 694, 700 der Zivilprozessordnung und gegen Entscheidungen über die Gewährung eines Stimmrechts (§§ 77, 237 und 238 der Insolvenzordnung) ausgeschlossen.

(4) Das Erinnerungsverfahren ist gerichtsgebührenfrei.

e)   Gesetz über Kosten der freiwilligen Gerichtsbarkeit für Gerichte und Notare

(Gerichtskosten- und Notarkostengesetz – GNotKG) v 23. 7. 2013 (BGBl I 2586), geändert durch Gesetz v 10. 12. 2014 (BGBl I 2082)

415 **§ 6 Verjährung, Verzinsung**

Dauerbetreuung und Dauerpflegschaft

§ 8 Fälligkeit der Kosten in Verfahren mit Jahresgebühren

(Vom Abdruck der beiden Vorschriften wird abgesehen)

**§ 23 Kostenschuldner in bestimmten gerichtlichen Verfahren
Kostenschuldner**

1. in Betreuungssachen und betreuungsgerichtlichen Zuweisungssachen ist der Betroffene, wenn ein Betreuer oder vorläufiger Betreuer bestellt oder eine Pflegschaft angeordnet worden ist;

2. bei einer Pflegschaft für gesammeltes Vermögen ist der Pfleger, jedoch nur mit dem gesammelten Vermögen;

usw

§ 25 Kostenschuldner im Rechtsmittelverfahren, Gehörsrüge.

(1) etc.

(2) Richtet sich eine Beschwerde gegen eine Entscheidung des Betreuungsgerichts und ist sie von dem Betreuten oder dem Pflegling oder im Interesse dieser Personen eingelegt, so schuldet die Kosten nur derjenige, dem das Gericht die Kosten auferlegt hat. Entsprechendes gilt für ein sich anschließendes Rechtsbeschwerdeverfahren und für das Verfahren über die Rüge wegen Verletzung des Anspruchs auf rechtliches Gehör.

(3) Die §§ 23 und 24 gelten nicht im Rechtsmittelverfahren.

Anlage 1
(zu § 3 Absatz 2)

Kostenverzeichnis
Teil 1. Gerichtsgebühren

Hauptabschnitt 1
Betreuungssachen und betreuungsgerichtliche Zuweisungssachen

Vorbemerkung 1. 1:
(1) In Betreuungssachen werden von dem Betroffenen Gebühren nach diesem Abschnitt nur erhoben, wenn sein Vermögen nach Abzug der Verbindlichkei-

ten mehr als 25000 Euro beträgt, der in § 90 Abs 2 Nr 8 des Zwölften Buches Sozialgesetzbuch genannte Vermögenswert wird nicht mitgerechnet.

Abschnitt 1
Verfahren vor dem Betreuungsgericht

Vorbemerkung 1.11:
Dieser Abschnitt ist auch anzuwenden, wenn ein vorläufiger Betreuer bestellt worden ist.

(Vom Abdruck der nachfolgenden Nummern 11100 bis 11105 wird abgesehen).

Das GNotKG enthält keine Kostenvorschrift für die Erhebung von Gerichtskosten in Unterbringungssachen.

3. **Allgemeine Voraussetzungen für die Beanspruchung oder Bewilligung von Aufwendungsersatz, Aufwandsentschädigung und Vergütung**

a) **Wirksame Bestellung**
Erste Voraussetzung für den Ersatz von Aufwendungen, Aufwandsentschädigung **416** sowie für die Bewilligung einer Vergütung ist die **förmlich wirksame Bestellung** als Betreuer (oder als Verfahrenspfleger) unabhängig davon, ob deren Bestellungsvoraussetzungen nach den §§ 1896 ff BGB vorgelegen haben oder noch vorliegen. Dies gilt auch für den Fall, dass die Vergütung aus dem Vermögen des Betreuten bewilligt wird (BayObLGZ 1997, 53 = FamRZ 1997, 701 = FGPrax 1997, 67). Das Betreueramt beginnt grundsätzlich mit dem Zugang des Bestellungsbeschlusses an den Betreuer (§ 287 Abs 1 FamFG).

Für eine in die Zeit vor seiner Bestellung fallende Tätigkeit kann der Betreuer, der **417** die Betreuung berufsmäßig führt, eine Vergütung nicht verlangen (LG Koblenz FamRZ 2004, 1752 = Rpfleger 2004, 488 [jeweils LS]; AG Sinzig FamRZ 2005, 306 mAnm BIENWALD; OLG Saarbrücken FamRZ 2012, 888; OLG Frankfurt BtPrax 2012, 174 [LS]). Ausnahmsweise kann dem Amtsträger (hier: Ergänzungspfleger) Ersatz seiner Aufwendungen nach den Grundsätzen von Treu und Glauben (§ 242 BGB) gewährt werden (OLG Saarbrücken FamRZ 2012, 888; OLG Frankfurt BtPrax 2012, 174; bedenklich). Ein von dem in Aussicht genommenen Betreuer vor der förmlichen Bestellung zum Zwecke des Kennenlernens aufgenommener Kontakt zu der betroffenen Person ist nicht vergütungsfähig (AG Koblenz FamRZ 2001, 792 [LS]). Nimmt der Betreuer vor seiner Bestellung auf Ladung des Gerichts an einer Anhörung des Betroffenen teil, kann er hierfür eine Entschädigung allenfalls nach den für die Zeugenentschädigung maßgebenden Vorschriften und in dem dort vorgesehenen Verfahren verlangen (BayObLGZ 2001, 9 = FamRZ 2001, 575 = BtPrax 2001, 123). Für den Ersatz von Aufwendungen trifft dies grundsätzlich ebenso zu.

Der Anspruch des Betreuers auf Vergütung endet mit der Aufhebung der Betreuung und/oder mit dem Ende des Betreueramtes (BGH FamRZ 2016, 706 mAnm BIENWALD 708).

Der Anspruch auf Aufwendungsersatz und bei berufsmäßig geführter Betreuung der **418**

Anspruch auf Vergütung setzen **ferner** voraus, dass die zum Zweck der Führung der Betreuung entfaltete Tätigkeit in den dem Betreuer übertragenen **Aufgabenkreis** fällt (BayObLGZ 2001, 324 = FamRZ 2002, 638, 639). Entsprechendes gilt für den Verfahrenspfleger (OLG Brandenburg FamRZ 2001, 1541; FamRZ 2002, 626).

419 Tritt infolge verzögerter Bearbeitung des Verfahrens durch das Betreuungsgericht eine **Vakanz** in der Betreuerbestellung zwischen der abgelaufenen (einstweiligen) Anordnung und einer für notwendig gehaltenen Verlängerung ein, steht dem berufsmäßig tätigen Betreuer, der ohne wirksame Bestellung tätig gewesen ist, weder ein Ersatz der notwendigen Aufwendungen noch eine Vergütung zu, auch wenn das Betreuungsgericht durch nachfolgenden Beschluss sowohl die Betreuungsbedürftigkeit in dem bisherigen Umfang bejaht als auch die als Betreuer tätig gewordene Person erneut bestellt hat (LG Koblenz FamRZ 2005, 2017 = NJW-RR 2005, 660). Entsprechendes gilt, wenn während der Vakanz ein Vereinsbetreuer tätig gewesen ist (LG Cottbus FamRZ 2004, 401). War die **Betreuung** ausdrücklich **befristet**, so kann der Betreuer, der über diesen Tag hinaus in der Erwartung tätig war, er werde auch für die Zukunft bestellt werden, keine Vergütung verlangen, wenn schließlich die Betreuung nicht verlängert wird; dies gilt auch dann, wenn der Rechtspfleger gegenüber dem Betreuer zwischenzeitlich durchblicken ließ, er neige zu einer Fortsetzung der Betreuung (OLG Köln Rp 2002, 142).

420 Wurde eine erforderliche und rechtzeitig angeregte Bestellung eines **Ergänzungsbetreuers** durch eine erhebliche Verzögerung des Gerichts erst vorgenommen, nachdem zwischenzeitlich Tätigkeiten erforderlich waren, so kann für die zwischenzeitlich erbrachten Tätigkeiten Vergütung und Aufwendungsersatz (hier: von einem Betreuungsverein für den tätig gewordenen zur Bestellung benannten Vereinsmitarbeiter) verlangt werden (BayObLG FamRZ 2004, 405; LG Cottbus FamRZ 2004, 401). Zuvor hatte das OLG Brandenburg (MDR 2002, 397) bereits entschieden, ein Verein könne für die vor einer Bestellung seines Mitarbeiters zum Betreuer liegende Tätigkeit eine Vergütung verlangen, wenn der Vereinsmitarbeiter seine Verhinderung rechtzeitig dem Gericht **angezeigt** und die Bestellung eines bezeichneten neuen Betreuers angeregt habe (gegen LG Kreuznach Rpfleger 1997, 66; **aA** auch LG Koblenz FamRZ 2005, 1928: Geltendmachung im ordentlichen streitigen Verfahren). Das LG Cottbus schloss sich der Ansicht des OLG Brandenburg im Ergebnis an und berief sich auf die Grundsätze der Geschäftsführung ohne Auftrag (FamRZ 2004, 401). Ob sich ein Betreuer auf diesen Grundsatz auch dann berufen kann, wenn er fürsorglich tätig geworden ist, bevor die notwendige Erweiterung seines Aufgabenkreises vorgenommen wurde (zB zum Zwecke der Schadensverhinderung) und dafür Aufwendungsersatz und ggf Vergütung verlangen, ist damit nicht geklärt.

421 Entlässt das Betreuungsgericht einen Betreuer und bestellt es einen neuen Betreuer, besteht dessen Vergütungsanspruch dem Grunde nach unabhängig davon, dass das LG die Entlassungs- und Neubestellungsentscheidung (hier: wegen eines Verfahrensfehlers) aufgehoben hat (LG Koblenz FamRZ 2005, 1279 [LS]).

b) Erforderlichkeit der Aufwendungen

422 **Aufwendungen**, für die nach § 1835 BGB (ggf iVm § 1908i BGB) Ersatz verlangt werden kann, sind zu ersetzen, soweit sie zur Besorgung der Angelegenheiten des Betreuten **erforderlich** waren und vom Betreuer den Umständen nach für erforderlich gehalten werden durften. Übernimmt der Betreuer selbst Dienstleistungen aufgrund eines entsprechenden Vertrages (unter Beteiligung eines Ergänzungsbetreuers geschlossen, soweit erforderlich), ist nicht Vergütung, sondern sind Aufwendungen abzurechnen, ggf nach § 1835 Abs 3 BGB (BayObLGZ 1998, 44 = FamRZ 1998, 1050), soweit nicht andere Leistungsträger in Betracht kommen. Für die ehrenamtlich geführte Betreuung kann grundsätzlich nichts anderes gelten. Zu den zu berücksichtigenden Aufwendungen s STAUDINGER/BIENWALD (2014) § 1835 Rn 34 ff. Zu den Aufwendungen können die Kosten eines Postnachsendeauftrags gehören, wenn dadurch die notwendige Information des mit dem Aufgabenkreis der Postkontrolle betrauten Betreuers sichergestellt wird (OLG Zweibrücken FamRZ 2005, 2019 [LS]). Nach der bis zum 30. 6. 2005 geltenden Rechtslage war die Geltendmachung eines Aufwendungsersatzanspruchs eines anwaltlichen Betreuers für Hilfsarbeiten, die von angestellten Bürokräften im Rahmen der rechtlichen Betreuung erledigt wurden, nicht von vornherein ausgeschlossen, jedoch dem Grunde nach an enge Voraussetzungen gebunden (BGH FamRZ 2006, 111, 112 mAnm BIENWALD auf Vorlage des BayObLG FamRZ 2001, 653). Auf die dem BGH vorgelegte Frage, ob ein zum Betreuer für einen mittellosen Betroffenen bestellter Rechtsanwalt für anwaltsspezifische Tätigkeiten, für die ihrer Art nach PKH nicht gewährt wird, grundsätzlich aus der Staatskasse Aufwendungsersatz in Höhe der vollen Gebühren beanspruchen könne (Vorlagebeschluss des BayObLG FamRZ 2003, 1586 = FPR 2004, 33), entschied der BGH (Beschl v 20. 12. 2006; FamRZ 2007, 381 = BtPrax 2007, 126), ein als Berufsbetreuer bestellter Anwalt könne eine Betreuertätigkeit gemäß §§ 1835 Abs 3, 1908i Abs 1 S 1 BGB nach anwaltlichem Gebührenrecht abrechnen, wenn sich die zu bewältigende Aufgabe als ein **für den Beruf des Rechtsanwalts spezifische Tätigkeit** darstellt. Hat der Betroffene in einem gerichtlichen Verfahren Anspruch auf die Bewilligung von Prozesskostenhilfe (PKH), ist sie ihm auch für die Verfahrensführung durch seinen Anwaltsbetreuer unter dessen Beiordnung als Prozessbevollmächtigter zu gewähren. Wurde die PKH versagt, kommt ein nach anwaltlichem Gebührenrecht zu liquidierender Aufwendungsersatzanspruch nach § 1835 Abs 3 BGB allenfalls dann in Betracht, wenn mit einer für den Betreuten ungünstigen Entscheidung im PKH-Prüfungsverfahren nicht gerechnet werden konnte, etwa dann, wenn die Ablehnung der PKH auf einer offensichtlich nicht tragfähigen Begründung beruht (BGH FamRZ 2007, 381, 384; dem BGH folgend OLG Köln BtPrax 2009, 248 = FamRZ 2009, 1707 [LS]). Zur Verpflichtung des Anwaltsbetreuers zur kostensparenden Amtsführung und Beantragung von PKH außerdem LSG Berlin-Brandenburg, FamRZ 2009, 1612 (so bereits LSG Berlin-Brandenburg FamRZ 2009, 809; auch OVG Hamburg FamRZ 2009, 900).

Eine von einem Rechtsanwalt als Betreuer im Einvernehmen mit der/dem Betroffenen vorgenommene **Abtretung** von Vergütungsansprüchen gegenüber dem Betreuten oder der Staatskasse ist zulässig und wirksam. Ihr stehen weder Normen des Strafrechts (§§ 203 Abs 1 Nr 3, Abs 2 Nr 1, 11 Abs 1 Nr 2 StGB – keine anwaltliche Tätigkeit, sondern Betreuung) noch des Berufsrechts der Rechtsanwälte (§ 49 Abs 4 S 2 BRAO iVm § 134 BGB) entgegen (OLG Düsseldorf FamRZ 2010, 1191); nach BGH (FamRZ 2013, 1392 Rn 13) verstößt die Abtretung des Anspruchs auf Betreuervergütung durch einen zum Betreuer bestellten Rechtsanwalt an eine anwaltliche Verrechnungsstelle nicht gegen ein gesetzliches Verbot, auch wenn sie ohne Zustimmung der/des Betroffenen erfolgt. Ebenso VG Schwerin (31. 7. 2013 NJW-Spezial 2013, 540 m Hinweis auf BeckRS 2013, 54270). Der Betreuer macht die Vergütung ausschließlich in eigenem Interesse geltend und nimmt nicht eine Angelegenheit des Betreuten wahr.

c) Verzinsungspflicht

423 Der gegen die Staatskasse gerichtete Anspruch des Betreuers auf Erstattung von Aufwendungen ist gemäß § 256 BGB von der Zeit der Aufwendung an zu **verzinsen** (BayObLG FamRZ 2001, 934 [LS] = BtPrax 2001, 39; OLG Hamm Rpfleger 2003, 364 [LS]). Der gegen die Staatskasse gerichtete Anspruch des Betreuers auf Vergütung ist vom Zeitpunkt der Rechtskraft des Festsetzungsbeschlusses an gemäß § 291 BGB zu verzinsen (OLG Hamm Rpfleger 2003, 364 [LS]; **aA** LG Braunschweig NdsRpfl 2002, 147). Eine gerichtliche Festsetzung von Verzugszinsen gegen eine Erbengemeinschaft kommt in Betracht; in seiner Festsetzungsentscheidung hat das Gericht auf die Verzugsfolgen hinzuweisen, wenn Verzug eintreten soll (LG Karlsruhe FamRZ 2004, 1816).

4. Einzelheiten

a) Aufwendungsersatz/Aufwandsentschädigung

424 Der ehrenamtlich tätige Betreuer kann nach Maßgabe der §§ 1835, 1908i Abs 1 S 1 BGB seine nachgewiesenen Aufwendungen ersetzt verlangen (näher dazu STAUDINGER/ BIENWALD [2014] § 1835 Rn 22). Alternativ hat er die Möglichkeit, die Aufwandsentschädigung nach §§ 1835a, 1908i Abs 1 S 1 BGB in Anspruch zu nehmen, durch die sein Anspruch auf Aufwendungsersatz pauschal abgegolten wird. Ein Nachweis entstandener Aufwendungen muss nicht geführt werden; der Wortlaut der Vorschrift („zur Abgeltung seines Anspruchs") setzt aber voraus, dass Aufwendungen entstanden sind. Über die Aufwandspauschale des § 1835a BGB hinaus kann ein Aufwendungsersatz nicht verlangt werden. Nachgewiesene Aufwendungen werden auch dem Gegenbetreuer ersetzt (§ 1835 Abs 1 S 2 BGB). Ein Anspruch auf Aufwandsentschädigung steht ihm dagegen nicht zu; er führt keine Betreuung (BIENWALD/SON- NENFELD/HARM/BIENWALD § 1835a Rn 9). Für eine Analogie (DAMRAU/ZIMMERMANN [4. Aufl] Rn 27) ist weder Raum noch besteht Bedarf.

425 Die Aufwandspauschale kann für jede Betreuung verlangt werden, für deren Führung dem Betreffenden eine Vergütung nicht zusteht. Der Anspruch auf Aufwendungsersatz nach § 1835 Abs 3 BGB kann sowohl dem ehrenamtlich als auch dem berufsmäßig tätigen Betreuer zustehen. Bei den Sonderfällen der Betreuung (§ 6 VBVG) kann Aufwendungsersatz nach § 1835 BGB mit Ausnahme von § 1835 Abs 2 BGB beansprucht werden. Wer für den aus tatsächlichen Gründen verhinderten Betreuer bestellt wurde, erhält Aufwendungsersatz als Teil der Vergütung nach den für den Regelfall berufsmäßig geführter Betreuung bestehenden Grundsätzen des § 4 Abs 2 VBVG.

426 Der Anspruch auf Ersatz der Aufwendungen (ggf Vorschuss) oder auf eine Aufwandsentschädigung richtet sich gegen die betreute Person (§ 1835 Abs 1 S 1 BGB). Ist diese mittellos (§ 1836c BGB), kann der Betreuer den Ersatz der Aufwendungen oder die Aufwandsentschädigung aus der Staatskasse verlangen (§§ 1835 Abs 4, 1835a Abs 3 S 1, 1908i Abs 1 S 1 BGB).

b) Zur Ermessensvergütung

427 Die Betreuung wird unentgeltlich geführt (§§ 1836 Abs 1 S 1, 1908i Abs 1 S 1 BGB).

Sie wird ausnahmsweise entgeltlich geführt, wenn das Gericht die berufsmäßige Führung festgestellt hat (§§ 1836 Abs 1 S 2, 1908i Abs 1 S 1 BGB). Trifft das Gericht diese Feststellung nicht, weil es deren Voraussetzungen nicht für gegeben hält (§ 1836 Abs 1 S 3 BGB, § 1 VBVG) oder die ausgewählte Person die Betreuung nicht gegen Entgelt führen möchte, kann dem Betreuer jeweils für jede unentgeltlich geführte Betreuung eine Vergütung (sog Ermessensvergütung) bewilligt werden, vorausgesetzt der Umfang oder die Schwierigkeit der Betreuungsgeschäfte rechtfertigen dies und die jeweils betreute Person ist nicht mittellos (§§ 1836 Abs 3, 1908i Abs 1 S 1 BGB). Die Bemessung muss sich weder an der fachlichen Qualifikation des berufsmäßig tätigen Betreuers noch an den Stundensätzen und Stundenansätzen orientieren (LG Mainz FamRZ 2014, 244 [LS]). Die Tatsache, dass ein großes Vermögen zu verwalten ist/war, rechtfertigt allein nicht die Bewilligung einer Vergütung, kann aber im Hinblick auf die damit verbundene große Verantwortung und das Haftungsrisiko von Bedeutung sein. Auch können umfangreiche und schwierige Geschäfte im Rahmen einer Vermögensverwaltung anfallen und zu berücksichtigen sein (STAUDINGER/BIENWALD [2014] § 1836 Rn 186 ff). Neben dem Umfang und der Schwierigkeit der Betreuergeschäfte können auch der Zeitaufwand, die an den Betreuer wegen der sachlichen Erledigung der Angelegenheiten des Betreuten zu stellenden Anforderungen und sonstige Umstände tatsächlicher und rechtlicher Art in der Person oder den Lebensumständen des Betreuten maßgeblich sein (näher BGHZ 145, 104, 114; BayObLG-Rp 2004, 303 = FamRZ 2004, 1138; OLG Frankfurt Rpfleger 2000, 498, 499). Hat das Gericht den Vergütungsantrag der als Betreuerin ihrer Mutter ehrenamtlich tätigen Person abgelehnt, verstieß es nicht gegen das Willkürverbot des Art 118 Abs 1 Bayer Verfassung. Die Entscheidung war auch sonst verfassungsrechtlich nicht zu beanstanden (BayVerfGH FamRZ 2012, 663 [LS]).

c)   Zum Vergütungsanspruch berufsmäßig tätiger Betreuer
aa)   Feststellung berufsmäßiger Führung der Betreuung
Voraussetzung dafür, dass der Betreuer ein Entgelt erhält, ist die Feststellung des **428** Gerichts, dass die Betreuung berufsmäßig geführt wird (§§ 1836 Abs 1 S 2, 1908i Abs 1 S 1 BGB; § 1 Abs 2 VBVG). Diese Feststellung soll bei der Bestellung zum Betreuer getroffen werden. Sie muss nicht beantragt werden; sie kann von Amts wegen getroffen werden. Ebenso wie der zum Betreuer Ausgewählte erst dann zum Betreuer bestellt werden darf, wenn er sich zur Übernahme der Betreuung bereit erklärt hat (§ 1898 Abs 2 BGB), muss sich niemand eine berufsmäßige Führung einer Betreuung aufzwingen lassen. Im eigenen Interesse wird der Ausgewählte bei seiner Bestellung „beantragen" bzw anregen, dass die Feststellung getroffen wird. Eine entsprechende Anregung kann auch bereits von der zuständigen Behörde ausgehen, wenn diese dem Gericht einen Personalvorschlag unterbreitet oder sich auf Anfrage des Gerichts zur Eignung des Betreuers gemäß § 1897 Abs 7 S 1 BGB äußert.

Diejenigen, die als Mitarbeiter eines anerkannten Betreuungsvereins oder der in **429** Betreuungssachen zuständigen Behörde bestellt werden, benötigen die Feststellung nicht. §§ 7 Abs 1 S 2 und 8 Abs 2 VBVG haben das klargestellt.

Liegen die Voraussetzungen für die Feststellung der berufsmäßigen Führung der **430** Betreuung, zu denen das Gericht die zuständige Behörde anhören soll (§ 1897 Abs 7 S 1 BGB), vor, hat das Gericht die Feststellung zu treffen. Eine Ermessensentscheidung steht dem Gericht nicht zu. Hat das Gericht die Feststellung getroffen, verliert der berufsmäßig tätige Betreuer die Anerkennung der seinen Vergütungsanspruch begründenden Eigenschaft nicht dadurch, dass die Anzahl der Betreuungen und die damit verbundene Tätigkeit soweit zurückgeht, dass sie für sich betrachtet die Anerkennung nicht mehr rechtfertigen würde (BayObLGZ 1997, 243 = FamRZ 1998, 187 = NJW-RR 1998, 868). Hat ein in früherer Zeit bestellter berufsmäßig tätiger Betreuer auf Dauer nicht den erforderlichen Tätigkeitsumfang erreicht, kann ihm der Vergütungsanspruch für die Dauer seiner Bestellung in den bereits übertragenen Betreuungen nicht durch eine Feststellung des Betreuungsgerichts, die Betreuung werde ab einem bestimmten Zeitpunkt nicht mehr berufsmäßig geführt, genommen werden (OLG Frankfurt FamRZ 2004, 239 = BtPrax 2004, 244).

431 Die Regelung des § 1 Abs 1 S 1 2. Alt VBVG erlaubt es, auf die besondere Situation desjenigen Rücksicht zu nehmen, der erst am Anfang seiner Berufsausübung steht. Eine berufsmäßige Führung einer Verfahrenspflegschaft liegt auch bei nur einmaligem Tätigwerden (immer) dann vor, wenn der Verfahrenspfleger gerade im Hinblick auf seine besondere fachliche Qualifikation (zB als Rechtsanwalt, Psychologe, Sozialarbeiter, Mitarbeiter des Kinderschutzbundes ausgewählt wurde (OLGR Karlsruhe 2001, 455). Der Richter muss sich bewusst sein, dass er uU über den Beginn und die Aussichten einer beruflichen Karriere befindet.

432 Als **Zeitpunkt der Feststellung** sieht § 1836 Abs 1 S 2 BGB iVm § 1908i Abs 1 S 1 BGB vor, dass das Gericht sie bei der Bestellung trifft. Gerichte sind vermehrt dazu übergegangen, die Feststellung als für den Anspruch auf Vergütung und die Entscheidung über den Vergütungsantrag konstitutive Voraussetzung auch nachträglich zuzulassen (krit Bienwald/Sonnenfeld/Harm/Bienwald § 1836 Rn 21 ff). Während das OLG Frankfurt (FamRZ 2003, 1414 [LS] = Rp 2003, 396; ebenso OLG Karlsruhe Rp 2001, 455) das zulässige Nachholen der Feststellung davon abhängig machte, dass sie bei der Bestellung eines berufsmäßig tätigen Betreuers versehentlich unterblieben ist, setzt das OLG Brandenburg dies nicht voraus (FamRZ 2004, 1403 [für einen Verfahrenspfleger entschieden] mAnm Bienwald). Wurde die Feststellung berufsmäßiger Führung der Betreuung vergessen (dazu Bienwald/Sonnenfeld/Harm/Bienwald § 1836 Rn 23), soll die nachträgliche Feststellung auf den Zeitpunkt der Betreuerbestellung zurückwirken können (OLG Frankfurt FamRZ 2001, 790, 792; BayObLGZ 2001, 115 = FamRZ 2001, 1484, 1485 = BtPrax 2001, 204; OLG Dresden FamRZ 2003, 935; OLG Brandenburg FamRZ 2009, 1005 [LS]; OLG Naumburg FamRZ 2009, 370 mAnm Bienwald; OLG Naumburg FamRZ 2010, 836 [LS]; KG FamRZ 2012, 815 [LS]; LG Dessau-Roßlau FamRZ 2012, 1326 = BtPrax 2012, 86: zurück auf den Zeitpunkt der Antragstellung [nach LG Dessau-Roßlau: bei nachträglichem Eintreten der Voraussetzungen]; aA MünchKomm/Wagenitz Rn 6).

433 Während die Feststellung konstitutive Wirkung hat und für das Festsetzungsverfahren bindend ist (Jurgeleit/Maier² § 1 VBVG Rn 15), soll der Beschluss nur klarstellende Bedeutung haben, sodass er nachgeholt werden könne (Keidel/Engelhardt, FamFG § 168 Rn 15).

434 Die Feststellung berufsmäßiger Führung der Betreuung trifft das Gericht, das den Betreuer bestellt (Nebenentscheidung). Das ist mit Ausnahme der dem Rechtspfleger zugewiesenen Entscheidungen über die Bestellung eines Betreuers mit dem Aufgabenkreis des § 1896 Abs 3 BGB, eines Ergänzungsbetreuers sowie einer Ge-

genbetreuerbestellung (s hierzu Arnold/Meyer-Stolte/Rellermeyer, RPflG[7] § 15 Rn 9)
der Richter. Wird die unterbliebene Feststellung nachgeholt, besteht mit der vom
Richter vorgenommenen Betreuerbestellung kein enger zeitlicher Zusammenhang
mehr, sodass der Rechtspfleger die Entscheidung zu treffen hat, sofern sie nicht vom
Beschwerdegericht nachgeholt wird (aA Jurgeleit/Maier § 1 VBVG Rn 21; Keidel/En-
gelhardt, FamFG § 168 Rn 15). Auch aus Gründen unterschiedlicher Zuständigkeiten
ist die zum Entscheidungszeitpunkt geschilderte Praxis vorschriftswidrig.

Eine bestimmte Form, in der die Entscheidung zu ergehen hat, sieht das Gesetz nicht **435**
vor (OLG Brandenburg FamRZ 2004, 1403 mAnm Bienwald). In dem entschiedenen Fall
sollte sich die Feststellung aus einer kurzen Aktennotiz des Inhalts ergeben, dass die
Antragstellerin schon in früherer Zeit (als Verfahrenspflegerin) eingesetzt und ihre
Tätigkeit „wie bei RAen nicht anders zu erwarten" ständig vergütet worden sei. Der
vom Gericht erwähnten von Dodegge/Roth (Betreuungsrecht Teil F Rn 72, in 2. Aufl
Rn 74) für möglich gehaltenen konkludenten Feststellung wurde nicht widersprochen. Ähnlich OLG Hamm (FamRZ 2004, 1324 [LS] = Rp 2004, 189; ablehnend Bienwald
FamRZ 2004, 1403), wonach die Feststellung berufsmäßiger Führung auch inzidenter
im Festsetzungsverfahren nach § 168 FamFG getroffen werden könne.

Als eine die Vergütungsentscheidung vorbereitende Feststellung ist die Entschei- **436**
dung nach § 1836 Abs 1 S 2 BGB nicht selbständig anzufechten (OLG Brandenburg ZfJ
2003, 39, 40 für eine Verfahrenspflegschaft entschieden).

bb) Der Anspruch auf Vergütung
α) Die Regelvergütung des Betreuers nach §§ 4, 5 VBVG
Sie setzt sich zusammen aus dem nach Ausbildungsbeschlüssen abgestuften Stun- **437**
denhonorar (§ 4 VBVG) und dem durch § 5 VBVG vorgegebenen Zeitaufwand. Für
den Zeitaufwand maßgebend ist, ob der Betroffene mittellos ist oder über Eigenmittel verfügt und ob er seinen gewöhnlichen Aufenthalt in einem Heim hat. § 5
Abs 2 VBVG beschreibt, in welchen Fällen der Betroffene in einem Heim oder in
einer vergleichbaren Einrichtung lebt.

Eine „übertarifliche" Entlohnung erfährt der berufsmäßig tätige Betreuer, wenn ein **438**
ehrenamtlich tätiger Betreuer die Betreuung von dem berufsmäßig tätigen Betreuer
übernimmt (§ 5 Abs 5 VBVG). Der abgebende Betreuer erhält dann für den Monat,
in den der Wechsel fällt, und für den Folgemonat den vollen Zeitaufwand nach § 5
Abs 1 und 2 vergütet (§ 5 Abs 5 S 1 VBVG). Das gilt auch dann, wenn zunächst
neben dem berufsmäßig tätigen Betreuer ein ehrenamtlicher Betreuer bestellt war
und dieser die Betreuung allein fortführt (§ 5 Abs 5 S 2 VBVG). Die bei einem
Wechsel eines Berufsbetreuers zu einem ehreamtlichen Betreuer gem § 5 Abs 5
VBVG zu vergütenden Monate sind Betreuungsmonate, keine Kalendermonate
(BGH FamRZ 2013, 781 = FGPrax 2013, 120 = MDR 2013, 1069 [LS]).

Wird der zunächst ehrenamtlich tätige Betreuer durch einen berufsmäßig tätigen **439**
Betreuer ersetzt, richtet sich der zur Verfügung stehende bezahlte Zeitaufwand,
nach der Zeit, die seit der erstmaligen Betreuerbestellung vergangen ist (BGH BtPrax
2012, 162 = Rpfleger 2012, 528; OLG München FamRZ 2006, 647 = BtPrax 2006, 73; OLG Brandenburg FamRZ 2008, 1562 [LS]; OLG Köln FamRZ 2006, 1876 [LS]; Betreuungsmanagement 2006,
216 [LS]; OLG Schleswig FamRZ 2006, 649 = BtPrax 2006, 74; OLG Saarbrücken Betreuungs-

management 2008, 99; OLG Hamm FamRZ 2006, 1066 [LS]; LG Gießen FamRZ 2006, 359 mAnm BIENWALD; LG Halle Betreuungsmanagement 2008, 102 [LS]). Das gilt auch für einen Betreuerwechsel nach zunächst vorläufiger Betreuerbestellung (LG Bad-Kreuznach FamRZ 2009, 2118 [LS]. Zu einer Ausnahme von der Maßgeblichkeit der ersten Betreuerbestellung für die nach § 5 VBVG zu berechnende Dauer der Betreuung führt die Erweiterung des Aufgabenkreises des neuen Betreuers nicht [BGH FamRZ 2012, 1211 = BtPrax 2012, 162]).

440 In Betracht kommt nicht nur ein Betreuerwechsel. Auch bei mehreren Betreuerwechseln wird für die Bestimmung des Stundenansatzes auf die erstmalige Betreuerbestellung abgestellt (LG Gießen FamRZ 2006, 359 mAnm BIENWALD). Die erstmalige Betreuerbestellung ist für die Vergütung des Nachfolgebetreuers auch dann maßgebend, wenn ein Wechsel von berufsmäßiger Führung der Betreuung zu berufsmäßiger Betreuung stattfindet (LG Bückeburg FamRZ 2009, 1709 mAnm BIENWALD). Eine Erweiterung des Aufgabenkreises des Nachfolgebetreuers aus Anlass des Betreuerwechsels soll unerheblich sein (LG Gießen FamRZ 2006, 359 mAnm BIENWALD).

441 Mit der Stundenvergütung für die Regelbetreuung werden Ansprüche auf Ersatz anlässlich der Betreuung entstandener Aufwendungen sowie anfallende Umsatzsteuer abgegolten (sog Inklusivvergütung). Unberührt davon bleibt die Möglichkeit, Aufwendungen nach § 1835 Abs 3 BGB iVm § 1908i Abs 1 S 1 BGB geltend zu machen; eine Möglichkeit, die auch dem Anwaltsbetreuer zur Verfügung steht, sofern die Voraussetzungen dafür vorliegen. § 1 Abs 2 RVG, der zunächst für diese Ämter (Vormund, Betreuer usw), die Anwendung des RVG ausschließt, lässt durch die nachfolgende Bestimmung § 1835 Abs 3 BGB unberührt.

Beauftragt ein Berufsbetreuer einen Rechtsanwalt, so sind dessen Honorarforderungen keine Aufwendungen des Betreuers. Der Betreute selbst schuldet das Anwaltshonorar. Ist der Betreute mittellos, hat der Betreuer zunächst Beratungshilfe in Anspruch zu nehmen, bevor er einen Rechtsanwalt endgültig beauftragt (OLG Köln FamRZ 2009, 1708 [LS] = FGPrax 2009, 112).

442 Allein aufgrund langjähriger Erfahrungen mit schwierigen Betreuungen kann eine Erhöhung der Vergütung des Betreuers eines mittellosen Betreuten mangels entsprechender Rechtsgrundlage nicht vorgenommen werden (OLG München FamRZ 2006, 65 [LS]). Eine Qualifikation, die auf Berufserfahrung oder Fortbildungsmaßnahmen zurückzuführen ist, wirkt sich nicht vergütungserhöhend aus (BGH FamRZ 2012, 629 = Rpfleger 2012, 315 = BtPrax 2012, 129). Eine Vergütungserhöhung iSd § 4 Abs 1 S 2 VBVG erfordert, dass zumindest ein erheblicher Teil der Ausbildung auf die Vermittlung eines betreuungsrelevanten Wissens im Kernbereich der Ausbildung ausgerichtet ist (BGH BtPrax 2012, 129 [LS]).

β) Konsequenz der Pauschalvergütung

443 § 5 VBVG erlässt dem Betreuer den Nachweis erbrachter Betreuungsleistungen. Zum Teil werden sie sich aus den nach §§ 1839, 1840 Abs 1, 1908i Abs 1 S 1 BGB zu erstattenden Auskünften und Berichten ergeben. Eine Leistung schlechthin wird nicht erlassen (BIENWALD Anm zu LG Wuppertal FamRZ 2006, 1063; vgl auch BT-Drucks 15/2494, 47; zur Frage für unangemessen gehaltener Regelvergütung bei außergewöhnlich schwieriger und/oder aufwendiger Betreuung auch BGH FamRZ 2010, 199 mAnm BIENWALD). Aufgabe des Gerichts ist es nicht, im Vorfeld der Bestellung eines Berufsbetreuers darauf hin-

zuweisen, dass aufgrund der einzurichtenden Aufgabenkreise lediglich der Grundbetrag vergütet wird. Es ist Aufgabe des Betreuers, die erforderlichen Erkundigungen selbst anzustellen, wenn hiervon seine Entscheidung abhängt, ob er zur Übernahme der Betreuung bereit ist (AG Offenburg FamRZ 2017, 247, 248 [LS] = BtPrax 2017, 43
[LS]). Beantragt der Betreute die vorzeitige Aufhebung einer befristeten (vorläufigen) Betreuung, wird dadurch nicht die Betreuung beendet. Das Ende tritt erst
durch die gerichtliche Aufhebung ein, sodass der berufsmäßig tätige Betreuer für
den gesamten Zeitraum der Betreuung die Vergütung nach Maßgabe des § 5 VBVG
beanspruchen kann (BGH FamRZ 2012, 295 [296]). Ein Vergütungsanspruch besteht nur
für die Dauer der Betreuung (BGH FamRZ 2016, 1072).

Zu den Konsequenzen der pauschalierten Betreuervergütung vgl auch BGH FamRZ
2014, 1778 = BtPrax 2014, 275, wonach im Verfahren über die Festsetzung der
pauschalen Vergütung nach den §§ 4, 5 VBVG nicht zu überprüfen ist, ob und in
welchem Umfang der Betreuer tätig geworden ist. Die Ausübung einer Betreuertätigkeit werde, so der BGH, typisierend unterstellt (im Anschluss an BGH FamRZ 2013,
1883 = BtPrax 2013, 252).

γ)   Vakanzen

Endet eine vorläufige oder zeitlich beschränkte Betreuung oder das Amt des Be-   **444**
treuers und entsteht bis zur Wirksamkeit der Nachfolgerbestellung eine deutliche
zeitliche Lücke, entsteht das Problem, welcher Stundenansatz für die Vergütung des
Nachfolgebetreuers maßgebend sein soll. Eine oberhalb von sechs Monaten liegen-
de zeitliche Lücke soll zu einer Neuberechnung des Stundenansatzes führen (OLG
München FGPrax 2006, 121). Kein Vergütungsanspruch mangels Betreuerbestellung
(BGH FamRZ 2016, 1072). Weitere Entscheidungen zu dem Problem bei BIENWALD/
SONNENFELD/HARM § 1836 Rn 150.

δ)   Sonderfälle der Betreuung

Die in § 6 VBVG getroffenen Regelungen für den sog Verhinderungsbetreuer   **445**
(§ 1899 Abs 4 BGB) unterscheiden die aus tatsächlichen Gründen bestehende Verhinderung und die aus Rechtsgründen eingetretene Verhinderung, für die jeweils ein
Verhinderungsbetreuer des regulären Betreuers bestellt werden muss, sofern erforderlich (fraglich zB bei tatsächlicher Verhinderung, wenn andere Überbrückungs-
möglichkeiten in Betracht kommen). Der Verhinderungsbetreuer für den aus tatsächlichen Gründen verhinderten regulären Betreuer erhält, wenn er einen
Vergütungsanspruch hat, Vergütung und Aufwendungsersatz nach Maßgabe der
§§ 4 und 5 VBVG. Der Verhinderungsbetreuer für den aus Rechtsgründen verhinderten Betreuer erhält eine Vergütung nach § 1 Abs 2 iVm § 3 VBVG; für seine
nachgewiesenen Aufwendungen kann er Vorschuss und Ersatz nach § 1835 BGB
(mit Ausnahme der Aufwendungen iSv § 1835 Abs 2 BGB) verlangen (§ 6 S 1
VBVG).

Wird ein Betreuer neben einem (Vorsorge-)Bevollmächtigten bestellt, weil dieser an
einer Verrichtung bestimmter Tätigkeiten rechtlich verhindert ist, ist seine Vergütung in entsprechender Anwendung des § 6 S 1 VBVG nach konkretem Zeitaufwand
zu bemessen (BGH FamRZ 2015, 1710 = NJW 2015, 2886 = BtPrax 2015, 203).

Mehrere Betreuer, die eine Vergütung erhalten, werden außer in den in Abs 2 und 4 des § 1899 BGB geregelten Fällen und im Fall der Bestellung eines Gegenbetreuers nicht bestellt (§ 1899 Abs 1 S 2 BGB). Eine entgegen diesem **Bestellungsverbot** vorgenommene Bestellung kann keine Ansprüche nach dem VBVG auslösen. Ein berufsmäßig tätiger Betreuer, der sich entgegen dem Verbot bestellen lässt, kann keinen Vertrauensschutz genießen, weil ihm die Rechtslage bekannt sein musste, als er sich bestellen ließ. Einen Schutz und damit auch entsprechende Rechte könnte dieser Betreuer nur dann für sich in Anspruch nehmen, wenn ihm vorenthalten worden wäre, dass der Erstbetreuer bereits mit Anspruch auf Vergütung bestellt worden ist (näher Bienwald/Sonnenfeld/HArm/Bienwald § 1899 Rn 40 ff).

Der für die Entscheidung über die Einwilligung in eine Sterilisation der betreuten Person zu bestellende besondere Betreuer erhält, wenn das Gericht die berufsmäßige Führung dieser Betreuung festgestellt hat (§ 1 Abs 2 VBVG), eine Vergütung nach der für Vormünder vorgesehenen Regelung des § 3 VBVG. Für seine Aufwendungen kann er Vorschuss und Ersatz nach § 1835 BGB mit Ausnahme der Aufwendungen iSd § 1835 Abs 2 BGB beanspruchen. Ein vom Gericht mit der Aufgabe betrauter ehrenamtlicher Betreuer hat dagegen lediglich einen Anspruch auf Ersatz seiner Aufwendungen nach den allgemeinen Bestimmungen. Nicht ausgeschlossen, aber nach den Bewilligungsvoraussetzungen des § 1836 Abs 2 BGB iVm § 1908i Abs 1 S 1 BGB zu urteilen unwahrscheinlich ist es, dass dem ehrenamtlichen Sterilisationsbetreuer eine Vergütung bewilligt wird.

Ein Betreuer, dem nur eine einzige Angelegenheit aufgegeben worden ist, ohne dass die Voraussetzungen des § 6 VBVG vorliegen, wird, wenn ihm Vergütung zusteht, diese nach den §§ 4, 5 VBVG erhalten (Bienwald JR 2012, 317; Zimmermann FamRZ 2011, 1776 [1778]). Die Vergütungsregelung des § 6 VBVG kann über die dort genannten Sonderfälle des Verhinderungsbetreuers aus Rechtsgründen und des Sterilisationsbetreuers hinaus nicht analog auf Betreuer angewendet werden, die nur für eine Angelegenheit bestellt worden sind (BGH FamRZ 2013, 873 = FGPrax 2013, 121). Vgl BGH FamRZ 2014, 1449 = BtPrax 2014, 228, wonach ein Ergänzungsbetreuer, der wegen einer rechtlichen Verhinderung des Betreuers bestellt wurde, keine pauschale Vergütung nach den §§ 4, 5 VBVG verlangen kann (so bereits BGH FamRZ 2014, 1626), auch dann nicht, wenn seine Tätigkeit auf einen längeren Zeitraum angelegt ist und sich nicht in einer konkreten punktuellen Maßnahme erschöpft.

Der Betreuer, der in Unkenntnis des Todes des Betroffenen zunächst weiter tätig wurde, ist insoweit allenfalls in analoger Anwendung von § 6 S 1 VBVG und nicht pauschal nach den §§ 4, 5 VBVG zu entschädigen (BGH FamRZ 2016, 1152 = FGPrax 2016, 170).

ε) Gewöhnlicher Aufenthalt des Betreuten in einem Heim

446 Das Kriterium des Heimaufenthalts hat für den Stundenansatz sowohl bei bemittelten als auch den bei mittellosen Betreuten Bedeutung. § 5 Abs 3 VBVG enthält die Definition des Begriffs. § 1 Abs 2 des Heimgesetzes, der gemäß § 5 Abs 3 S 2 VBVG entsprechend gelten soll, wurde in Staudinger/Bienwald (2006) mitgeteilt. Darauf wird Bezug genommen. Soweit einzelne Länder aufgrund der Föderalismusreform (Gesetz zur Änderung des Grundgesetzes v 28. 8. 2006 – BGBl I 2034) zu eigenen Regelungen verpflichtet sind, dem aber noch nicht nachgekommen sind,

gilt das Heimrecht noch in diesen Ländern (näher BIENWALD/SONNENFELD/HARM § 1836 Rn 115).

Die Unterscheidung der Betreuungsfälle danach, ob die betreute Person ihren ge- **447** wöhnlichen Aufenthalt in einem Heim oder außerhalb davon hat, mag unter dem Gesichtspunkt der Vergütung abstrakt verständlich erscheinen. Konkret ist der generelle Rückgriff auf Normen des HeimG jedoch verfehlt, weil es dort in erster Linie auf die tatsächlichen Verhältnisse, insbesondere persönliche Pflege und Versorgung, ankommt, diese aber unmittelbar keinen sicheren Schluss zulassen, dass die im Heim lebende Person hinsichtlich der Besorgung ihrer Angelegenheiten nur in geringerem Maße betreuungsbedürftig ist. Würden Gerichte für Heime, in denen zahlreiche Bewohnerinnen und Bewohner rechtlicher Betreuung bedürfen, einen Betreuer oder nur wenige bestellen, würden schon die Kommunikationswege und -zeiten iSd § 1901 Abs 2 und 3 BGB verkürzt und Mittel in wahrscheinlich höherem Maße eingespart werden als das nach den bisherigen und den seit 1. 7. 2005 geltenden Regelungen der Fall war bzw ist.

Ob der Begriff des Aufenthalts in einem Heim auch solche Wohnformen umfasst, für **448** deren Subsumtion unter den Heimbegriff uU umfangreiche Recherchen erforderlich wären, würde das Ziel der Regelung, die Abrechnung der berufsmäßig tätigen Betreuer zu vereinfachen, verfehlen oder schwer und unzulänglich erreichen lassen (BGH FamRZ 2008, 778, 780). Für praktisch sinnvoll hält der BGH danach ein striktes, an griffige und leicht feststellbare Kriterien gebundenes Verständnis des vergütungsrechtlichen Heimbegriffs. Im Einzelfall auftretenden Schwierigkeiten mit der Handhabung des vom Gesetz verwandten Begriffs „Heim" könne am ehesten durch eine teleologische Auslegung begegnet werden (BGH FamRZ 2008, 778, 780 mit Bezug auf FRÖSCHLE, Betreuungsrecht [2005] Rn 298; außerdem BGH FamRZ 2011, 287; OLG Celle FamRZ 2009, 1518; OLG Zweibrücken FamRZ 2011, 1754; Einzelheiten bei BIENWALD, in: BIENWALD/ SONNENFELD/HARM § 1836 Rn 116 ff). Bei der Auslegung des im VBVG nicht näher umschriebenen Begriffs „gewöhnlicher Aufenthalt" kann auf dessen Definition in anderen Rechtsgebieten zurückgegriffen werden (BGH FamRZ 2012, 536 [LS]). Krankenhäuser und Justizvollzugsanstalten sind bereits begrifflich keine Heime (aA DEINERT FamRZ 2005, 954 [958]; U-Haft kein Heim, BGH FamRZ 2014, 1015 = NZFam 2014, 718); hinsichtlich der Anwendbarkeit von § 5 Abs 1 S 1 und Abs 2 S 1 VBVG fehlt es regelmäßig am Merkmal des gewöhnlichen Aufenthalts (DEINERT/LÜTGENS, Die Vergütung des Betreuers[6] Rn 1125 ff; BGH FamRZ 2012, 536 [LS] = BtPrax 2012, 65; anders bei Verbüßung einer längeren Strafhaft [kein weiterer Lebensmittelpunkt] BGH FamRZ 2008, 778, 780; kritisch AMEDICK BtPrax 2012, 147).

Der mit einem professionell geführten Heim einhergehende Organisationsapparat **449** lasse eigene organisatorische Vorkehrungen des Betreuers eher entbehrlich werden und seine Aufgabenerfüllung entlasten. Wohnformen, die eine solche professionelle Führung nicht kennen, lassen sich dem vergütungsrechtlichen Heimbegriff auch dann nicht unterordnen, wenn sie formal der Definition des § 5 Abs 3 VBVG entsprechen (BGH FamRZ 2008, 778 [780]; vgl auch LG Heilbronn FamRZ 2016, 402). Wiederum könne sich eine Ausnahme davon ergeben, wenn die Unterbringung der betroffenen Person in einer Pflegefamilie von einem Träger organisiert, ständig kontrolliert und begleitet werde (BGH FamRZ 2008, 778 [781] zur Unterbringung in einer Pflegefamilie als Heimaufenthalt auch OLG Oldenburg FamRZ 2006, 1710). Kein Heim, wenn die Wohnform vorübergehenden Charakter hat und auf eine Verselbständigung junger Erwachsener zugeschnitten ist (OLG Hamm FamRZ 2010, 2020) oder die Wohnraumüberlassung ohne eine Versorgungsgarantie im Vordergrund steht (OLG Hamm FamRZ 2010, 2021). Das Leben in einer Gastfamilie mit Pflegeleistungen ist nicht einem Heimaufenthalt gleichzusetzen (LG Darmstadt FamRZ 2012, 1827). Das Bewohnen einer sozialtherapeutischen Wohnstätte ist nicht mit einem Heimaufenthalt gleichzusetzen (LG Dresden FamRZ 2016, 1963). Ebensowenig betreutes Wohnen der Diakonie (LG Erfurt FamRZ 2016, 401 [402]).

450 Ein Heim iSd § 5 Abs 3 VBVG verliert die Qualifikation als Heim nicht dadurch, dass der Heimvertrag für den Träger eine Kündigungsmöglichkeit für den Fall vorsieht, dass eine sachgerechte Betreuung des Bewohners nicht mehr möglich ist (BGH FamRZ 2011, 287, 288). Der gewöhnliche Aufenthalt der betreuten Person in einem Heim wird nicht dadurch infrage gestellt oder geändert, dass sie regelmäßig in das zuständige Landeskrankenhaus zum Zweck medizinischer Versorgung zurückkehrt. Fraglich ist, ob die Fälle von Abwesenheit, die für die örtliche Zuständigkeit des Gerichts oder der zuständigen Behörde maßgeblich sind oder sein können (§§ 272, 273 FamFG, § 3 BtBG) unter vergütungsrechtlichem Aspekt anders zu beurteilen sind. Ein längerer Aufenthalt in einer Rehabilitationseinrichtung, die sich nicht in der Nähe des Heimes befindet, wodurch der zeitliche Aufwand der rechtlichen Betreuung (persönlicher Kontakt, notwendige Rücksprachen mit der betreuten Person und dem ärztlichen und für die Pflege zuständigen Personal sowie vor Ort zu treffende Entscheidungen) und die tatsächlichen Aufwendungen (Fahrgelder) erheblich zunehmen können, sollte anders als nach den jeweiligen Stundenansätzen des § 5 Abs 1 und 2 (einschließlich des § 4 Abs 2) VBVG abgerechnet werden dürfen.

ξ)   Inanspruchnahme der Staatskasse

451 Ist der Betreute mittellos, kann der ehrenamtliche wie der berufsmäßig tätige Betreuer seine Forderungen gegenüber der Staatskasse geltend machen. Das betrifft den Aufwendungsersatz (§ 1835 Abs 4 BGB); die Aufwandsentschädigung (§ 1835 Abs 3 BGB) sowie die Ansprüche nach dem VBVG (§ 1 Abs 2 S 2), jeweils iVm § 1908i Abs 1 S 1 BGB. Wann Mittellosigkeit gegeben ist, bestimmt sich nach § 1836d BGB und nach Maßgabe des § 1836c BGB, der für die einzusetzenden Mittel des Betreuten maßgebend ist (§ 1908i Abs 1 S 1 BGB). Für den Umfang des dem Betreuer zu vergütenden Zeitaufwandes iSd § 5 VBVG ist der Vermögensstand im Vergütungszeitraum maßgebend (BGH FamRZ 2011, 368), für die Entscheidung, ob die Staatskasse die Betreuungskosten zu übernehmen hat, der Vermögensstand im Zeitpunkt der Entscheidung in der letzten Tatsacheninstanz (BGH FamRZ 2013, 620 = FamRB 2013, 148 = FGPrax 2013, 117). Für die Feststellung der Mittellosigkeit ist regelmäßig von einem dem Betreuten zu belassenden Schonbetrag von 2600 Euro auszugehen (LG Leipzig FamRZ 2017, 248 [LS]).

Hat der Betreuer alles ihm Zumutbare getan, um seine gegenüber dem Betreuten rechtskräftig festgesetzte Vergütung aus dem Vermögen des Betreuten zu erhalten, kann er danach einen Zweitantrag auf Befriedigung aus der Staatskasse stellen (LG Hamburg BtPrax 2017, 40).

η) Aufwendungsersatz und Vergütung für Betreuungsvereine

Ist ein Vereinsbetreuer nach § 1897 Abs 2 BGB bestellt, kann dieser selbst keine **452** Vergütung und keinen Aufwendungsersatz nach dem VBVG oder nach den §§ 1835 bis 1836 BGB geltend machen. Die Feststellung berufsmäßiger Führung der Betreuung ist in diesem Fall weder erforderlich noch vorgesehen (JURGELEIT/MAIER [3. Aufl] § 7 VBVG Rn 6). Die geltend zu machende Vergütung einschl des Aufwendungsersatzes, die von dem Vereinsbetreuer „verdient" sein können, richten sich nach den §§ 4, 5, 7 VBVG. Allgemeine Verwaltungskosten werden nicht ersetzt (§ 7 Abs 2 S 2 VBVG, § 1835 Abs 5 S 2 BGB). Wurde der Mitarbeiter eines Betreuungsvereins als Sterilisationsbetreuer oder als Verhinderungsbetreuer für den aus Rechtsgründen verhinderten Betreuer bestellt, wird für die getätigten Aufwendungen Vorschuss und Ersatz nach § 1835 Abs 1, 1a und 4 BGB mit Ausnahme der Aufwendungen iSd § 1835 Abs 2 BGB bewilligt (§ 7 Abs 2 VBVG). Eine Vergütung für Sonderfälle richtet sich nach § 6 VBVG (§ 7 Abs 2 HS 1 VBVG).

Eine Aufwandsentschädigung (§ 1835a BGB) kann der Verein weder anstelle des **453** bestellten Mitarbeiters noch dann beanspruchen, wenn er selbst zum Betreuer bestellt worden ist (§§ 1900 Abs 1 und 2, 1835a Abs 5 BGB). Wurde ein Betreuungsverein zum Betreuer oder Gegenbetreuer bestellt (§ 1900 Abs 1 und 2 BGB), kann er Ersatz seiner Aufwendungen nur insoweit verlangen, als das vom Betreuten einzusetzende Einkommen und Vermögen ausreicht (§§ 1836c, 1835 Abs 5 S 1 BGB). Ihm kann auch keine Vergütung bewilligt werden (§ 1836 Abs 3 BGB), wenn er zum Betreuer (oder zum Vormund) bestellt worden ist (Bestätigung durch BGH FamRZ 2011, 1394, 1395; die Entscheidung der Vorinstanz [OLG München 27. 10. 2010 – 33 UF 1538/10] wurde in FamRZ 2011, 998 mAnm BIENWALD veröffentlicht). Nach seinen eigenen Worten (LS 1) änderte der BGH damit seine frühere Rechtsprechung (14. 3. 2007 – XII ZB 148/03, FamRZ 2007, 900). Die weitere in dem jetzt gefassten Beschluss enthaltene Entscheidung, dass bei Bestellung eines Vereinsmitarbeiters zum Vormund (analog § 1897 Abs 2 S 1 BGB) der Verein in entsprechender Anwendung von § 7 VBVG eine Vergütung und Aufwendungsersatz aus der Staatskasse beanspruchen kann, betrifft das Vormundschaftsrecht, das hier in Anlehnung an im Betreuungsrecht bestehende Regelungen fortgebildet wird.

Die Einbeziehung der Umsatzsteuer in den Stundensatz der Vergütung in § 4 VBVG **454** führt dazu, dass wegen der unterschiedlichen Steuersätze die Nettoeinkünfte für freiberuflich tätige und Betreuer aus gemeinnützigen Vereinen unterschiedlich hoch ausfallen. Die dagegen mit der Rüge der Ungleichbehandlung erhobene Verfassungsbeschwerde wies das BVerfG mit dem Hinweis zurück, dass die unterschiedliche Besteuerung nicht ihre Ursache in dem VBVG, sondern im Steuerrecht habe (BVerfG FamRZ 2009, 1123). Kritisch zu der die Umsatzsteuer enthaltenen Regelung des § 4 VBVG ZIMMERMANN, in: FS Bienwald 345 (346).

Das LG Köln (FamRZ 2011, 401) billigte einem Betreuungsverein, der „synonym" für **455** als Realbetreuer tätig gewordene Mitarbeiter bestellt worden war, eine Vergütung zu. Die Bestellung des Vereins anstelle der Mitarbeiter sollte der starken personellen Fluktuation bei den Vereinen des Amtsgerichtsbezirks und damit verbundenen Umbestellungen entgegenwirken (vom Gericht berücksichtigte Mitteilung des Amtsgerichtspräsidenten). Für derartige Bestellungen (und Finanzierungen) hält das geltende Betreuungsrecht keine Regelung bereit.

ϑ)   Aufwendungsersatz und Vergütung für Behördenbetreuer (§ 8 VBVG)

456   Ist ein Behördenbetreuer gemäß § 1897 Abs 2 S 2 BGB bestellt, so kann der zuständigen Behörde (§ 1 BtBG) eine Vergütung nach § 1836 Abs 2 BGB bewilligt werden, soweit der Umfang oder die Schwierigkeit der Betreuungsgeschäfte dies rechtfertigen (Abs 1 S 1). Das gilt nur, soweit eine Inanspruchnahme des Betreuten nach § 1836c BGB zulässig ist (Abs 1 S 2). Unabhängig von den Voraussetzungen nach Abs 1 S 1 kann die Betreuungsbehörde Aufwendungsersatz nach § 1835 Abs 1 S 1 und 2 iVm Abs 5 S 2 BGB verlangen, soweit eine Inanspruchnahme des Betreuten nach § 1836c BGB zulässig ist (Abs 2). Der Behördenbetreuer kann selbst keine Vergütung und keinen Aufwendungsersatz nach diesem Gesetz (VBVG) oder nach den §§ 1835 bis 1836 BGB geltend machen (§ 8 Abs 3 VBVG). § 2 VBVG, wonach der Vergütungsanspruch erlischt, wenn er nicht binnen 15 Monaten nach seiner Entstehung beim Betreuungsgericht geltend gemacht wird, ist nicht anwendbar (§ 8 Abs 4 VBVG).

ι)   Zum Einwand mangelhafter Führung der Betreuung

457   Mit diesem Einwand kann der Betroffene oder die in Anspruch genommene Staatskasse nicht gehört werden (BGH FamRZ 2012, 1051 mwNw = Rpfleger 2012, 531 = BtPrax 2012, 163 = NJW-RR 2012, 835; krit und zu in Betracht kommenden Schadensersatzansprüchen Staudinger/Engler [1999] § 1836 Rn 24 ff). Der Betreuer handelt nicht pflichtwidrig, wenn er nicht durch geeignete Wahrnehmung der Vermögenssorge und Anlegung von Reserven seine Vergütung aus Mitteln des Betreuten sicherstellt (näher Bienwald/Sonnenfeld/Harm/Bienwald § 1836 Rn 45 mwNw).

κ)   Entstehung und Verfall der Ansprüche

458   Der Anspruch auf Ersatz der Aufwendungen entsteht mit der getätigten Aufwendung. Der Anspruch auf eine Aufwandsentschädigung nach § 1835a BGB entsteht erstmalig mit dem Ablauf des ersten Jahres der Bestellung zum Betreuer (§ 1835a Abs 2 BGB) und dann fortlaufend jeweils am Ende des Betreuungsjahres. Grundsätzlich muss der Amtsträger (hier: Ergänzungspfleger) förmlich bestellt sein, bevor ein Anspruch auf Aufwendungsersatz besteht. Ausnahmsweise (§ 242 BGB) kann für eine vorher getätigte Aufwendung ein Ersatz in Anspruch genommen werden (OLG Frankfurt BtPrax 2012, 174 [LS]; OLG Saarbrücken FamRZ 2012, 888).

Der Anspruch auf Vergütung entsteht grundsätzlich mit der Ausführung der zu vergütenden Tätigkeit (Jurgeleit/Maier § 1836 Rn 20), sobald der berufsmäßig tätige Amtsträger in irgendeiner Weise im Rahmen seines Aufgabenkreises tätig wird (für den Verfahrensbeistand entschieden; BGH FamRZ 2011, 558).

459   Werden die Ansprüche nicht rechtzeitig geltend gemacht, **erlöschen** sie. § 1835 Abs 1 S 3 BGB sieht dafür 15 Monate seit Entstehung des Anspruchs vor; der Anspruch auf Aufwandsentschädigung erlischt nach drei Monaten nach Ablauf des Jahres, in dem der Anspruch entsteht (§ 1835a Abs 4 BGB) und bei Gericht geltend gemacht wird. Eine fehlende Belehrung über die Möglichkeit, für die Tätigkeit einen Aufwandsersatz zu erhalten, begründet nicht den Einwand unzulässiger Rechtsausübung (OLG Brandenburg FamRB 2013, 19). Der Vergütungsanspruch des § 1 Abs 2 S 1 VBVG erlischt, wenn er nicht binnen 15 Monaten nach seiner Entstehung geltend gemacht wird (§ 2 S 1 VBVG). Nach § 1835 Abs 1a BGB, der auch für das Vergütungsrecht des VBVG entsprechend gilt, kann das Betreuungsgericht eine vom Abs 1 S 3 ab-

weichende Frist von mindestens zwei Monaten bestimmen. Die Frist kann auf Antrag verlängert werden. Der Anspruch erlischt aber, soweit er nicht innerhalb der
Frist beziffert wird. Ein in die Zukunft gerichteter Dauervergütungsantrag des Betreuers ist nicht zulässig (BGH FamRZ 2017, 1759 = MDR 2017, 215 [LS] = BtPrax 2016,
237).

d) Vergütung des Gegenbetreuers

Die Vergütung des berufsmäßig tätigen Gegenbetreuers soll sich grundsätzlich nach **460**
den Bestimmungen der §§ 4 und 5 VBVG richten (OLG Köln FamRZ 2007, 937 mAnm
BIENWALD = BtPrax 2007, 255; aA ZIMMERMANN, in: FS Bienwald 345, 351; FRÖSCHLE, Betreuungsrecht [2005] Rn 411: Vergütung nach tatsächlich geleisteten Stunden). Dem Grunde nach
beruht der Vergütungsanspruch auf §§ 1836 Abs 1, 1908i Abs 1 S 1 BGB, § 1 Abs 2
VBVG. Für die Bemessung der Höhe kommen die Vorschriften des dritten Abschnitts VBVG in Betracht. Der Gegenbetreuer ist kein Betreuer. Er besorgt nicht
die Angelegenheiten des Betreuten und vertritt diesen auch nicht gerichtlich und
außergerichtlich. Er entlastet das Gericht in seiner Fürsorge- und Aufsichtsfunktion
(§§ 1837 ff, 1908i Abs 1 S 1 BGB). Eine auf den Gegenbetreuer zugeschnittene
Vergütungsregelung hat der Gesetzgeber nicht getroffen. Orientiert man die Vergütung des Gegenbetreuers an der des Betreuers, wird dadurch unterstrichen, dass
die Beteiligung des Gegenbetreuers an der Führung der Betreuung sich nicht lediglich auf punktuelle Aktivitäten beschränkt.

e) Ansprüche des Verfahrenspflegers*

Bestellt das Betreuungsgericht für das Verfahren in Betreuungs- oder in Unterbrin- **461**
gungssachen einen Verfahrenspfleger (§§ 276, 317 FamFG), richten sich dessen Ansprüche nach § 277 FamFG. Danach erhält jeder Verfahrenspfleger Ersatz seiner
Aufwendungen nach § 1835 Abs 1 bis 2 BGB. Vorschuss kann nicht verlangt werden.
Wird eine Behörde oder ein Verein zum Verfahrenspfleger bestellt, erhalten sie
keinen Aufwendungsersatz (§ 277 Abs 1 FamFG). Die Verfahrenspflegschaft wird
unentgeltlich geführt. Sie wird ausnahmsweise entgeltlich geführt, wenn das Gericht
bei der Bestellung feststellt, dass der Verfahrenspfleger die Verfahrenspflegschaft
berufsmäßig führt (§ 277 Abs 2 S 1 FamFG, § 1836 Abs 1 BGB).

Der zuständigen Behörde oder einem Verein kann keine Vergütung bewilligt wer- **462**
den (§ 277 Abs 2 S 1, § 1836 Abs 3 BGB). Ist ein Mitarbeiter eines anerkannten
Betreuungsvereins als Verfahrenspfleger bestellt, stehen dem Verein Ansprüche auf
Aufwendungsersatz und Vergütung nach § 277 Abs 1 bis 3 FamFG zu (§ 277 Abs 4
S 1 FamFG). Ist ein Bediensteter der Betreuungsbehörde als Verfahrenspfleger
bestellt, erhält die Betreuungsbehörde keinen Aufwendungsersatz und keine Vergütung (§ 277 Abs 4 S 3 BGB).

Anders als bisher in Betreuungssachen endet die Bestellung des Verfahrenspflegers **463**
sowohl in Betreuungssachen als auch in Unterbringungssachen, sofern sie nicht
vorher aufgehoben wird, mit der Rechtskraft der Endentscheidung oder mit dem
sonstigen Abschluss des Verfahrens (§§ 276 Abs 5, 317 Abs 5 FamFG). Die Rege-

---

* **Schrifttum**: VOLPERT, Anwaltsvergütung für
die Tätigkeit als Verfahrenspfleger und Verfahrensbeistand, NJW 2013, 2491.

lungen über den Ersatz von Aufwendungen und die Bewilligung einer Vergütung gelten danach für jede Instanz.

464 Wird die Verfahrenspflegschaft berufsmäßig geführt, erhält der Verfahrenspfleger neben den Aufwendungen nach Abs 1 eine Vergütung in entsprechender Anwendung der §§ 1, 2 und 3 Abs 1 und 2 VBVG (§ 277 Abs 2 S 2 FamFG). Möglich ist auch eine Pauschalabfindung nach § 277 Abs 3 FamFG.

465 Verfahrenspfleger, die den Aufwendungsersatz und die Vergütung nach den Bestimmungen des § 277 FamFG in Rechnung stellen, machen die Ansprüche nur gegenüber der Staatskasse geltend (§ 277 Abs 5 S 1 FamFG).

466 Bestellt das Gericht einen Rechtsanwalt zum Verfahrenspfleger, kann dieser nach der Regelung des § 1 Abs 2 S 2 RVG auch eine Vergütung nach dem RVG beanspruchen. Das beschränkt sich auf die Fälle, in denen er im Rahmen seiner Bestellung solche Tätigkeiten zu erbringen hat, für die ein Laie in gleicher Lage vernünftigerweise einen Rechtsanwalt zuziehen würde (BGH FamRZ 2011, 203 mAnm FRÖSCHLE; FamRZ 2012, 1377 = MDR 2012, 1066; OLG München FamRZ 2008, 2150 = FGPrax 2008, 207). Die Führung einer Verfahrenspflegschaft allein kann nicht als Erbringung anwaltlicher Dienste iSd § 1 Abs 2 RVG angesehen werden (BGH FamRZ 2011, 203). Eine Abrechnung auf der Grundlage des RVG kommt nur in Betracht, wenn die zu bewältigende Aufgabe besondere rechtliche Fähigkeiten und Kenntnisse erfordert und daher eine originär anwaltliche Dienstleistung darstellt (eingehend KEIDEL/BUDDE § 277 FamFG Rn 10 u 11). In diesem Fall kann der anwaltliche Berufsbetreuer wählen, ob er insoweit Aufwendungsersatz nach § 1835 Abs 3 BGB verlangt oder eine Betreuervergütung geltend macht, wenn sich die allgemeine und die berufsbezogene qualifizierte Amtsführung nicht klar voneinander abgrenzen lassen (KG FamRZ 2012, 63). Stellt das bestellende Gericht fest, eine anwaltspezifische Tätigkeit sei erforderlich, bindet diese Feststellung die Kostenfestsetzung (BGH FamRZ 2011, 203 [204] und FRÖSCHLE 205). Diese Feststellung kann das Gericht bereits bei der Bestellung des Verfahrenspflegers, allerdings nicht grundlos (wie hier BayObLG FamRZ 2002, 1201 = FGPrax 2002, 68; aA KEIDEL/BUDDE § 277 FamFG Rn 10) treffen.

467 Indem der BGH (FamRZ 2011, 203) feststellt, auf die Frage, wie bzw ob die Erforderlichkeit im Einzelnen durch das Gericht begründet ist, komme es nicht an, könnte sich die Praxis der Tatsachengerichte darin bestärkt fühlen, die Feststellung „formularmäßig" und ohne inhaltliche Begründung zu treffen.

f)   Abrechnung – Zeitraum und Verfahren

468 Soweit nicht der Betreuer berechtigt und aufgrund der Vermögenslage der betreuten Person auch tatsächlich in der Lage ist, Vorschuss, Aufwendungsersatz oder Aufwandsentschädigung dem verwalteten Vermögen zu entnehmen (dazu STAUDINGER/ BIENWALD [2014] § 1835 Rn 85 ff), werden die Ansprüche der Betreuer und der Verfahrenspfleger gerichtlich festgesetzt (§§ 168 Abs 1 S 1, 277 Abs 5 S 2 FamFG). Betreuer, deren Vergütung nach den §§ 4 und 5 VBVG bemessen wird, können die Vergütung nach Ablauf von jeweils drei Monaten für diesen Zeitraum geltend machen (§ 9 S 1 VBVG). Vergütung und Aufwendungsersatz in den Sonderfällen (§ 6 VBVG) wird geltend gemacht, sobald die Aufgabe erledigt ist. Das trifft auch für den aus tatsächlichen Gründen der Verhinderung bestellten Verhinderungsbetreuer zu (Jurgeleit/Maier § 9 VBVG Rn 2).

Ein im Vergütungsfestsetzungsverfahren festzusetzender Vergütungsanspruch des Betreuers kann sich nur für den Zeitraum der Bestellung als Betreuer ergeben. Für einen Zeitraum, der zwischen dem Ablauf einer vorläufigen Betreuung und der Bestellung in der Hauptsache liegt, kommt ein Vergütungsanspruch nicht in Betracht (BGH FamRZ 2016, 1074). Das Verfahren auf Festsetzung der Vergütung des Betreuers kann auf beide möglichen Vergütungsschuldner (Betreute Person und Staatskasse) erstreckt werden, wenn die Mittellosigkeit des Betreuten zweifeldhaft ist (BGH FamRZ 2015, 1880 = NJW 2015, 3301 Rn 12).

Für alle nach dem VBVG bestehenden Vergütungsansprüche bestimmt dessen § 2, **469** dass der Vergütungsanspruch erlischt, wenn er nicht binnen 15 Monaten nach seiner Entstehung beim Betreuungsgericht geltend gemacht wird; die Geltendmachung des Anspruchs beim Gericht gilt dabei auch als Geltendmachung gegenüber dem Betroffenen. Der rechtzeitige Antrag auf Festsetzung der Betreuervergütung gegen den Betreuten wahrt die Frist des § 2 Abs 1 HS 1 VBVG auch gegenüber der subsidiär berufenen Staatskasse, wenn sich im Laufe des Verfahrens die Mittellosigkeit des Betreuten herausstellt (BGH FamRZ 2015, 1880 Rn 20 = NJW 2015, 3301). Wortlaut und Zweck des § 9 S 1 VBVG gebieten eine strikte Einhaltung des vorgeschriebenen Abrechnungszeitraums. Der Vergütungsanspruch kann grundsätzlich nicht in kürzeren Abständen geltend gemacht werden. Ebensowenig ist ein Dauervergütungsantrag vorgesehen (BGH FamRZ 2016, 1759 [1760]). Soweit Aufwendungsersatz nach § 1835 BGB oder Aufwandsentschädigung nach § 1835a BGB, jeweils iVm § 1908i Abs 1 S 1 BGB, verlangt werden können, gelten die jeweiligen Erlöschensregelungen. Für die Geltendmachung des Aufwendungsersatzes und einer Vergütung durch den Verfahrenspfleger gemäß § 277 FamFG enthalten dessen Abs 1 und 2 entsprechende Verweisungen, einerseits auf § 1835 Abs 1 bis 2 BGB, andererseits auf § 1836 Abs 1 BGB und damit auch auf die Bestimmungen des VBVG. Für die Bewilligung der „Ermessens"vergütung des ehrenamtlichen Betreuers gemäß §§ 1836 Abs 2, 1908i Abs 1 S 1 BGB besteht weiterhin keine zeitliche Begrenzung oder Ausschlussfrist (Fröschle Rn 681). Die Entscheidung über die Vergütung oder den Aufwendungsersatz sowie die Aufwandspauschale ist als eine das Bewilligungsverfahren abschließende Endentscheidung mit der Beschwerde gemäß § 58 Abs 1 FamFG anfechtbar. Diese ist, weil in einer vermögensrechtlichen Angelegenheit ergangen, nur zulässig, wenn der Wert des Beschwerdegegenstandes 600 Euro übersteigt (§ 61 Abs 1 FamFG). Übersteigt der Beschwerdegegenstand nicht den Wert von 600 Euro, ist die Beschwerde zulässig, wenn das Gericht des ersten Rechtszugs sie zugelassen hat (§ 61 Abs 2 FamFG).

Die Zulassungsgründe ergeben sich aus § 61 Abs 3 FamFG. Soweit die Festsetzungsentscheidung vom Rechtspfleger getroffen wird, findet die Erinnerung statt, wenn gegen die Entscheidung nach den allgemeinen verfahrensrechtlichen Vorschriften ein Rechtsmittel nicht gegeben ist (§ 11 Abs 2 S 1 RPflG).

Die Beachtung der Verfallsregelungen ist Sache der einzelnen Anspruchsberechtig- **470** ten. Eine Verpflichtung des Gerichts, die berufsmäßig tätige Person (hier: Nachlasspfleger) von Amts wegen vor dem Verfall ihres Vergütungsanspruchs zu bewahren, wird durch § 168 FamFG (bisher § 56g Abs 1) und die dem bisherigen § 69e Abs 1 S 1 FGG entsprechenden Bestimmungen des FamFG nicht begründet (BayObLG FamRZ 2004, 1136, 1137 = FGPrax 2004, 77; KG FamRZ 2006, 225).

471 Das Gericht wird **auf Antrag** (ggf Hilfsantrag, OLG Hamm FamRZ 2004, 1324 [LS]) oder **von Amts wegen** tätig, wenn es dies für angemessen hält. Soll das Gericht auf Antrag tätig werden, muss der Antragsteller dem Gericht mitteilen, welche Entscheidung er begehrt. Soweit Ansprüche nach § 6 VBVG geltend gemacht werden, hat sich in dieser Hinsicht die Rechtslage nicht geändert. Macht der Betreuer Ansprüche nach §§ 4 und 5 VBVG geltend, empfiehlt es sich zur Klarstellung, die Vorschriften ausdrücklich in dem Antrag aufzuführen. Ein Anwalt wird begründen müssen, dass er nach RVG abrechnen will. Eine bestimmte Antragsform ist bundesgesetzlich nicht vorgegeben. § 292 Abs 2 FamFG hat die seit 1. 7. 2004 eingeführte, früher in § 69e Abs 2 FGG enthaltene Ermächtigung der Landesregierungen beibehalten, durch Rechtsverordnung für Anträge und Erklärungen auf Ersatz von Aufwendungen und die Bewilligung von Vergütungen **Vordrucke** einzuführen und die berufsmäßig tätigen Betreuer zu verpflichten, sich der eingeführten Vordrucke zu bedienen und sie als elektronisches Dokument einzureichen (Art 2a des Gesetzes zur Änderung der Vorschriften über die Anfechtung der Vaterschaft und das Umgangsrecht von Bezugspersonen des Kindes und zur Einführung von Vordrucken für die Vergütung von Berufsbetreuern v 23. 4. 2004 [BGBl I 598]). Formulare wurden, soweit bekannt, bisher nicht eingeführt. Von der in § 292 Abs 2 S 4 FamFG enthaltenen Ermächtigung, die Ermächtigung nach S 1 auf die Landesjustizverwaltungen zu übertragen, haben bisher mehrere Länder Gebrauch gemacht (KEIDEL/BUDDE § 292 FamFG Rn 3 m Fn 2; im Übrigen krit zu der Regelung des Abs 2).

472 Das Gericht muss prüfen, ob es dem Betreuten für das Verfahren zur Festsetzung der Betreuervergütung und ggf eines Aufwendungsersatzes, jedenfalls aus Gründen von Art 103 GG, einen Verfahrenspfleger bestellen muss. Denn der Betreute ist in allen Festsetzungsverfahren (nicht zwingend persönlich) zu hören, bevor das Gericht in ihnen eine von dem Betreuten gemäß § 168 Abs 1 FamFG zu leistende Zahlung festsetzt (BayObLG FGPrax 2004, 124 = Rpfleger 2004, 625). Billigt der Verfahrenspfleger in seiner Stellungnahme gegenüber dem Gericht den Antrag des Betreuers auf Gewährung eines über den Höchstsatz hinausgehenden Stundensatzes, ist darin kein wirksames Anerkenntnis oder Zugeständnis zulasten des vermögenden Betreuten zu sehen (BayObLG FamRZ 2005, 64).

473 Neben der Entscheidung über den Sachantrag oder bei Entscheidung von Amts wegen bestimmt das Gericht, wenn es eine Festsetzungsentscheidung trifft, Höhe und Zeitpunkt der Zahlungen, die der Betreute an die Staatskasse nach den §§ 1836c, 1836e, 1908i Abs 1 S 1 BGB zu leisten hat. Beabsichtigt das Gericht, diese Bestimmung in einer besonderen Entscheidung zu treffen, empfiehlt es sich, in der ersten Entscheidung einen entsprechenden Vorbehalt anzubringen, um nicht den Eindruck zu erwecken, als sei mit der Bewilligung das Verfahren abgeschlossen. Ein Regress setzt die nach § 1836c BGB zu bestimmende Leistungsfähigkeit voraus (OLG Frankfurt FamRZ 2008, 2152). Die Festsetzung von Regresszahlungen setzt deshalb voraus, dass das Gericht die Leistungsfähigkeit des Betreuten festgestellt hat (OLG Frankfurt FGPrax 2003, 33 [34] = BtPrax 2003, 85 mwNw). Hat die betreute Person innerhalb kürzester Zeit durch mehrere Barabhebungen ihr Bankguthaben auf weniger als

2000 Euro reduziert und weigert sie sich darzulegen, was mit den Beträgen geschehen ist, ist sie nicht als mittellos anzusehen (LG Koblenz BtPrax 2012, 175 [LS]). Kommen Unterhaltsansprüche der betreuten Person in Betracht, hat das Gericht vor der Anordnung eines Rückgriffs der Staatskasse wegen der möglichen Unterhaltsansprüche grundsätzlich nicht zu prüfen, ob diese Unterhaltsansprüche tatsächlich bestehen (OLG Schleswig FamRZ 2005, 1579 mwNw). Die gemäß § 1836e Abs 1 S 1 BGB auf die Staatskasse übergegangenen Vergütungs- und Aufwendungsersatzansprüche verjähren in drei Jahren (§ 195 BGB; BGH FamRZ 2012, 627). Der Anspruch auf **Rückerstattung** zu viel gezahlter Vergütung erlischt nach § 8 JBeitrO iVm § 1835a Abs 4 BGB drei Monate nach Ablauf des Jahres, in dem der Anspruch entstanden ist (LG Dessau-Roßlau BtPrax 2012, 172). Einer Rückforderung überzahlter Betreuervergütung kann der Vertrauensgrundsatz entgegenstehen, wenn eine Abwägung ergibt, dass dem Vertrauen des Berufsbetreuers auf die Beständigkeit der eingetretenen Vermögenslage gegenüber dem öffentlichen Interesse an der Wiederherstellung einer dem Gesetz entsprechenden Vermögenslage der Vorrang einzuräumen ist (BGH FamRZ 2016, 293 im Anschluss an BGH FamRZ 2014, 113).

5.   Zur Zulässigkeit privatrechtlicher Vergütungsvereinbarungen

Durch die Neuregelung der Vergütung für berufsmäßig wahrgenommene Rechtliche **474** Betreuung und die dadurch eingetretene Begrenzung der vergüteten Betreuungszeit wurde die Diskussion um die Zulässigkeit privatrechtlicher Vergütungsvereinbarungen (s dazu zunächst STAUDINGER/BIENWALD [2014] § 1836 Rn 234) belebt. Unter Berufung auf eine Entscheidung des AG Hildesheim (veröffentlicht in Betreuungsmanagement 2005, 233) hält Rosenow (Honorarvereinbarung und Ermessensvergütung bei vermögenden Betreuten, Betreuungsmanagement 2005, 212, 217 ff) sie für zulässig und weist unter Bezugnahme auf HK-BUR/BAUER (§ 1899 Rn 62) besonders darauf hin, dass die Bestellung eines Ergänzungsbetreuers immer dann erforderlich ist, „wenn der Erstbetreuer von der gesetzlichen Vertretungsmacht kraft Gesetzes ausgeschlossen ist".

Soweit die betreute Person in der Lage ist, ihre Angelegenheiten selbst zu besorgen, **475** kann sie mit dem insoweit nicht für diese Angelegenheiten zuständigen Betreuer Vereinbarungen treffen, auch solche, die eine Entgeltvereinbarung für wahrgenommene Dienstleistungen enthalten. Würden Angelegenheiten einbezogen, für deren Besorgung der Betreuer bestellt worden ist, wäre die Bestellung nicht erforderlich und müsste aufgehoben werden (§ 1908d Abs 1 BGB). Hindernis für eine solche Vereinbarung wäre in erster Linie die Geschäftsunfähigkeit der betreuten Person (§ 104 Nr 2 BGB); für andere Nichtigkeitsgründe (etwa nach §§ 134, 138 BGB) müsste der Inhalt oder die Art des Zustandekommens der Vereinbarung untersucht werden.

Im Rahmen seines Aufgabenkreises kann der Betreuer mit dem Betreuten eine **476** privatrechtliche **Vergütungsvereinbarung** deshalb **nicht** treffen, weil er dafür nicht zuständig ist (STAUDINGER/BIENWALD [2004] § 1836 Rn 234). Ist der Betreuer nicht zuständig, kann er auch nicht durch gesetzliche Regelung verhindert sein. Mithin liegt ein Fall des § 181 BGB, zu dessen Lösung ein Ergänzungsbetreuer bestellt werden müsste, nicht vor.

Die vom AG Hildesheim vorgenommene Bestellung eines Ergänzungsbetreuers ist **477** auch aus anderen Gründen nicht zu vertreten. Für den vom Gericht bestimmten Aufgabenkreis „Prüfung und ggf Abschluss eines Vertrages zwischen der Betreuten und den Betreuern über die Erbringung von Leistungen, die über das vom Gericht geforderte Maß der gesetzlichen Vertretung hinausgehen für die Zeit ab dem 1. 7. 2005" gibt es keine Rechtsgrundlage. Abgesehen davon, dass die gesetzliche Vertretung des § 1902 BGB ihrem Grunde nach nicht zur Disposition des Betreuungsgerichts steht, kann auch der Aufgabenkreis des Betreuers, der für den Umfang der gesetzlichen Vertretung maßgebend ist, nach Belieben des Gerichts weder eingeschränkt noch erweitert werden; er wird bestimmt durch das Erfordernis Rechtlicher Betreuung (§ 1896 Abs 2 S 1 BGB).

478 Sind die Leistungen des Betreuers, die durch die „Vereinbarung" abgegolten werden sollen, zur Erfüllung des Betreuungsauftrags erforderlich, sind sie aufgrund der gesetzlichen Verpflichtung des Betreuers (§ 1901 Abs 1 BGB) zu erbringen, auch wenn der Gesetzgeber die Stundenansätze dafür zu niedrig bemessen haben sollte. Das Gericht kann dem Betreuer Leistungen, die zur Besorgung der Angelegenheiten der betreuten Person erforderlich sind, nicht erlassen, es kann auch nicht dem Betreuer außerhalb der dafür vorgesehenen Regelungen der §§ 1837, 1908i Abs 1 S 1 BGB Weisungen erteilen oder für den Umfang der notwendigen Betreuungsleistungen verbindliche Anordnungen treffen.

479 Der Betreuer kann zu seiner Entlastung lediglich versuchen, einzelne der sonst von ihm wahrgenommenen Tätigkeiten als vertretbare Dienstleistungen aus seinem Arbeitsprogramm herauszulösen und Spezialisten zur Erledigung in Auftrag zu geben.

480 Handelte es sich im Falle des AG Hildesheim darum, eine umfassende häusliche Versorgung der Betreuten sicherzustellen, wie aus dem Sachverhalt hervorzugehen scheint, wurde auch insoweit mit der oa Bestellung eines Ergänzungsbetreuers ein nicht gangbarer Weg gewählt. Nimmt ein Betreuer (nicht nur der berufsmäßig tätige) Dienstleistungen für die betreute Person wahr, die üblicherweise durch Dritte erbracht werden (zB Krankenpflege, regelmäßige Wohnungsreinigung), ist ein entsprechender Vertrag zwischen dem Betreuer und der betreuten Person möglich, weil der Betreuer insoweit eine Angelegenheit der betreuten Person besorgt. Für den Abschluss eines solchen Vertrages wäre die Bestellung eines weiteren Betreuers mit dem Aufgabenkreis der Vertretung des Betreuten beim Abschluss dieses Vertrages erforderlich. Das vereinbarte Entgelt wäre dann nicht eine Vergütung für Leistungen als Betreuer, sondern das Entgelt für die zu erbringende tatsächliche Dienstleistung (näher Zimmermann FamRZ 2011, 1776, 1779 m diversen Nachw).

C. Die Arbeitsbedingungen des Betreuers; seine Pflichten und Rechte (Überblick)

I. Allgemeine Rechtsgrundlagen

481 Über die Rechtstellung des vom Betreuungsgericht nach den §§ 1896 ff BGB bestellten rechtlichen Betreuers, eine Pflichten und Rechte, enthält das Betreuungsrecht keine zusammenhängende Darstellung. Im Einzelnen ergeben sich die Pflich-

ten und Rechte aus den betreuungsrechtlichen Bestimmungen des BGB, aus dem Betreuungsbehördengesetz, dem Gesetz über das Verfahren in Familiensachen und in den Angelegenheiten der freiwilligen Gerichtsbarkeit (FamFG), aus dem Gesetz über die Vergütung von Vormündern und Betreuern (Vormünder- und Betreuer-vergütungsgesetz) sowie den Ausführungsgesetzen der Länder zum Betreuungsge-setz und den Unterbringungsgesetzen der Länder. Hinzukommen die für jedermann geltenden Vorschriften, ua Steuerrecht, Gewerberecht usw.

In der Praxis der Betreuung entwickelte Verfahren, die als verbindlich angesehen **482** werden, jedoch nicht auf Vorgaben des Gesetzgebers zurückzuführen sind (zB Emp-fehlungen für das Eröffnen und Betreiben eines Betreuungsbüros, die Benutzung bestimmter Buchführungsverfahren), bleiben hier außer Betracht.

In ihren Rechtsstellungen unterscheiden sich ehrenamtlich tätige Betreuer, die eine **483** Betreuung grundsätzlich unentgeltlich führen, von den Betreuern, die Betreuungen im Rahmen ihrer/einer Berufsausübung führen und infolgedessen eine Vergütung beanspruchen können, zunächst nicht. Eine natürliche Person wird zum Betreuer einer Person bestellt, die ihre Angelegenheiten krankheits- oder/und behinderungs-bedingt ganz oder teilweise nicht (mehr) selbst besorgen kann und für diesen Fall keine ausreichende Vorsorge getroffen hat und aktuell zu einer solchen nicht mehr in der Lage ist (§ 1896 Abs 1, 2 BGB). Zum Betreuer bestellt das Betreuungsgericht eine natürliche Person, die geeignet ist, in dem gerichtlich bestimmten Aufgaben-kreis die Angelegenheiten des Betreuten rechtlich zu besorgen und ihn in dem hierfür erforderlichen Umfang persönlich zu betreuen (§ 1897 Abs 1 BGB).

Nach § 1897 Abs 6 S 1 BGB sind vorrangig ehrenamtlich tätige Betreuer zu bestel- **484** len. Das gilt auch, wenn der Betreute die gewünschte Bestellung eines Berufsbe-treuers selbst finanzieren könnte und würde (LG Kleve FamRZ 2016, 2034 = BtPrax 2016, 246 LS). Werden dem bestellten berufsmäßig tätigen Betreuer Umstände bekannt, aus denen sich ergibt, dass der Volljährige durch eine oder mehrere andere geeig-nete Personen außerhalb einer Berufsausübung betreut werden kann, so hat er dies dem Gericht mitzuteilen (§ 1897 Abs 6 S 2 BGB). Zu Prüfungen bei erstmaliger Bestellung eines Berufsbetreuers und seiner Verpflichtung, sich über Zahl und Umfang der von ihm berufsmäßig geführten Betreuungen zu erklären, vgl § 1897 Abs 7 und Abs 8 BGB.

Wer vom Betreuungsgericht ausgewählt wurde, hat die Betreuung zu übernehmen **485** (§ 1898 Abs 1 BGB); er darf aber erst zum Betreuer bestellt werden, wenn er sich zur Übernahme der Betreuung bereit erklärt hat (§ 1898 Abs 2 BGB). Der Betreuer wird mündlich verpflichtet und über seine Aufgaben unterrichtet. Das gilt aber nur für die erstmalige Bestellung eines ehrenamtlichen Betreuers. Es gilt nicht für eh-renamtliche Betreuer, die mehr als eine Betreuung führen oder in den letzten zwei Jahren geführt haben (§ 289 Abs 1 S 1 FamFG). Die mündliche Verpflichtung und Unterrichtung über die Aufgaben als Betreuer in dem jeweiligen Betreuungsfall gilt auch nicht für Vereinsbetreuer, Behördenbetreuer, Vereine, die zuständige Betreu-ungsbehörde und Personen, die die Betreuung im Rahmen ihrer Berufsausübung führen (§ 289 Abs 1 S 2 FamFG).

486 Jeder Betreuer erhält eine Urkunde über seine Bestellung (§ 290 S 1 FamFG). Nähere Angaben über den Inhalt der Urkunde enthält § 290 S 2 FamFG.

II. Aufgaben und Befugnisse

487 Sämtliche Betreuer sind verpflichtet, alle Tätigkeiten wahrzunehmen, die erforderlich sind, um die Angelegenheiten des Betreuten nach Maßgabe der folgenden Vorschriften (§§ 1901 Abs 2 bis Abs 5 BGB) rechtlich zu besorgen (§ 1901 Abs 1 BGB). Während der Aufgabenkreis den Verantwortungsbereich des Betreuers kennzeichnet und die Befugnis und die Verpflichtung der Gesetzlichen Vertretung des Betreuers benennt (§ 1902 BGB), richten sich Art und Weise und der Umfang der Tätigkeit des Betreuers nach den tatsächlichen Gegebenheiten und Betreuungsbedürfnissen des Betreuten.

488 Die Rechtsmacht des Betreuers wird durch zahlreiche Genehmigungsvorbehalte im Bereich der Vermögenssorge, aber auch der Personensorge, eingeschränkt. Die Genehmigungsvorbehalte im Bereich der Personensorge betreffen ärztliche Maßnahmen (§ 1904 BGB), die Sterilisation der/des Betreuten, die freiheitsentziehende Unterbringung, freiheitsentziehende Maßnahmen während der Unterbringung oder eines Heimaufenthalts und die ärztliche Zwangsbehandlung. Genehmigungen der Betreuungsgerichte in Angelegenheiten der Vermögenssorge betreffen die Anlegung von Betreutengeldern (§§ 1810 ff, 1908i Abs 1 S 1 BGB), Geschäfte über Grundstücke (§§ 1821, 1908i Abs 1 S 1 BGB), sonstige genehmigungsbedürftige Rechtsgeschäfte (§§ 1822 bis 1825, 1908i Abs 1 S 1 BGB). Eine gewisse Besonderheit enthält das Betreuungsrecht im Verhältnis zu den dem Vormundschaftsrecht sonst entnommenen Regelungen. Hier hat das Betreuungsgericht bei der Aufgabe von Wohnraum des Betreuten mitzuwirken (§ 1907 BGB).

III. Aufsicht und Fürsorge des Betreuungsgerichts

489 Jeder Betreuer untersteht der Fürsorge und Aufsicht des Betreuungsgerichts (§§ 1837 Abs 2, 1908i Abs 1 S 1 BGB). Das Gericht hat über die gesamte Tätigkeit jedes Betreuers die Aufsicht zu führen, gegen Pflichtwidrigkeiten einzuschreiten und auf sie durch geeignete Gebote und/oder Verbote zu reagieren (§ 1837 Abs 2 S 1 BGB). Es kann dem Betreuer aufgeben, eine Versicherung gegen Schäden einzugehen, die der Betreuer der betreuten Person zufügen kann. Zur Befolgung seiner Anordnungen kann das Gericht Zwangsgeld androhen und festsetzen, nicht jedoch gegen die Behörde und einen anerkannten Betreuungsverein.

IV. Schadensersatzpflichten

490 Der Betreuer ist dem Betreuten für den aus einer Pflichtwidrigkeit entstehenden Schaden verantwortlich, wenn ihm ein Verschulden zur Last fällt (§§ 1833 Abs 1 S 1, 1908i Abs 1 S 1 BGB). Der Betreute ist dem Betreuer und einem Dritten zum Ersatz des Schadens verpflichtet, wenn er vorsätzlich oder fahrlässig das Leben, den Körper, die Gesundheit, die Freiheit, das Eigentum oder ein sonstiges Recht des Betreuers oder des Dritten widerrechtlich verletzt (§ 823 Abs 1 BGB). Fügt der Betreute im Zustand krankhafter Störung der Geistestätigkeit einem anderen einen Schaden zu, ist er für den Schaden nicht verantwortlich. Hat er sich durch geistige

Getränke oder ähnliche Mittel in einen vorübergehenden Zustand dieser Art versetzt, so ist er für einen Schaden, den er in diesem Zustand widerrechtlich verursacht, in gleicher Weise verantwortlich, wie wenn ihm Fahrlässigkeit zur Last fiele; die Verantwortlichkeit tritt nicht ein, wenn er ohne Verschulden in den Zustand geraten ist (§ 827 BGB). In Betracht kommen kann eine Ersatzpflicht aus Billigkeitsgründen gemäß § 829 BGB.

V. Zunahme und Einschränkungen der Rechtsmacht

Ordnet das Betreuungsgericht gemäß § 1903 BGB einen Einwilligungsvorbehalt, **491** benötigt der Betreute zu einer Willenserklärung, die den Aufgabenkreis des Betreuers betrifft, dessen Einwilligung. Gegebenenfalls benötigt dieser noch die Genehmigung des Betreuungsgerichts. Ändert das Betreuungsgericht den Aufgabenkreis, indem es ihn einschränkt oder erweitert (§ 1908d BGB), entfällt dadurch die Vertretungsmacht des Betreuers ebenso, wie wenn das Gericht dem Betreuer gemäß §§ 1796, 1908i Abs 1 S 1 BGB die Vertretung des Betreuten für einzelne Angelegenheiten oder für einen bestimmten Kreis von Angelegenheiten entzieht.

VI. Beratung, Unterstützung

Jeder Betreuer hat Anspruch auf Beratung. Zur Beratung verpflichtet sind der **492** anerkannte Betreuungsverein (§ 1908f Abs 1 Nr 2 BGB), die Betreuungsbehörde (§ 4 BtBG) und das Betreuungsgericht (§§ 1837 Abs 1, 1908i Abs 1 S 1 BGB). Weder ist eine Rangfolge bestimmt, noch ist dem Betreuer vorgeschrieben, von wem er sich beraten zu lassen hat. Gegebenenfalls kann er auch die Unterstützung einer dieser Einrichtungen in Anspruch nehmen.

VII. Aufwendungersatz und Vergütung

Wer eine Betreuung ehrenamtlich führt, hat auf jeden Fall Anspruch auf Ersatz **493** seiner Aufwendungen, die er zum Zwecke der Führung der Betreuung aufgewendet hat. Auch kann er Vorschuss verlangen (§§ 1835 Abs 1, 1908i Abs 1 S 1 BGB). Er hat die Möglichkeit, seine Aufwendungen unter Vorlage von Belegen erstatten zu lassen. Er kann aber auch stattdessen den Aufwendungsersatz in Form einer Aufwandsentschädigung (pauschal) verlangen (§§ 1835a, 1908i Abs 1 S 1 BGB).

Den Auslagenersatz bzw die Auslagenpauschale schuldet der Betreute. Ist dieser **494** mittellos (§§ 1836 d, 1908i Ab 1 S 1 BGB), kann er Vorschuss und Ersatz aus der Staatskasse verlangen. In besonderen Fällen kann dem ehrenamtlichen Betreuer auch eine Vergütung bewilligt werden. Wir die Betreuung nach entsprechender Feststellung des Gerichts entgeltlich geführt, erhält der berufsmäßige Betreuer eine Vergütung, für die seine Vorbildung und die vorgesehene Betreuungszeit maßgebend sind (vgl §§ 4 und 5 VBVG). Das Gericht ist nicht verpflichtet, den möglichen Betreuer darauf hinzuweisen, dass aufgrund der einzurichtenden Aufgabenkreise lediglich der Grundbetrag vergütet wird. Es ist Sache des Betreuers, die für seine Übernahmeentscheidung maßgebenden Informationen selbst einzuholen. Werden die Betreuungsbehörde oder ein Verein zu Betreuern bestellt, können sie ihre Aufwendungen (nur) insoweit ersetzt verlangen, als das einzusetzende Einkommen und Vermögen des Betreuten ausreicht (§§ 1835 Abs 5, 1908i Ab 1 S 1 BGB). Allgemeine Verwaltungskosten werden nicht ersetzt, die Aufwandsentschädigung kommt nicht in Betracht und eine Vergütung kann weder der Behörde noch einem anerkannten Verein bewilligt werden.

VIII. Beendigung des Amts

495 Das Amt des Betreuers endet, wenn der Betreute stirbt, wenn die Betreuung ganz oder teilweise aufgehoben oder der Betreuer entlassen wird. Das Betreuungsgericht hat den Betreuer zu entlassen, wenn ein wichtiger Grund vorliegt (§ 1908b Abs 1 BGB). Der Betreuer kann seine Entlassung verlangen, wenn nach seiner Bestellung Umstände eintreten, aufgrund derer ihm die Betreuung nicht mehr zugemutet werden kann (§ 1908b Abs 2 BGB). Zur Entlassung eines Vereinsbetreuers, eines Behördenbetreuers, des Vereins oder der Behörde s § 1908b Abs 4 und Abs 5 BGB.

IX. Rechenschaftspflichten

496 Nach Beendigung seines Amts hat der Betreuer dem Betreuten, dessen Rechtsnachfolger oder seinem Amtsnachfolger das verwaltete Vermögen herauszugeben und über die Verwaltung Rechenschaft abzulegen (§§ 1890, 1908i Abs 1 S 1 BGB). Der Nachfolgebetreuer ist verpflichtet, den ausgeschiedenen Betreuer zur Übermittlung der Schlussrechnung aufzufordern und diese zu prüfen (OLG Koblenz FamRZ 2016, 2032). Bereits während der Führung der Betreuung hat der Betreuer in der Regel (betreuungsjährlich, nicht kalenderjährlich) dem Betreuungsgericht über seine Vermögensverwaltung Rechnung zu legen (§§ 1840 Abs 2, 1908i Abs 1 S 1 BGB). Mindestens einmal jährlich hat der Betreuer dem Gericht (unaufgefordert) über die persönlichen Verhältnisse des Betreuten zu berichten und Angaben über seine persönlichen Kontakte zu der/dem Betreuten zu machen (§§ 1840 Abs 1, 1908i Abs 1 S 1 BGB). Das Gericht kann jederzeit von dem Betreuer über dessen Führung der Betreuung und über die persönlichen Verhältnisse des Betreuten Auskunft verlangen (§§ 1839, 1908i Abs 1 S 1 BGB).

X.   Sonstige Ansprüche und Vergünstigungen

497 Berufsbetreuer haben grundsätzlich keinen Anspruch auf Erteilung einer Ausnahmeparkgenehmigung für das im Rahmen ihrer Tätigkeit eingesetzte Fahrzeug (VerwG Düsseldorf FamRZ 2016, 2033 [LS] = BtPrax 2016, 246 [LS]).

§ 1908k
(aufgehoben)

Die Vorschrift wurde mit Wirkung vom 1. 7. 2005 durch Art 1 Nr 17 des 2. BtÄndG vom 21. 4. 2005 (BGBl I 1073) aufgehoben. Ihr Inhalt wurde durch Art 8 des 2. BtÄndG – gekürzt um die Nrn 2 und 3 des ersten Absatzes – als § 10 in das Gesetz über die Vergütung von Vormündern und Betreuern (VBVG) übernommen. Der Wortlaut dieser Vorschrift ist in § 1908i Rn 412 abgedruckt.

Titel 3
Pflegschaft

Vorbemerkungen zu §§ 1909–1921

Schrifttum

BÄUMEL ua, Familienrechtsreformkommentar – FamRefK (1998)

BAUER/SCHAUSS, Der Anwalt des Kindes im vormundschaftsgerichtlichen Verfahren – Ein Erfahrungsbericht aus der Frankfurter Gerichtspraxis, Betrifft JUSTIZ Nr 52, Dezember 1997, 162

BEHLERT/HOFFMANN, Qualitätssicherung im Bereich bestellter Vormundschaften und Pflegschaften, JAmt 2004, 345

BEHNKE, Das neue Minderjährigenhaftungsbeschränkungsgesetz, NJW 1998, 3078

BIENWALD, Vormundschafts-, Pflegschafts- und Betreuungsrecht in der sozialen Arbeit (3. Aufl 1999)

ders, Verfahrenspflegschaftsrecht (2002)

BODE, Praxishandbuch Anwalt des Kindes: Das Recht des Verfahrenspflegers (2004)

BUSCH, Schutzmaßnahmen für Kinder und der Begriff der „elterlichen Verantwortung" im internationalen und europäischen Recht – Anmerkungen zur Ausweitung der Brüssel II-Verordnung, IPRax 2003, 218

DIEDERICHSEN, Von der Amtspflegschaft zur kooperativ geführten Beistandschaft – das Verhältnis des alleinsorgeberechtigten Elternteils zum Jugendamt als Beistand, in: Gedächtnisschrift Alexander Lüderitz (2000) 135

EICKMANN/SONNENFELD/DÜMIG, Anhörungspflicht bei nachlaßgerichtlicher Genehmigung, Besprechung von BVerfG Rpfleger 2000, 205, Rpfleger 2000, 245

FIRSCHING/DODEGGE, Familienrecht 2. Halbband: Vormundschafts- und Betreuungsrecht sowie andere Rechtsgebiete der freiwilligen Gerichtsbarkeit, Handbuch der Rechtspraxis Band 5 b (6. Aufl 1999); 7. Aufl (2010) unter dem Titel: Betreuungssachen und andere Gebiete der freiwilligen Gerichtsbarkeit

FOMFEREK, Der Schutz des Vermögens Minderjähriger (2002)

HANSBAUER, Aktuelle Probleme in der Amtsvormundschaft/-pflegschaft und Perspektiven ihrer Überwindung, ZfJ 1998, 496

ders (Hrsg), Neue Wege in der Vormundschaft? (2002)

HARM, Verfahrenspflegschaft in Betreuungs- und Unterbringungssachen (3. Aufl 2009)

HOHMANN-DENNHARDT, Grundgedanken zu einer eigenständigen Vertretung von Kindern und Jugendlichen im familiengerichtlichen Verfahren, ZfJ 2001, 77

JOCHUM/POHL, Pflegschaft, Vormundschaft und Nachlaß (1988)

dies, Nachlasspflegschaft (2. Aufl 2004)

JOHNSON, Verfahrensbeistandschaft – ein Praxisbericht, FPR 2012, 377

JOSEF, Die Selbständigkeit des Vormunds und das Aufsichtsrecht des Vormundschaftsgerichts, AcP 97, 108

KAUFMANN, Die Pflicht des Familiengerichts zur Anhörung des Jugendamts; § 49a FGG – eine von der Kindschaftsreform vergessene Vorschrift, ZfJ 2001, 8

KEIDEL, FamFG (17. Aufl 2011)

KLINKHAMMER/PRINZ/KLOTMANN, Handbuch begleiteter Umgang (2. Aufl 2011)

KLINKHARDT, Zur Zulässigkeit einer organisatorischen Koppelung von Amtsvormundschaft und Wirtschaftlicher Jugendhilfe, DAVorm 2000, 295

KOHLER, Welchen „Wert" haben die Amtsvormünder?, DAVorm 2000, 729

KORITZ, Verfahrensbeistandschaft bei hochstrittiger Elternschaft und Umgang der Kinder, FPR 2012, 385

dies, Die Vergütung des Verfahrensbeistands, FPR 2012, 272

KULEISA-BINGE, Verfahrensbeistandschaft, Ergänzungspflegschaft und Umgangspflegschaft, FPR 2012, 363

LACK/SALGO, Entwicklung der Verfahrensbeistandschaft seit Inkrafttreten des FamFG, FPR 2012, 353

MEYER-STOLTE/BOBENHAUSEN, Vormundschaftsrecht (3. Aufl 1993; 4. Aufl [Familienrecht] 2000)

MEYER-STOLTE/ZORN, Familienrecht (5. Aufl 2011)

MEYSEN ua, Das Familienverfahrensrecht – FamFG (2009)

MOTZER, Die Entwicklung des Rechts der elterlichen Sorge und des Umgangs seit 2002, FamRZ 2004, 1145

MÜNDER, Die Reform des Kindschafts- und Beistandschaftsrechtes und die Auswirkungen auf die Kinder- und Jugendhilfe, Neue Praxis 1998, 335

OBERLOSKAMP (Hrsg), Vormundschaft, Pflegschaft und Beistandschaft für Minderjährige (4. Aufl 2017)

OPITZ, Amtsvormundschaft und soziale Dienste – miteinander, gegeneinander oder wie?, JAmt (DAVorm) 2001, 315

PARDEY, Vormundschaft und Pflegschaft (1988)

PAUL, Rechtsprechungsübersicht zum Vormundschafts- und Personenstandsrecht, FGPrax 2002, 1; FGPrax 2005, 93

PAWLOWSKI, „Effektiver Rechtsschutz" versus „effektive Vormundschaft"?, JZ 2000, 913

RAACK, Verfahrensübergreifender Ergänzungspfleger, KindPrax 2002, 56

RÖCHLING (Hrsg), Handbuch Anwalt des Kindes. Verfahrensbeistandschaft und Umgangspflegschaft für Kinder und Jugendliche (2. Aufl 2009)

ROOS, Das Sachgebiet „Beistandschaft im Jugendamt – Einblicke und Ausblicke", DAVorm 2000, 529

ROTH, Das Jugendamt als Beistand – Vertreter des Kindes oder Beauftragter der Mutter?, KindPrax 1998, 148

SALGO/ZENZ/FEGERT/BAUER/WEBER/ZITELMANN (Hrsg), Verfahrenspflegschaft für Kinder und Jugendliche (2002)

SCHINDLER, Die persönliche Bestellung der Mitarbeiter von Vereinen zum Vormund und Pfleger für Minderjährige, FamRZ 2001, 1349

SCHNEIDER, Vergütung und Aufwendungsersatz des Verfahrensbeistands, FamRB 2013, 192

SEIDENSTÜCKER, Zur Umsetzung des neuen Kindschaftsrechts in der Arbeit von Jugendämtern, ZfJ 2001, 88

SONNENFELD, Betreuungs- und Pflegschaftsrecht (2. Aufl 2001)

STADLER/SALZGEBER, Berufsethischer Kodex und Arbeitsprinzipien für die Vertretung von Kindern und Jugendlichen – Sprachrohr und/ oder Interessenvertreter?, FPR 1999, 329

STREICHER, Rechtsprechungsübersichten zum FamFG, FamRZ 2013, 497 (für 2012); 2014, 614 (für 2013); 2015, 449 (für 2014); 2016, 509 (für 2015); 2017, 416 (für 2016)

VEIT/MARCHLEWSKI, Die Reform des Vormundschaftsrechts geht in die nächste Runde, FamRZ 2017, 779

WESCHE, Das Nebeneinander von Vormundschafts- und Familiengericht bei genehmigungspflichtigen Rechtsgeschäften, Rpfleger 2000, 145

WILL, Die Abschaffung der Amtspflegschaft – Emanzipation der nichtehelichen Mutter?, ZfJ 1998, 401

WOLF, Der Amtsvormund im Jugendamt – Einblicke und Ausblicke, KindPrax 2000, 86

dies, Die Zukunft des Amtsvormunds im Jugendamt, KindPrax 2000, 86

WOLF, Die Haftung des Einzelvormundes mit Berücksichtigung der Pfleger- und Betreuerhaftung (1999)

ZARBOCK, Praxis-Begleitbuch für den Beistand, Pfleger, Vormund, Betreuer und den Richter: Kindschaftsrecht (1998)

ZENZ, „Das Mündel und sein Vormund" – Rechtliche Überlegungen zur Zukunft der Vormundschaft, DAVorm 2000, 365

ZIMMERMANN, Die Nachlasspflegschaft (2001).

Systematische Übersicht

Alphabetische Übersicht

Werner Bienwald

1. Bisheriges Recht und die Änderungen durch das BtG und durch das Kindschaftsrecht

1 Das bis zum 31.12.1991 geltende Recht unterschied in seinem Dritten Abschnitt (§§ 1773–1921 BGB) die Vormundschaft als relativ umfassendes und die Pflegschaft als eher partiell einzusetzendes Instrument staatlicher Fürsorge (Ausnahme zB § 1909 Abs 3 BGB). Umfassend war und ist die Vormundschaft über einen Minderjährigen gedacht, jedenfalls insoweit, als sich die Sorge des Vormunds für die Person und das Vermögen des Minderjährigen grundsätzlich nach der von Eltern für ihre ehelichen Kinder richtet (§§ 1793, 1800 BGB). Die **Vormundschaft über Volljährige** als Instrument staatlicher Fürsorge in privatrechtlicher Form für kranke und behinderte Personen, die zuvor entmündigt worden oder unter vorläufige Vormundschaft gestellt waren (§ 1906 aF), ähnelte der Vormundschaft über Minderjährige. Auf die Vormundschaft über Volljährige fanden denn auch die für die Vormundschaft über einen Minderjährigen geltenden Vorschriften Anwendung, soweit sich nicht aus den §§ 1898–1908 aF ein anderes ergab (§ 1897 S 1 aF).

Mit der Pflegschaft bietet das Zivilrecht eine Möglichkeit, Angelegenheiten anderer **2** zu besorgen, wenn dies aus tatsächlichen oder rechtlichen Gründen erforderlich ist. Speziell für körperlich und für geistig Gebrechliche sah das bisherige Recht in § 1910 BGB aF die Bestellung eines (Gebrechlichkeits-)Pflegers mit umfassender (bei körperlich Gebrechlichen) oder mit partieller Aufgabenzuständigkeit vor. Die **Pflegschaft für Gebrechliche** durfte nur mit Einwilligung des Gebrechlichen angeordnet werden, es sei denn, dass eine Verständigung mit ihm nicht möglich war (§ 1910 Abs 3 BGB aF). Eine weitere Besonderheit des Pflegschaftsrechts bestand darin, dass es Fürsorge nicht nur für Personen und deren Angelegenheiten, sondern auch für Sachen oder Rechte bereitstellte. Dies ist auch jetzt noch der Fall. Die Anwendung des § 1909 BGB wurde durch das Betreuungsrecht ausdrücklich ausgeschlossen für den Fall der Sterilisation eines (minderjährigen) Kindes (§ 1631c S 2, Art 1 Nr 19 BtG).

An die Stelle der Vormundschaft über Volljährige und der Pflegschaft des § 1910 **3** BGB aF ist seit 1. 1. 1992 das Rechtsinstitut der **Betreuung** getreten (§§ 1896 ff BGB), dessen materiellrechtliche Regelungen dem bisherigen Pflegschaftsrecht (§ 1910 BGB aF) ähneln, wohingegen das Verfahren zur Bestellung eines Betreuers mit seinen zahlreichen Anhörungen, der Bestellung eines Pflegers für das Verfahren (§ 67 FGG aF), der Erstellung von Sachverständigengutachten usw dem relativ eingehend geregelten früheren Entmündigungsverfahren zu vergleichen ist. Von der Änderung durch das BtG war auch das Pflegschaftsrecht betroffen. Die §§ 1910 und 1920 BGB wurden aufgehoben (Art 1 Nr 48 BtG). Der Anwendungsbereich insbesondere von § 1915 Abs 1 BGB, § 1919 BGB, aber auch von § 1918 BGB und § 1909 BGB ist davon beeinträchtigt.

Eine Anwendung des § 1909 BGB im Recht der Betreuung entfällt. Im Bedarfsfall **4** wird ein weiterer Betreuer nach § 1899 BGB bestellt.

Eine Pflegschaft in der Form der Ergänzungspflegschaft kommt **für Volljährige auch** **5** **nicht** im Falle sog Unterpflegschaft in Betracht (aA Sᴏɴɴᴇɴꜰᴇʟᴅ Rn 402 Fn 8). Insoweit wollte und hat das Betreuungsgesetz mit dem Institut der Betreuerbestellung ein in sich geschlossenes Hilfesystem geschaffen. § 1899 Abs 4 BGB ermöglicht die Bestellung mehrerer Betreuer auch insoweit, als der eine die Angelegenheiten des Betreuten nur zu besorgen hat, soweit der andere verhindert ist. Von dieser Bestellungsermächtigung werden nicht nur zeitgleiche Bestellungen erfasst, sondern auch solche, die eine Ersatzbetreuung dann bewirken, wenn dafür Bedarf besteht, dh wenn der Erstbetreuer (tatsächlich oder) rechtlich verhindert ist. Die Anknüpfung mit „soweit" schließt das zeitliche Nacheinander nicht aus, denn der Gesetzgeber verwendete diesen Begriff nur, um auch dem Fall Rechnung zu tragen, dass ein allmählicher Wechsel zwischen einem Vereins- oder Behördenbetreuer und einem ehrenamtlichen Betreuer vollzogen werden soll (BT-Drucks 11/4528, 131). Durch Art 1 Nr 9 2. BtÄndG wurden in § 1899 Abs 4 BGB die Wörter „oder ihm die Besorgung überträgt" gestrichen.

Insofern einem Ergänzungspfleger die Personensorge ganz oder teilweise übertra- **6** gen wurde, gilt für ihn der geänderte § 1631 Abs 2 BGB, dessen S 2 vorsieht, dass körperliche Bestrafungen, seelische Verletzungen und andere entwürdigende Maßnahmen unzulässig sind (§§ 1915 Abs 1, 1800 BGB).

7 Das am 1. 7. 1998 in Kraft getretene Gesetz zur Abschaffung der gesetzlichen Amts-pflegschaft und Neuordnung des Rechts der Beistandschaft (Beistandschaftsgesetz), BGBl I 2846, hat unter Aufhebung der §§ 1706 bis 1710 BGB die gesetzliche Amts-pflegschaft für nicht ehelich geborene Kinder beseitigt und stattdessen und zugleich auch anstelle der bisherigen, gerichtlich angeordneten Beistandschaft (§§ 1685 ff BGB) eine Beistandschaft neuen Typs eingeführt (§§ 1712–1717 BGB), die auf Antrag des allein sorgeberechtigten Elternteils oder bei gemeinsamer elterlicher Sorge des Elternteils, in dessen Obhut das Kind lebt (§ 1713 Abs 1 BGB nF), un-mittelbar mit dem Zugang des Antrags beim Jugendamt einsetzt. Die elterliche Sorge des Antragstellers wird durch diese Beistandschaft nicht eingeschränkt. Im Übrigen gelten sinngemäß die Vorschriften über die Pflegschaft; ausgenommen sind die Vorschriften über die Aufsicht des Vormundschaftsgerichts und die Rechnungs-legung sowie die §§ 1791 BGB (Bestallungsurkunde) und 1791c Abs 3 BGB (Be-scheinigung); vgl § 1716 BGB nF. Näher dazu einerseits §§ 1712 ff BGB, andererseits §§ 1909 ff BGB. Zur Frage, ob der Wirkungskreis des früheren gesetzlichen Amts-pflegers (Geltendmachung von Unterhaltsansprüchen des nicht ehelich geborenen Kindes) sich auf die Beantragung von Leistungen nach dem Unterhaltsvorschuss-gesetz erstreckte (verneinend), sowie zur Rechtsstellung von Amtsvormund und Amtspfleger allgemein BGH FamRZ 1999, 1342 = KindPrax 1999, 165. ZB haftet das Jugendamt als Amtspfleger für eine unzulängliche Wahrnehmung der Unter-haltsinteressen des Kindes (OLG Hamm FamRZ 2001, 548).

Zur Rechtslage vor Inkrafttreten des Beistandschaftsgesetzes STAUDINGER/BIEN-WALD[12] Vorbem zu §§ 1909 ff sowie §§ 1706 ff.

8 Die Unterhaltsbeistandschaft des § 1690 Abs 2 BGB, auf die das Pflegschaftsrecht anzuwenden war, und die Unterhaltspflegschaft des § 1671 Abs 5 S 2 BGB sind abgeschafft worden; letzte durch Art 1 Nr 19 des Gesetzes zur Reform des Kind-schaftsrechts (Kindschaftsrechtsreformgesetz – KindRG). Zur Begründung bzgl § 1671 Abs 5 S 2 BGB s BT-Drucks 13/4899, 100.

9 Das ebenso wie das Beistandschaftsgesetz am 1. 7. 1998 in Kraft getretene KindRG (zur Reihenfolge der Änderungsgesetze bei gleichem Datum des Inkrafttretens SCHWAB/WAGENITZ FamRZ 1997, 137 Vorbem) wirkt sich auf das Pflegschaftsrecht vor allem mit der Neu-regelung des Abstammungsrechts aus.

10 Während bisher der grundsätzlich mit der Geburt des nichtehelichen Kindes vor-handene Amtspfleger für alle die Feststellung und Änderung des Eltern-Kind-Ver-hältnisses betreffenden Angelegenheiten zuständig war, kann nunmehr in Einzel-fällen die Bestellung eines Pflegers (Ergänzungspfleger, § 1909 BGB) erforderlich werden, weil ein Antrag auf eine Beistandschaft nach den §§ 1712 ff BGB nicht gestellt worden ist, ein Elternteil aber nicht über die notwendige Rechtsmacht ver-fügt, um Erklärungen oder Einwilligungen selbst abzugeben. Zu den für die Jugend-ämter eingetretenen Konsequenzen und entstandenen Probleme einschließlich or-ganisatorischer Fragen s LWV Baden JAmt (DAVorm) 2001, 270; KOHLER JAmt 2002, 8; MEYSEN JAmt (DAVorm) 2001, 161; ROOS JAmt (DAVorm) 2001, 269; SICKFELD JAmt 2002, 166.

11 Art 1 Nr 6 Beistandschaftsgesetz hat § 1912 Abs 1 S 2 BGB mit Wirkung vom

1. 7. 1998 aufgehoben. Der durch Art 3 Nr 2 Beistandschaftsgesetz eingefügte Art 223 EGBGB enthält als „Übergangsvorschrift zum Beistandschaftsgesetz vom 4. 12. 1997", im Wortlaut abgedruckt auch bei STAUDINGER/RAUSCHER (2003) Art 223 Rn 12, die folgenden Bestimmungen:

Art 223 EGBGB

(1) Bestehende gesetzliche Amtspflegschaften nach den §§ 1706 bis 1710 des Bürgerlichen Gesetzbuchs werden am 1. 7. 1998 zu Beistandschaften nach den §§ 1712 bis 1717 des Bürgerlichen Gesetzbuchs. Der bisherige Amtspfleger wird Beistand. Der Aufgabenkreis des Beistands entspricht dem bisherigen Aufgabenkreis; vom 1. 1. 1999 an fallen andere als die in § 1712 Abs 1 des Bürgerlichen Gesetzbuchs bezeichneten Aufgaben weg. Dies gilt nicht für die Abwicklung laufender erbrechtlicher Verfahren nach § 1706 Nr 3 des Bürgerlichen Gesetzbuchs.

(2) Soweit dem Jugendamt als Beistand Aufgaben nach § 1690 Abs 1 des Bürgerlichen Gesetzbuchs übertragen wurden, werden diese Beistandschaften am 1. 7. 1998 zu Beistandschaften nach den §§ 1712 bis 1717 des Bürgerlichen Gesetzbuchs. Absatz 1 Satz 3 gilt entsprechend. Andere Beistandschaften des Jugendamts enden am 1. 7. 1998.

(3) Soweit anderen Beiständen als Jugendämtern Aufgaben nach § 1690 Abs 1 des Bürgerlichen Gesetzbuchs übertragen wurden, werden diese Beistandschaften am 1. 7. 1998 zu Beistandschaften nach den §§ 1712 bis 1717 des Bürgerlichen Gesetzbuchs. Absatz 1 Satz 3 Halbsatz 1 gilt entsprechend. Diese Beistandschaften enden am 1. 1. 1999.

Wegen der in § 1915 Abs 1 BGB bestimmten entsprechenden Anwendung der Vormundschaftsvorschriften sind die Änderungen zu beachten, die dort durch das Gesetz zur Beendigung der Diskriminierung gleichgeschlechtlicher Gemeinschaften: Lebenspartnerschaften (LPartG) vom 16. 2. 2001 (BGBl I 266) eingeführt worden sind. Betroffen sind § 1795 Abs 1 Nr 1 BGB und § 1836c Nr 1 BGB, in denen das Wort Lebenspartner eingefügt worden ist. **12**

Für den (Amts-)Pfleger sind auch diejenigen Änderungen beachtlich, die das Familienrecht des BGB im Übrigen erfahren hat: Das LPartG änderte die §§ 1608 Abs 1 S 4, 1617c Abs 2 Nr 2 u Abs 3, 1682 S 2, 1685 Abs 2, 1687b, 1757 Abs 1 S 2, 1765 Abs 1 S 3 u Abs 3, 1767 Abs 2 S 2 BGB. **13**

Durch das Kinderrechteverbesserungsgesetz (KindRVerbG) vom 9. 4. 2002 (BGBl I 1239) wurden mit Wirkung vom 12. 4. 2002 die nachfolgenden für den (Amts-)Pfleger bedeutsamen Änderungen im Bereich des Kindschaftsrechts vorgenommen: §§ 1596 Abs 1 S 4, 1600 Abs 2, 1618, 1666a Abs 1 S 2 u S 3, 1713 Abs 1 S 2 BGB. **14**

Änderungen sind außerdem eingetreten durch das Gesetz über Fernabsatzverträge und andere Fragen des Verbraucherrechts sowie zur Umstellung von Vorschriften auf Euro vom 27. 6. 2000 (BGBl I 897): § 1612a Abs 2 S 2 und Abs 4 S 2 BGB (mit Wirkung vom 1. 1. 2002), sowie durch das Gesetz zur Ächtung der Gewalt in der **15**

Erziehung und zur Änderung des Kindesunterhaltsrechts vom 2. 11. 2000 (BGBl I 1479): § 1612a Abs 4 und Abs 5 BGB, § 1612b Abs 5 BGB, § 1631 Abs 2 BGB.

16 Art 1 Nr 18 des 2. BtÄndG v 21. 4. 2005 (BGBl I 1073) fügte § 1915 Abs 1 BGB einen weiteren Satz an, wonach abweichend von § 3 Abs 1 bis 3 des Vormünder- und Betreuervergütungsgesetzes sich die Höhe einer nach § 1836 Abs 1 BGB zu bewilligenden Vergütung nach den für die Führung der Pflegschaftsgeschäfte nutzbaren Fachkenntnissen des Pflegers sowie nach dem Umfang und der Schwierigkeit der Pflegschaftsgeschäfte bestimmt, sofern der Pflegling nicht mittellos ist. Im Übrigen gelten die für den Aufwendungsersatz und eine etwaige Vergütung des Vormunds maßgebenden Vorschriften der §§ 1835a bis 1836e BGB und §§ 1 bis 3 VBVG auch für die Pflegschaften (§ 1915 Abs 1 BGB).

17 Das am 8. 9. 2005 publizierte „Gesetz zur Weiterentwicklung der Kinder- und Jugendhilfe (Kinder- und Jugendhilfeweiterentwicklungsgesetz – KICK)" (BGBl I 2729–2740) änderte keine Pflegschaftsvorschrift, war aber für etwaige Folgeentscheidungen von Bedeutung. Eine Neufassung des SGB VIII folgte am 14. 12. 2006 (BGBl I 3134). Ebenfalls keine unmittelbaren Änderungen im Pflegschaftsrecht traten durch das „Gesetz zur Erleichterung familiengerichtlicher Maßnahmen bei Gefährdung des Kindeswohls" v 4. 7. 2008 (BGBl I 1188) ein. Seine Änderungen der §§ 1666, 1696 BGB wirken sich jedoch mittelbar auf das Vormundschafts- und Pflegschaftsrecht aus. Verfahrensrechtliche Änderungen traten bei den §§ 50a, 50e, 50 f und 52 FGG ein. Mit § 50e FGG wurde das Vorrang- und Beschleunigungsgebot für Verfahren eingeführt, die den Aufenthalt des Kindes, das Umgangsrecht, die Herausgabe des Kindes und Verfahren wegen Gefährdung des Kindeswohls betreffen, die Vorläufervorschrift des heutigen § 155 Abs 1 FamFG.

18 Am 1. 1. 2012 trat das „Gesetz zur Stärkung eines aktiven Schutzes von Kindern und Jugendlichen (Bundeskinderschutzgesetz – BKiSchG)" v 22. 12. 2011 (BGBl I 2975) in Kraft, das keine unmittelbaren Auswirkungen auf das Vormundschafts- und Pflegschaftsrecht hat, und sich in erster Linie an die Jugendämter richtet. Zum Entwurf der Bundesregierung SALGO ZKJ 2011, 419.

19 Mit dem 1. 9. 2009 änderte sich das gesamte Verfahrensrecht. An die Stelle des bisher maßgebenden Gesetzes über die Angelegenheiten der freiwilligen Gerichtsbarkeit (FGG) idF der Bekanntmachung v 20. 5. 1898 (RGBl S 771), zuletzt geändert d Gesetz v 12. 3. 2009 (BGBl I 470), trat das Gesetz über das Verfahren in Familiensachen und in den Angelegenheiten der freiwilligen Gerichtsbarkeit (FamFG) v 17. 12. 2008 (BGBl I 2586). Inzwischen wurde es bereits mehrfach geändert.

20 Nach diesem Gesetz gehören die Verfahren, die die Pflegschaft oder die gerichtliche Bestellung eines sonstigen Vertreters für einen Minderjährigen oder für eine Leibesfrucht, die Genehmigung der freiheitsentziehenden Unterbringung eines Minderjährigen (§§ 1631b, 1800, 1915 Abs 1 BGB) sowie die Anordnung der freiheitsentziehenden Unterbringung eines Minderjährigen nach den Landesgesetzen über die Unterbringung psychisch Kranker betreffen, zu den Kindschaftssachen, die dem Familiengericht zugewiesen sind (§ 151 Nr 5 bis 7 FamFG). Kindschaftssachen gehören zu den Familiensachen (§ 111 Nr 2 FamFG), für die erstinstanzlich die Amtsgerichte zuständig sind (§ 23a Abs 1 Nr 1 GVG).

Mit dem FamFG wurde das sog große Familiengericht eingeführt mit der Folge, dass **21** die Vormundschaftsgerichte abgeschafft und für Betreuungssachen, die Unterbringungssachen betreffend volljährige Personen und betreuungsrechtliche Zuweisungssachen betreffend volljährige Personen, Betreuungsgerichte gebildet wurden (§ 23c Abs 1 GVG).

Durch das am gleichen Tage (1. 9. 2009) in Kraft getretene Dritte Gesetz zur Ände- **22** rung des Betreuungsrechts (v 29. 7. 2009; BGBl I 2286), das die Patientenverfügung und ihre Verbindlichkeit regelt, wurde das Pflegschaftsrecht nicht berührt. Das Gesetz definiert die Patientenverfügung ausdrücklich als Äußerung eines Volljährigen (§ 1901a Abs 1 BGB) und sieht auch sonst die Regelungen nur für volljährige Personen vor, wie sich aus den in das Betreuungsrecht eingefügte Bestimmungen ergibt (§§ 1901a, 1901b, 1904 BGB).

Für das Pflegschaftsrecht von Bedeutung ist dagegen das Gesetz zur Änderung des **23** Vormundschafts- und Betreuungsrechts v 29. 6. 2011 (BGBl I 1306), dessen Regelungen, soweit sie das Vormundschaftsrecht betreffen, gemäß § 1915 Abs 1 BGB auch auf die Pflegschaft entsprechende Anwendung finden und am 6. 7. 2011 und am 5. 7. 2012 in Kraft getreten sind. Zum Regierungsentwurf s HOFFMANN FamRZ 2011, 249. Es handelt sich um folgende Änderungen:

Nach § 1793 Abs 1 BGB wird ein Abs 1a mit folgendem Text eingefügt: „Der Vormund hat mit dem Mündel persönlichen Kontakt zu halten. Er soll den Mündel in der Regel einmal im Monat in dessen üblicher Umgebung aufsuchen, es sei denn, im Einzelfall sind kürzere oder längere Besuchsabstände oder ein anderer Ort geboten." Ein § 1800 BGB hinzugefügter Satz lautet: „Der Vormund hat die Pflege und Erziehung des Mündels persönlich zu fördern und zu gewährleisten." Nach einem § 1840 Abs 1 BGB angefügten Satz 2 hat der Bericht „auch Angaben zu den persönlichen Kontakten des Vormunds zu dem Mündel zu enthalten". Nach § 1837 Abs 2 S 1 BGB wurde folgender die Aufsichtsführung des Familiengerichts betreffender Satz, der seit dem 5. 7. 2012 in Kraft ist, eingefügt: „Es hat insbesondere die Einhaltung der erforderlichen persönlichen Kontakte des Vormunds zu dem Mündel zu beaufsichtigen." (Art 1 des Gesetzes zur Änderung des Vormundschafts- und Betreuungsrechts). Nach § 55 Abs 2 S 1 SGB VIII, der ebenfalls erst seit 5. 7. 2012 gilt, wurden die folgenden Sätze eingefügt: „Vor der Übertragung der Aufgaben des Amtspflegers oder des Amtsvormunds soll das Jugendamt das Kind oder den Jugendlichen zur Auswahl des Beamten oder Angestellten mündlich anhören, soweit dies nach Alter und Entwicklungsstand des Kindes oder Jugendlichen möglich ist. Eine ausnahmsweise vor der Übertragung unterbliebene Anhörung ist unverzüglich nachzuholen. Ein vollzeitbeschäftigter Beamter oder Angestellter, der nur mit der Führung von Vormundschaften oder Pflegschaften betraut ist, soll höchstens 50 und bei gleichzeitiger Wahrnehmung anderer Aufgaben entsprechend weniger Vormundschaften oder Pflegschaften führen." Die bisherigen Sätze 2 und 3 wurden aufgehoben (Art 2 d Gesetzes zur Änderung des Vormundschafts- und Betreuungsrechts; BGBl I 1306). Die Neufassung des SGB VIII v 11. 9. 2012 erschien in BGBl I 2022.

Durch Art 1 Nr 13 des am 1. 9. 2009 in Kraft getretenen Gesetzes zur Änderung des **24** Zugewinnausgleichs- und Vormundschaftsrechts v 6. 7. 2009 (BGBl I 1696) erhielt § 1813 Abs 1 Nr 3 BGB die folgende Fassung: „3. wenn der Anspruch das Guthaben

auf einem Giro- oder Kontokorrentkonto zum Gegenstand hat oder Geld zurückgezahlt wird, das der Vormund angelegt hat." Nach Abs 3 des dem Art 229 EGBGB
angefügten § 20 gilt § 1813 Abs 1 Nr 3 BGB idF v 1. 9. 2009 auch für die vor dem
1. 9. 2009 anhängigen Vormundschaften und Pflegschaften (Art 6 Nr 2 d Gesetzes
zur Änderung des Zugewinnausgleichs- und Vormundschaftsrechts).

25 Das Bundesministerium für Justiz und Verbraucherschutz hat am 13. 10. 2014 „Eckpunkte für die weitere Reform des Vormundschaftsrechts" veröffentlicht (Auszüge in
FamRZ 2015, 303). Die beabsichtigten Änderungen werden sich auch auf die Führung
von Pflegschaften für Minderjährige erstrecken, und zwar je nach Wirkungskreis des
Pflegers auf Angelegenheiten der Personensorge oder solche der Vermögenssorge.
Ein Diskussionsteilentwurf zur Reform des Vormundschaftsrechts liegt seit dem
18. 8. 2016 vor (Mitteilung der FamRZ 2016, 2069). Dazu VEIT in FamRZ 2016, 93. S
außerdem VEIT/MARCHLEWSKI FamRZ 2017, 779.

26 In seinen wesentlichen Teilen am 1. 11. 2015 in Kraft getreten ist das Gesetz zur
Verbesserung der Unterbringung, Versorgung und Betreuung ausländischer Kinder
und Jugendlicher vom 28. 10. 2015 (BGBl I 1802); der Entwurf des Gesetzes datiert
v 14. 8. 2915 (BR-Drucks 349/15). Das Gesetz ergänzt das SGB VIII durch ein Ver-
teilungsverfahren und regelt die Vertretung des Minderjährigen während des Ver-
teilungsverfahrens. Es enthält ua mit § 42f SGB VIII eine Regelung zur Altersfest-
stellung (s Anm der Redaktion der FamRZ zu OLG Karlsruhe FamRZ 2015, 2182 [2185]). Näher
dazu in ihrem Berichtsaufsatz VEIT FamRZ 2016, 93.

Einen Pfleger für die besorgungsbedürftigen Vermögensangelegenheiten eines Betroffenen, der abwesend und dessen Aufenthalt unbekannt ist, kann das Betreuungsgericht nur für einen abwesenden Volljährigen bestellen (§ 1911 BGB). Die Pflegschaft für einen unbekannten Beteiligten (§ 1913 BGB) kann sowohl für Volljährige
als auch für Minderjährige angeordnet werden.

2. Übersicht über die bestehenden Pflegschaften

a) Unterscheidung der Pflegschaften nach der Zweckbestimmung
26a Ihrer Zweckbestimmung nach lassen sich **Personen-** und **Sachpflegschaften** unterscheiden. Sachpflegschaft ist die Pflegschaft für ein Sammelvermögen nach § 1914
BGB (ERMAN/HOLZHAUER Vor § 1909 Rn 2; MünchKomm/SCHWAB Vor § 1909 Rn 7).

b) Unterscheidung der Pflegschaften nach dem Rechtsgrund
27 Dem Rechtsgrund nach sind die Pflegschaften, die dem Ausgleich eines tatsächlich
oder rechtlich bedingten Sorgerechtsdefizits oder Zuständigkeitsmangels (§ 1909
BGB) dienen – unselbstständige Pflegschaften (MünchKomm/SCHWAB Vor § 1909 Rn 8) –,
von den übrigen, auf einem selbstständigen Rechtsgrund beruhenden Pflegschaften
(§§ 1911–1914 BGB) zu unterscheiden. Zu der zuletzt genannten Gruppe zählt die
Nachlasspflegschaft gemäß §§ 1960–1962 BGB, §§ 1975 ff BGB (STAUDINGER/ENG-
LER[10/11] Rn 5).

28 Weder der einen noch der anderen Gruppe zuzuordnen sind die Beistandschaft des
§ 1712 BGB (Art 1 Nr 4 Beistandschaftsgesetz), die „Pflegschaft" des § 1630 Abs 3
BGB (Neufassung durch Art 1 Nr 13 KindRG) sowie die einer Pflegeperson nach

Maßgabe des § 1688 BGB (idF d Art 1 Nr 24 KindRG) eingeräumte Rechtsmacht. In allen Fällen besteht elterliche oder vormundliche Sorge.

Durch die Beistandschaft des Jugendamts nach § 1712 BGB wird nach ausdrück- **29** licher Bestimmung des § 1716 BGB die **elterliche Sorge nicht eingeschränkt**. Für ein funktionierendes Nebeneinander zweier Handlungsbefugnisse beruft sich die amtliche Begründung auf die frühere Gebrechlichkeitspflegschaft (§ 1910 BGB aF) und die Betreuerbestellung nach §§ 1896 ff BGB (BT-Drucks 13/892, 28). Aus der Normierung darf jedoch nicht der Schluss gezogen werden, dass die Praxis das Nebeneinander zweier Handlungsbefugnisse widerspiegelt. Eine Ausnahme bildet die Vertretung des Kindes durch den Beistand in einem Rechtsstreit; in diesem Falle ist die Vertretung durch den sorgeberechtigten Elternteil ausgeschlossen (früher in § 53a ZPO, eingefügt durch Art 5 § 2 Beistandschaftsgesetz, geregelt, s dazu STAUDINGER/ BIENWALD [2006]; jetzt § 173 FamFG). Wird das Kind durch das Jugendamt als Beistand vertreten, ist die Vertretung durch den sorgeberechtigten Elternteil ausgeschlossen (§ 173 FamFG). Auch wenn der Beistand nur für das jeweilige konkrete Verfahren gesetzlicher Vertreter des Kindes wird, schränkt diese Zuweisung die elterliche (oder vormundliche) Sorge insoweit ein (aA BORK/JACOBY/SCHWAB/LÖHNIG § 173 FamFG Rn 5). Da die elterliche Sorge die Vertretung des Kindes umfasst, beeinträchtigt es diese Vertretung, wenn sie dadurch eingeschränkt wird, dass sie in einem bestimmten Bereich ausgeschlossen ist.

Das Familiengericht, das über den Umfang des Umgangsrechts jeden Elternteils **30** entscheidet und seine Ausübung, auch gegenüber Dritten, näher regelt (§ 1684 Abs 3 S 1 BGB), kann uU auch eine Pflegschaft für die Durchführung des Umgangs anordnen (Umgangspflegschaft), § 1684 Abs 3 S 3 BGB. Die **Umgangspflegschaft dient der Organisation der Umgangskontakte** (OLG Brandenburg FamRZ 2014, 1861 [LS]). Sie umfasst das Recht, die Herausgabe des Kindes zur Durchführung des Umgangs zu verlangen und für die Dauer des Umgangs dessen Aufenthalt zu bestimmen (§ 1684 Abs 3 S 4 BGB). Zur Abgrenzung der Anordnung einer Umgangspflegschaft von der Anordnung eines begleiteten Umgangs OLG Schleswig 2016, 1785.

Geben die Eltern das Kind für längere Zeit in **Familienpflege**, so kann nach § 1630 **31** Abs 3 BGB (neu gefasst durch Art 1 Nr 13 KindRG) das Familiengericht auf Antrag der Eltern oder der Pflegeperson Angelegenheiten der elterlichen Sorge auf die Pflegeperson übertragen. Im Umfang der Übertragung hat die Pflegeperson die Rechte und Pflichten eines Pflegers (angesichts der Neufassung des § 1626 Abs 1 S 1 BGB durch Art 1 Nr 9 KindRG hätte es auch hier „Pflichten und Rechte" heißen dürfen). Diese Berechtigung der Pflegeperson bewirkt nicht den Ausgleich eines Defizits an tatsächlicher oder rechtlicher Sorge, sondern führt umgekehrt erst zu einer Beschränkung der elterlichen oder vormundlichen Sorge nach § 1630 Abs 1 BGB, § 1794 BGB.

Die kraft gesetzlicher Bestimmung und mangels entgegenstehender elterlicher oder **32** vormundlicher Erklärung bestehende Berechtigung der Pflegeperson, in **Angelegenheiten des täglichen Lebens** zu entscheiden sowie den Inhaber der elterlichen oder vormundlichen Sorge in solchen Angelegenheiten zu vertreten (§ 1688 Abs 1 BGB idFd Art 1 Nr 24 KindRG; bisher in § 38 Abs 1 SGB VIII enthalten; zur entsprechenden Anwendung auf die durch Verbleibensanordnung des FamG geschaffenen vergleichbaren Situationen der §§ 1632 Abs 4 und 1682 BGB s § 1688 Abs 4 BGB), führt – ohne der Pflegeperson die Position eines Pflegers ausdrücklich einzuräumen – zu einer Alleinvertretungsbefugnis (BT-Drucks 13/4899, 108) der Pflegeperson entspr § 1630 Abs 3 BGB. Während die in § 1688 Abs 1 BGB eingeräumte Befugnis zur Disposition des Sorgeberechtigten steht, auch gerichtlich geändert werden kann (§ 1688 Abs 3 BGB) ist im Falle einer Verbleibensanordnung des Gerichts eine Einschränkung oder Ausschließung der Rechtsmacht ebenfalls nur durch gerichtliche Entscheidung möglich (§ 1688 Abs 4 BGB; zum Inhalt der durch § 1688 der Pflegeperson eingeräumten Rechtsmacht im Einzelnen STAUDINGER/SALGO [2014] § 1688 Rn 31 ff).

33 Pfleger im Sinne der Pflegschaftsbestimmungen der §§ 1909 ff BGB ist der **Nachlasspfleger** (§§ 1960, 1961 BGB) und dessen besondere Form, der **Nachlassverwalter** (**§ 1975 BGB**). Er ist gesetzlicher Vertreter des zukünftigen Erben (ERMAN/SCHLÜTER § 1960 Rn 19; s dazu auch STAUDINGER/MESINA [2017] § 1960 Rn 23). Die Voraussetzungen des § 1961 BGB sind regelmäßig dann gegeben, wenn der Erbe unbekannt ist und der Vermieter der Verstorbenen einen Ansprechpartner benötigt, um die Kündigung des Mietvertrages aussprechen zu können. Unzulässig wäre es, von einem Nachlassgläubiger einen Kostenvorschuss für die Bestellung eines Nachlasspflegers zu verlangen, denn für die Kosten einer Nachlasspflegschaft haften nur die Erben (OLG Schleswig FamRZ 2012, 814). Mangels internationaler Zuständigkeit kann ein deutsches Gericht in Nachlasssachen keine Pflegschaft bezüglich des in der Türkei gelegenen unbeweglichen Nachlasses anordnen (OLG Karlsruhe FamRZ 2014, 513).

34 Die nach §§ 1141 Abs 2 und 1189 BGB zu bestellenden Vertreter erlangen nicht die Rechtsstellung eines Pflegers (ERMAN/HOLZHAUER Vor § 1909 Rn 11).

35 Das Verfahren zur Festsetzung der Vergütung eines Nachlasspflegers und eines Nachlassverwalters richtete sich seit dem Inkrafttreten des BtÄndG nach § 56g FGG (BayObLG Rpfleger 2000, 331; MDR 2000, 584). Die Vergütung des Nachlasspflegers für eine Tätigkeit ab dem 1. 1. 1999 richtete sich nach den §§ 1836 bis 1836e BGB idF d BtÄndG (BayObLG Rpfleger 2000, 331 mwNw). Soweit Ansprüche bis zum 1. 7. 2005 (Inkrafttreten des 2. BtÄndG) entstanden sind, richteten sie sich nach dem bis dahin geltenden Recht, ab dem 1. 7. 2005 nach dem durch Art 1 Nr 18 2. BtÄndG § 1915 Abs 1 eingefügten S 2.

36 Um einen Pfleger besonderer Art handelt es sich bei dem in Betreuungs- und Unterbringungssachen zu bestellenden **Verfahrenspfleger** (nicht mehr „Pfleger für das Verfahren"; BT-Drucks 11/4528, 171), der dem Willensvorrang des Betroffenen nicht unterworfen ist und dessen Weisungen er nicht unterliegt. Die Voraussetzungen seiner Bestellung regelt § 276 FamFG für die Verfahren in Betreuungssachen und § 317 FamFG für die Verfahren in Unterbringungssachen. Danach hat das Gericht dem Betroffenen einen Verfahrenspfleger zu bestellen, wenn dies zur Wahrnehmung der Interessen des Betroffenen erforderlich ist. Die Bestellung ist in der Regel erforderlich, wenn von der persönlichen Anhörung des Betroffenen abgesehen werden soll (§§ 276 Abs 1 S 2 Nr 1, 317 Abs 1 S 2 FamFG), in Betreuungssachen ua auch dann, wenn Gegenstand des Verfahrens die Bestellung eines Betreuers zur Besorgung aller Angelegenheiten des Betroffenen ist (§ 276 Abs 1 S 2 Nr 2 FamFG). Die Bestellung eines Verfahrenspflegers für den Betroffenen nach dieser Vorschrift ist regelmäßig schon dann geboten, wenn der Verfahrensgegenstand die Anordnung einer Betreuung in allen Angelegenheiten als möglich erscheinen lässt. Für einen in diesem Sinn umfassenden Verfahrensgegenstand spricht, dass die vom Gericht getroffene oder zu treffende Maßnahme die Betreuung auf Aufgaben erstreckt, die in ihrer Gesamtheit alle wesentlichen Bereiche der Lebensgestaltung des Betroffenen umfasst (BGH FamRZ 2010, 1648 mAnm FRÖSCHLE 1649). Durch seine Bestellung wird der Verfahrenspfleger als **Beteiligter** zum Verfahren hinzugezogen (§ 274 Abs 2, 315 Abs 2 FamFG). Als solchem stehen ihm sämtliche Rechte eines Verfahrensbeteiligten zu, ebenso wie dessen Pflichten ihn treffen (§ 7 FamFG). Eines Beschlusses, der ihm den Status eines Beteiligten vermittelt, bedarf es nicht. Aufgabe des Verfahrenspflegers ist es, die verfahrensmäßigen Rechte des Betroffenen/Betreuten zur Geltung zu bringen. Dazu gehört insbesondere der Anspruch auf Gewährung rechtlichen Gehörs. Für ein genehmigungsbedürftiges Rechtsgeschäft hat er entscheidungsrelevante materiell – rechtlich bedeutsame Umstände nicht zu erforschen (BGHZ 182, 116 [137] = FamRZ 2009, 1656, 1659). Der Verfahrenspfleger ist (hier in einem Unterbringungsverfahren) so frühzeitig zu bestellen, dass er noch Einfluss auf die Entscheidung nehmen kann (BGH FamRZ 2011, 805 mAnm SCHMIDT-RECLA 807). Das Gericht darf die Verfahrenspflegschaft nicht dadurch ineffektiv machen, dass es ohne nachvollziehbare Begründung den bisherigen Verfahrenspfleger kurz vor der Entscheidung entpflichtet und einen neuen bestellt, der nicht mehr die Möglichkeit hat, sich in angemessener Weise mit der Sache vertraut zu machen (BGH FamRZ 2011, 796 mAnm VÖLKER S 801). Auch in dem Regelfall des § 276 Abs 1 S 2 Nr 2 FamFG kann das Gericht im Einzelfall von der Bestellung eines Verfahrenspflegers absehen (BGH FamRZ 2010, 1648 mAnm FRÖSCHLE = Rpfleger 2010, 661, 662), muss aber die Nichtbestellung begründen (§ 276 Abs 2 S 2 FamFG).

Wie bisher (§ 67a FGG aF) erhält der Verfahrenspfleger Aufwendungsersatz und **37** kann, wenn er die Verfahrenspflegschaft berufsmäßig führt, eine Vergütung beanspruchen (§§ 277, 318 FamFG). Das gilt auch für den anwaltlichen Verfahrenspfleger. Soweit dieser im Rahmen seiner Bestellung solche Tätigkeiten zu erbringen hat(te), für die ein Laie in gleicher Lage vernünftigerweise einen Rechtsanwalt zuziehen würde bzw zugezogen hätte, kann er stattdessen eine Vergütung nach dem RVG beanspruchen (BGH FamRZ 2011, 203).

Auf den Verfahrenspfleger sind die Vorschriften des BGB mit Ausnahme von Auf- **38** wendungsersatz- und Vergütungsbestimmungen nicht entsprechend anzuwenden. Als Pfleger speziell nur für verfahrensrechtliche Angelegenheiten (vgl BT-Drucks 11/4528, 171) unterliegt er im Gegensatz zum Pfleger nach den Vorschriften des BGB nicht der Aufsicht des Betreuungsgerichts. Er bleibt Pfleger des Betroffenen iS eines Vertreters, ohne jedoch dessen jetzt uneingeschränkte Verfahrensfähigkeit (§§ 275, 316 FamFG) zu verdrängen oder in Frage zu stellen. Ob er gesetzlicher Vertreter des Betroffenen ist, ist umstr (nach hM nicht; dafür HARM Rpfleger 2010, 304; näher BORK ua/HEIDERHOFF, FamFG § 276 Rn 8). Während das FamFG für das vergleichbare Rechtsinstitut im Minderjährigenrecht eine ausdrückliche Regelung getroffen und bestimmt hat, dass der Verfahrensbeistand nicht gesetzlicher Vertreter des Kindes ist (§ 158 Abs 4 S 6 FamFG), schweigen sich die für die Verfahrenspflegschaft maßgebenden §§ 276, 315 FamFG darüber aus.

Für eine einer gesetzlichen Vertretung entsprechende Rechtsstellung des Verfah- **39** renspflegers eines volljährigen Betroffenen spricht – im Gegensatz zur Situation im

Minderjährigenrecht – die im Übrigen vertretungslose Situation des Volljährigen. Während dieser zur Besorgung seiner Angelegenheiten einen Betreuer erhält, der den Betroffenen in dem Aufgabenkreis gerichtlich und außergerichtlich vertritt (§ 1902 BGB), bedarf es einer entsprechenden Regelung für das Verfahren, weil Verfahrenspfleger und Betroffener zwar unabhängig voneinander und auch widersprüchlich zueinander agieren (können), Erklärungen des Verfahrenspflegers, insbesondere die Wahrnehmung rechtlichen Gehörs, stellvertretend und für den Betroffenen verbindlich wahrzunehmen sind. Andernfalls bliebe es vollständig dem Gericht überlassen, ob es Erklärungen und Äußerungen des Verfahrenspflegers beachtet. Auch wäre dann insoweit die Stellung des Verfahrenspflegers im Verhältnis zu der eines Verfahrensbevollmächtigten geringerwertig, obwohl nach § 276 FamFG der Vorrang anderer Personen vor dem Verfahrenspfleger nur dann in Betracht kommt, wenn diese zur Vertretung der Interessen gleichwertig geeignet sind.

40 Der Verfahrenspfleger hat die verfahrensmäßigen Rechte des Betroffenen zur Geltung zu bringen. Dazu gehört insbesondere der Anspruch auf rechtliches Gehör. Vorrangig hat der Verfahrenspfleger darauf Bedacht zu nehmen, dass das Gericht nicht zu Unrecht von einer offensichtlichen Unfähigkeit des Betroffenen ausgeht, seinen Willen selbst zu äußern. Ggf hat er auf eine persönliche Anhörung durch das Gericht hinzuwirken. Er hat den tatsächlichen oder mutmaßlichen Willen des Betroffenen zu erforschen und in das Verfahren einzubringen. Zu den einzelnen Verfahrensergebnissen hat er Stellung zu nehmen und ggf Rechtsmittel einzulegen (BGHZ 182, 116 = FamRZ 2009, 1656 mwNw = NJW 2009, 2814).

41 Zur Rechtsstellung des nach §§ 57, 58 ZPO bestellten **besonderen Vertreters (Prozesspfleger)** s Baumbach/Lauterbach/Hartmann Bem 3 und Söller/Vollkommer Rn 9 jeweils zu § 57 ZPO; auch Käck, Prozesspfleger (1991). In einem Verfahren zur Entlassung eines Betreuers kann ausnahmsweise von der Bestellung eines Verfahrenspflegers abgesehen werden, wenn die Entlassung unumgänglich ist (BayObLG FamRZ 2003, 786; Einschränkung zu BayObLG FamRZ 1997, 1358). Zur Bestellung eines Verfahrenspflegers mit der Aufgabe der Überprüfung eines Antrags auf Betreuervergütung BayObLG FamRZ 2003, 1046 (LS) m krit Anm Bienwald.

42 Nach dem Vorbild des Verfahrenspflegers in Betreuungs- und Unterbringungssachen hatte das KindRG (Art 8 Nr 7) durch Einfügen des § 50 FGG aF die Möglichkeit, ggf die Notwendigkeit, geschaffen, in Vormundschafts- und Familiensachen **dem minderjährigen Kind einen Pfleger für** ein seine Person betreffendes **Verfahren** zu bestellen, soweit dies zur Wahrnehmung seiner Interessen erforderlich war. Art und Umfang der von diesem Verfahrenspfleger wahrzunehmenden Aufgaben war – insbesondere im Hinblick auf die zu vergütenden Tätigkeiten im Falle berufsmäßig geführter Verfahrenspflegschaft – umstritten (dazu und zu den Motiven der Einführung des Verfahrenspflegers eingehend die 1999 erschienene Bearbeitung). Die Reform des FGG ersetzte diesen Verfahrenspfleger durch die Rechtsfigur des **Verfahrensbeistands**, den das Gericht dem minderjährigen Kind in Kindschaftssachen, die seine Person betreffen, zu bestellen hat, soweit dies zur Wahrnehmung seiner Interessen erforderlich ist (§ 158 FamFG). Die Bezeichnung soll die Aufgabe und Funktion im Verfahren deutlicher zum Ausdruck bringen als der Begriff des Verfahrenspflegers. Als ein ausschließlich verfahrensrechtliches Institut handelt es sich nicht um eine Beistandschaft iSd § 1712 BGB (BT-Drucks 16/6308, 238). Dem Verfahrensbeistand steht in einem Zivilrechtsstreit nach überwiegender Ansicht ein Zeugnisverweigerungsrecht zu (OLG Braunschweig FamRZ 2012, 1408 = ZKJ 2012, 276; MENNE, Zum berufsbedingten Zeugnisverweigerungsrecht des Verfahrensbeistands, FamRZ 2012, 1356).

Ausdrücklich ist seine Bestellung vorgesehen in Abstammungssachen (§ 174 **43** FamFG) und in Adoptionssachen (§ 191 FamFG), wenn das Interesse des Kindes zu dem seines gesetzlichen Vertreters in erheblichem Gegensatz steht (Verweisung auf § 158 Abs 2 Nr 1 FamFG). Soweit im Übrigen erforderlich ist dem Kind in dem Verfahren ein Verfahrensbeistand zu bestellen, in dem es um die Frage geht, welchem Ergänzungspfleger das Recht zur Regelung und Durchführung des Umgangs des Vaters mit dem Kind zustehen soll (OLG Naumburg FamRZ 2012, 889 [LS]).

Der Verfahrensbeistand ist so früh wie möglich zu bestellen. Er wird durch seine **44** Bestellung zum Verfahren hinzugezogen, ohne dass es eines weiteren Hinzuziehungsbeschlusses bedarf. Die Bestellung endet, sofern sie nicht vorher aufgehoben wird, mit der Rechtskraft der das Verfahren abschließenden Entscheidung oder mit dem sonstigen Abschluss des Verfahrens (§ 158 Abs 6 FamFG). Diese Regelung, die bereits nach § 50 Abs 4 FGG aF bestand, hat das FamFG auch für die Verfahrenspflegschaft in Betreuungssachen übernommen (§ 276 Abs 5 FamFG). Die Bestellung eines Verfahrensbeistands, deren Aufhebung sowie die Ablehnung einer derartigen Maßnahme sind nicht selbständig anfechtbar (§ 158 Abs 3 S 4 FamFG).

Nach § 158 Abs 4 FamFG hat der Verfahrensbeistand die Aufgabe, das Interesse des **45** Kindes festzustellen und im gerichtlichen Verfahren zur Geltung zu bringen. Seine Aufgabe ist es nicht, den Willen der Eltern, sondern den des Kindes zu ermitteln und in das Verfahren einzubringen (OLG Saarbrücken FamRZ 2011, 1153). Er untersteht nicht der Aufsicht des Gerichts, sondern nimmt die Aufgabe im Rahmen der Gesetze eigenverantwortlich wahr (KG 5. 4. 2012 – 17 UF 50/12 FamRZ 2013, 46 [LS]). Er hat das Kind über Gegenstand, Ablauf und möglichen Ausgang des Verfahrens in geeigneter Weise zu informieren. Er muss nicht an einer Anhörung des Kindes teilnehmen, obwohl seine Anwesenheit dem Kind helfen würde (OLG Naumburg, Beschluss v 18. 10. 2011 – 8 UF 204/11). Neu ist, dass das Gericht dem Verfahrensbeistand die zusätzliche Aufgabe übertragen kann, Gespräche mit den Eltern und weiteren Bezugspersonen des Kindes zu führen sowie am Zustandekommen einer einvernehmlichen Regelung über den Verfahrensgegenstand mitzuwirken. Diese zusätzliche Aufgabe kommt nur in Betracht, soweit nach den Umständen des Einzelfalls ein Erfordernis dafür besteht; sie muss vom Gericht hinsichtlich Art und Umfang konkret festgelegt und begründet werden (§ 158 Abs 4 S 3 u 4 FamFG). Sie wird bei der Vergütungsregelung berücksichtigt. In geeigneten Fällen sollte der Verfahrensbeistand bereits mit dem Ziel bestellt werden, am Zustandekommen einer einvernehmlichen Regelung über den zukünftigen Aufenthalt des Kindes mitzuwirken (OLG Köln 22. 3. 2012 – 27 UF 48/12 FamRZ 2013, 46 [LS]). Eine durch den Verfahrensbeistand vorgenommene Interaktionsbeobachtung des Kindes mit seinen Großeltern ist regelmäßig nicht vergütungsfähig (OLG Brandenburg FamRZ 2011, 924). Besteht kein Interessengegensatz und ist er nicht zu befürchten, kann ein Verfahrensbeistand innerhalb eines Verfahrens auch für mehrere Kinder bestellt werden (OLG Braunschweig FamRZ 2011, 1872).

Der Verfahrensbeistand kann im Interesse des Kindes Rechtsmittel einlegen (§ 158 **46**

Abs 4 S 4 FamFG). Eine Stellung als gesetzlicher Vertreter des Kindes wurde ausdrücklich ausgeschlossen (§ 158 Abs 4 S 6 FamFG). Seine Bestellung ändert an den bestehenden Vertretungsverhältnissen nichts. Der Verfahrensbeistand handelt in eigenem Namen. Er hat nicht die Funktion, rechtliche Willenserklärungen für das Kind abzugeben oder entgegenzunehmen. Der Eingriff in das Elternrecht (oder das des Vormunds) und eine sachwidrige Verlagerung von Aufgaben auf den Verfahrensbeistand sollte vermieden werden (BT-Drucks 16/6308, 240).

47 Hat das Familiengericht dem Verfahrensbeistand, der die Verfahrensbeistandschaft berufsmäßig führt, zusätzliche Aufgaben zugewiesen, erhält dieser für ihre Wahrnehmung in jedem Rechtszug eine einmalige Vergütung, die 200 Euro höher liegt als die Vergütungspauschale des „einfachen" Verfahrensbeistands (§ 158 Abs 7 S 2 u 3 FamFG). Wird die erstinstanzliche Bestellung des Verfahrensbeistands durch das Gericht zweiter Instanz nicht aufgehoben oder abgeändert, gelten die Bedingungen der erstinstanzlichen Entscheidung (zB die durch die Übertragung weiterer Aufgaben erhöhte Vergütungspauschale) fort (OLG Stuttgart FamRZ 2011, 1533).

48 Die dem berufsmäßig tätigen Verfahrensbeistand bewilligte Vergütung gilt auch Ansprüche auf Ersatz anlässlich der Verfahrensbeistandschaft entstandener Aufwendungen ab. Die Pauschalvergütung umfasst sämtliche Aufwendungen, auch die Fahrtkosten (OLG Rostock FamRZ 2010, 1181 = ZKJ 2010, 292; BGH FamRZ 2010, 1893; ZKJ 2010, 255). Wer nicht berufsmäßig tätig wird, erhält Ersatz seiner Aufwendungen wie der Verfahrenspfleger des Betreuungs- und Unterbringungsverfahrens (§ 158 Abs 7 S 1, 277 Abs 1, 318 FamFG). Der Vergütungsanspruch des berufsmäßig tätigen Verfahrensbeistands entsteht, sobald dieser nach Annahme seiner Bestellung in irgendeiner Weise im Rahmen seines Aufgabenkreises tätig wird (BGH FamRZ 2011, 558; FamRZ 2010, 1896; OLG München FamRZ 2010, 1757). Die Entgegennahme des Bestellungsbeschlusses reicht für die Inanspruchnahme der Vergütungspauschale nicht aus (BGH FamRZ 2010, 1896).

49 Wurde der Verfahrensbeistand in einem Verfahren **mehrfach** bestellt, jeweils für eins der Kinder (Geschwister), erhält er die Vergütung für jede Verfahrensbeistandschaft, und zwar in der jeweils begründeten Höhe (OLG Dresden FamRZ 2011, 320 mwNw; OLG Celle ZKJ 2010, 211; OLG München FamRZ 2010, 1757; BGH ZKJ 2010, 205; FamRZ 2010, 1893; FamRZ 2010, 1896; FamRZ 2010, 1976 mAnm Viefhues; aA OLG Bamberg ZKJ 2010, 412 = Rpfleger 2010, 588).

50 Wird ein Verfahrensbeistand im Hauptsacheverfahren und parallel hierzu im Verfahren der einstweiligen Anordnung bestellt, erhält er die Vergütungspauschale für jedes dieser Verfahren ohne Anrechnung aufeinander (BGH FamRZ 2011, 199, 200).

51 Die Schaffung zweier auch begrifflich verschiedener Rechtsinstitute (einerseits für volljährige Betroffene, andererseits für minderjährige Kinder) soll deren unterschiedliche Ausgestaltung nach den spezifischen Anordnungen der betroffenen Rechtsgebiete unterstreichen. Bei der Ausgestaltung in Kindschaftssachen sollte insbesondere Art 6 GG berücksichtigt werden (BT-Drucks 16/6308, 238). Die Bestimmung über Aufgaben und Rechtsstellung des Verfahrensbeistands soll der Klarstellung dienen, die in der Vergangenheit von der Praxis, insbesondere von den Verfahrenspflegern selbst, vielfach eingefordert worden war, zumal die Rechtsprechung, die überwiegend im Zusammenhang mit Fragen der Vergütung des Verfahrenspflegers ergangen war, erhebliche Unterschiede aufwies (BT-Drucks 16/6308, 239). Indem § 158 Abs 4 S 3 FamFG die Erweiterung des Auftrags auf eine spezifische Angelegenheit beschränkt, ohne dem Gericht freie Hand zu weiteren verfahrensbezogenen Auftragserweiterungen zu geben, bleiben in der Vergangenheit aufgetretene Fragen und Probleme ungeregelt. Von einer Übertragung ausgeschlossen wären auf jeden Fall solche Aufgaben, die allein dem gesetzlichen Vertreter des Kindes zustehen. Der Verfahrensbeistand hat auch nicht Aufgaben des Jugendamts zu übernehmen, zB eigene Testreihen durchzuführen, oder die dem Gericht obliegenden Aufgaben der Sachverhaltsfeststellung durchzuführen (KEIDEL/ENGELHARDT, FamFG § 158 Rn 28 mwNw in Fn 69). Wie der Verfahrensbeistand den Kindeswillen ermittelt, entscheidet er grundsätzlich nach eigenem Ermessen (OLG Brandenburg FamRZ 2011, 924).

Insbesondere in Anbetracht des durch § 155 FamFG eingeführten Vorrang- und **52** Beschleunigungsgebots für bestimmte Verfahren in Kindschaftssachen entstanden seit Inkrafttreten des FamFG Unklarheiten und Ungenauigkeiten im Verhältnis der Rechtsinstitute der Verfahrensbeistandschaft und der Ergänzungspflegschaft. Markantes Beispiel dafür ist die Auffassung zweier Gerichte, die in der Formulierung zum Ausdruck kommt, bei erheblichen Interessengegensätzen zwischen dem Kind und seinen vertretungsberechtigten Eltern könne die Bestellung eines Verfahrensbeistands gegenüber einer Ergänzungspflegschaft als milderes Mittel zur Sicherung der Verfahrensrechte des Kindes in Betracht kommen (OLG Stuttgart FamRZ 2010, 1166; OLG Koblenz FamRZ 2010, 1919 [LS]).

Zu Besonderheiten im Zusammenhang mit Vertreterbestellungen nach dem Ver- **53** kehrsplanungsbeschleunigungsgesetz (v 16. 12. 1991, BGBl I 2174) und dem Vermögensgesetz idF des 2. Vermögensrechtsänderungsgesetzes (v 22. 7. 1992, BGBl I 1257) und den Verweisungen auf das Pflegschaftsrecht in § 16 VwVfG s ERMAN/HOLZHAUER Vor § 1909 Rn 9.

Bei vorübergehender (kurzzeitiger) Verhinderung des Pflegers kann ein **Unterpfle- 54 ger** bestellt werden (BayObLGZ 1958, 244 = FamRZ 1959, 32). Handelt es sich um eine Angelegenheit von besonderer Bedeutung für den Pflegebefohlenen, so kommt auch die Entlassung des Pflegers wegen Interessenwiderstreits und die Bestellung eines anderen Pflegers in Betracht (BayObLGZ 1958, 244 = FamRZ 1959, 32). Wegen des beschränkten Wirkungskreises des Pflegers liegen die Verhältnisse anders als beim Vormund (vgl SOERGEL/ZIMMERMANN § 1909 Rn 2). Bei einem Vermögenspfleger kann ein teilweiser Ausschluss gemäß § 1803 BGB in Betracht kommen, sodass auch dann ein Unterpfleger bestellt werden muss (SOERGEL/ZIMMERMANN § 1915 Rn 6).

c) Pflegschaften außerhalb des BGB

– Verfahrenspflegschaften in Betreuungs- und in Unterbringungssachen nach **55** §§ 276, 317 FamFG (s dazu oben Rn 36 ff);

– Verfahrenspfleger nach § 419 FamFG in Freiheitsentziehungssachen (früher: § 5 Abs 2 S 2 FEVS);

– Verfahrensbeistandschaften im Minderjährigenrecht (nach § 158 FamFG in Kindschaftssachen; nach § 174 FamFG in Abstammungssachen; nach § 191 FamFG in Adoptionssachen);

– Prozesspfleger nach den Verfahrensordnungen; § 10 ArbGG; § 58 Abs 2 S 2 FinGG; § 67 Abs 4 S 3 JGG; § 72 SGG; § 62 Abs 4 VwGO; § 16 Abs 1 Nr 4 VwVfG; § 57 Abs 1, 2 ZPO;

– Pflegschaften für abwesende oder verhinderte Personen/Institutionen (im Einzelnen dazu § 1911; vgl auch ERMAN/HOLZHAUER Vor § 1909 Rn 16: „Übersicht über Pflegschaften und ähnliche Erscheinungen außerhalb der §§ 1909 ff BGB").

3.   Zu den Pflegschaftsverfahren

a)   Gerichtsverfassung

56 Mit der Abschaffung der Vormundschaftsgerichte durch das FGG – Reformgesetz v 17. 12. 2008 (BGBl I 2586) endete die gemeinsame Zuständigkeit dieser Gerichte für Minderjährige und Volljährige in Pflegschaftssachen. Bei den Amtsgerichten waren jetzt (als Betreuungsgerichte) Abteilungen für Betreuungssachen, Unterbringungssachen und betreuungsgerichtliche Zuweisungssachen zu bilden (§ 23c GVG). Für Familien-, insbesondere Kindschaftssachen sind seitdem die Familiengerichte zuständig (§ 23b GVG). Zu den dem Familiengericht zugewiesenen Kindschaftssachen gehören die Pflegschaften oder die gerichtliche Bestellung eines sonstigen Vertreters für einen Minderjährigen oder für eine Leibesfrucht (§ 151 Nr 5 FamFG). Für die Sachpflegschaft und die Pflegschaften nach den §§ 1909 ff BGB im Übrigen, die für einen Volljährigen angeordnet werden, sind die Betreuungsgerichte zuständig. Mit Ausnahme der Pflegschaften für einen Minderjährigen und die Pflegschaft des § 1912 BGB gehören die Verfahren, die die Pflegschaft für einen Volljährigen betreffen, zu den betreuungsgerichtlichen Zuweisungssachen (§ 340 FamFG). Zu ihnen gehören auch die Verfahren, die die gerichtliche Bestellung eines sonstigen Vertreters für einen Volljährigen betreffen (§ 340 Abs 2 FamFG). Für die Nachlasspflegschaft ist das Nachlassgericht zuständig (§§ 342 Abs 1 Nr 2 FamFG; § 23a Nr 2 GVG). Die Pflegschaft nach § 96 GBO ordnet das Grundbuchamt an, die nach § 32 Abs 5 DepotG vorgesehene Pflegschaft das Insolvenzgericht.

Nach § 340 FamFG sind betreuungsgerichtliche Zuweisungssachen 1. Verfahren, die die Pflegschaft mit Ausnahme der Pflegschaft für Minderjährige oder für eine Leibesfrucht betreffen, 2. Verfahren, die die gerichtliche Bestellung eines sonstigen Vertreters für einen Volljährigen betreffen sowie 3. sonstige dem Betreuungsgericht zugewiesene Verfahren, soweit es sich nicht um Betreuungssachen oder Unterbringungssachen handelt.

b)   Funktionelle Zuständigkeiten

57 Dem Rechtspfleger sind nach § 3 Nr 2 a und b RPflG Geschäfte in Kindschaftssachen (a) und Betreuungssachen sowie betreuungsgerichtliche Zuweisungssachen nach den §§ 271 und 340 FamFG (b) übertragen. Dem Richter bleiben in Kindschaftssachen (§ 14 RPflG) insbesondere vorbehalten die Anordnung einer Betreuung oder Pflegschaft aufgrund dienstrechtlicher Vorschriften, soweit hierfür das Familiengericht zuständig ist (Nr 9), und die Anordnung einer Pflegschaft über einen

Angehörigen eines fremden Staates einschließlich der vorläufigen Maßregeln nach Art 24 EGBGB.

In Betreuungssachen und betreuungsgerichtlichen Zuweisungssachen sind dem **58** Richter vorbehalten die Anordnung einer Betreuung oder Pflegschaft über einen Angehörigen eines fremden Staates einschließlich der vorläufigen Maßregeln nach Art 24 EGBGB (§ 15 Abs 1 Nr 5 RPflG) und die Anordnung einer Betreuung oder Pflegschaft aufgrund dienstrechtlicher Vorschriften (§ 15 Abs 1 Nr 6).

§ 6 RPflG ermöglicht es dem Familiengericht, nicht nur über den vorgesehenen **59** Eingriff in die elterliche Sorge zu entscheiden, für den es zuständig ist (§§ 1666, 1674 BGB), sondern auch die erforderliche Anordnung einer Vormundschaft oder Pflegschaft vorzunehmen und sogar den Vormund oder Pfleger auszuwählen.

Soweit der Richter nach § 14 RPflG in Kindschaftssachen zuständig ist und im **60** Zusammenhang mit Entscheidungen betreffend die elterliche Sorge Pflegschaften anzuordnen sind, kann (und sollte bei entsprechender Sachlage) der Richter auch die Pflegschaft anordnen und die Auswahl des Pflegers treffen. Hierdurch findet der Gedanke der Einheitlichkeit von Sach- und Personalentscheidung Eingang in das Vormundschafts- und Pflegschaftsrecht (zur Begründung näher BT-Drucks 13/4899, 109 f; s auch ZORN FamRZ 2000, 719 u REGLER Rpfleger 2000, 305, 306).

Die für die Wirksamkeit der Pflegschaft erforderliche Bestellung nach § 1789 BGB **61** fällt jedoch weiterhin in den Zuständigkeitsbereich des Rechtspflegers. Denkbar wäre, dass der Richter, nachdem er die Auswahl getroffen hat, alsbald auch die Verpflichtung nach § 1789 BGB vornimmt und so dafür sorgt, dass eine Verzögerung des Verfahrens durch eine erforderliche Ergänzungspflegschaft weitgehend vermieden wird (ZACHEY FamRZ 2010, 474; BESTELMEYER FamRZ 2011, 950, 954). Der Rechtspfleger hat die Pflegschaften in den übrigen Fällen anzuordnen und die weiteren Entscheidungen zu treffen (§ 3 Nr 2a RPflG).

§ 1697 BGB, der die grundsätzlich dem Rechtspfleger obliegende Auswahlentschei- **62** dung durch den Richter zuließ, wurde durch das FGG – RG mit der Begründung aufgehoben, es handele sich um eine Folgeänderung aufgrund der Abschaffung des Vormundschaftsgerichts und der Neuverteilung der Zuständigkeiten auf das Familien- und das Betreuungsgericht (Art 50 Nr 31 FGG – RG, BT-Drucks 16/6308, 346). In der amtlichen Begründung zu § 14 RPflG heißt es außerdem, die bisherige Aufgabenverteilung zwischen Richter und Rechtspfleger im Bereich der Vormundschafts- und Familiensachen solle auch nach Inkrafttreten des FamFG unverändert bleiben (BT-Drucks 16/6308, 322). Während § 1897 BGB aF die Auswahl des Vormunds oder des Pflegers sowie die vorangehende Anordnung der Maßnahme durch den Richter als Kannentscheidung vorsah, lassen die Formulierungen in dem jetzt gültigen § 14 RPflG eine solche Annahme nicht mehr zu. Die Folgemaßnahmen werden nicht ausdrücklich aufgeführt; sie sollen bereits erfasst sein und gestatten demzufolge nicht eine abweichende Zuständigkeit. Eine Abgabe an den Rechtspfleger sieht das RPflG nicht vor.

c) Örtliche Zuständigkeit

In Kindschaftssachen örtlich zuständig ist das Gericht, in dessen Bezirk das Kind **63** seinen gewöhnlichen Aufenthalt hat (§ 152 Abs 2 FamFG), es sei denn, dass eine Ehesache unter deutschen Gerichten anhängig ist oder war; dann ist ausschließlich das Gericht zuständig, bei dem die Ehesache im ersten Rechtszug anhängig ist oder war (§ 152 Abs 1 FamFG). Die Zuständigkeit des Gerichts in betreuungsgerichtlichen Zuweisungssachen bestimmt sich nach § 272 FamFG (§ 341 FamFG). Für die Pflegschaftssachen kommt (in den meisten Fällen; KEIDEL/BUDDE, FamFG § 341 Rn 1) die Zuständigkeit des Gerichts in Betracht, in dessen Bezirk das Bedürfnis der Fürsorge hervortritt (§ 272 Abs 1 Nr 3 FamFG). Das gilt auch für einstweilige Anordnungen (§ 272 Abs 2 FamFG).

d)   Wesentliche Verfahrensunterschiede
aa) Verfahrensbeistand/Verfahrenspfleger

64 Das Gericht hat dem minderjährigen Kind in Kindschaftssachen, die seine Person betreffen, einen geeigneten Verfahrensbeistand zu bestellen, soweit dies zur Wahrnehmung seiner Interessen erforderlich ist (§ 158 Abs 1 FamFG) und in dieser Vorschrift nichts anderes bestimmt ist. Das Gericht, das den Verfahrensbeistand bestellt, kann ihm zu den im Gesetz beschriebenen Aufgaben zusätzliche Aufgaben übertragen; das Gericht hat dies nach Art und Umfang konkret festzulegen und zu begründen (§ 158 Abs 4 S 3 und 4 FamFG). Gesetzliche Vertretung des Kindes durch den Verfahrensbeistand ist ausgeschlossen (§ 158 Abs 4 S 6 FamFG).

65 Dem Betroffenen in einem Verfahren in Betreuungssachen und in Unterbringungssachen hat das Gericht einen Verfahrenspfleger zu bestellen, wenn dies zur Wahrnehmung der Interessen des Betroffenen erforderlich ist (§§ 276 Abs 1 S 1, 317 Abs 1 S 1 FamFG) und in den genannten Vorschriften nicht Besonderheiten geregelt sind. Die Aufgaben des Verfahrenspflegers sind im Gesetz nicht ausdrücklich genannt. Eine Ermächtigung des Gerichts, weitere Aufgaben zu übertragen, enthalten die Vorschriften nicht.

66 Sowohl der Verfahrensbeistand als auch der Verfahrenspfleger werden durch ihre Bestellung als Beteiligte zum Verfahren hinzugezogen (§§ 158 Abs 3 S 2, 274 Abs 2 FamFG). Ihre Bestellung endet, sofern sie nicht vorher aufgehoben wird, mit der Rechtskraft der das Verfahren abschließenden Entscheidung oder mit dem sonstigen Abschluss des Verfahrens (§§ 158 Abs 6, 276 Abs 5, 317 Abs 5 FamFG).

bb) Verfahrensfähigkeit

67 In Betreuungs- und in Unterbringungssachen ist der Betroffene/Betreute ohne Rücksicht auf seine Geschäftsfähigkeit verfahrensfähig (§§ 275, 316, 9 Abs 1 Nr 4 FamFG). Diese Rechtsposition wird weder durch die Bestellung eines Verfahrenspflegers noch durch einen bereits bestellten Betreuer eingeschränkt. Die Verfahrensfähigkeit Minderjähriger wird in § 9 Abs 1 Nr 2 und 3 FamFG bestimmt. Danach sind verfahrensfähig die nach bürgerlichem Recht beschränkt Geschäftsfähigen, soweit sie das 14. Lebensjahr vollendet haben, und sie in einem Verfahren, das ihre Person betrifft, ein ihnen nach bürgerlichem Recht zustehendes Recht geltend machen (Nr 3). Nach Nr 2 sind es die nach bürgerlichem Recht beschränkt Geschäftsfähigen, soweit sie für den Gegenstand des Verfahrens nach bürgerlichem Recht als geschäftsfähig anerkannt sind.

cc) Anhörungen

Das für die betreuungsgerichtlichen Zuweisungssachen (§ 340 FamFG) einzuhalten- **68** de Verfahren ist, mit Ausnahme der Vorschriften des Allgemeinen Teils des FamFG, nicht geregelt. Auf die Verfahrensbestimmungen für die Betreuungssachen wurde nicht Bezug genommen. Eine (persönliche) Anhörung eines Betroffenen kommt in den Verfahren zur Bestellung eines Abwesenheitspflegers und einer Pflegschaft für unbekannte Beteiligte aus Sachgründen nicht in Betracht. Nahe Angehörige hört das Gericht an, wenn es sie als Beteiligte zum Verfahren hinzugezogen hat (§ 7 FamFG) und nicht bereits im Rahmen seiner Amtsermittlungstätigkeit (§ 26 FamFG) anhört. Eine Anhörung der Betreuungsbehörde entweder zum Zweck der Sachverhaltsaufklärung (§ 26 FamFG) oder als Beteiligte ist weder vorgesehen noch erforderlich.

Für das in § 151 Nr 5 FamFG genannte die Pflegschaft, die gerichtliche Bestellung **69** eines sonstigen Vertreters für einen Minderjährigen und für eine Leibesfrucht betreffende Verfahren gelten die für die Verfahren in Kindschaftssachen vorgesehenen Regelungen der §§ 151 FamFG.

Die Verfahren zur Bestellung eines Pflegers nach den § 1909 BGB sind zu unter- **70** scheiden, ob die Anordnung einer Pflegschaft aus Anlass einer Sorgerechtsentscheidung im Zusammenhang eines Verfahrens nach den §§ 1666, 1666a BGB, oder zur Überbrückung eines Zuständigkeitsmangels bei sonst intakten Sorgerechtsverhältnissen (§§ 1795, 1796, 181, 1909 Abs 1 S 2, 1629 Abs 2 S 1 BGB) erforderlich ist.

Je nach Alter und Verfahrensgegenstand richtet sich die persönliche Anhörung des **71** Kindes (§ 159 FamFG). In sonstigen Kindschaftssachen (zB Pflegschaften) hat das Gericht die Eltern anzuhören. Das gilt nicht für einen Elternteil, dem die elterliche Sorge nicht zusteht, sofern von der Anhörung eine Aufklärung nicht erwartet werden kann (§ 160 Abs 2 FamFG). Die Mitwirkung des Jugendamts, insbesondere seine Anhörung und mögliche Beteiligung, richtet sich nach § 162 FamFG. Zu den Kindschaftssachen, in denen die Anhörung des Jugendamts in Betracht kommt, gehört das Verfahren betreffend die Pflegschaft oder die Bestellung eines sonstigen Vertreters für einen Minderjährigen oder für eine Leibesfrucht (KEIDEL/ENGELHARDT, FamFG § 162 Rn 3). Soweit das Gericht in seiner Entscheidung für die Person des Pflegers (bzw die Bestellung eines Vereins oder des Jugendamts) nicht gesetzlich gebunden ist, hat es vor seiner Auswahlentscheidung das Jugendamt zu hören (§§ 1779 Abs 1, 1915 Abs 1 BGB). Der Pflegebefohlene ist nach Maßgabe des § 1778 Abs 1 Nr 5 BGB iVm § 1915 Abs 1 BGB zu hören.

dd) Vergütungsprobleme

Ebenso wie die Vormundschaft wird auch die Pflegschaft (§ 1915 Abs 1 BGB) **72** grundsätzlich unentgeltlich geführt (§ 1836 Abs 1 S 1 BGB). Sie wird ausnahmsweise entgeltlich geführt, wenn das Gericht bei der Bestellung des Vormunds oder Pflegers feststellt, dass die Vormundschaft oder die Pflegschaft berufsmäßig geführt wird (§ 1836 Abs 1 S 2, 1915 Abs 1 BGB). Diese Vorschriften gelten sinngemäß für die Betreuung (§ 1908i Abs 1 S 1 BGB). Das Vormünder- und Betreuervergütungsgesetz, das das Nähere regelt (§ 1836 Abs 1 S 3 BGB), unterscheidet die Vergütungsregelung für Vormünder und Pfleger einerseits und die für Betreuer andererseits. Die Vergütung des Vormunds und des Pflegers wird nach der aufgewandten und erforderlichen Zeit bemessen (§ 3 Abs 1 VBVG). Für die Höhe der Vergütung sind auch die Regelungen des § 3 Abs 2 VBVG und des § 1915 Abs 1 S 2 BGB heranzuziehen.

73 Die Vergütung der nach den §§ 1896 ff BGB bestellten Betreuer wird nach den im Gesetz näher bestimmten zugebilligten Betreuungszeiten (pauschal) berechnet (§ 5 VBVG). Für Sonderfälle hält § 6 VBVG spezielle Regelungen bereit. In den Fällen des § 1899 Abs 2 und 4 BGB erhält der Betreuer eine Vergütung nach § 1 Abs 2 iVm § 3 VBVG, nach aufgewendeten und erforderlichen Stunden bemessen. Die unterschiedlichen Bemessungsgrundlagen führen dazu, dass der Regelbetreuer eine geringe Stundenzahl bezahlt bekommt, der im Falle seiner Verhinderung aus Rechtsgründen bestellte weitere Betreuer (Ergänzungsbetreuer) die uU zahlreichen aufgewandten und erforderlichen Zeitstunden.

74 Im Bereich der Pflegschaft für einen Minderjährigen kann diese Diskrepanz nicht entstehen, weil sowohl der Vormund als auch der im Falle von dessen Verhinderung (aus Rechtsgründen) bestellte Ergänzungspfleger nach demselben Maßstab (aufgewendete und erforderliche Stundenzahl) vergütet werden.

ee)   Inhalt und Bedeutung der Bestellungsbeschlüsse

75 Der Beschluss, durch den die Pflegschaft angeordnet wird, bezeichnet auch Art und Umfang der dem Pfleger übertragenen Aufgabe, während der Wirkungskreis des Vormunds (zB bei Sorgerechtsentzug) schon durch das Gesetz vorgegeben ist. Der Bestellungsbeschluss hat also hinsichtlich des Wirkungskreises beim Vormund deklaratorischen, beim Pfleger konstitutiven Charakter STAUDINGER/BIENWALD [2013] Vorbem 75 zu §§ 1909 ff).

76 Soweit die Pflegschaft an die Stelle der (teilweise) nicht sorgeberechtigten Person(en) tritt und dem Pfleger infolgedessen allgemeine Aufgabenbereiche übertragen werden (§§ 1626 Abs 1, 1631 BGB) ergeben sich Inhalte und Grenzen der Befugnisse und Pflichten des Pflegers aus dem Gesetz. Je spezieller die vom Pfleger wahrzunehmende Aufgabe ist (§§ 1629 Abs 2, 1795, 1796, 181 BGB), desto präziser ist der Auftrag im Beschluss zu formulieren. Bei den Pflegschaften für Volljährige begrenzt insbesondere der Erforderlichkeitsgrundsatz die Wahrnehmung der Aufgabe. Ohne dass dies in der Bezeichnung des Wirkungskreises zum Ausdruck kommen müsste, hat der Pfleger aufgrund seines Amtes stets das Recht und die Pflicht zum Eintreten für den Pflegebefohlenen, was die Fragen der Anordnung, Fortdauer und Aufhebung der Pflegschaft angeht (BGHZ 35, 1, 5). Der Wirkungskreis des Pflegers passt sich nicht von selbst veränderten Situationen und Bedürfnissen an; die durch die Anordnung des Gerichts verbliebene Rechtsmacht erweitert oder verringert sich nicht automatisch. Je nach Bedarf muss deshalb der Wirkungskreis eingeschränkt oder erweitert werden. Eine entsprechende Informationspflicht des Amtsträgers, die das Betreuungsrecht für den Betreuer eingeführt hat (§ 1901 Abs 5 BGB), fehlt hier. Zur Änderungspflicht allgemein § 1696 Abs 1 BGB; zur Orientierung sämtlicher Entscheidungen, die sich auf die elterliche Sorge beziehen, am Kindeswohl s § 1697a BGB. Soweit nicht für Erstentscheidungen ein Antrag vorgesehen ist (zB § 1630 Abs 3 BGB), sodass auch eine Erweiterung nur auf Antrag in Betracht kommt, entscheidet das Gericht von Amts wegen. Durch schlüssiges Verhalten des Familiengerichts kann weder ein Pfleger bestellt noch sein Wirkungskreis erweitert werden STAUDINGER/BIENWALD [2013] Vorbem 76 zu § 1909 ff; MünchKomm/SCHWAB Vor § 1909 Rn 4 jeweils mwNw). Entsteht über die bestehende Pflegschaft hinaus ein weiterer Fürsorgebedarf, handelt es sich in der Regel um eine neue Pflegschaft. Von ihr kann nur dann keine Rede sein, wenn es sich um eine Erweiterung des Wirkungskreises des Pflegers handelt, die in einem engen tatsächlichen oder rechtlichen Zusammenhang mit dem bisherigen Wirkungskreis des Pflegers steht (zB weitere Ergänzungspflegschaft wegen eines Nachtrags zum Vertrag oder einer Ergänzungsvereinbarung).

4. Folgen der Pflegschaftsanordnung

a) Rechtsstellung des Pflegers

Ist der Betroffene beschränkt geschäftsfähig oder geschäftsunfähig, vertritt der Pfle- **77** ger den Pflegebefohlenen im Rahmen seines Wirkungskreises gerichtlich und außergerichtlich; er hat die Rechtsstellung eines gesetzlichen Vertreters. In den Fällen des § 19 Abs 2 Nr 2 BDO und § 78 Abs 2 Nr 2 WDO wird ausdrücklich bestimmt, dass der Pfleger als gesetzlicher Vertreter zur Wahrnehmung der Rechte des Betroffenen bestellt wird. Wird für einen Volljährigen eine Pflegschaft angeordnet (zB nach § 1911 oder § 1913 BGB), wird dadurch sein rechtsgeschäftlicher Status nicht verändert. Der Pfleger für ein Sammelvermögen wurde früher als obrigkeitlich bestellter Nachfolger der zur Verwaltung und Verwendung von Sammelvermögen berufenen Personen bezeichnet STAUDINGER/ENGLER[10/11] § 1914 Rn 8). Unter Aufgabe dieser Ansicht wird der hM zugestimmt und (im Anschluss an STAUDINGER/SCHILKEN [2014] Vorbem 61 zu § 164) von einem Inhaber eines privaten Amtes gesprochen, der als gesetzlicher Vertreter „im weiteren Sinne" zu qualifizieren ist. Die andernorts verwendete Bezeichnung als eine Partei kraft Amtes (MünchKomm/SCHWAB § 1914 Rn 10 mwNw) trifft eher auf die verfahrensrechtliche, weniger auf die materiellrechtliche Position zu.

Die bisher für die Gebrechlichkeitspflegschaft überwiegend vorgenommene Unter- **78** scheidung zwischen dem Pfleger als gesetzlichem Vertreter des geschäftsunfähigen Pflegebefohlenen und dem von Staats wegen bestellten Bevollmächtigten des nicht geschäftsunfähigen Pflegebefohlenen (BGHZ 48, 147, 160 f; **aA** GERNHUBER/COESTER-WALTJEN § 70 VI 4; eingehend BIENWALD, Untersuchungen 292 ff) ist der in § 1902 BGB getroffenen einheitlichen gesetzlichen Vertretung gewichen (iVm § 1896 Abs 2 BGB; krit BIENWALD, BtR[3] Rn 5 ff sowie MünchKomm/SCHWAB Rn 8 ff jeweils zu § 1902).

Die Bestellung eines Gegenvormunds (nicht: Gegenpflegers) ist nach ausdrücklicher Bestimmung des § 1915 Abs 2 BGB nicht erforderlich.

b) Entsprechende Anwendung der vormundschaftsrechtlichen Bestimmungen

Auf die Pflegschaft finden die für die Vormundschaft geltenden Vorschriften ent- **79** sprechende Anwendung (§ 1915 Abs 1 BGB). Dementsprechend unterliegt der Pfleger der Aufsicht und Kontrolle des Familiengerichts oder des Betreuungsgerichts nach Maßgabe der §§ 1837 ff BGB. Einzelheiten dazu s § 1915 Rn 39 ff. Auf die Pflegschaft sind die Vorschriften über die Notwendigkeit gerichtlicher Genehmigungen und die Folgen ihrer Nichterteilung (§§ 1821 ff BGB) anzuwenden (Münch Komm/SCHWAB § 1915 Rn 18; SOERGEL/ZIMMERMANN § 1915 Rn 6). Der Pfleger ist für den aus einer Pflichtwidrigkeit entstehenden Schaden verantwortlich, wenn ihm ein Verschulden zur Last fällt (§§ 1833, 1915 Abs 1 BGB). Er hat im Übrigen die Pflegschaft selbständig zu führen und unterliegt Weisungen des Gerichts nur nach Maßgabe von § 1837 Abs 2 S 1 u 2 BGB, § 1915 Abs 1 BGB. Aufwendungsersatz und Vergütung erhält er nach Maßgabe der §§ 1835 ff BGB iVm § 1915 Abs 1 BGB. Die nach dem 1. 7. 2005 entstandenen und entstehenden Ansprüche richten sich nach § 3 VBVG iVm § 1915 Abs 1 S 1 BGB sowie nach § 1915 Abs 1 S 2 BGB. Nach § 1915 Abs 3 BGB (angefügt durch Art 1 Nr 4 des Gesetzes zur Beschränkung der Haftung Minderjähriger vom 25. 8. 1998 [BGBl I 2487]) findet § 1793 Abs 2 BGB auf die Pflegschaft für Volljährige keine Anwendung. Diese Vorschrift bestimmt, dass der Mündel für Verbindlichkeiten, die im Rahmen der Vertretungsmacht nach Abs 1 ihm gegenüber begründet werden, entsprechend § 1629a BGB (begrenzt) haftet. Näher dazu STAUDINGER/VEIT (2014) § 1793 Rn 85 ff.

Während es für die Anordnung der Maßnahme ausschließlich darauf ankommt, dass deren gesetzliche Voraussetzungen gegeben sind – insoweit besteht regelmäßig kein Entschließungsermessen –, sind für die Auswahl und die Bestellung des Pflegers eine Reihe von Bestimmungen maßgebend, die mehrere Möglichkeiten zulassen. Zwingend ist § 1916 BGB, wonach für die nach § 1909 BGB anzuordnende Pflegschaften die Vorschriften über die Berufung zur Vormundschaft nicht gelten. Grundsätzlich ist für die Personalentscheidung im Pflegschaftsrecht aber das System des Vormundschaftsrechts maßgebend, das vom Vorrang der Einzelbestellung ausgeht (§§ 1791a Abs 1 S 2, 1915 Abs 1 BGB). Erst wenn eine als Einzelpfleger zu bestellende Person nicht vorhanden ist, darf ein für geeignet erklärter Verein (§ 1791a Abs 1 BGB) oder das Jugendamt (§ 1791b Abs 1 BGB, § 55 SGB VIII) zum Pfleger bestellt werden.

c)   Besonderheiten bei Amtspflegschaften

80 Auf die Pflegschaften für Kinder und Jugendliche sind die §§ 53 ff SGB VIII idF der Bek v 14. 12. 2006 (BGBl I 3134) anzuwenden. Grundsätzlich ist das Jugendamt örtlichzuständig, in dessen Bereich die minderjährige Person ihren gewöhnlichen Aufenthalt hat. Das Familiengericht kann abweichend von § 87c Abs 3 SGB VIII ein anderes Jugendamt bestellen, wenn unter den konkreten Umständen sachliche Gründe (zB Kontinuität der Aufgabenwahrnehmung) dafür sprechen (OLG Brandenburg FamRZ 2014, 1719 mwNw).

81 Nach § 55 Abs 1 SGB VIII wird das Jugendamt Pfleger in den durch das BGB vorgesehenen Fällen (Amtspflegschaft). Die Voraussetzungen für den Eintritt der bestellten Amtspflegschaft regelt §§ 1791b BGB iVm § 1915 Abs 1 BGB. Danach kann auch das Jugendamt zum Pfleger bestellt werden, wenn eine als (ehrenamtlicher) Einzelpfleger geeignete Person nicht vorhanden ist. Das Jugendamt kann von den Eltern eines Pflegebefohlenen weder benannt noch ausgeschlossen werden (§§ 1791b Abs 1 S 2, 1915 Abs 1 BGB).

Ist eine für die Aufgabe geeignete Person vorhanden und dient deren Bestellung dem Wohl der/des Betroffenen, so ist ein Amtspfleger (auf „Antrag" eines jeden, der ein berechtigtes Interesse des Betroffenen geltend macht), ohne dass ein pflichtwidriges Verhalten vorliegen müsste, zu entlassen (für einen Amtsvormund entschieden von LG Heilbronn FamRZ 2004, 134). Der Grundsatz der Subsidiarität der Amtspflegschaft gegenüber der Einzelpflegschaft galt bisher auch im Verhältnis zu Einzelpersonen, die Pflegschaften berufsmäßig führen (KG NJWE-FER 1999, 211). Seit dem 2. BtÄndG kommt gegenüber einem Verein oder einer Behörde nur ein ehrenamtlicher Einzelvormund/-pfleger vorrangig in Betracht (Änderungen der §§ 1791a und 1791b BGB durch Art 1 Nr 2 und 3 des 2. BtÄndG; Bt-Drucks 15/2494, 6). Einen Nachrang der Behörde gegenüber dem Verein sieht das BGB hier nicht ausdrücklich vor; er ergibt sich aus dem Grundsatz der Subsidiarität staatlicher Hilfe gegenüber der durch nicht öffentlich organisierte Wohlfahrtseinrichtungen angebotenen.

Wird das Jugendamt nach diesen Vorschriften Amtspfleger, überträgt es die Aus- **82** übung der Aufgaben aus diesem Amt einzelnen seiner Beamten oder Angestellten (§ 55 Abs 2 S 1 SGB VIII). In dem durch die Übertragung umschriebenen Rahmen ist der Beamte oder Angestellte gesetzlicher Vertreter des Minderjährigen (§ 55 Abs 3 S 2 SGB VIII).

Vor der Übertragung der Aufgaben des Amtspflegers soll das Jugendamt das Kind **83** oder den Jugendlichen zur Auswahl des Beamten oder Angestellten mündlich anhören, soweit dies nach Alter und Entwicklungsland des Kindes oder Jugendlichen möglich ist. Eine ausnahmsweise vor der Übertragung unterbliebene Anhörung ist unverzüglich nachzuholen. Ein vollzeitbeschäftigter Beamter oder Angestellter, der nur mit der Führung von Vormundschaften oder Pflegschaften betraut ist, soll höchstens 50 und bei gleichzeitiger Wahrnehmung anderer Aufgaben entsprechend weniger Vormundschaften und Pflegschaften führen (§ 55 Abs 2 S 2 u 3 SGB VIII; eingefügt durch Art 2 Nr 1 d Gesetzes zur Änderung des Vormundschafts- und Betreuungsrechts v 29. 6. 2011 [BGBl I 1306]) m Wirkung vom 5. 7. 2012.

§ 56 SGB VIII enthält Vorschriften über die Führung der Amtspflegschaft, auf die **84** die Bestimmungen des BGB anzuwenden sind, soweit das SGB VIII nicht etwas anderes bestimmt. Gegenüber dem Jugendamt als Amtspfleger werden nach § 56 Abs 2 SGB VIII die Vorschriften des § 1802 Abs 3 BGB und des § 1818 BGB nicht angewandt. In den Fällen des § 1803 Abs 2 BGB, des § 1811 BGB und des § 1822 Nr 6 und 7 BGB ist eine Genehmigung des Familiengerichts nicht erforderlich. Landesrecht kann für das Jugendamt als Amtspfleger weitergehende Ausnahmen von der Anwendung der Bestimmungen des Bürgerlichen Gesetzbuchs über die Vormundschaft über Minderjährige (§§ 1773 bis 1895 BGB) vorsehen, die die Aufsicht des Familiengerichts in vermögensrechtlicher Hinsicht sowie beim Abschluss von Lehr- und Arbeitsverträgen betreffen. Zu landesrechtlichen Regelungen s KUNKEL/KUNKEL, SGB VIII, Synopse der Landesgesetze im Anhang.

Nach § 56 Abs 3 SGB VIII kann Mündelgeld mit Genehmigung des Familiengerichts **85** auf Sammelkonten des Jugendamts bereitgehalten und angelegt werden, wenn es den Interessen des Mündels dient und sofern die sichere Verwaltung, Trennbarkeit und Rechnungslegung des Geldes einschließlich der Zinsen jederzeit gewährleistet ist; Landesrecht kann bestimmen, dass eine Genehmigung des Familiengerichts nicht erforderlich ist. Die Anlegung von Mündelgeld gemäß § 1807 BGB ist auch bei der Körperschaft zulässig, die das Jugendamt errichtet hat.

§ 56 Abs 4 SGB VIII legt dem Jugendamt die Verpflichtung auf, in der Regel **86** jährlich zu prüfen, ob im Interesse des Kindes oder des Jugendlichen seine Entlassung als Amtspfleger und die Bestellung einer Einzelperson oder eines Vereins angezeigt ist, und dies dem Familiengericht mitzuteilen. § 53 regelt die Beratung und

Unterstützung von Pflegern durch das Jugendamt; § 54 behandelt die Erlaubnis zur Übernahme von Vereinspflegschaften.

87 § 55 Abs 3 S 3 SGB VIII verpflichtet den Amtspfleger, den persönlichen Kontakt zu dem Kind oder Jugendlichen zu halten sowie dessen Pflege und Erziehung nach Maßgabe des § 1793 Abs 1a und § 1800 (iVm § 1915 Abs 1 BGB) persönlich zu fördern und zu gewährleisten (eingefügt m Wirkung v 5. 7. 2012 durch Art 2 Nr 2 des Gesetzes zur Änderung des Vormundschafts- und Betreuungsrechts v 29. 6. 2011 [BGBl I 1306]).

88 Die örtliche Zuständigkeit für die Amtspflegschaft, die durch Bestellung der Familiengerichte eintritt, richtet sich nach § 87c SGB VIII. Im Einzelfall können sachliche Gründe (zB Kontinuität, Ortsnähe) dafür sprechen, nicht das örtlich zuständige Jugendamt zum Pfleger zu bestimmen, sondern die Pflegschaft bei einem anderen Jugendamt zu belassen (OLG Hamm NJWE-FER 1998, 107 für die Amtsvormundschaft unter Berufung auf OLG Hamm FamRZ 1995, 830, 831 und BayObLG FamRZ 1997, 897, 898); eine verfassungsrechtlich nicht ganz unproblematische Auffassung.

d)   Beendigung der Pflegschaft und Entlassung des Pflegers
89 Für die Beendigung der Pflegschaften und deren Gründe sind die §§ 1918 und 1919 BGB (gesetzliche und gerichtliche Beendigung) maßgebend. Wird die Pflegschaft beendet, endigt dadurch auch das Amt des Pflegers. Der Pfleger kann durch das Gericht entlassen werden, wenn die Gründe des § 1886 BGB iVm § 1915 Abs 1 BGB gegeben sind. Das Gericht kann den Pfleger auf dessen Antrag entlassen, wenn ein wichtiger Grund vorliegt (§ 1889 Abs 1 BGB; s auch Abs 2, jeweils iVm § 1915 Abs 1 BGB). In Betracht kommen als Beendigungsgründe Aufhebungsentscheidungen des Familiengerichts nach § 1696 BGB. Das Gericht hat das Jugendamt anzuhören. Es handelt sich um ein Verfahren, das die Person des Kindes betrifft (§ 162 FamFG). Auf seinen Antrag ist das Jugendamt in Fällen zu beteiligen, in deren Verlauf Entscheidungen über die Einleitung oder Beendigung der Pflegschaft zu treffen sind (§ 162 Abs 2 FamFG).

90 Mit der Beendigung des Amtes endet die Rechtsmacht des Pflegers, seine Legitimation zum Handeln für einen anderen. Es entsteht ein Abwicklungsverhältnis, das mit der Erfüllung aller Abwicklungspflichten erlischt (Gernhuber [3. Aufl] § 67 III 2; nach Gernhuber/Coester-Waltjen § 73 III „wandelt sich" das zwischen Vormund und Mündel bestehende Rechtsverhältnis zum Abwicklungsverhältnis). Erhalten bleibt das Recht und die Pflicht zur Fortführung der Geschäfte gemäß §§ 1893 Abs 1, 1915 Abs 1 BGB, soweit dies nach Art der Pflegschaft in Betracht kommt. Der Pfleger hat dem Gericht die Bestallung zurückzugeben (Vereine und die Behörde die schriftliche Verfügung, § 1893 Abs 2 S 2 BGB); ggf ist Rechnung zu legen und das verwaltete Vermögen herauszugeben (§§ 1890, 1915 Abs 1 BGB). Wird für den Pflegebefohlenen bereits vor Vollendung des 18. Lebensjahres gemäß § 1908a oder unmittelbar nach Eintritt der Volljährigkeit ein Betreuer gemäß § 1896 BGB bestellt und sieht der Aufgabenkreis des Betreuers Entsprechendes vor, hat der Pfleger das Vermögen dem Betreuer als dem neuen gesetzlichen Vertreter des Betreuten herauszugeben und ihm gegenüber Rechnung zu legen.

91 Durch den Tod des Pflegers findet zwar das Amt dieses Pflegers sein Ende, die

Pflegschaft als Fürsorgemaßnahme bleibt jedoch erhalten. Die Erben des Pflegers sind verpflichtet, den Tod des Pflegers unverzüglich dem Gericht mitzuteilen (§§ 1894, 1915 Abs 1 BGB), damit von diesem die nötigen Maßnahmen (Bestellung eines neuen Pflegers; ggf einstweilige Maßregeln nach § 1846 BGB) getroffen werden können. Der Tod des Pflegers ist auch in den Fällen mitzuteilen, in denen die Anordnung der Pflegschaft auf eine Entscheidung des Familiengerichts zurückzuführen ist, die Personalentscheidung dagegen vom Rechtspfleger getroffen wurde.

5.   Pflegschaften für Angehörige fremder Staaten (Nichtdeutsche)

Die Anordnung einer Pflegschaft, ihre Änderung und Beendigung, sowie ihr Inhalt **92** unterliegen, wenn es um einen Angehörigen eines fremden Staates geht, grundsätzlich dem Heimatrecht des Betreffenden (Art 24 Abs 1 S 1 EGBGB). Für einen Angehörigen eines fremden Staates, der seinen gewöhnlichen Aufenthalt oder, mangels eines solchen, seinen Aufenthalt im Ausland hat, kann ein Betreuer nach deutschem Recht bestellt werden (Art 24 Abs 1 S 2 EGBGB). Dies trifft jedoch nur für Volljährige zu. Zu Art 24 EGBGB nF nach der vor dem Inkrafttreten des BtG gültigen Textfassung s vHEIN in diesem Kommentar Art 24 nF EGBGB. Der Inhalt der Betreuung unterliegt dem Recht des anordnenden Staates (Art 24 Abs 3 EGBGB). Auf Pflegschaften ist diese Regelung nicht übertragbar (MünchKomm/ SCHWAB vor § 1909 Rn 18). Zur Frage der Bestellung eines (Ergänzungs-)Pflegers für einen minderjährigen unbegleiteten Asylsuchenden unten § 1909 Rn 31.

a)   Pflegschaften für minderjährige Nichtdeutsche

Im Falle nichtehelicher Geburt unterlagen minderjährige Nichtdeutsche der gesetz- **93** lichen Amtspflegschaft, solange dieses Rechtsinstitut noch bestand (Art 20 Abs 2 EGBGB, §§ 1705 ff BGB aF). Nach dessen Wegfall ist zu klären, ob deutsche oder ausländische Behörden oder Gerichte zuständig sind und ein Bedürfnis für deutsche Schutzmaßnahmen zugunsten eines Minderjährigen besteht. Im Falle deutscher Entscheidungszuständigkeit muss geprüft werden, welches Recht für die Anordnung oder Änderung einer Pflegschaft anzuwenden ist (zB Teilentzug des Sorgerechts und Übertragung des Aufenthaltsbestimmungsrechts auf das zuständige Jugendamt). Geklärt werden muss außerdem, welche Pflichten zu internationaler Kooperation zu beachten sind (im Einzelnen BAER, in: OBERLOSKAMP 270 ff u 316 ff; s auch MünchKomm/ SCHWAB Vor § 1909 Rn 18; dort auch zum KSÜ). Zu Art 24 EGBGB, zum Vorrang des Haager Übereinkommens über die Zuständigkeit von Behörden und das anzuwendende Recht auf dem Gebiet des Schutzes von Minderjährigen vom 5. 10. 1961 (Minderjährigenschutzabkommen – MSA) und den danach zulässigen bzw notwendigen Schutzmaßnahmen – hier: Bestellung eines Ergänzungspflegers – STAUDIN-GER/vHEIN (2014) Art 24 EGBGB Rn 13 ff (s auch ESCHBACH, Die nichteheliche Kindschaft im IPR – Geltendes Recht und Reform [1997]; ferner LJA Sachsen JAmt 2001, 64 sowie PETER, Das Recht der Flüchtlingskinder [2001]). Zur Verbesserung der Unterbringung, Versorgung und Betreuung ausländischer Kinder und Jugendlicher s das gleichnamige Gesetz v 28. 10. 2015 (BGBl I 1802) und den Beitrag von VEIT in FamRZ 2016, 93 ff.

b)   Pflegschaften für volljährige Nichtdeutsche

Nach Art 24 EGBGB besteht die Möglichkeit, eine Pflegschaft anzuordnen, weil **94** nicht feststeht, wer an einer Angelegenheit beteiligt ist, oder weil ein Beteiligter sich in einem anderen Staat befindet und seine Angelegenheiten zu besorgen sind; es ist das Recht anzuwenden, das für die Angelegenheit maßgebend ist (Art 24 EGBGB). Vorläufige Maßregeln (Anordnung, Änderung, Aufhebung einer Pflegschaft sowie solche Maßnahmen, zu denen der Pfleger berechtigt wäre) und deren Inhalt unterliegen dem Recht des anordnenden Staates (Art 24 Abs 3 EGBGB). Näher dazu STAUDINGER/vHEIN (2014) Art 24 EGBGB Rn 14 bis 17.

6. Pflegschaften für juristische Personen

95 Sie sind zulässig als Abwesenheitspflegschaft (§ 1911 BGB) und als Pflegschaft für unbekannte Beteiligte, § 1913 BGB (MünchKomm/SCHWAB Vor § 1909 Rn 9).

7. Pflegschaften im Gebiet der DDR

96 S dazu Art 234 § 15 Abs 1 EGBGB (Überleitungsgrundsatz) sowie § 15 Abs 2 iVm § 14 Abs 2–6 (Vormundschaft), die entsprechend gelten. Im Einzelnen dazu STAUDINGER/RAUSCHER (2016) zu Art 234 § 14 u § 15 EGBGB.

8. Bedeutung der Pflegschaft im Straf- und Strafprozessrecht

97 Die Bestellung eines Pflegers kommt in Betracht, weil der gesetzliche Vertreter eines Minderjährigen erforderliche Zustimmungen nicht geben kann (s dazu § 1909 Rn 33, Rn 54). Für einen volljährigen Betroffenen ist gegebenenfalls ein Betreuer nach § 1896 BGB zu bestellen.

98 Für einen Pfleger als Straftäter gelten keine Besonderheiten. Kindesentziehung (§ 235 StGB) liegt auch dann vor, wenn eine Person unter 18 Jahren durch List, Drohung oder mit Gewalt ihrem Pfleger entzogen wird. Begeht der Pflegebefohlene seinem Pfleger gegenüber einen Diebstahl oder eine Unterschlagung (§§ 242, 246 StGB), so ist die Tat auch dann von Amts wegen zu verfolgen, wenn Pfleger und Pflegebefohlener in häuslicher Gemeinschaft leben. Eine Privilegierung (Antragsdelikt) sieht § 247 StGB zwar vor, wenn der Vormund oder der Betreuer Verletzte sind. Eine entsprechende Anwendung auf den Fall des Pflegers, die wegen der tätergünstigen Auswirkungen möglich wäre, wird im strafrechtlichen Schrifttum nicht diskutiert.

99 Zur Antragstellung bei Geschäftsunfähigkeit oder Minderjährigkeit des Verletzten s § 77 Abs 3 StGB. Unterlässt der für die Stellung des Strafantrags zuständige Sorgeberechtigte die Antragstellung oder lehnt er sie ab, kann das Anlass für eine Einschränkung des Sorgerechts nach § 1666 BGB und die Bestellung eines Pflegers nach § 1909 BGB sein, dem die Entscheidungs- und Vollzugskompetenz zugewiesen wird.

§ 1909
Ergänzungspflegschaft

(1) Wer unter elterlicher Sorge oder unter Vormundschaft steht, erhält für Angelegenheiten, an deren Besorgung die Eltern oder der Vormund verhindert sind,

einen Pfleger. Er erhält insbesondere einen Pfleger zur Verwaltung des Vermögens, das er von Todes wegen erwirbt oder das ihm unter Lebenden unentgeltlich zugewendet wird, wenn der Erblasser durch letztwillige Verfügung, der Zuwendende bei der Zuwendung bestimmt hat, dass die Eltern oder der Vormund das Vermögen nicht verwalten sollen.

(2) Wird eine Pflegschaft erforderlich, so haben die Eltern oder der Vormund dies dem Familiengericht unverzüglich anzuzeigen.

(3) Die Pflegschaft ist auch dann anzuordnen, wenn die Voraussetzungen für die Anordnung einer Vormundschaft vorliegen, ein Vormund aber noch nicht bestellt ist.

Materialien: E I § 1738; II § 1786; III § 1885; Mot IV 1043 u 1252; Prot IV 855; VI 312. Geändert durch Art 1 Nr 38 des GleichberG v 18. 6. 1957 und durch Art 9 § 2 des SorgeRG v 18. 7. 1979; STAUDINGER/BGB-Synopse 1896–2005 § 1909. Änderung der Gerichtsbezeichnung durch Art 50 Nr 50 FGG-RG. Materialien zum „Gesetz zur Änderung des Vormundschafts- und Betreuungsrechts" v 29. 6. 2011 (BGBl I 1306): Beschluss d Dt Bundestages v 14. 4. 2011 (BR-Drucks 243/11); Entwurf d BReg BT-Drucks 17/3617; Beschlussempfehlung und Bericht des Rechtsausschusses BT-Drucks 17/5512; Beschluss d BRates v 27. 5. 2011 (BT-Drucks 243/11 [Beschluss]). Beschluss der 87. Konferenz der Justizministerinnen und Justizminister TOP I. 6 betreffend die Bestellung von Berufsvormündern (NdsRpfl 2016, 404); Entwurf eines Gesetzes zur Einführung eines familiengerichtlichen Genehmigungsvorbehaltes für freiheitsentziehende Maßnahmen bei Kindern (ZKJ 2017, 62).

Schrifttum

BALLOF/KORITZ, Praxishandbuch für Verfahrensbeistände (2. Aufl 2015)
BENDER, Zeugen Jehovas und Bluttransfusion, MedR 1999, 260
BESTELMEYER, Die rechtlichen Voraussetzungen für die wirksame Bestellung eines Ergänzungspflegers, Erwiderung zu Keuter, FamRZ 2010, 1955, FamRZ 2011, 950
BIENWALD, Zur Berichtspflicht des nach § 1909 BGB bestellten (Amts-)Pflegers, RpflStud 2015, 129
ders, Ergänzungspflegschaft oder Mitvormundschaft, RpflStud 2016, 33
BILSDORFER, Gesellschafts- und steuerrechtliche Probleme bei Unterbeteiligung von Familienangehörigen, NJW 1980, 2785
BINSCHUS, Zur Vertretungsbefugnis für Minderjährige und Volljährige. Aus Schrifttum und Rechtsprechung; neue vormundschafts- und betreuungsrechtliche Regelungen, ZfF 2012, 41
BOUHATTA, Einwilligung in ärztliche Eingriffe während der Inobhutnahme unbegleiteter minderjähriger Flüchtlinge, JAmt 2017, 16
vBRACKEN, Die Rolle des Anwalts und Verfahrensbeistands in Kinderschutzverfahren, FPR 2009, 579
BRANDENBURG, Bedeutung der Entscheidungen des Vormundschaftsgerichts für die Finanzverwaltung und Finanzgerichte bei Familienpersonengesellschaften, DB 1981, 860
BRÜCKNER, Das medizinische Selbstbestimmungsrecht Minderjähriger (Diss iur Jena 2014)
Bundesarbeitsgemeinschaft Verfahrenspflegschaft für Kinder und Jugendliche e.V., Der Umgangspfleger, Kindschaftsrecht und Jugendhilfe (ZKJ) 2008, 115
Bundesministerium für Justiz und Verbraucherschutz, Eckpunkte für die weitere Reform des Vormundschaftsrechts, FamRZ 2015, 303
DAMRAU, Die Fortführung des von einem Min-

derjährigen ererbten Handelsgeschäfts, NJW 1985, 2236

DIEDERICHSEN, Von der Amtspflegschaft zur kooperativ geführten Beistandschaft – das Verhältnis des alleinsorgeberechtigten Elternteils zum Jugendamt als Beistand, in: Gedächtnisschrift für Lüderitz (2000) 135

DIEDRICHS-MICHEL, Anordnungen von Familien- und Vormundschaftsgerichten gegenüber Jugendämtern, RsDE 29/1995, 43

DRESSLER, Zur Notwendigkeit der Bestellung eines Ergänzungspflegers in Abstammungssachen nach FamFG, Rpfleger 2010, 297

ELSTNER, Eltern und Vormund als gesetzliche Vertreter bei Grundstücksschenkungen, MittBayNot 1974, 4

ETZOLD, Bestellung eines rechtskundigen Mitvormunds für unbegleitete Minderjährige und nach § 1775 S 2 BGB, FamRZ 2016, 609

FAHRENKAMP, Steuerrechtliche Bedeutung ausgewählter vormundschafts- und erbrechtlicher Fragen, DStR 1975, 535

FASTRICK, Vertretung des minderjährigen Kommanditisten in der Familiengesellschaft (1976)

FROHN, Ergänzungspflegschaft zur Regelung des Umgangs?, FF 2016, 240

GARTENHOF/HARTMANN-HILTER ua (Hrsg), Das Münchener Modell in der Praxis. Kriterienkataloge für Mitwirkende am Verfahren in Kindschaftssachen, Kindschaftsrecht und Jugendhilfe (ZKJ) 2011, 285

GÖTZ, Das neue Familienverfahrensrecht – Erste Praxisprobleme, NJW 2010, 897

GUSTAVUS, Vollmacht zu Handelsregistereintragungen bei Personengesellschaften und GmbHS, GmbHRdsch 1978, 219, 223

HEILMANN, Die Gesetzeslage zum Sorge- und Umgangsrecht. Eine Bestandsaufnahme unter Einbeziehung aktueller Rechtsprechungstendenzen, NJW 2012, 16

ders (Hrsg), Praxiskommentar Kindschaftsrecht (2015)

HOFFMANN, Sorgerechtsvollmacht als Alternative zur Vormund-/Pflegschaft des Jugendamts, FamRZ 2011, 1544

dies, Die Auswahl eines Vormunds/Pflegers durch das Familiengericht – materiell-rechtliche Vorgaben, FamRZ 2014, 1084

dies, Die Auswahl eines Vormunds/Pflegers durch das Familiengericht – das Auswahlverfahren, FamRZ 2014, 1167

dies, Zwangsbehandlung Minderjähriger vor dem Hintergrund der jüngeren Rechtsprechung des BVerfG und des BGH, NZFam 2015, 985

HORN, Genehmigungsverfahren bei Ausschlagung für Betreute und Minderjährige, ZEV 2016, 20

JERSCHKE, Ist die Schenkung eines vermieteten Grundstücks rechtlich vorteilhaft?, DNotZ 1982, 459

KAEDING/SCHWENKE, Medizinische Behandlung Minderjähriger – Anforderungen an die Einwilligung, MedR 2016, 935

KAMPSCHULTE, Übertragung bestellter Vormundschaften auf einen Verein, JAmt 2002, 235

KAUFMANN, Das Jugendamt als Vormund und als Sozialleistungsbehörde – Probleme der Doppelfunktion. Zugleich ein Beitrag zur Kritik an jugendamtsinternen Organisationsstrukturen, DAVorm 1998, 481

ders, Eltern, Kinder und Fachkräfte der Jugendämter im familiengerichtlichen Verfahren zur Regelung der elterlichen Sorge bei Trennung und Scheidung, FamRZ 2001, 1, 7

KEPERT, Das Gesetz zur Verbesserung der Unterbringung, Versorgung und Betreuung ausländischer Kinder und Jugendlicher – Führen die gesetzlichen Neuregelungen tatsächlich zu einer Verbesserung der Rechtsposition der Betroffenen?, ZKJb 2016, 12

KEUTER, Begleiteter Umgang – Familienrichter ohne Entscheidungskompetenz?, JAmt 2011, 373

ders, Vergütungsanspruch des berufsmäßigen Ergänzungspflegers für Tätigkeiten vor Bestellung, FamRZ 2010, 1955

ders, Die rechtlichen Voraussetzungen für die wirksame Bestellung eines Ergänzungspflegers – Erwiderung zu Bestelmeyer, FamRZ 2011, 950; FamRZ 2011, 954

KIRCHNER, Zur Erforderlichkeit eines Ergänzungspflegers bei (Mit-)Testamentsvollstreckung durch den gesetzlichen Vertreter des Erben – Zugleich Anmerkung zum Beschluss des OLG Nürnberg vom 29. 6. 2001 – 11 UF 1441/ 01, MittBayNot 2002, 368

KLINKHARDT, Zur Zulässigkeit einer organisatorischen Koppelung von Amtsvormundschaft und wirtschaftlicher Jugendhilfe, DAVorm 2000, 295

KÖHLER, Grundstücksschenkung an Minderjährige – ein „lediglich rechtlicher Vorteil"?, JZ 1983, 225

KÖLMEL, Die Vertretung des minderjährigen Kindes bei der Bekanntgabe des Genehmigungsbeschlusses, MittBayNot 2011, 190

KOHLER, Welchen „Wert" haben die Amtsvormünder?, DAVorm 2000, 729

KOHLER, Vom Umgang mit der Umgangspflegschaft, JAmt 2010, 226

KUNTZE, Ergänzungspflegschaft für minderjährige Kommanditisten einer Familiengesellschaft, JR 1975, 45

LACK, Die Beteiligtenstellung des Jugendamts in Kindschaftssachen, ZKJ 2010, 189

LEONHARDT, Das neue Vormundschaftsrecht aus Sicht der Praxis, ZKJ 2012, 260

LIPP ua (Hrsg), Reform des familiengerichtlichen Verfahrens, 1. Familienrechtliches Forum Göttingen, Göttingen 2009 (mit Beiträgen von HORNIKEL, SALGO und VEIT zu Umgangspflegschaft und Verfahrensbeistandschaft)

LIPPERT, Probleme der Einwilligungsfähigkeit Minderjähriger in ärztliche Behandlungen (Marburg 2016)

LUKITS, Die Obsorge für unbegleitete minderjährige Asylbewerber, EF-Z 2016, 298 und EF-Z 2017, 15

MENNE, Herausforderungen für die Familiengerichtsbarkeit aufgrund von Migration und Flüchtlingsbewegungen in Kindschaftssachen, FamRZ 2016, 1223

MÜLLER, Die Vertretungsproblematik in Genehmigungsverfahren anhand des Beispiels der Erbausschlagung eines verfahrensunfähigen Kindes, RpflStud 2010, 140

MÜMMLER, Keine Dauerergänzungspflegschaft für minderjährige Kinder einer Familiengesellschaft, JurBüro 1975, 425

OBERLOSKAMP, Dauerergänzungspfleger bei Familiengesellschaften, FamRZ 1974, 296

H OBERLOSKAMP (Hrsg), Vormundschaft, Pflegschaft und Beistandschaft für Minderjährige (4. Aufl 2017)

dies, Das Jugendamt im familiengerichtlichen Verfahren, ZKJ 2016, 336

OPITZ, Amtsvormundschaft und Soziale Dienste – miteinander, gegeneinander oder wie?, JAmt (DAVorm) 2001, 315

PERLWITZ/WEBER, Gewährung rechtlichen Gehörs Minderjähriger im Verfahren nach dem FamFG in vermögensrechtlichen Angelegenheiten, FamRZ 2011, 1350

PETER, Das Recht der Flüchtlingskinder (2001)

PLUSKAT, Der entgeltliche Erwerb eines GmbH-Geschäftsanteils eines beschränkt geschäftsfähigen Minderjährigen, FamRZ 2004, 677

PRENZLOW, Die alte und neue Umgangspflegschaft, Kindschaftsrecht und Jugendhilfe (ZKJ) 2010, 120

PRIESTER, Dauerpflege bei Familiengesellschaften aus zivilrechtlicher Sicht, DB 1974, 273

RAACK, Alternativen zur Bestellung von Amtsvormündern, JAmt 2002, 238

REGLER, KindR und Ergänzungspflegschaft, Rpfleger 2000, 305

RÖCHLING (Hrsg), Handbuch Anwalt des Kindes, Verfahrensbeistandschaft und Umgangspflegschaft für Kinder und Jugendliche (2. Aufl 2009)

RÖLL, Selbstkontrahieren und Gesellschafterbeschlüsse, NJW 1979, 627

Sächsisches Landesjugendamt, Empfehlungen zur Stellung und zum Wirkungsbereich eines Amtsvormundes/Amtspflegers, DAVorm 2000, 93

SAGMEISTER, Die Erbausschlagung bei minderjährigen Nach- und Ersatzerben, ZEV 2012, 121

SALGO, Ergänzungspfleger oder Verfahrensbeistand – Zum Stand der Diskussion, FPR 2011, 314

SCHERPE, Reichweite des verfassungsrechtlichen Schutzes der Verwandtenstellung im Vormundschaftsverfahren, zugleich Besprechung von BVerfG – 1 BvR 2926/13, FamRZ 2014, 1435; FamRZ 2014, 1821

SCHMIDT, Gesetzliche Vertretung und Minderjährigenschutz im Unternehmensprivatrecht, BB 1986, 1238

SCHÖNE, Das Zeugnisverweigerungsrecht des Kindes und das gesetzliche Vertretungsrecht der Eltern, NJW 1972, 930

SCHRUTH, Schnittstellen der Kooperation beim „Begleiteten Umgang", ZfJ 2003, 14

STREICHER, Rechtsprechungsübersicht zum FamFG im Jahre 2011, FamRZ 2012, 749 (die späteren s Schrifttumsverzeichnis Vorbemerkungen zu §§ 1909–1921)

SÜNDERHAUF, Aus dem „Fall Kevin" lernen: Aktuelle Änderungen im Recht der Amtsvormundschaft (Stellungnahme zum Gesetzentwurf), JAmt 2010, 405

VEIT, Das Gesetz zur Verbesserung der Unterbringung, Versorgung und Betreuung ausländischer Kinder und Jugendlicher, FamRZ 2016, 93

dies, Die Reform des Vormundschaftsrechts, FamRZ 2016, 2045

dies/MARCHLEWSKI, Die Reform des Vormundschaftsrechts geht in die nächste Runde, FamRZ 2017, 779

VOGEL, Die Erforderlichkeit der Erforderlichkeit der Bestellung eines Ergänzungspflegers für Kinder in Abstammungssachen?, FPR 2011, 353

ders, Die familiengerichtliche Genehmigung der Unterbringung mit Freiheitsentziehung bei Kindern und Jugendlichen nach § 1631b BGB (2014; Rechtstatsachenuntersuchung)

ders, Familiengerichtliche Genehmigung der freiheitsentziehenden Unterbringung bei Kindern und Jugendlichen nach § 1631b BGB, FamRZ 2015, 1

ders, Umgangspflegschaft – Umgangsbegleitung, FF 2016, 442

WACKER, Überlegungen zur Umgangspflegschaft, Kindschaftsrecht und Jugendhilfe (ZKJ) 2010, 256

WAGENER, Bestellung von Einzelpersonen und Vereinen zum Vormund – Probleme und Chancen, JAmt 2002, 233

WALTER, Die Stellung Minderjähriger im Verfassungsbeschwerdeverfahren, FamRZ 2001, 1

WEISSINGER, Ruhen der elterlichen Sorge und Vormundschaft für unbegleitet einreisende Minderjährige, Rpfleger 2017, 8

WOLF, Der Amtsvormund im Jugendamt, DAVorm 2000, 283

ZIMMERMANN, Neuere Rechtsprechung zur Vergütung von Betreuern, Verfahrenspflegern, Verfahrensbeiständen und Nachlasspflegern, FamRZ 2011, 1776

ZIVIER, Die neuen gesetzlichen Regelungen zur Umgangspflegschaft, Kindschaftsrecht und Jugendhilfe (ZKJ) 2010, 306

ZÖLLER, Schenkungen zwischen Ehegatten und Kindern, BWNotZ 1983, 34

ZORN, Bestellung eines Ergänzungspflegers, Rpflegers 2010, 422.

Systematische Übersicht

Alphabetische Übersicht

I.   Allgemeines

1.   Textgeschichte

1   Die Vorschrift wurde durch Art 1 Nr 38 des GleichbG vom 18. 8. 1957 (BGBl I 609) geändert. Statt „der Gewalthaber" wurde „die Eltern" eingefügt. Damit wurde zum Ausdruck gebracht, dass die elterliche Sorge (damals noch elterliche Gewalt, s STAUDINGER/ ENGLER[10/11] Rn 1) beiden Eltern zusteht. Abs 1 S 1 wurde dann durch Art 9 § 2 SorgeRG vom 18. 7. 1979 (BGBl I 1061) geändert. An die Stelle der elterlichen „Gewalt" trat die elterliche „Sorge" (näher dazu STAUDINGER/VOPPEL [2012] Einl 136 zum FamilienR und insbesondere STAUDINGER/PESCHEL-GUTZEIT [2015] Vorbem 18 ff zu §§ 1626 ff u RKEG).

2.   Bedeutungsveränderungen der Vorschrift

2   Der Anwendungsbereich hat durch das SorgeRG und durch das Gesetz zur Reform des Rechts der Vormundschaft und Pflegschaft für Volljährige (Betreuungsgesetz – BtG) vom 12. 9. 1990 (BGBl I 2002) eine Erweiterung, großenteils aber auch eine Verengung erfahren. Das BtG hat mit der Abschaffung der Vormundschaft für Volljährige und der Pflegschaft für Gebrechliche (§ 1910 BGB aF) sowie mit der Einführung des neuen Rechtsinstituts der Betreuung auch für die Fälle, in denen nach bisherigem Recht die Bestellung eines Ergänzungspflegers in Betracht kam oder sogar ein Ersatzpfleger zu bestellen war, ein eigenes Lösungssystem entwickelt. § 1899 BGB sieht vor, dass erforderlichenfalls mehrere Betreuer bestellt werden, und zwar auch insoweit, als der eine Betreuer die Angelegenheiten des Betreuten nur zu besorgen hat, wenn und soweit der andere Betreuer verhindert ist (§ 1899 Abs 4 BGB; näher dazu dort, ferner BT-Drucks 11/4528, 130 sowie Art 1 Nr 9 Buchst b 2. BtÄndG). Durch das Beistandschaftsgesetz wurde mit Wirkung vom 1. 7. 1998 die gesetzliche Amtspflegschaft der §§ 1706 ff BGB für nichteheliche Kinder beseitigt und eine freiwillige, nur auf Antrag (§ 1713 BGB) einsetzende Beistandschaft eingeführt.

3   Zum Schutz des Kindes, das in Familienpflege lebt, kann die Rechtsstellung der Pflegeeltern gestärkt werden. § 1630 Abs 3 BGB, eingeführt durch das SorgeRG, eröffnet die Möglichkeit, den Pflegeeltern Angelegenheiten der elterlichen Sorge zu übertragen. Soweit das Familiengericht eine Übertragung vornimmt, haben die Pflegeeltern die Rechte und Pflichten eines Pflegers. Weil diese Regelung sich als nicht praktikabel erwies, gewährte bisher § 38 SGB VIII den Pflegeeltern eine vermutete Vollmacht zur Wahrnehmung der Geschäfte des täglichen Lebens, mit der ihnen jedoch nicht die (partielle) Rechtsstellung des Pflegers wie in § 1630 Abs 3 BGB eingeräumt wurde. § 1630 Abs 3 BGB war aber neben § 38 SGB VIII erhalten geblieben (STAUDINGER/PESCHEL-GUTZEIT [2015] § 1630 Rn 31 ff). Durch Art 1 Nr 24 wurde die Befugnis als dem Sorgerecht zugehörig ins BGB übernommen und in § 1688 BGB eingestellt. Dazu Vorbem 3 zu §§ 1909 ff BGB. Zum Vorrang der Einzelvormundschaft vor der Vereins- und der Amtsvormundschaft und der Möglichkeit, geeignete Pflegeeltern zu Vormündern ihrer Pflegekinder zu bestellen, LG Flensburg FamRZ 2001, 445 mAnm HOFFMANN 446. Der neu gefasste § 38 SGB VIII enthält eine Zuständigkeit des Jugendamts für den Fall, dass der Inhaber der Personensorge durch eine Erklärung nach § 1688 Abs 3 S 1 BGB die Vertretungsmacht der Pflegeperson unvertretbar einschränkt und sich ein Beteiligter aus diesem Grunde oder wegen sonstiger Meinungsverschiedenheiten an das Jugendamt wendet. Die Anwendung von § 1909 BGB wird durch § 1631c BGB (Verbot der Sterilisation Minderjähriger) ausgeschlossen. Von den Pflegschaftsfällen des § 1909 BGB unterscheidet sich der des § 1630 BGB in der Weise, dass hier das durch die Pflegschaft auszugleichende Defizit durch die Übertragungsentscheidung des Gerichts erst entsteht. Die Pflegschaft wird nicht angeordnet, weil ein Defizit im Bereich der Elternverantwortung besteht; vielmehr tritt die Nichtberechtigung des Sorgerechtsinhabers als Folge der Übertragungsentscheidung erst ein (§ 1630 Abs 1 BGB). Die praktische Bedeutung der Vorschrift des § 1909 BGB hat durch die Bestellung von Umgangspflegern in letzter Zeit zugenommen (vgl dazu ua Weinreich KindPrax 2005, 59).

Mit dem SorgeRG wurde in zahlreichen Fällen anstelle der Rechtsfolgeautomatik, **4** durch die dem anderen Elternteil beim Wegfall des einen die elterliche Sorge allein zustand, eine fürsorgliche Regelung durch das Familiengericht vorgesehen. Während nach dem früheren § 1679 BGB im Falle der Verwirkung elterlicher Gewalt das Familiengericht die Alleinzuständigkeit des anderen Elternteils anordnete, für den Fall der Bestellung eines Vormunds oder Pflegers mit seiner Entscheidung jedoch bewirkte, dass auch der andere Teil die elterliche Sorge oder die Sorge für die Person oder das Vermögen des Kindes automatisch verlor, ist diese Automatik in den Fällen der §§ 1680, 1681 BGB entfallen, sodass eine erforderliche Pflegerbestellung nicht zwangsläufig den Verlust der elterlichen Sorge nach sich zieht.

Zumindest terminologisch sind die Fälle, in denen die Sorge nach den §§ 1666, 1666a, 1837 Abs 4 BGB ganz oder teilweise entzogen worden ist und infolgedessen die Voraussetzungen für die Anordnung einer Pflegschaft gemäß Abs 1 und die Bestellung eines Pflegers eingetreten sind, und diejenigen Fälle, in denen der Sorgerechtsinhaber zur Vertretung des Kindes nicht befugt ist, weil entweder das Gesetz unmittelbar oder das Gericht durch entsprechenden Beschluss die Vertretungsbefugnis ausgeschlossen hat (§§ 1629 Abs 2 S 1, 1795, 1796, 181 BGB) zu unterscheiden. In der Rechtsprechung werden diese grundlegenden Unterschiede, speziell im Zusammenhang der Erörterung, ob ein Verfahrensbeistand als Ergänzungspfleger fungieren könne, nicht genügend beachtet (vgl OLG Stuttgart FamRZ 2010, 1166). Die Entziehung elterlicher Sorge enthält zugleich die Entziehung der gesetzlichen Vertretung; bei teilweisem Entzug elterlicher Sorge entspricht dem die entsprechende Einschränkung der Vertretungsmacht des Sorgerechtsinhabers. Dagegen berührt der Ausschluss (§§ 1795, 181 BGB) oder die Entziehung (§ 1796 BGB) der Vertretungsmacht keineswegs den Verlust der Personen – und/oder Vermögenssorge im Übrigen. Das Sorgerecht wird eingeschränkt, aber nicht entzogen; es beschränkt sich auf die tatsächliche Sorge.

Durch das Beistandschaftsgesetz (Art 1 Nr 3) ist die Unterhaltspflegschaft des **5** § 1690 Abs 2 BGB bisherigen Rechts aufgehoben worden; durch das KindRG (Art 1 Nr 19, BT-Drucks 13/4899, 100) die des § 1671 Abs 5 BGB. In Zukunft kommen Vormundschaft und Pflegschaft infolge des umfassenden oder teilweisen Verlusts elterlicher Sorge auch im Fall von Trennung und Scheidung nur unter den strengen Voraussetzungen des § 1666 BGB und im Zusammenhang mit einer entsprechenden

Entscheidung in Betracht. Denn, wenn beiden Eltern die elterliche Sorge zusteht, weil das Kind während bestehender Ehe geboren ist, oder die nicht miteinander verheirateten Eltern Sorgeerklärungen abgegeben haben, verbleibt beiden die elterliche Sorge auch im Falle ihrer Trennung, sofern nicht auf Antrag eine Entscheidung des Familiengerichts getroffen wird (§ 1671 BGB); ggf wird dem Vater die elterliche Sorge übertragen, wenn die Mutter dies will (§ 1672 BGB) oder der alleinsorgeberechtigte Elternteil verstorben ist (§ 1680 BGB), jeweils neu gefasst durch Art 1 Nrn 19, 20 u 22 KindRG.

3.   Zum Verhältnis von Ergänzungs- und Ersatzpflegschaft

6 Trotz der Einführung der amtlichen Überschrift enthält die Vorschrift nicht nur Regelungen betreffend die „Ergänzungspflegschaft". Abs 1 enthält die Voraussetzungen für die Bestellung des sogenannten Ergänzungspflegers. Genau genommen ergänzt der Pfleger nicht die elterliche oder vormundliche Sorge, sondern tritt an die Stelle der aus tatsächlichen oder rechtlichen Gründen verhinderten Sorgerechtsinhaber (Lückenschließung, GERNHUBER/COESTER-WALTJEN § 75 I 2). Abs 3 regelt die vorläufige Pflegerbestellung (auch Ersatzpfleger, Überbrückungspfleger oder Notpfleger genannt; s STAUDINGER/PESCHEL-GUTZEIT [2015] § 1630 Rn 9 und GERNHUBER/ COESTER-WALTJEN § 75 IV), die den Zeitraum bis zur Bestellung des Vormunds überbrücken soll. Während die Ergänzungspflegschaft die Besorgung einer einzelnen Angelegenheit oder eines Kreises von Angelegenheiten, auf keinen Fall jedoch die volle elterliche oder vormundliche Sorge zum Inhalt haben kann, kann der nach Abs 3 bestellte Pfleger den Vormund voll ersetzen und deshalb umfassend zuständig sein (GERNHUBER/COESTER-WALTJEN § 75 IV 2 mwNw); aus Gründen der Vorläufigkeit seines Amtes ist der Pfleger jedoch gehalten, Entscheidungen von weitreichender Bedeutung zu vermeiden.

7 Auf eine Pflegeperson kann die elterliche Sorge nach § 1630 Abs 3 BGB nicht in vollem Umfang übertragen werden, weil dies die Befugnisse der dadurch bestehenden Pflegschaft übersteigen würde (OLG Thüringen FamRZ 2009, 992).

8 Die Bestellung eines Ergänzungspflegers findet ihre Grenzen, wenn infolge eines entsprechenden Defizits in der elterlichen Verantwortung eine Vormundschaft anzuordnen ist. Geht die Verhinderung der Eltern so weit, dass sie weder in der Personensorge noch in der Vermögenssorge den Minderjährigen vertreten können oder dürfen (vgl § 1673 BGB), ist die Anordnung einer Vormundschaft erforderlich (ERMAN/ROTH Rn 2).

4.   Die Rechtsstellung des Pflegers im Allgemeinen

9 Art und Umfang der Rechtsmacht des Ergänzungspflegers bestimmen sich nach dem ihm übertragenen Wirkungskreis. Maßgebend dafür ist die Verpflichtungsverhandlung (SOERGEL/ZIMMERMANN Vorbem § 1909 Rn 4; STAUDINGER/ENGLER[10/11] Vorbem 3 zu § 1909 mwNw). Einstweilige Anordnungen oder vorläufige Maßnahmen nach § 1666 BGB machen aus der nachfolgenden Pflegschaft weder zeitlich noch inhaltlich eine „einstweilige Maßnahme". Die Pflegschaft hat so lange und mit dem durch den Wirkungskreis begrenzten Inhalt Bestand, bis der Grund ihrer Anordnung weggefallen ist und sie aufgehoben wird oder mit Erreichen der Volljährigkeit kraft Gesetzes endet (OLG Hamm NJW-RR 2010, 1589 = FamRZ 2010, 1997).

Im Rahmen seines Wirkungskreises vertritt der Pfleger den Minderjährigen gericht- **10** lich und außergerichtlich (§§ 1630 Abs 1, 1915 Abs 1 BGB iVm § 1793 BGB). Die Bestellung eines Ergänzungspflegers wie die eines Ersatzpflegers lässt die **Rechtsstellung des Minderjährigen** unberührt. Wirkungen der Pflegerbestellung für den Fall vorläufiger Vormundschaft, wie sie früher zu bedenken waren (vgl § 1906 BGB u § 114 BGB jeweils aF), sind mit der Aufhebung des § 114 BGB und der Einführung des Rechtsinstituts der Betreuung entfallen. Steht dem Ergänzungspfleger das Aufenthaltsbestimmungsrecht zu, kann er die Herausgabe des Kindes von jedem verlangen, der es ihm widerrechtlich vorenthält (§§ 1632 Abs 1, 1800, 1915 Abs 1 BGB). Auf der Grundlage des ihm übertragenen Aufenthaltsbestimmungsrechts hat der Ergänzungspfleger die Möglichkeit, das Kind ohne weitere Mitwirkung des Familiengerichts aus dem Haushalt der Eltern herauszunehmen (BVerfG FamRZ 2014, 1772 Rn 23, FamRZ 2016, 22 Rn 22). Will der Ergänzungspfleger das Kind aus der Pflegefamilie, in der es sich zZ befindet, herausnehmen und in einer anderen Pflegefamilie unterbringen, kann das Familiengericht anordnen, dass das Kind bei der bisherigen Pflegefamilie verbleibt, wenn und solange das Kindeswohl durch die Wegnahme gefährdet würde (§§ 1632 Abs 4, 1800, 1915 Abs 1 BGB; AG Siegen FamRZ 2009, 1501).

Der Pfleger führt sein Amt im Rahmen seines Wirkungskreises grundsätzlich selbständig. Gegenüber dem Gericht besteht, abgesehen von der Bestimmung des § 1837 BGB (Einschreiten bei Pflichtwidrigkeiten), keine Weisungsabhängigkeit (OLG Hamm FamRZ 2012, 1312).

Bei der Führung der Pflegschaft muss darauf Bedacht genommen werden, dass die Entscheidung des Betroffenen nach Eintritt seiner für einen verhältnismäßig kurzen Zeitraum bevorstehenden Volljährigkeit nicht durch langfristige Inventitionsentscheidungen vorweggenommen werden darf (OLG Hamm NJW-RR 2010, 1589 = FamRZ 2010, 1997). Den Kindeseltern gegenüber ist der Ergänzungspfleger zu Auskünften verpflichtet, die auch Angaben umfassen, mit welchen Personen das Kind Umgang hatte bzw hat (OLG Hamm MDR 2016, 1389 = FamRZ 2017, 384 = ZKJ 2016, 463). Hat der Pfleger während seiner Amtszeit und im Rahmen seiner Entscheidungszuständigkeit die zum Zwecke der Begutachtung des Kindes erforderlichen Schweigepflichtsentbindungen erklärt und zumindest dadurch sein Einverständnis mit der Begutachtung erteilt, dauert die Einwilligung auch über das Ende seiner Amtszeit hinaus, soweit nicht jetzige Sorgerechtsinhaber die Einwilligung widerrufen (OLG Düsseldorf FamRZ 2017, 915, 917).

Ist wegen Verhinderung des Ergänzungspflegers eine (weitere) Ergänzungspfleg- **11** schaft eingeleitet, so hat der (Erst-)Pfleger im Umfang der weiteren Ergänzungspflegschaft keine Vertretungsmacht (BayObLG FamRZ 1992, 104 = Rpfleger 1992, 23).

Steht lediglich die Personensorge oder die Vermögenssorge einem Pfleger zu, so **12** entscheidet das Familiengericht, falls sich die Eltern und der Pfleger in einer Angelegenheit **nicht einigen** können, die sowohl die Person als auch das Vermögen des

Minderjährigen betrifft (§ 1630 Abs 2 BGB; näher dazu STAUDINGER/PESCHEL-GUTZEIT [2015] § 1630 Rn 17 ff).

13 Grenzen der Vertretungsmacht der sorgeberechtigten Eltern, die sich aus dem allgemeinen Persönlichkeitsrecht des Minderjährigen nach Art 2 Abs 1 iVm Art 1 Abs 1 GG ergeben (s dazu BVerfGE 72, 155 = FamRZ 1986, 769 = JZ 1986, 632 mAnm FEHNEMANN JZ 1986, 1055 = NJW 1986, 1859 = WM 1986, 823 = BB 1986, 1248), gelten auch für die Pflegschaften des § 1909. Dem Pfleger können nicht mehr Rechte als dem Sorgerechtsinhaber zustehen. Bei der Verwaltungspflegschaft (§ 1909 Abs 1 S 2, § 1638 Abs 1 und 2 BGB) wird die Rechtsstellung des Pflegers gegebenenfalls durch die vom Zuwendenden angeordnete Befreiung gemäß §§ 1852 bis 1854 BGB (s § 1917 Abs 2 S 1 BGB) sowie deren Außerkraftsetzung durch das Familiengericht (§ 1917 Abs 2 S 2 BGB) bestimmt. Zur (entsprechenden) Anwendung von § 166 Abs 2 auf Fälle gesetzlicher Vertretungsmacht und speziell auf den Fall eines bestellten Ergänzungspflegers s BGHZ 38, 65 (näher STAUDINGER/SCHILKEN [2014] § 166 Rn 31). Zum Anwesenheitsrecht des für die Vertretung des Kindes in dem von der Mutter gemäß § 1600 BGB angestrengten Vaterschaftsanfechtungsprozess bestellten Ergänzungspflegers in der nichtöffentlichen mündlichen Verhandlung das Rechtsgutachten des DIJuF v 7. 1. 2003 (JAmt 2003, 133).

5. Ansprüche auf Aufwendungsersatz und Vergütung

14 Auslagenersatz sowie die Bewilligung einer Vergütung richten sich nach den §§ 1835 bis 1836e BGB (§ 1915 Abs 1 BGB), soweit Ansprüche bis zum 1. 7. 2005 entstanden sind. Die nach dem 1. 7. 2005 entstandenen und entstehenden Ansprüche richten sich nach §§ 1915 Abs 1 BGB iVm § 3 VBVG sowie § 1915 Abs 1 S 2 BGB. Der Anspruch auf Vergütung setzt voraus, dass das Gericht bei der Bestellung des Pflegers die Feststellung trifft, die Pflegschaft werde berufsmäßig geführt (§ 1 Abs 1 VBVG). Näher dazu § 1915 Rn 29. Zur nachträglichen Feststellung der berufsmäßigen Amtsführung eines Umgangspflegers (im Anschluss an BGH FamRZ 2014, 1283) OLG Hamm FamRZ 2017, 238. Zur Frage zulässiger Prüfung der Zulässigkeit einer Beschlussberichtigung in der Beschwerdeinstanz OLG Hamm FamRZ 2017, 238. Wird ein Rechtsanwalt als Pfleger tätig, gilt das Rechtsanwaltsvergütungsgesetz nicht (§ 1 Abs 2 RVG), jedoch bleibt § 1835 Abs 3 BGB unberührt. Der Anwalt, der für den Betroffenen Dienste erbringt, für die ein Laie in gleicher Lage einen Rechtsanwalt hinzugezogen hätte (OLG München FamRZ 2008, 2150; BGH FamRZ 2011, 203 mAnm FRÖSCHLE = Rpfleger 2011, 205 = NJW 2011, 453), kann wählen, ob er Aufwendungsersatz nach § 1835 Abs 3 BGB verlangt oder eine Vergütung nach VBVG geltend, wenn sich die allgemeine und die berufsbezogene qualifizierte Amtsführung nicht klar voneinander abgrenzen lassen (für einen anwaltlichen Berufsbetreuer entschieden von KG FamRZ 2012, 63).

Einem Rechtsanwalt, der zum Ergänzungspfleger eines Minderjährigen bestellt worden ist, ist im Regelfall in einer Kindschaftssache keine Verfahrenskostenhilfe unter Beiordnung seiner Person zu bewilligen. Der Grundsatz der Waffengleichheit gilt im Rahmen des § 78 Abs 2 FamFG nicht. Auch stellt die Tätigkeit als Ergänzungspfleger in der Regel keine spezifische anwaltliche Dienstleistung dar (OLG Schleswig FamRZ 2012, 808).

Für die Umgangspflegschaft nach § 1684 Abs 3 BGB und die nach § 1909 BGB **15** angeordnete Pflegschaft mit dem (Teil-)Wirkungskreis der Umgangsregelung gelten unterschiedliche Regelungen des Aufwendungsersatzes und der Vergütung. Nach § 1684 Abs 3 S 6 BGB gilt für den Ersatz von Aufwendungen und die Vergütung des Umgangspflegers § 277 FamFG, das ist die für den Verfahrenspfleger getroffene Bestimmung. Danach erhält der Verfahrenspfleger Ersatz seiner Aufwendungen nach § 1835 Abs 1 bis 2 BGB. Wird die Verfahrenspflegschaft ausnahmsweise berufsmäßig geführt, erhält der Verfahrenspfleger neben den genannten Aufwendungen eine Vergütung in entsprechender Anwendung der §§ 1, 2 und 3 Abs 1 und 2 VBVG wie ein Vormund. Nach § 1915 Abs 1 S 1 BGB richten sich Aufwendungsersatz und Vergütung ebenfalls nach den für den Vormund geltenden Bestimmungen. § 1915 Abs 1 S 2 BGB gestattet es, die Vergütung abweichend von § 3 Abs 1 bis 3 VBVG nach den für die Führung der Pflegschaftsgeschäfte nutzbaren Fachkenntnissen des Pflegers sowie nach dem Umfang und der Schwierigkeit der Pflegschaftsgeschäfte zu bestimmen, vorausgesetzt der Pflegebefohlene ist nicht mittellos. Die nach § 277 Abs 3 FamFG mögliche Bewilligung eines festen Geldbetrages unter den dort näher bestimmten Voraussetzungen entfällt bei der Vergütungsberechnung allein nach § 3 VBVG. Die Vergütung des Umgangspflegers hat das Familiengericht festzusetzen (OLG Hamm FamRZ 2011, 307). Grundsätzlich entstehen die Ansprüche des Umgangspflegers erst ab dem Zeitpunkt seiner förmlichen Bestellung (§ 1789 BGB). Für Tätigkeiten vor der förmlichen Bestellung kann nur in Ausnahmefällen eine Vergütung nach Treu und Glauben (§ 242 BGB) bewilligt werden (OLG Saarbrücken FamRZ 2012, 888; OLG Koblenz FamRZ 2010, 1173 = ZKJ 2010, 253; MENNE ZKJ 2010, 245).

Hat das Familiengericht für zwei Geschwister eine Person (§§ 1915 Abs 1, 1775 S 2 **16** BGB) zum jeweiligen Ergänzungspfleger zur Anbahnung von Umgangskontakten zu ihrem Vater bestellt, kann der Pfleger für jede Ergänzungspflegschaft eine Vergütung beanspruchen, wenn die Pflegschaften berufsmäßig geführt werden (LG Berlin FamRZ 2011, 230, 231).

6. Entsprechende Anwendung der Vormundschaftsvorschriften

Auf die Pflegschaft des § 1909 finden die für die Vormundschaft geltenden Vor- **17** schriften entsprechende Anwendung, soweit sich nicht aus dem Gesetz ein anderes ergibt (§ 1915 Abs 1 BGB). Das betrifft auch die Vorschriften über die Führung der Vormundschaft, speziell die der Genehmigungsbedürftigkeit bestimmter Rechtsgeschäfte (STAUDINGER/ENGLER10/11 § 1915 Rn 15). Der Schutz des Minderjährigen schließt nicht von vornherein die familiengerichtliche Genehmigung einer Beteiligung des Minderjährigen an einer Gesellschaft bürgerlichen Rechts durch das Grundrecht auf individuelle Selbstbestimmung (Art 2 Abs 1 iVm Art 1 Abs 1 GG) aus. Dem Minderjährigen muss allerdings Raum bleiben, nach Eintritt der Volljährigkeit sein weiteres Leben ohne unzumutbare Belastungen, die er selbst nicht zu verantworten hat, zu gestalten (BayObLG 842, 844; BVerfGE 72, 155, 173 = FamRZ 1986, 769 = NJW 1986, 1859, 1860). Zum Prüfungsmaßstab des Gerichts bei (hier versagter) gerichtlicher Genehmigung eines Vertrages über die Gründung einer Familiengesellschaft bürgerlichen Rechts mit Haftungsbeschränkung BayObLGZ 1997, 113 = FamRZ 1997, 842 = DNotZ 1998, 495 mAnm SPIEGELBERG.

Der Pfleger hat ggf mit dem Pflegebefohlenen persönlichen Kontakt zu halten (§ 1793 Abs 1a S 1 BGB). Er soll den Pflegebefohlenen in der Regel einmal im Monat in dessen üblicher Umgebung aufsuchen, es sei denn, im Einzelfall sind kürzere oder längere Besuchsabstände oder ein anderer Ort geboten (§ 193 Abs 1a S 2 BGB). Auch der Pfleger hat in seine Berichte Angaben zu den persönlichen Kontakten zu dem Pflegebefohlenen aufzunehmen (§ 1840 Abs 1 S 2 BGB). Generell zur Berichtpflicht des nach § 1909 BGB bestellten (Amts-)Pflegers BIENWALD RpflStud 2015, 129.

Wird das Jugendamt Pfleger in den durch das BGB vorgesehenen Fällen (Amtspflegschaft) und überträgt es die Ausübung der Aufgaben des Amtspflegers dem einzelnen Beamten oder Angestellten, so soll ein vollzeitbeschäftigter Beamter oder Angestellter, der nur mit der Führung von Vormundschaften und Pflegschaften betraut ist, höchstens 50 und bei gleichzeitiger Wahrnehmung anderer Aufgaben entsprechend weniger Vormundschaften und Pflegschaften führen (§ 55 Abs 1, Abs 2 S 4 SGB VIII).

18 Sind dem Pfleger Elemente der Personensorge übertragen, kann sich das Recht und die Pflicht des Pflegers, für die Person des Pflegebefohlenen zu sorgen, nach den §§ 1631 bis 1633 BGB richten (§ 1800 BGB). In Betracht kommt bei Übertragung des Aufenthaltsbestimmungsrechts die Unterbringung des Kindes, die mit Freiheitsentziehung verbunden ist (§ 1631b BGB). Zu beachten ist das Verbot der Einwilligung in eine Sterilisation (§ 1631c BGB). Eine Pflegerbestellung anstelle der Eltern schließt das Gesetz aus. § 1909 findet keine Anwendung (§ 1631c S 3 BGB).

19 Eine Sonderregelung enthält § 1916 BGB. Danach gelten für die nach § 1909 BGB anzuordnenden Pflegschaften nicht die Vorschriften über die Berufung zum Vormund (§§ 1776, 1777 u 1778 BGB). Zur Kritik an dieser Regelung s STAUDINGER/ENGLER[10/11] § 1916 Rn 2. Zur Auswahl des Pflegers s unten Rn 98 ff.

20 Nach § 1915 Abs 2 BGB ist die Bestellung eines Gegenvormunds (nicht Gegenpflegers!) zwar nicht erforderlich; sie ist aber zulässig und gegebenenfalls auch geboten.

II.   Voraussetzungen der Ergänzungspflegschaft

1.   Bestehen elterlicher Sorge oder Vormundschaft

21 Der Schutzbedürftige (STAUDINGER/ENGLER[10/11] Rn 2; BGB-RGRK/DICKESCHEID § 1773 Rn 1) muss unter elterlicher Sorge oder unter Vormundschaft stehen. Unter Eltern iSv § 1909 Abs 1 BGB ist auch der allein vertretungsberechtigte Elternteil zu verstehen (BayObLG FamRZ 1989, 1342, 1343). Während elterliche Sorge immer an vorhandene Personen gebunden ist, ohne Eltern oder Elternteil keine elterliche Sorge, steht ein Minderjähriger unter Vormundschaft mit der Wirksamkeit einer entsprechenden familiengerichtlichen Anordnung, ohne dass ein Amtsträger bestellt sein muss (vgl §§ 1909 Abs 3, 1846 BGB). Dieser Status bleibt bis zum Eintritt der Volljährigkeit, einem vorher eintretenden Tod des Minderjährigen oder bis zur Wirksamkeit einer Aufhebungsentscheidung erhalten. Die entsprechende Anwendung von § 1909 Abs 1 S 1 BGB kann geboten sein, wenn die elterliche Sorge zwar den Eltern oder einem Elternteil zusteht, das Kind sich jedoch für längere Zeit in Familienpflege befindet und der Pflegeperson gesetzlich oder gerichtlich die Wahrnehmung von Angelegenheiten des täglichen Lebens des Kindes – mit der Folge der Rechtsstellung eines Pflegers – eingeräumt ist, die Pflegeperson aber tatsächlich verhindert und der Sorgerechtsinhaber selbst weder tatsächlich noch rechtlich (§ 1688 Abs 4 iVm §§ 1632 Abs 4, 1682 BGB) zur Abhilfe imstande ist.

Unter Vormundschaft steht der ehelich geborene Minderjährige erst mit Wirksam- **22** keit der familiengerichtlichen Anordnung der Vormundschaft, nicht schon mit dem Eintritt des die Notwendigkeit der Vormundschaft auslösenden Ereignisses (Münch Komm/SPICKHOFF § 1774 Rn 1). Andernfalls gäbe § 1909 Abs 3 BGB keinen Sinn, der die Pflegerbestellung für die Überbrückung der zeitlichen Differenz vorsieht. Zur Notwendigkeit einer Beschlussfassung und Bekanntmachung des Beschlusses s Münch Komm/SPICKHOFF § 1774 Rn 3.

In Ausnahmefällen kann schon vor der Geburt eines Kindes ein Vormund bestellt **23** werden; die Bestimmung des Gerichts wird aber erst mit der Geburt des Kindes wirksam (§ 1774 S 2 BGB). Auch für ein Kind, dessen Eltern bei seiner Geburt nicht verheiratet sein werden, kann bereits vor seiner Geburt ein Vormund bestellt werden (§§ 1774 S 2, 1791c Abs 1 S 1 BGB). Hat das Kind nicht bereits vor der Geburt einen Vormund, tritt mit seiner Geburt die Amtsvormundschaft des Jugendamts ein, sofern das Kind einen Vormund benötigt (§ 1791c Abs S 1 BGB).

Bei einem Kind, das gemäß § 1626a Abs 2 BGB unter elterlicher Sorge seiner **24** Mutter steht und einen **Beistand** gemäß § 1712 BGB hat, kann sowohl auf Seiten der Mutter als auch auf Seiten des Beistands (entspr Anwendung des § 1909 Abs 1 BGB) der Tatbestand der **Verhinderung** iS des § 1909 Abs 1 BGB gegeben sein, wenngleich dies im Fall der Beistandschaft äußerst selten zutreffen wird. Weder vertritt die Mutter den „Amtspfleger", noch steht diesem zu, die Rechte der Mutter auszuüben. Steht dem Vater des Kindes die alleinige elterliche Sorge für die die Unterhaltsansprüche des Kindes betreffenden Angelegenheiten iS des § 1712 Abs 1 Nr 2 BGB zu, so kann dieselbe Konstellation wie im Falle der Mutter gegeben sein, wenn der Vater in Bezug auf die Aufgaben der Nr 2 einen Beistand beantragt hat.

Für die Anwendung des § 1909 Abs 1 BGB kommt es nicht darauf an, aus welchen **25** Gründen der Minderjährige unter Vormundschaft steht. Sowohl die Situation des § 1773 BGB als auch die des § 1666 BGB kommen in Betracht. Gleichgültig ist die Art der Vormundschaft (Einzel-, Vereins- oder Amtsvormundschaft), ebenso, ob es sich um gesetzliche oder bestellte Amtsvormundschaft handelt (MünchKomm/SCHWAB Rn 9). Zum Vorrang einer Einzelvormundschaft (Pflegschaft) gegenüber der des Jugendamts, wenn um die Aufhebung der Vormundschaft (Pflegschaft) des Jugendamts gestritten wird (OLG Brandenburg FamRZ 2014, 1863; in diesem Fall waren die Pflegeeltern zum Vormund bestellt).

Bei **Mitvormundschaft** kann Ergänzungspflegschaft erforderlich werden (Münch **26** Komm/SCHWAB Rn 9), nicht dagegen bei Gegenvormundschaft, weil der Gegenvormund nicht gesetzlicher Vertreter des Mündels bzw des Pflegebefohlenen ist (MünchKomm/SCHWAB Rn 9) und damit auch insofern nicht verhindert sein kann (mit gleichem Ergebnis, aber anderer Begründung [gesetzlich nicht vorgesehen] STAUDINGER/ENG-

LER[10/11] Rn 38). Die als **Unterpflegschaft** bezeichnete Pflegerbestellung bei bestehender Pflegschaft (s MünchKomm/SCHWAB Rn 10) ist echte vom Gericht angeordnete Ergänzungspflegschaft und nicht, worauf die Bezeichnung hindeuten könnte, durch Willensäußerung des verhinderten Pflegers zustande gekommene Pflegschaft (BayObLG Rpfleger 1992, 23). Die Rechtsprechung (ihr folgend MünchKomm/SCHWAB Rn 10) befürwortet die Entlassung des Pflegers (anstelle der Anordnung einer Unterpflegschaft) bei Interessengegensätzen in Angelegenheiten von besonderer Bedeutung für den Pflegebefohlenen (BayObLGZ 1958, 244; auch BayObLGZ 1981, 44, 48) oder bei erheblichem dauerndem Interessenwiderstreit (BGH NJW 1955, 217; BGHZ 65, 41 = LM § 176 ZPO Nr 10 [LS] mAnm JOHANNSEN = NJW 1975, 1518).

2.   Verhinderung des Sorgerechtsinhabers

27 Weitere Voraussetzung der Ergänzungspflegschaft ist die rechtliche oder tatsächliche Verhinderung des Sorgerechtsinhabers (Eltern oder Vormund), bestimmte Angelegenheiten, einen bestimmten Kreis solcher Angelegenheiten oder auch nur einzelne solcher Angelegenheiten wahrzunehmen (OLG Brandenburg FamRZ 2011, 742 [LS]). Die rechtliche Verhinderung kann auf gesetzlicher Regelung (§ 1795 BGB) oder auf gerichtlicher Entscheidung (§§ 1796, 1666 BGB) beruhen. Das Fehlen der für die zu besorgende Angelegenheit erforderlichen Sachkunde oder Erfahrung beim Vormund kann eine tatsächliche Verhinderung begründen; einen etwaigen Mangel an Rechtskenntnissen kann der Vormund durch die Inanspruchnahme fachlichen Rates ausgleichen (OLG Brandenburg FamRZ 2011, 742).

28 In ihrer Wirkung beschränkt die Ergänzungspflegschaft die Sorge der Eltern (§ 1630 Abs 1 BGB) oder des Vormunds (§ 1794 BGB); der Ergänzungspfleger tritt an die Stelle des an sich handlungszuständigen Sorgerechtsinhabers. Aus diesem Grunde wäre es unzulässig, einen Ergänzungspfleger lediglich zur Vornahme einer bestimmten Handlung im Rahmen der Erledigung der Angelegenheit zu bestellen, so zB zu dem Zweck, dass er gegen eine die Entscheidung des Familiengerichts abändernde Entscheidung des Beschwerdegerichts (weitere; jetzt Rechts-) Beschwerde einlege (STAUDINGER/ENGLER[10/11] Rn 3 unter Hinweis auf KG OLGE 8, 363 u mwNw).

29 Fraglich ist, ob der **Mangel an Geschäftsgewandtheit** oder an Erfahrung oder die **fehlende Sachkunde** im Sinne einer tatsächlichen Verhinderung zur Pflegerbestellung führen kann (s ERMAN/HOLZHAUER § 1909 Rn 11; GERNHUBER/COESTER-WALTJEN § 75 V 2; MünchKomm/SCHWAB § 1909 Rn 14; SOERGEL/ZIMMERMANN § 1909 Rn 4; STAUDINGER/ENGLER[10/11] Rn 4 sowie BayObLGZ 1976, 214, 217 = Rpfleger 1976, 399; BayObLGZ 1975, 29 = DAVorm 1975, 296 und BayObLG Rpfleger 1977, 168; OLG Brandenburg FamRZ 2011, 742 [LS]). In BayObLGZ 1976, 214 = Rpfleger 1976, 399 hatte das Gericht die Bestellung eines Ergänzungspflegers wegen tatsächlicher Verhinderung infolge des Fehlens einer erforderlichen Sachkunde, Erfahrung oder Gewandtheit zur sachgemäßen Erledigung einer Angelegenheit nur insoweit gelten lassen, als die gegebene tatsächliche Verhinderung (des Vormunds) auf die Verwaltung des Grundbesitzes beschränkt sein und nur vorübergehend (bis zum Verkauf) bestehen sollte. Infolge der Änderung des § 1837 BGB und der Anwendbarkeit der §§ 1666 ff BGB auf den Vormund dürfte der Bestellung eines Ergänzungspflegers heute eine entsprechende Sorgerechtsbeschränkung vorausgehen, die mit der partiellen Ungeeignetheit des Vormunds zu begründen wäre. Zur Beachtung des Grundsatzes der Verhältnismäßigkeit

im Fall der Entziehung des Sorgerechts und der Bestellung eines Ergänzungspflegers BVerfG FamRZ 2014, 1177. Ohne die familiengerichtliche Feststellung des Ruhens elterlicher Sorge nach § 1674 BGB kann eine Selbstablehnung (ERMAN/ROTH § 1909 Rn 9) des gesetzlichen Vertreters als tatsächliche Verhinderung und damit bereits als Voraussetzung einer Pflegerbestellung nicht akzeptiert werden. Zu Fallgruppen, in deren Rahmen nach Frankfurter Gerichtspraxis in der Vergangenheit in Sorgeverfahren Ergänzungspfleger bestellt wurden, BAUER/SCHAUS Betrifft Justiz Nr 52 – Dezember 1997, 162, 164.

a) Tatsächliche Verhinderung

Tatsächliche Verhinderungen können sein Krankheit, Strafhaft (MünchKomm/SCHWAB **30** Rn 13; BayObLGZ 1974, 491, 493 = NJW 1975, 1082; s auch Mot IV 819 f), Abwesenheit (vgl KG OLGE 24, 32; auch KG DJ 1935, 379), große räumliche Entfernung (MünchKomm/ SCHWAB Rn 13), Einberufung zum militärischen Dienst wohl nur in Ausnahmefällen (die bei STAUDINGER/ENGLER[10/11] Rn 4 zit Entscheidung des KG OLGE 33, 376 betraf die Einberufung zum Heer; heute aktuell sind Einsätze von Bundeswehrangehörigen im Rahmen von UN-Aufträgen uä, die längere Zeit dauern), der Mangel an Geschäftsgewandtheit oder an Erfahrung (STAUDINGER/ENGLER[10/11] Rn 4; s dazu aber oben Rn 29), Selbstablehnung, dh die beharrliche Erklärung eines Elternteils oder des Vormunds, nicht für ein Kind oder den Mündel handeln zu wollen oder zu können. Dies kann als tatsächliche Verhinderung erscheinen (STAUDINGER/ENGLER[10/11] Rn 4 mwNw; dazu eingehender betreffend die Situation bei Inkognitoadoption ERMAN/ROTH Rn 9). Mangelnde Sachkunde des Vormunds kann die Bestellung eines Ergänzungspflegers erfordern (OLG Brandenburg FamRZ 2011, 742 [LS]).

Zur Frage einer (Ergänzungs-)Pflegerbestellung für minderjährige **unbegleitete**, **31** nach dem Asylverfahrensgesetz ab dem 16. Lebensjahr verfahrensfähige, **Asylbewerber** anstelle oder vor einer Ruhensfeststellung (§ 1674 BGB) und Vormundschaftsanordnung (§§ 1773, 1774 BGB) DIV-Gutachten v 23. 10. 1997 (ZfJ 1997, 469, 470). Steht ein ausländischer Jugendlicher unter Pflegschaft, ist die asylrechtliche Entscheidung nach § 18a AsylVfG nur wirksam, wenn sie dem Pfleger zugestellt wird. Die Entscheidung des Familiengerichts bindet das Bundesamt für die Anerkennung ausländischer Flüchtlinge und bleibt bis zu ihrer Aufhebung wirksam (VG Frankfurt aM NVwZ-Beilage 1995, 60). In einem „seltenen Ausnahmefall" (DIJuF in JAmt [DAVorm] 2001, 43) hat das OLG Frankfurt die Voraussetzungen für die Anordnung einer Ergänzungspflegschaft trotz bestehender Amtspflegschaft für einen unbegleiteten minderjährigen **Flüchtling** als gegeben angesehen, weil dem Mitarbeiter des Jugendamts die erforderliche Sachkunde und Erfahrung bzgl Ausländer- und Asylrecht und Detailkenntnisse über die politische Situation im Herkunftsland fehlten (DAVorm 2000, 485). Das Jugendamt als Vormund eines jugendlichen Flüchtlings ist sonst im Allgemeinen nicht gehindert, den Mündel in asylrechtlichen Fragen zu vertreten, deshalb ist keine Vorabbestellung eines Ergänzungspflegers für diese Aufgabe erforderlich (OLG Köln FamRZ 1999, 1694 = NJWE-FER 1999, 182); auch dann nicht, wenn Jugendamt und Ausländeramt derselben Behörde angehören (bei ordnungsgemäßer Führung der Vormundschaft könne ein beachtlicher Interessenkonflikt nicht entstehen, OLG Köln FamRZ 2000, 117). Allgemein ist zur Geltendmachung von Leistungen gegenüber dem Jugendamt neben dem Amtsvormund keine Ergänzungspflegschaft erforderlich (DIJuF-Stellungnahme JAmt [DAVorm] 2001, 43). Zum Problem, das Alter eines ausländischen Flüchtlings festzustellen, und zur Notwendigkeit, bei ganz erheblichen Zweifeln an seiner Volljährigkeit zugunsten seines Schutzbedürfnisses eine Vormundschaft anzuordnen, AG Freising FamRZ 2001, 1317; vgl auch OVG Bremen FamRZ 2016, 1614 zu § 42f Abs 1 und 2 SGB VIII.

Mit seinem Beschluss v 29. 5. 2013 entschied der BGH, dass die Bestellung eines Rechtsanwalts zum Ergänzungspfleger für einen unbegleiteten minderjährigen Flüchtling zur Vertretung in ausländerrechtlichen Angelegenheiten einschließlich des Asylverfahrens auch dann unzulässig ist, wenn dem Vormund einschlägige juristische Sachkunde fehlt (FamRZ 2013, 1206 mAnm BIENWALD). Der BGH lehnte es ab, fehlende Sachkunde des Vormunds oder Pflegers (Jugendamts) als tatsächliche Verhinderung anzuerkennen. Infolgedessen lehnten es im Laufe der Zeit Obergerichte ab, für einen unbegleiteten minderjährigen Flüchtling einen Rechtsanwalt als Ergänzungspfleger zu bestellen (OLG Frankfurt [5. FamS] FamRZ 2014, 673; OLG Frankfurt [1. FamS] FamRZ 2015, 680; OLG Bamberg 2. ZS FamRZ 2016, 152: unzulässig; aA zuvor 7. ZS, FamRZ 2015, 682), wenn das Jugendamt zum Vormund des minderjährigen Flüchtlings bestellt worden war (näher BIENWALD RpflStud 2016, 33, sowie die redaktionelle Anmerkung zu OLG Bamberg FamRZ 2016, 152; vgl auch OLG Nürnberg FamRZ 2016, 481 [LS]). Ebenso OLG Frankfurt (6. FamS) FamRZ 2014, 1129. Entgegen BGH FamRZ 2014, 472 Rn 9 lasse sich ein allgemeiner Rechtssatz dergestalt, dass die sachkundige Vertretung „grundsätzlich durch das Jugendamt als Vormund gewährleistet" sei, nicht aufstellen (OLG Frankfurt [6. FamS] FamRZ 2014, 1128). Das OLG Bamberg setzte sich in der Entscheidung in FamRZ 2016, 152 auch mit der von einigen Gerichten befürworteten Bestellung eines Rechtsanwalts als Mitvormund auseinander und lehnte auch diese ab. Nach OLG Frankfurt (6. FamS) FamRZ 2014, 1128 (LS) ist dem unbegleitet eingereisten ausländischen Jugendlichen ein Mitvormund mit speziellen Rechtskenntnissen auf dem Gebiet des Asyl- und Ausländerrechts zu bestellen, wenn das mangels geeignetem Einzelvormund grundsätzlich als Vormund zu bestellende Jugendamt selbst nachvollziehbar darlegt, für diesen Wirkungskreis nicht die notwendige Sachkunde zu besitzen. Das internationale Recht verpflichte nicht zu einer anderen Entscheidung; im Einzelfall könne die erforderliche Kenntnis selbst beschafft oder es könnten entsprechende Dienste und Hilfen in Anspruch genommen werden (OLG Frankfurt [2. FamS in Kassel] FamRZ 2014, 502; OLG Frankfurt [1. FamS] FamRZ 2015, 680; AA OLG Frankfurt [6. FamS] v 2. 6. 2016 – 6 UF 121/16, FamRZ 2016, 1597, 1598, auch zu Art 6 Abs 2 Dublin III-VO und ihrer Verbindlichkeit; OLG Frankfurt [6. ZS] v 11. 9. 2014 – 6 UF 239/14; FamRZ 2014, 2015 [LS]). Zu allem ETZOLD FamRZ 2016, 609.

Hat das Amtsgericht einem unbegleitet eingereisten minderjährigen mittellosen Flüchtling, der unter Vormundschaft steht, einen Ergänzungspfleger bestellt, der den Minderjährigen in asyl- und ausländerrechtlichen Angelegenheiten vertreten soll, bindet die unzulässige, aber nicht unwirksame Bestellung die Gerichte im Vergütungsverfahren; hier: für einen Rechtsanwalt (BGH FamRZ 2014, 640 [LS]). Nach § 42 Abs 1 S 1 Nr 3 SGB VIII können unbegleitete ausländische Kinder und Jugendliche gegenüber dem zuständigen Jugendamt verlangen, in Obhut genommen zu werden (OVG Bremen FamRZ 2016, 1614; dort auch zur Feststellung der Minderjährigkeit).

Zur eingeschränkten Aufklärungspflicht des Gerichts bei offenkundig falscher Behauptung seiner Minderjährigkeit, Mitwirkungspflicht des Betroffenen und Verwertbarkeit einer Röntgenuntersuchung des Handgelenks OLG Karlsruhe FamRZ 2015, 2182. Zur örtlichen Zuständigkeit des Familiengerichts und einer etwaigen Abgabe des Verfahrens bei mehrfachem Aufenthaltswechsel eines unbegleiteten Minderjährigen OLG Frankfurt FamRZ 2016, 1691.

Der gesetzliche Vertreter ist nicht tatsächlich verhindert, wenn er keinen festen **32** Wohnsitz hat oder seine Anschrift unbekannt ist, er und das Kind sich aber im Inland aufhalten. Hier sind gegebenenfalls Maßnahmen nach § 1666 BGB erforderlich (LG Kleve DAVorm 1996, 273; OLG Düsseldorf NJW 1968, 453). Eine tatsächliche Verhinderung liegt auch dann nicht vor, wenn ein Elternteil sich nicht um die Angelegenheiten des Kindes kümmert, obwohl er dazu imstande wäre (MünchKomm/Schwab Rn 15). Untätigkeit ist grundsätzlich kein Fall von Verhinderung. Maßnahmen nach den §§ 1666, 1666a BGB kommen auch gegenüber dem Vormund in Betracht (§ 1837 Abs 4 BGB). Das Alter (64 Jahre) ist für sich genommen kein Grund anzunehmen, der Vormund sei verhindert, die anstehenden Vertretungsgeschäfte für den Mündel zu besorgen.

Leben beide Elternteile zusammen und ist der zur Vertretung berechtigte Elternteil **33** tatsächlich verhindert, so übt der andere Teil die elterliche Sorge (ganz oder teilweise) allein aus; dies gilt jedoch nicht, wenn die elterliche Sorge dem Elternteil nach § 1626a Abs 2 BGB, §§ 1671 oder 1672 Abs 1 BGB allein zustand. Zum Ruhensfall s § 1678 Abs 1 u 2 BGB. Eine **vorübergehende tatsächliche Verhinderung** rechtfertigt keine Ergänzungspflegschaft, sofern der andere Elternteil in der Lage ist, allein die elterliche Sorge auszuüben (§ 1678 Abs 1 HS 1 BGB, § 1629 Abs 1 S 4 BGB). Leben Eltern, denen die elterliche Sorge gemeinsam zusteht, nicht nur vorübergehend getrennt, sodass der Elternteil, bei dem sich das Kind gewöhnlich aufhält, die Befugnis zur Alleinentscheidung in den Angelegenheiten des täglichen Lebens hat (§ 1687 Abs 1 BGB), und ist dieser Elternteil tatsächlich verhindert (zB im Falle eines Krankenhausaufenthalts), ohne dass das Kind sich bei dem anderen Elternteil aufhält und ohne dass der zur Entscheidung befugte, aber verhinderte Elternteil Regelungen über die Ausübung seiner Befugnisse getroffen hat (Vertretung), so muss vom Familiengericht eine die gesetzliche Regelung abändernde Entscheidung getroffen werden (§ 1687 Abs 2 BGB), damit dann – folgerichtig – auch der andere Elternteil uneingeschränkt an der gemeinsamen elterlichen Sorge teilhat und im Verhinderungsfall entscheiden kann (§ 1678 Abs 1 BGB). Lediglich bei **Gefahr im Verzug** wäre der Elternteil, bei dem sich das Kind nicht aufhält, nach der allgemeinen Norm des § 1629 Abs 1 S 4 BGB berechtigt, ohne vorherige Abänderungsentscheidung sorgerechtliche Entscheidungen zu treffen, wenn auch nur in solchen Angelegenheiten, die zum Wohl des Kindes notwendigerweise entschieden werden müssen. Nicht ausgeschlossen ist, dass bei einer solchen Sachlage das Familiengericht einen Pfleger nach § 1909 Abs 1 S 1 BGB bestellt, zumal es fraglich ist, ob für eine Abänderungsentscheidung des Familiengerichts die bloße Verhinderung ausreicht und besondere Verfahrensregelungen offensichtlich nicht getroffen wurden (zB keine Anhörung des Jugendamts). Zur Verhinderung in Fällen der Familienpflege s oben Rn 9. Zur Möglichkeit (Notwendigkeit) einer Ergänzungspflegschaft zwecks Prüfung, ob ein gerichtliches Verfahren zu betreiben, ggf Rechtsmittel einzulegen ist, FamRefK/Maurer § 50 FGG aF Rn 5 entgegen Rauscher (FamRZ 1998, 329, 333).

b) Rechtliche Verhinderung

Rechtliche Verhinderung liegt vor, wenn die elterliche Sorge nach § 1673 Abs 1 oder **34**

Abs 2 BGB (aus Rechtsgründen) **ruht** (MünchKomm/Schwab Rn 17) oder wenn das Familiengericht durch entsprechenden Beschluss gemäß § 1674 BGB (BayObLGZ 1974, 491, 493 = NJW 1975, 1082) das Ruhen der elterlichen Sorge bei tatsächlichem Hindernis feststellt (MünchKomm/Schwab Rn 9) und der andere Teil nicht in der Lage ist, die elterliche Sorge auszuüben (§ 1678 Abs 1 BGB), oder nicht existiert (näher dazu unten Rn 62). Ruhensfeststellung als gegenüber einem Sorgerechtsentzug minderschwerer Eingriff hat Vorrang bei langfristiger **Inhaftierung** der allein sorgeberechtigten Mutter mit der Folge einer Vormundsbestellung (OLG Dresden FamRZ 2003, 1038). Wird (nur) die gesamte Personensorge entzogen, ist ggf ein Ergänzungspfleger und nicht ein Vormund zu bestellen (BayObLG FamRZ 1997, 1553); ebenso bei „teilweisem Sorgerechtsentzug" (OLG Nürnberg FamRZ 2010, 994; auch OLG Karlsruhe FamRZ 2007, 742 [LS]). Hat das Familiengericht den Teilbereich Aufenthaltsbestimmungsrecht durch **Verbleibensanordnung** geregelt, entfällt dieser Wirkungskreis im Falle einer Ergänzungspflegschaft (OLG Zweibrücken FamRZ 2014, 670; für die Vormundschaft entschieden). Erforderliche Ergänzungspflegschaft zur Beantragung und Entgegennahme von **öffentlichen Sozialhilfeleistungen**, weil die elterliche Sorge insoweit ruht und der Betreuer der Mutter dafür nicht in Betracht kommt (KG FamRZ 2015, 2079 mAnm Zorn). Zur Entziehung/Einschränkung des Sorgerechts im Fall fehlender/verweigerter Einwilligung in die **Behandlung** des Kindes mit Blut (Jehovas Zeugen) und der Alternative gemäß § 1666 Abs 3 BGB s Bender MedR 1999, 260, 265. Wegen akuter Kindeswohlgefährdung durch Druck auf die Minderjährige, ihr Kind auszutragen, Ersetzung der Einwilligungsbefugnis des gesetzlichen Vertreters und Anordnung einer Ergänzungspflegschaft mit dem Wirkungskreis einer Entscheidung über den **Schwangerschaftsabbruch** unter Beachtung des Wohls der Minderjährigen (OLG Hamburg FamRZ 2014, 1213). Voraussetzung einer Anordnung einer Ergänzungspflegschaft mit dem Wirkungskreis der **Entbindung** von der **ärztlichen Schweigepflicht** ist die Entziehung der elterlichen Sorge gem §§ 1629 Abs 2 S 3, 1796 BGB (OLG Brandenburg FamRZ 2014, 1212). Eine Ergänzungspflegschaft nach entsprechendem Sorgerechtsentzug ist anzuordnen zur **Sicherstellung des Schulbesuchs** des Kindes (OLG Nürnberg FamRZ 2016, 564) und zur Verhinderung der **Verbringung ins Ausland** (AG Saarbrücken FamRZ 2003, 1859). Zur Gewährleistung des Schulbesuchs (ua) entsprechender Entzug des Aufenthaltsbestimmungsrechts und Übertragung auf einen Ergänzungspfleger (OLG Nürnberg FamRZ 2016, 564). Stehen dem Erziehungsberechtigten und dem gesetzlichen Vertreter ihre Rechte, aufgrund deren sie am **Verfahren gegen** einen **Jugendlichen** zu beteiligen sind (§ 67 Abs 1–3 JGG) nicht mehr zu, so bestellt der Familienrichter einen Pfleger zur Wahrnehmung der Interessen des Beschuldigten im anhängigen Verfahren. Die Hauptverhandlung wird bis zur Bestellung des Pflegers ausgesetzt (§ 67 Abs 4 S 3 u 4 JGG).

35 Rechtliche Verhinderung liegt insbesondere dann vor, wenn Eltern oder der Vormund **kraft Gesetzes von der Vertretung** des Kindes bzw Mündels **ausgeschlossen** sind. Solche Vertretungsverbote bestehen nach den §§ 181 (zB BGHZ 21, 229: Erbauseinandersetzung), 1629 Abs 2 S 1 BGB iVm § 1795 Abs 1 Nr 1–3 BGB, nach § 52 Abs 2 S 2 StPO, § 161a Abs 1 S 2 StPO; vgl auch § 81c Abs 3 S 3 StPO. Hat der Erblasser durch letztwillige Verfügung, der Zuwendende bei der Zuwendung bestimmt, dass die Eltern oder der Vormund das von Todes wegen oder durch Zuwendung unter Lebenden erhaltene Vermögen des Minderjährigen nicht verwalten sollen, erhält der Minderjährige einen Pfleger zur Verwaltung dieses Vermögens (Verwaltungspflegschaft) nach § 1909 Abs 1 S 2 BGB. In Betracht kommt ein Ergänzungspfleger im

staatsanwaltlichen Ermittlungsverfahren oder im Strafverfahren wegen Taten des gesetzlichen Vertreters des Minderjährigen (hier: Verdacht auf Misshandlung von Schutzbefohlenen); OLG Koblenz FamRZ 2014, 1719 (LS mAnm d Redaktion). Will der nach § 52 StPO zeugnisverweigerungsberechtigte Minderjährige aussagen und fehlt ihm die erforderliche Vorstellung von der Bedeutung des **Zeugnisverweigerungsrechts**, bedarf es der Bestellung eines Ergänzungspflegers insoweit, als der gesetzliche Vertreter, weil selbst Beschuldigter, von der Zustimmung zur Aussage ausgeschlossen ist, vorausgesetzt, das minderjährige Kind ist zur Aussage bereit (§ 52 Abs 2 S 2 StPO; OLG Bremen FamRZ 2011, 232 [LS]; ebenso OLG Bremen FamRZ 2017 970, 971 m gewissen Einschränkungen [näher S 971]; vgl auch OLG Koblenz FamRZ 2014, 1719 [LS]); das Familiengericht ist an die Entscheidung der vernehmenden Stelle über die Frage der Verstandesreife des Zeugen gebunden (OLG Nürnberg FamRZ 2010, 1996 mwNw; dort auch zur Ablehnung der entsprechenden Anwendung der Vorschrift auf den Fall des alleinigen Sorgerechts beim Ehegatten des Beschuldigten; insoweit auch OLG Brandenburg FamRZ 2012, 1068). Ist das minderjährige Kind nicht aussagebereit, darf ein Ergänzungspfleger nicht bestellt werden (OLG Brandenburg FamRZ 2010, 843; OLG Saarbrücken Kindschaftsrecht und Jugendhilfe 2011, 258; FamRZ 2011, 1304 [LS]). Ist die alleinsorgeberechtigte Mutter des Minderjährigen nicht Beschuldigte, sondern Geschädigte der fraglichen Straftat, ist sie nicht gehindert, über die Ausübung des Zeugnisverweigerungsrechts ihres minderjährigen Kindes zu entscheiden. Ist abzusehen, dass trotz eines konkret festgestellten oder erkennbaren Interessenwiderstreits zu erwarten ist, dass der Sorgerechtsinhaber dennoch im Interesse seines Kindes handeln wird, ist von einer Entziehung der Vertretungsmacht nach §§ 1629 Abs 2 S 3, 1796 Abs 2 BGB abzusehen (OLG Karlsruhe FamRZ 2013, 45 [LS]). Gegen die Ablehnung der Bestellung eines Ergänzungspflegers steht der Staatsanwaltschaft auch in dem Fall, dass die Eltern gemäß § 52 Abs 2 S 2 StPO an der Entscheidung über die Ausübung des Zeugnisverweigerungsrechts ihres Kindes gehindert sind, ein Beschwerderecht nicht zu (OLG Hamm FamRZ 2016, 566). Einem neunjährigen Kind ist ein Ergänzungspfleger zu bestellen, wenn es im Strafverfahren gegen seine Eltern darüber entscheiden muss, ob es den behandelnden Arzt von seiner Schweigepflicht entbindet (OLG Hamburg FamRZ 2013, 1683).

Zur Geltendmachung seiner Ansprüche wegen unzulässiger Bildveröffentlichung kommen die Eltern des Minderjährigen in Betracht, wenn ihnen die elterliche Sorge gemeinsam zusteht, andernfalls ein Ergänzungspfleger (OLG Karlsruhe FamRZ 2016, 2138 mAnm BURGER 2140).

Aufgabe eines zur Vertretung eines minderjährigen Kindes in einem Strafverfahren **36** (ua zur Ausübung des Zeugnisverweigerungsrechts) bestellten Ergänzungspflegers ist es grundsätzlich nicht, Beratungsgespräche mit der Schulsozialarbeiterin und dem Jugendamt zu führen und zusammen mit Mitarbeitern des Jugendamts Hausbesuche (Familienberatung) durchzuführen (AG Koblenz 16. 11. 2010 – 195 F 401/09).

Dem Pfleger eines angeklagten Minderjährigen, der nicht Angehöriger ist, steht kein berufliches Zeugnisverweigerungsrecht aufgrund von § 53 StPO zu und auch nicht als Rechtsanwältin. Bei der Bestellung der Rechtsanwältin als Pflegerin handelt es sich nicht um eine rechtsberatende Tätigkeit (OLG Frankfurt FamRZ 2017, 1063, 1064).

Der Schutz minderjähriger Zeugen vor mehrfachen **Vernehmungen** kann es gebie- **37** ten, in Fällen von Kindesmissbrauch die Ergänzungspflegschaft im Einzelfall auch schon dann anzuordnen, wenn die vernehmende Stelle dies für geboten hält, ohne dass bereits eine ausdrückliche Entscheidung über das Fehlen der Verstandesreife des minderjährigen Zeugen vorliegt (BayObLGZ 1997, 249, 252 = FamRZ 1998, 257, 258 m krit Anm GUTOWSKI FamRZ 1998, 1330 = NJW 1998, 614 = DAVorm 1998, 465, 467). Die Mitwirkungsberechtigung des gesetzlichen Vertreters bei der Ausübung des Zeugnisverweigerungsrechts des Minderjährigen im Zivilprozess kann durch Entscheidung des Familiengerichts ausgeschlossen und ein Ergänzungspfleger bestellt werden (§§ 1629 Abs 2 S 3, 1796 BGB; MünchKomm/SCHWAB Rn 33; BAUMBACH/LAUTERBACH/ HARTMANN Einf §§ 383–389 Bem 3). Steht dem Ehegatten des Beschuldigten die gesetzliche Vertretung des zur Verweigerung des Zeugnisses berechtigten Minderjährigen zu, kann er über die Ausübung des Zeugnisverweigerungsrechts allein entscheiden. Eine Ergänzungspflegschaft ist nicht erforderlich (OLG Nürnberg FamRZ 2010, 1996; sie käme entgegen dieser Entscheidung auch nicht nur in Betracht, wenn zuvor die elterliche Sorge teilweise entzogen wurde).

38 Im Falle der **Anfechtung der anerkannten Vaterschaft** ist dem verfahrensunfähigen Kind (§ 9 Abs 2 BGB), dessen Mutter nicht personensorgeberechtigt und infolgedessen in dieser Sache nicht vertretungsberechtigt ist, ein Ergänzungspfleger (KG FamRZ 2011, 739; OLG Hamburg FamRZ 2010, 1825 = NJW 2011, 235), notfalls vorerst ein Prozesspfleger (§ 57 Abs 1 ZPO; § 9 Abs 5 FamFG), zu bestellen. Steht den Eltern die elterliche Sorge gemeinsam zu (§ 1626a Abs 1 Nr 1 BGB), ist entsprechend zu verfahren, weil weder der Vater noch die Mutter (§§ 1629 Abs 2, 1795 Abs 1 Nr 3 BGB) das Kind vertreten können (WIESER FamRZ 1998, 1004, 1007 mwNw; OLG Köln FamRZ 2001, 245; OLG Celle FamRZ 2001, 700; OLG Stuttgart FamRZ 2002, 1065 = JAmt 2002, 129; OLG Schleswig FamRZ 2003, 51; OLG Brandenburg FamRZ 2010, 472). Will die allein sorgeberechtigte Mutter als Vertreterin des Kindes in dessen Namen die Vaterschaft anfechten, ist für das Kind ein Ergänzungspfleger zu bestellen (§§ 1629 Abs 2, 1795 Abs 1 Nr 3, 181 BGB; OLG Hamburg FamRZ 2016, 69). In einem Statusverfahren, in dem eine allein sorgeberechtigte Mutter die Vaterschaft ihres geschiedenen Ehemannes anficht, muss für das am Verfahren zu beteiligende Kind (§ 172 Abs 1 Nr 1 FamFG) ein Ergänzungspfleger bestellt werden (OLG Düsseldorf FamRZ 2011, 232 [LS]; bestätigt durch BGH FamRZ 2012, 859 mAnm STÖSSER S 862) und zwar bereits für die Zustellung der Klage und der Ladung zum Termin (BVerfG FamRZ 2002, 880 mAnm VEIT = JAmt 2002, 253 = MDR 2002, 948; OLG Hamburg FamRZ 2010, 1825). Die Klärung der eigenen Abstammung ist Teil des Persönlichkeitsrechts; diese Klärung kann dem Wohl des anfechtenden Kindes zuwiderlaufen (OLG Schleswig FamRZ 2003, 51, 52). Bei der Anfechtung der Vaterschaft durch den gesetzlichen Vertreter – dazu gehört auch der Ergänzungspfleger – muss deshalb gemäß § 1600a Abs 4 BGB positiv festgestellt werden, dass dies dem Wohl des Kindes dient. Zweifel in dieser Hinsicht gehen zulasten des Anfechtenden (OLG Köln FamRZ 2001, 245; dort auch zum Beginn der Anfechtungsfrist ab Bestellung als Ergänzungspfleger). Zur Ablehnung einer Ergänzungspflegschaft im Anfechtungsverfahren mangels eines erheblichen Interessengegensatzes zwischen Mutter und Kind OLG Hamburg (FamRZ 2010, 745 = ZKJ 2010, 72; s auch HELMS/BALZER, Das neue Verfahren in Abstammungssachen, Kindschaftsrecht und Jugendhilfe, ZKJ 2009, 348). Auch nach dem ab dem 1. 9. 2009 geltenden (Verfahrens-)Recht ist die Bestellung eines Ergänzungspflegers für das minderjährige, nicht verfahrensfähige, Kind im Vaterschaftsanerkennungsverfahren unerlässlich. Das Vertretungsverbot der Eltern ergibt sich aus einer entsprechenden Anwendung der §§ 1629 Abs 2

S 1, 1795 Abs 1 Nr 3 BGB (KG FamRZ 2011, 739 [LS] im Anschluss an OLG Hamburg FamRZ 2010, 1825). Bestellt das Gericht einen Ergänzungspfleger für ein Kind mit dem Wirkungskreis der Vertretung in einem Anfechtungsverfahren, ist darin nicht zugleich die konkludente Entscheidung zu sehen, dem Ergänzungspfleger auch die Entscheidung über das „ob" der Anfechtung der Vaterschaft zu übertragen (BGHZ 180, 51 = FamRZ 2009, 861 mAnm WELLENHOFER FamRZ 2009, 968). Eine Ergänzungspflegschaft zwecks Vaterschaftsanfechtung kommt erst dann in Betracht, wenn die Entscheidung getroffen ist, ob die Vaterschaft angefochten werden soll (OLG Dresden FamRZ 2009, 1330; diese Entscheidung kann das Familiengericht gemäß § 1628 einem Elternteil übertragen). Entgegen LG Halle (FamRZ 2010, 744) ist dem Kind zwecks Zustimmung zur **Vaterschaftsanerkennung** nicht ein Ergänzungspfleger zu bestellen, wenn seine **Mutter** noch **minderjährig** ist, weil für das Kind gemäß § 1791c BGB iVm § 55 SGB VIII gesetzliche Amtsvormundschaft besteht und der Amtsvormund das Kind bei der Zustimmung zur Vaterschaftsfeststellung vertritt (BEUTERT, Anm zu LG Halle FamRZ 2010, 744, FamRZ 2010, 1171). In dem Verfahren zur Klärung der Vaterschaft unabhängig vom Anfechtungsverfahren mittels genetischer Untersuchung nach § 1598a Abs 2 BGB, das durch (gleichlautendes) Gesetz v 26. 3. 2008 – BGBl I 441 – eingeführt worden ist, können weder der Vater noch die Mutter das Kind vertreten (§ 1629 Abs 2a BGB), sodass die Bestellung eines (Ergänzungs-)Pflegers erforderlich ist. Die vom Klärungsberechtigten zu beanspruchende Einwilligung in eine genetische Untersuchung zur Klärung der leiblichen Abstammung wird auf Antrag des Klärungsberechtigten vom Familiengericht ersetzt; ein Pfleger zur Erteilung einer Einwilligung ist nicht zu bestellen. Die Frage, ob § 1600 Abs 1 Nr 5 BGB idF des Gesetzes zur Ergänzung des Rechts zur Anfechtung der Vaterschaft v 13. 3. 2008 (BGBl I 313) mit Art 6 GG vereinbar ist, hat der BGH dem BVerfG mit Beschluss v 27. 6. 2012 vorgelegt (XII ZR 89/10; FamRZ 2012, 1489). Bestellung eines Ergänzungspflegers anstelle der Mutter für den Fall, dass der nichteheliche Vater die Feststellung begehrt, dass das Kind nicht sein Kind ist (OLG Stuttgart NJW 2014, 2291).

Seinen **Unterhaltsanspruch** kann das Kind, dessen Eltern in der Wohnung getrennt **39** leben oder/und das sich in der Fürsorge einem Elternteil nicht eindeutig zuordnen lässt, nur durch einen Pfleger gegen die Eltern geltend machen (OLG Zweibrücken FamRZ 2001, 290, 291 mwNw). Die Bestellung eines Ergänzungspflegers ist auch erforderlich für die Geltendmachung von Unterhaltsansprüchen gegen den allein sorgeberechtigten Elternteil (DIJuF-Gutachten v 14. 11. 2002, JAmt 2002, 516). Keine Bestellung eines Ergänzungspflegers, wenn der Anteil eines Elternteils an der Betreuung den Anteil des anderen geringfügig übersteigt (OLG Düsseldorf MDR 2001, 633, 634; vgl dazu auch BÜTTNER FamRZ 1998, 585, 593 und DIJuF-Rechtsgutachten vom 22. 3. 2001 JAmt [DAVorm] 2001, 276, 277). Hat die Mutter das alleinige Sorgerecht und halten sich die Kinder – zB – beim Vater auf, darf keine Ergänzungspflegschaft zugunsten des Vaters mit dem Zweck angeordnet werden, dass der Pfleger Unterhalt gegen die Mutter geltend machen soll (OLG Naumburg FamRZ 2009, 60 mAnm GIESSLER 619, 620). Ebenso, wenn sich das Kind in der Obhut keines Elternteils befindet (OLG Stuttgart FamRZ 2005, 1852 [LS]). Bestellung eines Ergänzungspflegers anstelle des sorgeberechtigten Vaters bei der Geltendmachung von Unterhaltsansprüchen des Sohnes gegen ihn (OLG Dresden FamRZ 2010, 1995). Zur Geltendmachung von Kindesunterhalt im Fall des (echten) Wechselmodells hat das Familiengericht einen Ergänzungspfleger zu bestellen (AG Westerstede FamRZ 2017, 967, 968). Für die **Abänderung eines Unter-**

haltstitels (und die Geltendmachung von Unterhalt) des Kindes gegen seinen nunmehr mit der (mj) Kindesmutter verheirateten Vater DIJuF (Stellungnahme v 21. 12. 2000) JAmt (DAVorm) 2001, 42. Zu einer vom AG Bietigheim (FamRZ 2001, 720) abgelehnten Bestellung eines Ergänzungspflegers zwecks Geltendmachung von Unterhalt gegen die Mutter des anspruchsberechtigten Kindes Linke in der Anm zu dieser Entscheidung (FamRZ 2001, 721). Zur Geltendmachung von Unterhalt beim Wechselmodell Seiler FamRZ 215, 1845, 1850.

40 Erforderlich ist die Ergänzungspflegerbestellung zwecks **Ehelichkeitsanfechtung** (OLG Köln FamRZ 1999, 871; KG Rpfleger 1999, 274 = FGPrax 1999, 103 [speziell zum Vorrang des Einzelpflegers und zur Eignung des Rechtsanwalts]); für das Verfahren zwecks Ersetzung der elterlichen Einwilligung in die **Adoption**, wenn die Mutter zu der Vertretung des Kindes bei dessen Ersetzungsantrag durch einen erheblichen Interessengegensatz gehindert ist (OLG Nürnberg FamRZ 2001, 573 = NJW- RR 2000, 1678; OLG Celle FamRZ 2001, 1732); für das im Kindschaftsprozess (Feststellung der Nichtvaterschaft) beizuladende Kind (OLG Hamburg DAVorm 2000, 796, 797). Die Bestellung eines Ergänzungspflegers ist erforderlich zur Abgabe der gemäß § 1618 S 3 BGB geforderten Einwilligung des fünf Jahre alten Kindes, weil insoweit dessen Mutter als gesetzliche Vertreterin gemäß §§ 1626 Abs 2 S 1, 1795 Abs 2, 181 BGB ausgeschlossen ist (OLG Frankfurt FamRZ 2002, 260, 262).

41 Zur Herbeiführung von Maßnahmen nach den §§ 27 ff SGB VIII kann die Übertragung des Aufenthaltsbestimmungsrechts auf das Jugendamt als Pfleger genügen; eines Entzugs der Personensorge bedarf es in der Regel nicht (OLG Frankfurt JAmt [DAVorm] 2001, 90 mAnm Meyer; vgl andererseits DIJuF-Rechtsgutachten v 27. 10. 2000 JAmt [DAVorm] 2001, 78; JAmt [DAVorm] 2001, 76 mAnm Kohler JAmt [DAVorm] 2001, 172).

42 In **Sorgerechtsverfahren** führt die Beteiligtenstellung des minderjährigen Kindes nicht zwangsläufig zur Bestellung eines Ergänzungspflegers (OLG Stuttgart FamRZ 2010, 1166 = JAmt 2009, 569; OLG Koblenz FamRZ 2010, 1919 [LS] = NJW 2011, 236). Auch bei einem erheblichen Interessengegensatz zwischen Eltern und Kind darf den Eltern die Vertretungsbefugnis im Zusammenhang mit einem Kindschaftsverfahren dann nicht entzogen werden (mit der Folge einer Ergänzungspflegerbestellung), wenn bereits durch die Bestellung eines Verfahrensbeistands für eine wirksame Interessenvertretung des Kindes im Verfahren Sorge getragen werden kann (BGH FamRZ 2011, 1788 mAnm Stösser FamRZ 2011, 1859 = Rpfleger 2012, 23 mwNw). Bestellung eines Ergänzungspflegers, wenn ein Elternteil zu eigenen Gunsten über ein Konto eines Kindes verfügt hat (OLG Koblenz FamRZ 2017, 969, 970).

43 Verweigert der sorgeberechtigte Elternteil die Zustimmung zur Begutachtung des Kindes in einem Umgangsverfahren ohne rechtfertigenden Grund, kann dieser Teilbereich gemäß § 1666 BGB entzogen und auf einen Pfleger übertragen werden (OLG Rostock FamRZ 2006, 1623); Übertragung des Aufenthaltsbestimmungsrechts zu diesem Zweck auf den Pfleger (OLG Rostock FamRZ 2011, 1873). Als Maßnahmen gegen eine Kindeswohlgefährdung (§§ 1666, 1666a BGB) können einem Ergänzungspfleger das Aufenthaltsbestimmungsrecht, das Recht zur Regelung schulischer Belange sowie das Recht zur Regelung erzieherischer Hilfen und das Recht zur Regelung des Umgangs mit beiden Elternteilen übertragen werden (OLG Köln FamRZ 2012, 726 [LS]).

Das **Verbot des Selbstkontrahierens** hindert einen Gesellschafter grundsätzlich nicht, **44** bei Gesellschafterbeschlüssen über Maßnahmen der Geschäftsführung oder sonstige gemeinsame Gesellschaftsangelegenheiten (soweit sie sich auf dem Boden des geltenden Gesellschaftsvertrages bewegen) als Vertreter eines anderen (minderjährigen) Gesellschafters und zugleich im eigenen Namen zu stimmen. Die Tatsache, dass ein Minderjähriger als Kommanditist und sein gesetzlicher Vertreter als persönlich haftender Gesellschafter an derselben Gesellschaft beteiligt sind, rechtfertigt deshalb (allein) nicht die Anordnung einer Ergänzungspflegschaft (BGHZ 65, 93, 99 f; s auch BGHZ 44, 98).

Pflegerbestellung ist nicht geboten, wenn die sorgeberechtigte Mutter kein Rechts- **45** geschäft zwischen sich und ihrer minderjährigen Tochter abschließen will, sondern beide auf der Verkäuferseite stehen (OLG Hamburg FamRZ 2001, 719, 720 mit Hinweis auf OLG Jena FamRZ 1996, 185 = NJW 1995, 3126).

Die Bestellung und Mitwirkung eines Ergänzungspflegers (oder mehrerer) ist nicht **46** erforderlich, wenn die alleinsorgeberechtigte Mutter und die minderjährigen Kinder Miterben sind und die Mutter die minderjährigen Kinder beim Verkauf eines Nachlassgrundstücks an Dritte vertreten will, ohne damit eine Erbauseinandersetzung zu bezwecken (OLG Stuttgart Rpfleger 2003, 501). Bei Eintritt mehrerer Kinder in eine Kommanditgesellschaft durch Aufnahmevertrag ist eine entsprechende Zahl von Ergänzungspflegern erforderlich; bei Übertragung von Kommanditanteilen eines Elternteils im Wege der Sonderrechtsnachfolge reicht die Bestellung eines Ergänzungspflegers (OLG München MittBayNot 2010, 400 = ZEV 2010, 646).

Ein **Ergänzungspfleger ist zu bestellen** für die Vertretung eines minderjährigen Be- **47** teiligten bei dem Abschluss eines Gesellschaftsvertrags, an dem die Eltern des Minderjährigen beteiligt sind (OLG Schleswig MittBayNot 2002, 294); ferner bei Eintritt minderjähriger Kinder in eine Gesellschaft bürgerlichen Rechts, an der die Eltern beteiligt sind, soweit es sich nicht um ein lediglich vorteilhaftes Geschäft handelt (LG Mainz Rpfleger 2000, 15 = MittRhNotK 1999, 387); bei einem Beitritt minderjähriger Kinder in eine rein private, nicht gewerbliche und nur vermögensverwaltende FamilienKG (OLG Thüringen FamRZ 2014, 140); bei der Übertragung von Grundvermögen (Übernahmevertrag) auf die minderjährigen Kinder, sofern das Rechtsgeschäft den Vertretenen nicht lediglich einen rechtlichen Vorteil bringt (OLG Hamm NJW-RR 2001, 437); Bestellung eines Ergänzungspflegers zur Genehmigung eines unentgeltlichen Grundstücksübertragungsvertrags, wenn die Eltern der minderjährigen Übernehmerin ein lebenslanges Nießbrauchsrecht an dem übertragenen Grundbesitz erhalten sollen und eine Pflicht der Eltern zur Übernahme von Kosten jeglicher Art nicht vereinbart ist (OLG Celle FamRZ 2014, 673 [LS] = Rpfleger 2014, 201 unter Aufgabe bisheriger Rechtsprechung – B v 16. 2. 2001 – 4 W 324/00); zum Zwecke der Grundbuchberichtigung hinsichtlich eines in eine BGB-Gesellschaft eingebrachten Grundstücks im Falle des Beitritts Minderjähriger (Kinder bzw Enkel; OLG Zweibrücken FamRZ 2000, 117, 118); zur Wahrnehmung vermögenssorgerechtlicher Ansprüche gegen den nicht sorgeberechtigten Vater aus einer Schenkung (Wahrung vermögensrechtlicher Belange des Kindes, die sich aus der Zuwendung von Grundstücken gegenüber dem nießbrauchsberechtigten Vater ergeben; BayObLGZ 1999, 59 = FamRZ 2000, 251, 252); für die Prüfung der Vergabe eines Darlehens des Kindes an die Mutter und deren Ehemann sowie Entwurf und Abschluss eines Darlehensvertrages zwecks Eigenheimerwerbs (OLG

Köln FamRZ 2000, 42 = FGPrax 1999, 26). Die Schenkung einer Photovoltaikanlage an einen Minderjährigen, die nicht lediglich rechtlich vorteilhaft ist, erfordert im Hinblick auf § 1795 Abs 2 BGB die Bestellung eines Ergänzungspflegers (OLG Dresden FamRZ 2016, 1287 [LS]).

48 Zur Frage der Anordnung einer Ergänzungspflegschaft im Falle der Bestellung eines **Nießbrauchs** durch Eltern zugunsten ihrer minderjährigen Kinder vgl einerseits BFH NJW 1981, 141; andererseits BFH NJW 1981, 142. Zur Meinungsänderung des BFH im Anschluss an die Rechtsprechung des BGH (BGHZ 65, 93) s NJW 1976, 1287. Zu weiteren Einzelfällen der Verhinderung aufgrund von § 1795 BGB STAUDINGER/ ENGLER (2004) § 1795 Rn 6 ff. Zur Kombination von Testamentsvollstreckung und Vormundsbenennung durch Eltern, zu der Konzentration des Testamentsvollstreckeramtes und der Vormundschaft in einer Person und der Vermeidung von Ergänzungspflegerbestellungen im Einzelfall DAMRAU ZEV 1994, 1 und KIRCHNER Mitt-BayNot 1997, 203 jeweils mwNw. Keine Ergänzungspflegschaft ist erforderlich zur Wahrnehmung der Rechte minderjähriger Kinder im Erbscheinsverfahren (keine rechtliche Verhinderung; LG Braunschweig FamRZ 2000, 1184; für einen Betreuungsfall entschieden vom AG Hameln FamRZ 2010, 1272).

49 Ein Ergänzungspfleger ist zu bestellen im Falle der Doppelstellung einer Mutter einerseits als Testaments-(mit-)vollstreckerin und andererseits als gesetzliche Vertreterin der Erbin (OLG Nürnberg FamRZ 2002, 272 = JurBüro 2001, 603 = ZEV 2002, 158 m **abl** Anm SCHLÜTER = MittBayNot 2002, 403 u **abl** Besprechungsaufsatz v KIRCHNER MittBayNot 2002, 368). Bestellung eines Ergänzungspflegers zur Regelung der Erbauseinandersetzung des minderjährigen Kindes mit der ansonsten allein sorgeberechtigten Kindesmutter, zu dessen Aufgabe die Aufnahme eines Darlehns im Namen des Kindes zur Finanzierung der Erbschaftssteuer und der Erbauseinandersetzung gehört (OLG Hamm FamRZ 2016, 1862 [LS]).

49a Zur Wahrnehmung der Verfahrensrechte des Kindes (Zustellung der Genehmigung der Erbausschlagung durch den alleinvertretungsberechtigten Elternteil) war bisher nach wohl überwiegender Ansicht die Bestellung eines Ergänzungspflegers erforderlich, wenn das Kind das 14. Lebensjahr noch nicht vollendet hat (KG FamRZ 2010, 1171 = MDR 2010, 815 = MittBayNot 2010, 482 = ZKJ 2010, 285 mAnm SONNENFELD ZKJ 2010, 271; OLG Köln FamRZ 2012, 42; OLG Köln FamRZ 2012, 579; OLG Brandenburg FamRZ 2012, 1069 mAnm ZORN S 1070; nicht zwingend KÖLMEL MittBayNot 2011, 190, 196); auch zur Wahrnehmung der Rechte des Kindes im Verfahren betr die Genehmigung der **Erbausschlagung** (OLG Köln FamRZ 2011, 231 [LS]; ZORN mAnm zu OLG Brandenburg FamRZ 2012, 1069 [1070]); für die Entgegennahme des Beschlusses, mit dem die Erbausschlagung vom Familiengericht genehmigt wurde (§ 41 Abs 3 FamFG; OLG Celle FamRZ 2011, 1304 [LS] = Rpfleger 2011, 436 mAnm ZORN S 437; OLG Köln 2012, 579). Mit Beschluss v 12. 2. 2014 (XII ZB 592/12 FamRZ 2014, 640 mAnm ZORN S 641) schloss sich der BGH der (Gegen-)Auffassung an, wonach ein Ergänzungspfleger nur dann zu bestellen ist, wenn im Einzelfall festgestellt ist, dass das Interesse des Mündels zu dem Interesse des Vormunds in erheblichem Gegensatz steht (OLG Brandenburg MittBayNot 2011, 240 = FamRZ 2011, 1305 LS; KEIDEL/MEIER-HOLZ, FamFG [18. Aufl] § 41 Rn 4a; MünchKomm/ULRICI, FamFG [2. Aufl] § 41 Rn 14 ff; auch OLG Naumburg FamRZ 2014, 493). Anlässlich eines Verfahrens auf Genehmigung einer Erbausschlagung für ein minderjähriges Kind hat das Familiengericht deshalb diesem zur Entgegennahme des Genehmigungsbeschlusses iSv § 41 Abs 3 FamFG nur dann einen Ergänzungspfleger zu bestellen, wenn die Voraussetzungen für eine Entziehung der Vertretungsmacht nach § 1796 BGB festgestellt sind. Wurde die Erbausschlagung wegen vermuteter Überschuldung erklärt, darf die Genehmigung nicht ohne Beiziehung der Nachlassakten versagt werden (OLG Zweibrücken FamRZ 2017, 296). Zur Erfüllung eines Vermächtnisses, dessen Inhalt ein vermietetes Grundstück ist und das der Erblasser zugunsten seines minderjährigen Enkels ausgesetzt hat, ist für die Auflassung der Bestellung ein Ergänzungspfleger zu bestellen, wenn Erbin des Nachlasses die sorgeberechtigte Mutter ist (OLG München FamRZ 2011, 828 = ZEV 2011, 263 = Rpfleger 2011, 434). Eine Ergänzungspflegschaft mit entsprechendem Wirkungskreis ist erforderlich für die Geltendmachung von Pflichtteilsansprüchen gegen die Erben (OLG Düsseldorf FamRZ 2007, 2091, 2092). Bei Streitigkeiten über die Wirksamkeit verschiedener Anordnungen der Testamentsvollstreckung und der Gültigkeit von Testamenten, hat das Gericht dem unter elterlicher Sorge stehenden Minderjährigen einen Ergänzungspfleger (hier nach Abs 2) zu bestellen (OLG Köln FamRZ 2012, 256). Die Rechtsstellung des Testamentsvollstreckers (bestellt nach § 1909 Abs 1 S 2 BGB) wird durch die Anordnung einer Ergänzungspflegschaft für die beschränkt geschäftsfähigen minderjährigen Erben nicht berührt (OLG Brandenburg FamRZ 2015, 1799).

Ein Ausschluss der gesetzlichen Vertretung aufgrund von § 181 BGB kann auch **50** dann vorliegen, wenn bei einem aus mehreren Willenserklärungen zusammengesetzten Rechtsgeschäft (hier: Erbteilsübertragungsvertrag mit Erbauseinandersetzung) nur ein Teil der Willenserklärungen vom einen gegenüber dem anderen abgegeben ist. Ist der Wille der Beteiligten darauf gerichtet, dass die mehreren Akte eines zusammengesetzten Rechtsgeschäfts miteinander stehen und fallen sollen, so ist von der gesetzlichen Vertretung bei allen Teilen ausgeschlossen, wer von der Vertretung auch nur bei einem Teil ausgeschlossen ist (BGHZ 50, 8, 12). Ist die dingliche Übertragung eines Grundstücks an einen Minderjährigen (bei isolierter Betrachtung) lediglich vorteilhaft, benötigt er für seine Auflassungserklärung auch dann nicht die Einwilligung seines gesetzlichen Vertreters oder eines Ergänzungspflegers, wenn die zugrunde liegende schuldrechtliche Vereinbarung mit rechtlichen Nachteilen verbunden ist (BGHZ 161, 170 = Rpfleger 2005, 189 = ZEV 2005, mAnm EVERTS). Ein auf den Erwerb eines vermieteten oder verpachteten Grundstücks gerichtetes Rechtsgeschäft ist für einen Minderjährigen nicht lediglich rechtlich vorteilhaft (auch wenn sich der Veräußerer den Nießbrauch an dem zu übertragenden Grundstück vorbehalten hat), sodass an Stelle der nicht zur Vertretung berechtigten Eltern ein Ergänzungspfleger zu entscheiden hat (BGHZ 162, 137 = BGH NJW 2005, 1430, 1431 = ZEV 2005, 209).

Keine Pflegerbestellung bei schenkweiser Übertragung eines Grundstücksteils auf **51** die Kinder bei Ausschluss der Grundstücksgemeinschaft für eine bestimmte Dauer (LG Münster FamRZ 1999, 739). Eine Pflegerbestellung für den Minderjährigen (ggf bis zum Eintritt seiner Vollständigkeit) ist erforderlich zur Verwaltung des Vermögens, das er von Todes wegen erwirbt oder das ihm unter Lebenden unentgeltlich zugewendet wird, wenn der Erblasser durch letztwillige Verfügung oder der Zuwendende bei der Zuwendung bestimmt hat, dass die Eltern oder der Vormund das Vermögen nicht verwalten sollen (§ 1909 Abs 1 S 2, 1838 Abs 1 BGB; OLG Hamm FamRZ 2010, 1997 = NJW-RR 2010, 1589). Dauert diese Pflegschaft nur verhältnismäßig kurze Zeit bis zur Volljährigkeit, hat das Gericht im Rahmen seiner Aufsicht dafür zu sorgen, dass keine langfristig bindenden Entscheidungen getroffen werden (OLG Hamm FamRZ 2010, 1997). Ist der Vormund infolge mangelnder Sachkunde zur Vertretung des Kindes für diese Angelegenheiten nicht in der Lage, kann dem Kind ein Ergänzungspfleger zur Nachlassregelung und zur Geltendmachung von Versicherungsansprüchen bestellt werden (OLG Brandenburg FamRZ 2011, 742 [LS]).

52 Schenkungen von Eltern an ihre minderjährigen Kinder sind dann zulässig u wirksam, wenn die über 7 Jahre alten u damit beschränkt geschäftsfähigen Minderjährigen für das Rechtsgeschäft nicht die Einwilligung ihrer Eltern als ihres gesetzlichen Vertreters (§ 107 BGB) benötigen. Das hängt davon ab, ob es sich um rechtlich vorteilhafte oder nachteilige Rechtsgeschäfte handelt. Über diese Frage muss aus einer Gesamtbetrachtung des schuldrechtlichen Vertrages und des dinglichen Erfüllungsgeschäfts entschieden werden. Danach verbieten im Falle der Schenkung von Wohnungseigentum – trotz lukrativen Charakters des Grundgeschäfts – die Nachteile, die aus dem mit dem dinglichen Rechtserwerb verbundenen Eintritt in die Wohnungseigentümergemeinschaft und speziell damit verbundenen (weitergehend als bisher) Verpflichtungen resultieren, eine Wertung als lediglich vorteilhaft (BGHZ 78, 28 = NJW 1981, 109 = Rpfleger 1980, 453 = DNotZ 1981, 111; weitere Nachw bei TWIEHAUS, Leitsatzkommentar DRspr I [112]; BayObLG NJW 1980, 416 [Vorlagebeschluss]; **aA** OLG Celle NJW 1976, 2214 mAnm JAHNKE NJW 1977, 960). Die schenkweise Übertragung eines Grundstücks ist nicht allein deshalb als teilentgeltlich zu behandeln, weil die schuldrechtliche Vereinbarung den Hinweis darauf enthält, dass der Minderjährige künftig kraft Gesetzes in bestehende Vertragsverhältnisse aus der Vermietung des übertragenen Grundbesitzes eintreten wird (OLG Hamm Rpfleger 2015, 24). Bei lediglich vorteilhafter Schenkung (hier: voll eingezahlter Kommanditanteil) ist keine Ergänzungspflegschaft nötig (OLG Bremen FamRZ 2009, 621). Wegen der Verhinderung der Eltern bzw des vertretungsberechtigten Elternteils bedarf es der Bestellung eines Ergänzungspflegers nach § 1909 Abs 1 BGB (BayObLG NJW 1980, 416; DNotZ 1998, 505 = FGPrax 1998, 21 mAnm BESTELMEYER). Eine lediglich vorteilhafte dingliche Grundstücksübertragung erfordert weder die Einwilligung des gesetzlichen Vertreters noch eine Ergänzungspflegschaft (BGH FamRZ 2005, 359). Nach OLG Dresden (MittRhNotK 1997, 184) ist die Bestellung eines Ergänzungspflegers nicht erforderlich, wenn ein Elternteil seinem Kind ein Grundstück unentgeltlich zuwendet, sich aber einen Nießbrauch und die an bestimmte Voraussetzungen geknüpfte Rückforderung vorbehält sowie seiner Ehefrau (Kindesmutter) einen aufschiebend bedingten Nießbrauch einräumt (OLG München FamRZ 2012, 740). Der Erwerb eines vermieteten Grundstücks ist nicht lediglich vorteilhaft, da der Erwerber nach Maßgabe der §§ 566 ff BGB in das Mietverhältnis eintritt (BayObLG NJW 2003, 1129 mwNw = Rpfleger 2003, 240). Nicht lediglich rechtlich vorteilhaft ist die schenkweise Übertragung eines Grundstücks, wenn es mit einem Nießbrauch belastet ist und der Nießbraucher das Grundstück vermietet hat (BayObLG NJW 2003, 1129 = Rpfleger 2003, 240). Die Bestellung eines Ergänzungspflegers (und die familiengerichtliche Genehmigung) ist nicht erforderlich, wenn der (mit-)erbende Vater seinem minderjährigen Sohn seinen hälftigen Miteigentumsanteil am Grundstück schenkt, und zwar auch dann nicht, wenn damit der gesetzliche Eintritt in ein Mietverhältnis gemäß § 571 BGB aF (jetzt § 566 BGB) verbunden ist (FG Rheinland-Pfalz ZEV 1998, 319 unter Berufung auf BGH NJW 1983, 1780 im Zusammenhang steuerlicher Anerkennung des Vertrages). Behält sich der Schenker von Wohneigentum nicht nur die Rechte nach §§ 528, 530 BGB vor, sondern wird für weitere Fälle ein Rückübertragungsanspruch begründet und verpflichtet sich der

Minderjährige, an der Rückübertragung mitzuwirken, bedarf dieser Vertrag der Ergänzungspflegerbestellung sowie dessen Zustimmung und der familiengerichtlichen Genehmigung nach § 1821 Abs 1 Nr 4 BGB (OLG Köln NJW-RR 1998, 363 = FamRZ 1998, 1326).

Den **gesetzlichen Vertretungsverboten** im Ergebnis **gleichgestellt** sind die Fälle, in **53** denen das Familiengericht durch Beschluss die **Vertretungsmacht entzieht** (§§ 1629 Abs 2 S 3, 1796 BGB). Voraussetzung der Entziehung ist, dass das Interesse des Mündels zu dem des Vormunds oder das des Kindes zu dem des Elternteils oder zu einem von diesem vertretenen Dritten oder einer der in § 1795 Nr 1 BGB bezeichneten Personen in erheblichem Gegensatz steht (§ 1796 Abs 2 BGB). Ein erheblicher Interessengegensatz liegt vor, wenn die Förderung des Interesses der einen Seite auf Kosten des Interesses der anderen Seite möglich ist, zB in dem Fall, dass ein Elternteil zugleich Testamentsvollstrecker und das Kind Erbe ist (OLG Nürnberg FamRZ 2002, 272 = MittBayNot 2002, 403 = ZEV 2002, 158 m **abl** Anm SCHLÜTER) oder der gesetzliche Vertreter die dem Vertretenen angefallene Erbschaft in dessen Namen ausschlagen will mit der Folge eigener Berufung als Erbe. Der Umstand, dass der Vater gesetzlicher Vertreter des minderjährigen Kindes und zugleich (Verwaltungs-)Testamentsvollstrecker über das von dem Kind ererbten Vermögens ist, begründet noch nicht, dass der Vater in Bezug auf die Ausübung der Sorge im Hinblick auf das von dem Minderjährigen ererbten Vermögens ist, verhindert ist (BGH FamRZ 2008, 1156, 1157 [gegen die generalisierende Betrachtungsweise der von ihm zitierten OLG – Entscheidungen] m **abl** Anm ZIMMERMANN). Zur Bestellung eines Ergänzungspflegers nach entspr Entziehung der Vertretungsmacht gemäß § 1796 BGB in dem Fall, dass der Vormund einerseits für die Einwilligung in die Adoption seines geschäftsunfähigen Mündels nach § 1746 Abs 1 S 2 BGB zuständig war, andererseits selbst den Antrag auf Adoption seines Mündels stellte (OLG Hamm FamRZ 1997, 1561, 1562). Vertritt der Vater im Erbscheinsverfahren die Auffassung, das Testament des Erblassers sei dahin zu verstehen, dass seine Kinder nicht neben ihm zu Miterben berufen seien, liegt ein erheblicher Interessengegensatz iSd §§ 1796, 1629 Abs 2 S 3 BGB vor, sodass ein Ergänzungspfleger bestellt werden muss (OLG Köln FamRZ 2001, 430).

Für die teilweise Entziehung der Vertretungsmacht der Eltern durch Bestellung **54** eines Ergänzungspflegers ist es erforderlich, dass konkret ein erheblicher Interessengegensatz besteht und nicht zu erwarten ist, dass die Eltern dennoch im Kindesinteresse handeln werden. Dieser liegt vor, wenn das eine Interesse nur auf Kosten des anderen Interesses durchgesetzt werden kann und die Gefahr besteht, dass die sorgeberechtigten Eltern das Kindesinteresse nicht genügend berücksichtigen können oder werden (OLG Karlsruhe FamRZ 2004, 51 mwNw; hier: Entscheidung über das Zeugnisverweigerungsrecht in einem Strafverfahren wegen sexuellen Missbrauchs durch den Großvater [§ 174 StGB]; OLG Brandenburg FamRZ 2011, 1305 [LS]). Auch wenn der (vollständige oder teilweise) Sorgerechtsentzug und die Anordnung einer Ergänzungspflegschaft in einer Entscheidung vorgenommen werden oder der Sorgerechtsentzug sich aus der Anordnung der Ergänzungspflegschaft ergibt, geht der Sorgerechtsentzug der Ergänzungspflegschaft logisch (gedankliche Sekunde) voraus, weil nur ein bestehendes Defizit durch die Pflegschaft „ergänzt" werden kann. Nicht immer ist jedoch vor einer Bestellung eines Ergänzungspflegers die familiengerichtliche Entziehung oder Einschränkung der elterlichen Sorge, der vormundlichen Sorge oder des Vertretungsrechts gemäß § 1796 BGB erforderlich.

55 Obwohl die elterliche Sorge die Vertretung des Kindes umfasst (§ 1629 Abs 1 S 1 BGB) und damit grundsätzlich die Befugnis einschließt, für ein minderjähriges Kind Verfassungsbeschwerde einzulegen und es im verfassungsgerichtlichen Verfahren zu vertreten, kann die Bestellung eines Ergänzungspflegers für das **Verfassungsbeschwerdeverfahren** geboten sein, wenn Eltern wegen eines Interessenwiderstreites an der Erhebung der Verfassungsbeschwerde für die minderjährigen Kinder verhindert sind (BVerfGE 72, 122 = FamRZ 1986, 871 = MDR 1986, 820 = NJW 1986, 3129 = Rpfleger 1986, 414) und tatsächlich keine diesbezüglichen Handlungen unternehmen. Besteht zwischen dem Kind und seiner alleinsorgeberechtigten Mutter kein Interessenkonflikt und ergibt sich aus Gesprächen des Verfahrenspflegers mit dem Kind, dass kein Interesse besteht, die getroffenen Sorgerechtsentscheidungen selbst weiter anzugreifen, bedarf es für ein Verfassungsbeschwerdeverfahren keiner Bestellung eines Ergänzungspflegers (BVerfG FamRZ 2003, 921). Im Rahmen des Bestellungsverfahrens vor Einlegen der Verfassungsbeschwerde hat das Familiengericht zu prüfen, ob ein Interessengegensatz zwischen dem minderjährigen Kind und dem Inhaber des Sorgerechts besteht (BVerfGE 72, 122, 135). Die Regelung des § 1909 BGB gibt demjenigen, der sich als Sachwalter des Minderjährigen fühlt, die Möglichkeit, die Bestellung eines Ergänzungspflegers zum Zweck der Erhebung einer Verfassungsbeschwerde beim Familiengericht anzuregen (BVerfGE 72, 122, 135). Eine Vorabentscheidung des Familiengerichts, durch die es dem Sorgerechtsinhaber die Vertretungsbefugnis zum Einlegen der Verfassungsbeschwerde entzieht, ist deshalb entbehrlich, wenn und weil von dem Vertretungsrecht für diesen Zweck kein Gebrauch gemacht wurde, wird oder werden soll. Die Passivität ist der Grund zur Intervention und Bestellung eines Ergänzungspflegers nach § 1909 BGB, ohne dass diese zu einem Eingriff nach § 1666 BGB ausgereicht hätte oder ausreichen würde (zum Verhältnis von Ergänzungspflegschaft und Verfahrenspflegschaft betr die Stellung Minderjähriger im Verfassungsbeschwerdeverfahren ausführlich WALTER FamRZ 2001, 1).

56 § 1801 BGB räumt dem Familiengericht (Richterzuständigkeit gemäß § 14 Nr 11 RPflG) die Befugnis ein, dem Einzelvormund die Sorge für die **religiöse Erziehung** des Mündels zu entziehen (im Einzelnen dazu STAUDINGER/VEIT [2014] zu § 1801). Wird dem Vormund gemäß § 1801 Abs 1 BGB die Sorge für die religiöse Erziehung entzogen, weil der Vormund nicht dem Bekenntnis angehört, in dem der Mündel zu erziehen ist, ist für diesen Bereich ein Pfleger nach § 1909 Abs 1 S 1 BGB zu bestellen (Münch Komm/SPICKHOFF § 1801 Rn 11, STAUDINGER/VEIT [2014] § 1801 Rn 10; SOERGEL/DAMRAU § 1801 Rn 2; KG OLGE 33, 373, 375). Nach STAUDINGER/VEIT (2014) § 1801 Rn 8, 10 (ebenso ERMAN/ROTH Rn 3; BGB-RGRK/DICKESCHEID Rn 6; PALANDT/GÖTZ Rn 1, alle zu § 1801) ist die Bestellung eines **Mitvormunds**, dessen Wirkungskreis sich auf die religiöse Erziehung beschränkt, nach § 1775 BGB möglich, die einer Pflegerbestellung vorzuziehen sei. Gegen diese Auffassung spricht der Ausnahmecharakter der Mitvormundschaft nach dieser Vorschrift, die regelmäßige gemeinschaftliche Führung der Mitvormundschaft (§ 1797 Abs 1 BGB) und die Möglichkeit der Ablehnung der Vormundschaft im Falle einer Mitvormundsbestellung (§§ 1786 Abs 1 Nr 7, 1889 Abs 1 HS 2 BGB: Entlassung aus wichtigem Grund auf eigenen Antrag des Vormunds). Zu erwägen wäre die Neubestellung des Vormunds, wenn dies nicht als Korrektur einer früher unter Nichtbeachtung des § 1779 Abs 2 S 2 BGB zustande gekommenen Auswahl missverstanden werden müsste (MünchKomm/SPICKHOFF § 1801 Rn 11).

57 Ein Pfleger mit dem entspr Wirkungskreis war bis zum 30. 6. 1998 dann zu bestellen, wenn die Vermögenssorge eines Elternteils mit der Stellung des Konkursantrages durch ihn, spätestens jedoch mit Eröffnung des Konkursverfahrens über sein Vermögen endete (§ 1670 Abs 1 BGB) und ein anderer Elternteil nicht vorhanden war oder das Gericht dem vorhandenen anderen Elternteil nicht die Vermögenssorge allein zusprach, weil dies den Vermögensinteressen des Kindes widersprochen hätte (§ 1680 Abs 1 S 3 BGB). In diesem Falle kam die Anordnung einer Ergänzungspflegschaft in Betracht (näher dazu STAUDINGER/BIENWALD[12] Rn 21). Ebensowenig wie im Falle elterlicher Sorge endet die Vermögenssorge des Vormunds durch die Eröffnung des **Insolvenzverfahrens**. Die Bestellung des Vormunds wird nicht unwirksam. § 1781 Nr 3 BGB, wonach eine in Konkurs geratene Person während der Dauer des Konkurses zum Vormund oder Pfleger (§ 1915 Abs 1 BGB) nicht bestellt werden sollte und nach § 1886 BGB im Falle ihrer Bestellung zu entlassen war, wurde durch Art 33 Nr 30 EGInsO mit Wirkung vom 1. 1. 1999 aufgehoben.

Mit dem Wegfall der Vorschrift ist ein Grund für die Bestellung eines Ergänzungs- **58** pflegers entfallen, sodass die Pflegschaft aufzuheben ist (§ 1919 BGB). Liegen keine Gründe vor, die Ergänzungspflegschaft aufrechtzuerhalten (§ 1666 Abs 1 u 2 BGB), worüber das Familiengericht zu befinden hätte, hebt das Familiengericht die Pflegschaft auf, die es angeordnet hatte.

§ 1666 Abs 1 BGB sieht vor, dass das Familiengericht auch bei einer Vermögens- **59** gefährdung des Kindes, für die Abs 2 Regelbeispiele enthält, die zur Abwendung der Gefahr erforderlichen Maßnahmen zu treffen hat. Die in § 1667 BGB vorgesehenen Anordnungen zur Vermögensverwaltung schließen den nach § 1666 Abs 1 BGB möglichen (vollständigen oder teilweisen) Entzug der Vermögenssorge nicht aus, worauf auch Abs 2 hindeutet. Die Maßnahme ist aufzuheben, wenn eine Gefahr für das Wohl des Kindes nicht mehr besteht (§ 1696 Abs 2 BGB). Sowohl § 1666 BGB als auch § 1696 BGB gelten im Falle einer Vormundschaft entsprechend (§ 1837 Abs 4 BGB). In Betracht kommt die Bestellung eines Ergänzungspflegers immer dann, wenn beiden Eltern die Vermögenssorge ganz oder teilweise entzogen wurde oder nur einem Elternteil und eine Übertragung auf den anderen Elternteil (§ 1680 Abs 3 BGB entspr) nicht vorgenommen worden ist (zur Erforderlichkeit einer Pflegerbestellung s auch SCHWAB FamRZ 1998, 457, 466).

Über den Eingriff in die elterliche Sorge nach § 1666 BGB entscheidet das Familien- **60** gericht, und zwar sowohl im Rahmen einer Sorgerechtsregelung bei Getrenntleben oder Scheidung als auch unabhängig davon. Im Falle einer Vormundschaft entscheidet über die Rechtsbeschränkung das Familiengericht (BT-Drucks 13/4899, 71). Trifft das Familiengericht bereits die Auswahl des Pflegers, verbleibt dem Rechtspfleger dessen Bestellung gemäß §§ 1789, 1915 Abs 1 BGB.

Nach § 1693 BGB waren vom Familiengericht die im Interesse des Kindes erfor- **61** derlichen Maßnahmen zu treffen, wenn die Eltern verhindert waren, die elterliche Sorge auszuüben. Ist der Vormund verhindert, sieht § 1846 BGB Entsprechendes vor. Auch bei bestehender Pflegschaft kann eine unaufschiebbare Regelung durch das Familiengericht erforderlich werden (§ 1915 Abs 1 BGB). Kann das jeweilige Gericht die Fürsorge auch durch eine (vorläufige) Pflegschaft sicherstellen (STAUDINGER/COESTER [2014] § 1693 Rn 7), liegt es, auf die Verfahrenssituation bezogen, wie im Falle der Vormundschaft. Die Bestellung des Pflegers hat aufgrund der uneingeschränkten Regelung des § 1630 Abs 1 BGB zur Folge, dass sich die elterliche Sorge nicht auf diese von der Pflegerbestellung erfassten Angelegenheiten des Kindes beschränkt. Der Entzug der Personensorge gemäß § 1666 Abs 1 BGB, § 1666a Abs 2 BGB führt zu einer Ergänzungspflegschaft, wenn ein anderer Elternteil zwecks Alleinausübung oder Übertragung nicht zur Verfügung steht.

62 **Ruht die elterliche Sorge** eines Elternteils infolge seiner Geschäftsunfähigkeit (§§ 1673 Abs 1, 104 Nr 2 BGB), übt der andere die elterliche Sorge allein aus (§ 1678 Abs 1 HS 1 BGB; zB zur Aufenthaltsbestimmung BayObLG FamRZ 1999, 870). Dies gilt jedoch nicht, wenn die elterliche Sorge dem Elternteil nach § 1626a Abs 2 (Mutter), §§ 1671 oder 1672 Abs 1 BGB allein zustand (§ 1678 Abs 1 HS 2 BGB). Überträgt das Familiengericht die elterliche Sorge nicht dem anderen Teil im Fall des § 1678 Abs 2 oder trifft es keine Abänderungsentscheidung gemäß § 1696 Abs 1 nF, so ist bei umfassendem Sorgebedürfnis eine Vormundschaft anzuordnen (§ 1773 Abs 1 BGB) und ein Vormund zu bestellen (die Bestellung eines Pflegers würde nicht ausreichen). Das Ruhen elterlicher Sorge aufgrund beschränkter Geschäftsfähigkeit gemäß § 1673 Abs 2 S 1 BGB kann infolge des Wegfalls von § 114 BGB (Art 1 Nr 3 BtG) und der Entmündigung Volljähriger (s oben §§ 1896 ff BGB) nur noch bei Minderjährigen eintreten. Ist ein Elternteil (lediglich) minderjährig, so ruht die elterliche Sorge nach § 1673 Abs 2 BGB; der andere Teil übt die elterliche Sorge allein aus (§ 1678 Abs 1 BGB), sofern er volljährig und nicht geschäftsunfähig ist. Sind die Eltern des Kindes nicht miteinander verheiratet, so bedarf es für dieses Ergebnis der Erklärung, dass beide Eltern die Sorge gemeinsam übernehmen wollen (§§ 1626a Abs 1 Nr 1, 1626c Abs 2 BGB), und zwar noch vor der Geburt des Kindes, um eine andere Konstellation in der Zwischenzeit bis zur Erklärung nicht eintreten zu lassen. Kommt es nicht zu den beiderseitigen Sorgeerklärungen, tritt bei der Minderjährigkeit der Mutter die gesetzliche Amtsvormundschaft des § 1791c BGB ein. Ist die Mutter volljährig und nicht geschäftsunfähig, hat sie allein die elterliche Sorge (§ 1626a Abs 2 BGB). Sind beide Eltern minderjährig, so können sie zwar die Sorgeerklärungen abgeben, infolge ihrer Minderjährigkeit (und beschränkten Geschäftsfähigkeit) die elterliche Sorge jedoch nicht ausüben; das Jugendamt wird kraft Gesetzes (§ 1791c Abs 1 BGB) Vormund, es sei denn, dass bereits vor der Geburt des Kindes ein Vormund bestellt worden ist. Zur Bestellung eines Pflegers für das Kind kommt es dann, wenn der als gesetzlicher Vertreter des Kindes bezeichnete andere (volljährige) Elternteil ausfällt, sei es, dass er nicht mehr lebt, sei es, dass er nicht (mehr) zur Vertretung berechtigt ist. Besteht im Falle der §§ 1666, 1666a BGB (§ 1666 idF d Art 1 Nr 17 KindRG) die vom Familiengericht getroffene Maßnahme darin, die Entscheidungszuständigkeit in Angelegenheiten elterlicher Sorge dem Inhaber des Sorgerechts ganz oder teilweise zu entziehen, kommt die Übertragung der Entscheidungsbefugnis auf einen Pfleger gemäß § 1909 BGB immer dann in Betracht, wenn nicht die gesamte elterliche Sorge entzogen wird. Abgesehen davon, dass eine Entziehung der elterlichen Sorge insgesamt vom Gesetz nicht ausdrücklich vorgesehen ist, sondern nur dadurch erreicht werden kann, dass sämtliche Teilrechte (und -pflichten) entzogen werden (SOERGEL/STRÄTZ §§ 1666, 1666a Rn 45), kann eine Vormundschaft nur dann angeordnet werden, wenn dem Inhaber der elterlichen Sorge die Personensorge und die Vermögenssorge entzogen wird; auch im Fall der Entziehung der gesamten Personensorge ist kein Vormund, sondern ein Ergänzungspfleger zu bestellen (BayObLG FamRZ 1997, 1553, 1554).

Pflegschaft ist auch, nicht nur wegen der Bezeichnung, sondern auch wegen der **63**
Folgen, die durch das FGG-RG eingeführte **Umgangspflegschaft** des § 1684 Abs 3
S 3 BGB (Art 50 Nr 28 und 29), die nach § 1684 Abs 3 S 5 BGB zu befristen ist.
Während bisher, wenn erforderlich, eine Pflegschaft nach § 1909 Abs 1 S 1 BGB mit
dem Wirkungskreis der „Umgangsregelung" nach entsprechender Einschränkung
der elterlichen Sorge (§ 1666 BGB) angeordnet wurde (BT-Drucks 16/6308, 345 – Einzelbegründung zu § 1684 Abs 3; OLG Naumburg FamRZ 2009, 792; OLG München FamRZ 2007, 1902,
1903), kann das Familiengericht nicht mehr nur über den Umfang des Umgangsrechts
entscheiden, seine Ausübung näher regeln und die die Beteiligten zur Erfüllung der
in § 1684 Abs 2 BGB geregelten Wohlverhaltenspflichten anhalten, sondern auch
eine „Pflegschaft für die Durchführung des Umgangs anordnen (Umgangspflegschaft)". Diese nach § 1684 Abs 3 BGB angeordnete Umgangspflegschaft berührt
die elterliche Sorge in ihrer Substanz nicht, sondern führt lediglich zu einer Einschränkung in ihrer Ausübung. Insoweit und auch wegen der zwar anderen, aber
wohl auch geringeren, Anforderungen erscheint diese Umgangspflegschaft als die
nach dem Verhältnismäßigkeitsgrundsatz vorrangige Lösung des Umgangskonflikts
der Eltern.

Die Anordnung dieser Umgangspflegschaft setzt nicht mehr voraus, dass der zur **64**
Duldung des Umgangs Verpflichtete iSd § 1666 BGB das Kindeswohl gefährdet und
infolgedessen die Einschränkung seiner elterlichen Sorge hinnehmen muss. Voraussetzung ist, dass die Wohlverhaltenspflicht des § 1684 Abs 2 BGB dauerhaft oder
wiederholt erheblich verletzt wurde/wird (§ 1684 Abs 3 S 3 BGB). „Die Anordnung
dieser Umgangspflegschaft soll damit auf Fälle beschränkt werden, in denen der
betreuende Elternteil oder die Obhutsperson iSd § 1684 Abs 2 S 2 BGB das Umgangsrecht des getrennt lebenden Elternteils in erheblicher Weise vereitelt. Die
hohe Schwelle der Kindeswohlgefährdung (§ 1666 BGB) muss jedoch künftig nicht
mehr erreicht werden" (BT-Drucks 16/6308, 345). Die Möglichkeit, eine Umgangspflegschaft nach § 1684 Abs 3 S 3 BGB anzuordnen, stellt in der Regel ein milderes Mittel
im Verhältnis zur Teilentziehung der elterlichen Sorge und Bestellung eines Ergänzungspflegers dar, sofern diese Maßnahme ausreicht, um der Gefährdung des Kindeswohls angemessen zu begegnen (BGH NJW 2012, 151 = FamRZ 2012, 99 mAnm LUTHIN
S 103; OLG Hamm FamRZ 2010, 1926 [LS]).

Ordnet das Familiengericht diese Umgangspflegschaft des § 1684 BGB an, bedeutet **65**
das nach Auffassung des Gesetzgebers **(als Folge)** eine Einschränkung des Sorgerechts der Eltern entsprechend dem Aufgabenbereich dieses Umgangspflegers
(§ 1630 Abs 1 BGB; BT-Drucks 16/6308, 346; **aA** OLG Celle FamRZ 2011 574 = Nds Rpfl 2011,
72 [74]; OLG Köln v 25. 11. 2011 – 4 UF 238/11; OLG München B v 7. 3. 2016 – 26 WF 230/16 =
FamRZ 2016, 1288). Die Umgangspflegschaft dient der Organisation der Umgangskontakte (OLG Brandenburg FamRZ 2014, 1861). Dem Umgangspfleger obliegt es, die
Entscheidungen des Familiengerichts auszuführen und für die reibungslose Durchführung der getroffenen Umgangsregelungen zu sorgen. Bei Meinungsverschiedenheiten der Eltern über die Umgangsmodalitäten, insbesondere über den Ort des
Umgangs, den Ort der Kindesübergabe und erforderliche Nachholtermine hat der
Umgangspfleger zu befinden. (OLG Hamm v 13. 5. 2014 – II-2 UF 51/14 NJW-Spezial 2014,
550). Die dem Richter vorbehaltene Anordnung oder Verlängerung der Umgangspflegschaft (OLG München FamRZ 2013, 1155) hat die einzelnen Regelungen des Umgangs zu enthalten wie zB Umfang, Häufigkeit und Dauer der Umgangskontakte.

Bei unzulänglicher Regelung liegt eine unzulässige Teilentscheidung vor (OLG Saar-brücken FamRZ 2014, 402; FamRZ 2015, 1928). Das Recht zur Bestimmung von Art und Umfang des Umgangs kann nicht auf einen Ergänzungspfleger übertragen werden (OLG Stuttgart FamRZ 2014, 1794; dazu HEILMANN FamRZ 2014, 1753). Die neben dieser Umgangspflegschaft erhalten gebliebene Möglichkeit, **nach** entsprechender **Ein-schränkung** der elterlichen Sorge einen Ergänzungspfleger zu bestellen, der für die Regelung des Umgangs zuständig ist, führt dazu, dass **zwei** voneinander zu unterscheidende **Rechtsinstitute** unter gleichem Namen geführt werden und damit zu Verwechselungen und zu Missverständnissen beitragen können. Zu der Verwir-rung trägt dann noch bei, dass in Fällen des Umgangs von anderen Bezugspersonen mit dem Kind (§ 1685 BGB) die Bestellung eines Umgangspflegers entsprechend § 1684 Abs 2 bis 4 BGB in Betracht kommt, diese Umgangspflegschaft nach § 1684 Abs 3 S 3 bis S 5 BGB aber nur angeordnet werden kann (darf), wenn die Voraus-setzungen des § 1666 Abs 1 BGB erfüllt sind (§ 1685 Abs 3 BGB). Zu einer Ergän-zungspflegschaft mit dem Aufgabenkreis „Regelung des Umgangs (Umgangsbestim-mungspflegschaft)" neben dem Umgangspfleger eingehend HEILMANN FamRZ 2014, 1753. **AA** offenbar OLG München FamRZ 2011, 823. Weitere Hinweise zum Meinungsstand bei HAMMER, Anm zu OLG Frankfurt FamRZ 2016, 246, 248.

66 Unzweckmäßig und verwirrend ist die Verwendung des Wortes Umgangspflegschaft in § 1684 Abs 3 BGB. Denn es handelt sich dabei nicht um eine Maßnahme, die, wie eine Vormundschaft oder Pflegschaft iSd § 1909 BGB, (in erster Linie) im Interesse des Kindes und zur Sicherung seiner Existenz besteht oder angeordnet wird. Viel-mehr geht es um die Regelung des Verhältnisses der umgangsberechtigten und zur Duldung des Umgangs verpflichteten Erwachsenen. Hier wäre der Ausdruck **Um-gangshelfer** eher am Platze. Dessen Befugnis, die Herausgabe des Kindes zur Durch-führung des Umgangs zu verlangen und für die Dauer des Umgangs den Aufenthalt des Kindes zu bestimmen, stünde dem nicht entgegen. Die Vermeidung des Begriffs der Umgangspflegschaft würde die Auffassung des OLG Celle (FamRZ 2011, 574 = Nds Rpfl 2011, 72 [74]) bestätigen, dass die Umgangsentscheidung des Gerichts nicht die Konsequenz des § 1630 Abs 1 BGB haben könne.

67 Die dem Umgangspfleger des § 1684 Abs 3 S 4 BGB äußerstenfalls eingeräumten Rechte sollen ihm nach Auffassung des Gesetzgebers (BT-Drucks 16/6308, 345; DIJuF-Rechtsgutachten v 2. 6. 2009 JAmt 2009, 309) ermöglichen, „auf den Umgang hinzuwirken. Er kann bei der Vorbereitung des Umgangs, bei der Übergabe des Kindes an den umgangsberechtigten Elternteil und bei der Rückgabe des Kindes vor Ort tätig sein sowie über die konkrete Ausgestaltung des Umgangs bestimmen. Ergeben sich Meinungsverschiedenheiten der Eltern über die Umgangsmodalitäten (Ort des Um-gangs, Ort der Übergabe des Kindes, dem Kind mitzugebende Kleidung, Nachhol-termin etc) hat der Umgangspfleger die Möglichkeit, zwischen den Eltern zu ver-mitteln oder von seinem Bestimmungsrecht Gebrauch zu machen."

68 Der Umgangspfleger des § 1684 BGB hat kein Recht, die Herausgabe des Kindes vom betreuenden Elternteil mit Hilfe unmittelbaren Zwangs zu erzwingen. Hält das Gericht die Anwendung unmittelbaren Zwangs für erforderlich, muss es zusätzlich zur Anordnung der Umgangspflegschaft eine Anordnung nach § 90 FamFG treffen (BT-Drucks 16/6308, 346). Gegen den betreffenden Elternteil ist die Anordnung unmit-telbaren Zwangs unter bestimmten Voraussetzungen zugelassen, gegen ein Kind

darf die Anwendung unmittelbaren Zwangs nicht zugelassen werden, wenn das Kind herausgegeben werden soll, um das Umgangsrecht auszuüben (§ 90 Abs 2 S 1 FamFG).

Eine **Umgangspflegschaft nach § 1909 BGB**, die der Durchsetzung und Durchführung **69** des Umgangsrechts eines Umgangsberechtigten dient und dieses organisatorisch absichert (OLG Celle NdsRpfl 2011, 72 = FamRZ 2011, 574), ordnete das Gericht bisher an, wenn der sorgeberechtigte Elternteil grundlos gegen eine gerichtliche Anordnung in Bezug auf den Umgang des Kindes mit dem anderen Elternteil verstieß und darin eine Gefahr für das Kindeswohl zu sehen war (OLG Köln FamRZ 1998, 1463, 1464; s auch OLG Hamburg FamRZ 2002, 566); wenn ein Elternteil nachhaltig den Umgang des anderen Elternteils mit dem Kind verweigerte (OLG Brandenburg FamRZ 2003, 1952; OLG Köln FamRZ 2010, 1747 [LS] = NJW-RR 2010, 1375); wenn dem sorgeberechtigten Elternteil die Bindungstoleranz fehlte und Manipulationen des kindlichen Willens festgestellt wurden (OLG München FamRZ 2003, 1957; zur Wiederanbahnung von Umgangskontakten durch vorbereitende Gespräche, die Erörterung möglicher einzelner Umgangstermine und deren Auswertung bei Bedarf OLG Rostock FamRZ 2004, 54).

Die Anordnung der Umgangspflegschaft des § 1909 BGB ist verbunden mit einer **70** **(teilweisen) Entziehung** des Aufenthaltsbestimmungsrechts oder einer (teilweisen) Entziehung des (Personen-)Sorgerechts (dazu OLG Frankfurt FamRZ 2009, 354 [LS]). Sie soll damit der Vermeidung eines umfangreicheren Eingriffs in das Sorgerecht dienen (OLG Brandenburg FamRZ 2003, 1952, 1953: Entzug des gesamten Aufenthaltsbestimmungsrechts). Ohne dass eine ausdrückliche Einschränkung der elterlichen Sorge vorgenommen wird, erstreckt sich diese mit der Bestellung des Umgangspflegers nicht auf die diesem obliegenden Aufgaben (**aA** OLG Celle NdsRpfl 2011, 72 [74]). Die Befugnis und ggf Verpflichtung des Umgangspflegers, für die Dauer des Umgangs den Aufenthalt des Kindes zu bestimmen, schränkt insoweit die Rechtsposition der Sorgerechtsinhaber ein; andernfalls gäbe es eine Doppelkompetenz, die nicht beabsichtigt gewesen sein kann. In ihren Konsequenzen ist diese Pflegschaft eine echte Ergänzungspflegschaft. Den Wirkungskreis des nach § 1909 BGB bestellten Umgangspflegers hat das Gericht dementsprechend zu bestimmen. Soweit nicht die Entziehung des Sorgerechts zur Abwehr einer Kindeswohlgefährdung erforderlich ist, kann Problemen bei der Umsetzung eines Umgangsrechts durch mildere Mittel (Umgangspflegschaft, Durchsetzung einer Umgangsregelung mit Ordnungsmitteln gemäß § 89 FamFG) begegnet werden (KG FamRZ 2010, 1749). Insoweit besteht zwischen den beiden Umgangspflegschaften eine Rangfolge zulasten der Umgangspflegschaft des § 1909 BGB. Auch zur Beseitigung einer Kindeswohlgefährdung durch Umgangsvereitelung und massive Beeinflussung des Kindes darf nur das mildeste Mittel gewählt werden, sodass vor einer Entziehung des gesamten Aufenthaltsbestimmungsrechts eine Umgangspflegschaft nach § 1684 BGB einzurichten ist, vorausgesetzt sie ist nicht völlig aussichtslos (BGH NJW 2012, 151 = FamRZ 2012, 99 mAnm LUTHIN S 103).

Die **Aufgabe des Umgangspflegers** besteht in der Durchführung der Umgangskon- **71** takte (DIJuF-Rechtsgutachten JAmt 2003, 475); sie kann nicht einem dafür nicht zuständigen dem Kind für das (Umgangsregelungs-)Verfahren bestellten Verfahrenspfleger übertragen werden (OLG München FamRZ 2003, 1955, 1956; vgl auch BGH NJW 2012, 151 [154]; FamRZ 2012, 99 mAnm LUTHIN). Obwohl sich die Aufgabe (der Wirkungskreis) des

Umgangspflegers bereits aus seinem Namen ergibt, kann es im Einzelfall geboten sein, den Wirkungskreis näher zu beschreiben. Als insoweit aufenthaltsbestimmungsberechtigter Pfleger ist der Umgangspfleger berechtigt, die **Herausgabe** des Kindes vom betreuenden Elternteil zu **verlangen** und das Kind „in Besitz" zu nehmen; dem entspricht die Verpflichtung desjenigen, bei dem sich das Kind befindet, zu seiner Heraus- bzw Übergabe an den Umgangspfleger mit den sich aus § 35 FamFG (früher § 33 FGG) ergebenden Möglichkeiten und Konsequenzen (vgl dazu OLG München FamRZ 2003, 1957, 1958; OLG Frankfurt FamRZ 2002, 1585, 1587 = JAmt 2002, 478 = KindPrax 2002, 200; OLG Karlsruhe JAmt 2002, 135; OLG Dresden JAmt 2002, 310; OLG Köln FamRZ 2004, 52; WEINREICH KindPrax 2005, 59). Eine vorhandene Umgangsregelung ist für die Schule zu beachten unabhängig davon, ob sie vollstreckbar ist (OVG Münster FamRZ 2010, 1681).

72 Die Regelung des persönlichen Umgangs zwischen Eltern und Kindern sowie Kindern und Dritten nach § 1684 Abs 3 und 4 BGB und § 1685 Abs 3 BGB ist dem Richter vorbehalten (§ 14 Abs 1 Nr 7 RPflG). Dazu gehört zwangsläufig die Entscheidung darüber, wer diese Umgangspflegschaft im Einzelfall wahrzunehmen hat. Dagegen gehört es grundsätzlich zur Aufgabe des Rechtspflegers nach § 3 Nr 2a) RPflG, nach entsprechender Einschränkung der elterlichen Sorge durch den Richter (Vorbehalt gemäß § 14 Abs 1 Nr 2 RPflG) über die Bestellung eines Ergänzungspflegers mit dem Wirkungskreis der Umgangsregelung zu entscheiden (insoweit kein Vorbehalt, § 14 Abs 1 RPflG) und die Bestellung vorzunehmen (§§ 1915 Abs 1, 1789 BGB).

73 Die Umgangspflegschaft unterscheidet sich von der in § 18 Abs 3 SGB VIII geregelten **Beratung** und **Unterstützung** von Eltern, Kindern und Jugendlichen bei der **Ausübung des Umgangsrechts** insbesondere dadurch, dass letztere keinen Eingriff in die elterliche Sorge voraussetzt oder zumindest beinhaltet (näher DIJuF-Rechtsgutachten JAmt 2003, 475). Die Umgangspflegschaft ist auch zu unterscheiden von einer **Umgangsbegleitung** sowie einem betreuten Umgang. Eine Umgangsbegleitung findet dann statt, wenn das Gericht die Anordnung getroffen hat, dass der Umgang nur in Begleitung einer dritten Person stattfinden darf. Auch hierfür kommt ein gemäß § 158 FamFG bestellter Pfleger für das Verfahren nicht in Betracht. Weigert sich die Mutter trotz des Angebots einer Umgangsbegleitung hartnäckig, einen Umgang zuzulassen, kommt ein (teilweiser) Sorgerechtsentzug mit anschließender Ergänzungspflegschaft in Betracht (OLG Köln FamRZ 2010, 1747). Bei einem **betreuten** oder **unterstützten Umgang** (dazu speziell OLG Celle FamRZ 2003, 948, 949) handelt es sich um einen Umgang in oder mit Hilfe einer bestimmten Einrichtung (hier: Erziehungs- und/oder Familienberatungsstelle) für eine bestimmte Zeit (OLG Celle FamRZ 2003, 948, 949; OLG Zweibrücken FamRZ 2004, 53 [LS]; OLG Hamm FamRZ 2004, 57; WEISBRODT KindPrax 2000, 9, 15; SCHRUTH ZfJ 2003, 14). Ordnet das Gericht begleiteten Umgang an, so muss es diesen so präzise und erschöpfend regeln, dass er erforderlichenfalls auch zwangsweise vollzogen werden kann (OLG Saarbrücken FamRZ 2010, 1922; FamRZ 2010, 2085 = NJW-RR 2010, 1446). Das Gericht darf die Regelung des Umgangs nicht, auch nicht teilweise, in die Hände eines nicht mit sorgerechtlichen Befugnissen ausgestatteten Dritten legen (OLG Saarbrücken FamRZ 2010, 2085 = NJW-RR 2010, 1446; zur Regelung begleiteten Umgangs der Mutter mit dem Kind auch OLG Köln FamRZ 2009, 129). Auch darf es sich nicht eine spätere Konkretisierung seines Beschlusses (Abstimmung der Umgangstermine und -örtlichkeiten) vorbehalten; andernfalls liegt eine unzulässige Teilentscheidung vor (OLG Saarbrücken FamRZ 2010, 1922). Bei kategorischer Ablehnung eines an sich angezeigten begleiteten Umgangs durch den Sorgeberechtigten ist ein **unterstützter Umgang** als Alternative in Betracht zu ziehen (OLG Celle FamRZ 2003, 948, 949). Die Anordnung einer Pflegschaft mit dem Wirkungskreis „Überwachung von Betreuungs- und Versorgungsmaßnahmen" kommt auch zwecks Rückführung eines Kleinkindes in Betracht (OLG Celle FamRZ 2003, 549). Angesichts andauernder Konflikte zwischen den Eltern kann es geboten sein, das Aufenthaltsbestimmungsrecht auf einen Dritten (hier: Jugendamt) zu übertragen, weil weniger eingreifende Maßnahmen das Ziel nicht erreicht hätten (OLG Frankfurt FamRZ 2004, 1311).

Die bis zum 30. 6. 1998 in den sog alten Ländern der Bundesrepublik Deutschland **74** bestehende, besonders geregelte Ergänzungspflegschaft der §§ 1706, 1709 BGB (gesetzliche Amtspflegschaft), durch welche die elterliche Sorge der (geschäftsfähigen) Mutter des nichtehelichen Kindes begrenzt wurde, ist mit dem Inkrafttreten des Gesetzes zur Abschaffung der gesetzlichen Amtspflegschaft und Neuordnung des Rechts der **Beistandschaft** (Beistandschaftsgesetz; BGBl I 1997, 2846) beseitigt worden. Seither besteht für den Elternteil, dem für den Aufgabenkreis der beantragten Beistandschaft die alleinige Sorge zusteht oder zustünde, wenn das Kind bereits geboren wäre, die Möglichkeit, eine Beistandschaft für das Kind dadurch bei dem Jugendamt zu begründen, dass er einen entsprechenden Antrag beim Jugendamt stellt (§§ 1712 ff BGB). Durch das KindRVerbG (s dazu Vorbem 2 zu §§ 1909 ff) wurde ab 1. 7. 2002 die Möglichkeit der Beistandschaft erweitert (§ 1713 Abs 1 BGB). Einzelheiten dort.

3. Besonderes Bedürfnis für die Pflegerbestellung

Nicht jede Verhinderung der Eltern, der sorgeberechtigten Elternteile oder des **75** Vormunds, insbesondere nicht jeder Interessengegensatz, rechtfertigt die Anordnung einer Ergänzungspflegschaft. Grundsätzlich wird deshalb für die Anordnung einer Ergänzungspflegschaft als weitere Voraussetzung ein **besonderes Bedürfnis** dafür gefordert (BGHZ 65, 93, 95; BayObLG FamRZ 1989, 1342, 1343). Das Bedürfnis muss durch einen gegenwärtigen konkreten Anlass begründet sein (BGHZ 65, 93, 95 = Betrieb 1975, 2174 = WM 1975, 1128; OLG Karlsruhe FamRZ 2011, 740). Ist die Möglichkeit eines Interessenkonflikts in der Person des Vormunds offensichtlich (hier: keine Vertretung des Mündels im Verfassungsbeschwerdeverfahren), ist ein Ergänzungspfleger zu bestellen (BVerfG FamRZ 1995, 24, 25 = NJW 1995, 2023; BVerfGE 72, 122, 135 = FamRZ 1986, 871, 874). Ein Bedürfnis für vorsorglich eingerichtete Pflegschaften („Vorratsbestellung") besteht nicht (MünchKomm/Schwab Rn 37). Für den Fall des Abs 1 S 2 wird das Bedürfnis vom Gesetzgeber unterstellt (BayObLG FamRZ 1989, 1342, 1344); es muss also nicht gesondert geprüft werden. Ist ein Ausländer, der das 16. Lebensjahr vollendet hat, zur Vornahme von Verfahrenshandlungen nach dem AsylVfG fähig, sofern er nicht geschäftsunfähig ist, kann er im Falle der (angeblichen) Verhinderung seines Vormunds seine Rechte im Asylverfahren selbst wahrnehmen und benötigt nicht einen Ergänzungspfleger (OLG Karlsruhe FamRZ 2011, 740 = Rpfleger 2011, 322 = FF 2010, 74). Aufgrund der inzwischen vorbehaltlos geltenden UN-Kinderrechtskonvention soll die Bestellung eines Ergänzungspflegers für unbegleitete 16- oder 17-jährige Flüchtlinge erforderlich sein (AG Gießen FamRZ 2010, 2027 = JAmt 2010, 398; aA OLG Karlsruhe FamRZ 2011, 740; kein anwaltlicher Ergänzungspfleger; zur weiteren Entwicklung der Rechtsprechung oben Rn 31). Die Beteiligtenstellung des minderjährigen Kindes in

Kindschaftssachen erfordert nicht pauschal die Bestellung eines Ergänzungspflegers; bei erheblichen Interessengegensätzen der vertretungsberechtigten Eltern kann die Bestellung eines Verfahrensbeistands ausreichen (OLG Stuttgart FamRZ 2010, 1166; BGH FamRZ 2011, 1788 mAnm Stösser S 1859).

76 Nach allg Meinung ist eine Beobachtungs-(Vigilanz-)Pflegschaft unzulässig (Staudinger/Engler[10/11] Rn 18 mwNw; Erman/Roth Rn 12; MünchKomm/Schwab Rn 38). Eine Ausnahme bildet ein akuter Gefährdungstatbestand (KG OLG Recht 16, 36; Guggumos DFG 1940, 51, 53).

77 Die Prüfung des besonderen Bedürfnisses durch das Familiengericht geschieht regelmäßig ohne sachliche Prüfung der vom Ergänzungspfleger zu besorgenden Angelegenheit(en), es sei denn, dass die Vornahme des betreffenden Geschäfts für den Pfleger geradezu eine Pflichtwidrigkeit bedeuten würde (OLG Hamm FamRZ 1974, 31 = Rpfleger 1973, 395), beispielsweise dann, wenn die Verfolgung von Unterhaltsansprüchen gegen den Vater offensichtlich völlig aussichtslos und mutwillig wäre (OLG Hamm FamRZ 1974, 31). Bestehen insoweit nur Bedenken, darf die Anordnung einer Ergänzungspflegschaft nicht abgelehnt werden (OLG Koblenz 2007, 412). Nach Damrau (ZEV 1994, 1) verleitet das Prinzip des Minderjährigenschutzes allzu leicht dazu, Pfleger zur Überwachung von Eltern oder Vormund, die Testamentsvollstrecker sind, zu bestellen.

78 Während die bis zur Volljährigkeit eines Menschen gesetzlich vorausgesetzte grundsätzliche Fürsorgebedürftigkeit (§§ 1773, 1793 BGB) es nicht zulässt, die gesetzlich geregelte Verantwortung des Vormunds gerichtlich zu beschränken, erlaubt und gebietet infolge des Erforderlichkeitsgrundsatzes die gerichtliche Aufgabenbestimmung, bei der Anordnung einer Pflegschaft nach § 1909 Abs 1 BGB das Maß des tatsächlich vorhandenen Fürsorgebedürfnisses zu berücksichtigen. Ist der überlebende Elternteil wirksam von der Verwaltung des den Kindern von Todes wegen angefallenen Vermögens ausgeschlossen, so muss eine Ergänzungspflegschaft gemäß Abs 1 S 2 zur Verwaltung dieses Vermögens angeordnet werden (BayObLG FamRZ 1989, 1343, 1344 mwNw; dort auch zur Auslegung eines Testaments zwecks Feststellung der Voraussetzungen für die Anordnung einer Ergänzungspflegschaft nach Abs 1 S 2). Bei dieser muss bei deren Führung darauf Bedacht genommen werden, dass später eigene Entscheidungen des Volljährigen nicht durch langfristige Investitionsentscheidungen vorweggenommen werden dürfen (OLG Hamm FamRZ 2010, 1997).

79 Bejaht wurde das besondere Bedürfnis für die Anordnung einer Ergänzungspflegschaft, wenn der überlebende Elternteil wirksam von der Verwaltung des ererbten Kindesvermögens ausgeschlossen ist (BayObLG FamRZ 1989, 1342). Ein eigenes rechtliches Interesse an der Anordnung einer Ergänzungspflegschaft kann auch für den Schuldner einer Nachlassforderung in Frage kommen, die dem Betroffenen als Erben zusteht (BayObLG FamRZ 1990, 909 = Rpfleger 1990, 296). Ein solches Interesse liegt jedoch nicht vor, wenn ein minderjähriger Alleinerbe von einem Elternteil gesetzlich vertreten ist und eine Dauertestamentsvollstreckung besteht. Das für die Bestellung eines Ergänzungspflegers erforderliche Rechtsbedürfnis ist immer dann gegeben, wenn das vorzunehmende Rechtsgeschäft (hier: eine Zweitadoption nach deutschem Recht) nicht völlig aussichtslos erscheint (OLG Köln FamRZ 2002, 1655). Zur Wahrnehmung der Interessen der unbekannten Erben im Verfahren zur Festsetzung

der Vergütung des Nachlasspflegers ist ein Ergänzungs- oder Unterpfleger zu bestellen (LG Berlin FamRZ 2008, 1481). Soweit der Vormund an der Nachlassregelung
und Geltendmachung von Versicherungsansprüchen gehindert ist, ist zur Vertretung
des Kindes für diese Angelegenheiten ein Ergänzungspfleger zu bestellen (OLG
Brandenburg FamRZ 2011, 742). Für die Entgegennahme des Beschlusses, mit dem die
Erbausschlagung vom Familiengericht genehmigt wird, ist grundsätzlich ein Ergänzungspfleger zu bestellen, weil die Eltern oder der allein sorgeberechtigte Elternteil
nach § 41 Abs 3 FamFG verhindert sind/ist (OLG Celle FamRZ 2011, 1304). Zur Wirksamkeit der Anordnung einer Ergänzungspflegschaft ist deren Bekanntgabe an die
sorgeberechtigten Eltern oder den (allein-) sorgeberechtigten Elternteil erforderlich
(OVG Lüneburg 5. 5. und 24. 6. 2011 FamRZ 2012, 42 [LSe]).

4.   Ergänzungspflegschaft oder Verfahrensbeistandschaft

Soweit dies zur Wahrnehmung seiner Interessen erforderlich ist, hat das Gericht dem   **80**
minderjährigen Kind in Kindschaftssachen, die seine Person betreffen, einen geeigneten Verfahrensbeistand zu bestellen (§ 158 Abs 1 FamFG). Dieser Verfahrensbeistand, der formlos bestellt werden kann, ist nicht gesetzlicher Vertreter des
Kindes (§ 158 Abs 4 FamFG). In Verfahren, die ausschließlich das Vermögen des
minderjährigen Kindes betreffen, entfällt die Bestellung eines Verfahrensbeistands
(BGH FamRZ 2011, 1788, 1791 mAnm STÖSSER FamRZ 2011, 1859 = MDR 2011, 1293; KEIDEL/
ENGELHARDT, FamFG [17. Aufl] § 158 Rn 3). Das vom BGH (FamRZ 2011, 1788, 1791) als
umstritten gekennzeichnete Verhältnis von Verfahrensbeistandschaft und Ergänzungspflegschaft (nach – teilweiser – Entziehung der elterlichen Vertretungsbefugnis) kann sich deshalb nicht auf die ausschließlich das Vermögen betreffenden Kindschaftssachen beziehen.

Die Bestellung eines Ergänzungspflegers nach § 1909 Abs 1 S 1 BGB setzt voraus,   **81**
dass der Sorgerechtsinhaber an der Besorgung bestimmter Angelegenheiten verhindert ist. Insoweit vertritt der Ergänzungspfleger den Pflegebefohlenen (§§ 1915
Abs 1, 1793 Abs 1 S 1 BGB). Auf die Angelegenheiten des Kindes, für die ein
Pfleger bestellt ist, erstreckt sich die elterliche Sorge (§ 1630 Abs 1 BGB) oder
das Recht und die Pflicht des Vormunds, für die Person und das Vermögen des
Mündels zu sorgen (§ 1794 BGB) nicht. Dass der Verfahrensbeistand nicht gesetzlicher Vertreter des Kindes ist, erfordert nach Auffassung des BGH (FamRZ 2012, 435
[436] = NJW 2012, 1150 im Anschluss an BGH FamRZ 2011, 1788 = NJW 2011, 3454) nicht
notwendig, die elterliche Sorge zu entziehen (mit der Folge einer Pflegerbestellung).
Zu der umstritten gewesenen Frage und der Entscheidung des OLG Oldenburg (ZKJ
2011, 101) die Praxishinweise von HEILMANN (ZKJ 2011, 103 mwNw). Auch bei einem
erheblichen Interessengegensatz zwischen Eltern und Kind dürfe, so der BGH
(FamRZ 2011, 1788 mAnm STÖSSER FamRZ 2011, 1859) den Eltern die Vertretungsbefugnis
im Zusammenhang mit einem Kindschaftsverfahren dann nicht entzogen werden,
wenn bereits durch die Bestellung eines Verfahrensbeistands für eine wirksame
Interessenvertretung des Kindes Sorge getragen werden kann. Dass der Verfahrensbeistand nicht gesetzlicher Vertreter des Kindes ist, stehe dem nicht entgegen. Allein
die Tatsache, dass der Verfahrensbeistand nicht gesetzlicher Vertreter des Kindes ist,
begründe trotz vorhandener Interessenunterschiede nicht die Notwendigkeit einer
Ergänzungspflegschaft, ebensowenig das Bestehen von Interessengegensätzen die
Bestellung eines Ergänzungspflegers. Dieser ist dann nötig, wenn die Vertretung des

Kindes erforderlich ist und diese von den Eltern des Kindes oder einem Elternteil aus unterschiedlichen Gründen nicht wahrgenommen werden kann.

82 Kommt es darauf an, dass das minderjährige Kind materiellrechtlich oder verfahrensrechtlich (gesetzlich) vertreten wird, reicht die Bestellung eines Verfahrensbeistands nicht aus. Die Verfahrensbeistandschaft ist ein Institut des Verfahrensrechts. Originäre Aufgabe des Verfahrensbeistands ist es, die Interessen des Kindes in einem auf seine Person bezogenen Kindschaftsverfahren wahrzunehmen (BGH FamRZ 2011, 1788, 1790). Die Ergänzungspflegschaft geht darüber hinaus, indem der Ergänzungspfleger im Rahmen seines Wirkungskreises den Minderjährigen gerichtlich und außergerichtlich vertritt. Der Ergänzungspfleger kann demnach die Bestellung eines Verfahrensbeistands entbehrlich machen (KG FamRZ 2012, 1071), der zur Vertretung des minderjährigen Kindes nicht befugte Verfahrensbeistand die Bestellung eines Ergänzungspflegers insoweit dagegen nicht.

83 Es handelt sich daher um zwei verschiedene Rechtsinstitute, die nicht in der Weise miteinander verglichen werden können, dass das eine gegenüber dem anderen ein milderes Mittel sei und eine Entziehung der elterlichen Vertretungsbefugnis und die Anordnung einer Ergänzungspflegschaft entbehrlich mache (so aber BGH FamRZ 2011, 1788, 1790). Nicht in erster Linie nach den Folgen ist zwischen den Instituten zu wählen; es kommt vorzugsweise darauf an, ob ihre Voraussetzungen vorliegen und ob die gesetzliche Vertretung des minderjährigen Kindes gewährleistet sein muss. Während der Verfahrensbeistand die Interessen des minderjährigen Kindes in dem Verfahren, für das er bestellt worden ist, wahrzunehmen hat, ohne dass dies § 158 Abs 4 S 1 FamFG näher ausführt, reicht eine Interessenvertretung des Minderjährigen als Grund für die Bestellung eines Ergänzungspflegers nicht hin. Dem Ergänzungspfleger ist ein konkreter Wirkungskreis zuzuweisen, bei dessen Wahrnehmung er die Interessen des Pflegebefohlenen zu vertreten und zu verfolgen hat. Die Wahrnehmung der Interessen des minderjährigen Kindes als alleiniger Auftrag eines Ergänzungspflegers widerspräche dem Pflegschaftsrecht.

III. Anzeigepflichten (Abs 2)

84 Anzeigepflichtig sind nach Abs 2 die Eltern oder der Vormund. Das ist sowohl der Einzelvormund als auch der Amtsvormund. Derjenige hat das Familiengericht zu informieren, der an der Besorgung der Angelegenheit verhindert ist. Denjenigen Elternteil, dem die elterliche Sorge entzogen wurde, kann keine Anzeigepflicht treffen, wenn der andere tatsächlich oder rechtlich verhindert ist. Ebensowenig besteht im Ruhensfall des § 1673 Abs 1 BGB eine Anzeigepflicht. Schafft das Familiengericht (zB nach den §§ 1666, 1666a BGB) Tatbestände, die eine Pflegschaft erforderlich machen, entfällt eine Anzeigepflicht, soweit es selbst die Maßnahme anordnet. Die Anzeigepflicht ist echte Rechtspflicht. Ein Verstoß gegen sie kann im Schadensfall zu Ersatzansprüchen des Kindes oder Mündels führen (§§ 1664, 1833 BGB; dazu STAUDINGER/ENGLER[10/11] Rn 22). Obwohl dem Wortlaut nach das Erfordernis einer Pflegschaft anzuzeigen ist, reicht es aus, dass das Defizit mitgeteilt wird, gleichgültig, welche der möglichen familiengerichtlichen Entscheidungen (Pflegschaft, Vormundschaft) dann zu treffen ist.

85 Der Pflegschaftsbedarf ist unverzüglich, dh ohne schuldhaftes Zögern (§ 121 Abs 1

S 1 BGB) anzuzeigen. In den Fällen, in denen der Bedarf durch gerichtliche Ent-scheidung hervorgerufen wird (zB §§ 1629 Abs 3 S 2 BGB; § 1796 Abs 1 BGB), entsteht die Anzeigepflicht erst, wenn die Entziehung der Vertretungsmacht wirk-sam geworden ist (Staudinger/Engler[10/11] Rn 22). Auf der anderen Seite besteht für eine besondere Anzeige durch den Verhinderten dann kein Bedarf mehr, wenn das Gericht aufgrund eigenen Handelns über den Entscheidungsbedarf nach § 1909 BGB informiert ist. Eine Verpflichtung zur Benachrichtigung des Gerichts und ein Schadensersatz im Falle ihres Unterlassens kommt dann in Betracht, wenn die Eltern oder der Vormund in einem Fall, in dem es zweifelhaft ist, ob die Bestellung eines Pflegers geboten ist, die Anzeige unterlassen haben. Trotz der Milderung der Haftung nach § 1664 BGB haben auch Eltern ohne schuldhaftes Zögern die Anzeige zu erstatten, wenn sie nicht eine Schadensersatzpflicht treffen soll.

Der **Gegenvormund** hat dem Familiengericht jeden Fall unverzüglich anzuzeigen, in **86** dem das Familiengericht zum Einschreiten berufen ist, insbesondere den Tod des Vormunds oder den Eintritt eines anderen Umstands, infolgedessen das Amt des Vormunds endigt oder die Entlassung des Vormund erforderlich wird (§ 1799 Abs 1 S 2 BGB). Die Vorschrift gilt entsprechend für den **Pfleger** (§ 1915 Abs 1 BGB). Ob danach Anlass für die Anordnung einer Pflegschaft und die Bestellung eines Pfle-gers besteht, hat das Familiengericht zu prüfen. Zur Prüfungs- und Belehrungspflicht des **Notars** für den Fall, dass Zweifel an der Wirksamkeit des Geschäfts bestehen, s § 17 Abs 2 BeurkG (Huhn/vSchuckmann, BeurkG [4. Aufl 2003] § 17 Rn 58). Wird dem **Standesamt** der Tod einer Person, die ein minderjähriges Kind hinterlassen hat, oder die Geburt eines Kindes nach dem Tod des Vaters oder das Auffinden eines Min-derjährigen, dessen Familienstand nicht zu ermitteln ist, angezeigt, hat das Standes-amt dies dem Familiengericht mitzuteilen (§ 168a Abs 1 FamFG; Staudinger/Veit [2014] § 1774 Rn 8). Ob sich aus den pflichtmäßig angezeigten Sachverhalten die Not-wendigkeit zur Anordnung einer Pflegschaft nach § 1909 BGB ergibt, ist Tatfrage.

§ 22a Abs 1 FamFG verpflichtet die **Gerichte**, dem Familiengericht Mitteilung zu **87** machen, wenn infolge eines gerichtlichen Verfahrens eine Tätigkeit des Familien-gerichts erforderlich wird. Erhält das **Nachlassgericht** Kenntnis davon, dass ein Kind Vermögen von Todes wegen erworben hat, das nach § 1640 Abs 1 S 1 und Abs 2 BGB zu verzeichnen ist, teilt es dem Familiengericht den Vermögenserwerb mit (§ 356 Abs 1 FamFG).

IV. Das Verhältnis des nach § 1909 Abs 1 BGB bestellten Pflegers zum Inhaber des Sorgerechts (Eltern, Vormund)

Dieses Verhältnis wird in den §§ 1630 BGB (Eltern) und 1794 BGB (Vormund) **88** bestimmt. Die elterliche Sorge (§§ 1626 ff BGB) bzw das Recht und die Pflicht des Vormunds, für die Person und das Vermögen des Mündels zu sorgen (§ 1793 BGB), erstreckt sich nicht auf Angelegenheiten des Kindes bzw Mündels, für die ein Pfleger bestellt ist. Soweit der Wirkungskreis des vom Gericht bestellten Pflegers reicht, sind Eltern bzw der Vormund für die Angelegenheiten des Kindes bzw Mündels nicht zuständig; das betrifft sowohl die Angelegenheiten der tatsächlichen Sorge als auch das Vertretungsrecht (Staudinger/Peschel-Gutzeit [2015] § 1630 Rn 3, 4). Der partielle Ausschluss von der Sorge tritt mit der Pflegerbestellung ein und bleibt solange bestehen, bis die Pflegschaft aufgehoben ist, unabhängig davon, ob sie zu Recht angeordnet worden war oder nicht (STAUDINGER/PESCHEL-GUTZEIT [2015] § 1630 Rn 2). Hat das Familiengericht das Aufenthaltsbestimmungsrecht und das Recht auf Regelung der schulischen Angelegenheiten eines Kindes sowie zur Antragstellung für Jugendhilfemaßnahmen auf einen Pfleger (hier: Jugendamt) übertragen, sind die Eltern des Kindes nicht befugt, gegen Bescheide des Trägers der öffentlichen Jugendhilfe, mit denen dem Kind oder dem Jugendlichen Eingliederungshilfe gewährt wird, zu klagen (BayVGH FamRZ 2004, 990). Zum Auskunftsanspruch der Eltern s Rn 10. Der Umfang der Auskunft wird durch Rücksicht auf das Kindeswohl und Umstände aus der Privat- und Intimsphäre des Minderjährigen beschränkt (OLG Hamm FamRZ 2017, 384).

89 Die Pflegerbestellung bewirkt grundsätzlich nicht die Unzuständigkeit der Eltern oder des Vormunds; diese tritt im Allgemeinen vorher ein und ist Ursache für die Pflegerbestellung (im Ergebnis wie hier STAUDINGER/VEIT [2014] § 1794 Rn 2; nicht ganz deutlich STAUDINGER/PESCHEL-GUTZEIT [2015] § 1630 Rn 2). Mit dieser wird eine Entscheidungszuständigkeit (wieder) geschaffen. Die elterliche oder vormundliche Sorge erstreckt sich lediglich nicht auf die dem Pfleger übertragenen Angelegenheiten. Im Übrigen bleibt die Zuständigkeit von Eltern oder Vormund aber erhalten.

90 Bei **Meinungsverschiedenheiten** zwischen den Eltern und dem Pfleger oder dem Vormund und dem Pfleger in Angelegenheiten, die in den Zuständigkeitsbereich sowohl des einen wie des anderen fallen, entscheidet das Familiengericht gemäß § 1630 Abs 2 BGB im Verhältnis Eltern/Pfleger sowie in entsprechender Anwendung des § 1798 BGB (§ 1915 Abs 1 BGB) in der Beziehung Vormund/Pfleger. Da es sich um eine Entscheidung von Meinungsverschiedenheiten von Sorgeberechtigten handelt, entscheidet der Richter (§ 14 Abs 1 Nr 5 RPflG; STAUDINGER/VEIT [2014] § 1797 Rn 31 mwNw). Ihrem Wortlaut nach setzt die Konfliktregelungsbestimmung des § 1630 Abs 2 BGB und die des § 1798 BGB voraus, dass dem einen Teil die Sorge für die Person und dem anderen die Sorge für das Vermögen zusteht und die streitige Angelegenheit sowohl die Person als auch das Vermögen des Minderjährigen betrifft. Wegen der gleichen Interessenlage wird die Anwendung der Vorschriften auch in den Fällen befürwortet, in denen die Wirkungskreise bzw Zuständigkeiten auf andere Weise abgegrenzt sind (STAUDINGER/VEIT [2014] § 1798 Rn 2 mwNw; STAUDINGER/PESCHEL-GUTZEIT [2015] § 1630 Rn 22).

91 Die Pflegschaft ist, sofern sie nicht mit der Volljährigkeit des Kindes oder mit seinem Tod oder sonst kraft Gesetzes endet (§ 1918 BGB), aufzuheben, wenn der Grund für die Anordnung weggefallen ist (§ 1919 BGB) oder sich herausstellt, dass ein Grund für die Bestellung nicht bestanden hat (STAUDINGER/PESCHEL-GUTZEIT [2015] § 1630 Rn 16). Die Zuwendungspflegschaft (Abs 1 S 2, § 1638 Abs 1 BGB) endet kraft Gesetzes mit dem Eintritt der Volljährigkeit des Betroffenen; eine abweichende Bestimmung bei der Zuwendung durch Rechtsgeschäft unter Lebenden ist unwirksam (OLG Hamm FamRZ 2010, 1997 = NJW-RR 2010, 1589).

V.   Die Ersatzpflegschaft (Abs 3)

92 Die Bestellung eines Ersatzpflegers nach Abs 3 (der bei STAUDINGER/PESCHEL-GUTZEIT [2015] § 1630 Rn 9 verwendete Begriff des Überbrückungspflegers macht die Vorläufigkeit des Amtes deutlich) war bisher auch im Vormundschafts- und Pflegschaftsrecht für Voll-

jährige von Bedeutung. Mit der im Betreuungsrecht eingeführten sog Einheitsentscheidung ist für die Anordnung der Ersatzpflegschaft kein Raum mehr. Im Hinblick auf die Folgeprobleme der Einheitsentscheidung (s dazu oben § 1908c Rn 1) sollte für den Fall ihrer Übertragung auf das Minderjährigenvormundschafts- und das Pflegschaftsrecht bedacht werden, dass die angestrebte Vereinheitlichung nicht in erster Linie auf den Entscheidungsvorgang, sondern auf die Entscheidungszuständigkeit mit einer dadurch verbesserten Entscheidungsgrundlage ausgerichtet war. Durch Art 3 2. BtÄndG wurde den Ländern die Möglichkeit eingeräumt, dem Rechtspfleger die Auswahl des Betreuers zu übertragen, sodass für den Fall, dass ein Land von der Ermächtigung Gebrauch macht, die Einheitsentscheidung wieder aufgegeben wird. Die Unterscheidung zwischen Anordnung der Maßnahme und Auswahl des Amtsträgers ist beibehalten. Im Falle von Abs 3 hat das Familiengericht bereits Kenntnis von der Notwendigkeit, einen Vormund zu bestellen; verzögert sich dies, bedarf es keiner Information des Gerichts von außen, um den Pfleger nach Abs 3 zu bestellen.

Die Bestellung eines Pflegers nach § 1909 Abs 3 BGB ist für solche Fälle gedacht, in **93** denen der Bestellung des Vormunds unmittelbar nach Anordnung der Vormundschaft Hindernisse entgegenstehen (STAUDINGER/ENGLER[10/11] Rn 23 mit Beispielen). Auch hier muss ein Bedürfnis für eine Pflegerbestellung bestehen. Die Tatsache allein, dass sich die Bestellung des Vormunds zum Nachteil des Betroffenen verzögert, reicht für eine Bestellung eines Ersatz- oder Überbrückungspflegers nicht aus. Die Einhaltung der mit der Bestellung des Vormunds verbundenen Anhörungs- und Beteiligungsvorschriften (zB §§ 1778 Abs 1 Nr 5, 1779 Abs 1 u 2 BGB) lässt aber einen gewissen Zeitablauf als unvermeidlich erscheinen.

In Ausnahmefällen, wenn so rasch gehandelt werden muss, dass auch die Bestellung eines Pflegers nach § 1909 Abs 3 BGB nicht abgewartet werden kann, ist das Familiengericht befugt, nach Maßgabe des § 1846 BGB die im Interesse des Mündels erforderlichen Maßnahmen selbst zu treffen. Diese Möglichkeit sollte im Falle des Abs 3 jedoch absolute Ausnahme bleiben, weil das Familiengericht in Bezug auf die Personalentscheidung nach Abs 3 an die für die Berufung zur Vormundschaft geltenden Vorschriften nicht streng gebunden ist und deshalb zügig den Ersatzpfleger (ggf das Jugendamt) auswählen und bestellen kann. In eilbedürftigen Fällen kann die grundsätzlich gebotene vorherige Anhörung des Jugendamts unterbleiben (BGB-RGRK/DICKESCHEID § 1779 Rn 8; SOERGEL/DAMRAU § 1779 Rn 3; STAUDINGER/VEIT [2014] § 1779 Rn 73) und ein Pfleger unter dem Vorbehalt der §§ 1790, 1915 BGB bestellt werden, sodass der Eindruck vermieden wird, die nachzuholende Anhörung des Jugendamtes allein sei Grund zu seiner Entlassung (ERMAN/SAAR § 1779 Rn 10; STAUDINGER/VEIT [2014] § 1779 Rn 73; ebenso ERMAN/SAAR: Entlassungsvorbehalt anbringen).

Die Anordnung der Pflegschaft nach § 1909 Abs 3 BGB setzt voraus, dass die **94** Voraussetzungen für die Anordnung einer Vormundschaft vorliegen. Nach Wegfall von Entmündigung und Volljährigenvormundschaft (zur früheren Rechtslage in Bezug auf § 1909 Abs 3 s STAUDINGER/ENGLER[10/11] Rn 25 f) kommt nur der Tatbestand des § 1773 BGB in Betracht. Nicht ausgeschlossen ist, dass auch bei vollständiger Sorgerechtsentziehung im Zusammenhang mit einem Scheidungsverfahren eine Ersatzpflegschaft erforderlich wird.

95 Für den Wirkungskreis des Pflegers ist auch im Falle des § 1909 Abs 3 BGB der Inhalt der **Verpflichtungsverhandlung** maßgebend. Für die Bestimmung des Wirkungskreises kommt es auf den Handlungsbedarf im konkreten Fall an. In der Regel wird die Besorgung einer einzelnen Angelegenheit oder eines Kreises von Angelegenheiten dringlich sein, sodass die Bestellung eines Pflegers mit diesem begrenzten Zweck genügt (STAUDINGER/ENGLER[10/11] Rn 27). Es ist aber nicht ausgeschlossen, dass dem Pfleger die gesamte Sorge für die Person und das Vermögen des Mündels einschließlich der gesetzlichen Vertretung übertragen wird (MünchKomm/SCHWAB § 1909 Rn 59; aA BEITZKE/LÜDERITZ § 39 I 1, hiergegen zutreffend GERNHUBER/COESTER-WALTJEN § 75 IV 2). Zuzugeben ist, dass bei einer umfassenden Zuständigkeit des Pflegers sich die Ersatzpflegschaft von der Vormundschaft im Wesentlichen nur durch die Vorläufigkeit und nicht durch den (minderen) Umfang in der Zuständigkeit (wie bei der Ergänzungspflegschaft des Abs 1) unterscheidet.

96 Mit der Bestellung eines Vormunds ist die Ersatzpflegschaft aufzuheben und der Pfleger zu entlassen. Die Pflegschaft endet nicht von selbst (GERNHUBER/COESTER-WALTJEN § 75 IV 1). Auch wenn zwischen dem Ersatzpfleger und dem Vormund Identität besteht, handelt es sich um unterschiedliche Funktionen, die voneinander zu trennen sind. In jedem Fall muss die bisherige Bestallungsurkunde zurückgegeben und eine neue ausgestellt werden. Je nachdem, welche Angelegenheiten von dem Ersatzpfleger zu besorgen waren, hat er nach der Beendigung seines Amtes dem nachfolgenden Vormund das verwaltete Vermögen herauszugeben und über die Verwaltung Rechenschaft abzulegen (§§ 1890 S 1, 1915 Abs 1 BGB). Er hat außerdem alles, was er zur Führung der Pflegschaft erhalten und was er durch sie erlangt hat, an den Vormund herauszugeben, damit dieser die nötigen Voraussetzungen für die Führung der Vormundschaft besitzt.

97 Ebensowenig wie die Ergänzungspflegschaft des Abs 1 beeinflusst eine Ersatzpflegschaft den rechtsgeschäftlichen Status des Pflegebefohlenen. Da der über sieben Jahre alte Mündel als beschränkt Geschäftsfähiger nicht nur handeln darf, sondern auch handeln kann, fragt es sich, ob und inwieweit er durch das Fehlen eines Vormunds und damit eines für die Zustimmung zu seinen Rechtsgeschäften zuständigen gesetzlichen Vertreters in seinen Entfaltungsmöglichkeiten beeinträchtigt wird und deshalb einen unmittelbaren Anspruch auf Bestellung eines Ersatzpflegers hat.

VI. Bedingungen der Pflegerbestellung

1. Allgemeines

98 Für die Entscheidung, wer zum Pfleger nach § 1909 Abs 1 oder Abs 3 BGB zu bestellen ist, sind insbesondere zwei Aspekte von Bedeutung: Der Ausschluss der Berufungsmöglichkeit durch § 1916 BGB und die Berücksichtigung familiärer Konstellationen oder Interessen. ZB kann der Vater, der in der Vergangenheit den Vermögensinteressen seines Kindes in konkreten Fällen zuwidergehandelt hat, bei der Auswahlentscheidung für die Ergänzungspflegschaft übergangen werden (BayObLGZ 1997, 93 = DNotZ 1998, 491, 494). Zur Bestellung jeweils eines Ergänzungspflegers für jeden beteiligten Minderjährigen im Falle der Erbauseinandersetzung einer Witwe mit ihren Kindern BGHZ 21, 229.

Generell hat das Gericht eine für die Besorgung der Angelegenheit(en) persönlich, **99**
nach ihrer Vermögenslage sowie nach den sonstigen Umständen geeignete Person
(§§ 1915 Abs 1 S 1, 1779 Abs 2 S 1 BGB) auszuwählen und zu bestellen. Geht es bei
der Ergänzungspflegschaft um eine einzelne Angelegenheit aus Gründen rechtlicher
Verhinderung der Sorgerechtsinhaber, kommt es darauf an, dass jemand für diese
Angelegenheit geeignet ist. Sind vorrangig Angelegenheiten der Personensorge zu
entscheiden, können verwandtschaftliche Beziehungen und pädagogische Eignung
eher zu berücksichtigen sein. In diesem engen Rahmen wird auch den Grundsätzen
des BVerfG (FamRZ 2009, 291) für die Auswahl des Vormunds und die Berücksichtigung des Familienlebens und der Familienbande gefolgt werden können. Pflegeeltern bieten sich als Ergänzungspfleger an, wenn sich zwischen ihnen und dem
Pflegekind eine vertrauensvolle Bindung herausgebildet hat (OLG Düsseldorf FamRZ
2011, 742 743 mwNw), vorausgesetzt, dass sie zur Besorgung der Angelegenheiten
geeignet sind.

Zu beachten ist der Grundsatz der Subsidiarität der Amtspflegschaft gegenüber der **100**
Einzelpflegschaft (s Vorbem 80 zu §§ 1909 ff); insofern gilt der Amtsermittlungsgrundsatz des § 26 FamFG). Das gilt auch dann, wenn die Einzelpersonen die Pflegschaft
im Rahmen ihrer Berufsausübung führen (KG Rpfleger 1999, 274 = FGPrax 1999, 103 = ZfJ
1999, 228 = NJWE-FER 1999, 211). Zur Frage der Eignung von berufsmäßig tätigen
Betreuern als Vormünder oder Pfleger minderjähriger Personen DIJuF-Rechtsgutachten v 12. 7. 2001 (JAmt [DAVorm] 2001, 336). Durch entsprechende Ergänzungen der
§§ 1791a Abs 1 S 2, 1791b Abs 1 S 1 BGB (iVm § 1915 Abs 1 BGB) durch das
2. BtÄndG wurde der Vorrang der Einzelpflegschaft auf die ehrenamtlich geführte
Einzelpflegschaft beschränkt.

Das Jugendamt kann (und muss ggf) zum Ergänzungspfleger bestellt werden, wenn
eine als ehrenamtlich tätige geeignete Person nicht vorhanden ist, §§ 1791b Abs 1
S 1, 1915 Abs 1 BGB (OLG Köln FamRZ 2012, 42 [43]; FamRZ 2012, 579 [580]; KG FamRZ
2010, 1171 und 1998; OLG Brandenburg FamRZ 2012, 1069 mAnm ZORN S 1070). Ebenso, wenn
ein rechtsfähiger Verein zur Führung der Pflegschaft (hier: Vormundschaft) nicht zur
Verfügung steht (OLG Karlsruhe ZKJ 2012, 272 [274]). Entsprechende Feststellungen hat
das Gericht im Rahmen seiner Amtsermittlungspflicht (§ 26 FamFG; KG FamRZ 2010,
1171) zu treffen. Die Verpflichtung des Gerichts, bei der Auswahl eines neu zu
bestellenden Vormunds in erster Linie auf die Interessen des Kindes abzustellen
und fiskalische Überlegungen nicht in den Vordergrund zu stellen (OLG Hamm
FamRZ 2012, 798; FamRZ 2010, 1684), kann hinsichtlich der Kinderinteressen nur insoweit maßgebend sein, als nur eine **geeignete** Person/Institution zur Wahrnehmung
dieser Interessen in der Lage sein kann. Zwischen der Amtspflegschaft und der
beruflich geführten Pflegschaft (hier: Vormundschaft) hat das Gericht nach seinem
pflichtgemäßen Ermessen zu wählen (OLG Karlsruhe ZKJ 2012, 272).

Hat ein Jugendamt die Adoption vermittelt und betreut, kommt es als Ergänzungs- **101**
pfleger anstelle der Kindesmutter für das Einwilligungsersetzungsverfahren grundsätzlich nicht in Betracht (sinngemäß OLG Nürnberg FamRZ 2000, 573). Ein Rechtsanwalt
ist regelmäßig als Ergänzungspfleger zur Vertretung im Ehelichkeitsanfechtungs-
verfahren geeignet (KG FamRZ 2010, 1171), jedenfalls dann, wenn er Fachanwalt für
Familienrecht ist. Für das OLG Stuttgart (FamRZ 2002, 1065 = JAmt 2002, 129) ist eine
besser als das Jugendamt geeignete Person als Ergänzungspfleger für ein minderjäh-

riges Kind im Vaterschaftsanfechtungsverfahren nur schwer vorstellbar. Es sei jedenfalls in Fällen, die keine besondere Schwierigkeit aufweisen, sachgerecht und zulässig, das Jugendamt zu bestellen, auch wenn eine andere geeignete Einzelperson als Ergänzungspfleger (hier ein Rechtsanwalt) in Betracht käme. Bedenklich insofern, als es grundsätzlich auf die Eignung und nicht auf verschiedene Abstufungen von Eignung oder gar einen Anspruch auf eine bestgeeignete Person ankommt (zustimmend BINSCHUS ZfF 2003, 42, [44]). Der grundsätzliche Nachrang des Jugendamts steht seiner Bestellung zum Ergänzungspfleger für das Kind in einer verhältnismäßig einfach gelagerten, überschaubaren Erbausschlagungsangelegenheit wegen (vermuteter) Überschuldung des Nachlasses genauso wenig entgegen, nachdem im Einzelfall keine andere geeignete Person gefunden werden konnte, wie die bekannte Belastung der Jugendämter mit anderen Aufgaben oder ihren knappen Ressourcen (KG FamRZ 2010, 1998; OLG Köln FamRZ 2012, 42, [43] in einem Genehmigungsverfahren der Erbausschlagung). Keine (allgemeinen) Bedenken bestehen gegen die Eignung eines Berufsvormunds (-pflegers) als Mitglied eines Vereins der Adoptiv- und Pflegefamilien, der vom Jugendamt zahlreiche Pflegekinder vermittelt bekommt (DIJuF-Rechtsgutachten vom 20. 2. 2002 JAmt 2002, 128). Aus Gründen des Kindeswohls kann es gerechtfertigt sein, das bisher mit der Sache (in der Funktion der Amtspflegschaft und/oder Beistandschaft) befasste Jugendamt als Ergänzungspfleger abweichend von der Regelung des § 87c Abs 3 S 1 SGB VIII zu bestellen, wonach an erster Stelle das Jugendamt zuständig ist, in dessen Bereich das Kind oder der Jugendliche seinen gewöhnlichen Aufenthalt hat (OLG Zweibrücken FamRZ 2002, 1064; OLG Frankfurt FamRZ 2011, 1671). Keine die BGB-Vorschriften verdrängende Wirkung von § 87c Abs 3 SGB VIII bei Entlassung und Neubestellung des Amtsvormunds (OLG Hamm ZfJ 1999, 32).

2. Keine Berufung zum Pfleger; Sonstiges zur Auswahl

102 Entgegen dem Grundsatz des § 1915 Abs 1 BGB gelten die Vorschriften über die Berufung zur Vormundschaft für die nach § 1909 BGB anzuordnende Pflegschaft nicht (§ 1916 BGB; zu der von KRÜGER, in: KRÜGER/BREETZKE/NOWACK 11 zu § 1909 BGB geübten Kritik an dieser Vorschrift s STAUDINGER/ENGLER[10/11] § 1916 Rn 2). Dadurch erhält das Gericht eine größere Freiheit für die Bestellung des Pflegers. Maßgebend ist zwar allgemein die Auswahlbestimmung des § 1779 BGB; auch sind die §§ 1780 u 1781 BGB zu beachten. Zu berücksichtigen ist aber in erster Linie das Interesse und das Wohl/der Schutz des Schutzbefohlenen (OLG Düsseldorf FamRZ 2011, 742 [743]; OLG München FamRZ 2012, 1071; OLG Brandenburg FamRZ 2014, 1719; PALANDT/GÖTZ § 1916 Rn 1); allein das Kindeswohl (OLG München FamRZ 2016, 1475) sowie der unterschiedliche Anlass und die gegenüber einem Vormund eingeschränkte Aufgabe des zu bestellenden Pflegers. Auf die Bekenntnisfrage, insbesondere bei der Besorgung einzelner Angelegenheiten, darf ein eher geringer Wert gelegt werden. Für die Bestellung eines Kollisionspflegers wird in der Regel eine fremde Person (ggf ein Verein oder das Jugendamt) der Bestellung von Angehörigen vorzuziehen sein (ähnlich STAUDINGER/ENGLER[10/11] Rn 30 mwNw). **Pflegeeltern** bieten sich als Ergänzungspfleger an, wenn sich zwischen ihnen und dem Pflegekind eine vertrauensvolle Bindung herausgebildet hat (OLG Düsseldorf FamRZ 2011, 742 [743]). Ob Pflegeeltern als Vormund geeignet sind, muss in jedem Einzelfall geprüft werden (OLG Karlsruhe FamRZ 2014, 404). Eingehend zur Bestellung von Pflegeeltern (dort als Vormünder) § 1779 Rn 18 ff. Das LG Frankfurt aM (FamRZ 1991, 736 = Rpfleger 1991, 202) hat es als sachgerecht und dem

Gesetzeszweck entsprechend angesehen, nicht gerade eine Person zum Ergänzungspfleger zu bestellen, die gleichgerichtete Interessen verfolgt oder mit dem Verfahrensbevollmächtigten des ausgeschlossenen Vertreters beruflich verbunden ist. Bei der Auswahl einer Ergänzungspflegerin für die Durchführung einer Erbauseinandersetzung ist dem Ziel, die Gefahr eines Interessenkonflikts unter den Erben zu vermeiden, Vorrang vor persönlichen Bindungen des „Mündels" und vor Kostengesichtspunkten einzuräumen (OLG Schleswig FamRZ 2003, 117 = JAmt 2002, 367). Amts- und Berufspflegschaft (Vormundschaft) stehen gleichrangig nebeneinander, wenn weder eine ehrenamtlich tätige Person noch ein rechtsfähiger Verein zur Übernahme der Aufgabe zur Verfügung stehen (OLG Karlsruhe 5. 3. 2012 – 18 UF 274/11, ZKJ 2012, 272 = FamRZ 2012, 1955; OLG Schleswig FamRZ 2016, 1474, jeweils für die Vormundschaft entschieden). Nicht zu beanstanden ist die Bestellung des für den gewöhnlichen Aufenthalt des Pflegebefohlenen zuständige Jugendamt gem § 87c SGB VIII (OLG Brandenburg FamRZ 2014, 1719). Bei der Auswahl eines Pflegers (hier Vormund) für unbegleitete minderjährige Flüchtlinge soll das Auseinanderfallen der Zuständigkeit zwischen Kostenträger der Hilfen einerseits und der Wahrnehmung der Pflegschaft/ Vormundschaft vermieden werden (OLG Schleswig FamRZ 2016, 1474; Vorrangige Bestellung der Großeltern eines Kindes gegenüber nicht mit dem Kind verwandten Personen nach BVerfG FamRZ 2014, 1435 mAnm HOFFMANN 1439 = NJW 2014, 2853; OLG Frankfurt FamRZ 2016, 1473, hier: für die Vormundschaft entschieden; OLG Rostock FamRZ 2017, 218). Eine Großmutter des Pflegebefohlenen habe, so das BVerfG, ein grundrechtlich geschütztes Recht darauf, bei der Auswahl eines Ergänzungspflegers für ihr von der Kindesmutter getrenntes Enkelkind berücksichtigt zu werden. Verwandten komme der Vorrang gegenüber nicht verwandten Personen zu, sofern nicht im Einzelfall konkrete Erkenntnisse darüber bestehen, dass dem Wohl des Kindes durch die Auswahl einer dritten Person besser gedient ist (BVerfG FamRZ 2014, 1435 = NJW 2014, 2853).

3. Berücksichtigung von Vorschlägen

Im Rahmen der **Ermessensentscheidung** (OLG Hamm FamRZ 1997, 1516; OLG Köln **103** FamRZ 2011, 1305) des Gerichts nach § 1779 BGB iVm § 1915 Abs 1 BGB und § 1916 BGB können Vorschläge der Eltern (oder des Vormunds) oder Dritter beachtet werden (GERNHUBER/COESTER-WALTJEN § 75 V 8). Ein **Vorschlagsrecht** ist **nicht** vorgesehen. Dass Vorschläge von Eltern wegen ihres Elternrechts gem Art 6 GG besonders zu berücksichtigen seien (LG München I Rpfleger 1975, 130; einschränkend LG Frankfurt aM FamRZ 1991, 736), wird dem Sinn und Zweck von § 1909 BGB und § 1916 BGB nicht gerecht. Eine (uneingeschränkte) Anwendung des § 1779 Abs 2 S 2 BGB kommt nicht in Betracht. Lässt schon § 1916 BGB die Vorschriften über die Berufung zur Vormundschaft nicht gelten, so kann auch der mutmaßliche Wille der Eltern bei der Auswahl des Pflegers keine tragende und bindende Rolle spielen. Freilich können die Gerichte dahingehende Informationen im Rahmen von § 26 FamFG zur Kenntnis nehmen. Die Einbeziehung von Eltern (oder des Vormunds) als wichtige Informationsträger ist in erster Linie ein Gebot der Vernunft und der Ermittlungspflicht aus § 26 FamFG. Dem nach § 158 FamFG ggf zu bestellenden Verfahrensbeistand für das betreffende Verfahren, in dessen Verlauf es zur Auswahlentscheidung kommt ist ebensowenig wie dem Minderjährigen ein Vorschlagsrecht eingeräumt. Großeltern sind (in diesem Fall für die Auswahl eines Vormunds) zum Auswahlverfahren nicht gemäß § 7 Abs 2 Nr 1 FamFG zu beteiligen, sondern lediglich zu hören, § 1779 Abs 3 BGB (OLG Hamm FamRZ 2012, 799). Ein Beschwerderecht gegen die Auswechslung des Ergänzungspflegers steht den Eltern, wenn ihnen die elterliche Sorge entzogen ist, nicht zu (OLG München FamRZ 2016, 1288). Wird ihr Vorschlag für einen Ergänzungspfleger nicht berücksichtigt, sind die Eltern nur beschwert, wenn ihr Vorschlag nicht erwogen wurde oder die Anhörung unterblieben ist (OLG München FamRZ 2016, 1475).

4.   Die Bestimmung des Zuwendenden (Abs 1 S 2)

104 Wird die Anordnung einer Ergänzungspflegschaft nach § 1909 Abs 1 S 2 BGB (Verwaltungspflegschaft oder auch Zuwendungspflegschaft) erforderlich, so ist als Pfleger berufen, wer durch letztwillige Verfügung oder bei der Zuwendung unter Lebenden benannt worden ist (§ 1917 Abs 1 BGB). In diesem Fall ist die Vorschrift des § 1778 BGB entsprechend anzuwenden, dh der Benannte darf ohne seine Zustimmung nur aus den dort genannten Gründen übergangen werden. Hervorzuheben ist daraus die Bestimmung des Abs 1 Nr 5 mit der Möglichkeit, dass der Mündel/Pflegebefohlene, der das vierzehnte Lebensjahr vollendet hat, der Bestellung widersprechen kann, sofern er nicht geschäftsunfähig ist.

5.   Korrektur der Personalentscheidung

105 Ebenso wie der Vormund (dazu unmittelbar BayObLG FamRZ 1999, 1457) kann auch der Pfleger entlassen werden, jedoch nicht nach §§ 1837 Abs 4, 1666 BGB, sondern nur nach den §§ 1886–1889 BGB iVm § 1915 Abs 1 BGB. Zulässig ist die Auslegung einer Beschwerde von Eltern gegen die Auswahl des Ergänzungspflegers als Antrag auf dessen Entlassung (BayObLGZ 2004, 113 = FamRZ 2004, 1817).

Eine Entlassung auf eigenen Wunsch (vgl für den Betreuer § 1908b Abs 2 BGB) hat das Gesetz für den Pfleger nicht vorgesehen. S aber auch § 1915 Rn 48.

Hält sich ein Pfleger (im konkreten Fall der Amtsvormund) nicht an Absprachen, die im gerichtlichen Verfahren getroffen worden sind, kann ein Wechsel der Person (hier des Amtes) geboten sein (OLG Hamm FamRZ 2016, 1940).

VII. Zum Verfahren*

1.   Zuständigkeit der Familiengerichte

106 Durch die Abschaffung des Vormundschaftsgerichts und die Einführung des sog großen Familiengerichts durch das FGG-RG haben sich die Streitfragen, die mit der

---

* **Schrifttum**: Breuers, Das neue Verfahrensrecht in Familiensachen – offene Fragen, ZFE 2010, 84; Lack, Die Beteiligtenstellung des Jugendamtes in Kindschaftssachen, ZKJ 2010, 189; Nickel, Altes und neues Verfahrensrecht für Rechtsmittel?, FamFB 2010, 91; Rixe, Verfassungsrechtliche Anforderungen an die Bestellung des Verfahrensbeistands, Anmerkung zu der Entscheidung des Landesverfassungs-gerichts Brandenburg v 17. 9. 2009 (FamRZ 2010, 471), ZKJ 2010, 63; Streicher, Rechtsprechungsübersicht zum FamFG, FamRZ 2011, 509 (für 2010); FamRZ 2012, 749 (für 2011); FamRZ 2013 (für 2012); FamRZ 2014, 614 (für 2013); FamRZ 2015, 449 (für 2014); FamRZ 2016, 509 (für 2015); Vogel, Der Verfahrensbeistand, FPR 2010, 43.

Bestellung eines Pflegers nach § 1909 BGB verbunden waren, erledigt. Das Verfahren zur Bestellung eines Pflegers nach § 1909 BGB gehört zu den Kindschaftssachen (§ 15 Nr 5 FamFG), die als Teil der Familiensachen (§ 111 Nr 2 FamFG) in die Zuständigkeit der bei den Amtsgerichten errichteten Familiengerichte gehören (§§ 23a, 23b GVG). Während das Betreuungsrecht als Grundsatz die Einheitsentscheidung (Bestellung eines Betreuers bei entsprechendem Betreuungserfordernis ohne entsprechende vorherige Feststellung) einführte, sind im Minderjährigenrecht die Anordnung der Maßnahme (Vormundschaft- oder Pflegschaft) von der danach zu treffenden Entscheidung, wer die Vormundschaft oder Pflegschaft zu führen hat, zu unterscheiden. Es handelt sich um zwei verschiedene Verfahrensgegenstände (BGH FamRZ 2012, 292 mwNw = NJW 2012, 685).

2. Amtsverfahren

a) Ermittlungen von Amts wegen

Das Verfahren zur Anordnung einer Ergänzungspflegschaft und zur Bestellung eines **107** Ergänzungspflegers wird von Amts wegen durchgeführt. Es handelt sich (wie bisher) um zwei verschiedene Verfahrensgegenstände (BGH FamRZ 2012, 292). Das zuständige Gericht ist berechtigt und verpflichtet, von Amts wegen die Voraussetzungen einer Pflegschaftsanordnung zu prüfen und über die Anordnung zu entscheiden (Münch Komm/SCHWAB Rn 63; SOERGEL/DAMRAU Rn 19; STAUDINGER/ENGLER[10/11] Rn 31 mwNw). Erforderliche Ermittlungen werden von Amts wegen getroffen (§ 26 FamFG); etwaige Beweiserhebungen unabhängig von dem Vorbringen Verfahrensbeteiligter veranlasst (§§ 29, 30 FamFG). Dahingehende Anträge, auch die in § 1909 Abs 2 BGB genannte Anzeige der Eltern oder des Vormunds, sind als Anregungen zu verstehen, die ein Verfahren in Gang setzen können. Sie sind aber weder Verfahrensvoraussetzung (SOERGEL/DAMRAU Rn 19 mwNw) noch Sachentscheidungsvoraussetzung. Wird eine als Antrag formulierte Anregung „zurückgenommen", entfällt damit nicht zwangsläufig die Befugnis des Gerichts zu (weiteren) Ermittlungen und zu einer Entscheidung.

Neben der rechtlichen oder tatsächlichen Verhinderung der sorgeberechtigten Person(en) setzt eine Pflegerbestellung voraus, dass der Betroffene minderjährig ist. Das Amtsgericht kann bei zweifelhafter Minderjährigkeit das Alter des Betroffenen (hier: eines vermeintlich unbegleiteten minderjährigen Flüchtlings) nicht offenlassen, sondern hat von Amts wegen (§ 26 FamFG) zur Frage der Minderjährigkeit zu ermitteln (OLG Frankfurt FamRZ 2017, 245, 246). Bei offenkundig falscher Altersangabe oder mangelnder Plausibilität der Umstände keine Ermittlungen „ins Blaue" (OLG Karlsruhe FamRZ 2015, 2182). Die Pflegschaft ist aufzuheben, wenn sich die vorausgesetzte Annahme der Minderjährigkeit nachträglich als unzutreffend erweist (OLG Köln FamRZ 2014, 242; für die Vormundschaft entschieden).

b) Keine Ermessensentscheidung

Die Entscheidung über die Anordnung einer Pflegschaft liegt nicht im Ermessen des Gerichts. Bestehen Zweifel, dass Eltern oder der Vormund tatsächlich oder rechtlich verhindert sind, muss das Familiengericht einen Pfleger bestellen (MünchKomm/ SCHWAB § 1909 Rn 60). Liegen die Voraussetzungen des Abs 3 vor und stellt das Familiengericht ein Bedürfnis für die Bestellung eines Ersatzpflegers fest, so hat es diese Entscheidung zu treffen. Andernfalls wäre der Pflegebefohlene nicht gesetzlich vertreten. Kommt das Familiengericht entweder in dem scheidungsunabhängigen Sorgerechtsverfahren oder bei der Scheidungsfolgenregelung zu dem Ergebnis, dass infolge des (teilweisen) Sorgerechtsentzugs eine Pflegschaft nach Abs 1 erforderlich ist, hat es diese anzuordnen. Entscheidungsspielraum besteht lediglich in der Frage, ob der teilweise Sorgerechtsentzug mit der dann folgenden Pflegschaft die zur Abwendung der Gefahr erforderliche und geeignete Maßnahme (§ 1666 Abs 1 BGB) ist. Handelt es sich um eine scheidungsunabhängige (isolierte) Sorgerechtsangelegenheit, ist das Familiengericht nicht gehindert, in einer einheitlichen Entscheidung zugleich auch den Pfleger auszuwählen, soweit den verfahrensrechtlichen Erfordernissen auch für die Auswahlentscheidung Genüge getan ist. Die amtliche Begründung zum KindRG nennt in diesem Zusammenhang die Beteiligung der auszuwählenden Person (BT-Drucks 13/4899, 110). Im Fall der Sorgerechtsentscheidung als Scheidungsfolgensache ist in einen Verbund nur das Verfahren betreffend die Übertragung der elterlichen Sorge oder eines Teils der Sorge auf einen Vormund oder Pfleger wegen des Kindeswohls einbezogen.

Um wirksam zu werden, muss die Anordnung einer Ergänzungspflegschaft nach §§ 1697, 1909 BGB gemäß § 40 Abs 1 FamFG den sorgeberechtigten Eltern bzw dem allein sorgeberechtigten Elternteil bekanntgegeben werden (OVG Lüneburg FamRZ 2012, 42 [LS] mAnm VAHLDIECK FamRZ 2012, 1313, sowie OVG Lüneburg FamRZ 2012, 42 [LS] = NdsRpfl 2011, 430).

3. Beteiligungen

108 Das minderjährige Kind ist beteiligtenfähig (§ 8 Nr 1 FamFG). Durch das Verfahren und die Bestellung eines Ergänzungspflegers wird das Kind in seinen Rechten unmittelbar betroffen, sodass es zu dem Verfahren hinzuzuziehen ist (§ 7 Abs 2 FamFG; OLG Oldenburg NdsRpfl 2010, 90 = FamRZ 2010, 660). Das Jugendamt ist in seiner eigenen Rechtsstellung erst durch die Bestellung zum Ergänzungspfleger betroffen, nicht schon durch die Grundentscheidung des Sorgerechtsentzugs (OLG München FamRZ 2012, 1071 [LS] im Anschluss an BGH FamRZ 2012, 292). Der nach Anordnung der Ergänzungspflegschaft an der Auseinandersetzung der Erbengemeinschaft gehinderte Elternteil (§ 1795 Abs 1 Nr 1 BGB) ist im Verfahren zur Entlassung und/ oder Neubestellung des Pflegers weder nach § 7 Abs 1 FamFG noch nach § 7 Abs 2 Nr 1 FamFG beteiligt (OLG Koblenz FamRZ 2016, 1004, 1005).

109 Soweit ein Geschäftsunfähiger oder in der Geschäftsfähigkeit Beschränkter nicht verfahrensfähig ist (§ 9 Abs 1 FamFG), handeln für ihn die nach bürgerlichem Recht dazu befugten Personen (§ 9 Abs 2 FamFG). Sind die sorgeberechtigten Volljährigen durch gesetzliche Regelung von der Vertretung des minderjährigen Kindes ausgeschlossen (§§ 181, 1795 BGB), und ist aus diesem Grund die Bestellung eines Ergänzungspflegers erforderlich, wird bereits für das Verfahren und die Vertretung des minderjährigen Kindes in dem Verfahren ein Ergänzungspfleger benötigt. Denn der Ausschluss der Vertretungsbefugnis ist bereits Voraussetzung für das Bestellungsverfahren und tritt nicht erst mit der Bestellung des Ergänzungspflegers ein.

110 Die Bestellung eines Verfahrensbeistands zur Wahrnehmung der Interessen des minderjährigen Kindes (§ 158 Abs 1 FamFG) würde in einem solchen Fall nicht ausreichen. Denn der Verfahrensbeistand kann und darf das Kind nicht gesetzlich

vertreten (§ 158 Abs 4 S 6 FamFG), soweit dies erforderlich ist. Anders als in der vom BGH (7. 9. 2011 – XII ZB 12/11; FamRZ 2011, 1788 mAnm STÖSSER FamRZ 2011, 1859) entschiedenen Sache geht es hier nicht um die Frage, ob die Entziehung der elterlichen Vertretungsbefugnis (als Voraussetzung für die Bestellung eines Ergänzungspflegers) durch die Bestellung eines Verfahrensbeistands (milderes Mittel!) vermieden werden kann (dazu im Einzelnen KEIDEL/ZIMMERMANN § 9 FamFG Rn 18). Die Bestellung eines Ergänzungspflegers bereits für das Verfahren ist deshalb erforderlich, weil andernfalls mangels geeigneter Vertretung des minderjährigen Kindes Entscheidungen nicht wirksam werden können.

4. Örtliche Zuständigkeit

Zuständig ist das Gericht, in dessen Bezirk das Kind seinen gewöhnlichen Aufent- **111** halt hat (§ 152 Abs 2 FamFG). Für die in § 1846 BGB und in Art 24 Abs 3 EGBGB bezeichneten Maßnahmen ist auch das Gericht zuständig, in dessen Bezirk das Bedürfnis der Fürsorge bekannt wird. Es soll die angeordneten Maßnahmen dem Gericht mitteilen, bei dem eine Vormundschaft oder Pflegschaft anhängig ist (§ 152 Abs 4 FamFG).

5. Funktionelle Zuständigkeit

Grundsätzlich ist der Rechtspfleger funktionell zuständig (§ 3 Nr 2 Buchst a RPflG). **112** Ein Richtervorbehalt besteht nach § 14 Abs 1 Nr 10 RPflG für die Anordnung einer Pflegschaft über einen Angehörigen eines fremden Staates einschließlich der vorläufigen Maßregeln (Art 24 EGBGB) und nach § 14 Abs 1 Nr 9 RPflG für die Anordnung einer Pflegschaft aufgrund dienstrechtlicher Vorschriften, soweit hierfür das Familiengericht zuständig ist im Falle der Abwesenheit des Beamten (§ 19 Abs 2 Nr 2 BDO) und der Abwesenheit des Soldaten (§ 78 Abs 2 Nr 2 WDO). In diesen Fällen ist die Auswahl und die Bestellung des Pflegers wiederum Sache des Rechtspflegers zu. Die Anordnung einer Umgangspflegschaft und die Verlängerung einer befristeten Umgangspflegschaft sind dem Richter vorbehalten (OLG München FamRZ 2013, 1155).

6. Anhörungen

Das Verfahren wird nach wie vor durch seine Zweigliedrigkeit bestimmt. Zu unter- **113** scheiden sind die Anordnung der Pflegschaft und die Entscheidung über die Person des Pflegers. Da die Bestellung eines Ergänzungspflegers nicht bereits eine das Vermögen des minderjährigen Kindes betreffende Angelegenheit ist, hat das Gericht die minderjährige Person persönlich anzuhören (§ 159 Abs 1 und 2 FamFG). Die Eltern des Kindes sind gemäß § 160 FamFG anzuhören. Die Anhörung des Jugendamts richtet sich nach § 162 FamFG.

Bevor das Gericht den Pfleger auswählt, hat es das Jugendamt zu hören (§§ 1779 **114** Abs 1, 1915 Abs 1 BGB). Dem entspricht die Verpflichtung des Jugendamts, das Familiengericht bei allen Maßnahmen, die die Sorge für die Person von Kindern und Jugendlichen betreffen, zu unterstützen (§ 50 Abs 1 S 1 SGB VIII). Das kann auch eine Eignungsprüfung der in Betracht kommenden Pflegerperson sein.

115 § 1847 BGB iVm § 1915 Abs 1 BGB sieht die Anhörung von Verwandten oder Verschwägerten des Pflegebefohlenen vor, wenn dies ohne erhebliche Verzögerung und ohne unverhältnismäßige Kosten geschehen kann (ausführlich zu Bedeutung und Gesetzgebungsgeschichte dieser Vorschrift s STAUDINGER/VEIT [2014] § 1779 Rn 66 ff). Bei tatsächlicher Verhinderung des Vormunds kann diese Anhörung schon deshalb geboten sein, weil sich daraus Anhaltspunkte ergeben können, die Anordnung einer Pflegschaft zu vermeiden. Die Verwandten und Verschwägerten können von dem Pflegebefohlenen Auslagenersatz verlangen (§§ 1779 Abs 3 S 2, 1915 Abs 1 BGB).

116 Zur Anhörung von Verwandten und Verschwägerten bei der Auswahl des Pflegers s § 1779 Abs 3 S 1, 2 BGB iVm § 1915 Abs 1 BGB.

117 Wird die Anordnung einer Pflegschaft nach § 1909 Abs 1 S 2 BGB erforderlich, ist in Bezug auf die Personalentscheidung § 1778 BGB entsprechend anzuwenden (§ 1917 Abs 1 HS 2 BGB). Im Einzelnen s dort. Das Widerspruchsrecht des mindestens 14 Jahre alten Pflegebefohlenen aus § 1778 Abs 1 Nr 5 BGB verlangt seine Information über die Benennung des Pflegers durch den Verstorbenen bzw den Zuwender.

7.   Bestellung eines Verfahrensbeistands

118 Das Gericht hat dem minderjährigen Kind in Kindschaftssachen, die seine **Person** betreffen, einen geeigneten Verfahrensbeistand zu bestellen, soweit dies zur Wahrnehmung seiner Interessen erforderlich ist (§ 158 Abs 1 FamFG). Abs 2 enthält mehrere Regelbeispiele für die Bestellung eines Verfahrensbeistands, den das Gericht so früh wie möglich zu bestellen hat. Sieht das Gericht in den Fällen des Abs 2 von der Bestellung eines Verfahrensbeistands ab, hat es dies in seiner Endentscheidung zu begründen (§ 158 Abs 3 S 3 FamFG). Wurde für ein Kind ein Verfahrensbeistand nicht bestellt und hat das Gericht in der angefochtenen Entscheidung nicht begründet, weshalb es von einer Bestellung abgesehen hat, liegt ein schwerer Verfahrensfehler vor (OLG Naumburg ZKJ 2010, 37; KEIDEL/ENGELHARDT, FamFG § 158 Rn 38 mwNw). Die Bestellung endet, sofern sie nicht vorher aufgehoben wird, mit der Rechtskraft der das Verfahren abschließenden Entscheidung oder mit dem sonstigen Abschluss des Verfahrens (§ 158 Abs 6 FamFG). Wurde die in erster Instanz beschlossene Bestellung eines Verfahrensbeistands in zweiter Instanz nicht aufgehoben oder abgeändert, gelten die Bedingungen des erstinstanzlichen Beschlusses fort, sodass es bei einer in erster Instanz vorgenommenen Übertragung weiterer Aufgaben gemäß § 158 Abs 4 S 3 FamFG bleibt (OLG Stuttgart ZKJ 2011, 309).

Ein Verfahrenspfleger ist dann zu bestellen, wenn es darum geht, welchem Ergänzungspfleger das Recht zur Regelung und Durchführung des Umgangs des Vaters mit dem Kind zustehen soll (OLG Naumburg FamRZ 2012, 889 [LS]). Kommt eine Entscheidung über die Aufhebung der gemeinsamen elterlichen Sorge nicht in Betracht, entfällt insoweit das Bedürfnis nach Bestellung eines Verfahrensbeistands (OLG Naumburg FamRZ 2012, 1062 [LS]).

8.   Rechtsbehelfe

119 In Betracht kommt die **Beschwerde** gegen eine Endentscheidung gemäß § 58 Abs 1

FamFG. Das gilt auch, wenn die Entscheidung vom Rechtspfleger getroffen wurde (§ 11 Abs 1 RPflG). Handelt es sich nicht um eine Endentscheidung, sondern nur um eine Zwischenentscheidung, gegen die ein Rechtsmittel nach dem FamFG nicht gegeben ist, findet gegen diese vom Rechtspfleger erlassene Entscheidung die Erinnerung statt (§ 11 Abs 2 S 1 RPflG). Ihr kann der Rechtspfleger abhelfen (§ 11 Abs 2 S 2 RPflG). Hilft er nicht ab, legt er die Sache zur Entscheidung dem Richter vor (§ 11 Abs 2 S 3 RPflG). Das OLG Brandenburg hielt die Anordnung einer Ergänzungspflegschaft und die Bestellung des Jugendamts zum Ergänzungspfleger zur Vertretung des nicht verfahrensfähigen Kindes (§ 9 Abs 1 FamFG) in dem Verfahren betreffend die Genehmigung der Erbausschlagung seines gesetzlichen Vertreters für eine Endentscheidung, die das betreffende Verfahren abschließt. Gegen diese Entscheidung findet die Beschwerde (ohne Abhilfemöglichkeit für den Rechtspfleger) gemäß §§ 58 Abs 1, 68 Abs 1 S 2 FamFG statt (FamRZ 2012, 1069 [1070] mAnm Zorn, die in diesem Fall die Pflegerbestellung für eine Zwischenentscheidung hält). Das Amtsgericht ist nicht befugt, einer befristeten Beschwerde gegen die Bestellung eines Ergänzungspflegers abzuhelfen (OLG Celle FamRZ 2013, 651).

Die **Beschwerdeberechtigung** richtet sich nach § 59 FamFG, die eines Minderjährigen nach § 60 FamFG. Einzelfälle: Das im Verfahren über die familiengerichtliche Genehmigung einer Erbausschlagung zum Ergänzungspfleger bestellte Jugendamt ist gegen die Anordnung der Ergänzungspflegschaft nicht beschwerdeberechtigt (BGH FamRZ 2012, 292 = Rpfleger 2012, 141 = NJW 2012, 685). War das Jugendamt zum Vormund des betroffenen minderjährigen Kindes bestellt, kann es gegen die Anordnung einer Ergänzungspflegschaft Beschwerde einlegen (OLG Celle FamRZ 2013, 651; auch zur Abgrenzung zur oa Entscheidung des BGH). Pflegeeltern haben im Verfahren betreffend die Entlassung des Amtspflegers und die Auswahl eines neuen Pflegers kein Beschwerderecht (OLG Karlsruhe FamRZ 2014, 404, für die Vormundschaft entschieden). Kein Beschwerderecht der Pflegeeltern gegen die Auswahlentscheidung (OLG Nürnberg NJW 2014, 2883 m Bezug auf BGH NJW-RR 2013, 1347 = FamRZ 2013, 1380 = FamRZ 2014, 1473). Dem nicht sorgeberechtigten Vater, bei dem das Kind lebt, steht gegen die Entscheidung, mit der der bislang allein sorgeberechtigten Mutter das Sorgerecht teilweise entzogen und auf einen Ergänzungspfleger übertragen worden ist, nicht zu (KG FamRZ 2014, 1317). Der Staatsanwaltschaft steht im Verfahren über die Einrichtung einer Ergänzungspflegschaft (zwecks Entbindung von der Schweigepflicht) kein Beschwerderecht zu (BGH NJW 2015, 58 = FamRZ 2015, 42 mAnm Müther).

Gegen die Bestellung eines Umgangspflegers im Wege einstweiliger Anordnung ist die Beschwerde gem § 57 S 1 FamFG nicht statthaft (OLG Schleswig FamRZ 2016, 1785).

9. Übergangsvorschrift

Das Gesetz über das Verfahren in Familiensachen und in den Angelegenheiten der **120** freiwilligen Gerichtsbarkeit (FGG-RG) trat im Wesentlichen am 1. 9. 2009 in Kraft (Art 112 FGG-RG). Art 111 regelt den Übergang von altem zu neuem Recht. Ziel der Vorschrift ist es, möglichst viele Verfahren nach neuem Recht durchzuführen (Keidel/Engelhardt Art 111 FGG-RG Rn 1; S 2503 der 17. Aufl). Zum Text von Art 111 vgl die vorangegangene Bearbeitung.

121 Bei den sog Bestandsverfahren (zB Pflegschaften), die bereits nach altem Recht eingerichtet wurden, richten sich die nach dem 1. 9. 2009 eingeleiteten Verfahren, deren Gegenstand eine die Pflegschaft betreffende Angelegenheit zum Inhalt haben (zB Gerichtliche Genehmigungen, Vergütung des Pflegers) nach neuem Verfahrensrecht (KEIDEL/ENGELHARDT Art 111 FGG-RG Rn 3). Anders als in Betreuungssachen gibt es in Pflegschaftsfällen keine Verlängerungsverfahren iSd Art 111 Abs 1 S 2 FGG-RG, sondern, falls erforderlich, jeweils eine Fortsetzung aufgrund einer neuen Entscheidung.

VIII. Wirksamkeit der Pflegerbestellung

122 Mit dem Beschluss, durch den die Pflegschaft angeordnet wird, steht der Betroffene zwar unter Pflegschaft; die Entscheidung, wer die Pflegschaft führt, wird wirksam mit der Bekanntgabe des Beschlusses an den Beteiligten, für den er seinem wesentlichen Inhalt nach bestimmt ist (§ 40 Abs 1 FamFG). Das Amt des Pflegers beginnt, davon abweichend, nicht bereits mit dem Wirksamwerden der Auswahlentscheidung, sondern erst mit dem Zeitpunkt, in dem der Ausgewählte nach Maßgabe des § 1789 S 1 BGB verpflichtet worden ist (BESTELMEYER FamRZ 2011, 950; ZACHEY in Anm zu LG Münster FamRZ 2010, 473, 474). Der Pfleger wird nach § 1789 S 1 BGB iVm § 1915 Abs 1 BGB von dem Familiengericht zu treuer und gewissenhafter Führung der Pflegschaft bestellt. Dafür ist grundsätzlich die persönliche Anwesenheit des Pflegers bei Gericht erforderlich (BESTELMEYER FamRZ 2011, 950 und Fn 1). Die in § 289 FamFG enthaltenen Ausnahmen gelten nur für Betreuer und sind nicht auf die Bestellung von Pflegern übertragbar. Dadurch entsteht allerdings im Erwachsenenrecht eine merkwürdige Differenz zwischen den vom Betreuungsgericht zu bestellenden Pflegern und den Betreuern.

123 Die Bestellung eines Vereins und des Jugendamts erfordert nicht die persönliche Verpflichtung. Diese würde auch bereits dadurch auf Schwierigkeiten stoßen, dass sowohl Verein als auch Jugendamt sich einzelner Mitglieder oder Mitarbeiter für die Führung der Pflegschaft bedienen bedienen, aber dabei sich nicht auf Dauer für eine bestimmte Person entscheiden müssen (§§ 1791a Abs 3, 1791b BGB). Die Bestellung von Verein oder Behörde geschieht durch schriftliche Verfügung des Familiengerichts nach §§ 1791a Abs 2, 1791b Abs 2, 1915 Abs 1 BGB.

124 Die Verpflichtung der ausgewählten Person als Pfleger (§§ 1789, 1915 Abs 1 BGB) ist bei allen Arten angeordneter Pflegschaften erforderlich, auch dann, wenn der Wirkungskreis zB eines Ergänzungspflegers, sofern dort zulässig, erweitert wird und auf diese Weise eine neue Pflegschaft entstanden ist (BESTELMEYER FamRZ 2011, 950, 952 mwNw).

125 Eine wirksame Bestellung des Pflegers ist Voraussetzung dafür, dass der Pfleger Anspruch auf Aufwendungsersatz und im Falle berufsmäßiger Führung auf Vergütung hat (BESTELMEYER FamRZ 2011, 953; für den Fall eines berufsmäßig tätigen Umgangspflegers entschieden von AG Sinzig FamRZ 2011, 1308 [LS]).

126 Die Regelung des § 1789 BGB ist nicht auf die Bestellung von Verfahrenspflegern (§§ 276, 317 FamFG) oder Verfahrensbeiständen (§ 158 FamFG) anzuwenden (BESTELMEYER FamRZ 2011, 950, 951).

IX. Beendigung der Pflegschaft des § 1909

1. Grundsatz

Die Ergänzungspflegschaft ist aufzuheben (§ 1919 BGB), wenn die Verhinderung **127** der oder des Sorgeberechtigten oder das Bedürfnis, eine bestimmte Angelegenheit zu besorgen, nachträglich weggefallen ist oder von vornherein nicht bestand (BayObLG Rpfleger 1990, 119). Sie endet kraft Gesetzes mit dem Tod oder der Todeserklärung des Minderjährigen (§§ 1884 Abs 2, 1915 Abs 1 BGB; ERMAN/HOLZHAUER Rn 19). Sie endet – als Surrogat oder „Annex" des elterlichen oder vormundlichen Schutzes (STAUDINGER/ENGLER[10/11] § 1918 Rn 3) – mit der Beendigung der elterlichen Sorge oder der Vormundschaft mit dem Erreichen der Volljährigkeit (§ 1918 Abs 1 BGB). Der Beendigung der elterlichen Sorge ist ihr Ruhen gleichzusetzen (GERNHUBER/COESTER-WALTJEN § 75 V 10 mwNw). War die Ergänzungspflegschaft lediglich zur Besorgung einer einzelnen Angelegenheit angeordnet worden, endigt sie mit deren Erledigung (§ 1918 Abs 3 BGB), ohne dass es einer konstitutiv wirkenden Aufhebung durch das Gericht bedarf (STAUDINGER/ENGLER[10/11] § 1918 Rn 10, § 1909 Rn 35). Die Zuwendungspflegschaft nach §§ 1638 Abs 1, 1909 Abs 1 S 2 BGB endet mit dem Eintritt der Volljährigkeit des Betroffenen (OLG Hamm FamRZ 2010, 1997 = NJW-RR 2010, 1589). Eine abweichende Bestimmung durch Rechtsgeschäft unter Lebenden bei der Zuwendung ist unwirksam (OLG Hamm aaO).

2. Absatz 3

Die Ersatzpflegschaft des Abs 3 ist aufzuheben, wenn der Vormund bestellt ist **128** (ERMAN/ROTH Rn 20; STAUDINGER/ENGLER[10/11] § 1919 Rn 2).

3. Zum Aufhebungsverfahren

In Ermangelung spezieller Verfahrensbestimmungen für die Aufhebung einer Pfleg- **129** schaft nach § 1909 BGB sind die allgemeinen Vorschriften des FamFG anzuwenden.

Das Gericht hat den Sachverhalt, die Gründe für die Aufhebung bzw das Entfallen der Pflegschaft, von Amts wegen festzustellen und ggf sich der geeigneten Aufklärungs- und Beweismittel (§§ 26, 29, 30 FamFG) zu bedienen.

X. Zur Bestellung eines Gegenvormunds

Nach § 1915 Abs 2 BGB ist in allen Pflegschaftsfällen der §§ 1909 ff BGB die Be- **130** stellung eines Gegenvormunds nicht erforderlich, selbst dann nicht, wenn die Voraussetzungen des § 1792 Abs 2 BGB vorliegen (Mot IV 1269; STAUDINGER/ENGLER[10/11] § 1915 Rn 23). Die Bestellung eines Gegenvormunds wurde aber auch nicht ausgeschlossen, beschränkt sich jedoch auf die Fälle, für die § 1792 BGB eine Bestellung vorsieht. Neben dem nach § 1917 Abs 1 BGB benannten Pfleger ist die Bestellung eines Gegenvormunds unzulässig, wenn der Erblasser oder der Zuwendende nach Maßgabe des § 1917 Abs 2 S 1 BGB die Bestellung eines Gegenvormunds ausgeschlossen hat (STAUDINGER/ENGLER[10/11] § 1915 Rn 23).

§ 1910
(aufgehoben)

Die Vorschrift wurde durch Art 1 Nr 48 des Betreuungsgesetzes (BtG) vom 12. 9. 1990 (BGBl I 2002, 2008) aufgehoben. Sie regelte die Voraussetzungen für die Anordnung einer Pflegschaft für Volljährige, die infolge körperlicher oder geistiger Gebrechen ganz oder teilweise außerstande waren, ihre Angelegenheiten zu besorgen. An die Stelle der Gebrechlichkeitspflegschaft ist die Bestellung eines Betreuers nach Maßgabe der §§ 1896 ff getreten. Zur früheren Rechtslage STAUDINGER/BIENWALD (2013) Vorbem 14 zu §§ 1896 ff.

§ 1911
Abwesenheitspflegschaft

(1) Ein abwesender Volljähriger, dessen Aufenthalt unbekannt ist, erhält für seine Vermögensangelegenheiten, soweit sie der Fürsorge bedürfen, einen Abwesenheitspfleger. Ein solcher Pfleger ist ihm insbesondere auch dann zu bestellen, wenn er durch Erteilung eines Auftrags oder einer Vollmacht Fürsorge getroffen hat, aber Umstände eingetreten sind, die zum Widerruf des Auftrags oder der Vollmacht Anlass geben.

(2) Das Gleiche gilt von einem Abwesenden, dessen Aufenthalt bekannt, der aber an der Rückkehr und der Besorgung seiner Vermögensangelegenheiten verhindert ist.

Materialien: E I § 1740; II § 1788; III § 1887; Mot IV 1256; Prot IV 856; STAUDINGER/ BGB-Synopse 1896–2005 § 1911.

Schrifttum

S das Verzeichnis des älteren Schrifttums bei STAUDINGER/ENGLER[10/11] Fn zu § 1911.
Neueres Schrifttum:
BEITZKE, Pflegschaften für Handelsgesellschaften und juristische Personen, in: FS Ballerstedt (1975) 185

HEINZE, Abwesenheitspflegschaft bei notleidender Baufinanzierung, Rpfleger 2003, 188
ZUMSCHLINGE/ANKER, Die Veräußerung von Vermögenswerten durch einen Abwesenheitspfleger als Schädigung im Sinne von § 1 Abs 3 VermG, ZOV 1995, 102.

Systematische Übersicht

Werner Bienwald

I.   Allgemeines

1.   Regelungszweck

1 Die Vorschrift bezweckt die Förderung der Interessen des Abwesenden (BayObLG OLGE 30, 160). Sie entspricht dem Bedürfnis, den Abwesenden in seinen Vermögensangelegenheiten zu schützen. Unverkennbar besteht eine Nähe zur Betreuerbestellung (§§ 1896 ff BGB). Auch die Abwesenheitspflegschaft ist Fürsorge für jemand, der selbst außerstande ist (hier: infolge der Abwesenheit), das Erforderliche zu tun oder zu veranlassen. Lediglich die Gründe des Unvermögens unterscheiden sich. Die Sorge für das Vermögen, das unvertreten ist, ist alt (zum früheren Recht s STAUDINGER/ ENGLER[10/11] Rn 1 sowie das dort angegebene Schrifttum). Heute wird die Sorge für das Vermögen des Abwesenden als Personalpflegschaft verstanden (allgM; MünchKomm/ SCHWAB Vor § 1909 Rn 7, 8; SOERGEL/DAMRAU Rn 1; STAUDINGER/ENGLER[10/11] Rn 17). Dem Gegenstand nach handelt es sich aber um die Regelung von Vermögensangelegenheiten, um die Wahrnehmung von Vermögensinteressen. Der Aufgabeninhalt ist nicht personensorgebestimmt (im Ergebnis SOERGEL/ZIMMERMANN Rn 1).

2.   Ausgeschlossene Fälle

2 Die Bestellung eines Abwesenheitspflegers zum Zwecke der Wahrnehmung persönlicher Angelegenheiten ist nach dem eindeutigen Wortlaut der Bestimmung nicht zulässig (GERNHUBER/COESTER-WALTJEN § 75 VI 2; MünchKomm/SCHWAB Rn 2; SOERGEL/ZIMMERMANN Rn 1; STAUDINGER/ENGLER[10/11] Rn 19). Eine Bestellung zur Wahrnehmung persönlicher Angelegenheiten wäre nichtig (OLG Koblenz FamRZ 1974, 222). Abwesenheitspflegschaft kommt danach zB nicht in Betracht für einen Eheprozess (RGZ 126, 261); für eine Ehelichkeitsanfechtungsklage (LG Hamburg DRZ 1947, 103; nunmehr nach der Reform des Kindschaftsrechts: Anfechtung der Vaterschaft, s auch STAUDINGER/RAUSCHER [2011] § 1600 Rn 8 ff); für ein Ehescheidungsverfahren (OLG Oldenburg NdsRpfl 1949, 182); für die Vertretung (eines Antragstellers) in einem Unterhaltsrechtsstreit (AG Groß-Gerau FamRZ 1997, 305); für die Vertretung des volljährig gewordenen Mündels durch das Jugendamt im Kindschaftsprozess (OLG Koblenz FamRZ 1974, 222); für eine Vaterschaftsfeststellungsklage (OLG Hamm FamRZ 1981, 205, 206); für eine Privat- oder Nebenklage nach einer Körperverletzung (OLG Frankfurt NJW 1950, 882); zu einem Strafantrag wegen Verletzung eines persönlichen Rechtsguts (BGHZ 18, 389, 395); zur Begründung eines Wohnsitzes (KG NJW 1956, 264); vgl auch JAKOBS FamRZ 1975, 239. Bei Unklarheit der Erbensituation kommt bei unbekanntem Aufenthalt eines Erben Nachlasspflegschaft anstatt Abwesenheitspflegschaft in Betracht (OLG Frankfurt

FamRZ 2016, 1502). Hat der Abwesende die Erbschaft angenommen, bevor sein Aufenthalt unbekannt wurde, kann ihm ein Abwesenheitspfleger bestellt werden (OLG Frankfurt FamRZ 2016, 1502, 1503).

Offensichtlich in Verkennung der Rechtslage bestimmt die Verwaltungsvorschrift **3** des zuständigen Sächsischen Staatsministeriums zur Durchführung bestimmter Regelungen des Sächsischen Bestattungsgesetzes v 30. 6. 1995 (ABl 916) zum Begriff des bestattungsverpflichteten „sonstigen Sorgeberechtigten" (§ 10 Abs 1 Nr 5 Sächs-BestG v 8. 7. 1994 – GVBl 1321), dass eine sorgerechtliche Beziehung ... „ferner bei den Pflegschaften in den nach Inkrafttreten des Betreuungsgesetzes noch verbliebenen Formen (§§ 1909, 1911 ff)" anzunehmen ist (dazu DEINERT, Betreuung und Bestattung, in: FS Bienwald 33, 34).

3. Handlungsbegrenzung

Zur Wahrnehmung persönlicher Angelegenheiten des Abwesenden ist der Pfleger **4** nach § 1911 BGB nicht berechtigt, gleichgültig, ob dies dennoch bei der Pflegerbestellung so bestimmt worden ist oder der Pfleger von sich aus gehandelt hat oder handelt. Im letzten Fall handelt der Pfleger ohne Vertretungsmacht. Ist der Pfleger entgegen § 1911 BGB zur Besorgung persönlicher Angelegenheiten vom Gericht bestellt worden, hat er keine Rechtsmacht. Nach überwiegender Ansicht (statt aller GERNHUBER/COESTER-WALTJEN § 75 VI 2, gestützt auf OLG Koblenz FamRZ 1974, 222, 223; **aA** MünchKomm/SCHWAB Rn 16 zu § 1911) ist die Bestellung (insoweit) nichtig. Entgegen der Ansicht von GERNHUBER/COESTER-WALTJEN (§ 75 VI 2) ist die (unzulässig) eingerichtete Pflegschaft jedoch immer dann und insoweit (deklaratorisch) aufzuheben, als die Bestellung nicht lediglich die Vertretung in einer persönlichen Angelegenheit betrifft (so war es im Falle der Entscheidung des OLG Koblenz FamRZ 1974, 222). Nur in einem solchen Fall besteht aufgrund des eindeutigen Wortlauts des Gesetzes die Klarheit, dass eine Vertretung des Abwesenden ausgeschlossen ist.

Der Abwesenheitspfleger ist befugt, Privat- und Nebenklage in Fällen zu erheben, in **5** denen es zur Verfolgung vermögensrechtlicher Ansprüche erforderlich erscheint (STAUDINGER/ENGLER[10/11] Rn 22 unter Berufung auf OLG Frankfurt NJW 1950, 264). Zur Stellung eines Strafantrags namens des Pflegebefohlenen ist der Abwesenheitspfleger nur berechtigt, soweit es sich um die Verletzung von Vermögensrechten handelt (STAUDINGER/ENGLER[10/11] Rn 22 aE mwNw). Eine Vertretung des Abwesenden gemäß § 1911 BGB im Verfahren über die Anerkennung fremder Scheidungsurteile (für analoge Anwendung in Verfahren nach Art 7 § 1 FamRÄndG GEIMER NJW 1974, 1631) erscheint deshalb unproblematisch, weil nicht der Verfahrensgegenstand, sondern nur die Folgen des Verfahrens personenrechtlicher Natur sind. Obgleich die Kündigung eines Nutzungsverhältnisses an Haus und Mobiliar der Eltern zunächst eine Vermögensangelegenheit darstellt, handelte es sich bei der vom OLG Köln (NJW-RR 1997, 706, 707 = NJWE-FER 1997, 178 [LS]) entschiedenen Sache um eine evidente Überschreitung der Vertretungsmacht, als stattdessen Haus und Mobiliar fremden Leuten zum Wohnen überlassen wurden und das Risiko eines Räumungsprozesses in Kauf genommen und damit den Interessen und dem mutmaßlichen Willen der Abwesenden zuwidergehandelt wurde.

Als gesetzlicher Vertreter des Verschollenen (OLG Düsseldorf FamRZ 1998, 109 = ZEV **6**

1998, 106 mwNw) ist der Abwesenheitspfleger berechtigt, das Aufgebot zum Zweck der Todeserklärung zu beantragen und den Abwesenden für tot erklären zu lassen (§ 16 Abs 2 VerschG). Er benötigt dafür die Genehmigung des Betreuungsgerichts (§ 16 Abs 3 VerschG). Als Antragsberechtigtem steht ihm gegen den Beschluss, durch den der Verschollene für tot erklärt wird, das Recht der sofortigen Beschwerde (§ 26 Abs 1 VerschG) unabhängig davon zu, ob er ein rechtliches Interesse an der Aufhebung der Todeserklärung hat (OLG Düsseldorf FamRZ 1998, 109, 110 = ZEV 1998, 106, 107). Einer gerichtlichen Genehmigung bedarf der Antragsteller im Beschwerdeverfahren nicht (BGHZ 18, 389, 396).

4.   Pflegschaft ausschließlich für Volljährige

7   Die Abwesenheitspflegschaft ist Pflegschaft für Volljährige. Für Minderjährige ist durch elterliche oder vormundliche Verantwortung (ggf ergänzt durch eine bestehende Pflegschaft) ausreichend gesorgt unabhängig davon, wo sich der Minderjährige befindet. Unzulässig ist die Bestellung eines Abwesenheitspflegers für einen Elternteil oder einen Vormund in ihrer Eigenschaft als gesetzliche Vertreter (KG JW 1938, 1033).

8   Trotz Vorliegens der Tatbestandsvoraussetzungen ist Abwesenheitspflegschaft für einen Volljährigen nicht immer **erforderlich**, nämlich dann nicht, wenn in anderer Weise, etwa durch Bestellung eines Betreuers mit einem entsprechenden Aufgabenkreis, dafür gesorgt ist, dass die besorgungsbedürftigen Angelegenheiten für den Abwesenden wahrgenommen werden (so auch MünchKomm/SCHWAB Rn 4). Maßgebend kann jedoch dafür nicht sein, ob der Betreute geschäftsfähig oder geschäftsunfähig ist; ebenfalls nicht, ob der Volljährige mit freiem Willen die Bestellung eines Betreuers ablehnt (§ 1896 Abs 1a BGB).

5.   Unanwendbarkeit

9   Die Vorschrift soll dann unanwendbar sein, wenn der Abwesende seine Vermögensinteressen selbst wahrnehmen könnte, dies aber nicht will (so die hM seit BayObLGZ 15, 438 = OLGE 30, 160; GERNHUBER/COESTER-WALTJEN § 75 VI 1 aE) und wenn er ausreichend für seine Vertretung gesorgt hat (Ausnahme: Abs 1 S 2). Ist dies der Fall (s dazu Münch Komm/SCHWAB Rn 2), besteht wegen der autonomen Vorsorge des Abwesenden kein Fürsorgebedürfnis, sodass schon deshalb die Bestellung eines Abwesenheitspflegers entfällt.

II.   Pflegschaften für Abwesende außerhalb des BGB

10   Außer nach § 1911 BGB kommen Pflegschaften für Abwesende in einer Reihe von Fällen in Betracht, in denen es nicht immer ausschließlich um die Besorgung vermögensrechtlicher Interessen geht. Im Einzelnen sind dies (die Änderungen der Gerichtsbezeichnungen in Betreuungsgericht beruhen auf den entsprechenden Bestimmungen des FGG-Reformgesetzes):

– **§ 364 FamFG**: Hiernach kann einem abwesenden Beteiligten, wenn die Voraussetzungen der Abwesenheitspflegschaft vorliegen und eine Pflegschaft über (für) ihn nicht bereits anhängig ist, für ein beantragtes Auseinandersetzungsverfahren von dem Nachlassgericht ein Pfleger bestellt werden. Für die Pflegschaft tritt an die Stelle des Betreuungsgerichts das Nachlassgericht.

– **§ 96 GBO**: Das Grundbuchamt kann von Amts wegen oder auf Antrag nach § 90 GBO Unklarheiten und Unübersichtlichkeiten in den Rangverhältnissen beseitigen und einem Beteiligten, dessen (oder dessen Vertreters) Person oder Aufenthalt unbekannt ist, für das Rangbereinigungsverfahren einen Pfleger bestellen. Für die Pflegschaft tritt an die Stelle des Betreuungsgerichts das Grundbuchamt.

– **§ 373 iVm § 364 FamFG**: Nach Beendigung der ehelichen, lebenspartnerschaftlichen oder der fortgesetzten Gütergemeinschaft kann für die Zwecke der Auseinandersetzung über das Gesamtgut für einen abwesenden Beteiligten entsprechend § 364 FamFG ein Pfleger bestellt werden. Der Pfleger wird analog § 364 FamFG vom Nachlassgericht bestellt. Für die Pflegschaft tritt an die Stelle des Betreuungsgerichts das Nachlassgericht (§ 364 S 2 FamFG).

– **§ 292 Abs 2 StPO**: Wird im Rahmen eines Strafverfahrens gegen Abwesende (§ 276 StPO) das im Geltungsbereich der Strafprozessordnung befindliche Vermögen durch Beschluss des Gerichts mit Beschlag belegt (§ 290 Abs 1 StPO), so ist der die Beschlagnahme verhängende Beschluss durch den Bundesanzeiger bekanntzumachen (§ 291 StPO) und der Behörde mitzuteilen, die für die Einleitung einer Pflegschaft über Abwesende zuständig ist (§ 292 Abs 2 S 1 StPO). Diese Behörde – das Betreuungsgericht – hat eine Pflegschaft einzuleiten (§ 292 Abs 2 S 2 StPO), weil mit dem Zeitpunkt der ersten Bekanntmachung der Beschlagnahme im Bundesanzeiger der Angeschuldigte das Recht verliert, über das in Beschlag genommene Vermögen unter Lebenden zu verfügen. Auf die „Güterpflege" durch den bestellten Pfleger sind die Vorschriften über die Abwesenheitspflegschaft nur bedingt anwendbar (BayObLGZ 1963, 257 f = NJW 1964, 301; KG JW 1937, 412; MünchKomm/SCHWAB[5] Rn 33). Es kommt darauf an, dass durch Anwendung von Pflegschafts- (und damit Vormundschafts-)vorschriften nicht der Zweck der Beschlagnahme vereitelt wird. Dieser liegt darin, dem Angeschuldigten die Mittel zum Fernbleiben vom Verfahren zu entziehen und ihn dadurch zu veranlassen, sich zu stellen (LÖWE/ROSENBERG/GOLLWITZER § 292 StPO Rn 6). Aufgabe des Pflegers ist es, das inländische Vermögen zu ermitteln, es sofort sicherzustellen und sodann zu verwalten. Auch die Erfüllung von Ansprüchen des durch die Tat Geschädigten gehört – soweit möglich – zu seinen Aufgaben (SONNENFELD Rn 536). § 292 StPO gilt entsprechend im Falle der Vermögensbeschlagnahme nach § 443 StPO (Abs 3).

– Nach **§ 10 ZuständigkeitsergänzungsG** vom 7. 8. 1952 (BGBl I 407; Text auch bei STAUDINGER/ENGLER[10/11] Rn 8) konnte unbeschadet der allgemeinen gesetzlichen Vorschriften einer natürlichen oder juristischen Person oder Gesellschaft für Vermögensangelegenheiten, die im Geltungsbereich dieses Gesetzes zu erledigen sind, ein Abwesenheitspfleger bestellt werden, wenn die Verbindung mit dem Aufenthaltsort der natürlichen Person oder Gesellschaft unterbrochen oder in einer Weise erschwert ist, dass die Vermögensangelegenheiten der Person oder Gesellschaft im Geltungsbereich dieses Gesetzes nicht ordnungsgemäß besorgt werden können. Durch das „Erste Gesetz über die Bereinigung von Bundesrecht im Zuständigkeitsbereich des Bundesministeriums der Justiz" v 19. 4. 2006 (BGBl I 2006 866; Art 48) wurde die Vorschrift **aufgehoben**.

– Nach **§ 16 VwVerfG** (und inhaltsgleicher Regelungen der Länder) hat das Betreuungsgericht ua für einen abwesenden Beteiligten, dessen Aufenthalt unbekannt ist oder der an der Besorgung seiner Angelegenheiten verhindert ist, auf Ersuchen der Verwaltungsbehörde einen geeigneten Vertreter zu bestellen. Zuständig ist das Betreuungsgericht, in dessen Bezirk die ersuchende Behörde ihren Sitz hat. Abweichend von den Vorschriften des BGB bestimmt Abs 3, dass der Vertreter gegen den Rechtsträger der Behörde, die um seine Bestellung ersucht hat, Anspruch auf eine angemessene Vergütung und auf die Erstattung seiner baren Auslagen hat. Die Behörde kann von dem Vertretenen Ersatz ihrer Aufwendungen verlangen. Sie bestimmt die Vergütung und stellt die Auslagen und Aufwendungen fest. Im Übrigen gelten für die Bestellung und für das Amt des Vertreters die Vorschriften über die Pflegschaft entsprechend (§ 16 Abs 4 VwVfG). Aufgrund dieser ausdrücklichen Verweisung auf die Bestellungsvorschriften besteht nach den §§ 1915, 1785, 1786 BGB die grundsätzliche Pflicht zur Übernahme des Amtes. Weder die Kennzeichnung des Amtes als „öffentliches Amt" (das ist auch das Schöffenamt, vgl §§ 30, 31 GVG), noch der Vergütungsanspruch (bei vorhandenem Vermögen und entsprechender Tätigkeit kann auch der Pfleger nach §§ 1836 Abs 2 nF, 1915 Abs 1 BGB eine Vergütung erhalten) sprechen gegen die Pflicht (**aA** STELKENS/BONK/SCHMITZ, VwVfG [2001] § 16 Rn 32; KOPP/RAMSAUER [2003] § 16 VwVfG Rn 31, wie hier BATTIS, in: BATTIS/KRAUTZBERGER/LÖHR [2002] § 207 BauGB Rn 10).

– Ist ein Vertreter nicht vorhanden, so hat nach **§ 81 Abs 1 Nr 2 AO** das Betreuungsgericht auf Ersuchen der Finanzbehörde einen geeigneten Vertreter für einen abwesenden Beteiligten zu bestellen, dessen Aufenthalt unbekannt ist oder der an der Besorgung seiner Angelegenheiten verhindert ist. Zuständig ist das Betreuungsgericht, in dessen Bezirk die ersuchende Finanzbehörde ihren Sitz hat. Hinsichtlich des Auslagenersatzes, einer Vergütung und der Anwendung der Pflegschaftsvorschriften entspricht die Vorschrift § 16 VwVfG. Zur entsprechenden Anwendung der für natürliche Personen vorgesehenen Regelung auf Personengesellschaften und juristische Personen TIPKE/KRUSE, Abgabenordnung § 81 Rn 4, auch zur Anwendung der Vorschrift auf solche Fälle, bei denen zwar ein Vertreter vorhanden, dieser aber aus Gründen des Abs 1 Nr 2 nicht handlungsfähig ist.

– **§ 15 SGB X**, der die Vertreterbestellung für das Verwaltungsverfahren des Sozialgesetzbuchs vorsieht, entspricht insoweit, was die Zuständigkeit des Betreuungsgerichts, die Vergütung und die Auslagenerstattung sowie die entsprechende Anwendung der Pflegschaftsvorschriften angeht, den beiden vorgenannten Regelungen.

– **§ 207 Baugesetzbuch** (BauGB) bestimmt, dass das Betreuungsgericht auf Ersuchen der zuständigen Behörde, falls ein Vertreter eines Beteiligten nicht vorhanden ist, einen rechts- und sachkundigen Vertreter für einen abwesenden Beteiligten, dessen Aufenthalt unbekannt oder dessen Aufenthalt zwar bekannt, der aber an der Besorgung seiner Vermögensangelegenheiten verhindert ist, bestellt. Für die Bestellung und für das Amt des Vertreters gelten die Vorschriften des BGB für die Pflegschaft entsprechend. Die Vertreterbestellung dient vornehmlich der Erleichterung und Beschleunigung im Umlegungs- und Enteignungsverfahren (BATTIS, in: BATTIS/KRAUTZBERGER/LÖHR [2002] § 207 BauGB Rn 1) und damit nicht nur den Interessen des Beteiligten, sondern auch öffentlichen Interessen. Mangels besonderer Regelung in § 207 BauGB bestimmt sich die örtliche Zuständigkeit nach allgemeinen Vorschriften; das sind hier – zunächst – diejenigen des § 16 VwVfG (so auch BATTIS, in: BATTIS/KRAUTZBERGER/LÖHR [2002] § 207 BauGB Rn 9; aA SCHRÖDTER § 207 BauGB Rn 9). Die Rechtsstellung als Pfleger umfasst die Vertretung im Enteignungsverfahren. Sie umfasst nicht die Befugnis zum Abschluss eines Kaufvertrags über das Grundstück mit dem Ziel, die Enteignung zu verhindern (BGH NJW 1974, 1374). Der nach § 207 S 1 Nr 4 BauGB bestellte gemeinsame Vertreter ist nicht an Weisungen der Beteiligten gebunden; er untersteht der Aufsicht des bestellenden Gerichts (OLG Düsseldorf FamRZ 1998, 1331; dort auch, dies verneinend, zur Frage, ob sich die Vertreterbestellung auf die Geschäftsfähigkeit der Eigentümer auswirkt).

– Nach **§ 19 Abs 2 BDO** bestellt das Betreuungsgericht auf Antrag der Behörde, die das Disziplinarverfahren einleitet, einen Pfleger, wenn der Beamte durch Abwesenheit an der Wahrnehmung seiner Rechte gehindert ist. Dieser Pfleger ist gesetzlicher Vertreter. Er hat die Rechte des abwesenden Beamten in dem Disziplinarverfahren wahrzunehmen. Aufgrund der Verweisung auf § 16 Abs 2 VwVfG ist örtlich zuständig das Betreuungsgericht, in dessen Bezirk die ersuchende Behörde ihren Sitz hat. Ähnliches regelt **§ 85 Abs 2 WDO** für den abwesenden (volljährigen) Soldaten, für den auf Antrag des Wehrdisziplinaranwalts vom Betreuungsgericht seines Sitzes ein Pfleger als gesetzlicher Vertreter für die Wahrnehmung der Rechte in dem Disziplinarverfahren bestellt wird. In beiden Fällen gibt es eine Vorgabe in Bezug auf die Personalentscheidung. Nach § 19 BDO muss der Pfleger Beamter sein, nach § 78 WDO Soldat.

– **§ 119 FlurbG**. Auf Ersuchen der Flurbereinigungsbehörde oder der oberen Flurbereinigungsbehörde hat das Betreuungsgericht, wenn ein Vertreter nicht vorhanden ist, für einen abwesenden (volljährigen) Beteiligten, dessen Aufenthalt unbekannt ist oder der an der Besorgung seiner Angelegenheit verhindert ist, einen geeigneten Vertreter zu bestellen. Für die Bestellung des Vertreters ist das Betreuungsgericht zuständig, in dessen Bezirk die Teilnehmergemeinschaft nach § 16 FlurbG ihren Sitz hat. Die Teilnehmergemeinschaft entsteht mit dem Flurbereinigungsbeschluss; sie ist eine Körperschaft des öffentlichen Rechts (§ 16 FlurbG). Für die Bestellung und für das Amt des Vertreters gelten die Vorschriften über die Pflegschaft entsprechend (§ 119 Abs 4 FlurbG). Der Vertreter hat gegen den Rechtsträger der Behörde, die um seine Bestellung ersucht hat, Anspruch auf angemessene Vergütung und auf die Erstattung seiner baren Auslagen. Die Behörde bestimmt die Vergütung und stellt die Auslagen und Aufwendungen fest. Sie kann von dem Vertretenen Ersatz ihrer Aufwendungen verlangen (§ 119 Abs 3 FlurbG).

– **§ 29a Landbeschaffungsgesetz** (LBG) bestimmt, dass auf Ersuchen der Enteignungsbehörde das Betreuungsgericht einen rechts- und sachkundigen Vertreter für einen abwesenden (volljährigen) Beteiligten zu bestellen hat, dessen Aufenthalt unbekannt oder dessen Aufenthalt zwar bekannt ist, der aber an der Besorgung seiner Vermögensangelegenheiten verhindert ist, wenn ein Vertreter nicht vorhanden ist. Für die Bestellung des Vertreters, die binnen zwei Wochen vorgenommen werden soll, ist das Betreuungsgericht zuständig, in dessen Bezirk das von der Enteignung betroffene Grundstück liegt. Für die Bestellung und für das

Amt des Vertreters gelten die Vorschriften des BGB über die Pflegschaften entsprechend.

– Nach **§ 17 des Gesetzes zur Sachenrechtsbereinigung** im Beitrittsgebiet (Sachenrechtsbereinigungsgesetz – SachenRBerG v 21. 9. 1994, BGBl I 2457) ist zur Verfolgung der Ansprüche des Nutzers auf dessen Antrag für den Grundstückseigentümer oder den Inhaber eines eingetragenen dinglichen Rechts ein Pfleger zu bestellen, wenn der Aufenthaltsort des abwesenden (volljährigen) Berechtigten unbekannt ist oder dessen Aufenthalt zwar bekannt, der Berechtigte jedoch an der Besorgung seiner Angelegenheiten verhindert ist. Wer Nutzer ist, bestimmt § 9 SachenRBerG.

Zuständig für die Bestellung des Pflegers ist das Betreuungsgericht, in dessen Bezirk das Grundstück ganz oder teilweise belegen ist (Abs 2). Der nach § 11b Abs 1 des Vermögensgesetzes oder Art 233 § 2 Abs 3 EGBGB bestellte Vertreter nimmt auch die Aufgaben eines Pflegers nach diesem Kapitel (Sachenrechtsbereinigungsgesetz) wahr. Soweit ein solcher Vertreter, für dessen Bestellung der Landkreis oder die kreisfreie Stadt zuständig ist, an Stelle des Pflegers nach § 17 SachenRBerG handeln kann, ist die Pflegerbestellung nachrangig.

Der Vertreter kann nach § 17 Abs 3 S 2 SachenRBerG den Grundstückseigentümer nicht vertreten bei einem Vertragsabschluss zwischen diesem und

– ihm selbst, seinem Ehegatten oder einem seiner Verwandten in gerader Linie,

– einer Gebietskörperschaft oder einer von ihr beherrschten Person, wenn der Vertreter bei dieser als Organ oder gegen Entgelt beschäftigt ist oder

– einer anderen juristischen Person des öffentlichen oder privaten Rechts, wenn der Vertreter bei dieser als Mitglied des Vorstands, Aufsichtsrats oder eines gleichartigen Organs tätig oder gegen Entgelt beschäftigt ist.

Der Vertreter ist für den Abschluss von Erbbaurechtsverträgen oder Kaufverträgen über das Grundstück oder Gebäude von den Beschränkungen des § 181 BGB nicht befreit. Für die Erteilung der Genehmigung nach § 1821 BGB ist statt des Landkreises das Betreuungsgericht zuständig (§ 17 Abs 3 S 3 u 4 SachenRBerG).

Bevor das nach § 17 SachenRBerG in Anspruch genommene Betreuungsgericht eine Pflegschaftsanordnung trifft, hat es durch Nachfrage bei der zuständigen Behörde (Landkreis, kreisfreie Stadt) zu ermitteln, ob dort bereits ein Vertreter bestellt oder zumindest ein darauf gerichtetes Verfahren anhängig ist (EICKMANN RpflStud 1995, 20 [22]).

– **§ 39 BNotO**: Diese Vorschrift regelt die Bestellung eines Vertreters. Nach Abs 3 darf zum Vertreter nur bestellt werden, wer fähig ist, das Amt eines Notars zu bekleiden (S 1). S 3 bestimmt, es solle … nur bestellt werden, wer von dem Notar vorgeschlagen und zur Übernahme des Amtes bereit ist. Für den Notar kann auch ein nach § 1896 BGB bestellter Betreuer oder ein nach § 1911 BGB bestellter Pfleger den Antrag stellen und den Vertreter vorschlagen (S 4).

– **§ 10 Abs 1 S 2 InsO** sieht vor, dass bei Abwesenheit oder unbekanntem Aufenthalt des Schuldners ein Vertreter oder ein Angehöriger des Schuldners gehört werden soll. Die Bestellung eines Vertreters/Pflegers nach der InsO ist dort nicht vorgesehen.

Art 24 Abs 2 EGBGB bestimmt die international-privatrechtliche Zuständigkeit, **11** ohne jedoch eine neue materiellrechtliche Bestellungsvorschrift zu schaffen (**aA** offenbar SOERGEL/DAMRAU Rn 18, der die Vorschrift auch als Sonderfall ansieht). Zur Wirksamkeit einer nach § 105 DDR-FGB (uU auch bei bekanntem Aufenthalt) angeordneten Abwesenheitspflegschaft s BezG Erfurt DtZ 1993, 92 = NJ 1993, 272. Beruhte der Abschluss eines Darlehensvertrages auf der missbräuchlichen Anordnung einer Abwesenheitspflegschaft gemäß § 105 Abs 1 FGB, kann dieser Mangel wegen des Vorrangs des Vermögensgesetzes nicht im Zivilrechtsweg geltend gemacht werden (OLG Rostock OLG-NL 2000, 150 = FamRZ 2001, 227 [LS]).

Soweit in den jeweiligen Bestimmungen nichts anderes geregelt ist (s oben im Text), **12** entscheidet das Betreuungsgericht nach Maßgabe von § 1915 Abs 1 BGB iVm § 1779 Abs 2 S 1 BGB (Eignung) über die Person des Pflegers/Vertreters (obwohl die Verweisung auf die Vormundschaft eine Vereins- oder Amtsbestellung zulassen würde, kommt sie aus sachlich-fachlichen Gründen nicht in Betracht), ist der Pfleger bzw Vertreter gesetzlicher Vertreter des „Abwesenden". Sein Auslagenersatz und die Bewilligung einer Vergütung richtet sich nach § 1915 Abs 1 BGB iVm §§ 1835 ff BGB. Für die örtliche Zuständigkeit des Betreuungsgerichts sind die Vorschriften des FamFG maßgebend, soweit sich nicht aus den besonderen Bestellungsvorschriften ein anderes ergibt. Für das Ende der Pflegschaft/Vertretung ist § 1921 BGB maßgebend.

In Betracht kommt auch eine Beendigung nach Maßgabe des § 1918 Abs 3 BGB, zB **13** bei Rücknahme eines Verfahrensantrags oder vergleichsweiser Erledigung der Angelegenheit. Ist der Grund der Anordnung weggefallen, ist die Pflegschaft/Vertretung aufzuheben (§ 1919 BGB); ebenfalls dann, wenn sich herausstellt, dass ein Grund irrtümlich angenommen worden war. Ist der Abwesende an der Besorgung seiner Angelegenheiten nicht mehr verhindert, hat das Betreuungsgericht die Pflegschaft/Vertretung aufzuheben.

Funktional zuständig ist für die Anordnung einer Pflegschaft/Vertretung aufgrund **14** dienstrechtlicher Vorschriften und in Fällen des Art 24 EGBGB der Richter (§ 15 Abs 1 Nr 5 RPflG), in allen übrigen Fällen dieses Abschnitts der Rechtspfleger (§ 3 Nr 2b und 2c RPflG).

III. Voraussetzungen für die Abwesenheitspflegschaft des § 1911

1. Abwesenheit

Obwohl die Bezeichnung Abwesenheitspfleger auf dieses Merkmal abhebt, darf es **15** nicht isoliert gesehen werden (so bereits STAUDINGER/ENGLER[10/11] Rn 3). Abs 1 setzt voraus, dass der Abwesende unbekannten Aufenthalts ist; Abs 2 ermöglicht Fürsorge für einen Abwesenden, dessen Aufenthalt bekannt ist, der aber an der Rückkehr und der Besorgung seiner Vermögensangelegenheiten verhindert ist. Maßgebend ist danach nicht schlechthin die Abwesenheit, sondern das damit im Zusammenhang stehende Unvermögen einer Person, ihre Vermögensangelegenheiten selbst zu besorgen oder besorgen zu lassen. Dabei kommt der Frage, ob für das Merkmal der Abwesenheit der Ort des Fürsorgebedürfnisses oder der Wohnort maßgebend ist (die hM plädiert für den Ort des Fürsorgebedürfnisses: ERMAN/ROTH Rn 1; MünchKomm/SCHWAB Rn 5; SOERGEL/ZIMMERMANN Rn 3), eine untergeordnete Bedeutung zu, zumal durchaus zweifelhaft sein kann, wo sich „der Ort, an dem das Fürsorgebedürfnis auftritt" befindet. Geht es um eine notwendige Erklärung des Abwesenden, könnte diese dort abgegeben werden, wo sich der Betreffende befindet, obwohl sich die Auswirkungen der Erklärung an anderer Stelle bemerkbar machen. Nach Abs 2 kommt es darauf an, dass der Betreffende nicht dorthin gelangen kann, wo sein Handeln benötigt wird, um die Angelegenheiten zu besorgen. Die Zuständigkeit des Betreuungsgerichts für die Anordnung der Pflegschaft für einen Abwesenden bestimmt sich in erster Linie nach dem Wohnsitz des Betreffenden, weil dies eine sichere Anknüpfungstatsache ist.

16 Voraussetzung für die Annahme eines unbekannten Aufenthaltsortes ist, dass alle auf der Hand liegenden Nachforschungsmöglichkeiten genutzt wurden und erfolglos geblieben sind; ganz entfernt liegende oder vernünftigerweise keinen Erfolg versprechende Aufklärungsmöglichkeiten kommen jedoch nicht in Betracht (OLG Brandenburg FamRZ 1995, 1445, 1446). Dort auch zur Heranziehung dieses Grundsatzes auf die Auslegung des § 7 Abs 1 GBBerG und § 11b Abs 1 VermG, wonach eine Person dann unbekannten Aufenthalts ist, wenn der Aufenthaltsort dem Pfleger (dem nach § 11b Abs 1 VermG bestellten Vertreter) und dem Gericht unbekannt und diese Unkenntnis nicht leicht zu beheben ist. Die Voraussetzungen für eine Bestellung eines Abwesenheitspflegers müssen positiv festgestellt werden (LG Lüneburg FamRZ 2015, 1990, 1991).

17 Abwesend mit unbekanntem Aufenthalt ist der spurlos Verschwundene, von dem und von dessen Verbleib trotz Nachforschungen keine Nachricht erlangt werden kann (KG OLGE 18, 306). Eine Abwesenheitspflegschaft kann nur angeordnet werden, wenn der Volljährige weder gestorben noch nach dem VerschG für tot erklärt worden ist (BayObLGZ 1952, 129, 131 = JR 1952, 330 = MDR 1952, 612; OLG Neustadt DNotZ 1959, 548). Liegt einer dieser Fälle vor, so kann eine Nachlasspflegschaft (§ 1960 BGB) geboten sein. Eine Abwesenheitspflegschaft kann noch eingeleitet werden, wenn die Lebensvermutung des § 10 VerschG bereits abgelaufen, die Todeserklärung aber noch nicht erfolgt ist (ERMAN/ROTH Rn 1; MünchKomm/SCHWAB Rn 7; SOERGEL/ZIMMERMANN Rn 3; STAUDINGER/ENGLER[10/11] Rn 15).

18 Die Rechtswirksamkeit der Pflegschaft und der vom Pfleger und ihm gegenüber vorgenommenen Rechtsgeschäfte wird dadurch nicht berührt, dass sich später herausstellt, dass der Betreffende zZ der Pflegschaftsanordnung nicht mehr gelebt hat (ERMAN/ROTH Rn 1 mwNw; zur Dogmatik postmortaler Pflegschaften s GERNHUBER/COESTER-WALTJEN § 75 VI 5 Rn 59 ff).

2. Vermögensangelegenheiten

19 Die Abwesenheitspflegschaft des § 1911 BGB ist totale oder beschränkte Vermögenspflegschaft (GERNHUBER/COESTER-WALTJEN § 75 VI 2 Rn 53). Auch die oben unter II.

aufgeführten Pflegschaften für Abwesende betreffen großenteils Vermögensangelegenheiten bis auf diejenigen, die (lediglich) der Wahrnehmung der Rechte in dem Verfahren dienen, wobei die Konsequenzen der Verfahren Vermögensinteressen betreffen oder berühren. Persönliche Angelegenheiten, die keinen unmittelbaren Bezug zum Vermögen haben, sind ausgeschlossen. Für sie kann eine Abwesenheitspflegschaft nicht eingerichtet werden (s oben Rn 2). Die Kündigung eines Nutzungsverhältnisses an Haus und Mobiliar kann zwar Auswirkungen auf die persönlichen Belange des Abwesenden haben; dies stellt dennoch im Rahmen bestmöglicher Nutzung des Hausgrundstücks (durch den Abwesenheitspfleger) zunächst eine Vermögensangelegenheit dar (OLG Köln NJW-RR 1997, 706 = NJWE-FER 1997, 178 [LS]). Der Begriff der Vermögensangelegenheiten ist umfassender zu verstehen als der der Vermögenssorge (aA für das bisherige Pflegschaftsrecht LG Berlin Rpfleger 1976, 60). Während die Vermögenssorge alle tatsächlichen und rechtlichen Maßnahmen umfasst, die darauf gerichtet sind, das Vermögen des Pflegebefohlenen zu erhalten, zu verwalten und zu vermehren (LG Berlin Rpfleger 1976, 60 mwNw), kann eine Abwesenheitspflegschaft auch dann eingerichtet werden, wenn der Abwesende keinerlei Vermögen zurückgelassen hat, aber der Erwerb von Vermögen für ihn zu erwarten ist und vor dessen Anfall eine vermögensrechtliche Vertretung erforderlich ist (STAUDINGER/ENGLER[10/11] Rn 10).

Ausschließlich eine Schuldenverwaltung und -regulierung für einen Abwesenden **20** käme als Auftrag für einen Abwesenheitspfleger nicht in Betracht, soweit dies nicht aufgrund von Gläubigerverhalten im Sinne einer Interessenwahrnehmung innerhalb eines Zwangsvollstreckungs- oder Insolvenzverfahrens erforderlich wird. Besorgungsbedürftige Vermögensangelegenheiten waren bzw sind

– die Annahme und die Ausschlagung einer Erbschaft (SOERGEL/ZIMMERMANN Rn 7 mwNw);

– der Antrag auf Erteilung eines Erbscheins (LG Berlin Rpfleger 1976, 60);

– der Antrag auf Eröffnung des Insolvenzverfahrens (früher: Konkursverfahren) und die Beantragung und das Betreiben des Verfahrens auf Restschuldbefreiung (§§ 286 ff InsO);

– die güterrechtliche Auseinandersetzung (BayObLGZ 1953, 29);

– die Durchführung von Sanierungsmaßnahmen an einem Mehrfamilienhaus im Rahmen der Verwaltung und Erhaltung des Vermögens Betroffener (OLG Naumburg Rpfleger 2003, 188 mAnm HEINZE).

Es muss sich um eigene Angelegenheiten des Betroffenen handeln und nicht um **21** solche, die er als gewillkürter oder als gesetzlicher Vertreter, als Organ oder als Träger eines privatrechtlichen Amtes oder als Partei kraft Amtes wahrzunehmen hätte (ERMAN/ROTH Rn 3).

3. Fürsorgebedürfnis

Anders als der bisherige § 1910 BGB (Pflegschaft für Gebrechliche), für dessen **22**

Anwendung die Rspr und das überwiegende Schrifttum als weiteres (ungeschriebenes) Merkmal das Vorliegen eines Schutz- und Fürsorgebedürfnisses verlangten (näher dazu Bienwald, Untersuchungen 99 ff), enthält § 1911 BGB unmittelbar im Text der Vorschrift das Erfordernis der Fürsorgebedürftigkeit. Nur soweit die Angelegenheiten der Fürsorge bedürfen, ist Abwesenheitspflegschaft zulässig. Diese Begrenzung der staatlichen Interventionsbefugnis ist angesichts des Verfassungsrang beanspruchenden Erforderlichkeitsgrundsatzes auszudehnen auf die Betätigung des Abwesenheitspflegers, der auch nur insoweit tätig werden darf, als – im Rahmen des ihm erteilten gerichtlichen „Auftrags" – die Angelegenheiten der Fürsorge bedürfen. Weitreichende Verpflichtungen und Verfügungen sind nur mit großer Vorsicht vorzunehmen und nur, soweit sie im Interesse des Abwesenden unbedingt erforderlich sind.

23 Mit dem Tatbestandsmerkmal der Fürsorgebedürftigkeit war bisher die Annahme verbunden gewesen, die Abwesenheitspflegschaft dürfe nicht im ausschließlichen Interesse Dritter (Personen), insbesondere nicht im ausschließlichen Interesse von Gläubigern des Abwesenden, angeordnet werden (statt vieler Staudinger/Engler[10/11] Rn 13 mwNw; OLG Zweibrücken FamRZ 1987, 23 = Rpfleger 1987, 201 = MDR 1987, 586; OLG Köln FamRZ 1996, 694 = JurBüro 1996, 446; LG Potsdam FamRZ 2009, 2119 [LS]). Ein neben dem Interesse des Abwesenden bestehendes Interesse eines Dritten steht der Abwesenheitspflegschaft dagegen nicht entgegen (LG Potsdam FamRZ 2009, 2119).

24 Ein Fürsorgebedürfnis zur Bestellung eines Abwesenheitspflegers für einen Strafgefangenen hat das BayObLG nur für den Fall anerkannt, dass der Gefangene weder fernmündlich noch schriftlich noch durch Beauftragung und Bevollmächtigung eines anderen Vorsorge für seine Vermögensangelegenheiten treffen kann (Plötz Rpfleger 1989, 184, 185; richtigerweise fehlt es an der Abwesenheit und nicht an dem Fürsorgebedürfnis). Zutreffend ist die Feststellung des Gerichts, dass für Geschäftsunfähige nicht die Abwesenheitspflegschaft, sondern die Betreuung (damals Gebrechlichkeitspflegschaft im Falle eines nicht entmündigten Geschäftsunfähigen) das geeignete Mittel der Fürsorge ist (BayObLG [27. 10. 1988 – 3 Z 145/88], in: Plötz Rpfleger 1989, 184, 185). Ablehnung einer Abwesenheitspflegschaft zwecks Zustellung eines Pfändungs- und Überweisungsbeschlusses, weil ausschließlich im Interesse des Dritten, dem dadurch die Möglichkeit eröffnet ist, die Aufhebung der Gemeinschaft der abwesenden Eheleute zu betreiben und den Verlust ihres Eigentums herbeizuführen (OLG Köln FamRZ 1996, 694).

25 Die Verfolgung auch eigener Interessen einer Bank bei einem Antrag auf Anordnung der Abwesenheitspflegschaft steht einer positiven Entscheidung nicht entgegen, solange die Interessen der Abwesenden höher zu gewichten sind als die eigenen Interessen der Antragstellerin (OLG Naumburg Rpfleger 2003, 188 mAnm Heinze). Bei der Prüfung der Voraussetzungen des § 1911 BGB (Fürsorgebedürfnis) ist darauf abzustellen, ob dem Abwesenden irgendwelche Nachteile drohen, falls kein Pfleger bestellt wird, und ob seine Bestellung gegenüber etwa drohenden Nachteilen das kleinere Übel darstellt (OLG Zweibrücken FamRZ 2003, 258 mwNw = Rpfleger 2003, 117). Ggf ist die Bestellung eines Abwesenheitspflegers im Interesse der geschiedenen Ehefrau zur Abwendung einer Schadensersatzpflicht gegenüber dem früheren Ehemann infolge Nichtübertragens eines Grundstücks erforderlich (OLG Zweibrücken FamRZ 2003, 258).

IV. Einzelheiten zu Abs 1 S 2 und Abs 2

1. Abs 1 S 2

Sowohl für den Abwesenden unbekannten Aufenthalts (Abs 1 S 1) als auch für den, **26** dessen Aufenthalt bekannt ist (Abs 2; „das Gleiche gilt") kann ein Abwesenheitspfleger auch dann bestellt werden, wenn er durch Erteilung eines Auftrags oder einer Vollmacht für seine Angelegenheiten Fürsorge getroffen hat, aber Umstände eingetreten sind, die zum Widerruf des Auftrags oder der Vollmacht Anlass geben. Im Falle des Abs 2 muss der Betreffende verhindert sein, den Widerruf selbst zu erklären oder erklären zu lassen. Umstände dieser Art können unerlaubte Handlungen sein, die das Aufrechterhalten des Auftrags oder der Vollmacht ausschließen; es können aber auch andere Umstände sein, d die eine fristlose Kündigung rechtfertigen (MünchKomm/Schwab Rn 13). In Betracht kommt zB eine Interessenkollision, die bei einem Minderjährigen (§§ 1795, 1796 BGB) die Anordnung einer Ergänzungspflegschaft erfordern würde (MünchKomm/Schwab Rn 13).

Der Wirkungskreis dieses besonderen Abwesenheitspflegers kann sich darin er **27** schöpfen, die erforderlichen Widerrufshandlungen vorzunehmen. Tritt durch den Widerruf ein Versorgungsdefizit ein, dh bestehen die Voraussetzungen für die Anordnung einer Abwesenheitspflegschaft, ist der Wirkungskreis des Widerrufspflegers entsprechend zu gestalten oder ein (weiterer) Abwesenheitspfleger zu bestellen. Hat der Abwesende zwar einen Bevollmächtigten bestellt, diesem aber nur für einen begrenzten Teil seiner Angelegenheiten Vollmacht erteilt, und bedürfen jetzt andere Angelegenheiten der Fürsorge, so handelt es sich bei der dann erforderlichen Pflegerbestellung nicht um eine solche im Zusammenhang mit Abs 1 S 2 (so aber Münch Komm/Schwab Rn 13 aE), sondern um eine originäre Abwesenheitspflegschaft nach Abs 1 S 1 oder Abs 2 (so wohl Staudinger/Engler[10/11] Rn 24).

2. Abs 2

Nach dieser Bestimmung kann für einen Abwesenden, dessen Aufenthalt bekannt **28** ist, ein Pfleger bestellt werden, wenn er an der Rückkehr und der Besorgung seiner Vermögensangelegenheiten verhindert ist. Nicht jede Hinderung reicht aus. Einerseits genügt schon eine wesentliche Erschwerung, die Vermögensangelegenheiten selbst oder mit Hilfe einer Bevollmächtigung zu besorgen (MünchKomm/Schwab Rn 11; Erman/Roth Rn 5), andererseits reicht es nicht aus, dass der im Inland in Haft befindliche Abwesende nicht die finanziellen Mittel hat, um einen Dritten mit der Wahrnehmung seiner Vermögensangelegenheiten zu beauftragen (KG FamRZ 1988, 877 = Rpfleger 1988, 263). Befindet sich der Betreffende in einer deutschen Strafanstalt und ist er nicht in der Lage, einen Bevollmächtigten zu finden, soll er aber schon nach Mot IV 1261 einen Pfleger nach § 1911 BGB erhalten können (MünchKomm/ Schwab Rn 10). Ob die Verhinderung auf dem Willen des Abwesenden beruht oder nicht, ist nicht entscheidend (BayObLGZ 9, 428).

Mehrere von den Gerichten entschiedene Fälle beziehen sich auf Verhältnisse und **29** Gegebenheiten, die durch die damalige deutsch-deutsche Situation geprägt waren (Nachw b MünchKomm/Schwab [5. Aufl] Rn 10 Fn 30); auf sie wird nur noch bedingt zurückgegriffen werden können. Für einen Steuerflüchtigen ist die Anordnung einer

Abwesenheitspflegschaft abgelehnt worden, weil der Betreffende weder an der Rückkehr noch an der Besorgung seiner Angelegenheiten in Deutschland verhindert sei (KG JFG 12, 136, 139). Das KG billigte seinerzeit die Begründung der Vorinstanz, prüfte jedoch außerdem, ob die Anordnung einer Pflegschaft oder eines ähnlichen Rechtsverhältnisses aufgrund anderer reichsrechtlicher Bestimmungen usw in Frage gekommen wäre (KG JFG 12, 136, 140). Der im Ausland befindliche Steuerflüchtling, dem Verhaftung droht, soll sich nicht um seine Angelegenheiten kümmern und einen Pfleger erhalten können (MünchKomm/Schwab Rn 10; Soergel/Zimmermann Rn 11; aA BayObLGZ 15, 438). Eine Reiseunfähigkeit allein reicht nicht, weil eine Mitwirkung an der Verwaltung eines Grundstücks auch schriftlich vorgenommen werden kann (LG Lüneburg FamRZ 2015, 1990, 1991 mwNw).

V. Zum Verfahren

1. Verfahrenseinleitung

30 Das Verfahren zur Anordnung der Abwesenheitspflegschaft des § 1911 BGB gehört zu den betreuungsgerichtlichen Zuweisungssachen (§ 340 Nr 1 FamFG). Es wird von Amts wegen eingeleitet. Zunächst wird ermittelt und entschieden, ob eine Abwesenheitspflegschaft erforderlich ist; danach wird der Pfleger ausgewählt und bestellt. Ein Antrag auf Einleitung des Verfahrens ist für dieses Verfahren nicht vorgesehen. Entsprechend bezeichnete Anliegen sind als Anregungen zu bewerten, eine Entscheidung von Amts wegen zu treffen. Soweit sich die Pflegschaft für Abwesende nach anderen Bestimmungen richtet, ist zT ein Antrag vorausgesetzt (s dazu oben Rn 10).

2. Zuständigkeiten

31 Die örtliche Zuständigkeit bestimmt sich nach § 272 FamFG (§ 341 FamFG), in diesem Fall nach dessen Abs 1 Nr 2 bis 4. Eine Zuständigkeit nach Nr 1 kommt nicht in Betracht, weil bei einer bestehenden Betreuung eine Abwesenheitspflegschaft nicht (mehr) anzuordnen ist und eine Vormundschaft für einen Volljährigen nicht mehr angeordnet werden kann. In erster Linie ist deshalb das Gericht zuständig, in dessen Bezirk der Abwesende seinen Wohnsitz/gewöhnlichen Aufenthalt hat (krit Keidel/Budde, FamFG[17] § 341 Rn 2). Der Wohnsitz, den der Abwesende bei Beginn der Abwesenheit hatte, kann bis zur Feststellung des Gegenteils für die örtliche Zuständigkeit des Gerichts als fortbestehend angesehen werden (OLG Köln FamRZ 1993, 1107 = DAVorm 1994, 514). Danach ist das Gericht zuständig, in dessen Bezirk das Bedürfnis der Fürsorge hervortritt. Hat der Betreffende im Inland keinen Wohnsitz oder Aufenthalt und ist er Deutscher, so ist das AG Schöneberg in Berlin-Schöneberg zuständig; das AG Schöneberg kann die Sache aus wichtigem Grund an ein anderes Gericht abgeben (§ 4 FamFG).

32 Ausnahmezuständigkeiten sind in den anderen Gesetzen enthalten, aus denen sich der Grund für die Anordnung der Abwesenheitspflegschaft ergibt. S dazu oben Rn 10. Zur internationalen Zuständigkeit s §§ 98 ff FamFG.

33 Funktionell zuständig ist grundsätzlich der Rechtspfleger, und zwar nicht nur für die Auswahl des Pflegers, sondern bereits für die Anordnung der Maßnahme (§ 3 Nr 2

Buchst b RPflG). Die Abwesenheitspflegschaft über einen Angehörigen eines fremden Staates hat der Richter anzuordnen (Richtervorbehalt des § 15 Abs 1 Nr 5 RPflG); in einem solchen Fall ist die Entscheidung des Rechtspflegers unwirksam (OLG Zweibrücken FamRZ 2003, 258 = Rpfleger 2003, 117; OLG Köln FamRZ 2004, 1123; LG Lüneburg FamRZ 2015, 1990: nichtig, § 8 Abs 4 S 1 RPflG). Auf die Nichtigkeit der Entscheidung kann sich derjenige, der die Bestellung eines Nachlasspflegers angeregt hat, nur berufen, wenn er beschwerdebefugt ist.). Im Übrigen s oben Rn 14.

Das Gericht hat den Sachverhalt von Amts wegen zu ermitteln (§ 26 FamFG). Ob **34** Abwesenheit vorliegt, ist von Amts wegen festzustellen (SOERGEL/ZIMMERMANN Rn 21 mwNw). Bevor das Gericht über die Anordnung einer Abwesenheitspflegschaft entscheidet, hat es geeignete Ermittlungen nach dem Aufenthalt des Abwesenden anzustellen, die allerdings in angemessenem Verhältnis zur Eilbedürftigkeit und dem Fürsorgebedürfnis bzw dem Entscheidungsbedarf stehen müssen (ähnlich BRAND/HENSEL, Die Vormundschafts-, Familienrechts- und Fürsorgeerziehungssachen in der gerichtlichen Praxis [2. Aufl 1963] § 113 I a). Die Anordnung der Abwesenheitspflegschaft ist auch dann für das Prozessgericht bindend, wenn die gesetzliche Grundlage für die Entscheidung fehlte (MünchKomm/SCHWAB Rn 16; SOERGEL/ZIMMERMANN Rn 21, jeweils mwNw).

3. Endigung

Die Pflegschaft ist aufzuheben, wenn der Abwesende an der Besorgung seiner **35** Angelegenheiten nicht mehr verhindert (§ 1921 Abs 1 BGB; s dort zu weiteren Aufhebungsgründen) oder wenn er nicht mehr abwesend ist (§ 1919 BGB); außerdem im Falle des § 1921 Abs 2 BGB, und wenn sie zu Unrecht angeordnet worden ist (MünchKomm/SCHWAB Rn 23). Die Pflegschaft für Abwesende nach den Vorschriften der Verfahrensordnungen ist vom Betreuungsgericht aufzuheben, wenn der Grund für die Anordnung der Pflegschaft weggefallen ist (§ 1919 BGB). War die Abwesenheitspflegschaft nur zur Besorgung einer einzelnen Angelegenheit angeordnet, so endigt sie mit deren Erledigung (§ 1918 Abs 3 BGB); ferner im Falle des § 1921 Abs 3 BGB. Eine deklaratorische Feststellung der Endigung kann in diesem Fall nützen.

4. Rechtsbehelf

Die Vorschriften über die Verfahren in betreuungsgerichtlichen Zuweisungssachen **36** sehen spezielle Regelungen für die Anfechtung nach § 1911 BGB getroffener Entscheidungen nicht vor. Es gelten deshalb die allgemeinen Bestimmungen der §§ 58 bis 69 FamFG (KEIDEL/BUDDE § 340 Rn 7). Danach findet gegen die im ersten Rechtszug ergangenen Endentscheidungen die Beschwerde statt (§ 58 Abs 1 FamFG), die grundsätzlich binnen einer Frist von einem Monat einzulegen ist (§ 63 Abs 1 FamFG); binnen zwei Wochen, wenn sie sich gegen eine einstweilige Anordnung richtet (§ 63 Abs 2 Nr 1 FamFG). Die Beschwerde steht demjenigen zu, der durch den Beschluss in seinen Rechten beeinträchtigt ist (§ 59 Abs 1 FamFG). Das ist in erster Linie der Betroffene selbst, der, obwohl abwesend, sowohl gegen die Bestellung eines Abwesenheitspflegers als auch deren Ablehnung oder die Erweiterung des Wirkungskreises des Abwesenheitspflegers Beschwerde einlegen (lassen) kann. Hat das Betreuungsgericht analog den Verfahrensbestimmungen für die Bestellung eines Betreuers einen Verfahrenspfleger bestellt (§ 276 FamFG), steht diesem das Recht der Beschwerde zu, und zwar sowohl gegen die Bestellung als auch die Nichtbestellung eines Abwesenheitspflegers.

37 Angehörigen steht gegen die Auswahl des Abwesenheitspflegers ein Beschwerderecht nicht zu (LG Ellwangen Rpfleger 1989, 155; bestätigt durch OLG Stuttgart, s Anm d Schriftl ebd). Wird die Abwesenheitspflegschaft, deren Anordnung im Interesse des Betroffenen angeregt wurde, abgelehnt und dadurch auch das Interesse eines Dritten an der Anordnung betroffen, steht auch diesem Dritten das Rechts der Beschwerde zu, wenn er dadurch gehindert wird, seine gegenüber dem Abwesenden bestehenden Rechte geltend zu machen.

VI. Wirkungen der Abwesenheitspflegschaft

38 Durch die Anordnung der Abwesenheitspflegschaft wird eine Änderung des bestehenden rechtsgeschäftlichen Status des Betroffenen nicht bewirkt. Ist der Betroffene geschäftsunfähig, ist ihm ein Betreuer zu bestellen, sofern dies erforderlich (§ 1896 Abs 1–3 BGB) und möglich ist. Die Bestellung eines Abwesenheitspflegers entfällt dann. Stellt sich nach Anordnung einer Abwesenheitspflegschaft heraus, dass der Abwesende geschäftsunfähig ist oder sein könnte, kommt die Aufhebung der Abwesenheitspflegschaft und die Bestellung eines Betreuers im Regelverfahren jedoch nur in Betracht, wenn die Verfahrensbestimmungen des Bestellungsverfahrens nach den §§ 271 ff FamFG (insbesondere die vorherige Begutachtung und die Anhörung und/oder Inaugenscheinnahme des Betroffenen) eingehalten werden können oder die für eine einstweilige Anordnung vorgesehenen Verfahrenserleichterungen Anwendung finden.

39 Widersprüchliches Handeln des geschäftsfähigen Abwesenden und des Abwesenheitspflegers ist möglich; über die Wirksamkeit der Handlungen bzw Entscheidungen des einen oder anderen entscheidet die Rechtsordnung nach den allgemeinen Gesichtspunkten. Besondere Regeln gibt es dafür im Betreuungs- und Pflegschaftsrecht nicht. Hinweise auf Lösungsmöglichkeiten bei STAUDINGER/ENGLER[10/11] Rn 30 und BIENWALD, Untersuchungen 364 ff.

40 Im Rahmen des ihm übertragenen Wirkungskreises vertritt der Abwesenheitspfleger den Abwesenden gerichtlich und außergerichtlich (BGH JZ 1961, 127, 129 m zust Anm SEIDL-HOHENVELDERN; die Verwaltung des Vermögens schließt die Befugnis ein, die im Rahmen der Verwaltung sich als notwendig erweisenden Prozesse zu führen). In diesem Umfange ist der Abwesenheitspfleger gesetzlicher Vertreter des Abwesenden (OLG Hamm JMBlNRW 1956, 221; BGHZ 18, 389 = NJW 1956, 102 = VersR 1956, 25; KG NJW 1953, 1305; 1955, 1840; zu Gegenmeinungen s SOERGEL/ZIMMERMANN Rn 13). Angesichts der positivrechtlichen Regelung des § 1902 BGB, die auch bei der Betreuerbestellung für einen lediglich körperlich Behinderten die gesetzliche Vertretung durch den Betreuer vorsieht, dürfte es schwerlich gelingen, die Rechtsfigur des staatlich bestellten Bevollmächtigten noch für den Abwesenheitspfleger aufrechtzuerhalten.

41 Die gegen diese Auffassung allein sprechende Regelung des § 1921 Abs 2 S 1 BGB findet ihre Rechtfertigung nur darin, dass die Beendigung mit dem Tod des Abwe-

senden ein nicht genügend zuverlässiger (und bekannter) Umstand ist und deshalb gerichtlicher Bestätigung durch Aufhebungsentscheidung bedarf.

Maßgebend für die vom Abwesenheitspfleger wahrzunehmenden Angelegenheiten **42** ist der vom Gericht formulierte **Wirkungskreis.** Er reicht von der Besorgung einer einzelnen vermögensrechtlichen Angelegenheit (vgl § 1918 Abs 2 BGB) bis zur umfassenden Wahrnehmung aller Vermögensangelegenheiten. Im Zweifel soll der Abwesenheitspfleger für sämtliche Vermögensangelegenheiten bestellt sein (SOERGEL/ZIMMERMANN Rn 13 mwNw), obgleich es keine Vermutung oder gar „Beweislastregelung" in dieser Hinsicht gibt.

Bei einer Differenz zwischen dem anordnenden Beschluss und der Bestellungsur- **43** kunde ist der Inhalt des Beschlusses entscheidend, im Falle eines Widerspruchs zwischen Bestellung (Verpflichtungsverhandlung) und Bestellung der Inhalt der Verpflichtungsverhandlung (STAUDINGER/ENGLER[10/11] Vorbem 3 zu §§ 1909 ff).

Neben seiner Hauptpflicht, die sich aus dem Wirkungskreis ergibt, hat der Pfleger **44** die Verpflichtung, die Abwesenheitspflegschaft unter der Aufsicht des Betreuungsgerichts treu und gewissenhaft zu führen (OLG Hamm JMBlNRW 1956, 221). Hinsichtlich einer (Neben-)Pflicht, Erkundigungen nach dem Verbleib der Abwesenden anzustellen, gehen die Meinungen auseinander. Während sich das Schrifttum mit wenigen Sätzen äußert und die angegebene Rechtsprechung sich meistens beiläufig und zu Teilaspekten einer Ermittlungspflicht äußert, widmet sich der BGH (DB 1956, 891) ausführlich dieser Frage und differenziert. Danach ist es grundsätzlich Aufgabe des Gerichts, die Gründe für die Anordnung einer Abwesenheitspflegschaft zu prüfen und auch weiter darüber zu wachen, dass der Pfleger nicht länger in seinem Amt belassen wird, als es nach dem Gesetz notwendig ist (ähnlich PALANDT/DIEDERICHSEN Rn 11; SOERGEL/ZIMMERMANN Rn 14). Von dem Pfleger soll erwartet werden können, dass er das Betreuungsgericht auf ihm bekanntgewordene diesbezügliche Tatsachen hinweist. Auch kann unter besonderen Umständen eine Pflicht zu Erkundungen über den Verbleib des Abwesenden bestehen (weitergehend ERMAN/ROTH Rn 8; allgemein SONNENFELD Rn 496).

Wegen der Möglichkeit konkurrierenden Handelns hält der BGH den Pfleger für **45** verpflichtet, sich vor eigenen Maßnahmen (durch Erkundigungen nach dem Verbleib des Abwesenden) zu vergewissern, dass seine Maßnahmen nicht mit solchen des Vermögensinhabers kollidieren können (so auch MünchKomm/SCHWAB Rn 19; ähnlich OLG Brandenburg FamRZ 1995, 1445, 1446). Demgegenüber ging es in KG JR 1967, 26, 27 (sowie bereits NJW 1955, 1840, 1841) um die Frage der Befugnis, nicht der Verpflichtung zum Tätigwerden. Der Abwesenheitspfleger ist zwar berechtigt, aber nicht verpflichtet, Erkundigungen nach dem Verbleib des Abwesenden anzustellen (BGH Betrieb 1956, 891 = WM 1956, 57; **aA** KG JR 1967, 26, 27; DÖLLE § 142 III 2 c). Zur Beantragung der Todeserklärung des Abwesenden ist er zwar berechtigt (BGHZ 18, 389 = NJW 1956, 102 = VersR 1956, 25); eine Verpflichtung dazu besteht jedoch nicht (OLG Hamm JMBl NRW 1956, 221). Ihn trifft eine Informationspflicht gegenüber dem Betreuungsgericht, wenn er vom Tod des Abwesenden Kenntnis erhält (BGH Betrieb 1956, 891 = WM 1956, 57; BayObLGZ 3, 841). Zur Begründung eines Wohnsitzes für den Abwesenden berechtigt die Abwesenheitspflegschaft nicht, auch nicht die Ehefrau des Abwesenden als dessen Pflegerin (KG NJW 1956, 264).

46 Rechtsgeschäfte, die der Abwesenheitspfleger für den angeblich Abwesenden, in Wirklichkeit aber bereits Verstorbenen, vorgenommen hat, bleiben rechtswirksam (§ 47 FamFG, bisher § 32 FGG; OLG Nürnberg FamRZ 1956, 117 [LS]). Die Wirksamkeit der von dem Abwesenheitspfleger getätigten Rechtshandlungen (hier: Bestellung einer Grunddienstbarkeit und Abschluss eines Grundstückskaufvertrags) wird nicht dadurch beeinträchtigt, dass die Anordnung der Abwesenheitspflegschaft und die erteilte vormundschaftsgerichtliche [jetzt betreuungsgerichtliche] Genehmigung später aufgehoben werden (OLG Köln FamRZ 2003, 1481 = Rpfleger 2002, 195). Erklärt der Abwesenheitspfleger die Auflassung für einen Verschollenen, der dann mit Wirkung von einem vorherliegenden Zeitpunkt für tot erklärt wird, so wird die noch schwebend unwirksame Auflassung mit der Genehmigung durch die Erben voll wirksam (BayObLGZ 1953, 29).

VII. Zur Auswahl des Abwesenheitspflegers

47 Nach bisherigem Recht wurden infolge der Verweisung in § 1915 Abs 1 BGB die Auswahlbestimmungen der Vormundschaft für Volljährige angewendet (Münch Komm/Schwab Rn 18; Staudinger/Engler[10/11] § 1915 Rn 4). Mit dem Inkrafttreten des BtG und dem Wegfall der Vormundschaft für Volljährige entfällt die Bezugnahme auf die Volljährigenvormundschaft. Anzuwenden sind die Vorschriften der Vormundschaft für Minderjährige, soweit deren Besonderheiten die Anwendung nicht verbieten.

48 Das Benennungsrecht der Eltern (§§ 1776, 1777 BGB) entfällt im Hinblick auf dessen Ursprung (§ 1777 Abs 1 BGB). Dementsprechend kommen auch die §§ 1778 und 1782 BGB nicht zur Anwendung. Ausgangspunkt für die Auswahlentscheidung ist § 1779 BGB (im Ergebnis ebenso MünchKomm/Schwab Rn 18), der ebenso wie § 1897 BGB, der ausschließlich für die Betreuerbestellung bestimmt ist, auf die Eignung abhebt. Die Rücksichtnahme auf (nicht die Bindung an) das religiöse Bekenntnis gemäß § 1779 Abs 2 S 2 BGB kann auch im Falle der Sorge für die Vermögensangelegenheiten geboten sein (aA Soergel/Zimmermann § 1915 Rn 5; Staudinger/Engler[10/11] § 1915 Rn 7; wie hier Dölle § 147 I 3), wenn beispielsweise für den Abwesenden und seinen Umgang mit dem Vermögen bestimmte ethische Maßstäbe verpflichtend waren.

49 Nach Wegfall der Ermächtigungsvorschrift des § 1897 S 2 BGB aF, wonach die Landesregierungen durch Rechtsverordnung bestimmen konnten, dass andere Behörden an die Stelle des Jugendamts und des Landesjugendamts treten, kommt nach den Vorschriften des Bundesrechts nur noch das Jugendamt als Behörde zur Führung von Vormundschaften und Pflegschaften in Betracht. Entsprechend der allgemeinen Zielsetzung des SGB VIII – § 1 – beschränkt sich die Zuständigkeit des Jugendamts als Abwesenheitspfleger auf junge Volljährige, für die es auch sonst eine (Hilfe-)Zuständigkeit besitzt (§ 2 Abs 2 Nr 6 SGB VIII). Ist die zuständige Behörde in Betreuungsangelegenheiten als Betreuungsstelle dem Jugendamt angegliedert, handelt es sich funktional um eine andere Stelle.

VIII. Sonstige Rechtsfolgen

1. Aufwendungsersatz und Vergütung

Aufgrund der Verweisungsvorschrift des § 1915 Abs 1 BGB finden die für die Vor- **50** mundschaft geltenden Vorschriften entsprechende Anwendung; das sind für den Ersatz von Aufwendungen die §§ 1835, 1835a BGB und für die Bewilligung einer Vergütung die §§ 1836 ff BGB iVm §§ 1, 3 VBVG. Im Einzelnen dazu § 1915 Rn 28 f. Zu den Anforderungen an den Tätigkeitsbericht eines Abwesenheitspflegers zwecks Überprüfung seiner Vergütungsforderung OLG Schleswig FamRZ 2001, 1480 = SchlHA 2001, 262.

2. Haftung

Der Abwesenheitspfleger ist dem Abwesenden gegenüber für den aus einer Pflicht- **51** verletzung entstehenden Schaden verantwortlich, wenn ihm ein Verschulden zur Last fällt (§§ 1833 Abs 1, 1915 Abs 1 BGB). Im Einzelnen STAUDINGER/ENGLER (2004) zu § 1833. Zur Haftung des in Verfahren der freiwilligen Gerichtsbarkeit tätigen gerichtlichen Personals (Richter, Rechtspfleger) s § 839 BGB iVm Art 34 GG sowie STAUDINGER/WÖSTMANN (2013) § 839 Rn 674 (Stichwort Vormundschaftsgericht) und 689 (Rechtspfleger). Nach OLG Brandenburg (Rpfleger 2005, 358) haftet der Staat nicht, wenn das zuständige Gericht nach Wegfall des von den DDR-Behörden bestellten Pflegers (wegen Auflösung des VEB) einen neuen Abwesenheitspfleger bestellt, ohne zuvor eigene umfangreiche Ermittlungen zu den Berechtigten eines Nachlassgrundstücks anzustellen; die Bestellung des neuen Pflegers ist keine wiederholende oder neue Entscheidung über die Errichtung der Pflegschaft, nachdem die von den DDR-Behörden eingerichtete Pflegschaft nach den Bestimmungen des Einigungsvertrags fortbesteht.

Der Abwesenheitspfleger haftet den vertretenen Miterben auf Schadensersatz (§§ 1833, 1915 BGB), wenn er ein Nachlassgrundstück veräußert, obwohl die Veräußerung weder im Hinblick auf die Grundstückslasten noch auf die Tilgung dringender Nachlassschulden geboten war (OLG Brandenburg FamRZ 2015, 1229). Maßgebend für das Gericht war weniger, ob der Verkauf wirtschaftlich sinnvoll ist, als vielmehr die mit der Veräußerung verbundene Entziehung des Eigentums. Auch der Abwesenheitspfleger müsse, so das Gericht, sich grundsätzlich davon leiten lassen, das Vermögen in seinem ursprünglichen Zustand zu erhalten.

IX. Abwesenheitspflegschaft nach dem Familiengesetzbuch der DDR*

Nach § 105 Abs 1 des Familiengesetzbuchs (FGB) konnte das Staatliche Notariat bei **52** Vorliegen eines persönlichen oder gesellschaftlichen Fürsorgebedürfnisses einen Pfleger bestellen, wenn (so Buchst b) der Aufenthalt des Bürgers unbekannt ist und er dadurch seine Vermögensangelegenheiten nicht wahrnehmen kann oder wenn sein Aufenthalt bekannt, er aber an der Erledigung seiner Angelegenheiten

---

* **Schrifttum**: JANKE, Das ZGB der DDR in der
Rechtsprechung seit der deutschen Einheit –
Erbrecht, NJ 2003, 6 (11).

verhindert ist. Im Rahmen des festgelegten Wirkungskreises des Pflegers stand der Pflegebedürftige nach § 105 Abs 3 FGB einer nicht geschäftsfähigen Person gleich; insoweit war der Pfleger sein gesetzlicher Vertreter.

Dazu und zu der Rechtslage nach 1990 im Einzelnen STAUDINGER/BIENWALD (2006) an dieser Stelle.

§ 1912
Pflegschaft für eine Leibesfrucht

(1) Eine Leibesfrucht erhält zur Wahrung ihrer künftigen Rechte, soweit diese einer Fürsorge bedürfen, einen Pfleger.

(2) Die Fürsorge steht jedoch den Eltern insoweit zu, als ihnen die elterliche Sorge zustünde, wenn das Kind bereits geboren wäre.

Materialien: E I § 1741; II § 1789; III § 1888; Mot IV 1262; Prot IV 857. Geändert durch Art 1 Nr 39 GleichberG v 18. 6. 1957, durch Art 1 Nr 85 NEhelG v 19. 8. 1969 (Einfügung v Abs 1 S 2 u Neufassung des Abs 2, zuvor S 2 aF) und durch Art 9 § 2 SorgeRG v 18. 7. 1979; Aufhebung des Abs 1 S 2 durch Art 1 Nr 6 Beistandschaftsgesetz v 4. 12. 1997 (BGBl I 2846); BT-Drucks 13/892 (Entw m Stellungn); BT-Drucks 13/8509 (Beschlussempfehlung und Bericht RechtsA); BR-Drucks 708/97 (Beschluss); STAUDINGER/BGB-Synopse 1896–2005 § 1912.

Schrifttum

Allgemein

DEUTSCH, Haftung des Arztes wegen Nichterkennung der Gefahr einer Schädigung des noch ungeborenen Kindes, JZ 1983, 451

ders, Renaissance der Leibesfrucht?, DRiZ 1984, 276

DORNER/JOACHIM, Babyklappen – Ein Einblick in die Dimensionen ethisch/moralischer & juristisch/rechtlicher Aspekte, Kindschaftsrecht und Jugendhilfe (ZKJ) 2011, 415

FABRICIUS, Gedanken zur höchstrichterlichen Rechtsprechung betreffend den Nasciturus, FamRZ 1963, 403

GROH/LANGE-BERTALOT, Der Schutz des Lebens Ungeborener nach der EMRK, NJW 2005, 713

PAEHLER, Hat die Leibesfrucht Schadensersatzansprüche?, FamRZ 1972, 189

SACHSE, „Totgeburt" und „Fehlgeburt" neu definiert, StAZ 1980, 270

SEIDEL, Zivilrechtliche Mittel gegen Schwangerschaftsabbrüche? (1994)

ULLMANN, Neues Kriterium für Fehlgeburt, NJW 1994, 1575

VERSCHRAEGEN, Das ungeborene Kind und sein Recht auf Leben – Vo gegen Frankreich, in: FS Otte (2005)

WALDSTEIN, Zur Rechtsstellung ungeborener Kinder, in: FS Eckert (1976) 477.

Zum Beistandschaftsgesetz

BAER, Die Beistandschaft für ausländische Kinder, DAVorm 1998, 491

DIEDERICHSEN, Die Reform des Kindschafts- und Beistandschaftsrechts, NJW 1998, 1977, 1987

DÖRNDÖRFER, Einführung in das neue Kindschaftsrecht – Teil 2, ZfJ 1998, 299, 301

GRESSMANN, Neues Kindschaftsrecht (1998)

MÜHLENS/KIRCHMEIER/GRESSMANN, Das neue Kindschaftsrecht (1998)

ROTH, Ausgestaltung der Beistandschaft – ein

Überblick über das neue Beistandschaftsgesetz, KindPrax 1998, 12

SONNENFELD, in: BÄUMEL ua, Familienrechts-reformkommentar (FamRefK), § 1912 BGB

WOLF, Beistandschaft statt Amtspflegschaft – Konsequenzen für die Praxis, KindPrax 1998, 40.

Alphabetische Übersicht

I.   Überblick

1 Die Vorschrift bietet die Möglichkeit der Fürsorge für ein noch nicht geborenes, aber erwartetes Kind. Die Leibesfrucht ist ein gezeugter, aber noch nicht geborener Mensch, dessen Rechtsfähigkeit erst mit der Vollendung der Geburt beginnt (§ 1 BGB). Darin unterscheidet sich diese Pflegschaft von Maßnahmen zur Verhinderung von Aussetzungen oder Tötungen von Kindern unmittelbar nach deren Geburt (sog Babyklappe oder „anonyme Geburt"; dazu KATZENMEIER FamRZ 2005, 1134).

2 Die Tatsache der zukünftigen Geburt reicht in einigen gesetzlich vorgesehenen Fällen aus, dem zukünftigen Menschen Rechtspositionen zu sichern, deren Realisierung durch die Menschwerdung bedingt ist. Mit GERNHUBER/COESTER-WALTJEN § 75 III 1 werden die Regelungen als Ausnahmen zugunsten eines werdenden Rechtssubjekts begriffen, das in ihnen eine beschränkte Rechtsfähigkeit erreicht, die lediglich erlaubt, dem nasciturus Rechte in jener Form zuzuordnen, die der eigenen Gestalt entspricht, als werdende Rechte also, die mit der Geburt dem gewordenen Rechtssubjekt als ebenso gewordene Rechte zufallen. Ua sind dies § 844 Abs 2 S 2 BGB (Ersatzansprüche Dritter bei Tötung), § 1923 Abs 2 BGB (Erbfähigkeit), § 2043 Abs 1 BGB (Aufschub der Erbauseinandersetzung), § 2108 Abs 1 BGB (Rechtsstellung des Nacherben). S ferner § 5 Abs 2 S 2 HaftpflG, § 10 Abs 2 S 2, § 18 S 1 StVG, § 35 Abs 2 S 2, § 47 LuftVG, § 28 Abs 2 S 2 AtomG, § 7 Abs 2 S 2 ProdHaftG, § 12 Abs 2 S 2 UmweltHG, § 12 SGB VII (ERMAN/ROTH Rn 1; STAUDINGER/ENGLER[10/11] Rn 2).

3 Zur rechtlichen Konstruktion s die Hinweise bei STAUDINGER/ENGLER[10/11] Rn 2; GERNHUBER/COESTER-WALTJEN § 75 III 1.

4 Eine Sorgerechtsregelung für ein noch nicht geborenes Kind ist im Gesetz nicht vorgesehen (AG Lüdenscheid FamRZ 2005, 51).

5 Abs 2 schließt die Bestellung einer Pflegschaft nach Abs 1 für den Fall aus, dass den Eltern die elterliche Sorge zustünde, wenn das Kind bereits geboren wäre. Unter dieser Voraussetzung bedarf es zur Fürsorge für das ungeborene Kind nicht der Bestellung eines Pflegers (und der Übertragung dieses Amtes auf die Eltern oder bei nichtehelicher Geburt auf die Mutter des Kindes). Abs 2 enthält danach eine Art Vorwirkung elterlicher Sorge (MünchKomm/SCHWAB Rn 2; ERMAN/HOLZHAUER Rn 4; STAUDINGER/ENGLER[10/11] Rn 10). Im Rahmen dieser Vorwirkung kann es aber dazu kommen, dass Eltern von der Vertretung des (ungeborenen) Kindes ausgeschlossen sind, sodass ein (Ergänzungs-)Pfleger bestellt werden muss. Mangels eigener Rechtspersönlichkeit des nasciturus handeln die Eltern oder die Mutter nicht unmittelbar als gesetzliche Vertreter des ungeborenen Kindes.

6 Das Kind stünde im Falle seiner Geburt unter der elterlichen Sorge seiner Eltern (§ 1626 ff BGB) oder seiner Mutter (§ 1626a Abs 2 BGB). Stünde den Eltern die elterliche Sorge ganz oder teilweise nicht zu, weil das Sorgerecht nach § 1673 Abs 1 BGB oder § 1674 BGB iVm § 1678 BGB ruhen würde, muss dem nasciturus ein Pfleger bestellt werden. Da es sich um eine vorgeburtliche Entscheidung handelt, ist auch nach der Zuständigkeitsänderung in § 1674 BGB das Familiengericht zur Entscheidung berufen. Auf die den Eltern oder der Mutter nach § 1912 Abs 2 BGB zustehende Fürsorge finden die Vorschriften über die elterliche Sorge im Übrigen entsprechende Anwendung (STAUDINGER/ENGLER[10/11] Rn 13); nach § 1643 BGB richtet sich deshalb, in welchen Fällen die Eltern bzw die Mutter eines nichtehelich geborenen Kindes für ein Rechtsgeschäft die Einwilligung oder Genehmigung des Familiengerichts benötigen würden (STAUDINGER/ENGLER[10/11] Rn 13). Auf juristische Personen ist die Vorschrift nicht, auch nicht entsprechend, anzuwenden (SOERGEL/ZIMMERMANN Rn 2 mwNw).

Bis zum Inkrafttreten des Gesetzes zur Abschaffung der gesetzlichen Amtspfleg- **7** schaft und Neuordnung des Rechts der Beistandschaft (Beistandschaftsgesetz) vom 4. 12. 1997 (BGBl I 2846) bestand der erste Absatz aus zwei Sätzen. S 2 lautete:

> Auch ohne diese Voraussetzungen kann für eine Leibesfrucht auf Antrag des Jugendamtes oder der werdenden Mutter ein Pfleger bestellt werden, wenn anzunehmen ist, dass das Kind nichtehelich geboren werden wird.

Dazu näher STAUDINGER/BIENWALD (2013) § 1912 Rn 7. Die Vorschrift wurde mit Wirkung vom 1. 7. 1998 aufgehoben (Art 1 Nr 6, Art 6 Beistandschaftsgesetz). Angesichts der durch das Beistandschaftsgesetz und durch das Kindschaftsrechtsreformgesetz eingetretenen Änderungen der Rechtslage für das nichteheliche Kind (es heißt jetzt „ein Kind, dessen Eltern bei seiner Geburt nicht miteinander verheiratet waren") und seine Eltern wird eine Notwendigkeit, die Leibesfruchtpflegschaft für ein voraussichtlich nichtehelich geborenes Kind auch ohne konkretes Fürsorgebedürfnis zuzulassen, nicht mehr gesehen. Die amtliche Begründung zum Beistandschaftsgesetz weist beispielhaft darauf hin, dass die werdende Mutter für das Kind, das voraussichtlich nichtehelich geboren wird, selbst der vorgeburtlichen Vaterschaftsanerkennung gemäß §§ 1595 Abs 1, 2; 1596 Abs 1, 2 BGB zustimmen oder im Wege der einstweiligen Anordnung die Verpflichtung zur Zahlung des für die ersten drei Monate dem Kind zu gewährenden Unterhalts regeln lassen (§ 247 FamFG; früher § 1615o BGB aF) könne (BT-Drucks 13/892, 42).

Die werdende Mutter kann für das Kind, das voraussichtlich „nichtehelich" geboren **8** wird, bereits vor dessen Geburt eine Beistandschaft beantragen (§ 1714 S 2 BGB), soweit sie nicht selbst für das Kind tätig werden will. Das Jugendamt wird Beistand, sobald ihm der Antrag zugeht (§§ 1712 Abs 1, 1714 S 1 BGB); Voraussetzung ihrer Antragsbefugnis ist, dass der Mutter das Alleinsorgerecht zustehen wird. Die Möglichkeit einer Beistandschaft im Falle gemeinsamer Sorge (Einfügung von S 2 in § 1713 Abs 1 BGB durch Art 1 des Gesetzes zur weiteren Verbesserung von Kinderrechten vom 9. 4. 2002, BGBl I 1239) wirkt sich auf § 1912 BGB nicht aus, weil die Antragsbefugnis an die Obhut des Kindes geknüpft ist, also dessen Geburt voraussetzt (JANZEN, Das Kinderrechteverbesserungsgesetz, FamRZ 2002, 785, 787).

Ist die Mutter minderjährig und ruht infolgedessen ihre elterliche Sorge (§ 1673 **9** Abs 2 BGB), hat das Kind einen Vormund (§§ 1773, 1791c BGB). Zur Verpflichtung des Jugendamts, der Mutter Beratung und Unterstützung anzubieten, s § 52a Abs 1 S 1, Abs 2 SGB VIII. Infolge der gesetzlichen Aufgabenbegrenzung der Beistandschaft (§ 1712 Abs 1 BGB) und der Beschränkungsmöglichkeit durch die Antragstellung kann neben dem Jugendamt und der Mutter auch noch ein Pfleger nach § 1912 BGB für das ungeborene Kind zuständig sein.

10 Übergangsbestimmungen zum Beistandschaftsgesetz v 4. 12. 1997 enthält Art 223 EGBGB (Vorbem 11 zu §§ 1909 ff).

II. Voraussetzungen

11 Es muss eine Schwangerschaft bestehen. Es muss eine Leibesfrucht vorhanden sein, für deren zukünftige Rechtssituation durch das Tätigwerden eines Pflegers gesorgt werden muss (Fürsorgebedürfnis).

12 Es kommt also nicht darauf an, ob das Kind ehelich oder nichtehelich geboren wird. Ein Schutzbedürfnis in dieser Hinsicht kann für das ungeborene Kind dann bestehen, wenn eine zur Zeit des Erbfalls gezeugte, aber noch nicht geborene Person mit einem Vermächtnis bedacht oder als Nacherbe eingesetzt ist (§§ 2108, 2114 ff, 2147 ff BGB). Ist eine solche Person erbberechtigt, kommt nur eine Nachlasspflegschaft (§ 1960 BGB) in Betracht (Staudinger/Engler[10/11] Rn 5 unter Hinweis auf Mot IV 1263; Soergel/Zimmermann Rn 4). Neben der Nachlasspflegschaft kann eine Pflegschaft nach § 1912 BGB nur für solche Angelegenheiten angeordnet werden, die ausschließlich die Leibesfrucht betreffen (Staudinger/Engler[10/11] Rn 5 mwNw).

13 In Betracht kommt die Zustimmung zur vorgeburtlichen Vaterschaftsanerkennung, wenn der Mutter insoweit die elterliche Sorge nicht zustehen würde (§§ 1595 Abs 2 u 3, 1594 Abs 4 BGB) und die Mutter einen Antrag auf Beistandschaft nicht stellt (missverständlich Gressmann Rn 87).

14 Zu den künftigen Rechten einer Leibesfrucht, die vom Pfleger nach § 1912 BGB wahrgenommen werden können bzw müssen und die der Leibesfrucht als solcher zustehen, gehören nicht mit der Geburt entstehende Unterhaltsansprüche nach den §§ 1601 ff BGB (Soergel/Zimmermann Rn 4 mwNw). Dagegen kann der Antrag auf Erlass einer einstweiligen Verfügung gegenüber dem Vater oder dem vermuteten Vater, den für die ersten drei Monate dem Kinde zu gewährenden Unterhalt zu zahlen, bereits vor der Geburt des Kindes durch einen für die Leibesfrucht bestellten Pfleger gestellt werden (§ 247 FamRZ). Antragsberechtigt ist aber auch die Mutter, es sei denn, sie wäre nach der Geburt des Kindes zur Ausübung der elterlichen Sorge nicht berechtigt (§§ 1673, 1675 BGB).

15 Außer für die Geltendmachung von Ansprüchen bzw Rechten aus den oben Rn 2 angegebenen Normen kommt die Pflegschaft für eine Leibesfrucht in Betracht, wenn zur Wahrung der Rechte des Nacherben im Hinblick auf § 326 ZPO eine Nebenintervention erforderlich wird oder wenn der Leibesfrucht das Erbrecht bestritten wird (Staudinger/Engler[10/11] Rn 5). Nicht hierher gehört der Fall des § 1963 BGB (Unterhalt der werdenden Mutter eines Erben); dieser Anspruch steht der Mutter und nicht der Leibesfrucht zu (Staudinger/Engler[10/11] Rn 5 aE mwNw).

16 Zu Schadensersatzansprüchen der Leibesfrucht einer Schwangeren s BGH JZ 1972, 363 mAnm Stoll = FamRZ 1972, 202; s auch Paehler FamRZ 1972, 189. Im Sinne von § 4 Abs 1 Wohngeldgesetz zählt die Leibesfrucht nicht zu den Familienmitgliedern (OVG Münster NJW 2000, 1283). Der Ausschluss des vor der Geburt durch eine Berufskrankheit seiner Mutter geschädigten Kindes von den Leistungen der gesetzlichen Unfallversicherung ist nach BVerfG (vom 22. 6. 1977 – 1 BvL 2/74) mit Art 3

Abs 1 GG iVm dem Sozialstaatsprinzip nicht vereinbar (MünchKomm/Schwab Rn 7). Zur Frage, ob mit Hilfe einer Pflegerbestellung nach § 1912 BGB ein illegaler Schwangerschaftsabbruch verhindert werden könnte, im Einzelnen MünchKomm/ Schwab Rn 11; Staudinger/Peschel-Gutzeit (2015) § 1626 Rn 36 sowie sehr eingehende Erörterungen bei Staudinger/Coester (2016) § 1666 Rn 22 ff, jeweils mit umfassenden Schrifttumsangaben.

Ein Fürsorgebedürfnis für eine Pflegerbestellung nach § 1912 BGB besteht dann **17** nicht, wenn **in anderer Weise** für die Wahrung der künftigen Rechte der Leibesfrucht gesorgt ist oder gesorgt werden kann (näher Staudinger/Engler[10/11] Rn 6). Zur Frage, ob Eltern die Erbausschlagung für eine Leibesfrucht erklären können, s einerseits AG Schöneberg u LG Berlin Rpfleger 1990, 362, andererseits OLG Stuttgart Rpfleger 1993, 157 = FamRZ 1994, 264; OLG Oldenburg FamRZ 1994, 847; eingehend dazu Staudinger/Otte (2017) § 1945 Rn 6 f.

Die Sorge um die Wahrung der Rechte des Ungeborenen kann sowohl persönliche **18** als auch vermögensrechtliche Angelegenheiten erfassen.

Unzulässig ist die Anordnung der Pflegschaft im ausschließlichen Interesse eines Dritten (Soergel/Zimmermann Rn 5; Staudinger/Engler[10/11] Rn 8).

III. Rechtsstellung des Pflegers

Der Pfleger nach § 1912 BGB vertritt das ungeborene Kind gerichtlich und auß- **19** ergerichtlich. Er ist im Rahmen des ihm übertragenen Wirkungskreises gesetzlicher Vertreter des ungeborenen Kindes (MünchKomm/Schwab Rn 15; Staudinger/Engler[10/11] Rn 14). Für den Wirkungskreis des Pflegers ist auch im Falle des § 1912 BGB – im Zweifel – die Bestellung maßgebend (Staudinger/Engler[10/11] Rn 14).

IV. Zur Bestellung des Pflegers

Als Berufungsvorschrift für den Pfleger kommt § 1917 BGB iVm § 1638 BGB in **20** Betracht (MünchKomm/Schwab Rn 14), der jedoch nur für den dort geregelten speziellen Fall von Bedeutung ist. §§ 1776, 1777 BGB können als Berufungsvorschriften für die Pflegerbestellung (iVm § 1915 Abs 1 BGB) schon deshalb keine Anwendung finden, weil die Benennung der Eltern oder der Mutter (§ 1626a Abs 2 BGB) erst mit deren Tode wirksam werden kann (§ 1777 Abs 2 BGB), das Kind dann aber bereits geboren sein dürfte, sodass eine Pflegschaft nach § 1912 BGB nicht mehr in Betracht kommt (wie hier im Ergebnis Erman/Roth Rn 8; MünchKomm/Schwab Rn 14 mwNw; **aA** Staudinger/Engler[10/11] Rn 15).

V. Beendigung der Pflegschaft

Gemäß § 1918 Abs 2 BGB endet die Pflegschaft für die Leibesfrucht kraft Gesetzes **21** mit der Geburt des Kindes (z Zeitpunkt der Geburt s Staudinger/Kannowski [2013] § 1 Rn 28 f). Einem Aufhebungsbeschluss des Familiengerichts nach § 1919 BGB könnte in diesem Fall nur deklaratorische Bedeutung zukommen (BayObLGZ 1983, 67, 70 = FamRZ 1983, 949, 950 = StAZ 1983, 312), insbesondere dann, wenn die Angelegenheiten, zu deren Besorgung die Pflegschaft angeordnet worden war, im Zeitpunkt der

Geburt des Kindes (offensichtlich) bereits erledigt waren (§ 1918 Abs 3 BGB; Bay-ObLGZ 1983, 67, 70 mwNw). Mit der Beendigung der Pflegschaft für eine Leibesfrucht kraft Gesetzes endet die gesetzliche Vertretung des Pflegers.

22 Die Pflegschaft ist gemäß § 1919 BGB aufzuheben, wenn der Grund für die An-ordnung nach § 1912 BGB weggefallen ist, in allen Fällen, in denen die Schwanger-schaft nicht durch Geburt des Kindes endet, sondern durch den Tod der Mutter (SOERGEL/ZIMMERMANN Rn 11; entgegen STAUDINGER/ENGLER[10/11] Rn 19) oder eine Fehlge-burt (aA SOERGEL/ZIMMERMANN Rn 10 – kraft Gesetzes). Zur Beschreibung einer Fehl-geburt (im Unterschied zur Totgeburt) § 31 Abs 3 PStV (Personenstandsverordnung v 22. 11. 2008 [BGBl I 2263]). Aufhebungsgründe sind außerdem die Feststellung einer Scheinschwangerschaft oder die Heirat der (zukünftigen) Kindesmutter mit dem Vater des noch ungeborenen Kindes.

§ 1913
Pflegschaft für unbekannte Beteiligte

Ist unbekannt oder ungewiss, wer bei einer Angelegenheit der Beteiligte ist, so kann dem Beteiligten für diese Angelegenheit, soweit eine Fürsorge erforderlich ist, ein Pfleger bestellt werden. Insbesondere kann einem Nacherben, der noch nicht ge-zeugt ist oder dessen Persönlichkeit erst durch ein künftiges Ereignis bestimmt wird, für die Zeit bis zum Eintritt der Nacherbfolge ein Pfleger bestellt werden.

Materialien: E I § 1742, 1827; II § 1790; III
§ 1889; Mot IV 1265; V 112; Prot IV 857; V 129;
STAUDINGER/BGB-Synopse 1896–2005 § 1913
S 2 geändert durch Art 2 dGv 19. 7. 2002
(BGBl I 2674).

Schrifttum

BEITZKE, Pflegschaften für Handelsgesellschaf-ten und juristische Personen, in: FS Ballerstedt (1975) 185
KANZLEITER, Der „unbekannte" Nacherbe, DNotZ 1970, 326
KLUMPP, Die Pflegschaft für unbekannte Be-teiligte (§ 1913 BGB) unter Berücksichtigung des Genehmigungsverfahrens nach dem FamFG, BWNotZ 2012, 131
LUDWIG, Der „unbekannte" Nacherbe, DNotZ 1996, 995

SCHWINGE, Die Stiftung im Errichtungsstadium, BB 1978, 527
WIEDEMANN, Entwicklung und Ergebnisse der Rechtsprechung zu den Spaltgesellschaften, in: FS Beitzke (1979) 811
ZIEGLTRUM, Sicherungs- und Prozeßpflegschaft (1986).

Zum älteren Schrifttum bis 1968 s STAUDINGER/ ENGLER[10/11].

Systematische Übersicht

I. Allgemeines

1. Normzweck

§ 1913 BGB erweitert den in § 1960 BGB enthaltenen Grundsatz, auf dem die **1** Nachlasspflegschaft beruht, auf andere Angelegenheiten (Mot IV 1265; KG OLGE 10, 18, 20; MünchKomm/SCHWAB Rn 1). S 2 ist ein Sonderfall des S 1 und beruht auf der Unbekanntheit oder Ungewissheit des oder der Pflegebefohlenen. Die Vorschrift des § 1913 BGB kommt nur dann zur Anwendung, wenn nicht anderweitig für die Wahrnehmung der Interessen unbekannter oder ungewisser Beteiligter gesorgt ist oder gesorgt werden kann (ähnl SOERGEL/ZIMMERMANN Rn 5). Insofern bietet die Vorschrift einen Schutz, der erst **subsidiär** in Betracht kommt. Das kommt auch in dem

Erfordernis des Fürsorgebedürfnisses (s unten Rn 15) zum Ausdruck. Unbekannte Beteiligte iSd § 1913 BGB sind nicht nur natürliche Personen; ein Pfleger kann nach dieser Vorschrift auch für eine juristische Person bestellt werden (ERMAN/ROTH Rn 2; SOERGEL/ZIMMERMANN Rn 2). Im Verfahren zur nachlassgerichtlichen Genehmigung eines Rechtsgeschäfts des Nachlasspflegers ist den unbekannten Erben ein Verfahrenspfleger zu bestellen (OLG Hamm FamRZ 2011, 396).

2.   Rechtsnatur der Pflegschaft

2 Die Pflegschaft für unbekannte oder ungewisse Beteiligte ist Personenpflegschaft, nicht Sach- oder Güterpflegschaft (MünchKomm/SCHWAB Rn 18; STAUDINGER/ENGLER[10/11] Rn 5). Die Bestellung eines Pflegers nach dieser Vorschrift für ein herrenloses Grundstück ist deshalb ausgeschlossen (STAUDINGER/ENGLER[10/11] Rn 5 mwNw). Das Ende der Pflegschaft tritt kraft Gesetzes ein, wenn die zu besorgende Angelegenheit erledigt ist; § 1918 Abs 3 BGB (ERMAN/ROTH Rn 16; SOERGEL/ZIMMERMANN Rn 9), kraft gerichtlicher Entscheidung, wenn der Grund für ihre Anordnung weggefallen ist, zB im Nacherbfall (ERMAN/ROTH Rn 16; SOERGEL/ZIMMERMANN Rn 9). Ob bei einer Pflegschaft für einen noch nicht Gezeugten im Falle des § 1912 Abs 2 BGB die Pflegschaft mit der Zeugung endet, ist umstr (näher dazu SOERGEL/ZIMMERMANN Rn 9 mwNw).

3.   Rechtsstellung des Pflegers

3 Der Pfleger hat die Rechtsstellung eines gesetzlichen Vertreters für den unbekannten oder ungewissen Beteiligten (OLG Hamm NJW 1974, 505 = Rpfleger 1973, 399 = DNotZ 1974, 237; weitere Nachw b SOERGEL/ZIMMERMANN Rn 7). Innerhalb des ihm zugewiesenen Wirkungskreises vertritt er den, „den es angeht" (SOERGEL/ZIMMERMANN Rn 7; STAUDINGER/ENGLER[10/11] Rn 13). Sein Wirkungskreis und damit der Umfang der Pflegschaft und der Vertretungsbefugnis werden durch das Gericht bestimmt. Maßgebend dafür ist die Bestellung (SOERGEL/ZIMMERMANN Rn 7). Wegen der allgemeinen Fassung der Vorschrift müssen die Aufgaben des Pflegers in der Bestellung genau gefasst werden (SOERGEL/ZIMMERMANN Rn 7 mwNw). Zur Auslegung einer Wirkungskreisbestimmung, in der zwar die einzelnen Vermögensstücke benannt worden sind, bei der die Pflegschaft sich aber auf das ganze oder annähernd gesamte Vermögen erstreckte (OLG Celle WM 1964, 862). Zur Rechtswirksamkeit der fehlerhaften Anordnung einer Pflegschaft (Nichtigkeit) STAUDINGER/BIENWALD (2013) § 1913 Rn 3. Entgegen der hier vertretenen Ansicht (§ 1915 Rn 36) steht nach Auffassung des OLG Köln (FamRZ 1994, 1334, 1335 = Rpfleger 1994, 417) dem für den noch nicht gezeugten Erben gem § 1913 S 1 BGB bestellten Pfleger ein **Aufwendungsersatzanspruch** nach §§ 1915 Abs 1, 1835 Abs 4 BGB gegen die Staatskasse zu; ein **Vergütungsanspruch** nach §§ 1915 Abs 1, 1836 Abs 1 BGB setzt voraus, dass Vermögen vorhanden und der Betreffende nicht mittellos iSd § 1836d BGB ist.

4 Zu den **Aufgaben des Pflegers** gehört die Ermittlung der unbekannten oder ungewissen Beteiligten (OLG Rostock OLGE 30, 163, 164; OLG Brandenburg FamRZ 2005, 2082, 2084), auch wenn der Pfleger nur für eine einzelne Angelegenheit bestellt ist (KG JW 1938, 2401). Er hat die Beteiligten bei der Erledigung der Angelegenheit zu vertreten und erforderlichenfalls rechtsgeschäftliche Erklärungen mit verbindlicher Kraft für sie abzugeben (OLG Rostock OLGE 30, 163, 164). Zu seinen Aufgaben gehört die Prozessführung (RG Recht 1910 Nr 3015; BAG NJW 1967, 1437 = Betrieb 1967, 813); ferner die

Einziehung der Außenstände, Berichtigung von Schulden und Verteilung des Vermögens, wenn der Pfleger für den Verein, der alle Mitglieder verloren hat und deshalb erloschen ist, gemäß § 1913 BGB zum Pfleger bestellt ist (BGHZ 19, 51 = NJW 1956, 138); soweit der Pfleger künftige Nacherben vertritt, die Verfolgung der Rechte, die für sie gesetzlich vorgesehen sind (aber auch nur diese), SOERGEL/ ZIMMERMANN Rn 8.

Die **Nachlassverwaltung**, dh die Sicherung und Erhaltung des Nachlasses, **gehört nicht** **5** **zu den Aufgaben des Pflegers** nach § 1913 BGB; sie ist Aufgabe eines nach § 1960 BGB zu bestellenden Nachlasspflegers (BGH FamRZ 1983, 56 = NJW 1983, 226 = MDR 1983, 206 = LM § 1913 Nr 2; RG LZ 1919, 1247). Will der Pfleger für unbekannte Nacherben von testamentarischen Verwaltungsanordnungen abweichen, benötigt er zumindest in den Fällen der §§ 1915, 1803 BGB die Genehmigung des Nachlassgerichts (LG München I Rpfleger 2002, 363 [364]).

II. Voraussetzungen der Pflegschaft

1. Unbekanntheit oder Ungewissheit eines Beteiligten (S 1)

Es muss unbekannt oder ungewiss sein, wer bei einer Angelegenheit, sie kann **6** tatsächlicher oder rechtlicher, personen- oder vermögensrechtlicher Natur sein (SOERGEL/ZIMMERMANN Rn 1), Beteiligter ist. In Betracht kommt eine natürliche, aber auch eine juristische Person oder eine Mehrzahl davon (ERMAN/ROTH Rn 2; SOERGEL/ ZIMMERMANN Rn 2; STAUDINGER/ENGLER[10/11] Rn 6). Die Kriterien sind objektiver Natur; dh nur wenn nach objektiven Gesichtspunkten die Person eines Beteiligten nicht festgestellt werden kann, soll in seinem Interesse ein Pfleger eingesetzt werden (KANZLEITER DNotZ 1970, 326, 329).

Der Begriff des Beteiligten in dieser Vorschrift darf nicht verwechselt werden mit **7** dem durch das FamFG eingeführten Beteiligtenbegriff (§ 7 FamFG), der sich auf das Verfahren nach dem FamFG bezieht und die Stellung der Beteiligten innerhalb der Verfahren in Familiensachen und in den Angelegenheiten der freiwilligen Gerichtsbarkeit betrifft.

Unbekannt ist ein Beteiligter, wenn er nicht gekannt wird. Das ist nicht schon dann **8** der Fall, wenn er nicht namentlich bezeichnet ist. Ist in einer Verfügung von Todes wegen oder in einer Auslegungsregel von „gesetzlichen Erben" die Rede und steht fest, welche Personen zZ die gesetzlichen Erben sind, so handelt es sich nicht um unbekannte Personen (SOERGEL/ZIMMERMANN Rn 3).

Ungewissheit über Beteiligte herrscht dann, wenn unter bekannten Personen streitig **9** ist, ob oder zu welchem Teil sie an einer Angelegenheit berechtigt sind; der wahre Berechtigte ist dann ungewiss (SOERGEL/ZIMMERMANN Rn 3 mwNw). Stehen bei einer Angelegenheit unbekannte oder ungewisse Beteiligte neben bekannten und gewissen Personen, so ist nur für die erstgenannten ein Pfleger zu bestellen (SOERGEL/ ZIMMERMANN Rn 3 mwNw). Ungewissheit unter mehreren Personen über einen Beteiligten besteht zB, wenn nicht feststeht, in welchem Verhältnis sie an einem Nachlass beteiligt sind (LG Düsseldorf DNotZ 1963, 546), ob die Hoferbin unbeschränkte Hoferbin oder durch Nacherbfolge (weiterer Hoferben) beschränkt ist (BGH DNotZ 1968,

Werner Bienwald

564 = MDR 1968, 484); sie besteht ferner bei Nacherbeneinsetzung der beim Tod des Vorerben vorhandenen Abkömmlinge hinsichtlich der Nacherben bis zum Ableben der Vorerben (BayObLG NJW 1960, 965), bei Nacherbeneinsetzung teils bekannter, teils unbekannter Nachkommen, jedoch nur hinsichtlich der unbekannten Nachkommen, wenn die bekannten Nacherben im Nacherbenvermerk des Grundbuchs namentlich genannt sind (OLG Hamm DNotZ 1970, 360 = NJW 1969, 1490 = Rpfleger 1969, 347 m zust Anm HAEGELE Rpfleger 1969, 348).

10 **Ungewissheit** über den Beteiligten besteht (auch) dann, wenn unter mehreren bekannten Personen oder Personenmehrheiten aus zivilrechtlichen Gründen Ungewissheit oder Uneinigkeit darüber besteht, wer von ihnen als wahrer Berechtigter anzusehen ist (OLG Düsseldorf OLGZ 1976, 385 = Rpfleger 1976, 358), wenn mangels (Vorlage des) schriftlichen Gesellschaftsvertrags ungewiss ist, ob die gesetzlichen Erben der verstorbenen Mitgesellschafter auch Gesellschafter geworden oder weitere mögliche und relevante Konsequenzen eingetreten sind (LG Kaiserslautern FamRZ 1995, 1382, 1383), wenn wegen der Ungewissheit über die Person des Gesellschafters zugleich Ungewissheit darüber besteht, wer die Gesellschaft wirksam vertreten kann. § 1913 BGB eröffnet damit eine selbständige rechtliche Möglichkeit, Konflikte dieser Art zu lösen (OLG Düsseldorf OLGZ 1976, 385 = Rpfleger 1976, 358), bei Anordnung gesetzlicher Erbfolge für den Fall der Wiederverheiratung der als Erbin eingesetzten Witwe (bedingte Nacherbschaft) hinsichtlich sämtlicher möglicher Nacherben (KG FamRZ 1972, 323 = Rpfleger 1971, 354), bei Einsetzung noch nicht gezeugter Ersatznacherben (LG Duisburg NJW 1960, 1205), bei einer in Polen enteigneten deutschen Aktiengesellschaft hinsichtlich ihres in der Bundesrepublik Deutschland vorhandenen Vermögens (BayObLGZ 1967, 440 = MDR 1967, 361), bei einem eingetragenen Verein, der keine Mitglieder mehr hat (BAG Betrieb 1967, 813 = NJW 1967, 1437).

11 Ungewissheit liegt **nicht** vor bei einem herrenlosen Grundstück hinsichtlich des zukünftigen Eigentümers (MÜLLER JR 1957, 16). Sie besteht ferner dann nicht, wenn der einzige Komplementär einer beklagten Kommanditgesellschaft eine juristische Person ist, deren gesetzlicher Vertreter an der Vertretung der KG in einem Rechtsstreit gemäß § 181 BGB verhindert ist (OLG Saarbrücken OLGZ 1977, 291 – Bestellung eines Notvertreters nach § 29 BGB stattdessen). Zur Frage, ob bei Erlöschen des Vereins infolge Austritts aller Mitglieder ein Notvorstand gem § 29 BGB oder ein Pfleger in entsprechender Anwendung des § 1913 BGB zu bestellen ist, s STAUDINGER/WEICK (2005) § 41 Rn 12 (im Sinne der Pflegerbestellung entschieden von LG Frankenthal Rpfleger 1991, 503 mwNw).

2. Pflegerbestellung für noch nicht gezeugten oder unbestimmten Nacherben (S 2)

12 Einem Nacherben, der noch nicht gezeugt ist oder dessen Persönlichkeit erst durch ein künftiges Ereignis bestimmt wird, kann gemäß Satz 2 für die Zeit bis zum Eintritt der Nacherbfolge ein Pfleger bestellt werden (OLG Celle FamRZ 2011, 141).

13 Dem Wortlaut nach handelt es sich um einen Fall von Unbekanntheit oder Ungewissheit. Im Falle angeordneter Nacherbschaft besteht insoweit Unkenntnis über die Person, als der Nacherbe noch nicht gezeugt ist. Denn ob er gezeugt wird, steht nicht fest (§§ 2101, 2106 Abs 2, 2139 BGB). Bis zum Eintritt der Nacherbfolge wird ein

Pfleger bestellt, obwohl bei der Unkenntnis, ob ein Nacherbe geboren wird, sogar der Fall der Nacherbschaft ungewiss ist. Wird die Persönlichkeit des Nacherben durch ein künftiges Ereignis bestimmt, steht sowohl der Nacherbfall als auch fest, wer zu den in Betracht kommenden Nacherben gehört (§§ 2104, 2105 Abs 2, 2106 Abs 2, 2139 BGB). Um einen Fall des S 2 handelt es sich dann, wenn ein Erblasser die beim Ableben des Vorerben vorhandenen Abkömmlinge des Vorerben zu Nacherben berufen hat (Soergel/Zimmermann Rn 4 mwNw); daran ändert sich auch nichts, wenn der Vorerbe die Vorerbschaft ausschlägt (Soergel/Zimmermann Rn 4 mwNw).

Voraussetzung für die Pflegschaft ist nicht, dass der noch nicht Gezeugte im Fall der **14** Geburt nicht unter elterlicher Sorge stehen würde. Eine dem § 1912 Abs 2 BGB entsprechende Vorschrift fehlt. Für den gezeugten, aber noch nicht geborenen „Beteiligten" gilt nur § 1912 BGB. Eine Pflegerbestellung nach § 1913 BGB kommt hier nicht in Betracht (Soergel/Zimmermann Rn 6).

3. Fürsorgebedürfnis

Die Pflegschaft ist nur anzuordnen, soweit ein gegenwärtiges Fürsorgebedürfnis für **15** eine Angelegenheit vorhanden ist und soweit dieses Fürsorgebedürfnis reicht (Soergel/Zimmermann Rn 5 mwNw). Über den Charakter dieses Tatbestandsmerkmals bestehen unterschiedliche Auffassungen. Während Staudinger/Engler[10/11] Rn 9 und OLG Düsseldorf OLGZ 1976, 385 = Rpfleger 1976, 358 von einer Ermessensentscheidung des Gerichts über das Vorliegen eines Fürsorgebedürfnisses ausgehen, hält Erman/Roth (Vor § 1909 Rn 7a sowie § 1913 Rn 13) das Fürsorgebedürfnis für einen unbestimmten Rechtsbegriff mit der Konsequenz, dass dessen Konkretisierung durch die Tatsacheninstanzen vom Gericht der Rechtsbeschwerde voll nachprüfbar ist. Der Begriff als solcher ist sicherlich ein unbestimmter Rechtsbegriff. Die Feststellung der Tatsachen, aus denen auf das Vorliegen (oder Nichtvorliegen) des Fürsorgebedürfnisses geschlossen wird, unterliegt dem Amtsermittlungsgrundsatz (§ 26 FamFG) und hier innerhalb gewisser Grenzen dem pflichtgemäßen Ermessen des Gerichts.

Ohne eine generelle Formel, sieht man von der Ablehnung eines alleinigen Dritt- **16** interesses ab, wird in Einzelentscheidungen das Fürsorgebedürfnis bejaht oder verneint.

Für die Annahme eines Fürsorgebedürfnisses reicht es aus, wenn nicht von der Hand **17** zu weisen ist, dass das vorzunehmende Geschäft für den Unbekannten von Vorteil ist (Soergel/Zimmermann Rn 5; KG FamRZ 1972, 323, 325). Das Abwägen der Interessen des Unbekannten soll aber Sache des Pflegers sein (Soergel/Zimmermann Rn 5 mwNw). Wenn bereits bei der Einleitung einer Pflegschaft nach § 1913 BGB im Einzelnen geprüft werden müsste, ob ein Fürsorgebedürfnis für den Pflegebefohlenen unter Abwägung aller Einzelheiten zu bejahen ist, würde damit die Verantwortlichkeit des Pflegers für diese Frage unnötig eingeengt und in das Einleitungsverfahren verlagert werden (KG FamRZ 1972, 323, 325).

Ein Fürsorgebedürfnis **fehlt**, wenn die Angelegenheit ausschließlich im Interesse **18** eines Dritten liegt (statt vieler Soergel/Zimmermann Rn 5 mwNw); dass das Geschäft auch (aber nicht ausschließlich) im Interesse des Unbekannten liegt, reicht aus für die Bejahung des Fürsorgebedürfnisses (Soergel/Zimmermann Rn 5 mwNw). Es fehlt dann, wenn spezielle Vorschriften einen Schutz des Unbekannten bezwecken (zB § 94 ZVG oder §§ 1170 ff; Soergel/Zimmermann Rn 5 mwNw). Fehlen Anhaltspunkte für die Beteiligung eines Unbekannten, kommt die Bestellung eines Pflegers nach § 1913 BGB schon aus diesem Grunde und nicht erst wegen fehlenden Fürsorgebedürfnisses nicht in Betracht. Ist anderweit, zB durch Nacherbenvollstreckung (§ 2222 BGB), Vorsorge getroffen, bedarf es nicht einer Pflegschaft nach § 1913 BGB (Soergel/Zimmermann Rn 5 mwNw). Im Übrigen ist davon auszugehen, dass immer dann, wenn die Rspr eine Pflegschaftsanordnung befürwortet hat, ein Fürsorgebedürfnis angenommen worden ist; die unten (Rn 27 f) als Einzelfallentscheidungen mitgeteilten Ergebnisse sind deshalb weitgehend identisch mit denen, die ein Fürsorgebedürfnis anerkannt haben.

4.   Abgrenzung zu anderen Normen

19 Die Pflegschaft des § 1913 BGB ist von anderen, ähnlichen Pflegschaften zu unterscheiden. Wegen der Gründe hierfür s MünchKomm/Schwab Rn 3 ff. Die Abgrenzung zur verwandten **Nachlasspflegschaft** wird bestimmt durch die fürsorgebedürftige Angelegenheit (MünchKomm/Schwab Rn 4; Soergel/Zimmermann Rn 2) und durch die unterschiedlichen Aufgabenstellungen für die Pfleger. Sache des Nachlasspflegers ist es, die Erben zu ermitteln und den Nachlass zu sichern, soweit dafür ein Bedürfnis besteht (§ 1960 Abs 1 BGB). Sache des Pflegers nach § 1913 BGB ist es dagegen nicht, den Nachlass zu verwalten, sondern Angelegenheiten eines unbekannten Beteiligten wahrzunehmen (vgl BGH FamRZ 1983, 56 = NJW 1983, 226). Besteht demnach ein Fürsorgebedürfnis für einen Nachlass, an dem ein Unbekannter beteiligt ist, so ist Nachlasspflegschaft anzuordnen. Besteht dagegen ein solches Fürsorgebedürfnis für den Nachlass nicht, ist aber ein Unbekannter beteiligt, ist nach § 1913 BGB zu verfahren (MünchKomm/Schwab Rn 4; Soergel/Zimmermann Rn 2 u Rn 8).

20 Besteht eine Nachlasspflegschaft zur Sicherung und Verwaltung des Nachlasses und zur Ermittlung der Erben, so ist für ein gerichtliches Verfahren, in dem zu klären ist, wer von mehreren Erbprätendenten der wirkliche Erbe ist, zur Vertretung unbekannter Erben die Bestellung eines Pflegers für die unbekannten Beteiligten erforderlich, weil sich die gesetzliche Vertretungsmacht des Nachlasspflegers nicht auf dieses gerichtliche Verfahren erstreckt (OLG Hamm FamRZ 2002, 769, 770). Lehnt ein Amtsgericht die Anordnung einer Nachlasspflegschaft im Hinblick auf ein Verfahren nach § 1913 BGB ab, kann eine Zuständigkeitsbestimmung nach § 5 Abs 1 Nr 4 FamFG in Betracht kommen.

21 Abgrenzungsfragen zur **Abwesenheitspflegschaft** ergeben sich bei einer juristischen Person. Ist diese als solche unbekannt oder ungewiss, kommt eine Pflegschaft nach § 1913 BGB in Betracht. Ist sie dagegen bekannt und sind nur ihre Organe unbekannt oder verhindert, lässt sich analog § 1911 BGB eine Abwesenheitspflegschaft anordnen (MünchKomm/Schwab Rn 6).

22 Zur Abgrenzung zu § 1912 BGB s oben Rn 14 aE sowie ausführlich MünchKomm/ Schwab Rn 7.

Eine eigene Vorschrift zur Bestellung eines Pflegers für die Person eines unbekann- **23** ten Berechtigten enthält § 17 Abs 1 Nr 2 des Gesetzes zur **Sachenrechtsbereinigung im Beitrittsgebiet** (Sachenrechtsbereinigungsgesetz – SachenRBerG) vom 21. 9. 1994 (BGBl I 2457). Danach ist ein Pfleger zur Verfolgung der Ansprüche des Nutzers auf dessen Antrag für den Grundstückseigentümer oder den Inhaber eines eingetragenen dinglichen Rechts zu bestellen, wenn die Person des Berechtigten unbekannt ist. Für die Bestellung und die Tätigkeit des Pflegers sind die Vorschriften des BGB über die Pflegschaft entsprechend anzuwenden. Zuständig für die Bestellung des Pflegers ist das Gericht, in dessen Bezirk das Grundstück ganz oder teilweise belegen ist.

Diese Pflegschaft nach § 17 SachenRBerG ist bereits dann einzurichten, wenn sich **24** der Antragsteller gegenüber den unbekannten Eigentümern Ansprüchen nach diesem Gesetz berühmt und einen Sachverhalt vorträgt, nach dem derartige Ansprüche zumindest möglich sind. Die Pflegerbestellung ist nicht davon abhängig, dass der Antragsteller nach Überzeugung des Gerichts über eine materiell gesicherte, aus dem SachenRBerG hergeleitete Rechtsposition verfügt (OLG Brandenburg FamRZ 1997, 246 [247] = Rpfleger 1997, 20 = DtZ 1996, 350).

Nach § 105 Abs 1 Buchst c FGB der DDR konnte ein Pfleger für einen volljährigen **25** Bürger durch das Staatliche Notariat bestellt werden, wenn unbekannt oder ungewiss war, wer bei einer Vermögensangelegenheit der Beteiligte ist, und ein persönliches oder gesellschaftliches Fürsorgebedürfnis vorlag. Diese Vorschrift ist durch das 1. Familienrechtsänderungsgesetz der DDR v 20. 7. 1990 (GBl I 1038) nicht geändert worden. Diese Pflegschaften wurden gem Art 234 § 15 EGBGB als solche des BGB fortgeführt (näher dazu STAUDINGER/RAUSCHER [2016] Art 234 § 15 EGBGB Rn 15).

Zur Anwendung von § 1913 BGB in Fällen nicht deutscher Beteiligung s Art 24 **26** Abs 1 u 2 EGBGB (näher dazu STAUDINGER/vHEIN [2014] Art 24 EGBGB Rn 15 u Rn 57 f).

5. Einzelfälle

a) Pflegschaft bejaht
Zulässig ist eine Pflegschaft nach § 1913 BGB   **27**

– für den unbekannten Eigentümer eines Grundstücks (SOERGEL/ZIMMERMANN Rn 2);

– für einen Verein, der alle Mitglieder verloren hat (hM: BGHZ 19, 51, 57 = NJW 1956, 138; aA SOERGEL/ZIMMERMANN Rn 2);

– für eine noch nicht gezeugte Person in den Fällen, in denen das Gesetz ausnahmsweise zukünftigen Personen Rechte zuerkennt (zB §§ 331 Abs 2, 2101, 2178 BGB; SOERGEL/ZIMMERMANN Rn 2; vgl auch BayObLGZ 1965, 457, 464);

– insoweit für eine noch nicht gezeugte Person eine Forderung begründet werden kann, kann auch eine Pflegschaft gemäß § 1913 BGB angeordnet und die Forderung durch eine Hypothek gesichert werden (SOERGEL/ZIMMERMANN Rn 2);

– für eine juristische Person, von der unbekannt ist, ob sie bereits Rechtspersönlichkeit erlangt hat, wenn sie nur existiert (KG RJA 17, 17, 19; Soergel/Zimmermann Rn 2);

– wenn für die Vorerben Testamentsvollstreckung gemäß §§ 2203 ff BGB angeordnet ist; in diesem Fall gehen die Rechte des Testamentsvollstreckers nicht über die der Vorerben hinaus, sodass es eines Pflegers nach § 1913 BGB zur Wahrung der Rechte des Nacherben bedarf (Soergel/Zimmermann Rn 5);

– wenn unter mehreren bekannten Personen aus zivilrechtlichen Gründen Ungewissheit oder Uneinigkeit darüber besteht, wer von ihnen als wahrer Berechtigter (Erbe) anzusehen ist (BayObLGZ 1956, 440 = MDR 1967, 361; LG Düsseldorf DNotZ 1963, 546);

– wenn unter mehreren bekannten Personen Ungewissheit oder Uneinigkeit darüber besteht, in welchem Verhältnis sie am Nachlass beteiligt sind (LG Düsseldorf DNotZ 1963, 546);

– wenn unter mehreren bekannten Personen Ungewissheit oder Uneinigkeit darüber besteht, ob die Hoferbin unbeschränkte Hoferbin oder durch Nacherbfolge (weiterer Hoferben) beschränkt ist (BGH DNotZ 1968, 584 = MDR 1968, 484);

– bei Nacherbeneinsetzung der beim Tod des Vorerben vorhandenen Abkömmlinge hinsichtlich der Nacherben bis zum Ableben des Vorerben (BayObLG NJW 1960, 965);

– bei Nacherbeneinsetzung teils bekannter, teils unbekannter Nachkommen nur hinsichtlich dieser, wenn die bekannten Nacherben im Nacherbenvermerk des Grundbuchs namentlich genannt sind (OLG Hamm DNotZ 1970, 360 = NJW 1969, 1490 = Rpfleger 1969, 347 m zust Anm Haegele);

– bei Anordnung gesetzlicher Erbfolge für den Fall der Wiederverheiratung der als Erbin eingesetzten Witwe (bedingte Nacherbschaft) hinsichtlich sämtlicher möglicher Nacherben (KG FamRZ 1972, 323 = Rpfleger 1971, 354);

– bei Einsetzung noch nicht gezeugter Ersatzerben (LG Duisburg NJW 1960, 1205);

– bei einer in Polen enteigneten deutschen Aktiengesellschaft hinsichtlich ihres in der Bundesrepublik vorhandenen Vermögens (BayObLGZ 1967, 440 = MDR 1967, 546);

– bei einem eingetragenen Verein, der keine Mitglieder mehr hat (BAG Betrieb 1967, 813 = NJW 1967, 1437);

– wenn unter mehreren bekannten Personen oder Personenmehrheiten aus zivilrechtlichen Gründen Ungewissheit oder Uneinigkeit darüber besteht, wer von ihnen als wahrer Berechtigter anzusehen ist (hier: Ungewissheit über die Person des alleinigen Gesellschafters und Geschäftsführers einer GmbH); Abgrenzung zum Notvertreter nach § 29 BGB (OLG Düsseldorf OLGZ 1976, 385 = Rpfleger 1976, 358);

– ausnahmsweise kann ein Bedürfnis für unbekannte Nacherben auftreten, wenn zB Anordnungen gem § 2216 Abs 2 BGB außer Kraft gesetzt werden sollen und die Nacherben als Beteiligte zu hören sind (SOERGEL/ZIMMERMANN Rn 5 Fn 32);

– ggf für die unbekannten, möglicherweise zur gesetzlichen Erbfolge berufenen Verwandten des Erblassers zur Klärung der Frage, wer von mehreren Erbanwärtern der wirkliche Erbe ist (BGH FamRZ 1983, 56 = NJW 1983, 226 = Rpfleger 1983, 25 = Betrieb 1982, 2697 = WM 1982, 1328).

– Grundsätzlich ist bei der Löschung eines Nacherbenvermerks auch die Bewilligung der unbekannten Personen erforderlich mit der Folge, dass der Nacherbe von einem Pfleger gemäß § 1913 BGB vertreten werden muss (OLG Celle FamRZ 2011, 141 unter Hinweis auf OLG Frankfurt v 27. 1. 2010 – 20 W 251/09 aus juris [Rn 32 mwNw] und OLG Hamm FamRZ 1997, 1368 = NJW-RR 1997, 1095). Zu einem Ausnahmefall OLG Celle FamRZ 2011, 141.

– Bestellung eines Pflegers nach § 1913 BGB (nicht eines Nachlasspflegers; so aber OLG Düsseldorf FamRZ 2010, 1474) zwecks Anhörung der unbekannten Nacherben in den von dem Testamentsvollstrecker eingeleiteten Verfahren zur Erlangung eines Testamentsvollstreckerzeugnisses und der Außerkraftsetzung vom Erblasser verfügter Anordnungen (BESTELMEYER in seiner Anm zu OLG Düsseldorf in FamRZ 2011, 145).

– Kein Nachlasspfleger (§§ 1960, 1961 BGB), sondern ein Pfleger gemäß § 1913 BGB für die unbekannten Erben des verstorbenen Ehegatten im Verfahren nach § 31 VersAusglG (AG Ludwigslust FamRZ 2012, 816).

b) Pflegschaft verneint
Eine Pflegschaft nach § 1913 BGB ist nicht zulässig   **28**

– zur Verwaltung eines herrenlosen, also eigentümerlosen Grundstücks (STAUDINGER/ENGLER[10/11] Rn 5; SOERGEL/ZIMMERMANN Rn 2 mwNw auch für die Gegenmeinung);

– für eine noch nicht gezeugte Person (SOERGEL/ZIMMERMANN Rn 2: grundsätzlich nicht; zu einer Ausnahme s oben Rn 12);

– zum Zwecke des Abschlusses eines Kaufvertrags mit der noch nicht gezeugten Person (KGJ 20, 241; SOERGEL/ZIMMERMANN Rn 2);

– wenn die juristische Person bekannt ist, aber lediglich deren Vertreter oder Organe unbekannt sind (BEITZKE, in: FS Ballerstedt [1975] 185, 192; SOERGEL/ZIMMERMANN Rn 2; Beispiel: Spaltgesellschaften);

– neben einer bestehenden Nacherbenvollstreckung nach § 2222 BGB, wenn begründetes Misstrauen in deren Amtsführung besteht (SOERGEL/ZIMMERMANN Rn 5 mwNw);

– für den unbekannten Vertreter einer juristischen Person (KG JW 1920, 497, 498; KG JR 1950, 343, zit in OLG Düsseldorf OLGZ 1976, 385 = Rpfleger 1976, 358);

– für ein herrenloses Grundstück zwecks Bestellung einer Dienstbarkeit für ein Energieversorgungsunternehmen (AG Unna Rpfleger 1982, 379); zur Durchsetzung der Rechte des Energieversorgungsunternehmens und der Allgemeinheit auf Sicherung durch Eintragung einer beschränkten persönlichen Dienstbarkeit im Grundbuch gibt es die Möglichkeit der Enteignung des Rechts in Verbindung mit der Bestellung eines Vertreters, der die Stellung eines Pflegers hat (§ 149 Abs 1 Nr 5 BBauG), oder den Weg der Aneignung des Grundstücks durch den Fiskus;

– weil ein Fürsorgebedürfnis nicht besteht, wenn einerseits zwar Ungewissheit darüber herrscht, welche von zwei juristischen Personen alleinige Gesellschafterin einer GmbH ist, andererseits aber feststeht, dass nur einer von zwei Anspruchstellern alleiniger Inhaber sämtlicher Geschäftsanteile sein kann, und beide versuchen wollen, anstehende Gesellschaftsentscheidungen einverständlich zu treffen (OLG Düsseldorf Rpfleger 1977, 131).

III. Zum Verfahren

29 Verfahren, die die Pflegschaft mit Ausnahme der Pflegschaft für Minderjährige oder für eine Leibesfrucht betreffen, gehören zu den betreuungsgerichtlichen Zuweisungssachen (§ 340 Nr 1 FamFG). Über die Bestellung eines Pflegers für unbekannte Beteiligte entscheidet danach das Betreuungsgericht (KEIDEL/BUDDE, FamFG § 340 Rn 2). Funktional zuständig für die Anordnung der Pflegschaft nach § 1913 BGB ist der Rechtspfleger (§§ 3 Nr 2 Buchst b, 15 RPflG; Ausnahme [Richtervorbehalt] für die Anordnung einer Pflegschaft für einen Angehörigen eines fremden Staates, § 15 Abs 1 Nr 5 RPflG). Örtlich zuständig (§§ 2 ff FamFG) ist, mangels besonderer Regelungen in den §§ 340 ff FamFG das Gericht des Fürsorgebedürfnisses im Zeitpunkt der Anordnung (zu früherem Recht: BayObLGZ 1911, 380, 382). Das Verfahren zur Anordnung einer Pflegschaft ist von Amts wegen einzuleiten (MünchKomm/SCHWAB Rn 19); ein Antrag ist nicht erforderlich und auch nicht vorgesehen (KG OLGE 10, 18). Ermittlungen sind von Amts wegen durchzuführen (§ 26 FamFG; KEIDEL/BUDDE, FamFG § 340 Rn 5). Als Antrag formulierte Anliegen gegenüber dem Gericht sind rechtlich als Anregung zu bewerten (SOERGEL/ZIMMERMANN Rn 10; MünchKomm/SCHWAB Rn 19) und zu beachten. In dem Verfahren zur nachlassgerichtlichen Genehmigung eines Rechtsgeschäfts des Nachlasspflegers muss den unbekannten Erben ein Verfahrenspfleger bestellt werden (OLG Hamm FGPrax 2011, 84 = DNotZ 2011, 223). Die Pflegschaft selbst wird von Amts wegen angeordnet. Zur Anordnung einer Pflegschaft für den Fall, dass im Enteignungsverfahren ein Beteiligter unbekannt ist, MünchKomm/SCHWAB (5. Aufl) Rn 19; OLG Zweibrücken Rpfleger 1988, 263.

30 Gegen die Anordnung der Pflegschaft kann jeder (befristete, § 63 FamFG) Beschwerde einlegen, der in seinen Rechten beeinträchtigt wird, §§ 58, 59 FamFG (KEIDEL/BUDDE, FamFG § 340 Rn 7; DAMRAU/ZIMMERMANN Rn 11). Das kann jeder sein, der behauptet, der vom Pfleger vertretene Beteiligte zu sein (SOERGEL/ZIMMERMANN Rn 10; KG OLGE 41, 10); zB der Testamentsvollstrecker (KG OLGZ 1973, 106). Der Vorerbe wird durch die Anordnung einer Pflegschaft für den/die Nacherben nicht beeinträchtigt (KG JFG 12, 143; KG OLGE 30, 165; OLG Dresden OLGE 39, 19; BayObLGZ 4, 311 = OLGE 8, 325). Die bekannten Nacherben werden durch die Pflegerbestellung für unbekannte Nacherben nicht beeinträchtigt, wenn sich der Kreis der Nacherben noch bis zum Nacherbfall deshalb verändern kann, weil kraft Gesetzes oder durch Verfügung von Todes wegen diese allgemein bezeichnet sind, zB als „Kinder" (BayObLGZ 1959, 493, 501 = NJW 1960, 965; BayObLGZ 1966, 227, 229) oder als „gesetzliche Erben" (OLG Hamm OLGZ 1969, 410).

Gegen die Ablehnung der Anordnung und gegen die Aufhebung der Pflegschaft **31** steht die (befristete, § 63 FamFG) Beschwerde ebenfalls demjenigen zu, der durch den entsprechenden Beschluss in seinen Rechten beeinträchtigt ist. Ein rechtliches Interesse an der Änderung der Verfügung iSd § 57 Abs 1 Nr 3 FGG aF reicht nicht aus. Die Beschwerdebefugnis des Schuldners bei einem ungewissen Gläubiger (KGJ 28, 10) ergäbe sich jetzt aus § 59 Abs 1 FamFG. Der Pfleger hat gegen die Aufhebung der Pflegschaft kein Beschwerderecht (BGH NJW 1953, 1666 = LM § 1919 Nr 1; OLG Hamburg OLGE 40, 15; KGJ 40, A 41), wohl aber der frühere Pfleger, wenn er seine vom Gericht festgesetzte Vergütung gegen den Pflegebefohlenen durchsetzen will (BayObLGZ 1956, 440, 444 = MDR 1957, 361; zum Interesse des Unbekannten in diesem Fall vgl SOERGEL/ZIMMERMANN Rn 11). Kein Beschwerderecht haben Vor- und Miterben bei einer Pflegschaft für unbekannte Mit- oder Nacherben (KG JFG 12, 143).

Gegen die Ablehnung der Erweiterung des Wirkungskreises eines Pflegers für die **32** unbekannten Erben eines an dieser Erbengemeinschaft beteiligten Miterben können seine Erben berechtigt sein, sich zu beschweren (KG FamRZ 2008, 2219).

Bei der **Auswahl** des nach § 1913 BGB zu bestellenden Pflegers sind gem §§ 1915 **33** Abs 1, 1779 Abs 2 BGB geeignete Verwandte zunächst zu berücksichtigen. Die (in der zit Entscheidung im Einzelnen aufgeführten) Verfassungsgrundsätze des Art 6 Abs 1 u 2 GG gebieten eine bevorzugte Berücksichtigung der Familienangehörigen bei der Auswahl von Pflegern und Vormündern, sofern keine Interessenkollision besteht oder der Zweck der Fürsorgemaßnahme aus anderen Gründen die Bestellung eines Dritten verlangt; in diesen Grenzen sind auch bei der Bestellung von Interessenvertretern für künftige Kinder zunächst die Eltern heranzuziehen. Mit diesen Verfassungsgrundsätzen steht die gesetzliche Regelung der §§ 1779 Abs 2, 1915 Abs 1 BGB in Einklang (BVerfGE 33, 236, 238 f).

§ **1914**
Pflegschaft für gesammeltes Vermögen

Ist durch öffentliche Sammlung Vermögen für einen vorübergehenden Zweck zusammengebracht worden, so kann zum Zwecke der Verwaltung und Verwendung des Vermögens ein Pfleger bestellt werden, wenn die zu der Verwaltung und Verwendung berufenen Personen weggefallen sind.

Materialien: E III § 1890; Prot VI 313; STAUDINGER/BGB-Synopse 1896–2005 § 1914.

Schrifttum

Zum älteren Schrifttum s STAUDINGER/ENG-
LER[10/11].
Aus der Zeit nach 1968: SCHMIDT, Zweck-

vermögenstheorie und Zweckvermögen, NJW
1970, 646.

Systematische Übersicht

Alphabetische Übersicht

1.   Zur Rechtsnatur der Pflegschaft des § 1914

1 Der Sammelvermögenspfleger ist nicht Vertreter einer Person, sondern **Sachpfleger** (BGH WM 1972, 1315 = MDR 1973, 742 = LM Nr 1 zu § 1914). Die Pflegschaft für ein Sammelvermögen ist Sachpflegschaft, nicht Personenpflegschaft (ERMAN/ROTH Rn 1; MünchKomm/SCHWAB Rn 1; PALANDT/GÖTZ Rn 1; SOERGEL/ZIMMERMANN Rn 1; STAUDINGER/ ENGLER[10/11] Rn 8). Demgemäß gehört die Vorschrift über die Bestellung eines Pflegers für ein Sammelvermögen sachlich nicht ins Familienrecht, sondern in den Allgemeinen Teil des BGB (GERNHUBER/COESTER-WALTJEN § 75 I 1 Fn 2: Pflegschaft für Sammelvermögen ist nicht eine Art vormundlicher auf die Familie bezogener Fürsorge; STAUDINGER/ENGLER[10/11] Rn 1 mwNw).

Mit der Bestellung eines Pflegers erhält das Sammelvermögen eine für die Verwaltungs- und die Verwendungsentscheidungen und -tätigkeiten zuständige Instanz, ohne dass es darauf ankommt, dass das Sammelvermögen eine eigene Rechtspersönlichkeit besitzt. Zur Rechtsnatur des Sammelvermögens vgl SOERGEL/ZIMMERMANN Rn 1 und STAUDINGER/ENGLER[10/11] Rn 1–3. **2**

Aufgabe des amtlich bestellten Pflegers ist es, das Sammelvermögen seiner Bestimmung entsprechend zu verwalten und zu verwenden, also die ursprünglich den Veranstaltern der Sammlung obliegenden Angelegenheiten wahrzunehmen (BGH WM 1972, 1315, 1317). Im Prozess hat der Sammelvermögenspfleger nach § 1914 BGB die Stellung einer Partei kraft Amtes (BGH WM 1972, 1315 = MDR 1973, 742 = LM Nr 1 zu § 1914). Er kann von dem Inhaber des Sammelvermögens die Übereignung und Herausgabe des Vermögens verlangen. Dieser ist verpflichtet, es dem Sammelpfleger zu bestimmungsgemäßer Verwaltung und Verwendung zu überlassen (BGH WM 1972, 1315, 1318). **3**

Unabhängig von der Frage des Eigentums am Sammelvermögen steht die Verfügungsgewalt darüber den Veranstaltern der Sammlung zu, die diese im Einklang mit dem Sammlungszweck und dem damit gleichlaufenden Willen der Spender auszuüben haben (BGH WM 1972, 1315 = MDR 1973, 742 = LM Nr 1 zu § 1914; BGH NJW 1957, 509 = LM [Strafs] SammlG Nr 2 mAnm BUSCH). **4**

2. Rechtstatsächliches

Pflegschaften für Sammelvermögen kommen in der Praxis kaum vor (MünchKomm/ SCHWAB Rn 4 m Hinweis auf LAUX JZ 1953, 214; FIRSCHING/RUHL Rn 454 beruft sich für die gleiche Feststellung auf MünchKomm/GOERKE Rn 7 u 8; FIRSCHING/DODEGGE nennt zusätzlich als Quelle DAMRAU/ZIMMERMANN Rn 6). Als Gründe dafür werden das Steuerrecht (LAUX JZ 1953, 214) und die Tatsache genannt, öffentliche Sammlungen seien unter polizeilichen Gesichtspunkten grundsätzlich genehmigungsbedürftig und aufgrund öffentlich-rechtlicher Vorschriften sei für notleidende Sammelvermögen in der Regel ausreichend vorgesorgt (MünchKomm/SCHWAB Rn 4). **5**

Zur steuerlichen Behandlung eines Sammelvermögens s LAUX JZ 1953, 214 sowie die steuerrechtliche Literatur; auch BFH BB 1976, 679 (LS) mAnm BORNHAUPT. **6**

Ein Bedürfnis für eine Regelung iSd § 1914 BGB wurde deswegen angenommen, weil polizeiliche Maßnahmen nicht immer in geeigneter Weise zum Ziele führen (ERMAN/ROTH Rn 1). **7**

3. Voraussetzungen der Pflegerbestellung im Einzelnen

a) Vermögen
Das Vermögen, für dessen Verwaltung und Verwendung durch Bestellung eines Pflegers Sorge getragen wird, kann aus Geld bestehen, aber auch aus Sachen, zB **8**

Kleidung, Lebensmitteln, Geräten, Arzneien, Ausrüstungsgegenständen (ERMAN/
ROTH Rn 2; SOERGEL/ZIMMERMANN Rn 4). Erfasst von der Möglichkeit der Pflegerbestellung nach dieser Vorschrift wird auch eine Geldsammlung für ein Bauwerk (ERMAN/
ROTH Rn 2; SOERGEL/ZIMMERMANN Rn 4 mit weiteren Beispielen).

b)   Vorübergehender Zweck
9 Vorübergehender Zweck ist in den zuletzt genannten Fällen das Ergebnis der
Sammlung, nicht der eigentliche Verwendungszweck (ERMAN/ROTH Rn 2; SOERGEL/ZIM
MERMANN Rn 4). Vorübergehendem Zweck dient eine öffentliche Sammlung für
Brandgeschädigte (vgl OLG Frankfurt NJW-RR 1987, 56). Sammlungen für die laufende
Unterstützung von Personen oder Vorhaben fallen nicht unter diese Voraussetzung
(allgM, MünchKomm/SCHWAB Rn 8).

c)   Charakter der Öffentlichkeit
10 Öffentlich ist eine Sammlung, wenn der Personenkreis, der dazu beigetragen hat
oder beitragen kann und soll, nicht beschränkt ist (ERMAN/ROTH Rn 2), wenn eine
unbeschränkte Anzahl von Personen die Möglichkeit einer Spende erhält (zB eine
Straßensammlung mit Büchsen; Haussammlung). Werbung für die Sammlung in der
Öffentlichkeit oder deren Abhaltung in der Öffentlichkeit ist für die Kennzeichnung
als öffentliche Sammlung nicht erforderlich; sie würde allein auch nicht ausreichen.
Eine vorherige öffentliche Ankündigung ist ebenfalls nicht Voraussetzung (SOERGEL/
ZIMMERMANN Rn 2).

d)   Zum Merkmal des Zusammengebrachten
11 Zusammengebracht ist ein Vermögen auch dann, wenn eine bindende Verpflichtung
zum Beitrag durch die interessierten Personen zustande gekommen ist (ERMAN/ROTH
Rn 2; SOERGEL/ZIMMERMANN Rn 5).

e)   Bedürfnis einer Pflegerbestellung
12 Ein Bedürfnis für eine Pflegerbestellung besteht regelmäßig dann, wenn die Voraussetzungen des § 1914 BGB festgestellt sind. Trotz dieser Feststellung kann eine
weitergehende Bedürfnisprüfung (entgegen der offenbar hM; s dazu MünchKomm/SCHWAB[3]
Rn 13; STAUDINGER/ENGLER[10/11] Rn 11) geboten sein, wenn unklar ist, ob in nächster Zeit
Handlungsbedarf für einen Pfleger, würde er bestellt werden, tatsächlich besteht. Ist
beispielsweise zu erkennen, dass alsbald handlungsfähige Personen gewählt oder
bestellt sind, die zu der Verwaltung und Verwendung des Sammelvermögens berufen
sind, oder stehen berufene Personen wieder zur Verfügung (kehrt der Verwalter
zurück oder widerruft er seine Weigerung oä), kann eine Pflegerbestellung entbehrlich sein.

13 Der Wegfall der berufenen Personen kann tatsächlicher (Wegzug, Tod) oder rechtlicher Art (Todeserklärung, Geschäftsunfähigkeit, Rücktritt, Entlassung) sein (ER
MAN/ROTH Rn 3; SOERGEL/ZIMMERMANN Rn 6). Bei Unfähigkeit oder pflichtwidrigem Verhalten der berufenen Personen soll § 1914 BGB unanwendbar sein (ERMAN/ROTH Rn 3;
SOERGEL/ZIMMERMANN Rn 6; STAUDINGER/ENGLER[10/11] Rn 7: Anwendung von § 1913; zust SOER
GEL/ZIMMERMANN Rn 6). ERMAN/HOLZHAUER Rn 3 empfahl die nach den Sammlungsgesetzen der Länder mögliche **Einsetzung eines öffentlichen Treuhänders** durch die
Erlaubnisbehörde. Dieser Treuhänder erhält das Verwaltungs- und Verfügungsrecht
über den Sammlungsertrag zum Zwecke seiner bestimmungsgemäßen Verwendung.

In Anbetracht der Rechtslage in den Ländern (s anschließend) kann der Empfehlung nicht durchgängig gefolgt werden.

Übersicht über die Sammlungsgesetze der Länder anhand der Gesetzesausgaben (die **14** meisten Länder scheinen ihr SammlG aufgehoben zu haben [zB Nds zum Jahresende 2006]); Baden-Württembergisches Sammlungsgesetz idF vom 9. 3. 1996 (GBl 342), geändert d G v 25. 1. 2012 (GBl 65); Rheinland-Pfälzisches Sammlungsgesetz vom 5. 3. 1970 (GVBl 93), geändert 27. 10. 2009 (GVBl 358); Saarland: Gesetz Nr 868 vom 3. 6. 1968 (ABl 506), geändert 21. 11. 2007 (ABl 2393), Thüringen: Sammlungsgesetz vom 8. 6. 1995 (GVBl 197); geändert 8. 7. 2009 (GVBl 592).

4. Wirkungskreis und Rechtsmacht des Pflegers

Die Rechtsmacht des Sammelvermögenspflegers bestimmt sich nach dem ihm vom **15** Betreuungsgericht übertragenen Wirkungskreis. Die gesetzliche Bestimmung des § 1914 BGB setzt dafür den äußeren Rahmen, innerhalb dessen sich die Bestimmung des Wirkungskreises halten muss (im Ergebnis ebenso MünchKomm/Schwab Rn 3). Die Aufgabenzuweisung kann lauten, den Sammlungsertrag seiner bestimmungsgemäßen Verwendung zuzuführen oder an die Spender zurückzuleiten (Erman/Roth Rn 4), die gezeichneten Beiträge einzuziehen (Soergel/Zimmermann Rn 7), die Herausgabe und sonstigen Ansprüche gegen die bisherigen Verwalter oder ihre Rechtsnachfolger zu verfolgen (BGH MDR 1973, 742 = WM 1972, 1315; Soergel/Zimmermann Rn 7; Staudinger/Engler[10/11] Rn 9). Der Pfleger ist nicht befugt, die Sammlung fortzusetzen (Erman/Roth Rn 4; Soergel/Zimmermann Rn 7; Staudinger/Engler[10/11] Rn 9); ein entsprechender Wirkungskreis wäre mit der Norm nicht vereinbar und deshalb unzulässig.

5. Zum Verfahren

Das Verfahren betreffend die Pflegschaft für gesammeltes Vermögen gehört zu den **16** betreuungsgerichtlichen Zuweisungssachen (§ 341 FamFG; Keidel/Budde § 341 FamFG Rn 2). Besondere Verfahrensvorschriften sind nicht vorgesehen (Keidel/Budde § 341 FamFG Rn 5).

Liegen die Voraussetzungen des § 1914 BGB vor, so ist **von Amts wegen** die Pflegschaft für ein Sammelvermögen anzuordnen und ein Pfleger zu bestellen (Soergel/Zimmermann Rn 9; MünchKomm/Schwab Rn 13). Ein darauf gerichteter Antrag ist weder vorgesehen noch erforderlich. Ein entsprechender Hinweis ist als Anregung zu werten und zu verfolgen (s auch Staudinger/Engler[10/11] Vorbem 24 zu § 1773 ff). Nach MünchKomm/Schwab (Rn 13) ist bei Vorliegen der Voraussetzungen ein Bedürfnis für die Anordnung ohne Weiteres zu bejahen. Nicht zu folgen ist Staudinger/Engler[10/11] (Rn 11), eine Prüfung der Bedürfnisfrage sei „nicht zulässig". Ob die Voraussetzungen vorliegen und damit ein Bedürfnis für die Anordnung einer Pflegschaft für ein Sammelvermögen besteht, hat das Gericht von Amts wegen zu ermitteln (§ 26 FamFG). Die Prüfung und Feststellung eines Bedürfnisses für eine Pflegerbestellung nach dieser Vorschrift über die gesetzlich normierten Voraussetzungen hinaus kann dann geboten sein, wenn ein momentaner Handlungsbedarf (Verwaltung oder Verwendung durch einen Pfleger) nicht ersichtlich ist.

Die örtliche Zuständigkeit des Gerichts richtet sich nach der für Betreuungssachen **17** getroffenen Regelung des § 272 FamFG (§ 341 FamFG). Verwaltungsort, wo das Bedürfnis der Fürsorge besteht, ist auch der Ort, wo das Sammelvermögen verwahrt wird. Während früher der Richter funktional zuständig war, entscheidet nunmehr nach Änderung des § 15 durch das BtG der Rechtspfleger.

18 Die entsprechende Anwendung der für die Vormundschaft geltenden Vorschriften (§ 1915 Abs 1 BGB) erstreckt sich auch auf die Pflegschaft für das Sammelvermögen. Eine Berufung zum Pfleger kommt jedoch nicht in Betracht.

6.   Beendigung der Pflegschaft

19 Die Pflegschaft für das Sammelvermögen kann, wenn die Pflegschaft nur zur Besorgung einer einzelnen Angelegenheit angeordnet worden war, kraft Gesetzes mit deren Erledigung enden (§ 1918 Abs 3 BGB). Voraussetzung dafür ist jedoch, dass dem Pfleger tatsächlich nur die Besorgung einer einzelnen Angelegenheit übertragen war (MünchKomm/SCHWAB Rn 12). Ob das in dem von STAUDINGER/ENGLER[10/11] (Rn 14 mwNw) angegebenen Beispiel (das gesamte Sammelvermögen ist seinem Zweck zugeführt) immer der Fall ist, erscheint fraglich. Dies wäre in allen Fällen nur der Grund der Zweckerreichung.

20 Die Pflegschaft endet ferner mit der Aufhebung durch das Betreuungsgericht. Das hat die Pflegschaft für das Sammelvermögen dann aufzuheben, wenn der Grund für die Anordnung der Pflegschaft weggefallen ist (§ 1919 BGB). Als Beispiel nennt STAUDINGER/ENGLER[10/11] (Rn 15 mwNw; ebenso MünchKomm/SCHWAB Rn 12), dass – zB infolge ordnungsgemäßer Wahl eines neuen Komitees – die zur Verwaltung und Verwendung des Vermögens erforderlichen Personen wieder vorhanden sind (ähnlich SOERGEL/ZIMMERMANN Rn 8). Ein Grund für die Aufhebung der Pflegschaft liegt auch darin, dass die zur Verwaltung berufenen Personen ihr Amt wieder übernehmen können (MünchKomm/SCHWAB Rn 12) und werden.

§ 1915
Anwendung des Vormundschaftsrechts

(1) Auf die Pflegschaft finden die für die Vormundschaft geltenden Vorschriften entsprechende Anwendung, soweit sich nicht aus dem Gesetz ein anderes ergibt. Abweichend von § 3 Abs 1 bis 3 des Vormünder- und Betreuervergütungsgesetzes bestimmt sich die Höhe einer nach § 1836 Abs 1 zu bewilligenden Vergütung nach den für die Führung der Pflegschaftsgeschäfte nutzbaren Fachkenntnissen des Pflegers sowie nach dem Umfang und der Schwierigkeit der Pflegschaftsgeschäfte, sofern der Pflegling nicht mittellos ist. An die Stelle des Familiengerichts tritt das Betreuungsgericht; dies gilt nicht bei der Pflegschaft für Minderjährige oder für eine Leibesfrucht.

(2) Die Bestellung eines Gegenvormunds ist nicht erforderlich.

(3) § 1793 Abs 2 findet auf die Pflegschaft für Volljährige keine Anwendung.

Materialien: E I § 1743, II §§ 1791, 1794; III § 1891; Mot IV 1266, 1269; Prot IV 857; Abs 3 angefügt d Art 1 Nr 4 MHbeG; BT-Drucks 13/5624 (Entwurf); BT-Drucks 13/10831 (Beschlussempfehlung u Bericht RA); BGBl I 2487; Staudinger/BGB-Synopse 1896–2005 § 1915. Abs 1 S 2 angefügt d Art 1 Nr 18 2. BtÄndG; BT-Drucks 15/4874 u BR-Drucks 121/05 (Beschluss); BGBl I 1073. Abs 1 S 3 angefügt d Art 50 Nr 51 FGG-RG (BT-Drucks 16/6308, 143; BGBl I 2008, 2586.

Schrifttum

S die Rechtsprechungsberichte zur Vergütung usw von Zimmermann bei den Schrifttumsangaben in den Vorbem zu §§ 1896 ff.

Systematische Übersicht

Alphabetische Übersicht

Werner Bienwald

I.   Zum Verhältnis von Vormundschaft und Pflegschaft

1 Nicht das Rechtsinstitut der Pflegschaft zwingt zu einem Vergleich mit der Vormundschaft und zu einer Abgrenzung zu ihr. Es ist die Regelung des § 1915 Abs 1 S 1 BGB, die vorsieht, dass auf die Pflegschaft die für die Vormundschaft geltenden Vorschriften grundsätzlich entsprechende Anwendung finden sollen, wodurch der Eindruck entsteht, als handele es sich bei der Pflegschaft im Grunde um nichts wesentlich anderes als bei der Vormundschaft. Gegen diese Annahme spricht die Vielfalt von unterschiedlichen Sachverhalten, für die der Ausdruck Pflegschaft verwendet wird. In dieser Weise ist auch nicht die Aussage in Mot IV 1044, 1266 zu verstehen, dass die Pflegschaft „ihrem Wesen nach nicht minder Vormundschaft, wie die Vormundschaft im technischen Sinne" sei. Nicht gesagt ist damit, dass alle im Familienrecht geregelten Pflegschaftsfälle familienrechtlichen Bezug haben. Es geht um das Regelungsmodell der Vormundschaft, um den ihr innewohnenden Mechanismus, wonach sich das Funktionieren auch der Pflegschaft richtet.

Beide, Vormundschaft wie Pflegschaft, enthalten die Zuweisung einer **Handlungs-** 2
bzw Entscheidungszuständigkeit (und -verantwortung) für den Fall, dass der Betroffene selbst aus tatsächlichen oder rechtlichen Gründen nicht (allein) handeln kann und bisher niemand entscheidungszuständig ist. Die Betätigung des Vormunds oder Pflegers soll in erster Linie demjenigen zugutekommen, für den der Betreffende eingesetzt und zu handeln verpflichtet ist (MünchKomm/Schwab § 1915 Rn 1 spricht von struktureller Ähnlichkeit). Im Regelfall ist der Auftrag des Pflegers zu begrenzen und, selbst wenn er dem Umfang nach einer Vormundschaft entsprechen konnte (wie früher im Falle der Gebrechlichkeitspflegschaft nach § 1910 Abs 1 BGB aF oder nach § 1909 Abs 3 BGB), gerichtlich zu bestimmen, sofern sich der begrenzte Auftrag nicht unmittelbar aus dem Gesetz ergibt (zB in den Verfahrensordnungen). Auch die Titelüberschrift, die von „Pflegschaft" im Singular spricht, bestätigt, dass es dem Gesetzgeber um ein bestimmtes Regelungssystem, ein Programm, ging, nach dem bestimmte Sachverhalte erledigt werden sollen.

Immer dann, wenn das Gesetz im Rahmen des Familienrechts oder an anderen 3
Stellen von „Vormund" und „Vormundschaft" spricht, sind darunter grundsätzlich auch der „Pfleger" und die „Pflegschaft" zu verstehen (Staudinger/Engler[10/11] Rn 1). Nicht ohne Weiteres kann dies auch für diejenigen Fälle angenommen werden, die außerhalb des BGB geregelt sind. Mit der Vorgabe einer bestimmten Bezeichnung und einer Grundstruktur sind nicht alle Einzelheiten und Besonderheiten der jeweiligen Art einer Pflegschaft geregelt. Es muss dann ermittelt werden, ob die Gleichstellung von Vormundschaft und Pflegschaft auch für andere Gesetze als das BGB gelten kann (Staudinger/Engler[10/11] Rn 2). „Nach der Systematik des FamFG ist für die Pflegschaft für einen Minderjährigen oder eine Leibesfrucht das Familiengericht, für die weiteren Pflegschaften – mit Ausnahme der Nachlasspflegschaft (§§ 1960 ff BGB) und der verfahrensrechtlichen Pflegschaft für anwesende Beteiligte (§ 364 FamFG) – das Betreuungsgericht zuständig. Die Zuständigkeit des Nachlassgerichts für die Nachlasspflegschaft ergibt sich auch weiterhin aus § 1962 BGB. Die Verteilung der weiteren Pflegschaften auf Familien- und Betreuungsgericht folgt aus der Abschaffung des Vormundschaftsgerichts. Es handelt sich insoweit um betreuungsgerichtliche Zuweisungssachen (§ 340 FamFG)" (BT-Drucks 16/6308, 347).

Auf den **Verfahrenspfleger** der §§ 158, 276, 317 FamFG sind die Vorschriften des 4
BGB grundsätzlich **nicht anzuwenden** (zum damaligen Recht aA Pohl BtPrax 1992, 19, 20).

Abweichungen von dem Grundsatz des Abs 1 sind, soweit sie sich aus dem Gesetz 5
unmittelbar ergeben, zu beachten. Das trifft auch dann zu, wenn sich aus dem Wortlaut der Vorschrift die Unanwendbarkeit auf die Pflegschaft nicht unmittelbar, sondern nur „aus dem Sinn oder aus dem Charakter der in Frage stehenden Art der Pflegschaft" ergibt (Staudinger/Engler[10/11] Rn 3).

II. Der Grundsatz der Verweisung

1. Akzessorietät des Pflegschaftsrechts und deren Folgen

Infolge der Verweisung auf die für die Vormundschaft geltenden Vorschriften nimmt 6

Werner Bienwald

die Pflegschaft teil an den Veränderungen, die das Vormundschaftsrecht und das für seine Regelungen maßgebende Recht der elterlichen Sorge genommen hat, soweit sich dies im Einzelfall auswirkt. Nach dem Wegfall der Vormundschaft für Volljährige kommt eine Bezugnahme auf diese Vorschriften nicht mehr in Betracht. Wegen der in vieler Hinsicht bestehenden Andersartigkeit können die Regelungen der Betreuung grundsätzlich nicht herangezogen werden. So wird beispielsweise der Kreis der genehmigungsbedürftigen Rechtsgeschäfte für Pfleger und Vormund nicht durch eine Zunahme dieser Angelegenheiten im Betreuungsrecht (insbesondere § 1907 BGB) vermehrt. Eine „Rückverweisung" findet nicht statt. Ebensowenig wird durch den Wegfall der – noch in § 1899 Abs 2 S 2 DiskE I vorgesehenen – Zwangsgeldverhängung im Betreuungsrecht (§ 1898 BGB) die im Vormundschaftsrecht bestehen gebliebene Regelung des § 1788 BGB berührt.

2.   Änderungen des Vormundschaftsrechts

7 In der Vorauflage (2006) waren an dieser Stelle auch Änderungen des Kindschaftsrechts mitgeteilt worden. Der Berichtszeitraum reichte von der Einführung des Betreuungsrechts bis zu den durch das 2. BtÄndG eingetretenen Änderungen. Auf diese Darstellung wird Bezug genommen.

Die meisten Änderungen sind in jüngster Zeit durch das FGG-Reformgesetz v 17. 12. 2008 (BGBl I 2586) eingetreten (Art 50 Nr 35 bis Nr 46). Die häufigsten Änderungen ergaben sich durch die Abschaffung des Vormundschaftsgerichts und die Zuständigkeit der Familiengerichte für Familiensachen, insbesondere Kindschaftssachen, zu denen Verfahren rechnen, die die Vormundschaft und die Pflegschaft oder die gerichtliche Bestellung eines sonstigen Vertreters für einen Minderjährigen oder für eine Leibesfrucht betreffen (§ 151 Nr 4 u 5 FamFG).

Inhaltliche Änderungen des materiellen Rechts wurden in folgenden Fällen vorgenommen:

– In § 1791a Abs 2 BGB und in § 1791b Abs 2 BGB wurden jeweils die Wörter „schriftliche Verfügung des Vormundschaftsgerichts" durch die Wörter „Beschluss des Familiengerichts" ersetzt (Art 50 Nr 35a) u Nr 36 FamFG).

– In § 1829 Abs 2 BGB wurde die Angabe „zwei" durch die Angabe „vier" ersetzt (Art 50 Nr 38b FGG-RG), sodass die Vorschrift lautet:

   „(2) Fordert der andere Teil den Vormund zur Mitteilung darüber auf, ob die Genehmigung erteilt sei, so kann die Mitteilung der Genehmigung nur bis zum Ablauf von vier Wochen nach dem Empfang der Aufforderung erfolgen; erfolgt sie nicht, so gilt die Genehmigung als verweigert."

– In § 1831 S 2 BGB (Die Vorschrift betrifft ein einseitiges Rechtsgeschäft und den Nachweis von dessen Genehmigung) letzter Halbsatz wurden nach dem Wort „nicht" die Wörter „in schriftlicher Form" gestrichen (Art 50 Nr 40b FGG-RG).

– In § 1832 BGB (Genehmigung des Rechtsgeschäfts durch den Gegenvormund) wurde der Punkt am Ende durch ein Semikolon ersetzt und die Wörter „abweichend von § 1829 Abs 2 BGB beträgt die Frist für die Mitteilung der Genehmigung des Gegenvormunds zwei Wochen" angefügt (Art 50 Nr 41 FGG-RG).

– § 1847 BGB wurde wie folgt gefasst:

> „1847
> Anhörung der Angehörigen
> Das Familiengericht soll in wichtigen Angelegenheiten Verwandte oder Verschwägerte des Mündels hören, wenn dies ohne erhebliche Verzögerung und ohne unverhältnismäßige Kosten geschehen kann. § 1779 Abs 3 Satz 2 gilt entsprechend" (Art 50 Nr 43 FGG-RG).

– In § 1893 Abs 2 S 2 BGB wurden die Wörter „die schriftliche Verfügung des Vormundschaftsgerichts" durch die Wörter „der Beschluss des Familiengerichts" ersetzt (Art 50 Nr 45b FGG-RG). Die Bestellung des rechtsfähigen Vereins und des Jugendamts werden jeweils durch Beschluss des Familiengerichts vorgenommen (§§ 1791a Abs 2, 1791b Abs, 2 BGB). Daraus folgt nach § 1893 Abs 2 S 2 BGB die Verpflichtung, nach Beendigung des Amtes den Beschluss des Familiengerichts zurückzugeben.

– Durch das Gesetz zur Änderung des Vormundschafts- und Betreuungsrechts vom 29. 6. 2011 (BGBl 2011 I 1306) wurden in den auch für die Pflegschaft bedeutsamen §§ 1793, 1800, 1837 und 1840 BGB die folgenden Änderungen vorgenommen:

Nach § 1793 Abs 1 BGB wurde der folgende Abs 1a eingefügt:

„(1a) Der Vormund hat mit dem Mündel persönlichen Kontakt zu halten. Er soll den Mündel in der Regel einmal im Monat in dessen üblicher Umgebung aufsuchen, es sei denn, im Einzelfall sind kürzere oder längere Besuchsabstände oder ein anderer Ort geboten." Dem § 1800 wurde der folgende Satz angefügt: „Der Vormund hat die Pflege und Erziehung des Mündels persönlich zu fördern und zu gewährleisten." Nach § 1837 Abs 2 S 1 BGB wurde der folgende Satz eingefügt: „Er hat insbesondere die Einhaltung der erforderlichen persönlichen Kontakte des Vormunds zu dem Mündel zu beaufsichtigen." § 1840 Abs 1 BGB wurde der Satz angefügt: „Der Bericht hat auch Angaben zu den persönlichen Kontakten des Vormunds zu dem Mündel zu enthalten." Die Änderungen des SGB VIII (§ 55) sind unter Rn 18 mitgeteilt.

3. Bisherige Besonderheiten für das Beitrittsgebiet (frühere DDR)

Zu Besonderheiten in Bezug auf die Anwendbarkeit der Vorschriften des BGB in **8** dem sog Beitrittsgebiet s die Art 230 ff EGBGB. Nach Art 234 § 15 Abs 1 EGBGB wurden am Tag des Wirksamwerdens des Beitritts die bestehenden Pflegschaften zu Pflegschaften nach dem BGB mit dem bisher festgelegten Wirkungskreis. Bisherige Bestellungen von Pflegern blieben wirksam. Näheres bei STAUDINGER/BIENWALD (2006) an dieser Stelle.

III. Die Anwendung des Vormundschaftsrechts (Abs 1)

1. Allgemeine Grundsätze

9   Die das Vormundschaftsrecht beherrschenden allgemeinen Grundsätze finden auch auf die Pflegschaft (des BGB) Anwendung (Staudinger/Engler[10/11] Rn 5; Mot IV 1066).

a) Bestellungsgrundsatz

10   Sind die Voraussetzungen einer Pflegschaft zur Gewissheit des Gerichts gegeben, ordnet es die Pflegschaft an und bestimmt den Wirkungskreis des Pflegers. Je nach Art der Pflegschaft ist das Familiengericht oder das Nachlassgericht (§§ 1960, 1961, 1975 BGB) zuständig. Für eine Pflegschaft nach § 96 GBO ist das Grundbuchamt zuständig; die in § 32 Abs 5 DepotG vorgesehene Pflegschaft ordnet das Insolvenzgericht an. Sofern nicht ausdrücklich eine Antragstellung vorausgesetzt wird, entscheidet das Gericht von Amts wegen. Das hat zur Folge, dass ein als Anregung zu gerichtlichem Handeln zu wertender „Antrag" im Fall seiner „Rücknahme" nicht dazu führt, dass das Gericht automatisch seine Tätigkeit beendet. Nach Abschaffung der gesetzlichen Amtspflegschaft durch das Beistandschaftsgesetz tritt eine Pflegschaft nicht mehr unmittelbar kraft Gesetzes ein. Zur Frage, welche Bedeutung dem Umstand zukommt, dass eine Pflegschaft angeordnet worden ist, deren gesetzliche Voraussetzungen nicht vorgelegen haben, s Staudinger/Veit (2014) § 1774 Rn 32 ff.

11   Für das Prozessgericht ist die Pflegschaftsanordnung bindend. Dieses Gericht ist nicht befugt, über die Rechtmäßigkeit der Pflegschaftsanordnung und Art und Umfang des Wirkungskreises des Pflegers Entscheidungen zu treffen. Stellt sich in einem Rechtsstreit heraus, dass eine Pflegerbestellung aufzuheben ist, hat das Gericht die Verhandlung auszusetzen und den Parteien Gelegenheit zu geben, die Pflegerbestellung durch das Familiengericht (damals Vormundschaftsgericht) zurücknehmen zu lassen (BGHZ 41, 303 [LS 3] = FamRZ 1964, 426 = NJW 1964, 1855).

b) Bestellung nur eines Pflegers im Regelfall

12   Das Gericht bestellt, sofern nicht besondere Gründe für die Bestellung mehrerer Pfleger vorliegen, für den Pflegebefohlenen oder die pflegebedürftige Angelegenheit nur einen Pfleger (§§ 1775, 1915 Abs 1 BGB). Zur Verdeutlichung des personalen Bezugs und zur Annäherung der Vormundschaft an das Eltern-Kind-Verhältnis führte Art 1 Nr 3 des ersten BtÄndG die Möglichkeit ein, ein Ehepaar gemeinschaftlich zu Vormündern zu bestellen (Neufassung des § 1775 BGB). Im Übrigen ist es bei dem Regelfall der Bestellung eines Vormunds geblieben. Nach AG München (FamRZ 2016, 2017) kann gemäß § 1775 Abs 1 analog eine Mitvormundschaft/Pflegschaft nicht nur Ehegatten, sondern auch zwei Lebenspartnerinnen (als gemeinsamen Pflegeeltern) übertragen werden. In Fällen der Pflegerbestellung für einen Minderjährigen dürften auch Art und Umfang des Wirkungskreises für diese Entscheidung von Bedeutung sein. Ist für mehrere Geschwister eine Pflegschaft nötig, reicht die Bestellung eines Pflegers aus, wenn nicht Gründe des § 1795 BGB oder des § 181 BGB dagegen sprechen. Im Allgemeinen ist das dann der Fall, wenn ein hinterbliebener Elternteil mit den gemeinsamen erbberechtigten Kindern einen Erbauseinandersetzungsvertrag schließen will (BGHZ 21, 229, 232 ff).

Schließen mehrere Mündel desselben Vormunds miteinander ein Rechtsgeschäft ab, **13** so muss für jeden anderen Mündel ein Pfleger bestellt werden, weil der Vormund nach § 1795 BGB nur einen Mündel vertreten darf (STAUDINGER/ENGLER[10/11] Rn 6). Tritt ein Mündel als Vertragsteil den sämtlichen übrigen Mündeln als dem anderen Vertragsteil gegenüber, so genügt die Bestellung eines Pflegers für den erstgenannten Mündel, während die übrigen Mündel von ihrem Vormund vertreten werden können (BayObLGZ 1958, 373 = FamRZ 1959, 125 = NJW 1959, 989). Zur Bestellung eines Unterpflegers und der Anordnung der Unterpflegschaft wegen Interessengegensätzen zwischen Pfleger und Pflegebefohlenem s Vorbem 54 zu §§ 1909 ff. Die Bestellung eines neuen Pflegers als Vorsorgemaßnahme vor der Entlassung des alten Pflegers ist unzulässig (MünchKomm/SCHWAB [5. Aufl] Rn 9 mwNw). Unzulässig ist auch die Bestellung eines Mitpflegers zur Überwachung des Pflegers (LG Berlin I Rpfleger 1970, 91). Mitpflegschaft bleibt nach §§ 1915 Abs 1, 1775 BGB eine Ausnahme und kommt nur in Betracht, wenn besondere Gründe die ständige Mitwirkung eines weiteren Pflegers erforderlich machen (LG Berlin I Rpfleger 1970, 91).

c) Grundsatz der selbständigen Pflegschaftsführung

Der Pfleger übt ein Amt auf privatrechtlicher Grundlage aus (BGHZ 17, 115; OLG **14** Oldenburg FamRZ 1999, 813). Wie der Vormund die Vormundschaft, so führt auch der Pfleger die Pflegschaft selbständig. Diese besondere Selbstständigkeit prägt sein Amt (BGHZ 17, 115; OLG Oldenburg FamRZ 1999, 813). Nur in Ausnahmefällen besteht eine Befugnis des Gerichts, Weisungen zu erteilen (§ 1837 Abs 2 BGB). Das Gericht darf nicht sein Ermessen an die Stelle des Ermessens des Pflegers setzen. Der Pfleger hat ein Recht darauf, dass das Gericht ihn selbständig arbeiten lässt und nicht in die Führung der Pflegschaft eingreift, ebenso wie das Gericht vom Pfleger erwarten darf, dass er das Gericht nicht unnötig mit der Inanspruchnahme von Beratung beschäftigt. Der Anspruch auf Beratung durch das Gericht darf nicht dazu führen, dass das Gericht die Pflegschaft führt und der Pfleger nur noch die Ratschläge des Gerichts ausführt. Zum bisherigen Recht hatte das RG entschieden, die Unterstützung durch das Gericht dürfe in ihrer Art nicht darauf hinauslaufen, dass mittelbar die staatshoheitliche Gewalt dem Vormund zur Handhabe für eine bürgerliche Geschäftätigkeit dient (RG JW 1911, 781 Nr 51). Zur Beratungs- und Unterstützungspflicht des Gerichts nach bisherigem Recht BIENWALD ZVS 1988, 1, 3. Die Beratung der Pfleger und Vormünder gem § 1837 Abs 1 BGB war in jüngerer Zeit und ist nach Einführung des sogen großen Familiengerichts dessen Aufgabe.

Der Pfleger hat die Pflegschaft nach den für die **Führung der Vormundschaft** gelten- **15** den Vorschriften zu führen, soweit sich nicht aus dem Gesetz ein anderes ergibt. Obgleich der Umfang der vom Pfleger wahrzunehmenden Angelegenheiten fast immer vom Gericht vorgegeben wird, bestimmt das Gesetz die Art und Weise der Führung der Pflegschaft; insbesondere ordnet es an, welche (Rechts-)Geschäfte des Pflegers der **gerichtlichen Genehmigung** bedürfen. Die Vorschriften über die Anlage und die Sperrung angelegten Geldes sowie die §§ 1810–1834 BGB sind dem Grunde nach anwendbar, sofern der Wirkungskreis des Pflegers sich auf die davon betroffenen Angelegenheiten erstreckt (speziell zu §§ 1821, 1828, 1829 BGB s BayObLG FamRZ 1989, 1113; s auch FIALA/MÜLLER/BRAUN, Genehmigungen bei Vormundschaft über Minderjährige, Betreuung und Nachlasspflegschaft, Rpfleger 2002, 389). Handelt der Pfleger als Ergänzungspfleger anstelle von Eltern eines Minderjährigen, kommen ihm die für die Eltern geltenden **Privilegierungen des § 1643 BGB nicht** zugute (MünchKomm/

SCHWAB Rn 19; SOERGEL/ZIMMERMANN Rn 6; aA LG Karlsruhe BWNotZ 1973, 64). Im Falle eines **Streites** zwischen dem Pfleger und dem Vormund oder den Eltern um die Grenzen der jeweiligen Befugnisse, zB die Höhe des Unterhalts zwischen Vermögenspfleger und Mutter, entscheidet das Gericht (Richter) gemäß den Rechtsgedanken aus §§ 1630 Abs 2, 1798 BGB (BayObLGZ 1975, 29 = Rpfleger 1975, 129; SOERGEL/ZIMMERMANN Rn 6).

2. Auswahl des Pflegers

16 Für die Auswahl des Pflegers finden eingeschränkt die Vorschriften entsprechende Anwendung, die für die Auswahl des Vormunds gelten (BayObLGZ 1964, 277 = FamRZ 1965, 99 = MDR 1965, 138 = NJW 1964, 2306). Soweit nach bisherigem Recht für die Auswahl und Bestellung des Pflegers Vorschriften des Volljährigenvormundschaftsrechts maßgebend sein konnten, ist diese Orientierung durch das Inkrafttreten des BtG entfallen. Das betrifft insbesondere die Pflegschaft nach § 1911 BGB für abwesende Volljährige, aber auch für die nach § 1913 BGB (unbekannte Beteiligte) und die für ein Sammelvermögen (§ 1914 BGB). Für die Auswahl des Pflegers sind als Spezialvorschriften unmittelbar maßgebend die §§ 1916 und 1917 BGB. Soweit nicht durch diese Vorschriften ausgeschlossen, sind die §§ 1776–1784, §§ 1791a, 1791b und § 1792 BGB entsprechend anzuwenden. Die Einzelvormundschaft (hier: der Pflegeeltern) hat Vorrang gegenüber dem Jugendamt (OLG Stuttgart FamRZ 2013, 1318); die nicht berufsmäßig ausgeübte Einzelvormundschaft/-Pflegschaft gegenüber Jugendamt oder einem Verein (OLG Rostock FamRZ 2017, 218). Der Grundsatz der Subsidiarität der Amtspflegschaft gegenüber der Einzelpflegschaft gilt nach den §§ 1791a Abs 1 S 2 BGB und 1791b Abs 1 S 1 BGB nicht im Verhältnis zu Einzelpersonen, die Pflegschaften im Rahmen ihrer Berufsausübung führen. Zwischen Vereins- und bestellter Amtsvormundschaft(-Pflegschaft) besteht kein (Vor-)Rangverhältnis (OLG Celle FamRZ 2011, 1603). Die Bestellung des Jugendamtes als Pfleger setzt voraus, dass keine als Einzelpfleger geeignete Person vorhanden ist (OLG Naumburg FamRZ 2005, 1861 [LS]). Die Bestellung des Jugendamts in Fällen außerhalb seines Verantwortungsbereichs (§ 1 SGB VIII) kommt nicht in Betracht (DIV-Gutachten DAVorm 1993, 473 ff, 936). Zur Möglichkeit, aus sachlichen Gründen ein anderes als das örtlich zuständige Jugendamt zu bestellen (hier: zum Vormund), OLG Hamm NJWE-FER 1998, 107 (dazu auch OLG Frankfurt FamRZ 2011, 1671).

17 Ist das Jugendamt zum Pfleger bestellt worden, überträgt es die Ausübung der Aufgaben des Amtspflegers einzelnen seiner Beamten oder Angestellten. In dem durch die Übertragung umschriebenen Rahmen ist der Beamte oder Angestellte gesetzlicher Vertreter des Kindes oder des Jugendlichen (§ 55 Abs 2 S 1 u 3 SGB VIII). Die Übertragung gehört zu den Angelegenheiten der laufenden Verwaltung. Im Rahmen seiner Organisationsbefugnis kann das Jugendamt die übertragenen Aufgaben auf verschiedene Mitarbeiter aufteilen. Ob sich eine solche Teilung (zB in pädagogische und rechtliche Angelegenheiten) empfiehlt, ist eine andere Frage. Zum „Sorgerechtssplitting" beim Führen einer Vormundschaft oder Pflegschaft s auch DIJuF-Rechtsgutachten JAmt 2002, 302 sowie JAmt 2002, 73 (s auch DIJuF-Rechtsgutachten JAmt 2002, 510).

18 Durch Art 2 Nr 1 des Gesetzes zur Änderung des Vormundschafts- und Betreuungsrechts v 29. 6. 2011 (BGBl I 1306) wurden § 55 Abs 2 SGB VIII nach S 1 folgende Sätze (mit Wirkung v 5. 7. 2012) eingefügt:

„Vor der Übertragung der Aufgaben des Amtspflegers oder des Amtsvormunds soll das Jugendamt das Kind oder den Jugendlichen zur Auswahl des Beamten oder Angestellten mündlich anhören, soweit dies nach Alter und Entwicklungsstand des Kindes oder Jugendlichen möglich ist. Eine ausnahmsweise vor der Übertragung unterbliebene Anhörung ist unverzüglich nachzuholen. Ein vollzeitbeschäftigter Beamter oder Angestellter, der nur mit der Führung von Vormundschaften oder Pflegschaften betraut ist, soll höchstens 50 und bei gleichzeitiger Wahrnehmung anderer Aufgagen entsprechend weniger Vormundschaften oder Pflegschaften führen."

Nach Art 2 Nr 2 des Gesetzes wurde der Vorschrift der folgende Abs 3 angefügt:

„(3) Die Übertragung gehört zu den Angelegenheiten der laufenden Verwaltung. In dem durch die Übertragung umschriebenen Rahmen ist der Beamte oder Angestellte gesetzlicher Vertreter des Kindes oder Jugendlichen, Amtspfleger und Amtsvormund haben den persönlichen Kontakt zu diesen zu halten sowie dessen Pflege und Erziehung nach Maßgabe des § 1793 Abs 1a und § 1800 des Bürgerlichen Gesetzbuchs persönlich zu fördern und zu gewährleisten."

Besteht nach Beendigung einer Amtspflegschaft oder Beistandschaft und Aufent- **19** haltswechsel des Kindes weiterhin Bedarf für die Anordnung einer Ergänzungspflegschaft (hier: zwecks Fortsetzung eines unterbrochenen Unterhaltsbetragsverfahrens), kann es aus Gründen des Kindeswohls gerechtfertigt sein, abweichend von § 87c Abs 3 S 1 SGB VIII das bisher mit der Sache befasste Jugendamt als Pfleger zu bestellen (OLG Zweibrücken FamRZ 2002, 1064 = Rpfleger 2002, 25 = FGPrax 2001, 241). Zur Bestellung von Interessenten für Berufsbetreuungen als Vormünder (Pfleger) für minderjährige Personen zur vergütungsrechtlichen Auslastung der Berufsbetreuer DIJuF-Rechtsgutachten JAmt (DAVorm) 2001, 336.

Das Vormundschaftsrecht enthält in § 1779 BGB nicht mehr einen Vorrang in der **20** Bestellung von Verwandten des Mündels. Dessen Abs 2 S 2 sieht aber vor, dass bei der Auswahl unter mehreren geeigneten Personen der mutmaßliche Wille der Eltern, die Verwandtschaft oder Schwägerschaft mit dem Mündel sowie das religiöse Bekenntnis des Mündels zu berücksichtigen sind. Bezüglich der Schwägerschaft beachte § 11 Abs 2 LPartG. Zur grundsätzlichen Beachtlichkeit von Vorschlägen, die von Familienangehörigen, insbesondere Eltern, gemacht werden, s BVerfGE 33, 236, 239 = FamRZ 1972, 445 = Rpfleger 1972, 358 sowie LG München I DNotZ 1976, 423 (Näheres bei STAUDINGER/VEIT [2014] § 1779 Rn 65 ff, insbesondere Rn 44). § 1916 BGB schließt für die nach § 1909 BGB anzuordnende Pflegschaft die Berufung eines Pflegers nach den §§ 1776 ff BGB aus. Stattdessen enthält § 1917 BGB die Möglichkeit einer Berufung durch letztwillige Verfügung oder bei der Zuwendung, wenn die Anordnung einer Pflegschaft nach § 1909 Abs 1 S 2 BGB zur Verwaltung des Vermögens, das der Pflegebefohlene von Todes wegen erworben hat oder das ihm unter Lebenden unentgeltlich zugewendet wurde, erforderlich ist.

Für die Pflegschaft besteht, ebenso wie für die Vormundschaft, der grundsätzliche **21**

Vorrang der ehrenamtlichen Einzelpflegschaft vor der Vereins- und der Amtspflegschaft (§§ 1791a Abs 1 S 2, 1791b Abs 1 S 1 BGB; für den Vorrang der Vereins- und
Einzelpflegschaft vor der Amtspflegschaft OLG Frankfurt FamRZ 1980, 284 = OLGZ 1980, 129;
s auch OLG Frankfurt ZBlJugR 1971, 182 [für den Vormund LG Hildesheim JAmt 2003, 47]; OLG
Schleswig JAmt 2003, 47 [entsprechende Prüfungspflicht des Gerichts]). Rechtliche Bedenken
gegen die Führung von Ergänzungspflegschaften in der Leistungsabteilung des Jugendamts (ASD) sowie zu Vor- u Nachteilen von Mischarbeitsplätzen als Vormund
und Beistand im Jugendamt Rechtsgutachten des DIJuF JAmt 2002, 510. Anders als
im Betreuungsrecht ist die persönliche Bestellung eines Vereins- oder Behördenmitarbeiters („Vereinspfleger"; „Behördenpfleger") nicht vorgesehen. Der BGH hat
m Beschluss v 25. 5. 2011 (FamRZ 2011, 1394 mAnm BIENWALD und FRÖSCHLE) entschieden, dass bei Bestellung eines Mitarbeiters eines Vereins analog § 1897 Abs 2 S 1
BGB der Verein einen Vergütungsanspruch entsprechend § 7 VBVG hat. Eine
entgeltliche Führung der (Einzel-)Pflegschaft setzt voraus, dass das Gericht bei
der Bestellung des Pflegers feststellt, der Pfleger führe die Pflegschaft **berufsmäßig**.
Diese Feststellung hat das Gericht dann zu treffen, wenn dem Pfleger in einem
solchen Umfang Vormundschaften, Pflegschaften oder Betreuungen (also grundsätzlich unentgeltlich zu führende Ämter, § 1836 Abs 1 S 1 BGB) übertragen sind,
dass er sie nur im Rahmen seiner Berufsausübung führen kann, oder wenn zu
erwarten ist, dass sie ihm in absehbarer Zeit übertragen sein werden (§ 1836 Abs 1
S 2 u 3 BGB, § 1 VBVG).

22 Der Gedanke der kostengünstigen Führung der Ergänzungspflegschaft ist grundsätzlich für die Auswahl des Pflegers beachtlich; er hat jedoch zurückzutreten, wenn
vorrangige Gesichtspunkte wie die Neutralität des Pflegers (hier: Rechtsanwalt) und
die gründliche Prüfung des beabsichtigten Rechtsgeschäfts in Frage stehen (OLG
Schleswig JAmt 2002, 367 = NJW-RR 2002, 1587). Auch wenn eine geeignete Einzelperson
als Ergänzungspfleger in Betracht käme, ist die Bestellung des Jugendamts für das
Kind im Vaterschaftsanfechtungsverfahren jedenfalls in Fällen, die keine besondere
Schwierigkeit aufweisen, sachgerecht und zulässig (OLG Stuttgart FamRZ 2002, 1065 =
JAmt 2002, 129). Zur Beiordnung eines als Ergänzungspfleger bestellten Rechtsan-
walts im Rahmen der bewilligten Prozesskostenhilfe für die Verteidigung gegen die
Vaterschaftsanfechtungsklage OLG Köln FamRZ 2003, 1397. Das Jugendamt kann
in einer verhältnismäßig einfachen Erbausschlagungsangelegenheit trotz dessen
knapper Ressourcen und des prinzipiellen Vorrangs anderer Pfleger bestellt werden
(KG FamRZ 2010, 1998).

23 Im Falle der Ergänzungspflegschaft steht den Eltern kein Berufungsrecht zu (§ 1916
BGB), wenn sie mit dem Kind unter unentgeltlicher Zuwendung eines Kommandit-
anteils einen Vertrag über die Gründung einer Kommanditgesellschaft abschließen
wollen (LG Köln Rpfleger 1971, 354).

3. Amtsführung

24 Für die Führung der Pflegschaft sind die für die Vormundschaft geltenden Vorschriften (§§ 1793–1834 BGB) entsprechend anzuwenden; jedenfalls gilt dies dem Grundsatz nach. Maßgebend ist im Einzelfall die Art der Pflegschaft sowie der dem Pfleger
übertragene Wirkungskreis. In erster Linie kommen die Vorschriften über die Aufstellung des Vermögensverzeichnisses (§ 1802 BGB), die Vermögensverwaltung bei

Erbschaft und Schenkung (§ 1803 BGB) sowie die Bestimmungen über die Anlegung von Mündelgeld und die gerichtlich zu genehmigenden Geschäfte (insbesondere §§ 1821 ff BGB) in Betracht. In welchen Fällen ein Pfleger die Genehmigung des Familiengerichts einzuholen hat, bestimmt sich auch dann nach Vormundschaftsrecht, wenn der Pfleger anstelle der Eltern oder eines Elternteils tätig wird und diese die Genehmigung nicht benötigen würden (SOERGEL/ZIMMERMANN Rn 6). Wird der Antrag des Ergänzungspflegers auf familiengerichtliche Genehmigung (eines Darlehensvertrags) mangels Genehmigungsbedürftigkeit des Rechtsgeschäfts zurückgewiesen, ist der Pfleger beschwerdebefugt gemäß § 58 FamFG, da das Versagen der Genehmigung in seine Rechte eingreift (OLG Köln FamRZ 2000, 42 mwNw). Das Verbot der Verwendung von Mündelgeld für eigene Zwecke (§ 1805 BGB) und die Verzinsungspflicht bei solcher Verwendung (§ 1834 BGB) gelten für alle Pfleger, die Geldmittel des Pflegebefohlenen verwalten; ebenso das grundsätzliche Schenkungsverbot des § 1804 BGB und die Erlaubnis für die Behörde, Mündelgeld bei der Errichtungskörperschaft anzulegen (§ 1805 S 2 BGB). Für den benannten Pfleger (§ 1917 Abs 2 BGB) kommt die Anwendung der Befreiungsvorschriften der §§ 1852–1854 BGB in Betracht.

Soweit dies der Wirkungskreis vorsieht, obliegt dem Pfleger Personensorge, Ver- **25** mögenssorge und die Vertretung des Pflegebefohlenen (§ 1793 BGB), wenn auch nicht (oder nur ausnahmsweise) in dem eine Vormundschaft erfordernden Umfang. Bei der Führung der Pflegschaft, die nur kurze Zeit bis zur Volljährigkeit des Pflegebefohlenen dauert, sollen keine langfristigen Investitionsentscheidungen getroffen werden (OLG Hamm FamRZ 2010, 1997). Im Falle der Unterpflegschaft richtet sich das Verhältnis beider Pfleger nach § 1794 BGB. Der gesetzliche Ausschluss der Vertretungsmacht aufgrund von § 1795 BGB kommt auch bei Pflegern in Betracht. Je nach Art und Umfang der Pflegschaft ist der gerichtliche Entzug der Vertretungsmacht (§ 1796 BGB) vorstellbar, ehe zur Entlassung und Bestellung eines neuen Pflegers gegriffen wird. Auch § 1798 BGB mit seinem Verfahren bei Meinungsverschiedenheiten ist entsprechend anzuwenden. Soweit die tatsächlichen Verhältnisse dem entsprechen, findet § 1793 Abs 1 S 3 BGB auf den Pfleger eines Minderjährigen und auf die Beziehung zwischen Pfleger und Pflegebefohlenem Anwendung.

Der Pfleger hat nicht das dem Vormund zukommende, durch gesetzliche Bestim- **26** mungen beschränkte Erziehungsrecht, dessen tatsächliche Ausübung insbesondere von dem jeweiligen Entwicklungsstand des Minderjährigen abhängt. Er hat vielmehr grundsätzlich nur dasjenige Maß an Entscheidungs- oder Mitbestimmungsbefugnis, das das Gericht ihm mit der zugewiesenen Entscheidungsmacht eingeräumt hat. Im Einzelfall können bei entsprechendem Wirkungskreis die in letzter Zeit eingetretenen Änderungen im Personensorgerecht (§§ 1800, 1631–1633 BGB) für den Pfleger von Bedeutung sein (zB Sterilisationsverbot, § 1631c BGB; Recht auf gewaltfreie Erziehung, § 1631 Abs 2 BGB; freiheitsentziehende Unterbringung). Zum Umfang der Befugnisse des Sorgerechtspflegers bei alleiniger Übertragung des Aufenthaltsbestimmungsrechts Rechtsgutachten d DIJuF JAmt 2002, 300.

4.   Haftung

Für die Haftung des Pflegers ist § 1833 BGB iVm § 1915 Abs 1 S 1 BGB maßgebend. **27** Durch § 1793 Abs 1 S 3 BGB und den entsprechend anzuwendenden § 1664 BGB wird die Haftung des Vormunds beschränkt, wenn der Mündel in den Haushalt des Vormunds für längere Dauer aufgenommen ist. Der Motivation folgend, mit der entsprechenden Anwendung von § 1664 BGB solle der in diesen Fällen elternähnlichen Stellung des Vormunds Rechnung getragen und auch insoweit der personale Bezug des Vormundsamtes stärker verdeutlicht werden (BT-Drucks 13/7158, 21), kann es auch im Bereich der Pflegschaft für Minderjährige Situationen geben, in denen die Haftungsbeschränkung Platz greift, weil der Pflegebefohlene in den Haushalt des Pflegers aufgenommen worden ist. In Betracht kommt das insbesondere in den Fällen, in denen ein Kind für längere Zeit in Familienpflege lebt und die Pflegeperson zugleich das Amt des Pflegers nach den §§ 1909 ff BGB innehat. Die Tatsache der Familienpflege allein würde für eine Haftungsbeschränkung nicht ausreichen; § 1688 BGB sieht eine entsprechende Regelung, wie sie § 1793 Abs 1 S 3 BGB enthält, nicht vor. Zur Haftung des Jugendamts gemäß § 839 BGB für eine dem minderjährigen Kind nachteilige Unterhaltsregulierung OLG Hamm FamRZ 2001, 548. Zur Haftung des Jugendamts als Pfleger im Übrigen BGH NJW 1980, 2249 = Rpfleger 1980, 377; KG FamRZ 1976, 370 sowie DIV-Gutachten DAVorm 1999, 863 (unterlassene Information über unterhaltsbedeutsame Rechtsänderung).

5.   Aufwendungsersatz und Vergütung*

28   Aufgrund der Verweisungsvorschrift des § 1915 Abs 1 BGB finden die für die Vormundschaft geltenden Vorschriften über den Ersatz von Aufwendungen (§ 1835 BGB), die Aufwandsentschädigung (§ 1835a BGB) und über die Bewilligung einer Vergütung (§ 1836 BGB) entsprechende Anwendung. Diese Vorschriften sind auch auf die Betreuung sinngemäß anzuwenden (§ 1908i Abs 1 S 1 BGB). Deshalb wird zunächst auf die Darstellung in § 1908i BGB hingewiesen.

29   Auch für Pflegschaften gilt der Grundsatz des § 1836 Abs 1 S 1 BGB, dass das Amt unentgeltlich und entgeltlich nur ausnahmsweise geführt wird, wenn das Gericht feststellt, dass die Pflegschaft berufsmäßig geführt wird. Die Voraussetzungen einer solchen Feststellung enthält § 1 Abs 1 VBVG. Danach liegt Berufsmäßigkeit im Regelfall vor, wenn der Vormund mehr als zehn Vormundschaften führt oder die für die Führung der Vormundschaft erforderliche Zeit voraussichtlich 20 Wochenstunden nicht unterschreitet. Stellt das Gericht bereits vom ersten Fall an diese Ansprüche (ablehnend zutreffend das DIJuF-Rechtsgutachten JAmt 2014, 392), liegt es in der Bestellungspraxis des gleichen Gerichts, ob auf Dauer die Voraussetzungen des § 1 Abs 1 VBVG erreicht werden. Trifft das Gericht keine Feststellung über die entgeltliche Führung der Pflegschaft, kann es dennoch eine angemessene Vergütung unter den Voraussetzungen des § 1836 Abs 2 BGB bewilligen, vorausgesetzt der Pflegebefohlene ist nicht mittellos. Bevor der Pfleger nicht förmlich bestellt ist, kann ihm grundsätzlich keine Vergütung und kein Auslagenersatz bewilligt werden (§§ 1915, 1789 BGB; OLG Brandenburg FamRZ 2008, 1480; OLG Saarbrücken FamRZ 2005, 927; OLG Stuttgart FamRZ 2011, 846 = FGPrax 2011, 88). Seine Bestellung (iwS) wird erst mit seiner Verpflichtung wirksam (KEIDEL/BUDDE, FamFG [17. Aufl] § 289 Rn 1); die für Betreuer eingeführten Besonderheiten des § 289 FamFG gelten nicht für Pfleger. Auch ohne Bestellung zum Pfleger können Pflegepersonen, denen nach § 1630 Abs 3 BGB Angelegenheiten der elterlichen Sorge übertragen worden sind, eine

---

* S die Schrifttumsangaben oben.

Aufwandsentschädigung (§ 1835a BGB) beanspruchen (OLG Stuttgart FamRZ 2006, 1290; der nach § 1909 Abs 1 bestellte Pfleger auch Vergütung unter besonderen Umständen [LG Münster FamRZ 2010, 473 mAnm ZACHEY 474]). Als Nachlasspfleger zum Zweck der Befriedigung von Nachlassgläubigern (§ 1975 BGB) kann auch der Nachlassverwalter Vergütung und Aufwendungsersatz nach Maßgabe der §§ 1915 Abs 1, 1835 ff BGB verlangen (OLG Zweibrücken FamRZ 2007, 1191, 1192; hier auch zur Frage einer Abschlagszahlung auf die Vergütung). Der analog § 1897 Abs 2 S 1 BGB bestellbare „Vereinsvormund/Pfleger" verdient deshalb, wie ein Betreuer, Vergütung incl Aufwendungsersatz (BGH FamRZ 2011, 1394 mAnm BIENWALD und FRÖSCHLE 1397).

Die Tätigkeit des Pflegers, der die Pflegschaft berufsmäßig führt, wird nach Stunden **30** und Stundensätzen vergütet (§ 3 VBVG). Die Stundensätze betragen zZ 19,50 Euro, 25 Euro und 33,50 Euro, je nachdem, ob und auf welche Weise ein Pfleger besondere für die Führung der Pflegschaft nutzbare Kenntnisse erworben hat. Anfallende Umsatzsteuer wird zusätzlich ersetzt (§ 3 Abs 1 und 2 VBVG). Abschlagszahlungen können verlangt werden (§ 3 Abs 4 VBVG).

Soweit die besondere Schwierigkeit der pflegschaftlichen Geschäfte dies ausnahms- **31** weise rechtfertigt, kann das Gericht einen höheren als den in Abs 1 vorgesehenen Stundensatz der Vergütung bewilligen. Das gilt nicht, wenn der Pflegebefohlene mittellos ist (§ 3 Abs 3 VBVG). Diese Besonderheit wurde im Hinblick auf die Vergütung berufsmäßiger Führung von Nachlasspflegschaften eingeführt (BT-Drucks 15/4874, 59). Sie wird auf andere Pflegschaften nur angewendet werden können, wenn diese sich mit Nachlasspflegschaften vergleichen lassen.

Eine vom Nachlasspfleger geltend gemachte Vergütung kann nicht deshalb gekürzt **32** werden, weil das Gericht die erbrachte Tätigkeit für unangebracht und ein anderes Vorgehen für zweckmäßiger gehalten hätte (OLG Zweibrücken FamRZ 2008, 818). Abgesehen davon, dass der Bewilligungsbeschluss begründet werden muss, ist zur Wahrnehmung der Interessen der unbekannten Erben ein Ergänzungspfleger (oder ein Unterpfleger) zu bestellen (LG Berlin FamRZ 2008, 1481). Wegen der Vergütung ihrer Tätigkeiten vor wirksamer Bestellung zum Umgangspfleger soll sich auch eine berufsmäßig tätige Person auf Vertrauensschutz berufen können (OLG Koblenz FamRZ 2010, 1173 mAnm MENNE ZKJ 2010, 245). Eine Vergütung für einen Anwalt nach § 1835 Abs 3 BGB kommt weiterhin in Betracht (§ 1 Abs 2 S 1 RVG). Zur Vergütung eines anwaltlichen Nachlasspflegers mit Darstellung von Entscheidungen anderer Gerichte aus den Jahren 2002 bis 2010 OLG Brandenburg FamRZ 2011, 926.

Die Ansprüche richten sich grundsätzlich gegen denjenigen, dessen Angelegenhei- **33** ten vom Pfleger wahrgenommen werden; gegen die Staatskasse dann, wenn der Leistungsverpflichtete mittellos ist (§ 1836c und d BGB).

Je nach Art der Pflegschaft setzt entweder das Familiengericht oder das Betreuungs- **34** gericht (bei Nachlasspflegschaft das Nachlassgericht [KEIDEL/ZIMMERMANN, FamFG § 345 Rn 74]) die Vergütung und den Aufwendungsersatz oder die Aufwandsentschädigung fest, soweit beides aus der Staatskasse verlangt wird. Wurde einem Pfleger die Vermögenssorge ganz oder teilweise übertragen (zB im Fall des § 1909 Abs 1 S 2 BGB) und ist der Pflegebefohlene nicht mittellos, wird der Ersatz von Aufwendungen oder die Aufwandsentschädigung nicht gerichtlich festgesetzt. Eine wirksame Vereinbarung über die Vergütung des Nachlasspflegers können der Nachlasspfleger und der Erbe nicht treffen (OLG Celle FamRZ 2011, 1755; dagegen Progl, Zur Theorie und Praxis der Vergütungsvereinbarung zwischen Nachlasspfleger und Erbe, ZErb 2011, 230). Zum Regress bei Eintritt der Staatskasse vgl die Darstellung bei § 1908i BGB.

35 Wird ein Pfleger für **mehrere Pflegebefohlene** bestellt, so ist die Vergütung gegen jeden Verpflichteten gesondert festzusetzen. Unterschiede in der Dauer der Pflegschaft, in der Höhe des Aktivvermögens, in dem zeitlichen Aufwand und in der Bedeutung und Schwierigkeit der Geschäfte und dem sich hieraus ergebenden Grad der Verantwortung (usw) können dadurch berücksichtigt werden (BayObLG FamRZ 1997, 1303, 1304). Ebenso gut kann sich unter mehreren geführten Pflegschaften durch einen Rechtsanwalt eine Pflegschaft befinden, für die eine Abrechnung nach §§ 1835 Abs 3, 1915 Abs 1 BGB in Betracht kommt.

36 Bewilligt das Betreuungsgericht dem Pfleger eines Abwesenden (§ 1911 BGB) eine Vergütung, handelt es sich uU (wenn der Pflegebefohlene bereits verstorben war) um eine Nachlassverbindlichkeit, für die die Erben des Verstorbenen aufzukommen haben (OLG Nürnberg FamRZ 1956, 117 [LS]). Bei einer Pflegschaft für die Leibesfrucht (§ 1912 BGB) ist Mittellosigkeit dann gegeben, wenn das Kind nicht lebend geboren wird (Soergel/Zimmermann Rn 6; Erman/Roth § 1912 Rn 11). Bei einer Pflegschaft für unbekannte Beteiligte (§ 1913 BGB) haftet grundsätzlich das Vermögen des Unbekannten (Soergel/Zimmermann Rn 6; Erman/Roth § 1913 Rn 15). Bei Mittellosigkeit ist § 1835 Abs 4 BGB anzuwenden. Das trifft entgegen Soergel/Zimmermann (Rn 6 mwNw) nicht schon im Fall der Pflegschaft für einen nicht gezeugten Erben zu. Hier eine Vergütung aus der Staatskasse zu bewilligen hieße, dass die öffentliche Hand für etwas zahlen soll, das ausschließlich im privaten Interesse liegt. Im Übrigen kann bei einem noch nicht gezeugten Erben ebensowenig von Mittellosigkeit nur deshalb ausgegangen werden, weil er noch nicht rechtsfähig ist, wie das Vorhandensein von Vermögen unterstellt werden kann (so aber im Ergebnis Soergel/Zimmermann Rn 6). Deshalb ist es gerechtfertigt, im Sinne des auch im Kostenrecht verankerten Veranlasserprinzips (§ 22 Abs 1 GKG) sich an denjenigen zu halten, der letztes Endes die Ursache für die Pflegerbestellung geboten hat, und auf das zurückzugreifen, was den Nacherben zufallen soll. Dagegen kann nicht eingewendet werden, die nach § 1913 BGB angeordnete Pflegschaft sei Personal- und nicht Güterpflegschaft. Denn es besteht kein Grund, nur von demjenigen Auslagenersatz und Vergütung zu verlangen, der als Nacherbe in Betracht kommt. Die Nacherbenpflegschaft dient vor allen Dingen auch der Realisierung des letzten Willens des Erblassers, sodass eine Belastung der öffentlichen Hand nicht gerechtfertigt ist (aA OLG Köln FamRZ 1994, 1334; auch MünchKomm/Schwab Rn 21). Steht der Verwertung des Nachlasses ein tatsächliches oder rechtliches Hindernis entgegen oder kann die Verwertung nicht in angemessener Zeit durchgeführt werden, kommt eine Vergütung des Nachlasspflegers aus der Staatskasse in Betracht (OLG Naumburg FamRZ 2011, 1252).

37 Dem Pfleger für ein Sammelvermögen steht ein Aufwendungs- und Vergütungsanspruch aus § 3 Abs 1 bis 3 VBVG, § 1915 Abs 1 S 2 BGB zu, für den das zusammengebrachte Vermögen haftet (LG Koblenz FamRZ 2007, 238, 239; bestätigt durch OLG Zweibrücken FamRZ 2007, 853 [LS]).

38 Zu Ansprüchen und Entscheidungen aus der Zeit vor Inkrafttreten der Regelungen des 2. BtÄndG (1. 7. 2005), die sich für bis zu diesem Zeitpunkt entstandene Ansprüche heranziehen lassen, s Staudinger/Bienwald (2006).

6. Fürsorge und Aufsicht des Familiengerichts oder des Betreuungsgerichts

Die Vorschriften über die Fürsorge und Aufsicht des Gerichts (§§ 1837–1847 BGB) **39** über den Vormund gelten auch für die Pflegschaft (§ 1915 Abs 1 BGB). Aufsichtsmittel sind, wie dort, geeignete Gebote oder Verbote, mit denen das Familien- oder das Betreuungsgericht gegen Pflichtwidrigkeiten einzuschreiten hat. § 1915 BGB gilt auch für die Nachlasspflegschaft. Entsprechend der Verpflichtung des Gerichts, den Nachlasspfleger zu überwachen, über seine Tätigkeit die Aufsicht zu führen und gegen Pflichtwidrigkeiten einzuschreiten (§ 1837 Abs 2 S 1 BGB), setzt die Erteilung einer Weisung (gleich welchen Inhalts: etwas zu tun oder nicht zu tun) voraus, dass der Nachlasspfleger pflichtwidrig gehandelt hat (BayObLG NJW-RR 1997, 326, 327) oder zu handeln vorhat. Zur Aufsicht über Vormund, Pfleger und Betreuer als Aufgabe des Gerichts Staffler RpflStud 1994, 161, im Übrigen s Staudinger/Veit (2014) § 1837 Rn 22 ff.

Obwohl ihrem Standort nach als solche zu verstehen, handelt es sich bei der Be- **40** fugnis des Gerichts, dem Vormund/Gegenvormund/Pfleger oder Betreuer den Abschluss einer Versicherung aufzugeben (§ 1837 Abs S 2 BGB), um eine Maßnahme nicht der Aufsicht und Kontrolle, sondern der Fürsorge. Die Auferlegung des Abschlusses einer Versicherung ist nicht davon abhängig, dass eine Pflichtwidrigkeit des Pflegers festgestellt wird (Staudinger/Veit [2014] § 1837 Rn 45). Nach der amtlichen Begründung ist die Maßnahme im Interesse des Mündels vorgesehen (BT-Drucks 11/4528, 114). Im Zusammenhang mit der in § 1835 BGB geregelten Erstattungsfähigkeit angemessener Versicherungskosten handelt es sich auch um eine Maßnahme zur Verbesserung der Rechtsstellung des Amtsträgers. Sie dient der Sicherheit sowohl des Pflegers als auch dessen, dessen Angelegenheit der Pfleger zu besorgen hat.

Nach § 1837 Abs 2 S 2 BGB iVm § 1915 Abs 1 S 1 BGB kann das Gericht dem **41** Pfleger und dem Gegenvormund (vgl aber § 1915 Abs 2 BGB) die Eingehung einer Versicherung aufgeben. Dem Jugendamt gegenüber erübrigt sich eine derartige Auflage, solange Amtshaftung besteht; gegenüber einem Verein wird sie nicht ausgeschlossen. Der rechtsfähige Verein, der die Erlaubnis zur Übernahme von Pflegschaften und Vormundschaften erhalten hat (§ 54 Abs 1 SGB VIII), muss um der Erlaubnis willen gewährleisten, dass er seine Mitarbeiter angemessen versichern wird. Reicht die Versicherung im konkreten Fall aber nicht aus oder wurde sie noch nicht abgeschlossen, hat das Familiengericht begründeten Anlass, seinerseits (bürgerlich-rechtlich, nicht öffentlich-rechtlich) dem Verein den Abschluss einer Versicherung aufzuerlegen bzw zur Voraussetzung einer Bestellung zu machen (§ 1837 Abs 2 S 2 BGB). Bemerkenswert ist, dass im Unterschied zur Regelung des § 1908f Abs 2 S 2 BGB für die Betreuungsvereine § 54 SGB VIII keinen bundesgesetzlichen Widerrufsvorbehalt vorsieht.

Zur Androhung und Festsetzung von Zwangsgeld nach Abs 3 s Staudinger/Veit **42** (2014) § 1837 Rn 49 ff. Zur Unzulässigkeit der Zwangsgeldfestsetzung gegen Jugendamt und Verein s Staudinger/Veit (2014) § 1837 Rn 59.

43 Ob die weiteren Aufsichtsmaßnahmen des § 1837 Abs 4 BGB im Pflegschaftsrecht Anwendung finden, hängt von der Art der Pflegschaft ab. Insofern bei der Ergänzungspflegschaft dem Pfleger Befugnisse eingeräumt werden, mit denen im Sinne von §§ 1666 ff BGB missbräuchlich umgegangen werden kann, können Maßnahmen nach Abs 4 geboten sein. Auch kann eine Änderung der Entscheidung in entsprechender Anwendung von § 1696 zum Wohl des Minderjährigen geboten sein. In anderen Fällen ergibt sich bereits aus dem Erforderlichkeitsgrundsatz die Notwendigkeit, die getroffene Entscheidung ggf zu ändern.

44 Die durch das BtG (Art 1 Nr 41) in § 1837 Abs 2 S 1 BGB eingeführte Beratungspflicht des Gerichts erstreckt sich auch auf die nach §§ 1909 ff BGB bestellten Pfleger. Sie führen die Pflegschaft selbständig. Das Gericht hat sich auf die Unterstützung und Beratung und auf die Beaufsichtigung des Pflegers zu beschränken (OLG Hamm FamRZ 2012, 1312). Ebenso hat das zuständige Gericht die Verpflichtung, sich an der Einführung in die Aufgaben von Pflegern zu beteiligen, sofern nicht spezielle Abteilungen des Amtsgerichts dafür in Betracht kommen.

45 Auch die nach den §§ 1909 ff BGB bestellten Pfleger (einschl Amtspfleger, OLG Saarbrücken DAVorm 1995, 248) haben die Verpflichtung, jederzeit über die Führung der Pflegschaft Auskunft zu geben (§§ 1839, 1915 Abs 1 BGB). Die durch Art 1 Nr 42 BtG in § 1840 Abs 1 BGB eingeführte Pflicht, über die persönlichen Verhältnisse des Betroffenen mindestens einmal jährlich zu berichten, kommt für Sachpflegschaften nicht in Betracht. Sie entfällt auch dort, wo die Voraussetzungen der Pflegschaft sowie der Wirkungskreis des Pflegers eine solche Berichterstattung von der Sache her ausschließen (§ 1911 Abs 1 S 1, §§ 1912, 1913 BGB). Auch die mit dem Gesetz zur Änderung des Vormundschafts- und Betreuungsrechts eingeführte Verpflichtung zu (grundsätzlich regelmäßigem) persönlichem Kontakt zu dem Pflegebefohlenen (§ 1793 Abs 1a BGB) kann nur dort gelten, wo ein persönlicher Kontakt zur Führung der Pflegschaft unverzichtbar ist. Sofern eine Pflegschaft der §§ 1909 ff BGB eine Vermögensverwaltung zum Gegenstand hat und der Pfleger nicht nach Maßgabe des § 1852a BGB oder § 1917 Abs 2 S 1 BGB befreit ist, kommt § 1840 Abs 2–4 BGB mit §§ 1841 u 1843 BGB (Rechnungslegung) zur Anwendung; sofern ein Gegenvormund bestellt ist, auch § 1842 BGB.

46 Ist ein Pfleger noch nicht bestellt oder an der Erfüllung seiner Pflichten gehindert, so hat das Gericht gemäß § 1846 BGB iVm § 1915 Abs 1 BGB die im Interesse des Pflegebefohlenen erforderlichen Maßregeln zu treffen. Sinngemäß anzuwenden ist auch § 1847 BGB, der bestimmt, dass in wichtigen Angelegenheiten Verwandte und Verschwägerte des Mündels gehört werden sollen, wenn dies ohne Verzögerung und ohne unverhältnismäßige Kosten geschehen kann. Der Kreis der in Betracht kommenden Personen ist durch § 11 Abs 2 LPartG erweitert worden.

7. Beendigung der Pflegschaft; Abwicklung

a) Gesetzliche Beendigungsgründe

47 Das Pflegschaftsrecht enthält eigene Beendigungsgründe. Die Pflegschaft für eine unter elterlicher Sorge oder unter Vormundschaft stehende Person endigt, sofern sie nicht vorher durch Beschluss des Gerichts aufgehoben wurde (§ 1919 BGB), mit der Beendigung der elterlichen Sorge oder der Vormundschaft, dh spätestens mit Eintritt der Volljährigkeit (§ 2 BGB) des Minderjährigen (§ 1918 Abs 1 BGB). Die Ersatzpflegschaft (§ 1909 Abs 3 BGB) endigt mit ihrer Aufhebung (GERNHUBER/COES-TER-WALTJEN § 75 IV 1 Rn 27; SOERGEL/ZIMMERMANN Rn 17; ERMAN/ROTH § 1909 Rn 20; STAU-DINGER/ENGLER[10/11] § 1919 Rn 2). Die Pflegschaft für eine Leibesfrucht (§ 1912 BGB) endigt mit der Geburt des Kindes (§ 1918 Abs 2 BGB). Die Pflegschaft zur Besorgung einer einzelnen Angelegenheit endigt mit deren Erledigung (§ 1918 Abs 3 BGB). Die Pflegschaft ist von dem Gericht aufzuheben, wenn der Grund für die Anordnung der Pflegschaft weggefallen ist (§ 1919 BGB). Zur Aufhebungszuständigkeit des Familiengerichts als Folge der Zuständigkeit für den Sorgerechtseingriff und seine Änderung oder Aufhebung s § 1919 Rn 10.

b) Entlassung des Pflegers

Der Pfleger kann entlassen werden. Sein Amt endet dann, ohne dass auch die **48** Pflegschaft ihr Ende findet. Die Entlassung auf Antrag des Pflegers setzt einen wichtigen Grund voraus (§§ 1915 Abs 1, 1889 Abs 1 BGB). Das Jugendamt oder der Verein sind auf Antrag zu entlassen, wenn eine andere als Pfleger geeignete Person vorhanden ist und das Wohl des Pflegebefohlenen dieser Maßnahme nicht entgegensteht (§ 1889 Abs 2 S 1 BGB; BGH FamRZ 2013, 946 = JAmt 2013, 291 mAnm HOFFMANN). Der Amtspfleger ist auf Antrag eines jeden, der ein berechtigtes Interesse des Pflegebefohlenen geltend macht (auch von Pflegeeltern) zu entlassen, wenn dies dem Wohl des Pflegebefohlenen dient und eine andere geeignete Person vorhanden ist (für die Vormundschaft entschieden von LG Heilbronn FamRZ 2004, 1813 mAnm KEMPER; zur nachrangigen Bestellung des Jugendamts OLG Naumburg FamRZ 2005, 1861 [LS]). Ein Verein, der zum Pfleger bestellt worden war, ist auf seinen Antrag zu entlassen, wenn ein wichtiger Grund vorliegt (§ 1889 Abs 2 S 2 BGB). Eine Entlassung nach den §§ 1837 Abs 4, 1666, 1915 Abs 1 BGB kommt nicht in Betracht, lediglich nach den Bestimmungen der §§ 1886–1889 BGB (für den Vormund entschieden von BayObLG FamRZ 1999, 1457). Zur Verpflichtung des Jugendamts, in der Regel jährlich zu prüfen, ob im Interesse des Kindes oder Jugendlichen seine Entlassung als Amtspfleger oder Amtsvormund und die Bestellung einer Einzelperson oder eines Vereins angezeigt ist, und dies dem Familiengericht mitzuteilen, § 56 Abs 4 SGB VIII.

Hat das Familiengericht analog § 1897 Abs 2 S 1 BGB den Mitarbeiter eines anerkannten Vereins zum Pfleger eines minderjährigen Kindes bestellt (vgl BGH FamRZ 2011, 1394 mAnm BIENWALD und FRÖSCHLE 1397 = FGPrax 2011, 231 LS; entgegen OLG Celle FamRZ 2011, 1329 mAnm d Redaktion und BIENWALD und OLG München FamRZ 2011, 998 mAnm BIENWALD = FGPrax 2011, 23), hat es diesen Pfleger nach § 1887 Abs 1 BGB zu entlassen, wenn es stattdessen die Pflegemutter zur Pflegerin des Kindes bestellen will (OLG Nürnberg FamRZ 2016, 392).

Ebenso wie im Vormundschaftsrecht kommt die Entlassung eines Beamten oder **49** Religionsdieners, der zum Pfleger bestellt worden war (§ 1888 BGB), in Betracht. Das Familiengericht hat auf Antrag oder von Amts wegen das Jugendamt oder den Verein als Pfleger zu entlassen und einen anderen Pfleger zu bestellen, wenn dies dem Wohl des Pflegebefohlenen dient und eine andere als Pfleger geeignete Person vorhanden ist (§ 1887 Abs 1 BGB). Der Einzelpfleger ist zu entlassen, wenn die Fortführung des Amtes, insbesondere wegen pflichtwidrigen Verhaltens des Pflegers, das Interesse des Pflegebefohlenen gefährden würde oder wenn in der Person des Pflegers einer der im § 1781 BGB bestimmten Gründe (Untauglichkeit zum Pfleger) vorliegt (§§ 1886, 1915 Abs 1 BGB). Die Entlassung des Pflegers erfordert die vorherige Gewährung rechtlichen Gehörs (KG JR 1967, 26). Eine Entlassung des Pflegers ist dann nicht gerechtfertigt, wenn die Entlassung dem Interesse des Pfleglings mehr schadet als die Beibehaltung des Pflegers (LG Berlin Rpfleger 1969, 53). Ist einem Kind zur Wahrnehmung vermögensrechtlicher Ansprüche gegen seinen nicht sorgeberechtigten Vater aus einer Schenkung ein Ergänzungspfleger bestellt worden, steht dem Vater gegen eine die Entlassung des Pflegers ablehnende Entscheidung des Familiengerichts in der Regel kein Beschwerderecht zu, wenn es ausschließlich um die Sicherung einer unbestrittenen vermögensrechtlichen Position des Kindes geht. Mangels besonderer Umstände gilt das auch dann, wenn das Kind sich zur Vermeidung eines Konflikts mit dem Vater gegen die Führung des Prozesses ausgesprochen hat (BayObLGZ 1999, 59 = FamRZ 2000, 251).

50 Durch die Aufhebung der Entlassungsverfügung durch das Beschwerdegericht entfällt rückwirkend die Entlassung, und der alte Rechtszustand tritt ohne Weiteres wieder ein (KG – unter Aufgabe seiner früher anderen Auffassung – OLGZ 1971, 196, 200 = FamRZ 1970, 672 = NJW 1971, 53 = Rpfleger 1971, 18). Wird eine die Pflegschaft aufhebende Verfügung aufgehoben, ist der Pfleger neu zu verpflichten (BayObLGZ 1964, 267, 271). Genaugenommen muss bei Aufhebung der Pflegschaft auch deren Anordnung neu verfügt werden.

c) Abwicklung

51 Die Vorschriften über die dem Vormund nach der Beendigung seines Amtes obliegenden Verpflichtungen (§§ 1890 ff BGB) gelten auch für die Pfleger der §§ 1909 ff BGB (SOERGEL/ZIMMERMANN Rn 9; STAUDINGER/ENGLER[10/11] Rn 20 mwNw). Die Verpflichtung zur Rechnungslegung und Vermögensherausgabe (§ 1890 BGB) setzt voraus, dass zum Wirkungskreis des Pflegers eine Vermögensverwaltung gehörte (STAUDINGER/ENGLER[10/11] Rn 20). Anzuwenden ist § 1893 BGB mit seinen Verweisungen auf §§ 1698a und 1698b BGB (Berechtigung zur Fortführung der Geschäfte, Verpflichtung zur Besorgung unaufschiebbarer Geschäfte) und der Verpflichtung zur Rückgabe der Bestellung (§ 1893 Abs 2 BGB). Über die Pflicht zur Anzeige des Todes des Pflegers und des Gegenvormunds s § 1894 BGB. Schließlich ist für den Fall, dass ein Gegenvormund bestellt ist, die Bestimmung des § 1895 BGB zu beachten.

IV. Sonderregelung betr Bestellung eines Gegenvormunds (Abs 2)

52 Abs 2 regelt eine Ausnahme von dem Grundsatz des Abs 1. Selbst wenn nach § 1792 Abs 2 BGB die Bestellung eines Gegenvormunds geboten wäre, wird sie nach § 1915 Abs 2 BGB als Kontrolle des Pflegers für nicht erforderlich angesehen. Andererseits wird die Bestellung eines Gegenvormunds durch Abs 2 auch nicht ausgeschlossen. Sie verbietet sich entweder nach Abs 1 iVm anderweiten Überlegungen (Beschränkung der Gegenvormundschaft auf ganz außergewöhnliche und besonders schwerwiegende Fälle; so LG Frankfurt aM MDR 1977, 579) oder aus Gründen der Pflegschaftsart (zB Pflegschaft mit ausschließlich der Personensorge zuzurechnenden Aufgaben).

53 Wird neben dem Pfleger ein Gegenvormund (nicht Gegenpfleger) bestellt, finden auf ihn die für den Gegenvormund allgemein geltenden Bestimmungen entsprechende Anwendung (insbesondere § 1792 BGB wegen der Bestellungsvoraussetzun-

gen und § 1799 BGB sowie die in den Vorschriften über die Vermögenssorge und die Rechnungslegung des Vormunds enthaltenen Regelungen). Sind für den benannten Pfleger (§§ 1917 Abs 1, 1909 Abs 1 S 2 BGB) durch letztwillige Verfügung oder bei der Zuwendung die in den §§ 1852–1854 BGB bezeichneten Befreiungen angeordnet worden, entfällt die Bestellung eines Gegenvormunds (§ 1852 Abs 1 S 1 BGB). Zu den Gründen für diese Regelung s Mot IV 1270. Ist das Jugendamt zum Pfleger bestellt, ist die Bestellung eines Gegenvormunds für den Pfleger unzulässig (§§ 1792 Abs 1 S 2, 1915 Abs 1 BGB).

V. Haftungsbeschränkung; Nichtanwendung des § 1793 Abs 2 auf Volljährige

Durch das Minderjährigenhaftungsbeschränkungsgesetz (MHbesG) vom 25. 8. 1998 **54** (BGBl I 2487) wurde § 1629a BGB eingefügt, der gemäß § 1793 Abs 2 BGB entsprechend für die Verbindlichkeiten gilt, die im Rahmen der gesetzlichen Vertretungsmacht des Vormunds begründet werden. Nach § 1915 Abs 1 BGB kommt die Regelung auch für Pflegschaften in Betracht, jedoch – das wird durch § 1915 Abs 3 BGB klargestellt – nicht in Fällen einer Pflegschaft für Volljährige.

§ 1916
Berufung als Ergänzungspflegers

Für die nach § 1909 anzuordnende Pflegschaft gelten die Vorschriften über die Berufung zur Vormundschaft nicht.

Materialien: E I § 1744; II § 1792 Abs 1; III
§ 1892; Mot IV 1267; Prot IV 857; STAUDINGER/
BGB-Synopse 1896–2005 § 1916.

1. Der Ausschluss des elterlichen Benennungsrechts

Eltern haben nach § 1776 Abs 1 BGB die Möglichkeit, jemand als Vormund zu **1** benennen, wenn ihnen zur Zeit ihres Todes die Sorge für die Person und das Vermögen des Kindes zusteht (§ 1777 Abs 1 BGB) und die Benennung in Form der letztwilligen Verfügung vorgenommen wird (§ 1777 Abs 3 BGB). Der so benannte Vormund kann nur unter bestimmten Voraussetzungen ohne seine Zustimmung übergangen werden (§ 1778 BGB). Hervorzuheben sind daraus die in Abs 1 Nr 4 und Nr 5 enthaltenen Gründe: wenn seine Bestellung das Wohl des Mündels gefährden würde oder wenn der Mündel, der das vierzehnte Lebensjahr vollendet hat, der Bestellung widerspricht, es sei denn, dass der Mündel geschäftsunfähig ist (Einzelheiten dazu bei STAUDINGER/VEIT [2014] § 1778).

Diese Berufungsvorschriften wären nach der Regelung des § 1915 Abs 1 BGB auch **2** für die Pflegschaft entsprechend anzuwenden, wenn ihre Geltung für die Pflegschaft des § 1909 BGB nicht durch § 1916 BGB ausgeschlossen wäre. Dieser Ausschluss hat allerdings dadurch an Wirkung verloren, dass das Gericht aufgrund der Änderung des § 1779 Abs 2 BGB durch Art 1 Nr 41 Buchst a KindRG bei der Auswahl unter mehreren geeigneten Personen neben anderen Tatsachen den **mutmaßlichen Willen** der Eltern des Mündels zu berücksichtigen hat.

2.   Die besondere Bestimmung des § 1917 für die Fälle des § 1909

3   Für die Anordnung einer Pflegschaft nach § 1909 Abs 1 S 2 BGB enthält § 1917 BGB einen selbständigen Berufungsgrund. Für die Pflegschaft nach § 1909 Abs 1 S 1 und Abs 3 BGB sind die Vorschriften über die Berufung zur Vormundschaft durch § 1916 BGB ausgeschlossen, ohne dass eine Spezialregelung getroffen wäre. Ausgeschlossen sind die Vorschriften „über die Berufung zur Vormundschaft"; das sind die §§ 1776 bis 1778 BGB. Ob zu ihnen auch § 1782 BGB zu zählen ist (so SOERGEL/ ZIMMERMANN Rn 1), ist unten Rn 7 zu erörtern.

3.   Die Anwendbarkeit des § 1779

4   § 1779 BGB ist keine Berufungsvorschrift, bleibt demnach dem Grundsatz nach anwendbar (SOERGEL/ZIMMERMANN Rn 1; MünchKomm/SCHWAB Rn 3). Er regelt das Auswahlverfahren des Gerichts. Konkrete Gründe können aber dafür sprechen, im Interesse des Pflegebefohlenen von der Auswahl und Bestellung von Verwandten und Verschwägerten (beachte dazu auch § 11 Abs 2 LPartG), Abstand zu nehmen (MünchKomm/SCHWAB Rn 3; SOERGEL/ZIMMERMANN Rn 1). Bei der Auswahl eines Ergänzungspflegers für die Durchführung einer Erbauseinandersetzung ist dem Ziel, die Gefahr eines Interessenkonflikts unten den Erben zu vermeiden, Vorrang vor persönlichen Bindungen des „Mündels" und vor Kostengesichtspunkten einzuräumen (OLG Schleswig FamRZ 2003, 117). Es bleibt den Eltern unbenommen, Vorschläge zur Auswahl des Pflegers zu machen; diese haben jedoch nicht die Bindungswirkung einer Berufung. Ob sie „gebührend zu berücksichtigen" sind (so MünchKomm/SCHWAB [5. Aufl] Rn 3 unter Berufung auf LG München Rpfleger 1975, 130 u LG Berlin DAVorm 1976, 430), hängt vom Einzelfall ab. Zumindest darf man das Gericht im Rahmen von § 26 FamFG (Amtsermittlung) für verpflichtet halten, solche Personalvorschläge sorgfältig zu prüfen.

4.   Kein Rückgriff auf betreuungsrechtliche Bestellungsvorschriften

5   Die früher vorhandene Möglichkeit, bei der Bestellung eines Abwesenheitspflegers auf Vorschriften der Volljährigenvormundschaft (§ 1899 BGB: Berufung der Eltern), zurückzugreifen, ist durch deren Aufhebung und Ersetzung durch die Betreuung entfallen. Eine Verweisung auf die Bestellungsvorschriften des Betreuungsrechts ist in § 1915 BGB nicht vorgesehen worden. Auch hier gilt deshalb § 1779 BGB entsprechend (§ 1915 Abs 1 S 1 BGB). Die §§ 1776–1778 BGB kommen mit Rücksicht auf die Volljährigkeit des Abwesenden nicht in Betracht.

5.   Zur Geltung des Berufungsrechts bei den übrigen Pflegschaften

6   Bei einer Pflegschaft für eine Leibesfrucht (§ 1912 BGB) gelten die §§ 1776–1778, 1782 BGB entsprechend (umstr; Nachw bei SOERGEL/ZIMMERMANN § 1915 Rn 5). Ausgeschlossen sind diese Vorschriften dagegen bei Pflegschaften für unbekannte Beteiligte (§ 1913 BGB) und für das Sammelvermögen (§ 1914 BGB), weil es hier am konkreten Bezug zur elterlichen Sorge fehlt. Eine Ausnahme davon gilt für § 1913

BGB, wenn es sich um einen noch nicht gezeugten Nacherben handelt. Hier sollen die künftigen Eltern zur Pflegschaft berufen sein gemäß dem in Art 6 GG, in § 1776 BGB, in dem durch das BtG aufgehobenen früheren § 1899 BGB und in § 1912 Abs 2 BGB zum Ausdruck kommenden Rechtsgedanken (so SOERGEL/ZIMMERMANN § 1915 Rn 5 unter Bezugnahme auf BVerfGE 33, 236 = FamRZ 1972, 445; aA KG OLGE 16, 38, 39; BayObLGZ 3, 1 = RJA 3, 6; DÖLLE § 144 IV; STAUDINGER/ENGLER[10/11] § 1913 Rn 15).

6. Zur Anwendbarkeit des § 1782

Fraglich ist, ob auch die Anwendbarkeit des § 1782 BGB entfällt. Dem Wortlaut **7** nach, in dem von Berufung nicht die Rede ist, sollte er anwendbar sein, zumindest sinngemäß. Mit ERMAN/SAAR (§ 1782 Rn 2 u 5 BGB; aA GERNHUBER/COESTER-WALTJEN § 70 IV 4; MünchKomm/SPICKHOFF § 1782 Rn 14) ist davon auszugehen, dass die elterliche Ausschließung nicht unbedingt beachtlich ist. Wer letztwillig oder unter Lebenden einem anderen etwas zuwenden kann und zuwendet, muss auch bestimmen dürfen, wem die Verwaltung dieses Vermögens nicht übertragen werden darf, noch dazu, wenn er nach § 1917 Abs 2 BGB für den Benannten die in den §§ 1852–1854 BGB bezeichneten Befreiungen anordnen kann (uneingeschränkter Ausschluss, aber nicht aus § 1782 begründet, MünchKomm/SCHWAB § 1917 Rn 10). Nach STAUDINGER/ENGLER[10/11] § 1917 Rn 4 ist der in der Ausschließung der Verwaltungsbefugnis zum Ausdruck kommende Wille des Zuwendenden in dem Sinne zu beachten, dass das Familiengericht, falls der Zuwendende keinen Pfleger benannt hat, nicht die von der Verwaltung ausgeschlossenen Eltern oder den ausgeschlossenen Vormund zum Pfleger bestellen darf.

§ 1917
Ernennung des Ergänzungspflegers durch Erblasser und Dritte

(1) Wird die Anordnung einer Pflegschaft nach § 1909 Abs 1 Satz 2 erforderlich, so ist als Pfleger berufen, wer durch letztwillige Verfügung oder bei der Zuwendung benannt worden ist; die Vorschrift des § 1778 ist entsprechend anzuwenden.

(2) Für den benannten Pfleger können durch letztwillige Verfügung oder bei der Zuwendung die in den §§ 1852 bis 1854 bezeichneten Befreiungen angeordnet werden. Das Familiengericht kann die Anordnungen außer Kraft setzen, wenn sie das Interesse des Pfleglings gefährden.

(3) Zu einer Abweichung von den Anordnungen des Zuwendenden ist, solange er lebt, seine Zustimmung erforderlich und genügend. Ist er zur Abgabe einer Erklärung dauernd außerstande oder ist sein Aufenthalt dauernd unbekannt, so kann das Familiengericht die Zustimmung ersetzen.

Materialien: E I § 1745; II §§ 1792 Abs 2, 1793; III § 1893; Mot IV 1167, 1268; Prot IV 857. Neugefasst durch GleichberG v 18. 6. 1957 Art 1 Nr 40; STAUDINGER/BGB-Synopse 1896–2005 — § 1917. Änderung der Gerichtsbezeichnung in Abs 2 S 2 und Abs 3 S 2 durch Art 50 Nr 52 FGG-RG (BGBl I 2008, 2586).

Systematische Übersicht

I.   Absatz 1

1.   Norminhalt

1 Die durch Art 1 Nr 40 GleichberG neu gefasste Vorschrift ergänzt § 1638 und § 1909 Abs 1 S 2 BGB. Hat der Erblasser durch letztwillige Verfügung oder der Zuwendende bei der Zuwendung bestimmt, dass die Eltern des bedachten Minderjährigen das auf diese Weise erworbene Vermögen nicht verwalten sollen, erstreckt sich die Vermögenssorge der Eltern nicht auf dieses Vermögen (§ 1638 Abs 1 BGB). In diesem Falle erhält der Minderjährige zur Verwaltung des Vermögens, das er von Todes wegen erworben hat oder das ihm unter Lebenden zugewendet worden ist, einen Pfleger (§ 1909 Abs 1 S 2 BGB). Für diesen Fall bestimmt Abs 1, dass als Pfleger derjenige berufen ist, der durch letztwillige Verfügung oder bei der Zuwendung unter Lebenden benannt worden ist. Ohne seine Zustimmung darf der so Berufene nach § 1917 Abs 1 HS 2 BGB bei der Bestellung zum Pfleger nur übergangen werden, wenn einer der in § 1778 Abs 1 BGB genannten Gründe vorliegt.

2.   Bestellung eines vorläufigen Pflegers

2 Die Bestellung eines (vorläufigen) Pflegers ist zulässig. Ist der Berufene nur vorübergehend verhindert, so hat ihn das Betreuungsgericht nach dem Wegfall des Hindernisses auf seinen Antrag anstelle des bisherigen Pflegers zum Pfleger zu bestellen (§§ 1778 Abs 2, 1917 Abs 1 HS 2 BGB). Es ist möglich oder nicht ausgeschlossen, dass ein Elternteil als Pfleger benannt und bestellt wird und sich sogar selbst als Pfleger zur Verwaltung des von ihm Zugewendeten benennt (SOERGEL/ ZIMMERMANN Rn 2 [unter Berufung auf KGJ 20, 220, 222]; BGB-RGRK/ADELMANN § 1638 Rn 14; STAUDINGER/HEILMANN [2016] § 1638 Rn 19; OLG München JFG 21, 181).

3.   Selbstbenennung von Eltern

3 Der Erblasser bzw der Zuwendende, der für die Verwaltung des von Todes wegen zu erwerbenden oder unter Lebenden zugewendeten Vermögens die Eltern ausgeschlossen hat, ist nicht gehindert, diese oder einen Elternteil **als Pfleger** zu benennen.

Er erreicht damit, dass sie den Beschränkungen und Kontrollen unterliegen, denen ein Pfleger gemäß § 1915 BGB iVm den dazugehörenden Bestimmungen des Vormundschaftsrechts (s STAUDINGER/ENGLER [2009] § 1638 Rn 19) unterworfen ist.

Nach hM (s dazu STAUDINGER/ENGLER[10/11] Rn 2 u MünchKomm/SCHWAB Rn 5) ist es auch möglich, dass der Zuwendende sich selbst benennt. Gegen die daraus abgeleitete Auffassung, auch Eltern könnten sich zum Pfleger des **von ihnen** zugewendeten Vermögens benennen, bestehen jedoch insofern Bedenken, als hier staatlich angeordnete und kontrollierte Fürsorge, die gegenüber der Selbsthilfe (Familie) subsidiär ist, für private Zwecke (zB Erlangung steuerlicher Vorteile) benutzt wird.

4. Die Übertragung der Benennung auf einen Dritten

Der Erblasser kann die Benennung eines Pflegers nicht einem Dritten übertragen **4** (STAUDINGER/ENGLER[10/11] Rn 2; SOERGEL/ZIMMERMANN Rn 2; OLG Rostock JFG 2, 132). Da der Erblasser keine Kontrolle mehr darüber hat, dass von einer derartigen Bevollmächtigung in seinem Sinn Gebrauch gemacht wird, erscheint diese Einschränkung seiner Privatautonomie vertretbar. Für den Fall einer Zuwendung unter Lebenden dürfte die Frage der Zulässigkeit solcher Bevollmächtigung ohne Bedeutung sein, weil der Zuwendende selbst jederzeit einen Pfleger benennen kann. Neben dem Berufenen darf nur mit dessen Zustimmung ein Mitpfleger (Mitvormund) bestellt werden (§§ 1778 Abs 4, 1917 Abs 1 HS 2 BGB).

5. Auswahl des Pflegers durch das Familiengericht

Hat der Zuwendende die Verwaltung durch die Eltern ausgeschlossen (§ 1638 Abs 1 **5** BGB), aber keine Person oder Institution als Pfleger benannt, kann das Familiengericht nicht die Eltern zum Pfleger bestellen, weil dies mangels gegenteiliger Anordnung des Zuwendenden seinem Willen widerspräche (BayObLGZ 1977, 105, 111 = Rpfleger 1977, 253; SOERGEL/ZIMMERMANN Rn 2). Ohne eine wirksame Berufung entscheidet das Familiengericht entsprechend den §§ 1779 ff, 1915 Abs 1 BGB über die Auswahl des Pflegers. Ebenso verfährt das Gericht, wenn der Berufene zur Übernahme des Amtes nicht bereit ist oder wenn es den Berufenen gegen dessen Willen übergeht, weil die Voraussetzungen des § 1778 Abs 1 BGB vorliegen, insbesondere die Bestellung des Berufenen das Wohl des bedachten Kindes gefährden würde oder das Kind, das das 14. Lebensjahr vollendet hat, der Bestellung widerspricht (§ 1778 Abs 1 Nr 4 u 5 BGB; BayObLGZ 1997, 93, 96 = NJWE-FER 1997, 202, 203).

II. Absatz 2

1. Die Anordnung von Befreiungen

Abs 2 erlaubt es dem Zuwendenden, durch letztwillige Verfügung oder bei der **6** Zuwendung die in den §§ 1852–1854 BGB bezeichneten Befreiungen anzuordnen. Es können sämtliche oder auch nur ein Teil der in diesen Vorschriften aufgeführten Befreiungen angeordnet werden. Im Einzelnen sind dies die Nichtbestellung eines Gegenvormunds (§ 1852 Abs 1 BGB), die Befreiung von Geldanlagebeschränkungen und Genehmigungserfordernissen (§ 1852 Abs 2 BGB), die Befreiung von der Verpflichtung, bestimmte Papiere zu hinterlegen und den in § 1816 BGB bezeichneten Sperrvermerk eintragen zu lassen, sowie die Entbindung von der Rechnungs-legung während der Dauer des Amtes mit der Folge, dass in regelmäßigen Abständen von mindestens zwei Jahren Vermögensübersichten einzureichen sind und bei Beendigung des Amtes Rechenschaft abzulegen ist (§ 1890 BGB).

2. Das Außerkraftsetzen angeordneter Befreiungen

7   Das Außerkraftsetzen dieser Anordnungen ist zulässig, wenn sie das Interesse des Pflegebefohlenen gefährden (§ 1857 BGB); näher dazu STAUDINGER/VEIT (2014) Vorbem 1 zu §§ 1852–1857a; STAUDINGER/VEIT (2014) § 1857 Rn 2; ERMAN/SAAR § 1857 Rn 2. Lebt der Zuwendende, darf ohne seine Zustimmung von seinen Anordnungen nicht abgewichen werden (Abs 3 S 1).

III. Absatz 3

1.   Abweichen von Anordnungen des Zuwendenden

8   Das Gericht darf eine Abweichung von den Anordnungen des Zuwendenden während dessen Lebzeiten nur dann und nur dadurch bewirken, dass es die Zustimmung des Zuwendenden ersetzt, wenn dieser zu einer (ablehnenden oder zustimmenden) Erklärung dauernd außerstande oder sein Aufenthalt dauernd unbekannt ist. Verweigert der Zuwendende die Zustimmung zu einer Abweichung, so kann von seinen Anordnungen auch dann nicht abgewichen werden, wenn durch ihre Befolgung das Interesse des Pflegebefohlenen voraussichtlich gefährdet wird (STAUDINGER/ENGLER[10/11] Rn 12). Mit seiner Zustimmung kann von den Anordnungen des Zuwendenden abgewichen werden, auch ohne dass eine Gefährdung der Interessen des Pflegebefohlenen vorliegt (STAUDINGER/ENGLER[10/11] Rn 12 mwNw).

2.   Abweichungen bei Interessengefährdung

9   Handelt es sich um eine von dem Zuwendenden bei einer Zuwendung unter Lebenden getroffene Anordnung, so kann nach dem Tode des Zuwendenden ebenfalls von der Anordnung abgewichen werden, allerdings nur dann, wenn ihre Befolgung das Interesse des Pflegebefohlenen gefährden würde (STAUDINGER/ENGLER[10/11] Rn 11). Anordnungen iS des Abs 3 sind nur die in Abs 2 aufgeführten, nicht die Benennung des Pflegers nach Abs 1 (MünchKomm/SCHWAB Rn 14 mwNw).

IV. Rechtsmittel des Übergangenen

10 Bestellt das Gericht, zuständig ist das Familiengericht, einen Pfleger, ohne sich an die Berufung (Abs 1) zu halten, kann der Übergangene Beschwerde nach den §§ 58, 59, 63 FamFG einlegen. Die Statthaftigkeit und Zulässigkeit der Beschwerde hängt nicht davon ab, dass die benannte Person ohne rechtfertigenden Grund übergangen wurde. Die Berufung verleiht dem Berufenen ein Recht auf Bestellung. Ohne seine Zustimmung kann er nur in den gesetzlich bestimmten Fällen (§ 1778 BGB) übergangen werden. Hält sich das Gericht nicht daran, ist der Berufene in seinen Rechten verletzt. War der Berufene bereits bestellt und wird er im Beschwerdeverfahren entlassen, ist die Beschwerde FamFG gegeben (BayObLGZ 1997, 93 96 = NJWE-FER 1997, 202, 203 nach bisherigem Recht).

Um sich gegen das Übergehen bei der Pflegerbestellung zu wehren, muss der Be- **11** rufene Kenntnis von der Sachlage haben. Entscheidet das Familiengericht über die Pflegerbestellung, hat es den Berufenen als Beteiligten zu dem Verfahren hinzuzuziehen (Mussbeteiligter gemäß § 7 Abs 2 FamFG), weil sein Recht durch das Verfahren unmittelbar betroffen wird.

Wurde die Berufung durch letztwillige Verfügung vorgenommen, kann sich der **12** Verfügende nicht dagegen wenden, dass seiner Entscheidung nicht gefolgt wurde. Dagegen stellt sich die Frage, ob bei einer Berufung durch den Zuwendenden dieser beschwerdeberechtigt ist, wenn seiner Berufungsentscheidung (unter Außerachtlassen von § 1778 BGB) nicht gefolgt wurde.

§ 1918
Ende der Pflegschaft kraft Gesetzes

(1) Die Pflegschaft für eine unter elterlicher Sorge oder unter Vormundschaft stehende Person endigt mit der Beendigung der elterlichen Sorge oder der Vormundschaft.

(2) Die Pflegschaft für eine Leibesfrucht endigt mit der Geburt des Kindes.

(3) Die Pflegschaft zur Besorgung einer einzelnen Angelegenheit endigt mit deren Erledigung.

Materialien: E I § 1748 Abs 1 Nrn 1, 2, 5, 6; II § 1795; III § 1894; Mot IV 1271, 1274; Prot IV 859. Neugefasst durch SorgeRG v 18. 7. 1979 Art 9 § 2; STAUDINGER/BGB-Synopse 1896– 2005 § 1918.

1. Norminhalt

Die Vorschrift enthält mehrere Endigungsgründe, bei deren Vorliegen jeweils die **1** Pflegschaft kraft gesetzlicher Bestimmung endet. Eine Entscheidung des Gerichts ist in diesen Fällen weder vorgesehen noch erforderlich. Neben der Beendigung durch den Eintritt eines der gesetzlichen Beendigungsgründe kann ein deklaratorischer Gerichtsbeschluss angebracht sein (MünchKomm/Schwab Rn 1). Er kann jedoch nur auf Feststellung des Beendetseins oder des Nichtbestehens der betreffenden Pflegschaft, nicht jedoch auf deren Aufhebung gerichtet werden. Der Beschluss kann von Amts wegen ergehen, sodass ein Rechtsschutzinteresse dafür nicht dargelegt zu werden braucht. Über die Kosten für einen derartigen Beschluss ist nach allgemeinen Bestimmungen zu befinden.

Im Gegensatz zu dieser Vorschrift enthalten die §§ 1919 und 1921 BGB Bestim- **2** mungen über die Aufhebung von Pflegschaften. Hier ist eine gerichtliche Aufhebungsentscheidung erforderlich, um die Beendigung der Pflegschaft herbeizuführen. Mit der Wirksamkeit des Aufhebungsbeschlusses ist die Pflegschaft beendet.

2. Anwendungsbereich

a) Endigung der an die elterliche Sorge oder an die Vormundschaft gebundenen Pflegschaften (Abs 1)

3 Abs 1 betrifft alle an die elterliche Sorge oder die Vormundschaft für Minderjährige gebundenen, von diesen abhängigen und sie ergänzenden oder ersetzenden Pflegschaften. Hierzu gehören

– die Ergänzungspflegschaft des § 1909 Abs 1 BGB,

– die Pflegschaft des § 1630 Abs 3 S 3 BGB (Übertragung elterlicher Sorge auf die Pflegeperson).

Die Zuwendungspflegschaft (§ 1909 Abs 1 S 2 BGB) endet regelmäßig kraft Gesetzes mit dem Eintritt der Volljährigkeit des Betroffenen; eine abweichende Bestimmung bei der Zuwendung ist unwirksam (OLG Hamm FamRZ 2010, 1997 = NJW-RR 2010, 1589).

4 Die bisher unter die Vorschrift fallende Unterhaltspflegschaft, die Sorgerechtspflegschaft des § 1671 Abs 5 BGB aF und die gesetzliche Amtspflegschaft des § 1706 sind durch die Einführung der Beistandschaft und die Reform des Kindschaftsrechts abgeschafft worden (s dazu oben Vorbem 8 zu §§ 1909 ff). Im Hinblick auf die Abhängigkeit einer solchen Pflegschaft vom Bestehen elterlicher oder vormundlicher Sorge enthält die Vorschrift genau genommen eine Selbstverständlichkeit. Hilfen für junge Volljährige haben ihre eigene Rechtsgrundlage im § 41 SGB VIII, setzen also nicht Maßnahmen aus der Zeit vor der Volljährigkeit fort. Andererseits geht die Vorschrift über den unmittelbaren Bereich des Pflegschaftsrechts hinaus. Die von MünchKomm/Schwab (Rn 10) als Ausnahme bezeichnete Regelung des § 1751 Abs 1 S 3 BGB stellt eine Besonderheit im Hinblick auf das Weiterbestehen der Pflegschaft (Kumulation) dar.

b) Endigung der Pflegschaft für eine Leibesfrucht (Abs 2)

5 Abs 2 vervollständigt die Bestimmungen über eine Pflegschaft für eine Leibesfrucht (§ 1912 BGB).

c) Endigung der eine einzelne Angelegenheit betreffenden Pflegschaft (Abs 3)

6 Den Begriff der „einzelnen Angelegenheit" kennt das Pflegschaftsrecht des BGB seit der Aufhebung des § 1910 BGB nicht mehr. Nach dieser durch das BtG mit Wirkung vom 1. 1. 1992 aufgehobenen Bestimmung konnte ein Volljähriger einen Pfleger erhalten, wenn er infolge von Krankheit oder Behinderung nicht in der Lage war, „einzelne seiner Angelegenheiten" oder einen bestimmten Kreis seiner Angelegenheiten zu besorgen (§ 1910 Abs 2 BGB aF). Meist ist in den Pflegschaftsvorschriften von „Angelegenheiten" schlechthin die Rede; der Singular wird lediglich in § 1913 BGB verwendet. Soll die Pflegschaft mit der Erledigung der einzelnen Angelegenheit endigen, kann es sich nur um eine solche Aufgabe handeln, bei der eine einheitliche Erledigung in Betracht kommt (Erman/Roth Rn 5).

Verfahrenspflegschaften (§ 158 [Verfahrensbeistand], §§ 276, 317 FamFG) kommen 7
als typische Fälle einer Einzelpflegschaft iSd Abs 3 nicht in Betracht, abgesehen von
der Grundsatzfrage, ob auf sie das materielle Pflegschaftsrecht (entsprechende)
Anwendung findet. Nach der Reform des Rechts der freiwilligen Gerichtsbarkeit
enden sowohl die Verfahrensbeistandschaft in Kindschaftssachen als auch die Verfahrenspflegschaften des Betreuungs- und des Unterbringungsverfahrens, sofern sie
nicht vorher aufgehoben werden, mit der Rechtskraft der das Verfahren abschließenden Entscheidung oder mit dem sonstigen Abschluss des Verfahrens (§ 158
Abs 6, §§ 276 Abs 5, 317 Abs 5 FamFG).

Die Nachlasspflegschaft endet nicht bei bloßer Zweckerreichung, sondern ist erst 8
durch eine entsprechende Aufhebungsentscheidung des Nachlassgerichts zu beenden. Die Erledigung eines wesentlichen Teils des Wirkungskreises einer Nachlasspflegschaft rechtfertigt nicht die Beendigung der Tätigkeit des neben einem weiteren Nachlasspfleger bestellten Pflegers (OLG Oldenburg FamRZ 1999, 813).

§ 1919
Aufhebung der Pflegschaft bei Wegfall des Grundes

**Die Pflegschaft ist aufzuheben, wenn der Grund für die Anordnung der Pflegschaft
weggefallen ist.**

Materialien: E I § 1748 Abs 2 S 1, 2; II § 1796;   mundschaftsgericht" gestrichen d Art 50 Nr 53
III § 1895; Mot IV 1271; Prot IV 859; für den   FGG-RG v 17. 12. 2008 (BT-Drucks 16/6308,
Text bis 1. 9. 2009 STAUDINGER/BGB-Synopse   143) BGBl I 2008, 2586.
1896–2005 § 1919. Die Wörter „von dem Vor-

1.   Norminhalt, Überblick

Die knappe Aussage dieser Vorschrift beinhaltet zweierlei: a) den Grundsatz der 1
gerichtlichen Aufhebung der Pflegschaft als Gegenstück zu dem Bestellungsgrund-
satz, b) die Aufforderung an das Gericht, die Pflegschaft aufzuheben, ggf den Wirkungskreis einzuschränken, sobald der Grund für ihre Anordnung ganz oder
teilweise weggefallen ist. Die Aufhebung ist auch erforderlich, wenn die Voraussetzungen für die Anordnung nicht vorgelegen haben (DAMRAU/ZIMMERMANN Rn 1). Die
Aufhebung der Pflegschaft bei Wegfall der Anordnungsvoraussetzungen entspricht
dem Verfassungsrang genießenden Erforderlichkeitsgrundsatz staatlicher Fürsorge
und Intervention (Verhältnismäßigkeit). Demgegenüber bildet die Beendigung der
Pflegschaft kraft Gesetzes (§§ 1918, 1921 Abs 3, 1716 S 2, 1715 Abs 2 BGB) die
Ausnahme (MünchKomm/SCHWAB Rn 1). Die Entscheidung ergeht von Amts wegen
unabhängig von einer voraufgegangenen Antragstellung. Deshalb kommt es auch
auf die Geschäfts- oder Verfahrensfähigkeit einer die Aufhebung anregenden Person
nicht an.

Wegen der unterschiedlichen Zuständigkeiten der Gerichte (einerseits Familiengericht, §§ 1909, 1912 BGB; andererseits Betreuungsgericht, §§ 1911, 1913, 1914 BGB;

ggf Nachlassgericht, §§ 1960, 1961 BGB) wurde die Gerichtsbezeichnung geändert und der Text neutral gefasst (ist aufzuheben; BT-Drucks 16/6308, 347). Für die Aufhebung nach § 1919 BGB einer aufgrund des Vorbehalts des § 14 Abs 1 Nr 10 RPflG vom Richter angeordneten Pflegschaft für ein Kind, das Angehöriger eines fremden Staates ist (hier: unbegleitet zugereister Minderjähriger), ist der Richter zuständig, weil (in diesem Fall) die Bestellung des Rechtsanwalts zum Ergänzungspfleger zur Vertretung des Minderjährigen in asyl- und ausländerrechtlichen Angelegenheiten nach der Rechtsprechung des BGH (FamRZ 2013, 1206) nicht hätte vorgenommen werden dürfen (OLG Frankfurt FamRZ 2014, 1127 = ZKJ 2013, 503).

2 Die Vorschrift ist trotz Verweisung auf das Pflegschaftsrecht nicht auf die Beistandschaft anzuwenden, soweit dort eigene Endigungsgründe gelten (MünchKomm/Schwab Rn 4). Entsprechend anzuwenden ist sie auf die Pflegschaften nach § 207 BauBG und § 15 SGB X sowie auf die Nachlasspflegschaft (MünchKomm/Schwab Rn 3).

2.   Wirkung der Aufhebungsentscheidung

3 Die Aufhebungsentscheidung des § 1919 BGB hat rechtsgestaltende Wirkung. Die mit Wirkung der Aufhebungsentscheidung beendete Pflegschaft besteht auch dann nicht und muss gegebenenfalls neu angeordnet werden, wenn sie zu Unrecht aufgehoben worden ist, weil der Grund für die Anordnung der Pflegschaft tatsächlich noch nicht weggefallen war (MünchKomm/Schwab Rn 2). Mit dem Wirksamwerden der Aufhebung einer Ergänzungspflegschaft erlischt die Vertretungsmacht des Ergänzungspflegers. Eine von ihm danach eingelegte weitere Beschwerde ist deshalb unzulässig (BayObLG FamRZ 1991, 1076 [LS]). Ist die unbegründet gewesene Pflegschaft aufgehoben, sind die Rechtsgeschäfte des Pflegers nicht deshalb unwirksam, weil die Pflegschaft ungerechtfertigt war (§ 47 FamFG).

3.   Wirksamwerden der Aufhebungsentscheidung

4 Die Aufhebungsentscheidung wird wirksam mit der Bekanntgabe der die Aufhebung anordnenden Verfügung an den Pfleger (§ 40 FamFG). Sie ist den Verfahrensbeteiligten mitzuteilen, in deren Rechte sie unmittelbar eingreift (BayObLGZ 1972, 331, 332) oder die gegen die Entscheidung Beschwerde einlegen können.

4.   Rechtsbehelfe

5 Siehe dazu § 1921 Rn 10.

5.   Voraussetzungen der Aufhebungsentscheidung

a)   Wegfall des Grundes

6 Wann der Grund für die Anordnung einer Pflegschaft weggefallen ist, bestimmt sich danach, aus welchem Grund die Pflegschaft angeordnet worden war. Allgemein ausgedrückt heißt dies, dass mit dem Wegfall des Fürsorge- und Schutzbedürfnisses und mit der Besorgung sämtlicher zum Wirkungskreis des Pflegers gehörenden Angelegenheiten der Grund für die Anordnung der Pflegschaft weggefallen ist, die Pflegschaft sich damit erledigt hat. Eine genaue Bestimmung ist dennoch nur im Einzelfall möglich, weil auch die Voraussetzungen für die Anordnung der Pflegschaft unterschiedlich sind. Dem Wegfall des Grundes für die Anordnung der Pflegschaft steht es gleich, wenn sich herausstellt, dass der Grund von Anfang an ganz oder teilweise gefehlt hat (ERMAN/ROTH Rn 3; MünchKomm/SCHWAB Rn 2).

War die Pflegschaft zur Besorgung einer einzelnen Angelegenheit angeordnet, en- **7** digt sie automatisch mit deren Erledigung (§ 1918 Abs 3 BGB). Eine Aufhebungsentscheidung hätte lediglich deklaratorischen Charakter.

b) Einzelfälle

Ein wesentlicher Teil von Anwendungsfällen dieser Vorschrift ist mit der Aufhebung **8** der Gebrechlichkeitspflegschaft des § 1910 BGB und der Einführung der Betreuung entfallen. Das Betreuungsrecht enthält eigene Regelungen über die Beendigung und die Aufhebung der Betreuung (§ 1908d BGB).

In den Fällen von § 1909 Abs 1 BGB ist ein Wegfall des Grundes für die Anordnung **9** der Pflegschaft insbesondere dann anzunehmen, wenn Eltern oder der Vormund nicht mehr verhindert sind, im Falle des § 1909 Abs 3 BGB mit der Bestellung des Vormunds (STAUDINGER/ENGLER[10/11] Rn 2; SONNENFELD Rn 422). Die Voraussetzungen einer Aufhebung einer Ergänzungspflegschaft liegen dann vor, wenn eine Verhinderung des Vormunds oder das Bedürfnis, eine bestimmte Angelegenheit zu besorgen, nachträglich weggefallen ist oder von vornherein nicht bestanden hat (BayObLG Rpfleger 1990, 119). Eine Pflegschaft nach § 1909 BGB müsste auch dann nach § 1919 BGB aufgehoben werden, wenn das Gericht bei ihrer Anordnung einen Grund irrtümlich angenommen hätte (BayObLG Rpfleger 1990, 119 unter Hinweis auf SOERGEL/ DAMRAU § 1919 Rn 3; s auch KG JW 1935, 2754 = JFG 13, 26, 31 und STAUDINGER/ENGLER[10/11] Rn 2).

Eingriffe in die elterliche Sorge, welche die Anordnung einer Pflegschaft zur Folge **10** haben, soll es auch im Falle von Trennung und Scheidung nur noch geben, wenn die Voraussetzungen des durch Art 1 Nr 47 KindRG geänderten § 1666 BGB vorliegen. Besteht Anlass, die Entscheidung nach § 1666 BGB zu korrigieren, wird davon auch die Folgeentscheidung, die Pflegschaft, betroffen. Ändert das Familiengericht seine Sorgerechtsentscheidung, nimmt es auch selbst die Korrektur der Folgeentscheidung vor (Änderung des Wirkungskreises des Pflegers; Aufhebung der Pflegschaft).

In den Fällen des § 1911 BGB ist ein Wegfall des Grundes insbesondere dann **11** anzunehmen, wenn das Schutzbedürfnis aufhört, insbesondere wenn das Vermögen einer verwaltenden Fürsorge nicht mehr bedarf, wenn der Abwesende zurückkehrt, wenn er einen Bevollmächtigten bestellt hat oder bestellen kann (MünchKomm/ SCHWAB Rn 8; STAUDINGER/ENGLER[10/11] Rn 4), wenn die Umstände, die zum Widerruf des von dem Abwesenden erteilten Auftrags oder der von ihm erteilten Vollmacht Anlass gegeben haben, weggefallen sind (STAUDINGER/ENGLER[10/11] Rn 4). Für die Abwesenheitspflegschaft besteht in § 1921 BGB eine Sonderregelung.

In den Fällen des § 1912 BGB ist der Grund für die Anordnung der Pflegschaft **12** weggefallen, wenn feststeht, dass ein Kind nicht geboren werden wird, zB weil eine Schwangerschaft irrtümlich angenommen worden ist, außerdem wenn das Schutzbedürfnis der Leibesfrucht entfallen ist (STAUDINGER/ENGLER[10/11] Rn 5).

13 In den Pflegschaftsfällen des § 1913 BGB ist der Wegfall des Grundes für die An-
    ordnung der Pflegschaft insbesondere dann anzunehmen, wenn die Beteiligten be-
    kannt sind, wenn der Nacherbfall (§ 2106 BGB) eintritt oder wenn aus sonstigen
    Gründen ein Schutzbedürfnis nicht mehr besteht (MünchKomm/Schwab Rn 10; Stau-
    dinger/Engler[10/11] Rn 6).

14 Im Falle von § 1914 BGB ist die Pflegschaft nach Wegfall des Anordnungsgrundes
    aufzuheben, wenn das Vermögen seinen Zwecken zugeführt worden ist, wenn für
    eine anderweite Verwaltung des Sammelvermögens gesorgt ist, wenn ein Treuhänder
    nach dem Sammlungsgesetz eines Landes bestellt wurde (MünchKomm/Schwab Rn 11),
    wenn die zur Verwaltung und Verwendung des gesammelten Vermögens berufenen
    Personen wieder in der Lage sind, ihr Amt zu übernehmen, zB wenn die Person, die
    für tot erklärt worden war, zurückkehrt (Staudinger/Engler[10/11] Rn 7 mwNw).

15 Wann ein Kreis von Angelegenheiten, für dessen Erledigung eine Pflegschaft an-
    geordnet worden war oder eine ursprünglich für eine einzelne Angelegenheit be-
    stellte Pflegschaft erweitert worden ist, kann zweifelhaft sein. Aus diesem Grunde
    kommt hier nur eine Aufhebung der Pflegschaft nach § 1919 BGB, nicht dagegen
    eine Beendigung kraft Gesetzes nach § 1918 BGB, wie im Falle der Besorgung einer
    einzelnen Angelegenheit, in Betracht (so auch MünchKomm/Schwab Rn 12). Eine Teil-
    aufhebung nach § 1919 BGB ist möglich (BayObLG Rpfleger 1984, 235).

§ 1920
(aufgehoben)

Die Vorschrift wurde durch Art 1 Nr 48 Betreuungsgesetz (BtG) vom 12. 9. 1990
(BGBl I 2002) mit Wirkung vom 1. 1. 1992 aufgehoben. Sie hatte bestimmt, dass eine
nach § 1910 BGB angeordnete Pflegschaft vom Vormundschaftsgericht aufzuheben
ist, wenn der Pflegebefohlene die Aufhebung beantragte. An die Stelle der Gebrechlichkeitspflegschaft ist die Bestellung eines Betreuers nach den §§ 1896 ff BGB
getreten, deren Aufhebung oder Änderung sich nach § 1908d BGB richtet. Zur
früheren Rechtslage vgl Staudinger/Engler[10/11] § 1920.

§ 1921
Aufhebung der Abwesenheitspflegschaft

**(1) Die Pflegschaft für einen Abwesenden ist aufzuheben, wenn der Abwesende an
der Besorgung seiner Vermögensangelegenheiten nicht mehr verhindert ist.**

**(2) Stirbt der Abwesende, so endigt die Pflegschaft erst mit der Aufhebung durch
das Betreuungsgericht. Das Betreuungsgericht hat die Pflegschaft aufzuheben, wenn
ihm der Tod des Abwesenden bekannt wird.**

**(3) Wird der Abwesende für tot erklärt oder wird seine Todeszeit nach den Vor-
schriften des Verschollenheitsgesetzes festgestellt, so endigt die Pflegschaft mit der
Rechtskraft des Beschlusses über die Todeserklärung oder die Feststellung der
Todeszeit.**

Materialien: E I § 1748 Abs 1 Nr 4, Abs 2 S 3; II § 1798; III § 1897; Mot IV 1273; Prot IV 859. Abs 3 neugefasst durch FamRÄndG v 11. 8. 1961 Art 1 Nr 39; zur Fassung der Vorschrift bis 1. 9. 2009 STAUDINGER/BGB-Synopse 1896–2005 § 1921. Die Wörter „von dem Vormund- schaftsgericht" in Abs 1 gestrichen u die Gerichtsbezeichnung in Abs 2 S 1 u 2 geändert d Art 50 Nr a) u b) FGG-RG v 17. 12. 2008 (BGBl I 2008, 2586); BT-Drucks 16/6308, 143.

1. Normgeschichte

§ 1921 Abs 3 BGB hatte früher gelautet: „Wird der Abwesende für tot erklärt, so **1** endigt die Pflegschaft mit der Erlassung des die Todeserklärung aussprechenden Urteils." Diese Bestimmung war schon durch die §§ 23, 24, 29 VerschG (Todeserklärung durch Beschluss) überholt. Das FamRÄndG 1961 stellte der Todeserklärung die Feststellung der Todeszeit nach den §§ 39 ff VerschG gleich und berücksichtigte ferner, dass die Todeserklärung und die Feststellung der Todeszeit erst mit der Rechtskraft wirksam werden (§§ 23, 29, 40, 44 VerschG).

2. Normbedeutung

Ist der Abwesende, für den das Betreuungsgericht eine Pflegschaft angeordnet hatte, **2** wieder in der Lage, seine Vermögensangelegenheiten selbst zu besorgen oder ihre Besorgung durch andere zu organisieren, besteht kein Fürsorgebedürfnis mehr, sodass das Gericht die Pflegschaft aufzuheben hat. Diese Konsequenz ergibt sich bereits aus § 1911 Abs 1 S 1 BGB, wonach die Notwendigkeit der Pflegschaft durch das Fürsorgebedürfnis begrenzt wird, sowie aus § 1919 BGB (STAUDINGER/ENGLER[10/11] § 1919 Rn 4). Abs 1 hebt lediglich den Umstand, dass der Abwesende an der Besorgung seiner Vermögensangelegenheiten nicht mehr verhindert ist, hervor (STAUDINGER/ENGLER[10/11] § 1919 Rn 4). Je nach Endigungsgrund sind zu unterscheiden die Endigung der Abwesenheitspflegschaft kraft Gesetzes (Abs 3) und die Endigung kraft gerichtlicher Aufhebungsentscheidung (Abs 2 u 1).

3. Voraussetzungen der Beendigung

a) Die Endigung kraft Gesetzes (Abs 3)

Nach Abs 3 endigt die Pflegschaft für einen Abwesenden kraft Gesetzes, ohne dass **3** es einer Aufhebung durch das Gericht bedarf, im Falle der Todeserklärung oder der Feststellung der Todeszeit des Abwesenden mit der Rechtskraft des die Todeserklärung aussprechenden oder die Todeszeit feststellenden Beschlusses (STAUDINGER/ENGLER[10/11] Rn 2 mwNw). Nach der rechtskräftigen Feststellung der Endigungsgründe bedarf es einer betreuungsgerichtlichen Feststellung nicht mehr. Die Todeserklärung des Abwesenden hat nicht zur Folge, dass die vom Abwesenheitspfleger vorher, aber nach dem in der Todeserklärung festgestellten Todeszeitpunkt abgeschlossenen Verträge nichtig sind (OLG Braunschweig NdsRpfl 1960, 14; OLG Nürnberg BayJMBl 1955, 187; MÜLLER Rpfleger 1953, 115; einschränkend JANSEN DNotZ 1954, 592).

b) Aufhebung durch das Betreuungsgericht (Abs 1 und Abs 2)

Anderes gilt in den Fällen des Abs 1 und des Abs 2. Hier sind Feststellungen des **4** Betreuungsgerichts (§ 26 FamFG) erforderlich, ob auch tatsächlich die Vorausset-

Werner Bienwald

zungen für den Wegfall der Abwesenheitspflegschaft gegeben sind. Ist der Abwesende an der Besorgung seiner Vermögensangelegenheiten nicht mehr verhindert, hebt das Betreuungsgericht die Pflegschaft auf. Die Aufhebung hat von Amts wegen zu erfolgen; ein Aufhebungsantrag wird nicht benötigt.

5 Der Abwesende ist dann nicht mehr verhindert, wenn er zurückkehrt, wenn er (ohne Aufenthaltswechsel) selbst tätig werden oder sich fremder Hilfe (zB durch Bevollmächtigung) bedienen kann, wenn die Umstände, die zur Kündigung des Auftrags oder dem Widerruf der Vollmacht Anlass gegeben haben (§ 1911 Abs 1 S 2 BGB), einem neuen Auftrag oder einer neuen Vollmachterteilung nicht im Wege stehen (STAUDINGER/ENGLER[10/11] § 1919 Rn 4; MünchKomm/SCHWAB Rn 3). Könnte der Abwesende für seine Vermögensangelegenheiten allein Sorge tragen, will er dies jedoch nicht, besteht kein Grund, die Pflegschaft aufrechtzuerhalten (MünchKomm/SCHWAB Rn 3). Abs 1 gilt auch, wenn der Rechtsgrund der Pflegschaft, die Verhinderung, noch vor Erledigung einer einzelnen Angelegenheit weggefallen ist (MünchKomm/SCHWAB Rn 4). Ist die Pflegschaft kraft Gesetzes beendet (§ 1918 Abs 3, § 1921 Abs 3 BGB), erledigt sich ein auf Aufhebung der Pflegschaft gerichtetes Verfahren (MünchKomm/ SCHWAB Rn 4). Eine Entscheidung in der Sache kann nicht mehr ergehen, weil eine bereits beendete Pflegschaft nicht mehr mit konstitutiver Wirkung aufgehoben werden kann.

4. Wirkungen der Aufhebung

6 Die Vertretungsmacht des Abwesenheitspflegers geht infolge der gerichtlichen Aufhebungsentscheidung über den Tod des Abwesenden hinaus und reicht bis zur Wirksamkeit der Aufhebung (STAUDINGER/ENGLER[10/11] Rn 6 mwNw). Eine Rückwirkung kommt der Aufhebungsentscheidung nicht zu (STAUDINGER/ENGLER[10/11] Rn 6). Die Aufhebung der Anordnung der Abwesenheitspflegschaft und der erteilten gerichtlichen Genehmigung hat auf die Wirksamkeit der vorher von dem Abwesenheitspfleger getätigten Rechtshandlungen (hier: die Bestellung einer Grunddienstbarkeit und der Abschluss eines Grundstückskaufvertrages) keine Auswirkungen (OLG Köln FamRZ 2003, 1481 = Rpfleger 2002, 195). Zur Wirksamkeit der zwischen dem Todeszeitpunkt und der Todeserklärung abgeschlossenen Verträge oben Rn 3. Die über den Tod des Abwesenden hinausreichende Vertretungsmacht des Abwesenheitspflegers beschränkt sich darauf, die Erben grundsätzlich nur in Bezug auf solche Angelegenheiten zu vertreten, von denen erwiesen ist, dass sie einmal Vermögensangelegenheiten des Erblassers und Abwesenden waren (BGHZ 5, 240, 244). Überschreitet der Abwesenheitspfleger diesen Rahmen seiner Vertretungsmacht, so sind die vorgenommenen Rechtsgeschäfte schwebend unwirksam; wirksam werden sie erst mit der Genehmigung durch die Erben (BayObLGZ 1953, 29). Trotz der Genehmigungsfähigkeit vom Pfleger vorgenommener Rechtsgeschäfte bleibt es dabei, dass der Pfleger außerhalb seines Wirkungskreises tätig geworden ist. Aus diesem Grunde kann er für diese Tätigkeiten aus Mitteln der Staatskasse weder seine Aufwendungen ersetzt noch eine Vergütung bewilligt erhalten, sofern die Voraussetzungen für den Eintritt der Staatskasse überhaupt gegeben sind.

7 Nach Aufhebung der Abwesenheitspflegschaft wegen der Rückkehr des Pflegebefohlenen kann der Abwesenheitspfleger von diesem nicht die Genehmigung seiner

über den Rahmen seiner Vertretungsmacht hinaus vorgenommenen Handlungen (zB Abschluss eines Pachtvertrages) verlangen (BGH MDR 1951, 280).

Der Pfleger hat nach Beendigung seines Amtes Schlussrechnung zu legen (§§ 1890, **8** 1892 BGB iVm § 1915 Abs 1 BGB) und die Bestellung zurückzugeben (§§ 1893 Abs 2, 1915 Abs 1 BGB). Fordert das Betreuungsgericht den bisherigen Pfleger dazu auf, wird es zur Begründung auf das Ende der Pflegschaft Bezug nehmen, sofern nicht der Pfleger bereits auf andere Weise von der Beendigung der Pflegschaft und damit seines Amtes erfahren hat. Einer deklaratorischen „Feststellung" der Beendigung ieS bedarf es in aller Regel nicht.

5. Verfahren

Das Gericht hat die Abwesenheitspflegschaft nach Abs 1 u Abs 2 von Amts wegen **9** aufzuheben (STAUDINGER/ENGLER[10/11] § 1911 Rn 33). Ein Antrag ist nicht vorgesehen und nicht erforderlich. Entsprechende Äußerungen sind als Anregungen zu gerichtlichem Handeln zu behandeln. Der Abwesenheitspfleger ist berechtigt (s oben § 1911 Rn 44), er soll auch verpflichtet sein (MünchKomm/SCHWAB § 1911 Rn 19), Erkundigungen nach dem Verbleib des Abwesenden einzuziehen. Die Entscheidung von Amts wegen hat zur Folge, dass das Gericht die zur Feststellung der Tatsachen erforderlichen Ermittlungen selbst durchzuführen und die geeignet erscheinenden Beweise aufzunehmen hat (§ 26 FamFG; FIRSCHING/DODEGGE Rn 428). Die Aufhebung der Abwesenheitspflegschaft setzt die Feststellung der Aufhebungsvoraussetzungen voraus. Der Tod des Abwesenden muss dem Gericht zuverlässig, also nicht nur gerüchteweise, bekannt werden (STAUDINGER/ENGLER[10/11] Rn 6; MünchKomm/SCHWAB Rn 5). Ebensowenig wie für die Bestellung eines Abwesenheitspflegers als betreuungsgerichtliche Zuweisungssache (§ 340 Nr 1 FamFG; KEIDEL/BUDDE § 340 FamFG Rn 2) enthält das FamFG für die Aufhebung der Abwesenheitspflegeschaft besondere Vorschriften (KEIDEL/BUDDE § 340 FamFG Rn 5). Funktionell zuständig ist der Rechtspfleger (§ 3 Nr 2 Buchst b RPflG), ein Richtervorbehalt besteht nicht (vgl § 15 RPflG). Die örtliche Zuständigkeit bestimmt sich in betreuungsgerichtlichen Zuweisungssachen nach § 272 FamFG (§§ 340 Nr 1, 341 FamFG; für die Abwesenheitspflegschaft ohne eindeutige Antwort diskutiert v KEIDEL/BUDDE § 341 FamFG Rn 2).

Die Aufhebungsentscheidung wird wirksam mit ihrer Bekanntgabe an den Pfleger **10** (§ 40 FamFG). Sie kann mit der befristeten Beschwerde der §§ 58 Abs 1, 63 Abs 1 FamFG angefochten werden. Die Beschwerdeberechtigung hat das FamFG gegenüber dem früheren Recht (§§ 20, 57 Abs 1 FGG aF) eingeschränkt (KEIDEL/BUDDE § 340 FamFG Rn 7). Nach § 59 Abs 1 steht die Beschwerde demjenigen zu, der durch den Beschluss in seinen Rechten beeinträchtigt ist. Gegen eine zu unrecht aufgehobene Abwesenheitspflegschaft kann der Abwesenheitspfleger für den Abwesenden Beschwerde einlegen; dagegen nicht in eigenem Namen. Er hat kein Recht auf den Fortbestand der Abwesenheitspflegschaft; ihm wird ein eigenes Recht auf das Fortbestehen der Abwesenheitspflegschaft nicht zugestanden (STAUDINGER/ENGLER[10/11] § 1911 Rn 34). Die Beschwerdeberechtigung von Behörden bestimmt sich nach den besonderen Vorschriften des FamFG oder eines anderen Gesetzes (§ 59 Abs 3 FamFG). Für die betreuungsgerichtlichen Zuweisungssachen besteht eine solche Regelung nicht (KEIDEL/BUDDE § 340 FamFG Rn 7).

11 Sein Amt berechtigt den Abwesenheitspfleger, die Aufhebung der Abwesenheitspflegschaft gemäß § 1921 Abs 2 BGB zu „beantragen" (STAUDINGER/ENGLER[10/11] Rn 7;
MünchKomm/SCHWAB Rn 5). Ein Recht, die Anordnung einer Nachlasspflegschaft zu
verlangen, hat der Abwesenheitspfleger nicht (STAUDINGER/ENGLER[10/11] Rn 7 mwNw).
Anregen kann er sie selbstverständlich.

6.   Entsprechende Anwendung des Abs 2

12 Stellt das Betreuungsgericht nachträglich fest, dass derjenige, dessen Existenz es bei
der Anordnung der Abwesenheitspflegschaft angenommen hatte, niemals existiert
hat, hat es die Pflegschaft von Amts wegen aufzuheben (BayObLGZ 21, A 352; zustimmend STAUDINGER/ENGLER[10/11] § 1911 Rn 33).

Sachregister

Die fetten Zahlen beziehen sich auf die Paragraphen, die mageren Zahlen auf die Randnummern.

J. von Staudingers Kommentar zum Bürgerlichen Gesetzbuch mit Einführungsgesetz und Nebengesetzen

Übersicht vom 1. 9. 2017

Die Übersicht informiert über die Erscheinungsjahre der Kommentierungen in der 13. Bearbeitung und deren Neubearbeitungen (= Gesamtwerk STAUDINGER). *Kursiv* geschrieben sind die geplanten Erscheinungsjahre.

Die Übersicht ist für die 13. Bearbeitung und für deren Neubearbeitungen zugleich ein Vorschlag für das Aufstellen des „Gesamtwerk STAUDINGER" (insbesondere für solche Bände, die nur eine Sachbezeichnung haben). Es wird empfohlen, die Austauschbände chronologisch neben den überholten Bänden einzusortieren, um bei Querverweisungen auf diese schnell Zugriff zu haben. Bei Platzmangel sollten die ausgetauschten Bände an anderem Ort in gleicher Reihenfolge verwahrt werden.

Buch 1. Allgemeiner Teil

	Neubearbeitungen				
Einl BGB; §§ 1–14; VerschG	1995	2004	2013		
§§ 21–89; 90–103 (1995)	1995				
§§ 21–79		2005			
§§ 80–89			2011	2017	
§§ 90–103; 104–133; BeurkG	2004				
§§ 90–124; 130–133			2012	2016	
§§ 125–129; BeurkG			2012	2017	
§§ 134–163	1996	2003			
§§ 134–138			2011	2017	
§§ 139–163			2010	2015	
§§ 164–240	2001	2004	2009	2014	

Buch 2. Recht der Schuldverhältnisse

	Neubearbeitungen				
§§ 241–243	1995	2005	2009	2014	
§§ 244–248	1997	2016			
§§ 249–254	1998	2005	2016		
§§ 255–292	1995				
§§ 293–327	1995				
§§ 255–314		2001			
§§ 255–304		2004	2009	2014	
AGBG	1998				
§§ 305–310; UKlaG		2006		2013	
§§ 311, 311a, 312, 312a–i	2005	2013			
§§ 311b, 311c	2006	2012			
§§ 313, 314	*2019*				
§§ 315–327		2001	2004	2009	2015
§§ 328–361b	1995	2001			
§§ 328–359		2004			
§§ 328–345				2009	2015
§§ 346–361				2012	
§§ 358–360					2016
§§ 362–396	1995	2000	2006	2011	2016
§§ 397–432	1999	2005	2012	2017	
§§ 433–534	1995				
§§ 433–487; Leasing		2004			
§§ 433–480			2013		
Wiener UN-Kaufrecht (CISG)	1994	1999	2005	2013	
§§ 488–490; 607–609			2011	2015	
VerbrKrG; HWiG; § 13a UWG; TzWrG	1998	2001			
§§ 491–512		2004	2012		
§§ 516–534		2005	2013		
§§ 535–563 (Mietrecht 1)	1995				
§§ 564–580a (Mietrecht 2)	1997				
2. WKSchG; MÜG (Mietrecht 3)	1997				
§§ 535–562d (Mietrecht 1)		2003	2006	2011	
§§ 563–580a (Mietrecht 2)		2003	2006	2011	
§§ 535–555f (Mietrecht 1)					2014
§§ 556–561; HeizkostenV; BetrKV (Mietrecht 2)					2014
§§ 562–580a; Anh zum Mietrecht: AGG (Mietrecht 3)					2014
MietNovG 2015	2015				
Leasing				2014	
§§ 581–606	1996	2005	2013		
§§ 607–610 (siehe §§ 488–490; 607–609)	./.				
§§ 611–615	1999	2005			
§§ 611–613				2011	2015
§§ 613a–619a				2011	2016
§§ 616–619	1997				
§§ 616–630		2002			
§§ 620–630				2012	2016
§§ 631–651	2000	2003	2008	2013	
§§ 651a–651m	2001	2003	2011	2015	
§§ 652–704	1995				
§§ 652–656		2003	2010		
§§ 652–661a					2015
§§ 657–704		2006			
§§ 662–675b				2017	
§§ 675c–676c				2012	
§§ 677–704				2015	
§§ 705–740	2003				
§§ 741–764	1996	2002	2008	2015	
§§ 765–778	1997	2013			
§§ 779–811	1997	2002	2009	2015	
§§ 812–822	1994	1999	2007		
§§ 823–825	1999				
§§ 823 A-D		2016			
§§ 823 E–I, 824, 825		2009			
§§ 826–829; ProdHaftG	1998	2003	2009	2013	
§§ 830–838	1997	2002	2008	2012	
§§ 839, 839a	2002	2007	2013		
§§ 840–853	2002	2007	2015		
UmweltHR		2002	2010	2017	

oHG Dr. Arthur L. Sellier & Co. KG–Walter de Gruyter GmbH, Berlin
Postfach 30 34 21, D-10728 Berlin, Telefon (030) 2 60 05-0, Fax (030) 2 60 05-222